梅新林　俞樟华　钟晨音　王锐　潘德宝　撰

中国现代学术编年

第九卷　（1940—1942）

华东师范大学出版社·上海

华东师范大学出版社六点分社　策划

浙江省哲学社会科学重点研究基地"浙江工业大学浙江学术文化研究中心"重大项目

华东师范大学出版社六点分社　策划

目　　录

目　录

凡　例

一、《中国现代学术编年》(以下简称《编年》)是一部以编年体著录中国现代学术发展历程与成果的集成性之作,同时兼具工具书的检索功能。

二、《编年》起于1911年,迄于1949年,在时间上与《中国学术编年》相衔接和贯通。

三、《编年》共分12卷,约1800万字,收录10万余位学者,8万余部学术著作,5万余篇学术论文。

四、《编年》具有自己独特而鲜明的学术追求,重点关注本时段学术主流特色与学术发展趋势两个方面,重在揭示以下四大规律:

1. 注重中国学术史的宏观发展演变历程,以见各代学术盛衰规律;

2. 注重学术流派的源起、形成、鼎盛及至解体历程,以见学术流派的兴替规律;

3. 注重学术群体的区域流向、移位、承变历程,以见学术中心的迁移规律;

4. 注重中外学术的冲突、交流与融合历程,以见跨文化的学术传通规律。

五、《编年》综合吸取历代史书与各种学术编年之长而加以融通之,率先采用一种新的编撰体例,由学术背景、学术活动、学术论文、学术著作、学者生卒、学术评述六大栏目构成,同时在各栏目适当处加按语,合之为七大板块。若遇跨类,则以"互见法"于相应栏目分录之。

六、《编年》中的"学术背景"栏目以事件进程为序著录,着重反映深刻影响中国学术史发展进程的重大文化政策以及政治、经济、军事、外交诸方面的重大事件,重点突显中西交融与新旧转型的时空特征,以考察学术演变的特定时代背景及其对学术思潮、治学风尚的影响。

七、《编年》中的"学术活动"栏目以人物兴替为序著录,着重记述学者治学经历、师承关系和学术交流活动,以明学术渊源之所自、学术创见之所成、学术流派之脉络以及不同流派之间的争鸣、兴替轨迹。其中学者仕历与学术思想和学术活动之演变关系密切,故多予著录。人物兴替以空间流向为板块,以学坛领袖为中心,以学术大师为主角,以代际交替为序列,有时遇相关或相近活动则一并著录之。

八、《编年》中的"学术论文"栏目以论文刊载时间为序著录,着重记述具有代表性的学术论文,兼录奏疏、序跋、书信以及译文等等。鉴于5万余篇学术论文的海量文献,故而按照学术论文发表的刊物为序编排。

九、《编年》中的"学术著作"栏目以著述类型为序著录,着重记述具有代表性的学术著作,包括纂辑、校勘、评点、注释、考证、译著等等。鉴于8万余部学术著作的海量文献,故而分为往代著述、时人自著、译著以及编译四种类型，其中往代著述以时代为序，时人自著以类别为序，译著以国别为序，编译以未署名的著作列于最后。

十、《编年》中的"学者生卒"栏目以卒年生年为序著录，又分卒年、生年两小栏。其中卒年栏著录学者姓名、生年、字号、籍贯以及代表性的重要著述，凡特别重要人物，略述其一生主要成就、贡献与地位、传记资料及后人的简单评价。

十一、《编年》中的"学术评述"栏目，以上述文献著录为基础，再就每年的学术活动与成果以及发展趋势加以简要归纳和揭示，犹如揭示各代学术发展的"纲目"，以此与以上各栏目的"按语"组合起来，即相当于一部简明学术史。

十二、《编年》采用正文加按语的形式著录。按语的主要内容是：

1. 价值评判。即对学术价值以及对学术之影响进行评价，直接评价或引用前人成说皆可。

2. 原委概述。对其缘起、过程、流变、结果、影响诸方面作一概要论述。

3. 补充说明。即对其具体内容以及相关背景材料再作扼要说明。

4. 史料存真。即录下比较珍贵的史料或略为可取的异说，裨人参考。

5. 考辨论断。对于异说或有争论者，略加考辨并尽量作出断论，或择取其中一说。

"按语"犹如揭示各代学术发展的"纲目"，更具学术史评述的容量与特点。

十三、《编年》采用公元纪年，配之以民国与干支年号。凡因农历与公历差异产生年份出入问题，以公历为准。鉴于公元纪年始于1912年，此前的1911年以两者兼录作为过渡。无法确切考定月、日者，用"是年""是月"标之。凡在系年上有分歧而难以断定者，取一通行说法著录之，另以按语录以他说。

十四、《编年》所涉及的地名，以民国行政区划为据，一般不注今地名。

十五、《编年》以文集、目录（图书与报刊目录）、年谱、年鉴、传记、日记、笔记、回忆录等为主要材料依据，同时也重点参考了相关学案、编年以及学术史论著。所录文献，引文标注所出，以示征信；其他材料，限于体例，未能一一注明所出。

十六、《编年》充分借鉴和吸取了学界前辈同仁的诸多学术成果，包括文集、目录、索引、年谱、年鉴、传记、日记、笔记、回忆录、评述、学案、编年以及相关学术史论著等，除了部分见于《前言》以及有关条目"按语"之外，主要载于最后所列"征引与参考文献"，包括著作与论文两个方面。征引与参考文献的著录顺序：先著作，后论文，按拼音先后排序。

十七、《编年》根据一以贯之的统一要求与体例格式进行编写，但根据学术发展演变的实际情况或有变通处理，力求达到规范与变通的有机结合。

1940 年　民国二十九年　庚辰

一、学术背景

1月1日,国民政府通令全国实行去年9月公布的《新县制各级组织纲要》。

是日,新赣南出版社成立,社长蒋经国,出版蒋介石文集及政治、军事类图书和《新赣南》杂志。(参见吴永贵《民国图书出版史编年:1912—1949》,社会科学文献出版社2018年版)

1月2日,中国艺术展览会在莫斯科国家东方文化博物馆开幕,展出我国数千年来的艺术珍品。

1月3日,中共中央发出《关于干部学习的指示》,规定:"全党干部都应当学习和研究马列主义的理论及其在中国的具体运用。"

按:《指示》还规定:"各级组织的领导干部,尤其是主要领导干部必须以身作则的领导与提倡其他干部的学习。建立在职干部平均每日学习两小时的制度,并保持其持久性与经常性。"《指示》按照"少而精"的原则,安排了初级、中级、高级三类课程:初级课程为党的建设、中国问题、游击战争(包括军事常识)和社会科学常识(主要是社会发展史)。中级课程为近代世界史、联共(布)党史与马列主义以及军队政治工作。高级课程为政治经济学、辩证唯物主义与历史唯物论、共产国际纲领和军事理论。(参见中央教育科学研究所编《中国现代教育大事记1919—1949》,教育科学出版社1988年版)

是日,陶希圣、高宗武宣布脱离汪精卫集团。

1月4日,陕甘宁边区文化协会召开第一次代表大会,会上通过组织新文字委员会、少数民族文化委员会、鲁迅研究委员会等50余项提案,并发表宣言。

按:《陕甘宁边区文化协会第一次代表大会宣言》说:"边区文化又是全国文化上的一部分,在相持阶段上全国其他各地的文化上的倒退现象,不能不对边区的文化运动有影响,不能不为边区文化的发展增加许多的阻难,因此我们必须提出以下的任务,作为全边区文化界与全国文化界共同努力的方向。第一,目前文化运动的总的任务是为着争取抗战建国的胜利,因此边区与全国的文化界应该更进一步在争取抗战建国胜利的目标下,广泛地团结起来,反对一切悲观失望和分裂倒退的思想;反对汪精卫、叶青之流的伪造的三民主义,反对一切妥协投降的思想准备活动,提高人民对抗战建国的正确认识和对于最后胜利的信心,为抗日民族统一战线的更加扩大和巩固而斗争。第二,文化运动要能够有力地服务于政治,则它本身必须不断地进步发展,因此要努力提高文化的一切部门。在科学的立场上来批判地研究中国历史及中国旧来的学术,来认识抗战救国过程中的社会发展规律,作为指导全民族斗争的指南针,发展自然科学的研究,以求解决长期抗战建国过程中的物质上的困难;大量地利用一切有用的形式进行艺术的创作,努力使艺术走向大众,反映现实,更广泛地深入地进行抗战教育和普及教育——这样努力从各方面来提高文化的各部门,为创造民族的、民主的、科学的、大众的、中华民族的新文化,也就是为创造广大民众所需要的新的民主主义的文化而斗争。第三，为要求文化运动的广大的进步和发展，必须以政治上的民主自由为基本条件，它本身必须获得在各方面各部门自由发展的机会，它必须是新民主主义的文化运动，因此全国进步的文化界及进步的人士应联合起来，共同反对政治上文化上的一切倒退现象，反对新的复古运动，反对对于进步思想言论出版方面的压迫和限制，要求实现《抗战建国纲领》及第二次国民参政会决议中关于言论思想出版的自由和废除关于书报杂志检查禁止的法令。第四，应该进一步在生活上和工作上帮助文化工作者，使他们有尽可能的优良的工作条件，使他们能更好地进行自己的工作，对于目前倒退运动中进步文化工作者所遭受的彷徨失所的困难，要设法加以解除。要救济和帮助青年知识分子，解除他们的失业和失学的痛苦，帮助他们使能有机会学习和工作。全国进步的文化界的同胞们，以上四点，就是我们认为在今后文化界急需担负起来的任务。这些任务，在边区的文化界说来，由于有进步的民主的政治条件的存在，相信一定能够很好地完成。然而单单边区文化界的工作和努力，是不够的，必须有全国文化界的共同努力和互相帮助，才能够在抗战建国过程中展开广大有力的新民主主义文化运动，必须全国进步的文化界在争取民族解放，反对专制压迫，反对复古，破除迷信，反对独断，反对盲从，提倡科学主张和争取思想自由的条件下，团结起来共同斗争，才能够克服全国各地的倒退现象和一切妥协投降的阴谋活动，必须有这样的全国进步文化界的共同努力，各尽所能，为动员一切力量参加抗战，为创造中华民族的新文化而斗争，才能够推动全国抗战建国的伟大事业，以达到最后胜利的目的。"（《文艺阵地》1940年第4卷第11期）

1月5日，重庆市图书杂志审查委员会报告：该会检查处在生活书店查缴书刊30余种，并在市工业合作社内查缴生活书店未送审原稿之《国际纵队从军记》2000本及其他"违禁书刊"万余册。（参见吴永贵《民国图书出版史编年：1912—1949》，社会科学文献出版社2018年版）

1月9日，毛泽东出席陕甘宁边区文化协会第一次代表大会，作题为《新民主主义的政治与新民主主义的文化》的长篇报告。

是日，西南联合大学第132次常委会决定，全校教职员一律加入反侵略运动大会为会员；师范学院国文学系筹办《国文月刊》。

1月10日，国立中央大学校长罗家伦、中山大学校长邹鲁、北京大学校长蒋梦麟、四川大学校长程天放、西北大学校长胡庶华等联名致电美国参众两院，恳请美国政府予日本以经济制裁。

1月11日，自上年12月18日开始的昆仑关战役至此结束。在白崇禧、杜聿明等国民党将领指挥下取得"昆仑关大捷"。

按：昆仑关战役为抗日战争的大型战役之一，也是桂南会战国民革命军投入战力最强规模部队的一场战役。桂南会战始于1939年11月13日，至1940年10月30日结束。参战将领有：白崇禧、杜聿明、邱清泉、廖耀湘、郑洞国、陈明仁、戴安澜。日军占领南宁和昆仑关后，国民政府从数百公里处急调10个精锐师，对日军发动立体化进攻，取得昆仑关大捷，迫使日军改变对广东的作战计划，造成日军在战略上的部分被动。

是日，国民党第五届中常会第一三八次会议上通过了《中央文化驿站设置办法》及《中央文化驿站总管理处组织规程》。（参见吴永贵《民国图书出版史编年：1912—1949》，社会科学文献出版社2018年版）

1月15日，毛泽东写信祝贺吴玉章同志60寿辰。信中说："一个人做点好事并不难，难的是一辈子做好事，不做坏事，一贯地有益于广大群众，一贯地有益于广大青年，一贯地有益于革命，艰苦奋斗几十年如一日，这才是最难最难的啊！"（彭月英等主编《毛泽东延安时期教育实践与教育思想概论》，湘潭大学出版社2012年版）

1月16日，蒋介石发表《告全国小学教员书》，对小学教员责以重任，勉其奋发，对社会重申师道之尊严与俸给之应增厚。（参见中央教育科学研究所编《中国现代教育大事记 1919—1949》，教育科学出版社 1988 年版）

1 月 17 日，国民政府教育部训令：战区学校教科书异常缺乏，学校停顿，各省、市应详细统计，指定专款，就地翻印。（参见中央教育科学研究所编《中国现代教育大事记 1919—1949》，教育科学出版社 1988 年版）

1 月 25 日，中共中央书记处电南方局，指示其在重庆加强翻印、发行延安出版的党报和党刊。事后，新华日报馆组织人力将延安《新中华报》《共产党人》《解放》《军政杂志》等报刊上的社论及重要文章，印成单页或小册子，通过秘密发行网点进行散发。（参见吴永贵《民国图书出版史编年：1912—1949》，社会科学文献出版社 2018 年版）

1 月 27 日，中华全国文艺界抗敌协会发动"保障作家生活运动"，以改善作家的经济困境，动员广大文艺家投身于抗日民族解放斗争。

1 月 28 日，毛泽东为中共中央起草《克服投降危险，力争时局好转》的指示，强调了 11 项口号。

1 月 29 日，国民政府教育部令发《二十九年度特设各种专修科办法要点》。

2 月 1 日，中共中央发表《关于目前时局与党的任务的决定》，确定今后的抗战任务。

是日，延安各界 3 万余人举行民众讨汪大会，毛泽东在会上发表《团结一切抗日力量，反对反共顽固派》的演说，号召全国开展讨汪运动。

是日，国民党重庆市党部制定公布《重庆市战时书刊巡回推销管理办法》。

2 月 3 日，陕甘宁边区政府第二十一次常务委员会会议决定：成立编审委员会，专门负责学校教材的编审工作。（参见吴永贵《民国图书出版史编年：1912—1949》，社会科学文献出版社 2018 年版）

2 月 5 日，陕甘宁边区自然科学研究会在延安成立，毛泽东和陈云等出席会议并讲话，公推蔡元培为名誉主席，吴玉章为会长。

按：毛泽东《在陕甘宁边区自然科学研究会成立大会上的讲话》说："今天开自然科学研究会成立大会，我是很赞成的。因为自然科学是很好的东西，它能解决衣、食、住、行等生活问题，所以每一个人都要赞成它，每一个人都要研究自然科学。有人认为中国历来就没有自然科学，这是不对的。中国自有人类生活以来都要吃饭，要吃饭就要进行生产，就有自然科学的萌芽，后来并逐渐发达，不过过去没有把自然科学发展成为一个体系罢了。自然科学是人们争取自由的一种武装。人们为着要在社会上得到自由，就要用社会科学来了解社会，改造社会，进行社会革命。人们为着要在自然界里得到自由，就要用自然科学来了解自然，克服自然和改造自然，从自然里得到自由。自然科学是要在社会科学的指挥下去改造自然界，但是自然科学在资本主义社会里却被阻碍了它的发展，所以要改造这种不合理的社会制度。边区在中国共产党的领导下，进行了社会的改造，改变了生产关系，因此就有了改造自然的先决条件，生产力也就日渐发展了，这从边区的生产运动和农工业展览可以表现出来，所以边区现在的社会制度是有利于自然科学发展的。边区经济是落后的，但是干起来也更有意义，只要大家努力，一定可以改造成为一个更好的地方。马克思主义包含有自然科学，大家要来研究自然科学，否则世界上就有许多不懂的东西，那就不算一个最好的革命者。"（根据 1940 年 3 月 15 日《新中华报》刊载的新闻稿刊印，见《毛泽东选集》第 2 卷）

2 月 7 日，中央文化运动委员会正式成立。该会初由国民党中央社会部发起组成，社会部改隶行政院后，由国民党中央宣传部接办，主任委员张道藩，副主任委员潘公展、洪兰友，委员有吴南轩等 212 人（后增至 291 人），常务委员 15 人。

按：1945 年，该会改隶国民党中央执行委员会，领导成员调整：主任委员张道藩，副主任委员叶溯中、胡一贯。该会设秘书、服务、指导、编译等科室负责日常工作。（参见吴永贵《民国图书出版史编年：

1912—1949》,社会科学文献出版社 2018 年版)

2 月 8 日,国民党第五届中常会第一四〇次会议通过《全国各地公私交通工具附运文化驿站书刊办法》11 条。规定全国各地公私交通工具,包括客车、军车及铁路等,均应附运文化驿站之书刊。(参见吴永贵《民国图书出版史编年:1912—1949》,社会科学文献出版社 2018 年版)

是日,《中国工人》月刊在延安创刊,由中共中央职工运动委员会主办。

2 月 9 日,教育部通令各院校为发扬中国固有文化,应进行下列各项工作:广搜中国通史、断代史、专史材料,充实教学内容;与海外友邦有联系的学校应密切合作,整理中国材料,研究中国问题,翻译中国典籍。

2 月 10 日,国民政府教育部令发《发扬固有文化办法》。

按:据 2 月 10 日《中央日报》载,《办法》提出:为增进民族意识,促进建国大业,公私立专科以上学校应本发扬我国固有文化的精神,尽量引用本国材料作教材;用现代科学方法整理我国先哲有价值的学术;重视中国通史、近代史及各种专史;与海外文化团体合作研究中国文化。(参见中央教育科学研究所编《中国现代教育大事记 1919—1949》,教育科学出版社 1988 年版)

2 月 15 日,中共中央发出《中央关于办理党校的指示》,规定各级党校的基本任务是以马列主义的理论与实际来教育干部。

按:为了办好党校,中央书记处于 1940 年 2 月 15 日发出由张闻天起草的《中央关于办理党校的指示》,其中指出:"为了巩固与发展党,各地党的领导机关均应办理党校,以加强对党的干部的马列主义教育。"从巩固和发展党这个高度,强调加强对干部的马列主义理论教育是办理党校的根本目的。《指示》要求各中央局各分局办理训练中级干部(县级及区级)的党校;各省委、区党委、地委办理训练区级干部的党校;各地委、县委办理训练初级干部(支部干事)的训练班。《指示》规定:"各级党校的基本任务是以马列主义的理论与实际来教育干部,而来校干部的基本任务也就是学习。因此整个党校的组织形式与工作方法,均应服从于这个基本任务。"《指示》还就党校的教学方法作了一套具体规定。这些教学方法在党校取得了良好的效果。这里主要是两条,一条是提倡自学为主,《指示》规定:"学习方法应采取在教育指导下以个人自习(即自己读书)为主的原则。"另一条是提倡循序渐进,这就是《指示》中规定的:"教学方面,应以由少到多、由浅入深、由中国到外国、由具体到抽象的原则。"《指示》强调"求得理论与实际的一致,是党校教习的中心目标",为了求得这种一致,"应该使学生切实了解马列主义的精神和方法,应该经常研究与讨论党中央与党的领导机关的各种文件与指示,应该经常多请当地的和外来的负责同志报告各种时事问题及各种实际工作的情况与经验。这些均应成为党校的主要功课之一部。"《指示》强调,"在学校生活中应该充分发扬民主。在学习中应提倡敢于怀疑,敢于提出问题,敢于发表意见,与同志辩论问题的作风。对于错误的、不正确的思想,主要的应该采取说服、解释与共同讨论的方法来纠正。"(陈至立主编《中国共产党建设史》,上海人民出版社 1991 年版)

是日,《中国文化》杂志在延安创刊,艾思奇任主编。创刊号发表毛泽东在陕甘宁边区文化协会第一次代表大会上的讲演《新民主主义的政治与新民主主义的文化》,系统论述新民主主义革命的理论和纲领,后改题为《新民主主义论》。

按:1 月 4 日,陕甘宁边区文化协会第一次代表大会在延安召开。9 日,毛泽东在会上作了长篇演讲,题目是《新民主主义的政治与新民主主义的文化》。2 月 15 日,这篇演讲首先在《中国文化》创刊号发表。2 月 20 日,《解放》第 98—99 期合刊刊载了这篇文章,题目改为《新民主主义论》。毛泽东自己说,这篇讲话"目的主要为驳顽固派"。但是它的意义已远远超出这个范围。毛泽东在《新民主主义论》中,开宗明义地提出"中国向何处去"的问题,他十分明确地回答:"我们要建立一个新中国。""我们中国共产党人,多年以来,不但为中国的政治革命和经济革命而奋斗,而且为中国的文化革命而奋斗;一切这些的目的,在于建设一个中华民族的新社会和新国家。"总之,《新民主主义论》驳斥国民党顽固派的反共叫嚣,回答了中国向何处去的问题,分析了新三民主义和旧三民主义的区别以及新三民主义与社会主义的关系,提出了关于新民主主义革命和新民主主义社会的理论以及新民主主义的政治、经济和文化的纲领,勾画了新民主主义社会的蓝图。新民主主义理论的提出和系统阐述,在马克思主义中国化的历史进程中是一次飞跃。它不仅回答了当前时局中提出的种种问题,而且回答了中国现阶段民主革命和未来建设新中国的一系列根本问题,标志着马克思列宁主义基本原理同中国革命具体实践相结合的毛泽东思想有了进一步的发展。4 月 16 日,晋察冀边区《抗敌报》载,毛泽东著作《新民主主义论》出版:"本书乃毛泽东继《论持久战》与《论新阶段》《再论持久战》之后的划时期的伟大历史著作,实为马克思列宁主义在中国的具体运用的光辉成就与精辟的科学的革命理论。其在马列主义文献中占有如何显耀的地位,早有定评。凡我抗战军民,均应人手一篇。"

按:《中国文化》是中国综合性学术刊物,创刊号发表《本刊宗旨及信念》,其曰:"一、本刊注重综合的研究。举凡思想学术,典章制度,器物歌言,有可以发明中国文化特殊意义者,均在甄采之列。主旨在用力于各种研究中,俾真相愈明,价值愈显,于以构成中国文化认识之体系。在此转变期中,如何可接受他种文化,而孕育新花。如何须培养自种而坚凝正命。研究此种问题,实为吾人应有之祈向与责任。二、本刊取纯粹研究态度。虽不废辩论,但亦不专主一家。在文化大界域中,如今古汉宋之争,程朱陆王空有台贤之辩,甚至独主西学,排斥中化之说。苟钻研深至,陈义详明,足资启发者,均乐披露。废除偏私之见,乐闻违异之言,切磋砥砺,以求至善之归。非徒显廓然大公之胸襟,亦实本吾侪综合研究之宗旨。三、本刊除同人撰稿外,实乐以此学术公器,辟为一般同好者发挥言论之园地,惟见智见仁,要务不同,其言论责任,均属之个人,与本刊无涉。对辩文字,亦可兼容。惟不无标榜之习,倘存山膏之音者,则非本刊宗尚,谨谢不敏。本刊深信中国国有文化,已是立国数千年,今后建国毓族此文化成分,亦必发生决定之作用。惟吾国历史悠久,部执多门,典籍沉湮,学理散漫,故抉发此文化精义以应变创新,而指导吾人行为,则正待贤达努力。倘有志同道合之君子,无任企踵以待。"《中国文化》创刊号还发表了艾思奇的《论中国的特殊性》一文。该刊重视马克思主义哲学的宣传和中国文化,曾连载艾思奇的哲学讲座和培元、杨松等人论述马克思主义中国化问题的文章,并发表范文澜的《中国经学史的演变》、艾思奇的《抗战以来几种重要哲学思想的评述》等以马克思主义哲学为指导,研究中国历史和现状的文章。1941 年 8 月 30 日出版第 3 卷第 2—3 期合刊后停刊。(参见艾克恩编纂《延安文艺运动纪盛》,文化艺术出版社 1987 年版;孙国林编著,王佳钰、王增辉校订《延安文艺大事编年》,陕西师范大学出版总社 2016 年版;吴永贵《民国图书出版史编年:1912—1949》,社会科学文献出版社 2018 年版)

2 月 18 日,全国县政学会成立,蒋介石任名誉会长,戴传贤、孔祥熙、陈立夫等为名誉副会长,孙慕迦等 17 人为理事。

2 月 19 日,延安青年宪政促进会举行成立大会。

是日,新文字运动委员会在延安成立,吴玉章任主任委员。

2 月 20 日,延安各界宪政促进会成立,并发表宣言。推举吴玉章为理事长,通过蔡元培为名誉主席团成员,毛泽东在成立大会上发表《新民主主义的宪政》演说,阐明共产党人的宪政观。

是日,伪满公布《向学校派遣陆军现役将校案》,对在校学生施以军事训练,严加控制。

2 月 21—26 日,国民党中央党部召开特种座谈会,讨论"禁止或减少共产党书籍邮运办法及取缔生活、新知、互助等书店办法"。会议除指定人员起草取缔办法外,还决定除正常取缔办法外,增加特种取缔办法,即使中央图书杂志审查委员会已审查通过的,仍可以以有碍军事为由予以检扣,秘密取缔。(参见吴永贵《民国图书出版史编年:1912—1949》,社会科学文献出版社 2018 年版)

2 月 22 日,山东各界宪政促进会在鲁南成立,方养斋为会长。

2 月 29 日,国民政府教育部公布《特别师范科及简易师范科暂行办法》17 条。

3月1日,西南联合大学举行国民月会,全体师生一致决议,通电声讨汪精卫叛国投敌、筹组伪中央政府罪行。

3月6日,国民政府教育部制定《社会教育设施与党部联系办法》6条。

按:《办法》规定:推行地方社会教育事业的委员会应请国民党党部参加。短期训练班的党义课由党部派人讲授。关于党义的宣传应接受党部的指导。党部方面应发动党员参加扫盲工作,举办民众学校或补习学校等社会教育工作。(参见中央教育科学研究所编《中国现代教育大事记1919—1949》,教育科学出版社1988年版)

3月7日,国民政府教育部转发行政院训令:为谋各省普设收音机并求运用适当,每县市至少先有一台收音机。私有收音机能公开使用的可转请奖励。(参见中央教育科学研究所编《中国现代教育大事记1919—1949》,教育科学出版社1988年版)

3月10—16日,国民政府教育部在重庆召开第一次国民教育会议,讨论推进国民教育问题。

按:中央及各省代表58人出席、列席。至16日闭会,教育部长陈立夫撰著《各省市国民教育会议闭会词》,于会议经过及重要决议案,缕述甚详,上海《申报》在4月6日、7日有连续刊登。会议主要研究在《县组织纲要》颁布后,国民教育如何建设问题。经过讨论,决议案有:规定乡镇中心学校及保国民学校设施要则、筹措保国民学校基金、修订课程标准等36件。会议期间,蒋介石到会训话。大意谓:今日教育应特别注意恢复我国古代的教育方法(礼、乐、射、御、书、数);除教育学生学习科学以外,一定要使他们了解作人的道理,用曾文正公教育子女的话设法去作。(参见中央教育科学研究所编《中国现代教育大事记1919—1949》,教育科学出版社1988年版;吴永贵《民国图书出版史编年:1912—1949》,社会科学文献出版社2018年版)

3月11日,毛泽东在延安党的高级干部会议上作《目前抗日统一战线中的策略问题》的报告,总结打退第一次反共高潮的经验,提出"发展进步势力,争取中间势力,反对顽固势力"的策略思想和有理、有利、有节的原则。

3月15日,重庆《大公报》载,教育部聘请专家组织编委会,编辑大学用书。

按:(中央社讯)教育部对于提高大学教育程度一事,年来积极进行,各学院共同必修科目及分系必选修科目,均经拟定颁布,令各院校分于二十七八年度开始施行。该部兹为依照颁布科目,进行编辑大学用书起见,特设立大学用书编辑委员会,前日已公布该会章程,并分科聘请委员。该会任务为关于编辑大学用书之拟定审核及计划事项,优良大学用书之选择与介绍,与拟定章则及讨论部长交办之其他事项。该会议决事项,呈经部次长核定后,交国立编译馆施行。该会委员分聘任委员、当然委员两种,聘任委员计聘冯友兰、张其昀、朱光潜、蒋廷黻、闻一多、童冠贤、吴景超、张奚若、史尚宽、周鲠生、孙光远、严济慈、曾昭抡、钱崇澍、李四光、顾毓琇、茅以升、刘仙洲、胡庶华、张洪元、邹树文、沈宗瀚、曾省、马寅初、何廉、颜福庆、汪元臣、谢循初、孟宪承、常导之、萨孟武、赵阑坪、孙寒冰、孙国华、洪兰友、刘振东、张道藩等37人。当然委员为教育部司长吴俊升、章益,秘书刘季洪,科长陈东原。教科用书编辑委员会主任委员许心武,国立编译馆长陈可忠,主任郑鹤声、康清桂、翟桓等9人,并经指定吴俊升、许心武、陈可忠等3人为常务委员,陈可忠兼任秘书云。(参见吴永贵《民国图书出版史编年:1912—1949》,社会科学文献出版社2018年版)

3月15—17日,国民政府教育部在重庆召开全国中等教育会议,主要研究抗战后中等教育急待解决的问题。

按:教育部部员,各省代表及专家81人参加。会议经过讨论,决议案有:改进中学教育、高等师范教育应如何配合中等教育、私立中等学校在抗战期间应予奖励、整理职业教育等30件。(参见中央教育科学研究所编《中国现代教育大事记1919—1949》,教育科学出版社1988年版)

3月16日,国民政府命令褒扬蔡元培,发给治丧费5000元,并派许崇智前往致祭,生平事迹存备宣付国史馆。

是日,国民政府教育部公布《文化团体总登记办法》11条,限各文化团体于6月前重行登记,未立案的文化团体可补行立案手续。(参见中央教育科学研究所编《中国现代教育大事记1919—1949》,教育科学出版社1988年版)

3月18日,中共中央书记处发出《关于开展抗日民主地区的国民教育的指示》。

按:《指示》指出:开展抗日民主地区的国民教育,是当前深入动员群众参加与坚持抗战,培养革命知识分子与干部的重要环节。要加强党对国民教育的领导,各地党的领导机关必须认真地把这一工作当作他们的中心任务之一。党的宣传部门内应该有国民教育科。《指示》要求:学校教育,尽可能地恢复与重建各地小学,达到每村有一个初级小学,每乡一个中心小学或模范初级小学,每个中心区有一个两级小学或完全小学;大批地吸收与鼓励青年知识分子或旧知识分子,尤其是过去的小学教员,担任小学教育工作;区县内公立中学的一切设施,应正规化;设立各级女子学校,提倡男女同校;社会教育,要在各村各乡小学校内或小学校外,建立民革室、救亡室、俱乐部一类的文化教育中心;开办各种民众学校、夜校、识字班;组织各种识字组,大众黑板、读报、演讲、娱乐、体育、壁报、戏剧活动,在县的中心市镇设立民教馆等。(参见中央教育科学研究所编《中国现代教育大事记1919—1949》,教育科学出版社1988年版)

是日,国民政府教育部公布《教育部大学用书编辑委员会章程》10条。

按:《章程》规定:由部长聘任或指派委员30至50人组成委员会,负责编辑大学用书工作。委员会决定先编院系必修科目用书,再编学系选修用书。编辑方法:一为采选成书,二为公开征稿,三为特约编著。(参见中央教育科学研究所编《中国现代教育大事记1919—1949》,教育科学出版社1988年版)

是日,国民政府教育部颁发《高中以上学校学生参战奖励办法》13条。

3月21日,国民党中央常务委员会决定:尊称孙中山为国父。

是日,国民政府教育部公布《国民教育实施纲领》9章40条。

按:《实施纲领》规定:国民教育分义务教育及失学民众补习教育两部分,应在保国民学校及乡(镇)中心学校同时实施,并尽先充实义务教育部分。国民教育的普及以5年为期,分3期进行,自本年8月至1942年7月为第1期,先从四川、云南、贵州、广西等14个省市实施。第1期终了时,入学儿童须达到学龄儿童总数65%以上,入学民众须达到失学民众总数30%以上。(参见中央教育科学研究所编《中国现代教育大事记1919—1949》,教育科学出版社1988年版)

是日,国民党中央宣传部拟定《电影剧本审查登记办法》《戏剧剧本审查登记办法》及《战时剧本审查标准》。(参见吴永贵《民国图书出版史编年:1912—1949》,社会科学文献出版社2018年版)

3月22日,汪伪国民党中央政治会议举行第三次会议,会议通过伪国民政府各院部会人选,教育部长为赵正平。(参见中央教育科学研究所编《中国现代教育大事记1919—1949》,教育科学出版社1988年版)

3月24日,重庆各界举行追悼蔡元培大会,蒋介石、吴敬恒、王宠惠、孔祥熙、戴传贤、于右任、张继等参加致祭,张继、吴敬恒先后报告蔡元培生平事迹、学术成就等,最后宣读国民政府及国民党中央祭文。同日,四川、贵州、广西、湖南、浙江等省及香港均举行追悼大会,吊祭蔡元培。

是日,昆明各界举行蔡元培追悼大会,由云南省主席龙云主祭,梅贻琦报告蔡元培先生生平事迹,云南省教育厅长龚自知讲述蔡元培生前努力思想解放及提倡学术研究自由之精神。

是日,中共中央作出关于在职干部教育的指示。指示规定5月5日马克思生日为学习节,总结经验,奖励先进。

3 月 26 日,陈嘉庚率华侨回国慰劳视察团长抵达重庆。

3 月 29 日,陕甘宁边区政府制定《陕甘宁边区实施普及教育暂行条例》。

3 月 30 日,汪精卫在南京成立"中华民国国民政府",并出任伪国民政府代主席兼行政院长,发表《国民政府纲》和《还都宣言》。

按:汪伪政权的正式成立,表明汪精卫集团完全沦为日本侵华的工具。

3 月 31 日,延安成立蒙古文化宪政促进会,吴玉章、李富春、林伯渠等为理事。

是月,国民政府行政院公布《教育部学术审议委员会章程》16 条。

按:《章程》规定:委员会的职责为审议全国各大学之学术研究事项;建议学术研究之促进与奖励事项;审核各研究院所之硕士学位授予及博士学位候选人资格;审查专科以上学校教员资格事项等。(参见中央教育科学研究所编《中国现代教育大事记 1919—1949》,教育科学出版社 1988 年版)

4 月 1 日,国民政府明令全国自是日起,尊称孙中山为中华民国国父。

是日,国民参政会第一届第五次大会在重庆开幕,会议讨论宪法草案 8 条。

按:此宪法草案与训政时期的《约法》无大出入。主要变更有:一、将《约法》中的"三民主义为中华民国教育之根本原则"改为"中华民国之教育宗旨在发扬民族精神,培养国民道德,训练自治能力,增进生活智能,以造成健全国民"。二、将《约法》中的"男女教育之机会一律平等"改为"6 至 12 岁之学龄儿童一律受基本教育,免纳学费"。三、将《约法》中的"应宽筹教育上必需之经费"改为"教育经费之最低限度在中央为其预算总额 15％,在省区及县市为其预算总额 30％"。(参见中央教育科学研究所编《中国现代教育大事记 1919—1949》,教育科学出版社 1988 年版)

是日,国民参政会第五次会议通过有关教育方面的决议案。

按:其中有:实施国民教育五年计划大纲草案;留学费用过高留学生名额不应增加案;教科书价激增,应急筹救济案;督促各省提高中小学教员待遇案;生活费用高涨,子女求学不易,各校应设法减轻学生经济负担案。(参见中央教育科学研究所编《中国现代教育大事记 1919—1949》,教育科学出版社 1988 年版)

4 月 8 日,国民政府教育部颁发《大学及独立学院入学资格不合学籍未经核准学生补救办法》6 条。

是日,西南联合大学举行清华大学 29 周年校庆。

4 月 10 日,邹韬奋在国民参政会第一届第五次大会上提出《严禁违法逮捕,迅速实行提审法,以保障人民言论自由案》,获得通过。

4 月上旬,中华书局总经理陆费逵在渝出席国民参政会第五次会议,提出改良国语教育案。(参见吴永贵《民国图书出版史编年:1912—1949》,社会科学文献出版社 2018 年版)

4 月 11 日,伪满公布《国兵法》《国兵法实施令》,改募兵制为征兵制,并决定以学校为出发点,将《国兵法》宣传、普及于民众,使学校起到"社会教化中心"的作用。(参见中央教育科学研究所编《中国现代教育大事记 1919—1949》,教育科学出版社 1988 年版)

4 月 15 日,抗日军政大学总校在山西武乡蟠龙镇举行第六期开学典礼,朱德、彭德怀出席并讲话。

4 月 16 日,国民政府教育部训令边疆各省:为推进边疆教育,自本年起在青海、宁夏、西康、云南、贵州 5 省,择适中地点筹设边疆试验中心学校各 1 所,以后逐年增加。

按:边疆试验中心学校编制课程、训导等项均遵照部颁法令办理。学生不分族别,不收学费。并指定西宁、康定二校于 9 月 1 日开学。(参见中央教育科学研究所编《中国现代教育大事记 1919—1949》,教

育科学出版社 1988 年版）

4 月 17 日，重庆市社会局根据教育部 4 月 4 日训令，通知重庆市图书教育用品业工会，"嗣后不得随意翻印国外出版书籍"。

4 月 20 日，《救亡日报》上刊载李宗仁撰写的文章《文化建设与言论自由》。（参见吴永贵《民国图书出版史编年：1912—1949》，社会科学文献出版社 2018 年版）

4 月 21 日，中国社会改进研究会在重庆成立，朱家骅、谷正纲、洪兰友、杭立武、李中襄等为理事，邵力子、马超俊、康泽为监事。

4 月 25—27 日，国民政府教育部在重庆召开第二届全国高等师范教育会议，主要讨论各师范学院行政、课程、训导等问题。

按：教育部有关人员及各大学师范学院院长、主任、导师等出席。决议案有：师范学院招生须顾及各省市名额分配、师范学院辅导中等教育办法、课程改进等 34 件。（参见中央教育科学研究所编《中国现代教育大事记 1919—1949》，教育科学出版社 1988 年版）

4 月 26 日，《新华日报》发表题为《文化界努力的方向》的社论，揭露国民党顽固派反对和阻碍一切进步的、对抗战有推动作用的思想文化的恶劣行径。

4 月 28 日，中国经济学社举行年会。

4 月 29 日，国民政府教育部颁发《教员服务奖励规则》11 条。

按：《规则》规定：公私立中学校长及专任教员，连续服务 15 年以上，成绩优良并经检定合格的教员，由学校授予服务奖状。（参见中央教育科学研究所编《中国现代教育大事记 1919—1949》，教育科学出版社 1988 年版）

是月，国民政府教育部成立史地教育委员会，吴俊升、张西堂、黎东方为专任委员，陈东原为秘书，吴俊升、顾树森、陈礼江、张廷休、孟寿椿、陈可忠、许心武等 7 人为当然委员，吴稚晖、张其昀、蒋廷黻、顾颉刚、钱穆、陈寅恪、黎东方、傅斯年、柳诒徵、胡焕庸、徐炳昶、金毓黻、缪凤林、吕思勉、黄国璋、陈训慈、雷海宗等 19 人为聘任委员。

5 月 1 日，国民政府教育部学术审议委员会第一次大会通过《补助学术研究及奖励著作发明一、二、三等奖》一案。规定每年举办一次，由教育部就本国学者之著作发明及美术制作中按文学、哲学、社会科学、古代经籍研究、自然科学、应用科学、工艺制造、美术、音乐等类，分别选拔若干种，予以奖励。（参见吴永贵《民国图书出版史编年：1912—1949》，社会科学文献出版社 2018 年版）

5 月 1 日至 6 月 18 日，枣宜会战，为武汉会战以来日军对正面战场最大规模的一次进攻。国民党李宗仁、张自忠、陈诚、汤恩伯、黄琪翔、孙连仲、孙震等将领指挥此次会战，张自忠上将殉国于南瓜店，宜昌失陷。但日军未能击溃第五战区的主力，而且遭到重创。

5 月 2 日，国民政府教育部颁发《改进播音教育办法》7 项。

按：《办法》规定：各省市设电化教育服务处，划分播音教育区，指定专人负责播音教育工作等。（参见中央教育科学研究所编《中国现代教育大事记 1919—1949》，教育科学出版社 1988 年版）

5 月 9 日，国民政府重庆临时参议会通过议案，呈请行政院转呈国民政府及国防最高会议："建议政府明令，定重庆为中华民国永远之陪都。"国民政府启动国家法律程序。

是日，国民政府教育部颁发《奖励职业学校职业教员进修暂行办法》11 条。

5 月 10 日，《申报》载教育部积极编辑大学用书，编辑委员会章程公布。

按：（重庆航讯）教部为编辑大学用书，曾指聘人员积极进行等情，已志本报。是项大学用书编辑委员会章程 14 条，已由教部公布。此会委员设 30 人至 50 人，由部长聘任或指派，并于委员中指定常务 3

人,常务会 3 个月开一次,全体会半年一次,会之任务有五:(一)拟订及审核大学用书之编辑方针。(二)计划大学用书之编辑事项。(三)计划优良大学用书之选择与介绍事项。(四)拟订本会之各项章则事项。(五)其他部长交办事项。该会为谋增进编辑工作效能,依大学科之类别分设各组。各组委员及名单,由部长决定,所有决议事项呈经部长核定,交国立编辑馆施行。(参见吴永贵《民国图书出版史编年:1912—1949》,社会科学文献出版社 2018 年版)

5 月 11 日,国民政府教育部学术审议委员会第一次会议在重庆举行,正式宣告该会成立。吴敬恒、朱家骅、张君劢、陈大齐、陈布雷、马寅初、蒋梦麟、吴有训等 29 人为委员。

按:第一届学术审议委员会 29 名委员中,当然委员 4 人:陈立夫、顾毓琇、余井塘、吴俊升;由国民政府教育部直接聘任 12 人:吴稚晖、张君劢、朱家骅、陈大齐、郭任远、陈布雷、胡庶华、程天放、罗家伦、张道藩、曾养甫、赵兰坪;从各高校选举产生后聘任 13 人:冯友兰、傅斯年、竺可桢、吴有训、周鲠生、王世杰、茅以升、马寅初、颜福庆、滕固、蒋梦麟、邹树文、马约翰。

按:国民政府教育部学术审议委员会第一次会议颁布制定《大学及独立学院教育资格审查暂行规定》,规定大学教师分教授、副教授、讲师、助教及其各自的任职资格。本次会议还通过《补助学术研究及奖励著作发明案》。规定每年举办一次,由教育部就本国学者之著作发明及美术制作中按文学、哲学、社会科学、古代经籍研究、自然科学、应用科学、工艺制造、美术、音乐等类,分别选拔若干种,予以奖励。次年 4 月 16 日,教育部根据《补助学术研究及奖励著作发明案》,公布《著作发明及美术奖励规则》11 条。该规则是南京国民政府奖励学术研究的纲领性文件。《规则》规定的奖励范围:著作分文学、哲学、社会科学、工艺制造;发明分自然科学、应用科学、工艺制造;美术分绘画、雕塑、音乐、工艺美术。各项每年奖励一次,以最近三年内的作品为限。(参见中央教育科学研究所编《中国现代教育大事记 1919—1949》,教育科学出版社 1988 年版)

5 月 14 日,教育部举行史地教育委员会第一次全体委员会议,通过“改进大中小学史地教育事项、推动社会史地教育事项、编纂中国史地书籍事项、编制抗战史料事项”等议案。吴俊生、张西堂、黎东方为专任委员,陈东原任秘书,吴俊生、颜树森、陈礼江、张廷休等 7 人为当然委员,吴稚晖、张其昀、蒋廷黻、顾颉刚、钱穆、陈寅恪、傅斯年、胡焕庸、徐炳昶、雷海宗等 19 人为聘任委员。

5 月 16 日,国民党第五届中央常务委员会第一四七次会议通过了《修正战时图书杂志原稿审查办法》。(参见吴永贵《民国图书出版史编年:1912—1949》,社会科学文献出版社 2018 年版)

5 月 17 日,国民政府教育部颁布《各省市国民教育师资训练办法大纲》28 条。

按:《大纲》规定:为培养大量师资以普及国民教育,除现行的小学师资训练机关外,并得由地方举办国民学校校长训练班、国民教育师资进修班、国民教育师资短期训练班。师范学校可实施“训练实习间期制”,即师范学校,在校训练 2 年——实习 2 年或 1 年——回校训练 1 年;简易师范学校,在校训练 3 年——实习 2 年或 1 年——回校训练 1 年。初中 3 年级增设师资训练科目。(参见中央教育科学研究所编《中国现代教育大事记 1919—1949》,教育科学出版社 1988 年版)

5 月 18 日,国民政府教育部颁发《中心学校、国民学校办理社会教育要点》10 条。

按:《要点》规定:中心学校、国民学校除设置成人班、妇女班外并应办其他各项社会教育事业。中心学校以乡为施教范围,国民学校以保为施教范围。学校所办社会教育事业以改善民众生活为主旨。(参见中央教育科学研究所编《中国现代教育大事记 1919—1949》,教育科学出版社 1988 年版)

是日,中国边疆建设协进会在重庆成立,于右任为会长。

5 月 27 日,日机轰炸重庆北碚、黄角镇等地。复旦大学文摘社主编孙寒冰及文书汪兴楷遇难,其编辑部房屋坍塌。(参见吴永贵《民国图书出版史编年:1912—1949》,社会科学文献出版社 2018 年版)

5 月 29 日,国民政府明令在政府机关、民众团体一律改称孙中山为国父,但在党内称国父或总理均可。

5 月 31 日,陈嘉庚率领南洋华侨回国慰劳视察团到延安,慰劳陕甘宁边区抗战军民。

是月,西南联合大学学生自治会康乐股主办的联大歌咏团成立;西南联合大学学生社团戏剧研究社成立。

6 月 3 日,中共中央作出《关于目前国民党区学生工作的几个决定》。

6 月 6 日,中国工程师学会决定 6 月 6 日为工程师节。

6 月 7 日,中共中央作出《关于加强战区青年工作的指示》。

按:《指示》对华北及战区青年工作提出了四项中心工作:一、建立青年半武装组织(不脱离生产的及率脱离生产的)及武装组织(正规军的补充性的)。二、加强青年中的文化政治教育,并协助党政机关开展国民教育及文化运动。三、改进青年生活,提倡青年服务,以提高青年社会地位。四、积极参加瓦解敌伪军工作。(参见中央教育科学研究所编《中国现代教育大事记 1919—1949》,教育科学出版社 1988 年版)

6 月 8 日,国民政府教育部颁发《修正专科以上学校训导人员资格审查条例》9 条。

是日,国民政府教育部颁发《各省市推进音乐戏剧教育要项》7 项。

按:文件要求各省市:戏剧教育要设专人负责;成立各种形式的歌咏队、戏剧队;训练音乐、戏剧人才;编审歌咏、戏剧教材等。(参见中央教育科学研究所编《中国现代教育大事记 1919—1949》,教育科学出版社 1988 年版)

是日,重庆市图书杂志审查委员会讨论"本市异党文化工作活动"情报,决议密函中统局、市党政调查室、卫戍司稽查处、邮检所、三青团等请随时提供该方面的情报。(参见吴永贵《民国图书出版史编年:1912—1949》,社会科学文献出版社 2018 年版)

6 月 9 日,重庆文艺界举行关于文艺民族形式的座谈会,出席者有以群、姚蓬子、戈宝权、胡绳、梅林、潘梓年、艾青等。

是日,伪中国教育建设协会在南京成立,戴英夫为会长。

6 月 13 日,中央图书杂志审查委员会电令所属查禁毛泽东所著的《新民主主义论》。

6 月 20—22 日,汪伪国民政府在南京召开教育行政会议。江苏、浙江、安徽、湖北四省教育厅长及上海、汉口两市教育局长参加。

按:汪精卫接见与会人员,并讲话说:和平反共建国,为一切施政方针,也即教育方针。并要教育部门加强对青少年的教育,使青少年的思想与日本建设东亚新秩序意识吻合一致。(参见中央教育科学研究所编《中国现代教育大事记 1919—1949》,教育科学出版社 1988 年版)

6 月 21 日,延安"新哲学会"举行第一届年会。中国共产党的领导人毛泽东、张闻天、朱德与知识分子茅盾、艾思奇、范文澜、何思敬、张仲实、陈伯达、周扬、杨松、郭化若、和培元、萧向荣、冯文彬等 50 余人参加会议。

按:毛泽东、朱德等到会讲话。在年会论文报告会上,艾思奇(《孙中山先生的哲学思想》)、范文澜(《中国经学史的演变》)、和培元(《形式逻辑与辩证法》)、陈唯实(《斯大林对唯物辩证法的新发展》)、周扬(《契尔那夫斯基的美学》)、何思敬(《黑格尔的逻辑》)、郭化若(《军事辩证法》)、陈伯达(《中国近代哲学思想》)等作了报告。

6 月 23 日,西南联合大学师范学院国文学系编辑出版的《国文月刊》正式创刊。

6 月 25 日,顾颉刚、蒙文通、萧一山、吕思勉、黄文弼、金毓黻、陈训慈、姜亮夫等 74 位史学界同人发起创办《史学季刊》,顾颉刚作《发刊词》。

是月,国民政府教育部订颁《专科以上学校三民主义教学研究会办法要点》13 条。

按:据《教育通讯》第3卷第22期载:《专科以上学校三民主义教学研究会办法要点》提出:为改善专科以上学校三民主义课程,造就三民主义教授人才,特举办三民主义教学研究会。《办法》规定,现任党义教员、训导长或曾任党义教员及文、法、师范科教员二年以上者得为会员。研究期满由教育部送各校聘为党义教员。现任党义教员一年内不入会研究,即停止其教授三民主义的资格。(参见中央教育科学研究所编《中国现代教育大事记1919—1949》,教育科学出版社1988年版)

是月,中国文化服务社奉命检寄《总裁言论》等83种书刊,向美国介绍我国抗战以来的书刊。(参见吴永贵《民国图书出版史编年:1912—1949》,社会科学文献出版社2018年版)

7月1日,中国国民党五届七中全会在重庆召开。会议决定设立中央设计局、党政工作委员会和妇女部等机构。

是日,陕甘宁边区行政学院成立,院长由林伯渠兼任,李六如任副院长。行政学院分行政、财政经济、法律三系。

按:1944年5月,行政学院并入延安大学。(参见中央教育科学研究所编《中国现代教育大事记1919—1949》,教育科学出版社1988年版)

7月2日,大光通讯社社长邵虚白被暴徒杀害。

7月6日,日本中国派遣军总司令部致函汪精卫,要求汪伪教育部将日语列为中小学必修课程。

按:日本中国派遣军总司令部函称,此举是对日本亲善程度与真诚的重要标志。汪精卫批准在初中以上学校开设日语课。(参见中央教育科学研究所编《中国现代教育大事记1919—1949》,教育科学出版社1988年版)

7月7日,中共中央发表《为抗战三周年纪念对时局的宣言》,再次号召全国人民团结起来,为克服投降危险和战胜困难而斗争。

7月14日,国民政府教育部公布《教育部附设战区来渝学生指导处组织大纲》8条。

7月15日,国民政府教育部公布《改进边疆寺庙教育暂行办法》9条。

按:《办法》规定:边疆寺视地方需要及寺庙经济能力。办理有关教育事业;阿拉伯文学校每日增加国语常识一等。(参见中央教育科学研究所编《中国现代教育大事记1919—1949》,教育科学出版社1988年版)

7月16日,国民政府公布《国立中央图书馆组织条例》14条。

按:《条例》规定:国立中央图书馆掌理关于图书之搜集、编藏、考订、展览及全国图书馆事业的辅导等事宜。(参见中央教育科学研究所编《中国现代教育大事记1919—1949》,教育科学出版社1988年版)

7月18日,英国迫于日本压力,与日本签订封闭滇缅公路协定,规定3个月内禁止武器等通过缅甸输送。

7月19日,上海《大美晚报》中文版经理张似旭被刺殉职。

7月20日,国民政府教育部颁发《教育部指定职业学校设置中等机械电机技术科办法大纲》13条。

是日,在华日人反战同盟在重庆召开成立大会,鹿地亘任会长。

7月22日,日本成立近卫文麿内阁,加紧推行在太平洋对英美进行战争的准备工作,公然提出"大东亚共荣圈"口号。

7月26日,国民政府教育部在重庆召开国语推行委员会第二届会议,研究加紧推行国语教育问题。

按:决议案有:请重申促进注音汉字推行办法、设立国语训练所、设立方言研究调查工作机构等13

件。(参见中央教育科学研究所编《中国现代教育大事记 1919—1949》,教育科学出版社 1988 年版)

是日,美国务院宣布废止美日友好商务通航条约,日本黩武政策遭到打击。

是日,日本提出"大东亚共荣圈"构想。

7 月 27 日,国民政府教育部公布《教育部边远区域教育督导员暂行规则》15 条,《边远区域劝学暂行办法》10 条。

按:《规则》规定:为,虚边远区域教育,便于随时督导,在边远区域地方设教育督导员,视导执行教育法令、事业兴革、经费等事项。《办法》规定在边远区域热心教育人士中聘请劝学员;对劝学、募捐教育经费、兴办教育、捐资兴学等人士分别给予奖励;对就学内地学生规定优待办法。(参见中央教育科学研究所编《中国现代教育大事记 1919—1949》,教育科学出版社 1988 年版)

是日,日本加入轴心国,德、意、日三国同盟条约签订。

7 月 28 日,中日文化协会在南京成立,为日本帝国主义借助汪伪政权推行对华文化侵略的文化机构。汪精卫、阿部信行为名誉理事长,褚民谊、江亢虎、陈群等 14 人为理事。(参见中央教育科学研究所编《中国现代教育大事记 1919—1949》,教育科学出版社 1988 年版)

是月,经国民政府核准,中央研究院第二届评议员正式组成。

是月,国民政府教育部公布《专科以上学校导师制实施办法》10 条。

是月,教育部公布《改进边疆寺庙教育暂行办法》,规定在边疆各地的喇嘛寺附设民众教育馆或阅书报室,采取电台、讲演等宣传活动组织有喇嘛参加的边疆教育研讨会等。

是月,中央图书馆于本月在重庆正式成立,蒋复璁任馆长。

8 月 5 日,汪伪成立的中日文化协会举行第一次理事会议,推举褚民谊为理事长。

8 月 11 日,汪精卫接见中央大学校长樊仲云、副校长钱慰宗等人,要中央大学纠正青年思想行动错误,加强亲日和平教育。(参见中央教育科学研究所编《中国现代教育大事记 1919—1949》,教育科学出版社 1988 年版)

8 月 14 日,国民政府教育部成立艺术文物考查团,考查我国古代艺术文物及著名史迹。

按:是年秋,该团去西北考查。(参见中央教育科学研究所编《中国现代教育大事记 1919—1949》,教育科学出版社 1988 年版)

8 月 15 日,中共中央发出《中央关于开展统一战线工作的指示》。

按:8 月 19 日,中共中央又发出《中央关于扩大交朋友工作的指示》,两个《指示》提出"要让全党党员深刻认识,争取二百万友军的继续抗战,是今天巩固与扩大抗日民族统一战线最中心的工作"。

8 月 17 日,《新闻报》采访主任顾执中被刺受伤。

8 月 19 日,《大美晚报》中文编辑程振章遇刺身亡。

8 月 20 日至 9 月 10 日,为八路军百团大战第一阶段,中心任务是摧毁正太路交通。

8 月 27 日,国民政府教育部公布《大学及独立学院教员资格审查暂行规程》16 条,《大学及独立学院教员聘任待遇暂行办法》17 条。

按:《规程》规定:大学及独立学院教员分教授、副教授、讲师、助教四等,教员的等别由教育部根据资格审核标准核定。《办法》规定:教员聘任第一次为试聘一年,第二次续聘一年,以后每次续聘均为二年并载于聘约,除有重大事故,不得解聘。教员待遇以自最低级起薪为原则,著有成绩酌予晋级,任课时数每周 9 至 12 小时。教授月薪自 320 元至 600 元分 9 级,副教授自 240 元至 360 元分 7 级,讲师自 140 元至 260 元分 7 级,助教自 80 元至 160 元分 7 级。(参见中央教育科学研究所编《中国现代教育大事记 1919—1949》,教育科学出版社 1988 年版)

8 月 29 日,国民政府教育部公布《小学教员升任初级中学及其同等学校教员暂行办法》

6条。

8月29—31日，中国哲学会第四届年会在昆明召开。

8月30日，国民政府教育部颁发《教授离校考查或研究办法》9条。

按：《办法》规定：连续在一校任教满7年以上成绩卓著而未经休假进修的教授，由原校报部核准，可离校考查研究一年，离校期间，仍领原薪。（参见中央教育科学研究所编《中国现代教育大事记1919—1949》，教育科学出版社1988年版）

是日，中共中央北方分局公布《晋察冀边区施政纲领》。

是月，日机多次对重庆进行狂轰滥炸，在3日、9日、11日、19日、20日、23日有6次滥炸，每次出动飞机在90架次左右。19日、20日两天，日军又出动飞机170、190余架次，对朝天门、曾家岩、龙门浩等地到市中心商业区，实行大面积狂轰滥炸，大量房屋被毁，损失惨重。

9月6日，国民政府颁布"明定重庆为陪都"的命令，定重庆市为中华民国法定陪都。

按：明定重庆为陪都令全文："四川古称天府，山川雄伟，民物丰殷，而重庆绾毂西南，扼控江汉，尤为国家重镇。政府于抗战之始，首定大计，移驻办公。风雨绸缪，瞬经三载。川省人民，同仇敌忾，竭诚纾难，矢志不移，树抗战之基局，赞国家之大业。今行都形势，益臻巩固。战时蔚成军事政治经济之枢纽，此后更为西南建设之中心。恢宏建置，民意佥同。兹特明定重庆为陪都，着由行政院督饬主管机关，参酌西京之体制，妥筹久远之规模，借慰舆情，而彰懋典。"

是日，国民政府颁布《中央图书杂志审查委员会组织条例》。

按：该条例于1944年7月3日颁布了修正本。（参见吴永贵《民国图书出版史编年：1912—1949》，社会科学文献出版社2018年版）

是日，国民政府公布《战时图书杂志原稿审查办法》19条。

按：该办法在1938年7月21日国民党第五届中央常委会第八十六次会议上通过，同年12月22日，在国民党第五届中央常委会第一〇六次会议上修正，本日公布者，乃为1940年5月16日国民党第五届中常会第一四七次会议通过的修正者。本办法于1944年8月7日废止。本《办法》规定：为审查图书杂志等原稿，在中央、省、县各成立审查机构。除自然科学、应用科学等无关国防的书籍及学校教科书应送教育部审查外，其他一律送请当地审查机关审查后方准发行。（参见中央教育科学研究所编《中国现代教育大事记1919—1949》，教育科学出版社1988年版；吴永贵《民国图书出版史编年：1912—1949》，社会科学文献出版社2018年版）

9月6—7日，大学用书编辑委员会举行第一次全体会议，决议大学用书编辑计划、编辑体例、公开征稿办法、特约编著办法，及采选成书办法等案共20余件。决定先编写各大学共同必修科目用书，再编写选修科目用书。编辑方法为采选成书、公开征稿、特约编著3种。

按：9月13日《申报》载：（重庆讯）教育部大学用书编辑委员会，于九月六七两日，举行第一次全体会议。出席委员张奚若、史尚宽、童冠贤、叶元龙、吴景超、朱光潜、梁实秋、张道藩、常导直、谢循初、郑鹤声、刘仙洲、张洪沅、钱崇澍、邹树文、孙光远、沈宗瀚，及常务委员吴俊升、许心步、陈可忠等，共30余人。由顾次长毓琇主席，决议案共20余件，关于大学用书编辑计划、编辑体例、公开征稿办法、特约编著办法，及采选成书办法，均经详细规定，并依照部颁大学科目表，推定各学院共同必修科目、用书编著专家，及分系必修科目、用书稿本审查各项决议案，已交付常务委员会执行。（参见吴永贵《民国图书出版史编年：1912—1949》，社会科学文献出版社2018年版）

9月7日，《德意日三国同盟条约》在柏林签字。

9月9日，国民党中央党部下达取缔中共刊物，捣毁其销售书店的密令。

按:密令曰:"共产党实施宣传政策,自办新华书店外,复利用各书商推行书籍。今后对付之方法为:1.对以营业为目的之书店,应以威胁方法或劝告方式,使其停止推销。2.对共产党书店应派人以群众面目大批收买而后焚之,或冲进书店捣毁之。惟事先应布置周密,与当地军警宪主管机关取得联系,接洽妥当,对外绝对秘密,以免对方借口。其进行情形,随时呈报。"(参见吴永贵《民国图书出版史编年:1912—1949》,社会科学文献出版社 2018 年版)

9 月 10 日,中共中央发出《关于发展文化运动的指示》,指出发展抗日文化运动,不但是当前抗战的武器,而且是在思想上、干部上准备未来变化与推动未来变化的武器。要求共产党员在反对复古、反对大资产阶级的文化专制政策、反对日寇汉奸的奴隶文化等方针之下,动员各阶级知识分子、各部门文化人与广大青年学生参加国统区文化运动。

按:《中央关于发展文化运动的指示》指示说:"在这里,我们有全部权力来推行全部文化运动。我各地党部与军队政治部应对全部宣传事业,教育事业与出版事业作有组织的计划与推行,用以普及与提高党内外干部的理论水平及政治水平,普及与提高抗日军队抗日人民的政治水平及文化水平,要使各根据地上干部军队与人民的理论政治及文化水平高于与广于全国各地。各根据地上的文化教育工作,不论是消灭文盲工作,学校教育工作,报纸刊物工作,文学艺术工作,除党校与党报外,均应与一切不反共的资产阶级知识分子及小资产阶级知识分子联合去做,而不应由共产党员包办。要注意收集一切不反共的知识分子与半知识分子,使他们参加在我们领导下的广大的革命文化战线,应反对在文化领域中的无原则的门户之见。每一较大的根据地上应开办一个完全的印刷厂,已有印厂的要力求完善与扩充。要把一个印厂的建设看得比建设一万几万军队还重要。要注意组织报纸刊物书籍的发行工作、要有专门的运输机关与运输掩护部队,要把运输文化食粮看得比运输被服弹药还重要。"(参见吴永贵《民国图书出版史编年:1912—1949》,社会科学文献出版社 2018 年版)

9 月 11 日,国民政府行政院明令暂缓实施国民教育。

按:教育部电发之行政院令文云:"国民教育之实施,以军需孔亟,民力维艰,经决议暂缓办理。"如筹得经费,可就经费缩小范围进行。是年 3 月 21 日教育部公布之《国民教育实施纲领》,4 月 1 日国民参政会通过之《实施国民教育五年计划大纲草案》等,遂成一纸空文。(参见中央教育科学研究所编《中国现代教育大事记 1919—1949》,教育科学出版社 1988 年版)

9 月 15 日,生活教育社延安分社成立,董纯才报告生活教育运动 13 年来的历史。

9 月 16 日,国民政府教育部颁发《专科以上学校课外音乐活动办法》6 条。

按:《办法》规定:专科以上学校每校应聘音乐教师一人,指导学生组织课外歌咏团、合唱团等活动。学生每人至少参加一种课外音乐活动。(参见中央教育科学研究所编《中国现代教育大事记 1919—1949》,教育科学出版社 1988 年版)

9 月 18 日,中共中央发出《关于敌后大城市工作的通知》(第 1 号),要求"全党同志应把开展敌后大城市工作,视为党的最重要的任务。

9 月 22 日至 10 月上旬,为八路军百团大战第二阶段,主要任务是继续破坏日军的交通线,并摧毁日军深入抗日根据地的主要据点。

9 月 28 日,国民政府教育部颁发《推行家庭教育办法》19 条。

是月,西南联合大学冬青文艺社成立,出版《冬青》壁报和《冬青文钞》。

9 月,国立女子师范学院成立。

10 月 1 日,国民党中央秘书处核准备案《中央文化驿站总管理处文化特约车代运各机关书店出版社书刊办法》。(参见吴永贵《民国图书出版史编年:1912—1949》,社会科学文献出版社 2018 年版)

是日,行政院第 27 次会议通过《汪伪政府全国重要都市新闻检查暂行办法》。

10月10日,中共中央宣传部、中央文化工作委员会联合发出指示,应该用一切方法保障文化人工作,保证他们"有充分研究的自由与写作的时间","使他们的才力能够充分的使用,使他们写作的积极性能够最大的发挥"。应采取一切方法,"来发表他们的作品"。(《关于各抗日根据地文化人与文化人团体的指示》,《共产党人》1940年第12期)

10月上旬至次年1月24日,为八路军百团大战第三阶段,主要任务是反击日军的报复性"扫荡"。

10月10—15日,国民政府教育部在重庆召开全国国民体育会议,讨论体育行政、师资、经费、学校体育教育、社会体育教育等问题。

按:教育部有关人员、中央各有关部会代表、各省教育行政代表及专家等90人出席会议。决议案有:国民体育实施方案、修正国民体育法、拨庚款培训体育师资、改进体育卫生教育等54件。(参见中央教育科学研究所编《中国现代教育大事记1919—1949》,教育科学出版社1988年版)

10月12日,陕甘宁边区政府教育厅、陕甘宁边区青救会作出《关于开展边区国民教育工作的共同决定》。

按:《决定》贯彻了中共中央关于"青年组织要成为政府开展国民教育工作的第一个助手"的指示,以及边区第二次党代会决议中"必须建立边区青年组织与文化教育机关的联系制度,加强动员边区青年来热烈参加与推动边区的文化教育运动"的指示。《决定》规定:一、互相出席会议,共同进行工作;二、教育工作人员担任青救会顾问,帮助青救会进行文化教育工作;三、各级青救会运用自己的组织力量,配合各级教育行政机关,推动学校及社会教育。(参见中央教育科学研究所编《中国现代教育大事记1919—1949》,教育科学出版社1988年版)

10月14日,中共中央宣传部发出《关于充实和健全各级宣传部门的组织及工作的决定》。

10月16日,国民政府教育部修正《教育部组织法》,裁撤普通教育司,分设中等教育司及国民教育司。督学由6至10人增为8至16人,另设视导员16至24人,视察指导全国教育事业。(参见中央教育科学研究所编《中国现代教育大事记1919—1949》,教育科学出版社1988年版)

10月19日,蒋介石指使何应钦、白崇禧以国民政府军事委员会正副参谋总长的名义致电八路军朱德、彭德怀正副司令和新四军叶挺、项英正副军长,强令在一个月内开赴黄河以北。此为国民党第二次"反共"高潮之开端。

是日,延安文化界集会纪念鲁迅逝世4周年,电请全国定10月19日为鲁迅节。

10月20日,中共中央宣传部颁布《关于提高延安在职干部教育质量的决定》,指出学习中存在的不足,并具体提出了8条改进办法。

10月22日,《中美钨砂借款合同》签字。

10月25日,国民政府教育部训令专科以上学校:为发扬民族意识,各校应设立史地学会。无史地学系的学校,亦宜促成学生组织中国历史或地理研究会。(参见中央教育科学研究所编《中国现代教育大事记1919—1949》,教育科学出版社1988年版)

是月,教育部设立三民主义教学研究会,陈立夫任会长。

是月,国民政府教育部通令各省市教育厅局,自1941年起,尚未设置专科掌理社会教育的,应即添设社会教育科,并遴选对社会教育有研究的人员为科长及科员。(参见中央教育科学研究所编《中国现代教育大事记1919—1949》,教育科学出版社1988年版)

是月,国民政府教育部商得侨务委员会同意在福建长汀设立国立第一侨民师范学校。

按:该校专门培养海外侨民师资,课程中加授马来语、缅甸语及英语,其组织编制等均与普通师范同。在此之前,在云南保山曾设国立第一侨民中学,收学生 600 余人。(参见中央教育科学研究所编《中国现代教育大事记 1919—1949》,教育科学出版社 1988 年版)

是月,管理中英庚款董事会决定成立中国地理研究所,聘黄国璋为所长。

11 月 1 日,国民政府军事委员会政治部文化工作委员会在重庆天官府宣布正式成立,周恩来、董必武等各界 400 余人参加了招待会,显示出文化界革命、进步的抗日民族统一战线力量的强大。

按:郭沫若任主任委员,阳翰笙、谢仁钊任副主任委员,聘请茅盾、老舍、陶行知、沈志远、张志让、邓初民、杜国庠、王昆仑、翦伯赞、侯外庐、郑伯奇、田汉、洪深、马宗融、卢于道、胡风、黎东方、姚蓬子、吕霞光为专任委员和兼任委员。文化工作委员会下设文献编纂、艺术改进、对敌工作三个组,外加主任办公室。主要工作有进行国际问题之研究,国际材料之搜集,编辑文化丛书,负责研究各种艺术部门(美术、音乐、戏剧、电影等)之改进与实施,负责指导本部门直属各艺术团队之业绩并供给资料等。文化工作委员会在 1945 年 3 月被国民党当局下令解散。

是日,陕甘宁边区政府教育厅公布《陕甘宁边区民众教育馆组织规程》。

按:《规程》规定:"民教馆为进行社教之机关,其任务为消灭文盲,宣传政治常识、科学常识,发展经济建设,提倡卫生,破除迷信,组织与提高群众文化娱乐工作。"(参见中央教育科学研究所编《中国现代教育大事记 1919—1949》,教育科学出版社 1988 年版)

11 月 7 日,陕甘宁边区新文字协会在延安成立,吴玉章任会长。大会通过了协会简章。边区政府主席林伯渠在会上宣布:边区政府已在法律上给予新文字合法地位,用新文字和用汉字在法律上有同等效力。

按:新文字协会是由林伯渠、董必武、吴玉章、徐特立、周扬等 99 人发起的,得到毛泽东、朱德、王稼祥等 54 人的赞助。(参见中央教育科学研究所编《中国现代教育大事记 1919—1949》,教育科学出版社 1988 年版)

11 月 8 日,国民党交通部驿运总管理处发出各直辖驿运干线开运通告第 1 号,宣布开始采用马、车、船等各种工具办理货运。

按:当时开辟的运输线有:川黔驿运干线:重庆—贵阳;川陕线:广元—宝鸡;叙昆线:宜宾—昆明;黔桂线:三合—柳州;陕甘线:兰州—猩猩峡;泸昆线:泸县—昆明及将新开的川鄂线等,总计有 16 省区成立驿运处,湘、浙、豫、皖、西康、宁夏 6 省也即将成立。这当是当时大后方书刊发行的一个交通路线轮廓图。(参见吴永贵《民国图书出版史编年:1912—1949》,社会科学文献出版社 2018 年版)

11 月 9 日,中共以朱德、彭德怀、叶挺、项英名义复电,严辞拒绝国民党当局的无理要求,但为顾全大局,同意将皖南的新四军撤到长江以北。

11 月 13 日,汪伪国民政府修正公布了《著作权法》。

是日,西南联合大学第 161 次常委会决议,在四川叙永成立分校。

11 月 17 日,新四军、八路军在海安设立华中总指挥部。

11 月 29 日,汪精卫就任南京伪国民政府主席。

11 月 30 日,国民政府教育部公布《电化教育委员会章程》13 条。

按:《章程》规定:将电影教育委员会及播音教育委员会合并改组为电化教育委员会,并于社会教育司内增设第三科,掌理电化教育事宜。(参见中央教育科学研究所编《中国现代教育大事记 1919—1949》,教育科学出版社 1988 年版)

是日,汪精卫与日本驻南京大使阿部信行在南京签订《中日基本关系条约》《中日满共同宣言》。

是日,美国总统罗斯福宣布给予中国 1 亿美元贷款。

12 月 1 日,西北建设促进会在西安成立,张钫为会长。

12 月 8 日,中越文化工作会在重庆成立,李任仁等为理事。

12 月 17 日,汪伪立法院第三〇次会议修正通过了《出版法》。

12 月 25 日,中共中央发出毛泽东写的对党内的指示《中共中央关于目前形势与党的政策的决定》。

按:《中共中央关于目前形势与党的政策的决定》关于文化教育政策的论述是:"应以提高和普及人民大众的抗日的知识技能和民族自尊心为中心。应容许资产阶级自由主义的教育家、文化人、记者、学者、技术家来根据地和我们合作,办学、办报、做事。应吸收一切较有抗日积极性的知识分子进我们办的学校,加以短期训练,令其参加军队工作、政府工作和社会工作;应该放手地吸收、放手地任用和放手地提拔他们。不要畏首畏尾,惧怕反动分子混进来。这样的分子不可避免地要混进一些来,在学习中,在工作中,再加洗刷不迟。每个根据地都要建立印刷厂,出版书报,组织发行和输送的机关。每个根据地都要尽可能地开办大规模的干部学校,越大越多越好。"(彭月英等主编《毛泽东延安时期教育实践与教育思想概论》,湘潭大学出版社 2012 年版)

12 月 29 日,东方文化协会在重庆成立,于右任为会长,覃振为副会长。

12 月 30 日,延安新华广播电台首次播音。

按:机房和播音室设在延安城以西约二十公里的王皮湾村山坳里,以防敌机轰炸,也便于保密。每天播两小时时政和军事节目。但太单调,需要有一些文艺节目。当时没有录音和播放设备,电台播出文艺节目要靠播音员演唱。这就要求一个播音员不但会播音,还要会演唱。最早播出的革命歌曲《五月的鲜花》《游击队之歌》《大刀进行曲》《延安颂》等,都是播音员对着话筒演唱播出的。(参见孙国林编著,王佳钰、王增辉校订《延安文艺大事编年》,陕西师范大学出版总社 2016 年版)

同月,国民政府卫生署公布《审查中医药图书暂行办法》。

是月,陕甘宁边区政府颁发《陕甘宁边区实施义务教育暂行条例》。

是年,国民政府公布《修正战时新闻检查标准》和《修正图书杂志原稿审查办法》。

是年,新建国立高等学校有:国立中正大学、国立女子师范学院、国立成都理学院、国立湘雅医学院(原私立)、国立音乐院。新建省立高等学校有:江苏学院、安徽学院、福建农学院、湖北农学院。(参见中央教育科学研究所编《中国现代教育大事记 1919—1949》,教育科学出版社 1988 年版)

是年,国民政府教育部任命一批国立大学校长。其中有:胡先骕(中正大学)、陈时珍(西北大学)、许崇清(中山大学)、周均时(同济大学)、吴南轩(复旦大学)、胡庶华(湖南大学)、雷沛鸿(广西大学)、樊正康(沪江大学)。(参见中央教育科学研究所编《中国现代教育大事记 1919—1949》,教育科学出版社 1988 年版)

是年,陕甘宁边区政府教育厅拟定《边区教育宗旨和实施原则(草案)》。

按:文件规定:"边区的教育宗旨是为争取抗战胜利,建设独立、自由、幸福的新中国,培养有民族觉悟、有民主思想、有现代生活的知识技能,能担负抗战建国之任务的战士和建设者。"在《实施原则》部分规定:实行普及的免费的教育;改变旧学制,使一切课程内容及其配备方法都以抗战建国为中心;学习和实际生活相联系,理论与实践统一;实行劳动教育;发扬民主精神;实行集体的自动学习;实行军事化的训练;推广社会教育;发展师范教育。文件还分别拟定了小学教育、中等教育、师范教育和社会教育的目标及实施原则。(参见中央教育科学研究所编《中国现代教育大事记 1919—1949》,教育科学出版社 1988 年版)

是年,陕甘宁边区政府教育厅颁布《陕甘宁边区师范学校暂行规程(草案)》26 条。

　　是年,中国物理学会与中国天文学会、中国植物学会等 5 个科学团体在昆明云南大学联合举行年会。

　　是年,《建国学术》《战国策》《哲学杂志》《哲学月刊》《学习生活》《国文月刊》《新文化》《文化通讯》《文学月报》《新道理》《狮子吼》《抗战文艺》《桂师月报》《建设干部》《军民合作周刊》《新中国戏剧》《笔部队》《文化线》《野草》《广西妇女》《采访与写作》《活力》《漫画木刻月选》《漫木月刊》《新音乐》《音乐与美术》《广西卫生通讯》《(衡阳)力报》《国际新闻通讯》《乐群》《中国诗坛》《东线文艺》《合作同工》《广西农业通讯》《山程》《党讯》《海军建设》《桂林青年》《桂林市政府公报》《广西合作统计》《广西合作通讯》《广西大学土木》《木艺》《学生岗位》《广西学生军旬刊》《女战士》《战斗行列》《钢壁》《照明弹》《晓钟》《通讯队》《士敏土》《新中国》《工作阵地》《民众报》《怀集日报》《信号》《迎击队》《曙光报》《曙光日报》《曙光周刊》《军中导报》《大众报》《西江小报》《新女性》《民治报》《胜利日报》《动力周报》《民众日报》《平南报》《新闻导报》《大安报》《大众之友》《农村日报》《农村小报》《兴业报》《游击报》《好百姓》《青年导报》《女声周刊》《新军报》《容县日报》《儿童周报》《战声报》《岑溪日报》《关山报》《精神简报》《精神周刊》《老百姓》《音乐通讯》《行健》《岭南日报》《博罗日报》《广东青年》《广东农业》《广东一月间》《广东合作通讯》《广东稻作》《教育新时代》《耕耘》《读书通讯》《教育心理研究》《志林》《学生之友》《前哨》《青年戏剧通讯》《东北》《新评论》《现代华侨》《时代华侨》《中华农学会报》《侨光报》《扫荡简报》《云南教育周报》《滇真铎报》《云南青年》《诗与散文》《人文科学学报》《正言报》《平报》《国民新闻》《新中国报》《社公报》《青年知识》《求知文丛》《海沫》《大陆》《天地间》《大学季刊》《天地女儿》《西风精华》《戏剧与文学》《独幕剧创作丛刊》《行列诗歌半月刊》《文艺集丛》《西洋文学月刊》《小剧场》《大众文艺》《风云》《西北资源月刊》《思潮季刊》《民生导报》《刀与笔》《现代文艺》《音专通讯》《福建青年》《阵中日报》《襄樊日报》《新山东报》《鲁声》《中苏文化》《民锋》《新疆妇女》《新宁远月刊》《绥远省公园委员会工作学习》《小广播》《中国工人》《中国文化》《边区群众报》《新诗歌》《新文字报》《新群众报》《鲁南时报》《政工》《斗争生活》《人民报》《军政》《晋察冀日报》《洪流报》《新民主报》《群声报》《建设新报》《火焰报》《熔炉》《文艺报》《冀中回民》《连队文艺》《冀中人报》《平原文艺》《冀中教师》《歌与剧》《工作往来》《时事文摘》《坚持》《人民报》《卫河日报》《鲁西日报》《太岳日报》《新生报》《新时代》《鲁艺校刊》《铁流报》《晋西大众报》《绥蒙团结》《通讯生活》《抗敌周报》《苏北日报》《新民主报》《联抗报》《江淮日报》《江淮杂志》《中流报》《突击报》《前驱报》《太湖报》《东进报》《前进报》《新路东报》《七七月刊》《东进报》《警钟报》《作风》《蒙疆新闻》《新东方》《国民新闻》《平报》《吾友》《新光》《妇女杂志》《警声》《雅言》《中和月刊》《同愿月刊》《建国周报》《木业界》《五金》《金融周刊》《复旦青年》《土壤》《乡村教会》《中农月刊》《中华农学会通讯》《主计通讯》《浙江地方行政学会会员通讯》《福建农业》《福建青年》《六爱按日报》《中国劳工》《川剧选粹》《四川大学校刊》《四川农村物价指数》《西南实业通讯》《华西协和大学中国文化研究所集刊》《涛声》《畜牧兽医月刊》《航空委员会航空研究院研究报告》《清真铎报》《诗与散文》《新宁远月刊》《文讯》《察省青年》《河南合作》《银行通讯》《湖南青年》《湖南卫生》《行健》《湖南防空月刊》《广州合作通讯》《广东省银行本性通讯》《新道理》《文化通讯》《合作同工》《桂林市政府公报》《广西农业》《世界文化》《东亚道德月刊》《国际新闻》《国际通讯》《燕大基督教团契》《园艺》《耕耘》《中华全国美术会会刊》《华北映画》《战时木刻画报》《游艺画刊》《画萃》《中国画刊》等报刊创刊。

二、学术活动

蔡元培1月11日为中央研究院评议会改选事,致函评议会秘书翁文灏,委以最后决定权由其执行。按有关规定,中央研究院评议员候选人名单先由中央研究院各所长开列,再由评议员选举筹委会草拟,最后由院长确定。蔡元培因病居香港,不能到重庆参加会议,故致函翁文灏,表示:"若在此决定,或有怀疑之点,绝无可以请教之人,甚感困难。今谨以最后决定之权,奉托先生执行。"1月27日,蔡元培接翁文灏函,蔡元培《日记》载:"得翁咏霓函,以评议会中天文、考古及人类三科在全国各国立大学及独立学院之教授总数不满五人;照章应由议长指派该科目之本届评议员及有关系各科目之评议员若干人,与国立各大学及独立学院之该科目教授合组推选委员会,选举该科目之评议员候选人。现由傅孟真拟考古及人类两科名单,余青松拟天文科名单,送我备参考。我阅之觉甚妥,签名单上,志'照所拟指派'五字,寄缴咏霓。"2月21日,撰《西游日记》毕,记民国十年1月1日至8月18日游欧美而归国之经历。22日,收到1月出版的美洲中国学院(China Institute in America,通译华美协进社)月刊第4卷第4期。中有一节,记1938年12月17日《北京大学四十周年纪念刊》之内容。3月3日晨,在寓失足仆地,吐血一口,值星期假日,所延西医朱惠康至午始到,并加延马利医院内科主任凌医生会诊,商定过海入养和医院诊疗。4日,病势转危,精神骤衰,不甚清醒。先后延请李祖佑、李树芬及外籍医生惠金生、郭克,会同朱惠康医师诊治,均认系胃瘤出血,恐难救治。深夜,蔡元培已入极危险状态,郭克医生仍努力以蔡元培之胞侄太冲输血施救,经过尚好,精神转佳。3月5日晨,病势转危,至9时45分,未及再施行输血手术,蔡元培已溘然长逝。

蔡元培在香港逝世,国民党总裁、军事委员会委员长蒋介石发来唁电,云:"香港蔡夫人暨无忌世兄礼鉴:惊悉孑民先生遽归道山,老成殂谢,痛悼无任。务望节哀顺变,善绍先志,用慰九原。谨电致唁。蒋中正叩。"3月6日起,林森、孔祥熙、孙科、于右任、戴季陶、居正、张群、陈立夫、朱家骅、王世杰、白崇禧、潘公展、马超俊、程天放、洪兰友、邵力子、黄炎培、许崇清、徐寄庼等,以及国际反侵略运动大会中国分会、中国国联同志会等社团、各地北大同学会纷纷来电致唁。7日,蔡元培遗体在香港摩理臣山道福禄寿殡仪馆入殓。礼堂内供蔡元培遗像,四周堆置各界致送之花圈,中置黄色中式棺木,上置蒋介石所赠之花圈,四壁满悬挽联。蔡元培遗体,穿蓝袍黑褂礼服,均以国产绸缎特制,头戴呢帽。3时入殓,由次子无忌扶置棺内,上覆绣被,首部外露,上盖玻璃。礼毕,由蒋介石代表吴铁城及临时治丧委员会代表俞鸿钧主祭,当以巨幅国、党旗覆于棺上。礼毕,由前往致祭者300余人列队至灵前行礼,并瞻仰遗容而退。同日,毛泽东发唁电:"香港九龙奥士甸道蔡孑民先生家属礼鉴:孑民先生,学界泰斗,人世楷模,遽归道山,震悼曷极,谨电驰唁,尚祈节哀。"9日,中共中央又发去唁电:"香港蔡孑民先生家属礼鉴:得港电,惊悉孑民先生捐馆,曷胜哀悼!先生为革命奋斗四十余年,为发展中国教育文化事业勋劳卓著,培植无数革命青年,促成国共两党合作。当此寇深国危之秋,正赖老成硕望宏济时艰,遽闻溘逝,无任痛惜!特派廖承志同志代表致唁外,特此电唁。尚希节哀顺变,完成先生团结救国未竟之志。中国共产党中央委员会。三月九日。"并派廖承志专程前去吊唁。

蔡元培灵柩3月10日下午举殡,香港各学校、各商店均悬半旗志哀。2时启灵,家属先行家奠,即由北大旅港同学所组护灵队扶枢登灵车,次子无忌奉灵位后随,以丧鼓两对、提炉两对前导,继之为铭旌车、遗像车,其后为灵车。蔡元培的家属、北大同学花圈队及送殡亲友均步行后随。执绋者5000余人,行列整齐肃穆。灵车先入南华体育场。参加公祭的各学校学生及社团代表共万余人,早已整队集于场内。此时,全体肃立,静默3分钟,向蔡元培致悼。灵车绕场缓行一匝后,仍驶出场外,驰向东华义庄。行列于3时半到达东华义庄,灵枢仍由护灵队扶下灵车,送入殡舍,为月字七号。灵枢停放妥当后,即设奠致祭。先由家属行礼,继举行公奠,由吴铁城代表国民党中央主祭,治丧委员会仍推俞鸿钧为代表致祭。香港总督亦请罗旭龢爵绅为代表执绋致祭。其余送殡人士则次第行礼,约5时始散。蔡先生灵枢后下葬于香港仔华人公墓。16日,国民政府发布褒扬令:"国民政府委员蔡元培,道德文章,夙负时望。早岁志存匡复,远历重瀛,研贯中西学术。回国后,锐意以作育人才、促进民治为己任。先后任教育总长、北京大学校长及大学院院长。推行主义,启导新规,士气昌明,万流景仰。近长中央研究院,提倡文化事业,绩效弥彰。方期辅翊中枢,裁成后进,高年硕学,永为党国仪型;乃以旧疾未痊,滞居岭表。遽闻溘逝,震悼良深!着给治丧费五千元,派许委员崇智前往致祭,生平事迹,存备宣付史馆,用示崇重勋耆之至意。此令。"22日,中央研究院首届评议会第五次年会在重庆嘉陵宾馆开幕,开会前,举行该会蔡故议长追悼仪式,并由任鸿隽报告蔡元培病状、临终情形、治丧概况、将来纪念蔡先生之各种办法。

　　蔡元培公祭仪式3月24日上午8:30在重庆(行都)美专学校举行。礼堂四壁以及围廊上,甚至进门的广场上,都挂满了挽联,林森主席、蒋介石总裁以及各院长、各部长的而外,蔡元培许多门生故旧都书联悼念。中共领导人毛泽东、董必武也都送了挽联。公祭开始,首由蒋介石率领国民党留渝中央执、监委员洪陆东、张道藩、潘公展、李文范、狄膺、叶楚伧、刘文岛、蒋作宾、何应钦、张厉生、李次温、邓家彦、王宠惠、雷震、陈树人、张群、冯玉祥、萧吉珊、刘峙、李宗黄、林翼中、陈济棠、黄麟书、陈绍宽、陈诚、张治中、孔祥熙、戴季陶、陈立夫、陈布雷、林云陔、刘纪文、于右任、萧同兹、洪兰友、谷正纲、徐堪、傅汝霖、徐恩曾、乐景涛等向蔡先生遗像致祭,上香,献花圈,并读祭文;次由张继代表国民政府致祭;再次由各部、会,国民党重庆市党部,各文化团体,中央研究院,重庆各报联合会,重庆北大同学会等等先后上香、献花致祭。下午3时,举行蔡元培追悼大会。到各机关团体代表张伯苓、马寅初、左舜生、张澜、黄炎培、沈钧儒、于右任、邵力子、朱家骅、何成濬、吕超等500余人。由张继主席、主祭,奏哀乐、献花圈后致词。重庆《中央日报》特出版纪念蔡先生的专刊,发表蒋梦麟、邵力子、吴稚晖、陈独秀、马寅初、王世杰、任鸿隽、翁文灏、傅斯年、罗家伦、段锡朋、汪敬熙、陈立夫、蒋复璁、陈西滢等人悼念蔡先生的文章。同日,四川、贵州、广西、湖南、浙江等省及香港均举行追悼大会,吊祭蔡元培。昆明各界举行蔡元培追悼大会,由云南省主席龙云主祭,梅贻琦报告蔡元培先生生平事迹,云南省教育厅长龚自知讲述蔡元培生前努力思想解放及提倡学术研究自由之精神。

　　按:国民党中央执、监委员会祭文载3月25日重庆《大公报》,云:"维中华民国二十九年三月二十四日,中国国民党中央执行、监察委员会,敬以香花清酌,致祭于子民蔡先生之灵曰:呜呼,邦国肇兴,必有鸿师,推道训俗,弼我丕基。周时未至,箕子明夷,九鼎既定,九畴斯垂。懿欤先生,降神惟岳,兴学救时,天民先觉。辅佐哲人,借箸相权,倡导革命,立言勋倬。惟初建国,敷教为先,孰当其轴,今日公贤,精心擘画,规章焕然,群才辈出,英髦班联。嗣顷卅年,不离教育,自西徂东,自南徂北。栖栖皇皇,孔席墨突,时雨春风,士林蒙福。先生之教,重门洞开,其为学也,中西兼赅。异邦俊彦,敛手交推,至德无惭,至道无猜。赫赫中华，文化之会，帖括间之，讥同自郐。中兴之功，浙儒是赖，阳明梨洲，山河砺带。先生奋起，通骏厥声，整理国故，霑溉八纮。提倡科学，昌我文明，质诸前烈，实伟且宏。惟兹老成，吾党傅保，胡不少留，遽倾坊表。绝业孰承，儒功孰绍，溯回平生，中心如搗。德辉并遥，音容长杳，万禩千秋，英灵永葆。尚飨。"（以上参见高平叔编著《蔡元培年谱长编》，人民教育出版社 1996 年版；李学通《翁文灏年谱》，山东教育出版社 2005 年版）

朱家骅继续任国民党中央组织部长，兼任中央调查统计局长。1 月 7 日，朱家骅复函翁文灏，对中央研究院各所长开列的评议员候选人名单中，有的将现有评议员列入，亦有不列，未能一致，提请注意。10 日，朱家骅和陈立夫复电上海何炳松、张寿镛、郑振铎、张元济、张凤举 5 人的联名致电，表示赞成"创议在沪组织购书委员会，从事搜访遗佚，保存文献，以免落入敌手，流出海外"。2 月，朱家骅鉴于国民党在知识分子方面的基础并不深厚，决心将党务渗入学校，于是在普通党务处成立学校党务科。11 日，国民党第五届中常会第一三八次会议上通过了《中央文化驿站设置办法》及《中央文化驿站总管理处组织规程》。中央文化驿站系朱家骅在党部秘书长任上创设。3 月 22 日，朱家骅、翁文灏、李书华、竺可桢、傅斯年、叶企孙、陶孟和等 29 人出席在重庆嘉陵宾馆举行的中央研究院首届评议会第五次年会。4 月 6 日，朱家骅等被国民政府特聘为国立中央研究院评议会第二届评议员。21 日，中国社会改进研究会在重庆成立，以"研究社会组织、社会文化、社会经济、社会事业之病态，探求其改进方案，达到抗战建国之最高理想"为宗旨。朱家骅、沈慧莲、许德珩、郭沫若、潘怀素等为理事，王亚南等为候补理事，邵力子、马超俊、康泽为监事。5 月 11 日，教育部成立学术审议委员会，是日举行第一次会议，聘任吴敬恒、朱家骅、张君劢、陈大齐、陈布雷、马寅初、蒋梦麟、吴有训等 25 人为委员。7 月，朱家骅赴香港主持管理中英庚款董事会会议。

朱家骅 9 月 19 日被国民政府任为中央研究院代理院长，立刻呈辞，蒋介石批了"此事重要，勉为其难"。院中各所长又来劝驾，乃到院接事。总干事任鸿隽辞职，由历史语言研究所所长傅斯年兼任。20 日，朱家骅访翁文灏，与翁文灏商议中研院工作，表示他本人勉任中研院院长，欲同意任鸿隽辞去总干事职，并拟请陶孟和继任，又欲聘姜立夫为天文研究所所长。翁文灏为此致函任鸿隽，告拟邀请他担任经济部参事。任鸿隽 23 日复函，对翁文灏的好意表示感谢，但以欲休养而婉拒经济部参事一职。10 月 1 日，国民党中央秘书处核准备案《中央文化驿站总管理处文化特约车代运各机关书店出版社书刊办法》。16 日，朱家骅致电胡适，对召回驻德、意使节，甚表赞同，允再向蒋进言。电中并言及国共矛盾事及"苏亦对我日疏"等事。11 月 8 日，国民党交通部驿运总管理处发出各直辖驿运干线开运通告第 1 号，宣布开始采用马、车、船等各种工具办理货运。12 日，重庆《大公报》载：文化驿站充实前方文化食粮：（中央社讯）中央文化驿站总管理处成立以来，其办理文化运输与散布之业务，日有进展。该处现为加强前方文化食粮之供应起见，将翻印大批党义暨有关抗战之书刊，并选辑总裁重要训词，编印小册子。运交该处各地办事处及分支站，并派定专人肩挑至最前线，散布各部队营运部以下，以充实前方战士之精神食粮云。（参见胡颂平《朱家骅先生年谱》，台北传记文学社 1969 年版；李学通著《翁文灏年谱》，山东教育出版社 2005 年版；耿云志编《胡适年谱》，福建教育出版社 2012 年版；中央教育科学研究所编《中国现代教育大事记 1919—1949》，教育科学出版社 1988 年版；吴永贵《民国图书出版史编年：1912—1949》，社会科学文献出版社 2018 年版）

翁文灏继续任经济部长，兼中央研究院评议会秘书。1 月 1 日，翁文灏在《中央日报》发表对后方工业建设问题的谈话，说明："经济部拟在后方造成若干个工业中心，惟现在不过是其最先之初基，尤盼以后继起不息，更为较大规模之推进。"同日，在《中央日报》元旦增刊发表《日本侵略的经济意义》一文。5日,王世杰复函。6日,陶孟和、叶企孙复函。7日,朱家骅复函。8日,王世杰又复函,皆谈对中央研究院评议员参考名单及所定办法意见。同日,中央研究院工程所所长周仁亦致函,告该所加推茅以升等10人为中央研究院评议员候选人。11日,至重庆大学地质学系做学术演讲;又与中央大学校长罗家伦,商议培训技术工人问题;蔡元培致函,授予翁文灏中央研究院评议会改选事宜最后决定权。此前翁文灏曾以评议会秘书、评议员改选筹委会主任名义致函蔡元培,报告改选进行情况。16日,出席行政院第448次会议,讨论了经济部及农林、水利部及卫生署组织法。23日,行政院会议通过增设农林部,将经济部所管农林事务划归该部决议,并通过了农林部及新的经济部组织法。22日,在资源委员会的总理纪念周上演讲《国营事业之任务》。24日,为世界反侵略大会作法语广播。25日,出席国民参政会经济专门委员会审查经济部本年度工作计划的会议。翁文灏认为,各委员对经济部工作计划的议论多不合实际,且于原文并未认真阅读,如此审查徒费时间而已。

翁文灏2月1日至浮图关中央训练团演讲,并视察四川省地质调查所。2月13日,致函袁同礼,对袁同礼拟去美国旅行事,劝其应将图书馆事办妥后再谈。19日,派章元善访黄少谷,面商对敌经济封锁委员会组织办法。接见第三战区经济建设委员会主任赵棣华,商议第三战区经济建设委员会工作。21日,起草了第三战区经济建设委员会工作要旨。23日,又与赵棣华等谈该会工作要旨。是日,出席在范旭东宅举行的黄海化学工业研究社董事会,出席者有胡政之、张伯苓、何廉等。24日,出席对敌经济封锁委员会第一次会议,会议推举徐恩曾为考查组长,贾焕臣为执行组长,并议定秘书及设计组由经济部派员充任。发表广播讲话《实践国民道德的几个要点》。26日,邀请蒋廷黻至资委会纪念周演讲《苏联建设成就及人民生活》。同日,因为广西大学新近改为国立大学,其教授可参与中研院评议员的推荐工作,特致函广西大学校长马君武,调查该校教授情况,为中研院评议会改选做准备。27日,出席行政院第454次会议。会议通过经济部追加预算案。29日,与教育部次长顾毓琇商谈训练技工事宜。3月4日,出席军委会扩大纪念周及人事会议及参谋长会议联合开幕式。会后蒋介石召见翁文灏及俞大维、周至柔,要求务必要扩充制造能力,使主要军器能够自己供给,指定翁等3人商定具体计划,本月内送呈;并谈及外汇的需要及运输整理问题。

翁文灏因上年3月中研院评议会第4次年会推举他起草丁文江传记,"以便由会刊印,藉广流传",于3月7日将所著《丁文江传》初稿寄送致函刘厚生、傅斯年、尹赞勋、胡适、谢家荣、任鸿隽等征求意见。3月13日,出席在资源委员会举行的中国地质学会理事会会议。会上,翁文灏主动提出辞去学会财务委员会委员职务,但会议仍选举其继续担任财委会委员。本日还出席了中国地质学会丁文江纪念奖金评审委员会会议。出席者还有李四光、谢家荣、杨钟健、黄汲清、尹赞勋等。丁文江奖金自1936年设立后未曾评选,翁文灏于上年9月27日以奖金未便久悬,建议于本年初评选,获学会赞同。本次会议决议,将本年度丁文江奖金授予田奇㻪。同日,与中央研究院总干事任鸿隽联名致函蒋介石、戴季陶、陈立夫等,邀请出席3月22日在重庆嘉陵宾馆举行的中央研究院评议会会议。14日,翁文灏主持召开中央研究院第2届评议会选举筹委会会议,出席者有王世杰、朱家骅、傅斯年等5人,竺可桢、汪敬熙、周仁、朱希亮列席。翁文灏报告了初选选票事项,确定审查分3组,每组2个召集人,提请审查中应注意之事,并确定初选至3月20日午后8时截止。下午,出席在重庆大学举行的中国地质学会第16届年会。

　　翁文灏3月16日接陈布雷函,言及蒋介石希望中央研究院选举顾孟余为院长。因中央研究院院长蔡元培逝世,即将召开的中央研究院评议会将选举新的院长,故有陈布雷此函。17日,翁文灏向已到重庆的中央研究院评议员傅斯年等谈及陈布雷昨日来函内容,傅斯年对蒋介石事先指定顾为院长事,认为于法不符,颇表愤慨,推测并责怪是王世杰对蒋如此建议。汪敬熙、李四光也认为评议会应有学术独立精神,反对事先指定院长。翁文灏遂往访陈布雷。陈表示蒋介石对张群、陈布雷谈及中研院应归行政院管辖,院长不宜由评议会选举,但并未表示必须更改,对院长人选,也只是曾提及吴稚晖、戴季陶、钮惕生等,嗣又提及顾孟余。翁文灏向陈布雷表示,希望能依中研院组织法规定办理。嗣往访张群。下午,又往中研院,向傅斯年、任鸿隽、李四光、汪敬熙及王世杰通报走访情形,并商谈选举院长事。王世杰表示他有"二个良心(consciences)"。20日,翁文灏在中央研究院商谈院长候补人问题,议论所及有胡适、朱家骅、王世杰、马君武、顾孟余及翁文灏等6人。又访陈布雷,送达已到重庆的评议员名单。21日,以中研院评议会秘书名义宴请已到重庆的中研院评议员。席间举行院长候补人民意测验投票,翁文灏得23票,胡适得22票,朱家骅得19票。22日,翁文灏出席在嘉陵宾馆举行的中央研究院第1届评议会第5次年会。翁文灏以评议会秘书名义宣布会议开始,并提议推王世杰为临时主席。下午,翁文灏做评议会会务报告;在讨论下届评议员选举事项时,以第2届评议员选举筹备委员会主任委员名义,做选举筹备经过报告。23日,中央研究院评议会进行院长候补人记名投票选举,共收回有效选票29张,结果翁文灏(24票)、朱家骅(24票)和胡适(21票),以过半数票当选为院长候补人。按规定,中央研究院院长由评议员投票推举3人为候选人,国民政府主席最后从中圈定一人。下午,翁文灏主持新一届评议员选举,其中地质组由翁文灏(25票)、朱家骅(21票)和谢家荣(13票)当选。最后翁文灏致闭会词。傅斯年提议,翁文灏在担任评议会秘书职务的5年内,对会务积极策进,劳绩独多,应载入记录,以志本会同人谢意。24日,出席国民党中央宣传部举行的蔡元培追悼会。同日,在《中央日报》发表《追念蔡孑民先生》一文。

　　翁文灏4月3日在国民参政会上报告经济建设情况,并答复参政员的询问。12日,致电胡适,请其推举中基会补选董事人选,并征询胡对中基会办事处内迁问题意见。13日,由重庆飞抵香港。14日,出席在香港举行的中基会董事会预备会。会议由董事孟禄主席,周诒春、施肇基、司徒雷登、任鸿隽、孙洪芬、贝克等出席,金绍基晚到。15日,出席在香港半岛饭店举行的中基会第16次年会正式会议。会议选举颜惠庆、蒋梦麟为董事,以补蔡元培、李石曾遗缺;选举颜惠庆为董事长。会上,翁文灏以教育事业及计划特种委员会主席名义提出《中基会工作方针刍议》,并表示因兹事体大,不便匆促决议,故将报告交付各董事提出意见,以为下届年会讨论之参考。16日,出席中基会第137次执行委员会。接胡适来电,推举林可胜、傅斯年为中基会董事。但会议结束,胡复电已迟。同日,蒋梦麟商请翁文灏出任太平洋协会会长。26日,应越南教育署长等邀请,至安南大学讲演。28日,出席清华大学29周年纪念会。29日,由李书华陪同,在云南参观北平研究院玻璃研究室。30日,应云南大学矿冶学会学生之邀,作题为《求学要术》的演讲。5月2日,出席中国工程师学会会议,并发表《建设问题》演讲。5月3日,李组绅来谈时事,对宋子文、缪云台等多有批评。翁文灏表示自己为国家努力,绝不加入任何私人党派之争。5月4日,乘机返抵重庆。

　　翁文灏5月5日由昆明飞赴成都,参加全国生产会议。与贺国光、陈布雷、何廉及徐堪等商谈四川经济建设及筹集资金方法。同日,国民政府修正公布《经济部组织法》,将经济部内设各司调整为总务、管制、矿业、工业、商业、企业等7个司。7日,与贺国光、陈布雷、何廉及徐堪等商四川省经济建设纲要。9日,偕卢作孚视察农业改进所,又往四川大学新址参观。先后与邓锡侯、潘文华等商谈四川经济建设事宜。10日,自成都飞返重庆。15日,与黄汲清、李春昱、田奇隽等商谈地质调查所的工作。21日,致函胡适,谈中基会董事补选情形及中研院院长候选人推举情况,告知中基会于去年推定周诒春、任鸿隽、司徒雷登为候补董事推举委员,在正式开会前曾经商谈,拟推林可胜、傅斯年及杨格,以补蔡元培、李石曾及贝克之缺。但会上周诒春提议推颜惠庆、蒋梦麟2人,美国董事则因施肇基和金绍基的意见,仍选贝克。因胡适来电迟到,会议已毕。关于中央研究院院长选举,蒋介石曾非正式表示希望选举顾孟余,惟各评议员以此项选举应以评议员之自身意见为之,不宜有其他意见之影响,当局亦表示可予尊重。选举结果当即备文呈府,至今尚未见实行任用。据传蒋欲任命胡适,但以驻美大使任务重要,故尚在考虑之中。24日,召四川地质调查所所长李春昱到家中商谈经济部地质调查所所长人选问题。黄汲清因欲专门致力于研究工作,提出辞去地质调查所所长职务,翁文灏欲让李春昱接任,李春昱未应允。26日,翁文灏又专门到地质调查所与黄汲清、尹赞勋商谈,最后决定由尹赞勋接任。31日,致函任鸿隽,询问中国科学社在昆明筹备召开年会事。任鸿隽6月3日复函,告筹备会开会情形。

翁文灏6月6日召集徐恩曾、卢郁文、章元善举行对敌经济封锁委员会会议,商议战区各机关职责分配问题;行政院召集战区经委会主任委员会会议办法;对敌经济封锁委员会的预算及人事。7日,出席国民参政会驻会委员会会议,报告经济部最近的工作。9日,至地质调查所视察,要求大家努力工作,谨守秩序。13日,致函任鸿隽,表示:"蔡元培先生子女教育费不足之数,渝方同人自当努力设法,俟与骝先兄等洽商后再行奉告。"22日,约朱森、李春昱商谈中央大学及重庆大学地质学系教课各事。23日,应中华职教社职业青年星期讲座之请,作题为《工业建设》的演讲。同月,为原在地质调查所工作的云南大学矿冶系教授朱熙人等编纂的《云南矿产志略》作序。29日,至浮图关中央训练团讲《国民经济建设运动》。7月1日,至浮图关训练班讲《经济工作》。3日,召见李春昱、朱森,告收到中央大学地质学学会函,要求继续以李学清为系主任,反对其他任何人接掌中大地质系。翁文灏原拟由朱森为中大地质系主任,王竹泉、李学清、俞建章为教授之计划受阻,遂表示:"好意不成,只好不管。"5日,在国民党五届七中全会上作经济部工作报告。6日,蒋介石在会上提议设经济作战部,并于行政院内设经济会议,以院长为主席;财、经、交、工(现经济部改为工商部)、农等部长,运输统制局主任,后方勤务部长,四联常务委员皆参加。7日,在《中央日报》发表《抗战三年之经济建设》,总结抗战三年来的后方经济工作。

按:翁文灏认为,抗战三年来中国经济情形有显然不同之点三:"一、抗战前我国经济重心集中在沿海少数省市,时时在敌人侵略威胁之下,今日我国经济重心已渐移植于西南、西北各省区,有安全发展的保障;二、抗战前我国极少重工业,近来重工业钢铁、机械、电器、化学及采矿各部门,国营民营兼程并进,皆已产品,虽距自给自足尚有相当距离,但已建树起国防工业自力更生的广大基础;三、战前我国农村凋敝已极,而以西南、西北各省尤甚,今日我西南、西北各省,因农业金融之融通,农用水利之兴办,农业合作之推行,农业技术之改良,经济作物之出口,确已大有进步。"文中并较详细地列举重工业建设、输出货物的奖励、足食足衣工作的推进及对敌经济封锁工作等各方面所取得的效果。

翁文灏7月11日以近年地质科学于国内各大学颇为发达,为奖励高年级学生提高研究兴趣,建议中国地质学会理事会筹募基金,设立学生研究奖金。学会理事会接受建议,于

8月20日向相关团体及个人发出募捐启事,并于10月通过了奖金章程,正式设立该奖。8月4日,起草《经济政策根本问题评议》,呈送蒋介石。6日,起草《天富中国》。12日,致函胡适,谈中美关系及中研院院长继任人选问题。关于中研院,"院长人选迄未决定。叔永为总干事,实际上又并非代理院长。目前物价日高,院中主持无人,经费艰穷,极可忧虑。此事未知可否约集热心院事者数人,同向政府建议"。15日,为葛绥成《中外地名辞典》作序。28日,往中央研究院,与任鸿隽、傅斯年、顾毓琇、蒋廷黻等商谈中研院事务。30日,与尹赞勋商谈:地质调查所新生代研究室问题;俞建章调地质调查所工作事;地质学会会歌;该所昆明办事处及在上海所存放美金办法等事宜。31日,赴陆军大学,演讲《中国国防工业简史》。8月,翁文灏在原载《中央日报》发表《以农立国 以工建国》,认为学界所论中国的经济建设应以农业或以工业为中心,这两种主张各有其长处,分开来看,都觉太偏,合起来说,才是正道,二者是相辅相成,而不可分的,合而言之,即以"以农立国,以工建国"。9月1日,起草《抗战时期几种地质工作的商榷》,从地质图的制作、精详工作的推进、对于若干相关科学的希望及地质著作的出版等方面,对抗战时期中国地质界应着力进行的工作提出自己的建议。2日,偕傅斯年、任鸿隽同访张群,请转呈蒋介石早定中央研究院院长人选。12日,因战事吃紧,驻昆明的中央研究院各所被迫内迁贵州、四川等处。16日,翁文灏为中央研究院内运的170吨图书仪器事,致电资委会运务处贵阳负责人。19日,翁文灏再为此事,致函资委会运务处主任袁丕济,介绍傅斯年与运务处驻昆人员联系。21日,致黄汲清长函,盼其立定志气,专心为学,挽回风气。24日,与张群、陈布雷、王文伯、张嘉璈、何廉等商议中央设计局工作方法。29日,接蒋介石手令,行政院经济作战部改名国防经济部,贸委会、粮管局、平价处、福生庄等皆移归接管。

翁文灏10月10日与来访的罗家伦谈论时局,对孔祥熙及张嘉璈的贪污行为颇为慨叹。同日,在《中央日报》国庆增刊发表《惟有中国独立繁荣,方能安定远东大局》。12日,为商务印书馆出版《中国工程人名录》作序。该书系从国防设计委员会所做全国专门人才调查统计资料中选出,收录国内及留学国外各工科专门以上学校历届毕业生及非工科毕业而在工程界有相当成就者,共约2万余人。15日,致函胡适,认为如美苏共同对日,美国可用小力而收大功,如美、英、中三国互助,共同奋斗,则收效自必较宏。致函清华大学校长梅贻琦,对梅前次至重庆时表示希望中央研究院总干事叶企孙仍兼清华教授事,表示"此事固仅为一名义问题,但事实上亦有若干影响"。说明中研院总干事一职向为专任,希望叶企孙"最好能免兼大学教授(但如聘为名誉教授则似尚可行)"。22日,与孙越崎、金开英谈玉门油矿事。与尹赞勋谈地质调查所工作。23日,与尹赞勋、李春昱商谈二十万分一地质图的编绘办法。30日,与孙洪芬、周诒春在周宅举行中基会执委会第138次会议。11月1日,出席贵州省政府月会,作题为《国防工业建设概况》的演讲;出席省党部讲演会,讲《建国宜养成积极向上的风气》。4日,偕孙洪芬自贵阳出发,中午至遵义。午后至何家巷浙江大学,由胡刚复陪同参观学校各处及图书馆。

翁文灏11月6日函复尹赞勋,对其请辞地质调查所代所长职予以挽留。9日,至浮图关中央训练团演讲。17日往北碚,视察地质调查所及度量衡制造所。12月4日,接尹赞勋请辞地质调查所代所长职呈文,再复函挽留。12日,乘机至成都,出席在成都举行的中国工程师学会第9届年会,并在开幕式上发表讲演,勉励工程界人士"从事救国,以意志集中、力量集中为前题,以民生国防为中心,达到中国自给自卫之目的"。同日,致函胡适,通知关于北平图书馆书籍运美国事已转告孙洪芬。孙现已由重庆返上海,如美国总领事奉命接洽,当可就近办理。并通报袁同礼因精神病发,举动失常,如与胡适有所接洽,或竟前往美国,请予以注意。13 日,出席中国工程师学会专题讨论中国实业计划会议。14 日下午赴军官学校演讲。晚,出席中国矿冶工程学会年会。会议讨论:一、成立实业计划研究会,成员有翁文灏、曾养甫、孙越崎、叶秀峰等;二、工程团体联络及联系办法;三、学会目前应进行的工作及办法。15 日下午,在中国工程师学会年会闭幕式上作题为《生产建设》的演讲。晚,出席中国工程师学会宴会,并授予凌鸿勋中国工程师学会奖,以表彰他在粤汉铁路建设中的贡献。16 日,应邀赴金陵大学及华西大学参观并发表演讲。翁文灏以《风气》为题发表演说,提出应注意:一、去伪崇拙;二、实事求是,不专讲形式;三、发扬国家思想。17 日,由成都飞返重庆。22 日,起草《青年国防科学运动办法刍议》送张治中。31 日,赴地质调查所视察工作,与尹赞勋、周赞衡、杨钟健等谈该所工作。(以上参见李学通《翁文灏年谱》,山东教育出版社 2005 年版)

王世杰继续任国民党中央宣传部长。1 月 5 日,王世杰复函翁文灏,表示对翁文灏上年 12 月 26 日来函及中央研究院评议员候选人名单没有意见。6 日,王世杰致信胡适、钱端升、周鲠生,信中谈及“目前对外关系以对苏外交为最艰窘(苏政府欲吾在国联行政院对制裁苏联案投反对票),某党近日举动亦多越轨,但介公终当能控制之”。又说:“罗总统复介公函(即 7 月 23 日函——原注)于适之兄信赖倍至,弟阅之不胜快慰。”8 日,王世杰复函翁文灏,对中央研究院评议员参考名单及所定办法均表赞同。16 日,出席行政院第 448 次会议,在会上报告法国已要求停止中国矿产向越出口。同月,当选教育部学术审议委员会委员(法科)。22—23 日,中央研究院首届评议会第五次年会在重庆举行,会议正式选举院长候补人。与会者共计 30 人,由王世杰担任主席。开会前,举行该会蔡故议长追悼仪式。会议选举翁文灏、胡适、朱家骅 3 人为院长候选人,并呈报国民政府遴选。会议同时进行第二届评议员选举,选出新一届聘任评议员 29 人。第二届评议员包括物理和数学组姜立夫、吴有训、李书华,化学组侯德榜、曾昭抡、庄长恭,工程组凌鸿勋、茅以升、王宠佑,地质组翁文灏、朱家骅、谢家荣,天文与气象组张云、吕炯,历史组胡适、陈寅恪、陈垣,语言、考古与人类学组赵元任、李济、吴定良,心理组唐钺,社会科学组王世杰、何廉、周鲠生,动物组秉志、林可胜、陈桢,植物组戴芳澜、陈焕镛、胡先骕。24 日,在《中央日报》(重庆版)发表《追忆蔡元培先生》。4 月 6 日,国民政府特聘姜立夫、吴有训、李书华、侯德榜、曾昭抡、庄长恭、凌鸿勋、茅以升、王宠佑、秉志、林可胜、陈桢、戴芳澜、陈焕镛、胡先骕、翁文灏、朱家骅、谢家荣、张云、吕炯、唐钺、王世杰、何廉、周鲠生、胡适、陈寅恪、陈垣、赵元任、李济、吴定良为国立中央研究院评议会第二届评议员。

王世杰 7 月 27 日致电胡适,称“外传调兄返国,均由中央研究院问题引起,政府觉美使职务重于中研院,迄无调兄返国决定”。8 月 8 日,王世杰再就所传将调胡适回国事致信胡适详为解释,说:“兄自抵华盛顿使署以后,所谓进退问题,便几无日不在传说着。有的传说出于‘公敌’,有的传说出于‘小人’,有的传说,也不是完全无根。同时与这些‘公敌’,或‘小人’对抗的也不少。譬如最近返国的陈光甫就是一个。我不相信兄是头等外交人才,我也不相信美国外交政策是容易被他国外交官转移的。但是我深信,美国外交政策凡可以设法转移的,让兄去做,较任何人为有效。”又说:“我也知道,……政府所给外交训令往往不甚体贴环境,使兄为难。但是兄也要常常记念着,抗战的艰苦,不是兄等所能尽瞭,政府情急势急,才将难题的一部分硬叫兄等去做。"从王世杰此信得知,胡适7月22日曾有一信给王世杰,对外间传言颇露不快,且有辞意。王世杰将此信给陈布雷、翁文灏看过,最后又送蒋介石看过。蒋介石嘱王世杰公开否认外电所传胡适将辞职归国的消息。王世杰谓:"事已过去多日,不必再发否认消息,不过外交部对于此类消息,此后以即时纠正为是。"一次排胡的风波就此结束。10月,出席外交部长王宠惠举办的晚宴,与苏联驻中国大使潘友新就中英关系展开辩论。11月,辞去国民党中央党政训练班主任委员职务,仍担任该班总教官。12月18日,王世杰在写给胡适与周鲠生的信中,谈到国民政府下令新四军移驻黄河以北,及江北之共产党军队亦尽今年年底移驻黄河以北的事。另告以拟于外交上谋求英、美与中国成立原则协定,于中日战后废除不平等条约,并要求美、英政府作一正式声明,允于中日战争期内或战后,协助中国经济建设。希望周鲠生就以上两事酌予考虑,示以详细意见。(以上参见高平叔编著《蔡元培年谱长编》,人民教育出版社1996年版;李学通《翁文灏年谱》,山东教育出版社2005年版;耿云志编《胡适年谱》,福建教育出版社2012年版;薛毅《王世杰传》附录《王世杰生平大事年表》《王世杰著述目录》,武汉大学出版社2010年版)

任鸿隽继续任中央研究院总干事。1月4日,任鸿隽致函翁文灏,请对新一届中央研究院评议员工程组候选人名单进行修正,并注明资历。3月7日,飞赴香港,参加于本月10日举行的蔡元培葬礼。22—23日,参加在重庆举行的中央研究院第一届评议会第五次年会,选举出中央研究院院长候选人翁文灏、朱家骅、胡适。开会前,举行该会蔡故议长追悼仪式,由任鸿隽报告蔡先生病状、临终情形、治丧概况、将来纪念蔡先生之各种办法。4月15日,出席在香港九龙半岛酒店举行的中基会董事年会,会议讨论通过了12项工作报告和教育文化机关补助费、科研补助金及奖励金等。7月1日,由其主持筹建的中央研究院化学研究所实验馆落成(昆明小西门外)。9月19日,国民政府任命朱家骅为中央研究院代理院长。10月,任鸿隽辞去中央研究院总干事职务,由傅斯年继任。12月23日,任鸿隽落选第二届国民参政会参政员。20日,任鸿隽致信胡适,告以蔡元培先生身后各事办理情形,谓已筹足子女教养基金。唯纪念办法"虽有许多提议,但还没有具体的决定"。故希望赐告对此事的意见。(参见樊洪业、潘涛、王勇忠编《中国近代思想家文库·任鸿隽卷》及附录《任鸿隽年谱简编》,中国人民大学出版社2013年版;耿云志编《胡适年谱》,福建教育出版社2012年版)

傅斯年主持史语所所务。历史语言研究所调查云南方言、少数民族语言。2月25日,《汪贼与倭寇——一个心理的分解》一文刊于《今日评论》第3卷第8期,文中提出:"汪贼的行动,只有用'罪犯心理'分析他,才能了解。我不是这一行的专家,姑且把我所知道的几点写下来,供心理学家检讨。"最后谓"汪贼有己无人,发了邪火,便欲断卖同种;倭贼有己无人,动了狂念,便欲绝灭人类。二者都是一种罪犯心理,不过一个是孤兽,一个是狼群,有此差别罢了。若是世界上还应该有人类的话,便当快快把这些人类毒素扫荡去。"3月5日,蔡元培在香港逝世,消息传来,在昆明的学人无不同声悲泣。8日,傅斯年于在云南省龙头村的山上的弥陀殿大殿外主持蔡元培大追悼会。参加追悼会的包括史语所内同人、中央博物院、营造学社等单位的职工。傅斯年介绍了蔡元培的生平事迹,大家为这位"学界泰斗,人世楷模"的逝世寄以无限哀思。24日,傅斯年所作《我所敬仰的蔡先生的风格》一文刊于《中央日报》。4月2—9日,在重庆出席国民参政会第五次大会,向大会提出"为鲁省去岁迭遭水旱风电蝗虫之害,灾情惨重,民不聊生,拟请政府迅拨巨款从事赈济案""请严禁邪教,以免摇动抗战心理案""请屯积二年用之汽油,并购备汽车零件,以维持交通及军运案"。4月,傅斯年所著《性命古训辩证》由商务印书馆出版。此书总字数约11万字,分上中下三卷,上卷释字,中卷释学,下卷释绪。作者据甲骨金文讨论"性""命"的来源与本义,又据历代古籍中相关史料讨论"性""命"字义的演变及与之相关的文化思想变迁,特别通过春秋战国诸子对"性""命"的见解与态度,考察了先秦诸子之思想及其社会根源。作者系统利用宗教学理论分析上古"帝""天"等宗教观念,并揭示出上古思想从宗教向人文的演进,而且使用了由语言学入手进而讨论思想史诸问题的方法,颇受学术界称道,对中国古代思想史的研究有重要参考价值,是作者平生最为自负的著作。6月,鉴于长沙会战紧接而来、气氛紧张,同时广西边区也与日军有接触,傅斯年决定将史语所再迁四川,希望这次能搬到一个地图上找不到的地方。

按:据石璋如回忆(陈存恭、陈仲玉、任育德《石璋如先生访问记录》,"中央研究院"近代史研究所2001年版):"长沙会战紧接而来、气氛紧张,同时广西边区也与日军有接触,放在长沙、桂林两地的东西都需要运回来,滇缅路却又遭到英国人封锁,情势便相当吃紧,日本人飞机又常来昆明,虽然在乡下的我们没有看见飞机,也经常听见警报,于是六月就决定再搬家,让芮逸夫先赴四川考察,考察过后再决定地点进行搬家。情势一天比一天紧张,搬家之前就得预备装箱。此时图书馆的书都上架了,各单位预备作事情也都已开箱,却又要装箱准备搬家,于是分别装箱。比如说三组的铜器、陶器装箱,是有规矩的,装箱的王文林、魏善臣都是熟手。有的原先未开箱就维持原样。已开箱的,就运用田野、搬家累积的装箱经验——用棉花、纱布将器物缠起。原先在安阳装运甲骨的柳木箱子,箱子上头已有裂缝,此时就得更换新箱。"

傅斯年8月促成寄存于香港之居延汉简安全运抵美国国会图书馆,免遭战火。同时开始启动中研院史语所由昆明迁往四川南溪县李庄镇的浩大工程。当时在昆明的中央研究院史语所、社会学所和体质人类学所等单位正在酝酿搬迁。同济大学也打算往四川迁移,已向在川校友发出协助寻找校址的函件,得到了重庆李庄的热烈回应和欢迎。于是同济派理学院长王葆仁、事务主任周召南等赴川筹备迁移事宜。教育部长兼中央研究院代院长朱家骅也把这一情况通知了驻昆明的中央研究院史语所等单位。史语所副研究员芮逸夫、凌纯声等也随即赶来,他们对李庄一见钟情,在礼数有加的宴席或茶座上,一一商议妥迁移的诸多事宜。同月14日,傅斯年致胡适长信,报告中央研究院补选院长的经过,及国内各种反应。

按:傅斯年信中说,自蔡先生死后,学界朋友多有意选举胡适一票。"有若干素不管事之人",也都热心,如陈寅恪,"矢言重庆之行,只为投你一票"。但"忽在开会之前两天,介公下条子,举顾孟余出来"。群皆激昂,陈寅恪尤大发挥学术自由之说,私下且谓,我们总不能单举几个蒋先生的秘书。无论假想投票和实际投票,顾皆不中,结果选出翁文灏、朱家骅、胡适三人为候选人。傅斯年说:"我辈友人,以为蔡先生之继承者,当然是我公,又以为从学院之身分上说,举先生最适宜,无非表示表示学界之正气、理想、不屈等义,从未想到政府会舍翁、朱而选您。"又说:"实则我们之选与不选,先生之就与不就皆不相干。此一纠纷之故,乃在美使一任之时在议论中,而尤在孔之始终反对先生也。"接着谈到所闻各种对胡适大使工作的反应:1.馆中人员始终未组织好。凡事多自办,故效率不高。又传馆中纪律欠佳,时常打牌,胡有时亦加入。2.对蒋介石未能每事"奉令承教",有忤旨之事,令其不快。3.近期高宗武夫妇常出入馆中。以高从汪之劣迹,即友人之中对此亦有议论。此外还有人议论,只注意拉拢已同情中国者,而不与反对党接洽;好个人名誉,到处领学位,等等。信中又解释他两年来坚持反对孔祥熙的理由,认为胡适受陈光甫影响,而维护孔氏。虽系从大局着想,但终竟是不了解孔氏真相。最后还略谈北大及同人近况。

傅斯年9月2日偕翁文灏、任鸿隽同访张群,请转呈蒋介石早定中央研究院院长人选。12日,傅斯年致函翁文灏,请其设法将由资委会运务处代运至贵州安顺及四川泸县、重庆的中央研究院驻昆明各所图书仪器迅速起运,并在运输价格上予以优惠。傅斯年还在函中提及："昨晚叔永晤骝先,骝先已函介公辞,谓力不胜任,兄任最佳云云。"16日,翁文灏为中央研究院内运的170吨图书仪器事,致电资委会运务处贵阳负责人。18日,傅斯年访翁文灏,谈及中研院院长选任事。傅斯年言,蒋介石原欲任胡适,嗣又欲任翁文灏,最近又决定由朱家骅暂代。傅斯年认为此事是王世杰的意见。王世杰不欲让胡适离驻美大使任,但仍欲留此任以待之,故此时只让朱家骅代理。因王世杰与朱家骅平时交谊不佳,所以此时只让朱家骅暂代,因此朱家骅颇不悦。19日,翁文灏再为中央研究院内运的170吨图书仪器事致函资委会运务处主任袁丕济,介绍傅斯年与运务处驻昆人员联系。秋,中央研究院社会所以及中博院和中国营造学社也陆续开始由昆明迁往四川南溪县李庄镇。行前,各单位建立了严密的组织,从昆明发货多少车,每车的货物都有清单。史语所的人员参与押运,个个都有不同的遇险经历。傅斯年先行致函川滇公路管理处:"请电令川滇公路所属沿路关卡,对于本所迁川租用之卡车家车一体放行,勿予稽留。"押运员潘悫很快就有回音:"军事委员会运输统制局(泸州)蓝田坝检查哨屡次无理取闹,故意为难。"其时,路上多有站卡,人货不能混装。史语所的家眷多是妇孺老幼,时值寒冬,长途出行艰难。中研院代院长朱家骅在得到傅斯年的报告后,立即商请相关方面予以解决,最后云南方面同意从昆明开一客车,由史语所"包其客坐"。

　　傅斯年10月15日致电王子杰转呈四川省政府:"谢拨给南溪县李庄为迁徙所址,第一批人员物资已到达,余在途中。"11月,傅斯年兼任中央研究院总干事,至次年9月止。同月12日,史语所140箱公物抵宜宾后,卸装一艘民生航运公司驳船,驳船从泸州转运宜宾时,不幸失重倾覆,书箱滑落长江,经过一番紧张的打捞,才全部救起。13日,时在重庆的傅斯年闻讯后致函李方桂、石璋如:"王崇武全批,晨在宜宾落水,经捞起拓本善本粘滞成饼……""延船失事,弟当即速电前往迅速开翻晒干,不能揭者,徐图蒸治。"民生总部在重庆。傅斯年兼任中央研究院总干事,正忙得分身乏术,又平添与民生公司理赔事宜。于是与李庄的董作宾频通信函,交换沉船事件的情况和对策。12月,傅斯年续任国民参政会第二届参政员。冬,历史语言研究所迁至四川南溪县李庄镇。李庄是一座有着1400多年历史的古镇,是长江上游重要的水路驿站,位于金沙江和岷江交汇处的宜宾下游20余公里的长江南岸,下游据南溪县城也是20余公里。这里气候宜人,地势相对平坦,水陆交通便捷,不失为可进可守的天然避难场所。长江南面,临江的魁星阁,为全木结构三层建筑,梁思成曾评价它是长江上"从上海到宜宾二千公里中,建筑最好的亭阁"。魁星阁一字形排开。次第建有东岳庙、干爷庙、张爷庙(桓侯庙)、天上宫、慧光寺、禹王宫、巧圣宫、川祖寺等十多座庙宇。隔江相望,是逶迤起伏的桂轮山,石壁上有黄庭坚贬谪戎州时留下的"大桂轮山"四个大字。山腰处屹立着一根石笋,人们传说它既是李庄的风水。又是得名的原因——有人认为那是水运计里程的标志,"李庄"即"里桩"之音讹。即使在战火连天的抗战岁月,也很有些世外"僻地"的味道。从此,四川省南溪县李庄镇声名远播,揭开其历史上不平凡的一页,许多文人学者在这里度过了最惨淡的也是最辉煌的日子。"中国李庄"和"中国小屯"的名字一样,成为世界近现代学术史上一道靓丽的风景线,大洋彼岸的书信,只要写上"中国李庄"就会投递无误。

　　按:一代学人傅斯年流寓李庄,对这藏在大山深处的文明之珠也感佩不已,其《亟庐诗钞叙》(载《南溪县志》,四川人民出版社1992年版)曰:"斯年漂泊于西南天地之间数年矣,滇池巴渝不建宁居,闻其雅正之音。观其甲部之学,知今日西南之系于中国者,盖远过于巴蜀之千炎汉矣。晚来南溪(李庄),暂获栖止,益惊其一邑中人文之盛,诗人辈出,后先相踵,而钟致和先生尤一时之大雅也。近日,亲友朋门人发起刊其诗集,张子访琴、官周昆仲征词于余,余不学诗,要当长吟其作,缅想其意,而后可以赞其比兴之所寄容,其词采之所工。然而嘱者在门,立马以待,斯唯有言其大者,且梁仲子世丈已有序述其妙美好词者,尤不烦余之词费也。夫一邑之人才如此盛,一家诗章之可传如此之多,足征今之世运在乎西南方,将翊赞国家之将兴,润色一时之弘业,岂仅为桑梓征献存哉。"

按:何兹全是北大文科研究所毕业后进史语所的青年研究员,他详细记下了史语所在板栗坳的分布情况:田边上斜对面是傅斯年先生住的桂花院。田边上是图书馆,也有几间研究室。进大门往右手转,三间厢房还住了两家青年研究员,我和胡庆钧各占一头。图书馆面对大门。后面还有院子,单身职工都住在这里。山东省图书馆馆长王献唐也住在这里。

柴门口是眷属宿舍,长方形四合院,主房五大间,各有隔山隔开。中间一间空着,左手间劳幹家住,右手间潘悫家住。左手头上还有一间,逯钦立家住,向跨院开门。右手头上一间,是管财务的萧家住,向院中开门。岑仲勉先生家、黄彰健家、何兹全家、董同和家、李莲春家住对面。芮逸夫家住左手边偏房,劳幹的父亲住在对面。柴门口去牌场头过道处有个跨房,王叔岷家住。

牌坊头是主院,史语所占用前厅,后院厅房和配房仍由主人家住。前厅中间大厅是史语所子弟小学的课堂。左手边是小卖部、卖些油盐普醋日用品;右手是职工食堂,没有家属的人都在这里吃饭。小卖部的后面有个小跨院,住着董彦堂先生一家。

戏楼院,真有个戏楼,可见四川地方乡绅的气派。考古组住在这里。戏楼院外顺小路再往前走,还有一个茶花院。院子不大,院中有两棵茶花,枝叶茂盛,可遮盖大半个院子。傅乐焕、陈槃就住在这院子里。

按:迁入李庄的,除中央研究院史语所、社会科学研究所、人类学研究所之外,还有中央博物院、营造学社,以及同济大学工学院和校总部、山东图书馆。当时史语所约有六七十人,傅斯年所长常在重庆,所务主要由董作宾主持。当时虽是抗日战争时期,生活十分艰苦,但研究所环境安定,学术气氛浓烈,据傅斯年的及门弟子王利器回忆:"其时,(北大)文科研究所的同学王明、任继愈、马学良、刘念和、逯钦立、胡庆钧、王叔岷、李孝定诸人已在那里。史语所则有:向达、丁声树、岑仲勉、张政烺、王崇武以及董作宾、李方桂、陈槃、劳幹、石璋如、董同和、高去寻、凌纯声、芮逸夫、全汉昇、杨时逢,以及寄寓的王献唐、屈万里诸先生在那里,朝夕相处,左右采获,获益良多。"还有山东省政府与中央研究院合租的山东古迹研究会委员兼秘书的王献堂与毕业于武汉大学历史系、师从于历史学家钱穆的严耕望也住在这里。这些人多是年富力强的中年学者,有些是精力旺盛的研究生,几乎都是学有专长的人。在偏远的山区,在环境幽雅的学术环境,人们或专心攻读或相聚谈论,交流切磋学术见解,无拘无束。史语所诸位学者在学术上的进步,除了他本人的发奋攻读,潜心学问的主观努力外,与傅斯年创造的宽松的学术环境是分不开的。(参见韩复智编《傅斯年先生年谱》,载《台大历史学报》1996年第20期;欧阳哲生编《中国近代思想家文库·傅斯年卷》及附录《傅斯年年谱简编》,中国人民大学出版社2015年版;李学通《翁文灏年谱》,山东教育出版社2005年版;耿云志编《胡适年谱》,福建教育出版社2012年版;王学典《20世纪史学编年(1900—1949)》,商务印书馆2014年版;岱峻《发现李庄》,四川文艺出版社2009年版;岱峻《李济传》,江苏文艺出版社2009年版;郭胜强《董作宾传》,凤凰出版传媒集团、江苏文艺出版社2010年版;陈绍棣《张政烺先生年谱》,中国社会科学出版社2019年版)

李济一家住在昆明郊外的龙泉镇。5月31日,女儿鹤徵忽患腹痛,就近送入白龙潭医院,系急性肠炎,须用手术,李济酷信西医,乃允开肠诊治。6月2日,竟已殒命,恰为李济之阳历生辰。此事对李济是一次心灵的重创,从此以后,李济便不过阳历生日。9月10日,李济致信傅斯年:"近日默察一切,颇觉博物院事可得一满意解决,即以弟职让与思成兄营造学社。想兄亦可同意,希与骝公便中一商。"秋,日军强渡汨水,突进长沙、株洲,先头部队抵达长沙附近。日寇两支部队似犄角,从宜昌和长沙威胁西南,逼近陪都重庆。前线的硝烟越来越浓,昆明上空的轰炸越来越密。10月13日,日机疯狂轰炸昆明联大,文化巷住宅无一幸存。龙泉镇的中研院史语所、社会所和中博院等单位开始再迁成都。10月27日,李济正式向中研院代院长朱家骅递交了请辞信。11月10日,朱家骅回函:"博物院之筹备得兄主持开始即已佳善,至于考古组主任一事,自始由兄主持得有今日之名,且同事皆兄之老友岂可言辞,万乞打消以上两意。"12日,史语所140箱公物从泸州转运宜宾时,不幸失重倾覆,书箱滑落长江。17日,潘悫致函李济:"沉没公物已全数打捞,正觅修裱人。运来六车,五车已到,一车在毕节抛锚,已带零件救济,俟其到即可装运。"同日,李济再致信朱家骅与傅斯年,"请辞并非求去,现此项人才已多,如梁思永兄学力见解必能胜任并可兼主博物院事,弟当集中精力完成过去应完而未完之报告,伏乞俯允是幸。"但因当时史语所正在再次迁徙途中,李济无法推辞。

李济10月参与启动中研院史语所由昆明迁往四川南溪县李庄镇的浩大工程,组织史语所的装车和押运,因而顾不上妻儿老小。二女儿殇后,长女凤徵一夜间老成了许多。长途迁徙之中,就是由她领着弟弟照看全家随大队伍艰难前行。11月30日,迁徙队伍抵达曲靖,懂事的凤徵写信向父亲报告一路平安的佳音。五天之后,李济得知了客车途中抛锚的消息,领队李方桂电告傅斯年:"同人搭中国运输公司车到曲靖时车胎坏了。如新车胎不来,应如何办理? 请速示。"傅斯年内心的牵挂与李济一样着急,他致函交通管理部门:"乞发电文致王受庆,电告川滇客车停曲靖,与尊处卡车不能同行,前程堪虞。方桂来电可否退票,已电就近酌办,乞兄一查。如有匪警或客车太坏似退回;亦可乞代决。"12月11日,傅斯年再致电王受庆:"内子所搭川滇包车破烂不堪,曲靖行后便无消息。因车多妇孺,恐山中出事。盼兄即询刘希古及他主管人情形如何。"最终总算化险为夷。此次经历在石璋如后来的报告中是"苦不堪言,两梁(梁思永、梁思成)均病",李济一家老父病妻弱子一路受苦可想而知。冬,中博院曾迁李庄月亮湾张家大院,史语所考古组住在李庄板栗坳戏楼院,石璋如、高去寻、杜正雄等都住在那里。田边上由于紧邻着农田而得名,原来是种田雇工住的和存放农具杂物的地方,房子很多,历史组、语言组和人类组都设在这里,图书馆、事务室、会计室和所长办公室也设在这里。李济的三组主任办公室在考古组所在的戏楼台,同时还要管理山下月亮湾张家大院的中博院。李庄从此一跃成为世界知名的学术中心。

> 按:正如李济《安阳》(上海人民出版社2007年版)所论:"在第二次世界大战间四年多的时间里,李庄曾是一个重要的学术中心。中央研究院社会科学研究所、上海同济大学、国立中央博物院、中国营造学社也都在此找到了避难所。中外闻名的学者,像英国的生物化学家李约瑟和逻辑学教授金岳霖,都到李庄访问过。有些学者经常到这里来。尽管战火烧遍了中国大地,但李庄是中国学者可以相聚磋商学术的少数几个地方之一。例如李约瑟就曾在李庄作过讲演,谈论科学在中国为什么没有像在欧洲发展那么快的历史原因。"(参见岱峻《李济传》,江苏文艺出版社2009年版;郭胜强《董作宾传》,凤凰出版传媒集团、江苏文艺出版社2010年版)

董作宾1月在昆明新居落成,迁入棕皮营村。董作宾请傅斯年题辞,傅特用篆书题写"平庐",并题长跋相赠:"后汉人文,宛都为盛,而张平子尤擅一代高名,文史哲思,固已抗节前贤,星历制作,又称东京之绝技。吾友董彦堂先生,今之南阳贤士也,是能识仓颉之奇文,诵丘聚之纬书,发冢以求诗礼于孔丘之前,推步而证合朔于姬公之先,使平子在,宜曰后来可畏矣。经始新屋,不日成之,颜曰平庐,志所仰也。呜呼! 遵正则之休名,云璇玑之妙思,虽在离乱,宜其兴呼。民国二十九年一月。弟傅斯年拜题。"傅斯年列举了董作宾在甲骨文研究、经史文献的考证及天文历法等方面的成就,将之与张平子相提并论,评价可谓高矣。乔迁新居使董作宾的生活和工作条件得到一定程度的改善,新居与研究所仅一墙之隔,时而在家,时而在所,或查阅资料,或计算写作,一时工作进展还是很顺利。计算是一项很麻烦的工作,董作宾常请史语所的同仁来帮忙,高去寻、石璋如去得最多,或用笔算,或用珠算,加快了进度。大家常常开玩笑说:历史语言研究所变成数学研究所了。3月5日,蔡元培逝世后,傅斯年应代理中央研究院院长朱家骅兼任研究院总干事,刚刚卸去史语所代所长的董作宾又不得不重新挑起繁重的行政事务担子。因战局的影响,昆明已无法立足,史语所和其他在昆明的机关、学校都在考虑新的搬迁地点。傅斯年和董作宾、芮逸夫、李方桂、梁思永、石璋如等商定再度搬迁,最终确定以万里长江第一镇——李庄为搬迁目标。

董作宾主持史语所迁徙重庆李庄的艰巨工程。中央研究院下属史语所和人类体质研究所、社会研究所分期分批迁往李庄。此前傅斯年已先回重庆,赵元任已赴美国讲学,这次史语所搬迁的具体事宜就由李济、董作宾、石璋如、李方桂等人负责。根据分工,董作宾负责打前站,潘悫、王文林在泸州负责中转,石璋如在昆明殿后,雇用了20多辆大汽车和一辆带篷客车。箱子和押运人员也就是所里的全体人员上大汽车,五辆为一组分批出发,家眷乘客车随队出发,除所里的家属外还有梁思成的夫人林徽因和孩子。车队从昆明出发沿滇黔公路北上,经云南东部宣威进入贵州,经贵州西部赫章入川,再经叙永抵达泸州,从泸州乘轮船逆水西上宜宾,到宜宾换小船再回头顺流而下到李庄码头。其中最难的是搬运那些宝贵的文物和图书资料。史语所战前最大成就之一就是新材料的发现。新材料是建设新学术的物质基础,包括从殷墟发掘的甲骨文、陶器、青铜器,从故宫接手的明清档案和南京存放的古籍善本以及一大批西文书。还有一批俗曲资料,那是刘复(半农)领导史语所"民间文艺组"征集到的歌谣、杂曲、戏曲、说唱鼓书等,共8000余本,是世界上收藏最丰富的中国民俗文化资料。每次转移,图书管理员那廉君就指挥全体同人一齐动手,把这20多万册书籍和文物装成600多个大箱,然后经由卡车、火车、木船、轮船,一站一站,颠来簸去,押运到目的地。

董作宾10月21日在给石璋如的信中写道:"第一批眷属车到了叙府(即宜宾),一路受了颠沛之苦。如有未来同人,最好缓上一月半月为好。因内人病,请代买鱼肝油和温度表。又,过毕节时,乞代买洋布数丈。"同月,董作宾首批到李庄。中央研究院代理院长朱家骅曾授命董作宾全权代理所务。11月12日,史语所140箱公物从泸州转运宜宾时,不幸失重倾覆,书箱滑落长江。万分遗憾的是,落水的偏偏不是青铜器、陶器或甲骨,而恰恰是珍贵的拓本善本书籍,尽管装箱时外部包了一层函套,但仍全部被江水浸透。先期到达李庄的董作宾听闻后大惊,急忙电告傅斯年,并赶到宜宾码头,一方面亲自指挥对书籍的抢救,一方面强调必须注意安全,绝对不能再出任何差错。落水的箱子运到宜宾,借用明德小学开箱晾晒,用了三个月的时间,到1941年1月中旬春节前才结束。史语所选址在离李庄镇四公里以外的板栗坳,考古组的办公室在戏楼院,董作宾的研究室设在戏楼院戏台上,虽然简陋,但还宽敞。大门板当桌子,一人一边与学生李孝定合用。牌坊头是板栗坳的中心,在高处,每天董作宾都要下来到戏楼院研究室去。牌坊头南跨院原来是主人家堆放柴草和杂物的地方,既阴暗又潮湿,维修的时候开了窗户,经董作宾和熊海平精心打扫布置,窗明几净,成为不亚于北海蚕室西厢的典雅书房。又将傅斯年在昆明龙头村"平庐"的题字悬挂起来,号之曰"栗峰平庐",有时也作接待宾客使用,董作宾在北大时的恩师徐旭生教授,他的学生"藏客"李霖灿等都曾在"栗峰平庐"下榻。是年,董作宾撰有《石门铭校考》《方法敛博士对于甲骨文字的贡献》《研究殷代年历的基本问题》《殷代之天文》《爨人谱系新证》。(参见郭胜

强《董作宾传》,凤凰出版传媒集团、江苏文艺出版社 2010 年版;岱峻《李济传》,江苏文艺出版社 2009 年版)

张政烺继续任职于史语所。1 月 2 日,郑天挺"早餐后至响应寺查阅西文书籍。9 时,登山,至弥陀殿,更至观音殿,张政烺、王崇武导阅善本书籍。有关明代者不少,惜不暇详读"。4 月,在昆明宝台山蝶梦园作《汉孟孝琚碑跋》一文,此文对被前人忽视的汉碑图像做了考证,侧重于对四灵的比较。指出:"盖一时风气如此""汉人刻龙、虎形修短丰杀恒相称,式样皆同,其别惟在首部"。这一研究具有开创性,现在学术界对石刻纹饰与宗教思想的研究应是受到他的影响。5 月,作《玉皇姓张考》,刊于 6 月 30 日《责善》第 1 卷第 8 期。此文由顾颉刚在《责善》半月刊创刊号发表的《浪口村笔记》中"玉皇"一则引起。作者认为玉皇张姓可能由"张角传说而来"。文后附杨向奎之"附跋",对此观点提出反驳,认为"张玉皇之说实晚起,绝不见宋朝以前之记载,若果汉末已如此,不应毫无痕迹可寻也"。7 月,张政烺作《关于〈玉皇姓张考〉的通信》,刊于 8 月《责善》半月刊第 1 卷第 12 期,对杨向奎的反驳提出反证。9 月 12 日,郑天挺"日前以所作《附国之地望与对音》一文就商于张苑峰(政烺),今日得复,有'敬读三过,获益实多。辞义周密,不能更赞一词。附国吐蕃,隋唐异称,容有部族消长、种姓更代之事。要之附国之当为发羌,当在康藏,今后自可无疑义矣'之语。赞许逾实,甚以为愧,其所谓'部族消长、种姓更代',甚有见"。27 日,张政烺致书郑天挺,"谓鲜于枢《困学杂录》有记附国者,录以见示,其文略同《隋书》"。郑"因检《历代名画记》《图画见闻志》《宣和画谱》《图绘宝鉴》诸书,补作注文"。并检《画录》及两《唐书》。年底,张政烺随史语所离开昆明,经由宣威、威宁、毕节、叙永到了四川省南溪县李庄镇板栗坳。张政烺尤其喜爱善本,所以他的研究室与宿舍就在别存书库(即善本书库)近旁的茶花院内。(参见陈绍棣《张政烺先生年谱》,中国社会科学出版社 2019 年版;王学典《20 世纪史学编年(1900—1949)》,商务印书馆 2014 年版)

吴金鼎、曾昭燏等继续发掘大理附近的马龙、清碧、佛顶、中和、龙泉、白云等遗址,为史语所考古组与中央博物院筹备处合作项目,发掘收获后于 1942 年编撰为《云南苍洱区考古报告》。6 月,曾昭燏因中央博物院筹备处迁四川李庄镇,她与吴金鼎等主持四川彭山县东汉崖墓的发掘工作,著论文《以彭山陶俑中所见汉服饰》,并考察川康民族,撰写考察报告约百万字。(参见中国大百科全书总编辑委员会《中国大百科全书·考古学》,中国大百科全书出版社 2002 年版)

梁思成、林徽因继续任职于中国营造学社,这是一个半官方半民间的学术团体,挂靠在中央研究院史语所。梁思成又兼任史语所的通信研究员。11 月,日机对后方的轰炸越来越凶,中央研究院被迫迁往四川南溪县李庄,学社因必须依靠研究院的图书,也不得不随之迁李庄,安置在史语所附近的上坝月亮田。梁思成在给费正清的信里抱怨道:"这次迁移使我们非常沮丧。它意味着我们将要和我们已经有了十年以上交情的一群朋友分离。我们将要去到一个除了中央研究院的研究所以外远离任何其他机关、远离任何大城市的一个全然陌生的地方。大学将留在昆明,老金、端升、奚若和别的人也将如此。不管我们逃到哪里,我们都将每月用好多天、每天用好多小时,打断日常的生活——工作、进餐和睡眠来跑警报。但是我想英国的情况还要糟得多。"当时,美国方面已邀请梁思成去讲学,还请了林徽因同去治病。梁思成回信说:"我的祖国正在灾难中,我不能离开她;假使我必须死在刺刀和炸弹下,我要死在祖国的土地上。"林徽因也毅然谢绝,她想的是:"决不愿做中国的白俄。"11 月底,林徽因带着两个孩子和母亲,随史语所的队伍,坐卡车离开昆明。临走那天,梁思成忽然发烧,只好暂时留下。是年,梁思成在重庆中央大学作"中国传统建筑的发展及特点"系列讲座。(参见林洙、楼庆西、王军《梁思成年谱》,《建筑史学刊》2021年第2期"梁思成及营造学社前辈纪念专刊";岱峻《李济传》,江苏文艺出版社2009年版;岱峻《发现李庄》,四川文艺出版社2009年版)

陶孟和率领的社会科学研究所在四川南溪李庄门官田安顿下来,即开始进行《抗战损失研究和估计》等项目的调查,完成《1937—1940年中国抗战损失估计》等报告。因为陶孟和对第一次世界大战各国各方面的损失估计以及和会谈判情形十分了解,所以他提出应该早日进行研究,将为以后抗战胜利和谈判赔偿问题时提供资料准备。这是一项很有预见性的重要研究工作。

按:上世纪七十年代初在中日复交谈判中,周恩来总理曾派人了解过去中央研究院社会科学研究所做过的抗战损失估计。虽然后来我国放弃了赔款要求,但在谈判时仍证明这项研究工作是有重要意义的。

郭沫若1月24日与阳翰笙、老舍、胡风等60余人出席文学月报社在国泰饭店举办的在渝作家招待会。2月3日,应重庆市春礼劳军筹备委员会之邀,在中央广播电台作题为《春礼劳军与军民合作》的演讲。3月1日晚,应回教救国协会之邀赴宴,与老舍、宋之的、阳翰笙、马彦祥、郑用之、王瑞麟、姚蓬之等商议《国家至上》演出之事。3日,中苏文化协会第三届年会召开,被选为第四届理事会理事。会长为孙科,副会长为邵力子、陈立夫,于右任、冯玉祥、宋庆龄等为名誉会长。17日,在重庆应青年记者学会之邀作题为《写作的经验》的演讲。25日,应卫聚贤之邀,至外宾招待所用午餐。共食者还有李济、傅斯年、马衡、沈尹默、常任侠等5人,皆谈宴尽欢。春,作《陕西新出土铜器铭考释》。4月初,被聘为中国万岁剧团团长。10日上午,与卫聚贤、马衡、常任侠等赴培善桥胡家堡考察两座古墓,并拟订了发掘计划。同月,与卫聚贤主持,联合各学术团体,开始发掘嘉陵江北岸善桥汉墓。

郭沫若4月14日晚赴中苏文化协会,出席中华全国文艺界抗敌协会之诗歌座谈会举行的苏联诗人马雅可夫斯基逝世10周年纪念晚会,并在讲话中强调诗歌的政治作用。纪念会由胡风主持,共有30多位诗人、作家与会。16日,出席中华全国电影界抗敌协会第二届年会,与张道藩、郑用之、阳翰笙、罗明佑等9人为主席团成员,并以政治部代表身份致辞。与田汉、洪深、欧阳予倩等15人被选为监事。港、沪、蓉、渝各地电影界代表600余人与会,张道藩为会议主席。21日,在中国社会改进研究会成立大会上,被选为研究会理事。18晚,应苏联大使潘友新之邀,赴苏联大使馆出席为中苏文化协会正、副主席和全体理事举行的宴会。宴会之后又观看了《最高的荣誉》等3部苏联电影。应邀与会的还有冯玉祥夫妇、监察院院长于右任、立法院院长孙科等。24日,在国民党中央社会部与中央各有关机关组织的文艺奖助金管理委员会第一次会议上,与老舍、张道藩等11人被聘为委员。27日,作《关于发现汉墓的经过》,说明发掘江北汉墓一事的经过情形,以飨"关心这件事的中外的朋友",刊于28—29日重庆《大公报》。5月3日,作《关于屈原》,刊于6月9日重庆《大公报》。5日上午,与卫聚贤受中大历史学会之约至校演讲汉墓发掘情形。谓考古学与文字学本为两途,而有相互为用之处。考古学者往往成见太深,对文字学加以轻视,其实研究文字学者只是缺乏科学的方法。但考古学者过于拘于形式、花纹,以记载之文字居于次要地位,亦属偏见。若能取斯二者打成一片,则可相得益彰,成效为宏也。12日下午,在新川大戏院主持重庆各界欢迎在华日本人民反战同盟西南支部巡回工作团大会致辞。20日,作《中苏文艺交流之促进》,刊于《中苏文化》半月刊6月18日第6卷第5期"文艺专号"。31日,作

《"民族形式"商兑》,刊于6月9—10日重庆《大公报》。文中批评了向林冰的民间形式是民族形式的中心源泉的观点:既不合文艺史发展的实际又是倒退行为。郭沫若认为:"民族形式的中心源泉毫无可议的,是现实生活。"在这个基础上,批判地继承我国古代文艺的遗产,继承"五四"以来新文艺的优良传统,对外国文艺也要采用"拿来主义"的态度。各方面综合起来,才能完成民族形式的构成。这篇文章被认为是民族形式讨论的总结。

郭沫若6月4日出席文艺奖助金管理委员会第三次会议。会上通过了《文艺作品奖励条例》《文艺界贷金补助金暂行办法》,并决定筹办"全国抗战文艺展览会"。7日,作《革命诗人屈原》,刊于10日重庆《新华日报》,谓:"屈原所创造出来的骚体和之乎也者的文言文,就是春秋战国时代的白话诗和白话文,在二千年前的那个时代,也是有过一次'五四运动'的。屈原是古'五四运动'的健将。"12日,作《先乱后治的精神》,刊于重庆《现代读物》月刊第5卷第7期"抗战三周年纪念、四川专号"。29日,作《抗战以来宪政运动的发展趋向》。文中认为,三民主义其民主主义最终目的"就是民主政治的实现",但民主政治至今尚未实现。抗战发生后情形不同了。"抗战的本身有着极大的民主性,抗战需要着民主政治,抗战也促进了民主政治""抗战需要着宪政,也促进了宪政,所以在抗战以前迟迟不得前进的宪政运动,到了抗战发生便有了巨大的发展"。但宪政的全面实现,"第一要注意宪法的实施","第二,人民要有言论出版集会结社之完全自由"。此文具有历史回顾与总结的意旨,最后还是落实到现实问题的解决。7月7日,作《三年来的文化战》,刊于16—17日重庆《大公报》。此文意在"在这抗战建国的七月七日,来检讨一下过去,用以策励将来"。作者回顾了抗战爆发前后日寇对我国进行文化侵略的四个阶段,归纳出"它虽然时时在改变花样,但它一贯的目的是想摧毁我们的民族意识和抗战精神"。接着总结了我国各条战线上在文化领域的反侵略斗争的发展轨迹,肯定了业已取得的成绩,即"我们在文化上抗战,也和整个的抗战一样的是愈战愈强了"。同时又指出"不可以有丝毫的自满";相反,当前的文化领域反侵略运动"依然是难以令人满足的一种状况","应该切实地设法改进",同时呼吁"对于处理文化的方法和态度,也应得要求其为民族的,民权的,民生的",而尤其是后二者。20日,《抗战三年来日本社会的危机》刊于桂林《十日文萃》新1卷第2期,续载于30日第3期。24日,文艺奖助金管理委员会成立,郭沫若任委员。该委员会由国民党中央社会部、各中央机关代表及文艺界人士组成,经国民党中央常务委员会第143次会议决议,函请国防最高委员会在教育文化费项下拨款10万元,设立奖助基金。

郭沫若8月3日晚与沈钧儒、田汉、张西曼、葛一虹、吴克坚等出席文协在中苏文化协会举办的鲁迅60诞辰纪念会,并致辞,说:"我们今天来纪念鲁迅先生,这位伟大的思想家,革命家和文学家,他的肉体虽没了,但他的思想和精神是永恒的。"又说纪念鲁迅的最好的办法,是学习鲁迅,"每一个人都要成为鲁迅"。12日,在重庆文化界座谈会上,与陶行知、沈钧儒、范长江等同被推为中国文化界苏联访问团筹备设计委员会委员。同月,所著《"民族形式"商兑》列为"南方文艺丛刊之三"由桂林南方出版社出版。9月8日,郭沫若接周恩来信,告以张治中约谈三厅事,并提出组建文化工作委员会。9日,张治中来赖家桥拜访,谈组织文化工作委员会的事情。上旬,政治部改组,郭沫若被免去政治部第三厅厅长,改任政治部部务委员,由何浩若接任厅长,周恩来也不再担任政治部副部长,改为政治部指导委员。第三厅工作人员闻讯后,联名集体辞职,以示抗议。当局遂另组文化工作委员会,请郭沫若领导,但规定该会只做研究工作,不能从事对外政治活动。郭沫若与阳翰笙、田汉、杜国庠、冯乃超等人9月拟订《文化工作委员会组织大纲》草案。17日,被聘为军事委员会政治部文化工作委员会主任委员。24日,与阳翰笙、冯乃超、"孩子剧团"等为鹿地亘率领的在华日本人反战同盟重庆总部前线工作队送行,并在欢送大会上致辞。10月19日,周恩来、郭沫若、沈钧儒、冯焕章、老舍等在重庆巴蜀小学礼堂出席鲁迅先生逝世4周年纪念大会。30日,国民政府军事委员会政治部文化工作委员会正式成立,郭沫若受聘为主任委员,谢仁钊(后改为李侠公)、阳翰笙为副主任委员。"文工会"设有10名专任委员:沈雁冰、沈志远、杜国庠、田汉、洪深、郑伯奇、尹伯休、翦伯赞、胡风、姚蓬子;10名兼任委员:舒舍予、陶行知、张志让、邓初民、侯外庐、马崇融、黎东方、王昆仑、吕振羽。下设三个组:第一组从事国际问题研究,组长张铁生未到任,实际工作由蔡馥生担任;第二组从事文艺研究,组长为田汉,田汉到西南工作后,由石凌鹤代理;第三组从事敌情研究,组长冯乃超。文工会分两处办公,城区在天官府7号,主任秘书为罗鬙渔;乡间在赖家桥全家院子,主任秘书为何成湘。11月1日,文化工作委员会举行正式成立仪式。郭沫若在天官府主持招待会,周恩来、董必武等各界400余人参加。

　　按:10月31日《大公报》报道:"军委会政治部文化委员会现已正成立。大部人员均将移至城内办公。该会委员业经张治中部长聘定。计主任委员郭沫若,副主任委员谢仁钊、阳翰笙,委员有张志让、孙伏园、胡风、茅盾、洪深、沈志远、马宗融、王昆仑、尹伯休、吕振羽、吕霞光、老舍、蓬子、郑伯奇、熊佛西、杜国庠、孙师毅等。依负责之可能程度,分专任、兼任二种。又该部前副部长周恩来氏顷又被聘为指导委员云。"

　　郭沫若11月2日出席戏剧春秋社举行的"戏剧的民族形式问题座谈会",并发言。指出:"追求适合新内容的新的民族形式,无非是到达世界文学的一个过程。"认为"将来的世界形式当然应以社会主义为内容,今天苏联的文艺不过是过渡期而已,所以是'社会主义的内容,民族的形式'。这因各民族狭隘的特异的生活习惯、风俗、传统等一时不易扫掉","到了新的社会当然可以渐次消灭或减少。而各民族间的共同性必然加强。当然,大同中还容许小异"。发言由田汉记录,刊于《戏剧春秋》1941年7月第1卷第4期。23日,与王平陵、黄芝冈、田汉、叶以群、宋之的、艾青、老舍、阳翰笙等14人出席《抗战文艺》编委会座谈会,检讨本年度文艺上的新倾向,讨论《一九四一年文学趋向的展望》。27日晚,外交协会国际问题讲习班敦请讲演《民族精神之体验》。12月4日,作《中国美术的展望》,刊于《中苏文化》1941年1月"文艺特刊"。7日下午,往中法比瑞文化协会,出席全国文协举行的茶会,以欢迎新近从各地来渝的茅盾、巴金、冰心、安娥、徐迟、袁水拍、马耳、柳倩等作家。周恩来亦出席。同日晚,为庆祝文化工作委员会成立,与张治中、梁寒操、王东原、何浩若等代表文化工作委员会和第三厅,在中国电影制造厂抗建堂招待在渝文化界、新闻界人士。向来宾介绍了文化工作委员会的分组情况,即内部分为3组:第一国际问题研究组;第二文艺研究组;第三对敌工作组。并致辞说:"抗战本身即为文化运动之发展,我文化界同人抗战以来,精诚团结,笔杆一致对外,打倒日本帝国主义。文化工作委员会,更望能与大众合作,并请多多帮助。"参加招待会的有周恩来、黄炎培、沈钧儒、章伯钧、茅盾、老舍、邓初民、翦伯赞以及冯玉祥、孙科、邵力子、于右任等400余人,均在郭沫若题就的"招待陪都文化界新闻界题名"单上签名留念。田汉、老舍、洪深、马彦祥等人表演了节目,还放了电影。

　　郭沫若12月8日下午往中苏文化协会"文化之家",主持中苏文化人联欢会。致欢迎辞,并作了结束报告。参加联欢会的来宾有沈钧儒、陈铭枢、王昆仑、邹韬奋、茅盾、老舍,苏联对外文化协会代表米克拉舍夫斯基、苏联大使馆顾问戴米央诺夫、塔斯社米海耶夫等100

余人。中苏朋友合影留念。10日下午,主持文化工作委员会举办的"对敌工作座谈会"。18日上午,应重庆市民教馆三元读书会之请,在该馆作题为《中国民族精神问题》的讲演。讲了3个问题:一、中国民族富于创造性;二、中国民族富于同化性;三、中国民族富于弹性。最后特别强调,"目前所进行之抗日战争,即是我民族弹性精神之高度发挥,但在此过程中必须同时发挥民族创造性,此即要求我们置此民族危机之时,不要'打盹'和'睡觉',而要加倍求进步,以求民族之生存与民族精神之发扬广大"。同日,作《庄子与鲁迅》,刊于《中苏文化》半月刊1941年4月20日第3—4期合刊。20日,往中苏文化协会出席重庆文化界座谈会,在讲话中批评最近报刊上登载的《第五期学术思潮的展望》一文,指出该文不应当将科学与辩证法分割和对立起来,并对其形而上学、玄学的根源作了深刻剖析,进而说明目前新科学研究的态度,必须坚持民主精神和科学精神。最后希望文化界多从事西洋各种学术著作的选择和介绍工作。28日上午,往重庆国泰大戏院主持文工会举办的第一次文艺演讲会,由茅盾、老舍、洪深、马彦祥、史东山、贺绿汀、阳翰笙、赵沨、龚啸岚等人演讲,检讨本年度抗战文艺的发展及今后的展望。29日,出席东方文化协会成立大会。该会由东方文化研究社扩大而成,由泰戈尔、宋庆龄、冯玉祥等人任名誉会长,于右任为会长,会员有中、朝、日、越、缅、印等国知名人士300余人。(参见林甘泉、蔡震主编《郭沫若年谱长编》,中国社会科学出版社2017年版;张大明《阳翰笙年谱》,《抗战文艺研究》1984年第3期;文天行编《国统区抗战文艺运动大事记》,四川省社会科学院出版社1985年版)

顾颉刚继续任齐鲁大学国学研究所主任。上半年,任齐大"中国古代史""古代史实习"课。3月16日,齐鲁大学创办《责善》半月刊,由齐鲁大学国学研究所责善半月刊编辑部编辑,齐鲁大学国学研究所发行,设有学术消息、学术通讯、浪口村随笔等众多栏目。主要刊载本校所撰古典文学和中国古代史学论文,以及读史札记、书籍提要、讲演笔记,国内外学术消息等。以供国学研究所及国文、史社两系学生研究参考。撰稿人有顾颉刚、杨向奎、钱穆、胡厚宣、丁声树等。顾颉刚为撰《发刊词》,指出:"治学之道,不贵因而贵创",且"何以能创? 必发于精思。何以构思? 必基于物证。何以得证? 必赖乎善索","清代朴学,严设科条,力搜实据",在"遗物大出、方术益工"的时代,正大有可用之地,但是"从学者初至,恒谓志学未逮,只缘不知所以入门","鉴于借题示范之急,故为此刊以诱导之"。创刊号刊载王树民《中华名号起源考》、曾繁康《韩非子初见秦篇作者之推测》、易铁夫《史记三种秦世系年代之比较》、顾颉刚《浪口村随笔》等。

按:顾颉刚为撰《发刊词》曰:"治学之道,不贵因而贵创。苟惟循常蹈故而已,是将历百世而无尺寸之进也。何以能创? 必发于精思。何以构思? 必其于物证。何以得证? 必赖乎善索。汉之笺注,唐之义疏,其功深矣,而依违旧训,徒积千年之蠹,此不能创之患也。晋之清言,明之狂禅,其思锐矣,而取资直觉,但快一时之谈,此不求证之病也。惟清代朴学,严设科条,力搜实据,一义之建,本证旁证多至数十百条,用能立于不败之地,正误匡谬,若扫阶尘。况在今日,遗物大出,方术益工,我辈之凭藉又足傲清贤乎! 然效无倖致,获必先难,如其未能痛下沈潜之功,固绝不容突觇高明之业。所谓沈潜者维何? 深思所学,虽纤介不敢忽焉,一也。思而得间,写为札记,试立假设,集材料以证成之,二也。有对我树异义者,函商面折,不厌其繁,三也。学有进益,便当从善如流,不护前短,四也。所积既夥,豁然贯通,然后敷以系统,勒为专著,善则奠后生进学之基,不善则待来哲绳纠之至,五也。质辞言之,则初由材料以发生问题,次由问题以寻求材料,而即由此新得之材料以断决问题,且再发生他问题,二者循环无端,交互激发,遂得鞭辟入里,物无循形,如斯而已。夫天壤之间,问题何限,非精思而不得,材料靡尽,非勤索则不来,所贵乎学者,即以穷年累月之研究,期对于某事某物有正确之认识已耳,文史诸科,虽与自然科学异其对象,实当与自然科学同其精神,必本质既同,而后文采有所施,否则斸雪饮冰,其何能久！清人之学为世重者以此。齐鲁大学自国难中侨居成都,重立国学研究所,文学院中旧有国文及史社系,扬榷学术,其事大同。而从学者初至,恒谓志学未远,只缘不知所以入门,譬诸宫墙,无术攀而窥焉。惮于个别指点之烦,鉴于借题示范之急,故为此刊以诱导之,使知涉想所存在皆可载诸简牍,而良材播散,有如美玉精金之狼藉满地,虽资禀有钝敏之殊,而凡刻意自振奋者无不可有大小之拾获,其劳也即其成也。夫岷江浩浩,始则滥觞,增冰峨峨,凝于积水,从古大业之兴,无不造端于隐而积功于渐,欲争上游,惟须不懈。于以唤起其自信心,鼓舞其创造力,观摩一学,切磋一题,各寻自得之深乐,同登学之大逵,岂不懿欤！至于连接篇章,卓然树帜,自当罗之研究所季刊之中,斯刊固唯是不成报章之七襄尔。孟子曰,'责善,朋友之道',同人行能无似,诚不敢忘此鹄的。方今敌寇凶残,中原荼毒,我辈所居,离战场千里而遥,犹得度正常之生活,作文物之探讨,苟不晨昏督责,共赴至善之标,俾在将来建国之中得自献几微之力。不独无以对我将士,亦复何颜以向先人,故取是为名,愿我同学咸铭之于心焉。"

顾颉刚9月在四川省教育厅主办的《中等教育季刊》创刊号发表《中学生读的中国史》。面对没有理想的适合中学生阅读的中国通史的状况,顾颉刚提出了弥补之法,指出:"困难是事实,在困难中想方法便是我们的责任。所以我现在写出这篇文字,替一般中学校想,替一般中学生想,觉得中学校方面本国史有下列几种补充读物:《左传》《史记》《资治通鉴》《宋史纪事本末》《元史纪事本末》《明史纪事本末》《圣武纪》等。"秋,顾颉刚在国学研究所任"目录学""春秋学""经学""古物古迹调查实习""编辑方法实习"课。11月1日,《齐大国学季刊》在成都齐鲁大学创刊,由齐鲁大学国学研究所主办,顾颉刚任主编。创刊号刊载孙次舟《论魏三体石经之来源并及两汉经古文写本的问题》、陆懋德《瑠琏考》、黄文弼《中国古代答谢位置考》、张维华《汉张掖郡骊靬县得名之来源》、侯宝璋《中国解剖史之检讨》、姚名达《史字的本来意义》、丁山《聚珍本牧庵集跋》等文。是年,顾颉刚将笔记《浪口村随笔》钞出数十条,修改后仍以该题逐期刊于《责善》,同时亦有新作。邀钱穆至齐大研究所任职。记笔记《骆园笔记》。秋,通俗读物编刊社迁至成都。因经费难以维持,至年底解散。该社成立8年来,共出版大鼓书等读物600多种,行销5000多万册。(以上参见顾潮编著《顾颉刚年谱》,中国社会科学出版社1993年版;顾潮编《中国近代思想家文库·顾颉刚卷》及附录《顾颉刚年谱简编》,中国人民大学出版社2015年版;王承军《蒙文通先生年谱长编》,中华书局2012年版;王学典《20世纪史学编年(1900—1949)》,商务印书馆2014年版)

钱穆归里侍奉老母1年。1月,《社会自由讲学之再兴起》(总论宋元明学术)刊于《北大四十周年纪念论文集》。文中论唐中叶以后中国一个绝大的变迁,便是南北经济文化之转移。另一个变迁,则是社会上贵族门第之逐渐衰落。门第衰落后,社会上的新形象,举其要者约有如下几点:一是学术文化传播更广泛。二是政治权解放更普遍。三是社会阶级更消融。宋、明儒热心讲学的最终目的,则仍在改进政治,创造理想的世界,其理论上的世界,是"万物与我一体"。所由认取此万物一体者,在我谓之"性",在外谓之"理"。其理想境界,则如朱子所云:"当世之人无不学。其学焉者无不有以知其性分之所固有,职分之所当为,而各俛焉以尽其力。此古昔盛时所以治隆于上,俗美于下,而非后世之所能及。"他们可说是一种"秀才教"。可说是范仲淹诸人以来流行于一辈自负以天下为己任的秀才们中间的宗教。6月,所著《国史大纲》由国立编译馆初版印行。此书为作者1938—1939年在西南联大讲授中国通史的讲稿。据作者"书成自记",此书始撰于1938年5月,完稿于1939年6月。是年初版于上海,在重庆另印国难版,后被国内多所大学采用为教材。全书8编46章,53万字,内容包括自上古三代以迄20世纪中叶中国历史的演变。作者所撰《引论》开篇论中国为世界上历史最完备之国家,举其特点有三:一者"悠久";二者"无间断";三者"详密"。再就史书体裁而言,要别有三:一曰编年;二曰纪传;三曰纪事本末。其他不胜枚举。又中国史所包地域最广大,所含民族分子最复杂,因此益形成其繁富。则我华夏文化,于并世固当首屈一指。然后集中阐述了作者的文化观、历史观与方法论。《引论》将中国近世史学分为"传统派"("记诵派")、"革新派"("宣传派")、"科学派"("考订派")三派。"传统派"主于记诵,熟典章制度,多识前言往行,亦间为校勘辑补。"科学派"乃承"以科学方法整理国故"之潮流而起,此派偏于历史材料方面,震于"科学方法"之美名,往往割裂史实,为局部狭窄之追究。彼惟尚实证,夸创收,号客观,无意于成体之全史。"革新派"则起于清之季世,为有志功业、急于革新之世所提倡。其治史为有意义,能具系统,能努力使史学与当身现实相结合,能求把握全史,能时时注意及于自己民族国家以往文化成绩之评价。

　　按:钱穆《引论》特别强调:"今日所需要之国史新本,将为自《尚书》以来下至《通志》一类之一种新通史。此新通史应简单而扼要,而又必具备两条件:一者必能将我国家民族以往文化演进之真相,明白示人,为一般有志认识中国以往政治、社会、文化、思想种种演变者所必要之智识;二者应能于旧史统贯中映照出现中国种种复杂难解之问题,为一般有志革新现实者所必备之参考。前者在积极的求出国家民族永久生命之泉源,为全部历史所由推动之精神所寄;后者在消极的指出国家民族最近病痛之症候,为改进当前之方案所本。凡治史有两端:一曰求其'异',二曰求其'同'。何谓求其异?凡某一时代之状态,有与其先、后时代突然不同者,此即所由划分一时代'特性'。从两'状态'之相异,即两个'特性'之衔接,而划分为两时代。从两时代之划分,而看出历史之'变'。从'变'之倾向,而看出其整个文化之动态。从其动态之畅遂与夭阏,而衡论其文化之为进退。此一法也。何谓求其同?从各不同之时代状态中,求出其各'基相'。此各基相相衔接、相连贯而成一整面,此为全史之动态。以各段之'变',形成一全程之'动'。即以一整体之'动',而显出各分部之'变'。于诸异中见一同,即于一同中出诸异。全史之不断变动,其中宛然有一进程。自其推动向前而言,是谓其民之'精神',为其民族精神生命之泉源。自其到达前程而言,是谓其民族之'文化',为其民族文化发展所积累之成绩。此谓求其同。此又一法也。故治国史不必先存一揄扬夸大之私,亦不必先抱一门户立场之见。仍当于客观中求实证,通览全史而觅取其动态。若某一时代之变动在'学术思想'(例如战国先秦),我即着眼于当时之学术思想而看其如何为变。若某一时代之变动在'政治制度'(例如秦汉),我即着眼于当时之政治制度而看其如何为变。若某一时代之变动在'社会经济'(例如三国魏晋),我即着眼于当时之社会经济而看其如何为变。'变'之所在,即历史精神之所在,亦即民族文化评价之所系。而所谓'变'者,即某种事态在前一时期所未有,而在后一时期中突然出现。此有明白事证,与人共见,而我不能一丝一毫容私于其间。故曰:仍当于客观中求实证也。"此即《国史大纲》不同于其他史书的特异之初:首重政治制度,次推学术思想,又次为社会经济。他认为政治制度为最上层的结构,社会经济为最下层的基础,学术思想则为中层的骨干。但在具体论述时根据各时代历史发展的具体状况而有所调整。如春秋战国时期,重在学术思想的变化;秦汉时期,着眼于政治制度变化;三国魏晋,重在社会经济的变化。

　　按:《国史大纲》出版后风行全国,对激发民众的爱国心发挥了积极作用,也赢得了史学界的高度评价。顾颉刚在《当代中国史学》(1947)下编第一章第二节《通史的撰述》中说:"中国通史的写作,到今日为止,出版的书虽已不少,但很少能够达到理想的地步。本来以一个人的力量来写通史,是最困难的事业,而中国史上须待考证研究的地方又太多,故所有的通史,多属千篇一律,彼此抄袭。其中较近理想的,有吕思勉《白话本国史》《中国通史》,邓之诚《中华二千年史》,陈恭禄《中国史》,缪凤林《中国通史要略》,张荫麟《中国史纲》,钱穆《国史大纲》等。其中除吕思勉、周谷城《中国通史》、钱穆宾四先生的书外,其余均属未完之作。钱先生的书最后出而创见最多。"严耕望在《钱穆宾四先生与我》上篇写道:"先生在北平讲授《中国通史》四年,及来昆明复讲两年。期四晚间开课。校外旁听者争坐满室,先生上讲坛,须登踏桌而过。盖时在九一八、七七事变后,国人民族意识高涨,先生学养深厚,史识卓拔,才思敏捷。亦擅讲演天才,加以自幼民正当壮年,精力充沛,词锋所扇,动人心弦,故诸生折服,争相听受,极一时之盛。六年讲授既毕。《国史大纲》亦已成书。"余英时《犹记风吹水上鳞——钱穆与现代中国学术》指出:《中国近三百年学术史》特"严夷夏之防",正是因为这部书在抗战前夕写成功。"这时中国又面临另一次'亡国'的危机。因此书中'招魂'的意识表现得十分明显。但'招魂'意识全幅呈露的绝大著作必推《国史大纲》为第一。由于这是今天在海外依然畅销的一部书,便不用我多作介绍了。至于《国史大纲》的内容复杂,论据隐而不露,因此不易通读,……这部书的'引论'最初曾在昆明的报纸上单独发表过,而引起巨大的反响。同情的读者如陈寅恪称许它是近来年来少见的大文章,反对者也以它为驳论的根据。前面提到闻一多骂钱先生'冥顽不灵'的文字似乎便是读了'引论'以后写的。……钱先生关于中西文化与历史的对比成为集矢之所在。其实,从钱先生个人的思想发展上看,'引论'正是对他早年所承受于国粹学派的种种问题——提出了自己的答案。……几十年来他的用心一贯,'引论'则是他对于'中国魂'的新诠释。为了说明中国史的独特精神,他不能不以西方作为对照,这也是百年以来中国史学的共同倾向。"翟宗沛《评钱穆先生〈国史大纲〉》(《文史杂志》1942年第2卷第4期)全文共分为五段。其中有关于对作者历史教育价值观的赞述。其次,评述《国史大纲》的宗旨和近代新派的史学一样,但《国史大纲》的内容及其结论,却和一般新派完全不同。翟宗沛在第四段中指出:"我民族文化,当于和平中得进展。"这是作者认为我国家民族独特精神之所在,永久生命之泉源,亦为全部历史所由推动之精神所寄,所以"我国家民族之前途,仍将于我先民文化所赋自身内部获得其生机",而其先决的条件,则"有待于吾国人对我先民国史略有知"。钱先生在引论中,既两次坚决地说:"吾言可悬国门,百世以俟而不惑。"在本书开头又请读者先具下列诸信念:(此略)。这不是牧师的传道,而是研究国史者极诚挚的呼声。牟润孙《记所见之二十五年来史学著作》(载杜维运、黄进兴编《中国史学史论文选集》(二),台湾华世出版社1976年版)称赞《国史大纲》"全书自尧舜以迄民国,为完整之中国通史。识见、议论、编排、文章,均超越前人之作。享誉史学界,诚非幸致。钱氏怀爱国之热忱,于我国文化之构成发扬递嬗诸端,阐述最为详明。举凡历史上重大事件如统一、分裂、强盛、衰亡等,钱氏悉能掌握其原因、结果、发展线索,予以清楚叙述。盖其所重者在政治经济、制度、学术、文化、社会、民族诸方面,而非徒如前人之拘牵于朝代帝宰之兴衰。钱氏此书中爱国家、爱民族思想洋溢满纸,于世之持自卑自贱之论者,痛加针砭,立论极足使人感动。……《国史大纲》所可贵者在此,苟徒以字句考据求之,如买椟之还珠,非所以知钱氏也"。此外,钱穆在此书中及此后数年的文章中对中国的传统的政治制度、考试制度的赞美与"中国式民主"的观点,引起了左派史学家在抗战末期及解放战争时期对于"中国式民主"的批判。

钱穆是年夏重返后方。约在秋季,辗转至成都北郊齐鲁大学国学研究所履教职,又兼齐鲁大学课,主讲"中国文化史导论",并主编《齐鲁学报》。钱穆为《齐鲁学报》亲撰《发刊词》:"齐鲁大学国学研究所本有无定期刊物一种,名曰《国学汇编》,十余年来,几度刊布。国难以逮,学校播迁蜀中,研究所改弦更张,于是有学报之结集。年定出两期,兹当首期创刊,谨缀短辞以稔读者。夫学问研讨,本属平世之业,然兵燹流离,戎马仓皇之际,学术命脉,未尝护持赓续之望。此其例,古今中外,不胜枚举。"《发刊词》文采飞扬,用词不像钱穆平日著作那样深奥,读来流畅上口。第2期出版的时间比上期晚了半年,但作者阵容更齐整,文章类型更加丰富,使《齐鲁学报》更趋完整与丰满。齐大的学术研究与著作出版风气极盛,对当时国学研究起到推波助澜的作用。

按:钱穆所载齐鲁大学道:"齐鲁大学在成都南郊华西坝,借用华西大学校舍。国学研究所则在北郊赖家园,距城20里许。有研究生10许人。有一藏书家,避空袭移书赖家园,借研究所用。园中有一亭,池水环之,一桥外通。池中遍植荷,池外遍树柳。余尤爱之。风日晴和,必一人坐亭中读书。余又兼齐鲁大学课,由赖家园赴城,坐鸡公车,平生所未见也。每周必南北穿成都全城,在学校宿一宵,如是以为常。"(参见韩复智编著《钱穆先生学术年谱》,中央编译出版社2012年版;王学典《20世纪史学编年(1900—1949)》,商务印书馆2014年版)

马寅初继续任重庆大学教授,兼任立法院商法委员会召集委员。1月4日,为董问樵《国防经济论》作序。2月28日,作为商学院院长出席重庆大学校务会议。上旬,应陆军大学之邀为前线受训将官班授课,演讲《加征资本捐税及临时财产税》,谓:"现在我们中华民族正处在生死存亡的关头,全国上下应该同心同德,共赴国难。但现在是'下等人'出力,'中等人'出钱,'上等人'既不出力,又不出钱,还要囤积居奇,高抬物价,发国难财,实在可恶。还有一种'上上等人',依靠手中的权势,利用他们掌握的机密,乘调整汇率的时机,大量购进外汇,获得巨利,存到外国,大发超级国难财,这种猪狗不如的'上上等人',就是孔祥熙和宋子文。"将官们情绪激昂,热烈鼓掌。3月15日,受聘担任大学用书编辑委员会编委。23日,立法院召开第4届第184次会议,因故缺席。会议审议通过财政委员会委员长陈长蘅、商法委员会召集委员马寅初提交审查修正《节约建国储蓄券条例》第六条条文案报告案。同日,出席蔡元培先生追悼会。24日,在《中央日报》(重庆特刊)发表《蔡先生思想之宽大》。

　　按:《蔡先生思想之宽大》曰:"孑民先生道德文章,万流宗仰,而吾所最钦企者,为先生主持北大时对于思想言论力主自由。当时在北大,以言党派,国民党有先生及王宠惠诸氏,共产党有李大钊、陈独秀诸氏,被目为无政府主义者有李石曾氏,憧憬于君主立宪,发辫长垂者有辜鸿铭氏;以言文学,新派有胡适、钱玄同、吴虞诸氏,旧派有黄季刚、刘师培、林损诸氏。先生于各派兼容并蓄,绝无偏袒,更于外间之攻讦者,在《答林琴南氏书》中,表其严正之主张。故各派对于学术,均能自由研究,而鲜摩擦,学风丕变,蔚成巨观。北大师生,此后于国家于学术而能有所贡献者,胥先生培养涵盖之功;则先生办学之精神,宁不足为吾辈从事教育事业者所当效法乎? 良师溘逝,怆怀靡已! 谨述往事,用志追慕云尔!"

马寅初3月当选国民政府教育部学术审议会委员。4月28日,中国经济学社第十五届年会于重庆大学礼堂举行。马寅初报告学社基金情况,进而揭露、抨击孔祥熙、宋子文勾结陈光甫等大买外汇,发国难财。"现国家不幸遭强敌侵略,危险万状,而保管外汇之人,尚逃走外汇,不顾大局,贪利无厌,增加获利五七千万元,将留为子孙买棺材!""马君发言时,面色变动,几于声泪俱下,且重行复述,激烈痛骂,其勇豪爽,不怕权威,深为全座千百人敬仰!"同月,在《西南实业通讯》1卷4号发表《中国之国际贸易》。5月7日,中国经济学社召开理事会,彭浩徐临时提议:"明年马社长六十寿辰,本社年会议决刊行纪念文集,应请推定负责人员案"。会议推定卫挺生、丁洪范、张圣庄、朱祖晦、金天锡5位先生筹备,请卫挺生召集。10日,《时事类编》特刊25期发表《今日上海之金融问题》,剖析上海成孤岛后金融混乱情状。21日,马寅初先生60寿辰纪念文集筹备委员会召开第一次会议,经议决要点如下:(一)书名:拟定为《中国经济六十年》;(二)内容:除战后经济建设外,纪念论文暂定为六十年来之中国经济思想、银行货币、财政、工业、农业、矿业、林业、渔业、牧业、商业、合作、国际贸易、保险、土地经济、公用事业、交通、经济政策、人口、劳工、会计、统计、经济教育及其他经济史等类;(三)征稿:分函各社员征稿;(四)征稿日期:本年年底;(五)通信处:重庆沙坪坝重庆大学转中国经济学社马寅初先生60寿辰纪念文集筹备委员会。29日,应基督教旅渝各大学校友联谊会邀请,带臂伤演讲《西南建设与法币问题》。

马寅初7月3日在《时事类编》特刊第54期发表《提议对发国难财者开办临时财产税以充战后之复兴经费》。26日,中国经济学社马寅初先生60寿辰纪念论文集筹备委员会成立,会址重庆沙坪坝,并发出征求论文函。8月23日,马寅初会见冯玉祥。冯记:马寅初先生是热血抗战、有血性、有良心的人,因为他是中国经济界的老前辈,金融界多是他的学生,他对一切不平的危害抗战的经济弊病知道得最清楚,知道国家实在太危险了,故不顾一切,到处大骂,揭其黑暗。他前天见我说:反正我的年纪也大了,我还怕死吗? 国家这样,我什么也不顾虑了,只顾我的良心。故所到之处都有特务人员暗跟随着。9月26日,出席立法院第4届第194次会议,代表商法起草委员会会同法制、经济委员会及劳工法委员会联呈审查《社会部组织法(草案)》及修正《内政经济农林各部组织法》有关条文案报告案。同月,出席大学用书编委会全体委员会议。10月6日,在香港《工商日报》发表《西南经济建设与继续抗战之先决条件》。20日,在《时事类编》特刊57期发表《对发国难财者征收临时财产税为我国财政与金融惟一的出路》。同月,金国宝奉孔祥熙之命上门转达请马寅初出任财政部次长或中央银行总裁之意,马寅初当场表示无意于此;为贾士毅《民国续财政史》作序。

马寅初11月10日在重庆实验剧院作演讲《战时经济问题》。下午,应中华职业教育社黄炎培邀请携带全家,于重庆黄家垭口实验剧院向社会各界人士演讲《战时经济问题》。开场白曰:"今天,我的儿女也来了,我的讲话就算是对他们留下的一份遗嘱! 为了抗战,多少武人死于前方,我们文人也要不惜死于后方。"继而表示:"有人说他蒋委员长是民族英雄,我马寅初认为他不够格,他只是'家庭英雄'。他若要做民族英雄,必须做到四个字:大—义—灭—亲!"24日,在重庆大学大礼堂作《我们要发国难财的人拿出钱来收回膨胀的纸币》的演讲。12月6日晨,宪兵团吴团长以"委员长召见"名义"邀请"马寅初至莲花池街吴家。下午,重庆大学校长叶元龙奉蒋介石命随戴笠至吴团长家看望马寅初,朱家骅、梁寒操亦受命前来劝说,马寅初闻后不为所动。同日,在《工商日报》发表《西南经济建设与继续抗战的先决条件》。7日,邹韬奋、黄炎培等就马寅初被拘事求救于张治中。8日,马寅初由宪兵"陪同"回重庆大学商学院移交工作,商学院院长暂由校长叶元龙代理。马寅初于大礼堂向重大学生发表演说,继续批评"上上等人"发国难财,破坏抗战。离校时与重大师生合影留念,全校师生2000多人夹道相送。随后马寅初被投进息烽集中营囚禁。获知马寅初被捕的消息后,周恩来等设法营救。9日,重庆大学全校师生于大礼堂举行"援马大会"。学生签名向国民党国防最高委员会呈"陈情书";学生请丁洪范教授草拟"罢课宣言"。19日,重庆知识界、教育界掀起援马风潮。29日,《新中华报》发表社论《要求国民党保障人权释放马寅初》。13日,国民党中央社不顾众所周知的事实,发表"立法委员马寅初,奉命派赴前方研究战区经济状况,业已首途"的新闻消息,妄图欺骗社会舆论。(参见徐斌、马大成编著《马寅初年谱长编》,商务印书馆2012年版;彭华《马寅初年谱简编》,《淮阴师范学院学报》2005年第1期)

陈立夫继续任教育部长。1月2日下午2时,陈立夫在云南大学致公堂邀请昆明各大学校长、院长、系主任,蒋梦麟、梅贻琦、冯友兰、熊庆来、丁燮林、严济慈、樊际昌、龚自知、张奚若等百余人应邀出席。席间交换关于教育学术各项意见。8日,教育部训令专科以上学校加强中国传统文化的教育和研究。训令指出:"近年以来国人对于我国固有文化之价值,已有相当之研究与认识,顾如何发扬光大尚有待于进一步之努力。我国国际地位,现因持久抗战而日益增高,关于固有文化尤应特予阐发,以增强民族之意识,而促进建国大业。"训令要求各专科以上学校"应本发扬吾国固有文化之旨",加强对中国传统文化的教育和研究,比如"各科系教材应尽量引用本国材料""各院校应与海外友邦设有研究东方文化组织之学校、博物馆、图书馆或学术团体联络,俾收合作之效"等。10日,陈立夫与朱家骅复电上海何炳松、张寿镛、郑振铎、张元济、张凤举5人,赞成拨款抢购江南珍本文献。17日,国民政府教育部训令:战区学校教科书异常缺乏,学校停顿,各省、市应详细统计,指定专款,就地翻印。2月4日,上海《申报》载,教育部采取措施抑制图书售价:"教育部据中央图书馆筹备处呈,以现时市上图书售价,继续增涨不已,碍及文化进展,拟陈抑制书价办法五项到部。该部查核所拟办法,尚属可行,对于书商顾客,两有裨益,特通令各省市政府转饬各书业,一体参照办理。"10日,国民政府教育部令发《发扬固有文化办法》,该《办法》提出:为增进民族意识,促进建国大业,公私立专科以上学校应本发扬我国固有文化的精神,尽量引用本国材料作教材;用现代科学方法整理我国先哲有价值的学术;重视中国通史、近代史及各种专史;与海外文化团体合作研究中国文化。3月6日,国民政府教育部制定《社会教育设施与党部联系办法》6条。

　　陈立夫3月11—15日出席在重庆召开的国民教育会议,主要讨论推进国民教育问题,至16日闭会。会议期间,蒋介石到会训话。大意谓:今日教育应特别注意恢复我国古代的教育方法(礼、乐、射、御、书、数);除教育学生学习科学以外,一定要使他们了解作人的道理,用曾文正公教育子女的话设法去作。教育部长陈立夫作《各省市国民教育会议闭会词》,于会议经过及重要决议案,缕述甚详。14日,上海《申报》载,教育部编辑战时补充教材。15日,重庆《大公报》载,教育部为依照颁布科目,进行编辑大学用书起见,特设立大学用书编辑委员会,前日已公布该会章程,并分科聘请委员。该会任务为关于编辑大学用书之拟定审核及计划事项,优良大学用书之选择与介绍,与拟定章则及讨论部长交办之其他事项。聘请专家组织大学用书编辑委员会,分为聘任委员、当然委员两种。聘任委员有冯友兰、张其昀、朱光潜、蒋廷黻、闻一多、吴景超、张奚若、史尚宽、周鲠生、孙光远、严济慈、曾昭抡、钱崇澍、李四光、顾毓琇、茅以升、刘仙洲、胡庶华、张洪沅、邹树文、沈宗瀚、曾省、马寅初、何廉、颜福庆、汪元臣、谢循初、孟宪承、萨孟武、赵兰坪、孙寒冰、孙国华、洪兰友、刘振东、张道藩等37人。当然委员为教育部司长吴俊升、章益。秘书刘李洪,科长陈东原。教科用书编辑委员会主任委员许心武,国立编译馆长陈可忠。委员郑鹤声、康清桂、翟桓等9人,并经指定吴俊升、许心武、陈可忠等3人为常务委员,陈可忠兼任秘书。15—17日,国民政府教育部在重庆召开全国中等教育会议,主要研究抗战后中等教育急待解决的问题。18日,国民政府教育部公布《教育部大学用书编辑委员会章程》10条。21日,国民政府教育部公布《国民教育实施纲领》9章40条。4月,国民政府教育部鉴于史地教育的重要性,决定成立史地教育委员会,由吴俊升、张西堂、黎东方为专任委员。陈东原任秘书,吴俊升、颜树森、陈礼江、张廷休等7人为当然委员,吴稚晖、张其昀、蒋廷黻、顾颉刚、钱穆、陈寅恪、黎东方、傅斯年、胡焕庸、徐炳昶、雷海宗等19人为聘任委员。5月14日,第一次全体会议通过了"改进大中小学史地教育事项、推动社会史地教育事项、编纂中国史地书籍事项、编制抗战史料事项"等议案。

　　陈立夫5月11日出席在重庆举行的教育部学术审议委员会首次会议。先是启动于上年底由高等教育司牵头制定的《教育部学术审议委员会章程》16条至3月完成,由国民政府教育部呈准行政院公布施行。《章程》规定:委员会的职责为审议全国各大学之学术研究事项;建议学术研究之促进与奖励事项;审核各研究院所之硕士学位授予及博士学位候选人资格;审查专科以上学校教员资格事项等。依据这一章程,教育部又拟定学审会聘任委员选举办法,国民政府教育部部长、次长、高等教育司司长为当然委员,聘任委员中由国民政府教育部直接聘任12人,从各高校选举产生后聘任13人,共计29人。其中13人通令国立各院校长依法选举,采取记名投票法,分学科选举:文、理、法三科,每科选举2人,农、工、商、医、教育、艺术、军事及体育七科,每科选举 1 人,各科依定额得票最多者当选,由教育部聘为委员,得票相同时,抽签决定。4 月,冯友兰(哲学)、傅斯年(历史)、竺可桢(气象)、吴有训(物理)、周鲠生(法学)、王世杰(政治)、茅以升(土木工程)、马寅初(商学)、阎福庆(医学)、滕固(文艺)、蒋梦麟(教育)、邹树文(农学)、马约翰(军事及体育)等 13 位成为首届经选举产生的学术审议委员会聘任委员。至 5 月 11 日,教育部学术审议委员会在重庆举行首次会议,正式宣告该会成立。第一届学术审议委员会 29 名委员中,当然委员有:陈立夫、顾毓琇、余井塘、吴俊升;聘任委员:吴稚晖、张君劢、朱家骅、陈大齐、郭任远、陈布雷、蒋梦麟、王世杰、竺可桢、胡庶华、程天放、罗家伦、张道藩、周鲠生、颜福庆、曾养甫、茅以升、傅斯年、冯友兰、马寅初、邹树文、吴有训、赵兰坪、马约翰、滕固;常务委员:吴稚晖、朱家骅、陈大齐、王世杰、张道藩、邹树文、余井塘;秘书吴俊升兼任;专门委员:范琦、陈东原;干事:朱耀祖、陈效会、杨荣桢、汪绥英;书记:胡志。本次大会通过了《补助学术研究及奖励著作发明一、二、三等奖》一案。规定每年举办一次,由教育部就本国学者之著作发明及美术制作中按文学、哲学、社会科学、古代经籍研究、自然科学、应用科学、工艺制造、美术、音乐等类,分别选拔若干种,予以奖励。

陈立夫持续关注教材问题。5 月 10 日,上海《申报》载,教育部积极编辑大学用书,编辑委员会章程公布:教部为编辑大学用书,曾指聘人员积极进行等情,已志本报。是项大学用书编辑委员会章程 14 条,已由教部公布。此会委员设 30 人至 50 人,由部长聘任或指派,并于委员中指定常务 3 人,常务会三个月开一次,全体会半年一次,会之任务有五:(一)拟订及审核大学用书之编辑方针。(二)计划大学用书之编辑事项。(三)计划优良大学用书之选择与介绍事项。(四)拟订本会之各项章则事项。(五)其他部长交办事项。该会为谋增进编辑工作效能,依大学学科之类别分设各组。各组委员及名单,由部长决定,所有决议事项呈经部长核定,交国立编辑馆施行。8 月 31 日,上海《申报》载,教育部组设中国文化银行,保障教育费独立,补助出版界发展:(重庆航讯)中国教育部,为保障教育费之独立,及补助出版界之发展,特会同财政部筹设中国文化银行,资本金额为国币一千万元,分十万股,每股百元,并经由教育部认一万股,其余则分由全国教育机关出版界及热心教育人士担认。兹查此项征股进行,在香港方面,侨港之岭南、国民、广州、南华四大学,热心教育人士与出版界,均踊跃认股,至侨商愿自动认股者,亦表欢迎云。9 月 6—7 日,教育部大学用书编辑委员会在重庆举行第一次全体会议。出席委员张奚若、史尚宽、童冠贤、叶元龙、吴景超、朱光潜、梁实秋、张道藩、常道直、谢循初、郑鹤声、刘仙洲、张洪沅、钱崇澍、邹树文、孙光远、沈宗瀚,以及常务委员吴俊升、许心步、陈可忠等,共 30 余人。由顾次长毓琇主席,决议案共 20 余件,关于大学用书编辑计划、编辑体例、公开征稿办法、特约编著办法,以及采选成书办法,均经详细规定,并依照部颁大学科目表,推定各学院共同必修科目、用书编著专家,以及分系必修科目、用书稿本审查各项决议案,已交付常务委员会执行。同月,教育部出台《修正初级中学历史课程标准》和《修正高级中学历史课程标准》,这两个标准带有浓重的战时色彩。一是在内容上虽仍授中外通史,但总比重有所降低,且增加了中国史的分量与授课时数,相应减少了外国史的比重,中国史增加的内容多与"抗战建国"相关;二是课程目标有浓厚的现实应用色彩,如在高中阶段,强调通过对历史的讲授,"使学生对于中华民族有整个之认识与爱护""启示学生复兴民族之途径,及其应有之努力""策励学生研讨世事,探求科学,而努力于抗战建国之大业"。10 月,教育部设立三民主义教学研究会,陈立夫任会长。

（以上参见中央教育科学研究所编《中国现代教育大事记1919—1949》，教育科学出版社1988年版；张瑾《抗战时期教育部学术审议委员会述论》，《近代史研究》1998年第4期；王学典《20世纪史学编年（1900—1949）》，商务印书馆2014年版；吴永贵《民国图书出版史编年：1912—1949》，社会科学文献出版社2018年版；蔡仲德编撰《冯友兰先生年谱长编》，中华书局2014年版）

张伯苓继续任西南联大常委会常委、南开大学校长，但其工作重心已转向重庆。1月2日，张伯苓与蒋梦麟、梅贻琦及在滇的国立中山大学校长邹鲁、国立云南大学校长熊庆来、国立同济大学校长赵士卿、国立中正医学院院长王子玕、国立上海医学院代理院长朱恒坚、私立中法大学理学院长周发岐、国立艺术专科学校校长滕固、国立国术体育专科学校校长张之江代表全体籍隶战区学生4000人，联名致电蒋介石，表示"全体员生益当奋勉教学，藉求上副钧座爱护人才之至念"。4日，国民参政会参政员新年聚会。张伯苓对美国发表广播演讲称，中国为自由生存而战，准备一切牺牲，抗战到底。11日，与国立中央大学校长罗家伦、国立中山大学校长邹鲁、国立北京大学校长蒋梦麟、国立浙江大学校长竺可桢、国立四川大学校长程天放、国立武汉大学校长王星拱、国立西北大学校长胡庶华、国立清华大学校长梅贻琦、国立云南大学校长熊庆来、国立广西大学校长马君武、国立湖南大学校长皮宗石、国立东北大学校长臧启芳、重庆大学校长叶元龙、大夏大学校长于伯群、光华大学校长张寿镛、中华大学校长陈时、复旦大学校长吴南轩、金陵大学校长陈裕光、华西大学校长张凌高、国立中正医学院院长王子玕、金陵女子文理学院院长吴贻芳联名致电美国参众两院议长、议员，恳请诸先生在日本对华作凶暴之侵略战期间，予以经济制裁。2月5日，教育部体育委员会委员张伯苓、张之江、杜心如、吴蕴瑞、郝更生等及重庆地区专科以上学校体育主任计40余人参加教育部体育委员会第七届会议，集体发表宣言，强调国民体格健全对于抗战建国与民族复兴的重要意义。

张伯苓2月29日致函美国罗氏基金团鲍尔弗，为南开经济研究所向该基金团提出申请经费资助。同月，参加中华基督教青年会全国总干事会议，并就大会议题"抗战建国中青年会的机会与贡献"发表演讲。4月1日，第一届国民参政会第五次大会在重庆举行，议长蒋介石、副议长张伯苓及参政员145人参加会议。国民政府司法院院长居正、立法院院长孙科、考试院院长戴季陶、行政院院长孔祥熙、军事委员会副委员长冯玉祥、赈济委员会代委员长许世英、内政部部长周钟岳、军政部部长何应钦、经济部部长翁文灏、教育部部长陈立夫、中央组织部部长朱家骅，以及邹鲁、何键、刘纪文、洪兰友、杨虎、刘峙等国民党军政要员列席会议。蒋介石致辞并报告半年来全国军事、外交、政治设施、敌寇情况等，继之由林森、张伯苓等发表演讲。2日，第一届国民参政会第五次大会第一次会议举行，蒋介石、张伯苓及参政员138人出席会议。张伯苓提出"声讨汪逆兆铭南京伪组织"的临时动议，获得一致通过。10日，第一届国民参政会第五次大会第九次会议举行，张伯苓及参政员117人参加。下午，第一届国民参政会第五次大会举行休会式。蒋介石、张伯苓、王世杰、周炳琳、于右任、居正、孔祥熙、张群、叶楚伧、陈立夫、何应钦、朱家骅、陈布雷、邵力子、吴铁城等国民党军政要人参加。蒋介石主持会议并致辞。张伯苓致辞赞扬参政员们在每次大会中所表现出的团结精神，并谓关于宪政问题。大家认定中华民国是三民主义共和国，中华民国的宪法，是五权宪法。中国能够在抗战的环境中，有这样一个大原则的确定，在历史上是前所未有的，使大家对中华民国的前途很抱乐观。

张伯苓、黄炎培、张君劢、傅斯年、褚辅成、林虎、左舜生、李中襄、许孝炎、秦邦宪等4月14日出席国民参政会特种委员会第二次会议，讨论内容涉及遵守《抗战建国纲领》等问题。

同月,南开大学从天津抢运出的图书仪器从香港经越南海防,一部分转抵昆明,另一部分存于海防交通银行码头海关仓库,日本占领越南后,陷于敌手。5月12日晚,西南联大话剧团、青年剧社、青年国剧社、南针社与木铎社举行联欢会,并为欢迎常委张伯苓来昆由青年剧社演出《地牢》,中途发生秩序紊乱。14日,出席在西南联大常务委员会会议,出席者还有梅贻琦、蒋梦麟、杨振声、施嘉炀、吴有训、陈雪屏、陈序经、郑天挺、查良钊、樊际昌、冯友兰。16日,张伯苓为12日晚社团联欢会事件,在南开办事处召集包括群社在内的五社团负责人谈话、调解。21日,出席西南联大常务委员会会议,出席者还有梅贻琦、蒋梦麟、杨振声、施嘉炀、黄钰生、郑天挺、查良钊、陈序经、樊际昌。同月,同顾毓琇、杭立武、黄次咸等利用日内瓦世界学生专款管理委员会经费,发起组织沙坪坝学生服务社,用来提供学生救济,辅导学生生活,倡导学生自助并增进学生福利。8月下旬,邀周恩来在重庆南开中学演讲《中国青年运动的方向》。10月28日,中国乡村建设育才学院(后改名中国乡村建设学院)在重庆北碚建成开学。该校董事会由各方面代表人物张群、翁文灏、熊式辉、张治中、吴鼎昌、陈布雷、张伯苓、蒋梦麟、甘乃光、蒋廷黻、康心如、黄炎培、卢作孚、梁漱溟、何廉、何北衡、梁仲华、陈筑山、郑璧成、晏阳初等组成,张群为董事长,晏阳初和卢作孚分任董事会秘书和会计,处理筹募经费和学校建设等重大事宜。11月25日,邀翁文灏在重庆南开中学作题为《青年立志的途径》演讲。29日,蒋介石设午宴请张伯苓、黄炎培、张君劢、左舜生等人,张忠绂介绍国际形势问题。饭后,张伯苓与黄炎培、左舜生、张君劢等人深谈(一)共党问题;(二)经济问题;(三)川康建设问题;(四)参政会问题。(以上参见龚克主编《张伯苓全集》第十卷附编《张伯苓年谱》,南开大学出版社2015年版;西南联大北京校友会编《国立西南联合大学校史——1937至1946年的北大、清华、南开》,北京大学出版社1996年版)

蒋梦麟继续任西南联大常委会常委、北京大学校长,但其工作重心已转向重庆。1月11日,蒋梦麟与诸位校长联署致电美国参众两院议长、议员,恳请在日本对华作凶暴之侵略战期间,予以经济制裁,略谓:"美国汽油与美国零件所造成之日本飞机,载美国废铁,于耶稣圣诞节及新年盛会之时,纷向中国各阵线及后方不设防城市致贺。此种事实,不但出于吾人想象之外,且定使美国民众之良心受重大之震动也。设使日美间继续旧商约,或另订新商约,则将使以前废约之举为无意义。且其影响所及,更有甚于此者,即将予日本以继续侵略之鼓励,且隐含美国有退出远东之意也。似此挽救残余利益之短期政策,实与美国政府及人民之远见不能相容。最近日本军队在华北、华中、华南之败北,为其筋疲力尽之实证,中国之坚强态度,足予日本之经济组织以致命打击,且将促成其恶魔性之战争机构于全部崩溃也。"2月2日下午4时,蒋梦麟在寓所举行讨论成立国民党联大党部事,与会者尚有梅贻琦、杨振声、冯友兰、周炳琳、姚从吾、吴有训、施嘉炀、黄子坚等。5月4日上午,举行国民月会,蒋梦麟常委讲话。学生代表大会主席王晹报告一年来学生自治会的工作。晚,举行纪念"五四"火炬游行。14日,出席在西南联大常务委员会会议,出席者还有梅贻琦、张伯苓、杨振声、施嘉炀、吴有训、陈雪屏、陈序经、郑天挺、查良钊、樊际昌、冯友兰,会议由梅贻琦主持。21日,出席西南联大常务委员会会议,出席者还有梅贻琦、张伯苓、杨振声、施嘉炀、黄钰生、郑天挺、查良钊、陈序经、樊际昌,会议由梅贻琦主持。同日,教育部派蒋梦麟任1940—1941年度公立各院校统一招生昆明区招生委员会主任委员。31日下午3时半,蒋梦麟在寓所召开联大国民党党部筹备会,冯友兰等出席。9月18日,蒋梦麟常委赴渝商洽迁校事宜。是年,西南联大设分校于四川叙永。蒋梦麟出任中华教育基金董事会主席、国民政府行政院设计委员会土地组召集人。（参见马勇、黄令坦编《中国近代思想家文库·蒋梦麟卷》及附录《蒋梦麟年谱简编》，中国人民大学出版社 2015 年版；马勇《蒋梦麟传》，河南文艺出版社 1999 年版；龚克主编《张伯苓全集》第十卷附编《张伯苓年谱》，南开大学出版社 2015 年版；蔡仲德编撰《冯友兰先生年谱长编》，中华书局 2014 年版；西南联大北京校友会编《国立西南联合大学校史——1937 至 1946 年的北大、清华、南开》，北京大学出版社 1996 年版；齐家莹编《清华人文学科年谱》，清华大学出版社 1999 年版）

罗家伦继续任国立中央大学校长。1 月 10 日，国立中央大学校长罗家伦、中山大学校长邹鲁、北京大学校长蒋梦麟、四川大学校长程天放、西北大学校长胡庶华等联名致电美国参众两院，恳请美国政府予日本以经济制裁。2 月，中央政治学校校务委员会改组，仍为校务委员。3 月，教育部举办的专科以上学校"抗战救国论文比赛"揭晓。本校郑士镕获冠军。5 月，罗家伦奉命视察成都各大学团务。同月，本校临时师生防护团组成，团长由校长兼任；沙坪坝校本部连续三次遭敌机轰炸，办公楼、师生宿舍多处被毁；教育部举办首届全国专科以上学校学业竞试，本校获甲、乙、丙三组团体总分第一，受到教育部的嘉奖。6 月 15 日，中央大学校长罗家伦访翁文灏，商议中央大学地质学系事。罗表示不愿聘朱熙人，但可聘丁道衡，并拟聘朱森，又欲聘杨钟健，并托翁文灏转商于朱森。翁文灏遂于下午往访朱森，劝其乘此机会建立一个健全的地质学系。7 月 1—8 日，出席中国国民党五届七中全会，提出《确立办法迅速筹款以挽救全国高等教育危机》提案。全会决定，"所请款项，交行政院积极从宽酌筹"。7 月 4 日，举行第十三届毕业典礼。毕业 221 人。8 月，奉教育部令，工学院电机工程系开设双班。10 月 14 日，敌机袭击成都，本校医学院学生所在防空洞中弹，夏傅汾、张治德当场炸死，陈定一受重伤。12 月，冯玉祥将军主持举办了本校艺术系教授张书旂画展，所得款项，悉数充作"张自忠将军奖学金"。（参见刘维开《罗家伦先生年谱》，中国国民党中央委员会党史委员会 1996 版；张晓京编《中国近代思想家文库·罗家伦卷》及附录《罗家伦年谱简编》，中国人民大学出版社 2015 年版；南京大学高教研究所编《南京大学大事记 1902—1988》，南京大学出版社 1989 年版；李学通《翁文灏年谱》，山东教育出版社 2005 年版）

朱希祖任国史馆筹备委员会总干事，不久即辞国史馆职。1 月 9 日，张继为国史馆筹备委员会事来访。10 日，致信张继，允为国史馆筹备委员会谋划，以 10 日为期，并提出筹办原则。19 日，重庆大学教授张圣奘来访。同日，常任侠为马衡 60 寿辰纪念文集事，朱希祖允署名为发起人。20 日，至张继处商谈国史馆筹备委员会事。晚，拟定《国史馆筹备委员会组织大纲（草案）》13 条。23 日，拟定《国史馆筹备委员会应调查事项》16 条。25 日，张继约见，言筹备委员会 7 委员共推朱希祖秘书长，由国府主席简任。26 日，与张圣奘谈国史馆筹备委员会事宜及搜辑史料方法。2 月 2 日，金毓黻自成都回，与之谈国史馆筹备委员会事，谈调查史料事宜。5 日，至张继寓，谈国史馆筹备委员会事。张继言国史馆筹备委员会事第二次会议将上次会议决议全行推翻。6 日，与金毓黻谈国史馆筹备委员会事。7 日，欲致信与汪东，表示将不就总干事，旋又止。9 日，筹划《国史馆筹备委员会组织大纲》补救法数条。13 日，张继来访，对朱希祖表示慰留。15 日，金毓黻来访，认为筹备国史馆须提出筹备大纲，朱希祖以为然。19 日，撰《国史馆筹备大纲》四纲十三目，并撰《鉴别史学人才条例》一篇。

朱希祖 2 月 21 日接考试院考选委员会委员长陈百年来函，谓将推选朱希祖为考选委员。23 日，致信陈百年，允就考选委员之职。24 日，为长子朱偰作《〈杜少陵评传〉序》。25 日，至张继寓，共商《筹备大纲》。又至但焘寓，谈筹备事。29 日，至张继寓谈国史馆筹备委员会事。3月5日,朱希祖与金毓黻、张圣奘谈国史馆筹备委员会事。7日,与张继、但焘及各组长、干事等开会,商筹备会开始运行诸项工作。同日,国史馆筹备委员会正式开始运作,会所暂设李子坝嘉陵新村16号张继寓所。11日,拟《国史馆筹备委员会办事细则》。14日,国民政府国防最高会议通过考试院《请任朱希祖先生为考选委员议案》。同日午后,朱希祖在国史馆筹备委员会与张继、但焘、金毓黻、张圣奘谈国史馆事。19日,拟《年表修例》22条。21日,考选委员会委员长陈百年、副委员长沈士远邀朱希祖赴考选委员会就任。朱希祖于是日开始赴考选委会办公。即日出普通文官考试史地题目。23日,正式接到国民政府考选委员简任状。27日,辞去中央大学史学系主任及教授职。

朱希祖4月10日至国史馆筹备委员会办公,处理筹备会运行事项。5月4日,考选委员会举行励志学会,朱希祖作《科学的历史意义》讲演。8日,与沈士远、监察院监察委员朱宗良3人开会商定非常期特种技术人员考试、监试问题。同日,向张继推傅振为国史馆练习干事,以编民国元年以来至民国政府成立时大事年表。17日,与张继、但焘共同商定下一年度(1941年)工作计划及预算。24日,撰《国史馆筹备委员会三十年度工作计划》。6月18—20日,撰《改国史馆为国史院议》。7月17日,开始撰《国史长编释例》。21日,至考选委员会开会,讨论《学术机关审议案》。10月5日,撰《元魏著作局释疑》,并受张继之嘱,审查中央研究院历史语言研究所所编《中华民国革命史》。11月27日,第三次致信张继,辞国史馆总干事。12月18日,朱希祖致朱偰信曰:"国史馆方面余仍坚辞总干事,已三留三辞,至今尚未解决。以事业言,固不宜舍置;以人事言,实早应离开。以彼辈败坏事业则有余,襄成事业决不能,徒然使余日受恼耳。"(以上参见朱元曙、朱乐川《朱希祖先生年谱长编》,中华书局2013年版)

洪谦、周培智、蒋复璁、朱偰、俞叔平等中央大学、西南联合大学的32位专家学者及校友联合是年夏在重庆成立中国学术研究会,以"研究专门学术,促进中国文化"为宗旨,洪谦等为负责人。该会对学术研究的立场是"学"与"术"并重,既不偏于"学",自命清高,亦不偏于"术",以迎合时流。目的是从"学术""研究"上启导国人对于欧美学术思想得到正确的观念与参考,既不"重美轻欧",亦不"重欧轻美",希望打破"轻重异邦"的学术心理,以达到中国"学术独立"与"技术自治"的境地。创办《建国学术》《学术季刊》等。(参见蔡鸿源、徐友春主编《民国会社党派大辞典》,黄山书社2012年版)

金毓黻1月仍在向中央大学请假到东北大学讲学之中。同月,补订《东北史稿》第1—2卷;在《志林》第1期发表《隋舍利塔铭跋》。2月,又回到中央大学讲授宋辽金史。开始撰写《宋辽金史》稿,定为10章。3月,受聘为国史馆顾问,拟出《国史馆筹备处采访史料之方案(附采访纲要)》,又拟《抗战史料之征集及初步整理办法》。4月,在《说文月刊》第2卷第1期发表《中大历史学会试掘史迹纪事》;在《东北》第2期发表《昌黎郡与营州》;撰《国史馆采访战史史料之方案》,热衷于民国史料,尤其是抗战史料的搜集整理。此时开始接受新考古学。5月,邀请郭沫若、卫聚贤来中央大学讲考古学与文字学、人类学等关系。6月,在《时代精神》第2卷第5期发表《中国东北部民族考》。5—8月,在《东北》第3—6期发表《辽海书征》。8月,再到三台,为东北大学建立东北史地经济研究室,草拟了章程及工作标准大纲,任该研究室主任。向中央大学辞职没有获允,这一时期继续在沙坪坝中央大学和三台东北大学两地交替授课。9月,在《边疆研究季刊》第1卷第1期发表《历史上的东北疆域》《〈辽宁通志〉叙》。(参见金毓黻《中国史学史》附录《金毓黻先生学术年表》,商务印书馆2010年版)

　　宗白华继续主编《学灯》。3月25日,在《学灯》发表蔡元培《美育》等文章,指出在国际形势和国家需要的背景下,教育向实用主义方面倾斜,这是应付一时的需要,并非国家教育的根本原则。只有把实用教育和人格精神的审美教育结合起来,才能在危急的国难时代,发挥其民族的精神。5月,在《中苏文化》第6卷第3期发表《我所见到五四时代的一方面——少年中国学会与〈学灯〉》。文章充分肯定青年的天真无政客气的纯洁热情,以及颇为浓厚的道德意识,指出"五四运动"是中国历史上第一次青年运动。少年中国学会的会员和《学灯》上所发表的许多有价值的文字,反映了青年富于理想的民族"青年气",这是永远需要的。(参见林同华《宗白华生平及著述年表》,载《宗白华全集》第四卷附录,安徽教育出版社1994年版)

　　何兆清1月8日在《学灯》发表《西洋人文化之理智精神》,宗白华在《编辑后语》中指出:人类社会的理智确实进步了,社会经济的关系也已走进人类全体性了,而人类的情绪还是部落时代的,还没有把部落的情绪扩充为人类的情绪,理智加上人类的同情才是智慧,智慧的根基是"仁",不是"权力意志"。这近代人类遭到权力意志的残酷屠杀,这正是近代精神的悲喜剧。(参见林同华《宗白华生平及著述年表》,载《宗白华全集》第4卷附录,安徽教育出版社1994年版)

　　汪辟疆1月22日在《学灯》发表《明清两代整理〈水经注〉之总成绩——杨守敬、熊会贞〈水经注疏〉》,宗白华所撰《编辑后语》认为后魏郦道元的《水经注》兼具学术的求真和文学的求美两大特征,既树立中国地理学的根基,又替中国后代山水诗画启发无数的灵感,真是一部光辉日新的书。(参见林同华《宗白华生平及著述年表》,载《宗白华全集》第4卷附录,安徽教育出版社1994年版)

　　潘菽继续任中央大学教授,兼任心理系主任。2月19日,在《学灯》发表《转注申戴》一文,宗白华在《编辑后语》中很重视小学识字教育,指出:"'小学'(中国文字学)里的'六书',不是古人造字的方法,而是古人教初学的人识读文字的一种方法。"他很希望陈独秀发愤写作的《小学识字教本》早日问世。4月15日,潘菽在《学灯》发表《美育管见——纪念蔡孑民先生》一文,宗白华在《编辑后语》中指出:美育有两层意义,一层作为手段,一层作为鹄的,同意潘菽关于美育的见解。春,潘菽和梁希、涂长望、金善宝等人在党的赞助下,联合包括竺可桢、李四光等著名科学家100多人共同发起组织了"中国科学工作者协会",任常务理事并主编会刊《科学新闻》。5月4日,梁希、金善宝、潘菽等开始参加编辑《新华日报》"自然科学"副刊,介绍科普知识、工业建设等。(参见林同华《宗白华生平及著述年表》,载《宗白华全集》第四卷附录,安徽教育出版社1994年版)

　　黎泽济2月12日在《学灯》发表《编辑抗战史之管见》,宗白华《编辑后语》云:"我们所幸,生在中国空前伟大的历史时代!翻开二十五史,有一次战争能和这一次的民族解放战争相比拟么?这是中国民族死里求生,回复青春的大转机,这是中国历史上最有意义、最悲壮灿烂的一页!"他期待着新的司马迁的诞生:"谁人能用司马迁雄奇的文笔把它写出来,成为20世纪的史诗?"(参见林同华《宗白华生平及著述年表》,载《宗白华全集》第4卷附录,安徽教育出版社1994年版)

　　李长之2月26日在《学灯》发表《论林纾及其文学见地》,宗白华在《编辑后语》中指出:"林琴南能在中国'古文'笔调里输入西洋的'幽默',所谓'眼泪下的微笑',这是他在中国文学上的创造处。"4月1日,李长之在《学灯》发表《中国美育之今昔及其未来—为纪念蔡孑民先生逝世作》一文,宗白华加《编辑后语》说:"我所爱读的文章,是美而含了一些智慧,聪明而带了一片热情。"赞扬李长之写的文章了解古人，又具同情，对美育，对人生，了解很透彻。8月，李长之《道教徒的诗人李白及其痛苦》由商务印书馆出版。此书不及6万字，但确是一部全面研究李白的专著，涉及李白的政治、思想、文学创作等方面，尤其是对李白求仙学道及其思想中的道教因素之分析较为深刻。(参见林同华《宗白华生平及著述年表》，载《宗白华全集》第4卷附录，安徽教育出版社1994年版；王学典《20世纪史学编年(1900—1949)》，商务印书馆2014年版)

孙宗文3月4日在《学灯》发表《我国都市计划溯源》，宗白华《编辑后语》认为："一切艺术综合于建筑，绘画雕刻原本建筑之一部，而礼乐诗歌剧舞之表演亦与建筑背景调协成为一片美的生活。所以每一文化的强盛时代，莫不有伟大建筑计划以容纳和表现这丰富的生命。综合建筑成为都市，都市计划之完美实文化高明之象征。"(参见林同华《宗白华生平及著述年表》，载《宗白华全集》第4卷附录，安徽教育出版社1994年版)

高迈3月18日在《学灯》发表《介绍吴重翰〈明代倭寇犯华史略〉兼书所感》，宗白华《编辑后语》云："历史学是一门很有趣的科学，它所研究的对象随着人们的生长而生长。每一个世纪要重新写一次过去的历史。不仅是史料有新的发现，尤其是史观史识随新时代的意识而生长变迁。"(参见林同华《宗白华生平及著述年表》，载《宗白华全集》第4卷附录，安徽教育出版社1994年版)

傅抱石3月21日在《学灯》发表《刻印源流》一文，宗白华《编辑后语》云："中国书法和绘画结了缘，中国书法和雕刻结了缘，也就成就了中国独有的刻印艺术。"又说："中国刻印在秦汉最好，因书法而寄于金石，须是力的表现也。"(参见林同华《宗白华生平及著述年表》，载《宗白华全集》第4卷附录，安徽教育出版社1994年版)

朱宝昌4月8日在《学灯》中发表《平心物》，宗白华《编辑后语》认为："蔡子民先生于提倡美感教育以外，又特别提出'世界观教育'……。蔡先生的意思是认为教育必须有世界观人生观的基础，而新世界观底建立当兼取古今中外哲学的长处。"反映其重视真解放、真自由的世界观的教育思想。(参见林同华《宗白华生平及著述年表》，载《宗白华全集》第4卷附录，安徽教育出版社1994年版)

罗根泽1月由陕入川，任教于中央大学师范学院，主讲中国文学史及诸子选读。《中国文学批评史·自序》云："闻中央大学自京移渝，载书颇富，遂于一九四〇年一月，由陕入川，重理丛残，际千载复兴之运，述先哲不朽之言，曾曾小子，诚不胜欢忭鼓舞矣!"2月，《荀子的人生哲学及政治哲学》刊于《时代精神》第2卷第1期。6月，《中国文学批评研究导言》刊发于《经世季刊》第1卷第1期。8月，《荀子的政治态度》刊于《时代精神》第1卷。10月，《学艺史的叙解方法(上)》刊发于《读书通讯》第12期。12月15日，《建国期中的文化建设》刊于《学生月刊》第1卷第12期，谈论抗战胜利后的"文化建设"问题。是年，《读诸子佛书——答张鹤林》刊于《读书通讯》第14期。(参见马强才《罗根泽先生年谱简编》，载王京州编《河北近现代学者年谱辑要》，国家图书馆出版社2017年版)

杨钟健因地质调查所昆明办事处撤销，到重庆北碚总所工作。家住牌坊湾，房子是用木板搭的小楼。一遇风起，就嘎嘎乱响，摇摇欲倒，故戏名"危楼"。杨钟健曾作对联云："危楼一角，背山面水峡在望；飘泊三年，东奔西走了何时。"应重庆大学之聘，任该校特邀教授，为高年级学生讲授古脊椎动物学。是年，先后在《地质论评》上发表文章4篇：《抗战以来脊椎动物化石新地点之发现及其在地层与古生物上之意义》刊于《地质论评》第1—2期；《四川巴县新开市和尚坡洞穴地层之发现及其意义》刊于《地质论评》第4期；《许氏禄丰龙之再造》刊于《地质论评》第5期;《对热心采集化石同志进一言》刊于《地质论评》第6期。(参见王仰之《杨钟健年谱》,载《西北大学学报》1983年第2期)

张维华继续任教于齐鲁大学,开设"中国通史""秦汉史"和"中西交通史"三门课,又与顾颉刚一起主持了齐鲁大学国学研究所的工作,负责编辑《责善》半月刊和《中国文化研究汇刊》。7月16日,在《责善》第1卷第9期发表《汉代中国和欧洲的关系》。(参见王学典《20世纪史学编年(1900—1949)》,商务印书馆2014年版)

杨向奎4月在《责善》第1卷第2期发表《绎史斋杂钞》。此为《绎史斋杂钞》系列在《责善》半月刊刊发之首次,此后在第1卷第3—5期续载。12月16日,杨向奎在《责善》第1卷第19期发表《〈李冰与二郎神〉自序》。此文系杨向奎《李冰与二郎神》一书的序。当时在成都任教的顾颉刚注意到当地流传着李冰与二郎神的故事,乃收集材料,准备进行研究,并草拟了一个纲要。杨向奎从兰州到成都投奔顾颉刚后,顾颉刚乃令其研究此一课题。后来杨向奎回忆说,自己六十年前在成都齐鲁大学国学研究所时期,有两篇文章记忆犹新,《李冰与二郎神》即是其一。(参见王学典《20世纪史学编年(1900—1949)》,商务印书馆2014年版)

曾繁康继续任教于齐鲁大学。5月,在《责善》第1卷第5期发表《中国现代史学的检讨》。作者将中国近世史学归纳为三派:一是考据学派,以顾颉刚的《古史辨》为代表,以中央研究院和北平研究院的历史语言研究所及北京、清华等大学为大本营,其主要精神为注重实证,不但以书籍上的记载为考据的根据,而且极注重发掘;二是唯物史观的中国历史研究学派,此派以《新生命》杂志为代表,从经济社会的立场,以西洋的历史材料来解释中国历史上的种种现实,其所用的方法是辩证法;三是理学派的历史观,此派以复性书院的马一浮为代表,此外乡曲之老师宿儒,亦多抱相同观点,所有观点全系宋明以来理学家的观点,其对于历史的态度,亦系中国旧日史家对于历史的态度。此三派各有短长,亟宜自加检讨,将来必能于史学上均有贡献。(参见王学典《20世纪史学编年(1900—1949)》,商务印书馆2014年版)

胡厚宣应顾颉刚之聘转籍齐鲁大学,先后出任国学研究所研究员兼中文系、历史社会系两系主任。夏,辞别工作过7年的中央研究院历史语言研究所,离开昆明,受聘来到成都。以自己从事的是历史研究而不是中国文学,力辞中国文学系主任及教授的兼职。后出任齐鲁大学国学研究所研究员兼历史社会系主任,并在大学部授课。在研究所为研究生开设"甲骨学"课程,为大学生开设"商周史"和"考古学通论"课程。遗憾的是,进到齐鲁大学,胡厚宣才打听得知明氏甲骨藏品仍留在济南,未随校迁至成都。

　　按:胡厚宣在史语所自昆明龙头村即将迁往李庄的前夜,私自出走齐鲁大学,傅斯年因此以史语所的名义给齐鲁大学发出公函,警告胡厚宣在此后所有的著作中,不得引用史语所未曾公开出版的资料。(参见何林英《胡厚宣年谱》,载王京州编《河北近现代学者年谱辑要》,国家图书馆出版社2017年版)

钱新之继续任复旦大学校长。5月,因钱新之多次向校董会提出,辞去代理校长的兼职,校董会同意钱新之辞职,任命副校长吴南轩为代理校长。同月27日,日机轰炸黄桷镇的复旦大学,教师宿舍王家花园被炸毁,在重庆负责出版《文摘》战时旬刊的孙寒冰教授殉难,年仅38岁;同时罹难的有文摘社书记汪兴楷,学生陈钟燧、王茂泉、王文炳、刘晓成、朱锡华等6人,全校师生同声哀悼。由于校舍被毁,损失惨重,仓促间难以恢复,学校遂宣布本学期暂时告一段落,下学期不放寒假,以补足所缺课程。秋,复旦建立了农学院。又陆续建成相伯图书馆,登辉堂,大礼堂,博学、笃志、切问、近思等教室,男、女宿舍,农场等。是年,在园艺学系、农艺学系、茶叶专修科、茶叶研究室及附属农场的基础上,设立农学院。(参见《复旦大学百年志》编纂委员会编《复旦大学百年志:1905—2005》,复旦大学出版社2005年版)

陈望道是年秋经香港赴抗战后方,回重庆北碚复旦大学中文系任教,开设修辞学和逻辑学等课程,又任训导长。在《大美报》副刊《浅草》发表《六书和六法》;在《长风月刊》发表《语文运动的回顾和展望》;在《学术》杂志发表《中国古代的语文标记论》《文法革新问题答客问》;在《中国语文》发表《从"词儿连写"说到语文的深入研究》《语文中的鸡冠派》《"语"和"语团"论略》等文章。(参见上海鲁迅纪念馆编《陈望道先生纪念集》,复旦大学出版社 2006 年版;陈启明《陈望道在抗战时期的七篇佚文》,《中华读书报》2017 年 11 月 24 日)

吕振羽继续任复旦大学教授。1 月 20 日,《悼念吴检斋(承仕)先生》刊于 20 日重庆《新蜀报·蜀道》第 20 期。3 月 12 日,《日本法西斯的中国历史观与三民主义的中国革命》刊于重庆《中苏文化·孙中山先生逝世十五周年纪念特刊》。4 月 15 日,《日寇侵略中国之史的认识与历史给予我们的试炼》刊于《中苏》半月刊第 4 卷第 1—2 期合刊。5 月 15 日,《关于中国社会史的诸问题》刊于重庆《理论与现实》第 2 卷第 1 期。6 月,《谈史学——致青年同学》刊于《学生杂志》第 20 卷第 6 期;6 月 1 日、7 月 1 日,《本国史研究提纲》分别刊于重庆《读书月报》第 2 卷第 4—5 期。此文为作者在正式编写《简明中国通史》之前所作中国通史的提纲,文中对于历来非科学的历史著作提出尖锐批评,认为在封建史家中,司马迁《史记》不愧为伟大著作,已知道研究"游侠列传""货殖列传"等涉及社会底层民众和日常生活物质的课题,但毕竟没有去探究历史发展规律。至于资产阶级史家,吕振羽指出,虽然反对儒家的"道统"观和"流水豆腐账"式的记史方法,但也只有"上古""中古""近代"的时间推移的抽象结论,或"神权""王室""民权"的政治形式划分的粗浅结论。总之,应用科学历史观研究本国史,"近十余年来才开始""然至今还没有产生一部正确的社会通史"。作者特别看重历史研究为"抗战建国"所提供的指导意义,他在谈到加强中国史研究的重要性和紧迫性时写道:"历史研究的任务,在究明历史自身的运动和发展过程的规律性,把握其现实的动向,以及构成历史动力的诸契机和与其主导从属的关系,去指导人类社会生活之现实奋斗的方向,提高对历史创造的作用,——加强指导原则和实践能力,同时,适应现实的要求,科学地批判地继承过去人类文化的优良成果——民族文化的优良传统的承袭,世界文化的优良成果的吸取。所以,历史是科学,是'一切科学的基础',是人类生活奋斗的武器。"因此,"抗战建国中的民族革命的战略和策略,都要根据历史作决定,依靠历史作指南;当前一切实际问题,只有历史给予正确的解答,能指示我们实践的方向。所以在目前,对本国史的科学研究,是迫切必要的"。

吕振羽 7 月 7 日在重庆《中苏文化·抗战三周年纪念特刊》发表《伟大的历史时代与史学创作》。9 月 2 日,《支那社会政治思想史》(即吕著《中国政治思想史》日译本上),由日本青年外交学会出版。同月,周恩来、邓颖超来北碚北温泉会见重庆文化、教育界友人,得通知先期会面,并担任联系人,约同复旦大学陈望道等教授赴会。与会友人听了周恩来讲话,十分兴奋、感动,称周为"了不起的政治家"。撰诗《重庆北温泉盛会》。9—11 月,《中国社会史上的奴隶制度问题》刊于重庆《群众》第 5 卷第 9—11 期。10 月,任国民政府军事委员会政治部文化工作委员会委员。同月 15 日,《亚细亚生产方式和所谓中国社会的"停滞性"问题》刊于《理论与现实》第 2 卷第 2 期。11 月 5 日,撰《论抗战以来三民主义文化诸问题》,原拟由《中苏文化》发表,后被国民党宣传部门扣押。8 日,与胡风同去参加文化工作委员会成立会。20 日,编辑 1939 年至 1940 年的论文汇集《中国社会史诸问题》毕完,并撰著者序;《对德凡先生的简单答复》刊于重庆《读书月报》第 2 卷第 8 期。12 月 2 日,于重庆撰《中国原始社会史修订版·序》。同日,《五四运动的历史意义和教训》刊于重庆《中苏文化》第6卷第3期;赴歇马场访负责《中苏文化》杂志的侯外庐,撰诗《歇马场访外庐不遇》。(以上参见《吕振羽全集》第10卷附录《吕振羽生平年谱》,人民出版社2014年版;王学典《20世纪史学编年(1900—1949)》,商务印书馆2014年版;郑大华《论"抗战建国"话语下"学术建国"的讨论》,《浙江学刊》2020年第3期)

吴泽在《理论与现实》第2卷第1期发表《中国历史著作论:关于几本中国历史著作的批语与介绍》,在论及史学研究与抗战建国、民族解放的关系时指出:抗战时期,"如果中国自己能有几本正确完整的中国历史著作,作为民族文化的砥柱,作为民族解放的理论指导,还容得这般'小窃跳梁'吗? 更不幸者,由于中国历史科学水平的一般低下,致这些毒素理论,尚有青年读者误为有承受的可能,且易为民族'内奸'所阴谋利用,而抗战三年来,史学界'没有'警觉,这不能不说是现阶段学术运动上的一大'缺口'!"为此,他大声呼吁:"在抗战日趋深入的现阶段,我们必要时时警戒我们自己的文化战线,作积极的斗争;同时则积极中国历史科学的研究的领导与号召,努力建立科学的中国史学体系。"(参见郑大华《论"抗战建国"话语下"学术建国"的讨论》,《浙江学刊》2020年第3期)

程天放仍为国立四川大学校长,继续致力于反共宣传与党化教育,压制进步势力,推行所谓"一个主义""一个政党""一个领袖",剥夺师生的思想自由和学术自由。4月,四川大学成立了国民党川大直属区党部和三青团川大直属区队。秋,各院一年级学生集中于新生院,受军事训练及管理,另设新生院训导主任。在实行训导中,程天放要求导师对于学生的思想、学业及身心实行严密考查,按照学校所发表格严格记载,要求学生随时向导师汇报思想,导师每月报告学校及家长一次。规定训导员的地位高于教师,这些专职训导员在"训导"工作中,对学生采取威胁与利诱的手段,一方面用记过、默退、开除等惩诫措施相威胁;另一方面以公费待遇、私人恩赐来收买拉拢。"顺我者昌,逆我者亡",在学生中搞得人心惶惶。对于反抗专制主义的进步教师,程天放采取排挤、打击和迫害的手段。从拒程开始到迁校峨眉后,计有四十多位受学生欢迎的教授被迫离校,师资力量受到进一步削弱。程天放在国立四川大学的专制统治,激起了广大进步师生的反抗。邓胥功教授不惧迫害,严正指出:"纯洁的教育事业,自从学校实行党治以来,就变样了,学生也被人教坏了!"罗容梓教授对在教师学生中安插特务、严密监视师生的行为尤为愤怒:"我们教书的,就没有自由,我们说的话,就有人向党官报告。真是污糟至极!"程天放要教师加入国民党遭到坚决抵制。教授们站在民主自由的立场上,对进步学生的行动深表同情和赞许。(参见《四川大学史稿》编审委员会编《四川大学史稿》,四川大学出版社2006年版)

蒙文通上半年任教于四川大学。1月27日,蒙文通自峨眉回成都,访顾颉刚。28日夜,应顾颉刚、张西山宴,到静宁饭庄吃饭,同席者有杨叔明、蒙思明、林名钧、刘缨九等。29日,应姜和生宴,同席者有刘衡如、顾颉刚、常燕生等9人。31日,顾颉刚至关伟生处,并晤蒙文通弟蒙友仁及学生李源澄。2月24日,欧阳竟无致函蒙文通,云:"孔佛通,通于此册。渐非七十之年不能说是,幸毋忽之。一字一句皆有根本。孔书本孔,不牵于佛。解经家法,法尔如是。唯我文通,始足与谈孔学,聊发其端,大事无量,甚望我弟继志述事,奈何经年不遗我一字。"29日,顾颉刚抄蒙文通《周秦民族史》目录,定上课计划。3月24日,偕弟蒙思明访顾颉刚。27日,访顾颉刚。

蒙文通等发起的《史学季刊》3月在成都创刊,共同发起者有丁山、王绳祖、王庸、王文元、王文萱、孔德、方壮猷、左舜生、吕思勉、朱谦之、李思纯、李小缘、李元澄、李季谷、吴其昌、吴晗、吴天墀、吴征铸、余文豪、束世徵、何鲁之、何炳松、何士骥、金静庵、金兆梓、周谦冲、周予同、祝同曾、洪殷朴、姜亮夫、范午、徐中舒、翁独健、孙次舟、凌乃锐、唐祖培、张维华、张其昀、张亦僧、陆懋德、商承祚、陈恭禄、陈训慈、陈锡壮、黄文弼、常乃惪、贺昌群、冯汉骥、韦润珊、陶元珍、陶元甘、彭举、雷海宗、闻宥、蒙思明、赵曾俦、黎东方、刘继宣、刘节、蒋百幻、蒋天枢、郑寿麟、钱穆、谢承平、缪凤林、穆继波、魏守谟、韩儒林、韩荣森、谭其骧、萧一山、顾颉刚、郦承铨，几乎囊括了汇聚西南的史学家。蒙文通和周谦冲负责编辑创刊号，蒙文通并撰《发刊词》，指出：史学是"以人类过去之一切活动为对象而研究之者也"；研究史学的方法有二，一是"定传说之是非，寻残存之实物，重建已逝之史实，使过去人类活动一一显现于吾人之前，若目睹然"；二是"将古今生活演进之事实融会贯通，取其原理原则携成一体系，俾后学者有以见史学之核心。前一事之任务为审订史料，谓之考据，是为历史科学。后一事之观点或唯心，或唯物，或侧重其他因素，谓之'史观'，是为历史哲学""凡不由历史科学入手之历史哲学，皆无基础者也""凡不受历史哲学指导之历史科学，皆无归宿者也""世之好为史学者，果欲纳之于正轨且开浚其源头乎，审订史料固最基本之功力，亦最急切之任务也。"《发刊词》还明确指出，"爰创斯刊以为中国史学会之先声"。创刊号刊载了蒙文通《秦之社会》、吴天墀《张咏治蜀事辑》、黄文弼《古代于阗国都的研究》、陶元珍《三国志篇目考》等文。

蒙文通接顾颉刚4月22日函。5月15日，顾颉刚再次致信蒙文通。7月17日，蒙文通访顾颉刚，同至者有蒙思明。至闻宥处，遇张载熙、朱炳先、冯汉骥等。中午，应顾颉刚、张西山宴，同至者有翁独健、蒙思明等。19日，赴朱炳先家宴，同至者有：顾颉刚、周谦冲、冯汉骥、蒙思明、张西山等。约在暑期，蒙文通还乡，因"山居寡务"，遂将旧稿《四库珍本〈十先生奥论〉读后记》"重为次序"，其《四库珍本〈十先生奥论〉读后记》附记云："返蜀于兹已三年，以今夏暑期休假还乡，山居寡务，重为次序。而书籍不备，无以资检阅。"下半年转教三台东北大学。程天放接任四川大学校长以后，欲请蒙文通担任历史系主任，蒙文通鄙其所为而拒之，程天放颇为忿恨，遂借口蒙文通在课堂批评时政而将其解聘。蒙文通乃转教三台东北大学，当时丁山、金毓黻、高亨等皆在东大。（以上参见王承军《蒙文通先生年谱长编》，中华书局2012年版）

丁山继续任教于西迁四川三台的东北大学。3月，参与发起的《史学季刊》在成都创刊。8月，由教育部第五服务团研究部编辑并出版发行的《史董》在四川三台创刊，所载文章上起先秦，下迄清末，或修订旧文，或辩证史实，或疏通文字，不拘一家之说。丁山在第1期发表《新殷本纪》，此文以《史记·殷本纪》为基础，将卜辞等司马迁未见的材料引入，并尽量以地下材料订正文献记载的错误，使得关于商代的历史论述丰富起来。12月30日，丁山在《责善》第1卷第20期发表《周武王克殷日历》。（参见王学典《20世纪史学编年（1900—1949）》，商务印书馆2014年版）

王星拱继续任武汉大学校长。3月4日，武大迁校时存放在汉口特二区英商怡和栈房的图书、仪器设备被日寇派来海军士兵数人，苦力60多人，载重汽车20余辆，将栈房前后门堵住，尽载所有财物而去，武大存汉物资被洗劫一空。据不完全统计，此次武大损失图书4万余册，仪器设备价值达40余万元。这是日寇第四次直接对武大犯下的罪行。春，国民党掀起第一次反共高潮，白色恐怖笼罩乐山，国民政府教育部决定把一向主张学术自由、"无为而治"的校长王星拱调走，准备另派程天放到武大任校长。消息传到乐山后，一些有正义感、有爱国心的教授们，在地下党组织的领导下，立即发起一个"挽留王星拱，抵制程天放”的运动。叶圣陶、朱光潜、陆侃如、冯沅君、丁燮和、戴名巽、邵相华、彭迪先、郭霖等教授纷纷出来与学生一道发表宣言,有力地抵制了程天放来校。4月,国民政府教育部派陈泮藻、徐诵明、章益等人视察武大后所写的《视察国立武汉大学报告》指出:“一年级课程全照部颁科目表施行,二年级以上稍有不符。如理工学院二年级或三年级,应予社会、政治、经济三门中任选一门为共同必修课,并未遵行,又未设置战时教程。”三民主义和伦理学虽早已列入全校一年级的必修课,实际上也未按章施行,学生多以期末时交一篇文章就算了结此课。武大一向以注重基础理论教育著称,此时,这一传统学风仍未改变,而且采取相应的措施使之发扬光大。9月,设立“第一外国语委员会”,聘定外文系主任方重教授为主任委员,负责全校基本英语教学工作。11月,校内少数学生向教育部控告校长王星拱的信中说:“每学期仅于期中公布导师及学生名单一次,其他并无任何工作。尤可怪者,在上学期,导师名单迟至放假前一月始行公布。导师召集学生谈话,也是纸上谈兵。”武汉大学对“导师制”的实施采取阳奉阴违、敷衍塞责的态度,曾多次遭到国民党政府教育部的严厉批评。12月25日,国民党政府教育部在高字42971号训令中指出:武汉大学“设备尚称充实,教员应多从事专题研究,并切实负责训导学生,以期收导师制之实效,对学生思想尤宜注意指导。”嗣后,国民党教育部接二连三派人到武大督促,陈立夫、白崇禧等亲自出马到武大训话,以求控制学生思想。同月,教育部长陈立夫亲自出马到武大活动,召开武大全校师生大会,企图就派程天放到武大任校长对全校师生施加压力。武大师生得知消息后,教授和学生们都拒不参加大会。是年,学校决定增加研究生名额,改善研究生的待遇,实行研究助理工作的审查。同时筹设选矿室及冶金实验室;决定恢复一度停刊的《文哲季刊》《社会科学季刊》《理科季刊》《工科年刊》;修复补充科研设备,积极采购图书资料,为开展科研工作创造条件。(参见吴贻谷主编《武汉大学校史(1893—1993)》,武汉大学出版社1993年版)

朱光潜继续任教于武汉大学。年初,教育部长陈立夫为了推行“党化教育”,决定将武汉大学校长王星拱调走,委任四川大学校长程天放执掌武汉大学。于是朱光潜再次发起“拒程”运动,并与叶圣陶、陆侃如、冯沅君、丁燮和等联名公开发布宣言,程天放执掌武汉大学计划最终落空。3月,朱光潜任教育部大学用书编辑委员会委员。7月,在《战国策》第7期发表《流行文学三弊》,对文坛上的“陈腐”“虚伪的”“油滑”三种弊端作了剖析,指出:“白话文运动起来以后,许多人过于兴奋,以为这是中国文学的空前的革命。从外表说,这种看法或者不无片面真理;但是,我们放冷静一点去衡量,就会觉得已往传统精神最坏的方面是在‘流毒’。真正的文学革命不只是换一个语言躯壳就可以了事。用文言可以说谎或摆空架子,用白话还是可以说谎或摆空架子。”同月,在《教育通讯》发表《文学院》,文中对中国文学系、外国文学系、哲学系、历史学系,大学课程设置,各系的办学性质与目的都提出了新的思考与论述。8月,在《读书通讯》第7期发表《美感教育》,认为对真善美的追求是人的一种“天性”,既然是天性,儒家讲的“尽性”就是美感教育的出发点。文中进而指出,美感教育又是一种情感教育,同时还是一种艺术教育。此文体现了作者正在经历从中国传统美学资源向西方美学理论“反哺”的阶段。12月25日,朱光潜作《冯友兰先生的〈新理学〉》,刊于次年1月《文史杂志》第1卷第2期,引发与冯友兰关于哲学与美学的争论。(参见宛小平《朱光潜年谱长编》,安徽大学出版社2019年版)

叶圣陶2月10日与朱东润、高晋生同至苏雪林家,商定国文考试试题,陈通伯亦至。5月16日,得四川省教育科学馆聘书,为该馆专门委员,审查中小学国文教材。29日,会见朱东润,共商拒绝评阅国文竞赛试卷之事。当时武大举行学生国文竞赛,文题之一为"将柳宗元的《佩韦赋》译为恒言"。叶圣陶、朱东润、高晋生联名致书竞试委员会,抨击这种莫明其妙的考题,并以"恒言"二字不知所云为理由,拒绝阅卷,一时被称为"恒言之役"。7月21日,离乐山赴蓉,任职于教育科学馆,家眷仍在乐山。8月18日,作《对于国文教学的两种基本观念》刊于《中等教育季刊》创刊号。11月18日,往访朱自清,观其所作《经典常谈》稿。当时朱自清在西南联大任教,家眷住在成都东门外宋公桥。11月21日,赴成都附近各县中学视察语文教育。同月,《圣陶随笔》由上海三通书局出版。12月5日,回到成都。6日,访朱自清。10日,回到乐山。28日,致书丰子恺,谈大学教授《现代文学》之事。31日,朱东润来访,共商其所作《谈大学国文系》文稿。(参见商金林编《叶圣陶年谱》,江苏教育出版社1986年版)

朱东润继续任教于武汉大学,开始致力于传记文学研究,将英国传记文学中的研究方法引导到中国文学研究中来,借鉴英国传叙文学对原始材料的搜集和考证,主张在历史变迁和时代大环境中观照人物,撰《中国传记文学之发展》等,对中国传记文学作了新的开拓。

朱自清8月4日返抵成都家中,与竹隐等家人团聚。8月5日,朱自清偕竹隐赴开明书店办事处访叶圣陶。劫后相逢,倍感欢欣。邀叶圣陶和章锡舟赴东城根街吃"龙抄手"。6日晚,应叶圣陶邀宴,允在促进国文教学方面与叶圣陶合作。9月16日,在《国文月刊》第1卷第2期发表《再论中学生的国文程度》。30日,在《中等教育季刊》第1卷第1期发表《诵读的态度》,文中细致分析了国文教学中在诵读问题上的种种偏差,指出:"不求甚解"的方法,以诵读为修养手段的方法,死记硬背的方法,断章取义的方法,都不是健全的诵读方法,正确的方法"得采取分析的态度。词义,句式,声调,论理,段落,全篇主旨,都分析说明,比较,练习"。11月16日晨,叶圣陶来访。(以上参见齐家莹编《清华人文学科年谱》,清华大学出版社1999年版)

苏雪林继续任教于武汉大学。4月23日,赵景深来函约稿,为《青年界》撰《埃及古史漫谈》。6月,以轻松幽默的笔触,生动再现战时知识分子经受灵魂洗礼的随感《炼狱——教书匠的避难曲》在香港出版的《东方杂志》第37卷第12期刊出。此文旨在告诫国人,尤其是所谓"文化人",要正确对待战时的生活苦难,挺起胸膛担负民族的危难。诚如文章结尾的铿锵名句:"我们现在要尽心竭力教育后一代的人,叫他们永远记着这血海的深仇,向狂暴的侵略者算最后一笔账。若是环境不允许我们再活下去,将孩子托给保育院,让国家去教养,先生拾起枪上前线,太太加入救护队,有什么大不了的事。"由于战时生活物质维艰,加上小小的乐山城,涌进偌大的一所大学的师生及家属,人口突增,物价飞涨。苏雪林在居处山坡上披荆斩棘,费了数周时间,收拾成一块可供种菜蔬之地,每到周日或无课的那几天,俨然一农妇在菜地上灌园劳作,种瓜种豆,自给自足,其间有长篇记叙文字《灌园生活的回忆》记其事。

苏雪林暑假接受张道藩代表国民政府中宣部的邀约,撰写一部专书《南明忠烈传》。因此时中国正处于对日战争的相持阶段,为鼓舞斗志,张民族大义,书中以表彰明季几百位忠勇之士从事反抗异族的复国运动的壮烈事迹,来激发同胞抵抗日寇、保卫国土的牺牲精神,对鼓舞反抗日本法西斯而忘我战斗的军民的士气民心,有不可估量的影响。在战时极其艰苦的条件下,尤其是图书与参考资料之搜求,难如登天,为完成这部20余万字的书稿,苏雪林依靠平时积累,以及武大带到乐山的有限图书,废寝忘食,历时3个多月,至9月下旬完稿。12月8日,苏雪林因编写《南明忠烈传》再次激发她心中的爱国热情,在《益世报》"星期评论"上撰《中国通史和抗战史的编著》,殷切呼吁教育部应组织专人即刻进行中国通史与中国抗战史的编著。她在这篇近4000字的长文中这样说道:"编一部提纲挈领式的中国通史,以供大中学校采为教材及课外参考和普通民众阅读之用。记得西洋某学者曾言:'要想叫国民爱国,必须使他们感觉国家之可爱',而历史地理观念,实为爱国之源泉。"又云:"我们这次对日抗战,其意义是为了力争世界的公理正义和本身的独立与自由。抗战以来,战区之扩大,斗争之激烈,支持之艰苦,牺牲之惨重,实为中国有史以来最悲壮的对外战争,替世界人类立下了一个灿烂辉煌的先例。所以我们必须编纂一部最详细最正确的对日抗战史,用以昭示天下而垂诸万世的子孙……明末抗清复明的义士,奋斗四十年,其中当亦有不少悲壮的史迹,而因异族统治阶级钳制过于严酷之故,至今都湮没无闻了。我们要把这一次艰苦卓绝,惊天地、泣鬼神的史实,保存起来,加强民族的信心,鼓舞民族的意志,使中华民族这位老英雄完全恢复他的青春,早日踏上闪着万丈金光的复兴大道。"(以上参见沈晖编著《苏雪林年谱长编》,安徽文艺出版社2017年版)

彭迪先是年秋任武汉大学经济系教授,先后主讲外国经济史、经济思想史等课。

许寿裳1月24日下午至中山大学师范研究所演讲。30日,离澄江,赴昆明。2月7日,自昆飞渝,次日复自渝飞蓉,就任华西大学文学院英庚款国学讲座,讲授《传记研究》及《中国小说史》。21日,移居华大教授钟稚琚寓邸。钟寓在华西坝华大校园内三台山。3月21日,作《纪念蔡孑民先生》。24日,参加蔡孑民先生追悼会。5月2日,作《谈传记文学》。10月19日,许寿裳日记云:"鲁迅逝世已四周年,追念故人,弥深怆恻,其学问文章,气节德行,吾无间然。其知我之深,爱我之切,并世亦无第二人。曩年匆促间成其年谱,过于简略,不慊于怀。思为作传,则苦于无暇。其全集又不在行箧,未能着手,只好俟诸异日耳。"12月4日下午4时,至金陵大学,应金大理学会之请,讲演《李慈铭与翁同龢二人日记之比较》。(参见倪墨炎、陈九英编《许寿裳文集》下及附录二《许寿裳先生年谱》,百花出版社2003年版)

陈恭禄继续任教西迁成都的金陵大学。1月,陈恭禄《中国史》第1册由长沙商务印书馆出版。第1册自史前起,迄于战国,共分11编:一、地理及其影响;二、上古史料之评论及史前社会;三、神话传说之古史;四、商;五、西周;六、西周(续前);七、东周;八、东周(续前);九、战国;十、战国(续前);十一、思想与学术。本书第2册于1947年在上海出版。

　　按:徐宗元批评云:史前部分材料多陈腐;东周部分,类抄旧说,殊少发明;商代错误甚多,引用古书文字之讹夺,句读之错误,史实不明,出处不详者,触目皆是,举不胜举。(参见王学典《20世纪史学编年(1900—1949)》,商务印书馆2014年版)

陈振汉以《美国棉纺织工业的区位:1880—1910》获得哈佛大学博士学位后,4月从美国取道香港、越南归国。6月,应何廉、方显廷先生之约来到当时已迁重庆的母校南开经济研究所工作。

程千帆年初因躲避战乱辗转入川,刚到乐山中央技艺专科学校任教不久,便去拜访当时亦随武汉大学内迁乐山的刘永济,并把自己和沈祖棻的一些作品呈请刘永济指教。刘永济很欣赏程、沈的才华和作品。

陈鹤田继续任职于教育部音乐教育委员会。1月,与胡彦久、江定仙、缪天瑞编辑的《乐风》重庆创刊,由乐风社编辑并发行。胡彦久、熊乐忱先后任社长,编辑主任为缪天瑞,发行主任陈振铎,顾问有陈礼江、李抱忱、杨荫浏、张洪岛等。该刊内容分歌曲、文章两部分,主要栏目有音乐新闻、社谈、音乐消息、音乐答问等。注重音乐理论与音乐作品并重,以"促进音乐运动蓬勃发展"为己任,主要收录创作或改编的声乐器乐曲、民歌古曲、外国歌曲,也刊有音乐评论、理论技术、论谈随笔、音乐消息等内容。曾出版"庆祝订立平等新约特刊"。先后刊有马思聪、贺绿汀、田汉等人的词曲,主要文章有贺绿汀的《嘉陵江上》、常任侠的《西域琵琶东传源流考辨》、杨荫浏的《国乐前途及其研究》、陆华柏的《故乡》、李元庆的《论音势》、陈立夫的《乐教之复兴》等。至1944年终刊。11月,教育部在重庆创办了一所音乐院,因校址建在青木关附近,又称青木关音乐院。陈田鹤担任教务主任,教授作曲。

马一浮继续主持复性书院。1月4日,书院第一次公布试题:"一、《易》为六艺之原论;二、心统性情说;三、何为义理之学? 何谓哲学? 试言其意趣;四、人之好乐各有不同,因知择术亦异,诸生既有志于六艺,欲专治何经? 将来涉世欲作何等人? 此必有所择矣。愿依各言尔志之例,恣言之毋隐。"先生规定四题全答固然好,勿强作,作两题即可,第四题为必答题。时间限四日,于8日前交卷。17日,书院放寒假。2月22日,致书王星贤,认为书院诸生无明显进益,感到自责,自以为用心无偏却收效甚微。同月,复书钟山(钟泰),欲请其为讲座,因其时任国立蓝田师范学院教授而弗应。3月10日,书院第二学期开学。马一浮继续讲"孝经大义"及诗教、礼教,讲稿分别辑为《复性书院讲录》卷三及卷四。3月,蔡元培逝世,马一浮撰挽联:"学海众流归,今也则亡,闻者尽为天下惜;家山多垒在,往而不反,伤哉未见九州同。"3—5月,致书谢无量,欲请谢无量加入书院董事会,聘谢无量为书院讲座。6月20日,公布第二次试题:"一、释《易》九卦义;二、圣之时解;三、问今日治经方法何以不与先儒尽同? 试各就思学所及,推言其故。"马一浮规定时限3日,三题全做,不论篇幅,切勿抄袭《讲录》中语句。27日,书院放暑假,马一浮作《告学人书》。同月,欲刻《儒林典要》,作《儒林要典序》,申明"今最录诸儒发明性道之书,断自濂溪以下,为《儒林典要》,以饷承学之士不溺于流俗者"。

马一浮7月6日致书陈立夫。因得教育部6月18日电,命书院将教学人员履历及所用教材等信息编制文件"送部备核",书院讲学人员乃"四方谐访之贤",教材乃"群经义说",马一浮认为此举将书院视同一般学校,愤然致书要求另聘主讲。同月,金景芳至乐山谒见马一浮,马一浮准许其入院。金景芳访问之前,已先致书,马一浮复书告知其书院已改制度,参学人不再提供膳宿。后于9月至书院学习,1941年11月离开书院至东北大学任职。《尔雅台答问续编》收录先生《示金晓邦》38则示语。金景芳于复性书院期间完成《春秋释要》,马一浮为其题辞。8月5日,马一浮致书赵尧生,奉《避寇集》请其指正。26日,王培德记录《复性书院日记》始于此日。马一浮作《复性书院初纪长编之义指及略例》,认为书院之事需有记载,初纪分为缘起、规制、设置、宾友、学人、讲会、答问、课试、刻书、藏书、兴诗。《日记》或始于此。27日,马一浮规定《儒林典要》第一辑十种目录:《太极图说》《通书述解》《西铭述解》《正蒙注》《上蔡语录》《延平答问》《知言》《公是弟子记》《明本释》《圣传论》。

马一浮《复性书院讲录》卷三9月3日出木刻本。6日,定学生斋名为六德、六行、六有、六通、六相、六即。7日,改六通、六相、六即为六吉、六深、六成。11日晨8时,举行开讲仪式。本学期马一浮讲"洪范约义",讲稿辑为《复性书院讲录》卷五。12日,马一浮规定除周六周日另有指示外,每日上午到院。周一、周五接见个别学生谈话。周二、周四学生自由集会或晋谒。周三讲会后先生接见参学人。14日,马一浮开示书院执事。27日,得钟山书,允书院聘。12月4日,公布第三次试题:"一、经书经学辨。二、明道答横渠书云:'人之情各有所蔽,故不能适道,大率患在于自私而用智。自私则不能以有为为应迹,用智则不能以明觉为自然。'试申说其义。三、横渠曰：'形而后有气质之性,善反之,则天地之性存焉,故气质之性君子有弗性者焉。'试申言其故。四、《洪范约义》书后。""先生规定前三题必做,第四题勿作泛泛颂扬之语。本月十日前交卷,时限放宽,学生可从容体悟。"同日,《正蒙》出版。10 日,乌以风辞去职务。15 日,《复性书院讲录》卷四出木刻本。16 日,马一浮于尔雅台见学人。乌以风既辞职,张立民兼任典学,王培德兼任事务。22 日,陈立夫到院。因 7 月致书尚无答复,马一浮再次致书陈立夫要求另聘主讲维持书院,请其与董事会诸人商榷。陈立夫于本日到访,称 6 月公文乃误发,并表示将设法倡导刻书。24 日,张真如至濠上访马一浮及谢无量。31 日,书院放寒假。马一浮、谢无量等人入城赴张真如宴。（以上参见马一浮著、吴光主编《马一浮全集》附录丁敬涵编著《马一浮先生年谱简编》,浙江古籍出版社 2012 年版；张雨晴《马一浮学术年谱整理(1911—1949)及其儒学践履活动研究》,贵州大学硕士学位论文,2019 年）

　　谢无量由香港回川。3—5 月,马一浮致书谢无量,欲请谢无量加入书院董事会,聘谢无量为书院讲座。7—12 月,马一浮致书谢无量数通,望其来院之意甚笃。信中亦与谢无量唱和诗文、致自书集联。谢无量于 12 月 18 日由成都至乐山,次年 1 月 3 日返程,居乐山期间书院学生可向其请益。（参见刘长荣、何兴明《谢无量年谱》,《文教资料》2001 年第 3 期；马一浮著、吴光主编《马一浮全集》附录,丁敬涵编著《马一浮先生年谱简编》,浙江古籍出版社 2012 年版；张雨晴《马一浮学术年谱整理(1911—1949)及其儒学践履活动研究》,贵州大学硕士学位论文,2019 年）

　　梁漱溟仍住璧山来凤驿。夏,学生吕汉财资助印行《新唯识论》语体本上卷。梁漱溟创办勉仁中学与勉仁书院于北碚金刚碑。熊十力来北碚勉仁书院。（参见郭齐勇编《中国近代思想家文库·熊十力卷》及附录《熊十力年谱简编》,中国人民大学出版社 2014 年版）

　　余青松继续在云南昆明任中央研究院天文研究所所长,主要依托凤凰山天文台开展研究。年底,余青松辞去天文研究所所长之职,此后,他在桂林和重庆等地负责光学仪器和教学仪器方面的研究工作。

　　黄国璋来重庆。8 月,由朱家骅扶持,由中英庚款董事会创建的中国地理研究所在重庆北碚正式成立,黄国璋任所长。所内设自然地理、人生地理、大地测量、海洋 4 个学科组,分别由李承三、林超、曹谟及马廷英 4 人主持。所内并设地图、图书资料、事务等室,全所职工约 40 人。

　　黄汲清年初继续任中央地质调查所所长,任《中国地质学会会志》主编。夏,孔祥熙经由当时的经济部令黄汲清重点调查涪陵彭水铁矿,黄汲清因抵制此事,愤然辞去所长职务。辞职后,他将全部精力倾注于地质调查和科学研究。

　　裴文中继续任地质调查所新生代研究室负责人。12 月,裴文中在《史学年报》第 3 卷第 2 期发表《中国史前学上之重要发见》。文中指出：无论是中国还是欧洲,"史前学是比较晚近发达的一种科学",在中国"史前学之开始,也不过是近二十年之事。至于史前学列入大学课程之中,更是以本年在燕京大学始"。作者认为近二十年来中国史前学最重要发现有四个,一是安特生在 1921 年发现"仰韶期彩陶文化",二是桑志华和德日进 1923 年在河套发现"旧石器时代之遗址",三是 1926—1930 年发现"周口店中国猿人之遗骸及遗物",四是 1933 年发现"周口店山顶洞"。（参见王学典《20 世纪史学编年(1900—1949)》,商务印书馆 2014 年版）

　　周恩来 5 月 9 日鉴于国内政治局势日趋险恶,国民党正酝酿发动第二次反共高潮,离开延安前往重庆,继续主持中共中央南方局的工作。31 日,到重庆。途经成都时,会见了地方实力派和一些民主人士。初夏,约生活书店徐伯昕、读书出版社黄洛峰和新知书店徐雪寒谈话,指示他们以民间企业的形式去延安和华北敌后开展图书出版发行工作。他们按照这一指示,经过一段时间的准备,在9—10月分两次派人到晋东南抗日根据地和延安开设了华北书店。6月5日,出席中共中央南方局干部会议,作关于国民党顽固派制造磨擦和中共采取的方针、策略等问题的报告。7月1日,主持中共中央南方局常委会,讨论国共谈判问题。7月间,和叶剑英就党的合法、边区的承认、军队的扩编和作战地区的划分等问题同何应钦、白崇禧多次谈判,并递交中共关于解决目前危局,加强团结抗战的提案。提案要求国民党政府保障各党派的合法存在;释放一切在狱共产党员;停止查禁各地的书报杂志,给《新华日报》的出版发行以法律保障,允许登载中共的文件及领导人的言论文章;援助人民武装抗日,发动普遍的游击战争;承认陕甘宁边区(23县)隶属行政院,以林祖涵为边区政府主席;准十八集团军(八路军)扩编为三军九师,新四军增编为七个支队;军械粮饷及医药卫生、交通器材供给应与国民党军同等待遇,并划分国共军队的作战区域。7月21日,会见南洋华侨筹赈总会主席陈嘉庚。27日,周恩来飞延安。

周恩来8月25日从延安经兰州飞抵重庆。同月,听取阳翰笙等关于蒋介石准备把不愿加入国民党的三厅人员逐出三厅的汇报后,约见张治中,要张提供车辆,说准备将被蒋介石逐出三厅的人员送往延安。张治中说这事再商量,待他先报蒋介石。几天后蒋介石召见三厅的主要负责人郭沫若、杜国庠、冯乃超、田汉和阳翰笙,说打算另外成立一个文化工作委员会,仍由三厅的人参加,请郭沫若主持。后来周恩来听取汇报后,表示同意这个意见,说"挂个招牌有好处,我们更可以同它进行有理、有利、有节的斗争,展开我们的工作"。9月3日,出席重庆文化界举行的作曲家张曙追悼会。在会上讲话,赞扬张曙和聂耳同为文化战线上的猛将,鼓励大家发挥张曙的勇敢精神,再接再厉,克服困难。8日,致函郭沫若,告诉他自己和张治中谈三厅工作的情况。因三厅将另委领导人,张治中提出组织文化工作委员会,仍请郭沫若负责,专管文艺对敌工作。周请张与郭商量,建议郭沫若与张治中具体解决,文艺与对敌工作是两件可做的事,但必须有一定的权和款,方不致答应后又生枝节。14日,主持中共中央南方局常委会,听取《新华日报》总编辑吴克坚关于报社工作的汇报。15日,会议继续举行。周恩来在发言中肯定报社的工作有进步,缺点是没有充分发挥党的宣传鼓动工具的作用,把握政策不稳,有些内容没有站在党的立场。提出一方面要注意站稳立场,另方面也要活泼、巧妙,不能呆板。22日,同邓颖超到北碚会见陶行知、陈望道等,并去育才学校看望师生,介绍当前形势。29日,在中华职业教育社举办的讲演会上作题为《国际形势与中国抗战》的报告。

周恩来10月4日出席中共中央南方局会议,讨论内部的分工。根据周恩来的提议,统一战线工作委员会由董必武任书记,叶剑英任副书记,王梓木任秘书,下分军政、党派、社会、青年、妇女五组。分别由叶剑英、博古、董必武、蒋南翔、邓颖超负责;文化工作委员会由凯丰任书记,周恩来任副书记,下设书店、社科、宣传、新闻等组,分别由徐冰、胡绳、冯乃超、潘梓年等负责;秘书处由童小鹏任秘书;此外,还有国际问题研究室和华侨工作组等机构。10月19日,出席重庆各界举行的纪念鲁迅逝世4周年大会。在会上讲话,说鲁迅是一个伟大的文化战士,是一个伟大的文化斗士。谈到鲁迅一生律己严、认敌清、交友厚和嫉恶如仇这四个特点,鼓励大家学习鲁迅的精神。认清唯一的敌人——日本帝国主义,团结一致,打击敌人。31日,和博古到章伯钧寓所,同章伯钧、沈钧儒、黄炎培、左舜生、邹韬奋和张申府谈当前国内形势。11月1日,国民政府军事委员会政治部文化工作委员会在重庆宣布正式成立,周恩来、董必武等各界400余人参加了招待会,显示出文化界革命、进步的抗日民族统一战线力量的强大。5日,周恩来到张申府寓所同沈钧儒、黄炎培、张申府、章伯钧、邹韬奋谈目前时局。11月中旬,根据中共中央反对投降和内战的方针,布置南方局工作。关于统一战线:对上层注意分化,援助在中国共产党影响和推动下的国民党中层分子;加强与各党派的联络,扩大文化活动;多结交军界朋友;加强经济联络和社会活动。关于外交:同苏、英、美、法等国团体联络,向他们提供消息。关于宣传:加强《新华日报》社论,铅印朱、彭、叶、项"佳电",编讲国际材料等。关于内部的布置:各地党组织绝对转入地下,干部分散、隐蔽、转移、撤退;办书处、新华日报馆短小精干;桂林办事处撤退。11月17日,和叶剑英到张申府寓所同张君劢、梁漱溟、左舜生、沈钧儒、邹韬奋、张申府、章伯钧、黄炎培等交谈最近国民党制造磨擦的情况。

　　周恩来12月7日致函张冲,要张代向国民参政会秘书长王世杰声明,不同意张国焘和叶青出席国民参政会,并将意见转达蒋介石。同日,出席中华全国文艺界抗敌协会为欢迎新近来渝的作家茅盾、巴金、冰心等举行的茶会;出席国民政府军委会政治部部长张治中和文化工作委员会主任委员郭沫若等在中国电影制片厂举行的晚会;出席的有重庆文化界、新闻界350余人。23日,同张君劢、梁漱溟、左舜生、陶行知、章伯钧、黄炎培、邹韬奋在沈钧儒寓所会见美国著名作家安娜·路易斯·斯特朗。几天内同斯特朗长谈数次,揭露国民党顽固派正在酝酿投降和内战的阴谋,预言即将发生更大的反共事件和战争。但嘱咐她:"这些材料暂时不要发表。要等我捎信给你,同意你这样做时再发表。"还说:"我们不希望过早地暴露这些冲突而加剧磨擦。不过我们愿意把这种资料交到值得信任的国外人士手中,以便在蒋介石展开更加疯狂的进攻时及时揭露。我们担心这种进攻。"25日,到章伯钧寓所同黄炎培、张君劢、章伯钧、左舜生、梁漱溟、沈钧儒、邹韬奋、张申府等晤谈时局。同月,南方局经济组正式成立,组长许涤新。周恩来指示经济组的主要任务是:宣传党的财经政策,特别是陕甘宁边区和敌后抗日根据地的新民主主义财经政策;搜集国民党统治区财经资料和开展工商界的统一战线工作。冬,派新知书店徐雪寒从书店中挑选一批能做生意的可靠的共产党员,到江西、福建、浙江设四五个书店或文具店,隐蔽待命,准备在必要时作为掩护和交通站之用。徐雪寒当即着手筹备。后来由于皖南事变等的影响,派出去的人联系困难,所设据点均未能站住脚。是年,要中共中央南方局文委工作人员说服想去延安参加抗日活动的青年演员周峰留在重庆,说这里有活动条件,又有固定职业,不应该放弃阵地;鼓励从延安来到重庆的音乐家李凌和版画家王琦在国民党统治区先扎下根,然后开展工作。(以上参见中央文献研究室《周恩来年谱1898—1976》,中央文献出版社1998年版)

　　董必武1月9日在重庆曾家岩50号接见川南中共游击队赴延安学习的军事研究班负责人,发给该班人员第十八集团军符号、证章及护照,并派汽车专程送至陕北。11日,在《新华日报》上发表题为《新华日报创刊二周年纪念》的文章,指出:《新华日报》是在抗日战争中诞生的,它和抗战是血肉相联的关系。它的延续,是继续抗日战争的一种标志,是发展团结抗战的旗帜。《新华日报》的存在,使中共的政治主张得以时时直接间接与热心抗战建国的人士相见,这是杜绝敌探汉奸挑拨离间造谣诬蔑的一种工具。两年来,《新华日报》用正确的方法分析问题,以坚定的立场去应付事变,在极危险和困难当中表现了极大的努力。"希望《新华日报》在奠定的基础上,发扬光大,与全国志士共同实现我国抗战必胜,建国必成的伟大使命。"同时,出席《新华日报》为创刊两周年举行的纪念会。同日,出席在张申府寓所举行的宪政促进会筹备会常务委员会。13日,在曾家岩50号接待黄炎培来访。2月,继派张友渔通过关系到孔祥熙出钱办的《时事新报》任主笔之后,又派彭友今、陈翰伯通过关系到该报任编辑,使该报的面貌起了较大变化。

董必武和秦邦宪3月1日接待黄炎培的来访,交谈当前时局问题。20日,和张君劢、周炳琳、张澜、杭立武、史良、陶孟和、章士钊、李璜、罗隆基、黄炎培等出席第三次宪政期成会,讨论宪法草案,决定工作方针。21日,和国民参政会宪政期成会参政员张澜、章伯钧、黄炎培、史良、罗隆基、左舜生等10人,以及宪政座谈会的沈钧儒、邹韬奋、张申府、张友渔、张晓梅、潘梓年、曹孟君、刘清扬、韩幽桐等10余人出席宪政座谈会及宪政促进筹备会在重庆举行的招待会,交换对宪政问题的意见。24日,向追悼蔡元培先生大会送了挽联。董必武和秦邦宪、林伯渠、邓颖超4月1—10日出席第一届国民参政会第五次大会。3日,在会上被推选为第一组(军事国防组)的召集人。6日,在讨论宪政期成会草拟的中华民国宪草修正案时发言。9日,和秦邦宪、黄炎培、张澜等当选为国民参政会第五次大会休会期间驻会委员会委员。4月初南洋侨胞回国慰劳团发起人、华侨筹备总会主席陈嘉庚等于3月16日由仰光飞抵重庆。董必武和叶剑英、林伯渠一起至嘉陵宾馆访晤访陈嘉庚,就国共两党磨擦问题进行了交谈。6月中旬,奉中共中央指示,离开重庆回延安。(以上参见《董必武年谱》编纂组《董必武年谱》,中央文献出版社1991年版)

潘梓年继续任《新华日报》社长,吴克坚任总编辑。1月3日,《新华日报》召开欢迎会,欢迎参加慰劳团和作家战地访问团的老舍、宋之的等从前线归来,并征求大家对报纸创刊两周年的意见。2月4日,《新华日报》发表社论《给文艺作家以实际帮助》,肯定了抗战以来文艺作家们取得的成绩,同时也指出了"目前文艺界同人的困难和痛苦,是无可讳言的事",认为对"如何保障作家生活"的讨论"不仅反映重庆这一隅之地文艺作家的要求,同时也是反映全国文艺作家的要求"。3月,潘梓年在《读书月报》第2卷第1期发表《社会历史的研究怎样变成科学》。文中先陈述了马克思主义对科学的认识,强调科学就是对自然界本来面貌的了解,科学是研究事物运动发展的规律,据此,潘梓年认为,马克思主义使社会历史的研究变成了科学。他指出:"如果社会历史的研究能够找出社会历史的发展规律,如果这个研究不是从社会的精神生活中去找寻社会的物质生活的来源,而是反过来,从社会的物质生活中去找寻社会的精神生活的来源,如果社会的发展规律不是从社会的精神生活中去找寻的,而是从社会的物质生活中去找寻的,如果这种发展规律能够使我们预见,如果这种预见能够由行动、实验来证明,如果这种发展规律能使我们得出实际上的行动结论,而和实践和实际活动获得联系,获得一致,那么,这样的社会历史的研究就是变成了科学。"4月6日,《新华日报》发表桂林文艺界同人的一组文章,总题为《我们声讨汪逆》。编者在按语中说:"这是文艺界联合讨汪的第一声,我们希望这个运动,能普及到全国整个的文艺界去吧!用我们的笔杆儿,来杀尽无耻的汪逆汉奸卖国贼!"

潘梓年与黄芝冈、叶以群、向林冰、光未然、胡绳、梅林、姚蓬子、戈茅、方殷、潘梓年、方白、高兰、臧云远、黑丁、曾克、葛一虹、陈纪滢、陈波儿、罗荪、郑君里、陈白尘4月21日出席文学月报社假中苏文化协会举行的文艺民族形式问题座谈会。26日,《新华日报》发表社论《文化界努力的方向》,指出汉奸文化运动,不仅依据敌寇的枪炮,金钱及其为奴隶的"文人"来发展,还要利用"国内存在着的文化上开倒车"的现象来扩散,大声呼吁"以抗战团结进步,来消灭投降分裂倒退",并提出文化界当前的四大任务:一、"总的方面,是为着争取抗战建国的胜利。"二、"文化运动要能够有力地服务于政治,则它本身必须不断地进步发展,因此,应努力提高文化的一切部门。在科学的立场上,来批判地研究中国历史与中国历史的艺术,来认识抗战过程中的社会发展,来看作为指导全民族斗争的指南针,发动自然科学的研究,来解决长期抗战建国过程中的物质上的困难,大量地用一切有用的形式,进行艺术的创作,努力使艺术走向大众,反映现实,更广泛地深入地进行抗战教育和普及教育。这样努力从各方面来提高文化的各部门,为创造民族的民主的科学的大众的中华民族的新文化,也就是为创造广大民众需要的新的民主主义的文化而斗争。"三、"政治上的民主自由,是文化运动进步和发展的基本条件。"因此,必须"反对有背这条件的形成和发展的倒退现象,反对政治上文化上的开倒车"。四、应对文化工作者在生活上、工作上给予帮助。

潘梓年 6 月 9 日主持《新华日报》在一心花园召开的民族形式座谈会,参加者有以群、蓬子、黑丁、戈宝权、臧云远、胡绳、罗荪、光未然、沙汀、葛一虹、梅林、白薇、吴敏、力扬、戈茅、曾克、艾青。葛一虹说:"如果谈到抗战中的民族形式,这就并不仅仅是形式问题,而是把抗战的生活很现实地、具体地描写出来的问题。"艾青、沙汀认为:"新的民族形式,是新现实主义的再发展。"以群指出:"自从民族形式提出,到现在为止,一直停留在民间形式是不是民族形式的中心源泉的问题上,现在应该把这一题向前拉一步,更深入更广泛地展开讨论。"座谈会上的发言刊登在 7 月 4—5 日的《新华日报》上。艾青说:民族形式和中国化是一个意思,中国化是科学化的现代语。鲁迅的《阿 Q 正传》,茅盾的《子夜》,沙汀的小说,都是民族形式发展中的宝贵的收获。这种民族形式不是天上掉下来的,而是没离开中国的发展。沙汀说:中国的民族形式是不能离开现实主义的。民族形式的目标,应为一般大众所接受所享受。光未然说,民族形式应包括这样的原则:"新鲜活泼的、为中国老百姓所喜闻乐见的中国作风和中国气派。"郭沫若著文说,新文艺的内容应是新民主主义的,形式应是民族的。潘梓年说,民族形式问题首先是在一定的立场、一定的革命阶级提出的。民族形式不能和通俗化、大众化混为一谈。民族形式问题不是从狭隘的民族主义立场提出的,而是从国际主义立场上提出的。潘梓年认为,民族形式的源泉"不只有民间文艺,同样也有过去新文艺运动中积集起来'不为不多'的成果,以及国际上的佳作巨著""用不着""在民间文艺这一源泉上特别加以'中心'的规定"。

　　按:6 月 20 日,黄芝冈在戏剧春秋社于重庆纯阳洞一心饭店举行的戏剧的民族形式问题座谈会上就潘梓年在《新华日报》召开的民族形式问题座谈会上的发言提出了异议。潘梓年后来在发表其谈话时已将其观点作了一些修正。他说:"新写实主义的写作方法对新的民族形式的创造当然是很重要的。在写作的实践过程中作者不能不保有着取之无穷用之不竭的工具使写作臻于活泼生动,就是说在作者的脑底不能不储有丰富够用的语汇、语法、写法、手法、描写法,以至体裁,结构等,作为由以采集这些工具的源泉的,不只有民间文艺,同样也有过去新文艺运动积累起来的成果,以及国际上的佳作巨著,尤其是和工农大众解放斗争有关的佳作巨著。"

潘梓年 8 月 3 日《新华日报》发表《中国文化革命的伟人》。同期还发表了社论《我们怎样来纪念鲁迅先生?》与戈宝权的《略谈鲁迅先生与苏联为纪念鲁迅先生六十诞辰而作》、罗荪的《自觉的声音》、葛一虹的《鲁迅论大众文艺——纪念鲁迅先生六十诞辰,并为目前争议中的民族形式之一问题而作》,以及成都、桂林、昆明举行的鲁迅六十周年纪念会信息。《我们怎样来纪念鲁迅先生?》社论指出:为了纪念鲁迅先生,"我们就要继承他创作的光荣传统和他一生所抱的为民族、为人民,和为求进步而斗争的精神","我们就要学习他坚强不妥协和坚持抗战到底的精神","我们就要加强进行新民主主义的文化运动"。9 月 19 日,《新华日报》发表了社论《悼念青年的导师鲁迅先生》，以及叶剑英的《我也来纪念鲁迅》、茅盾的《纪念鲁迅先生》、张望的木刻《纪念鲁迅先生》、冯玉祥的《纪念鲁迅》（诗）、于玲的《"开会"之于鲁迅》、陈烟桥的《鲁迅怎样指导青年木刻家》、戈宝权的《论鲁迅——见一九三九年苏联文学日历》（译文），以资纪念。（参见文天行编《国统区抗战文艺运动大事记》，四川省社会科学院出版社1985年版；艾克恩编纂《延安文艺运动纪盛》，文化艺术出版社1987年版；王学典《20世纪史学编年（1900—1949）》，商务印书馆2014年版）

许涤新6月4日作《关于中国以何立国的问题》，文中的核心问题是提出并回答"我们要走什么路"的问题："如果把眼光射在全世界上，如果把中国经济的机构作一全面的检讨，则摆在我们面前的道路可以归纳为四条：第一条是鸦片战争以来所走的那条老路，这是一条沉沦的道路，中华民族为了跳出这条路，不知流了多少血泪，牺牲了若干生命，现在局面变了，但还有不少人企图使用种种方法去苟延这条道路的寿命。这是不能不使人警惕的。第二条是欧美旧民主主义的道路，这是少数人独占了国家的财富而绝大多数人则陷于失业贫困的一种制度。有不少人是在醉心欧美的这套旧办法的，这亦就不能不使人来看一看了。第三条是新民主主义的道路。这是解放区已开始实行的。第四是最新式的社会主义的道路。社会主义的优越性，充分地从苏联的繁荣中可以看出来，要彻底解决社会经济问题，要彻底消灭人与人间的剥削，只有走这条路，但是，中国能否马上走这条路呢？这亦是值得我们研究的。"然后"依次来研究刚才所说的四条道路，看看哪一条是适合于今天的中国"。作者最后指出："毛泽东先生所倡导的新民主主义（经济）在中国是有其实现的根据的！这不是浮现在脑海中的乌托邦，而是实实在在的将要在中国展开的社会经济制度。你看，在敌后解放区，在陕甘宁边区，它不是已经在人民的生活中展开起来了吗？新民主主义经济的航船的桅顶，已经冒出地平线来了！要使新民主主义在中国展开，当然不能以现存的一些因素为满足，还须要在财政经济上采取一些办法去促进它，去使它更快的在中国展开。这就是财政经济政策方面的问题。"冬，许涤新调到南方局宣传部，负责《新华日报》社论稿的相关工作。不久，他又担任南方局统一战线委员会经济组组长。（参见罗荣渠主编《从"西化"到现代化》，黄山书社2008年版）

阳翰笙继续任第三厅副厅长。1月27日，出席《新蜀报》副刊《蜀风》召开的座谈会，讨论文协发动的保障作家生活问题。2月底，《李秀成之死》由于伶领导的上海剧艺社改名为《李秀成殉国》，在沦陷的"孤岛"上海的法租界辣斐花园演出，吴琛导演。每天日夜两场，直演到4月中旬，连演70多场，盛况不衰。3月1日，回教救国协会宴请郭沫若，商谈关于《国家至上》演出事。老舍、宋之的、阳翰笙等出席。20日，王昆仑宴请苏联作家、中国作家。阳翰笙同郭沫若、老舍、戈宝权、陈波儿等出席；席间，老舍、郭沫若等曾联句致函在新加坡的郁达夫。初夏，为"中制"写成《青年中国》。6月20日，《戏剧春秋》杂志借重庆纯阳洞一心饭店，主办"戏剧的民族形式问题座谈会"。阳翰笙、田汉、陈白尘、葛一虹等出席。阳翰笙在发言中简略地谈了抗战三年来文协、剧协、电协、美协、音协等组织的活动情况。同时，表示了希望有创作实践机会的心情。9月，军委会政治部改组，第三厅被撤消。

阳翰笙10月1日任改组后的文委会副主任。为了抗议政府当局强迫第三厅工作人员集体参加国民党，在周恩来领导下，郭沫若和三厅绝大多数工作人员愤然脱离第三厅。蒋介石恐郭沫若等大批退出三厅的著名文化人士去延安，在政治部另外建立文化工作委员会（简称"文工会"或"文委会"），请郭沫若任主任，阳翰笙改任副主任。10日，在《中苏文化》7

卷 4 期发表《我对于苏联戏剧电影之观感》,以苏联影片的实例,说明有向苏联电影学习的必要。同月,国民党解除了阳翰笙"中制"编导委员会主任委员的职务,改任他为委员会"顾问",企图削弱"中制"内的革命进步势力。11 月 2 日,《戏剧春秋》主办的"戏剧的民族形式问题座谈会"在重庆天官府街继续举行。出席座谈会的有郭沫若、阳翰笙、杜国庠、胡风、老舍、郑伯奇、陈望道、茅盾、田汉等 30 人。阳翰笙发言说:"在抗战初期我们的戏剧家出于救国的热忱,从事抗战宣传剧本的写作,从八一三到武汉撤退写得最多的主题第一是反汉奸,第二是动员民众参战,第三是鼓动民众团结一致。形式上的采求也甚为活跃。各种旧形式如旧剧、大鼓词一类都被争先采用。各种新形式如报告剧、街头剧、播音剧也都经广泛试验,收了很大的效果。"今后的任务"在如何把握现实":"我们要求着更现实的主题和题材,更生动的人物性格!"广大工农在光明的生产过程中表现得英勇悲壮。"这一些伟大悲壮的史诗,我们却很少反映,或反映得不够深刻。我们今天要创造伟大历史性作品,必须加强主题的积极性,题材的广泛性。"关于戏剧的民族形式,阳翰笙说:"从文学史上看,从无百年不变的形式。"发言分别就地方戏、话剧、歌剧的民族形式问题发表了自己的见解。总的看法是:要继承民族传统的精华,吸取民间艺术的养料,借鉴外来的新鲜经验,走出一条新路,使之民族化、大众化。

阳翰笙 11 月 23 日出席文协召开的座谈会,纪念文协成立 3 周年。郭沫若、王平陵、黄芝冈、田汉、叶以群、宋之的、艾青、老舍、蓬子、阳翰笙、冯乃超、欧阳山、葛一虹、罗荪出席。阳翰笙的发言以《一九四一年文学趋向的展望》为题,刊于次年《抗战文艺》第 7 卷第 1 期。阳翰笙指出:抗战初期的戏剧有定型化、脸谱化的毛病,不真实、不深刻,但也如实地反映了那一时期抗战的气氛。随着抗战进入相持阶段,作家艺术家也冷静下来了。因为对于现实的认识逐渐清醒,逐渐深刻,表现在作品中的抗战,也不像初期那样表面和浮浅了。不过,真正能概括时代的作品依然缺乏。原因是:我们的文艺理论修养不够,眼界不宽,生活不深,对新形式的探讨也还要下功夫。12 月 22 日,作《抗战戏剧运动的展望》,刊于次年 1 月 1 日《青年戏剧通迅》第 8 期。文章列举抗战三年多来,戏剧界的缺点:前后方的配合不够,总的领导机构不健全,剧本创作和抗战现实的配合不够,创作还保留着公式主义的残余,剧人研究、学习的空气不够,缺乏严正的戏剧批评,没有注意干部水准的提高和新干部的培养。针对这种情况,抗战第四年的戏剧工作,应该加强总的领导机构,加强戏剧的现实主义和戏剧的民族形式的讨论与实践,丰富创作,爱护干部,提高干部水准,注意培养人才。28 日,文工会主持第一次文艺讲演会。郭沫若任主席,茅盾、老舍、洪深、马彦祥、史东山、贺绿汀、阳翰笙等出席作报告或讲演。(以上参见张大明《阳翰笙年谱》,载《抗战文艺研究》1984 年第 3 期)

田汉 2 月初由严恭、高重实陪同,从长沙出发赴湘粤桂前线,为"拟写以两广会战为题材之电影剧本"搜集材料。6 日,在桂林与欧阳予倩等出席桂林戏剧界在国民戏院举行的联谊会。3 月 7 日,自桂南前线返湘途中经桂林,拜访桂林《救亡日报》社,谓还将"有第三战区之行"。8 日晚,应欧阳予倩邀请观看桂剧《桃花扇》。4 月 15 日,在桂林《海军整建月刊》第 1 卷第 1、9、12 期发表《关于中国海军的几个问题》。16 日,在中华全国电影界抗敌协会第二届年会举行的改选中,与郭沫若、洪深、欧阳予倩、夏衍等 15 人当选为监事。5 月上中旬,离长沙前,致信湘剧各队,告诫曰:"戏剧负有移风易俗之责任,况吾平湘各剧队以抗敌宣传为号召,若有失德,更不可恕。"提议大家"应常开小组会作自我批评"。19 日,应召赴重庆继续参加三厅工作,途经桂林。稍作逗留后即搭机去重庆。26日下午,应邀在重庆张家花园为中华职业补习学校星期讲座作前线军民抗战情形的演讲。下旬,抵渝后,先后出席中国电影制片厂郑用之和孙师毅等、川剧界郑沙梅及阳翰笙等、《新民报》陈铭德和赵纯继等为其举行的宴会。席间,曾称自己一年来变成了在穷乡僻壤之区开码头唱戏的江湖老大;也希望艺术文化各界朋友在此抗战期间应摒除私见,一致为艺术为国家而努力。春,在田汉和夏衍的直接关怀下,抗敌演剧四、五、八、九队队长在桂林召开联席会议,决定出版一个戏剧刊物,由田汉、欧阳予倩、夏衍、许之乔和杜宣5人组成编委会。根据田汉的建议,定刊名为《戏剧春秋》,在桂林出版。6月1日,桂林前线出版社发行《新中国戏剧》杂志,田汉为特约撰稿人。9日,田汉应邀在张家花园为中华职业补习学校作题为《抗战与抗战艺术》的演讲。

　　田汉6月20日以《戏剧春秋》社的名义邀请阳翰笙、葛一虹、黄芝岗、光未然、常任侠、史东山、任光、陈白尘、章泯、吴作人、辛汉文等在重庆纯阳洞一心饭店举行"戏剧的民族形式问题座谈会",并亲作座谈会记录。田汉在发言中说:自己此次来重庆"希望晓得一些关于整个文化运动的问题和各种问题讨论的深度,即如关于民族形式问题讨论的概况等等",并表示基本同意葛一虹关于"要解决民族形式问题得向科学的世界观,现实主义的创作方法,活生生的现实生活去学习",并非"反对批判地接受旧形式",而是"应注意可能陷入的民粹主义的偏向,假使发生了此种偏向必须立即和它斗争"的意见。座谈会记录载1941年2月桂林《戏剧春秋》第1卷第3期。21日,与梁宗岱、贺绿汀等20余人应舒舍予、王向辰、姚蓬子邀请参加在北温泉举行的聚餐,并讨论以后如何在北碚开展"文协"工作的问题。同月,与郭沫若、赵清阁、应云卫、左明等同游重庆北温泉,并访问陶行知任校长的育才学校。8月3日晚,与郭沫若、沈钧儒等出席重庆文化界在中苏文化协会举行的鲁迅60诞辰纪念会,并作演讲,回顾出席鲁迅50诞辰纪念会和鲁迅逝世周年、两周年纪念大会的情况;提出应以加强团结来纪念鲁迅。9月3日晚,出席与郭沫若等发起在中国电影制片厂举行的重庆文化界追悼张曙大会,并报告张曙生平。12—14日,在香港《立报》连载《一个精忠的音乐战士——关于张曙同志并谈及其音乐业绩》,赞其"生平豪快无所畏,责任所在,刀斧在项亦执务不辍","是音乐界中最精忠的战士"。

　　田汉10月8日晚与沙汀、罗荪、以群等22人出席重庆《新蜀报》副刊《蜀道》召开的《从三年来的文艺作品看抗战胜利的前途》座谈会,并作发言,指出:抗战已转入更艰苦的时期,很多文艺作品"大大地减少"了抗战初期作品中的"兴奋"和"乐观",而"蒙上了一层灰暗的色调"。他提出:"这是一个新的时期,我们应该开始新的文艺运动,既不要象以前那种廉价的乐观,也不要今日的这种灰黯的心境。我们要设法来稳定前后方军民的心。"他说:"讽刺或暴露对于抗战都是有益的,但作者自己不能因为有黑暗或腐烂的事实的存在而发生动摇、失望、悲观,必须抱着一种积极的战斗的感情来讽刺,来暴露。"座谈会记录载10日《新蜀报》。10日,在重庆《中苏文化》第7卷第4期发表《怎样从苏联戏剧电影取得改造我们艺术文化的借鉴》。19日下午,出席在巴蜀小学广场上举行的鲁迅逝世4周年纪念大会,并作演讲,说"鲁迅先生最值得效法的是对于旧社会旧习惯的彻底的憎恶",提出:应以实际行动来纪念和学习鲁迅,以成为"鲁迅先生的真正承继者"。晚,出席文艺界在一心饭店举行的聚餐会,并作讲话,扼要地说明了文艺界目前的迫切任务,希望能动员"文协"会员至前线考察服务。11月1日,《戏剧春秋》在桂林创刊,田汉任主编,并亲撰的《发刊词》说:戏剧"是最好的抗战宣传的武器";办此刊物目的在于帮助散在各地的戏剧工作者解决一些"学习问题"。阐明办刊宗旨为:一、整理介绍抗战需要的戏剧理论,最好能因此找出我们新戏剧的正确途径。二、对于剧作尽批评介绍之劳。三、发表剧作,尤其注重"短小精悍能鼓动并教育士兵和农工小市民起来坚持抗战的作品"。四、"注重各方戏剧工作者的实际报告"和通信。希望通过广大戏剧工作者的团结努力"实现一个光辉的戏剧时代!"同日,由三厅改组而建的由郭沫若领导的政治部"文化工作委员会"(简称"文工会")成立。田汉任专门委员兼负责文艺研究方面工作的第二组组长。

田汉11月2日以《戏剧春秋》社名义邀请郭沫若等31人在重庆官府街再次召开"戏剧的民族形式问题座谈会",并作发言,又亲作座谈会记录。田汉在发言中说:召开这个座谈会是"想把一年来关于民族形式问题的讨论向戏剧方面展开",认为"形式同内容是有机的关系,你把新内容装进旧形式里面去,旧形式要起质的变化,经过相当溶汇扩大的过程它也将变成适合传新内容新现实的形式——那就接近了新形式"。提出:"内容与形式高度统一的作品应该是我们所追求摸索的境界。"为了有效地为抗战服务,"要求文艺作品具有高度的民族形式,即充分有效地表现激荡复杂波澜壮阔的民族生活,同时能充分有效地获得全民族的理解与爱好"。指出:"只要写出了老百姓最关心的现实,回答了他们亟须解答的问题,不管是新剧也好旧剧也好,都会得到民众的欢迎。"还希望对外来文化不要忘记"取舍"。座谈会记录载1941年7月桂林《戏剧春秋》第1卷第4期。田汉先后主持的三次座谈会尤其是"戏剧的民族形式问题座谈会"和"历史剧问题座谈会",产生了很大影响。7日晚,与周恩来、郭沫若、张治中、孙科、于右任等300多人出席政治部为庆祝"文工会"成立在纯阳洞中国电影制片厂"抗建堂"举行的盛大招待会。10日,与老舍、章泯、应云卫等出席由葛一虹、黄芝冈组织,胡风主持的讨论《怎样表现主题与创造人物?》的"戏剧晚会",并作发言。23日,与郭沫若、王平陵、黄芝冈、叶以群、老舍、阳翰笙等出席由"文协"召开的《一九四一年文学趋向的展望》座谈会。

田汉与郭沫若、老舍、冯乃超、艾青、袁水拍、光未然等60多人11月24日下午出席为"文协"诗歌朗诵队成立在天官府"文工会"举行的茶会,并作发言,谈及诗歌的歌唱性及诗歌发展史上诗歌和音乐的分离等问题。他表示:诗歌朗诵队的成立在中国文化史上有划时代的意义,诗歌、音乐、戏剧的配合将是中国歌剧运动的先声;希望朗诵运动的展开能促进将来的歌剧运动。12月1日下午,与洪深、臧云远等出席诗歌朗诵队会员联欢大会。晚,与洪深等出席在中苏文化协会举行的讨论《怎样发展现实主义?》的第二次"戏剧晚会",并作发言,从清末以来中国戏剧的历史说明其发展之趋势。7日下午,与周恩来、郭沫若、老舍、张西曼、冯乃超、阳翰笙等出席"文协"在中法比瑞文化协会为新近自各地来渝的作家茅盾、巴金、谢冰心、安娥、徐迟、袁水拍、马耳、柳倩等举行的欢迎茶会。8日下午,与郭沫若、沈钧儒、王昆仑、老舍、戈宝权等出席重庆文化界在中苏文化协会为苏联友人举行的联欢会。10日,与周恩来、黄炎培、郭沫若、李公朴、茅盾等参加范长江与沈钧儒之女沈谱的婚礼,并赠贺诗。28日,与郭沫若、茅盾、老舍、洪深等出席"文工会"举行的第一届文艺演讲会,并作演讲。(以上参见张向华编《田汉年谱》,中国戏剧出版社1992年版)

冯乃超6月7日在重庆《大公报》发表《反侵略戏剧〈三兄弟〉公演感言》,评论日本鹿地亘的名剧。8月,政治部再三策划强迫三厅全体人员加入国民党,并以蒋介石手谕到赖家桥威逼冯乃超等同志。郭沫若即赴金刚坡下三塘院子,召开全体大会,怒斥国民党谰言。9

月,国民党以改组政治部为名撤销第三厅,郭沫若即卸去厅长职务,其他工作人员亦联名集体辞职。蒋介石怕他们跑去解放区工作,便召见三厅科长以上干部,提出"离厅不离部",筹组文化工作委员会,研究文化工作。10月30日,政治部文化工作委员会成立,郭沫若、阳翰笙任正副主任委员。下设三组:一主管国际问题研究,二主管文艺研究,三主管敌情研究。冯乃超任"文工会"党内书记,敌情研究组组长,协助鹿地亘研究室工作。"文工会"继续在中共南方局领导下,在国统区中坚持斗争。11月15日,翻译的芥川龙之介小说集《某傻子的一生》由上海三通书局出版,署冯子韬译,实为《芥川龙之介集》中的两篇。23日,出席《抗战文艺》编委会举行的《一九四一年文学趋向的展望》座谈会,座谈纪要载次年1月1日重庆《抗战文艺》月刊第7卷第1期。12月7日,出席"文协"在中法比瑞同学会举行的茶话会,欢迎茅盾、冰心、巴金等来渝作家。10日,出席"文工会"主持的对敌工作座谈会。15日,在重庆《文学月报》第2卷第5期"苏联文学专号"发表《关于苏联文学》。(参见李江《冯乃超年谱》,载李伟江编《冯乃超研究资料》,陕西人民出版社1992年版)

老舍1月1日在重庆《扫荡报》第11版发表《抗战戏剧的发展与困难》。文章以西北之行见闻证明"抗战需要戏剧,戏剧必须抗战"。同日,在《新蜀报》副刊"蜀道"创刊号发表《向王礼锡先生遗像致敬》,文中回忆了在洛阳与王礼锡及作家访问团的其他朋友们相聚时的快乐情景,表达了对王礼锡的深切悲痛。3日,在《新华日报》化龙桥馆址开会,欢迎"文协"参加南北慰问团的作家从前线归来,并征求他们对该报创刊两周年的意见。老舍、陆晶清、宋之的、葛一虹等出席。1月4日,在《新蜀报》副刊"蜀道"第4期发表《文艺成绩》,文中结合两年多来抗战文艺的成就,指出:"文艺必须抗战,抗战需要文艺,这二者在今天已然不仅是一种理论或理想,而是明显的普遍的在事实上有了证明。"15日,老舍、杨骚、宋之的、罗烽、葛一虹、姚蓬子、欧阳山等举行会议,研究讨论创办一个作家出版合作社及具体办法。19日,《大公报》副刊"战线"召开"新诗漫谈"座谈会,老舍以及力扬、臧云远、方殷、高兰、王亚平、光未然、常任侠、陈纪滢等人出席。《新诗漫谈简记》刊于1月29日重庆《大公报》"战线"第469号。20日,文协《会务报告》发表在《抗战文艺》第5卷第4—5期合刊,报告了"文协"的会议、出版、工作、人事变动等情况。24日,《文学月报》在重庆国泰饭店招待在渝作家。老舍、郭沫若、阳翰笙、胡风等60余人出席,老舍在会上致词。晚,继续在国泰咖啡店举行餐会。27日,《新蜀报》副刊"蜀道"为支持"文协"发动的"保障作家生活"运动,在汇利饭店举行"蜀道首次座谈会",就"如何保障作家战时生活"交换意见,老舍出席。参加座谈的还有阳翰笙、罗荪、王亚平、光未然、陈白尘、方殷、胡风、陈纪滢、华林、葛一虹、梅林、凤子、赵清阁、赵铭彝等26人。座谈会后,《新华日报》《大公报》《新民报》纷纷发表文章支持"保障作家生活"运动。

按:老舍对王平陵提出的作家不如改行去当教员的主张提出异义,并建议最好不用"保障作家"这个大题目,只谈提高稿费和保障出版税,可邀请文化当局、出版界和报馆杂志的负责人来谈切实点的问题。

老舍、宋之的合作的以汉回同胞团结抗战为题材的四幕话剧《国家至上》1月脱稿,并由阳翰笙负责演出。为写作《国家至上》,老舍曾与回族作家马宗融一同参观清真寺,结识了不少教门朋友。同月,《抗战与文艺——两年来全国文艺活动的报告》刊于西安《力行》(周刊)第1卷第1期。2月3日,"文协"在中苏文化协会举第一次诗歌座谈会,老舍以及常任侠、方殷、靳以、沙雁、李辉英、华林、戈茅、王亚平、胡风、葛一虹、任钧、光未然、梅林、罗荪、郑伯奇、高兰、曾克、臧云远、丘琴、卢鸿基、马宗融等22人出席。会上讨论了"如何推进诗歌运动"的问题,并决定将"诗歌座谈会"改名为"诗歌晚会",推举艾青、常任侠、力扬负责召集。老舍发言指出:"以后戏剧小说晚会最好象诗歌晚会一样组织起来,加强自我批评。"10日,《艺术家也要杀上前去》刊于重庆《新华日报》。该文针对"文学与抗战无关",鼓吹艺术至上的种种谬论,进行了有力的批驳。作者指出:"是的,抗战后必有伟大的作品出现。那可是必出于在抗战中尽力的战士之手,决不是旁观者的成绩。""艺术家的心是时代的心",把时代忘了,"大时代不许你们'悠然见南山'的,那心便是一块顽石",得杀上前去。16日,《关于文协的工作》刊于《文艺战线》第1卷第6号,系老舍1939年9月16日在榆林写给周扬的信和周扬1939年10月9日的回信。

> 按:老舍信中介绍了"文协"总会日常工作情况,总结了成绩和成功的原因,认为目前"总会应更努力于实际工作,不当只在高处喊团结""分会必须就地推展工作,培养文艺界的新军""总会与分会应在工作上竞争,而竞争的目的是在尽力于抗战,是在我们互相策励,是在一同取得全国文艺界在抗战中所应得到的光荣"。还提出了关于"文协"工作的五条具体建议。

老舍、郭沫若、阳翰笙、戈宝权、陈波儿等3月20日出席王昆仑代表"中苏文化协会"在重庆中一路宴请苏联作家和中国作家的宴会。3月,方殷、魏猛克被重庆店查处扣押,经老舍具保获释。4月7日,"文协"在国泰饭举行成立两周年重庆全体会员大会,到会百余人。老舍代表理事会作了《文协第二年》的会务报告,后刊于5月15日《抗战文艺》第6卷第2期。4月上旬,《国家至上》在重庆、成都公演,受到好评。《新蜀报》《扫荡报》《中央日报》等纷纷载文赞扬。此后,昆明、兰州、西安、桂林、大理、恩施、西康、香港等地普遍上演,获得很大成功。24日,由国民党中央社会部与各有关机关组织的文艺作家奖助金管理委员会召开第一次会议,老舍和郭沫若、张道藩、胡风、华林、姚蓬子、王平陵等人被聘为委员。同月,回教文化研究会成立,老舍为会员。6月4日,文艺奖助金管理委员会举行第三次会议,推老舍、张道藩等人负责筹办全国抗战文艺展览会。10日,老舍出席"文协"举行的端午节晚会,纪念屈原,并定此日为"诗人节"。12日,重庆临江门"文协"总会会所被炸。21日,北碚的作家在北温泉聚会,由老舍主持商讨建立"文协"北碚分会和团结作家等事项。同月,应军界朋友之约,开始酝酿写《张自忠》剧本。月底,与吴组缃一起到北碚访问在张自忠身边工作过的人。7月7日,在重庆《大公报》"七七纪念特刊"发表《三年来的文艺运动》。文章对抗战文艺运动作了高度评价,指出了抗战文艺的历史的与社会的成因,它的特点以及抗战文艺运动的中心问题和不足。

老舍8月28日在北碚主持召开"文协"分会会员会,胡风、马宗融、向林冰等出席。老舍抽暇拜访了胡风、陈子展、马宗融、赵清阁、赵太侔诸友。同日,《张自忠》剧本改毕。同月,林语堂出国时,将北碚蔡锷路24号寓所的大部分房屋及家具捐交"文协",作为北碚会所。与此同时,经葛一虹、宋之的奔走,在重庆租到张家花园65号,作为文协在重庆的新会所。9月3日晚,在中国电影制片厂开音乐家张曙追悼会。老舍、郭沫若、田汉等参加了该会的筹备工作。会上,郭沫若致悼词,周恩来出席并讲话。10月19日下午,"文协""中苏文化协会""中国文艺社"以及全国戏剧界、电影界、美术界、木刻界、音乐界抗敌协会等12个团体共六七百人在重庆巴蜀小学广场举行"鲁迅逝世4周年纪念大会"。老舍到会,并与冯玉祥、周恩来、沈钧儒、梁寒操等7人为大会主席团成员。同日晚,为纪念鲁迅逝世4周年,"文协"在一心饭店举行聚餐晚会。老舍任主席,由他说明了晚会意义,并报告了文艺界抗敌协会会务,继而由周恩来、沈钧儒讲话。周恩来指出要学习鲁迅的四大优点:"一、律己严;二、认敌清;三、交友厚;四、嫉恶如仇。"20日晚7时,"文协"在中苏文化协会会议室举行鲁迅纪念晚会,到会30余人。老舍发言说,鲁迅精神是中国文艺运动的领导精神,鲁迅先生是中国文艺运动的领导者,应首先把鲁迅研究会组织起来。会上,老舍还朗诵了《阿Q正传》第二章"优胜记略",获得全场热烈掌声。

老舍10月20日出席"文协"理事会,讨论了冬季"文协"的工作,高度评价了晋察冀"文协"分会的成立,并致电祝贺。同日,"文协"举行小规模茶话会,欢迎外国友人。老舍、胡风、卢鸿基等对目前抗战作家与画家的生活作了简要介绍。27日,"文协"在中苏文化会堂举行诗歌晚会,出席者50余人,胡风主持。老舍和常任侠朗诵了诗歌,艾青就三年来的抗战诗歌运动发表了意见。31日,老舍与艾青、以群等由南温泉到北碚,与北碚文友聚会,老舍报告了总会情况及各部工作计划。11月1日,国民政府军事委员会政治部文化工作委员会(简称"文工会"或"文委会")成立,郭沫若任主任,阳翰笙任副主任。老舍为兼任委员。10日,"文协"举行戏剧晚会,到会60余人。胡风主持,讨论题目为"怎样表现主题与创造人物"。老舍、田汉、章泯、黄芝冈、葛一虹、应云卫、王平陵、王瑞麟等发言,涉及到戏剧的创作与演出,形象的真实性与虚伪性,一般剧作的缺陷及其根源等。17日,"文协"在"中苏友协"会所举行小说座谈会。沙汀主持,老舍、陈铭枢、胡风、张西曼、黄芝冈、宋之的、以群、梅林、蓬子等70余人到会。会上由欧阳山报告"抗战三年来的中国小说",老舍发言并朗诵了《骆驼祥子》片断。他还建议:无论是走向前方,或是走向后方农村,总之只有深入进去,小说才有更大的发展。23日,出席《抗战文艺》举行的第一次座谈会。会议在"1941年文学趋向的展望"的总题目之下,讨论了四个小问题,即:新现实与新风格,新内容与新形式,创作历史性的作品:扩大文艺战线的新队伍。参加会的有老舍、郭沫若、王平陵、黄芝冈、田汉、叶以群、宋之的、艾青、姚蓬子、阳翰笙、冯乃超、欧阳山、葛一虹、罗荪等。老舍在发言中,就通俗文艺与抗战的关系,作家了解社会深入生活的重要性,文艺的民族形式等问题发表了意见。24日晚7时,"文协"举行诗歌晚会,到会70余人。艾青主持,讨论诗的语言问题。老舍、徐迟,长虹、红钧、王平陵等人发了言。

老舍12月7日出席"文协"借中国留法、比、瑞同学会会址举行的茶话会,欢迎冰心、茅盾、巴金等作家来渝。周恩来、郭沫若、田汉、吴文藻、张西曼、冯乃超等百余人出席。老舍代表"文协"致欢迎词。同日,"文工会"举行晚会,招待文化界人士,老舍出席。8日下午,中苏文化协会举行中苏文化人士联欢会,老舍、郭沫若、沈钧儒、王昆仑、邹韬奋、茅盾以及苏联对外文化协会代表米克拉舍夫斯基、苏联大使馆顾河戴央诺夫、塔斯社米海耶夫等百余人合影留念。同日,"文协"举行小说晚会,老舍、茅盾、胡风、以群、沙汀、黄芝冈、胡绳等60余人参加,黄芝冈任主席,讨论题目为"小说中的人物描写",老舍、胡风、茅盾、以群等发言,涉及人物典型的创造、作家主观意识问题。21日,"文协"举行诗歌晚会,到会者50余人,黄芝冈主持,讨论"我怎样写诗"。老舍、力扬、王平陵、艾青等谈了诗歌创作经验,光未然、方殷、李嘉、任钧等朗诵了诗歌。22日,中国青年写作协会主办"文艺写作经验座淡会",老舍、田汉、冰心等20多人出席。24日,诗歌与音乐界人士在天官府举行茶会,60多人出席。会上正式成立诗歌朗诵队,老舍对此深表赞同,说"五四"后新诗缺点在于不能朗诵,朗诵队成立,使中国诗有了光明前途,话剧与歌剧也大有希望。他号召各文艺部门为抗战计,要团结一致。27日,"文协"召开理事会,讨论下届理事改选等事宜。28日上午,"文工会"在国泰大戏院举行第一次文艺讲演会,其主旨在检查一年来文艺战士们对抗战所做的贡献,策励今后的工作。老舍、马彦祥、龚啸岚、赵沨、史东山就各艺术部门情况作了汇报,郭沫若、茅盾、洪深、田汉等也分别作了报告,听众千余人。老舍讲话中对本年抗战文艺进行了回顾及展望,报告了"文协"各分会发展情况和活动情况,要求作家们深入反映时代。是年,老舍作《张自忠将军的战绩与殉国经过述略》,同时,《张自忠》公演。(以上参见甘海岚编《老舍年谱》,书目文献出版社1989年版)

　　茅盾10月10日随董必武的车队离开延安。行前,向延安的老朋友——告别,还到杨家岭向毛泽东同志辞行。毛主席风趣地说:你现在把两个包袱扔在这里,可以轻装上阵了。15日,在《大众文艺》第2卷第1期发表《关于〈呐喊〉和〈彷徨〉——读书杂记》,亦刊于12月19日《救亡日报》。19日,在《新华日报》发表《纪念鲁迅先生》。同月,林伯渠、吴玉章、徐特立和茅盾等16人在《中国文化》第2卷第2期发表《鲁迅文化基金募捐缘起》;为了支援延安文化界举办的鲁迅逝世4周年展览会,茅盾把珍藏的鲁迅在1934年为茅盾誊写的《答复国际文学社》一文,献给了展览会。由于该文从未发表过,方纪征得茅盾的同意把它登在《大众文艺》第2卷第2期,用文章中的一句话"中国青年正从十月革命认识了自己的使命"作了题目。后来这份手迹就一直由方纪精心保存下来;重庆出版的《文学月报》第2卷第3期的一则消息中,有这样一段文字:"茅盾前由迪化返来,即去延安,近从事写作,演讲极勤。近在《中国文化》第5期上发表一文,为《怎样学习文艺的民族形式》,立论精辟,文内提出三部作品:《水浒传》《红楼梦》及《西游记》,并加以分析,研究至详。"下旬,茅盾到达重庆,住八路军办事处。由于国民党的刁难,在宝鸡旅馆里住了一个月。到达重庆的次日,周恩来和邓颖超来看望茅盾,周恩来谈了当前的形势和茅盾今后的工作。

　　按:周恩来对茅盾说:请你来担任文化工作委员会的常务委员,是给你穿上一件"官方"的外衣,委员会的实际工作自有别人在做,不会麻烦你的。你还是发挥你作家的作用,用笔来战斗。听说生活书店打算把《文艺阵地》迁到重庆出版,想请你继续担任主编,你可以考虑,大概徐伯昕会找你谈的。编刊物,扩大进步文艺的影响,团结和教育群众,这是十分重要的工作。压迫愈严重,我们愈加要针锋相对的斗争,同时也愈加要讲究斗争艺术。有一些情况,徐冰同志会向你介绍的。当天,徐冰就向茅盾介绍了重庆以及整个大后方文化界斗争的大致情形,并送来一些材料让茅盾看。还告诉茅盾,房子已经找好,就在沈钧儒住的地方,不过不宜从办事处直接搬到那里去,打算先到生活书店暂住几天过渡一下。

　　茅盾到达重庆的第三天,搬到市中心生活书店门市部楼上临时腾出来的一小间房内。邹韬奋、徐伯昕前来看望,询问了杜重远的情况,介绍了生活书店被国民党压迫的处境,邀请茅盾继续任准备搬到重庆出版的《文艺阵地》主编。晚上,来看望的还有郭沫若、田汉等,主要谈延安的生活和那里熟人的情况。12月1日,茅盾偕夫人孔德沚搬至重庆枣子岚垭居住。居住在这一带的还有沈钧儒、邹韬奋、范长江等。其时经常接待送译稿来的戈宝权。2日下午,应田汉邀请参加《戏剧春秋》组织的讨论戏剧的民族形式问题的座谈会。参加座谈会的有田汉、阳翰笙、老舍、洪深等。会上,茅盾简单地介绍了延安的同志对民族形式的意见和讨论经过,也谈了自己的基本观点。7日下午3时,参加全国文协假中法比瑞文化协会举行的欢迎来渝作家的茶话会。除茅盾外,还有巴金、冰心、老舍、郭沫若、田汉、艾青等70余人,周恩来亦莅临参加。8日,中苏文化人联欢会假中苏文化协会举行,沈钧儒、茅盾、郭沫若、老舍、洪深、阳翰笙等人出席。会上,茅盾讲了半个多小时,谈抗战以来中国文艺的发展。这次讲话,后来以《抗战期间中国文艺运动的发展》为题刊于《中苏文化》第8卷第3—4期。发表前,加了一节"关于文艺的内容和形式问题"。晚上,仍旧在中苏文化协会,还参加了另一个集会——全国文协总会组织的关于小说创作的专题讨论会,也讲了话。讲话内容整理成文,刊于全国文协会的会刊《抗战文艺》上,题目叫《关于小说中人物》。上旬一天,军委政治部部长张治中约见茅盾。张治中对茅盾母亲表示哀悼和敬佩。

茅盾12月28日参加文化工作委员会召开的文艺演讲会。演讲会由郭沫若主持,先由老舍报告一年来文协的工作,接着贺绿汀等依次作报告。茅盾在会上第一个发言,介绍敌后抗日根据地的文艺运动。发言稿经整理后,刊于《大公报》上作为"星期论文"发表,题目是《今后文艺界的两件事》。同月,参与营救杜重远的活动。到达重庆后,沈钧儒和邹韬奋同茅盾商量营救杜重远的办法,去征求周恩来同志的意见。周恩来认为,目前可行的办法是以私人名义联名给盛世才去电,表示对杜案的关切,并愿意为杜重远作保,要求盛世才把杜重远送回重庆,由中央司法部门审理。他认为用这种方式也许盛世才能让步。于是大家推举茅盾起草电报。茅盾花了一天时间用文言文写了一千多字的电文,既婉转又严正地申辩杜重远绝对不可能"通汪精卫",列举杜重远抗日爱国的言行以及为人磊落等。同时又给盛世才留下退路,说新疆地处边陲,许多证人证据不易查找核实,难免有错断误断,希望能将杜案移来重庆复审,我们愿为杜重远作保。电报由沈钧儒、邹韬奋、郭沫若、沈志远、沈雁冰等七八个人署名。一个星期后来了回电,只有一句话:"在新疆六大政策下没有冤狱。"大家看了都气得发抖;茅盾与外国十几位记者座谈,专谈新疆内幕。其中有安娜·路易斯·斯特朗和爱泼斯坦。龚澎担任翻译。鉴于新疆的政治形势,希望他们暂时不公开报道;白村《享有文坛信誉的茅盾》刊于《新生》第2卷第23期。(以上参见唐金海、刘长鼎主编《茅盾年谱》,山西高校联合出版社1996年版)

曹禺四幕话剧《日出》1月1日在延安由"工余剧人协会"正式公演,在延安产生很大社会反响。据报道:"《日出》自元旦演出以来,八天内观众近万人。演出效果甚佳,获一致好评。中央领导毛泽东、洛浦等对于原作者曹禺先生备予赞扬。工余剧协将致电曹禺先生,表示敬意。"1月3—4日,北京剧社在京公演曹禺名剧《日出》。同月,国立剧校将1938年暑期戏剧讲座记录稿,整理汇集为《战时戏剧讲座》,作为"国立戏剧学校战时戏剧丛书之二",由重庆正中书局出版,发行人吴秉常。全书收入余上沅、姜公伟、杨村彬、万家宝、宋之的、贺孟斧、陈治策、吴祖光、陈永倞、阎哲吾等人讲座报告13篇。曹禺讲稿题为《编剧术》。3月,《全民总动员》更名为《黑字二十八》,作为"国立戏剧学校战时戏剧丛书之四",由重庆正中书局出版。4月6日,回教文化研究会在"中国留法比瑞同学会"召开座谈会,曹禺与唐柯三、郭沫若、老舍、宋之的、马彦祥、阳翰笙、王静斋、王曾善、马宗融等30余人到会,会上通过宣言,讨论工作纲要。15日,重庆《中国回教救国协会会刊》第2卷第1期"特载"《中国回教救国协会·回教文化研究会成立宣言》。"宣言"后"附会员名单"显示,曹禺(万家宝)与郭沫若、马彦祥、阳翰笙、章靳以、胡风、洪深、舒舍予等名列其中。是日,重庆《新华日报》第2版刊消息《重庆艺术界活跃》:"国立戏剧学校定于今晚起,换演曹禺新著《蜕变》。"

曹禺新作反映抗战生活的四幕话剧《蜕变》4月15—18日由国立戏剧学校首演于国泰大戏院。从美国归来任教的张骏祥担任该剧导演兼布景设计。同月,《青年戏剧通讯》在重庆创刊,鲁觉吾主编,祝之一、洪天民、刘念渠、苏采编辑,重庆青年戏剧通讯发行。编委有老舍、洪深、姜公伟、曹禺、马彦祥、张骏祥、杨村彬、阎哲吾。7月1日,国立戏剧学校即日起奉教育部令,改为五年制国立戏剧专科学校。内分话剧、乐剧两科,并附设三年毕业的高级职业科话剧组。暑假时各科将招生40名,重庆、北碚均为招生处。8月29日,上海《申报》刊署名容尚《曹禺论我国话剧的出路》一文。文系摘录曹禺在1937年于中央大学的演讲。

秋,于四川江安开始三幕剧《北京人》的创作。9月5日,据《新民报》报道,教育部审定公布可供演出剧本80余种,其中多幕话剧有《凤凰城》《一年间》《以身作则》《魔窟》《蜕变》《从军乐》等。10月10日,民国国庆日,曹禺与剧专师生举行抗日游行。同月,曹禺《蜕变》单行本作为"大时代文艺丛书"由商务印书馆出版。书末附有曹禺的《后记》,这篇文字后题为《关于〈蜕变〉二字》收于文化生活出版社版本;独幕剧《正在想》作为"文学小丛刊"第2集,由重庆文化生活出版社出版。11月初,巴金由昆明到达江安,在曹禺家住了6天,畅谈甚欢。12月16日,巴金为即将出版的《蜕变》作《后记》。是年,《编剧术》列入"新中国戏剧小丛书"之一种在桂林出版,书中收入夏衍、田汉、曹禺、陈白尘、宋之的等人《编剧术》。(以上参见田本相、阿鹰编著《曹禺年谱长编》,上海交通大学出版社2017年版)

巴金10月底经沈从文介绍,托在欧亚航空公司工作的朋友查阜西买到飞往重庆的机票。上飞机前一两天,恰逢日本飞机狂轰滥炸。巴金对卢芷芬说:"我们都是身经百炸的人。"安抵重庆后,住在沙坪坝友人吴朗西夫妇办的互生书店里。这是巴金1923年离故乡后第一次回四川。约11月初,巴金前往北碚么店子山上复旦大学新盖的楼中访靳以、梁宗岱等好友,又偕靳以访住在石子山通俗读物编刊社的胡风。8日,与靳以欲搭船渡江到重庆,等船时,遇胡风,谈了一些文坛上的情况。9日早晨,在靳以家会见前来相约过江的胡风,获悉当日下午将召开文化工作委员会成立大会的简况。约中旬,自重庆坐船到江安县戏剧专科学校访曹禺。同旬,巴金到江安,在曹禺家住6天。当时曹禺在戏剧专科学校教书。旧友重逢,异常高兴。12月7日,茅盾出席中华全国文艺界抗敌协会举行的"欢迎来渝作家茶会",同时出席的还有冰心、老舍、郭沫若、田汉、艾青等70余人。周恩来代表中国共产党出席茶会,并讲了话。这是巴金首次见到周恩来。下旬,桂林出现"研究巴金"热。同月,长篇小说《〈火〉第一部》由重庆开明书店初版,含《后记》及正文十八章。(参见唐金海、张晓云《巴金年谱》,四川文艺出版社1989年版)

胡风1月7日作《今天,我们底中心问题是什么?》,刊于《七月》第5集第1期。此文分四个部分:一、"首先,要从逻辑公式的平面上跨过";二、"从创作里面追求创作与生活";三、"生活、感觉、艺术的思维";四、"抒情的发逐"。作者对郑伯奇和孔罗荪对典型的看法提出批评,认为他们"虽然说法多少不同,但有一点却是一致的:完全抛开了作家对待对象(题材)的态度,作家的主观和对象的联结过程,作家的战斗意志和对象底发展法则的矛盾与统一的过程"。"依照他们二位的解释,创作过程就成了一种冷静的,'精密'的,单纯的,逻辑思维底过程,新的现实主义所一再向作家要求的战斗意志底燃烧,情绪底饱满,站在比生活更高的地方,等等,就弄得无影无踪。""所谓'客观主义',是从这里来的,所谓'枯燥空洞',是从这里来的,所谓'思想力的灰白',是从这里来的,所谓'艺术力底死灭',也是从这里来的……"作者还指出不能停留在中玉"指出了的逻辑公式的平面上"。"如果中玉先生所说的,'作家们如果没有能够以一个战士的姿态出现于现实生活的斗争里,他是不能够创造出真实伟大的艺术来的,这理论是正确的,那么,反转来,对于特定作品或特定作家底创作过程的评价的分析就能够说出特定作家和客观生活的联结情况或联结程度。"作者还对穆木天、徐迟的抒情观提出了批评,反问穆木天:"说抗战诗歌底'大部分'是'个人主义抒情主义''个人主义的感伤主义',这是不是事实?"说徐迟"干脆地把抒情'放逐'""不但把抒情监禁在对自然的感应里面,还把抒情和科学弄成了对立"。指责他们这是对于"诗人底主观和现实生活的联结作用的抹杀"。

胡风2月3日主持假中苏文化协会举行的诗歌座谈会,老舍、高兰、方殷、罗荪等22人出席,方殷报告缘起,讨论了如何推行诗歌运动问题。21日,"文协"举行戏剧座谈会,参加者有胡风、臧云远、葛一虹、章泯等,讨论题为《对目前戏剧工作的意见与感想》。11月1日,政治部文化工作委员会成立,胡风与沈雁冰、沈志远、杜国庠、田汉、洪深、郑伯奇、尹伯休、翦伯赞、姚蓬子10人任专任委员。8日,得到郭沫若电报,说是政治部第二天要开文化工作委员会,要我和吕振羽参加。10日,老舍、胡风、章泯、黄芝冈、葛一虹、应云卫、王平陵等60余人举行戏剧晚会,胡风主席,讨论题为《怎样表现主题与怎样创造人物》。讨论甚为热烈、深入。年底,编成《民族形式讨论集》,将收集的双方的文章分类编排起来,约有三四十万字。又作《论民族形式问题》的前记和《民族形式讨论集》的解题。关于"民族形式"问题,大约费了三个月的时间,撰成《论民族形式问题的提出、争点和实践意义》。撰成后分成两篇,上篇为《论民族形式问题的提出和争点》、下篇为《论民族形式问题的实践意义》。然后将上篇给了葛一虹编的《中苏文化》,下篇给了沈志远编的《理论与现实》。(参见《胡风全集》第7卷第五编《回忆录》,湖北人民出版社1999年版;文天行编《国统区抗战文艺运动大事记》,四川省社会科学院出版社1985年版)

孙伏园继续任中华全国文艺界抗敌协会理事,并在重庆任职于《中央日报》《时事新报》两大报社和中外出版社、士兵月刊社两家出版社。年初,应原湖南衡阳专署专员孙廉泉先生之邀,赴四川大竹县做中华平民教育促进会的联络工作。负责专区实施新县制所需干部的培训工作。下半年,孙伏园母亲在绍兴病逝,无奈山高路远,兵荒马乱,交通阻断,无法回乡奔丧。客中居丧,悲苦倍极,孙伏园重新整理旧稿"衡山四讲",抄付石印,以文当哭,排遣悲情,祭奠慈母。年底,孙伏园接张治中的电报,匆匆离开大竹,到重庆歇马场,执教于重庆中华平民教育促进会中国乡村建设学院,并受聘重庆政治部文化工作委员会和设计委员会委员,但没有什么工作可开展,不必每天去上班,只需开会时到场。业余时间开始写作《鲁迅先生二三事》。冬,重庆《中央日报》改组,孙伏园应总编辑陈博生之邀到《中央日报》,以主笔的名义主编副刊。(参见吕晓英《孙伏园评传》及附录《孙伏园年谱简编》,中国社会科学出版社2011年版)

姚蓬子1月1日起任《新蜀报·蜀道》主编,至1943年5月31日为止。1月27日,《新蜀报·蜀道》在汇利饭店举行首次座谈会,华林、高一虹、罗荪、王亚平、方殷、陈纪滢、高兰、沙雁、臧云远、陈晓南、光未然、王平陵、侍桁、老舍、胡风、赵清阁、凤子、阳翰笙、陈白尘、赵铭彝、长虹、陆晶湾、梅林、徐仲年、周钦岳、姚蓬子参加,座谈内容为如何保障作家战时生活。姚蓬子"提出今天的讨论纲要,第一是'怎样提高稿费',第二是'怎样保障作家的版税',第三是'请求政府对于作家的生活保障'"。老舍对于提高稿费和保障版税问题,提出了自己的意见:"我想,好不好由文协出面,邀请文化当局,出版界和报馆杂志的负责人来谈谈这个问题,从中再以友谊来促进这个运动。"侍桁赞同老舍的观点,但补充说:"光是友谊恐怕是不成的。"除了友谊,同时还"应当对出版界表示作家自己的决心"。座谈会还讨论了4个小项目:规定最低限度的发表费和定稿费,如何切实保障版税,由"文协"出面邀请各方面以友谊的态度商量一个办法,要求"文协"向当局建议积极救济和保障作家的生活。

姚蓬子任主编的《新蜀道》副刊《蜀道》10月8日举行座谈会,题为《从三年来的文艺作品看抗战胜利的前途》。出席者有田汉、黄芝冈、潘孑农、沙汀、沙雁、侍桁、陈晓南、陆晶清、戈宝权、罗荪、陈纪滢、葛一虹、叶以群、华林、宋之的、沈西苓、姚蓬子等22人。大家总结了"武汉会战以前"抗战文艺之情形:"作家都抱着一种天真的兴奋的情绪,歌唱胜利,憧憬光明。"武汉失守后,作家才"逐渐看清了抗战的胜利决不会廉价地获得,于是批判地来描写光明,同时也暴露黑暗",当然,"暴露黑暗是为了消灭黑暗,作家的根本观念依然是乐观的积极的,和抗战初期并没有改变"。座谈会指出:摆在作家面前的任务是"如何更深入的去观察现实,把握现实,如何从光明和黑暗的交织中去正确理解光明,理解黑暗"。11月23日,郭沫若、王平陵、黄芝冈、田汉、叶以群、宋之的、艾青、老舍、蓬子、阳翰笙、冯乃超、欧阳山、葛一虹、罗荪举行汇报座谈会,蓬子任主席。蓬子说:"今天所要讨论的题目是《一九四一年文学趋向的展望》。"在"这一个总的题目之下,包括了四个小的讨论节目。就是:'新现实与新风格''新内容与新形式''创造历史性的作品''扩大文艺战线的新队伍'"。与会者主张合起来谈。

　　按:郭沫若说:"抗战的条件如果一九四一年没有政变",那么,"更雄大的叙事诗、更音乐性的抒情诗、多幕剧、长篇小说,将更多地出现。所以争取这客观条件是必要的,这就是说,作家在创作实践之外,政治斗争是必要的"。"更贡献一点意见。无论任何工作,一定要先有准备工作。目前文艺创作上的准备工作有三方面,就是:材料的准备,人的准备,方法的准备。"欧阳山、葛一虹、艾青等分别从小说、戏剧、诗歌方面对一九四一年作了展望。该座谈记录以《一九四一年文学趋向的展望》为题发表在《抗战文艺》第7卷第1期上。(参见文天行编《国统区抗战文艺运动大事记》,四川省社会科学院出版社1985年版)

　　罗荪主编1月15日《文学月报》在渝创刊。《发刊词》回顾了抗战30个月来文艺的发展和取得的成绩,指出了现阶段的文艺运动,还不够配合了当前的需要,还不够适应了当前的速度,也就是说还需要建立更多的战斗单位,还需要展开更普遍的文艺运动。特别是在反映这新时代的青年气息上,在树立新的文艺兵的事业上,也还需要更大的努力,来开拓更广大的土地。创办《文学月报》"只是企图在那伟大的文学事业的建设过程中,加进一块石基,一根木头;是企图在工作中,在学习中,尽可能地增强我们的文艺部队的力量;因此,它需要的是年轻的,战斗的姿态;是健康的,坚实的精神。基于这两个基本要求,无论是在工作的表现上,学习的过程中,都需要严正的批评,严肃的研究。因此我们不但希望在新的理论建设中引导前进,而尤愿展开严肃的文艺批评工作,加强文艺建设的力量,推进文艺运动的影响"。还说翻译工作在今天有着非常迫切的需要。3月15日,罗荪作《关于现实主义》,刊于《文学月报》。

　　罗荪4月21日主持文学月报社假中苏文化协会召开文艺的民族形式问题座谈会,参加者黄芝冈、叶以群、向林冰、光未然、胡绳、梅林、姚蓬子、戈茅、方殷、潘梓年、方白、高兰、臧云远、黑丁、曾克、葛一虹、陈纪滢、陈波儿、罗荪、郑君里、陈白尘,罗荪主席。罗荪说:"目前在重庆所引起讨论的似乎尚只偏于一局部的问题,还没有更深入一步地来做一个整个的理解和研究。"他希望通过座谈,使"问题的研讨,得以推进一步。"以群反对向林冰以民间形式作为民族形式的中心源泉的观点,提出:"应以新文学到现在为止所达到的成就为基础来创造民族形式,即以新文学底既有成就为基干,再加上其他的成分做枝叶""一定要说'源泉'的话,那末当然是以新文学底既有成就为民族形式的中心源泉,因为民族形式根本是新文学本身的一个发展"。向林冰对以群的意见提出了反批评,坚持民族形式的中心源泉是民间形式的观点。一虹认为要民族化,"应该向现实生活中去学习",不能"向旧形式中去学习"。座谈会记录后发表在5月15日《文学月报》第1卷第5期上。10月,罗荪作《关于现实主义——答史笃先生》。这是针对史笃发表在《文艺阵地》第4卷第12期上的《关于"现实主义"》一文而发的。他驳斥了史笃对《关于"现实上义"》的错解，提出了自己对世界观与创作方法的初互关系的看法。同时还指出世界观对于创作方法是有指导作用的，但是，"世界观也并非完全绝对地决定着创作方法"。（参见文天行编《国统区抗战文艺运动大事记》，四川省社会科学院出版社 1985 年版）

力扬任重庆《文学月报》编委。2 月 25 日，作《关于诗的民族形式》，后发表在《文学月报》第 1 卷第 3 期。力扬反对肖三《论诗歌的民族形式》中提出的诗要"成形"的理论："肖三先生把鲁迅先生等能够做得很好的古诗，以及有些做过新诗的人现在做起旧诗来，作为新诗必须有一个'成形'的论据。我的意见是稍为不同的。"他着重谈了三点：第一，鲁迅有"深沉的古文根底"，以诗歌"作为斗争武器的大众，都是不必要的"；第二，鲁迅的诗，如"惯于长夜过春时"，要能体味非有"大学的国文程度不可"；第三，鲁迅"对于新诗并不主张有甚么规律"。（参见文天行编《国统区抗战文艺运动大事记》，四川省社会科学院出版社 1985 年版）

黄芝冈 12 月 8 日主持"文协"假中苏文化协会举行的小说晚会，讨论小说中的人物描写，具体包括对人物的看法，现实里面的人和作品里面的人，从发展中看人物、人物的特征。老舍、茅盾、胡风、以群、沙汀、胡绳、常任侠、徐盈、潘梓年等 60 人出席。以群发言指出：应该从人的社会关系和矛盾中，而且从矛盾的发展中去理解人的本质。作品里面的人是经过概括和提炼的，因此比现实中的人更为真实。作者在写作中对题材应作主观的加工，否则便流为市侩的现实主义。同时，作者的主观亦需与客观的真实配合，才不成为主观的突破，才不成为标语口号的公式的文学。21 日，"文协"举行诗歌晚会，到 50 余人，黄芝冈任主席。老舍、力扬、王平陵、艾青等谈了创作经验，光未然、方殷、李嘉、任钧等朗诵了诗歌。（参见文天行编《国统区抗战文艺运动大事记》，四川省社会科学院出版社 1985 年版）

向林冰 3 月 24 日在重庆《大公报》上发表了《论"民族形式"的中心源泉》一文，明确提出"民间文艺是民族形式的中心与源泉"这一观点，使民间文艺立即凸显为文艺界关注的重点，同时，他在文章里把民间文艺传统与"五四"新文艺两大传统并举，着力强调民间文艺是民族形式的中心源泉。他写道："在民族形式的前头，有两种文艺形式存在着：其一，五四以来的新兴文艺形式；其二，大众所习见常闻的民间文艺形式。"后者是当前亟需注意到的。向林冰提出 5 点看法：一是流行民间的文艺形式既有积极性因素，又有消极性因素；二是民间形式本质上是矛盾体，既是民族形式的对立物，又是其同一物。三是"民间形式的批判性的运用，是创造民族形式的归宿。换言之，现实主义者应该在民间形式中发现民族形式的中心源泉"。四是民族形式的提出，是中国社会变革力的发现在文艺中的反映。五是肯定民间形式是民族形式的中心源泉，能克服文艺脱离大众的偏向。

按：向林冰敏锐抓住了"民族形式"命题的提出，是中国社会新的变革力量涌现、走上历史舞台的症候，敏锐体会到《论新阶段》到《新民主主义政治与新民主主义文化》提出的"民族形式"和强调中国民族文化的重要迹象所具有的深刻含义，这一含义对"五四"新文化运动以来中国文艺发展具有重大变革意义。但他在把"民间文艺"与"五四新文艺"两者并举时，提出民间文艺是民族形式中心源泉、对"五四"新文化运动之后新文艺成就的"低评"，是文艺界理论界难以接受的。例如，葛一虹《民族形式的中心源泉是在所谓"民间形式"吗？》(1940 年 4 月 10 日《新蜀报》)发起批评道：向林冰"抹煞'五四'以来在新文学上艰苦奋斗的劳绩，责难它不大众化和非民族化，而所谓大众化和民族形式的完成，只有到旧形式或民间形式里去找寻"。郭沫若《"民族形式"商兑》(1940 年 6 月 9—10 日重庆《大公报》)说："为鼓舞大多数人起见，我们不得不把更多的使用价值，放在民间形式上面。这只是一时的权变，并不是把新文艺的历史和价值完全抹煞了，也并不是认定民族形式应由民间形式再出发，而以之为中心源泉——这是不必要，而且也是不可能的。"以群认为："民族形式底创造应该以现今文学所达成的成绩为基础,而加强吸收下列三种成分:(一)承继中国历代文学底优秀遗产,一由诗经、楚辞起,以至唐诗、宋词、元曲、明清小说等。不仅学习它的形式上的优长,更重要的是学习作者处理现实的态度,与现实搏斗的方法。只有这样才能理解他们的形式的特点,接受他们形式的精粹。(二)接受民间文艺底优良成分……对于这些文艺,学习的重点不在于表面的形式,而在于它的丰富的语言或警句,这是新的文学语言底重要来源之一。(三)吸收西洋文学的精华。"(《文学运动史资料选》第四册,上海教育出版社,1979 年 11 月版)胡绳则认为:"假如形式是指体裁,于是说到民间形式,就想到五更调、章回体,那么这问题就根本不值得讨论。这里所说的形式应该是广义的,包括言语、情感、题材,以及文体,表现方法,叙述方法等等。"(《文学运动史资料选》第四册,上海教育出版社,1979 年版)这一系列意见,毫无疑问从理论层面丰富和补充了"民族形式"的内容,长远来看,对新民主主义文艺发展具有不可替代的重要价值。(潘鲁生《民间文艺界纪念〈讲话〉发表 80 周年》,中国文艺网 2022 年 5 月 29 日)

向林冰 3 月 27 日在《新蜀报》发表《国粹主义"简释"》,重申了民间形式是民族形式中心源泉的观点,反对指责为新的国粹主义,还驳斥了葛一虹"我们的'主导契机'或'中心源泉',还是在于我们的科学的世界观和我们的现实主义的创作方法"的观点,说:"这简直是在做梦"! 4 月 21 日,向林冰在《新蜀报》发表《封建社会的规律性与民间文艺的再认识——再论民族形式的中心源泉之一》,指出他与葛一虹等人"分歧的核心"是在对民间文艺形式的理解上,他对照了与葛一虹的分歧。他说,葛一虹认为:一、封建社会中没有内在的对立或矛盾;二、民间文艺是封建文艺的肯定契机;三、民间文艺没法子逃避死灭的命运;四、在缔造民族形式上民间形式须要被排除;五、根据科学的世界观和现实主义的创作方法。他认为:一、人民大众是反封建的内在革命动力;二、民间文艺是由于封建统治的本质矛盾,在封建文艺内部孕育出来的自己否定契机;三、民间文艺随人民大众的解放而趋于生长完成;四、在缔造民族形式上民间形式为中心源泉;五、根据科学的世界观和现实主义的创作方法。

向林冰 4 月 27 日完成《民间文艺的新生——再论民族形式的中心源泉之二》,刊于 5 月 7 日《新蜀报》。文中对照谈了与葛一虹在这个问题上的分歧。他说葛一虹认为:"(一)民间文艺中存在着两种对立的契机两种可能的前途是不可能的。(二)向林冰将只有一种契机的民间文艺的支配因素降低为从属因素,甚或倒置了其间的相互关系,因而导出了错误说法。(三)民间文艺只有一个死灭的前途。(四)社会发展到民主制度的时候,民间文艺也只有成为历史博物馆里的陈列品。(五)向林冰不了解科学的世界观及历史的规律性。"他认为:"(一)民间文艺是在自己的内部存在着两个对立的契机或两个可能的前途的矛盾的统一体。(二)正因为民间文艺中存在着两个对立的契机,所以才能有所'降低'与'倒置',而且这种'降低'与'倒置'正是在旧质胎内促进新质产生的前提条件。(三)由于抗战建国要终结过去农民起义的反复失败而使之成为民主革命的动力之一,所以民间文艺过去的反复夭亡过程亦必终结,并在科学的世界观和现实主义的指导之下而生长为民主革命的文艺,即民间文艺的新生。(四)在民主革命现阶段上所提起的民族形式的建造,应以民间文艺形式的批判的运用为中心。(五)葛一虹不了解科学的世界观及历史发展的规律性。"

向林冰 5 月 20 日完成《新兴文艺的发展与民间文艺的高扬——再论民族形式中心源泉之三》。文章说:"新兴文艺运动是中国人民大众反帝反封建政治斗争的一环。是中国社会变革过程上前进力量的一个表现形态,是以内在的变革契机为根据,以先进国世界性文化为条件,通过文艺的形象而争取移植性文化的中国化的变革运动的一翼。因此,它只有正确的配合着民族文艺遗产的批判改造运动(外在条件通过内部根据的矛盾而运动),只有绝对的信赖着人民大众的文艺创作力与欣赏力对于变革动力的依靠与从属是完成历史创造的前提,然后才能遂行其合理的发展。"27日,向林冰完成《民族形式的三个源泉及其从属关系——再论民族形式的中心源泉之四》。文中说:"民间文艺形式的批判的运用,新兴文艺大众化传统的批判的继承,世界文艺的批判的移植,此三者就是缔造民族形式的三个源泉。"何者为主? 自然是"民间文艺形式的批判的运用"。7月10日,向林冰写成《关于民族形式问题敬质郭沫若先生》,刊于8月6日《大公报》。文中说,读了郭沫若《"民族形式"商兑》,疑难之点愈益增多。全文分四个部分:"'习见常闻''喜闻乐见'""所谓'经'与'权'的问题""'变文'与一般民间文艺的来源问题""'好多朋友定会惊讶'的民间文艺评价"。(参见文天行编《国统区抗战文艺运动大事记》,四川省社会科学院出版社1985年版)

葛一虹继续任中苏文化协会主办的杂志《中苏文化》常务编委,并兼文艺栏目主编,同时还担任《文学月报》编委。3月15日,在《文学月报》第1卷第3期发表《民族遗产与人类遗产》,说:"新的国粹主义却穿上了漂亮的外衣登了场。什么是新的国粹主义呢? 抹杀五四以来的新文学上艰苦奋斗的劳绩,责难它不大众化和非民族化","而所谓大众化和民族形式的完成,只有到旧形式里找寻。或者认为这样的追求是至少要'以民间形式为中心源泉',为'主导契机',等等。"作者指出:"我们的'主导契机'或'中心源泉',还是在于我们的科学的世界观和我们的现实主义的创作方法。"4月10,葛一虹在《新蜀报》发表《民族形式的中心源泉是在所谓"民间形式"吗?》,驳斥了向林冰的观点,说"旧形式的顽强的存在,是中国封建社会长期停滞,以及半封建的旧经济与旧政治在中国尚占优势的反映""这种形式,'习见常闻',可是并不能新鲜活泼,当我们已经有了比较进步与完整的新形式的时候,它仍然能拥有大量的观众和读者,这自然不是一件光荣可夸的事情"。作者对"五四"以来的新文艺作了充分的肯定,还指出:"忠实的描写生活,把生活的真实在文学上显示出来,这种作品的形式便不会不是民族的。"当然,这"应该受着作家的进步的世界观,及其所持的现实主义指导的"。春,葛一虹在国统区文化界关于"民族形式"问题的大论争中,还在《新华日报》等进步报刊上连续发表了《关于民族形式》《鲁迅论大众文艺》和《鲁迅与民族形式》等大量文章,提出"我们为要表现中国人民的思想与感情,觅求中国作风与中国气派的民族形式"等重要观点,引起重大反响,将论争进一步推向深入。(参见文天行编《国统区抗战文艺运动大事记》,四川省社会科学院出版社1985年版)

方白4月25日在《新蜀报》发表《民族形式的"中心源泉"不在"民间形式"吗》。他对于葛一虹《"民族形式"的中心源泉是在所谓"民间形式"吗?》"不敢苟同""提出若干疑问"。具体有:第一,反对葛一虹"旧形式没有法子逃避其死灭的命运",认为"在半封建半殖民地的文化状态下的文艺形式""有两种契机,有两种可能的前途";第二,反对"葛先生认为'五四以来的我们的新文艺'便是'主流'",说"这种移植形式""是动力,不是主力";第三,反对"葛先生对大众'需要'的看法",认为说法笼统。(参见文天行编《国统区抗战文艺运动大事记》,四川省社会科学院出版社1985年版)

李绿林、林路主编《新音乐》月刊1月1日创刊,在国统区有较大影响。不久,周恩来在重庆曾家岩办事处接见《新音乐》编者,"他谈到重庆的文学、戏剧、美术都有定期的刊物,就是音乐方面还没有。他说我们要把刊物作为推动各地抗日歌咏运动的联络工具,有组织地开展工作,使各地群众的新音乐运动活跃起来,配合当地的青年运动工作,起团结青年、教育青年的作用,把广大青年争取到抗日战线上来"。"他特别强调我们把边区(主要指古宁边区)的新歌介绍给国统区的人民,使歌咏运动注入新血液,说这样'意义不小'。"

李绿林、林路主编《新音乐》月刊第2卷第1—2期合刊推出"民族形式特辑",共两篇文章:绿永的《论新音乐的民族形式》和赵沨的《音乐的民族形式》。绿永文谈了:一、音乐"民族形式"的意义;二、缔造音乐民族形式的主要要素;三、关于各种要素的基本的理解;四、怎样创造新音乐的民族形式。作者说:"我们认为比较中肯的还是这样:缔造音乐民族形式的主要要素,是经过批判以后的民族音乐优秀传统的全部,包括各式各样的旧形式,和旧形式的各式各样的独特要素,和五四以来新形式的健康要素,还有此刻还未被民间旧形式所包纳的,然而已经在大众中间创造着运用着的,表现新事物新感情的生动活泼的音响、乐汇和样式,再加外来的适合取用的要素。"赵沨文包括:一、从历史来观察;二、怎样创造民族形式。作者对如何创造民族形式从四个方面作了概括,这四个方面是:"现实主义的创作方法""继承新音乐运动光荣的传统""接受民族音乐传统的宝贵遗产""武装西洋音乐高度技术、理论水准"。

> 按:本期除刊载了天兰词、冼星海曲的《打到鸭绿江大合唱》(原名《九一八大合唱》)外,还刊载了冼星海的一封信,说:"新兴音乐是要建立在音乐界统一战线里,同时要互相了解互相帮助才能完成我们新音乐运动的任务。老实说,现在中国音乐刊物太少,中国音乐界还没有团结得更坚固。"此外,还登有《民歌研究会组织大纲》。研究会的宗旨是:"我们为了利用民歌及发展民歌创作民歌,使民歌更适合抗战的需要,且使它完成为中国的新音乐艺术适用的宝贵素材而研究民歌。"(参见李凌《忆周总理和新音乐运动二、三事》,载1978年《人民音乐》第1期;文天行编《国统区抗战文艺运动大事记》,四川省社会科学院出版社1985年版)。

徐迟1月11日将其与袁水拍的交往称为"觉醒日",以纪念自己读恩格斯著作后豁然开朗。2月,徐迟赴昆仑关抗战前线采访。11月底,徐迟从香港初次到重庆,他住进了"全国文协"宿舍,并与主要负责编辑《文艺阵地》(茅盾主编)的叶以群成为近邻。茅盾常从唐家沱来到文协宿舍与叶以群商谈编刊事宜,徐迟因有机会与茅盾见面。12月7日,"全国文协"假中法比瑞同学会举行茶话会欢迎新近来渝的茅盾、巴金、冰心、徐迟等作家,周恩来、郭沫若、老舍、田汉等10余人到会祝贺。(参见唐金海、刘长鼎主编《茅盾年谱》,山西高校联合出版社1996年版;唐金海、张晓云《巴金年谱》,四川文艺出版社1989年版)

艾青4月下旬接到陶行知的聘书,赶赴重庆北碚育才学校任教。6月,艾青的长诗《火把》在《中苏文化》发表,轰动大后方。9月下旬,在胡风的引介之下,艾青见到了周恩来,这是一次改变艾青人生的会面。重庆当时的文化人,根据中共的安排,或去香港,或去延安,艾青此间多有踟蹰。周恩来关心艾青的行程,不但资助其旅费,还在他抵达之前预先打电报到延安交代接应工作。共产党人的真心实意,打动了艾青,决定前往延安。(参见马正锋《从重庆到延安:艾青作为党的文艺工作者的生成》,《南方文坛》2021年第5期)

王昆仑继续在南方局的领导下从事统战和情报工作。3月20日,王昆仑在重庆宴请苏联作家和中国作家。席间同人联名写诗予达夫,诗云:莫道流离苦(老舍),天涯一客孤(鼎堂),举补祝远道(昆仑),万里四行书(施谊)。席间,苏联作家费德连克和朱克拉舍夫斯基用毛笔分别写了"都问你好"和"知己知彼,百战百胜"的题字。郭沫若在诗下附上几行短信:"达夫,诗上虽说你孤,其实你并不孤,今天在座的,都在思念你,全中国的青年朋友,都在思念你。你知道张资平的消息么?他竟糊涂到底了,可叹!"4月19日,郁达夫在《星洲日报·晨星》发表《文人》予以回应。文中对张资平"丧尽天良的行为"和"周作人的附逆"表示极大愤慨,说:"文化界而出这一种人,实在是中国人千古洗不掉的羞耻事,以春秋的笔法来下评语,他们该比被收买的土匪和政客都应罪加一等。"又说:"时穷节乃见""非至岁寒不能见松柏之坚贞""自是确语"。希望文人能在抗战中做点实际工作,"为益多多"。文中还对"文人无行"的惯说语加以谴责,认为"无行的就不是文人"。并说:"老母在故乡殉国,胞兄在孤岛殉职,他们都不是文人……但我却很想以真正的文人来看他们,称他们是我的表率,是我精神上的指导者。"

王昆仑为给坚持抗战的军民以精神激励,发表著名的长篇论文《论抗争的五月》,此文采用了借古喻今的笔法,从历史的角度高扬了中华民族不可战胜的精神,认为"五月,愁积了中国人的耻辱!五月,爆发了中国人的抗争!耻辱,刺激了中国人的'人'的自觉,国家的自觉;抗争,使中国人从昏睡、忍受和悲愤中站立起来!中国的青年在五月里怒号,中国的广大人群在五月里轰动了"。接着,他在文中例数了中国历史上和五月有关的重大事件:"五一"——光荣的中国劳动者;"五七""五九"——反日与讨袁;"五四"——中国的新人文主义运动;"五五"——为共和民主而战;"五卅"——向帝国主义反攻的弹;"五三"——革命推进中国的痛痕。全文结束之前,他总结了六条抗争的教训,并郑告今天救亡抗日的人民:"五月的一切运动纪念日,过去的一切战斗固都有它本身各自的价值,而这些运动的综合却都应认作今日整个的民族战争将来新型的民主建国的准备功夫,今后一切正要凭借过去所积累的力量,使用过去所获得的经验,以完成过去未完成的使命。"(以上参见王朝柱《王昆仑》及附录《王昆仑年谱》,花山文艺出版社1997年版;陈其强《郁达夫年谱》,浙江大学出版社1989年版)

侯外庐1月1日在《中苏文化》第5卷第1期"迎接宪政推行的民国二十九年"专栏发表《抗战建国与中国宪政之路》《中山先生关于第一次帝国主义战争史论》。前文认为:(1)"我们在目前的抗战阶段,正确的具体认识,应当是对内的民主服从民族问题的对外民主","由下而上的民主运动"与"由上而下的民主改进"的"相互配合的发展,可以达到抗战民主的完备阶段"。(2)"'民主的意义就是平等',……中国在全世界大民主号召的空气中,不能不有配合世界潮流前进的运动,而且必然要在抗战过程中培养扶植起中国社会所特有的低级民主,这一性质是具有世界意义的"。(3)"在抗战过程中的民主发展,同时便是对社会力量的形成的发展,……新的社会力量,参加抗战的各阶级各政党的民主权利,无疑地要在建国过程中寻求最好的适应的民主新形式。"(4)"在中国建国开始之日,从帝国主义世界的没落程度上讲,建国民主没有典型的资产阶级的民主历史,从中国社会的经济构成上讲,亦不可能是无产阶级专政的民主历史,典型地由封建制到资本主义的过渡阶段的民主,与由资本主义到共产主义的过渡的民主,在中国历史是全不会有的。"(5)建国民主的条件有"我们本身的条件,即是抗日民族统一团结的发展巨大数量之居民共同努力"和"大列强的世界战争""法西斯国家的内乱""苏联社会主义国家"的保障等外部条件,而"我们民族解放的成功前途,主要还是依据于第一条件的自己'共同努力'的统一团结之巩固与扩大,因为我们自己本身所产生的新力量,才是争取最后胜利的基础力量,同时可以保障胜利的发展以至于建国之路的真力量",抗战胜利的前途因为国内外条件的不同配合而有其程度性。(6)"中国宪政之路,不但是克服中山先生所谓的'盲目的维新',而且须以革命政纲为基础,实行'彻底民权'的宪政主张,清算中国过去数十年来改良派议会主义的妥协错路,向较接近于民主实质之路发展。"

侯外庐年初与吕振羽在重庆重逢,吕振羽当时任教于北碚的复旦大学。2月1日,侯外庐所辑《中山先生论"革命军"的精神如何推赞苏联红军》刊于《中苏文化》第5卷第2期"苏联红军廿二周年纪念特辑"专栏,论述"苏联红军对于革命的关系""苏联革命军的政治训练""苏联革命军是有主义的军队""苏联革命军是用主义去服人""苏联的主义武力与新国家的建设"。编者按云:"本文是选中山先生关于'革命军'的遗教与论赞苏联红军的革命性质,而特辑出来的。"2月15日,所作《略论方法论问题》刊于《理论与现实》第1卷第4期。3月12日,在《中苏文化》"中山先生逝世十五周年纪念特刊"之"遗教研究"专栏发表《中山先生遗教的核心精神——为纪念国父中山先生逝世十五周年而作》以及与陶甄编订的《中山先生年谱》。春,中苏文化书院在国民党第一次反共高潮中遭到否决。其后,侯外庐搬家到白鹤林,邻居有王昆仑、曹孟君夫妇。当时郭沫若、郑伯奇、杜国庠、白薇住在赖家桥,吕振羽、张志让、周谷城住在北碚。后来孙科介绍晏阳初、瞿菊农住在白鹤林。侯外庐邀请翦伯赞移居骑龙穴。后经翦伯赞介绍,覃振的部分家眷亦住到白鹤林,侯外庐从此与覃振相交。

侯外庐5月5日在《中苏文化》第6卷第3期"五月特辑"发表《五月国耻与五月革命》。20日,在《中苏文化》第6卷第4期发表《"五卅"的历史意义》。6月5日,在《中苏文化》第6卷第5期"文艺专号"发表《新的时代与新的文艺》,提出:"大时代,抗战的伟大历史,不但把旧的真实的秩序搅乱着,暴露出旧的秩序的跃变法则性,或把旧的真实的腐朽方面揭示出弃舍运动,而且从开展了新的现实,从更丰富经验的生活,标示出新的真实的积极发展。在比任何科学者都有更丰满更活泼的文艺家们的日常生活中,亦就不但在文艺表现力方面,可能发挥进步的具体的工作,而且裁成着革命具体的创作。""文艺,在新时代,扬弃了说教式的自由主义的装饰品,而成了抗争与战斗的武器! 鲁迅的武器!"7月7日,《三年来抗日战争性质的延长认识》刊于《中苏文化》"抗战三周年纪念特刊"。8月15日,《在国际新形势中纪念"八一三"三周年》刊于《中苏文化》第7卷第1期。25日,"重庆文化界致苏联友人书"刊于《中苏文化》第7卷第2期。9月18日,《纪念"九一八"九周年》刊于《中苏文化》第7卷第3期"'九一八'九周年纪念特辑"。31日,《历史阶段的了解》刊于《读书月报》第2卷第9期。11月7日,《苏联现阶段文化革命之意义》刊于《中苏文化》"苏联十月革命二十三周年纪念特刊"。

侯外庐和舒舍予(老舍)、陶行知、张志让、邓初民、卢于道、马宗融、黎东方、王昆仑、吕振羽12月7日为国民党军委会政治部文化工作委员会("文工会")兼任委员。是日,国民党军委会政治部文化工作委员会("文工会")成立,郭沫若为主任,阳翰笙等为副主任,茅盾、沈志远、杜国庠、田汉、洪深、郑伯奇、尹伯休、翦伯赞、胡风、姚蓬子为专任委员。侯外庐在"文工会"正式结识杜国庠。杜国庠作过《关于墨子》《公孙龙子》《明末清初顾、黄诸大师的学术思想》等学术演讲。经过几年的辛勤劳作,他为后来写作《先秦诸子思想概要》和与侯外庐等合著《中国思想通史》做了准备。冬,侯外庐修订《论晚清百年来金融贵族的成毁》,刊于《读书》月刊1941年第2卷第11期。文章论述"晚清金融的特殊组织——票号问题的提法""票号发生的经济基础""票号贵族的形成与发展及其基本性质""票号贵族的没落"。该文是"票号的历史的正确的认识"之上篇,下篇计划论述"民元后之回光返照运动"。是年,侯外庐与钱俊瑞合著《论民生主义诸问题》由时论编译社出版。(参见杜运辉《侯外庐先生学谱》,中国社会科学出版社2013年版)

翦伯赞2月13日奉中共中央之命离开溆浦,26日到达四川重庆,任《中苏文化》杂志副主编。翦伯赞到重庆后,借住南温泉的覃振公馆。3月,翦伯赞被选为中苏文化协会总会理事,兼《中苏文化》杂志副主编。5 月 1 日,在重庆《读书月报》第 2 卷第 3 期发表《中国历史科学与实验主义》,文中针对胡适为代表的实验主义思想,指出它是将西方的一种粗俗思想买办性地硬搬到中国。实验主义对中国旧文化进行了批判,但却是完全否定,这是非常可怜的愚笨。而对于马克思主义,实验主义则是采取极力诬蔑的态度。在历史观方面,实验主义将历史看成可以任意摆布的大钱、任意装扮的女孩,否认历史的客观性;在历史发展方面,实验主义采取陈旧的进化论,只承认点滴进化,否认革命性变革。作者对实验主义历史观予以批判之后,还进一步分析批判其历史学方法,指出实验主义历史学方法论是“因果律论”“明因求果”。但这种“明因求果”却是将历史现象一个个地孤立考察,不理解历史的整体性。此外,实验主义强调个人作用、强调历史偶然性等历史观点,也是完全错误的。31日,周恩来自延安到重庆,约见翦伯赞,研究安排工作。夏,翦伯赞被国民党军事委员会政治部部长张治中聘为政治部名誉委员,被郭沫若聘为政治部第三厅专门委员,被冯玉祥聘为中国历史教师。11 月,翦伯赞在《中苏文化》“苏联十月革命 23 周年纪念特刊”发表《苏联历史学家对东方史学的贡献》。(参见张传玺《翦伯赞传》及附录张怡青《翦伯赞大事年表》,北京大学出版社 1998 年版;杜运辉《侯外庐先生学谱》,中国社会科学出版社 2013 年版;王学典《20 世纪史学编年(1900—1949)》,商务印书馆 2014 年版)

曹靖华年初在重庆八路军办事处见到了周恩来。周恩来说:“我全知道了,你被解聘了。那是早料到的事。你挖国民党的墙脚,挖得好。国民党解聘你,因为权在他们手里。中苏文化协会改组了,你是改组后的理事,是我们提的名,你就到那里去吧。在那里公开介绍反映十月革命和反法西斯的文艺作品吧,这对中国读者、对中国革命有用……”曹靖华在中苏文化协会工作期间,主要负责编译苏联抗击德国法西斯的文学,主编中苏文化协会主办的苏联反法西斯的文艺丛书,出版作品有《列宁格勒日记》《复仇的火焰》《斯大林格勒》等数十部。茅盾非常支持曹靖华主编的《苏联文艺丛书》,欣然担任了《团的儿子》《人民是不朽的》等翻译工作。是年,作《苏联空中女英雄——作家拉斯科瓦》,刊于《中苏文化》第 5卷第 3 期;《抗战三年来苏联文学之介绍》刊于《中苏文化》“抗战三周年纪念特刊”;作《论卡达耶夫》刊于《中苏文化》第 7 卷第 1 期。又译苏·乌里亚诺夫《列宁的故事》刊于《文艺阵地》第 4 卷第 7 期;译托尔斯泰《保卫察里津》、卡达耶夫《小笛和水罐》刊于《文学月报》第 2卷第 5 期。译《恐惧》由文化生活出版社出版。(参见冷柯(执笔)、毛粹《曹靖华年谱简编》,载《河南大学学报》1984 年第 5 期)

华岗继续在重庆郊区养病,并著述《中国民族解放运动史》。8 月,该书由上海鸡鸣书店出版。原计划写三卷,第三卷因工作需要未写成。作者联系抗战实际,从鸦片战争开始,总结了中国近现代史上历次革命斗争的经验教训,以“提供中国近代民族解放运动的史实与经验教训,借以鼓舞抗日战争的情绪,加强抗日民族统一战线,坚持民族抗战方针,反对妥协,避免重蹈过去民族抗战失败的覆辙”。书出版后,几年间多次重印出版,解放区一些中等学校把它作为中国近代史教材。后改名为《中国民族解放运动史》。(参见王学典《20 世纪史学编年(1900—1949)》,商务印书馆 2014 年版)

张澜 1 月 25 日赴阆中“川康建设期成会阆中办事处”(又称第三办事处)视察。2 月 3日,毛泽东、陈绍禹、林祖涵、吴玉章以国民参政会参政员名义,联合致电国民参政会秘书处,拒绝接受国民党利用参政会名义派出的“视察团”到陕甘宁边区。电文中赞颂张澜、张一麟等“素以老成硕望公正无私著称”。电文有关的具体表述称:“顷接尊处电示,始知果有视察团之组织。复查此视察团之团长成员,不仅无一共产党参政员被邀请参加,且连第四次参政会中提出组织此类视察团之原提案人沈钧儒、邹韬奋、陶行知诸先生,以及老成硕望公正无私著称之张一麟、黄任之、江恒源、张表方等诸先生,亦无一参加。"3月20日,出席宪政期成会第三届会议,会期10天,主要讨论宪法草案修正问题,由黄炎培、周炳琳等轮流担任大会主席。28日,与黄炎培、罗隆基、钱端升、褚辅成、李璜、张君劢、左舜生、周炳琳等应蒋介石之邀,座谈宪政、川政问题。张澜在谈及川政问题时,对蒋介石集多职于一身(包括兼任四川主席职)提出意见,他当面批评道,"补衮阙者,不能亲丛脞",即指斥蒋介石兼任四川主席不适当,"众皆惊顾失色"。31日,与胡文澜(景伊)、邵明叔、黄炎培、陈豹隐等共商物价飞涨之救济办法,预备提案。

张澜4月1—10日出席国民参政会第一届第五次会议。由黄炎培与张澜等参与制定的"期成宪草"递交国民参政会讨论时,遭到了国民党参政员的强烈反对,各在野党派参政员据理力争。蒋介石在会上"对于宪草中牵制政府势力之规定表示不满",指责修正案"对执政之束缚太甚",实"为不能施行之制度"。他在闭幕词中说:"本会当将期成会草案和个人意见并送政府,待国民大会来采择,来做最后的决定。""并送政府"四字,实际上就是将其束之高阁。"期成宪草"无形被打消,抗战时期的第一次宪政运动,到这时实质上已宣告结束。10日,张澜被选为参政会驻会委员。他对这次会议总的评价是:"天天都在开会,成绩实在不好。"13日,张澜应黄炎培、梁漱溟邀请,参加部分参政员在乡村建设学会的便餐,密商统一建国同志会事,并商定以周士观住所南岸弹子石操场坝子巷36号(玉皇观)为统一建国同志会的通讯处。中旬末,张澜虽被选为国民参政会驻会委员,但他感到国民党言行不一,会上决议也大都决而不行,驻会也无意义,乃于4月中旬末,应南充私立建华中学邀请,回南充担任该校校长。9月,国民党中央常务委员会以各地交通因受战事影响,仍依原定11月12日召集国民大会不无困难为由,决定国民大会延期召集,日期另行决定,宪政高潮,于是低落下来。这表明国民党在实现民主政治问题上采取拖延办法。12月23日,上届参政员任期已于10月届满。国民政府于本日公布第二届国民参政会参政员名单,张澜仍续膺选。(以上参见谢增寿编著《张澜年谱》,群言出版社2013年版)

黄炎培1月11日参加宪政促进会筹备会常务委员会,到者有沈钧儒、董必武、沙千里、张友渔等9人。夜,参加统一建国同志会聚餐。12日,章元善、晏阳初来商为中国乡村建设协会筹款事。此会成立于1933年,主要成员为黄炎培、梁漱溟、梁仲华、晏阳初、瞿菊农、章元善、江问渔、杨开道等从事农村事业者。13日,至曾家岩50号中共驻渝办事处,从董必武处索得文件二种。15日,作《怎样欢迎我二十九年抗战最后胜利》。3月1日,访董必武、博古深谈。28日,国民参政会川康建设期成会举行第二次全体会议,以泸县办事处主任资格,报告成立数月以来工作情况。4月5日上午,在参政会审查会中任主席。8日,与梁漱溟深谈"统一建国同志会"事。10日,被选为参政会驻会委员。13日,访博古、董必武、林伯渠不遇,见邓颖超。又访梁漱溟等。有问对参政会特种委员会之意见者,答之曰:"国共磨擦,几如阴阳两极,根本调和不可能。但因有时间与区域关系,当可稍稍为力。"并言:"任何主义,总须取得大多数同情,而又必须(一)有爱护大众之热情;(二)有帮助大众之方法;(三)有了解并执行此方法的一般同志。下手时,自己及一般同志须从个个人格修养做起。"16日,与杨卫玉、邹韬奋、徐伯昕共商发起组织国讯书店事。18日,偕张伯苓、王世杰见蒋介石议长,面陈特种委员会两次议案,并畅谈国共问题及处置方法。

黄炎培6月14日接待周恩来来访,长谈国际形势。10月29日,中苏文化协会文艺座

1940 年　民国二十九年　庚辰

談会举行第五次会议,被推任会议主席,请孙科讲演国际形势。11 月 3 日,闻杜重远在新疆被捕,与沈钧儒等多人联名致电盛世才,请予释放。6 日,与沈钧儒、章伯钧、张申府、邹韬奋等商时局。因印度国大党领袖尼赫鲁被政府拘押,特公电印政府,希早日恢复尼赫鲁之自由。10 日,邀同马寅初至山东戏曲学院职业青年讲座演讲战时经济问题,任讲座主席。马在讲演中,痛骂发国难财和存款于外国银行者。12 月 9 日,因昨闻马寅初因讲演触当局之忌,被软禁,并将送往前方,即函张治中请予从中斡旋。23 日,到良庄沈钧儒家,与美新闻记者斯特朗女士谈话。斯特朗自莫斯科来,即将返回美国。24 日,重庆报纸公布了第二届国民参政会参政员名单,总名额由上届 200 人增加至 240 人,黄炎培仍续膺选,但统一建国同志会的沈钧儒、章伯钧等均被排除在外。民主人士对国民党深感失望。同日,黄炎培、梁漱溟、左舜生在张君劢家聚会。梁漱溟语:"彼此感慨同深,遂发同盟之论。四人自晨至暮,议论整日,多所决定。"下旬,黄炎培与梁漱溟、左舜生、张君劢等在重庆多次秘密集会,讨论时局,商谈组织民主政团同盟问题,并对张、梁等言:我辈调解国共关系,必须有第三者明确的立场和主张。梁漱溟又受委托找章伯钧和张澜,邀请加入,共同发起。约定来年 2 月再聚重庆参加参政会时,改组统一建国同志会,命名为"中国民主政团同盟",并商定主张纲领、组织章程并推定负责人选。(以上参见许汉三编《黄炎培年谱》,文史资料出版社 1985 年年版)

沈钧儒 1 月 11 日参加宪政促进会筹备会常务委员会。晚,参加统一建国同志会在普海春的聚餐会。30 日,与邹韬奋在国民参政会四次大会上提案要求组织"华北视察团",国民党政府违反提案本意,组织了由李元鼎、邓飞黄为正、副团长的反共视察团,自重庆出发。2 月 29 日晚,参加统一建国同志会的聚餐会。3 月 21 日,主持宪政座谈会的招待会,招待宪政期成会会员,交换对宪政问题的意见。发言强调实施宪政,主张除汉奸外,全国人民应有政治自由。24 日,参加蔡元培追悼会,送有挽幛。第一季度,由于当时形势及工作的需要,为便于与各地各界各团体中原救国会负责人保持经常联系,由沈钧儒主持在重庆组织张申府、邹韬奋、章乃器、柳湜、王炳南、李赓、曹孟君、沙千里、刘清扬、于毅夫、郑代巩、史良、胡子婴、沈兹九、钱俊瑞、陶行知、沈钧儒等 17 人"座谈会",定期研讨时局及问题。由张申府、章乃器、王炳南、沈钧儒等负责日常事务及同各方面联系。沈钧儒并作了活动计划。4 月 1—10 日,出席国民参政会第一届第五次会议。在会上声讨汪精卫成立南京伪组织。此时,国民党政府正掀起反共高潮,由政治防共到军事磨擦,沈钧儒痛斥某些人姑息养奸。在会上并提出《关于请政府严格取缔投机垄断并抛售屯积米谷平抑物价以救民困而固后方》的提案和争取与国应以联美、苏为中心的提案。13 日午,参加部分参政员在乡建学会的便餐,商定以重庆南岸弹子石操坝子巷 36 号(玉皇观)周士观住所为统一建国同志会的通讯处。

沈钧儒 4 月为《宪讯》半月刊出版登记问题奔走活动,结果未获登记。同月,得悉国民党中统局行将逮捕李赓,即刻告知。经中共南方局青委证实,决定李赓离渝去桂。沈钧儒资以路费,并安排李赓抵桂后参加胡愈之负责的救国会同人的活动。5 月初旬,国民党参谋总长兼军政部部长何应钦在国防最高会议上报告说,据"情报"沈钧儒与邹韬奋、沙千里将于"七·七"在重庆领导暴动。如不成,将于"双十"再暴动。沈钧儒等闻讯后,深感气愤,但认为是无稽之谈,泰然处之。但后又听说国民党各军政机关及下级党部均已接到"严密防范"此事的密令。始感此乃有组织的政治陷害,乃与邹、沙同访何应钦,严词质问,并提出抗议。6 月 23 日,参加周士观召集的部分参政员会餐聚谈,商谈国际大局问题、国共合作问题和宪政问题。29 日,与秦邦宪、左舜生、章伯钧、黄炎培 5 人联名致书蒋介石:对外交问题、国共关系、宪政问题提出意见。晚,在神仙洞 124 号李济深寓所晚餐,并邀周恩来、邹韬奋、冯玉祥、白崇禧、黄季宽等共商国是。10 月 4 日,赴一心聚餐会,参加者有周恩来、秦邦宪、邹韬奋、黄炎培、章伯钧、左舜生等。19 日,为纪念鲁迅逝世 4 周年,日间参加在巴蜀小学广场上举行的群众性纪念大会,为主席团成员之一。晚间,参加重庆文艺界在一心饭店的纪念聚餐。周恩来即席演讲,沈钧儒在发言中,回忆了与鲁迅近 30 年的交游,说:鲁迅为人温和可亲,这种态度出自伟大的爱,所以他爱友人、爱人群、爱一切进步的人类。又说:他自己一生中积极参加政治活动,很多人规劝他说参加政治工作既劳苦复又危险,但鲁迅则对他多方加以鼓励及给予各种指导,这是他所永不能忘记的。31 日,与周恩来、秦邦宪、邹韬奋、章伯钧、黄炎培、左舜生、张申府在章伯钧寓所谈国内形势。

　　沈钧儒 11 月 3 日闻杜重远 10 月 30 日在新疆受嫌被盛世才软禁,访黄炎培,与黄炎培等多人联名致电盛世才,请予释放,并与黄炎培漫谈时局问题、人生问题。15 日晚,参加一心聚餐会。会间,与邹韬奋、周士观、张申府、章伯钧、梁漱溟、黄炎培等见到朱德、彭德怀、叶挺、项英于 9 日致何应钦、白崇禧的"佳电"。该电对 10 月 19 日何、白的"皓电"据理进行了驳斥。又见到了朱德、彭德怀为陈明苏北冲突事实致蒋介石的"马电"。27 日,在寓所与邹韬奋、张君劢、李璜、左舜生、张申府、黄炎培会谈敌方和平攻势问题、国共问题及改革政治问题。12 月 23 日,在寓所与美国新闻记者安娜·路易斯·斯特朗女士谈话。参加谈话者有周恩来、陶行知、邹韬奋、梁漱溟、章伯钧、黄炎培、张君劢、左舜生。25 日,黄炎培、张君劢、梁漱溟、左舜生在前一日商谈组织民主政团同盟问题,并提出调解国共关系,必须有第三者明确的立场和主张。沈钧儒因与周恩来、邹韬奋、张申府、梁漱溟、张君劢、左舜生、黄炎培应邀同往章伯钧家会谈。当时,各方面民主力量多方联络,拟在统一建国同志会的基础上,进一步筹建中国民主政团同盟。是年,与桂林方面胡愈之等常有联系,主要谈:宪政运动;参政会中如何进行合法斗争,争取言论、出版等自由;《国民公论》出版情况;文化供应社有关问题以及营救被捕进步人士等事。(以上参见沈谱、沈人骅编《沈钧儒年谱》,中国文史出版社 1992 年版)

　　邹韬奋继续经营生活书店。1 月,毛泽东同志发表《新民主主义论》。邹韬奋在八路军办事处得到样本,"如获至宝",高兴得不能自持,曾向范长江等朋友滔滔不绝讲述该书的内容。同月,《宪政运动参考材料》第二辑由生活书店印行。2 月 5 日,生活书店衡阳分店被封。3 月 23 日,当选为生活书店第六届理事会理事。31 日,发表《敬告海内外读者及朋友们书》,驳斥所谓生活书店"领取共产党津贴""出售禁书""成立秘密组织"的谣言,并且严正指出:"是非不明,正义何在,一个文化事业机关被摧残的事小,影响于国家民族的前途事大。"4 月 1—10 日,国民参政会第五次大会在重庆举行,韬奋在会上提出《严禁违法逮捕,迅速实行提审法,以保障人民身体自由案》。5 日,生活书店立煌(金寨)分店被封。17 日,为生活书店内部油印刊物《店务通讯》写《生活史话》的最后一篇《惊风骇浪中迈进》。5 月 29 日,被选为生活书店六届理事会常务理事。6 月 5 日,当选为生活书店人事委员会主席。同月,生活书店已有 40 个分支店被封,40 多人被捕,许多书被列为"禁书"。邹韬奋愤然对中宣部负责人提出抗议,并设法营救被捕同事。

　　邹韬奋 6 月底以国民参政员的名义写信给蒋介石,"用铁一般的事实,粉碎了党老爷的诬陷阴谋",要求解决分支店复业的问题。7 月初,《新华日报》记者陆治从华北敌后抗日根据地采访归来,向邹韬奋介绍华北战地见闻。邹韬奋鼓励他在《新华日报》上作有系统的报道。中旬,国民党中央党部派了一个"大员"以非正式代表的身份到生活书店总管理处,与邹韬奋会谈一个多小时。7月前后,《全民抗战》上的文章经常被国民党审查委员会抽去,社论有时改写至三次,韬奋经常"为着文章无故被'应予免登'的事情,亲自跑到审查会里去办交涉",与审查老爷进行当面辩论。11月,所著《事业管理与职业修养》由生活书店出版。12月28日,在《全民抗战》第152号社论《欢迎胜利的一九四一年》中提出6项主张:一、加强团结,坚持抗战;二、实现民主政治,保障言论、出版、集会、结社的自由;三、加强亲苏联美的外交政策;四、实施战时的财政经济政策,平抑物价,安定民生;五、实施抗战建国教育,保障学术讲习的自由;六、保障妇女在政治、经济、社会、教育、职业各方面的平等。同月,根据周恩来同志指示,生活、读书、新知三家书店成立"联合出版部",并联合派柳湜、李文等人去延安和太行区等地创办华北书店;杜重远在新疆被国民党政府逮捕,生活书店为此提出严重抗议。(以上参见复旦大学新闻系研究室编《邹韬奋年谱》,复旦大学出版社1982年版)

张申府是春参与沈钧儒主持在重庆组织的17人"座谈会",定期研讨时局及问题。由张申府、章乃器、王炳南、沈钧儒等负责日常事务及同各方面联系。10月31日,张申府与沈钧儒、邹韬奋、章伯钧、黄炎培、左舜生等在章伯钧寓所谈国内形势,周恩来、秦邦宪也出席。11月5日,周恩来、沈钧儒、邹韬奋、章伯钧、黄炎培等赴张申府寓所,与谈时局。因印度国大党领袖尼赫鲁被政府拘押,特联名公电印政府:"吾人深表同情于主持人类正义的尼赫鲁,希望早得恢复自由。"17日,沈钧儒、张君劢、梁漱溟、周士观、邹韬奋、左舜生、章伯钧、黄炎培等赴张申府寓所,与中共方面周恩来、叶剑英交谈最近国共磨擦情况。周恩来叙述了为顾全大局江南新四军正在移动中的情况,并陈述了局部划界解决的主张。12月,参政会改选。张申府与章伯钧、杜重远、章乃器等人一同被取消参政员资格。(参见郭一曲《现代中国新文化的探索——张申府思想研究》及附录一《张申府年谱简编》,广东人民出版社2002年版;雷颐编《中国近代思想家文库·张申府卷》及附录《张申府年谱简编》,中国人民大学出版社2015年版;沈谱、沈人骅编《沈钧儒年谱》,中国文史出版社1992年版)

陶行知1月3日出席沈钧儒、郭沫若、邹韬奋、李公朴、史良等举办的茶话会,以作结婚庆贺。美国记者安娜·路易斯·斯特朗亦到会祝贺。25日,《游击区教育》一文刊于《战时教育》第5卷第6期。文中论述游击区教育的目的在于用"教育"手段,增加游击的力量,粉碎敌人"以华制华"之阴谋。"教育"的手段要跟着"游击"而千变万化,决不可把正常的教育方式,刻板地搬到游击区去。同月,将结婚收到的贺礼捐助给香港的反汪工友。2月10日,在保育院院长会议上演讲《战时儿童保育问题》。3月15日,出席生活教育社13周年纪念会,报告社务并指明生活教育运动的方向。25日,《生活教育运动十三周年纪念告同志书》刊于《战时教育》第5卷第10期。文中指出:"生活决定教育。教育要通过自觉的生活才能踏进更高的境界,通过自觉的集体生活的教育更能发挥伟大的力量,以从事于集体之创造。"4月上旬,参加国民参政会第一届第五次会议。提出政府应规定教育为人民之义务和权利。6月23日,陶行知访问冯玉祥妻子李德全,见其力行冯玉祥提倡的"寸土运动",深受启发,随即在育才学校推广。同月,育才学校学生已增至168人,其中男女生各为84人,内有自费生32人中,并有3名朝鲜儿童。7月,地方恶势力借开古圣寺中心小学之名闹起了育才校舍的"校产"纠纷。自后直到1942年春季,一直为消弭这场"人祸"而奔走疏通,并聘请史良列名育才学校的法律顾问。

陶行知 8 月 1 日在《战时教育》第 6 卷第 1 期发表《育才学校创办旨趣》一文。文中着重阐明创办育才学校的主要意思"在于培养人才之幼苗,使得有特殊才能的幼苗不致枯萎,而且能够发展,明确提出育才学校一不是培养小专家,二不是培养人上人,三不是丢掉普及教育而来干这特殊的教育"。育才学校的创立,只是生活教育运动中的一件新发展的工作,它是丰富了普及教育原定的计划,决不是专为这特殊教育而产生特殊教育,也不是丢掉普及教育而来做特殊教育。9 月 17 日,大韩民国临时政府的直辖武装队伍"韩国光复军总司令部"在中国重庆正式成立,与周恩来、孙科等参加典礼仪式。10 月 11 日,将 9 月 25—26 日周恩来、邓颖超夫妇参观育才学校并为学生健康捐款一事函告马侣贤。11 月 4 日,请德国医生到育才学校为学生检查身体。12 月 23 日,以"文化团体和努力国事信望久著之人员"连任国民参政会第二届参政员。26 日,在重庆主持育才学校音乐组演出的音乐晚会,致辞并报告倡办育才学校之动机。周恩来、邓颖超、冯玉祥、张治中、何应钦、叶剑英等及文化界人士应邀出席。(以上参见余子侠编《中国近代思想家文库・陶行知卷》附录《陶行知年谱简编》,中国人民大学出版社 2015 年版;中央教育科学研究所编《中国现代教育大事记 1919—1949》,教育科学出版社 1988 年版)

李公朴 2 月 1 日在阜平为抗战建国教学团制定在晋察冀边区工作阶段的组织章程、生活公约、工作规约、学习规约、团员学习计划、采访及材料搜集工作计划大纲、墙报工作计划纲要等规则。7 日,撰写《一年回忆录》,总结从晋西南到晋东北工作情况。4 月 5 日,在曲阳撰写成《晋察冀的救灾斗争》一文。5 月 4 日,率抗战建国教学团离开晋察冀根据地。20 日,抵达晋东南太北地区八路军总部,受到彭德怀、左权的热烈欢迎。23 日,受到第十八集团军直属队全体文教人员的集会欢迎,并应邀作陕甘宁边区及晋察冀边区考察和见闻报告。6 月 3 日,出席晋冀鲁豫边区宪政促进会,并讲话。7 月 9 日,参加太北地区军政民万人聚会,纪念抗战建国 3 周年,被推任大会主席团。8 月 18 日,访问冀南太岳太行行政联合办事处主任杨秀峰,畅谈统战工作。28 日,第十八集团军总司令部参谋处赠送《百团大战战役部署略图》和信件。夏,在太行山根据地,画家彦涵赠送一套《保卫家乡门神》新年画。9 月,致电朱德、彭德怀,祝贺"百团大战"初获胜利。同月,所撰《华北敌后——晋察冀》一书,由山西太行文化出版社出版。11 月,离开晋察冀边区,回到重庆。其间,曾拜访李宗仁,李宗仁并为题字。12 月 15 日,与黄洛峰设宴款待陶行知,商谈读书出版社出版等事。是年,在抗战建国教学团内部刊物《学习生活》上发表《我与读书生活》和《新青年修养问题的研究》两篇文章。(参见周天度、孙彩霞《李公朴传》及附录《李公朴生平活动简表》,群言出版社 2002 年版)

梁漱溟与同人、学生住在璧山来风驿,发起创办勉仁中学。1 月,梁漱溟撰《创办私立勉仁中学缘起》及《办学意见述略》。文中讲:"愚自华北巡历战地归来,顾念大局艰难,无可尽力,将退而聚徒讲学。适在川从游诸子以兴学为请,时则中等教育之有待改善不异畴昔,而教育当局今实示其改善之机(如新颁导师制)。吾与诸友凤尝着力于是……本其经验,并力以图,稍抒其疾痛难已之怀耶!"梁漱溟为董事长,并推定陈亚三、黄艮庸两位先生偕同王平叔、云颂天先生发起筹备。梁漱溟向无私财,当时只有参政员俸,除留少许生活费外,皆移作筹备办学开支。3 月底,作《抗战与乡村——我个人抗战中的主张和努力的经过》一文,刊于《师友通讯》。4 月 1—10 日,参政会召开第一届第五次大会。开会期间,梁漱溟等 6 人在第一次会议上提出询问:"关于战区自相冲突事件之处置办法。"3 日,梁漱溟在第三次会议上询问"关于第一次大会充实农会组织及召开战时农村问题会议两案之办理情形"。4日,在第四次会议上询问"关于户籍行政之准备工作""关于'建教合作'之进行情形"。并与张申府等5人询问河北赈灾情形。5日,梁漱溟等在第五次会议上提请"厘定党派关系求得进一步团结以利抗战"。6月初,作《青年修养问题》,刊于《读书通讯》第4期。12月24日,与张君劢、黄炎培、左舜生共4人商定将"统一建国同志会"改组为"中国民主政团同盟"。盖认为第三方面任务重大,非加强组织不可。（参见李渊庭、阎秉华编著《梁漱溟年谱》,商务印书馆2018年版）

张君劢1月与其他参议员,就香港《南华早报》所载中国太平洋学会代表有关东北问题的声明,向国民党政府外交部和国民参政会秘书处提出质询,并转请议长向钱端升、周鲠生二人询问。2月2—3日,与李璜连续两日致书王世杰,深以国民党压迫青年党和国家社会党为遗憾。10日,在《再生旬刊》第39期发表《抗战以来之外交》一文。3月1日,熊式辉致函张君劢等,详告办学设想及省议会要求将中正大学改为国立的动议。下午3时,参加参政会驻会委员会议,何应钦报告军事问题。10日,在《再生旬刊》第43期发表《论多党一党问题——兼述梁君大鹏之言》和《苏芬休战后中苏携手问题》两文。15日,在《大公报》发表文章,主张中苏两国之密切合作,以谋两国之互利。同日,参加参政会驻会委员会会议。与黄炎培、左舜生、李中襄谈话,为国共问题对大局极为顾虑。18日,国家社会党在重庆发表《国家社会党宣言》,斥责汪伪政府假借国家社会党名义发表附逆谬论,称这种行为属于"盗窃名义之举"。19日夜,赴参政会秘书处,与黄炎培、王世杰等商定明日宪政期成会议程。20日上午9时,宪政期成会第三届会议,到者张君劢、周炳琳、张澜、杭立武、史良、陶孟和、李中襄、章士钊、左舜生、李璜、董必武、许孝炎、罗隆基、罗文干、梁上栋、胡兆祥、章伯钧、马亮、王家桢、李永新、黄炎培共21人,黄炎培为主席。

张君劢3月22日上午主持宪政期成会第三天会议,讨论宪法至第三章,未完。下午3时,宪政期成会继续开会,讨论至国民大会章,未完。25日上午9时,宪政期成会第六天,周枚荪、张君劢主席。26日上午9时,宪政期成会第七天,张君劢为主席,继续讨论宪法。28日,黄炎培到张君劢家,张君劢与黄炎培、罗隆基、张澜、左舜生、李璜、钱端升等应蒋介石之邀,入谒蒋介石,座谈宪政、川政问题。午后宪政期成会第八天会议。29日上午9时,宪政期成会第九天会议,至中午宪法讨论完了。下午3时,参政会驻会委员会议,张君劢、周枚荪、黄炎培报告宪政期成会讨论宪法经过。30日上午9时,宪政期成会第十天会议,宪法草案完全通过,共138条。关于宪政促成,建议两点,均当场通过。黄炎培担任草报告,张君劢草说明书。此会共25人,除周览在海外外,张君劢、周炳琳、张澜、杭立武、史良、陶孟和、李中襄、章士钊、左舜生、李璜、董必武、许孝炎、罗隆基、罗文干、梁上栋、胡兆祥、章伯钧、马亮、王家桢、李永新、黄炎培皆到会。

张君劢4月1日上午出席在重庆国民政府军事委员会礼堂开幕的第一届国民参政会第五次会议。参政员145人出席会议,为历次大会之冠。5日下午,第一届国民参政会第五次会议举行第五次会议,宣读了蒋介石以议长身份交议的《本会宪政期成会草拟中华民国宪法草案修正案和建议案》。会上逐条宣读"期成宪草"后,张君劢以宪政期成会召集人身份,在会上做了40分钟口头说明。6日下午3时,第一届参政会第五次会议举行第六次会议。会议继续讨论"期成宪草"。9日下午,第一届参政会第五次会议举行第八次会议,再次被选为休会期间驻会委员会委员。10日下午3时,第一届参政会第五次会议举行休会式。

14日下午,国民参政会特种委员会第二次会议召开,出席会议者:张君劢、张伯苓、黄炎培、傅斯年、褚辅成、林虎、左舜生、李中襄、许孝炎、秦邦宪、毛泽东(未到)。5月11日,国民政府教育部成立的学术审议委员会举行第一次会议,聘任吴稚晖、朱家骅、张君劢、陈大齐、陈布雷、马寅初、蒋梦麟、吴有训等25人为委员。11月15日夜,参加一心聚餐会,到者还有张申府、章伯钧、邹韬奋、左舜生、梁漱溟、陈启天、黄炎培等,见朱德、彭德怀、叶挺、项英、致何、白佳电。17日,周恩来和叶剑英到张申府寓所同张君劢、梁漱溟、左舜生、沈钧儒、邹韬奋、张申府、章伯钧、黄炎培等交谈最近国民党制造摩擦的情况。周恩来叙述了为顾全大局,新四军正在移动中的情况,并陈述了局部划界解决的主张。27日午后3时,在枣子岚垭83号与沈钧儒、黄炎培、邹韬奋、李璜、左舜生、张申府等人再次“谈和平建国问题、国共问题、改革政治问题”。29日,蒋介石宴请张君劢、张伯苓、黄炎培等,听郭斌佳(常熟)、张忠绂、王芃生报告国际形势。餐毕,偕张伯苓、黄炎培、李璜、左舜生别座深谈:一、共产党问题;二、经济问题;三、川康建设问题;四、参政会问题。

　　张君劢12月4日夜出席职教社招餐,到者还有许静仁、吴达诠、杜月笙、屈文方、黄伯度、梁仲华、李璜、胡仲纾、南映庚、康心之、张骧先、李维绅、潘序伦、雷宾南、蔡仁抱等。23日,周恩来与张君劢、梁漱溟、左舜生、陶行知、章伯钧、黄炎培、邹韬奋等在重庆良庄沈钧儒寓所会见美国著名作家安娜·路易斯·斯特朗。同日,国民政府公布第二届国民参政会参政员名单。根据《国民参政会组织条例》第三条丁项之规定,张君劢当选为第二届国民参政会委员。参政会改议长制为主席团制,张君劢当选为第二届国民参政会主席团成员(主席团成员为:蒋中正、张伯苓、左舜生、张君劢、吴贻芳)。24日,黄炎培访张君劢于新村4号,论述民族文化学院现状:研究生10余人:(经)彭举,(史)陈庆麟(中国法制史),罗钧任,(佛学)龚云白,(西洋史)周谦冲(西洋古代史)(藏文)(梵文)。下午3时,黄炎培、梁漱溟、左舜生在重庆新村4号张君劢家聚会,深感“同志会”组织松散,人数太少,不能达到预期的目的,商议将各自领导的党派组织结合起来,成立“中国民主政团同盟”。25日上午8时,黄炎培、左舜生、梁漱溟在张君劢家继续商谈组织民盟问题。之后,周恩来、张君劢、左舜生、梁漱溟、沈钧儒、邹韬奋、张申府在章伯钧家会商时局及解决危机的办法。27日9时,黄炎培、冷御秋、江恒源到张君劢家,与张君劢、梁漱溟共商组织同盟问题。是年,张君劢当选为中国太平洋国际学会执行委员会委员。其他委员是蒋梦麟、陈光甫、张伯苓、刘驭万、刘大钧、吴贻芳、陶孟和、梅贻琦、刘鸿生、钱永铭、周鲠生、陈达、钱端升、甘介侯。又应四川大学校长程天放先生之邀,由大理去新漕新生院演讲。12月31日,在重庆《再生》第51期发表《胡适思想界路线评论》一文,将胡适作为西化派代表进行批判。

　　按:作者在《引论》中提出:“中国今日所处者,环球交通时代也,科学时代也,民族争存时代也,反而言之,非一国闭关时代,非埋头古书时代,非一国独自为主时代。处此环境之中,吾人治学方法,不能不顾到世界各国之学术。吾人之政治方案,不能不顾到现代各国之政情。然吾人非以人为尽是,已为独非,甘心崇拜外人,而自处于为奴为隶。凡以求中西之通,以达到吾国学术自主之地位而已。”然后依次讨论了以下问题:(一)胡氏心目中欧洲文艺复兴以来之三步骤与其真相;(二)数百年来欧洲宗教、学术、政治方面学说之变迁;(三)胡适思想之要点及其对于中国文化之评价。作者最后的“结论”是:“要而言之,建立一国之文化,不能缺少三种态度:(一)宇宙各种现象囊括无遗,(二)各异之学说应公平论断,(三)不忘本国历史与其所遗留之制度之真意义。有科学,同时不能无道德无宗教,不可因科学而排道德与宗教,亦不可因道德、宗教而排科学。更进而言之,主革新者,不可抹杀传统,同时亦不可因传统而阻碍进步。其在分科学术上言之,诚不能如此面面俱到。然在建立文化大业之观点上言之,其何能标新立异以鸣高而不为统筹全局计乎？此则今后学术自主自立之大方针也。"（以上参见李贵忠《张君劢年谱长编》，中国社会科学出版社 2016 年版；翁贺凯编《中国近代思想家文库·张君劢卷》及附录《张君劢年谱简编》，中国人民大学出版社 2014 年版）

晏阳初 1 月 11 日在中国乡村建设学院璧山实验区会议上讲话，主要谈实习区的意义。该讲话发表在《平讯》第 4 卷第 1 期。12 日晨，与章元善一起去拜访黄炎培，商中国乡村建设学会筹款，该会成立于 1933 年，与梁漱溟、梁仲华、陈筑山、江恒源、章元善、瞿菊农、杨开道、章鲁泉、孙廉泉、章鸿钧、皮达五、孙恩三及黄炎培等为主要成员。与章元善、李幼椿、黄炎培深谈个人修养问题。是夜，黄炎培为《星槟日报》和《大公报》征文，即阐述晏阳初之观点。黄炎培在《日记》中写道："经验须进以体验，Boldness 粗勇，须进以 Courage 智勇。""经验从精心体察而来，这经验才有价值，勇敢易失之粗疏，须进以智深勇沉效用才大。与晏阳初谈及此。"19 日，被黄炎培问讯。2 月，与四川省主席张群（乡建学院董事长）议定成立以璧山县为中心包括巴县、江北、合川、江津、永川、綦江、铜梁、荣昌、大足 10 县及北碚管理局在内的"华西实验区"，作为乡建学院学生实习之用。在校舍未完成之前，"平教总会"迁北碚作临时会所。3 月 1 日，国民政府规定，四川全省各县实行新县制，第一年内应依照新县制完成下列工作：充实县政府；裁撤区署；改组乡镇公所；完成乡镇中心小学及乡镇壮丁队；依照省颁办法，甄训保长。到年底，各县行政机构调整完成。

晏阳初 4 月报送《中华平民教育会史略》及今后工作计划等致中央社会部呈。同月，根据陈筑山建议，四川省生产计划委员会正式成立。5 月 1 日，开始训练工作，全川地方行政人员分期分别到省训练团地方干部训练班或各行政督察专员公署举办的训练班受训，借以了解新县制精神。秋，用募捐款在巴县歇马场大磨滩征购土地 500 亩作为校址，将"平教总会"由四川成都迁往重庆北碚的歇马场。在国民政府的支持下，晏阳初为乡村建设育才院选择校址，选在重庆北碚歇马场大磨滩龙凤溪畔。但在申请立案时，国民政府教育部认为"乡村建设学院"的院系设置不符合《大学法》规定，于法无据，所以不能命名为"学院"。后几经周折，得教育部部长陈立夫与高等教育司司长吴俊升特批，把校名改为"私立乡村建设育才院"，学制二年，第一届先办乡村教育与农业经济两个专修科，同时设研究生班。10 月 28 日，经教育部正式备案的"私立中国乡村建设育才院"开学，任学院董事会秘书、院长。同日，晏阳初在乡村建设育才院 1940 年度始业式典礼会上讲话，其讲话词刊于《平讯》第 4 卷第 8 期。首先，指出创立育才院是平教会同仁 20 年来之夙愿。其次，指出创立育才院的意义是开发"力矿"、培养"民力"，为国家社会培养大批乡建人才，为争取抗战最后胜利、建设新中国培养主力军。最后，提出育才院的目标是："（一）劳动者的体力；（二）专门家的知能；（三）教育家的态度；（四）科学家的头脑；（五）创造者的气魄；（六）宗教家的精神。"

晏阳初 10 月 15 日在平教会 1940 年第二次纪念周会上讲"关于奖学金的意义"，后以"在第二次纪念周上的讲话"为题刊于中国乡村建设育才院的《院讯》第 3 卷第 1—4 期合刊。12 月 23 日，国民政府公布第二届国民参政会参政员名单，与冷遹、江恒源、褚辅成、王忱心、胡子昂、周士观、陈嘉庚、陶行知、李中襄、王造时、张澜、张君劢、黄炎培、史良、邹韬奋、张东荪、沈钧儒、吴贻芳、罗隆基、许德珩、余家菊、陈启天、刘王立明、左舜生、李璜、曾琦、罗文幹、谭平山、张奚若、梁漱溟、王卓然、李世章、谢冰心等同列其中。同月，合川县三乡绅拥有了 5 万亩土地，自愿将 100 平方里的土地赠予"平教总会"。当即请学院董事会董事中企业家和中国茶叶公司采取迅速步骤，开发这一地区。年底，经孙科介绍，搬家到重庆北碚歇马场白鹤林的"冯家大洋房"居住,与历史学家侯外庐为邻居。是年,与梁漱溟在重庆联络黄炎培、章元善等呈文国民党中央社会部,要求重建因抗日战争终止活动的中国乡村建设学会,筹设固定会址于重庆。学会成立后,继续在重庆歇马村办平民教育;梁漱溟则与黄炎培等以乡建派和职教派团体名义,参加组建民主政团同盟工作;又在育才院《院讯》第3卷第1—4期合刊上发表《本院六大教育目标》,提出学院培养人才的六大目标:第一,劳动者的体力;第二,专门家的知能;第三,教育者的态度;第四,科学家的头脑;第五,创造者的气魄;第六,宗教家的精神。(以上参见杜学元、郭明蓉、彭雪明《晏阳初年谱长编》,上海交通大学出版社2017年版;宋恩荣编《中国近代思想家文库·晏阳初卷》附《晏阳初年谱简编》,中国人民大学出版社2015年版)

　　章士钊1月15日、22日先后致函陈独秀问候。31日,陈独秀致信友人杨鹏升,说:"鹏升先生左右:由行严兄转来十五日、廿二日两次惠书均读悉。……公为行严所刻印章样本已为转去。行严兄已移居中三路聚兴新村5号。"2月26日,陈独秀致信杨鹏升,告诉他收到章士钊由重庆转来的汇款的感动心情。信中说:"顷接行严兄由渝转来十六日手书并汇票三百元一纸,不胜惶恐之至!此次弟留渝只二星期,所费有限,自备差足,先生此时想亦不甚宽裕,赐我之数,耗去先生一月薪金,是愈不可,寄回恐拂盛意,受之实惭惑无既,辱在知己,并谢字亦不敢出口也。"4月1日,章士钊出席在重庆国民政府军事委员会礼堂召开的国民参政会第一届第五次会议。7日,陈独秀致杨鹏升说:"鹏升老兄左右:前由行严转来赐款,即复呈一函,谅已收览。顷又得三月二十日手教,并信……"12月13日,陈独秀致杨鹏升说:"请行严写墓表事,已专函告之,并请其直接函复吾兄,纸及稿可即寄去,似不必候其回信,因此人疏懒异常,即肯写亦未必有回信,且稿必抄副寄去,恐不写且将稿遗失也。"23日,国民政府公布章士钊为第二届国民参政会参政员。同日,陈独秀致函杨鹏升说:"前示嘱函行严兄为尊翁书墓表,比即专函告之,不审其已有书抵兄否也?"28日,陈独秀致杨鹏升的信中又说:"前函谅达,不知纸及稿已寄行严否?昨日友人自渝来云行严面告他纸到必写。纸及稿倘尚未寄,盼即寄去,惟稿必钞付,恐其失去或有第二次甚至第三次向兄索稿之事,因此人疏懒生活无秩序,自幼即如此,老来更习名士派,不可治矣。至于写,弟可担保其终必践约也。"冬,章士钊从中共参政员董必武处听到国民党特务在四川綦江"干训团"对思想进步的师生进行血腥镇压的消息时,甚为不平。(参见袁景华《章士钊先生年谱》,吉林人民出版社2001年版;郭双林编《中国近代思想家文库·章士钊卷》及附录《章士钊年谱简编》,中国人民大学出版社2015年版)

　　李元鼎、邓飞黄、梁实秋、卢前、于明洲、余家菊6人组成的"国民参政会华北慰劳视察团"1月由重庆出发,以李元鼎为团长,邓飞黄为副团长。"慰劳视察团"经成都、西安、郑州、宜昌等地,访问了7个集团军司令部。原计划抵达西安后访问延安。为了接洽去延安事宜,视察团拜访了八路军西安办事处,请"八办"为他们转报延安,洽商行期。他们在旅寓等了几天,就接到重庆转来毛泽东致参政会电,电文云:"国民参政会华北慰劳视察团前来访问延安,甚表欢迎,惟该团有青年党之余家菊及拥汪主和在参政会与共产党参政员发生激烈冲突之梁实秋,本处不表欢迎。如果必欲前来,当飨以本地特产之高粱酒与小米饭。"重庆参政会接获此电,只有通知视察团取消延安之行。梁实秋对未能去延安颇感可惜,而对于电文中说他"拥汪主和"尤觉悻悻。此事使梁实秋甚为尴尬,一时成为议论中心。拟往延安未果后,梁实秋、余家菊于是由潼关、洛阳过襄阳、宜昌,返归重庆。年底,教育部中小学教科用书编辑委员会并入国立编译馆,梁实秋仍负责教科书组(抗战胜利前夕辞去主任职务），并兼管社会组和翻译委员会，事务逐渐繁重起来。11月，梁实秋始以"子佳"笔名在《星期评论》及《世纪评论》撰写"雅舍小品"专栏散文。后结集为《雅舍小品》出版，使梁实秋饮誉文坛，并奠定了他作为散文大师的地位。（参见余子侠、郑刚编《中国近代思想家文库·余家菊卷》及附录《余家菊年谱简编》，中国人民大学出版社2013年版；鲁西奇《梁实秋传》，中央民族大学出版社1996年版；徐世强《梁实秋访问延安被拒绝的背后》，《档案记忆》2017年第2期）

常乃惠因上年5月4日日机轰炸重庆，焚毁了《国论》周刊社，至是年元旦该刊重行在成都复刊，改为半月刊，于是发表文章宣传"新战国时代"之国家竞存观点，激励国人之抗战精神。开始著述《哲学的有机论》一书，在生物史观的基础上，从宇宙时空性质出发，尝试建设一种新的宇宙观。1月，撰《信与力》，继续倡导"国家主义观"，谓"什么力量能够推动中国青年走上这伟大的战场呢？不是传统的孔孟之道，不是英美式的自由主义，不是世界大同思想，不是马克思恩格斯，不是浪漫、颓废与幽默，不是拜金主义，不是某一个人物，不是某一种党派，而是一个'国家至上，民族至上'的信心"。2月，撰《重新估定一切价值》，指出："'重新估定一切价值'这句话是大思想家尼采（F. Nietzsche）在前一世纪中所喊出来的，这句话至今还有光彩，而且也将永远有光彩。""重新估定一切价值，是否认一切未经批判的权威，却不是不要一切权威，单纯消极地否认一切权威，而不思建筑一个新权威，结果便陷于极端怀疑的虚无主义的绝路。虚无主义是低能人类逃避现实的空想，青年而走入虚无主义，是青年的自杀，也是民族的自杀。重新估定一切价值是对于一切既存的事物观念加以正确的批判，批判的结果，应该推翻的，便毅然加以推翻；应该存在的，却也应该有勇气去承认它的存在。"同月，撰《人类怎样从神的权威中解放出来》。3月，撰《理知万能的时代》。

常乃惠4月撰《浪漫主义对理知所起的反动》，谓："理知主义只看到了人生的一面，浪漫主义也只看到了人生的另一面，他们都没有把握了整个的生命和环境对于生命的关联。主知者是学究，主情者是儿童，主意者才是铁一般的战士。在十九世纪下半期，生命的整个意义才渐渐为人们所了解，首先站在这一阵线的前头，高举主义的烽火的，就是铁一般的哲学家尼采。"5月，撰《有机主义新福音的降临》。6月，撰《动的宇宙观》，强调"由动的时空物质观产生了动的哲学，动的宇宙观，动的人生观，动的社会国家观。这就是我们现代人类的基本指导观念"。同月，撰《新宇宙观中的几个基本概念》，将其所论"新宇宙观中的几个基本概念"归结为：第一是用变动的观点来代替静止的观点。第二是用相对的观点来代替绝对的观点。第三是用关系的观点来代替本体的观点。第四是用综合的观点来代替分析的观点。第五是用结构的观点来代替实质的观点。第六是用全体的观点来代替部分的观点。第七是用有机的观点来代替机械的观点。第八是用体验的态度来代替观察研究的态度。7月，撰《古典哲学的错误》，提出发展到现阶段的现代思想的中心可以"有机论"一语概之，这有机论既不是唯物论，也不是唯心论，也不是二元论，也不是中立一元论，是超越过这一切不圆满的思想而发展的一种"圆教"。鉴此，作者提出先破唯物论，次破唯心论。同月，撰《有机论的形而上学》，阐述有机论的形而上学8个基本观点。第一，有机论者根本否认于现象之外别求所谓超绝实在的本体之说。第二，本体即是现象，又即是作用，现象是从静的剖面去看，作用是从动的过程去看，两者本是一样，但有机论者认为宇宙是纯动的，故作用比现象一词还更适当些。第三，现代有些哲学家如罗素之流，都已经受了有机论的影响，把"事"的观点代替了"体"的观点，但他们还未能尽脱离科学家分析方法的错误，他们总想把这纯事分析为最小而不可分的单位，即所谓事素，于是才有多元的中立原子之说。第四，用这个观点来看,则多元一元之争,可以无须。因为所谓多和一,都不过是人类理智上的一种分别,事的本来并无此分别。第五,有机论者认宇宙为纯动的。所谓动,不是物理学上的动,而是含有生物意义的一种生长。第六,有机论者最注重形式结构的问题,而不重视质料的问题。第七,有机论者又最注意"全体"的问题。第八,有机论者对于唯心论者和唯物论者所争论的客观的外在世界和主观的我孰先孰后的问题,也有特别的见解。(以上参见查晓英编《中国近代思想家文库·常乃惪卷》及附录《常乃惪年谱简编》,中国人民大学出版社2014年版)

陈独秀1月31日复函杨鹏升,告"一病十月,未能写作,颇为烦闷";关于医药费,"曾与编译馆约购一稿可以支取应用,不应以此累及友好(友好贫如我),素无知交者,更不愿无缘受赐"。并说明月初未赴渝的原因。2月9日,致函杨鹏升,告"已于六日由江津起身来渝,住宽仁医院二号病室。某日,施复亮和高语罕前来探望,给施写一单条,大意是赞成抗日民族统一战线,但自己病在医院,无能为力,望大家共同努力,争取抗战的最后胜利"。20日,离渝返江津,住黄荆街83号。因病稍轻,根治需静养,渝嚣烦,不可久居。3月2日,给"西流"(即濮德志)一信,并请转寄上海王文元等人,批判托派临委"把列宁一九一四年大战的理论与口号应用于中日战争,而忘记了被压迫民族的反帝特质。无论他唱如何左的高调,只能有助于日本",认为"一切理论与口号都有其时间性与空间性,是不能随便抄袭的",主张"反对希特勒,便不应同时打倒希特勒的敌人"。5日,蔡元培在香港逝世。24日,在重庆《中央日报》发表《蔡孑民先生逝世后感言》,称:"五四运动,是中国现代社会发展之必然的产物,无论是功是罪,都不应该专归到那几个人;可是蔡先生、适之和我,乃是当时在思想言论上负主要责任的人。"5月13日,国立编译馆馆长陈可忠为请陈独秀续编学生用的中国文字说明一书,报请教育部再预支给陈稿酬5000元。14日,教育部长陈立夫批示:"前稿已否交来? 照发。"最后决定此款拟在本年度高等教育救济费项下动支。

陈独秀寓所8月2日失窃。3日,陈独秀复函杨鹏升,告昨"窃去衣被等十余样。惟失去兄在武昌所刻阳文'独秀山民'四字章及弟尚未出版书之草稿,甚为可惜也!"9月,在病中花了20余日给西流写了一封长信,并请其抄寄王文元(守一)、赵济等,批驳王文元、郑超麟、陈其昌、濮德志来信及《破晓》杂志上关于大战与革命、独裁与民主问题上的观点,认为"资产阶级的民主和无产阶级的民主,其内容大致相同,只是实施的范围有广狭而已""史大林的一切罪恶,乃是无(产阶)级独裁制之逻辑的发展""是独裁制产生了史大林,而不是有了史大林才产生独裁制",进而攻击"苏俄的政制是德意的老师",莫斯科、柏林、罗马是"三个反动堡垒",号召全世界的一切斗争,"必须与推翻这三大反动堡垒连系起来";主张目前应保护英法美的资产阶级民主,说:"我认为以大众民主代替资产阶级民主是进步的;以德俄的独裁代替英法美的民主是退步的。"11月16日,在《东方杂志》上发表《中国古史表》。11月28日完成《小学识字教本》上篇,并作序,售予国立编译馆。据郅玉汝说,编译馆曾将该稿油印50册,分赠学术界人士。同月,移居江津城中——黄荆街83号,因"山中天寒,盗风又大炽"。是年,根据《史记》"王帝纪"重订"古史系统表",并将此表寄陈钟凡征求意见。钟凡回信商榷,认为此表并无考古学上的根据,难成定论。独秀"依然固执己见"。(以上参见唐宝林、林茂生《陈独秀年谱》,上海人民出版社1988年版)

戴季陶1月11日要求国防最高委员会命令国立中央研究院与编译馆,迅速组织审定人文科学名词委员会。10月19日,飞缅甸仰光转往印度访问,会见了尼赫鲁、泰戈尔、甘地等名流。"甘地"的名字是戴季陶翻译的,"甘地"的名原称摩诃塔摩,戴季陶把他介绍给国人时,取其名而译为"甘地",以显示他甘于从地狱中救世救人之宏愿,译得精当,译名沿用至今。12月14日,戴季陶结束访印活动,由加尔各答飞往缅甸仰光。12月23日,由仰光飞昆明。回国后,戴季陶积极倡议设立中印学会。

按:中印学会1942年8月正式成立,在重庆举行会员大会。(参见桑兵、朱凤林编《中国近代思想家文库·戴季陶卷》及附录《戴季陶年谱简编》,中国人民大学出版社2015年版)

吴稚晖2月发表《肯亡国就调整,要救国就抗战》,针对抗战意志不坚、对日存在侥幸心理的国人,发出号召抗战到底、救亡图存。3月,蔡元培在香港逝世,撰写《四十年前之故事》以纪念之,并挽之曰:"生平无缺德,社会一完人。"5月11日,教育部学术审议委员会举行第一次会议,聘任吴敬恒、朱家骅、张君劢、陈大齐、陈布雷、马寅初、蒋梦麟、吴有训等29人为委员,吴稚晖、朱家骅、陈大齐、王世杰、张道藩、邹树文、余井塘为常务委员。6月,日本飞机轰炸重庆市区,住所被炸毁。拒绝蒋介石邀住黄山(重庆对岸)之请,迁居江苏教育经费管理处楼下一小屋,名之曰"斗室",曾谓"生平不修边幅,一切自由自在,且住惯简陋房屋,甚为舒适,一旦搬进水门汀洋房,反而不自在,要生病"。同月,教育部扩充国语推行委员会。原定委员14人,后增加至25人,吴敬恒兼主任委员,吴敬恒、黎锦熙、魏建功、林语堂、潘公展、陈礼江5人兼常务委员,委员有汪怡、陈懋治、赵元任、董淮、胡适、萧家霖、顾颉刚、何艾龄、李蒸、廖世承、张一麐、陈鹤琴、谢循初、钱云际、卢前、傅斯年、许地山等。11月,吴稚晖撰写节约储蓄文,希望每人至少购买节约储蓄券10元,并身体力行,亲自购券1000元。(参见金以林、马思宇《中国近代思想家文库·吴稚晖卷》之《导言》及附录《吴稚晖年谱简编》,中国人民大学出版社2015年版)

谷正纲时任中央社会部部长。年初,鉴于提高社会行政效率的呼声渐高,社会部改组之事再次被提上议程。谷正纲向蒋介石提交《社会部关于改隶划分执掌上总裁之意见书》,指出:社会部改隶行政院后,"以党透政,避其名而居其实",使社会人士"但见本党为社会服务之殷,不觉本党在社会奠基之切,但见本党救济社会,不觉本党把握民众,盖以实惠结民众之心"。谷正纲恳请蒋介石早作决断。4月,蒋介石批示"中央社会部改隶行政院"。社会部改隶行政院后,中审会改隶行政院也提上日程。同月,国民党中常会在审议中审会呈请修改《检查书店发售违禁出版品办法》时,便有人提出"审查机关改隶行政系统"的提案。中央宣传部本此原则,修订《战时图书杂志原稿审查办法》和《中央图书杂志审查委员会组织大纲》。5月15日,国民党第五届中常会第147次会议正式确定将中审会改隶行政院,以"改变人民对于本党之观感,并加强审查工作之效能"。所谓"观感",即谷正纲口中所说的党务机关"以党透政,避其名而居其实"。"加强审查工作之效能"则是要解决审查工作没有行政机关辅助不易进行的弊病。此次会议通改隶三大原则:一是在领导权上,中审会应受中央宣传部指导,正副主任委员和主任秘书均由中央宣传部推荐提请常会通过;二是在组织上,中审会松散的"合议制"变为集权制的"主任委员制";三是在隶属上,中审会名为行政院下属的政府机构,实际上是受中央宣传部指导的党务机关。本次会议通过了《修正战时图书杂志原稿审查办法》。(参见徐坤《中央图书杂志审查委员会研究(1938—1945)》,华中师范大学博士学位论文,2017年)

王世杰继续任国民党中央宣传部部长。1月,当选教育部学术审议委员会委员(法科)。2月,国民党中央宣传部所属中国文化服务社开始编印"中国国民党丛书"。同月21—26日,国民党中央党部召开特种座谈会,讨论"禁止或减少共产党书籍邮运办法及取缔生活、新知、互助等书店办法"。会议除指定人员起草取缔办法外,还决定除正常取缔办法外,增加特种取缔办法,即使中央图书杂志审查委员会已审查通过的,仍可以以有碍军事为由予以检扣,秘密取缔。3月21日,国民党中央宣传部拟定《电影剧本审查登记办法》《戏剧剧本审查登记办法》及《战时剧本审查标准》。24日,王世杰在《中央日报》(重庆版)发表《追忆蔡元培先生》。6月13日,中央图书杂志审查委员会电令所属查禁毛泽东所著的《新民主主义论》。同月,中国文化服务社奉命检寄《总裁言论》等83种书刊,向美国介绍我国抗战以来的书刊。7月,国民党中央宣传部推出"青年基本知识丛书"。这部丛书由中国国民党中央宣传部青年基本知识丛书编审委员会主编,收录金公亮编著《中国哲学史》(1940年12月)、金毓黻编著《中国史》(1942年10月)、郑鹤声编著《中华民国建国史》(1946年4月)、方豪编著《外国史大纲》(1947年1月)等书。8月,中央图书杂志审查委员会特派专员管举先到桂林视察图书杂志审查工作。经过一个多月的视察,在写给中央图审会的视察报告中认为:广西省图书杂志审查委员会问题严重,已不仅仅是它对中央政策是否执行,而是要从组织上进行彻底改造,撤换所有委员或职员,否则,换汤不换药,必致全军覆灭;应由中央委派一名绝对遵奉中央法令,与共产党斗争有经验和决心,又能获得广西当局重视或谅解的人物充任该省图书杂志审查处处长;对在桂林的共产党施加压力,控制他们的活动;在中学里严格禁止教师传播、学生阅读违禁书刊;扩大国民党中央党义书刊的传播,提高质量,降低书价,重奖党义的著述;建议国民党办的拔提书店、青年书店、正中书局、力学书店、建设书店放弃竞争,团结一致,形成出版业的壁垒,抵御共产党书店的影响,争取中华书局、商务印书馆等中立性质的书店倒向自己。9月6日,国民政府公布《战时图书杂志原稿审查办法》《中央图书杂志审查委员会组织条例》。9日,国民党中央党部下达取缔中共刊物,捣毁其销售书店的密令:"共产党实施宣传政策,自办新华书店外,复利用各书商推行书籍。今后对付之方法为:1.对以营业为目的之书店,应以威胁方法或劝告方式,使其停止推销。2.对共产党书店应派人以群众面目大批收买而后焚之,或冲进书店捣毁之。惟事先应布置周密。与当地军警宪主管机关取得联系,接洽妥当,对外绝对秘密,以免对方借口。其进行情形,随时呈报。"10月,王世杰出席外交部长王宠惠举办的晚宴,与苏联驻中国大使潘友新(A. S. Paniushkin)就中英关系展开辩论。11月,王世杰辞去国民党中央党政训练班主任委员职务,仍担任该班总教官。

　　按:《战时图书杂志原稿审查办法》在1938年7月21日国民党第五届中央常委会第八十六次会议上通过,同年12月22日,在国民党第五届中央常委会第一〇六次会议上修正,本日公布者,乃为1940年5月16日国民党第五届中常会第一四七次会议通过的修正者。本办法于1944年8月7日废止。《中央图书杂志审查委员会组织条例》于1944年7月3日颁布了修正本。(参见薛毅《王世杰传》及附录《王世杰生平大事年表》《王世杰著述目录》,武汉大学出版社2010年版;徐坤《中央图书杂志审查委员会研究(1938—1945)》,华中师范大学博士学位论文,2017年)

　　潘公展时任国民党中央宣传部副部长。6月,潘公展与吴敬恒、黎锦熙、魏建功、林语堂、陈礼江5人兼任国语推行委员会常务委员,吴敬恒兼主任委员。11月29日,潘公展由行政院命令兼任中央图书杂志审查委员会主任委员,原秘书印维廉升任副主任委员,朱子爽担任主任秘书,又派简贯三、刘炳藜、徐准起、宓贤弼、郦裕坤、鲁觉吾和李焕之7人为常务委员。中审会的内部架构在此次改组中也发生很大的变动。中审会原来的三组一会(谬误及反动言论研究会)调整为五科二室(专员室和秘书室)。第1科主要负责指导与考核各省市图书杂志审查处的业务,督导书店和印刷所的检查、调查和统计工作。第2、3科承袭原来第1、2组的职能,负责审查和处理图书杂志原稿和已出版图书杂志原稿审查工作及其相关工作。第 4 科是继承原"谬误及反动研究会"职责,负责分析研究各种思想言论,撰写各种研究报告小册,并征集、整理和保管各种图书杂志。第 5 科承担原来第 3 组的职能,负责中审会的总务工作。专员室有两项职能,一是"审核和检讨专门书刊",二是"设计和视察工作"。秘书室内设立人事和会计两股考核各级审查机构的人事和经费情况。是年,潘公展在《辛亥革命与抗战建国》中进一步对辛亥革命反帝的意义加以阐发,赞扬辛亥革命是"被压迫民族的国民革命运动的拓荒创举"。(参见徐坤《中央图书杂志审查委员会研究(1938—1945)》,华中师范大学博士学位论文,2017 年;王学典《20 世纪史学编年(1900—1949)》,商务印书馆 2014 年版;吴永贵《民国图书出版史编年:1912—1949》,社会科学文献出版社 2018 年版)

张道藩时任教育部次长。3 月,张道藩被教育部聘为大学用书编辑委员会委员。4 月 14 日,中华全国美术会在生生花园举行临时会员大会,到会 60 余人,张道藩任主席。议决:一、凡在战区之理事,由大会当场推人代理;二、开除方君璧等 4 人会员资格;三、决定 5 月中旬举行第二届年会,推定汪日章、吕斯百、许之骐、郎鲁逊、周圭、赵望云、袁留莘等 15 人为筹备委员。16 日,张道藩出席并主持中华全国电影界抗敌协会第二届年会,与郭沫若、郑用之、阳翰笙、罗学濂、郭沫若、阳翰笙、罗明佑、甘雨耕、徐浩、罗静予等 9 人为主席团成员,港、沪、蓉、渝各地电影界代表 600 余人与会。张道藩致开幕词,金擎宇报告该会筹备情形,郭沫若也发了言,旅香港代表罗明佑介绍了华南电影界动态。大会通过了会章,改选了理事。结果,张道藩、史东山、应云卫、罗明佑、郑用之、蔡楚生、孟君谋、孙瑜、罗学濂、阳翰笙、金擎宇、司徒慧敏、沈西苓、孙师毅、罗静予、王瑞麟、马彦祥、袁丛美、潘子农、郑君里、余仲英、黎民伟、甘雨耕、刘念渠、贺孟斧、苏怡、高占非等 27 人被选为理事,郭沫若、田汉、洪深、欧阳予倩、周克、夏衍、吴蔚云、王士珍、谭友六、何非光、裴逸伟、夏云瑚、洪伟烈、杜桐荪、周伯勋等 15 人被选为监事。大会还通过提案多项,其中有通电慰劳前方将士及声讨汪逆。24 日,文艺奖助金管理委员会开第一次会议,决定文艺界委员名额增加为 11 至 15 人,并聘请张道藩、郭沫若、舒舍予、程沧波、王芸生、林风眠、王平陵、华林、胡风、姚蓬子、李抱忱等 11 人为委员,吴云峰为秘书。办公地点暂时在九道门中央社会部。

张道藩 5 月 11 日出席在重庆举行的教育部学术审议委员会首次会议。张道藩与吴稚晖、朱家骅、陈大齐、王世杰、邹树文、余井塘被聘为常务委员。19 日,中华全国美术会在生生花园举行第一届年会,到会有张道藩、滕固、马衡、唐又精、汪日章、林风眠等 80 余人。主席张道藩报告筹备大会经过,继由代表致词,后即修改会章,选张道藩等 31 人为理事、华林等 15 人为监事。通过提案有:一、致敬电;二、决定 9 月 9 日为美术节;三、请教育部明年 4 月举办第三届全国美术展览会;四、请教育部拨款 10 万元奖励抗战期间美术作品;五、请教育部增加中小学校美术课时间;六、请教育部从速设最高艺术研究机关等。6 月 4 日,文艺奖助金管理委员会举行会议,除商讨其他问题外,还推张道藩、老舍等负责筹办全国抗战文艺展览会。12 月,教育部成立美术教育委员会,张道藩任主任委员,滕固、叶恭绰、马衡、林风眠、吕柏思等为常务委员。(参见林甘泉、蔡震主编《郭沫若年谱长编》,中国社会科学出版社 2017 年版;吴永贵《民国图书出版史编年:1912—1949》,社会科学文献出版社 2018 年版;文天行编《国统区抗战文艺运动大事记》,四川省社会科学院出版社 1985 年版)

刘百闵继续任中国文化服务社社长。2 月,中国文化服务社开始编印"中国国民党丛书"。该丛书收录了陈少白《兴中会革命史要》(1941 年 8 月),冯自由《中华民国开国前革命史》(1944 年 2 月出版上卷,4 月出版中卷,1946 年 1 月在上海上中下三卷出齐)、《中华民国开国前革命史续编》(1946 年 8 月),中国国民党中央党史编纂委员会编《中国国民党党史概要》(1944年9月),(美)Paul Linebarger著、徐植仁译《孙中山传记》(1946年1月),何仲箫《陈英士先生年谱》(1946年4月),戴季陶《国民革命与中国国民党》(1946年11月),以及《陈天华集》(1946年1月)、《朱执信文存》(1946年1月)等。6月1日,重庆中国文化服务社发表特别启示,指出敌伪在上海最近成立与该社同名的伪"中国文化服务社",推行荒谬书刊。同月,中国文化服务社奉命检寄《总裁言论》等83种书刊,向美国介绍我国抗战以来的书刊。(参见吴永贵《民国图书出版史编年:1912—1949》,社会科学文献出版社2018年版;王学典《20世纪史学编年(1900—1949)》,商务印书馆2014年版)

卢作孚5月12日由重庆返回北碚视察各项建设事业,特别对北碚消费合作社提出6项办法:(1)修建仓库,收储食粮;(2)联络金融机关和生产事业;(3)优待社员;(4)业务以生活必需品为主;(5)售货以社员为限;(6)尽量增加股额。8月1日,鉴于是年春夏以来,粮价猛涨,国民政府在渝成立全国粮食管理局,卢作孚担任局长。秋,周恩来指示在重庆聚兴诚银行任经济研究室主任的高兴亚,团结西南的民族资本家,同心合力对抗四大家族。首先,团结四川主要的民族资本家,如刘航琛、卢作孚、何北衡、杨粲三,再团结云南的缪云台。刘、卢、何、杨表示赞成,经过3天协商,达成协定:他们4位经营的任何企业受到四大家族压迫发生危机时,大家协力支援。年底,陪都建设计划委员会成立,孔祥熙兼任主任委员,翁文灏、卢作孚、康心如等兼任委员。(参见王果编《中国近代思想家文库·卢作孚卷》及附录《卢作孚简编》,中国人民大学出版社2015年版)

陈训慈10月应其兄长陈布雷之邀,远赴重庆到军事委员会侍从室第二处任职。同月23日,陈训慈上任途中专程去贵阳地母洞察看文澜阁《四库全书》。11月1日,陈训慈抵达重庆,任军事委员会侍从室第二处秘书,主要为他搜集写文告用等之参考资料,处理图书报刊,及对文化教育界人员之联络与接待。到重庆后,陈训慈向蒋介石汇报了文澜阁《四库全书》存贵阳地母洞和浙江图书馆馆藏文献南迁的详情。26日,陈训慈致函教育部陈逸名司长,要求落实新增预算。同时,他还与贵州省教育厅、贵州省图书馆联系有关保管措施的落实和经费使用等事。由于做了大量的工作,使重庆国民政府更为关注文澜阁库书的安危。(参见任彦馨《陈训慈与文澜阁〈四库全书〉大迁徙》,《钟山风雨》2017年第6期)

马衡继续主持故宫博物院西迁文物的维护工作。1月19日,滕固提倡为马衡刊印《六十年纪念论文集》,常任侠走访邀人署名。常任侠《战云纪事》:"将马衡教授六十纪念论文集征文启事分寄朱逖先、胡小石、郭沫若、于右任、法领事杨格维、杨仲子、罗志希、汪旭初、唐兰、商锡永、徐中舒、顾颉刚、刘衡如、吴其昌、方壮猷等。"3月2日下午2时,为历史学会演讲《古物之鉴定法》。同月,参与发起巴蜀史地研究会。4月10日,与郭沫若、常任侠、卫聚贤等到江北考察古墓。5月7日,列席国立北平故宫博物院第四(五)届理事会第一次大会。孔祥熙、吴稚晖、邵力子、陈立夫、朱家骅、滕固等出席。公推孔祥熙为理事长,朱家骅、陈立夫、王世、周钟岳、张继、吴稚晖、张伯苓、叶楚伧为常务理事。马衡报告院务。12月,教育部成立美术教育委员会,马衡等为常务委员。(参见马思猛《马衡年谱》,故宫出版社2021年版)

王献唐年初在四川乐山。3月,经丁惟汾推荐,担任国史馆筹备委员会顾问。4月,到重庆,参加国史馆筹备委员会事务会议。同月,国史馆筹备委员会迁址歌乐山向家湾。5月2日,出席国史馆筹备委员会在向家湾召开的首次事务会议,会议由张继主持,出席会议的还有朱希祖、陈静澜、王献唐、谢汝霖、王颖之、张圣奘、但焘、蒋逸雪、余祖明、何承天、金毓黻、李菊田、黄彭音。总干事朱希祖提请王献唐顾问担任1912—1927年中华民国年表撰写,并帮同金毓黻顾问担任采访史料工作。上旬,王献唐到成都各地为国史馆搜访史料、抄集各图书馆史料目录。15日,撰管理中英庚款董事会协助科学工作人员第三期研究工作报告。16日,始记《平乐印庐日记》。回乐山。6月14日,高亨来访,商谈东北大学聘任教授事。7月5日,校《天问补注》毕,并撰一跋。8月底,王献唐由乐山到重庆,住重庆山洞张家糟房丁惟汾宅。11月,《金陵学报》第10卷第1—2期合刊刊登王献唐校订清末山东学者周悦让《倦游庵椠记》之一部分《纸牾》,题名曰《楚辞天问补注》。12月起,寓重庆歌乐山云顶寺。是年,王献唐续撰《中国古代货币通考》。（参加张书学、李勇慧《王献唐年谱长编》,华东师范大学出版社2017年版）

屈万里是年秋应征教育部社教团工作人员,被派至成都教育工作团工作,具体工作为管理该校图书馆,并兼授两小时历史课。该团设在一职业学校。11月19日,王献唐致屈万里函,请其随王崇五到修文县任秘书之职,告知今日将移住向家湾15号国史馆筹备处内。12月29日,王献唐为屈万里《先秦汉魏易例述评》题辞:"《周易》一书,在群经中最称难理,先后注释无虑数百家,大别为汉宋两派。汉宋之中,又各持异议,纷论万端,使人炫惑。居今治易有两途,一仍研究本经,一对历代说《易》者作一总清算。翼鹏是书,即从事第二种工作者也。《十翼》为说《易》最早之书,先将义例寻出,参以《左传》《国语》诸子,说明先秦易学真象。既无汉儒象数之习,更无宋儒先天后天之弊。继述汉魏易学各派,分别究讨,阐其例说,明其得失,起于《十翼》而终于王弼。向以周汉魏晋易说艰深奥衍,得此若视诸掌矣。翼鹏研《易》,垂三十年。其治本经,先以音韵训诂释字义,继以群经、甲骨、金文参释文旨,两者既明,再据经文为史料,作各项研究。言必求征,义必求当,用力最笃,而方法最密。心所未安,不肯苟下一字,与献唐共事七年,验之最深。今读是编,亦仅其易学之一端耳。治《易》两途,翼鹏亦兼程并进,终此一生,能使是经灿烂大明,省却治《易》者无限心力,即吾辈对文化上之贡献。愿共勉之也。二十九年十二月廿九日陪都警报中,王献唐。"12月,屈万里应聘担任国立中央图书馆编纂。"本月十五日前后,当能就道也。"（参见刘兆祐《屈万里先生年谱》,台湾学生书局2011年版;张书学、李勇慧《王献唐年谱长编》,华东师范大学出版社2017年版）

汪东2月1日在国民政府国史馆筹备委员会正式成立后被筹委会主任张继聘为顾问。3月底,以监察院监察委员身份与刘成禺等分巡贵州,历时约半载,历县上四,曾三至遵义,睹《遵义府志》及郑珍诗稿。又曾至张学良与杨虎城幽禁之修文与息烽。最后至湄潭,复触旧恙,归途渐不可任。4月11日,沈祖棻有书来告近况,语多悲戚,并请序词稿。5月30日,常任侠寄来马衡教授60纪念论文集征文启事。同月,为朱镜宙撰《雁荡朱氏咏莪堂后记》,其中略述二人交游始末。6月19日,与竺可桢、刘成禺至贵阳江公祠播声电影院演讲,汪东讲《我对于文学的意见》。约在7月底8月初,自贵州归,因旧居毁,遂就章士钊居金刚坡下龙洞口,二人斗韵分题,往往日课数韵。章又作《寄生篇》,述二人交游始末,汪东亦作《孤桐篇》报之。8月4日,与沈尹默、曾克耑、但焘等谈论近作,复至国史馆筹备委员会,暂居馆中5日,9日始回金刚坡下龙洞口监察院院长官舍,其间有《呈史馆诸公诗》。是年,与章士钊、沈尹默等发起成立"饮河诗社",又与曾克耑、沈尹默、潘伯鹰、王调甫组织"罗湾诗社"。

按:饮河诗社为抗战期间在重庆成立的研究和创作旧体诗词的文学团体,社名取庄子"鼹鼠过河,不过满腹"之句,借此针砭时弊。社员众多,有知名学者、社会名流,亦有青年学生。抗战胜利后,饮河社总社迁上海,重庆成立饮河渝社,继续活动,1949年底自行解散。诗社刊出《饮河集》《诗叶》等分别在《中央日报》《世界日报》《京沪周刊》等报刊的副刊上刊载。详许伯建、唐珍璧《饮河诗社事略》(《文史杂志》1994

年第 2 期）。汪东有《击柝吟》刊于饮河社编《京沪周刊·诗叶》（1948 年第 2 卷第 22 期）。又，"饮河诗社"与"罗湾诗社"社员多有重叠，或以为"罗湾诗社"即"饮河诗社"（张南《我收藏的许批〈猛悔楼诗〉》，载《藏书家》第 13 辑），然据"饮河诗社"成员苏渊雷《庚子杂诗》"上清三宿空桑恋，市隐书林百感新。别有罗湾诗社近，饮河投钵总成尘"。其后自注云："上清寺寻钵水斋旧址不得。战时曾履川寓罗家湾，渝中诗人多宴集其家，世称罗湾诗社。潘伯鹰主饮河社，时过寒斋谈艺。"（《苏渊雷全集·诗词卷》）则"饮河""罗湾"当为二社。（参见薛玉坤《汪东年谱》，河南文艺出版社 2016 年版）

魏建功 6 月任"大学教科用书编辑委员会"专任编辑，委员会附设在四川白沙"国立编译馆"内。携家离昆明迁居四川白沙。7 月，"国语统一筹备会"改名"国语推行委员会"，在重庆恢复工作，魏建功仍任常委。月底，赴重庆参加第一次会议。与黎锦熙、卢前被推举负责编辑国家韵书《中华新韵》。是年，论文《十韵汇编资料补并释》刊于《图书季刊》第 1 期；《释午》《读天壤阁甲骨文存及考释》刊于《辅仁学志》第 1 期。（参见曹达《魏建功年谱》，《文教资料》1996 年 5 期）

杨家洛继续任迁至重庆北碚的中国辞典馆和中国学术百科全书编辑馆馆长，决定将中国辞典馆和中国百科全书编辑馆已经出版的 25 种著作和 48 种定稿本以及有目录学的 57 种稿本先改编为《世界学典》史文版各分册。是年，杨家骆《书院制之缘起及其优点》刊于《东方杂志》第 37 卷第 15 号。

卫聚贤继续主持国学刊物《说文月刊》。3 月，与郭沫若等数十名学者在重庆成立了巴蜀史地研究会，并草拟了《巴蜀史地研究会草章》，刊于《说文月刊》第 2 卷第 2 期。同月 25 日，卫聚贤在外宾招待所招待郭沫若、李济、傅斯年、马衡、沈尹默、常任侠等 5 人，"皆谈宴尽欢"。4 月，卫聚贤与郭沫若、马衡、常任侠、胡小石学者在重庆嘉陵江北岸调查并发掘了多座汉墓，卫聚贤负责发掘的墓葬中出土了大批五铢钱、一把铁剑和数件陶器等遗物。在当地半山竹庐内举办小型展览。于右任、吴稚晖、张溥泉及部分学界人士亦往参观。这次发掘在当时广为报道，《说文月刊》上也刊登了数篇相关文章，包括郭沫若的《关于发现汉墓的经过》。郭沫若还专门为这次发掘题诗五首，其中"宝剑已残琴已烂""甓上尤余汉代钱"等诗句，都是描写发掘的场景。5 月 5 日上午，郭沫若与卫聚贤受中大历史学会之约至校演讲汉墓发掘情形。（参见赵换《卫聚贤学术研究》，华东师范大学硕士学位论文，2010 年；常任侠《战云纪事》，海天出版社 1999 年版）

张大千是春再次赴夹江，改进造纸，并为该地纸农作书、画留念。是时，他与关中名画家赵望云在成都结识，一见如故，顿成密友。是夏，张大千携家去青城山。9 月，张大千下青城返成都，打点行装，拟去敦煌。10 月中旬，从成都坐汽车出发北上去敦煌。11 月上旬，行至广元，刚参观完千佛崖石刻，正欲动身往甘肃麦积山，在旅馆忽接由重庆辗转发来之报丧电报。张大千哀莫能已，痛失长兄，热泪长涕，遂仓促返渝奔丧，中断了敦煌之行。11 月中旬，张大千抵达重庆。第二日，张大千离渝返蓉，旋又上青城山。12 月 18 日，长子心亮在西安医院病逝，年仅 18 岁。张大千接电大悲，数月之内，"方哭兄逝，又哭子亡，此等刺激真非寻常人所能受者"，虽"强制忍之，然其恶恸深矣！"（参加李永翘《张大千年谱》，四川省社会科学院出版社 1987 年版）

赵冬云、楚云编辑《学习生活》4 月 7 日在渝创刊。《发刊词》曰："帮助大众学习科学，认识生活，这就是本刊出版的目的。"认识生活"是一件非常重要的事情"，"不学习科学，我们就不能真正认识生活"。"本刊将要以全部的力量来从事科学大众化的工作，要用最通俗的文字把哲学、自然科学、文学各方面的知识介绍给读者。"（参见文天行编《国统区抗战文艺运动大

事记》,四川省社会科学院出版社 1985 年版)

朱有珮、邓恭三等主编《读书通讯》半月刊 5 月 1 日在重庆创刊,中国文化服务社主办。王世杰撰写代发刊词:"总之集全国专家,提倡读书运动,领导青年生活,指示求学途径,解除读书困惑"等。辟有学术记者、学术讲座、读书指导、生活指导、图书评介、时事论坛、艺文选萃、学府风光、英汉对译等栏目。自 1946 年 5 月第 110 期起迁至上海出版。(参见吴永贵《民国图书出版史编年:1912—1949》,社会科学文献出版社 2018 年版)

舒芜辍学后在湖北、四川等地农村任小学、中学教师。在《学习》(半月刊)第 1 卷第 10 期发表《用新方法整理国故》,又在《学习》(半月刊)第 1 卷第 12 期发表《扬弃国故与整理国故》,提出整理国故的新方法和新观点。

按:刘东、文韬说:"二十年代,胡适提出用科学的方法整理国故,号称新国学研究。对于何者为'国故',舒芜没有异议,把中国古代的一切学术思想都纳入其中。但是对于整理国故的方法,舒芜再一次提出要用新的方法来整理国故。这一次的新方法新号召虽然没有上一次声势浩大,但是在此后的年月里同样影响深远。这一新方法就是唯物辩证法,作者采用了'自然是指唯物的辩证法'这样的表述。舒芜从四个方面详细介绍了唯物辩证法在国故整理中的运用:首先,要从阶级本质入手把握国故中的不同内容,例如儒家代表封建贵族阶级,墨家代表农民阶级,儒墨之间的思想斗争反映了封建贵族对被压迫阶级的斗争。第二,把握国故当中的各种矛盾斗争,并以之为发展的基本动因,比如儒家学说的发展史就是儒家内部各派的斗争史。第三,要辨别国故当中形式相同而本质互异的东西,例如不能把民间兴起的古乐府与贵族把玩的词、曲混为一谈。最后,一定要认清时代,并以之为扬弃的标准:凡是国故当中能够在新时期里获得新内容的可以加以发扬,凡是国故当中只适应于古代的东西必须加以扬弃。相对于严耕望《研究国学应持之态度》里的辩证法阐述和李麦麦《十五年来我国之国故整理》里的马克思主义经济学说分析,该文显得更加明晰和系统。"(刘东、文韬编《审问与明辨》下册,北京大学出版社 2012 年版)

王拱璧 4 月由西昌回到成都,撰写《国难西行》600 句,记述了由淮阳、开封、镇平,经洛阳、潼关、西安、宝鸡,越秦岭,出剑门,小住蓉渝,翻雪山,渡泸水,而抵西昌之"八千里路四百日"的感受和艰难历程。在成都期间,受梁仲华主持的中国村建学会聘任,任总会干事,主办《会讯》刊物。

按:王拱璧在成都期间利用业余时间,撰写边疆问题的论文,约十五六篇,十二三万字,在成都、重庆、西昌报刊上发表;后曾任华西大学特约客座教授,讲授《乡村建设》。

赵守珏、黄奋生等人在重庆发起成立中国边疆学会,同时,在成都的顾颉刚等、在陕西榆林的马鹤天等,也分别发起成立同名的组织。

按:中国边疆学会以考察边疆的情形、研究建设边疆的方案、编纂边疆丛书、发行边疆期刊为主要任务,出版有《中国边疆学会丛书》。学会最大的历史功绩:一是组织出版了一批有价值的边疆史地的论著和资料,如吴丰培、顾廷龙编校的《边疆丛书甲集》6 种、《边疆丛书续集》6 种,以及顾颉刚和史念海的《中国边疆沿革史》、夏威的《中国边疆拓展史》、蒋君章的《中国边疆史》、童书业的《中国疆域沿革史》。二是组织了边疆民族研究专号,拟订了调查与研究计划,如冯家升的《我的研究东北史地的计划》、佘贻泽的《西南少数民族之研究计划》、杨成志的《我对于云南罗罗族研究的计划》。(管彦波《民族地理学》,社会科学文献出版社 2011 年版)

刘光华、何公敢、李汶、周宪文、梅龚彬等为理事的中国农民经济研究会 2 月 21 日在重庆成立,以"研究农民经济,促进农村建设,增强抗战建国之力量"为宗旨。

董时进所创办的"中国农业协进会"为"国际农业协会"接纳。在重庆沙坪坝井口镇兴办大新农场,种植果树。又创办"现代农民社",自筹经费主编《现代农民》月刊,在全国公开发行。

朱世通、郑九扶、钱其琛、杨简初等为理事的中国交通协进会3月3日在重庆成立,以"研究交通学术,兴办有关交通之实业及服务社会"为宗旨。

陈诚任社长的中华警察学术研究社4月16日在重庆正式成立,出版《警声》月刊及《警察行政研究》《社员修养丛书》等。

谢仁钊、汪竹一、庄心在等5月在重庆发起成立华侨经济建设协进会,以"提倡华侨回国投资,促进国内经济建设,发扬祖国文化事业,加强侨胞互相联系,协助国家建设工作"为宗旨。

陈树人时任侨务委员会委员长,7月在国民党第五届七中全会上提出推进侨民教育方案,获得通过。

李光寅、徐福墀等人11月1日在重庆发起成立中国青年写作协会,以"团结青年作者,鼓舞写作兴趣,增进写作能力及解决写作困难"为宗旨。

魏文翰等人11月24日在重庆发起成立中国航空学会,以"研究航空业实际问题,探讨航空业学理,促进中国航业"为宗旨。出版《中国航业》杂志。

黎锦晖先在重庆伤兵教育委员会所办的《抗战通俗画刊》任编辑。9月由罗静予介绍进中国电影制片厂,任编导委员。

吕斯百被选为中华全国美术协会理事、教育部美术教育委员会委员。

陶大镛毕业于中央大学经济系。

太虚5月4日自河内乘欧亚机返昆明。18日,云南省党部,召集各界代表,举行茶会,欢迎太虚。20日,太虚应云南大学之约,出席纪念周,讲《出国访问经过及世界三大文化之调和》。太虚在昆期间,筹组(前与方土司谈)"滇边特区佛教会",由云南省佛会呈请社会部,俾加强夷民内向,以利抗战。21日,太虚由昆明飞返重庆,欢迎者甚众。下旬,国际反侵略运动中国分会、中国国民外交协会、中国文化协会、中国佛学会、中印学会等50余团体,假中法比瑞同学会,对大师率导之访问团,作联合盛大之欢迎。陈铭枢、曾虚白、王芃生、王秉钧等,盛誉大师访问团之成功。6月1日,重庆慈云寺僧侣救护队(觉通、乐观主办)开会欢迎大师,陈铭枢、朱子桥等均来参加。半月来空袭频繁。12日,长安寺佛学社被毁,大师乃回缙云山。访问携回之法物及纪念品,运缙云山陈列。17日,太虚出席汉院纪念周,讲《从巴利语系佛教说到今菩萨行》,末论《复兴中国佛教应实践今菩萨行》。7月7日,太虚于大公报,发表《精神团结与佛教之调整》,为整理佛教之呼吁。暑期中,法舫以故离缙云山,《潮音》自第7期起,由大师审定,付学人编次。太虚于汉院举办暑期训练班三周。约林语堂、王向辰、李了空、何北衡、潘怀素、张纯一、陶冶公及汉院诸讲师任讲席。太虚讲《我的佛教改进运动略史》,演培、妙钦、达居记。其新近进入第四期之改进运动:一、旧(佛教)会之整理,二、大学(以大师主办之世苑,与摩诃菩提会创议之国际大学,合办世界佛教大学)之创建,三、新制之改建——"菩萨学处"。20日,四川省佛教会于通电,号召拥戴大师领导组织中国佛教会于重庆,得湘、滇、陕省佛教会之响应。中国佛教会整理委员会之产生,大有呼之欲出之势。同月,国民政府当局留意佛教,召见蒋作宾与李子宽,询以健全组织佛教之方案。社会部,提出整理中国佛教会意见书,征求政府及佛教界之意见。冬,国民党中宣部聘大师为文化运动委员会委员。(参见印顺编著《太虚法师年谱》,宗教文化出版社1995年版)

欧阳竟无1月2日在《覆张溥泉》信中指出,孔义是建国之大本,但"数千年前儒已随伪",所以今日之急在于复真孔面目,而不是"倡墨"。又认为"孔义不但于抗战非常多可权

借,尤于抗战建国非常足以经宗"。又言:"何谓大本? 求寂、主一、达情是也。"同月,作成
《中庸传》,这是欧阳渐阐述孔学最系统的一部代表作,也是最后一部儒学著作。欧阳渐认
为《中庸》有三大义:曰修道,曰索隐,曰不已。因而《中庸传》相应分为三科:第一科略论,第
二科广论,第三科经论。2—3月间,作《五分般若读》。5月,主持蜀院发起精刻《大藏经》全
藏,欧阳渐作《缘起》,谈三事:一刻藏拔苦痛以慰抗战忠魂,二刻藏整至救以永慧命,三刻藏
办法。6月,欧阳渐的妻子熊夫人在江津病逝。7月,欧阳渐的儿子欧阳格被蒋介石枪决。
至此,欧阳渐的骨肉之亲全部死亡:二儿一女,三姐一兄,父母,凡9人。唯有孙女筏苏、勃
苏与孙儿应一、应象4人均在国外。欧阳渐迭遭家难发愤作《释教》。冬,刻成《藏要叙》,分
《经叙》和《论叙》两册。这是对出版的三辑《藏要》所作的提要。《经叙》有《大般若经》第二
分,《大般若经》第五分,《解深密经》《大方广佛华严经》(以上第一辑《藏要》所选),《华严经
十回向品》《大涅槃经·师子吼品》《无尽意菩萨经》《维摩诘所说经》(以上《藏要》第二辑中
所选),《大般若经》第十六分,《合部光明经》《大涅槃经·正法分》《大乘密严经》(以上第三
辑《藏要》中所选)。《论叙》中包括《中论》《辨中边论》《大智度论》《瑜伽师地论》《集论》《摄
大乘论》《二十唯识论》《成唯识论》《因明正理论》《品类足论》《异部宗轮》。《经叙》12篇,《论
叙》11篇,共23篇。洋洋大观,不愧于一部巨作。(参见徐清祥《欧阳竟无评传》,百花洲文艺出版
社2010年版)

　　吴耀宗《基督教与新中国》6月由青年协会书局出版。是年,《大时代中的上帝观》由青
年协会书局出版;发表《在苦难中前进着的中华民族》《我们需要更大的进步》《基督教信仰
的本质及其在大时代中的意义》等文。(参见赵晓阳编《中国近代思想家文库·吴耀宗卷》及附录
《吴耀宗年谱简编》,中国人民大学出版社2014年版)

　　梅贻琦任西南联大常委会常委、清华大学校长,继续主持西南联大。1月2日下午2
时,教育部长陈立夫在云南大学致公堂邀请在昆明各大学校长、院长、系主任,蒋梦麟、梅贻
琦、熊庆来、丁燮林、严济慈、樊际昌、龚自知、张奚若等百余人应邀出席。席间交换关于教
育学术各项意见。9日,第132次常委会决议:(一)本校教职员一律加入反侵略运动大会为
会员。(二)撤销军训队及斋务股,改组体育组为体育部。(三)师院国文学系筹办《国文月
刊》。(四)沈履赴四川大学襄理校务,请辞总务长职务,请郑天挺继任。(五)王家祥因属员
侵占校款,疏于督察,辞出纳组主任,请赵子聘暂代。26日,寒假开始。同日下午3时半,在
西仓坡5号出席清华第二十八次校务会。会议讨论近时生活程度高涨情况下教职员待遇
之改善问题。与会者还有吴有训、叶企孙、潘光旦、冯友兰。2月13日,1939—1940年度第
二学期开始注册,16日开始上课。27日,第137次常委会决议:成立教职员食米消费合作
社,聘请郑天挺、查良钊、樊际昌、黄钰生、李辑祥、毕正宣、潘光旦为筹备委员,请郑天挺为
召集人。同月,学生社团青年剧社成立。3月1日,举行国民月会,全体师生一致决议:通电
声讨汪精卫叛国投敌、筹组伪中央政府罪行。5日,全校工友总罢工,要求增加工资。19
日,遵教育部令,本校自1940—1941年度起,航空工程学、物理学及经济学三系,各增添学
生一班。同日,师范学院教育学系起草《师范研究所教育门计划书》,准备在本年秋设置师
范研究所教育门,招收学制二年之教育及心理学硕士研究生。

　　梅贻琦3月24日出席昆明各界举行的蔡元培追悼会,由云南省主席龙云主祭,梅贻琦
报告蔡元培生平事略,云南省教育厅长龚自知讲述蔡元培生前努力思想解放及提倡学术研

究自由之精神。4 月 4 日,本校与云南大学等专科以上学校校长及全体师生联合通电声讨汪精卫叛国投敌在南京成立伪政府,一致拥护坚持抗战。19 日,教育部令,西南联大师院除办在职教师晋修班外,仍应筹办第二部。20 日,教育部决定,自 1940—1941 年度起设置专科以上学校清寒优秀学生奖学金。23 日,第二届全国高等师范教育会议在重庆召开,查良钊、黄钰生赴渝参加。离校期间,训导长职务请樊际昌兼代;师院主任导师职务请许浈阳代理;师院院长职务,请陈雪屏代理。28 日,清华大学纪念 29 周年校庆。30 日,第 141 次常委会决议:赵友民辞电机工程学系主任,请倪俊继任。5 月 3 日下午 4 时,梅贻琦出席清华第二十九次校务会议。会议决定因近来生活程度高涨,教职员薪俸于二十九年度一律提高两级,原薪在 200 元以上、二十八年度曾加薪者加 40 元,未曾加薪者加 50 元,原薪在 200 元以下、二十八年度曾加薪者加 20 元,未曾加薪者加 30 元。与会者还有陈岱孙、施嘉炀、叶企孙、冯友兰、吴有训、潘光旦。4 日上午,举行国民月会,蒋梦麟常委讲话。5 日,在新校舍举行"五四"青年节纪念大会,晚在东食堂举行欢送毕业同学游艺会。7 日,第二届第四次校务会议决议:自 1940—1941 年度起,历史社会学系分为历史学、社会学两系。5 月 14 日,主持西南联大常务委员会会议,蒋梦麟、张伯苓、杨振声、施嘉炀、吴有训、陈雪屏、陈序经、郑天挺、查良钊、樊际昌、冯友兰等出席。21 日,主持西南联大常务委员会会议,蒋梦麟、张伯苓、杨振声、施嘉炀、黄钰生、郑天挺、查良钊、陈序经、樊际昌等出席。

梅贻琦 6 月 8 日下午 3 时主持清华第三十次校务会议。与会者还有吴有训、冯友兰、吴宓(代陈福田)、陈岱孙、李继侗、朱自清、叶企孙、杨武之、倪俊、高崇熙、张奚若等。会议决定:(一)自二十九年度起恢复文科研究所中国文学部、理科研究所化学部、法科研究所政治与经济两部,文科研究所之社会学部呈请教育部于三十年度起恢复。(二)研究院新生考试日期定为 8 月 18 日起,地点定为昆明、重庆、香港三处。(三)研究院学生津贴改为每年 600元,奖学金仍旧发给。(四)研究院招生广告与北大、南开合登。下午 4 时在西仓坡 5 号出席二十八年度清华第一次教授会。会议决定请求评议会根据北大、清华同样待遇之原则考虑加薪问题,又选举下届评议员及教授会书记,推举本年度毕业成绩审查委员。10 日,西南联大教务会议呈文常委会并报教育部,对教育部训令中规定大学应设课程及学生成绩考核办法提出不同意见。20 日下午 2 时,出席清华第三十二次校务会议。与会者还有叶企孙、潘光旦、冯友兰、施嘉炀。会议审议经费支配案。又审议教员、助教薪俸调整案,决定由校长提交联大常委会议决后一并办理。23 日,第 146 次常委会决议:(一)蔡方荫辞土木工程学系主任,请陶葆楷继任。(二)李辑祥辞机械工程学系主任,请孟广喆继任。(三)冯桂连辞航空工程学系主任,请王德荣继任。(四)请钱端升为行政研究室主任。26 日,第 147 次常委会决议:(一)聘请罗常培为中国文学系兼师院国文学系主任。(二)聘请张荫麟为历史学系及师院史地系教授,林良桐为社会学系及法律学系副教授,袁家骅为师院英语学系副教授,彭仲铎为师院国文学系副教授。7 月 5 日,师生在新校舍图书馆前广场举行"抗战建国"三周年大会。10 日,第 148 次常委会决议:(一)刘崇鋐一再请辞历史学系及师院史地系主任职务,请雷海宗继任两系系主任。(二)成立师范学院附设学校筹备委员会。请黄钰生、冯友兰、吴有训、查良钊、陈雪屏为委员,黄钰生为召集人。(三)聘请武迟为化学工程学系副教授。15 日下午 3 时,出席清华第三十三次校务会议。与会者还有施嘉炀、冯友兰、吴有训、叶企孙、潘光旦。会议决定照联大常委会决定,清华教员助教薪俸自下学年起再增 10元。又决定教授、副教授休假研究期满后因故不能返校服务者应将休假研究期内所领薪金及研究补助费归还学校。17日下午3时半,梅贻琦在常委会第149次会议上作报告,教育部顾毓琇来函,谓时局变化不定,必要时联大应作迁徙准备。常委会决议:奉教育部指示,因时局变化不定,安南(今越南)不保,昆明堪虞,本校应开始作万一必要之迁校准备。18日,英国迫于日本压力,与日本签订封闭滇缅公路协定,规定三个月内禁止武器等通过缅甸输送,从而切断了中国从海外输入战时物资的唯一通道。昆明首当其冲,物价飞涨,教授生活纷纷陷于赤贫。31日,第150次常委会决议:请黄钰生兼任师范学院附设学校主任。

梅贻琦8月14日主持第151次常委会,决议:聘请陈达为社会学系主任。21日,第152次常委会决议:聘请杨善基为师院数学系教授。28日,第153次常委会决议:(一)推定叶企孙、周炳琳、杨石先赴川勘察本校之迁校校址,为必要时迁川作准备。(二)推定樊际昌赴潋江,筹备本校分校,以便一年级及先修班学生移往上课,免除空袭危险。(三)聘请杜增瑞为生物学系教授。9月6日下午3时,出席清华第三十四次校务会议。与会者还有叶企孙、潘光旦、冯友兰。会议审议发给研究生奖学金名单;审议云南大学校长熊庆来函商聘地学系教授冯景兰为该校矿冶系主任案,决定去函回绝。又决定清华办事处及各研究所教职员眷属向云南省境外疏散时,学校照联大办法发给旅费津贴。9日,教育部派员来校,商洽迁校问题。同日,1940—1941年度第一学期旧生开始注册;第154次常委会决议:一年级新生决定在四川境内所择新校址上课。各学院迁移次序定为:理、工、文、法商、师院,迁移前一律在昆明照常上课。11日,第155次常委会决议:(一)成立迁校委员会,请陈序经、郑天挺、查良钊、吴有训、施嘉炀、黄钰生、杨石先、严文郁、毕正宣为委员,陈序经为主席。(二)聘请陈雪屏为师院教育学系主任。(三)成立行政研究室委员会,请钱端升、周世述、龚祥瑞、戴修瓒为委员,请钱端升为主席。15日晚,联大歌咏团在省党部礼堂参加歌咏协会主办的音乐会,演唱《黄河大合唱》。18日,法越当局对日屈服,允许日军借道入侵我国云南。22日,日军分三路侵入安南(越南)。23日,工学院学生开始上课。25日,第156次常委会决议:(一)师院公民训育系主任罗廷光请假赴赣,该系系务请田培林暂代。(二)聘请倪中方为师院公民训育系教授。同日,联大戏剧研究社与昆明学生救济委员会合作,在省党部礼堂公演话剧《阿Q正传》,为学生救济委员会筹募基金,连演15场,除开支共捐得3000余元。30日,日机27架从安南起飞,轰炸昆明。同月,清华大学师生为梅贻琦服务母校25周年举行庆祝会,《清华校友通讯》出版特刊。

梅贻琦10月2日主持第157次常委会决议:(一)本校图书仪器,能运川者运川;暂不能运川者,理、工学院图书仪器移至大普吉清华研究所存放,图书馆书籍移至龙头村或岗头村北大校舍内存放。(二)为避免空袭,上课时间改为上午7时至10时,下午3时至6时,晚上7时至9时。每课40分钟,两课中间休息5分钟。遇有警报,一律停课,警报解除后一小时内,照常上课。办公时间亦为上午7时至10时,下午3时至6时,警报解除在下午4时以后,办公时间延至晚上7时至9时。(三)樊际昌、黄钰生赴川勘察新校舍,教务长职务请潘光旦暂代,师院院长职务请陈雪屏暂代,附设学校主任职务请许浈阳暂代。同日,四川省政府来电,对本校迁川表示欢迎。7日,文、理、法商、师范学院学生开始上课。10日,教育部公布《大学及独立学院教员资格审查暂行规程》,规定各大学已聘任或准备聘任的教师,均须呈报教育部,由学术审议委员会审查,核定等级,发给合格证明书。本校许多教授拒绝填表。11日,教授会选举出席第三届校务会议之教授代表。周炳琳、叶企孙、陈福田、陈雪屏、罗常培等12人当选为代表。13日,敌机27架轰炸昆明,师院(昆华中学北院)男生宿舍全毁，该院办公处及教员宿舍亦有多处震坏。清华大学办事处（西仓坡）亦被炸，死工友2人。文化巷多处教师住宅被炸。师院借昆华工校校舍上课。14日，英国政府宣布重新开放滇缅公路。19日，冬青文艺社举行鲁迅先生逝世4周年纪念活动。23日，教育部来电慰问本校。同日，第158次常委会决议：（一）印刷所停止筹设，已购机件等项，作价变卖。（二）外国语文学系兼师院英语学系主任叶公超因事请假，该两系主任职务，均请柳无忌代理。（三）聘请凌达扬为师院英语学系教授。30日，沈履、樊际昌、黄钰生自川来函报告在叙永、泸县一带勘察校舍情况。同日，第159次常委会决议：理学院及师范学院之另一部，筹备迁往澄江上课（后未实行）。

梅贻琦11月2日主持第160次常委会会议，听取吴有训报告赴晋宁勘察校舍情形，查良钊报告赴澄江勘察校舍情形。13日，沈履、樊际昌、黄钰生自川来电，报告在白沙、江安一带勘察校舍情形。同日，第161次常委会决议：（一）成立叙永分校，请杨振声任分校主任。成立分校校务委员会，请杨振声、陈嘉、郑华炽、蒋硕民、吴之椿为委员，杨振声为主席。（二）一年级学生，限12月10日前，在叙永分校报到上课，（三）柳无忌请假离校，外国语文学系主任兼师院英语学系主任职务，均请陈福田继任。（四）聘请贺治仁为商学系副教授。18日，师院附设学校开学上课。20日，第162次常委会决议：聘请李继侗为先修班主任兼叙永分校校务委员（先修班亦设在叙永）。22日，师院附设学校借云南省立工业学校礼堂举行开学典礼。同月，昆明学生救济委员会和云南基督教男女青年会以《阿Q正传》演出募集的款项在昆中北院设立学生消费服务处。12月18日，教育部发给本校学生空袭救济金1万元。23日，第165次常委会议决：设立《联大一览》编辑委员会，请冯友兰、黄钰生、郑天挺、查良钊、潘光旦、章廷谦、朱洪为委员，冯友兰为主席。同月，第三届学生自治会改选后成立。代表大会主席郝诒纯、副主席刘维彬，干事会主席邢福津，副主席李佩珍、陈梦雄。

按：因后方物价飞涨，通货膨胀，联大教授们的生活十分困难。货币不断贬值，而工资仍按战前发给，每月收入不过相当战前的十二三元，无法养活家小。这给西南联大教育科研带来严重冲击。本年初，联大54位教授曾发表联合声明，要求政府增加工资，改善教师生活。声明说："教授们始以积蓄补贴，继以典质救济。今典质已尽，而物质仍有加无已""若不积极设法，则前途何堪设想"。声明发表过后，教授们的困苦依然无人过问。他们为了养家活命，有的被迫远走川、贵，做点药材生意；有的给人写墓碑；有的在街头摆摊。当时清华大学的名教授闻一多，就曾摆摊给人治印。连清华大学校长梅贻琦的夫人，也不得不做糕点出卖以维持生活，当时在昆明流行着这样一句话："教授教授，越教越瘦。"（载《王力传》）教授们不但在生活上穷困潦倒，且不时受到日本飞机的轰炸骚扰，闻一多"住宅后院防空洞口，也落下一枚炸弹，幸好未炸。"（载《闻一多年谱长编》）关于轰炸的情形，吴宓曾作诗形容："远看投弹雾烟飞""同遭横祸几人归""入夜盲鸡栖密架，凌晨队蚁涌空城"（吴学昭《吴宓与陈寅恪》，清华大学出版社1992年版）。据1940年5月9日《雨僧日记》："下午1—5警报至，敌机分四批来袭，仰见一批二十七架，整列飞过，如银梳，旋至航校及近村投弹，死伤二百余人。"又同年《日记》："晨，上课不久，7:15警报至，偕恪随众出。至第二山后避之。12:30敌机九架至，炸圆通山未中，在东门扫射。"（《吴宓与陈寅恪》，清华大学出版社1992年版）为躲避日机空袭，联大师生只得到昆明郊外租用农民的房子居住。当地习惯人畜共居，环境极其恶劣。每次教授们进城上课，都要步行几十里路。朱自清一家则搬到物价稍便宜的成都，住在一所尼庵的三间草房内。几个孩子相续生病，连食米都要靠亲友接济。冬天来了，朱自清却"连一件大衣也买不起，只能买一件云南赶马人穿用的白颤披风抵御风寒。这在一般稍稍'过得去'的人是不肯穿的"（《最完整的人格》）。李长之在回忆朱自清时说："我去看他，他的头发像多了一层霜，简直是个老人了。没想几年的折磨，叫人变了样。"（《闻朱年谱》）（以上参见黄延复、钟秀斌著《一个时代的斯文：清华校长梅贻琦》，九州出版社2011年版；龚克主编《张伯苓全集》第十卷附编《张伯苓年谱》，南开大学出版社2015年版；蔡仲德编撰《冯友兰先生年谱长编》，中华书局 2014 年版；西南联大北京校友会编《国立西南联合大学校史——1937 至 1946 年的北大、清华、南开》，北京大学出版社 1996 年版；齐家莹编《清华人文学科年谱》，清华大学出版社 1999 年版）

　　陈寅恪《〈顺宗实录〉与〈续玄怪录〉》1 月刊于北京大学出版的《国立北京大学四十周年纪念论文集》乙编上卷。同集所载还有全汉升《宋代寺院所经营之工商业》、金毓黻《大元〈大一统志〉续考》、汤用彤《魏晋玄学研究两篇》、贺昌群《烽燧考》、劳榦《礼经制度与汉代宫室》、董作宾《研究殷代年历的基本问题》、钱穆《社会自由讲学之再兴起》等文。春，在昆明西南联大任教，授"隋唐史研究""白居易研究"。3 月 5 日，中央研究院院长蔡元培在香港逝世。为选举新院长，陈寅恪自昆明赴重庆，参加中央研究院第五届评议会，寓居妹夫俞大维家。21 日，陈寅恪出席评议会秘书翁文灏、研究院总干事任鸿隽晚宴。陈寅恪即席申述院长人选必为国际学术界知名学者，选举院长必须尊重各人自由意志之意。22 日晚，出席蒋介石宴请评议员之晚宴，陈寅恪深觉其人不足有为，乃有"看花愁近最高楼"之句。23 日，正式投票，选出院长候选人 3 人：翁文灏、朱家骅、胡适，再报国民政府选定。最后朱家骅任院长。会后，陈寅恪仍返昆明。

　　陈寅恪 4 月上旬被教育部聘为史地教育委员会委员。同月，陈寅恪在昆明将旧作《秦妇吟》增订后，改名《秦妇吟校笺》，由师母为题书名，自印线装本，分赠友生。7 月，陈寅恪为赴英讲学再度赴香港，而情况又发生变化。到港后方知因时局关系，须再缓一年赴英。当时交通中断，机票高昂，无法返回昆明，遂向学校请假一年。8 月，当此举步维艰之际，香港大学中文系主任许地山举荐他为香港大学教授，"待遇月薪五百元"。中英庚款董事会总干事杭立武与香港大学联系并商洽，聘请陈寅恪"为 Visiting prof（客座教授）暂在港教授"。同月 24 日，杭立武又致函清华大学校长梅贻琦："中英文化协会为促进香港大学与国内大学之关系经与该校商定，资送陈寅恪为客座教授。"同日，陈寅恪在香港九龙写信给清华大学校长梅贻琦，云其滞留香港的原因，并请其向闻一多及潘光旦、冯友兰、雷海宗 4 人"乞代致意"。梅贻琦接杭立武信后及时对此批复："贵会借聘陈先生一节，本校可予同意，即作为陈先生请假一年。"陈寅恪既一时不能赴英，乃就香港大学客籍教授之聘，在港讲学题目之一为"秦妇吟"。10 月 23 日，陈寅恪演讲"武则天与佛教"。11 月 22 日，香港大学中文学会于薄扶林运动场欢迎陈寅恪。（参见卞僧慧纂《陈寅恪先生年谱》，中华书局 2010 年版；闻黎明、侯菊坤《闻一多年谱长编》（增订版），上海交通大学 2014 年版；齐家莹编《清华人文学科年谱》，清华大学出版社 1999 年版）

　　冯友兰《调情理（新世训之六）》刊于 1 月 5 日《中学生》第 15 期。9 日，梅贻琦为欢送沈履举办晚餐会，冯友兰出席。晚 8 时，在西仓坡 5 号出席清华第五次评议会。会议议决下届招考留美公费生应对植物形态学、语言学、人口问题及文法方面科目特予注意。又审议教育部指示除在国内考选留美公费生外，应就现在国外留美学生成绩优异而家境清寒者另予以津贴待遇案，决定请冯友兰及潘光旦、吴有训、叶企孙、施嘉炀拟定详细办法供下次评议会讨论。又审议改进教职员待遇问题，决定请校长于联大常委会会议中提出议案予以讨论。19 日，出席梅贻琦为欢迎温特举办之茶会。20 日，冯友兰《致中和（新世训之七）》刊于《中学生》第 16 期。26 日下午 3 时半，在西仓坡 5 号出席清华第二十八次校务会。会议讨论近时生活程度高涨情况下教职员待遇之改善问题。25 日下午 3 时，出席清华第六次评议会。会议讨论并通过先生等拟具之留美自费生奖学金给予办法，决定教员、助教在校服务已满 5 年有志赴美入研究院继续研究者得按照同一办法申请办理。又通过二十九年度研究费38万之分配方案。因物价上涨,在讨论教授薪水问题时会上进行了一场激烈的辩论,最后一致同意在新合同中提两级。会议最后决定出一论文集以纪念40周年校庆。同日,《励勤俭》(新世训之八)刊于《中学生》第17期。8日,作《新世训·自序》。20日,《存诚敬》(新世训之九)刊于《中学生》第18期。21日,《论中和》刊于《云南日报》。

　　冯友兰3月1日上午出席全校每月精神动员例会。会上全体师生对汪精卫卖国十分气愤,一致决议通电声讨。3日,《汪精卫的行为与先贤道德教训》刊于《云南日报》。5日,《应帝王(新世训之十)》刊于《中学生》第19期。同日下午4时,出席联大第二届第三次校务会。8日,在昆明中北院食堂出席联大教授会二十八年度第二次会议。此会系因蔡元培先生在香港逝世而临时召集。会议决定,以本会的名义对蔡元培先生的逝世致唁电。同月,发表《蔡先生的一生与先贤道德教训》,认为蔡元培在个人行为方面温良恭俭让,很容易与人合,但遇大事自有主张,"身可危而志不可夺",因此又极不易与人合,遇有不合,便洁身而退,"蔡先生的人格,是中国旧日教育的最高底表现",但"未死在重庆(政府所在地)或昆明(中央研究院所在地)而死在香港,是可以令人抱憾的一件事"。4月,发表《贫穷的哲学》《论"天下为公"》。5月3日下午4时,出席清华第二十九次校务会议。会议决定因近来生活程度高涨,教职员薪俸于二十九年度一律提高两级。7日下午4时,出席联大第二届第四次校务会议。22日下午3时半,在西仓坡5号出席清华聘任委员会第七次会。23日下午5至6时,访吴宓。27日下午3时半,出席清华聘任委员会第八次会议。会议决定聘王宪钧等为副教授。同月,作《理想与现实》一文;所著《新事论》一书由商务印书馆出版。

　　按:《新事论》又名曰《中国到自由之路》,收入在《新动向》上发表的文章12篇及《自序》。作者《自序》云:"自中日战起,随学校南来,在南岳写成《新理学》一书。此书序中有云:'此书虽"不着实际",而当前有许多实际问题,其解决与此书所说,不无关系。'此书成后,事变益亟,因另写一书,以讨论当前许多实际问题,名曰《新事论》。事者对理而言;论者对学而言。讲理者为之理学;说事者谓之事论。对《新理学》而言,故曰《新事论》。为标明此书宗旨,故又名曰《中国到自由之路》。二十七年北京大学成立四十周年,同学诸子,谋出刊物,以为纪念。此书所追论清末民初时代之思想,多与北大有关系者。谨以此书,为北大寿。又此书各篇,皆于草成时即在昆明《新动向》半月刊中发表,修正后,成为此书,并记于此。"

　　冯友兰6月作《历史与传统》,认为"一个民族的精神上连续,大半靠历史与传统,传统虽可与历史不合,但可以与历史各行其是,并行不悖"。又为同月创刊的《中日战事史料征辑会集刊》撰《本刊旨趣》,谓"一个民族的独立自由,是它自己用它自己的力量争取得来的""这两年半的历史,是我们无数有名底或无名底英雄写底……英雄们用血写底历史,历史家要赶紧用墨抄下来……没有完全底写底历史,历史的本身,是不容易传之于后人底"。同月8日下午,冯友兰出席清华第三十次校务会议,会议作出自二十九年度起恢复文科研究所中国文学部、理科研究所化学部、法科研究所政治与经济两部,文科研究所之社会学部呈请教育部于三十年度起恢复等决定。10日,因陈立夫以教育部部长的身份曾三度训令联大务必遵守教育部核定应设的课程,统一全国院校教材,举行统一考试等新规定,联大教务会议以致函联大常委会的方式,反驳教育部的三度训令。此信由冯友兰执笔。

　　按:其辞曰:"敬启者,屡承示教育部二十八年十月十二日第25038号,二十八年八月十二日高壹3字第18892号、二十九年五月四日高壹1字第13471号训令,敬悉部中对于大学应设课程及考核学生成绩方法均有详细规定,其各课程亦须呈部核示。部中重视高等教育,故指示不厌其详,但准此以往则大学将直等于教育部高等教育司中一科,同人不敏,窃有未喻。夫大学为最高学府,包罗万象,要当同归而殊途,一致而百虑,岂可刻板文章,勒令从同。世界各著名大学之课程表,未有千篇一律者;即同一课程,各大学所授之内容亦未有一成不变者。惟其如此,所以能推陈出新,而学术乃可日臻进步也。如牛津、剑桥即在同一大学之中,其各学院之内容亦大不相同,彼岂不能令其整齐划一,知其不可亦不必也。今教部对于各大学束缚驰骤,有见于齐无见于畸,此同人所未喻者一也。教部为最高教育行政机关,大学为最高教育学术机关,教部可视大学研究教学之成绩,以为赏罚殿最。但如何研究教学,则宜予大学以回旋之自由。律以孙中山先生权、能分立之说,则教育部为有权者,大学为有能者,权、能分职,事乃以治。今教育部之设施,将使权能不分,责任不明,此同人所未喻者二也。教部为政府机关,当局时有进退;大学百年树人,政策设施宜常不宜变。若大学内部甚至一课程之兴废亦须听命教部,则必将受部中当局进退之影响,朝令夕改,其何以策研究之进行,肃学生之视听,而坚其心志,此同人所未喻者三也。师严而后道尊,亦可谓道尊而后师严。今教授所授之课程,必经教部之指定,其课程之内容亦须经教部之核准,使教授在学生心目中为教育部之一科员不若,在教授固已不能自展其才,在学生尤启轻视教授之念,于部中提倡导师制之意适为相反,此同人所未喻者四也。教部今日之员司多为昨日之教授,在学校则一筹不准其自展,在部中则忽然周智于万物,人非至圣,何能如此,此同人所未喻者五也。然全国公私立大学之程度不齐,教部训令或系专为比较落后之大学而发,欲为之树一标准,以便策其上进,别有苦心,亦可共谅,若果如此,可否由校呈请将本校作为第……号等训令之例外。盖本校承北大、清华、南开三校之旧,一切设施均有成规,行之多年,纵不敢谓为极有成绩,亦可谓为当无流弊,似不必轻易更张。若何之处,仍祈卓裁。此致常务委员会。"

　　冯友兰6月7日晚8时出席第八次评议会。会议审议助教10人申请留美奖学金,决定交冯友兰及叶企孙、王信忠、李继侗、杨武之、吴有训、施嘉炀组成之委员会审查;审议朱自清、浦薛凤、刘崇鋐、张席提、彭光钦、章名涛等二十九年度休假国内研究案,决定照准;审议金希武等49人函请恢复自二十六年度暂停之教授休假出国研究规定案,议决由学校相机设法办理;审议周惠久等41人函请增加薪俸待遇案,决定凡专任讲师以上二十八年度月薪在400元以下者一律增30元(以加至400元为止)。13日下午3时,出席清华第三十一次校务会议。14日下午4时,至西仓坡5号清华办事处出席国民党联大直属区分部成立大会。20日下午2时,出席清华第三十二次校务会议。4时半,出席清华聘任委员会第九次会议。21日上午10时,出席第九次评议会,讨论冯友兰与叶企孙等6人拟定之助教留美奖学金名单。24日下午3时,出席图书设计委员会理工设计委员会联席会,会议主席樊际昌。出席者还有陈雪屏、李继侗、曾昭抡、孙国华、吴有训、黄钰生、陈岱孙、陈序经、严文郁、孙云铸。7月1日下午2时,出席第十次评议会。会议推举冯友兰及叶企孙、王信忠、李继侗、杨武之、吴有训、施嘉炀、陈岱孙、庄前鼎为留美自费生奖学金申请书审查委员。10日下午3时半,列席常委会一四八次会议。会议决定成立西南联合大学师范学院附设学校筹备委员会,聘冯友兰为委员。11日傍晚,访吴宓。15日下午3时,出席清华第三十三次校务会议。4时,出席清华聘任委员会第十次会议。16日下午3时半,出席第十一次评议会。会议审议二十九年度留美自费生奖学金申请书审查委员会审查通过之给予奖学金名额,又审议教员助教增薪案,决定自下学年起再增10元。随后又出席联大教授会二十八年度第三次会议。24日,致函梅贻琦,聘请联大该年度毕业生王云亭为历史学系研究助理。26日晚7时,在文林街昆中北院为联大社群演讲会演讲"青年哲学的修养问题"。29日下午3时,出席二十八年度清华第二次教授会。会议讨论毕业生问题。4时半,出席二十九年度第一次教授会。会议继续讨论毕业生中6名有问题者,决定准予毕业。又推举下届毕业生成绩审查委员,冯友兰及雷海宗、赵访熊、萧蘧、杨武之当选。同月,冯友兰《新世训》一书由上海开明书店出版。

　　按:《新世训》又名《生活方式新论》,收有在《中学生》杂志上发表的文章10篇,另加《绪论》一篇。作者在《自序》中说:"承百代之流,而会乎当今之变。好学深思之士,心知其故,乌能已于言哉?事变以来,已写三书。曰《新理学》,讲纯粹哲学;曰《新事论》,谈文化社会问题;曰《新世训》,论生活方法,即此是也。书虽三分,义则一贯。所谓'天人之际''内圣外王之道'也。合名之曰《贞元三书》。贞元者,纪时也。当我国家民族复兴之际,所谓贞下起元之时也。我国家民族方建震古铄今之大业,譬之筑室,此三书者,或能为其壁间之一砖一石欤?是所望也。"

　　冯友兰8月7日下午4时出席联大第二届第六次校务会议。29日上午9时,在云南大学会泽院第一教室主持中国哲学会第四届年会开幕式,致开幕词并报告筹备经过。开幕词略谓因抗战本届年会未能按三届年会决定在广州中山大学召开,但到会会员中除在滇会员外,广州占多数,在滇者大多来自北平,此即两极端易相会之谓欤,会议通过向国民政府主席林森、向军事委员会委员长蒋介石致敬电,向云南省政府主席龙云致敬电,向前方将士致敬电后,由徐炳昶(旭生)宣读论文《世界文化的重估价问题》并进行讨论。30日下午2时至6时,冯友兰继续出席年会,宣读论文《人生中底境界》。31日下午5时,出席会务会议并报告编辑委员会会务,要点为《哲学评论》复刊,在上海排印,仍由开明书店发行。又听各分会报告会务。会议通过下列议案:(一)会务仍由上届理事会维持。(二)第五届年会两年后于峨眉举行。(三)会员×寿链参加伪组织,着即开除会籍。还决定设立西洋哲学名著编译委员会,由贺麟任主任委员,冯友兰及汤用彤、宗白华、张颐为委员。同日,中国哲学会第四届年会通过议案:设立西洋哲学名著编译委员会,由贺麟任主任委员;设立中国哲学研究委员会,由冯友兰任主任委员。两委员会均由蒋介石侍从室提供经费资助,蒋介石指定陶希圣为侍从室与两委员会联络员。冯友兰通过贺麟与蒋介石联系,希望在中国哲学史研究方面得到资助。不久,蒋介石即以快邮代电,要冯友兰在中国哲学会设立中国哲学研究委员会。

　　按:据冯友兰回忆《我的学术之路·冯友兰自传》(江苏文艺出版社1999年版)说:"抗日战争期间,只在1940年在昆明开过一次年会,选举中国哲学会第三届理事会理事,名单(以姓氏笔画多少为序)如下:方东美、全增嘏、汪奠基、何兆清、吴康、金岳霖(常务兼会计)、林志钧、宗白华、胡适、范寿康、冯友兰(常务)、张君劢、张东荪、汤用彤、贺麟(常务兼秘书)、黄建中。中国哲学会以《哲学评论》为本会刊物,仍由我主编。解放以后,在北京成立了中国新哲学会,原来中国哲学会的会员转入了中国新哲学会,原来的中国哲学会无形中结束了。"

　　冯友兰《论知行》8月刊于《云南日报·星期论文》。约下旬,冯友兰为联大师范学院学生总题为"生活与艺术"的系列讲座作第一讲,题为"生活的意义"。9月6日下午3时,出席清华第三十四次校务会议。14日11时,吴宓来访,谈聘钱锺书回清华事。22日下午3至6时,赴梅贻琦任教清华25周年庆祝会,会上吴宓告诉冯友兰决定留在清华。10月4日下午5时,冯友兰在西仓坡5号清华办事处出席清华第三十五次校务会议,审议经费问题。11日,出席联大教授会二十九年度第一次会议,选举第三届校务会议教授代表。16日下午5时,在西仓坡5号清华办事处出席联大第三届第一次校务会议。同月,发表《论救国道德》,提出:"所有底道德是救国底道德,所有道德底事都是救国底事。所有不道德底事都是祸国底事。所以我们主张不必特别提倡所谓救国道德。"11月3日下午4时,出席联大第三届第二次校务会议。12月11日下午4时,出席联大第三届第三次校务会议。18日下午7时,列席联大第一六五次常委会会议。会议决定筹设大学一览编辑委员会。请冯友兰为该委员会主席,黄钰生、郑天挺、查良钊、潘光旦、章廷谦、朱洪等为委员。(以上参见蔡仲德编撰《冯友兰先生年谱长编》,中华书局2014年版;左玉河编《张东荪年谱》,群言出版社2014年版)

　　金岳霖8月29日出席在云南大学召开的中国哲学会第4届年会开幕式,冯友兰主持会议并致开幕词。30 上午 9 时至 12 时,金岳霖宣读论文《势至原则》。中国哲学会年会选举第三届理事会,冯友兰、金岳霖、贺麟为常务理事。是年,《归纳原则与先验性》刊于英文 The Journal of Philosophy(《哲学杂志》)第 37 卷第 7 期(中文由邓生庆译,原载并选自《金岳霖学术论文选》,北京:中国社会科学出版社,1990)文中回应休谟提出的我们对将来类似于过去有无保证的问题,继之引罗素关于归纳原则不能归纳地得出,因为任何打算通过归纳得到这个原则显然就已经假设了这个原则。对将来类似于过去的问题据信也是一样:倘若假定了这种类似,那么我们可以证明这种类似,不假设这种类似则不能证明这种类似,再多的证明也都不能给我们以任何保证,然后说明在以下的论述中,上述这个想像中的问题其实并不成其为问题,我们乃是具有保证的;这个保证虽然不是一个重言式,其本质却是先验性的。最后指出:"不论我们的假设如何能想像,对它的实现我们却提不出肯定的根据,提不出除纯逻辑以外的别的根据。时间是不会被废除的,它乃是纯逻辑所不提供,但世界却由之而造成的已有之物、难对付的东西、具体事物以及事实基础的核心。将来永远都存在。只要有变动着的将来,也就永远有变动着的现在与过去。过去不可能被推翻,因为不论什么东西出现,都将被以这种或那种方式所接收。对已有事物的概念上的接收,乃是一个认识经验;而归纳原则乃是一条接收原则。只要时间向我们提供被接收的东西,归纳原则就将有效。它是一条先验性的原则,不过是一种与重言式不同的先验性原则。"

金岳霖是年继续写作《知识论》。所著《论道》由商务印书馆出版。作者于二十年代到四十年代在清华大学哲学系授课的 20 余年间,深入系统地研究了西方哲学的重要派别,同时也大量研读了中国的传统哲学思想,在此基础上,逐渐形成了自己的哲学体系,著成《逻辑》《论道》和《知识论》三部书。《论道》一书是其本体论系统。作者在《论道·绪论》中说:"每一文化区有它底中坚思想,每一中坚思想有它底最崇高的概念,最基本的原动力。小文化区我们不必谈到。现在这世界底大文化区只有三个:一是印度,一是希腊,一是中国。它们各有它们底中坚思想,而在它们底中坚思想中有它们底最崇高的概念与最基本的原动力。""中国思想中最崇高的概念似乎是道。所谓行道、修道、得道,都是以道为最终目标。思想和感情两方面的最基本的原动力似乎也是道。""最崇高概念的道,最基本的原动力的道决不是空的,决不会像式那样的空。道一定是实的,可是它不只是呆板地实像自然律与东西那样的实,也不只是流动地实,像情感与时间那样的实。道可以合起来说,也可以分开来说,它虽无所不包,然而它不像宇宙那样必得其全然后才能称之为宇宙。自万有之合而为道而言之,道一,自万有之各有其道而言之,道无量。""道二,仁与不仁而已矣"的道,照本书底说法,是分开来说的道。从知识这一方面说,分开来说的道非常之重要,分科治学,所研究底对象都是分开来说的道。从人事这一方面着想,分开来说的道也许更是重要,"得志与民由之,不得志独行其道"的道都是人道,照本书底说法,都是分开来说的道。可是,"如果我们从元学底对象着想,则万物一齐,孰短孰长,超形脱相,无人无我,生有自来,死而不已,而所谓道就是合起来说的道,道一的道"。这就是他的书之所以命名为《论道》的理由。《论道》一书后在重庆举行的教育部学术审议会上获奖。

按:《论道》为金岳霖的哲学代表作,出版后受到学界高度评价。周礼全在《金岳霖学术论文选》(中国社会科学出版社 1990 年版)一书序中说:"《论道》这部书的最重要概念是'道''式''能'。道大体上就是中国道家的道,式和能大体上就是朱子的理和气,也就是亚里士多德的形式和质料。道是中国思想中最崇高的概念。道就是式—能。《论道》吸取了许多中西哲学思想,其中最主要的是先秦道家和亚里士多德的哲学思想。"周礼全又在《金岳霖同志的哲学体系》(《金岳霖学术思想研究》,四川人民出版社 1987 年版)一文中说:"《论道》肯定现实世界是一个川流不息的运动变化的无穷历程。道是整个现实世界的总历程和总规律,也是现实世界中万事万物变动生灭的历程和规律。"冯友兰指出该书为"现代化与民族化融合为一,论道的体系确切是'中国哲学',而不是'哲学在中国'"(载《中国现代哲学史》,中华书局(香港)有限公司 1992 年版)。《论道》一书在重庆举行的教育部学术审议会上获奖。(以上参见王中江编《中国近代思想家文库・金岳霖卷》及附录《金岳霖年谱简编》,中国人民大学出版社 2014 年版;蔡仲德编撰《冯友兰先生年谱长编》,中华书局 2014 年版)

贺麟经北京大学校长蒋梦麟同意,借调至中央政治学校讲学半年。蒋介石让秘书发电报约见贺麟,贺麟接电报后如约飞往重庆,在黄山别墅由陈布雷陪同见到蒋介石。贺麟借此机会向蒋介石提出"西洋哲学名著翻译委员会"的经费问题,蒋介石答应拨款;蒋介石邀请贺麟留在中央政治学校任教,被贺麟婉言谢绝。1 月,贺麟《物质建设现代化与思想道德现代化》刊于《今日评论》第 3 卷第 1 期。4 月,《文化的体与用》刊于《今日评论》第 3 卷第 16 期。作者强调本文的主旨就在提供一些批评文化的概括原则,因为我们的文化批评似乎大都陷于无指针,无准则,乏亲切兴味,既少实际效果,亦难于引导到深彻的哲学领域。而由批评文化所提出的几种较流行的口号如"中学为体,西学为用""中国本位文化""全盘西化"等,似乎多基于以实用为目的的武断,而缺乏逻辑批评的工夫。所以我希望对于文化的体和用加以批评的研讨,或许可以指出批评文化的新方向,引起对付西洋文化的新态度。

> 按:贺麟明确提出不赞成"中国本位文化论",他说:"因此我们无法赞成'中国本位文化'的说法。因为文化乃人类的公产,为人人所取之不尽、用之不竭的宝藏,不能以狭义的国家作本位,应该以道,以精神,或〈以〉理性作本位。换言之,应该以文化之体作为文化的本位。不管时间之或古或今,不管地域之或中或西,只要一种文化能够启发我们的性灵,扩充我们的人格,发扬民族精神,就是我们所需要的文化。我们不需狭义的西洋文化,亦不要狭义的中国文化。我们需要文化的自身。我们需要真实无妄有体有用的活文化真文化。譬如,你写一篇科学论文,我不理会你这是中国科学抑是西洋科学,我只去考察你这篇论文是否满足任何真实的典型的科学所应具备的条件。所以我们真正需要的乃是有体有用的典型文化,能够载道显真,能够明心见性,使我们与永恒的精神价值愈益接近的文化。凡在文化领域里努力的人,他的工作和使命,应不是全盘接受西化,亦不在残缺地保守固有文化,应该力求直接贡献于人类文化,也就是直接贡献于文化本身。"

贺麟《五伦观念的新检讨》5 月刊于《战国策》第 3 期,开始提出"新心学"的基本思想,认为"现在的问题是如何从旧礼教的破瓦颓垣里,去寻找出不可毁灭的永恒的基石。在这基石上,重新建立起新人生、新社会的行为的规范和准则"。8 月 30 日上午 9 时至 12 时,在云南大学会泽院第一教室继续出席中国哲学会年会,宣读论文《论超时空》。中国哲学会年会选举第三届理事会,冯友兰、金岳霖、贺麟为常务理事。31 日,中国哲学会第 4 届年会通过议案:设立西洋哲学名著编译委员会,由贺麟任主任委员;设立中国哲学研究委员会,由冯友兰任主任委员,贺麟与汤用彤、宗白华、黄建中为委员。先是贺麟已在侍从室支持下成立西洋哲学名著编译委员会,又为冯友兰与蒋介石联系,希望在中国哲学史研究方面得到资助。9 月,《论翻译》刊于《今日评论》第 4 卷第 9 期。文中批评"自新文化运动以来,介绍西洋学术文化的基本工作——翻译事业,反而芜滥不堪,消沉已甚",然后归结其中原因,"大约有三:一因上焉者自矜创造不屑翻译,故尔沉寂。一因下焉者学问语言之培植不够,率尔操觚,视翻译为易事,故尔芜滥。三则因缺乏严正的同情的翻译批评,以鼓励好的翻译,纠正坏的翻译,也足以长养这种芜滥和沉寂的局面"。然而试就根本处着眼,我们不能不说,学术界多数人对于翻译的性质和意义,缺乏真正的了解。为中国近年来翻译事业之不振作的主要原因。所以作者认为，"要讨论翻译问题，我们首先要进一步讨论翻译所包含的哲学意义"。11月，《时空与超时空》刊于《哲学评论》第7卷第4期，旨在探索时空与超时空的内涵、关系与意义。是年，《德国三大哲人处国难时之态度》由重庆独立出版社刊行。

按：《时空与超时空》认为"西洋人注重时空，东方人注重超时空。古代人注重超时空，近代精神则注重时空。宗教、艺术、哲学中注重超时空，科学、政治、经济、实业则注重时空。时空重要，超时空亦重要。对于时空问题的研究不可忽视；对于超时空问题的研究，对于超时空襟怀的养成，亦不可忽视。研究时空以与超时空留地步，研究超时空以为时空奠基础，就是本文的旨趣"，最后揭示"所谓超时空之真义，不在于超绝时空，知行与任何时空不相干，堕入虚无寂灭之域，乃即在于运用理性以把握时空，决定时空，使时空成为表现理性法则之工具也"。（以上参见高全喜编《中国近代思想家文库·贺麟卷》及附录《贺麟年谱简编》，中国人民大学出版社2014年版；蔡仲德编撰《冯友兰先生年谱长编》，中华书局2014年版）

汤用彤的《魏晋玄学研究两篇》刊于1月20日在昆明出版的《国立北京大学四十周年纪念论文集》，即《魏晋玄学流别略论》和《向郭义之庄周与孔子》。6月，钱穆《国史大纲》出版，前言提及汤用彤。8月31日上午9时至12时，继续出席在昆明开的中国哲学会年会。会议由吴康主持，由汪奠基、汤用彤、石峻宣读论文，然后讨论。中国哲学会年会选举第三届理事会，汤用彤、宗白华、胡适、张君劢、张东荪、方东美等为理事。会议还决定设立西洋哲学名著编译委员会，由贺麟任主任委员，汤用彤与冯友兰、宗白华、张颐为委员；设立中国哲学研究委员会，由冯友兰任主任委员，汤用彤、贺麟、宗白华、黄建中为委员。12月17日，汤用彤致函胡适，除庆贺其50大寿，更主要是从学科建设出发，阐述北大在战时应采取的办学方针和具体措施。此时，汤用彤指导王明研究道教。后王明成《〈太平经〉合校》，成为研究道教的必读资料。是年，汤用彤对魏晋玄学的研究颇有进展。《读〈人物志〉》一文经修订后，定名为《读刘劭〈人物志〉》刊于《图书季刊》新2卷1期。（参见汤一、赵建永编《中国近代思想家文库·汤用彤卷》及附录《汤用彤年谱简编》，中国人民大学出版社2015年版；蔡仲德编撰《冯友兰先生年谱长编》，中华书局2014年版）

陈铨、林同济、雷海宗等创办的《战国策》半月刊4月1日在昆明创刊，创刊号载有陈铨的《浮士德精神》和林同济《战国时代的重演》等文，标志着"战国策派"形成。《战国策》之刊名，源于雷海宗以文化形态史观推演出当今世界乃是古代中国"战国时代的重演"，创办者们希望以积极入世的态度，纵论时局，为国家、民族之"策士"。15日，《战国策》第2期"本刊启事"申明："本社同人，鉴于国势危殆，非提倡及研讨战国时代之政治无以自存自强……本刊有如一'交响曲'，以大政治为'力母题'，抱定非红非白，非左非右，民族至上，国家至上之主旨，向吾国在世界上政治角逐中取得胜利之途迈进"。"战国策派""办刊的宗旨是战时文化重建，他们力图以一种超越的目光去看二战时期的世界形势，把战争说成是民族竞争，是国力的竞争，似乎并不在意战争性质的正义或非正义之分。然而其根本出发点仍在于反对法西斯的侵略战争，在于中华民族的振兴"。"他们还认为文化重建的目的在于改造孱弱的国民性，办法就是从我国传统文化主要是'战国文化'中吸取活力，同时以世界一些民族文化的重建经验作为借镜。他们所设想的文化重建'办法'，其实也还是比较空泛、不切实的。但不能不承认他们的文化视野比较开阔，特别是他们对于文化历史形态的考察，对于传统文化积弊与活力的分析，以及对中西文化的比较，都提出过一些独特的见解。"由于"战国策"派"采用德国施本格勒的'文化形态史观'，对中国和世界各国的历史与文化进行比较研究，说明历史发展的特点，因而又自诩为'比较历史家'。因此，他们受到猛烈的批评，被视为法西斯主义的同谋。批评者认为，他们把世界反法西斯战争比附为战国时代，而且推断战争必然招致一个类似于秦朝那样的'世界大帝国'的出现，是极其荒诞的，'完全是希特勒法西斯侵略主义的应声虫'。希特勒、墨索里尼与日本军阀狂热地歌颂'战'是不足为奇的，而这样的鼓吹出自我们那些教授之口，只是一种'呓语'，'我们的抗战，恰恰不是为了战争，而是为消灭侵略的战争，这才是正义的战争，值得歌颂的战争'。'战国策'派反对理性主义，鼓吹英雄史观，把'力量'与'天才'说成是一切的中心，'这恰好是符合于法西斯"力"的哲学理论的'，'是尼采的"超人"和"权力意志"在中国的翻版'"。

　　按：《战国策》自创刊至 1941 年 4 月 4 日停刊时共出版了 17 期。后来诸人又编辑重庆《大公报·战国副刊》，每周 1 期，从 1941 年 12 月 3 日起到 1942 年 7 月 1 日止，共出了 31 期。因此而得名"战国策"派。1943 年 7 月，他们又创办《民族文学》杂志，仅出版 5 期便停刊。上述三个刊物是战国策派的主要阵地。（参见丁晓萍、温儒敏：《"战国策派"的文化反思与重建构想》（代前言），载温儒敏，丁晓萍：《时代之波——战国策派文化论著辑要》，中国广播电视出版社 1995 年版；江沛，刘忠良编《中国近代思想家文库·雷海宗、林同济卷》及附录《雷海宗年谱简编》《林同济年谱简编》，中国人民大学出版社 2014 年版；马瑞洁、江沛《雷海宗年谱简编》，载王京州编《河北近现代学者年谱辑要》，国家图书馆出版社 2017 年版；王学典《20 世纪史学编年（1900—1949）》，商务印书馆 2014 年版；齐家莹编《清华人文学科年谱》，清华大学出版社 1999 年版；文天行编《国统区抗战文艺运动大事记》，四川省社会科学院出版社 1985 年版）

　　陈铨 4 月 1 日在《战国策》创刊号发表《浮士德精神》。5 月 1 日，陈铨《叔本华的贡献》刊于《战国策》第 3 期。15 日，陈铨《论英雄崇拜》刊于《战国策》第 4 期。文章认为："怎么样改变教育方针，怎么样打破中国士大夫阶级腐化的风气，怎么样发扬中国民族潜在的精神，怎样养成英雄崇拜的风气，这就是中国目前最切急的问题。"同期还载有陈铨（署名唐密）《寂寞的易卜生》一文。6 月 25 日，陈铨《德国民族的性格和思想》刊于《战国策》第 6 期。7 月 10 日，陈铨《尼采的思想》刊于《战国策》第 7 期。14 日，陈铨《叔本华与红楼梦》刊于《今日评论》第 4 卷第 2 期。25 日，陈铨《尼采心目中的女性》刊于《战国策》第 8 期。8 月 5 日，陈铨《尼采的政治思想》刊于《战国策》第 9 期。9 月 8 日，陈铨《论新文学》刊于《今日评论》第 4 卷第 2 期。15 日，陈铨《尼采的道德观念》刊于《战国策》第 12 期。22 日，陈铨《论新文学》刊于《今日评论》第 4 卷第 12 期。同月，陈铨、戴世光被推选为 1940 年度教授评议员。10 月 1 日，陈铨《狂飙时代的德国文学》刊于《战国策》第 13 期。11 月 1 日，陈铨《狂飙时代的席勒》刊于《战国策》第 14 期。（以上参见齐家莹编《清华人文学科年谱》，清华大学出版社 1999 年版）

　　雷海宗 2 月整理旧作编成《中国文化与中国的兵》由商务印书馆出版。书内收有其在《清华学报》和《社会科学》等杂志上发表的《皇族制度之成立》《中国的兵》《无兵的文化》《断代问题与中国历史的分期》《世袭以外的大位继承法》《中国的家族制度》《此次抗战在历史上的地位》等文章，分为上下两编，上编侧重对中国文化的批判及展望，下编则是对于中日战争在中国文化发展史、中国近现代历史上举足轻重地位的分析，集中体现了雷海宗所借鉴"文化形态史观"的独特理论方法、"中国文化二周论"的文化思想及敏锐的社会批判意识，是其作为"战国策"派核心人物的代表作品。作者认为，历史研究"第一步关键工夫就是要断定文化的体系"，世界历史可以分为 7 个文化体系，中国是其中之一；研究的第二步是对不同形态的文化进行比较。"一个文化区由成立到统一，大致不能少于 1000 年，不能多于 1500 年"，根据这一理论，则中国四千年的文化早应灭亡，但作者提出了"中国文化独具二周"说。目前中国"正在结束第二周的传统文化，建设第三周的崭新文化"，但是，"二千年来，中华民族所种的病根太深，非忍受一次彻底澄清的刀兵水火的洗礼，万难洗净过去的一切肮脏污浊,万难创造民族的新生"。抗战以来,中华民族表现出惊人的潜力,"最后决战的胜利确有很大的把握"。

按:《中国文化与中国的兵》历述自春秋、战国直至东汉时代的兵制,指出中国古代军队的构成由贵族、良民到贫民、流民,再到囚犯、外族,乃至"想用法术一类的把戏去打仗",终于陷入"兵匪不分,军民互相仇视的变态局面"。认为无兵的文化导致"外族的势力根深蒂固,无从斩除;中国内部的病势过于沉重,难以根治",外族入侵不断使社会时常陷入大动乱,全凭汉文化对游牧文化的优势勉强应付。至清末,面对文化上更先进的西洋外族,不再拥有文化优势的中华民族终于不得不面对前所未有的严重挑战。他由是断言"这种长期积弱的原因或者很复杂,但最少由外表来看,东汉以下永未解决的兵的问题是主要的原因"。"无兵的文化"观点既出,学界褒贬不一、争鸣不断。张其昀以两千年来中国兵役与兵制的常态提出质疑,也不少文化人表示赞同。梁漱溟并撰文指出,雷海宗触动了中国古典文化的一大症结:中国"无论其积弱之因何在,总不出乎它的文化。看它的文化非不高,而偏于此一大问题,少有确当安排,则调用之'无兵的文化',谓其积弱正坐此,抑有何不可?"

按:雷海宗是中国第一位文化形态历史学家。雷海宗等的文化形态史观,目的是要通过比较中国文化与世界文化的异同,诊治中国旧文化的弊病,以迎接西方新文化的挑战。文化形态史观在抗战时期的兴起,反映出学者的爱国情怀。文化形态史观多元论的观点也突破了历史发展单线论的模式,主张历史的多元性。雷海宗强调各个文化的特殊性,反对用单一的线索划分人类社会的历史。这是历史理论上的一大进步。与本书相关的尚有1946年5月上海大东书局出版的论文集《文化形态史观》。

雷海宗4月与西南联大陈铨、云南大学林同济教授等共同创办《战国策》杂志,为"战国策派"主将。6月,在《战国策》半月刊上发表《张伯伦与楚怀王——东西一揆?》以楚怀王类比英国首相张伯伦,批评其面对德国法西斯犹疑彷徨导致被动。9月1日,雷海宗在《战国策》第11期发表《历史警觉性的时限》,文中批评只重考证训诂的历史之学,提出:"多年来中国学术界有意无意间受了实验主义的影响,把许多问题看得太机械、太简单。以史学为例:一般认繁琐的考证或事实的堆砌为历史的人,根本可以不论;即或是知道于事实之外须求道理的学者,也往往以为事实搜集得相当多之后,这道理自然就能看得出来,实际恐怕绝不如此。"认为"历史的了解,虽凭借传统记载的事实,但了解程序的本身是一种人心内在的活动,一种时代精神的哲学表现,一种整个宇宙人生观应用于过去事实的思维反应。生于某一时代,若对那一时代一切的知识、欲望、思想,与信仰而全不了解,则绝无明瞭历史的能力""历史的了解是了解整个人格与时代精神的一种表现,并非专由乱纸堆中所能找出的一种知识""中国的乱纸堆,二千年来堆得太高,若必要把许多毫无价值的问题都考证清楚,然后再从事综合了解的工作,恐怕是到人类消灭时也不能完成的一种企图"。鉴此,作者疾声呼吁道:"有心的人,为何不抖去由堆满败简残篇的斗室中所沾的灰尘,来到海阔天空的世界大吸一口新鲜的空气!"10月11日,召开西南联大教授会,选举第3届校务会议代表。雷海宗、叶公超、汤用彤、姚从吾等12人当选为候补代表。(以上参见江沛、刘忠良编《中国近代思想家文库·雷海宗、林同济卷》及附录《雷海宗年谱简编》,中国人民大学出版社2014年版;马瑞洁、江沛《雷海宗年谱简编》,载王京州编《河北近现代学者年谱辑要》,国家图书馆出版社2017年版;丁晓萍、温儒敏,《"战国策派"的文化反思与重建构想》(代前言),载温儒敏,丁晓萍,《时代之波——战国策派文化论著辑要》,中国广播电视出版社1995年版;王学典《20世纪史学编年(1900—1949)》,商务印书馆2014年版;齐家莹编《清华人文学科年谱》,清华大学出版社1999年版)

沈从文2月26日致信沈云麓:"我杂事过多,近又同朋友办一杂志,每月必有一万字文章缴卷,一年要万多印刷费,经费不困难,只是邮运极不便利,分配刊物到各处,恐不大方便。"这里所提到的与朋友一起办的杂志即为同年4月1日创刊的《战国策》,沈从文负责编辑文艺稿件,编委还有冯至、贺麟等。此为沈从文最早谈到他与《战国策》杂志关系的文字,后来在次年2月3日给施蛰存的信中,他又再一次说到自己和林同济在办《战国策》。4月15日,《白话文问题——过去当前和未来检视》刊于《战国策》第2期。月底,作《"五四"二十年》,刊于5月4日香港《大公报·文艺》第830期,以及5月5日昆明《中央日报·五四青年节特刊》。文中指出:"五四运动是中国知识分子领导的'思想解放'与'社会改造'运动,当时要求的方面多,就中对教育最有关系一项,是'工具'的运动,即文学革命。""可是文学革命运动,从建设方面看,固然影响大,成就多,从破坏方面看,也不可免有许多痛心现象。新工具既能广泛普遍的运用,由于'滥用'与'误用'结果,便引出许多问题。从大处言,譬如北伐成功后国内因思想分歧引起的内战,壮丁大规模的死亡,优秀青年大规模的死亡,以及国富国力无可计量破坏耗损,就无一不与工具滥用、误用有关。从小处言,'学术'或'文化'两个名辞,近十年来,在唯利是图的商贾和似通非通的文化人手中,常弄得非驴非马,由于误解曲解,分布了万千印刷物到各方面去,这些东西的流行,即说明真正的学术文化的发展,已受到了何等不良影响。所以纪念五四,最有意义的事,无过于从'工具'的检视入手。"5月1日,沈从文作《文运的重建》刊于5月4日昆明《中央日报》。

　　沈从文6月1日在《战国策》第5期发表《读英雄崇拜》,对上一期陈铨的《论英雄崇拜》一文鼓吹领袖崇拜提出批评。上海版的《战国策》在发表这篇文章时,编者在题目下加了按语:"我们希望读者看了陈铨先生原文和沈从文先生这篇反辩之后,可以得到相当兴趣,参加讨论本题。"3日,萧乾致信时在美国的胡适,自述"读书上最好的老师今甫先生,写作上最好的老师从文先生"。16日,《从徐志摩作品学习"抒情"》刊于《国文月刊》创刊号。同月,为了节省开支,沈从文从北门街住处搬出,迁到翠湖北面的文林街师范学院宿舍。当时与沈从文同住的还有孙毓棠和卞之琳。8月5日,《新的文学运动与新的文学观》刊于《战国策》第9期。文章重申了5月4日发表的《文运的重建》一文中的观点,提出应把"文运从'商场'与'官场'中解放出来,再次与'学术''教育'携手"。15日,演讲稿《小说的作者和读者》刊于《战国策》第10期。16日下午3点,出席在西南联大昆中北院南食堂召开的西南联大教授会民国二十八学年度第三次会议。9月16日,《从周作人鲁迅作品学习抒情》刊于《国文月刊》第1卷第2期。文章发表后,聂绀弩在12月1日的《野草》月刊发表《从沈从文笔下看鲁迅》,对沈从文文中认为鲁迅"充满对人事的厌憎,感情有所蔽塞,多激愤,易恼怒",因而其作品"大部分是骂世文章"的看法,提出了激烈的批评。10月1日,沈从文《谈家庭》刊于《战国策》第13期,文中认为当时的妇女争解放问题,"从一个较新观点来解释",不过是一部分人"想要一个家而得不到,或有了个家又太不像家,因此有问题。解决它并不十分困难,还是从'家'着手"。主张男子要"努力安排一个家",学作一个模范丈夫,这样"方可望女子乐其家室",从而使妇女运动"从'对立'的形式一变而为'合作'的要求"。10月7日,西南联大文、理、法商、师范学院学生开始上课。

　　沈从文10月16日在《国文月刊》第1卷第3期发表《由冰心到废名》。27日,《男女平等》刊于昆明《中央日报·中央副刊》第9期。文中重申了本月16号在《战国策》上发表的《谈家庭》中的观点。沈从文这两篇文章传到桂林后,被认为是鼓吹"女人的真正位置是在家里",引起左翼作家聂绀弩、何家槐、葛琴等人的不同看法,纷纷在《力报·新垦地》上著文反驳,形成了一场关于女权问题的大辩论。后来聂绀弩把双方文章编成一本《女权论辩》,由桂林白虹书店出版。11月20日,战国策社为范长江举行晚餐会,沈从文和林同济、陈铨、何永佶等出席。10—11月，上海一通书局相继以"三通小丛书"名义盗印出版了沈从文的两个小说集《我的教育》和《绅士的太太》。12月30日，《废邮存底——给一个广东朋友》刊于香港《大公报·文艺》第1000期，文中谴责了日本帝国主义所扶持的王克敏、汪精卫一伙民族败类，赞扬爱国知识分子在"优秀图书馆员的薪给，不如资源委员会的门房""学有专长教授的薪给，不如昆明市的堂信和理发师"的困苦生活中仍坚持抗战的崇高精神。同月，由石敏(Shih Ming)翻译的英文版《乡城》刊于上海中山文化教育促进会所办的《天下》月刊第11卷第3期。冬，沈从文开始陆续修订旧作，准备编为全集出版。是年，上海星光出版社盗印出版了一本沈从文小说集《过岭者》。(以上参见吴世勇编《沈从文年谱》，天津人民出版社2006年版)

　　钱端升2月出席太平洋学会后自美返国。途经香港时再次拜访蔡元培。3月29日，宪政期成会在综合各方意见的基础上最终完成了对"五五宪草"的修改工作，与罗隆基、罗文干、陶孟和、周炳琳、傅斯年、张奚若、杨振声、任鸿隽等8名参政员共同署名，正式提出《五宪草修正案》。4月，出席第一届国民参政会第五次大会，担任第四组财政经济组审委会委员，并领衔参与以下提案：《调整运输机构提高运输效率以利货运而平物价案》《设法利用国人存放国外之资金以增厚金融力量而平抑物价案》。5月26日，在《今日评论》第3卷第21期上发表《制宪与行宪》，认为继续制宪工作不但无必要而且有害，莫若制定三个宪律而即予实行，以树立制度精神，加强民意机关。6月9日，钱端升在《今日评论》第3卷第23期发表《论党》，主张将三民主义确认为中华民国立国之道，而不单单是国民党的党义，一党制度即可停止，而多党制度即可开始；但在抗战期内，各小党仍应承认国民党的领导权而暂不进行政权之争。24日，受聘为西南联大行政研究室主任。同月间，与张伯苓等数十名参政员以私人名义致电英国国会议员，阻止对日妥协。9月25日，以私人名义致电英国国会议员，指陈滇缅公路对中国抗战建国及英国远东权益之重要性，呼吁英国重行对滇缅路无条件开放。同月，与周世述、龚祥瑞、戴修瓒组建西南联合大学行政研究室委员会，任主席。10月11日，被西南联大教授会选举为出席第三届校务会议之教授代表。11月12日，致函在美国的胡适、周鲠生，谈到日本南进的可能性。12月23日，当选第二届国民参政会参政员。(参见孙宏云编《中国近代思想家文库·钱端升卷》，及附录《钱端升年谱简编》，中国人民大学出版社2014年版)

　　张荫麟2月作《中国史纲》上册自序。序中介绍："这本书的开始属草，是在卢沟桥事变之前二年，这部书的开始刊布，是在事变之后将近三年。现在发表一部新的中国通史，无论就中国史本身的发展上看，或就中国史学的发展上看，都可说是恰当其时。"序中阐释了其"通史方法论"和"历史哲学的纲领"，认为："最能'提要'的通史，最能按照史事之重要的程度以为详略的通史，就是选材最合当的通史。"在次年3月所作的《中国史纲》初版自序中写道："作者写此书时所悬鹄的如下：(1)融会前人研究结果和作者玩索所得。以说故事的方式出之，不参入考证，不引用或采用前人叙述的成文，即原始文件的载录亦力求节省；(2)选择少数的节目为主题，给每一所选的节目以相当透彻的叙述，这些节目以外的大事，只概略地涉及以为背景；(3)社会的变迁，思想的贡献，和若干重大人物的性格，兼顾并详。"《中国史纲》的初稿曾在《大公报》上发表过部分章节。此著作为张荫麟多年研究史学的重要成果。

　　按：张荫麟为完成此书，他曾向清华请长假，专事著述。《中国史纲》上册(即上古篇)于1941年3月由浙江大学史地教研室出版;后重庆书店及正中书店再版;1953年台北中华书局出版;1955年10月三联书店再次出版。此书出版后受到了国内外学者的重视,赢得了诸多赞誉。苏联学者鲁宾在《评张荫麟〈中国史纲〉》中评价:"把科学的解释和通俗性成功地结合起来也是《中国史纲》的一个突出优点。""如果估计到中国古代史料的复杂性以及几千年形成的儒家的历史编纂学的影响——有时甚至于那些努力运用马克思主义的观点来阐明中国古代史的历史学家们也还不容易从他们的影响之下出来——那么就应该大为赞扬著作的才能已达到了高度科学水平,同时又能生动地、引人入胜地、简洁地讲述古代中国历史的变迁。"(载《张荫麟文集》)张云台在《张荫麟先生及其著述》一文中总结《中国史纲》的特点是:"高度概括与具体生动的巧妙结合""对历史人物,不以情感褒贬的客观态度""'知古是为了知今'是写这本书的目的";是"具备文学特色的史学著作"(载《张荫麟文集》)。贺麟在《我所认识的荫麟》一文中说:"在学术钻研方面,他博学不厌,勤勉奋发,从未稍懈,他立志作第一等人,终能在史学界取得第一流的地位。他的《中国史纲》,虽仅部分完成,是他人格学问思想文章的最高表现和具体结晶。书中有真挚感人的热情,有促进社会福利的理想,有简洁优美的文字,有淹博专精的学问,有透彻通达的思想与识见。"(载1943年3月《思想与时代》月刊第20期)

　　张荫麟5月30日在《益世报》发表《南宋之军队》《五代时波斯人之华北》。6月13日,张荫麟在《益世报》发表《刘锜越顺昌之战》自序。26日,联大第147次常委会,议决聘张荫麟为文学院历史学系及师范学院史地系教授。7月,张荫麟因待遇问题而感觉心情不快,离开清华,到遵义浙江大学任教。是年,张荫麟还著有以下论文:《近代西洋史学之趋势》刊于《中国青年》月刊第1卷第5—6期合刊;《历史哲学之根本问题》刊于《哲学评论》第7卷第2期;《归纳逻辑新论发端》刊于《哲学评论》第7卷第4期;《陆九渊》刊于《益世报》。(以上参见齐家莹编《清华人文学科年谱》,清华大学出版社1999年版)

　　吴晗的《西汉经济状况》2月由大东书局出版。吴晗先是在上海中国公学社会历史系选修胡适主讲的"中国文化史"课,于1930年春撰成论文——《西汉经济状况》。胡适对此文十分赏识,将其推荐给大东书局出版,并亲自题写书名。此书全面考察了西汉时期的经济生活,涵括财政、平民生活、经济政策、均产政策、土地制度、赋税制度、货币制度、人口问题、都市问题和农业灾害等10个主题,并以西汉黄金问题、移民统计为附录。《西汉经济状况》最为引人注目的特征,是借取社会学、经济学和统计学等社会科学的原理和方法来解析历史问题。3月,参与发起《史学季刊》的创刊。9月26日,吴晗作《论〈明实录〉》,后刊于1948年9月《中央研究院历史语言研究所集刊》第18期。吴晗说此文"不标考者,以求书不易,志阙疑也""作者参对实录,取各家之言,对史实进行考证"。至此之后,吴晗"政治观点逐步转变,学术观点、写作方法也便随着转变",说"政治来过问我了""此后写考据文章就很少了。"秋,吴晗在四川叙永分校开"中国通史"课,他将此课程分为从石器时代到抗战建国12个大题目,"史实叙述侧重在每个制度形成发展和失败的原因,常提到农民的痛苦生活和暴动反抗""吴晗的教学方法,和张荫麟把四千年历史分成若干专题的做法是有关的",避免历史课教学中小学、初中、高中、大学过多重复,"是他在三十年代和张荫麟关于大、中小学历史课内容改革的一种实践。这种讲课方法虽说系统性差些,但由于吴晗口才好,讲课深入浅出,学生对他的课很欢迎"。(参见夏鼐《吴晗的学术生涯》,浙江人民出版社1984年版;王学典《20世纪史学编年(1900—1949)》,商务印书馆2014年版;齐家莹编《清华人文学科年谱》,清华大学出版社1999年版)

　　郑天挺1月因沈履赴四川大学襄理校务,接任西南联大总务长。1月9日晚,梅贻琦校长为沈履举办晚餐会。梅贻琦诸人推荐由郑天挺继任,先让汤用彤来探询郑天挺意。郑天挺表示还是专心教书,致力研究明清史,行政事绝不就,汤亦以为然。罗常培也劝郑天挺不就,更坚定了郑天挺的决心。但联大常委会议悄然通过,聘书已送来。梅多次找郑天挺,郑天挺尽力躲避。校方领导黄子坚、查良钊、冯友兰、杨振声诸人也来劝驾,且有"斯人不出,如苍生何"之语。郑天挺虽多次上书,希望专事学问。事情往返周旋多次,仍然无效,北大的领导又以照顾三校关系为由,力促上任。郑天挺遂应允就职。2月,郑天挺、查良钊、樊际昌、黄钰生、李辑祥、毕正宣、潘光旦为西南联合大学教职员食米消费合作社筹备委员,郑天挺为召集人。(参见郑天挺《南迁岁月——我在联大的八年》,《郑天挺先生百年诞辰纪念文集》,中华书局2000年版;季培刚编著《杨振声编年事辑初稿》,黄河出版社2007年版)

查良钊、黄钰生、樊际昌、郑天挺、李辑祥、毕正宣、潘光旦2月为西南联合大学教职员食米消费合作社筹备委员,郑天挺为召集人。4月23日,查良钊、黄钰生赴重庆参加第二届全国高等师范教育会议。7月,黄钰生、冯友兰、吴有训、查良钊、陈雪屏任西南联合大学师范学院附设学校筹备委员会委员,黄钰生为召集人。8月28日,樊际昌赴澄江,筹备西南联合大学分校,以便一年级及先修班学生移往上课,免除空袭危险。同日,叶企孙、周炳琳、杨石先赴四川考察西南联合大学之迁校校址,为必要时迁川作准备。(参见齐家莹编《清华人文学科年谱》,清华大学出版社1999年版)

刘崇鋐6月8日出席清华第30次校务会议。同日,刘崇鋐呈清华大学评议会,申请休假并报研究计划,说:"十余年来,鋐所授课多属欧洲十九世纪史及英国史范围,近来颇思根据所集教材,编一《十九世纪英国史》。惟自问有若干方面需要补充。盖寻常逐日上课,逐日准备,常苦时间匆促,有读书不能详尽透澈之憾。兹若得许休假,拟以较充裕时间先研究两方面:(一)十九世纪英国之自由思潮。自由主义在十九世纪为英国政治进展之中心线索,对于欧洲其他国家,以及全世界,亦有相当影响,拟详究其演化之过程及其盛衰之原因。""(二)十九世纪中英两国关系。关于此方面之记述与讨论,中文书籍已颇不少,惟对于近年英美之出版重要著作"及"英方之原始资料""亦似尚未充分用及。今拟尽所能用此种资料,求明了英方之观点与立场,或可补充与纠正国人以往之论著""本年拟致力此两方面,若得相当成绩,将先写成论文,并根据以为编著全书之基础。"6月17日,清华第8次评议会审议通过了朱自清、刘崇鋐等1940年度休假国内研究案。7月10日,刘崇鋐一再请辞历史学系及师范学院史地系主任职,聘请雷海宗为历史学系及师范学院史地系主任。(参见齐家莹编《清华人文学科年谱》,清华大学出版社1999年版)

潘光旦《节约运动与民族》刊于《今日评论》第3卷第9期。5月,《所谓教师的思想问题》刊于《今日评论》第3卷第20期,与国民党中央宣传部部长潘公展在重庆版与昆明版《中央日报》上的文章《教育上两个迫切问题》商榷。西南联大青年教师丁则良在《今日评论》第3卷第23期发表《关于教师的思想问题》一文,对潘光旦文观点多有肯定。夏,开始编译《优生原理》。此书前7章内容主要是以美国学者普本拿与约翰逊合著的《应用优生学》1933年修订本为蓝本编译的,第8章属于自著,将1935年的一本小册子《宗教与优生》容纳进来,改题为《人文选择二——宗教之例》。此书为潘光旦长期从事优生学教学研究活动的最后结晶。10月11日,召开西南联大教授会,选举第3届校务会议代表。陈福田、潘光旦、罗常培、钱端升等12人当选为代表。11月24日,潘光旦《人口品质的一个政策》刊于《今日评论》第4卷第21期。12月18日,召开联大常委会第165次会议。决定筹设"大学一览编辑委员会",请冯友兰、潘光旦等7人为该会会员。(参见吕文浩编《中国近代思想家文库·潘光旦卷》及附录《潘光旦年谱简编》,中国人民大学出版社2015年版;齐家莹编《清华人文学科年谱》,清华大学出版社1999年版)

陈序经1月14日在《今日评论》第3卷第2期发表《暹罗与华侨》。2月16日,在《新经济》第3卷第4期发表《暹罗的人口与华侨》。2月,在《外交研究》第2卷第2期发表《暹罗的汰族主义与暹化华侨》。3月,在《时事月报》第22卷第2期发表《暹罗与英法》。5月5日,在昆明《中央日报》发表《纪念"五四"运动感言》,其曰:"'五四'运动是青年反巴黎和约的签字,与曹、陆、章们的亲日的政策。这本来是一种政治的表示,然而这种政治的表示,又可以说是那个时代的新文化运动的反映。""这个运动之所以重要,不只是因为它能根本的主张西化,而且彻底的批评中国固有的文化。""廿余年来倭寇的侵略既日趋日极,而汉奸的把戏又日唱日多,所以今日的国人,而尤其是青年们,所负的责任比之廿年前的人们的重大得多。这又是纪念'五四'运动的青年们所要特别注意的。"6月4日,在澄江真理学会讲演《谈读书方法》(刊于9月《读书知识》第1卷第6期),由李僚新君笔记。其曰:读书要做到口到、心到、耳到、眼到、手到外,尤需脚到,并强调学习本国语言及外语的重要性。暑假,预备从安南到暹罗、马来半岛、新加坡,经缅甸回国。然到暹罗边境却染病,滞留柬埔寨首都金塔、河仙亲戚家里,调养月余回昆明。9月,陈序经、郑天挺、查良钊、吴有训、施嘉炀、黄钰生、杨石先、严文郁、毕正宣为西南联合大学迁校委员会委员,陈序经为主席。同月15日,陈序经在《今日评论》第4卷第11期发表《越南与日本》。(参见田彤编《中国近代思想家文库·陈序经卷》及附录《陈序经年谱简编》,中国人民大学出版社2014年版)

周炳琳、叶企孙、陈福田、陈雪屏、罗常培、王裕光、陈岱孙、潘光旦、钱端升、张景钺、张奚若、郑华炽等12人10月11日当选为西南联大校务会议教授代表,叶公超、萧蘧、雷海宗、杨武之、杨石先、庄前鼎、汤用彤、燕树棠、戴修瓒、赵迺抟、姚从吾、崔书琴等12人当选为候补代表。(参见齐家莹编《清华人文学科年谱》,清华大学出版社1999年版)

罗隆基、陶孟和、周炳琳、傅斯年、钱端升、张奚若、杨振声、任鸿隽9位参政员3月向宪政期成会正式提出《五五宪草修正案》。留昆期成会会员陶孟和、周炳琳、傅斯年、罗隆基诸先生及罗文干等自渝返昆后,即集会研究,并推罗隆基主稿。稿成后,讨论数月,几经修正。留昆参政员张奚若、杨振声、任鸿隽于讨论时,均肯惠然参加。留昆期成会会员钱端升于3月从美返回、阅览全稿,亦表赞同,兹将定稿付印。

按:据罗文干《五五宪草之修正序言》(1940年4月10日《再生》第45期)所述:留昆期成会会员陶孟和、周炳琳、傅斯年、罗隆基诸先生及文干等,自渝返昆后,即集会研究,并推罗隆基先生主稿。稿成后,讨论数月,几经修正。留昆参政员张奚若、杨振声、任鸿隽三先生,于讨论时,均肯惠然参加。留昆期成会会员钱端升先生于3月从美返回、阅览全稿,亦表赞同,兹将定稿付印。(参见陈波《"期成宪草"探微——抗战时期民主宪政运动的重要成果》,《湖北大学学报》2000年第3期;季培刚编著《杨振声编年事辑初稿》,黄河出版社2007年版;蓬莱市历史文化研究会《杨振声编年事辑初稿》,黄河出版社2007年版)

杨振声继续任西南联合大学常务委员会委员兼秘书长。1月9日下午,出席常务委员会第一三二次会议。25日,朱自清来访。3月8日,到昆中北院南食堂出席二十八年度第二次教授会议。70位教授代表出席,主席梅贻琦。11日,参加西南联合大学公祭蔡元培先生大会。会上周炳琳等致悼词。7月17日下午3时,参加常务委员会第一四九次会议。会上遵照教育部指示,开始作万一必要之迁校准备。当时法国投降,日军进入越南(时称安南),滇边紧张。8月16日下午3时,在昆中北院南食堂出席二十八年度第三次教授会议,84位教授代表出席,主席梅贻琦。9月9日,教育部又派员来商洽迁校问题。同日,参加常务委员会在西仓坡五号清华大学办事处第一五四次会议。24日晚,访汤用彤。当时吴宓亦至汤宅,此前吴宓拟赴浙江大学,后又决定留在联大。10月初,四川政府来电,表示欢迎西南联大迁入四川。当天常委会议决定,派樊际昌、黄钰生赴四川勘察新校舍。11 日晚 7 时半,到昆北南食堂出席二十九年度第一次教授会议,45 位教授代表参加,主席为梅贻琦。

杨振声与周炳琳、赵遁抟、吴大猷、饶毓泰、孙云铸、戴修瓒、张景钺、崔芝兰、雷海宗等教授是年秋住进教授临时宿舍,当时因日军空袭频繁,北大在岗头村盖了两排七间简陋的教授临时宿舍。本年度为中文系四年级学生开选修课"陶谢诗"。10 月 30 日,沈履、樊际昌、黄钰生来函报告在叙永、泸县一带勘察校舍的情形。常委会决定将理学院及师范学院一部迁到晋宁,文学院、法学院及师范学院一部筹备迁往澄江。11 月 13 日晚 7 时,在西仓坡五号清华大学办事处参加常务委员会第一六一次会议。会上决定在四川叙永成立分校,杨振声被聘请担任分校主任。同时成立分校校务委员会,请杨振声、陈嘉、郑华炽、蒋硕民、吴之椿为委员,杨振声任主席。限令联大一年级学生于 12 月 20 日之前到叙永分校报到。20 日晚 7 时,参加常务委员会第一六二次会议。27 日晚 7 时,参加常务委员会第一六三次会议。12 月 11 日下午 4 时,出席第三届第二次校务会议。18 日晚 7 时,参加常务委员会第一六三次会议。23 日,国民政府公布第二届国民参政会参政员名单,杨振声为"依照国民参政会组织条例第三条甲项遴选者"中的青岛市代表。未久,杨振声与刘本钊父女等从昆明至四川叙永,租小街子 50 号一民房暂住。是年,杨振声主编的中小学教材完成,与吴晗主编历史教科书等一起送交重庆教育部;教育部公布《重行修正初、高中国文课程标准》,该《标准》部聘及征询专家 28 人,其中有朱家骅、常道直、杨振声、张道藩、陆志韦等。杨振声、陆志韦等均给国文科提出具体意见。

按:此前,教育部已另行成立"中小学教科书编辑委员会",教育次长张道藩任梁实秋为教科书组主任,李清悚为副主任,"其任务是编印一套教科书,包括国文、史、地、公民四科,供应战时后方急需。因为前后方交通梗塞,后方急需适应抗战情势的教科用书,非立即赶编不可。"另据梁实秋《回忆抗战时期》(《雅舍散文》,文化艺术出版社 1998 年版)所述:在抗战之前数年,国防会议曾拨款由王世杰先生负责主编一套中学教科书,国文由杨振声、沈从文二先生主编,历史由吴晗先生主编,公民由陈之迈先生主编,仅完成一部分,交教育部酌量采用。国文历史部分稿件,我曾与清悚先生共同看过,佥以为非常高明,但不适于抗战时期,决定建议不予采用,而重新编写,对于此事甚感遗憾。(参见蓬莱市历史文化研究会《杨振声编年事辑初稿》,黄河出版社 2007 年版;齐家莹编《清华人文学科年谱》,清华大学出版社 1999 年版)

朱自清 1 月 7 日接待许维遹、李继侗来访。偕李继侗访吴有训。9 日晚,出席梅贻琦为欢送沈履所设宴会。餐毕出席清华评议会会议。22 日,陈省身夫妇来访,留他们午饭。24—29 日,译阿奇保德·麦克里希著《诗与大众世界》,刊于香港《大公报》副刊《文艺》。1 月 29 日至 2 月 1 日,作语文杂谈《"如面谈"——语文影之三》,刊于 2 月 12 日昆明《中央日报》副刊《平明》第 169 期。2 月 5 日,出席清华评议会会议,议决出论文集纪念清华校庆事以及为教授加薪事等。21 日,开始作《中学生的国文程度》,刊于 6 月 16 日《国文月刊》第 1 卷第 1 期,文中就"近年来中学生的国文程度低落"的责难,进行具体分析,指出,低落的只是文言的写作,而白话文的应用能力,还是有着长足的进步。尽管白话文应用中学生也存在着一些问题,但只要加强训练,是会得到更大进步的。3 月 1 日,所译日本尾崎行雄作文《警告日本当局》刊于《人世间》复刊第 5 期。5 月 5 日,在昆明《中央日报》"五四青年节特刊"发表五四青年节题词:"五四纪念有两个意义:一是,我们从老年人的时代转到了青年人的时代。二是,我们明白了生活与政治是分不开的。"8 日,朱自清呈校长函,申请国内休假并报研究计划。

按:该函中说:"清自第一次休假后,迄今已满八年。兹拟请求于下年度在国内休假研究,谨将研究计划陈述如次。窃中国文学范围内,'散文(包括骈散二体)之发展'一题目,现在尚无专门研究之人。坊间虽有'散文史''骈文史'等书,类皆仓卒成编,以抄撮故言为能事,不足语于著述。清年来对此题目甚有兴趣,拟从历史及体式两方面着手。关于历史方面,已作短论三篇,附陈台察。下年度若能休假,拟专研究上古(至汉初)时代散文之发展。并拟有分题两种:一、说'辞'(包括'知言'等项)。二、说'传''注''解''故'。此两分题,拟各成论文一篇。此外,拟分类搜集材料,录为长篇,随时研究。至体式方面,拟先择数种古载籍,统计其句读长度(即字数)作为研究之基础。但此项工作,能否进行,须视时间而定。清之计划,因暂以历史方面为主也。"

朱自清因昆明物价飞涨,安排妻子陈竹隐携乔森和思俞回故乡成都,租住东门外宋公桥报恩寺后院三间没有地板的小草房,条件极其简陋。自己一人留居昆明。6月8日,朱自清出席清华第三十次校务会议。16日,朱自清《文字改革》一文刊于《今日评论》第3卷第24期。此文从学术的角度,分析了汉字拼音化存在的问题,觉得不主张汉字拉丁化的观点,也有一番道理;《文病类例(词汇)》刊于《国文月刊》第1卷第1期,12月16日《国文月刊》第1卷第4期续完,文中具体分析了学生在语文运用中的用词错误。同日,西南联大师范学院国文系主办的《国文月刊》创刊。朱自清和浦江清、罗庸、魏建功、余冠英、郑婴任编委,浦江清主编。上半年,致吴组缃信,表达了欲摆脱杂务专事读书研究的心情。7月10日,致梅贻琦信,谈闻一多坚辞清华中文系代理主任事。因朱自清下年度休假,所遗清华中文系主任职拟请闻一多代理。同日,致梅贻琦信,谈预支薪金及所需研究费用事。19日,作《清华的民主制度》,刊于9月《清华校友通讯》第6卷第9期,此文为纪念梅贻琦校长任教清华25周年而作。该文高度赞扬了梅贻琦领导清华以来民主的工作作风,呼吁大家"同心协力来支持"爱护清华的民主机构和传统。(以上参见姜建、吴为公编《朱自清年谱》,安徽教育出版社1996年版;齐家莹编《清华人文学科年谱》,清华大学出版社1999年版)

闻一多1月9日作《姜履大人迹考》,刊于3月5日昆明《中央日报·文学副刊》第72期。17日,为纪念清华大学建校40周年,建议编辑一本文集。2月18日,闻一多《璞堂杂记》刊于昆明《中央日报·读书副刊》第17期。3月,闻一多作《释》,刊于《金陵学报》第10卷第1—2期合刊。文中从文字训诂进一步阐释上古文化的有关问题,是一篇从文字训诂议论上古文化的文章,作者还从文字与舜服象等传说,描述了"狩猎时代之文化"。5月22日,闻一多与朱自清、陈寅恪、刘文典、王力、浦江清经清华大学召开迁昆明后第七次聘任委员会会议议决,续聘为文学院中国文学系教授。6月8日,清华大学召开一九三九年度第一次教授会议。会上选举下届教授会议评议员及教授会议书记,提名中两项均有闻一多,但未当选。同日,清华大学召开第三十次校务会议,议决"二十九年度起恢复文科研究所中国文学部"。13日,由于物价高涨,闻一多休假研究费用不足,曾申请补助。同日,清华大学第三十一次校务会议议决"中国文学系休假教授闻一多续请增加研究补助费250元。议决照准"。16日,梅贻琦致函朱自清,聘请其为中国文学部主任,但正式开办时,则因闻一多出任清华中文系主任,故由朱自清担任此职。29日,致许维遹信,当时休假研究即将结束,清华大学中文系主任朱自清获准休假一年,同人拟推闻一多代理朱自清职务,许维遹来信征求意见,闻一多力辞。7月1日,因朱自清休假,梅贻琦函请闻一多代理文学院中国文学系主任职务。6日,致朱自清信,再申不愿接受代理清华大学中国文学系主任之理由,并荐王力任此职务。由于闻一多坚辞不就,朱自清又专函梅贻琦,仍属意于闻一多。20日,梅贻琦致函闻一多,请其于8月内将休假研究报告呈送学校。10月7日,梅贻琦致函闻一多,催促其将休假研究报告尽快呈送。

　　闻一多《乐府诗笺》刊于《国文月刊》第1卷第3期,后连载该刊多期。当时物价暴涨不已,闻一多每月薪金不足全家十天半月开支,月月靠向学校透支或向友人借债解燃眉之急,生活进入了最艰难的阶段。为了糊口,家中除必不可少的衣被外,几乎分批寄卖一尽,连从北平带出来的几部线装书也忍痛卖给了清华大学图书馆,送书的时候还非常怜惜地说,将来回北平还要赎回来。冬天,出于无奈,闻一多又把身穿的狐皮大衣拿去寄卖,归家后就患了重感冒,在妻子苦哀求下才追索回来。为了节省开支,寒冬腊月闻一多率子女到村南小河用冰冷的河水洗脸。11月11日,闻一多呈梅校长函并附《中国上古文学史研究报告》。其《报告》研究旨趣部分认为一要"了解文学作品",这是因为"文艺作品为文学史之最基本、最直接的材料";二要"考察时代背景",因为"文学史为整个文化史中之一环,故研究某时期之文学史,同时必须顾及此期中其他诸文化部门之种种现象"。其研究基于以上二项旨趣,分为:(一)专书研究。(二)专题研究。20日,作《怎样读九歌》,刊于次年1月16日《国文月刊》第5期。冬,西南联合大学一些进步同学,组织起一个文艺团体"冬青社",聘闻一多、冯至、卞之琳(后来又聘了李广田)为导师。(以上参见闻黎明、侯菊坤《闻一多年谱长编》(增订版),上海交通大学2014年版;齐家莹编《清华人文学科年谱》,清华大学出版社1999年版)

　　刘文典2月12日为国立中正医学院两学生继续学业事宜致函该院院长王子玕求情担保。5月13日,刘文典复函吴宓,并经吴宓介绍认识顾良,受邀入石社。石社成立于前一日,以研究《石头记》为宗旨,顾良任总干事。15日,国立西南联合大学1939—1940年度交入毕业论文提交最后限期,刘文典负责指导中国文学系毕业生两人,一为王鸿图,论文题目为《庄子研究》;一为董庶,论文题目为《声病论在中国文学史上的实际影响》。16日,刘文典在昆明文林堂讲演《日本侵略中国之思想的背景》。22日,清华大学召开迁昆明后第七次聘任委员会会议,议决续聘刘文典与朱自清、陈寅恪、闻一多、王力、浦江清为文学院中国文学系教授。23日,刘文典在昆明文林堂讲演《庄子哲学》。9月22日,梅贻琦服务清华大学25周年茶会在云大至公堂举行。刘文典为之撰题名录序,悬于纪念会入场处。

　　刘文典因日军空袭,曾数次搬家。吴宓所见,应是迁往龙翔街。9月,国立西南联合大学1940—1941年度第一学期开学,刘文典担任《中国文学专书选读·庄子》和《中国文学批评》两科教职,同时,在国立西南联合大学师范学院国文系担任《中国文学专书选读·庄子》教职。10月28日,敌机来袭,刘文典"跑警报时",偶遇吴宓。吴宓邀其为之改诗。30日,吴宓来访,刘文典为之改定新诗。31日,吴宓寄出刘文典为其所改新诗《祝叶遐庵丈六十寿》。(以上参见章玉政编著《刘文典年谱》,安徽大学出版社2011年版)

　　吴宓4月18日演讲《我之人生观》。6月1日,吴宓读刘文典点校《大唐西域记》,同月10—12日,吴宓日记中均有读此书之记录。8日,吴宓代陈福田出席清华第30次校务会议。18日,吴宓访刘文典。此前,西北大学欲聘吴宓为文学院长兼外文系主任,吴宓"怦然心动",但在与刘文典等人交谈后决定仍留昆明。9月12日,吴宓于《日记》载:"2—4访冯友兰文学院长于小东城脚16号寓宅。细陈欲往浙江大学等情。冯谓清华外文系应聘钱锺书归而主持。今F. T.(即陈福田)为主任,非经'革命'实无整顿办法。浙大阵容整齐,故宓宜往。一年后回清华任职,毫无问题云云。又托宓作公函,为清华外文系购陆侃如、冯沅君之Larousse Encyclopaedie。凡六大册,作价千元。宓立允从。"14日11时,吴宓访冯友兰,谈聘钱锺书回清华事,"决今年不举动"。为联大夏令会讲习会讲演,题为"文学的现代化与欧化"。先讲到了"共"与"殊",谓"殊"是个体,如张三、李四、美国等;"共"如人、胖子、民主国家等。"殊"只有一个；"共"可以没有，也可以很多。我们学习西方，是要学"共"，而不是学"殊"。欧化是"殊"，现代化是"共"。欧化不一定需要，但是现代化是必需的。他举个例子说，吃饭用刀叉这是欧化，吃自助餐是现代化；重要的不在乎欧化，而在于现代化。9 月 24 日，吴宓访刘文典，刘文典整理行装，准备迁往乡间居住。同日晚，杨振声访汤用彤，当时吴宓亦至汤用彤宅，此前吴宓拟赴浙江大学，后又决定留在联大。杨振声谈及"宓赴浙大为助友，如从井救人。今年纵有妥善接洽，到明年又将如何栖止？ 宓之不去浙大而留此，极是。"10 月 29 日，吴宓拜访刘文典。30 日，吴宓访刘文典，刘文典为之改定新诗。（以上参见吴学昭整理《吴宓日记》，生活·读书·新知三联书店 1998 年版；章玉政编著《刘文典年谱》，安徽大学出版社 2011 年版；蔡仲德编撰《冯友兰先生年谱长编》，中华书局 2014 年版；季培刚编著《杨振声编年事辑初稿》，黄河出版社 2007 年版）

　　浦江清 1 月 10 日设茶会邀请朱自清等，会上决定了由联大师范学院教职员筹编的《国文月刊》之计划。6 月 16 日，《国文月刊》创刊号出版。其《卷首语》介绍："这一刊物是由西南联合大学师范学院国文系中同人所主编，同时邀请西南联合大学文学院国文系中同人及校外热心于国学教学的同志合力举办的""本刊的宗旨是促进国文教学以及补充青年学子自修的材料"。浦江清为第一位主编，同时负责诗文选读栏；编辑委员有朱自清、罗庸、魏建功、余冠英、郑婴。从第 3 期至第 40 期由余冠英任主编。9 月 16 日，浦江清在《国文月刊》第 1 卷第 2 期发表《李清照〈金石录后序〉》。10 月 8 日，浦江清呈梅校长申请休假函并附研究计划，分为五部分：一、"计划一年中读毕宋史，参以关于宋代之别史及宋人笔记；倘有余力，进读两唐书。"二、"本人鉴于元代戏曲文学价值之高，包含元时俗语、方言之多，曾有意作整理研究之工作""以完成一部《元剧诂训辞典》为鹄的，仿西洋 Lexicon 之体例也。"至于工作细目，分为五层，拟第二年或第三年完成。三、"前述之脉望馆明抄本戏曲书之发现，为近年来中国文学方面珍贵材料之一大发现，本人极愿先睹""休假中如有到上海之便，则即可进行校阅之工作"。四、"本人对于俗言之兴味不限元代，自汉晋以来，下迄明清，随时读书所见，即为摘录，将来蓄积既多，拟成《俗言疏证》一书。"五、"中国现在缺乏良好辞书。如《现代中国语字典》无之，《历史诂训字典》亦无之""吾人欲编辑历史诂训字典，当以《牛津英文字典》为规范，但此种大工作须以许多词汇为阶梯，如《诗经词汇》《楚辞字典》《汉赋词汇》《唐诗词汇》《宋词词汇》《元曲字典》《〈水浒〉词汇》，再小为《杜诗词汇》等等专书，必须完成，否则挂一漏万，仍不完备也。本校文科同人中亦有颇持此见，愿担任局部工作者""本人深盼本校能成立文史研究所（与现有研究院之性质不侔）作编辑工作。哈佛燕京研究所编成多种古书索引，造福学林不少。清华可以从词汇方面著手。较索引工作更高一筹。牛津字典编辑迄今费七十余年，清华如于此时著手，则至百年大庆之日有一《清华大辞典》可以产生，此不朽之盛事也。"16 日，浦江清《论中国语文》刊于《国文月刊》第 1 卷第 3 期。12 月 16 日，浦江清《古文丛话》刊于《国文月刊》第 1 卷第 4 期。（参见齐家莹编《清华人文学科年谱》，清华大学出版社 1999 年版）

　　罗常培 6 月 26 日经校常委会决议，被聘为西南联大中文系及师院国文系主任。是年，专著《临川音系》由商务印书馆出版。此书首先应用史传、族谱和地方志的记载，找出客家几次迁徙的路线跟江西的关系，再从语音特点比较临川话和客家话的共同性与个别性，两方面互相参证，把"客赣"方言的亲属关系联系起来，在方言研究的著作中可算是一个典型。它虽然是一部研究方言音系的书，但已注意到收集研究方言的特殊词汇，并附加好些语源学的解释，对研究这种方言或别种方言的现代语言学、历史音韵学和方言与普通话的对应关系,都起了示范作用。又有《误读字的分析》刊于《东方杂志》第 37 卷第 18 期,又载《国文月刊》1 卷 4 期;《〈古逸丛书〉影宋大字本〈尚书释音〉跋》刊于《图书季刊》新 2 卷第 1 期。(参见《罗常培文集》编委会编《罗常培文集》第 10 卷及附录《罗常培年表》,山东教育出版社 2000 年版)

王力在越南远东学院阅读了大量东方语言书籍,学会了越南话,着手研究越汉语的关系及其历史,撰写《汉越语研究》。同时用旧诗体裁,翻译了法国诗人波特莱尔的《恶之花》。7 月,日寇企图向广西南宁一带进犯。王力在河内经过河口回国,返回昆明。回昆明后,因防空袭移居昆明东北郊龙头镇的龙头村的一间简陋民房。8 月 30 日,王力向校方呈报其出国休假研究报告,略谓:"力于廿八年八月赴河内远东博古学院研究东方语言至廿九年六月廿六日返滇,历时共 10 个月""兹将一年中所作之研究工作分别报告如下:(一)越南语(着重与汉语之关系);(二)吉蔑语(即柬埔寨语)之文法部分;(三)暹罗语之文法部分;(四)苗语及泰语之大略;(五)梵文之文法部分;(六)西人关于汉语之著作在国内未得见及者;(七)普通语言学之著作在国内未得见及者。其中费时最久颇有所知者为越南语,尤以汉语字音在越南之演变及近越南文字(字喃)之构造为特别留心之点。本年度(廿九年至三十年)拟在国立西南联合大学开'汉越语研究'一科,冀收教学相长之效。一年来所手录东方语言参考资料(法文及英文)共四百页,装订成册,如承索阅,即当呈上。"9 月 16 日,王力在《国文月刊》第 1 卷第 2 期发表《逻辑和语法》。12 月 22 日,王力(署名了一)《从语言的习惯议通俗化》刊于《今日评论》第 4 卷第 25 期。是年,王力《汉字改革》与《中国文法学初探》两书由商务印书馆出版。"王力说,他从写《中国文法学初探》开始,就确定了自己从事学术研究的方向和方法。他把这篇论文称为他研究语言学的'宣言'。"(参见张谷、王缉国著《王力传》及附录《王力先生年谱》,广西教育出版社出版 1992 年版;齐家莹编《清华人文学科年谱》,清华大学出版社 1999 年版)

陈达继续致力于社会学调查。2 月,人事登记推及全县。将全县分成 135 个登记区,每区每月有报告,包括出生死亡、婚姻及迁徙。8 月,出版《云南呈贡县人口普查初步报告》(油印本)。8 月 14 日,陈达被聘为西南联大文学院社会学系主任。(参见田彩凤《陈达先生年谱》,《清华大学学报》1995 年第 2 期;齐家莹编《清华人文学科年谱》,清华大学出版社 1999 年版)

李树青年初继续任职于经济部,深感在当时情势下,学人从政,只是虚耗精力,浪费时间。夏,离开经济部,前往昆明,暂住清华人口普查研究所。9 月,应潘光旦延聘,自本学年起任文学院社会学系教授,授"社会机关参观""乡村社会学""社会变迁"等课程。(参见齐家莹编《清华人文学科年谱》,清华大学出版社 1999 年版)

陈福田 6 月 11 日请辞西南联合大学一年级学生课业指导委员会主席职务,由郑华炽继任。10 月 11 日,陈福田、潘光旦、罗常培、钱端升等 12 人在西南联大教授会上被选为第 3 届校务会议代表。雷海宗、叶公超、汤用彤、姚从吾等 12 人当选为候补代表。11 月 13 日,联大第 161 次常委会决议:因柳无忌请假离校,联大文学院外国语文系主任和师范学院英语系主任职由陈福田继任。(参见齐家莹编《清华人文学科年谱》,清华大学出版社 1999 年版)

唐兰继续任西南联合大学中文系教授,并任北京大学文科研究所导师,讲授六国铜器、甲骨文字、古文字学、《说文解字》《尔雅》《战国策》及唐诗宋词等。1 月 3 日,《郑天挺西南联大日记》云:"十时半唐立庵来谈沿途失物事,同人往来越南者多矣,未尝如立庵也。然其书籍自香港运来,一无损滞,亦幸也。"这首诗《唐兰全集》失收,当系佚诗。是年,唐兰《读新出殷墟文字学书六种》刊于《中央日报·读书副刊》。(参见韩军《唐兰的金文研究》,山东大学博士学位论文,2009 年)

季镇淮《〈老子〉文法初探》刊于1月26日昆明版《中央日报》。"此文受瑞典汉学家高本汉《〈左传〉真伪考》影响,借用其语言比较分析法,考证《老子》这部古书,得出了'《老子》和《论语》《孟子》是一个文法系统'"《老子》书应成于战国晚年的齐鲁人之手'这种与古代成说截然不同的结论。"此文为其第一篇学术论文。(夏晓虹《来之文录》序,载《来之文录》,北京大学出版社1992年版;齐家莹编《清华人文学科年谱》,清华大学出版社1999年版)

李嘉言时任西南联合大学中国文学系助教。3月14日,李嘉言致闻一多信,并附有其新作论文《〈诗经〉"彤管"为红兰说》。文中认为"管可读如兰"中的"彤管"即"红兰",理由是"管古读管兰""泽兰、管兰同义而异字",并引郭璞"兰荑连文""与管荑并举"之说,证明"管"即"兰",复以陈子昂等人诗为旁证,说明"兰草"亦有"红色"。月底,闻一多复信李嘉言,肯定"云兰草泽兰可通称,此点甚重要"。信中认为兰茅亦可通称,并抄录自己《离骚正义》手稿之大段,引证"管管同声,管茅同名,彤琼同色",说《说文》"琼,赤玉",而"郭正读葭为琼",证葭茅为美草,亦证"彤管"为"红茅"。春夏,闻一多腾出手来认真匡审了李嘉言的《贾岛年谱》第三遍稿,8月底闻先生搬回昆明交给了李嘉言。此时,李嘉言已定为赴川南叙永县"联大叙永分校"的任课教员。李嘉言根据闻一多意见,用半年时间,对《贾谱》再作修改。12月,李嘉言完成《贾岛年谱》,后刊于1941年10月出版的《清华学报》第13卷第2期。

按:李嘉言的《贾岛年谱》手稿现保存完好,上有先生修改笔迹多处,文末还有:"此《贾岛年谱》定稿本,其中殊笔与墨笔乃闻一多先生所改。一九六五年五月李嘉言记。"(据李嘉言之子李之禹李之汤提供之李嘉言《贾岛年谱》手稿照片,参见李之禹《李嘉言与闻一多先生》,《中华读书报》2015年7月8日;闻黎明、侯菊坤《闻一多年谱长编》(增订版),上海交通大学2014年版)

陈梦家6月在《燕京学报》第27期发表《商王名号考》,文中提出"次序说",即认为庙号是致祭次序,依照世次、长幼、即位先后、死亡先后、顺天干顺序排列下去。9月16日,在《国文月刊》第1卷第2期发表《梦甲室字话》。是年,《评殷契遗珠并论罗氏编的来源》《述方法敛所摹甲骨卜辞》,载《图书季刊》新2卷第1期;《述方法敛所摹甲骨卜辞补》,连载《图书季刊》新2卷第3期。所作《商王名号考》载《燕京学报》第27期抽印本,陈梦家以此赠冯友兰。

按:1954年,陈梦家又发表《商王庙号考——甲骨断代学乙篇》,系对《商王名号考》的补充。1963年,张光直又发表《商王名号新考》,对这一问题提出了新说。(参见王学典《20世纪史学编年(1900—1949)》,商务印书馆2014年版;齐家莹编《清华人文学科年谱》,清华大学出版社1999年版;蔡仲德编撰《冯友兰先生年谱长编》,中华书局2014年版)

伍启元、王信忠、巫宝山等为理事的中国人文科学社8月1日在云南昆明正式成立,以"研究并提倡人文科学"为宗旨。出版《人文科学学报》《中国人文科学社丛书》《中国人文科学社丛刊》等。

冯至3月在重庆《图书季刊》第1期发表《福兰阁教授的〈李贽研究〉》。9月30日,日本飞机首次空袭昆明,与闻一多、闻家驷兄弟一起躲入防空洞。10月1日始,为躲避空袭,以林场的茅屋为家,至1941年11月4日,每星期进城两三次,回来就在此读书,读杜甫和陆游的诗、读歌德的著作,读刚出版的《鲁迅全集》,也读尼采、基尔克郭尔和里尔克的著作。10月19日,应联大学生社团冬青文艺社杜运燮的邀请,作纪念鲁迅逝世4周年的演讲,开始与学生社团接触。(以上参见周棉《冯至年谱》,载王京州编《河北近现代学者年谱辑要》,国家图书馆出版社2017年版)

卞之琳因去过延安,被四川大学拒聘,遂转往昆明西南联合大学外文系任讲师。冬,联大文艺团体"冬青社"成立,卞之琳与冯至被聘为导师。是年,卞之琳送给闻一多一本他刚刚出版的《慰劳信集》,此为卞之琳1938年至1939年访问延安与太行山区抗日民主根据地时(同行者还有何其芳、沙汀)创作的诗集,是年由香港明日社出版。诗集中《〈论持久战〉的著者》《一位"集团军"总司令》,歌颂了毛泽东、朱德,其余也都描写的是解放区战士、工人、农民、妇女、儿童等。闻一多读后,给以称赞。

> 按:卞之琳在《完成与开端》(《闻一多纪念文集》)中说:"闻先生在一九四〇年读到我刚出版的《慰劳信集》,看来有点出乎他意外,却给了慷慨的嘉许。"(参见齐家莹编《清华人文学科年谱》,清华大学出版社1999年版;闻黎明、侯菊坤《闻一多年谱长编》(增订版),上海交通大学2014年版)

郑婴时任联大中文系助教。9月25日,昆明学生救济委员会与西南联合大学戏剧研究社,为募集清寒学生救济金,联合演出田汉根据鲁迅小说改编的五幕话剧《阿Q正传》,由郑婴任导演,龚自知、蒋梦麟、张伯苓、梅贻琦、查良钊、陈铨、孙毓棠、吴晓铃、闻一多等人为顾问。

> 按:时任后台装置组成员的萧荻在《我们应当写闻一多颂》中说:"闻先生对我们的舞台设计模型,热心地提出修改意见。在看了我们第一次化妆连排之后,还向我们指出:'《阿Q正传》写的是农村生活,吴妈等都是农村妇女,你们为什么在脸上擦那么多胭脂?'"(参见闻黎明、侯菊坤《闻一多年谱长编》(增订版),上海交通大学2014年版)

杜运燮、林抡元、萧荻、王凝、马西林、刘北汜、刘搏禹、萧珊、汪曾祺、张定华、巫宁坤、穆旦、卢静、马尔俄、鲁马等西南联大进步学生是年冬发起组织文艺团体"冬青社",聘闻一多、冯至、卞之琳(后来又聘了李广田)为导师。"冬青社"的主要活动有:出壁报,出手抄本杂志、出诗刊,还邀请闻一多教授等演讲,成为西南联大学生中一个很活跃也很有影响的社团。

> 按:据1987年6月10日杜运燮致《闻一多年谱长编》作者闻黎明、侯菊坤函回忆:"当时林抡元和我作为公开的冬青社负责人,专程前往邀请他,他很爽快地答应了。他担任冬青社的导师,就是那一次谈妥的,还是更早时候征求他同意的,现在已记不起来。闻先生那天是专程来联大为冬青社作演讲的,我和林抡元到联大新校舍后门去接他。会场设在联大大校门内靠右边的一间教室。听讲的除冬青社社员外,还有不少其他慕名而来的听众。很可惜,现在已记不起闻先生那次演讲的题目和内容了。"(参见闻黎明、侯菊坤《闻一多年谱长编》(增订版),上海交通大学2014年版)

朱德熙转入西南联大中文系,师从唐兰、闻一多学习研究古文字学和古音韵学,并得到罗常培和陈梦家等教授的教导。

吕荧(原名何佶)继续就读西南联大,开始以吕荧的笔名发表译作和文艺理论文章。

查良铮等8位清华大学外国语文系毕业生毕业;郎维田等2位哲学系毕业生毕业;王永兴等4位历史学系毕业生毕业;任孝达等3位社会学系毕业生毕业。研究所毕业生有外国文学部吴景荣;哲学部张遂五;历史学部王棋。(参见齐家莹编《清华人文学科年谱》,清华大学出版社1999年版)

袁同礼住昆明市东寺街乐群新村7号。1月7日,蒋复璁访蔡元培,"此行由港往沪,拟收买旧本书,在港托叶玉甫,在沪托张菊生,闻瞿氏铁琴铜剑楼、刘氏嘉业堂、邓氏群碧堂之书,均将出售"。8日,致函蔡元培。13日,傅斯年来函,托史语所从平邮书至滇。18日,蔡元培收到袁同礼去函,代云南通志馆致意并索题签。19日,在云南的曾昭燏"将大理工作简短报告译成英文,连昨日所作中文一份寄与北平图书馆袁同礼馆长"。3月14日,张元济复函,详告也是园元明杂剧拟改为排印原因等。25日,袁同礼致张元济函。4月4日,张元济复函袁同礼,谈《稼轩词》事与瞿启甲(良士)铁琴铜剑楼藏书下落。18日,致张元济函,致谢赠书,谈影印孤本戏曲及购善本事。29 日,张元济致李耀南函,与商袁同礼所拟影印孤本戏曲事。5 月 3 日,张元济复函袁同礼,谈影印孤本戏曲事。

袁同礼 5 月 11 日致国际关系委员会主席、坦普尔大学图书馆馆长 J. Periam Danton 函,言 41 个在港的高校研究所和 23 个内地城市已经收到捐赠书籍,并言给公共图书馆的赠书为驻港日军损坏不少。5 月 20 日,袁同礼致张元济函。6 月 10 日,张元济复函袁同礼,谈暂时不能影印孤本戏曲事。19 日,张元济致傅增湘函,商借袁同礼所拟书目。7 月 10 日,傅斯年来函,询问徐森玉出处、托代管图书、回复购买利玛窦地图事。同月,编成《国立北平图书馆现藏海外敦煌遗籍照片总目》,收录卢沟桥事变前,平馆摄自英法之敦煌古经卷影片目录。8 月 18 日,报载平馆委员会推荐先生代理蔡元培所遗馆长职务。秋间,在滇缅旅程中,结识苏莹辉。10 月,报载袁同礼出任北平图书馆代理馆长。12 月 18 日,王世杰拟派先生赴美充实中央社分社。20 日,任鸿隽致胡适函,言及袁同礼欲将平馆善本运美事。同月,所撰《国立北平图书馆现藏海外敦煌遗籍照片总目》刊于《图书季刊》新 1940 年第 2 卷第 4 期。(以上参见张光润《袁同礼研究(1895—1949)》,华东师范大学博士学位论文,2018 年)

熊庆来继续任云南大学校长。1 月 25 日,根据教育部为提倡研究回教文化,团结民族力量,以树抗战建国之基础起见,云南大学设置阿拉伯语文及伊斯兰文化讲座,聘请沙国珍担任该项讲座。3 月 11 日,国民党云南大学区党部举行成立大会,到会人数 90 余人,由昆明市裴市长监选,推定熊校长为该会监察委员,张在实为后补监察,伍纯武、李季伟、涂文、唐凤书、汤惠荪为执行委员。6 月 29 日,云大隆重举行毕业典礼,毕业学生计有文史系 5 人,法律系 22 人,政经系 1 人,数学系 2 人,土木工程系 9 人,采矿冶金系 8 人。8 月 29 日,中国哲学会第四届年会在云大举行,计到会员及听众 80 余人。大会由冯友兰主席,云大校长熊庆来致欢迎词。9 月 15 日,中国科学社、中国物理学会、新中国数学会、中国天文学会、中国植物学会、新中国农学会等 6 学术团体联合年会在云大至公堂举行开幕仪式,由云南大学校长熊庆来主席并致开幕词。他说,此次六学术团体于时局紧张期间举行联合年会,各会员多远道前来参加,集 200 余学术界之精英,济济一堂,复蒙戴院长(传贤)、翁部长(文灏)先后拍电祝贺,龙主席(龙云)赐词训勉,各机关长官、各界来宾莅临指导,实为兴奋之至。中国科学萌芽最早,尤以近年来有长足进步,年来虽无伟大发明,但与国际科学水平已趋一致。因此遂引起敌国之嫉视。自“七七”事变后,日寇不断以残暴无耻之手段,尽量摧毁我学术文化机关,但我学术界同人,不惟不因此而气馁,反努力作深湛之研究,其成就实非微鲜也。有人谓我国目前之科学任务应注重应用方面,对于理论则可暂置而不谈。其实理论乃所以指导实践,其间有密切之关系,不应有任何之偏废。六团体本此精神努力迈进,相信对于抗战建国工作实有莫大之帮助。次由六团体代表李书华报告各学术团体之历史与概况。会员查良钊、梅贻琦、叶企荪相继演说。大会后,各学会分别宣读论文及举行会务会议。19 日大会闭幕。(参见《云南大学志》编审委员会《云南大学志》第 2 卷《大事记(1915 年—1993 年)》,云南大学出版社 1993 年版)

林同济继续任云南大学教授。4 月,与雷海宗等人主办的《战国策》杂志开始出版。在创刊号上发表著名文章《战国时代的重演》,指出:“现时代的意义是什么呢？干脆又干脆,曰在‘战’的一个字。如果我们运用比较历史家的眼光来占测这个赫赫当头的时代,他们不禁要投龟决卦而呼道这时期是又一度‘战国时代’的来临！”认为战国时代之战,所以大异于其他时代之战者,有三个大趋向在:一是战为中心,二是战成全体;三是战在歼灭。文中最后强调："我们文化的生命，早已踏过了我们的战国时代而悠悠的度过了二千多年的'大一统'的生涯。我们的一般思想的立场，无形中已渗透了所谓'大同'局面下的'缓带轻裘'的态度。直到今天，我们还不免时时刻刻要把大一统时代的眼光来估量新战国的价值。这点恐怕是我们最大的危险。时代的意义，我们必须彻底地接受。象征地说法，我们必须要倒走二千年，再建起战国时代的立场，一方面来重新策定我们内在外在的各种方针，一方面来重新估量我们二千多年来的祖传文化！"作者运用文化形态学的方法，强调世界进入新的"战国时代"，这是一种全体战、歼灭战，没有战斗力的国家必定灭亡，强调空谈、和谈皆误国，除了抗战到底没有第二条路可走。中国必须重新思考文化传统与内外政策的基点。5月1日，在《战国策》第3期发表《力》，认为："中国'动'字从力，是大有意义的。一切的'生'都要'动'，一切的'动'都由于'力'。在原始的生活状态里，自然的环境正在初步的克服之中，最不可缺的条件就是'动'字。初期的文化民族是不断地在'动'中，也就是不断地在'力的运用''力的表现'中。动是力的运用，就好像力是生的本体一样。生、力、动三字可说是三位一体的宇宙神秘连环。开始创造文化而未被文化所束缚桎梏的脑力，都能够领略并体验个中滋味的。为什么后来我们对'力'字会发生如许的歧视、轻视、仇视呢？我以为儒教要负大部分的责任。"作者得出的结论是："德是价值论上的一个'应当有'。力是宇宙间万有所'必定有''必须有'！"

林同济5月15日在《战国策》第4期发表《学生运动的末路》，指出："五四之日，国内各学校循例开纪念会。我应着某大学的学生自治会的邀约，于早晨八时到会。入会堂，则见得堂内寥寥几个人，零星散坐。等候了二十多分钟，同学珊珊〔姗姗〕来到的，不过半百。会序照例：主席读遗嘱，教授演讲。会堂外细雨潇潇，寂寞打庭树，十足地象征了当时冷落风光。我不禁感触于心——感触到今日的五四，与二十年前的五四，竟有如是的区别。二十年前的气象，如彼热烈，今日的气象，如此消沉！""在这个注定的世运上，青年们只有一条路可走——向'深'处'高'处努力，好挟着国家兼程'前'进，再也没有机会在路旁蹒跚，'左'倾'右'倾！左右倾原来是十九世纪自由主义、资本主义时代的奢侈品。廿世纪的全能战、歼灭战的无情时代，已不允许这个奢侈品的存在。如果时代是无情，人生的理由即在无情中求意义。"6月1日，在《战国策》第5期发表《中西人风格的比较》《萨拉图斯达如此说——寄给中国青年》。25日，在《战国策》第6期欧战号发表《花旗外交》。9月15日，在《战国策》第12期发表《中饱与中国社会》。10月1日，在《战国策》第13期发表《千山万岭我归来》。

林同济12月1日在《战国策》第14期发表《第三期的中国学术思潮——新阶段的展望》。此文分析"五四"以后中国学术经历了"经验实事"时代和"辩证革命"时代两个阶段，只看到了点与线、平面与偏面，在抗战时代，学术界必须要进入"全面""全体"阶段，即文化综合或文化摄相时代。作者认为，五四以来中国学术曾经过了两度热闹思潮的洗礼。这两度洗礼可以代表现代中国学术迈进中的两阶段。大体说来，民国八年到民国十八年可叫做"经验实事"Empirical-Date时代。胡适的《中国哲学史大纲》，可算是开山之作，它在中国现代学术史上的真价值、真作用在于它划出一个新时代。这时代的学术，中心目标在搜求事实，而标准方法则为经验主义Empiricism。到了民国十八年，郭沫若的《中国古代社会研究》一书出版，随后数年内，就展开了热闹一时的中国社会史论战。中国学术的第二阶段，就在这时候诞生。第一期的功绩，在扫荡千余年道学面孔的淫威，捧出冷酷的"事实"来打碎那鳞甲千秋的"载道""设教"的老偶像。第二期的功绩，恰在提醒了认识背景认识全体的必要。局部必须与全体钩连；单个的社会现象必须把它放在整个的社会轮廓、文化架格里，安排之，审察之，而估量之，然后可以知其"所以然"，然后可以真正知其"然"。轰动一时的中国社会史论战，如果在中国学术思潮史上而有永在的意义的话，那就因为了它乃一种认识中国社会整个轮廓的初次尝试，初步尝试。象征的说法，如果第一期的办法只能见其"点"，见其"线"，第二期的办法也不过见其"平面"，见其"偏面"而已。现在是所谓"全面"抗战的时代了。我们学术界能够不能够打入一个新园地，由点的、线的阶段，偏面、平面的阶段，踏进一个"全面""全体"的阶段呢？这应当是中国学术的未来，应当是抗战局面势必产生的结果！第三期的办法是要取得一个民族文化的"全体观"。作者将其命名为文化综合Cultural-synthetic 或文化摄相 Cultural-configurative 时代。第一期思潮有欧美二百年历史的凭借，第二期潮流也有马克斯以来一百年的背景。第三期呢？论细则，论方法，都还在半成未成之天——虽然在物理学，心理学各方面都有了重要的初步发现与成绩。作者认为，世界的学术界正在摸索着，创造着；我们也必须摸索，创造！潮流是必来的，并且要出你我之不意，澎湃卷来。所等候的，只是：孰为其书？孰为其人？时辰正满酿着空前的可能性与挑战性的。"团团绕顶浓云迫，待听春雷第一响。"我们不能不深寄望于中国学界的工作者！（参见江沛，刘忠良编《中国近代思想家文库·雷海宗、林同济卷》及附录《雷海宗年谱简编》，中国人民大学出版社 2014 年版）

楚图南继续任云南大学教授。1 月，所译英国地理学家德铿生、威尔干合著《地理学发达史》由中华书局出版。2 月 20 日，《俄国民众忧患诗人——涅克拉索夫》刊于《战时知识》第 3 卷第 2 期。22 日，《保障作家生活与发扬民族精神》刊于《云南日报》。8 月 1 日，《悲剧及其他》刊于《诗与散文》创刊号，第 2—3 期连载。25 日，在文协昆明分会全体会员大会当选为理事会理事。9 月 26 日，日寇飞机轰炸昆明，住房被炸，因外出全家幸免于难。30 日，迁住西山碧鸡关居住。所著《悲剧及其他》作为"诗与散文"丛书之一由诗与散文社集册出版单行本，内容含《悲剧及其他》《流失之歌》《三礼赞》及《铁塔之什》。此间，曾撰写《滇中古佛教国考》和《云南史地讹误考》，已散失。（参见麻星甫编著《楚图南年谱》，群言出版社2008 年版）

胡小石 1 月离开云南大学回重庆中央大学。途中因随身携带郑一齐所赠进步书籍，被特务搜去，从此被列入黑名单。2 月 25（正月十八）日，自昆明返渝州后与旧日南京好友相聚。座中有董莲枝鼓词，感为短韵，并赠董娘绝句四首。其一云："国破歌益工，寸喉传万恨。长安今夕月，闻声定生晕。"其二云："见汝秦淮碧，见汝汉水秋，见汝巴峡雨，四座皆白头。"8 月，因云南大学校长熊庆来再次邀请，胡小石第二次去昆明兼任云南大学教授兼文法学院院长，教诗选、楚辞。在云南大学期间与西南教育部部长、民盟会员楚图南过往甚密。是年，著《楚辞郭注义徵》。（参见谢建华《胡小石先生年表(1888—1962 年)》，《胡小石文史论丛》，南京大学出版社 2008 年版）

姜亮夫 5 月应云南大学校长熊庆来函聘，应允任云南大学文学院院长。姜亮夫在云南期间，与徐悲鸿交往日深，两人经常谈论中国许多艺术品在法国博物馆的痛心事。姜亮夫不仅欣赏徐悲鸿的艺术，更叹服其品德，称赞徐悲鸿为高风亮节之士。（参见林家骊《姜亮夫先生年谱》，《中文学术前沿》2015 年第 1 期）

白寿彝在云南大学文史系任教，开设的课程有中国上古史、中外交通史、中国史学史。

张世禄任教于昆明云南大学。

张君劢在云南主持大理民族文化书院的日常工作，担任宋明理学和西洋哲学史课程。

5月30日,在大理民族书院写成《吾人处抗战时期中之态度》一文。6月20日,在《再生旬刊》第50期上发表《养成民族思索力》。7月7日,《国家社会报》在香港出版,张君劢请徐傅霖主持,伍藻池为总编辑,时与国民党在港之《国民日报》对于国是作笔战,香港失陷后停办。11日,张君劢等国民参政会驻会委员唁电张自忠家属,表示慰问。8月29日,中国哲学会第四届年会在云南大学会泽院第一教室开幕,张君劢当选为第三届理事会理事。同月,在大理民族文化书院写成《〈胡适思想界路线评论〉自序》一文。9月初,民族文化书院正式开学。书院共分四个系,即经学系、史学系、社会科学系、哲学系。为保证学院的教学质量,张君劢想方设法将不少知名学者聘请到学院任教。如哲学家施友忠当时正在美国,民族文化书院成立后,张君劢便不断给他写信,邀他回国参加。施是张的连襟,施的妻子是张夫人的胞妹。张一再邀请,施友忠感到盛情难却,离开美国,回到各方面条件都很差的云南大理。(参见李贵忠《张君劢年谱长编》,中国社会科学出版社2016年版;翁贺凯编《中国近代思想家文库·张君劢卷》及附录《张君劢年谱简编》,中国人民大学出版社2014年版)

尹及9月1日在昆明《战国策》第11期发表《谈妇女》,参与女权问题的论争。作者通过所谓生物平等和政治意义来证明妇女应该回到家庭。他说,男女双方是生物界的一员,平等分担延续生命的责任,女人的真正位置是在家里,"因为只有在家里才能得到真正的、生物的、长久的平等,在家外——譬如说,参政会——得到的平等是假的";从大政治观点看来,女人的真正地位也是在家里,因国力取决于人力,"人力之创造只有女人可担任",所以妇女须回到家庭,"她们的真正自由是在丈夫的自由里,真正的个人职业是在婚姻里"。(参见刘长鼎、陈秀华《中国现代文学运动史》,山东文艺出版社2013年版)

谢家荣6月去云南任叙昆铁路沿线探矿工程处总工程师。同年10月,该处改名经济部资源委员会西南矿产测勘处,谢家荣仍任处长。

李根源、云龙、侯曙苍、杨秉礼等为主要撰稿人的《建国学术》5月10日在昆明创刊,以研究中国学术,发扬固有文化为宗旨。

杨绍廷为发行人的《诗与散文》10月10日在昆明创刊,吴敏、刘光武、张桢炳、杨其茫、廖靖华、龙显球为编委。

魏猛克4月被国民党警察扣留,经老舍委托冯玉祥、张治中作保,才获释。后到昆明女子中学教美术、云南大学附中教国文。与张光年等一道组织进步学生开展抗日宣传,帮助进步学生投奔延安或其他解放区。

竺可桢继续任浙江大学校长。年初,竺可桢在宜山。1月8日,竺可桢在宜山为浙大学生自治会组织的战地服务团授旗,由团长潘家苏接受。该团40余人于次日赴大塘、迁江做宣传救护工作。9日,接姜琦等自贵阳来电,知陈立夫已允迁校。决定亲赴贵阳转遵义,处理迁校事宜。12日,经独山赴贵阳,在贵阳期间并赴青岩,考察校址及交通运输情况。16日,至遵义考察,张其昀告之陈立夫赴遵义师范时谓其屋可让与浙大。19日,返贵阳。继续接洽运输车辆、校舍等事宜。29日,由贵阳至遵义。2月1日,开始在遵义新城江公祠办公。约同月,《竺夫人纪念册》印就。3日,致函湄潭县长严溥泉,请其对浙大迁移中的诸多问题给予鼎力相助。12日,在遵义出席陆军大学纪念周,演讲"科学与革命"。22日,浙大二、三、四年级在遵义上课。同日,竺可桢家自水峒街3号移至碓窝井9号。25日,宴请遵义专员刘千俊、遵义县长刘慕曾等。对于改良市政提出三点意见:修理中正桥;遵义有少数乞丐,极不雅观,亟须觅地收容;浙大抵此后房租大涨,建议将增价之一部分租金作为县政府改良街道及卫生之用。26日,浙大在遵义正式上课。29日,竺可桢由遵义至重庆。至教育部联系办学经费与搬迁费,再次提出辞校长职务。在以后半个月内又几请辞,皆未获准。3月15日,在重庆于银行公会与陈汲举行结婚仪式,由吴稚晖证婚。22—23日,在重庆出席中央研究院首届评议会第五次年会。选举翁文灏、朱家骅、胡适为院长候补人,选出第二届评议会评议员。通过建议政府资助气象所建设西南测候网及纪念故院长蔡元培办法等案。24日,在重庆参加重庆各界公祭蔡元培。25日,在重庆出席中研院评议会所推举之各大学研究院计划委员会。4月10日,在北碚为《中国之温度(本编)》作序。29日,由教育部聘为该部第一届学术审议委员会委员。同日,在遵义主持浙大训导会议。议决暂设临时常务委员会,由校长、处长、院长、主任导师、训导长及训导处各主任组成,校长为主席。同月,由教育部指派为公立各院校统一招生贵阳区招生委员会主任委员。6月15日,在遵义举行茶话会招待浙大本届毕业同学。竺可桢在讲话中启迪学生,应深切认识时代和自身,警惕奋勉,不当以钱为目的,要以服务为主旨。不仅要学得技术方面的进步,而且要有科学的精神。6月,与吕炯、张宝堃共同署名的《中国之温度(附编)》以中英两种文字由气象所印行出版。同月,为《国立浙江大学师范学院院刊》撰发刊辞。

竺可桢7月7日在遵义率领浙大全校师生500余人,参加遵义各界"七七"3周年纪念大会并发表讲话。接着参加"阵亡将士及死难同胞追悼会",仪式极为隆重。会后率领浙大队伍随大队游行。8日,在浙大纪念周上讲话,赞誉抗战三年来,我国军人及人民的奋勇精神,激励学生奋励自勉,自强不息。8月1日,出席浙大成立13周年纪念大会并且讲话。述浙大的使命,尤其强调抗战期中,浙大在贵州更有特殊的使命。勉励广大同学法步先贤,在当地有所作为;时际非常,责任尤重,应坚定信心,确实负起责任。"力之所及,大小不废。日积月累,收获自多,目的自达。"同日,中国地理研究所成立。3日,在遵义致祭亡妻张侠魂去世两周年纪念。8月12日,费巩就任训导长。16日,在浙大第13届毕业典礼上致训辞。嘱毕业同学毕业后出外就业,第一该权衡事业的轻重缓急及自己的能力,切不可斤斤于待遇之厚薄及物质享受之有无。指出中国的前途,在于自力更生,依赖旁人总不如靠自己。要求年轻的人,目光应远大,要有英勇无畏的精神,处处以国家社会为念。踏入社会后,要肩负起抗战建国的使命,耐劳苦,忠职守,不急不恼,自奋自勉。同日晚,参加浙大毕业同学话别母校联欢大会。

竺可桢9月17日在中国科学社第22届年会上当选为理事。19日,召集浙大各院院长、有关系主任会议,决定下学期一年级移永兴,生物系移湄潭。10月14日,聘胡建人兼任浙大附属实验学校主任。同日,离遵赴渝,前去处理气象所事务等。16日,在重庆至教育部述浙大经济困难情形。18日,在重庆晤朱家骅表明气象所与浙大二事必去其一。其后多次向朱家骅、陈立夫谈浙大校长与气象所所长必去一职事。31日,在北碚主持气象所全所人员谈话会。对气象所现状予以严肃批评,指出离所四年半以来,所中朝气变为暮气,所有工作,如高空、测候、日照、广播、地震均已停顿,重要人员星散,非重整旗鼓不可。缺点在于人自为谋,不能合作,希望以后能和衷共济,渡此难关。11月1日,在北碚主持气象学会编辑委员会会议,决定《气象杂志》出季刊。3日,在北碚出席中国科学社北碚社友会成立会并作关于科学教育的演讲,认为目前大学生多热衷于技术而忽略于纯粹科学,指出此为将来立国之绝大危机。7日,在重庆与傅斯年、孙洪芬等谈,认为中国稻作之起源影响于中国文化甚大,中国古代运输问题亦与经济地理有关,皆大可研究。18日,在北碚与中央地质调查所副所长尹赞勋等谈及李四光所主张的第四纪冰河发现于庐山问题,表示怀疑,认为根据不足。12月23日,在浙大总理纪念周上作报告,要求学生参加公共事业与注重礼貌。述礼貌一事,为做人的一大要节,不论在学校、家庭,尤其在社会中,都不可忽略。31日,参加浙大师生同乐大会,发表新年致词。回忆自离杭以来,辗转迁移,于千辛万苦中抵达遵义,仍能弦歌不辍,甚有无限感触。并满怀信心地说:"抗战三年有余,胜利曙光在望,胜利年的明日即将到来。"是年,与吕炯、张宝堃共同署名之《中国之温度(本编)》,以中英两种文字由气象所印行出版。原书系于1940年完成,但实际出版是在1947年12月。(以上参见李玉海编《竺可桢年谱简编》,气象出版社2010年版)

张其昀与张荫麟4月在遵义老城"纵谈至夜深",结果是他们决定"纠合同志,组织学社,创办刊物,在建国时期从事于思想上的建设,同时想以学社为中心,负荷国史编纂之业"。随后,张其昀赴重庆开会,见到了蒋介石。他把要办刊物的计划和目的向蒋介石作了汇报,并得到蒋介石14万元的实际支持。郭斌龢说:"经费来源据张告知系由陈布雷负责。"同月27日,顾颉刚日记载,清华研究院国学门第二届毕业生刘节(子植)在成都对顾颉刚说自己在浙江大学曾受到的排挤:"子植见告,渠去年到浙大,彼校骂胡适之、骂顾颉刚,成为风气。嫌彼与我接近,曾为古史辨第五册作序,强其改变态度,彼不肯,遂受排挤。排挤之术,为鼓动学生向彼借钱,又继之以教员借钱,使彼不胜麻烦而去。张其昀等手段卑劣,一至于此!"6月,"思想与时代社"正式成立,张其昀、张荫麟、郭斌龢、贺麟、钱穆、朱光潜结合为基本社员。这六位基本社员中张其昀、张荫麟、郭斌龢、贺麟是原"学衡派"成员,朱光潜为郭斌龢香港大学读书时的同学。(参见沈卫威《学衡派编年文事》,南京大学出版社2015年版)

梅光迪继续任浙江大学文学院院长。1月,由香港返遵义。同月28日上午,梅光迪路过昆明,专程拜访了吴宓、汤用彤、陈寅恪。3月4日,梅光迪作英文家书,告知:"我们成功地召开了第一次全体教职工大会。我主持会议,采用庄重、幽默和务实的方式进行。现在,大家都认为我是一个不错的院长,而且我们院将前途光明。由于会议与宴会的成功,这几天我的声望大大提升了。几天后,我将召开第一次全体大会,所有的教师、学生都要参加,我想了解学生怎么看我。"(参见眉捷《梅光迪年谱初稿》,海豚出版社2017年版)

缪钺继续在浙江大学中文系任教。1月,到贵阳后候车,至少七日。后抵遵义。2月1日,浙大开始从宜山迁往贵州。3日,缪钺过重庆,春节前到江安。缪钺《北归省亲,腊月廿六日过重庆有感》诗云:"一日行都客,天寒雾未开。阴霞凝霸气,阮塞望奇才。时序驶驳逝,江波滚滚来。归舟欣拜母,犹及奉春杯。"14日,离江安赴遵义。22日,浙大二、三、四年级在遵义上课。是年,《杜牧之年谱》(卷上)刊于《国立浙江大学文学院季刊》第1集。(参见缪元朗《缪钺先生生平编年(1904年—1978年)》,载《魏晋南北朝史论文集——中国魏晋南北朝史学会第八届年会暨缪钺先生百年诞辰国际学术研讨会论文集》,2004年)

谭其骧至贵州浙江大学史地系任副教授、教授。

傅启学任贵阳大夏大学政治系教授兼训导长。

邹鲁继续任中山大学校长,因患病在重庆治疗休养。春,中大一些教授和学生提出"打倒萧冠英"的口号,发动"倒萧护校运动"。文、法、理、工、农各学院学生先后罢课,形成全校性学潮。邹鲁的得力助手、校长室秘书萧冠英被迫辞职。萧冠英辞职后,邹鲁在重庆连续于3月7日、4月1日向教育部递交辞呈,请求辞去中山大学校长的职务,获准给假休养。其后,邹鲁致信中山大学师生说:"窃鲁自奉总理创办本校以来,先后两度长校,已十有一年矣，身心虽瘁，成效式微，而年来因战因病，不克回校主持，以致丛愆积咎，未能贯彻总理创建本校之目的，与仰副总理对于本校之远大期望，以慰在天之灵，反躬自省，益凛冰渊，再四思维，惟有退避贤路，庶免长此贻误校务。""兹蒙政府准予给假调养，得息仔肩，少减罪戾，然鲁之精神，仍无时无地不萦绕本校，深冀诸同事同学此后，仍本过去艰苦为校热诚，继续爱护本校，且能益自淬砺，精神团结，竭力阐扬总理遗教，精研高深学术，创造三民主义文化，以完成抗战建国之大业。"（参见吴定宇主编《中山大学校史（1924—2004）》，中山大学出版社2006年版）

许崇清4月由国民政府教育部任命为中山大学代理校长。8月，在许崇清代理校长主持下，国立中山大学迁往广东北部山区坪石办学。在中山大学迁回粤北坪石之前，许崇清代校长亲自撰文，在澄江孔庙亭台东侧立了一块石碑，叙述中山大学迁校以及在澄江的史实。这块碑立好后，许崇清代校长曾请澄江人汤继昌拍过一张照片带回广东。离开澄江时，学校举行了离澄话别会，编辑了离澄诗文集《骊歌》出版，其中收录了中山大学诸多著名教授的诗文，如张云教务长的《年余来旅澄之回顾》，萧冠英秘书的《抗战与中大》，吴康教授的《留别澄江的感想》，陆侃如教授的《中师与澄江》，杜定友主任的《〈澄江生活〉序》，吴康教授的诗歌《抚仙湖》和《重游抚仙湖》，李山的诗《告别澄江》，詹安泰的词《念奴娇》等。著名象征主义诗人穆木天此时也在中山大学任教，也写作了诗歌《别澄江》。许崇清代校长撰写了《告别澄江民众书》，代表全校师生员工，向澄江人民道谢告辞。

　　按：文章回顾了学校在澄江时候的活动："初客他乡，生活习惯，不无互异，幸赖各民众之热诚推爱，庇荫有加，使千里游子，于故乡沦陷之后，仓皇迁徙之秋，不致托足无方，尚能安居研读，幸何如之，惟前者曾与省县合筑昆澄公路，以利交通，与县政府合办卫生协进会，以求地方整洁。各学院举办日夜学校，以促进民众教育，协助中小学校，以提高教育水准。开办本校附属医院，以便民众疗治。推行防疫运动，以防流行病之传染。各学会各剧团，举行兵役宣传，表演抗战戏剧，图书馆复公开阅览，举行抗战图书展览会，杜氏集品展览会，以期贯输民众知识，增厚抗战力量。此外，于地方建设，除修理庙宇及公共建筑七十余所外，尚拟建筑大礼堂、总图书馆及增添各学院宿舍，惜以时间及经济关系，未克次第举办，而骊歌忽唱，征马又将在途。"

　　按：国立中山大学由云南澄江迁往粤北坪石，是由多种因素促成的。广东地方实力派的要求是重要因素。当时广东迁省会于粤北韶关，广东当局认为本省除敌占区外局势较为稳定，而本省及邻省湖南、江西等地区学生入大学读书十分困难，中山大学迁回粤省，可以解决这个问题。国民党在广东的元老们，亦多认为纪念孙中山的大学以迁回广东为合适。广东文化教育界进步人士，积极支持把中山大学迁回粤北，希望中山大学在坪石能与桂林相呼应，开展进步文化工作，把中山大学办成文化运动基地。代理校长许崇清决定迁校后，先到重庆找教育部长陈立夫商量，陈以费用无着落为由没有答应。到了7月初，大概是日寇策划从越南进攻云南之故，陈突然奉蒋中正之命，电令所有迁到云南的大学"立刻准备万一，快速搬迁"。至于当年澄江地区疾疫的流行，则加速了中山大学回迁的实现。坪石处在广东、湖南交界地方，是粤北通往湖南的门户，粤汉铁路贯穿其间，为南北交通的要冲。学校奉准迁回坪石后，许崇清代校长即聘任重要人员组织迁校委员会及新校址筹备处两处机构。迁校委员会设干事部，专掌回粤人员及公物的运输事务。迁校工作得到各方面的大力支持，尤其是七战区余汉谋将军派出军车解决运输问题。新校址筹备处，则负责选择新校址及办理新校址的修缮、设计建筑等事宜。新校址筹备处先派出先遣人员，并指定各学院新址筹备负责人。主持人员多由教授讲师助教担任。搬迁费用，由教育部拨款40万元，广东省协助30万元，其中以10万元为建置费，以60万元为旅运费。坪石时期，尽管条件艰苦，但是中山大学仍然保持着较大的办学规模，师资力量颇为雄厚，学校的各种规章制度也在调适中逐渐完善。（参见吴定宇主编《中山大学校史（1924—2004）》，中山大学出版社2006年版）

　　朱谦之《中国思想对于欧洲文化之影响》7 月由商务印书馆出版,作者认为是自己"最细心结撰的一部著作"(《七十自述》[三]),主要是探讨中国思想对欧洲文化所产生之影响。他认为在明末清初,耶稣会士为寻求欧洲思想界、宗教界对解决天主教教义和中国传统文化"礼仪之争"的支持,都努力将中国儒家典籍翻译介绍到欧洲,引起欧洲知识界的广泛兴趣。尤其是宋儒理学中的理性精神,给予欧洲思想界极大的刺激,为启蒙运动的反神学斗争提供了有力的武器,促成了欧洲"哲学时代"的发生。周积明《二十世纪的中国文化史研究》(《历史研究》1997 年第 6 期)一文认为该书"无论在研究方法上还是在史料的分析和运用上都达到相当高的水平,研究中西文化交流的学者至今仍受其惠"。

　　朱谦之是年在《现代史学》第 5 卷第 1 期发表《考今》,略谓:"现代史学的第一职务,乃在怎样理解目前世界历史和中国历史的大转变,换言之,即是'考今'。现代史学新旧倾向所行不绝的论争中,最大的问题,就是历史家的职务,是单纯的考古呢? 还是考今呢? 一九三八年第八届国际史学会会议,从所提出各种论文报告之中,已经很明白地告诉我们:'现代史学研究的趋势,在努力使研究工作与现代问题及兴趣发生密切之联系,即在较远古之时代研究上亦然',这就是说,转型期的考古学与上古史的研究,已经方向转换,即从史料搜集一变而注重史实的解释与历史的现代性,历史已经不是单纯过去的学问,历史已经如生命派史家克洛采(Benedetto Croce)所说'须将过去涌现于现在当中,而后才有历史的意义了'。""现代史学为要明了我们的现状,故将现在同过去同未来联成一条生命,而以'现代'为历史生命的中心,所以现代史学不应只是考古,更应该注重'考今',不然读破'二十四史',尚不知何谓'现代',亦有何价值? 有何益处? ……现代中国史学界的最大病痛,正是'恁是天崩地陷,他也不管,只管考古耳'。因认史学只是考古,所以读史只要蛮记事迹,而不能'执古之道,以御今之有',历史学当然只好是史料学了。"最后,我们以为历史乃是时间的学问,时间的意义就是现在,《尔雅·释诂》"时,是也";《广雅·释言》"是此也","时""是""此"声义相近,而都有现在的意思,过去是现在之积,现在是过去之续,所以有"古"即有"今",考古即以考今,所谓"温故知新"便是。现代史学与从前史学的不同,即在从前史学以"考古"为目的,现代史学则以"考古"为方法,而以"考今"为目的,所以说"一切真的历史就是现代的历史"(Every true history is Contemporary history)。要之,作者主张治史应以考古为方法,考今为目的。同期发表《天德王之谜》《太平天国史料及其研究方法》。所著《扶桑国考证》由商务印书馆出版。(参见黄夏年编《中国近代思想家文库·朱谦之卷》及附录《朱谦之年谱简编》,中国人民大学出版社 2015 年版;王学典《20 世纪史学编年(1900—1949)》,商务印书馆 2014 年版)

　　广东中山大学代校长许崇清亲自赴渝,登门拜访,敦聘王亚南至中山大学任教。夏,蒋介石亲自下"手谕",请郭大力、王亚南"来渝一谈"。当时郭正患病,王亚南携中山大学聘书前往。蒋介石与他谈中国经济问题,并要他写出对中国经济问题的看法。当蒋介石提出要他留下时,王亚南立即拿出中山大学的聘书说:"我已受中山大学之聘。"9 月,王亚南离开重庆到广东坪石镇中山大学就任经济学系主任,从事经济学的教学工作,教授高等经济学、中国经济史、经济思想史等课程,开始结合中国实际向青年学生讲解马克思主义理论。(参见夏明方、杨双利编《中国近代思想家文库·王亚南卷》及附录《王亚南年谱简编》,中国人民大学出版社 2015 年版)

　　吴康继续任中山大学文学院院长。冬,文学院在粤北乳源县清洞乡筹备复课。按照教育部的命令,社会学系划归法学院,文学院只剩下中国文学、外国语文、哲学、历史学 4 个系。原来规划的艺术学系一直没有开办。（参见吴定宇主编《中山大学校史（1924—2004）》,中山大学出版社 2006 年版）

李达是年春回到故乡零陵。2 月,在《复兴旬刊》第 29—30 期发表《抗战外史鳞爪（一）：田胡子智赚敌军火》《抗战外史鳞爪（二）：扫雷艇卷入封锁阵》。3 月,在《战时南路》第 10 期发表《第五保育院的概况与展望》。秋,应聘到广东中山大学任教。（参见宋俭、宋景明编《中国近代思想家文库·李达卷》及附录《李达年谱简编》,中国人民大学出版社 2015 年版）

杜定友受聘广东省立图书馆,任馆长。

戴望舒仍在香港。约 4 月,茅盾给在香港的戴望舒去一信,希望他在香港办一个英文版的文学刊物,把中国抗战时期的作品译成英文出版,让海外也能了解中国抗战的情况。还托人捎去了一部分钱款。后来该杂志在戴望舒、冯亦代、叶君健、徐迟等主持下出版,定名为《中国作家》。（参见冯亦代《戴望舒在香港》,《新文学史料》1980 年第 4 期;唐金海、刘长鼎主编《茅盾年谱》,山西高校联合出版社 1996 年版）

马君武继续任国立广西大学校长。为了办好广西大学,马君武废寝忘食、呕心沥血,身体每况愈下,却毫不在意,经常带病坚持工作。1 月 12 日,全国著名大学校长电请美国参议院予倭寇以经济制裁。电文称：“最近敌寇在华败北,足证其筋疲力尽,苟美予日寇经济制裁,将促其全部崩溃。”马君武校长署名参加。2 月 18 日,马君武校长主持广西大学第七届毕业典礼,到校来宾及全校师生约千人,白崇禧主任到校讲话。3 月,新建矿冶室、化工室、机械室、材料室等落成。广西省参议院以本省为普及特种部族之教育,虽曾设立特种部族师资训练班,然为使特种部族之学生,能更臻深造起见,经决议请广西大学设立特种部族人材造就班。该项咨文经送教育厅转呈教育部饬令该校遵办。同月 30 日,伪南京政府成立,汉奸汪精卫自任代理主席（预留此位给蒋介石）,称“国府还都”,招降重庆国民党。马君武校长怀着极端憎恶和鄙弃之情,写过一首五言诗痛加鞭挞：“潜身离汉阙,矢志嫁东胡;脉脉争新宠,申申詈故夫;赏钱妃子笑,赐浴侍儿扶;齐楚承恩泽,今人总不如”。5 月,在良丰西林公园附近新校区开始兴建学生宿舍三座,并建立学生膳堂、洗面间、浴室、校工室、厨房等,是为西大新建校舍第二期。6 月 10 日,西大校友庆祝马君武校长六十寿辰,创办君武中学,以资纪念。8 月 1 日下午 6 时,马君武校长因积劳成疾,患胃穿孔症,医治无效,在桂林雁山校区住宅病逝,享年 60 岁。此时,距他第三次担任广西大学校长不足一年。全校员生,哀恸不已。2 日,《救亡日报》在报道中说：“噩耗传来,各方痛悼。查马博士为我国文化界耆宿,生前对于学术文化事业贡献殊多,而为西大之创建与培育厥功尤伟。现遽归道山,不仅为西大失一领导者,实为我学术界不可弥补之损失。”

马君武校长去世后,各方唁电纷驰。蒋介石发来唁电：“惊闻马君武先生遽捐馆舍,无任怆悼。先生耆贤,文化先驱,未睹中兴,突殒下寿,感教泽之在人,定流传于久远。”白崇禧、孔祥熙、戴季陶、张发奎、陈立夫、朱家骅、黄绍竑、王云五、翁文灏、李根源等军政要人,以及科学界任鸿隽、陈衡哲、竺可桢、萨本栋及国际反侵略会中国分会、中国学术社、上海大夏大学等均发来唁电。国民党中央决议由国民政府明令褒扬,发给治丧费五千元,生平事迹交国史馆,并特派黄旭初委员代表致祭。广西省政府通令本省各县于 18 日一致举行追悼。3 日,《救亡日报》发表社论《悼马君武先生》,对马君武作全面高度的评价。18 日,广西各界在乐群社礼堂举行公祭。周恩来通过八路军驻桂林办事处送来“一代宗师”的挽词,朱德、彭德怀的挽词是“教泽在人”,充分肯定了马君武一生的功绩。冯玉祥的挽联：

"大雅云亡,击铎临风思国土;寇氛日亟,挥戈洒泪哭先生。"李济深的挽词:"桂林人文,从古秀起,公学渊涵,新旧砺砥,八载蝶山,春荫桑梓。声教风讫,天下仰止,拟之昌黎,名倘如此,炳炳麟麟,先生不死。"李宗仁的挽联:"誉溢瀛海,学贯中西,党国著宏观,夙仰勋劳钦泰斗;望重乡邦,门盈桃李,江天闻鹤驭,遥挥涕泪洒征鞍。"白崇禧的挽联:"哲学科学文学,先生集大成而教育;德立功立言立,后人怀不尽之哀荣。"一位亲历当时送葬的学生回忆道:"西大(广西大学简称)至雁山脚下,一里多路,沿途笼罩着哀伤,人们肃立路旁,供奉水果、香烛,伴着泪水,伴着无尽的思念。2000 多人,西大的学生,马君武的亲友,生前好友,行列蜿蜒,护送马先生的灵枢。"马君武校长的一生,为民主革命而奔走呼号,为教育与科学文化事业竭尽心力,特别为广西大学的创建与发展鞠躬尽瘁,为后学的楷模,所以尤为令人系念难忘。

　　按:8 月 3 日,《救亡日报》发表社论《悼马君武先生》,全文如下:

　　抗战中凋谢了不少老成硕学之士,马君武先生之急逝,不仅广西失一哲人,国家失一元老,也是学术文化界失去了一个硕果仅存的先辈。这损失,只能说无可补偿。

　　马先生早年从事革命,壬寅(光绪二十八年即 1902 年)三月,与章太炎、秦力山、吴稚晖诸先生于东京发起"亡国纪念日",为留日学生组织革命集团之先导,嗣后追随国父尽瘁国家,数十年来战争频仍,而坚贞不改,亮节高风,可以称得近代中国文人中的一个可贵的典范。

　　作为一个政治家,马先生可以说是纯正而清廉,作为一个学者,他更是沉潜而渊博。西洋科学精神介绍到中国以来,已经一世纪以上了,但是直到今天,能够切实而正确地替中国文化界介绍一些西洋科学之精粹者,马先生仍旧是少数人中的最努力的一个。达尔文、赫格尔、密尔、斯宾诺莎、卢梭以及许多科学上的名著,都是由于他的努力,而在中国文化史上给了永不磨灭的影响,在中西文化之交流,他是一座永生在民族精神的津梁。(参见布衣《民国校长》,远方出版社,2016 年版;《广西大学校史》编写组《广西大学校史》,广西大学学报编辑部 1988 年版)

　　雷沛鸿时任广西省府教育厅长。8 月 28 日,行政院第四百七十九次会议决定由雷沛鸿接任广西大学校长。此前,广西大学在马校长逝世后电报教部,并经校务会议议决成立"国立广西大学校务维持委员会",由教务长李运华、训导长张清涟、总务长徐谷麒、文法学院院长林东海、理工学院院长谢厚藩、农学院院长周明洋、会计主任罗豫禄等人为委员,并公推李运华为主任委员,在未奉派校长以前,该委员会负责维持校务。随后教部电令以教务长李运华代理校务。29 日,《广西日报》记者专访雷沛鸿校长,据谈:"此次本人调任西大校长,现尚未接到正式命令,不过个人以为西大在目前全国各大学中,堪称为一相当完善之大学,今后吾人应配合抗战之需要,努力培养各种人材,以充实抗战之力量。……至于改善大学之教育方针,本人以为严格的训练与管理固属需要,但如纯以规律约束,亦为不当,因大学为研究高深学问之教育场所,对学生应予以相当自由,同时应积极设法促使学生自发地研究,使其获得研究的兴趣而自由发展。"

　　雷沛鸿校长 9 月 25 日到校就职,聘请黄廷英兼任校长室秘书,陈居玺为一年级主任,朱化雨为先修班主任,李微为先修班副主任,罗豫禄辞会计主任兼职,以钟铁夫代理,于是校会计室正式成立。11 月,新图书馆及第三学生宿舍落成。为了纪念马君武校长,新图书馆命名为"君武图书馆",以示景仰之意。学校为稳定由省立改为国立后的第一批新生的学习情绪,指导他们如何学习,举办富有教育意义的新生训练团,聘请中央研究院地质研究所所长李四光、物理研究所所长丁西林、心理研究所所长汪敬熙等学者名流来校给新生讲话,雷沛鸿校长在每次大会均亲临主持,师长们的谆谆教导,春风化雨,予学生以亲切温暖之感。12月15日下午3时,学校邀请欧阳予倩来校演讲,礼堂座无虚席。欧阳予倩从怎样排演《心防》,说到戏剧的创作,一时引起同学们对研究戏剧的热烈气氛。16—18日,学校邀请广西省艺术馆来院公演夏衍编剧、欧阳予倩导演的话剧《心防》,一连三天,盛况空前。12月24日上午9时,学校邀请军委会桂林办公厅主任李济深在礼堂对千余师生讲话。李济深对抗战四十个月来敌我力量对比及敌人困难之点,作了详尽的分析,并勉励同学求学治事之道。同日下午,由学生自治会请江西第四区行政专员蒋经国演讲。晚7时,由政治学会发起,请本校教授董维健(董之学)博士讲《国际形势之新估计》。(参见《广西大学校史》编写组《广西大学校史》,广西大学学报编辑部1988年版)

　　李四光继续任国立广西大学教授,兼任中央研究院评议员。中国地质学会成立"丁文江先生纪念基金委员会",李四光兼任委员会主席。3月13日,出席在重庆牛角沱26号召开的丁文江纪念奖金评审会,出席委员有:谢家荣、杨钟健、翁文灏、黄汲清、尹赞勋共6人,缺席委员章鸿钊1人。经审慎讨论后,以选票方式作最后决定。结果田奇㻞当选为第一届丁文江纪念奖金得奖人。14日,在重庆沙坪坝四川省立重庆大学大礼堂主持中国地质学会第十六届年会,并作了题为《广西台地构造之轮廓》的学术演讲。此为运用地质力学——构造体系的观点,研究区域地质构造的典型案例。同日,在中国地质学会第十六次年会上被推选为第十六届会长。李四光在闭幕会上致词,说:"多数带有应用性质之问题,均赖科学理论上之研究,方能彻底解决,故应用与理论实不可分。例如在此抗战期中,前方作战时,举凡尸体之掩埋,饮水之获得,飞机场之建筑,铁路轨道之铺设等等,均为严重的实用问题。而欲解决此种问题,比有赖于地质上学理研究之帮助固无疑问。吾辈之责任即在详研学理,以求有所贡献于社会国家也。"15日上午,在地质学会第十六次年会上主持第一届丁文江奖金授奖,杨钟健代表田奇㻞接受。然后即席致词。

　　按:李四光说:"今天是中国地质学会第一次授予丁文江奖金时期,投奖的意义,应该使大家明了。原来丁文江纪念奖金的设立,一方面是纪念丁先生生前对于中国地质学术事业的努力和贡献,一方面要使后起的中国地质学者,对于地质学上的努力和贡献,得着一种表彰和安慰;这里含着一种意思,就是大家对于受奖者的贡献,表示钦慕。丁文江纪念奖金有特别委员会管理,这次决定授奖,在委员会中曾经详细讨论,而在讨论的时期,也曾感到相当的困难。因为这几年来中国地质学者,在地质学上的贡献,可算不少,而各人贡献的门类,也大不相同,所以难于比较。当时委员会都认为这种困难,从候选人的工作本身不易解决,除此以外还得从其他各方面考虑,才可以得到一个决定。所谓其他各方面者,包含很多,例如委员是否可以当选,便成了一个应考虑的问题。这样经过多方的考虑,最后才定将本届丁文江纪念奖金,授予田奇㻞先生。"

　　李四光3月22日在重庆出席中央研究院第五次评议会会议,由于蔡元培院长已于3月5日去世,因此开会之初,首先为蔡院长致哀,接着中央研究院总干事任鸿隽报告蔡院长逝世前得病情形。国民党政府司法院院长居正、教育部长陈立夫以及杨公达等到会并演说,然后评议会秘书翁文灏、总干事任鸿隽及各所所长报告,接着开丁文江奖金审查委员会等。会议结束时,蒋介石宴请与会者,李四光借口有病,拒绝参加。23日,李四光在重庆嘉陵宾馆参加中央研究院评议会,选举中央研究院院长候选人,照章推三人,用记名投票法,结果翁文灏、朱家骅各得24票,胡适得20票,李四光得6票,任鸿隽4票,竺可桢2票,顾孟余1票。下午,审阅丁文江论文奖(奖金),地质方面经李四光介绍计荣森得奖。同日,李四光接湖北省通知,将于4月5日召开湖北省临时参议会第二次大会,石英议长有病,请李四光副议长主持。李四光由重庆坐船至巴东然后乘湖北省派来的汽车到恩施。4月5日,李四光在恩施代石英议长主持湖北省临时参议会第二次会议。同日,李四光接中央研究院院长朱家骅密电,要他代表蒋介石和国民党政府去印度与尼赫鲁会谈。李四光拒绝接受并复电。中旬,李四光主持湖北省临时参议会第二次会议的第一、二、五、六次会议,没有发表讲话。会议未结束,就带领孙殿卿、马振图到鄂西、川东、湘西、桂北等地考察第四纪冰川遗迹。这次考察结果,李四光撰写了《鄂西川东湘西桂北第四纪冰川现象述要》一文。5月,李四光担任广西广播事业指导委员会委员。6月,担任《广西留学国外公费生办法》改订委员。7月2日,中央研究院第一届评议会当然评议员届满。3日,李四光继任中央研究院第二届评议会当然评议员。24日,广西省政府第488次会议,通过了《桂林科学实验馆组织大纲》,规定该馆任务为:一、应用自然科学从事研究各项实际问题;二、搜集各项可供科学研究之材料,并设备各项科学工作必需之工具;三、协助广西科学教育之发展。

　　李四光8月1日闻讯广西大学校长马君武逝世,深感悲痛。李四光来广西后,与马君武校长为广西建设奔波,虽广西大学与科学实验馆只一路(一条公路)相隔,却因工作忙并不多见,但情谊愈笃。今突闻马君武逝世,感情难以抑制,直奔广西大学马君武灵堂默哀,含着眼泪写下了《追念君武先生几件小故事》悼念文章。文章最后说:"谁料到第二天下午六点多钟的时候,时昭涵先生来报讯'马先生过了!……'从此将近四十年来的旧事,和着眼泪在脑海中翻来覆去,既不能忘,不如藉此机会付诸笔墨。"9月12日,李四光致电湖北省政府:"过去一年中,因研究院职务关系未能常居鄂省,对地方情形殊感隔膜,既无以代表人民亦无以协助政府,实深惭愧。现值瓜代之期,尚肯垂念此种事实上之困难,准予辞去副议长之职,无任盼祷。"14日,湖北省政府主席陈诚给李四光复电慰留。同日,地质研究所迁到广西良丰。18日,李四光参加在桂林市举行的马君武先生追悼会。秋,国民党反蒋人士、时任国民党军委会桂林办公厅主任的李济深向桂系首脑李宗仁、白崇禧推荐科学家李四光,请李四光出任广西大学校长。李宗仁、白崇禧同意,立即指示机要秘书谢和庚拜访李四光,并征求他的意见。李四光以不愿担任大学的行政事务为由婉言谢绝。10月10日,李四光拒不出席湖北省临时参议会举行的第三次大会。科学实验馆的馆址在距桂林市30公里的雁荡山,这一带水源不足,用水困难,李四光亲自勘察,选定在雁山下沟边打井,结果水量丰,水质好,解决了该区的用水问题。(参见马胜云、马兰编著《李四光年谱》,地质出版社1999年版)

　　杨东莼年初继续广西地方建设干部学校,因为政治倾向太明显,受到各方注意。1月18日,致函沈钧儒,汇报近期情况,并向其请教办校的有关事宜。23日下午,国际反侵略大会中国分会桂林支会召开会员大会,改选第二届理事会,杨东莼当选为49名理事之一。4月,石西民从皖南新四军去重庆,路过桂林。杨东莼请他为广西地干校指导员作报告,主要介绍当时国民党顽固派搞反共、投降的阴谋活动。报告的目的,在于让大家提高政治警惕。5月,自抗日战争进入相持阶段之后,白崇禧被蒋介石的打、拉政策所折服。桂林的政治形势急转直下,杨东莼的行动受到特务的监视,混入广西地干校的特务不断向白崇禧告密,说广西地干校成了共产党的窝点、大本营。白崇禧接到密报后,立即指使广西省政府主席黄旭初排查。黄旭初从此频繁地出入广西地干校,不是找人谈话,就是集合学员"训话"。桂林形势继续恶化,杨东莼意识到广西地干校已办不下去了,他找到八路军桂林办事处李克农,汇报自己的想法,经过李克农批准,他向黄旭初提出辞呈,黄旭初对此表示同意。根据形势的变化,有分别有步骤地撤退中共党员和进步分子。在转移和撤退中,杨东莼从广西地干校经费中开支一些作他们的路费,在经济上给予他们一定的支助,开支达两千多元。杨东莼无力归还,只好向黄旭初报告,说外来的工作人员很穷,他们走的时候每人开支一点路费,请批准在"特别费用"报销,黄旭初点头认可。

杨东莼借考察广西基层干部的名义到桂南、桂中调研。三个月之后,杨东莼回到桂林,住进广西教育厅厅长李任仁临桂县会仙老家。此后,《广西日报》发表一则消息称:"杨东莼教育长考察归来身体不适,已赴港治病。"5月28日,广西宪政协进会在桂林乐群社举行成立大会,会议由李任仁主持,杨东莼参加了成立会,被选为29名理事之一。6月15日,白崇禧秘书程思远受邀到广西地干校来讲演,演讲题目是《干部与建设》。同日,黄旭初以广西省政府的名义,批准杨东莼的辞职,广西地干校的教育长职由张健甫(指导员兼秘书)代理,杨东莼改任广西省政府参议,到几个县视察县政。同时,广西当局下令广西地干校于年底结束。同月,《杨教育长报告集(第三集)》由广西地方建设干部学校出版。辞职后,杨东莼指定中共党员、广西地干校秘书周钢鸣负责编辑《两年来的干校》一书;在广西地方建设干部学校第十五次纪念周上发表讲话《几个重要名词的解释》,记录稿刊于《干部生活》第1期;在广西地方建设干部学校第二大队第六次室务会议上作的报告《检讨工作报告提纲》,记录稿刊于《干部生活》第2期;在广西《建设研究》第4卷第4期发表《广西地方建设干部学校的自我批判》。8月1日,《救亡日报》二版刊登记者"海蓝"访问杨东莼的谈话内容:《杨教育长谈四月来的经验》。

杨东莼12月1日出席中国农村经济研究会举办的桂南收复区农村经济复兴问题的座谈会。4日,中共南方局以周恩来、叶剑英两人名义发电文给李克农,要求加强对李任潮(李济深)等人的统战工作。电文内容涉及杨东莼的有:"对李任潮应根据佳电多向其解释华北无法容下两部,我军必须在华中求食,可经杨东莼等促他多作解释工作,并说明反共阴谋之咄咄逼人,企图造成内战以便投降,同时应解释此次白之作反共先锋实为不智。"同月,文化供应社印行出版《干部政策》,此书是杨东莼在隐居期间,用辩证唯物主义和历史唯物主义的观点和方法写成的。黄旭初极为赞许,并以黄的名义发表,发至广西县一级干部学习;广西地方建设干部学校出版《两年来的干校》,此书对广西地干校的沿革、组织、体制、训练、施政方针、工作方法、成绩、经验教训、大事记等都有详细记载和总结。杨东莼主持广西地干校期间,在校内组织编印了《干部生活》杂志,在《广西日报》出刊《新干部》副刊。学校行将结束时,他领导各部门总结工作,对此倾注全力,反复审阅推敲,并撰写了《两年来干校的自我批判》一文,置于卷首。全书90万余字,是研究抗战时期广西教育最珍贵的资料;文化供应社编印《怎样做基层工作》,全书所收的各篇文章都是训练班讲课的教材或基层干部的实践总结。在桂期间,杨东莼经常参加由胡愈之牵头办的文化界人士聚餐会,在桂林的救国会成员,一直定期集会,每一两个月在桂林南路天然酒家楼上叙餐一次,先后经常参加的还有夏衍、胡愈之、范长江、千家驹、田汉、萨空了等,八路军驻桂林办事处主任李克农也曾参加过这个叙餐会。(以上参见周洪宇《杨东莼大传》及附录《杨东莼生平年表》《杨东莼主要编译著系年》,华中师范大学出版社2014年版)

胡愈之1月1日在《世界知识》第10卷第7期上发表《我的想象》一文。2月1日,胡愈之主编的《文化通讯》创刊,由桂林文化供应社出版部编辑并发行,属于出版报道性的内部刊物,随邮购赠阅。该刊开始主要是为谋求全国文化工作者的联络和合作,内容着重文化批判、文化工作报道和实际工作经验的交换。自14期起,主要任务改为替全国读者服务,内容着重于书刊的介绍与批评。每期附有新出版图书汇报,并经常为读者解决各种困难。29期后将14期前后的目的合而为一。辟有小言论、本社事业概况介绍、书价、通讯、新书汇报、文化消息、问题解答、书籍名词解释等栏目。胡愈之在《文化通讯》创刊号说的,"我们在桂林创办了'文化供应社',目的就是要利用这小小的机构,为全国文化工作者,解决一部分的困难,至少也要做全国文化工作者中间的一座桥梁,使他们能够通过这座桥梁而相互联合起来"。3月,在《中学生》杂志第18期上发表《进步与倒退》一文。上半年,任广西各界宪政协进会理事会理事。曾为该会起草宣言。6—7月间,离开桂林飞抵香港。协助国新社香港分社和《华商报》工作。为许地山所著《扶箕迷信底研究》一书作序。7月,在《中学生》杂志第26期上发表《胜利的三年》一文。11月,遵周恩来旨意离香港到新加坡。12月2日,应聘任《南洋商报》编辑主任。(参见朱顺佐、金普森《胡愈之传》,杭州大学出版社出版1991年版;吴永贵《民国图书出版史编年:1912—1949》,社会科学文献出版社2018年版)

田汉主编《戏剧春秋》月刊11月1日在桂林创刊,由戏剧春秋社出版,属于戏剧刊物。田汉、欧阳予倩、洪深、杜宣、许之乔编辑。主要撰稿人有田汉、郭沫若、洪深、许之乔、欧阳予倩、夏衍、杜宣、焦菊隐、宋之的等。主要栏目有戏剧春秋、剧坛春秋录、戏剧节报道特辑、通讯等,刊登"关于历史剧问题座谈会"的文章,有《在戏剧的民族形式问题座谈会上的讲话》《戏剧的民族形式问题》《历史剧问题座谈会发言》等,比较有影响的剧作主要有沙蒙翻译的三幕剧《莫扎特》、洪深的四幕剧《回到祖国》、田汉的新平剧《岳飞》、郭沫若的五幕历史剧《高渐离》等。还有《戏剧抗战三年间》《抗战中的儿童戏剧》等。2日,戏剧春秋社在桂林召开戏剧的民族形式问题座谈会,宋云彬、聂绀弩、易庸、夏衍、欧阳予倩、黄药眠、蓝馥心、姚平、许之乔、杜宣等人参加。座谈会讨论了民族形式的原则问题。宋云彬说:"记得有人提出过民族形式的三个原则,是:民主的、科学的、大众的,我以为这说法比较具体。"还讲:"我们可以说,凡是反民主、反科学、反大众的,无论是旧有的也好,外来的也好,都不是民族形式。"欧阳予倩认为:民族形式的原则"就是:'中国的''现代的''大众的'"。"现代是科学的时代,因此也可以说:'现代的'就是'科学的','现代的'就是要现代适用。""'中国的'就是适于中国的,中国人民所能接受,所能理解的。""'大众的',是通俗的。"夏衍认为:"民族形式的定义,可以把欧阳先生与宋云彬先生刚才所发表的意见综合起来,得出这样一个结论:以现代中国大众生活所有的东西作为内容,以现代中国大众所喜爱、所理解的形式作为形式。"与会者普遍认为,"民族形式不是固定的而是向前发展的。"在戏剧的民族形式问题上,主要谈的是旧瓶装新酒的问题。欧阳予倩说:"在创造民族形式的过程中,采纳各种形式的长处——不管是外来的,还是旧有的,是必须的。但在采集旧的形式方面来说,我极反对旧瓶装新酒的办法。"他又说:"以旧的形式来表演新的内容,如用特别的方法来处理也不会肉麻。"聂绀弩说:"在武汉时,曾看过老舍写的'旧瓶装新酒'的《忠孝图》,看过之后,觉得非常肉麻。可是我也看过欧阳先生编导的《玉堂春》《桃花扇》却并不感到肉麻。""旧剧的形式,是在旧时代产生用来'表示'旧人物,旧生活习惯的东西;纵然改良,它的表现范围,还是不够宽广。"宋云彬也说:"'旧瓶装新酒'果然要不得。"会上,一些人对向林冰的民间形式是民族形式的中心源泉提出了批评,表示同意郭沫若《"民族形式"商兑》中的观点。

按:1942年10月停刊,共出刊10期。(参见文天行编《国统区抗战文艺运动大事记》,四川省社会科学院出版社1985年版)

夏衍主编的《救亡日报》建成印刷厂,又创办《文萃》半月刊与"救亡通讯社"。3月,所译日本鹿地亘著剧本《三兄弟》由桂林南方出版社出版。4 月,所译俄国果戈理著剧本《两个伊凡的吵架》由上海旦社出版。7 月,剧作集《小市民》由桂林新知书店出版。8 月,所著四幕剧《心防》由桂林新知书店出版。同月,与秦似、孟超、聂绀弩、宋云彬等办杂文刊物《野草》。夏衍在创刊号发表《旧家的火葬》一文。8 月 20 日,夏衍主编《野草》创刊于桂林,编辑者夏衍、孟超、秦似、聂绀弩、宋云彬等。夏衍所撰代发刊词《野草》说:"我们虽然自称善于憧憬光明,却同时也善于忘怀灾难。前线和敌占区正在一枪一弹搏击敌人,在后方倒有人穷奢扬乐,豪华郁丽,坐汽车上馆子,运私货发大财,口里说的是抗战建国,心里想的甚至手里做的却可以是抗战建家(这里的"抗"作功词,"家"作名词解)。""为了这些杰出的人们,和他们公子哥儿、帮闲们和帮忙们的兴趣,这一类读物真是鸿运高升,方兴未艾,而尤其销数之多,装帧之美,自视之高,又足证有钱且有闲的欣赏者正在方兴未艾。"为什么叫"野草"因为"野火烧不尽,春风吹又生。"同时期,夏衍发表诸多散文,此《野草》成为名篇。是年,夏衍结识陈嘉庚,第一次与越南革命领袖胡志明会面。与范长江等组织中国青年记者协会。(参见夏衍《夏衍全集》附录《夏衍年表》,浙江文艺出版社 2005 年版;文天行编《国统区抗战文艺运动大事记》,四川省社会科学院出版社 1985 年版)

欧阳予倩 6 月 18 日出席并主持在桂林举行的高尔基逝世 4 周年纪念会,百余人参加,司马文森、林林等讲了话。8 月 1 日至 9 月 1 日,"文协"桂林分会与中华全国木刻界抗敌协会在青年会联合举办暑期文艺写作研究班。凡爱好文艺的青年均可报名参加,不收费用。宗旨是推广战时文艺研究,扩大文艺影响。欧阳予倩主讲《怎样建立新的戏剧》、宋云彬主讲《鲁迅杂文的研究》、艾芜主讲《世界几个名作家写作法研究》、陈闲主讲《文艺作品的欣赏》、周钢鸣主讲《文艺写作的任务》、司马文森主讲《写作过程的分析》、鲁彦主讲《短篇小说研究》、林林主讲《诗的写作研究》、夏衍主讲《剧作随谈》、吴晓邦主讲《舞蹈的创作、批评及欣赏》、温涛主讲《木刻艺术》、新波主讲《绘画艺术》、聂绀弩主讲《语文问题及语文运动》、孟超主讲《临时演讲》。10 月 13 日,"文协"桂林分会召开周年纪念大会,同时改选理事。选举结果:欧阳予倩、艾芜、林林、宋云彬、黄药眠、夏衍、司马文森、周钢鸣、李文钊、聂绀弩、欧阳凡海、孟超、冯培澜、秋江、林山、莫宝铿、陈此生、芦炙、谷斯范 19 人当选。《救亡日报》出了纪念特刊。19 日,"文协"桂林分会、中苏文化协会桂林分会、生活教育社、"木协"等举行了鲁迅逝世 4 周年纪念会,到 200 余人,欧阳予倩主持,陈此生、刘季平讲了话。(参见文天行编《国统区抗战文艺运动大事记》,四川省社会科学院出版社 1985 年版)

司马文森 1 月 16 日在桂林参加战地周报编辑委员会议。2 月 25 日至 1943 年 10 月,应聘为《广西妇女》月刊的撰稿人。3 月,《粤北散记》由桂林大路出版公司出版。27 日上午,参加文协桂林分会在施家园 49 号召开的文艺习作指导联欢会。30 日,在《救亡日报》(桂林版、第四版整版)发表声讨汪精卫叛国投敌的文章《用团结和进步来打击汪逆》,总题为《我们的声讨》,署名为桂林文艺界同人。4 月 6 日,重庆《新华日报》转载。这组声讨文章还包括艾芜、宋云彬、孟超、林山、林林、司马文森、周钢鸣、胡愈之、夏衍、曹伯韩、华嘉、黄新波、王鲁彦等写的文章,"是文艺界联合讨汪的第一炮"。5 月,中篇小说《天才的悲剧》(即《忆尚仲衣教授》)由桂林南方出版社出版,为司马文森代表作之一。6 月 18 日,文协桂林分会、中苏友好协会在桂林青年会礼堂举行高尔基逝世 4 周年纪念会,与会者有桂林文艺界百余人,司马文森和林林、林山、孟超、周钢鸣等先后发表演说。

司马文森 8 月 3 日主持文协桂林分会在桂林青年礼堂召开鲁迅诞辰 60 周年纪念会。

16日,在文协桂林分会和全国木刻协会主办的暑期文艺写作研究班上,主讲《文艺写作过程研究》。9月,在《救亡日报》发表文章《朝低潮走吗》,驳斥认为抗战文艺朝低潮走的论调,并明确回答了应不应该"暴露"和"讽刺"。10日,在《中苏文化》发表《我对苏联电影的观感》。13日,参加文协桂林分会会员大会,讨论该会一年来的工作,通过若干项决议,当选为第二届理事会理事。同日,在桂林《扫荡报》发表《三个提议》,对文协桂林分会提出三点希望:(一)要加强团结,使分会"真正地成为团结核心,把留桂文艺工作者团结在它的周围";(二)多举办类似写作研究班的短期讲习会、座谈会,扩大影响;(三)关心会员中职业作家的生活,组织文艺新村,过集体生活。14日上午,在广西艺术馆参加由《戏剧春秋》社主持的关于话剧《国家至上》《包得行》演出座谈会,并发表了意见。15日,参加文协桂林分会二届第一次常务理事会,研究鲁迅逝世4周年纪念活动,并确定分会组织机构人员分工,司马文森和宋云彬共同负责出版部工作,还分管研究部儿童文学组工作。22日,在《救亡日报》发表《颂木刻十年展》。

司马文森11月23日晚主持文协桂林分会儿童文学组在桂林中山纪念学校举行的第一次座谈会,讨论"当前儿童读物之优缺点",出席单位有:新安旅行团、厦门儿童剧团、《少年阵线》社和《西南儿童》社的代表。28日,在文协桂林分会举办的文艺讲习班上,主讲《文艺的题材与主题》。12月1日,在《野草》发表中篇小说《南线》的后记,谈到这是继《天才的悲剧》后,我写了另一个中篇《南线》。12日,在桂林中山纪念学校主持由文协桂林分会儿童文学组名义召开的"儿童戏剧座谈会"。14日,《救亡日报》新副刊《儿童文学》创刊,由司马文森负责,创刊号刊登由司马文森、加茵、陆静山和新安旅行团部分团员参加的《儿童文学座谈会纪录》。同日晚,在中山纪念学校图书室继续主持儿童戏剧座谈会。15日下午,广西艺术馆实验剧团在广西剧场召开话剧《心防》(夏衍编,欧阳予倩导演)演出座谈会,司马文森和夏衍、欧阳予倩、周钢鸣、杜宣、孟超等50余人出席。21日晚,在桂林李子园青年会礼堂,主持由文协桂林分会召开的儿童戏剧报告会,欧阳予倩作了题为《世界各国儿童戏剧概况》的报告。(参见杨益群《司马文森年谱》,《抗战文艺研究》1985年第2期;唐金海、张晓云《巴金年谱》,四川文艺出版社1989年版)

欧阳文彬编辑《文化线》半月刊6月1日在桂林创刊,桂林新知书店邮购科出版,属内部刊物。该刊"最大的希望就是使本刊成为读者与书店之间的桥梁",是桂林新知书店与外地读者建立联系、提供文化出版消息、推荐书刊的重要渠道和纽带。辟有评论、开卷有益、读过的书、读书测验、读书问答、小辞典、出版消息、新书巡礼、新书报道等栏目。

按:1942年2月出版至第14期时迫于形势而停刊。1944年在重庆复刊,又出版了新的第1—4期。(参见吴永贵《民国图书出版史编年:1912—1949》,社会科学文献出版社2018年版)

聂绀弩5月到桂林出任《力报》副刊《新垦地》编辑,8月参与创办杂文月刊《野草》,任编辑,同年出版短篇小说集《风尘》和《夜戏》。

程思远、阳叔葆、黄同仇、夏衍、胡愈之、万仲文、黄药眠、欧阳予倩、林伯渠、钟期森等为理事的中越文化工作同志会12月8日在桂林成立。

廖冰兄绘画、陈仲纲刻版的《抗战必胜连环图画》2月9日印就,由广西省抗敌后援会主办,桂林文化供应社编制,大批运往前线散发。(参见吴永贵《民国图书出版史编年:1912—1949》,社会科学文献出版社2018年版)

郭德洁为社长的《广西妇女》2月25日创刊于桂林。

新波、刘建庵主编的《木艺》11月创刊于桂林,为木刻创作和木刻艺术理论刊物。

李承仙考入广西桂林省立艺术师资训练班,学习美术。

冯法祀到广西柳州参加周恩来领导的抗敌演剧一队(后改为四队),作大批素描、速写。

巨赞至桂林任广西省佛教会秘书长,与道安法师创办《狮子吼月刊》,任主编。发表《一支有力的笔部队》等,鼓吹抗战与佛教革新运动,提出"生产化""学术化"两个革新口号。于《狮子吼月刊》发表《新佛教运动的回顾与前瞻》《中论探玄记》《略论空有之争》等文。于《觉音》发表《奔走呼号—整年》《宗教与民族性》等文。(参见黄夏年编《中国近代思想家文库·巨赞卷》及附录《巨赞年谱简编》,中国人民大学出版社2015年版)

萨本栋继续任厦门大学校长。3—4月,教育部来电,就厦大改称福建大学一事征求学校的意见,全校师生及海内外校友一致反对,适陈嘉庚回国慰劳考察,在参政会上驳斥厦大改称之议,国民党当局始作罢。5月6日,厦门大学校友总会正式成立,首届理事为彭传珍。7月,举行第十五届毕业典礼,各系毕业生共36人。9月,增设机电工程学系,并改理学院为理工学院。10月,原福建大学法学院划归厦大,与厦大商学院经济学系合并,组成厦门大学法学院,下设法律、政治、经济三学系,商学院商业学系则划为银行、会计二学系。11月9日,南侨总会主席陈嘉庚莅汀视察,称赞"厦大有进步"。(参见洪永宏编著《厦门大学校史》第一卷,厦门大学出版社1990年版)

王西彦编辑的《现代文艺》4月25日在福建永安创刊。《发刊词》肯定了抗战以来抗战文艺运动取得的成绩,也指出了缺点:"首先,我们的抗战文艺运动没有普遍地建立起战斗单位。"文艺运动仍在"重庆、桂林、香港、上海等处,很少有人想到在东南前线尚有一片如此广大的土地!我们知道生活在这里的青年男女中不乏文艺爱好者,由于交通的阻隔,与运输的困难,渝桂港沪等地方的新书很少流通到东南来,我想他们在精神过分缺乏的情况下是怎样的渴望着满足自己的欲望。"另外,"在新的文艺战士的培养这一点上,广大的东南也需要有一个文艺园地来供给他们垦植"。《发刊词》说创办《现代文艺》"虽不敢说是企图解决上述的全部缺点",但是,是"尽可能的补救于万一"。(参见文天行编《国统区抗战文艺运动大事记》,四川省社会科学院出版社1985年版)

马星侣在《现代青年》(福州)第2卷第2期发表《社会科学与抗战建国》,指出,自然科学的发达,并不能保证中国抗战的胜利。举例证说明,"在建立机械化新军、提供军备自给力与推进生产运动时,自然科学实居于重要的地位,然而正确的或歪曲的理论对于抗战所能发生的影响,是更值得我们注意的"。我们在抗战建国的过程中,不仅要重视自然科学,同时也要重视社会科学,要充分发挥社会科学指导抗战建国的重要作用。(参见郑大华《论"抗战建国"话语下"学术建国"的讨论》,《浙江学刊》2020年第3期)

施蛰存3月从昆明出发,取道越南、香港回上海省亲。在香港滞留6个多月,其间经吴经熊、叶秋原介绍,为天主教的真理学会校阅一批天主教文学的中文译稿。12月,应福建中等师资养成所之聘,到福建永安任教。

陈鸿飞11月接任福建省立图书馆馆长,到任后即提出"书求人"的服务理念。

卢前在福建永安任国立音乐专科学校校长。

胡先骕3月中旬由天津乘海轮至上海,邀秉志一起再乘轮至香港,与陈焕镛会合,一起前往重庆出席中央研究院第一届评议会第五次会议。3月21日,偕秉志、陈焕镛自香港飞抵重庆,即往中央研究院,与任鸿隽、李四光、竺可桢谈北平、上海情形。23日,在嘉陵宾馆召开第一届评议会第五次会议结束,参加会议共30人,选举产生下一届评议员。胡先骕以

16票当选生物组成员。生物组其他当选成员中秉志22票、戴芳澜24票、陈焕镛22票。而钱崇澍以11票、秦仁昌以4票、丁颖以2票落选。27日,出席中国科学社理事会。4月,在昆明,亲为主持云南农林植物所工作。其间,作《南征》长诗,歌颂蒋介石及抗日英雄。11日,在重庆与竺可桢相晤。5月24日,致函龚自知,为签署由静生所、云南省教育厅、云南省经济委员会三家合办农林植物研究所协议事,并通报聘请郑万钧为农林植物所副所长。6月11日,致函龚自知,通报近日农林植物所工作之新进展及与外界几项合作意向。7月24日,致函云南省教育厅,关于静生所与云南全省经济委员会及教育厅合办云南农林植物研究所契约所载各条,均表赞同。

　　胡先骕8月26日经行政院四七八次会议决定任命为中正大学校长。30日,胡先骕就任中正大学校长。9月4日,乘机往重庆,往教育部面受执掌中正大学事宜。陈立夫、朱家骅两人介绍其加入国民党。24日,致函静生所委员会,告其将出任中正大学校长。而在静生所职务,则按中基会规定,每服务五年,可休假一年,故暂请假一年,以就中正大学之职,请予以批准。26日,自重庆飞桂林。10月2日,抵江西泰和,主持中正大学校务。13日,致函中基会干事长孙洪芬,于北平静生所推荐代理所长,请中基会批准。31日,中正大学举行创校典礼,胡先骕作题为《大学生所应抱之目的及进德修业之方针》的报告。此报告在阐述建国之道后,对同学们在精神之改造方面提出五点希望:一、醉生梦死之生活必须改正;二、奋发蓬勃之朝气必须养成;三、苟且偷安之习惯必须革除;四、自私自利之企图必须打破;五、纠歧错杂之思想必须纠正。同日,还举行了中正大学的奠基仪式,奠基石上之碑文,由熊式辉撰写,后镶嵌在大礼堂正门之左的墙上;教育部长陈立夫自重庆遥致贺电。同月,静生所人员有陆续到达正大者,黄野萝被聘为农学院森林兼土壤学副教授,何琦被聘为农学院昆虫学兼任副教授,彭鸿绶被聘为农学院生物学助教。11月23日,复中基会干事长孙洪芬函,商谈静生所代理所长人选事,及为中正大学农学院向中基会申请资助。是年,江西省教育厅为提倡自然科学起见,在举办中学教师讲习会时,召集组织自然科学会,于今年正式成立,推程时煃厅长兼会长,中正大学校长胡先骕、教授吴诗铭等担任该会学术指导;重庆国民图书出版社印行卢前《民族诗歌论集》一书,在论述白话诗时有涉胡先骕。

　　按:《国立中正大学概览·史略》(油印本,1941年)曰:江西省政府熊主席为欲阐扬总裁之政治理论,实践其建国计划及研究高深学术,培养建国干部人才起见,特创意于江西建立中正大学,深蒙总裁嘉许,并先后核拨二百万元作为创设本大学之基金。抗战军兴,熊主席于政务纷繁之际,不忘前议,邀集国内硕彦,开谈话会于重庆,商讨大学方针,是为筹设本大学之始。

　　二十八年八、九月间复在江西遂川约请邱椿、程时煃、杨亮功等十余人,集会商讨本大学名称、目标、经费概况等,决定组织筹备委员会,并聘定邱椿、马博庵、萧纯锦、程时煃等十五人为筹备委员,以晏阳初兼主任委员(晏委员不在赣时由马委员召集)开始筹备工作。

　　二十九年五月奉教育部令,中正大学定为国立。筹备事务仍托由江西省政府主持,并聘定熊式辉、程时煃、邱椿、萧纯锦、马博庵、蔡方荫、朱有骞、罗廷光为筹备委员会委员。熊委员式辉为主任委员。在校长未任命以前,一切校务,由筹委会负责办理。旋朱委员有骞辞职,改何棣先继任。六月一日,筹委会正式成立,继前筹委会进行一切重要工作。关于本大学各方面如校舍之建筑,图书仪器之购办,交通公路之修筑,及规程章则之拟订,各经分头进行。

　　筹委会为谋校务之积极推进起见,先后聘定马博庵为文法学院院长,蔡方荫为工学院院长,罗廷光为教务长,何棣先为总务长,吴华宝为经济系主任,童涌之为社会教育系主任,张闻骏为机电系主任,并决定设立研究部探讨实际问题之解决方法,设立专修科及训练班配合大学本科,以简要切实方法,分别培养各项干部人才。截至九月杪,本大学筹备大体就绪,图书仪器已购得十余万元,校舍已完成大礼堂一座,教室一座,学生宿舍二座,图书馆一座,膳食厅一座,教职员住宅二十所,实验室、绘图室、诊疗室各一所。交通方面已完成杏岭至黄岗公路一段,其他教学及办公设备,亦已次第完成。(参见胡宗刚《胡先骕先生年谱长编》,江西教育出版社2007年版)

罗炳文任中正大学教授兼教务长。

姚名达10月被国立中正大学校长胡先骕聘请为研究部研究教授。

严楚江转到江西中正大学生物系任教,先后兼任该校教务长、理学院院长。

蒋经国1月1日任新成立的新赣南出版社社长,出版蒋介石文集及政治、军事类图书和《新赣南》杂志。

按:1942年7月9日,新赣南出版社改名为中华正气出版社。1945年初因蒋经国离开赣南而结束。(参见吴永贵《民国图书出版史编年:1912—1949》,社会科学文献出版社2018年版)

曹聚仁仍在江西。春节期间,蒋经国来访,请曹聚仁主持《正气日报》。自此,与蒋经国有了交往。所著《大江南线》由上饶战地图书出版社出版。7月,历访江西一带及桂南、湘北各线。(参见曹雷《曹聚仁年谱》,载《曹聚仁先生纪念集》,2000年)

罗廷光请假赴赣,其西南联合大学师院公民训育系主任职务由田培林暂时代理。

陈鹤琴创办江西省立幼稚师范学校。

钱基博继续任教湖南蓝田国立师范学院。钱基博与王庸、钱钟书、马宗霍等12人2月24日参加国立师范学院第十六次院务会议。3月22日,与孟宪承、钟泰、沈同洽、马宗霍、谢承平、陆祖安等人再次当选为院务会议教授代表。是年,所著《近百年湖南学风》由湖南蓝田袖珍书店印行。(参见王玉德《钱基博学术年谱简编》,载舒大刚主编《儒藏论坛》第3辑,四川大学出版社2009年版)

钱钟书自去年12月至湖南省安化县蓝田镇任国立师范学院外语系教授兼系主任。《围城》第六、七章即根据这一时的生活铺叙而成。小说中的三闾大学取典自屈原曾任楚三闾大夫,意指大学设在楚地。当时在蓝田任教的学者尚有张舜徽、潘公展、朱经农、汪德耀、吴俊生、袁哲、诸楙孚、胡荣魁、薛炽涛、任孟闲、孟宪承(伯洪)、高觉敷、钟泰、李达、马宗霍、刘佛年、李剑农、骆宏凯、储安平、廖世承、周哲朏、吴忠匡等人。国立师范大学中的学生有郭晋稀、徐运钧、李蹊、袁勋、石声淮等,正可谓"如冰炭相憎、胶漆相爱者,如珠玉辉映、笙磬和谐者、如鸡兔共笼、牛骥同槽者,盖无不有"。2月,《中国诗与中国画》刊于《国师季刊》第6期,后又载1941年8月1日《责善》半月刊第2卷第10期。(参见爱默《钱钟书传稿》,百花文艺出版社出版1992年版)

佐统等人在湖南衡阳发起成立中国道德互助协会,以"促进道德"为宗旨。

李剑农执教于国立师范学院,后借聘于湖南大学。

胡庶华继续任国立西北大学校长。春,为了进一步督查西北大学、西北工学院等几校"分而治之"的情况,教育部部长陈立夫到西大视察,并在法商学院二楼凉台上对全校学生发表讲话,宣传国民党的主义和政策。由于当时胡庶华已成为复兴社的要员,与陈立夫发生了矛盾,陈立夫在视察西大时对学生的讲话中,含沙射影地讽刺胡庶华的办学。此后,校内CC派和复兴社两派内部斗争日趋激烈,胡庶华在西大已无法立足。8月,教育部议胡庶华调任湖南大学校长,而将湖南大学校长皮宗石调任西北大学校长。但皮宗石不到职,校务只好由法律系教授王治焘代行两月余。(参见西北大学校史编写组《西北大学校史稿》,西北大学出版社1987年版)

陈石珍时任教育部参事。10月,教育部派其代理国立西北大学校长。这一决定是在国民党 CC 派与三青团争夺控制学校领导权的矛盾日益激化的情况下为缓解内部矛盾而做出的人事安排。在当时国民党当局反共方针不断升级的情况下,教育部和陕西汉中地方当局不断指示校方镇压中共党组织及革命学生,但陈石珍到校后,大力宣扬要学习蔡元培任北大校长时"思想自由、兼容并包"的办校方针,把注意力放在整顿西大、安定教学秩序方面,自谓"本人以为充实学校内容,使全校有浓厚研究学术之兴趣,为最要任务"。(参见西北大学校史编写组《西北大学校史稿》,西北大学出版社 1987 年版)

黎锦熙继续任教于西北大学。"国语会"推选黎锦熙、卢前、魏建功委员,在黎锦熙的《佩文新韵》基础上修订撰写《中华新韵》,于次年撰成,由教育部核定颁行。它是代表民国时期"审音正韵"的一部官书。7月,黎锦熙《方志今议》由长沙商务印书馆出版。此书以《城固县志续修工作方案》为基础,由黎锦熙首订方案并总其成,作者自言该书内容"是泛陈现代新修方志之要旨及其方法",所以不求系统深入。作者论述新修地方史志的要旨、方法,提出了"明三术,立两标,广四用,破四障"的观点。所谓"三术"就是"续""补""创",所谓"两标"就是"地志之历史化""历史之地志化";所谓"四用"就是"科学资源""地方年鉴""教学材料""旅游指导";所谓"四障"就是"类不关文""文不拘体""叙事不立断限""出版不必全书"。黎锦熙认为章学诚《修志十议》,即"乘二便、尽三长、去五难、除八忌、而立四体、以归四要"之说因时势不同、学术大进,故"虽可节取,宜先知所因革",他认为新时代修史"宜先知所因革",所以提出此四端以"树为原则"。黎锦熙的方志理论不仅指导了他编纂的《城固县志》《同官县志》《宜川县志》《洛川县志》《黄陵县志》等志书,而且也为后来的志书编纂提供了基本知识和方法。

按:该书 1946 年再版,1978 年台湾商务印书馆重印,1982 年中国展望出版社影印,1991 年又收入民国丛书,此外还有城固县刊印的版本。(参见黎泽渝《黎锦熙先生年谱》,《汉字文化》1995 年第 2 期;王学典《20 世纪史学编年(1900—1949)》,商务印书馆 2014 年版)

刘鸿渐任国立西北大学训导长,高文源任国立西北大学总务长,马师儒任国立西北大学文学院院长,刘拓任国立西北大学理学院院长,刘峻任国立西北大学法商学院院长。

史念海 2 月到达榆林,不久就在公署特派员马鹤天的支持下筹备中国边疆学会。6 月 8 日,《边疆通讯报》报道称:"榆林文化界闻人史念海、杨令德、黎圣伦等,近特发起组织中国边疆学会。发起以来极得各方赞助。"8 月,中国边疆学会正式成立,由马鹤天担任理事长。与此同时,赵守钰在重庆,顾颉刚在成都,分别成立了中国边疆学会。三个学会名称相同,宗旨相同,至次年 6 月正式合并。8 月 31 日,史念海在《责善》第 1 卷第 12 期发表《晋永嘉流人及其所建的壁坞》。9 月,史念海来到西安,加入西北文化学社,并担任其主办的刊物《西北资源》月刊的编辑。其间,史念海还替陕西边疆学会印制了两期学会刊物《边疆》。《西北资源》和《边疆》都专门刊发西北地区政治、经济等方面的文章,以助力于抗战。(参见邱海文《史念海"有用于世"理念的产生与发展》,《中国社会科学报》2022 年 3 月 2 日;王学典《20 世纪史学编年(1900—1949)》,商务印书馆 2014 年版)

谢冰莹主持的《黄河》月刊 2 月在西安创刊,西安新中国文化出版社出版、发行,编辑部和出版社都在西安香米园德化里 38 号。《黄河》的栏目设置丰富多样而又相对稳定,除了若干相对固定的栏目,如《理论》《小说》《诗歌》《散文》《戏剧报告》《战地通讯》《读者园地》《黄河信箱》《编后》等,《黄河》也有一些不固定的栏目,如《特写》《游记》《杂感》《特稿》《译文》等。其中理论栏目包括文艺理论、文艺批评、文艺思想探讨和创作经验漫谈等。其中理

论文章始终被放置在显要的刊首位置。(参见王民权《谢冰莹与〈黄河〉月刊》,《中国现代文学研究丛刊》2001年第3期)

稽文甫继续任河南大学文学院院长。当时河南大学已辗转迁徙至嵩县潭头镇。王广庆继续任校长。1月,稽文甫在《理论与现实》第4期发表《漫谈学术中国化问题》,认为纵观近百年来的中国史,实在是一步一步地在"现代化",这个"现代化"的过程,可写为下列的程式:

国粹论 ── 中体西用论 ── 全盘西化论 ── 中国本位文化论 ── 中国化运动

"国粹论"乃是沿袭中国传统的旧文化。"中体西用论"就渐渐承认西洋文化的有用,而略加采取,但仍是以中国文化为主体。这是中国"现代化"的初步。到了"全盘西化论",对于"国粹论"也就是对于中国传统的旧文化,才正式的来个"突变",来个全盘"否定"。所谓"西化",正确地说,应该是"现代化"。因无所谓中西文化的差异,在本质上,乃是中古文化和现代文化的差异;不过前者带上些中国的特殊色彩,而后者带上些西洋的特殊色彩而已。我们要"现代化",自然免不了要借径于西洋。可是一说要"全盘西化",那就使中国依附于西洋,什么都是西洋的好,而中国也将不成其为中国了。这正是中国社会半殖民地性的反映,而"全盘西化论"之不餍人意,也正在于此。为着克服这种依附性,半殖民地性和机械性,为着使中国现代化运动更加深化、醇化、净化,于是乎有"中国化"运动之发生。这对于"全盘西化论"又是一个"否定",即所谓"否定的否定"。然而所谓"中国化",并没有回到"国粹论",或"中体西用论",也并不是和"全盘西化论"简单地对立着,实际上,它乃是把"全盘西化论"发展到一个更高的阶段。至于"中国本位文化论",虽然缺乏历史实践性,可是这恰像基督未出世以前,先有许多"假先知"出来作他的前驱一样,这个投机性的"中国本位文化论"也竟替现实的"中国化运动"作了一个预兆。鉴此,稽文甫强调指出:所谓学术中国化,强调的是本民族优良文化的传承、外来先进文化"批判性"的吸收以及本国实际问题的解决三者之间的有机结合,从而创造出既具有世界先进性,又具有本民族自身独特性的新学术、新文化。10月,稽文甫在鲁迅先生逝世4周年纪念会上,以《一个对比和中国的高尔基》为题进行演讲,称赞鲁迅是中国新文化的代表,是中国的高尔基,使师生很受启发。(参见罗荣渠主编《从"西化"到现代化》,黄山书社2008年版;郑州大学稽文甫文集编辑组编《稽文甫文集》(中册),河南人民出版社1990年版;河南大学校史修订组《河南大学校史》,河南大学出版社2012年版)

任访秋到河大任教,刻苦钻研学术,经常为《前锋报》副刊撰稿。(参见河南大学校史修订组《河南大学校史》,河南大学出版社2012年版)

高一涵在《监政月刊》第1卷第1期发表《唐代的中央机构》和《清代内阁的职权》两文。8月7日,高一涵被任命为甘肃宁夏青海监察区监察使,原任两湖监察使自然免去。12日,高一涵与监察委员黄少谷等建议改进征兵办法,经国防部最高委员会秘书厅函送各省,函请查照办理。浙江省军管区司令部于此日,电令各师团管区司令、各区专员、各县县长:希即查照,遵照办理。秋,高一涵由湖南启程前往兰州赴任。其间,在重庆遇章士钊,章此时正埋首诗词间,日有新作,极力劝高一涵作诗,高一涵听其言,方有赴兰州后的《金城集》诗集问世。11月19日,高一涵由重庆飞往兰州,到甘青宁监察使署任职。使署租用曹家厅三号陕西会馆办公。同月,高一涵视察甘肃省省政府各厅处、省临时议会、兵役监督委员会等机构。12月,高一涵视察甘肃省高等法院、皋兰地方法院、皋兰县政府、甘肃学院等机关及学校。(参见高大同《高一涵先生年谱》,上海文化出版社2011年版)

王子云、何正璜、周思铭、戚承先、张仁均、姚继勋、陈典尧、梁启杰、卢是、邹道龙、雷震、马基光、李松如、李炳章6月参加教育部艺术文物考察团,对大西北的文物古迹进行考察,王子云为团长。

茅盾1月1日在《反帝战线》第3卷第4期发表《把冬学运动扩大到全疆去》。月初,给重庆友人信,拟以称病为借口从陆路回内地。18日,在《新疆日报》发表《记取"一二八"的经验教训》。2月1日,在《反帝战线》第3卷第5期发表《通俗化大众化与中国化》,认为"'中国化'的提出,就是要求大家先能消化,变为自己的血肉,然而能从历史的遗产中吸取有用的滋养料,创造崭新的中国作风与中国气派"。约7日,盛世才让副官通知,沈志远来迪化讲学,想见茅盾和张仲实。茅盾与张仲实到督办公署拜访。8日下午,沈志远来回访茅盾。2月15日,作《六大政策下的新文化》,刊于《反帝战线》第4卷第1期,说:"四月革命的春雷,把新疆四百万民众,从黑暗专制的杨金统治下解放出来了,从前除了鸦片赌博愚昧欺诈等等而外,更无所谓文化教育生活的新疆民众,现在'六大政策'光芒下,开始有了煦和愉快健康的文化生活。"4月1日,在《反帝战线》第4卷第1期发表《苏联的科学研究院》,介绍十月革命之后苏联科学研究院的建立和发展状况。11日,在《新疆日报》发表《文化工作之现在与未来》。

茅盾4月20日上午收到二叔从上海拍来的一封加急电报,说茅盾母亲已于17日在乌镇病故,丧事已毕。张仲实以此已与盛世才通了电话,盛世才答应茅盾、张仲实一道回内地。24日,盛世才在督办公署设盛宴为茅盾、张仲实送行,宾客200多人,迪化各界知名人士,包括苏联总领事,都来参加了。盛世才讲了话,感谢他们一年来为新疆作了许多工作,希望事完之后再来新疆。茅盾和仲实讲了话,感谢盛的款待,并表示办完事一定再回来。5月1日,茅盾赴盛世才请宴,盛世才不得不当面答应茅盾、张仲实乘这架苏联飞机回内地,并且还举杯祝我们一路平安。茅盾与张仲实一道去看望了杜重远,向他告别,向他保证,新疆盛世才的真相,杜的遭遇,都将原原本本告诉重庆的朋友,并设法尽早把他营救出去。5日,盛世才亲赴机场送行。12时飞机在哈密降落,哈密行政长刘西屏匆匆赶来迎接。晚上,设宴款待。午夜12时,盛世才打来第一次电话,命令刘西屏把两人扣留起来。过了半小时,盛世才又来了第二次电话,说先不要行动,让他再考虑考虑。6日凌晨3点左右,盛世才又打来第三次电话,说:"算了,让他们走吧!"刘西屏怕他再反悔,一清早就急匆匆把茅盾等送到飞机场。同日下午3时许,飞机降落在兰州机场。还住中国旅行社兰州招待所。晚饭后,同机到达兰州的盛世才驻重庆代表张元夫忽然跑来说,有位政府大员要搭我们这架飞机去重庆公干,要让出几个位来。鉴于情况有了变化,茅盾决定与张仲实一道去延安。(参见唐金海、刘长鼎主编《茅盾年谱》,山西高校联合出版社1996年版)

沈志远1月3日抵达迪化讲学。约7日,盛世才让副官通知茅盾,说沈志远想见茅盾和张仲实。茅盾与张仲实到督办公署拜访。沈志远想探听杜重远的真实情况,因不是谈话之地,没有回答他。离开督办公署,两人去见孟一鸣,孟一鸣说:这三四天来听说盛世才餐餐都同沈志远同吃,可能沈志远已被盛世才的米汤灌得飘飘然了。两人觉得孟一鸣的提醒很及时。8日下午,沈志远回拜茅盾,张仲实接到电话也来了。由于沈志远选择盛世才,所以不便说出杜重远的真实情况,盛世才为了掩人耳目,还派车子把杜重远接来与沈志远叙旧。在为沈大摆的宴席上,居然杜重远也在被请之列。(参见唐金海、刘长鼎主编《茅盾年谱》,山西高校联合出版社1996年版)

赵丹、徐韬仍在新疆。5月1日,与即将回内地的茅盾告别,两人心情很沉重,深感前途茫然,凶多吉少。2日,茅盾作《演出了〈新新疆万岁〉以后》,刊于《反帝战线》第4卷第3期。这是在新疆写的最后一篇文章,文中从艺术创作的角度,为赵丹、徐韬等的演出成败,作一点解释。随后,赵丹、徐韬被盛世才逮捕。(参见唐金海、刘长鼎主编《茅盾年谱》,山西高校联合出版社1996年版)

毛泽东1月9日出席陕甘宁边区文化协会第一次代表大会,作题为《新民主主义的政治与新民主主义的文化》的长篇演讲。这篇演讲,经过修改、补充而成文,于15日完稿,2月15日在延安出版的《中国文化》创刊号发表,题为《新民主主义的政治与新民主主义的文化》。2月20日出版的《解放》第98—99期合刊也刊载了这篇文章,题目改为《新民主主义论》。这篇文章驳斥国民党顽固派的反共叫嚣,回答了中国向何处去的问题,提出关于新民主主义革命和新民主主义社会的理论。文章提出新民主主义的政治、经济和文化的纲领,勾画了新民主主义社会的蓝图,指出:新民主主义共和国"是在无产阶级领导下的一切反帝反封建的人们联合专政的民主共和国",国体是各革命阶级联合专政,政体是民主集中制。新民主主义的经济,实行"大银行、大工业、大商业,归这个共和国的国家所有",国营经济"是整个国民经济的领导力量,但这个共和国并不没收其他资本主义的私有财产","一定要走'节制资本'和'平均地权'的路"。新民主主义的文化"就是无产阶级领导的人民大众的反帝反封建的文化"。文章最后充满激情地总结道:"新民主主义的政治、新民主主义的经济和新民主主义的文化相结合,这就是新民主主义共和国,这就是名副其实的中华民国,这就是我们要造成的新中国。新中国站在每个人民的面前,我们应该迎接它。新中国航船的桅顶已经冒出地平线了,我们应该拍掌欢迎它。举起你的双手吧,新中国是我们的。"

按:文章指出:"科学的态度是'实事求是','自以为是'和'好为人师'那样狂妄的态度是决不能解决问题的。我们民族的灾难深重极了,惟有科学的态度和负责的精神,能够引导我们民族到解放之路。真理只有一个,而究竟谁发现了真理,不依靠主观的夸张,而依靠客观的实践。只有千百万人民的革命实践,才是检验真理的尺度。"文章分析了近代以来的中国社会以及文化性质:"自外国资本主义侵略中国,中国社会又逐渐地生长了资本主义因素以来,中国已逐渐地变成了一个殖民地、半殖民地、半封建的社会。现在的中国,在日本占领区,是殖民地社会;在国民党统治区,基本上也还是一个半殖民地社会;而不论在日本占领区和国民党统治区,都是封建半封建制度占优势的社会。这就是现时中国社会的性质,这就是现时中国的国情。作为统治的东西来说,这种社会的政治是殖民地、半殖民地、半封建的政治,其经济是殖民地、半殖民地、半封建的经济,而为这种政治和经济之反映的占统治地位的文化,则是殖民地、半殖民地、半封建的文化。"文章指出,中国民主革命以五四运动分新旧两个阶段:"在中国资产阶级民主革命的一百年中,分为前八十年和后二十年两个大段落","在五四运动以前,中国资产阶级民主主义革命是属于旧的世界资产阶级民主主义革命的范畴;而在这以后,中国资产阶级民主主义革命却改变为属于新的资产阶级民主主义革命的范畴,属于世界无产阶级社会主义革命的一部分","在五四运动以后,虽然中国民族资产阶级继续参加了革命,但是中国资产阶级民主革命的政治指导者,已经不是属于中国资产阶级,而是属于中国无产阶级了"。文中提出了中国革命必须分两步走的思想:"中国现时社会的性质,既然是殖民地、半殖民地、半封建的性质,它就决定了中国革命必须分为两个步骤。第一步,改变这个殖民地、半殖民地、半封建的社会形态,使之变成一个独立的民主主义的社会。第二步,使革命向前发展,建立一个社会主义的社会。中国现时的革命,是在走第一步。""中国革命不能不做两步走,第一步是新民主主义,第二步才是社会主义。而且第一步的时间是相当地长,决不是一朝一夕所能成就的。"文章驳斥了要在中国建立资产阶级专政的谬论和为了反对共产党和共产主义、反对革命而恶意宣传的所谓"一次革命论",同时指出某些似乎并无恶意的人"也迷惑于所谓'一次革命论',迷惑于所谓'举政治革命与社会革命毕其功于一役'的纯主观的想头",是错误的。

按：关于新民主主义的文化,文章指出:"在中国文化战线或思想战线上,'五四'以前和'五四'以后,构成了两个不同的历史时期","在'五四'以前,中国的新文化,是旧民主主义性质的文化,属于世界资产阶级的资本主义的文化革命的一部分。在'五四'以后,中国的新文化,却是新民主主义性质的文化,属于世界无产阶级的社会主义的文化革命的一部分"。认为"在'五四'以后,中国产生了完全崭新的文化生力军,这就是中国共产党人所领导的共产主义的文化思想,即共产主义的宇宙观和社会革命论","由于中国政治生力军即中国无产阶级和中国共产党登上了中国的政治舞台,这个文化生力军,就以新的装束和新的武器,联合一切可能的同盟军,摆开了自己的阵势,向着帝国主义文化和封建文化展开了英勇的进攻。这支生力军在社会科学领域和文学艺术领域中,不论在哲学方面,在经济学方面,在政治学方面,在军事学方面,在历史学方面,在文学方面,在艺术方面(又不论是戏剧,是电影,是音乐,是雕刻,是绘画),都有了极大的发展。二十年来,这个文化新军的锋芒所向,从思想到形式(文字等),无不起了极大的革命。其声势之浩大,威力之猛烈,简直是所向无敌的。其动员之广大,超过中国任何历史时代。而鲁迅,就是这个文化新军的最伟大和最英勇的旗手。鲁迅是中国文化革命的主将,他不但是伟大的文学家,而且是伟大的思想家和伟大的革命家。鲁迅的骨头是最硬的,他没有丝毫的奴颜和媚骨,这是殖民地半殖民地人民最可宝贵的性格。鲁迅是在文化战线上,代表全民族的大多数,向着敌人冲锋陷阵的最正确、最勇敢、最坚决、最忠实、最热忱的空前的民族英雄。鲁迅的方向,就是中华民族新文化的方向"。

按：关于文化革命的统一战线的分期,文章分为四个时期,指出:"文化革命是在观念形态上反映政治革命和经济革命,并为它们服务的。在中国,文化革命,和政治革命同样,有一个统一战线。这种文化革命的统一战线,二十年来,分为四个时期。第一个时期是一九一九年到一九二一年的两年,第二个时期是一九二一年到一九二七年的六年,第三个时期是一九二七年到一九三七年的十年,第四个时期是一九三七年到现在的三年。第一个时期是一九一九年五四运动到一九二一年中国共产党成立。这一时期中以五四运动为主要的标志。五四运动是反帝国主义的运动,又是反封建的运动。五四运动的杰出的历史意义,在于它带着为辛亥革命还不曾有的姿态,这就是彻底地不妥协地反帝国主义和彻底地不妥协地反封建主义""五四运动所进行的文化革命则是彻底地反对封建文化的运动,自有中国历史以来,还没有过这样伟大而彻底的文化革命。当时以反对旧道德提倡新道德、反对旧文学提倡新文学为文化革命的两大旗帜,立下了伟大的功劳。这个文化运动,当时还没有可能普及到工农群众中去。它提出了'平民文学'口号,但是当时的所谓'平民',实际上还只能限于城市小资产阶级和资产阶级的知识分子,即所谓市民阶级的知识分子。五四运动是在思想上和干部上准备了一九二一年中国共产党的成立,又准备了五卅运动和北伐战争。当时的资产阶级知识分子,是五四运动的右翼,到了第二个时期,他们中间的大部分就和敌人妥协,站在反动方面了。第二个时期,以中国共产党的成立和五卅运动、北伐战争为标志,继续并发展了五四运动时三个阶级的统一战线,吸引了农民阶级加入,并且在政治上形成了这个各阶级的统一战线,这就是第一次国共两党的合作。孙中山先生之所以伟大,不但因为他领导了伟大的辛亥革命(虽然是旧时期的民主革命),而且因为他能够'适乎世界之潮流,合乎人群之需要',提出了联俄、联共、扶助农工三大革命政策,对三民主义作了新的解释,树立了三大政策的新三民主义。在这以前,三民主义是和教育界、学术界、青年界没有多大联系的,因为它没有提出反帝国主义的口号,也没有提出反封建社会制度和反封建文化思想的口号。在这以前,它是旧三民主义,这种三民主义是被人们看成为一部分人为了夺取政府权力,即是说为了做官,而临时应用的旗帜,看成为纯粹政治活动的旗帜。在这以后,出现了三大政策的新三民主义。由于国共两党的合作,由于两党革命党员的努力,这种新三民主义便被推广到了全中国,推广到了一部分教育界、学术界和广大青年学生之中。这完全是因为原来的三民主义发展成了反帝反封建的三大政策的新民主主义的三民主义之故;没有这一发展,三民主义思想的传播是不可能的。在这一时期中,这种革命的三民主义,成了国共两党和各个革命阶级的统一战线的政治基础,'共产主义是三民主义的好朋友',两个主义结成了统一战线。以阶级论,则是无产阶级、农民阶级、城市小资产阶级、资产阶级的统一战线。""第三个时期是一九二七年至一九三七年的新的革命时期。因为在前一时期的末期,革命营垒中发生了变化,中国大资产阶级转到了帝国主义和封建势力的反革命营垒,民族资产阶级也附和了大资产阶级,革命营垒中原有的四个阶级,这时剩下了三个,剩下了无产阶级、农民阶级和其他小资产阶级(包括革命知识分子),所以这时候,中国革命就不得不进入一个新的时期,而由中国共产党单独地领导群众进行这个革命。这一时期,是一方面反革命的'围剿',又一方面革命深入的时期。这时有两种反革命的'围剿':军事'围剿'和文化'围剿'。也有两种革命深入:农村革命深入和文化革命深入。……作为军事'围剿'的结果的东西,是红军的北上抗日;作为文化'围剿'的结果的东西,是一九三五年'一二九'青年革命运动的爆发。而作为这两种'围剿'之共同结果的东西,则是全国人民的觉悟。这三者都是积极的结果。其中最奇怪的,是共产党在国民党统治区域内的一切文化机关中处于毫无抵抗力的地位,为什么文化'围剿'也一败涂地了?这还不可以深长思之吗?而共产主义者的鲁迅,却正在这一'围剿'中成了中国文化革命的伟人。反革命'围剿'的消极的结果,则是日本帝国主义打进来了。这就是为什么全国人民至今还是非常痛恨那十年反共的最大原因。这一时期的斗争,在革命方面,是坚持了人民大众反帝反封建的新民主主义和新三民主义;在反革命方面,则是在帝国主义指挥下的地主阶级和大资产阶级联盟的专制主义。这种专制主义,在政治上,在文化上,腰斩了孙中山的三大政策,腰斩了他的新三民主义,造成了中华民族的深重的灾难。第四个时期就是现在的抗日战争时期。在中国革命的曲线运动中,又来了一次四个阶级的统一战线,但是范围更放大了,上层阶级包括了很多统治者,中层阶级包括了民族资产阶级和小资产阶级,下层阶级包括了一切无产者,全国各阶层都成了盟员,坚决地反抗了日本帝国主义。这个时期的第一阶段,是在武汉失陷以前。这时全国各方面是欣欣向荣的,政治上有民主化的趋势,文化上有较普遍的动员。武汉失陷以后,为第二阶段,政治情况发生了许多变化,大资产阶级的一部分,投降了敌人,其另一部分也想早日结束抗战。在文化方面,反映这种情况,就出现了叶青、张君劢等人的反动和言论出版的不自由。为了克服这种危机,必须同一切反抗战、反团结、反进步的思想进行坚决的斗争,不击破这些反动思想,抗战的胜利是无望的。这一斗争的前途如何?这是全国人民心目中的大问题。依据国内国际条件,不论抗战路程上有多少困难,中国人民总是要胜利的。全部中国史中,五四运动以后二十年的进步,不但赛过了以前的八十年,简直赛过了以前的几千年。假如再有二十年的工夫,中国的进步将到何地,不是可以想得到的吗?一切内外黑暗势力的猖獗,造成了民族的灾难;但是这种猖獗,不但表示了这些黑暗势力的还有力量,而且表示了它们的最后挣扎,表示了人民大众逐渐接近了胜利。这在中国是如此,在整个东方也是如此,在世界也是如此。"

按:关于民族的科学的大众的文化,文章指出:"这种新民主主义的文化是民族的。它是反对帝国主义压迫,主张中华民族的尊严和独立的。它是我们这个民族的,带有我们民族的特性。它同一切别的民族的社会主义文化和新民主主义文化相联合,建立互相吸收和互相发展的关系,共同形成世界的新文化;但是决不能和任何别的民族的帝国主义反动文化相联合,因为我们的文化是革命的民族文化。中国应该大量吸收外国的进步文化,作为自己文化食粮的原料,这种工作过去还做得很不够。这不但是当前的社会主义文化和新民主主义文化,还有外国的古代文化,例如各资本主义国家启蒙时代的文化,凡属我们今天用得着的东西,都应该吸收。但是一切外国的东西,如同我们对于食物一样,必须经过自己的口腔咀嚼和胃肠运动,送进唾液胃液肠液,把它分解为精华和糟粕两部分,然后排泄其糟粕,吸收其精华,才能对我们的身体有益,决不能生吞活剥地毫无批判地吸收。所谓'全盘西化'的主张,乃是一种错误的观点。形式主义地吸收外国的东西,在中国过去是吃过大亏的。中国共产主义者对于马克思主义在中国的应用也是这样,必须将马克思主义的普遍真理和中国革命的具体实践完全地恰当地统一起来,就是说,和民族的特点相结合,经过一定的民族形式,才有用处,决不能主观地公式地应用它。公式的马克思主义者,只是对于马克思主义和中国革命开玩笑,在中国革命队伍中是没有他们的位置的。中国文化应有自己的形式,这就是民族形式。民族的形式,新民主主义的内容——这就是我们今天的新文化。这种新民主主义的文化是科学的。它是反对一切封建思想和迷信思想,主张实事求是,主张客观真理,主张理论和实践一致的。在这点上,中国无产阶级的科学思想能够和中国还有进步性的资产阶级的唯物论者和自然科学家,建立反帝反封建反迷信的统一战线;但是决不能和任何反动的唯心论建立统一战线。共产党员可以和某些唯心论者甚至宗教徒建立在政治行动上的反帝反封建的统一战线,但是决不能赞同他们的唯心论或宗教教义。中国的长期封建社会中,创造了灿烂的古代文化。清理古代文化的发展过程,剔除其封建性的糟粕,吸收其民主性的精华,是发展民族新文化提高民族自信心的必要条件;但是决不能无批判地兼收并蓄。必须将古代封建统治阶级的一切腐朽的东西和古代优秀的人民文化即多少带有民主性和革命性的东西区别开来。中国现时的新政治新经济是从古代的旧政治旧经济发展而来的,中国现时的新文化也是从古代的旧文化发展而来,因此,我们必须尊重自己的历史,决不能割断历史。但是这种尊重,是给历史以一定的科学的地位,是尊重历史的辩证法的发展,而不是颂古非今,不是赞扬任何封建的毒素。对于人民群众和青年学生,主要地不是要引导他们向后看,而是要引导他们向前看。这种新民主主义的文化是大众的,因而即是民主的。它应为全民族中百分之九十以上的工农劳苦民众服务,并逐渐成为他们的文化。要把教育革命干部的知识和教育革命大众的知识在程度上互相区别又互相联结起来,把提高和普及互相区别又互相联结起来。革命文化,对于人民大众,是革命的有力武器。革命文化,在革命前,是革命的思想准备;在革命中,是革命总战线中的一条必要和重要的战线。而革命的文化工作者,就是这个文化战线上的各级指挥员。'没有革命的理论,就不会有革命的运动',可见革命的文化运动对于革命的实践运动具有何等的重要性。而这种文化运动和实践运动,都是群众的。因此,一切进步的文化工作者,在抗日战争中,应有自己的文化军队,这个军队就是人民大众。革命的文化人而不接近民众,就是'无兵司令',他的火力就打不倒敌人。为达此目的,文字必须在一定条件下加以改革,言语必须接近民众,须知民众就是革命文化的无限丰富的源泉。民族的科学的大众的文化,就是人民大众反帝反封建的文化,就是新民主主义的文化,就是中华民族的新文化。"

按:胡绳认为这篇文章"虽不是专门的历史著作,但他在处理当前的现实问题时,总结了过去的历史经验,对于中国近代史的研究可以说提供了重大的贡献"。整体而论,此文最重要的价值是首次明确提出了新民主主义政治、经济、文化纲领以及一系列重要论断。

毛泽东1月15日出席中共中央为吴玉章60诞辰举行的祝贺大会,并致祝词说:"一个人做点好事并不难,难的是一辈子做好事,不做坏事,一贯地有益于广大群众,一贯地有益于青年,一贯地有益于革命,艰苦奋斗几十年如一日,这才是最难最难的啊!""我们的吴玉章老同志就是这样一个几十年如一日的人。他今年六十岁了,他从同盟会到今天,干了四十年革命,中间颠沛流离,艰苦饱尝,始终不变,这是很不容易的啊!"31日,出席中共中央政治局会议,会议讨论和通过毛泽东为中央起草的《关于目前时局与党的任务的决定》草案。2月3日,同王明、林伯渠、吴玉章以国民参政员身份致电国民参政会秘书处,揭露国民参政会华北视察团的主要任务是从陕、甘、晋、冀、豫等省特务机关收集诬蔑共产党、八路军和陕甘宁边区的材料,妄图将磨擦事件的责任归罪于共产党。5日,出席陕甘宁边区自然科学研究会成立大会,并讲话,指出:"自然科学是人们争取自由的一种武装。人们为着要在社会上得到自由,就要用社会科学来了解社会,改造社会,进行社会革命,人们为着要在自然界里得到自由,就要用自然科学来了解自然,克服自然和改造自然,从自然里得到自由""马克思主义包含有自然科学,大家要来研究自然科学,否则世界上就有许多不懂的东西,那就不算一个最好的革命者。"7日,延安出版的《中国工人》创刊号发表毛泽东为该刊写的《发刊词》。14日,《新中华报》报道,中共中央决定成立的泽东青年干部学校,经过一个多月的筹备,组织机构和教育方针已基本确定,大约一个月后即可在延安正式开学,陈云任校长。19日,出席延安青年宪政促进会成立大会并讲话。20日,出席延安各界宪政促进会成立大会,作题为《新民主主义的宪政》的演说。同月,出席中共中央政治局会议,会议讨论是否出席即将召开的国民参政会一届五次大会的问题。3月6日,为中共中央起草关于抗日根据地政权问题的指示,提出抗日民族统一战线的政权在人员构成上实行"三三制"。

　　毛泽东3月7日对蔡元培逝世向其家属发出唁电,唁电中称蔡元培为"学界泰斗,人世楷模"。10日,出席八路军后方技术干部及技术部门政治干部座谈会并讲话,指出技术工作对革命的重要意义,发扬技术人员的工作积极性和提高他们地位的必要性,并谈到党对技术干部的关心等。24日,出席陕甘宁边区工人宪政促进会成立大会并讲话,号召边区工人为争取宪政而奋斗。3月2日,出席延安各界为周恩来、任弼时等从苏联返抵延安和秦邦宪日前从重庆回到延安,在北门外广场举行的欢迎会。5月3日,出席在中央大礼堂举行的泽东青年干部学校开学典礼,因身体不适而未讲话。27日,出席延安各界在中央大礼堂举行的欢迎朱德从抗日前线回到延安的晚会。28日,会见与朱德同时抵达延安的作家沈雁冰(茅盾),沈雁冰向毛泽东讲述了他在新疆一年的经历等。6月1日下午,在杨家岭住处会见到延安参观访问的南洋华侨领袖、南洋华侨筹赈祖国难民总会主席、国民参政员陈嘉庚和筹赈总会常委侯西反,就中共进行的反磨擦斗争和以斗争求团结的方针作了解释和说明,并设晚宴款待他们。会见和宴会时,朱德、陈绍禹作陪。宴会后毛泽东等陪同陈嘉庚等出席延安各界举行的文艺晚会。4日下午,到陕甘宁边区政府交际处看望陈嘉庚,交谈至夜10时左右。同月初,到陕甘宁边区政府交际处看望沈雁冰,同他畅谈中国古典文学,对《红楼梦》一书发表了许多见解。建议他到鲁艺工作,并送他一本刚出版的《新民主主义论》。9日,同朱德等出席鲁迅艺术文学院成立2周年纪念大会。毛泽东在会上发表讲话。10日,出席中共中央书记处会议,会议讨论纪念"七七"抗战3周年问题。21日,出席延安新哲学会第一届年会并讲话。

　　　　按:毛泽东在讲话中指出:"今天开这个会,我心里很高兴。回想前年开新哲学会成立会的那一天到现在,已两年了,工作有了成绩。今年开过了这个年会之后,一定会更好。理论这件事是很重要的,中国革命有了许多年,但理论活动仍很落后,这是大缺憾。要知道革命如不提高革命理论,革命胜利是不可能的。过去我们注意的太不够,今后应加紧理论研究。现在人的条件比过去好了,有许多文化工作者与哲学家都会聚在这里。必须承认现在我们的理论水平还是很低,全国的理论水平还是很低,大家才能负起克服这种现象的责任。我们要求全国在这方面加以努力,首先要求延安的人多多努力。"

　　毛泽东6月下旬撰写《第二次帝国主义战争的发展》一文。7月27日,经毛泽东、朱德等发起,延安各界举行纪念成吉思汗公祭大会及成吉思汗纪念堂、蒙古文化陈列馆落成典礼。7月,接沈雁冰到杨家岭住处长谈一次,内容是三十年代上海文坛的斗争以及抗战以来文艺运动的发展。9月5日,读范文澜关于中国经学简史的讲演提纲后,致信范文澜予以赞赏和鼓励。11月12日,前往距延安城15里的柳树店,看望正在中国医科大学治疗肺病的续范亭,被正在开会纪念白求恩大夫逝世1周年的该校师生请进礼堂讲话。毛泽东勉励大家,要向白求恩大夫学习,为革命多做工作,多做贡献。12月10日,关于抗大问题,同王稼祥致电彭德怀、左权并告滕代远,指出:"为迎接新的局势,大量准备并培养干部是极其重要的。抗大总校不能取消。但由于分校之分散,对各分校之具体领导应责成各地分局及最高军事首长负责。完全统一是不可能的。总校应多注意总结经验、指导方针、统一材料之编辑、统一各种教法、培养教员、调剂干部,以帮助及加强各分校的领导及教育能力。""各地任意抽调分校干部是不对的,已有另电纠正。""总校机构宜小,而苏北局面扩大,望再分出一个分校的干部,派去苏北。此分校要比山东分校还要强些,因为苏北局面是很大的局面。"13日,为中共中央书记处起草致中原局电,要他们尽量招收上海及苏北的广大青年职工、青年学生、知识分子及半知识分子,准备办两万人的大学校,不分男女、信仰、党派、阶级,只要稍微有点抗日积极性的,一概招收,来者不拒。大量招收上海、苏北原有的教职员参加办学。一切不反共的旧军官,凡愿来的,一概收留。指出:"开办大规模学校是你们开展工作的中心一环。"(以上参见中共中央文献研究室编撰、逄先知主编《毛泽东年谱(1893—1949)》,人民出版社、中央文献出版社1993年版;艾克恩编纂《延安文艺运动纪盛》,文化艺术出版社1987年版;孙国林编著,王佳钰、王增辉校订《延安文艺大事编年》,陕西师范大学出版总社2016年版;王学典《20世纪史学编年(1900—1949)》,商务印书馆2014年版)

张闻天继续兼任中宣部部长。1月3日,以中共中央书记处名义发出《中央关于干部学习的指示》。指示共10条,对学习的主旨、课程的安排、教材的编印、教员的来源、学习的制度等问题均原则地作了规定。张闻天自上年11月中旬兼任中共中央文化工作委员会书记后,即开始筹备召开陕甘宁边区文化协会代表大会。1月4—12日,陕甘宁边区文化协会在延安中国女子大学礼堂举行第一次代表大会,历时9天,盛况空前,大会代表274名,知名文化人个人代表123名,文化团体107个,共计五六百人。中国共产党主要领导人先后出席大会。会场上有毛泽东同志的题词:"为建立中华民族的新文化而斗争""鲁迅的方向就是中华民族新文化的方向";张闻天题词:"政治抗战军事抗战文化抗战是抗战的三条路线";吴玉章的题词:"文化是时代物质的反映,但文化又是时代精神的先导。因此,文化人必须站在时代思潮的最前线。"大会选出主席团成员,吴玉章、高自立、王学文、陈康伯、杨松、艾思奇、吴亮平、李初梨、周扬、冯文彬、萧三、张庚、冼星海、丁玲、何思敬、傅连暲、魏一斋、萧向荣、王葛硕、柯仲平、庄金生、何柏年、陈唯实、胡考、蔡若虹、杨醉乡、赵毅敏、马海德、何其芳、塞克、饶正锡、鲁之俊、曹葆华、向隅、沈鸿、李强、金茂居、周立波、乔木、王震之等44人。边区文化协会常委、边区政府文化工作委员会主任、鲁艺院长吴玉章致开幕词。之后,王明报告文化统一战线问题,讲了统一战线的重要性、范围和作用。5日,中央书记处书记、中宣部部长张闻天做《抗战以来中华民族的新文化运动与今后任务》的报告,连续讲了三个下午。报告对新文化的性质、内容、任务与发展前途作了全面系统的论述,将新文化的特征概括为"民族的、民主的、科学的、大众的"四个特点,并称:"以民族的、民主的、科学的与大众的因素作为自己内容的中华民族新文化的性质,基本上是民主主义的。以马克思列宁主义的科学理论为指导的社会主义文化,在新文化运动中起着最彻底的一翼的作用。"9日,毛泽东抱病讲演《新民主主义的政治与新民主主义的文化》(后来更名为《新民主主义论》)。大会通过陕甘宁边区文化协会第一次代表大会宣言、边区文化界加入毛泽东所发起的宪政促进会案、组织少数民族文化促进会案、成立鲁迅研究会案、组织新文字健全委员会案、陕甘宁边区文化协会简章等多项议案。大会选出文协执委会成员:毛泽东、洛甫、王明、罗迈、吴玉章、林伯渠、谢觉哉、王学文、陈伯达、吴亮平、杨松、李初梨、潘汉年、许光达、艾思奇、周扬、李卓然、萧三、萧向荣、彭加伦、曾通泉、徐一新、刘芝明、曹葆华、孟庆树、江青、柯柏年、向仲华、董纯才、冯文彬、李昌、胡乔木、刘光、何思敬、张庚、王曼硕、冼星海、陈康伯、傅连暲、魏一斋、马海鹤、江一、何其芳、马达、蔡若虹、塞克、姚时晓、李丽莲、向隅、胡蛮、胡考、马健翎、柯仲平、丁玲、饶正锡、梁金生、鲁之俊、仓茂丘、陈唯实、王思人、屈伯传、成仿吾、沙可夫、杨作乡、陈明、严文井、王震之、沈鸿、李强、胡笳、钟敬之、唐荣梅、杜矢甲、郑律成、吕骥、范文澜、力群、张琴抚、刘亚洛、林洪、李少斌、张琴秋、刘御、孙雪苇、赵枫、林纳、杨超、王斌、田方、王滨、张仃、周立波、吴伯箫、庄栋、师田手、李又然等,吴玉章为主任,艾思奇、丁玲为副主任,吴伯箫为秘书长。会议决定为建立民族、民主、科学、大众的新文化而奋斗。

　　按：张闻天报告大纲先后刊载于 4 月 10 日出版的中共中央机关报《解放》周刊第 103 期，以及 4 月 15 日出版的边区文协主办的《中国文化》第 2 期。报告共分十五个问题：（一）日本灭亡中国的奴化活动与奴化政策；（二）抗战以来中华民族的新文化运动及其中心任务；（三）中华民族新文化的内容与性质；（四）中华民族的新文化与旧文化；（五）中华民族的新文化与外国文化；（六）中华民族的新文化与三民主义；（七）中华民族新文化与社会主义；（八）关于中华民族新文化与大众化问题；（九）关于中华民族新文化的形式问题；（十）中华民族新文化的历史发展；（十一）中华民族新文化运动历史发展中的特征及其前途；（十二）中华民族新文化运动当前的具体任务；（十三）关于抗日文化统一战线；（十四）中国新文化运动的基本队伍；（十五）全力为争取抗战建国的彻底胜利而斗争。报告在谈中国的旧文化时，认为“要批判的接受旧文化”，旧日文化中所包含的“拥护真理与进步的、民族的、民主的、科学的、大众的文化因素”乃是“我们的祖先留给我们的宝贵遗产”，对这些因素，“我们有从旧文化的仓库中发掘出来，加以接受、改造与发展的责任”。但报告认为对于广大青年“应该多读现代的新文化的书籍”，不必号召他们去读古书，整理国故，认为那是“少数有科学知识与科学方法的学者的责任”。报告在谈新文化与外国文化关系时说，“中华民族的新文化，决不应该闭关自守；相反的，它应该充分的吸收外国文化的优良成果。而成为世界文化中优秀的一部分”。这种吸收“决不是完全抄袭外国文化的所谓‘全盘西化’”，但是，“中华民族的新文化，也决不像‘中学为体，西学为用’的‘中国本位文化’论者那样。只吸收外国的自然科学的技术，来发展中国的物质文明，它要吸收外国文化中的一切优良成果，不论是自然科学的、社会科学的、哲学的、文艺的”。“中华民族新文化的接受外国文化，是大胆的与批判的接受。鲁迅的‘拿来主义’即是这个意思。”关于抗日文化统一战线，报告说：“一切文化人，只要他们赞成抗日，均应在抗日的目标下团结起来，不论他们在文化上所做的工作同抗日有无直接的关系”“发扬文化人的精神生活，为实行他们的理想而斗争，提高他们创作与研究的积极性，关心他们创作的命运——这是发展与巩固文化统一战线的最重要的方法”。统一战线内部的意见上的某种不一致、意气之争、门户之见，一般是不可避免的。应经过民主的方式来解决各种争论。应该提倡自由辩论与讨论的风气。争论一时不能解决也不要紧，不必过早做结论。对某个文化人的缺点的提出，也要经过适当的方式。文化统战工作者，“应具备一般的知识与素养，最好自己还有一方面的特长”；他们要“善于尊重共同工作的文化人，其人格，其事业，其创作与意见”。

　　按：《新中华报》1 月 10 日社论《庆祝边区文协代表大会开幕》，谈到：“在每一次革命运动中，文化运动都是起着很大的作用，它为革命运动作了思想上有力的准备。在今日的民族解放战争中，文化运动是一条重要的战线”“今天，边区文协代表大会召集——不仅象征着文化界光明的前途，边区文化界更进一步的团结，也是全国文化界亲密团结的先声”“边区文化界当前的任务是更进一步的倡导代表大众利益为大众服务的大众文化，加强自然科学与社会科学的联系，创造出真正民族的民主的科学的中华民族的新文化来！边区文化界救亡协会及文化界应成为全国的模范，对全国起推动的核心作用”。1 月 17 日，《新中华报》社论《边区文协代表大会的成就》指出：表现在确定了中国革命运动和文化运动的方向，强调全国文化界统一战线，应该从各方面提高中国文化，为建立民族的、民主的、科学的、大众的中华民族新文化而斗争。

　　张闻天 1 月 20 日主持中央宣传部召开文化工作委员会会议，讨论文化委员的选举及文化俱乐部的工作。吴玉章、周扬、艾思奇、陈康白、杨松等出席会议。2 月 5 日，由张闻天直接领导的陕甘宁边区文化协会主办的《中国文化》月刊在延安创刊。15 日，为中共中央起草《关于办理党校的指示》。这份在总结延安马列学院办学经验基础上写成的文件，内容共有 18 条，规定了一系列办理党校的原则。20 日，延安各界宪政促进会举行成立大会，张闻天被推举为理事。被推举为理事的有毛泽东等 45 人，吴玉章被推选为理事长。同月，主持召开中共中央书记处会议，讨论是否出席即将召开的国民参政会一届五次大会问题。3 月 20 日，为中共中央起草《关于在职干部教育的指示》。26 日，出席延安各界为周恩来、任弼时、蔡畅、邓颖超从苏联返抵延安和秦邦宪日前从重庆回到延安,在北门外广场举行的欢迎会,并代表中共中央致欢迎词。4月15日,张闻天在《中国文化》杂志第1卷第2期发表《抗战以来中华民族的新文化运动与今后任务》。5月,会见从新疆来到延安的茅盾夫妇,并出席5月26日为欢迎从前线回来的朱德和茅盾等同志的晚会。6月9日,出席鲁迅艺术文学院建立2周年纪念大会。10日,主持中共中央书记处会议。会议讨论纪念"七七"抗战3周年问题。21日出席在延安大砭沟文化俱乐部举行的延安新哲学会第一届年会首次会议,并在会上讲话。

> 按:6月28日《新中华报》刊载这篇讲话的摘要如下:"他指出新哲学会会后的几项工作。第一,要与反辩证唯物论的各种错误思想作斗争,没有这种斗争,新哲学的发展就不可能;第二,新哲学会应更多研究中国革命的实际问题,以克服革命理论落后于实际的缺陷;第三,使新哲学的研究与实践斗争更密切联系起来,使新哲学的研究成为生动的、实际的、有兴趣的工作,而不是死板的、条文的、公式的背诵;第四,新哲学会今后应推动各地研究新哲学的活动,供给他们研究的材料、通俗化的读本,以提高全国的理论水平。"出席这次会议的有毛泽东、洛甫、朱德、茅盾、艾思奇、张仲实、陈伯达、何思敬、周扬、杨松、萧向荣、郭化若、冯文彬、和培元、范文澜等50余人。主持这次会议的何思敬在开幕词中高度评价毛泽东《新民主主义论》著作是"中华民族再生的旗帜"的同时。称张闻天《抗战以来中华民族的新文化运动与今后任务》报告"可说是给予我们的斗争纲领"。

张闻天7月5日为纪念抗战3周年在《新中华报》发表《欧战新形势与中国抗战》,后又刊于7月16日《解放》周报第111期。9月10日,为中共中央起草《关于发展文化运动的指示》。指示指出:"在国民党统治区域很可能广泛发展与极应该广泛发展的一项极端重要的工作,是抗日文化运动。这项工作的意义在目前有头等重要性。因为它不但是当前抗战的武器,而且是在思想上干部上准备未来变化与推动未来变化的武器。"下旬,到桥儿沟找茅盾谈话,对他说:周恩来从重庆来电,希望你到那里工作,中央也考虑到你在国内外的名声,你在那种环境下活动比较方便,国民党奈何你不得。不过这只是我们的建议,你现在全家都到了延安,原来也不打算再出去的,如果不愿意也不必勉强。茅盾当即表示,个人没有困难。张闻天请他回去再同家人商量商量,茅盾说不必商量了,既然那边工作需要,我听从分配。最后,茅盾只是说出了埋在心头很久的一个请求:"恢复我的党籍。"张闻天说,你这个愿望很好,等我回去交书记处研究之后再答复你。隔了两天,张闻天再去看望茅盾,对他说:中央认真研究了你的要求,认为你目前留在党外,对今后的工作,对人民的事业,更为有利。希望你能理解。10月10日,为中共中央起草《关于各抗日根据地文化人与文化团体的指示》,当时以中共中央宣传部、中共中央文化工作委员会名义发布。

> 按:《指示》针对当时文化工作中存在的"左"的现象,指出:"应该重视文化人,纠正党内一部分同志轻视、厌恶、猜疑文化人的落后心理""应该用一切方法在精神上、物质上保障文化人写作的必要条件""党的领导机关除一般的给予他们写作上的任务与方向外,力求避免对于他们写作上人为的限制与干涉。我们应该在实际上保证他们写作的充分自由"。指示还指出:"对于文化人的作品,应该采取严正的、批判的,但又是宽大的立场,力戒以政治口号与狭隘的公式去非难作者,尤其不应出以训笑怒骂的态度。我们一方面应正确的评他们的作品,使他们的努力向着正确的方向,同时鼓舞他们努力写作的积极性,不使他们因一时的失败而灰心失望""共产党人应有足够的气量使自己能够同其有不完全同我们一样生活习惯的文化人共同生活,共同工作。对于文化人生活习惯上的过高的苛刻的要求是不适当的"。

张闻天10月19日为延安解放社出版《鲁迅论文选集》撰写序言,称鲁迅先生是"近代中国最伟大的文学家、思想家、革命家",并指出"现代中国的青年,从鲁迅先生的作品中可以得到很多有益的宝贵的东西"。11月13日，延安马列学院为庆祝俄国十月革命23周年演出德国作家沃尔夫的话剧《马门教授》，剧本由萧三译，演出前张闻天亲自对照俄文本进行了校阅。(以上参见张培森主编《张闻天年谱》，中共党史出版社2000版；中共中央文献研究室编撰、逄先知主编《毛泽东年谱(1893—1949)》，人民出版社、中央文献出版社1993年版；艾克恩编纂《延安文艺运动纪盛》，文化艺术出版社1987年版；孙国林编著，王佳钰、王增辉校订《延安文艺大事编年》，陕西师范大学出版总社2016年版；齐卫平、周颖秋《延安时期〈中国文化〉若干问题的研究》，载《中国延安干部学院学报》2013年第3期)

周恩来3月抵新疆迪化往八路军新疆办事处。曾三次会见盛世才；接见中共在那里的干部；分别看望在装甲兵学校、航空学校和干部训练班学习的学员。3月26日，周恩来乘汽车回到延安。当晚在欢迎大会上讲话：从报刊上看到反动派准备妥协投降，搞磨擦、分裂以及倒退的现象，实令人痛心。但坚信在中国共产党坚持抗战、坚持团结、坚持进步的口号下，以及全党全国人民共同努力下，投降派必定失败，中国抗战定能获得最后胜利。会后，周恩来亲自放映从苏联带回的影片。3月底至5月上旬，中共中央接连举行会议，听取周恩来的汇报，讨论一系列重大问题。4月，所撰《中国抗战的严重时机和目前任务》一文刊于《共产国际》杂志第4期，此文即《中国问题备忘录》的摘要。5月9日，周恩来离开延安前往重庆。7月27日，周恩来飞延安，带回国民党的"中央提示案"。7月30日、8月1日，出席中共中央政治局会议，在会上作统一战线工作的报告。8月2日，中共中央致电南方局、新华日报社，指出：在外交政策问题及内政改革上，你们应与各中间派报纸的某些正确观点取统一战线态度，不采取对立态度，以便有力地打击投降派。8月9日、10日，在延安高级干部会上作《目前抗日统一战线的形势、策略和工作》的报告。(参见中央文献研究室《周恩来年谱1898—1976》，中央文献出版社1998年版)

王稼祥1月15日在《八路军军政杂志》第2卷第1期发表《中国共产党与革命战争》一文。文章总结和概括党领导革命战争和革命军队的基本经验，阐明党在其发展过程中逐步认识了革命战争的重要性及其特点，创造了以毛泽东为代表的正确的军事理论与实践，并且取得了伟大的成就。24日，出席中共中央政治局会议。在讨论1940年陕甘宁边区财政经济问题时，王稼祥提议调整军委与财政经济部的关系，会议决定：举行联席会议，请曹菊如、李富春、王稼祥、叶季壮参加。又提出国民党政府资源委员会要求到延长开发石油问题，会议决定：待国民党政府承认陕甘宁边区后再谈。2月，出席中共中央政治局会议。会议讨论是否出席即将召开的国民参政会一届五次大会的问题，大多数人主张不出席，王稼祥也主张不出席。同月24日，关于华中应成立抗大分校或新四军干部学校，毛泽东、王稼祥致电朱德、彭德怀、杨尚昆、刘少奇(胡服)：一、胡二十日电，华中青年学生因受李品仙压迫，大批跑来新四军，华中应立即成立抗大分校或新四军干部学校，吸收华中大批青年学生。二、由晋东南开抗大分校一部到华中，以作华中学校之基础，已开拔否，望告。抗大总校何时开赴晋东南，亦望告。

王稼祥5月4日出席延安五四青年节纪念大会，并在大会上讲话。6月10日，出席中共中央书记处会议。会议讨论纪念七七抗战3周年问题，提出中央准备发表纪念宣言，并发一个指示，政治局的同志都要写一篇纪念文章等。7月1日，为纪念抗战3周年而作《渡过困难危险，争取抗战胜利》，刊于16日出版的《解放》第111期《抗战三周年纪念特辑》。8月1日，毛泽东、朱德、王稼祥、彭德怀联名发布关于举办军队干部的高级干部班和上级干部班的命令。18日，出席中共中央政治局会议，会议听取中央财政经济部部长李富春关于中央和陕甘宁边区财政经济问题的报告。9月20日下午5时,出席在青年体育场举行的延安各界纪念"九一八"九周年、庆祝百团大战胜利大会,并在大会上讲话。22日,《新中华报》发表此讲话。10月13日,出席在柳树店举行的白求恩国际和平医院新院址落成开幕典礼。王稼祥在讲话中以白求恩国际和平医院是为纪念白求恩而命名的,勉励医院和医科大学的同志们要学习、发扬白求恩的高度责任心、工作热忱与牺牲精神。同月,中共中央、中央军委决定,由总政治部创办日本工农学校,这所学校以教育、改造日本俘虏为宗旨。从选定校址,物色校长和教员。确定学员来源和教学计划,王稼祥都亲自主持其事。校址选定在宝塔山。校长为野坂参三(中国名字林哲),总政治部敌工部副部长李初梨兼任副校长,选调八路军三五九旅赵安博担任副校长。学员来源主要从前方表现较好的日本俘虏中选送。开设有社会发展史、政治经济学、日本问题等课程,王学文、李初梨、赵安博、何思敬、王思华、江右书等都在该校授课,野坂参三讲过日本问题和联共党史课。11月16日,毛泽东、朱德、王稼祥发出关于对黄埔系军人进行统战工作的指示。11月下旬,因病进入白求恩国际和平医院住院治疗,受到延安各界人士的关心。12月10日,关于抗大问题,毛泽东、王稼祥致电彭德怀、左权并告滕代远,指出:"为迎接新的局势,大量准备并培养干部是极其重要的。抗大总校不能取消。但由于分校之分散,对各分校之具体领导应责成各地分局及最高军事首长负责。完全统一是不可能的。总校应多注意总结经验、指导方针、统一材料之编辑、统一各种教法、培养教员、调剂干部,以帮助及加强各分校的领导及教育能力。""各地任意抽调分校干部是不对的,已有另电纠正。""总校机构宜小,而苏北局面扩大,望再分出一个分校的干部,派去苏北。此分校要比山东分校还要强些,因为苏北局面是很大的局面。"(以上参见徐则浩《王稼祥年谱》,中央文献出版社2001年版)

　　董必武6月中旬奉中共中央指示,离开重庆回延安。7月24日,在延安各界公祭成吉思汗大会上发表讲话。8月4日、7日,参加中共中央政治局会议,会议听取周恩来关于南方局党的工作报告。周恩来报告南方局的分工是:秦邦宪负责组织工作,何凯丰负责宣传工作,董必武负责统战工作,蒋南翔负责青年工作,周恩来兼任文委的工作。8日,参加中共中央政治局会议,并就加强陕甘宁边区政权建设和某些工作人员的作风问题提出意见和建议。31日,和徐特立一起出席延安新文字运动委员会为欢迎他们举行的集会,并在会上讲话,指出:"新文字运动者,要以传教者的精神来发展新文字运动。"10月4日,中共中央南方局会议,讨论内部分工问题。会议决定,统一战线工作委员会由董必武任书记,叶剑英任副书记,下设军政、党派、社会、青年、妇女五组,分别由叶剑英、秦邦宪、董必武、蒋南翔、邓颖超负责。文化委员会由何凯丰任书记,周恩来任副书记。此外,还有国际问题研究室和华侨工作组等机构。10日,奉中共中央指示,离延安返重庆,准备参加即将举行的国民参政会,揭露国民党当局发动的反共高潮。茅盾夫妇同行。12日,到达西安。因重庆政治环境日益恶劣,中共中央又决定林伯渠回延安主持陕甘宁边区工作。董必武奉中共中央指示留在西安,主持八路军西安办事处。18日,周恩来、秦邦宪致电中共中央,报告蒋介石密令监视周恩来、叶剑英,国民党准备发动全面反共。国民党内部有人估计这次反共会空前紧张,建议董必武暂缓来渝。11月3日,中共中央电示周恩来:即刻按南方局意见作紧急布置,博古、凯丰即回延安。12月23日,和毛泽东、陈绍禹、秦邦宪、林伯渠、吴玉章、邓颖超等被国民政府聘为第二届国民参政会参政员。(参见《董必武年谱》编纂组《董必武年谱》,中央文献出版社1991年版)

吴玉章1月1日发布艺字第一号通告,宣布关于调整与充实鲁艺行政机构的决定:专修部名义取消,正式成立教务处,处长张庚;宋侃夫为政治处长,仍兼总支书记;研究部主任由周扬兼,设干事一人办理日常事务。4—12日,出席陕甘宁边区文化协会第一次代表大会。4日,在开幕式上致开幕词,说:"五四新文化的兴起,引起了中国广大群众的觉醒,而产生了1925—1927年的大革命,文化运动做了先导。""由于中国共产党的产生并受苏联的影响,中国新文化运动很快便过渡到另个新的阶段,这时就产生了无产阶级的文化运动。大革命是中国新思潮高涨的年代,西欧的新思潮,马克思的唯物主义,传布到中国、在中国内部起了非常大的作用。十年苏维埃运动,给中国人民思想理论上的进步以很大的影响。一些资产阶级文化的代表者走向反动,这时又产生一批新的文化人如'左联',他们不屈不挠地工作着,在文化界中起了领导作用。"8日,吴玉章演讲新文字问题。大会选出文协执委会成员,吴玉章为主任,艾思奇、丁玲为副主任,吴伯箫为秘书长。吴玉章又当选为陕甘宁边区文化协会新文字运动委员会主任委员。9日,毛泽东在陕甘宁边区文化协会第一次代表大会作了《新民主主义的政治与新民主主义的文化》,提出:"文字必须在一定条件下加以改革,言语必须贴近民众,须知民众就是革命文化的无限丰富的源泉。"为响应毛泽东的号召,吴玉章写信给中共中央宣传部,提出推行新文字的问题。中宣部经过讨论后,写信给边区教育厅,要求从1940年冬学开始,试办并推广新文字。稍后,"推广新文字教育"被写入边区施政纲领。15日,中共中央在延安中央大礼堂隆重举行"吴玉章同志六十寿辰庆祝会",毛泽东发表讲话,李富春代表中国共产党中央委员会宣读贺词。随后国民党代表肤施〈延安〉县长高仲谦在会上致词;高自立代表陕甘宁边区参议会、边区政府、边区高等法院的全体官员和工作人员致词;边区政府主席林伯渠致词;中共中央统战部代表致词;中共中央党校代表致词;中共中央财经部及所属单位代表致词;边区文协代表致词;鲁艺教职员代表致词;青联代表冯文彬致词;八路军驻陕办事处代表致词;中共中央妇委、女大、抗大、陕公、马列学院、《新中华报》等单位代表亦先后致词。吴玉章作《六十自述》的长篇答词。

按:中共中央贺词曰:亲爱的玉章同志:当你六十大寿之日,我们特向你致热烈亲切的敬礼!你在六十年的生活中,有四十年是过的革命家的战斗的生活。

你是中国革命最先进最觉悟的老战士,你始终是前进的,你始终是站在时代的前面奋斗着,因此,你始而参加了同盟会的领导,继而参加了国民党的领导并进而参加共产党的领导。你是炸摄政王的组织者,你是黄花岗起义的参加者,你是辛亥时内江起义的英雄,你是1925—1927年革命的领导者,你现在是我党的优秀的领导人和全国人民最高民意机关的代表,你的生活和斗争,是近几十年里一部活的中国革命史的缩影。

你是我党可贵的历史专家,你的广博的学识,你对马列主义的理论和方法的忠诚探究,你的坚毅不懈的努力,使你在这方面已有了一定的成就,这对于我党和中国人民,都是难能可贵的贡献。你不仅是中国教育界文化界的前辈,而且是青年男女先进的导师,你对青年男女的关心和爱护,你的诲人不倦的精神,给与青年们深刻的印象。你是中国新文字的创始人之一,你对新文字的贡献及提倡新文字的热忱与成绩,已在中国新文化发展的道路上,放出灿烂的光辉。

你是中国革命的老前辈,是中国共产党的老布尔什维克,你对党对人民解放事业的忠诚,你的崇高的人格,你的高尚的革命道德,你对同志对人民真诚的热爱,你的艰苦耐劳认真切实的作风,你的谦逊和蔼的态度,将永远成为所有共产党员和革命青年的模范。你的事业,就是中国革命和人类解放事业。一个伟大的事业是一定会在全中国和全世界胜利的。兹以无限热诚祝你健康长寿,祝你能亲见到中国人民和世界人类解放事业的光荣胜利。

吴玉章1月中旬接毛泽东信并《新民主主义论》文稿,谓:"吴老:写了一篇理论性质的东西,目的主要为驳顽固派,送上请赐阅正指示为感!"23日,在中共中央马列学院演讲中国政治情况、宪政之产生以及现在为什么要实行宪政。30日,为发起成立中苏文化协会延安分会事致张西曼信。同月,组织、指导鲁艺颜一烟等撰写话剧《秋瑾》。2月3日,和毛泽东、陈绍禹、林伯渠联名致电国民参政会秘书处,拒绝接受国民党利用参政会名义派出的"视察团"到陕甘宁边区。5日下午3时,陕甘宁边区自然科学研究会举行成立大会,各机关、学校代表及自然科学界千余人出席。大会推蔡元培等为名誉主席,主席陈康白致开会词后,毛泽东、陈云等出席并讲话。会议通过了《陕甘宁边区自然科学宣言》和《陕甘宁边区自然科学章程》,选举执行委员35人,吴玉章被推选为研究会执委会主任。研究会宗旨是进行自然科学的教育和研究,推进生产事业和经济建设事业,使自然科学为抗日战争服务。下设有地矿学会、机电学会、航空学会、土木学会、医药学会、农学会、化学学会等分会。7日,吴玉章在《中国工人》创刊号上发表《中国工人阶级的特点及其在中国资产阶级民主革命中的作用》一文。8日,出席边区自然科学研究会执行委员会第一次会议,被推选为边区自然科学研究会会长。边区自然科学会共有294名会员,除设驻会干事会外,后来又下设了一秘书处。陆续建立了医药、农学、地质矿冶、生物、机械电机、化学等专门学会。在《解放日报》上开辟了《科学园地》专栏。出版内部资料《会讯》。除团结边区知识分子,促进边区科学研究,推动边区经济发展外,与国统区乃至国际科技界也建立了联系。15日,边区文协机关刊物《中国文化》杂志出版创刊号。19日,与毛泽东等出席延安青年宪政促进会成立大会,并发表讲话。同日,延安新文字运动委员会成立,吴玉章任主任委员,新文字运动逐渐进入高潮。20日,主持延安各界宪政促进会成立大会,到会者一千余人。通过蔡元培、何香凝、宋庆龄、蒋介石、冯玉祥、孙科、毛泽东、朱德等30人为名誉主席团成员。继由吴玉章作《成立宪政促进会的意义和它的任务的报告》,毛泽东讲话。吴玉章被大会推选为延安宪政促进会理事长,毛泽东、张闻天、王稼祥等45人为理事。大会通过《延安各界宪政促进会宣言》和通电。宪政促进会成立大会又通过成立延安反侵略分会筹备委员会,吴玉章被推选为筹备委员。23日,在马列学院作《为争取人民的宪法和民主权利而斗争》的报告。

吴玉章3月4日发布艺字第五号通知,决定教务处的艺术指导与前方归来的实验剧团合并,其人员除一部分调出学习或分配其他工作外,其余组成新的实验剧团,以田方为团长,王滨为副团长。团内设研究、演出、剧运三科。王震之调戏剧系任副主任。3月8日,组织、指导撰写的四幕话剧《秋瑾》首演。22日,延安各界蒙古文化促进会筹备工作即将就绪,领衔在《新中华报》发表《蒙古文化促进会缘起》。4月5日,在《新中华报》上发表《纪念蔡子民先生》一文。同日,在鲁艺成立平剧团,以符律衡(阿甲)为团长。19日,出席吴承仕追悼大会。并送挽联:"爱祖国河山,爱民族文化,尤爱马列主义真理,学贯中西,善识优于苍水;受军阀压迫,受同事排挤,终受敌寇毒刀摧残,气吞倭虏,壮烈比诸文山。"26日,在《新中华报》发表吊蔡元培(子民)挽联:"正气长存,文章盖世,尤堪幸组织大同盟力保人权,众话申江思盛德;寇气尚恶,傀儡登场,更可痛纵容宵小辈施奸计,我凭延水吊英灵!"31日,陕甘宁边区少数民族文化促进会、蒙古文化促进会成立,被推为理事。5月4日,以陕甘宁边区自然科学研究会会长身份致安徽省自然科学界一公开信。7日,在《新中华报》上发表《关于五四运动的报告》一文。20日,决定在鲁艺成立部队艺术干部训练班。6月11日开始招生,学员200名,修业期一年。26日,出席陕甘宁边区各界欢迎朱德总司令返回延安的大会。随同朱德来到延安的还有茅盾一行。27日,出席延安各界欢迎朱德及茅盾一行的晚会。晚会在中央大礼堂举行,表演了《黄河大合唱》等。6 月 1 日,请茅盾为鲁艺文学系讲授《中国市民文学概论》。茅盾于当日搬至鲁艺,讲学至 9 月 24 日结束。6 日,出席延安在职干部学习周年总结大会。7 日,出席欢迎陈嘉庚的晚会。9 日,在鲁迅艺术文学院成立两周年纪念大会上发表讲话。毛泽东、朱德、张闻天、任弼时、周扬、茅盾等出席纪念大会。毛泽东重题"鲁迅艺术文学院"校名,并题"紧张、严肃、刻苦、虚心"校训。五四中国青年节奖金委员会发布启事,组织评判委员会,吴玉章任评判委员长,另有评判委员 33 人。

　　吴玉章 7 月 5 日在《新中华报》上发表《用自我批评来纪念我党十九周年和抗战三周年》一文。10 日,决定增调文学系助教及毕业同学等 12 人充实扩大 2 日从前方归来的文艺工作团,仍以荒煤为团长。5 日,决定成立鲁艺美术工作与音乐工作团。24 日,出席成吉思汗纪念堂暨蒙古文化陈列馆落成典礼。主持延安各界公祭成吉思汗并讲话。同日,请朱德来鲁艺作《三年来华北宣传战中的艺术工作》的报告。8 月 14 日,在鲁艺举行晚会,欢迎从大后方归来的周恩来、徐特立、董必武。29 日,出席边区师范学校周年纪念及二队学员毕业典礼大会。31 日,主持延安新文字运动委员会欢迎徐特立、董必武的座谈会并发表讲话。9 月 5 日,出席延安归侨大会并讲话,其中说:"华侨是抗战中的重要力量,延安华侨应起核心作用,以推动全世界千余万华侨积极参加祖国抗战。"7 日,出席欢迎国民政府军事委员会政治部中国电影制片厂《塞上风云》摄制组的晚会。8 日,出席延安中国女子大学周年纪念及第一届学员毕业典礼大会。22 日,为免政工与教育脱节,鲁艺撤销政治处,成立工部处。10 月 1 日,出席新文字师资训练班开学典礼。边区教育厅为开办新文字冬学,在陕北公学抽调学生 70 余人来作师资培训。3 日,与林伯渠、徐特立、董必武、谢觉哉、李富春、高岗等组成新文字冬学董事会。同月,在新文字冬学师资训练班授课,主讲中国文字源流、拉丁化新文字方案的制定和历史发展、中国音韵学常识、新文字发音方法等课程;与林伯渠、董必武、徐特立、谢觉哉等 99 人发起筹备成立陕节宁边区新文字协会,印发《成立缘起》。倡议得到各界响应,毛泽东、朱德等 54 人签名赞助。

　　吴玉章 11 月 5 日在《中国青年》第 3 卷第 1 期上发表《伟大时代的青年》一文。7 日,在十月革命的节日庆典中,陕甘宁边区新文字协会在延安中央大礼堂举行成立大会,出席者一千余人,会议推选毛泽东及中共中央全体成员为名誉主席团,林伯渠、吴玉章、徐特立等 17 人为主席团。吴玉章主持新文字协会成立大会并作主题报告,林伯渠、徐特立、谢觉哉等发表演讲。林伯渠对推行新文字提出三点建议:第一,要说服知识分子接受新文字。现在还有一部分知识分子,不了解推行新文字在文化教育和政治上的意义,必须说服这些知识分子,使他们积极行动起来。第二,要使新文字顺利推行,就必须在法律上取得合法地位。边区政府已决定给新文字合法的地位,政府的法令公告等重要公文文件,要一面印汉字,一面印新文字。第三,要使群众拥护新文字。协会会员要多向群众做宣传、解释和教育工作。会议选举毛泽东、朱德、郭沫若、黄炎培等为名誉理事,林伯渠、吴玉章、徐特立、董必武、谢觉哉等为理事,吴玉章为新文字协会会长。会议决定 11 月 7 日为"中国文字革命节"。同日,吴玉章出席新文字冬学师资训练班结业典礼。10 日,主持新文字协会第一次理事会议。研究新文字的法律地位、干部训练、读物编辑、对外宣传联系、小学课本新文字配备等问题。12 日,为《新文字报》撰写发刊词。同月,新文字冬学开始,有学员 1563 人,其中女学员 224 人。12 月初,吴玉章重病住院治疗。23 日,吴玉章和毛泽东、陈绍禹、秦邦宪、林伯渠、董必武、邓颖超等被国民政府聘为第二届国民参政会参政员。25 日,陕甘宁边区政府颁发了《关于推行新文字的决定》,规定:(1)从 1941 年 1 月 1 日起,新文字与汉字有同等法律地位;(2)从 1941 年 1 月 1 日起,一切上下公文、买卖账目、文书单据等,用新文字书写与汉字书写同样有效;(3)从 1941 年 1 月 1 日起,政府的一切法令、公文、布告,一律新文字与汉字并用。(以上参见刘文耀、杨世元《吴玉章年谱》,四川人民出版社 1998 年版;高平叔编著《蔡元培年谱长编》,人民教育出版社 1996 年版;艾克恩编纂《延安文艺运动纪盛》,文化艺术出版社 1987 年版;孙国林编著,王佳钰、王增辉校订《延安文艺大事编年》,陕西师范大学出版总社 2016 年版;何立波《陕甘宁边区〈新文字报〉创办始末》,《语言文字周报》第 1431 号;王建华《陕甘宁边区的新文字运动——以延安县冬学为中心》,《南京大学学报》2011 年第 3 期)

林伯渠、吴玉章、董必武、徐特立、茅盾、艾思奇、周扬、陈伯达、丁玲、萧三、张仲实、萧军、何其芳、吕骥、乔木、张庚等 16 人 10 月 25 日发起鲁迅文化基金募捐运动。为此发表"缘起":中国文化的发展,关系着民族的前途。要使中国文化发展,除政治自由外,应保障文化工作者最低限度的生活。发起鲁迅文化基金运动,就是希望募集相当数量的资金,以奖掖文化新战士,救济遇难文化工作者和家属,并作为对鲁迅先生的纪念,帮助文化事业的发展。同时,拟订了《基金会简章》和《基金使用细则》。该《简章》共 6 条。实际上,后来除个人募捐外,边区政府也进行了赞助。《基金使用细则》则规定了基金的借贷资格、借贷办法、担保方式及资助办法、奖金数额等。11 月 7 日,陕甘宁边区新文字协会在延安中央大礼堂举行成立大会,出席者千余人,林伯渠、吴玉章、徐特立、谢觉哉等发表演讲。定 11 月 7 日为"中国文字革命节"。(参见孙国林编著,王佳钰、王增辉校订《延安文艺大事编年》,陕西师范大学出版总社 2016 年版;刘文耀、杨世元《吴玉章年谱》,四川人民出版社 1998 年版;章恒忠、王亚夫主编《中国学术界大事记(1919—1985)》,上海社会科学院出版社 1988 年版)

李富春 2 月 18 日在延安生产总结大会上的报告《生产运动总结与新的任务》中说,去年扩大了印刷厂,保障 12 种报纸杂志的出版,并发行了 180 余种理论的、军事的书籍。年初,中共中央决定在延安自然科学研究会的基础上,创建延安自然科学院,当时为抗战,长远为建设新中国,旨在培养抗战建国的技术干部和专门技术人才,培养理论与实践相结合的人才。筹建工作由副院长陈康白挂帅,与教育处长屈伯川、干部处长卫之、总务处长陈宝诚、杨作材等开始筹建延安自然科学院。创办延安自然科学院。9 月,在 50 余个窑洞、30 余间平房的办学条件下,由 100 余位师生员工组成的延安自然科学院在延安南门外杜甫川开办起来。此为中国共产党领导的第一所理工科高等学校,设有物理、化学、生物、地(质)矿(冶)4 个系,学制 3 年。从此,中国共产党开始了经办理工科高等教育历史征程。李富春任第一任院长,陈康白任副院长。(参见姚禹《延安自然科学院:培养红色科技工作者的摇篮》,《科技日报》2021 年 7 月 30 日;吴永贵《民国图书出版史编年:1912—1949》,社会科学文献出版社 2018 年版)

茅盾 5 月 7 日因机票难买拜访了西北公路局沈局长,沈答应帮忙。9 日,沈局长来告知,青海活佛喜饶嘉错要去重庆,省政府指令西北公路局为他开一辆专车,最好搭这辆专车同行。14 日晨,登上了青海活佛喜饶嘉错去西安的专车。19 日下午,经咸阳到达西安。20 日下午,茅盾与张仲实一道去七贤庄八路军办事处。在客厅意外地见到了周恩来和朱德。周恩来详细询问了离开新疆的经过,并问了杜重远的情况。对茅盾等到延安表示欢迎。又说正巧有个好机会,总司令过几天要回延安,你们可以同他一道走,这样路上的安全也有了保证。周恩来和朱德,还给介绍了抗战的形势。26 日午后,茅盾等经过劳山,不久抵达延安南郊的七里铺,延安事先安排各界人士一千多人齐聚南门外,热烈欢迎离别延安两年的朱德与夫人康克清,以及由新疆来延安参观的大文学家茅盾、社会科学家张仲实。茅盾在欢迎会上讲话说,八路军朱总司令及各位同志都是创造抗战胜利的人物,我将于可能时赴前线一行,搜集此项材料以为日后写作之用。27日晚上,延安各界又在中央大礼堂开欢迎晚会,毛泽东等出席,鲁艺演出了《黄河大合唱》,使人大开眼界,大为感动。从这一组歌中认识了冼星海这位天才的音乐家,在交际处,和张仲实各住一孔窑洞,亲身体验了窑洞的风味。28日,延安文化界在文化俱乐部举行座谈会,欢迎茅盾和张仲实。会上,茅盾见到了吴玉章、艾思奇、丁玲、周文等老朋友。大家谈得热烈的,就是新民主主义文化的具体内容和民族形式、利用旧形式等问题。同日,张闻天也来看望茅盾等。30日,茅盾到杨家岭回拜张闻天。除了叙旧,还谈了三十年代上海文艺界的情形。张闻天问今后的打算,表示准备在延安长住下去,有机会想到前方看看,张闻天表示欢迎。同日,茅盾拜望毛泽东,谈了在新疆一年的经历,并说了赵丹托付帮助他们离开新疆的事。毛泽东让找中宣部部长罗迈(即李维汉)想想办法。于是又造访了罗迈,罗迈答应去了解一下情况。大约两周之后,他说,杜重远和赵丹等已被盛世才关押起来了。31日,《新中华报》发表消息《热烈欢迎朱总司令及茅盾张仲实两先生》。

茅盾6月初会见毛泽东。毛泽东先到交际处看望刚到延安的陈嘉庚。谈话过后,又到茅盾住的窑洞里来看望,并送给一本刚出版的《新民主主义论》;茅盾参加延安鲁迅艺术文学院两周年纪念会,毛泽东、朱德均到会。上旬,周扬来看望茅盾,请茅盾搬到鲁艺去。其间,茅盾还拜访了吴玉章,吴玉章除了热情地大谈汉字拉丁化问题外,还以《中国文化》主编约茅盾撰写文章参加《中国文化》上关于新民主主义文化的内容与形式的讨论。9日,茅盾应邀出席鲁迅艺术文学院成立2周年纪念大会并讲话,谈到抗战中文艺理论落后于现实的问题,谈到作家和理论家深入斗争生活的问题,谈到作家和批评家之间的联系问题,更希望我们真能够继承鲁迅先生的勇敢的不屈的精神努力于创作和批评,以巩固中国新民主主义文化的文艺堡垒。11日,茅盾作《关于〈新水浒〉——一部利用旧形式的长篇小说》,刊于《中国文化》第1卷第4期。15日,作《纪念高尔基杂感》,刊于6月18日《新中华报》。21日下午,出席延安新哲学会举行的第一届年会。毛泽东、朱德等也到会。同月,在《新芒》第1卷第2期发表《学习与创作》;又在鲁艺篮球场上向全院师生作了一次报告,漫谈自己的创作经验。7月10日,改定《论如何学习文学的民族形式——在延安各文艺小组会上演说》,刊于《中国文化》第1卷第5期。文中认为学习民族形式一要向中国民族的文学遗产去学习,二要向人民大众的生活去学习。并联系《水浒》《西游记》《红楼梦》等古典的不朽的"市民文学"作了具体剖析。14日下午,文协延安分会假文化俱乐部举行茶话会,欢迎总会理事茅盾。23日,作《为了纪念鲁迅的六十寿辰》,刊于《大众文艺》第1卷第5期。文中记述1935年来宋庆龄、史沫特莱和自己动员鲁迅去苏联治病的经过。同月,《关于写什么》刊于苏联《国际文学》第7—8期合刊。是月起,应鲁艺文学系的邀请,在鲁艺文学系讲了五六次课,总题目叫《中国市民文学概论》。当时写了详细的讲稿,可惜这份讲稿已经丢失。《论如何学习文学的民族形式》一文,大概反映了这份讲稿的基本观点。

茅盾7月下旬看到孔罗荪在重庆编的一期《文学月报》,上面的"文艺的民族形式问题特辑"引起了兴趣。8月5日,作《致〈文学月报〉编者信》,刊于《文学月报》第2卷第1—2期合刊。文中谈了对"文艺的民族形式问题"这个争论问题的初步意见。7日,延安中山图书馆聘茅盾为文艺讲座报告人。9月6日,作《旧形式·民间形式与民族形式》,刊于《中国文化》第2卷第1期。作者同意郭沫若、潘梓年等人的意见,驳斥了向林冰"中心源泉"论的错误,其驳论主要从四个方面展开:第一,"如果我国固有的文艺形式而有所可取","那么,一切旧形式皆当有分,不应只推崇民间形式";第二,"向先生的'中心源泉'论,表面上虽似欲建立民族形式,实际上却是延长了应该被淘汰的封建社会文艺形式的寿命";第三,"我国固有文艺形式中的一些'特征',实在都是封建社会经济的产物","要在这上面建立"或"导引出民族形式来,那就不免是大笑话了";第四,"向先生口里虽然一再说民族形式'将以大众为主体的抗战建国'为其内容,但从向先生的整套接受民间形式这一主张看来,则向先生心目中的抗战建国的归宿,实在还是换汤不换药的旧中国"。10日,茅盾作校园演讲稿《论如何学习文学的民族形式》,并写《附记》一则。15日,《谈〈水浒〉》刊于《大众文艺》第1卷第6期。文中谈《水浒》产生的时代背景、形成过程、思想倾向、人物描写和结构等,是应文协延安分会机关刊物《大众文艺》编辑部的约稿而写的。

茅盾9月18日出席延安各界庆祝百团大战胜利,纪念"九一八"9周年大会。毛泽东、朱德等中央领导和延安的一些知名人士都出席了大会。25日,在《中国文化》第2卷第1期发表《旧形式、民间形式与民族形式》,同期还刊有郭沫若的《"民族形式"商兑》,胡蛮的《中国美术上的"文艺复兴"》。郭沫若、茅盾两文均受到进步文艺界的重视和欢迎。下旬,张闻天来看望茅盾,拿出一封周恩来从重庆打来的电报,大意是:郭沫若他们已退出第三厅,政治部另外组织一个文化工作委员会,仍由郭老主持。为了加强国统区文化战线的力量,希望茅盾能到重庆工作,担任文化工作委员会的常务委员。他认为茅盾在国统区工作,影响和作用会更大些。张闻天向茅盾介绍了第三厅解散的经过和文化工作委员会成立的目的,还说这只不过是我们的建议,我们知道你全家都来延安了,你原来也不打算再出去的,如果你实在不愿意,也不必勉强。茅盾表示服从党的决定,并向张闻天提出恢复党籍的问题。张闻天道:你这个愿望很好,等我回去提交书记处研究之后再答复你。过了几天,茅盾辞别了鲁艺的朋友们,根据中央指示,搬到南门外交际处。张闻天前来看望,他告诉茅盾,中央书记处认真研究了你的要求,认为目前留在党外,对今后的工作,对人民的事业,更为有利,希望你能理解。对于党中央的决定,茅盾没有再说什么。茅盾在延安期间,还参加了下列定期的学术讨论会:一是范文澜、吕振羽组织的中国历史问题讨论会;二是艾思奇主持的哲学座谈会;三是中宣部组织的报告会,专门学习《联共(布)党史简明教程》第四章斯大林写的《辩证唯物主义和历史唯物主义》。(以上参见唐金海、刘长鼎主编《茅盾年谱》,山西高校联合出版社1996年版;艾克恩编纂《延安文艺运动纪盛》,文化艺术出版社1987年版;孙国林编著,王佳钰、王增辉校订《延安文艺大事编年》,陕西师范大学出版总社2016年版)

艾思奇1月4—12日出席陕甘宁边区文化协会举行的第一次代表大会。6日晚,艾思奇代表边区文协作了题为《抗战中的陕甘边区文化运动》的报告,分三个问题:一、边区文化在全国的地位;二、抗战以来边区文化运动的成绩和缺点;三、边区文化运动今后的任务。报告长约14000字,文字朴实,材料具体,条理清晰,任务明确,令毛泽东、张闻天等十分满意。大会选出毛泽东、张闻天、李维汉、吴玉章、艾思奇等为执委,吴玉章为主任,艾思奇、丁玲为副主任,吴伯箫为秘书长。2月5日下午3时,出席陕甘宁边区自然科学研究会成立大会,各机关、学校代表及自然科学界千余人出席。大会推蔡元培等为名誉主席。8日,边区自然科学研究会执行委员会第一次会议推选吴玉章为边区自然科学研究会会长,艾思奇等为理事。后艾思奇应邀讲生物进化论和狭义相对论(当时称为特殊相对论)中的哲学等问题,率先将爱因斯坦的学术思想引入忙于抗战的干部的思维之中。15日,党中央决定创办的边区文协的机关刊物《中国文化》杂志在延安创刊,由中共中央书记处书记兼中宣部部长张闻天(洛甫)直接领导,由边区文协领导下的中国文化社编辑出版,毛泽东为刊物题名。该刊编委会由艾思奇、周扬、丁玲、张仲实、范文澜、萧三组成,艾思奇任主编。其中有一两期由周扬主编。由于编委会成员当时十分繁忙,艾思奇邀请了林默涵参加刊物的创办。艾思奇负责阅读大量的稿件,对来稿进行终审;组稿、发排、校对及印刷等都由林默涵负责。作为抗战时期延安出版的唯一一份学术性综合理论刊物,《中国文化》刊发文章的范围广泛,涵盖了文学、艺术、哲学、政治、经济、历史、宗教、新文字、自然科学理论、考古学、遗传学等方面,但又以文学艺术为主。每期的栏目设定不固定,先后设有"社论""专论""研究""短评""杂感""哲学讲座""创作"等。内容涉及政治、经济、哲学、历史、文学、考古、美学及文字改革等方面,同时还刊有小说、诗歌、文艺评论及读书随感等,并附录了一些重要文件。毛泽东的《新民主主义的政治与新民主主义文化》(后改为《新民主主义论》)首先在创刊号上发表。艾思奇也在该刊上发表了《论中国特殊性》《五四文化运动的特点》,还连载他的"哲学讲座",并以"社论"名义发表了《鲁迅的方向就是中华民族新文化的方向》《进一步认识中国现实》等。《中国文化》共出了3卷15期,每期10万余字。

　　按:由于艾思奇为人诚恳正直,平易近人,对不同学术观点持开放包容态度,在延安文化界受到广泛赞誉,这也使《中国文化》真正成为学术争鸣、文化活跃的平台。自《中国文化》创刊号出版后,专家、学者、作家、诗人投递来的稿件越来越多,有不同见解的争论文章也送到编辑部。如尹达写了一篇不同意范文澜关于殷商是奴隶社会观点的文章,编辑部感到为难,艾思奇指示:"我在学术观点上,也不完全同意尹达同志的观点,但中国的历史分期问题,包括其他学术问题,只有通过不同意见的争论交锋,才能到达真理的彼岸。《中国文化》应该给大家探索真理提供一个园地。"最终,尹达的这篇文章得以发表,甚至包括王实味指责艾思奇观点的《文艺的民族形式问题》一文也在《中国文化》上发表。《中国文化》积极倡导理论研究,开展学术讨论,创造了一种大胆创作和著述,敢于各抒己见的文化氛围。1941年8月出至第3卷第3期停刊。

　　艾思奇4月出席延安文化界追悼蔡元培大会,并代表文化界讲话。同月15日,艾思奇在1月6日边区文协第一次代表大会上的报告《抗战中的陕甘宁边区文化运动》刊于《中国文化》杂志第1卷第2期。5月15日,在《大众文艺》第1卷第2期发表《"五四"运动在文学上的主要贡献》。同期还刊出丁玲的《作家与大众》,默涵的《文学和科学》,李又然的《关于名气》,塞克的《戏剧工作者的纪律问题》。25日,在《中国文化》杂志第1卷第3期发表《"五四"文化运动的特点》。6月,延安举行"新哲学会"第一届年会。出席年会的有毛泽东、张闻天、朱德、茅盾、张仲实、何思敬、周扬、杨松、萧向荣、郭化若、冯文彬、和培元、范文澜等50多人。年会由何思敬主持,艾思奇作会务工作报告,毛泽东发表了讲话。会后毛泽东宴请与会代表。是年,艾思奇还参加了于光远发起组织的"自然辩证法讨论会",又叫"《反杜林论》读书会"。8月25日,艾思奇在《中国文化》第1卷第6期发表《当前文化运动的任务》一文,认为三年来文化界的工作对于抗战的坚持,起了很大的作用,但还赶不上时代的要求。当前抗战正处在新的严重时期,需要文化界有系统地充分动员一切力量,极大地开展起来,在敌人面前树立起民族团结的精神堡垒。为达到这样的目的,有几项任务必须做到:一、在新的困难面前,文化战线必须更紧密团结,鼓舞全民族自力更生的勇气,揭露日寇的阴谋及其奴化政策。二、要争取思想言论自由,只要不违反抗战立场、三民主义的立场,就是统一战线的一员,就应该在言论思想界、文艺界有合法的自由权。三、要反对思想文化的复古主义。因为它用封建时代的思想文化来迷惑现代青年的眼睛,把他们拖回旧时代的墓穴,使他们不知道参加今天的斗争。四、要开放出版自由。五、要在全国各地建立许多文化工作的中心据点,必须把文化干部分散出去,建立必要的出版、印刷、编辑及其他文化机构,对各地区做具体指导。六、要使文化工作者深入群众。一方面要他们本身努力,一方面也需要各方面的帮助,才能做好。9月5日,艾思奇在《中国青年》杂志第2卷第11期发表《文学上的才能是哪里来的?》。(以上参见《艾思奇全书》第8卷附录《艾思奇生平年谱》,人民出版社2006年版;齐卫平、周颖秋《延安时期〈中国文化〉若干问题的研究》,《中国延安干部学院学报》2013年第3期;艾克恩编纂《延安文艺运动纪盛》,文化艺术出版社1987年版;孙国林编著,王佳钰、王增辉校订《延安文艺大事编年》,陕西师范大学出版总社2016年版;郑大华《论抗战时期"文艺的民族形式"的提出及其讨论》,《中国文化研究》2018年第2期)

范文澜1月到延安,接替陈伯达出任延安马列学院历史研究室主任。随着范文澜的到来,历史研究室成员由3名增至8名,新增的5位成员除范文澜外分别为谢华、叶蠖生、金灿然和唐国庆。历史研究室受毛泽东之命撰写体现新观点的《中国通史简编》作为干部学习用的通俗历史读本。编写工作由范文澜牵头主持。同月4—12日,范文澜出席陕甘宁边区文化协会举行第一次代表大会,被选为文协执委会成员。4月5日,范文澜在延安《中国青年》第2卷第6期发表《坚持抗战与民族排泄物》。5月25日,范文澜在《中国文化》第1卷第3期发表《关于上古历史阶段的商榷》。9月,重庆《群众》周刊第5卷第4—5期转载。文中对郭沫若"西周奴隶社会说"提出质疑,赞成吴玉章关于殷代是奴隶社会、西周是封建社会的主张,认为从生产关系的基础、生产工具、生产部门等方面来考察奴隶社会的基本条件,考之殷代盘庚以后,无不具备,因此我们可以判定殷代是奴隶社会。西周虽然仍有奴隶,"但主要的却是农奴",从有关材料看,"西周文王时代,农奴已是主要的生产者"。由此触发了《中国文化》上关于殷代社会性质的辩论。谢华、叶蠖生与范文澜持同样的观点。尹达认为殷代是"在崩溃过程中的氏族社会"。可见,延安史家承接社会史论战的余绪,使古史分期问题的争论延续下来。

范文澜9月应延安新哲学会邀请,在延安中共中央党校作《中国经学史的演变——延安新哲学年会讲演提纲》的讲演。讲演稿刊于《中国文化》第2卷第2—3期。范文澜早年受业于经学名师黄侃和刘师培,抗战前出版过《群经概论》。后来他接受马克思主义,摆脱古文经学的家法。在此文中他用历史唯物主义的观点和方法,对西周至"五四"运动前夕经学的产生与发展作了概述。9月5日,毛泽东读范文澜关于中国经学简史的讲演提纲后,致信范文澜云:"提纲读了,十分高兴,倘能写出来,必有大益,因为用马克思主义清算经学这是头一次,因为目前大地主大资产阶级的复古反动十分猖獗,目前思想斗争的第一任务就是反对这种反动。你的历史工作继续下去,对这一斗争必有大的影响。第三次讲演因病没有听到,不知对康梁章胡的错误一面有所批判否?不知涉及廖平、吴虞、叶德辉等人否?越对这些近人有所批判,越能在学术界发生影响。"11月25日,在《中国文化》第2卷第3期发表《中国通史简编》之一《原始社会到中央集权的封建制度底成立——远古至秦》第一章"原始公社时代——黄帝至禹"。12月25日,在《中国文化》第2卷第4期发表《中国国通史简编》之二:第二章"原始公社逐渐解体到奴隶占有制时代——夏商"。(以上参见陈其泰《范文澜学术思想评传》及附录《范文澜主要著述年表》,北京图书馆出版社2000年版;范文澜《中国通史简编》下册附录《范文澜先生学术年表》,商务印书馆2010年版;中共中央文献研究室编撰、逄先知主编《毛泽东年谱(1893—1949)》,人民出版社、中央文献出版社1993年版;王学典《20世纪史学编年(1900—1949)》,商务印书馆2014年版)

　　尹达7月在《中国文化》第1卷第5期发表《中华民族及其文化之起源》。作者论述考古学上所见到的中华民族及其文化发展的过程以及金文甲骨文中证明的古代传说的真实性，进而批判中华民族及文化"东来"和"西来"等说法。结论是："中国社会发展同样也经过了原始共产主义社会的阶段，从氏族制以前的社会(约当旧石器时代)到氏族社会(约当新石器时代)以至氏族社会的崩溃。发展线索，历历在目。已经不容许我们有丝毫的怀疑了"，但"中华民族及其文化之来源有其独立和自别的特点""并不是自他处移植过来的"。9月，尹达在《中国文化》第2卷第1期发表《关于殷商社会性质争论中的几个问题》。此文针对范文澜《关于上古历史阶段的商榷》的观点，表示了不同意见，指出：传世文献有关殷代历史的记载，大多出自后世文人之手，其中有不少"修饰和重编"的成分，因而不足为据。由于参加过安阳殷墟的发掘，尹达认为，研究殷商社会最可靠的史料是当时的甲骨文字和遗迹遗物，离开它们就不可能写出殷商社会的信史。在他看来，文献上的材料大部分是后人的记述，应当弄清作者的时代及其社会性质，然后才能使用。假若一味相信，很可能发生错乱，把殷商社会看作比它还要进步一些的社会形态。尹达批评范文澜"以后代史料移置于前代"，以致对殷商社会性质判断有误，高估了此时社会的发展程度。从考古材料看，殷代"社会组织结构基本上还是以血缘关系为其纽带之氏族社会的组织"，即处于氏族社会的崩溃阶段。结论是："殷代后期的社会处在崩溃过程中的氏族社会，是没落的氏族社会走向坟墓里去的前夜。"(参见王学典《20世纪史学编年(1900—1949)》，商务印书馆2014年版)

　　谢华12月在《中国文化》第2卷第4期发表《略论殷代奴隶制度》，对尹达提出不同观点，认为《尚书》《诗经·商颂》《史记》等记载"是殷代最宝贵的直接史料"，片面地用甲骨文来反对古书是"一种很幼稚的办法"。谢华指出，在研究商代社会时，不应只依靠甲骨文而轻视历史文献。根据"最可靠的纸上材料和地下材料"，谢华对殷代奴隶国家提出三个论据，进而强调"在某种程度的生产力之下，必然具有与之相适应的生产工具之存在的"。(参见王学典《20世纪史学编年(1900—1949)》，商务印书馆2014年版)

　　丁玲1月4日出席中华全国文艺界抗敌协会延安分会举行年会。会议内容为欢迎从大后方来延安的于黑丁、曾克、陈学昭等同志；报告各部年来的工作，选出丁玲、周扬、萧三、周文等9人为新理事。当时驻会的作家有吴伯箫、刘白羽、柳青、舒群、罗烽、马加、丁玲、魏伯、萧军、金肇野、欧阳山、周而复、李又然、草明、艾青、韦姿、厂民(严辰)、逯斐、于黑丁、白朗、曾克、郑文等30多人。郑文担任党支部书记，秘书长是于黑丁、石光。白晓光、王禹夫、柳青、鲁黎、雷加、高原、高阳、高长虹、王立夫、庄启东、崔璇等作家，都先后在这里工作过。同日，丁玲出席在延安召开的陕甘宁边区文化协会第一次代表大会，会议开9天。丁玲作《关于文学大众化问题的报告》，并当选为文协副主任，吴玉章为主任，另一副主任为艾思奇。同月，丁玲写《给〈文艺阵地〉编者的信》，摘要刊于3月1日《文艺阵地》第4卷第9期，信中介绍到文协后的工作和生活情况："一切工作又在新的创始中，所以仍是忙的不亦乐乎。"同月，丁玲就洛甫在文协第一次代表大会作的报告中提到的文艺界"民族革命战争的大众文学"和"国防文学"的两个口号问题，求教于毛泽东，毛泽东说："两个口号都是统一战线的口号，一个有立场，一个没有立场。"2月19日，丁玲在边区妇女宪政促进会上报告讨论提纲，毛泽东到会讲话。内容刊于2月28日《新中华报》。20日，当选为延安妇女界宪政促进会理事。28日，与徐特立、蔡畅等联署《延安各界宪政促进会宣言》刊于《新华日报》。3月，丁玲当选为边区模范妇女。同月，万象书屋出版由徐沉泗、叶忘忧编选的《丁玲选集》，内收《奔》等短篇小说7篇,散文8篇及茅盾、何丹仁等写的评论7篇。

丁玲4月15日在延安《大众文艺》第1卷第1期发表《真》,强调文艺真实性的原则。同日,中华全国文艺界抗敌协会延安分会常务理事丁玲、萧三、周扬、周文、曹葆华等联名发表《向总会报告会务近况》。报告写道:延安分会成立已经一年,第二届理事会业于本年1月3日选出。当选理事为丁玲、萧三、周扬、塞克、何其芳、吴伯箫、曹葆华、天蓝、柯仲平、雪苇等。2月15日举行了扩大理事会,增选周文、刘白羽、立波、荒煤、庄启东5人为理事,并推选了常务理事。当选者为丁玲、萧三、周扬、周文、曹葆华。又由常务理事会互推周文负责总务部,丁玲负责组织部,萧三负责出版部,周扬负责研究部的工作。5月15日,丁玲在《大众文艺》第1卷第2期发表《作家与大众》。28日,参加延安文化界招待茅盾座谈会。同月,海汇文丛第一辑《孩子们》出版。6月6日,在香港《大公报》副刊《文艺》第854期发表《我怎样来陕北的》。15日,在《大众文艺》第1卷第5期发表《开会之于鲁迅》,文章回忆鲁迅先生参加左联会议,"从没有摆出一副指导者的架子,用教训的口吻来说话,他把他的被领导看成同等的人,而且是以恪守规则的样子来出现的"。9月,丁玲参加发起成立陕甘宁边区新文学协会。10月4日,由于延安流传着丁玲是叛徒的说法,丁玲要求澄清。中央组织部长陈云、副部长李富春签署了《中央组织部审查丁玲同志被捕被禁经过的结论》。结论说:"因对丁玲同志自首传说并无证据,这种传说即不能成立,因此应该认为丁玲同志仍然是一个对党对革命忠实的共产党员。"

丁玲10月主持纪念鲁迅逝世4周年的筹备活动。10月15日,边区文化协会特邀延安各界文化代表,在文化俱乐部举行纪念大会的筹备会议。经详细讨论后决定:10月27日(星期日,后来因故改在10月29日)下午5时半,在中央大礼堂举行纪念大会,欢迎各界人士自由参加。会后,各有关方面立即开始工作,并及时报告筹备组进展情况。29日,丁玲主持延安各界举行的鲁迅逝世4周年纪念大会,到会者约3000人。丁玲首先沉痛地说:"鲁迅先生逝世四周年了,当今抗战走上了更艰苦的阶段,同时各地文化活动仍受限制,文化人无法安身的逆流下。我们在这个进步的自由的延安来开会纪念鲁迅先生,更有其重大的意义。"吴玉章阐述了鲁迅的伟大事业:一、建树了文化上无产阶级的理论思想;二、建立了真正为劳苦大众服务的革命大众文学;三、热心赞助新文字运动,使中国文化能真正深入到大众中间去。萧军详尽报告了鲁迅一生所处的环境、个人性格、精神,以及他的成就和对革命的态度,提议通电全国,将10月19日定为"鲁迅节"。周文讲话说,鲁迅生前培养的新文化生力军,起着领导作用。延安文艺工作者应该更加团结,对文艺理论有所建树。周扬强调:"纪念鲁迅先生要学习鲁迅先生'敢说,敢笑,敢哭,敢怒,敢骂,敢打'的革命气魄,及'有一分热,发一分光'的实际主张的精神。"冯文彬号召中国青年学习鲁迅坚定的战斗意志,胜利的革命信心,大胆的创作气魄,不出风头的虚心学习,艰苦奋斗,不屈不挠的精神。萧三指出:以苏联纪念高尔基的盛况与中国纪念鲁迅相比,显得我们太冷淡了。他建议出版鲁迅作品选集,在延安建立鲁迅博物馆。剧协代表张庚简略谈到鲁迅生前对戏剧工作的亲切关怀。新哲学研究会代表艾思奇提出,要学习鲁迅的坚定立场和客观精神。最后丁玲提出今后纪念鲁迅先生的具体措施:一、成立鲁迅先生研究委员会,分组研究其遗著;二、发动边区以外各地成立鲁迅研究委员会,并与之取得联系;三、在延安各机关、学校成立鲁迅研究小组;四、建立鲁迅先生材料室;五、雕塑鲁迅遗像;六、加强鲁迅基金委员会工作,进行募捐,以创办文学奖金;七、电询鲁迅家属,探询其经济状况,并设法予以救济。

按:10月29日,延安各界纪念鲁迅逝世四周年大会发表了宣言。宣言说:四年前的19日上午5时25分,鲁迅逝世于上海寓所。四年后的今天,我们在延安举行纪念他逝世四周年大会。我们的纪念,不仅代表延安,也代表着那些想纪念而不能纪念,或不能完满纪念的人们。他死后不到一年,全国人民开始了民族解放的血斗;他死后不到四年,有了百团大战光辉的业绩,升起了最后胜利的信号! 政治,我们正实现着新民主主义;军事,我们正准备着反攻;文化,我们统一着"枪"和"笔"。明年我们将举行一个更辉煌的"五年祭"。我们要实现鲁迅的对我们的希望:为中国独立解放而奋斗到底。纪念鲁迅,要用真正的业绩,要懂得他,研究他,发展他。鲁迅一生是为大众的,我们要加紧开展大众文化运动;鲁迅是痛恨奴隶和奴才的劣根性的,我们坚决反对奴化教育、复古主义;鲁迅喜爱自由平等,我们要坚决实现民主政治;鲁迅是主张团结抗敌的,我们坚决反对破坏抗日统一战线,要团结,反对自己倾轧。鲁迅的精神是战斗、实践,我们坚决反对阿Q的精神胜利法。鲁迅的战法是"韧",他没有一滴对敌人投降的血。"一个真正的中华民族子孙,一个真正鲁迅的精神和事业的继承者,一定也不允许有这样一滴可耻的血液存在自己的血液里!"

按:11月2日,为纪念鲁迅逝世四周年而筹备的展览会,在文化俱乐部开幕。茅盾离开延安前,特意把自己珍存的一份鲁迅手迹交给方纪,请转展览会展出。它是1935年茅盾拟稿、鲁迅抄录的《答国际文学社问》一信。这次展览分四部分:一、鲁迅先生的著作;二、鲁迅先生在国外;三、鲁迅的书信照片;四、鲁迅先生死后。展品共两百余件。虽然时值阴雨,延河涨水,但冒雨参观的人们仍络绎于途。两天来参观者达六百余人。11月4日,展览会圆满闭幕。这是延安时期首次"鲁迅展览"。

丁玲、舒群、萧军发起组成的文艺月会10月19日成立,其宗旨是"提高文艺创作兴趣;展开文艺讨论空气""以文艺批评与创作来充实延安文艺堡垒的先锋队",活动方式是经常召集座谈讨论会或例会。为突出自由活泼的特点,月会不设主任或委员会,而由临时推举、轮流担任的主席负责主持每次讨论会。月会设秘书一人,初为洛男,后为高阳。月会出版会刊《文艺月报》,编辑工作由舒群、萧军和丁玲轮流负责。《文艺月报》登出文艺月会的一份通知:"为了提高文艺创作兴趣,展开文艺讨论空气,我们想成立一个'文艺月会'。兹定于10月19日下午2时,在杨家岭文化协会俱乐部开第一次座谈会,临时除交换此后一切进行的步骤意见外,兼以纪念逝世四周年的鲁迅先生。敬祈参加为荷!"10月19日下午,在杨家岭文化协会俱乐部召开的文艺月会第一次座谈会,也就是文艺月会的成立大会,除发起人丁玲、舒群、萧军外,还有师田手、雪苇、周文、荒煤、何其芳、立波、周扬、李雷等近30人到会。会上讨论通过了:文艺月会的形式、性质,座谈会的方式及下次座谈会的内容,刊物的编辑方针等。此外,因为时值鲁迅逝世4周年,座谈会还就此进行讨论,以示纪念。萧军认为,鲁迅精神一是不苟,一是实践。周扬说,鲁艺要开一个规模较大的座谈会,纪念鲁迅的实事求是精神。丁玲在会上说:"不要自满,也不要自卑,自满就是不虚心,妨碍进步,自卑就是缺乏信心。"

按:文艺月会成立以后,先后召开过多次座谈会,开会的时间、地点及议题分别是:

第一次座谈会时间:1940年10月19日下午;地点:杨家岭文协俱乐部;议题:月会成立及纪念鲁迅逝世四周年;主席:丁玲。

第二次座谈会时间:1940年11月17日;地点:杨家岭文化协会;主席:萧军;议题:讨论一年的活动计划。

第三次文艺月会时间:1940年12月15日;地点:鲁艺东山俱乐部;主席:舒群;议题:漫谈三年来的文艺活动。

第四次文艺月会时间:1941年2月3日;地点:文化俱乐部;主席:荒煤;议题:我们创作或理论上的优点和缺点。

第五次文艺月会时间：1941年3月9日；地点：文化协会；主席：周文；议题：我对于民族形式的看法和意见。

第六次文艺月会（情况不详）

第七次文艺月会时间：1941年4月19日；地点：桃林公园；议题：名为"春花会"，是一次野餐。

第八次文艺月会时间：1941年6月8日；主席：萧军；议题：报告过去半年工作征求意见，决定有关组织及活动事宜。

第九次文艺月会时间：1941年7月9日；主席：雪苇；议题：延安作家的创作生活问题。

从这九次座谈会的时间可以看出：文艺月会的活动是比较频繁的，讨论的问题涉及文艺的许多领域。尽管该会不设主任和委员会等，但它的活动却是有组织有计划的。每次月会基本上围绕一两个中心议题进行讨论，有批评，也有反批评。既活跃了学术空气，也增强了彼此团结。除文艺月会的例会外，少数人一起议论文艺问题或个别人之间的讨论、辩论，则是经常有的。其中，影响较大的是在1941年7月20日左右，由白朗、艾青、舒群、罗烽、萧军5人在杨家岭文抗分会内进行的座谈。议题是针对周扬的论文《文学与生活漫谈》进行讨论，发表了与周扬不同的意见。这次座谈的内容，后来以《〈文学与生活漫谈〉读后漫谈集录并商榷于周扬同志》为题，发表在8月1日出版的《文艺月报》第8期。它可以说是对《文学与生活漫谈》所进行的公开的和比较强烈的批评。批评文章分"小引""埋伏着的主题""吃肉、拿津贴、刊物太缺乏了……""太阳中的黑点""写什么问题""'打通心'的方法"等部分，长达八千余字，表达了他们对创作的才气与生活的关系、如何对待生活中的光明和黑暗、写什么和如何写、作家之间的团结等问题的看法。此外，还有陈企霞和何其芳关于诗的主题的论争，萧军和雪苇关于文艺批评的论争，萧梦和冯牧关于"欢乐的诗和斗争的诗"的争论，关于《解放日报》文艺栏作品的评论，等等。这对于活跃学术空气、促进理论的探讨和创作的发表，无疑是起了积极的作用。

文艺月会除有计划地组织或自发地进行座谈和讨论外，为了帮助和促进当时已经蓬勃发展起来的文艺小组的活动，也为了广泛听取意见总结工作，还于1940年11月26日至1941年3月31日，先后在学生疗养院、边师、马列学院、供给学校、边保教导营、女大、陕公、青干校、清凉山印刷厂、抗大等单位，组织了12次巡回座谈会。作家和基层文艺小组成员一起，讨论和解答文艺理论、写作技巧以及小组工作诸方面的问题，深受文学爱好者欢迎。

丁玲10月当选为边区回民文化促进协会筹备委员。11月17日，在杨家岭文化协会参加文艺月会第二次座谈会，她在发言中说：听人家意见要大度，而批评人家要直爽，作家见面不谈作品的现象一定要打破。12月1日，出席边区师范等单位所建立的6个文艺小组的联合座谈会。25日，边区文协文艺顾问委员会为使文艺小组及其他团体的文艺作者系统地了解文艺理论，特约延安作家每两周在文化俱乐部报告一次。报告人与报告题目是：陈荒煤《主题与典型》，刘雪苇《文学的发源及其发展》，周扬《现实主义》，艾思奇《文学与生活》，何其芳《欣赏与批评》，茅盾《中国文学运动史》，萧三《苏联文学》，周立波《欧洲文学》，丁玲《漫谈〈子夜〉》，周文《阿Q正传》，研究报告《抗战以来的中国创作》《新民主主义的现实主义》。（以上参见王周生《丁玲年谱》，上海社会科学院出版社1997年版；孙国林、曹桂芳编著《毛泽东文艺思想指引下的延安文艺》，花山文艺出版社1992年版；钟敬之、金紫光主编《延安文艺丛书·文艺史料卷》，湖南文艺出版社1987年版；艾克恩编纂《延安文艺运动纪盛》，文化艺术出版社1987年版；孙国林编著，王佳钰、王增辉校订《延安文艺大事编年》，陕西师范大学出版总社2016年版）

萧军6月间在重庆八路军办事处与林伯渠、董必武商议后决定来延安，同行的还有舒群。他们到了西安八路军办事处，经商议，为了安全，萧军扮成八路军军医，王德芬扮成护士，舒群扮成战士，乘坐八路军的卡车，经过国民党重重关卡，才到达延安。不久，舒群到鲁艺文学系任教，萧军到边区文协（后为延安文抗），被选为理事。第二年，萧军又当选为文抗主席（7个人轮流担任）、文艺月会干事、《文艺月报》轮值编辑之一、鲁迅研究会主任干事、

《鲁迅研究丛刊》主编等。7月14日下午,全国文艺界抗敌协会延安分会在文化俱乐部举行茶话会,欢迎文协总会理事茅盾、会员舒群及成都分会理事萧军及晋东南分会理事孙泱,以及刚从前方归来的萧三、胡考等文艺家。大家一致认为:目前抗战文艺有了很大的成绩,但尚须进步发展,提高质量,及时反映前方感人的人物事迹,加强文艺界的团结,发展文艺批评。11月17日,延安文艺月会在杨家岭举行第二次座谈会,由边区文协理事萧军主持。会议讨论文艺月会的纲领"草案",强调要加强创作、批评和讨论。议定办法5条:第一,赶快建立"文化村",使作家一进边区有住处;第二,作家需有文艺刊物,出版文艺书籍;第三,组织下乡和上前方的文艺工作团;第四,作家深入文艺小组,使小组与有经验的作家取得联系;第五,提高对文艺的认识,开展文艺小组活动。12月1日,边区师范学校、边区政府等6个文艺小组联合举行座谈会,到会40余人。作家萧军、丁玲、周文等亲临指导。萧军报告《为什么和怎样从事文艺工作》。14日,马列学院文艺小组召开座谈会,萧军、丁玲、周文等出席。(参见艾克恩编纂《延安文艺运动纪盛》,文化艺术出版社1987年版;孙国林编著,王佳钰、王增辉校订《延安文艺大事编年》,陕西师范大学出版总社2016年版)

柯仲平1月4—12日出席在延安召开的陕甘宁边区文化协会第一次代表大会,并代表民众剧团作报告,大会选为文协执委会成员。6月2日,延安战歌社在文化俱乐部召开社员大会,通过新章程,选出新机构,提出"加强组织""深入工作"的口号。出席会议的有雷波(缪海稜)、刘御、师田手、余修、张惊秋、张松如(公木)、东方明、王亚凡、凌丁(孙滨)、王若望、陆石、戴碧湘、戈比舟(戈壁舟)等32人。选出刘御、雷波、公木、张惊秋等为战歌社执委,柯仲平仍为社长。新的领导机构产生后,很快掀起创作高潮,朗诵会、研讨会不断。诗歌界出现新的面貌。7月11日至12月15日,民众剧团由延安出发,到陇东分区的华池、庆阳,北上到三边分区的定边、盐池工作,经志丹、安塞回延安。历时五个月零五天,行程两千五百里,一路进行紧张的演出活动。马可从鲁艺音乐系被派到民众剧团工作,帮助该团提高音乐文化,并学习陕北民间音乐。12月17日,马可撰写《在"民众剧团"五个月的工作总结》,民众剧团团长柯仲平看了这份总结后予以充分肯定。(参见艾克恩编纂《延安文艺运动纪盛》,文化艺术出版社1987年版;孙国林编著,王佳钰、王增辉校订《延安文艺大事编年》,陕西师范大学出版总社2016年版)

周扬任边区教育厅厅长,鲁艺副院长。1月4—12日,出席在延安召开的陕甘宁边区文化协会第一次代表大会。7日晚,周扬报告两年来的边区国民教育工作,当选文协执委会成员。2月15日,周扬在《中国文化》创刊号发表《对旧形式利用在文学上的一个看法》,指出:"旧形式利用问题,成了抗战以来文艺界讨论最多的一个题目。意见颇不一致,在估定旧形式利用对文艺创作的意义与价值一点上,尤显示了分歧。""现在需要深入一点地展开的问题,就是:一、以发展新形式为主的问题;二、新形式之大众的改造的问题,即新形式如何从旧形式吸收营养的问题;三、旧形式之艺术上思想上的改造的问题,即旧形式如何配合新形式前进的问题。""由于社会基础的不同,读者对象的各异,目前新文艺创作可以有一方面是专为一般大众写的,即通俗化的,以旧形式为主,一方面是仍以知识分子学生为主要对象,但同时并不放弃争取广大群众的从来的新文艺。这两个方面不但不互相排斥,正互相补充,互相渗透,互相发展,一直到艺术与大众之最后的完全的结合。因为目标是一致的,路线是一致的。为文艺与现实之更接近,与大众之更接近,以达到更高更完全的民主主义内容,民族形式的新中国文艺之建立,这就是我们的路线,我们的目标。所以,利用旧形式就应当而且只能看成是为达到上面的目标之一个必要的手段,必要的努力。因为民族新形式之建立,并不能单纯依靠于旧形式,而主要地还是依靠对于自己民族现在生活的各方面的绵密认真的研究,对人民的语言、风习、信仰、趣味等等的深刻了解,而尤其是对目前民族抗日战争的实际生活的艰苦的实践。离开现实主义的方针,一切关于形式的论辩,都将会成为烦琐主义与空谈。"

周扬 4 月 19 日在《新华日报》撰文《小形式问题》,谓产生以抗战为主题的大作品,是很困难的,而报告文学一类的小型作品则非常流行。作家虽然有生活经验,有丰富感情,但他们不熟悉题材,不善于想象,所以写出的东西是无力的。尽管如此,这批抗战中的文艺新军,对于中国新文学的发展仍然具有伟大意义。如果他们能够改变旧的生活方式,到群众中去,并用适合的形式去表现他们,那么就能写出更好的令人满意的作品来。5 月 25 日,在《中国文化》杂志第 1 卷第 3 期发表《关于"五四"文学革命的二三零感》。6 月 9 日,周扬在《大公报》发表《新文艺和旧形式》一文,阐述了创造民族形式与利用旧形式的辩证关系。

按:国统区文艺工作者由毛泽东同志关于"中国作风与中国气派"的民族形式的意见引发讨论。一种意见是全盘肯定民间形式,以向林冰为代表;另一种意见全盘否定民间形式,以葛一虹为代表。郭沫若不同意上述意见,认为我们的新文艺内容应是新民主主义的,形式应是民族的。

按:孙国林编著,王佳钰、王增辉校订《延安文艺大事编年》(陕西师范大学出版总社 2016 年版)专题列出 1941 年延安的文艺"民族形式"问题的大讨论,其实更见盛况的是 1940 年,故移于此处。正如《延安文艺大事编年》所指出的:"延安时期的这场大讨论,是由 1938 年 10 月毛泽东的《中国共产党在民族战争中的地位》一文中的相关论述引起的。在党中央和毛泽东等领导人的倡导、支持和引导下,关于'民族形式'问题的讨论开展得轰轰烈烈,气势非凡。延安较早发表的讨论文章有:刘白羽的《关于旧形式的二三意见》,莎寨的《利用旧形式》,艾思奇的《旧形式运用的基本原则》《旧形式新问题》。此后,延安的许多理论家、艺术家纷纷著文发表自己的看法,积极参加探讨和论争。延安的一些著名刊物,提供了较多的篇幅与版面刊发这类讨论文章。这些刊物主要是《文艺突击》《文艺战线》和《中国文化》等。在这些著名刊物上发表的文章,粗略统计多达四五十篇,主要有:萧三的《论诗歌的民族形式》,杨松的《论新文化运动的两条路线》,柯仲平的《论中国气派》《论文艺上的民族形式》,沙汀的《民族形式问题》,周扬的《对旧形式利用在文学上的一个看法》,陈伯达的《关于民族形式问题杂记》《关于文艺民族形式的争论》《反对新形式的旧礼教》,光未然的《文艺的民族形式问题》,徐懋庸的《民间形式的采用》,何其芳的《论文学上的民族形式》,冼星海的《论中国音乐上的民族形式》,贺绿汀的《抗战音乐的历程及音乐的民族形式》,李凌的《论新音乐的民族形式》,罗思(胡蛮)的《论美术上的民族形式与抗战内容》,茅盾的《论如何学习文学的民族形式》《旧形式、民间形式与民族形式》,郭沫若的《"民族形式"商兑》,周文的《文化大众化实践当中的意见》,林默涵的《略论文艺大众化》,严辰的《关于诗歌大众化》,王实味的《文艺民族形式问题上的旧错误与新偏向》,等等。在这一过程中,党中央领导人周恩来、博古,及中央文委的艾思奇,还邀集文艺界人士开座谈会,研讨民族形式问题。经过三年多的文艺'民族形式'大讨论,取得以下收获:首先,在民族形式本身研究方面,通过论争,各抒己见,取得了较多的共识,使人们对它的进一步研究和讨论,有了一个较好的起点和基础。其次,与什么是民族形式的理解和阐释直接相关,是如何构建、创造新的民族形式。当时有人提出文艺'要接近大众,就不能不考虑到怎样接近的方法'。向林冰等提出,'民间形式的批判的运用,是创造民族形式的起点'。针对这种观点,周扬在《对旧形式利用在文学的一个看法》一文中进行了论辩。周扬的着眼点在活生生的生活,在热腾腾的抗战现实上。文艺工作者唯有在这样的前提下创造新的民族形式,才能使文艺创作具有时代色彩和现代意识。创造出这样的新形式来,才能使作品葆有鲜活的生命力。再次,既然延安民族形式问题讨论的立足点是现实生活,那么创造新的民族形式,关键还是要向人民大众的生活学习。这样,随着新的民族的文艺的接受对象和大众化方向的明确,文艺与工农兵结合、文艺的普及和提高问题,也就成了民族形式问题讨论的热点之一。最后,与上述一系列认识相联系,延安民族形式问题讨论中还较多地涉及对'五四'新文艺运动的历史评价问题。'五四'新文艺是不是民族形式? 有没有走民族化的道路? 延安乃至整个抗战文艺应在什么方向上迈进? 诸如此类的问题,在讨论中都已涉及。"

周扬 6 月 9 日出席鲁迅艺术文学院举行的 2 周年纪念大会,毛泽东、朱德、洛甫(张闻天)、吴玉章、任弼时、康克清等莅临大会,茅盾、张仲实、冯文彬等也应邀参加。院长吴玉章讲话,副院长周扬简要报告了鲁艺的成绩和以后工作的方向。他说,虽然我们学校的人比较少,毕业生有 400 多人,但两年来教职学员在报刊上发表的作品就有 1925 篇。他表示"我们要培养新中国的理论人才,建立新中国的文艺批评"。12 月 15 日,文艺月会在鲁艺东山俱乐部举行第三次座谈会,出席者约 30 人,舒群主持。周扬拟定了讨论提纲《漫谈抗战三年来的文艺活动》:一、抗战三年间对文艺活动的影响。在文艺活动的区域与活动形态上,你看出了一些什么变化? 在文艺界各种力量之重新配置与组合上,你觉得团结与斗争是否配合得很好? 对文艺家在生活、创作各方面有些什么改变? 以及你亲自的体验有哪些? 二、抗战三年来,文艺上新的问题、新的论争。你注意到了哪些新的问题,新的论争? 其发生根源及其意义是什么? 对于哪一问题的论争,你的态度如何? 能否做一初步结论? 三、创作上的新成果与倾向。你认为有哪些重要收获,这些收获是哪里来的? 你注意到了一些什么倾向? 其发生根源是什么? 好的如何发扬,坏的如何纠正? 对抗战以后创作总成绩的估价。四、对今后文艺的意见,不论是关于哪一方面,哪一点。此次讨论约五个小时,发言十分热烈。25 日,周扬为边区文化俱乐部作《现实主义》的学术报告。是年,周扬《新文学运动史讲义提纲》基本完成。作者叙述的是甲午战争至"五四"新文学的文学运动史。其中"引言"对新文学运动正式形成时间、新文学运动的属性、新文学运动与无产阶级社会主义文学的关系、对鲁迅的高度评价,都体现了对毛泽东《新民主主义论》的融通。《提纲》与前此的所有新文学史著,最大的区别就在于强调了无产阶级在新文学运动中的作用,而且是最重要的领导作用。

按:1939 年 8 月,延安鲁迅艺术文学院开学,增设文学系,设立"中国文艺运动史"课程。从 1939 年到 1940 年,由周扬讲授此课程。周扬因此编写了《新文学运动史讲义提纲》,不过仅用于讲课,不曾发表过。这份讲稿没有写完,只完成了引言、第一章、第二章,第三章只写成一部分。在 1986 年年初周扬逝世前,《文学评论》第一、二期连载了讲义原稿的已完成部分,即引言、第一章、第二章,约 2.8 万字。由于原稿没有注明写作时间,也没有相关资料提及或能确证这个时间,如今只能大致推断。首先,讲稿写作于 1939 年到 1940 年周扬在鲁艺授课期间,这一点无疑义。其次,按照一般人编写授课讲义的习惯,都是边写边讲,因而可推断,编写第三章的时间是 1940 年。最后,这份讲稿的基本观点与毛泽东 1940 年 2 月正式发表的《新民民主主义论》保持一致。资料显示,周扬编写后面的章节时,已经看到了毛泽东的文章,而且周扬还引用了毛泽东文中的话(参见"引言")。综合这三点,可断定周扬这份讲稿基本完成于 1940 年。当时周扬已担负文化领导工作,经常要承担对中国共产党的文化政策的解释和宣传。因此,"他在延安鲁艺的这种授课,也是有示范性的,在相当程度上代表当时延安文艺界对新文学史的正统的看法"。《文学评论》杂志在"编者按"里说:"它反映了当时中国批评界所能达到的历史高度和思想水平,也反映了周扬同志本人的作为文学批评家的风格、批评观念和批评方法。"黄修己《中国新文学史编纂史(第二版)》(北京大学出版社 2007 年版)论及周扬这份讲稿时,强调毛泽东《新民主主义论》的影响,认为周扬《新文学运动史讲义提纲》"与前此的所有新文学史著,最大的区别就在于强调了无产阶级在新文学运动中的作用,而且是最重要的领导作用"。温儒敏《40 年代文学史家如何塑造"新文学传统"》(《中国现代文学研究丛刊》2003 年第 4 期)却强调:"周扬这篇《提纲》,因为只是讲课用的提纲,可能就更多保留周扬自己文学思考的原生态的成分。"其实,周扬作为出色的文学批评家,在讲稿中,一方面,基本观点与毛泽东《新民主主义论》保持一致；另一方面，在具体分析一些作家作品时，"更多保留周扬自己文学思考的原生态的成分"。例如，周扬对社会历史的批评方法，运用纯熟，很注意文学运动与"中国一般政治经济情况"的联系。这使他能够有新的发现。他说"'五四'所提倡的'人的文学'就是带资产阶级性质的"，但他也独到地指出，"所谓'新精神新内容'就是'人的自觉'的思想，在文学上就是所谓'人的文学'，这正是民主革命精神在文学中的爆发"。（参见艾克恩编纂《延安文艺运动纪盛》，文化艺术出版社 1987 年版；孙国林编著，王佳钰、王增辉校订《延安文艺大事编年》，陕西师范大学出版总社 2016 年版；付祥喜《20 世纪前期中国文学史写作编年研究》，北京师范大学出版社 2013 年版；章恒忠、王亚夫主编《中国学术界大事记(1919—1985)》，上海社会科学院出版社 1988 年版）

萧三时任鲁艺编译部主任。1 月 4—12 日，出席在延安召开的陕甘宁边区文化协会第一次代表大会，并作有关中苏文化关系的报告，当选文协执委会成员。2 月 15 日，在《中国文化》创刊号发表《高尔基底社会主义的美学观》。3 月底，延安文化俱乐部成立，属边区文协领导。萧三任主任，陈明任副主任委员，负责日常工作。俱乐部建立在延安青年文化沟内。《文化俱乐部简章》称其宗旨是："促进文化活动，提倡文化娱乐，联络感情。"为了更好地管理这个文化活动的场所，发挥其开展和推动文化活动的作用，成立了延安文化俱乐部理事会，制定了组织简章和规则条例，简章规定：文化俱乐部不仅是一个群众自由参加的文化活动场所，而且是一个组织和推动群众文化活动的团体，要为各种会议提供场所，并组织和建立各种文化训练班和业余文艺社团，举办各种晚会等。此后，延安文化俱乐部开展了一系列的文化活动。一、举办各展览和纪念活动，为各文化团体提供活动场所，成了延安文化活动的中心。延安青年诗歌爱好者的组织——战歌社，经常在这里召开社员大会，研讨创作，朗诵诗歌；边区大众读物社的座谈会，在文化俱乐部召开；边区戏剧协会的代表大会，在这里举行；中华全国文艺界抗敌协会延安分会，曾在这里举行茶话会，欢迎茅盾来延安；鲁迅逝世 4 周年纪念大会和展览会在这里举办；边区文协的重要会议、延安各文艺小组活动、中外名人纪念会、文艺讲座、名人报告及各种画展等，都曾在这里举行。在这些活动中，文化俱乐部不是仅仅提供活动场所，还做了许多组织发动方面的工作，或是参与联合主办。二、筹建各种文艺社团，积极开展群众文化活动，发展革命文艺。先后组建的文艺社团有：延安合唱团、延安业余剧团、延安星期音乐学校、延安诗会等。三、配合政治形势、重大节日和各种纪念日，举办各种群众性文化娱乐活动、报告会、纪念会等。4 月 15 日，萧三《高尔基底社会主义的美学观(续)》刊于《中国文化》杂志第 1 卷第 2 期。同日，《大众文艺》创刊，周文主编，萧三编辑，方纪协助。6 月 20 日，萧三在《群众》杂志第 4 卷第 16—17 合刊上发表文章《高尔基底社会主义美学观》。8 月 25 日，萧三所译《论艺术工作者应学取马列主义》刊于《中国文化》第 1 卷第 6 期。9 月 1 日，延安版《新诗歌》创刊，属陕甘宁边区文化协会领导。创刊号由延安战歌社和山脉文学社合编，以后即由新诗歌会编辑出版，萧三主编。

按：在创刊号上，萧三本来打算以刘御的《我们也来写诗了》代发刊词，后来请萧三写了《出版新诗歌的几句话》放在头条。该文谈了创办《新诗歌》的原因。他说：陕甘宁边区写诗的人很多，作品也很多，但现有刊物登不了多少。"延安的诗歌运动——街头诗运动，诗歌朗诵运动——开全国之风。但是'只开风气不为师'，我们还得继续充实这一运动的内容。""写诗歌要有诗歌气氛，写出来的东西要拿到群众中去读，以便接受他们的批评，然后大家乃能前进，然后能使诗歌的声音更大，更宏亮，达到的更远。"

萧三筹备的延安新诗歌会 12 月 8 日召开正式成立大会，与会者 50 余人。海稜代表筹委会报告筹备经过。萧三讲话指出过去中国诗坛和延安诗运的成绩、缺点及今后的方向。大会选出萧三、柯仲平、胡乔木、何其芳、天蓝、李雷、公木、海稜、刘御、罗夫、郭小川等 11 人为执委。(以上参见艾克恩编纂《延安文艺运动纪盛》,文化艺术出版社 1987 年版;孙国林、曹桂芳编著《毛泽东文艺思想指引下的延安文艺》,花山文艺出版社 1992 年版;孙国林编著,王佳钰、王增辉校订《延安文艺大事编年》,陕西师范大学出版总社 2016 年版)

何其芳 1 月 4—12 日出席在延安召开的陕甘宁边区文化协会第一次代表大会,被选为文协执委会成员。5 月,何其芳应编者之约在延安的《中国青年》第 2 卷第 6 期发表《怎样研究文学》一文。文中说:从事文艺工作需要一种特殊的才能,"一个智能低下,对事物缺乏感受力,而又不肯思索的人,是不适宜从事文学工作的","有了才能,有了修养,我们就可以开始学习写了"。由此引发延安文艺界关于文学才能的讨论。5 月 3 日,陈正亮向《大众文艺》编辑部写信提出三个问题:如何理解才能,它以什么为标准? 从事文学之前是否先考虑自己是否有文学才能? 智力差异是才能的表现吗?《大众文艺》社将这封信和雪苇、何其芳的复信同时在 7 月的第 1 卷第 4 期刊出。这两篇"答复"的观点有很大的分歧。《大众文艺》同期还发表了默涵的短论《关于文学的才能》。6 月 18 日,何其芳在《新中华报》特刊发表《高尔基——由这个名字所引起的一些感想》。11 月,《大众文艺》第 2 卷第 2 期又刊登两篇论述文学才能的文章,即漠芽的《谈才能或天才》和茅盾对该文的意见。编者还在"编后"中专门谈了关于才能的讨论问题。另外,《中国青年》第 2 卷第 11 期发表了艾思奇的《文学上的才能是哪里来的?》。这场讨论,涉及的问题和观点主要有:第一,有没有"才能";第二,文学创作要不要才能;第三,文学才能是怎样来的;第四,如何理解"才能";第五,从事文学的青年,要不要考虑自己的文学才能。此外,这场讨论,还涉及遗传学、心理学等问题。大多数人认为,人的才能是有差异的,文学需要才能,才能离不开后天的努力。总之,这场讨论,引起许多人的兴趣,争论双方也有交锋。《大众文艺》编者说:"许多读者和作者,纷纷写信和文章来讨论这问题。"但因有更重要的问题研究,所以便以艾思奇、茅盾的文章"作为这个辩论的结论",编委决定,以后不再继续讨论这个问题。(参见艾克恩编纂《延安文艺运动纪盛》,文化艺术出版社 1987 年版;孙国林编著,王佳钰、王增辉校订《延安文艺大事编年》,陕西师范大学出版总社2016 年版)

张庚 1 月 4—12 日出席在延安召开的陕甘宁边区文化协会第一次代表大会,并代表戏剧界作报告,当选文协执委会成员。6 月 23 日,边区剧协在文化俱乐部召开剧协成立后的首次代表会议,各剧团、学校俱乐部等单位共 40 余名代表出席。上届理事会报告了工作后,讨论了今后的工作。决议:一、加强剧协工作,出版戏剧刊物和小册子,定期公演;二、建立边区各地剧协分会,成立当地剧团,作为开展戏剧运动的基础;三、加强边区剧协与全国剧协的联系,积极筹建华北戏剧团体联合会。另外,改选了理事会,张庚、王震之、钟敬之、柯仲平等 21 人当选。公推江青、塞克为正副理事长。为了加强该会工作,还成立了由 7 个戏剧团体代表组成的执委会。在这次会议上,还决定取消工余剧人协会。今后延安戏剧演出由剧协统一组织。

张庚 9 月 8 日在《新中华报》发表长文《纪念斯坦尼斯拉夫斯基与中国剧运的开展》。文章推崇苏联人民艺术家、曾获列宁勋章及红旗勋章的莫斯科艺术剧院创始者之一斯坦尼斯拉夫斯基(简称"斯坦尼")。斯坦尼斯拉夫斯基逝于 1938 年 8 月 7 日。在其逝世 2 周年之际,张庚发表此文以志纪念和缅怀。文章指出,在我国新剧运将近 30 年中,许多前辈努力使戏剧负起重大的社会使命,也竭力反对剧场的庸俗化。但是在剧场的历史上我们新的精神常常被庸俗的不良传统所腐化。文明戏如此,话剧在今日的上海何尝不是如此。戏剧在中国,曾被奴役于商人营利的目的,养成了"以观众的喝彩或赞许而自满"的恶习。因此,我们必须培养大批新的像斯氏一样从基础训练开始的艺术家，以斯氏精神忠于艺术，忠于艺术的社会使命，看重真实性，注意从基础做起。

　　按：张庚在鲁艺音乐系讲授专题课——斯坦尼斯拉夫斯基的戏剧表演体系，对这位戏剧家推崇备至，一味地强调演员在舞台上的"内心体验""假定情境"，不谈深入工农生活，改造思想。1942年文艺整风中，张庚做了自我批评，对斯坦尼的戏剧表演理论有了科学的、全面的认识。

　　张庚12月25日在《大众文艺》第2卷第3期"戏剧专号"发表《什么是戏剧》。而《大众文艺》推出"戏剧专号"，旨在适应戏剧演出的飞速发展和观众欣赏水平提高的需要。张庚此文内容包括：一、戏剧中谁最重要？二、演员的特点在哪里？三、综合艺术。四、文学在戏剧中贡献了什么？五、美术在戏剧中尽什么力量？六、音乐在戏剧中的作用。七、导演的工作。八、观众对于戏剧的重要关系。史行的《演剧杂谈》，它谈了5个问题：一、在演剧进行中观众的拍手叫好和笑是否是演剧的成功？二、"反效果"是从什么地方产生的？三、戏为什么会越演越油？四、过火和适度的夸张有什么区别？五、演员在台上为什么会笑？马喻的《漫谈化装》，则是从技术层面谈了演员的化装要符合人物的身份和化"浓""淡"的度。此期刊物一出版，就被抢购一空。读者要求加印，但因纸张匮乏，未能如愿。一些单位将这3篇文章辑录油印出版，供文艺爱好者学习。这些文章，对戏剧演出与观众欣赏水平的提高，起到了很好的作用。（参见艾克恩编纂《延安文艺运动纪盛》，文化艺术出版社1987年版；孙国林编著，王佳钰、王增辉校订《延安文艺大事编年》，陕西师范大学出版总社2016年版）

　　冼星海1月4—12日出席在延安召开的陕甘宁边区文化协会第一次代表大会，并代表音乐界作报告，大会选为文协执委会成员。8日，在陕甘宁边区文协代表大会上作题为《边区的音乐运动》的发言，将近9000字，共分四个问题：一、音乐在抗战中的作用与任务：强调音乐是一种宣传工具、改造社会的工具，把音乐作为斗争武器，配合着抗战，发挥其威力。二、抗战两年半来全国的音乐：国防音乐得到了广大群众的拥护。上海救亡歌咏协会和其他许多民众歌咏团担负起了先导责任。后来又成立了中华全国歌咏会、中国音乐协会。全国出版的歌集和刊物有《大众歌声》《民族呼声》《战歌》《解放歌声》《抗敌歌集》《救亡歌曲丛集》《中国抗战歌曲集》《西北歌声》《战地歌声》《西北号角》等。电影插曲很受观众欢迎，如《歌八百壮士》《保卫我们的土地》《保家乡》《长城谣》《在太行山上》《旗正飘飘》《打回东北去》《最后的胜利是我们的》等。战前的《毕业歌》《大路歌》《开路先锋》《义勇军进行曲》《自由神》《青年进行曲》《救国军歌》亦不逊色。《五月的鲜花》和《松花江上》唱遍全国。话剧《最后胜利》《一年间》也有好歌插曲。新歌剧受欢迎的有《农村曲》《军民进行曲》《异国之秋》《流亡三部曲》《黄花曲》，还有《台儿庄》《小战地服务队》《战地之春》。新地方戏曲《查路条》《一心堂》都是成功的。鲁艺音乐系1938年4月10日成立两年来，收了三届学生，一届比一届进步。边区音协成立后，经常举行音乐晚会，竟有500人的大合唱团。演唱的大合唱有《生产大合唱》《九一八大合唱》《青年大合唱》《保卫西北大合唱》《黄河大合唱》等。歌剧有《农村曲》《军民进行曲》《异国之秋》。舞蹈有延安女子大学、烽火剧团、抗战剧团、鲁艺实验剧团的《苗人舞》《生产运动舞》《烽火舞》《保卫黄河舞》《小小锄奸队舞》。民歌研究会成立后，收集了数千首民歌。鲁艺每届毕业生，有50％到前线去。三、边区音乐运动的成绩、优点和缺点：成绩是成立了鲁艺、音协，开展了歌咏运动，产生了大合唱，音乐工作者上前线等。优点是：以马列主义文艺理论为基础，理论与实践一致，创作技巧不断提高，采取民主或集体的方法进行，成为全国音乐运动的中心；缺点是普及程度和质量还不够高。四、今后努力的方向:建立全国音乐界的统一战线,要使歌咏深入大众,把音乐作为对敌斗争的武器,培养大量歌咏干部,提高创作水平,加强理论、创作、出版工作,纠正一切不健康的作风,杜绝感伤、失望、颓废、悲观的歌声,音乐工作者要深入实际生活。2月15日,在《中国文化》创刊号发表《民歌与中国新兴音乐》。(参见艾克恩编纂《延安文艺运动纪盛》,文化艺术出版社1987年版;孙国林编著,王佳钰、王增辉校订《延安文艺大事编年》,陕西师范大学出版总社2016年版)

吕骥1月4—12日出席在延安召开的陕甘宁边区文化协会第一次代表大会,被选为文协执委会成员。4月19日,边区音乐界救亡协会召开第三次代表大会,音乐界出席者有40多人。议题是总结工作,确定新的工作计划,并改选执委会。会期一天,做出多项决议:一、将"边区音乐界救亡协会"名称改为"边区音乐界协会";二、选举吕骥等9人为音协的常委;三、创作与编印新歌曲;四、派人到各单位帮助开展歌咏活动;五、出版音乐刊物;六、创办各种音乐训练班;七、举办延安歌咏比赛;八、筹备聂耳逝世纪念会。这次代表大会后,多方面的工作蓬勃开展起来。6月1日,凯丰作词、吕骥作曲的《抗日军政大学校歌》刊于《新华日报》。凯丰写完歌词,面见毛泽东,请他审阅。毛泽东看一遍后说:"很好,完全符合抗大的教育方针。"鲁艺音乐家吕骥几天就成谱曲。很快,这支节奏坚定有力、曲调雄伟豪放的歌曲,便在延安和各解放区唱响。

吕骥兼任7月15日兼任新成立的鲁迅艺术文学院音乐工作团团长。该团简称"鲁艺音乐工作团",为鲁艺音乐系(后改为音乐部)领导的一个研究与工作并重的音乐团体。27日,延安音乐界在女大大礼堂举行聂耳逝世5周年纪念大会。到会各界代表千余人,推选吕骥等为主席团。会上由鲁艺音乐系同学唱聂耳挽歌,演出了聂耳的作品。吕骥报告聂耳的经历及对中国新民主主义音乐的贡献。他指出,聂耳创作的成功是因为:一、了解大众的痛苦生活;二、接受了马列主义的教育;三、对革命实践的努力。他最后说,我们要以培养大批音乐干部,团结音乐工作者,为新民主主义音乐而努力来纪念聂耳。自由讲话后,大会一致决定以聂耳逝世之日7月17日为人民音乐节。最后还进行了音乐比赛。这次纪念音乐会,在延安产生了广泛的影响。(以上参见艾克恩编纂《延安文艺运动纪盛》,文化艺术出版社1987年版;孙国林编著,王佳钰、王增辉校订《延安文艺大事编年》,陕西师范大学出版总社2016年版)

胡蛮1月4—12日出席在延安召开的陕甘宁边区文化协会第一次代表大会,被选为文协执委会成员。8月11日,胡蛮在《新华日报》第四版发表《鲁艺二周年纪念会中的美术展览》。文章称:鲁艺成立两年来,美术创作与教学均取得很大的成绩。这次的美术展览是一次全面的展示。木刻、漫画、绘画、塑雕、工艺美术、舞台美术、建筑设计等等,在题材上和技术上,都有很大进展。连环画方面突出的有蔡若虹的《旗》、王式廓的《平型关战斗》、华君武的《逆流》、朱吾石的《边区农民》、焦心河的《中共十大任务》、陈叔亮的《儿童抗战连续漫画》、古元的《自由在苦难中成长》、孙也的《十五个勇士》、张映雪的《死灭为生成》。近年的木刻有焦心河的《儿童》、夏风的《换上新衣》、施展的《春灯》等。工笔有陈叔亮的《延安秋收图》、符律衡的"写意"速写等。木刻领军者有马达、江丰、力群。绘画领军者有王曼硕、王式廓、蔡若虹。漫画领军者有蔡若虹和张仃。建筑设计和美术工作优秀者有钟敬之。雕塑作品有马、恩、列、斯塑像,列宁、斯大林、高尔基、鲁迅和毛泽东的肖像。(参见艾克恩编纂《延安文艺运动纪盛》,文化艺术出版社1987年版;孙国林编著,王佳钰、王增辉校订《延安文艺大事编年》,陕西师范大学出版总社2016年版)

曹葆华1月4—12日出席在延安召开的陕甘宁边区文化协会第一次代表大会,被选为文协执委会成员。5月,曹葆华、天蓝合译《马克思、恩格斯、列宁论艺术》出版。译者经过一年的努力,经周扬校订后,作为鲁艺丛书之一,交新华书店出版发行。为鲁艺翻译处翻译的第一本书,也是延安出版的第一本马列文论译著,具有开创和奠基的重大意义。此书包括三部分内容:一、马克思、恩格斯关于艺术的书信:现实主义、论倾向文学、论易卜生、论革命悲剧;二、列宁论托尔斯泰:《俄国革命的镜子》《论托尔斯泰之死》《托尔斯泰与现代工人运动》《托尔斯泰与他的时代》;三、马列艺术思想研究,内有苏联理论家里夫雪兹和虞丁关于马克思、列宁艺术思想的论文。《马克思、恩格斯、列宁论艺术》出版后,在延安文艺界引起强烈反响。鲁艺召开专题座谈会,评价该书翻译出版的意义,学习导师的文艺思想。同时该院还把这本译著确定为文艺理论课的重要读物。6月15日,《大众文艺》第1卷第3期对该书做了介绍。

　　按:译者在该书"后记"中评述和阐释了马克思、恩格斯、列宁的文艺思想。它指出:"马克思、恩格斯、列宁对于艺术的理解,在建立马克思主义文艺理论与批评上有极重大的意义。用历史唯物论的观点来分析文艺现象,再没有如历史唯物论的创始者发明者们本人所作的更为深刻绵密,更富于卓见的了。虽然他们没有把专门的劳作给予艺术,但是散见在他们全部著作中关于艺术的断片意见,仍然可以看出一个完整的、和谐的体系,与他们整个的革命学说正相吻合的""这些材料显示了一种共同性:第一,都是用历史唯物主义的观点于文艺批评的具体范例,告诉了我们应如何去分析作家和作品,指明他们的社会根基与估定他们的价值;第二,都贯穿着现实主义的主张,正确规定了现实主义应有的含义,排斥了违背现实的虚假的倾向,在现实主义力量一点上大大赞扬了莎士比亚、巴尔扎克、托尔斯泰那样的作家"。(参见孙国林编著,王佳钰、王增辉校订《延安文艺大事编年》,陕西师范大学出版总社2016年版)

　　陈荒煤、梅行、黄钢1月1日于山西武乡合作撰写鲁艺文艺工作团《关于敌后文艺工作的意见》,刊于5月15日《抗战文艺》第6卷第2期。全文包括四个问题:一、工作的经验和教训。文中说,四个月来,我们一直参加部队生活,搜集材料,调查如何开展部队文艺活动。经验告诉我们,在部队开展文艺工作是必要的、可能的。但要有一个统一组织和健全的领导,要与宣传工作结合,特别需要短小、通俗、富有艺术性的作品。部队文艺工作者要深入生活,不怕苦。二、我们工作的优点和缺点。优点是工作积极,注意了计划性和灵活性,不怕吃苦,能与战士打成一片:缺点是计划不周,还不够深入,没有学习制度。三、我们的收获。提高了认识,重视了作家上前线、"文章入伍",建立了部队文艺工作的初步基础,解答了一些理论问题,写出部队生活的作品有20万字以上。四、我们对于开展敌后及部队文艺工作的意见。关于华北的:文艺工作是重要的部分,应建立一个总的领导组织,有计划地进行。关于部队的:要加强部队的文艺组织和领导,出版通俗读物,注意吸收知识分子,增设文艺干事一职,开办文艺训练班。

　　陈荒煤6月18日在《新中华报》在特刊发表《高尔基与文学语言问题》。7月25日,陈荒煤在《中国文化》第1卷第5期发表《刘伯承将军会见记》,由《新华日报》9月30日转载。这篇报告文学是作者根据1939年春率鲁艺文艺工作团开赴太行八路军总部,与将士们一起生活一年多的见闻写成的。作品记述与刘伯承将军的一次会见,表现了我军高级将领感人的精神风采。重点写刘伯承作为一位军事战略家,善于研究问题、调查情况、知己知彼、指挥若定的特征。文章刻画了一个安静、文雅,语言简练、朴实,有着诙谐魅力的将军。采用了肖像描写、心理刻画、语言描写等手法,使人物丰满生动,可亲可敬。在此期间,报告文学接连涌现,产生了沙汀的《随军散记》,黄钢的《我看见了八路军》《树林里》《雨》,以及晋驼的《臧桥战后片断》、宋昕的《大杨庄之战》等,这些都是很有影响的名篇。12月25日,陈荒煤为边区文化俱乐部作《主题与典型》的学术报告。(参见艾克恩编纂《延安文艺运动纪盛》,文化

艺术出版社 1987 年版;孙国林编著,王佳钰、王增辉校订《延安文艺大事编年》,陕西师范大学出版总社 2016 年版)

　　钟敬之、江丰、华君武等 5 月开始筹备的鲁迅艺术文学院美术工场。7 月 15 日,鲁迅艺术文学院美术工场宣告成立,先后由钟敬之、江丰、华君武等任主任(场长),地址在延安东郊桥儿沟的西山上。工场有自己动手建成的二十来孔窑洞,装有新颖的门窗,十分美观。美术工场是鲁艺的一个美术研究机构,成立简章第一条"宗旨"明确规定:它以"提高美术理论与技术水平,扩大美术工作和作品的影响,团结和培养优秀美术工作者,共同致力于新民主主义美术的理论与实践为目的"。它名为"美术工场",实际上是一个美术研究室和创作室。初建时有 20 多个各有专长的美术工作者,大多是鲁艺美术系的教员、研究员以及少数美术系毕业的同学。工场的任务是多方面的,为适应工作要求,设置了创作科、研究科、工务科等部门。10 月,钟敬之调鲁艺实验剧团工作,美术工场便由江丰(兼)和华君武负责。(参见孙国林编著,王佳钰、王增辉校订《延安文艺大事编年》,陕西师范大学出版总社 2016 年版)

　　梅行时任鲁艺文学研究室研究员。6 月 15 日,在《大众文艺》第 1 卷第 4 期发表《论部队文艺工作》。此文是作者根据 1939 年 3 月参加鲁艺文艺工作团,在前方工作 9 个月的经验写成的。文中指出:中国民主革命对文艺提出的中心课题和方向,就是"文艺走向大众"。部队文艺是实现文艺大众化的重要途径。部队士兵是大众中的进步分子,也就是文艺工作的主要对象之一。要培养大众自己的作家、文艺工作者和文艺通信家,部队是一个重要部分。开展部队文艺工作的意义:一、文艺是教育士兵大众有力的工具;二、为士兵提供精神食粮;三、表彰部队的战绩,鼓舞士气。因此,部队文艺工作将是新民主主义的文艺运动的主流之一,是文艺大众化实践的一个重要方面。有人怀疑开展部队文艺的可能性,认为部队战士文化低、流动性大、生活紧张等。其实,这些困难都是能够克服的。开展部队文艺工作的条件:一、部队的组织性最强;二、有进行文化教育的传统;三、知识分子参加部队,加强了开展文艺工作的力量;四、战士有强烈的文艺要求。要建立组织,配备干部,培养骨干,形式多样,生动活泼,从实际出发。这样,部队文艺工作就一定能够开展起来。(参见孙国林编著,王佳钰、王增辉校订《延安文艺大事编年》,陕西师范大学出版总社 2016 年版)

　　田方 3 月 4 日在鲁艺实验剧团重新组建后任团长,副团长王滨。研究科科长于敏,干事干学伟、陈锦清;演出科科长王滨,干事张守维、张平;指导科科长田方(兼),干事地子、龚伟;管理员郝正良。团员有朱明哲、徐一枝、杨志远、齐瑞棠、祁春、安琳、曹达、李丽莲、熊塞声、张成中、张东川、苏远、田民、杜德夫。经过整顿改组的实验剧团,马上进入写剧本、抓排练、学理论的紧张活动中。(参见孙国林编著,王佳钰、王增辉校订《延安文艺大事编年》,陕西师范大学出版总社 2016 年版)

　　李初梨时任《新中华报》总编辑。1 月 4—12 日,出席在延安召开的陕甘宁边区文化协会第一次代表大会,并在大会上报告边区新闻事业,大会选为文协执委会成员。1 月 10 日,《新中华报》发表王向立写的一二〇师三五九旅旅长王震将军的报告文学《旅长在火线上》;田间的通讯《在平西抗日根据地外》;华君武的漫画《前方将士要军粮》;钟灵作、梅生刻的宣传画《要求人民言论出版集会结社之自由!》。2 月 7 日,毛泽东同志为延安《新中华报》改刊一周年撰文《强调团结与进步》。说"这个小型报,是全国报纸中最好的一个。其主要的原因,一是共产党办的,二是在民主政治下。没有这两个同时具备的条件,要办得这样好,是不可能的"。6 月 18 日,为纪念高尔基逝世 4 周年,《新中华报》在"特刊"里发表 5 篇文章:茅盾《纪念高尔基杂感》、何其芳《高尔基——由这个名字所引起的一些感想》、若茗《纪念世界无产阶级的伟大作家——高尔基》、荒煤《高尔基与文学语言问题》、立波《这样纪念高尔基》。该报在编后记说：真正纪念高尔基的意义应该是学习他的品质,学习他的不息的斗争精神去作不息的斗争。空洞的纪念形式,对死人或活人都是毫无意义的。今天来纪念高尔基,就附带提出这个号召:学习高尔基,研究高尔基。(参见艾克恩编纂《延安文艺运动纪盛》,文化艺术出版社1987年版)

　　陈希文主编的《中国工人》2月7日创刊于延安,毛泽东撰写《发刊词》,刘少奇、邓发、张浩、董昕等撰稿。毛泽东所撰《发刊词》指出:"工人阶级和全体人民的最后解放,只能在社会主义实现的时代,中国工人阶级必须为此最后目的而奋斗。""团结自己和团结人民,反对帝国主义和封建主义,为建立新民主主义的新中国而奋斗,这就是中国工人阶级的当前的任务。《中国工人》的出版,就是为了这一个任务。""《中国工人》应该成为教育工人、训练工人干部的学校,读《中国工人》的人就是这个学校的学生。工人中间应该教育出大批的干部,他们应该有知识,有能力,不务空名,会干实事。没有一大批这样的干部,工人阶级要求得解放是不可能的。"发刊词希望《中国工人》"多载些生动的文字,切忌死板、老套,令人看不懂,没味道,不起劲"。(参见中共中央文献研究室编撰、逢先知主编《毛泽东年谱(1893—1949)》,人民出版社、中央文献出版社1993年版)

　　周文自上年冬开始继续筹办大众读物社,当时陕甘宁边区文化协会正在筹备大众读物社,其主要工作有两项:一是出版大众文化丛书,二是出版一张大众化的报纸。筹备工作进展很顺利,报纸定名《边区群众报》,大众读物社社长周文请来胡绩伟担任报纸的主编。3月12日,大众读物社于延安成立,周文任社长。先后在该社工作的有金照、胡绩伟、胡采、杨蓥生、思俊、白彦博、方之中、王牧、林今朋、守一等。大众读物社的任务分为三个方面:一是出版《边区群众报》;二是大量出版《大众画库》《大众文库》《革命岁月丛书》及各种民间画;三是在全边区内组织通讯网,推动各县、各区、各乡的通讯员除经常对该社投稿外,并在当地组织读书会、读报组等。25日,陕甘宁边区的《边区群众报》在延安创刊。

　　按:大众读物社根据它的性质和所承担的任务,在社委会下面设立了报纸编辑科、丛书编审科和通讯科。报纸编辑科的主要任务是出版《边区群众报》。丛书编审科主要是编辑出版各种丛书,有政治、经济、军事及自然科学常识读物,有抗战故事和儿童读物等。通讯科的工作有以下几个方面:一、发行工作。负责大众读物社出版物之个人赠阅、各报交换、赠送通讯员和读报组,并统计发行数字。二、编辑出版《大众习作》。从1940年8月1日至1941年9月15日,共出版6期,计四本(第二、三期和第五、六期均为合刊),由胡采负责。三、回信工作。1942年3月5日,大众读物社发布结束启事:"本社依照政府精兵简政的指示,决定从2月16日起,宣布结束。本社今后有关大众化工作,由文协大众化工作委员会办理。本社出版的《群众报》,由群众报社办理。特此登报声明。"

　　按:大众读物社开始属陕甘宁边区领导,1941年后改属中共中央西北局。1949年5月20日,西安解放,报社迁到西安,更名为《群众日报》。至此,《边区群众报》完成它的历史使命。在九年的办报时间里,该报很注意刊登文艺作品和消息,培养了一批青年作者,发表了不少好作品,在文艺大众化方面做出了突出贡献。1947年9月,它又创办了《边区群众报副刊》,发表文艺作品更多。作家杜鹏程、柯蓝等的成长,都得益于《边区群众报》。

　　周文为大众化问题研究会召集人。4月2日,大众化问题研究会成立。周文为该会召集人,并吸收各界有关同志参加,组成了一个领导核心。同日下午,陕甘宁边区大众读物社举行茶会,招待延安各机关、学校、军队、团体的代表及文化界知名人士,共商大众化问题,并征求对该社工作和新出版的《边区群众报》的意见。萧三、丁玲、刘白羽等50余人出席。

大众读物社社长周文主持茶会。与会同志一致认为:"大众化问题为中国文化上艰巨而迫切的急务",并提议成立"大众化问题研究会"。这一提议得到与会者的拥护。经过充分讨论,决定以后以大众读物社为据点,并由该社按时编拟讨论提纲,分发和通知各机关有关同志,举行各种专题座谈会,对大众化问题的理论和实践,进行深入而广泛的讨论。大众化问题研究会成立后,按照计划在1940年5月27日、10月3日和1941年3月,分别举行过三次讨论会,对于"大众化与识字运动""大众化与工农写作""大众化的关键与经验"等问题进行了有益的讨论。同时,提出出版通俗读物等方案。这些活动提高了大家对大众化问题的认识,促进了大众化的实践。大众化问题研究会是一个由大众读物社牵头发起的松散的、多单位参加的学术性组织,它没有单独和固定的人员及机构,也没有独立的具体业务。

　　按:1942年2月,大众读物社结束后,大众化问题研究会的活动也就随之结束。有关大众化方面的工作,则由边区文协内新成立的大众化工作委员会承担起来。

　　周文主编的中华全国文艺界抗敌协会延安分会出版的《大众文艺》4月15日创刊。萧三编辑,方纪协助。创刊号上发表艾思奇的《弄文艺的人要注意宪政运动》、塞克的《我写歌词的几个基本原则》、雪苇的《写作讲话》、萧三的《谈延安——边区的文艺小组》等。《大众文艺》由《文艺突击》演变而来,大众文艺社编,中华全国文艺界抗敌协会延安分会出版,八路军印刷所印刷。毛泽东为它题写了刊名,茅盾、丁玲、林默涵、萧三、曹葆华、艾思奇、何其芳、周文、张庚、雪苇、朱子奇、贺敬之、刘白羽、陈荒煤、柳青、雷加、公木、向隅等许多知名作家,经常为该刊撰稿。其中许多文章如茅盾的《关于〈呐喊〉和〈彷徨〉》《中国青年已经从十月革命认识了自己的使命》,丁玲的《真》《作家与大众》,以及《文章讲话》专栏中许多其他作家的文章。该刊的显著特色是它的大众性,设有《文艺问答》《写作讲话》等专栏,回答读者和新作者提出的有关问题,指导他们的文学创作活动。此外,该刊物还高度重视译介马列文论以及介绍外国优秀作家如高尔基、马雅可夫斯基、绥拉菲摩维奇、萨尔蒂科夫、罗曼·罗兰等人的情况及其作品。这表明即使在条件极其艰苦的战争年代,编者也没有忘记吸收世界文化的营养,以丰富和发展自己的民族文化。《大众文艺》创刊号介绍了尚在翻译中的《列宁论文化与艺术》《列宁论文学》等内容,以引起人们的关注。6月15日,《大众文艺》第1卷第3期刊登了渺加翻译的《列宁与高尔基》,介绍了《马克思、恩格斯、列宁论艺术》。

　　周文8月25日出席延安大众读物社在文化俱乐部召开的边区各县三科科长茶会,征求对《群众报》的意见。到会50多人。大众读物社还有胡采、金照、林今明、张思俊、赵守一、叶天、冯仁杰、黄一修参加。发言者有王自强、鹿鸣、高步林、郭水源、马立中、辛安亭、周文。10月15日,《大众文艺》第2卷第1期出版。在"纪念鲁迅先生"专栏里,刊登茅盾的《关于〈呐喊〉和〈彷徨〉》、萧三的《鲁迅在苏联》、胡蛮的《鲁迅的最深苦痛》、雪苇的《关于一部伟大著作的出版》。11月15日,《大众文艺》第2卷第2期出版。在"庆祝十月革命二十三周年"专栏里,刊登茅盾的《中国青年已从十月革命认识了自己的使命》、萧三的《苏联文学的一个重要决定》、胡蛮的《苏联的美术建设》。同日,周文在《中国文化》杂志第2卷第3期发表《文化大众化实践当中的意见》。30日,毛泽东给周文一封信:"群众报及《大众习作》第二期都看完了,你的工作是有意义有成绩的,我们都非常高兴。《大众习作》封面写得不好,请改换一个如何?"12月15日,《大众文艺》第2卷第3期推出期"戏剧专号",刊载张庚《什么是戏剧?》、包史行《演剧杂谈》等文。自5月到次年3月,在周文召集下大众化问题研究会举行了三次研讨会,对大众化识字问题、大众化与工作写作、大众化的关键与经验等问题,进行了广泛的讨论。(以上参见艾克恩编纂《延安文艺运动纪盛》,文化艺术出版社 1987 年版;孙国林编著,王佳钰、王增辉校订《延安文艺大事编年》,陕西师范大学出版总社 2016 年版)

方然年初在延安。1 月 24 日,在重庆《新华日报》发表《延安的文艺工作》,说毛泽东同志指出的创作方法——"抗日的现实主义,革命的浪漫主义",应当广为传播。在延安,一些有名的作家如丁玲、周扬、沙汀、何其芳等在紧张地工作着,无名的文艺工作者也尽了极大的努力。延安的文艺组织有:文化协会、鲁迅艺术学院、全国文艺协会延安分会等。团体有:抗战文艺工作团、诗歌总会、文艺突击社、戏剧界救亡协会、文艺战线社、讲演文学研究会、之路社、山脉文学社、光明社、文艺工作团等。文化协会的抗战文艺工作团,由刘白羽负责,先后到华北前线;鲁艺文艺工作团由荒煤负责。他们宣传的基本原则是:抗战的、大众的;不脱离政治,不脱离群众。到成都考入金陵大学中文系,毕业后在成都、重庆等地中学教书。是年,延安方面为减轻国民党对边区造成的压力,经组织疏散,方然到成都考入金陵大学中文系。(参见艾克恩编纂《延安文艺运动纪盛》,文化艺术出版社 1987 年版)

胡绩伟主编的《边区群众报》3 月 25 日创刊,由大众读物社报纸编辑科主办。毛泽东为该报题写报名。大众读物社社长周文在文化俱乐部举行茶话会,邀请延安各机关、学校、部队、团体代表和文化界名流 50 多人,征求对大众读物社的工作和新出版的《边区群众报》的意见。次年 2 月 18 日,该报从大众读物社独立出来,由周刊改为三日刊。谢觉哉被聘请为社长,胡绩伟仍任主编。(参见艾克恩编纂《延安文艺运动纪盛》,文化艺术出版社 1987 年版)

胡采主编的《大众习作》8 月 1 日由延安大众读物社编辑出版。周文、胡采等组成编委会。周文撰写了发刊词,并请毛泽东题写了刊名。除发表诗歌、小说、报告文学、民间故事、绘画等外,还有写作经验介绍和带有指导性的理论文章。尤其引人注目的是辟有"大众习作"栏和"原作与改作"栏。该刊引起普遍重视,刚从大后方归来的徐特立亲自跑到杂志编辑部作了许多指示。创刊号还载有周文的《关于故事》、胡采的《谈谈搜集新闻通讯材料》,"大众习作"14 篇,"原作与改作"3 篇,"公开信"3 篇等。

按:《大众习作》共出 6 期,于 1941 年 9 月 15 日终刊。(参见艾克恩编纂《延安文艺运动纪盛》,文化艺术出版社 1987 年版)

焦心河 4 月 26 日在重庆《新华日报》发表《鲁艺两年来的木刻》,说鲁艺全校教职员工共住 21 孔窑洞,美术系同学 12 人住一孔。每当上实习课时,连教员带模特儿 15 个人挤在一个窑内,很难施展功夫。虽然各方面都很困难,但同学们并未因此而不努力学习。他们想尽办法弄到 12 副木刻刀子,自己动手磨。美术家沃渣从上海带来的刀子,大家轮流使用。第 1 期就有 12 幅木刻创作出来。陈铁耕、胡一川、罗工柳来到鲁艺后,正式成立了木刻研究班。每到纪念日,他们就印很多木刻,配以街头诗,张贴在延安周围地区。为纪念中国新兴木刻的栽培者鲁迅,他们曾举行延安首次木刻展览会,共展出 200 幅作品。突击手印 20 册《木刻集》,除送给中央首长外,还寄往苏联一本,送许广平一本。以胡一川为首的木刻工作团,带了 200 多幅作品到敌后去。毛泽东得知后,要木刻工作团回延安,想以他们为榜样,扭转一下延安文艺界严重脱离实际、脱离工农兵的倾向。但此时鲁艺正搞"正规化"和"提高",他们对胡一川等从前方带回的木刻并不重视,连举行一次展览的机会都不给。7 月,焦心河调"鲁艺"美术工场工作。(参见艾克恩编纂《延安文艺运动纪盛》,文化艺术出版社 1987 年版;孙国林编著,王佳钰、王增辉校订《延安文艺大事编年》,陕西师范大学出版总社 2016 年版)

王铎、焦心河负责组建的蒙古文化考察团 12 月 4 日成立,系由陕北公学文工队、鲁艺、蒙古文化促进会联合组成。王亚凡、刘炽、杨思仲（陈涌）、陈叔亮、朱丹、李庆森等 10 人为成员，分文艺通讯组、音乐戏剧组、木刻漫画组。考察团成立当天即出发，赴内蒙古乌审旗考察蒙古族文艺、风俗、生活等。此行历时三个月，满载而归。返回延安后，将收集的蒙古文化资料加以整理，在文化俱乐部进行了展览。展览吸引了各界人士参观，都说大开眼界，大长知识，并纠正了以往对蒙民文化的偏见。（参见艾克恩编纂《延安文艺运动纪盛》，文化艺术出版社 1987 年版；孙国林编著，王佳钰、王增辉校订《延安文艺大事编年》，陕西师范大学出版总社 2016 年版）

章罌 1 月 6 日在《新中华报》发表的《关于延安的戏剧——片断的介绍》，说延安的戏剧很活跃。鲁艺仅成立两年成绩突出，多次演出受到好评的有《流寇队长》《团圆》《大丹河》《打虎沟》等。独幕剧有《希特勒之梦》《还我孩子》《一心堂》《今天》《棋局未终》《到马德里去》《绿包袱》等。还有许多剧团不只在延安演出还到乡村演出。（参见艾克恩编纂《延安文艺运动纪盛》，文化艺术出版社 1987 年版）

叶澜 8 月 27 日在《新华日报》发表长篇剧评《关于〈雷雨〉的演出》。编者按说："《雷雨》于本月上旬由青救总剧团演出，前后公演一星期，场场满座，颇得延安一般人士好评。本报现发表叶澜同志新写的关于此次演出之意见一文，纯系讨论性质，尚希各界人士特别是戏剧界的同志对此多发表意见，以期对此问题能得到确切之结论。"叶澜称《日出》《雷雨》是曹禺在同一时代的前后两部"姐妹作"。作者用一支锋利的现实主义的笔，来发掘中国旧社会制度隐藏的黑暗角落，使观众看到旧制度必然的没落、崩溃、死亡，代之以新生的、光明的一面。在《雷雨》里是寄托在出走的工人鲁大海身上。剧中的悲惨结局，不是哪个人的罪恶，而是整个社会的罪恶。曹禺企图在一个大家庭里，用一根巧妙的亲骨肉的线索来贯穿剧中所有人物，要他们在这条线索上翻筋斗。这似乎"巧"了一点，同时《雷雨》是部暴露文学的力作，全剧中心点在说明旧制度的没落毁灭。但毁灭的另一方面，新的力量的滋长，对于光明面的处理，只是一个简单的模糊的侧影。作者的艺术技巧达到了高度的水准，语言运用获得了很大成功。《雷雨》就在抗战时期介绍给广大观众仍有价值。中国青年需要回头看看旧社会如何充满着难以想象的卑鄙、龌龊、黑暗与罪恶。叶澜在肯定这次演出的同时，也指出值得注意的问题："如果大家都在拼命地搬出一些过去的或外国的剧本，专门上演几幕的大戏，而忽略了目前有很多尖锐的摆在戏剧工作者面前现实的问题，也是不应当的。"希望戏剧工作者反映当前的问题，从血与火的交织中产生出伟大的作品来。11 月 9 日，叶澜在《新中华报》发表的剧评《略谈〈蜕变〉》：陕公文艺工作队（后称西北文工团）在延安首次上演的曹禺巨作《蜕变》，是一部产生于抗战烽火中的有力剧作。不但较之过去的《雷雨》《日出》和《原野》有更大的现实意义，而且有重要的政治意义。它对腐朽社会的症结做到了无情暴露的地步，同时也注意去解决这些阴暗面。但全剧在描写《蜕变》过程时，强调了"好人主义""好政府主义"，企图依靠单枪匹马的个别人物冲垮腐朽力量。其次在描写正面力量时，作品有些模糊与凌乱，一些理想人物缺少真实性。（参见艾克恩编纂《延安文艺运动纪盛》，文化艺术出版社 1987 年版；孙国林编著，王佳钰、王增辉校订《延安文艺大事编年》，陕西师范大学出版总社 2016 年版）

杨思仲（陈涌）4 月 19 日在《新中华报》发表报告文学《永宁山——边区工厂报告之一》。11 月 25 日，在《中国文化》第 2 卷第 3 期发表《学习马克思、恩格斯、列宁的批评态度与批评方法——〈马恩列论艺术〉读后感》。此文与 4 月 15 日《大众文艺》第 1 卷第 1 期介绍尚在翻译中的《列宁论文化与艺术》《列宁论文学》等内容与 6 月 15 日《大众文艺》第 1 卷第 3 期所载渺加翻译的《列宁与高尔基》,以及8月25日《中国文化》第1卷第6期所载萧三翻译的《论艺术工作者应学取马列主义》,皆为本年度延安马列文论译介的重要成果,从而推进了马克思主义文艺理论中国化的进程,拓展了中国化马克思主义文学批评实践的路径。(参见孙国林编著,王佳钰、王增辉校订《延安文艺大事编年》,陕西师范大学出版总社2016年版)

柳湜、赵冬垠、徐律10月由生活、读书、新知三家书店派遣到延安筹备华北书店。柳湜被任命为边区教育厅长后,于1941年调李文由晋东南赴延安全面负责书店的工作。华北书店先后出版了《铁流》《毁灭》《中国史话》《从猿到人》等各种书刊,后来还负责边区的中小学课本的出版发行。(参见吴永贵《民国图书出版史编年:1912—1949》,社会科学文献出版社2018年版)

胡乔木12月9日在《新中华报》发表戏剧评论《莫里哀和他的伪善者——介绍一位世界最有名的喜剧家和一部世界最有名的喜剧》。(参见艾克恩编纂《延安文艺运动纪盛》,文化艺术出版社1987年版)

吴冷西调毛泽东主席身边编辑《时事丛书》。此前任职于中央宣布部,并参与了《解放》《时事丛书》《解放日报》等的编辑工作。

闻捷到延安,先后在陕北文工团、陕北公学工作、学习,并写作反映陕甘宁边区军民斗争生活的诗、散文、小说、剧本等。

柳青回延安,在抗联会工作,先后写出《误会》《牺牲者》《地雷》《一天的伙伴》《废物》《被侮辱的女人》《在故乡》《喜事》《土地的儿子》《三垧地的买主》等10多篇小说。

齐燕铭在延安中共中央党校工作,曾任延安中央研究院研究员。

崔子范入延安军政学院学习。

成仿吾继续任华北联大校长,兼华北局文化工作委员会书记。1月,反"扫荡"胜利结束,华北联大奉命返校复课,学校迁至平山县元坊村一带。此时"联大"文艺部曾招收冀中新世纪剧社、大众剧社全体人员到校学习。成仿吾亲自审定边区小学课本。亲自过问校刊《文化纵队》和《五十年代》(杂志)的工作。同月4—12日在延安召开的陕甘宁边区文化协会第一次代表大会上当选为文协执委会成员。3月,为全校学生上大课,讲授"共产主义与共产党"。文艺部招收文线剧社、平西挺进剧社、平山县铁血剧社全体同志和回民支队剧社部分同志到校学习。7月20日,晋察冀边区文协成立,成仿吾作报告并当选为文协委员。8月,中央来电通知准备召开党的第七次全国代表大会。"联大"党委召开全体党员会,选出成仿吾、申力生为出席"七大"的正式代表。25日,在《中国文化》第1卷第6期发表《华北联大的任务与工作》。9月,"联大"校部迁至李家沟口村。10月,华北联大提出向正规化方向发展,设法政、教育、文艺三个学院和群工部、中学部两个部。是年,成仿吾亲自主持成立华北联大儿童剧团。(参见张傲卉、宋彬玉《成仿吾年谱》,《东北师大学报》1985年第5期)

赵子诚、李济安与陈在德3人8月从重庆到达晋察冀边区的晋东南八路军野战总部所在地,分别代表读书出版社、生活书店、新知书店开办华北书店,店址设在辽县(左权县)麻田镇。(参见吴永贵《民国图书出版史编年:1912—1949》,社会科学文献出版社2018年版)

刘大年任晋冀鲁豫边区政府冀南行政主任公署宣传科长、冀南抗战学院政治教员。

李竹如、胡笳、林一山等发起的山东省文化界救亡协会8月6日在鲁中正式成立,选举李竹如、胡笳、林一山、于寄愚、张叔成、张岗、马巨涛、张凌青、贺致平、袁成隆、王绍洛、张承先、刘子超、李培南、刘导生、周纯全、董琰、杨汉章、孙陶林、杨希文、张逢之、苗春亭、汪渝、鲁西良、王卓青的 25 人为执委,另有候补委员 5 人。设组织、宣传、战时教育等部。

　　按:救亡协会负有编辑出版通俗读物的任务。1943 年,为了加强编辑出版工作,成立了文协编辑部,下设教材、通俗读物、会刊三科。除大量编写教材和通俗读物外,还改编了一些旧体文艺小说。(参见吴永贵《民国图书出版史编年:1912—1949》,社会科学文献出版社 2018 年版)

　　刘少奇 2 月 20 日向中共中央建议:在华中应立即成立抗大分校或新四军干部学校,吸收因受李品仙压迫而逃往新四军的大批青年学生学习。24 日,中共中央军委复电同意。6 月 20 日晚,出席津浦路东文化教育界人士在半塔集举行的纪念鲁迅、高尔基大会,并讲了话。8 月 7 日,在《抗敌报》上发表《最近国际形势的重大变动与中国抗战》一文,指出:"目前国际形势的基本特点是三大阵线的斗争,第一个是德、意、日帝国主义阵线;第二个是英、美、法帝国主义阵线;第三个是苏联和平阵线。"11 月 10 日,在新四军苏北指挥部干部会议上作《论目前形势与任务》报告。指出:目前世界上有三大对立的阵线,两大帝国主义阵线正在进行生死的斗争,这就是目前的第二次帝国主义世界大战。文章还分析了这次战争的扩大性、复杂性与持久性。29 日,与陈毅出席盐城县政府召开的士绅座谈会。12 月 2 日,向中共中央报告苏北地区文化教育及宣传工作等情况:中原局机关报《江淮日报》已于 12 月 1 日在盐城出版,订购者甚多。苏北盐城、东台、阜宁共有中学 40 所,每村均有小学,现已大部分恢复上课。现决定创办行政学院、鲁迅艺术学院华中分院。抗大第五分校已吸收苏沪青年 600 余人来学习。随着宣传与文化教育等工作的展开,中原局缺乏干部的局面亟待改变,望中央立即抽派一批高级干部来华中。同日,中共中央中原局发出关于根据地内财政经济工作的指示,提到"共产党员如果没有能力解决财政经济问题,如果没有大批最好的共产党的财政经济人才,而要成功共产主义事业那完全是一种梦想"。同月,刘少奇在中原局宣传部刊物《江淮》创刊号上发表《论抗日民主政权》,阐述了抗日民主政权的性质、任务和组织原则。(参见中共中央文献研究室《刘少奇年谱》,中央文献出版社 996 年版)

　　谢中峰、齐光、刘放、蒋立、马仲凡历任社长或总编辑的《挺进报》2 月在湖北京山八字门创刊,由新四军鄂豫挺进纵队主办。1 月上旬,新四军豫鄂挺进游击纵队在京山八字门正式建军,李先念任司令员,朱理治(后去延安,由任质斌代理)任政治委员,刘少卿任参谋长,任质斌任政治部主任,周志坚(后为王翰)任政治部副主任。新四军豫鄂挺进纵队在八字门建军后,纵队政治部即着手筹办机关报《挺进报》。起初是新四军豫鄂挺进纵队的机关报,后成为新四军五师机关报,在军内发行,纵队司令员李先念为《挺进报》题词。6 月 14 日,李先念率豫鄂挺进纵队 1、2、8 团队发起白兆山战役,驱走了窃踞白兆山地区的国民党顽固势力,创建了以白兆山为中心的京(山)安(陆)抗日民主根据地。8 月,八一军政干部大会在彭家祠堂召开期间,纵队司令部、政治部随即进驻白兆山南麓,其中政治部驻钱冲王家湾王氏老宅。《挺进报》随纵队政治部进驻钱冲,坚持编发了 16 期。

　　钱俊瑞是夏应南洋华侨团体电邀赴南洋演讲,中国国民外交协会获悉后决定派他为驻南洋代表,负责对外宣传。钱俊瑞办妥一切证件,到机场办登机手续时,却被国民党特工阻挠,说是外交部所发的护照已被社会部吊销。钱俊瑞据理力争,特工干脆直言:奉蒋委员长谕,"像先生这样的人才,应该集中在重庆"。结果被"软扣"在重庆。6 月,新四军政治部主任袁国平奉周恩来之命,从皖南到重庆接军长叶挺回军部。叶挺获悉钱俊瑞的处境后很是同情,便热诚地邀请他和作曲家任光一起到新四军,承诺他们完全可以按照自己的意愿来开展部队文化宣传工作。当时,国民党顽固派正在策划第二次反共高潮,重庆形势日益恶化,经南方局同意,钱俊瑞、任光随叶挺、饶漱石、袁国平一行人,秘密离开重庆,于7月底8月初到达皖南新四军军部,任战地文化服务处处长。到年底短短4个月时间,战地文化服务处切切实实开展了多项战地文化宣教工作。11月30日晚,叶挺突然打电话到钱俊瑞处,焦急地说:"据确切消息,重庆已密令战区各部队,对你个人及其他较重要的几个文化工作者,恐有所不利,其罪名是未经军委会政治部同意,擅自在战地办理文化事业。你们还是搬一搬家吧。"原来叶挺说的重庆密令出自11月2日蒋介石的手令:"顾长官,据报钱俊瑞在东战场成立文化服务社,立即将该钱俊瑞以及其重要人员秘密逮捕,以破坏抗战汉奸罪处治可也。中正手启。"幸亏叶挺获知消息后,将钱俊瑞和任光两人接到云岭新四军司令部住处保护起来,才使他们免遭毒手。可惜任光最终还是未能躲过一劫,这位《渔光曲》的作者在皖南事变中牺牲在叶挺的身边。(参见童志强《皖南事变的幸存者之一钱俊瑞》,《党史纵览》2011年第5期)

许幸之从上海来到苏北抗日根据地,参与筹建鲁迅艺术学院华中分院。许幸之擅画,长于诗文,精于影剧编导。初到根据地,与陈毅一见如故。一次闲谈中,陈毅与他论起当时的新诗和诗坛的种种倾向,认为许多新诗人离不开旧的圈套,那就是"自我呻吟",很少如白居易那样,"为大众而歌唱,被大众所欣赏"。陈毅还力主文艺作品切忌空洞无物,一定要有丰富的内涵。这些关于文艺创作的精辟论述,深深影响着许幸之等人。(参见李小曼《背朝烽火向阳怒放——抗战时期阜宁文化村纪事》,《世纪风采》2021年第1期)

王益、袁信之、华青禾10月由生活、读书、新知三家书店派遣,赴苏北解放区设立大众书店,先后在黄桥、海安、东台、盐城开设大众书店。(参见吴永贵《民国图书出版史编年:1912—1949》,社会科学文献出版社2018年版)

冯雪峰仍为华东文委成员,华东文委设在浙江金华。3月9日,冯雪峰作《论典型的创造》,刊于《现代文艺》第1卷第1期。4月20日,作《关于形象》,刊于《文艺阵地》第5卷第1期。6月13日,作《文艺与政论》,刊于《现代文艺》月刊第1卷第3期。11月,基本完成关于长征的小说初稿——《卢代之死》,约50万字,后失落。

按:冯夏熊《冯雪峰——一位坚韧不拔的作家》曰:"在三年中,大致完成全稿,约得五十多万字,并取名为《卢代之死》。1941年2月,国民党军队在皖南突然袭击共产党所领导的新四军并消灭了新四军军部之后,形势又再次严重恶化。国民党宪兵逮捕了冯雪峰。这一关头,《卢代之死》一稿失落,以后再也没有能找到。"(参见包子衍《雪峰年谱》,上海文艺出版社1985年版;张培森主编《张闻天年谱》,中共党史出版社2000版)

陈垣继续任辅仁大学校长。1月20日,陈援庵先生奖学金基金筹备委员会第一次会议在辅仁大学召开,基金数额暂定1万元。3月22—23日,中研院在重庆举行第五次年会,选出翁文灏、朱家骅、胡适3人为院长候选人,同时选出第二届评议会评议员30人,历史组为胡适、陈寅恪、陈垣。同月,《明季滇黔佛教考》撰成。陈寅恪为之作序。5月18日,陈垣为辅仁校友返校节题字:"规矩严,功课紧,教授认真,学生在校时每不甚愿意也,及至毕业出世,所知所能者少,则又每咎学校规矩之不严,功课之不紧,教授之不认真,何也?语曰:书到用时方恨少。又曰:闲时不学忙时悔。诸君皆过来人,能一告在校同学使毋遗后悔。努力,努力,加紧努力!"6月1日,在辅仁大学附设东方人类学博物馆例会上发表演说,人评其演说"以历史眼光论证东方文化,语多幽默"。同月,为辅仁大学年刊题字:"子张问行。子曰:言忠信,行笃敬,虽蛮貊之邦,行矣。言不忠,行不笃敬,虽州里,行乎哉! 今诸君毕业将行,谨书此以为赠。"

　　陈垣所著《明季滇黔佛教考》6卷8月作为"辅仁大学丛书"第6种印行。卷一包括:明以前滇黔佛教第一、明季滇南高僧辈出第二、明季黔南传灯鼎盛第三、滇黔僧多蜀籍第四;卷二包括:法门之纷争第五、静室之繁殖及僧徒生活第六、藏经之遍布及僧徒撰述第七;卷三包括:僧徒之外学第八、读书僧寺之风习第九、士大夫之禅悦及出家第十;卷四:僧徒拓殖本领第十一、僧传开山神话第十二、深山之禅迹与僧栖第十三;卷五:遗民之逃禅第十四、遗民之禅侣第十五;卷六:释氏之有教无类第十六、乱世与宗教信仰第十七、永历时寺院之保护及修建第十八。全书中以《士大夫之禅悦及出家》和《遗民之逃禅》两节份量最重。《逃禅》一节末尾曰:"明季遗民多逃禅,示不仕决心也。永历之时,滇黔实为畿辅,各省人文荟萃,滇黔不得而私。兹篇所举,特遗民之关系滇黔者耳,非尽滇黔人也,若推而求之滇黔以外,所得更不止此。范蔚宗谓'汉世百余年间,乱而不亡,皆仁人君子心力之为',然则明之亡而终不亡,岂非诸君子心力之为乎!"

　　按:陈寅恪为之作序曰:"中国史学,莫盛于宋。而宋代史家之著述,于宗教往往疏略,此不独由于意执之偏蔽,亦其知见之狭陋有以致之。元明及清,治史者之学识,更不逮宋,故严格言之,中国乙部之中,几无完善之宗教史,然其有之,实自近岁新会陈援庵先生之著述始。""寅恪喜读内典,又旅居滇地,而于先生是书征引之资料,所未见者殆十之七八,其搜罗之勤,闻见之博若是。至识断之精,体制之善,亦同先生前此考释宗教诸文,是又读是书者所共知,无待赘言者也。抑寅恪读是书竟,别有感焉。世人或谓宗教与政治不同物,是以二者不可参互合论,然自来史实所昭示,宗教与政治,终不能无所关涉。即就先生是书所述者言之,明末永历之世,滇黔实当日之畿辅,而神州正朔之所在也,故值艰危扰攘之际,以边徼一隅之地,犹略能萃集禹域文化之精英者,盖由于此。及明社既屋,其地之学人端士,相率遁逃于禅,以全其志节,今日追述当时政治之变迁,以考其人出处本末,虽曰宗教史,未尝不可作政治史读也。呜呼! 昔晋永嘉之乱,支愍度始欲过江,与一伧道人为侣,谋曰:'用旧义往江东,恐不办得食,便共立心无义。'既而此道人不成渡,愍度果讲义积年,后此道人寄语愍度云;心无义那可立,治此计,权救饥耳,无为遂负如来也。忆丁丑之秋,寅恪别先生于燕京,及抵长沙,而金陵瓦解,乃南驰苍梧瘴海,转徙于滇池洱海之区,亦将三岁矣。此三岁中,天下之变无穷,先生讲学著书于东北风尘之际,寅恪入城乞食于西南天地之间,南北相望,幸俱未树新义,以负如来。"

　　按:抗战的爆发,北平的沦陷,使陈垣无法再继续埋首他的"纯学术研究"。在授课中,他以《日知录》《鲒埼亭集》为教材;在研究中,则转向对宋、元、明清之际动乱历史的考察,重新以同社会政治关系密切而未为人注意的宗教史作为主要研究对象,以史为鉴,褒扬忠贞,贬斥奸逆,以此作为他的"报国之道"。是年5月30日,陈垣在给乐素的信中称:"本书之着眼处不在佛教本身,而在佛教与士大夫遗民之关系,及佛教与地方开辟、文化发展之关系。若专就佛教言佛教,则不好佛者无读此文之必要。惟不专言佛教,故凡读史者皆不可不一读此文也。三十年来所著书,以此书为得左右逢源之乐。"1957年陈垣为《佛教考》所写的"重印后记"(《明季滇黔佛教考》,中华书局1959年2月版)曰:"此书作于抗日战争时,所言虽系明季滇黔佛教之盛,遗民逃禅之众,及僧徒拓殖本领,其实所欲表彰者乃明末遗民之爱国精神、民族气节,不徒佛教史迹而已。本书特出者系资料方面多采自僧家语录,以语录入史,尚是作者初次尝试,为前所未有。惜搜采未为赅备,遗漏尚多;又因限于当时思想意识,过于重视知识分子,看不见人民大众,致立论时有偏颇,此则有赖于高明之指正者也。《新云南通志》对此编采取甚重。其宗教考关于滇僧史迹,几全部收入;其艺文金石诸考旧志有错误,经此编纠正者,《新志》亦多已改正。惟卷九七艺文纪载滇事之书仍列周达观《滇腊纪闻》,滇腊为真腊之讹,真腊即今之柬埔寨国,与滇无涉,应削去而未削,盖偶遗之耳。"

　　按:方豪盛《对日抗战时期之陈援庵先生》(台湾《传记文学》第19卷第1期)赞陈垣善于发现研究题材:"余尝谓援庵先生最善读书,读天主教书、读回教书、读佛教书、道教书、读一赐乐业教书、读摩尼书、读火祆教书、读中国任何古今典籍。皆能见人所未见,发人所未发,谓为别具只眼,当非过誉之词;但善读之外,尤善发现应研究之题材,易言之,善择书名,以当时情况,身处北平,而以'滇黔佛教'为研讨对象,常人岂能见及?"

按:柴德赓《陈垣先生的学识》(《励耘书屋问学记》)曰:"陈先生写《明季滇黔佛教考》是继承了全祖望、莫友芝的写作方法。全祖望是清代有名的学者,是清代研究晚明史,特别是明末东南一带反清斗争历史的专家。他研究晚明史是有感情的,并非一般的客观的叙述。我们在抗战时期很喜欢读他的著作,陈先生对全祖望更是推崇。"《明季滇黔佛教考》不仅解决了佛教史上过去不能解决的许多问题,而且也解决了云贵两省历史上一直未能解决的许多问题。最近云南修通志,差不多把此书所考证的东西全部收进去了。更重要的是这本书反映了陈先生的爱国思想。也可以这样说,从这本书起,陈先生在自己的著作中开始大量发表议论,抒发自己的爱国感情。"

按:陈其泰《陈垣先生学术思想的升华——〈明季滇黔佛教考〉的成就》(《纪念陈垣校长诞生 110 周年学术论文集》)认为:《明季滇黔佛教考》的成就体现在三方面:一、对遗民的思想和行动的政治意义,作了深刻的阐释。大力表彰他们的爱国思想、民族气节;二、由于掌握了遗民逃禅以抗清这一规律,故能将分散而隐晦的材料,处处互相印证,而获得新解,使长期被掩盖的当日志节之士逃禅的真实历史得以恢复面目;三、从这部著作开始,陈垣先生在论著中大量正面发表富有思想性和政治意义的议论,实现了由严密考证向更高层次——自觉体现时代精神的飞跃,这就为陈垣先生的学术注入新的生命。"严密的考证,原是陈垣先生继承、发展乾嘉学术而运用自如的方法。在本书中,他将原来擅长的考证,与站在时代高度对人物思想倾向的剖析、抒发民族正气的精辟议论结合起来,这就使他的著作焕发出新的光彩!""时代的推动,使他跨出了考证学的局限,不再满足于广征史实、究其原委,而要做到把考辨的深厚功力与精彩的议论分析结合起来。明乎此我们就有充分的理由把《佛教考》一书评价为陈垣先生学术思想升华的重要标志。"

陈垣 10 月 19 日接陈寅恪来函:"手示敬悉。拙著承代为分送,感谢之至。北方秋季气候最佳,著述想益宏富。滇中友人又须迁蜀,现正在转徙中也。"11 月 1 日,王重民来函:"数年未致书问候,罪甚,然无日不念先生也。……重民近数年来,于校辑天主教史料,颇感兴趣。……来此倏已一年,所获较在欧时远逊。近赶编书目,冀早日完成,明年能返国也。在此无师友指正,颇郁郁,亟盼先生速覆一札也。"11 月 27 日,陈垣在辅仁大学作《顺治皇帝出家》的演讲。对《汤若望与木陈忞》《语录与顺治朝廷》两文中关于顺治皇帝出家、董妃的来历、帝后的火葬问题的研究进行综述:"关于我研究此事,曾得了三点教训,愿借此一一提供诸位参考:(一)凡事之传说,不论真伪,必各有原因;(二)凡研究讨论一事,如证据未充分时,决不可妄下断语;(三)读书时遇微细异同之处,虽一字之差,亦不可忽略。"是年,陈垣在《辅仁学报》第 9 卷第 2 期发表《清初僧诤记》。此文是《明季滇黔佛教考》的姐妹篇,参考 60 余种文献,详细梳理了明季清初佛教的十次论争,并对明清之际与僧侣有关的居士、士大夫阶层的思想行动等有所涉及。据作者在 1962 年该书再版后记可知,此文的目的在于向抗战的人们表达敬意,对汉奸进行谴责。该文后被日本学者野口善敬翻译为日文出版。同期还刊载了赵卫邦、叶德禄《释氏疑年录通检》等文。(以上参见刘乃和、周少川、王明泽《陈垣年谱配图长编》,辽海出版社 2000 年版;王学典《20 世纪史学编年(1900—1949)》,商务印书馆 2014 年版)

余嘉锡 6 月在《辅仁学志》第 9 卷第 1 期发表《驳萧敬孚记皇甫持正集旧钞本》;在《图书季刊》新 2 卷第 2 期发表《汉武伐大宛为改良马政考》。9 月,在《图书季刊》新 2 卷第 3 期发表《书章实斋遗书后》。此文鉴于章学诚《文史通义》深思卓识,但因其读书未博,立言有失,于是对于章学诚的校雠态度,在《书章实斋遗书后》中有公允之论:"《文史通义·内篇》,是其平生精力所注,又每一篇成,辄就正通人,相与商榷改定,故引证尚无大失。然考核不免粗疏,持论时近偏僻。《外篇》及文集,气矜弥甚,其失弥多,持较《内篇》,抑又不逮。《校雠通义》最有名,然所言得者二三而失者六七,并《七略》《别录》逸文,亦不肯一考,而侈口论刘、班义例,故多似是而非。"余嘉锡条举其书中数条谬论者一一批驳,强调"事理必待考证而后明,典故必须检寻而后得"。12月,撰《述也是园旧藏古今杂剧序》,后收入《余嘉锡论学杂著》。是年,孙楷第以清代藏书家、目录学家钱曾藏古今杂剧300多种,著录于述古堂也是园书目,不见者久。近年因战争原因散出,国立图书馆购得,孙楷第前往研读,作成《述也是园旧藏古今杂剧》,十余万言,请余嘉锡作序。余嘉锡盛赞孙楷第治元曲之精,"考镜源流以穷其变化,斠明体例以究其文词","用力之勤,与昔人治经史诗赋者,殆无异也"。(参见王语欢《余嘉锡学术年谱》,黑龙江大学硕士学位论文,2013年)

　　沈兼士是年春向私立北平辅仁大学校友会负责人建议,筹集"陈援庵奖学基金"3000元,奖励学习成绩优良的学生。又经在教务会议上提议,开始举办辅仁工友夜塾,教工友和印刷厂工人识字、读书、学英语、打算盘。4月4日,撰成《读经籍旧音辨证发墨》,后收入《辅仁大学语文学会讲演集(第一辑)》,又收入《段砚斋杂文》一书,标题改为《吴著经籍旧音辨证发墨》。作者开篇即说明著文的目的,"端在摘发古书音义中向来学人目为不合惯例者,推本其原,要皆具有特殊之故,既不应武断为讹误,复不宜勉强牵合音转之说以相文饰"。然后从三个方面来加以阐述:一、两字义通,音虽暌隔,亦可换读;二、本字兼有此音而后人不知;三、音义相依之理后世失传。可以说是发前人所未发。6日,参加私立北平辅仁大学文学院中国文学系语言文字学会第五次常会,演讲学术论文《读经籍旧音辨证发墨》。5月21日,贺陈垣《明季滇黔佛教考》撰成,特赋赠诗一首:"吾党陈夫子,书城隐此身。不知老将至,希古意弥真。傲骨撑天地,奇文泣鬼神。一编庄诵罢,风雨感情亲。"同月,为私立北平辅仁大学毕业学生题词"行己有耻,博学于文",以示纪念。6月18日,《辅仁生活》第8期刊登消息,称私立北平辅仁大学院中国文学系语文学会在沈兼士院长的领导下,每周举行专门演讲,得益匪浅。秋,为纪念私立北平辅仁大学司铎书院萃锦园新大楼落成,特节录顾炎武《日知录》"廉耻"条警句成一篆书条幅,悬挂于该楼大厅内。(参见郦千明、汪素梅《沈兼士年谱简编》,《湖州师范学院学报》2021第3期)

　　高步瀛为陈垣60寿辰作寿序,请余嘉锡用隶书来写。陈垣收到生日礼物后,极为满意,把它影印成小册子分送朋友,并感慨地说:"只有高先生那样富的学问和那样妙的手笔,才能写出那样的骈体文。"10月,忽得噩梦,及寤,泣为诗,以志其事,并申训次女,有若遗嘱。11月11日,病逝。门生故人于举殡之日,私谥贞文先生。余嘉锡为其撰写墓志铭。沈兼士为其题写挽联,云:"冀北马群空,后进何人知大老;天上橡枪落,家祭无忘告乃翁。"次年3月,如夫人得遗腹子,王化初命名曰:高骘。(参见赵成杰《高步瀛学术年谱简编》,载王京州编《河北近现代学者年谱辑要》,国家图书馆出版社2017年版)

　　叶德禄6月在《辅仁学志》第9卷第1期发表《唐帝诞辰祝贺考》,认为生日祝寿之礼,始于齐梁,盛于唐宋,故围绕唐代君王的诞辰祝贺等史事,对相关问题进行考辨。文后附《唐宋帝王生日置节表》。同期还刊载了余嘉锡《汉武伐大宛为改良马考》、魏建功《读天壤阁甲骨文存及考释》、刘厚滋《张石琴与太谷学派》等文。(参见王学典《20世纪史学编年(1900—1949)》,商务印书馆2014年版)

　　赵光贤12月在《辅仁学志》第9卷第2期发表《明失辽东考原》,1941年第10卷第1—2期合刊连载。此文为作者在辅仁大学史学研究所的毕业论文,主旨在揭示明之失去辽东,最主要原因在于失去全辽之人心。作者并指出,国家之安危,系于民心之向背。(参见王学典《20世纪史学编年(1900—1949)》,商务印书馆2014年版)

顾随在辅仁大学,兼任燕京大学课、中法大学课。9月,在辅仁大学语文学会的讲演《元曲中复音词演变之公式》,刊于《辅仁大学语文学会讲演集》第1集。(参见闵军《顾随年谱新编》,载王京州编《河北近现代学者年谱辑要》,国家图书馆出版社2017年版)

王启元为理事长的华北青年协进会10月成立,以"团结青年,互相提携,促成抗战大业,复兴中华民族"为宗旨。

张东荪继续在燕京大学任教。4月,张东荪在日寇统治北平的险恶环境中著成《知识与文化》一书。此书为张东荪后期哲学的一部代表作,集中体现了张东荪哲学思想由前期向后期转变的情况。始作于1937年左右,成书于1940年4月,定稿于1941年10月。作者主要从知识社会学的角度,重点讨论了知识与文化的关系问题。该书除首尾的《绪论》和《结论》以外,共分三部分:一是从知识说到文化,用以说明知识的性质;二是从文化说到知识,讨论文化如何制限知识的情景,用以说明知识的文化制限;三是专讲中国思想的特征,用以作为例证说明知识与文化的交互作用。前两部分是全书的核心,后一部分是前两者的补充和说明。书后附有张东荪1937—1940年所作或发表、后经修改的有关知识社会学的5篇论文。《知识与文化》著成后,作者除了将其托人送到大后方联系出版外,还专门抄录了一份,作为讲义继续在燕京大学对学生讲授。张东荪对该书非常看重,认为该书是集中阐述自己新知识论的代表作,并且自信地说:"本书中所说各端都是著者多年所积于心中的,至此可谓一吐为快了。书中没有一句话不是从我心坎中出来的。"

按:张东荪在这部著作中明确将自己新创立的知识论称为"文化主义知识论",又称"多元交互主义"的知识论。他在该书的绪论中解释写作该书的目的:"本书的目的在想建立一种独立的知识论,其所以与文化论相联,乃是由于注重于知识之'集合性'(collectivity)。详言之,即志在设法对于知识的构造加以详细分析;并志在经过这样的分析之结果得阐明'理论知识究竟是甚么'。……故本书之目的在使知识论成为一种独立的学问,这个学问不专是为了形而上学作先导,并且亦可与社会科学作伴侣,当然即无所谓居先与不居先了。"这表明,张东荪已经改变了多元认识论的立论角度,一方面从社会学立场上讨论知识问题,另一方面要使知识论变成独立的知识论,改变了多元认识论上的"方法论上的多元主义",即认识论为哲学体系的起首和中心的观点。正因如此,张东荪公开表示:不同意孙道升先前把自己纳入"纯宗西方哲学"一派,并力图为自己"兼综中西哲学"作解释。他在《知识与文化》中说:"此外孙君对于中国现代哲学分两大派,一派是纯粹西洋哲学出来的,另一派是由调和中西而成的,把我列入前一派中。我自审亦不完全相合。我的主张固然大部分是出于西方哲学,但我主张就是政治思想。同时根本上不讲唯心唯物,这些却又与中国的传统态度相合。并且我要声明:我亦不是最近才有态度的变化。我的态度始终没有变化。读者如肯一读拙作《新哲学论丛》与《道德哲学》二书(都是十年以前出版的),便见本书所言在大体方向上并没有十分和那二书不同。不过论证与叙述有很大的差异而已。"

张东荪因居于北平,未能出席8月29日在昆明云南大学会泽院第一教室举行的中国哲学会第四届哲学年会,但仍然当选为理事。秋,鉴于北平险恶的环境,张东荪判断日美早晚要开战,燕京大学应尽早做好撤离准备。通过中共北平地下党的关系,张东荪和燕京大学的爱国教授如林嘉通、林迈可、邓之诚等一起,秘密做燕京学生的工作,动员爱国学生到中共和解放区去工作,或者转移到西南大后方去。燕京学生去解放区的路线和方式是:由张东荪或燕京大学其他爱国教授以"郊游"的名义带学生到西山去,决定去解放区(或大后方)的学生都准备好,每次去"郊游"的有七八个学生,回来时只有四五个。"留"下的学生由地下党安排并护送到解放区,其余同学都"游玩"后重回学校。是年以后,向西山送学生的工作加紧进行。王定南将从北平去西山解放区的路线详细地告诉了张东荪。12月,第二届国民参政会在重庆召开。国民政府于 12 月 23 日公布《第二届国民参政会参政员名单》，张东荪与张君劢、胡石青、黄炎培、梁漱溟等人被聘任为参政员。但因张东荪远在北平，并未参加会议。此后 1942 年 12 月，国民政府公布的第三届国民参政会名单及 1945 年 4 月公布的第四届国民参政会名单，均无张东荪。（以上参见左玉河编《张东荪年谱》，群言出版社 2014 年版；左玉河编《中国近代思想家文库·张东荪卷》及附录《张东荪年谱简编》，中国人民大学出版社 2015 年版）

张尔田在燕京大学历史学会系统演讲中讲"中国过去之史学界"。写定《遁庵文集》二册，吴庠、夏承焘、龙榆生、陈柱尊等谋为刊刻之。与吴庠、夏承焘、夏敬观等通信论词学。10 月 5 日，与夏承焘书，自述学佛经历。11 月，夏承焘作《遁庵菊轩二乐府跋》。12 月 20 日，龙榆生创办《同声月刊》创刊号出版，刊《遁庵诗五首》，亦刊《内藤湖南博士手书诗稿（张孟劬先生寄赠）》。（参见孙文阁、张笑川编《中国近代思想家文库·张尔田、柳诒徵卷》及附录《张尔田年谱简编》，中国人民大学出版社 2014 年版）

洪业继续主持燕京大学引得编纂处。6 月，出版《辽金元传记 30 种综合引得》。此书收辑辽、金、元三代人物传记 30 种，书首附《三十种辽金元传记表》，详列各种传记的代号、书名、纂辑者和版本。为了使三代传记有所区别，代号不相衔接，各有起讫。一至七为辽代传记 7 种：脱脱等《辽史》（列传之部）、叶隆礼《契丹国志》（列传之部）、周春《辽诗话》、陈衍《辽诗纪事》、黄任恒《辽代文学考》、万斯同《辽大臣年表》、吴廷燮《辽方镇年表》。十一至十七为金代传记 7 种：脱脱等《金史》（列传之部）、宇文懋昭《大金图志》（列传之部）、陈衍《金诗纪事》、黄大华《金宰辅年表》、万斯同《金将相大臣年表》、吴廷燮《金方镇年表》、万斯同《衍庆宫功臣录》。二十一至三十六为元代传记 16 种：宋濂等《元史》（列传之部）、柯劭忞《新元史》（列传之部）、邵远平《元史类编》（列传之部）、魏源《元史新编》（列传之部）、曾廉《元书》（列传之部）、屠寄《蒙兀儿史记》（列传之部）、苏天爵《元朝名臣事略》、冯从吾《元儒考略》、顾嗣立《元诗选》、席世臣《元诗选癸集》、佚名《元统元年进士录》、吴廷燮《元行省丞相平章政事年表》、黄大华《元分藩诸王世表》及《元西域三藩年表》、钱大昕《元史氏族表》、洪钧《元史译文证补》。8 月，引得处又出版《汉书及补注综合引得》。11 月，哈佛燕京学社引得编纂处编印《论语引得》。12 月，出版《周礼引得》。（参见王学典《20 世纪史学编年（1900—1949）》，商务印书馆 2014 年版）

聂崇岐 6 月在《燕京学报》第 27 期发表《宋辽交聘考》。此文从使节、国书、礼物、使节的接送、待遇、仪注等方面论述宋辽之间的外交交往。文后附有《正旦国信使副表》《生辰国信使副表》，系对宋辽两国因贺寿通使之统计。该文被认为是宋辽外交关系研究的重要论著之一，有研究者认为此文"不啻为简明的宋辽交通小史"。同期还刊载了容肇祖《王守仁的门人黄绾》、程明洲《所谓"景善日记"者》、凌景埏《南戏与北剧之变化》、鸟居龙藏《下花园之北魏石窟》等文。（参见王学典《20 世纪史学编年（1900—1949）》，商务印书馆 2014 年版）

陆志韦继续任教于燕京大学。冬，物理系助教冯树功自城里骑车返校，途中被日本军车撞死。为此，全校师生在贝公楼大礼堂开会。陆志韦主持大会，慷慨陈词，声讨日寇暴行。是年，《说文广韵中间声类转变的大势》刊于《燕京学报》第 28 期；陆志韦《试拟切韵声母之音值并论唐代长安语之声母》刊于《燕京学报》第 28 期。（参见张玮瑛、王百强、钱辛波主编《燕京大学史稿》，北京人民中国出版社 2000 年版）

裴文中教授来校任教，开设"史前考古学"课程。12 月 4 日，创办的史前陈列馆开幕。馆址在镜春园（该园与海淀碓房居为学校新购进的校舍）。（参见张玮瑛、王百强、钱辛波主编《燕

京大学史稿》,人民中国出版社 2000 年版)

郭绍虞 5 月 15 日作《新诗的途径》,载《燕园集》。8 月,作《续资治通鉴》目录序。秋,郭绍虞到迁于上海的无锡国专作文学"特约讲座"。(参见何旺生《郭绍虞学术年表》,《中国韵文学刊》2008 年第 1 期;陆阳《唐文治年谱》,上海三联书店 2013 年版)

刘诗孙为燕京大学教授,东方文化事业总委员会委员,与日本人交往密切。8 月 8 日,郑振铎致张咏霓信,谈及刘诗孙,指出:"文化汉奸,实可怕之至! 去年曾有一日人来此,作'文化调查',结果,无一藏书家愿与之见面者。彼只好废然而返。今换了刘某来,已见到不少人,必大有所得矣。'物腐而后虫生',如果无内奸,外患必不至之烈! 言念及此,痛愤无已!"(参见陈福康《郑振铎年谱》,三晋出版社 2008 年版)

赵紫宸 4 月应邀在西南联合大学作讲演,讲稿《赵紫宸博士演讲录》由《金陵神学志》刊出。之后,返回北京继续担任燕京大学宗教学院院长。发表"Christian Faith in China's Struggle for Freedom"和《新时代的基督教信仰》等文章。(参见赵晓阳编《中国近代思想家文库·赵紫宸卷》及附录《赵紫宸年谱简编》,中国人民大学出版社 2014 年版)

竺磊 12 月 20 日在《燕京文学》半月刊第 1 卷第 3 期发表《谈曹禺的戏剧》一文。《燕京文学》于 11 月 20 日在北京创刊,燕京大学燕京文学社编辑兼发行。自 1941 年 10 月第 3 卷第 1 期起改为月刊。此文先从曹禺的"前三部作品,《雷雨》《日出》《原野》,分开讨论一下","再综合起来看看他的思想,技术和其他的发展过程",认为:"曹禺在这三部戏里所表现的思想,几乎可以说是完全一致的。可是从这一致中,我们还可以寻出他的思想的发展过程来。""在《雷雨》里,他写出上帝(假若有这么一位上帝的话)的残酷;指示出人类不能拯救他们自己。在《日出》里,他写出社会的残酷;指示出在某种社会环境中,只有听其自然(这也许是不自觉的)的任其捉弄。到了《原野》,作者更进一步提出人类自己的残酷来。结果是造成所有的悲剧的,还是人类自己。"技术上,作者认为"《原野》第一,《雷雨》第二,《日出》第三"。"手法和音响的利用,曹禺更是非常巧妙,至少可以说是国内剧作家中最好的。"(参见田本相、阿鹰编著《曹禺年谱长编》,上海交通大学出版社 2017 年版)

田洪都继续任燕京大学图书馆馆长。10 月间,田洪都谈该馆审购委员会经费来源:最主要来自哈佛燕京学社,法学院购书经费来自燕普基金,其他购书费用由图书馆委员会负责。(参见张玮瑛、王百强、钱辛波主编《燕京大学史稿》,北京人民中国出版社 2000 年版)

蓝公武继续任中国大学教授。夏,被日本宪兵司令部拘捕。蓝公武在狱中坚贞不屈,高声回答:"我既不是共产党也不是国民党,我只是中国人民的一分子。只要你们日本人侵略我的祖国,我就要反对你们!"蓝公武是张东荪的少年挚友,不仅一起留学日本,同入东京帝国大学,而且一起由日回国、同为研究系骨干,加上两家为世交,关系非常密切,故张东荪对蓝公武被捕非常焦急,与中国大学校长何其巩等人积极设法营救。(参见左玉河编《张东荪年谱》,群言出版社 2014 年版)

俞平伯继续任教中国大学。上半年,收到陈寅恪赠送的在昆明自印《〈秦妇吟〉校笺》单行本一册。7 月 10 日,复周作人信,谓读其新作《七夕》一文,深感"寄慨遥深,雒诵辄唤奈何耳"。9 月 24 日,应嘱为赵肖甫所辑《红楼梦讨论集》作序,刊于次年 1 月 1 日《责善》半月书第 1 卷第 2 期,后被收入《红楼梦研究参考资料选辑》第 2 辑,又被收入《俞平伯序跋集》。而《红楼梦讨论集》除收入胡适和顾颉刚以及顾颉刚与俞平伯讨论《红楼梦》的笔札外,还收入了俞平伯《红楼梦辨》中的 3 篇论文,即《辨原本回目只有八十》《后三十回的〈红楼梦〉》和《论秦可卿之死》。俞平伯在《序》中分析了索隐派与考证派的异同,认为《红楼梦》"开宗明义之章俨然悬一问题焉，此与其他小说差有分别，则后人从而讨论之，以至于争执而聚讼之，宜也。谨严之考证固其宜，而傅会之索隐亦无不宜。……只是方法途径之不同，而非有态度上之根本差别。"俞平伯指出："索隐而求之过深，惑矣；考证而求之过深亦未始不惑。《红楼》原非纯粹之写实小说，小说纵写实，终与传记文学有别。吾非谓书中无作者之平生寓焉，然不当处处以此求之，处处以此求之必不通，不通而勉强求其通，则凿矣。以之笑索隐，则五十步与百步耳，吾正恐来者之笑吾辈也。"

俞平伯《燕郊集》普及本10月由上海良友复兴图书印刷公司出版。12月4日，收到周作人来信，并附废名自黄梅寄来的信。5日，复周作人信。信中批评华连圃注释的《花间集》，有的注释有误，"如以'龙山雪'之龙山为孟嘉落帽之地，又欲易报登科喜信之'探人'为探春，岂如俗语所谓你不说我还明白，你越说我越糊涂耶"。俞平伯认为"书非注不明，而注又大难，总不免引《说文》说秋字，即仇注杜诗有时亦如此，况其他耶"。19日，周作人被汪伪南京政府任命为伪华北政务委员会常务委员兼教育总署督办。21日，致周作人信。是年，邀请毕树棠到中国大学国学系演讲"欧洲文艺思潮"。当时，毕树棠居住在北平东城炒面胡同，与俞平伯为近邻，经常晤谈，抗战时期竟成莫逆。（以上参见孙玉蓉编《俞平伯年谱》，天津人民出版社2006年版）

周作人继续任职于伪北大。1月1日，周作人自即日起开始在天津《庸报》上发表短文，总栏目为"药草堂随笔"或"药草堂语录"。24日，在《实报》发表《四史疑年录》。26日，在《庸报》发表《曲词秽亵》。2月26日，作《书房一角·原序》。同月，《秉烛谈》由上海北新书局出版，收1936年11月至1937年4月所写散文29篇。3月6日，作《蔡孑民先生事》，刊于4月1日《中国文艺》第2卷第2期，文章记述了与蔡元培认识、交往的始末，并称赞说："蔡先生貌很谦和，办学主张古今中外兼容并包，可是其精神却又强毅，认定他所要做的事非至最后不肯放手，其不可及处即在于此。此外尽多有美德，但在我看来最可佩服的总要算是这锲而不舍的态度了。"10日，为伪教育总署编审会审阅小学国文教科书。27日，作《汉文学的传统》，刊于5月1日《中国文艺》第2卷第3期，文中说"汉文学的传统中的思想""是一种常识的，实际的，姑称之曰人生主义，这实即古来的儒家思想"，"是一种儒家的人文主义"，并说"这自然是很好的东西，希望他在现代也仍强健，成为文艺思想的主流"。同日下午，往北京大学办公处公宴伪教育部长赵正平。29日，作《辩解》，刊于7月1日《中国文艺》第2卷第5期，文章认为"口头辩解，或写成文章""恐怕未必有什么益处"，"我们回想以前读过的古文""却记不起有一篇辩解文，能够达到息事宁人的目的的"。又引余澹心编《东山谈苑》卷7的一则云："倪元镇为张士信所窘辱，绝口不言。或问之，元镇曰，一说便俗。"说明了辩解之不必要。实际上这恰是周作人为自己出任伪职所作的辩解。

周作人6月7日招宴北大文学院同人，来者有钱稻孙、俞平伯、沈启无、吴鸣时、温公颐、鲍文蔚、许介君及日人冈本、永岛等。23日上午，往北京大学，参加招生委员会会议。同月，作《关于朱舜水》，刊于9月1日《中国文艺》第3卷第1号，文中介绍了明末学者、绍兴余姚人朱舜水，并称赞了他的为人与学问、气节与风趣。8月24日，作《〈元元唱和集〉》，刊于10月1日《中国文艺》第3卷第2期，文中介绍了明代陈元赟与日本名古屋诗僧元政（本名石井吉兵卫）的唱酬诗《元元唱和集》。9月2日上午，往北京大学，又往中南海勤政殿参加伪第四届东亚文化协议会评议员大会，并对《庸报》记者发表谈话说："中国各部门专家，公开研讨交换意见，藉此机会大家见面谈谈，觉得意义颇深，我觉得文化事业之推进，与社会秩序之安定与否有密切关连。"3日上午,往北京大学参加伪东亚文化协议会文学分部会议。4日,作《道德漫谈》,文中认为"中国思想中有为人民与君父的两派,后者后来独占势力,统治了国民的道德观念,这是很不幸的一件事"。他认为"中国道德标准宜加改正,应以爱人亲民为主,知己之外有人,而己亦即在人中,利他利己即是一事,空洞的一句话,在现今中国相信却是良药,只是如何吃下去,则不佞尚未思出方法耳"。5日下午,往北京大学参加伪东亚文化协议会恳亲会。9日上午,往北京大学,参加伪东亚文化协议会评议员会议。

周作人10月8日往北京大学办公处,参加招生委员会会议。12日,往访汤尔和。因汤发热,未见。26日,许介君来访。同日,伪华北教育总署督办汤尔和自本年3月便重病不起。在他卧病期间,教署督办职务,一直由伪华北教育总署署长方宗鳌代理。当时,伪"新民会"副会长缪斌早已垂涎这一高位,但汤尔和"在临终前,即属意于周"。许介君当时在伪组织的高层政治圈中活动。他得悉这些动向后,便与张东荪等人一起商讨对策,按"两害相权取其轻"的道理,决定采取"游说"周作人的行动。11月1日,往访汤尔和。因病未见。6日下午,《朝日新闻》社山田以管翼贤介绍来访,邀为《朝日新闻》撰文。8日晚,接伪教育总署电话知伪教育总署督办汤尔和病死。9日上午,往汤尔和宅致吊,又作挽联一副,吹捧这个大汉奸。挽联云:"一生多立经国事功,不图华发忽萎,回首前尘成大梦;此出只为救民苦难,岂意檀度中断,伤心跌打胜微言。"14日,作祭大汉奸汤尔和文。下午,往伪教育总署参加汤尔和治丧委员会会议。19日上午,往北京大学,接待伪华北政务委员会委员长王揖唐及瞿兑之来访。下午,往北京大学文学院参加公祭汤尔和的会。晚,瞿兑之来谈。同日,在《庸报》发表《日本国志》,文中据姚文栋的杂文集,考订了黄公度与姚文栋二人皆著有《日本国志》,而"二家的书名同实异截不相干",黄著"有见识,有风趣,盖惟思想家与诗人合并,乃能有此",姚氏所著"则不可同日而语"。20日,往伪教育总署,参加汤尔和治丧委员会会议。23日上午,往北大,与吴鸣时、钱稻孙谈。候瞿兑之,未来。24日上午,伪华北政务委员会委员长王揖唐来劝出任伪职。下午,至东亚文化协议会赴瞿兑之之招宴。同座有王揖唐、钱稻孙、吴祥凤、方宗鳌、张心沛、庞敦敏、阮尚介、文元模、鲍鉴清共11人。同日,沈启无来访。25日,为伪教育总署编审处审阅小学课本一册。26日下午,瞿兑之来访,以王揖唐之命来劝出任伪职。29日上午,周作人往北京大学,为国文系学生讲演。

周作人12月2日下午,往北京大学文学院,与日本兴亚院文化局调查官松井大佐晤谈。10日,王揖唐来访。15日上午,往怀仁堂,赴伪北京大学公祭汤尔和会。下午,又往怀仁堂赴伪东亚文化协议会公祭汤尔和会。17日,作《日本之再认识》,刊于1942年1月1日《中和月刊》第3卷第1期。正当日本帝国主义者的铁蹄践踏着中国大地的时候,周作人却连篇累牍地撰文,吹捧日本的文化与生活。该文回忆了他在日本留学时代的生活,说"我曾称东京是我的第二故乡,颇多留恋之意"。又说:"我很爱好日本的日常生活""日本房屋我也颇喜欢""日本生活里的有些习俗我也喜欢,如清洁,有礼,洒脱"。文中谈到他对日本文学艺术的了解,说过去"观察日本文化,往往取其与自己近似者加以鉴赏,不知此特为日本文化中东洋共有之成分,本非其固有精神之所在";而今后"应当于日本文化中忽略其东洋民族共有之同,而寻求其日本民族所独有之异,特别以中国民族所无或少有者为准";并说"要了解日本,我想需要去理解日本人的感情,而其方法应当是从宗教信仰入门"。同日,往北大办公处访钱稻孙。许介君来谈。5时后,至伪东亚文化协议会,赴山口招宴文学院同人。19日,汪精卫伪国民政府中央政治委员会第三十一次会议上,正式通过了"特派周作人为华北政务委员会委员,并指定为常务委员,兼教育总署督办"一案,并由汪伪国民政府发布了任命。下午6时,周作人往弘通观,赴许介君之招宴。同座有殷桐声、汪时璟、钱稻孙等5人。

　　按:据许宝骙《周作人出任华北教育督办伪职的经过》(《新文学史料》1987年第2期)回忆:在他向周作人"游说"时,"周作人当时曾表示,书生做官,性格不宜;且当局诸公都不熟识,也恐落落难合(这也只是大意)。我便对他说,在这方面,我当居间给他介绍几个朋友,如殷桐声(名同,当时任伪建设总署督办)、汪翊唐(名时璟,当时任伪财务总署督办,是殷同的妹夫),都还算爽朗诵达之流,可以相结纳,通声气。过了几天,我便邀殷汪二人和周作人、钱稻孙来我家见面会谈,这一节就算交代过了"。

　　按:又据台湾教育工作者洪炎秋后来在他的自传文章(转引自康文《周作人落水原因又一说》,《鲁迅研究动态》1989年第11期)所论关于周作人出任伪职的情况,就周作人落水原因提供了又一种说法,兹录以备考,其曰:"在北平沦陷期间,伪组织的教育界的汉奸中,我和伪北大校长钱稻孙,伪教育督办周作人都很熟悉。钱稻孙相信日本人一定胜利,而且在沦陷前不很得意,一旦受到日本人垂青,捧为大学校长,自然感激涕零,甘心去当日本走狗;周作人则自始至终,认为日本必会失败,并且战前已名满全国,是文教界的风云人物,虽然喜欢日本文化,却非常讨厌日本军阀,他担任伪北大文学院长,原是出于被迫,虚与委蛇,哪知道一陷泥坑,就难以自拔。在伪文学院中,他侄儿丰二担任庶务,一个竹马老友担任会计,两人狼狈为奸,亏空了一大堆公款,教育总署无法报销,周作人又没有法子代赔,如再迁延下去,就要被拖下水,吃起刑事官司,所以不得不明知故犯,跳入火坑,出来担任伪教育总署督办,去替他们擦屁股。"关于周作人此次的出任伪职,张铁铮60年代初所作《知堂晚年轶事一束》(收于《闲话周作人》)曾就此事向周作人相询,张说:"这当然是日本人'胁迫'的。他却说,我当时同意了,以后担任过伪职的人,受到查处是当然的。"

　　周作人12月19日任伪教育总署督。20日,北平各报披露了汪伪南京政府议决任命周作人为伪教育总署督办事。当日周作人接待了《东亚新报》及福冈、伪满洲、伪蒙疆各报及伪中华通讯社记者的采访,又接待了日本兴亚院文化局局长松井大佐的特访。21日,《庸报》刊载了日本兴亚院文化局局长松井大佐对该报记者发表的谈话,谈话中表示:"此次以平素不喜欢政治生活之当代文学界权威者周作人氏,出任巨艰,鄙人觉得非常荣幸。"并称:"日本方面学界舆论界及华北各机关团体无不在庆幸鼓舞。"23日,俞平伯、许介君来访。25日午,往伪北京大学,与瞿兑之同往伪华北政委会参加王揖唐、齐燮元、汪时璟、王荫泰、朱深、殷同诸汉奸举行的宴会。下午,往访许介君、俞平伯。沈启无亦来。又往访笠原森冈。26日,伪华北情报局宋致泉当周作人出任伪职之际来为之照相。30日,作致伪教育部直辖编审会函,辞谢编审会特约编审职务。方少峰来访,告汪伪国民政府对周作人的任命已到华北政务委员会。是年,李大钊长女李星华及其弟李光华去延安,临行前,经周作人帮助,李星华在伪北京大学预支了两个月的薪金作路费,并办了出北平的"良民证"。行前,李星华向周作人告别,说她要到延安去,问周作人那边有什么事没有?周说:"延安我不认识什么人,只认识一个毛润之,请你给他带好。"后由于种种原因,李星华未能将这个口信带到;日本松枝茂夫翻译的《周作人文艺随笔抄》由富山房出版,《瓜豆集》由创元社出版。(以上参见张菊香、张铁荣主编《周作人年谱》,南开大学出版社1985年版)

　　谢国桢1月1日在《中和》月刊第1卷第1期发表《清初东南沿海迁界补考》。该卷期为创刊号。刊物由瞿兑之和徐一士负责编稿。此文即是续10年前的《迁界考》而作,从刊物的出版时间来看,当作于是年之前。3月,在《中和》第1卷第3期发表《河套民族变迁》。谢国桢受傅增湘提携,曾参与纂修由傅增湘所主的《绥远通志》,此文殆为其民族志的组成部分,后又收入沈云龙所辑《中和月刊史料选集》。

按：谢国桢在 1982 年重版《明清之际党社运动考》时，把《清初东南沿海迁界补考》作为附录收入，文末署时为"民国三十年十月二十一日夜"。民国三十年即 1941 年，较该文的实际发表时间还迟一年，明显有误。(参见牛建强《谢国桢先生年谱》，《明史研究》2010 年第 1 期)

孙楷第继续任职于北平图书馆。3 月 5 日，孙楷第致函胡适，提及友人王重民近年来的敦煌学研究以及去岁赴沪阅览《也是园元曲》240 余种之事。8 月 5 日，孙楷第将南宋周密著、武英殿聚珍本《浩然斋雅谈》三卷赠予友人"曼华先生"，卷末有 8 月 4 日题诗："疏雨秋灯夜，空房独守人。如何长不寐，只是损精神。"《述也是园古今杂剧》以《图书季刊》的专刊本形式出版。后经修订，改题《也是园古今杂剧考》。(参见于飞《孙楷第先生年谱简编》，载王京州编《河北近现代学者年谱辑要》，国家图书馆出版社 2017 年版)

李苦禅与学生魏隐儒、齐白石的弟子李榛在北平中山公园董事会举行书画联展。

蒋复璁时任中央图书馆筹备处主任。1 月 5 日，留居上海的郑振铎发起，与暨南大学校长何炳松、光华大学校长张寿镛、商务印书馆编译所所长张元济以及著名考古学家、收藏家张凤举 5 人联名致电朱家骅、陈立夫："创议在沪组织购书委员会，从事搜访遗佚，保存文献，以免落入敌手，流出海外。"希望拨款抢救流散在上海的珍本文献。10 日，朱家骅和陈立夫复电，表示赞成"创议在沪组织购书委员会，从事搜访遗佚，保存文献，以免落入敌手，流出海外"，但又说："惟值沪上抗战时期，筹集巨款深感不易，而汇划至沪尤属困难。如由沪上热心文化有力人士共同发起一会筹募款项，先行搜访，协助政府目前力所不及，将来当由中央偿还本利，收归国有，未识尊见以为如何?"当时中英庚款董事会存有中央图书馆建筑费 100 余万元，原本准备建造中央图书馆，因战时无法兴建，而国币又正迅速贬值。最终，政府决定由国民政府教育部和中英庚款董事会支持的抢救沦陷区古籍行动在上海(郑振铎出面)和香港(叶恭绰出面)同时展开，以中英庚款先行用来购置图书，并责成国立中央图书馆筹备处主任蒋复璁负责。随后，蒋复璁以化名前往香港，与负责香港方面文献古籍的收购及主持由沪寄港精品转运事宜的叶恭绰接洽。14 日，潜入上海，与何炳松、张寿镛、郑振铎等商议具体工作的开展。大家认为以私人名义或尚可公开的几所学校如暨南大学、光华大学及商务印书馆涵芬楼(图书馆)的名义购书为宜，这样便于工作。经过商讨，最后一致同意成立一个秘密组织——"文献保存同志会"，并表示"自今以后，江南文献，决不任其流落他去。有好书，有值得保存之书，我们必为国家保留之。此愿蓄之已久，今日乃得实现，殊慰!"最初，共推张元济主持其事，但张老以年事已高、精力不济，表示推辞。最后经大家商议，拟定办事细则，采取集体负责的方式。具体分工为：张凤举与郑振铎负责采访，同时郑振铎还兼图书保管、编目及收藏，张元济负责鉴定宋元善本，何炳松、张寿镛则负责经费收支。2 月 21 日，郑振铎与张寿镛、何炳松联名致蒋复璁电："沪办事处拟借用觉园三楼，请电托叶誉虎先生即电关炯之先生准予借用为感。"管理中英庚款董事会致蒋复璁函："刻接何炳松先生电云'皓日(19 日)往马爵士处领到廿六万五千及一千四两款，除将后款于智日(20 日)分送杭、蒋二君外，经会同咏霓先生将前款存入银行，慎密管用，并经密知各委查照'等语，相应函达，即希查照。"22 日，蒋复璁致教育部长、次长函，报告潜赴上海与郑振铎等人商谈抢救图书事之经过。25 日，蒋复璁致叶恭绰电："接张咏老电，拟借觉园三楼为办事处，恳允转电关炯之先生准借为感。"蒋复璁致何炳松等电："何柏丞先生并转张、郑二先生：已遵命电恳叶公转借。复璁叩。"

按：觉园位于爱文义路(今北京西路)，从前名南园，原是南洋兄弟烟草公司总经理简照南的私人花园。园内西首(今常德路418号)原有佛堂,这时已改建为上海佛教净业社。园内南首,刚刚新建了两幢三层楼房,名法宝馆,专藏古代法器法物,以及佛像和佛经等。法宝馆是叶恭绰捐资建造的,同时叶恭绰又是佛教净业社的发起人,也是中英庚款董事会的董事。

蒋复璁4月1日致郑振铎信,"兹以此间需用单开各书,拟恳惠予设法邮寄来",附书单二页,均最普通常用文史目录指南类工具书。可知当时中央图书馆缺少参考图书之窘迫情形。30日,蒋复璁复何炳松、张寿镛、郑振铎4月2日信:"顷始回渝,获诵四月二日函示,恭诵之下,欣悉购书情形极端顺利,仰见热心护持文献,备著勋劳。谨将赐示经过向部、会陈报外,特此肃复,敬颂道安。"5月7日,蒋复璁致郑振铎信,提出:"其递寄办法:1.最好寄重庆上清寺聚兴村十八号,2.寄昆明登华村十八号陈厚吉先生,3.寄香港九龙福华街二十三号三楼高廷梓先生转蒋慰堂收。惟敝馆曾奉上海邮局允许递寄本馆之书可照教科书办理,兹奉邮局原函。如能照第一办法直接寄渝,最所希望。"9日,蒋复璁致教育部长、中英庚款委员会董事长函,附上郑振铎起草的《上海文献保存同志会办事细则》。6月13日,蒋复璁致何炳松信,抬头为"柏丞、咏霓、振铎先生"。27日,管理中英庚款董事会致中央图书馆筹备处谈拨款收购文物图籍。

按:函曰:"抗战以还,文物图籍,类多散佚。本年一月间,中央迭接沪港士绅电,请拨款收购。本会以此事确为当务之急,然战事方殷,军需浩繁之际,欲由政府拨款,势必困难。故为迅赴机宜起见,特就前定补助保存国内固有文化史迹古物专款余额提壹拾万元,一面与贵馆蒋馆长慰堂商洽,就本会补助建筑经费项下动用叁拾万元,两共国币肆拾万元,专充收购书籍之用。同时并即聘请贵馆蒋馆长及上海士绅张咏霓、张菊生、何柏丞诸先生会同本会叶董事玉甫办理其事。全部款项,以念陆万伍千元分配上海,以拾叁万伍千元分配香港。数月以来,陆续收购,已有几批。顷接贵馆蒋馆长报告,谓据上海函报,某方及美国哈佛大学均以巨款在沪搜购。书贾竞买,转售国外,此半年中为紧要关头,若能募添款项,则各家所藏,可以尽得。已呈请教育部核转行政院添拨捌拾万元,其中叁拾万元,嘱由本会再就补助贵馆建筑经费项下予以垫拨,俾利进行。查本会办理斯事,原在求保存文献,既此半年中为紧要关头,自当仍本初旨,续以照垫,以竟全功。兹将叁拾万元如数开具漆支票一纸,随文附送,即希查收,迅向财政部接洽汇沪,俾应急需⋯⋯。"

蒋复璁7月3日致郑振铎信:"听涛山房古物二批,已转告孟真兄,俟得复即行奉闻。在沪一切,诸荷主持,不胜感感。"22日,蒋复璁致叶恭绰信,提到"行政院已通过在庚会垫款外,续拨五十万元为本馆搜购旧籍之用"。8月10日,蒋复璁致郑振铎信,抬头为"柏丞、咏霓、振铎先生",最后提到:"前次收到古物照片,送询孟真兄,据云确系真物,可以购置,惟渠处无钱,故朱、杭二公意,或在可能范围内由本处购置,以免散佚。一切请诸位先生斟酌决定为荷。"8月12日,蒋复璁致庚款董事会信:"接奉七月卅日大函,以已购各书亟宜妥筹存放办法,并与沪港两方从速商洽办函会等由。查最近得沪地报告,谓全部书籍内运事关系甚大,曾商之张菊生先生,亦期期以为不可。并以沪地现尚可谧,且存放地点甚妥⋯书如妥善处置,不妨缓寄。购书方面谓李鸿章藏书⋯⋯实为国宝,已在积极商洽中,刻下积极进行者为张芹伯及嘉业堂二批书。"13日,蒋复璁致教育部函,提出所购书普通本不妨内运,善本仍以暂存原地。9月3日,管理中英庚款董事会致蒋复璁函:"查已购书籍在沪存放地点甚妥,自可从缓内运。至拟汇还本会之拾万元,应请转函沪方,就近拨交本会马副董事长查收。"4日,教育部"为奉主席代电令仰该馆迅即鉴定收购南浔张氏适园藏书具报"文件,可知收购适园藏书等事还曾上报到最高国防会议主席蒋介石。11日,教育部致中央图书馆指令:"二十九年八月十三日总购字第○○四○号折呈,'为密复在沪洽购书籍分别内运及保存办法祈核转备查由'摺呈悉。准暂照所拟办法办理,并准转呈核备。此令。部长陈立夫。"

蒋复璁9月17日致教育部长陈立夫:"谨密呈者,关于沪港两地收购旧籍一案,兹续接上海张校长寿镛、何校长炳松第四次函报:在沪办事及藏书地点均在美兵防区,目下可以无碍。其重要藏家如嘉业堂刘氏、适园张氏,以敌伪均派人在沪接洽,故均在积极进行,极盼款能即到。前次请汇三十万元,暨行政院通过之五十万元,均恳早日准予汇拨,以资需用。谨即录具原报告一份,随折签请鉴核。"12月13日,庚款董事会致蒋复璁函:"前准大函垂询香港古籍应否内运,当经奉复,并函询本会叶董事意见,去后顷得复函,略谓'沪购古籍运入内地,不如运美较省时,且省费。惟出口似有顾虑,须请沪上诸君熟思审处。至仰光情形隔膜。存港部分作何办法,示知可照办。以沪关困难,港却无之'云云。关于沪籍运美,未知最近接洽如何?台端来渝时即请莅会一谈为荷。"蒋复璁批:"此事在沪私人接洽,可托之江书院□秘书带美。但美国官方迄无表示,未便冒昧。现托徐森玉先生到沪全权办理。"直到1941年12月,太平洋战事爆发,搜购古书的行动不得不停止。虽然只有短短不到两年时间,却适时购得善本4864部,48,000多册。江南著名藏书家如吴兴张氏适园、刘氏嘉业堂、江宁邓氏群碧楼、嘉兴沈氏海日楼、常熟瞿氏铁琴铜剑楼等私藏珍本大都被购得收归中央图书馆。由此可见成立"上海文献保存同志会"之必要、及时与杰出贡献。(以上参见陈福康《郑振铎年谱》,三晋出版社2008年版;韩文宁《没有硝烟的战斗——抗战时"文献保存同志会"抢救国宝追记》,《炎黄春秋》2017年第10期;王学典《20世纪史学编年(1900—1949)》,商务印书馆2014年版)

郑振铎继续任暨南大学文学院院长。1月4日,郑振铎接到何炳松等人的电话,说敌伪已列出一张计有14人的黑名单,皆为文化界救亡协会的负责人,准备下毒手绑架,嘱咐他小心行事。郑振铎被迫转移,借宿何炳松家。但他十分坚定,仍与诸先生为争取政府支持抢救文献之事而奔波。他曾说:"我辈书生,手无缚鸡之力,百无一用,但却有一团浩然之气在。横逆之来,当知自处也。"5日,郑振铎发起与张元济、张寿镛、何炳松、张凤举等人致电朱家骅、陈立夫:"创议在沪组织购书委员会,从事搜访遗佚,保存文献,以免落入敌手,流出海外。"7日,郑振铎作《〈中国版画史〉自序》。10日,朱家骅和陈立夫复电,同意拨款抢救上海地区流出的珍本古籍。随后,何炳松登门告诉郑振铎,教育部已决定派中央图书馆馆长蒋复璁到沪,并告诉教育部已下决心在沪抢救收购民族文献(后由"中英文教基金董事会"即前"中英庚款董事会"拨款购书)。当时郑振铎正发高烧在家,闻讯大喜,立即又扶病奔走。12日上午,整理《版画史图录》。14日,蒋复璁秘密抵上海,开始组织成立"上海文献保存同志会"。同月,郑振铎在《良友》画报第150期发表《谭中国的版画》长文,并附版画插图17幅。2月1日晨起,赴校。下午,至中国书店,得《宝古堂重修宣和博古图录》残本两册,极为得意,谓:"我历年得到《博古图录》好几部,今始发现其祖源,其喜悦可知!"11日,暨南大学康脑脱路(今康定路)校舍因修理,借南阳路滨海中学上课。22日,张元济来信,谈收购清人文集及《仁宗大事档案》《海左地图》等书价格事。23日,郑振铎致张咏霓信,谈收购《仁宗大事档案》诸书。25日,致张寿镛信,托郭晴湖(光华大学教员,为文献保存同志会物色的办事人员)带上,信中提及"顷得赵万里先生来函,天津李木斋书,已以四十万元售与伪方(北平),此大可伤心事也!"26日,郑振铎致张寿镛,提及租借办事处房屋:"觉园三楼租借事,慰堂已由(有)覆电来,云:已即转电香港叶先生转借矣。"3月8日,上海各报刊载哈瓦斯社和路透社的华盛顿电讯,云美国国会图书馆东方部主任赫美尔昨日扬言"中国珍贵图书,现正源源流入美国,举凡希世孤本,珍稿秘藏,文史遗著,品类毕备",将来要研究中国历史、哲学等,"或将以华盛顿及美国各学府为研究所矣",郑振铎见报后,极为悲愤。

　　按:当时郑振铎正整理《劫中得书续记》,便将这些狂言记在序中。这时文献保存同志会虽已经成立并开始工作,但不能泄露秘密,所以他仍慨叹:"赫美尔之言,虽未免邻于夸大,然涓涓不息,其所言必有实现之一日则可知也。美国哈佛及国会诸图书馆,对于'家谱''方志'尤为着意收购;所得已不在少数。尽有孤本秘笈入藏于其库中。余以一人之力欲挽狂澜,诚哉其为愚公移山之业也! 杞人忧天,精卫填海,中夜彷徨,每不知涕之何从! ……呜呼! 文化之遗产,历劫而仅存者其能有几乎! 故余不仅苦心瘝口,敦勉藏家之网罗放失,且亦每每劝励书贾辈多储有用之书,以为将来建国之助。"

　　郑振铎3月20日致张寿镛信,指出:"我辈对于国家及民族文化均负重责;只要鞠躬尽瘁,忠贞艰苦到底,自不至有人疵议。盖我辈所购者,决不至浪费公款一丝一毫;书之好坏,价之高低,知者自必甚明了也! 一方面固以节俭为主,同时亦应以得书为目的;盖原来目的,固在保存文献也。浪费,乱买,当然对不住国家;如孤本及有关文化之图书,果经眼失收,或一时漏失,为敌所得,则尤失我辈之初衷,且亦大对不住国家也。故我不惜时力,为此事奔走。其中艰苦,诚是'冷暖自知'。"23日,致张寿镛信,提及来青阁主人告知有一批书近80箱,已嘱全部留下,不可散售。4月2日,郑振铎致张寿镛信,寄出《文献保存同志会第一号工作报告》,并附上郑振铎起草的《文献保存同志会办事细则》。5月7日,张元济收到郑振铎托丁英桂送去的张元济早年的朝考卷,当为郑振铎于书摊上购得之物。同日,郑振铎致张寿镛信,提议托来薰阁主人陈济川在北平各书肆代为选购图书。信中提到"蒋函第二号,今晨已托何先生寄出",此即郑振铎起草的《文献保存同志会第二号工作报告》。

　　按:《文献保存同志会第一号工作报告》约2400字,提到"中国书店金(祖同)君介绍之甲骨一批,已归中法,同是公家机关,似不必分彼此也",可知郑振铎他们还曾顺便为国家抢救过一批甲骨。《工作报告》报告了"自二月初以来,购进各书有可奉告者""正在进行中者""零星在此间各书肆及北平各肆所得者"等,说明"大抵我辈搜访所及,近在苏杭,远至北平,与各地诸贾皆有来往,秘籍孤本,正层出不穷,将来经济方面盼有以继之……我辈对于民族文献,古书珍籍,视同性命,万分爱护,凡力之所及,若果有关系重要之典籍图册,决不任其外流,而对于国家资力亦极宝重,不能不与商贾辈龂龂论价,搜访之际,或至废寝忘食,然实应尽之责,甘之如饴也"。

　　按:《文献保存同志会第二号工作报告》约3400字,报告了所购群碧楼邓氏书"抄本中最可贵者""刻本之佳妙者",和所购其他藏家及书贾的珍本等,指出:"今后半年间,实为江南藏书之生死存亡之最紧要关头。若我辈不极力设法挽救,则江南文化,自我而尽,实对不住国家民族也。若能尽得各家所藏,则江南文物可全集中于国家矣(除瞿氏外)。故此半年间实为与敌争文物之最紧要关头也。我辈日夜思维,出全力以图之。尚恳先生商之骆先、立夫诸先生,再行设法拨款七八十万接济,至为感盼!"

　　郑振铎5月8日致张寿镛信,并寄上购群碧楼藏书五万五千元的支票请盖章。12日,王伯祥日记:"因纵观近日所得诸珍籍,江南诸旧家所守殆将囊括之。振铎此次为公家出力购藏,资力既厚,魄力自伟,南北书贾,归之如鹜。他日者,石渠录勋,振铎自当标首;惟此公疏于接物,或以此得谤,亦在意中。予谓毁誉固可不计。独有八字面致净规。则'谨其收藏,慎其交际'耳。"14日,以与张寿镛、何炳松等3人名义致蒋复璁信,提到:"北平方面,已委托可靠之友人代为采购""嘉业堂书最为重要,且须秘密进行,盖某方亦甚注意也。此半年内,实为紧要关头,筹款如有把握,自当积极进行,与各方商谈也。事迫机切,务恳速行商决,见复为荷!"16日,在《学习》第2卷第4期发表白翔(方行)记录的郑振铎以前在社会科学讲习所所讲的《民俗学与中国古史的研究》。21日,致张咏霓信,提及重庆蒋复璁寄来一书单,"俟配齐,即陆续寄去"。致蒋复璁信,因收购到一些重要书籍而提及"将来重辑《全唐诗》大有希望""将来《全宋诗》或有纂辑之可能。斯类原料,似不能不乘此时机搜罗之也"。29日,辑成《远碧楼善本书目五卷》,为刘晦之所藏善本书目。6月1日,郑振铎编辑的《中国版画史图录》由中国版画史社出版,此书以珂罗版及彩色木版印制,至1947年共出版了5辑20册,是我国第一部版画史图录。第6辑后来由戴圣保、胡颂高合印成《搜神广记》1册,其余3册未能编完。这部图录从各种古代版画图籍中精选了自唐代至清代的典籍、佛经、小说插图,戏曲插图,以及画谱、笺谱等作品一千几百幅,每册均附有中英文说明。24日,郑振铎致张寿镛信,信中提到"此次致慰堂先生函,因极冗长,且附有书目,故抄了好几天。兹附上,乞签字后交下,以便再送何先生签字发出",此即郑振铎起草的《文献保存同志会第三号工作报告》。

按:《文献保存同志会第三号工作报告》约5000字,报告了上次报告以来所购书的情况,谈及"大抵我辈购书之目标,凡有五点":一、普通应用书籍,二、特别留意明末以来的史料书,三、明清未刊稿本。四、书院志、山志、抄本方志、重要的家谱,五、有关"文献"之其他著作。强调指出张芹伯、嘉业堂之藏书万不能再任其失去。"而宋东运,木犀继去,海源之藏将空,江南之库已罄。此区区之仅存者,若再不幸而不复为我有,则将永难弥补终天之憾矣!民族文献,国家典籍,为子子孙孙元气之所系,为千百世祖先精灵之所寄;若在我辈之时,目睹其沦失,而不为一援手,后人其将如何怨怅乎?!幸早日设法救援为荷。"又指出:"我辈有一私愿,颇想多收《四库》存目,及未收诸书。于《四库》所已收者,则凡足以发馆臣删改涂抹之覆者,亦均拟收取之。盖《四库》之纂修,似若提倡我国文化,实则为消灭我国文化,欲使我民族不复知有夷夏之防,不复存一丝一毫之民族意识。……恢复古书面目,还我民族文化之真相,此正其时。故我辈于明抄明刊及清儒校本之与《四库》本不同者,尤为着意访求。"

郑振铎6月25日作《保卫民族文化运动》,后刊于7月16日茅盾、楼适夷主编《文艺阵地》月刊第5卷第1期(该刊在上海公开发行时,封面改为《文阵丛刊》,称第1辑《水火之间》),载卷首。文中号召爱国进步文化工作者"要在这最艰苦的时代,担负起保卫民族文化的工作"。编者在《编后记》感谢作者"在万忙中写的论文,他向战斗的文化人发出一个似乎迂远而其实是急迫的呼声"。7月20日,致张寿镛信,提及朱家骅来电,要求将善本书运类存放。25日,致张寿镛信,附何炳松起草致朱家骅电文。29日,致张寿镛信,并附所拟《今后购书之目标》和《今后经费分配计划》二文。同月,参与策划的《元明杂剧》开始由商务印书馆排印。8月3日,上海文化界在此前曾向重庆的全国文艺界抗敌协会发函,刊于9月15日重庆《文学月报》第2卷第1—2期合刊,曰:"今年鲁迅先生生辰六十周年纪念,此间同人定于八月三日举行典礼,已组织筹备会,进行筹备,并请贵会在重庆文化界方面先期号召发动纪念,于同月举行,以阐扬伟大民族师匠永垂不朽之精神,无任企祷。"郑振铎为这一活动的组织者。10日,致张寿镛信,提及"近见余锡嘉之《四库辨证》八册,即绝佳,纠正《四库提要》处极多"。12日,致张寿镛信,指出"如能以我辈现有之财力,为国家建立一比较完备之图书馆,则于后来之学者至为有利,其功能与劳绩似有过于自行著书立说也"。14日,致蒋复璁信,上下午各一,均附上书目。21日,致张寿镛信,谈关于支票盖章事,并附起草致蒋复璁信,即郑振铎起草的《文献保存同志会第四号工作报告》。24日,定稿寄出《文献保存同志会第四号工作报告》,

按:《文献保存同志会第四号工作报告》约7400字,报告6月以来购书情况,其中包括有关太平天国文物、旧地图等,强调指出:"窃谓国家图书馆之收藏,与普通图书馆不同,不仅须在量上包罗万有,以多为胜,且须在质上足成为国际观瞻之目标。百川皆朝宗于海,言版本者必当归依于国立图书馆。凡可称为国宝者,必当集中于此。盖其性质原是博物馆之同流也。……此一大事业能在'抗建'期间完成,则诚是奇迹之奇迹,不仅国际间人士诧异无已,即子孙百代亦将感谢无穷矣!……此种购置,纯为兴国气象,实亦是建国过程中之应行实现之工作也。我辈固极愿为国家文献,鞠躬尽瘁,深望骝公、立公及先生能力持大计,随时赐以指示及援助。"又提出:"近来通信颇感困难。以后通信,拟全用商业信札口气……以后各人署名,亦均拟用别号,好在先生必能辨别笔迹也。"

　　郑振铎9月1日致张寿镛信二封,说:"我辈自信眼光尚为远大,责任心亦甚强,该做之事决不推辞。任劳任怨,均所甘心。为国家保存文化,如在战场上作战,只有向前,决无逃避。""每一念及前方战士们之出生入死,便觉勇气百倍,万苦不辞。""我辈所已购者,已大是可观,将来编成善本目时,书数当在五千以上;且较北平馆之'善本目'为整齐,有系统,不若彼之破碎凌乱也。"同日,《西洋文学》月刊在上海创刊,郑振铎被该刊聘为名誉编辑。5日,致张寿镛信,认为嘉业堂刘氏之书须再精选,所费不能超过25万,否则适园张氏之书便无法购得。并附建议剔除或加入的书目。11日,致张寿镛信,提及"平贾有以外交部档案八十余册求售者""实属骇人听闻",认为"类此之'文件',我辈似应为国家保存也"。同日,致蒋复璁信,提及:"善本书目正在赶编,大约总有一千四五百种左右,如能并得刘、张二家所有,总可有五千种左右,可谓洋洋大观也。或当刊印一'目',以便阅者。尊见以为如何?"10月22日,致张寿镛信,"兹拟就'报告'第五号奉上","又拟就'善本丛书目录'一份,亦请指正"。致蒋复璁信,附上书目。23日,致张寿镛信,谈整理、编目诸事,提到"致慰堂函,已誊清,兹奉上,请即签字交下,以便于明晨交何先生签字后,即可发出",此即郑振铎起草的《文献保存同志会第五号工作报告》。该报告于24日寄出。

　　按:《文献保存同志会第五号工作报告》约5700字。报告二月来购书情况,用商业人口气云:"此间业务,颇为发达。平沪各贾送来各书,多有精品;惟惜存款早罄。往往未能收下耳。""深盼先生等能为文献前途着想。于万分困难之中,设法多赐接济是荷。凡我辈力所能及,无不愿为各股东尽瘁效劳,以期多得上等货色也。"并谈及拟影印史料丛书的计划。此报告当题为"营业报告",署名当为"如茂"(何炳松)"子裳"(张咏霓)"犀谛"(郑振铎)。以后各报告同此。

　　郑振铎10月25日致张咏霓信,提及"装箱事,现拟托商务代办"。11月,与何炳松、金兆梓、章锡琛、王伯祥、徐调孚、杜佐周、周予同、周昌寿、王勤堉、徐莲僧等人编辑的《学林》月刊创刊,开明书店出版。11月下旬至12月上旬,原上海社会科学专科学校学生方行,以上海《学习》杂志记者的名义去苏北抗日民主根据地访问,于盐城见到陈毅。陈毅关切询问郑振铎的近况,说起1926年他投给郑振铎一篇小说稿被刊于《小说月报》的往事;陈毅还关心瞿秋白烈士家属的情况,说郑振铎是会有办法找到烈士家属的,烈士家属如有困难可到苏北来。陈毅还表示欢迎郑振铎去根据地工作。陈毅后特地与刘少奇联名(署"胡服""仲弘")给郑振铎、周予同写信,派交通员带到上海,托方行面交郑振铎。后来,陈毅曾"多次派人从苏北秘密来沪,通过上海地下党"和郑振铎联系。14日,致张寿镛信,提及"施君日来正进行编张珩玉书目,此批书目编就,将书送出后,敝处便可廓清矣(仅留拟抄留副本之书数种)"。同日,致蒋复璁信,催款,并提出"现在目标,全在'孤本''稿本''罕见本'及'禁毁书''四库未收书',所收者已颇可观。盖惟此类书之获得,方符'保存'文献之初衷也"。后来,蒋复璁给他回信说:"总之,吾人办货,除整批外,应注意'孤本''稿本''希见本''禁毁书''四库未收而见于存目者',鄙意与尊见完全相同"。21日中午,徐森玉、何炳松、张寿镛3人应约至郑振铎家午餐并开会研究购书诸事。23日,致张寿镛信,提及拟请徐森玉"早日将已装箱之书加以点收""当即由森玉先生及我共同签字贴封为凭",并提及印书之纸已购得一部分。同与张寿镛、何炳松二人化名发密电致蒋复璁并转朱家骅、陈立夫。26日,致张寿镛信,提及徐森玉"已允点收所购各书。此事极为琐碎麻烦;恐至少须费一二月之力",又提议请徐森玉参加选定嘉业堂刘氏藏书。27日,致张寿镛信,提及"今午偕韵秋赴刘宅阅其宋元刊本,约三小时而毕,大失所望! 鱼龙混杂,佳品至少,直似披沙拣金,真金极不多见"。(以上参见陈福康《郑振铎年谱》,三晋出版社2008年版;韩文宁《没有硝烟的战斗——抗战时"文献保存同志会"抢救国宝追记》,《炎黄春秋》2017年第10期;吴永贵《民国图书出版史编年:1912—1949》,社会科学文献出版社2018年版)

何炳松继续任暨南大学校长。1月5日,何炳松与张元济、张寿镛、郑振铎、张凤举5人联名致电朱家骅、陈立夫,希望抢救流散在上海的善本古籍和文献,被采纳。经过近两年的努力,购得大量古籍和近现代文献,仅古籍善本即达4000多种。14日,蒋复璁由渝抵沪后,与何炳松商抢救古籍事,并告"教部已有决心,想即在沪收购,以图挽救。拟推举菊生(张元济)先生主持其事。惟他力辞不就,已转推张咏霓先生。此事必当进行,惟亦须万分机密,且必须万分谨慎"。15日,蒋复璁来访,再次"劝驾"。郑振铎记:"午时,柏丞(何炳松)先生来电话,说复璁先生正在菊生先生处劝驾,未知有效否。要我下午也去一次。"次日,郑又记:"晤柏丞先生,谈及购书事,已决定由菊生、咏霓、柏丞、凤举四位及我负责。"19日,经蒋复璁、何炳松、张寿镛、郑振铎、张元济、张凤举等商议,何炳松、张寿镛负责保管经费。6月,何炳松为《国立暨南大学二十八年度毕业纪念刊》撰写《弁言》。9月14日,何炳松与郑振铎、张寿镛联名致蒋复璁隐语信,催汇款,又云:"此间诸友主张将所得孤本(此处有何炳松添加:'或先印二三种,陆续推行,以本总店民意')付之影印,于流通书籍及营业上均有益,不知尊处意见如何,乞示知。"这是何炳松与郑振铎、张咏霓等人第一次向重庆方面提议影印所得珍本图书。11月,何炳松主持出版《学林》月刊,以资助孤岛生活窘困的爱国学者。何炳松、郑振铎、金兆梓、章锡琛、王伯祥、徐调孚、杜佐周、周予同、周昌寿、王勤堉、徐莲僧等鉴于"上海学术空气之渐为战氛所掩也",组成"学林月刊编辑委员会",出版《学林》月刊"以振导学风"。《学林》自创刊至次年停刊,共出版10辑。12月23日,何炳松、张寿镛、郑振铎3人化名发密电致蒋复璁并转朱家骅、陈立夫:"森公已到,谈甚畅。敝处至本月廿日止,已得……善本书总约三千种,内宋密卅种。元本七十种。明本千余种。名人抄本八百种。未刊稿本三十余种,密藏孤本不少。其他普通应用书为数更多本。各详计共享款约四十二万。"(参见鑫亮《忠信笃敬:何炳松传》,浙江人民出版社2006年版;陈福康《郑振铎年谱》,三晋出版社2008年版;韩文宁《没有硝烟的战斗——抗战时"文献保存同志会"抢救国宝追记》,《炎黄春秋》2017年第10期)

张寿镛继续任光华大学校长。1月5日,张寿镛与何炳松与张元济、郑振铎、张凤举5人联名致电朱家骅、陈立夫,希望抢救流散在上海的善本古籍和文献,被采纳。19日,蒋复璁、何炳松、张凤举、郑振铎来张寿镛寓所,商购书事。据郑振铎记:是日上午,"至张咏霓先生处,商谈购书事。他提出两点意见:(1)对外宜缜密,以暨大、光华及涵芬楼名义购书。(2)款宜存中央银行。他因小病,未能赴菊生先生宅,故托我代达其意。正午,与柏丞先生同赴张宅。慰堂、凤举二位亦到。谈甚久。原则上以收购藏书家之书为主。未出者,拟劝其不售出。不能不出售者,则拟收购之,决不听任其分散零售或流落国外。玉海堂、群碧楼二家,当先行收下。我极力主张,在阴历年内必须有一笔款汇到,否则刘、邓二家书将不能得到。又主张,购书决不能拘于一格,决不能仅以罗致大藏书家之所藏为限,以市上零星所见之书,也尽有孤本、善本,非保存不可者在。不能顾此失彼。必须仿黄荛圃诸藏家的办法,多端收书。但他们的意见,总以注意大批的收藏为主。最后,一致同意,自今以后,江南文献,决不听任其流落他去。有好书,有值得保存之书,我们必为国家保留之。此愿蓄之已久,今日乃得实现,殊慰! 凤举与予,负责采访;菊生负责鉴定宋元善本,柏丞、咏霓则保管经费。"8月7日,郑振铎致张寿镛书谓:"嘉业堂善本目四册(宋元目及抄校本、稿本目不在内)经一月余之慎重考虑与研究,曾检出第一批拟购入之书若干种(在目上以○○为记),前日曾送至菊老处;顷得覆示,兹附上;阅后,乞即见还,以便再送何先生一阅。菊老似矜惜‘经济'力太过,殊未知我辈与嘉业主人交涉之经过。开会时,当可详为解释。此类书多半为‘史料'及集部孤本、罕见本,我辈不收,欲得之者大有人在。保存文献之意义,便在与某方争此类‘文献'也。"10月18日,郑振铎致张寿镛书谓:"菊老今晨来一函,对《荀子》仍不肯开价,敝意拟给以三千元,俟款到即付。"(参见张人凤、柳和城编著《张元济年谱长编》,上海交通大学出版社2011年版)

　　张元济1月5日与郑振铎、张寿镛、何炳松等联名致电朱家骅、陈立夫,创议在沪组织购书委员会,抢购珍本文献。10日,朱家骅和陈立夫复电,赞成抢救上海地区流出的珍本古籍。14日,蒋复璁由渝抵沪后,与何炳松商抢救古籍事,并告"教部户有决心,想即在沪收购,以图挽救。拟推举菊生先生主持其事。惟他力辞不就,已转推张咏霓先生。此事必当进行,惟亦须万分机密,且必须万分谨慎"。15日,蒋复璁来访,再次"劝驾"。19日,蒋复璁、何炳松、张凤举、郑振铎来寓所,商购书事。商议由张元济负责鉴定宋元善本。20日,上海《申报》载,商务印书馆职工津贴问题解决,赴港代表已返沪。22日,郑振铎致张元济书,"详述玉海堂所藏的内容。因购书款须俟慰堂归渝后方能汇来,现在尚不能与书贾有何具体的商谈与决定,只能力阻其不散售,留以待我们全数收购耳"。24日下午,与郑振铎赴孙伯渊处,细阅玉海堂书。2月3日,郑振铎来访,送呈《文献保存同志会办事细则》,请核定。4日,致郑振铎书,谓:"办事规则十条已读过,甚周密。命名祇对内不对外,自无可无不可也。弟前声明不与于办事之列,故未能遵命署名于上。"16日,上海《申报》广告:商务印书馆编印《万有文库第一、二集简编》,择取一、二两集之精华,重为体系完整之编制,针对非常时期之需要,树立新图书馆之基础,发售预约,第一期书,实时可取。同月,整理、校阅也是园《元明杂剧》。3月3日,由郑振铎陪同赴孙伯渊处看苏州邓氏群碧楼藏书。后与郑商定选购100余种。5日午后,得王云五电报,悉是日午刻蔡元培在香港逝世。即发唁电致蔡夫人周峻慰问。25日,郑振铎来访。送呈孙伯渊标列群碧楼各书价格请审定。经张元济、郑振铎、张寿镛等与书估多次谐价,群碧楼藏书3100余册,终以5.5万元价为文献保存同志会收购。

　　张元济3月继续整理、校阅《孤本元明杂剧》;影印明汲古阁抄本《稼轩词》由商务印书馆出版。全书线装三册。4月23日,郑振铎来访,送呈瞿氏铁琴铜剑楼藏书及北平修绠堂书各数种,请先生鉴阅。5月7日,收到郑振铎托丁英桂送来从旧书摊所得先生早年朝考卷。16日,郑振铎来访,送呈北平修文堂孙贾交来明抄本《皇明宪实》、旧抄本《圣宋皇祐广乐图记》二种,请张元济鉴阅。18日午后,乘荷兰芝沙且号轮赴香港。21日,郑振铎致张元济书,托在港转商叶恭绰,请叶出面向上海法宝馆范成法师交涉,维持文献保存同志会办公用房。张元济在港期间活动大抵可分"馆务"与"书稿"两方面。"馆务"方面主要与王云五一起:(一)视察坚尼地吉直街商务印书馆香港印刷局(即港厂);(二)审议资产损失情况;(三)决定设立新加坡分馆;(四)商定上海部分员工息工处置办法;(五)议定坚拒代经理鲍庆林辞职请求,设法挽留之。6月1日,张元济离香港,乘英国轮船返沪。"书稿"方面主要有：(一)与叶恭绰商定《广东丛书》选目。(二)与王云五商议辑印《国立北平图书馆善本丛书》第二集、《孤本戏曲丛书》，以及恢复印行《国藏善本丛刊》等事宜。(三)杨守敬《水经注疏》稿校印事。4日，张元济抵上海，张树年到码头迎接。5日，致郑振铎书，约来寓一谈，并告玉虎先生有一函交法宝馆董事会关炯之、范成等。7日，郑振铎来访，取回叶恭绰致法宝馆董事会信。13日，赴银行俱乐部主持商务印书馆董事会第441次会议。张元济报告此次赴港与王云五商谈公司工作，得悉港厂及公司营业情况。23日，《广东丛书》编印委员会致张元济书，告以第一集书目已选定为《张曲江集》《武溪集》《余襄公奏议》《陈子壮礼部存稿》《梁朝宗喻园集》《莲须阁文钞》《翁山佚文辑》与《北燕岩集》。又云"以国家民族处此生死存亡之际，冀发扬表彰先贤之气节，以淬厉鼓舞民族之精神。此后续编二集、三集，当亦本此宗旨并加入史地要籍"。29日，郑振铎征询刘晦之宋版书9种当购否，张元济以为须购，"惟嫌价昂"。同月，影印残宋本《宛陵先生文集》由商务印书馆初版印行。全书线装6册。《图书季刊》新2卷第2期刊有《上海合众图书馆之创设》消息。

　　按：《上海合众图书馆之创设》云："军兴以来，江南藏书，大遭浩劫。沪滨仅获保其万一，良可痛惜，张菊生先生等有感于斯，乃邀集士林同好，作合众图书馆之组织。征集文献，广收典籍，现已著手筹备，计划编藏，颇得各方之赞助。入藏中有清代名人秘稿甚多，如顾祖禹、张惠言、严可均等著述稿本，皆可订正通行本者。其他精椠之本，亦不少，嘉惠学者匪浅。该馆尚拟校刊前贤未刊之稿，以广流传。馆址在上海辣斐德路六百四十号云。"

　　张元济7月1日接郑振铎交来朱家骅重庆来电，言汇划购书款事。郑认为"此款如到，则我辈购书计划当重行支配"。21日，郑振铎送呈朱家骅来电，电云将已购善本运美保存。26日，郑振铎来访，将何炳松拟就复朱家骅电文呈请阅定。27日，《申报》报道，商务印书馆等书局在港澳实行加成办法，下月一日起实行，自动减低折合率。同月，继续整理、校阅也是园《元明杂剧》。8月8日，郑振铎等拟将文献保存同志会所购善本书籍托先生存于银行保险库。另约期会晤。同日，张元济复函郑振铎，告以"染恙足软，不能出外"。9月，继续整理、校阅《孤本元明杂剧》；校阅《水经注疏》。10月5日，赴八仙桥青年会主持商务印书馆董事会第444次会议，讨论恢复新加坡分馆事。15日前后，致郑振铎书，询问收购张乃熊(芹伯)适园藏书"成交与否"。同日，郑致张元济函，告以善本书运出之前，拟将一部分重要图籍及其他录副孤本，印行成丛书，托商务先行摄印一份底版保存，为此征询张元济意见。18日，致郑振铎书。12月2日，郑振铎告知有袁昶友朋函稿12册，索价千元，"此书关系颇大，且系编年者，于近代史料大有关系"，张元济"亦甚注意及之"。6日，张元济因病入住大华医院诊治。是年，商务印书馆出版郭沫若《石鼓文研究》、赵元任《钟祥方言记》、王维克译《神曲·地狱》及《海宁王静庵先生遗书》。(以上参见张人凤、柳和城编著《张元济年谱长编》，上海交通大学出版社2011年版)

　　徐森玉时任故宫博物院古物馆馆长。12月，徐森玉由重庆方面特派，不顾腿伤，冒险来到上海，参与"文献保存同志会"这项秘密工作。12月18日，郑振铎致张寿镛信中写道："昨日下午，渝有专人来，已至敝处接洽过。此君为熟友，即徐森玉君，名鸿宝(乞秘之)，现任故宫博物院古物馆长；他们再三的托他来此一行。有许多话要谈。"从此，徐森玉便与郑振铎几乎日夕相处。21日中午，徐森玉、何炳松、张寿镛3人应约至郑家聚餐，决定将当时收购的图书装箱后，均由郑、徐二先生共同签字贴封为凭。23日，由郑振铎化名"犀谛"(从其笔名"西谛"来)、张寿镛化名"子裳"(从"霓"字来)、何炳松化名"如茂"(从"松"字来)，联署发电报给重庆的中央图书馆负责人(时尚未正式任馆长)蒋复璁，并转中英文教基金董事会董事长朱家骅、教育部部长陈立夫,第一句话就是:"森公已到,谈甚畅。"年已六旬的徐森玉还与郑振铎一起去嘉业堂等处鉴定和挑选图书。先是5—6月间传出刘氏有出售之意,但索价高至80万元,8月间忽有日人委由书商出面洽购,刘氏虽尚深明大义,但应付极为困难,日人甚至还价至60万,大有非得不可之势,"文献保存同志会"诸人只有与刘氏恳商一两全之计,如日方必欲购买,即将全部藏书析为三份,上品售归国家,下品应付日本人,中品则向重庆方面请求经费续购,至是年年底刘氏书目印出后,又多一些竞争者,书贾蠢蠢欲动,美方也想染指,幸而此时行政院增拨60万购书费,与刘氏经过一番讨价还价,至次年4月终于大功告成。(参见苏精《抗战时秘密搜购沦陷区古籍始末》,《传记文学》1979年第5期;陈福康《文献学"国宝"徐森玉:带伤赴上海抢救古籍文献》,《文汇报》2011年8月15日;韩文宁《没有硝烟的战斗——抗战时"文献保存同志会"抢救国宝追记》,《炎黄春秋》2017年第10期)

周予同1月5日接待郑振铎来访。郑振铎《求书日录》:"至新民村访予同。未遇,复至四合里,遇之。偕至锦江茶室喝茶。予云:我辈书生,手无缚鸡之力,百无一用,但却有一团浩然之气在。横逆之来,当知所以自处也。予同云:'人生找结笔甚难。有好结笔倒也不坏。'这是达观之论。"可觇周先生等人当日身陷孤岛的心理状态。2月21日,暨南大学因康脑脱路校舍整修,借南洋路滨海中学上课,至本年5月12日迁回原校区。8月,周予同在《大民》第3卷第8期发表《英国侵略东亚根据地的香港》。10月,致书舒新城。12月,讲演"中国社会的演变",讲辞经上海光华大学南锋社整理,刊于《南锋》第2期。11月,暨南大学成立《学林》月刊编辑委员会,《学林》创刊,周予同参与其事。新四军黄桥大捷以后,陈毅以刘少奇、陈毅名义(署名胡服、仲弘)致信郑振铎与周予同,邀二人来苏北,并委托寻找瞿秋白遗属。其间之联络人方行,1938年曾就读于社会科学讲习所。是年至1941年太平洋战争爆发之间,经郑振铎、杜佐周劝说,周予同一度担任国民党上海市教育委员会主任。(参见成棣《周予同先生年谱》,《传统中国研究集刊》第20辑,上海社会科学院出版社2019年版)

周谷城继续任暨南大学教授兼历史系主任。9月,周谷城《中国政治史》由中华书局出版。作者自言该书"不是政治思想史,不是政治制度史,更与一般专讲理乱兴衰之政治史绝不相同",而是着重研究"每一时代支配政治之主要社会势力"。全书约22万字,共分5章,即"部族联合的完成""政治社会的确立""门阀藩镇的交替""绝对专制的完成""民主政治的创造"。此书对支配政治的主要社会势力的分析,不仅使读者了解了中国政治治乱兴衰的原因,而且也联系到了当时政治的走向。作者认为"民主"是现代政治的主要支配势力。秋,周谷城受聘在国专沪校兼课,讲授"中国通史"。(参见王学典《20世纪史学编年(1900—1949)》,商务印书馆2014年版;陆阳《唐文治年谱》,上海三联书店2013年版)

陈高傭继续任暨南大学史地系教授。是年,陈高傭主编之《中国历代天灾人祸年表》出版。此书是我国第一部有关中国历代天灾人祸的大型分类统计专著,作者参考了二十五史、《资治通鉴》、图表集成,以及历朝会典、会要、实录等百余种文献,然后将秦王朝以降,直至清代2000余年间的天灾人祸,分为水灾、旱灾、内乱、外患等6部分,用中西历对照,以年表形式予以记载。书末并附有各代灾祸统计图表30余幅,及近代学者对灾害研究的论文多篇。全书资料丰富、内容翔实,是研究中国通史、社会史、经济史、民族史、水利史、气候学的必备之书,具有很高的学术价值。(参见张玮瑛、王百强、钱辛波主编《燕京大学史稿》,北京人民中国出版社2000年版)

吴文祺仍在暨南大学任教。11月开始,在开明书店主办的《学林》月刊第1—3期连载《近百年中国的文艺思潮》。全文分六个部分,作者开宗明义指出鸦片战争是"中国历史上一块画时期的界石",因而较为注意从政治经济发展的角度去寻找文艺思潮变迁的原因,已经带有唯物史观影响的痕迹。其对新旧两派文学的评价,也不再落"死""活"文学之争的窠臼。吴著中对桐城派与文选派之骈散之争,对王国维文学批评的成就,对章太炎对五四新文学的思想影响等问题的论述,超越流俗,多有见地,显示出近代文学研究逐步走向成熟。(参见付祥喜《20世纪前期中国文学史写作编年研究》,北京师范大学出版社2013年版;萧霖《二十世纪中国近代文学研究述评》,《中州学刊》1999年第6期)

吕思勉继续任教于光华大学,避居沪上租界。1月21日,《中国抗战真力量在那里?——中日文化程度比较》刊于《中美日报》。同月,吕思勉撰《新年与青年》一文刊于《青年半月刊》,文中回忆自己年少时在乡下过年时的情景,并倡导青年做事须有"弈"(运用理智)和"博"(奋斗的勇气)的精神,凡事要虚心,不可太任气;为童书业《唐宋绘画论丛》作序。2—3月,先后撰有《武士的悲哀》《何谓封建势力》《眼前的奇迹》等文,均刊于《中美日报》。吕思勉为撰写《汉代訾产杂论》《四史中的谷价》两文,就度量衡问题,写信请问杨宽。3月,《吕著中国通史》上册由上海开明书店初版印行。此书是吕思勉在抗战时期上海所著,作者认为当时上海流行的通史著作,虽然在叙述理乱兴亡的过程中,夹叙一些典章制度,但往往缺乏条理系统,使初学者摸不清头绪,不能构成系统的历史知识。因此有必要采用一种更合适的体例来编写通史。书中上册分门别类地、系统叙述了社会经济制度、政治制度和文化学术的发展情况;下册分章按时代顺序有条理地叙述了政治历史的变革,至1944年9月出版。

按:吕思勉《自序》曰:"我在上海光华大学,讲过十几年的本国史。其初系讲通史。后来文学院长钱子泉先生说:讲通史易与中学以下的本国史重复,不如讲文化史。于是改讲文化史。民国二十七年,教育部颁行大学课程,其初以中国文化史为各院系一年级必修科,后改为通史,而注明须注重于文化。大约因政治方面,亦不可缺,怕定名为文化史,则此方面太被忽略之故。用意诚甚周详。然通史讲授,共止一百二十小时,若编制仍与中学以下之书相同,恐终不免于犯复。所以我现在讲授,把他分为两部分:上册以文化现象为题目,下册乃依时代加以联结,以便两面兼顾。此意在本书绪论中,业经述及了。此册系居孤岛上所编,参考书籍,十不备一;而时间甚为匆促。其不能完善,自无待言。但就文化的各方面加以探讨,以说明其变迁之故,而推求现状之所由来;此等书籍,现在似尚不多,或亦足供参考。故上册写成,即付排印,以代钞写。不完备之处,当于将来大加订补。此书之意,欲求中国人于现状之所由来,多所了解。故叙述力求扼要,行文亦力求浅显。又多引各种社会科学成说,以资说明。亦颇可作一般读物;单取上册,又可供文化史教科或参考之用。其浅陋误缪之处,务望当代通人,加以教正。民国二十八年九月二十八日,吕思勉识。"

按:开明书店为《吕著中国通史》所写的说明曰:"本书系光华大学教授吕诚之先生所编。分上下两册,上册十八章,以重要文化现象为题目,说明其缘起和变迁之由。下册三十六章,依据时代先后,叙述吾民族国家数千年来盛衰之大略。用以解释现状,推测未来,无一章不有石破天惊之议论,诚为史学界之名著。兼供本国通史及文化史教科之用,并为一般社会科学者之良好读物。"

按:顾颉刚认为《中国通史》"叙述中兼有议论,纯从社会科学的立场上,批评中国的文化和制度,极多石破天惊之新理论"。

吕思勉4月1日在《宇宙风(乙刊)》发表《上海风气》。5日,在《中美日报》发表《中国现阶段文化的特征》。5月1日,《蔡子民论》刊于《宇宙风(乙刊)》第24期;《易大义》《齐桓公存三亡国考》刊于《群雅》第1集第2卷。5月24日,《塞翁与管仲》刊于《中美日报》;同月,《大九州考》刊于《学术》第4辑。上半年,钱穆归里奉母,每隔一两月必去沪,去沪必谒吕思勉师。吕思勉曾说起钱穆曾问其关于《史记》的三个问题,他仅能答其一,大约就在钱穆卜居苏州耦园撰《史记地名考》期间。6 月，在《宇宙风》半月刊百期纪念号发表《读史随笔》。秋，迁于上海的无锡国专设立史学"特约讲座"，由吕思勉主讲。12 月，教育部对在专科以上学校内连续在一校长期服务的专任教员颁发服务奖状，光华大学有 7 位教师获奖，吕思勉获二等服务奖；《中国民族精神之我见》刊于《学林》第 2 期；《西南对外交通之始》刊于《南锋》第 2 期。是年起，无锡国专沪校设立文学讲座与史学讲座，聘请吕思勉担任史学讲座。当时无锡国专沪校的学生，在教师指导下，还发起成立了史学研究会、变风诗社等社团组织，请吕思勉任导师，为史学研究会作讲座。是年，吕思勉抱着书生报国之志，撰写大量史学著作和论文，还留意时局，关心祖国命运，他以"野猫""乃秋""六庸""程芸"等化名，写了许多洋溢民族正气、揭露日寇暴行的文章刊于租界内的抗日报刊上。作家兼报人范泉称吕思勉为"孤岛上的斗士"。（以上参见李永圻、张耕华编撰《吕思勉先生年谱长编》，上海古籍出版社 2012 年版；王学典《20 世纪史学编年（1900—1949）》，商务印书馆 2014 年版；陆阳《唐文治年谱》，上海三联书店 2013 年版；王学典《20 世纪史学编年（1900—1949）》，商务印书馆 2014 年版）

李登辉仍居上海。5 月 1 日，复旦大学校刊（渝校）刊载李登辉为复旦建校 35 周年的题词："于我复旦，焕乎日新；溯阙终始，三周岁星。百年树人，三有其一；七十称半，就敢自逸？寇起七七，厄同阳九；吾道西来，蜀学祭酒。以吾独久，而求日新；物质虽绌，奋其精神。钱吴二君，支此危局；吾处海滨，幸不为辱！遥瞻西蜀，莘莘吾从；广业飘微，志在匡扶。国难未纾，敢励同志；校友嘉节，观摩以义。蔚为气类，为天下倡；复旦不朽，中国不亡。"5 月 30 日晚，为推进道德重整运动，李登辉在福音广播电台发表演讲，总结自己 40 余年从教经验和民国成立以来在道德教育上的失误。反省自己从前曾"放纵烟赌""开办大学之始，服务精神，并不热烈，唯野心勃勃，企图与人竞争，希望该校能成为全国最佳之学校，则我个人之荣誉与地位，兼而有之""盖人天生自私，无牺牲之精神，则其所作所为，岂有不自私之理？我试以自我意志，以达无私，但屡试屡败。我生命之改变，一言以蔽之曰，靠上帝力量而已"。同月，李登辉计划在沪校设立女生家政系，请渝校转呈教育部。6 月，渝校代理校长吴南轩致函李登辉，详述渝校 5 月 27 日被日机轰炸及孙寒冰教授遇难经过。李登辉复信："详悉吾校被炸后情形，不胜愤慨，寒冰弟身后一切，望吾弟力为筹划。"是年，季英伯将李登辉的言论辑出，主题为"如何保持快乐常态"，在《复旦》发表。（参见钱益民《李登辉传》及附录四《李登辉年谱简编》，复旦大学出版社 2005 年版）

杨宽任职于上海博物馆，同时在光华大学兼课。2 月 15 日，杨宽作《上吕师诚之书》，对考古出土史料的价值表示怀疑，并质疑王国维的研究，说："当前古史之研究，最大之难题，为殷墟卜辞之学犹未能建立成一体系；其章句训诂固在在成问题，其所识之字，亦多以意为之，未能坚人之信也。"王国维曾将一甲骨文字"初释为'发'，谓即帝俊；即而因证帝俊之即帝喾，乃又改释为'夒'，谓与'喾'音同，又与'夋'相近。究何所见而云然耶？王氏为学尚称审慎，其末流乃举古史上之问题，一一以卜辞穿凿附会之。地下之新史料诚较纸上之旧史料为可贵，实物之史料诚较传说之史料为可信，但考释必须观其会通，然后能增高新史料之价值。若任情附会穿凿，其与伪造新史料，相去仅一间耳"。3 月 4 日，蒋大沂致函杨宽，称其《中国上古史导论》"词锐而证密，体大而思精，钦佩何极！吾国古史传说，先之以自然变化，重之以人工饰伪，不特棼如乱丝，抑且胶以投漆，究诘无从，非一日矣。自顾师颉刚攘臂一呼，首发层累构成之覆，今又得吾兄集合众说，爬梳而董理之，不特饰伪之词，日以游离，即纷乱之实，亦渐克睹其条理；系统就绪，则补苴易于为力；继往开来，大著为不朽矣！大著循环论证,由古史传说探索其神话之原形,有证如山,不容反覆。惟尊著仅探索至神话而止,而于神话之初相以及神话之历史背景,则犹未暇论列。吾兄称续将有《中国古神话研究》一书之作,未知已着手否?"

杨宽3月21日复信答复吕思勉提出的问题,略谓:"大教拜悉,传世古量,唯有商鞅量与新莽嘉量,二者尺度相当,嘉量前刘复尝作精密之实测,著《新嘉量之实测及其推算》一文,刊日本《考古学论丛》""简言之,新莽一石等于通行之营或市斗二斗而已。后汉度量制度承莽之制,《汉书·律历志》称晋荀勖造尺,所校古物,五曰铜斛(即新嘉量),七曰建武制尺,可证。不但后汉承莽之制。即莽与前汉之制,当亦不甚远。据莽量以推论汉代之量,似甚可信也。因吾师询及,随笔推算呈上,不知吾师以为然否? 敬乞明教。"4月初,杨宽与黄素封从上海出发,进入苏北国民党游击区。中经泰州,抵达设在东台的江苏文化社编辑部。杨宽等在此创办《文化周刊》,主要是鼓励军民坚持长期抗战。为了便于展开工作,杨宽等把编辑部迁到兴化的江苏文化社总部。12月底,杨宽回上海休假。从兴化搭小船到泰州,经口岸,然后渡长江到镇江,再乘火车回上海。(以上参见贾鹏涛撰《杨宽先生编年事辑》,中华书局2019年版;李永圻、张耕华编撰《吕思勉先生年谱长编》,上海古籍出版社2012年版;王学典《20世纪史学编年(1900—1949)》,商务印书馆2014年版)

童书业继续任光华大学历史系任讲师,教授中国历史地理。年初,上海《学术月报》主编汪馥泉向童书业约稿,童书业从杨宽的《中国上古史导论》中抽出《三皇说之起源及其演变》一篇及《古史辨》第七册序送去发表,后又从《春秋史》讲义中抽出一篇以顾颉刚名义发表在《学术月报》上。这时上海已有传说《学术月报》与汉奸有关系,童书业还懵然不知,上海学人都说"童书业上了汪馥泉的当",远在四川的顾颉刚却被流言定成了汉奸。2月29日,顾颉刚1940年日记中有:"昨锡永告我,谓渠在渝见卫聚贤,卫谓我与童书业已投降伪组织。归告履安,曰:'然,卫某在沪宣传汝已得伪组织五万元。'呜呼,卫之造谣一至此乎!"于是顾颉刚在重庆报纸上发表声明:他未曾向《学术月报》投稿,《学术月报》所发之文是别人未经他同意,从其旧讲义中摘送出去的。是年,童书业曾随杨宽与黄素封从上海出发,进入苏北国民党游击区,任韩德勤部所办文化社研究员。与杨宽、柳树人编辑文化社出版之《文化周刊》,写文多篇,……又与杨宽任柳树人所办文化中学校董。10月,韩德勤部进攻新四军,大败。童书业与杨宽、柳树人率文化社及文化中学教职员、学生等自东台文化社逃难,辗转至兴化(未遇新四军),复与杨宽自兴化返沪。(参见童教英《童书业传》,中国大百科全书出版社2017年版)

唐长孺任上海光华大学讲师。受吕思勉先生的影响,始从他酷爱的古典诗词创作转向史学研究,研读辽、金、元史,所作有关史学论著后来收入他的论文集《山居存稿》中。

蔡尚思继续任教于沪江大学。10月,蔡尚思《中国历史新研究法》由昆明中华书局出版。全书分12章,内容比较广泛,涉及到历史观、历史学的作用,历史学的辅助学科、史籍分类、历史分期,治史方法、撰史条件、读史方法等问题。全书取材也很丰富,引述了大量古今中外的材料,包含了哲学、史学、史学史、目录学以及思想方法论等各门类的知识。此书力图按马克思主义历史观解答中国历史问题,指导治史方法,其中较多地引证马克思、恩格斯的论点和事例。因此,本书具有强烈的批判意识,对于章学诚、梁启超的史学观点均有辩驳,对西方的一些研究方法也有批评。(参见王学典《20世纪史学编年(1900—1949)》,商务印书馆2014年版)

马叙伦仍留居上海。1月6日,不拟回之江执教。20日,致函夏承焘,托任铭善转交,约次日午宴。同席另有江、朱二君。3月,汪伪政权粉墨登场,陈公博任伪立法院院长。赋《垂老》七绝三章,题注"为汪精卫作"。6月1日,就业师陈介石及其太夫人之墓被盗事,致函浙江省政府委员兼民政厅长阮毅成,请求设法缉凶,以儆效尤。8月19日,题书《贺新凉·五十自寿》由之江学生潘希珍转交夏承焘。26日,前北大教授林损病故。不久代林弟子姜绍谟转致奠金百元交林损表弟陈孚尹。作《挽林攻渎》七绝二首,其一感叹:"可怜一世文章伯,中酒伤贫入九泉。"9月14日,往上海私立合众图书馆看阅《说文翼》。11月9日,汤尔和病故于北平。作《汤尔和晚节不终》:"尔和有治事才,见事敏捷,然不能无蔽;余尝谓尔和一目能察舆薪,一目不见泰山,友人邵裴子然之。余与尔和同学又有金兰之盟,晚岁竟异趣,以不能匡救为憾。"12月,致函任铭善,询问夏承焘住址,预备走访。夏承焘作复。同月,撰《读金器刻词》自序。《读金器刻词》刊于上海《学林》第二辑(开明书店版)。(参见卢礼阳《马叙伦年谱》,浙江古籍出版社2021年版)

唐文治1月2日宴请国专沪校同事和清华同学会,到场国学专修学校同学20余人。同月,国专沪校毕业民国二十八年度第一学期学生6人,皆为三年制国学科。2月,国专沪校开学,共有学生90余人,加上旁听生,计为104人。唐文治讲授《宋元哲学》及《读文法》二门课程。本学期,逢星期日上午,唐文治仍赴交通大学演讲"经学""文学"。其"经学"讲《孟子》分类,"文学"讲自作文数篇,以救民命为宗旨,内以《说雪哀民》《慈幼保种》二篇最为诚挚感人。7月,国专沪校毕业民国二十八年度第二学期学生7人,皆为三年制国学科。暑期,《唐蔚芝先生演讲录》三、四集由交通大学编印。第三集收《师周文王法》《史记越世家(节录)》等21篇;第四集收《孟子孝弟学》《读文作文法》等27篇。9月,国民政府教育部授予唐文治、陆景周二等服务奖状,又授予国专桂校的冯振三等服务奖状。秋,国专沪校迁到上海戈登路336号,借用稽山中学校舍上课;朱大可应邀到国专沪校兼课,先后讲授"今古文研究""经学通论""书法学"和"诗词学"等课程。是年,唐文治作《读诗经大纲》《诗小雅常棣篇讲义》《诗小雅蓼莪篇讲义》《孝经开宗明义章讲义》。以上均载《茹经堂文集》四编卷四;胡士莹应邀至国专沪校兼课,讲授"词学研究";又据1940年编印的《私立无锡国学专修学校简览》显示,其时沪校的教师,尚有教授冯邦彦、姚德凤、讲师鲍鼎、江锺彦、唐景升。(参见陆阳《唐文治年谱》,上海三联书店2013年版)

蒋伯潜4月应粹芬阁主人沈知方之请注释《四书读本》,全集七册,由启明书局印行。沈知方、唐文治、张奇镛、蒋维乔等作序。唐文治《粹芬阁四书读本序》,载《茹经堂文集》五编卷五。(参见陆阳《唐文治年谱》,上海三联书店2013年版)

钱仲联1月从桂林辗转返沪,带来国民政府教育部补助费2000元。随即,钱仲联在国专沪校任职,讲授"基本文选"和"历代诗选"等课程。(参见陆阳《唐文治年谱》,上海三联书店2013年版)

夏丏尊收到弘一法师1月1日试笔所赠书法:"身披忍辱甲,手提智慧剑。"4月19日,叶圣陶得夏丏尊等友人信,谈"生活困窘"之忧。25日,弘一法师在福建永春致信夏丏尊。请其转交致丰子恺信、佛字,及致李圆净信。同日,叶圣陶得夏丏尊诸友信,内容极详尽,读之颇慰。8月4日,《历史的教训》刊于《中央导报》创刊号。28日,叶圣陶收到上海所寄书一包,为与丏翁所作关于国文之作。10月10日,作《〈续护生画集〉序》。同月,夏丏尊《平屋随笔》由上海三通书局出版。11月15日夜,作致丰子恺论画信。11月,夏丏尊为之作序之《续护生画集》由开明书店出版。此书后有精装本、平装本、大开本、小开本、英译对照等多

个版本,广布中外各界。(参见葛晓燕、何家炜编著《夏丏尊年谱》,中国文史出版社 2012 年版)

柳亚子年初辑《曼殊余集》成,洋洋巨幅,共手稿 12 册;继续南明史料研究,工作甚勤,著述丰富。3 月,撰郁曼陀《静远堂诗集·叙》。4 月起,续为南明史之编撰工作,至 10 月止,共完成南明人物传记 13 篇,内文言 11 篇,白话 2 篇。6 月,与钱杏邨(阿英)订交,通信讨论钱杏邨所撰南明史剧《碧血花》《海国英雄》《杨娥传》三种,提供意见。前二剧在沪公演时,均曾"在闭门谢客的环境中,偷偷地去看了一次"。并与钱杏邨讨论南明史料问题,蒙借观、赠送及代购书籍,多至数百种,获益甚伙。钱、柳二人,仅见一面,但书信往还频繁,可积成一册。曾夜梦在莫斯科谒斯大林,劝其乘德、英鏖战之际,先以飞机千架,毁灭日本东京,并遣红军百万,代中国收复东四省。醒后作诗一绝以纪梦,自云:"存此聊以志书生之狂呓尔。"又撰《季明四帝谈法考》,及《南明追尊二帝谥法考》。8 月,自郑振铎处借得温睿临《南疆逸史》56 卷足本;大兴傅以礼长恩阁传钞,较通行之国光书局排印本增 12 卷,内容亦多补缀;审为温氏晚年定稿。遂以 20 日之力,手写副本 6 册,又以 15 日之力斠定之。10 月,重订《南明史纲》,得 6 卷,为第二次稿本。11 月,撰《我的南明史料研究经过》;朱舜华来谈,始定南游香港之计;自写《年谱》初稿,于 18 日完毕;辑《南明后妃宗藩志》初稿成,"为南史张本,钱杏邨怂恿之力也"。12 月,撰《南社纪略》成,叙云:"国军西撤而还,余留歇浦,度活埋生活,已三稔矣。顷将远游,检此册付梓人,聊留纪念云尔。"又云:"荃蕙化茅,不乏旧侣,最所心痛。"盖指汪精卫辈旧南社社员而言。以此书稿件,付高尔松、高尔柏昆仲,为排印行世。(参见柳无忌编《柳亚子年谱》,中国社会科学出版社 1983 年版)

钱杏邨 1 月中旬为"华光戏剧专科学校"聘为特约讲师,"华光戏剧专科学校"由华光业余夜中学改组而成。24 日,《碧血花》又在璇宫剧场继续公演至 2 月 7 日。3 月,《五姊妹》剧本改定,交剧团排演。同月 30 日,大钟剧社在俄国艺术剧院演出《桃花源》;新艺剧社成立,核心有阿英、吴永刚、刘琼、宣刚。9 月 27 日至 10 月 3 日,新艺剧社在璇宫剧场演出四幕话剧《海国英雄》。下午 2 时半和晚上 8 时日夜两场,吴永刚导演。10 月 11—17 日,《海国英雄》再次公演。10 月 24 日至 11 月 4 日,天风星期剧社于辣斐德路辣斐剧场再次公演《碧血花》。11 月 1 日,新华、华新、华成制片厂出品,他创作的电影《红线盗盒》公演。由李萍倩导演,顾兰君、孙敏主演。同月,阿英编《近代国难史丛钞》上册由上海潮锋出版社出版。中册和下册分别于 1941 年 3 月和 6 月出版。12 月 16 日,柳亚子为《海国英雄》写序。(参见钱厚祥整理《阿英年谱(上)》,《新文学史料》2005 年第 4 期)

巴人(王任叔)继续领导"孤岛"上海文艺工作。2 月 1 日作《两个口号》,刊于《文艺阵地》4 卷 7 期,谈对 1939 年 5 月 10 日毛泽东为延安鲁迅艺术学院周年纪念的题词:"抗日的现实主义,革命的浪漫主义"的理解,认为这是"指出了中国目前文艺的发展过程和它的趋向,但同时指出了中国目前文艺的素材与主题之配合——文艺作家对于现象的摄取与本质的把握之统一的观点",中国革命的发展道路是从"抗日的"到"革命的",即在完成抗战任务的基础上,完成反帝反封建的基本的革命任务。因此,"是把抗日的题材,贯彻以革命的观点。因为抗日战争的目的,是殖民地革命任务的完成,然而更推得远一点说,在革命不断发展的过程中,将必然地会走上社会主义创造的前途,则中国的文艺也将必然构成黑格尔的三段法:一、抗日的现实主义,二、革命的浪漫主义,三、社会主义的现实主义。这样的文艺的发展的路线,将不会是人造的幻影,而是历史的指示"。巴人进一步阐述说:"抗日的现实主义的作品,必须渗透以革命的精神。而在革命的浪漫主义的作品的创造中,必须具备有现实主义的基础。它是不脱离现实,而又高于现实的。它的典型,在现实里也许还没有形成,然而却具备可能形成的基础和条件。新的英雄主义的人物典型之创造,是应该属于革命的浪漫主义的。"夏,撰写、出版《文学读本》《边鼓集》和剧本《前夜》等。(参见刘长鼎、陈秀华《中国现代文学运动史》,山东文艺出版社2013年版)

闻歌(辛未艾)3月1日作《现实主义的"发凡"》,刊于上海钱君匋、林之林主编《文艺新潮》第2卷第5号。文中批评在现实主义的论争中,把"重心""压在名词的含义"上的做法,他认为:"现实主义是应该是指作家的世界观跟客观的真实统一起来的一种创作方法",文学是反映人生,指示人生的,文学就应该"客观地反映人类在自然界中的生活状况。这个生活状况,便是我们改善将来生活的依据,而也是文学的主要目标,更是世界观所触着的本质","作家的世界观在作品中潜伏着的是否正确,这便是作品的是否现实的一个界碑"。(参见刘长鼎、陈秀华《中国现代文学运动史》,山东文艺出版社2013年版)

王元化在《戏剧与文学》上发表长篇论文《现实主义论》,文中完全"采用"了苏联的"日丹诺夫理论模型"。又撰《金批水浒传辨正》。当时王元化读了《海上述林》介绍恩格斯关于现实主义的理论,初步认识到藏原惟人从苏联拉普派所传来的所谓"社会价值与艺术价值二元论"的偏颇。王元化自述从事写作的60余年中,历经三次反思,第一次反思发生在抗战时期1940年前后,那时刚入党不久,在40年代读名著的诱发和一些朋友(特别是满涛)的帮助下,识别了自己身上那种为了要显得激进所形成的"左"的教条倾向。(参见吴琦幸《王元化传》,上海教育出版社2020年版;王元化口述、马国川整理《王元化:为什么"左"的思潮在中国源远流长》,见王元化《清园近作集》,文汇出版社2004年版)

夏敬观1月1日访夏承焘,不值。2日,午社第七次集社于林葆恒家,夏承焘与黄孟超作东。夏承焘问夏敬观《词源》所论寄闲改《瑞鹤仙》事。下旬,夏敬观校涵芬楼所藏汲古阁毛氏抄本辛弃疾词,"许为人间最胜本",并有长跋,刊于《青鹤》。3月7日,张元济致夏敬观书,谓:"旧影残宋本《宛陵集》近拟付印。前蒙校订,称有据正统本者,现拟录出校记,附印卷尾,须觅原书复对。弟处旧藏相传弘治本一部,未知是否即正统本?复印之序跋全佚,谨呈上首本二册,敬祈鉴定,仍予发还。"22日,冒广生68岁生日,夏敬观、萧屺泉、李宣龚、陈病树、顾公雄、杨无恙、瞿凤起、旭初、济苍三兄弟、谭瓶斋等16人赴冒宅祝寿。8月,唐圭璋《全宋词》出版,先夏敬观为序。同月10日,午社集于林葆恒家。当时因上海沦陷,环境日蹙,午社近期呈衰落之状,《天风阁学词日记》7月2日云:"接吴眉孙函,谓词社吟兴日浅,来年欲随冒鹤翁同避席矣。彼于仇述翁之好用涩调,时有微词。而八月十日之社集,应在晚上,以近日戒严甚紧,恐夜间来往不便,而改为中午举行。"11日,接夏承焘函,问《四声平亭》事,并张尔田信。17日,复夏承焘,论《四声平亭》。9月27日,夏敬观致夏承焘论词函。10月10日,夏敬观与李宣龚、仇埰、吴庠、金兆藩、徐曙岑、夏承焘等集会。27日,午社社集,林葆恒、仇埰做东。11月16日,陆游生日,午社集于廖恩焘家之半舫斋,吕传元、吴庠作东。即以为题,不限调。12月7日,吕剑吾于泰丰酒楼招饮,同席者有夏敬观、钱名山、朱大可、钱仲联、马公愚、陈柱尊、郑质庵、白蕉、夏承焘等人。15日,午社集于廖恩焘家,夏承焘与陆微昭做东。20日,龙榆生创办《同声月刊》创刊号出版,载夏敬观《诗细》一文。冬,《午社词附半樱翁挽词》出版,仇埰、林葆恒题签。是年,《映庵词》由中华书局重印;撰成《八代诗评》《唐诗评》。(参见陈谊《夏敬观年谱》,黄山书社2007年版;张人凤、柳和城编著《张元济年谱长编》,上海交通大学出版社2011年版)

顾廷龙1月4日访张元济,托借涵芬楼烬余书5种。略谈商务创办情形及港馆设立经过。25日,访叶景葵,商邓邦述群碧楼书价。3月12日,顾廷龙访张元济,以《清太祖史料》及《元丰官志》两书名实不符呈请审定。先生出示袁同礼复函,并告商务"近来石印工人竟无事做,出书因纸贵不能印","因拟将《册府元龟》宋本著手先行做版,一俟平定,即可开印"。"又言纸,据云昔日开花纸精洁美好,无与伦比。今开花所造纸,皆粗劣用以糊雨伞矣。开花纸之稍粗者,书估谓之榜纸。丈(指先生——编著者)云:此种开花纸为写榜之用,故名之曰开花榜纸。"4月5日,致顾颉刚信,谓"惟公随时珍摄,万勿过于操劳用心,至为祷盼"。6日,合众图书馆召开第一次董事会。添举陈叔通、李宣龚为董事。张元济、叶景葵、陈陶遗3位发起人为当然董事。18日,顾廷龙访张元济,催题《恬养斋文钞》书衣。19日,张元济将所题书衣送顾廷龙。6月13日,撰《群书考索》提要。7月21日,顾廷龙来访,送呈《(合众)图书馆筹备一年记略》。先生"谈及东方图书馆开幕,当时曾将明刻本各朝所刻排列无遗,即建文、景泰亦皆备,惜其书已毁,目亦无存"。顾询《四部丛刊》是否由叶德辉一人发起。先生告以"此事从最早有景印《四库全书》之议而起,彼亦热心从事之一,陪往常熟访铁琴铜剑楼,其力也。叙例,孙毓修撰,惟尝采其意。是可证《书林清话》云云,未尽然也"。9月7日,顾廷龙访张元济,请其审定一《旧唐书》刻本。顾日记云:"整齐一律者,渠断为原刻初印,百衲史所采者后印,良然。余以为翻版,误。"11月17日,顾廷龙访张元济,"面交《蒙古游牧记》刻本及《恒言广证》录本。畅谈"。24日,合众图书馆主持顾廷龙因叶景葵之介访夏敬观。12月13日,夏敬观向合众图书馆赠书。(参见沈津编著《顾廷龙年谱》,上海古籍出版社2004年版;张人凤、柳和城编著《张元济年谱长编》,上海交通大学出版社2011年版;陈谊《夏敬观年谱》,黄山书社2007年版)

赵家璧继续任上海良友复兴图书印刷公司总编辑。10月,集中赵家璧主编《中国新文学大系(1917—1927)》(10卷)中所载各篇"导论"而成的《中国新文学大系导论集》由上海良友复兴图书印刷公司单独出版。由于书中所收各篇"导论"的作者,既是部分新文学作品的创作者,也是对新文学的发展有突出贡献的参与者,这部《导论集》可以称作是中国现代史上第一部详尽介绍新文学发展状况的著作。曹聚仁《文坛五十年·史料述评》(东方出版中心1997年版)在谈及《中国新文学大系》"编选人的导言(或序例)"时说:"这便是最好的那一部门的评价,假使把这几篇文学汇刊起来,也可以说是现代中国新文学的最好的综合史。"又说:"郑振铎的《文学论争集导言》是一篇极好的现代新文学小史。"《导论集》对中国现代文学史写作的影响极其深远,约略体现在三个方面:一是以进化论为理论支撑,确立新文学在中国文学发展中的历史地位;二是确立了新文学史写作的三大板块,即文学理论、文学运动、文学作品;三是在内容上基本确定了对重要文艺论争、文学社团流派、作家及其代表作的介绍评价标准。(参见付祥喜《20世纪前期中国文学史写作编年研究》,北京师范大学出版社2013年版)

陆费逵继续任中华书局总经理。4月上旬,陆费逵在渝出席国民参政会第五次会议,提出改良国语教育案。向延安中山图书馆捐赠本版图书一批,由香港办事处分别在港沪两地配寄。重庆分局函港处云:奉总经理交下书单一份,并批:"此单系董必武先生交来,寄到渝局送曾家岩50号第十八集团军办事处。云在延安设图书馆,已允其作为捐赠。香港缺书,可函沪补寄渝。切勿忽略!"港处配书于5月6日发运。至11月间,港沪两地配书陆续到渝,由渝局送新华日报社转去十八集团军办事处。(参见吴永贵《民国图书出版史编年:1912—1949》,社会科学文献出版社2018年版)

陆高谊继续任世界书局总经理。1月1日,上海《申报》广告,世界书局廿八年度初版新书:本局总厂,向设于沪东大连湾路,"八一三"事起仓卒,未及迁移,迨国军四撤,即为某方占据,沦陷迄今,已两年于兹。其中损失几何,无从确知,仅就存书一项而言,据中西报载,已达一千万册以上,不可谓非中国文化上之一种浩劫。历承各界关爱,慰勉有加,感激之余,自当继续努力,以副雅望。(参见吴永贵《民国图书出版史编年:1912—1949》,社会科学文献出版社2018年版)

陈礼江1月20日在上海《申报》发表《民国二十八年中国教育的回顾》(三),其中有谈到教科书的文字,谓"中小学教科用书之改进与补充":教科用书,大多系在战前编辑,缺少抗战建国及国民精神总动员等材料,但现在教部已编有各科战时补充教材,用以补救。同时并编辑各项适合的各项中小、学教科书以及职业学校教科书,供各校应用。21日,上海《申报》载文,陈礼江《民国二十八年中国教育的回顾》(四),其中有谈到民众读物的文字,谓:"《社会教育教材与民众读物的编印》如社会教育辅导丛书、高级民众学校课本,本年教育部都已编成付印,其他民众丛书、民众读物等,则不仅教育部陆续出版,各教育学术团体及书店也都在热心编印,出版种数很多。"(参见吴永贵《民国图书出版史编年:1912—1949》,社会科学文献出版社2018年版)

胡朴安继续留居上海,杜门著述,严正不阿。4月,患脑溢血半身不遂病废家居,撰《病废闭门记》,刊诸《大众杂志》,又撰回忆录《六十年以前的我》,对于自己数十年来所走过的学术研究道路与学术思想多有论及。

郁曼陀(华)追悼会2月24日在上海湖社举行,由上海各大团体及各闻人发起。上年11月23日上午,著名的爱国法官、法学家、郁达夫胞兄郁曼陀从善钟路住所出门上班时,被预伏的汪伪特务枪击身亡,成为民国司法界在抗日战争期间为国捐躯的第一人。郁达夫为郁曼陀追悼会撰一哀挽联语,遥寄春申江上,略表哀思,挽联云:"天壤薄王郎,节见穷时,各有清名闻海内;乾坤扶正气,神伤雨夜,好凭血债索辽东。"25日,挽联以《曼兄殉国沪上寄挽》为题刊于《申报》消息《沪各界追悼郁曼陀电国家明令褒扬》,作者借用谢道韫对王凝之的评价,赞扬了郁曼陀高尚的情操和为国牺牲的精神,倾泻了对日寇入侵之无穷忿恨的感情。(参见陈其强《郁达夫年谱》,浙江大学出版社1989年版)

韦维清律师代表鲁迅先生家属许广平女士9月11日在上海《申报》发表郑重启事:"据上开当事人委称,自登报日起,凡鲁迅先生一切著作,倘不经本人同意,概不得改编或上演,否则即行依法办理,请登报声明等情前来,合行代表启事如上。"(参见吴永贵《民国图书出版史编年:1912—1949》,社会科学文献出版社2018年版)

胡兰成社论集《战难和亦不易》1月由中华日报社出版。3月30日,汪精卫伪政府在南京成立。胡任宣传部政务次长,仍兼《中华日报》总主笔。初住在鼓楼三条巷21号,后搬到丹凤街石婆婆巷。夏,辞去《中华日报》总主笔兼职,不再作汪精卫的代言人。

刘呐鸥负责筹办的汪精卫伪政府机关报纸《国民新闻报》3月22日在上海创刊。刘呐鸥任国民新闻社长。9月3日中午,刘呐鸥和松崎启次、石本统吉等日本电影人,以及黄天始、黄天佐在上海福州路623号京华酒家商讨纪录片《珠江》的拍摄计划。商讨结束后,刘呐鸥独自一人先行离开,在酒家门口连中数枪,不治身亡。当时传言是因为卷入黑帮纠纷,也有传言是死于国民党特务之手。

赵宏本留居上海,发起组织连环画人联谊会,并协作绘制《嘉定三屠》等宣传反暴政、反侵略的连环画。后又绘制《阿Q正传》《表》《上海即景》《天堂与地狱》《爱迪生》《少年笔耕》

以及《史可法》《梅花岭》《扬州十日》等具有进步意义的作品。

吕荧（原名何佶）继续就读西南联大，开始以吕荧的笔名发表译作和文艺理论文章。

黄警顽1月1日在上海《申报》发表《一年来出版界略述》。（参见吴永贵《民国图书出版史编年：1912—1949》，社会科学文献出版社2018年版）

蒋文达主编的《世界文化》5月在上海创刊。

王元化参加编辑《奔流》和《奔流新辑》。

何满子任《黄埔日报》副刊编辑。

林汉达在上海从事拉丁化新文字研究，任华东大学教育学院院长。

李维宁接替病逝的萧友梅，任上海国立音乐专科学校代理校长。

范烟桥任金星影业公司文书，为国华影业公司改编电影剧本《西厢记》《秦淮世家》《三笑》等。

黎锦晖任中国电影制片厂编导委员。

袁牧之编导的大型纪录影片《延安与八路军》拍摄完毕。

夏衍创作四幕话剧《心防》与《愁城记》。

周信芳、杨小楼、盖叫天为建造梨园坊义演。

商芳臣组成由她领衔演出的标准越剧团，演出于上海民乐、九星戏院。

陈撄宁1—3月先后在《仙道》发表《〈论济一子傅金铨先生批注各书〉附注》《论"白虎首经"》《读知几子〈悟真篇集注〉随笔》《〈鹊鸧吟稿续编〉序》《上海紫阳宫道院何仙姑塑像开光疏文》。孟春，在仙学院讲解《参同契》，汪伯英根据听课内容笔录辑成《参同契讲义》稿本。七夕，撰《〈欢喜佛考〉注解》，后在《仙道》连载。8—12月，先后在《仙道》发表《答覆某医师书》《为止火问题答覆诸道友》《〈余之求道经过〉按语》《与某道友论〈双梅景周丛书〉之利弊》《又与某道友论阴阳工夫》等文。冬，作《重修〈委羽山大有宫宗谱〉序》。（参见郭武编《中国近代思想家文库·陈撄宁卷》，中国人民大学出版社2014年版）

褚民谊在南京参与筹备汪伪中华民国国民政府。3月，汪精卫伪中华民国国民政府在南京成立。褚民谊任行政院副院长兼外交部长。7月28日，中日文化协会在南京成立，汪精卫、阿部信行为名誉理事长，褚民谊、江亢虎、陈群等14人为理事。8月5日，汪伪成立的中日文化协会举行第一次理事会议，推举褚民谊为理事长。12月，褚民谊任驻日大使。（参见中央教育科学研究所编《中国现代教育大事记1919—1949》，教育科学出版社1988年版）

江亢虎3月任汪伪考试院副院长兼铨叙部部长。3月24日，汪伪第一届中央政治委员会成立，江亢虎为"列席委员"。6月1日，提出《新经济政策建议》。13日，经伪中央政治委员会经济专门委员会负责人审查通过，由伪中央政治委员会秘书厅发财政、工商、农矿三部参考。7月4日，代理伪考试院院长职务（因院长王揖唐兼任伪华北政务委员会委员长，不到伪考试院就职）。10月，组织高等文官考试，受命为典试委员长，所有命题、阅卷，大小事必躬亲。11月19日，以伪考试院副院长兼铨叙部部长的身份，参加汪的宣誓就职仪式。30日，汪伪同日本签订《中日基本关系条约》和《中日满共同宣言》。随后江亢虎即发表《庆祝中日国交调整完成》的演讲，为该条约进行鼓吹。（参见汪佩伟编《中国近代思想家文库·江亢虎卷》及附录《江亢虎年谱简编》，中国人民大学出版社2015年版）

赵正平3月任汪伪中华民国国民政府教育部部长。4月20日，通令各中、小学校，每周实行一小时精神训话，以加强对中、小学生的亲日教育。6月20—22日，汪伪国民政府在南京召开教育行政会议。江苏、浙江、安徽、湖北4省教育厅长及上海、汉口两市教育局长参加。汪精卫接见与会人员,并讲话说:和平反共建国,为一切施政方针,也即教育方针。并要教育部门加强对青少年的教育,使青少年的思想与日本建设东亚新秩序意识吻合一致。7月6日,日本中国派遣军总司令部致函汪精卫,要求汪伪教育部将日语列为中小学必修课程,称此举是对日本亲善程度与真诚的重要标志。汪精卫批准在初中以上学校开设日语课。(参见中央教育科学研究所编《中国现代教育大事记1919—1949》,教育科学出版社1988年版)

胡兰成3月任汪伪中华民国国民政府宣传部政务次长,仍兼《中华日报》总主笔。8月2日,汪伪政府在南京成立中央书报发行所。该机构处于汪伪宣传部长的直接领导下办理:1.发行中央政府各院部会之公报刊物。2.发行宣传部主办或许可出版之各种图书、杂志、报纸及其它出版物。实行分级垂直管理体制,设总所—分所—分销处—代理处—车站书摊,还有许多的零售店。11月13日,汪伪国民政府修正公布《著作权法》。12月17日,汪伪立法院第三○次会议修正通过《出版法》。(参见吴永贵《民国图书出版史编年:1912—1949》,社会科学文献出版社2018年版)

汤良礼任汪伪政府宣传部国际宣传局局长。其后,上海"中华电讯社"同原南京维新政府设立的"中华联合通讯社"合并,改组为"中央电讯社"。该社被指定为伪政府宣传部监督指导下的新闻宣传机构,汤良礼任理事会成员。

樊仲云以汪伪教育部政务次长出任伪中央大学校长。8月11日,汪精卫接见中央大学校长樊仲云、副校长钱慰宗等人,要中央大学纠正青年思想行动错误,加强亲日和平教育。(参见中央教育科学研究所编《中国现代教育大事记1919—1949》,教育科学出版社1988年版)

龙榆生2月被汪精卫接去谈话。4月,被汪精卫伪国民政府任命为立法院立法委员。据龙榆生的门人任睦宁后来讲,汪伪宣布任命龙榆生为立法委员并未征得龙榆生同意;7月,汪精卫委托龙榆生筹办学术性刊物《同声月刊》。9月,南京中央大学开学,龙榆生任中文系古典文学教授。同月开始,龙榆生兼任汪精卫家的家庭教师。其间,坚持不参加任何政治会议,惟以教书育人研究学问为务。12月20日,《同声月刊》创刊号出版。

陈柱约9—10月间被汪伪特务挟持到南京,委以文物委员兼博物委员会主任委员等职,拒不到任。在南京应中央大学之聘担任教授、中文系主任。因陈柱原无锡国专教授,前往南京中央大学任职时,唐文治去函促返,但杳无音信。同乡冯振等都去函阻止而未果。是年,陈柱作《吴淞中学校歌》,又临摹抄录方苞、姚鼐、曾国藩、张裕钊、吴汝纶诸先生评点韩集汇录,唐文治撰文鼓励。(参见张京华、王玉清《陈柱学术年谱》,《广西社会科学》2007年第2期;陆阳《唐文治年谱》,上海三联书店2013年版)

戴英夫为理事长,王敏中、林汝珩为副理事长的中国教育建设协会6月在南京成立。出版《教育建设》月刊及有关丛书。

朱复戡坚辞武汉日军委任的伪武汉地区"书画会"会长。

刘继卣居于天津,因画《天灾图》揭露丑恶现实,触怒日伪当局而被捕入狱。

罗振玉1月影印日本小川氏藏日本古写本《华严经音义》,书迹甚古,中夹倭名,知非慧苑书。力疾以宋本《庐山记》与元禄本、阁本互勘,成《校记》一卷。春初,微感风寒,缠绵未愈,至2月中旬,突转肺炎。6月19日,罗振玉在旅顺去世,终年84岁。8月28日寅时,卜葬于旅顺水师营西沟屯西南山之原。

按:次年,门人淮安周作民维新出资为刊《贞松老人遗稿甲集》八种:《后丁戊稿》《辽海吟》《续吟》《俗说》《千禄字书疏证》《庐山记校勘记》各1卷,《石交录》4卷,《集蓼编》1卷。癸未(一九四三)迄丁亥(一九四七),福颐于奉天节缩衣食,先后刊《乙集》五种:《墓志徵存目录》《大云书库藏书题识》各4卷,《增订汉熹平石经残字集录》2卷、《贞松老人外集》4卷、《魏书宗室传注校补》1卷,《丙集》2种、《松翁剩稿》2卷、《宸翰楼所藏书画目录》1卷。(参见罗继祖《永丰乡人行年录(罗振玉年谱)》,江苏人民出版社1980年版)

　　胡适1月13日谒美总统罗斯福,再谈二次借款。24日,偕陈光甫同访美国联邦贷款主任琼斯,以决不言和,抗战到底相许诺。25日,在纽约在华基督教大学联合会理事会上讲演《中国基督教大学和美国朋友》。2月1日,琼斯在美国会作证,盛称中国债信良好。29日,二次对华贷款得国会通过。3月5日,在佛罗里达州罗林斯国际关系研究所讲演《远东和世界将来的和平》。6日,赵元任致信,报告蔡元培先生昨日在港病逝的消息,并说蔡先生"他是代表咱们所stand for的一切的一切。现在一切的一切都还没有上正轨,他老人家又死了,真是使人不免忧伤!"信中并问,关于补选中央研究院院长有何具体意见没有。7日,琼斯向外界宣布:美国第二次对华贷款2000万美元,以滇锡担保(正式合同于4月24日签订)。21日,在家信中说,去年得了两个名誉学位(因病辞掉3个),今年可得8个,连同以前的共总13个名誉学位。同日,在给胡思杜的信中说:"学社会科学的人,应该到内地去看人民的生活实况。"25日,飞旧金山,接受加州大学所赠法学博士学位。26日,张元济致信,告三年前辑有《中华民族的人格》一书,选自《左传》《国策》《史记》凡十余篇,译为白话,意在供中小学校学生之诵览。亦因"颇慨叹近来人格之堕落,思从少年身上加以挽救","是书出版已经三年",寄一册请赐小序,俟再版时补入,借以增重。信中又言及有侄孙婿翁兴庆在美习电学,今年毕业,拟入工厂实习,请胡适给以帮助。29日,汪精卫在南京组织伪政府。胡适得悉后立电重庆:"美政府必不变更对我态度。"31日,飞回华盛顿。

　　胡适4月7日在纽约伦理文化学会讲演《不朽的看法》。16日,偕陈光甫谒罗斯福,对借款表示谢意。19日,同谒美外长,陈光甫报告第一次贷款购货及运输桐油情形。21日,陈源致信胡适,谈补选中央研究院院长事,说:"我认为中央研究院的院长,最适当的人选当然是你。但是你现在在美国的使命太重要,不能回来也是事实。所以我的提议是现在推选吴老先生(吴稚晖)担任。等到和平之后。吴老先生年事太高,无心再管,则美国方面也不一定非你在那里不可了,那时再推你为院长,岂非面面顾到? 可是人微言轻,没有人理会我这话。"又告:"那天选举时,有几个人不愿意你此时返国,使某些人快意,没有推你,故你得二十票,骝先、咏霓各二十四票,仲揆六票,雪艇四票,孟余一票。"4月26日,江冬秀自上海写信给胡适,说有人向她道贺,说是胡适要回国做中央研究院院长了。5月4日,蒋介石致电祝贺二次借款成功。21日,翁文灏致信,报告中基会董事补选事已毕,然后谈到补选中央研究院院长事。信中说:"中央研究院蔡先生病故后,中枢当局曾非正式盼望选举某君为院长。惟各评议员以此项选举应以评议员之自身意见为之,不宜有其他意见之影响。当局亦表示可予尊重。选举结果,候补人为兄及朱骝先与弟三人。当即备文呈府,请其遴任。至今尚未见实行任用。传闻消息。谓当局颇侧重于兄,惟以驻美大使任务重要,故尚在考虑之中云。"6月9日,胡适致电陈布雷分析国际形势,认为:"抗战三年,国际局势果已大变。眼前虽尚未完全于我有利,然世人皆因此已能了解我国抗战之重要性。论者见欧洲诸小国灭亡之速。然后知介公所谓'以空间换时间'之真义;见英、法两大强国招架之艰苦。然后知我国支撑三年之不易;见意大利之举足轻重,然后知我苦战日本,使其疲惫衰竭不能为世界大患之为最大功勋。此皆足昭示我抗战之世界意义。"又说:"惟究因最近变化太骤太大,助我之诸友邦,自身皆困于应付,故眼前远东形势仍含有重大危险性。"14 日,陈布雷电告:"高宗武在美须使领馆多予照拂并维护。"

胡适 6 月 13—19 日应邀先后参加耶鲁大学等 8 个院校的毕业典礼,并取得 6 个名誉博士学位。22 日,在回江冬秀的信上说:"你谈起中央研究院的事,此事外间有许多传说,我无法过问,也无法推辞。我并不想做院长,但我此时若声明不干,那就好像我舍不得现在的官了。所以我此时一切不过问。"同日,蒋介石电告,宋子文将来美,约于 25 日到达,请予招待。因陈光甫已于上月 15 日回国,蒋特派宋子文作为他的代表来美接洽借款等事。宋到美后,逐渐将一切对美交涉事务均包揽到手。8 月 14 日,傅斯年致长信,报告中央研究院补选院长的经过,及国内各种反应。18 日,胡适于华盛顿为张元济《中华民族的人格》一书撰序。9 月 26 日,在使馆主持美国妇女援华会所发起的"希望书"运动捐款赠献典礼。10 月 20 日,参加杜威 80 岁生日会,撰祝寿的论文《功利主义的政治哲学》。24 日,对全美广播《挽救在中国的民主》。30 日,《日本时报》发表社论,攻击胡适在美发表政治演说,煽动美国的反日情绪。称胡适的演说是在引导美国走入战争,是"非美活动",要求美国政府限制胡的演说。11 月 1 日晚,出席美国医药助华会及赈华会的聚会,发表演讲《伟大的同情心》。讲演中提出许多普通的美国人热烈同情和捐助中国抗战的动人事例。并重申中国抗战不达目的决不停止。因为:一、现在放弃自由独立的机会,中国将永无希望。二、与野蛮的侵略国家谈不到和平,因为他们说话不可靠。三、中国胜利与否,与世界民主主义的存亡完全是一事。中国不亡,民主主义不灭。因中国放弃抗战,则日本所有力量必因德、意、日联盟的关系而用以毁坏西方民主国家。最后说:"有这三个原因,所以中国不能停止抗战。中国决心抗战到底,最后胜利一定是我们的。"26 日,偕宋子文同谒赫尔国务卿,讨论财政问题。28 日,在纽约市参议会演说《我们需要的是哪一种世界秩序》。12 月 12 日,翁文灏致信,告北平图书馆书籍运美事,已告孙洪芬,彼已由渝返沪,如美领事奉令接洽,即可就近办理。另告,袁同礼近大发精神病,声言去美募款。万一袁氏有所联系,或径赴美,务必注意。(以上参见耿云志编《胡适年谱》,福建教育出版社 2012 年版;耿云志编《中国近代思想家文库·胡适卷》及附录《胡适年谱简编》,中国人民大学出版社 2014 年版;张人凤、柳和城编著《张元济年谱长编》,上海交通大学出版社 2011 年版)

赵元任继续在耶鲁大学任教。2 月,到纽约为中华赈济联合会(United China Relief)做有关中国文化(Chinese Culture)的四个演讲之一。同月 10 日,在纽海文参加耶鲁语言学学术会(Yale Linguistic Club)、东方学术会(Oriental Society)聚会等,曾听 Murray Emeneau 教授讲南印度 Toda 部落情况。19 日,在纽海文听 George L. Trager 教授讲斯拉夫语格的问题。3 月 14—18 日,开车到费城出席美国东方学会会议,在会上讲《Research and Education in Chinese Language》(中国语言研究与教育问题),同时表演 reversed speech(倒话)。会后到华盛顿看望老朋友胡适,拜访 Dr. Arthur W. Hummel 一家,到 1932—1933 年曾住过的地方旧地重游,参观国会图书馆和林肯纪念馆等。回程路过纽约时由 Robert King 陪同参观了贝尔电话公司实验室(Bell Telephone Lab)。26—29 日,到纽约哥伦比亚大学参加美国东方学会远东组报告会,在会上讲"Unstressed Syllable in Mandarin"。会后再次参观贝尔电话公司实验室。29 日,到普林斯顿大学(Princeton University)给一年级大学生讲中国语言(Chinese Language)。3—4 月,研究北京话的轻声,并撰写文章"Unstressed Syllables in disyllable Compound in Mandarin",拟在美国东方学会宣读。3—5 月份写出提纲,并作了约 2000 音节的表格。4—7 月,研究古音和今音(国语)的关系,古音的简化(simpli-fying Ancient Chinese)等并撰写论文"Distinctions Within Ancient Chinese"。5 月,评阅 Peter S. Du Ponceau 论文"Nature and Character of the Chinese System of Writing",并写书评寄给哈佛大学 Elisseeff 教授。5 月 31 日,在纽海文哈佛同学会上赵元任讲《Universities in War Time China(战争时期的中国大学)》。8 月 13—26 日,利用假期全家到纽约、华盛顿、阿特兰市(Atlantic City)等地旅游及看望朋友,过纽约时又一次参观世界博览会,并且又一次观看未来世界展览。

赵元任、李方桂、罗常培译瑞典汉学家高本汉著《中国音韵学研究》9 月由商务印书馆出版。此书为高本汉的博士论文,共 4 卷:第一卷古代汉语(关于古音知识的书本上材料、古代汉语的音系、古音字类表);第二卷现代方言的描写语音学;第三卷历史上的研究;第四卷方言字汇,为系统利用西方语音学理论分析、研究中国传统音韵的开创之作,作者试图以西方的音素来分析和构拟中古音,标志着中国传统音韵学从研究方法到研究内容的全面变革,同时也标志着中国现代音韵学史的开端。赵元任、李方桂、罗常培承担这部著作的翻译,系由中央研究院历史语言研究所跟中华教育文化基金董事会的编译委员会两机关的联合委托,历 4 年告竣。译者序中说:"商定了译法五条:(A)将全书作一忠实能读之翻译;(B)改其错误;(C)加入新材料;(D)改用国际音标注音;(E)一部分重编。"中央研究院历史语言研究所傅斯年所长为此译著作序,谓"高本汉先生之成此大业固有其自得之方法,然其探讨接受吾国音韵学家之结论,实其成功主因之一"。原著者瑞典汉学家高本汉赠序,向译著表示感谢:"好多年前,我的好朋友赵元任教授谈到把我的《中国音韵学研究》译成汉文问题,我对于这个提议的厚意,一方面非常高兴,一方面又很发愁,因为我觉得迎头就有很大的困难。自从中国新起了一辈学者以来,一部像这样的书,里头有好些地方不久就变成不能用的陈说,要想把他译成汉文,事先非得彻底地修改一番不可。然而这个修改的事,我自己又不能去作,因为我手里已经堆满了放不下的别种工作。现在过了这些年下来,这个困难一天更似一天了,我得郑重声明,假使我有机会把这部书从头到尾重写一次的话,那一定许多地方要写得跟以前很不相同的。现在好了,借着我这几位翻译先生的大力,这部书不但译成了极其流畅极其真切的汉文,并且内容上的修改润色也承他们的好意同时都做到了;这样一来,我深信这部书对于中国语言学界又仍旧有相当的兴趣,相当的价值了。"9—11 月,赵元任阅读高本汉的"Grammata Serica:Script and Phonetics in Chinese and Sino-Japa-nese"文法系列:汉字语音与汉-日语音稿本,并写书评发表在美国《语言》(Language)杂志上。对此著作的评价:"It is the world premier, so to speak, of a vocabulary of Archaic Chi-nese(可以这么说,它是世界上首次展出的一本中文字汇)。"10 月 15—27 日,到麻州剑桥参加 Center of Chinese Studies 会议,拜访 Ware 教授并讨论 General Chinese 方案,跟 Elis-seeff 教授谈论编写字典的计划,跟 I. A. Richards 教授谈论基本英语问题,拜访 John Fair-bank 教授、Bertrand Russell 跟元任的老师等人。10 月 29 日至 11 月 3 日,到绮色佳出席 Cosmopolitan Club 会议,并在会上作报告。

赵元任 11 月 11 日在纽海文听 Trager 教授讲 morphophonemes(语素音位)问题。15—25 日,一个人乘火车到芝加哥大学东方研究院(Oriental Institute, University of Chica-go)拜访 H. G. Creel 教授。又到 Iowa 州参观语音实验室及其最新设备,拜访 Andrade 等专家教授。12 月 1 日,到纽约哥伦比亚大学参加美洲印第安语言组会议,听报告和参加讨论会。2日，到康州 Hartford，听英国著名作家 H. G. Wells 的演说。报告前与 Wells 简短地交谈，赵曾阅读过大量 Wells 的著作。10—20 日，开车去纽约，Princeton 大学，Trenton，费城等地看望朋友。14 日，抵达华盛顿。在中国大使馆会见胡适、周鲠生、宋子文等人，参加胡适生日晚宴。拜访 M. Graves 教授。M. Graves 教授邀元任夏季到 North Carolina，Chapel Hill 参加美国语言学会举办的暑期语言学讲习班，讲授中文课。30—31 日，赵元任夫妇到 Providence 参加美国语言学会（LSA）会议，在会上讲 Word Conception（字的概念）。是年，赵元任在耶鲁大学任教开设两门课，即中文阅读课（Chinese Reading）和中国音韵学课（Chinese Phonology）。在中文阅读课里讲孟子等；在中国音韵学课程中，讲述北京、苏州、常州助词和助词语调问题（Intonation in Particles），几种罗马字化的比较（comparison of Romanizations），国语的各种特点（Various features of Mandarin），古音和今音（国语）的比较（Comparison between Ancient Chinese and Mandarin）等。10 月以后，开始讲授广东话。是年，赵元任开始考虑离开耶鲁大学到哈佛大学工作。（以上参见赵新那、黄培云编《赵元任年谱》，商务印书馆 1998 年版；耿云志编《胡适年谱》，福建教育出版社 2012 年版；王学典《20 世纪史学编年（1900—1949）》，商务印书馆 2014 年版）

林语堂 1 月 15 日在《世界杰作精华》第 2 期发表《哲学讲座（一）》《战争决不会毁灭文化》。1 月 20 日，所撰《战争与文明（特稿）》刊于《杂志》第 6 卷第 2 期，又载《长风》第 1 卷第 2 期。16 日，所撰《我对欧战的感想》刊于《西风副刊》第 18 期。3 月 1 日，所撰《现代文明的威胁：是歪曲的观念，不是炸弹》（"The Real Threat：Not Bombs. But Ideas"）以汉英对照的形式刊于《名著选译月刊》第 12 期。15 日，所撰《瞬息京华（上）》载《世界杰作精华》第 3 期，目录题名为《瞬息京华（全部节述）》，其后注明"划时代的一本中国小说""本书已当选为一九三九年百部佳作之一书名：Moment in Peking 出版：纽约 John Day Co. 定价：中国特版国币八元五角"。正文前有译者撰写的导言："本书系好几篇小说联成的长小说，英文字数约廿五万字，译成中文约五十万字。其中有佳话，有哲学，有历史演义，有风俗变迁，有深谈，有闲话，确是现代中国的一本伟大小说。"4 月 15 日，所撰《瞬息京华（中）》刊于《世界杰作精华》第 4 期。5 月 15 日，所撰《瞬息京华（下）》载《世界杰作精华》第 5 期。

按：1938 年春天，林语堂突然想把红楼梦译成英文，后感此非其时，且《红楼梦》与现代的新中国离得太远，所以决定写一本小说，动手时，先把脑中想好的画成表格，把每个人的年龄都写了出来，几样重要的事件也记下来。费时共一年，始完成这部巨著。据快讯社二月廿二日纽约电此书已售出二十五万部，约有二百五十万人已阅读该书。其受人欢迎，可见一斑。

林语堂所撰《为何美对日禁运（上）》刊于 3 月 31 日《大公报》（香港版）第 4 版。同月，所撰英文文章"Evading Realities in China ——Chinese Reply to Professor Griswold's Discussion of an American Embargo on Japan"（《回避中国现实——中国对格里斯伍特关于对日禁运问题之讨论的回应》）刊于《亚细亚杂志》第 40 卷第 3 期。4 月 11 日，《申报》第 14 版刊登《林语堂宣扬伦常哲学》一文，内称林语堂将于下月由美回国，预定先到香港，再转往内地。该文还介绍了林语堂在美国对伦常哲学的宣传："华侨在外，每见外国物质文明之发达，为我国所望尘不及，最容易发生自卑心理，殊不知东方文明，固有非西人所可及而为彼等所敬服者，则中国伦常之道是也。中国数千年来，所研究最精而供献最大者，莫过于伦常哲学，浅而言之，即是做人之道。此种道理，我国人认识既深，实行尤力。观于我华侨在外，常以诚实美德，见称于世，且不肯违犯地方法律，故西人有谓'纽约华侨虽多，但不破费警察一文钱'之语；某西人又谓'中国人由上至下，均为斯文君子'。由此观之，西人所认识我国者,则在此种做人之道.华侨在外国与西人交处,能尽量发挥此种美德,无怪西人悦服,而侨胞为我国文化宣传之功,莫大于此也。"20日,所撰《为美国对日禁运问题林语堂驳郭教授书》刊于《杂志》第7卷第1期。25日,林语堂在"克里枫丹号"轮船(S. S. Klipfontein)上通过电报接受了《菲律宾先驱报》(Philippines Herald)的采访。26日,上海《字林西报》第7版辑录了林语堂于4月25日给《菲律宾先驱报》发的电报。同月,所撰英文文章"I Go Home From America"(《我从美国回到祖国》)载《亚细亚杂志》第40卷第4期。

林语堂5月14日应香港各报记者之约,林语堂在威士文餐室(或译"聪明人餐室")接受访谈。同月,所译《汉英对照有不为斋古文小品》由上海西风社出版,至1941年正月再版,1941年10月三版;所著《瞬息京华(中文注释)》由中英出版社出版。6月8日,林语堂由港飞抵重庆,下榻嘉陵宾馆。9日,《大美周报》第54期刊登了《林语堂访问记》一文。6月,教育部扩充国语推行委员会。原定委员14人,现增加至25人,包括吴敬恒(兼主任委员)、黎锦熙、魏建功、林语堂、潘公展、陈礼江(以上5人兼常务委员)、汪怡、陈懋治、赵元任、董淮、胡适、萧家霖、顾颉刚、何艾龄、李蒸、廖世承、张一麐、顾树真、陈鹤琴、谢循初、钱云际、卢前、傅斯年、朱自新、许地山。林语堂所撰《我怎样写瞬息京华》载《宇宙风》第100期("百期纪念号");所著《瞬息京华》由北京的东风书店出版;所著《京华烟云(上册)》由上海春秋社出版部出版。7月26日,所撰《谈抗战外交》刊于《大公报》(香港版)第3版。同月,所著《瞬息京华》由欧风社出版,至1941年4月再版,1942年3月三版。8月17日,林语堂致信中华全国文艺界抗敌协会,表示愿将自己在重庆北碚蔡锷路24号的住宅交由该会在抗战期间使用。20日早晨,林语堂一家乘坐飞机离开重庆。乘机前,林语堂告诉合众社记者,称一年后他仍将返回重庆;并称此前他为了躲避日机空袭,已在重庆北50英里外的山中居住4个月左右,两个星期前才接受国民政府命令,出国从事研究工作。9月18日,林语堂在檀香山接受合众社记者采访,建议美国与其建造战舰,不如借款给中国购买美国战机,以使中国有能力更好地抗击日本,令其逐渐耗尽财力,直至崩溃。同月,所译《有不为斋汉英对照冥寥子游》由上海西风社出版,列为"西风丛书"第8种。

林语堂所著《幽默文选》10月10日由上海三通书局发行,列入"三通小丛书";所讲《从现代欧美思想上来谈谈佛教——林语堂先生在汉院暑期训练班讲》刊于《海潮音》第21卷第10号。同月,所编《汉译开明英文文法》(The Kaiming English Grammar[Chinese Version],张沛霖译)由开明书店出版,1946年11月印至第8版,1949年2月印至第14版;所著《京华烟云(中册)》由上海春秋社出版部于1940年10月出版,至1941年3月印至三版。11月,林语堂所著《生活的艺术(上册)》由上海的世界文化出版社出版,至1941年3月印至三版。同月1日晚,"一碗饭"运动之年会在纽约华道夫—亚司多里亚酒店(Waldorf-Astoria Hotel)举行。中国旅美女明星黄柳霜担任大会女主席,胡适、林语堂、美国女评论家陶乐珊·汤泼荪(Dorothy Thompson)小姐、逃亡美国的法国当代剧作家亨利·勃斯丁(Henri Bernstin)等都发表演说。美国明星乔治·勃仑琪(George Balanchine)登台表演佛能·杜克(Vernon Duke)写的中国乐剧,其音乐完全根据中国传统的音调。林语堂在演讲中称,日本在外交上虚声恫吓,但其实已陷于困境,只不过它仍不肯承认失败,必将垂死挣扎,发动猛攻,直至一蹶不振。20日,上海《申报》载,林语堂的两巨著出版:"《生活的艺术》系林语堂英文著作之一,出版后,轰动欧美,现已译成十余国文字,各国读者超过一千万人,实为近世纪来讨论中西生活之奇书。举凡人生之衣食住行、立身处世,乃至读书写作、宗教信仰、无不作详尽之评述。全书充满着智慧、趣味、警句。闻现已由世界文化出版社全译出版,本市各大书局均有出售,另一巨著《瞬息京华》,其内容及其价值,各杂志报章早有评述,现亦已由该社出版。"同月,林语堂所著《生活的艺术(上册)》由上海的世界文化出版社出版,至1941年3月印至三版。12月,所著《生活的艺术(下册)》由上海的世界文化出版社出版,至1941年3月印至三版。是年,林语堂所著 With Love and Irony(《讽颂集》)由美国纽约的庄台公司出版,署名"Lin Yutang"。1941年,威廉·海涅曼公司在英国伦敦与加拿大多伦多也出版了该书。1945年,美国纽约州花园城的蓝丝带图书公司出版了该书。该书内附著名插图画家库尔特·威斯(Kurt Wiese)所绘插图。卷首载有赛珍珠撰写的导言;美国纽约的艾玛拉学院(Elmira College)授予林语堂荣誉文学博士学位;赛珍珠与斯文·赫定共同提名林语堂为诺贝尔文学奖候选人。(以上参见郑锦怀《林语堂学术年谱》,厦门大学出版社2018年版;吴永贵《民国图书出版史编年:1912—1949》,社会科学文献出版社2018年版)

谢冰莹(Hsieh Pingying)原著、林如斯(Adet Lin,或译"林阿苔")与林太乙(Anor Lin,或译"林亚娜")合译的 Girl Rebel. The Autobiography of Hsieh Pingying, with Extracts from Her New War Diaries(《女兵十年》)由美国纽约的庄台公司出版。该书卷首载有林语堂撰写的导言。(参见郑锦怀《林语堂学术年谱》,厦门大学出版社2018年版)

高宗武、陶希圣1月3日逃出上海。3月24日,高宗武自马尼拉致信胡适,称奉蒋之命将去美暂住,望"代守秘密",并告暂用高其昌之名,"倘有 K. C. Chang 或 C. C. Kao 的信寄到贵馆时,请饬属代为留下"。此后,高宗武到美后,时常出入使馆,此事成为国内某些人攻击胡适的一种口实。(参见耿云志编《胡适年谱》,福建教育出版社2012年版)

陈受颐3月5日于檀岛致信胡适,因闻哈佛大学有意添聘一个中国思想史的教授,希望胡适能给予推荐。信中又告檀岛日人势力颇大,"商界领袖——甚至报界——都不敢明明白白的得罪他们。因此孤立论调甚嚣尘上,华侨士生也大声的跟着唱"。(参见耿云志编《胡适年谱》,福建教育出版社2012年版)

王重民继续在美国华盛顿国会图书馆远东部帮助鉴定中国善本书。3月5日,孙楷第致信胡适,介绍去美的王重民,谓与彼系"幼年之交,师大同学同舍,图书馆又同事。其人性纯笃而勤敏嗜学","彼久钦道范,私淑向慕",望"以师道之尊善视之"。又告去年8月在沪,得阅《也是园元曲》240余种,顷为文述之,当设法转呈。(参见刘修业《王重民教授生平及学术活动编年》,载王京州编《河北近现代学者年谱辑要》,国家图书馆出版社2017年版;耿云志编《胡适年谱》,福建教育出版社2012年版)

洪业经日本赴美国,由日本考古学家鸟居龙藏陪同至东京,访问岩崎图书馆会晤汉学家诸桥辙次。在美国俄亥俄州卫斯良大学接受名誉博士学位。

吴于廑以"特优成绩"考取清华大学第五届留美公费生,入哈佛大学文理科研究院深造。

杨联升赴美国,就读于哈佛大学。

张龙翔赴加拿大多伦多大学生物化学系学习,从事致癌多环芳烃代谢作用的研究。

沈宗瀚当选为世界遗传学大会副会长。

杨杰1月以其坚决主张联共抗日、中苏亲善,被免去驻苏大使职务,获军事委员会顾问虚衔。4月28日,被聘任为国民党中央训练团党政训练班第8期讲师,讲授"国防讲话""国家总动员"课程。6月11日,被聘任为国民党中央训练团党政训练班第9期讲师。11月29日,任赴英、美军事考察团团长,出国考察。(参见皮明勇、侯昂妤编《中国近代思想家文库·蒋百

里、杨杰卷》及附录《杨杰年谱简编》，中国人民大学出版社 2014 年版）

邵力子 5 月出任驻苏大使，与傅学文同去莫斯科。和法驻苏大使贝热利多次谈话，预见苏德必战。与德驻苏大使舒伦堡伯爵（非纳粹分子）会谈，反对德苏战争（后伯爵被希特勒召回枪杀）。（参见晨朵《邵力子生平大事纪要》，《浙江师范学院学报》1983 年第 1 期）

张慰慈 5 月 22 日自香港致函胡适，报告国内有胡适将调回国，以颜惠庆继任的传言，并说："这次在重庆与香港听见的，却不是普通的谣言，而是很有相当地位的人说的。"在重庆听程沧波说"适之快要回国了"，"攻击他的人很多。尤其是颜大使与孔先生。因为他们攻击的次数太多。蒋先生曾经说过，还是请他回来吧"。在香港则亲闻颜惠庆本人说，政府要调胡适回国任中央研究院院长。同时，颜惠庆向多人散布，他要去美接任大使的话。是年，张慰慈转去英国帝国化工公司，从事商务活动。（参见李源编《中国近代思想家文库·张慰慈卷》，中国人民大学出版社 2015 年版；耿云志编《胡适年谱》，福建教育出版社 2012 年版）

冼星海、袁牧之 5 月 4 日离开延安，途经西安、兰州去苏联。考虑到安全问题，当时没有公开冼星海此行的任务。鲁艺发布"艺字第十一号"公告称："音乐系主任冼星海同志请假离院，新遗系主任一职由吕骥同志担任。"后来的说法是他到苏联考察学习。此行的缘起是：延安电影团的《延安与八路军》完成摄影后，本拟尽快开始后期制作，但当时延安无此条件。也曾设想过带到香港制作，因战争无法成行。党中央与共产国际和苏联方面联系后，决定派袁牧之将他拍摄的这部影片的胶片带往苏联完成制片。同时考察苏联的电影事业，学习他们的经验，作为今后发展电影的借鉴。冼星海担任该片音乐制作，与袁牧之一起去苏联，在那里完成配曲制作任务。行前，毛泽东在杨家岭请袁牧之和冼星海全家 3 人吃饭，陈云、凯丰作陪。席间，毛泽东还说：中央规定，你们此行时间是半年，最重要的是注意安全。目前只能到西安，由统战部通过国民党办出境手续。为了安全，办护照时要用假名字。你们到了苏联见到斯大林，代我问他好。13 日，冼星海他们离开延安到达西安，在此等待数月办手续，待良机。10 月中旬，冼星海在西安巧遇茅盾时，还畅谈了自己未来庞大的创作计划。林伯渠在"八办"为他们设宴送行，祝他们一路平安，早日凯旋。10 月 22 日，冼星海到达兰州。后来，秘密经新疆进入苏联。袁牧之到苏联后，在第三国际的安排下开始制片工作。努力克服语言的障碍，认真学习列宁、斯大林关于电影的论述和苏联的电影经验。（参见孙国林编著，王佳钰、王增辉校订《延安文艺大事编年》，陕西师范大学出版总社 2016 年版）

钱三强 4 月以博士论文《α 粒子与质子的碰撞》获得法国国家博士学位，此后继续在居里实验室做研究工作。

吴经熊和妻子儿女移居意大利罗马，并同时出任中华民国派驻梵蒂冈教廷之公使。

徐悲鸿居印度，数次为泰戈尔画像。完成国画《愚公移山》，借此赞誉中国民众坚韧不拔的毅力和夺取抗日最后胜利的顽强意志。

郁达夫 1 月 8 日在《星洲日报·晨星》发表《迎年小感》。认为新的一年"是我们争取最后胜利的一个转纽"。但是，"胜利之路，并不是一条坦途。我们全国的民众，不问海内海外，必须团结得更加巩固，责任的偿尽，必须做得更加彻底，为国牺牲的觉悟，必须更加坚决，才有希望"。10 日，在《星洲日报·晨星》发表《戏剧与人生》，文中说，"人生就是戏剧，戏剧就是把人生紧缩成在某一时、某一地演得完的场面"。因此，"社会生活高潮或发生剧变的时代，戏剧的情绪也一定高涨"。12 日，《星洲日报·晨星》发表《关于宪政》，认为宪政的实施，"有助于抗战建国"，当前重要者，是在法令的实施。6 日，在《星洲日报·晨星》发表

《文人的待遇》,文针对通讯报道重庆生活费高涨,文人待遇菲薄的情况,说:"文士的可贵,是贵在他有坚贞的节操和卓越的见识。对于物质享受,决不能因自己是文人之故,而非要和一般民众或工友不同,非超出在他们之上不可的。"又说:"工友和民众可以吃苦耐劳,难道文士就吃不得苦? 耐不得劳了么。"21日,发表悼文《悼兄曼陀》。说曼陀为国家、民族的最后一死,乃是他"为人正直和临难不苟的态度"的"最大证明"。26日,在《星洲日报·晨星》发表《去年诺贝尔文学奖金的受奖者》。介绍1939年诺贝尔奖金得主,芬兰文学家弗兰斯·欧米尔·雪尔兰拜(Frans Eemilsil lanpaese)的生平、经历及其创作特色。认为他主要的创作特色"是在坚实细致的现实主义,与高迈的理想的交织调和的一点"。同时,由于他出身无产阶级,"所以他的作品以描写农民生活的内容最为普遍"。而"芬兰湖沼海滨区的自然的描写,尤其是他的得意的地方"。同月,《回忆鲁迅及其他》由上海"宇宙风"社初版,署郁达夫等著。

郁达夫2月18日在《星洲日报星期刊·文艺》发表《文艺上的损失》,文中说,文化人应该同一般民众"一样地吃苦,并没有要求比一般人过更优裕生活的权利",但鉴于目前重庆及内地文协会员和作家穷得无法写作,致使造成文艺一大损失的现状,希望能够给他们"增加一点稿费","更希望在海外的各侨胞所主办的文化事业机关,也能够尽其全力,向国内的文化人致一臂之助"。文章认为,"对于文化的救助,虽是目前抗战局势紧张中的一个小问题。但对于将来的建国事业,对于发扬光大中国文化的各方面,却是富有着重大意义的一件事情"。3月1日,与王映霞签下离婚协议书,各登报声明,正式离婚。2日,应邀出席文化界为重庆中国电影制片厂摄制的电影《孤岛天堂》在新加坡举行的宴会。4月7日,正式接编《星洲日报星期刊·教育》周刊,并于同日发表《〈教育周刊〉发刊词》。14日,在《星洲日报星期刊·文艺》发表《长篇小说》《为己为人》。前文是读德国文学巨子汤麦斯·曼写的《自传》后的文字,对汤麦斯老当益壮的精神加以赞赏,并对其三部长篇《婆藤勃洛克的一家》《魔山》《约瑟和他的弟兄》作了评价,同时联系到中国文坛的现状,谓中国文坛之所以不能出较多的长篇,其原因则与"新文艺的历史较短,作者不多""社会待遇较差"和"政治不上轨道,受侵略者的压迫太重"有关。他深信,俟"抗战胜利,建国成功""抗战的长史诗,也就会接踵地产生出来"。后文认为培根关于"为学"有三种作用的观点和孔子把"为学"分作"为己为人"的两类都是不对的。"为人"两字,"应从好的意义方面来解释",即"我们求学问,一面为了想增进自己的德业,一面也是为想服务于社会人类"。所以为学的目的,"第一在修己","第二也是在为人服役"。9日,在《星洲日报·晨星》发表杂文《文人》,对张资平"丧尽天良的行为"和"周作人的附逆"表示极大愤慨。21日,在《星洲日报星期刊·文艺》发表杂文《侵略者的剿灭文化》。

郁达夫5月5日在《星洲日报·晨星》发表《抗战现阶段的诸问题》,认为抗战的最大目的,是"求我民族的自由解放,与国家独立完整"。18日,在《星洲日报·本坡新闻(一)》发表《〈塞上风光〉的演出》,认为阳翰笙的这个剧本"是适合时代的剧本之一",王莹的演技"已到了炉火纯青的境界,在话剧坛上,是可以树起一帜的"。19日,在《星洲日报·晨星》发表《国产影片中的插入歌曲》,对抗战以来国产影片的进步,表示赞赏。21日,在发表《左拉诞生百周年纪念》。26日,在《星洲日报星期刊·文艺》发表《谈翻译及其他》,认为翻译实比创作还难。"创作的推敲是有穷尽的",而翻译"却无止境"。文中对林语堂在美国出版英语小说《瞬息京华》的成功表示祝贺,对国内某些人的"眼红嫉妒"予以批评,认为对林氏的攻击是

"文人相轻"。并说林氏在国外的宣传成功"虽则不能说已经收到了多少实效,但至少他总也算是为我国尽了一份抗战的力"。16日,在《星洲日报·晨星》发表《图书馆与学者》,认为星洲为南洋文化、经济之总枢纽,住有华侨50余万,人数为南洋居冠,"公共图书馆之亟宜设立"。希望及早"促及实现",自己"愿与赞助诸公,共策行焉"。23日,在《星洲日报星期刊·文艺》发表《文人的团结》,是对5月15日老舍自重庆来书,道及国内文人已经坚强团结起来的回应。同月,参加发起成立南洋学会。8月12日,在《星州日报》发表社论《"八一三"抗战纪念前夕》,总结了"八一三"淞沪一役在抗战史上的重要意义。(以上参见陈其强《郁达夫年谱》,浙江大学出版社1989年版)

胡愈之1月1日在《世界知识》第10卷第7期上发表《我的想象》一文。3月,在《中学生》杂志第18期上发表《进步与倒退》一文。上半年,任广西各界宪政协进会理事会理事。曾为该会起草宣言。6—7月间,离开桂林飞抵香港。协助国新社香港分社和《华商报》工作。为许地山所著《扶箕迷信底研究》一书作序。7月,在《中学生》杂志第26期上发表《胜利的三年》一文。11月,遵周恩来旨意离香港到新加坡。12月2日,应聘任《南洋商报》编辑主任。(参见朱顺佐、金普森《胡愈之传》及附录《胡愈之生平大事年表》,杭州大学出版社1991年版)

朱杰勤在新加坡《星洲日报》《南洋商报》《南洋学报》等报刊发表论文和译文,发起成立中国南洋学会。1月,朱杰勤《龚定庵研究》由商务印书馆出版。此书由六章组成,分别为龚定庵别传、龚定庵之革命思想、龚定庵之掌故学、诗人龚定庵、龚定庵之史地学、龚定庵之金石学。此书是研究龚定庵的第一部专著,对龚定庵的事迹、思想和学术等考证分析颇细致可信。朱杰勤认为自己著述虽多,可观者少,唯此书"还是差强人意的"。年底,赴昆明空军学校任编译。(参见王学典《20世纪史学编年(1900—1949)》,商务印书馆2014年版)

赵洵、王莹等组成的"新中国剧团"6月在星洲正式成立,旨在"敦睦中英邦交,援助祖国抗战中的伤兵难民"。6月14日,郁达夫《星洲日报·晨星》发表《祝新中国剧团的成功》,希望各地侨胞,能"多多予以援助",务必"使他们能够收到预期以上的成功"。因为他们的成功,"就是我们抗战建国成功的先锋"。(参见陈其强《郁达夫年谱》,浙江大学出版社1989年版)

董寅初创办《朝报》,任经理兼总编辑,与爱国华侨陈嘉庚办的《南洋商报》等一起,共同进行抗日救国的宣传。

胡文虎在新加坡创办《总汇报》。

刘海粟主持中国现代名画筹赈展览会,并在雅加达、吉隆坡等地展出。

徐悲鸿1月19日在印度为太虚素描半身像。

太虚1月3日去观音亭,参加旅缅华侨佛教妇女促进会成立大会。晚,应印度俱乐部邀讲《国际和平》。8日,大师参观巴利文学院,学院赠巴利文三藏为纪念。9日,别中缅友人与信众,偕团员苇舫、慈航、惟幻,侍者王永良,登轮去印度,与印度宗教哲学者师觉月同舟。11日临晚,抵加尔各答。摩诃菩提会秘书法理性海、国际大学秘书戈云达、旅印缅甸佛教会长宇地沙及黄总领事朝琴、中国学院院长谭云山、各侨团领袖等200余人来欢迎。太虚率团员,驻锡交通旅社。12日晚,赴摩诃菩提会欢迎会,到中印锡英政学界200余人,大师演讲毕,以镀金银塔奉赠菩提会为纪念。13日上午,赴华侨欢迎会——会设明兴戏院,黄总领事代表献旗。晚,赴拉麻克利那总会欢迎会,太虚讲《国际和平》。14日,参观孟加拉佛教会、缅甸佛庙、印度教庙。下午,赴总领事馆茶会。16日,出席印度文化协会。大师加入为永久会员。次出席孟加拉佛教欢迎会。印度国民大会领袖波史,以车来欢迎晚餐。波史与大师谈，颇感赞助中国有心，而限于政治未获自由，仅能作同情之表示——印度医药救护。17 日，太虚率团员去国际大学，驻锡中国学院。出席国际大学欢迎会，80 高龄之太戈尔亲临主席。18 日，谭云山陪同参观。晚，太虚于国大讲学——四现实观，19 日，徐悲鸿为太虚素描半身像。谭云山设茶会欢迎，到太戈尔及各院教授等百余人。太虚以诗赠太戈尔。20 日，太虚约国大研究院院长克什梯摩罕沈及某印度哲学教授，与讨论有我无我（灵、神）问题。惟均不欲深论。30 日，摩诃菩提会开会欢迎。次赴贝勒纳斯国民大会主席普拉卡沙之欢迎会，尼赫鲁来会。31 日上午，尼赫鲁来访，与太虚晤谈。次参加摩诃菩提会对尼赫鲁之欢迎会。午后，法理性海陪赴卡西学院欢迎会。参观印度地图庙。尼赫鲁来，太虚与共在 10 万群众之欢迎游行中，赴摩诃菩提会召开之阿育王纪念大会。太虚被推为大会主席，与尼赫鲁均有演说。

> 按：太虚与尼赫鲁晤谈曰："中印两国对世界的关系，可把全世界的文化分为三种：第一是内心圣洁的修证，第二是人类情谊的调善，第三是对物质力的制御。由此三种发挥出来，就是印度文化，中国文化，西洋文化。中国和印度，曾对世界有过很大的贡献，不过近代的中印都受了西洋的影响。西洋文化的歧途，是把人当物质一样，所以世界的危机日深。希望将来不偏一端，物质需要发达，同时精神也要有修养，伦理也要得协调。我从前曾写过一本《自由史观》，即说明上面的这种理由，现在送给尼先生作纪念！"

太虚 2 月 1 日由法理性海等陪同参观全市，登轮游览恒河之胜。次赴印度大学及语言统一学社之欢迎会。2 日，出席通神学会之欢迎会。4 日，访尼泊尔境内之佛诞生处岚毗尼，瞻礼摩耶夫人攀无忧树诞生的石像，以及阿育王石柱。12 日，应甘地电邀，太虚等一行抵瓦而达。13 日，去西恭，晤甘地，甘地于纺纱声中与大师交谈。24 日，抵锡兰科伦坡。首相偕铁拉卡、市长杜拉胜芳均来欢迎，驻锡爱额斯额夫维戒勒拉特曩培雪涉色耳斯勒默之静室，受爱氏夫妇之供养。晚赴麻里卡坎达最高巴利文学院召集之僧俗欢迎会，来会者万余人。27 日，参观阿难陀学校、吷陀卡女校、摩诃菩提会学校、达磨波罗纪念学校、麻里甘坎达寺之巴利文学院。傍晚，出席全锡兰佛教徒大会之欢迎会，来会者万人。次赴华侨欢迎会，首相及市长均来参加。28 日，太虚率访问团访问锡兰古代文化中心之阿奴拉达坡拉。3 月 1 日，太虚等返科伦坡，赴比丘大会欢迎会。晚，佛教徒大会主席马拉拉舍扣喇，摩诃菩提会拉甲，佛教学校监督金刚智来访，与太虚商中锡佛教联络办法。大师又率访问团访问锡兰近古文化中心之坎地。参加（锡兰总督主持）法王学校校舍落成典礼。27 日，轮抵新加坡，太虚等驻锡龙山寺。4 月 7 日，在星洲连日应请演讲：于中华佛教会讲《在家学佛次第》；中正中学讲《菩萨行与新生活运动》；维多利亚纪念堂讲《八正道与改善人群生活》；静芳女学讲《佛教与中国女学》。19 日，太虚发《告日本佛教徒书》，勉以自救。28 日，太虚等轮抵西贡。5 月 2 日，太虚等一行车抵河内。4 日，太虚自河内乘欧亚机返昆明，结束五月来之访问工作。（以上参见印顺编著《太虚法师年谱》，宗教文化出版社 1995 年版）

陶希圣 1 月在杜月笙的安排下逃离上海抵达香港。15 日，陶希圣自香港致函胡适，称日汪《调整中日新关系要纲》实北自黑龙江，南至海南岛，军事、政治、经济、财政金融、文化教育乃至气象均归日本控制，确是"日本灭亡中国之企图"，并说："此种情形必须使美国政府得知"，故与胡适约，"可回一信，或转一电"，"但须全秘"。所谓"全秘"即陶的姓名要秘，可用"华国柱"之名联系。21 日，由陶希圣、高宗武携出的这份"日汪密约"《日支新关系调整要纲》与附件以及日汪谈判过程在《大公报》上公开披露，此即震惊中外的"高陶事件"。6 月，陶希圣在香港创办"国际通讯社"，编印《国际通讯》周刊。选译国外报章杂志的论文，以及编译者撰写的国际时事评论，为国内提供世界时局及国际问题的参考材料。（参见耿云志编《胡适年谱》,福建教育出版社 2012 年版;陈峰编《中国近代思想家文库·陶希圣卷》及附录《陶希圣年谱简编》,中国人民大学出版社 2014 年版)

柳亚子 12 月 13 日夜半离上海,乘亚洲皇后号船南渡。子柳无垢先自香港来游,因亦同行。行前委托胡道静将上海通志馆的文稿及部分贵重藏书转移到安全地方隐藏。胡道静通过天主教法国神甫的关系,由震旦大学图书馆代为保管。胡朴安以吴江朱不远所著写本《明清纪略目录》一册相赠。所搜集之南明史料书籍数百种,亦悉数带去,拟在港继续著述。柳亚子抵香港,与家人僦居九龙之德成街。香港文化界人士,举行欢迎茶会,出席者有宋庆龄、许地山夫妇等。旧友重逢,畅谈甚欢。重晤彭泽民、何香凝诸友,廖梦醒亦在。参加许地山、罗翼群、马鉴、冯裕芳、陈君葆、孙源、张英等所组织之新文字学会。(参见柳无忌编《柳亚子年谱》,中国社会科学出版社 1983 年版)

叶恭绰仍居香港。1 月 7 日,陈仲瑜和蒋复璁与蔡元培商议将为中央图书馆在港买书事托叶恭绰。蔡元培《日记》载:"午前,陈仲瑜和蒋复璁(慰堂)来拜访蔡元培,慰堂在中央图书馆服务甚久,现在沪仍积极进行,此行由港往沪,拟收买旧本书;在港托叶玉甫,在沪托张菊生;闻瞿氏铁琴铜剑楼、刘氏嘉业堂、邓氏群碧堂之书,均将出售。"2 月 25 日,蔡元培接到北大旅港同学叶恭绰等人联名信,请题通讯录封面并撰序言。28 日,蔡元培收到陆丹林函,以高剑父画梅、叶恭绰画松征题字,附来旧纸两张。3 月 2 日,顾廷龙和王欣夫长谈,得知传闻林则徐、翁方纲的日记都藏在叶恭绰处。5 月 18 日午后,张元济乘荷兰芝沙且号轮赴香港,与叶恭绰商定《广东丛书》选目。叶恭绰委托张元济在沪主持该丛书印制事宜。6 月 18 日,叶恭绰致张元济书,谓:"《广东丛书》拟印书目正在研究之中,闻明训家有余靖《武溪集》,系明版,又《琼台吟稿》,系明弘治本(已列入第一集目中矣),计公必均见过,拟均乞转商借印,未知可否?会中借印条件系每借书一部,送抽印本廿部,又丛书二部,此外别无其他条件。《丛书》既在沪印,想藏家可以放心也。又明训之元大德本《南海志》必须借印,不过须待第二集耳,缘第二集拟印关于史地书籍也。"7 月 3 日,张元济复叶恭绰书。谓:"敌军进窥香港,警讯频传,令人不怿。先生天怀淡定,必不为风鹤所扰也。又闻南方多雨,伏想起居安善,驰念无似。""故友潘明训,以佞宋自居。元本非所甚好,朱明旧刊等诸自郐。弟为编书录时,从不出际。《武溪》《琼台》两集,即不知其有无。其所藏书尽以畀其第七子名世兹者,在英伦游学。去冬归来,弟曾晤两面,言下尚知珍重手泽。今春赴香港谋作律师,至今未归。询其兄,知居处距尊寓不远。今附去介绍信,乞察阅一切,可就近商榷也。"7 月 10 日,张元济致叶恭绰书。谓:"前奉六月十八日手教。因借瞿氏《武溪集》需加整理,属试制印样若干叶,延至本月三日始克裁覆,托岫庐兄饬呈。顷又得前月卅日续书,知劳廑注,至为惭悚。屈计此时前函必当达览矣。余襄公于景祐元二年,奏请刊正班、范两史。敝处前印百衲本,仅前汉卷末略摘两疏大义,并无全文。此外并未见过。属觅善本参校,不克应命。赵汝愚《诸臣奏议》、杨士奇《历史名臣奏议》或加采辑。敝外藏本悉付焚如。此间旧籍素称穷乏,亦无从代为检讨。愧歉无似。港中警备闻稍宽弛,然强邻思逞,方兴未艾。引领南望,不胜系念。顷检瞿氏书目,有《诸臣奏议》两部,已函凤起托查。如有余氏两疏,当乞借录呈。容再报。"

叶恭绰 8 月 17 日致张元济书,谓:"兹同人讨论第二集办法,已决定专收关于广东之史地著述。公见闻广博,敢希示以经涂,不胜翘企。又明训所藏大德本《南海志》残本,为海内仅见之本,拟即编入二集。惟欲求执事商得潘氏许可借印,欲求示以该集内容大概,以便提商决定,因绰从未见此书,无从立言也。"10月10日,张元济复叶恭绰书,谓:"潘氏并无《琼台集》《南海志》则至今未曾交来,亦无覆音。前世琪曾有信来言,乃父遗书均为其弟世兹所有。语意似不愿过问。记得曾经奉告,料去恐非世兹回沪不能借得矣。丛书各底本甫于前月下旬始先后到齐。《曲江集》已检过,传、像均备。中阙卷九第十二叶。据馆员声称,称据敝馆《四部丛刊》本抄补《武溪集》,尚阙两序,无从搜觅,只可付诸阙如。《翁山文钞》确非完本,评刊者为常熟薛熙。佚其序言首叶。曾向铁琴铜剑楼访求,据云薛氏《依归集》及《海虞文徵》亦无此文。其他阙卷多少不详。已函傅沅叔,若双鉴楼亦无此书,只可先印现存各卷,以待后来。各卷亦有缺页,欲仿原本写补,此大不易。已由馆员径覆会中同人,期于年内出书。询诸承办职员,云如无意外变故,或可勉力办到。承示所有版式装订编次等事,命代照料,极应遵办。惟迩来精力大衰。夏日患假霍乱三时,至今三月尚未复元。诸事恐有贻误,仍属馆员随时请命。承办此事者为丁君英桂,管理影印旧书之事,已二十余年,稍有经验。寻常节目当不至有所贻误也。第二集书目垂询,愧无可对。惟北平图书馆有东莞陈建所辑之《皇明从信录》。又南京国学图书馆藏有屈翁山之《四朝成仁录》似亦难得,不知可供甄录否? 至能否借得,则又为另一问题矣。"同月,叶恭绰与黄般若任中国文化协进会艺术研究委员会委员。为黄般若题《黄石斋图》卷首。(以上参见杨雨瑶《叶恭绰先生艺文年谱》(下),载《艺术工作》2019年第1期;高平叔编著《蔡元培年谱长编》,人民教育出版社1996年版;张人凤、柳和城编著《张元济年谱长编》,上海交通大学出版社2011年版)

　　王云五继续任商务印书馆总经理,继续留居香港。1月21日,张元济致王云五书,谓:"蒋慰堂(复璁)君来,云拟办之事,已与我兄谈过。弟未能担任。兹有复蒋君信稿一纸,寄呈台阅,乞阅过发还。""叶玉虎君寄来在港举行广东文物展览会征品简章,并列大名。本馆祇有番禺《崔清献公全录》一书可以应征(明本亦罕见)。已将首尾两册,托蒋慰堂君带呈。弟又有家藏澹归和尚所书立轴一幅,为先八世祖寿辰撰词致贺,极为珍贵。澹师为贵省流寓,且有盛名。玉虎郑重征求,兼以我兄赞助,故愿出家珍陈列,亦托慰兄带呈,请兄督收,并饬妥送。"2月19日,张元济复王云五书。27日,张元济致王云五书,谈香港文化展览会事。3月5日,王云五致电张元济,告知是日午刻蔡元培在香港逝世。11日,张元济致王云五书,谓:"本公司借发股息,鄙见本届仍以三厘为宜。亟宜早日开董事会,望将去年报告及议案从速发下为盼。"28日,张元济复王云五书,知王云五已赴渝,收到去年营业开销报告暨借息提案,告以准备召集董事会情况。4月2日,张元济致王云五书,告知"借印《也是园元明杂剧》,本馆与教育部驻沪代表订立契约"。5月7日,王云五在香港广播电台播讲《四十年来之中国出版界》,将一九〇一年至一九四〇年之中国出版界分为五个时期:(一)革新运动时期;(二)新文化运动时期;(三)图书馆运动时期;(四)促进学术独立时期;(五)抗战时期。香港《大公报》5月10日—12日连续三天刊出讲稿。7月10日,张元济复王云五书,记述6月21日以来港、沪往来函电及上日董事会情况。9月25日,张元济致王云五书,谓"廿三日开董事会,当将寄下损失报告及一般报告全部宣读,并将分年表传观。各董均认为明晰详尽,至为欣慰"。(参见吴永贵《民国图书出版史编年:1912—1949》,社会科学文献出版社2018年版;张人凤、柳和城编著《张元济年谱长编》,上海交通大学出版社2011年版)

　　林焕平任广东国民大学香港分校教授,兼任民族革命通讯社香港分社社长、中华全国文艺界抗敌协会香港分会理事及中国青年记者协会香港分会理事、中国学术工作者协会理事。9月15日,作《抗日的现实主义与革命的浪漫主义》,刊于重庆《文学月报》第2卷第1—

2期。文中认为巴人的三段论是错误的,抗日的现实主义和革命的浪漫主义是一个统一体,不能分阶段,"抗日的现实主义,革命的浪漫主义,正是社会主义的现实主义,革命的浪漫主义在现阶段的这个之具体的应用"。因此文章主张"抗日的现实主义,革命的浪漫主义为抗战文艺的创作方法"。是年,林焕平所著《活的文学》由开明书店出版后,成为第一本由我国学者用马克思主义为指导写出的文学概论著作。(参见刘长鼎、陈秀华《中国现代文学运动史》,山东文艺出版社 2013 年版)

俞颂华是年夏因断然拒绝陈立夫拉拢加入国民党,离开重庆远去香港。到香港后,先任香港《星报》总主编,数月后赴新加坡担任《星洲日报》总编辑。在《星洲日报》工作 9 个月后,因国民党硬派一个姓关的去当总编辑以控制海外华侨舆论,而被挤回香港。

容肇祖送其妻赴香港就医,随入岭南大学国文系任教(广州沦陷后,岭南大学迁往香港)。是年,容肇祖《王守仁的门人黄绾》刊于《燕京学报》第 27 期。

冼玉清在香港任广东文物编纂委员,并参与编纂广东文物集 10 卷。

胡仲持赴香港,任《华商报》总编辑。

美国司徒雷登继续任燕京大学校长。2 月 17 日,本季首次全体师生大会,司徒雷登校长勉励青年,为治国平天下而努力。22 日,司徒雷登校长南下,准备 3、4 月间在香港分别参加"罗氏基金会"及"中华教育基金会"的会议。他说:"本校托事部现正努力为本校筹款,想今后经济方面可不生问题。"5 月,司徒雷登校长第三次南下,访问战时首都重庆。9 月,秋季开学全校师生第一次大会上,司徒雷登校长讲话,分析国际形势,认为独裁政治为战乱的原因,希望中国青年准备为自由、公理、正义而奋斗。10 月,司徒雷登校长谈本校与时局的关系称:"燕京之前途端视国际形势之演变为转移。美国之态度虽已明显,然未来时局之发展仍不可逆料。燕京之美籍教职员业经决定,除妇孺先行归国外,男性教职员非万不得已决不离去。"秋季之际,《燕京文学》半月刊创刊;由于国际形势恶劣,美国政府曾数度劝告在华美侨撤退。同时还有燕大准备结束或与辅仁大学合并的谣传。为此,司徒雷登校长对《燕京新闻》记者谈话,指出:"燕大为一教育机构,此间美国人士皆抱基督教服务人群之精神,对任何无法预料之不幸事件均无所畏惧。且本校对任何事件已有相当准备。吾人须努力维持现状。……吾人当以最大努力保卫学校之安全。……望全体师生勿信谣言。"是年,学生辅导委员会成立不久,司徒雷登校长对该会提出一项任务:若有学生要求学校帮助离开沦陷区,参加与抗日有关工作,应给予支持,有困难的给以资助,并尽量在途中找燕大校友予以协助。到年底(及次年初),共协助曹天钦、刘适(石泉)、钱淑诚(钱行)等十余人去大后方。在陈絜同志倡议下,得到司徒雷登校长同意,先后送走三批同学去解放区,其中有陈晶然(陶军)、方大慈(方原)、李国亮(陆禹)、孙以宽、陈培昌、孙贡三等。吴寿贞校友因遭日军袭击而牺牲。(参见张玮瑛、王百强、钱辛波主编《燕京大学史稿》,北京人民中国出版社 2000 年版;覃仕勇《隐忍与抗争:抗战中的北平文化界》,北京时代华文书局 2015 年版)

南洋华侨领袖陈嘉庚 1 月 13 日接蒋介石复电说:南侨慰劳事"已分电外交部电各领馆、各党部,力予协助矣"。2 月 2 日,华侨慰劳团正式成立。团员共 52 名,其中 30 余名于 2 月底到新加坡集合,进行准备工作。陈嘉庚再三告诫他们:"此次系到祖国工作,而非应酬游历者比,务希勤慎俭约!"3 月 2—4 日,分别与各地抵新的慰劳团团员举行座谈会,并分发调查视察提纲 30 条。5 日晚,在怡和轩俱乐部设宴为慰劳团钱行。在中华总商会举行的欢送会上演讲,强调慰劳团此行,目的在于精神上的慰劳,而不是回国捐献。6 日,慰劳团由团长潘国渠带领出发,从新加坡乘丰庆轮到仰光,准备转滇湎公路坐货车去重庆。根据陈嘉庚的要求,每个团员自带帆布床、蚊帐、外大衣和手电筒等。15日,偕庄西言和南侨总会秘书李铁民搭英国邮船离新加坡;16日,抵槟城;19日,抵仰光。在仰光停留一星期,曾在国际会发表演说,谴责日本侵华暴行,并指出日本野心不仅吞并中国,而且企图侵占马来亚、缅甸、印度等地,警告商人勿贪眼前小利而与世界大盗亲善,互为贸易。在集美校友会欢迎筵席上演说,强调凡我中国人民,应当紧密团结,不要像以往那样有省界、姓氏之分。在九文台华侨中学举行的各界欢迎会上致词两个小时,内容包括:一、关于兴学办教育贡献大的问题;二、关于为人领袖、领导侨胞出钱出力以助抗战的问题。慰劳团启程前,重庆国民党当局拨大笔专款设立了一个"欢迎南洋华侨回国慰劳团委员会"筹备欢迎。陈嘉庚在仰光时,针对当时重庆挥金如土的腐败风气,特地以南侨总会的名义在各报登了一则启事,深望所到当地政府长官社会人士,予以指导,其他招待,务祈节省。

陈嘉庚偕南侨总会副主席庄西言、慰劳团团员王振相(霹雳侨领)、陈准虎(槟榔屿侨领)及秘书李铁民等一行5人3月26日下午4点15分由仰光乘康定号飞机到达重庆。各界欢迎者有蒋介石代表应易安、吴铁城、萧吉珊、陈树人、许世英、张嘉璈、邵力子、高凌百及各院、部、会、中央各部处、市党政军机关、民众团体代表等二百余个单位上千人。陈嘉庚平时是难得笑的,但当侯西反、张之江(中国国术馆馆长)迎上去和他握手时,他兴奋得笑出声来。厦大、集美两校旅渝校友会代表向他敬献了"惠溥宗邦"锦旗一面。陈嘉庚发表演说,感谢各界的盛意欢迎,说明回国慰劳团的任务和动机。27日,赴吴铁城宴。宾主均致词。28日早,冯玉祥来访。上午,偕庄西言等往见蒋介石夫妇。30日,赴国民参政会举行的欢迎茶话会,发表演说,报告东南亚华侨的商业、教育及义捐情况,并对国民党政府将厦门大学改名为福建大学表示反对;赴国民党中央组织部部长朱家骅招待宴。席间听到朱家骅说"我们欢迎陈嘉庚先生来共同领导国民党",很不愉快,没有回答。戴季陶从旁转寰说:"陈先生一向为国家社会服务,入党不入党是一样的。"陈嘉庚答道:"戴先生所言极是。"

陈嘉庚4月初出席中共办事处召开的欢迎茶会,询问了由重庆到延安的路程。随后就接到毛泽东来电约他访问延安。4月28日,应全国经济学社第十五届年会主席马寅初邀请出席演讲,题目是《华侨投资祖国问题》。陈嘉庚讲完,马寅初立即上台,说陈嘉庚讲的"至情至理""实切中时弊"。他痛骂现在保管外汇之人尚逃走外汇,不顾大局,贪利无厌,说时几乎声泪俱下。陈嘉庚深为感动。5月1日,慰劳团分三团出发:一、三两团都由重庆经成都到广元,然后,一团由潘国渠带领,从广元往南郑、西安转往河南、安徽、湖北;三团由陈肇基带领,从广元往天水、兰州、青海、宁夏、绥远至郑州。二团由陈忠赣带领,从重庆往湖南、江西、浙江、福建、广东、广西出国。陈嘉庚则同庄西言、侯西反、李铁民等计划由成都转往延安。陈嘉庚在重庆期间,曾先后与国民党首脑人物林森、孔祥熙、何应钦、陈诚、陈立夫、戴季陶、于右任、居正、孙科、宋子文、王宠惠、王世杰、张嘉璈、翁文灏、许世英、邵力子、鹿钟麟、龚学遂及参政员黄炎培等人会谈,还到西南运输公司运输站、化学制造厂、造纸厂、炼钢厂、军械厂和工业合作社等处参观,结果都非常失望。同时了解重庆国民党政府钳制报纸、禁止言论自由的情况,私下不胜感慨地说:"那些国民党中央委员,都是身居要职,但都假公行私,贪污舞弊,生活奢华。那些人都是四五十岁,既不能做好事,又不会早死,他们至少还要尸位二三十年。中国的救星不知在哪里?即使出世了,或者还在学校读书,恐怕还要三几十年后才能出来担当国家大事,国家前途深可忧虑!"5月14日,陈嘉庚乘飞机到兰州,欢迎者千余人。晚,赴省府欢迎宴会,力言团结对外。5月24日晨。乘汽车到平凉。25日过咸阳,26日抵西安,到城郊欢迎者千余人。第一慰劳团已于四天前到达。

陈嘉庚5月30日早乘第十八集团军(即第八路军)办事处汽车离西安。省第一科科长寿家骏奉命同往。5月31日下午5时半,到达延安。当时各界5000多人齐集南门外欢迎。当陈嘉庚和侯西反、李铁民走下汽车时,"欢迎陈嘉庚先生莅临延安!""向陈嘉庚先生致敬!""向海外爱国侨胞致敬!"等口号腾空而起。在欢迎的人群中有干部、学生、职工、八路军官兵、民众自卫队和市民等,参政员王明、吴玉章、陕甘宁边区副主席高自立、八路军后方留守处主任肖劲光、一二〇师师长周士第、边区银行行长曹菊如等也在场。休息十几分钟之后,陈嘉康登上了欢迎台。高自立致欢迎词完毕,陈嘉庚即演讲,代表南洋1100多万华侨向大家致意。6月1日晨,一批留延归国华侨青年前来交际处拜访。上午,陈嘉庚在朱总司令和康克清陪同下参观了女大同学居住的窑洞和露天上课处,了解到女大有女侨生20多名,在延安鲁迅艺术学院等院校学习的侨生也有几十名,来自南洋各地。午后,参观延安城。下午4点,偕侯西反在朱总司令的陪同下前往杨家岭会见毛主席,畅谈甚久,并共进晚餐,王明等10余人作陪。陈嘉庚对这一摆在窑洞口的特别筵席作了这样的记载:"筵仅一席,设于门外露天,取一旧圆桌面置砖头上,已陈旧不光洁,乃用四张白纸遮盖,以代桌巾,适风来被吹起,即弃不用。"晚,由毛主席、朱总司令陪同到中央党校的中央大礼堂,出席"延安各界欢迎陈嘉庚先生晚会"。因李铁民住院,侯西反不会讲国语,从延安青年干部学校找来17岁的归侨青年王唯真当翻译。陈嘉庚和侯西反在会上都讲了话。2日下午,陈嘉庚应邀去延安抗日军政大学第三分校,参加抗大师生欢迎朱总司令返延(去前线刚回来)、欢迎陈嘉庚莅延、欢迎茅盾、张仲实从新疆抵延的大会,在会上讲了话。7日晚,陈嘉庚到出席千余人参加的欢送会,致答词说:这次访问延安最感到满意的是,真正看到中共方面对坚持团结、坚持抗战到底的方针,立场坚定,态度诚恳;对延安地区各界艰苦奋斗的精神尤为感奋。在离开时,陈嘉庚总结访问重庆与延安的观感说:重庆"虚浮乏实,绝无一项稍感满意"。而到了延安,感觉别有天地,人民安居乐业,社会风气也好。

按:6月16日,陈嘉庚尽管总结从西安到陕北及返回西安的二十天中,"亲见两党不洽者五次,皆由国民党有意构造",即阻止慰劳团赴朱德之宴,唆使洛川少数人投递反共函件,宜君县发生抢劫案却嫁祸于远隔两个县之外的共产党,陈立夫等特地前来寓所专讲共产党"罪恶",何主任设宴专题骂共产党。此种"鬼域手段,而为识者鄙薄,有何裨益,岂非弄巧反拙耶"。

陈嘉庚7月21日接待周恩来来寓所会见,这是初次相识。陈嘉庚问国共调解有无进展,周答,自延安来此已一个多月,做了许多努力,但离题尚远,近日大纲已议妥(指国共合作抗日),将往延安与毛主席、朱总司令面商做出决定。24日,叶剑英来访,说周恩来已于本早乘飞机往延安。25日,根据要求,叶剑英送来印好的双方调解条件文书一份。同日,全国报界记者协会主席范长江带一个苏联记者来访,询问在西北所见国共摩擦情况。记者所问,陈嘉庚都据实答复。晚,应国民外交协会主席陈铭枢之约,到留法比瑞同学会礼堂演讲《西北观感》,有几百人出席,记者也很多。谈到延安的所见所闻时说:余注意调查其是否实行"共产共妻","及到两三天,已明白传闻均失实"。他实事求是地谈了自己对延安的良好印象。并郑重声明自己和大多数海外侨胞是无党无派的,是站在国民的立场,认为现在应该举国一致,枪口对外!这不仅是关系于国家一时的安危,而且关系今后民族永久的存亡!26日,《新华日报》刊载了一篇特写,详细报道陈嘉庚讲演的情况和内容,标题是《陈嘉庚先生西北归来纵谈团结抗战——国内若不团结抗战,就无办法,各党派应负起挽救危亡责任》。而《西北观感》讲演之后重庆党人很恼火,说陈嘉庚"以华侨领袖地位,未免为共产党火上添油"。陈嘉庚回答:本人所讲,"系所闻与所见,其中何句失实,君乃党员(国民党)之一,可以证明","总而言之,无论在何处,如有要余演讲回国所闻见,余决不能昧良指鹿为马"。

陈嘉庚7月29日应蒋介石之约在黄山别墅吃午饭,陪客有何应钦、白崇禧、卫立煌、朱家骅、吴铁城等12人。饭后,蒋问陈嘉庚:对国民党有什么看法? 答:对党务本人是门外汉,没有主意,不能作答。过一会蒋又问,对国民党感想如何? 答:从来不注意此等事。第三次问,陈嘉庚只好回答说:国民党在国内的事,实在不能答,若南洋余却知大概,他毫不隐饰地谈了自己的不满看法。准备次日离开重庆。当晚,孔祥熙、何应钦、白崇禧都来送行。陈嘉庚登报声明南侨慰劳团任务已毕,工作结束。8月9日,到西南联合大学演讲《西北考察之观感及南洋侨胞之近况》,勉励学生挑起建国重任,"无论个人、社会、国家、事业的发展全赖'忠诚信义'四字"。12日,出席昆明各界欢迎会,在答词中报告海外华侨积极义捐、抵制日货等情况。12月15日,在仰光华侨欢迎会上作了长达三小时的报告,详述回国访问经过、最近抗战形势及必胜的道理,勉励华侨"更加努力,多寄家用及义捐"。并以极其乐观的语气向与会侨胞提出:"中国的希望在延安!"(以上参见陈碧笙、陈毅明编著《陈嘉庚年谱》,福建人民出版社1986年版)

日本鸟居龙藏12月在《燕京学报》第28期发表《契丹黑山黑岭考》。作者不仅考辨黑山、黑岭之地理位置,还运用人类学、神话学等知识,考察"黑山"在契丹人精神世界的意义,认为黑山与契丹人信仰有关,契丹人认为黑山"即最古祖先魂魄居住之所。此信仰古来流传于契丹人之间""含有极浓厚萨满教之色彩""契丹黑山之信仰,可认为东胡民族固有之物,其与黄泉国志信仰巧合"。同期还刊载了杨明照《郭象〈庄子注〉是否窃自向秀检讨》、寿普暄《由经典释文试探庄子古本》、凌景埏《宋魏汉律与大晟府》、郑骞《冯惟敏及其著述》、齐思和《燕吴非周封国说》、王西徵《五音七音述考》等文。(参见王学典《20世纪史学编年(1900—1949)》,商务印书馆2014年版)

日本人关野雄调查临淄齐国故城和滕、薛二国故城。此间,还有其他日人在周口店和殷墟等地进行发掘。(参见中国大百科全书总编辑委员会《中国大百科全书·考古学》,中国大百科全书出版社2002年版)

日本人原田淑人组织日本东亚考古学会和东亚文化协议会,在日军侵占的华北地区活动。由原田淑人主持发掘邯郸赵王城。(参见中国大百科全书总编辑委员会《中国大百科全书·考古学》,中国大百科全书出版社2002年版)

三、学术论文

嵇文甫《漫谈学术中国化问题》刊于《理论与现实》第1卷第4期。

按:是文指出:"当中华民族正拼死苦斗,从血泊中打开出路,以自决其前途命运的时候,'中国化'的口号被提出于学术界,这是富有学术意义的。中国需要现代化,需要把世界上进步的学术文化尽量吸收,使自己迅速壮大起来。……世界上任何好东西,总需要经过我们的咀嚼消化,融合到我们的血肉机体中,然后对于我们方为有用。我们不能象填鸭似地,把外边的东西尽管往自己肚里硬填,不能象小儿学舌似地,专去背诵旁人的言语,我们要'中国化',要适应着自己的需要,把世界上许多好东西都融化成自己的。"

对于何谓"中国化",是文认为:"首先,很明显的,所谓'中国化',自然不会相同于顽固的国粹论。因为照国粹派的看法,什么都是中国的好,一切都用中国固有的。……我们只能在吸收外来文化的基地上来进行'中国化',并不能关起门来,把中国自己的东西再来'中国化'。它不仅不排斥外来文化,而且恰好相反,非吸收外来文化也就根本无所谓'中国化'。所以'中国化'这口号和顽固的国粹论简直是根本不能相容的""其次,所谓'中国化',当然也不会混同于糊涂的中体西用论。因为所谓'中国化',是融化不是拼凑,是化合不是混合,是彻头彻尾,彻上彻下的,不是割裂补缀的。……所谓'中国化'者,只是世界性的文化,经过中国民族的消化,而带有一种特殊的中国味道而已。糊涂拼凑的中体西用论显然不同""还有,所谓'中国化',又决不同于投机性的中国本位文化论。因为中国本位文化论产生于一个时代的逆流中,它是在漂亮辞句的掩饰下,向这逆流暗送秋波的。它反对全盘西化论,同时又不是国粹论和中学为体西学为用论。从表面上看,这不是和现在所谓'中国化'很相类似么?但实际上,它是迷离闪烁,并没有明白确定的内容"。

那么怎样才是"中国本位"的文化呢?是文指出:"其意若曰:不管是中国古代的文化也好,西洋现代的文化也好,我们都要站在目前中国的立场上,把它们重新称量一番,赤裸裸地建设起一种中国自己的新文化。这种新文化,既不是中国古代的,也不是西洋现代的,而另是一种'第三种文化'。……'中国化'乃是把世界性的文化'中国化',这'化'了的东西,虽然带上些中国味道,但本质上仍然是世界的。至于所谓'中国本位文化',却是中国所独有,和西洋文化有本质上的不同。换句话说,那班人只看见文化的民族性,却没有看见文化的世界性,他们不能把两者辩证的统一起来。在这一点上,它们比起国粹论者,或中体西用论者,不见得进步多少。再者,'中国化'只是就现实所有的,中国民族正在吸收着的世界性的文化咀嚼消化使这种文化在中国民族中发荣滋长,放出异样的光彩。它并没有象中国本位文化论者那样的野心、幻想,要超出古今中外,劈空另创出一种新文化来。真理是具体的。'中国化'这口号之所以正确,就是因为它切合时宜,切合当前历史发展的具体条件。要是讲漂亮,讲八面照顾的话,它或者还不如中国本位文化论。然而那就不成其为实践的口号,而只是一种抽象的空论,只是做八股"。

关于"学术中国化"与"接受民族传统"的问题。是文认为:"所谓'中国化',就是要把现代世界性的文化,和自己民族的文化传统,有机地联系起来。所以离开民族传统就无从讲'中国化'。可是,这民族传统应该怎样接受呢?你当然会说:批判地接受。也就是说,接受那优良的,丢掉那不优良的。可是怎样才算优良的呢?你虽然不妨以现代生活现代观点为标准,去分析中国旧文化,看那些优良,那些不优良。"

在接受传统文化时,是文认为应该注意以下几个问题:"第一,传统的旧文化中,有许多东西根本就带着一般性或共同性,根本就不是某一个特殊时代所独有,和现代生活根本就没有什么冲突,这当然很容易接受。就象许多关于立身处世的格言,有些固然已经失其时效,但有些却直到现在仍然是有价值的。……这些地方,我们要善于运用,要能把一些空洞教条,很适宜地和现实生活配合起来""第二,传统的旧文化中,有些东西,虽然它原来的具体形态和现代生活不能相容,然而因为时代的转变,它那具体形态早已失掉,不至于再混入现代生活中。现在留给我们的乃只是它的某些精神或远景,而这些精神或远景,在现代生活中又能发生某种有益的作用或暗示,这些东西,我们当然也可以接受""第三,传统的旧文化中,有些东西,看着虽然是乌烟瘴气的,但其中却包含一种真理,或近代思想的某些因素。对于这些,我们应该象马克思对于黑格尔的学说一样,'从神秘的外衣中,剥取其合理的核心'""第四,传统的旧文化中,有些东西,从现代眼光看来,虽然没有什么道理,甚至还很荒谬。然而在当时却是有进步意义的。对于这些,我们不妨舍其本身,而单从历史发展的观点上,阐扬其进步性"。(郑州大学嵇文甫文集编辑组编《嵇文甫文集》(中册),河南人民出版社1990年版)

毛泽东《新民主主义的政治与新民主主义的文化》刊于《中国文化》第1卷第1期。

胡蛮《鲁迅对于民族的文化和艺术问题底看法》刊于《中国文化》第1卷第1期。

陈伯达《杨子哲学思想》刊于《中国文化》第1卷第1期。

冼星海《民歌与中国新兴音乐》刊于《中国文化》第1卷第1期。

艾思奇《抗战中的陕甘宁边区文化运动》刊于《中国文化》第 1 卷第 2 期。

洛甫《抗战以来中华民族的新文化运动与今后任务》刊于《中国文化》第 1 卷第 2 期。

吴玉章《新文字与新文化运动》刊于《中国文化》第 1 卷第 2—3 期。

[苏]尤琴作,杨松译《继续研究马克思列宁的哲学问题》刊于《中国文化》第 1 卷第 3 期。

艾思奇《五四文化运动的特点》刊于《中国文化》第 1 卷第 3 期。

周扬《关于"五四"文学革命的二三零感》刊于《中国文化》第 1 卷第 3 期。

范文澜《关于上古历史阶段的商榷》刊于《中国文化》第 1 卷第 3 期。

萧向荣《八路军的文化教育工作》刊于《中国文化》第 1 卷第 4 期。

茅盾《关于"新水浒"——一部利用旧形式的长篇小说》刊于《中国文化》第 1 卷第 4 期。

何干之《团圆主义文学》刊于《中国文化》第 1 卷第 4 期。

胡蛮《欧化的中国美术之批评》刊于《中国文化》第 1 卷第 4 期。

艾思奇《哲学是什么》刊于《中国文化》第 1 卷第 4 期。

萧向荣《八路军的文化教育工作》刊于《中国文化》第 1 卷第 4 期。

陈伯达《论"新哲学"问题及其他》刊于《中国文化》第 1 卷第 5 期。

茅盾《论如何学习文学的民族形式》刊于《中国文化》第 1 卷第 5 期。

尹达《中华民族及其文化之本质》刊于《中国文化》第 1 卷第 5 期。

杨松《关于马列中国主义化的问题》刊于《中国文化》第 1 卷第 5 期。

艾思奇《当前文化运动的任务》刊于《中国文化》第 1 卷第 6 期。

和培元《逻辑史鸟瞰》刊于《中国文化》第 1 卷第 6 期。

[苏]高罗霍夫作,张仲实译《论社会主义时代生产关系底完全适应于生产力》刊于《中国文化》第 2 卷第 1 期。

温济泽《自然科学与社会科学的关系》刊于《中国文化》第 2 卷第 2 期。

周文《文化大众化实践中的意见》刊于《中国文化》第 2 卷第 3 期。

张仲实《怎样研究〈资本论〉》刊于《中国文化》第 2 卷第 3 期。

胡蛮《中国美术上的新机运》刊于《中国文化》第 2 卷第 3 期。

陈伯达《两大中心思想的斗争》刊于《中国文化》第 2 卷第 3 期。

艾思奇《质量论的相互转化》刊于《中国文化》第 2 卷第 3—4 期。

谢华《略论殷代奴隶制度》刊于《中国文化》第 2 卷第 4 期。

徐特立《怎样进行自然科学的研究》刊于《中国文化》第 2 卷第 4 期。

周文《文化大众化实践的意见》刊于《中国文化》第 2 卷第 4 期。

聂崇岐《宋辽交聘考》刊于《燕京学报》第 27 期。

容肇祖《王守仁的门人黄绾》刊于《燕京学报》第 27 期。

陈梦家《商王名号考》刊于《燕京学报》第 27 期。

程明洲《所谓"景善日记"者》刊于《燕京学报》第 27 期。

凌景埏《南戏与北剧之交化》刊于《燕京学报》第 27 期。

张家驹《王明清挥麈录辨证标题》刊于《燕京学报》第 27 期。

钟凤年《四罪辨》刊于《燕京学报》第 27 期。

[日]鸟居龙藏《下花园之北魏石窟》刊于《燕京学报》第 27 期。

陆志韦《说文广韵中间声类转变的大势》刊于《燕京学报》第 28 期。

陆志韦《试拟切韵声母之音值并论唐代长安语之声母》刊于《燕京学报》第 28 期。

杨明照《郭象庄子注是否窃自向秀检讨》刊于《燕京学报》第 28 期。

寿普暄《由经典释文试探庄子古本》刊于《燕京学报》第 28 期。

凌景埏《宋魏汉津乐与大晟府》刊于《燕京学报》第 28 期。

郑骞《冯惟敏及其著述》刊于《燕京学报》第 28 期。

[日]鸟居龙藏《契丹黑山黑岭考》刊于《燕京学报》第 28 期。

齐思和《燕吴非周封国说》刊于《燕京学报》第 28 期。

王西征《五音七音述考》刊于《燕京学报》第 28 期。

黄子通《孔子哲学》刊于《文哲丛刊》第 1 卷。

王时润《商君书之研究》刊于《文哲丛刊》第 1 卷。

骆鸿凯《文始笺》刊于《文哲丛刊》第 1 卷。

吴绍熙《六十年来心理学之演变》刊于《文哲丛刊》第 1 卷。

李肖聃《顾亭林评传序》刊于《文哲丛刊》第 1 卷。

李肖聃《罗庆丹墓表》刊于《文哲丛刊》第 1 卷。

王啸苏《中国文学史序》刊于《文哲丛刊》第 1 卷。

杨树达《春秋大义述自序》刊于《文哲丛刊》第 1 卷。

卫聚贤《字源的编纂计划》刊于《说文月刊》第 1 卷第 4 期。

马叙伦《说文解字六书疏证摘记》刊于《说文月刊》第 1 卷第 4 期。

张世禄《介绍高本汉先生》刊于《说文月刊》第 1 卷第 4 期。

顾颉刚、童书业《鲧禹的传说(三)》刊于《说文月刊》第 1 卷第 4 期。

杨宽《鲧共工与玄冥冯夷》刊于《说文月刊》第 1 卷第 4 期。

蒋玄怡《中国古代贝货之由来与吴越民族之关系》刊于《说文月刊》第 1 卷第 4 期。

陈志良《中国人最初移殖美洲说》刊于《说文月刊》第 1 卷第 4 期。

王少坞《海岱人文》刊于《说文月刊》第 1 卷第 4 期。

卫聚贤《秦汉时代发现甲骨文说》刊于《说文月刊》第 1 卷第 4 期。

砺夫《历代学术变迁之一瞥》刊于《学生月刊》第 1 卷第 3 期。

按:是文将我国历代学术变迁之大势,做了如下总结:"溯吾国文字之起源,相传伏羲创八卦,始造书契;其后仓颉依赖象形,文字大备,而绘画乐歌,均渐发达,如皇帝有云门之乐;尧有康衢之歌;舜造五绞之琴而歌南风;夏禹铸鼎象物而魑魅魍魉莫逃其形,此乃艺术之成绩也。又如皇帝设史官掌人事,自是而右史记事,左史记言之制起,言为尚书,事为春秋,盖即尚书春秋之权兴也。黄帝时,大挠作甲子,容成定历法,开研究天文历法之渐;舜时有'璇玑''玉衡'测验天象,以定四时;夏禹规定四时月序,以建寅为正月;商以建丑周以建子余则以干支顺推,遂成数千年来沿用之历法。凡此皆学术之萌芽时代也。

"商周以降,文化愈高。逮乎春秋战国,思想发达,盛极一时;揆厥原因,不外:(A)集上古一切学术之大成;(B)周室政治衰颓,经济上起一大变动,教育解放,思想遂得随之发展;(C)群雄纷争,政治窳败,知识群趋追求社会问题之解决。而儒、墨、道、法,尤为当时思想之主派……此外尚有阴阳、名、纵横、杂、农、小说诸家之思想。思想界经此时期之充分发展,于是哲学、伦理、政治、法律等学说,亦皆朝气蓬勃,蔚为大观。

"汉承暴秦之后,君主专制,较秦尤甚。鉴于法家之学,易招反抗,乃利用儒学之'正名'与'辨君臣'之义,以固其权位,由是儒术见重于王廷。……秦代以前,语音字形极为复杂。秦一统后,尽废奇字异音,率依秦文。于是李斯作小篆,程邈作隶书,王次仲变篆籀;至汉而史游作章草,张芝作一笔草,刘德升作行书,蔡邕作飞白书,文字乃趋简便。益以司马相如、张敞、扬雄、杜林、许慎诸人之整理,与夫笔纸之先后发明,学术工具,益臻完备。以言经学,则《诗》《书》《易》《礼》《春秋》以及诸子百家之书,经汉儒之搜集整理,均得传世。武帝诏立五经博士,然皆口授心传,党同伐异,派别殊多。故古文之初出,群趋争辩。于是经今古文之争,遂成经学界之一大公案。以言史学,有司马迁《史记》,班固《汉书》;稗史笔记有刘向《说苑》《新序》。以言文学,则赋有相如、扬雄、东方朔、班(固)、张(衡)、崔(瑗)、蔡邕之伦;诗有苏、李、枚乘诸人之作,是为四言变为五言之代表。《柏梁壹诗》《垓下歌》《大风歌》《秋风辞》,又足为骚体变为七言之雏形。而武帝立乐府,以诗合为音调,此又为乐府词曲之嚆矢。

"两汉诸儒,率主托古改制,致思想界深蒙其害。及王充、仲长统、孔融、祢衡辈出,流风所布,思想为之渐变。传及魏晋,道家哲学,极其发达,尽毁汉儒之说。此后学者竞谈老庄。竹林七贤,放达肆态,虽无世用,然亦足称学术思想之转机也。无何北族侵入,中原沦陷,当时之士,咸萌悲观,于是遂由自然主义转往出世主义。适此时佛学东渐,大合人心,学术思想遂又由道学趋于佛学。又三国倾轧,南北文化,相互调和,于学术上亦有不可漠视之处。

"魏文帝提倡文学,揭破两汉学者以文学为小技之目光,因而魏晋文学,遂成特殊风格。晋荣以还,工骈俪,谐声韵,多理想高超之作品;齐梁以后,艳丽缠绵之作,风靡一时。沈约撰四声韵谱,作纽字图,是为音韵学之始。艺术则有胡昭、钟繇、索靖、卫砾、王羲之之字;顾恺之之画;医学则有张机、华佗之妙技,此皆照耀当时流馨后世者也。总之,季汉以来,下迄魏晋,本内心批评之精神,极于自我之发现,以个人小己为归宿,此乃三百年间学术之主潮也。

"六代告终,隋唐统一,清谈既歇,遂由经学佛学平分学术界之天下,南北对峙,学术互异。北人守旧,理晚汉之余绪;南人趋新,有两晋之遗风。唐太宗命孔颖达等撰《五经正义》,北学遂亡,而南(宗)则独盛。文学则隋文英迈,有振兴文教之意,北之苏绰,文拟大诰,延及有唐,骈俪之风复昌初唐四杰,首肇其端,玄宗时之燕许,其健将也。迨姚思廉作梁书,遂开复古运动之端,陈子昂、元结力破浮靡积习。韩愈继起,于学则排斥佛老,于文则摈弃齐梁,奋然以卫道复古自任;且得柳宗元、李翱、皇甫湜、张籍等之助,古文家派从此成立。唐代思想解放,故文有韩柳,诗有李杜。艺术则有太宗之燕乐,玄宗之坐立部伎,他如欧阳询、虞世南、褚遂良、颜真卿、柳公权、李邕之字,吴道子、王维、徐熙、李思训之画,杨惠之之雕塑,皆富独创精神。尤可贵者,烧瓷术印刷术之发明,实为对世界文化之一大贡献。惜乎诸学蓄盛,史学独衰,虽有房乔之重修晋书,然出自多人手笔,不堪与史汉媲美。五代云扰,学术荡然,惟词独惊绝,下开两宋。而唐人说部,上承六朝,下为宋元话剧张本,亦可称也。

"宋学之兴,盖深受唐代佛道诸思想之余荫。道士陈抟之学,传于种放(洛阳人,字名逸)、穆修,再传于刘牧、李之才、周敦颐。刘作易数钩隐图,周作太极图说,李学传于邵雍,作《皇极经世》书。至朱熹,力主格物致知,实集宋学之大成。而陆九渊则主心理合一,与朱之即物穷理之说相对峙。学术界自周敦颐以后,分关闽濂洛四派,其宇宙观与人生观,皆为一种'气理二元论',以'理'或'道'为人生之本;故宋学又称理学或道学。

"下迄元代,赵复讲宋学于燕,而金履祥、许谦亦以治此学闻名,吴澄则从事调和朱陆两派学说。明成祖力崇朱程之学,诏编《四书大全》《五经大全》《性理大全》等书;然薛瑄、陈献章、王守仁诸人,以治学之畸形发展,乃有'河东派''江门派''姚江派'之别。故宋元明八百年间之思想,实为宋学势力所笼罩。宋初诸儒,鉴于闭锢学术思想之影响,于是有岳麓、应天、石鼓、白鹿洞诸地私家讲学之举,其价值实远在官学之上,由是宋学流布益广。至于宋元明之文学,古文则宋有欧、苏、曾、王,上承韩柳;元则有虞集、杨载、范梈、揭傒斯等古文四绝;明则有归有光、唐顺之等以卫道自任。宋之诗词,有西昆体、江西派,以刘(筠)、杨(亿)、黄(庭坚)、陈(师道)为之魁,而欧阳(修)、苏(轼)、周(邦彦)、姜(夔)各标一帜焉。元则由词面转入戏剧,关、马、王、白、乔、郑之剧本,盛极一时;小说之著作,如施耐庵、罗贯中之小说,皆脍炙人口。明代传奇,亦见称于时,如《荆钗记》《刘知远》《拜月亭》《杀狗记》《四梦》诸书,皆名作也。他如王安石行新法,废诗赋,用经义,王充耘之作《书义矜式》,而元明八股之文,遂成学术界之毒菌矣。明亡清兴,学者鉴于宋学之空疏,乃趋于探求真理,考证校雠之学,于焉大盛。如顾炎武之努力于音韵训诂,黄宗羲之主治经史;王夫之并斥王陆而崇朱学;颜元主实履实践。由此以观,则清代学术思想,实入汉学之规范矣。及惠栋、戴震辈出,遂成汉宋学对立之局。而庄存与之力挽汉学破碎支离之弊,于当时之学术,影响特深。刘逢禄、龚自珍、魏源承庄学而光大之,复衍于皮锡瑞、王闿运、康有为辈。而康则演孔子托古改制之说,更为数千年来迷古思想之一大革命,复得梁启超等之臂助,参以西欧文化,由是中国之学术思想,遂完全步入另一途径。清代文学方面,小说有《红楼梦》《儒林外史》等书;传奇有《桃花扇》《长生殿》诸作。史学有钱大昕《廿二史考异》、王鸣盛《十七史商榷》等书。学术史有《明儒学案》《宋元学案》《理学宗传》《儒林宗派》《文史通义》等著。艺术则有四王(王烟客、王元熙、王石谷、王麓台)、恽(寿平)、吴(大钧)之画。医学有陈念祖、徐大椿、武之望、李宗梓诸人之推考。若论西欧学术思想之输入,除明时意人利玛窦(Matteo Ricci,1552—1610)携来之天文、地理、历算火器,与德人汤若望(Joannes Adam Schall von Bell)之《时宪书》《历法西传》《新法表异》诸书外。则有徐光启、李之藻等所译之《乾坤体义》《几何原本》《测量法义》等书。从此西洋学术之研究,渐形活跃,颇有弃文学而改行探讨社会科学与自然科学之趋向。"

郑寿麟《研究德国史学之准备》刊于《史学季刊》第 1 卷第 1 期。

周谦冲《现代西洋史学之倾向》刊于《史学季刊》第 1 卷第 1 期。

蒙文通《秦之社会》刊于《史学季刊》第 1 卷第 1 期。

陶元珍《三国志篇目考》刊于《史学季刊》第 1 卷第 1 期。

蒙季甫《儒家政治思想之变迁》刊于《史学季刊》第 1 卷第 1 期。

黄文弼《古代于阗国都之研究》刊于《史学季刊》第 1 卷第 1 期。

徐中舒《古代四川之文化》刊于《史学季刊》第 1 卷第 1 期。

斐如《汪逆卖国与我们的觉悟》刊于《战时日本》第 4 卷第 1 期"春季特大号"。

刘希宁《日本最近的外交及其动向》刊于《战时日本》第 4 卷第 1 期"春季特大号"。

郑森禹《日寇财政危机的深化》刊于《战时日本》第 4 卷第 1 期"春季特大号"。

梁式文《三年来日本战时的金融》刊于《战时日本》第 4 卷第 1 期"春季特大号"。

[苏]毕罗夫著,沈则平译《日本战时经济问题总检讨》刊于《战时日本》第 4 卷第 1 期"春季特大号"。

[苏]莫铁莱夫《太平洋问题的产生及其本质》刊于《战时日本》第 4 卷第 1 期"春季特大号"。

斐如《提防日阀制造"东方慕尼黑"的阴谋》刊于《战时日本》第 4 卷第 1 期"春季特大号"。

黎明《同盟会与台湾革命青年》刊于《战时日本》第 4 卷第 1 期"春季特大号"。

李景禧《敌国战时犯罪的严重性》刊于《战时日本》第 4 卷第 1 期"春季特大号"。

思慕《高物价铁轮下的日本》刊于《战时日本》第 4 卷第 1 期"春季特大号"。

蔡云腾《敌人在沦陷区的奴化教育》刊于《战时日本》第 4 卷第 1 期"春季特大号"。

纯青《阿部内阁到米内内阁》刊于《战时日本》第 4 卷第 1 期"春季特大号"。

高行《日本议会倒阁声中各政党领袖的动态》刊于《战时日本》第 4 卷第 1 期"春季特大号"。

纯青《再论中日战局》刊于《战时日本》第 4 卷第 1 期"春季特大号"。

恽逸群《日寇的兵力及其企图》刊于《战时日本》第 4 卷第 1 期"春季特大号"。

宋斐如《战争第四年日本政治总检讨》刊于《战时日本》第 4 卷第 1 期"春季特大号"。

郑允恭《欧洲大战与远东问题》刊于《东方杂志》第 37 卷第 1 号"欧战大战专号"。

吴泽炎《国际关系的新分野》刊于《东方杂志》第 37 卷第 1 号"欧战大战专号"。

陈友仁《欧洲大战与中国》刊于《东方杂志》第 37 卷第 1 号"欧战大战专号"。

黄霖生《欧洲大战与日本》刊于《东方杂志》第 37 卷第 1 号"欧战大战专号"。

朱偰《欧洲大战与德国》刊于《东方杂志》第 37 卷第 1 号"欧战大战专号"。

李泽珍《欧洲大战与法国》刊于《东方杂志》第 37 卷第 1 号"欧战大战专号"。

耿淡如《欧洲大战与美国》刊于《东方杂志》第 37 卷第 1 号"欧战大战专号"。

薛光前《欧洲大战与意国》刊于《东方杂志》第 37 卷第 1 号"欧战大战专号"。

许性初《欧洲大战与意国》刊于《东方杂志》第 37 卷第 1 号"欧战大战专号"。

祝百英《欧洲大战与苏联》刊于《东方杂志》第 37 卷第 1 号"欧战大战专号"。

泽炎《苏联进军芬兰之前》刊于《东方杂志》第 37 卷第 1 号"欧战大战专号"。

君珠《欧洲海上战况》刊于《东方杂志》第 37 卷第 1 号"欧战大战专号"。

良辅《在军事胜利以后》刊于《东方杂志》第 37 卷第 2 号。

吴泽炎《抗战期中的宪政运动》刊于《东方杂志》第 37 卷第 2 号。

施建生《一九四〇年远东局势的展望》刊于《东方杂志》第 37 卷第 2 号。

黄霖生《从日人"资质"上检讨其战斗力》刊于《东方杂志》第 37 卷第 2 号。

孙蒍侯《抗战期中之两大交通建设》刊于《东方杂志》第 37 卷第 2 号。

蔡次薛《新广西的经济建设》刊于《东方杂志》第 37 卷第 2 号。

赵叔诚《商品账分户记载法之研究》刊于《东方杂志》第 37 卷第 2 号。

吴泽炎《欧洲中的中立国家》刊于《东方杂志》第 37 卷第 3 号。

史国英《一九三九年日军在华惨败之总检讨》刊于《东方杂志》第 37 卷第 3 号。

汤德明《德苏经济合作之剖视》刊于《东方杂志》第 37 卷第 3 号。

赵俊《二次欧战之史的观察》刊于《东方杂志》第 37 卷第 3 号。

蔡次薛《开发西南与交通建设》刊于《东方杂志》第 37 卷第 3 号。

忻介六《抗战期中之白蜡虫事业》刊于《东方杂志》第 37 卷第 3 号。

吴泽炎《巴尔干国家的悲剧》刊于《东方杂志》第 37 卷第 4 号。

彭信威《日本宪政发展经过与我国实施宪政问题》刊于《东方杂志》第 37 卷第 4 号。

杜绍光《实施宪政前之基本工作》刊于《东方杂志》第 37 卷第 4 号。

刘朗泉《两年半来国民政府对外贸易政策的回顾》刊于《东方杂志》第 37 卷第 4 号。

李朋《四川的桐油与国营》刊于《东方杂志》第 37 卷第 4 号。

许云樵《读暹罗华化考》刊于《东方杂志》第 37 卷第 4 号。

君珠《日本独霸东亚阴谋的铁证》刊于《东方杂志》第 37 卷第 4 号。

君珠《蒋委员长发表告全国军民及告友邦人士书》刊于《东方杂志》第 37 卷第 4 号。

张良辅《最近美国远东政策的动向》刊于《东方杂志》第 37 卷第 5 号。

吴泽炎《美国调停欧战运动》刊于《东方杂志》第 37 卷第 5 号。

罗宝珊《中国胜利就是东方历史和文化的胜利》刊于《东方杂志》第 37 卷第 5 号。

施建生《中国宪政运动之回顾与前瞻》刊于《东方杂志》第 37 卷第 5 号。

何邦《战时心理神经病的预防》刊于《东方杂志》第 37 卷第 5 号。

张公量《战时政治机构的演进》刊于《东方杂志》第 37 卷第 5 号。

周尚《德国国民健康问题》刊于《东方杂志》第 37 卷第 5 号。

陶云逵《十一世纪前之缅甸与骠国考》刊于《东方杂志》第 37 卷第 5 号。

朱偰《德国的战时财政》刊于《东方杂志》第 37 卷第 6 号。

忻介六《我国现今屯粮方法之错误及其今后应有之改进》刊于《东方杂志》第 37 卷第 6 号。

萧文哲《我国现代市制之过去与将来》刊于《东方杂志》第 37 卷第 6 号。

徐仲航《东北的黄金》刊于《东方杂志》第 37 卷第 6 号。

朱桦《西北的畜牧》刊于《东方杂志》第 37 卷第 6 号。

施建生《日本政局的前途》刊于《东方杂志》第 37 卷第 7 号。

刘朗泉《现行免缓役制度评述》刊于《东方杂志》第 37 卷第 7 号。

陈盛清《战后的婚姻问题》刊于《东方杂志》第 37 卷第 7 号。

陈清晨《去年华北的大水灾及其影响》刊于《东方杂志》第 37 卷第 7 号。

运公《蔡元培逝世》刊于《东方杂志》第 37 卷第 7 号。

按:时任"中央监察委员、国府委员兼中央研究院院长"的蔡元培 1940 年 3 月 3 日在九龙寓所内失足仆地,口吐鲜血,虽急送养和医院救治,终因年事已高,回天乏术,于 1940 年 3 月 5 日逝世。

王云五《蔡孑民先生的贡献(特载)》刊于《东方杂志》第 37 卷第 8 号"追悼蔡孑民先生特辑"。

按:是文认为:蔡元培先生贡献甚多,最大的三方面是:"(一)政治方面,(二)教育方面,(三)学术方面。"

蔡元培先生在政治方面的贡献表现为:"蔡元培在政治方面直接的贡献,举其大者,为:(一)清末鼓吹革命,(二)民元首倡责任内阁,(三)民十四以后赞助国民革命。"而其在政治上间接的贡献"最显著的莫如'五四运动'"。

蔡元培在教育方面的贡献可分为"行政的""实施的"和"推广的"三部分。在教育行政上的贡献,首推其"就第一任教育总长时所宣布之教育方针",以及"民国十七至十八年,蔡先生任大学院院长时,除大致本其民元之方针外,并使大中小学的设施益加贯串,同时并注重学术研究之具体化"。蔡元培先生在教育实施上的贡献,"最显著的为:(一)讲学自由与(二)人格陶冶"。蔡元培先生在教育推广的贡献,"就是在他担任校长的北京大学内,产生一个白话文运动,由这个运动树立语体文教学与写作的根蒂"。

蔡元培先生在学术上的贡献,可分为自身研究及提倡两部分。"蔡先生自己对于学术的研究,在二十九岁以前完全为旧学,三十岁开始阅科学书,三十二岁始习日文,三十七岁始习德文,四十一岁第一次游学德国,研究哲学及美学。"蔡元培先生在学术上独特的创见,最显著的为:"(一)以科学方法整理国故;(二)以美育代宗教""蔡先生对于学术的提倡,除在北京大学促进研究之学风,甚著效果外,国立中央研究院之创设与主持,实为蔡先生对于我国学术之最大贡献"。

张良辅《远东外交形势的新阶段》刊于《东方杂志》第 37 卷第 8 号"追悼蔡孑民先生特辑"。

章臣允《日本米慌之剖视》刊于《东方杂志》第 37 卷第 8 号"追悼蔡孑民先生特辑"。

黄德禄《苏芬战争:从开展到媾和》刊于《东方杂志》第 37 卷第 8 号"追悼蔡孑民先生特辑"。

游如龙《当前中国国民精神总动员之理论与实施》刊于《东方杂志》第 37 卷第 8 号"追悼蔡孑民先生特辑"。

运公《举国悼念蔡元培》刊于《东方杂志》第 37 卷第 8 号"追悼蔡孑民先生特辑"。

吴铁成《蔡孑民先生追悼会特刊弁言》刊于《东方杂志》第 37 卷第 8 号"追悼蔡孑民先

生特辑"。

王云五《蔡孑民先生与广东人》刊于《东方杂志》第37卷第8号"追悼蔡孑民先生特辑"。

许地山《蔡孑民先生底著述》刊于《东方杂志》第37卷第8号"追悼蔡孑民先生特辑"。

顾孟余《忆蔡孑民先生》刊于《东方杂志》第37卷第8号"追悼蔡孑民先生特辑"。

叶恭绰《祭蔡孑民先生文》刊于《东方杂志》第37卷第8号"追悼蔡孑民先生特辑"。

高廷梓《悼吾师蔡孑民先生》刊于《东方杂志》第37卷第8号"追悼蔡孑民先生特辑"。

马鉴《纪念蔡孑民先生》刊于《东方杂志》第37卷第8号"追悼蔡孑民先生特辑"。

黄炎培《奉悼吾师蔡孑民先生》刊于《东方杂志》第37卷第8号"追悼蔡孑民先生特辑"。

余天民《哭蔡孑民师》刊于《东方杂志》第37卷第8号"追悼蔡孑民先生特辑"。

陈良猷《追悼蔡先生我们应有的认识》刊于《东方杂志》第37卷第8号"追悼蔡孑民先生特辑"。

郑允恭《英法对德封锁的新步骤及其反响》刊于《东方杂志》第37卷第9号。

吴泽炎《荷印的前途》刊于《东方杂志》第37卷第9号。

迂叟《日本战时物价统制办法之演变》刊于《东方杂志》第37卷第9号。

施建生《抗战以来我国财政上的建树》刊于《东方杂志》第37卷第9号。

何邦《战争心理恐怖症的分析》刊于《东方杂志》第37卷第9号。

颜虚心《欧人近东古文字学研究历程》刊于《东方杂志》第37卷第9号。

徐同邺《英法德意空中争霸战》刊于《东方杂志》第37卷第10号。

龚家麟《德国之石油问题》刊于《东方杂志》第37卷第10号。

刘博志《思想战是什么》刊于《东方杂志》第37卷第10号。

张公量《战时地方行政机构的改进》刊于《东方杂志》第37卷第10号。

唐一帆《抗战与绘画》刊于《东方杂志》第37卷第10号。

东序《欧战扩展中的荷属东印度问题》刊于《东方杂志》第37卷第10号。

吴泽炎《民主主义的前途》刊于《东方杂志》第37卷第11号。

朱偰《战时财政筹款方法之比较》刊于《东方杂志》第37卷第11号。

黄德禄《日本觊觎荷印》刊于《东方杂志》第37卷第11号。

张法祖《抗战后我国採金事业的猛进》刊于《东方杂志》第37卷第11号。

卢豫冬《上海民族工业的浩劫》刊于《东方杂志》第37卷第11号。

杨树达《积微居字说》刊于《东方杂志》第37卷第11号。

良辅《西线战事的第一阶段》刊于《东方杂志》第37卷第12号。

吴泽炎《民主政治的自救》刊于《东方杂志》第37卷第12号。

萧文哲《改善中央政治机构刍议》刊于《东方杂志》第37卷第12号。

董霖《中国对于和平解决国际纷争之态度》刊于《东方杂志》第37卷第12号。

闵天培《怎样加强总动员》刊于《东方杂志》第37卷第12号。

陈秀夔《福建省战时财政述要》刊于《东方杂志》第37卷第12号。

吴泽炎《纪念抗战三周年》刊于《东方杂志》第37卷第13号。

孙科《纪念"七七"三周年与我们应有的努力》刊于《东方杂志》第37卷第13号。

于右任《迎接抗战第四年的总胜利》刊于《东方杂志》第 37 卷第 13 号。

居正《中国法治之前途》刊于《东方杂志》第 37 卷第 13 号。

陈立夫《民族潜能的发皇》刊于《东方杂志》第 37 卷第 13 号。

张知本《教育中心政策和社会科学教育》刊于《东方杂志》第 37 卷第 13 号。

任鸿隽《抗战后的科学》刊于《东方杂志》第 37 卷第 13 号。

按：是文认为：抗战以后的科学"第一要求科学的生活化"。所谓的"科学的生活化,只要科学不成洋八股而使之对于实际生活发生一点效用"。"第二,我们以为抗战后科学研究机关有大量增加的必要"。"第三,此后科学的研究要理论与应用双方并重"。"第四,为促进科学及工业发展起见,我们以为一切制造,一切供给,多要靠自己而不要倚赖他人"。

史国英《三年来日我两军战略战术之总检讨》刊于《东方杂志》第 37 卷第 13 号。

陈西滢《东方西方两个战争的分析和预测》刊于《东方杂志》第 37 卷第 13 号。

张道行《中国抗战与世界和平(兼论世界和平的改造方案)》刊于《东方杂志》第 37 卷第 13 号。

汤德明《中日战事的三方面》刊于《东方杂志》第 37 卷第 13 号。

李毓田《三年来日本外交之演变》刊于《东方杂志》第 37 卷第 13 号。

张本文《战时农村问题的几方面》刊于《东方杂志》第 37 卷第 13 号。

费孝通《战时内地农村劳力问题》刊于《东方杂志》第 37 卷第 13 号。

龙大均《三年来华侨的财力怎样支持抗战》刊于《东方杂志》第 37 卷第 13 号。

杨端六《政府文件及档案的处理方法》刊于《东方杂志》第 37 卷第 13 号。

张君劢《吾人处抗战时期中之态度》刊于《东方杂志》第 37 卷第 13 号。

克成《西半球政策宣言》刊于《东方杂志》第 37 卷第 13 号。

张明养《欧局剧变后的日本外交》刊于《东方杂志》第 37 卷第 14 号。

黄霖生《抗战三年之粮食行政》刊于《东方杂志》第 37 卷第 14 号。

施建生《抗战三年来的我国外汇政策》刊于《东方杂志》第 37 卷第 14 号。

闵天培《抗战三年来之外汇》刊于《东方杂志》第 37 卷第 14 号。

庄兆祥《抗战三年来关于二三医药问题之检讨》刊于《东方杂志》第 37 卷第 14 号。

丘日庆《几个关于华侨的美国法律问题》刊于《东方杂志》第 37 卷第 14 号。

王久如《名词诠释的纠纷》刊于《东方杂志》第 37 卷第 14 号。

克成《蒋委员长论国际形势与中日战局》刊于《东方杂志》第 37 卷第 14 号。

吴泽炎《美国总统竞选的前奏》刊于《东方杂志》第 37 卷第 15 号。

张白衣《怎样充实战费财源》刊于《东方杂志》第 37 卷第 15 号。

张法祖《抗战后的工业合作运动》刊于《东方杂志》第 37 卷第 15 号。

许道夫《江西省农业合作事业调查初步报告》刊于《东方杂志》第 37 卷第 15 号。

陈安仁《美国对于远东问题应有的态度与决策》刊于《东方杂志》第 37 卷第 15 号。

杨家骆《书院制之缘起及其优点》刊于《东方杂志》第 37 卷第 15 号。

君珠《抗战三周年蒋委员长发表告全国军民书及告友邦书》刊于《东方杂志》第 37 卷第 15 号。

张明养《日本外交的歧途》刊于《东方杂志》第 37 卷第 16 号。

汪家祯《巴尔干问题的经纬》刊于《东方杂志》第 37 卷第 16 号。

刘朗泉《独子服行兵役的研究》刊于《东方杂志》第 37 卷第 16 号。

张公量《抗战中的军队政治工作》刊于《东方杂志》第 37 卷第 16 号。

萧文哲《行政督察专员制度改革问题》刊于《东方杂志》第 37 卷第 16 号。

吴泽炎《欧局激变后的我国外交政策》刊于《东方杂志》第 37 卷第 17 号。

陈炯文《现阶段的英德战争》刊于《东方杂志》第 37 卷第 17 号。

闵天培《由第一次欧洲说到第二次欧战》刊于《东方杂志》第 37 卷第 17 号。

田村幸策《读了英法德三国外交文书以后》刊于《东方杂志》第 37 卷第 17 号。

李建芳《论北美建国之国民素质及其民族性》刊于《东方杂志》第 37 卷第 17 号。

张礼千《菱茸考》刊于《东方杂志》第 37 卷第 17 号。

吴泽炎《法国崩溃的教训》刊于《东方杂志》第 37 卷第 18 号。

汪家祯《民主主义的回顾与前瞻》刊于《东方杂志》第 37 卷第 18 号。

潘楚基《门罗主义的危机》刊于《东方杂志》第 37 卷第 18 号。

史国纲《中美商业借款的检讨》刊于《东方杂志》第 37 卷第 18 号。

施建生《论我国农业金融机构的调整》刊于《东方杂志》第 37 卷第 18 号。

罗莘田《误读字的分析》刊于《东方杂志》第 37 卷第 18 号。

吴泽炎《自法兰西之战至不列颠之战》刊于《东方杂志》第 37 卷第 19 号。

董问樵《国防刍议二则》刊于《东方杂志》第 37 卷第 19 号。

张道行《美国与欧亚两个战争》刊于《东方杂志》第 37 卷第 19 号。

李泽珍《我的巴黎回忆》刊于《东方杂志》第 37 卷第 19 号。

蒋震华《越南的战略地位》刊于《东方杂志》第 37 卷第 19 号。

魏友棐《法币价值变动原因之推索》刊于《东方杂志》第 37 卷第 19 号。

颜虚心《法国近百年东方学研究历程》刊于《东方杂志》第 37 卷第 19 号。

吴泽炎《世界新变局中美国外交的趋向》刊于《东方杂志》第 37 卷第 20 号。

朱偰《战时租税亟应改进刍议》刊于《东方杂志》第 37 卷第 20 号。

徐同邺《从空军立场观测欧战》刊于《东方杂志》第 37 卷第 20 号。

储玉坤《欧洲一年的回顾及其前瞻》刊于《东方杂志》第 37 卷第 20 号。

彭信威《战后国际贸易与金本位》刊于《东方杂志》第 37 卷第 20 号。

赵恩赐《维他命与健康》刊于《东方杂志》第 37 卷第 20 号。

李季《日本古代文物制度的来源(上)》刊于《东方杂志》第 37 卷第 20 号。

陈柱尊《章草詹言》刊于《东方杂志》第 37 卷第 20 号。

君珠《"九一八"九周年蒋委员长告全国同胞》刊于《东方杂志》第 37 卷第 20 号。

孙本文《中国人口品质问题之研究(上)》刊于《东方杂志》第 37 卷第 21 号。

梁谦甫《各省政治建议大纲刍议》刊于《东方杂志》第 37 卷第 21 号。

徐同邺《现阶段之列强空军》刊于《东方杂志》第 37 卷第 21 号。

赖昆山《论现今的中立地位》刊于《东方杂志》第 37 卷第 21 号。

汪公怀《评亨利乔治的土地政策》刊于《东方杂志》第 37 卷第 21 号。

陈安仁《经济作战之农业生产问题》刊于《东方杂志》第 37 卷第 21 号。

李季《日本古代文物制度的来源(中)》刊于《东方杂志》第 37 卷第 21 号。

张明养《欧洲的新形势》刊于《东方杂志》第 37 卷第 22 号。

吴泽炎《中国的战时外交》刊于《东方杂志》第 37 卷第 22 号。

罗梦册《两洋一海之风云变局与世界前途》刊于《东方杂志》第 37 卷第 22 号。

汤德明《美国外交的歧途》刊于《东方杂志》第 37 卷第 22 号。

闵天培《消除外汇黑市之建议》刊于《东方杂志》第 37 卷第 22 号。

罗文本《管理银行之新方策》刊于《东方杂志》第 37 卷第 22 号。

张法祖《活跃在经济抗战线上的造纸工业》刊于《东方杂志》第 37 卷第 22 号。

赵曾珏《航空科学的新趋势》刊于《东方杂志》第 37 卷第 22 号。

陈独秀《中国古史表》刊于《东方杂志》第 37 卷第 22 号。

张契渠《豫西的婚俗》刊于《东方杂志》第 37 卷第 22 号。

吴泽炎《世界新秩序的前瞻》刊于《东方杂志》第 37 卷第 23 号。

张白衣《中国战时财政政策的改革论》刊于《东方杂志》第 37 卷第 23 号。

卢豫冬《德国近代军事思想的一个考察》刊于《东方杂志》第 37 卷第 23 号。

苏醒之《什么是报导学》刊于《东方杂志》第 37 卷第 23 号。

李季《日本古代文物制度的来源(下)》刊于《东方杂志》第 37 卷第 23 号。

张明养《抗战新阶段与远东新形势》刊于《东方杂志》第 37 卷第 24 号。

吴泽炎《意希战事的前途》刊于《东方杂志》第 37 卷第 24 号。

吴斐丹《中日货币战争的检讨》刊于《东方杂志》第 37 卷第 24 号。

冷亮《抗战期中之康藏动态》刊于《东方杂志》第 37 卷第 24 号。

史家麟《战后建设资金之筹措问题》刊于《东方杂志》第 37 卷第 24 号。

徐同邺《苏联空军之评价》刊于《东方杂志》第 37 卷第 24 号。

胡继瑗《战时英国国营海上兵险制度之检讨》刊于《经济学报(燕京大学经济学会出版)》第 1 期。

齐思和《先秦农家学说考》刊于《经济学报(燕京大学经济学会出版)》第 1 期。

陈金淼《天津之买办制度》刊于《经济学报(燕京大学经济学会出版)》第 1 期。

杨会武《国际贸易理论之新发展——欧林及哈伯勒》刊于《经济学报(燕京大学经济学会出版)》第 1 期。

言穆渊《高利贷的沿革与限制》刊于《经济学报(燕京大学经济学会出版)》第 1 期。

陈国庆《新经济理论与新货币理论》刊于《经济学报(燕京大学经济学会出版)》第 1 期。

袁贤能《亚当斯密的经济思想史序》刊于《经济学报(燕京大学经济学会出版)》第 1 期。

郑林庄《中国合作运动史初稿》刊于《经济学报(燕京大学经济学会出版)》第 1 期。

张延祝《悼赛利曼教师》刊于《经济学报(燕京大学经济学会出版)》第 1 期。

汤擎民《连县东陂的农民生活》刊于《中国农村》第 6 卷第 5 期。

驹《改进农业生产与改善农民生活》刊于《中国农村》第 6 卷第 6 期。

千家驹《农村工作者当前的任务》刊于《中国农村》第 6 卷第 6 期。

冯西坡《从抗战中壮大起来的山西农民》刊于《中国农村》第 6 卷第 6 期。

沙白《黔北桐梓山地的农民》刊于《中国农村》第 6 卷第 7 期。

李甦涛《"节制地权"与土地改革》刊于《中国农村》第 6 卷第 7 期。

映秋《闽西南农民的痛苦》刊于《中国农村》第 6 卷第 9 期。

宜之《普宁北隅一带农民的生活》刊于《中国农村》第 6 卷第 9 期。

秦柳方《农业政策与农业生产》刊于《中国农村》第 6 卷第 10 期。

陈翰笙《农村与抗战》刊于《中国农村》第 6 卷第 10 期。

秦柳方《战时土地改革问题的再检讨》刊于《中国农村》第 7 卷第 2 期。

石础《论战时农业劳动力》刊于《中国农村》第 7 卷第 2 期。

戈福江《目前畜牧推广事业两大方针》刊于《农业推广通讯》第 2 卷第 3 期。

任碧瑰《希望于农业推广辅导团者》刊于《农业推广通讯》第 2 卷第 3 期。

古龙《如何树立全国农业推广督导机构》刊于《农业推广通讯》第 2 卷第 3 期。

包望敏《农业推广辅导问题》刊于《农业推广通讯》第 2 卷第 3 期。

戈福江《目前畜牧推广事业两大方针》刊于《农业推广通讯》第 2 卷第 3 期。

夏文华《农会与合作社贷款方式的比较》刊于《农业推广通讯》第 2 卷第 4 期。

欧阳蘋《扩大农贷中生产贷款途径与办法之商榷》刊于《农业推广通讯》第 2 卷第 4 期。

乔启明《论农业推广与农贷关系及其联系》刊于《农业推广通讯》第 2 卷第 4 期。

蓝廷珍《训练农业青年应有的认识》刊于《农业推广通讯》第 2 卷第 5 期。

夏文华《农民娱乐在农业推广中的地位》刊于《农业推广通讯》第 2 卷第 5 期。

姚石庵《我国农业推广发展之理论及其问题》刊于《农业推广通讯》第 2 卷第 5 期。

郭从义《高陵农民生活》刊于《农业推广通讯》第 2 卷第 6 期。

朱晋卿《怎样用农会组训农民》刊于《农业推广通讯》第 2 卷第 7 期。

乔启明《农民运动与抗战建国》刊于《农业推广通讯》第 2 卷第 7 期。

董鹤龄《推进贵州各县农业推广事业商榷》刊于《农业推广通讯》第 2 卷第 7 期。

李国桢《西北垦殖与自然环境》刊于《农业推广通讯》第 2 卷第 8 期。

乔启明《农会经济自立之途径》刊于《农业推广通讯》第 2 卷第 9 期。

李国桢《经济繁殖农场与农业推广》刊于《农业推广通讯》第 2 卷第 9 期。

章柏雨《德国战时农业统制与粮食管理》刊于《农业推广通讯》第 2 卷第 9—10 期。

乔启明《如何利用冬季推进农业推广事业》刊于《农业推广通讯》第 2 卷第 10 期。

张少钫《新趋势中陕西的农业推广》刊于《农业推广通讯》第 2 卷第 11 期。

潘鸿声《我国农具改进之重要性》刊于《农业推广通讯》第 2 卷第 11 期。

李鲁航《苏联工业化中之农业》刊于《农业推广通讯》第 2 卷第 11 期。

张絅伯《货币释名》刊于《泉币杂志》第 1 期。

鲍鼎《鱼币之我见》刊于《泉币杂志》第 1 期。

蔡季襄《国宝金匮"时代"与"用途"之探讨》刊于《泉币杂志》第 1 期。

罗伯昭《所谓天监五铢之疑问》刊于《泉币杂志》第 1 期。

郑家相《明刀之研究》刊于《泉币杂志》第 1 期。

郑家相《太清丰乐钱考》刊于《泉币杂志》第 1 期。

郑家相《上古货币推究》刊于《泉币杂志》第 1 期。

王荫嘉《泉纬丛谈（五铢变体五卅钱）》刊于《泉币杂志》第 1 期。

丁福保《历代钱谱序言》刊于《泉币杂志》第 1 期。

郑家相《上古货币推究序》刊于《泉币杂志》第 1 期。

罗伯昭《秦楚之际及汉初货币概论》刊于《泉币杂志》第 2 期。

郑家相《五铢之研究》刊于《泉币杂志》第 2 期。

王荫嘉《绍兴二十七年御书通宝两等钱附福宁万寿金钱》刊于《泉币杂志》第 2 期。

郑家相《上古货币推究(续前)》刊于《泉币杂志》第 2 期。

丁福保《历代钱谱绪言(续前)》刊于《泉币杂志》第 2 期。

张絅伯《跋丁氏旧藏明版洪志》刊于《泉币杂志》第 2 期。

张季量《题周氏泉拓》刊于《泉币杂志》第 2 期。

罗伯昭《秦楚之际及汉初货币概论(续前)》刊于《泉币杂志》第 3 期。

郑家相《五铢之研究(续前)》刊于《泉币杂志》第 3 期。

张季量《分布方足布考释》刊于《泉币杂志》第 3 期。

赵权之《介绍新发现一种西夏文钱》刊于《泉币杂志》第 3 期。

郑家相《上古货币推究(续前)》刊于《泉币杂志》第 3 期。

张絅伯《新莽货币志中国货币史丛书之五》刊于《泉币杂志》第 3 期。

丁福保《历代钱谱》刊于《泉币杂志》第 3 期。

郑家相《周秦汉晋金银货币图考序》刊于《泉币杂志》第 3 期。

王荫嘉《寿泉集拓自序》刊于《泉币杂志》第 3 期。

冒鹤亭《周礼三大祭乐申郑》刊于《制言》第 60 期。

冒鹤亭《两汉三大祭乐用周礼考》刊于《制言》第 60 期。

沈瓞民《读管子臆断》刊于《制言》第 60 期。

王元崇《后周总管府隶州考》刊于《制言》第 60 期。

章太炎先生遗著《与欧阳竟无书》刊于《制言》第 60 期。

章太炎先生遗著《伤寒今释序》刊于《制言》第 60 期。

章太炎先生遗著《马公愚印谱序》刊于《制言》第 60 期。

章太炎《孝经大学儒行丧服余论》刊于《制言》第 61 期。

沈瓞民《读管子臆断》刊于《制言》第 61 期。

冒鹤亭《管子惠氏学》刊于《制言》第 61 期。

沈延国《吕览月令时则训时训解异文笺》刊于《制言》第 61 期。

章太炎《太炎先生遗札》刊于《制言》第 61 期。

黄季刚先生遗著《拟李文贞劝学箴》刊于《制言》第 61 期。

章太炎先生遗著《泉布识语》刊于《制言》第 62 期。

冒鹤亭《管子顾氏学》刊于《制言》第 62 期。

冒鹤亭《跋管子》刊于《制言》第 62 期。

沈瓞民《读管子臆断》刊于《制言》第 62 期。

冒鹤亭《宋本荀子句解跋》刊于《制言》第 62 期。

金建德《李育公羊义四十一事辑证》刊于《制言》第 62 期。

章太炎先生遗著《么些文字序》刊于《制言》第 62 期。

章太炎先生遗著《重订三字经题辞》刊于《制言》第 62 期。

沈从文《白话文问题——过去当前和未来检视》刊于《战国策》第 2 期。

贺麟《五伦观念的新检讨》刊于《战国策》第 3 期。

岱西《隐逸风与山水画》刊于《战国策》第 4 期。

陈铨《尼采的思想》刊于《战国策》第 7 期。

童隽《中国建筑的特点》刊于《战国策》第 8 期。

星客《鬼谷纵横谈》刊于《战国策》第 8 期。

陈铨《尼采心目中的女性》刊于《战国策》第 8 期。

费孝通《消遣经济》刊于《战国策》第 9 期。

陈铨《尼采的政治思想》刊于《战国策》第 9 期。

雷海宗《历史警觉性的时限》刊于《战国策》第 11 期。

丁泽《希特拉与朱元璋》刊于《战国策》第 11 期。

沈来秋《国防经济的新潮》刊于《战国策》第 11 期。

林同济《中饱与中国社会》刊于《战国策》第 12 期。

陈铨《尼采的道德观念》刊于《战国策》第 12 期。

何永佶《论国力政治》刊于《战国策》第 13 期。

林同济《第三期的中国学术思潮——新阶段的展望》刊于《战国策》第 14 期。

按:是文认为:"'五四'以来,中国学术曾经过了两度热闹思潮的洗礼。这两度洗礼可以代表现代中国学术迈进中的两阶段。大体说来,民国八年到民国十八年可叫作'经验实事'empirical date 时代。胡适之先生的《中国哲学史大纲》,可算是开山之作。……这时代的学术,中心目标在搜求事实,而标准方法则为经验主义 empiricism。除了一二部杰出的例外著作(如梁漱溟的《东西文化及其哲学》一书),国内一般有成就的学者抱着所谓'实事求是'的态度,运用着一种迫近机械式的实验派方法,先标出种种个别的,零星的,以至暧昧的'问题'problems 而到处搜罗其所谓有关的'事实'或'材料',然后再就一大堆的乱杂事实与材料而类别之,分析之,考据之,诊断之。风尚所被,居然弥漫一时。……到了民国十八年,郭沫若先生《中国古代社会研究》一书出版,随后数年内,就展开了热闹一时的中国社会史论战。中国学术的第二阶段,就在这时候诞生,九一八后国内外政治上的沉默空气,无形中推进了这阶段的学术思潮的发展。'卡尔'的唯物观乃成为一般'有声有色'的作家直接间接的圣经。"

是文认为:"第一期的功绩,在扫荡千余年道学面孔的淫威,捧出冷酷的'事实'来打碎那鳞甲千秋的'载道''设教'的老偶像。细验此中,乃含有一股纯理智的精神,与欧洲十八世纪的启蒙运动,绰约可拟。然而,那种经验实事的作风,终究不免'有所蔽'。他们有所蔽,因为他们见其树不见其林,见其一不见其二。郭沫若先生好像也曾作过批语,说他们那种方法所能做到的,只是知其'然'而不知其'所以然'。……第二期的功绩,恰在提醒了认识背景、认识全体的必要。局部必须与全体钩连;单个的社会现象必须把它放在整个社会轮廓、文化架格里,安排之,审察之,而估量之,然后可以知其'所以然',然后可以真正知其'然'。"

是文指出,以"全面"抗战时代为背景的第三期的中国学术思潮"不是第一期流水账的手笔,……也不是第二期急偏锋的手技,拿着任何题目,都要迫向左转;乃是一种崭新的作法,迫近一种鸟瞰的姿势,代表航空时代的一种作风,……换言之,第三期的办法是要取得一个民族文化的'全体观'。我无以名之,欲名之曰文化综合 cultural synthesis 或文化摄相 cultural configuration 时代。……每一期的思潮,都有它特具的基本概念。第一期的,是'事实'facts 两字。'寻找事实'是那时代学术的第一要求。第二期的,是'立场'或'观点'standpoint or viewpoint。'抉定立场''把住岗位'是那时代学术的最高风尚。第三期的根本新贡献,却必在'体相'一名词,此后一切致知格物的努力、最后目标都必定有形无形地要向着'认识体相'一途推进。而在那万般体相的认识中,民族文化体相的认识大约要把握着整个思潮的中心!"

[苏]季米特洛夫作,朔望、企程合译《战争与资本主义国家的工人阶级》刊于《群众》第 4 卷第 1 期。

彭德怀《国际新形势与中国抗战》刊于《群众》第 4 卷第 1 期。

于鸣《陕甘宁边区怎样实现了民主制度?》刊于《群众》第 4 卷第 1 期。

［苏］I•巴康诺夫作,戈宝权译《论布尔塞维克党在一九一四年至一九一八年战争中的策略（下）——联共（布）党史研究资料之十五》刊于《群众》第 4 卷第 1 期。

《列宁逝世十六周年纪念——论列宁与帝国主义战争》刊于《群众》第 4 卷第 2—3 期合刊。

［苏］列宁著,徐冰译《论斯托哥尔摩会议——作于一九一七年九月》刊于《群众》第 4 卷第 2—3 期合刊。

梓年《列宁怎样发展了马克思主义?》刊于《群众》第 4 卷第 2—3 期合刊。

李小元著《列宁在两条战线的斗争中所揭发的"政治逻辑"》刊于《群众》第 4 卷第 2—3 期合刊。

顾伯荐《论列宁的〈帝国主义是资本主义的最高阶段〉》刊于《群众》第 4 卷第 2—3 期合刊。

［苏］邓格尔作,企程译《列宁与工人阶级的统一》刊于《群众》第 4 卷第 2—3 期合刊。

［苏］F•耿金娜作,博古译《关于列宁的〈什么是人民之友和他们如何反对社会民主派〉一书》刊于《群众》第 4 卷第 2—3 期合刊。

晓征《论欧战的发展形势》刊于《群众》第 4 卷第 4 期。

许涤新《日寇侵华与英美在华权益的损失》刊于《群众》第 4 卷第 4 期。

梭洛蒙作,世纶节译《法国大革命时代的财政》刊于《群众》第 4 卷第 4 期。

［苏］M•希密特作,戈宝权译《关于列宁的〈做什么?〉一书》刊于《群众》第 4 卷第 4 期。

谭政《论八路军政治工作的传统与作风》刊于《群众》第 4 卷第 5 期。

卢竞如译《列宁和斯大林论干部》刊于《群众》第 4 卷第 5 期。

易吉光《怎样对待党的干部和工作人员》刊于《群众》第 4 卷第 5 期。

史乃展《论人才问题》刊于《群众》第 4 卷第 5 期。

龙潜《什么叫空想社会主义?》刊于《群众》第 4 卷第 5 期。

［苏］尤琴作,博古译《社会的存在于社会的意识》刊于《群众》第 4 卷第 6 期。

卡布兰作,卢竞如译《共产主义与军队》刊于《群众》第 4 卷第 6 期。

王思华《战争第三年敌我经济力的消长》刊于《群众》第 4 卷第 6 期。

汉夫《巴尔干会议后的东南欧和平》刊于《群众》第 4 卷第 6 期。

［苏］E•布尔若洛夫作,戈宝权译《列宁的〈进一步退两步〉一书》刊于《群众》第 4 卷第 6 期。

《当前妇女运动的特点及其任务》刊于《群众》第 4 卷第 7 期。

文晖《"三八"节的历史及其意义》刊于《群众》第 4 卷第 7 期。

许涤新《民生主义与抗战中的民生问题——为中山先生逝世十五周年而作》刊于《群众》第 4 卷第 8 期。

马赛译《巴黎公社的历史意义和教训》刊于《群众》第 4 卷第 8 期。

世纶译《法国大革命中的工人阶级》刊于《群众》第 4 卷第 8 期。

卢竞如译《列宁和斯大林论干部（续完）》刊于《群众》第 4 卷第 8 期。

［苏］A•谢斯他科夫教授作,戈宝权译《一九零四年至一九零五年的日俄战争》刊于《群众》第 4 卷第 8 期。

吕正操《从冀中区的经验谈平原游击战争》刊于《群众》第 4 卷第 9 期。

陈家康《论敌人战役进攻与目前军事形势》刊于《群众》第 4 卷第 9 期。

英夫《关于伪军问题》刊于《群众》第 4 卷第 9 期。

[苏]卡尔比什夫作,焦敏之译《现代战争中持久筑城的作用》刊于《群众》第 4 卷第 9 期。

邸华《论目前阶段英法德战争》刊于《群众》第 4 卷第 9 期。

毛泽东《新的民主主义的政治与新的民主主义的文化》刊于《群众》第 4 卷第 10 期。

吕正操《从冀中区的经验谈平原游击战争(续完)》刊于《群众》第 4 卷第 10 期。

许涤新《日在发展中的大后方经济》刊于《群众》第 4 卷第 10 期。

吴藻溪《自然科学的时代任务》刊于《群众》第 4 卷第 10 期。

G·波立提絜作,朱世纶译《启蒙哲学与现代思想》刊于《群众》第 4 卷第 10 期。

[苏]波洛马列夫著,罗于云译《论斯大林的著作〈马克思主义与民族问题〉》刊于《群众》第 4 卷第 10 期。

瀚若《对于宪草中"国民经济"一章的意见》刊于《群众》第 4 卷第 11 期。

汉夫《列宁主义的工作体裁》刊于《群众》第 4 卷第 11 期。

何思敬《列宁与克劳塞维茨》刊于《群众》第 4 卷第 11 期。

吴藻溪《自然科学的时代任务(续完)》刊于《群众》第 4 卷第 11 期。

萧向荣《山东八路军的创造及其经验》刊于《群众》第 4 卷第 12 期。

梓年《中国工人在抗战现阶段中的任务》刊于《群众》第 4 卷第 12 期。

许涤新《论马克思的"雇佣劳动与资本"》刊于《群众》第 4 卷第 12 期。

G·波立提絜作,朱世纶译《启蒙哲学与现代思想(续完)》刊于《群众》第 4 卷第 12 期。

[苏]M·巴甫洛夫作,戈宝权译《论列宁的〈再民主革命中社会民主党的两个策略〉(上)》刊于《群众》第 4 卷第 12 期。

《文化工作者应努力的是什么?》刊于《群众》第 4 卷第 13 期。

[苏]列宁作,徐冰译《学生运动与目前政治形势》刊于《群众》第 4 卷第 13 期。

余莫文《论大后方的学生工作》刊于《群众》第 4 卷第 13 期。

Milton Melzr 作,刘渊译《美国大学生对于世界大战的态度》刊于《群众》第 4 卷第 13 期。

E·瓦尔加作,李愈,企程译《第二次帝国主义战争中的英美矛盾》刊于《群众》第 4 卷第 13 期。

杨松《论太平天国十五年革命战争的经过及其战略上的错误》刊于《群众》第 4 卷第 13 期。

[苏]M·巴甫洛夫作,戈宝权译《论列宁的〈再民主革命中社会民主党的两个策略〉(下)》刊于《群众》第 4 卷第 13 期。

《加强中苏文化关系的两个根本问题》刊于《群众》第 4 卷第 14 期。

梓年《学习什么?怎样学习?》刊于《群众》第 4 卷第 14 期。

许涤新《怎样研究政治经济学?》刊于《群众》第 4 卷第 14 期。

刘亚生《研究新哲学的方法问题—贡献给初学新哲学者的一点意见》刊于《群众》第 4 卷第 14 期。

晓周《学习理论与实践》刊于《群众》第 4 卷第 14 期。

孙蕴《怎样应用理论于实际问题》刊于《群众》第 4 卷第 14 期。

史乃展《五卅运动的历史根源及其意义》刊于《群众》第 4 卷第 15 期。

石西民《怎样估计上海经济?》刊于《群众》第 4 卷第 15 期。

汉夫《英国的战时经济》刊于《群众》第 4 卷第 15 期。

克劳塞维茨著,傅大庆译《战争为政治的工具》刊于《群众》第 4 卷第 15 期。

吴克坚《科夫青年当年的苦闷》刊于《群众》第 4 卷第 15 期。

《革命的政论家高尔基(社论)》刊于《群众》第 4 卷第 16—17 期"高尔基逝世四周年纪念"。

徐特立《怎样学习哲学?》刊于《群众》第 4 卷第 16—17 期"高尔基逝世四周年纪念"。

王子野《研究历史的锁鑰——唯物史观笔记》刊于《群众》第 4 卷第 16—17 期"高尔基逝世四周年纪念"。

何思敬《列宁与克劳塞维茨(续第十二期)》刊于《群众》第 4 卷第 16—17 期"高尔基逝世四周年纪念"。

萧三《高尔基的社会主义的美学观》刊于《群众》第 4 卷第 16—17 期"高尔基逝世四周年纪念"。

胡鸾《鲁迅对于民族文化和艺术问题的意见》刊于《群众》第 4 卷第 16—17 期"高尔基逝世四周年纪念"。

夏绛《鸦片战争的前因后果》刊于《群众》第 4 卷第 16—17 期"高尔基逝世四周年纪念"。

[苏]列宁作,徐冰译《应该抵制杜马吗?》刊于《群众》第 4 卷第 16—17 期"高尔基逝世四周年纪念"。

[苏]S·科库希金作,戈宝权译《一九零五年的工人代表苏维埃(上)》刊于《群众》第 4 卷第 16—17 期"高尔基逝世四周年纪念"。

许涤新《抗战第三年的财政措施》刊于《群众》第 4 卷第 18 期。

英夫《三年来的敌军》刊于《群众》第 4 卷第 18 期。

杨松《论第一次中日战争》刊于《群众》第 4 卷第 18 期。

边章五《论闪击战》刊于《群众》第 4 卷第 18 期。

[苏]S·科库希金作,戈宝权译《一九零五年的工人代表苏维埃(下)》刊于《群众》第 4 卷第 18 期。

《关于英国切断西南交通问题》刊于《群众》第 5 卷第 1 期。

[苏]斯大林《无产者阶级和无产者政权——关于党章第一条》刊于《群众》第 5 卷第 1 期。

汉夫《帝国主义时期的殖民地政策与半殖民地》刊于《群众》第 5 卷第 1 期。

西民《俄国十月革命与民族解放》刊于《群众》第 5 卷第 1 期。

[苏]H·马臼施金作,卢竞如译《资产阶级的民主主义和社会主义的民主主义》刊于《群众》第 5 卷第 1 期。

《国际反战运动与中国抗战》刊于《群众》第 5 卷第 2 期。

《克服困难与改进文化教育》刊于《群众》第 5 卷第 2 期。

[苏]季米特洛夫作,丁达译《反帝国主义战争的斗争》刊于《群众》第 5 卷第 2 期。

汉夫《列宁的〈帝国主义论〉与霍柏森》刊于《群众》第 5 卷第 2 期。

刘希宁《第二次帝国主义大战中的日本外交政策》刊于《群众》第 5 卷第 2 期。

《斯大林论民族文化》刊于《群众》第 5 卷第 2 期。

《了解国际政局的枢纽》刊于《群众》第 5 卷第 3 期。

王学文《无产阶级政治经济学的特点》刊于《群众》第 5 卷第 3 期。

李牧《夷族的社会经济》刊于《群众》第 5 卷第 3 期。

杨松《论第二次鸦片战争》刊于《群众》第 5 卷第 3 期。

萧三《高尔基的社会主义的美学观(续四卷 16—17 期合刊)》刊于《群众》第 5 卷第 3 期。

[苏]A·顾勒维奇教授作,戈宝权译《一九零五年莫斯科十二月的武装起义及其教训(上)》刊于《群众》第 5 卷第 3 期。

《国际青年节与中国青年的任务》刊于《群众》第 5 卷第 4—5 期。

梓年《战争与革命的时代》刊于《群众》第 5 卷第 4—5 期。

G·加克著,博古译《马克思主义—列宁主义—统一的、整个的学说》刊于《群众》第 5 卷第 4—5 期。

[苏]尤琴著,杨松译《继续研究马克思列宁的哲学问题》刊于《群众》第 5 卷第 4—5 期。

爱里欧特著,吴藻溪译《当做全体看的宇宙——近代科学与唯物论第二章》刊于《群众》第 5 卷第 4、5 期。

何思敬《列宁与克劳塞维茨(续四卷 16—17 期合刊)》刊于《群众》第 5 卷第 4—5 期。

范文澜《关于上古历史阶段的商榷》刊于《群众》第 5 卷第 4—5 期。

杨松《论第二次鸦片战争(续完)》刊于《群众》第 5 卷第 4—5 期。

《列宁论文化》刊于《群众》第 5 卷第 4—5 期。

[苏]A·顾勒维奇教授作,戈宝权译《一九零五年莫斯科十二月的武装起义及其教训(下)》刊于《群众》第 5 卷第 4—5 期。

E·瓦尔加著,闵廉译《一九三九年经济与经济政策的总结》刊于《群众》第 5 卷第 6 期。

蔡馥生《货币战与帝国主义战争》刊于《群众》第 5 卷第 6 期。

许涤新《论战时财政政策》刊于《群众》第 5 卷第 6 期。

罗夫《陕甘宁边区经济是怎样建设的?》刊于《群众》第 5 卷第 6 期。

《敌寇的南进政策》刊于《群众》第 5 卷第 7 期。

洛甫《了解具体情况》刊于《群众》第 5 卷第 7 期。

[苏]F. Shneider 著,闵廉译《列宁论无产阶级斗争的战略和策略》刊于《群众》第 5 卷第 7 期。

慕钢《论工作计划》刊于《群众》第 5 卷第 7 期。

E·瓦尔加著,闵廉译《一九三九年经济与经济政策的总结(续完)》刊于《群众》第 5 卷第 7 期。

许涤新《论战时金融政策》刊于《群众》第 5 卷第 7 期。

汉夫《论欧洲战局》刊于《群众》第 5 卷第 8 期。

王学文、李初梨《日本统治阶级内部的矛盾与近卫新阁的成立》刊于《群众》第 5 卷第 8 期。

许涤新《论战时贸易政策》刊于《群众》第 5 卷第 8 期。

邓颖超《关于"蔚蓝中的一点黯澹"的批判》刊于《群众》第5卷第8期。

［苏］А·彼乔尔斯基作，戈宝权译《第一次俄国革命中的各阶级》刊于《群众》第5卷第8期。

《德意日军事同盟公约宣布以后》刊于《群众》第5卷第9—10期。

彭德怀《"百团大战"之意义》刊于《群众》第5卷第9—10期。

邸华《论日寇三年来战斗力的变动》刊于《群众》第5卷第9—10期。

刘希宁《日本的新政治体制运动》刊于《群众》第5卷第9—10期。

许涤新《论战时工业政策》刊于《群众》第5卷第9—10期。

会与《中国社会史上的奴隶制度问题》刊于《群众》第5卷第9—10期。

史操明《孙中山先生与苏联》刊于《群众》第5卷第11期。

邸华《论华北大战》刊于《群众》第5卷第11期。

许涤新《论战时农业政策》刊于《群众》第5卷第11期。

汉夫《斯大林的和平外交政策》刊于《群众》第5卷第11期。

瀚若《第二次世界大战中苏联对于世界和平的贡献》刊于《群众》第5卷第11期。

于刚《突飞猛进中的苏联新加盟国》刊于《群众》第5卷第11期。

［苏］Ј·亨里希作，徐冰译《列宁论弱小国家与弱小民族》刊于《群众》第5卷第11期。

戈宝权编译《斯大林论苏联文化革命》刊于《群众》第5卷第11期。

会与《中国社会史上的奴隶制度问题(续完)》刊于《群众》第5卷第11期。

《苏联为什么置身于战争之外》刊于《群众》第5卷第11期。

梓年《怎样加强团结》刊于《群众》第5卷第12期。

于刚《目前抗战局势中我们的首要任务》刊于《群众》第5卷第12期。

许涤新《关于苏联的辟谣》刊于《群众》第5卷第12期。

左权《论百团大战的伟大》刊于《群众》第5卷第12期。

梓年《现代社会主义制度的创立者》刊于《群众》第5卷第13—14期。

华西园《恩格斯论民族问题》刊于《群众》第5卷第13—14期。

［苏］М·莫斯卡莱夫作，戈宝权译《普拉格代表会议及其历史意义》刊于《群众》第5卷第13—14期。

萧三《鲁迅与中国青年》刊于《群众》第5卷第15—16期。

瓦尔加著《第二次帝国主义战争中的独占资本主义》刊于《群众》第5卷第15—16期。

康克清《三年来的华北妇女运动》刊于《群众》第5卷第15—16期。

李岱孙《政治经济化》刊于《今日评论》第3卷第1期。

贺麟《物质建设现代化与思想道德现代化》刊于《今日评论》第3卷第1期。

王赣愚《集权与民主》刊于《今日评论》第3卷第1期。

柳无忌《戏剧与批评》刊于《今日评论》第3卷第1期。

陈序经《暹化与华侨》刊于《今日评论》第3卷第2期。

张企泰《整饬法界风纪》刊于《今日评论》第3卷第2期。

无它《谈我国海军重建问题》刊于《今日评论》第3卷第2期。

钱端升《一九四〇年的美国》刊于《今日评论》第3卷第9期。

张德昌《工业化与伦理》刊于《今日评论》第3卷第9期。

陈雪屏《谈两性差异》刊于《今日评论》第 3 卷第 9 期。

潘光旦《节约运动与民族》刊于《今日评论》第 3 卷第 9 期。

罗隆基《五五宪草的权利义务章》刊于《今日评论》第 3 卷第 10 期。

钱端升《美国当前的外交政策》刊于《今日评论》第 3 卷第 10 期。

林良桐《宪政运动中的劳动组织问题》刊于《今日评论》第 3 卷第 10 期。

陈达《工商业劳工检查的组织》刊于《今日评论》第 3 卷第 10 期。

钱端升《欧战与美国今后的行动》刊于《今日评论》第 3 卷第 12 期。

王赣愚《汪逆绝不配称政治家》刊于《今日评论》第 3 卷第 12 期。

陆季蕃《评修正合作社法》刊于《今日评论》第 3 卷第 12 期。

郭铎《推行保荐制度》刊于《今日评论》第 3 卷第 12 期。

王赣愚《养士与政治》刊于《今日评论》第 3 卷第 13 期。

伍启元《平衡物价与统制需要》刊于《今日评论》第 3 卷第 13 期。

罗常培《博大与坚贞》刊于《今日评论》第 3 卷第 13 期。

喻明高《推行公库制应注意实践上的问题》刊于《今日评论》第 3 卷第 13 期。

刘锦添《国营金山庄与华侨前途》刊于《今日评论》第 3 卷第 13 期。

徐敦璋《日敌灭华的政治策略》刊于《今日评论》第 3 卷第 15 期。

王赣愚《再论养士与政治》刊于《今日评论》第 3 卷第 15 期。

邹文海《日本民族的悲哀》刊于《今日评论》第 3 卷第 15 期。

吴傅颐《中国法律往那里去》刊于《今日评论》第 3 卷第 15 期。

钱端升《欧战的推演与中国的地位》刊于《今日评论》第 3 卷第 17 期。

李树青《论民主国家统制私产的办法》刊于《今日评论》第 3 卷第 17 期。

胡体乾《关于种族名词及民族政策》刊于《今日评论》第 3 卷第 17 期。

费孝通《土地继承和农场的分碎》刊于《今日评论》第 3 卷第 17 期。

符泽初《战时运输的统制》刊于《今日评论》第 3 卷第 17 期。

姚芳《我们的小庭院有什么》刊于《今日评论》第 3 卷第 17 期。

钱端升《论战时的行政机构》刊于《今日评论》第 3 卷第 19 期。

吴傅颐《略论研究中国法律的方法》刊于《今日评论》第 3 卷第 19 期。

周叔怀《救济滇西米荒》刊于《今日评论》第 3 卷第 19 期。

杨克毅《谈地图》刊于《今日评论》第 3 卷第 19 期。

潘光旦《所谓教师的思想问题》刊于《今日评论》第 3 卷第 20 期。

伍启元《评定价格的原则》刊于《今日评论》第 3 卷第 20 期。

费孝通《患土地饥饿症者》刊于《今日评论》第 3 卷第 20 期。

陈岱孙《通货澎涨性质的一斑》刊于《今日评论》第 3 卷第 22 期。

史国纲《中立问题》刊于《今日评论》第 3 卷第 22 期。

陈体强《论设置国民大会议政会问题》刊于《今日评论》第 3 卷第 22 期。

王佐良《论书评》刊于《今日评论》第 3 卷第 22 期。

钱端升《论党》刊于《今日评论》第 3 卷第 23 期。

王赣愚《论军人干政》刊于《今日评论》第 3 卷第 23 期。

陈友松《学校考试与会考问题之检讨》刊于《今日评论》第 3 卷第 23 期。

费孝通《荣辱分而知衣食足》刊于《今日评论》第 3 卷第 23 期。

丁则良《关于教师思想问题》刊于《今日评论》第 3 卷第 23 期。

王迅中《日本参加欧战问题》刊于《今日评论》第 3 卷第 24 期。

王赣愚《论贪污政治》刊于《今日评论》第 3 卷第 24 期。

佩弦《文字改革问题》刊于《今日评论》第 3 卷第 24 期。

钱端升《大学往何处去》刊于《今日评论》第 3 卷第 24 期。

潘光旦《南洋移民与其乡土的社会》刊于《今日评论》第 3 卷第 24 期。

吴之椿《抗战建国之最高原则》刊于《今日评论》第 3 卷第 25 期。

伍启元《甚么是中国文化底出路》刊于《今日评论》第 3 卷第 25 期。

钱端升《法国崩溃后的欧战》刊于《今日评论》第 3 卷第 25 期。

潘光旦《学生入党问题》刊于《今日评论》第 3 卷第 25 期。

寿民《希特勒胜利了吗?》刊于《今日评论》第 4 卷第 2 期。

王赣愚《美国外交与海军政策》刊于《今日评论》第 4 卷第 2 期。

邹文海《智识统制与社会进步》刊于《今日评论》第 4 卷第 2 期。

陈铨《叔本华与红楼梦》刊于《今日评论》第 4 卷第 2 期。

钱端升《孤立的美国》刊于《今日评论》第 4 卷第 2 期。

王迅中《论近卫新阁》刊于《今日评论》第 4 卷第 3 期。

伍衡《论英国的远东外交》刊于《今日评论》第 4 卷第 3 期。

费孝通《货币在农村中》刊于《今日评论》第 4 卷第 3 期。

赵凤喈《大理的司法状况》刊于《今日评论》第 4 卷第 3 期。

唐鱼《生活的文学》刊于《今日评论》第 4 卷第 3 期。

王赣愚《再论民主国家的外交》刊于《今日评论》第 4 卷第 5 期。

张企泰《论英国外交》刊于《今日评论》第 4 卷第 5 期。

伍启元《中日货币战》刊于《今日评论》第 4 卷第 5 期。

黄六平《公务员的保障问题》刊于《今日评论》第 4 卷第 5 期。

韩德章《产业资本与中国农民》刊于《今日评论》第 4 卷第 5 期。

潘光旦《论品格教育》刊于《今日评论》第 4 卷第 6 期。

宁嘉风《我们要一个自主自利的外汇市场》刊于《今日评论》第 4 卷第 6 期。

张景观《当前工业建设问题》刊于《今日评论》第 4 卷第 6 期。

费孝通《农家费用的分析》刊于《今日评论》第 4 卷第 6 期。

方显廷《战后经济建设刍议》刊于《今日评论》第 4 卷第 10 期。

王迅中《今后日本的内政外交》刊于《今日评论》第 4 卷第 10 期。

陈雪屏《工作与闲暇》刊于《今日评论》第 4 卷第 10 期。

罗子为《战时甘肃的合作事业》刊于《今日评论》第 4 卷第 10 期。

李廷揆《谈学习写作》刊于《今日评论》第 4 卷第 10 期。

钱端升《罗斯福当选与今后的美国》刊于《今日评论》第 4 卷第 19 期。

吴学义《德意日同盟后的抗战形势》刊于《今日评论》第 4 卷第 19 期。

李景汉《呈贡县的国情普查研究工作》刊于《今日评论》第 4 卷第 19 期。

欧阳采薇《论所谓新文学与新理想》刊于《今日评论》第 4 卷第 19 期。

张振华《浙西的政治工作》刊于《今日评论》第4卷第19期。

周木斋《为了文化》刊于《宇宙风》第92期。

天问《"道德"的透视》刊于《宇宙风》第92期。

钦文《杭州顺民生活的一斑》刊于《宇宙风》第92期。

钱今昔《冒险的歼灭战》刊于《宇宙风》第92期。

魏精忠《抗战的第三年》刊于《宇宙风》第94—95期。

介愚《木牛流马与抗战》刊于《宇宙风》第94—95期。

仌弦《人性问题》刊于《宇宙风》第94—95期。

周木斋《民族战争与侵略战争》刊于《宇宙风》第94—95期。

蓝踪萍《南昌会战的始末》刊于《宇宙风》第94—95期。

谈虎《大炮坦克飞机及水雷》刊于《宇宙风》第94—95期。

慕文俊《联大在今日》刊于《宇宙风》第94—95期。

沈光《粤西北行》刊于《宇宙风》第94—95期。

宋汉濯《自然诗人陶渊明的本质》刊于《宇宙风》第94—95期。

周木斋《民族战争与侵略战争》刊于《宇宙风》第94—95期。

乃仁《从宽大为怀说起》刊于《宇宙风》第96期。

庄泽宣《谈升学与择业》刊于《宇宙风》第96期。

贝谷《水雷的故事》刊于《宇宙风》第96期。

萧乾《剑桥通讯》刊于《宇宙风》第96期。

姚敏《顺民的悲哀》刊于《宇宙风》第96期。

孔丙心《难逃柳州回忆》刊于《宇宙风》第97期。

刘大杰《魏晋文学与浪漫主义》刊于《宇宙风》第100期。

徐三思《论中国电影艺术之迷途》刊于《宇宙风》第100期。

周木斋《旧史新证》刊于《宇宙风》第100期。

屠仰慈《欧战变动中的香港》刊于《宇宙风》第104期。

何非光《苏联电影给我的印象》刊于《中苏文化》第7卷第4期(苏联戏剧电影专号)。

司马森《我对于苏联电影之观感》刊于《中苏文化》第7卷第4期(苏联戏剧电影专号)。

常任侠《我观苏联戏剧电影》刊于《中苏文化》第7卷第4期(苏联戏剧电影专号)。

沈西苓《关于苏联电影的杂志》刊于《中苏文化》第7卷第4期(苏联戏剧电影专号)。

戈宝权《介绍苏联关于戏剧的几种新著作》刊于《中苏文化》第7卷第4期(苏联戏剧电影专号)。

葛一虹《苏联电影与苏联戏剧给予了我们什么》刊于《中苏文化》第7卷第4期(苏联戏剧电影专号)。

杜山《论苏联演戏》刊于《中苏文化》第7卷第4期。

葛一虹《汉译苏联戏剧理论及旧俄作家与苏联作家之剧本编目》刊于《中苏文化》第7卷第4期。

[苏]史坦尼斯拉夫斯基作,章泯译《艺术剧场演剧体系之基础》刊于《中苏文化》第7卷第4期。

宋介《国民精神再建之要义》刊于《教育学报(中华民国教育总会)》第5期。

陈连森《再建国民精神意义之引伸》刊于《教育学报(中华民国教育总会)》第5期。

王文培《论国民精神之再建》刊于《教育学报(中华民国教育总会)》第5期。

段之桓《现代思潮与国民精神的再建》刊于《教育学报(中华民国教育总会)》第5期。

李牧伯《国民精神再建运动之我见》刊于《教育学报(中华民国教育总会)》第5期。

梁瑞甫《国民精神再建与今后的教育》刊于《教育学报(中华民国教育总会)》第5期。

赵大同《国民精神再建与建设文学》刊于《教育学报(中华民国教育总会)》第5期。

孙照《国民精神再建与今日之道德教育》刊于《教育学报(中华民国教育总会)》第5期。

葛幼卿《国民精神再建与中国之复兴》刊于《教育学报(中华民国教育总会)》第5期。

苏民生《雄浑的国民精神之再建与六艺》刊于《教育学报(中华民国教育总会)》第5期。

苏益信《中国大学教育之基本问题(续)》刊于《教育学报(中华民国教育总会)》第5期。

张恺《教师在道德上应负之责任》刊于《教育学报(中华民国教育总会)》第5期。

傅量知《师范生修养的问题》刊于《教育学报(中华民国教育总会)》第5期。

秦百里《教育实际问题之二》刊于《教育学报(中华民国教育总会)》第5期。

王桥安《礼记全经要义》刊于《教育学报(中华民国教育总会)》第5期。

[日]高成田忠风著,马登洲译《江户时代之私塾》刊于《教育学报(中华民国教育总会)》第5期。

张友椿《清代经学大师阎百诗底学术检讨》刊于《教育学报(中华民国教育总会)》第5期。

王守正《日本农民道场教育》刊于《教育学报(中华民国教育总会)》第5期。

薛纯良《国际教育概况》刊于《教育学报(中华民国教育总会)》第5期。

陈灵秀《日本高等教育中之特殊学校》刊于《教育学报(中华民国教育总会)》第5期。

[日]城户幡太郎著,张绍昌译《教育与电影》刊于《教育学报(中华民国教育总会)》第5期。

[日]小仓金之助著,罗正卿译《科学大众化的意义》刊于《教育学报(中华民国教育总会)》第5期。

翟若萍译《儿童故事及其讲述》刊于《教育学报(中华民国教育总会)》第5期。

宋介《中国文化运动之新路线》刊于《教育学报(中华民国教育总会)》第6期。

苏益信《中国大学教育之基本问题(三续)》刊于《教育学报(中华民国教育总会)》第6期。

梁瑞甫《从教育上推论国民自肃运动》刊于《教育学报(中华民国教育总会)》第6期。

齐宣《国民精神再建与环境改造》刊于《教育学报(中华民国教育总会)》第6期。

王森然《建设完人教育》刊于《教育学报(中华民国教育总会)》第6期。

孙照《求学之动机与目的》刊于《教育学报(中华民国教育总会)》第6期。

赵子珊《现行教育制度批评》刊于《教育学报(中华民国教育总会)》第6期。

葛幼卿《小学教育的社会使命与中心小学》刊于《教育学报(中华民国教育总会)》第6期。

祁森焕《教育学之现实性》刊于《教育学报(中华民国教育总会)》第6期。

芥青《教育方法论之心灵论的基础》刊于《教育学报(中华民国教育总会)》第6期。

张友椿《清代经学大师阎百诗底学术检讨(二继)》刊于《教育学报(中华民国教育总

会)》第 6 期。

傅量知《儿童心理问题》刊于《教育学报(中华民国教育总会)》第 6 期。

薛纯良《国际教育概况》刊于《教育学报(中华民国教育总会)》第 6 期。

陈灵秀《日本青年学校之鸟瞰》刊于《教育学报(中华民国教育总会)》第 6 期。

笃齐《记日本爱宕高等小学校》刊于《教育学报(中华民国教育总会)》第 6 期。

赵大同《国民自肃运动与文学》刊于《教育学报(中华民国教育总会)》第 6 期。

刘子厚《新地图与地理教育》刊于《教育学报(中华民国教育总会)》第 6 期。

翟宝荣译《儿童心目中最好的教师》刊于《教育学报(中华民国教育总会)》第 6 期。

记者《国文北京师范学院附属小学主任谈话录》刊于《教育学报(中华民国教育总会)》第 6 期。

雷沛鸿《广西省教育现况与检讨》刊于《教育杂志》第 30 卷第 9 期。

陈友松《五十年来美国教育科学运动的贡献》刊于《教育杂志》第 30 卷第 9 期。

张耀翔《动物的移居与本能问题》刊于《教育杂志》第 30 卷第 9 期。

谢扶雅《大学教育中之论理学》刊于《教育杂志》第 30 卷第 9 期。

俞子夷《珠算除法的改良——小学实际问题》刊于《教育杂志》第 30 卷第 9 期。

周尚《问题儿童与心理卫生》刊于《教育杂志》第 30 卷第 9 期。

冯邦彦《欧战的首先重大损失》刊于《教育杂志》第 30 卷第 9 期。

陈科美《教师对于课程发展的责任》刊于《教育杂志》第 30 卷第 9 期。

陈科美《师范教育问题》刊于《教育杂志》第 30 卷第 9 期。

雷通群《南菲洲土人的学习能力和欧人的比较》刊于《教育杂志》第 30 卷第 9 期。

雷通群《教育成绩估价上的缺点》刊于《教育杂志》第 30 卷第 9 期。

袁昂《国民师范学校的认识》刊于《国民师范教育》第 1 卷第 1 期。

寇世远《国民师范学校的师资训练》刊于《国民师范教育》第 1 卷第 1 期。

吴安仁《国民师范学校的课程》刊于《国民师范教育》第 1 卷第 1 期。

杨士枬《国民师范学校的辅导工作》刊于《国民师范教育》第 1 卷第 1 期。

李云程《国民师范学校导师制的实施》刊于《国民师范教育》第 1 卷第 1 期。

苏兆新《国民师范学校的实习》刊于《国民师范教育》第 1 卷第 1 期。

赵琳《师范生的膳食问题》刊于《国民师范教育》第 1 卷第 1 期。

魏树藩《国民师范简易班的音乐教育问题》刊于《国民师范教育》第 1 卷第 1 期。

张永明《关于中等学校国文教学的我见》刊于《国民师范教育》第 1 卷第 1 期。

邹宗英《实习之第一周》刊于《国民师范教育》第 1 卷第 1 期。

李孝深《德化国师速写》刊于《国民师范教育》第 1 卷第 1 期。

陈剑恒《再论国民教育之意义》刊于《国民教育》第 1 卷第 8 期。

王冰洋《民众读物与国民教育》刊于《国民教育》第 1 卷第 8 期。

蓝家泰《问题儿童的行为分析》刊于《国民教育》第 1 卷第 8 期。

祝超然《中心学校国民学校行政之实施》刊于《国民教育》第 1 卷第 8 期。

徐允昭《怎样充实中心国民学校的教具与设备》刊于《国民教育》第 1 卷第 8 期。

张宗禹《中小学学生书包的设计》刊于《国民教育》第 1 卷第 8 期。

洪石鲸《民教部的留生问题》刊于《国民教育》第 1 卷第 8 期。

孙邦正《小学教师常用的几种记分法》刊于《国民教育》第 1 卷第 8 期。

吕朝相《多用考试方法能否提高并齐一学生程度》刊于《国民教育》第 1 卷第 8 期。

郭有守《国民教育之实际问题》刊于《国民教育》第 1 卷第 9 期。

黎涤玄《中心学校国民学校之三大问题》刊于《国民教育》第 1 卷第 9 期。

祝超然《造产运动与教育》刊于《国民教育》第 1 卷第 9 期。

程玉麟《心理卫生与训育研究》刊于《国民教育》第 1 卷第 9 期。

沈灌群《中心学校怎样实施辅导工作》刊于《国民教育》第 1 卷第 9 期。

陈伯琴《小学算术教学谈》刊于《国民教育》第 1 卷第 9 期。

吕朝相《小学国语教学之实际问题》刊于《国民教育》第 1 卷第 9 期。

胡元《中心学校校长怎样主持和辅导国民教育研究会》刊于《国民教育》第 1 卷第 9 期。

郭有守《国民教师应有的准备与修养》刊于《国民教育》第 1 卷第 10 期。

陈侠《中心学校及国民学校对于推选家庭教育应有的认识》刊于《国民教育》第 1 卷第 10 期。

向志均《体育在国民教育上之重要性》刊于《国民教育》第 1 卷第 10 期。

祝超然《说故事与儿童教养》刊于《国民教育》第 1 卷第 10 期。

刘学愿《如何教育今日之中国儿童》刊于《国民教育》第 1 卷第 10 期。

胡颜立《中心学校及国民学校的客观批分法》刊于《国民教育》第 1 卷第 10 期。

徐允昭《乡土教材和乡土读物的编辑》刊于《国民教育》第 1 卷第 10 期。

吕朝相《低年级算术游戏教学》刊于《国民教育》第 1 卷第 10 期。

赵文杰《一个女界中的民族英雄》刊于《国民教育》第 1 卷第 10 期。

萧孝嵘《心理专号之使命》刊于《建国教育》第 2 卷第 1 期。

陆志韦《中国心理学最近的将来》刊于《建国教育》第 2 卷第 1 期。

郝耀东《人类性能的科学分析》刊于《建国教育》第 2 卷第 1 期。

张耀翔《动物的色觉》刊于《建国教育》第 2 卷第 1 期。

高觉敷《心理学与生理学》刊于《建国教育》第 2 卷第 1 期。

卢于道《心理学之社会意义》刊于《建国教育》第 2 卷第 1 期。

王凤喈《通俗社会心理之研究》刊于《建国教育》第 2 卷第 1 期。

胡寄南《建立一个实验的民族心理学》刊于《建国教育》第 2 卷第 1 期。

程克敏《心理学对于抗战建国能有什么贡献》刊于《建国教育》第 2 卷第 1 期。

陈立《心理学之防空观》刊于《建国教育》第 2 卷第 1 期。

朱希亮《心理学在教育上之重要性》刊于《建国教育》第 2 卷第 1 期。

艾伟《测验的意义及其功用》刊于《建国教育》第 2 卷第 1 期。

黄觉民《考卷校正器的创制》刊于《建国教育》第 2 卷第 1 期。

倪中方、辛志平《心理展览的一个尝试》刊于《建国教育》第 2 卷第 1 期。

潘菽《心理学人材的教育方针》刊于《建国教育》第 2 卷第 1 期。

萧孝嵘、吴江霖《工程能力倾向测验之标准化》刊于《建国教育》第 2 卷第 1 期。

程时煃《利用民众组训加紧扫除文盲》刊于《江西地方教育》第 169—170 期合刊。

萧邦道《督道遂川义教报告》刊于《江西地方教育》第 169—170 期合刊。

彭友善《如何推进艺术教育》刊于《江西地方教育》第 169—170 期合刊。

鲁易《人物·思想(二九)》刊于《江西地方教育》第169—170期合刊。

熊式辉《元旦献词》刊于《江西地方教育》第169—170期合刊。

陈立夫《教育界今年应有之努力》刊于《江西地方教育》第169—170期合刊。

陈诚《我们抗战前途的展望》刊于《江西地方教育》第169—170期合刊。

程时煃《二十九年度对全省教育之希望》刊于《江西地方教育》第171期。

邓淮山《怎样去做师范学校的劳作教师》刊于《江西地方教育》第171期。

鲁易《人物·思想(三〇)》刊于《江西地方教育》第171期。

裘德煌《群忠诛逆记(四)》刊于《江西地方教育》第171期。

黄逊之《读〈朱惺公骂贼文〉有感》刊于《江西地方教育》第171期。

程时煃《精神总动员之理论与实施》刊于《江西地方教育》第172—173期合刊。

邓淮山《怎样去做师范学校的劳作教师(下)》刊于《江西地方教育》第172—173期合刊。

张乃璇《怎样讲述时事》刊于《江西地方教育》第172—173期合刊。

鲁易《人物·思想(三一)》刊于《江西地方教育》第172—173期合刊。

龙长白《谈谈乡村小学的自然教学》刊于《江西地方教育》第172—173期合刊。

戴士英《我之习画经过》刊于《江西地方教育》第172—173期合刊。

邱椿《教师任务之重新的解释》刊于《江西地方教育》第174—175期合刊。

张乃璇《新县制下小学教师的新任务》刊于《江西地方教育》第174—175期合刊。

陆天《人生即奋斗》刊于《江西地方教育》第174—175期合刊。

陆天《美术室随笔(一三)"刻"的故事》刊于《江西地方教育》第174—175期合刊。

方曦《本省保学经费筹集之经过》刊于《江西地方教育》第176期。

刘诚《加紧沦陷区域的游学战》刊于《江西地方教育》第177—178期合刊。

徐文鸿《怎样做个现代的保学教师》刊于《江西地方教育》第177—178期合刊。

汤雅杰《小学低级唱游课程的形成及其发展》刊于《江西地方教育》第177—178期合刊。

鞏华《培养儿童的自尊心》刊于《江西地方教育》第177—178期合刊。

甘乃光《工作竞赛的原理》刊于《江西地方教育》第177—178期合刊。

张乃璇《推行国民教育的意义和目的》刊于《江西地方教育》第179—180期合刊。

吴震春《儿童训导的三十个有效方法》刊于《江西地方教育》第179—180期合刊。

彭松年《保学儿童班自治训练的实例》刊于《江西地方教育》第179—180期合刊。

璇《算术教学技术介绍》刊于《江西地方教育》第179—180期合刊。

浪墨《六艺教育与八字家训》刊于《江西地方教育》第179—180期合刊。

程时煃《新县制推行下之教育问题》刊于《江西地方教育》第181—182期合刊。

张乃璇《实施国民教育下县教育行政的人事改进》刊于《江西地方教育》第181—182期合刊。

刘学积《乡村小学的晨夕会》刊于《江西地方教育》第181—182期合刊。

璇《算术教学技术介绍(二)》刊于《江西地方教育》第181—182期合刊。

蔡漱芳《本省省教育经费实际情形》刊于《江西地方教育》第181—182期合刊。

胡昌骐《本省中等教育概况》刊于《江西地方教育》第181—182期合刊。

张乃璇《实施国民教育下县教育行政的人事改进》刊于《江西地方教育》第 181—182 期合刊。

张乃璇《乡（镇）中心学校之含义与功能》刊于《江西地方教育》第 183—184 期合刊。

陈鹤琴《活的教育》刊于《江西地方教育》第 183—184 期合刊。

陈鹤琴《一个活的林间学校产生了》刊于《江西地方教育》第 183—184 期合刊。

璇《国语教学技术介绍》刊于《江西地方教育》第 183—184 期合刊。

黄序竹《乐平县两年来教育工作概况》刊于《江西地方教育》第 183—184 期合刊。

张乃璇《乡镇中心学校辅导工作实施法》刊于《江西地方教育》第 185—186 期合刊。

黄钟《对分区设立国民教育督导处之希望》刊于《江西地方教育》第 185—186 期合刊。

乘田《江西文盲新估计》刊于《江西地方教育》第 185—186 期合刊。

彭巽之《在艰苦中产生的一个保学》刊于《江西地方教育》第 185—186 期合刊。

徐伯康《参加教部实验教育训练班的经过及所习教育法的介绍》刊于《江西地方教育》第 185—186 期合刊。

璇《国语教学技术介绍（二）》刊于《江西地方教育》第 185—186 期合刊。

程时煌《重大·艰苦·乐观的第四年代》刊于《江西地方教育》第 187—188 期合刊。

张乃璇《县各级教育行政之研究》刊于《江西地方教育》第 187—188 期合刊。

黄钟《分区整理国民教育之意见》刊于《江西地方教育》第 187—188 期合刊。

卢祝平《关于乡镇中心学校实施上的三点困难及其解决途径》刊于《江西地方教育》第 187—188 期合刊。

伯康《讲习生活日记》刊于《江西地方教育》第 187—188 期合刊。

陆天《美术字谈》刊于《江西地方教育》第 187—188 期合刊。

李树声《健强民族体格的一个根本问题》刊于《江西地方教育》第 189—190 期合刊。

霞峰《省立体育师范科体育技能表演队赣县公演参观记》刊于《江西地方教育》第 189—190 期合刊。

何琦博士演讲、张乃璇纪录《赣南最近发生虫灾问题的应有认识》刊于《江西地方教育》第 189—190 期合刊。

陈立夫《广播与教育》刊于《江西地方教育》第 189—190 期合刊。

卢祝平《试拟国学校普及教育计划调查表及其应用》刊于《江西地方教育》第 191 期。

张乃璇《总裁国民教育思想提要》刊于《江西地方教育》第 191 期。

李炳文《新县制的国民教育与江西的保学教育》刊于《江西地方教育》第 191 期。

唐一帆《地方特产和废物利用的教法》刊于《江西地方教育》第 191 期。

雷大鼎《几种珠算教学的技术》刊于《江西地方教育》第 191 期。

徐伯康《关于"共通校训"》刊于《江西地方教育》第 191 期。

徐伯康《大家不要忘记了谭论》刊于《江西地方教育》第 191 期。

李世骏《试拟临川县民间不良习俗改革方案》刊于《江西地方教育》第 191 期。

王安仁《革除泰和不良习俗具体方案》刊于《江西地方教育》第 191 期。

舒宽鑫《革除靖安不良习俗具体方案》刊于《江西地方教育》第 191 期。

邱椿《国民教育的新趋势》刊于《江西地方教育》第 192—193 期合刊。

陶唐《推行国民教育与巡回教学》刊于《江西地方教育》第 192—193 期合刊。

陶唐《巡教经验谈》刊于《江西地方教育》第 192—193 期合刊。

汪子瑞《生产教育与造林运动》刊于《江西地方教育》第 192—193 期合刊。

黄嘉焕《灌塘工作段片》刊于《江西地方教育》第 192—193 期合刊。

徐培根《国防思想之新趋向》刊于《江西地方教育》第 192—193 期合刊。

程时煃《本会的意义和作法》刊于《江西地方教育》第 194—196 期合刊。

王调馨《科学与人生》刊于《江西地方教育》第 194—196 期合刊。

胡莲舫《美感与人生》刊于《江西地方教育》第 194—196 期合刊。

欧阳祖经《中国的师道》刊于《江西地方教育》第 194—196 期合刊。

童润之《中等教育之歧途与正路》刊于《江西地方教育》第 194—196 期合刊。

邱椿《列宁的教育思想》刊于《江西地方教育》第 194—196 期合刊。

王晓湘《中学国文教学之研究》刊于《江西地方教育》第 194—196 期合刊。

欧阳祖经《国文教学刍议》刊于《江西地方教育》第 194—196 期合刊。

欧阳祖经《中日历史的回顾》刊于《江西地方教育》第 194—196 期合刊。

胡莲舫《谈英文文法》刊于《江西地方教育》第 194—196 期合刊。

胡莲舫《谈英文字典》刊于《江西地方教育》第 194—196 期合刊。

欧阳祖经《青原山的史迹》刊于《江西地方教育》第 194—196 期合刊。

程时煃《时代教育三大要求》刊于《江西地方教育》第 197 期。

胡昌骐《县立中学的特质和任务的检讨》刊于《江西地方教育》第 197 期。

张乃璇《保国民学校实施问题的检讨》刊于《江西地方教育》第 197 期。

杨启蕃《小学高级国语科自学辅导实例》刊于《江西地方教育》第 197 期。

谌亚远《营养之理论与实施》刊于《江西地方教育》第 197 期。

罗贵民《新县制下的县立中学》刊于《江西地方教育》第 198—199 期合刊。

严国柱《如何推行百业教育》刊于《江西地方教育》第 198—199 期合刊。

彭铎《增加农业生产的方法与小学教师应负的责任》刊于《江西地方教育》第 198—199 期合刊。

唐一帆《劳作工场设备的经营与管理》刊于《江西地方教育》第 198—199 期合刊。

陆天《木偶戏》刊于《江西地方教育》第 198—199 期合刊。

程时煃《回顾与希望》刊于《江西地方教育》第 200 期。

欧阳祖经《江西教育之回顾与前瞻》刊于《江西地方教育》第 200 期。

贺鉴千《对于"江西地方教育旬刊"之新希望》刊于《江西地方教育》第 200 期。

杨芳瑜《我对于本刊的改进意见》刊于《江西地方教育》第 200 期。

徐伯康《祝〈江西地方教育〉与江西地方教育共同发展》刊于《江西地方教育》第 200 期。

熊先栻《五年半来之"江西地方教育"》刊于《江西地方教育》第 200 期。

卢祝平《从创刊号到二百期》刊于《江西地方教育》第 200 期。

叶青《抗战教育与三民主义教育》刊于《江西地方教育》第 200 期。

童润之《如何使县立中学成为一县的文化中心》刊于《江西地方教育》第 200 期。

陈鹤琴《松林中新生的幼师》刊于《江西地方教育》第 200 期。

陆天《论兴趣和兴趣的教育》刊于《江西地方教育》第 200 期。

黄嘉焕《介绍绘壁画的穷办法》刊于《江西地方教育》第 200 期。

熊主席《国立中正大学创立的意义及今后的希望》刊于《江西地方教育》第 200 期。

欧阳祖经《中正大学创立记》刊于《江西地方教育》第 200 期。

舒宽鑫《教育文化问题座谈会首次集会纪要》刊于《江西地方教育》第 200 期。

莹如《暹罗华侨归国办学》刊于《教育半月刊》第 5 卷第 4 期。

邓清芹等著《现阶段家庭教育的任务及其改进》刊于《教育半月刊》第 5 卷第 4 期。

尤仁安《论政教合一》刊于《教育半月刊》第 5 卷第 4 期。

廖作之《当儿做错了事的时候》刊于《教育半月刊》第 5 卷第 4 期。

尤仁安译《美国课程编制的新趋势》刊于《教育半月刊》第 5 卷第 4 期。

张增杰《谈谈几种通行教法与个性适应》刊于《教育半月刊》第 5 卷第 4 期。

锡龄《短评二十九年度公立各院校统一招生简章的新规定》刊于《教育半月刊》第 5 卷第 6—7 期合刊。

邱友铮《论著公民观念之发生及其训练要旨》刊于《教育半月刊》第 5 卷第 6—7 期合刊。

王心权《谈谈今日之学潮》刊于《教育半月刊》第 5 卷第 6—7 期合刊。

秦镜《金字塔的学问》刊于《教育半月刊》第 5 卷第 6—7 期合刊。

熙明《抗战期中小学教师之进修问题》刊于《教育半月刊》第 5 卷第 6—7 期合刊。

黄孝章《心理卫生在儿童教育上之重要》刊于《教育半月刊》第 5 卷第 6—7 期合刊。

杰武译《在美国的一个和二个教师的学校》刊于《教育半月刊》第 5 卷第 6—7 期合刊。

黄锡龄《"五五宪草"教育章应当删去吗》刊于《教育半月刊》第 5 卷第 8—9 期合刊。

张敷荣《国民教育之适应的与创造的功用》刊于《教育半月刊》第 5 卷第 8—9 期合刊。

老幹《广西国民基础教育之研究》刊于《教育半月刊》第 5 卷第 8—9 期合刊。

鍾玉成《民教师训班之根本问题》刊于《教育半月刊》第 5 卷第 8—9 期合刊。

王文昭《谈谈国民教育的师资问题》刊于《教育半月刊》第 5 卷第 8—9 期合刊。

王心权《国民教育与说话教育》刊于《教育半月刊》第 5 卷第 8—9 期合刊。

廖作立《"六合一"与"六不同"》刊于《教育半月刊》第 5 卷第 8—9 期合刊。

王凤喈讲，黄锡龄记《教育的研究方法》刊于《教育半月刊》第 5 卷第 8—9 期合刊。

邓只淳《教员荒》刊于《教育半月刊》第 5 卷第 10 期。

张增杰《第三届成都区统考结果之剖视》刊于《教育半月刊》第 5 卷第 10 期。

黄锡龄《哲学在教育上之需要》刊于《教育半月刊》第 5 卷第 10 期。

吴洪生《教育不用体罚的先例》刊于《教育半月刊》第 5 卷第 10 期。

徐志学《我国大学师资资格问题的商榷》刊于《教育半月刊》第 5 卷第 10 期。

楚《国民教育的师资训练》刊于《教育半月刊》第 5 卷第 10 期。

邱友铮《现行中心学校及国民学校之唯一特质》刊于《教育半月刊》第 6 卷第 1—2 期合刊。

俞铭勋《小学"课室讨论"的技术》刊于《教育半月刊》第 6 卷第 1—2 期合刊。

钟玉成《国民人格与教育》刊于《教育半月刊》第 6 卷第 1—2 期合刊。

黄锡龄《政治与教育之关系》刊于《教育半月刊》第 6 卷第 1—2 期合刊。

王文昭《教育与职业指导》刊于《教育半月刊》第 6 卷第 1—2 期合刊。

盂起《本校师范学院筹备经过》刊于《教育半月刊》第 6 卷第 1—2 期合刊。

许恪士《教育政策与教育价值》刊于《教育丛刊(国立中央大学师范学院)》第 5 卷第 1 期。

常导直《论我国宪法上关于教育应有之规定》刊于《教育丛刊(国立中央大学师范学院)》第 5 卷第 1 期。

潘菽《论中国大学教育所忽略的方面》刊于《教育丛刊(国立中央大学师范学院)》第 5 卷第 1 期。

汪少伦《对于公民训育来的理想》刊于《教育丛刊(国立中央大学师范学院)》第 5 卷第 1 期。

李清悚《中等教育对于各级教育之关系》刊于《教育丛刊(国立中央大学师范学院)》第 5 卷第 1 期。

程国扬《现代国家政策与小学教育》刊于《教育丛刊(国立中央大学师范学院)》第 5 卷第 1 期。

石显儒《莱特康材的职业教育基本特质解释》刊于《教育丛刊(国立中央大学师范学院)》第 5 卷第 1 期。

吴蕴瑞《体育之品格训练及我国国民之需要此种品格》刊于《教育丛刊(国立中央大学师范学院)》第 5 卷第 1 期。

赵廷为《教师的发问技术》刊于《教育丛刊(国立中央大学师范学院)》第 5 卷第 1 期。

龚启昌《中学生阅读兴趣调查》刊于《教育丛刊(国立中央大学师范学院)》第 5 卷第 1 期。

孙祁《国民教育师资训练问题的商榷》刊于《教育丛刊(国立中央大学师范学院)》第 5 卷第 1 期。

Paul Appell 著,周绍濂译《法国近代数学史》刊于《教育丛刊(国立中央大学师范学院)》第 5 卷第 1 期。

郭登敖《教育与创造》刊于《教育与服务》第 41 期。

金祖懋《战时党化教育》刊于《教育与服务》第 41 期。

张登寿《服务在教育上的价值》刊于《教育与服务》第 41 期。

侯铭《新二部制实验报告(续)》刊于《教育与服务》第 41 期。

余友清《对于中山中学班同学的忠告》刊于《教育与服务》第 41 期。

刘善承《抗战建国与自我训练》刊于《教育与服务》第 41 期。

郭登敖《中学的生产教育》刊于《教育与服务》第 44 期。

第一中山中学班《生产教育农事训练计划大纲》刊于《教育与服务》第 44 期。

第二中山中学班《农业生产劳动训练概况》刊于《教育与服务》第 44 期。

第五中山中学班《生产教育办理方针与计划及其实施之经过》刊于《教育与服务》第 44 期。

第六中山中学班《生产教育实施概况》刊于《教育与服务》第 44 期。

第七中山中学班《农业生产计划》刊于《教育与服务》第 44 期。

第八中山中学班《生产教育筹备之经过及今后实施之计划》刊于《教育与服务》第 44 期。

窦汶斋《我对于生产教育推选的意见》刊于《教育与服务》第 44 期。

郎淳《女子生产教育概况》刊于《教育与服务》第 44 期。

顾开轩《泛论生产教育》刊于《教育与服务》第 44 期。

调梅《漫谈教师》刊于《教育与服务》第 45 期。

朱镜坚《推行新县制与党化教育》刊于《教育与服务》第 45 期。

郎淳《中学国文教学之我见》刊于《教育与服务》第 45 期。

之渝《文白之争与中学国文教学》刊于《教育与服务》第 45 期。

向思赓《中等学校的训育问题》刊于《教育与服务》第 45 期。

侯铭《新二部制实验报告（续）》刊于《教育与服务》第 45 期。

冯泽芳《云南木棉之研究及推广》刊于《教育与科学》第 7 期。

汤茂如《新制国民教育之历史根据》刊于《四川国民教育月刊》第 1 卷第 1 期。

季禹九《小学教育界对于国民教育应有的初步认识》刊于《四川国民教育月刊》第 1 卷第 1 期。

陈剑恒《提高小学教师待遇与普及国民教育》刊于《四川国民教育月刊》第 1 卷第 1 期。

徐元昭《怎样施行中心单元教学》刊于《四川国民教育月刊》第 1 卷第 1 期。

胡忠智《四川第二行政督察专员区小学教育亟应改进之点》刊于《四川国民教育月刊》第 1 卷第 1 期。

陶行知《儿童保育问题》刊于《战时教育》第 5 卷第 7 期。

陈纪彝《儿童保育工作》刊于《战时教育》第 5 卷第 7 期。

杜君慧《九个月来第七保育院工作概况》刊于《战时教育》第 5 卷第 7 期。

齐笑尘《我们的孩子是怎样教导的》刊于《战时教育》第 5 卷第 7 期。

吴印若《我们的保育院》刊于《战时教育》第 5 卷第 7 期。

雷静畹《实践中的经验》刊于《战时教育》第 5 卷第 7 期。

郭青《一个崭新的保育院》刊于《战时教育》第 5 卷第 7 期。

季平《教育的本质（续）》刊于《战时教育》第 5 卷第 8 期。

朱之平《边塞的战斗学校》刊于《战时教育》第 5 卷第 8 期。

纪晓《两年来的上海教育》刊于《战时教育》第 5 卷第 8 期。

文上光《我对于当前教育的要求》刊于《战时教育》第 5 卷第 8 期。

杨及辰译《我为什么为儿童写作》刊于《战时教育》第 5 卷第 8 期。

郭弼昌《抗战军人子女教养院》刊于《战时教育》第 5 卷第 8 期。

力生《记晋南儿童保育院》刊于《战时教育》第 5 卷第 8 期。

李蟾桂执笔《我们的幼稚园怎样进行"保卫大西南"》刊于《战时教育》第 5 卷第 8 期。

陶行知《小学教师之烦恼》刊于《战时教育》第 5 卷第 9 期。

赵小梅《第八保育院一年来工作实录》刊于《战时教育》第 5 卷第 9 期。

季平《教育的本质（续）》刊于《战时教育》第 5 卷第 9 期。

胡春泳等《战时国文教学座谈记》刊于《战时教育》第 5 卷第 9 期。

李航《广西西北角的化猺工作——介绍新生长的连阳安化教育区》刊于《战时教育》第 5 卷第 9 期。

艾伟《介绍推孟麦雨二氏著的智慧测量》刊于《战时教育》第 5 卷第 9 期。

程今吾《论国民基础教育》刊于《战时教育》第 5 卷第 11 期。

季平《教育的本质(续)》刊于《战时教育》第 5 卷第 11 期。

汪树棠《儿童节约运动的一点小经验》刊于《战时教育》第 5 卷第 11 期。

梁生《实施组织教育的初步经验》刊于《战时教育》第 5 卷第 11 期。

石叔明《民校留不住学生的原因及其解决方法》刊于《战时教育》第 5 卷第 11 期。

A·维里巴夫《工厂即学校》刊于《战时教育》第 5 卷第 11 期。

罗汉《民艺学院观礼记》刊于《战时教育》第 5 卷第 11 期。

赵立法《孟县战地生活学校始末记》刊于《战时教育》第 5 卷第 11 期。

陶行知《抗战时期之小先生》刊于《战时教育》第 5 卷第 11 期。

操震球《普及国民教育之路》刊于《战时教育》第 5 卷第 12 期。

程今吾《论国民基础教育(续)》刊于《战时教育》第 5 卷第 12 期。

萧云《我们是怎样当督学的》刊于《战时教育》第 5 卷第 12 期。

李少清《孩子剧团的学习》刊于《战时教育》第 5 卷第 12 期。

路里执笔《儿童团体的学习问题》刊于《战时教育》第 5 卷第 12 期。

夏之阳《中苏儿童生活照片展览会参观记》刊于《战时教育》第 5 卷第 12 期。

吴新稼《怎样教小朋友排剧》刊于《战时教育》第 5 卷第 12 期。

任光《怎样学习歌唱》刊于《战时教育》第 5 卷第 12 期。

史美钧《三民主义教育导言》刊于《浙江教育》第 2 卷第 9 期。

袁公为《公民教育之领域》刊于《浙江教育》第 2 卷第 9 期。

钟伯庸《浙西战区的地方教育》刊于《浙江教育》第 2 卷第 9 期。

鲁君玖《中国女性教育侧影》刊于《浙江教育》第 2 卷第 9 期。

杨炳勋《基本的教育方法》刊于《浙江教育》第 2 卷第 9 期。

赵欲仁《希望于流动施教团的》刊于《浙江教育》第 2 卷第 9 期。

张丙光《分科视导的实验》刊于《浙江教育》第 2 卷第 9 期。

竺仁《介绍一个新型学校》刊于《浙江教育》第 2 卷第 9 期。

孙葆懋《学习修养与职业》刊于《浙江教育》第 2 卷第 9 期。

袁哲《公民教育之社会学的基础》刊于《浙江教育》第 2 卷第 10 期。

史美钧《建设新闻教育刍议》刊于《浙江教育》第 2 卷第 10 期。

赵欲仁《实施国民教育问题》刊于《浙江教育》第 2 卷第 10 期。

王友西《初中植物学教材管窥》刊于《浙江教育》第 2 卷第 10 期。

阮春芳《习得性遗传批判》刊于《浙江教育》第 2 卷第 10 期。

董少怀《游击战区底流动教育网》刊于《浙江教育》第 2 卷第 10 期。

顾恒《学校建筑改进方针》刊于《浙江教育》第 2 卷第 10 期。

莫如孝《浙江流动学校一瞥》刊于《浙江教育》第 2 卷第 10 期。

孙兆先《福建自制教育影片》刊于《浙江教育》第 2 卷第 10 期。

史美钧《中国学生的使命》刊于《浙江教育》第 2 卷第 10 期。

鲁君玖《奋斗诗人臧克家》刊于《浙江教育》第 2 卷第 10 期。

杜粹《真理的追逐》刊于《浙江教育》第 2 卷第 10 期。

方天锡《为什么信仰三民主义》刊于《浙江教育》第 2 卷第 10 期。

陈苠民《改造高初中算学课程刍议》刊于《浙江教育》第 2 卷第 11 期。

曾毅夫《中等学校导师制的推行》刊于《浙江教育》第 2 卷第 11 期。

钟伯庸《加紧战时社会教育设施之综合的商讨》刊于《浙江教育》第 2 卷第 11 期。

梁春芳《县制革新与国民教育》刊于《浙江教育》第 2 卷第 11 期。

唐一帆《战时劳作教学的困难及解决》刊于《浙江教育》第 2 卷第 11 期。

吕永棠《复绘地图的基本练习》刊于《浙江教育》第 2 卷第 11 期。

顾季平《教室的建筑与设备》刊于《浙江教育》第 2 卷第 11 期。

陈仁璇《本省各县民众教育馆概观》刊于《浙江教育》第 2 卷第 11 期。

王宁适《浙江沿海教育辅导之实况》刊于《浙江教育》第 2 卷第 11 期。

汪懋祖《中学生生活指导》刊于《浙江教育》第 2 卷第 11 期。

史美钧《文章解剖与文艺研究》刊于《浙江教育》第 2 卷第 11 期。

易简《王阳明的人生态度》刊于《浙江教育》第 2 卷第 11 期。

沈德铨《中国民族最切的需要》刊于《浙江教育》第 2 卷第 11 期。

沙昌文《快乐可以普遍企求吗》刊于《浙江教育》第 2 卷第 11 期。

徐华夫《我对学问的观念》刊于《浙江教育》第 2 卷第 11 期。

史美钧《戏剧教育之昨日今日与明日》刊于《浙江教育》第 2 卷第 12 期。

金海观《中小学怎样兼办社会教育》刊于《浙江教育》第 2 卷第 12 期。

郭人全《灌注经年之扫除文盲问题》刊于《浙江教育》第 2 卷第 12 期。

钟伯庸《加紧战时社会教育设施之综合的商讨》刊于《浙江教育》第 2 卷第 12 期。

胡葆良《小学实施精神训练的材料与方法》刊于《浙江教育》第 2 卷第 12 期。

陆传籍《初等教育的时事教学》刊于《浙江教育》第 2 卷第 12 期。

吴赞文《战时新十项运动》刊于《浙江教育》第 2 卷第 12 期。

周彬《师资进修十年回顾》刊于《浙江教育》第 2 卷第 12 期。

张丙光《区乡镇私立小学的甄别和整理》刊于《浙江教育》第 2 卷第 12 期。

蒋中正《教育应注意生活的改造》刊于《浙江教育》第 2 卷第 12 期。

楼次善《家庭环境对青年心理的关系》刊于《浙江教育》第 2 卷第 12 期。

孙葆懋《从新诗掇拾到症结检视》刊于《浙江教育》第 2 卷第 12 期。

袁哲《课外活动与公民教育》刊于《浙江教育》第 3 卷第 1 期。

傅载俊《近代公民教育原论》刊于《浙江教育》第 3 卷第 1 期。

史美钧《转型期间图书馆事业》刊于《浙江教育》第 3 卷第 1 期。

钟伯庸《加紧战时社会教育设施之综合的商讨》刊于《浙江教育》第 3 卷第 1 期。

吕震崑《战时民众歌詠问题》刊于《浙江教育》第 3 卷第 1 期。

濮秉钧《教师待遇之集体讨论》刊于《浙江教育》第 3 卷第 1 期。

蒋径诩《抗建新生的英士大学》刊于《浙江教育》第 3 卷第 1 期。

王梦尼《国民精神总动员教育实施经过报告》刊于《浙江教育》第 3 卷第 1 期。

王炯《分保设学计划的试行》刊于《浙江教育》第 3 卷第 1 期。

徐寅初《现阶段中国教育论略》刊于《浙江教育》第 3 卷第 5 期。

史美钧《中国固有教学精神述评》刊于《浙江教育》第 3 卷第 5 期。

朱镇荪《学习转移与阻碍之检讨》刊于《浙江教育》第 3 卷第 5 期。

支才庸《儿童心理卫生新论》刊于《浙江教育》第 3 卷第 5 期。

郑夷真《算学教学经验琐谈》刊于《浙江教育》第 3 卷第 5 期。

徐德春《师资训练方式商榷》刊于《浙江教育》第 3 卷第 5 期。

章湘伯《浙江中等学校训育实施视察报告》刊于《浙江教育》第 3 卷第 5 期。

周伯平《浙江中等学校童军设施视察报告》刊于《浙江教育》第 3 卷第 5 期。

阮真《中学国文教学研究概论》刊于《浙江教育》第 3 卷第 6 期。

胡山源《各级国文教员平议》刊于《浙江教育》第 3 卷第 6 期。

胡伦清《健全教师的基本条件》刊于《浙江教育》第 3 卷第 6 期。

阙仲瑶《音乐教学方法述要》刊于《浙江教育》第 3 卷第 6 期。

吴赞文《现代体育教材新编》刊于《浙江教育》第 3 卷第 6 期。

沈厚润《浙西中等学校应变经过》刊于《浙江教育》第 3 卷第 6 期。

章湘伯《浙江中等学校训育实施情况视察报告》刊于《浙江教育》第 3 卷第 6 期。

周伯平《视察各校童子军总意见书》刊于《浙江教育》第 3 卷第 6 期。

郭有守《发刊词》刊于《中等教育季刊(四川)》第 1 卷第 1 期。

按:四川《中等教育季刊》创刊号于 1940 年 9 月 30 日出版,编辑者为设在四川省立教育科学馆内的"四川中等教育季刊编辑委员会",创刊号发行者为四川省立教育科学馆,从第 2 期开始,发行者改为"四川省教育厅"。其发刊词指出:"办刊重要的使命,在就中等教育范围之内,阐明各项原理原理,讨论各种实际问题,报告各校实施的概况,供给各门研究的资料,并且沟通中等教育同人的声气。"在《四川中等教育季刊征稿简则》中,指出该刊物的征稿范围主要为教育论著、学校行政、教材教法、训导问题、教育文艺。

黎锦熙《科学的语文研究法示例》刊于《中等教育季刊(四川)》第 1 卷第 1 期。

叶绍钧《对于国文教学的两种基本观念》刊于《中等教育季刊(四川)》第 1 卷第 1 期。

朱自清《诵读的态度》刊于《中等教育季刊(四川)》第 1 卷第 1 期。

顾颉刚《中学生读的中国史》刊于《中等教育季刊(四川)》第 1 卷第 1 期。

胡焕庸《新地理学之真谛》刊于《中等教育季刊(四川)》第 1 卷第 1 期。

郭秀敏《教授高中中国气候章》刊于《中等教育季刊(四川)》第 1 卷第 1 期。

喻传鉴《中学公民学科教学问题》刊于《中等教育季刊(四川)》第 1 卷第 1 期。

文幼章《四川中学英文教学改造之必要》刊于《中等教育季刊(四川)》第 1 卷第 1 期。

陈纪喆《中学生在学时期之指导》刊于《中等教育季刊(四川)》第 1 卷第 1 期。

宋大鲁《四川省职业教育改进之途径》刊于《中等教育季刊(四川)》第 1 卷第 1 期。

罗学府《四川省师范教育新使命》刊于《中等教育季刊(四川)》第 1 卷第 1 期。

余竹平《算理思潮之主流及其对教学上之启示》刊于《中等教育季刊(四川)》第 1 卷第 1 期。

陈伯琴《算学作业之辅导与处理》刊于《中等教育季刊(四川)》第 1 卷第 1 期。

宇飞《略谈生理卫生学教学法》刊于《中等教育季刊(四川)》第 1 卷第 1 期。

禹海涵《师范学校生物教材之商榷》刊于《中等教育季刊(四川)》第 1 卷第 1 期。

刘开渠《如何完成中学图画课程》刊于《中等教育季刊(四川)》第 1 卷第 1 期。

郭有守《六年一贯制中学的实验》刊于《中等教育季刊(四川)》第 1 卷第 2 期。

常道直《中学制度改进之注意点及其步骤》刊于《中等教育季刊(四川)》第 1 卷第 2 期。

李清悚《各国中等教育之比较研究》刊于《中等教育季刊(四川)》第 1 卷第 2 期。

庄子毅《中学教师的责任与修养》刊于《中等教育季刊(四川)》第 1 卷第 2 期。

张鉴虞《关于国民中学答客问》刊于《中等教育季刊(四川)》第 1 卷第 2 期。

丰子恺《图画教育的效果》刊于《中等教育季刊(四川)》第 1 卷第 2 期。

洪毅然《如何增进中小学艺术教育之实效》刊于《中等教育季刊(四川)》第 1 卷第 2 期。

刘振羽《中学理化教育之目的与方法》刊于《中等教育季刊(四川)》第 1 卷第 2 期。

蒋复璁《中等学校图书馆问题》刊于《中等教育季刊(四川)》第 1 卷第 2 期。

叶绍钧拟《六年一贯制中学国文课程标准》刊于《中等教育季刊(四川)》第 1 卷第 2 期。

陈觉玄《记叙文教材及作法》刊于《中等教育季刊(四川)》第 1 卷第 2 期。

钱歌川《中学英文的教学》刊于《中等教育季刊(四川)》第 1 卷第 2 期。

汪桂荣《中学数学教学合理化运动》刊于《中等教育季刊(四川)》第 1 卷第 2 期。

陈伯琴《视察川西南中等算学教育后之感想》刊于《中等教育季刊(四川)》第 1 卷第 2 期。

胡思齐《师范学校算学教材问题》刊于《中等教育季刊(四川)》第 1 卷第 2 期。

禹海涵《为中学生物学科教学进一言》刊于《中等教育季刊(四川)》第 1 卷第 2 期。

李有行《劳作教学与职业指导》刊于《中等教育季刊(四川)》第 1 卷第 2 期。

黄质夫《国立贵州师范学校劳动生产实施经过》刊于《中等教育季刊(四川)》第 1 卷第 2 期。

广文《新县制与佛教》刊于《佛教月刊》第 11 年第 3 期。

广文《再论新县制与佛教》刊于《佛教月刊》第 11 年第 4 期。

太虚《佛教与国际反侵略》刊于《佛教月刊》第 11 年第 7 期。

广文《寺庙财产在法理上的根据》刊于《佛教月刊》第 11 年第 7 期。

晦鸣《我们应当如何欢迎太虚大师返国》刊于《佛教月刊》第 11 年第 8 期。

隆明《佛教声律启蒙》刊于《佛教月刊》第 11 年第 8 期。

徐振家《善恶谈》刊于《罗汉菜》第 12 期。

隆定《写在杭州日华佛教会二周纪念日》刊于《晨钟》第 2 期。

隆定《复兴中国佛教之意见》刊于《晨钟》第 2 期。

慧证《日本的佛教》刊于《晨钟》第 2 期。

无尘《僧伽的竞争和目标》刊于《晨钟》第 2 期。

士清《钱武肃王与西湖之关系》刊于《晨钟》第 2 期。

心光译《日本僧侣的生活》刊于《晨钟》第 2 期。

达摩罗讲《佛学关系社会论》刊于《晨钟》第 2 期。

广辉《佛教与佛法的真义》刊于《晨钟》第 2 期。

学圣《佛教常识》刊于《晨钟》第 2 期。

通明《唯心佛国记》刊于《晨钟》第 2 期。

水月光《归依说》刊于《佛学月刊》第 4 期。

尚法圆《我学佛初步的理由》刊于《佛学月刊》第 4 期。

尹云凡《佛学入门二谈(下)》刊于《佛学月刊》第 4 期。

太虚《佛教徒的政党生活》刊于《佛化评论》创刊号。

广文《怎样改善僧教育》刊于《佛化评论》创刊号。

慈云《改革佛教的标准》刊于《佛化评论》创刊号。

子禅《一点小意见——献给呱呱堕地的佛化评论》刊于《佛化评论》创刊号。

张心若《佛儒学衡——衡原性》刊于《佛化评论》创刊号。

晦鸣《佛教刊物所应具底条件》刊于《佛化评论》第2号。

广文《纠正几点对佛法的错误认识》刊于《佛化评论》第2号。

徐少凡《学佛十难》刊于《佛化评论》第2号。

张心若《佛儒学衡(续一)——衡原性》刊于《佛化评论》第2号。

昌敬《伟大的时代对我们佛教底要求》刊于《佛化评论》第10号。

惟贤《现代人生之救济》刊于《佛化评论》第10号。

张心若《佛儒学衡——衡原性(续五)》刊于《佛化评论》第10号。

刘承泽《略释空义》刊于《觉音》第10期。

尼采《由〈妇女解放〉说到尼众生活》刊于《觉音》第10期。

藏岩《从法藏寺到清真观》刊于《觉音》第10期。

释达灵《佛教的缘起论》刊于《觉音》第11期。

刘承泽《净土与禅》刊于《觉音》第11期。

天军《从萧伯纳的茹素说起》刊于《觉音》第12期。

大醒《常惺法师周年祭感言》刊于《觉音》第12期。

释达灵《佛教的缘起论(续完)》刊于《觉音》第12期。

海仁《读"略释空义"后》刊于《觉音》第12期。

德林《我的出家小史》刊于《觉音》第12期。

太虚《国际事变调整与人类心理改造》刊于《觉音》第13期。

芝峰《大乘佛教的现实思想》刊于《觉音》第13期。

苇舫《太虚佛教团访甘地记》刊于《觉音》第13期。

孑禅《听孙院长演讲后的感想》刊于《觉音》第13期。

竺摩《"大众顾问"编者论佛学》刊于《觉音》第14期。

宝乘《今后的佛法》刊于《觉音》第14期。

巨赞《宗教与民族性》刊于《觉音》第14期。

太虚《再告日本三千万佛教徒》刊于《觉音》第15期。

太虚《佛教与国际反侵略》刊于《觉音》第15期。

石云《佛教也应来个"五四"运动》刊于《觉音》第15期。

悲智《佛教戒杀之真义》刊于《觉音》第15期。

竺摩《由宗教信仰论到佛教》刊于《觉音》第15期。

方曲《太虚法师与佛教访问团》刊于《觉音》第15期。

太虚《精诚团结与佛教之调整》刊于《觉音》第16期。

沈西屏《佛教在马来亚》刊于《觉音》第16期。

杨立人《提倡新佛教运动之管见》刊于《觉音》第16期。

妙钦记《从文学的观点上来谈谈佛教》刊于《觉音》第17期。

宝乘《思想界的权威》刊于《觉音》第17期。

太虚《由青年路向问到佛教革兴》刊于《觉音》第17期。

林语堂《从现代欧美思想上来谈谈佛教》刊于《觉音》第18期。

杨立《从宗教历史的演宗进说到正确的宗教观》刊于《觉音》第18期。

竺摩《弘传佛法的基本工作》刊于《觉音》第 18 期。

舒舍予(老舍)《灵的文学与佛教》刊于《觉音》第 19 期。

太虚《我怎样判摄一切佛法(续)》刊于《觉音》第 19 期。

惟贤《佛法与人生》刊于《觉音》第 19 期。

觉源《谈提倡尼众教育》刊于《觉音》第 19 期。

黄本真《四依是今日学佛的标准》刊于《觉音》第 19 期。

正果《生命构成论》刊于《觉音》第 19 期。

万均《新佛教运动的回顾与前瞻》刊于《狮子吼月刊》第 1 卷第 1 期。

夏孟辉《佛教在日本》刊于《狮子吼月刊》第 1 卷第 1 期。

性空《佛教革命的分水岭》刊于《狮子吼月刊》第 1 卷第 1 期。

欧阳渐《为狮子吼月刊发语》刊于《狮子吼月刊》第 1 卷第 1 期。

巨赞《悼念新佛教运动的战士理妙法师》刊于《狮子吼月刊》第 1 卷第 1 期。

万均《新佛教运动的回顾与前瞻》刊于《狮子吼月刊》第 1 卷第 1 期。

一空《革命·人生·佛教(一)》刊于《狮子吼月刊》第 1 卷第 1 期。

张志让《行抗建之正业登人类于涅槃》刊于《狮子吼月刊》第 1 卷第 1 期。

夏衍《对日本人民作狮子吼》刊于《狮子吼月刊》第 1 卷第 1 期。

谭辅之《精神总动员与唯识论》刊于《狮子吼月刊》第 1 卷第 1 期。

夏孟辉《佛教在日本》刊于《狮子吼月刊》第 1 卷第 1 期。

万均《新佛教运动之史的研究》刊于《狮子吼月刊》第 1 卷第 2 期。

林半觉《桂林之佛教碑刻》刊于《狮子吼月刊》第 1 卷第 2 期。

蔡树《救国必须从实行佛教五戒始》刊于《狮子吼月刊》第 1 卷第 2 期。

万均《瑜珈师地论真实义品提要》刊于《狮子吼月刊》第 1 卷第 2 期。

曼波《释迦牟尼佛的历史及其根本教理》刊于《狮子吼月刊》第 1 卷第 2 期。

欧阳渐《精刻大藏经缘起》刊于《狮子吼月刊》第 1 卷第 2 期。

谈生《佛会小品》刊于《狮子吼月刊》第 1 卷第 2 期。

尚贤《欢迎太虚大师回国》刊于《人间佛教》第 6 期。

谈玄《人间佛教略释》刊于《人间佛教》第 6 期。

太虚《国际事变调整与人类心理改造》刊于《人间佛教》第 6 期。

桑瓦《曼殊思想的评价》刊于《人间佛教》第 6 期。

徐箴《四明大师丛序》刊于《人间佛教》第 6 期。

醒心《祝整理佛教委员会成立》刊于《人间佛教》第 10 期。

悟安《佛教是迷信吗》刊于《人间佛教》第 10 期。

澹明《欺凌僧伽强占寺庙财产的几点感言》刊于《人间佛教》第 10 期。

谈玄《关于佛教历史的一封信》刊于《人间佛教》第 10 期。

尚贤《何以"冲出佛门"?》刊于《人间佛教》第 10 期。

中天《佛国之新春》刊于《大乘月刊》第 7 期。

王少成《孔丘派的思想与佛教的佛学说(二)》刊于《大乘月刊》第 7 期。

向平《新中国新佛教之需要》刊于《大乘月刊》第 7 期。

邹律《更生中国精神建设》刊于《大乘月刊》第 7 期。

贤范《劝友学佛书》刊于《大乘月刊》第 7 期。

慧音《大乘佛教青年会大事记》刊于《大乘月刊》第 7 期。

四、学术著作

(汉)王符著,(清)汪维培笺注《潜夫论》由商务印书馆刊行。

(汉)张仲景著《新编金匮要略方论》(丛书集成初编本)由上海商务印书馆刊行。

(晋)陶潜等著,林语堂英译《(汉英对照)有不为斋古文小品》(西风丛书第 5 种)由上海西风社刊行。

(姚秦)鸠摩罗什译《仁王护国般若波罗蜜经》由上海道德书局刊行。

(后晋)李瀚等著《蒙求集注·左氏蒙求注》(丛书集成初编本)由上海商务印书馆刊行。

(唐)释皎然著《诗式》(丛书集成初编本)由上海商务印书馆刊行。

(唐)郑处海等著《明皇杂录·次柳氏旧闻·开天传信记·开元天宝遗事·东观奏记·宝应录》(丛书集成初编本)由上海商务印书馆刊行。

(宋)刘质等著《搜神秘览·近异录·潇湘录·葆光录》(丛书集成初编本)由上海商务印书馆刊行。

(宋)岳珂著《桯史》(丛书集成初编本)由上海商务印书馆刊行。

(宋)赵闻礼编《阳春白雪》(丛书集成初编本)由上海商务印书馆刊行

(宋)张炎著,陈能群笺《词源笺释》由笺者刊行。

(明)屠纬真著,林语堂译《(汉英对照)冥寥子游》(西风丛书第 8 种)由上海西风社刊行。

(清)毕沅著《老子翼·老子道德经考异》(丛书集成初编本)由上海商务印书馆刊行。

(清)邓苑等著《一草亭目科全书·尤氏喉科秘本·咽喉脉症通论》(丛书集成初编本)由上海商务印书馆刊行。

(清)江永等著《音学辨微·声韵考》(丛书集成初编本)由上海商务印书馆刊行。

(清)钱枚等著《微波词·浮眉楼词》(丛书集成初编本)由上海商务印书馆刊行。

(清)王诒寿等著《笙月词》(丛书集成初编本)由上海商务印书馆刊行。

(清)翁方纲著《孟子附记·孟子事实录》(丛书集成初编本)由上海商务印书馆刊行。

(清)周济辑《宋四家词选》(丛书集成初编本)由上海商务印书馆刊行。

(清)曹元忠著《笺经室所见宋元书题跋》由江苏省立苏州图书馆刊行。

(清)钱林等著《玉山草堂续集·红薰山房吟稿》(丛书集成初编本)由上海商务印书馆刊行。

(清)孙星衍著《续古文苑》(丛书集成初编本)由上海商务印书馆刊行。

(清)周中孚著《郑堂读书记》由商务印书馆刊行。

(清)刘淇著,章锡琛校注《助字辨略》(中国语文学丛书)由上海开明书店刊行。

(清)王秀楚著,毛如升英译《扬州十日记》(西风丛书第 7 种)由上海西风社刊行。

(清)姚梅伯著,魏友棐、洪荆山校订《红楼梦类索》由上海珠林书店刊行。

(清)王先谦集解《后汉书集解》由上海商务印书馆刊行。

金岳霖著《论道》由商务印书馆刊行。

按：此书是中国现代哲学中系统最完备、最富有创造性的本体论专著。作者在《论道·绪论》中说："中国思想中最崇高的概念似乎是道。所谓行道、修道、得道，都是以道为最终目标。思想和感情两方面的最基本的原动力似乎也是道。"这就是他的书之所以命名为《论道》的理由。周礼全在《金岳霖学术论文选》（中国社会科学出版社1990年版）一书序中说："《论道》这部书的最重要概念是'道''式''能'。道大体上就是中国道家的道，式和能大体上就是朱子的理和气，也就是亚里士多德的形式和质料。道是中国思想中最崇高的概念。道就是式一能。《论道》吸取了许多中西哲学思想，其中最主要的是先秦道家和亚里士多德的哲学思想。"

大众读物编刊社编《马列主义初步》由编者刊行。

按：是书包括马克思的一生、马克思的学说、列宁主义的定义和要点、列宁主义的历史根源、列宁发展了马克思主义、斯大林怎样发展了列宁主义等8章。

沈志远著《现代哲学的基本问题》由上海生活书店刊行。

黄特著《新哲学谈话》由上海新人社刊行。

蒋中正著《怎样研究哲学》由江西上饶战地图书出版社刊行。

蒋介石著《革命与哲学》由重庆战时出版社刊行。

公直编《大众哲学讲话》由上海世界书局刊行。

刘杰著、民族革命理论及实施研究院编《哲学新论》由抗战复兴出版社刊行。

按：是书分为绪论，哲学派别的分释，三一权衡的认识事物，事物的生存毁灭与演变，怎样推进社会改造世界，结论。作者强调中国传统思想"中"的"积极性、责任性、革命性"。书前有刘秀岩《关于哲学新论》。

艾思奇著《哲学研究纲要》由上海辰光书店刊行。

艾思奇著《辩证法的法则及其运用》由重庆中国图书公司刊行。

黄特、刘涟编《辩证唯物论体系》由上海新人出版社刊行。

李天然著《辩证法的驳正》由四川成都正学社刊行。

李仲融著《唯物论与唯心论》由广西桂林文化供应社刊行。

按：叶青将反驳张东荪的文章收集编成《哲学论战》一书，形成对垒的两军，使论战白热化。马克思主义哲学工作者艾思奇、邓云特（邓拓）、李达等也参加了论战，对张东荪和叶青的观点进行了批驳。

冯友兰著《新理学》由长沙商务印书馆刊行。

按：冯友兰在《三松堂全集》自序中说："《新理学》这部书是我在当时的哲学体系的一个总纲""《新理学》着重讲共相和殊相的关系，一般和特殊的关系，讨论它们之间的区别及联系"。这是作者影响最大的著作之一。殷鼎说："冯友兰在《新理学》中，第一次提出了一个完整的形而上学体系，这个体系是冯友兰哲学思想的基础，同时，冯友兰在《新理学》中，对中国哲学传统特别是宋明理学的主要哲学与道德问题，都提出了新的解决方法。"（《冯友兰》，台北东大图书公司1991年版）朱光潜在《冯友兰先生的〈新理学〉》一文中说："近一二十年来，关于中国哲学方面，我还没有读到一部书比冯友兰先生的《新理学》更好。它的好并不仅在作者企图创立一种新哲学系统，而在他有忠实底努力和缜密底思考。"（《文史杂志》第1卷第2期）

冯友兰著《新世训》（一名《生活方法新论》）由上海开明书店刊行。

按：冯友兰的《新理学》《新事论》《新世训》《新原人》《新原道》《新知言》都是在西南联大时撰写的，统称为"贞元之际所著书"，简称"贞元六书"，构建了自己的"新理学"思想体系。

冯友兰著《新事论》（一名《中国自由路》）由商务印书馆刊行。

金公亮编著《中国哲学史》由重庆正中书局刊行。

胡汉民著《中国哲学史之唯物的研究》由重庆中国文化服务社刊行。

杨荣国著《中国古代唯物论研究》由广西桂林写读出版社刊行。

按：是书论述了老子、墨子、杨朱、荀子、王充的唯物思想。包括老子的宇宙观、辩证法，墨子的名实施、认识论、方法论、反宿命论、政治论、道德观，杨朱的名实论、政治论、唯物论道德观及其对灵魂不灭说的否定，荀子的宇宙观、名实论、认识论、性恶论，王充的宇宙论、认识论、人生论、宿命论、无神论等，说明思想产生的时代背景。

陈安仁著《明代学术思想》由商务印书馆刊行。

按：是书分明代学术思想之渊源，宇宙存在之本体，人类心性之本质，知识之本质与功能，人生之态度与行为等5个问题。

谭丕模著《清代思想史纲》由上海开明书店刊行。

程启椠著《雕菰楼易义》由商务印书馆刊行。

郭沫若著《周易的构成时代》由商务印书馆刊行。

胡毓襄著《孔子训语类释》由商务印书馆刊行

袁定安著《论语与做人》由上海世界书局刊行。

马一浮著《复性书院讲录卷二》(《群经大义总说》《论语大义》)由四川复性书院刊行。

马一浮著《复性书院讲录卷三》(《孝经大义》)由四川复性书院刊行。

马一浮著《复性书院讲录卷四》(《诗教绪论》《礼教绪论》)由四川复性书院刊行。

马一浮著《尔雅台答问》由四川复性书院刊行。

马一浮著《尔雅台答问续编》由四川复性书院刊行。

时嘉禄辑《历代孝子汇编》由天津辑者刊行。

吴雷川著《墨翟与耶稣》由上海青年协会书局刊行。

宗真甫著《墨学与抗战》由贵州贵阳著者刊行。

靳海风注《荀子》由上海三通书局刊行。

支伟成编《(标点注解)管子通释》(上下册)由上海泰东书局刊行。

蔡汝堃编著《慎子集说》由商务印书馆刊行。

陈启天编《韩非子校释》由云南昆明中华书局刊行。

按：是书将《韩非子》各篇内容重新编次，分为十卷。每篇篇首有释题、提要、考证三项以说明题目取义、指示要旨、考证真伪。正文重新分段标点，校释附于每段之后。是书于1941年获第一届教育部学术审议委员会"补助学术研究及奖励著作发明"奖古代经籍研究类二等奖。

陈启天著《韩非及其政治学》由重庆独立出版社刊行。

葛武棨讲《中庸大学与革命》由陕西西安新中国文化出版社刊行。

黄埔出版社编辑《大学中庸》由重庆中央训练团刊行。

中央训练团编《大学中庸及礼运》由重庆中央训练团刊行。

陈登懈著《大学微》由陈友元刊行。

刘厚滋著《张石琴与太谷学派》由北平辅仁大学刊行。

吴召宣编述《王朱学说》由金华浙江省抗日自卫委员会战时教育文化事业委员会书刊发行部刊行。

张荫梧编述《颜习斋先生之精神生活》由陕西西安拔提书店刊行，有蒋介石、吴敬恒、张继的序。

周振甫著《严复思想述评》由上海中华书局刊行。

按：是书分全盘西化时期、中西折中时期、反本复古时期、三期思想的批判等 4 篇，对严复各个时期的思想进行分析和批判。

吴曼君著《孙中山底哲学》由江西泰和时代思潮社刊行。

胡秋原著《民生哲学与民生主义》由重庆中国文化服务社刊行。

万民一著《民生哲学的新认识》由广西桂林文化供应社刊行。

党军社编《孙文学说提要》由党军社刊行。

郑元瑞著《三民主义哲学之基本研究》由陕西西安新中国文化出版社刊行。

陈知行著《三民主义之全面的体系》由启蒙出版社刊行。

祝世康著《民生主义的真义》由重庆中山文化教育馆刊行。

林一鹏等著《民族政治哲学论辑》由福建连城生力学社刊行。

贺麟著《知行合一新论》由云南昆明刊行。

葛武棨著《知难行易学说研究（事功与心性两方面的证明）》由陕西西安新中国文化出版社刊行。

中央组织部编《知难行易说别辑》由重庆中央组织部刊行。

殷作桢著《蒋委员长的思想体系》由陕西西安新中国文化出版社刊行。

朱谦之著《中国思想对于欧洲文化之影响》由商务印书馆刊行。

王季同著《东西洋论理学之比较研究》由商务印书馆刊行。

李仲融著《希腊哲学史》由上海开明书店刊行。

贺麟著《德国三大哲人处国难时之态度》由重庆独立出版社刊行。

封凯著《逻辑书简（其一：致新华日报社潘梓年先生）》由四川成都飞报社刊行。

李仲融著《形式逻辑学与辩证法》由广西桂林文化供应设刊行。

韩仁编著《责任观念与现代国民——一个伦理学的研究》由重庆正中书局刊行。

黄钧达著《总理的人生观》由广西南宁民团周刊社刊行。

蔡劲军编《总理对青年之遗教》由重庆青年出版社刊行。

鲍煜著《个人修养与社会服务》由上海光明书局刊行。

贝尔著《怎样处世是我们所需要？》（一名《处世的理论与方法》）由上海亚星书店刊行。

廖淑伦编著《处世要诀》由广西桂林建文印刷厂刊行。

蒋中正著，贝华编《人格修养与训练》由上海文化编译馆刊行。

蒋中正著《自述研究革命哲学经过的阶段》由湖北汉口国光印刷公司刊行。

陈长铸编《俗语格言集》由上海世界书局刊行。

陈诚等著《革命青年的修养与努力》由重庆青年出版社刊行。

傅况鳞主编《四川士绅之修养问题》由四川成都四川地方实际问题研究会刊行。

郭有玉著《时间论》由青年励志读书社刊行。

红风编著《怎样使你职业成功》由上海博文书店刊行。

教育部编《国民道德须知》由吉安力学书店刊行。

浪屿编著《大众修养》由上海中流书店刊行。

林荫编著《修养艺术》由上海公植出版社刊行。

沙羽编著《修养与奋斗》由上海博文书店刊行。

西风社编《个性修养》由上海编者刊行。

周楞伽著《青年修养讲话》由上海光明书局刊行。

邹韬奋著《事业管理与职业修养》由重庆生活书店刊行。

柳革夫著《处世教育批判》由上海华光书局刊行。

卢任著《朋友》由上海新地书店刊行。

卢任著《我》由上海新地书店刊行。

倪弼著《革命人生观》由上饶战地图书出版社刊行。

欧阳辉编《生活与经验》由上海未央书店刊行。

裴小楚著《开源与节流》由上海慧协书店刊行。

平旦编著《自学教程》由上海山城书店刊行。

汪敬熙著《科学方法漫谈》由商务印书馆刊行。

王慕陶编著《新青年之自我教育》由重庆正中书局刊行。

王慕陶辑《生死观》由重庆青年书店刊行。

魏应鹏草拟《学庸教授纲要》由中央陆军军官学校教育处刊行。

西风社编《人生之路》由上海编著刊行。

谢国馨著《革命的人生观》由陕西西安新中国文化出版社刊行。

杨觉农等著《服务的人生观》由重庆青年出版社刊行。

袁晴晖著《精神生活与做人做事》由满地红社刊行。

张叶舟著《成功捷径》由上海博文书店刊行。

赵宗预著《奋斗的生活》由商务印书馆刊行。

朱鄂著《完人》由陕西西安文化印刷所刊行。

麦参史著《意识论》由商务印书馆刊行。

按:是书讨论意识的几个阶段。分6章:引论,感觉,知觉,意象,心理之"主体",结论。

冯蕙田著《民族心理学》由浙江金华国民出版社刊行。

按:是书分原始时代、图腾制时代、英雄时代、人间态时代,研究各个时期的民族语言、宗教、道德等。

徐治顺著《心理建设》刊行。

冯顺伯编著《心理卫生与修养》由商务印书馆刊行。

黄翼编著《儿童心理学》由重庆正中书局刊行。

按:是书讨论儿童心理学的性质、历史、方法、原则、儿童各个时期的心理发展,儿童的游戏、动作、知觉、语言、智慧、情绪、道德、心理健康与训导等。全书分16章。

黄禹石著《谈心理卫生—给少的十八封信》由重庆正中书局刊行,有苏渊雷序。

教育通讯周刊社编《心理与测验》由重庆教育通讯周刊社刊行。

陈垣著《明季滇黔佛教考》由北平辅仁大学刊行,陈寅恪作序。

按:陈寅恪《明季滇黔佛教考序》曰:"中国史学,莫盛于宋。而宋代史学之著述,于宗教往往疏略,此不独由于意执之偏蔽,亦其知见之狭陋有以致之。元明及清,治史者之学识,更不逮宋,故严格言之,中国乙部之中,几无完整之宗教史,然其有之,实自近岁新会陈援庵先生之著述始。先生先后考释摩尼佛教诸文,海内外学者咸已诵读而仰慕之矣,今复以所著《明季滇黔佛教考》远寄寅恪读之,并命缀以一言。抑寅恪读是书竟,别有感焉。世人或谓宗教与政治不同物,是以二者不可参互合论。然自来史实所昭示,宗教与政治,终不能无所关涉。即就先生是书所述者言之,明末永历之世,滇黔实当日之畿辅,而神州正朔之所在也,故值艰危扰攘之际,以边徼一隅之地,犹略能萃集禹域文化之精英者,盖由于此。及明社既屋,其地之学人端士,相率遁逃于禅,以全其志节。今日追述当时政治之变迁,以考其人之出处本末,虽曰宗教史,未尝不可作政治史读也。呜呼! 昔晋永嘉之乱,支愍度始欲过江,与一伧道人为侣,谋曰:'用旧义往江东,恐不办得食。便共立心无义。'既而此道人不成渡,愍度果讲义积年。后此道人寄语愍度云:'心无义那可立,治此计,权救饥耳,无为遂负如来也。'忆丁丑之秋,寅恪别先生于燕京,及抵长沙,而金陵瓦解,乃南驰苍梧瘴海,转徙于滇池洱海之区,亦将三岁矣,此三岁中,天下之变无穷,先生讲学著书于东北风尘之际,寅恪入城乞食于西南天地之间,南北相望,幸俱未树新义,以负如来。今先生是书刊印将毕,寅恪不获躬执校雠之役于景山北海之旁,仅远自万里海山之外寄以序言,藉告并世之喜读是书者。谁实为之,孰令致之,岂非宗教与政治虽不同物,而终不能无所关涉之一例证欤!"

按:陈其泰认为,《明季滇黔佛教考》的成就体现在三方面:一、对遗民的思想和行动的政治意义,作了深刻的阐释。大力表彰他们的爱国思想、民族气节;二、由于掌握了遗民逃禅以抗清这一规律,故能将分散而隐晦的材料,处处互相印证,而获得新解,使长期被掩盖的当日志节之士逃禅的真实历史得以恢复面目;三、从这部著作开始,陈垣先生在论著中大量正面发表富有思想性和政治意义的议论,实现了由严密考证向更高层次——自觉体现时代精神的飞跃,这就为陈垣先生的学术注入新的生命。"严密的考证,原是陈垣先生继承、发展乾嘉学术而运用自如的方法。在本书中,他将原来擅长的考证,与站在时代高度对人物思想倾向的剖析、抒发民族正气的精辟议论结合起来,这就使他的著作焕发出新的光彩!""时代的推动,使他跨出了考证学的局限,不再满足于广征史实、究其原委,而要做到把考辨的深厚功力与精彩的议论分析结合起来。明乎此.我们就有充分的理由把《佛教考》一书评价为陈垣先生学术思想升华的重要标志。"(《陈垣先生学术思想的升华——〈明季滇黔佛教考〉的成就》,《纪念陈垣校长诞生110周年学术论文集》,北京师范大学出版社1990年版)

黄忏华著《中国佛教史》由商务印书馆刊行。

按:是书乃近代中国人自己撰写的第一部系统的中国(汉传)佛教通史。全书不仅重视佛教历史纵向的贯通性,而且重视佛教代表人物的作用,重视对佛教宗派的分析考察,可与蒋维乔的《中国佛教史》互为补充。

傅统先著《中国回教史》由长沙商务印书馆刊行。

德礼贤著《中国天主教传教史》由长沙商务印书馆刊行。

王治心著《中国基督教史纲》由上海青年协会书局刊行。

按:是书分导言、中国的宗教背景、基督教教义与中国、基督教始入中国的传疑、基督教在唐朝的传布、元代基督教的传布、明代基督教的输入、利玛窦与其他教士、南京教难的始末、天主教在文化上的贡献、第二次教难前后、礼仪问题的争端与其影响、更正教输入中国的预备时期、太平天国与基督教、道光以后天主教的复兴、道光以后更正教各宗派的活动、庚子的教难、庚子后基督教的新趋势、基督教与国民革命、非基同盟与本色运动、基督教的事工、结论等22章,是我国学者所撰的第一部也是影响最大的中国基督教通史或全史著作。

王治心编制《中华基督教史课本》由上海广学会刊行。

林仰山著《教会史》由上海广学会刊行。

吴雷川著《基督教与中国文化》由青年协会书局刊行。

蒋维乔著《佛教概论》由上海中华书局刊行。

李荣祥著《佛法导论》由上海佛学书局刊行。

诚质怡编《耶稣传大纲》由上海广学会刊行。

陈文渊编著《宗教与人格》由上海青年协会书局刊行。

傅统先著《儒释道耶回五教基本一致性》成书。

陈垣著《清初僧诤记》由励耘书屋刊行。

诚质怡著《保罗传大纲》由上海广学会刊行。

安世霖著《白云观全真道范》由北平白云观刊行。

白主教编著《一目了然》由山东兖州天主堂保禄印书馆刊行。

柏应理著《四末真论》由上海土山湾印书馆刊行。

曹仁麟著《壬学述古》由上海金梅书屋刊行。

策群著《宅运撮要》(上下卷)由上海宅运顾问社刊行。

崇华堂编《化善灵丹文》刊行。

方豪述编《雷鸣远司铎追悼会纪念册》由编者刊行。

冯炳南授意,王博谦笔述《回教入门》由冯积善堂刊行。

公教真理学会编《公教信友的真相》由香港编者刊行。

韩宁镐著《论配婚圣事》由山东兖州天主堂保禄印书馆刊行。

胡本德著《耶稣小传》由上海广学会刊行。

胡祺仁著《中国姓名吉凶测验》由上海和平书局刊行。

华北美会第二届年议会编《华北美会第二届年议会纪录(美以美会第四十七届)》由北平编者刊行。

华仁书院编《耶稣会成立四百周年纪念刊》由编者刊行。

基督复临安息日会家庭布道部编《家庭布道部聚会秩序》(上下部)由编者刊行。

基督复临安息日会中华总会青年布道部编《周会程序》由编者刊行。

基督教中华浸会少年团联会编《信心的十二英雄》由上海美华浸会书局刊行。

焦维真著《复兴查经记录》(1、2册)由中华神学院刊行。

觉澄讲,朱鸿儒记录《八识规矩颂讲录》由上海佛学书局刊行。

康兴璧执笔《四川迷信之影响与破除》由四川地方实际问题研究会刊行。

孔广布、黄金阶编《古新经史缘略说》由山东兖州天主堂保禄印书馆刊行。

孔广布编著《领洗要理讲话》由山东兖州天主堂保禄印书馆刊行。

孔广布编著《要理问答释义》(第1册)由山东兖州天主堂保禄印书馆刊行。

孔广布编著《要理问答释义》(第2册)由山东兖州天主堂保禄印书馆刊行。

孔广布编著《要理问答释义》(第3册)由山东兖州天主堂保禄印书馆刊行。

孔广布编著《要理问答释义》(第4册)由山东兖州天主堂保禄印书馆刊行。

孔广布编著《要理问答释义》(第5册)由山东兖州天主堂保禄印书馆刊行。

李俊承著《印度古佛国游记》由商务印书馆刊行。

连警斋编《郭显德牧师行传全集》(附山东长老会概况)由上海广学会刊行。

涟水佛教会编《涟水佛教会成立特刊》刊行。

刘赏宸著《当跑的路》由上海广学会刊行。

罗司铎述《善望弥撒》由山东兖州天主堂保禄印书馆刊行。

马司铎编《我们的圣教像解问答略说》(第1—2册)由香港公教真理学会刊行。

梅德立著《生于忧患》由上海广学会刊行。

明灯社编《古约翰生平》由上海广学会刊行。

欧阳竟无著《瑜伽师地论叙》由上海佛学书局刊行。

菩提学会编《微妙声》由北平佛学书局刊行。

轻安著《三元论》由上海般若书局刊行。

阮福德夫人编《旧约儿童故事（第一册）》由上海广学会刊行。

厦门基督教青年会编《厦门基督教青年会二十五周年纪念册（1912—1936 年）》由厦门编者刊行。

山西太原教区全体国籍司铎编《山西太原教区凤主教晋铎金庆纪念》由山西太原天主堂印书馆刊行。

上海星命研究社编《相法秘传》由中央书店刊行。

沈锦标著《家庭教育简编》由上海光启社刊行。

沈则宽编著《古史略》由上海土山湾印书馆刊行。

圣教会审定《大本宣讲录》（第 3 组）刊行。

时兆报馆编《赞美诗歌》由上海编者刊行。

太虚讲，胡赓支、胡任支笔述《佛乘宗要论》由重庆汉藏教理院刊行。

太虚著《真现实论》由中华书局刊行。

童仰慈著《爱楼劝世丛谈》由上海佛学书局刊行。

王昌社编《圣心良友》由上海土山湾印书馆刊行。

王昌社编著《红色的百合花》（第 1 卷）由香港真理学会刊行。

王昌社编著《红色的百合花》（第 2 卷）由香港真理学会刊行。

王昌社编《圣心诵句默想》由上海土山湾印书馆刊行。

王完白编《见证如云》由上海广协书局刊行。

王骧陆讲《入佛明宗答问》由天津印心精舍刊行。

王象咸、应远涛著《基督徒与战时服务》由上海青年协会书局刊行。

吴耀宗编《基督教与新中国》由上海青年协会书局刊行

谢景升编《我为什么做基督徒》由上海青年协会书局刊行。

卫英士著《个人传道》由美华浸会书局刊行。

吴雷川著《基督徒的希望》由上海青年协会书局刊行。

吴雷川著《墨翟与耶稣》由上海青年协会书局刊行，有刘廷芳作序。

吴司铎著《神修训言》（修道院试用）由北平西什库遣使会印子馆刊行。

吴耀宗著《大时代中的上帝观》由上海青年协会书局刊行。

肖杰一编《往训万民》（1—4 册）由安徽安庆天主堂刊行。

谢颂羔编《儿童读本》由上海广学会刊行。

谢颂羔主编《圣诞文书》由上海广学会刊行。

徐乐吾编著《乐吾随笔》（第 2 辑）由上海乾乾书社刊行。

徐宗泽编著《高中教理课程答解》由上海圣教杂志社刊行。

严毅编《预备临终》由安徽安庆天竺堂印书馆刊行。

演本编《众福之门》由上海佛教居士林刊行。

印光著《印光法师文钞续编》（上下册）由江苏苏州弘化社刊行。

袁树珊著《（增订）命理探原》由上海润德堂刊行。

袁树珊著《命谱》（8 卷）由江苏镇江润德堂书局刊行。

圆觉解《华严原人论合解》由上海佛学书局刊行。

圆瑛讲，明如记《劝发菩提心文讲义》由上海圆明法施会刊行。

云石道人校正《千镇百镇桃花镇合刊秘书》由北平老而酉堂刊行。

张士泉著《一线之光(续编)》由上海光启社刊行。

赵环信著《宣讲纲目》由宣化天主堂刊行。

中华基督教会四川协会文字部编《耶稣受难周》由四川成都中华基督教会四川协会刊行。

中华基督教总价教育促进会主日课程编辑委员会编著《我们帮天父的忙》由上海广学会刊行。

中华浸会女传道会联合会编《举目向田观看》由美华浸会书局刊行。

周师寿记《因果实证》由江苏苏州弘化社刊行。

朱敬一、张佩英编著《乡村礼拜》由上海广学会刊行。

朱敬一著《一个实验的乡村教会》由上海广学会刊行。

朱味腴著《味腴讲演集》(第4集)由上海广学会刊行。

住净著《劝发菩提心略说》由江苏无锡艺海美术印书馆刊行。

海富鼎著《儿童要理教学法》刊行。

惠济良编著《教友生活》由上海震旦大学刊行。

常乃惪著《社会科学通论》由中华书局刊行。

按:是书采用生物有机体派社会学说的观点,论述社会的演进、生长及衰老问题。

社会科学研究会著《社会科学概论》由编者刊行。

沈志远著《大众社会科学讲话》由重庆妇女生活社刊行。

公直著《大众社会科学讲话》由上海世界书局刊行。

按:是书包括解剖台上的现经济制度、计划经济的另一问题、资本主义的分配法、社会主义的分配法、新民治制度、国家的起源与前途、无产阶级独裁等16章。

李柳溪编《社会调查》由江西省地方政治讲习院刊行。

钮长耀编《社会工作》由中央社会部刊行。

周毓英著《民生史观与社会进化》由陕西西安新中国文化出版社刊行。

牟乃纮编《社会运动初稿》由中央社会部刊行。

邓初民著《社会史简明教程》由上海生活书店刊行。

按:是书介绍史前至社会主义社会的构成及社会变革。包括原始共产社会、农奴制的中世封建社会、近代资本主义社会、社会主义社会6编。

吕振羽著《中国社会史诸问题》由上海耕耘出版社刊行。

按:是书包括关于中国社会史的诸问题、亚细亚的生产方法与所谓中国社会的"停滞性"问题、中国社会史上的奴隶制度问题、创造民族新文化与文化遗产的继承问题等4部分。

魏重庆编《社会学小史》由长沙商务印书馆刊行。

按:是书包括社会学史的意义、社会学的创立、社会学的发展、结论4章。

刘联珂著《帮会三百年革命史》由澳门留园出版社刊行。

郑尧拌著《统计学原理》(上下册)由长沙商务印书馆刊行。

广东省地方行政干部训练团编《统计学概论》由编者刊行。

国民政府主计处统计局编《中华民国统计提要(民国二十九年辑)》由重庆编者刊行。

湖南省政府秘书处编《湖南省统计提要》由编者刊行。

吴泽霖等著《民族学论文集》（第 1 辑）由贵州贵阳大夏大学社会研究部刊行。

胡利民编《汉留溯源》刊行。

陈高佣主编《中国历代天灾人祸年表》刊行。

叶德禄著《唐帝诞辰贺考》由北平辅仁大学刊行。

李子峰编《海底》刊行。

按：本书为汇编本，门类齐全，收录洪门暗语、手势、刑罚奖惩、组织成员等，为您详尽揭开这一中国民间会党的神秘面纱。

裴小楚著《集团活动方法》由上海世界书局刊行。

黄照等编《开会的方法》由陕西延安新华书店刊行。

国民党中央宣传部编《革命纪念日史略》由浙江金华国民出版社刊行。

顾翊群讲《设计与执行方案之要领（中央训练团党政训练班设计讲话）》由中央训练团党政训练班刊行。

陈以益著《东亚之东》由山东青岛同文印书局刊行。

华北妇女社辑《妇女问题论文集》由太行文化教育出版社刊行。

裴小楚著《新妇女生活的里程》由上海世界书局刊行。

陈葵龙著《妻》由上海新地书店刊行。

章康道编《结婚性指导（夫妻顾问）》由上海健康书社刊行。

周尚著《性教育》由商务印书馆刊行。

程浩著《节制生育问题》由上海亚东图书馆刊行。

周尚、叶华著《男女青年的长成》由商务印书馆刊行。

吴至信著《中国惠工事业》由上海世界书局刊行。

王龙章著《战时难民救济问题》由重庆独立出版社刊行。

葛幕祥编《伤兵和难民的救济》由长沙商务印书馆刊行。

马北拱著《战时儿童救济工作之理论与实践》由重庆中国战时儿童救济协会刊行。

丁嘉藩编《户口调查要义》由长沙商务印书馆刊行。

周灵钧编《户籍概论》刊行。

洪启翔著《日本人口论》由重庆国民图书出版社刊行。

陈之迈编著《政治学》由重庆正中书局刊行。

按：是书分 16 章。讲述国家的性质、要素及现代国家的沿革，自由主义、共产主义、法西斯主义、三民主义等类国家的概况，民主政治的三种类型，现代政治的特征，以及地方政治与地方自治等。附：1. 如何研究政治学。2. 张云先生来函。3. 政治学的致用——答张云先生。

陈掖神等编《政治经济常识》由福建公训服务社刊行。

杜久、张又新著《政治学教程》由中央陆军军官学校刊行。

潘大逵著《政治学概论》由江西省地方政治讲习院刊行。

周谷城著《中国政治史》由重庆中华书局刊行。

按：是书主要研究每一时代支配政治之主要社会势力，内容包括部族联合之完成、政治社会之确立、门阀藩镇之交替、绝对专制之完成、民主政治之创造等。

张纯明著《中国政治二千年》由重庆文史丛书编辑部刊行。

中国国民党浙江省党部宣传科编《总理遗嘱浅释》由中国国民党浙江省党部刊行。

蒋介石编著《总理遗教教程》由四川成都中央陆军军官学校刊行。

蒋介石讲《总裁讲总理遗教》由江西吉安力学书店刊行。

第四战区司令长官司令部编纂委员会编辑《总理遗教重要演讲》由广东新建设出版社刊行。

邵元冲著《孙文主义总论》由重庆黄埔出版社刊行。

孙中山著，黄埔出版社编《社会建设》由重庆黄埔出版社刊行。

孙中山讲述《三民主义》由青年书店刊行。

陶百川著《三民主义与共产主义》由重庆中央周刊社刊行。

项新词编著《三民主义与中国文化》由九龙时先出版社刊行。

叶树芳著《三民主义讲话》由杭州浙江省政府日侨管理所刊行。

何干之著《三民主义研究》由香港新中出版社刊行。

刘炳藜著《三民主义与中国革命》由重庆中央周刊社刊行。

马绍伯著《三民主义与共产主义的区别》由陕西西安奋斗出版社刊行。

任一黎著《三民主义与中国人民》由重庆时代思潮社刊行。

叶青著《认识三民主义的先决问题》由重庆时代思潮社刊行。

叶青著《三民主义与社会主义》由时代思潮社刊行。

叶青著《三民主义之完美》由江西泰和力学书店刊行。

张铁君著《三民主义与共产主义的基本认识》由重庆国民图书出版社刊行。

张闻天、陈伯达著《论三民主义诸问题》由新华日报刊行。

张绚中著《三民主义研究》由重庆时代思潮社刊行。

陈诚讲《三民主义青年团之宗旨及今后团务推进方针》由三民主义青年团中央团部训练处刊行。

赵芝田笔述，许秀岩校订《民生主义的彻底实现》由抗战复兴出版社刊行。

浙江青年出版社编《三民主义青年团是什么》由浙江青年出版社刊行。

延安时事问题研究会编《抗战中的中国政治》由延安解放社刊行。

按：是书介绍抗战中的政治机构，国民参政会的召集，民主运动与民众运动，各抗日根据地、各党派团体、武装部队颁布的抗战纲领与主张等情况。

朱垣章著《政治抗战论》由广西桂林广西建设研究会刊行。

中国国民党临时全国代表大会通过《抗战建国纲领》由重庆青年书店刊行。

黄埔出版社编《抗战建国纲领释义》由重庆黄埔出版社刊行。

中国国民党中央执行委员会宣传部编《怎样实行国民精神总动员》由编者刊行。

中国国民党中央执行委员会训练委员会编《国民精神总动员要义》由重庆编者刊行。

中央宣传部、国民精神总动员会秘书处合编《巩固统一与服从领袖》由国民精神总动员会刊行。

罗敦伟著《国家总动员论》由重庆青年出版社刊行。

蒋介石讲，军事委员会政治部编《第二期抗战领袖言论集》由重庆编者刊行。

蒋介石著《蒋委员长最近抗战言论集》由江西赣州新赣南出版社刊行。

蒋介石著《总裁抗战言论选辑》由重庆黄埔出版社刊行。

蒋介石著《总裁抗战演讲集》由杭州正中书局刊行。

蒋介石著《总裁为双十节告全国军民书》由中央秘书处文化驿站总管理处刊行。

蒋介石著,中国国民党平绥路特别党部编辑《总裁最近言论文告》由编者刊行。

蒋介石著《国际形势与中国抗战》刊行

蒋介石讲《对目前时局的认识与应有的努力》刊行。

中国国民党中央执行委员会训练委员会编《总裁训词选读》由编者刊行。

浙江省动员委员会战时教育文化事业委员会编《总裁抗战言论提要》由浙江编者刊行。

于右任著《抗战建国时期之精神与训练》由中央训练团党政训练班刊行。

第一战区第三十游击支队部编《沦陷二十八个月之苏鲁豫边区实况报告书》由编者刊行。

第二战区司令长官司令部政治部编《第二战区政治部一年来重要宣言集》由编者刊行。

第二战区司令长官司令部政治部编《各司令长官对于组织工作的指示》由编者刊行。

按:是书中阎锡山讲述组织的意义,重要性,基本要素,领导和突击工作,以及巩固、扩大组织的方法等。

薛岳著,中兴书店编《薛伯陵将军言论初集》由中兴书店刊行。

阎锡山著,方闻编辑《阎百川先生救国言论选集》由现代化编译刊行。

冯玉祥著,华爱国编《冯副委员长抗战言论集》由重庆生活书店刊行。

陈诚著,国民政府军事委员会政治部编《陈部长最近言论选集》由编者刊行。

邓锡侯著《邓主任言论集》由四川成都编者刊行。

黄季陆讲,黄大白速记《抗战的认识与展望》由四川成都众志书局刊行。

黄绍竑著《黄季宽先生抗战言论集》由浙江丽水江南出版合作社刊行。

姜存松编《战时通俗演讲集》由浙江省教育厅刊行。

潘公展著《"以不变应万变"的抗战原理》由重庆独立出版社刊行。

胡秋原、李建明著《领袖与抗战建国》由重庆独立出版社刊行。

刘信芳编著《战时民众运动》由西南游击干部训练班刊行。

徐旭编著《战时民众运动的理论与实践》由金华太平洋问题研究会刊行。

谷旸著《抗战中民主自由问题》由重庆求是出版社刊行。

子强等著《中国往哪里去》由求知出版社刊行。

洪尊元著《怎样救国?》由重庆新见地社刊行。

洪尊元著《中国之前途》由香港时代书店刊行。

蒋子英编著《中国抗战与世界和平》由重庆独立出版社刊行。

吴源兴编著《从战争的历史保证中国必胜》由岭南出版社刊行。

《中华民族复兴论》由重庆黄埔出版社刊行。

吴忠亚著《民族抗战之历史教训》由三民主义青年团中央团部宣传处刊行。

萧一山著《民族之路》由重庆黄埔出版社刊行。

萧敏颂著《抗战形势讲话》由广西桂林文化供应社刊行。

苏明著《三年来的中国》由未明出版社刊行。

刘广惠、孙庆会编《浙西对敌战斗机构与干部》由浙西民族文化馆刊行,有黄绍竑、贺扬灵序。

航空委员会特别党部小组编《航空委员会特别党部小组训练汇编》由编者刊行。

何希齐著《民众自卫》由广东新建设出版社刊行。

汪浩蕲著《抗战中之浙西》由浙江天目书店刊行。

吴真我编《国民精神教条》由浙江省动员委员会战时教育文化事业委员会刊行。

曹树铭著《驳斥敌伪对于九国公约之谬论》由重庆国民图书出版社刊行。

张道行著《中国抗战与国际条约》由重庆独立出版社刊行，有自序。

安徽省政府秘书处编《抗建中之安徽》由编者刊行。

按：是书收李宗仁、廖磊、李品仙、白崇禧等 40 余人的文章 57 篇。按内容分政治、军事、经济、文化、民众动员等 6 编。有编者弁言和《修正安徽省战时施政纲领》。

汪祖华讲，中国国民党军事委员会西南运输处特别党部编《革命纪念日讲演集》由编者刊行。

白动生著《战时青年社会服务指导》由长沙商务印书馆刊行。

中国童子军浙江省理事会编《中级童子军训练》由浙江永康童子军教育用品供应社刊行。

中国童子军浙江省理事会编著《高级童子军训练》由浙江永康童子军教育用品供应社刊行。

胡立人编《童子军的组织与训练》由江西泰和江西省地方政治讲习院刊行。

刘澄清编著《幼童军的良友》由长沙商务印书馆刊行。

左舜生等著《战时青年训练》由四川成都国魂书店刊行。

平心著《大时代的青年》由青年出版社刊行。

邓梅羹著《敌情研究》由浙江金华国民出版社刊行，有贺扬灵序。

夫棠著《间谍常识》由重庆华中图书公司刊行。

贺衷寒讲述《现代政治与中国》由重庆黄埔出版社刊行。

刘子兆编著《各党派及主义之分析》由编著者刊行。

翟放编《论政党问答》由播种社刊行。

张林编《国民党与共产党》由九龙亚洲出版社刊行。

毛泽东等著，建党论文集编辑委员会编《建党论文集》由编者刊行。

毛泽东著《新民主主义论》由延安解放社刊行。

毛泽东等著《中国革命文献》由解放出版社刊行。

王稼祥著《中国共产党与革命战争》由八路军军政杂志社刊行。

新华日报华北分馆编《论共产党》由新华日报华北分社刊行。

按：是书附录《共产党的布尔塞维克化的条件》《关于联共（布）党章修改的决议》等 4 篇。

吴黎平编著《论民族民主革命》由陕西延安解放社刊行。

民团周刊社编《中国国民党史略》由广西桂林民团周刊社刊行。

茹春浦著《中国国民党及其使命》由重庆黄埔出版社刊行。

邹鲁编著《中国国民党概史》由重庆正中书局刊行。

王耘庄编《中国国民党党史概要》由浙江省地方行政干部训练团刊行。

张继编《中国国民党党史概要草案》由中央训练团刊行。

中国国民党中央党执行委员会训练委员会编《党德与党纪》由编者刊行。

中国国民党中央执行委员会组织部编《学校党部参考法令辑要》由编者刊行。

中央训练团编《团长最近对于党务之指示》由重庆编者刊行。

中央训练团编《中国国民党宣言集》由编者刊行,有弁言。

三民主义青年团中央团部编《党与团的关系》由编者刊行。

三民主义青年团中央团部编《青年的领导问题》由重庆编者刊行。

三民主义青年团中央团部编《全国青年对本团应有的认识》由编者刊行。

三民主义青年团中央团部编《三民主义青年团法令辑要》由编者刊行。

汪祖华讲,中国国民党军事委员会西南运输处特别党部编《革命纪念日讲演集》由编者刊行。

王菊生著《转弯抹角政策与中国革命》由四川江津求是出版社刊行。

姚江滨著《中华民族与亚洲总解放》由重庆中国文化服务社刊行。

周鲸文著《民主主义的斗争》由香港时代批评社刊行。

吴之椿著《自由与组织》由重庆国民图书出版社刊行。

缪凤林著《从国史上所得的民族宝训》由陕西西安新中国文化出版社刊行。

刘联珂著《中国帮会三百年革命史》由澳门留园出版社刊行。

按:刘联珂是洪门太华山弟子。该书叙述了洪门自清初产生至抗战初期的历史。

新运妇女指导委员会松溉纺织实验区编《新运妇女生产事业》由重庆编者刊行。

罗迈等著《怎样学习、学习什么》由新兴书店刊行。

裴小楚著《知识青年往哪里去》由上海博文书店刊行。

丘哲著《青年与革命》由重庆中山文化教育馆刊行。

张仁蠡著《我对于青年的几点希望》刊行。

陈宝麟著《浙江计政之过去现在与将来》由浙江省政府会计处刊行。

陈纪滢著《新疆鸟瞰》由香港商务印书馆刊行。

志刚等著《上海的前途》由上海求知出版社刊行。

余斌著《新湖南在建设中》由湖南长沙中兴书店刊行。

河南省建设厅编《河南新建设》由编者刊行。

《四川建设之路》由四川成都新新新闻报馆文化服务部刊行。

《县各级组织纲要及四川省实施注意事项》由四川省训练团刊行。

福建省地方行政干部训练团编《福建省人事行政与训练》由福建公训服务社刊行部刊行。

傅况鳞讲述《四川地方实际问题之研究》由四川地方实际问题研究会刊行。

广东省政府民政厅编《广东省县各级组织纲要实施计划》由曲江编者刊行。

广西省政府编译委员会编《如何推行新政》由编者刊行。

河南省临时参议会秘书处编《河南省临时参议会第一届会议汇编》由编者刊行。

湖北省临时参议会秘书处编《湖北省临时参议会第一次大会纪录》由编者刊行。

湖南省政府秘书处编《湖南全省扩大行政会议汇编》由编者刊行。

湖南省政府秘书处编《湖南省第一期实施新县制备县筹备会议纪录》由编者刊行。

湖南省政府秘书处公报室编《湘政一年》由编者刊行。

蒋冬白著《新四川》由重庆青年书店刊行。

蒋介石著《川政建设之检讨与今后应有之努力》由中央秘书处文化驿站总管理处刊行。

蒋经国著《今日的赣南》由新赣南出版社刊行。

昆明市政府秘书室编《昆明市政府中心工作报告》由云南昆明编者刊行。

昆明市政府秘书室编《昆明市政府中心工作计划书》由云南昆明编者刊行。

李汉魂讲《李主席在本省参议会第三次大会中致词与报告》由广东省政府秘书处编译处编译室刊行。

李汉魂著，广东省政府秘书处编译室编《李主席重要言论》由广东曲江编者刊行。

李杨敬报告《湖南省第二次扩大行政会议湖南省干部训练团工作报告》由干部训练团刊行。

梁上燕著《广西县政府组织之改进》由广西桂林民团周刊社刊行。

陕西省临时参议会秘书处编《陕西省临时参议会第二次大会纪录》由编者刊行。

陕西省民政厅视察室编《陕西民政概况》由编者刊行，有陈再厉弁言等。

四川省民政厅秘书室编《四川省民政厅人事财物文书档案管理办法》由四川成都四川省民政厅刊行。

四川省学生集训总队编《建国四大运动纲领》由编者刊行。

四川省政府民政厅编《各县实施新县制现阶段特应注意事项》由四川成都四川省政府刊行。

四川省政府民政厅秘书室编《四川民政年报》由四川成都四川省政府刊行。

四川省政府民政厅秘书室编《一年来之民政工作纪要》由四川成都四川省政府刊行。

松阳县政府秘书室编《松阳县政府三年来工作概况》由浙江松阳县政府刊行。

重庆市临时参议会秘书处编《重庆市临时参议会第二次大会记录》由重庆编者刊行。

重庆市临时参议会秘书处编《重庆市临时参议会第三次大会记录》由重庆编者刊行。

陈柏心著《地方政府总论》由湖南长沙广西建设研究会刊行。

陈碧笙著《边政论丛》由战国策社刊行。

陈果夫等著《行政经验集》由重庆中央政治学校毕业生指导部刊行。

陈立夫讲《地方自治管教养卫建设问题》由四川成都新新新闻报馆文化服务部刊行。

程育书编辑《新县制之理论与实际》由杭州正中书局刊行。

储子润著《县各级组织纲要释义》由江西省地方政治讲习院刊行。

富伯平编著《区署之职责及其督导作用》由四川成都四川省政府民政厅刊行。

高天著《我们的绥蒙》由陕西西安新中国文化出版社刊行。

广东省战时政治工作总队部教育处编《业务研究集》由编者刊行。

广东省赈济会编《广东赈济》由广东省政府秘书处第二科刊行。

国际反侵略运动中国分会编《二年来之国际反侵略运动中国分会》由重庆新蜀报社刊行。

国民政府教育部编《国民防空常识》由中国国民党江西省党部刊行。

行政院县政计划委员会编《总裁地方自治言论》由正中书局刊行。

何仲英讲述《地方行政讲授大纲》由中央陆军军官训练团政训处刊行。

黄绍竑著，浙江省地方行政干部训练团编《黄团主任干部训练言论选集》由编者刊行。

姜蕴刚著《边区问题之理论与实际》由四川成都西南边政协会刊行，有著者序。

蒋介石讲《政训与宣传工作之精义》由军事委员会政治部刊行。

蒋介石著《总裁外交言论选辑》由重庆黄埔出版社刊行。

敬幼如编《敌人大陆政策之原形》由重庆中国编译出版社刊行。

刘准著《怎样做民众运动》由广西桂林文化供应社刊行。

雷逸民编著《民众训练纲要》由政治训练部政治训练班刊行。

刘百闵、赵纪彬、秦林书编《中日关系条约汇释》由长沙商务印书馆刊行。

刘澄寰编《新县制论文集》由大刚报社刊行。

刘钦祖编著《新县制的理论与实施》由河南陕县中国文化服务社陕州分社刊行。

罗文谟编《地方自治重要参考材料》由四川省党部地方自治促进会刊行。

毛独时编著《新县制的理论与实施》由浙江丽水浙江自治出版社刊行。

钱实甫编《新县制的认识》由广西南宁民团周刊社刊行。

钱实甫著《新县制与训政实施》由广西桂林民团周刊社刊行。

邱昌渭编著《地方自治》由广西桂林广西省政府编译委员会刊行。

阮毅成著《行政与自治》由浙江省政府民政厅刊行，有自序。

三民主义青年团中央团部编《训练的理论与实践》由编者刊行。

沈松林编《地方行政制度》由浙江永康决胜书店刊行。

沈松林编著《地方自治》由浙江省教育厅师资进修通讯研究部刊行。

世界红十字会各地联合救济队编《天津水灾暨河北各灾区赈救总报告》由编者刊行。

四川省训练团编《演讲特辑》由编者刊行。

孙澄方著《三民主义的地方自治》由重庆国民图书出版社刊行。

王翼雄《地方自治的理论与实际》由福建省地方行政干部训练团刊行。

新新新闻报馆文化服务部编《新县制各级组织的理论和实施》由四川成都新新新闻报馆文化服务部刊行。

熊子俊编著《县地方自治问题的总检讨》由四川成都新新新闻报馆文化服务部刊行。

杨济锋编《地方自治与教育》由广东省地方行政干部训练团刊行。

杨镇江编著《中央关于地方自治之决议案及文告》由四川省政府刊行。

袁国钦著《乡镇民代表会的成立与活动》由福建省政府民政厅刊行。

张含清著《地方政治论集》由江西赣县江西省地方行政干部训练团刊行。

张廷颢编著《怎样指导民众运动》由中央社会部刊行。

赵冕、武保村编著《民众组织篇》由重庆正中书局刊行。

中国国民党江西省执行委员会宣传科编《宣传资料专辑》由编者刊行。

中国国民党中央执行委员会编《全国各训练机关受训人员类别及其阶层》由编者刊行。

中国国民党中央执行委员会宣传部编《学生怎样做宣传工作》由编者刊行。

中央警官学校政治部编《精神讲话选集》由编者刊行。

中央练团编《总裁地方自治言论》由编者刊行。

中央社会部编《总理关于民众运动之遗教》由编者刊行。

中央训练团编《课程问答》由编者刊行。

中央训练团编《中央训练团党政训练班第七期小组讨论会总结论》由重庆编者刊行。

周必璋编《中国地方自治小史》由四川成都四川省政府刊行。

周子亚著《外交政策与外交行政》由重庆中央政治学校研究部、新政治月刊社刊行。

朱子爽编《新县制述要》由重庆中国文化服务社刊行。

卓炯著《什么叫做地方自治》由第四战区司令长官司令部刊行。

鲍必荣编讲《行政概论》由四川省训练团刊行。

崔德化编《普通行政实务新编》由陕西西安秦岭出版公司刊行。

崔宗埙编《人事行政》由福建公训服务社刊行。

江西省地方政治讲习院编《行政管理》由编者刊行。

吴胜己著《人事行政之原理与实施》由广西省政府编译委员会刊行。

李浴日著《行政的科学管理研究》由广东曲江新公务员月刊社刊行。

吴骥编述《警察概要》由江西省地方行政讲习院刊行。

萧文哲著《行政督察专员制度研究》由重庆独立出版社刊行。

杨美霖编《警察行政》由四川省训练团刊行。

俞叔平著《刑事警察纲要》由中央警官学校刊行。

按:俞叔平曾通过浙江省官费留学生考试顺利录用,远赴奥地利维也纳大学学习警政专业。荣获维也纳大学法学博士学位,为中国第一个警察博士生。

嘉言等著《纪念五一和我们的任务》刊行。

上海特别市总工会编《上海特别市总工会概况》由编者刊行。

许闻天编著《中国农民运动概述》由中央社会部刊行。

按:是书概述中国农民运动的几个根本问题,中国国民党的政策,农民方略及其演变,农民组织的沿革,并总结过去农民运动中的问题及未来农民运动的工作对象与方略等。

中国国民党中央执行委员会社会部编《农运法规方案》由重庆编者刊行。

《在饥饿线上》由大众呼声社刊行。

武伯纶等编《老百姓社论集》由老百姓编刊社刊行。

吴念中著,杨中文编辑《念中文存》由编者刊行,有编者序及自序。

哲生著,中苏文化协会编《孙哲生先生最近言论集》由编者刊行。

孙科著《孙哲生先生最近讲演集》由中苏文化协会刊行。

郭民编著《千夫集》由香港国民出版社刊行。

胡鹤云著,杜太为编《鹤云遗集》由第九战区政治部刊行。

孙科著《国际现势与中国》由东方出版社刊行。

杨柏森著《国际行政组织概观》由云南昆明中华书局刊行。

包华国著《国际联盟新论》由国际反侵略运动大会中国分会刊行。

陈君泽著《国际问题讨论集》由国际评论社刊行。

杜绍文著《国际纵横谈》(上下册)由浙江金华国民出版社刊行。

军事委员会战时工作干部训练团第一团政治部编《国际政治讲义纲要》由编者刊行。

凌云程著《国际大势》由四川成都著者刊行。

史迈班编《国际现势》由第九战区干部训练团刊行。

税叔钧编著《国际现势教程》由中央陆军军官学校刊行。

孙席珍编《国际现势》由江西省地方政治讲习院刊行。

张铁生著《论国际新形势》由广西桂林文化供应社刊行。

贝尔编《现世界的透视》由上海阳明书店刊行。

思远、方之平等编《世界青年生活剪影》由新时代出版社刊行。

朱啸谷著《法西斯党政之理论与实际》由上海旦社刊行。

张国安著《三大独裁政治制度》由重庆正中书局刊行。

柳青编《希特拉与德国》由新阵地图书社刊行。

帅云风著《法西、纳粹、苏维埃》由重庆独立出版刊行。

罗亭光著《各国青年训练述要》由长沙商务印书馆刊行。

罗廷光著《各国青年组织与训练述要》由湖南衡阳大刚报社刊行。

中国图书编译馆编著《国际妇女动态》由中国图书杂志公司刊行。

张德培著《各国青年训练的理论与实际》由陕西西安新中国文化出版社刊行。

张德培著《各国青年训练目标之研究》由陕西西安新中国文化出版社刊行。

赵镜元著《现代七强论》由浙江省战时教育文化事业委员会书刊发行部刊行。

任白涛著《日本对华的宣传政策》由长沙商务印书馆刊行。

德恒山著《抗日的蒙古》由中国边疆文化促进会刊行。

陈博生等著《近卫往何处去》由江西上饶战地图书出版社刊行。

林焕平著《近卫新体制批判》由香港民革通讯社刊行。

安炳武著《日本帝国主义铁蹄下的朝鲜》由重庆青年书店刊行。

何炯著《日本战时政治之演变》由广西桂林青年书店刊行。

按：是书介绍战时日本对内实行法西斯化，对外推行侵略政策及历届内阁的更迭，预言近卫二次组阁后的日本政局情况。

蒋益明著《战时日本政治》由重庆建国出版社刊行。

刘海生著《显微镜下的日本》由上海美商华盛顿印刷出版公司刊行。

宁一先著《战时日本问题十讲》由重庆中华民国留日同学会刊行。

孙铮著《日本大政翼赞运动概观》由江苏南京中文仿宋印书馆刊行。

王纪元著《日本政治的透视》由广西桂林文化供应社刊行。

吴伯明著《日本舞台之要角》由重庆青年书店刊行。

吴斐丹、刘思筹主编《战时日本全貌》由香港日本研究社刊行。

正论出版社编《觉悟的日本弟兄》由正论出版社刊行。

朱介凡著《日本的成功与失败》由中央军校七分校政治部刊行。

按：是书共13章。通过对日本历史、政治、经济、外交等方面的分析，评述日本明治维新后成功的经验，其后逐步法西斯化走上战争道路，最终必失败的原因。

朱云影著《日本必败论》由中国文化服务社刊行。

黄寿朋编著《敌国的反战运动》由重庆独立出版社刊行。

高时良编著《亚洲风云》由福建永安福建省政府教育厅刊行。

金奎光著《朝鲜民族统一战线问题》刊行。

按：是书汇集著者发表在《朝鲜民族战线》杂志上的文章，记述朝民族统一战线的建立，评论反日问题及中朝民族联合战线的意义等问题，有新朝鲜社丛书发刊词和著者的必要说明。附朝鲜民族战线联盟成立经过、宣言、纲领及联盟致中国国民党临时代表大会函等。

君萱等著《太平洋新形势》由上海求知出版社刊行。

中央电讯社调查处编《越南问题》由中央电讯社刊行。

郑鸿儒编著《越南华侨概况》由重庆民间出版社刊行。

时与潮社编《近东形势论》由重庆时与潮社刊行。

叶非木、李凝、萧扬合著《苏芬冲突与国际现势》由新中国出版社刊行。

修伯谨著《美俄德意之青年组织与训练》由重庆青年书店刊行。

萧扬著《三年来英美苏远东政策的透视》由远东书店刊行。

按：是书分述英、美、苏三国在中国抗日战争头三年的远东政策，有著者前记。

张忠绂著《英美在远东的平行行动》由重庆国民图书出版社刊行。

韩云浦著《积极备战的美国》由重庆国民图书出版社刊行。

按：是书介绍第二次世界大战前夕美国备战情形，包括哈瓦那会议与英美新合作，征兵制的实施，经济统制，对西方的政策等。

檀香山祖国伤兵难民救济总会编《七七抗战建国三周年纪念特刊》由编者刊行。

陈拔群著《抗战中的祖国与华侨》由侨南文化事业公司刊行。

杂志社编辑部编《第四战线》由上海杂志社刊行。

中央海外部海外社评论委员会编《海外社论选编》由香港海外通讯社刊行。

郗朝俊编著《法学通论》由重庆青年书店刊行。

楼桐荪编著《法学通论》由重庆正中书局刊行。

按：是书分10章讲述什么叫法学通论和法学，法学在科学上的地位和它的分类，法系，法与其他社会规范的关系，以及法律的概念、渊源、类别、系统、效力、解释等。

李景禧、季灏编著《法学教程》由四川成都陆军军官学校刊行。

李景禧、季灏编著《法律学教授纲要》由中央军官学校刊行。

阮毅成著《法语》由商务印书馆刊行。

按：是书择录著者历年从事司法工作及法学研究中有代表性又较有深意的文章片断，作为对法学综合研究的成果。

张榆芳著《读律杂笔》由湖北汉口大楚报社刊行。

张榆芳著《读律杂笔续》由湖北汉口大楚报社刊行。

邵本恒著《法律概论》由四川省训练团刊行。

许鹏飞著《法律常识》由江西地方政治讲习院刊行。

张佚凡编《战时法律讲义纲要》由重庆军事委员会战时工作干训练团政治部刊行。

施宏勋编著《战时人民法定行为之析述》由重庆中正书局刊行。

茹春浦编著《三民主义宪法论》由重庆中央周刊社刊行。

按：是书分宪法是革命的产物、三民主义宪法的根本要义、三民主义的国家，以及宪政与领袖的关系、五五宪草等6章。

江寅著《三民主义宪法研究》由西安新中国文化出版社刊行。

金鸣盛著《宪政与宪法》由浙江金华国民出版社刊行。

国民出版社编《宪政运动》由浙江金华国民出版社刊行。

上海周报社编《宪政问题讨论集》由上海周报社刊行。

黎枞编《宪政之路》由香港宪政问题研究会刊行。

中国国民党中央宣传部编《宪政言论选稿》由重庆编者刊行。

独立出版社编《宪政问题资料辑要》由重庆独立出版社刊行。

魏克前编《宪政参考资料》由四川合川明耻半月刊社刊行。

杨幼炯编著《五权宪法之思想与制度》由商务印书馆刊行。

张友渔等著《我们对于〈五五宪草〉的意见》由上海生活书店刊行。

按：是书为集体创作，参加讨论的有沈钧儒、韩幽桐、张申府等，由邹韬奋、张友渔、沙千里、钱俊瑞、白桃执笔。

上海出版社编《宪法与国民会议参考资料》由上海出版社刊行。

韬奋著《宪法草案研究》由上海生活书店刊行。

陈长蘅著《五权宪法草案精义》由重庆正中书局刊行。

黄秉心编著《中国刑法史》刊行。

社会部编译委员会编《社会部法规汇编》由重庆编者刊行。

中国国民党中央执行委员会社会部编《商运法规方案》由编者刊行。

黄宗勋著《商标行政与商标争议》由商务印书馆刊行。

蒙古文化研究所编《各项法规汇集》由编者刊行。

张道枢著《担保物权法》由上海中央书店刊行。

武钟临编《民法债编各论》由上海大东书局刊行。

王舟航、舒绍炜编《军事常识》由四川省训练团刊行。

吴寿彭、凌潜夫主编《军事基本常识》由新力周刊社刊行。

王东原讲《军事管理研究》由重庆中央训练团刊行。

按：是书收录作者的《本班管理方针及其实施》《军事管理与组织》《管理者应有的态度与认识》等 3 篇讲稿。

华少峰著《现代战争论初步》由重庆生活书店刊行。

钱俊瑞著《论战争的性质》由民族革命出版社刊行。

恽宏魁著《军用科学讲话》由上海光明书局刊行。

雷海宗著《中国文化与中国的兵》由长沙商务印书馆刊行。

按：作者认为："中国古代文化，关键是'兵'的问题。"又认为："中国兵制的破裂与整个文化的不健全其实是同一件事""一般说来，文武兼备的人有比较坦白光明的人格，兼文武的社会也是坦白光明的社会，这是武德的特征，中国二千年来社会上下各方面的卑鄙黑暗恐怕都是畸形发展的文德的产物。偏重文德使人文弱，文弱的个人与文弱的社会难以有坦白光明的风度，只知使用心计；虚伪、欺诈、不彻底的空气支配一切，使一切都无办法"。（雷海宗《中国的兵》，《社会科学》第 1 卷第 1 期，1935 年 10 月）

吴鹤云著《孙子兵法新检讨》由江西上饶战地图书出版社刊行。

陈华元著《孙子新诠》由长沙商务印书馆刊行。

徐容博著《孙子表释》由重庆兵学书店刊行。

黎东方著《中国战史研究》由重庆黄埔出版社刊行。

郭节述著《中国历史上的民族战争》由重庆中山文化教育馆刊行。

按：是书分 10 个部分：引言、黄帝征蚩尤、化成时代的民族战争、汉征匈奴、淝水之战、唐平突厥、中倭第一次战争、南宋抗金、明倭朝鲜之役、结论。

孟云帆编《民族战争》由浙江动员委员会战时教育文化事业委员会刊行。

刘晓桑著《中国国民兵役史略》由长沙商务印书馆刊行。

汪家祯等编《战时手册》由上海商务印书馆刊行。

丁文朴等编著《抗战建国实用百科辞典》由文化供应社刊行。

沙米编《陆海空军》由天真出版社刊行。

金典戎、张亮清校正《将校锦囊》（第一、二册）由西安智韬军学出版社刊行。

周智编著《兵役理论与宣传读本》由广西桂林新进出版社刊行。

何志浩著《兵役与工役》由重庆青年书店刊行。

朱和生编著《汽车学教程(第1册:构造之部)》由陆军辎重兵学校刊行。

朱和生编著《汽车学教程(第1册:构造之部附图)》由陆军辎重兵学校刊行。

郭普仁编《汽车学教程(第2册:电气之部)》由陆军辎重兵学校刊行。

水鉴秋编《步兵营连排班战斗指挥》由重庆军学编译社刊行。

费博编《香港防空局救护及拆毁职务手册》由香港南华早报有限公司刊行。

孙中山著《武力建设》由重庆黄埔出版社刊行。

张发奎讲,第四战区司令长官司令部特务团编《张司令长官对本团官兵训词》由编者刊行。

顾祝同讲《治军要领》由第三战区司令长官司令部刊行。

军事委员会军训部编《阵中勤务令草案》由中央陆军军官学校教育处刊行。

冯玉祥著《抗日军官须知歌》由广西桂林三户图书社刊行。

陈诚著《鼓励士气与民气》由第六战区司令长官司令部刊行。

李涛编《抗日游击队政治工作教程》由西南游击干部训练班刊行。

李涛著《抗日游击队的政治工作提纲》由广西桂林新进出版社刊行。

姚承三编著《游击战评价》由重庆独立出版社刊行。

按:是书分5部分:什么是游击战、一般对于游击战的误解及其批评、游击战的价值、游击战在我国战略战术上的地位、结论。

康选宜著《将校修养论》由重庆拔提书店刊行。

刘晓桑编著《军国民日课》由中央军校第二分校战斗丛书社刊行。

王乾元编著《全民抗战讲授提纲》由民族革命出版社刊行。

左洪涛等著《怎样做战地工作》由广西桂林南方出版社刊行。

军令部第二厅第四处编《俘虏战利品之捕获与利用》由中央陆军军官学校教育处刊行。

军事委员会军令部编《人力输送教范草案》由北平武学印书馆刊行。

杨杰讲《国防讲话》由中央训练团党政训练班刊行。

周亚卫讲《中国之国防》由中央训练团刊行。

周亚卫讲《国防与警保》由中央训练团刊行。

军事委员会军训部编《军事委员会军训部业务报告》刊行。

贾赫编著《军队教育计划表范例》由重庆军学编译社刊行。

军事委员会军训部编《第三期整训部队教育纲领》刊行。

杨蔚讲,万秋特录《现代军队管理与教育》刊行。

刘书传著《我国军队教育的改造》由广西桂林青年书店刊行。

蒋介石著《军训要义》由杭州正中书局刊行。

诸祖阴著《投考空军各学校指南》由四川成都铁风出版社刊行。

吴道白著《投考陆大的技术和学术》刊行。

航委会防空总监部编《防空节纪念特刊》刊行。

湖南全省防空司令部编《防护人员必携》刊行。

黄镇球讲《防空讲话》由中央训练团刊行。

张涛编述《防空概要》由四川省训练团刊行。

防空学校编《部队防空教范草案》由重庆南京军用图书社刊行。

陈独真编述《防空疏散之理论与设施》由航空委员会防空处刊行。

刘永青编《兵役纲要》由四川省训练团刊行。

国民政府军事委员会政治部编《兵役宣传资料特辑》刊行。

陈正福编，陈炳元校《兵役问答》由重庆中国文化服务社刊行。

程泽润编《国民兵役法规问答》由中央训练团兵役干部训练班刊行。

戴高翔讲述，孙天民笔记《兵役的免缓役须知》由四川省军管区司令部兵役月刊社刊行。

杨振编著《现行兵役要览》由浙江省战时教育文化事业委员会书刊发行部刊行。

林振镛编著《兵役制概论》由正中书局刊行。

艾菁讲述，魏鼎、林中英笔记《战术撷要》由中央陆军军官学校刊行。

唐默亭、吕型诚编《兵役与工役》由浙江金华国民出版社刊行。

叶介希编《兵役法及征兵手续》由江西泰和江西省地方政治讲习院刊行。

汪蔚波主编，侯起良、徐曜编《现行兵役法令解释汇编》由中国文化服务社永嘉分社刊行。

彭德怀著《三年抗战与八路军》由新华日报华北分馆刊行。

军用图书社编著《新编战术学教程提要前编》由重庆军用图书社刊行。

军用图书社编著《新编战术学教程提要后编》由重庆军用图书社刊行。

刘为章讲《战术讲话》由中央训练团刊行。

军事委员会西北游击干部训练班编《游击战术之研究》刊行。

何平编《游击战术》由江西省地方政治讲习院刊行。

曾诚一编《阵内战之研究与实施》由中央陆军军官学校刊行。

第六战区司令长官司令部参谋处编《敌军山地作战要领》由军事委员会政治部刊行。

刘为章著《战术讲话》（闪电战术）由中央训练团刊行。

张亮清著《大兵团应用战术讲义》由陕西西安智韬军学出版社刊行。

游幼侯编《应用小战术示范》由陕西西安智韬军学出版社刊行。

熊志一著《带兵之道》由南华出版社刊行。

何世杰编著《步哨斥候传令联络兵勤务》由江西战地图书出版社刊行。

张卓著《战时步兵教育之意见》由陆军步兵学校刊行。

军事委员会军训部编《步兵战时短期教育实施方案》由军事委员会军训部刊行。

沈庄宇编著《抗战期间步兵各种特业班之研究》由陆军步兵学校刊行。

军事委员会军令部编《徐州会战国军作战经验》由编者刊行。

军事委员会军令部第一厅第四处编《武汉会战期间国军作战之经验教训》由编者刊行。

吴逸志编《薛伯陵将军指挥之德安万家岭大捷回忆》由中兴书店刊行。

沈静著《桂南会战之检讨》刊行。

军事委员会军令部编《第五军攻略昆仑关作战经过检讨》由编者刊行。

李诚毅编《昆仑关血战记》由广西全县苏报社刊行。

第五军参谋处编《昆仑关战役纪要》由编者刊行。

李品仙编著《随枣会战纪要》由桂林前线出版社总社刊行。

第十二集团军政治特派员办公室编《粤北大捷》由编者刊行。

陈诚著《襄河会战的检讨与抗战前途的展望》由军事委员会政治部刊行。

何应钦著《三年来之抗战经过》由金华国民出版社刊行。

周味辛编《天目山南北的战斗面》由浙西民族文化馆刊行。

陈济晨著《海南岛与太平洋》由上海亚东图书馆刊行。

顾前著《游击战》由桂林文化供应社刊行。

王蕚编著《军用犬和军用鸽》由长沙商务印书馆刊行。

王蕚编《通信战和通信兵器》由长沙商务印书馆刊行。

萧桂荣编《通信学摘要讲义》由中央陆军军官学校第六分校刊行。

胡贤斌、周定寰编《毒气及防护》由中央陆军军官学校第八分校教育处刊行。

李璧编《野战炮兵射击实行计划作为法之参考》由陆军炮兵学校刊行。

徐凤祥编《(新编)马克沁重机关枪全书》由重庆军学编译社刊行。

赵嗣胤编著《重机关枪间接瞄准之参考》由陆军步兵学校出版社刊行。

中央军校第六分校教育处编《步兵轻兵器射击教育计划案》刊行。

陆军步兵学校干部训练班编《步兵轻机关枪手枪射击教范草案表解》刊行。

罗涤生等著《步兵轻重兵器战斗射击教案》由中央军校第七分校刊行。

陈遵妫编《普通军用天文学》由长沙商务印书馆刊行。

方兴国编著《化学战》由陆军炮兵学校刊行。

孙豫寿编《化学战争概论》由长沙商务印书馆刊行。

按:是书分10章,论述化学战的历史演变,化学药剂及兵器,化学战的战术及防御、效果和局限,化学战争的未来等。

葛春林著《国防化学论》由广西桂林新知书店刊行。

按:是书共7章,论述军用化学物质,军用毒气的功效、战术及防护方法,化学战争与中国抗敌问题等。附录:全民抗战中的化学战。

罗任一著《士兵与科学技术》由重庆青年书店刊行。

蒋介石编《先贤军政语录》由中央陆军军官学校刊行。

军令部第一厅第三处编《滇桂边境各县兵要地志》刊行。

张崇业著《从地理方面研究各战场之形势》由重庆青年书店刊行。

王维屏编著《中国抗战地理》由重庆正中书局刊行。

刘成梁编《地形与简易测绘》由西南游击干部训练班刊行。

军需学校编《地形学教程》(上卷)刊行。

陆军军官学校编《地形学教程》刊行。

按:是书分4编:地形之见解、地图之见解、地图之利用、测图。附录:方位之判定。

陈炳元编著《各国兵役行政概论》由重庆中国文化服务社刊行。

朱为鉁编述《各国兵役制度》由中央训练团兵役干部训练班刊行。

周至柔著《世界空军军备》由重庆青年出版社刊行。

周至柔等著《欧战与空军》由四川成都中国空军出版社刊行。

岳星明编《拿破仑战史》由第三战区干训团刊行。

第三战区将校研究团编《日俄战史》刊行。

卢凤阁著《日俄战史》由重庆军学编译社刊行。

第三战区将校研究团编《欧洲战史》刊行。

继襄编《法德两大防线——马其诺与西格佛利》由浙江金华国民出版社刊行。

马乘风著《西战场大战史话》由春秋中国文化服务社刊行。

李之高著《东战场大捷》由抗战建国社刊行。

陈孝威著《美国将校与中国抗战》由天文台半周评论社刊行。

田鹏编著《苏联加强波罗的海防务之透视》由航空委员会政治部刊行。

王守直著《孔子的经济理论》由文光印刷社刊行。

薛暮桥著《经济学》由上海新知书店刊行。

关梦觉著《经济危机论初步》由重庆生活书店刊行。

彭迪先著《实用经济学大纲》由重庆生活书店刊行。

刘朗泉编述《经济学通论》由浙江省地方干部训练团刊行。

高夷吾编《经济学教程》由治安总署陆军军需训练班刊行。

经济部、财政部编《经济常识教材》由编者刊行。

张毓珊著《经济思想史》由长沙商务印书馆刊行。

王达夫著《经济学读本》由重庆读书出版社刊行。

按：是书分 10 章 30 课。阐述资本主义的本质、帝国主义的特征、资本主义的总危机、社会主义与资本主义的差异与发展前途，以及中国战时经济特征等。各课后附有习题及参考书目。

杨荣国著《封建社会史什么》由广西桂林文化供应社刊行。

谭振民编著《战时统制经济》由重庆正中书局刊行。

郑合成著《战时经济理论与实施》由重庆青年书店刊行。

按：是书分 16 讲题，包括《战争与经济的关系》《战时经济的重要原则》《资源统制之理论与实施》《统制交易》《统制分配之理论与实施》《消费之统制》《战时统制经济之主体》《各国现行的统制经济》《战费之筹措》《中倭战时经济力比较》等。

余醒民等著《战时经济建设与新中国经济制度》由香港时代批评社刊行。

朱通九著《战时经济问题》由上海世界书局刊行。

张群讲《战地政治经济》由中央训练团党政训练班刊行。

沈敬亭著《日寇在沦陷区的经济掠夺》由桂林文化供应社刊行。

伍启元著《中日战争与中国经济》由长沙商务印书馆刊行。

杜呈祥编著《日人海盗行为的重演——对敌寇"以战养战"毒计的总检讨》由重庆独立出版社刊行。

国民出版社编《日本能"以战养战"吗》由浙江金华编者刊行。

史邦燮著《战时日本经济》由成都建国出版社刊行。

国民出版社编《贫血的日本》由浙江金华编者刊行。

广东省政府秘书处编译室编译《敌国经济破产自供》由编者刊行。

陈介生编《抗战以来敌寇对我经济侵略概观》刊行。

汪德余著《经济抗战论》由上海言行社刊行。

唐学乾编著《中国战时经济问题》由中央陆军军官学校第三分校刊行。

第四战区政治部编《战时经济问题》由广东曲江编者刊行。

颜悉达著《民生主义底经济体系》由重庆拔提书店刊行。

刘大公著《国防经济学大纲》由香港时代批评社刊行。

按：是书主要阐述经济实力、经济政策与战备工作对战争的影响。

董问樵著《国防经济论》由长沙商务印书馆刊行。

按：是书分两编。上编"国防经济静态"论述现代战争、国防经济、国防经济政策、国防经济学的成立等问题，并附《西欧国防经济思想的发展》一文；下编"国防经济动态"述及国防经济的情况判断、经济动员、战时经济、经济复原等问题。

千家驹著《帝国主义是什么》由广西桂林文化供应社刊行。

严继光著《亨利乔治学说之研究》由重庆中山文化教育馆刊行。

范苑声编著《民生主义经济政策之理论体系》由重庆正中书局刊行。

饶荣春编述《中国经济》由空军军官学校刊行。

中国经济建设协会编《中国经济建设纲领初稿》由编者刊行。

董文中编辑《中国战时经济特辑》续编由上海中外出版社刊行。

沈雷春、陈禾章编著《中国战时经济建设》由上海世界书局刊行。

成宅西讲《中国经济建设讲授纲要》由中央陆军军官训练团政训处刊行。

莫萱元编著《抗战中经济建设之途径》由重庆中国文化服务社刊行。

中国国民党中央执行委员会训练委员会编《中国战时经济建设问题》由编者刊行。

中国国民党中央执行委员会训练委员会编《中国战时经济建设》(训练教程)由杭州正中书局刊行。

姚均编《战时经济建设》由浙江金华国民出版社刊行。

三民主义青年团中央团部编《国民经济建设运动》由编者刊行。

鄞廷和著《工商俱乐部运动与现代化的经济建设》由江西省工商俱乐部刊行。

国民出版社编《中国的新工农业》由浙江金华编者刊行。

中华出版社编《建设中的新中国》由上海编者刊行。

钱承绪编《中国之资源》由上海中国经济研究会刊行。

沈敬亭著《日寇在沦陷区的经济掠夺》由广西桂林文化供应社刊行。

吴君曼编《总裁思想》(第6册经济)由重庆中国文化服务社刊行。

徐德瑞著《西南经济建设研究》由重庆京华印书馆刊行。

郭垣编著《云南省之自然资源》由重庆正中书局刊行。

钱承绪编著《两粤建设与西北开发》由中上海国经济研究会刊行。

钱承绪著《中日的经济关系》由中国经济研究会刊行。

秦翰才编《中山先生实业计划图解》由昆明中华书局刊行。

施建生著《中国工业化问题》由重庆青年书店刊行。

刘燕谷著《战时工业政策》由重庆独立出版社刊行。

许晚成编《战后上海暨全国各大工厂调查录》由上海龙文书局刊行。

中国工业合作协会编《中国工业合作协会二周年纪念特刊》由重庆鼓励四川造纸工厂刊行。

喻志东著《我国工业合作运动》由重庆黎明书局刊行。

香港工合促进社编《中国工业合作运动的发轫》由编者刊行。

福建省政府建设厅编《领矿须知》刊行。

中支建设资料整备委员会编《支那矿业关系资料目录》由编者刊行。

经济部编《电气事业行政业务法规》由商务印书馆刊行。

唐燿编著《建树中国林产工业应有之动向》由经济部中央工业试验所木材实验室、农产促进委员会刊行。

钱承绪编著《中国的纸木业》由上海中国经济研究会刊行。

翁桂清著《汕头抽纱工业》刊行。

高叔康著《中国的手工业》由湖南长沙文史丛书编辑部刊行。

陕西省银行经济研究室编《西京市工业调查》由编者刊行。

刘大钧著《上海工业化研究》由长沙商务印书馆刊行。

按：1931年，因得太平洋国际学会捐款，中国经济学社研究工业委员会在刘大钧主持下，联合国民政府统计局、实业部、财政部国定税则委员会、上海市社会局及国立交通大学研究所，举行上海工业联合调查。调查结果由刘大钧编成英文上海工业调查初步报告。1933年，中国经济统计研究所接受国防设计委员会委托调查全国工业，于是刘大钧在中山文化教育馆等支持下又组织了第二次上海工业调查。两次上海工业调查后，刘大钧将调查数据整理出版了《上海工业化研究》一书。当时复旦大学教授朱通九认为："刘大钧氏新著《上海工业化研究》一书，与一般普通书籍不同，适合'精心结构，事实与理论并重，采用原始材料编著'之条件，在我国著作界中，放一异彩，理应介绍，足供楷模。"他归纳该书的特点有四，即"一、该书全部材料，除叙述过去史实外，大部为派员分赴各工厂实地调查所得之材料编著而成。所以材料至为新颖，准确性程度至高，自非他书所可比拟。""二、该书立论，均以数字为根据。""三、该书说明事实，除根据某一时期之统计数字，彼此互相作静态之比较与分析外，复用历年统计数字，作动态之比较。""四、该书不特可以弥补我国无统计之缺憾，抑且可以供给外人研究我国情状之统计资料，以及树以后著作界根据统计立论之先声。""总之，该书为极有价值之著作，中外各报，均有评论披露。"（朱通九《书评：上海工业化研究》，《国民经济月刊》第1卷第2期，1937年6月15日）

裴小楚著《经济生活实践法》由上海慧协书店刊行

潘仁希编《最新实用商业法规》由上海百新书店刊行。

国民党中央执行委员会宣传处编《如何节约消费与增加生产》由编者刊行。

杨蔚著《成都市生活费之研究》由金陵大学农学院刊行。

中华政治经济学会编《生活费指数是怎样计算的》由上海中华书局刊行。

李鸿寿编《会计数学用表》由长沙商务印书馆刊行。

潘上元著《近世应用会计》由浙江丽水元庆会计师事务所刊行。

佟灿章著《簿记易知》由北京佟灿章会计师事务所刊行。

黄组方著《决算表之分析》由长沙商务印书馆刊行。

陈楚胥编，李鸿寿、莫启欧校《会计数学习题详解》由长沙商务印书馆刊行。

郑礼明著《大小数定位命名问题商榷》由经济部刊行。

郭铁汉讲述《审计学》由广东省地方行政干部训练团刊行。

军需学校计政人员训练班编《审计学讲义》由编者刊行。

钱迺澂编《审计问题》由商务印书馆刊行。

朱通九著《战时劳动统制》由重庆独立出版社刊行。

侯哲莽著《合作主义概论》由上海黎明书局刊行。

侯哲莽著《合作概论讲义纲要》由著者刊行。

陈维藩著《合作论文集》由上海荣华印书馆刊行。

章元善著《合作文存》由重庆中国合作图书社刊行。

贵州省松桃县合作金库编《合作社与合作金库概述》由编者刊行。

于永滋等编《贵州省合作委员会附设合作函授学校讲义集》由贵州省合作委员会附设合作函授学校刊行。

童雪天著《合作概论》由上海世界书局刊行。

林志豪编《合作概论》由浙江地方银行总行农业贷款处刊行。

四川省训练团编《合作概要》由编者刊行。

彭师勤著《建国经济制度与合作运动》由上海黎明书店刊行。

罗良能编《合作运动与政治工作》由浙江省第五区行政督察专员公署刊行。

覃寿公著《覃寿公先生之合作计划》由昆明中国合作学社附设中国合作通讯社刊行。

王士贤编《合作社簿记》由浙江省合作金库刊行。

陈颖光、林嵘著《战区合作动员》由重庆黎明书局刊行。

徐渊若著《处属合作事业视察随感》由浙江丽水著者刊行。

沈经保著《实用农场合作》由教育部特种教育委员会刊行。

董时进著《中国农业政策》由湖南长沙文史丛书编辑部刊行。

石裕鼎著《中国农村经济问题研究》由安徽省地方行政干部训练团刊行。

徐鼐著《抗战建国的农业政策》由重庆青年书店刊行。

朱子爽著《中国国民党农业政策》由重庆国民图书出版社刊行。

蒋荫松编《垦殖浅说》由重庆正中书局刊行。

冯紫岗著《垦荒与合作》由重庆黎明书店刊行。

陕西省垦务委员会编《垦荒运动》由编者刊行。

钱承绪编《浙川甘之农村与水利》由上海中国经济研究所刊行。

陈太先著《土地分配问题》由广东新建设出版社刊行。

李振著《土地登记概论》由广东新建设出版社刊行。

谭可庵著《土地评价要义》由广东新建设出版社刊行。

广东地政局编《广东地政》由广东省政府秘书处第二科刊行。

梅光复编《四川省土地行政概要》由四川省地政局刊行。

陈传纲著《民族革命战争中的土地政纲问题》由民族革命出版社刊行。

李君明著《中国土地问题浅说》由广东新建设出版社刊行。

张建新、李振编《地政法规辑要》由广东省地方行政干部训练团刊行。

潘信中编《垦殖学讲义》由广东省地方行政干部训练团刊行。

徐志廉编《仓储与救恤》由浙江金华国民出版社刊行。

江西省地方政治讲习院编《仓储行政》(民政概要)由编者刊行。

四川省训练团编《仓储行政纲要》由编者刊行。

谢松培编《农业仓库经营》由广东省地方行政干部训练团刊行。

钱承绪编《中国粮食问题的再检讨》由中国经济研究会刊行。

中山文化教育馆编译部编《中国粮食问题》由重庆正中书局刊行。

杨礼恭著《战时粮食管理》由重庆青年书店刊行。

杨礼恭编《军粮管理之组织与实施》由重庆青年书店刊行。

浙江省粮食管理处编《粮食管理研究意见书》由编者刊行。

浙江省粮食管理处编《浙江省粮食管理规章汇编》由编者刊行。

浙江省粮食管理处编《浙江之粮食管理》由编者刊行。

第九战区购粮委员会编《粮管统计》由编者刊行。

蒋中正著《实施四川粮食管理》由中国国民党中央执行委员会宣传部刊行。

张培刚、张之毅著《浙江省食粮之运销》由长沙商务印书馆刊行。

傅宏镇辑《中外茶叶艺文志》由安徽屯溪茶叶改良场刊行。

钱承绪编著《华茶之研究》由中国经济研究会刊行。

高德培著《中国畜牧问题》由国民政府农矿部刊行。

王天予著《战时蚕丝动员》由四川乐山蚕丝月报社刊行。

钱承绪编《中国蚕丝业之总检讨》由上海中国经济研究会刊行。

刘润涛、潘鸿声著《四川三台蚕丝之产销研究》由南京金陵大学农学院刊行。

实业部国际贸易局编《芝麻》由商务印书馆刊行。

实业部国际贸易局编《烟叶》由商务印书馆刊行。

谢君哲编著《经济的新堡垒》由星岛日报社刊行。

韦特孚著《敌国中小商工业的破灭》由重庆中山文化教育馆刊行。

王沿津编著《战时交通政策》由重庆独立出版社刊行。

交通部参事厅编《交通法规汇编补刊》由交通部总务司刊行。

交通部编《抗战以来全国交通概况》由中央训练团刊行。

张嘉璈讲《战时交通问题》刊行。

独立出版社编《抗战与交通》由编者刊行。

沈翔编著《日人经营之华北交通事业》由外交部亚洲司研究室刊行。

张竞敏编《铁路业务解说（配车篇）》由华北交通株式会社总裁室人事局人事课刊行。

何乃民著，陈啸仙校《现代汽车业概况》由长沙商务印书馆刊行。

徐笑清编著《公路车务管理》由长沙商务印书馆刊行。

梁颖文著《驿运之组织与推行》由重庆国民图书出版社刊行。

薛光前等著《新驿运运动》由江西上饶战地图书出版社刊行。

蔡增基编著《招商局最近三年来之革新》由香港商务印书馆刊行。

陈焕彪著《集邮入门》由上海汇文印刷所刊行。

娄祖贻著《中国邮驿发达史》由云南昆明中华书局有限公司刊行。

吴学慰著《售货术原理与应用》由商务印书馆刊行。

经济部合作事业管理局编《消费合作社之组织和经营》由重庆编者刊行。

吴藻溪著《消费合作经营论》由重庆农村科学出版社刊行。

陆梅僧著《广告》由上海商务印书馆刊行。

朱鸿富著《现代青年经商之指导》由上海教育书店刊行。

高叔康编著《战时贸易政策》由重庆独立出版社刊行。

杨蔚著《物价论》由重庆文史丛书编辑部刊行。

杜俊东著《战时物价讲话》由福建永安改进出版社刊行。

何名忠讲述《战时物价平定问题》由重庆建国出版社刊行。

汪洪法著《物价问题》由重庆青年书店刊行。

洪启翔著《物价高涨与降低生活》由重庆国民图书出版社刊行。

国民出版社编《战时物价统制问题》由编者刊行。

千家驹编《物价问题》由广西桂林文化供应社刊行。

张一凡编，王海波校订《花纱布匹交易》由上海著作人书屋刊行。

汪宇平著《伪满商品统制的解剖》由重庆东北问题研究社刊行。

厦门市商会编《厦门市商会特刊》由编者刊行。

刘炜俊著《中国之出口税》刊行。

陈衡编著《广东对外贸易》由华南经济研究社刊行。

何兆清编《现行公库制度》刊行。

张汉卿编著《岁计概要》由浙东书局刊行。

余模编述《岁计制度》刊行。

财政部赋税司编《赋税法规》由编者刊行。

吴仕汉编《中国直接税制度》由编者刊行。

陈培锴著《田赋改征实物的研究》由福建南靖经征处刊行。

高秉坊讲述《中国所得税初期史实》由财政部直接税处经济研究室刊行。

张淼编《中国现行所得税制度》由编者刊行。

刘振东、王启华著《中国所得税问题》由重庆中央政治学校研究部刊行。

中国联合准备银行调查室编《中国内外债详编》由中国联合准备银行刊行。

林瀚编《计政法规》由重庆国粹图书社刊行。

鞠清远著《唐代财政史》由上海商务印书馆刊行。

汪宇平著《伪满财政和财政政策》由东北问题研究社刊行。

钟廷栋编著《西康省财政概况》由西康省政府财政厅刊行。

金陵大学文学院编《经济财政论丛》由编者刊行。

崔尚辛著《物价与币值》由广西桂林充实社刊行。

刘炳炎编著《纸币与战争》由重庆正中书局刊行。

刘大钧著《非常时期货币问题》由重庆独立出版社刊行。

钱承绪编《法币之回顾与前瞻》由中国经济研究会刊行。

朱偰著《中国货币问题》由重庆青年书店刊行。

侯厚培编《中国币制改革问题》由国立商业专科学校刊行。

宋远荫笔述《货币革命的具体实施》由抗战复兴出版社刊行。

王澹如著《银行实务》(上下册)由商务印书馆刊行。

曹振昭著《银行会计》由云南昆明中华书局刊行。

张一凡编，王海波校订《买卖外汇》由著作人书屋刊行。

顾准著《中华银行会计制度》由长沙商务印书馆刊行。

朱炳南著《节约建国储蓄运动》由重庆国民图书出版社刊行。

独立出版社编《外汇统制问题》由编者刊行。

胡继瑗著《水险学原理》由长沙商务印书馆刊行。

胡明著《现代世界经济讲话》由上海光明书局刊行。

李次民编《世界战争与世界经济》由长沙商务印书馆刊行。

按:是书分15节。列述第一次世界大战的损失、德国的赔款、战后全欧经济衰败、合理化与世界经济、1929年的世界经济恐慌、1933年—1937年世界军需景气、五金恐慌与黄金过剩、第二次世界大战与世界经济新恐慌等事例,以阐明第一次世界大战后世界经济的变化及世界战争与世界经济关系。

张毓珊著《国际贸易原理》由长沙商务印书馆刊行。

按:是书分10章。包括国际收支平衡、外汇变动对于国际贸易的影响、国际投资、国际贸易政策的理论分析,以及国际商业政策等。卷首有胡纪常序及自序。

朱西周、朱觉方编著《国际贸易实务》由上海中华书局刊行。

按:是书为社会科学丛书之一。主要讲述国际贸易的基础知识。

国民出版社编《列强战争经济力》由金华编者刊行。

胡焕庸、袁著编著《苏联经济地理》由重庆青年书店刊行。

财政金融研究所编《英国战时财政金融》由云南昆明中华书局刊行。

李宗文编著《日本之模范农村》由重庆正中书局刊行。

田鹤编著《日苏渔业纠纷之检讨》由重庆航空委员会政治部刊行。

唐野夫著《日本合作事业起源之研究》由重庆中华书局刊行。

苏芗雨著《日本战时财政经济的危机》由广西桂林文化供应社刊行。

中支建设资料整备委员会编《支那矿业关系资料目录》由编者刊行。

钱承绪编著《侨务回溯与侨民经济》由上海中国经济研究会刊行。

黄其起著《三民主义文化运动的基础》由重庆独立出版社刊行。

缪凤林著《中国民族之文化》由陕西西安新中国文化出版社刊行。

按:是书比较中西方文化文明,论述文化与民族文化的定义、民族文化的成立条件、内容与分类,以及中国民族文化的进步与发展等问题。

李璜、陈启天等著《新中国文化运动》由四川成都国魂书店刊行。

李仲融、曹伯韩等著《现阶段的文化运动》由广西桂林文化供应社刊行。

东亚文化协议会总务部调查科编《东亚文化协议会概况》由编者刊行。

按:是书为日伪出版物。包括创立宣言、规程、评议员会及专门部会议决案、评议员名簿四部分。

杨鸿烈著《中日文化结合论》由兴建月刊社刊行。

张礼千著《华侨与文化》由南洋编译社刊行。

张立志著《山东文化史研究乙编》由齐鲁大学国学研究所刊行。

戈公振著《新闻学》由长沙商务印书馆刊行。

《英法新闻之检讨》刊行。

刘光炎著《战时新闻记者的基本训练》由重庆独立出版社刊行,有自序。

华北新闻记者讲习会编《华北新闻记者讲习会讲义录》由编者刊行。

谢六逸编《通讯练习》(申报新闻函授学校讲义之四)由上海申报新闻函授学校刊行。

孙犁执笔《论通讯员及通讯写作诸问题》由边区抗敌报社刊行。

胡道静著《报坛逸话》由上海世界书局刊行,有著者序。

钱伯涵、孙恩霖编《报馆管理与组织》由上海申报新闻函授学校刊行。

钟去兵著《实用标题学》刊行,有张了且的序及自序。

按:是书分通论、标题法、辅标品与变标法之运用、标题配置与用色之关系等5章。

汪馥泉编《记者常识》由上海申报馆刊行。

袁牧之著《牧之随笔》由上海微明出版社刊行。

中美日报社编《中美日报苦斗记》由上海中美日报社刊行。

美国旧金山少年中国晨报编《少年中国晨报三十周年纪念册》由美国旧金山少年中国晨报刊行。

按:是书以照片为主,介绍该报工作概况及新闻材料的来源。收有《中国抗战与侨胞——为少年中国晨报三十周年纪念作》(蒋中正),《夙夜匪懈主义是从》(陈立夫)等数篇。

罗廷光著《教学通论》(大学用书)由上海中华书局刊行。

贵州省地方行政干部训练委员会编《教育概论》由编者刊行。

程仲文著《教育大革命》由成都私立昌檀中学筹备处刊行。

按:是书卷首有蒋介石讲话。

麦丰等著,教育研究社编《教育与生活》(第3集)由上海编者刊行。

安徽省地方行政干部训练团编《比较教育》(讲义之十九)由编者刊行。

时事问题研究会编《抗战中的中国教育与文化》(抗战的中国丛刊)由抗战书店刊行。

王书林等著《抗战与教育》(新民族小丛书)由重庆独立出版社刊行。

教育通讯周刊社编《教育与建国》(教育通讯丛书)由重庆编者刊行。

马宗荣著《大时代的教育》由长沙商务印书馆刊行。

顾岳中著《中国战时教育》(师范丛书)由重庆正中书局刊行。

胡翼成等著《战时教育设施与新中国教育制度》(时代丛书教育组第1种)刊行。

顾毓琇讲《战时教育救济》由中央训练团党政训练班刊行。

全国义务教育委员会编《国民教育法规汇编》(第1辑)由编者刊行。

福建省地方行政干训团编《国民教育讲义》由福建三元福建公训服务社刊行。

姜书阁著《新县制下的国民教育》由重庆中国政治建设学会刊行。

黎焕光编《国民教育实施问题》由广东省地方行政干部训练团刊行。

四川省国民教育委员会编《国民教育视导纲领》(国民教育行政丛刊)由四川省政府教育厅刊行。

刘百川编《国民教育概论》(国民教师师资训练班教本)由四川成都四川省政府教育厅刊行。

周宏培编著《国民教育》(地方自治丛书)由浙江金华国民出版社刊行。

郭有守著《国民教育论集》(四川省教育厅教育丛刊)由四川成都四川省政府教育厅刊行。

教育部战区中小学教师第七服务团编审室编《关于国民教育》(进修丛书)由编者刊行。

张志智编著《中山先生之教育思想》(总理学说研究丛书)由重庆正中书局刊行。

杨亮功编著《中山先生教育思想述要》由重庆独立出版社刊行。

教育部各省民众教育馆馆长训练班编《教育部各省民众教育馆馆长训练班专题讲演集》上由编者刊行。

教育部社会教育司编《电化教育》由重庆正中书局刊行,有陈礼江的序。

教育部社会教育司编《民众教育馆》由编者刊行。

蔡天石编著《县政府档案管理》由四川省政府刊行。

教育部各省民众教育馆馆长训练班编《教育部各省民众教育馆馆长训练班专题讲演集》下由编者刊行。

王常编《科学魔术》由上海中国科学图书仪器公司刊行,有编者序。

尚仲衣著《尚仲衣遗著全集》由上海生活书店刊行。

四川省训练团编《教材及教学法纲要》由编者刊行。

山西省政府编《教学法研究》(小学教师训练丛书)由编者刊行。

教育通讯周刊社编《导师制问题》(教育通讯丛书)由重庆编者刊行。

陈选善编《教育心理》由重庆商务印书馆馆刊行。

安徽省地方行政干部训练团编《教育测验统计》(讲义之五)由编者刊行。

萧承慎著《教师之基本素养三讲》由武汉湖北省教育厅刊行。

江西省地方政治讲习院编《教育行政与视导》(教育概要)由江西泰和编者刊行。

四川省训练团编《教育行政纲要》(区训练班教材)由编者刊行。

宋大鲁编《教育行政纲要》(四川省训练团讲义)由四川省训练团刊行。

杨大经编述《学校卫生》(分组训练教材之三十)由江西赣县江西省地方政治讲习院刊行。

四川省政府教育厅健康教育督导队编《健康教育督导之实施》(四川省政府教育厅健康教育督导队工作报告)(四川省教育厅教育丛刊)由四川成都编者刊行。

方万邦著《健康教育》由长沙商务印书馆刊行。

四川省政府教育厅编《中心学校、国民学校校舍建筑标准》(国民教育丛刊)由四川编者刊行。

四川省国民教育委员会编《中心学校、国民学校教学设备标准》(国民教育丛刊)由四川成都四川省政府教育厅刊行。

中央训练团编《团长最近对于教育之指示》由编者刊行。

李旭著《民族教育之理论与实际》(新中国文化丛书)由陕西西安新中国文化出版社刊行。

中国民生建设实验院筹备处编《中国民生建设实验院创立旨趣》(附表解)由重庆编者刊行。

教育部编制《教育部所属机关学校应报表册》(省市教育厅局用)由编者刊行。

教育部编《教育部二十八年度国立各院校统一招生委员会报告》由编者刊行。

教育部参事处编《教育法令汇编》(第5辑)由重庆正中书局刊行。

四川省训练团编《教育法令》(区训练班教材)由编者刊行。

湖南省教育厅编《教育法令汇编》(1、2、3、5编)由编者刊行。

教育部编《各省市国民教育会议报告》由重庆编者刊行。

甘肃省政府教育厅编《甘肃教育设施概要》由编者刊行。

宁夏省政府教育厅编《宁夏省教育概况》由编者刊行。

程时煃讲《江西教育概况及今后教育方针》由江西省地方行政干部训练团刊行。

福建省教育厅编《福建省实施国民教育五年计划》由编者刊行。

河南省教育厅编《河南省抗战期内教育概况》由编者刊行。

广东省政府秘书处编译室编《李主席对本省中上学校干部训词》由广东广州编者刊行。

广西省政府教育厅编《广西省战时教育法规汇编》（第 2 辑）由编者刊行。

雷宾南著《办理国民基础教育实施问题》（国民基础教育丛刊）由广西桂林民团周刊社刊行。

雷宾南著《办理国民基础教育的三个要素》（国民基础教育丛刊）由广西桂林民团周刊社刊行。

广西教育研究所编《广西教育研究所概览》由编者刊行。

四川省政府教育厅编《四川省教育厅廿九年度施政计划》（四川省教育厅教育丛刊）由编者刊行。

四川省教育厅编《各县办理教育应特别注意事项》由编者刊行。

四川省教育厅编《二十八年四川教育年报》（四川省教育厅教育丛刊）由编者刊行。

郭有守讲《四川教育》（四川省地方行政干部训练团讲稿）由四川省政府教育厅刊行。

四川省教育厅编《四川省政府教育厅文书、档案处理办法》（四川省教育厅教育丛刊）由编者刊行。

四川省政府教育厅编《四川省实施国民教育办法要览》（四川省教育厅教育丛刊）由编者刊行。

四川省教育厅编《四川省实施国民教育办法要览》（第 2 辑）（四川省教育厅教育丛刊）由编者刊行。

西康省教育厅编《西康建省一年来之教育概况》由康定编者刊行。

云南省教育厅编《云南国民教育手册》由编者刊行。

许晚成编《上海学校调查录》由上海龙文书店刊行。

福建私立集美学校校董办公室编《集美学校最近三年来概况》由福建编者刊行。

女铎报社编《儿童教育学》（第 2 辑）由上海广学会刊行。

周希儒编《儿童训练的实际问题》由重庆正中书局刊行。

沈建男、孙艳秋等编《幼稚园的工作》（幼稚教育丛书）由商务印书馆刊行。

全阳等著《托儿所的理论与实践》（妇女知识丛书）由香港妇女知识丛书出版社刊行。

吴慧铃编《幼稚园教育》（郫县教育调查报告 1）（四川省教育厅教育丛刊）由四川省立教育科学馆刊行。

教育通讯周刊社编《小学实际问题》（教育通讯丛书）由编者刊行。

宋文藻编《小学珠算科教材和教法》（小学教师丛书）由商务印书馆刊行。

王国元编《游戏与教育》（教育丛书）由云南昆明中华书局刊行。

王一夫编《美术科百问》（小学高年级用）由云南昆明中华书局刊行。

奚汝梅等编，范祥善主编《小学生升学指导》由上海合众书店刊行。

山西省政府教育厅编《小学教师须知》由民族革命出版社刊行。

陈选善等编著《小学教师消夏会纪念特刊》由上海小学教师消夏会刊行。

四川教育委员会编《中心学校、国民学校校务实施纲要》（国民教育丛刊）由四川成都四川省政府教育厅刊行。

四川省国民教育委员会编《中心学校、国民学校复式教学举例》（国民教育丛刊）由四川成都四川省政府教育厅刊行。

章柳泉、宋大鲁、沈灌群编《中心学校、国民学校精神训练参考资料选辑》（国民教育辅导丛刊)由四川成都四川省政府刊行。

吴云鹏编《中心学校、国民学校算术教材及教法》(国民教育辅导丛刊)由四川成都四川省政府教育厅刊行。

裴养编《中心学校、国民学校公民训练实施法》(国民教育辅导丛刊)由四川成都四川省政府刊行。

刘百川、王埕英编《中心学校、国民学校教学技术概要》(国民教育辅导丛刊)由四川成都四川省政府刊行。

刘百川、王埕瑛编《中心学校、国民学校行政概要》(国民教育辅导丛刊)由四川省政府刊行。

文启高编《中心学校、国民学校体育科教材及教学法》(国民教育辅导丛刊)由四川省政府刊行。

徐允昭编《中心学校、国民学校各科教材及教学法》(国民教育师资训练班教本)(上册)由四川成都四川省政府教育厅刊行。

袁昂著《中心小学之理论与实际》由云南昆明中华书局刊行,有罗廷光序。

按:是书分中心小学之型类及其诞生背景、推行中心小学之准备工作、中心小学之行政、视导工作、研究工作等 6 章。

沈同等著《新时代的初等教育》(上海市初等教育研究会丛书)由上海市初等教育研究会刊行。

马客谈著《初等教育》(时代教育丛书)由重庆正中书店刊行。

薛裕生编《小学实用办法 130 种》由上海世界书局刊行。

杭市短小教研会编《杭市短小教研会初周纪念特刊》由杭州编者刊行。

四川省政府教育厅、四川省立教育科学馆编《四川省二十七年度初等教育统计》由四川成都四川省政府教育厅刊行。

陈考禅著《一个短期小学的实验》(政治、经济、社会、文化丛书)由广东广州新建设出版社刊行。

陆觉先著《中小学训育的理论与实践》(训育新论)(新中国文化丛书)由陕西西安新中国文化出版社刊行。

阮真编《中学读文教学研究》(广西教育厅教育丛刊、教育丛书)由云南昆明中华书局刊行。

黄金鳌编《(中学适用)体育科战时补充教材》由商务印书馆刊行。

《模范初中升学指导》(上册)由禾桑社刊行。

钱洪翔编《全国高中入学试题精解》由四川成都科学书店刊行。

韦悫、汪家正编著《中学教师专册》由长沙商务印书馆刊行。

张文昌著《中学教务》(世界新教育丛书)由上海世界书局刊行。

广西省政府教育厅编审室编《广西省中学师范学生毕业会考》由广西编者刊行。

童润之著《广西国民中学教育》(广西建设丛书乙种文化辑)由广西桂林广西省政府编译委员会刊行。

广西省政府教育厅编《广西省国民中学课程教材及训导》由编者刊行。

北京求实中学编《北京求实中学三十九周年纪念刊》由北平编者刊行。

盛新中学编《盛新迁校十周年纪念刊》由北平编者刊行。

上海清心中学校编《清心中学校八十周年纪念册》由上海编者刊行。

上海清心中学校学生自治会教育股暨青年会研究股八十周纪念联合特刊出版委员会编《清心中学暨青年会八十周纪念联合特刊》由上海编者刊行。

上海南洋中学癸未庚辰级合编《南洋中学癸未庚辰级联合毕业纪念刊》由上海编者刊行。

上海南洋中学编《南洋中学庚辰级初级毕业刊》由上海编者刊行。

圣玛利亚女校编《凤藻年刊》由上海编者刊行。

上海民立中学编《民立中学春始第三届毕业纪念刊》由上海编者刊行。

上海民立中学编《民立中学春始第四届毕业纪念刊》由上海编者刊行。

教育部编《大学科目表》由重庆正中书局刊行。

廖世承编《中国职业教育问题》由上海商务印书馆刊行。

李超英著《中国师范教育论》由长沙商务印书馆刊行。

教育部社会教育司编《教育播音讲演集》（第2辑民众教育篇）（上下册）由商务印书馆刊行。

陈绍琳著《民众教有实施法》由中国图书编译馆刊行。

教育部编《民众学校课本乙种教学法》由编者刊行。

教育部编《民众学校珠算课本教学法》由商务印书馆刊行。

张宗麟编《乡村教育及民众教育》（简易师范学校教科书）由商务印书馆刊行。

瞿菊农著《乡村教育文录》由农村建设协进会乡政学院刊行。

钟鲁斋著《华侨教育之改进》（抗战丛刊）由重庆中山文化教育馆刊行。

伍瑞锴著《怎么办理华侨民众学校》由侨务委员会侨民教育处刊行，有余俊贤序。

周汉著《问题儿童研究》由中华书局刊行。

按：是书分问题儿童的原因、问题儿童的防止与补救等6章。

程宗宜、周翼中编《社会教育》由江西泰和江西省地方政治讲习院刊行。

陈礼江讲《社会教育之改进》由中央训练团刊行。

郁祖庆编《社会教育纲要》由四川成都四川省政府教育厅刊行。

古梅著《社会教育指南》由上海大夏大学教育学院刊行。

彭大铨、乔汝荃著《学校兼办社会教育》（社会教育辅导丛书）由重庆正中书局刊行。

吴鼎编《小学怎样兼办社会教育》（师范小丛书）由长沙商务印书馆刊行。

四川省国民教育委员会编著《中心学校、国民学校社会教育实施纲要》（国民教育丛刊）由四川成都四川省政府教育厅刊行。

教育部社会教育司编《社会教育法令汇编》（第2辑）由长沙商务印书馆刊行。

教育部社会教育司编《全国社会教育概况》由重庆编者刊行。

王鸿俊著《家庭教育》（社会教育辅导丛书）由重庆教育部社会教育司刊行。

赵尔锡著《家庭教育日记》（上册）由河北丰润个人刊行，有白毓南、刘汝彪等人序。

裴小楚著《自学的方法与经验》由上海世界书局刊行。

红风著《怎么使你自学成功》由上海博文书店刊行。

洛文著《青年自学基础教程》（青年学习丛书）由上海学习社刊行。

冯洪著《青年自学成功之路》由上海草原出版社刊行。

寒松编《学习的理论与实践》由重庆生活书店刊行。

张明仁编《古今名人读书法》(国学小丛书)由长沙商务印书馆刊行。

裴小楚著《书报阅读法》(大时代青年知识丛书)由上海世界书局刊行。

红风著《阅读书报杂志的经验》由上海博文书店刊行。

正禾等著《读书之道》(新青年修养丛书)由新青年半月刊社刊行。

蔡翘著《运动生理学》由长沙商务印书馆刊行。

崔玉玢、阎华棠编《体育教材大全》(上册)(燕京大学体育学系丛书)由北平燕京大学体育系刊行,有黄国安的导言及编者序。

沈镇潮编《上海体育年鉴》(民国廿九年第1集)由上海体育世界社刊行,有沈嗣良序。

李剑琴编《双杠运动》由长沙商务印书馆刊行,有高锡威序。

唐豪辑《中国武艺图籍考》由上海市国术协进会刊行。

唐豪辑《中国民族体育图籍考》由上海市国术协进会刊行。

唐豪辑《清代射艺丛书》由上海市国术协进会刊行,有唐豪序。

赵竹光著《肌肉发达问题解答》由长沙商务印书馆刊行。

赵竹光、王学政编著《臂部锻炼法》(健与力小丛书)由长沙商务印书馆刊行。

赵竹光、王学政编著《颈部锻炼法》(健与力小丛书)由长沙商务印书馆刊行。

赵竹光、王学政编著《腿部锻炼法》(健与力小丛书)由长沙商务印书馆刊行。

傅荣年著《象棋残局新谱》(初集)由上海象棋残局函授研究社刊行,有施肇基、虞洽卿等人题词。

李耀东著《中国围棋史》刊行。

甘沛泽讲《兵棋之统裁》由中央陆军军官学校第七分校教育处刊行。

琴梧楼主人著《定约桥牌谱》由香港大东书局刊行。

全国基督教青年会军人服务部编《游戏集》(军人消遣丛书)由编者刊行。

孙海波著《诚斋殷墟文字》由北京修文堂书店刊行。

于省吾著《双剑誃殷契骈枝》刊行。

董作宾著《方法敛博士对于甲骨文字之贡献》由北平国立北平图书馆刊行。

何漱霜著《左传文法研究》由商务印书馆刊行。

王力著《中国文法学初探》由商务印书馆刊行。

按:作者说:"我们研究中国文法,该从'语象的结构'上着眼。说得更浅些,就是体会中国人的心理。若要体会中国人的心理,每遇一个句子,该先就原文仔细推敲,不必问西文有无此类句子。此外,我们有时候也可以在骈语上看出中国人对于词性的认定。中国人的骈语,虽不限定字字针对,但我们如果为一字而搜求千百个骈语为例证,则这字的词性总可因此知其大概了。"

汪馥泉编辑《中国文法革新讨论集》由上海学术社刊行。

王力著《汉字改革》由商务印书馆刊行。

拉丁化出版社编译部主编《中国文字拉丁化文献》由上海拉丁化出版社刊行。

王瑞炳著《语文研究展览记录册》(中国二千年前标音文字的研究及其今后标音符号改革的建议)由上海中国识字教育社刊行。

蒋伯潜、蒋祖怡著《字与词》(上下册)(国文自学辅导丛书第1辑)由上海世界书局刊行。

蒋伯潜、蒋祖怡编著《章与句》(上下册)(国文自学辅导丛书第 1 辑 3、4)由上海世界书局刊行。

陆志韦著《说文广韵中间声类转变的大势》由北平燕京大学哈佛燕京学社刊行。

葛信益著《广韵讹夺举正》由北平辅仁大学辅仁学志编辑委员会刊行。

罗常培著《临川音系》(国立中央研究院历史语言研究所单刊甲种 17)由商务印书馆刊行。

刘文兴著《论隋唐间之楚音》由北平辅仁大学刊行。

Geogre Foe 著《上海话》由上海启明书局刊行。

李振麟编《贞丰仲家语字汇》由贵州贵阳大夏大学社会研究部刊行。

李方桂著《龙州土语》由上海商务印书馆刊行。

按:《龙州土语》是李方桂先生早期的一本经典性的壮语著作。这是一篇广西龙州壮语的调查报告,内容安排跟方言调查的内容很接近,首先是广西龙州土语音韵系统描写,然后是第一手的记音语料,包括民间故事和民歌,最后是一份详尽的词汇表。

吴泽霖编《威宁大花苗语字汇》由贵州贵阳大夏大学社会研究部刊行。

胡吉宣著《字监》由商务印书馆刊行。

陆衣言编《中华国语大辞典》由中华书局刊行。

《吴音辣体字典》由上海土山湾天主堂刊行。

储菊人编辑《国音小学生字典》由上海求文书店刊行。

鲍叔良编《标准国音字典》由上海广益书局刊行。

按:此书有注音符号、罗马字拼音、反切三种注音。供学生和普通识字者用。书前有检部表。

朱公振编著《模范国文》(中学活用课本)由上海世界书局刊行。

朱公振编著《基本国语》(中学活用课本)由上海世界书局刊行。

中央组织部编《蒙古语文研究专刊》(第 1—3 集合刊)由编者刊行。

胡曼曼编《论语》由上海珠林书店刊行。

乔砚农著《基本国语》由香港华侨国语教育社刊行。

傅东华著《国文讲话概说辑》由商务印书馆刊行。

赵锡纯著《学生作文入门》由吉林长春博文印书馆刊行。

魏应麒编《中学师范国文作文教学法》(师范小丛书)由商务印书馆刊行。

张四维编辑《作文百法实例》(下册)由奉天正大书局刊行。

张厚植、宋念慈编《公文作法讲话》由正中书局刊行。

李尚文编著《作文七七法》由上海世界书局刊行。

钱一鸣编著《(高级)模范作文》由上海天下书店刊行。

丹尼编《抗战模范作文》(国语科补充课本)由重庆上海书店刊行。

钱家驹编著,储苏民校订《日记与作文》(下编)由上海元新书局刊行。

裴小楚著《习作的方法》由上海世界书局刊行。

叶舟著《现代妇女书信》由重庆光明书局刊行。

李公耳著《(言文对照、各体咸备)新妇女书信》由上海春明书店刊行。

黄朗轩编著《(白话句解)女子书信文库》由上海沈鹤记书局刊行。

董浩编著《标准军人函牍》由广西桂林万有书局刊行。

中华书局辑注《(详注)中华普通学生尺牍》由云南昆明中华书局刊行。

中华书局辑注《(详注)中华高等学生尺牍》由云南昆明中华书局刊行。

王亚农编著《一问三答尺牍》由广西桂林三民出版社刊行。

弢汉编《分类尺牍大全》(上下册)由上海智新书局刊行。

孙虚生著《贺年新尺牍》由安东诚文信书局刊行。

金湛庐著《新体尺牍》由云南昆明中华书局刊行。

张传文、王应瑞编《标准公文程式汇编》由重庆上海书店刊行。

郭景新编《公文程式》由江西省地方政治讲习院刊行。

柴绍武编《战时应用文件》(抗战建国丛书)由绍兴抗战建国社刊行。

董浩编著《军用公文程式》由上海春明书店刊行。

朱翊新编著《(分类实例)酬世大典》由上海启明书局刊行。

李紫函编著《日用酬世大观》由吉林长春益智书店刊行。

方秩音编《最新酬世文件》由上海大方书局刊行。

徐士铜著《青年说话与演讲》由上海国光书店刊行。

文化供应社编《新对联》由广西桂林文化供应社刊行。

中国佛教学院编,董一是对勘《西藏语读本》由编者刊行。

赵景深编《文言初步》(第1—4册)由上海北新书局刊行。

辅仁大学语文学会编《辅仁大学语文学会讲演集》(第1辑)由北平辅仁大学刊行。

谭正璧编《中学国文补修读本》(1—4册)由商务印书馆刊行。

王昌祉、杨晋雄编《语体文选集》(1—6册)由上海土山湾印书馆刊行。

唐亚伟著《亚伟速记学高级讲义》由上海亚伟图书出版社刊行。

谭仪父编《(边民学校)边民教育读本》由四川省政府教育厅刊行。

蔡丐因主编《启明辞林》由上海启明书局刊行。

潘文安编著《金融工业应用文》(职业学校教科书)由上海商务印书馆刊行。

蒋祖怡著《文章病院》由上海海天书店刊行。

刘铁冷辑选《论海》(上中下册)由上海中原书局刊行。

刘士麟编《古文奇赏》由上海中央书局刊行。

胡云翼编《唐文选》(高中国文名著选读)由中华书局刊行。

胡云翼编《唐宋词选》(高中国文名著选读)由云南昆明中华书局刊行。

胡云翼编《唐诗选》(高中国文名著选读)由云南昆明中华书局刊行。

胡云翼编《明清诗选》(高中国文名著选读)由云南昆明中华书局刊行。

胡云翼编《历代文评选》(高中国文名著选读)由上海中华书局刊行。

胡云翼编《古诗选》(高中国文名著选读)由云南昆明中华书局刊行。

余雪曼选注《(详注)中学民族文选》由重庆正中书局刊行。

世界书局编辑所编辑《(言文对照)古文评注全集》由上海世界书局刊行。

申报新闻函授学校选编《报文选读》(申报新闻函授学校讲义17)由选编者刊行。

胡颜立编《(中心学校、国民学校)国语科教材及教学法》(国民教育辅导丛刊5)由四川成都四川省政府刊行。

孟起著《怎样讲演》由重庆生活书店刊行。

裴小楚著《说话的艺术》由上海世界书局刊行。

黄嘉德编《翻译论集》由上海西风社刊行。

按：此书分翻译通论、论译名、论译诗、翻译的历史4辑。收严几道、林语堂、胡适、周作人、傅斯年等22人的有关翻译的论文24篇。

张骏岳著《基本日语读本》由上海三通书局刊行。

丁卓编注《中日会话集》由上海三通书局刊行。

贺青编著《俄文读本》（第1册）由广西桂林新知书店刊行。

顾用中编著《俄文会话教程》由上海世界书局刊行。

周越然编著《英字切音》由商务印书馆刊行。

钟子岩编著《英文句式详解》由上海开明书店刊行。

任仓盦编《英语标点法》由上海启明书局刊行。

张天翼著《移行》（汉英对照文学小丛书）由无名出版社刊行。

詹文浒、余留光编《小学活用英语读本指导书》（1—8册）由上海世界书局刊行。

英语周刊社编《瀛海奇谈》（英语文库）由商务印书馆刊行。

英语周刊社编《英字发音法》（英语文库）由商务印书馆刊行。

英语周刊社编《英文造句》（英语文库）由商务印书馆刊行。

英语周刊社编《英文修饰法》（英语文库）由商务印书馆刊行。

英语周刊社编《英文日记作法》（英语文库）由商务印书馆刊行。

英语周刊社编《西洋文学选录》（英语文库）由商务印书馆刊行。

英语周刊社编《文学家事略》（英语文库）由商务印书馆刊行。

英语周刊社编《史乘节录》（英语文库）（上下册）由商务印书馆刊行。

英语周刊社编《近代戏剧选》（1—4册）（英语文库）由商务印书馆刊行。

英语周刊社编《霍桑氏祖父的椅子》（英语文库）（上下册）由商务印书馆刊行。

英语周刊社编《短篇故事》（英语文库）由商务印书馆刊行。

英语周刊社编《初级英语作文》（英语文库）由商务印书馆刊行。

英语周刊社编《（英汉对照）短篇小说》（英语文库）由商务印书馆刊行。

徐仲年著《法文动词论》（中法文化丛书）由商务印书馆刊行。

徐纪平编《英语会话学习法及实例》由上海启明书局刊行。

谢冰莹著，林如斯、林无双英译《（汉英对照）女叛徒》由民光书局刊行。

世界语函授学社编《世界语初级文法》由重庆世界语函授学校刊行。

世界语函授学社编《（讲义）世界语战时读本》由编者刊行。

么文荃编著《华英成语格言合璧二千句》（若兰著述3）由北京盛兰学社刊行。

唐庆怡编《（大学教本）近代英文名著选》由云南昆明中华书局刊行。

鲁迅原著《药》（汉英对照文学小丛书）由上海无名出版社刊行。

刘君霭著《英语语源常识》由云南昆明中华书局刊行。

凌廷堡编著《英语语法研究》由上海竞文书局刊行。

郭寿华主编《中英注释缅甸语》由西南运输公司仰光分处刊行。

朱星元编述《文学理论总编》由天津大东书局刊行。

按:是书分文学通论、文学分论、文艺批评论、文艺创作论、文艺思潮论、文学史论、中国文学论战之检讨 7 部分。

田仲济著《新型文艺教程》由重庆华中图书公司刊行。

南线文化丛刊社刊编《民主与文艺》由香港海燕文艺丛刊社刊行。

杜蘅之著《诗的本质》由长沙商务印书馆刊行。

朱东润著《读诗四论》由长沙商务印书馆刊行。

蔡元培等著《中国新文学大系导论集》由上海良友复兴图书印刷公司刊行。

按:《中国新文学大系导论集》乃集中赵家璧主编《中国新文学大系(1917—1927)》(10 卷)中所载各篇"导论"而成,上海良友复兴图书印刷公司印行,1940 年 8 月付排,10 月初版。由于书中所收各篇"导论"的作者,既是部分新文学作品的创作者,也是对新文学的发展有突出贡献的参与者,这部《导论集》可以称作是中国现代史上第一部详尽介绍新文学发展状况的著作。曹聚仁在谈及《中国新文学大系》(1917—1927)"编选人的导言(或序例)"时说:"这便是最好的那一部门的评价,假使把这几篇文学汇刊起来,也可以说是现代中国新文学的最好的综合史。"又说:"郑振铎的《文学论争集导言》是一篇极好的现代新文学小史。"《导论集》对中国现代文学史写作的影响极其深远,约略体现在三个方面:一是以进化论为理论支撑,确立新文学在中国文学发展中的历史地位;二是确立了新文学史写作的三大板块,即文学理论、文学运动、文学作品;三是在内容上基本确定了对重要文艺论争、文学社团流派、作家及其代表作的介绍评价标准。(参见付祥喜《20 世纪前期中国文学史写作编年研究》,北京师范大学出版社 2013 年版)

深渊著《我对中国现时文艺工作的意见》由著者刊于成都。

史美钧著《怎样习作文艺》由上海中国图书编译馆刊行。

重实编《我们怎样写作》由上海言行社刊行。

林焕平著《活的文学》由香港海燕出版社刊行。

李辰冬著《文学与青年》由重庆中国文化服务社刊行。

陈易园编《中国民族文学讲话》由福州中国文化建设协会福建省分会刊行。

赵景深著《民族文学小史》由上海世界书局刊行。

梁乙真著《民族英雄诗话》(上下卷)由重庆黄埔出版社刊行。

吴烈著《中国韵文演变史》由上海世界书局刊行。

陈适著《离骚研究》由湖南长沙商务印书馆刊行。

罗庸、叶玉华著《唐人打令考》由云南昆明北京大学刊行。

李长之著《道教徒的诗人李白及其痛苦》由湖南长沙商务印书馆刊行。

易君左著《杜甫今论》由重庆独立出版社刊行。

沈瘦东著《瓶粟斋诗话》由上海个人刊行。

姚灵犀等著《瓶外卮言》由天津书局刊行。

李崇元《清代古文述传》由长沙商务印书馆刊行,张寿镛作序。

梁堃著《桐城文派论》由长沙商务印书馆刊行。

王国维著,徐调孚校注《校注人间词话》由上海开明书店刊行。

按:邹振环《清末的东文教学与亚洲观念——王国维、樊炳清与上海东文学社及其刊刻的〈东阳史要〉》说:"王国维曾请樊炳清替自己的词集作序,由此又引起了学术史上争论百年的一桩公案,即《人间词序》的作者究竟是樊志厚(即樊炳清)还是王国维假托名于'山阴樊志厚'。或认为,'假名'有之,'实名'亦有之,即《人间词甲稿序》为王国维所作,假名于樊炳清,《人间词乙稿序》则系樊炳清所作,该序对后来王国维的名作《人间词话》多有启发。笔者在此特别指出,王国维与樊炳清之间不仅在人际关系上,而且在学术关系上都有一种特殊的亲密关系,而长期以来在有关王国维的资料整理中完全无视樊炳清,如果不理清两人之间的关系,不仅《教育世界》等刊物中的部分未署名文章无法考证清楚,而且会影响王国维著述的整理,同样也会影响王国维思想研究的深度。"(上海市档案馆编《上海档案史料研究》第 10 辑,上海三联书店 2011 年版)

柳亚之著《南社纪略》由中华书局刊行。

卢冀野著《民族诗歌论集》由重庆国民图书出版社刊行。

瞿秋白著《街头集》由上海霞社刊行。

巴人(原题王任叔)著《文学读本》由上海珠林书店刊行。

巴人(原题王任叔)著《文学读本续编》由上海珠林书店刊行。

郁达夫等著《回忆鲁迅及其他》由上海宇宙风社刊行。

按:是书收录郁达夫的《回忆鲁迅》以及知堂的《钱玄同先生纪念》、毕树棠的《忆王静安先生》、赵景深的《吴梅先生》、钱歌川的《纪念王礼锡》等 5 篇文章。

冯雪峰(原题雪峰)著《鲁迅论及其他》由广西桂林充实社刊行。

茅盾、楼适夷(原题适夷)编《论鲁迅》由重庆生活书店刊行。

巴人著《论鲁迅的杂文》由上海远东书店刊行。

老舍著《老牛破车(创作的经验)》由上海人间书屋刊行。

张若谷著《十五年写作经验》由上海谷峰出版社刊行。

卢冀野(原题卢前)著《读曲小识》由商务印书馆刊行。

胡葵荪著《歌剧概论》由商务印书馆刊行。

刘念渠著《抗战剧本批评集》由湖北汉口华中图书公司刊行。

胡绍轩著《战时戏剧论》由重庆独立出版社刊行。

唐绍华编《一百种抗战剧本说明》由重新正中书局刊行。

田禽著,史枚修订《怎样写剧》由重庆生活书店刊行。

陈白尘著《戏剧创作讲话》由上海杂志公司刊行。

刘念渠著《战时旧型戏剧论》由重庆独立出版社刊行。

瞿史公著《剧坛外史》由上海国风书店刊行。

周楞伽等著《空谷歌声》由知行书局刊行。

张叶舟著《报告文学写作的技巧》由上海东南出版社刊行。

周钢鸣著《报告文学写作法》由重庆生活书店刊行。

楚风编辑部编《文坛的风波》由湖北汉口大楚报社刊行社刊行。

黄峰著《世界革命文艺论》由上海文学新潮社刊行。

高博林著《圣经与文学研究》由长沙商务印书馆刊行。

谢六逸著《日本之文学》(上中下册)由长沙商务印书馆刊行。

向培良著《艺术通论》由长沙商务印书馆刊行,有作者自序。

按:是书分本质、假象、内容、形式、材料、探源、创作、鉴赏、思潮、效果等 10 章。

陈佛之、陈影梅编《西洋绘画史》由长沙商务印书馆刊行,有丰子恺的序。

徐蔚南编《中国美术工艺》由云南昆明中华书局刊行,有编者自序和跋。

按:是书概述玉器、瓷器、宜兴茶壶、景泰蓝、剔红、刺绣、地毯、竹刻等美术工艺。

萧剑青著《工商美术》由上海世界书局刊行,有著者序。

汪济远编《师范美术》(上册)由中华书局刊行。

梅花馆主人绘《梅花馆画谱大全》由上海鸿文书局刊行。

章育青编绘《学画门径》由上海中央书店刊行。

王季铨、[德]孔达编《明清画家印鉴》由长沙商务印书馆刊行，有叶遐庵等人的序。

广西省立艺术馆美术部编《战时美术论丛》由编者刊行。

广西省立艺术馆美术部编选《战时描集》（第1辑）由编者刊行，编者序。

丰子恺绘画《续护生画集》由上海佛学书局刊行，有夏丏尊的序及李圆晋的跋。

王云阶著，江敉作画《国防音乐》由广西桂林时代书店刊行。

成都市民教馆编《抗战漫画歌谣集》由四川成都市民教馆刊行。

刘美丽编《贴花与编织图案》由上海广学会刊行。

浙江省动员委员会战时教育文化事业委员会老百姓社编《老百姓画集之二》由浙江省战时教育文化事业委员会书刊发行部刊行。

吴氏梅影书屋藏版《梅影书屋画集》（吴湖帆、潘静淑画册第1辑）由上海梅影书屋出版社刊行。

吴湖帆辑《绿遍池塘草图咏》由上海梅影书屋出版刊行，有吴湖帆的序。

陆田作《战地》由江西吉安战地文化社刊行，有胡雨林的序。

陈尔康编绘《抗战画范》由重庆正中书局刊行，有作者自序。

陈尔康编绘《抗战漫画集》由浙江省手工业指导所印刷厂刊行。

鸿文书局编《古今名人画稿》由上海鸿文书局刊行，有天南遁叟的序。

俞剑华著《国画研究》由长沙商务印书馆刊行。

按：是书分价值之研究、画史之研究、画理之研究、写生之研究、书籍之研究等5章。

珂田著《小毛》由著者刊行。

陈松平作《儿童教育漫画》由杭州正中书局刊行。

《巴城现代中国名画展览筹赈大会特刊》刊行，有葛祖燨、丘元荣的序。

《又铭画展评集》由航空建设协会刊行。

赵望云主编《抗战画选集》由重庆华中图书公司刊行，有赵望云的序。

鲁迅辑《苏联版画集》由上海良友复兴图书印刷公司刊行，有鲁迅的序。

梁永泰作《血的收获》（良口战役木刻画集）由香港新艺社刊行，有叶灵凤、钟敬文的序。

廖冰兄作，陈仲纲刻《抗战必胜连环画》由广西桂林文化供应社刊行。

梁中铭作《抗战画集》由作者刊行，有盛特伟的序。

黄尧编《亚洲在漫画中》（1）由编者刊行，有编者序。

黄尧编《欧洲在漫画中》（1）由编者刊行，有编者序。

蒋彝著《参观英国战事画家作品展览会记》刊行。

新民会中央总会主办《第二回兴亚美术展览会要纲》由编者刊行。

野夫著《怎样研究木刻》由浙江丽水会文图书社刊行。

按：是书有陈仲明的前言及著者的代序《鲁迅先生所留给我们的遗言》。内容包括木刻在抗战时期的重要性、中国新兴木刻艺术发展的概况、版画概说、木刻概说、木刻的用具及材料、拓印、木刻制作的几个基本条件等。

傅抱石编著《木刻的技法》由长沙商务印书馆刊行，有编著者序。

陈烟桥著《烟桥木刻选》由重庆烽火社刊行。

酆中铁著《学习木刻入门》由重庆中国木刻供应社刊行。

李桦著《木刻教程》由广西桂林中华全国木刻界抗敌协会刊行。

按：是书讲述木面、木口、套色的木刻制作法，绘画的修养等。

中华全国木刻界抗敌协会湖南分会编《抗战木刻选集》（"七七"三周年纪念木刻流动展览会纪念画集）由湖南长沙文地书局刊行。

《战鼓》（鲁迅纪念木刻展专号）由浙江青田战时木刻研究社研究组刊行。

《铁骑》由浙江丽水战时木刻研究社刊行。

区剑星著，黄子君刻《丈夫去当兵》由重庆青年书店刊行。

按：是书为中国社会问题研究会战时图书丛刊之一。

伍秉乾著《王家庄》（通俗连环木刻）由陕西西安中国文化服务社陕西分社刊行。

丁文隽著《书法精论》（上下册）由著者刊行，有张朝墉等人的序。

黄友棣著《音乐宣传技术》由广东曲江新建设出版社刊行。

黄涵秋、曹冠群合编《口琴入门》由上海开明书店刊行，有丰子恺的序及黄涵秋的序。

鲍明珊著《标准口琴学大全》由上海国光书店刊行。

陈剑晨著《口琴修理法》由上海口琴会出版部刊行，有作者自序。

黄嘉德、黄嘉音编《如此人生》由上海西风社刊行，有编者序。

褚保延编辑《（现代流行）电影新歌五百首》由上海国光书店刊行。

萧剑青编述《粤乐精华》由上海国光书店刊行。

蓝美瑞、陈哲文编《古歌七曲》刊行，有陈哲文的序。

罗耀国、周希南编《儿童歌声》由浙江浙东书局刊行。

冼星海作《反攻》（星海歌曲集）由重庆读书生活出版社刊行。

冼星海作曲，光未然作词《黄河》（新型大合唱）由重庆生活书店刊行，有光未然的序。

银花出版社、文氏音乐社编辑《歌曲精华银花集合刊》第6期由银花图书出版公司刊行。

江西省推行音乐教育委员会编《音教抗战曲集》由编者刊行。

江凌作词，雪厂制谱，雪厂、叶琼等编剧《流亡三部曲·流亡曲》由重庆生活书店刊行。

孙慎编《战地新歌》由广西桂林南方出版社刊行。

好友广播电台编《好友歌曲专刊》由上海好友广播电台刊行。

劫夫、史轮、敏夫等著《战地歌声》第2集由广西桂林生活书店刊行，有史轮的序。

舒模编著《抗敌歌集》由编者刊行。

时敏编《胜利新歌》由重庆中国自强学社刊行。

朱宗敬编《前线歌选》由江西上饶战地图书出版社刊行。

《今日新歌》第2期（三笑歌曲十二支）由上海国光书店刊行。

二二五童子军书报用品社编《救亡歌曲》由编者刊行。

王望云制谱《（后部）薛平贵与王宝钏》由天津华新书局刊行。

邹伯宗、胡今虚、陈沙蒂编《民族歌声》初集由浙江丽水会文图书社刊行。

张定和等主编《抗战歌曲新集》（第2辑）由重庆教育部第二社会教育工作团刊行。

陶今也译《蒙古歌曲集》由陕西西安新中国文化出版社刊行。

理仁、樊祖鼎、洪焕椿作《前哨》刊行，有野夫的序。

金吉云编，黄权校订《魔术秘传》由上海中央书店刊行。

周彦著《下乡演剧的实践》由重庆独立出版社刊行。

顾一樵编剧，梁实秋作歌，应尚能作曲《荆轲插曲》由个人刊行。

顾仲彝等著，舒湮编《演剧艺术讲话》由上海光明书局刊行，有舒湮的序。

国立戏剧学校主编《战时戏剧讲座》由重庆正中书局刊行。

按：是书为国立戏剧专科学校战时戏剧丛书之一。

王乃光著《戏剧表演基础》由广东梅县教育部第二巡回戏剧教育队刊行。

国联大戏院编《国联大戏院开幕纪念刊》由编者刊行。

怡社剧艺组主编《（全部）贩马记》（仙霓曲谱）由上海怡社刊行组刊行。

刘菊禅著《全部红鬃烈马》由上海戏报社刊行。

叶明勋执笔《二年来的协大抗建剧团》由福建邵武协和大学学生自治会刊行。

田禽著《战时戏剧演出论》由重庆独立出版社刊行。

中国教育电影协会编《国产影片调查》（第 3 辑）由编者刊行。

华纳影片公司、捷发印务有限公司编《（华纳）再生缘特刊》（中英对照影讯剧本）由上海华纳影片公司刊行。

朱楠秋编辑《貂蝉》（最新电影新歌名选）由奉天东方书店刊行。

上海歌剧社编《电影新歌集》由上海国光书店刊行。

星光歌舞研究社编《电影新歌曲》（1940 年增订本）由编者刊行。

在华日本人民反战同盟西南支部编《公演三兄弟纪念特刊》由编者刊行。

蔡任尹著《有声电影》由长沙商务印书馆刊行，有著者自序。

胡秋原著，祖国社编《历史哲学概论》（世界史略第 1 分册序篇）由重庆时代日报印刷所刊行。

按：是书分历史之概念与范围、历史学、史学之辅助科学、历史哲学之主要流派及批评、社会机能与社会发展、总论史学之功能等 6 部分。

蔡尚思著《中国历史新研究法》由云南昆明中华书局刊行。

按：是书从作者所著《中国思想研究法》一书中抽出与历史有关章节，编为此书。作者试图用马克思主义的历史观研究历史。全书分 12 章：历史的关系一切、史实的成分与中国历史的特色、中国史书的分类、科学的新史观、归纳比较两种鉴别方法、作史的条件、读史的要诀、历史的创造等。每章后均有附录一篇。书尾有附录 3 篇：《顾颉刚先生来书及中国思想研究法序》《中国历史用书选要》《对于中国通史与历史学系科目表草案之意见（上教育部书）》。

钱穆著《国史大纲》（上下册）由重庆商务印书馆刊行。

按：此书为极富有创新意义的中国通史经典名著，全书共八编：第一编 上古三代之部：第一章 中原华夏文化之发祥 中国史之开始虞夏时代；第二章 黄河下游之新王朝 殷商时代；第三章 封建帝国之创兴 西周兴亡。第二编 春秋战国之部：第四章 霸政时期 春秋始末；第五章 军国战争之新局面 战国始末；第六章 民间自由学术之兴起 先秦诸子。第三编 秦汉之部：第七章 大一统政府之创建 秦代兴亡及汉室初起；第八章 统一政府文治之演进 由汉武帝到王莽；第九章 统一政府之堕落 东汉兴亡；第十章 士族之新地位 东汉门第之兴起；第十一章 统一政府之对外 秦汉国力与对外形势。第四编 魏晋南北朝之部：第十二章 长期分裂之开始 三国时代；第十三章 统一政府之回光返照 西晋兴亡；第十四章 长江流域之新园地 东晋南渡；第十五章 北方之长期纷乱 五胡十六国；第十六章 南方王朝之消沉 南朝宋齐梁陈；第十七章 北方政权之新生命 北朝；第十八章 变相的封建势力 魏晋南北朝之门第；第十九章 变相的封建势力下之社会形态(上) 在西晋及南朝;第二十章 变相的封建势力下之社会形态(下) 在五胡及北朝;第二十一章 宗教思想之弥漫 上古至南北朝之宗教思想。第五编 隋唐五代之部:第二十二章 统一盛运之再临;第二十三章 新的统一盛运下之政治机构;第二十四章 新的统一盛运下之社会情态;第二十五章 盛运中之衰象(上);第二十六章 盛运中之衰象(下);第二十七章 新的统一盛运之下之对外姿态;第二十八章 大时代之没落;第二十九章 大时代之没落(续);第三十章 黑暗时代之大动摇。第六编 两宋之部:第三十一章 贫弱的新中央北宋初期;第三十二章 士大夫的自觉与政治革新运动 庆历熙宁之变法;第三十三章 新旧党争与南北人才 元佑以下;第三十四章 南北再分裂 宋辽金之和战。第七编 元明之部:第三十五章 暴风雨之来临 蒙古入主;第三十六章 传统政治复兴下之君主独裁(上) 明代兴亡;第三十七章 传统政治复兴下之君主独裁(下);第三十八章 南北经济文化之转移(上) 自唐至明之社会;第三十九章 南北经济文化之转移(中);第四十章 南北经济文化之转移(下);第四十一章 社会自由讲学之再兴起 宋元明三代之学术。第八编 清代之部:第四十二章 狭义的部族政权之再建(上) 清代入主;第四十三章 狭义的部族政权之再建(下);第四十四章 狭义的部族政权下之士气 清代乾嘉以前之学术;第四十五章 狭义的部族政治下之民变 清中叶以下之变乱;第四十六章 除旧与开新。作者开创了编纂通史的一种新体例,即政治制度、学术思想与社会经济的三位一体。社会经济为最下层的基础,政治制度为其最上层的结构,而学术思想则为其中层的干柱。在具体阐述时,能通览全史,重点抓住各个历史时期突出的变化并在客观中求实证,在通变中观动态。所以此书一经出版,即以其独特的见解、细致的考证与精彩的叙述而风行全国,并被列为中华民国国民政府教育部大学用书,成为在民族危亡时期用以唤醒国魂、御敌救国的佳作,在知识分子与青年学子中起到了积极的民族文化凝聚作用,同时也奠定了钱穆史学大家的地位。

吕思勉著《中国通史》(上下册)由上海开明书店刊行。

陈恭禄著《中国史》(第1—2册)由长沙商务印书馆刊行。

岑家梧著《史前史概论》由商务印书馆刊行。

按:是书分人类之起源及洪积湖期人类、旧石器时代、新石器时代、青铜器时代及铁器时代等9章,论述有文字记录之前的人类史。

张健甫著《中国近百年史教程》由香港文化供应社、桂林文化供应社刊行。

按:是书共10讲,分述鸦片战争、太平天国、藩属丧失、中日战争前因后果、戊戌变法、辛亥革命、五四运动、改组国民党与北伐、"九一八"到"七七"抗战爆发。

郭廷以编《近代中国史》(第1—2册)由长沙商务印书馆刊行。

按:是书共2册。内容为中外关系史。所定分期年代为16世纪至19世纪40年代鸦片战争后,与在欧美学者中流行的中国近代史分期相同。本书对鸦片战争记述较详。著者在长篇引论中称,多处采用了罗家伦的观点。是近代中西关系史研究的一部名著。

平心著《中国现代史初编》由香港国泰出版公司刊行。

华岗著《中国民族解放运动史》(第1—2卷)由鸡鸣书店、胶东新华书、大连大众书店、上海读书出版社、东北新华书店辽东分店刊行。

刘雪谷著《五四运动史》由重庆青年出版社刊行。

朱谦之等著《五四运动之史的考察》由湖南蓝田公益印刷公司刊行。

许闻天著《中国工人运动史初稿》由中央社会部刊行。

三户图书局编《国民军革命史初稿》(上下册)由广西桂林三户图书社刊行。

高越天著《抗战史话》(第1辑)由重庆独立出版社刊行。

陈梦家著《商王名号考》由北平燕京大学哈佛燕京学社刊行。

杨明照编《五霸考》刊行。

王伯祥注《左传读本》由上海开明书店刊行。

方孝岳著《春秋三传学》由长沙商务印书馆刊行。

劳幹著《礼经制度与汉代宫室》由云南昆明西南联大刊行。

谭侃著《二十五史历代甲子统计考正》刊行。

王婆楞著《历代征倭文献考》由重庆正中书局刊行。

孟锦华著《明代两浙倭寇》由浙江金华国民出版社刊行。

李季辑录，中国历史研究社编《扬州十日记》由上海神州国光社刊行。

简易从编《避难日记》由上海国民书店刊行。

福建私立光复中学编《福建辛亥光复史料》由福建连城建国出版社刊行。

何慧青著《杜文秀建国十八年之始末》由云南昆明中国回教救国协会云南省分会刊行。

梁启超著《云南起义纪念》由上海世界书局刊行。

中日战争史料征辑会编《中日战争史料征辑会集刊》由云南昆明编者刊行。

军委会政治部编《抗战三年》由编者刊行。

扫荡报编辑部编《抗战三年》由广西桂林编者刊行。

第三战区司令长官司令部编《光辉胜利的三年》由编者刊行。

于毅夫著《九年来东北人民英勇奋斗的总结》刊行。

张友渔著《抗战形势论》由重庆民族革命出版社刊行。

中国国民党山西省党部编《抗战建国三周年七七纪特刊》由编者刊行。

国民党中央执行委员会宣传部编《抗战三年要览》由编者刊行。

赵新言著《倭寇对东北的新闻侵略》由东北问题研究社刊行。

张煌著《沦陷三年来的华北》由上海新人出版社刊行。

乔履汤编著，刘倬云校订《抗战三周年敌伪铁蹄蹂躏下之绥远现状记》由文华斋刊行。

萧然编《沦陷了的几个城市》由绍兴抗战建国社刊行。

秦光银著《日本铁蹄下的台湾》由四川成都新新新闻报馆文化服务部刊行。

卢文迪著《二十九年之浙西敌情》由浙西民族文化馆刊行。

陆军第六十九军政治部编《抗战中的逆流》由编者刊行。

蒋介石著《蒋委员长为日汪密约告全国军民书》由中央训练团刊行。

国民党浙江省党部编《总裁痛斥汪逆言论集》由正中书局刊行。

凌遇选编《蒋委员长斥敌汪灭华阴谋》由重庆青年出版社刊行。

中国国民党安徽省执行委员会编《总裁严斥敌汪协定》由编者刊行。

余姚县动员委员会抗战出版社编《汪逆卖国密约》由浙江余姚县动员委员会抗战出版社刊行。

陶希圣著《汪记舞台内幕》由江西上饶战地图书出版社刊行。

第二战区司令长官司令部政治部编《汪逆卖国丑史》由黄河书店刊行。

新赣南月刊社编《敌汪密约真相》（新赣南2月号附研）由新赣南月刊社刊行。

《汪精卫卖国密约》由陕西西安新中国文化出版社刊行。

郭民编《汪日秘密协定》由香港申萱出版社刊行。

萧然编《汪逆精卫卖国密约》由绍兴抗战建国社刊行。

张南轩编《汪逆伪组织的真面目》由九龙时先出版社刊行。

李粹和编述《浙西敌伪活动之纵横面》由浙西民族文化馆刊行。

国民革命军第十八集团军政治部编《摩擦从何而来》由编者刊行。

抗敌社编《苏北问题真相》由编者刊行。

吴泽霖、陈国钧编《炉山黑苗的生活》由贵州贵阳大夏大学社会开究部刊行。

黎锦熙著《方志今议》由长沙商务印书馆刊行。

邬庆时著《方志序例》由上海商务印书馆刊行。

谢嗣农等编《柳城县志》由柳城县参议会刊行。

柳定生著《四川历史》由江苏南京钟山书局、贵州遵义国立浙江大学刊行。

张伊林著《世界民族复兴史》由广西桂林青年书店刊行。

周蜀灵著《现代民族复兴史》由重庆黄埔出版社刊行。

慎之著《近东民族奋斗史》上海世界书局刊行。

刘同缜著《第二次世界大战的种子》由中国国际关系学会刊行。

中央陆军军官学校编《第二次世界大战之研究》由编者刊行。

按：是书分战争的原因、第一次世界大战的回溯、国际的利害与是非、国际政治的趋势、武装和平的形态、列强在远东的角逐、世界政治的改造等 12 部分。

邓文仪著《第二次世界大战之研究》由重庆黄埔出版社刊行。

刘同缜著《第二次世界大战的种子》中国国际关系学会刊行。

周康靖编《二次世界大战史料（第一年）》由重庆大时代书局刊行。

浦乃钧编《二次欧战鸟瞰》由重庆独立出版社刊行。

郭我力编《二次大战真讯集》由上海中国图书编译馆刊行。

世界知识社编辑《各国作家论欧洲第二次大战》由上海生活书店刊行。

万水编《第二次欧战第一年》由福建连城建国出版社刊行。

张忠绂著《德意日三国同盟》由重庆国民图书出版社刊行。

张忠绂等著《德意日军事同盟》由上饶战地图书出版社刊行。

张志让著《欧战论》由广西桂林文化供应社刊行。

罗鸿诏著《欧战论》由广东新建设出版社刊行。

魏中雄编《欧战与远东》由重庆独立出版社刊行。

杨承芳著《从北欧打到西欧》由广西桂林文化供应社刊行。

关梦觉著《地中海危机论》由重庆时与潮社刊行。

继襄编《现阶段的日本南侵政策》由浙江金华国民出版社刊行。

林英编《各国首都战时风景线》由上海言行社刊行。

杨荣国著《西洋现代史常识》由广西桂林石火出版社刊行。

王芃生著《日本研究法》由四川成都建国出版社刊行。

郑学稼著《日本明治维新史纲》（上下篇）由陕西西安新中国文化出版社刊行。

陈堃著《新伊朗》由上海世界书局刊行。

慎之著《土耳其复兴史》由上海世界书局刊行。

陈廷璠著《俄国史》（上册）由长沙商务印书馆刊行。

公直著《苏联建国史》由上海世界书局刊行。

原景言辑《苏芬战争史料》由重庆独立出版社刊行。

圣辅著《德国复兴史》由上海世界书局刊行。

李建芳著《美国独立战争与南北统一》由陕西西安新中国文化出版社刊行。

无名氏编《中国历史上的民族英雄》(上下卷)由重庆商务印书馆刊行。

奔流主编《历代民族英雄故事》由上海青城书店刊行。

张悠悠等著《民族英雄》由湖南省教育厅刊行。

严济宽编著《中国民族女英雄传记》由重庆商务印书馆刊行。

按：唐兰序说："严君伯乔曾任赣榆县长，有政绩，顷任教于国立同济大学，暇时编《中国民族女英雄传记》二卷，将付印，属余为之序。余读其书，以女子之有谋勇，知大义，能抗外患者，始冯嫽，迄秋瑾，约三十余人为内编，其厪以武烈著者为外编，附于后，盖其意在发扬民族之精神，非苟焉而作者。……读此书者，缅怀前烈，其亦有攘臂而起者乎？民国二十八年十二月四日同学弟秀水唐兰谨序。"

国民政府教育部编《不成功便成仁》(十大忠烈事略)由中国国民党江西省党部刊行。

杨复礼编辑《孔子年谱稿》由开封新河南日报社刊行。

唐文治、茹经著，王蘧常、周麟瑞编《越勾践志》出版。

彭子仪编著《西施》由上海亚星书店刊行。

彭子仪编著《苏武》由上海亚星书店刊行。

彭子仪编著《王昭君》由上海亚星书店刊行。

陈之文编《陶渊明》由上海三通书局刊行。

朱杰勤著《王羲之评传》由长沙商务印书馆刊行。

按：是书分"引言""少年时代""出处大端""会稽荒政""兰亭修禊""誓墓文成""隐居养真""传业有人""书学研究""结论"等章来介绍王羲之的生平事略。

吴丕绩著《鲍照年谱》由重庆商务印书馆刊行。

苏公望著《真谛三藏年谱》由北平佛学书局刊行。

何格恩著《张曲江诗文事迹编年考》由中国文化协进会刊行。

谢无量著《李白》由上海三通书局刊行。

朱偰著《杜少陵评传》由重庆青年书店刊行。

隋树森编《张巡》由商务印书馆刊行。

罗香林著《颜师古年谱》由税商务印书馆刊行。

颜虚心著《陈龙川年谱》由长沙商务印书馆刊行。

傅抱石著《文天祥年述》由重庆青年书店刊行。

哈佛燕京学社引得编纂处编《辽金元传记三十种综合引得》由编者刊行。

方觉慧著《明太祖革命武功记》由国学书局刊行。

滕山著《张居正年谱》由重庆青年书店刊行。

吴汝柏著《民族英雄袁崇焕传》由广西省政府编译委员会刊行。

杨德恩著《史可法年谱》由长沙商务印书馆刊行。

李健儿著《刘永福传》由重庆商务印书馆刊行。

郑慧贞著《秦良玉》由上海大方书店刊行。

朱杰勤著《龚定庵研究》由长沙商务印书馆刊行。

惕斋抄录，军事委员会政治部编《胡文忠公语录》由编者刊行。

都建华著，都履和补辑《桐城派文人传略》由补辑者刊行。

徐徵辑《俞曲园先生年谱》由江苏省立苏州图书馆刊行。

重卿著《民族英雄唐景崧传》由广西省政府编译委员会刊行。

武德报社编《吴佩孚》由北京武德报社刊行。

拓荒著《吴佩孚将军》由上海明社刊行。

徐澄编《余杭先生语录》由江苏省立苏州图书馆刊行。

国民出版社编辑《英雄张自忠将军》由金华国民出版社刊行。

林肇莽编述《我们的国父》由福建省政府教育厅刊行。

中国国民党中央执行委员会宣传部编《国父孙先生年谱》由编者刊行。

民团周刊社编《总理年谱》由编者刊行。

曹云鹏编著《总理与总裁》由浙江省战时教育文化事业委员会书刊发行部刊行。

福建新闻社编《丘志宣先生被汉奸丘思庚等暗杀前后》由漳州编者刊行。

正论出版社编《国人皆曰——汪精卫卖国》第 6 辑由重庆编者刊行。

正论出版社编《国人皆曰——汪精卫卖国》第 7 辑由重庆编者刊行。

正论出版社编《国人皆曰——汪精卫卖国》第 8 辑由重庆编者刊行。

正论出版社编《国人皆曰——汪精卫卖国》第 9 辑由重庆编者刊行。

正论出版社编《国人皆曰——汉奸汪精卫》第 10 辑由重庆编者刊行。

钱俊瑞著《汪精卫卖国的理论与实践》由《全民抗战》社刊行。

王明等著《（民族解放先驱）瞿秋白》由香港史社刊行。

张文澜编《女兵冰莹》由重庆独立出版社刊行。

刘葆编著《现代中国人物志》由上海博文书店刊行。

按：是书分四编，第 1 编为军事之部，第 2 编为政治之部，第 3 编为外交、学术、实业、社会之部，第 4 编为补遗。收录现代各界名人蒋介石、毛泽东、唐生智、林森、周作人、丁玲等 469 人的小传。

第六十八军政治部编《无敌勇士们》由编者刊行。

史社编《民族解放先驱方志敏》由史社刊行。

周庄部队政治部编《新英雄》由编者刊行。

胡山源编《各地义民遗事》由上海世界书局刊行。

胡山源编《各地忠臣遗事》由上海世界书局刊行。

冼玉清著《广东鉴藏家考》由广东文物社刊行。

方树梅著《滇南碑传集》由上海开明书店刊行。

按：是书乃以搜集明清时期云南历史人物碑传文为主体、兼及民国初期人物的碑传类历史文献。

乔咏屺编《嘉定名人传略》由真真月刊行。

按：是书收我国宋代至清代年间嘉定名人志士杨则之、杨应龙、高衍孙、赵默庵、秦辅之、沈文辉、龚弘、陈瑚等 200 余人的小传。

刘炳藜等编《中外人名辞典》由云南昆明中华书局刊行。

顾锦藻主编《世界名人传记》由上海春江书局刊行。

萧剑青编绘《世界三百名人图志》由上海世界书局刊行。

按：是书收录中外名人小传，并附人物画像。

外交评论社编《现代国际人物志》由重庆正中书局刊行。

按：是书收录周子亚《英皇乔治五世传》、程瑞霖《美国总统罗斯福之生平及其评价》、李琴《希特勒的后台人物——狄森》、葛受元《张伯伦奥斯丁评传》、李琴《时代怪杰荒木贞木》等 9 篇人物志。

《世界名人逸事》由天津角信记纸行刊行。

黄竞初编著《华侨名人故事录》由商务印书馆刊行。

按：是书辑自宋末到民国初年近 60 位华侨名人的略历。有郑所南、郑成功、郑天锡、黄公度、温生财等，以及广州黄花岗 72 烈士中的 12 位华侨烈士。

艾珑编著《大政治家的故事》由文光书局刊行。

按：是书介绍希特勒、罗斯福、墨索里尼、斯大林、丘吉尔、凯末尔、列宁、甘地、孙中山、林肯等人的故事。

朱剑心著《金石学》由商务印书馆刊行。

按：是书第一编论述金石学的名义、价值、历史等，第二编分述礼器、兵器、度量衡器、杂品及、玺印、兵符、镜鉴等，第三编为论石。各章所论观点、资料多来源于叶昌炽所著各书。

于省吾著《双剑誃古器物图录》刊行。

蒙古文化研究所编《图书并古物目录》由编者刊行。

于隆业编《地理教程》由中央陆军军官学校刊行。

褚绍康编《中国地理概要》由上海大东书局刊行。

冯承钧著《诸蕃志校注》由商务印书馆刊行。

陈佩编《河北省昌黎县事情》由新民会中央总会刊行。

新民会中央总会编《河北省顺义县事情》由编者刊行。

隋歧周著《我的游记》由江苏南京文化学社刊行。

王望著《新西安》由上海中华书局刊行。

郑梅安编纂《上海通新编》由上海迅报馆刊行部刊行。

曾一之编《江西风光》由吉安大众日报社刊行。

逸庐主人编《香港九龙便览》由中华书局刊行。

周家驹编《灌县导游》由四川灌县编者刊行。

彭水县政府编《彭水概况》由编者刊行。

沁明著《欧美采风记》（第 1—3 册）由广西桂林中国旅行社刊行。

葛绥成编《最新中外地名辞典》由云南昆明中华书局刊行。

夏孟辉编《列国国势要览》由广西广西建设研究会刊行。

哈耶玛著《日本概观》由上海光明书局刊行。

黎枬编《岛国风光》由香港亚洲出版社刊行。

梁克强著《日本研究》由重庆宪兵司令部政治部刊行。

邓深泽编著《日本研究》由中央陆军军官学校第三分校刊行。

李长傅著《南洋地理》由云南昆明中华书局刊行。

中国地理研究所编《泰越全图地名对照表》由编者刊行。

曾克念著《锦绣缅甸》由著者刊行。

时与潮社编《日寇觊觎下的荷属东印度群岛》由重庆时与潮社刊行。

许维汉著《动荡中的荷属东印度》由奋斗出版社刊行。

黄曾椒著《埃及钩沉》由商务印书馆刊行。

杨承芳著《动荡中的波罗的海》由文化供应社刊行。

任美锷著《欧洲政治地理》由重庆丰国文化服务社刊行。

戈宝权著《苏联讲话》由延安解放社刊行。

蒋敦彝著《战时伦敦》由世界文化出版社刊行。

张文昌著《旅美散记》由湖南蓝田袖珍书店刊行。

方冲之编著《国学举隅》由沪江图书公司刊行。

李侠文编著《国学常识问答》由正中书局刊行。

王云五主编《丛书集成初编》由上海商务印书馆刊行。

郭伯荣著《宋四大书考》由上海商务印书馆刊行。

王国维著《观堂别集》由商务印书馆刊行。

王国维著《观堂集林》由商务印书馆刊行。

唐文治著《唐蔚芝先生演讲录(第3—4集)》由交通大学出版社刊行。

徐宗泽著《随思随笔》由圣教杂志社刊行。

广西省政府编译委员会编《学术演讲集》由编者刊行。

陶菊隐编著《现代知识》由中华书局刊行。

按:是书收录有关科学技术、政治、经济等方面的短文30篇。

蒋复璁编著《图书馆》由教育部社会教育司刊行。

杜定友著《图书馆》由长沙商务印书馆刊行。

按:是书介绍图书馆的组织、图书、分类、编目、典藏、阅览、流通等一般知识。有著者序。

卢震京著《图书学大辞典》(上下册)由长沙商务印书馆刊行,有王文山、李小缘、沈祖荣等人的序。

按:沈祖荣序说:"至清朝末叶,鉴于欧美图书事业,有促进教育文化普及之力,有启发人群智能之功,有潜移默化国家民族至优秀地步之作用,并收致富致强之实效,故人群维护其发展,若维护其自身生命然。于是我国人借鉴攻错,乃于教育革新之际,设法开放图书,从而各都市省会之现代图书馆,先后应运而生矣。尝思当时最大之困难,不在图书之罗致,而在缺乏工具书籍,无所凭藉。此图书馆界同仁所深知,而群起急谋编纂之事功也。迩者卢君震京编成《图书学大辞典》一书,向荣索序。荣思图书事业在欧美发展之速,而惜我国进步之迟,故于感慨之中,拉杂陈述。至于卢君成功此书之价值与出版之贡献,就荣观感所得,介绍于下:(一)卢君生平,敏而好学者也。尤于图书事业之兴趣倍致浓厚。此书系积多年之经验与辛勤劳动所编成者。卢君前职掌行政院图书馆时,就其见闻渊博之机会,即留意搜集材料。后于任教之余,又念兹在兹,无时或懈,成此巨制,非一朝一夕之功也。(二)书之内容,凡九十余万言。搜罗宏富,材料精确,又附表二十四种,有按图索骥之便,可见编者用心良苦。唯冀各文化机关与文人士子,对于此书之功用,尽量传播,使知利用参考书籍,有增进学识丰满之伟大力量。(三)图书工具书籍,近十余年来,因社会需要之殷,故编译时出,约近百种,各有其一部分之贡献。兹者《图书学大辞典》告成,是为致力于图书事业者又增一生力军矣。噫,此书成于文化浩劫之时也!一旦欃枪净扫,大局敉平,国家各项事业在急待恢复,而有关教育文化之图书,其恢复必刻不容缓,则此一部工具书籍所发生之效用,勿俟荣赘言矣。中华民国二十八年九月中浣沈祖荣谨序。"(丁道凡搜集编注《中国图书馆界先驱沈祖荣先生文集(一九一八——一九四四年)》,杭州大学出版社1991年版)

四川省立图书馆筹备处编《四川省立图书馆概况》由编者刊行。

北京大学图书馆编《(国立)北京大学图书馆暨各学院图书分馆概况》由编者刊行。

国立北京师范学院图书馆编《国立北京师范学院图书馆中日文图书目录(上卷)》由编者刊行。

江苏省立苏州图书馆编《江苏省立苏州图书馆图书目录》由编者刊行。

汪荫祖编《中央政治学校图书馆中日文图书书名目录初编》由中央政治学校图书馆

刊行。

银钱图书馆编《银钱图书馆图书目录》由编者刊行。

新民会中央总会设计部资料科编《杂志目录》由北平编者刊行。

浙江省立图书馆编《浙江省立图书馆图书总目》由编者刊行。

中国大学图书馆编《中国大学图书馆图书目录》由编者刊行。

中华业余图书馆编《中华业余图书馆图书目录》(第1集)由编者刊行。

中华业余图书馆编《中华业余图书馆图书目录》(第2集)由编者刊行。

麦天方编《知行中学图书馆图书目录》由知行中学校务处刊行。

姚名达著《中国目录学年表》由长沙商务印书馆刊行。

按:是书内容为公私图书目录的编纂。该年表始于公元前213年(秦始皇帝三十四年),止于1936年底(民国二十五年)。

龙兆佛著《档案管理法》由广西省立政府编译委员会刊行。

北京大学农学院中国农村经济研究所编《资料目录》由编者刊行。

孙楷第著《述也是园旧藏古今杂剧》由北平图书季刊社刊行。

王欣夫著《荛圃藏书题识再续录》3卷刊行。

赵卫邦、叶德禄编《释氏疑年录通检》刊行。

李若翰著《圣人德表目录索引》由山东兖州天主堂保禄印书馆刊行。

哈佛燕京学社引得编纂处编《周礼引得》(附注疏引书引得)由北平编者刊行。

哈佛燕京学社引得编纂处编《论语引得》由北平哈佛燕京学社引得编纂处刊行。

哈佛燕京学社引得编纂处编《杜诗引得》由北平哈佛燕京学社引得编纂处刊行。

哈佛燕京学社引得编纂处编《辽金元传记三十种综合引得》由编者刊行。

哈佛燕京学社引得编纂处编《汉书及补注综合引得》由北平编者刊行。

(伪)汉口市政府著《新武汉》由武汉著者刊行。

(伪)济南市公署秘书处编《济南市观光指南》由济南编者刊行。

(伪)教育部编《国民政府教育部还都后第一届教育行政会议特刊》由编者刊行。

(伪)教育部教员养成所编《教育部教员养成所周年纪念刊》由编者刊行。

(伪)教育总署总务局统计科编《华北教育统计》(二十八年度)由编者刊行。

(伪)北京市特别市教育局编《北京特别市市私立各校馆概况统计一览表》(二十九年度第1学期)由北平编者刊行。

(伪)天津特别市教育局编《天津特别市教育统计》(中华民国二十八年度)由天津编者刊行。

(伪)蒙古联盟自治政府政务院民政部教育处编《教育要览》由蒙古文化馆刊行。

(伪)教育部编《教育视察报告汇编》由编者刊行。

(伪)上海特别市教育局编《上海特别市教育统计》(中华民国二十八年度)由上海编者刊行。

[英]曼德尔(原题曼特)著,沈沫译《通俗逻辑》由长沙商务印书馆刊行。

按:是书针对一般易犯的逻辑错误,论述如何使自己的思想方法合乎逻辑。分为校正和防卫,无基础的信仰,我们信仰什么,观察和证据,概推,解释理论,演绎的推理,试验我们信仰的基础,实用等10章。

书末附：《因果关系和确定的几个注释》。

〔英〕本内特（原题本涅特）著，章铎声译《怎样实践你的生活》由上海奔流书店刊行。

〔英〕娇德著，施友忠译《物质生命与价值》（上下册）由商务印书馆刊行。

〔英〕奥斯本（原题奥兹木）著，董秋斯译《精神分析学与马克思主义》由重庆读书出版社刊行。

〔英〕奥斯本（原题奥斯旁）著，楚之译《弗洛伊特与马克思》由上海世界书局刊行。

〔英〕马修·裴雪尔著，陈海澄译述《耶稣略传》由上海广学会刊行。

〔英〕J. Leo McGovern 著，何继高译《给男教友们》由香港真理学会刊行。

〔英〕铎夫特、〔英〕吴德汉著，谢受灵译《教会与社会——教会及其在社会的功用》由上海广学会刊行。

〔英〕留伊斯等著，张仕章译《基督教与社会革命》由上海青年协会书局刊行。

〔英〕马修·裴雪尔著，朱巧贞译《梵天道讯》由上海广学会刊行。

〔英〕麦墨累著，张仕章译《创造的社会》由上海青年协会书局刊行。

〔英〕梅德立著，谷云阶译《道也者》由上海广学会刊行。

〔英〕牛顿便雅悯著，沈春华译《先知哈该和撒迦利亚时代之以色列人》由山东烟台伯大尼家庭敬拜室刊行。

〔英〕魏德海著，刘美丽、叶柏英译《人为什么受痛苦》由上海广学会刊行。

〔英〕魏思满著，吴培禄译《法表拉》由河北献县刊行。

〔英〕来逢宁著，慕奥译《什么是宗教》由四川成都华英书局刊行。

〔英〕林辅华等著，夏明如等译《旧约释义丛书》由上海广学会刊行。

〔英〕林辅华著，夏明如译《俄巴底亚书·那鸿书·西番雅书释义》由上海广学会刊行。

〔英〕利维厄斯著，胡贻穀译《社会的组织》由长沙商务印书馆刊行。

按：是书共 9 章，介绍社会的集团，婚姻，亲族的关系和关系的系统，父权和母权，财产，兄弟会和秘密结社，职业"社会"和阶级，政权等。附亲族关系的分类制度之起源，澳洲的社会组织，两重的组织 3 篇。

〔英〕罗素著，程希亮译《结婚与道德》由长沙商务印书馆刊行。

〔英〕范纳著，李百强译《现代政府之理论与实际》由长沙商务印书馆刊行。

〔英〕拉斯基著，王造时译《民主政治在危机中》由长沙商务印书馆刊行，有译者序和著者原序。

〔英〕赫得森、雷其门著，邱训谦编译，徐柏棠校阅《远东政治经济图说》由上海棠棣社刊行。

〔英〕贾德著，钟见庵译《共产主义的理论》由重庆中国文化服务社刊行。

〔英〕卡尔著，宋桂煌译《战后之国际关系》由长沙商务印书馆刊行。

〔英〕艾威林著，哲民译《资本论简明教程》由上海洪波出版社刊行。

〔英〕爱因济格著，杨承芳译《第二次世界大战中的经济问题》由广西桂林文化供应社刊行。

〔英〕爱因济格著，刘支藩译《第二次世界大战中之经济问题》由重庆独立出版社刊行。

〔英〕甘贝尔著，孔宪书译《经济落后国家之合作事业》由江西泰和中国合作图书社刊行。

〔英〕斯密司等著，周骏章译《文化传播辩论集》由湖南长沙国立编译馆刊行。

　　[英]大卫・罗著《凡尔赛以后的欧洲》由重庆时代书局刊行,有汪衡的序。

　　[英]鲍尔温著,力行教育研究社译《(英汉对照正音注释)泰西五十轶事》由上海新亚书店刊行。

　　[英]葛劳德著,林祝敬译《比较文字学概论》由商务印书馆刊行。

　　[英]攸里辟得斯著,罗念生译《美狄亚》由长沙商务印书馆刊行。

　　[英]王尔德著,怀云译《理想丈夫》由上海启明书局刊行。

　　[英]萧伯纳著,戊佳译《日内瓦——一页幻想的历史》由上海生活书店刊行。

　　[英]萧伯纳著,罗吟圃译《日内瓦》(历史幻想三幕剧)由上海大时代书局刊行。

　　[英]迪更司著,海上室主译《(汉译)双城故事》由上海合众书店刊行。

　　[英]史蒂文生著,董芝译述《宝岛》由上海晓光书局刊行。

　　[英]史蒂芬孙著,黄海鹤译《金银岛》由云南昆明中华书局刊行。

　　[英]柯南道尔著,朱蔚文译《回忆录》由上海启明书局刊行。

　　[英]柯南道尔著,杨启瑞译《归来记》由上海启明书局刊行。

　　[英]柯南道尔著,孙季康译《情场仇杀记》由上海国光书店刊行。

　　[英]柯南道尔著,杨启瑞译《古邸之怪》由上海世界书局刊行。

　　[英]希尔顿著,黄泛译《万世师表》由上海火把社刊行。

　　[英]盖河著,杜秉正译《飞魔的毁灭》由四川成都中国空军出版社刊行。

　　[英]阿特丽著,石梅林译《扬子前线》由上海彗星书社刊行。

　　[英]华德著,冯之安译《今日的间谍》由重庆大时代书局刊行。

　　[英]密狄・霍尔克纳著,涂序瑄译《月湾村之鬼》由云南昆明中华书局刊行。

　　[英]John Lilley 等著,胡焕庸等译《青年百科大纲》(1—3 册)由上海大东书局刊行。

　　[英]陶味纯著,谭俊编译《世界分国编年史纲要》(上下册)由长沙商务印书馆刊行。

　　[美]E. D. Hubbard 著,宋嘉钊译《耶德逊夫人传》由上海美华浸会印书局刊行。

　　[美]E. E. Tittle 著,郑启中译《基督徒和非基督徒的社会》由上海青年协会书局刊行。

　　[美]赫士著《教会历史》(上卷)由上海广学会刊行。

　　[美]赫士著《教会历史》(下卷)由上海广学会刊行。

　　[美]赫士著《教义神学》(上册)由上海广学会刊行。

　　[美]慕翟著,谢颂羔译《四福音随笔》由上海广学会刊行。

　　[美]怀爱伦著,梅晋良译《服务真诠》由上海时兆报馆刊行。

　　[美]怀爱伦著《幸福的阶梯》由上海时兆报馆刊行。

　　[美]诺克斯著,密记励、赵鸿祥译《圣经之认识》由上海广学会刊行。

　　[美]爱伦著,基督教中华浸会少年团联会编译《为主而活》由上海美华浸会书局刊行。

　　[美]卡耐基著,王培龄译述《处世待人术》由上海医学书局刊行。

　　[美]罗特(原题洛特)著,林荫编译《创造新生命》(一名《自我训练》)上海公植出版社刊行。

　　[美]罗特著,杨岐译《怎样改进你自己》由上海改进社刊行。

　　[美]马尔腾著,林伯修译《怎样创造你自己》由上海启蒙书店刊行。

　　[美]马尔腾著,于飞译《自我操纵(怎样训练思想)》由上海天下书店刊行。

　　[美]马尔腾著,张学忍译《怎样使前途远大》由上海纵横社刊行。

[美]米尔登·赖脱著,逸萍、鲁汀译《待人艺术》由上海天下书店刊行。

[美]韦勃、摩尔根著,储沅编译《怎样发展你自己》由上海纵横社刊行。

[美]吴德、雷利国著,周尚、叶峰编译《卫生行为》由商务印书馆刊行。

[美]雪尔门著,徐培仁译《事业成功之路》由重庆青年出版社刊行。

[美]福赖尔、亨利著,鲁继曾译《普通心理学大纲》由商务印书馆刊行。

[美]华生、麦独孤著,黄维荣译《行为主义论战》由上海黎明书局刊行,有郭任远序。

[美]勒克斯洛德著,宋桂煌译《普通心理学》由长沙商务印书馆刊行。

[美]哥登回事著,陆德音译《社会科学史纲(第 5 册文化人类学)》由长沙商务印书馆刊行。

[美]吴德著,叶柏华译《和谐婚姻之研究》由上海广学会刊行。

[美]迪克斯著,李木译《择偶术——怎样获得丈夫并白头到老》由北平沙漠画报社刊行。

[美]夏南著,凌新译《父母处世教育》由大陆书店刊行。

[美]费尔顿著,杨昌栋等译《基督教与远东乡村建设》由上海广学会刊行。

[美]赖绍阿著,龚礼因译《日本政府与政治》由长沙商务印书馆刊行。

[美]怀特著,刘世传译《行政学概论》由长沙商务印书馆刊行。

按:是书分 21 章。论述行政学的范围、性质、沿革,行政与近代国家、立法、司法的关系,行政的组织、权力、体制、机构、人员,行政权力的限度;叙述行政人员的招考考试方法,如何分级、定薪、升迁、惩戒、罢免、退休,公务员的组织,以及行政条例与规章等问题。

[美]洛尔士著,叶群节译《无形监狱》由上海西风社刊行。

按:著者为美国星星监狱看守长。本书从狱中情景论及美国社会问题,探讨犯罪原因,犯人出狱后应采取的措施等。

[美]潘克著,王克宬译《美国空军》由空军军官学校编译科刊行。

[美]陈纳德著,姚士宣等译《特技飞行教范草案》由四川成都航空委员会训练监编译科刊行。

[美]史威来著,袁进荣译《军事情报》由重庆军用图书社刊行。

[美]毕吉娄著,王造时、谢诒征译《社会科学史纲》(第 7 册经济学)由商务印书馆刊行。

[美]柴尔兹著,王清彬译《瑞典之中道》由长沙商务印书馆刊行。

[美]怀爱伦著,刘瑶年译《教育论》由上海时兆报馆刊行。

[美]杜威著,曾昭森译述《经验与教育》(汉译世界名著)由商务印书馆刊行,有原著出版者的介绍词、杜威原序、编者原序、译者序。

[美]夫利曼著,陈鹤琴、陈尧昶译《小学各科心理学》由长沙商务印书馆刊行。

[美]惠提著,彭宏议编译《小学各科教学之基础》由长沙商务印书馆刊行,有胡毅序。

[美]亚利德、迈尔斯著,史士馨译《怎样做现代父母》由上海纵横社刊行,有译者序。

[美]达尔·卡尼基著,蓬勃译《口才训练》由上海激流书店刊行。

按:本书与《演讲术及在事业上影响他人》是同一种书的不同一本。书前有著者小传。

[美]奥达茨著,穆俊译《自由万岁》由上海青年文化出版社刊行。

[美]奥达茨著,穆俊译《生路》由上海青年文化出版社刊行。

[美]奥尔珂德著,王大可译《好妻子》由上海春明书店刊行。

［美］勃罗尼维著，施落英译《人猿泰山》由上海启明书局刊行。

［美］勃罗尼维著，施落英译《泰山回乡》由上海启明书局刊行。

［美］勃罗尼维著，施落英译《泰山伏虎》由上海启明书局刊行。

［美］勃罗尼维著，施落英译《兽王泰山》由上海启明书局刊行。

［美］勃罗尼维著，施落英译《毁家》由上海启明书局刊行。

［美］勃罗尼维著，施落英译《金毛狮》由上海启明书局刊行。

［美］辛克莱著，蒋学楷译《汽车王》由重庆大时代书局刊行。

［美］赛珍珠著，李敬祥译《元配夫人》由上海启明书局刊行。

［美］赛珍珠著，唐长孺译《东风西风》由上海启明书局刊行。

［美］海明威著，林疑今译《战地春梦》由上海西风社刊行。

［美］Helena Martin 著，王敏译《如此人生》由译者刊行。

［美］宝爱莲著，翁循、依兰译《东亚见闻录》由上海言行社刊行。

［美］多治著，李葆贞译《银冰鞋》由长沙商务印书馆刊行。

［美］伯内特著，李葆贞译《秘密花园》由长沙商务印书馆刊行。

［美］汉米尔顿著，赵如琳译《戏剧原理》由上海言行出版社刊行。

［美］L. F. Perkins 著，王素意译《苏格兰小朋友》由长沙商务印书馆刊行。

［美］濮景士著，赵蕴华译《挪威的双生子》由上海广学会刊行。

［美］卢林斯著，陈东林译《一岁的小鹿》由上海西风社刊行。

［美］班兹著，向达译《社会科学史纲》（第 1 册：史学）由商务印书馆刊行。

［美］汤姆生著，陈受颐、梁茂修译《西洋中古史》（上下册）由长沙商务印书馆刊行。

按：是书乃作者 1931 年出版的《中古史》（Middle Ages）一书的缩写本。全书分 31 章，叙述四世纪的罗马帝国至文艺复兴时代的历史。书后附大事年表、译名对照表各经译者重编的欧洲十一个王朝的世系表。

［苏］尤金等著，新华日报华北分馆辑《哲学论文集》刊行。

［苏］罗森塔尔、尤琴著，孙冶方著《简明哲学辞典》由上海新知书店刊行。

［苏］罗森塔尔、右金著，胡明译《（最新）哲学辞典》由上海光明书局刊行。

［苏］罗森塔尔著，张实甫译《新哲学教程》由上海知识出版社刊行。

［苏］西脱科夫斯基等著《马克思主义辩证法》刊行。

［苏］列宁著，阿特朗茨基编辑，李大江译《辩证法与唯物论》由上海科学出版社刊行。

［苏］列宁著，许之桢编，柯柏年、王石巍等译《马恩与马克思主义》由延安解放社刊行。

［苏］列宁著，何锡麟等译，张仲实校《列宁选集》（第 1、2、11、16、17、18 卷）由解放社刊行。

［苏］列宁著，焦敏之译《列宁战争论》由重庆读书出版社刊行，有译后记。

［苏］斯大林著，唯真译《论列宁主义基础》由野菷书店刊行。

［苏］斯大林著《列宁主义问题》（下卷）由湖北汉口中国出版社刊行。

［俄］荷伦著，陈达勋译《圣京劫》由四川成都华英书局刊行。

［苏］斯维得洛夫著，常乐生译《新家庭论》由广西桂林新知书店刊行。

［苏］M. N. 斯密特著，郑权译《统计学与辩证法》由重庆读书出版社刊行。

［苏］曲雷宁著，穆俊译《苏联的民主》刊行。

［俄］克鲁泡特金著，李石曾译《国家及其过去之任务》由上海革命周报社刊行。

按：彼得·阿列克谢耶维奇·克鲁泡特金是俄国革命家和地理学家、无政府主义的重要代表人物之一、"无政府共产主义"的创始人，以道德学术闻名于世。

［苏］麦德尼斯著，军事委员会办公厅顾问事务处译《攻击机之战术》刊行。

［俄］列昂诺夫著，军事委员会办公厅顾问事务处译《高射炮兵战术概要》刊行。

［苏］瓦尔加等著，祝百英译《二次大战的军事技术与经济》由重庆复旦大学文摘出版社刊行。

［苏］伏罗希洛夫著《苏联的工农红军》由抗战社刊行。

［苏］S·文错夫等著，傅大庆译《军队》由重庆生活书店刊行。

［苏］福龙芝著，焦敏之等译，曾湧泉校《福龙芝选集》由八路军军政杂志社刊行。

［苏］斯米尔诺夫著，邹尚仁编译《轰炸学》由航空委员会训练监编译科刊行。

［俄］布尔霖著《谍报勤务》由重庆军用图书社刊行。

［苏］铁木菲·罗果托夫编，蒋天佐译《斯达林与文化》由上海知识出版社刊行。

［苏］李却·波里士拉夫斯基著，郑君里译《演技六讲》由重庆生活书店刊行。

［苏］喀依坦洛夫、巴乌涅依夫著，王亚梅译《跳降落伞的理论与实践》（国民航空教育小丛书）由四川成都铁风出版社刊行。

［苏］高尔基等著，光子译《保卫祖国》由上海长风书店刊行。

［俄］普式庚著，瞿秋白译《茨冈》由上海文艺新潮社刊行。

［俄］果戈理著，夏衍译《两个伊凡的吵架》由上海旦社刊行。

［苏］A.奥斯特洛夫斯基著，芳信译《大雷雨》（五幕剧）由上海国民书店刊行。

［俄］柴霍夫著，芳信译《海鸥》由上海世界书局刊行。

［俄］柴霍夫著，芳信译《万尼亚舅舅》由上海世界书局刊行。

［俄］契诃夫著，满涛译《樱桃园》由上海文化生活出版社刊行。

［苏］高尔基著，郝拔夫译《骨肉之间》由上海文汇出版社公司刊行。

［俄］华兰庭·柯泰耶夫著，芳信译《红色的新婚曲》由上海国民书店刊行。

［俄］葛列鲍夫著，夏懿译《农民故事》由上海译文出版社刊行。

［俄］尼古拉·鲍戈庭著，李方译《持枪的人》由上海国民书店刊行。

［俄］亚非诺甘诺夫著，曹靖华译《恐惧》由上海文化生活出版社刊行。

［俄］屠格涅夫著，贺一青译《贵族之家》（五幕剧）由上海剧场艺术出版社刊行。

［俄］T.斯拉多哥罗华、A.卡普勒著，陈原译《一九一八年的列宁》由上海言行社刊行。

［俄］斯里帕纳夫等著，叶菡等译《我的新生》由上海海燕出版社刊行。

［俄］普里鲍衣等著，金人译《在南方的天下》由上海文艺新潮社刊行。

［俄］冈察洛夫著，李林译《悬崖》由上海文化生活出版社刊行。

［俄］屠格涅夫著《烟》由上海文化生活出版社刊行。

［俄］陀思妥耶夫斯基著，耿济之译《兄弟们》由上海良友复兴图书印书公司刊行。

［俄］托尔斯泰著，孟克之译《克列采长曲》由上海长风书店刊行。

［俄］绥拉菲摩维支著，金人译《荒漠中的城》由香港海燕书店刊行。

［苏］高尔基著，适夷译《老板》由上海文艺新潮刊行。

［俄］库卜林著，刘大杰译《柘榴石的手钏》由上海三通书局刊行。

［俄］普里波依著，梅雨译《日本海海战》由广西桂林新知书店刊行。

［俄］普里波依著，包之静译《海底的战士》由上海杂志公司刊行。

［俄］A. 托尔斯泰著，俞荻、叶菡译《面包》由上海言行社刊行。

［俄］A. 托尔斯泰著，蔡咏堂译《黑暗与黎明》由香港尼罗社刊行。

［俄］淑雪兼珂著，斯曛译《新时代的曙光》由香港海燕书店刊行。

［俄］卡达耶夫著，曹靖华译《我是劳动人民的儿子》由重庆生活书店刊行。

［俄］彼得·拍夫朗诃著，叶灵凤译《红翼东飞》由重庆大时代书局刊行。

［俄］区曼特林著，许天虹译《白石》由上海文化生活出版社刊行。

［俄］尤里·克莱莫夫著，白明译《运油船德本号》由上海大时代书局刊行。

［俄］雷森等著，什之译《有钱的"同志"》由香港海燕书店刊行。

［俄］赫尔岑著，巴金译《一个家庭的戏剧》由上海文化生活出版社刊行。

［苏］古柏尔曼著，常彦卿译《怎样把日本武装干涉者赶出了远东》由重庆读书生活出版社刊行。

［苏］加里宁等著，胡明辑译《斯大林》由上海知识出版社刊行。

［德］恩格斯著，杜畏之译《自然辩证法》由上海言行社刊行。

［德］阿奈斯著，林传鼎译《新心理学》由北平辅仁大学刊行。

按：是书作者认为 19 世纪的新心理学大部分属于理论的，到了 20 世纪初，实验心理成为心理学的主流。本书介绍了这方面的情况。全书分 5 章：绪论，心理分析，个人心理学，新心理学与哲学，结论。

［德］费希特（原题菲希特）著，威渤鲸译《菲希特告德意志国民书摘译》由陕西西安新中国文化出版社刊行。

［德］康德著，关琪桐译《优美感觉与崇高感觉》（中德文化丛书）由商务印书馆刊行。

［德］尼采著，雷白韦译《查拉杜斯屈拉如是说》由中华书局刊行。

［德］阿奈斯著，林传鼎译《心理学》由北平辅仁大学刊行。

［德］黑格兰德著，李少兰译《青年基督教问题》由湖北汉口中华信义会书报部刊行。

［德］黑格兰德著，李少兰译《为何要作基督教》由湖北汉口中华信义会书报部刊行。

［德］艾香德著，李路德译《雅各书新注释》由上海广学会刊行。

［德］克劳塞维茨著，傅大庆译《战争论》（上册）由学术出版社刊行。

［德］鲁登道夫著，邱祖铭译《整个战争》由重庆军用图书社刊行。

［德］克劳塞维茨著，秋平译《战斗入门》由重庆生活书店刊行。

［德］可亨豪逊著，吴光杰译《战斗常识（排连之应用战术）》由中华书局刊行。

［德］阿突尔·爱哈尔特著，戴坚译《游击战》由同仇学社刊行。

［德］恩格斯著，吴文焘译《英国工人运动》由中国工人社刊行。

［德］维尔纳著，梁纯夫等译《欧洲强者谁》由时与潮社刊行。

［德］爱尔华德·庞士著，朱慰侬译《德国作战计划》由重庆大时代书局刊行。

［德］劳伯尔著，郭则沉译《近接战斗》由中华书局刊行。

［德］路德维希著，吴光杰译《新时代之要塞》由香港中华书局刊行。

［德］普克勒著，祝伯英译《英国的实力》由重庆复旦大学文摘出版社刊行。

［德］普克勒著，李春霖译《英国有多么强》由重庆时与潮社刊行。

［德］罗伯兹著，杨昌溪译《世界各国劳动服务》由重庆青年书店刊行。

［德］纳·夫莱瑟著，王学政译《拳击家的锻炼》由长沙商务印书馆刊行。

［德］A. Schildknecht 编著《（文法）拉丁初学》由山东兖州保禄印书馆刊行。

［德］葛德著，梵澄译《葛德论自著之浮士德》由长沙商务印书馆刊行。

［德］尼采著，雷白韦译《查拉杜斯屈拉如是说》由上海中华书局刊行。

［德］宝琳·珂勒儿著，蓝雯译《希特勒的私生活》由重庆大时代书局刊行。

［德］考磐著，韩起、罗西译《女记者日记》由长沙商务印书馆刊行。

［德］巴克霍森著，［法］蒙丹顿译，林孟工译《成吉思汗帝国史》由云南昆明中华书局刊行。

按：是书前3章介绍蒙古道理、历史渊源、风俗等。从第4章开始记述成吉思汗的成长至元朝灭亡的历史。

［德］马克思著，柯柏年译《拿破仑第三政变记》由陕西延安解放社、上海生活书店、解放社、大连光华书店、中原新华书店、华东新华书店刊行。

［德］S·褚威格著，许天虹译《托尔斯泰》由福建永安改进出版社刊行。

［德］希特勒著，郭清晨译《我的奋斗》由上海天下书店刊行。

［法］J. B. Milburn 著，王昌社译《圣女贞德传》由香港真理学会刊行。

［法］勒南著，雷白韦译《耶稣传》由商务印书馆刊行。

［法］莫洛亚著，江枫、柳静华译《生活艺术》由上海激流书店刊行。

［法］莫洛亚著，王宛等译《生活艺术三种——爱的艺术、工作艺术、指导艺术》由广西桂林峨嵋书屋刊行。

［法］福煦著，徐慕达、黄霈译《战争论》由香港天文台半周评论社刊行。

按：是书共10章：近代战争之本质、战争之目的、兵力之集中、兵力之编成、集中掩护、战争之各种原则、近代之会战等。附录：研究兵术之方法与态度、福煦元帅小传等4种。

［法］波亚桑著，张则尧、吴植模译《新社会经济学》由江西泰和中国合作图书社刊行。

［法］G·累那尔著，宋衡之译《现代欧洲社会经济史》由长沙商务印书馆刊行。

［法］波亚桑著，张则尧、吴植模译《合作共和国》由南京中国合作图书用品生产合作社刊行。

［法］淮尔著，宋善良译述《日报期刊史》由长沙商务印书馆刊行。

［法］博马舍著，柳木森等译《费迦罗的结婚》由上海中国图书编译馆刊行。

［法］拉比塞著，柳木森译《旅行》由上海中国图书编译馆刊行。

［法］拉皮司著，洪流译《纯洁的夜宴》由上海正心书店刊行。

［法］米尔波著，张宛青译《浮云流水》由上海海天书店刊行。

［法］柯克兰著，吴天译《演员艺术论》由上海剧场艺术社刊行。

［法］巴尔扎克著，穆木天译《从妹贝德》由长沙商务印书馆刊行。

［法］巴尔扎克著，盛成译《村教士》由云南昆明中华书局刊行。

［法］左拉著，方稚周译《水灾集》由长沙商务印书馆刊行。

［法］莫泊桑著，李青崖译《羊脂球》由上海三通书局刊行。

［法］洛蒂著，怀云译《菊子夫人》由上海启明书局刊行。

［法］波尔才著，杨寿康译《死亡的意义》由上海商务印书馆刊行。

［法］勒白朗著，吴鹤声译《亚森罗萍大狱记》由上海春明书店刊行。

［法］莫洛怀著，宜闲译《文人岛游记》由上海珠林书店刊行。

［法］杰勃里著，林俊千译《毒药瓶》（上下册）由上海春明书店刊行。

［法］戈庚著，文之译《诺亚·诺亚》由上海言行社刊行。

［法］安德烈·纪德著，绮纹译《刚果旅行》由上海长风书店刊行。

［法］马洛著，唐允魁译《苦女努力记》由上海启明书局刊行。

［法］杜德等著，林淡秋等译《第二次世界大战的内幕》刊行。

［法］杜德等著，思汗、射翟译《欧战第一年》由上海新人出版社刊行。

［法］塞纽博著，毛以亨译《欧洲现代政治史》（上编）由长沙商务印书馆刊行。

［日］野上俊夫著，朱智贤译《青年心理与教育》由长沙商务印书馆刊行。

［日］内山正如著，罗大维译《万国宗教志》由上海镜今书局刊行。

［日］白鸟库吉著，王古鲁译《塞外史地论文译丛》（第 2 辑）由商务印书馆刊行。

［日］伊藤金次郎著，李春霖等译《日本军阀论》由重庆时与潮社刊行。

按：是书按地区评述日本军阀派系的历史渊源，军人干政情况及军人间的倾轧和少壮军人的飞扬跋扈，并介绍日本军阀的代表人物。有译者序。

［日］佐藤清胜著，王知白译《日美必战论》由重庆大时代书局刊行。

［日］藤井悌著，龚积芝译《何谓法西斯主义》由福建永安改进出版社刊行。

［日］日本大本营陆军部编《倭寇大本营陆军部编发之士兵须知》由中央军校第七分校刊行。

［日］三岛康夫著，林琦译《苏联军队概观》由正中书局刊行。

［日］洼田重弌著，庄俞译《俄国海军考》由上海人演社刊行。

［日］井上实著，陆军第五军译《昆仑关歼敌卤获密件辑要》由译者刊行。

［日］北泽新次郎著，蔡弃民译《美英法意德的经济统制》由长沙商务印书馆刊行。

［日］下松桂马著，张云汉译《德国劳动服务制度》由成都中华民国留日同学会刊行。

［日］贺川丰彦著，许无愁、程伯群译《友爱的合作经济学》由上海广学会刊行。

［日］增井幸雄著，郭虚中译《交通经济总论》由长沙商务印书馆刊行。

［日］山口喜一郎等编《日本语入门》由北平新民印书馆刊行。

［日］山口喜一郎、益田信夫编《日本语初步》由北平新民印书馆刊行。

［日］神田丰穗著，王隐编译《文艺小辞典》由云南昆明中华书局刊行。

［日］森山启著，林焕平译《社会主义的现实主义论》由希望书店刊行。

［日］藤森成吉著，张大成译《马关和议》由上海新生命社刊行。

［日］鹿地亘著，夏衍译《三兄弟》由广西桂林南方出版社刊行。

［日］中河与一等著，高汝鸿译《冰结的跳舞场》由上海三通书局刊行。

［日］近松秋江等著，查士元等译《男清姬》由上海三通书局刊行。

［日］芥川龙之介著，冯子韬等译《某傻子的一生》由上海三通书局刊行。

［日］鹤见祐辅著，李冠礼、肖品超译《读书三昧》由长沙商务印书馆刊行。

［日］观音寺三郎著，竹田译《巴黎进军记》由江苏南京时代晚报社刊行。

［日］甲田正夫著，许达年译《日本童话选集》由上海中华书局刊行。

［日］冈泽秀虎著，陈望道译《苏俄文学理论》由上海开明书店刊行。

［日］神地丰穗原著，陈庸声、谢德风编译《历史小辞典》由中华书局刊行。

[日]矢部周藏著,卢文迪译《编年体外国史》由云南昆明中华书局刊行。

[日]稻叶君山著,杨成能译《满洲发达史》由辽宁沈阳萃文斋书店刊行。

[日]藤谷雄著《日本二千六百年史》由北平中华法令编印馆刊行。

[日]波多野乾一著,平明译《延安水浒传》由南京时代晚报社刊行。

按:是书译自日本大陆杂志。收录毛泽东、朱德、周恩来、张闻天、徐向前、项英、林彪、秦邦宪、徐特立、林祖涵等人的事略。

[日]福崎峰太郎编《中支建设资料整备事务所南京图书部华文杂志公报目录》由江苏南京中支建设资料整备事务所刊行。

[奥]爱哈杭著,高觉敷译《顽童心理与顽童教育》由重庆正中书局刊行。

[奥地利]至尔妙伦著,许广平译,鲁迅校《煤的故事》由上海译文出版社刊行。

[奥地利]至尔妙伦著,赵纶时译《奇怪的墙壁》由上海译文出版社刊行。

[奥]S. 褚威格著,许天虹译《托尔斯泰》由福建永安改进出版社刊行。

[奥]俾勒、黑采著,徐儒译《儿童发展测验》(师范丛书)由长沙商务印书馆刊行,有杜佐周序。

[奥]波尔兹著,陈咏声译《小球操》由长沙商务印书馆刊行,有译者序。

[意]乌古斯安尼著,胡重生译《十九世纪的伟人》由香港圣类斯学校刊行。

[意]杜黑著,冯德彪、游崇鼎译《制空论》由重庆青年书店刊行。

[意]亚米契斯著,秦瘦鸥译《仁爱的教育》由上海春江书局刊行。

[匈]瓦尔加著,祝伯英译《两种制度——社会主义经济与资本主义经济》由重庆大时代书局刊行。

[匈牙利]裴多菲著,覃子豪译《裴多菲诗》由时代出版社刊行。

[匈牙利]弗兰至·摩那著,芳信译《李力昂》由上海剧艺出版社刊行。

[挪威]穆格新著《教会史略》由陕西汉中中华信义会书报部刊行。

[挪威]易卜生著,芳信译《傀儡家庭》上海金鑫书店刊行。

[挪威]易卜生著,石灵编译《鲍志远》由上海文艺新潮社刊行。

[西班牙]约瑟法·美能台著,顾古香译《耶稣圣心文通谕》由上海土山湾印书馆刊行。

[西班牙]哥耶著《哥耶画册》由香港新艺社刊行。

[波]马凌诺斯基著,费孝通等译《文化论》由商务印书馆刊行。

[荷]施列格著,薛澄清译《天地会研究》由长沙商务印书馆刊行。

[比利时]彼楞著,胡伊默译《中古欧洲社会经济史》由长沙商务印书馆刊行。

[瑞典]高本汉著,赵元任、罗常培、李方桂译《中国音韵学研究》由上海商务印书馆刊行。

按:此书根据现代方言研究汉语古代音韵。分古代汉语、现代方言的描写语音学、历史的研究、方言字汇 4 卷。卷首有傅斯年及著译者序。末附调查方言地图。

[加拿大]文幼章编《(练习片)直接法英语读本》(1—8 册)由上海中华书局刊行。

[丹麦]贺尔伯著,穆俊、严钰译《诡辩家》由上海世界书局刊行。

[保加利亚]伐作夫著,于道源编译《保加利亚短篇小说选》由上海中华书局刊行。

W. B. Forbush 著,张文昌译《耶稣的故事》(上册)由上海青年协会书局刊行。

Albrand MEP. 著《圣教理证》由山东兖州天主堂保禄印书馆刊行。

Cohausz 著,袁意可译《你要作一个完善的人么?》由山东济南保禄印书馆刊行。

E. W. Kenyon 著,马路加译《神救赎的计划》由天津基督徒福音书室刊行。

F. Conrat 原著,满恩礼译《慈善弟兄会的创立者伯多禄·弗利道芬》由山东兖州天主堂保禄印书馆刊行。

Josef Kong 著,满恩礼译《初领圣体》由山东兖州保禄印书馆刊行。

Keuser 著,郭隆静编译《论圣物》由山东兖州保禄印书馆刊行。

Lilian Cox and Doris Gill 著,古宝娟、饶恩召译《圣灵果子的故事》由湖北汉口中国基督圣教书会刊行。

Mateo Crawley Boevey 著,粟临泉译《圣时》由山东济南华洋印书局刊行。

M. Lapin 著,王昌社译《救世主》由上海震旦大学刊行。

R. P. Adrian 著,冯瓒璋译《我是什么》由香港公教真理学会刊行。

W. Kaempffert 著,伍况甫译《明日的科学》由重庆大时代书局刊行。

C. J. Millay 著,施蛰存译《转变》由香港若望书局刊行。

J·斯脱拉奇著,麦园译《社会主义底理论和实践》由上海新知书店刊行。

爱迭生著,十舫济、黄嘉德、叶群译《耶稣之路》由上海广学会刊行。

斯冬亚著,何希仁等译《耶稣底生活与教训》由上海广学会刊行。

毕辣弥原著,周连墀译《教宗比约第十》由北平公教教育联合会刊行。

查姆拍兹著,刘子静译《竭诚为主》由上海广学会刊行。

福克斯著,薄玉珍、于化龙译《儿童与宗教》由上海广学会刊行。

吉拉德·克路特著,萧舜华、旧景仙译《师主篇》由天津崇德堂刊行。

贾立言著,陈女士、朱巧贞译《近代教会史》由上海广学会刊行。

克劳德著,俞恩嗣编译《输舍概要》由上海广学会刊行。

鲁柏森著,浦其维译《新约学课》由上海美华浸会书局刊行。

米德峻著,梁德惠译《旧约背景》由上海广学会刊行。

牧若马著,古和能、丁晓鹏译《隐藏在基督里》由湖北汉口中华信义会书报部刊行。

慕安德烈著,季理裴、潘维周译述《住在主里面》由上海广学会刊行。

奈尔斯著,程伯群译《我们要见耶稣》由上海广学会刊行。

蒲盖著,明灯社编译《西洋圣者列传》由上海广学会刊行。

蒲玉珍编,洪超群译《初期教会中的妇女》由上海广学会刊行。

普体德著,袁访赉校阅《一个伟大的问题》由上海青年协会书局刊行。

海兰耳著,谢颂羔译《圣经之起源及生长》由上海广学会刊行。

韩丁著,顾惠人译《圣经的故事》由上海青年协会书局刊行。

华河力著,陈泽霖译《腓立比人书新注释》由上海广学会刊行。

惠济良著,杜廷美译《公教人生哲学》由上海土山湾印书馆刊行。

若翰·斯加辣买里著《崇修指南》由河北献县天主堂刊行。

史高德著,季理斐、杜文渊译《布道轨范》由上海广学会刊行。

苏尔恩著,夏明如译《诸先知的使命》由上海广学会刊行。

威勒著,戴怀仁、王永生译《末世与来生》由湖北汉口中华信义会书报部刊行。

韦思洛夫著,戴怀仁、王永生译《我信圣灵》由湖北汉口中华信义会书报部刊行。

朱德峻著，马福江述《使徒之时代》由上海广学会刊行。

亚尔风索著，主徒会修士译《爱主实行》3 版由北平公教教育联合会刊行。

左爱伦娜著《我能够做修女吗?》由香港真理学会刊行。

罕金斯著，华鼎彝译《社会科学史纲》由长沙商务印书馆刊行。

杨格著，高觉敷译《社会科学史纲》由长沙商务印书馆刊行。

舍斐德著，王造时、谢诒征译《社会科学史纲》由商务印书馆刊行。

苏联康敏学院文艺研究所编，楼适夷译《科学的艺术论》由重庆读书生活出版社刊行。

马瀛讲，李粲、何方理译录《马瀛顾问讲演集》由航空委员会训练监编译科刊行。

坎德尔著，罗廷光、韦悫合译《比较教育》（汉译世界名著）由长沙商务印书馆刊行，有著者序和译者序。

按：是书分教学的目的、现行通行的教学法、教学之心理基础、各种学习及其教学法、教学效果的测量、教师品格及教学技术等。

约莱士等著，章泯译述《戏剧本质论》由重庆上海杂志公司刊行。

戈登克雷著，赵如琳译《舞台艺术论》由广东曲江动员书店刊行。

按：是书内容包括第一次对话、第二次对话、露天剧场、欧洲的舞台装置与衣饰、舞台装置者米尔辛拿、舞台装置者勃菌丝坦等 6 篇。

费尔顿著，杨振泰编《乡村游戏》由上海广学会刊行。

爱德华著，余敬豪等译《未来的海战》由长沙商务印书馆刊行。

彭巴克著，黄曼如译述《剥削论批判》由重庆中国文化服务社刊行。

亚尔帕里著，许涤新译《怎样研究资本论》由重庆读书生活出版社刊行。

柏哥尔波夫著，陶达译《国家信贷》由生活书店刊行。

夏秀兰著，张仕章译《什么是女青年会》由上海中华基督教女青年会全国协会刊行。

原随园著，杨链译《希腊文化东渐史》由长沙商务印书馆刊行。

撒塔尔著，董希白译《种族与历史》（上下册）由长沙商务印书馆刊行。

韩普顿·杰克逊著，赵恩钜译《近二十年来之欧洲》由重庆正中书局刊行。

学术研究会编，沈志远、高烈等译《哲学译文集》由重庆生活书店刊行。

彭善彰译著《旧约纲目》由宁波伯特利圣经学院刊行。

渠志廉等编译《耶稣言行》由山东兖州天主堂保禄印书馆刊行。

沈汝孝译《圣维亚纳讲道选集》由真理学会刊行。

萧舜华译，公教丛书委员会主编《若望传的福音》由天津崇德堂刊行。

全国浸会少年编译部编译《青年游戏》由上海中华浸会书局刊行。

萧舜华译《路加传的福音》由天津崇德堂刊行。

冯洪编译《个性修养》（一名《成功奇径》）由上海激流书店刊行。

冯洪编译《心理锻炼》（一名《续成功奇径》）由上海激流书店刊行。

林荫编译《奋斗之路》由上海公植出版社刊行。

西风社编译《变态心理漫谈》由上海编者刊行。

凯丰编译《什么是列宁主义》由湖北汉口中国出版社刊行。

周尚编译《一个人的长成》由商务印书馆刊行。

陶菊隐编译《现代女性》由上海中华书局刊行。

冯河清等译著《敌情的透视》由福建永安改进出版社刊行。

杨煜辉、黄玉山译《步炮协同具体训练之参考》由陆军炮兵学校刊行。

李景凯编译《艺术解剖学》由编译者刊行，有石冥山人、蒋兆和的序。

蒋学楷译《亚洲内幕》由重庆大时代书局刊行。

陶菊隐编译《欧洲风云》由中华书局刊行。

丁宗恩编译《论弱小民族》由北社刊行。

黄文杰、罗世文译《法西斯主义》由重庆生活书店刊行。

梁纯夫译《战时中国》由前线出版社刊行。

杨光政、陈怀玉译《今日的苏俄》由上海新生命社刊行。

子晋译《墨索里尼的意大利》由云南昆明新人出版社刊行。

按：是书扼要介绍法西斯意大利的内政，外交及经济政策。有陈垦序及译者例言。

曾诚一编译《现代步兵班火战之方法与实施》刊行。

范伯超编译，王祖文校《空军轰炸队之组织与训练》由航空委员会训练监编译科刊行。

陈彬龢编译《希特勒侵波记》由香港太平洋出版公司刊行。

军事委员会办公厅顾问事务处译《苏联国民兵役法》由重庆中国文化服务社刊行。

郭宝珠译著《法国陆军组织与国家总动员》由军需学校刊行。

赖日辉编译《应用战术之参考》由军用图书社刊行。

王祖文编译《陆空无线电通讯勤务》由航空委员会训练监编译科刊行。

刘善本编译，林馥生审校《苏联飞机高压养气装备》由航空委员会训练监编译科刊行。

王祖文编译《炮兵飞机勤务》由航空委员会训练监编译科刊行。

杨英庭编译《空中射击与轰炸》由航空委员会训练监编译科刊行。

黎烈文、周学普等编译《苏联的建设》由福建永安改进出版社刊行。

窦燕山编译《德国汽车概观》由上海国民图书编译社刊行。

王维骃译著《战时与战后之财政》由上海世界书局刊行。

按：是书研讨第一次世界大战期间各国战时财政问题。共 14 章。内有战时财政的调整，战时政府的信用，各国货币、银行的信用，公费、赋税的政策，以及战费的筹措等。末 4 章专论战后欧洲各国财政与经济的整顿和恢复。附录：战后银行行员保证制度之改革问题。

屠哲隐编译《学校人事管理》由商务印书馆刊行，有何清儒、原著者、编译者序。

舒通编译《英文汉译详解》由商务印书馆刊行。

张云谷、姚志英编注《短篇英语背诵文选》（第 1—8 册）由上海建国书局刊行。

林语堂编，张沛霖译《汉译开明瑛文文法》（高级中学教科适用）由上海开明书店刊行。

樊兆庚编注《英国文字源流》由云南昆明中华书局刊行。

按：是书论述英文的起源、发展及其变化等。

丁广平注释《孤儿奇遇记》（初级英文丛书第 15 种）由云南昆明中华书局刊行。

葆和甫编译《俄华航空会话》由四川成都航空委员会训练监编译科刊行。

巴金著，钟文宜编选《（汉英对照）巴金短篇小说选》由上海中英出版社刊行。

M. I. Huggins 编《妇女英语会话》（第 1—4 册）由云南昆明中华书局刊行。

释法尊、释印顺编《藏文读本初稿》（第 1—8 册）由汉藏教理院刊行。

罗玉波编译《千人针》由未名出版社刊行。

林植夫译《敌兵家信集》由广西桂林新知书店刊行。

林植夫等译《敌军士兵日记》由广西桂林新知书店刊行。

胡济涛译述《纤手秘密》由上海春明书店刊行。

世界文学编译社编译《世界作家的创作经验》由上海世界文学编译社刊行。

许达年译《德国童话集》由云南昆明中华书局刊行。

适夷译《文学的新道路》由上海光明书局刊行。

上海译林社编译《我自己》由上海译林社刊行。

曹靖华辑译《列宁的传说及其它》由上海文化生活出版社刊行。

适夷译《阳光底下的房子》由上海良友复兴图书印刷公司刊行。

关梦觉编译《欧洲新战场》(增刊第5号)由重庆时与潮社刊行。

张叶舟编译《欧战第一年》由东南出版社刊行。

蒙藏委员会编译室编译《蒋委员长为日汪密约告全国军民书》由编译者刊行。

郑学稼著《十年来之欧洲》由陕西西安新中国文化出版社刊行。

孙镇名编译《他们是怎样成功的》由上海天下书店刊行。

张希为编译《世界名人印象记》由四川成都国魂书店刊行。

按:是书根据日文材料编写。介绍对孙中山、蒋介石、冯玉祥、袁世凯、张作霖、西园寺公望、高桥是清、凯末尔、胡佛、福特、爱迪生、兴登堡、卓别麟等25人的印象。原作者均为日本人。

陶菊隐编译《世界名人特写》由上海中华书局刊行。

按:是书收《罗斯福》《英王乔治六世》《瑞典王加斯塔夫五世》《埃及王法鲁克》《意大利七要人》《德国陆军将领》《莫洛托夫》《甘地》《尼赫鲁》等28篇名人特写。

曹靖华辑译《列宁的传说及其他》由上海文化生活出版社刊行。

梁启超著,郑学稼注释《意大利建国三杰传》由陕西西安新中国文化出版社刊行。

吴道存编译《贝登堡》由上海中华书局刊行。

按:是书分"童军首创者贝登堡""二绰号与一格言""贝氏的家庭""贝氏的童年时代""贝氏的学校生活""学校时代及以后""贝氏与母校的关系""常青军的生活""关于猎野猪""在摩尔太的经过""阿善提征伐的成功""其他的军中工作""贝氏的结婚与丧母""欧战期中英国童军队国家的贡献""一九二四年的国际童军大会""英皇太子与童军""一九二四年童军大会及以后"等章节及附录:生活年历。

陶菊隐编译《世界珍闻》由中华书局刊行。

《八德化讲录》由理教普缘社刊行。

《感应篇直讲》由江苏苏州弘化社刊行。

《积金碎玉》由北平华龙印书馆刊行。

《礼节便览》由天津直隶印字馆刊行。

《你们来赴喜筵罢》由公教宣讲团刊行。

《圣路善工》刊行。

《圣洗礼仪》由香港公教真理学会刊行。

《四规道理》刊行。

《孙维铎传略》刊行。

《天主经解》刊行。

《要理大全》由河北天主堂印书馆刊行。

《要理引伸(第15册,圣事总论,圣洗坚振告解)(208—276题)》由安徽芜湖天主堂印书馆刊行。

《要理引伸(第16册上,圣体圣事)(276—307题)》由安徽芜湖天主堂印书馆刊行。

《要理引伸(第16册下,终傅神品婚配)(307—330题)》由安徽芜湖天主堂印书馆刊行。

《瞻礼道理》由河北献县天主堂刊行。

《宗教名言录》由上海广学会刊行。

五、学者生卒

蔡元培(1868—1940)。元培字鹤卿,又字仲申、民友、子民,乳名阿培,并曾化名蔡振、周子余,浙江绍兴人。光绪十五年(1889年)举人,十六年会试贡士,未殿试。十八年补殿试,为进士,授翰林院庶吉士。二十年补翰林院编修。甲午战争后,开始接触西学,同情维新。二十四年九月返绍兴,任绍兴中西学堂监督,提倡新学。二十七年七月赴上海,出任南洋公学教习。二十八年与蒋观云等组织中国教育会,任事务长。夏游历日本,同年秋回国,在上海创设爱国女校及爱国学社,任总理,并以《晨报》为阵地,提倡民权,宣传排满革命。三十年冬与陶成章、龚宝铨等在上海建立光复会,被推为会长,次年加入同盟会。1912年任南京临时政府教育总长,主张采用西方教育制度,废止祀孔读经,实行男女同校等改革措施,确立起我国资产阶级民主教育体制。二次革命失败后,携眷赴法,与李石曾等创办留法勤工俭学会。1916年任北京大学校长,支持新文化运动,提倡学术研究,主张"思想自由,兼容并包",实行教授治校。1919年支持五四运动,被迫辞职后,多次赴欧洲英、法等国考察教育和讲学。1920年至1930年同时兼任中法大学校长。1927年任国民党政府大学院院长,后改任中央研究院院长。1932年与宋庆龄、鲁迅等发起组织中国民权保障同盟,积极开展抗日爱国运动。1940年3月5日在香港病逝。著有《蔡元培自述》《中国伦理学史》《蔡元培全集》。自撰《蔡元培自写年谱(1868—1900)》;高平叔编著《蔡元培年谱长编》。

按:1940年3月5日蔡元培在香港逝世,毛泽东由陕西延安发出一电,向蔡的家属致唁:"子民先生,学界泰斗,人世楷模,遽归道山,震悼曷极!谨电驰唁,尚祈节哀。毛泽东叩。阳。"1962年春,蔡无忌在北京参加一次中央举行的招待会,陈毅领他去见毛泽东,毛泽东热情地握着他的手说:"你的父亲真是好人。""学界泰斗,人世楷模。""真是好人",这就是毛泽东对蔡元培的评价。这一评价,充分表达了毛泽东和广大知识界对蔡元培的无限尊重与无尽的怀念。(邵康《毛泽东和党外朋友们》,团结出版社1993年版)

按:蔡元培作为思想文化先驱,其生前死后皆备受尊敬,以致跨越了不同政治派别和不同时代。香港学者金耀基指出:"在新旧中西价值冲突、是非复杂的19世纪中叶与20世纪初叶这段时期中,蔡先生可说是最少争议性的人物,也是最普遍受敬仰的人物。崇扬蔡先生之文字何止百千万言,但他名扬天下,而谤则未随之,这不能不说是20世纪中国伟人中的极少数例外之一。"这现象本身就有值得探讨的道德意义。蔡元培广受尊敬,得益于他崇高的道德风范和人格力量。1940年4月1日延安各界追悼蔡元培先生大会的唁电说:"先生清末从事革命,提倡民权;民六任北大校长,网罗人才,兼收并蓄,学术思想,主张自由。伟大的五四运动,实先生提倡诱掖,导其先路。"周恩来褒扬蔡元培既言简又意赅,称"从排满到抗日战争,先生之志在民族革命;从五四到人权同盟,先生之行在民主自由"。3月9日中共中央发布唁电,说"先生为革命奋斗四十余年,为发展中国文化教育事业功勋卓著,培植无数革命青年,促成国共合作"。

由此可见,中国共产党人对蔡元培评价甚高,敬仰之至。国民政府1940年3月16日发布对蔡元培的褒扬令,称蔡元培"道德文章,夙负时望。早岁志存匡复,远历重瀛,研贯中西学术。回国以作育人才,促进民治为己任。先后任教育总长、北京大学校长及大学院院长,推行主义,启导新规,士气昌明,万流景仰。近长中央研究院,提倡文化事业,绩效弥彰。方期辅翊中枢,裁成后进,高年硕学,永为党国仪型"。蒋介石、吴稚晖及国民党军政要员500余人参加了3月24日在行都重庆各界举行的公祭大会,蒋介石和国民政府主席林森分别题词:"泽永河汾""哲人其萎,教泽孔长"。(东剑旄《蔡元培伦理思想研究》,北京大学出版社2009年版)

　　按:孙科《效法蔡元培先生的精神——在蔡元培先生百年冥诞讲演》说:"今天是世界社同仁纪念蔡孑民先生的百年诞辰,李石曾先生要我来参加,并讲几句话。我们知道:蔡先生是前清同治六年阴历十二月十七日出生,就是公元1868年1月11日,比国父小两岁。今天我们来纪念蔡先生的诞辰,按阳历计算,过了三天,照阴历则提早了两天,时间上略有出入。关于蔡先生的为人和他的生平事迹,各位知道得很多,用不着我来报告。我现在要讲的,是由蔡先生的一生,可以看出他在人格上、学术上和事业上的几个特点;也就是他对国家社会的贡献,值得我们钦佩的所在。这是甚么? 第一,他是以儒家为本,迎合时代潮流,建立新的伦理道德——蔡先生从小受中国传统的教育,十七岁考秀才,二十三岁中举,二十六岁点翰林,科举出身,旧学很有根底。后来虽然留学欧洲,受西洋思想的影响很大,而立身处世,还是以儒家的伦理哲学为本。儒家讲忠、孝、仁爱、信义、和平,蔡先生所行所为,无不合于这些德行。'忠'是爱国家、爱民族,国父说:'古人讲忠字,推到极点便是一死。'蔡先生参加同盟会以后,同杨笃生、何海樵、章行严等在上海组织暗杀团,秘密制造炸弹,谋刺满清官吏,便有不怕死的精神。……蔡先生不但是本党里面一个大教育家,也是民国史上一位大教育家。第二,他融贯中西,提倡科学,主张中庸之道——蔡先生从二十八岁以后,开始翻译西洋书籍。后来学德文、日文和法文,研究哲学、文学、人类学、文化史和心理学、美学等,范围很广。几次去欧美留学和考察,得到不少的新知识。他的德文造诣很深,可翻译书籍。有一个时期,他在德国,就靠替商务印书馆翻译维生。他不仅研究广博,见解也很精辟。他主张用科学的方法整理国故,以美育代替宗教,很有创见。他说:真正的宗教,不过是信仰心;所信仰的对象,随哲学的进化而改变,也就是因各人哲学思想的程度而不同。要养成公民道德,不可不使人有一种哲学上的世界观和人生观,而涵养这些观念,便要注重美育。民国初年,我国有白话文与文言文的讨论,最近也还有小学应该用'国语'还是用'国文'的论争。蔡先生认为国语和文言应该调和,国语在应用上非常便利,而文言注重音调和排比,也有美学上的价值。他不仅主张国语和文言文应该调和,对政治、经济和一切学术思想,他都主张调和,不要趋于极端。这同国父的思想一样,是中庸之道。……第三,他确定教育方针,创设新的制度,奠立中国教育的基础——蔡先生自清末戊戌维新失败,便弃官回乡,兴办教育。他当时虽然不是康梁的党徒,却很同情他们。他认为康梁之所以失败,是因为不先培养革新人才,而想以少数人取得政权,排斥顽固的旧势力,情势悬殊,操之过急所致。满清政治腐败,势非改革不行;要改革,就必须由教育入手。所以他后来办爱国女学校、南洋公学、中国教育会和爱国学社等,都是以教育青年、培养革新人才为目的。辛亥革命成功,他就任中华民国政府第一任教育总长,时间虽然很短,然而确立教育方针,颁订课程标准,树制度、立规模,如何使新中国的教育与以前不同,而能适合国情,顺应世界潮流,却不是一件容易的事。他在教育总长任内,颁布了一些法令,举凡教育宗旨、教育行政、学校组织、课程修订,以及倡行注音字母、推广和整顿社会教育、义务教育、大学教育的办法,无不详为规划,作划时代的革新。我们教育方面现在的一些基础,还是从他那时奠立。后来,他当了北京大学校长,对科系的划分,学制的改革,学生课外活动的提倡,也有很好的筹划;尤其最重要的,是他提倡自由讲学,改变学生求学的观念。和注重人格的陶冶这三点,养成良好的学术风习。蔡先生认为大学是研究高深学问的机关,学生应该做到研究学问、砥砺德行、敬爱师友三项。无论何种学派,只要他持之有故,言之成理,都可兼容并包,听其自由发展。那时一般学生进大学读书,还不脱科举时代的观念,以做官发财为目的。蔡先生告诫他们:'大学生当以研究学术为天责,不当以大学为升官发财之阶梯。'因为中国向来没有思想自由的习惯,教师每好是己非人,以己派压制别派,不能虚心研究学术,探求真理,所以蔡先生提倡自由讲学。这是非有很大的包容雅量和学问渊博的人，做不到的。有些人把中国以后的乱源，归咎于他当时的自由讲学；殊不知中国祸乱的根源，政治与经济的因素，实大于学术。在学术上，如果真能做到自由探讨，加深研究，必可打破浅薄浮夸的风气。可惜当时因为局势动乱，没有一个很安定的环境，能够长期发展学术，致自由讲学不易收得预期的效果。这非蔡先生之过！由以上所讲的三点看来，蔡先生无论在人格、学术或事功方面，都有很大的贡献，足以为我们的导师。古人盛赞一个完全的人为'国士'，太史公说李陵'事亲孝，与士信，临财廉，取与义，分别有让，恭俭下人，常思奋不顾身，以殉国家之急，此素所积蓄也，仆以为有国士之风'。拿这些条件来衡量，蔡先生真是一个'国士'！我们今天来纪念他，庆祝他的百年冥诞，应该了解他的为人，学习他的品德，才能使他精神不死，垂范百世。"（中国蔡元培研究会编《蔡元培纪念集》，浙江教育出版社1998年版）

按：蔡元培一生致力于科学与民主，反对封建专制。他被毛泽东同志誉为"学界泰斗，人世楷模"，其74年的人生历程，先后经历了清政府时代、南京临时政府时代、北洋政府时代和国民党政府时代，一路经历风雨，始终信守爱国和民主的政治理念，致力于废除封建主义的教育制度，奠定了我国新式教育制度的基础，为我国教育、文化、科学事业的发展作出了富有开创性的贡献。（参见张晓唯《蔡元培评传》，百花洲文艺出版社2010年版）蔡元培是第一位提出"军国民教育、实利主义教育、公民道德教育、世界观教育、美感教育皆近日之教育所不可偏废"的教育思想家。

按：冯友兰《我所认识的蔡孑民先生》说："蔡先生是中国近代最大的教育家。这句话并不是泛说，这是我从和他直接接触的感受中所得的结论。……蔡先生到北大首先聘任陈独秀为文科学长，这个布告一出来，在学生中引起了很大的震动，因为陈独秀显然不是一个准备做官的人。在陈独秀身上，人们也逐渐了解文科是做什么的了。蔡先生在为文科换了新学长之后，又陆续聘请了全国在学术上有贡献的知名学者，到北大开课，担任教师，学生们觉得学校的学术空气日新月异，也逐渐认识到大学是研究和传授学术的地方。在大学中唯一的价值标准是学术，谁在学术上有贡献，谁就受到尊敬。混资格准备做官的思想逐渐没有了，新的学风树立起来了。当时有一句口号：为学术而学术这个口号在解放后受到了批判。其实这一口号所反对的是为做官而学术，这在当时是切中时弊的。照着这个价值标准，蔡先生在聘请教师的时候，不论一个人的政治派别和政治意见，只要他在某一个专业上有贡献，有地位，就请他来开课，担任教师，这就是所谓'兼容并包'，这是众所周知的，不必多说了。兼容并包的另一方面，是对于老、中、青的兼容并包。蔡先生聘请教师，不论资排辈。所聘请的教师中有六七十岁老师宿儒，也有初露头角的青年。在当时的教师中，大多数是、青年，有些学生的岁数比有些教师还大。有一批教师是卯年生的，被称兔子党。在干支轮换的那一轮中，卯年生的人在一九一八年是二十七岁。在这两方面的兼容并包中，蔡先生把在当时全国的学术权威都尽可能地集中在北大，合大家的权威为北大的权威，于是北大就成为名副其实的最高学府，其权威就是全国最高的权威。在北大出现了百家争鸣、百花齐放的局面，全国也出现了这种局面。在蔡先生的领导下，北大的这种局面是有方向的，有主流的，那就是新文化运动。在第一次鸦片战争失败以后，先进的人们都承认要向西方学习。学习西方之所长，以救亡图存，但是，究竟什么是西方之所长呢？则有不同的说法，政治上也出现了不同的派别。经过了半个多世纪的经验，到了民国初年，对于西方之所长才有比较全面和深入的认识，认为西方之所长虽有许多方面，但其根本，在于文化，其具体的内容是民主与科学。对于西方的摸索是摸到底了，话也说到家了，所需要的是照着这个线索努力创造中国新文化。这个努力就表现为新文化运动。蔡先生到北大首先发表的是聘请陈独秀为文科学长，就明显地支持了这个方向，确定了这个主流。这个布告一发表学生们和社会上都明白了，有些话就不必说了，都不言而喻了。以后，蔡先生又陆续请来了当时致力于新文化的各方面的领导人物，如李大钊、鲁迅、胡适等，使他们聚集到北大，用北大的讲坛发表言论，扩大影响，于是北大就不仅是全国的最高学府，而且是新文化运动的中心。蔡先生是这个中心的主将。这位主将高举新文化运动的大旗，领导着北大走在前边，影响所及，全国响应。蔡先生这位主将，在关键性的时刻也亲自出马，亲自动笔写文章。他回答林纾的长信和为胡适的《中国古代哲学史大纲》写的长序，都是这一类文章的代表作。前者是批判旧的东西；后者是支持新生的事物。这个运动像潮水一样，一浪高过一浪，到了一九一九年的五四达到了一个高潮，人们现在都把五四运动作为新文化运动的同义语，这是笼统的说法，详细地说，五四运动是新文化运动的一个段落,若论新文化运动的起源应该从一九一七年初蔡先生到北大当校长那一天算起。从一九一七年到一九一九年仅仅两年多时间,蔡先生就把北大从一个官僚养成所变为名副其实的最高学府,把死气沉沉的北大变成一个生动活泼的战斗堡垒。流风所及,使中国出现了包括毛泽东同志在内的一代英才。用旧日的话说,他是中国的一代宗师,用现在的话说,他是中国现代的大教育家。蔡先生的教育有两大端,一个是春风化雨,一个是兼容并包。依我的经验,兼容并包并不算难,春风化雨可真是太难了。春风化雨是从教育者本人的精神境界发出来的作用。没有那种精神境界,就不能发生那种作用,有了那种精神境界,就不能不发生那种作用,这是一点也不能矫揉造作,弄虚作假的。也有人矫揉造作,自以为装得很像,其实,他越矫揉造作,人们就越看出他在弄虚作假。他越自以为很像,人们就越看着很不像。蔡先生是中国近代的大教育家,这是人们所公认的。我在大字上又加了一个最字,因为一直到现在我还没有看见第二个像蔡先生那样的大教育家。"(冯友兰《三松堂全集》第十四卷(第二版),河南人民出版社2000年版)

胡玉缙(1859—1940)。玉缙字绥之,江苏元和人。早岁肄业于正谊书院。光绪十四年(1888)任江阴学古堂斋长。十七年(1891)中举。二十六年(1900)任福建兴化教谕。二十九年(1903)入湖广总督张之洞幕。次年东渡日本,考察政学。三十二年(1906)补学部主事,升员外郎。三十四年(1908)任礼学馆纂修,后任京师大学堂讲习。1912年任中国近代第一个国立历史博物馆筹备处主任、处长,接收太学器皿等文物。后任北京大学、北京高等师范学校教授。抗日战争爆发后返里,专事著述。著有《甲辰东游日记》6卷、《四库全书总目提要补正》60卷、《四库未收书目提要补正》2卷、《四库未收书目提要续编》24卷及《说文旧音补注》《许斯学林》《许斯经籍题跋》《大学说书后》等。

印光法师(1861—1940)。俗姓赵,名丹桂,字绍伊,号子任,法讳圣量,自署常惭愧僧,陕西合阳人。光绪四年(1878)舍家离俗,入西安慈恩寺听经。七年(1881)至终南山莲花洞寺,拜道纯和尚为师,剃度为僧,道号印光。十二年(1886)前往北京红螺山资福寺专修净土宗三年。十七年(1891)住北京圆广寺。二十三年(1897)受请为法雨寺僧众开讲《弥陀便蒙钞》一座。1930年赴苏州报国寺闭关,指导创办灵岩净土宗第二念佛道场。1937年移住灵岩。其卒,舍利子分置各寺,被尊为佛教净土法门第十三代莲宗世祖。著有《印光法师信稿》《印光法师文钞》《印光法师文钞续编》《印光法师文钞三编》《印光法师文钞三编补》等。

杨钟羲(1865—1940)。钟羲原名钟广,字惺庵;一字子晴,亦作芷晴,号留垞,晚号圣遗居士,正黄旗汉军籍。光绪十一年(1885)中举人,出翁同龢、潘祖荫门下。十五年成进士,改庶吉士。散馆授编修。充二十年顺天乡试、二十一年会试考官。二十五年保送知府,分发浙江,在杭州与谭献交,旋丁父忧,服阕,赴京,二十九年荐试经济特科,不应。返湖北,任襄阳、安陆知府。三十四年补授淮安知府,又授江宁知府。清亡后,居上海租界,闭户著书,时与沈曾植、李宣龚、陈曾寿、金蓉镜等相唱酬。1923年与王国维等同被任命为溥仪南书房行走。1933年东游日本。回国后任奉天国立博物馆馆长。著有《雪桥诗话》12卷、《雪桥诗话续集》8卷、《雪桥诗话三集》12卷、《雪桥诗话余集》8卷、《白山词介》5卷、《圣遗诗集》5卷、《雪桥词》1卷、《留垞丛刻》8卷、《日知荟说讲义》3卷等。与盛昱辑《八旗文经》56卷。

罗振玉(1866—1940)。振玉初名宝钰、振钰,后改名振玉,字叔蕴、叔言,号雪堂、守残老人、贞松老人、永丰老人、仇亭老民等,浙江上虞人,生于江苏淮安。1896年在上海创办农学社,从事搜集翻译外国农学著作,先后坚持近十年,移译农书百余种。1897年创办《农学报》,次年创办东文学社,请日本教师在社中任教,学生有王国维等6人。1900年东文学社解散,应湖广总督张之洞的聘请,到武昌任湖北农务局总理兼农务学堂监督。在鄂时创办《教育世界》,移译东西方教育规制学说,总计116期。1901年底被清廷派往日本考察教育。

1902年任南洋公学上海虹口分校校长。1903年受邀入两广总督岑春煊幕中参议学务。1904年创办江苏师范学堂，自任监督。1906年任学部二等咨议官，参事官兼京师大学堂农科督监，并于第一次世界大战后被法国大学院公举为东方通信员。1909年任京师大学堂农科监督，同年再赴日本考察。曾一度经理清廷内阁大库档案，并奏请学部购运敦煌石窟文物。1911年辛亥革命爆发后，于12月携家眷逃居日本京都。1919年回国住在天津，曾纠合清廷遗老，以保存封建文化为宗旨，组织东方学会。1924年9月被溥仪召入宫，与王国维一起检理宫中器物。11月任清室善后委员。1925年2月23日在日本大使馆的庇护下，他与其子将溥仪送至天津日租界张园，以此功被委为顾问。1929年迁居旅顺。1931年九一八事变后，成为"满洲国"的汉奸之一。1932年2月任伪满洲国参议府参议。1936年任"满日文化协会"会长。1940年6月19日病逝于旅顺。是甲骨学的奠基者之一，与王国维、董作宾、郭沫若合称"甲骨四堂"。弟子有容庚、商承祚、柯昌济、关百益、孙宝田等。著有《三代吉金文存》《殷文存》《秦金石刻辞》《殷虚书契前编》《殷虚书契菁华》《铁云藏龟之余》《殷虚书契后编》《殷虚古器物图录》《流沙坠简》《流沙坠简考证》《鸣沙石室佚书》《鸣沙石室佚书续编》《鸣沙石室古籍丛残》《敦煌石室遗书三种》《贞松堂西陲秘籍丛残》《敦煌石室碎金》《敦煌零拾》《沙州文录补》《敦煌石室遗书》《佚籍丛残初编》《石室秘宝》《五十日梦痕录》《贞松堂集古遗文》等。其著作及刊刻大多收入《罗雪堂先生全集》。

按：董作宾《罗雪堂先生传略》谓罗振玉贡献中国学术厥功有五：内阁大库明清史料之保存；甲骨文字之考订与传播；敦煌文卷之整理；汉晋木简之研究；古明器研究之倡导。此五项得其一者即足以名世，更何况兴农学，办教育，开启民智，谋利民生，清末救国强国，雪堂实导夫先路。至于寰宇贞石之著录，子史坟籍之校勘，书法篆刻诸游艺，皆其余事，而抗诸乾嘉老辈，雪堂亦无惭色。（罗振玉《清代学术源流考》附董作宾《罗雪堂先生传略》，江苏文艺出版社2011年版）

按：《民国学案》第三卷《罗振玉学案》说："罗氏政治思想颇为保守，晚年的政治活动更为人所非，但他早年传播的维新思想对中国也有正面的影响，同时罗氏也是著名的学者，在对殷墟甲骨、敦煌文书、汉晋木简、金石器物和传世秘籍等文物史料的搜集、保护、整理和研究方面作出了相当的贡献。"

钟观光（1868—1940）。观光字宪鬯，浙江宁波人。1887年考中秀才。1899年与虞祖辉、虞和钦在故乡镇海柴桥创办"四明实学会"。1900年自行设计，自筹资金，在上海浦东创办灵光造磷厂。1901年在上海首创科学仪器馆，1903年又创刊《科学世界》，建立上海科学仪器馆。1900年任江苏高等学校理化教席。1902年东渡日本考察教育和实业。1903年主持蔡元培创办的爱国女校。1911年应教育总长蔡元培之邀，出任教育部参事。1915年任湖南高等师范学校博物学副教授。1916年任北京大学生物系副教授。1927年任浙江大学副教授兼浙江省博物馆自然部主任。1930年任中央研究院自然历史博物馆研究教授。著有《理科通证》《旅行采集记》《山海经植物》《近世毛诗植物解》《物贡纪略》《植物古籍释例注解》《中华植物学》《本草疏证》等。

徐谦（1871—1940）。谦字季龙，晚年自署黄山樵客，安徽歙县人。1904年中进士，入翰林院仕学馆攻读法律。1907年毕业后，先后任翰林院编修和法部参事职务，主持制订全国的新式法律。1908年任京师地方审判厅厅长、京师高等审判厅检察长。1910年与许世英赴华盛顿参加国际司法会议，并考察英、法、德、俄等国的司法制度。1912年3月任司法部次长。1913年去上海加入基督教圣公会，并发起组建全国基督教救国会。1917年南下广州，任孙中山广州军政府秘书长。1919年以观察员资格参加巴黎和会，回国后，被聘为天津《益世报》主编。1921年任孙中山政府最高法院院长。1923年任岭南大学文学系主任，并创办《评议日报》。同年应冯玉祥之聘进京,任中俄庚款委员会主席。1926年随冯玉祥访问苏联,回国后,任国民党中央执委兼司法部长。1927年3月当选为中央常委和军事委员会主席团成员。后寓居香港,重开律师生涯。抗日战争爆发时,回到内地,任国防委员会委员。著有《民法总论》《刑法丛编》《劳资合一》《徐季龙先生遗诗》等。

陶湘(1871—1940)。湘字兰泉,号涉园,江苏武进人。以县学生保送鸿胪寺序班,后累擢至道员。历任京汉路养路处、机器处总办、上海三新纱厂总办。辛亥革命后,历任招商局、汉冶萍煤矿董事、天津中国银行经理、天津裕元纱厂经理等职。雅好藏书与刻书。藏书处名"涉园",藏书30万卷,讲求版本精良,装潢美观,经其整修古书被称为"陶装"。辑刊目录之书有《涉园所藏宋版书影》《故宫殿本书库现存目》《清代殿版书始末记》《毛氏汲古阁刻书目录》《明内府经厂书目》《涉园鉴藏明版书目》《涉园明本书志》等;考订有《清代殿本书目》《武英殿聚珍板书目》《武英殿袖珍板书目》等。

胡元倓(1872—1940)。元倓字子靖,号耐庵,湖南湘潭人。1897年入选拔贡。1902年入选湖南首批官费留日生,东渡日本,就读东京弘文学院速成师范科。1903年在湖南长沙创办明德学堂。1908年在南京创办银行专科,后正式改为南京高等商业学堂,还在上海、汉口设立分校。1913年又在北京创办明德大学,聘章士钊任校长。1929年任湖南大学校长。1938年任国民参政会参政员。著有《耐庵文集》4卷。

张蕴和(1872—1940)。蕴和原名默,江苏松江人。早年任教于中学,并曾赴日本考察教育。清光绪二十八年(1902)由《申报》编辑金剑华、雷君曜推荐入申报馆工作,初任编辑,后任副总主笔,与总主笔陈景韩轮流写短评,署笔名"默"发表。喜藏砚,达二百方,名其室为百砚斋。1929年秋,接替陈景韩任《申报》总主笔。1938年10月,《申报》改挂美商哥伦比亚公司招牌复刊,以美国人阿乐满为总主笔,他改任副总主笔。

高步瀛(1873—1940)。步瀛字阆仙,又字朗轩,河北霸县人。师从吴汝纶。1894年考中举人。在永清、完县、定兴等地书院和保定莲池书院任教。1901年任畿辅大学堂教席、保定优级师范学堂教席。1902年赴日本留学,肄业于宏文师范学院。1906年调任学部图书局编纂,兼董理顺天府学务总处,旋补学部主事。1911年11月参与组织成立北京通俗教育研究会,编著通俗教育书籍。1912年中华民国成立后,历任教育部佥事、教育部编审处主任、社会教育司司长。1921年任北京高等师范学校讲师,兼女师大教授。1926年辞去官职,任北京师范大学和女子师范大学教授。1928年兼女子师范大学秘书长,处理学校日常事务。1930年任沈阳萃开书院讲习。1931年"九一八事变"后,专任北京师范大学教授,主讲文选学。1937年"七七事变"后,拒绝接受伪政权的聘用。1939年被辅仁大学校长陈垣聘为该校教授。曾与吴闿生、鲁迅、陈垣、黄节、沈兼士、余嘉锡、曾广源、吴承仕、齐宗颐等交往。著有《古礼制研究》《吴氏孟子文法读本笺》《国文教范笺注》《古今体诗约选笺注》《古今辞类要注》《文选李注义疏》《古文辞类纂笺证》《周秦文举要笺证》《两汉文举要笺证》《史记举要笺证》《史记正义斠注》30卷、《后汉书地名考》《汉魏六朝文选》《魏晋文举要笺证》《汉魏六朝诗举要笺证》《唐宋文举要》《唐诗文人名通检》《杜诗举要笺证》《文选引用书目》《选学举要》《明清文选》《赋学举要笺证》《词赋选笺证》《选诗补注》《古文苑注》及《讲大集日记》等。

按:《民国学案》第四卷《高步瀛学案》说:"高步瀛作为学者,治学严谨,渊博精深,注重考据,长于笺证。于经学,专精'三礼'。……著《古礼制研究》若干卷,叙述'三礼'源流及明堂、学校、祭祀等制度,旁征博引，纲目清晰，为集历代礼学大成之作。于史学，博览群书，邃于《史记》《汉书》。曾据日本泷川氏《史记会注考证》一书，写成《史记正义斠注》三十卷，既纠正原书误文，又为之考证疏注。于舆地学，通晓天下山川形胜及历代行政治所之沿革，认为州县治所，区域疆划，随着时代变迁，学者或因不慎，或囿近情，在叙述古事时，往往以毫厘之差，而致千里之失。故发奋研究东亳西亳之辨，丰京镐京之别，王季之所都，周公之所葬，荆蔡楚国之迁移，以及述武安、论蓝天、定鸿门等，均旁搜远绍，反复申辩，令人了若指掌。于考据校勘学，精审渊博。对《昭明文选》，致力绝勤，而尤服膺李善之学。"

毛思诚（1873—1940）。思诚原名裕称，字彩宇，号勉庐，浙江奉化剡源乡岩头村人。早年为秀才。蒋介石的启蒙老师。先后执教奉化龙津学堂、镇海培玉两等小学堂、宁波府中学堂、衢州省立第八师范学校。任浙江第八师范舍监及国文教师。1925 年 4 月应蒋介石邀，任黄埔军校秘书处少校秘书，兼校史编纂委员会委员。次年 3 月任广东潮阳县长。1927 年后，历任国民革命军总司令部中校秘书、总司令办公厅文书科上校科长、第一编遣区办事处总务局文书科长、陆海空军司令部副官处文书科上校科长、国民革命军战史编纂委员会常委、国民政府主席办公室秘书等职，一直在蒋介石身边担任文牍、机要工作。1934 年 7 月任监察院监察委员。1931 年为蒋介石编成《自反录》。编有《民国十五年以前之蒋介石先生》《蒋介石大事年表》，另著有《评注国文》《性灵诗》等。

瞿启甲（1873—1940）。启甲字良士，别号铁琴道人，江苏常熟人。瞿镛孙。其家"铁琴铜剑楼"藏书闻名海内，历数百年，保管精当。为继承和保藏先代藏书，刊印藏书目录，成《铁琴铜剑楼藏书目录》24 卷。辛亥革命后，又积极倡议设立公共图书馆，创办常熟公共图书馆。后任北洋政府众议院议员，因拒绝曹锟贿选而归家。抗日战争爆发后，秘密将藏书运往上海。新中国成立后，后人将部分藏书捐给国家，另一部分由政府出资收购，现全部归入北京图书馆。编撰有《铁琴铜剑楼书影》《藏书续目》《藏书题跋》等。

孔昭曾（1874—1940）。昭曾字又荃，号少云，山东曲阜人。1891 年中举，授内阁中书侍读，分省补用知府。1905 年应聘为曲阜官立四氏师范学堂首任监督（校长）。1906 年秋被调任署广饶知县。民国初，又转任招远县知事、山东省公署第二科（财政科）科长。旋回曲阜，在孔府协助衍圣公孔令贻主持祭祀活动，并长期负责孔府接待、文牍等工作。1934 年应县长孙永汉之邀，任《续修曲阜县志》分纂。同时任曲阜孔学总会会长。酷爱书法艺术，对欧、颜、米、蔡以及汉魏六朝诸家书法碑帖潜心研习，独具心得，有较高的艺术造诣。同时兼善绘画，长于山水、人物、花鸟、小品。工诗词，著有《晋游草诗集》《公余草诗集》《窗稿诗集》《浣花草庐诗集》《潜园诗草》等。

汤尔和（1878—1940）。尔和原名汤鼐，字调鼐，晚年号六松老人，浙江杭县人。1900 年就读于杭州养正书塾，师从陈黻宸，与马叙伦同窗。1902 年随陈黻宸在上海创办《新世界报》。1902 年考入日本东京成城学校。1904 年回国，任浙江高等学堂音乐教员。1907 年再赴日本，毕业于金泽医科专门学校，其间被推为拒俄义勇队临时议长，加入同盟会。又游德，获柏林大学医学博士学位。1910 年回国后，创办浙江病院，任副院长兼内科医师。1911 年 12 月任中华民国临时参议会议长。1912 年 10 月筹办国立北京医学专门学校，自任校长。1915 年 4 月被聘为协和医校干事会学术部主任。9 月发起成立中华民国医药学会，任会长。1919 年五四运动爆发后，为反对北京政府无理逮捕学生而辞职。1920 年到欧洲考察。1922 年回到北京，仍任医校校长。9 月任北京政府教育总长。1926 年 10 月任北京政府内务总长。1927 年任财政总长。1937 年七七事变后投向日伪，任"议政委员会"委员长等职。1939 年兼任北京大学总监督。1940 年 3 月任伪"华北政务委员会"教育总署督办。

11月8日病死于北平。著有《组织学》《局部解剖学》《胎生学》《诊断学》《自然与人类学概论》《近世妇人科学》《生物学精义》《满铁外交论》《东省刮目论》等30余部。

陈蝶仙(1879—1940)。蝶仙原名寿嵩,字昆叔,后改名栩,字栩园,笔名天虚我生、太常仙蝶等,浙江钱塘人。清末贡生。早年从事艳情小说的创作,为鸳鸯蝴蝶派代表人物。1895年在杭州独创《大观报》,自任主笔。1906年在上海创办《著作林》月刊,同年在杭州创办《艺林新报》。1913年后又先后任《游戏杂志》《女子世界》主编。1915年任上海《申报》副刊《自由谈》主编。1920年脱离《申报》,转入实业界。举办实业的同时,仍兼任《机联会刊》主编。著有《栩园丛稿》《天虚我生诗词曲稿》《文苑导游录》,长篇写情小说《泪珠缘》《玉田恨史》《井底鸳鸯》《孽海疑云》《满园花》《郁金香》《新官场现形记》《新泪珠缘》等。

马君武(1881－1940)。君武名和,字君武,广西桂林人。1900年入法国天主教会所办丕崇书院学习法文。1901年入上海震旦学院,同年冬赴日本京都大学读化学。1905年8月第一批加入同盟会,与黄兴、陈天华等人共同起草同盟会章程,并成为《民报》的主要撰稿人之一。1905年底回国,任上海南洋公学教习。1907年赴德国柏林工业大学学冶金。首次翻译《共产党宣言》纲领,在民报上发表。1911年武昌起义爆发后回国,作为广西代表参与起草《临时政府组织大纲》和《中华民国临时约法》,并任南京临时政府实业部次长。1912年出任国会参议员。1913年二次革命失败后,再赴德国入柏林大学。1916年获工学博士回国,恢复国会议员职。1917年7月南下广州参加孙中山护法运动,任广州军政府交通部长。1921年任孙中山非常大总统总统府秘书长,并一度任广西省省长。1924年与冯自由、章炳麟等人发表宣言,反对国民党改组和联俄容共、扶助农工等三大政策。同年任上海大夏大学首任校长。1925年出任北洋政府司法总长、教育总长,被国民党第二次全国代表大会开除党籍。1928年创办省立广西大学,曾三任广西大学校长。译著有《民约论》《弥勒约翰之说》《赋税论》《唯心派巨子黑智儿之学说》《代数学》《矿物学》等。

按:安远《马君武教育思想研究》说:"马君武,我国现代著名的教育家、科学家、翻译家、诗人、广西大学的奠基人。他办学从教近20年,为国家培养了大批栋梁之才。周恩来称之为'一代宗师',朱德、彭德怀说他是'教泽在人',而人们则往往把他与蔡元培相提并论,称之为'北蔡南马'。马君武在其教育生涯中曾经担任过上海公学校长、上海大夏大学校长、北京工业大学校长及广西大学校长等职位,他在长期的教育实践活动中不断总结办学经验,深入探索大学的教育理论,逐渐建立了为国家服务的办学理念、高水平的教师队伍是高等学校办学的基础、为国家培养输送致用人才等人才培养理念,他富有创新性的教育思想及教育实践活动,对我国近代教育产生了非常深远的影响。"(西南大学硕士学位论文,2012年)

张善孖(1882—1940)。善孖名泽,字善,一作善子,又作善之,号虎痴,四川内江人。张大千二哥。曾与大千东渡日本留学,回国后任上海美专教授。与张大千同寓上海,领袖风雅,有"二雅"之目。并与黄宾虹、马企周等8人组织烂漫社。善山水、花卉、走兽,尤精画虎。豢虎以供写生,写虎各种形态,被誉为画虎大师。创立大风堂画派。1938年在周恩来、林森、许世英等人赞助下,带着自己和其弟张大千的作品共180多件出国举办画展,募集抗日捐款。先后在法国、美国展出,前后约两年,举办100多次画展,共募得捐款20余万美元,全部寄回国内支援抗战。1940年将《飞虎图》赠与美国空军上校陈纳德,陈纳德遂将美国空军志愿队改名为"飞虎队",并按《飞虎图》做了许多旗帜和徽章分发部下,以鼓舞战士。

萧友梅(1884—1940)。友梅字思鹤,又字雪明,广东香山人。幼年在澳门就开始接触西洋音乐,1901年赴日本学习教育和音乐,就读于东京高等师范附属中学、东京音乐学校。1906年入东京帝国大学教育系,同年加入中国同盟会,协助孙中山、廖仲恺等进行革命活动。1907年2月起在东京《学报》上发表第一篇音乐论文《音乐概说》。1909年毕业,次年回国,任清政府学部视学,同年经清政府留学生"殿试"被授予文科"举人"。1912年中华民国成立后,任南京临时大总统府秘书,同年10月赴德国莱比锡大学哲学系,并在该校音乐学院学习音乐理论及钢琴。1916年以《十七世纪以前中国管弦乐队的历史的研究》(旧译《中国古代乐器考》)一文获莱比锡大学哲学博士。同年10月入柏林大学哲学系及斯特恩音乐学院进修。1920年回国后,任教育部编审员兼高等师范学校附属实验小学主任。同年秋与杨仲子等创办北京女子高等师范学校音体专修科,并任系主任。1921年应蔡元培之聘,任北京大学讲师、音乐研究会导师。同年6月与赵元任等发起成立乐友社。1922年任北京大学音乐传习所教务主任,并组织管弦乐队,自任指挥。1925年兼任北京国立艺术专科学校音乐科主任。1927年11月与蔡元培在上海创办中国第一所正规的专业高等音乐学府——国立音乐院,并一直主持该校行政。著有《和声学》《中西音乐的比较研究》《古今中西音阶概说》《中国历代音乐沿革概略》《近世西洋音乐史纲》《音乐家的新生活》等。编写《初级中学乐理教科书》《普通乐学》《钢琴教科书》《新学制风琴教科书》《小提琴教科书》《今乐初集》《新歌初集》《新学制唱歌教科书》等教科书。

按:薛建斌《萧友梅的音乐教育思想及对高师音乐教育的启示》说:"萧友梅是我国著名的音乐教育家、作曲家和音乐理论家,也是我国近代音乐教育事业的开拓者和奠基人。综观萧友梅一生,可以发现他的所有音乐经历与音乐活动都和音乐教育分不开。他的教育思想、创作理念、音乐实践和高尚的人品风格深深地影响着后代音乐学子,其音乐教育思想中凝聚着许多至今仍值得我们认真学习与借鉴的宝贵之处。……萧友梅的音乐教育思想,主要包括如何树立音乐教育目标;中学为体,西学为用;重视学生的全面发展和艺术实践能力的培养;注重丰富学校音乐教育资源,提高教学质量等。"(湖南师范大学硕士学位论文,2008年)

王开疆(1890—1940)。开疆,江苏如东人。早年考入上海中国公学法律系。读书期间结识章太炎、于右任、邵力子等,参加辛亥革命,毕业后,于南京、苏州、上海等地先后设立律师事务所。又去北京考取法官。后因反对袁世凯恢复帝制,遭到军阀的迫害,为脱险境,东渡日本,于日本东京早稻田大学法政科攻读法律专业。毕业后回国定居上海当律师,以主持正义,保障人权为己任。同时致力于教育事业尤其是法律教育事业,并且参与恢复中国公学,创办上海法政大学。历任南方大学法律系主任,上海大学暨南大学、上海法政大学教授,上海法科大学教务主任、校长。曾任南京政府法官惩戒委员会秘书长,后又被任命为司法院中央公务员惩戒委员会委员。1938年与友人创办三吴大学,以掩护抗日救亡活动。1940年春节化装后登上上海开往香港的邮轮。途中发现仍被日伪特务紧盯,于是选择跳海殉国。1940年2月12日重庆《新华日报》刊登《王开疆不为汪逆利用,投海自尽明志》一文。

程时煃(1890—1940)。时煃字柏庐,江西新建人。早年留学日本东京高等师范、美国哥伦比亚大学。曾任中央大学教育行政院普通教育处处长、江西教育厅长等职。著有《教育讲义》等。

王独清(1898—1940)。独清原名王诚,号笃清,陕西长安人。早年留学日本。1920年留学法学,并研究和考察欧洲古典建筑艺术。回国后与郭沫若等发起成立创造社。曾任创造社理事和中山大学教授,主编《创造月刊》。后任上海艺术大学教务长,主编《开展月刊》。因加入"托派"而被创造社除名。著有《圣母像前》《死前》《威尼市》《锻炼》等诗集及长篇小说《我在欧洲的生活》等。

沈西苓(1904—1940)。西苓原名沈学诚,笔名叶沉,浙江德清人。毕业于浙江甲种工业学校,考取官费生,留学日本,时结识戏剧家秋田雨雀等人。1924年在日本筑地小剧场实习美工。1928年回国。1930年2月与许幸之等人发起组织中国第一个左翼美术团体——时代美术社。同年3月与鲁迅等人联名发起并组织成立中国左翼作家联盟。1931年进入电影界,先后在天一、明星等影业公司任职,编导《女性的呐喊》《乡愁》《船家女》《十字街头》等影片。1933年2月当选为中国电影文化协会执行委员,并担任宣传部领导工作。1937年转入联华电影公司,7月当选为电影界工作人协会常务理事。1938年1月当选为中华全国电影界抗敌协会第一届理事。是夏加入中央电影场,任编导委员,拍摄以抗战为题材的《中华儿女儿》,编写电影剧本《神鹰》《大时代的小人物》等。

穆时英(1912—1940)。时英笔名伐扬、匿名子,浙江慈溪人。早年毕业于上海光华大学中文系。1929年开始小说创作,翌年发表小说《咱们的世界》《黑旋风》。1932年出版小说集《南北极》。1933年出版小说集《公墓》,后又出版《白金的女体塑像》《圣处女的感情》等。1933年前后参加国民党图书杂志审查委员会。1935年与叶灵凤合编《文艺画报》。抗日战争爆发后赴香港,任《星岛日报》编辑。1939年回沪,主办《中华日报》副刊《文艺周刊》和《华风》,并主编《国民新闻》。1940年6月28日被国民党特务暗杀。

雷锋(—1962)、王司马(—1983)、施光南(—1990)、陈裕德(—1996)、洪丕谟(—2005)、蒋大椿(—2015)生。

六、学术评述

本年度依然处于抗日战争战略相持阶段的前期(1938年11月至1941年11月),日军已深陷中国战场泥潭,天皇无奈称:低估了中国军队,但也因此而更加疯狂。8月,日机就多次对重庆进行狂轰滥炸,大量房屋被毁,损失惨重。在国民党军队的正面战场有两场大规模战役:一是跨年度的桂南会战。自1939年11月13日开始,至1940年10月30日结束。其中始于1939年12月18日的昆仑关战役为抗日战争的大型战役之一,也是桂南会战国民革命军投入战力最强规模部队的一场战役。至本年1月11日,"昆仑关大捷"迫使日军改变对广东的作战计划,造成日军在战略上的部分被动。二是5月1日至6月18日的枣宜会战,此为武汉会战以来日军对正面战场最大规模的一次进攻。而在华北战场,八路军发起"百团大战",为抗日战争时期八路军在华北敌后发动的一次大规模进攻和反"扫荡"的战役,也是抗日战争相持阶段八路军在华北地区发动的一次规模最大、持续时间最长的战役,有力地配合了国民党军正面战场的作战。上述国民党正面战场的桂南会战、枣宜会战以及八路军的"百团大战",重击了日伪军的嚣张气焰,极大地振奋了全国的抗战信心。为了确认正统,稳定人心,提振士气,国民党作出了两个决定:一是尊孙中山为国父;二是正式定重庆为陪都。然而,就在抗战如此艰难的关键时期,蒋介石还是掀起第二次"反共"高潮。10月19日,蒋介石指使何应钦、白崇禧以国民政府军事委员会正副参谋总长的名义致电八路军朱德、彭德怀正副司令和新四军叶挺、项英正副军长,强令在一个月内开赴黄河以北。此为国民党第二次"反共"高潮之开端。11月9日,中共以朱德、彭德怀、叶挺、项英名义复电,严辞拒绝国民党当局的无理要求,但为顾全大局,同意将皖南的新四军撤到长江以北。由此发展的恶果便是导致次年震惊中外的"皖南事变"的发生。

就文化规章与政策的导向观之,国民党当局依然采取打压与合作相结合的策略。打压方面,旨在加强文化控制,比如 2 月 21—26 日国民党中央党部召开特种座谈会,讨论"禁止或减少共产党书籍邮运办法及取缔生活、新知、互助等书店办法"。3 月 16 日,国民政府教育部公布《文化团体总登记办法》11 条,限各文化团体于 6 月前重行登记,未立案的文化团体可补行立案手续。21 日,国民党中央宣传部拟定《电影剧本审查登记办法》《戏剧剧本审查登记办法》及《战时剧本审查标准》。5 月 16 日,国民党第五届中央常务委员会第 147 次会议通过了《修正战时图书杂志原稿审查办法》。6 月 13 日,中央图书杂志审查委员会电令所属查禁毛泽东所著的《新民主主义论》。9 月 6 日,国民政府颁布《中央图书杂志审查委员会组织条例》。同日,国民政府公布《战时图书杂志原稿审查办法》19 条。合作方面,则旨在维持文化统一战线。其中最具代表性的事件是 11 月 1 日国民政府军事委员会政治部文化工作委员会在重庆天官府宣布正式成立,郭沫若任主任委员,阳翰笙、谢仁钊任副主任委员。周恩来、董必武等各界 400 余人参加了招待会,显示出文化界革命、进步的抗日民族统一战线力量的强大以及国共在文化领域的合作意向。此外,国民党当局成立中央文化运动委员会与中央文化驿站,除了服务抗战也有上述双重意图。再就教育规章与政策导向而言,陈立夫继续任教育部长,所采取的相关重要举措有:2 月 9 日,教育部通令各院校为发扬中国固有文化,应进行下列各项工作:广搜中国通史、断代史、专史材料,充实教学内容;与海外友邦有联系的学校应密切合作,整理中国材料,研究中国问题,翻译中国典籍。10 日,国民政府教育部令发《发扬固有文化办法》。3 月 10—16 日,教育部在重庆召开第一次国民教育会议,讨论推进国民教育问题。21 日,教育部公布《国民教育实施纲领》9 章 40 条。同月,国民政府行政院公布《教育部学术审议委员会章程》16 条。4 月 1 日,国民参政会第一届第五次大会在重庆开幕,会议讨论宪法草案 8 条。此宪法草案与训政时期的《约法》无大出入。主要变更有:一、将《约法》中的"三民主义为中华民国教育之根本原则"改为"中华民国之教育宗旨在发扬民族精神,培养国民道德,训练自治能力,增进生活智能,以造成健全国民"。同月,教育部成立史地教育委员会,吴俊升、张西堂、黎东方为专任委员,陈东原为秘书。5 月 1 日,教育部学术审议委员会第一次大会通过《补助学术研究及奖励著作发明一、二、三等奖》一案。11 日,教育部学术审议委员会第一次会议在重庆举行,正式宣告该会成立。吴敬恒、朱家骅、张君劢、陈大齐、陈布雷、马寅初、蒋梦麟、吴有训等 29 人为委员。14 日,教育部举行史地教育委员会第一次全体委员会议,通过"改进大中小学史地教育事项、推动社会史地教育事项、编纂中国史地书籍事项、编制抗战史料事项"等议案。7 月 26 日,教育部在重庆召开国语推行委员会第二届会议,研究加紧推行国语教育问题。27 日,教育部公布《教育部边远区域教育督导员暂行规则》15 条,《边远区域劝学暂行办法》10 条。8 月 30 日,教育部颁发《教授离校考查或研究办法》9 条。10 月 25 日,教育部训令专科以上学校:为发扬民族意识,各校应设立史地学会。无史地学系的学校,亦宜促成学生组织中国历史或地理研究会。同月,教育部设立三民主义教学研究会,陈立夫任会长。是年,教育部任命一批国立大学校长。其中有:胡先骕(中正大学)、陈时珍(西北大学)、许崇清(中山大学)、周均时(同济大学)、吴南轩(复旦大学)、胡庶华(湖南大学)、雷沛鸿(广西大学)、樊正康(沪江大学)。以上对本年度学术研究都产生了不同程度的影响。

就学术版图结构而论,国内依然划分为国统区、解放区与沦陷区三大区域五大板块,加之海外为六大板块,其中重庆、昆明、延安依然构成西南—西北学术纵轴线。

首先是国统区。重庆轴心继续居于国统区学术版图之首。其中第一件重大事件是 3

月5日晨中央研究院院长蔡元培在香港不幸病逝,国共最高领导同时致哀,然后引起重庆以及全国的哀悼追思活动。3月5日蔡元培在香港逝世当日,国民党总裁、军事委员会委员长蒋介石发来唁电:"香港蔡夫人暨无忌世兄礼鉴:惊悉孑民先生遽归道山,老成殂谢,痛悼无任。务望节哀顺变,善绍先志,用慰九原。谨电致唁。蒋中正叩。"7日,毛泽东发来唁电:"香港九龙奥士甸道蔡孑民先生家属礼鉴:孑民先生,学界泰斗,人世楷模,遽归道山,震悼曷极,谨电驰唁,尚祈节哀。"9日,中共中央又发来唁电,并派廖承志专程前去吊唁。3月10日下午,蔡元培灵柩举殡,香港各学校、各商店均悬半旗志哀。2时启灵,家属先行家奠,即由北大旅港同学所组护灵队扶柩登灵车。蔡元培的家属、北大同学花圈队及送殡亲友均步行后随。执绋者5000余人,行列整齐肃穆。22日,中央研究院首届评议会第五次年会在重庆嘉陵宾馆开幕,开会前,举行该会蔡故议长追悼仪式,并由任鸿隽报告蔡元培病状、临终情形、治丧概况、将来纪念蔡先生之各种办法。24日上午8时30分,在重庆美专学校举行蔡元培公祭仪式,林森主席、蒋介石总裁以及各院长、各部长之外,蔡元培许多门生故旧都书联悼念。中共领导人毛泽东、董必武也都送了挽联。公祭开始,首由蒋介石率领国民党留渝中央执、监委员等向蔡元培遗像致祭;次由张继代表国民政府致祭;再次由各部、会,国民党重庆市党部,各文化团体,中央研究院,重庆各报联合会,重庆北大同学会等先后上香、献花致祭。下午3时,举行蔡元培追悼大会。各机关团体代表张伯苓、马寅初、左舜生、张澜、黄炎培、沈钧儒、于右任、邵力子、朱家骅、何成濬、吕超等500余人出席。由张继主祭,奏哀乐、献花圈后致词。同日,四川、贵州、广西、湖南、浙江等省及香港均举行追悼大会,吊祭蔡元培。昆明各界也举行蔡元培追悼大会,由云南省主席龙云主祭,梅贻琦报告蔡元培先生生平事迹,云南省教育厅长龚自知讲述蔡元培生前努力思想解放及提倡学术研究自由之精神。作为中央研究院创始人,蔡元培的不幸去世,标志着一代学术巨星的陨落,甚至是一个学术时代的结束。第二件大事是中央研究院院长人选的产生。3月23日,中央研究院评议会进行院长候补人记名投票选举,共收回有效选票29张,结果翁文灏(24票)、朱家骅(24票)和胡适(21票),以过半数票当选为院长候补人,蒋介石据此圈中了时任国民党中央组织部长的朱家骅。9月19日,朱家骅被国民政府任命为中央研究院代理院长,立刻呈辞,蒋介石批了"此事重要,勉为其难"。院中各所长又来劝驾,朱家骅乃到院接事。10月,任鸿隽辞去中央研究院总干事职务。11月,由傅斯年继任中央研究院总干事。朱家骅出任中央研究院代理院长,意味着中央研究院"后蔡元培时代"的开启。第三件大事是中央研究院史语所从昆明迁到重庆李庄。6月,鉴于长沙会战紧接而来、气氛紧张,同时广西边区也与日军有接触,傅斯年决定将史语所再迁四川,希望这次能搬到一个地图上找不到的地方。8月,傅斯年开始启动中研院史语所由昆明迁往四川南溪县李庄镇的浩大工程。秋,中央研究院社会所以及中博院和中国营造学社也陆续开始由昆明迁往四川南溪县李庄镇。中央研究院下属史语所和人类体质研究所、社会研究所分期分批迁往李庄。从此,四川省南溪县李庄镇声名远播,揭开其历史上不平凡的一页,许多文人学者在这里度过了最惨淡也最辉煌的日子。"中国李庄"和"中国小屯"的名字一样,成为世界近现代学术史上一道靓丽的风景线。在此,还应提到中央研究院社会科学研究所所长陶孟和率领该所在四川南溪李庄门官田安顿下来,即开始进行《抗战损失研究和估计》等项目的调查,完成《1937—1940年中国抗战损失估计》等报告。因为陶孟和对第一次世界大战各国各方面的损失估计以及和会谈判情形十分了解,所以他提出应该早日进行研究,为以后抗战胜利和谈判赔偿问题提供资料准备。第四件大事是国民党组建文化工作委员会,郭沫若任主任,得到了周恩来的鼎力支持,有助于推进国共双方抗战文化运动的合作,也有利于提升郭沫若作为文化学术领袖的地位。第五件大事是马寅初公开批判孔祥熙、宋子文大发国难财,被蒋介石拘禁于江西息烽集中营。除了中央研究院,重庆轴心的另一学术大本营是高等学校。罗家伦继续任国立中央大学校长。1月10日,罗家伦与中山大学校长邹鲁、北京大学校长蒋梦麟、四川大学校长程天放、西北大学校长胡庶华等联名致电美国参众两院,恳请美国政府予日本以经济制裁。7月1—8日,罗家伦出席中国国民党五届七中全会,提出《确立办法迅速筹款以挽救全国高等教育危机》提案。夏,洪谦、周培智、蒋复璁、朱偰、俞叔平等中央大学、西南联合大学的32位专家学者及校友联合在重庆成立中国学术研究会,以"研究专门学术,促进中国文化"为宗旨,洪谦等为负责人。该会对学术研究的立场是"学"与"术"并重,既不偏于"学",自命清高,亦不偏于"术",以迎合时流。目的是从"学术""研究"上启导国人对于欧美学术思想有正确的观念与参考,既不"重美轻欧",亦不"重欧轻美",希望打破"轻重异邦"的学术心理,以达到中国"学术独立"与"技术自治"的境地。同时创办《建国学术》会刊及《学术季刊》等。顾颉刚继续任齐鲁大学国学研究所主任。3月16日,齐鲁大学创办《责善》半月刊,顾颉刚撰《发刊词》,指出:"治学之道,不贵因而贵创。"11月1日,《齐大国学季刊》在成都齐鲁大学创刊,由齐鲁大学国学研究所主办,顾颉刚任主编。钱穆所著《国史大纲》出版后风行全国,对激发民众的爱国心发挥了积极作用,也赢得了史学界的高度评价。四川大学蒙文通等发起的《史学季刊》3月在成都创刊,共同发起者几乎囊括了汇聚西南的史学家。蒙文通和周谦冲负责编辑创刊号,蒙文通并撰《发刊词》。以上两个学术大本营之外,再就交织于重庆政界、文艺界与学术界的学术活动作一简要梳理。一是以中共中央南方局为中心、周恩来与董必武领导的中共以及左翼文人学者群体,实际上已将由老舍主持的中华全国文艺界抗敌协会与王昆仑、侯外庐等负责的中苏文化协会的三个左翼文化机构融合在一起。二是以张澜、黄炎培为领袖的民主人士学术群体。尽管当时张澜、黄炎培等民主人士声望很高,但尚无严密的民主党派组织,主要是借助国民参政会通过"宪政期成会"推动"宪政"的讨论与实施,于是重点秘密筹建"中国民主政团同盟"。三是任职于国民党党务、政府以及学术文化机构的文人学者群体。6月,教育部扩充国语推行委员会。原定委员14人,后增加至25人,吴敬恒兼主任委员,吴敬恒、黎锦熙、魏建功、林语堂、潘公展、陈礼江等人兼常务委员,委员有汪怡、陈懋治、赵元任、董淮、胡适、萧家霖、顾颉刚、何艾龄、李蒸、廖世承、张一麐、陈鹤琴、谢循初、钱云际、卢前、傅斯年、许地山等。四是任职于相关学会、刊物等的文人学者群体。卫聚贤3月与郭沫若等数十名学者在重庆成立了巴蜀史地研究会,并草拟了《巴蜀史地研究会草章》,刊于《说文月刊》第2卷第2期。

国统区的另一轴心是昆明。重中之重依然是西南联大,其次是云南大学。梅贻琦仍任西南联大常委会常委、清华大学校长,继续主持西南联大。1月2日下午2时,教育部长陈立夫在云南大学致公堂邀请在昆明各大学校长、院长、系主任,蒋梦麟、梅贻琦、熊庆来、丁燮林、严济慈、樊际昌、龚自知、张奚若等百余人出席。会间交换关于教育学术各项意见。3月24日,梅贻琦出席昆明各界举行的蔡元培追悼会,并报告蔡元培生平事略。6月8日下午3时,梅贻琦主持清华第30次校务会议。会议决定:自二十九年度起恢复文科研究所中国文学部、理科研究所化学部、法科研究所政治与经济两部,文科研究所之社会学部呈请教育部于三十年度起恢复。7月17日下午3时半,梅贻琦在常委会第149次会议上作报告,教育部顾毓琇来函,谓时局变化不定,必要时联大应作迁徙准备。常委会决议:奉教育部指示,因时局变化不定,安南(今越南)不保,昆明堪虞,本校应开始作万一必要之迁校准备。18日,英国迫于日本压力,与日本签订封闭滇缅公路协定,规定三个月内禁止武器等通过缅甸输送,从而切断了中国从海外输入战时物资的唯一通道。昆明首当其冲,物价飞涨,教授生活纷纷陷于赤贫。这对西南联大冲击极大。陈寅恪、冯友兰皆为当之无愧的学坛领袖。不过,当年在学界产生深远影响的当推陈铨、林同济、雷海宗等开创的"战国派"。4月1日,《战国策》半月刊在昆明创刊,战国策编辑社编。参与《战国策》的编委还有沈从文、冯至、贺麟等。创刊号载有陈铨的《浮士德精神》和林同济的《战国时代的重演》等文。尽管由于"战国策"派采用德国施本格勒的"文化形态史观",对中国和世界各国的历史与文化进行比较研究,说明历史发展的特点,因而受到部分学者猛烈的批评,但在大后方知识界中还是具有相当的影响力。昆明学术轴心的另一高地是云南大学。熊庆来继续任云南大学校长。8—9月间,在云南大学举行了两场盛会。一是8月29日上午9时在云南大学会泽院第一教室举行中国哲学会第四届年会,会议通过议案:设立西洋哲学名著编译委员会,由贺麟任主任委员;设立中国哲学研究委员会,由冯友兰任主任委员,贺麟与汤用彤、宗白华、黄建中为委员。二是9月15日在云大至公堂举行中国科学社、中国物理学会、新中国数学会、中国天文学会、中国植物学会、新中国农学会等6学术团体联合年会,云南大学校长熊庆来主席并致开幕词。他说,此次六学术团体于时局紧张期间举行联合年会,各会员多远道前来参加,集200余学术界之精英,济济一堂,实为兴奋之至。此外,张君劢在云南主持大理民族文化书院的日常工作。9月初,民族文化书院正式开学。为保证学院的教学质量,张君劢想方设法将不少知名学者聘请到学院任教。

国统区的南方区域中心依然在桂林文化城。在文艺界,胡愈之主编的《文化通讯》2月1日创刊,胡愈之在《文化通讯》创刊号说,"我们在桂林创办了'文化供应社',目的就是要利用这小小的机构,为全国文化工作者,解决一部分的困难,至少也要做全国文化工作者中间的一座桥梁,使他们能够通过这座桥梁而相互联合起来"。该刊开始主要是为谋求全国文化工作者的联络和合作,内容着重文化批判、文化工作报道和实际工作经验的交换。6月1日,欧阳文彬编辑的《文化线》半月刊在桂林创刊。8月20日,夏衍主编的《野草》在桂林创刊。11月1日,田汉主编的《戏剧春秋》月刊在桂林创刊。该刊曾多次在重庆与昆明召开"民族形式"的座谈会。10月13日,"文协"桂林分会召开周年纪念大会,同时改选理事,欧阳予倩、艾芜、林林、宋云彬、黄药眠、夏衍、司马文森、周钢鸣、李文钊、聂绀弩、欧阳凡海、孟超、冯培澜、秋江、林山、莫宝铿、陈此生、芦芰、谷斯范19人当选。由上可见当时广西桂林在南方抗战文艺学术版图中的重要地位。在教育界,马君武3月第三次出任广西大学校长。为了办好广西大学,马君武废寝忘食、呕心沥血,身体每况愈下,却毫不在意,经常带病坚持工作。8月1日,马君武因胃穿孔症医治无效,在桂林雁山校区病逝,享年60岁。此时距他第三次担任广西大学校长不足一年。此外,浙大2月1日开始从宜山迁往贵州遵义,中山大学8月从云南澄江迁往广东省北部的乐昌县坪石镇,胡先骕8月26日经行政院478次会议决定任命为中正大学校长,钱基博、钱钟书父子继续任教于湖南蓝田国立师范学院,等等,皆为南方区域学术增添了分量。浙大、中大尤其如此。

国统区的西北区域中心依然在汉中。胡庶华继续任国立西北大学校长。春,为了进一步督查西北大学以及西北工学院等几校"分而治之"的情况,教育部部长陈立夫到西大视察,并在法商学院二楼凉台上对全校学生发表讲话,宣传国民党的主义和政策。由于当时胡庶华已成为复兴社的要员,与陈立夫发生了矛盾,陈立夫在视察西大时对学生的讲话中,含沙射影地讽刺胡庶华的办学。此后,校内 CC 派和复兴社两派内部斗争日趋激烈,胡庶华在西大已无法立足。10 月,教育部派时任教育部参事的陈石珍代理国立西北大学校长。这一决定是在国民党 CC 派与三青团争夺控制学校领导权的矛盾日益激化的情况下,为缓和内部矛盾而作出的人事安排。在当时国民党当局反共方针不断升级的情况下,教育部和陕西汉中地方当局不断指示校方镇压中共党组织及革命学生,但陈石珍到校后,大力宣扬要学习蔡元培任北大校长时"思想自由、兼容并包"的办校方针,把注意力放在整顿西大、安定教学秩序方面,自谓"本人以为充实学校内容,使全校有浓厚研究学术之兴趣,为最要任务"。此外,河南大学离开开封辗转迁徙,由信阳鸡公山到镇平,由镇平到嵩县潭头镇,由潭头到荆紫关,最后到陕西宝鸡。其学术力量也加持到了陕西。

其次是解放区。依然以延安为轴心,最为引人注目的是对文化的空前重视,然后推及文字、文艺、哲学、科学等各个层面。一是 1 月 4—12 日陕甘宁边区文化协会在延安中国女子大学礼堂举行第一次代表大会。会议历时 9 天,盛况空前,大会代表 274 名,知名文化人个人代表 123 名,文化团体 107 个,共计 500 余人。中国共产党主要领导人先后出席大会。5 日,中央书记处书记、中宣部部长张闻天作《抗战以来中华民族的新文化运动与今后任务》的报告,将新文化的特征概括为"民族的、民主的、科学的、大众的"四大内涵。大会通过陕甘宁边区文化协会第一次代表大会宣言、边区文化界加入毛泽东所发起的宪政促进会案、组织少数民族文化促进会案、成立鲁迅研究会案、组织新文字健全委员会案、陕甘宁边区文化协会简章等多项议案。选举吴玉章为主任,艾思奇、丁玲为副主任,吴伯箫为秘书长。会议决定为建立民族、民主、科学、大众的新文化而奋斗。二是 1 月 9 日毛泽东在陕甘宁边区文化协会第一次代表大会上作了《新民主主义的政治与新民主主义的文化》的长篇演讲。这篇演讲后经过修改、补充而成文,刊于 2 月 15 日延安《中国文化》创刊号,题为《新民主主义的政治与新民主主义的文化》,又刊于 2 月 20 日《解放》第 98—99 期合刊,题目改为《新民主主义论》。这篇文章驳斥国民党顽固派的反共叫嚣,回答了中国向何处去的问题,提出新民主主义的政治、经济和文化的纲领,勾画了新民主主义社会的蓝图。关于文化方面,毛泽东认为:"所谓'全盘西化'的主张,乃是一种错误的观点。""中国共产主义者对于马克思主义在中国的应用也是这样,必须将马克思主义的普遍真理和中国革命的具体实践完全地恰当地统一起来,就是说,和民族的特点相结合,经过一定的民族形式,才有用处,决不能主观地公式地应用它。""中国文化应有自己的形式,这就是民族形式。民族的形式,新民主主义的内容——这就是我们今天的新文化。"文中既批判了食洋不化的教条主义,又主张要从今天的角度继承中国文化的优秀遗产,十分扼要地点明了未来中国学术发展的方向和重点。其中对于新民主主义新化的特征概括,由张闻天《抗战以来中华民族的新文化运动与今后任务》的"民族的、民主的、科学的、大众的"四大内涵改为"民族的、科学的、大众的"三大内涵:"民族的科学的大众的文化,就是人民大众反帝反封建的文化,就是新民主主义的文化,就是中华民族的新文化。"三是 2 月 5 日下午 3 时陕甘宁边区自然科学研究会举行成立大会,各机关、学校代表及自然科学界千余人出席。会议通过了《陕甘宁边区自然科学宣言》和《陕甘宁边区自然科学章程》,选举执行委员 35 人,吴玉章被推选为研究会执委会主任。四是 2 月 15 日陕甘宁边区文协机关刊物《中国文化》杂志创刊。此为抗战时期延安出版的唯一一份学术性综合理论刊物,由中共中央书记处书记兼中宣部部长张闻天(洛甫)直接领导,编委会由艾思奇、周扬、丁玲、张仲实、范文澜、萧三组成,艾思奇任主编。四是2月陕甘宁边区新文字运动委员会成立,大会选出文协执委会成员,吴玉章为主任,艾思奇、丁玲为副主任,吴伯箫为秘书长。五是4月2日大众化问题研究会成立。然后按照计划在1940年5月27日、10月3日和1941年3月,分别举行三次讨论会,对于"大众化与识字运动""大众化与工农写作""大众化的关键与经验"等问题进行了有益的讨论。六是6月21日"新哲学会"第一届年会在延安举行,毛泽东、张闻天、朱德、茅盾、艾思奇、范文澜、何思敬、张仲实、陈伯达、周扬、杨松、郭化若、和培元、萧向荣、冯文彬等50余人参加会议。在年会论文报告会上,艾思奇、范文澜、和培元、陈唯实、周扬、何思敬、郭化若、陈伯达等作了学术报告。七是9月10日中共中央发出《关于发展文化运动的指示》。这是延安时期党中央发出的第一个关于文化运动的指示,由张闻天起草。八是10月19日成立文化协会的文艺月会,由丁玲、舒群、萧军等发起,其宗旨是"提高文艺创作兴趣;展开文艺讨论空气""以文艺批评与创作来充实延安文艺堡垒的先锋队"。活动方式是经常召集座谈讨论会或例会。为突出自由活泼的特点,月会不设主任或委员会,而由临时推举、轮流担任的主席负责主持每次讨论会,出版会刊《文艺月报》,编辑工作由舒群、萧军和丁玲轮流负责。本年度延安还有接待海外华侨陈嘉庚与逃出新疆的茅盾两场重要活动。关于前者留待海外板块再加论说。延安以外的解放区其他区域:晋察冀边区中,成仿吾继续任华北联大校长,兼华北局文化工作委员会书记。李竹如、胡箙、林一山等发起的山东省文化界救亡协会8月6日在鲁中正式成立。新四军游击区中,谢中峰、齐光、刘放、蒋立、马仲凡历任社长或总编辑的《挺进报》2月在湖北京山八字门创刊,由新四军鄂豫挺进纵队主办。

复次是沦陷区。继续以北平—上海为两大中心。先看北平中心:陈垣继续任辅仁大学校长。3月22—23日,中研院在重庆举行第五次年会,选出第二届评议会评议员30人,历史组为胡适、陈寅恪、陈垣。6月,陈垣为辅仁大学年刊题字:"子张问行。子曰:言忠信,行笃敬,虽蛮貊之邦,行矣。言不忠,行不笃敬,虽州里,行乎哉!今诸君毕业将行,谨书此以为赠。"8月,陈垣所著《明季滇黔佛教考》6卷作为"辅仁大学丛书"第6种印行,陈寅恪为之作序。其中《逃禅》一节末尾曰:"明季遗民多逃禅,示不仕决心也。永历之时,滇黔实为畿辅,各省人文荟萃,滇黔不得而私。兹篇所举,特遗民之关系滇黔者耳,非尽滇黔人也,若推而求之滇黔以外,所得更不止此。范蔚宗谓'汉世百余年间,乱而不亡,皆仁人君子心力之为',然则明之亡而终不亡,岂非诸君子心力之为乎!"可见作者寄寓时事之意。张东荪继续在燕京大学任教。4月,张东荪在日寇统治北平的险恶环境中著成《知识与文化》一书。此书为张东荪后期哲学的一部代表作,集中体现了张东荪哲学思想由前期向后期转变的情况。秋,鉴于北平险恶的环境,张东荪判断日美早晚要开战,燕京大学应尽早做好撤离准备。通过中共北平地下党的关系,张东荪和燕京大学的爱国教授如林嘉通、林迈可、邓之诚等一起,秘密做燕京学生的工作,动员爱国学生到中共和解放区去工作,或者转移到西南大后方去。燕京学生去解放区的路线和方式是:由张东荪或燕京大学其他爱国教授以"郊游"的名义带学生到西山去,决定去解放区(或大后方)的学生都准备好,每次去"郊游"的有七八个学生,回来时只有四五个。"留"下的学生由地下党安排并护送到解放区,其余同学都"游玩"后重回学校。洪业继续主持燕京大学引得编纂处。6月,出版《辽金元传记30种综合引得》,书中收辑辽、金、元三代人物传记30种。再看上海中心:其中最为重要的事件是

"文献保存同志会"的卓越工作与贡献。1 月 4 日,时任暨南大学文学院院长的郑振铎接到何炳松等人的电话,说敌伪已列出一张计有 14 人的黑名单,皆为文化界救亡协会的负责人,准备下毒手绑架,嘱咐他小心行事。郑振铎被迫转移,借宿何炳松家。但他十分坚定,仍与诸先生为争取政府支持抢救文献之事而奔波。他曾说:"我辈书生,手无缚鸡之力,百无一用,但却有一团浩然之气在。横逆之来,当知自处也。"5 日,郑振铎发起与张元济、张寿镛、何炳松、张凤举等人致电朱家骅、陈立夫:"创议在沪组织购书委员会,从事搜访遗佚,保存文献,以免落入敌手,流出海外。"10 日,朱家骅和陈立夫复电,同意拨款抢救上海地区流出的珍本古籍。随后,何炳松登门告诉郑振铎,教育部已决定派中央图书馆馆长蒋复璁到沪,并告诉教育部已下决心在沪抢救收购民族文献(后由"中英文教基金董事会"即前"中英庚款董事会"拨款购书)。14 日,时任中央图书馆筹备处主任的蒋复璁潜入上海,与何炳松、张寿镛、郑振铎等商议具体工作的开展。大家认为以私人名义或尚可公开的几所学校如暨南大学、光华大学及商务印书馆涵芬楼(图书馆)的名义购书为宜,这样便于工作。经过商讨,最后一致同意成立一个秘密组织——"文献保存同志会",并表示"自今以后,江南文献,决不任其流落他去。有好书,有值得保存之书,我们必为国家保留之。此愿蓄之已久,今日乃得实现,殊慰!"最初,共推张元济主持其事,但张老以年事已高、精力不济,表示推辞。最后经大家商议,拟定办事细则,采取集体负责的方式。具体分工为:张凤举与郑振铎负责采访,同时郑振铎还兼图书保管、编目及收藏,张元济负责鉴定宋元善本,何炳松、张寿镛则负责经费收支。12 月,故宫博物院古物馆馆长徐森玉由重庆方面特派,不顾腿伤,冒险来到上海,参与"文献保存同志会"这项秘密工作。从此,徐森玉便与郑振铎几乎日夕相处。直到1941 年 12 月太平洋战事爆发,搜购古书的行动不得不停止。"文献保存同志会"虽然只有短短不到两年时间,却适时购得善本 4864 部,48000 多册。江南著名藏书家如吴兴张氏适园、刘氏嘉业堂、江宁邓氏群碧楼、嘉兴沈氏海日楼、常熟瞿氏铁琴铜剑楼等私藏珍本大都被购得收归中央图书馆。由此可见成立"上海文献保存同志会"之必要、及时与杰出贡献。

最后是海外交流。先看"出"的方面,重心依然在美国。胡适继续任驻美大使。1 月 13 日,胡适谒美总统罗斯福,再谈二次借款。29 日,美国二次对华贷款得国会通过。3 月 21 日,胡适在家信中说,去年得了两个名誉学位(因病辞掉 3 个),今年可得 8 个,连同以前的共总 13 个名誉学位。6 月 9 日,胡适致电陈布雷分析国际形势,谈道:"惟究因最近变化太骤太大,助我之诸友邦,自身皆困于应付,故眼前远东形势仍含有重大危险性。"11 月 1 日晚,胡适出席美国医药助华会及赈华会的聚会,发表演讲《伟大的同情心》,重申中国抗战不达目的决不停止。最后说:"中国不能停止抗战。中国决心抗战到底,最后胜利一定是我们的。"赵元任继续任教于耶鲁大学。9 月,赵元任与李方桂、罗常培译瑞典汉学家高本汉著《中国音韵学研究》由商务印书馆出版。此书为高本汉的博士论文,为系统利用西方语音学理论分析、研究中国传统音韵的开创之作,作者试图以西方的音素来分析和构拟中古音,标志着中国传统音韵学从研究方法到研究内容的全面变革,同时也标志着中国现代音韵学史的开端。赵元任、李方桂、罗常培承担这部著作的翻译,系由中央研究院历史语言研究所跟中华教育文化基金董事会的编译委员会两机关的联合委托,历 4 年告竣。中央研究院历史语言研究所傅斯年所长为此译著作序,谓"高本汉先生之成此大业固有其自得之方法,然其探讨接受吾国音韵学家之结论,实其成功主因之一"。在苏联,冼星海、袁牧之 5 月 4 日离开延安,途经西安、兰州去苏联。此行的缘起是:延安电影团的《延安与八路军》完成摄影后,本拟尽快开始后期制作,但当时延安无此条件,也曾设想过带到香港制作,因战争无法成行。中共中央与共产国际和苏联方面联系后,决定派袁牧之将他拍摄的这部影片的胶片带往苏联完成制片,同时考察苏联的电影事业,学习他们的经验,作为今后发展电影的借鉴。冼星海担任该片音乐制作,与袁牧之一起去苏联,在那里完成配曲制作任务。再看"进"的方面,陈嘉庚偕南侨总会副主席庄西言、慰劳团团员王振相(霹雳侨领)、陈准虎(槟榔屿侨领)及秘书李铁民等一行5人于3月26日下午4点15分由仰光乘康定号飞机到达重庆。各界欢迎者有蒋介石代表应易安、吴铁城、萧吉珊、陈树人、许世英、张嘉璈、邵力子、高凌百及各院、部、会、中央各部处、市党政军机关、民众团体代表等200余个单位上千人。陈嘉庚在重庆期间,曾先后与国民党首脑人物林森、孔祥熙、何应钦、陈诚、陈立夫、戴季陶、于右任、居正、孙科、宋子文、王宠惠、王世杰、张嘉璈、翁文灏、许世英、邵力子、鹿钟麟、龚学遂及参政员黄炎培等人会谈,还到西南运输公司运输站、化学制造厂、造纸厂、炼钢厂、军械厂和工业合作社等处参观,结果都非常失望。同时了解重庆国民党政府钳制报纸、禁止言论自由的情况,私下不胜感慨地说:"那些国民党中央委员,都是身居要职,但都假公行私,贪污舞弊,生活奢华。那些人都是四五十岁,既不能做好事,又不会早死,他们至少还要尸位二三十年。中国的救星不知在哪里? 即使出世了,或者还在学校读书,恐怕还要三几十年后才能出来担当国家大事,国家前途深可忧虑!"5月31日下午5时半,陈嘉庚到达延安。6月7日晚,陈嘉庚出席千余人参加的欢送会,致答词说:这次访问延安最感到满意的是,真正看到中共方面对坚持团结、坚持抗战到底的方针,立场坚定,态度诚恳;对延安地区各界艰苦奋斗的精神尤为感奋。在离开延安之际,陈嘉庚总结访问重庆与延安的观感说:重庆"虚浮乏实,绝无一项稍感满意"。而到了延安,感觉别有天地,人民安居乐业,社会风气也好。12月15日,陈嘉庚在仰光华侨欢迎会上作了长达3小时的报告,详述回国访问经过、最近抗战形势及必胜的道理,勉励华侨"更加努力,多寄家用及义捐",并以极其乐观的语气向与会侨胞提出:"中国的希望在延安!"日本学者鸟居龙藏12月在《燕京学报》第28期发表《契丹黑山黑岭考》。作者不仅考辨黑山、黑岭之地理位置,还运用人类学、神话学等知识,考察"黑山"在契丹人精神世界的意义,认为黑山与契丹人信仰有关,契丹人认为黑山"即最古祖先魂魄居住之所。此信仰古来流传于契丹人之间""含有极浓厚萨满教之色彩""契丹黑山之信仰,可认为东胡民族固有之物,其与黄泉国志信仰巧合"。日本人关野雄调查临淄齐国故城和滕、薛二国故城。此间,还有其他日人在周口店和殷墟等地进行发掘。日本人原田淑人组织日本东亚考古学会和东亚文化协议会,在日军侵占的华北地区活动。由原田淑人主持发掘邯郸赵王城。日本进入中国往往带有文化侵略的目的,这是需要加以认真辨析的。

　　本年度的学术论争或讨论主要集中于以下8个方面:

　　1. 关于对蔡元培逝世的追悼与评价。赵元任3月6日致信胡适,报告蔡元培先生昨日在港病逝的消息,并说蔡先生"代表咱们所 stand for 的一切的一切。现在一切的一切还没有都上正轨,他老人家又死了,真是使人不免忧伤!"3月8日,傅斯年在云南省龙头村山上的弥陀殿大殿外主持蔡元培追悼会。参加追悼会的包括史语所内同人、中央博物院、营造学社等单位的职工。傅斯年介绍了蔡元培的生平事迹,大家为这位"学界泰斗,人世楷模"的逝世寄以无限哀思。一代学术领袖蔡元培的不幸去世,在海内外产生强烈的冲击波。3月16日,国民政府发布褒扬令:"国民政府委员蔡元培,道德文章,夙负时望。早岁志存匡复,远历重瀛,研贯中西学术。回国后,锐意以作育人才、促进民治为己任。先后任教育总长、北京大学校长及大学院院长。推行主义,启导新规,士气昌明,万流景仰。近长中央研究院,提倡文化事业,绩效弥彰。方期辅翊中枢,裁成后进,高年硕学,永为党国仪型;乃以旧疾未痊,滞居岭表。遽闻溘逝,震悼良深!"25日,重庆《大公报》载国民党中央执、监委员会祭文。但更具概括力的还是3月7日毛泽东发自延安的"学界泰斗,人世楷模"八字。3月24日,重庆《中央日报》特出版纪念蔡先生的专刊,发表蒋梦麟、邵力子、吴稚晖、陈独秀、马寅初、王世杰、任鸿隽、翁文灏、傅斯年、罗家伦、段锡朋、汪敬熙、陈立夫、蒋复璁、陈西滢等人悼念蔡先生的文章。傅斯年《我所敬仰的蔡先生的风格》深情缅怀了蔡元培之高风亮节,列举了十几点。作者曾将蔡元培比作孔子,自比子路,可见其师生情谊之深厚。同日,梅贻琦出席昆明各界举行的蔡元培追悼会,由云南省主席龙云主祭,梅贻琦报告蔡元培生平事略,云南省教育厅长龚自知讲述蔡元培生前努力思想解放及提倡学术研究自由之精神。25日,宗白华在《学灯》发表蔡元培《美育》等文章,指出在国际形势和国家需要的背景下,教育向实用主义方面倾斜,这是应付一时的需要,并非国家教育的根本原则。只有把实用教育和人格精神的审美教育结合起来,才能在危急的国难时代,发挥其民族的精神。同月,冯友兰发表《蔡先生的一生与先贤道德教训》,认为蔡元培在个人行为方面温良恭俭让,很容易与人合,但遇大事自有主张,"身可危而志不可夺",因此又极不易与人合,遇有不合,便洁身而退,"蔡先生的人格,是中国旧日教育的最高底表现",但"未死在重庆(政府所在地)或昆明(中央研究院所在地)而死在香港,是可以令人抱憾的一件事"。4月1日,《东方杂志》第37卷第7号刊载运公《蔡元培逝世》。然后于《东方杂志》第37卷第8号推出"追悼蔡孑民先生特辑",刊出王云五《蔡孑民先生的贡献(特载)》、运公《举国悼念蔡元培》、吴铁成《蔡孑民先生追悼会特刊弁言》、王云五《蔡孑民先生与广东人》、许地山《蔡孑民先生底著述》、顾孟余《忆蔡孑民先生》、叶恭绰《祭蔡孑民先生文》、高廷梓《悼吾师蔡孑民先生》、马鉴《纪念蔡孑民先生》、黄炎培《奉悼吾师蔡孑民先生》、余天民《哭蔡孑民师》、陈良献《追悼蔡先生我们应有的认识》。王云五《蔡孑民先生的贡献》最具代表性,也最具概括力。文中认为:蔡元培先生贡献甚多,最大的三方面是:(一)政治方面,(二)教育方面,(三)学术方面。蔡元培在政治方面的直接贡献表现为:"(一)清末鼓吹革命,(二)民元首倡责任内阁,(三)民十四以后赞助国民革命。"而其在政治上间接的贡献"最显著的莫如'五四运动'"。蔡元培在教育方面的贡献可分为"行政的""实施的"和"推广的"三部分。在教育行政上的贡献,首推其"就第一任教育总长时所宣布之教育方针",以及"任大学院院长时,除大致本其民元之方针外,并使大中小学的设施益加贯串,同时并注重学术研究之具体化"。蔡元培在教育实施上的贡献,"最显著的为:(一)讲学自由与(二)人格陶冶"。蔡元培在教育推广上的贡献,"就是在他担任校长的北京大学内,产生一个白话文运动,由这个运动树立语体文教学与写作的根蒂"。蔡元培在学术上的贡献,可分为自身研究及提倡两部分。"蔡先生自己对于学术的研究,在二十九岁以前完全为旧学,三十岁开始阅科学书,三十二岁始习日文,三十七岁始习德文,四十一岁第一次游学德国,研究哲学及美学。"蔡元培在学术上独特的创见,最显著的为:"(一)以科学方法整理国故;(二)以美育代宗教。""蔡先生对于学术的提倡,除在北京大学促进研究之学风,甚著效果外,国立中央研究院之创设与主持,实为蔡先生对于我国学术之最大贡献。"

2.关于鲁迅逝世4周年的纪念与阐释。1月9日,在陕甘宁边区文化协会第一次代表大会上,毛泽东在所作《新民主主义论》报告中高度评价了鲁迅。他说:1919年至1940年这20年来,党领导文化新军的锋芒所向,从思想到形式,无不起了极大的革命。鲁迅"就是这个文化新军的最伟大和最英勇的旗手。鲁迅是中国文化革命的主将,他不但是伟大的文学家,而且是伟大的思想家和伟大的革命家。鲁迅的骨头是最硬的,他没有丝毫的奴颜和媚骨,这是殖民地半殖民地人民最可宝贵的性格。鲁迅是在文化战线上,代表全民族的大多数,向着敌人冲锋陷阵的最正确、最勇敢、最坚决、最忠实、最热忱的空前的民族英雄。鲁迅的方向,就是中华民族新文化的方向"。8月15日,《大众文艺》第1卷第5期刊出"鲁迅六十寿辰纪念"专栏。10月15日,《大众文艺》第2卷第1期刊出《纪念鲁迅先生》专栏。17日,《新中华报》发表唐乔长篇论文《划时代的天才革命文学家》中的第二部分,题为《鲁迅的方向就是新文化运动的方向》。19日,张闻天为延安解放社出版的《鲁迅论文选集》撰写序言,称鲁迅先生是"近代中国最伟大的文学家、思想家、革命家",并指出"现代中国的青年,从鲁迅先生的作品中可以得到很多有益的宝贵的东西"。25日,林伯渠、吴玉章、董必武、徐特立、茅盾、艾思奇、周扬、陈伯达、丁玲、萧三、张仲实、萧军、何其芳、吕骥、乔木、张庚等16人发起鲁迅文化基金募捐运动。29日,丁玲主持延安各界举行的鲁迅逝世4周年纪念大会,到会者约3000人。吴玉章阐述了鲁迅的伟大事业:一、建树了文化上无产阶级的理论思想;二、建立了真正为劳苦大众服务的革命大众文学;三、热心赞助新文字运动,使中国文化能真正深入到大众中间去。萧军、周文、周扬、冯文彬、萧三、艾思奇、张庚先后发言。最后丁玲提出今后纪念鲁迅先生的七个方面的具体措施。大会还发表了宣言。此外,延安学者的单篇论文还有胡蛮《鲁迅对于民族的文化和艺术问题底看法》、萧三《鲁迅与中国青年》、胡鸾《鲁迅对于民族文化和艺术问题的意见》等。重庆的鲁迅逝世4周年祭活动也很隆重。8月3日,重庆文化界率先发动,将鲁迅逝世4周年往前延伸至60诞辰纪念活动。是日,郭沫若、田汉、张西曼、葛一虹、沈钧儒、吴克坚等在中苏文化协会出席了鲁迅60诞辰纪念盛会。郭沫若说:鲁迅是"伟大的思想家,革命家和文学家。他的肉体虽没有了,但他的思想和精神是永恒的""我们要学习他,我们每一个人都要成为鲁迅"。田汉、张四曼、葛一虹等相继讲了话。重庆《新华日报》发表了社论《我们怎样来纪念鲁迅先生?》,载有社长潘梓年的《中国文化革命的伟人》、戈宝权的《略谈鲁迅先生与苏联为纪念鲁迅先生六十诞辰而作》、罗荪的《自觉的声音》、葛一虹的《鲁迅论大众文艺——纪念鲁迅先生六十诞辰,并为目前争议中民族形式之一问题而作》。10月19日,"文协"、中苏文化协会、中国文艺社等12个团体在巴蜀小学举行鲁迅逝世4周年纪念大会,周恩来、冯焕章、沈钧儒、郭沫若、梁寒操、老舍、陈访先等300余人出席。主席冯焕章致词说:鲁迅先生的伟大精神概括为"真""硬""韧"三大特点。国民党市党部陈访先大声说要学习鲁迅的奋斗精神,而田汉更主张发扬鲁迅尖锐的批判精神。晚上,重庆文艺界同人在一心饭店举行聚餐会。主席老舍讲话后,周恩来发表演说,他指出鲁迅有4大特点:一、律己严;二、认敌清;三、交友厚;四、疾恶如仇。同日,《新华日报》发表了社论《悼念青年的导师鲁迅先生》,以及叶剑英的《我也来纪念鲁迅》、茅盾的《纪念鲁迅先生》、戈宝权的《论鲁迅——见一九三九年苏联文学日历》(译文)等,以资纪念。同日,成都、桂林、昆明也举行了鲁迅60周年纪念会。关于鲁迅逝世4周年的纪念与评价还有两个插曲:一是茅盾7月23日作《为了纪念鲁迅的六十寿辰》,刊于《大众文艺》第1卷第5期,文中记述了1935年来宋庆龄、史沫特莱和自己动员鲁迅去苏联治病的经过。10月,为了支援延安文化界举办的鲁迅逝世4周年展览会,茅盾把珍藏的鲁迅在 1934 年为茅盾誊写的《答复国际文学社》一文献给了展览会。由于此文从未发表过，方纪征得茅盾的同意把它刊登在《大众文艺》第 2 卷第 2 期上，用文章中的一句话"中国青年正从十月革命认识了自己的使命"作为题目。后来这份手迹就一直由方纪精心保存下来。二是沈从文 9 月 16 日在《国文月刊》第 1 卷第 2 期发表《从周作人鲁迅作品学习抒情》，认为鲁迅"充满对人事的厌憎，感情有所蔽塞，多激愤，易恼怒"，因而其作品"大部分是骂世文章"。此文发表后，聂绀弩在 12 月 1 日的《野草》月刊上发表《从沈从文笔下看鲁迅》一文，对沈从文上述观点提出了激烈的批评。相关著作则有：郁达夫等著《回忆鲁迅及其他》、冯雪峰(原题雪峰)著《鲁迅论及其他》，茅盾、楼适夷(原题适夷)编《论鲁迅》，巴人著《论鲁迅的杂文》。其中郁达夫等著《回忆鲁迅及其他》收录郁达夫的《回忆鲁迅》以及知堂的《钱玄同先生纪念》、毕树棠的《忆王静安先生》、赵景深的《吴梅先生》、钱歌川的《纪念王礼锡》等 5 篇文章。

3. 关于五四运动 21 周年的纪念与阐释。"五四"是一个常论常新的永恒话题，但同时都有永远不同的"五四"精神。值此五四运动 21 周年之际，国共同时高度重视纪念活动。5 月 4 日，延安隆重集会，庆祝五四运动 21 周年，吴玉章作《关于五四运动的报告》，刊于 5 月 7 日《新中华报》。同日，《新中华报》发表社论《纪念五四廿一周年》，认为五四运动是全中国人民争取民族解放、社会解放的一个伟大觉醒，它继承了太平天国、黄花冈烈士、辛亥革命光荣的革命传统，创造了新的群众的组织、新的斗争形式，给予以后 1925—1927 年大革命及目前进行的抗日战争以丰富的经验教训。社论对五四运动的历史作用及其影响作了新的肯定。10 日，《新中华报》发表陈伯达《纪念"五四"》，文中着重表达了作者对大时代的感慨："从五四到现在，中国已经历过许多的大风暴。这时期内历史内容的丰富，实为中国过去数千年所未有。活在这个伟大时代，并能投身于伟大时代的火炉中，和时代的敌人搏斗，这的确是人生的幸事。"与此同时，延安《中国青年》《大众文艺》《中国文化》陆续发表了相关纪念文章。5 月 5 日，刘光《"五四"以来中国革命知识分子的道路》刊于《中国青年》第 2 卷第 7 期，文中强调指出："'五四'不仅是中国民主革命从资产阶级旧范畴转到新范畴的新民主主义革命的分水岭，而且是中国知识青年热心追求先进革命学说和走上群众化的伟大的转变点"。作者点名批评陈独秀、张国焘这些五四运动时代的"要角"后来成为"革命的叛徒"，胡适、戴季陶这些五四运动时代的"健将"后来"走到与统治阶级一块去了"，汪精卫、周佛海、陈公博、周作人之流在五四运动时代"曾经大露头角""今日变成最可耻的民族叛徒"，而"毛泽东及其战友们为代表的道路，即知识分子群众化，'永远与工农大众相结合'，为劳动者和被压迫人民彻底解放而奋斗的道路"才是摆在中国知识分子面前可走的道路。这实际上对当时中国知识分子的类型作出了分界式处理。15 日，艾思奇在《大众文艺》第 1 卷第 2 期发表《"五四"运动在文学上的主要贡献》。25 日，周扬、艾思奇在《中国文化》第 1 卷第 3 期分别发表《关于"五四"文学革命的二三零感》《"五四"文化运动的特点》。周扬《关于"五四"文学革命的二三零感》从三个方面充分肯定了"五四"新文学："文学革命是在谋文学和大众相结合的目标之下实行的。第一是提倡了白话，宣布了文言为'死文学'，相当地吸收了民间话语和方言，使文学与大众之间的距离缩短了一大步；第二是创作的视野伸展到了平民的世界，对于下层民众的生活和命运给予了某种程度的关心；第三是'五四'以来新文学最优秀的代表向大众立场的移行。"艾思奇《"五四"文化运动的特点》认为，"五四运动的主要形式是文化上的大革命。它只在思想上准备了 1925 至 27 年的第一次大革命，本身并不是一个政治形式上的革命运动""五四文化运动,就是新民主主义革命运动的准备,或者说,五四文化运动是结束了中国的旧民主主义时代,而开始了新民主主义革命的时代"五四文化运动与戊戌时期的文化运动不同,最重要的特点就是"对于旧中国文化思想进攻的猛烈性是其表现之一"。再看重庆:饶有意味的是,《中央日报》不仅重新开始发表五四社论《"五四"青年》,而且一改以往对五四运动褒贬有加、抑甚于扬的宣传口径,在继续肯定五四运动是"爱国运动"的基础上,又密切联系时局重新定位五四运动是"救国运动",赞扬"'五四运动'是当时学生的一个爱国运动;是全国青年一致团结的救国运动……无论从文化,政治,社会那一方面来讲,这一个运动,是中国现代社会发展过程中必然的产物,在中国民族革命史上占着重要的一页!"吴海勇《1928年至1948年〈中央日报〉对五四运动的评论》(《上海党史与党建》2009年第5期)认为:这是因为1940年国民党政府面临抗战以来"最危险而且最困难的一个时期",艰难图存需要外交智慧(国民党政府一度对日和谈),更有赖于民众斗争意志的发扬。为此,《中央日报》五四社论着重挖掘五四运动的战斗性,文称"'五四运动'之所以有功于民族,就在敢于'抛一香烟罐粗制之炸弹(吴稚晖先生语)'",又引蒋介石的话:"如果没有战争本能的民族,便没有生存的可能。"进而大声疾呼:"我们要发挥全民族的战争本能。"社论要求学生"深入群众""共同奋斗",由此形成"要生存既必须要斗争,而斗争又为的是群众。是以领导群众,一致团结,尤须有一个共同的中心。这个共同的中心,就是我们革命建国的三民主义"的逻辑链。另一方面,国民党早有意争夺五四运动的领导权,这在《中央日报》的五四社论中也有体现,社论特别强调"依历史的眼光来分析,那时候之所以会有五四运动,与五四运动之所以能够成功,直接间接,都可以说是受着本党革命精神所领导"。重庆国民党主办的《中国青年》则曾在4月出版的第2卷第4期刊登纪念五四运动的文章共4篇,即陈诚《告革命青年》、谭平山《纪念伟大的"五四"》、孙桐楼《从政治角度谈"青年运动"》、黎琴南《"五四运动"史的检讨》。但除陈诚外,其他三人思想实为左倾,说明在抗战特定时期不同党派之间具有一定的包容性与交叉性。同月,重庆《中苏文化》第6卷第3期专刊纪念"五四",文章分两组:一组为"纪念五四",包括王昆仑《五四纪念忆蔡孑民先生》、马哲民《我所认识的"五四运动"》、张申府《五四的当年与今日》、吕振羽《五四运动的历史意义与教训》、施复亮《回忆五四运动》;一组为"五四运动与新文艺",包括宗白华《我所见到五四时代的一方面》、胡风《文学上的"五四"》、以群《新文艺底成果》、姚蓬子《"五四"精神》、黄芝冈《胡适之先生的主张》、王平陵《"五四"与新文艺运动》、杨骚《五四精神和旧瓶主义》、常任侠《五四运动与中国新诗的发展》、向林冰《大众化内容与通俗化形式》、郑伯奇《五四运动与文学革命》。后一组作者群以及文章内容偏重于"五四"新文学的总结与评价。宗白华《我所见到五四时代的一方面——少年中国学会与〈学灯〉》充分肯定了青年的天真无政客气的纯洁热情,以及颇为浓厚的道德意识,指出"五四运动"是中国历史上第一次青年运动。少年中国学会的会员和《学灯》上所发表的许多有价值的文字,反映了青年富于理想的民族"青年气",这是永远需要的。重庆《中苏文化》不同于重庆《中国青年》,集中代表了左翼学者群体的观点。在昆明,沈从文发表了多篇缅怀"五四"、反思"五四"的文章:4月15日,沈从文在《战国策》第2期发表《白话文问题——过去当前和未来检视》。月底,沈从文作《"五四"二十年》,刊于5月4日香港《大公报·文艺》第830期,以及5月5日昆明《中央日报·五四青年节特刊》。文中指出:"五四运动是中国知识分子领导的'思想解放'与'社会改造'运动,当时要求的方面多,就中对教育最有关系一项,是'工具'的运动,即文学革命。""所以纪念五四,最有意义的事,无过于从'工具'的检视入手。"5月1日,沈从文作《文运的重建》,刊于5月4日昆明《中央日报》。8月5日,沈从文《新的文学运动与新的文学观》刊于《战国策》第9期。文章重申了5月4日发表的《文运的重建》一文中的观点,提出应把"文运从'商场'与'官场'中解放出来,再次与'学术''教育'携手"。5月5日,西南联大在新校舍举行"五四"青年节纪念大会。同日,西南联大的陈序经在昆明《中央日报》发表《纪念"五四"运动感言》,其曰:"'五四'运动是青年反巴黎和约的签字,与曹、陆、章们的亲日的政策。这本来是一种政治的表示,然而这种政治的表示,又可以说是那个时代的新文化运动的反映。""这个运动之所以重要,不只是因为它能根本的主张西化,而且彻底的批评中国固有的文化。""廿余年来倭寇的侵略既日趋日极,而汉奸的把戏又日唱日多,所以今日的国人,而尤其是青年们,所负的责任比之廿年前的人们的重大得多。这又是纪念'五四'运动的青年们所要特别注意的。"15日,云南大学林同济则在刊于《战国策》第4期的《学生运动的末路》对今日之"五四"大发感慨和不满,对于现实不无失望,但作者对于"五四"的历史功绩还是予以充分肯定的,他在12月1日刊于《战国策》第14期的《第三期的中国学术思潮——新阶段的展望》中分析了"五四"以后中国学术经历了"经验实事"时代和"辩证革命"时代两个阶段,认为"五四"以来,中国学术曾经过了两度热闹思潮的洗礼。这两度洗礼可以代表现代中国学术迈进中的两阶段。学术著作方面,则有朱谦之等著《五四运动之史的考察》由湖南蓝田公益印刷公司刊行;刘雪谷著《五四运动史》由重庆青年出版社刊行。

4. 关于文学形式讨论与论争的高涨。主要分布于延安、重庆与桂林等地。延安的有关文学形式的这场大讨论,是由1938年10月毛泽东的《中国共产党在民族战争中的地位》一文关于"中国作风与中国气派"的民族形式的意见引发的,至本年形成了一个小高潮。其中周扬与从新疆赴延安的茅盾两人的观点具有一定的代表性。2月15日,周扬在《中国文化》创刊号发表《对旧形式利用在文学上的一个看法》,认为"旧形式利用问题,成了抗战以来文艺界讨论最多的一个题目。意见颇不一致,在估定旧形式利用对文艺创作的意义与价值一点上,尤显示了分歧。"提出:"为文艺与现实之更接近,与大众之更接近,以达到更高更完全的民主主义内容,民族形式的新中国文艺之建立,这就是我们的路线,我们的目标。"4月19日,周扬在《新华日报》发表《小形式问题》。6月9日,周扬在《大公报》发表《新文艺和旧形式》一文,阐述了创造民族形式与利用旧形式的辩证关系。茅盾则更善于从"创造崭新的中国作风与中国气派"思考"民族形式"问题。早在2月1日,茅盾即在《反帝战线》第3卷第5期发表《通俗化大众化与中国化》,认为"'中国化'的提出,就是要求大家先能消化,变为自己的血肉,然而能从历史的遗产中吸取有用的滋养料,创造崭新的中国作风与中国气派"。5月26日抵达延安后,茅盾对于这一问题的思考更为密集,也更为深入,同时积极与毛泽东提出的新民主主义文化相对接。6月11日,茅盾作《关于〈新水浒〉——一部利用旧形式的长篇小说》,刊于《中国文化》第1卷第4期。7月10日,改定《论如何学习文学的民族形式——在延安各文艺小组会上演说》,刊于《中国文化》。文中认为学习民族形式一要向中国民族的文学遗产去学习,二要向人民大众的生活去学习,并联系《水浒传》《西游记》《红楼梦》等古典的不朽的"市民文学"作了具体剖析。7月下旬,茅盾看到孔罗荪在重庆编的一期《文学月报》,上面的"文艺的民族形式问题特辑"引起了他的兴趣。8月5日,茅盾作《致〈文学月报〉编者信》,刊于《文学月报》第2卷第1—2期合刊。文中谈了对"文艺的民族形式问题"这个争论问题的初步意见。9月6日,茅盾作《旧形式、民间形式与民族形式》。作者同意郭沫若、潘梓年等人的意见,并从四个方面驳斥了向林冰"中心源泉"论的错误。10日,茅盾作校园演讲稿《论如何学习文学的民族形式》,并写《附记》一则。25日,茅盾在《中国文化》第2卷第1期发表《旧形式、民间形式与民族形式》,同期还刊有郭沫若的《"民族形式"商兑》。两文均受到进步文艺界的重视和欢迎。同样,关于文学形式讨论与论争在国统区也很热烈,其中陆续召开的各种座谈会主要有:(1)罗荪任主编的《文学月报》社4月21日假中苏文化协会开文艺的民族形式问题座谈会,参加者有黄芝冈、叶以群、向林冰、光未然、胡绳、梅林、姚蓬子、戈茅、方殷、潘梓年、方白、高兰、臧云远、黑丁、曾克、葛一虹、陈纪滢、陈波儿、罗荪、郑君里、陈白尘,罗荪主席。座谈会记录后发表在5月5日《文学月报》第1卷第5期。(2)潘梓年6月9日主持《新华日报》在一心花园召开的民族形式座谈会,参加者有以群、蓬子、黑丁、戈宝权、臧云远、胡绳、罗荪、光未然、沙汀、葛一虹、梅林、白薇、吴敏、力扬、戈茅、曾克、艾青。座谈会上的发言刊登在7月4—5日的《新华日报》。(3)田汉6月20日以《戏剧春秋》社的名义邀请阳翰笙、葛一虹、黄芝岗、光未然、常任侠、史东山、任光、陈白尘、章泯、吴作人、辛汉文等在重庆纯阳洞一心饭店举行"戏剧的民族形式问题座谈会"。座谈会记录载1941年2月桂林《戏剧春秋》第1卷第3期。(4)田汉11月2日以《戏剧春秋》社名义邀请郭沫若等31人在重庆官府街再次召开"戏剧的民族形式问题座谈会",郭沫若、阳翰笙、杜国庠、胡风、老舍、郑伯奇、陈望道、茅盾、孙师毅、洪深、赵望云、姚蓬子、辛汉文、朱洁夫、安娥、施白芜、力扬、章泯、凌鹤、龚啸岚、应云卫、贺绿汀、常任侠、程梦莲、盛家伦、苏怡、王瑞麟、马彦祥、黄芝冈、田汉参加了座谈。座谈会记录载1941年7月桂林《戏剧春秋》第1卷第4期。田汉先后主持的三次座谈会尤其是"戏剧的民族形式问题座谈会"和"历史剧问题座谈会",产生了很大影响。(5)戏剧春秋社11月2日在桂林召开戏剧的民族形式问题座谈会,宋云彬、聂绀弩、易庸、夏衍、欧阳予倩、黄药眠、蓝馥心、姚平、许之乔、杜宣等人参加。座谈会讨论了民族形式的原则问题,一些人对向林冰的民间形式是民族形式的中心源泉提出了批评,表示同意郭沫若《"民族形式"商兑》中的观点。以上座谈会之外,还有专辑的讨论。如8月1日李绿林、林路主编的《新音乐月刊》第2卷第1—2期合刊专门刊推出"民族形式特辑",参与"民族形式"大讨论。"特辑"共两篇文章:绿永的《论新音乐的民族形式》和赵汉的《音乐的民族形式》。至于各种报刊陆续发表的相关论文,则更有论辩的意味,主要在葛一虹、向林冰与郭沫若3人之间展开,见于葛一虹《民族遗产与人类遗产》《民族形式的中心源泉是在所谓"民间形式"吗?》《关于民族形式》《鲁迅论大众文艺》《鲁迅与民族形式》、向林冰《论"民族形式"的中心源泉》《国粹主义"简释"》《封建社会的规律性与民间文艺的再认识——再论民族形式的中心源泉之一》《民间文艺的新生——再论民族形式的中心源泉之二》《新兴文艺的发展与民间文艺的高扬——再论民族形式中心源泉之三》《民族形式的三个源泉及其从属关系——再论民族形式的中心源泉之四》《关于民族形式问题敬质郭沫若先生》、郭沫若《"民族形式"商兑》等。郭沫若《"民族形式"商兑》刊于6月9—10日重庆《大公报》,被认为是民族形式讨论的总结。然后至8月,郭沫若所著《"民族形式"商兑》被列为"南方文艺丛刊之三"由桂林南方出版社出版。其他重要论文尚有:力扬《关于诗的民族形式》、方白《民族形式的"中心源泉"不在"民间形式"吗》。由上可见,国统区有关民族形式的讨论与争鸣多在左翼文人群体之间进行。一种意见是全盘肯定民间形式,以向林冰为代表;另一种意见是全盘否定民间形式,以葛一虹为代表。郭沫若不同意上述意见,认为我们的新文艺内容应是新民主主义的,形式应是民族的。年底,胡风将收集的双方的文章分类编排起来编成《民族形式讨论集》，约有三四十万字。又作《论民族形式问题》的前记和《民族形式讨论集》的解题。关于"民族形式"问题，胡风大约费了三个月的时间，撰成《论民族形式问题的提出、争点和实践意义》，分成两篇，上篇为《论民族形式问题的提出和争点》，下篇为《论民族形式问题的实践意义》。然后将上篇给了葛一虹编的《中苏文化》，下篇给了沈志远编的《理论与现实》。

5.关于中国文化讨论的进展。从1月4—12日陕甘宁边区文化协会第一次代表大会召开，中央书记处书记、中宣部部长张闻天作《抗战以来中华民族的新文化运动与今后任务》的报告，尤其是毛泽东作了《新民主主义的政治与新民主主义的文化》的长篇演讲，到2月15日陕甘宁边区文化协会会刊《中国文化》创办以及毛泽东《新民主主义的政治与新民主主义的文化》（后改为《新民主主义论》）首发于《中国文化》创刊号上，从年初开始延安迅速掀起了文化讨论与建设的热潮。《新民主主义的政治与新民主主义的文化》讲了15个问题，其中后五个问题讲新民主主义的文化。这5个问题依次是：新民主主义的文化、中国文化革命的历史特点、四个时期、文化性质问题上的偏向、民族的科学的大众的文化。毛泽东指出：在中国文化战线或思想战线上，"五四"前后是两个不同的时期，"在'五四'以前，中国的新文化，是旧民主主义性质的文化，属于世界资产阶级的资本主义的文化革命的一部分。在'五四'以后，中国的新文化，却是新民主主义性质的文化，属于世界无产阶级的社会主义的文化革命的一部分。"基于这样新型的新旧文化发展时期的划分，则"所谓新民主主义的文化，一句话，就是无产阶级领导的人民大众反帝反封建的文化"。概而言之，即"民族的科学的大众的文化，就是人民大众反帝反封建的文化，就是新民主主义的文化，就是中华民族的新文化"。《新民主主义的政治与新民主主义的文化》最重要的价值是首次明确提出了新民主主义政治、经济、文化纲领。而就文化领域而言，则同样具有理论奠基的作用。在国统区，文化问题依然受到学界的高度关注，但更具学理取向与个性特点。雷海宗整理旧作编成《中国文化与中国的兵》，2月由商务印书馆出版，其中对中国文化的反思富有理论思辨色彩。此书分为上下两编，上编侧重对中国文化的批判及展望，下编则是对于中日战争在中国文化发展史、中国近现代历史上举足轻重地位的分析，集中体现了雷海宗借鉴"文化形态史观"的独特理论方法、"中国文化二周论"的文化思想及敏锐的社会批判意识，是其作为"战国策"派核心人物的代表作。雷海宗作为中国第一位文化形态历史学家，其倡导文化形态史观，目的是要通过比较中国文化与世界文化的异同，诊治中国旧文化的弊病，以迎接西方新文化的挑战。文化形态史观在抗战时期的兴起，反映出学者的爱国情怀。雷海宗重点强调各个文化的特殊性，反对用单一的线索划分人类社会的历史。这是历史理论上的一大进步。但对作者所提出的"无兵的文化"，学界褒贬不一、争鸣不断。张其昀以两千年来中国兵役与兵制的常态提出质疑，不少文化人表示赞同。梁漱溟撰文指出，雷海宗触动了中国古典文化的一大症结：中国"无论其积弱之因何在，总不出乎它的文化。看它的文化非不高，而偏于此一大问题，少有确当安排，则调用之'无兵的文化'，谓其积弱正坐此，抑有何不可？"4月，贺麟在《今日评论》第3卷第16期发表《文化的体与用》，此文的显著特点是回归文化原理而提出新的文化批评原则与方向。7月7日，郭沫若作《三年来的文化战》，刊于16—17日重庆《大公报》。此文意在"在这抗战建国的七月七日，来检讨一下过去，用以策励将来"。12月31日，张君劢在重庆《再生》第51期发表《胡适思想界路线评论——吾国思想界应超越欧洲文艺复兴而过之》，将胡适作为西化派代表进行批判。作者最后的"结论"是：

"要而言之,建立一国之文化,不能缺少三种态度:(一)宇宙各种现象囊括无遗,(二)各异之学说应公平论断,(三)不忘本国历史与其所遗留之制度之真意义。有科学,同时不能无道德无宗教,不可因科学而排道德与宗教,亦不可因道德、宗教而排科学。更进而言之,主革新者,不可抹杀传统,同时亦不可因传统而阻碍进步。其在分科学术上言之,诚不能如此面面俱到。然在建立文化大业之观点上言之,其何能标新立异以鸣高而不为统筹全局计乎?此则今后学术自主自立之大方针也。"另有嵇文甫《漫谈学术中国化问题》、宋介《中国文化运动之新路线》、伍启元《甚么是中国文化底出路》、罗根泽《建国期中的文化建设》、罗宝珊《中国胜利就是东方历史和文化的胜利》等文也涉及中国文化发展方向与路径问题。嵇文甫《漫谈学术中国化问题》旨在批判"中国本位"文化观,强调"所谓'中国化',就是要把现代世界性的文化,和自己民族的文化传统,有机地联系起来",从而创造出既具有世界先进性,又具有本民族自身独特性的新学术、新文化。另8月29日上午在中国哲学会第四届年会上徐炳昶(旭生)宣读论文《世界文化的重估价问题》并进行讨论,其中涉及中国本土文化与世界文化的关系。相关著作则有:黄其起著《三民主义文化运动的基础》,李璜、陈启天等著《新中国文化运动》,李仲融、曹伯韩等著《现阶段的文化运动》。

　　6. 关于民族问题讨论的延续。基于日益深重的民族危机意识,民族问题一直受到全国各界的高度关注,学界对于民族问题的讨论还在继续,而且广泛涉及政治、历史、文学等各个方面。吴黎平编著《论民族民主革命》、吴泽霖等著《民族学论文集》(第1辑)、萧一山著《民族之路》、郭节述著《中国历史上的民族战争》、孟云帆编《民族战争》等侧重于政治视角。郭节述著《中国历史上的民族战争》分10个部分:引言、黄帝征蚩尤、化成时代的民族战争、汉征匈奴、淝水之战、唐平突厥、中倭第一次战争、南宋抗金、明倭朝鲜之役、结论。华岗著《中国民族解放运动史》(第1—2卷)、张伊林著《世界民族复兴史》、周蜀灵著《现代民族复兴史》、慎之著《近东民族奋斗史》、无名氏编《中国历史上的民族英雄》(上下卷)、奔流主编《历代民族英雄故事》、张悠悠等著《民族英雄》、严济宽编著《中国民族女英雄传记》等侧重于历史视角。华岗著《中国民族解放运动史》把近百年的斗争看成是民族解放与社会解放两种斗争紧密结合的发展史,是一部以马列主义观点编撰中国近现代史的奠基之作。而陈易园编《中国民族文学讲话》、赵景深著《民族文学小史》、梁乙真著《民族英雄诗话》、卢冀野著《民族诗歌论集》等则侧重于文学视角。此外,郭沫若著《中国民族精神问题》、冯蕙田著《民族心理学》、尹达著《中华民族及其文化之起源》、缪凤林著《中国民族之文化》分别侧重于民族精神、民族心理与文化研究。郭沫若著《中国民族精神问题》讲了3个问题:一、中国民族富于创造性;二、中国民族富于同化性;三、中国民族富于弹性。最后特别强调,"目前所进行之抗日战争,即是我民族弹性精神之高度发挥,但在此过程中必须同时发挥民族创造性,此即要求我们置此民族危机之时,不要'打盹'和'睡觉',而要加倍求进步,以求民族之生存与民族精神之发扬广大"。尹达著《中华民族及其文化之起源》论述考古学上所见到的中华民族及其文化发展的过程以及金文甲骨文中证明的古代传说的真实性,进而批判中华民族及文化"东来"和"西来"等说法。缪凤林著《中国民族之文化》比较中西方文化文明,论述文化与民族文化的定义、民族文化的成立条件、内容与分类,以及中国民族文化的进步与发展等问题。

　　7. 关于抗战建国讨论的延续。首先是国民精神重建问题。自1939年3月11日国民政府在国防最高委员会下设立精神总动员会并公布《国民精神总动员纲领》以来,国民精神总动员正在大规模地持续推进之中。本年 4 月,国民精神总动员会秘书处进行改组,分设总务视导编审三组。改组后的秘书处详加筹划,先后拟订了 8 项改进方案。为此在国防最高委员会的领导下,并由国民政府社会部具体指导,国民精神动员运动依循“由口号到行动,由上层到下层,由城市到乡村,由后方到前方,由我后到敌后”的五大原则,在全国各地全面深入开展起来。与此同时,由国民精神总动员到战后国民精神的重建,便成为学界有关战后重建的焦点问题。为此,《教育学报(中华民国教育总会)》第 5 期首先重点聚焦国民精神重建问题,刊载了宋介《国民精神再建之要义》、陈连森《再建国民精神意义之引伸》、王文培《论国民精神之再建》、段之桓《现代思潮与国民精神的再建》、李牧伯《国民精神再建运动之我见》、梁瑞甫《国民精神再建与今后的教育》、赵大同《国民精神再建与建设文学》、孙照《国民精神再建与今日之道德教育》、葛幼卿《国民精神再建与中国之复兴》、苏民生《雄浑的国民精神之再建与六艺》等文。此后,《教育学报》第 6 期继续刊载了齐宣《国民精神再建与环境改造》等文。再如贺麟刊于《战国策》第 3 期的《五伦观念的新检讨》开始提出“新心学”的基本思想,认为“现在的问题是如何从旧礼教的破瓦颓垣里,去寻找出不可毁灭的永恒的基石。在这基石上,重新建立起新人生、新社会的行为的规范和准则”。其中既关乎中国文化更新,同时也契合国民精神重建的论题。相关著作则有:罗敦伟著《国家总动员论》、中国国民党中央执行委员会宣传部编《怎样实行国民精神总动员》、中国国民党中央执行委员会训练委员会编《国民精神总动员要义》、于右任著《抗战建国时期之精神与训练》、吴真我编《国民精神教条》。其次是经济建设依然是重中之重,主要有:中国经济建设协会编《中国经济建设纲领初稿》、翁文灏《国民经济建设运动》、董文中编辑《中国战时经济特辑》续编,沈雷春、陈禾章编著《中国战时经济建设》,成宅西讲《中国经济建设讲授纲要》,莫萱元编著《抗战中经济建设之途径》,中国国民党中央执行委员会训练委员会编《中国战时经济建设问题》,中央执行委员会训练委员会编《中国战时经济建设》(训练教程),姚均编《战时经济建设》,三民主义青年团中央团部编《国民经济建设运动》,鄢廷和著《工商俱乐部运动与现代化的经济建设》,国民出版社编《中国的新工农业》,中华出版社编《建设中的新中国》,徐德瑞著《西南经济建设研究》等。再次是学术建国依然受到学界的高度重视。任鸿隽 7 月 1 日在《东方杂志》第 37 卷第 13 号发表《抗战后的科学》,提出:抗战以后的科学“第一要求科学的生活化”。“第二,我们以为抗战后科学研究机关有大量增加的必要”“第三,此后科学的研究要理论与应用双方并重”“第四,为促进科学及工业发展起见,我们以为一切制造,一切供给,多要靠自己而不要倚赖他人”。马星侣在《现代青年》(福州)第 2 卷第 2 期发表《社会科学与抗战建国》,指出自然科学的发达,并不能保证中国抗战的胜利,强调我们在抗战建国的过程中,不仅要重视自然科学,同时也要重视社会科学,要充分发挥社会科学指导抗战建国的重要作用。吴泽、吕振羽在《理论与现实》第 2 卷第 1 期发表《中国历史著作论:关于几本中国历史著作的批语与介绍》,在论及史学研究与抗战建国、民族解放的关系时进而推及史学的战后建国功能,并大声呼吁:“在抗战日趋深入的现阶段,我们必要时时警戒我们自己的文化战线,作积极的斗争;同时则积极中国历史科学的研究的领导与号召,努力建立科学的中国史学体系。”吕振羽又有《本国史研究提纲》连载于 6 月 1 日、7 月 1 日重庆《读书月报》第 2 卷第 4—5 期,文中也特别看重历史研究为“抗战建国”所提供的指导意义,作者在谈到加强中国史研究的重要性和紧迫性时写道:“历史研究的任务,在究明历史自身的运动和发展过程的规律性,把握其现实的动向,以及构成历史动力的诸契机和与其主导从属的关系,去指导人类社会生活之现实奋斗的方向,提高对历史创造的作用,——加强指导原则和实践能力,同时,适应现实的要求,科学地批判地继承过去人类文化的优良成果——民族文化的优良传统的承袭,世界文化的优良成果的吸取。所以,历史是科学,是'一切科学的基础',是人类生活奋斗的武器。"因此,"抗战建国中的民族革命的战略和策略,都要根据历史作决定,依靠历史作指南;当前一切实际问题,只有历史给予正确的解答,能指示我们实践的方向。所以在目前,对本国史的科学研究,是迫切必要的。"另有教育通讯周刊社编《教育与建国》(教育通讯丛书)由重庆编者刊行。

8. 关于中国社会性质与社会史论争的延续。范文澜5月25日在《中国文化》第1卷第3期发表《关于上古历史阶段的商榷》。9月,重庆《群众》周刊第5卷第4—5期转载。文中对郭沫若"西周奴隶社会说"提出质疑,赞成吴玉章关于殷代是奴隶社会、西周是封建社会的主张,认为从生产关系的基础、生产工具、生产部门等方面来考察奴隶社会的基本条件,考之殷代盘庚以后,无不具备,因此我们可以判定殷代是奴隶社会。西周虽然仍有奴隶,"但主要的却是农奴",从有关材料看,"西周文王时代,农奴已是主要的生产者"。由此触发了《中国文化》上关于殷代社会性质的辩论。尹达认为殷代是"在崩溃过程中的氏族社会"。同月,尹达在《中国文化》第2卷第1期发表《关于殷商社会性质争论中的几个问题》。此文针对范文澜《关于上古历史阶段的商榷》的观点,表示了不同意见,指出:传世文献有关殷代历史的记载,大多出自后世文人之手,其中有不少"修饰和重编"的成分,因而不足为据。由于参加过安阳殷墟的发掘,尹达认为,研究殷商社会最可靠的史料是当时的甲骨文字和遗迹遗物,离开它们就不可能写出殷商社会的信史。在他看来,文献上的材料大部分是后人的记述,应当弄清作者的时代及其社会性质,然后才能使用。假若一味相信,很可能发生错乱,把殷商社会看作比它还要进步一些的社会形态。尹达批评范文澜"以后代史料移置于前代",以致对殷商社会性质判断有误,高估了此时社会的发展程度。从考古材料看,殷代"社会组织结构基本上还是以血缘关系为其纽带之氏族社会的组织",即处于氏族社会的崩溃阶段。结论是:"殷代后期的社会处在崩溃过程中的氏族社会,是没落的氏族社会走向坟墓里去的前夜。"在尹达与范文澜的论著中,谢华明显倾向于范文澜的观点。12月,谢华在《中国文化》第2卷第4期发表《略论殷代奴隶制度》,对尹达提出不同观点,认为《尚书》《诗经·商颂》《史记》等记载"是殷代最宝贵的直接史料",片面地用甲骨文来反对古书是"一种很幼稚的办法"。谢华指出,在研究商代社会时,不应只依靠甲骨文而轻视历史文献。根据"最可靠的纸上材料和地下材料",谢华对殷代奴隶国家提出三个论据,进而强调"在某种程度的生产力之下,必然具有与之相适应的生产工具之存在的"。可见,延安史家承接社会史论战的余绪,使古史分期问题的争论延续下来。此外,吕振羽著《中国社会史诸问题》由上海耕耘出版社刊行。此书包括关于中国社会史的诸问题、亚细亚的生产方法与所谓中国社会的"停滞性"问题、中国社会史上的奴隶制度问题、创造民族新文化与文化遗产的继承问题等四部分,集中代表了吕振羽之于中国社会性质与社会史论争的意见。

本年度的论争还有关于"宪政"问题讨论与争鸣、"英雄崇拜"的论争、女权问题的论争、文学才能的讨论、高尔基逝世4周年的纪念与评价、冯友兰《新理学》的论争、曹禺文学创作的讨论等。有关刊物号所推出的专号则有:《东方杂志》第37卷第1号推出"欧战大战专号";《建国教育》第2卷第1期推出"心理专号";《中苏文化》第7卷第4期刊出"苏联戏剧电影专号";《中苏文化》刊出"苏联十月革命23周年纪念特刊";《现代读物》月刊第5卷第7期刊出"抗战三周年纪念、四川专号"。

上述学术论争之外，聚焦于重要学术论题的论著尚有：常乃惠著《社会科学通论》，社会科学研究会著《社会科学概论》，沈志远著《大众社会科学讲话》，公直著《大众社会科学讲话》，温济泽著《自然科学与社会科学的关系》，钱穆著《社会自由讲学之再兴起》（总论宋元明学术），金岳霖著《论道》《归纳原则与先验性》，常乃惠著《新宇宙观中的几个基本概念》，沈志远著《现代哲学的基本问题》，杨松著《关于马列中国主义化的问题》，陈伯达著《论"新哲学"问题及其他》《两大中心思想的斗争》，艾思奇著《哲学研究纲要》《辩证法的法则及其运用》，贺麟著《时空与超时空》，杨荣国著《中国古代唯物论研究》，郭沫若著《周易的构成时代》，陈启天编《韩非子校释》《韩非及其政治学》，曾繁康著《韩非子初见秦篇作者之推测》，冯友兰著《新世训》（一名《生活方法新论》）《新事论》（一名《中国自由路》），陈安仁著《明代学术思想》，王季同著《东西洋论理学之比较研究》，贺麟著《德国三大哲人处国难时之态度》，李仲融著《形式逻辑学与辩证法》，张君劢著《养成民族思索力》，陈垣著《明季滇黔佛教考》，傅统先著《中国回教史》，德礼贤著《中国天主教传教史》，王治心著《中国基督教史纲》，傅斯年著《汪贼与倭寇——一个心理的分解》，毛泽东著《新民主主义论》，何永佶著《论国力政治》，周谷城著《中国政治史》，张友渔著《抗战形势论》，黎东方著《中国战史研究》，陈高佣主编《中国历代天灾人祸年表》，陈西滢著《东方西方两个战争的分析和预测》，千家驹著《帝国主义是什么》，薛暮桥著《经济学》，翁文灏著《抗战三年之经济建设》，刘大公著《国防经济学大纲》，董问樵著《国防经济论》，沈来秋著《国防经济的新潮》，郑林庄著《中国合作运动史初稿》，陈国庆著《新经济理论与新货币理论》，沈来秋著《国防经济的新潮》，刘大钧著《上海工业化研究》，史国英著《三年来日我两军战略战术之总检讨》，尹达著《中华民族及其文化之起源》，陈志良著《中国人最初移殖美洲说》，于省吾著《双剑誃殷契骈枝》，陈立夫著《教育界今年应有之努力》，钱端升著《大学往何处去》，赵子珊著《现行教育制度批评》，杨家骆著《书院制之缘起及其优点》，蔡元培著《美育》，朱光潜著《美感教育》《流行文学三弊》，赵元任、李方桂、罗常培译，瑞典汉学家高本汉著《中国音韵学研究》，董作宾著《方法敛博士对于甲骨文字之贡献》，何漱霖著《左传文法研究》，王力著《中国文法学初探》《汉字改革》，吴玉章著《新文字与新文化运动》，汪馥泉编辑《中国文法革新讨论集》，陆志韦著《说文广韵中间声类转变的大势》，罗常培著《临川音系》，刘文兴著《论隋唐间之楚音》，Geogre Foe 著《上海话》，李振麟编《贞丰仲家语字汇》，李方桂著《龙州土语》，吴泽霖编《威宁大花苗语字汇》，蔡元培等著《中国新文学大系导论集》，欧阳采薇著《论所谓新文学与新理想》，侯外庐著《新的时代与新的文艺》，朱东润著《读诗四论》，吴烈著《中国韵文演变史》，陈适著《离骚研究》，罗庸、叶玉华著《唐人打令考》，李长之著《道教徒的诗人李白及其痛苦》，易君左著《杜甫今论》，姚灵犀等著《瓶外卮言》，王国维著、徐调孚校注《校注人间词话》，柳亚之著《南社纪略》，黄峰著《世界革命文艺论》，高博林著《圣经与文学研究》，谢六逸著《日本之文学》（上中下册），向培良著《艺术通论》，陈佛之、陈影梅编《西洋绘画史》，徐蔚南编《中国美术工艺》，胡蛮著《欧化的中国美术之批评》，姚名达著《史字的本来意义》，潘梓年著《社会历史的研究怎样变成科学》，胡秋原著、祖国社编《历史哲学概论》，蔡尚思著《中国历史新研究法》，钱穆著《国史大纲》（上下册），吕思勉著《中国通史》（上下册），陈恭禄著《中国史》（第 1—2 册），岑家梧著《史前史概论》，翦伯赞著《中国历史科学与实验主义》，吕振羽著《本国史研究提纲》，王树民著《中华名号起源考》，陈梦家著《商王名号考》，杨荣国著《封建社会史什么》，林同济著《战国时代的重演》,劳干著《礼经制度与汉代宫室》,易铁夫著《史记三种秦世系年代之比较》,朱谦之著《考今》,郭廷以编《近代中国史》(第1—2册),苏雪林著《中国通史和抗战史的编著》,郑寿麟著《研究德国史学之准备》,冼玉清著《广东鉴藏家考》,黎锦熙著《方志今议》,方树梅著《滇南碑传集》,冯承钧著《诸蕃志校注》,朱剑心著《金石学》,于省吾著《双剑誃古器物图录》,蒋复璁编著《图书馆》,杜定友著《图书馆》,郭伯恭著《宋四大书考》,孙楷第著《述也是园旧藏古今杂剧》,王佐良著《论书评》,等等。钱穆《社会自由讲学之再兴起》(总论宋元明学术)论唐中叶以后中国一个绝大的变迁,便是南北经济文化之转移。另一个变迁,则是社会上贵族门第之逐渐衰落。陈安仁《明代学术思想》分明代学术思想之渊源、宇宙存在之本体、人类心性之本质、知识之本质与功能、人生之态度与行为等5个问题展开论述。金岳霖《论道》乃形而上学著作,为作者在抗日战争期间完成的一部重要著作,也是中国现代哲学中系统最完备、最富有创造性的本体论专著。书中以道、式、能为基本范畴,通过对中国传统哲学的意义重释与中西合璧,重以逻辑的推演建构出独特的本体论,也充分体现了金岳霖贯通古今、融会中西的著述风格,相对于重感悟而轻逻辑的中国学术文化传统而言具有方法论的划时代的意义,贺麟曾誉之"是一本最有独创性的玄学著作"。此书与冯友兰《新理学》次年被教育部学术评议会评为一等奖,因一等奖只有1名,金岳霖之著屈居二等奖。常乃惪《新宇宙观中的几个基本概念》将其所论"新宇宙观中的几个基本概念"归结为:第一是用变动的观点来代替静止的观点。第二是用相对的观点来代替绝对的观点。第三是用关系的观点来代替本体的观点。第四是用综合的观点来代替分析的观点。第五是用结构的观点来代替实质的观点。第六是用全体的观点来代替部分的观点。第七是用有机的观点来代替机械的观点。第八是用体验的态度来代替观察研究的态度。贺麟《时空与超时空》旨在探索时空与超时空的内涵、关系与意义,认为"西洋人注重时空,东方人注重超时空。古代人注重超时空,近代精神则注重时空。宗教、艺术、哲学中注重超时空,科学、政治、经济、实业则注重时空。时空重要,超时空亦重要"。最后揭示"所谓超时空之真义,不在于超绝时空,知行与任何时空不相干,堕入虚无寂灭之域,乃即在于运用理性以把握时空,决定时空,使时空成为表现理性法则之工具也"。陈垣《明季滇黔佛教考》兼具学术意义与现实意义,集中体现在三个方面:一、对遗民的思想和行动的政治意义,作了深刻的阐释。大力表彰他们的爱国思想、民族气节;二、由于掌握了遗民逃禅以抗清这一规律,故能将分散而隐晦的材料,处处互相印证,而获得新解,使长期被掩盖的当日志节之士逃禅的真实历史得以恢复面目;三、从这部著作开始,陈垣在论著中大量正面发表富有思想性和政治意义的议论,实现了由严密考证向更高层次——自觉体现时代精神的飞跃,这就为陈垣的学术注入新的生命。黄忏华《中国佛教史》乃近代中国人自己撰写的第一部系统的中国(汉传)佛教通史。王治心《中国基督教史纲》为我国学者所撰的第一部也是影响最大的中国基督教通史或全史著作。翁文灏《抗战三年之经济建设》总结抗战三年来的后方经济工作,较详细地列举重工业建设、输出货物的奖励、足食足衣工作的推进及对敌经济封锁工作等各方面所取得的效果。李方桂著《龙州土语》是一篇广西龙州壮语的调查报告,内容安排跟方言调查的内容很接近,首先是广西龙州土语音韵系统描写,然后是第一手的记音语料,包括民间故事和民歌,最后是一份详尽的词汇表。为作者早期的一本经典性的壮语著作。蔡元培等著《中国新文学大系导论集》乃集中赵家璧主编《中国新文学大系(1917—1927)》(10卷)中所载各篇"导论"而成。由于书中所收各篇"导论"的作者,既是部分新文学作品的创作者,也是对新文学的发展有突出贡献的参与者,这部《导论集》可以称作是中国现代史上第一部详尽介绍新文学发展状况的经典著作,同时兼具文献、历史与理论价值。蔡元培《美育》指出在国际形势和国家需要的背景下,教育向实用主义方面倾斜,这是应付一时的需要,并非国家教育的根本原则。只有把实用教育和人格精神的审美教育结合起来,才能在危急的国难时代,发挥其民族的精神。朱光潜《美感教育》认为美感教育又是一种情感教育,同时还是一种艺术教育。此文体现了作者正在经历从中国传统美学资源向西方美学理论"反哺"的阶段。朱光潜《流行文学三弊》对文坛上的"陈腐""虚伪的""油滑"三种弊端作了剖析和批评。潘梓年《社会历史的研究怎样变成科学》认为马克思主义使社会历史的研究变成了科学。翦伯赞《中国历史科学与实验主义》针对胡适为代表的实验主义思想展开了批判。雷海宗《历史警觉性的时限》批评只重考证训诂的历史之学,并疾声呼吁道:"有心的人,为何不抖去由堆满败简残篇的斗室中所沾的灰尘,来到海阔天空的世界大吸一口新鲜的空气!"朱谦之《考今》提出:现代史学的第一职务,乃在怎样理解目前世界历史和中国历史的大转变,换言之,即是"考今"。林同济《战国时代的重演》强调"我们必须要倒走二千年,再建起战国时代的立场,一方面来重新策定我们内在外在的各种方针,一方面来重新估量我们二千多年来的祖传文化!"作者运用文化形态学的方法,强调世界进入新的"战国时代",这是一种全体战、歼灭战,没有战斗力的国家必定灭亡,强调空谈、和谈皆误国,除了抗战到底没有第二条路可走。中国必须重新思考文化传统与内外政策的基点。钱穆《国史大纲》(上下册)开创了编纂通史的一种政治制度、学术思想与社会经济的三位一体的新体例,为极富有创新意义的中国通史经典名著。此书一经出版之后,即以其独特的见解、细致的考证与精彩的叙述而风行全国,并被列为中华民国国民政府教育部大学用书,成为在民族危亡时期用以唤醒国魂、御敌救国的佳作,在知识分子与青年学子中起到了积极的民族文化凝聚作用,同时也奠定了钱穆史学大家的地位。郭廷以编《近代中国史》(第1—2册)为近代中西关系史研究的一部名著,其中多处采用了罗家伦的观点。

　　聚焦于学术史论题的论著则有:砺夫著《历代学术变迁之一瞥》,蒙季甫著《儒家政治思想之变迁》,范文澜著《中国经学史的演变——延安新哲学年会讲演提纲》,和培元著《逻辑史鸟瞰》,谭丕模著《清代思想史纲》,钱基博著《近百年湖南学风》,林同济著《第三期的中国学术思潮——新阶段的展望》,吴绍熙著《六十年来心理学之演变》,曾繁康著《中国现代史学的检讨》,周谦冲著《现代西洋史学之倾向》,颜虚心著《法国近百年东方学研究历程》,陈友松著《五十年来美国教育科学运动的贡献》,王云五著《四十年来之中国出版界》,裴文中著《中国史前学上之重要发见》,周振甫著《严复思想述评》,史国英著《三年来日我两军战略战术之总检讨》,朱谦之著《中国思想对于欧洲文化之影响》,等等。砺夫《历代学术变迁之一瞥》将我国历代学术变迁之大势,作了如下总结:上古至夏商时代"皆学术之萌芽时代";商周以降,文化愈高。逮乎春秋战国思想发达盛极一时,"思想界经此时期之充分发展,于是哲学、伦理、政治、法律等学说,亦皆朝气蓬勃,蔚为大观"。"汉承暴秦之后,君主专制,较秦尤甚。鉴于法家之学,易招反抗,乃利用儒学之'正名'与'辨君臣'之义,以固其权位,由是儒术见重于王廷。"两汉至魏晋,"适此时佛学东渐,大合人心,学术思想遂又由道学趋于佛学。又国倾轧,南北文化,相互调和,于学术上亦有不可漠视之处。""季汉以来,下迄魏晋,本内心批评之精神,极与自我之发现,以个人小己为归宿,此乃三百年间学术之主潮也。六代告终,隋唐统一,清谈既歇,遂由经学佛学平分学术界之天下,南北对峙,学术互异。"宋代"学术界自周敦颐以后,分关闽濂洛四派,其宇宙观与人生观,皆为一种'气理二元论',以'理'或'道'为人生之本;故宋学又称理学或道学。""宋元明八百年间之思想,实为宋学势力所笼罩。""明亡清兴,学者鉴于宋学之空疏,乃趋于探求真理,考证权离之学,于焉大盛。如顾炎武之努力于音韵训诂,黄宗羲之主治经史;王夫之并斥王陆而崇朱学;颜元主实履实践。由此以观,则清代学术思想,实入汉学之规范矣。""而康则演孔子托古改制之说,更为数千年来迷古思想之一大革命,复得梁启超等之臂助,参以西欧文化,由是中国之学术思想,遂完全步入另一途径。"范文澜《中国经学史的演变——延安新哲学年会讲演提纲》用历史唯物主义的观点和方法,对西周至"五四"运动前夕经学的产生与发展作了概述。9月5日,毛泽东读范文澜关于中国经学简史的讲演提纲后,致信范文澜云:"提纲读了,十分高兴,倘能写出来,必有大益,因为用马克思主义清算经学这是头一次,因为目前大地主大资产阶级的复古反动十分猖獗,目前思想斗争的第一任务就是反对这种反动。你的历史工作继续下去,对这一斗争必有大的影响。第三次讲演因病没有听到,不知对康梁章胡的错误一面有所批判否?不知涉及廖平、吴虞、叶德辉等人否?越对这些近人有所批判,越能在学术界发生影响。"林同济《第三期的中国学术思潮——新阶段的展望》分析"五四"以后中国学术经历了"经验实事"时代和"辩证革命"时代两个阶段,只看到了点与线、平面与偏面,在抗战时代,学术界必须要进入"全面""全体"阶段,即文化综合或文化摄相时代。作者认为"五四"以来,中国学术曾经过了两度热闹思潮的洗礼。这两度洗礼可以代表现代中国学术迈进中的两阶段。民国八年到民国十八年可叫做"经验实事(Empirical-Date)"时代。胡适的《中国哲学史大纲》,可算是开山之作,它在中国现代学术史上的真价值,真作用在于它划出一个新时代。这时代的学术,中心目标在搜求事实,而标准方法则为经验主义 Empiricism。到了民国十八年,郭沫若的《中国古代社会研究》一书出版,随后数年内,就展开了热闹一时的中国社会史论战。中国学术的第二阶段,就在这时候诞生。第一期的功绩,在扫荡千余年道学面孔的淫威,捧出冷酷的"事实"来打碎那鳞甲千秋的"载道""设教"的老偶像。第二期的功绩,恰在提醒了认识背景认识全体的必要。轰动一时的中国社会史论战,如果在中国学术思潮史上有永在的意义的话,那就因为了它乃一种认识中国社会整个轮廓的初次尝试,初步尝试。象征的说法,如果第一期的办法只能见其"点",见其"线",第二期的办法也不过见其"平面",见其"偏面"而已。现在是所谓"全面"抗战的时代了。我们学术界能够不能够打入一个新园地,由点的、线的阶段,偏面、平面的阶段,踏进一个"全面""全体"的阶段呢? 这应当是中国学术的未来,应当是抗战局面势必产生的结果! 第三期的办法是要取得一个民族文化的"全体观"。曾繁康《中国现代史学的检讨》将中国近世史学归纳为三派:一是考据学派,以顾颉刚的《古史辨》为代表,以中央研究院和北平研究院的历史语言研究所及北京、清华等大学为大本营,其主要精神为注重实证,不但以书籍上的记载为考据的根据,而且极注重发掘;二是唯物史观的中国历史研究学派,此派以《新生命》杂志为代表,从经济社会的立场,以西洋的历史材料来解释中国历史上的种种现实,其所用的方法是辩证法;三是理学派的历史观,此派以复性书院的马一浮为代表,此外乡曲之老师宿儒,亦多抱相同观点,所有观点全系宋明以来理学家的观点,其对于历史的态度,亦系中国旧日史家对于历史的态度。此三派各有短长,亟宜自加检讨,将来必能于史学上均有贡献。周振甫著《严复思想述评》分全盘西化时期、中西折中时期、反本复古时期、三期思想的批判等4篇,对严复各个时期的思想进行分析和批判。裴文中《中国史前学上之重要发见》认为近二十年来中国史前学最重要发现有四个:一是安特生在1921年发现"仰韶期彩陶文化",二是桑志华和德日进1923年在河套发现"旧石器时代之遗址",三是1926—1930年发现"周口店中国猿人之遗骸及遗物",四是1933年发现"周口店山顶洞"。王云五《四十年来之中国出版界》将1901年至1940年之中国出版界分为五个时期:(一)革新运动时期;(二)新文化运动时期;(三)图书馆运动时期;(四)促进学术独立时期;(五)抗战时期。朱谦之著《中国思想对于欧洲文化之影响》专门论述19世纪之前中国思想对欧洲的影响,并结合法国革命和德国革命来进行分析。周积明《二十世纪的中国文化史研究》一文认为此书"无论在研究方法上还是在史料的分析和运用上都达到相当高的水平,研究中西文化交流的学者至今仍受其惠"。这是一部中国学术史兼中外关系史研究著作。(以上参见本书"学术背景""学术活动""学术论文""学术著作""学者生卒"栏所引文献与出处,以及章恒忠、王亚夫主编《中国学术界大事记(1919—1985)》,上海社会科学院出版社1988年版;中央教育科学研究所编《中国现代教育大事记1919—1949》,教育科学出版社1988年版;付祥喜《20世纪前期中国文学史写作编年研究》,北京师范大学出版社2013年版;王学典《20世纪史学编年(1900—1949)》,商务印书馆2014年版;中国大百科全书总编辑委员会《中国大百科全书·考古学》,中国大百科全书出版社2002年版;王学珍等编《北京大学纪事(1898—1997)》,北京大学出版社1998年版;清华大学校史研究室编《清华大学一百年》,清华大学出版社2011年版;齐家莹编《清华人文学科年谱》,清华大学出版社1999年版;南京大学高教研究所编《南京大学大事记(1902—1988)》,南京大学出版社1989年版;北京师范大学党委办公室、北京师范大学校长办公室《北京师范大学纪事》,北京师范大学出版社2012年版;张玮瑛、王百强、钱辛波主编《燕京大学史稿》,人民中国出版社2000年版;沈卫威《学衡派编年文事》,南京大学出版社2015年版;吴永贵《民国图书出版史编年:1912—1949》,社会科学文献出版社2018年版;李亮《继承五四和扬弃五四——新启蒙运动研究》,上海师范大学博士学位论文,2012年;刘长鼎,陈秀华《中国现代文学运动史》,山东文艺出版社2013年版;艾克恩编纂《延安文艺运动纪盛》,文化艺术出版社1987年版;孙国林编著,王佳钰、王增辉校订《延安文艺大事编年》,陕西师范大学出版总社2016年版;文天行编《国统区抗战文艺运动大事记》,四川省社会科学院出版社1985年版;欧阳哲生《纪念"五四"的政治文化探幽——一九四九年以前各大党派报刊纪念五四运动的历史图景》,《中共党史研究》2019年第4期;吴海勇《1928年至1948年〈中央日报〉对五四运动的评论》,《上海党史与党建》2009年第5期;郝智浩《延安时期党对五四运动的纪念——以〈解放日报〉为中心的考察》,《毛泽东思想研究》2021年第1期;张志云《〈文艺先锋〉(1942—1948)与国统区文艺运动》,四川大学博士学位论文,2007年;吴敏《1940年代前后延安的文化组织与文学社团》,复旦大学博士学位论文,2006年;肖卫兵《中国近代国立大学校长结构及其角色研究》,苏州大学博士学位论文,2011年;陈金琳《周扬与中国左翼文艺运动(1926—1949)》,中南财经政法大学硕士学位论文,2019年;左玉河《张东荪与中共扑朔迷离的关系》,《党史博览》2001年第5期;陈振林《"孤岛"时期文献保存同志会研究》,华中师范大学硕士学位论文,2018年;熊飞宇《中共中央南方局与重庆抗战文学》,四川大学博士学位论文,2011年;潘成菊、熊飞宇《重庆"民族形式"问题论争与中共中央南方局的关系考辨》,《遵义师范学院学报》2011年第3期;徐瑞岳、陈洁《抗战时期国统区文艺界纪念鲁迅的活动》,《新文学史料》2002年第2期;田刚《"鲁迅"在延安》,《延安大学学报(社会科学版)》2012年第3期;宋晗《从"抗战先锋"到"文化旗手"——论抗战背景下"鲁迅形象"建构的转变》,南京师范大学硕士学位论文,2019年;韩文宁《抢救民族文献——郑振铎先生对中国古籍文化的贡献》,《图书与情报》1999年第1期;张春丽《中国共产党新民主主义文化理念的形成》,北京师范大学博士学位论文,2006年;谷小水《抗战时期的国民精神总动员运动》,《抗日战争研究》2004年第1期;周韬《南京国民政府文化建设研究(1927—1949)》,湖南师范大学博士学位论文,2008年;郑大华《论"抗战建国"话语下"学术建国"的讨论》,《浙江学刊》2020年第3期;徐春夏《管窥抗战时期延安史学成果的传播机制》,《党史文苑(学术版)》2005年第22期;杨凌林《抗战时期中国马克思主义史学的发展》,西南大学硕士学位论文,2006年;顾晓玲《尹达史学研究》,河南师范大学硕士学位论文,2012年;张海燕《抗战时期延安学者争鸣古史分期的学术意义》,《中州学刊》2009年第2期;林国华《范文澜与中国马克思主义史学》,山东大学博士学位论文,2007年;殷飞飞《民国时期中山大学"现代史学"运动探研》,山东大学博士学位论文,2020年;《陈垣先生学术思想的升华——〈明季滇黔佛教考〉的成就》,《纪念陈垣校长诞生110周年学术论文集》,北京师范大学出版社1990年版)

1941 年　民国三十年　辛巳

一、学术背景

1月1日,重庆《大公报》载,"教育部大学用书编辑委员会公开征稿"广告。

按:广告曰:一、本会遵照教部颁大学各院系课程科目表征求各科用书书稿。二、征求范围及期限:
(甲)民国三十年三月底截止者,为大学各学院分院共同必修科目之:(1)论理学(2)哲学概论(3)科学概论
(4)高等数学(5)微积分(6)数学(7)化学(8)生物学(9)地质学(10)政治学(11)经济学(12)民法概要
(13)法学通论(14)应用力学(15)材料力学(16)投影几何(17)工程画(18)建筑初则及建筑画(19)初级图
案(20)阴影法(21)木工(22)植物学(23)动物学(24)农学概论及农艺(25)经济学或农业经济(26)商业史
(27)经济地理(28)财政学(29)会计学(30)人类学等书稿。(乙)民国三十一年三月底截止者为大学各学
院分系共同必修科目之:(1)教育概论(2)教育心理(3)中等教育(4)普通教学法等书稿。(丙)暂不限期者
为大学各学院必修及选修科目用书(详目函索即寄,但须请注明院别)。三、应征书稿必须适合本会规定
之《大学用书编辑体例(函索即寄)》。四、应征书稿依本会书稿审阅办法决定采用后,作为部定大学用书。
五、书稿之报酬采用下列办法之一种,由本会与应征人临时决定之:(甲)让与版权,稿费每千字15元(如
有特优稿件,得增加稿费)(其不便以字数计算者得酌定稿费);(乙)半让与版权,由应征人抽版税百分之
十五并加缮写费每千字5元。六、公开征求之书稿至截止日期尚未完稿者,得先将已完部分送会审查。
七、本会通讯地址为"四川省江津县白沙镇国立编译馆教育部大学用书编辑委员会"。(参见吴永贵《民国
图书出版史编年:1912—1949》,社会科学文献出版社2018年版)

是日,陕甘宁边区政府政务会议通过《关于推行新文字的决定》。

按:《决定》规定:自即日起新文字同汉字具有同样法律地位;汉字与新文字并用;各县给边区政府的
公文,用新文字同样有效。(参见中央教育科学研究所编《中国现代教育大事记1919—1949》,教育科学
出版社1988年版)

1月2日,西南联合大学叙永分校新生开始注册。

1月4日,新四军军部及所属部队9000余人奉命北移,从云岭驻地出发绕道前进。

1月7日,新四军北移部队共9000余人在达泾县茂林地区,遭国民党军袭击,造成震惊
中外的"皖南事变"。

1月14日,新四军军长叶挺为挽救危局,保全部队,亲赴国民党军第一〇八师师部谈
判,被无理扣押。

1月15日,国民政府教育部致函中央图书杂志审查委员会称:生活书店出版的中学生
补充读物(指《青年自学丛书》等),完全根据马列主义的社会科学观点立论,企图借此麻痹

青年思想扩大反动宣传,除已饬令各省教育厅,禁止各学校采用外,要求中央图审会下令查禁。

按:图审会于1月29日复函云:"将尽量予该书店此项编辑计划以种种留难与打击,使其不能顺利出版。"(参见吴永贵《民国图书出版史编年:1912—1949》,社会科学文献出版社2018年版)

是日,中国劳动协会在重庆召开第三届年会,选举朱学范、陆京士等为常务理事。

是日,延安鲁迅研究会成立,选举艾思奇等组成干事会。

1月16日,日军参谋本部制定了《大东亚长期战争指导纲要》和《对华长期作战指导计划》,在大本营会议上获得批准,并在御前会议上得到天皇的裁决。

1月17日,蒋介石以军事委员会名义令取消新四军番号,宣布新四军为"叛军",取消其番号,并将军长叶挺"革职",并交"军法审判"审判。至此,国民党第二次"反共"高潮达到了顶点。

是日,周恩来为"皖南事变"向国民党谈判代表张冲提出质问和抗议,并打电话怒斥何应钦。

1月18日,中共中央发出关于"皖南事变"的指示,指出:皖南事变"是抗战以来国共两党间,也是抗日民族统一战线内部空前的严重事变",国民党1月17日表示"已在准备着与我党破裂,这是七七抗战以来国民党第一次重大政治变化的表现"。决定各抗日根据地经过刊物、报纸、会议、群众大会,向国民党提出严重抗议,八路军、新四军在政治上、军事上应充分提高警觉性和作战的充分准备。(参见中共中央文献研究室编撰、逄先知主编《毛泽东年谱(1893—1949)》,人民出版社、中央文献出版社1993年版)

是日,《新华日报》刊出周恩来两条亲笔题词:"为江南死国难者志哀""千古奇冤,江南一叶;同室操戈,相煎何急?!"

按:当《新华日报》揭露事变真相的报道和社论被国民党当局扣押后,周恩来立即题写"为江南死国难者志哀!""千古奇冤,江南一叶;同室操戈,相煎何急?!"的题词,登在被扣稿件的位置上。与此同时,周恩来领导南方局通过多种渠道向各界人士公布"皖南事变"的真相,揭露国民党顽固派的反共面目,得到各界人士、民主党派的同情、支持和声援。宋庆龄、柳亚子、何香凝、陈友仁等国民党左派人士,为"皖南事变"在香港发起抗议活动。在国民党内部,也有很多人不赞成蒋介石打内战。海外华侨领袖陈嘉庚致电国民参政会,呼吁团结,反对蒋介石的倒行逆施。

1月20日,中共中央革命军事委员会发布命令,宣布重建新四军军部,任命陈毅为新四军代理军长,张云逸为副军长,刘少奇为政治委员。

1月21日,国民政府教育部颁发《教育部搜集民众读物办法》。

1月22日,毛泽东以中共中央军委发言人名义发表谈话,驳斥对新四军的诬蔑,揭露日本和亲日派的整个阴谋计划,并严正提出要求取消1月17日命令,惩办祸首,释放叶挺,废除国民党一党专政,实行民主政治等解决"皖南事变"的12条办法。

按:毛泽东指出:此次"皖南事变",酝酿已久。自日德意三国同盟订立以后,日本和亲日派就蓄谋镇压中国的抗日运动,消灭八路军、新四军,实现中日妥协。至去年年底,全部计划准备完成。袭击皖南新四军部队和发布1月17日的反动命令,不过是这一计划表面化的开端。谈话严正提出解决"皖南事变"的12条办法:第一,悬崖勒马,停止挑衅;第二,取消1月17日的反动命令,并宣布自己是完全错了;第三,惩办皖南事变的祸首何应钦、顾祝同、上官云相3人;第四,恢复叶挺自由,继续充当新四军军长;第五,交还皖南新四军全部人枪;第六,抚恤皖南新四军全部伤亡将士;第七,撤退华中的"剿共"军;第八,平毁西北的封锁线;第九,释放全国一切被捕的爱国政治犯;第十,废止一党专政,实行民主政治;第十一,实行三民主义,服从《总理遗嘱》;第十二,逮捕各亲日派首领,交付国法审判。谈话对国民党顽固派提出最后忠告:"亡羊补牢,犹未为晚。"如能实行以上12条,则事态自然平复,我们共产党和全国人民,必不过为已甚。如果继续胡闹,必然是搬起石头打自己的脚,那就悔之莫及了。(参见中共中央文献研究室编撰、逄先知主编《毛泽东年谱(1893—1949)》,人民出版社、中央文献出版社1993年版)

1月24日,汪伪政府《出版法》由伪代理国民政府主席汪精卫、伪立法院院长陈公博签署,正式予以公布。

按:汪伪制定的这部《出版法》,共7章55条。这7章是:"总则""新闻纸及杂志""书籍及其他出版品""出版品登载事项之限制""行政处分""罚则""附则"。对书籍和报纸、杂志的出版、登记、发行,以及审查、处分等,均作了严格规定。

1月25日,周恩来将中共中央解决"皖南事变"的12条办法面交国民党代表张冲转国民党中央。

是日,苏联驻中国大使潘友新会见蒋介石,指出中国内战意味着灭亡。苏联驻中国使馆武官崔可夫也向何应钦和白崇禧表示内战有害于反侵略斗争,暗示继续内战可能导致苏联方面停止援助。(参见中共中央文献研究室编撰、逄先知主编《毛泽东年谱(1893—1949)》,人民出版社、中央文献出版社1993年版)

是日,日军在河北省丰润县潘家峪村制造"潘家峪惨案"。

是日,汪伪国民党宣传部、警政部会同修正公布《出版法施行细则》。

1月29日,中共中央政治局会议讨论通过《中央关于目前时局的决定》。

1月30日,延安自然科学编译社正式成立,徐特立任社长,康迪任副社长。专门编译生物、化学、物理、数学等自然科学书籍。

是日,美国书店在上海开业,以宣扬中美文化,介绍进步刊物为宗旨。

按:2月1日上海《申报》有报道:"美国书店开幕:福州路山东路口前日开幕之美国书店,专以宣扬中美文化,介绍进步刊物为宗旨,凡关于新近出版而思想进步之文艺刊物,及各种新书,皆有经售。又凡向普通书店所不易购得之新书,该店概可特为设法经售,或代觅购。"(参见吴永贵《民国图书出版史编年:1912—1949》,社会科学文献出版社2018年版)

1月30日至3月1日,豫南会战,中国第五战区司令长官李宗仁指挥3个集团军共8个军组织防御,将日军击退,取得胜利。

按:豫南会战是中国第5战区军队在河南南部抗击日军的一次作战,中国军队以一部正面节节抵抗,主力预伏两侧待机,将日军击退。

1月31日,中央图书馆编辑《图书月刊》创刊,三民主义丛书编纂委员会发行。

按:本刊采集全国学术人士的文章,对眼前一切中西思想的渊源加以探讨,或辨明其真态,或确定其价值,……使青年得到明确的正解;由是知所依归,由是坚定信仰,由是萃全神于建国。其次,便是收集全国出版的一切新书,尽力加以介绍,简单表白出内容,使读者容易明了这些书,对之增长兴趣,成为有门径的读书。当然以此也可为一般选购图书的参考。1945年12月出齐3卷,每卷出版8期。(参见吴永贵《民国图书出版史编年:1912—1949》,社会科学文献出版社2018年版)

是月,晋察冀边区行政委员会发布《关于普及国民教育的指示》。

是月,陕甘宁边区文化协会第一次代表大会一致通过组织少数民族文化促进会。此后,边区相继成立蒙古文化促进会、回族文化促进会。

2月3日,《申报》编辑金华亭被刺殉职。

2月5日,东方文化协会在重庆召开常务理事会,决定聘请郭沫若、王芸生、朱世明、郭春涛为该会研究、宣传、联络、组织等委员会主任委员。

2月7日,美国总统罗斯福的私人代表居里会见蒋介石,代表美国政府正式向蒋介石声明:美国在国共纠纷未解决前,无法大量援华,中美间经济、财政等各种问题不可能有任何进展。

是日,国民党中央宣传部文化运动委员会在重庆成立,张道藩为主任委员,副主任委员潘公展、洪兰友,秘书林紫贵,总干事华林。

按:该会的任务是:"规划全国文化运动之各种方案""协助策进各地文化事业"以及"其它有关文化运动之调查设计事项",分设文艺、新闻、出版、音乐、艺术、戏剧、科学、哲学、宗教各组及设计委员会,初期所定的文化工作编辑对象为士兵、青年、妇女、通俗等方面的读物。(参见吴永贵《民国图书出版史编年:1912—1949》,社会科学文献出版社2018年版)

2月8日,蒋介石接到罗斯福盼国共合作的来函。

按:国民党顽固派的反共高潮,在国际上也陷于孤立,不仅为苏联所反对,美、英等国也表示不满。

2月9日,中国围棋会在重庆成立,陈立夫任理事长。

2月10日,周恩来在重庆玉皇观同参政员黄炎培、周士观、沈钧儒、邹韬奋、章伯钧、张申府、左舜生、张君劢商谈对国民党参政会的态度。沈钧儒等人表示谅解并建议,中共以7参政员名义将12条善后办法提交国民参政会讨论,以此作为出席参政会条件,否则不能出席。他们还提出"成立各党派委员会,讨论国共关系和民主问题"的设想。

是日,周恩来将与黄炎培、周士观、沈钧儒商谈情况电告毛泽东,主张接受他们的建议,中共7位参政员将中共中央提出的解决"皖南事变"的12条善后办法提交参政会要求讨论,成立各党派委员会讨论国共关系和民主问题,在此会上提出"十二条"。

2月14日,毛泽东为中共中央书记处起草复周恩来电:"(一)同意以我党七参政员名义将12条提到参政会要求讨论,以期恢复国共团结、重整抗日阵容、坚持对敌抗战,否则我们不能出席参政会。(二)同意在参政会外成立各党派委员会讨论政治问题。"(参见中共中央文献研究室编撰、逄先知主编《毛泽东年谱(1893—1949)》,人民出版社、中央文献出版社1993年版)

是日,周恩来会见罗斯福代表居里。居里表示美国赞助中国统一,反对日本,不愿内战扩大,主张政府改革,询及蒋介石有无投降倾向、新四军事变真相、中共目前民主主张和各项政策的内容。周恩来在回答居里所提问题后,提供若干材料揭露蒋介石,并说明蒋介石若不改变反共政策,将引起国内战争,使抗战熄火,日本南进。(参见中央文献研究室《周恩来年谱1898—1976》,中央文献出版社1998年版)

是日,台湾革命同盟在重庆成立,谢南光任主席。

2月15日,毛泽东等共产党七参政员致函国民参政会,声明在国民党政府对中共中央1月20日所提出的解决"皖南事变"12条善后办法未予采纳以前,拒绝出席参政会。

是日,国民政府教育部颁发《推进戏剧教育计划》。

按:《计划》要求各省市将戏剧教育列为今后推进社会教育中心工作之一,并指派专人负责戏剧教育工作。教育经费预算内,应列入推进戏剧教育费一项。各省市要培训学校及社会教育机关戏剧人员等。(参见中央教育科学研究所编《中国现代教育大事记1919—1949》,教育科学出版社1988年版)

2月16日,教育部学术审议委员会会议通过大专学校规则、部聘教授要点及著作、发明、美术作品奖励规则等项。

2月19日,周恩来将毛泽东等共产党7参政员致国民参政会公函送交国民参政会秘书长王世杰。同时将此公函抄送各小党派及有正义感之参政员20余人。

按:周恩来次日致毛泽东并中共中央书记处的电报说:昨日将七参政员致国民党参政会公函送王世杰,声明在中共中央所提12条(原文照抄)未得政府裁夺以前,中共参政员碍难出席。同时将此公函抄送各小党派及有正义感之参政员20余人。王世杰得公函后,立即找张冲谈话,认为此系中共表示破裂。黄炎培、左舜生等访王世杰,亦说时局严重,必须设法解决。张冲从昨晚至今午,接连以电话及公函请我暂行收回此公函两天,以便他从中奔走,请蒋约我谈话,我均严词拒绝。张冲认为12条虽已提出一月,尚非正式公文,今向参政会提出,势必付诸讨论。张仍请求以他名义代电延安,缓期两日提出。(参见中共中央文献研究室编撰、逄先知主编《毛泽东年谱(1893—1949)》,人民出版社、中央文献出版社1993年版)

2月21日,伪满当局公布《关于最近禁止事项的检查》,严禁文学创作中"对时局具有逆反倾向""批判国策""激发民族对立情绪""专写黑暗",宣扬"颓废思想"等倾向,即所谓的"八不主义"。(参见吴永贵《民国图书出版史编年:1912—1949》,社会科学文献出版社2018年版)

2月27日,国民政府教育部颁发《省市立科学馆规程》25条。

按:《规程》规定:科学馆以遵照教育宗旨与社会教育目标,灌输民众科学知识,辅助学校科学教育为目的。各省至少设科学馆一所,人口众多的省应设数所。(参见中央教育科学研究所编《中国现代教育大事记1919—1949》,教育科学出版社1988年版)

2月28日,中共中央书记处致周恩来的电报,指示以周恩来或董必武的名义向张冲提出临时解决办法12条。

按:此电报经毛泽东修改。临时解决办法12条是:(一)立即停止全国向我军事进攻;(二)立即停止全国的政治压迫,承认中共及各党派之合法地位,释放西安、重庆、贵阳及各地之被捕人员;(三)启封各地被封书店,解除扣寄各地抗战书报之禁令;(四)立即停止对《新华日报》之一切压迫;(五)承认陕甘宁边区之合法地位;(六)承认敌后之抗日民主政权;(七)华北、华中及西北防地均维持现状;(八)于十八集团军之外,再成立一个集团军,共应辖有六个军;(九)释放所有皖南被捕干部,拨款抚恤死难家属;(十)发还皖南所有被捕人枪;(十一)成立各党派联合委员会,每党派出席代表一人,国民党代表为主席,中共代表副之;(十二)中共代表加入国民参政会主席团。(参见中共中央文献研究室编撰、逄先知主编《毛泽东年谱(1893—1949)》,人民出版社、中央文献出版社1993年版)

是月,国民政府教育部公布《普及全国图书教育暂行办法》16条。

按:《办法》规定:各省对已设立的图书馆应设法充实,凡未设图书馆的,应于年内至少设立一所。县立图书馆经费困难时,由省府酌予补助。乡、镇图书馆经费应自筹。学校、机关图书馆应一律开放。(参见中央教育科学研究所编《中国现代教育大事记1919—1949》,教育科学出版社1988年版)

是月,伪满洲出版协会在长春成立,日人新开陈三任会长。该会以"渗透国策""出版报国"为宗旨,协助日伪当局控制出版业。(参见吴永贵《民国图书出版史编年:1912—1949》,社会科学文献出版社2018年版)

3月1日,国民参政会第二届第一次大会在重庆开幕。由于国民党不肯接受中共提出的解决"皖南事变"的12条办法,中共参政员毛泽东等7人拒绝出席会议。

按:国民参政会开幕期间,徐伯昕将撰写的《生活书店横被摧残的经过》一文,分送各参政员及重庆各报。重庆报纸未能刊出。延安《新中华报》于4月3日至13日连载发表。4月3日至13日,延安《新中华报》连载长篇通讯《生活书店横被摧残的经过》一文。(参见吴永贵《民国图书出版史编年:1912—1949》,社会科学文献出版社2018年版)

是日,在桂林主办的《救亡日报》被勒令停刊。

3月2日,根据中共中央指示,董必武、邓颖超向国民党当局提出承认中共和陕甘宁边区及民主党派的合法地位、释放"皖南事变"所有被捕干部战士等修改版"十二条",作为共产党参政员出席国民参政会的条件。

　　3月6日,蒋介石在国民参政会二届一次大会第六次会议上,作关于中共7参政员不出席会议之演说,重申军令、政令必须统一,攻击中共提出的解决时局善后办法12条和临时解决办法12条,但又不得不声称"以后亦决无'剿共'的军事,这是本人可负责声明而向贵会保证的"。会议通过对毛泽东、董必武参政员等未能出席大会事件之决议,并以大会秘书处名义再次致电中共7参政员,促其出席会议。(参见中共中央文献研究室编撰、逄先知主编《毛泽东年谱(1893—1949)》,人民出版社、中央文献出版社1993年版)

　　3月8日,中央图书杂志审查委员会第四次会议,通过了《中央图书杂志审查委员会派员协助省市审查处工作办法》。

　　3月10日,国民参政会第二届第一次大会在重庆闭幕。大会建议通令各级政府并发动社会各界、各团体一致努力推行注音国字。

　　按:大会通过了大量编印注音国字的通俗书报及刊物,供学习注音符号的民众阅读,发挥宣传及训练功效决议案。(参见中央教育科学研究所编《中国现代教育大事记1919—1949》,教育科学出版社1988年版)

　　是日,重庆《新华日报》公布了中共7位参政员不出席国民参政会之全部文献,文献中公布了中共提出的临时解决办法12条

　　按:在第二条中,要求"启封各地被封书店,解除扣寄各地抗战书报之禁令"。还公布了成都、昆明、贵阳、桂林等地生活书店、读书出版社、新知书店被封闭的事实。(参见吴永贵《民国图书出版史编年:1912—1949》,社会科学文献出版社2018年版)

　　3月12日,八路军359旅在王震率领下,开赴延安东南黄龙山南泥湾屯田开荒。

　　3月13日,国民政府教育部令发《各边远省份边地教育委员会组织纲要》8条。

　　3月14日,蒋介石约请周恩来面谈,答应提前解决国共间的若干问题。国民党顽固派发动的第二次"反共"高潮至此结束。

　　3月15日,国民政府教育部公布《各省市搜集或编辑地方教材办法》8条。

　　是日,中国新闻学会在重庆成立,推选萧同兹、陈博生、彭革陈、曹谷冰等19人为理事,潘公展、张季鸾、王芸生、董显光、程沧波等11人为监事。

　　3月19日,以1939年11月部分国民参政员为主创立的"统一建国同志会"为基础,由中国青年党、国家社会党(后改组为民主社会党)、中华民族解放行动委员会(后改组为中国农工民主党)、中华职业教育社和乡村建设协会等组织联合组成中国民主政团同盟,在重庆上清寺特园举行成立大会,黄炎培任主席。会议通过《中国民主政团同盟政纲》《敬告政府与国人》和《中国民主政团同盟简章》。

　　按:《中国民主政团同盟政纲》共10条,主要有:贯彻抗日主张,争取国家之独立自由,恢复领土主权的完整;实践民主精神,结束党治,厉行法制,迈进宪政之途径;反对一切暴力斗争与破坏行动;加紧经济建设;尊重思想学术之自由;政府一切机关实行选贤与能之原则,反对一党垄断等。

　　3月21日,上海《申报》载,中央图书馆杂志审查委员会责令各地图书杂志审委会查禁不正当之刊物。

　　3月22日,国民党行政院第五〇四次会议修正公布《省市图书杂志审查处组织通则》和《县市图书杂志审查分处组织通则》。

　　3月23日,伪满当局弘报处发布《艺文指导纲要》,推行殖民地政策。(参见吴永贵《民国图书出版史编年:1912—1949》,社会科学文献出版社2018年版)

　　3月24日,中国国民党五届八中全会在重庆召开,会议通过了确立战时经济体系、扩大

生产实行经济统制等议案。

按：国民党五届八中全会的主席团通过《关于加强国内各民族及宗族间之融洽团结以达成抗战胜利建国成功目的之施政纲要》，提出设置边疆研究机构，敦请专家，搜集资料，研究计划边疆建设问题，以贡献政府参考，并以提倡边疆建设之兴趣。

3月26日，中共中央决定扩大《解放》周刊编委会，由张闻天、博古、吴亮平、陈伯达、杨松、乔木、蒋南翔等组成，张闻天总负责，吴亮平为编辑主任。毛泽东、朱德、刘少奇、周恩来、陈云、王稼祥、任弼时、林伯渠、吴玉章、董必武等领导人常为该刊撰稿。

3月31日，延安国际通讯社成立，萧三任主任。

是月，中国工程师学会"国父实业计划研究会"正式成立。陈立夫担任会长，各工程专门学会推正副会长及代表3人为委员，叶秀峰为总干事。研究会以策动全国工程师一致努力于实业计划之研究为主要工作，推定专家草拟各建设部门之基本数字，就全国人口、土地、文化、国防等需要作一通盘之计划。

4月1日，国民党五届八中全会通过《战时三年建设计划大纲》的决议。

按：《大纲》中提出，今后三年教育事业应依照以下原则进行：一、国民教育之推行应与新县制配合。二、中等教育一方应求量的发展，同时应求质的改进。三、高等教育由中央统筹，鼓励各省设立专科学校，并注重各科平衡发展。四、社会教育应特别注重人民生活之改进，民智民德之培养，抗战意识之增强。五、边疆教育应宽筹经费，使之尽量扩充。六、游击区教育应与军事、党务密切联系，继续加紧推行。七、侨民教育应用种种适应环境的方法求其扩展。（参见中央教育科学研究所编《中国现代教育大事记1919—1949》，教育科学出版社1988年版）

是日，国民党中央组织部在第五届中央执行委员会第八次全体会议上提出《设置边疆语文系与西北、西南文化研究所培植筹边人才而利边政施行案》，其西南文化研究所拟分中国西南边区与越南、泰国、缅甸、印度、南洋等组。

按：中国国民党中央组织部《中国国民党中央组织部提"请设置边疆语文系与西北西南文化研究所培植筹边人才而利边政施行案"》提出指定中央大学、中山大学、西南联大等校设安南、泰国、缅甸、马来等语系，提倡边疆语文授以边政学科，指定中研院设西南文化研究所，研究越南、泰国、缅甸、印度、南洋之语言文化、地理经济等，以供有关党政及教育机关参考。（参见秦孝仪主编《中华民国重要史料初编》对日抗战时期第四编·战时建设四，台北中央文物供应社1988年版；于延亮《南洋研究所及其南洋研究（1942—1945）》，《历史教学问题》2020年第1期）

是日，孔祥熙等在国民党五届中央八次会议上，提出《组织中央出版管理局，以加强出版扩大宣传案》。

是日，伪华北政务委员会教育总署在北京成立华北编译馆，着手编印现代知识丛书、大学丛书。

4月12日，中央图书杂志审查委员会第五次会议，通过《中央图书杂志审查委员会奖励优良书刊剧本暂行办法》和《中央图书杂志审查委员会派员视察省市审查工作办法》。（参见吴永贵《民国图书出版史编年：1912—1949》，社会科学文献出版社2018年版）

4月13日，苏日在莫斯科签订《中立友好协定》，该条约宣布：苏日两国将互相尊重"满洲国"与外蒙古人民共和国领土之完整与不可侵犯。

4月14日，国民政府外交部长王宠惠发表声明，抗议苏日两国政府签订《苏日中立条约》。

是日，国民政府教育部音乐教育委员会开会，建议定4月5日为音乐节。

4月17日,日军在浙东登陆,攻陷绍兴等地。

4月20日,浙江宁波、台州、温州等地陷落。

4月22日,日军攻陷福州、福清。

4月23日,中共中央军委发出《关于军队中吸收和对待专门家的政策指示》。

是日,日军攻陷浙江奉化溪口。蒋经国生母毛福梅被炸身亡。

4月26日,重庆市图书杂志审查处成立。隶属于重庆市政府,受中央图书杂志审查委员会指导监督。

4月27日,清华大学30周年校庆在西南联合大学工学院举行。

4月28日,《大晚报》营业主任兼《中美日报》协理闻天声被刺受伤。

是月,台湾日本总督府修正《台湾教育令》,废止公学校、小学校之名,统称国民学校。

按:国民学校课程表分一、二、三号,实行一号表的即原小学校,实行二、三号表的即原公学校。国民学校修业年限为6年,第5学年起增加实业科,女生增加家事。(参见中央教育科学研究所编《中国现代教育大事记1919—1949》,教育科学出版社1988年版)

5月1日,中共中央政治局批准陕甘宁边区中央局提出的《陕甘宁边区施政纲领》。同日,中共陕甘宁边区中央局公布了这个纲领。

按:纲领指出,要"保证一切抗日人民(地主、资本家、农民、工人等)的人权、政权、财权及言论、出版、集会、结社、信仰、居住、迁徙之自由权"。(参见吴永贵《民国图书出版史编年:1912—1949》,社会科学文献出版社2018年版)

5月2日,国民政府教育部颁发《边远区域劝学暂行办法》10条。

5月7日,日军进攻山西中条山地区,随即占领黄河以北的晋东南地区。

是日,中共中央宣传部发出《关于展开对国民党宣传战的指示》。

5月8日,国民政府教育部颁发《国立专科以上学校教授休假进修办法》17条。

按:《办法》规定:国立专科以上学校专任教授,在校连续任教7年以上,成绩卓著,可予离校考察或研究半年或一年的机会。(参见中央教育科学研究所编《中国现代教育大事记1919—1949》,教育科学出版社1988年版)

5月13日,中共中央决定,原中央西北工作委员会与陕甘宁边区中央局合并成立中共中央西北局,以高岗、王世泰、张邦英、林伯渠、谢觉哉、陈正人、萧劲光为委员,高岗为书记。

5月14日,国民政府教育部颁发《教育部督导各省市编印国民教育指导月刊办法》11条。

5月16日,延安《新中华报》与《今日新闻》合并,改称《解放日报》为中共中央机关报,秦邦宪任社长。

5月18日,西藏文化促进会成立。

5月19日,毛泽东在延安高级干部会议上作《改造我们的学习》报告。提出改造全党学习方法和学习制度的任务,批判了理论和实际脱离的主观主义,特别是教条主义。

按:毛泽东在《改造我们的学习》的报告中指出:"不注重研究现状,不注重研究历史,不注重马克思列宁主义的应用,这些都是极坏的作风。""在学校的教育中,在在职干部的教育中,教哲学的不引导学生研究中国革命的逻辑,教经济学的不引导学生研究中国经济的特点,教政治学的不引导学生研究中国革命的策略,教军事学的不引导学生研究适合中国特点的战略和战术,诸如此类。其结果,谬种流传,误人不浅。"毛泽东在对照着分析了主观主义的态度和马克思列宁主义的态度这两种互相对立的态度之后,提出三条建议:(一)系统地周密地研究周围环境。(二)研究近百年的中国史。(三)对于在职干部的教育和干部学校的教育,应确立以研究中国革命实际问题为中心,以马克思列宁主义基本原则为指导方针,废除静止地孤立地研究马克思列宁主义的方法。毛泽东在这个报告里,一是明确地提出了马克思列宁主义的理论联系实际的原则是党的根本的指导思想,是党的一切工作的指针;二是把理论和实际统一的问题同党性联系起来,指出理论和实际统一的马克思主义作风,是党性的表现。理论和实际相分离的反科学的反马克思列宁主义的主观主义作风,是共产党的大敌,是工人阶级的大敌,是人民的大敌,是民族的大敌,是党性不纯的一种表现;三是规定了在全党贯彻理论联系实际的原则,克服主观主义的基本措施。《改造我们的学习》第一次发表在延安《解放日报》1942 年 3 月 27 日第 1 版,是延安整风学习必读文件之一。

是日,中央图书杂志审查委员会就广西省图书杂志审查委员会查禁生活书店违禁书刊及查封生活书店库存图书之有关情形呈文行政院。

按:6 月 26 日,中央图书杂志审查委员会又以相关事件进一步办理情形呈文行政院。7 月 23 日,国民党中央宣传部致函中央图书杂志审查委员会,予以答复。(参见吴永贵《民国图书出版史编年:1912—1949》,社会科学文献出版社 2018 年版)

5 月 20 日,根据中共中央决定,中共中央东南局与中共中央中原局合并,正式成立中共中央华中局,同时成立华中军分会。中共中央华中局由刘少奇、饶漱石、曾山、陈毅、邓子恢、张云逸、郑位三、郭树勋、彭雪枫、黄克诚、张鼎丞、谭震林、刘英等组成,刘少奇任书记,饶漱石任副书记。

5 月 22 日,汪伪"清乡委员会"在南京成立,汪精卫兼任委员长。

5 月 26—28 日,伪华北政务委员会教育总署在北京召开教育行政会议。议决案 72 件,其中恢复高等教育、施行农事教育、推广职业教育、整顿教育经费方面的议案较多。(参见中央教育科学研究所编《中国现代教育大事记 1919—1949》,教育科学出版社 1988 年版)

5 月 29 日,中国民主革命同盟在重庆正式成立,王昆仑、许宝驹为负责人。

按:中国民主革命同盟后习惯简称"小民革",是在中共中央南方局直接推动和组织起来的一个秘密政治团体,是中共领导下的统一战线性质的组织,由一部分共产党员、爱国民主人士、国民党左派以及在国民党政府内担任较高幕僚职位的革命人士组成。(参见王朝柱《王昆仑》及附录《王昆仑年谱》,花山文艺出版社 1997 年版;刘文耀、杨世元《吴玉章年谱》,四川人民出版社 1998 年版)

是月,伪中国工程学会成立,第一届理事长为杨翰西。学会宗旨为"就本位研究工程学术,以促进新国家之建设"。学会吸纳了留守在沦陷区的部分工程师,主要组织者和参与者有陈君慧、缪斌、尤乙照、金其武、马登云、任乐天等人。

是月,《教育通讯》报道:国民政府教育部聘请国民教育专家组成的国民教育研究委员会召开首次会议,集中讨论提高小学教员待遇、中心学校及国民学校校长专任与兼任等问题。(参见中央教育科学研究所编《中国现代教育大事记 1919—1949》,教育科学出版社 1988 年版)

6 月 3 日,国民政府行政院第 517 次会议,通过《教育部设置部聘教授办法》10 条,宣布实行"部聘教授"制度。

按:《办法》规定:在大学任教 10 年以上,确有成绩,声誉卓著,具有特殊贡献的教授,经审议会 2/3 以上通过,可为部聘教授。部聘教授任期 5 年,期满可续聘。部聘教授为教育部的特设讲座,从事讲学及研究。部聘教授名额暂定 30 人。(参见中央教育科学研究所编《中国现代教育大事记 1919—1949》,教育科学出版社 1988 年版)

是日,教育部公布《各级学校及各机关团体设置图书馆室供应民众阅览办法》9 条,规定图书馆一律开放,辅导民众读书。(参见中央教育科学研究所编《中国现代教育大事记 1919—1949》,教育科学出版社 1988 年版)

6 月 3—5 日,汪伪国民政府教育部在南京召开教育行政会议。陈春圃代表汪精卫致训词,鼓吹在教育上要特别注重肃清共产思想。(参见中央教育科学研究所编《中国现代教育大事记1919—1949》,教育科学出版社1988年版)

6月4日,毛泽东在《解放日报》发表《推行新文字与扫除文盲》。

按:文章说:"新文字不仅在扫盲和普及教育上发挥其作用,而且在提高文化发扬学术上也是比汉字更高一级的文字工具。新文字运动是一件长期艰巨的革命事业,尤其在今天时期,推行新文字和扫除文盲的工作有着重要的意义,是第一位的。"

6月7日,《解放日报》发表社论《奖励自由研究》。

6月9日,为纪念中央研究院成立13周年而举办的文物科普展览开幕,董作宾主持会议,社会科学所所长陶孟和发表演讲,董作宾、李济、凌纯声、梁思永等人担任解说员。

6月10日,国民政府教育部发布训令要求中等以上各校,凡1940年10月前的查禁书刊应自行检查原有藏书,逐一校对,清除销毁。今后凡列入禁书名册者,一律不准购置。并通令各省市图书审查处,随时派员检查。(参见吴永贵《民国图书出版史编年:1912—1949》,社会科学文献出版社2018年版)

是日,《解放日报》发表社论《欢迎科学艺术人才》。

按:社论反复申明"中国共产党对于思想言论之自由发展是非常重视的"的主题。

6月12日,《解放日报》发表社论《提倡自然科学》。

6月12—13日,国民政府教育部在重庆召开边疆教育委员会二届一次会议。出席委员及有关人员51人。会议决议案有优待边疆教育人员及学生、划分边远地区学校区、促进边疆教育研究工作等46件。(参见中央教育科学研究所编《中国现代教育大事记1919—1949》,教育科学出版社1988年版)

6月13日,国民政府公布《修正国立编译馆组织条例》15条。教育部中小学教科用书编辑委员会及中国教育全书编纂处并入国立编译馆。陈立夫兼任馆长。(参见中央教育科学研究所编《中国现代教育大事记1919—1949》,教育科学出版社1988年版)

6月14日,汪精卫与日本首相近卫发表《中日协力共同声明》。

6月16日,第三届全国财政会议在重庆召开。

6月20日,中共中央宣传部发出《关于党的宣传鼓动工作提纲》。

按:《提纲》提出:报纸、刊物、书籍是党的宣传鼓动工作最锐利的武器,党应当充分的善于利用这些武器。办报,办刊物,出书籍应当成为党的宣传鼓动工作中的最重要的任务。除了中央的机关报机关杂志及出版机关外。各地,方党应办地方的出版机关、报纸、杂志。除了出版马恩列斯的原著外,应大量出版中级读物,补助读物以及各级的教科书。应当大量的印刷和发行各种革命的书报。(参见吴永贵《民国图书出版史编年:1912—1949》,社会科学文献出版社2018年版)

6月22日,德国法西斯向苏联发动侵略战争。

6月23日,中共中央作出《关于反法西斯的国际统一战线的决定》,指出,在德国法西斯进攻苏联的情况下,"目前共产党人在全世界的任务是动员全国人民组织国际统一战线,为着反对法西斯而斗争,为着保卫苏联、保卫中国、保卫一切民族的自由和独立而斗争"。

是日,《大美晚报》副经理李骏英被刺殉职。

6月30日,国民政府教育部颁布《教育部视导规程》17条。

按:《规程》规定:视导分定期与特殊、分区与分类两种,每年进行一次。视导区域、期间、任务等由部长、次长核定。视导事项包括教育法令、学校教育、社会教育、教育经费、教育行政等。(参见中央教育科学研究所编《中国现代教育大事记1919—1949》,教育科学出版社1988年版)

7月1日,德国、意大利宣布承认汪伪国民政府。

是日,重庆国民政府宣布与德国、意大利绝交。

是日,中共中央作出关于增强党性的决定,指出,违反党性的主要错误倾向是:政治上的自由行动;组织上自成系统;思想上发展个人主义。

是日,南京汪伪政府发出通缉83名所谓"献媚独夫,卖身共匪"罪的名单,其中新闻记者有44人。

按:被通缉的新闻记者,《申报》12人,即马荫良、潘公弼、唐鸣时、金华亭、伍特公、瞿绍伊、胡仲持、马崇淦、张叔通、张一萍、黄寄萍、赵君豪;《新闻报》7人,即汪仲韦、顾执中、倪澜深、王人路、徐耻痕、潘竞民、蒋剑侯;《中美日报》5人,即骆美中、胡传厚、倪家剑、王锦铨、张若谷;《神州日报》4人,即蒋光堂、盛世强、徐怀沙、戴湘云;《大美晚报》5人,即张似旭、张志伟、刘祖澄、程振章、朱一熊;《大美报》3人,即吴中一、高季琳(柯灵)、郭志萍;《大晚报》3人,即汪倜然、金摩云、朱曼萍;《大英夜报》1人,即周思南;《总汇报》2人,即钱弗公、王善琦;中央社2人,即冯有真、陈维俭。

7月4—6日,教育部史地教育委员会举行第2次全体会议,顾颉刚和缪凤林、金毓黻、黎东方一起提出《由本会补助设立中国史学会案》。该议案获得大会通过,决定将史地教育委员会作为筹备中国史学会的通讯处,并由该会酌助经费及发函征求专家学者意见。

7月5日,冈村宁次被任命为日本华北派遣军总司令。

7月27日,日军在山东日照东北登陆。

7月30日,中共中央政治局决定成立延安大学,由陕北公学、中国女子大学、泽东青年干部学校合并而成。吴玉章任校长。

是月,国民党中央图书杂志审查委员会印发《取缔书刊一览》,计查禁书刊961种。

是月,国民政府教育部主编的《国民教育指导月刊》本月开始发行。

8月1日,中共中央作出《关于调查研究的决定》。决定"加重对于历史,对于环境,对于国内外、省内外、县内外具体情况的调查与研究"。

是日,陈纳德组建的美国空军志愿队——"飞虎队"在昆明正式成立。

8月2日,西南联合大学叙永分校学生开始登记,准备迁回昆明本校。

8月3日,《解放日报》发表社论《努力开展文艺运动》。

8月4日,中共中央作出《关于敌伪军伪组织的工作决定》。

8月6日,国民政府教育部公布《教育部设置师范学院初级部办法》17条。

8月9日,中共西北中央局做出《关于边区教育工作的决定》。

8月16日,汪伪国民党中央政治委员会举行第58次会议。会议通过改革行政机构案,选任一批汪伪国民政府要员,其中选任原教育部长赵正平为国民政府委员,李圣五为教育部长。(参见中央教育科学研究所编《中国现代教育大事记1919—1949》,教育科学出版社1988年版)

8月29日,中共中央书记处决定编辑马恩列斯以反对主观主义、形式主义的言论,由毛泽东等11人组成编辑委员会。

8月31日,西南联合大学叙永分校结束。

是月,国民政府教育部指定国立社会学院、国立贵州师范学院、浙江省立师范学校等三校办理国民教育实验区。

按:实验内容为有关国民教育的筹设学校、筹集经费、筹划学产、校长教员兼任乡长及文化干事等问题。(参见中央教育科学研究所编《中国现代教育大事记1919—1949》,教育科学出版社1988年版)

是月,国民政府教育部主编的《体育季刊》开始发行。

9月1日,国民党第五届中央常务委员会第一八三次会议,通过《中央出版事业管理委员会组织大纲》及《各地书刊供应处组织通则》。

按:决议指出:为改善及充实党办出版事业,分设中央出版事业管理委员会及中宣部出版事业处。管理委员会专管党办出版事业之扩充及出版机构调整、统制事宜;出版事业处管理战地书刊之供应,分别在重庆、衡阳、上饶、西安、香港五处设立印刷所。(参见吴永贵《民国图书出版史编年:1912—1949》,社会科学文献出版社2018年版)

9月3日,中国军队收复福州、连江、长乐等地。

9月5日,国民政府教育部以学校"迭起风潮,屡诫不悛"为由,下令解散重庆大学。

按:此次重庆大学风潮因蒋介石下令拘禁著名经济学家马寅初而引发。

9月7日至10月8日,第二次长沙会战,薛岳指挥第九战区中国军队对日军反击作战,取得胜利。

按:第二次长沙会战是指抗日战争期间,以中国第九战区为主的部队在湖南省长沙地区对日本侵略军进行的一次防御战役。6月苏德战争爆发后,日本政府为加强对苏战争准备和南进太平洋,企图早日结束中日战争。从8月中旬起,日军集结第三、第四、第六师团主力等12万余兵力于岳阳、临湘地区,准备再次进攻长沙。9月7日,日军向大云山、方山游击根据地进攻,会战打响。日军强渡新墙河、汨罗江,击破中国军队防御,逼近并向长沙进攻。中国军队将逼近长沙的日军包围,并展开激战。日军在南北夹击下,伤亡惨重,被迫于10月1日向北突围撤退。中国军队实施追击,先后渡过汨罗江,越过新墙河。日军凭借坚固工事进行顽抗,最后双方在新墙河形成对峙局面,会战结束。

9月9日,国民政府公布《修正国民体育法》11条。

是日,国民政府教育部颁发《省市立科学馆工作大纲》17条。

按:《大纲》规定:省市科学馆施政目标为普及民众科学知识,辅助学校科学教育,解答社会上关于科学的疑问,致力于自然科学的研究。工作范围应以全省市民众为对象,各种设施应尽量巡回推广。(参见中央教育科学研究所编《中国现代教育大事记1919—1949》,教育科学出版社1988年版)

9月10日,毛泽东在中央政治局会议上讲话,提出反对主观主义和宗派主义的问题。

按:9月10日至10月22日,中共中央在延安召开中央政治局扩大会议,讨论中共在历史上特别是十年内战时期的政治路线问题、中国革命成败的关键问题、进行思想革命以及如何达到党的真正统一和团结等问题。会议决定在全党发动思想革命运动,反对主观主义和宗派主义。

是日,中苏文化协会香港分会正式成立,聘宋庆龄、李石曾为名誉会长,许世英、何香凝、张一麐、陈友仁等为名誉理事,推举颜惠庆为会长,甘介侯、王云五等25人为理事。

9月11日,《解放日报》发表社论《打碎旧的一套》。

9月13日,国民政府行政院通过《非常时期改善教职员生活办法》28条。

9月18日,中国民主政团同盟在香港创办机关报《光明报》,梁漱溟任社长。

9月22日,延安大学成立并举行开学典礼。校长吴玉章,副校长赵毅敏。

按:延安大学是由陕北公学(留延安部分)、泽东干部学校、中国女子大学合并而成,延安大学以适应抗战与边区建设需要,培养与提高新民主主义的政治、经济、文化建设的实际工作干部为目的,设社会科学院、教育学院、法学院,后增设俄文专修科、英文专修科,另附设中学部。1943年4月,鲁迅艺术文学院、自然科学院、民族学院和新文字干部学校并入延安大学。(参见中央教育科学研究所编《中国现代教育大事记1919—1949》,教育科学出版社1988年版)

9月26日,中共中央发出《中央关于高级学习组的决定》,要求延安及外地各重要地点均设立高级学习组。高级学习组统归中央学习组领导。根据中央指示,分别成立由周恩来为组长、董必武为副组长的西南学习组,刘少奇为组长、饶漱石为副组长的华中局高级学习组,由朱德为组长、叶剑英为副组长的中央军委军事高级学习组。

按:中央成立高级学习组就是"为提高党内高级干部的理论水平与政治水平"。高级学习组"以理论与实践统一为方法,第一期为半年,研究马、恩、列、斯与中国革命的其他问题,以达克服错误思想(主观主义及形式主义),发展革命理论的目的"。(中共中央文献研究室编《毛泽东年谱(1893—1949)》中卷,中央文献出版社2002年版)

是日,国民政府行政院颁布《修正省市图书杂志审查处分级暂行办法》。

9月26日至10月3日,晋冀鲁豫边区召开第一次全区教育会议。

9月29日,国民政府教育部公布《政府机关委托大学教授从事研究办法大纲》9条。

按:《大纲》规定,各单位征得教育部同意后可委托大学教授从事研究工作。接受委托的教授,学校可免除其全部或一部教学时间。委托单位应补助研究费或增聘教师费等。(参见中央教育科学研究所编《中国现代教育大事记1919—1949》,教育科学出版社1988年版)

9月30日至10月16日,陕甘宁边区政府教育厅举行各县第三科科长联席会议。

10月3日,中国军队收复浙江绍兴。

是日,财政部公布《新闻电报规则》,根据该规则,如新闻机关或新闻记者有违者财政部电政司可暂停其发电或吊销其凭照。

是日,中国人事行政学会在重庆成立,推举戴季陶为名誉会长,陈果夫、易培基、吴铁城为名誉副会长。

10月5日,国民政府教育部通令:国民党中央宣传部交印的《青年基本知识丛书》16种,由正中书局出版,供高中以上学生参考进修使用。(参见中央教育科学研究所编《中国现代教育大事记1919—1949》,教育科学出版社1988年版)

是日,郑州失陷。

10月9日,国民政府教育部训令各学校整顿学风,要学生"安学亲师,永革干涉行政之风"。(《教育部公报》第13卷第19—20期)

10月10日,国民政府核定公布教育部国语推行委员会编订的《中华新韵》。

按:《中华新韵》系国语推行委员会委员黎锦熙、魏建功、卢前3人将已公布的《国音常用字汇》编订为依韵排列的韵书,用以统一全国音韵。(参见中央教育科学研究所编《中国现代教育大事记1919—1949》,教育科学出版社1988年版)

是日,中国民主政团同盟在国内外公开宣布成立。当时黄炎培已辞去主席职务,政团同盟推选张澜担任主席。香港《光明报》发表《中国民主政团同盟成立宣言》和《中国民主政团同盟对时局主张纲领》(又称十大纲领),提出贯彻抗日主张,加强团结,争取国家独立,结束党治,实行宪政,实践民主,保障言论、集会、结社自由,实现军队国家化,政治民主化等。

10月15日,中共中央北方局发出致各抗日根据地各级党委的公开信,号召开展冬学运动。

10月21日,国民政府教育部训令专科以上学校,注意各科均衡发展,避免学生集中少数科系。

按:教育部规定,今后院系组的设置与调整,都要本着学科均衡发展的原则,参照国家需要,遵照教育部核定的名额招收新生。(参见中央教育科学研究所编《中国现代教育大事记1919—1949》,教育科学出版社1988年版)

10月23日,国民政府行政院长蒋中正发布训令,规定"各省市图书杂志审查处隶属中央图书杂志审查委员会。办理各省市之间图书杂志审查事宜""省市图书审查处同系隶属

省市政府,自应指挥监督"。(参见吴永贵《民国图书出版史编年:1912—1949》,社会科学文献出版社2018年版)

10月24日,伪华北政务委员会公布《国立北京师范大学组织大纲》,将设在北京的男女两所师范学院合并改组为北京师范大学。该校设文、理、教育三学院,共14个学系。(参见中央教育科学研究所编《中国现代教育大事记1919—1949》,教育科学出版社1988年版)

10月26日,东方各民族反法西斯代表大会在延安召开。30日,毛泽东到会讲话,指出这次大会是"促进各民族团结,共同打倒法西斯"的大会。31日,大会闭幕。

10月28日,延安《解放日报》为中国民主政团同盟成立发表社论,题为《中国民主运动的生力军》。

是日,《申报》报道中国工程师学会贵阳年会讨论通过新版"中国工程师信条",该"信条"在民国时期成为工程师的行业准则。

按:具体内容如下:1.遵从国家之国防经济建设政策,实现国父之实业计划;2.认识国家民族之利益,高于一切,愿牺牲自有,贡献能力;3.促进国家工业化,力谋主要物资之自给;4.推行工业标准化,配合国防民生之需求;5.不慕虚名,不为物诱,维持职业尊严,遵守服务道德;6.实事求是,精益求精,努力独立创造,注重集体成就;7.勇于任事,忠于职守,更须有互切互磋、亲爱精诚之合作精神;8.严于律己,恕以待人,并养成整洁朴素,迅速确实之生活习惯。

10月31日,中国军队收复郑州。

是日,东方各民族反法西斯联盟在延安成立,通过《联盟简章》,选举朱德、林伯渠、吴玉章、乌兰夫、阿里阿罕、巴素、原清志、森建、金茂岳、桑格柏尔德、马纳、桑吉悦喜、默罕、沙瓦吉盖、贾拓夫、刘澜波、李初黎等为联盟执行委员。

是月,民族学院在延安成立,院长高岗,教务长乌兰夫。

按:6月30日,陕北公学设立了民族部,有学员185人。民族学院即以陕北公学民族部为基础建立的。(参见中央教育科学研究所编《中国现代教育大事记1919—1949》,教育科学出版社1988年版)

11月4日,中共中央学习组致电各地高级学习组,要求本年度第一步均以列宁主义的政治理论与我党六大以来的政治实践为学习范围,并规定必须将所学材料通读一遍,以获得初步概念,以便来年春天深入研究。

11月6—22日,陕甘宁边区第二届参议会在延安召开,选出边区政府主席、副主席及委员16人,并宣誓就职。主席;林伯渠,副主席:李鼎铭。柳湜任委员、教育厅长,贺连城任委员、教育厅副厅长。(参见中央教育科学研究所编《中国现代教育大事记1919—1949》,教育科学出版社1988年版)

11月7日,中共中央革命军事委员会发出《关于抗日根据地军事建设的指示》。

11月8日,中央图书杂志审查委员会通过《特级图书杂志审查处编制准则》。

11月9日,宋庆龄、宋霭龄主持的中国首次向美国赠送熊猫典礼在重庆举行。

11月10日,重庆市图书杂志审查处会同市党部,三青团支团部,卫戍总部,宪兵三团、十九团,共同对市区各书店、出版社进行突击总检查。清除违禁及未送审书刊。凡1940年9月6日以后出版而不合法之书刊,概予封存,听候处理。(参见吴永贵《民国图书出版史编年:1912—1949》,社会科学文献出版社2018年版)

11月12—18日,国民政府教育部在重庆举办社会教育扩大运动周。

按:运动周期间,每日组织有关社会教育的戏剧、音乐等活动,以引起社会人士倡导社会教育,并参加文化建设运动。(参见中央教育科学研究所编《中国现代教育大事记1919—1949》,教育科学出版社

1988年版)

11月13—19日,晋察冀边区冀中行署召开第三届教育科长联席会议。

11月14日,美国总统罗斯福正式声明,撤退美国驻中国海军陆战队,并严令美侨撤出上海。

11月19日,政院批准执行重庆市政府根据重庆市图书杂志审查处拟定的《重庆市图书杂志审查处组织通则》。

11月20日,蒋介石电令驻美大使胡适,坚决反对美日妥协牺牲中国的阴谋。

11月21日,国民政府教育部颁发《调整设置职业学校办法》。

11月24日,中、美、英、澳、荷五国外长在华盛顿举行会议,首次公开联合对日战线。

是日,国民政府教育部颁布《各省市国民教育辅导研究办法大纲》19条。

按:《大纲》规定各省市组织各项国民教育研究会,主持研究省市国民教育的推进与设施等事宜。(参见中央教育科学研究所编《中国现代教育大事记1919—1949》,教育科学出版社1988年版)

11月25日,日、德、意等国家与伪满在柏林签署议定书,将日、德、意、"满"防共协定有效期延长5年。

是日,中共中央发布《高级学习组组织条例》,根据学习内容将学习组分为政治组和理论组。

是日,国民参政会第二届二次会议通过沈钧儒等人提出的《请政府迅即对于言论与研究加强积极领导,修正消极限制以通民隐而利抗战案》。

12月1日,中共中央、中央军委发出关于"精兵简政"的指示。

12月4日,国民政府教育部训令:师范教育是国民教育之母,今后中等教育的设施应特别重视师范教育,尽先扩充,积极改进。同时,教育部颁发《推进师范教育原则》8条及《推进师范教育工作要项》18条。

按:文件规定:各省中等教育今后应尽先致力于师范教育的发展。推进师范教育应与国民教育设施密切配合。积极发展师范教育数量,同时注意素质的改进等。文件要求各省:拟订二次推进师范教育方案、年度计划及预算;订定初中毕业生升师范学校办法及师范新生入学指导办法;注意专业智能训练,设法充实设备等。教育部拨专款300万元作为师范生膳食补助、充实设备及发奖学金之用。(参见中央教育科学研究所编《中国现代教育大事记1919—1949》,教育科学出版社1988年版)

12月7日凌晨,日本袭击珍珠港、新加坡,太平洋战争爆发。

12月8日,美国和英国对日宣战,中、美、英、法、加、荷、新、澳等国联合阵线形成。

是日,日军攻占上海、天津公共租界,英美侨民被囚。上海租界中《申报》《新闻报》《正言报》《中美日报》《大美晚报》《华美夜报》《大晚报》《大英晚报》、英文《字林西报》等抗日反汪报刊全部被迫停刊。

12月9日,中华民国政府正式对日本、德国、意大利国宣战。

是日,中共中央发表《中国共产党为太平洋战争的宣言》。

是日,国民政府教育部颁发《奖励师范学校教员进修及学术研究暂行办法》20条。

按:《办法》规定:师范学校教员进修及学术研究都以增进所任学科有关的专门知识技能为主。进修分休假研究及参观考察两种。检定合格、专任5年以上著有成绩的教员可申请进修。学术研究在校内进行,不得停止原任工作,研究期限暂定半年。(参见中央教育科学研究所编《中国现代教育大事记1919—1949》,教育科学出版社1988年版)

12月15日,中国国民党五届九中全会在重庆召开,共同商讨抗敌建国大计。

12月17日,中共中央发出《关于太平洋战争爆发后抗日根据地工作的指示》。

12月20日,中共中央政治局作出《关于延安干部学校的决定》,明确指出中央研究院、中央党校、军事学院、延安大学、鲁迅艺术学院、自然科学院等院校的各自培养目标。

按:《决定》指出:"目前延安干部学校的基本缺点,在于理论与实际、所学与所用的脱节,存在着主观主义与教条主义的严重的毛病。这种毛病,主要表现在使学生学习一大堆马列主义的抽象原则,而不注意或几乎不注意领会其实质及如何应用于具体的中国环境。为了纠正这种毛病,必须强调学习马列主义的理论的目的是为了使学生能够正确地应用这种理论去解决中国革命的实际问题,而不是为了书本上各项原则的死记与背诵。"《决定》还规定中央研究院、中央党校、军事学院、延大、鲁艺、自然科学院等在延安的六所干部学校的办学目的、培养目标、领导体制、招生原则、教员管理、教学原则、教学计划、教学内容、教学方法、教学设备、学校管理以及学风建设。《决定》还表明:"本决定适用于延安。但本决定中的一切基本原则,同时亦适用于各抗日根据地。"(彭月英等主编《毛泽东延安时期教育实践与教育思想概论》,湘潭大学出版社2012年版)

是日,伪教育总署通令颁发《华北各省市封闭英美等国籍人所办各级学校善后处置纲要》。

12月23日,国民政府教育部公布《大学校长独立学院院长及专科学校校长待遇及公费支给规程》10条。

12月25日,国民政府教育部公布《国民体育委员会章程》16条。

按:根据《章程》,将原有的体育委员会改组为国民体育委员会,职权扩大,增加体育经费审查、体格检查统计、师资训练检定、教材书籍编审、运动比赛管理等项。(参见中央教育科学研究所编《中国现代教育大事记1919—1949》,教育科学出版社1988年版)

是日,港英当局向侵华日军投降,香港正式沦陷。

12月27日,国民政府最高国防会议决定,宋子文未到任前,外长职由蒋介石兼任。

12月29日,中共中央政治局开会,同意毛泽东的提议,编辑完成《马恩列斯思想方法论》一书。

按:此书编好后,由解放社于1942年4月出版。(参见吴永贵《民国图书出版史编年:1912—1949》,社会科学文献出版社2018年版)

12月31日,罗斯福致电蒋介石,建议设中国战区最高统帅部,并请蒋介石任最高统帅。

是日,中国军队进入缅甸,协同英军对日作战。

是月,国民党五届九中全会通过《宽筹社会教育经费加紧推进社会教育以加速完成抗战建国大业案》。

按:财政部决定:自下年度起,社会教育经费至少达到全部教育经费20%至30%的标准。(参见中央教育科学研究所编《中国现代教育大事记1919—1949》,教育科学出版社1988年版)

是年,新建国立高等学校有:国立贵州大学、国立贵阳师范学院、国立社会教育学院。

是年,《文化杂志》《西北文化月刊》《江淮文化》《敌后文化》《国防周刊》《国防周报》《三民主义半月刊》《战国》《党义研究》《文史杂志》《民族文化》《冀中文化》《经济月刊》《当代评论》《广东政治》《中国劳动》《合作评论》《文艺春秋》《文艺月报》《文艺新哨》《艺术新闻》《文艺生活》《奔流文艺丛刊》《部队文艺》《小文章》《小春秋》《乐群》《广西兵役通讯》《广西教育研究》《广西银行月报》《政工导报》《广西医刊》《广西合库通讯》《少年之友》《半月文艺·半月新诗》《国民教师》《复兴医药杂志》《湘桂工会》《新工人》《妇女岗位》《国民教育指导月刊》《基层建设》《科学画报》《妇工通讯》《广西省立医学院周刊》《湖南农业》《西南医学杂志》《时报《民族教师》《广东统计季刊》《广东省银行季刊》《广东计政》《文坛》《中山学报》《广东医药旬刊》《戏剧研究》《时代音乐》《木刻阵线》《印刷造纸季刊》《妇女月刊》《银行界》《木刻艺术》《诗创作》《诗垦地丛刊》《简报》《北斗》《生活与实践丛刊》《译文丛刊》《知识与生活》《杂文丛刊》《萧萧》《时代》《万象》《浙江日报》《抗战半月报》《认识》《新农季刊》《福建省立农学院院刊》《国民教育指导月刊》《新政》《大同日报》《新湖北日报》《学海》《新湖北》《战地》《新湖北教育》《苏鲁》《政工通讯》《战地记者》《西北经济通讯月刊》《文讯》《贵州省气象简报》《湘雅医学院院刊》《商学》《地方自治》《草地》《绥远合作通讯》《绥远青年》《绥远教育》《解放日报》《边区教育通讯》《敌伪研究》《草叶》《谷雨》《清西日报》《胶东大众》《反扫荡报》《抗日战场》《五十年代》《晋察冀音乐》《晋察冀美术》《晋察冀戏剧》《冀中妇女》《雁北通讯》《湖西日报》《太南导报》《冀鲁豫日报》《鲁西南报》《新民主报》《胜利周刊》《人民周报》《苏北记者》《敌后文艺》《新诗歌》《实践》《大众科学》《真理》《教育周刊》《苏中儿童》《无线电讯》《日文反战》《新盐城》《儿童生活》《布尔什维克》《青年团结》《人民通讯》《大众半月刊》《淮北大众》《路东党刊》《路东大众》《先锋杂志》《建军月刊》《兴农》《地平线》《北大工学院新闻》《笔谈》《时代文学》《弘化月刊》《草书月刊》《经济新闻》《世界兵学》《中农经济统计》《中国农民银行通讯》《边政公论》《地理》《合作评论》《妇女月刊》《近讯》《军需通讯》《粮情旬报》《资源委员会季刊》《新闻类编》《思想与时代》《新农季刊》《福建省立农学院院刊》《诚报》《舒报》《军事与政治》《东北集刊》《电工通讯》《四川气象月报》《成都经济周讯》《图书月刊》《军政部会计处业务简报》《金讯》《经济部矿冶研究所专刊》《测量》《新农林》《诗垦地丛刊》《昆明市公务员生活指数》《世光杂志》《国民教育指导月刊》《国民教育辅导月刊》《交大友声》《经济学会会刊》《湖南统计通讯》《蓉锦邮朏》《储汇服务》《国民教育指导月刊》《广西省训练团刊》《青年知识》《健与美》《健力美》《上海艺术月刊》《江潮报》《奋斗报》《战旗报》《滏运报》《先锋报》《火线简报》《新高邮报》《资源委员会公报》《东南晨报》《如西报》《新文昌报》《颍川日报》《东江民报》《临淄周报》《华商报》《光明报》《香港日报》《战时快报》《资源委员会西南矿产测勘处年报》《诗与画》《推广画报》《前哨画报》《受难者画刊》《人民画报》《先锋画报》《大众画刊》《建军画报》《晋西北大众画报》《丁光燮画展特刊》等报刊创刊。

二、学术活动

郭沫若1月1日在《新蜀报》发表《展开全面的文化反攻》。同日,作《这一千日——为反侵略分会三周年作》,刊于23日《新华日报·国际反侵略运动中国分会扩大组织第三周年纪念特刊》。文章分析三年来世界侵略战争形势,认为三年来的抗战"是推进着大多数人类向上,面向光明冲破黑暗的起点""也是人类诱向最高领域的、大同世界的熹微色""再有一千日",抗战必将取得胜利。12日上午,在一园戏院主持文化工作委员会第二次国际问题讲座,之后请冯玉祥作《欧战给予我们的教训》报告。下午,往嘉陵宾馆,参加苏联塔斯社中国分社举办的招待中国重庆文化界、新闻界人士茶会,到会的有塔斯社负责人、苏联大使馆官员,以及王世杰、董显光、沈钧儒、茅盾、邹韬奋、侯外庐等300余人。18日,抄写《新华日报》所发表的周恩来为"皖南事变"之题诗及悼词:"千古奇冤,江南一叶,同室操戈,相煎何急?!""为江南死难者志哀",并嘱文工会工作人员到街上去广为张贴。19日,《文化圈中的苦力——对一九四一年的新希望》(孙东访问笔录)刊于《国民公报·星期增刊》。文中提出三点希望:"第一点的希望,文化界的工作朋友们,务须本抗战三年之久的团结以争取胜利,以发挥文化的力量。""第二点希望,试忆抗战之初,文化界因抗战而波动过烈,致多呈彷徨不安的现象,继因日受抗战洗礼的清涤,文化界逐见转危为安,今则更趋活泼有力了。所以我们为求建国的成功,尚须不断努力于切实的研究工作而后可。""第三点希望,则由于前者而产生的,即固须用切实的研究功夫,至其方法,则须采取科学的方法,因今日文化界创导唯心的,形而上学的论者,尚不乏其人,这实在会使中国文化界回到中古的黑暗时代中去,我们不仅在物质上需用科学的,而且在精神上同需科学。物质上需用科学因尽人皆知,而精神上需用科学,最重要的条件,即是虚怀若谷,不要存我见,能如是,抗建大业之臻于至善,而文化配合抗战自然更不成问题了。"下午,主持文化工作委员会题为"轴心国春季攻势的展望"的国际问题座谈会并致辞。到会并发言的还有邹韬奋、沈钧儒、张友渔等人。同月,与田汉、王平陵、老舍、宋之的、葛一虹、冯乃超等出席"一九四一年文艺趋向的展望"座谈会;与阳翰笙、冯乃超、郑伯奇、光未然等人主持文艺理论刊物《文艺工作》,由大东书局出版;根据周恩来的指示,在"皖南事变"后,要"勤业、勤学、勤交友",以保存干部为新的斗争准备,在文化工作委员会开展学术活动。

　　郭沫若与王芸生等人2月5日同被东方文化协会第一次常务理事会聘为研究宣传联络组织委员会主任委员。28日,始任军委会政治部新设的戏剧指导委员会副主任。主任委员为张治中,洪深、田汉、熊佛西等为常务委员。同月,修改历史剧《棠棣之花》。2、3月间,邀从延安来重庆与国民党进行谈判的董必武、林祖涵、王若飞在家中晚餐,周恩来夫妇亦参加。大家在用餐时,对当前抗战的形势进行了讨论,席间还听林祖涵等关于延安文化、戏剧演出活动的介绍。3月6日,在寓所为田汉赴桂林饯行,并题七绝一首《送田寿昌赴桂林》,允为其所得《六骏图》拓本作题识。同月,《完成神圣的任务》刊于重庆《新蜀报》。9日下午,在夫子池新运会礼堂,参加外交协会召开的题为"风云激变中的太平洋问题"的第36次座谈会,与王芃生、王芸生等发表了意见。15日,当选为中华全国文艺界抗敌协会第三届理事。23日上午,往一园戏院参加第三次国际问题座谈会,主题为"美国与欧战及中日战争之关系"。30日下午,邀胡风等于文协第三届第一次理事会后,来寓所喝茶。春,皖南事变之后,在周恩来领导下,组织重庆文化界进步人士先后仍转移到中国香港、缅甸等地;致信转移到香港工作的夏衍,庆幸他们平安脱险,要他妥善安排同人的生活和工作。

　　郭沫若4月2日作《抗战中国的文艺动态》。22日,致杨树达信,信中就杨树达著《京师解》等研究成果中的一些考释,谈了自己的看法。26日,常任侠携论文《汉唐时代明器之俑的溯源》来寓所。27日下午,在抗建堂参加政治部文化工作委员会文艺讲演会,讲《诗歌底创作》,整理后刊于1944年10月、11月重庆《文学》月刊第2卷第3—4期。5月3日,作《青年哟,人类的春天!》,纪念"五四"运动22周年,刊于4日《新华日报》。4日晚,出席张治中部长为文化工作委员会举行的招待会。在张治中"希望文化界人士,没有走的就不要走了"的讲话后致辞,表示"鞠躬尽瘁,死而后已"。在会上,有人散发了国民党鲁觉吾编辑的《文艺青年》,主要内容为污蔑和攻击郭沫若、胡风等。上旬,与黄炎培、沈钧儒、章士钊、沈尹默、梁寒操等人在重庆生活书店发起组织成立友声书画社,以所得润资捐助出征军人家属。15日,访问记《文坛老战士郭沫若纵谈时局》刊于《华商报》。下旬,与于右任、冯玉祥、王统照、田汉等文化界人士53人联合发起将端午节定为诗人节,并修改、定稿臧云远起草的《诗人节缘起》,以中华全国文艺界抗敌协会的名义发表在5月30日重庆《新华日报》。30日晚,出席在重庆中法比瑞同学会礼堂由全国文艺界抗敌协会主持召开的首届诗人节大会,作了演讲。考证了屈原的生卒年,并称"伟大的民族诗人——屈原——的忌日,在二千二百一十九年前的今天,那时正当楚怀王廿一年,享年六十二岁! 他的死,既非由于牢骚抑郁,更不是消极的自杀,而是以崇高的殉国精神而从容就义!"演讲毕,由光未然、高兰朗诵了郭沫若译《离骚》。于右任担任大会主席,并发表讲话,认为将端午节这个民族纪念屈原的日子作为中国的诗人节,是要效法屈原的精神,是要诗歌成为民族的呼声,是要了解和发扬中国诗艺术已有的成就,育成中国诗歌的伟大将来。6月4日,作《舞》,刊于6日《国民公报·新舞踊特刊》。18日晚,与周恩来、冯玉祥、董必武、沈钧儒、梁寒操等出席由中苏文化协会、文化工作委员会、国际反侵略大会中国分会等10单位联合举办的纪念高尔基逝世5周年大会,并作讲演。讲演词以《活的模范》为题刊于22日《新华日报》;又以《写在高尔基逝世五周年的一天》为题刊于25日《中苏文化》第8卷第6期;复以《活的模范——重庆纪念高尔基大会中演讲原稿》为题刊于7月18日香港《华商报》。24日,作《对于文艺上的希望》。30日,作《今日新文字运动所应取的路向》,刊于本年《香港新文字学会会报》。

按:文中写道:"假使每个人都存心加紧学习,恐怕就是最好的路向吧。已经懂得新文字的人,就连新文字运动的专家,据我看来都还是应该加紧学习。""要想把新文字运动做好,要想能切实地胜任愉快,自己非真正成为一个语言学的专家,恐怕是不行的。""反对新文字的人,我们应该尽量的劝谕",对于"站在政治立场上反对的人","最好的办法,也就是加紧我们的学习"。强调指出:"毫无问题,中国文化的精粹处今后还要得到两重的保障,有旧文字的原封,还有新文字的改装。"

郭沫若是夏在赖家桥文化工作委员会举行的文学座谈会上,作关于孔子的学术报告,说孔子很开明,而历代统治阶级按自己的意愿涂饰孔子,使得孔子形象跟孔子本人越来越不像。7月1日,作《世界反法西斯大战中迎接抗战第五年》,刊于8日《新蜀报·"七七"四周年纪念特刊》,收第三战区司令长官司令部编印《胜利的四年》。6日下午,在抗建堂出席并主持文化工作委员会举行的第四次国际问题讲座,请梁寒操、谢仁钊、张志让、邓初民、王昆仑以及潘念之等人作题为《四年来国际形势的演变与我抗战》的演讲。在致辞时,赞扬了四年来全国军民英勇奋战之精神。7日下午,出席文化工作委员会举办的文化界座谈会,作题为《中日四年文化战》的报告。报告摘要以《让我们结成一座新的长城——四年来文化战线上的总检讨》为题刊于8月13日《新华日报》;报告全文以《四年来之文化抗战与抗战文化》为题,刊于军事委员会政治部8月13日编印的《抗战四年》。8日下午,在抗建堂主持文化工作委员会举办的文艺演讲会并讲话,与阳翰笙等人的讲话一起,以《抗战艺术的新任务》为题刊于22日《新蜀报》。郭沫若指出:"艺术文艺的本质,就是鼓励斗争精神""人类是不断斗争的,和一切后退的作斗争""文化,文艺,艺术是与一切后退作斗争的。因此我们此时应该认清文艺和艺术的本质以及它的使命! 今天要讲的题目是'抗战艺术的新任务',目的是要根据客观的需要和主观的力量来检阅一下阵容,并且针对着新的国内外形势所起的各现实问题,来决定新的战略和战术。"演讲会请郑伯奇、阳翰笙、应云卫、王云阶、叶浅予等分别讲述抗战第五年文学、戏剧、电影、音乐、绘画各部门之新任务、工作。11日,与沈钧儒、邓初民、陶行知、柳亚子、茅盾、郁达夫等264人在《新华日报》发表联名签署的《中国文化界致苏联科学院会员书》,表示坚决响应苏联科学院6月28日致各国科学家的通电,呼吁全世界文化界一致起来反对文化与科学最恶毒的敌人——法西斯强盗。《致苏联科学院会员书》又刊于《中苏文化》第9卷第2—3期合刊。15日,与梁寒操、王昆仑等出席中苏文化协会举办的苏德战争座谈会,以《苏联抗德战争之形势》为题作战况报告,其内容摘要以

《苏联，为人类自由幸福而战着！》为题刊于 16 日《新华日报》。27 日，参加文化工作委员会为归国 4 周年在赖家桥全家院子举办的庆祝会。周恩来、邓颖超出席并题词："郭先生回国四周年纪念。"8 月 23 日，常任侠来乡下寓所，与其谈论法国马伯乐等研究中国学术成绩。26 日，为日本人民反战同盟会会长鹿地亘申请补助金，设立"鹿地研究室"，报政治部部长张治中核批。

郭沫若 9 月 6 日作《今天创作底道路》，刊于次年 3 月桂林《创作月刊》第 1 卷第 1 期。文中指出："为艺术的艺术""事实上只是不通的一个偏见"，"艺术是价值的创造，它根本是为人生的"，强调"目前的中国乃至目前的世界，整个是美与恶、道义与非道义斗争得最剧烈的时代，也就是最须得对于斗争精神加以维护而使其发扬的时代""现实，最迫切地，要求着文艺必须作为反纳粹、反法西斯、反对一切暴力侵略者的武器而发挥它的作用，在中国而言，则是抗战第一，胜利第一"。9 日，为文化工作委员会编辑的《世界政治论坛》作发刊词，刊于重庆《扫荡报》。认为"我们当前最迫切的任务。便是如何用全世界的集体力量，来扑灭法西斯的侵略火焰"，号召"大家携起手来，共同发掘真理""配合抗战的要求"，争取抗战胜利。14 日下午，出席文化工作委员会举办的第四次文学座谈会，座谈会由冯乃超主持，参加者还有张铁弦、安娥、石凌鹤、臧云远、李嘉、方殷、罗荪、任钧、姚蓬子等。郭沫若作学术报告，论述《诗经》与楚辞的语言。内容摘要以《新诗的语言问题》为题刊于 10 月 7 日《新蜀报·七天文艺》第 27 期。25 日，作《五十年简谱》，刊于《中苏文化》半月刊 1941 年第 9 卷第 2—3 期合刊，又以《郭沫若先生五十年简谱》为题刊于《抗战文艺》1942 年 6 月第 7 卷第 6 期。《简谱》从 1892 年 11 月 16 日出生起，至 1941 年 9 月 25 日止，将每年的主要经历逐年列出，间记当年中国乃至世界发生的大事。30 日，为祝贺中华剧艺社成立，作《戏剧运动的展开》，刊于 10 月 11 日《新蜀报·蜀道·中国剧艺社成立特刊》，又刊于桂林《戏剧春秋》第 1 卷第 6 期。同月，与阳翰笙商定，请无党派人士艺术家应云卫任新组建的中华剧艺社社长，不支持郑用之取消中华剧艺社之议。

郭沫若 10 月 7 日上午在天官府 7 号文化工作委员会举办的第一次文化讲座上主讲《中国古代社会研究》，至 9 日讲完。演讲内容摘要以《中国古代社会研究——郭沫若昨在文化工作委员会演讲》为题载 8—9 日《新蜀报》。8 日晚，与李石曾、马俊超、王昆仑等出席国际反侵略运动中国分会第二届常务理事会第八次会议，讨论筹设国际研究所，与世界各国联合举办民主胜利大会等要案。上旬，周恩来提出要为庆祝郭沫若创作生活 25 周年和 50 寿辰，举行全国性的纪念活动，并安排阳翰笙邀请各方面人士进行筹备。周恩来认为，这是"一场意义重大的政治斗争"，也是"一场重大的文化斗争。通过这次斗争，我们可以发动一切民主进步力量来冲破敌人的政治上和文化上的法西斯统治"。郭沫若谦辞周恩来提出的祝寿之议。16 日，为纪念鲁迅逝世 5 周年作《总是不能忘记的》，刊于 19 日《新蜀报·蜀道·纪念鲁迅先生逝世五周年》，又刊于 21 日香港《华商报》。文中提出："假使真的要纪念鲁迅，切实地把鲁迅来研究研究，在做文学家的人，也正是一种'自己生活'。我很希望对于鲁迅确有研究的人，出来多写些文章，遇着纪念日到来，请这样的人来作公开讲演，或许是一个较好的办法。平时毫不研究，偏偏成为纪念文写作专家，死者有知，鲁迅是会蹙额的吧。"17 日，作《并没"浪费"》，刊于 10 月 19 日重庆《时事新报》以及 11 月 4 日香港《华商报》。文中针对有人认为鲁迅晚年不大写小说，而写"杂文"，这是把本职抛弃了，未免是精神的"浪费"，进行反驳。指出鲁迅在小说的制作上有很大的成就，已不成"问题"，在"杂文"

的建设上也有同样的成就。他初期所写的《野草》是脍炙人口的散文诗,"而他后期所写的《花边文学》,实在是散文的社会史诗。那价值是并不亚于《呐喊》与《彷徨》的"。说这是"浪费"的人,对此"不是有意贬价,便是认识不足"。18日,作《〈羽书集〉序》。文章说,因为抗战,"关于学术研究的工作是完全荒废了,但我也不引以为憾","不过,我的自信和兴趣还没有失掉,虽然已达到了'不足畏'的五十无闻之境,仍有可以绞出的脑汁和心血。无论是文艺创作或学术研究,再给我一些岁月,总能有至少使得自己较为满足的成绩出现"。19日,在文化工作委员会举办诗歌座谈会。同日,接待陶行知,谈中国古代史,"对于《诗经》《书经》《易经》都觉得比从前估计得近"。邀请陶行知到文工会办讲座。晚,往抗建堂出席由中华全国文艺界抗敌协会、中国文艺社、全国戏剧界抗敌协会、全国电影界抗敌协会、东方文化协会等8个团体联合举办的纪念鲁迅逝世5周年晚会,并以《鲁迅与王国维》为题发表了演讲。将鲁迅与王国维并论,指出王国维是中国近代的新史学家,而鲁迅则为一伟大的新文学家。两人所处时代相同,而王国维则停滞在旧的学术思想范畴里,鲁迅却接受了新的思潮,增加了新的力量,向着光明前进,因之成为伟大的青年的革命导师。晚会由冯玉祥主持,在会上讲话的还有曹靖华、孙伏园等人。20日下午,在求精中学主持文化工作委员会举办的第2次文化讲座,请冯玉祥讲《三国演义》,至22日毕。

郭沫若与冯玉祥、田汉、冰心、老舍等150名文化界人士10月27日联名在重庆《新华日报》发表《中国诗歌界致苏联诗人及苏联人民书》。同日,收到宗白华请常任侠转交的信件。11月7日中午,前往苏联驻华大使馆,与冯玉祥、陈立夫、王昆仑等出席庆祝十月革命24周年茶会。同日,与黄炎培、杨卫玉、许寿裳等为文学书店撰文,论述写日记之方法,收该书店出版《文学日记》。8日下午,赴抗建堂参加中苏文化协会为庆祝苏联革命24周年举行的纪念会,在大会上朗诵了《苏联友人歌》。晚,作《纪念孙中山先生的两大任务——加强国际国内的团结》,刊于12日《新华日报·纪念孙中山先生诞辰特刊》。9日,与周恩来、董必武、邓颖超、潘梓年、阳翰笙等出席由部分文化出版界人士集资创办的文学书店开幕式。中旬,应文化工作委员会国际问题研究组郑林曦之请,为拉丁化拼音文字运动题词,刊于本年《香港新文字学会会报》。12日,《永在的荣光——为纪念国父诞辰而作》刊于《中央日报》。上午,在抗建堂,主持文化工作委员会召开的纪念孙中山75周年诞辰纪念大会,致开幕词,题为《纪念孙中山先生的两大任务——加强国际国内的团结》,即8日晚所作文。14日,贺冯玉祥60寿诞所作五言诗刊于《新华日报·庆祝焕章先生六十大寿》专栏。15日晚,郭沫若在天官府7号接受文化界为祝寿送来的特制巨型毛笔一支。

郭沫若11月16日下午往中苏文化协会,出席由冯玉祥、孙科、周恩来、陈布雷、潘公展、老舍等90余人发起的重庆文化界为其50诞辰暨创作生活25周年举办的茶会。茶会由冯玉祥主持,并致辞。老舍代表全国文协报告郭沫若生平业绩,黄炎培、沈钧儒、张道藩、梁寒操、潘公展、米克拉舍夫斯基等人先后致辞。周恩来发表讲话,高度评价了郭沫若,称其"不只是革命的诗人,也是革命的战士","是新文化运动的主将",号召大家学习他"丰富的革命热情""深邃的研究精神""勇敢的战斗生活"。出席庆祝会的有800余人。郭沫若致答词,自称"牧羊人必鞭落伍者,今日之会,实等于打我之鞭,颇觉疼痛"。他引卢梭的《忏悔录》和燕昭王求士的故事说:"今日之会,在鼓励更优秀之作家!""因此会可以消去一般人之灰心念头,使大家这样想,郭某这样人,也有人纪念,我们努力吧!"答词中还对青年们做了策勉。郭沫若最后表示:"回首五十年,深感惭悚,从今日起,决再勇敢地活下去,以毕生的心血为建设中国文化及为祖国独立而奋斗!"晚,与周恩来、董必武等领导以及文化界人士60余人在天官府聚餐。同日,周恩来在《新华日报·纪念郭沫若先生创作生活二十五周年特刊》之《我要说的话》中称赞"郭沫若创作生活二十五年,也就是新文化运动的二十五年。鲁迅自称是'革命军马前卒',郭沫若就是革命队伍中人。鲁迅是新文化运动的导师,郭沫若便是新文化运动的主将。鲁迅如果是将没有路的路开辟出来的先锋,郭沫若便是带着大家一道前进的向导。鲁迅先生已不在世了,他的遗范尚存,我们会愈感觉到在新文化战线上,郭先生带着我们一道奋斗的亲切,而且我们也永远祝福他带着我们奋斗到底的。"同日,重庆演出阳翰笙的历史剧《天国春秋》,同时著名平剧演员王震瓯、楚剧沈云陔、川剧张德成等人也演出了祝贺专场。延安、桂林、香港、新加坡等地,都为郭沫若50诞辰暨创作生活25周年举行了庆祝活动。17日,郭沫若致电香港、延安、桂林文化界申谢,刊于18日《广西日报》、21日《解放日报》。电文写道:"香港张仲老、柳亚子、茅盾诸先生并转香港文化界;延安吴玉章先生转延安文化界;桂林李主任任潮先生转桂林文化界:五十之年,毫无建树,犹蒙纪念,弥深惭愧,然一息尚存,誓当为文化与革命奋斗到底,尚祈时赐鞭笞。"同日,"郭沫若创作生活二十五周年"著作及生活照片展在中苏文协"公开展览"。19日,在天官府街7号举办文化讲座,请生物研究所所长卢于道讲《人类进化问题》。同日,郭沫若应周恩来邀请,到曾家岩50号,参加为自己贺50寿辰的便宴。20日,郭沫若与沈钧儒、张一麔、柳亚子、邹韬奋、茅盾等68人在重庆《新华日报》联名发表《中国文化界人士致苏联人民书》。同日,郭沫若往抗建堂观看历史剧《棠棣之花》的演出。这次演出是为庆祝郭沫若50诞辰暨创作生活25周年而举行的,石凌鹤导演,舒绣文、张瑞芳、周峰主演。与冯乃超在夫子池主持文化工作委员会举办的第2次木刻展览预展会。23日下午,在天官府街7号举行茶会,欢迎老舍由昆明讲学归来,并请老舍作《西南文艺状况》的报告。25日,致信田汉,以《文化之平衡的发展》为题刊于桂林《戏剧春秋》1942年4月第1卷第6期。同月,《羽书集》由香港孟夏书店出版,收录抗战以来所作杂文74篇。

郭沫若12月初旬与周恩来讨论历史剧中的问题时,周恩来说,聂政是游侠之徒,侠与儒在精神上是不相容的,让聂政来行儒家的三年之丧,觉得有点不合理。郭沫若承认"这层意思,我自己在前没有考虑到""我感谢他这个非常宝贵的意见"。7日,《新华日报》出版《"棠棣之花"剧评》专刊,发表欧阳凡海《论历史剧》、舜瑶《正义的赞诗,壮丽的画图》、章罂《从"棠棣之花"谈到评历史剧》等文章,一致认为"历史剧的前途,得到《棠棣之花》的演出,是可以又得到更大一步推进的"。9日,作《我怎样写〈棠棣之花〉》,刊于14日《新华日报》。文中主要谈郭沫若的历史剧的创作,介绍创作历史剧《棠棣之花》的经过,以答观众问。其中谈到历史剧创作的主张,认为考据和创作"是两条不必一定平行的路","剧作家的任务是在把握历史的精神而不必为历史的事实所束缚。剧作家有他创作上的自由,他可以推翻历史的成案,对于既成事实加以新的解释,新的阐发,而具体地把真实的古代精神翻译到现代。历史剧作家不必一定是考古学家"。12日晚,往文化工作委员会中山室参加全国文艺界抗敌协会举办的诗歌晚会,作题为《中国音乐之史的探讨》的报告。14日下午,往新运模范区广场,参加陪都国际文化团体扩大反侵略大会,为主席团成员。15日,桂林出版的《诗创作》第6期,辟有"祝福郭沫若诗人"专页,发表田汉的《与郭沫若在诗歌上的关系》、宋云彬的《奔放的感情·缜密的头脑》、穆木天的《在暴风雨中微笑吧》、孟超的《五十之颂》、韩北屏的《一个世纪的二分之一》和胡危舟的《金刚坡下》。17日下午,参加重庆戏剧界举办的沈西苓逝世周年纪念会，并发表演说。19日，作《由"墓地"走向"十字街头"》，刊于24日《新蜀报·蜀道》，回答黄芝冈在《评棠棣之花》一文中的批评。21日上午，赴中华职业学校作题为《屈原考》的演讲。同日，在中华职业学校作题为《屈原的艺术与思想》的演讲。23日，历史剧《棠棣之花》整理完毕，次年7月由重庆作家书屋出版。25日下午，在天官府街7号举办第四次文化讲座，请卫聚贤讲《敦煌考古》，连讲3日。27日上午，由张骏祥陪同，往重庆中一路95号中央青年剧社排演场讲《歌德与浮士德》。28日，作《新出土器铭考释》，刊于次年1月7日《时事新报》。30日，《把全人类由恶魔的血手中救起》刊于《新蜀报》及《儿童月刊》新1号。31日，致信胡危舟，以《由诗剧说到奴隶制度》为题刊于次年桂林《诗创作》月刊第8期。同月，致信宋云彬，重申本日给胡危舟信中关于中国古史分期的观点。（以上参见林甘泉、蔡震主编《郭沫若年谱长编》，中国社会科学出版社2017年版）

马寅初继续被蒋介石扣押于贵州息烽，却在重庆引发强烈反响。1月除夕，重大商学院留校学生聚马家，贴两副对联。大门联云："院长在山城重，先生去江流轻。"横批"君亲"。房门联云："高山仰止，景行行止。"横批"时穷节乃见"。2月13日，延安《新中华报》全文发表马寅初于重庆大学的演讲词，编者按语：马氏为我国著名经济学者，历任财政立法要职，于12月24日在重庆大学经济研究室演讲，对抗战时经济问题提出许多正确建议，并对发国难财者严加斥责，但不幸被当局逮捕，至今仍未释放，全国痛愤，纷纷抗议。3月中旬，马寅初草自贵州息烽之家书，经蒋介石侍从室转由王克宥送达重庆家中，曰：在贵州息烽，一个人住在半山腰的平房里，可以看书，生活上有专人照顾。身体很好，请家里放心，勿念。22日，重庆《新民报》《大公报》刊登《重庆大学全体学生为庆祝马院长寅初六十寿辰启事》："本年欣逢马院长寅初先生六十大庆，我全体同学为崇德报功，敬老尊贤起见，除将建亭购书以资纪念外，并订于三月三十日午后二时，在本大学礼堂开会遥祝，当晚举行游艺。凡马院长亲戚友好，届时敬祈光临指导。恐柬不周，特此奉告。赐教处：重庆大学商学院办公室。"23日，延安《新中华报》发表鲁哲时通讯《马寅初教授被捕经过》。同日，蒋介石侍从室主任陈布雷"手谕"重庆大学校长叶元龙："贵校学生为马君祝寿之事，委座甚为怀疑，事前校方是否知悉，事后作何处置，盼速查明陈复。"同日，政府当局新闻检查机关饬令《新民报》《大公报》停止刊登先生寿辰启事。3月24日，《大公报》抗命续登启事，仅将"全体同学"改为"商学院学生"，"遥祝"改为"庆祝"。同日，重庆《新华日报》刊登"祝寿"启事："立法委员、重庆大学商学院院长、中国经济学家马寅初先生，今年欣逢六十大庆，重大全体同学为庆祝热心抗日救国之前辈起见，特定于本月三十日（星期日）下午二时在该校大礼堂举行庆祝大会，并于当晚进行游艺，望各界马氏好友光临出席庆祝。"重庆《新华日报》送寿幛："不屈不淫征气性，敢言敢怒见精神"；周恩来、董必武、邓颖超联名赠联："桃李增华坐帐无鹤，琴书作伴支床有龟"，寿联由周恩来拟，董必武书。28日，重庆大学告示："奉教育部长面谕，给马寅初先生的祝寿会应停止举行。"

马寅初60寿辰庆祝会3月30日在重庆隆重举行，重庆各界人士聚集重庆大学为马寅初祝寿。莅会宾客有董必武、沈钧儒、邹韬奋、张西曼等。新华日报社社长潘梓年、塔斯社重庆记者及邵南子、鲁明、陆诒等重庆各报记者到场。大厅悬挂寿联、寿幛，上书"老马识途""马首是瞻"等。张西曼代表来宾讲话：过去历朝言官专司谏议朝政之责。民国以来的监察院也算是言官衙门。可是，我就听不见他们的发言。仔细想了一下，原来言官的嘴巴只顾吃饭，就顾不得说话了。马先生不是言官，他那张嘴巴，实在令人钦佩，因为不管吃饭不吃饭,他都敢于说话。马先生言人之所欲言而不敢言的精神,足为学者模。为纪念马先生,我捐书一部,以示心香一瓣。今天祝寿会上不见寿公,使我们无限感慨,我以茶代酒,遥祝马先生健康长寿!大会纪念品系纪念章一枚及由重大学生手抄收录先生三篇演讲文集一本。祝寿会上,赵国恩提议集资修建"寅初亭",张贴启事:"马寅初先生年高德劭,教学有方。自掌重大商学院以来,认真负责,对学生等言教身教,循循善诱,春风化雨,受益无量。值兹强寇压境,国步维艰,他奔走呼号,救亡图存,提出临时财产税的主张,是切中时弊的济世良方。然而不获采纳,反失自由,恶讯传出,舆论哗然!今六旬高龄寿辰之日,却身陷囹圄!我们为了崇德报功,尊老敬贤,拟筹建'寅初亭'以为纪念,使马先生的丰功伟绩共山(歌乐山)水(嘉陵江)而长存。希各方慷慨解囊,共襄盛举。"来宾纷纷拥护当场捐款,塔斯社记者捐100元。此次捐款共计2200余元。同日,《新华日报》重要声明:"本报纪念马寅初先生六十寿辰之稿两篇,奉命免登。"《新华日报》华北分馆将重庆大学学生手抄先生三篇演讲稿刊印出版,名之《论对发国难财者征收财产税及其它》,内录《提议对发国难财者开办临时财产税以充战后之复兴经费》《对发国难财者征收临时财产税为我国财政金融唯一出路》《在重庆大学经济研究社的演讲》等三文。扉页记:"作者因此三文,被捕入狱。"4月1日,新中国报社出版新中国丛书第三辑《中国内幕》刊文《马寅初演讲获罪》,揭露马寅初"流放"贵州之事实及原因。同月,祝寿会后,重庆大学据"上级"指示,要求马寅初家属迁出。家人搬回歌乐山居住。6月3日,"寅初亭"奠基典礼与商学院第一届毕业典礼同时举行,马寅初夫人王仲贞、好友梅汝璈等应邀出席。

　　马寅初6月24日于贵州息烽集中营自庆60大寿。2月间向监方提出作寿要求,经报最高当局获准,是日设便宴庆贺。下旬,马寅初60寿辰庆祝会筹备会致康心如函:"寅初亭已于六月三日奠基,并已与成记营造厂签订合同,即日兴工建筑,月内可成,造价肆千捌百余元,除本院同学捐凑贰千元及梅汝璈先生在立法院代募得捌百元外,相差尚巨,而购书之款亦无着落,素稔先生对敝会此举热烈赞助,代募之款想已集有成数,敬祈示知详情,俾克派人晋谒。"8月3日,康心如复书,表示捐助200元。祝寿会共计筹集寅初亭基金3200多元。原拟建宫殿式瓦亭,因校方梗阻,遂变通筑一草亭,余款购图书赠重庆大学图书馆。月底,第三战区以马寅初年高德劭为由与最高当局商议,请转赴第三战区"考察"。马寅初由宪兵团长韩文焕陪同,自贵州息烽集中营转江西上饶集中营。途经贵阳暂停,马寅初于贵阳中学演讲,抨击政府腐败。讲至中途为韩文焕阻止。同月,中国金融年鉴丛书《中国战时经济志》由世界书局出版,封面题字:"中国战时经济志——马寅初书耑(印)。"编者敬谢云:《中国战时经济志》在困难之中编制进行,承全国各经济机关予以精神上之协助,及世界书局陆经理接受出版发行,得以顺利告成,实深心感。以尤孙院长哲生之赐题,马寅初博士之赐署,刘廷芳博士之赐序,以及沈女士姐妹之抄写,最为编者所铭谢。7月初,转至江西上饶第三战区,获司令长官顾祝同善待,安置于江西铅山鹅湖寺院,过半自由生活。李寿雍与《前线日报》社长马树礼时来看望。9月5日,国民政府教育部以学校"迭起风潮,屡诫不悛"为由,下令解散重庆大学。此次重庆大学风潮因蒋介石下令拘禁著名经济学家马寅初而引发,结果以解散重庆大学为代价。11月29日,因香港某报云"马寅初已奉召回渝",铁群致函邹韬奋主办《大众生活》(香港)询问先生近况。编辑部以"马寅初是否自由了?"为题答复:"我们也听到有人传说马寅初先生有不久将恢复自由的消息。但尚未能证实。也许他还在'前方调查经济'罢!"香港《大众生活》新29号信箱。(以上参见徐斌、马大成编著《马寅初年

谱长编》,商务印书馆 2012 年版;彭华《马寅初年谱简编》,《淮阴师范学院学报》2005 年第 1 期)

　　顾颉刚继续任齐鲁大学国研究所主任,编辑《责善》半月刊。1 月 9 日,接哈佛燕京学社社长爱立才夫(即叶理绥)去年 12 月 10 日来信,询《尚书学》编辑事,遂作《答爱立才夫先生告编辑〈尚书学〉经过书》,告在燕大时编辑《尚书通检》《尚书文字集》《尚书学论文集》《尚书研究讲义》之经过及各项费用。同月,王树民来国学研究所就职;为江应樑前往凉山考察事筹措经费。1—2 月,华西、金陵、齐鲁三大学研究所遵从哈佛燕京学社之意,成立三大学研究所联合出版委员会,顾颉刚与刘世传、钱穆、张凌高、闻宥、陈裕光、吕叔湘、李小缘、商承祚等任委员,筹备创办一联合刊物《三大学研究所中国文化研究汇刊》。2 月,在齐大国学研究所内组织所务会议,与会者有刘世传、钱穆、胡厚宣、汤吉禾、侯宝璋、孙次舟、张维思;应郭有守邀,为《文史教学》作《双流游记》。同月 27 日,作《中国边疆学会宣言》,谓鉴于边疆问题日亟,"若犹一任他人之播弄而不自为分发之谋,则唇揭而齿寒,其不同沦胥以亡者几希","同人不敢避时代之使命,用自忘其谫陋,成立本会,欲以认识边疆之实际情况及其所含蕴之问题,共筹适宜之对策,唤起国人之注意。会中工作,纯为学术性性质及社会事业,……"。

　　顾颉刚 3 月 1 日赴成都华西大学礼堂出席中国边疆学会成立大会,被推为理事长。洪谨载、王树民等为干事。中国边疆学会由齐鲁、华西、金陵、金陵女子四所大学共同发起。适值马鹤天、赵守钰各自在陕西、重庆分别成立了中国边疆学会,社会部通知三方面合并,并谓总部应设在重庆。于是以重庆的学会为总会,以其余两会为陕西、四川分会。会员共 600 多人,凡边疆的知名人士和内地对于边疆有研究者都网罗在内。其后云南、西康、甘肃诸省也均设有分会。分会有《边疆》周刊,总会有《中国边疆》月刊,并出版《边疆丛书》。但后来"币值日跌,捐来的款无济于事,各会员又为生活压得喘不出气,无心研究,加以轰炸严重,图书疏散,搜集参考材料极端困难,要组织旅行团更谈不到,所以一天天的消沉下来"。8 日,作《顾颉刚研究计划》《民国三十年本所集体工作之现状及计划》。集体工作有:一、编辑本所藏书目录;二、标点二十四史;三、编制各史年表;四、编辑《史记》索引;五、编辑中国民族史材料集。同月,与张维华合编之《史学季刊》第 2 期出版。4—5 月,作《古代巴蜀与中原之关系说及其批判》,刊于《齐鲁华西金陵三大学研究所中国文化研究汇刊》。认为真实的历史"只有蚕丛等为蜀王,巴与楚有国际关系"两点。4 月 9 日,作《介绍庄学本先生西康摄影展览会》,指出文艺界对边疆工作应担负责任。此展乃边疆学会所办。

　　顾颉刚 5 月为李济生《论鲁学》作跋,刊于 7 月 1 日《责善》第 2 卷第 8 期。李济生《论鲁学》指出:"回顾过去三百年中,吾鲁风气未尽如今日之凋落也",乃撰写此文"爰述往贤,下及时彦,以告有志为学之士,观其影响"。该文实际是从清初至抗战前山东地区的学术简史。顾颉刚在文后跋语中认为该文"诚以于齐鲁大学中论近三百年来齐鲁学风固最足为一堂师生之针砭尔",并指出"自鸦片战争以来,世变日亟,人丧所守,衣食不遑,何心悦学。后世之人读史而至今日,必将怜其遭际之艰危,不忍为严格之绳纠。虽然,此在他人言之则可,而在我辈则固不容自恕。必其艰危,乃得磨炼意志。必其振奋,乃得战胜环境。我辈生于今日,处存亡绝续之交,数千年之学统其将灭没于我手耶? 抑将由我而发扬恢廓之耶? 此后之学术其将一循前人之成法耶? 抑将由我而开创一格局耶? 此今日有志之士所必当有之自省,亦必当负之责任。为之而善,则我辈固百世之功臣;为之而不善,则我辈实万禩之罪人。故生于今日,受空前之痛苦者,其分也;生于今日,婴空前之大任者,其幸也"! 6

月,吕思勉、童书业主编之《古史辨》第 7 册上中下三编由开明书店出版。本册考辨夏以前的古史传说。上编古史传说的通论,收录顾颉刚的《战国秦汉间人的造伪与辨伪》、杨宽的《中国上古史导论》;中编收录吕思勉的《古史记年考》、顾颉刚和杨向奎的《三皇考》等 8 篇文章;下编收录童书业、顾颉刚、吕思勉等人的 15 篇文章。中、下两编从三皇一直讨论到夏桀,汇聚了当时研究古史传说的重要文章。顾颉刚说:"这一册的文章讨论得最细,内容也最充实,是十余年来对古史传说批判的一个大结集。"杨宽认为此册"是这几年来从事古史学研究者研究夏以前古史传说的总成绩"。童书业在《自序二》中曰:"最近的疑古大师,谁都知道是顾颉刚先生。他自从出版了他的名著《古史辨》第一册以后,继续努力不息,到了今天,著述愈积愈富,发明愈来愈多,同志愈聚愈众,声名也已从毁誉参半到了多誉毁少的地步。""顾颉刚先生以后,集'疑古'的古史学大成的人,我以为当推《中国上古史导论》的著者杨宽正先生。"6 月 3 日,作本年度工作报告,交齐鲁大学,曰:除主持研究所全部事务及指导研究生工作外,个人研究为:一、春秋史材料集(即前年拟作之古代史材料集之一部分);写笔记 4 万言,又令书记抄写春秋经,编辑"春秋经通检"。二、研究古蜀史。

顾颉刚 6 月 5 日由成都飞抵重庆,任文史杂志社副社长,社长为叶楚伧。自第 1 卷第 9 期起,顾颉刚主编国民党党部所办《文史杂志》,至 1949 年结束。顾颉刚聘请费孝通、韩儒林、李安宅等参与其事。12—13 日,出席教育部边疆教育委员会第二次全体会议,与马毅合提《建议订正历史上有关障碍国族团结之传说案》。同月,到重庆中国边疆学会,与黄次书、黄奋生等商量合并事宜。议定以该会为总会,改成都中国边疆学会为四川分会;又马鹤天在榆林所发起之中国边疆学会改为陕西分会。讨论分会章程。被推为总会副理事长。下旬,到白沙,出席国立编译馆讨论十三经新疏编刊会议,同会者有辛树帜、陈可忠、魏建功、台静农、卢冀野等。7 月 1 日,为编译馆作《十三解新疏编刊缘起》。又与辛树帜、陈可忠开会讨论国学要籍丛刊事,将 300 种书分为 14 类。4—6 日,出席教育部史地教育委员会第二次全体会议。会前作《选用助理员协同各专家编纂通史及文化史》案交之;会上发起中国史学会,作《由本会补助设立中国史学会案》,与缪凤林、金毓黻、黎东方合提之;又与缪、金二君合提《增设各大学历史研究所以应时势之需要案》。会议决定请诸委员赴教育部中等学校史地教育暑期讲习会讲授,顾颉刚因于 7 日前去讲之。会议又议决由教育部主办"七七"纪念学术讲演周,由与会专家主讲,顾颉刚因于 9—10 两日分别前去讲《甘青的游历印象》《通俗读物》。11 日,为中央组织部作《中国边疆文化协会缘起》。13 日,受蒋介石接见,谈整理中国古籍事,辛树帜偕同。

顾颉刚 7 月 19 日由重庆飞抵成都。8 月 4 日,为张维思来信《论六书之"兴"义》及慕寿祺来信《论诗序序之作者》作跋,刊于《责善》半月刊。通过月《文史杂志》社改组。卢逮曾主编至第 1 卷第 8 期,顾颉刚自第 1 卷第 9 期始主编。9 月 10 日,为萨尔真《英译本汉书王莽传》作序。18 日,以朱家骅嘱早行,且辛树帜又留成都待同行,遂离成都赴重庆,齐大国学研究所职事由钱穆代理。10 月 7 日,至重庆。沿途拜访武汉大学、中央研究院诸友,又到国立编译馆议国要籍丛刊事。同月,史念海自西北来投,为介绍至国立编译馆任职。11 月,应中央大学校长顾孟余邀,至该校兼课,授师范学院国文系"古代文学"课、文学院史学系"中国古代史研究"课。学生有刘起釪、唐德刚等。哈佛燕京学社欲取消华西、金陵、齐鲁三大学研究所之自办刊物,故《齐鲁学报》《齐大国学季刊》各出二期后停刊,《责善》半月刊经顾颉刚力争而得以保留。又与辛树帜拟名人传目录。12 月,日本与英、美宣战。日人接收燕京大学,顾颉刚《日记》载:"予存校书籍、稿件、什物,恐将不可问,如竟失去,万分可惜。"同月下旬,与吴文藻、梅贻宝等商燕大复校事,作《燕大研究所复办意见书》。23日,为陈文鑑所作边疆游记《雪沙行草》及刘家驹编录之《班禅大师全集》分别作二序。26—27日,出席教育部边疆教育委员会会议。是年,《汉代学术史略》由成都东方书社再版,颇得好评。(以上参见顾潮编著《顾颉刚年谱》,中国社会科学出版社1993年版;顾潮编《中国近代思想家文库·顾颉刚卷》及附录《顾颉刚年谱简编》,中国人民大学出版社2015年版;王学典《20世纪史学编年(1900—1949)》,商务印书馆2014年版)

　　钱穆继续在齐鲁大学国学研究所任教,并兼齐鲁大学课。1月,齐鲁大学国学研究所主办的《齐鲁学报》创刊,在沪出版。创刊号由钱穆主编,并作发刊词,略谓:"夫学问研讨,本属平世之业。然兵燹流离、戎马仓皇之际,学术命脉,未尝无护持赓续之望。姑就本国近世事言之,则有如满清之入关,又如洪杨之崛起,其所加于国家社会之破坏皆甚大,而学术不为中歇。乃其间亦有辨。""兹值国步之艰,虽未若晚明,而创痛之深,亦已过于洪杨。窃闻之:'风雨如晦,鸡鸣不已。'而大厦非一木所支,全裘乃众腋所成。作始虽简,将毕也巨。将伯之呼,嘤鸣之求,岂得已哉!"作者简要分析近300年来虽经满清入关、洪杨之乱,但"学术不为中歇"之原因,认为在日本侵略的战乱时代,学者应当团结努力,保护学术命脉延续。创刊号刊载了钱穆《古今南北产铁量》《汉初侯邑分布》《苍梧九疑零陵地望考》《说邢》《说滇与昆明》,以及丁山《九州通考》、吕思勉《汉人訾产杂考》、张维华《汉置边塞考略》、钟凤年《水经著作时代之研究》、冯汉骥《由中国亲属名词上所见之中国古代婚姻制考》、杨宽《伯益考》、孙次舟《读"古蜀国卫蚕国说"的献疑》、赵泉澄《咸丰东华录人口考证》、童书业《没骨花图考》等文。

　　钱穆3月23日开始为武汉大学讲授"中国政治制度史导论"和"秦汉史",严耕望得列门墙。所住为武汉大学校长王星拱城中寓邸,隔邻为文学院长朱光潜寓。钱穆中晚两餐,皆至其寓与之同餐,二人畅谈甚相得。又应马一浮邀请,去岷江对岸云佛左侧乌尤寺复性书院,讲中国史上政治问题,与马一浮相识。同月,《改革大学制度议》刊于重庆《大公报·星期论文》。文中谓:"今日大学教育有一至要之任务,厥为'政术'与'学术'之联系""概括言之,今日国家社会所需者,'通人'尤重于专家。而今日大学教育之智识传授,则只望人为专家,而不望人为通人。吾国今日大学制度之渊源,袭自欧美。然欧美政治社会与中国未能尽同。欧美社会政治各方面比较已有一粗粗安定像样之局面,而中国则否。故中国大学教育所当着意植培之人才,自当与欧美稍异其趣。且就学术而论学术,一门学术之发皇滋长,固贵有专家,而尤贵有大师。大师者,仍是通方之学,超乎各部专门之上而会通其全部之大义者是也。私意以为现行大学制度,实有根本改革之必要。而改革大纲不外两端:一、缩小规模。二、扩大课程""若就鄙见所及,创立不分系之学院制,其学成而去者,虽不能以专门名家,然其胸襟必较宽阔,其识趣必较渊博。其治学之精神,必较活泼而真挚。若论人格之锻炼,品行之陶冶,此亦学业进行中应有之一项目。依鄙论,大学有教授,即不必再有导师。若大学教育能有造就通才之师资,则其人格之锻炼与夫品行之陶冶,亦已一以贯之矣。"4月1日,《责善》半月刊出版"周年纪念号",刊出钱穆《罗念蕃先生年谱》(第2卷第3—4期续载),丁山《文武周公疑年》,金毓黻《南宋中兴之机运》,罗桑趣吉玛著、李荫亭、金鹏译《西藏佛教源流总说》,苏学林《历朝伪太子与伪皇族案》(苏氏在第2卷第3期又发表《再论伪太子与伪皇族》)等文。同月,钱穆《改革中等教育议》刊于《大公报》;《思亲强学室读书记序》刊于《责善》半月刊第 2 卷第 1 期;《罗念庵年谱》刊于《责善》半月刊第 2 卷第 1—3 期《思亲强学室读书记》之一。

钱穆 5 月在金陵大学学术励进会讲演《新时代与新学术》,刊于 6 月重庆《大公报·星期论文》。文中略谓:"学术随时代为转移。新时代之降临,常有一种新学术为之领导或推进。大体言之,承平之际,学尚因袭。变乱之际,学尚创辟。前者大体乃以学问为出发点而使用学者。后者大体则是以学者为出发点而使用学问。然所谓新学术,亦是温故知新,从以往旧有中蕴孕而出,并非凭空翻新,绝无依傍。""中国经此长期抗战,民族争存乃至文化争存之意识,激涨渐至最高潮,适值欧美狂澜转为回波,冲荡之力松缓,中国人得以爬出漩涡,立定脚跟,再清神智,来做道咸时代人欲做未做之工程。新时代已面临于整个世界之前,此新时代之得救,无疑的只有乞灵于世界以往东西两大民族之文化洪流。中国问题将在世界问题之解决下得解决。同样,世界问题亦将在中国问题之解决下得解决。中国学者急当廓开心胸,放宽眼界,一面是自己五千年深厚博大之民族文化历史世界,一面是日新月异惊心动魄的欧、亚、美、非、澳全球新环境。向内莫忽了自己诚实的痛痒的真血性,向外莫忽了民族国家生死存亡的真问题。在此交灌互织下,自有莫大前程。"同月,《记三国至五代北方丝业盛衰》(思亲强学室读书记之二)刊于《责善半月刊》第 2 卷第 5 期。6 月,撰《东西文化学社缘起》。同月,在成都青年会讲演《东西人生观之对照》(原题《两种人生观之交替与中和》),刊于 8 月《思想与时代》月刊第 1 期。9 月,《大学格物新释》,刊于《思想与时代》第 2 期。文中谓:"汉儒所辑《小戴礼记》中《大学》一篇,以不到两千字之短文,三纲领、八条目,规模之开拓,工夫之层累,大小兼举,先后明备,实不失为古代儒家理论中一篇重要文字。无怪程朱以来一千年,群然尊奉以为宝典。独惜其八条目中最后一条,即为学者下手工夫之最先一步,所谓'致知在格物'者,其'格物'一义,在《大学》本篇之内,若未有详细说明,遂引起此千年间学者之种种争辨。本篇重提旧公案,虽若仅为古书字句作训诂诠解,然实为两千年儒家思想解决一重要疑题。读者幸勿以为陈古董之拱玩而忽之。"

钱穆《王龙溪略历及语要》10 月刊于《责善》半月刊第 2 卷第 15 期;《晋代之民族自卑心理》(《思亲强学室读书记》之四)刊于《责善》半月刊;《中国传统政治与儒家思想》刊于《思想与时代》第 3 期;《中国文化与中国青年》(华西大学文化讲座演讲辞)刊于《大公报·星期论文》。11 月,《蜀中道教先声》(《思亲强学室读书记》之五)、《张道陵与黄巾》(《思亲强学室读书记》之六)、《东汉人之养生率性论》(《思亲强学室读书记》之七)刊于《责善》半月刊第 2 卷第 6 期;《中国文化与中国军人》(成都空军军士学校讲演辞)刊于《大公报·星期论文》;《中国社会之剖视及其展望》刊于《思想与时代》第 4 期;《历史教育几点流行的误解》刊于《教育杂志》第 31 卷第 11 号;《罗君倬汉十二诸侯年表考证序》刊于《责善》半月刊第 2 卷第 16 期;《历代绢价杂考》(《思亲强学室读书记》之八)、《唐代南方茶山之经济形态》(《思亲强学室读书记》之九)刊于《责善》半月刊第 2 卷第 17 期。12 月,《五代时之书院》(《思亲强学室读书记》之十)、《唐代雕版术之兴起》(《思亲强学室读书记》之十一)刊于《责善》半月刊第 2 卷第 18 期;《记唐文人干谒之风》(《思亲强学室读书记》之十二)刊于《责善》半月刊第 2 卷第 19 期。是年,在青木关开会,讨论有关历史教学问题。会后,与徐炳昶讨论《国史大纲》等问题。(以上参见韩复智编著《钱穆先生学术年谱》,中央编译出版社 2012 年版;王学典《20 世纪史学编年(1900—1949)》,商务印书馆 2014 年版)

张季鸾继续任重庆《大公报》主编。5 月 15 日,重庆的中国新闻学会举行了《大公报》获得米苏里新闻奖庆祝会,庆祝《大公报》获得美国密苏里新闻学院奖章这一世界性荣誉,张季鸾不仅在庆祝会上提议为上海等处殉难报人默哀,还建议发电报慰问上海报人。张季鸾在《本社同人的声明》中说:"中国报原则上是文人论政的机关,不是实业机关。这一点,可以说中国落后,但也可以说是特长。……假若本报尚有渺小的价值,就在于虽按着商业经营,而仍能保持文人论政的本来面目。"16日,主办方发给上海新闻界的电报表达了张季鸾的想法,即"今虽接受米苏里奖章,愿声明宜以荣誉归诸在上海及其他沦陷区为正义牺牲之同业诸先烈,及现时继续为正义奋斗之在沪诸同人。"同月,日军进攻中条山国民党军队,发动了中条山战役。日军在军事进攻的同时,还到处散布谣言,以混淆视听。国民党为转移国人的视线,也利用自己手中的新闻媒介,传播"八路军不愿和国民党中央军配合作战,乘机扩大地盘"等谣言。蒋介石还指派陈布雷请《大公报》总编辑张季鸾、在渝分馆总编辑王芸生出来说说话。在张季鸾的安排下,王芸生撰写了题为《为晋南战事作一种呼吁》的社评,刊于5月21日《大公报》。社评在引述日军的谣言后说:"我们热诚希望第十八集团军能给这些说法以有力的反证。"正在重庆的周恩来,看到这篇社论后,当夜疾书一封长信给《大公报》的张季鸾、王芸生,驳斥敌寇的谣言,说明晋南战事真相,历陈八路军的抗战业绩和共产党团结抗战的诚意。接到周恩来的信,张季鸾、王芸生也很重视,他们不顾重庆一边倒的舆论氛围,毅然接受了周恩来提出的"将此信公诸读者"的建议,在《大公报》重庆版上全文刊登了周恩来的来信,并配发社评《读周恩来先生的信》,再次呼吁国共合作,团结抗战。此篇《读周恩来先生的信》的社评系由张季鸾在病床上写就。

张季鸾9月6日凌晨4点于重庆不幸病故。7日,重庆《大公报》主版公布张季鸾先生离世消息,并公布了张季鸾的遗嘱:"余生平以办报为唯一职业。自辛亥以还,无时不以善尽新闻记者天职自勉,期对于国族有所贡献。迨九一八事变后,更无时不以驱除暴敌,恢复我国族之独立自由为念;同时深信必须举国一致,拥护领袖,拥护政府,忠贞自励,艰苦奋斗,始能达此目的。故尝勖勉我同人,敬慎将事,努力弗懈。今届抗战第五年代,胜利在望,而余病势将不起,特重言之。并愿我全社同人,痛感时会之艰难,责任之重大,本此方针,一致奋勉,务竟全功;尤宜随时注重健康,以积极精神,为国奋斗。至关于余子之教养,及家人之生计,相信余之契友必能为余谋之,余殊无所萦怀,不赘言。"同日,《大公报》刊登了蒋介石发来的唁电:"《大公报》社转张夫人礼鉴:季鸾先生,一代论宗。精诚爱国,忘劬积瘁。致耗其驱,握手犹温。遽闻徂谢,斯人不作。天下所悲,怆悼之怀,匪可言馨,特电致唁,惟忘节哀。"《大公报》又在社论位置刊载了张季鸾生前好友兼陕西同乡的于右任的悼念文章,于右任在回顾张季鸾生命历程中强调了张季鸾为国献身的烈士精神,称张季鸾弥留时"神情湛然,犹露英勇奋斗之色"。于右任还将张季鸾的逝世与抗战后各地"英勇明贤""殉难殉业"的记者相比,认为张季鸾抗战以来"不自顾其穷,不自惜其病,不自恤其死,惟念念在国家,念念在职务",取得了"对时代有大影响,其言论地位,在国家,在世界,并皆崇高"的个人成就,无疑是"一代报人"的楷模。8日,《大公报》刊登了周恩来、董必武、邓颖超的联名唁电:"季鸾先生文坛巨擘,报界宗师。谋国之忠,立言之达,允为士林所矜式。不意积劳成疾,遽归道山。音响已沉,切刷不再,天才限于中寿,痛悼何堪。特此驰唁,敬乞节哀。"同日,《申报》认为张季鸾的死讯"就中国新闻界的立场而言,的确是一件非常重大的新闻",因为张季鸾是"中国报业的先进",更是"最能代表中国民意最能宣达民族意志的一位人物"。该报还特别强调了张季鸾的评论对政治的"渗透"和"领袖"个人的影响,并列举在"西安事变""两广问题""七君子事件"中,他依靠评论使事件得以解决所表现的"舆论界的伟大力量"。而张季鸾的"鄙视金钱""不知享受""不怕权势"的职业操守则被同业看成是"全国报业的表率""献身国家的报业伟人",也是"人人应该效法的模范"。

张季鸾不幸病逝后的第三天即9月9日起至9月15日,重庆《大公报》第二版专门开辟《季鸾先生哀思录》专栏,孔祥熙、居正、何应钦、张治中、陈立夫、陈果夫、朱家骅、宋子文、阎锡山、张治中、白崇禧、冯玉祥、徐永昌、张群等政要,胡适、郭沫若、黄炎培、蒋廷黻、王昆仑、卢作孚、任鸿隽、张奚若、成舍我、王造时、潘梓年等文化名人以及各国使节、各国通讯社、新闻学会等纷纷发来唁电或唁函。14日,张季鸾家乡陕西省临参会大会决议,决定转请中央公葬张季鸾。西安《西京日报》《西北文化日报》《秦风日报》等报馆也专门发唁电进行悼念。15日下午1时,《大公报》全体员工举行了公祭仪式。张季鸾遗属及胡政之带领的《大公报》职工200余人见证了公祭过程。当天的礼堂设在《大公报》馆新屋,屋中正面悬挂张季鸾遗像,旁悬胡政之的挽联。全体职工的挽联及生前好友的花圈和挽联挂满壁间。如此肃穆的布置起到的效果是"礼节开始,全场啜泣"。而新成立的《大公报》董监事联合办事处的各委员此时也选在张季鸾的灵前就职,以表明继承其遗志的决心。同日,重庆市各报联合委员会召集会议,呈请政府褒扬张季鸾及公葬。17日,新闻同业和各界知交以张季鸾"生前葆爱新闻事业之深挚"为由,建议发起筹集"季鸾新闻学奖学基金"及成立保管委员会,试图以制度化的方式固定下来对其的"永久纪念"。22日,《新华日报》刊登了毛泽东、陈绍禹(王明)、秦邦宪、吴玉章、林祖涵5人的唁电:"张季鸾先生追悼会及季鸾先生家属:季鸾先生在历次参政会内坚持团结抗战,功在国家。惊闻逝世,悼念同深。肃电致悼,藉达哀忱。"能同时得到国共最高层,以及民国各大势力的吊唁,足见张季鸾的影响力。24日,《大公报》刊载了密勒氏评论报主编鲍威尔发电表达崇敬之情,称他与张季鸾1937年相识于天津,但"自此而后,始终对先生极为崇敬"。

张季鸾公祭仪式9月26日在嘉陵宾馆隆重举行。国民政府为张季鸾颁布褒扬令,张季鸾遗属恭迎着国民政府颁发的褒扬令,并将之放置在张季鸾的灵前。各界前往吊奠者自晨至暮,约达千人。国民政府军事委员会委员长蒋介石当天下午3点半亲临吊奠,赠送大花圈及挽联:"天下慕正声千秋不朽;崇朝嗟永诀四海同悲。"首日吊奠者有孔祥熙、何应钦、王宠惠、朱家骅、吴敬恒、陈立夫、陈布雷、王世杰、吴铁城、徐永昌等政要。中共代表周恩来、董必武、邓颖超、潘梓年等也前来吊奠。同日,陕西各界追悼张季鸾大会于下午3时在西安举行。张继、蒋鼎文、熊斌、胡宗南、宋联奎等700余人参加。由张继主祭,并报告谓:张先生报界名宿,持论正大,素为国人所敬仰,今竟不幸逝世,不特报界之损失,而为国家一大损失。张季鸾逝世后,全国新闻界首倡将他公葬于陪都重庆。后张季鸾家属及陕西省各界以将张归葬故乡为请,遂共议定在西安公葬,并由全国新闻界、陕西省各界组成"公葬张季鸾先生筹备委员会",推于右任遥领主任委员,胡宗南将军为副主任委员,委员有张凤翔、蒋鼎文、熊斌、宋芝田、王陆一、张佛千等共9人组成。10月19日,《大公报》刊载了作为米苏里新闻奖(The Missouri Honor Medal)颁发单位的米大新闻学院院长吉拉德代表该学院对张逝世的唁电。在发布的中文翻译版电报中,吉拉德对"放言之论坛宗匠"张季鸾表示"永恒的钦佩",认为他的死"实为其国家与新闻界之殉道者,允宜推为中国报坛泰斗"。

按:在张季鸾亲属和同乡亲友的主张下,张季鸾的棺椁在重庆停留7个多月后,决定于1942年4月16日回陕安葬,由全国新闻界和陕西省各界共同筹划公葬事宜。1942年张季鸾归葬西安大典规模恢宏,隆重异常。在灵柩由渝奉移的当天上午,重庆社会各界又进行了一次公祭活动。这次活动蒋介石特派陈布雷参加,国民党军政高层以及各界人士300余人出席了悼念活动。在张季鸾的遗体行进路线上,4月19日下午3时半抵达成都。成都新闻界、陕西旅蓉同乡会、张季鸾生前好友等200余人齐集车站郊祭。郊祭完成后张的棺椁被带往陕西会馆停灵。成都各界在20日下午举行了公祭活动。(《大公报》,1942年4月20日)此后,张季鸾的灵柩在26日受到陕西南郑等三县各界代表几百人齐集车站公祭,仪式极为隆重。后又经过宝鸡、咸阳等地的公祭仪式,张季鸾的灵柩于29日下午到达西安西郊。到达当日,陕西各机关长官、各界代表、全国新闻界在陕代表、西安市新闻界全体职工共3000余人在郊外迎候。灵车到达西廓门后,举行了隆重肃穆的迎接典礼,礼毕后由公葬筹委会护送到城南兴善寺,并举行了安灵仪式。(《大公报》,1942年5月2日)4个多月后的9月5日下午3时,全国新闻界代表、中国新闻学会代表以及陕西省各界3000余人,在兴善寺张季鸾灵前做了安葬前最后一次公祭。当日下午5时,恰在西北巡视的蒋介石特地来到兴善寺祭奠公葬前的张季鸾灵柩。9月6日,恰逢张季鸾逝世一周年。下午1时,公葬典礼在西安城南的蓉林寺墓地举行,西安全城降半旗致哀。灵堂正中,悬挂着国民政府主席林森的挽额"文行同钦",两侧是蒋中正题写的挽联。灵车缓缓驶向墓地所在——长安县之南的樊川,所经之处,民众夹道迎祭,可见张季鸾在陕西的影响力。之前陕西遇灾,张季鸾在报纸上曾广为宣传,募集赈灾资金,所以三秦大地的人,都对张季鸾十分敬重。中央社从西安发出的电报描述说,新闻界及陕西各界300余人参加了送殡。包括仪仗队车、军乐队车、遗像车、明旌车、国府褒扬令车、国家领袖横额与挽联车、花圈车等各种车辆在内的车队绵延数里。在灵车向墓地行驶的40余华里过程中,沿途民众夹道迎祭。在12时到达墓地时,"附近乡民不远数十里,随灵而至,一时墓前人山人海,数达十万以上,情至悲切"。下午1时举行大典后,灵柩即行安葬。电文还预言:"此一代报人之灵寝,将为世人凭吊之胜地矣。"当时西安城经常会有日军的飞机飞来飞去,零零散散地扔些炸弹。在这样的背景之下,安排如此隆重的葬礼,更是难得。与此同时,《大公报》当天在重庆也举行了200多名职工参与的遥祭活动。(以上参见王润泽《张季鸾与大公报》,中华书局2008年版;郭恩强《报人之死:张季鸾逝世的遗体政治与集体记忆》,《国际新闻界》2015第12期)

王芸生9月8日在重庆《大公报》主版(第二版)以显著位置刊登所撰社评《敬悼季鸾先生》,称张季鸾的逝世:"此在本报为塌天之祸事,在国家亦为重大损失。"并十分恳切地表示:"同人不敏,愿绍先生之遗志,效忠报国之事,而不坠《大公报》之令誉。呜呼!同人之以慰先生者,亦惟此矣!亦惟此矣!"张季鸾于病故后,王芸生继任《大公报》主编。10月,王芸生、甘乃光、徐恩曾、张道藩等在重庆发起成立中国人事行政学会。12月22日,王芸生发表的社评《拥护修明政治案》巧妙地披露香港沦陷之际,"逃难的飞机竟装来了箱笼老妈与洋狗"的丑闻,还揭开了外交部长郭泰祺国难当头竟以巨额公款买私人豪宅的黑幕。他指出:"我们舆论界若再忍默不言,那是溺职。"此文一出,当天蒋介石就罢免了郭泰祺。24日,昆明《朝报》转载王芸生所写社评,将标题改为《从修明政治说到飞机运狗》,孔二小姐"洋狗"丑闻遂被更加突出。随后引发了昆明、遵义等地大学生反对孔祥熙的学潮。王芸生还撰写了大量批评国民党政府的文章,如《看重庆,念中原!》《晁错与马谡》等文,《看重庆,念中原》揭露国民党统治下河南灾民的悲惨生活。这些文章引起当局不满。(参见郭恩强《报人之死:张季鸾逝世的遗体政治与集体记忆》,《国际新闻界》2015第12期)

朱家骅时任中央组织部部长、中央研究院代院长和边疆语文编译委员会主任。1—2月间,组织部加强妇女运动委员会的工作;设置党团指导委员会。1月3日,朱家骅作《复姜立夫》,谈积极着手推动数学研究所设置,以此提倡基础科学之研究,导正国内偏重应用科学之弊病。当时竺可桢对朱家骅之议曾私下认为,姜立夫对于行政事务毫无兴趣,且与南开关系甚深,恐其不愿脱离。结果姜立夫也认同朱家骅的主张,认为中研院于此时增设算学研究所对于国内学术前途"关系匪浅",且数学所之筹设"适符国内学人跃跃欲试之要求"。为国家学术发展计,对于"筹备之命"义不容辞。5日,朱家骅与翁文灏、傅斯年等出席地质调查所在北碚为丁文江逝世5周年所举行的纪念会,并参观该所恐龙化石展览。3月5日,出席并主持北大同学会及中央研究院在中央图书馆为蔡元培逝世1周年举行的纪念会,翁文灏作蔡元培生平报告。13—15日,出席在重庆中央图书馆举行的中央研究院第2届评议会第1次年会。会议由朱家骅主席,来宾到者吴稚辉、戴季陶、孔祥熙、于右任、孙科、顾毓琇等。出席会议的评议员有丁西林、任鸿隽、周仁、张钰哲、竺可桢、傅斯年、陶孟和、王家辑、姜立夫、吴有训、曾昭抡、茅以升、陈桢、胡先骕、朱家骅、谢家荣、张云、吕炯、王世杰、何廉、陈寅恪、李济、吴定良、李四光等26人。侯德榜、王宠佑、周鲠生、胡适、赵元任(以上5人在美国)、庄长恭、秉志、林可胜、戴芳澜、陈焕镛、唐钺、汪敬熙、陈垣等共13人未到。会议选举翁文灏为评议会秘书,各组负责人为工程组凌鸿勋、地质组李四光、天文气象组竺可桢、植物组胡先骕、动物组陈桢、心理组汪敬熙、社会科学组何廉、历史组陈寅恪、语言考古人类组李济。14日上午,会议讨论了翁文灏所提确定中央研究院评议会经常工作案。会议决定由中央研究院编辑出版学术半年刊(英文)和中文著作目录季刊《学术概要》,分别以吴有训、茅以升、姜立夫、胡焕庸、曾昭抡、吴定良、李济、李书华9人及翁文灏、王家楫、李书华、曾昭抡、傅斯年5人负责。同日,中研院评议会第二届第一次年会中通过追认增设数学研究所的决议,正式聘请姜立夫为数学研究所筹备主任,设置数学研究所筹备处。会议于15日下午结束。会议议决:一、教育部咨询组织中华学术协进社,推翁文灏、王世杰、傅斯年、竺可桢与教育部接洽进行;二、发起全国学术会议一案,由院商请教育部共同办理,推翁文灏、傅斯年、何廉、王家楫、竺可桢拟具办法;三、设纯粹学术讲座,每年一次或数次,全年经费约1万,详细办法由傅斯年、翁文灏、丁燮林拟订。

朱家骅6月8日应张伯苓邀请到重庆南开中学,在大礼堂演讲《国际形势的演进》。15日,朱家骅到重庆南开中学演讲《美国与欧战》。30日,朱家骅在中央研究院评议会第二届第一次年会致辞演说中,根据蔡元培手定之《工作大纲》中强调纯粹科学研究之重要性部分,再提出延伸演绎,强调中研院既居中国学术界领航员角色,自当以身作则,树立典范。他明确指出:"遵此所示而奉行之,纯粹科学方得进展。而科学之应用,方得立其基础。"特别是中研院为国家设置之最高学术研究机关,应该:必先将此义把握住,然后始可察知时代之向背,同时各方之需要有轻重,能夫为求真知真理而努力,则应为本院工作之最前义,……盖要从根救起中华民族,必须迎头赶上西洋文化,纯粹科学之发展为一切文明之基础。失此基础,则一切应用科学无所附丽,更不论宏大。故为建国久远之大计,本院不能不探本寻源,注重于纯粹科学之研究,以求真知真理也。7月12日,朱家骅偕陆瀚芹、阎掖华、马赋长、孙步墀等到西北视察。从西北返回后,发动中央研究院历史语言研究所、中央博物院筹备处、中国地理研究所三个机关组成"西北史地考察团",由辛树帜任团长,李承三为总干事,劳幹、石璋如、向达等参加,筹备至次年5月出发。9月26日,朱家骅与翁文灏、叶企孙、竺可桢及王仲济商议中央研究院关于中华学术促进社、学术会议及铨叙审查办法的事。10月2日,朱家骅发表《西北建设问题与科学化运动》一文,鼓励科学工作者到西北去开辟一个科学的新天地,使原已兴起的"西北热"再度升温。29日,朱家骅致中央图书馆馆长蒋复璁信:"古籍盖章事,已电玉甫先生办理矣。鄙意,庚会方面似亦应逐册盖章。盖庚会对购书之事颇尽合作之力,在垫款未归还以前,固须保留所有之权;即归还以后,亦宜留加印记,以志经过。"

朱家骅11月30日在自然科学社第十四届年会演讲《科学研究之意见》进一步强调:"我们随时都希望国家得科学之用,社会得科学之益,可使事业方面和社会人士对科学有深刻的了解,同时益增其对于科学之信念,盖必如此,而后科学始有裨于国家之建设,而促成科学本身在中国真正昌明。不过在这高唱实用太过的时候,希望大家不要忽略这些纯粹理论科学,致失平衡的发展。"为了唤起学术界与青年学生对纯粹科学研究的重视,朱家骅不断倡导科学精神培养的必要性与为学术而研究的精神。他尤其推崇从事纯粹理论科学研究的学者,认为如果没有能献身学术、毕生致力研究的真正学者,则"不但学术之在中国无发展之望,及国家亦安能生存!"并以中国之王夫之、印度阿旃陀为典范,赞扬其"富贵不能淫,贫贱不能移,威武不能屈",不以学术作猎取名利工具的治学精神,与其"守之以恒,朝斯夕斯,终身不倦"的勤学态度。12月27日,国民党第五届九中全会,朱家骅任考试院副院长。(以上参见胡颂平《朱家骅先生年谱》,台北传记文学社1969年版;黄丽安《朱家骅学术理想及其实践》,社会科学文献出版社2018年版;李学通《翁文灏年谱》,山东教育出版社2005年版;龚克主编《张伯苓全集》第十卷附编《张伯苓年谱》,南开大学出版社2015年版;陈福康《郑振铎年谱》,三晋出版社2008年版)

叶企孙兼任联大特种研究所委员会主席。9月3日,叶企孙致函梅贻琦,谓"本年五月初,承中央研究院函约担任该院总干事之职,经考虑之后,虽自恐才难胜任,然因该院之发展与全国学术前途之关系甚大,亦未尝不可尽其绵力,逐渐使该院之研究事业更上轨道。……企孙在校服务,迄今已十六年,虽成就与期望未必尽符,然爱护学校之心,与时俱进,一旦他就,实不免徘徊瞻顾;余力所及,自当在不支薪的条件下为母校稍尽义务(从今年10月起,企孙当停止支薪)。然两方兼顾,终非永久办法;尚祈钧座早日将特种研究所委员会重新组织,另聘高明继任该委员会之职,以专责任"。同月,到重庆任中央研究院总干事。15日,翁文灏与新任中央研究院总干事叶企孙及王钟祥会商《学术会刊》体例及组织编辑委员会事宜,决定以叶企孙为编委会主席。(参见田彩凤《叶企孙先生年谱》,《清华大学学报》1998第3期;李学通《翁文灏年谱》,山东教育出版社2005年版)

翁文灏继续任经济部长,兼任中央研究院第2届评议会秘书。1月2日上午,卢作孚、何廉来访。下午,访傅斯年。10日,翁文灏与地质调查所代所长尹赞勋联名致函北平协和医学院院长胡恒德(胡顿),建议将存于北平协和医学院的"北京人"化石等暂移美国存放。又致函美国驻华大使詹森,告知鉴于日美关系紧张,很快会危及北平协和医学院的处境,"北京人"遗骨等物品均极具科学价值,必须尽一切手段妥为保存,为此已分别致函裴文中、胡恒德、魏敦瑞、葛利普及德日进等。14日,翁文灏出席经济会议第5次会议。20日,参加国民政府纪念周。对太虚和尚亦来参加颇不以为然,认为"此人只知势利,不顾体制"。21日,出席经济会议第6次会议。26日,接见来访的胡焕庸、黄厦千。胡等提出希望在行政院下设立一气象局。28日,出席经济会议第7次会议。2月1日,主持经济部中央工业试验所成立10周年纪念会并发表演说。9日下午,出席在广播大厦举行的中国工程师学会重庆分会联欢会,并发表讲演。11日,被选举为私立光华大学董事长。该校由张寿镛等创办,翁文灏原为该校董事。14日,至中央训练团,演讲《战时经济建设》。同日,召集国防工业设计委员会会议,商讨战后十年经济计划大纲。3月5日,出席北大同学会及中央研究院在中央图书馆为蔡元培逝世1周年举行的纪念会。翁文灏作蔡元培生平报告,认为蔡元培的一生可分为三方面:其初革命;其继教育,尤倡新文化,特重科学与民主精神;又其继提倡科学。

翁文灏3月7日出席中国地质学会在重庆举行的理事会会议,并被选为新一届理事长。会议还商讨了举行中国地质学会成立20周年纪念会事宜,成立了筹备委员会,李四光为主席,翁文灏为委员。8日,出席在重庆大学举行的中国地质学会第17届年会并发表演说。翁文灏在演说中,略述地质学会缔造之艰难,并希望地质学界努力开展国际学术交流,改昔日"闭门读书"为"开门研讨"。9日,出席在四川地质调查所举行的中国地质学会会议,听黄汲清学术报告,并参观地质图展览会。13—15日,翁文灏出席在重庆中央图书馆举行的中央研究院第二届评议会第一次年会。会议选举翁文灏为评议会秘书。14日上午,会议决定出版中文科学著作目录《学术概要》,并推翁文灏、袁仲济、李书华、曾昭抡、傅斯年5人负责,3个月出一次。15日,出席中国科学社理事会会议,出席会议者有任鸿隽、孙洪芬、竺可桢、胡先骕、周仁、李四光、姜立夫等。16日,与来访的李四光谈湘西金矿;中国地质学会年会中央大学及重庆大学地质系的关系问题。17日,与吴有训、李四光、姜立夫、李济、吴定良、王家楫等商定中研院西文论文提要出版办法,用英、法、德文字,不超过1500字,每年两册,自明年1月起开始出版。下午与王家楫商洽中文学术概要办法。3月22日,翁文灏起草向国民党五届八中全会所作经济报告及《战后十年国防工业计划》。23日晚,将所做《国防工业战后十年计划》呈送蒋介石。26日,在国民党五届八中全会上做经济工作报告。31日,赴中央训练团,演讲《战时经济建设》。

翁文灏4月6日出席在地质调查所举行的中国地质学会财务委员会议,并与黄汲清、计荣森谈地质调查所工作。10日,至中央大学物理学系视察王守恒等所做军工试验;召集经济部人员研究国防工业计划进行办法。13日,在重庆沙磁区第2次学术讲演会上演讲《科学思想与近代进步的基础》。17日,协和医学院院长胡恒德复函,拒绝将"北京人"化石暂移美国保管的建议。18日,出席在香港半岛饭店举行的中基会董事会第17次年会。会议决定万一太平洋战争爆发时,应设立紧急委员会,以应付特殊局面。27日,出席在夫子池新运服务社举行的清华大学30周年纪念会并发表演讲。5月6日,出席经济会议第18次会议。17日,出席中国工程师学会商讨实业计划会议。18日,至中央医院访傅斯年。20日,出席经济会议第20次会议。6月4日,以部令正式派尹赞勋代理中央地质调查所副所长。6日,至复兴关茶亭三民主义青年团训练班讲《国防经济》。同日,出席在广播大厦举行的第1届工程师节庆祝大会并发表讲话,并就6月6日定为工程师节的意义对《中央日报》记者发表谈话。27日,致函尹赞勋,告收到胡恒德4月17日来函,指示尹赞勋对胡建议"北京人"标本妥存北平事可表同意,并征询尹对北平情况的意见。7月1日,主持经济会议第23次会议。7月2日,致函胡适,介绍国内政情及中基会、中研院情形。7日,在《中央日报》抗战4周年纪念增刊发表《以农立国,以工建国》。8日,出席经济会议第25次会议。22日,出席经济会议第27次会议。25日,在中央广播电台作题为《国防经济建设之要义》的广播讲话。

按:翁文灏《以农立国,以工建国》一文在分析了"以农立国"和"以工建国"两种观点之后,翁文灏表示:"这两种主张各有其处,分开来看,都觉太偏,合起来说,才是正道,二者是相辅相成,而不可分的。""然而'以农立国'决不能解释为仅有农业而不顾工业,更不能解释为保守固有的生产方法和技术,使我国农业经济停滞于落后阶段,发展农业必须与工业化相配合,始有远大的前途可言。中国必须工业化。只有工业化才能使中国富强,使中国成为国际经济发展中的重要一员"。"工业化运动并不限于都市和工业区,而且要推进到广大的农村,使农业生产逐步机械化。我们四万万五千万同胞要想从穷苦中挣扎出来,赶上欧美人民的水准必须要走这条路。"要保卫中国不被侵略,"唯一的方法,便是充分采取近代的技术,新式的设备,迅速地来开发制造与生产,所以要在经济上利用富源,对日抗争,以自立于近代世界,亦全靠发展工业"。翁文灏表示,"因战时运输困难,资本薄弱,过去的建树,只能算是我国工业化运动的一个小小的开始。以后的工作还须举国上下拿出更大的力量努力以赴,尤盼各友邦能从资本和技术上和我们合作,给我们更大的协助。我国的工业化必须认清目标,不怕困难,以极大的速度前进,然后建国大业才能完成"。"抗战是一个艰巨的工作,工业建国是比抗战还要艰巨的。"翁文灏在中央广播电台作题为《国防经济建设之要义》的广播讲话中表示:"立国必有基础,最重要的基础,实为经济力量。""近代世界,如国际法庭、国际联盟、集体安全、停战协定等,各种和平方法,虽竭苦心,第少实效,各国之间遂形成互相争夺之局面,有实力然后方能有公理,因此国防力量,遂成为各国安危存亡的关键所在,实际的形势既然如此,则近代经济建设不能不以强固国防为第一前提。"翁文灏提出,"欲定安国兴邦之策,不能免节衣缩食之时,欲成奋发猛进之功,必赖有刻苦奋斗之志"。因此工作"必须专重实际之绩效,中国对于新兴事业,不但技术工程需要专精人才,即经理经营,亦须有志上进之士赤诚努力"。在分析了德国、苏联和英、美各国的经济体制之后,翁文灏提出,"中国由农业国进入工业阶段,不偏向于资本主义及共产主义,而期发挥全民利益,以巩固国家安全,至应因地制宜,决定妥善制度"。对经济制度的取舍,"讨论时期,自宜集思广益,不厌求详,但一经决定之后,则必须坚决持久,继续力行,而不可任便变更,游移不定,凡国家大计贵在坚定不移,而病在筑室道谋,变易太多,则信用降低,力量减弱,坚持实行,则力因奋起而愈加强,事因固定而易见效,故在考核各事绩效之时,但宜促成实际之进程,而不可动摇其根本之安定,应使有用人才安心工作,而不可使积久养成之才,发生半途而废之感,此种继续不息,长久努力之精神,实为复兴民族所必备"。

翁文灏 8 月 30 日参加中央大学新任校长顾孟余召集的教授谈话会。9 月 2 日,往中央训练团演讲《战时经济建设》。同日,接颜惠庆来函,通告中基会法币资金损失巨大。6 日,赴中央训练团第 16 期作题为《经济建设》的讲演。7 日,为地质调查所 25 周年纪念册作序。9 月 15 日,翁文灏与新任中央研究院总干事叶企孙及王钟祥会商《学术会刊》体例及组织编辑委员会事宜,决定以叶企孙为编委会主席。26 日,与朱家骅、叶企孙、竺可桢及王仲济商议中央研究院关于中华学术促进社、学术会议及铨叙审查办法的事。同日,前往嘉陵宾馆,吊唁本月 6 日去世的《大公报》主笔张季鸾。10 月 2 日,出席经济会议第 35 次会议。7 日,与尹赞勋商谈地质调查所各项工作。11 日下午,应中国科学化运动协会之邀在中央广播电台作题为《科学与人类进步》的广播演说。25 日,被中国工程师学会第 10 届年会选举为中国工程师学会新一届会长,茅以升为副会长。年会暨成立 30 周年纪念大会 21—25 日在贵阳举行,翁文灏原本计划出席,临时因故未到。11 月 29 日,出席中法庚款委员会会议。同日,出席中国工程师学会董事会议。30 日,赴北碚地质调查所视察。12 月 13 日,应重庆大学校长张洪沅邀,至重庆大学作题为《时代精神》的演讲。14 日,出席地质调查所在北碚举行的建所 25 周年纪念会并致开会词。出席会议的各界来宾有教育部长陈立夫、北平研究院副院长李书华、中央研究院总干事叶企孙等 140 余人。来宾对地质调查所 25 年来取得的成绩及翁文灏的卓越领导工作给予高度评价。叶企孙认为,地质调查所成立的 25 年,也是中国人能自己研究自然科学的 25 周年。"别种科学要想办到和地质学同样的发达,就非取法中央地质调查所过去二十五年的奋斗方法和努力不可。"16 日,出席国民党五届九中全会第 3 次大会,并在会上报告经济部工作情况。21 日,应邀参加中央大学学生地质会活动。23 日,致电美国华美社,请转胡适、施肇基诸中基会董事,告以因太平洋战争爆发,中基会应执行紧急办法。又致电周诒春、蒋梦麟、任鸿隽三董事,请来重庆开会。(以上参见李学通《翁文灏年谱》,山东教育出版社 2005 年版)

傅斯年继续主持史语所,兼中央研究院总干事职。1 月 2 日下午,经济部部长翁文灏访傅斯年,傅斯年言,俞大维亦对经济部人员被拘事极为愤慨。6 日,傅斯年致函北平图书馆委员会，以"早知此会是具文，今则具文似亦不具"，辞去委员职务。年初，由重庆匆匆赶来李庄，这是他的大本营迁蜀后的首次到来，需要处理一些有关事宜。2月17日，傅斯年致函袁同礼，坚辞平馆委员，有绝交意。信曰："守和吾兄左右：自李庄返，奉读手书，知贵体复原，至慰。此次纠纷，弟不能加入漩涡，故只有辞去委员之一法。其理由前致委员会书业已言之，不赘述。弟已认为摆脱，文件奉还，以后乞勿再寄也。专此，敬颂旅安。弟傅斯年谨复。二月十七日。"同日，傅斯年致周诒春函，谈辞平馆委员原因，多由袁同礼专断之故："手示所谓'为何赴美，做何工作，留美时间，一切开支及馆长职务由何人代理'，斯年亦极不了了，可为长太息者此也。守和脾气，本不听人话，而洪芬兄早未处理，最后一制裁，于是爆发。斯年只有避开，盖加入漩涡无益于事也。诸希亮詧，至幸。"傅斯年又致孙洪芬，谈辞平馆委员，有先生不关心近代图书馆事业之说："盛意极感，唯弟在此会中已毫无用处。前者只为玩中国古书。如近代图书馆事业，本为守和兄所齿冷，今又出此一事，弟公私皆不愿加入漩涡，故只有一走了事，盖守和性格，他人实不能影响其行止，而历年积累，爆发久而弥大，弟之力实不能救其万一。今日此事之解决，尽在我兄及孟邻先生矣。伯遵兄在此见闻甚切，当代弟详述一切。务希见谅。"

　　傅斯年2月18日致蒋梦麟函，谈对袁同礼出洋的个人意见："北平图书馆委员会事，业已声辞，务乞照准。事至今日，思之慨然。守和出洋，斯年决无力制止，而此纠纷之漩涡，亦不愿加入。故关于此会之一切事，乞以后不再示及，斯年只能认为既已辞去。事出无奈，诸希鉴原。"3月，历史语言研究所与中央博物院合作调查岷江沿线遗址。同月2日，偕戴季陶、傅斯年至两浮支路，参观新建成之中央图书馆。3月29日，在重庆出席国民参政会第二届第一次大会。3月20日，检查身体患高血压症，在重庆歌乐山中央医院养病，7月出院。4月29日，北平图书馆委员会议在香港举行。傅斯年致蒋梦麟函，拒绝参会。30日，傅斯年在给驻美大使胡适的信中谈到致病的原因："去年(1940年)初冬，敝所奉命自昆明迁川南，其时甚为忙碌，又以兼任敝院总干事长之故，更感生活之不安定。今年在二、三月中，五十天内，一连开会五次，长者如参政会之十日，短者不过一日，但属于敝院者，须弟事先准备，又以有各种不如意事，时有暴怒。"远在美国的胡适接信后忧心如焚："昨晚得你四月三十日的飞邮，才知道你病了，我真十分担心，因为你是病不得的，你的'公权'是'剥夺'不得的！你是天才最高，又担得起担子的领袖人才，国家在这时候最少你不得，故我读你病了的消息，比我自己前年生病时还要担心……你的病必须休息静养，若能如来书所云，'六个月内绝对休息'，我可以包你恢复健康，但不可忧虑气恼，也不可贪吃肥肉！你的兴致好，和我一样，我想你一定可以恢复健康的。"5月18日，翁文灏至中央医院访傅斯年。傅斯年因病，推举叶企孙、吴有训、何廉、汪敬熙4人为中央研究院总干事长候选人。夏，历史语言研究所与中央博物院合组"川康民族考察团"，展开川西康东民族调查。7月16日，《谁是〈后出师表〉之作者》一文载《文史杂志》第1卷第8期。9月，辞去中央研究院总干事职。10月，历史语言研究所调查四川各县方言。同月21日，傅斯年75岁的老母竟也突然身亡。傅斯年悲恸不已，认为是因自己倒床，对母亲照顾不周所致，十分自责。料理丧事，又操劳过度，年底，高血压再度复发。12月，香港沦陷，历史语言研究所存于香港九龙之文物悉告损失。

（以上参见韩复智编《傅斯年先生年谱》，《台大历史学报》1996年第20期；欧阳哲生编《中国近代思想家文库·傅斯年卷》及附录《傅斯年年谱简编》，中国人民大学出版社2015年版；李学通《翁文灏年谱》，山东教育出版社2005年版；张光润《袁同礼研究(1895—1949)》，华东师范大学博士学位论文，2018年；岱峻

《发现李庄》,四川文艺出版社2009年版;郭胜强《董作宾传》,凤凰出版传媒集团、江苏文艺出版社2010年版)

董作宾继续任代所长,首先恢复了所内的"国民月会",也就是所内的学术演讲讨论会,每月一次,研究人员轮流主讲。像董作宾的《殷历谱》中有关问题,梁思永侯家庄殷王陵大墓的发掘问题,石璋如的西北考古调查等,都在讲论会上交流过。同时积极地接待来访学者,抗战期间学者来李庄访问虽然不是很多,但陆陆续续也未间断,研究院建院13周年展览会就有不少学界名流来访。以后专程或有其他事情顺道来访的学者也有不少,其中重要的客人有徐旭生、梅贻琦、李约瑟等。3月,徐旭生由重庆来到在李庄刚刚安顿下来的史语所,这是董作宾和史语所入川后接待的第一位贵宾。当年经张中孚介绍董作宾初识徐旭生时,徐正任北京大学教授兼教务长。30年代后徐到北平研究院考古研究所任所长,一直在陕西长安、兴平、凤翔、宝鸡一带从事周遗址的调查和发掘,并与当地文化人士合组"陕西考古会",促进了西北地区考古工作的开展。抗战爆发后北平研究院考古所迁往昆明,这次他从重庆来李庄,打算沿路步行考察,取道昭通、会泽返回在昆明的北平研究院历史所。与恩师的异地重逢,董作宾分外高兴,他让妻子张罗了老家南阳风味的酒菜,安排恩师住在自己的书房。他特别佩服老师的治学精神,叮嘱徐老注意身体,两人彻夜长谈。6月底,西南联合大学校长、著名教育家梅贻琦和郑天挺、中文系主任罗常培一行来到李庄。梅贻琦一行是在视察过西南联大叙永分校后来李庄的,主要目的有两个,一是参加北大文科研究所几个研究生的论文答辩,一是探望一下在李庄的朋友。梅是教育界德高望重的老前辈,中央研究院、营造学社和同济大学等流亡李庄的几个单位,都有他的门生故旧。在这个艰难时期,故交来访,令人感到莫大的安慰欣喜。可见史语所迁居李庄后,有了一个暂时相对稳定的环境,由于董作宾的高度重视,史语所内外的学术交流因时而兴。

董作宾6月9日主持中在史语所举行的中央研究院成立13周年纪念展览会开幕式,会场设在院子较大的牌坊头。董作宾一一介绍了出席会议的当地官员士绅及周边地区社会名流与新闻界人士等嘉宾,扼要介绍了会议的宗旨和内容,然后由社会科学所所长陶孟和、史语所人类学组主任吴定良、考古组主任李济发表演讲。在最高的学术机构,由最权威的学者精心准备的这场科普知识演讲,切中实际,生动活泼,风趣幽默,引人入胜,受到听众的热烈欢迎。每次讲完以后一再鼓掌要求继续讲,从上午9时开始一直到12时多,人们毫无倦意。中午招待嘉宾吃饭,战时困难菜肴很简单,1时左右就散席了。群众都自带干粮,史语所烧了一大锅绿豆汤免费供应。下午,开始参观展览,展品由各组提供并布置。考古组在比较宽敞的戏楼院展出殷墟出土的甲骨文、青铜器,人类组在田边上两间宽大的办公室展出殷墟出土的头骨,牌坊头室内木壁上悬挂着研究人员绘制的图画说明,图书馆部分开放供人们参观。同济大学也配合,由医学院组织在李庄祖师殿举办人体解剖展览。董作宾、李济、石璋如、梁思永、吴定良、凌纯声、芮逸夫等分别到各展室担当解说员,耐心向群众宣讲解说。由于董作宾早已进行了周密筹划,在开幕前几天就与各地政府联系,派出专人四处张贴海报做宣传;同时,闭塞的川南山区文化生活极度的单调贫乏,展览的内容几辈子都闻所未闻,因此,附近的群众奔走相告,扶老携幼举家而来。远道的水路,上游从李庄到宜宾,甚至乐山、成都,下游从南溪到泸州,甚至陪都重庆;陆路上北边的自贡、内江,南边的叙永、赤水都有人乘船搭车赶来参观。当时迁居川南江安县继续开办国立剧专的曹禺、欧阳予倩也带着学生赶来参观。当展览结束一段时间后,还陆陆续续有人前来要求参观,董作宾等都耐心接待,将主要的展品介绍给他们。

按:董作宾主持的这次演讲会和展览,成为川南甚至四川地区文化生活中的一件大事,李庄也成为当时新闻媒体的焦点,《中央日报》《新华日报》等报刊都作了报道。演讲会和展览达到了预期的目的,石璋如曾回忆说:"经过沟通说明后,当地人知道研究院做些什么,此后双方的关系就改善多了。"2003年,宜宾电视台拍摄大型文献纪录片《中国李庄》,访问了当时已年近八十岁的李庄老人洪恩德,老人根据自己的亲身经历回忆说:"展览过后,群众对中央研究院和同济大学,由误解变为理解,全部拥护了。生意人说下江人不吃人,有钱不抠门,不太跟生意人计较,乐意卖给他们东西。镇上有人生了病,也找他们看,关系好得很。"(以上参见郭胜强《董作宾传》,凤凰出版传媒集团、江苏文艺出版社2010年版)

董作宾是年撰有《从高宗谅阴说到武丁父子的健康》《摩些字典甲种序》《甲骨丛刊第一辑附考释》。同时继续整理甲骨文,以更多的精力倾注于《殷历谱》的编撰。初来李庄时他仍然像当年在山东等地发掘时一样,对周边的文物遗迹进行调查研究。在宜宾的北部长江北岸有一座白塔,当地人说那里是一座古城,常有陶片、砖头出现,董作宾就和石璋如前去调查。白塔是砖制的,与常见的普通塔无异,顶上刻有"绍熙二年"的字样。绍熙是南宋光宗赵惇的年号,此塔显然最迟是南宋时代的,虽不甚古老但也不算短了。绍熙二年(1191),四川发生了历史上罕见的大水,涪江、嘉陵江、岷江三江河水暴溢,毁坏田庐无数,溺死者甚众。此塔修建于长江边上,是否与这次洪水有关尚待研究。所捡到的陶片是属于近代的,这就否定了古城的传说。(参见郭胜强《董作宾传》,凤凰出版传媒集团、江苏文艺出版社2010年版)

李济继续任中博院筹备处主任,仍兼史语所考古组主任。李济注重团队建设,培养青年才俊,颇有创意地将博物院的工作人员定为"专门设计委员",延揽了吴金鼎、曾昭燏、尹焕章、郭宝钧、赵青芳、李霖灿、庞薰琹、王天木等一大批有建树的青年研究人员。春,由傅斯年、李济倡议,经中研院代院长朱家骅、教育部部长陈立夫等同意,筹组了川康古迹考察团,重点考察"中国古代文化在川省内显示之特点以及川省文化与中原文化之关系",李济拟定了调查计划,将考察地域分为五个区系,工作程序为:先研究各教育机关所藏古物,采访关于古迹之传说、遗闻,同时作野外调查,然后就调查所得,择数处代表遗址进行发掘。李济先派出几个人前去勘察选点,与地方联系,大队伍随即赶去。李济在高去寻的陪同下借机前往乐山视察中博院仓库情形,再转往峨眉山,顺便调查是否有遗址可以发掘,最后转到彭山江口镇,现场查看并指导了初期的发掘工作。5月12日,李家终于迁进羊街6号曾家的后院。李权是位饱读诗书的恂恂老者,无论是与史语所、中博院、营造学社的研究人员交往,还是与李庄乡绅的走动,都颇受尊重。

李济6月9日出席在史语所举行的中央研究院成立13周年纪念展览会开幕式,史语所代所长董作宾主持会议,李济第三位演讲,他结合此前研究院"吃人"的谣传,介绍了安阳殷墟发掘的收获和意义,说明了甲骨文和人头骨的用处,并不是研究院"吃人"后剩下的骨头。为了强调人头骨研究的意义,他还举了一个亲身经历的例子,一位参加过在孙殿英盗掘清东陵之后进行地宫清理的老学者向他炫耀,自己曾抚摸过乾隆的头,说乾隆的一口牙还保存得很好,还亲自数过。他就问这位老学者乾隆的牙还有多少保存着,回答说40颗都保存得很好。他说经研究从古至今人类没有一个是40枚牙的,这和所有灵长目动物都一样,没有超过32枚的。一般现代人尤其是中国人,由于烹饪熟食,第三臼齿,也就是上下两边最后一颗大牙往往长不出来,大多只有28至32枚。老学者听了半信半疑说,我真的数过呀,可能记错了吧。说到这里,台上台下听众都哈哈大笑起来。李济接着说在座诸位可能也有不太相信的,回家照着镜子好好数数自己的牙,如有超过了32枚或达到了乾隆皇帝的40

枚的,我个人出钱在李庄君子居吃一顿。台下还真有人暗自数牙的呢。

李济6月29日接待清华大学校长梅贻琦等访问李庄,当时梅贻琦参加寄读在史语所的北大文科研究所研究生毕业论文答辩。李济又注意发挥各位工作人员所长,支持庞薰琹、谭旦冏用摄影和速写等形式调查民族民间工艺。谭旦冏自是年起,开始调查李庄的榨油、铸铧、酿酒、竹编、补碗、制伞等行业,图文并茂地记下了那些古老的制作方式,还着意搜集了一些行将消失的农具及铁工工具。8月,李权在李庄羊街度过74岁生日,在晚辈的祝寿声中,在酒酣腮红之际,老人写下《生日承同人公燕赋此申谢兼抒鄙忱》诗。11月19日至年底,考古组谭旦冏带领临时工张炼青赴江安、长宁、琪县、叙永、泸县,调查了竹制品加工、石灰烧制、采煤、烧硫磺、藤编、铸锅、酿酒、制伞等各种手工艺。11月26日,川康古迹考察团高去寻首先发现了崖墓550号第二层檐崖上有男女秘戏浮雕图像,川康古迹考察团团长吴金鼎曾两次写信向在重庆的李济请示,傅斯年李济收到信后因兹事体大,遂请示中央古物保管委员会,得到同意的批复后,考察团设计了最安全的凿取方案,在当地的配合下,聘请最好的工匠,终于相对完整地将男女秘戏浮雕图像凿取下来。(以上参见岱峻《李济传》,江苏文艺出版社2009年版;岱峻《发现李庄》,四川文艺出版社2009年版;郭胜强《董作宾传》,凤凰出版传媒集团、江苏文艺出版社2010年版)

吴定良继续任中央研究院历史语言研究所人类学组主任兼专任研究员。6月9日,出席在史语所为中央研究院成立13周年纪念日举行的展览会开幕式,并发表演讲,是这次演讲的重头戏。吴定良介绍了人类骨骼特别是头骨研究的目的、意义和方法。在谈到人类骨骼研究意义时他举例说,在一个山洞里发现几具尸体,尸骨已经散架混杂在一起,警方破案很困难,经骨骼鉴定,判明死者的性别、年龄、身高,提供了破案线索,过了一段时间终于侦破案件。(参见郭胜强《董作宾传》,凤凰出版传媒集团、江苏文艺出版社2010年版)

张政烺5月作《关于伪皇族案及〈长沙古物闻见记〉》,刊于7月《责善》半月刊第2卷第8期。此文指出长沙古墓"既非科学发掘,事后又未测量照像,书中又不附图版,仅凭闻见笔之于纸,则其学术价值自必估而后定,考而后信"。表现了严谨的学风。6月9日,史语所在四川板栗坳山上以开展览会、演讲会的方式,纪念中央研究院成立13周年。纪念会由代所长董作宾主持。欢迎当地人光临,同时还请客,以拉近与地方的关系,做些解释。张政烺出席了纪念会。他负责的图书馆也开放,任当地居民参观。7月,作《宋四川安抚制置副使知重庆府彭大雅事辑》,后刊于北京大学《国学季刊》1946年第6卷第4号。该文分家世、使北、帅蜀、艺文、论定五部分。作者广泛搜罗从南宋后期到元、明、清的多种典籍,钩沉索隐,详密考订,充分肯定了彭大雅修建重庆城,在宋末的抗蒙战争中建立了不朽功勋。该文是抗日战争时期的力作,实寓作者之爱国热情。(参见陈绍棣编著《张政烺先生年谱》,中国社会科学出版社2019年版)

吴金鼎任史语所副研究员。年初,由中研院史语所、中博院、中国营造学社三家联合组成川康古迹考察团,展开四川以及西康地区的考古工作。据是年川康古迹考察团考古学家在彭山寂照庵合影(源自《四川彭山汉代崖墓》首页)照片,主要成员为中博院的专任副研究员与事务员吴金鼎、曾昭燏、夏鼐、王介忱、赵青芳,史语所考古组的高去寻,营造学社的陈明达等,吴金鼎任团长。吴金鼎为此次考察制订了详细的计划,将四川分为六个工作区。1—2月,考察团先在第一区内展开调查,发现南溪葬地、九家村崖墓、双头江、旧州城等遗址。其中首选目标是彭山江口镇汉墓。在半年多时间里,考察团先后探明了900余座崖墓,从西南向北,一一编号。还先后发掘了寂照庵、石龙沟、丁家坡、豆芽坊沟、李家沟、王家沱、寨子山、陈家坝等八处遗址的 77 座崖墓和二座砖室墓。3—4 月,川康古迹考察团溯岷江而上,到达第二区成都平原。在新津发现堡子山葬地、旧县城遗址;在彭山发现蔡家山葬地、双江葬地;在温江发现古城埂遗址;在成都发现青羊宫葬地;在郫县发现马镇古城遗址。可以说吴金鼎通过多年西方理论方法的学习以及中国田野考古实践已经成为当时中国为数不多的第一流的考古学家。

　　按:李庄上游十五公里的宜宾,是金沙江、岷江流入长江的汇合口,沿岷江溯流而上,船可直达彭山江口镇。彭山县位于成都以南六十五公里的岷江西岸。汉代置武阳,南朝梁时改属犍为,西魏改称隆山,唐改称彭山。县城之东,岷江东岸自双江镇至半边街沿岸,崖墓密如蜂房,无以数计。外国探险家早就觊觎彭山崖墓。1903 年,日本学者鸟居龙藏调查完西南苗族地区后,沿江而上,在乐山、彭山等地试掘了多处崖墓,发现梁柱及石棺多个;1908 年,英国传教士陶然士沿岷江流域到彭山调查崖墓,后写成《四川之墓葬》一文,刊于上海《亚洲教会会志》第四十一卷,详细介绍了彭山崖墓的规格、形制、葬具、画像砖等;1914 年,法国考古学家谢阁兰组织的考古队,从陕西入川后在彭山一带进行详细调查,首次发现了彭山画像石棺,并在其后出版的《中国西部考古记》《汉代墓葬艺术》两书中提出“崖墓西来说”;1933 年,华西协和大学博物馆馆长、美国考古学家葛维汉在江口发掘崖墓一座……得知外国人愿意高价收购古物,当地唯利是图的古玩商大肆猖狂盗掘,彭山古墓破坏已十分严重。

　　吴金鼎率领川康古迹考察团有条不紊地发掘寨子山崖墓片区。11 月 26 日,高去寻首先发现了崖墓 550 号第二层檐崖上有男女秘戏浮雕图像。当大家从崖墓中钻出时,发现已引来了围观者。晚饭后,大家照例在油灯下传观古物,交流意见。那晚对如何保存新发现的秘戏石刻,成了众议的焦点。那块“秘戏图”高浮雕,置于墓口门楣处,特意展示人体和性爱,这在中国陵墓史上极为罕见,保存研究价值极大。陈明达认为文物一旦离开了存在的环境,价值必受影响,主张保持建筑原貌。吴金鼎在英国受过正规考古学训练,平时最反对凿取石刻,但这次的形势发展迫使他提议尽快凿取,越快越好。为此,曾两次写信向在重庆的李济请示:“作民(夏鼐)兄于昨日去成都,明达兄回寂照庵帮豆芽房(发掘)队赶办结束,鼐一人留寨子山。今日新开本区第十五墓,忽然奇运来临。墓门面刻一凤(残),楣上刻双羊相向,中刻‘春官’,一对男女并坐拥抱接吻,男之右手搭过女肩持乳部,女左手抚男肩,余两手相携。”“前函陈述,鼎及作民皆不主张凿取石刻,唯此处春宫或将视为例外。自今午出现以后,好奇来观者大有其人。因践损洞下麦苗以致地主厌烦,青年男女以此画为调笑资料。由此二事可以推测,将来此处石刻不毁于地主之手,即遭道学先生敲碎。似不妨站在卫护彭山风化的立场上,将其移运嘉定存藏中博院仓库,地方人士当能谅解,甚或钦佩吾人之卫道精神,而同时亦不违反保护古物之旨。其唯一困难即石质不佳,石匠能否凿下而不致碎,极有问题。”傅斯年、李济收到信后因兹事体大,遂请示中央古物保管委员会:“敝所副研究员吴金鼎称,彭山珍贵之石刻因天然力及人力之破坏,就地保存势不可能。故敝所及激处拟将完好及未剥蚀过甚之石刻凿下,运至李庄保存,敬希鉴察,并乞转咨四川古物保存委员会,请其令知彭山县政府,对吴金鼎等工作妥予保护及协助。”

　　吴金鼎得到同意的批复后,由考察团设计了最安全的凿取方案,在当地的配合下,聘请最好的工匠,终于相对完整地将男女秘戏浮雕图像凿取下来。后来,“男女秘戏浮雕”运回南京,现仍珍藏在南京博物馆。时近初冬,岷江水日枯,考虑船只运输水位不足,考察团只得停工。人们把出土的各类随葬品、所采集的石质建筑实物标本(包括秘戏石刻),重约 14000 斤,分装三条大船,于 11 月 25 日从江口镇起程,顺岷江,入长江,于 29 日抵达李庄码头,运至上坝中博院。彭山考古,证明了崖墓这种四川特有的墓葬形式为中土之产;以实物形式生动再现了东汉时期四川彭山地区一般民众的日常生活图景,尤其是那副秘戏石刻,对于研究汉代社会生活具有重要价值。高去寻考证此图,把秘戏图功能归结于辟邪,写出《崖墓中所见汉代的一种巫术》一文。他认为"汉墓之有这类图像乃为保护葬或死者之尸体及灵魂的一种巫术之使用也"。

按:是年春至次 12 月 9 日,两年间曾先后发掘寂照庵、石龙沟、丁家坡、豆芽坊沟、李家沟、王家沱、寨子山、陈家土扁等处,并发掘崖墓 77 座、砖室墓 2 座,阐明四川特有的一神墓葬制度。川康古迹考察团梁思永曾经赞誉:"像吴禹铭先生才算是田野考古学的正统派,着重田野考古而轻视故纸堆中的研究。"(以上参见郭胜强《董作宾传》,凤凰出版传媒集团、江苏文艺出版社 2010 年版)

曾昭燏年初被任命为中央博物院筹备处总干事。"史语所""中博院"筹备处以及营造学社又联合组成川康古迹考察团,曾昭燏为考察团主要成员。6 月,曾昭燏与吴金鼎、王介忱、高去寻、冯汉骥、李济、夏鼐、陈明达等在四川彭山崖进行考古发掘。据曾昭燏在《永元残墓清理报告》(南京博物院编,《曾昭燏文集》,文物出版社 1999 年版)载:6 月 12 日,与吴金鼎君自寂照庵北行,往寨子山调查。于山之西向半腰上,见有近代石工所开之大缺口,其近处有一洞,盖一已开之崖墓。入其内,见墓室尚完好,唯石椁破片与泥土堆积不平。吴君忽于墓之尽头处左侧,发现一内室,室门外两侧石上,各有刻字一行。向内一行过暗,不能读。向洞口一行,有"永元十四年三月廿六日"字样。既已知墓之年代,当即决意全部加以清理。15 日,再往访此墓,为内室门侧刻字二行作拓片。内室不见天光,甚暗,持灯入,见瓦棺残片及泥土堆积,于土中拾得残陶数十片而归。16 日,率一工人往,将内室瓦棺碎片,堆于一处,室内泥土,全清理一遍,凡遗物皆为拾出。19 日,清理外室左面石椁内之积土。20 日,为内外二室作平面剖面各图,工作遂毕。是年,曾昭燏接到了一项重要的任务,为大量文物,包括从故宫运来的无数珍贵文物登记造册、装箱编号。这是一项极其繁重、枯燥又容不得半点马虎的工作。但曾昭燏没有丝毫犹豫,她与同事们夜以继日的工作,圆满地完成了这项工作,为文物的转运、管理做出了重大贡献。(参见岱峻《发现李庄》,四川文艺出版社 2009 年版;岱峻《李济传》,江苏文艺出版社 2009 年版;郭胜强《董作宾传》,凤凰出版传媒集团、江苏文艺出版社 2010 年版)

陶孟和继续任中央研究院社会科学研究所所长。6 月 9 日上午,中央研究院成立 13 周年纪念展览会在板栗坳史语所举行开幕式,史语所代所长董作宾主持会议,第一位演讲的是陶孟和,他在演讲中简要介绍了中央研究院的成立、工作性质和取得的成绩,并具体介绍了社会研究所的工作。29 日上午,董作宾领着西南联大的罗常培、郑天挺等先生去李庄石崖湾的社会科学研究所。然而与史语所不同,社会所的用房一直没有得到解决。10 月 28 日,陶孟和致傅斯年:"张家大院之房务请拨几间给社所暂用,顷社所已去十余人。"傅斯年当然不会不顾及陶孟和的困难。但张家大院勉强塞进史语所,要再挤进社会所显然不行。直到次年春,社会所的办公室还一筹莫展。傅斯年与陶孟和曾联名写信,向民生轮船公司的老总卢作孚求助,川江沿岸码头都有他们的仓库,他应该慨然应允,"拟借用贵局在李庄张家祠仓库三个月,为两所临时办公之用,如承慨允,祈电饬该库管理人员以便商洽"。许是各有各的难处,卢作孚回电:"承嘱暂借李庄张家祠仓库一节,歉难应命,希鉴察。"社会所只好分租两处,一处在石崖湾,一处在门官田,距镇上都有四五里,两处也相隔四五里。(参见岱峻《发现李庄》,四川文艺出版社 2009 年版;郭胜强《董作宾传》,凤凰出版传媒集团、江苏文艺出版社 2010 年版)

梁思成、林徽因夫妇继续任职于营造学社。6 月底,西南联大校长梅贻琦在董作宾的陪同下访问了研究院社会所、同济大学、营造学社,会见了陶孟和、周均时和梁思成夫妇。梅贻琦就任清华大学校长时,梁启超辞任清华研究院导师且不久离世,梁思成、梁思永兄弟一向将梅贻琦看做父辈。梁思成的妻子林徽因正病卧在床,为了礼貌让人用行军床抬到门外,挣扎着抬起身子与客人说话。由于长期的辗转迁徙,紧张繁重的工作,拮据艰难的生活损坏了林徽因的健康,使她肺病复发,又得不到有效的治疗和休养,只能艰难煎熬。望着面容憔悴、羸弱不堪的林徽因,人们心中阵阵隐痛。董作宾回家后,叮嘱熊海平常去探望一下林徽因,虽不是亲朋故友,但也是患难之交。夏,梁思成受国民党元老戴季陶委托,与刘致平应邀到戴季陶家乡广汉参与重修县志,承担了测绘拍摄古建筑的任务。与此前走访只拍摄当地最精美古老的建筑不同,梁思成在广汉拍下了这座城市古建筑的全套影像资料,包括城墙、会馆、文庙、武庙、公馆、书院、寺庙、道观、宗祠等,几乎囊括了城市的所有典型建筑。《影子之城——梁思成与 1939/1941 年的广汉》首次较完整地公开了这批古建筑照片,再现中国古建筑之美。是年,梁思成开始集中精力研究宋代《营造法式》,并陆续完成法式大部分图解工作。(参见林洙、楼庆西、王军《梁思成年谱》,《建筑史学刊》2021 年第 2 期"梁思成及营造学社前辈纪念专刊";郭胜强《董作宾传》,凤凰出版传媒集团、江苏文艺出版社 2010 年版)

徐旭生 3 月由重庆来到在李庄刚刚安顿下来的史语所,这是董作宾和史语所入川后接待的第一位贵宾。徐旭生在史语所的"国民月会"上,发表了"中国古史的传说时代"的演讲,介绍了他在这方面的研究成果。每一个民族都有自己上古历史的优美神话传说,其中蕴含着十分重要的史料,古代希腊的荷马史诗就是其中最有名的之一。但神话传说中的夸饰成分在所难免,有些甚至是无稽之谈。以考古学资料和历史文献资料对这些传说进行鉴定,重新构建中国上古史是中国近代历史学家的责任,也是其区别于中国传统金石学家考据学家的标志。徐旭生就是做的这方面工作,并于 1943 年中国文化服务社出版了他的名著《中国古史的传说时代》。

按:徐旭生的讲演引起史语所同仁们的莫大兴趣和热烈讨论,像他提出的夏都可能在晋南和豫西一带的观点,董作宾和史语所中的一些研究人员也都有相似的看法,当然也有不同意见。会后座谈,徐盛赞史语所对安阳殷墟发掘的重大收获与殷代文化研究的丰硕成果,并表示北平研究院将来返回北平后,要继续开展陕西周代遗址的发掘与研究周代文化。还提出在此基础上,将对夏代文化予以探索。他坚持认为夏代文化的中心应当有两处:一个是晋南,一个是河洛,也承认自己的观点目前尚没有地下考古资料的确切证明。他也很赞成董作宾在《周公测景台调查报告》中所指出的"告成"当为商以前的重要城邑遗址的说法,但是"残陶破瓦"尚缺乏有力的证明,还需要进一步发掘和研究。徐旭生是一位说话算数、实事求是的人。十八年后即 1959 年,年逾古稀的徐老以中国科学院考古研究所研究员的身份在豫西登封、禹县、巩县、偃师等地从事夏墟调查,他在告成西边的五渡河之西、八方村之东、颍水之北,发现了一个范围相当大的遗址,命名为告成遗址,写成《1959 年夏豫西调查"夏墟"的初步报告》,引起学术界的浓厚兴趣和高度重视,为我国夏文化的探索揭开新的一页。(以上参见郭胜强《董作宾传》,凤凰出版传媒集团、江苏文艺出版社 2010 年版)

梅贻琦偕西南联大郑天挺、罗常培一行 6 月底来到李庄,参加北大文科研究所几个研究生的论文答辩,同时探望在李庄的朋友。抗战初期,北京大学文科研究所所长胡适出任驻美大使,就由傅斯年代理所长,由郑天挺任副所长。为了保证研究生在西南流亡期间能坚持学习,傅斯年就将他们安排在史语所,利用史语所的图书资料,在史语所的研究人员指导下读书学习做论文。在昆明住在史语所租用的靛花巷 3 号房子,在李庄都上了板栗坳,门前还挂了一块"北大文科研究所办事处"的牌子。到李庄学习的研究生有马学良、刘念和、任继愈、杨志久、张政烺、李孝定、逯钦立、阎文儒、邓广铭和傅斯年的侄子傅乐焕等人。根据不同的专业由史语所历史组、语言组和考古组的研究人员分别指导,董作宾负责指导学习古文字的李孝定。年轻人在一起爱开玩笑,曾制作了这样一副对联:"傅所长是正所长,郑所长是副所长。"傅乐焕、邓广铭、张政烺三人友善常在一起但性格迥异:傅乐焕不苟言笑,邓广铭(恭三)有点恃才傲物,张政烺不懂政治,大家就说:"乐焕不乐,恭三不恭,政良(将烺故意读成良)不懂政治。"董作宾、梁思永、李济、李方桂等热情接待梅贻琦一行,陪同视察了史语所各处办公室,也就是研究生学习的地方,还视察了研究生的宿舍。董作宾设宴款待贵宾,梅贻琦很豪爽,将一杯杯敬酒一饮而尽。在条件简陋的栗峰山庄,北京大学文科研究所研究生论文答辩会如期进行。由于在艰难的环境中坚持刻苦的学习,又有史语所研究人员认真的辅导,研究生都理论基础扎实,具有一定的实践能力,答辩会进行得很顺利。这令梅贻琦、董作宾等都感到十分欣慰。梅贻琦一行又在董作宾的陪同下还访问了研究院社会所、同济大学、营造学社,会见了陶孟和、周均时和梁思成夫妇。(参见郭胜强《董作宾传》,凤凰出版传媒集团、江苏文艺出版社2010年版)

陈立夫继续任教育部长。1月15日,国民政府教育部致函中央图书杂志审查委员会称:生活书店出版的中学生补充读物(指《青年自学丛书》等),完全根据马列主义的社会科学观点立论,企图借此麻痹青年思想扩大反动宣传,除已饬令各省教育厅禁止各学校采用外,要求中央图审会下令查禁。图审会于1月29日复函云:"将尽量予该书店此项编辑计划以种种留难与打击,使其不能顺利出版。"2月9日,中国围棋会在重庆成立,陈立夫任理事长。16日,教育部学术审议委员会会议通过大专学校规则、部聘教授要点及著作、发明、美术作品奖励规则等项。3月,中国工程师学会"国父实业计划研究会"正式成立,陈立夫担任会长,各工程专门学会推正副会长及代表3人为委员,叶秀峰为总干事。研究会以策动全国工程师一致努力于实业计划之研究为主要工作,推定专家草拟各建设部门之基本数字,就全国人口、土地、文化、国防等需要作一通盘之计划。4月10日,教育部致中央图书馆指令:"三十年三月二十日总购沙字第二十五号呈一件,'抄呈张寿镛等六次函报在沪购书情形请鉴核备查由'呈件均悉。件存。此令。部长陈立夫。"5月8日,国民政府教育部颁发《国立专科以上学校教授休假进修办法》17条。《办法》规定:国立专科以上学校专任教授,在校连续任教7年以上,成绩卓著,可予离校考察或研究半年或一年的机会,但事前须提出研究计划送部审核,并在考察两个月后,将研究所得报部审核。同月,《教育通讯》报道:国民政府教育部聘请国民教育专家组成的国民教育研究委员会召开首次会议,集中讨论提高小学教员待遇、中心学校及国民学校校长专任与兼任等问题。

陈立夫以国民政府教育部将《教育部设置部聘教授办法》呈准行政院。6月3日,国民政府行政院第517次会议,通过《教育部设置部聘教授办法》10条,宣布实行"部聘教授"制度。《办法》规定:在大学任教10年以上,确有成绩,声誉卓著,具有特殊贡献的教授,经审议会2/3以上通过,可为部聘教授。部聘教授任期5年,期满可续聘。部聘教授为数育部的特设讲座,从事讲学及研究,名额暂定30人。6月10日,国民政府教育部发布训令要求中等以上各校,凡1940年10月前的查禁书刊应自行检查原有藏书,逐一校对,清除销毁。今后凡列入禁书名册者,一律不准购置。并通令各省市图书审查处,随时派员检查。12—13日,国民政府教育部在重庆召开边疆教育委员会二届一次会议,出席委员及有关人员51

人。会议决议案有优待边疆教育人员及学生、划分边远地区学校区、促进边疆教育研究工作等46件。13日,国民政府公布《修正国立编译馆组织条例》15条。教育部中小学教科用书编辑委员会及中国教育全书编纂处并入国立编译馆,陈立夫兼任馆长。30日,国民政府教育部颁布《教育部视导规程》17条。《规程》规定:视导分定期与特殊、分区与分类两种,每年进行一次。视导区域、期间、任务等由部长、次长核定。视导事项包括教育法令、学校教育、社会教育、教育经费、教育行政等。7月4日,教育部史地教育委员会第二次全体会议召开。会议至6日结束,决定发起组织中国史学会,同时"广征各学校及各研究机关之史学界人士共同发起",计划一年后召开成立大会。顾颉刚和缪凤林、金毓黻、黎东方一起提出《由本会补助设立中国史学会案》。该议案获得大会通过,决定将史地教育委员会作为筹备中国史学会的通讯处,并由该会酌助经费及发函征求专家学者意见。9月5日,国民政府教育部以学校"迭起风潮,屡诫不悛"为由,下令解散重庆大学。10月4日,国民政府教育部训令专科以上学校于每年"双十节"举办扩大科学化运动。其办法为开展作文课题选拔,开放工厂、农场,举办科学讲演、展览等活动。5日,国民政府教育部通令:国民党中央宣传部交印的《青年基本知识丛书》16种,由正中书局出版,供高中以上学生参考进修使用。9日,国民政府教育部训令各学校整顿学风,要学生"安学亲师,永革干涉行政之风"。25日,教育部训令专科以上学校应设史地学会。该训令称为发扬民族意识,各校应设立史地学会,无史地系学校宜促成学生组织中国历史或地理研究会。

陈立夫11月20日下午在教育部部长室主持召开教育部学术审议委员会第五次常会。在多项议题中,其中第五项"关于遴荐部聘教授候选人事项",商定部聘教授名额暂定30人,经部决定分为:三民主义、经学、中国文学、英国文学、史学、哲学、教育、艺术、数学、物理、化学、生物、地质、地理、气象、心理、法律、政治、经济、社会、商学、农学、林学、土木水利、电机、机械航空、矿冶、生理解剖、内科医学、外科医学30科,每科设置1人,并决定程序上分为三个步骤。这30个学科的人选分类中,设立"三民主义"部聘教授,显然是陈立夫的政治导向,但在随后举荐和评选中没有实施。"经学"更是莫名其妙,因为在现有大学学科分类中没有"经学"一科,传统"经学"被分解在文史哲三个学科中。21日,《中央日报》载:国民政府教育部长陈立夫在参政会讲当前教育的危机:一、无数教师被其他待遇优厚的职业吸引而去,以致师资愈感缺乏。二、新县制规定保长、校长、义勇队长三位一体制,现在危机很大,教育部力争改变过来。三、今后对大学不再求量的增加,而求质的充实;国立中学必要时也不再增设。12月23日,国民政府教育部公布《大学校长独立学院院长及专科学校校长待遇及公费支给规程》10条。《规程》规定:国立大学校长照叙简任职等级规定的俸额支给,国立、省立独立学院院长由教育部核定支给。文件规定:国立大学校长自简任5级至1级,省市立大学校长自简任7级至2级,1级为600元,7级为400元。专科学校校长,1级为520元,7级为360元。是年,第一届教育部学术审议委员会"补助学术研究及奖励著作发明奖"评出。获奖的人文社会科学类著作有:文学类一二等奖空缺,三等奖4名(邵祖平《培风楼诗续存》、卢前《中兴鼓吹》、陈铨《野玫瑰》、曹禺《北京人》);哲学类一等奖1名(冯友兰《新理学》)、二等奖1名(金岳霖《论道》);古代经籍研究类一等奖空缺,二等奖2名(杨树达《春秋大义述》、陈启天《韩非子校释》)、三等奖4名(黎锦熙《方志今议》、罗倬汉《史记十二诸侯年表考证》、贺懋庆《周易卦序研究》、金景芳《易通》);社会科学类一等奖空缺,二等奖1名(胡焕庸《缩小省区方案研究》)、三等奖1名(陆懋德《中国上古史》)。(以上参见中央教育科学研究所编《中国现代教育大事记 1919—1949》，教育科学出版社 1988 年版；沈卫威《民国"部聘教授"评选和待遇问题》，《中山大学学报》2019 年第 4 期；王学典《20 世纪史学编年（1900—1949）》，商务印书馆 2014 年版；陈福康《郑振铎年谱》，三晋出版社 2008 年版；吴永贵《民国图书出版史编年：1912—1949》，社会科学文献出版社 2018 年版）

　　蒋梦麟继续任北京大学校长，西南联大常委会常委，但其重心依然在重庆。2 月 19 日，蒋梦麟以平馆委员会名义致函胡适，征询是否赞成袁同礼请假出国及给予川资数目等："适之先生大鉴：顷得袁守和馆长自港寄来致本委员会函一件，及英文节略一份。麟以此时本委员会各委员散处各地，交通困难，集会不易，拟采用通信办法，向各委员征求意见。兹抄录袁馆长致本委员会函及英文节略各一份，随函附奉，即乞答照。对袁馆长来函，拟请准假出国一节，台端是否赞同，祈即电覆，以便由麟转电香港袁馆长。如对袁馆长请假表示赞同，对其函中所请发给川旅费之数目及其他各项，是否同意，亦请一一赐知为荷。专此，顺颂时绥。"3 月，所著《书法探源》出版，为我国第一部全面、系统、科学的书法理论。原书共分 5 篇，由 108 首自作的七言或五言诗构成。总体上是以诗论书，引经据典，精炼表达书法的基本要领，然后用白话文加以诠释，具体论述方法，科学证明原理，形成一套自己的艺术理论。7 月，蒋梦麟兼任中国红十字会会长，并以此身份视察后方红十字会工作，将所见之兵役状况写成报告，送呈最高军事当局，当局据此将主持役政的兵役署署长程泽润交付军事法庭判处死刑。8 月 5 日，蒋梦麟访朱希祖。12 日，蒋梦麟向常委会报告赴渝接洽校务以及蒋总裁、教育部陈立夫部长等主张继续设置叙永分校情形，并将分校存废问题由常委会提交校务会议复议。28 日，率领中国访缅团飞赴仰光，参观了炼油厂、锯木厂和碾米厂等，9 月 4 日归国。9 月 19 日，蒋梦麟、梅贻琦、张伯苓代表西南联大全体师生，致电张季鸾夫人，对张季鸾逝世表示哀悼。11 月，蒋介石首聘张伯苓及吴稚晖、戴季陶、孙科、何应钦、白崇禧、陈果夫、叶楚伧、蒋梦麟等 9 人为三青团中央团部指导员。12 月 19 日，蒋梦麟、梅贻琦、张伯苓通知国立北平图书馆袁同礼，国立西南联大由钱端升、冯友兰、姚从吾、刘崇鋐 4 位教授参加中日战争史料征集委员会。该会由西南联大和北平图书馆共同组成。（参见马勇、黄令坦编《中国近代思想家文库·蒋梦麟卷》及附录《蒋梦麟年谱简编》，中国人民大学出版社 2015 年版；马勇《蒋梦麟传》，河南文艺出版社 1999 年版；龚克主编《张伯苓全集》第十卷附编《张伯苓年谱》，南开大学出版社 2015 年版；西南联大北京校友会编《国立西南联合大学校史——1937 至 1946 年的北大、清华、南开》，北京大学出版社 1996 年版；张光润《袁同礼研究（1895—1949）》，华东师范大学博士学位论文，2018 年；朱元曙、朱乐川《朱希祖先生年谱长编》，中华书局 2013 年版）

　　张伯苓 2 月 1 日以主席董事名义召集中华全国体育协进会董事会议，决定聘请董守义兼任该会副总干事，负责恢复体育协进会工作。28 日，国民党召集党员为参政员者，酝酿国民参政会主席团候选人。提出 5 人名单：蒋介石、张伯苓、张君劢、左舜生、周恩来。如共党不出席，则改选吴贻芳。同月，张伯苓复患肾盂炎，入中央医院治疗。三星期后，康复出院。以后数月间又入医院四次。蒋介石两次到中央医院及沙坪坝寓所视疾慰问。3 月 1 日，第二届国民参政会第一次大会在重庆开幕。经大会推定，前副议长张伯苓任临时主席。会议开始，张伯苓致开会辞，回顾了上一届参政会的情况，强调参政会本身是中国推行民主政治的奠基，是一种新的力量。抗战以来，从远大处看中国，一切确是在进步，值得我们乐观。这一次会议讨论的问题，要包括抗战建国各方面有关的大计。希望凡所建议都要从积极方面着想，帮助政府，不可斤斤于消极方面的问题。同日，主持中华体育协进会董事会在南开中学召开的第三十年度董事会议。出席董事张伯苓、马约翰、董守义、郝更生、章辑五、吴蕴瑞、高梓等9人。会议决议"在此抗战期中,本会对于国内外体育工作,应即继续举办"。2日,国民参政会举行预备会议,张伯苓主持会议,193名参政员参加会议。根据《国民参政会组织条例》规定,选举蒋介石、张伯苓、左舜生、张君劢、吴贻芳为第二届国民参政会主席团成员。随后第二届国民参政会第一次大会第一次会议举行。3日,出席第二届国民参政会第一次大会第二至第十次会议。10日,第二届国民参政会第一次大会闭幕,蒋介石、张伯苓、左舜生、张君劢、吴贻芳等主席团成员,王世杰秘书长、周炳琳副秘书长及178名参政员参加。蒋介石主持会议,并致闭幕词,参政员莫德惠致答词,张伯苓宣读大会宣言,总结此次参政大会之使命,检讨过去抗战建国方针及工作,阐述本次大会决议各案的要点。宣言最后向全国同胞切实声明:中国抗战,本为历史之宿命,具必胜之条件,最要则为民族战志,四年来,业已证明其效果矣。然而失地未复,责任未尽,敌军在境,逆奸稽诛,况值世界非常之变局,加重中国抵抗侵略之责任,我国民诚能更坚凝战志,进而努力为战备之建设,以方兴之朝气,击既衰之敌寇,其成功必矣。

　　张伯苓3月30日祝贺重庆大学商学院院长马寅初教授60寿辰。春,在沙坪坝津南村住所宴请周恩来和邓颖超及伉乃如夫妇、何廉夫妇、柳无忌夫妇。4月5日晚,重庆南开中学为张伯苓举办祝寿晚会,周恩来来校祝寿,并与张伯苓共同观看学生演出。6日,请国民政府立法院院长孙科到重庆南开中学演讲《抗战国策之再认识》。13日,请国民政府经济部部长翁文灏到重庆南开中学演讲《科学思想为近代进步之基础》。20日,美国驻华大使詹森到重庆南开中学演讲《动荡中的国际形势》。21日,主持中华全国体育协进会董事茶话会,到会有董事王正廷、吴国桢、于斌、刘峙、郝更生、洪友兰等。4月下旬,在重庆会晤美国孟禄博士。5月21日,聘李广田为南开大学中文系助教。同日晚,梅贻琦前往津南村寓所拜访张伯苓,张招待晚餐。仍勉请喻君继续二年,在此期间,请韩叔信君多多负责,以便届时接替。6月1日,国立实验剧院院长王泊生到重庆南开中学演讲《明末戏剧在政治上的策动》,并做示例表演。7月26日,国民党中央宣传部电影事业处处长罗学廉在重庆南开中学演讲《抗战四年来之电影事业》。7—8月,因病住歌乐山中央医院。其间周恩来、邓颖超前往探视。9月9日,在张伯苓等体育人士的共同努力下,国民政府公布修订的《国民体育法》。18日,重庆沙磁区各界纪念"九一八"大会与沙磁区学术讲演会在重庆南开中学大操场联合举行纪念"九一八"大会。张伯苓因指挥修复被炸的重庆南开中学、南开大学经济研究所而劳累过度,委喻传鉴代表在会上发表了《"九一八"的感想》演讲,控诉日本侵略中国的罪行。19日,与蒋梦麟、梅贻琦代表西南联大全体师生,致电张季鸾夫人,对张季鸾逝世表示哀悼。

　　张伯苓11月17—26日在重庆出席第二届国民参政会第二次大会第一至第十次会议。26日,宣布驻会委员会选举结果。在临时动议中,会议通过了《请大会决议拥护蒋委员长最近"九一八"宣言,以重申我全民抗战最后决心案》等。第二届国民参政会第二次大会举行休会式。蒋介石、张伯苓、王世杰、周炳琳等参政会首脑和116名参政员出席仪式。同月,蒋介石首聘张伯苓及吴稚晖、戴季陶、孙科、何应钦、白崇禧、陈果夫、叶楚伧、蒋梦麟等9人为三青团中央团部指导员;三青团第一届监察会任期届满,仍以王世杰、朱家骅、张伯苓、陈布雷、罗家伦为常务监察。12月8日,因日本偷袭美军珍珠港,第二次世界大战的形势发生了深刻的变化。张伯苓在津南村寓所举行座谈会,对抗日战争胜利以后的南开教育提出设想,表示要让"允公允能,日新月异"的校训到处发扬光大。12日,第二届国民参政会第二次大会驻会委员会举行首次会议,张伯苓任主席,主持讨论通过"关于政府对日德意宣战,及与反侵略国家合作互助案"。19日,与蒋梦麟、梅贻琦通知国立北平图书馆袁同礼,国立西南联大由钱端升、冯友兰、姚从吾、刘崇鋐4位教授参加中日战争史料征集委员会。该会由西南联大和北平图书馆共同组成。21日,天主教南京主教于斌在重庆南开中学大礼堂演讲《战后世界应有之秩序》。是年,张伯苓加入国民党。（以上参见龚克主编《张伯苓全集》第十卷附编《张伯苓年谱》,南开大学出版社2015年版;西南联大北京校友会编《国立西南联合大学校史——1937至1946年的北大、清华、南开》,北京大学出版社1996年版）

罗家伦1月7日访翁文灏,说明因中央大学办事为难,昨日已请辞校长职务。10日,罗家伦上书蒋介石请辞中央大学校长一职。2月,本校消费合作社成立。师生员工的平价粮、油、日用品一律由消费合作社配给。3月24日至4月2日,出席中国国民党五届八中全会。4月3日,《中大周刊》复刊;艺术系教授徐悲鸿将出国讲学和举办画展所得40万元,全部捐献给国家。20日冯玉祥将军应本校教授会的邀请,到校作"旅行青城见闻"的演讲,并朗诵"丘八诗"。5月4日,本校嘉陵歌咏团举办音乐会,纪念"五四"。10日,重庆6大学举行国语、英语演说竞赛会。本校胡梅漪、柳典南、吴柱存囊括英语组第一、二、三名,夺得团体锦标。21日,由本校学生自治会发起,12所大学学生参加的"中国边疆问题研究会"成立。6月1日,国际联盟举办英语演讲会,本校柳典南获第4名。7月9日,举行第十四届毕业典礼,毕业430人。罗家伦作题为"七七与中大青年"的毕业训词。研究院首届毕业7人,均获得硕士学位。本校有54名学生获"中正奖学金",占总数的1/8强。本校医学院脱离三大学合办的"联合医院",与四川省政府合办"公立医院"。15日,行政院第523次会议通过罗家伦辞去中央大学校长一职,并决议由顾孟余继任。21日明令公布。8月1日,师范学院教授赵廷炳,代表学校正式接收重庆青木关第十四中学为本校附属中学,原实验中学归属贵阳。18日,张元济致罗家伦书。谓:"比阅报知先生辞去中央大学校长之职,其功成身退耶？抑别任他事耶？记得十余年前,先生尝谓:'中国欲在世界学术上有些贡献,对于人类知识总量的基础上有些增加,非从纯粹科学上着手不可。'此非得如先生者为之先导不为功,其殆有从事于是之机耶！引领西望,无任企祷之至。尊府所在,是否去城较远？彼都居大不易,辛劳可想,尤深悬念。弟于去岁大病,托庇更生。今足力尚未复元,余无他恙。在病院时曾口占小诗数首,略述疗治情状。附寄一叶,藉代详报。旧巢业已售去,现寄居在法界霞飞路1285弄24号。"9月18日,被教育部聘为国立中央博物馆院士。9月21日,党政工作委员会为考核各省党政措施,组织党政工作考察团。罗家伦担任滇黔区考察团团长。考察历时两个月,得诗百篇,辑为《滇黔寄兴》,年底定稿付印。（参见刘维开《罗家伦先生年谱》,中国国民党中央委员会党史委员会1996版;张晓京编《中国近代思想家文库·罗家伦卷》及附录《罗家伦年谱简编》,中国人民大学出版社2015年版;李学通《翁文灏年谱》,山东教育出版社2005年版;张人凤、柳和城编著《张元济年谱长编》,上海交通大学出版社2011年版）

顾孟余仍在重庆。7月,陈布雷推荐顾孟余任中大校长。同月15日,行政院第523次会议通过罗家伦辞去中央大学校长一职,并决议由顾孟余继任。8月8日,教育部任命顾孟余为本校校长。22日,顾孟余到校视事。到校第3日,顾孟余在全校师生大会上宣布办校方针:"学术思想自由,一切党派退出学校。"13日,原校长罗家伦辞职获准。校务会、教授会、学生自治会等团体举行欢送会。22日,奉教育部令,法学院恢复社会学系。医科研究所创设生理学部和公共卫生学部;工科研究所增设电机学部;文科研究所增设哲学、历史学部。同日,敌机空袭重庆,沙坪坝校本部中弹30余枚;30日又遭袭击,中弹10余枚,损失惨重,教育部长陈立夫到校察看,并拨款尽快修复。9月21日,中央研究院天文研究所所长张钰哲(原物理系教授)偕同本校理科研究生高淑哿赴甘肃临洮观察日全蚀,获得天文史上珍贵的资料。11月1日,1937年7月停刊的《中大日刊》复刊。同日,校长顾孟余聘童冠贤为教务长、张庆桢为训导长、王书林为总务长、楼光来为文学院院长、孙光远为理学院院长、马洗繁为法学院院长、孙本文为师范学院院长、薛培光为农学院院长、杨家瑜为工学院院长、戚寿南为医学院院长。本校图书委员会成立,设委员11人,主席为工学院教授陈章。顾孟余努力克服战时的极端困难,对全校院系进行了调整,使当时的中央大学除缺商学院外,具有文、理、法、农、工、医、师范等7个学院,40多个系、科、组,2000名学生,成为全国系科最为齐全的综合性大学。在用人制度上,顾孟余大胆聘用年轻学者。当时各院系任教的教授多40岁左右,最年轻的3位"娃娃教授"都在30岁左右:理学院地质系教授翁文波和工学院化工系教授时钧二人时年仅29岁,理学院地理系教授兼系主任李旭旦刚30岁。当时年纪最大的是61岁的文学院研究生导师柳诒徵教授。为全面掌握、考核各教授的水平、能力、教学质量,顾孟余将教授列出名单,每人留两页空白纸。又轮流请来该校10年内的毕业生,一一询问各自授课教授的学识、能力、方法,再一一记在空白纸上。他说如访问在校学生,难于问到实情,只有问毕业生才能说真话,以此可掌握全校教授的基本情况。顾孟余任校长期间,积极支持学生邀请各界著名人士来校演讲,包括吴玉章、郭沫若、黄炎培、史良、章士钊等,为活跃学生生活、宣传抗战,发挥了一定的作用。

按:中央大学西迁以来,学校发展迅速。在校学生数为3082人,教师400人左右,其中专任教授、副教授183人;拥有研究院,文、理、法、师范、工、农、医7院;牙医专科学校和附属中学等。研究院下设数学、物理、化学、土木工程、电机工程、机械工程、农艺、教育心理、政治经济、哲学、历史、生理和公共卫生13个学部。文学院设中国文学、外国语文、历史、哲学系;理学院设数学、物理、化学、生物、地质、地理、心理系;法学院设法律、政治经济、经济系;师范学院设国文、英语、教育、公民教育、数学、理化、博物、史地、艺术、体育系和童子军专修科;工学院设土木、电机、机械、航空、水利、化学、建筑工程系;农学院设农艺、园艺、农业化学、森林、畜牧兽医系和畜牧兽医专修科;医学院设生理、人体解剖、病理、组织、药理、神经、生物化学、内科、外科、牙科、耳鼻喉、妇产、骨科、放射、公共卫生科。(参见南京大学高教研究所编《南京大学大事记1902—1988》,南京大学出版社1989年版;黄铭《顾孟余的从政生涯》,《百年潮》2013年第7期;东南大学网)

金毓黻时任中央大学历史学系主任,主编《志林》。1月1日,金毓黻为历史系《史学述林》题词(《静晤室日记》第7册),文中谈及《学衡》,提出民国以来文学中雅言、俗语,史学上南派、北派:"尝谓吾国古今之学术,因长江大河之横贯,显然有南北两派之差别。先秦诸子,孔、孟居北,而老、庄居南,儒、道二家,于以分途。魏、晋、南北朝之世,经学传授亦有南、北两派,颇呈瑰玮璀璨之光。至唐初《五经正义》成书,而其焰以息。清代学者初有汉、宋二派,继则经学家有古文、今文之分,宋学及古文学多属北派,而汉学及今文学多属南派,皆有显然之途轨可寻。史学亦然,廿载以往,北都学者主以俗语易雅言,且以为治学之邮,风靡云涌,全国景从。而南都群彦则主除屏俗语,不捐雅言,著论阐明,比于浄友,于是有《学衡》杂志之刊行。考是时与其役者多为本校史学科系之诸师,吾无以名之,谓为史学之南派,以与北派之史学桴鼓相闻,亦可谓极一时之盛矣。"2月,在《志林》第2期发表《辽海先贤志——王浍》。4月,在《益世报》第22期发表《释东北》;在《责善》半月刊第2卷第12期发表《南宋中兴之机运》。为唤起考古对于后学的精神感召,又特地邀请李济来中央大学讲演。5月,中央大学历史学会布置文物展览会,又请王献唐演讲鉴别古物的方法。6月,金毓黻在《文史杂志》第1卷第6期发表《岳飞之死与秦桧》;在《东北集刊》第1期发表《肃慎揖娄勿吉三系语义考》。8月,《中国史学史》经原中央大学校长罗家伦校订,由商务印书馆出版,此书创稿于 1938 年,原系大学授课讲义,凡十章,"谨依刘(知几)、章(学诚)之义例,纬以梁氏(即梁启超)之条目,稍加铨次,以为诵说之资"。主要以史官与史家、官修史书与私人著史为主要脉络,论列先秦至明清的史学,并重点叙述司马迁、班固、刘知几、章学诚的成就。其编写义例,颇取法于刘知几、章学诚和梁启超。全书结构完整,资料翔实,考订严谨,阐述清晰,可供教学研究参考之用。史学界公认此书为建国前最好之中国史学史专著,对后来史学史著作有一定影响。

按:金毓黻在 1943 年 5 月 29 日所写《中国史学史·略例》中称:"本编初经前中央大学校长罗家伦先生校订,送由商务印书馆印行,列入《大学丛书》,并于三十年八月出版,嗣以上海、香港相继沦陷,未能输送于后方。兹经教育部史地教育委员会列入大学用书重行付印,并经中央大学教授缪凤林重加校订。"此书问世后大受欢迎,王玉璋、傅振伦等所编中国史学史讲义皆受其影响。齐思和评曰:"抑吾人犹觉美中不足者,书名史学,自宜论其体裁之得失,编次之良否,态度之偏正,考订之精粗,俾读者了然于二千年来史学演变之大势,及今后改良之途径,作者过重故实,而忽略史学,仅言纂修经过,鲜言体例得失,史学之义,似犹未尽也。"

金毓黻将《东北史稿》旧稿重加整比,补撰两章,厘为 6 卷出版,为《东北通史》上编,由四川三台石印本。同时列出《东北通史》下编篇目。金毓黻自述其撰写此书,是让子孙后代知道东北历史,东北是中国的领土。作者编印此书的缘起,是因他流寓四川时对故土的怀念及对日本侵略者的仇恨,而将旧稿整理出版。此书有四节叙述金史,即"女真之兴""女真之经略东北""宋使入辽金之行程录""蒲鲜万奴之东夏国"。书中对史事和地理沿革考证较详。与略早于此书的傅斯年《东北史纲》同为我国东北地方史研究的奠基之作。9月,将《静晤室日记》中所载东北故实抄出,汇为《东北文献略》。为此前《辽东文献征略》之续编。又将日记中之诗文杂著抄出,编为《千华类稿》。将《宋辽金史纲要》(原《宋辽金史讲疏》)增补改写完毕。10 月,开始为东北大学历史系讲授宋辽金史;《东北集刊》第 2 期发表《清代统治东北之二重体系》。12 月,在《文史杂志》第 1 卷第 12 期发表《宋代国信史之三节人》。

按:宋德金《二十世纪中国辽金史研究》一文认为金毓黻《东北通史》"对史事和地理沿革考证较详",与傅斯年《东北史纲》"同为我国东北地方史研究的奠基之作"。(参见金毓黻《中国史学史》附录《金毓黻学术年表》,商务印书馆 2010 年版;牟哥《金毓黻先生著述考》,东北师范大学硕士学位论文,2017 年;沈卫威《学衡派编年文事》,南京大学出版社 2015 年版;王学典《20 世纪史学编年(1900—1949)》,商务印书馆 2014 年版)

宗白华继续主编《学灯》。1 月,在重庆《星期评论》周刊第 10 期,发表《论〈世说新语〉和晋人的美》。文章说:"汉末魏晋六朝是中国政治上最混乱、社会上最苦痛的时代,然而却是精神史上极自由、极解放,最富于智慧、最浓于热情的一个时代。因此也就是最富有艺术精神的一个时代。"作者从魏晋人生活上人格上的自然主义和个性主义,解脱了汉代儒教统治下的礼法束缚,在政治上先已表现于曹操那种超道德的用人标准;又从山水美的发现和晋人的艺术心灵,从晋人艺术境界造诣的高,不仅是基于他们的意识超越,深入玄境,尊重个性,生机活泼,更主要的还是他们的"一往情深";从魏晋人的精神是最解放、最自由的哲学精神,从魏晋人的"人格唯美主义"和友谊的重视,培养成为一种高级的社会文化;从晋人之美,美在神韵等方面,透辟地分析了中国人的美感和艺术精神的特性。4 月 28 日,在《学灯》发表《论〈世说新语〉和晋人的美》(增订稿)《美国小说家海明威》等。前文增添了第 8 节,即"晋人的道德观和礼法观",并在文章前面增加"作者识",说明作者撰写此文的用意:"魏晋六朝的中国，史书上向来处于劣势地位。鄙人此论希望给予一新的评价。"又在《学灯》发表文章，并写《编辑后语》，指出《美国小说家海明威》这篇文章，可以使我们认识欧战所产生的精神影响和生活态度。在谈到《论〈世说新语〉和晋人的美》一文时说："我们设若要从中国过去一个同样混乱黑暗的时代中，了解人们如何追求光明，追寻美，以救济和建立他们的精神生活，化苦闷而为创造，培养壮阔的精神人格，请读完编者这篇小文。"11月10日，宗白华在《学灯》发表《欢欣的回忆和祝贺郭沫若先生五十生辰》，高度评价以郭沫若为代表的白话诗运动。他说："白话诗运动不只是代表一个文学技术上的改变，实是象征着一个新世界观，新生命情调，新生活意识寻找它的新的表现方式。"又说："在文艺上摆脱二千年来传统形式的束缚，不顾讥笑责难，开始一个新的早晨，这需要气魄雄健，生力弥满，感觉新鲜的诗人人格，而当年的郭沫若先生正是这样一个人格！"（参见林同华《宗白华生平及著述年表》，载《宗白华全集》第四卷附录，安徽教育出版社1994年版）

　　傅抱石4月7日在《学灯》上发表《晋顾恺之〈画云山台记〉之研究》一文，宗白华在《编辑后语》中指出：傅抱石对于顾恺之这篇山水画论的研究，可以给日本学者那种无视一切的民族偏见和自大思想以一个沉重的反击，中国山水画史的研究，也可以冲过隋代，而上推到南齐谢赫的汉魏时期了。（参见林同华《宗白华生平及著述年表》，载《宗白华全集》第四卷附录，安徽教育出版社1994年版）

　　唐君毅6月9日在《学灯》上发表《心灵之发展：献与生活路上之同路青年》。23日，唐君毅在《学灯》继续发表《电灵之发展》。宗白华在《编辑后语》中强调在科学生活中，应该注意重视人格精神的位置。他说："浮士德不惜赌押自己的灵魂给予魔鬼以求认识宇宙之究竟，享人生之快乐，这悲剧的态度实代表着近代西洋科学家的精神。"又说："我们能否再从这唯物的宇宙观里寻回自己和自己的心灵，使我们不致堕入理智底虚无或物质底奴隶，而在丰满充实的人格生活里，即爱的生活里，收获着人生的意义。"这是唐君毅文章所反复强调的中心思想。（参见林同华《宗白华生平及著述年表》，载《宗白华全集》第四卷附录，安徽教育出版社1994年版）

　　梁宗岱7月14日在《学灯》上发表《屈原之死》一文，宗白华在《编辑后语》中指出："浪漫精神，真古典主义深博的现实主义是可以融合而表现于伟大的文化创造的，那就得希腊底黄金时代的文明，这是我们当努力的新文化。"（参见林同华《宗白华生平及著述年表》，载《宗白华全集》第四卷附录，安徽教育出版社1994年版）

　　柳无忌12月8日在《学灯》上发表《纪念泰戈尔——一篇未曾讲演的演讲稿》等，宗白华在《编辑后语》中指出："东方的智慧""不是飞翔于'自然'之上而征服之，乃是深潜人于自然的核心而体验之，冥合之，发扬而为普遍的爱。"这些正是体现于泰戈尔诗歌里的精神和境界。（参见林同华《宗白华生平及著述年表》，载《宗白华全集》第四卷附录，安徽教育出版社1994年版）

　　胡小石1月离开昆明云南大学，回重庆中央大学。有诗《辛巳岁首返渝州作》云："辽鹤重来感逝波，江城梅蕊意如何？云开遥见丘陵出，风起疑闻松柏歌。穿冢真应伴蝼蚁，弯弧谁敢射鹅鹅？浮屠关下滩声迴，永夜幽弦怨斧柯。"2月，因白沙女子师范学院院长谢循初邀请移家迁至江津县白沙镇，任白沙女师学院教授，教散文、文学史、诗选。因在白沙作诗较多，题款多用"沙公"。其时，以碑体方笔作二王体书，结体布白，有来源亦有变化，各体书皆独具个人特性。有行书《自作小词卷》。（参见谢建华《胡小石先生年表（1888—1962年）》，载《胡小石文史论丛》，南京大学出版社2008年版）

　　罗根泽继续在重庆北碚柏溪任教于中央大学师范学院。3月15日,《三十一位中学国文教员的改革中学国文意见》刊于当日出版的《中等教育季刊》第1卷第1期。同日,《两汉辞赋论》刊于《经世》季刊第1卷第2—3期。《经世季刊》乃顾颉刚、张维华等人在成都所成立的经世社和白云社的刊物,时间为1940年6月至1942年4月。8月,《人,中国人,现代中国人》刊于《民意周刊》第186期。10月,《宋初的文学革命论》(上)刊于《时代精神》第5卷第1期。2月,《宋初的文学革命论》(下)刊于《时代精神》第5卷第3期。(参见马强才《罗根泽先生年谱简编》,载王京州编《河北近现代学者年谱辑要》,国家图书馆出版社2017年版)

　　杨振声继续任西南联大四川叙永分校主任。1月2日,叙永分校开学,到校新生600余人。10日,分校王裴庆等39人联名呈西南联大常委会函请增加生活津贴。因叙永物价飞涨,出人意料,致使部分教员生活费用亟缺。11日,杨振声以叙永分校主任名义附签数语呈于此函后,再呈常务委员会,常委会未同意。因叙永生活艰苦,杨振声来此不久,患顽固胃疾。19日上午,以杨振声为主席的叙永分校校务委员会在春秋祠召开第一次会议,樊际昌、吴之椿、蒋硕民(程毓淮代)、郑华炽(霍秉权代)等出席,樊际昌记录。会议决议:(一)组织叙永分校学生贷金审查委员会。聘请樊际昌、霍秉权、刘云浦、褚士荃为委员,樊际昌为召集人。(二)组织叙永分校一年级学生课业指导委员会。聘请郑华炽、陈嘉、程毓淮、李继侗、刘云浦、袁复礼、吴之椿、杨振声、褚士荃为委员,郑华炽为召集人。(三)组织叙永分校训导委员会。聘请查良钊、褚士荃、霍秉权、龚祥瑞、樊际昌为委员,查良钊为召集人。在查良钊缺席期间,由褚士荃负责召集。25日下午3时,杨振声主持在叙永中国旅行社招待所召开的分校校务委员会第二次会议,吴之椿、陈嘉、蒋硕民、郑华炽(霍秉权代)、樊际昌出席。刘本钊记录。会上教务长樊际昌报告分校学生贷金情形。通过本校校历案,并呈本校备案;通过追认组织贷金委员会案,聘樊际昌、霍秉权、刘云浦、褚士荃等为委员,由樊际昌负责召集;通过组织大一学生课业指导委员会案,聘请郑华炽、陈嘉、程毓淮、李继侗、刘云浦、袁复礼、吴之椿、杨振声、褚士荃诸先生为委员,由郑华炽负责召集。

　　杨振声1月31日下午3时主持在叙永中国旅行社招待所召开的分校校务委员会第三次会议,吴之椿、蒋硕民、陈嘉、郑华炽(霍秉权代)、樊际昌出席。会议通过杨振声提议的关于迟期报到新生限减修学分案,另提议并决议通过组织训导委员会案,聘请查良钊、褚士荃、霍秉权、樊际昌为委员,由查良钊负责召集,在查良钊缺席时,由褚士荃负责召集。2月7日下午3时,杨振声在中国旅行社招待所主持召开分校校务委员会第四次会议。11日,在中国旅行社叙永招待所支持召开第五次会议。14日下午3时,在中国旅行社招待所主持召开第六次会议。17日下午2时,在中国旅行社招待所主持召开第七次会议。3月10日,叙永分校组织接收工程委员会,聘请杨振声、李继侗、褚士荃、刘本钊、罗歧生为委员,杨振声负责召集。29日下午3时,在叙永中国旅行社招待所主持召开第十次会议。4月4日下午2时,在分校主任办公室主持召开第十一次会议。7日下午3时,在分校会议室主持召开校务委员会第十二次会议。22日下午2时,在分校会议室主持召开第十三次会议。5月9日下午3时,在分校会议室主持召开叙永分校第十四次分校校务委员会会议。23日下午3时半,在分校会议室主持召开第十五次会议。月底,接梅贻琦26日函,知不久将顺访叙永分校。6月4日,辞西南联大常务委员会秘书主任一职。西南联大第一七九次常委会决议:杨振声先生来函请准辞去本大学秘书主任,应照准。月初,梅贻琦、罗常培和郑天挺一行3人到四川,此行目的之一是到叙永视察分校。14日上午11点,梅贻琦一行离叙永返泸州。

26日下午3时半,在寓主持召开第十六次会议。未久,离叙永赴西南联大总校。7月17日,叙永分校校务委员会议第十八次会议上,提议电请总校催分校主任杨振声返校主持结束事宜,如杨主任一时不归,请派人前来负责案,将电文修正通过。8月1日,叙永分校校务委员会改组为结束委员会,请郑华炽、李继侗、刘云浦、吴之椿、褚士荃、刘本钊为委员,负责办理分校结束事宜。后并入迁校委员会。8月中旬,叙永分校师生迁回昆明。

杨振声8月20日晚7时列席常务委员会在才盛巷2号召开的第一八六次会议。会上,由于叙永分校已经撤回,请辞去分校主任职务,照准。18日,罗常培请辞文学院中国文学系及师范学院国文系主任,闻一多辞代理主任,杨振声受聘任文学院中文系及师范学院国文系主任。25日,梅贻琦等来访。本学期在中文系便开"现代中国文学讨论及习作"和"文学概论"两门课。10月8日,杨振声与张奚若、燕树棠、周炳琳、陈福田、陈总、陈雪屏、李继侗、潘光旦、王信忠、罗常培、李辑祥等12人在教授会议上当选本大学出席第四届校务会议的教授代表。23日,杨振声与郑华炽、李继侗、陈福田、杨武之、杨石先、雷海宗、陈总受聘担任三十年度一年级学生课业指导委员会委员。18日,杨振声辞文学院中国文学系主任职,仍请罗常培继续担任。26日下午4时,出席第四届第二次校务会议。晚7时,赴梅贻琦、蒋梦麟约,聚餐。是年,杨振声由教育部次长朱家骅介绍并代为填表,加入国民党。当时"重庆教育部有命令,大学院长以上的人都必须是国民党党员。如果还不是,可以邀请加入",与沈从文指导毕业生姚殿芳,论文题目为《红楼梦中的描写举例》。(以上参见蓬莱市历史文化研究会《杨振声编年事辑初稿》,黄河出版社2007年版;齐家莹编《清华人文学科年谱》,清华大学出版社1999年版)

吴晗继续在西南联大四川叙永分校讲授"中国通史"课。1月,"皖南事变"爆发,国民党反动派掀起第二次"反共"高潮。叙永分校的爱国学生贴出了周恩来在《新华日报》上发表的"千古奇冤,江南一叶,同室操戈,相煎何急"的题词,以及《关于新四军真相》的文章,激起了分校许多爱国教授对国民党的愤慨。4月,吴晗《明教与大明帝国》刊于《清华学报》第13卷第1期。文中包含"吴元年与明国号""明教""明教与回鹘""明教之传播""弥勒佛白莲社与明教""明太祖与红军""大明帝国与明教"等节,对佛教弥勒信仰与摩尼教的融合,明教与当时的农民运动、与朱元璋建立的大明帝国的关系等问题进行了较详细的考证。此文被顾颉刚等人认为是民国时期研究民国史的重要成果之一,在宗教研究领域也颇有影响,但也有学者对此文的一些观点提出了质疑。9月,吴晗结束了在叙永讲课,回昆明时途经重庆,到曾家岩拜见董必武。董必武和他谈了当时抗战的形势,介绍了延安的情况。12月,太平洋战争爆发。许多内地栖身香港的文化人纷纷回到山城重庆,但由于交通不便,飞机班次很少,不容易买到机票。而这时孔祥熙却用飞机从香港运来几只狗,西南联大师生非常愤慨,立即掀起一个"倒孔运动"。课堂上有学生问吴晗对这个运动的看法,吴晗说:"南宋亡国时有个蟋蟀宰相,今天有个飞狗院长,可以媲美。过去学生运动是虎头蛇尾,我希望这次是虎头而不是蛇尾。"吴晗的思想开始在急剧地变化着。同月,吴晗《明初之南京旅馆业》《明初之杭州织工业》《注籍》等文刊于《文史杂志》第1卷第12期。当时吴晗经济上十分困难,家务事多,很烦心。他曾说:"说实在话,手是在做,心里是万万不愿意的。倒不是为了失身份,身份早已经没有了,穿得破破烂烂,除自己的学生,谁都以为你是个难民。"他夫人病重要输血,总是自己去输。实在没办法时,把一些能卖的书卖给清华大学图书馆,来解决燃眉之急。这时,随着政治态度的转变,吴晗的治学态度和方法也发生了变化。他对光搞考据表示怀疑了,说:"支离破碎的考据,有什么用处。"(参见夏鼐《吴晗的学术生涯》,浙江人民出版社 1984 年版;王学典《20 世纪史学编年(1900—1949)》,商务印书馆 2014 年版;齐家莹编《清华人文学科年谱》,清华大学出版社 1999 年版)

李广田年初继续任设立于四川罗江县的国立六中四分校国文教员。2 月,因在课堂教学和课外指导中传播马列主义文艺理论和进步思想,被国民党当局解聘,学校继而也被解散。经友人介绍,被杨振声聘到四川叙永县的西南联大分校任教。5 月 21 日,经联大第 177 次常委会议决,被聘为联大文学院中国文学系助教。后教授"大一国文""文学概论"等课程。(参见齐家莹编《清华人文学科年谱》,清华大学出版社 1999 年版)

吴南轩继续任复旦大学代理校长。1 月,江一平任副校长。9 月 17 日,吴南轩第三次谋改国立,当时并未征得仍为上海复旦大学校长的李登辉及在沪校董同意。他在重庆邀集在渝校董开会,决议:"呈请教育部改为国立复旦大学,俟部方决定后,再电留沪校董征求意见。"实际上是造成既成事实,再让李登辉等人承认。改国立后,意味着上海私立复旦大学全部财产将归国民政府所有。不久,太平洋战争爆发,上海租界为日寇占领,这一问题就暂时搁置。11 月 25 日,国民政府行政院会议决议:"准将复旦改为国立,由教育部拟具办法及概算呈核。"从此,复旦大学由私立改为国立,由吴南轩担任校长。复旦改为国立以后,经费较前充裕,又注意建造教授宿舍,聘请了不少著名学者前来任教,其中有:陈望道、周谷城、顾颉刚、吕振羽、任美锷、陈子展、章靳以、曹禺、马宗融、梁宗岱、方令孺、洪深、樊弘、李蕃、张明养、张志让、潘震亚、韦悫、张光禹、李仲珩、邓静华、钱崇澍、秉志、童第周、卢于道、陈维稷、严家显、吴觉农、毛宗良、陈恩凤等人。复旦发展为 5 个院、22 个系科组的综合大学,虽然当时图书、仪器仍嫌不足,但学术地位较前有所提高。与此同时,学校里中共党组织的力量不断增强,并团结了一批进步教授,如陈望道、方令孺、张志让、洪深、周谷城、孙寒冰、章靳以、卢于道等。党组织还通过学生社团出面,邀请学者郭沫若、邹韬奋、陶行知、王芸生、钱俊瑞、戈宝权、阳翰笙、胡风、老舍、黄炎培、马寅初等来校讲演。12 月 8 日,日军偷袭珍珠港,向英美宣战。上海日军进驻租界。校长李登辉宣布学校实行"三不主义",即不向敌伪注册、不受敌伪津贴、不受敌伪干涉;"三不"不行,立即停办。在敌伪环伺的情况下,学校坚持不教日文。李登辉匿居深藏,杜门不出,而对学生在政治上仍极关心,他通过为毕业纪念册写序的方式,教育学生:"发挥牺牲与服务的精神,以爱护其国家,抵御不良环境的诱惑。"22 日,教育部部长陈立夫训令:"令私立复旦大学:前据该校董会呈请将该校改为国立,经呈奉行政院三十年十一月二十七日勇陆字 18797 号指令开:案经提出本院第 541 次会议决议'准将复旦大学改为国立,由教育部拟具办法及概算呈核',除呈报国民政府备案外,仰即遵照等因,奉此。除由部另拟办法及概算呈核外,合行令仰该校知照。此令。"

按:吴南轩《母校改归国立之校史文献(节录)》云:"渝校由二十八年春季继续勉力撑持又两年有半,至三十年秋季,通货益形恶性膨胀,物价如野马之飞腾。学校经济真达山穷水尽之境。不改国立,势必中辍。于是在渝校董及同人又恢复国立前议。于三十年九月十七日下午三时在重庆嘉陵宾馆召开极有历史性之重要会议。到会校董校友有于右任、贺国光、康心之、吴铁城、张道藩、章益、端木恺、程沧波、许绍棣、江一平、吴南轩等,除报告讨论一般校务外,详细研讨改归国立问题,通过决议案如下:'呈请教育部改为国立复旦大学。俊部方决定后,再电留沪校董征求同意。如留沪校董表示异议时,再行集会讨论。'此次先呈部、后征求留沪校董意见之决定,虽在手续上不免稍嫌欠妥,然为当时本校所面临万分迫切之危机,争取时间不得不采取最迅速之救急方法。"(参见《复旦大学百年志》编纂委员会编《复旦大学百年志:1905—2005》,复旦大学出版社 2005 年版;复旦大学档案馆选编、杨家润执行主编《抗战时期复旦大学校

史史料选编》，复旦大学出版社2008年版)

陈望道继续任教于复旦大学。5月，敌机轮番轰炸重庆，新闻学系高年级学生随之又迁往重庆另一处乡镇化龙桥上课。9月13日，毛泽东在向中央妇委和中共中央西北局联合组成的妇女生活调查团发表讲话时，再度谈及陈望道的译本，"记得我在1920年，第一次看了考茨基著的《阶级斗争》、陈望道翻译的《共产党宣言》和一个英国写作的《社会主义史》(即柯卡普著《社会主义史》)，我才知道人类自有史以来就有阶级斗争，阶级斗争是社会发展的原动力，初步地得到认识问题的方法论"。11月，复旦大学经国民政府行政院会议决议改为国立。12月，在《复旦学报》复刊第1号发表《答复对于中国文法革新讨论的批评》。(参见上海鲁迅纪念馆编《陈望道先生纪念集》，复旦大学出版社2006年版)

吕振羽年初继续任教于复旦大学。1月，吕著日译本《支那社会政治思想史》(下)由日本青年外交协会出版；《三十年来的中国——纪念民国成立三十年》(论文)载商务印书馆《学生杂志》第21卷第1期。2月28日，撰《简明中国通史·序》，完成该书上册编写，交生活书店。撰诗《〈简明中国通史〉上册完稿》四首。3月中旬，皖南事变后，奉周恩来指示，离重庆转移去苏北新四军。以夫人祖母病重为由，向复旦大学请假，并办理护照，由吴泽、赵纪彬分别代课。(参见《吕振羽全集》第10卷附录《吕振羽生平年谱》，人民出版社2014年版；王学典《20世纪史学编年(1900—1949)》，商务印书馆2014年版)

郑学稼继续任教于复旦大学。11月12日，在《文艺青年》第2卷第4—5期合刊发表《茅盾论》，认为《幻灭》《动摇》《追求》是真实的，是"史诗"式的作品，给予了充分的肯定。但认为《子夜》是一部政治小说，按既定路线而使之小说化的小说"。其意义自然不能与上述三部曲相比。作者最后在总结茅盾的创作历程时，下了这样的结论："他已成了这么一个人；由呼喊需要民族主义色彩的文学研究会的健将，走上所羡慕之自然主义文学的路而写出他的《三部曲》，后来又转入'普罗文学'。"(参见唐金海、刘长鼎主编《茅盾年谱》，山西高校联合出版社1996年版)

胡厚宣自到蜀中，虽未见到明氏甲骨，但其学术研究却突飞猛进。10月至12月，胡厚宣在齐鲁大学国学研究所《责善》半月刊上连续发表5文。10月，《读曾毅公君〈殷虚书契续编校记〉》刊于第2卷第15期，校出曾毅公殷墟书契著录遗漏、谬误百余处；《甲骨文所见殷代之天神》刊于第2卷第16期，提出殷人已有至上神帝及先祖配帝之观念。11月1日，胡厚宣在《责善》第2卷第16期发表《甲骨文所见殷代之天神》。作者认为，"帝乃殷人之天神"，"其名虽以称'帝'最为普通"，但亦有"上""上子""上帝"的叫法，"此在天上之帝者，能令雨足年，能不令雨而降为旱灾，能降祥降祸，能授佑佐它，是其虽在天上，而实为人间祸福之主宰也"，并认为"殷人尚鬼，崇祖先，隆祭祀。实因殷人心目中以为祖先死后，可以升天"。有研究者认为，胡厚宣是中国殷商宗教研究成果最多、成就最大的一家，此文即是最早之代表性论著之一。16日，胡厚宣在《责善》第2卷第17期发表《甲骨文中之天象记载》，从交食、星象论述殷人预测日月食以及星历知识之进步程度。

胡厚宣12月1日在《责善》第2卷第18期发表《卜辞零简》。此文由《论殷代纪四方之序》《论殷代已有五方之观念》《殷代之乐舞》《甲骨文中之牙病记录》《"中国"称谓之起源》5篇短文组成。钱穆在阅读完胡厚宣前4文后告诉胡厚宣，"中商者，或与后世中国之称谓有关"，胡厚宣受此启发乃撰写《"中国"称谓之起源》。12月16日，胡厚宣在《责善》第2卷第19期发表《甲骨文四方风名考》。此文利用卜辞揭出《山海经》和《尧典》两个系统中有关材料可信，不仅揭示了卜辞中所见商代四方风名，还将其与《尚书·尧典》《山海经》《夏小正》

《国语》诸典籍中的四方风名相印证。论文发表后震惊整个学林。有研究者认为,自此文发表之后,四方风名,始为人所知,而四方风名之卜辞,也被甲骨学界承认。杨树达《战后京津新获甲骨集序》(《京津》一书卷首,群联出版社1954年版)评价道:"昔王静安以《楚辞》《山海经》证王恒、王亥,举世莫不惊其创获。及君此文出,学者又莫不惊叹,谓君能继王君之业也。"同期还刊载严耕望的《楚荣黔中郡帝王考》等文。《责善》第2卷第22期又刊载丁声树、胡厚宣撰写的《甲骨文四方风名考补正》。(以上参见何林英《胡厚宣年谱》,载王京州编《河北近现代学者年谱辑要》,国家图书馆出版社2017年版;王学典《20世纪史学编年(1900—1949)》,商务印书馆2014年版)

张维华9月1日在《责善》第2卷第12期发表《明清间基督教及西洋学术东渐史自序》。作者指出:"自江宁条约而后,欧西列强方且以东方民族为鱼肉,保持其瓜分之野心,而吾中华民族亦甘任宰割,略无抵御之术。窃尝慨之。吾国晚近文化,几全袭欧西之津余,不能自拔,而于政治外交之情势,尤备受创痛,不可缕述。即今思往,则以明清之际中欧两地之交通,实为其转移之关键。用是著此篇,先述明季葡萄牙、西班牙、荷兰等国与中国之关系,说明近世中欧交通发展之情形,次述基督教之东来及其所传入之西学,说明西洋文化在中国所发生之影响,以见当时吸收外来文化之重要史实。"(参见王学典《20世纪史学编年(1900—1949)》,商务印书馆2014年版)

蒙思明4月在《华文月刊》第1卷第2期发表《北魏实施均田制与三长制的年代问题》。8月,在《文史杂志》第1卷第9期发表《六朝世族形成的经过》。12月1日,在《责善》第2卷第18期发表《考据在史学上的地位》。此前,蒙思明应钱穆邀请,在齐鲁大学国学研究所演讲《史学方法在史学上的地位》,并邀其将讲稿写出,改题《考据在史学上的地位》,交由《责善》半月刊发表。此文对数十年来"谈史学的人,除考据外,皆斥而不谈"的风气痛加针砭,尖锐批评近数十年来学术界以考据为"史学的正宗"和"惟一的内容",指出这种不事综合不谈思想的考据风气之所以形成,一方面是承继清代朴学的遗风,一方面又接受西洋考据学的余绪,本来这样的学风已为西方的新兴思潮所厌弃,不料在中国双流汇合的结果,"在科学方法整理国故的金字招牌之下,有如打了一剂强心针,使垂灭的熵火,又将绝而复燃,竟变成了学术界唯一的支配势力。学者们高谈整理国故,专崇技术工作;使人除考据外不敢谈史学。评文章的以考据文章为优,倡学风的以考据风气为贵;斥理解为空谈,尊考校为实学。"作者认为,考据不能独当史学重任,而且考据必须有历史哲学的领导、有博大鸿阔的学识以及有实用价值。总之,"需要有目的的考据,更精密的考据学,具特识的考据家。否则整理国故,再造文明的鸿愿,永远是一个鸿愿而已"。(参见王学典《20世纪史学编年(1900—1949)》,商务印书馆2014年版)

程天放继续任国立四川大学校长。8月,根据教育部指令,师范学院恢复,由黄建中担任院长。设教育、公民训育、国文、英文、史地、理化、数学等7个系,另设史地、理化、数学3个专修科,并有附属中学、附属小学。院址在鞠漕。是年,经国民政府行政院教育部批准,四川大学成立中国文科研究所中国文学部和理科研究所化学研究部,由向楚和张洪沅分别任主任(所长)。四川大学开始招收研究生,文科、理科各4名,各科研究生每年由教育部拨款1200元培养费。(参见《四川大学史稿》编审委员会编《四川大学史稿》,四川大学出版社2006年版)

杨钟健继续任教于重庆大学。所著《许氏禄丰龙》列入《中国古生物志》新丙种第7号(总第121号),由地质调查所印行。论文《四川中生代爬行动物之新发现》刊于《地质论评》第6卷第3—4期;《禄丰蜥龙类原始哺乳类之新观察》刊于《地质论评》第6卷第5—6期;

《三年来新生代地质与脊椎动物化石研究之进展》刊于《科学》第25卷1—2期;《中国西南部之两新种鱼化石》刊于《中国地质学会志》第21卷第1期;《中国西南部及西北部新发见之新生代晚期哺乳类动物》(与米泰恒合著)刊于《中国地质学会志》第21卷第1期;《云南禄丰上三迭纪兀龙之一新种》刊于《中国地质学会志》第21卷第2—4期。(参见王仰之《杨钟健年谱》,《四北大学学报》1983年第2期)

王星拱继续任武汉大学校长。1月,国民党中央责令武大区党部"应认真办理工作,多多吸收党员",并由朱家骅出面分别向教授发出了"请柬",约请参加国民党。此事遭到了全校多数教授的讥讽和蔑视,有的教授接到"请柬"后讥讽地说:"要我参加国民党,我没钱照登记相!"有的教授索性将"请柬"撕得粉碎,扔进了字纸篓。7月,国民党武大区党部改选,杨端六、赵师梅、施普泽、丁景春、李浩培当选为执行委员,王铁崖、杨先誉当选为候补执行委员,王星拱当选为监察委员,邵逸周当选为候补监察委员。改选后的区党部,按照国民党教育部的指示,开展过一系列活动,如组织学生论文竞赛和演讲比赛,但其影响不大。是年,为了加强科研工作的领导,武大添设了文科研究所(内设历史学部和中国文学部,所长由文学院刘赜兼任)和理科研究所(内设数学部、物理部、化学部、生物部)。原有的法科研究所内又增设政治学部,工科研究所内增设电机工程学部。至此,武大科研机构方面已有文、法、理、工4个研究所下属11个学部。各研究所还确立了研究范围和研究专题。此外,青年教师和学生的学术研究空气也逐渐活跃,主要有由学生王开诏等组织发起自然科学座谈会,周大璞、殷正慈等组织发起文学座谈会,由向定、余长河等组织发起社会科学座谈会,由柯润华、孙光耀组织发起工程座谈会。学术研究空气活跃后,经过艰苦努力不少人先后获得科研成果,发表科研论文和专著。(参见吴贻谷主编《武汉大学校史(1893—1993)》,武汉大学出版社1993年版)

朱光潜《冯友兰先生的〈新理学〉》1月刊于《文史杂志》第1卷2期。此文谓"近一二十年来,关于中国哲学方面,我还没有读到一部书比冯友兰先生的《新理学》更好。它的好并不仅在作者企图创立一种新哲学系统,而在他有忠实底努力和缜密底思考"。但又认为《新理学》之哲学系统在真际与实际是否有范围大小之分别、真际与实际如何发生关系、我们如何知真际与实际三方面有破绽,《新理学》之艺术论也存在问题。后冯友兰发表《新理学答问之一》,对朱光潜《冯友兰先生的〈新理学〉》的答复。3月,朱光潜在《高等教育季刊》第1卷第3期发表《从教育部的几种新政谈到功令与学风》,对教育部统一课程、统一招生和导师制"三种新政"谈了自己的观点。同月,在《国立武汉大学季刊》第321期发表《说校风》,对校风给出了自己独特的定义,即校风至"风"包含风格、风行、风气、风范、风化五种含义。7月,西南联大校长梅贻琦到乐山武大,向武大校长王星拱提出请求,让朱光潜返回联大,王星拱正颜厉色地说:"武大对于朱光潜比联大更重要,请你们就暂时借给我们几年罢!"同月,朱光潜在《高等教育季刊》第1卷第3期发表《文学院课程之检讨》,对文史哲各科的课程作了深入分析,颇多新见。9月,由朱光潜担任教务长以后,学校教学工作又有新的起色。朱光潜非常注重优良的校风,把校风看作是学校的生命的表现。他指出,优良的校风必须具有四个特点:第一,学校应该有家庭的合乐气氛。他认为:"现在一般学校的通病,在倾全力于贩卖知识。师生都闻铃上课,闻铃下课,在第二,优良的学校必须有爱护纪律的风气。一个优良的大学必须养成尊重纪律的风气,为社会树立一个好榜样。第三,优良的学校必定有很浓厚的研究学术的风气。进了大学就应不忘记推进学术文化这个神圣的使命。第四,优良的校风必须养成宏毅豁达的胸襟气宇。大学教育不仅培养专才,而尤在培养通才。此外,朱光潜教务长非常重视学生的自由讨论,积极支持学生举办各种类型的学术讨论会、报告会,使学生学得既扎实又生动活泼。"10月,在《思想与时代》第3期发表《政与教》。是年,朱光潜任三青团中央候补监察委员。(参见宛小平《朱光潜年谱长编》,安徽大学出版社2019年版;蔡仲德编撰《冯友兰先生年谱长编》,中华书局2014年版;吴贻谷主编《武汉大学校史(1893—1993)》,武汉大学出版社1993年版)

叶圣陶1月17日决定迁居成都,与陈通伯、苏雪林、朱孟实、朱东润、钱歌川、杨人楩诸友叙别。31日,全家离乐山迁成都。2月4日,迁入新居,住新西门外罗家碾王家冈,与章雪舟为邻。同日,朱自清来访。22日,始助胡墨林为普益图书公司编《小学字典》,次年稿成,因排印困难,未出版。3月26日,至华西坝访吕叔湘,为初识。4月8日,始选编《国文精读文选》一册,皆取文言名作,为之详注,略谈作法,供教学与自修之用。30日,四川省教育厅之《文史教学》杂志创刊,社长郭有守,编辑委员顾颉刚、钱穆、叶绍钧、朱自清、章柳泉、郭秀敏、张云波。5月12日,始批阅普通检定考试委员会送来的试卷,题由叶圣陶所拟,一为《文学史家言韩愈倡古文,盖以复古为革新,试言其所以》,一为《发言成辞,执笔为文,古今人无不主立诚者,其故何欤?》。31日,文协成都分会举行会员晚会,叶圣陶到会演讲,题为《写作漫谈》。6月4日,始为黄炎培选编诗集《苞桑集》。22日,始编选《抗建国文教材》。8月4日,始修润教育科学馆之《四川文物小丛书》书稿。同月,《叶绍钧代表作》由上海三通书局出版,为"现代作家选集第十集"。10月9日,光华大学送来聘书,请叶圣陶任教国文课,自下周始,每周授课4学时。10月21日至11月6日,先后到树德、济川、民新、高琦中学、光华大学附中,以及敬业中学、清华中学视察。(参见商金林编《叶圣陶年谱》,江苏教育出版社1986年版)

苏雪林1月在《东方杂志》第38卷第2期发表《家》,呼吁国人忘记小家,维护民族的大家。5月,《南明忠烈传》由重庆国民图书出版社出版。是书钩沉数百位晚明志士仁人,抗敌御侮、舍身求义的光辉业绩,给抗战中的中华儿女极大的振奋。7月,"蒋夫人文学奖金征文"揭晓。上年冬,为鼓舞全国女性同胞投入关心国家命运的写作中去,宋美龄在报上发表《告参与新运妇女指导委员文艺竞赛诸君》:"我们这一次举行文艺竞赛,目的是借此鼓励女青年热心写作"。这次全国范围的文艺竞赛征文,舆论界称为"蒋夫人文学奖金征文"。这次征文竞赛,参与者552人,经评委会初审后,入选120份,分为论文卷与文艺卷两组进行复评。担任这次评委的都是在国内享有盛誉的重量级人物。论文卷组有陈衡哲、吴贻芳、钱用和、陈布雷、罗家伦,文艺卷组有郭沫若、杨振声、朱光潜、苏雪林、冰心。整个评审的总召集人,是蒋夫人钦点的时在重庆任"新生活运动妇女指导委员会"的文化事业部部长的冰心女士。苏雪林参与评审后发表感想:"所阅稿子中,尽有佳作,思想之高超,题材之丰富,结构之美满,技巧之纯熟,虽抗手一般老作家,亦无愧色,可见新文学前途自有希望。"此文刊于《妇女新运》第3卷第3期。11月,苏雪林战时随感录《屠龙集》由重庆商务印书馆出版。

按:书名"屠龙",有着深刻的含义,正如书中自序所言:"我坚决地相信,中华民族绝对不会灭亡,侵略者的失败,也是命运注定的。我的'预感'最灵敏,二十五年(指1936年)所写的那篇《圣诞前夜三部梦曲》,就预先替那猖狂的毒龙画出了它悲惨的结局。所以现在特别把这篇文字的题目改为'屠龙',这个集子就题作《屠龙集》,我希望明年,就是我们伟大的'屠龙年',而这个册子便算我贡献给这一年的小小的礼物。"(参见沈晖编著《苏雪林年谱长编》,安徽文艺出版社2017年版)

刘继宣任金陵大学教授。12月,鉴于当时青年学生历史知识的贫乏,发起"读一部史书运动",声称:"掠人之国土者,类先从历史上找根据,或虚构其词,并继之以武力侵略。如日本政府授意京都帝国大学教授矢野仁撰写《满蒙非支那领土论》,田中义一据以发挥,不懂历史,便无法反驳"。(参见王学典《20世纪史学编年(1900—1949)》,商务印书馆2014年版)

常乃惪在川康农工学院、私立华西协合大学哲学历史系任教。常乃惪的治学兴趣移至历史认识论,并继续发挥其生物史观。3月12日,撰《历史与历史学观念的改造》,文中分析历史和历史学两个概念容易混淆不清的两个原因,指出:"我们现在如果想专谈史学,就必须把过去关于史学观念的错误纠正过来。我们绝对不可把历史著述当作史学,一个学者生平关于历史的撰述无论如何丰富,这个人只能叫做历史家而不能叫做史学家。"此外,还有三种与历史有关的学问也不能叫做史学。第一种是史论或史事批评;第二种是历史考证;第三种是历史方法,"历史是活的,不是死的,他的本身就是一种有机的构造,我们不能用解剖学的方法去研究历史,也不能用建筑学的方法去研究历史,我们必须用历史的方法,从历史本身的发展次第形态去研究,才能(算)真正把握了历史的意义。所以,一个真正的历史学,必须用历史的眼光去追溯一个历史的历史。"又论过去历史的生长大约经过三个阶段,这三个阶段是顺序出现的,我们也可以把他们当作是一祖相传的三兄弟。这三兄弟中第一个出世的就是传奇化的历史,也可以说是艺术化的历史。这时代的历史观念以求美为主,因此充满了浪漫化的矜奇夸大色彩。继传奇化的历史而出现的第二个兄弟,就是教训化的历史,也可以说是伦理化的历史,这是人类社会从宗教时代演化到伦理时代的产物。三兄弟中最后出现的当然就是考证化的历史,也就是一般科学化的史家所认为合乎科学标准的历史。这一派的精神是求真,因此既反对浪漫矜奇,又反对劝善惩恶,他们的目的是要把历史做成一个死板、毫不动主观感情的照相机,历史的本相是什么,就给他照出个什么样子来,科学的历史家心向往之的历史就是这一派。作者进而讨论"历史观念的改造":"我们要提出的方法主要的是采用发生学的态度,把整个历史的构造进程,从原始事实起,经过种种演化的阶段,以至变成了我们眼前所见的历史为止,一层一层剖析起来。只有用这个方法,才能使一般历史学生知道一部历史是怎样构成的,其中含有多少主观的成分。这种方法是科学的,所得的结果也是科学的。如果科学的历史家肯平心静气把历史的构造过程分析一下,至少可以发现历史的构造过程应当分作四个阶段,即是:(1)原始的事实,(2)由事实变为史料,(3)由史料整理为史实,(4)由史实组织成历史。"最后,批评考证的历史家,因为不懂得"事实""史料""史实"和"历史"这四个概念中间的严重区别,他们辛苦一生,搜集了无数的史料,便以为可以由此发现历史事实的真相了,其实,他们不过发现了许多片段的史料,事实的真相永远不会看到,等他们将这些史料排比成一部像样的历史的时候,他已经不是发现过去的事实真相,而是创造了他自己以及他的时代和民族的哲学了。是年,常乃惪还发表《历史的本质及其构成的程序》《历史的重演问题》等文。(参见查晓英编《中国近代思想家文库·常乃惪卷》及附录《常乃惪年谱简编》,中国人民大学出版社2014年版)

陈礼江8月任在四川璧山新成立的国立社会教育学院院长,该院以培植社会教育人员为宗旨,学院设社会教育行政、社会事业行政、图书博物馆学三系及社会艺术教育、电化教育两专修科。后增设新闻系、电化教育系。

按:该院在璧山曾设立国民教育实验区,1946年迁南京后,实验区设在江苏安亭。1946年9月,设立社会教育实验区,以江宁县属栖霞、摄山、尧辰三乡为实验范围。该院并办有附属小学、中学和师范部。

（参见中央教育科学研究所编《中国现代教育大事记1919—1949》，教育科学出版社1988年版）

熊十力继续任教于梁漱溟创办的北碚勉仁书院。4月，《十力语要》卷二成书，由周封岐资助印行。是书搜罗1936至1940年的先生笔札，并印有熊十力于1940年6月15日写的跋语。是年，改写《新论》卷中为语体文，孟秋脱稿。钱穆、牟宗三分别来北碚看望熊十力。

（参见郭齐勇编《中国近代思想家文库·熊十力卷》及附录《熊十力年谱简编》，中国人民大学出版社2014年版）

马一浮主持的复性书院第四学期开学，主讲《观象厄言》，其讲稿辑为《复性书院讲录卷六》。1月1日，与谢无量上山至尔雅台见学人。2日，王抚五宴马一浮及谢无量等人。6日，马一浮于濠上与众人谈书院事。11日，致书谢无量。谢无量于1月3日返成都，马一浮感慨二人相聚的这段时日，乃多年不曾有之乐。14日，马一浮规定书院学人津贴及学生膏火费用上调。1月15日，马一浮复董事会电，应允续讲半年。25日，执事向马一浮汇报院务。马一浮指示书院纪此后将分门续编，门类及记录人员也稍作调整。26日，张真如访马一浮，告知四川省参议会新通过《省政府补助书院年费三万元》的提案。2月16日，《上蔡语录》木刻出版。3月1日，马一浮作本学期《开讲示诸生语》。本学期逢五讲学，逢十接见学人，月底收札记。2日，马一浮访张真如。4日，马一浮草定《延聘自由讲座关约》。后向赵尧生、张真如、谢无量等发出自由讲座聘书。5日，第四学期开学，本学期第一次讲会，讲《示诸生语》及《腾语》一则。讲会前后马一浮至办事处、执事人宿舍及学生宿舍查看。15日，第四学期第二次讲会，讲《观象厄言》序说及《观象厄言》一：约旨、卦始、本象。讲稿后辑为《复性书院讲录》卷六。25日，第四学期第三次讲会，讲《观象厄言》二：原吉凶、释德业。4月5日，第四学期第四次讲会，讲《观象厄言》三：审言行。

马一浮4月13日接待钱穆、朱孟实来访。15日，第四学期第五次讲会，讲《观象厄言》四：辨大小。18日，马一浮入城访钱穆、朱孟实、张真如。25日，第四学期第六次讲会，讲《观象厄言》五：释教大、理大。29日，钱穆至复性书院讲学，以中国历史中的政治问题为题，马一浮陪同。同月，应武大教授吴其昌所请，撰《浙江旅嘉同乡会序》。5月5日，第四学期第七次讲会，讲《观象厄言》六：释德大、位大。15日，第四学期第八次讲会，讲《观象厄言》七：释人大、业大、时大、义大。24日，张真如至书院讲德国哲学运动，马一浮陪同。25日，第四学期第九次讲会，讲《观象厄言》八：释器大、道大及《辍讲赘言》。26日，全体学生至濠上谒见马一浮，请其续讲。同月，作《题夏眉棨〈礼书〉》。6月1日，公布第四次试题。20日，黄离明至书院讲学，题为《穷元》，马一浮陪同。预定续讲五次。22日，马一浮与黄离明访张真如。25日，主讲公布讲事结束，颁发奖金。26日，黄离明将还，马一浮至书院送其登船。7月9日，川大史学系主任李季谷访马一浮。18日，邵潭秋访马一浮。29日，陈蔼士访马一浮。8月10日，陈立夫、朱孟实访马一浮。同日，《尔雅台答问》木刻出版。12日，缪凤林访马一浮。17日，姚琮、黄庆云访马一浮。18日，朱铎民访马一浮。同月，《避寇集》后编付刻，因刻工粗劣，经多次修补。夏，因国民党教育部要求书院填报讲学人员履历及所用教材备案，马一浮闻之愤慨，严词拒绝，并决意辞去讲席，专事刻书。遂致书陈立夫，恳辞主讲名义，附上两年来书院所有师友、学人名册。署假前致书贺昌群，贺昌群曾借用书院一些书，其中有谢子厚寄存之书，因准备结束书院，请其尽快归还，以便书院公物交接。

马一浮9月应孔祥熙之请，为《孔学会特辑》作《孔学会赞》。10月9日，收到教育部补助费1万元。15日，朱孟实访马一浮。23日，马一浮入城访张真如。25日，张真如至书院讲苏格拉底知行合一之学。同日，董事会来电挽留马一浮。11 月 1 日，张立民、刘公纯、王培德至濠上谒见，挽留马一浮。15 日，张真如至书院讲德国哲学与希腊哲学之比较。21 日，复书王紫东，此人曾以归乡省亲为由辞别，现欲重入书院，信中更有若书院不许便自裁之语，马一浮对此十分不满，认为此人两年中毫无进益，命其登心静思。30 日，马一浮入城访张真如、刘弘度。12 月 2 日，军委会侍从室第三处调查员徐时辅谒见马一浮。12 月 11 日，黄庆云访马一浮。13 日，张真如至书院讲德国哲学源流。15 日，复书黄离明，谢其捐刻《厄言》款 5 万元。27 日，马一浮致书董事会，不再固辞主讲，此后专事刻书，马一浮是年多次致书董事会请辞。31 日，发布《通告留院学生书》，告知执事及学生书院此后专事刻书。马一浮自兼纂述，张立民、王培德兼编校。是年，马一浮致书沈敬仲、屈文六、寿毅成、陈蔼士数通。是年书院经费愈发紧张，马一浮多次与董事会诸人商议经费事项，请董事会派一人至乐山面谈，意欲改书院为专事刻书之所，若此事亦不能实现，则干脆结束书院；与谢无量往来书信十余通，多为唱和诗文。马一浮原有辞去主讲的意愿，年初应允董事会续讲半年，上半年书信亦常与谢无量谈书院善后事项；致书龙松生，告知书院将罢讲；复书王心湛，阅其《阳明学》讲义，附《寄题王心湛〈阳明学〉》诗；复书童藻孙，为其题《思旧馆图》并建议其《贵阳重修阳明祠记》一文应删去"东邻且袭取其说以强国"之句；复书张浦泉，来示欲从书院挑选党史编纂人才，马一浮复书云书院诸生方粗涉经籍，无长于史者，且学生皆不愿中断读书，故不应；复书张汝舟，去年秋寄示其《然疑待徵录》《四国考》《反切易知引言》诸文，马一浮叹其致力于考据甚勤。后张汝州再致书，因书院所收文字过多，马一浮无暇尽阅，张汝舟托人询问，马一浮遂将其原稿寄还。信中云："贤者博涉多通，甚望务其大者、远者，坐进此道，必更有沛然有得于文字之外也。"（以上参见马一浮著、吴光主编《马一浮全集》附录丁敬涵编著《马一浮先生年谱简编》，浙江古籍出版社 2012 年版；张雨晴《马一浮学术年谱整理（1911—1949）及其儒学践履活动研究》，贵州大学硕士学位论文，2019 年）

周恩来 1 月 11 日出席《新华日报》创刊 3 周年的庆祝晚会。会间，接到新四军被包围、袭击的急电，即在会上宣布"皖南事变"，谴责国民党顽固派的阴谋，遥祝新四军冲破重围和黑暗。15 日，致电毛泽东并中共中央书记处：当前各小党派想成立一民主联盟，以求自保和发展。我们力促其成，条件为真正中间，不要偏向国民党。中旬，指示新华日报社撰写关于"皖南事变"真相的报导和抗议国民党制造"皖南事变"的社论；指示八路军重庆办事处和新华日报社编印揭发"皖南事变"真相的传单。17 日，"皖南事变"爆发。18 日清晨，载有周恩来题词"千古奇冤，江南一叶。同室操戈，相煎何急"的《新华日报》到达读者手中，并出现在重庆大街小巷的阅报墙上，报纸销量从平时的 1000 份猛增到 5000 份。同日，闻新华日报社营业部主任涂国林被捕，当即向张冲据理力争，迫使当局将人放回。2 月 5 日，对因不堪忍受政治压迫和经济困难举家自杀而获救的著名戏剧家洪深，着人予以资助。8 日，蒋介石接到罗斯福盼国共合作的来函。10 日，在玉皇观同黄炎培、周士观、沈钧儒、邹韬奋、章伯钧、张申府、左舜生、张君劢商量对国民参政会的态度。随后，周恩来将聚谈情况电告毛泽东，主张接受他们的建议：以中共 7 参政员名义将中共提出的 12 条善后办法提到参政会要求讨论，以此作为出席参政会的条件，否则不能出席；成立各党派委员会，讨论国共关系和民主问题，在此会上提出"十二条"。14 日，中共中央书记处来电同意，并同意在参政会外成立各党派委员会讨论政治问题。同日，会见 7 日抵渝的罗斯福代表居里。居里表示美国赞助中国统一，反对日本，不愿内战扩大，主张政府改革，询及蒋介石有无投降倾向、新四军事变真相、中共目前民主主张和各项政策的内容。周恩来在回答居里所提问题后,提供若干材料揭露蒋,并说明蒋若不改变反共政策,将引起国内战争,使抗战熄火,日本南进。27日,应邀赴张君劢寓所,听取黄炎培等介绍他们就组织各党派委员会问题向蒋介石陈述的情况和劝中共参政员出席参政会的建议。周恩来表示:只在"十二条"办法有满意解决的确实保证后,才能出席参政会;我方参加各党派委员会代表的人选须请示后定。同月,居里向蒋介石声明:美国在国共纠纷未解决前,无法大量援华,中美间的经济、财政等各问题不可能有何进展。

周恩来同董必武、邓颖超3月2日联名致函黄炎培、梁漱溟、左舜生、章伯钧、沈钧儒、张申府、邹韬奋、罗隆基、张澜等16人,说明中共中央为顾全大局,已将原定的12条善后办法改为临时解决办法12条,只要实行这个"十二条"有了明确保证,董必武、邓颖超必能出席参政会。19日,中国民主政团同盟在重庆成立。22日,同董必武到张君劢寓所,听黄炎培谈3月20日同蒋介石就组织党派委员会洽谈的经过。周恩来、董必武坚持党派委员会必须在国民参政会外。24日,和董必武到张澜寓所同黄炎培、张澜商谈时局。27日,和董必武在黄炎培寓所同张君劢、左舜生、梁漱溟、章伯钧商谈国事。周恩来、董必武转达中共中央对组织各党派委员会的主张:名称为各党派委员会,不属于政府。30日,同董必武、邓颖超联名,为因抨击国民党的财政金融政策被监禁的著名经济学家、重庆大学商学院院长马寅初60寿辰赠送对联:"桃李增华,坐帐无鹤;琴书做伴,支床有龟。"是春,就部分进步文化人想去解放区的事,答复郭沫若:反共高潮一定会被击退,大家想到解放区的心情可以理解,但国统区还需要有人开展工作。5月7日,致电廖承志:三个月来文化人到香港者甚多,建议你学习列宁、斯大林对待高尔基的态度,帮助文化人前进。25日,为《新华日报》撰写的代论《论目前战局》一文发表。31日,为《新华日报》撰写代论《论时局中的暗流》。6月上旬,在周恩来领导下做国际情报工作的阎宝航,获悉法西斯德国即将进攻苏联,立即电告中共中央。中共中央迅即电告斯大林。16日,周恩来电告毛泽东:德国将于21日发动战争。6月15日、22日,为《新华日报》撰写的代论《民族至上与国家至上》发表。文章阐述中国共产党在民族和国家问题上的立场、主张和观点。18日,和董必武出席中苏文化协会。中华全国文艺界抗敌协会等单位为纪念高尔基逝世5周年举行的晚会。27日,和董必武到左舜生家,同黄炎培、章伯钧、张申府、沈钧儒、周士观等讨论时局。28日,为《新华日报》撰写代论《论苏德战争及反法西斯的斗争》。6月,约见李亚群,要李去广西负责统战工作。在分析广西的形势后指出,广西统战部门的主要任务是做李济深为首的桂系上层人物的工作,还要组织理论、文化、文艺、教育界的党员,去团结教育党外知识分子,开展抗日民主活动,并保护、安置受到蒋介石迫害的一些知名人士。

周恩来7月1日致电廖承志,除告重庆文化人去港情况外,嘱廖支持统一建国同志会和文化协会,多鼓励老舍。7日,为《新华日报》撰写的题为《七·七四周年》的社论发表。24日,致电廖承志:对梁漱溟等拟议中的民主同盟政纲可予赞助;蒋介石政治顾问拉铁摩尔来华后左舜生等认为民主运动有展开的可能,所以他们拟在港澳各党派参政员中酝酿拒绝出席国民参政会,以推进民主运动,对此可给予帮助;对重庆、昆明等地酝酿呼应香港要求民主事,可予以鼓励。27日,到黄炎培寓所谈国际形势。8月30日,为纪念中国人民抗战4周年,所写《抗战四年》一文在《群众》周刊发表。夏,提议一部分中共党员同爱国进步人士、国民党左派以及在国民政府中担任较高幕僚职位的人士共同建立一个统一战线组织。后经王炳南、王昆仑、许宝驹等筹划酝酿,成立秘密政治团体中国民族大众同盟,一年后改名为中国民主革命同盟。这个组织成立之初,成员大都是国民党知名左派人物,以王昆仑、仲容、于振瀛、杜斌丞、许宝驹、屈武、谭惕吾等为代表,很多人与国民党上层要员关系密切。也有些成员来自不同的民主党派,如金仲华、曹孟君、孙晓村、吴觉农、高崇民、阎宝航、潘菽等。1944年向文化界扩充,阳翰笙、沈志远、侯外庐等相继加入。中国民主革命同盟的核心成员经常碰头,交流情况,王炳南是参加其中的公开的中共代表。周恩来在重庆期间,参加它的核心会议的次数很多。9月8日,同董必武、邓颖超电唁《大公报》张季鸾逝世。联名送挽联:忠于所事,不屈不挠,三十年笔墨生涯,树立起报人模范;病已及事,忽轻忽重,四五月杖鞋失次,消磨了国士精神。18日,为《新华日报》撰写的《"九·一八"十年》发表。同月,为在上海建立文化工作据点,电嘱廖承志提出适当人选。夏秋,赞同和重视阳翰笙关于利用戏剧反击蒋介石法西斯专政的计划。

周恩来10月上旬到郭沫若寓所,面告郭沫若和阳翰笙,要庆祝郭沫若创作25周年和50生辰,说明这次纪念是一场重大的文化斗争,通过它发动一切民主进步力量来冲破国民党在政治上和文化上的法西斯统治。要阳翰笙代南方局起草给成都、昆明、桂林、延安和香港等地党组织的电报,并将电稿携回审改。11日,为领导八路军重庆办事处和新华日报馆中共党员和干部的整风学习,作关于列宁《共产主义运动中的"左派"幼稚病》的报告。19日,《新华日报》发表周恩来撰写的代论《太平洋战争的新危机》。11月9日,国民党重庆市党部等机关团体为张冲举行追悼会,周恩来送了挽联,并为《新华日报》撰写《悼张淮南先生》。16日,出席重庆各界人士纪念郭沫若50诞辰和创作生活25周年的茶会。在会上致贺词,论述鲁迅和郭沫若不同的时代和经历,高度评价他们在文艺、学术等方面的成就,并在《新华日报》发表《我要说的话》,其中说:"郭先生是富于战斗性的,不仅在北伐、抗战两个伟大时代,郭先生是站在战斗的前线,号召全国军民,反对北洋军阀,反对日本强盗和逆伪的;便在二十五年的文化生活中,郭先生也常常以斗士的姿态出现的。正因为这样,他才能成为今日革命文化的班头。"文中提出郭沫若在革命的文化生活中最值得提出的三点,也是最值得大家学习的三点是:丰富的革命热情,深邃的研究精神,勇敢的战斗生活。留渝剧人决定自本月20日起演出郭沫若编写的历史剧《棠棣之花》。冬,约文艺戏剧界朋友来曾家岩50号聚餐,自己下厨做家乡菜,招待阳翰笙、陈白尘、郑君里、舒绣文、白杨、张瑞芳、秦怡等百余人。12月7日,为《新华日报》所辟《棠棣之花剧评》专页题写刊头,并修改《从棠棣之花谈到评历史剧》和《正义的赞诗,壮丽的图画》两文。12日,会见宗教界人士吴耀宗,向他详细阐明建立统一战线的重要意义。14日,所撰《太平洋战争与世界战局》在《新华日报》发表。19日,应张群、王世杰之邀,和董必武、黄炎培、左舜生、张澜、王造时、褚辅成等继续商谈参政会决议案4条实施办法。20日,就香港文化界人士如何安置,朋友是否已撤出以及对新、菲两岛有无联络办法等问题电询廖承志。21日,与黄炎培、张君劢、左舜生、章伯钧、张澜在特园商谈关于国民政府设国事协议机关的意见。下旬,致电廖承志、潘汉年、刘少文并中共中央书记处,提出:特困留在香港的爱国人士接至澳门转广州湾然后集中桂林;即刻派人告梅龚彬、胡西民,并转告在柳州的左洪涛,要他们接待;政治活动人物可留桂林,文化界可先到桂林新华日报社,戈宝权等来重庆;对戏剧界朋友可要夏衍组织一旅行剧团,转赴西南各地,暂不来重庆;留港的少数人必须符合秘密条件;存款全部取出,一切疏散和帮助朋友的费用均由你们开支;与港政府商定,如他们派军队护送人物及军火至海南岛,可送一批人去,并进行破坏日机场和仓库交通线;派人帮助孙、廖两夫人和柳亚子、邹韬奋、梁漱溟等离港。(以上参见中央文献研究室《周恩来年谱1898—1976》,中央文献出版社1998年版)

董必武1月12日和周恩来、叶剑英联名致电李克农,并报中共中央书记处:白崇禧加紧反共,准备打击八路军桂林办事处,对文化界恐不久将进行镇压,望告文化界注意。中旬,根据中共中央指示,离西安经成都赴重庆,继续协助周恩来领导南方局和重庆办事处的工作。18日,中共中央电示周恩来、叶剑英、董必武:国民党已准备破裂,你们在重庆的环境日险,应立即设法离渝返延。渝办和《新华日报》干部应尽量减少,减下的同志设法分批返延。党外同情分子分批转移南洋、香港,并助其旅费。下午,到黄炎培住所共餐,与黄炎培就"皖南事变"的真情和将采取的对策,深入地交换了意见。2月27—28日,和周恩来一起两次会见黄炎培、沈钧儒、左舜生、梁漱溟等。3月1日,国民参政会二届一次会议在重庆召开。国民党拒绝接受中共提出的皖南事变善后办法12条,董必武、邓颖超等拒绝出席。2日,和周恩来,邓颖超一起致函黄炎培、张澜、江恒源、张君劢、罗隆基、梁漱溟、左舜生、李璜、章伯钧、沈钧儒等各党派领导人,说明为顾全大局起见,提出临时解决办法12条,作为出席第二届国民参政会和解决"皖南事变"的条件。上旬,在民主政团同盟成立前夕,多次在张澜住处会见各党派领导人沈钧儒、邹韬奋、张申府(救国会)、黄炎培(职业教育社)、李璜(青年党)、章伯钧(农工民主党)等,以聚餐形式开会讨论同国民党斗争的问题,并推动各民主党派成立民主政团同盟。13日,和李璜、章伯钧、张申府、张澜、沈钧儒、罗隆基、周士观、梁漱溟、黄炎培、张君劢、曾琦等在重庆一心餐馆共议国共两党关系问题。4月30日,和周恩来与黄炎培、左舜生、章伯钧就当前时局及发展趋势问题,交换意见。

董必武7月4日为纪念"七七"抗战4周年,撰写了《我国抗战四周年之民主政治》一文,被国民党政府扣压,不准在《新华日报》上刊登。此文8月6日由延安《解放日报》以代社论发表。8月1日,为《新华日报》写的署名文章《联合起来扑灭法西斯》,以代社论发表。9月23日,中共中央复电周恩来,同意由董必武兼任南方局宣传部长。10月6日,出席中共中央南方局会议,汇报关于出席参政会问题和财政问题。10日,为《新华日报》撰写代社论《辛亥革命三十年》。论述辛亥革命后30年,我国灾难重重,但历史仍在进步。从经济、文化、政治、军事诸方面精辟地分析了这种进步。11月12日,和周恩来在张君劢寓所,同沈钧儒、张澜、张君劢、左舜生、章伯钧、黄炎培,李璜、罗隆基、余家菊等共商国是。16日,与周恩来、王若飞、柳亚子、老舍、夏衍、梅贻琦出席郭沫若50诞辰暨从事创作生活25周年祝贺活动。17—26日,和邓颖超出席第二届国民参政会第二次大会。18日,听取了行政院各部作的财政、交通、经济、社会等报告。19日,听取内政,粮食、教育、农林等项报告,并被推选为军事国防组召集人之一。26日,当选为二届国民参政会第二次大会休会期间驻会委员会委员。12月12日,出席国民参政会第二届第二次大会休会期间驻会委员会首次会议。讨论关于政府对德日意之宣战及与反侵略国家合作互助案。26日,和周恩来、沈钧儒、王造时参加中国民主政团同盟负责人张澜、左舜生、黄炎培、冷遹、章伯钧在重庆特园的聚会,共商时局问题。29日,和黄炎培、左舜生、吴耀宗、邓初民等出席中苏文化协会举行的座谈会,讨论时局问题,发表了对时局的看法。12月至次年1月,中共中央南方局在重庆举行会议,总结两年来的工作。(以上参见《董必武年谱》编纂组《董必武年谱》,中央文献出版社1991年版)

潘梓年继续任《新华日报》社长。1月18日,《新华日报》发表周恩来抗议顽固派发动"皖南事变"的题词和题诗。题词是:"为江南死国难者志哀。"题诗是:"千古奇冤,江南一叶;同室操戈,相煎何急!?"5月30日,屈原忌日,《新华日报》发表了郭沫若的《蒲剑·龙船·鲤帜》、柳倩的《纪念与任务——祝贺第一个诗人节》、申的《吊屈原》(七律一章)、和山的《关于离骚》、李石峰的《"从咚咚……"说到屈原》,以示祝贺。6月12日,《新华日报》发表了时评《高尔基——列宁的至友》,指出:"高尔基逝世已经五周年了。五年以来,我们每年在这个忌辰都要举行盛大而肃穆的纪念。这说明我们对这个世界新文艺的巨星是懂得尊敬的,也正在说明我们的新文艺运动是和高尔基所指导的新文艺运动同其旨趣——为劳动人民而服务。"此外,该报还发表了戈宝权的《回忆高尔基》、秀兰的《高尔基还活着》。7月11日,《新华日报》发表郭沫若、沈钧儒、茅盾、郁达夫、曹靖华、陶行知、田汉、胡愈之、老舍等264人署名的中国文化界致苏联科学院会员书。8月5日,《新华日报》发表我国戏剧电影界慰问苏联戏剧电影界书。10日,戏剧节,全国戏剧界抗敌协会在一园大戏院举行纪念会。阳翰笙发言肯定了抗战剧运的成绩,同时也指出了迎合观众低级趣味的倾向。同日,《新华日报》出了戏剧节专刊,发表了钱烈的《建立现实主义的演出体系》、演剧之友的《后方的戏剧运动者要怎样跟功利的,买卖的倾向斗争? ——滨剧之友座谈报告》、欧阳凡海的《今天我们应该怎样来写剧评》、舒非的《谈今日大后方的演员生活》等。19日,《新华日报》出版纪念专页。在专页的显著位置,刊登了毛泽东同志在《新民主主义论》中的话,编者所加的题名为《鲁迅先生与新文化运动》。27日,《新华日报》刊载了中国诗歌界致苏联诗人及苏联人民书。11月16日,郭沫若50寿辰和创作生活25周年。《新华日报》发表了周恩来撰写的代论《我要说的话》。20日,《新华日报》载中国文化界人士致苏联人民书。12月7日,《新华日报》出《棠棣之花》剧评专页,载有欧阳凡海的《论历史剧》、章罂的《从〈棠棣之花〉谈到评历史剧》,舜瑶的《正义的赞诗、壮丽的画图!》,高度评价了《棠棣之花》取得的成就。(参见文天行编《国统区抗战文艺运动大事记》,四川省社会科学院出版社1985年版)

　　阳翰笙1月17日回高县"省亲"。在"皖南事变"以后,中共中央南方局和周恩来为防备国民党顽固派重演"四·一二"事件,有条不紊而又极有效率地将大批爱国进步的知识分子——文化界的革命同志和朋友疏散离重庆。阳翰笙紧张又细致地完成了这一组织疏散的任务。待大部分文化人已经分散,其它应变措施都已大致安排妥当后,周恩来叫阳翰笙也离开重庆,躲避一下敌人的刀锋。周恩来说:"你是四川人,找个地方隐避一下,等局势缓和下来或者稳定下来再回来。"因高县属军阀刘湘的势力范围,蒋介石在那里的统治力量比较薄弱;又因阳翰笙的一些老同学是那里的开明士绅,可以起保护作用,于是阳翰笙以父病"省亲"为由,回到高县罗场。阳翰笙在罗场老家住了一个多月,至3月返渝。其间,阳翰笙曾向当年参加保路同志军的人做调查,为日后创作《草莽英雄》搜集第一手材料。4月25日,参加文工会举行的戏剧批评座谈会。5月30日,出席文协举行的第一届"诗人节"庆祝会。春夏,在击退国民党顽固派发动的第二次反共高潮之后,为重新部署力量,在文化战线上反击顽固派,阳翰笙等人建议,经周恩来批准,郭沫若大力支持,从文工会经费中提取3000元,由阳翰笙负责推动应云卫等人组成中华剧艺社(简称"中艺"),以团结文艺界广大同志和朋友进一步开展斗争。7月8日,文工会举行第三次文艺讲演会,阳翰笙报告抗战戏剧的新任务,刊于7月22日《新蜀报》副刊、文工会主编的《七天文艺》和《青年戏剧通讯》第14—15期合刊。11日,郭沫若、阳翰笙等200余人致书苏联科学院,表示愿同全世界的朋友携手反对法西斯。

　　阳翰笙五幕历史话剧《天国春秋》9月3日脱稿。这是专门为中华剧艺社写的,供庆祝郭沫若 50 寿辰之演出。由于剧本主题思想的深刻,艺术表现的成功,因而在国统区演出时受到一致好评,影响巨大。9 月 14 日,文工会举行第四次文艺座谈会,讨论新诗的语言问题。10 月上旬一天,周恩来到重庆天官府郭沫若家,向郭沫若和阳翰笙说,要为郭沫若的 50 寿辰和创作 25 周年举行庆祝活动,借以发动一切进步力量来冲破政人在政治上和文化上的法西斯统治。周恩来将筹备任务交由阳翰笙负责。阳翰笙当即受命代南方局草了一份通知成都、昆明、桂林、延安、香港等地党组织的电报。随后,阳翰笙拟出筹备庆祝计划,由周恩来批准。并由阳翰笙、冯乃超、石凌鹤等文工会成员组成工作机构。再由阳翰笙联络中华全国文艺界抗敌协会、抗敌剧协、救国会、中苏友协、各民主党派和无党无派的著名人士、新闻单位,建立筹备委员会。11 月 16 日,在党中央南方局和周恩来的领导组织下,重庆、成都、桂林、昆明、延安、香港等地的各民主党派、各进步人民团体和文化界著名人士为郭沫若 50 寿辰和创作 25 周年举行隆重的纪念活动。27 日起,《天国春秋》为参加郭沫若纪念活动,在重庆上演。重庆各报纷纷报道演出消息和发表评论文章。12 月 2 日,徐昌霖在《新华日报》发表《〈天国春秋〉底上演》,认为它"获得了空前的成功",有"重大的意义和宝贵的价值"。(以上参见张大明《阳翰笙年谱》,《抗战文艺研究》1984 年第 3 期)

　　冯乃超 1 月 1 日在重庆《中苏文化》半月刊"文艺特刊"发表《致苏联人民书》。20 日,翻译芥川龙之介小说《河童》由上海三通书局出版。同月,国民党发动第二次反共高潮,制造了震惊中外的"皖南事变"。我党为了保存力量,领导国统区内文化工作者撤退。冯乃超与徐冰一起组织"文工会"及孩子剧团部分人员疏散到香港、昆明、延安等地。蔡家桂因被派往海外工作,从本年起孩子剧团由冯乃超直接领导;与阳翰笙、郑伯奇、光未然等创办《文艺工作》,因被国民党破坏而未能出版。3 月 15 日,"文协"用通信选举办法改选第三届理事,冯乃超被选为在渝理事。5 月 30 日,出席"文协"在中法比瑞同学会举行的第一届诗人节庆祝会。7 月中旬,与郭沫若等往歌乐山访冰心。9 月 14 日,主持"文工会"第四次文艺座谈会,讨论《新诗的语言问题》。座谈纪要载 10 月 7 日重庆《新蜀报》副刊《七天文艺》第 27 期。10 月 27 日,与冯玉祥等 149 人联名在重庆《新华日报》发表《中国诗歌界致苏联诗人及苏联人民书》。11 月 16 日中午,参加在天官府举行的聚餐会,祝贺郭沫若 50 诞辰暨创作生活 25 周年。下午,往中苏友协出席文化界举行的庆祝茶会。后作《发聩震聋的雷霆——纪念郭沫若先生二十五年创作生活》,认为"郭沫若先生在中国新诗的劳作上,是成就最高,贡献最大的人","二十五年间的奋斗努力,使他对于中国民族建立了不可磨灭的功绩,给中国的民族解放运动,养成了刚毅强大的力"。此文后刊于次年 6 月 15 日重庆《抗战文艺》月刊第 7 卷第 6 期。20 日,与郭沫若往夫子池,主持"文工会"举办的第二次木刻展览会预展。次日即正式展览,开放 3 天。(参见李江《冯乃超年谱》,载李伟江编《冯乃超研究资料》,陕西人民出版社 1992 年版)

　　杜国庠在文工会任职期间,深入进了中国古代史和先秦诸子的研究,在《新华日报》和《群众》周刊上发表了不少文章。是年此时前后,杜国庠发表文章批判冯友兰的"新理学"。侯外庐后来在《杜国庠文集·序》(《杜国痒文集》,人民出版社 1962 年版)中说:"在抗日战争时期,杜国庠同志还对冯友兰先生的著作《新理学》《新原道》《新原人》等宣传的唯心主义历史观进行了辩论。当时冯先生的学说很迷惑一些人,例如在杜国庠同志和我参加的一个读书会上,张申府就胡说:'中国文化,要孔子、罗素和马克思三位一体结合起来。《新理学》已经是有代表性的杰作!'杜国庠同志听了这种谬论,大笑起来。他在会后对我说:'我们应该批判《新理学》。'我想,我们可以用商榷的态度和冯先生进行辩论。""杜国庠同志写批判‘新理学'的论文在当时是很有分寸的,但是很有说服力。他在当时限于环境,只集中在这样两个方面展开论点:一方面,说明唯物主义才是中国哲学发展的优良传统,揭露‘新理学'自居于‘接着'几个唯心主义的传统,在于美化腐朽的唯心主义而否定中国唯物主义的历史地位以至存在条件;其次论证在中国哲学史中贯串着唯物主义和唯心主义两条路线的不可调和的斗争,而不是如‘新理学'所说的‘中国哲学精神'是几个唯心主义的杂汇。另一方面,为了使人明了‘新理学'的欺骗方法,杜国庠同志对哲学史文献作出符合于实际的分析和批判,进而证明‘新理学'歪曲事实,矛盾百出。杜国庠同志最后还指出了‘新理学'的阶级根源及其反动实质。"(参见杜运辉《侯外庐先生学谱》,中国社会科学出版社2013年版)

老舍1月1日在《抗战文艺》第7卷第1期发表《一九四一年文学趋向的展望》,此文为1940年11月23日《抗战文艺》举办的文艺座谈会上的发言记录,载老舍等14人发言。同日,《我怎祥写通俗文艺》刊于《抗战文艺》第7卷第1期。文中介绍了作者对通俗文艺发生兴趣与怎祥学习的经过,说明了写作通俗文艺的甘苦及对"旧瓶装新酒"的办法从采用到放弃的体验。15日,《当前文艺研究》刊于《大路》综合半月刊第4卷第3期。2月,中央青年剧社改组,应社长熊佛西、副社长张骏祥邀请,老舍、洪深、曹禺、马彦祥、应云卫等受聘为编导委员。同月1日,《灵的文学与佛教》刊于佛学月刊《海潮音》第22卷2号。此文是由达居整理的老舍在汉藏教理院的讲话记录稿,文中给但丁以高度评价,称《神曲》是一部"最伟大、最成功"的"灵的文学"的杰作,认为但丁"替西洋文苑开辟了一块灵的文学的新园地""对欧洲文化,实在是个最大的贡献",指出:"中国现在需要一个像但丁这样的人出来,从灵的文学着手,将良心之门打开,使人人都过着灵的生活,使大家都拿出良心来,但不一定就是迷信。"希望听众——研究佛学的和尚们之中有人"发心去做灵的文学底工作,救救这没了‘灵魂'的中国人心"。同日,座谈会发言《戏剧的民族形式问题座谈》刊于《戏剧春秋》第1卷第3—4期。2月7日,国民党中央宣传部文化运动委员会成立,设委员140余人,老舍、郭沫若、冰心为挂名委员。7—9日,《国家至上》由复旦中学叱咤剧社在重庆实验剧院公演,导演马彦祥、孙坚白。14日,为响应重庆文化界出钱劳军运动,"文协"在《新蜀报》发表号召会员捐赠稿费启事。

老舍2月28日出席文艺界抗敌协会召开理事会,决定用通信方式改选第三届理事。3月15日开票,老舍当选为在渝理事,继任总务部主任。其他在渝理事有冯玉祥、郭沫若、张道藩、叶楚伧、田汉、茅盾、冰心、姚莲子、王平陵、郑伯奇、巴金、胡风、洪深、曹靖华、孙伏园、华林、徐仲年、何容、老向、陈望道、阳翰笙、罗荪、冯乃超、宋之的等25名。各地理事邵力子、林语堂、叶圣陶、曹禺等4名;上海理事郑振铎、楼适夷等2名;候补理事马宗融、沙汀、黄芝冈、张恨水、潘梓年、艾青、叶以群等15名。20日,《抗战文艺》第7卷第2—3合期出版。刊载有"文协"《总务部报告》《研究部报告》《组织概况》《出版部报告》,总结两年来之工作。此外,还刊载有一组"关于小说中人物描写的意见"。发表意见的有巴金、靳以、胡风、叶以群、茅盾、老舍、草明、吴组缃。他们从不同角度谈了塑造人物形象的感想。27日下午3时,"文协"在临江路中法比瑞同学会会所举行"文协"成立三周年纪念会。参加会的有老舍、胡风、巴金、阳翰笙、姚蓬子、华林、王平陵、孔罗荪、陆晶清、谢冰心、葛一虹、潘梓年等50余人,老舍主持会议,并报告了本届改选事宜及响应出钱劳军的经过。4月13日,老舍在留法比瑞同学会演讲《怎样学习文艺》,听众500余人。26日晚6时,"文协"在关庙街广东酒家举行在渝各文化团体第五次联欢晚会,到 200 余人。老舍出席,并致开幕词,各团体分别报告工作情况。27 日,"文工会"在抗建堂举行题为"文艺创作方法论"演讲会。老舍演讲小说的创作方法,孙伏园、郭若分别演讲散文、诗歌的创作方法,听众极踊跃。29 日,《国家至上》在重庆抗建礼堂公演。演至 5 月 5 日,导演马彦祥。春,杨振声通过罗常培聘请老舍任西南联大叙永分校教授,老舍谢绝。

老舍 5 月 20 日在《文史杂志》第 1 卷第 8 期发表《怎样写小说》。文中根据自己的创作经验,阐述了故事、景物、人物在小说创作中的意义。30 日,中华全国文艺界抗敌协会在《新华日报》第 2 版发表《诗人·节缘起》,宣布"我们决定诗人节,是要效法屈原的精神,是要使诗歌成为民族的呼声","是要向全世界高举起独立自由的诗艺术的旗帜,诅咒侵略,讴歌创造,赞扬真理"。老舍是"诗人节"发起人之一。同日,为屈原投江日,"文协"诗歌工作者将该日定为"诗人节"。晚,"文协"在中法比瑞同学会举行第一届诗人节庆祝会。老舍以及郭沫若、阳翰笙、姚蓬子、孔罗荪、周欣岳、潘梓年等 200 余人出席。老舍报告诗人节筹备经过及意义,郭沫若讲述屈原的生平和思想,号召大家效法屈原的精神。同日,老舍在《中央日报》发表《论新诗》,论述了新诗在抗战中应如何发展自己,提出"一个现代人才能成为一个现代诗人,一个现代诗人才能写出现代的诗"。6 月初,罗常培、梅贻琦、郑天挺在重庆会见老舍,并代表联大请老舍到昆明讲学。老舍爽快答应并预先声明,除去交通工具和珍重的友情以外,不接受任何报酬。4 日晚,老舍与罗常培等一同观看了川戏,观剧后与孙伏园送罗常培、郑天挺、梅贻琦上船归昆明,并约定过 20 天左右在重庆会面。后因旅途阻滞,罗常培于 8 月初方回到歌乐山。11 日,中苏文化协会为苏联国际文学杂志将出版的《中国抗战文艺专号》所征文稿,一批已首运苏联,内有茅盾、胡风、老舍、侯外庐、郑伯奇、艾青、卢冀野、欧阳山、葛一虹、以群、沙汀、卢鸿基、陈烟桥、贺绿汀、曹靖华等 15 人的文章。老舍文章题为《文章下乡文章入伍》。13 日,在留法比瑞同学会演讲《怎样学习文艺》。18 日晚 7 时,"中苏文化协会""文工会""文协""剧协""电协"等 10 团体在中 1 路 170 号联合举行高尔基逝世 5 周年纪念会。梁寒操主持,老舍及周恩来、冯玉祥、王昆仑、沈钧儒、董必武、潘梓年、郭沫若、聂绀弩、张俊祥、梅林、舒绣文、张西曼、姚蓬子等到会。会上郭沫若演讲《活的模范》,戈宝权报告高尔基生平,老舍朗诵了高尔基的《鹰之歌》。

老舍 7 月 7 日出席重庆各界为纪念"七七"抗战 4 周年举行的纪念活动。11 日,《新华日报》第 2 版刊登郭沫若、沈钧儒、茅盾、老舍、阳翰笙、郁达夫、曹靖华、陶行知、田汉、胡愈之、夏衍等 264 人签名的《中国文化界致苏联科学院会员书》,热烈响应他们向全世界文化界发出的"反对文化与科学最恶毒的敌人——法西斯强盗"的号召,表示中国文化工作者将"更其奋发,更坚决的加强我们的斗争,更紧密的同苏联全体人民携起手来,扑灭我们共同的敌人"。25 日,《文章下乡,文章入伍》刊于《中苏文化》第 9 卷第 1 期"抗战四周年纪念特刊"。8 月 13 日,《略谈抗战文艺》刊于《抗战四年》"文艺音乐"栏。17 日,《敬悼许地山先生》刊于武汉《大公报》,文中深情记叙了 20 多年间与之亲密交往的经过,以及许地山对学习好知喜问的态度、对生活的热爱、对朋友提携辅导的热诚、对金钱利益的淡薄等等治学与为人的特色,从而表明了他是怎样的可爱与可敬。中旬,自陈家桥连寄两信给正在歌乐山的罗常培,言原定赴昆明作暑假讲演之事,因暑假已过,应即中止。且听说请人讲演,在西南联大还是创举,自惭浅学,不敢作开例之人。罗常培、梅贻琦、郑天挺、谢冰心等为此事联名信致老舍,由颜一樵亲自送到陈家桥,诚恳希望践约。21 日,接罗常培、梅贻琦、郑天挺、谢冰心等友人信后,从陈家桥步行40里到歌乐山。在友人力劝之下,同意赴滇,以不负众望。11月10日,老舍离昆明回重庆。同日,《我所认识的郭沫若先生》刊于《新蜀报》"蜀道"第530期,又载《抗战文艺》第7卷第6期(1942年6月15日出版)"郭沫若先生创作生活二十五年纪念特辑"。文章从5个方面赞述了郭沫若在事业上的成就及人品:(一)文艺创作及翻译;(二)北伐期间的革命功业;(三)考古学上的成就;(四)抗战以来的抗敌工作,(五)他的为人。16日,为庆祝郭沫若50诞辰及创作生活25周年,"文协"在中苏友协举行庆祝茶会,冯玉祥主持,老舍代表"文协"报告郭沫若生平事迹,周恩来,黄炎培、沈钧儒及苏联朋友也相继讲话。21日,《参加郭沫若先生创作二十五年纪念会感言》刊于《时事新报》副刊"青光"。22日下午2时,"文工会"在天官府街7号举行茶会,欢迎由昆明讲学归来的老舍。会上,老舍对西南文艺状况作了详尽的报告。12月10日,《敬悼许地山先生》刊于重庆《文学月刊》第3卷第2—3期合刊。此文与本年8月17日《大公报》所载同名文章内容各异。21日,中华全国戏剧界抗敌协会举行理监事改选,老舍当选理事。是年,《民意》周刊创刊。老舍被聘为该刊撰稿人之一。(以上参见甘海岚编《老舍年谱》,书目文献出版社1989年版;文天行编《国统区抗战文艺运动大事记》,四川省社会科学院出版社1985年版)

　　茅盾1月1日在《中苏文化》文艺特刊发表《致苏联作家》,信中说:"中国的抗战建国是艰巨而伟大的事业,我们已经坚持了三年了,而且继续将坚持下去,直到最后胜利。……这是我们中国作家努力的目标。"6日,作《戏剧的民族形式问题》,刊于3月29日《抗战文艺》第7卷第2—3期合刊。文中提出戏剧"民族形式"的建立,应做两方面的工作:"一是改良旧戏而建立'民族形式'的新歌剧,又一个是在建立'民族形式'的目标下来继续发展话剧。"8日,出席由罗荪主持召开的"作家的主观与艺术的客观性"座谈会,并在会上发言。参加座谈会的还有胡风、戈宝权、叶以群、艾青、光未然等。上旬,为《文艺阵地》复刊而积极努力。经徐伯昕几位努力,终于从图书杂志审查会搞到了"审查证",正在上海的楼适夷一时不能前来重庆,即与叶以群、沙汀、宋之的、章泯、曹靖华、欧阳山等重新组织了一个编委会,并被推举为主编。在此期间,经常在家中与叶以群商讨编辑计划,研究组稿工作和稿件的审定等问题。12日下午,往嘉陵宾馆出席苏联塔斯社中国分社为招待重庆文化界、新闻界人士而举行的茶会。到会的还有郭沫若、沈钧儒、邹韬奋、侯外庐、章汉夫、戈宝权、王世杰等。18日下午,叶以群来,讲了当日《新华日报》出版的经过,以及周恩来和办事处的同志亲自上街卖报并发表即席演讲的情形,并告知,现在中共中央应变方针尚未收到,估计一二天内周恩来或徐冰会来传达,要做好大变动的思想准备。

　　茅盾1月23日或24日应周恩来之召,与若干民主党派和无党派人士一起听他介绍了"皖南事变"的前因后果以及中共中央的严正立场。徐冰来打招呼,鉴于目前斗争形势的复杂与险恶,为了防止意外变故,过于集中的重庆文化人要作适当的疏散。茅盾当即向徐冰表示,服从工作需要,去哪里都一样。30日,作《现实主义的道路——杂谈二十年来的中国文学》,此文是为《新蜀报》20周年纪念而作,刊于2月1日《新蜀报》,亦见于2月17日香港《立报》。文章指出"中国新文学二十年来所走的路,是现实主义的路","现实主义屹然始终为主潮",同时还强调了重振杂文雄风的必要,因为在这个时代里,可以发挥"突击队"的作用。2月1日,座谈会发言纪要《在戏剧的民族形式问题座谈会上的讲话》刊于《戏剧春秋》第1卷第3期,文中向参加座谈会的人介绍了西北及新疆的情况,并指出"建立中国文艺的民族形式要紧的是深入今日中国的民族现实"。19日,茅盾作《抗战期间中国文艺运动的发展》，此文是根据 1940 年 12 月 8 日在重庆中苏文化人联欢会上的发言整理而成的，刊于 4 月 20 日《中苏文化》第 8 卷第 3—4 期。这篇文章谈了随着战争形势的发展，文艺中心的变化："抗战前，北平和上海是中心。北平、上海沦陷后，文艺中心是武汉和广州。武汉、广州陷落，文艺中心又转移了。事实上，今天的中国文坛已形成了好几个中心点，重庆是一个，桂林、延安、昆明、金华，乃至上海，也都是其中之一。"此外，谈了文艺队伍的变化问题。抗战开始后，"中国的前进的文艺的后备军，是在大量地产生了，培养了，这是中国抗战文艺运动中最光辉的一页，而且也是最主要的特征"。第三，谈"我们的文艺的内容与形式问题，也就提到了一个新的阶段"。指出："中国作家所必须反映者，正是这样的抗战的现实。""至于形式问题，由从前的'大众化'，而更进一阶段，即所谓'民族形式'。"

茅盾 2 月下旬由徐冰安排见到了周恩来。在曾家岩 40 号的小客厅，周恩来对茅盾说："我们把你从延安请到重庆，想不到政局发生这样大的变化，现在又要请你离开重庆了。这次我们建议你到香港去。1938 年你在香港编过《文艺阵地》，对那里比较熟悉。现在香港有很大的变化，所处地位十分重要，是我们向资本主义国家和海外华侨直传中国共产党的政策、争取国际舆论同情和爱国侨胞支持的窗口，又是国内与上海孤岛联系的桥梁。万一国内政局发生剧变，香港将成为我们重要的战斗堡垒。因此我们要加强香港的力量，在那里开辟一个新阵线。已经从重庆和桂林等地抽调一些人去了。其中有夏衍和范长江，韬奋先生也要去，他在这里不安全。也打算让叶以群去，所以《文艺阵地》办不下去了。孔大姐（德沚）是不是去延安？这样可以同两个孩子在一起，也免得惦记。"茅盾回答说："对于我的安排，我没有意见，德沚的事，等我回去问问她，让她自己拿主意。"徐冰又对茅盾说："几天之内你就要离家，先搬到郊区一个地方去。在这段时间里，沈太太（德沚）仍旧住枣子岚垭，活动照常，以迷惑特务们。"

按：茅盾回家后，将与周恩来面谈的事告诉夫人德沚。德沚表示不去延安去香港。将此意见转告了徐冰。徐冰说，可以，但不能一道走，待你到达香港之后，沈太太再走。

茅盾在与周恩来谈话后的第二天，由徐冰派人护送转移至离重庆约 20 公里的南温泉，住的是黄炎培职业教育社的房子。因为要等到正在召开的第二届国民参政会结束才能离开重庆，于是就利用这段时间继续写"见闻录"。其中《白杨礼赞》刊于 4 月 13—14 日《华商报》。同在 2 月下旬，茅盾与以群商量如何结束《文艺阵地》的工作。因为编委欧阳山将去延安，宋之的、章泯、以群都要去香港，只有沙汀、曹靖华还留在四川，而他们两位又不可能实际担负编辑工作，所以周恩来的意见是停刊。茅盾则认为不要停刊，就这样拖下去，既不出，也不停刊，这也是一种抗议方式，抗议言论出版不自由。若停刊，再要复刊就不容易了。以群同意这个意见，并打算再与徐伯昕商量。3 月 15 日，"文协"通信改选第三届理事揭晓，与郭沫若、老舍、田汉、冯玉祥、叶楚伧、姚蓬子、王平陵等当选为在渝理事。（以上参见唐金海、刘长鼎主编《茅盾年谱》，山西高校联合出版社 1996 年版）

巴金约 1 月上旬与靳以等几位友人商谈筹建文化生活出版社重庆办事处之事，并确定亲自主编《曹禺戏剧集》，让靳以主编《烽火文丛》。31 日，《关于〈家〉》刊于重庆《剧艺》第 18 期。同月，在成都作《关于小说中人物描写的意见——给〈抗战文艺〉的编者》，刊于 3 月 20 日《抗战文艺》第 7 卷第 2—3 期合刊，题为《关于两个三部曲》；作《〈冰心著作集〉后记》。2 月上旬，告别成都老"家"，赴重庆。3 月 15 日，经"文协"用通信方式进行改选后，与郭沫若、茅盾、冰心、胡风等 25 人当选为在渝理事。27 日，与老舍、胡风、阳翰笙、姚蓬子、华林等 50

余人出席"文协"成立 3 周年成立纪念会。29 日,开始创作中篇小说《〈火〉第二部》。仍住互生书店楼上,却在互生书店附近租了一间空屋子,潜心创作《火》第二部。6 月,散文集《无题》列入烽火文丛由桂林烽火社出版,含《前记》和正文 19 篇。7 月 7 日,与郭沫若、茅盾、夏衍、胡风、景宋、许地山等联署《中国文艺作家给欧美文化界的一封信》,刊于香港《华商报》。(参见唐金海、张晓云《巴金年谱》,四川文艺出版社 1989 年版)

曹禺《曹禺戏剧集》之六——四幕剧《蜕变》1 月由重庆文化生活出版社初版,8 月再版。3 月初中央青年剧社(简称"中青社")成立两周年之际进行改组,熊佛西任社长,张骏祥任副社长(兼技术课长),特邀洪深、马彦祥、陈鲤庭、鲁觉吾、应云卫、曹禺、王瑞麟、老舍、周彦等著名戏剧家参加组成编导委员会。15 日,中华全国戏剧界抗敌协会第三届理事开票,叶圣陶、曹禺、林语堂、邵力子 4 名当选为各地理事。4 月 12—13 日,国立戏剧学校举行第四十一届公演,在江安县文庙本校剧场,演出曹禺、宋之的作《黑字二十八》,导演刘静沅。曹禺与金韵之(丹尼)合写的论文《我们底表演基本训练的方针和方法》,收入国立剧专《战时戏剧丛书》之七《表演艺术论文集》,由重庆正中书局出版。论文共分三部分:①表演基本训练的方针;②表演基本训练的标准;③国立戏剧学校表演基本训练的项目及教程。9 月 5 日,国民党中央宣传部部长王世杰发布关于暂行禁止《雷雨》上演事复函军委会政治部。

曹禺四幕剧《蜕变》剧本 9 月被列为文季社编"文季丛书"之五由文化生活出版社在重庆出版。10 月 11 日,重庆《新华日报》刊第四届戏剧节联合大公演广告。其中显示:中央青年剧社演出《北京人》,编剧曹禺,导演张骏祥,上演时间本月 24 日至 29 日。10 月 24 日起,为第四届戏剧节,中央青年剧社在重庆抗建堂首演曹禺新作三幕剧《北京人》,导演张骏祥。演至 29 日,连演六晚。12 月 20 日,北京《艺术与生活》第 24 期编发《〈蜕变〉演出专页》。刊有曹禺《关于〈蜕变〉二字》、巴金《关于〈蜕变〉》《〈蜕变〉的故事》《〈蜕变〉演出盛况》《曹禺新作相继问世》《石挥——演梁专员大博美评·誉为:中国剧坛老人典型》《上海职业剧团公演〈蜕变〉演员表》等文。《曹禺新作相继问世》一文说:"曹禺自发表三部曲《雷雨》《日出》《原野》以来,无疑已成中国最著名之戏剧家矣。继之而后,又写《正在想》《蜕变》及改编巴金之《家》,已不下六七种。继《蜕变》而后又写《北京人》现已出版,平均八个月产生一新剧。以上各书,除《家》外,均已由上海文化生活出版社刊印发行,而《家》亦复预告出矣。"12 月,《曹禺戏剧集》之四《北京人》由重庆文化生活出版社出版。是年,曹禺往来于江安、重庆等地,教学、写作、参与社会活动。(以上参见田本相、阿鹰编著《曹禺年谱长编》,上海交通大学出版社 2017 年版)

洪深一家 5 口 2 月 5 日晨服药自杀,遗言有"一切都无办法,政治、事业、家庭、经济如此艰难,不如归去"。郭沫若闻讯偕医生驰往急救,始脱险。周恩来派员前往慰问,并从经济上予以援助。田汉得知洪深因贫病交迫举家愤而自杀的消息,放声痛哭,说:"象洪深同志这样有杰出贡献的戏剧家,遭遇悲惨如此,天下文化人真该同声一哭!"茅盾闻此消息,感慨颇多:"这样一位闻名全国的教授、学者和戏剧家却被迫走此绝路,正说明了政治的黑暗和人性的被摧残。但洪深毕竟太悲观了。"7 日,凌鹤在《新华日报》发表了《关于洪深先生的"不幸"》,指出:"什么原因使他们自杀,在绝命书中已经说得很明白。事业和政治不能分开,在他看来是毫无办法。而家庭中因其女公子久病不愈,医药费甚巨,姑不必说,而心情的烦燥,使家庭间满布着惨淡的空气,也确实使人觉得不安的。尤其是洪夫人工作心切,难以如愿,早已有厌世之念,这是时相过从的朋友们深切知道的。"16 日,茅盾连夜作杂感《雾中偶记》,刊于2月15日《国讯》第261期。文中倾吐了洪深自杀及政治黑暗在心中引起的郁闷。21日,《新中华报》转载重庆、西安消息:名剧作家洪深受经济压迫,再加上女儿肺病沉重,突于2月5日晨起厌世之念,全家服大量奎宁红药水自杀。幸洪深知交即电郭沫若,郭请名医驰赴急救,才无生命危险。消息传出,田汉等闻之惊心泪下。《新中华报》为此发表方紫的杂文《名戏剧家之自杀》。3月8日,陕甘宁边区文化界电慰洪深,聊遽金五百以寄同情。电文如下:重庆周恩来同志转洪深先生:惊闻不幸消息,深为遗憾。抗战三年余,不独日寇未退,反而亲日派、投降派的活动日益嚣张。思想自由剥夺殆尽,先生愤不欲生,凡我士林,莫不同声感喟。延渝遥隔,不能亲往存候,聊遽金五百,以寄同情。唯望早日康复,继续为新文化事业奋斗。夫人令媛,亦希摄护。此祝健康。签名者吴玉章、徐特立、林伯渠、范文澜、何思敬、周扬、萧军、舒群、陈学昭、丁玲、周文、张庚、王震之、姚时晓、吕骥、刘白羽、草明、曾克、齐燕铭、于黑丁、白浪、雷加、何其芳、陈荒煤、江丰、胡蛮、马达、柯仲平、陈唯实、张仲实、艾思奇。15日,本届文协"理事改选揭晓,洪深等25人当选为在渝理事。(参见张向华编《田汉年谱》,中国戏剧出版社1992年版;唐金海、刘长鼎主编《茅盾年谱》,山西高校联合出版社1996年版;刘文耀、杨世元《吴玉章年谱》,四川人民出版社1998年版;文天行编《国统区抗战文艺运动大事记》,四川省社会科学院出版社1985年版)

胡风1月8日与茅盾、戈宝权、庄启东、以群、罗荪、宋之的、葛迪鹤、胡绳、艾青、光未然、葛一虹、力扬、臧云远出席座谈会,座谈作家的主观与艺术的客观问题。胡风说:"现实主义的力量可能把不正确的世界观打碎,减弱。强调现实主义的力量就是在此。但是,并非是说,正确的世界观可以妨碍艺术作品,如果这个作家有正确的世界观,他的成就一定更伟大。也就是说,不正确的世界观在现实主义面前便要被打碎,被减弱;如果是正确的世界观,则现实主义的力量便显得更大。"3月15日,本届"文协"理事改选揭晓,胡风等25人当选为在渝理事。27日,与老舍、巴金、阳翰笙、姚蓬子、华林等50余人出席"文协"成立3周年纪念会。5月1日,胡风所编《民族形式讨论集》出版。这本论文专集,收集了29篇文章,还有两个座谈会记录。编者将文章分为11组:第一组是提出问题,第二组是关于旧形式的作用,第三组是各部门创作者的意见,第四组是戏剧民族化论文,第五组是关于"中心源泉"论的前哨战,第六组是对"五四"新文艺传统的评价,第七组是"中心源泉"论者的大规模反攻,第八组是对于"中心源泉"论的批评及"中心源泉"论者的反批评,第九组是各展开详细见解的两篇论文,第十组是两个座谈会记录,第十一组是从大众化方面对"中心源泉"论的再批评。尽管文章收集得不算多,但民族形式讨论的发展情况基本上:反映出来了。(参见《胡风全集》第7卷第五编《回忆录》,湖北人民出版社1999年版;文天行编《国统区抗战文艺运动大事记》,四川省社会科学院出版社1985年版)

孙伏园继续主编《中央日报》副刊。从1月直至1945年8月兼任重庆士兵月刊社社长,负责编辑出版《士兵月刊》,该刊为国民党军委会政治部和重庆中华平民教育促进会合办的刊物,发行对象是国民党军队的全体士兵,几乎每个战区都有,印刷发行由国民党军委会政治部负责。起初为半月刊,第3期起改为月刊,内容以社论、新闻、军事常识、文艺作品为主。《士兵月刊》社在重庆南纪门,与在化龙桥的中央日报社相距较远,曾经有一段时间,孙伏园在其间来回奔波。3月5日,本届"文协"理事改选揭晓,孙伏园等25人当选为在渝理事。4月27日,文化工作委员会在抗建礼堂举行文艺讲演会,听众拥挤。首由老舍讲小说创作方法,包括选材和描写方法等。次由孙伏园讲散文创作方法及散文与小说、诗歌之区别。末由郭沫若讲诗歌创作方法,勉今日之诗人多反映抗战之现实生活,为新中国的将来而努力。(参见吕晓英《孙伏园评传》及附录《孙伏园年谱简编》,中国社会科学出版社 2011 年版;文天行编《国统区抗战文艺运动大事记》,四川省社会科学院出版社 1985 年版)

陈烟桥、卢鸿基、王琦、张望、魏磊、丁正献、邵恒新、张时敏等留渝木刻工作者 1 月 19 日假文化工作委员会召开谈话会,谈话会决定:以中华全国木刻界抗敌协会主办一全国抗战木刻展览。2 月底齐稿,3 月初展出,售出作品作慰劳前方抗战将士之用。(参见文天行编《国统区抗战文艺运动大事记》,四川省社会科学院出版社 1985 年版)

王昆仑是年夏在南方局和周恩来同志的领导下,负责秘密成立党的外围组织"中国民主革命同盟"(又称"小民革"),以主动为适应"皖南事变"这突如其来的政治形势。周恩来提议一部分中共党员同爱国进步人士、国民党左派以及在国民政府中担任较高幕僚职位的人士共同建立一个统一战线组织。经王炳南、王昆仑、许宝驹等筹划酝酿,决定成立秘密政治团体中国民族大众同盟,王昆仑、王炳南、邓初民、刘仲容、许宝驹、许宝骙、阳翰笙、闵刚侯、吴茂荪、侯外庐、屈武、阎宝航、高崇民、郭春涛、梁蔼然、赖亚力、曹孟君、谭惕吾 18 位发起人在领事巷 10 号康心之公馆(即屈武住所)出席成立会。"中国民主革命同盟"初名"中国民族大同盟",次年改为"中国民主革命同盟",其活动地点没有固定场所。王昆仑等考虑到盟员的身份,以及能经常碰头开会的特点,把活动地点相对固定在中苏文化协会王昆仑家、许宝驹所在的中国实业银行、领事巷 10 号康家公馆、阎家老店、罗静宜宅等。王昆仑等以此为基础,团结了一大批爱国反蒋的有识之士,为党做了大量的工作。年底,日本发动太平洋战争。大批留居香港的文化人相继回到重庆。是年,发表论文《文化交流与文化战斗》。(参见王朝柱《王昆仑》及附录《王昆仑年谱》,花山文艺出版社 1997 年版;杜运辉《侯外庐先生学谱》,中国社会科学出版社 2013 年版)

侯外庐所作《抗战文艺的现实主义性》1 月 1 日刊于《中苏文化》半月刊"文艺特刊",文中论述"我们作家周围的中国社会底历史""现实主义的抗战文艺底诸问题",认为:"作家所体验的社会生活,是更丰富的,所认识与表现的社会现实,是更复杂多面的,所以当一个创作家以其最大程度把时代思想表现在最纯粹的形式中,他的创作便好像不是小说,而是活生生的整个历史;当一个诗人以其最高尚的理想与最真挚的热情把时代思想美化于诗的语调音节中,他的诗歌好像不是诗篇,而是忠实于思维的哲学。""时代的风云紧急得如此其深刻,尽管有些模仿资本主义社会分工后专门化的作家,企图逃避现实,离开社会民族的冲突,用纯粹观念,与高尚美学,把民族、社会的危机融解于另一种天上的图画中,但客观的现实却不允许作家颓废下去,幽默下去,因为中国又处在民主高涨的高潮中。""文艺武器在抗战中所表现的力量,是以压倒的姿势,贯彻民主主义的观念!"并论述了抗战文艺的世界观、内容和民族形式、迫切任务等问题。10 日,侯外庐作《复苏联作家亚布莱丁书》,刊于 3 月 10 日《中苏文化》半月刊第 8 卷第 2 期。12 日,在嘉陵宾馆参加苏联塔斯通讯社中国分社为招待重庆文化界、新闻界人士举行的茶会,会后看苏联新电影。15 日,所作《第一次世界大战与中山先生的外交政策》刊于《理论与现实》第 2 卷第 3 期。25 日,焦敏之编译《苏联最近关于社会发展法则之论争》刊于《中苏文化》半月刊 1941 年第 8 卷第 1 期"列宁逝世十七周年纪念特辑",侯外庐应邀所作《写在〈苏联最近关于社会发展法则之论争〉之后》在同期发表。2 月初,"皖南事变"后,周恩来在重庆执行党中央的决定,亲自部署和指挥党内外人士撤离。不久,对《中苏文化》的工作做了新的安排,日常事务由郁文哉、潘德枫处理,侯外庐腾出更多时间在白鹤林从事研究和著述。"皖南事变"后,吕振羽奉命转移去新四军工作,临行前特地到黄家垭口中苏文化协会所在地向侯外庐辞行。

侯外庐 6 月 25 日所作《编后记》刊于《中苏文化》第 8 卷第 6 期"文艺专号"。略曰:"五月三十日(即夏历五月五日)为中国大诗人屈原的忌日,中国文艺界定此日为中国的诗人节,本年是它的第一届节日。三闾大夫屈原,正相似于普式庚的境遇,他唱歌于秦楚争取封建的统一领导权时代,问题便集中于谁能够把古老腐旧的'氏族'外衣——亚细亚生产方法的一个硬化物——由'公族'统治的政权中剥去,谁便是一个历史的胜利者。屈原,虽然他在主观的理想上好像巴尔扎克,有他的贵族世界观,而在客观上,求自由光明的艺术价值以及接近于民间性的创作手法,确实树起了进步历史的旗帜,成为中国的第一个伟大的历史诗人。中国在争取民族解放的当儿,特别纪念他,在于发扬他的进步传统。本刊所辑几篇文字,皆可供读者参考,惟编辑内容上尚欠完整,有机会当约专著发挥,以补此次遗憾!"并介绍了有关高尔基、莱蒙托夫的文章,认为:"苏接受文学遗产之历史活动,实在是我们'他山之石'。"7 月 11 日,侯外庐与郭沫若、沈钧儒、茅盾、郁达夫、曹靖华等 264 人联名在《新华日报》发表《中国文化界致苏联科学院会员书》。约在 7 月,撰成《中国古典社会史论》。在《中国古典社会史论》完成后,侯外庐随即转到对先秦诸子思想的研究,开始写作《中国古代思想学说史》。

按:侯外庐《韧的追求》(生活·读书·新知三联书店 1985 年版)回忆:"《中国古典社会史论》的写作动机,是十年前就形成的。那就是中国史学界开始论战,苏联学者也把亚细亚生产方式作为'空白'史提出来讨论的时候。""十年以来,我常常考虑着一个问题:讨论中,有两种明显的偏差,一种是公式对公式,教条对教条,很少以中国的史料做基本立脚点;另一种则是,形式上占有了一些中国古代的材料,而实际上忽略了中国古代社会的基本法则。我总觉得,问题的本质在于没有找到研究中国古代的科学路径。也就是说,还缺乏正确的方法论来处理中国古代浩繁的史料。""郭沫若在王国维卜辞、彝铭学研究的基础上,从甲骨文和青铜铭文中,发现了中国奴隶社会的客观存在。我一见郭沫若的《中国古代社会研究》,立刻就沿着他开辟的'草径'(何等光辉的一条'草径'),研究起王国维的遗产和郭沫若的方法。循此,我渐渐掌握了一些殷周遗留下来的第一手史料,并用经典作家关于古代社会的理论,考核了这些存在数千年才初被人认识的'新'史料,居然也颇有一些收获。""由于我没有直接参加到三十年代开始的社会史论战中去,一直取'客观'立场分析各家之见的成与败,不曾急于发表自己的意见,所以,我赢得了比较充分的时间来摸索自己的路。到皖南事变之前,自觉对古代社会的研究路径,已有所心得,而且在史料方面也初步理出了自己的一套头绪。因此,当我根据周恩来同志的指示'坐下来搞研究'的时候,我首先就选了古代社会的现成题目。""这本书在当时引起学术界相当的重视,我个人理解,原因在于:郭沫若从甲骨文和青铜铭文中发现的奴隶社会,我在理论上又作了论证。"该书确定了先生研究中国古代(奴隶)社会所遵循的三个基本原则:(1)"确定中国的古代,是'亚细亚生产方式'为主导的古代""要研究一个社会发展阶段的历史,确定这一阶段的生产方式总是先决条件。我在研究中,形成一个确定的认识,各民族所经历的古代奴隶制,有着不同的路径,即有'古典的'和'亚细亚的'之别。'古典的古代'是革命的路径,'亚细亚的古代'是改良的路径。中国古代的奴隶制,是'人惟求旧,器惟求新'的'其命维新'的奴隶制。"(2)"谨守考证辨伪的方法。考据学是一门专门学问,我从来反对虚无主义地对待考据学。在这方面,王国维先生和郭沫若同志,都是我的老师"。(3)"力求把马克思主义同中国古代史料结合起来,作统一的研究。一方面是为了使历史科学中关于古代社会规律的理论中国化,另一方面也是为了使经典作家关于家族、私有制、国家等问题的研究成果,在这儿得到引申和发展""我始终确信,这个方向是正确的。""我写《中国古典社会史论》时进一步感到,在亚细亚古代社会发展规律探明的前提下,对先秦诸子思想学说产生、发展的背景和实质作出科学说明的条件已经具备。所以我又决定写一部古代思想史,从而使社会史与思想史贯通起来,建立一个古代研究的系统。"

侯外庐是夏参与中国民主革命同盟(简称"小民革")的创办。在周恩来、董必武、王若飞指导下,经王昆仑、许宝驹、王炳南等酝酿,由在社会上有广泛联系的中国国民党左派屈武、高崇民、阎宝航等及中共党员王昆仑、许宝驹、王炳南等于重庆发起成立中国民主革命同盟。王昆仑、王炳南、邓初民、刘仲容、许宝驹、许宝骚、阳翰笙、闵刚侯、吴茂荪、侯外庐、屈武、阎宝航、高崇民、郭春涛、梁蔼然、赖亚力、曹孟君、谭惕吾18位发起人在领事巷10号康心之公馆(即屈武住所)出席成立会。王昆仑及谭惕吾等常下乡到白鹤林听侯外庐"讲课",侯外庐向他们介绍马克思和列宁认识问题、分析问题的方法。10月10日,侯外庐于病中作《阿Q的年代问题——为鲁迅逝世五周年纪念而作》,连载于《新华日报》10月28日第2版、10月29日第2版;又载于同月《中苏文化》第9卷第2—3期合刊"鲁迅学术研究特辑"。文中借鉴列宁著作,把阿Q的时代,名为"拆散时代",并同时与托尔斯泰与高尔基作了比较,认为鲁迅的抗议,"却有异于托尔斯泰的抗议。托尔斯泰的愤怒是局限于农民的天真观念,因而在拆散时代的矛盾里,把希望寄托在回忆的幻境,否定了新人类的创作,安排着东方制度的不动性,所以,他的抗议,成为所谓'消极的历史负号'。鲁迅先生在中国的拆散时代,超出了一九〇五年的经验,在时代矛盾中,他的抗议的坚壮性和远景梦想的实质可能性,不但是被呐喊时代的文学价值所证明,而且也被后来的文艺活动所证明了的,所以,他的抗议也如高尔基一九〇五年以前的抗议,性质相似,是所谓'积极的'——历史正号"。"阿Q在农民失去独立活动的历史以后,可以说在前景上死去了,然而在旧时代的挣扎中,阿Q并没有死去,仍然是一个顽石。"11月16日下午,参加在中苏文协举办的庆祝郭沫若50寿辰暨创作25周年大会。同月,所作《苏联反抗纳粹战争底历史任务——为苏联十月革命廿四周年纪念而作》刊于《中苏文化》第9卷第4—5期合刊"苏联十月革命二十四周年纪念特刊"。是年,"皖南事变"后,周恩来同志组织"读书会",约两周一次,侯外庐和许涤新、胡绳、杜国庠、翦伯赞、王寅生等为经常出席者。此时后,以冯友兰、贺麟为唯心主义哲学家而展开批判。

按:据侯外庐《韧的追求》(生活·读书·新知三联书店1985年版)回忆:"周恩来同志还特别注重培养良好的学术作风。他常常强调,学术上的是非真伪,要通过深入研究、充分讨论、详尽说理来解决,切切不要强加于人。强加于人不仅不能达到目的,相反还要失去群众。""在我的记忆中,那时(重庆时期)唯独不存在自己营垒内部以势压人的过火斗争。那时,即使对待旧学者,也大抵坚持了客观的、实事求是的、研究性的批判态度。我们这支队伍正是在这种有的放矢、实事求是、科学而深入的研究中成长起来的。这一切,不能不归功于周恩来同志对学术界深入而细致的、高水平的领导。是他,一手造成了这个健康的研究环境。""周恩来同志,把我们一群渴望为抗日出力,有志于研究而困难重重的学术工作者组织起来,充分调动了每一个人的积极性,还为我们创造了一个学风正派,方向明确,大家同舟共济,人人脚踏实地的研究环境。如果说,我一生还曾取得一些成绩的话,一个极重要的原因便是,我受到过周恩来同志的指导,我在那个环境中得到过支持,得到过锻炼。""当时我们这些同志,个个都把唯心主义哲学家冯友兰、贺麟视为对立面。……有一次,周恩来同志来了,……他平静而中肯地对大家说:民族大敌当前,在千千万万种矛盾中间,学术理论界也面临着错综复杂的矛盾。我们和冯友兰、贺麟在阶级立场上,矛盾固然是尖锐的,但毕竟不是主要矛盾。当前,学术理论上最危险的敌人,是国民党右派的妥协投降理论,我们斗争的锋芒应该对准陈立夫的'唯生论'。"按:侯外庐《韧的追求》(生活·读书·新知三联书店1985年版)又说:"我写《中国思想学说史》的时候,在选择人物的过程中,确实比较有意识地要表现自己与旧学者之间旗帜的区别与方法的不同。但是,从一开始,我就要求自己严格遵循科学态度,那就是,科学地剖析每一个人物,决不是为了区别旗帜而简单评判任何一个历史人物。""我们和旧学者之间,研究思想史的态度、方式乃至结论迥然不同,这是由各自的哲学观点的差异所决定的,所以做这项工作用不着任何的矫揉造作。用马克思主义的科学方法,有理有据地恢复被唯心主义史家歪曲了的历史本来面目,我们的论述越有充分的说服力,唯心史家就越站不住脚。学术上的斗争,我认为只能这样进行。""基于这样一种观点和态度,我细细研究过冯友兰先生《中国哲学史》所论及的每一个人物,在写《中国古代思想学说史》时,对冯友兰所肯定的人物进行过有针对性的批判,例如对孔子、孟子,特别是对老子,都是例子。""这种批判,符合历史唯物主义与历史唯心主义斗争的需要,但决不是随心所欲的。我反对冯友兰的唯心主义,也反对胡适的实用主义。胡适所论及的思想家、哲学家,我都逐一进行了分析和研究,胡适推崇墨子,我对墨子的评价也不低,我认为墨子在知识论和逻辑学上,是中国古代第一个唯物主义者。胡适推崇戴震,我也肯定戴震。在《中国古代思想学说史》中,有相当的篇幅目的在于说明胡适对墨子评价过高的错误之所在。""社会科学同自然科学一样,只能是老老实实的学问。马克思主义社会科学的党性和科学性应该而且必须是高度统一的。我在史学领域跋涉近五十年,最感庆幸的,莫过于自己一生不曾为了'需要'而拔高或贬抑历史人物。我对许多问题的研究是受信仰驱使的,但我自信与史学的实用主义截然无缘。"(参见杜运辉《侯外庐先生学谱》,中国社会科学出版社 2013 年版;王朝柱《王昆仑》即附录《王昆仑年谱》,花山文艺出版社 1997 年版)

翦伯赞 1 月在"皖南事件"后,被孙科解除了中苏文化协会理事,被国民党军事委员会政治部撤销名誉委员。同月,《论南明第二个政府的斗争》刊于重庆《中苏文化》第 8 卷第 1 期。4 月,《论明代海外贸易的发展》刊于重庆《时事类编特刊》第 63 期。5 月 20 日,翦伯赞在《时事类编》第 63 期发表《明代海外贸易的发展与中国人在南洋的黄金时代》。同月,《南宋初年黄河南北义军考》刊于重庆《中苏文化》第 8 卷第 5 期。10 月,《论辛亥革命与中国历史之新的转向》刊于重庆《中苏文化》第 9 卷第 2—3 期合刊。冬,应陶行知之邀,到合川县草街子古圣寺育才学校讲中国历史,为时三个星期。(参见张传玺《翦伯赞传》及附录张怡青《翦伯赞大事年表》,北京大学出版社 1998 年版;王学典《翦伯赞学术思想评传》,北京图书馆出版社 2000 年版)

曹靖华继续任职于中苏文化协会。"皖南事件"后,国民党阴谋在重庆屠杀进步人士,八路军办事处派人多次找曹靖华,周恩来同志告诉他,敌人计划凡跟共产党走,反对国民党的人,要一概杀绝,要他赶快出走。但当时已封锁,无法出去,只能设法隐蔽,以保存力量。接着又代表党组织给曹靖华一笔钱,要曹靖华设法就地隐蔽,因考虑到党的处境维艰,曹靖华含泪送还赠金。3 月 15 日,当选为"文协"四届理事。6 月,在高尔基逝世 5 周年纪念会上,作高尔基生平报告。7 月,与郭沫若等 200 余人撰文《中国文化界致苏联科学院会员书》,响应他们"一致起来反对文化与科学最恶毒的敌人——法西斯强盗的通电"。10 月,在鲁迅逝世 5 周年纪念会上,作《鲁迅与翻译》的报告。同月,《A. 托尔斯泰自传》在《新华日报》连载。是年,应苏联《国际文学》征文作《抗战以来苏联文学在中国》。所译 Λ. 托尔斯泰作《致青年作家》、卡达耶夫作《小花瓣——七瓣小花儿》、米列尔等作《列宁的故事》、卡达耶夫作《西座堡罗》、爱伦堡作《人类同我们在一起》、肖洛霍夫作《在顿河流域》、吉洪诺夫作《自由的摇篮》、卡达耶夫作《小鸟》、高尔基的未发表的文学史导言《文学史片言》,以及所作的《高尔基生平》(报告),均刊在本年《中苏文化》各期。译作苏·左琴科著《列宁的故事》刊于《文艺阵地》第 6 卷第 1 期。《小笛和水罐》读书出版社出版。《铁流》重庆再版。(参见冷柯(执笔)、毛粹《曹靖华年谱简编》,《河南大学学报》1984 年第 5 期)

黄炎培全力筹备成立中国民主政团同盟。1 月 18 日,因新四军事,董必武来深谈。沈钧儒、邹韬奋来谈,授以对新四军事件的态度。次日为新四军事召集民主人士开谈话会。24 日,草致蒋介石书,对新四军及国民参政会事提出意见。适值蒋招餐,即将意见书面交。2 月 2 日以来,因新四军事,积极和各党派洽商调解办法。24 日,贵阳生活书店被封,邹韬奋即夜出亡,大哭握别。25日,在张君劢家,与左舜生、江问渔、罗隆基、张澜、梁漱溟等人共商组织民主政团同盟具体办法。3月9日,被推为大会宣言起草委员,并参与修改张季鸾所拟之稿。大会休会,被选为驻会委员。12日,中国民主政团同盟成立,定执委13人,常委5人。与张君劢、梁漱溟等讨论中国民主政团同盟问题,通过政纲10条。15日,在国民党中央政治学校讲《对战时劝募公债应有之认识》。19日下午4时,中国民主政团同盟成立大会暨第一次中央执行委员会议在重庆上清寺"特园"秘密召开。出席大会的有各党派推荐和协商产生的中央执行委员:职教社的黄炎培、江问渔、冷遹;乡建协会的梁漱溟;青年党的左舜生、李璜、林可玑、杨赓陶;民社党张君劢、罗隆基(蒋匀田代);解放行动委员会的章伯钧、丘哲;社会贤达张澜等13人。会议讨论了政治形势和组织机构等问题,通过了《中国民主政团同盟政纲》《敬告政府与国人》和《中国民主政团同盟简章》;确认与会13位为中央执行委员,推选黄炎培、左舜生、张君劢、梁漱溟、章伯钧5人为中央常务委员,黄炎培为中央常务委员会主席(同年10月,黄炎培辞去主席职务,由张澜接任),左舜生为总书记,章伯钧为组织部长,罗隆基为宣传部长。21日,中国民主政团同盟正在进行时,事为蒋介石发现,乃大加责难。经与梁漱溟、张君劢等多方解释,并将梁漱溟原起草之宣言加以修改,始得无事。宣言和纲领10条,延至10月10日始在香港发表,无具名者。22日,至中共办事处晤见周恩来、董必武,并同至张君劢家,详述与蒋介石接洽,至中央大学讲《大学生与战时公债》问题。鼓励大学生应参加抗战工作,为劝募公债而努力。同月,在重庆邀集经济界及经济学家杨荫溥等10余人,举行经济座谈会,讨论粮食及其他经济问题。4月25日,因13日苏日订立互不侵犯协定,乃作《快建立世界反侵略战线——中英美苏》一文刊于《国讯》第268期,以述对世界战争形势之看法。5月6日,为纪念中华职业教育社成立20周年,和杨卫玉、江问渔、孙起孟联名发表一文,题目《从困勉中来》,缕述该社奋斗经过及社的作风。

黄炎培5月19日离港返渝,临行前对记者发表谈话,以4点意见助勉港澳同胞努力募债。31日,在成都应教育厅之邀,对大中学讲演,题为《中国抗战四年以来的觉悟与今后青年应有的努力》,劝勉青年以三点:"从整个中求生命,于需要中求学问,在规律中求生活。"皆从一生经验中得来。6月28日,偕孙起孟飞昆明,为劝募战时公债,并与龙云和西南大学教授多人有所接洽。同月,重庆大学师生在校园梅岭上修建"寅初亭",以尊崇马寅初先生屡斥四大家族、不畏权贵的革命精神。作七绝一首,制成木匾,悬于亭内。7月2日,和罗隆基及西南联大教授张奚若、罗文干、潘光旦、周炳琳等多人,畅谈国际形势及物价、中共等问题。7日,出席云南劝募战时公债运动大会,并讲演《募债与抗战之关系》。13日,偕张君劢至云南省主席龙云私寓,谈大局、云南前途及民主政团同盟等问题达两小时之久。19日,偕孙起孟招待昆明各大学教授张奚若、罗文干、罗隆基等多人,举行茶会,谈日本形势及中共问题。20日,返抵重庆。

黄炎培8月19日应梁漱溟之邀至香港。当时梁漱溟被民盟推派在香港筹办《光明日报》。黄炎培对梁漱溟表示,因个人所处环境,不愿公开列名民盟组织,遂辞去民主政团同盟主席职务,由张澜接任。民盟宣言于10月10日发表时,无具名者。22日,偕梁漱溟至西南中学与曾琦见面,谈时局,并允许民盟公开后,当亲写一文在《国讯》发表,以示赞助。25日,与居港文化界陈翰笙、俞颂华、陈彬和、俞寰澄、沈志远、梁漱溟等20余人举行谈话会,谈国际形势、中共问题。26日,杜月笙、钱新之招餐。在座者皆统一会会员或关系人虞洽卿、吴开先、林康侯、徐新六等多人。吴开先报告在沪工作。对吴提出两点意见:(一)预备应付非常形势的来临;(二)善意地对付共产党。18日,偕劝募公债委员会专员叶陈二君由香港飞马尼拉,发动菲律宾华侨认购公债,得当地抗敌会和商会之协助,侨胞认购者极踊跃热烈。10月3日,由马尼拉返抵香港晤李国钦。李国钦问对我国民主前途之看法,答之曰:"我国今后需要民主是无可疑的,中国民主不够亦无可讳言。但欲练习民主,必须从民主中练习民主。中国今后所需乃是保育式的民主政治。"17日,因民盟将发表宣言和政纲,而己不便签名,于政纲亦有不同意之点,乃应梁漱溟之请,作《我之对于中国民主政团同盟》一文刊于《国讯》香港版,既表支持,亦明区别,并于20日联同俞寰澄、俞颂华茶会招待茅盾、陈翰笙、夏衍、乔木、范长江、金仲华、柳亚子、胡仲特、沈志远等时分发。

黄炎培10月21日由香港返抵重庆。11月14日,访孔祥熙,于其家午餐。谈募债问题,就辞劝募公债委员会秘书长职,末谈民主同盟问题。15日,因参政会第二届第二次会议将于17日开幕,特访张群,谈如何在本届的参政会中搞好各党派的圆满合作问题。19日,尽全日之力,起草提案——即如何减除民众痛苦,加强抗建心力案。其内容主要为:(一)民众准备吃苦,但不愿吃不必要之苦;(二)痛苦不能断定谁造成,但减免其痛苦,却是吾辈不可逃避之责任;(三)痛苦不能减免,将是大乱之源;(四)政府宜有减除民众痛苦之设施,而唤起舆论,则社会各方面均应贡献其力量;(五)抗战使民族得一生机,今后再赞助政府确立民权制度,另一方则再积极解除民生疾苦,这正是实现三民主义之正确道路。此案于25日大会中提出。25日,与张澜、张君劢、左舜生等23人联名提《实现民主以加强抗战力量树立建国基础》一案,要求结束训政,成立战时正式民意机关,保障人民自由,停止特务活动等,经主席团决定,予以保留。是为各民主人士联合一致,向国民党要求开放党禁,实行民主政治之始。12月14日,在中华职业教育社星期讲座讲演,题为《大时代的中国人》。因英美诸国8日对日本正式宣战,中国已由单独对日作战状态转而与世界各强国联合对日作战,胜利已属肯定。因把这一国际形势之转谓之为"大时代",并主张中国宜人人节衣缩食,以争取战争的胜利。17日,国民党五届九中全会15日开幕,和张澜、张君劢、沈钧儒、左舜生等联名草一意见书,于参政会中面交王世杰、张群。19日,出席参政会驻会委员会会议,在军政部长何应钦报告时,提出如下质询:(一)如何合组最高指挥部;(二)如何急援新加坡和仰光;(三)如何预防敌窜粤桂两省等。何答复不得要领。21日,与周恩来、张君劢、张澜,沈钧儒、章伯钧、左舜生等商讨对政府拟增设"国事协议机关"之意见。公意如增设此一战事最高机构,将其他机关大加裁并,可以同意;如一切仍旧而反增设此一协议机关,则坚决反对。

(参见许汉三编《黄炎培年谱》,文史资料出版社1985年版;谢增寿编著《张澜年谱》,群言出版社2013年版)

张澜1月中旬看到周恩来派人送往特园的中共中央南方局军事组编印的《新四军皖南部队惨被围歼真相》等类传单和小册子,十分震惊,冒着生命危险秘密散发出去,影响扩大到四面八方,并联络黄炎培、江问渔、梁漱溟等,调停国共纷争。23日,张澜与黄炎培、章伯钧、左舜生、邹韬奋、沈钧儒、周士观、张申府、李公朴等在特园召开时局会商会,根据会商结果,黄炎培24日起草了一份关于新四军事件以及参政会问题的意见书,并利用当天蒋介石设宴召见的机会面交蒋介石。22日下午,到沈钧儒家,与沈钧儒、黄炎培、张君劢、左舜生、罗隆基、梁漱溟、李璜、章伯钧、周士观、邹韬奋等共商参政会提案建议问题,并再次拟议在参政会下设立一个特别委员会来调解国共关系和讨论民主问题,当时他们都"深深地感到政治的逆流的可忧",于是一致同意在参政会开会前,有联名写一封信给蒋介石的必要。会中,众人推举梁漱溟、左舜生、罗隆基3人归纳大家意见,并由梁漱溟执笔草拟。会后,他们将这一行动告诉了周恩来,并征询其意见。得到延安明确指示的周恩来,当即表示:特别委员会应当称作各党派联合委员会,它既不属于参政会,也不属于政府;此委员会应当是各党派的一种协议机关,它既不妨碍各党独立,也要保持党派批评自由;各党派各出一至两人,国民党不能太多,并且不能有军人。24日,与沈钧儒、褚辅成、张君劢、左舜生、罗隆基、梁漱溟等聚会,商讨梁漱溟代表大家所写关于当前局势的4条意见,准备以书面的方式呈蒋介石,大家看后,无甚修改,即依年龄为顺序而签名,张澜列于第一。25日,张澜与黄炎培、左舜生、江问渔、罗隆基、梁漱溟等人共商组织民主同盟具体办法。27日,蒋介石会见张澜与黄炎培、沈钧儒、张君劢、褚辅成、左舜生等6人。他们6人提出四点意见:一、参政会开会,中共参政员必不可少;二、军队国家化,与党派绝缘;三、检讨抗战建国纲领及一切决议之实行;四、成立各党派委员会,以讨论并保证以上各项之执行。蒋介石表示原则上同意。月底,与黄炎培、褚辅成、梁漱溟等日夜奔走,力劝中共参政员出席参政会。周恩来提醒他们不要上当,免被各个击破。

　　张澜3月2—9日出席在重庆浮图关国民大会堂召开的第二届国民参政会第一次大会第一至第十次会议,被选为国民参政会休会期间驻会委员会委员。13日,张澜与黄炎培、沈钧儒、李璜、章伯钧、张申府、罗隆基、曾琦、左舜生、梁漱溟及董必武等在重庆一心餐厅共议国共两党关系问题。15日,因川康建设期成会与第一届国民参政会同时届满,第二届国民参政会议决继续设立国民参政会川康建设期成会,仍由蒋介石担任会长,秘书长雷震。计有会员34人,该会在川康设5个办事处,张澜仍任阆中办事处主任。19日下午,中国民主政团同盟成立大会暨第一次中央执行委员会议在重庆上清寺“特园”秘密召开,推选黄炎培、左舜生、张君劢、梁漱溟、章伯钧5人为中央常务委员,黄炎培为中央常务委员会主席。24日,周恩来和董必武来张澜寓所同张澜与黄炎培商谈时局。下旬,中国民主政团同盟成立后,无法在国统区公开活动,于是决定派中央常委梁漱溟去香港办报,在海外建立言论机关,宣传民盟的政治主张,争取社会舆论的同情与支持,然后公开民盟的组织。28日,梁漱溟受民盟中央委托,把中国民主政团同盟去香港办报的计划告诉了中共中央在重庆的领导人周恩来,得到了周的热情支持,并写信给中共驻香港办事处廖承志,要他给予帮助。为促成梁漱溟的香港之行,黄炎培、左舜生、张君劢各捐款1万元,梁漱溟自己捐6000元,但仍远远不够,张澜便劝说刘文辉捐4万元,龙云捐6万元,使梁漱溟得以成行。5月4日,张澜出席在成都召开的川康建设期成会会议。

　　张澜10月初接替黄炎培任中国民主政团同盟主席。10月10日,《光明报》发表“启事”,宣告中国民主政团同盟已在重庆成立,并公布了经过修改的《中国民主政团同盟对时局主张纲领》(即“十大政治纲领”)和《中国民主政团同盟成立宣言》,向全国人民公开宣布中国民主政团同盟的政治主张和斗争目标。11月16日,由于国民党要员孙科等人坚决否认有民主政团同盟的存在,民主政团同盟中央常委经过研究,决定“冒着被打击压迫的危险”,在重庆公开民主政团同盟组织。同日,张澜以民主政团同盟主席名义,率左舜生(总书记)、章伯钧(组织部长)、罗隆基(宣传部长)4人在重庆俄国餐厅举行茶会,邀请国共两党代表和国民参政员出席。国民党方面的王世杰、邵力子、张群,共产党代表周恩来等出席了茶会。会上左舜生报告了中国民主政团同盟成立经过及其政治主张,公开宣布中国民主政团同盟的成立,扩大了民盟在国内外的影响。17—26日,出席在重庆召开的国民参政会第二届第二次会议。会议期间,张澜与张君劢、左舜生、罗隆基等民主政团同盟参政员,根据民主政团同盟的纲领,向国民参政会提出《实现民主以加强抗战力量,树立建国基础案》,参与联署的有张一麐、李璜、陈启元、常乃惪、余家菊、梁实秋、董必武、光升、沈钧儒、王造时、史良、陶行知、冷遹、黄炎培、江恒源、刘王立明、谢冰心、晏阳初、邓颖超共23人。这个提案要求国民政府做到以下10点:(一)迅速结束训政,实施宪政。(二)成立战时中央民意机关。(三)任何党派不得以国库供给党费。(四)政府一切机关,实行选贤与能之原则,不得歧视无党、异党之分子,不得强迫入党。(五)禁止在学校和文化机关推行党务。(六)保障人民身体、言论、思想、结社、集会、信仰自由。(七)停止特务机关对内之一切活动。(八)取消县参议会及乡镇代表考试条例。以便凡热心之公正人士,均有机会参与地方政治。(九)实行经济民主化之原则,确定人民最低生活之保障。严禁官吏利用政治权力实行垄断投机之商业行为,(十)军队国家化,停止军队中任何党派之党团组织。张澜等23人的提案递交到参政会秘书处。蒋介石对此极为恼火,不准将该案提交大会讨论,张澜与蒋介石面对面争辩起来,蒋介石怒气冲冲地指责张澜:"把我当成宣统了",并下令特务加强对张澜的监视。张澜一气之下,将提案自行油印散发。会议期间,张澜还以个人名义向大会提出《请政府恢复马寅初之职业自由以励直言而裨国政案》。

　　按:提案指出,马寅初为国内有名经济学者,去年九月,以讲演公债言语切直,竟至丧失其职业自由。要求:(一)迅速恢复马寅初之职业自由,仍使担任大学教授。(二)凡有忠直利国之言,政府应虚怀采纳,即有不合,亦应大度涵容,不宜辄加严谴,致绝忠谏之路。后来张澜又同国民政府元老于右任、张群等人一起敦促蒋介石"无罪释放"马寅初。

　　按:蒋介石在对张澜威胁的同时,又要参政会继续推选他为驻会委员。张澜对此弃如敝屣,拒绝参加参政会的活动,包括该会召开的大会,长达两年之久,以示抗议。与此相反,张澜领导民盟与中共密切合作,使民盟成为"民主运动的生力军"。17日,张澜与周恩来、董必武、张君劢、左舜生、黄炎培、李璜、王造时等出席王世杰、张群在国民参政会秘书处举行的午宴,商谈参政会决议案四条实施办法。19日,出席参政会驻会委员会议。21日,与周恩来、黄炎培、沈钧儒、左舜生、章伯钧、张君劢等在特园商谈关于国民政府设国事协议机关的意见。公意如增设此一战事最高机构,将其它机关大加裁并,可以同意;如一切仍旧而反增设此一协议机关,则坚决反对。(以上参见谢增寿编著《张澜年谱》,群言出版社2013年版)

　　沈钧儒1月11日为重庆《新华日报》3周年纪念撰文,题为《合力扫除文盲》。16日,为《妇女生活》百期纪念号撰文,题为《我理想中的新女性》。18日,为新四军事,与邹韬奋同访黄炎培,叙谈应抱态度。董必武与沈钧儒、黄炎培等3人深谈新四军事,交谈对"皖南事变"的态度问题。2月10日,周恩来同沈钧儒、黄炎培、邹韬奋、章伯钧、左舜生、张君劢等民主党派人士会面,说明中国共产党将拒绝参加第二届国民参政会第一次会议的原因。会面后,沈钧儒等向周恩来建议:以中共方面七参政员名义,将"解决皖南事变的十二条办法"提交国民参政会讨论,并以接受12条为出席参政会的条件;还提出准备成立各党派委员会讨论国共关系和国内民主化问题。20日,邀民主党派负责人士共商,如何向参政会提案建议有关"皖南事变"事。23日晚,邹韬奋来访,告以生活书店分支店被封闭殆尽,仅存重庆总店的消息。与先生商讨对策及秘密去港等计划。24日,邹韬奋再次专程来访,将《辞国民参政会参政员》电文、留致各抗日党派负责人长信及为生活书店辩白长文交沈钧儒。沈钧儒深情地收下韬奋留交的电、文、书信,毅然承允代为转递国民党政府,以示抗议。同日,继续与民主党派负责人黄炎培等共同会商,并在梁漱溟所草拟的致蒋介石意见书上签字。25日凌晨4时,邹韬奋离渝。沈钧儒赶至其寓所送行,目送其身影于晨雾中消失,始怅然回家。18

日,中国民主政团同盟在张君劢家举行筹备会议。沈钧儒亦到张家,但未正式参加会议。沈钧儒为同盟创议人之一,但有部分发起人认为沈钧儒和救国会与共产党关系密切,怕遭国民党反对,不同意沈钧儒和救国会参加同盟。19日,中国民主政团同盟在重庆上清寺"特园"召开成立大会,选举黄炎培为中央常务委员会主席。沈钧儒和救国会虽未参加,但发表声明,支持中国民主政团同盟的主张,在行动上与他配合一致。同时,沈钧儒坚决反对当时一部分走中间路线和第三条道路的人,坚持人民观点和革命立场。《全民抗战》因发表反对国民党掀起反共高潮的文章而被迫停刊。31日,出席重庆律师公会春季会员大会,与王镜明、张典书3人当选为候补监事,于4月8日宣誓就职。

沈钧儒6月18日参加重庆各界举行的纪念高尔基逝世5周年的晚会。6月22日,德军进攻苏联,苏德战争爆发。在此前后,常与周恩来、董必武以及民主党派人士黄炎培等谈时局。7月7日,"七·七"抗战4周年,应记者访问,发表《四年以前的回忆》,对军事、外交、民主政治以及应虚心搜求意见、尽量利用人才作实际改善等4个方面向政府提出了建议。11日,列名中国文化界致苏联科学院的公开信,同意苏联科学家的号召,一致扑灭文化与科学的最恶毒敌人——法西斯强盗。8月1日,在《新华日报》发表文章《声援国际反法西斯斗争》,并为"反侵略专刊"题词。9月18日,中国民主政团同盟机关报——《光明报》在香港创刊。10月19日,偕叔羊参加鲁迅逝世5周年纪念会。23日,往访黄炎培,与之长谈。黄炎培于8月19日去香港,与梁漱溟等在港友人意见不尽相同,黄炎培拟辞去中国民主政团同盟主席职,于10月21日返渝。黄辞职后,由张澜接任盟主席。11月7日,往苏联大使馆祝贺苏联十月革命节24周年,参加茶会。邹韬奋乘有便人来渝,致函沈钧儒,大意为:(一)救国会与在野抗日党派应取一致态度,以促进民主政治之实现;(二)对孙科谩骂民主政团同盟及进步文化人问题,在文字上宜不与之对骂;(三)救国会海外同人发表宣言支持民主政团同盟在港发表成立公告之情况。12日、14日,先后在左舜生家及"特园",参与周恩来、董必武和民主政团同盟有关人士的会谈。17—26日,出席第二届国民参政会第二次会议。中共参政员董必武、邓颖超为团结中间派人士,顾全他们的意见,亦出席了会议。会上,沈钧儒提出了4项提案:1.《关于推行公医制度以解除民众疾苦的提案》;2.《关于请政府迅即对于言论与研究加强积极领导修正消极限制以通民隐而利抗战的提案》;3.《关于控制商业银行的游资及发行土地债券以收缩通货而安定物价的提案》;4.《关于推行国家律师或公设律师以保障人民应有福利的提案》。此次会议,沈钧儒当选为参政会休会期间驻会委员。17日,与董必武、张澜、张一麐、黄炎培、张君劢、左舜生、冷遹致函国民党五届九中全会,对国事提出意见。是年,与周恩来、董必武及各民主党派负责人几度共商时局。(以上参见沈谱、沈人骅编《沈钧儒年谱》,中国文史出版社1992年版)

邹韬奋《对第二届参政会的希望》《史特朗临别晤谈记》1月11日刊于《全民抗战》第153期。12日下午,去嘉陵宾馆,出席苏联塔斯社中国分社为招待重庆文化界、新闻界人士而举行的茶会。到会的有郭沫若、沈钧儒、邹韬奋、茅盾、侯外庐、章汉夫、戈宝权、王世杰等。16日,《解放妇女的实际设施》刊于《妇女生活》第9卷第6期。18日,董必武与黄炎培、沈钧儒、邹韬奋等共进午餐,交谈对皖南事变的态度。23日中午,参加一心聚餐会。到者有黄炎培、章伯钧、左舜生、邹韬奋、沈衡山、周士观、张申府、李公朴。2月7日,四川省图书杂志审查委员会到四川成都分店搜查,搜去图书24种,至8日晨,既无任何正式行文,亦未明示审查结果,即遭封闭。10日,桂林当局接到国民党"中央"查封"生活"桂林分店的命令(三民主义青年团中央团部及中央党部宣传部的命令),即约桂林"生活"的负责人(经理)谈话,限令于三日内办理结束。同日,至重庆玉皇观,出席周士观在寓所设之午餐,同席者有周恩来、沈钧儒、黄炎培、邹韬奋、章伯钧、张申府、左舜生、张君劢,席间周恩来说明中国共产党拒绝参加第二届国民参政会第一次会议的原因。10日前,和夫人沈粹缜同去曾家岩拜会周恩来夫妇。14—15日,生活书店致函蒋介石,申辩多处分店被查封,要求准予继续营业,以利抗战。题《呈为请求迅予撤消查封成都、桂林两地生活书店命令,准予继续营业,以利抗战事》。20日,贵阳分店被查封。深夜2时,由当地图书审查委员会会同宪警查封贵阳分店。职员、经理全体被拘捕。21日晚7时,昆明分店被查封,封存货物之总值约在万元以上。下旬,由徐冰安排,周恩来在曾家岩40号的小客厅接见了茅盾,建议茅盾到香港去。22日下午3时,在沈钧儒寓所,谈参政会提案建议问题。在座有黄炎培、沈钧儒、张君劢、左舜生、梁漱溟、章伯钧、邹韬奋、周士观等。23日,邹韬奋面对国民党的横蛮压迫和摧残,当晚,决定辞去国民参政员职务,拒绝参加3月1日即将召开的第二届国民参政会。25日,作《致沈钧儒等在野各抗日党派领袖》。同日凌晨4时,沈钧儒赶去韬奋寓所送行。3月初,在国民参政会开会前,由徐伯昕主持起草了题为《生活书店横被摧残的经过》的长文,交沈钧儒转交各位参政员。(参见复旦大学新闻系研究室编《邹韬奋年谱》,复旦大学出版社1982年版)

张君劢 1月1日晤时任清华大学校长的梅贻琦。2月10日,周恩来在重庆玉皇观与张君劢、沈钧儒、黄炎培、邹韬奋、章伯钧、张申府、左舜生等民主党派人士商谈出席参政会问题。18日下午4时,黄炎培、冷御秋、江问渔到张君劢家谈参政会前途。20日,褚辅成、黄炎培、张君劢、左舜生、沈钧儒、张澜等参政员面见蒋介石,商讨解决办法。再同周恩来及中共参政员接洽商谈、协调。21日,与李璜、左舜生访黄炎培,长谈。22日下午3时,在沈钧儒寓宅,与沈钧儒、黄炎培、左舜生、李璜、梁漱溟、章伯钧、张申府、张澜、罗隆基、邹韬奋、周士观等15人商谈国民参政会提案建议问题。24日下午3时,与沈钧儒、张澜、褚辅成、左舜生、罗隆基、李璜、周士观、邹韬奋、梁漱溟聚会,会商梁漱溟代表大家所写的关于当前形势的4条意见。25日9时,张澜与黄炎培、张君劢、左舜生等人在张君劢寓所秘密集会,商谈中国民主政团同盟筹备事宜,修改、定稿各项文件,确定同盟的发起人和出席成立大会的人员名单。同日,邹韬奋因其生活书店的50余家分店被关,愤而辞去国民参政员职务,前往香港。临行前留下致沈钧儒、黄炎培、张君劢等信。27日上午9时,黄炎培来家。11时,与张澜、黄炎培、沈钧儒、褚辅成、左舜生等5人相偕晋见蒋介石。会见开始后,他们向蒋介石提出4条意见。晋见归来,大家在张君劢家稍事会商,便向应邀前来的共产党代表周恩来、董必武转达他们同蒋介石谈话的上述内容,商谈一直到半夜。28日,为前问题再集商张君劢家,蒋介石派张群参加,对中共关于组织党派委员会和出席参政会的有关意见,进行商谈。11时,与黄炎培、沈钧儒、左舜生、褚辅成等再次晋见蒋介石,蒋介石对特种委员会完全同意,嘱起草规程,并拟议人选,容纳各党各派,包括中共。唯对中共参政员出席问题,如决定不出席,唯有根本决裂。代表们从蒋介石处出来后,便到曾家岩50号周恩来住处,劝告中共要认识到现在是分水岭关头,共产党必须对蒋介石的意见引起高度注意,退至张君劢家接洽。晚8时后,集中在张君劢家草委员会要点及拟选人选。

张君劢 3月1日下午3时在寓所与黄炎培、左舜生、沈钧儒、梁漱溟、罗钧任、罗隆基等共商共产党参政员出席参政会之事,万一决裂后如何应付。2日晨,周恩来、董必武、邓颖超一起致函黄炎培、张君劢、张澜、江恒源、罗隆基、梁漱溟、左舜生、李璜、章伯钧、沈钧儒等,声明为顾全大局起见正式用书面提出解决办法 12 条,作为出席第二届国民参政会和解决"皖南事变"的条件。8 时,第二届国民参政会第一次大会召开预备会议,选举主席团。蒋介石、张伯苓、张君劢、左舜生、吴贻芳等 5 人当选。12 时,与梁漱溟、黄炎培等 14 人聚于重庆一心饭店,商谈今后行动如何。梁漱溟提出成立一个委员会,把问题交这个委员会裁决的建议。2—9 日,张君劢出席在重庆浮图关国民大会堂召开的第二届国民参政会第一次大会第一至第十次会议。3 月 18 日上午 8 时,张君劢在寓所与黄炎培、左舜生、李璜、梁漱溟、章伯钧、张澜、江恒源、罗文干等人继续商谈中国民主政团同盟筹备问题,黄炎培提议非准备完成不公开发表,但先发表同人对时局主张,皆同意,于是对梁漱溟起草的宣言修改审订。3 月 19 日中午,与黄炎培、褚辅成、左舜生、梁漱溟等人一道与国民参政会秘书长王世杰商量组织特别委员会组织,调处共产党问题,约定第二天见蒋介石时,请其核定。午后 4 时至9 时,统一建国同志会成员 13 人在特园秘密集会。张君劢、罗隆基代表国家社会党参加会议。张君劢、黄炎培、左舜生、章伯钧、梁漱溟 5 人被推举为中央执行委员会常务委员,主席推举黄炎培担任。20 日晚 8 时,在张君劢寓所召开民主政团同盟第一次常委会。22 日,黄炎培、周恩来、董必武等到张君劢寓所,就特别委员会事宜继续商谈。26 日夜,张君劢、左舜生、章伯钧、梁漱溟到黄炎培住处谈话。27 日下午 2 时,张君劢、黄炎培、左舜生、梁漱溟、章伯钧在黄炎培家与周恩来、董必武商谈。30 日夜,与左舜生、章伯钧访黄炎培。同日,在《再生旬刊》第 63 期上发表《张君劢致瞿菊农先生函》,此函附在瞿菊农《思想与时代——读张君劢〈胡适思想界路线评论〉》文后。4 月 30 日,在《再生旬刊》第 66 期上发表《此次欧战前之外交及战事胜败综合观》一文。5 月 30 日,在《再生旬刊》第 67 期发表《此次欧战前之外交及战事胜败综合观》一文之续,所续为全文的第二、第三、第四部分。6 月 20 日,在《再生旬刊》第 68 期上发表《此次欧战前之外交及战事胜败综合观》一文之再续,再续为全文的第五、第六部分。

　　张君劢 7 月 9 日下午 3 时在商务酒店 61 号住处接待黄炎培来访,与黄炎培、罗隆基深谈。10 日,至西寺巷张西林家招餐,同席黄炎培、罗钧任、范旭东等。12 日 9 时,和黄炎培、罗隆基、罗钧任到西山缪云台家谈话,决定不少问题,至下午 4 时止。13 日 11 时,和黄炎培、罗隆基、罗钧任、何永佶到西山下潘光旦家,观其所著书稿。午餐见连理葫芦。午后 3 时回。14 日 9 时半,与黄炎培、罗隆基、罗钧任往缪云台家,再度深谈。午后 2 时始毕。15 日夜,龙志洲主席招餐,同席石曾、黄炎培、罗钧任、蒋梦麟、润章、云台、仲钧、子安。16 日,与黄炎培、罗钧任、罗隆基到缪云台家第三度畅谈,张君劢先退。30 日,在《再生旬刊》第 70 期发表《赵自强译法国悲剧序》一文。8 月,译著《云南各"夷族"及其语言研究》一书由商务印书馆出版,为英国人台维斯所著《云南——印度与杨子江之联锁》(1909 年)一书中关于"夷族"的一节。10 月 10 日,致信林大芽君与之讨论数学与哲学问题,此信以《与林大芽君论数学与哲学》为名发表在 1942 年 1 月 31 日出版的《再生旬刊》第 78—79 期合刊上。11月 8 日,在陈布雷家中举行大理民族文化书院董事会会议,张公权等出席。10 日下午 4 时,张君劢、张澜、左舜生、李璜、章伯钧、黄炎培等在特园会谈。12 日 10 时,周恩来、董必武在左舜生寓所,同沈钧儒、张澜、张君劢、左舜生、章伯钧、黄炎培、李璜、罗隆基、余家菊等共商国是。14 日午后 2 时,到特园晤张澜、张申府、李璜、左舜生、章伯钧、沈钧儒、冷御秋、周恩来、董必武、黄炎培、罗隆基、林可玑,杂谈。16 日午,张君劢、左舜生招餐临江路俄国餐厅,到者可 50 人,向各党派公开报告民主政团同盟成立经过。17—26 日,在重庆国民政府军事委员会大礼堂出席第二届国民参政会第二次大会第一至第十次会议。20 日,在《时代精神》第 5 卷第 1 期上发表《唯物史观与唯物辩证法述评》一文。29 日,参加中国泰戈尔追悼会并讲话。

张君劢与张澜、黄炎培、左舜生、李璜、林可玑、冷御秋、章伯钧、罗隆基、杨赓陶、张若谷、杜斌丞、张云川、张文、彭泽民 12 日出席参政会驻会委员会委员会议,会议拥护政府对轴心国宣战。16 日 10 时,到特园会商意见书稿。到会者还有张澜、左舜生、李璜、林可玑、冷御秋、章伯钧、鲜特生及黄艮庸、夏涛声等人。12 月 17 日,张君劢、董必武、张澜、张一麐、沈钧儒、黄炎培、冷御秋、左舜生等人到同人约会处联合署名于《上国民党九中全会书》。王世杰、张群就在政会秘书处招餐,张君劢等递意见书,并商参会决议案 4 条实施办法,到者张澜、张君劢、左舜生、褚辅成、李璜、董必武、周恩来、王造时等。18 日,晚宴特园,张君劢为主人,因病未到。周恩来、董必武、张澜、黄艮庸、杨耿光、冷御秋、杨赓陶、张一麐、李重毅、张怀久、陈启天、夏涛声、林可玑、王造时、左舜生、鲜特生、杨卫玉、张申府、沈钧儒、黄炎培、章伯钧等聚会,商谈时局问题,未有具体结果。19 日,和周恩来、董必武、张澜、黄炎培、王造时、左舜生、褚辅成等再次出席王世杰、张群举行的午宴,继续商谈参政会决议案 4 条实施办法。黄炎培慷慨陈述政治机构之混乱,前途之危急。21 日下午 2 时,在特园,与黄炎培、左舜生、章伯钧、沈钧儒、周恩来、张澜商议对于政府设国事协议机关意见,公议如设战时最高机构,将各机关大加裁并、整理,而以协议机关附丽之,固所赞成,如一切仍旧而反添一协议机关,绝不同意。23 日夜,钱新之招餐交通银行,与张群、黄炎培、张公权、何北衡、王正廷、戴自牧等饮。(以上参见李贵忠《张君劢年谱长编》,中国社会科学出版社 2016 年版;翁贺凯编《中国近代思想家文库·张君劢卷》及附录《张君劢年谱简编》,中国人民大学出版社 2014 年版)

梁漱溟 1 月初因新四军"皖南事变"发生后,中共严重抗议,中共参政员宣布将不出席参政会,乃与统一建国同志会同人不能坐视国内分裂之发展,自 2 月中旬起为此事集议奔走双方,直至 3 月 27 日方停顿。当时中国民主政团同盟组织的秘密进行,就夹杂在为"皖南事变"而奔走的许多聚会之间。3 月 1—10 日,出席国民参政会召开第一届第一次会议。刘王立明提"彻底巩固国内和平,奠定世界大同基础案",梁漱溟与晏阳初、沈钧儒、钱端升等 24 人连署,提案提出 6 条要求:一、厉行抗战建国纲领。二、速开国民大会制定宪法,实施民主宪政。三、所有军队改称国防军,所有服役军人上自将官,下至士卒,一律脱离党籍。四、国内一切问题,以政治方法解决,停止军事冲突及其准备,以促进互尊互信。五、基于科学化、近代化、生活化大原则,以诚相见,建设精神国防。六、国内各特务机关及其工作人员,除保留一部分在沦陷区内对付敌人汉奸者外,余应从速一律取消裁撤,以安人心。2 日 12 时,梁漱溟与张君劢、黄炎培等 14 人聚于重庆一心饭店,商谈今后行动如何。梁漱溟提出成立一个委员会,把问题交这个委员会裁决的建议。18 日上午 8 时,梁漱溟与黄炎培、左舜生、李璜、章伯钧、张澜、杨赓陶、江恒源、罗文干等人在张君劢寓所继续商谈中国民主政团同盟筹备问题,对梁漱溟起草的宣言修改审订。19 日,出席在重庆上清寺特园召开的中国民主政团同盟正式成立大会,会上推选执委 13 人,其中常委 5 人,有黄炎培、左舜生、章乃器、张君劢和梁漱溟,互推黄炎培担任常务委员会主席,左舜生担任总书记,梁漱溟任秘书长,并确定梁漱溟去香港办《光明报》。会上还通过了《中国民主政团同盟纲领》《敬告政府与国人》和《中国民主政团同盟简章》。(参见李渊庭、阎秉华编著《梁漱溟年谱》,商务印书馆

2018年版)

张申府继续致力于民主运动。1月11日,《祝新华三周年》刊于《新华日报》。2月10日,周恩来来重庆玉皇观,张申府、张君劢、沈钧儒、黄炎培、邹韬奋、章伯钧、左舜生等民主党派人士参与商谈出席参政会问题。同日,译作《论辩证法——由恩格斯反社林论旧序》刊于《中国教育》第1卷第7期。22日下午3时,在沈钧儒寓宅,张申府与沈钧儒、黄炎培、左舜生、李璜、梁漱溟、章伯钧、张澜、罗隆基、邹韬奋、周士观等15人商谈国民参政会提案建议问题。3月13日午,与李璜、董必武、章伯钧、张澜、沈钧儒、罗隆基、周士观、梁漱溟、冷御秋、江恒源、褚辅成、左舜生、黄炎培等15人在一心饭店会餐,讨论国共问题。19日,加入民主同盟。4月10日,《怎样开展科学运动讨论大纲》刊于《中国教育》1卷8期。5月5日,《独立与民主》刊于新加坡《南洋商报》。7月6日,《伟大的人类同情》刊于《新华日报》。27日,《国际反法西斯文化的交流》刊于《新华日报》。8月9日,《苏联科学家的愤怒》刊于《新华日报》。9月19日,《"九一八"十周年》刊于《新华日报》。11月11日,《祝苏联十月革命节——略论保卫文化》刊于《新华日报》。12月18日,张君劢在特园设立晚宴,周恩来、董必武、张澜、黄艮庸、杨耿光、冷御秋、杨陶、张一麐、李重毅、张怀久、陈启天、夏涛声、林可玑、王造时、左舜生、鲜特生、杨卫玉、张申府、沈钧儒、黄炎培、章伯钧等聚会,商谈时局问题。是年,政治部设计委员一职被解除。所撰《什么是新启蒙运动》,由重庆生活书店出版。(参见郭一曲《现代中国新文化的探索——张申府思想研究》及附录一《张申府年谱简编》,广东人民出版社2002年版;雷颐编《中国近代思想家文库·张申府卷》及附录《张申府年谱简编》,中国人民大学出版社2015年版;李贵忠《张君劢年谱长编》,中国社会科学出版社2016年版)

晏阳初1月将华北乡村改造协进会改组为全国乡村建设学会,任理事会主席兼附设的育才委员会主席。同月,华北乡村建设协会主办的乡村建设研究所在重庆市北碚成立,由平教会瞿菊农任所长;又与国民党军委会政治部部长张治中合办士兵月刊社,主编《士兵月刊》,对国民党全军发行。第1—2期定名为《士兵半月刊》,第3期后改为《士兵月刊》。该社编辑及经费,由政治部负责;工作人员,全部由平教会调派,再由政治部的军用文职加委。于是平教会平民文学部主任孙伏园被任为同少将社长,堵述初被任为同少校编辑和秘书。受晏阳初的指导,《士兵半月刊》创刊号对"皖南事变"的新闻稿没有采用国民党军方对事变所用的违背全民抗战的词语,表示了对这次事变的挑动者的抗议和受迫害的新四军的同情和声援。10月15日,在中国乡村建设育才院开学时举行的教职员茶会上讲话。27日,在乡村建设育才院开学典礼会上作报告。12月,将是年10月27日在乡村建设育才院开学典礼会上作的报告,以"对育才院学生的勖勉"为题发表在乡村建设育才院《院讯》第2卷第1期。年底,到成都约见著名水利学者崔宗培,希望他到中国乡村建设育才院任教。是年,在乡村建设育才院1941年度下学期开学典礼会上作报告,刊于育才院《院讯》第2卷第1—4期合刊。(参见杜学元、郭明蓉、彭雪明《晏阳初年谱长编》,上海交通大学出版社2017年版;宋恩荣编《中国近代思想家文库·晏阳初卷》附录《晏阳初年谱简编》,中国人民大学出版社2015年版)

章士钊《答九如刻逻辑2月》刊于《文史杂志》第1期。3月1日,出席在重庆浮图关国民大会堂召开的国民参政会第二届第一次会议,会议3月11日结束。春,当在国民政府内政部卫生署南宁分队百色第十医疗队工作的章伟如在报纸上看到三叔章士钊的名字后,便给在重庆的章士钊写了求救信。5月20日,陈独秀致杨鹏升的信中生气地说:"行严官僚习气又加以名士习气,书法又不足被之金石,吾兄何必定欲彼书之耶?"8月,章士钊避桂林。10月23日,陈独秀致信杨鹏升,其中问到:"章行严确已赴湘,信件已如约寄兄否?"11月

17—26日，出席在重庆国民政府军委员会大礼堂召开的国民参政会第二届第二次会议。（参见袁景华《章士钊先生年谱》，吉林人民出版社2001年版；郭双林编《中国近代思想家文库·章士钊卷》及附录《章士钊年谱简编》，中国人民大学出版社2015年版）

陶行知存放在香港中华业余补习学校的乡村教育运动、普及教育运动、国难教育运动、科学教育运动的资料1月21日被该校工人当废纸卖掉。陶行知认为，"这是今天最伤心的事，真是值得我们哀悼的"。3月，为克服学校艺术教师不足，倡导成立育才"见习团"，走出学校到重庆各艺术团体向各方面专家学习。4月6日，为克服育才办学的经济困难，提出"跟武训学"的口号，要求大家做"集体的新武训"，艰苦办学，并确定4月6日为"育才兴学节"。6月，撰就《育才二周岁之前夜》，总结育才办学经验，探讨培养人才幼苗的基本办法。7月11日，与郭沫若、茅盾、沈钧儒、田汉、胡愈之、邹韬奋等264人签名的《中国文化界致苏联科学院会员书》于本日刊于《新华日报》，表示与全世界一起反对法西斯强盗，维持人类的正义，争取世界的和平。8月1日，在朝会上总结了从6月20日到7月21日的"集体创造月"的经验教训，并宣布育才学校"创造年"开始。9月，试验"育才幼年研究生制"，招收27名少年研究生进行专门培养，以充分发挥学生的学习潜力，推动全校学习风气。10月10日，与张澜、沈钧儒、胡愈之等发起组织民主政团同盟。19日，参加第二届国民参政会第二次会议，提出《设立中央儿童学园以倡导幼年社会教育案》等案。12月，太平洋战争爆发，不久香港沦陷，东南亚华侨及港九同胞对育才的经济支援中断，重庆物价飞涨，育才有断炊之危，终日为募集经费奔忙，与米价赛跑。冬，约请历史学家翦伯赞到育才学校讲学三周。此外，吴玉章、田汉、茅盾、邓初民、周谷城、姚雪垠、秦邦宪等亦先后到育才学校讲过课。（参见余子侠编《中国近代思想家文库·陶行知卷》附录《陶行知年谱简编》，中国人民大学出版社2015年版）

梁实秋继续任国民参政会参政员，同时主持重庆编译馆翻译委员会，担任教科书委员会常委。自上年底教育部中小学教科用书编辑委员会并入国立编译馆，梁实秋仍负责教科书组，并兼管社会组和翻译委员会，事务逐渐趋于繁重。梁实秋聘在济南任小学教员、校长数十年，经验宏富的崔𬘬秋女士主编小学国语。中学国文由朱锦江、徐世璜、吴伯威、桑继芬几位担任，公民教育则由夏贯中、徐悫、徐咏平、汪经宪几位负责，历史方面有蒋子奇、程虚白等，地理方面有汪绍修、聂家裕等。上述诸位不仅学有专长，而且富于教学经验，皆可称一时之选。社会组是由原编译馆的民众读物组与戏剧组合并成立，主管编写民众读物与剧本等，包括鼓词、歌谣、相声、小说之类，以宣扬中国文化及鼓励爱国打击日寇为主旨。具体主持民众读物计划的是王向辰、萧柏青、席征庸、王愚、解方等，也一起参与编写。他们共编写了200多种，大量印发给各地民众教育机构，起到了一定的宣传教育作用。在戏剧方面，他们的主要工作是修订平剧剧本，把不合理的情节及字句大加修订，而不害于原剧的趣味与结构，共完成了70余种，其中44种由正中书局出版，名为《修订平剧选》。翻译委员会人手较少，也颇有成绩，如李味农译毛姆孙《罗马史》，皇皇巨著，逐译多年，完成泰半；王恩曾译萨克莱《纽康氏家传》，译笔精致，不可多得；李长之译康德三批判书，精雅深奥，颇见功力。而最繁重的工作则是英译《资治通鉴》。当时，编译馆想译一部中国历史，以便向国际社会介绍中国，梁实秋就商于人文组主任郑鹤声，决定译这部编年体的《资治通鉴》，并特别聘请杨宪益、戴乃迭夫妇二人负责翻译。夫妇二人同受延聘，传为美谈。全套几十本书分批克期完稿付印校对然后供应后方各地学校使用，为抗战时期的教育作出了应有的贡献。

1月5日,梁实秋在北碚"雅舍"大宴宾客,庆贺他40岁生日,故旧新朋齐聚一堂。11月,鲁迅去世5年后,梁实秋在重庆《中央周刊》发表《鲁迅与我》一文:"平心而论,鲁迅先生的杂感是写得极好,当代没有人能及得他,老练泼辣,在这一类型中当然是应推独步。但是做为真理的辩论看,我并不心服。"(参见鲁西奇《梁实秋传》,中央民族大学出版社1996年版;陈子善《文人事》,浙江文艺出版社1998年版)

陈独秀在江津贫病交加。1月10日,托派中央常委通过《关于D. S.对民主和独裁等问题的意见的决议》,猛烈抨击陈独秀攻击无产阶级专政、否认苏联社会主义制度、歌颂资产阶级民主和否认在这次大战中有发生任何革命运动的可能的观点。16日,陈独秀在《东方杂志》上发表《禹治九河考》。2月25日,汪孟邹致函胡适,告独秀近况:"记得二十八年春曾有一信托友人带香港由航空邮呈,是为仲甫兄病事,迄未得复信,不知已收到否?""仲甫兄自入川后,即患高血压症,时轻时重,医云是川地太高,移地或可较好。但为势所阻,又无法离川。今年已六十三岁,老而多病,深为可虑,还要带病工作,近著《小学识字课本》,售稿于国立编译馆,以资生活,亦太难矣。"4月16日,彭述之、刘家良控制的托派中央,将陈独秀关于抗战问题的几封信和郑超麟、王文元、彭述之、刘家良的争论文章,汇成《校内生活》和《火花》第3卷第5期合刊出版,发到基层。7月,托派中央作出《对最近党内争论之决议》,系统地总结批判陈独秀、郑超麟、王文元、陈其昌在抗战问题上的"机会主义"观点,断言战争"必然以革命而终止""中共必然分裂",一切革命分子都将加入第四国际。同月,在屈原祭日,送何之瑜、台静农、魏建功等东归,聚饮大醉作诗纪念。

陈独秀是夏复函陈钟凡,赞同其应广州中山大学许志澄之邀去该校任教。后得知陈钟凡因许志澄去职,南行不果,陈独秀又去函,劝其有机会赴上海沪江大学任教,理由是上海离陈钟凡故乡(盐城)较近,可照料眷属。当时广州和上海都已在日本侵略者的统治下,所以陈钟凡认为独秀"对战局终抱悲观",出此下策,拒之;表示"宁愿与国土共存亡,不甘心至敌人铁蹄下去讨生活",仍留成都。11月28日,撰《我的根本意见》,并油印寄发上海托派及其他友好。12月1日,致函郑学稼,并赠《我的根本意见》油印件。是年,整理《古音阴阳入互用例表》和《连语类编》,交北京大学出版,以答北大同学会月赠300元的生活费用。后来,北大不能出版,遂自己油印《古》著若干册,分赠友好,并请魏建功作序。(以上参见唐宝林、林茂生《陈独秀年谱》,上海人民出版社1988年版)

于右任继续任国民政府监察院院长。秋,兰新公路宣布通车,国民政府监察院长于右任闻知后,兴致勃勃由陪都重庆来西北视察。10月5日,正是农历的中秋佳节,于右任在中央监察委员兼陕甘宁青新五省监察使高一涵等人的陪同下,来到了敦煌,并于当天赶到莫高窟。张大千陪同参观,为他们进解莫高窟的历史。在参观中,于右任在窟内的一些灰烬堆里,发现了晋代书法家、敦煌人索靖书写的《月仪帖》墨迹残字,以及西夏时期的草书数纸,便说:"这莫高窟,可真是个艺术宝库哇,到处都是宝贝!"当晚,张大千在莫高窟下的住处设筵,招待于右任、高一涵,欢庆中秋佳节。席间,张大千向于右任建议,要国家把莫高窟收归国有,建立个机构,以便管理、保护、收集、整理、发掘、研究和宣扬敦煌文物艺术,并希望于右任能够利用他的地位与影响,促成此事。于右任对张大千的建议完全赞同。还说他有个设想,建立敦煌艺术学院,寓管理、保护、研究、教学于一体,而且就由你张大千来当院长!张大千一听于右任想成立敦煌艺术学院,很高兴,唯对要他当院长一事,坚辞不受。6日,于右任一行继续参观莫高窟。

于右任10月7日又去安西榆林窟(又叫万佛峡)视察参观。于右任发现,安西榆林窟里的壁画之精美,遗迹之古老,价值之贵重,比起莫高窟来并不逊色,可说是敦煌艺术的又一个重要组成部分。但是榆林窟的破败荒凉,比莫高窟更甚。于右任望着眼前的破败洞窟,心潮起伏,感慨不已。下旬,于右任回到兰州,随即向甘肃省的党政军要员们谈了自己西北之行的感受,希望他们能重视敦煌这一伟大的文化艺术遗产。于右任言,莫高窟、榆林窟等不仅是世界的奇迹,中国的骄傲,而且更是甘肃的骄傲!作为地方长官,应当对祖国的这一瑰宝无比重视与爱惜。于右任又在兰州多次约见新闻记者,向他们发表谈话。于右任用他的亲眼所见,热情洋溢地向记者们介绍、宣扬了敦煌文物艺术的宝贵,再三强调了敦煌文物的巨大价值。于右任的这些呼吁,在新闻界也产生了很大的反响。25日,中央通讯社播发了于右任讲话的通稿,大标题即名《监察院长于右任在兰州公开倡议迅速建立敦煌艺术学院,由名画家张大千予以主持》。26日,重庆的《中央日报》《新华日报》,兰州《西北日报》,成都《新新新闻》等许多报纸,都在头版显著位置发表了这条消息,顿时在社会上产生了轰动。

于右任11月经西安返重庆时,在西安也发表了同样内容的讲话,大力宣传了敦煌文物的重要,大声疾呼须立即行动起来,尽快建立起敦煌艺术学院,以积极设法保存石窟艺术文物。于右任还指示陕西省政府的有关机构,召集名画家王子云等人前来商谈,要他们以官方名义,组织起一个"西北文物考察团",专门去敦煌地区深入考察石窟艺术。12月14日,于右任回到重庆,当天即向国民政府呈交一份正式提案,要求尽快建立敦煌艺术学院,妥善保护管理及研究发扬敦煌文化艺术。提案谓"似此东方民族之文艺渊海,若再不积极设法保存,世称敦煌文物,恐致湮灭。非特为考古家暨博物家所叹息,实是民族最大之损失!因此提议:设立敦煌艺术学院,招容大学艺术学生,就地研习,寓保管于研究之中,费用不多,成功将大。拟请交教育部负责筹划办理"。与此同时,为了引起国家、民众及社会各界对于敦煌文物艺术的重视,于右任在重庆的各个场合,还多次谈起了自己的这趟西北之行,谈起了敦煌文物的灿烂、伟大和尽快保护敦煌文物的重要。(参见李永翘《国立敦煌艺术研究所成立始末》,《丝绸之路》2000年第4期)

吴稚晖2月为国语师资训练班学员制作汉字拼音表和注音符号歌,注音符号歌分为四阕,并用联想法,便于记忆。在对外政策方面,认为中国当前情况危急,但并不希望美国改变其重欧轻亚的政策,只希望美国能够援助中国,尤其如能在飞机和飞行员方面大力援助,中国必可威胁到日本本土,而太平洋形势将大有改观。3月,在国民党五届八中全会上提交关于推行注音识字运动和编印注音文字的通俗画报的议案,希望能够彻底扫除文盲,不仅着眼于教育普通大众,还在于宣传三民主义。10月,小便闭塞,虑时日无多,立遗嘱,提到"猝毙,恨不能见最后胜利。生平负罪之处甚多,但力戒有心为恶。遗骸烧亦可,葬亦可,但决不可厚殓,更无须运尸。我家子女皆能自立,决不受抚恤,我个人决不受何种褒扬,免使抱愧地下也。愿总裁与诸同志及邦人君子,早日抗战必胜,建国必成"。(参见金以林、马思宇《中国近代思想家文库·吴稚晖卷》之《导言》及附录《吴稚晖年谱简编》,中国人民大学出版社2015年版)

戴季陶继续任国民政府考试院院长。春夏之交,戴季陶倡议以新式体例重修县志,遂延请国立编译馆郑鹤声、康清前来广汉县,成立修志调查委员会,并找到营造学社,请他们拍摄一套完整的建筑影像资料。6月中旬,因病请假至成都疗治。同月,向中央图书馆建议:一、编辑九一八事变后各国外交文献;二、注意收集编述各地出版界、学术界新近发展趋向的情报;三、梳理汉唐两代少数民族在中国文治武功、宗教、文学,乃至书法丹青之名家,并为其作一小传,最后能考略其人之前后脉络。9月1日,扶病返抵重庆。10月3日,中国人事行政学会在重庆成立,推举戴季陶为名誉会长,陈果夫、易培基、吴铁城为名誉副会长。(参见桑兵、朱凤林编《中国近代思想家文库·戴季陶卷》及附录《戴季陶年谱简编》,中国人民大学出版社2015年版)

　　王宠惠1月1日在重庆《中央日报·元旦增刊》发表《最近之外交形势》,最后谓:"凡上所述,为最近远东国际情势发展之主要趋向,实亦我抗战接近胜利之时,在外交上开始展现日益有利之前兆。当此敌人实力已衰,困兽犹斗之际,吾人欲争此最后之胜利,惟有以更大之决心与毅力,淬厉奋发,继续努力,俾抗战建国,得早日达其终极之成功,此则我国人更应竭智尽能努力共赴者也。"3月3日,在中央党政联合纪念周作《最近远东形势》报告,指出:"总之,我们的抗战是为保持我们独立主权,维持国际信义,本着光明的大道,始终如一,以造成今天与远东最有利的局势,也可以说是得道者多助。但是国际间的事情变化无穷,我们假使不能把握着有利于我们的局势,那么,无论什么事情,不进则退,所以虽然目前的国际局面到了我们希望的地步,但是我们还要逆水行舟,继续努力。"4月,王宠惠任国防最高委员会秘书长,继续负责国民政府的对外事务。同月12日,日俄签订《中立友好共同宣言》,互相尊重所谓"蒙古人民共和国及满洲国",违反《中苏互不侵犯条约》精神。14日,王宠惠对"苏日共同宣言"发表声明:"本月十三日苏联与日本签订中立协定时所发表之共同宣言,内称日本尊重所谓'蒙古人民共和国'领土之完整与不可侵犯性;苏联尊重所谓'满洲国'领土之完整与不可侵犯性。查东北四省及外蒙之为中华民国之一部,而为中华民国之领土,无待赘言。中国政府与人民,对于第三国间所为妨害中国领土与行政完整之任何约定,决不能承认。并郑重声明,苏、日两国公布之共同宣言,对于中国绝对无效。"19日,对"我政府不予同意沪纳税外人会决议"发表声明,谓"上项建议既属合理又已尽量通融,乃各有关系国政府竟未加以接受,因此,中国政府决定不参与上述议决案所包括之计划。兹并声明:'临时董事会'之设置暨地皮章程任何条款之变更,均未经中国政府予以同意。"6月,郭泰祺宣誓继任外交部长。(参见王宠惠著、张仁善编《王宠惠法学文集》及附录《王宠惠先生年谱》,法律出版社2008年版)

　　王世杰继续任国民党中央宣传部部长。1月12日,王世杰与沈钧儒、郭沫若、茅盾、邹韬奋、侯外庐、章汉夫、戈宝权等人在重庆嘉陵宾馆出席苏联塔斯社中国分社为招待重庆文化界、新闻界人士举行的茶会。13日,出任中央设计局秘书长。蒋介石兼任该局总裁。2月8日,邹韬奋为挽救生活书店,找国民党中央宣传部部长王世杰、副部长潘公展、秘书主任许孝炎谈话,请求当局纠正封店捕人的行为,未获结果。15日,徐伯昕写呈文给蒋介石及监察院、中央党部、中央宣传部,请求启封书店,释放被捕人员。沈钧儒向即将召开的国民参政会提出启封书店释放人员的提案,并亲函蒋介石,要求下令纠正,均未获结果。21日,与美国总统罗斯福的行政助理居里会谈美国支持中国抗日问题。同月,关于如何处理国共关系给蒋介石密呈建议。6月26日,主持三青团中央监察会第六次常务监察会。9月3日,王世杰致函翁文灏,通报经函询陈布雷,认为对陈伯庄所提出争取美国技术援助的建议案,仍须会商,补送复文,以便一并转陈。并附送王世杰参酌各方意见拟就的致蒋介石签呈草稿,请翁文灏5日至中央设计局共同商定。该签呈稿以翁文灏、俞大维、周至柔、王世杰的名义提出争取美国技术援助的具体进行办法。5日,王世杰以国民党中央宣传部部长就关于暂行禁止《雷雨》上演事复函军委会政治部。

　　按：全文如下："按准贵部治智一字第二五九〇号公函：以据第四战区司令长官部政治部呈为《雷雨》一剧，系暴露大家庭罪恶，不特与抗战无关，而且在建立思想国防上诸多妨碍，拟请通令禁演，转嘱查核见复等由。到部。当经饬据中央图书杂志审查委员会重加审查，并详具审查意见附呈前来。查该剧匪特思想上背乎时代精神，而情节上尤有碍于社会风化，此种悲剧，自非抗战时期所需要。除函中央图书杂志审查委员会不得准其再版，并分行暂禁上演外，相应抄附上项审查意见函复查照，转知为荷。"抄附中央图书杂志审查委员会审查《雷雨》意见一份。

　　王世杰9月8日接待翁文灏来访，商议三年建设计划及国防工业设计委员会等事。15日，王世杰又函告翁文灏等会衔呈复蒋介石的报告，已准如所拟进行步骤，并已先电宋子文研究洽办。11月1日，《中央宣传部书刊批销办法》经部长核准试办。17日，王世杰致函翁文灏，商谈国防工业设计委员会组织人事问题。同月，国民党中央宣传部所辖的五个书刊供应处，除香港外，衡阳、上饶、西安、重庆均于本月先后组建书刊供应处，于1942年初开始印发书刊。各处设有编辑、印刷、事务三股和会计室，负责各辖区内党、政、军和县辖以上学校、团体的书刊供应分发。同时担负中宣部分派书刊的翻印，并自行编印各种通俗普及书刊，供应军民。同月，王世杰续任三青团监察会书记长。12月8日，日本偷袭珍珠港。在国民党中常会上主张中国对日、德、意宣战。当晚，王世杰以军事委员会参事室主任的名义先后出席外国和中国记者新闻发布会，宣布中国对日、德、意宣战。11日，代表国民政府发表讲话，称反侵略国家应立即成立军事同盟并成立统一指挥机构。13日，国民党《中宣部直属三民印刷所管理办法》经部长核准修正，"本所任务为承印中央宣传部各种书刊，但在生产力有余时并得以营业方式接受外部印刷品"。18日，到蒋介石官邸参加国民政府高级官员会议，反对设立大本营和授蒋介石大元帅名义；反对恢复中央政府会议（亦称战时政治会议）。29日，《中宣部直属三民印刷所管理办法》经部长核准施行，"三民印刷所承印本部印件应照核定价格办理，非呈经核准不得变更，非有特殊理由并呈经核准者不得误期出版"。同月，王世杰在重庆会见由戴高乐领导的法国海外抵抗运动组织——"自由法国"代表爱司加拉。（参见李学通《翁文灏年谱》，山东教育出版社2005年版；吴永贵《民国图书出版史编年：1912—1949》，社会科学文献出版社2018年版；中央教育科学研究所编《中国现代教育大事记1919—1949》，教育科学出版社1988年版；薛毅《王世杰传》附录《王世杰生平大事年表》《王世杰著述目录》，武汉大学出版社2010年版）

　　潘公展继续任国民党中央图书杂志审查委员会主任。2月7日，四川省图书杂志审查委员会到读书出版社成都分店检去书籍24种，次日店即遭封闭，12日没收书籍2687册。20日，读书出版社昆明分社被封；同日，生活书店贵阳分店被查封。21日，生活书店昆明分店被封。22日，读书出版社贵阳分社被封，全体人员被捕。同月，国民党中央秘书处和三青团中央团部联合给各省国民党党部发出加急密电。半个月内，生活书店仅存的6个分店中，成都、桂林、贵阳、昆明、曲江5个分店被查封，书刊财产被没收。新知书店除重庆分店外，多被查封或被迫停业。23日，为抗议读书出版社被封，邹韬奋呈请国民参政会转呈国民政府辞职电。3月2日，读书出版社桂林分社被迫停业。8日，中央图书杂志审查委员会第四次会议，通过了《中央图书杂志审查委员会派员协助省市审查处工作办法》。10日，重庆《新华日报》公布了中共7位参政员不出席国民参政会之全部文献，文献中公布了中共提出的临时解决办法12条，在第二条中，要求"启封各地被封书店，解除扣寄各地抗战书报之禁令"。还公布了成都、昆明、贵阳、桂林等地生活书店、读书出版社、新知书店被封闭的事实。

　　潘公展、程沧波、肖同兹、董显光、马心野、康心文、陈博生等 3 月 16 日在重庆发起成立中国新闻学会,大会推选于右任、戴季陶、居正、陈布雷、王世杰、陈果夫、陈立夫、叶楚伧、吴铁城、张继、朱家骅、邵力子为名誉会员;选举萧同兹(中央社)、陈博生(《中央日报》)、曹谷冰(《大公报》)、胡政之(《大公报》)、马星野(中央正校新闻系)、成舍我(《世界日报》)、陈铭德(《新民报》)、赵敏恒(《中央日报》)、周钦岳(《新蜀报》)等 19 人为理事;选举杜协民(《国民公报》)、潘梓年(《新华日报》)等 7 人为候补理事;选举潘公展(中宣部)、张季鸾(《大公报》)、王芸生(《大公报》)、董显光(中宣部)、程沧波(《中央日报》)、谢六逸(复旦大学新闻系)等 11 人为监事。大会选举萧同兹为理事长,彭革陈为副理事长,曹谷冰为秘书长。会议通过《中国新闻学会章程》《中国新闻学会分会组织原则》《中国新闻学会宣言》。该会接受中国国民党中央宣传部的指导,名为研究新闻学术,改进新闻事业,实为组织新闻界宣传中国国民党政策,将新闻活动完全纳入中国国民党控制的轨道。21 日,上海《申报》载,中央图书馆杂志审查委员会责令各地图书杂志审委会查禁不正当之刊物:中央图书审查委员会以查沪港两地出版之各种不正当电影图书杂志等,内容荒淫,不特足以影响后方各地之民众情绪,抑且耗费纸张印刷,实有背战时厉行节约之道,故特通令各省市图书审查委员会严予禁止,进口传销。各书店所存者,亦统限于 2 月底前一律肃清。22 日,国民党行政院第五〇四次会议修正公布《省市图书杂志审查处组织通则》和《县市图书杂志审查分处组织通则》。同日,重庆市警察局奉命查封未经申请登记之书店、出版社。

　　潘公展 4 月 12 日主持中央图书杂志审查委员会第五次会议,通过《中央图书杂志审查委员会奖励优良书刊剧本暂行办法》和《中央图书杂志审查委员会派员视察省市审查工作办法》。同月,中央图书杂志审查委员会饬令广西省图书杂志审查委员会改组为广西省图书杂志审查处。5 月 4 日,应张伯苓邀到重庆南开中学演讲《五四精神的新生》。19 日,中央图书杂志审查委员会呈文行政院,内容是关于广西省图书杂志审查委员会查禁生活书店违禁书刊及查封生活书店库存图书之有关情形。6 月 26 日,中央图书杂志审查委员会又以相关事件进一步办理情形呈文行政院。同月,中央图书杂志审查委员会指导丛书之一的《审查手册》作为密件印行,该手册首篇为中央图书杂志审查委员会主任潘公展代序的《书刊审查工作要义》。全书分为上篇:方略;中篇:法规;下篇:指示。该书为图书审查方面最完备的法规汇编。7 月 23 日,国民党中央宣传部致函中央图书杂志审查委员会,就广西省图书杂志审查委员会查禁生活书店违禁书刊及查封生活书店库存图书之有关情形予以答复。同月,国民党中央图书杂志审查委员会印发《取缔书刊一览》,辑录了从 1938 年 10 月自该会成立之日起,至 1941 年 6 月止的 961 种查禁书刊目录,包括 1938 年 1 至 9 月中宣部通令查禁的书刊。9 月 26 日,国民政府行政院颁布《修正省市图书杂志审查处分级暂行办法》。10 月 4 日,重庆市政府根据重庆市图书杂志审查处拟定的《重庆市图书杂志审查处组织通则》上报行政院,同年 11 月 19 日行政院批准执行。10 月 23 日,国民政府行政院长蒋中正发布训令,规定“各省市图书杂志审查处隶属中央图书杂志审查委员会,办理各省市之间图书杂志审查事宜”“省市图书审查处同系隶属省市政府,自应指挥监督”。11 月 5 日,重庆市政府决定:市图书杂志审查处办理图书杂志之调查、审查及取缔事宜,社会局办理登记事宜,警察局协助取缔。8 日,中央图书杂志审查委员会通过《特级图书杂志审查处编制准则》。10 日,重庆市图书杂志审查处会同市党部、三青团支团部、卫戌总部、宪兵三团、十九团,共同对市区各书店、出版社进行突击总检查,清除违禁及未送审书刊。凡1940年9月6日以后出版而不合法之书刊,概予封存,听候处理。(以上参见吴永贵《民国图书出版史编年:1912—1949》,社会科学文献出版社2018年版;龚克主编《张伯苓全集》第十卷附编《张伯苓年谱》,南开大学出版社2015年版)

张道藩2月7日兼任国民党中央宣传部文化运动委员会主任。同日,国民党中央宣传部文化运动委员会在重庆举行成立大会,主任委员张道藩,副主任委员潘公展、洪兰友,秘书林紫贵,总干事华林。该会的任务是:"规划全国文化运动之各种方案""协助策进各地文化事业"以及"其它有关文化运动之调查设计事项",分设文艺、新闻、出版、音乐、艺术、戏剧、科学、哲学、宗教各组及设计委员会,初期所定的文化工作编辑对象为士兵、青年、妇女、通俗等方面的读物。3月15日,中央文化运动委员会举行首次讲演会,王云五在会上的演讲题目为《战时我国文化的动向》,分析了抗战前后的出版业情况。同日,本届"文协"理事改选揭晓,张道藩、叶楚伧、冯玉祥、郭沫若、老舍、茅盾等25人当选为在渝理事。5月6日,张道藩应张伯苓邀到重庆南开中学演讲《生活与艺术》。10月,王芸生、甘乃光、徐恩曾、张道藩等84人在重庆发起成立中国人事行政学会,以"研究人事行政之理论与实务"为宗旨。该会有1270多会员。设理、监事会综理监督会务。该会推举朗仲琪、王非、苏雷、韦尹耕、杨裕芬等5人为理事会常务理事,推朗仲琪为干事长,下设总务、组织、会计、调查、交际5组及研究、编辑2个外委员会。并在四川、湖南、湖北、陕西、西康、贵州、江西、甘肃、浙江等省筹设分会。其任务以研究与推进人事行政等为中心,并出版有关人事行政之刊物。1942年在重庆创刊《人事行政》杂志。是年,张道藩被国民政府教育部任命为政治大学校长。(参见吴永贵《民国图书出版史编年:1912—1949》,社会科学文献出版社2018年版;中央教育科学研究所编《中国现代教育大事记1919—1949》,教育科学出版社1988年版;龚克主编《张伯苓全集》第十卷附编《张伯苓年谱》,南开大学出版社2015年版)

张兆4月26日任新成立的重庆市图书杂志审查处处长。该处隶属于重庆市政府,受中央图书杂志审查委员会指导监督,由国民政府派张兆任该处处长(简任),下设两组,第一组掌管图书杂志审查及书店检查事宜,设主任1人(荐任),组员及办事员数人;第二组掌管人事、文书、庶务、会计出纳等事宜,设主任1人(荐任),组员及办事员等。该处就地聘用设计委员担任设计及专门书刊之审查检讨事项,制订有《重庆市图书杂志审查处规程》,共十条。

按:1943年10月,该处处长张兆辞职,由陆显谦代理处长。(参见吴永贵《民国图书出版史编年:1912—1949》,社会科学文献出版社2018年版)

余俊贤时任侨委会常委兼教育处处长,到星洲视察侨教之际,张礼千、许云樵和姚楠便借机呼吁侨委会重视南洋研究,他们刚刚在南洋成立民间南洋研究团体——中国南洋学会,希望政府尽快设立一个官方的南洋研究机构,该建议受到余氏的肯定。余俊贤原是国民党荷印总支部发起人,曾主编《民国日报》,因抨击日寇侵略济南被荷印殖民当局驱逐出境,回国后以从事海外党务和侨务工作,晋升中央委员。12月,余俊贤等11人便向国民党五届九中全会第十次会议提交筹设国立南洋研究院的议案。该提案后附有《南洋研究院组织大纲》和《南洋研究院进行办法》。大会审查后,认为提案所论意义重大,遂将该事交侨务委员会负责办理。

按:提案回顾中国在南洋的光辉历史和欧人东来后的地位变化,反思西人研究南洋的盛况及其原因,指出中国研究南洋的优势、前途和设立南洋研究机构之目的。首先回顾秦汉至明朝的中南交往,指出其时"南洋各国,莫不诣阙奉表贡呈珍异",对比欧人东来后的时势,凸显中国在南洋地位的沦落和中南关系的历史变化,"佛郎机灭满剌加后,吾国在南洋之声威,即成逆转",西、荷、英、法等相继东进,南洋成为列强角逐之地;至清季,英并缅甸,法占越南,"中南关系,遂告脱辐"。其次,反思欧人的南洋研究,指出其成功原因在学术机构和学术刊物。欧人经营南洋的策略是先稳固统治,继谋产业开发,更起学术研究。国家组织大印度学会、河内远东学院、吧城皇家文艺科学学会、英国皇家亚洲学会、暹罗学会、缅甸学会及动植物园、博物院等机构,创办荷兰《通报》、巴黎《亚洲学报》、伦敦《皇家亚洲学报》、伦敦大学《东方研究院报》等刊物,从事精密之研究和成果之刊布,提案者意识到这些研究具有服务殖民统治、促进南洋文化发展之双重目的,并且大部分依赖中国载籍,所谓"凡欲研究印度史地者,设不参证《法显传》及《大唐西域记》二书,则势必无成,设凡欲研究南洋史地、风俗、物产者,设不取材于吾国之史典及先哲之著作,亦断难穷源究本"。西人充分利用中国史籍详加考证,取得了巨大的功绩和效用。反观中国与南洋既有悠久的历史关系,又有多达 800 万华侨生息其间,而政府对南洋研究不甚注意。提案从"发扬民族精神,阐述吾国文化,巩固吾侨经济,提高吾侨地位"的角度出发,建议国民政府迅速设立一纯粹之学术机关——南洋研究院,以"搜集南洋有关资料及阐述南洋文化、发扬吾侨民族精神、巩固吾侨经济地位"为宗旨。该提案后附有《南洋研究院组织大纲》和《南洋研究院进行办法》。(参见于延亮《南洋研究所及其南洋研究(1942—1945)》,《历史教学问题》2020 年第 1 期)

蒋复璁任中央图书馆首任馆长,继续致力于上海珍本文献的秘密抢购。1 月,中央图书馆与香港王云五商妥,将国家购书拨款以"图记"名义存入在香港的中央银行广州分行,凭其印鉴开支;另由何炳松在上海商业银行亦以"图记"名义开立存户,凭其印鉴开支。以此方法分期汇款至沪。2 月 15 日,蒋复璁致郑振铎、张寿镛、何炳松信,云"所寄第六次营业报告已收到,谨当转陈股东"。20 日,潘厚致蒋复璁信:"廿六年春得识荆州,幸快何似……不佞避乱沪渎,三年于兹,有家归未得,惟有静待捷师之至。振铎常晤面,其办事精神,至堪佩服! 江东奇书因而不至流入异域者,为数非少。"3 月 26 日,蒋复璁致郑振铎信:"奉大教,敬承高怀怡淡,毋任佩仰。此次台端备极贤劳,戈戈之数,未足云酬,万望弗再谦辞为幸。"复致何炳松信:"茂师钧鉴,二月廿二日大教敬承,高怀冲淡,佩仰无极! 西兄处已遵属送津贴,希转致鄙怀,弗再固辞。印书事,照尊意办理极好。云公已归,款允即设法汇到矣。"又致徐森玉信:"西兄处遵命月送津贴三百……希为转致。"28 日,中英庚款董事会致蒋复璁信:"接准大函抄送上海第六次购书报告,业已奉悉。本会意见,有价值之廉价书应迅扩大收买,以免散失。除电复张咏霓、何柏丞两先生外,相应函复查照。"蒋复璁批:"复以沪款仅敷购嘉业堂刘氏藏书,办毕即□结束,如□添购,须另行拨款。"

蒋复璁 4 月 26 日致郑振铎信:"三月十九日大札敬悉。股款五万元已函王君即汇。为应急计,已商得杭兄同意,在马氏处借用二万元。"同日,蒋复璁致庚款董事会函:"接奉渝庚补一〇四一号大函,属为扩大收买有价值之廉价旧书,自应照办,惟现在沪款仅敷购嘉业堂刘氏藏书,且此事办毕,沪办事处即须结束,如贵会以为必须添购,须另行拨款应用,相应复请管洽为荷。"约 5 月 25 日,蒋复璁有电文:"马处款一万元以得立兄同意,可以缓还。故刘书可购。颍川、紫阳多有增资之意,惟颍川处现缓不济急,紫阳处款可速,但不多。弟即日赴渝,商定即电闻。惟运输事不可缓,祈转告谛兄即办。谛兄来内地,甚欢迎。祈转致鄙意为荷。"6 月 4 日,蒋复璁致杭立武信:"关于现存沪港各书,奉叶遐庵先生函询办法,如拟运美,则 1. 须与美方接洽妥当,2. 须预筹运费等。叶先生意,如运交胡适之先生转存,最为妥适,但须先托胡先生办理一切耳。至运出,则港易于沪也。敬祈裁酌,俾利进行。"11 日,蒋复璁致教育部长函:"关于上海、香港收购旧籍一案,兹续接上海张校长寿镛、何校长炳松先后送到第七次、第八次两报告,暨香港叶董事恭绰报告购书情形。谨即分别录具一份,暨影印善本书样张二页,备盖善本用印鉴一纸,随呈送请鉴核备查。"蒋复璁另致庚款董事会函,内容同。14日,蒋复璁致杭立武信:"接上海张校长等函告继续进行购书情形,敬将原件录奉,即请詧核为荷。又前承惠示玉甫先生来函,兹特附还。"18日,蒋复璁致郑振铎等信,第8号报告已收到,提及"犀公至港后,当即电告。与玉翁接洽亦可。陈、庚二处多有扩大资本之意"。

蒋复璁7月6日致徐森玉电报,提到"公是货已运港,甚慰。最好能续运"。9日,蒋复璁致郑振铎信:"接八日、十六日犀谛先生手示,均悉。善本书目已收到经史两部一至八十一页。营业报告已收至九号,并经照缮分送矣。庚处允再垫二万元。森公如能缓行,则请稍留,与兄同赴港。庚处已电达马公,请尊处即与接洽办理运输为荷。"10日,蒋复璁致庚款董事会秘书徐公起电报:"接沪电,知刘氏书已运港,或交高廷梓先生收,或交叶玉甫先生收,重要者交欧亚用飞机运,次要者交仰光转运。如何之处,祈转商立武兄核夺,即复电沪上办理为荷。"22日,蒋复瑰致郑振铎、张咏霓、何炳松信:"公是书运港已否到达?请与玉老接洽。马公不甚负责。余书请照公是书办法续运。普通货可暂缓起运。犀兄能与森公来内地一行,尤所企盼。"25日,中英庚款董事会致中央图书馆函,云香港许地山不知书是否应运重庆,须待郑振铎、徐森玉到港再办。蒋复璁阅批:请电叶,许君检阅后即运渝。31日,中央图书馆致中英庚款董事会函,提出因时机急迫,香港运书事"不必待徐郑二君之到港"。蒋复璁致徐可熛信:"日来形势愈趋紧张,港书似非即运不可。而尤可怪者,上海消息渺然。所编善本书目,本按期寄来,最近二十余日,并无一函。□□电讯是否达到?郑、徐诸君及书籍有无问题?深为悬系!弟本拟来渝候教,以病齿甚剧,未获如愿。敢祈兄商请立武兄设法探询为荷。"蒋复璁又致徐可熛信:"至于运书事,弟意不必待徐、郑二君到港,即请电叶玉老会同许先生检视其精善者即交航运,次者交仰光转,以此事愈速愈妥。"8月12日,蒋复璁致徐公起信:"关于沪地汇款办法,不审贵会历来如何划汇最为妥善?兹派本馆职员杨逸初君前来谒教,至乞惠予晤洽,俾知遵循,至所感荷。"

蒋复璁约9月3日致何、张、郑信:"由渝转到七月二十号赐示,敬悉一切。善目经史两部,极为精审,且由西谛先生手写,遥企贤劳,曷胜感佩!藏章甚佳,足见名手。森老现尚在港,以存港书目乞未接到,无从点寄。大约此时或已接到目录矣。尊电亦于昨日转到,欣悉张芹伯书可以出让,减至七万余元,森老来电言又减至六万余元,价虽不甚廉,但在今日确已可购。惟朱、杭二位现均不在渝,无法商洽。唐自上月回沙,即感寒成疾,前日方起床,拟略缓数日至渝,届时或可与紫阳、颖川……"5日,蒋复璁致徐森玉信:"西谛兄顷将存港书目寄到,分两批,一为一号至一一三七号,一为一号至一二五二号,共二千七百二十包,数目相符。大示谓邮包数目重复,或因两批混杂故。闻另有目寄港,想尊处亦必已收到矣……张芹伯书,最好全购。惟此间最感困难者,即能价购,亦无法将款一次汇寄。其间经港转汇尤为费事。故或先预定分批购入,不审尊见如何?仰光方面,已由庚会约请曾镕浦先生主持。昆明方面,则请李润章先生主持,而由此间派员至昆照料起运,必要时璁亦可抽暇前往,随同到沙也。"27日,庚款董事会致中央图书馆函:"古籍运输事,前与贵馆蒋馆长迭次磋商,并与驻港办理此事之徐森玉先生及本会叶玉甫董事函电接洽,曾决定先选精品航空运渝,其余转仰光由滇缅公路内运。最近以公路运输甚多困难,有改运美国保存之商榷,但先选精品航空运渝一层,自前次决定后,即由港方照此办理,其首批精品并已运到点交贵馆保存……"约10月2日,蒋复璁致高廷梓转叶恭绰、徐森玉电:"航运书八包已到。张芹伯书决全部购,已由骆公去电,价由何、张、郑诸先生洽商决定即汇。存港书拟再选航运一批,余或运美。俟骝、立二公决定即奉闻。"3日,蒋复璁致教育部长函:"谨密签呈者,关于搜购古籍一案,迭经复璁抄同港沪两地原报告及书目密呈各在案……目前所最急者,为吴兴张氏之书,其家已编成目录到处求售,各方均在逐鹿。按目,计有宋刊八十八种,元刊七十四种,连同明刊抄校,共有一千余种,一万余册,可称大观。张氏藏书,起自石铭氏,刻有《适园藏书志》行世,其中什九皆在目内。现其子芹伯精于鉴别,不如其父之泛滥,二十年之精储,所收宋元抄校皆为白眉。允宜设法收买,以免散佚。现由张寿镛、徐鸿宝、何柏丞、郑振铎诸先生审别商洽,由七十五万减让至六十二万余。如筹有的款,张氏精品可以全得……。"

蒋复璁10月14日致马季明信:"徐森玉先生归,备悉本馆运港存书诸事深荷协助,至纫高谊!此项书籍,顷已蒙教部核准运美。陈部长意,所有书册每本均须盖馆藏图章,每箱应有书单,另附详目。闻之森玉先生,各箱大多已有书单,并已函沪方编记详目寄港。至馆藏图章,已托人带交高廷梓先生送请叶玉甫先生主持转奉,即希于每册上盖用馆章,并请于每箱盖印之后约请高君核对为荷。"同日,蒋复璁致叶恭绰信,内容基本同上,又说:"此事办竣后,即须呈复。以在沪所购之书,均系行政院会议通过,由国库拨发敝馆专款收购,自应盖敝馆藏书之章。至在港所购书籍,此款项大部分由庚款会支付,应否盖章运美,均由庚款会决定办理,至希赐洽是荷。"蒋复璁又致陈君葆信:"去春在港,得畅聆诲教,快慰平生。森公归,藉悉敝馆在沪所购图书悉寄贮贵馆,并承惠予协助,尤深感荷。除由馆另函道谢外,专肃布悃,敬谢高谊。"29日,蒋复璁致徐森玉信:"张书又反复,顷索价七万,尚在洽商中也。港书盖章事,叶公来电说用章盖印须时三月,倘刊印六颗,则一月可了。已复照办。时事日亟,恐夜长梦多耳!"同日,中央图书馆致教育部密电:"查本馆前奉行政院核准收购古籍费国币五十万元,经于去年十二月由国库逐汇香港商务印书馆王云五先生收转,分批汇沪,截止本年十月二十日止,计尚存港(中央银行粤分行)国币五万一千五百十一元另九分。兹以港地封存资金,此项存款已不能自由汇出。惟沪上待用孔急,事难停顿,特电申请乞转财政部拨发特许证,俾便提汇,以济急用。"11月1日,蒋复璁致朱家骅信:"训谕□审盖章,已电玉甫先生办理,至为感荷。此次庚会垫购善本,于保存民族文献,功绩至伟。逐册盖章以志经过,受业极表赞同。或刊一'管理中英庚款董事会保存文献之章',以垂永久。"4日,蒋复璁致张、何、郑信,云《纪古滇说集》印样已收到,又提及"现在内地所急需者,为近五年来在外边所出之国学书籍,请配一批内运为荷"。同日,蒋复璁致叶恭绰电:"运美书籍,以奉陈部长面嘱,应盖信章,以资郑重。前赐电加刻印章五个,庶六章并用,一月可毕。极表赞同,当即函告立武兄转闻,谅亦已达览。"约同月,蒋复璁致徐森玉信:"叠奉手谕,敬悉一切。《四库提要辨证》亦已收到,容阅后奉赵。诸费清神,感谢之至。芹伯书虽已购得,但未运出,实所恐惧。惟西谛心细,或能特为护持也。"(参见陈福康《郑振铎年谱》,三晋出版社2008年版)

袁同礼继续任北平图书馆代理馆长,办公地点在重庆两路口求精中学。因该馆南运至上海的善本书受到战争威胁,遂求助驻美大使胡适,将书寄存美国。王重民冒险赴上海抢救300箱善本书,开箱选出2720多种装成100箱。经过袁同礼馆长的周旋,秘密运往美国,暂藏于美国国会图书馆远东部。1月23日,袁同礼致函胡适(北平图书馆委员会),述申请赴美缘由。2月4日,王重民在芝加哥致函胡适,预计平馆善本运美寄存事项,言及请张元济帮忙,并有天都峰、铁观音等按语。6日,王重民在旧日金山致函胡适,仍预作搬运平馆善本寄美事,颇为乐观。王重民此次身份,并非 L.C. 正式派出。18日,傅斯年致蒋梦麟函,谈对袁同礼出洋的个人意见。19日,蒋梦麟以平馆委员会名义致函胡适,征询是否赞成袁同礼请假出国及给予川资数目等。3月16日,袁同礼在沪访顾廷龙。当时袁同礼在沪处理平图珍本寄存国会图书馆事宜,有王重民、徐森玉协助。此前,袁同礼深恐平馆存沪善本不虞,与驻美大使胡适商请寄存该书于国会图书馆。19日,顾廷龙来访。23日晚,赴顾廷龙宴,席间有徐森玉、王重民、刘重熙、浦江新,另邀叶景葵、潘博山、潘景郑作陪。29日,访顾廷龙,辞行。

袁同礼4月1日致胡适函,谈书款等项。29日,北平图书馆委员会议在香港举行。傅斯年致蒋梦麟函,拒绝参会。同月,在《中国博物馆协会会报》(复刊)第1卷第1期发表《抗战期中我国博物馆之动态与前途》,谓:"博物馆教育,世界各国采用多年,收效宏美,且视觉教育日见精进,将来发扬光大,前途无量。此种教育制度既已风靡全球,中国当难例外。默察博事业在中国,自必前途光大,日进无疆",并就(甲)博人才之养成;(乙)博教育方法之普及;(丙)中国博学之发扬提出建议,强调"吾人一方面固应吸收欧美最新之方法,但同时对于我国固有之方法及技术,尤应予以保存,努力创造一种中国博学。吾人不但应将此种学术普及于本国,并应设法使其普及于全球"。5月19日,王重民致函胡适,谈平馆善本寄美是暂寝,并及袁同礼不出国,时王重民已经启程返美。20日,致胡适函,谈善本图书寄存美国事,述受到不公正待遇,并祈代平馆请款。同月,王重民致函胡适,告善本运美受挫详细经过。7月10日,教育部部长陈立夫来函,转达行政院孔祥熙关于善本图书运美意见。15日,致胡适函,谈善本图书运美及因不公正待遇而拟明年赴美事。8月31日,在沪访顾廷龙。9月12日,致胡适函,商谈善本图书运美事,并及胡适留沪家人。10月29日,复白寿彝函,当时袁同礼想编印《西南文献丛刊》,拟收录白寿彝《咸同滇变传抄史料》一书。30日,致胡适函,述善本图书运美情况,谈平馆经费(尚未列入国家预算),并述个人经济极为困难,遭遇丧女之痛。11月10日,吴光清、王重民致函胡适,言本日接先生信,谈乙库善本运美寄存事,并及人事纠纷。12月5日,平馆寄美善本,最后一批运出上海,搭乘哈里森总统号。此事的转机出现在钱存训的夫人的同学张女士介绍其在海关任外勤的哥哥。在张女士兄长的帮助下,从10月开始,分批寄运,本日最后一批登船。同月,袁同礼全家在香港。
(参见张光润《袁同礼研究(1895—1949)》,华东师范大学博士学位论文,2018年)

马衡1月8日赴重庆三元读书会讲演《中国字体的变迁》。2月24日,就苏联提议延长中国艺展期限,签发北平故宫博物院致院理事会笺函:案准中苏文化协会孙理事长函内开:"顷接邵力子兄阳电开:'苏联对外文化协会副会长面商中国艺展在莫逾年,成绩美满,兹拟改在列宁格勒继续展览,以餍彼方爱慕中国文化与研究艺术者之愿望,关于包装、运输等等,务期妥善等情。此与公提倡原旨相符,当荷赞同,仍乞转达庸公、叔平诸先生及诸作家'等语。此事想邀同情,除已电复赞同及分别函知外,特函奉闻即希鉴察等由。准此。查留苏文物延长展览及委托邵理事就近负责保管各节,前已俱经提请贵会第一次大会议决,并呈报行政院核准在案。现该国对外文化协会又拟请准继续延期,转运列宁格勒展览,是否应予同意未便擅专,除呈报行政院核夺并函中央研究院外,相应函请查照核办见复为荷。"3月3日,行政院致北平故宫博物院理事会训令,批复2月24日故宫博物院院请示函。5月20日,滕固因患脑膜炎医治无效,在重庆中央医院病逝,年仅40岁。马衡含悲而作《滕若渠挽辞》。6 月 12 日,中国艺术史学会召开理事会,在渝理事马衡、董作宾、宗白华、胡光伟、陈之佛、常任侠、徐中舒、傅抱石、梁思永、金毓黻等在中央大学召开紧急会议,决定发起追悼常务理事滕固。

马衡 6 月 23 日闻苏德战争爆发,签发国立北平故宫博物院笺函:"查本院运赴苏联参加艺展物品,此次因徇该国对外文化协会之请,奉准继续留苏,改移列宁格勒展览一案,业经贵会本届会议决议,限期至七月底为度,并请转令驻苏大使馆妥为照办。备在案。兹查本日市内各报均载苏德邦交决裂,战事爆发及苏境各重要城镇均已遭受轰炸消息,则列格勒密迩战区,自亦断无幸免之理,特未知运往展览物品已否预有准备移离险地,且此次苏德扩兵蓄势已久,将来战争必极激烈,展品若任留置,殊为可虑,至现在应否由我驻苏大使馆先行收回保管,抑即设法启运归国之处,除逢呈行政院核夺,迅筹善后办法,并恳准先电令我驻苏大使馆速为探查明确及与该国对外文化协会妥商目前安全存置方策,相应函达即希查照核办为荷。"7 月 4 日,马赫就赴苏参展国宝安危签发致本院理事会笺函:"昨又接准外交部转邵大使电开:'顷据苏对外文化协会答复,苏联最高艺术委员会委员长赫拉姆钦柯已亲赴列宁格勒办理保护古物事宜,苏联人民委员会有命令中国古物应与本国爱米达日博物馆所存最贵重物品同样尽力,尽先妥为保护。至起运回华,则苏联主管机关认为现时诸多困难,亦更危险,暂不宜轻动,以妥予保存为宜云云。本馆现更正式照会苏外交部,告以奉命通知,愿确知安全措置之详情,并表示希望赶速运回,请分送孔庸之、王雪艇、朱骝先、马叔平诸公,是否坚请运回及能否派员前来,希速示'等语,查邵大使所虑在未筹有妥善运输办法前未便接收,及苏方所述目前运输困难且多危险各节,自属事实,若迳行派员前往迎运,殊非妥善,尤恐发生阻折,转滋窒碍。究宜如何办理之处,相应函达,即请查照核夺办理并盼见复为荷。"7 月 21 日,行政院代理秘书长蒋廷黻致北平故宫博物院理事会笺函:"贵会函送第二次常务理事会议记录请查照转陈施行一案,经陈奉谕:'应准照办。'除由院电驻苏大使馆并函知外交部及国立北平故宫博物院外,相应复请查照为荷。"

马衡为国宝命悬苏德战火一线,心急如焚,连日来获自苏方消息,略感欣慰。7 月 25 日,马衡签发北平故宫博物院致院理事会笺函:"查自苏德战争爆发后,本院深恐改移列宁格勒展品密迩战区,易遭损失,曾经函请贵会核办,并分别函电关系各处筹商安全措置办法。各在案。兹又先后接准外交部郭部长、徐次长、中苏文化协会、驻苏邵大使函电,录转该国对外文化协会复电及与苏联驻华潘大使交涉经过情形,均谓该国对我留苏展品业经妥为措置,可保安全等语。除呈报外,相应抄同原件随函送达,即希察照为荷。"附抄郭部长代电、徐次长函、苏联大使馆照会、邵大使电、中苏文化协会函各一件。11 月 8 日,行政院致北平故宫博物院训令:"查关于运回留苏古物一案,前据邵大使电复交涉情形到院,当以古物从存放地点到阿拉木图既通火车,可不坚持用飞机装运,惟从阿拉木图到兰州则非用飞机不可。至验收一层,应就使馆内指派妥员办理,并应由交通部负责运回,分行知照在案。兹据交通部遵拟办法前来,查所拟办法尚无不合;除电邵大使并分令遵照外,合行抄发原办法令仰遵照办理具报。此令。"(以上参见马思猛《马衡年谱》,故宫出版社 2021 年版;李宁选辑《有关北平故宫博物院参加苏联艺术展览会经过情形史料一组》,《民国档案》2014 年第 3 期)

汪东继续任监察院监察委员,并任职于国史馆筹备委员会。1 月,好友重庆大学校长叶元龙招其往江北杨园寓所,共度新岁。时叶家遇盗,汪东赋诗纪之。夏,移居歌乐山静石湾考选委员会之鉴斋,与陈百年、沈士远、沈尹默同住。诸人谈书作画,赋诗填词,甚是相得。

沈尹默自言,作慢词由此始;傅抱石撰成《中国古代山水画史》,附所作《云台山图卷宗》,汪东与沈尹默曾就傅撰详加究论。8月,章士钊游桂林。居桂林日,有词《归朝欢》《月下笛》寄汪东,又有《念奴娇》(怀重庆诸友)词亦忆及汪东。汪东赋《月下笛》《齐天乐》等词为答。10月30日,柳亚子有信致柳非杞,信中称扬汪东诗与学问,并托转交和诗三首。10月2日,于右任赴西北考察,有《敦煌纪游诗稿》,汪东为题绝句两首。秋末,患脊骨结核,入中央医院,月余始还鉴斋。全身敷以石膏,卧床不起15月。沈尹默躬护视之,沈士远、陈百年亦频相慰藉,汪东有诗为谢。秋,病中有《江城子》词寄程千帆、沈祖棻。12月,太平洋战争爆发,九龙、香港相继沦陷,家乡亲友亦久无消息,赋《花犯》词遣怀。(参见薛玉坤《汪东年谱》,河南文艺出版社2016年版)

朱希祖1月6日将行李携至歌乐山考选委员会考试院第二官舍居住,与沈尹默为邻。夜,国史馆筹备委员会朱焕尧、蒋逸雪、李菊田、傅振伦4干事来谈。18日,四辞国史馆筹备委员会总干事之职。27日,访张继、陈百年、沈士远、沈钧儒。28日,访邹鲁,谈国史馆筹备委员会事。2月3日,至国民政府就二十九年度高等文官考典武委员职并宣誓。6日,国史馆筹备委员会正式同意朱希祖辞去总干事,改任顾问。8日,修改完成《改国史馆为国史院议》。傍晚,国史馆筹备委员会第一组主任何子皇及蒋逸雪、傅振伦、朱焕尧、李菊田4干事宴朱希祖于歌乐山饭馆,张继、但焘、王献唐同席。晚,蒋、傅、朱、李4干事来谈馆中事,朱希祖勉励4人继续编《史材料编年长编》。9日,撰《史官名称议》,并开始撰《国史分三体议》。11日,为考选委员会撰《〈授予学位法〉意见书》,并撰《中国博士制度考》以为参考。12日,考选委员会讨论《授予学位法》。15日,接国史馆筹备委员会顾问聘书。20日,至考试院阅高等文官考试试卷,至3月5日阅毕。

朱希祖3月5日出席蔡元培周年祭。13—15日,至考试院阅考试院及考选委员会、铨叙部联席会议,讨论改革院、会、部组织法。4月4、5两日,编《新得民国抗战史料》目录,共得170种。5月27日,长子朱偰受聘为经济会议专门委员。6月1日,全家迁居歌乐山向家湾39号刘宅。8月3日,简派为三十年度高等文官考试典试委员。5日,任考选委员会学术会议主任,并受命主讲考试制度史。9月,朱希祖嘱王献唐编《汉书像石目》。23日,王献唐编成《汉书像石目》交朱希祖。11月1日,朱焕尧来谈陈百年受小人排挤事,朱希祖乃有退隐之意。8日,阅《论语》《孟子》,搜集中庸材料为《大学疏证》,夜,撰《大学疏证》第一篇《大学为大人之学》,集《孟子》言大人者十余章叙次之。10日,撰《黄老传授源流考》。11日,撰《〈老子〉释道》。12日,撰《〈老子〉释德》及《释常》二篇。接教育部公函,委托审查谭戒甫《诸稽考》。15日,撰《〈老子〉释有惩》《〈老子〉释反》《老子之学出于黄帝证》。(以上参见朱元曙、朱乐川《朱希祖先生年谱长编》,中华书局2013年版)

许寿裳1月8日为《读书通讯》作《谈日记》文一篇。2月20日,为苏渊雷作《宋平子先生评传》写序文一篇。3月5日,撰讲演稿一篇,题为《蔡子民先生的生活》,备次日下午至青年会讲演。13日,得朱少卿、谢似颜电,邀请许寿裳出任卅一集团军总司令汤恩伯氏所创办之中正学院院长。16日,函朱少卿、谢似颜,请代为恳辞。19日,撰讲演稿一篇,题为《小说创作的史的观察》,备次日下午5时至青年会讲演。4月19日晨,至四川省立图书馆参观西康影展,阅毕,为之题词以为纪念。6月6日晚7时,至国学巷金陵大学农学院宏艺会讲演,题为《谈〈儒林外史〉》。22日,辞华西协合大学之聘,离蓉赴渝,暂寄宿从兄世踏寓中。8月3日,任考试院考选委员会简任秘书。5日,许寿裳到考选委员会任职。19日,朱希祖至许寿裳房间谈天。10月4日,连日阅卷,夜以继日,过于辛劳,体感不适,遂向考选委员会请病假。12日,许寿裳病体康复,到会办公。25日,许寿裳在考选委员会学术会议席上讲演,题为《近四十年来中国文字学进步的一斑》。12月12日,改任考选委员会专门委员。20日,蒙文通日记载:"连日研究《周官系统表》。"(参见倪墨炎、陈九英编《许寿裳文集》下及附录二《许寿裳先生年谱》,百花出版社2003年版;朱元曙、朱乐川《朱希祖先生年谱长编》,中华书局2013年版)

　　魏建功是春赴重庆参加并完成了《大学国文选》的编选。选编会共5人。有编委会的魏建功、浙大的王驾吾、中大的伍叔傥、西南联大的朱自清、西北师院的黎锦熙。夏,在白沙开始为陈独秀校勘其语言文字学著作《小学识字教本》《阴阳入互用例表》,并为《阴阳入互用例表》作序。其间,数次赴江津与陈独秀晤面,讨论有关学术问题。秋,《中华新韵》编成,由国民政府颁布推行。9月,应徐炳昶先生约,赴昆明任中法大学教授,创办文史系,兼系主任。是年,论文《"中国音韵学研究"——一部影响现代中国语言学的著作的译本读后记》刊于《图书月刊》第1卷第6期。(参见曹达《魏建功年谱》,《文教资料》1996年5期)

　　王献唐在重庆国史馆筹备处,并参加社教团工作。1月5日至4月22日,记《平乐印庐日记》。1月9日,因但焘总干事不常在馆,张继委任王献唐为国史馆筹备委员会代理总干事。20日,撰《亡友丁伯弢别传》。30日,与张继长谈,力辞国史馆筹委会副总干事。同月,到重庆民众教育馆,讲《研究经学之新途径》。2月10日,列席国民政府国史馆筹备委员会第八次会议,任国史馆筹备委员会副总干事。13日,张继嘱兼代国史馆第一组主任,指导图书管理员编目方法。5月11日,到中央大学历史学会第二届年会上讲《鉴别古物之方法》。中央大学史学系召开历史文物展览会于重庆沙坪坝本校,列展之品15类,200余事。王献唐参予布置。同时召开历史学会第二届年会,请王献唐讲鉴别古物之方法。7月4日,到重庆出席在青木关幼稚园召开的教育部史地教育委员会第二次全体会议。王献唐还是文献考古考察组成员。本组成员有徐炳昶、张廷休、闻钧天、王献唐、王培仁、李心壮、王汝昌、李焕之、郭莲峰、朱康廷等。9月23日,撰《汉画石刻忆录》。是年,续撰《中国古代货币通考》。(参见张书学、李勇慧《王献唐年谱长编》,华东师范大学出版社2017年版)

　　郑鹤声继续任职国立编译馆。1月,郑鹤声在《学生之友》第2卷第1期发表《总理对于学术之研究》。文中考察了孙中山在古典书籍、政治学、历史学等方面的学术研究。同期还刊载了李季谷《历史的趣味与功用》等文。春夏之交,应戴季陶邀请,郑鹤声与康清至戴季陶家乡参与重修县志。(参见王学典《20世纪史学编年(1900—1949)》,商务印书馆2014年版)

　　蒙文通上半年任教于东北大学。当时友人郭有守出任四川省教育厅厅长,创立教育科学馆、图书馆、博物馆等机构,电请蒙文通出长图书馆,蒙文通固辞不允,乃留蓉任事,并兼教金陵大学。东北大学教务则由贺昌群代为教授。1月,四川省教育厅增设第四科,负责推行社教事项。科内分设两股,第一股负责民教馆、图书馆、博物馆及科学馆。9日,四川省教育厅聘请蒙文通任四川省立图书馆馆长。19日,访顾颉刚,同至者有蒙思明。21日上午,东北大学举行期考。夜,蒙文通友钱穆致信李埏、王玉哲,言及成都及诸大学事。30日,顾颉刚来访。同月,吴天墀《明代三吴水利考》刊于《责善》第1卷第21—22期,然此文的发表曾得蒙文通的推荐。2月,四川省立图书馆用29000元购置罗希成私人藏书3461册,其中有明刻《大政记》《皇明名臣记》《史通》《贞观政要》《太平御览》《苏东坡集》等多种珍善本古籍。为避免日机轰炸,这批藏书于1942年移至成都郊区齐鲁大学国学研究所暂存。依照省馆阅览规则,对该所研究人员开放阅览。同月1日夜,应冯汉骥家宴,同至者有顾颉刚等

3人。3日,蒙文通就任四川省立图书馆馆长。接任之初,就大量地从四面八方搜罗古本古书和四川乡贤遗著。(参见王承军《蒙文通先生年谱长编》,中华书局 2012 年版)

史念海上半年仍在西安,并任西北文化学社主办的刊物《西北资源》的编辑。10 月,史念海在顾颉刚的推荐下到重庆"国立编译馆"工作,在此期间撰写了《中国的运河》。史念海后来在 1985 年该书重印时说:"当时主要思考两方面,一是要实现从沿革地理学向历史地理学的突破,二是我逐渐体会到像历史地理学这样一门学科不仅应该为世所用,而且还应该争取能够应用到更多的方面。"他研究运河一方面是为了突破沿革地理学的范围,另一方面也是为以后的运河建设提供借鉴。是年,史念海在《西北资源》发表的《关中水利与西北盛衰史之研究》,为其致力于黄河流域历史地理专门研究之发端。(参见邱海文《史念海"有用于世"理念的产生与发展》,《中国社会科学报》2022 年 3 月 2 日)

郭有守继续任四川教育厅厅长。1 月 9 日,聘请蒙文通任四川省立图书馆馆长。4 月 30 日,四川省教育厅教育科学馆主办的《文史教学》月刊创刊。郭有守为社长,朱自清、叶圣陶、顾颉刚、钱穆、章柳泉、郭秀敏、张云波任编委。(参见王承军撰《蒙文通先生年谱长编》,中华书局 2012 年版)

王云五继续任商务印书馆总经理,在香港总管理处履职。1 月 19 日,香港商务印书馆总管理处在成都设立驻蓉委托造货处,主要任务是印制小学课本,由香港总管理处分发配单,主要发往西安、兰州、广西、柳州、梧州、贵阳、桂林、重庆。后来该机构更名为商务印书馆成都印刷工场。1946 年 3 月奉命结束,人员和及机器设备由商务印书馆总管理处收回。3 月 15 日,王云五在中央文化运动委员会首次讲演会上的演讲《战时我国文化的动向》,分析了抗战前后的出版业情况。5 月 5 日,商务印书馆总管理处在赣县的分厂——赣县印刷厂开业,就地造货。它有铅印机 6 部,主要经印商务印书馆版的中小学教科书,供应江西、湖南等大后方的广大地区。7 月,王云五同意商务印书馆承印中国、交通两银行钞票。据王云五说:他对商务印书馆的业务方针,始终抱定以出版为本业。在他任总经理职以前,商务印书馆虽间亦承印钞票公债等件,但为数有限,且断断续续并非以此为恒业或本业。"一·二八"事变中闸北总厂被毁,商务许多的精细机器荡然无存,且复业之初,以重印被毁图书为急务,更无余力承印有价证券。故自 1932 年秋季复业,以迄 1937 年"八一三"沪战发生,商务总厂及所辖香港分厂并未大规模承印钞票。间有余力,仅代印一些政府公债或地方辅币,借以调剂工作。"八一三"沪战发生,为着政府呕呕发行救国公债,商务不得已就其在租界中区新设之临时工场,尽力为政府赶印此项公债。及国军撤出上海,一部分未完成之公债钞票赶运香港工厂,继续完成。其后则以上海仅设一小规模之临时工场,香港分厂须肩负大部分之教科参考图书之印刷,固无余力以承印政府钞,且各种设备不全,即欲承印,势非添置相当设备不为功。以故,两年之间,商务董事及同人鉴于中华、大东两书局,均因承印钞券,获利颇厚,羡慕之余,时以为言,他均抱定向来方针,不稍动摇。到了 1941 年初夏,因政府需要钞票数量激增,在香港之中华、大东等工厂之印刷力供不应求,中国、交通两银行力请商务帮忙,而商务董事及同人等更深感有接受之必要。他经不起内外之交迫,勉允承印。

按:王云五说:想不到后来因为太平洋战事发生过早,商务因承印钞票所投资本尚未收回,而所雇临时工人多至千数,事起仓卒,遣散之费至巨,商务印书馆因此所受之经济损失不少。本来他对商务财政,向系量人为出,力从稳健,自"八一三"沪战发生以迄 1941 年上半年尚未承印钞票之时,在港存款尚多,及承印钞票后,因初期之开支特别庞大,而实际收入,尚待将来。王云五承认此为抗战八年之一切措施中,他所犯下的最大之失误。

　　王云五9月1日在《申报》发表《王云五口中之陆费伯鸿成功史》。13日,在重庆《大公报》刊载商务印书馆启事:"散馆自抗战以来,四年之间;无限困难,仍继续日出新书之办法。惟以出版重心设在香港,著作界投稿不得不寄该地。值此邮寄困难之际,殊感不便。兹为便利著作界起见,特设驻渝编审处,就近商洽。今后川、黔、滇、陕各省著作界如有书稿见商印行者,乞迳与重庆敝馆驻渝编审处东正街5号附13号(或白象街商务印书馆重庆分馆转)接洽为幸。"12月,太平洋战争爆发后,香港沦陷,沪、港货栈和印刷厂均被日军劫持,《东方杂志》等被迫停刊。商务印书馆在重庆组建总管理处和编辑部,总经理王云五驻重庆。同月8日,王云五在重庆拟电稿,拍致商务印书馆所有后方之分馆,告以太平洋战事发生,商务在上海、香港两重心恐将不能发挥指挥作用,即日起在重庆成立总管理处,希各馆厂安心并积极进行,听从新成立之总管理处命令。同时指令立即办理两事,一为估计一星期内计本月可以尽量解交重庆总管理处之款项,一为各该馆现存图书,各保留两部,限期开单报告总管理处,以备调充重版之样书。一面刊刻总管理处图记,并成立一个应变的简单组织。通告撤销驻港办事处,改设驻渝办事处,承总管理处之命,统辖所有后方馆厂。驻渝办事处设处长一人,由史久芸担任,其下暂设两组:第一组主管生产营业及其他,第二组主管编审。同月,商务印书馆在重庆组建总管理处和编辑部。总经理王云五驻重庆。(参见吴永贵《民国图书出版史编年:1912—1949》,社会科学文献出版社2018年版)

　　卫聚贤在重庆创办说文社出版部,出版《党》《四书新注》《识字与作文》《小说考证集》等。4—8月间,卫聚贤三次到成都搜集巴蜀青铜器,在前两次搜集到的约30件青铜器基础上写成《蜀国文化》一文。文章命名的变化缘于卫聚贤第三次到成都,特别是在林名钧引导下得阅《华西学报》一文,始知此类青铜器分布不限于蜀地,也见于古代巴国之地,实为巴蜀青铜器,遂改名《巴蜀文化》。10月,《说文月刊》第1期"巴蜀文化专号"出版,刊载卫聚贤《巴蜀文化》等11篇论文。卫聚贤此文进而提出"巴蜀文化"的概念,直接的导因无疑是玉器、青铜器新的出土材料,为巴蜀区域文化的认识提供了可信的佐证。

　　按:卫聚贤在《巴蜀文化》的开篇谈到该文命题的变化,是从《蜀国文化》拓展为《巴蜀文化》:"今年四月余到成都,在忠烈祠街古董商店中购到兵器一二,其花纹为手与心,但只有一二件,并未引起余注意。六月余第二次到成都,又购到数件,始注意到这种特异的形状及花纹,在罗希成处见到十三件,唐少波处见三件,殷静僧处两件,连余自己搜集到十余件,均为照、拓、描,就其花纹,而草成《蜀国文化》一文。""八月余第三次到成都,又搜集到四五件,在赵献集处见到兵器三件,残猎壶一。林名均先生并指出《华西学报》第五期(1937年2月出版)有錞于图。其花纹类此,购而读之,知万县、什邡(四川)、慈利(湖北)、长杨(湖北)峡来亦有此特异的花纹兵器出土,包括古巴国在内,故又改此文为《巴蜀文化》。"

　　按:郭沫若于1934年针对广汉出土的玉器提出"西蜀文化"概念,卫聚贤1941年在巴蜀青铜器的搜集、研究基础上提出"巴蜀文化"概念。从郭沫若"西蜀文化"到卫聚贤的"蜀国文化"进而"巴蜀文化"的提出,直接的导因无疑是玉器、青铜器新的出土材料,为巴蜀区域文化的认识提供了可信的佐证。而这一概念提出的认识背景,也呈现出从郭沫若到徐中舒、顾颉刚对四川、巴蜀整体文化区域的认识。卫聚贤在《巴蜀文化》开篇中专门谈到1940年8月重庆江北汉墓的发现以及重庆各地的崖墓。而该期《巴蜀文化》之后的文章,则是郭沫若《关于发现汉墓的经过》,文中详叙与卫聚贤一同赴江北培善桥发现汉墓的经过。由此可知,郭沫若的关于四川文化区域的认识对卫聚贤"巴蜀文化"概念的提出应有直接的影响。但是,明确提出"巴蜀文化"概念的,毕竟是卫聚贤,而不是郭沫若,也不是顾颉刚。(参见赵换《卫聚贤学术研究》,华东师范大学硕士学位论文,2010年;黎小龙《"巴蜀文化""巴渝文化"概念及其基本内涵的形成与嬗变》,《西南大学学报》2017年第5期)

金祖同继续在重庆从事学术研究,所主编的《说文月刊》第 1 期"巴蜀文化专号"10 月在上海出版。金祖同在《冠词》的开首部分,追述了《华阳国志》《春秋》《蜀王本纪》等文献所记巴蜀两国及两族历史,继而接以两汉、三国、唐宋巴蜀历史文化。显然,金祖同所谓"巴蜀古文化",就是巴蜀古代历史文化,而"巴蜀新文化",则是与之相对应的巴蜀现当代文化。可见,金祖同以第 1 期"巴蜀文化专号"《冠词》名义发表的"巴蜀文化"概念,是包容古今巴蜀地域文化的总称。"巴蜀文化"概念提出的伊始,就包含了"学术文物"之"古文化"和复兴国家民族之"新文化"的两种涵义。这是《说文月刊》要担当的历史使命,也是编辑两期"巴蜀文化专号",提出"巴蜀文化"概念的当代意义。金祖同对"巴蜀古文化"的认识,全面体现在《说文月刊》"巴蜀文化专号"的编辑思想之上。第 1 期"巴蜀文化专号"刊载了 11 篇论文,除卫聚贤《巴蜀文化》一文以出土青铜器研究为主外,其余 9 篇为汉代历史、考古方面的文章,《蜀胜志异录》则由先秦秦汉至隋唐。(参见黎小龙《"巴蜀文化""巴渝文化"概念及其基本内涵的形成与嬗变》,《西南大学学报》2017 年第 5 期)

孙雄曾《新理学》书评 11 月刊于重庆《星期评论》第 38 期。此文认为《新理学》的哲学系统是"程朱理学在新理学烛照下之重光。就其为程朱理学之重光一方面看,冯先生是替我们写了一部空前底好书;但就其为发表一个哲学系统一方面看,则似乎冯先生是太爱惜了他的系统,以致未能完全忠于他的方法",并从理之有无、理与气之关系、真际之看法、真际与实际之关系四方面提出质疑。(参见蔡仲德编撰《冯友兰先生年谱长编》,中华书局 2014 年版)

王志宏为理事长的建国教育学会 1 月 11 日在重庆成立,以探讨教育方针,树立建国教育理论为宗旨。

冀朝鼎被中共组织派到国民党政府从事经济工作,先后任平准基金会秘书长、国民政府外汇管理委员会主任、中央银行经济研究处处长。

刘鸿万 5 月 16 日针对国民党"最近八中全会通过了一条奖励生育提倡优生的议案",在《新经济》第 5 卷第 4 期上发表《战时的人口政策》,认为"此时提倡奖励生育尚非其时"。

吴忠信为负责人的中国边政学会 8 月在重庆成立,以"阐发边政学会,备作边政实施之张本,并以研究边疆政治文化及其实际问题,供边疆建设之参考"为宗旨。编辑出版《边政公论》月刊及《边疆政教丛书》。

邓初民在重庆加入全国各界救国联合会,参与发起成立中国民主革命同盟,并加入中国民主政团同盟。在周恩来的指示下,以民主教授身份,从事国民党上层人士的统战工作。

萧孝嵘 12 月 6 日在重庆发起成立中国人事心理研究社,以"研究人与人、事与事及人与事之各种关系,期能人尽其才,事尽其功"为宗旨。

朱学范、王觉源编辑的《中国劳动》10 月在重庆创刊,以讨论劳工问题、研究劳工政策、促进劳工运动、发扬劳工文化为宗旨。

按:朱学范作《发刊词》说:"中国关于研究劳动问题的刊物,抗战以前,本来是凤毛麟角。抗战的初期,研究各种学术的刊物,大都又停刊了,在这苦闷的空气中,各种学术研究,无处发展,以致没有讨论的机会,劳动问题,当然也未能例外。但二期抗战开始以来,学术也随着抗战各方面的胜利而增高了研究兴趣,关于一般学术性刊物的产生,有如雨后春笋,而独于劳动问题研究性的刊物,尚付阙如。本刊应运而生,力量虽薄,却愿担负这种使命!……本刊揭举的宗旨:讨论劳工问题;研究劳工政策;促进劳工运动;发扬劳工文化。就单方面的意义来看,似乎是偏重于劳工;就其实际意义来看,与其说是专为代表劳工说话,无宁谓为是劳资合作在理论和行动上的引导,引导劳资坚强亲密的合作,使劳工发挥更伟大的力量!中国的劳工,在中国革命的过程中,曾发挥过不少的力量,最显著的是革命北伐时期与抗战建国时期。前者在中国革命运动史上已写了光荣的一页;后者正现在所表现于前方和后方英勇奋斗埋头苦干的事实,都是使我们所感奋不已的。所以抗战以来,我政府对于资方的援助,固所在多有,而对于劳工生活之改善,地位之提高,亦毫未忽视。现在日寇摧残中国的劳资,已有具体的事实,而中国劳资合作的精神,在国防的建设上亦有充分的表现;但在国际反侵略的激潮中,所给吾人的警觉:单有中国劳资的合作,犹有未足,必号召所有反侵略国家的劳资大联合,才可以消灭凶狂的侵略国家。否则,加入侵略国家能逞其侵略狂焰,不惟是劳工群众莫大的损失,尤资产阶级前途的悲哀! 依于此义,故无论站在国家立场国际立场,本刊之发行,又为刻不容缓之急务。"(《中国劳工》1941年第1期)

欧阳竟无作《释教》,凡19000余字。《释教》以"顿境渐行"为总论,以"舍染取净"说教中之义,以"唯识、唯智、涅槃"说教中三学,最后立"俱舍、瑜伽、唯智、涅槃"四科文字。于是内院院学大纲而成。《释教》贯彻着三学相齐、四科一贯的精神。(参见徐清祥《欧阳竟无评传》,百花洲文艺出版社2010年版)

太虚1月1日于汉院庆祝元旦,讲《庆祝胜利年的新的庆祝意义》。6日,缅甸记者团来华,访太虚于缙云山。太虚联合汉藏教理院、中国佛学会等五团体,于缙云山开会欢迎。11日,太虚去渝,推动中国佛教整理委员会事。设中国佛教整理委员会预备处于南岸狮子山慈云寺,大师因多驻锡其处。2月15日,太虚为出钱劳军运动,于中央广播电台作《出钱劳军与布施》之呼吁。3月,筹备中国佛教会整委会事,一以内政部意在提产(充新县制经费),不愿与社会部相协调;一以屈文六从中反对,致停滞而未能实现。其间,应中华大学陈叔澄校长约,莅校讲《菩萨的政治》。4月,太虚病,两臂麻木酸痛,于月底回缙云山静养。6月,太虚于汉院讲《诸法有无自性问题》,汉院比年多宏宗喀巴之中观无自性说,大师特以唯识之三性义,成立中国佛学之有自性论。9月,汉院秋季开学,大师以《文武群己事器一致之教育》为训。秋,太虚于汉院续讲《真现实论》宗体论之《现觉实变》《四现实轮》。11月10日,太虚以政府无诚意,中佛整委会成立无期,乃通告将"中国佛教会临时办事处""中国佛教整理委员会预备处"结束。是年,作《改进藏族经济政治教育之路线》(西藏问题之适当解决)。(参见印顺编著《太虚法师年谱》,宗教文化出版社1995年版)

吴耀宗12月15日在重庆曾家岩中共办事处,再次会见周恩来。8日,太平洋战争爆发,居住成都达4年之久。(参见赵晓阳编《中国近代思想家文库·吴耀宗卷》及附录《吴耀宗年谱简编》,中国人民大学出版社2014年版)

梅贻琦继续主持西南联大,任清华大学校长。1月2日,叙永分校新生开始注册。3日,本校又遭敌机轰炸。4日,叙永分校选课,6日上课。7日,教育部急电,令报11—12两月大米市价。8日,联大第166次常委会决议:杨石先请辞师院理化系主任职务,请许浈阳代理。9日,联大学生献金购买"青年号"飞机。到17日止共献金7441.40元(未包括叙永分校与教职员)。10日,叙永分校助教38人,提出增加津贴的要求,常委会未同意,因自是年1月起,国立院校教职员薪金一律十足发给。15日,联大第167次常委会决议:成立教职员遭受空袭损害救济委员会,聘请郑天挺、潘光旦、吴有训、黄钰生为委员,郑天挺为主席。21日,工学院教师22人提出增加津贴要求,常委会未同意。22日,联大第168次常委会决议:聘请刘本钊为叙永分校主任室秘书。23日下午6时,出席清华大学第三十六次校务会议。会议讨论有关校庆问题,决定清华30周年校庆纪念日定为4月27日(星期日),地点暂定联大工学院。纪念会除仪式外,并举办学术讲演会、讨论会、展览会及校友聚餐。会议还讨论纪念刊物印刷问题,其所有具体办法由校长聘定之会序委员会商定。2月12日,联大第 169 次常委会决议：(一)理工设备设计委员会委员孙国华请假离校,改聘周先庚为委员。(二)查良钊因公赴渝,离校期间,训导长职务由陈雪屏代理。(三)施嘉炀因事赴腾冲,离校期间,工学院院长职务请李辑祥代理。(四)张奚若因事赴渝,离校期间,政治学系主任职务由崔书琴代理。20 日,西南联大放寒假。22 日,联大常委、清华大学校长梅贻琦来看望联大教授。

梅贻琦 3 月 7 日主持联大第 170 次常委会决议：(一)规定以长沙临时大学于 1937 年开始上课之 11 月 1 日为本校校庆日。(二)聘请霍秉权、褚士荃、刘云浦为叙永分校校务委员会委员。(三)李继侗赴叙永分校授课,生物学系主任职务由张景钺代理。11 日,教员和助教 54 人提出增加津贴的要求。19 日,联大第 171 次常委会决议：(一)中英文化协会接获英国牛津、剑桥两大学教授关于中英文化合作宣言,函征本校各教授意见。兹推定冯友兰、钱端升、陈福田起草宣言,函请中英文化协会转寄,以示响应。(二)叶公超请假离校,所遗图书设计委员会委员,改请陈福田担任。(三)沈肃文、李宗海因事离校,所遗机械实习工厂稽核委员改请刘德慕、刘镇时担任。(四)聘请王宣为生活指导组主任。24 日下午 7 时,出席清华第三十八次校务会议。会议决定(一)发给教职员每人每月生活津贴 20 元,家属每人每月 5 元,原生活补助费继续发给。(二)研究生津贴与北大商定一致办理,加 20 元,即每人每月 70 元。(三)补助中日战事史料征辑会本年度经费 1000 元。(四)教职员医药补助办法适用于直系家属,但总数仍以 300 元为限。26 日,举行第三届第三次校务会议,商讨下学年分校续办与否问题,表决结果赞成与反对各 7 票,留交常委会作最后决定。29 日,革命先烈纪念日,本校与叙永分校一律放假 1 天。

梅贻琦 4 月 9 日主持联大第 173 次常委会,决议：聘请郑华炽为叙永分校教务主任,褚士荃为分校训导主任,改聘刘本钊为分校总务主任。10 日晚 7 时,出席清华第十三次评议会。与会者还有冯友兰、戴世光、李辑祥(代施嘉炀)、李谟帜、吴有训、周培源、陈省身、陈岱孙、王信忠、陈铨。会议审议下届留美公费生考试应设科门分配案。27 日,清华大学 30 周年校庆在工学院举行,冯友兰代表北京大学和清华大学教授、吴泽霖代表清华校友致词,王力作了题为"理想的字典"的讲演。为了庆祝校庆,清华大学原在北平的《清华学报》《社会科学》季刊等 4 种刊物复刊。同月,《社会科学》第 3 卷第 1 期出版"国立清华大学三十周年纪念专号"。5 月 7 日,联大第三届第四次校务会议,暂定 1941—1942 年度取消叙永分校,集中昆明上课。8 日下午 4 时,出席清华大学二十九年度第三次教授会。6 时半,出席第十四次评议会,与会者有冯友兰、叶企孙、施嘉炀、李谟帜、王信忠、周培源、陈省身、陈岱孙、吴有训、陈铨、戴世光、潘光旦、苏国桢。会议决定将留美奖学金发给 5 名教员、助教。12 日,联大第 176 次常委会决议：(一)在梨园村觅地筹建理学院校舍。(二)郑天挺因公赴叙永分校,离校期间,总务长职务请查良钊兼代。(三)罗常培因公赴叙永分校,离校期间,中国文学系主任及师院国文学系主任职务,请闻一多暂代。(四)聘请严仁荫为师院理化系教授。15 日,梅贻琦常委邀请部分教授座谈参加国民党问题。16 日,梅贻琦常委赴渝,到教育部请示经费等问题。21 日,联大第 177 次常委会决议：(一)文学院社会学系改隶法商学院。(二)加聘樊际昌、查良钊为本校教职员遭受空袭损害救济委员会委员。28 日,联大第 178 次常委会决议：(一)陈福田因事离校,离校期间,外国语文学系及师院英语学系主任职务请莫泮芹暂代。(二)聘请洪谦为外国语文学系教授,田德望为外国语文学系副教授。

梅贻琦 5 月 29 日主持召开清华大学第 12 次聘任委员会会议。议决续聘文学院中国文学系教授同上年,改聘许维遹、陈梦家为副教授。同月,教育部为统一各校教师休假进修办法,规定专任教授满7年以上且成绩卓著者,可休假在国内考察研究半年或一年,但事前须提出研究计划送部审核,并在考察两个月后,将研究所得报部审核。联大仍按原有规定执行。6月4日,联大第179次常委会议决:(一)杨振声辞秘书主任职务,照准。(二)聘请王岷源为师院英语学系副教授。10日,梅贻琦常委在叙永分校传达校务会议关于撤销分校下学年统一在昆明上课的决定。7月2日,联大第182次常委会决议:(一)推黄钰生、周炳琳为四大学联合招生委员会本校代表。(二)聘请文启昌为师院英语学系副教授,胡毅为教育学系教授,王纯修为教育学系副教授,卢俊恺为公民训育系副教授。4日,联大第5次校务会议议决:自1941—1942年度起,联大不继续设立分校。7日,本校部分教师编辑的《当代评论》创刊。16日,联大第183次常委会决议:(一)师范学院接受云南省教育厅选送学生免试入学,每系暂以4人为限,并规定不得转入其他院系。(二)设置叙永分校迁校委员会,推聘霍秉权、李继侗、郑华炽、褚士荃、黄中孚、刘本钊、刘钧、罗岐生为委员,霍秉权为召集人。(三)聘请许浈阳为1941—1942年度四大学联合招生衡阳招考处主任,王植庚为副主任。同日,召开清华大学第18次评议会,通过了陈铨、沈有鼎等下学期休假研究案。8月2日,叙永分校学生开始登记,准备迁回昆明本校。

梅贻琦8月13日主持联大第三届第六次校务会议,议决:本校1941—1942年度仍在叙永续办先修班。叙永分校撤销后,所有校产校具均交先修班应用。14日,本校惨遭日机轰炸。新校舍内学生宿舍4栋,北区常委会办公室、训导处、总务处、图书馆藏书室及第7、8教室,南区生物实验案,昆中北院的师院教职员宿舍,昆中南院的女生宿舍均被炸,公私损失惨重。15日,教育部训令:令西南联大师范学院设初级部(专修科)理化、史地各一班。附发"设置师范学院初级部办法"一份。27日,联大第187次常委会决议:(一)陈福田请辞师院英语学系主任兼职,聘请李宝荣为该系教授兼系主任。(二)聘请徐继祖为师院教育学系教授。31日,教育部公布设置部聘教授办法。同日,叙永分校结束。同月,梅贻琦函聘冯友兰为清华大学文科研究所所长兼哲学部主任、朱自清为中国文学部主任。文科研究所已于1939年度恢复,受政治、经济、设备条件诸因素的影响,教师的学术研究总的趋势是处于停滞状态。文科研究所的正式建立,则为教师的学术研究提供了便利条件。中国文学部最先开展工作。9月18日,联大第190次常委会决议:(一)罗常培再请辞中国文学系及师院国文学系主任,闻一多请辞此二系代理主任,聘请杨振声继任。(二)请樊际昌暂行代理注册组主任。(三)叙永分校主任郑华炽请辞,聘请沈履继任。23日,1941—1942年度第一学期旧生开始注册。6日开始上课。24日,联大第191次常委会决议:聘请杜元载为公民训育系教授。10月1日,联大第192次常委会决议:(一)补招本年度一年级新生及研究生。(二)设置聘任委员会,审议本校聘任事宜。(三)设置学生贷金审查委员会。(四)聘请萧涤非为师院国文学系副教授,陶绍渊为师院史地系副教授。10月8日,召开联大教授会议,选举联大出席第4届校务会议教授代表12人。15日下午4时,出席清华第四十次校务会议。会议决定:(一)各学系研究计划展期至10月底结止,收集后先由校务会议审查再提交评议会。(二)上学年休假未归者,如本学期内返校,除到校之月照发薪金外,另由学校送薪两个月作为旅费补助,本学期不返校者,应退还休假待遇各费。23日,联大第194次常委会决议:(一)聘请郑华炽、李继侗、杨振声、陈福田、杨武之、杨石先、雷海宗、陈岱孙、刘仙洲为1941—1942年度一年级学生课业指导委员会委员,郑华炽为主席。(二)本校先修班决由叙永迁昆办理。聘请李继侗为主任;(三)聘请何君超为师院理化系教授。同月,第四届学生自治会改选成立。自本届起只设理事会。理事会主席郝诒纯,副主席竹淑贞。11月1日,本校4周年校庆,放假1天。纪念会上黄钰生作《联大四年的回忆》报告。3日,本届新生开始入学。

梅贻琦11月5日主持联大第196次常委会,决议:(一)聘请冯友兰、吴有训、陈序经、施嘉炀、黄钰生、郑天挺、樊际昌为聘任委员会委员,冯友兰为主席。(二)举办教职员消费合作社,请陈序经、郑天挺、毕正宣、包尹辅、伍启元、苏国桢、孟广喆为筹备委员会委员,陈序经为召集人。(三)推定冯友兰、汤用彤代表本校与在昆各学术团体共同发起举行泰戈尔先生追悼大会,并筹备追悼会事宜。此外,决定聘请白约翰为联大文学院历史学系讲师。13日,联大第197次常委会决议:(一)樊际昌请辞教务长及注册组主任兼职,聘请周炳琳为教务长,周炳琳未返校期间,教务长职务请杨石先暂代。(二)郑天挺请辞总务长兼职,请沈履继任。(三)本校教职员配偶因工作需要任职本校者,所任职务以助教或事务员以下为限。19日,联大第198次常委会决议:(一)沈履因体弱,请辞总务长职务,仍请郑天挺复任。(二)李宝荣未能到校,师院英语学系主任仍请陈福田兼任。(三)成立学生入学资格审查委员会,请杨石先、陈岱孙、冯友兰、陈雪屏、李继侗为委员,由杨石先任主席。同月,为加强清华大学各研究所的学术研究,校长梅贻琦指示各研究所拟定工作计划;联大54位教授联名呼吁改善待遇。呼吁书说,教职员生活"始以积蓄贴补,继以典质接济,今典质已尽,而物价仍有加无已",要求增加津贴。常委会于12月6日函请教育部解决。20日下午4时,出席清华第四十一次校务会议。与会者有冯友兰、潘光旦、陈岱孙、吴有训、施嘉炀、沈履。会议拟订研究计划进行之共同原则,决定教职员及家属医药补助以每年500元为限,又审议教职员眷属在滇房租津贴办法。6时,出席清华第十七次评议会,与会者有冯友兰、陈福田、陈省身、潘光旦、王明之、刘仙洲、周培源、吴有训、施嘉炀、陈岱孙、李辑祥、王信忠、沈履。会议审议本学年应发奖学金研究生名单。29日,西南联大与在昆明的各学术团体举行泰戈尔追悼大会。12月3日,《战国策》停刊。17日,北京大学成立43周年纪念,北大教师在才盛巷办公处聚餐。18日,联大第202次常委会决议:杨振声请辞中国文学系及师院国文学系主任职务,仍请罗常培担任。(以上参见黄延复、钟秀斌《一个时代的斯文:清华校长梅贻琦》,九州出版社2011年版;蔡仲德编撰《冯友兰先生年谱长编》,中华书局2014年版;西南联大北京校友会编《国立西南联合大学校史——1937至1946年的北大、清华、南开》,北京大学出版社1996年版;齐家莹编《清华人文学科年谱》,清华大学出版社1999年版;龚克主编《张伯苓全集》第十卷附编《张伯苓年谱》,南开大学出版社2015年版)

冯友兰1月9日下午6时出席在西仓坡清华办事处举行的图书设计委员会、仪器设备设计委员会联席会。10日,为联大学生自治会举办的哲学讨论会讲演,题为"人生哲学问题"。20日,《人生中底境界》刊于昆明《中央日报》。23日下午6时,出席清华大学第三十六次校务会议,讨论有关校庆问题。26日,《人生的意义》刊于昆明《中央日报》。2月9日,《中国社会的转变》刊于《云南日报·星期论文》。此文认为当时有三件意义重大的事情可以预示中国的将来,即工业合作社的发展、国营事业的进步、中产阶级的没落,"社会上底变化有许多都是时势造成底,现在有许多人讨论,中国应当有什么样子的社会,是否须经过资本主义底社会的阶级,其实中国的社会时刻在转变中,有许多讨论不决底问题,事实已经替讨论底人早解决了"。16日,《答陈序经先生》刊于《今日评论》第5卷第6期。3月4日晚7时,出席清华第十二次评议会。19日下午7时,列席联大第一七一次常委会会议。会上梅贻琦报告中英文化协会收到英国牛津、剑桥两大学教授关于中英文化合作宣言及征求联大教授意见函，联大推定由冯友兰、钱端升、陈福田起草宣言以示响应。24日下午7时，出席清华第三十八次校务会议，会议决定给教职员发放生活津贴。26日下午5时，出席联大第三届第四次校务会议，商讨下学年分校校址等事宜。

冯友兰4月3日下午4时半出席清华二十九年度第二次教授会。10日晚7时，出席清华第十三次评议会。会议审议下届留美公费生考试应设科门分配案。约27日，在昆明拓东路联大工学院出席清华大学30周年校庆纪念会。与会者千余人。龙云致辞后，冯友兰代表北京大学和清华大学教授、吴泽霖代表清华校友致词，王力作了题为"理想的字典"的讲演。黄子坚转达张伯苓之意，谓清华与南开为"通家之好"，北大与清华亦为"通家之好"，北大文学院院长胡适出身清华，冯友兰自己是清华文学院院长而出身北大，此外还可举出多人。他人亦争相举例说明，气氛异常活跃。会后在海棠春聚餐。同月，《清华学报》第13卷第1期出版，邵循正、冯友兰、陈寅恪、雷海宗、闻一多、潘光旦等为本卷的编辑部成员，冯友兰发表《孟子浩然之气章解》；梁实秋《新世训》书评、胡秋原《论新理学》刊于《星期评论》第18期。5月7日下午5时，出席联大第三届第五次校务会议。8日下午4时，出席清华大学二十九年度第三次教授会。6时半，出席第十四次评议会。会议决定将留美奖学金发给5名教员、助教。22日下午7时，出席图书设计委员会、仪器设备设计委员会联席会。6月14日晚，在云南大学主持"现代思潮"讲座，由贺麟讲"儒家思想的新开展"。15日晚7时，在云南大学讲演，题为"儒家思想新开展中的一个问题"。是为"现代思潮"系列讲演之一。16日，《读〈秦妇吟校笺〉》刊于西南联大师范学院《国文月刊》第1卷第8期。

冯友兰6月25日下午7时列席联大常委会第一八一次会议，代梅贻琦主持会议，于会上报告：教育部决定，本校如有未完成毕业考试之学生，一律不得发给任何修业证或成绩单，并不予介绍职业。27日，致函梅贻琦，提议聘文科研究所哲学部上学年毕业生张遂五为清华教员，月薪200元，请裁定。28日下午4至6时，参加对清华文科研究所外国文学部研究生李赋宁进行论文考试。7月4日下午4时，出席联大第三届第六次校务会议。23日下午，国民党联大直属区举行党员大会，选举执监委员。区党部出席者有冯友兰及蒋梦麟、戴修瓒、钱端升、田培林、吴有训、崔书琴、黄钰生、陈松友、杨石先等50余人。8月4日，冯友兰《论部聘教授》刊于《当代评论》第1卷第5期，文中就教育部根据学术审议委员会第二次会议议决，制定部聘教授条例一事论及了对于当前教育及教授本人的利与弊。6日下午7时，列席联大常委会第一八四次会议，并代理主持会议，于会上报告：教育部为检发教育部设置部聘教授办法令，仰知照训令。13日下午7时，出席第三届第七次校务会议。会议复议叙永分校存废问题，决定三十年度仍在叙永续办先修班。同月，梅贻琦函聘冯友兰为清华大学文科研究所所长兼哲学部主任。9月10日下午2时半，出席清华第十六次评议会。会议通过三十年度留美自学奖学金名单。17日下午1时半，主持毕业生成绩审查委员会会议。2时半，在昆明北门街71号清华航空研究所出席清华二十九年度第四次教授会，报告毕业生成绩审查委员会审查结果并参加讨论。会议还选举下届评议员、各院院长及研究院委员会主席，陈省身、周培源、萧叔玉、张奚若、王明之、陈福田、刘仙洲、王信忠、李辑祥当选为评议员，冯友兰连任文学院院长，吴有训任理学院院长，陈岱孙连任法学院院长，施嘉炀连任工学院院长，叶企孙连任研究院委员会主席。同月，《联大必修选修学程表（1941—1942年度）》规定先生所授除"中国哲学史"外还有"中国哲学史研究"。

冯友兰 10 月 8 日出席联大教授会三十年度第一次会议,选举第四届校务会议教授代表。13 日,《略谈哲学的用处》刊于《当代评论》第 1 卷第 15 期。15 日下午 4 时,出席清华第四十次校务会议。30 日下午 4 时,出席联大第四届第一次校务会议。11 月 5 日下午 6 时,在昆明才盛巷 2 号出席常委会第一九六次会议。会议聘冯友兰任联大聘任委员会主席,委员有吴有训、陈序经、施嘉炀、黄钰生、郑天挺、樊际昌。又推定冯友兰和汤用彤为联大代表,负责与昆明各学术团体共同发起在昆举行泰戈尔追悼大会,并筹备追悼会事宜。7 日,应梅贻琦的邀请,与梅贻琦、朱自清、杨振声、罗培常、闻一多等商讨联大中文系问题。13 日下午 5 时半,出席常委会第一九七次会议。19 日下午 6 时,出席常委会第一九八次会议。会议聘冯友兰为联大学生入学资格审查委员会委员,杨石先任该委员会主席,委员还有陈岱孙、陈雪屏、李继侗。冯友兰在会上报告协同云南大学等各学术团体筹备泰戈尔追悼大会的情形,决定本月 29 日与在渝各学术团体同时在渝、昆两地举行追悼大会。20 日下午 4 时,出席清华第四十一次校务会议。6 时,出席清华第十七次评议会,会议审议本学年应发奖学金研究生名单。22 日下午,朱自清来访,谈中国文学系及文科研究所中国文学部事务。23 日,出席梅贻琦、蒋梦麟招待山东沈鸿烈将军之茶会。26 日下午 4 时,出席联大第四届第二次校务会议。6 时,在昆明才盛巷 2 号出席常委会第一九九次会议。27 日下午 4 时,出席清华第四十二次校务会议。会议审议各系研究计划及所需经费分配案。29 日,出席联大与在昆明各学术团体举行之泰戈尔追悼大会。是月,冯友兰撰成《梅溪文钞(稿)序》;孙雄曾《新理学》书评刊于《星期评论》第 38 期。

冯友兰 12 月 3 日下午 6 时在昆明西仓坡清华办事处出席联大常委会第二〇〇次会议。又出席联大教授会三十年度第二次会议。会议讨论要求提高薪金案,决定向教育部递申请书,要求拨给 30 万元临时救济款,并提出维持最低生活水平之薪金标准。会议推定冯友兰及陈岱孙、燕召亭、周炳琳、张奚若、赵访熊、杨西孟起草此申请书,冯友兰为召集人。7 日下午,访朱自清,谈中国文学系罗莘田复职问题。10 日下午 6 时,出席联大常委会第二〇一次会议。13 日下午,访朱自清,再谈罗莘田复职问题。18 日下午 6 时,在登华南开大学办事处出席联大常委会第二〇二次会议。是年,发表《再论中西医药》《论悲观》《新理学答问之一》。其《再论中西医药》认为"研究中药不是一件容易底事,需要政府主持,多设研究所,多养精通新医西医又虚心底人,及精通旧医中医而又虚心底人,通力合作,假以时日,方能有成";《论悲观》认为对人生悲观者"知道了他所以对于人生抱悲观的原因,他的悲观即可以减轻","再知'人生的意义'是一个不成问题底问题,大概他的悲观,总可以破除他大部分";《新理学答问之一》是对朱光潜《冯友兰先生的〈新理学〉》的答复。是年,据《第二次中国教育年鉴》第六编第五章,教育部启动首届学术奖励评审,规定具有独到性或发明性,对于学术确系特殊贡献者列为一等;具有相当独创性或发明性而有学术价值但不及第一等者列为第二等;学术上有参考价值或有裨实用,但不及第二等者列为三等。评审结果,冯友兰的《新理学》被列为获教育部学术研究评奖哲学类一等奖。(以上参见蔡仲德编撰《冯友兰先生年谱长编》,中华书局 2014 年版;齐家莹编《清华人文学科年谱》,清华大学出版社 1999 年版;西南联大北京校友会编《国立西南联合大学校史——1937 至 1946 年的北大、清华、南开》,北京大学出版社 1996 年版)

金岳霖 4 月在《清华学报》第 13 卷第 1 期发表《论不同的逻辑》。是年,赴四川李庄休假,继续写作《知识论》。据《第二次中国教育年鉴》第六编第五章,教育部是年举行的首届学术奖励评审中,金岳霖的《论道》列为哲学类二等奖。此书是金岳霖在抗日战争期间完成的一部重要著作,也是中国现代哲学中系统最完备、最富有创造性的本体论专著。书中以道、式、能为基本范畴,通过对中国传统哲学的意义重释与中西合璧,重以逻辑的推演建构出独特的本体论,也充分体现了金岳霖贯通古今、融会中西的著述风格,相对于重感悟而轻逻辑的中国学术文化传统而言具有划时代的意义,贺麟曾誉之"是一本最有独创性的玄学著作"。(参见王中江编《中国近代思想家文库・金岳霖卷》及附录《金岳霖年谱简编》,中国人民大学出版社2014年版)

　　贺麟上年参加在昆明成立的中国哲学会西洋哲学名著翻译委员会,被推选为主任委员。从是年春开始,贺麟着手翻译黑格尔的重要著作《小逻辑》。1月15日,贺麟如约飞至重庆,由陈布雷陪同在黄山别墅见到蒋介石。这是贺麟第一次面见蒋介石。张祥龙说:"贺对蒋讲到了他要介绍西方古典哲学、贯通中西思想、发扬孙中山三民主义精神的想法。"蒋介石则答应由政府出资,建立"外国哲学编译委员会"。2月11日,蒋介石又约见贺麟,据蒋介石《事略稿本》所记:"与贺麟谈《三民主义辩证法大纲》,彼颇有见地。""下午会客,校阅贺麟著《三民主义辩证法大纲》。"7月,《英雄崇拜与人格教育》刊于《战国策》第2卷第17期。8月1日,代表贺麟"新儒学"思想的重要文章《儒家思想的新开展》刊于《思想与时代》第1期。

　　按:作者在文中提出:"在思想和文化的范围里,现代决不可与古代脱节。任何一个现代的新思想如果与过去的文化完全没有关系,便有如无源之水,无本之木,绝不能源远流长,根深蒂固。一个来历不明的人,必然有些形迹可疑。一个来历不明的思想,也必是可以令人怀疑的思想。凡是没有渊源的现代的崭新的思想,大都只是昙花一现、时髦一时的思想。儒家的思想,就其为中国过去的传统思想而言,乃是自尧、舜、禹、汤、文武、周公、孔子以来的最古、最旧的思想。就其在现代以及今后的新发展而言,就其在变迁中、发展中、改造中以适应新的精神需要文化环境的有机体而言,也可以说是最新的思想。在儒家思想的新开展里,我们可以得到现代与古代的交融,最新与最旧的统一。根据对于中国现代的文化动向和思想趋势的观察,我敢断言,广义的新儒家思想的发展或儒家思想的新开展,就是中国现代思潮的主潮。""中国当前的时代是一个民族复兴的时代。民族复兴,不仅是争抗战胜利,不仅是争中华民族在国际政治上的自由独立平等,民族复兴本质上应该是民族文化的复兴,儒家文化的复兴。假如儒家思想没有新的前途,新的开展,则中华民族,与夫民族文化也就会没有新的前途,新的开展。换言之,儒家思想的命运,与民族前途的命运,盛衰消长,是同一而不可分的。"又说:中国近百年来的危机,根本上是一个文化的危机,儒家思想在中国文化生活上失掉了自主权,丧失了新生命,才是中华民族的最大危机。五四时代的新文化运动,可以说是促进儒家思想新发展的一个大转机。新文化运动之最大贡献,在破坏扫除儒家的僵化部分的躯壳形式末节,和束缚个性的传统腐化部分。西洋文化学术之大规模的无选择的输入,又是使儒家思想得新发展的一大动力。"这个问题的关键,在于中国人是否能够真正彻底,原原本本地,了解并把握西洋文化。因为认识就是超越,理解就是征服。真正了解了西洋文化便能超越西洋文化。能够理解西洋文化,自能吸收、转化、利用、陶镕西洋文化以形成新的儒家思想,新的民族文化。儒家思想的新开展,不是建筑在排斥西洋文化上面,而乃建筑在彻底把握西洋文化上面。儒家思想的新开展,在西洋文化大规模的输入后,要求一自主的文化,文化的自主,也就是要求收复文化上的失地,争取文化上的独立与自主。"要之,"道德传统的解放,非儒家思想的提倡,西洋文化学术的输入与把握,皆足以促进儒家思想的新开展"。由此进而检讨儒家思想新开展所须取的途径,则可以从艺术化、宗教化、哲学化三方面加以发挥,而得新的开展:第一,欲求儒家思想的新开展,在于融会吸收西洋文化的精华与长处。第二,须吸收基督教之精华以充实儒家之礼教。第三,须领略西洋之艺术以发扬儒家之诗教。"所以,在我们看来,只要能对儒家思想加以善意同情的理解,得其真精神与真意义所在,许多现代生活上、政治上、文化上的重要问题,均不难得合理、合情、合时的解答。""如是,我们可以相信,中国许多问题,必达到契合儒家精神的解决,方算得达到至中至正最合理而无流弊的解决。无论政治、社会、文化、学术上各项问题的解决,都能契合儒家精神,都能代表典型的中国人的真意思、真态度,这就是'儒家思想的新开展',也就是民族文化复兴的新机运。"

按:谢幼伟《抗战七年来的哲学》说:"两年前中国哲学会组织了一个西洋哲学名著编译委员会,由贺麟先生主持。目的是在系统的翻译介绍西洋正统哲学的名著。所译的书都是经过选择的。所请的译者,则不惟是哲学专家,且是该一类的专家。译者每译一书,都得写一篇长序来说明是书的内容。译言有难解之处,还须加以注释或按语。译成之后,且须经过另一哲学专家得校阅,才能出版。其工作的程序,是非常钦慎的。"(收入孙本文等著《中国战时学术》,重庆天地出版社 1945 年版)

贺麟 9 月 1 日在《思想与时代》第 2 期发表《爱智的意义》。10 月,《论知难行易》刊于《新认识》第 3 卷第 5 期。12 月 1 日,《自然与人生——"回到自然去"》刊于《思想与时代》第 5 期。是年,相继发表的文章还有:《对知难行易说诸批评的检讨》刊于《三民主义周刊》第 2 卷第 11 期;《知难行易说的绎理》刊于《三民主义周刊》第 2 卷第 13 期;另刊有《论假公济私》《论人的使命》《信仰与生活》《理想与现实》《乐观与悲观》等。又在《当代评论》第 1 卷第 16 期发表《学术与自由》,认为学术可以构成一个独立"自主王国",政治、经济等其他领域不能加以干涉。

按:贺麟说:"学术在本质上必然是独立自由的,不能独立自由的学术,根本上不能算是学术。学术是一个自主的王国,她有她的大经大法,她有她神圣的使命,她有她特殊的广大的范围和领域,别人不能侵犯。每一门学术都有每一门学术的负荷者或代表人物,这一些人,一个个都抱'鞠躬尽瘁,死而后已'的态度,忠于其职,贡献其心血,以保持学术的独立自由和尊严,在必要时,牺牲性命亦在所不惜。因为一个学者争取学术的自由独立和尊严,同时也就是争取他自己人格的自由独立和尊严,假如一种学术,只是政治的工具,文明的粉饰,或者为经济所左右,完全为被动的产物,那么这一种学术就不是真正的学术。"(以上参见高全喜编《中国近代思想家文库·贺麟卷》及附录《贺麟年谱简编》,中国人民大学出版社 2014 年版;蔡仲德编撰《冯友兰先生年谱长编》,中华书局 2014 年版)

汤用彤 1 月 7 日在儒学会的一次长期鲜为人知的演讲,充分表明他对儒学的尊奉由来已久。同月,"皖南事变"发生,国共关系十分紧张。受此影响,联大哲学系学生散去数人,先生慰留冯契等人。6 月,国民政府教育部颁行《部聘教授办法》,实行"部聘教授"制度。由教育部直接聘任的部聘教授是当时中国教育界的最高荣誉。最终确定 29 人为部聘教授,哲学学科中仅汤用彤和冯友兰当选。5 年聘期满后,经学术审议委员会议决,这 29 位学者一律续聘第二个任期。夏,老舍应邀到西南联大讲学,其间遇汤用彤,于是"偷偷地读"他的《汉魏两晋南北朝佛教史》,获益匪浅。不久,老舍在《大地龙蛇》的创作中,写了一位虔诚的佛教徒形象。在汤用彤开设"魏晋玄学"的同一时期,于 1941 至 1944 年间指导王利器于北京大学文科研究所读研究生,为其选定做《吕氏春秋》研究。10 月,在《清华学报》第 13 卷第 2 期发表《王弼大衍义略释》。11 月 5 日,联大第 196 次常委会决议,推定冯友兰、汤用彤代表联大与在昆明各学术团体共同发起在昆举行泰戈尔追悼大会。是年,杨志玖从汤用彤读研究生期间,于《永乐大典》中考证出马可·波罗确实到过中国。汤用彤甚为赞赏,建议把题目改为《新发现的记载和马可·波罗的离华年代》,以把发现和考证都突出来,醒目动人。汤用彤还特意给《文史杂志》主编顾颉刚写信赞扬,并建议顾颉刚不要因为是年轻人的文章而不给较高稿酬。(参见汤一介、赵建永编《中国近代思想家文库·汤用彤卷》及附录《汤用彤年谱简编》,中国人民大学出版社 2015 年版;蔡仲德编撰《冯友兰先生年谱长编》,中华书局 2014 年版)

陈铨与雷海宗、林同济等继续编辑《战国策》。1 月,陈铨创作的四幕剧《野玫瑰》,连载于《文史杂志》半月刊第 6—8 期。此剧获全国学术审议会文学类三等奖。对于此剧褒贬不一,颇有争议。2月,《当代评论》周刊在昆明创刊,至1944年3月停刊,当代评论社编辑并发行,属于综合性评论刊物,内容涉及国际关系与战争、政治、经济、社会、法律、教育与青年问题、历史、语言文学与艺术、杂论、游记、随笔、书评、通讯等。主要撰稿人有陈铨、李嘉言、孙毓棠、吴传颐、黄钰生、徐义生等。4月10日晚7时,陈铨出席清华第十三次评议会。会议审议下届留美公费生考试应设科门分配案。5月8日下午4时,出席清华大学二十九年度第三次教授会。6时半,出席第十四次评议会。会议决定将留美奖学金发给5名教员、助教。6月28日下午4至6时,对清华文科研究所外国文学部研究生李赋宁进行论文考试,陈铨为考试委员。7月16日,清华大学第18次评议会,通过了陈铨、沈有鼎等下学期休假研究案。20日,陈铨《文学批评的新动向》刊于《战国策》第17期。文中认为:"近代文学批评的新动向,我们可以大胆地说,是从康德开始,一直到现在虽然发扬光大,修正演变,也不过是康德思想的影响和继续。"他认为康德以后一直到现代的文学批评史,"指示新方向的大概可以分为三派:第一派摆脱传统的观念,不拿外来的标准,衡量文学,他们只从文学的本身,找出它的条理和演进,来说明它,解释它",即"文学解释";"第二派不作解释的工作,也不寻求客观批评的标准,他们只根据美的原则,来'欣赏'文学",即"文学欣赏";"第三派的文学批评家,认为文学是一种创造的活动,文学批评也应当是一种创造的活动",即"文学创造"。文章说:"近代文学批评的新动向,就是对于天才,加以解放,对于古代的标准,加以动摇,人类对于世界和自己,都有一种新的看法。"此文收入《文学批评的新动向》及《时代之波•战国策论文集》。21日,陈铨《盛世文学与末世文学》刊于《当代评论》第1卷第3期。11月10日,陈铨《文学运动与民族文学》刊于《军事政治》第2卷第2期。收入《文学批评的新动向》时改题为《民族运动与文学运动》。12月17日,陈铨《指环与正义》刊于重庆《大公报•战国副刊》第3期。(参见齐家莹编《清华人文学科年谱》,清华大学出版社1999年版;蔡仲德编撰《冯友兰先生年谱长编》,中华书局2014年版)

　　雷海宗1月1日在《战国策》第15—16期合刊发表《中外的春秋时代》,收入《文化形态史观》。3月,在昆明《中央日报》发表《全体主义个体主义与中古哲学》,此文后来稍加改动,在北平《周论》第1卷第15期重刊。4月,《清华学报》第13卷第1期出版,雷海宗为本卷的编辑部成员。同月,雷海宗在清华大学《社会科学》第3卷第1期"国立清华大学三十周年纪念专号"发表《古代中国的外交》,此文后以《春秋外交与战国外交》为题在重庆《大公报》1942年7月23日第3版、7月24日第3版连载。7月,因"空袭频仍,印刷迟缓,物价高涨"等因,出刊17期的《战国策》宣告停刊。雷海宗在该刊上先后发表了《张伯伦与楚怀王》《历史警觉性的时限》《中外的春秋时代》等文章。同月7日,由本校部分教师编辑的《当代评论》创刊,雷海宗在创刊号上发表《抗战四周年》,着重讨论抗战期间社会生活、社会风气以及社会心理的变化。认为目前已经走到了长期战的晚期,并提醒执政者"接受过去的教训,不要等胜利到来时而毫无迎接胜利的准备"。

　　雷海宗9月1日《海军与海权》刊于《当代评论》第1卷第9期。10月23日,雷海宗与陈福田、杨振声等9人被聘为联大1941年度1年级学生课业指导委员会委员。同月,在《清华学报》第13卷第2期发表《司马迁的史学》。11月,在昆明《当代评论》第1卷第18期发表《论欧洲各国请英美善意保护》,预言战后"国际间必会产生以英美为重心的一个超然政府,一个赋有维持国际秩序的责任的政府","我们中国对于欧美这种新的局面,无论是处在合作、对立或中立的地位,我们对它的关系,一定只有比过去更要复杂"。12月3日,雷海宗等人与大公报社合作的《大公报》周三副刊专版——"战国"副刊正式出刊。此为《战国策》半月刊停刊后"战国策"派的又一阵地。此副刊共出 31 期，1942 年 7 月停刊。10 日，雷海宗《战国时代的怨女旷夫》刊于重庆《大公报·战国副刊》第 2 期。雷海宗在此先后发表了《历史的形态——文化历程的讨论》《三个文化体系的形态——埃及·希腊罗马·欧西》《独具二周的中国文化——形态史学的看法》等文。29 日，雷海宗《海战常识与太平洋大战》刊于《当代评论》第 1 卷第 25 期。是年，雷海宗参与编辑的《今日评论》，陈铨主编的《民族文学》及《军事与政治》也是战国策派学人发表论著的主要园地。另有一些与他们观点接近的学人，如贺麟、何永佶、陶云逵、沙学浚、沈从文、公孙震、吴宓、王赣愚、冯友兰等也常在这些刊物上发表观点，彼此回应。这些学者在改造国民劣根性、反对国民党政治腐败、坚持抗战等问题上与战国策派观点一致，但在战时文化重建这一关键问题上又各有见解。

按：由此可见，"战国策"派实际上只是对一个松散的学术集合体的笼统称呼，台湾学者王尔敏先生甚至认为"'战国策学派'一词，乃形容我国抗战期间关心世界大局且具威望警觉之学者言论。……但凡有强烈民族主义意识，从而自世界列强现势而作学理与形势探讨者，即被人目为'战国策学派'"。抗战的危局、国民党的内部纷争、英美等为战争建立的危机政府以及德意日法西斯国家的暂时得势，促使雷海宗等人强调战时"民族至上""国家至上"，甚至认为战时中国应该有"英雄崇拜"，先以集权御外侮，后以民主行建设——这些观点在当时引起了众多争论，特别是受到了中共南方局领导的一些文化人的批判。近代中国救亡与启蒙的两难，观念与现实的纠缠，在战国策派学人的思想中具有明显的体现。（以上参见江沛，刘忠良编《中国近代思想家文库·雷海宗、林同济卷》及附录《雷海宗年谱简编》，中国人民大学出版社 2014 年版；马瑞洁、江沛《雷海宗年谱简编》，载王京州编《河北近现代学者年谱辑要》，国家图书馆出版社 2017 年版；齐家莹编《清华人文学科年谱》，清华大学出版社 1999 年版）

吴宓在西南联大承担人文主义、欧洲文学史、英文作文、中西诗之比较等课程。3 月 14 日，吴宓日记："铨送其新撰小说《狂飙》稿本，嘱阅。"6 月 19 日，吴宓在云南大学演讲《美国之新人文主义》。8 月 3 日，吴宓日记："读陈铨新著《野玫瑰》剧本，甚佳。"24 日，吴宓收到潘式信，言近日从周弃子借得《吴宓诗集》重读，"真若与故人促坐倾谈，如泣如诉"。9 月 22 日，贺麟访吴宓，告诉吴宓张其昀在蒋介石那里领得十四万元办《思想与时代》。使得吴宓在日记中感叹自己当年经营《学衡》，"不为名利，不受津贴，独立自奋之往迹。不觉黯然神伤已"。10 月 8 日，吴宓日记："听讲者满室。宓亦兴高采烈，听者欢欣鼓舞。"12 月 5 日，吴宓在云南大学演讲《人生哲学大纲》。10 日，吴宓在《大公报》战国副刊第 2 期发表《改造民族精神之管见》。在此文中，吴宓认为在道家精神的宰割下，各种能代表儒家真精神的"理想人物"，如圣贤、英雄、诗人、艺术家、情人等，皆作了惨苦之牺牲。林黛玉即是"诗人艺术家情人"中的一员，与之相对，薛宝钗则体现了道家精神。同日，吴宓日记："宓为林同济所作《改造民族精神之管见》一文，刊登本日重庆《大公报》之《战国副刊》，济所主编。"于是在林同济的推动下，吴宓有了在"战国策派"刊物上的亮相。文中对"浮士德之精神"的阐发明显受到陈铨等"战国策派"的影响。是年，陈铨编导的话剧《黄鹤楼》在昆明上演前夕，吴宓作《黄鹤楼剧与理想主义》为之捧场。但吴宓与"战国策派"之间存在着根本的、不可调和的思想分歧。尽管《改造民族精神之管见》有对"战国策派"文化主张的呼应（如使用"民族精神"概念、将"浮士德之精神"作为改造国民性的良方等），但吴宓一开篇就将"民族精神"的内涵缩小至"道德"："如何培养及革新中华民族之精神及行为、特质，……愚见以为只应将中国及西洋历史文化中之道德精神，兼收并取而融化之、受用之，使确能见诸实行，施于个人生活及日常行事。"在文章结尾，吴宓给出了具体建议：应"恢复中国旧有儒家真精神"，同时"吸收(或采取)西洋历史文化所贡献之道德精神元素(或优点)",诸如真善美合一之精神、伟大之仁爱、坚实之信仰、忠、骑士式之爱、"浮士德之精神"等。而"战国策派"恰恰对善、美、仁爱、信仰等道德质素嗤之以鼻。陈铨在《尼采的道德观念》里写道:"真正合乎自然的道德,就是权力意志的伸张,强者行动、弱者服从,道德就是庞大的力量,不顾一切的无情和勇敢。"陈铨还说:"传统的道德观念,如像怜悯、同情、爱邻居、人我合一,都是违反自然,压倒强者,扶持弱者。这样,世界不能进步,人类不能超过,人生还有什么意义呢?"由此可见,虽然吴宓刻意为"战国策派"撰写文章,但并没有被宣扬强者道德、超人道德的"战国策派"影响,展现了不同于"战国策派"的道德主张。

按:徐茜《吴宓真的是"战国策派"吗?》(《中华读书报》2014年12月17日)认为:吴宓与"战国策派"的分歧不仅体现在道德观上,还体现在众多方面。具体而言,有以下三点:第一,对新文化运动的看法不同;第二,对传统文化资源的攫取不同;第三,文化价值目标不同。除了以上三点外,吴宓与"战国策派"在对一些具体问题的认识上还有很多差异。比如在对《红楼梦》的评价上,吴宓对《红楼梦》高度赞赏,终生热爱。他认为《红楼梦》"为中国小说一杰作。其入人之深,构思之精,行文之妙,即求之西国小说中,亦罕见其匹。西国小说,佳者固千百,各有所长,然如《石头记》之广博精到,诸美兼备者,实属寥寥"(吴宓《〈红楼梦〉新谈》)。而"战国策派"对《红楼梦》则持否定态度。陈铨认为《红楼梦》"使悲观厌世的思想,极端的个人主义,深入人心"(陈铨《尼采与红楼梦》)。这样的人生态度对于抗战是负面的、消极的因素。"在民族危急存亡的时候,大多数贤人哲士,一个个抛弃人生逃卸责任,奴隶牛马的生活,转瞬就要降临,假如全民族不即刻消亡,生命沉重的担子,行将如何负担?"(同上)因此陈铨呼吁更多的查拉图斯特拉下山,而少一些贾宝玉出家。林同济虽然没有直接对《红楼梦》发言,但从他的《寄语中国艺术人——恐怖·狂欢·虔恪》看,他不会是《红楼梦》的拥趸。当然,吴宓与"战国策派"之间也存在一些共同点。他们都认同文化精英主义,都反对极端个人主义、极端利己主义。他们还都认为文学与科学具有不同的性质。陈铨的表述是:"在科学方面,往往是后来者居上;在文学方面,近代的文学却不一定比古代高明。"(陈铨《民族文学运动》)吴宓的表述是:"物质科学,以积累而成,故其发达也,循直线以进,愈久愈详,愈晚出愈精妙。然人事之学,如历史、政治、文章、美术等,则或系于社会之实境,或由于个人之天才,其发达也,无一定之轨辙。故后来者不必居上,晚出者不必胜前。"(吴宓《论新文化运动》)二者几乎完全一致。这些相似点很好地解释了在抗战时期知识分子云集的昆明,吴宓与"战国策派"诸子保持了较密切的交往,而与同为清华留美生的闻一多或多年同事朱自清等却并无多少私交的事实。综上所述,虽然吴宓曾一度与"战国策派"诸子过往甚密,也在"战国策派"刊物上发表过《改造民族精神之管见》这样的文章,但根本的思想分歧决定了这只是特定机缘下的偶然交会。当陈铨、林同济离开昆明后,吴宓与"战国策派"之间的纽带消失,这次偶然的交会便告结束。风过不留痕,时过境迁,吴宓可能都忘记了自己曾在"战国策派"刊物上发表过文章。人们将"战国策派"的标签贴在吴宓的身上是一场历史的误会。(参见刘明华《吴宓教育年谱》,《重庆教育学院学报》1999年第4期;徐茜《吴宓真的是"战国策派"吗?》,《中华读书报》2014年12月17日)

沈从文1月7日校改散文集《湘西》中《白河流域几个码头》《泸溪、浦市、箱子冶》《苗民问题》等篇。29日,在本日的日机空袭轰炸中,沈从文在文林街20号的住处受损。2月3日,复施蛰存信。此前施蛰存在来信中托沈从文为当时设在福建长汀的厦门大学寻找教员。沈从文在回信中表示自己将去找罗常培、冯友兰、孙毓棠、雷伯伦等人商量此事,不过认为恐难以找到合适人选,"如有点消息,必即函达商量"。回信中,沈从文还谈了自己近况。其中提到自己正和林同济等人在办《战国策》半月刊,"已到十五期,还不十分坏,希望重建观念。因纸张太贵(将近三百元一令),印得不甚多,不够分配,因此老友也不赠送""新作家联大方面出了不少,很有几个好的。有个汪曾祺,将来必有大成就"。并感慨"刊物少,不够运用,否则一面学,一面写,两年内必有一批生力军露面"。信中还表示自己希望能"好好的重新来用这支笔十年,可是生活程度过高,不能不教书过口子",因此"近正在编印全集;已校印到第九本。拟印三十本,由开明出,大致今年必可弄齐。如能每本卖五元,当可得十五万本出路,一点版税或可使生活稍稍松动一些"。3月28日,复施蛰存信。信中告知施蛰存,他此前托自己在云南帮忙找教师一事无法办到。

沈从文5月2日在西南联大国文学会作题为《短篇小说》的讲演,以短篇小说作者的身份谈20年来短篇小说的发展及其今后的出路。20日,对演讲稿作修订,后来发表在翌年4月16日的《国文月刊》上。6月30日,往访吴宓。夏,巴金为探望在联大读书的陈蕴珍(萧珊),再次到昆明,并在这里度过了整个暑假。本年和上一年,巴金两次到昆明时都曾与陈蕴珍一起乘火车到呈贡去看望沈从文。8月26日,老舍应罗常培约请,自重庆飞抵昆明,住在青云街靛花巷北京大学教师宿舍。其间,沈从文曾去拜访。文集《烛虚》由上海文化生活出版社作"文季丛书"之十四出版。集中主要收入沈从文到昆明后所写的《文运的重建》《新的文学运动与新的文学观》等文学评论4篇,以及以《烛虚》《潜渊》等为题的杂记4组。(以上参见吴世勇编《沈从文年谱》,天津人民出版社2006年版)

潘光旦1月23日下午6时出席清华大学第三十六次校务会议,会议讨论有关校庆问题。1月24日下午7时,出席清华第三十八次校务会议,会议讨论教职员生活津贴问题。4月16日,潘光旦在渝与中央大学、武汉大学、浙江大学商洽联合招生事宜,公毕返校。同月,潘光旦代清华大学梅贻琦校长作《大学一解》,刊于《清华学报》第13卷第1期;并任该卷的编辑部成员。5月8日下午4时,出席清华大学二十九年度第三次教授会。6时半,出席第十四次评议会。会议决定将留美奖学金发给5名教员、助教。9月,潘光旦《中国伶人血缘之研究》一书列入"中山文化教育馆研究丛书"之一由商务印书馆出版。此书稿先于1934年9月完成,交付商务于1937年排好版,由于战乱耽搁7年之久。全书收集整理了从嘉庆十七年至民国二十三年(1812—1934)100多年间共170余个伶人资料,系统地分析了他们的地理分布、社会阶层分布、移易与血缘关系。潘光旦认为在地理分布上,河北、江苏、安徽、湖北、山东几省的伶人依次较多;在伶人形成问题上,伶人的婚姻亲属、家世对伶人的形成起着重要影响,存在着"类聚配偶律";在阶层分布上,先是务农和务工的比较多,后出现转折,经商与仕宦出身的比较多,此种转变既有经济的因素又有心理的原因。另外,潘光旦还探讨研究伶人的意义、近代以前中国伶人的情况、西洋伶人研究的状况等。作者在弁言中说:"这是我对于中国人才问题的第一种比较有系统的研究尝试。我相信我所用的立场是一个比较新鲜的立场;用了生物遗传的眼光来观察中国的人才,这大概是第一次。"秋,加入中国民主政团同盟(后改称中国民主同盟),任第一届至第三届中央委员、第一届至第二届中央常务委员。10月8日,教授会选举出席第四届校务会议之教授代表,潘光旦等12人当选为代表。11月20日下午4时,出席清华第四十一次校务会议。6时,出席清华第十七次评议会。会议审议本学年应发奖学金研究生名单。(参见吕文浩编《中国近代思想家文库·潘光旦卷》及附录《潘光旦年谱简编》,中国人民大学出版社2015年版;齐家莹编《清华人文学科年谱》,清华大学出版社1999年版;王学典《20世纪史学编年(1900—1949)》,商务印书馆2014年版;蔡仲德编撰《冯友兰先生年谱长编》,中华书局2014年版)

陈序经1月26日在昆明《今日评论》第5卷第3期发表《抗战时期的西化问题》,继续倡导全盘西化观。文中先简略回顾有关全盘西化的论争:"五年前,我在《国闻周报》第13卷第2期曾发表过一篇《一年来国人对于西化态度的变化》。我曾指出七十年来国人对于西化这个问题讨论最为热闹的,要算民国廿四年那一年。我并且指出经过这一次讨论之后主张复古的人固已逐渐绝迹,主张折衷的人也已逐渐减少,只有主张根本西化与全盘西化的人日趋日多。从民国廿五年至民国廿六年,国人对于西化这个问题的讨论,虽不像民国廿四年那样的热烈,可是国人的态度是趋于根本西化与全盘西化的。'七七'事件发生以后,不但在理论上我们觉得全盘西化的必要,就是在事实上,我们也是朝着这条路走。所以在文化的物质方面,'七七'事件以前,还有人提倡'大刀救国''七七'事件以后,这种运动,可以说是完全没有了。在文化的精神方面,所谓民族至上、国家至上,不只是一种口号,而且是一种事实。这都可以说是西化的结果。所以我们相信全盘西化不只可以持久抵抗我们的敌人,而且可以建设一个强有力的国家。"然后指出:"我们回想十余年前,我们开始提倡全盘西化的时候,好多人都以为这是不经之谈,这是情感作用。可是经过民国的广州学术界与民国廿四年全国人士,作过热烈的讨论之后,不但谩骂全盘西化的主张的人们,逐渐趋于绝迹,而且赞成全盘西化的主张的人们越来越多。现在一般所谓头脑较为冷静的学哲学的人们,又从哲学的观点去估量这种主张,这不只是表示国人对于西洋的文化作进一步的认识,而且对于全盘西化的主张作进一步的了解。"最后得出:"我们的结论是,在抗战时期,事实上我们固趋于全盘西化,态度上,我们也是趋于全盘西化。"

陈序经5月31日在《民族文化》第2期发表《广东与中国》,认为:"广东在中国,无论在文化上,在抗敌上,都占据了很特殊与很重要的地位。从'原始'文化的种类方面来看,广东可以说是'原始'文化的展览会。从中国文化的新旧方面来看,广东不但是新文化的策源地,而且可以说是旧文化的保留所。从历史或今后民族抗敌来看,无论在消极方面,或积极方面,广东都可以说是抵抗外侮与复兴民族的根据地。"文中谈道:"中国民族的发展,大致上,可以说从黄河流域而至长江流域与珠江流域。汉以前,长江以南,还是荆蛮。汉时越王赵佗还自称为蛮夷。但是经过汉唐两代的南进,与晋宋两代的南迁,汉族逐渐地繁殖于珠江流域。""广东的汉族,不但移到中国最南的边境,而且推进到南洋海外各国。从民族的立场来看,广东人不但是民族向外发展的先锋队,而且因与异种民族的抗争的时间较为长久,民族思想的色彩,也可以说是因之而较为浓厚。而况自东西海道沟通以后,西洋各种民族接踵而来,广东人之在广东与南洋的,都因其地理与他种原因,与这些民族最先接触,因而近代西洋民族主义之影响于广东人也较为深刻。所以广东人在民族革命上,与抵抗外侮上,都占有特殊的地位。中国近代民族革命运动,可以说是始于太平天国,而发展于孙中山先生。然而这两种革命,正如上面所说,都是策源于广东。"是年,国民党组织通令西南联大各院院长必须加入国民党,拒不服从。(以上参见田彤编《中国近代思想家文库·陈序经卷》及附录《陈序经年谱简编》,中国人民大学出版社2014年版)

朱自清8月接梅贻琦函聘为联大中国文学部主任;作《〈蔡孑民先生言行录〉指导大概》和《〈胡适文本月选〉指导大概》。同月30日,赴少城公园绿荫阁茶社约见叶圣陶。同月,9月2日,致厉歌天信,谈新诗问题,刊于次年5月1日《笔阵》新2期,发表时题为《关于诗的比喻和组织》。10月4日下午,赴少城公园绿荫阁茶社约见叶圣陶。又偕应章锡舟邀宴,为朱自清饯行,大醉而别。6日,西南联大1941年度第一学期开始上课。8日,朱自清动身返昆明,顺岷江而下。约10日抵乐山,看望在武汉大学教书的友人朱光潜、叶石荪、杨人梗等。并偕朱光潜游乌尤寺、大佛寺、蛮洞、龙泓寺等。下旬,经过叙永回昆明,在叙永初识李广田。30日,离叙永返回昆明。返校后,辞清华大学中文系主任职,由闻一多正式接任。11月7日,应梅贻琦约,与梅贻琦、冯友兰、黄钰生、杨振声、罗常培、闻一多商量联大中文系问题。11 日,访陈雪屏、孙毓棠等。12 日,由梨园村迁居至司家营清华文科研究所,清华大学文科研究所于本年 7 月恢复,文学院长冯友兰任所长,中文系主任闻一多任中国文学部主任。朱自清与许维遹、何善周同屋。在此,朱自清指导王瑶等。

朱自清 11 月 13 日访陈梦家。15 日,赴龙王庙访周培源夫妇。16 日,《介绍〈新世训〉》刊于延期至是日刊出的《读书通讯》第 27 期,此文收集时改题《生活方法论——评冯友兰〈新世训〉》。作者对冯友兰的《新世训》作了细致评介,认为"这是二十年来同类的书里最有创见最有系统的一部著作。同时又是一部有益于实践的书",能揭示宋明道学家思想中"那些颠扑不破的道理",使人"知道宋明道学家的学说里确有许多亲切的做人的道理",认为高中二三年级和大学生"该耐着性儿读这本书;那么,不但可得着切实的生活方法,还可以得着切实的阅读训练"。20 日午,邀宴陈梦家。餐后访王力。22 日,访冯友兰,商量中文系及研究部事宜。12 月 1 日晚,张奚若来访,听张奚若谈他在国民参政会上对"蒋总裁"的藐视。3 日下午,出席西南联大教授会会议,议决向教育部递交改善教师待遇的申请。4 日晚,赴冠生园应陈岱孙邀宴。7 日下午,冯友兰来访,商谈系里人事协调事。8 日,得悉太平洋战争爆发,急电上海开明书店,借款还千元为寄扬州家用。13 日,冯友兰来访,商谈系里人事协调事。16 日,作诗论《新诗杂话》毕,费时 4 天,刊于次年 2 月 16 日《文聚》第 1 卷第 1 期,又载次年 5 月 7 日《新蜀报》副刊《蜀道》第 711 期,文中指出,抗战以来新诗的发展趋势一是散文化,"为了配合抗战的需要,都朝普及的方向走,诗作者也就从象牙塔里走上十字街头";二是对胜利的展望,表现为大众的发现和内地的发现,"他们发现大众的力量的强大,是我们抗战建国的基础。他们发现内地的广博和美丽,增强我们的爱国心和自信心"。晚,应皮名举邀宴。24 日,偕陈岱孙、李继侗赴黄土坡访邵循正等。晚,出席联大国文学会会议。31 日上午,访孙毓棠。同日,偕陈福田等赴龙王庙访友。(以上参见姜建、吴为公编《朱自清年谱》,安徽教育出版社 1996 年版;齐家莹编《清华人文学科年谱》,清华大学出版社 1999 年版)

闻一多《道教的精神》刊于 1 月 13 日《中央日报·人文科学副刊》第 2 期,连载 20 日第 3 期。该文旨在分析"古道教究竟是什么样的东西",认为已经退化了的道家思想必有一个前身,"而这个前身很可能是某种富有神秘思想的原始宗教,或更具体点讲,一种巫教"。这种巫教为古道教,而东汉以后的道教可称为新道教。在作者今存未刊手稿中,有《道家的精神》写作提纲,内容较已发表者丰富许多。16 日,闻一多《怎样读九歌》刊于《国文月刊》第 1 卷第 5 期。本期《国文月刊》编后记说此文"所谈问题虽高深,写时却力求通俗,谅必能引起读者的兴趣","关于《九歌》的研究,今存手稿中还有篇未能完成的《九歌杂记》,其中有许多新颖的考据与论证",此外还对《山鬼》《东皇太一》《大司命》《少司命》等篇也都阐发了个人的意见与见识。2 月 11 日,闻一多《贾岛》刊于《中央日报·文艺副刊》。此文为《唐诗杂论》中的一篇,认为唐元和、长庆年间,诗坛有三个较有力的新趋势:一边是已经成名的孟郊、卢仝、韩愈批判世道人心、批判佛老思想;一边是元稹、张籍、王建等在白居易的改良社会的旗帜下,用乐府调子泣诉各阶层的小悲剧;同时还有一批未成名青年人为着各自的出路,也为着癖好,做一种阴暗情调的五言律诗,贾岛即是其中之一。文中将贾岛的诗与其身世经历联系起来分析,持一种批评却又同情之态度。22 日,联大常委、清华大学校长梅贻琦来看望闻一多等联大教授。不久,数学系华罗庚家住房被日机炸坏,华氏几乎送命,正走投无路,闻一多热情让出一房与华家隔帘而居,开始了两家老小的患难之交。当时闻一多潜心研究神话,撰写《伏羲考》,华罗庚则钻研《堆垒素数论》。闻一多研究伏羲期间,与重庆的常任侠常有联系。

按:华罗庚在《知识分子的光辉榜样——纪念闻一多烈士八十诞辰》(《闻一多纪念文集》)中回忆道:"为躲避日寇的飞机轰炸,一多先生举家移居在昆明北郊的陈家营。我们一家走投无路,也来到这里。一多先生热情地让给我们一间房子,他们一家则住在连通在一起的另外两间房子里,两家当中用一块布帘隔开,开始了对于两家人都是毕生难忘的隔帘而居的生活。在这里,我才算真正认识了一多先生。在这里,我亲眼看见这位生长在半封建半殖民地的旧中国、饱经苦难忧患、走过了自己漫长而曲折的道路的老知识分子,怎样逐步成长为一位英勇不屈的民主战士。在陈家营闻先生一家八口和我们一家六口隔帘而居期间,我伏首搞数学,他埋头搞'榃瓠',先生清贫自甘的作风和一丝不苟的学风都给我留下了难忘的印象。在他埋'榃瓠'期间,无论春寒料峭,还是夏日炎炎,他总是专心工作,晚上在小油灯下一直干到更深,陶醉在古书的纸香中。当时,一多先生还在走他自称的'向内发展的路''榃瓠'的结果,是写了一大篇《伏羲考》,他的欣喜常常溢于言表。实际上,他这样钻进故纸堆中的工作意义何在,当时很少有人理解,然而,我后来看到郭老对一多这段时间研究和从事古代神话传说的再建工作评价甚高,说一多先生是'钻进中文——中国文学或中国文化——里面去革中文的命''他搞中文是为了"里应外合"来完成"思想革命",这就是他的治学的根本态度'。一多先生从研究神话故事入手,探求祖先的生活情况,探求'这民族,这文化'的源头,确实取得了举世公认的成就。但是,毋庸讳言,当时他对'榃瓠'的兴趣,显然在对政治的爱好之上。通过这一段患难之交的共同生活,一多先生严谨的治学态度,对我影响很大,成为我毕生学习的榜样。"后来,华罗庚赋诗记述了这段生活:"挂布分屋共容膝,岂止两家共坎坷。布东考古布西算,专业不同心同仇。"

闻一多2月为对健全中国文学系的意见致函朱自清。2月28日,朱自清接到闻一多信。寒假后开学,闻一多给文学院中国文学系文学组四年级讲授"古代神话"。4月27日下午4时半,出席在联大工学院举行的清华大学30周年校庆纪念会,到者千余人。同月,作《周易义证类纂》,刊于10月《清华学报》第13卷第2期"清华大学三十周年纪念号"下册。文前有"引言",说明撰述为:"以钩稽古代社会史料之目的解《周易》,不主象数,不涉义理,计可补苴旧注者百数十事。删汰芜杂,仅得九十。即依社会史料性质,分类录出,幸并世通人匡其不逮云。"该文目录为:一、有关经济事类:甲,器用;乙,服饰;丙,车驾;丁,田猎;戊,牧畜;己,农业(雨量附);庚,行旅。二、有关社会事类:甲,婚姻;乙,家庭;丙,宗族;丁,封建;戊,聘问;己,争讼;庚,刑法;辛,征伐(方国附);壬,迁邑。三、有关心灵事类:甲,妖祥;乙,占候;丙,祭祀;丁,乐舞;戊,道德观念。四、余录。是为闻一多研究《周易》的代表作。

按:郭沫若曾说闻一多对《周易》等古籍"实实在在下了惊人的很大功夫,就他所已有成就而言,我自己是这样感觉着,他那眼光犀利,考索的渊博,立说的新颖而翔实,不仅是前无古人,恐怕还有后无来者",并认为闻一多的这些古籍研究"继承了清代朴学大师们的考据方法,而益之以近代人的科学的致密"。也有研究者认为此文"提出许多自《周易》出现以来没有人讲过的问题,破译了《易经》中许多千古不解之谜"。另有研究者认为,闻一多这种不主象数,不涉义理,专以文字考据解说《周易》,并从社会史料的角度进行分类研究的路径,代表了近代易学研究的新动向。也有研究者认为,对古籍的考据只是闻一多通向更高一级认识的手段,闻一多已经认识到时代背景和意识形态等因素对古籍研究的重要性。这一点在该文中已有所体现。

闻一多5月12日因罗常培赴四川叙永分校,暂时代理联大中国文学系主任及师范学院国文系主任职务。15日,按照国民政府教育部要求各大学系主任以上者加入国民党的要求,梅贻琦与周炳琳、钱端升、查良钊、姚从吾、陈雪屏宴请联大系主任以上职务者,饭后谈及在座者加入国民党事。闻一多是否出席这个会未见记载,但他这时的态度是不赞成加入任何政治党派的。28日,闻一多致清华大学聘委会公函二封,分别荐许维遹、陈梦家申请晋升副教授。29日,清华大学召开迁昆明后第十二次聘任委员会会议,议决续聘闻一多与朱自清、陈寅恪、刘文典、王力、浦江清为文学院中国文学系教授,改聘许维遹、陈梦家为副教授。6月5日,闻一多为李嘉言由助教改聘教员事致梅贻琦信。7月,清华大学文科研究所成立,文学院长冯友兰任所长,闻一多任中国文学部主任。中国文学部在清华文科研究所中最先开始工作,其主持、计划等全由闻一多负责。同月,季镇淮、施子愉考取闻一多研究生。闻一多作《九章》(未完成),手稿后经何善周、季镇淮、范宁等人组成的遗著整理小组整理,定名为《九章解诂》,后与《九歌解诂》合为一书,于1985年由上海古籍出版社出版。8月22日,作《宫体诗的自赎》,刊于9月8日昆明《当代评论》第1卷第10期。

　　按:此文是《唐诗杂论》中的一篇。文中说:"宫体诗就是宫廷的,或以宫廷为中心的艳情诗,它是个有历史性的名词,所以严格的讲,宫体诗又当指以梁简文帝为太子时的东宫及陈后主、隋炀帝、唐太宗等几个宫庭为中心的艳情诗。"先生认为这时期没有出过第一流的诗人,甚至没有诗人,但可悲的却出现了代表宫庭内外气氛的消极的宫体诗,并且中途还失掉了一个自新的机会。不过,"在窒息的阴霾中,四面是细弱的虫吟,虚空而疲倦,忽然一声霹雳,接着的是狂风暴雨! 虫吟听不见了,这样便是卢照邻《长安古意》的出现。这首诗在当时的成功不是偶然的,……这是什么气魄! 对于时人那虚弱的感情,这真有起死回生的力量",先生"几乎要问《长安古意》究竟能否算宫体诗"。文中还认为骆宾王的《代女道士王灵妃赠道士李荣》是仅次于卢照邻《长安古意》的成功之诗。不过"骆宾王的成功,有不少成分是仗着他那篇幅的"。

　　闻一多9月8日下午3时主持老舍在西南联大的首次讲演,并首先致词。老舍讲演题为《抗战以来文艺发展的情形》。10日,致清华大学校长梅贻琦信,信中请求清华大学文科研究所聘任黄匡一、朱兆祥为研究助理;又建议为李嘉言晋级后增加薪额。同日,罗常培辞西南联大中文系主任及师范学院国文系主任职务,联大常委会决议其职务由闻一多代理,但闻一多坚辞不就。18日,联大常委会决定聘杨振声担任此职。至12月18日,杨振声亦辞职,两系主任仍由罗常培担任,闻一多依旧只任清华大学中文系主任。此时,朱自清休假结束,但返校后仍请辞清华大学中国文学系主任职务,闻一多正式接任斯职。10月初,闻一多举家搬到离城8公里的龙泉镇司家营17号,住在清华大学文科研究所里,在此指导的研究生有季镇淮、施子愉、范宁、傅懋勉。季镇淮在《闻一多先生事略》中回忆:"四一年暑假后,清华大学研究所在昆明东北郊二十里龙泉镇司家营成立,闻一多主持中国文学部工作,并移家到所内,朱自清先生等都在这里居住并进行研究工作,清华研究院的研究生也常来这里读书研究,一时学术空气甚浓。闻一多在研究所楼上放着一张长方形案板,各种大小手稿分门别类地排满一案板。他精力充沛、研究兴趣最大,范围最广,努力著作,常至深夜不睡。《楚辞校补》《乐府诗笺》《庄子内篇校释》《从人首蛇身到龙与图腾》《唐诗杂论》等专著和论文,都是在这里写定并发表的。"当时,冯友兰、王力、陈梦家等也住在附近。这一带远离市区,敌机不来骚扰,环境宁静,一时成为昆明学术研究的中心之一。24日,闻一多致清华大学校长梅贻琦信,为聘请清华大学文科研究所研究生季镇淮兼任半时助教事。11月8日下午5时,应梅贻琦之约,与梅贻琦、冯友兰、黄钰生、杨振声、朱自清、罗常培共商联大国文系诸事。同月,为加强清华大学各研究所的学术研究,校长梅贻琦指示各研究所拟定工作计划。闻一多拟定《文科研究所中国文学部研究计划》,计划本部研究工作从整理古籍入手,本年度拟整理子部二种:韩诗外传、管子;集部二种:岑参集、贾岛集。除此之外,上年度已着手之文学史选读校释工作,本年仍继续进行。

　　按:计划中所说"管子"即《管子校释》,由闻一多参校,许维遹整理,何善周、刘功高参加工作,后经郭沫若补充材料,又请冯友兰、余冠英、孙毓棠、范宁、马汉麟、杨树达分别校阅一小部分,改名为《管子集校》,全书达130万字以上,比许维遹原稿增加了三倍。此书于1956年3月由科学出版社分上、下册出版,撰者署名为郭沫若、闻一多、许维遹,而参加工作者众。

闻一多约11月在北京大学文科研究所举办的学术演讲会上讲"什么是'九歌'",讲稿经人整理,载于1947年8月15日《文艺春秋》第5卷第2期。文章分十节:一、神话的九歌;二、经典的九歌;三、"东皇太一""礼魂"何以是迎送神曲;四、被迎送的神只有东皇太一;五、九神的任务及其地位;六、二章与九章;七、九章的再分类;八、赵代秦楚之讴;九、楚九歌与汉郊祀歌的比较;十、巫术与巫音。12月8日,《楚辞校补》"引言"在昆明司家营写定,略谓:"较古的文学作品所以难读,大概不出三种原因。一、先作品而存在的时代背景与作者个人的意识形态因年代久远,史料不足,难于了解;二、作品所用的语言文字,尤其那些'约定俗成'的白字(训诂家所谓"假借字"),最易陷读者于多歧亡羊的苦境;三、后作品而产生的传本的伪误,往往也误人不浅。《楚辞》恰巧是这三种困难都具备的一部古书,所以在研究它时,我曾针对着上述诸点,给自己定下了三项课题:一、说明背景;二、诠释词义;三、校正文字。""引言"反映了闻一多治学的方法和步骤,受到不少学者的重视。是年,何善周开始选编和注释先秦两汉文学史参考资料,这是一本供同学们学习用的基本史料,选编中受到了闻一多的指导。(以上参见闻黎明、侯菊坤《闻一多年谱长编》(增订版),上海交通大学2014年版;齐家莹编《清华人文学科年谱》,清华大学出版社1999年版;王学典《20世纪史学编年(1900—1949)》,商务印书馆2014年版)

罗常培5月12日因公赴叙永分校,离校期间,校常委会决议由闻一多暂代中文系及师院国文系主任。6月11日上午,罗常培应邀在县文庙第廿十教室作题为"中国人与中国文"讲演,听众500多人,一年级学生大部分都到。8月,罗常培回校后恶性疟疾发作,连病两个多月。9月10日,因病未能到任,请辞中文系及师院国文系主任。18日,联大第190次常委会议决:准罗常培再次请辞文学院中国文学系及师范学院国文系主任职;准闻一多请辞二系代主任,由杨振声继任。12月18日,杨振声请辞两系主任,校常委会仍请罗常培担任。是年,《现代方言中的古音遗迹》刊于重庆《文史杂志》第1卷第2期;《昆明话和国语的异同》刊于《东方杂志》第38卷第3期;《查尔默的汉语入声尾说》刊于《东方杂志》第38卷第22期;《介绍高本汉的中国音韵学研究》刊于重庆《图书月刊》第1卷第7—8期合刊;《四声、五声、六声、八声皆为周氏所发现》(副题"恬庵说音之一")刊于《国文月刊》第1卷第6期;《唐写本〈经典释文〉残卷四种跋》刊于《清华学报》第13卷第2期。(参见齐家莹编《清华人文学科年谱》,清华大学出版社1999年版;齐家莹编《清华人文学科年谱》,清华大学出版社1999年版;蓬莱市历史文化研究会《杨振声编年事辑初稿》,黄河出版社2007年版)

张奚若继续任教于西南联大。3月1日,在国民参政会二届一次会议上发言,尖锐抨击国民党政府当局的腐败和独裁统治。蒋介石对此极为恼火,但张奚若未予置理,发言后便愤然离去。后来,国民参政会还给他寄发开会通知和往返路费,他当即回电:"无政可议,路费退回。"从此再未参加国民参政会会议。(参见《张奚若文集》,清华大学出版社1989年版)

唐兰继续任西南联合大学中文系教授,并任北京大学文科研究所导师,讲授六国铜器、甲骨文字、古文字学、《说文解字》《尔雅》《战国策》及唐诗宋词等。《读新出殷墟文字学书六种》刊于《中央日报·读书副刊》。(参见韩军《唐兰的金文研究》,山东大学博士学位论文,2009年)

陈福田继续任教于清华大学外文系。3月19日,中英文化协会收到英国牛津、剑桥两大学教授关于中英文化合作宣言及征求联大教授意见书。联大推定由冯友兰、钱端升、陈福田起草宣言以示响应。同日,因叶公超请假离校,所任联大图书设计委员会委员改请陈福田担任。5月28日,联大第178次常委会决议:陈福田因事离校,在假期间,文学院外国语文系及师范学院英语系主任职务,请莫泮芹暂时代理。9月17日,召开清华第4次教授会,陈福田当选为下届教授评议员。10月8日,召开联大教授会议,陈福田、潘光旦、罗常培、杨振声等12人被选为联大出席第4届校务会议教授代表。23日,陈福田、杨振声、雷海宗等9人被聘为联大1941年度1年级学生课业指导委员会委员。11月19日,因李宝荣未能到校,师院英语系主任仍请陈福田兼任。(参见齐家莹编《清华人文学科年谱》,清华大学出版社1999年版)

刘文典是夏因昆明龙翔街寓所被日军飞机炸毁,只得移居官渡镇,先住在官渡孔子楼中,后借住于西庄村李姓村民家。移居官渡期间,曾赋诗二首,不无"史诗"意味。其一曰:"西庄地接板桥湾,小巷斜邻曲水间。不尽清流通滇海,无边爽气挹西山。云含蟾影松阴淡,风送蛩声苇露寒。稚子临门凝望久,一灯遥识阿爷还。"其二曰:"绕屋松篁曲径深,幽居差幸得芳林。浮沉浊世如鸥鸟,穿凿残编似蠹蟫。极目关河余战骨,侧身天地竟无心。寒宵振管知何益,永念群生一涕零。"7月,刘文典撰《庄子补正》自序,谈校勘《庄子》缘起。

按:《庄子补正》自序曰:"亡儿成章,幼不好弄,性行淑均,八岁而能绘事,十龄而知倚声。肄业上庠,遂以叩学病瘵。余忧其疾之深也,乃以点勘群籍自遣。《庄子》之书,齐彭殇,等生死,寂寞恬淡,休乎天均,固道民以坐忘,示人以悬解者也。以道观之,邦国之交争,等蜗角之相触;世事之治乱,犹蚊虻之过前。一人之生死荣瘁,何有哉! 故乃玩索其文,以求微谊,积力既久,粗通大指。复取先民注疏,诸家校录,补苴是正,成书十卷。呜呼! 此书杀青,而亡儿宰木已拱矣。盖边事棘而其疾愈深,卢龙上都丧,遂痛心呕血以死也。五稔以还,九服崩离,天地几闭,余复远审荒要,公私涂炭。尧都舜壤,兴复何期,以此思哀,哀可知矣。虽然,《庄子》者,吾先民教忠孝之书也,高濮上之节,却国相之聘,孰肯污伪命者乎!? 至仁无亲,兼忘天下,孰肯事齐事楚,以忝所生者乎? 士能视死生如昼夜,以利禄为尘垢者,必能以名节显。是固将振叔世之民,救天下之敝,非徒以违世,陆沉名高者也。苟世之君子,善读其书,修内圣外王之业,明六通四辟之道,使人纪民彝复存于天壤,是则余董理此书之微意也。是为序。中华民国三十年七月合肥刘文典序于官渡之学稼轩。"

刘文典下半年担任《中国文学专书选读·文选》和《温李诗》两科教职。同时,在国立西南联合大学师范学院国文系担任《中国文学专书选读·文选》教职。10月6日,国立西南联合大学1941—1942年度第一学期开学。11月18日,吴宓来访,未遇刘文典。12月3日,刘文典遇见吴宓,谈温庭筠、李商隐诗。9日,刘文典赞吴宓诗作"置之李义山诗中,可以乱真"。25日,香港沦陷。刘文典存留在香港的大量珍贵手稿和书籍被劫掠到日本,存放于东京上野图书馆。(以上参见章玉政编著《刘文典年谱》,安徽大学出版社2011年版)

王力1月16日在《国文月刊》第1卷第5期发表《谈意义不明》。3月,《中国语法学的新途径》刊于《当代评论》1卷3期。4月27日,清华大学举行30周年校庆纪念会,王力作了题为"理想的字典"的讲演。5月16日,王力《古语的死亡残留和转生》刊于《国文月刊》第1卷第9期。10月20日,王力(署名了一)《语言学在现代中国的重要性》刊于《当代评论》第1卷第16期。(参见张谷、王缉国《王力传》及附录《王力先生年谱》,广西教育出版社出版1992年版;齐家莹编《清华人文学科年谱》,清华大学出版社1999年版)

毛子水5月1日在《文史杂志》第1卷第3号发表《论大学中设立科学史系事》。文中强调综合科学史的意义,极力主张在国内大学设立科学史系。毛子水提出:我们目前的急务,在使国内的科学家知道科学史的不可忽略,知道科学史的有利于科学的进步;在使国内主持史学的人,知道科学史应和人类争取自由的政治史并列而为"正史"的两高峰;在使国内寻求知识的人,知道科学史是一种正路的学问,是人类知识的最重要的在账目。此文可谓中国学者对萨顿提倡科学史学科建制化的具体回应。(参见王学典《20世纪史学编年(1900—1949)》,商务印书馆2014年版)

浦江清在昆明继续从事戏曲活动。1月1日《日记》载:"晚饭后,陶光来邀至无线电台广播昆曲,帮腔吹笛。是晚播《游园》(张充和)、《夜奔》(吴君)、《南浦》(联大同学),不甚佳。"16日,在《国文月刊》第1卷第5期发表《谢绎〈游嵩山寄梅殿丞书〉》。7月,撰写《花蕊夫人宫词考证》长文初稿。10月初,闻一多一家搬到清华大学文科研究所内,朱自清、浦江清、许维遹也先后搬来这里居住。(参见齐家莹编《清华人文学科年谱》,清华大学出版社1999年版)

陈福田继续任教清华大学外文系。3月19日,中英文化协会收到英国牛津、剑桥两大学教授关于中英文化合作宣言及征求联大教授意见书。联大推定由冯友兰、钱端升、陈福田起草宣言以示响应。同日,因叶公超请假离校,所任联大图书设计委员会委员改请陈福田担任。9月17日,召开清华第4次教授会,陈福田当选为下届教授评议员。10月8日,召开联大教授会议,陈福田、潘光旦、罗常培、杨振声等12人被选为联大出席第4届校务会议教授代表。23日,陈福田、杨振声、雷海宗等9人被聘为联大1941年度1年级学生课业指导委员会委员。11月19日,因李宝荣未能到校,师院英语系主任仍请陈福田兼任。(参见齐家莹编《清华人文学科年谱》,清华大学出版社1999年版)

冯至年初的一个下午,望着几架银色的飞机在天空飞翔,想到古人的鹏鸟梦,随着脚步的节奏,信口说出一首诗,回家写在纸上,正巧是一首变体的十四行诗(即后来《十四行集》中的第8首),由此产生了一个要求,把生命的体验写成诗篇,开始了有意识的创作,一年内写了27首,在昆明、桂林、重庆的刊物上发表,后编为《十四行集》,交给桂林明日社的友人陈占元,是年5月出版。2月22日,作《一个对于时代的批评》,介绍丹麦思想家基尔克郭尔,后刊于7月20日《战国策》第17期。春,在茅屋里开始翻译俾德曼编的《歌德年谱》详加注释,并以年谱为纲,读40卷本的《歌德全集》,并参照《歌德书信日记选》《歌德与爱克曼的谈话》《歌德谈话选》等,研究其生平和思想,为撰写歌德研究文章作准备。其间,又撰成《歌德的晚年》,后刊于《今日评论》。秋,应罗常培之邀,老舍来昆明住两三个月。在欢迎老舍的一次聚会后,与闻一多同住教员宿舍,晤谈至深夜,闻一多称赞冯至的《一个对于时代的批评》。9月30日中午,偕夫人姚可昆到龙头村,访问罗常培、罗庸和来昆明作客的老舍。有一天,在学生壁报上看到老舍来昆明的讲演稿:抗战时文人应为抗战而作文,深感内疚,后悔自己未直接为抗战而写作。11月4日,友人翟立林在大西门内钱局街敬节堂巷为冯至租了房屋,从此,又回到城里居住,偶尔到茅屋去住一两天。因为环境变换,较多地接触了现实,对社会逐步有所了解,为后来创作杂文提供了条件。(参见周棉《冯至年谱》,载王京州编《河北近现代学者年谱辑要》,国家图书馆出版社2017年版)

王忠信9月17日在召清华第4次教授会上当选为下届教授评议员。11月17日,伍启元、王忠信、巫宝山等于上年8月1日发起的中国人文科学社被批准立案,为由各大学教授及研究所研究员等为骨干组织的"纯粹学术团体",以"研究并提倡人文科学"为宗旨。伍启元、王忠信、巫宝山为第一届理事会理事。内设学报、丛书、丛刊3个编辑委员会。会址设在云南昆明西南联大内,并于重庆、南溪、遵义、贵阳、湖南、长沙、广东等地筹设分社。会员有200多人。出版物除《人文科学学报》及《中国人文科学社丛书》外,还刊行《社友通讯》

等。（参见蔡鸿源、徐友春主编《民国会社党派大辞典》，黄山书社 2012 年版；齐家莹编《清华人文学科年谱》，清华大学出版社 1999 年版）

陈达继续任联大清华国情普查研究所所长。2 月，陈达以顾问名义参加国民政府主计处召开的第一次全国主计会议，提出了一项人口普查提案。3 月，清华大学国情普查研究所上报工作概况，其普查的目的为："（甲）试验并采用比较科学及比较经济之方法，搜集并整理我国人口相关问题之材料。（乙）推广上述工作，以期全国可以采用此项方法。（丙）研究及发表甲项所述之工作，以期对于我国政府及我国社会科学，有所贡献。"该所所做工作分为 5 项，分别为"呈贡县人口普查""人事登记""农业普查""云南个旧锡矿区之调查""中国人口问题文献索引"。其中最后一项索引的编制工作，自 1926 年即由社会学系开始，于 1939 年由该所完成。内容包括中国人口文献（书籍、报告、小册、杂志论文）之用中、日、德、法及英文发表者。索引总数约 9000 条，至 1936 年底止。该所拟于下年度进行云南省 10 县人口的普查工作。（参见田彩凤《陈达先生年谱》，《清华大学学报》1995 年第 2 期；齐家莹编《清华人文学科年谱》，清华大学出版社 1999 年版）

李景汉继续任联大清华国情普查研究所调查主任。7 月 14 日，李景汉《呈贡县动态人口调查的实验》，载《当代评论》第 1 卷第 2 期。是年，李景汉《社会调查与社会计划》刊于《时代精神》第 3 期；《边疆社会调查研究应行注意之点》刊于《边政公论》创刊号；《琼山擢擢之氏族组织》刊于《边政公论》第 3 卷第 4 期。（参见齐家莹编《清华人文学科年谱》，清华大学出版社 1999 年版）

戴世光继续任联大清华国情普查研究所统计主任。4 月，戴世光《选择人口普查问题的研究》刊于《社会科学》第 3 卷第 1 期。11 月 28 日，戴世光《印度一九四一年的人口普查》，载《当代评论》第 1 卷第 22 期。（参见齐家莹编《清华人文学科年谱》，清华大学出版社 1999 年版）

吴泽霖 2 月应聘任清华大学文学院社会学系教授，先后授"普通人类学""犯罪学""高级社会学""人类学设计""社会发展史史前阶段形象教育之各种图表标本"等课程。4 月 27 日，清华大学举行 30 周年校庆纪念会，吴泽霖代表清华校友致词。（参见齐家莹编《清华人文学科年谱》，清华大学出版社 1999 年版）

邵循正与冯友兰、陈寅恪、雷海宗、闻一多、潘光旦 4 月任《清华学报》第 13 卷第 1 期编辑部成员，邵循正任主任。9 月 17 日，邵循正出席清华第 4 次教授会，当选为下届教授评议员，并被推举为教授会书记。（参见齐家莹编《清华人文学科年谱》，清华大学出版社 1999 年版）

吴达元 8 月 4 日在《当代评论》第 1 卷第 5 期发表《拉伯雷》。同月，吴达元译、包马丽著《费嘉乐的结婚》，由上海文化生活出版社出版，被列为文化生活丛刊第 27 种。此剧本作于 1778 年，1784 年正式公演。上演第 1 天，全巴黎为之轰动。译者在《序》中说："把《费嘉乐的结婚》认作法国戏剧的一个新纪元，因为那时候它实在是很'新'的。如今把它请到中国戏剧界来，我敢说它也是很'新'的。"（参见齐家莹编《清华人文学科年谱》，清华大学出版社 1999 年版）

许维遹申请晋升副教授。5 月 28 日，闻一多致清华大学聘委会公函，荐许维遹申请晋升教授函，其中说："本系讲师许维遹先生，历年研究校勘学并训释先秦、两汉古简，成绩昭著；所著《吕氏春秋集释》一书，已风行于时；其他关于《国语》《管子》《韩诗外传》诸古籍亦有成稿待梓，其间疏通疑滞、创获之多，视前所校《吕览》，殆又过之。"29 日，清华大学第 12 次聘任委员会会议，改聘许维遹为副教授。11 月，许维遹致力于《管子校释》整理，闻一多参校，何善周、刘功高参与校释工作，后成规模宏大的《管子集校》。（参见齐家莹编《清华人文学科

年谱》,清华大学出版社 1999 年版)

陈梦家 4 月在《清华学报》第 13 卷第 1 期发表《射与郊》。5 月 28 日,闻一多致清华大学聘委会公函,荐陈梦家晋升副教授,介绍说:"本系讲师陈梦家先生,研究甲骨、铜器文字及相关问题成绩卓著,历年所撰论文十余篇,释疑、解惑、发明甚多。"29 日,清华大学第 12 次聘任委员会会议,改聘陈梦家为副教授。10 月,在《清华学报》第 13 卷第 2 期发表《关于上古音系的讨论》。(参见齐家莹编《清华人文学科年谱》,清华大学出版社 1999 年版)

杨志玖从北京大学文科研究所研究生毕业,任教于西南联大。12 月,杨志玖在《文史杂志》第 1 卷第 12 期发表《关于马可·波罗离华的一段汉文记载》。作者依据《永乐大典》卷 19418 所录元代《经世大典·战赤》的一段史料,解决了一桩历史公案,考证出马可·波罗在其《游记》中所述他伴随蒙古公主从泉州返波斯等事是真实的,他确实到过中国,还订正马可·波罗离华时间是在 1291 年初,而不是以前西方人所认定的 1292 年初。这是迄今所知汉文记载中唯一能见到的马可·波罗活动的考证和研究,得到向达、顾颉刚、汤用彤、傅斯年等人高度评价,并因此而获中央研究院名誉学术奖。

按:此文还译为英文,于 1944 年刊登在英国《亚洲皇家学会学报》孟加拉版第 4 卷;又在 1945 年 9 月美国《哈佛亚洲学报》第 9 卷第 1 期上发表了论文摘要。而几乎同时,法国伯希和利用波斯文史籍对马可·波罗离华的时间得出了与杨志玖相同的判断。(参见王学典《20 世纪史学编年(1900—1949)》,商务印书馆 2014 年版)

李嘉言年初继续任叙永分校助教。根据闻一多意见,李嘉言用半年时间对《贾岛年谱》再作修改,誊清第四遍稿。5 月,西南联大中文系主任罗常培赴叙永分校检查工作,李嘉言乘机将"贾谱"第四遍稿托罗常培转交在昆明的闻一多。闻一多又审阅订正后,交《清华学报》。6 月 5 日,闻一多致梅贻琦信,为李嘉言由助教改聘教员事说道:"中国文学系助教李嘉言先生,来校服务六载于今,黾勉在公,辛劳弥著,允宜优礼,用酬贤劳。拟请自民国三十年度起改聘李君任中国文学系教员。"8 月,李嘉言被改聘为教员,月工资 170 元,还是解决不了肚子问题,更遑论养活家小。9 月初,李嘉言返回昆明。这时清华大学文科研究所刚成立,已就任清华大学国文系主任和文科研究所中国文学部主任的闻先生将李嘉言圈定为第一批驻所研究人员。10 日,闻一多又为李嘉言加薪事再次上书梅贻琦校长:"月涵校长先生道席:敬启者,李嘉言君在校任教六年,备极辛劳,年来于课余从事研究亦颇著成绩,本年已改聘为教员,惟其薪额仅依定章递增至一百七十元,查李君家累颇重,际兹物价高涨势难维持,拟请将其薪额酌予提高以励贤劳。"不久梅贻琦破格给予李嘉言月薪 190 元的酬劳。9 月 22 日,李嘉言在《当代评论》第 1 卷第 12—13 期上发表的《唐诗分期与李贺》,深受闻一多赞赏:"李嘉言在《当代评论》第 1 卷第 12—13 期上发表的《唐诗分期与李贺》的论文是整个司家营的光荣!"10 月,李嘉言在《清华学报》第 13 卷第 2 期发表《贾岛年谱》。《贾岛年谱》篇末,李嘉言"附识:此文承闻先生一多言是正多处,谨此致谢"云。(参见李之禹《李嘉言与恩师闻一多先生》,《中华读书报》2015 年 7 月 8 日;齐家莹编《清华人文学科年谱》,清华大学出版社 1999 年版)

李赋宁为清华大学文科研究所外国文学部研究生,其师吴宓对李赋宁极为赞赏,曾说"他是真正的学者"。4 月 5 日,李赋宁举行毕业初试,考试范围为"法国文学史""法国文学古典理论""17 世纪法国戏剧"。陈福田、吴宓、陈铨、吴达元、杨业治、温德、邵循正、闻一多、闻家驷等为考试委员。5 月 28 日,联大第 178 次常委会决议:李赋宁留校为教员。6 月 28 日,继 4 月 5 日外国文学部为研究生李赋宁举行毕业初试后,又举行毕业论文考试,吴宓、陈铨、杨业治、邵循正、温德、闻一多、冯友兰、潘光旦等为考试委员。（参见齐家莹编《清华人文学科年谱》，清华大学出版社 1999 年版）

汪德熙、陈耕陶、胡宁、励润生、黄培云、陈标生、朱宝复、叶玄、屠守锷、吕保雄、梁治明、孟庆基、黄家驷、蒋明谦、张培刚、吴保安、陈新民获第五届清华大学留美公费生资格。

王利器在四川大学毕业后，考入北京大学文科研究所哲学组从汤用彤、傅斯年读研究生。

熊庆来继续任云南大学校长。2 月 25 日，教育部视察团赵昈熊、王衍泰、蒋建白、汪洋等赴云大视察，对于云大同学及学校当局艰苦奋斗的精神，极为赞许。27 日，赴呈贡，参观云大农学院。4 月 20 日，云大热烈纪念成立 19 周年。出席校友及学生三四百人，熊校长主席。他在致词中说，本校自民国 11 年（1922）成立以后，在唐公莫赓首创及龙主席扶植下，无论在私立、省立、国立各时期之中，都向着发展高深学术文化之途径迈进。至于本人在民国二十六年（1937）到校负责以后，曾拟定一个建设方针，即在民国二十六七年的时候，着重于学校设备的充实，对于人事方面则力求经济化，以期一人做数人的工作，使部分经济力量都挹注于充实设备方面，因而稍稍地建立了各种设备的基础。至民国二十七年以后则注意于人事及行政机构的健全，力求其平均发展，齐一的迈进。只要我们埋头苦干，努力奋斗，光明前途是不难获得的。同时，也不辜负历史所赋予我们的伟大使命。5 月 12 日，日寇飞机 15 架，肆虐昆明市，在云大校园内投弹 10 余枚，师生员工对日寇暴行无不义愤填膺，但仍本不屈不挠的精神，于 13 日照常上课。同时向全国有关机关、学校、全国各界人士发出代电，斥责敌寇暴行。云大再度被炸后，龙主席立即拨赈款 2 万元，一半救济员生工警生活，一半补助学校教学方面。国民政府主席林森、军事委员会委员长蒋介石、教育部皆来电慰勉。林森在来电中说："云大虽屡遭轰炸仍继续上课，足见该校长领导有方，全体职教员及同学的奋斗精神，殊堪嘉慰。"

熊庆来校长筹划并筹款的云大社会经济研究所刊行的《社会科学学报》第 1 卷 5 月 17 日出版发行。该学报系在成都刊印，因运输困难，最近始运抵昆明。内容有吴文藻、李济、朱炳南、王伯琦、费孝通及王赣愚等论文多篇，约 15 万字。云大社会经济研究所于去年春成立，由富滇新银行行长缪云台捐助巨款充作该所研究费。一年来，除刊行《社会科学学报》外，还由云大政经系教授负责指导研究员，作云南若干县行政及财政的实地调查，已完成的有昆明、路南两县行政及财政调查报告 4 种，约 30 余万字。又有《云南省经济概览》（英文本）一种，正在编纂中。24 日，云大规定从现在起，每日晨 5 时半举行升旗典礼，凡全校教职员、学生、工警均须参加，由熊校长等领导主持。6 月 24 日，云大奉教育部令添设"摆夷"语科。教育部以提高边地人民知识水准，首在语言沟通。近来一些大学虽多设有边疆建设科目或讲座，惟对于有系统的语言学尚未进行。为适应需要起见，经指定国立西北师范学院、四川大学分设蒙、回、康、藏语科目，云大于本年度添设"摆夷"语科目，造就专门人才，以供需用。云大交由文史、社会两系会商设置。7 月 2 日，云大奉教育部令增设铁道管理学系。这是根据滇缅铁路工程局提出的要求而设置的。云大现正积极筹备，准备招生。（参见《云南大学志》编审委员会《云南大学志》第 2 卷《大事记（1915 年—1993 年）》，云南大学出版社1993 年版）

林同济继续任云南大学政治经济系主任。3 月 6 日，寒假结束，云南大学开始注册，10日上课。林同济因公飞渝，所任政治经济系主任职务，由王赣愚代理。5 月 26 日，云大政治经济系为增进学生对现代学术思潮及问题的认识起见,特举办三大系统之学术演讲,1. 现代思潮 10 讲,2. 中国问题 10 讲,3. 各国情势 10 讲。决定自本周起先开始举行现代思潮 10 讲,聘定雷海宗、冯友兰、肖蘧、潘光旦、吴宓、陈序经、陈铨、贺麟、王赣愚、林同济分担。其他二大系统演讲员有钱端升、陈岱孙、陈达、陈雪屏、何永佶、王信忠、伍启元等。每系统演讲完后,即将各讲演讲词由政经系汇编成册。7 月,林同济在《战国策》杂志第 17 期上发表《廿年来中国思想的转变》。文中开篇志指出:"二十二年前的今天,是五四新文化运动霹雳开头的日子。我们愿借这个机会作一番观往察来的工夫。我们要问一问:这二十多年来中国一般的思想潮流大体上有没有一个可以指明的动向? 这个动向的中心母题是什么? 作用在哪里?""解放在当日,是绝对必须的。但,解放的成绩不算圆满。事后十年间——其实乃直至今日——我们一般社会上实际行为的表现,一方面总嫌是个性不够伸张,个力不够活跃;另一方面却又感得决篱摞藩,流弊已甚。正所谓旧的秩序已经否定,新的秩序无法诞生!""抗战将届四周年,大家都在鼓吹此后思想文化的建设。但如何建设? 以何建设? 在在都生问题。也许一个初步工作是就上列所述的动向仔细地寻绎其涵义,一面多方思索其细目,一面分途发挥其作用。我们这个民族集体的思潮,本来就不是一曲浅弱的涓湍。它是一道澎湃大河,其潮源也多,其浸注也远。若干年来,奔流所到,实映着几条荦荦大则,都充满了划时代的意义的。这些意义尚未经我们思想界充分阐扬,但它们的明光暗力已开始向我们精神生活的各方面薰陶滂礴〔磅礴〕。谈中国当代文化者不可不知。推动中国此后文化者似尤应当细嚼其中的意味。"然后归纳为以下 7 个方面:(一)从自由到皈依;(二)从权力到义务;(三)从平等到功用;(四)从浪漫到现实;(五)从理论到行动;(六)从公理到自力;(七)从理智到意志。其间,《战国策》杂志因"空袭频仍,印刷迟缓,物价高涨"宣告停刊。

林同济、雷海宗等 12 月 3 日在重庆《大公报》开辟《战国副刊》。此为《战国策》半月刊停刊后"战国策"派的又一阵地。此副刊共出 31 期,1942 年 7 月停刊。同日,林同济《大公报·战国副刊》第 1 期发表《从战国重演到形态史观》,文中重点提示两个根本的问题:(一)学术方法论。关于方法论——一个根本又根本的问题——我以为中国学术界到了今天应当设法在五四以来二十年间所承受自欧西的"经验事实"与"辩证革命"的两派圈套外,另谋开辟一条新途径。(二)文化历史观。"战国重演不过是我的整个历史观的一部分,而我的整个历史观又是根据某一种方法论产生出来的。这里相互间乃有了甚密切的联系。""在过去历史上,凡是自成体系的文化,只须有机会充分发展而不受外力中途摧残的,都经过了三个大阶段:一封建阶段,二列国阶段,三大一统帝国阶段。""以上所述的三大阶段是过去一切文化体系的历程。所举出的若干具体形态,当然都是所谓'纯净标格',实际上各文化也自各有出入。但大体的轮廓,不至太差。我想读者到这里必定要提出两问题:(1)目前正在表演战国阶段的欧西文化是不是也必定要踏进大一统阶段? 这个大一统阶段的形成方式、结构、气运,是不是必定要与过去的若干文化相同?(2)已经完成大一统阶段的'古老'文化是不是还有可能性摆脱了一切'颓萎'色彩而卷土重来再创出一个壮盛的、活泼的、更丰富的体系? 我的答案是:过去文化的历程可以给我们以警告,但不能决定我们的前途。我们尽可以独辟一个新前途,但也决不容误认这是一桩'反掌便得'的事务。想在'难能'之中,打出来一个'独能'的境界——这要靠我们的眼光,更要靠我们的勇气与力行。"林氏以文化形态史观的方法把世界上各种文化的演变分成三个阶段:封建阶段、列国阶段和大一统阶段,与雷海宗的文化发展五个阶段分期有异曲同工之意。12 月 24,林同济在重庆《大

公报》"战国副刊"第 4 期发表《士的蜕变——文化再造中的核心问题》。(参见江沛、刘忠良编
《中国近代思想家文库·雷海宗、林同济卷》及附录《雷海宗年谱简编》,中国人民大学出版社 2014 年版;
王学典《20 世纪史学编年(1900—1949)》,商务印书馆 2014 年版;《云南大学志》编审委员会《云南大学
志》第 2 卷《大事记(1915 年—1993 年)》,云南大学出版社 1993 年版)

　　楚图南 2 月 14 日任云南大学教授兼代理文史系主任,后为主任。5 月 30 日,《跋大理
三灵庙碑记》刊于《西南边疆》第 12 期。此间,撰写了诗歌《山国的儿女们》,由云南大学附
中王天祚谱曲,该校将此定为校歌。10 月,《诗人教育家柏希文先生》刊于《诗与散文》第 1
卷第 9 期。11 月,准备出版《急风集》(诗歌创作)、《诗学新论》(杂译诗歌论文)、译作《波斯
古曲》(古诗十三章)、《悲剧之产生》、《红叶集》(译德俄名家诗选)等。(参见麻星甫编著《楚图
南年谱》,群言出版社 2008 年版)

　　姜亮夫 1 月考订《瀛涯敦煌韵辑》。6 月,熊庆来使徐某三来函聘,未允。7 月,作《外家
纪闻》。同月,陶秋英读《词话丛编》,摘录词调名义,作《词调起源考》初稿。10 月,姜亮夫
《瀛涯敦煌韵辑》24 卷告成。12 月,油印《自序》百份,分赠知友。编辑历年所为文章,为《成
均楼文集》。(参见林家骊《姜亮夫先生年谱》,《中文学术前沿》2015 年第 1 期)

　　方树梅为云南著名的文献学家。是年,受聘为云大教授。曾与赵藩、陈荣昌、秦光玉、
袁嘉谷等人一起编纂《云南丛书》《新纂云南通志》《续云南通志长编》等。对滇南文献锐意
博搜罗致,积累了丰富资料,加以整理,对研究滇南文化贡献巨大。(《云南大学志》编审委员会
《云南大学志》第 2 卷《大事记(1915 年—1993 年)》,云南大学出版社 1993 年版)

　　李根源担任腾冲茶叶讲习所名誉所长。10 月,李根源上书蒋介石,由于建设边疆之迫
切,请求拨款在昆明设立西南边疆文化研究机关,"招致学人,付以研究、调查、建议之责,使
于军事、经济、文化有所助益。藉此联络缅越诸境,增强亲切,必能收安边定员之效也"。蒋
介石批转教育部和中央研究院,要求"妥商规划办理为要"。(参见潘先林《家国情怀书生本色:
方国瑜先生的中国边疆学研究》,《西南古籍研究》2015 年第 1 期)

　　老舍 8 月 26 日早 7 时半由罗常培陪同,从珊瑚坝机场飞抵昆明,住翠湖附近的青云街
靛花巷 3 号罗常培家。同住靛花巷的还有历史家郑毅生、哲学家汤用彤、西南联大英国文
学教授袁家骅、统计学家许宝𬳼,以及郁泰然等学者。老舍在昆明期间还见到杨振声、闻一
多、沈从文、卞之琳、陈梦家、朱自清、罗庸、魏建功、章川岛、陈雪屏、冯友兰、冯至、段喆人、
萧涤非、查良钊、徐旭生、钱瑞升等文坛好友,使老舍感到"好象是到了'文艺之家'"。其间,
到西南联大讲演了 4 次,总题为《抗战以来文艺发展的情形》,全面分析了抗战 4 年来的文
艺运动,给予了高度评价。还到中法大学讲演一次。9 月,在西南联大讲演后,随罗常培下
乡,住距城 20 里的昆明郊北龙泉村。北大文科研究所在此。冯友兰、罗庸、钱端升、王力、
陈梦家诸教授都住在村中。因正是雨季,加之以罗常培患恶性虐疾,老舍没有出游而开始
写剧本《大地龙蛇》。中秋节前,冯友兰陪老舍逛黑龙潭,并拜访了住于此处的徐旭生。10
月下旬,乘吴晓铃接洽的卡车去大理。在喜州镇华中大学住了 4 天,受到游泽丞、包漠庄、
李何林等朋友们的盛情招待。用三个晚上为华大同学作题为《谈抗战文艺》的讲演,应邀到
五台中学讲演一次。由喜州镇回到下关,又应滇缅路交通局邀请,讲演一次,听众甚为踊
跃。在下关等车时,有好几位演过《国家至上》的回教朋友前来探望老舍。27 日,《新华日
报》第 2 版发表《中国诗歌界致苏联诗人及苏联人民书》,支持苏联人民"伸张人类正义,保
卫人类幸福的伟大事业",表示要"手携手的打击人类中的丑类——那东方西方的野兽"。
老舍以及冯玉祥、郭沫若、田汉、冰心、冯乃超、长虹、穆木天、臧克家、方殷等 150 人签名。

11月10日,老舍离昆明回重庆。(参见甘海岚编《老舍年谱》,书目文献出版社1989年版)

　　任鸿隽继续任中基会总干事。在昆明城郊居室2月27日遭到抢劫。3月13—15日,出席在重庆召开的中央研究院第二届评议会第一次年会。15日下午,在重庆主持召开科学社理事会,到会理事有孙洪芬、胡先骕、翁文灏、李四光、吴有训、周仁、竺可桢等8人,姜立夫亦到席,为近年出席人数最多一次之理事会。与会者对本年是否召开年会问题出现分歧,后于3月22日召开理事会决定本年停办年会。4月18日,出席中基会在香港举行的第十七次董事年会,通过应对可能发生太平洋战争的紧急预案。冬,居昆明乡间避空袭期间,翻译W. C. D.丹皮尔的科学史著作(A History of Science and Its Relation With Philosophy and Religion)。11月27日,陈衡哲携一女一子赴香港,太平洋战争爆发后受困于港。冬,中国科学社和中基会转移至重庆北碚。(参见樊洪业、潘涛、王勇忠编《中国近代思想家文库·任鸿隽卷》及附录《任鸿隽年谱简编》,中国人民大学出版社2013年版)

　　竺可桢继续任浙江大学校长。1月1日,率浙大全体师生参加遵义各界庆祝民国三十年元旦大会。代表浙大致辞,略述今年是胜利年,国内国外形势均有利于我,最后胜利即将随着今年的元旦日益逼近。6日,在浙大纪念周上讲话。要求大学生知道,大学应成为一地方的楷模,大学生应以身作则,领导民众,此是份内责任,不能推卸。此后应更彻底地领导民众,造福地方。13日,在浙大纪念周上叮嘱学生要重视礼节。18日,出席浙大工学院学生谈话会,述大学在抗战时期对于建国应负之责任。指出要成为世界头等国家,必须(一)政治安定,(二)币制财政统一,(三)适用之铁路网,(四)重工业兴盛。四者缺一不可,而后两者均为工程家之事。20日,在浙大纪念周上讲话,阐述歌咏、戏剧之重要作用。2月3日,在浙大纪念周讲话中指出,日常交际也是一种教育。鼓励同学之间多接触,相互得益。14—16日,在重庆出席教育部学术审议委员会第二次全体会议。在会上提出"充实各大学图书仪器设备案""提高专科以上各学生程度案""离校考察或研究教授应酌量派赴国外研究案"等三项议案。3月3日,应江苏医学院胡定安院长之邀,赴该院演讲"医药研究与抗战建国"。述科学对于世界之三大贡献,一是减除人民之贫苦;二是增速交通;三是延长寿命。后以《科学、医学与人生》为题发表。5日,查《人口论》一书。1840年全世界人口约10亿,中国人口为3.4亿,占34%。现今世界人口增至20亿,中国人口为4.4亿,占22%,这与瘟疫流行、水旱灾频仍有关。在欧洲18世纪末叶,法国人口三倍于英,二倍于德及俄,至今则反在英国之下,不及德国三分之二,只抵俄国四分之一,表明国势盛衰与人口增减大有关系。

　　竺可桢3月7日在北碚主持中国气象学会理事会。与涂长望介绍叶笃正、谢义炳、施雅风等为新会员。9日,在重庆出席中国日食观测委员会第四届常会。10日,在重庆与赵九章、吴有训谈赵来气象所事,赵九章以在清华高空研究所负责设立嵩明气象台事不能离开。11日,在重庆出席行政院会议,讨论设立气象局问题。会议议决成立中央气象局,管理全国气象行政事宜,隶属于行政院,但与中央研究院取得密切合作。12日,赵九章允竺可桢可至气象所任研究工作,但目前不能脱离嵩明气象台。同日,竺可桢嘱吴有训劝梅贻琦于本届清华招收留美学生时添招学气象、气候者。13—15日,在重庆出席中央研究院第二届评议会第一次年会。19日,在重庆晤行政院参事陈之迈,得知行政院院务会议于昨日通过设立中央气象局,直隶于行政院,综管全国一切气象行政事宜,并与气象所密切合作。20

日,在重庆修改黄厦千所拟中央气象局组织条例草案。4月2日,在北碚主持中国气象学会编辑委员会议。决议《气象杂志》名称自15卷起改为《气象学报》,卷数与以前衔接。9日,竺可桢对中央气象局地址勘定有二处,一在气象所之前;一在研究所西北角山巅,其地四面有树木而临江。二者均约二亩左右。24日,至湄潭浙大附属中学参与升旗典礼,讲"忠恕"二字。述以奉公守法为忠,能有秩序、守纪律则能效必大,但守法须自上面做起。恕则以推己及人。同日午,至永兴对学生讲演。述浙大求是精神,即只知是非,不顾利害。引述诸葛亮之"成败利钝,非所逆睹;鞠躬尽瘁,死而后已";《孟子》"其父攘羊,其子告之",皆为求是精神。

竺可桢5月9日在浙大与自然科学社遵义分社合办的"科学近况讲演"会上讲演"近代科学之精神"。指出科学方法可以随时随地而改换,但科学精神永远不能改变。科学家应取的态度应该是:"(一)不盲从,不附和,一以理智为依归。如遇横逆之境遇,则不屈不挠,不畏强御,只问是非,不计利害。(二)虚怀若谷,不武断,不蛮横。(三)专心一致,实事求是,不作无病之呻吟,严谨整饬,毫不苟且。"10日,由教育部派定为第二届全国专科以上学校学生学业竞试本年复试委员会贵阳区主任委员。6月8日,出席浙大本届毕业生茶话会。14日,主持浙大行政谈话会。议定请中央音乐学院应尚能为马一浮所撰校歌试作歌谱。浙江省档案馆藏件后致函应,请为校歌谱曲。应于8月份将校歌谱就。20日,致函教育部高等教育司司长吴俊升,表示决意不就中大校长,并嘱转告陈立夫部长,使其知不得不回中研院之苦衷。同日又致函朱家骅院长,告之决然谢绝调中央大学。7月2日,出席浙大史地研究部茶话会。希望史地研究室能为遵义、湄潭作一地方志,以地形、气候均有现成材料,加以补充农产、水利、土壤、矿业等等,并不需费大力即可成为专书。又提及为大学发展前途计,研究院必须扩充至各院各系,同时须充实一、二年级功课,并修改课程,使之不必过于专门。8月12日,《中央日报》(贵阳版)刊登浙大招考研究生的广告,是为贵州省有史以来第一次公开招收研究生,竺可桢亲自任招生委员会主任。9月19日,致函张其昀,嘱广为搜集与铁路计划有关的地理资料,以为规划全国铁路路线的依据,借以供中央参考之用。

竺可桢9月21日在北碚参加科学社北磁社友会,同时观察日全蚀。在会上为社友讲解日蚀之形成及科学家何以观察日蚀。26日,在重庆往晤行政院秘书长蒋廷黻,拒兼气象局局长,荐吕炯与黄厦千。10月6日,在北碚至地理所演讲"抗战建国与地理"。将此次战争及历史上元太祖西征欧亚的战事做了比较分析,说明地理环境与地理知识对于战事成败具有重要作用和影响。同样,建国中的实业计划,与各地的交通、人口、物资及环境,息息相关,均为地理上之重要问题。认为若以地理学为根据加以研究,定有一番新的贡献。讲稿刊于《地理》。9日,在北碚主持气象所所务会议,讨论气象局成立后所与局之工作区分。决定以分工合作为原则,天气广播归局,经济部各所将由局支配,气象所仍维持天气预报及气候部分工作。12日,在重庆接待气象局局长黄厦千来谈。告黄即应着手者为训练人才、购买仪器与决定办公地址。并详为说明气象所与气象局之合作关系,即测候网及天气广播必须由气象局主持。25日,致函张其昀,讨论战后选都问题。同月,中央气象局成立,直属行政院。

竺可桢11月15日在湄潭至浙大附中讲演《双手万能》,鼓励青年人要善于动手。16日,至永兴在浙大生物系召开的贝时璋任教12周年休假纪念学术演讲会上致辞,强调大学应注重研究。指出生物学对于药学、医学发展及延长人生寿命颇为重要。17日,在永兴主持浙大永兴分校开学典礼并作纪念周,演讲"大学生与抗战建国",述国家培养杰出领袖人物的重要性。指出一个国家,外患不足畏,内忧不足惧,惟领袖人物缺乏清新的头脑,远大的眼光,坚强的意志,是极可畏惧的,会造成覆国灭种之恶果,是一种不可救药的病。一个大学最重要的使命在于能使每个毕业生孕育着一种潜力,可使其离校以后,在学问、技术、品行、事业各方面不断发扬光大。这种潜力不是别的,就是能正确而敏捷地运用个人的思想。惟能运用思想,所以事变之来,也能处之泰然,应付裕如。同日,主持浙大湄潭分校纪念周。述校歌为一校精神之所附丽,称赞湄地环境特佳,尤以运动场为最,至希同学日必从事运动,注意于健康之道。12月16日,浙大向教育部申报部聘教授计18人,校本部有苏步青、贝时璋、黄翼、罗宗洛、张绍忠、陈建功、顾谷宜、钱宝琮、张晓峰等16人,龙泉分校为郑晓沧与林天兰2人。次年8月教育部下达部聘教授30人,浙大占4人,为数学苏步青、化学王季梁、农学吴耕民、教育孟宪承。20日,在浙江大学文科研究所史地学部举行的"徐霞客先生逝世三百周纪念会"上,宣读论文"徐霞客之时代",指出徐霞客集中西之大成于一身,既具有中国之仁爱宽大,又具有寻求自然奥秘、历艰涉险的西洋求知精神。纵览与徐霞客同时代的欧洲探险家"无一不唯利是图""形同海盗"者;欲求如霞客之以求知而探险者,在欧洲并世界盖无人焉。此文刊于《国立浙江大学文科研究所史地学部丛刊》。(以上参见李玉海编《竺可桢年谱简编》,气象出版社2010年版)

　　张其昀与张荫麟、钱穆、朱光潜、贺麟、郭斌龢六人紧锣密鼓筹办《思想与时代》,并从蒋介石那里获取一大笔经费。6月14日,竺可桢日记载:"晓峰来谈《思想与时代》社之组织。此社乃为蒋总裁所授意,其目的在于根据三民主义以讨论有关之学术与思想。基本社员六人,即钱宾四(穆)、朱光潜、贺麟、张荫麟、郭洽周、张晓峰六人。主要任务在于刊行《思想与时代》月刊及丛刊,与浙大文科研究所合作进行研究工作。月刊定七月起发行,每月由总裁拨七千五百元作事业费,其中2500元为出版费,1500元为稿费,编辑研究2000元,与史地部合作研究1500元。据晓峰云拟设边疆、气象、南洋、东北四研究计划,补助文科研究所之不足云。"竺可桢所言的出版时间为7月,而实际出版时间为8月。8月1日,《思想与时代》月刊在贵州遵义浙江大学创刊,以"发扬传统文化之精神,吸收西方科技之新知"为宗旨。核心撰稿人有张其昀、张荫麟、谢幼伟、郭斌龢、朱光潜、贺麟、钱穆及缪钺、任美锷、陈立、冯友兰、洪谦等,多为学界名流,为抗战时期具有较高学术水准的期刊。正如张其昀后来所说,《思想与时代》"以沟通中西文化为职志,与二十年前的《学衡》杂志宗旨相同",刊载内容包括哲学、科学、政治、文学、教育、史地等项,而特重时代思潮与民族复兴之关系,"本刊文字大都为通论,不载考据纂辑之作,但穷理力求精密,立论务期征信,以要言不繁深入浅出者为尚"。该刊创刊时,刊物没有发刊辞,只有一个简单的征稿启事,是出自张其昀之手:一、本刊内容包涵哲学、科学、政治、文学、教育、史地诸项,而特重时代思潮与民族复兴之关系。二、本刊欢迎下列各类文字:1.建国时期主义与国策之理论研究;2.我国固有文化与民族理想根本精神之探讨;3.西洋学术思想源流变迁之探讨;4.与青年修养有关各种问题之讨论;5.历史上伟大人物传记之新撰述;6.我国与欧美最近重要著作之介绍与批评。三、本刊文字大都为通论,不载考据纂辑之作,但穷理力求精密,立论务期征信,以要言不繁深入显出者为尚。四、投稿手续请参阅本期底页所载投稿简章。

　　张其昀8月1日在《思想与时代》第1期发表《我国宪法草案之重要思想》《时代观念之认识》。同期还载有贺麟《儒家思想的新开展》,郭斌龢《现代生活与希腊理想》,张荫麟《柏格森(1859—1941)》,钱穆《两种人生观之交替与中和》,以及任美锷书评《劳合乔治〈欧战回忆录〉评述》。9月1日,《思想与时代》第2期出版发行,刊有张其昀《中央与地方之均权制度》《论现代精神》,张荫麟《哲学与政治》《泰戈尔与爱恩斯坦论实在与真理》,钱穆《大学格物新释》,谢幼伟《柏烈得莱的伦理观》,贺麟《爱智的意义》,以及田德望书评《回教民族与国家史》。10月1日,《思想与时代》第3期出版发行,刊有钱穆《中国传统政治与儒家思想》,朱光潜《政与教》,张其昀《解决东北问题之基本原则》《论现代精神(续)》,张荫麟《从政治形态看世界的前途》,谢幼伟《泰戈尔的哲学》,缪钺《论词》,以及黄秉维书评《移民的界限》。19日,竺可桢日记载:"一樵(顾毓琇)欲晤晓峰,遂偕至水峒(硐)街三号晤晓峰。晓峰出布雷、钱宾四函相示,知布雷对于思想与时代每文必读,且对于晓峰著《中国古代教育家》一文已集专刊,由委员长为之印行签署矣。"11月1日,《思想与时代》第4期出版发行,刊有钱穆《中国社会之剖视及其展望》,张荫麟《宋朝的开国和开国规模》,卢于道《我国科学之新时代》,张其昀《梁任公别录》,张荫麟《跋〈梁任公别录〉》,谢幼伟《鲁一士的伦理观》,陈布雷《清末浙江高等学堂之学风——"和风篇呈吾师张阆声先生"》,以及书评叶良辅书评《蒙古之地质即瀚海地形》。10日,顾颉刚在日记中写道:"张其昀有政治野心,依倚总裁及陈布雷之力,得三十万金办《思想与时代》刊物于贵阳,又垄断《大公报》社论。宾四、贺麟、荫麟等均为其羽翼。宾四屡在《大公报》发表议论文字,由此而来。其文甚美,其气甚壮,而内容经不起分析。树帜读之,甚为宾四惜。谓其如此发表文字,实自落其声价也。"12月1日,《思想与时代》第5期出版发行,刊有郭斌龢《柏拉图之生平及其教育思想》,钱穆、张其昀《论建都》,贺麟《自然与人生》,张荫麟《北宋的外患和变法》,卢于道《科学与政治》,涂长望《滑翔与气象》,陈康《嫉妒分析》,以及谢幼伟书评《杜威的逻辑》。

　　按:《思想与时代》至1945年2月出至第40期后停止出版。直至1947年元月才重新复刊。(参见沈卫威《学衡派编年文事》,南京大学出版社2015年版;王学典《20世纪史学编年(1900—1949)》,商务印书馆2014年版)

　　张荫麟《中国史纲》第1册5月由浙江大学石印。此书撰成于1940年,仅完成至东汉初,共11章。作者在自序中指出,此书之作"正处于中国有史以来最大的转变关头""把全部的民族史和它所指向道路,作一鸟瞰,最能给以开拓心胸的壮观"。因而,总括过去几十年来的史学成绩,在种种史观的提警之下,写出一部分新的中国通史,"以供一个民族在空前大转变时期的自知之助,岂不是史家的应有之事吗?"张氏自称其通史的着眼点在"社会组织的变迁,思想和文物的创辟,以及伟大人物的性格和活动"。由于是受教育部之托为中学生编写通史教材,因而在写作中"融会前人研究结果和作者玩索所得,以说故事的方式出之,不参入考证,不引用或采用前人叙述的成文,即原始文件的载录亦力求节省"。所憾因为张荫麟英年早逝而未能按计划完成全部撰述,但仍被认为是中国通史代表性著作之一。

　　按:是年6月,此书以《中国史纲》上册为名由重庆青年书店出版。1944年7月青年书店再版,更名为《东汉前中国史纲》。1948年4月正中书局出版时名为《中国史纲》(上古篇)。翟宗沛认为:"这册书从上古到新莽虽仅寥寥十数万字,就内容讲,较任何一般通行的'中国通史'为少,但不论就取材、结构、叙述乃至论断等任何方面均与已有的通史著作迥乎不同。"童书业认为"是书之内容,虽疏误极多,然综论大势,往往有出人之见解。且所述之古史轮廓,颇见正确,立论既不偏于疑古,亦不固执而信古;既有丰富之史学知识,又具通贯之史学眼光;深入浅出,人人能解;在当代通史作品中,允称佳著""为当代史学一名著"。苏联学者B·鲁宾称赞此书不仅"处理史料时感情丰富,能激发读者们对于创造伟大的中国的文化的普通人民的热烈关怀",而且能"把科学的解释和通俗性成功地结合起来"。(以上参见王学典《20世纪

史学编年(1900—1949)》,商务印书馆 2014 年版)

　　谢幼伟 8 月在《时代精神》第 5 卷第 1 期发表《唯物史观与道德》。作者提出道德史观,认为道德是超阶级的。道德应人类的生存需要而产生,道德又是维持社会生活的必要条件,是经济的基础,是生活的基础。没有道德,社会就无法维持。道德是每一个人都有的,道德没有阶级性。道德是人类历史发展的根本动力。离开道德,一部历史无从写起;离开道德,历史无演进之可能。因为在历史演进中,道德是潜伏于人类一切生活下的原动力。没有道德,人类失去生活能力,历史失其前进的目标。所以说,道德是历史的基础,是历史的终极原因和伟大动力。历史是人类道德的产物,是人类成功和失败的记录,人类历史上的重大事件都可以用道德解释。抗战时期道德史观的提出,其目的是针对唯物史观。(参见王学典《20 世纪史学编年(1900—1949)》,商务印书馆 2014 年版)

　　梅光迪 4 月 7 日致函贺昌群。6 月,在《浙江大学文学院集刊》第 1 集发表《卡莱尔与中国》。是年,Irving Babbitt: Man and Teacher 一书出版,收入梅光迪"Irving Babbitt: Man and Teacher"一文,作为第 15 篇。(参见眉捷《梅光迪年谱初稿》,海豚出版社 2017 年版)

　　缪钺继续在浙江大学中文系任教。7 月 2 日,致函陈槃先生,谓:"此间校课已结束,下星期考试,考毕放假,可以小休。假中拟细读《三国志》《晋书》《南北史》,盖迩来治中古文学史,颇有兴趣也。"8 月,应聘为中文系教授。10 月,在《思想与时代》第 3 期发表《论宋诗》《论词》。是年,《周代之"雅言"》刊于《浙江大学文学院集刊》第 1 集;所著《杜牧之年谱》(卷下)刊于《国立浙江大学文学院季刊》第 2 集。《杜牧之年谱》可以说是 20 世纪最早的一部全面、系统、深入地研究杜牧生平的著作,不仅理清了杜牧的生平行踪,为不少诗文作了精确的系年,廓清了一些历代相传的讹传与谬误,而且对杜牧的身世思想及诗文艺术风格均有简约精到的发明,为后来的杜牧研究提供了极大的方便,使得杜牧研究有了一个质的飞跃。(参见缪元朗《缪钺先生生平编年(1904 年—1978 年)》,《魏晋南北朝史论文集——中国魏晋南北朝史学会第八届年会暨缪钺先生百年诞辰国际学术研讨会论文集》,2004 年;杜晓勤主编《20 世纪中国文学研究(上)隋唐五代》第七章晚唐五代诗歌研究第六节杜牧研究,北京出版社 2001 年版)

　　沙学浚应其师张其昀之邀,转赴遵义浙江大学史地系任教,讲授中国区域地理、政治地理、地图学等课程。

　　程开甲毕业于浙江大学物理系,其毕业论文导师为王淦昌,毕业留校后做王淦昌的助教。

　　许崇清上半年继续任中山大学代理校长。7 月,国民政府教育部以时任中山大学校长许崇清"引用异党,危害中大"罪名,二度易长,免去许崇清中大校长职务,任命张云为代理校长,消息一出,引来中大师生一片哗然。当时在中大,中共广东省委虽没有建立全校性的统一组织,但在中大各分院均已建立以学院为单位的支部组织,直接受中共广东省委领导。在中共地下党组织的领导下,由法学院师生先提出了"拥邹挽许拒张"口号,它是针对大多数师生怀疑张云学识、才学不能胜任,希望保持中大学术自由的传统而提出的。为达目的,法学院召开师生大会,并选出代表到各学院联络,发动全校师生电迎邹鲁回校,慰问许代校长,在这种情况下,张云只得发表《告同事、同学书》,表示"资望不及,力辟不任",并请政府教育部收回成命,但教育部仍电复张云"重申前令,着张接事,并具报"。鉴此,中大的中共党组织与进步学生再三研究,认为接任代校长的张云仍不失为一个学者。此际,张云亦托人找到领导学生运动的系级代表,表示其上台后,将继续保持学术自由的校风,并承诺保障"学校集会、出版自由,增加教研、教学投入"后,易长学潮始告平息。11 月,创办并出版《中山学报》。是年,又奉教育部之令,师范学院增设初级部数学班,培训初级中学师资力量,并设立附属中学,以便本院学生参观实习和从事教学实验。(参见吴定宇主编《中山大学校史(1924—2004)》,中山大学出版社2006年;《硝烟中的"象牙塔"中山大学在坪石(下)》,《韶关日报》2015年8月27日)

吴康继续任中山大学文学院院长。1月,吴康教授请假,并辞去文学院长职务。春,由学校聘任谢扶稚教授继任。4月,文学院迁至乐昌县坪石镇铁岭。5月,谢扶稚辞职。8月,学校聘朱谦之教授主理院务。同月,朱谦之奉准休假进修,学校改聘吴康教授复主院务。(参见吴定宇主编《中山大学校史(1924—2004)》,中山大学出版社2006年版)

朱谦之8月任中山大学文学院院长后,十分注重学术研究,组织创办《中山学报》,同时为了激励文学院的学术研究风气,朱谦之教授自费设置"谦之学术奖金",并于11月18日在文学院公布施行。为鼓励学生的学术研究,设"谦之学术奖金"。8月10日,《现代史学》第4卷第3期推出"国立中山大学史学研究会成立十周年纪念论文集",收录了朱谦之《什么是现代》、陈安仁《历史教学法的理论》、罗香林《尚书名义考》、郑师许《广学会与戊戌前后之西洋文化运动》、陈啸江《地理因素在历史中所占地位之评价》、彭泽益《太平天国战后土地之丧乱及其整理》、李肇新《精神分析学的历史观》、关履权《论个人对历史的作用》等文。编者在《编后话》中指出,"史学研究会成立已经十年了,在过去的悠长日子里间,在寂寥的中古学术界中我们总算曾略效微力,故在今天出版这本纯学术性质的论文集来作十年生长的纪念"。11月,中山大学主办《中山学报》创刊。该刊系由朱谦之等人创办的综合性学术刊物,办刊特点是坚持学以致用。由于战乱条件困难,该刊并不是定期连续出版物。创刊号刊载朱谦之《中国思想方法论纲》、郑师许《中国史前文化》(第8期,第2卷第12期连载)、陈安仁《中国上古农业之史的探讨》、罗香林《南诏种族考》、陈啸江《中国地理对于中国经济史特殊发展之影响》等文。是年,朱谦之所著《中国思想方法问题》由云南曲江民族文化出版社出版;《孔德的历史哲学》由商务印书馆出版。(参见黄夏年编《中国近代思想家文库.朱谦之卷》及附录《朱谦之年谱简编》,中国人民大学出版社2015年版;王学典《20世纪史学编年(1900—1949)》,商务印书馆2014年版)

陈啸江任中山大学历史系教授,时年31岁。8月10日,在《现代史学》第4卷第3期"国立中山大学史学研究会成立十周年纪念论文集"发表《地理因素在历史中所占地位之评价》。(参见王学典《20世纪史学编年(1900—1949)》,商务印书馆2014年版)

王亚南继续任中山大学经济学系主任,在《新建设》第2卷第10期发表《政治经济学在中国——当作中国经济学研究的发端》,提出"以中国人的资格来研究政治经济学"的主张,强调密切联系中国社会的实际,使马克思主义政治经济学中国化。作者在引言中指出:'中国经济学'这个语辞的提出,是为了要在经济学的研究方面,作一个新的尝试,开辟一个新的门径,是希望中国经济学界,不再是一味'消纳'所谓英美学派,德奥学派,乃至苏联学派的经济学说的'市场',而能自己加工制作一个适于国人消费且满足国家需求的国产货色。一年以来,这个语辞,虽在我脑中打了多少回旋,间或也向朋友谈及,但却始终因为自己学力浅陋,对这所谓:中国经济学确立起一个整然研究体系的担当,有些感到踌躇。所以就一直延宕下来了。这篇文章是早写好了的,虽然缺少积极性,却很可作为我们向这方向研究的导引。"(参见夏明方、杨双利编《中国近代思想家文库•王亚南卷》及附录《王亚南年谱简编》,中国人民大学出版社2015年版)

杨成志4月25日至5月4日率领王启澍、梁钊韬、顾铁符等人赴粤北乳源瑶山,以考察瑶人之语言、惯俗、信仰、社会组织、日常生活、地理分布及测量其体型,收集民族物品为对象进行田野调查。考察结束后,梁钊韬、王启澍分别撰成《瑶人宗教信仰》《瑶民经济生活》,把整个瑶民的经济生活、社会组织和宗教信仰做了比较研究。各成员将撰写的论文结集成《粤北乳源瑶人调查报告》,刊发在《民俗》第2卷第12期合刊。

徐中玉任中山大学中文系讲师。1月,所著《抗战中的文学》由国民图书出版社出版,体现了对抗战文学发展现状和未来走向的理论反思。

按:全书共四章,第一章"抗战以新的生命给了文学"、第二章"文学用什么报答了抗战"论述抗战与文学之间的关系,指出抗战从取得书写反帝民族斗争的自由、供给文学以火花灿烂的题材、扩大文学表现的视野和领域、提出并解决新的理论问题、促成作家的团结与进步等方面滋养了文学,文学从促进抗战情绪的普遍提高、激发民族意识和爱国观念并巩固团结、打击汉奸敌寇的阴谋、帮助政令的推行、获得世界的同情等方面回报了抗战,第三章"怎样加强文学的抗战"则从政府社会、作家团体、作品本身等方面提出了更好地发展文学、服务抗战的系统看法,第四章"文学目前的任务"具有总结性质,进一步明确了文学"抗战第一,胜利第一"的根本目标。全书逻辑严密,条理清晰,论说切中肯綮,现实意义极强。(参见王学振《徐中玉先生抗战前后文论述评》,《文艺理论研究》2013年第2期)

高信4月任广东省图书杂志审查处处长。

李劼人4月任嘉乐纸厂董事长兼总经理。

张竞生创办广东饶平县农业职业学校,任校长。

雷沛鸿继续任广西大学校长。1月,总务长徐谷麒辞职,聘雷沛汉兼任,聘丁绪贤教授代理训导长职务,农学院院长周明洋辞职,聘童润之教授接任。2月,教育部长陈立夫曾到广西大学视察,发现图书馆有马列主义书籍,深为不满。鉴于形势日趋恶化,此时的广西大学党组织已全部转入隐蔽的斗争,《救亡日报》被迫停刊。3月10日,桂省府以工商事业日渐发达,急需商事组织与管理之专门人材,然本省此项人才素来缺乏,故咨请教育部在广西大学内迅予筹设商学院,以造就商业高级人才。28日,雷沛鸿校长由桂抵柳,陪同教育部视察员张北海到农学院视察,指示农学应兴应革事宜。农学院童润之院长见院内露天堆置建筑材料颇多,久置不用会造成浪费,乃请示雷校长编造预算,兴建教授住宅数所,使汪振儒、臧广田、童润之、郑庚、刘同圻、翁德齐、熊襄龙等一批教授得以安居。4月17日,教育部经月余之考虑,以高字第一四九二九号复文,准予将原文法学院商科扩充,并将文法学院改为法商学院,法科部分设法律、政治、经济三系,至于商科部分设会计专修科及银行专修科。至6月经校务会议决定,将会计、银行两专修科合并为会计银行学系。同在4月,文法学院院长兼政治学系主任林东海辞职,由雷校长兼任院长,并聘黄廷英教授兼政治学系主任。法律学系主任钟震辞职,改聘张映南教授兼任。理工学院机械厂主任,聘由机械工程学系代主任余克缙兼任。广西大学名誉教授梁漱溟应邀到校讲学,每周四小时,讲题为:《中国文化要义》《东方文化及其哲学—中西文化之异同》,一共讲两个月时间。慕名前来听讲者众多。

雷沛鸿校长7月6日下午2时在广西大学礼堂主持第九届学生毕业暨新校舍落成典礼并致辞,勉励各生多多致力学问,力求理想之实践,并应时刻不忘国仇,共赴国难。继由教育部代表高阳"训话",勉励各生自此时此刻起,建立一伟大志向,撤弃自私之念,行事处处不忘国家,故赠以对联一副:"做人做事,为国为民"。最后由李四光作学术演讲,以物理解释人之心性,及如何运用心理学,以便事业易于成功。并谓伟大事业之成就,应由心之修养做起,行事须认清目标,不能投机取巧。要准备经历另一种考试。下午,"君武图书馆"举行开幕礼。7月21日,师范科设文史地、教育、博物等组,文史地专修科奉命并到文史地组。学生一律给予公费待遇,所有桂籍学生由广西省政府负担,其余则由学校负责。8月5日,桂省府为救济本省高中毕业失业学生,并提高升学程度起见,前曾委托西大代办先修班,成效颇著。现决仍继续委托办理。每班每半年或每年所需经费,由西大于开学前两个月商准由桂省府一次拨送。15日,行政院训令,本院第五二六次会议决议:国立广西大学校长雷沛鸿另有任用,应予免职,遗缺以高阳继任。雷沛鸿校长在任职一年的时间里,采取"兼收并蓄"的办法,提倡学术自由,聘请进步教师,增建校舍,充实图书设备,支持师生进步活动,深得学生的欢迎和支持。(参见《广西大学校史》编写组《广西大学校史》,广西大学学报编辑部1988年版)

高阳原任江苏教育学院院长等职。7月初,雷沛鸿校长以广西大学法商、理工两院院长辞职后,均由其本人兼任,任重事繁,曾征得江苏教育学院院长高阳同意担任法商学院院长,并专任教授职务。雷沛鸿校长仍兼任理工学院院长职。但高阳实际上并没有到职。8月6日,高阳继任西大校长令经正式发表后,曾对桂林《大公报》记者发表施政方针:"余既秉承本省领袖及中央的意旨。继雷校长任职西大,今后工作自应遵照当局之规定办理。惟余自始至终不变者,乃以事业为生活之大前提,不谋个人之福利,只求竭其棉薄,有所贡献于社会人群,终身为教育而努力。至于接收日期,俟雷校长自南岳返桂,彼此商讨后,始能决定。"同时发布学校人选:聘陈剑翛教授任法商学院院长兼师范专修科主任,黄廷英教授兼总务长,童渭川教授兼校长室秘书。教务长李运华、农学院长童润之,均仍旧职。高阳本是趁着第二次反共高潮的浪潮进入广西大学。国民党政府教育部长陈立夫为了实现蒋介石企图控制广西的意愿,因而在马君武校长任内,以停发部分经费为借口,三次逼令进步教授千家驹、张铁生、张志让等离校。还多次提出逮捕进步同学的黑名单,而遭到马君武校长拒绝。对雷沛鸿校长接任后,仍一如既往,主张学术自由,难以控制,而终于突然免去雷沛鸿校长职务,改派高阳来校。但桂系对CC派人进入广西地盘并不欢迎。当时正值暑假,留校师生闻讯,大为不满。教授们则以高阳不孚众望,难以罗致人材办好学校为虑;同学则对高阳一向主张:"为整饬校风校纪,大学要当作中学办,严加管教"的奴化教育方针,深恶痛绝。于是在中共地下党蒋英、王子南等秘密活动下,随即召开留校同学大会,在会上决议成立"拒高护校委员会",下设宣传、秘书、联络等组,并组织纠察团,团长是林为熙,负责"拒高"现场指挥,联络人员事先了解桂系不欢迎高阳长校,并探知高阳来校日期,纠察团即组织同学把入校路口用石头堵塞好,并布置好如何迫他签字,适可而止,一切听从指挥。

高阳8月18日上午由桂省府特派员孙仁林、学校教务长李运华陪同,乘车到校视事,在校门马路上被学生所阻,折返桂林。9月初,经广西省政府主席黄旭初连日分别对西大国民党区党部、三民主义青年团分团、学生自治会等代表"训话"。7日中午,还邀请高阳、雷前校长、李运华、黄廷英等在乐群社会餐。下午2时,由武装宪兵一连驱车护送高阳到良丰就职。"拒高学潮"以武装保护高阳进驻学校,开全国教育界武装接任的先例,处分了一大批同学而告终,轰动全国。自本年度上学期起,新任各系主任为:法商学院法律学系主任徐焕,经济学系主任杜肃,会计银行学系主任刘古谛;理工学院数理学系主任雷瀚,雷沛鸿辞职后,由郑建宣兼任,化学及化工学系主任唐崇礼,土木工程学系主任萧津,机械工程学系主任余克缙,电机工程学系主任裘献尊,矿冶工程学系主任李进窿;农学院改聘萧辅为农学系主任,汪振儒为林学系主任,郑庚为畜牧兽医学系主任。西大先修班则聘沈叔良讲师为主任。12月,董渭川辞秘书兼职,聘涂九衢教授兼校长室秘书。(参见《广西大学校史》编写组《广西大学校史》,广西大学学报编辑部1988年版)

李四光继续任国立广西大学教授,兼任中央研究院评议员。3月7日,出席中国地质学会理事会,商讨筹备地质学会二十周年纪念会议,并选举了筹备委员会委员李四光等18人,筹备委员会推荐李四光为筹备委员会主席。11日,在重庆生生花园参加中央研究院院务会议,通过中央研究院各所组织通则、职员薪给章程、人事管理委员会组织等。13日,出席在图书馆召开的中央研究院评议会,报告所务。14日,继续在图书馆开中央研究院评议会,讨论:一、确定中央研究院评议会经常工作案;二、编辑出版科学方面定期院刊案。经过讨论决定推李四光、正之、唐臣、立夫、焕庸、曾昭抡、吴均一、李济之、李润章等9人为学术半年刊(英文)编辑,此外另出中文科学著作目录,刊物名称为《学术概要》,推翁文灏等5人负责,三月出一次。下午,通过设立数学研究所。15日,继续出席评议会。上午,讨论通过中央研究院各所组织通则、评定杨铨奖金人选。下午,议科学发明奖金及组织各地调查研究各案。晚,与竺可桢、任鸿隽、翁文灏、姜立夫等九人在卡尔登参加科学社理事会。会上李四光针对当时科学社的大政方针提出:科学社事业应集中力量以发展通俗月刊,如《科学》与《画报》为主,图书馆与印刷所可以继续办,生物研究所即交政府办理。竺可桢等理事表示同意。4月24日,李四光仍拒不出席湖北省临时参议会举行的第四次大会。

李四光7月7日应邀在广西大学第八届毕业生典礼暨新校舍落成典礼大会上作《一个弯曲的砾石》的演讲。事后,为此撰写了一篇题为《一个弯曲的砾石》的短文,寄给英国《自然》杂志,说明他很重视这个弯曲砾石的成因。同月,出席广西建设研究会第二十二次全体研究员大会;在《建设研究》上发表《桂林科学实验馆概况》一文。文中较详细地介绍了科学实验馆的概况,并由浅入深地介绍了许多科学知识,同时提出了科学组织工作中的一些关键性问题,并对处理人力物力矛盾和根据轻重缓急确定取舍各类科学课题等方面,都作出了实事求是的论述,他既着眼于世界的潮流和水平,又立足于本国本省以至本馆的实际。此文既是一篇科学知识普及读物,又是一篇科学组织工作指南。李四光以科学试验馆馆长和研究员身份,特意邀请参加广西建设研究会第二十二次全体研究员大会的同仁前往科学试验馆参观,给参观者以极大的兴趣,并对该馆成立未久,人力物力有限,竟能取得如此成绩,深表敬佩。8月4日,李四光突然得知,蒋介石要抓他,随后与夫人和身边的几个学生商量,决定暂避。此时正值日本侵略军的飞机对桂林市疯狂轰炸,就顺势将全家迁至距离良丰不远的一个清贫小村子驾桥岭清平乡,又得科学试验馆的两位工人帮助,租到两间茅屋居住。李四光认为,此处僻静幽雅,适于暂时"隐避"。在此期间,李四光整理了许多材料,草拟了一些论文初稿,如《二十年经验之回顾》《山字型构造之试验和理论研究》等著作。

李四光是年秋带领孙殿卿、马振图和王文瑞调查南岭东段地质,到赣南,经赣江之滨的泰和(这里当时是江西省政府所在地)时,省建设厅长、省地质调查所长来见,高平所长听取赣南地质介绍。然后去闽西、粤北,一路未停,持续察看,直穿五夷山脉,历时两个月。在途经福建省永安(这里当时是福建省政府所在地)时,应迁到这里的厦门大学校长萨本栋的邀请,给该校同学作了两次学术讲演,其中一次讲到"南岭地质构造的地质力学分析"时提出了"地质力学"一词。这是第一次提出"地质力学"这个名词。李四光到赣南的三南(龙南、虔南、定南)地区考察,然后经广东绍关乘车抵衡阳,返回桂林。这次南岭东段之调查,获得了丰富的第一性资料,是一次重要的考察。10月10日,参加广西建设研究会成立四周年纪念大会,会上推举李济深为本会名誉会长。11月20日,终因李四光坚辞湖北省临时参议会副议长职,湖北省政府主席陈诚说:"李副议长曾迭电请辞,情词复至恳挚。这是应加考虑而须予以弥补的。"这才在湖北省临时参议会改组,举行第二届第一次湖北省临时参议会大会上,接受李四光辞去副议长职。同日,研究亚洲地质的美国地质学者戴特拉发表了评述李四光、巴尔博、德日进、费斯曼等人研究成果的文章,他认为中国第四纪存在冰川,且可划分为四个冰期。是年,李四光发表《广西台地构造之轮廓》《广西地层表》《地质物理学上之几个基本问题》等论文。《地质物理学上之几个基本问题》一文文前附言说:"本文为介绍并批评 Harlod Jeffreys 所著之 Earth——Quakes and Mountains 一书而作,在写述之际,颇觉其中所载材料,及其立论之方式,可供地质家之参考者甚多,故不惜录其表华,略加补充,以饷读者,惟篇幅过长,与普通书评体裁不合,于是不得不另立题目,出以短篇文学之形式。"朱森因中央大学校长顾孟余要聘请他去中央大学任职授课,特来听取老师李四光的意见。李四光对他说:中央大学派系纠纷情况复杂,最好不去。后因俞建章到重庆大学地质系任主任,朱森才受聘去中央大学地质系兼课。(参见马胜云、马兰编著《李四光年谱》,地质出版社1999年版)

　　田汉年初仍在重庆。1月1日,《中国电影》杂志在重庆创刊。与郭沫若、老舍、郑伯奇、夏衍、洪深等54人被聘为该刊执笔人。2月4日,出席川剧演员协会在重庆新剧院召开的成立大会。18日晚,与郭沫若、贺绿汀同赴新剧场观看川剧《柴市节》《情探》和《断桥》。24日,政治部成立戏剧指导委员会。与熊佛西、洪深、郑用之、鲁觉非、马彦祥、应云卫等7人任常务委员。同月,重庆中央青年剧社改组。受聘任顾问。6日,根据周恩来为首的中共南方局在一月上旬"皖南事变"发生后决定的"隐蔽精干,长期埋伏,积蓄力量,以待时机"的方针,由党组织安排撤离重庆,乘船东下,"由六战区经湘粤相机避地南洋"。登轮前在郭沫若家吃晚饭,郭沫若为其留下的《六骏图》题诗。15日,当选为"文协"第三届理事会理事。3月,滞留南岳。4月,因形势紧张,南洋之行作罢。此后,暂奉母蛰居于南岳菩提园,达数月之久。5月,与田间、艾青、老舍、袁水拍、郁达夫、冯玉祥、郭沫若、闻一多、臧克家、戴望舒等53人联合发起定每年端午节为诗人节,并联名发表《诗人节宣言》,谓决定把端午,一个民族的纪念日,作为中国的诗人节,这"是要效法屈原的精神,是要使诗歌成为民族的呼声……是要向全世界高举起独立自由的诗艺术的旗帜,诅咒侵略,讴歌创造,赞扬真理"。春夏间,杜宣由桂林专程来访。7月11日,与郭沫若、沈钧儒、茅盾、郁达夫、陶行知、柳亚子、胡愈之、老舍、邹韬奋、阳翰笙、夏衍等264人在重庆《新华日报》联名发表《中国文化界致苏联科学院会员书》。8月1日,《田汉代表作》一书由上海三通书局编辑出版。月初,与洪深、欧阳予倩、夏衍、阳翰笙、郑用之、章泯、应云卫、蔡楚生、史东山等197人联名签署《中国戏剧电影界致苏联戏剧电影界书》,希望加强"中苏两大国的抗战艺术的交流,作为冲洗东西法西斯匪徒底罪恶的洪涛"。此件交苏联驻华大使馆转送莫斯科,又刊于9月5日重庆《新华日报》和《中苏文化》第9卷第2—3期。

　　田汉8月23日与母、弟、女一起由衡阳来到桂林。抵桂林后,直接指导新中国剧社的工作。25日下午,与熊佛西、舒湮、杜宣、李文钊、司马文森、许之乔等应邀赴桂林国艺社观看《明末遗恨》一剧的彩排。27日,应桂林《狮子吼》杂志编者之约写《关于新佛教运动》一文,刊于9月桂林《狮子吼》第8—10期合刊,文中表示支持新佛教运动"本着反侵略的立场,动员全国佛教徒起来参加抗建阵线"。同日晚,出席"文协"桂林分会在青年会举行的欢迎会。20 日下午,出席"文协"桂林分会在乐群社为其以及巴金、聂绀弩、钟敬文、何家槐等新近由各地来桂林的作家举行的欢迎茶会。21 日,应"文协"桂林分会邀请在新华戏院为文艺讲习班主讲戏剧问题。30 日,为郭沫若 50 寿辰,写长篇歌词《南山之什——为沫若兄五十寿辰而作》,列举并赞扬郭沫若这位"光明的勇士的贡献;追述两人间并肩战斗的足迹"。10 月 5 日,新中国剧社在桂林举行正式成立典礼,田汉任该剧社名誉社长。同日,作《第四届戏剧节》一文,刊于 10 日桂林《大公报》。6 日,出席桂林文化界为庆祝湘北大捷而在三教咖啡厅举行的团圆晚会,并致词。10 日,与杜宣共同执导的陈白尘的话剧《大地回春》由新中国剧社在桂林新世界戏院首次公演。晚,与欧阳予倩、熊佛西、李文钊、焦菊隐等在三教咖啡厅举行讨论会。19 日下午,出席"文协"桂林分会在三明戏院举行的鲁迅逝世 5 周年纪念会,并作发言,讲述历次鲁迅逝世纪念会情形及鲁迅同戏剧运动的关系。27 日,与郭沫若、冯玉祥、冰心、老舍、冯乃超、穆木天、胡风、王统照等 151 人在重庆《新华日报》联名发表《中国诗歌界致苏联诗人及苏联人民书》,赞扬他们保卫祖国的英勇战斗,可歌可泣的英雄故事,正是人类历史行为中的一篇悲壮的伟大的诗章。31 日,作《与沫若在诗歌上的关系》一文,刊于 12 月桂林《诗创作》第 6 期。

　　按:文中详尽追述与郭沫若各个阶段的交往,赞其"是这个时代不可缺少的人物""富于不屈不挠的斗志""有旺盛的研究心,周到的注意力"。指出:作为诗歌工作者的郭沫若"在新诗歌运动的初期尽了启蒙的任务",并"将继续翻开新诗歌运动的新页"。表示自己仍将"追随沫若,为实现这一时代而奋斗"!

　　田汉 11 月上旬应邀在广西教育研究会演讲《中国戏剧问题》。15 日晚,主持桂林文化界在三教咖啡厅为庆祝郭沫若 50 寿辰暨创作 25 周年而举行的纪念茶会,并致词,指出:郭沫若是中国文化的垦荒者,对中国社会、政治、文化各方面都起很大的作用,抗战以来他的贡献尤大,其团结全国文化界抗敌御侮功劳甚丰。又说:他虽经百般艰难困苦,然尚能不断努力奋斗,其精神值得今日文艺工作者仿效。同日,在桂林《文艺生活》第 1 卷第 3 期发表《AB 对话——寿沫若先生五十之一》,以对话形式颂扬郭沫若"不断的以一个文化领导者的资格,坚持反帝国主义反侵略的运动"。还追忆了三月初与他在重庆分别时的情景。19 日下午,与邵荃麟、艾芜、孟超、吕复、杜宣等出席《文艺生活》社在三教咖啡厅举行的《一九四一年文艺运动的检讨》座谈会,并作发言,说:"今天,我们的作家们对于现实主义的认识还很不够,在作品中有很多充满了灰暗、失望、悲观色彩。"还评价了宋之的和老舍合作的《国家至上》,曹禺的《北京人》,夏衍的《愁城记》等剧作。座谈会记录载刊于次年 1 月桂林《文艺生活》1 卷 5 期。同日晚,出席桂林文化界在桂林剧院举行的冯焕章 60 寿辰及郭沫若 50 寿辰祝寿晚会,并代表郭沫若致谢词。20 日,与郭沫若、沈钧儒、柳亚子、邹韬奋、茅盾、许广平、何香凝、夏衍等 68 人在重庆《新华日报》联名发表《中国文化界人士致苏联人民书》,祝贺十月革命胜利 24 周年,赞扬苏联人民所经历的"艰苦斗争的路程""所从事的伟大社会主义建设""所创造的新人类的文化,给了我们无限的鼓舞,向全世界的进步人士显示出人类前途的远景"。25 日晚,出席广西图书杂志审查处在三教咖啡厅召开的作家座谈会,并作发言。

　　田汉 12 月 2 日在桂林《广西日报》副刊《漓水》发表《关于现实主义》一文。7 日下午,出席"文协"桂林分会在广西剧场举行的第二届年会,并致词。会上被选为理事。同日太平洋战争爆发。田汉担忧香港等地文化工作者的安危,赶到军委会桂林办公厅找李任潮主任商量营救事。因李不在,于是写好营救建议,请他向政府提出。8 日晚,邀请欧阳予倩同往李任潮私邸商谈营救香港文化工作者事。后致电在香港的夏衍并转留港诸友,望他们急速回国。24日,致信阳翰笙,表示自观看欧阳予倩的话剧《忠王李秀成》后,"对太平天国故事,亦感非常兴趣,近颇有意根据手边史料尝试《李秀成》的旧剧形式的表现"。25日,复信于伶,对其是否安全撤离香港深表关切。赞其在上海"孤岛"所作的那些"优秀的有抗战意义"的剧作表现了"惨淡的苦心与卓越的天才"。希望他能前来"一道工作,更畅快地写些今天广大抗战同胞所需要的东西",大家一起"通过作品,于忠义之气倍加激励,于乱臣贼子加倍打击"。同日,致信陈白尘,说:《大地回春》一剧"戏太长不唯是缺点,而觉得横线过于支曼影响主线似宜斟酌"。同日,复信宋之的,对其在香港的安危表示关切,望他们早日来桂林。表示自己将"竭力多写剧本"。信载《戏剧春秋》第1卷第6期。同日,接郭沫若重庆来电,告"港友亦无消息。当局正设法救援中"。下旬,写成五幕话剧《秋声赋》,连载于次年4至9月桂林《文艺生活》2卷2—6期;致信郭沫若,斥外间对其"恶意的论断",表示"深信兄必能从文章功业回答各地友人的期待,而使恶意的观察者不能如愿"!并附上和柳亚子赠郭沫若祝寿诗的七律二首,"一赠兄,一怀亚子"。信载《戏剧春秋》第1卷第6期。是年,田汉关心李紫贵、曹慕髦、吴枫、金素秋等戏曲演员,经常约进步文化人士观看他们的演出并进行座谈,还给他们作时事分析,举行文艺讲座,推荐文艺理论著作,使他们受到积极的影响,并走上革命的道路。(以上参见张向华编《田汉年谱》,中国戏剧出版社1992年版)

欧阳予倩领导的广西艺术馆话剧团3月17日排演《蜕变》。5月24日,广西艺术馆戏剧部话剧团在"广西剧场"演出《日出》。导演黄若海,演出7场。同日,《广西日报》刊欧阳予倩《练习公演与〈日出〉》、汪巩《写在〈日出〉上演之前》二文。26日,桂林《大公报》刊欧阳予倩《上演〈日出〉的杂感》一文。文章借分析金八、潘月亭这两个人物,痛击官僚资产阶级和买办资产阶级依附帝国主义,不仅借国难以敛财,而且借国难扩充自己的政治势力的无耻行为说:"如果想打倒金八,就一定会联想到打倒帝国主义。""我们看一看《日出》再检讨一下目前的社会,或者也不是毫无意义。"(参见《桂林文化城记事》,《抗战文艺研究》1980年第2辑;田本相、阿鹰编著《曹禺年谱长编》,上海交通大学出版社2017年版)

巴金7月初致信萧珊,云将由重庆到昆明。萧珊接信后,虽取消了与王育常、刘北汜、王文焘、萧获的徒步绕滇池旅行的计划,仍热心地从昆明金马书店的西班牙文翻译家、巴金的老友庄重处借一匹大红马,帮助王育常等人驮行李,并在昆明金鸡巷等巴金。约上旬,巴金从重庆到昆明与萧珊会面,在金鸡巷4号,住在萧珊同班男同学刘北汜、萧获等人的屋里。7月,接待由湖南大学来昆明的金克木,获悉金将转道缅甸去印度加尔各答中文《印度日报》当编辑,并攻读梵文;偕萧珊前往40里外呈贡龙街沈从文家小住数日,与冰心、卞之琳等欢晤,畅谈别后。9月8日,偕萧珊及其同学王文焘乘汽车由昆明经过贵阳到桂林,途中顺便在河池停留。到桂林后与王文焘筹建开办文化生活出版社桂林办事处,并安排王文焘在办事处任职。约中旬,住在一幢木制的小楼里,与现代作家王鲁彦住处相邻。20日下午,应邀前往乐群社,参加文协桂林分会举行的欢迎茶会。与会者尚有刚抵桂林的田汉、何家槐等人。约同月与艾芜、张天翼、鲁彦等商量,拟在桂林筹办宣传团结抗日的刊物——《文艺杂志》。9月下旬,巴金与从重庆到桂林的靳以欢晤。并前往观音山艾芜住所出席家宴,席间初识现代作家王西彦。10月8日下午6时,应司马文森之约,前往美丽川菜馆,出席《文艺生活》编辑部举行的招待会,欢迎最近抵桂林的文艺界人士。同席有田汉、靳以、钟敬文、陈占元等人。19日下午3时,前往三明戏院出席"文协"桂林分会举行的鲁迅逝世5

周年纪念会。11月,巴金应王鲁彦约请,拟为他主编的《文艺杂志》创刊号撰写中篇小说。约同月,动手创作中篇小说《还魂草》,记载了在重庆沙坪坝的一段生活经历。12月7日下午,前往广西剧场,出席中华全国文艺界抗敌协会桂林分会第二届年会,与艾芜、王鲁彦、田汉等15人当选为理事。12日下午2时,出席中华全国文艺界抗敌协会桂林分会三届一次理事会。商定组织"文协"受难同志救济委员会;要求提高稿费等事。15日,部分作品手稿由桂林汉民中学在该校图书馆举办的文艺写作展览中展出。约同月,得桂林新中国剧社杜宣来信,获悉对方为了维持剧社,要找票房价值高的剧目,决定将《家》改编为话剧。遂复函表示同意。(参见唐金海、张晓云《巴金年谱》,四川文艺出版社1989年版)

司马文森1月在"皖南事变"发生后遵照党组织指示,留桂林坚持斗争。同月,偕同雷蕾(即雷维音)到柳州,介绍并安排雷蕾、姜来、曾敏之等到《柳州日报》工作。3月19日晚,以讲习班讲师身份,在桂林青年会礼堂,参加文协桂林分会第1期文艺讲习班结业典礼。4月17日,和邵荃麟、欧阳予倩、焦菊隐、孟超、宋云彬等20余人在桂林美丽川餐馆,参加文协桂林分会第2期文艺讲习班座谈会,商讨讲习课范围、内容。5月,在桂林《大公报》发表为苏联卡达耶戈著《我是劳动人民的儿子》所作的评论文章《一部乌克兰的英雄史诗》。8月,由张健甫介绍,司马文森夫妇到桂林汉民中学执教。司马文森在文艺界朋友们的支持下,司马文森着手创办《文艺生活》月刊。同时负责组织安排进步文化人撤退和联系中共南方局的工作。同月,由司马文森编辑的现实文丛《寂寒》,由文献出版社出版。25日,和田汉等人在桂林观看焦菊隐导演的国防艺术社演出的话剧《明末遗恨》。9月9日,同焦菊隐、刘建庵、张安治、杨纪、马卫之、胡危舟、李文钊等10余人,在桂林发起创办"艺术新闻"社,编辑出版《艺术新闻》,司马文森担任该社社委。该社成立的宗旨为:报导艺术消息,介绍艺术作品。15日,由司马文森主编的大型文艺月刊《文艺生活》在桂林创刊,由文献出版社出版,陆平之发行。《文艺生活》创办后,得到全国各地著名作家、诗人、评论家的关心支持,如郭沫若、艾芜、邵荃麟、欧阳予倩、葛琴、孟超、焦菊隐、钟静闻、伍禾、彭燕郊、田汉、聂绀弩、邹荻帆、韦昌英、熊佛西、穆木天、余所亚、荆有麟、黄药眠、陈残云、欧阳凡海、陈闲、黄宁婴、林山、邹绿芷、夏衍、靳以、华嘉、王西彦、魏荒弩、罗荪、周钢鸣、陈荒煤、沙汀、姚雪垠、彭慧、柳亚子、周而复、安娥、许幸之、易巩、何家槐等。该刊物在国统区曾有比较大的影响,从第1期4000份的销路,扩展到近2万份。许多著名的作家的作品是在《文艺生活》上初次与读者见面的。同日晚,在桂林三教咖啡厅出席桂林文化界举行的郭沫若50寿辰及创作生活25周年庆祝会。

司马文森10月15日在《文艺生活》发表为纪念鲁迅先生逝世5周年而作的纪念文章《不死的鲁迅,永生的鲁迅》。19日下午,参加文协桂林分会举办的鲁迅逝世5周年纪念会,在会上发表了演说。11月19日下午,在桂林三教咖啡厅,以《文艺生活》社名义,主持召开关于1941年文艺运动座谈会,对本年文艺运动作全面回顾与检讨,作为1942年文艺运动进一步开展的参考。与会者有田汉、邵荃麟、艾芜、许之乔、杜宣、宋云彬、孟超、伍禾、胡危舟、魏曼青、徐桑楚、吕复等。会议由雷蕾记录整理,以题为《一九四一年文艺运动的检讨》刊于次年1月15日的《文艺生活》上。司马文森在会上总结时,指出了去年文艺运动不如前年那么蓬勃有生气,主要原因有:"(一)作家们在写作时,深感现实主义的困难,所受的限制太多。(二)文化中心转移,大批文艺作家离开原有的文化据点。(三)交通困难,影响到书籍杂志的流通。(四)物价飞涨,生活日益艰难,作家的生活得不到保障,纷纷改行,写作时间自然受了剥削。(五)文艺理论和批评贫乏,作家失却领导。(六)受局势的影响。(七)作家生活逐渐和现实脱节。(八)市侩主义又在文艺运动中抬头。"并指出今后应注意的三个问题:"(一)应该如何克服主客观的困难。(二)应如何继续展开民族形式问题的论争,并切实实践。(三)应如何建立文艺理论和批评。"12月7日,在广西剧场出席文协桂林分会第二届年会,讨论、通过多项决议,并连选为第三届理事会理事。12日下午,出席文协桂林分会三届一次理事会,讨论有关抗战文化工作问题和安排该理事会各部负责人。司马文森和伍禾共同负责组织部工作。(以上参见杨益群《司马文森年谱》,载1985年《抗战文艺研究》第2期;唐金海、张晓云《巴金年谱》,四川文艺出版社1989年版)

焦菊隐2月2日在桂林《扫荡报》发表《关于〈雷雨〉》一文,认为:"这一出戏,从外形上讲,编剧技巧,全属于假古典主义,如恪守'三一律';采用古典悲剧的宿命主题(故事的巧合也脱源于此);模仿希腊剧台上不死人的习惯……至于全剧的描写方法及其内容,除了看出有不少莎士比亚的浪漫气息以外,易卜生、贝克和丹尼尔的写实色彩也极浓厚地笼罩着一切。个人从《雷雨》的内容里,发现它是属于自然主义,尤其是左拉创始的生物体系的自然主义的产品。"(参见田本相、阿鹰编著《曹禺年谱长编》,上海交通大学出版社2017年版)

邵荃麟在"皖南事变"后,转移到桂林工作,任中国共产党的文化工作组组长,主编《文化杂志》,创办《青年文艺》。

胡危舟等6月在桂林创办《诗创作》月刊。

杜宣10月在桂林任新中国剧社社长,田汉任名誉社长。

林励儒到桂林任广西教育研究所导师。

萨本栋继续任厦门大学校长。2月,政府准拨虎背山南麓旧中山公园荒地一片共57亩为厦大扩建用地。6月,教育部公布1940年全国大学生学业竞试成绩,按获奖人数与学校生数、系数及所需经费数的比率评判,厦大均名列第一。7月1日,举行第十六届毕业典礼,各系毕业生共81人。萨校长在第十六届毕业典礼上发表演讲,强调厦大一向着力于教学质量的提高。15日,由于物价飞涨,萨本栋校长致函教育部长陈立夫,请求增拨厦大经费,未获同意。(参见洪永宏编著《厦门大学校史》第一卷,厦门大学出版社1990年版)

周宪文5月受暨大委派赴福建建阳筹设分校,任分校校务委员会主任。是年12月,太平洋战争爆发,上海租界沦陷,暨大总校迁往建阳与分校合并,仍任商学院院长兼东南联大筹委会副主任。是年,周宪文在《满地红》1941年第3卷第3期发表《中国抗战建国的一个基本问题》,认为"中国工业化问题",是将中国从一个前近代的"传统国家"建设成为一个近代的"民族国家"的"基本问题"。建国之道多端,而以国防建设、政治建设和社会建设为重要,而这三项建设都离不开工业化。以"中国政治的建设"而论,其目标当然在"民主政治",而"近代民主政治的母亲,在机械工业"。如果机械工业不发达,或者说要在农业社会,"实行近代的民主政治,纵非缘木求鱼,其必事倍功半"。这也是近代的民主政治在中国迟迟不能实行的重要原因。所以,"我们要实行近代的民主政治,总非先使中国工业化不可。否则,'建基于沙滩上的高楼',不旋踵就会倒的"。至于社会建设,也是如此。总之,"中国要求建国成功,只有赶紧工业化,中国工业化愈快,建国成功的时期也愈近。"(参见郑大华《论"抗战建国"话语下"学术建国"的讨论》,《浙江学刊》2020年第3期)

傅衣凌3月31日在《福建文化》总28号发表《明清时代福建佃农风潮考略》。该期还刊载林希谦《美国公文书中关于占领台湾的计划》、沈祖牟《谢钞考》、金云铭《清代福建人民移徙时所遭遇的困难》、徐天胎《福建租佃制研究》等论文。7 月 31 日,傅衣凌在《福建文化》总 29 号发表《明清时代福建的抢米风潮》。12 月 30 日,在《福建文化》总 31 号发表《清乾隆福建吃老官斋匪滋事考》。(参见王学典《20 世纪史学编年(1900—1949)》,商务印书馆 2014 年版)

徐天胎 9 月 30 日在《福建文化》总 30 号发表《福建历代之饥谨》。12 月 30 日,在《福建文化》总 31 号发表《明代福建邓茂七之乱》。(参见王学典《20 世纪史学编年(1900—1949)》,商务印书馆 2014 年版)

管长墉 12 月 30 日在《福建文化》总 31 号发表《福建之畲民——社会学的研究与史料的整理》。作者试图将社会学的一些知识和史料梳理结合起来,探讨福建畲民的起源、分布、姓氏、生产情况等问题。

萨士武 12 月 30 日在《福建文化》总 31 号发表《福建早稻源流述概》。(参见王学典《20 世纪史学编年(1900—1949)》,商务印书馆 2014 年版)

隐秋 7 月 10 日在福建《现代青年》第 4 卷第 3 期刊载书评《〈蜕变〉》。作者写道:"记得在一九三九年时,就听到他正埋头写作,不久将有一部伟大的剧本,贡献给抗战,这剧本就是《蜕变》。""在这个剧本里,问题的提出与解答是正确的,全剧结构的紧凑,对白的流畅美好,人物的多样性,使得这剧本无论在内容的意识上或形式上都比《雷雨》《日出》更能夺占读者的心……《蜕变》却是在抗战进入更艰难的今天正确地指出新中国'可能'到临与'必然'到临的种种例证,在内容的意识上,它比《雷雨》《日出》更走前了一步的伟大的作品。"(参见田本相、阿鹰编著《曹禺年谱长编》,上海交通大学出版社 2017 年版)

王西彦继续在福建永安主编《现代文艺》,由改进出版社发行。7 月,国民党省政府成立"图书杂志审查处",《现代文艺》在送审时常有稿件被扣。8 月,日机空袭永安,改进出版社损失惨重。9 月 25 日,王西彦在编满《现代文艺》3 卷 6 期后辞去主编职务,前去桂林,遂由在福建南平师范专科学校任教的靳以接编。(参见林洪通、肖传坤《抗战时期王西彦、章靳以主编的永安现代文艺》,载林洪通编著《永安抗战史话》,中共党史出版社 2013 年版)

谷虹 12 月 25 日在福建《现代文艺》第 4 卷第 3 期发表《曹禺的〈蜕变〉》一文,称"《蜕变》是曹禺创作路程上的一块新的纪程碑"。(参见田本相、阿鹰编著《曹禺年谱长编》,上海交通大学出版社 2017 年版)

林惠祥发现马来亚吉打史前洞穴遗址,挖掘出一批旧石器时代的遗物。南洋战事爆发,林惠祥迁居农村种地开荒、摆摊买卖,维持全家生计。

林庚继续在长汀厦门大学任教,晋升为教授。在厦门大学时撰写《中国文学史》,其中前三编《启蒙时代》《黄金时代》和《白银时代》油印出版。

施蛰存 6 月应厦门大学萨本栋校长的邀请,前往长汀任教。8 月,为厦门大学副教授。开始辑录《金石遗闻》《宋元词话》。

李叔同 4 月离灵应寺赴晋江福林寺结夏安居,编《律钞宗要随讲别录》。

胡先骕 3 月 10 日到达重庆。12 日,出席南京高师、东南大学师生之午宴。3 月,致函《江西文物》编辑部,建议该刊所刊江西名贤传略将陈三立单独立传,以示崇敬。同月 13 日,中央研究院评议会第二届第一次会议在重庆国立中央图书馆举行,胡先骕前往赴会。14 日,中研院第二届评议会第一次会议,朱家骅主席。选举秘书,翁文灏当选,选举各组主席,植物组胡先骕。15 日,中研院评议会在中央图书馆开会,12 时空袭警报,会暂停,下午复会。同日,任鸿隽召集科学社理事会,到会理事有孙洪芬、胡先骕、任鸿隽、翁文灏、李四光、吴有训、周仁、竺可桢等 8 人,姜立夫亦到席,为近年出席人数最多一次之理事会。25 日上午,中研院评议会开会,蒋介石邀午餐。在重庆期间,曾往教育部,为中正大学请款。4月3日,胡先骕致函中华教育文化基金董事会,因出掌国立中正大学校长,向中基会提出按例休假一年申请。月底,北平静生所代理所长杨惟义致函胡先骕,请为设法筹款借垫予静生所下属之云南农林所和庐山森林植物园丽江工作站。因战争阻隔,静生所下拨两机构之经费难以及时汇到,致使该两处极为困难。郑万钧、秦仁昌分别致函杨惟义质询,故有此解燃眉之策。5月1日,胡先骕回到江西泰和。5日,为革命政府成立纪念日,中正大学全体师生集会纪念,胡先骕校长主席,并即席讲演,首述革命政府成立之意义及其经过,次述五四运动之成功及其流弊,最后报告时事,略谓日苏协定乃中立协定,非互不侵犯协定,故此约之签订,对于日本不发生多大之效力云。此次演讲词,经程永邃记录整理,刊于《中正大学校刊》第1卷第20期,名为《"五五"与"五四"纪念的意义》。7日,中基会函告静生所委员会,1941年7月至1942年6月静生所及庐山森林植物园经费为国币14万元。

　　胡先骕7月31日复任鸿隽函,告之为维持北平静生所与日人周旋,情况不容乐观,主张将所中标本、图书寄存于辅仁大学,而人员南下,就中正大学继续工作。8月,中央研究院总办事处来函,转告有英国学者欲与之联系。9月初,得时在上海之秉志转来平所代理所长杨惟义来函,藉悉平所又受到日人威胁之近况。9日,致函任鸿隽,并转去杨惟义来函,对静生所危急状况很是担忧,并告其在中正大学工作、生活情形。10日,中华教育文化基金董事会致函静生生物调查所委员会,同意静生生物调查所所长胡先骕所请,休假1年,自本年10月1日起算。按中基会休假制度,在此一年之中,仍可支薪。21日,因此前又得杨惟义函,得知平所尚且苟安,即致函任鸿隽告之,然对其前途仍甚感迷茫。10月,桂林国防书店出版谢克欧编辑《科学与国防》一书,蒋介石为该书作序,书中收录胡先骕、任鸿隽、汪敬熙、翁文灏等7位作者8篇文章。10月24日,胡先骕主持中正大学校务会议第三十次常务会议,议决组织战时公债募集委员会。同日,中正大学举行总理纪念周,师生齐集大礼堂。胡先骕校长主席,请马博庵讲演,题为《和战关头的美日谈话》。马博庵属政客,不学无术。胡先骕对其演讲极不满意,当即予以批评。31日,中正大学举行建校1周年暨蒋介石55岁诞辰纪念活动,胡先骕主持,熊式辉出席。同月,胡先骕作《科学与建国》《国防建设与科学》,前文刊于《读书通讯》第23期发表《科学与建国》,文中提出:"当此要建立现代化的三民主义的新中国之时,应当特别注重科学的研究,过去虽然我们是科学落后,现在我们则要急起直追和迎头赶上科学,然后才能将国家建设得稳固强盛。"所以他希望政府"对于科学的注意与提倡,还应该更多下工夫"。具体来说,"在自然科学的建国工作方面,我们应特别重视两个方面":第一是对资源的开发和利用,因为一个国家的存在,取决于有无强大的国防,而国防的充实,取决于资源的充足与否。他建议:"凡是本国所能出产的(资源),要尽力开发,若某种资源为我们所不能出产的,则当设法用我们有余的资源向其他国家交换。"第二是大力发展工业,尤其要大力发展作为重工业的机器制造业,为国防建设提供坚实的基础。否则,"若我们不能使我们的工业做到自己制造的地步,光是从外国购买,则我们的国防,仍然是危险"。

　　胡先骕11月3日主持中正大学师生第十次国民月会与纪念周会,邀请江西省临时参议会彭程万议长作题为《地方民意机关之现状与前瞻》之演讲。5日,主持第三十一次校务常务会议,讨论纪念熊式辉主持江西省政10周年事宜。10日,主持校纪念周。11日,在《中正大学校刊》第2卷第5期发表《总裁的教育思想》一文。12日,孙中山诞辰纪念日,正大师生 800 余人在大礼堂集会纪念,胡先骕主席,请叶青讲演,略述总理一生事业和完成此伟大事业所具有的品德。13 日,江西省三民主义文化运动委员会,为纪念孙中山诞辰,邀请胡先骕前往吉安于省党部大礼堂讲演。17 日,中正大学师生集会举行纪念周,邀请江西省教育厅长程时煃演讲《十年来江西教育概况》。26 日,中正大学研究部成立。此前设有研究委员会,由校长聘请校内教授组成之。兹以中山研究室落成,特扩大其组织,增加其委员。是日举行首次会议,胡先骕任会议主席,各学院院长报告研究计划。12 月 5 日,蒋经国莅校,在师生大会上讲演,题为《总裁教育子弟做人做事及读书方法》,胡先骕主持师生大会。8 日,太平洋战争爆发,在沦陷区受美国势力保护的中国文化教育机构,被视为美国在中国的财产,同样被日军强行占领,燕京大学、协和医学院、北京图书馆、静生生物调查所等皆在此列。当日日军镓田部队封闭了静生所,所中员工皆被驱逐,全部图书及动植物标本概未救出。

胡先骕 12 月 11 日致函任鸿隽,告知家眷已离北平,不久将到泰和,并言静生所诸事;对现任中基会干事长孙洪芬处置事务不力,颇有微辞。13 日,致函云南省教育厅长龚自知,就云南农林植物所经济危机,请教育厅尽力维持。16 日,致函中基会干事长孙洪芬,对静生所在平人员安危至为关切,敦请中基会设法营救。17 日,致函中基会执行秘书林伯遵,请中基会设法营救静生所人员出平。27 日,在《中正大学校刊》第 2 卷第 9 期发表《三民主义与自然科学》一文。文中以丰富的自然科学知识,阐明民族、民权、民生三种主义当以自然科学为基础,以发展技术为手段,方能建立新中国的目的。同日,中基会执行秘书林伯遵复函,告知中基会对于北平静生所等机构原本维持之措施,今遇日美战起,实属意料之外。29 日,主持正大纪念周,邀请江西省垦务处詹纯鉴处长讲演,题为《江西垦务现状及将来计划》。31 日,国民政府定下年度为抗战胜利年,中正大学师生举行庆祝大会。胡先骕主持大会,并作《民国三十一年之展望》演讲,对抗战胜利充满信心,并憧憬新中国之诞生。是年,中华自然科学社第十四届年会通过竺可桢、秉志、叶企荪、胡先骕、熊庆来、孙洪芬、邹秉文、翁文灏、朱家骅等 9 人为赞助社员;胡先骕在泰和中正大学接见著名记者曹聚仁;又在《国立中正大学校刊》发表《建设新中国的基本要素》和《我国战时经济状况及节约运动之重要》两文。(以上参见胡宗刚《胡先骕先生年谱长编》,江西教育出版社 2007 年版;郑大华《论"抗战建国"话语下"学术建国"的讨论》,《浙江学刊》2020 年第 3 期)

王易继续任国立中正大学教授。2 月,王易在第四次国民月会暨第十六次总理纪念周活动上演讲《理知与感情》。王易对学生讲道:"俄国革命者在煽动无产阶级的愤怒,抱着复仇的心理;而我们国父革命的动机,却是伟大的同情心,最后的目的在世界大同。"王易还坦诚自己四十岁后,因阅世愈深才真正体悟到"忠恕"的意义。3 月,《文史季刊》由国立中正大学中文系创刊,主要刊登文史论文与文艺作品,旨在为师生们提供一个交流的园地,促进文史的发展,提高中文系的水平,王易为作《发刊辞》,曰:"昔汉承秦敝,于东周道术分裂,教泽罄竭,乃除挟书之禁,开献书之路,置博士,隆经术,由是百家之言复出,而儒治蔚然成风。欧西中古末期,希腊抱残守缺之士,西适罗马,敷传古学,因以启近世文明之曙光,史家美之,号曰'再生时代'。又列:崇经训第一;稽典文第二;明小学第三;畅情志第四;通象译第五。操此五义,念彼三难,惕厉潜修,锲而不舍,尺寸之获,自在意中。夫学之所贵,在真善美。惟真也,故能断天下之疑,而诞妄穿凿之习宜戒矣;惟善也,故能定天下之业,而诬罔偏宕之情宜戒矣;惟美也,故能通天下之志,而鄙陋狂悖之词宜戒矣。是以古之学者,莫不于此三致意焉：'疑事毋质'，'慎言其余'，此求真之说也；'曲能有诚'，'中道而立'，此求善之说也；'君子安雅'，'出言有章'，此求美之说也。三者备而学无傲傲之患矣。此同人之愿，亦《文史》之鹄也。"其中也明显昭示出与《学衡》的文化精神联系。年底，王易受邀前往国民党江西省党部演讲《三民主义与文学》。(参见沈卫威《学衡派编年文事》，南京大学出版社 2015 年版；《民国大家王易》，《经济观察报》2015 年 5 月 31 日)

马大浦到江西泰和，任中正大学农学院森林系教授兼系主任。

冯雪峰 2 月 26 日在金华被宪兵逮捕。3 月 2 日，被解往上饶宪兵第 4 团进行审讯，被囚于江西上饶集中营。5 月上旬，新四军被俘的中级干部三四十人也被编到"特训班"中，冯雪峰和其他三位党员即与新四军中的党的秘密组织取得联系。9 月 29 日，楼适夷在上海传闻冯雪峰遇难的消息，作《怀雪峰》以纪念。此文刊于 11 月《奔流新集》之一《直入》。10 月，帮助新四军干部赖少其计划出逃，并给他路费和在浙南的几个联络地址。后来赖少其于 1942 年初同邵宇一起越狱，回到新四军中。同月，邵荃麟将冯雪峰 1938 年至 1940 年之间所写论文及 1937 年 10 月所作的关于鲁迅的一个演讲稿和一篇短记编为《鲁迅论及其他》，收入《充实丛书》，由桂林充实社出版。(参见包子衍《雪峰年谱》，上海文艺出版社 1985 年版；张培森主编《张闻天年谱》，中共党史出版社 2000 版)

陈鹤琴主编《活教育月刊》1 月在江西泰和县创刊，该刊唯一宗旨是"要研究所有的教材是否适合儿童的需要；要研究所用的教法是否能引起儿童的兴趣，启发儿童的思想，培养儿童的创造能力；要研究种种教学上的设施是否合于三民主义"。(参见章恒忠、王亚夫主编《中国学术界大事记(1919—1985)》，上海社会科学院出版社 1988 年版)

吴宗慈任江西省通志馆馆长兼总纂，编定《江西全省方志考录》《太平军在江西省军事编年纪》等。

李达 1 月在《新动向》第 1—2 期发表《中国青年的时代使命》《东亚联盟与青年运动》。3 月，在《新动向》第 6 期发表《民族意识与民族复兴》。7 月，被国民党教育部解聘，返回家乡零陵居住。9 月，在《文化杂志》第 2 号发表长篇论文《中国社会发展迟滞的原因》，指出中国社会长期滞留于封建阶段的主要原因在于沉重且愈演愈烈的赋税负担、商品需求和原始积累的动力的不足、逐渐恶化的人地矛盾、科学的不发达等。作者把问题归纳为 8 点，即战乱频繁，封建力役，封建剥削，宗法封建制下聚族而居的村落公社，封建的政治机构，农民阶级不能担负新生产方法，科学的不发达与儒家学说的影响，地理环境。

按：稍后蒙达坦在《文化杂志》第 2 卷第 1 期发表《与李达先生论中国发展迟滞的原因》，认为除了封建力役和封建剥削外，特殊的土地关系、农民战争、共有财产也是封建社会发展迟滞的原因。华岗撰文批评了李、蒙二人的意见。吕振羽、吴泽、罗克汀等也参加了讨论。马克思主义学者内部就中国封建社会发展的长期缓慢的原因展开了讨论。这场讨论一直延续到解放战争时期。(参见宋俭、宋镜明编《中国近代思想家文库·李达卷》及附录《李达年谱简编》，中国人民大学出版社 2014 年版)

刘守曾在《新湖北季刊》第 1 卷第 2 期发表《历史教育与民族复兴》。文中认为"历史教育是复兴民族的原动力"，"历史'是记载我们祖先功业和国家民族文化发展之所由来'，是整个民族遗产和灵魂之所寄托，我们要发扬民族的意识，培养民族的精神，非切实推行历史教育不为功"。作者并进而提出了在"抗战建国"中历史教育应注意的几个问题：第一，要注意民族固有文化的发扬，以树立民族的自信；第二，要注意民族光荣历史的叙述，以提高民族的精神；第三，要注意叙述忠臣义士的史绩，以培养民族的正气；第四，要注意阐明中华民族的统一性，以启发国民对国族爱护的热忱；第五，要注意说明帝国主义者侵略我国的经过与原因，以激发民族同仇敌忾的情绪；第六，要注意阐述三民主义革命的历史背景，以坚定国民抗战必胜、建国必成的信仰。（参见郑大华《论"抗战建国"话语下"学术建国"的讨论》，《浙江学刊》2020年第3期）

王广庆继续任省立河南大学校长。2月，河大在潭头时期，文学院编辑出版了《河南大学文学院丛刊》第一卷，校长王广庆撰《发刊词》，简述了河大文科季刊的创办与发展过程。《河南大学文学院丛刊》第一卷发表教授、副教授论文15篇，目次如下：嵇文甫《河南精神》，熊伯履《五五宪草之认识及展望》，刘钧《教育行为》，朱芳圃《殷契卜考》，陈仲凡《发展观的脑作用学序论》，王广庆《洛阳访古记》，嵇文甫《陆象山的"实学"》，张遂青《伏牛山中之蛮族》《嵩山专著书目考》，杨震华《今后之行为心理学》，郭翠轩《淮南子注本考略》，任访秋《隐逸诗人王绩》《二南真是楚风吗》，刘一《唐代商业资本之发展》，丁镇宇《股份有限公司创立时股本科目会计上处理之方法》。教授们在文章中阐发新的见解，有力地促进了河大学术活动的开展。夏，恰值时任教育部社会教育司司长的河南大学前校长刘季洪到豫陕视察教育，他不顾道路险阻，专门来到潭头看望河大师生。河大抓住这个难得的机遇，再次上报材料，申请改为国立。（参见河南大学校史修订组《河南大学校史》，河南大学出版社2012年版）

嵇文甫继续任河南大学文学院院长。10月，国民党当局逮捕了深受学生爱戴的文学院院长嵇文甫教授。河大师生义愤填膺，迅速开展了营救活动。学生以罢上军事课表示抗议，一批进步教授分别向中国文化协会的冯玉祥、冯友兰、徐旭生、曹靖华、刘镇华等人发出函电，争取社会舆论的支持。在狱中，嵇文甫曾写下这样的诗句："精金须百炼，健马终一驰。默数平生事，飘然壮志飞。"（参见河南大学校史修订组《河南大学校史》，河南大学出版社2012年版）

陈石珍继续代理国立西北大学校长，由各地聘到新教授、讲师20余人，先后建成图书馆及大礼堂，并尽力添置图书仪器设备。薛铨曾为校长秘书，姜琦为教务长（后由杜光埙接任），刘鸿渐为训导长，高文源为总务长，马师儒为文学院院长，刘拓为理学院院长，卢峻为法商学院院长。1月，为了解决教学的急需，学校与陕西省立西京图书馆城固分馆订立借阅图书的协议，该馆藏有国学书籍300余册，合同商定，员生赴馆阅览，以校徽和学生证为凭，这种变通的办法，暂时解决了全校即生教学中图书资料缺乏的困难。6月21日，驻汉中的鄂陕甘通区警务司令部司令祝绍周密函西北大学代理校长陈石珍："贵校学生内有一部分信仰不坚，并有为奸党活动嫌疑，兹就本届毕业学生中有姚文焕等40人行将离校服务社会，若不予考查纠正，不独有误各该生个人之前途，抑且影响于社会……"令将姚文焕等40名有共产党嫌疑的毕业生文凭扣发，待警备司令部个别谈话及查明后再予补发。24日，西北大学举行毕业典礼，祝绍周派代表前来参加，会上对共产党、进步学生大肆诽谤。会后由"警司"召集"共产党嫌疑分子""训话"。随后，又一个个地分别通知前往汉中个别"谈话"，前后召集审查者达32人。根据他们的规定，毕业学生必须填写"保证书"，并有三个国民党员作保证立据："今后绝不参加违反三民主义之政治团体及有反动行为，如发现有上述情事，保证人愿负全部责任。"否则，扣发毕业证书。当届毕业生伍诗绶、余士铭、陆玉菊（女）、段文燕、陈志立、马介云等6人，因未到汉中"谈话"，祝绍周认为"嫌疑重大"，派特务沿途提拿，教育部长陈立夫知情后，于7月专函校方，要求对陈志立等6人共产党嫌疑问题"查明报部"。陈石珍对当"警司"大批抓捕学生提出抗议，并将一批"警司"重点抓捕对象转移到了陕北，引起当局的不满和震惊。（参见西北大学校史编写组《西北大学校史稿》，西北大学出版社

1987年版；高远《书生本色——陈石珍》，《丝绸之路》2014年第20期）

王子云时为国立西北大学历史系教授兼文物学习室主任。年底，陕西省有关单位即组织"西北文物考察团"，由王子云任团长，率领美术、历史、考古等各方面的专家十多人，前往敦煌进行科学考察与临摹壁画。由于国民政府监察院院长于右任的大声疾呼，终于促成政府方面第一次采取了具体行动。（参见李永翘《国立敦煌艺术研究所成立始末》，《丝绸之路》2000年第4期）

穆文2月28日在西安《黄河月刊》第2卷第1期发表《不是剧评——看过〈雷雨〉之后》一文。作者谈了他对"战士剧团"演出《雷雨》的看法。谈到剧本，作者认为："我承认《雷雨》是著者很见工（功）力的作品，我承认《雷雨》的问世，使得国内剧本创作的纪录前进了一步；但是，我更承认：《雷雨》并不是什么成功的作品。"（参见田本相、阿鹰编著《曹禺年谱长编》，上海交通大学出版社2017年版）

高一涵继续任检察院甘宁青监察使。1月1日，在《中央日报》发表《抗战三年来监察法规增定及推行经过》。2月28日至3月14日，按监察使巡回监察规程第二条，高一涵赴各地巡查。9月21日，与甘肃省政府主席谷正伦等，陪同国民党元老于右任到兰州七道梁看日全食，并作长诗《三十年九月二十一日陪右任及曙青登皋兰七道岭观日食》记之。10月5日，高一涵陪同于右任视察河西、考察敦煌。是日恰逢中秋，当晚在张大千敦煌临时住所，众人把酒赏月吟诗。面对莫高窟的破败凄惨景象，众人痛感再不能让这些无价国宝遭到毁坏和散失了。于右任提出建立"敦煌艺术学院"的设想，并作诗记道："敦煌文物散全球，画塑精奇美并收；同拂残龛同赞赏，莫高窟下作中秋。斯氏伯氏去多时，东窟西窟亦可悲。敦煌学已名天下，中国学人知不知？"高一涵亦作长诗《敦煌石室歌》，描述莫高窟的起源与神韵，内有诗句："敦煌艺术卓千古，薪尽行当看火传。张子（名爰字大千蜀人）画佛本天授，神妙直追吴道玄。请君放出大手笔，尽收神采入毫颠。"对张大千即将大规模临摹敦煌壁画给予期盼与鼓励。12月，于右任返重庆后，即向国民政府提出关于设立敦煌艺术学院，保护敦煌莫高窟的提案，提案发表后，引起社会各界强烈反响。（参见高大同《高一涵先生年谱》，上海文化出版社2011年版）

张大千1月在成都作《谢玉岑遗稿序》，伤逝念旧，呜咽下笔。3月初，张大千将近作运重庆展览。7日，《新华日报》在头版载："画家张大千，寄居青城，精研绘事，兹以其近作百幅，运渝展览。定七日起每日上午九时至下午六时，假中苏文化协会公开展览三日。"不出3天，展品即全部售空。5月初，张大千率夫人杨宛君、次子张心智，再赴敦煌。从成都动身，先坐小飞机抵达兰州，停留数日，等待在重庆中央大学任教的孙宗慰（徐悲鸿之学生）前来与其会合后，始继续前进。张大千一行先至青海塔尔寺参观，结识了藏族喇嘛画师昂吉、三知、小乌才郎、罗藏瓦兹、杜杰林切等人。张大千对其绘画艺术、制作画布、加工矿物质原料等技术十分赞赏。同月，张大千一行返回兰州，旋即西行赴敦煌。经过武威时，结识陇上名画家范振绪，二人遂结为忘年之交。范振绪曾引张大千参观了武威文庙、西夏碑、罗什塔、海藏寺等名胜。在武威期间，由第八战区东路总指挥鲁大昌介绍，张大千结识了河西走廊驻军骑兵第五军军长马步青。马步青答应对张大千的敦煌之行给予关照和派兵保护一行人的人身安全。下旬前往榆林窟参观。该处虽仅存石窟数十，然内中古代壁画甚多，极其精美。随后在范振绪陪同下抵达敦煌，参观石窟各洞，见历朝绚丽壁画，感慨不已，而决意留敦之心更坚。张大千一行遂搬至离下寺约两华里远处之莫高窟南头上寺居住，同时制定了今后工作计划。6月上旬（或中旬），张大千正式开始了在莫高窟的考察工作，首先考虑的是对石窟进行记录。为了工作方便,张大千沿窟群画了一幅石窟分布草图,按图纸给各洞编了临时号码。从此,张大千每日遂率子心智提着煤油马灯,搬着梯子等物,出没于各洞之间,按号逐洞对石窟内容(包括壁画、题记、彩塑等)于簿记上进行详细记录,另派孙宗慰对洞内的彩塑精品进行临摹。如是者三月,张大千等每日早上进洞,中午在洞口吃点饮食,稍事休息,又进行工作,直到晚间方出洞,生活十分艰苦、紧张。在此前后,张大千曾至离敦煌西约70里的西千佛洞等处考察文物并临摹。9月,张大千来敦煌已3个月,经过反复考虑,从事业着想,最后毅然决心在敦煌呆上2至3年。同月,张大千在记录中发现自己对莫高窟的临时编号不妥,为使记录工作能科学地进行,决定对莫高窟重新进行正式编号。经过反复考虑,张大千决定按照祁连山来的流水方向,从南至北,由低而高,复由北至南,再上则往复进行(仿佛如由底开始的S形)编号。

　　张大千10月5日与专程来到敦煌莫高窟与其相聚的老友、国民政府监察院长于右任相见。当时于右任在甘宁青监察使高一涵等甘肃省军政官员的陪同下,在视察河西,张大千十分欣喜,一直陪同参观莫高窟并为之详细讲解。当日晚,张大千请于右任、高一涵等到上寺寓所吃晚饭,谈笑甚欢。席间,张大千向于右任等汇报了自己对榆林窟及西千佛洞的考察经过;并云绝大部分已经毁损,莫高窟内许多珍贵文物已被外国文化强盗斯坦因、伯希和等几乎偷盗一空。于右任沉吟良久,又作诗:“斯氏伯氏去多时,东窟西窟亦可悲。敦煌学已名天下,中国学人知不知。”最后,张大千向于右任提出,国家必须赶快设立一个专门机构把莫高窟等管理起来,以管理、保护、研究敦煌文物及其艺术,再也不能让这些无价国宝遭到毁损和散失了,并希望于右任回重庆后为之广泛宣传、呼吁,以使敦煌莫高窟的管理机构能早日建立。于右任对张大千的建议极为重视和欣赏,提出建立“敦煌艺术学院”的设想,并要求张大千能主持该院工作。张大千对能成立敦煌艺术学院感到十分高兴,但婉辞不能担任院长。当晚,张大千临时决定,让子心智随于右任便车同去西宁,到塔尔寺请藏族喇嘛画师来年到敦煌来参加壁画临摹工作。10月6日,张大千继续陪于右任等参观莫高窟,并在窟内残存的垃圾灰烬中,偶然发现晋时敦煌人索靖章草书的《月仪帖》残篇及西夏时的遗文数纸,众人瞻对欣赏,叹惜不已。

　　张大千10月7日送别于右任一行,于右任率张心智离开莫高窟前往敦煌县城转赴兰州。自张心智走后,张大千遂率领窦、李等人继续为莫高窟编号,编号中仍继续记录石窟内容,不时还择优进行临摹。26日,《新华日报》载,监察院长于右任在甘肃公开倡议建立敦煌艺术学院,由张大千主持。11月,张大千继续为莫高窟编号。时冬季严寒,滴水成冰,石灰水刷上土壁后要几天才能被太阳晒干透,方能下笔写号。手冻时只好在火盆烤一会再写,但张大千仍孜孜不倦,坚持工作。月底,经过前后五个多月的辛勤工作,张大千对莫高窟的编号全部完成;共编309号,将整个长有三里、高有四五层的庞杂石窟群编成了一个清晰的大网络。其编号的原则是,洞内有壁画、塑像者方得入编,一门立一号,大窟内之小洞俱不另立号,只列为某号附属耳洞。因此莫高窟共有400余洞,张大千只编得309号。张大千系中国个人中为莫高窟编号的第一人,后人在号上以“C”字代表张氏编号函。11月底,张大千离敦煌赴安西,再访榆林窟。12月初,张大千抵达榆林窟,一到就进行了紧张的临摹。这次在榆林窟临画,前后共约20日。12月下旬,张大千离榆林窟,经安西、酒泉、张掖,到达武威,再访当时的河西警备总司令马步青,请为之介绍其兄弟、时任青海省政府主席的马步芳对张大千在青海雇请喇嘛画师给予关照。在武威期间,年底,张大千离武威经永登、窑街

赴青海西宁。（以上参见李永翘《张大千年谱》，四川省社会科学院出版社1987年版）

　　薛传道、钟镇南、王季良、罗遵义7月16日在西康西昌泸山发起成立活力社，以研究学术，砥砺德行，建设事业，举办公益为宗旨。

　　窦景椿10月随于右任往河西视察，并参观敦煌千佛洞。

　　能海法师9月再次抵拉萨，师从康萨格西修习密法。

　　毛泽东1月1日出席八路军军政学院开学典礼的晚会，观看平剧《法门寺》《潞安洲》。20日，以中共中央革命军事委员会发言人的名义，对新华社记者发表关于"皖南事变"的谈话，揭露日本和亲日派的整个阴谋计划。29日，出席中共中央政治局会议，会议讨论通过《中央关于目前时局的决定》。2月23日，为八路军军政杂志社出版《中国革命战争的战略问题》铅印单行本写如下一段话："这本小书是一九三六年秋季作为当时红军大学的教本而写的，目的在总结内战的经验。只完成五章，尚有战略进攻，战略转移，政治工作，及其他许多问题，没有工夫再写了。四年来只有油印本，兹应军政杂志社之请，用铅印出版，借供党内同志们参考。这是一场大争论的结果，是表示一个路线反对另一个路线的意见，对于目前的抗日战争还是有用的。"3月17日，为《农村调查》一书写第二篇序言，指出：出版这本书的目的，"是为了帮助同志们找一个研究问题的方法"，"要了解情况，唯一的方法是向社会作调查，调查社会各阶级的生动情况"。同月，为关于从重庆订购书报问题三次致电周恩来、董必武。要订购的书报有：《中央日报》《扫荡报》《新蜀报》《新民报》《时事新报》《新中国日报》《华光日报》《国家社会报》；重庆各党派集团及昆明、桂林等地的报纸、杂志；向中国文化服务社订购各种政府公报、杂志、报纸；向中国经济研究所订购《四川经济参考资料》《贵州经济》《日本对支经济工作》《列强军事实力》，以及《中外经济年报》（三九、四〇年版）、《中外经济拔萃》（创刊起全要）。并要求将商务、中华及其他书局出版的有关中国经济书籍尽先寄来，"重庆所有的经济书籍望尽力搜集寄来"。5月5日，毛泽东同陈伯达致电周恩来，急切需要购买各种书报。

　　按：开列的书单有：中国国民经济研究所出版的《四川经济参考资料》《贵州经济》《列强军事实力》《日本对支经济工作》以及该所出版的各期《中外经济年报》《中外经济拔萃》；西南实业协会编辑的《四川工厂名录》；国民政府主计处统计局编辑的《中华民国统计提要》《西南实业通讯》、桂林出版的《实用国民年鉴》；并询问前托购的商务出版的方显庭的《中国工业资本问题》一书，是否已购得，并指出："关于各种统计公报及经济书籍，这里很需要，此后请指定专人多去购买，重庆运来书籍以此类较多为好，请嘱办事处同志注意。"

　　毛泽东5月15日为中共中央书记处起草关于出版《解放日报》等问题的通知，全文如下："五月十六日起，将延安《新中华报》《今日新闻》合并，出版《解放日报》，新华通讯社事业亦加改进，统归一个委员会管理。一切党的政策，将经过《解放日报》与新华社向全国宣达。《解放日报》的社论，将由中央同志及重要干部执笔。各地应注意接收延安的广播。重要文章除报纸、刊物上转载外，应作为党内、学校内、机关部队内的讨论与教育材料，并推广收报机，使各地都能接收，以广宣传，至为至要。"16日，中国共产党中央委员会机关报《解放日报》在延安创刊，毛泽东题写报名和写发刊词，指出：中国共产党的总路线"团结全国人民战胜日本帝国主义"，就是本报的使命。18日，《解放日报》发表毛泽东写的社论《请看今日之域中竟是谁家之天下》。19日，在延安高级干部会议上作《改造我们的学习》的报告，提出改造全党学习方法和学习制度的任务，批判了理论和实际脱离的主观主义，特别是教条主义。

此文为中国共产党整风运动中的一篇重要文献。其中,对近代史研究提出明确要求:"对于近百年的中国史,应聚集人才,分工合作地去做。克服无组织的状态。应先做经济史、政治史、军事史、文化史几个部门的研究和分析,然后才能做综合研究。"6月,为中共中央书记处起草《关于中国共产党诞生二十周年、抗战四周年纪念的指示》。7月7日,中共中央发表抗战4周年纪念宣言。同日,中共中央发出关于设立调查研究局的通知:毛泽东为主任,任弼时为副主任。下设情报部、政治研究室、党务研究室,毛泽东兼政治研究室主任。同月,根据毛泽东《改造我们的学习》报告的精神,延安马列学院改组为马列研究院(9月8日又改名中央研究院),毛泽东出席成立大会,并作题为《实事求是》的报告,要求大家一定要以马列主义基本原理为指导,以研究中国革命实际问题为中心,调查研究敌友我三方面的历史和现状。8月1日,中共中央发出由毛泽东起草的《关于调查研究的决定》。11日傍晚,从杨家岭住处漫步来到杨家沟半山腰的中华全国文艺界抗敌协会延安分会住地,看望萧军、艾青、罗烽、白朗、舒群等作家,不巧罗烽、舒群不在。18日,出席中共中央政治局会议,在会上发言对8月14日罗斯福、丘吉尔联合宣言进行分析,指出:罗丘宣言证明美国决心参加反侵略战争,对英、美、苏、中等都是有利的。29日,出席中共中央书记处工作会议。会议决定:编辑马、恩、列、斯反对主观主义、形式主义的言论,由毛泽东等11人组成编辑委员会。为加强中央对全党思想上的领导,由中央同志组成思想方法学习小组,毛泽东任组长。9月4日,徐特立来谈大学管理委员会事。谢觉哉亦来访。

毛泽东9月8日出席中共中央书记处工作会议。会议决定:政治局学习小组,除研究马恩列斯著作外,同时研究六大以来的中央文件,着重研究四中全会至遵义会议一段,由王稼祥任副组长,负责组织这一研究。会议还决定:组织中共中央青年工作委员会,何凯丰、冯文彬分别任正副书记;组织大学管理委员会,由何凯丰、邓发、李维汉等9人组成;马列研究院改名中央研究院,成为用马列主义方法研究中国历史与现实问题的公开学术机关。9月10日,毛泽东在中共中央政治局扩大会议上作关于反对主观主义和宗派主义的报告。会议决定,毛泽东为中央研究组(又称中央学习组)组长,王稼祥为副组长。会议还决定:自9月16日起《解放日报》扩大为四版,增加反对主观主义和宗派主义的宣传教育内容;今后《解放日报》的文字,应力求生动活泼,尖锐有力,反对党八股。18日,同陈绍禹、秦邦宪、吴玉章、林伯渠电唁《大公报》总编辑、国民参政员张季鸾逝世。26日,中共中央发出经毛泽东修改的《关于高级学习组的决定》。决定还指出:延安及各地高级学习组统归中央学习组管理指导。中央学习组以中央委员为范围,毛泽东任组长,王稼祥任副组长。29日,起草中央研究组组长毛泽东、副组长王稼祥给中央研究组及高级研究组各同志的通知。10月30日,毛泽东在中共中央西北局高级干部会议上作《思想方法问题》的报告,讲解辩证唯物主义的思想方法,批判教条主义、主观主义。12月9日,中共中央发出《中国共产党为太平洋战争的宣言》。同月,由毛泽东主持编辑的党内重要秘密文件汇集《六大以来》正式印制。这是整风运动中高级干部学习党史的主要材料。(以上参见中共中央文献研究室编撰、逢先知主编《毛泽东年谱(1893—1949)》,人民出版社、中央文献出版社1993年版;王学典《20世纪史学编年(1900—1949)》,商务印书馆2014年版)

张闻天主持下创办的中共对国外宣传的外文刊物《中国通讯》年初出版。这是当时在延安出版的一种兼用英、俄、法三种文字的不定期的外文刊物,大小为32开,用毛边纸印刷,每期约印200份。对外发行的名义是"新中国通委员会(中国重庆)"。每期刊载的文章除中共领导人的文章或讲话外,常有萧三和外国友人马海德、巴思华撰写的稿子。1月14日撰《洛甫自传》,简略地叙述了个人的经历,全文1500余字。29日,主持中共中央政治局会议,讨论《中央关于目前时局的决定》(草案)。2月5日,延安出版的《中国青年》(第3卷第4期)刊载张闻天1925年发表的小说《飘零的黄叶》。28日,同陈云、李富春以"洛、陈、李"署名致电杨清,指出:"不能立脚的党员及非党革命知识分子可以大批收容来延。(一)你们尽可能先审查,来不及时直接送中组部。(二)收容费实报实支,但不要浪费。"3月8日,设便宴招待诗人艾青。3—4月,在延安马列学院讲授《战略与策略问题》。4月7日,作《提高干部学习的质量——纪念五五学习节》,刊于同月出版的《共产党人》第17期。25日,以洛甫署名致电周恩来,内称:"戈宝权来延作用很大,能否要他从香港回来? 如可能时以来延为上策。"31日,以洛甫署名致电周恩来:"草明女作家交给你送延的文稿是否已送出?"

张闻天5月19日出席延安高级干部会,听毛泽东在会上所作《改造我们的学习》的报告。20日,以洛甫署名致电周恩来:"收到的《鲁迅全集》你指定给马列学院的已给文协,给抗大、女大的已分别给了晋察冀边区及陕甘宁边区中央局了。望批准。有便望再送几份来。"25日,为中共中央起草《关于统一各根据地内对外宣传的指示》。6月20日,为中共中央宣传部起草《党的宣传鼓动工作提纲》。29日,中共中央西北局在中央大礼堂召开纪念中国共产党成立20周年大会,张闻天在会上作《纪念我党二十周年我们的任务》的报告。7月1日,延安马列学院改建成延安中央研究院,为中共中央培养党的理论干部的高级研究机关。张闻天任院长、范文澜为副院长,下设9个研究室:中国政治研究室主任张如心、中国经济研究室主任王思华、中国历史研究室主任范文澜、中国教育研究室和新闻研究室主任李维汉、中国文化思想研究室主任艾思奇、中国文艺研究室主任欧阳山、国际问题研究室主任柯柏华、俄语研究室主任师哲。同日,中共中央作出《关于增强党性的决定》。8月1日,中共中央作出《关于调查研究的决定》。13日,主持中共中央政治局会议,讨论陕甘宁边区财经及文化工作问题。此次会议确定了中央文委成员的组成,名单为凯丰、艾思奇、陈伯达、范文澜、周扬、刘白羽、何思敬、丁玲、周文。

按:张闻天在讨论文化工作时发言说:过去中央文委对文艺政策的研究,虽有分工,但很少研究,我们又不内行,作家写的东西又没有地方发表。因此我们对文艺政策的管理有很大的困难。加之我们现在缺乏文艺工作的组织者。我们过去文艺工作不能做好的原因,主要矛盾是:(一)创作与出版的矛盾。主要是印刷困难。不能使作品出版,不能提高创作人员的积极性。今后我们要设法多使文艺作家的创作能够发表。(二)斗争与团结方针的矛盾。今后要使他们团结,首先就要让他们争论,在争论展开后然后研究他们的争论焦点,加以批判。(三)自由思想与统制思想的矛盾。延安许多党员对文化人有统制思想,《解放日报》要注意登载非党员文章,要使他们的思想自由发展。在自由批判中来求得思想的一致。我们对他们要宽大些,他们在政治上是同情我们的,不能要求他们遵守组织纪律。(四)党员与非党员关系的矛盾。我们的同志不要用党员的面目去与他们发生关系,要以非党员的面目去与他们接近,个别党员不要公开。如果发生党员有错误时,党员可以与非党员共同反对那个党员的意见,我们要允许自由争论。(五)现实与理想的矛盾。文学家常常易于把一些缺点夸大,但他们是站在同情者的立场来批评的,因此我们要有容忍的态度。我们对他们生活上要加以注意,今后要有特别的费用来改善他们的生活,同时要吸收他们参加实际斗争生活。我们参加文艺工作的同志对文艺问题必须首先自己加以研究。中央文委要吸收一些新党员参加,中央文委可以小些,下面组织几个小组。

张闻天11月13日晚参加中共中央及西北中央局为招待出席边区第二届参议会全体

参议员的宴会。18日,以洛甫署名致电周恩来:"国党中宣部中央文委最新重要变化,请涤新加以调查后,择要电告我们。"12月29日,主持中共中央政治局会议。此次会上,张闻天反映中宣部与文委的共同意见,提出恢复《中国文化》。关于在职干部担任教员问题,张闻天又提议"在职干部中宣部得派教员担任教课,每周一次"。最后会议"照洛甫意见通过"。会议同意恢复《中国文化》,决定办成为综合的理论刊物,由张闻天、凯丰商议提出编委名单。(以上参见张培森主编《张闻天年谱》,中共党史出版社2000版)

王稼祥6月13日为征求对取消抗大总校的意见,与毛泽东、朱德、叶剑英致电彭德怀、左权、罗瑞卿:抗大总校在目前各分校极端分散而又遥远的情况下很难进行领导,事实上各分校在各地区兵团的直接领导下仍可进行教育工作,教育方针与教材等归军委第四局负责,因此我们意见取消总校,将总校改为一个分校。8月29日,王稼祥出席中共中央书记处工作会议。会议决定:编辑马恩列斯反对主观主义、形式主义的言论,由毛泽东等11人组成编辑委员会。为加强中央对全党思想上的领导,由中央同志组成思想方法学习小组,毛泽东任组长。会议还决定由陶铸、黄华、师哲、王鹤寿、廖鲁言分别担任王稼祥、朱德、任弼时、陈云、陈绍禹的政治秘书。9月26日,中共中央发出《关于高级学习组的决定》,该《决定》指出:延安及各地高级学习组统归中央学习组管理指导。中央学习组以中央委员为范围,毛泽东任组长,王稼祥任副组长。29日,中央研究组组长毛泽东、副组长王稼祥发出给中央研究组及高级研究组各同志的通知。11月1日,毛泽东、王稼祥向各地高级学习组发出通知,规定各地高级学习组理论部分的研究材料共10件,计有季米特洛夫在共产国际第七次代表大会的报告、结论及闭幕词,《联共党史》结束语,《论共产主义运动中的"左派"幼稚病》,艾思奇译的《新哲学大纲》第8章,李达等译的《辩证法唯物论教程》第6章等。

王稼祥12月1日出席中共中央政治局会议。会议讨论由张闻天提出的中央直属的干部学校改造计划问题。王稼祥就军事学校的调整计划发言。指出:一、军事学院改编为高级与低级两班。二、抗大改为军事学院,以朱德为院长、叶剑英为副院长、郭化若为教育长。改编为高、低两班。三、前方抗大总校迁移问题。在讨论中,王稼祥补充发言,说:一、延安学校教育,过去有几种风气,有一个时期要学习政治,政治压倒科学和军事,这是一种风气。另一种风气是政治压倒文化。第三种风气是空洞的抽象的政治压倒实际的政治。二、延安干部学校应与各根据地干部学校不同,延安干部学校应该是深造高级干部的。军事学校就要以军事为主,不能样样都懂,样样都懂实际上样样都不懂。对政治工作干部,主要是学习政治、政策。过去八宝饭三不粘的办法不好。学校教育要培养各种干部,做理论工作的要多学理论(如中央研究院),要培养党的工作者包括组织工作者和宣传工作者。学校课程和教育计划很难定。教员一定要有实际经验,没有经验的教员很难联系实际,结果会失败。课本也是一个问题,过去前方所谓寓文化于政治是不好的。三、学校的管理问题。学校的管理要分管与总管。总管是中宣部,分管应该是各有关部门。教育计划与课程应由中宣部管理。军政学院合并于党校可以考虑。文化课还要大加研究。教育经费应有切实保证,如纸张及课本。王稼祥提议将各个学校的教育计划和教员都由中宣部收集(两周内收集),提交教育委员会讨论后再交中央;党的学校增加军事教育,由军委供给教材与教员。12月17日,出席中共中央政治局会议。会议通过中共中央关于太平洋战争爆发后敌后抗日根据地工作的指示;基本通过中共中央关于延安在职干部学习的决定和中共中央关于延安干部学校的决定,由毛泽东再加修改后,公开发表。会议决定将军政学院合并于中央党校。22日,出席中共中央书记处工作会议。在会上提议成立图书材料室。会议决定：在中央书记处之下成立图书室，征集时事材料，供政治局委员讨论政治问题的参考。（以上参见徐则浩《王稼祥年谱》，中央文献出版社 2001 年版）

　　吴玉章仍在延安。1 月 17 日，新文字协会成立延安西区分会，选举为名誉理事。2 月 15 日，国民参政会二届一次会议召开在即，和毛泽东等中共参政员致电国民参政会秘书处，就关于政府对新四军之处置，我党中央曾有严重抗议，并提出善后办法 12 条。3 月 8 日，和毛泽东、陈绍禹、林伯渠、董必武、邓颖超电复重庆国民参政会，重申不能出席第二届国民参政会的理由。16 日，领衔陕甘宁边区文化界电慰洪深并赠金 500 元接济。4 月 16 日，与林伯渠、张曙时致电慰问柳亚子，对国民党八中全会开除柳亚子党籍深表愤慨，望本革命初衷不屈不挠继续奋斗。5 月 1 日，《陕甘宁边区施政纲领》提出：继续推行扫除文言的政策，推行新文字。6 月 4 日，为《解放日报》撰写《推行新文字与扫除文盲》的社论。8 日，在延安中国新法学会成立大会上讲话。9 日，延安举行"五四"征文评奖揭晓。评委会有吴玉章（评判委员长）、丁玲、王曼硕、王滨、王震之、周立波、艾青、艾思奇、江丰、吕骥、何其芳、何思敬、周扬、李强、范文澜、柯仲平、柯柏年、胡蛮、徐特立、草明、姚时晓、荒煤、马达、张庚、张仲实、舒群、赵毅敏、欧阳山、萧三、萧军、罗烽、饶正锡等。他们认真阅读作品，多次交换意见，反复比较斟酌，完成了评奖。29 日，出席纪念中国共产党成立 20 周年大会。7 月 1 日，在《解放日报》发表《我和共产党》长文。7 日，出席延安各界纪念抗战 4 周年大会。同月，作《推行新文字和扫除文盲》一文。8 月 2 日，在陕甘宁边区自然科学研究会首届年会上致开幕词。继续当选为陕甘宁边区自然科学研究会会长。27 日，与徐特立、林伯渠等发起慰劳延安各直属县小学教师讲习班学员。28 日，中共中央决定将陕北公学、中国女子大学、泽东青年干部学校合并，成立延安大学，吴玉章为校长、赵毅敏为副校长，校址设在原女子大学。

　　吴玉章 9 月 18 日在鲁迅艺术文学院纪念"九一八"抗战 10 周年大会上演讲日本侵略中国简史。19 日，中共中央决定给吴玉章等 16 位老伤病弱同志予特别保健待遇。9 月 22 日，吴玉章以延安大学校长主持延安大学开学典礼并讲话，说：中共中央以及边区政府在延安推行新的教育。中国学术和教育都很空虚，不实际，这是很大的毛病。今后要培养能做事的，了解中国国情的青年，大家努力学习科学和外国语。30 日，与朱德等发起，倡议召集延安东方各民族反法西斯代表大会。10 月 10 日，在《解放日报》发表《以三大希望纪念辛亥革命二十周年》。同日，出席延安各界庆祝中华民国 30 周年大会。18 日，被聘为冬学委员会顾问。26—31 日，出席在延安召开的东方各民族反法西斯代表大会。大会决定成立东方各民族反法西斯大同盟，和朱德、林伯渠等 37 人当选为大同盟执行委员。29 日，被聘为陕甘宁边区参议员。11 月 7 日，在《解放日报》发表《庆祝十月革命并纪念中国文字革命第一周年》一文。同日，主持新文字协会成立 1 周年纪念大会，作《新文字在切实推行中的经验和教训》的报告。10 日，在《解放日报》发表《在发展科学方面对于边区参议会的希望》一文。21 日报载：郭沫若 50 寿辰之际，延安文化界及香港文化界均开会热烈庆祝，郭氏闻讯后异常感奋，特致电港、延文化界申谢。原文如下："香港张仲老、柳亚子、茅盾诸先生并转香港文化界：延安吴玉章先生转延安文化界，五十之年，毫无建树，犹蒙纪念，弥深怀愧，然一息尚存，誓当为文化与革命奋斗到底，尚祈时赐鞭挞。郭沫若叩。"12 月 12 日，出席东方各民族反法西斯大同盟执委会第一次会议。同月，在新文字协会第一届年会上作《新文字在切实推行中的经验和教训》的报告。（以上参见刘文耀、杨世元《吴玉章年谱》，四川人民出版社 1998 年版；艾克恩编纂《延安文艺运动纪盛》，文化艺术出版社 1987 年版；孙国林编著，王佳钰、王增辉校订《延安文艺大事编年》，陕西师范大学出版总社 2016 年版）

博古在延安负责创办和主持中共中央机关报《解放日报》和新华社工作。5 月 15 日，毛泽东为中共中央书记处起草《关于出版〈解放日报〉和改进新华社工作的通知》："五月十六日起，将延安《新中华报》《今日新闻》合并，出版《解放日报》，新华通讯社事业亦加改进，统归一个委员会管理。一切党的政策，将经过《解放日报》与新华社向全党宣达。《解放日报》的社论，将由中央同志及重要干部执笔。各地应注意接收延安的广播。"16 日，中共中央机关报《解放日报》在延安创刊。博古（秦邦宪）任社长，杨松任总编辑。毛泽东撰写的《发刊词》申明："本报之使命为何？团结全国人民战胜日本帝国主义一语足以尽之。这是中国共产党的总路线，也就是本报的使命。"《解放日报》初为四开两版。中央政治局决定，从 9 月 16 日起，扩为对开八版，并要求：报纸今后的文字，应力求活泼，尖锐有力，反对党八股。《解放日报》第四版是副刊版，发表科学、医学、卫生、农业、教育、文艺等文章。副刊组长艾思奇。报社对文艺很重视，创刊伊始就发表文艺作品，但无《文艺》栏。6 月 24—25 日，丁玲小说《一个钉子》在《解放日报》文艺栏发表，它描写两个同志为一个钉子拔与留引起矛盾，贬斥了小题大作的思想作风。中央有人对作品提意见，博古将意见告知丁玲。9 月 16 日，在《新华日报》第四版下半版特设《文艺》栏，并制作"文艺"栏头出版，不定期，每期发表文艺类文章有五千多字，包括作品、理论、翻译等。中央任命丁玲任《解放日报·文艺》栏主编，编辑先后有丁玲、舒群、林默涵、白朗、刘雪苇、陈企霞、黎辛、张谔、陈学昭。有关文艺稿件几乎都经社长博古、总编杨松过目。博古多次对丁玲说：《解放日报》是党报，《文艺》栏决不能搞成报屁股，甜点心，也不搞"轻骑队"（指延安青委编的在文化沟口张贴的大墙报）。《文艺》栏每周出四五期，每期占半个版面。

博古主持的中共中央机关报《解放日报》6 月 7 日发表社论《奖励自由研究》，系据毛泽东参与起草并多次修改的 1941 年《陕甘宁边区施政纲领》而撰写。其中第 14 条出自毛泽东之手，明确规定"奖励自由研究，尊重知识分子，提倡科学知识与文艺运动，欢迎科学艺术人才"。社论指出：人类历史上的前进运动，常常是和思想自由的开展分不开的。古今中外每当革命处在转变的伟大时代，常常伴随着一个文化上的启蒙运动，开展自由研究，打倒不合时代的因袭权威，驳斥现实中的黑暗事物，启发新时代所要求的思想意识。在今天伟大的斗争中，需要各方面的知识。因此必须一方面积极地号召各种专门家及知识分子，帮助和鼓励他们从事深刻精密的研究工作，另一方面必须提倡勇于追求真理而不顾忌一切因袭教条的作风，提倡自由独立的研究作风。这是新民主主义政治的一个重要方面，是与当前反对妥协投降危机分不开的一个重要方面。6 月 10 日，《解放日报》发表社论《欢迎科学艺术人才》，为了强调和发挥毛泽东为《陕甘宁边区施政纲领》撰写的第 14 条指出："尊重知识分子，提倡科学知识与文艺运动，欢迎科学艺术人才"这一主张，《解放日报》以此为题发表社论，指出：抗战以来，"只有延安不但在政治上而且在文化上作中流砥柱，成为全国文化活跃的心脏"，在新民主主义的文化旗帜下，萃聚大批优秀的科学艺术人才，从事着"启蒙的研究和实际建设的工作"。边区中央局颁布的施政纲领中规定，"提倡科学知识与文艺运动，欢迎科学艺术人才，这无疑地对今后新民主主义文化事业将有更大的推进，将会招致更多的科学艺术人才来到边区，将更提高边区的以至全中国的科学艺术的水准"。8 月 3 日，《解放日报》为配合延安文抗第五次会员大会召开,发表社论《努力开展文艺运动》,指出:这次大会,对于延安及边区文艺运动的开展,对边区和全国文艺界的联络,一定会有不少贡献。希望文抗分会的会员以民主的自我批评精神,对待问题和困难,克服缺点。希望延安及边区各界人士多关心文艺,帮助他们解决困难问题,使文艺有更大的发展,对全国的文艺产生更大影响。同月,王唯真在《解放日报》编辑部美术科工作,11月到新华社英文翻译组担任翻译。9月,吴冷西调中共中央机关报《解放日报》,先后任国际版编辑、主编、国际部主任。是年,白朗在周恩来的关怀下,以八路军办事处家属的身份,与草明等人乘车赴延安。白朗在延安《解放日报》当副刊编辑,艾思奇为副刊主任,同陈企霞、林默涵一起工作。12月,中共中央出版发行部改制为中央出版局。从延安北门外迁到清凉山,博古任局长。中央出版局下设出版、发行、指导三科,主要任务是继续加强对解放社、新华书店总店、中央印刷厂等部门的领导;承印与出版各种报刊、书籍;组织发行工作;指导各根据地的出版、发行等有关事宜。

按:1946年1月,中共中央出版局撤销,有关工作机构并入中央宣传部。(以上参见刘文耀、杨世元《吴玉章年谱》,四川人民出版社1998年版;王周生《丁玲年谱》,上海社会科学院出版社1997年版;艾克恩编纂《延安文艺运动纪盛》,文化艺术出版社1987年版;孙国林编著,王佳钰、王增辉校订《延安文艺大事编年》,陕西师范大学出版总社2016年版;吴永贵《民国图书出版史编年:1912—1949》,社会科学文献出版社2018年版)

凯丰仍任中央宣传部副部长,参与《解放日报》的创刊。5月16日,《解放日报》在延安创刊。20日,中央政治局开会,听取凯丰关于青年工作的报告。当时他任中共中央青年工作委员会书记。8月3日,中华全国文艺界抗敌协会延安分会在杨家岭礼堂(下午因雨改在文抗分会俱乐部)召开第五届会员大会。到会会员60人,凯丰等来宾10余人出席。刘白羽带领大家向抗战死难文艺工作者致哀,并报告开会意义和大会筹备工作。艾青、罗烽、萧军、欧阳山等7人当选为主席团成员。中央研究院文艺研究室主任欧阳山主持会议。中共中央宣传部副部长凯丰对抗战时期的文艺及延安文艺活动的方向多有阐释。鲁艺副院长赵毅敏对延安文艺界提出希望。柯仲平主持讨论会章。刘雪苇主持通过大会通电。然后由萧三主持通过致苏联作家书,由艾思奇主持讨论提案。大会原则通过欧阳山等人提议的《请边区政府决定并转呈国民政府颁布八月三日为文艺节》一案。27日,中央政治局会议决定,为增加中央工作效率,除每周一次政治局会议外,以住在杨家岭的政治局委员毛泽东、王稼祥、任弼时、张闻天、陈绍禹、陈云、凯丰7人,组成中央书记处工作会议,每周开会两次,研究党的重要工作。凯丰的地位越显重要。9月,中央书记处决定:组织中央青年工作委员会,凯丰任主任;组织大学管理委员会,由凯丰、李维汉等9人组成。9月10日至10月22日,中央召开政治局扩大会议,主题是讨论历史上特别是土地革命战争时期的路线问题,批判主观主义和宗派主义。凯丰出席并发言。9月22日,凯丰参与筹建的延安大学开学。11月16日,延安文化界集会庆祝郭沫若50寿辰,凯丰、丁玲、周扬、艾思奇、萧三、草明、欧阳山、艾青、高长虹、吴奚如、柯柏年、李雷等10余人出席大会。如此热烈庆祝郭沫若50岁寿辰,是因为1938年夏,党中央根据周恩来的建议,做出党内决定:以郭沫若为鲁迅的继承者,中国革命文化界领袖,并由全国各地党组织向党内外传达,以奠定郭沫若的文化界领袖的地位。(参见艾克恩编纂《延安文艺运动纪盛》,文化艺术出版社1987年版;孙国林编著,王佳钰、王增辉校订《延安文艺大事编年》,陕西师范大学出版总社2016年版)

李维汉(罗迈)继续任中共中央宣传部副部长,兼《共产党人》杂志编辑主任。2月,

《共产党人》第15期刊载《各抗日根据地文化教育政策讨论提纲》。提纲提出日寇在发动军事、政治、经济进攻的同时,随之而来的是文化进攻。"一方面是摧毁中国的民族文化,焚书坑儒,另一方面是进行亡国灭种的文化教育"。"修改中国的教科书,修改中国历史"就是日寇文化进攻的直接表现。"必须在各抗日根据地内,广泛地发展新民主主义的文化运动,发扬中国人民的民族意识,提高人民的自尊心和自信心,继承中国民族五千年文化的优秀传统。"3月8日,由陕北公学文工团、鲁艺、蒙古文化促进会等组成的蒙古考察团,自去年11月出发赴内蒙古以来,历时三个多月返回延安。蒙古文化促进会特在该会开理事会设宴欢迎。到会者有李维汉(罗迈)、艾思奇,以及王峰、焦心河、王亚凡、杨思仲、刘炽、陈叔亮、朱丹、李庆森等30余人。他们三月来行程千余里,走遍伊克昭盟(今鄂尔多斯市),创作漫画500幅,照片50余张,收集民间画、宗教画、佛像、刺绣数十种,搜集内蒙古歌曲100多首,喇嘛经、太平经以及蒙古乐器多件。还有蒙古民族英雄史迹、蒙古青年生活、蒙古婚姻制度等人文资料多件。罗迈讲话说:过去,从政治、经济和历史上研究蒙古民族的工作已经做了不少,但从文化方面的研究、考察还不多。希望你们根据这次的考察所得,写出一个反映内蒙古人民生活的剧本来。讲话之后,由考察团表演喇嘛念经、跳蒙古舞、奏蒙古乐。

李维汉4月28日在鲁艺第二次工作检查总结大会上讲话,讲了6点:一、鲁艺的性质。鲁艺是新民主主义的文艺学院。新民主主义的文艺,是民族的、民主的、科学的、大众的,也就是马列主义文艺政策的中国化。新民主主义的现实主义就是我们在文艺上的方向。二、鲁艺目前的任务。鲁艺有二重任务,一方面要提高自己,同时要帮助别人。前者除培养文艺理论家、作家外,还要培养艺术教育家。后者,除帮助延安外,还要帮助全国的文艺发展。三、要学习社会历史知识。如果想成为现实主义的艺术家,创造典型性格,必须要有丰富的历史知识。四、思想意识教育问题。要写出革命的作品,必须有革命的思想。五、行政制度问题。六、党员与非党员的关系。学校的学生党员,任务主要是学习,学习成绩好,就是党性的表现。(以上参见孙国林编著,王佳钰、王增辉校订《延安文艺大事编年》,陕西师范大学出版总社2016年版;王学典《20世纪史学编年(1900—1949)》,商务印书馆2014年版)

林伯渠时任陕甘宁边区政府主席。1月4日,为庆祝新年,中共中央秘书处、八路军总政治部、边区政府,于中山食堂同科学界、文化界、艺术界专家百余人欢宴。朱总司令、林伯渠主席亲临讲话,对大家一年来的艰苦工作精神致慰问之意。4月16日,吴玉章、林伯渠、张曙时致电慰问柳亚子,对国民党开除柳氏党籍深表愤慨。5月18日,陕甘宁边区政府举行第六十一次会议,讨论通过新的施政纲领。这个纲领共22条,毛泽东起草了8条,对其他几条也做了重要修改。根据毛泽东的指示,这个纲领登报公布,并印成小册子,广为宣传。毛泽东起草的《陕甘宁边区施政纲领》第14条中有"推广通俗书报,奖励自由研究,尊重知识分子,提倡科学知识与文艺运动,欢迎科学艺术人才"等。边区政府主席林伯渠在解释纲领中文化问题时指出:"顽固派施行文化统治政策,奖励复古,我们则必须奖励自由研究,推行新文字,扫除文盲,使人民普遍享受进步文化上的果实。"后来根据该纲领第14条,《解放日报》撰写了两篇社论:《奖励自由研究》《欢迎科学艺术人才》。22日,中共中央宣传部编审委员会在《解放日报》刊登征集书稿启事,其中包括文艺类书稿。9月5日,延安成立"怀安诗社"。陕甘宁边区政府主席林伯渠和边区参议会副议长谢觉哉,在延安交际处宴请延安60岁以上的诗人墨客;边区参议员戚绍光、白钦圣、安文钦、贺连城、汪雨相、施静安诸老先生 10 余人。在边区政府工作的高自立、李木庵、张曙时,鲁佛民、朱婴、吴缣(女)等老同志作陪。因出席者多为诗词之士,即由林老发起组织一个诗社。由高等法院院长李木庵为社长,荟集佳作。诗社定名"怀安",取"老者安之,少者怀之"之意,体现了革命圣地延安及陕甘宁边区和各抗日根据地是中国人民的希望所在。(以上参见艾克恩编纂《延安文艺运动纪盛》,文化艺术出版社 1987 年版;孙国林编著,王佳钰、王增辉校订《延安文艺大事编年》,陕西师范大学出版总社 2016 年版)

张如心 2 月 8 日在《共产党人》第 16 期上发表《论布尔塞维克的教育家》一文,提出党教育的人才应该是"忠实于毛泽东同志的思想"。此文首次使用"毛泽东同志的思想"的概念,也在中国共产党内第一次以毛泽东的名字来命名第一个中国化的马克思主义理论成果。4月 15 日,张如心又在《解放》第 127 期发表《在毛泽东同志的旗帜下前进》,提出"毛泽东同志的创造性底马克思……列宁主义"的概念。5 月 30 日,在《解放》第 131—132 期发表《论创造性的学习》,文中又使用过"中国的创造性的马克思主义"的概念。

按:2 月 18—19 日,张如心在刊于《解放日报》的《学习掌握毛泽东的理论和策略》(1942 年)一文中,还提出"毛泽东主义"的概念。

范文澜 1 月 16 日在延安《解放》杂志第 123 期发表《提倡民族气节的必要》。25 日,《〈中国通史简编〉之三——封建制度开始时代——西周》刊于《中国文化》第 2 卷第 5 期。2月 16 日,《旧剧新演》刊于延安《解放》杂志第 125 期。4 月 27 日,《李大钊同志永远不死》刊于延安《新中华报》。7 月 1 日,延安马列学院改建成延安中央研究院,张闻天任院长,范文澜为副院长,兼任中国历史研究室主任。9 月,所著中国通史简编(上册)由延安新华书店出版。由于毛泽东一再号召全党注意研究中国的历史实际和革命实际,范文澜受中央委托,主持编写一部供广大干部和青年阅读的中国历史读本,于是有此书之作。其《序言》曰:"我们要了解整个人类社会的前途,我们必须了解整个人类社会过去的历史;我们要了解中华民族的前途,我们必须了解中华民族过去的历史;我们要了解中华民族与整个人类社会共同的前途,我们必须了解这两个历史的共同性与其特殊性。只有真正了解了历史的共同性与特殊性,才能真正把握社会发展的基本法则,顺利地推动社会向一定目标前进。"本书目标是"从广泛史料中选择真实材料,组成一部简明扼要的,通俗生动的,揭露统治阶级罪恶的,显示社会发展法则的中国通史"。此书是 1949 年以前马克思主义中国通史的代表作,为中国通史的编撰提供了一种典范。刘大年称之为"第一部用马克思主义观点系统地叙述中国历史的著作"。自延安出版以来,它成为解放区干部的必读书,曾多次重印,发行量巨大。

按:此书撰写始于 1940 年 8 月,计划分三编:第一编,原始社会到中央集权的封建制度的成立——远古至秦,由谢华、范文澜编写;第二编,中央集权的封建国家成立后对外侵略到外族入侵——秦汉至南北朝,由佟冬、尹达、范文澜编写;第三编,封建经济的发展到西洋资本主义的入侵——隋的统一至鸦片战争,由叶蠖生、金灿然、唐国庆、范文澜编写。后来由于各人文风不同、观点各异、详略不一,难以统稿,范文澜遂决定一人独立编写。1941 年 5 月完稿。原题"中国历史研究会编"。《中国通史简编》中册北宋至鸦片战争以前部分于 1941 年底完稿,1942 年 12 月由延安解放出版社出版。范文澜总结此书与旧史书的五点不同之处:一、书中肯定历史的主人是劳动人民,旧类型历史以帝王将相作为主人的观点被否定;二、按照一般社会历史发展的规律划分中国历史段落,这是和旧历史不同的;三、中国是长期延续的封建社会,但二千年来决不是没有发展,本书把封建社会分成三个时期说明它的发展过程,关于时期的划分,着重于经济基础的变动,并注意到文化思想的发展;四、写阶级斗争,着重叙述腐化残暴的统治阶级如何压迫农民和农民如何被迫起义,肯定农民起义的作用,同时也要指出农民阶级本身缺乏组织性和觉悟性;五、书中注意收集生产斗争的材料、古代的科学发明以及有关农业、手工业的知识。当时延安《解放日报》发表的评论文章指出:"它是以新的科学方法整理中国历史的一个宝贵成果,它在处理历史材料与分析问题上打破了中国旧史学者的治史偏见,立基在先进的无产阶级立场上,正确地洞照了历史发展的全部过程,所以,它为研究中国历史的方向打下了一个基石。同时,在运用新的方法上,它克服了社会史论战时代的公式主义的作风,以具体的材料系统地叙述中国历史的运动状况,它里面没有空洞的议论,而是把作者所持的观点和方法论溶化在丰富史实叙述里,对中国历史上的争论问题,它不是告诉几点泛泛的道理,而是按着历史和实在状况代替了条文式的回答。"也有论者指出,"这是一部有强烈战斗意识的书"。但同时也受到非马克思主义学者的批评,认为此书"仅只是替中共平添了一部宣传品"。(以上参见王学典《20世纪史学编年(1900—1949)》,商务印书馆2014年版;陈其泰《范文澜学术思想评传》及附录《范文澜主要著述年表》,北京图书馆出版社2000年版;范文澜《中国通史简编》下册附录《范文澜先生学术年表》,商务印书馆2010年版;张培森主编《张闻天年谱》,中共党史出版社2000版)

叶蠖生5月在《中国文化》第2卷第6期发表《从安阳发掘成果中所见殷墟时代社会形态之研究》。文中针对尹达提出利用出土文物研究古史的主张,指出:"研究这些史料必须注意到材料的缺陷性,即是发掘成果还很小,所发掘的遗址半在盗掘破坏之后。"从殷墟发掘的考古史料中,完全可以找到"奴隶与奴隶主、农业、畜牧业、手工业、对外贸易、贫富之差、强迫劳动、金属制的生产工具",考察一般的事物,不能单从量上着眼,必须要看到它的质。殷墟的铜器量虽不甚多,但质已发展到晚期的程度。"因此,我们说它不是原始公社,而是奴隶占有制。"7月,叶蠖生在《解放》第133期发表《对于学习中国历史的几点意见》。文中对历史研究中的史料运用和研究程序等提出意见,主张对旧有的史料严加判别而取舍,因为"第一,它们真伪相杂,错误难免;第二,无论官修私造的历史著作,皆常有一定的阶级意识;第三,旧史著作包括很广大的范围,许多部分在今天用处很小;第四,封建时代的历史著作,社会情形只能附见而已;第五,史料的深厚非常不平衡;第六,愈是接近平民生活的记载,愈容易为当年的历史家吐弃"。作者又说:"我们研究历史,最主要的,不在于记诵故事,批评人物,而是在了解历史发展的规律,求得其一定的法则。"

叶蠖生8月在《中国文化》第3卷第2期发表《抗战以来的历史学》。作者从马克思主义阶级斗争和政治斗争的立场出发,着重对各派历史观及其党性展开分析,认为各派政治力量在抗战中无不注意运用历史学以宣传自己的主张,其学术无不带有强烈的政治倾向。不但抗战营垒和日寇及投降派营垒之间存在着激烈斗争,即使是抗战阵营内部,也存在着唯物史观和唯心史观的斗争。文章抨击了日本御用学者秋泽修二和国内对日妥协派种种历史理论,肯定了翦伯赞、吕振羽、吴泽、华岗等马克思主义史学家在建设历史学科理论和反对各种日寇汉奸及投降方面所做的贡献,强调了未来史学的发展必然是"唯物史观学派渐走向主导的地位"。作者还从唯物论的立场上,批评民生史观是"某些人们为着政治作用,企图向科学的历史方法反攻",认为"在抗战营垒中,无论是唯心的唯物的历史学派,为着适应抗战的需要,都注视到浅显通俗的宣传教育的重要,都从事这方面的工作","站在抗战营垒以内的唯心论历史家,为着他们还主张抗战,为着他们太重视心理作用,他们便强调历史教育的功用,企图以祖国光荣史迹来增强民族自信心,来鼓励抗战精神"。文中又在"关于历史学的理论斗争"中云:"抗战推动一切学术更走向实践之途,它的理论斗争都和实践更密切地联系着,历史学自然也是如此。历史学上的理论斗争可分为两大方向:第一是历史科学方法建立的方面,这里面包括了科学方法的介绍和错误理论的清算。第二为反对日寇汉奸诱降及投降等理论的斗争。当然有些文字是双方面都包括到了的,并无绝对的界限,还有一种文字如对新作的评论介绍,虽非斗争的文字,但也多涉及理论问题,也应付属于此。""这方面的工作虽然还嫌不够,尤其是关于对汉奸投降理论打击的不够。但已发表的文章也颇不少,这里为篇幅所限,自难一一论及。仅举出几篇有代表性的存在手边的文章略加论列:属于第一类如侯外庐在《中苏文化》第 4 卷第 2 期所发表的《社会史论导言》,翦伯赞在《读书月报》第 2 卷第 3 期所发表的《中国历史科学的实验主义》,吴泽先生在《读书月报》第 2 卷第 4 期所发表的《怎样运用中国的原始社会的史料》,华岗先生在《读书月报》第 1 卷第 10 期所发表的《研究中国历史的锁钥》等等。"

按:文中还论及"侯外庐先生的一篇论文,则是想利用《资本论》中散见的有关社会形态的文献,抽取结合起来,给资本主义社会形态下一明确的定义,也就是给认识社会形态的方法的一个示范。侯先生对于决定社会形态应由于生产方法,而生产方法与生产诸关系又是互相渗透的,不能孤立开来,只认作生产诸力的总和,给以明白地叙述,是十分正确的。虽然本文的主要目的在于建设,但也做了破坏的工作。它对罗隆基、陈独秀辈认为'苏联的国家工业是没有资产阶级的资本主义——不能说已经走出了人剥削人的资本主义制'的理论给以打击。不过侯先生仅以苏联没有阶级一点作证明。而认当新经济政策时代,生产物的分配是有资本主义的要素,为生产编制却是社会主义的要素主导着。而对于已经建成社会主义社会今天的苏联的分配,则未加说明,对于社会主义社会分配原则各尽所能、各取所需的基本法则与资本主义社会中剩余价值的分配,表面或有相混之处,本质上的截然不同,未予详细说明,而对罗、陈等的批评也未进一步发现其错误本质所在,则可为遗憾之点。然这并不能掩盖本文的功绩的。"(以上参见王学典、陈峰主编《二十世纪中国史学史论》,北京大学出版社 2010 年版;王学典《20 世纪史学编年(1900—1949)》,商务印书馆 2014 年版;杜运辉《侯外庐先生学谱》,中国社会科学出版社 2013 年版)

尹达 6 月在《中国文化》第 3 卷第 1 期发表《关于殷商史料问题——兼论殷商社会性质》。此文就谢华和叶蠖生的批评进行了答辩。尹达认为,意见之所以分歧的中心环节,在于对殷代史料的看法或多或少有些出入。"如果想正确地把握社会的本质,必须依据正确的史料,必须正确地分析史料本身的可靠程度,才可能得到相当安定性的结论。"他指明虽然考古学上所提供的殷商史料"是最可靠最宝贵的",但"目前所出的报告太少了,它们只是殷代遗址的部分的事实,不能代表全部的殷代遗址发掘的史料","不能以初期发掘的材料和报告为满足,应当注意到所得到的全部材料,辩证地分析它们的相互关系"。他指出从农业的发展上看,原始的农业是可以在新石器工具之上发生发展起来的。他还重申:殷代虽然存在奴隶,但还不曾成为决定社会性质的因素。

按:延安史学界关于殷商社会性质的讨论一度活跃,但仅限于殷商,而未涉及西周和西周以后的时代。在讨论中,各家观点虽相持不下,但在学术方法论上却日趋一致。(参见王学典《20 世纪史学编年(1900—1949)》,商务印书馆 2014 年版)

金灿然 11 月 20 日在《解放日报》发表《中国历史学的简单回顾与展望》。21—22 日连载。文中把中国史学史的发展划分为封建时代的历史学、资产阶级方面支配下的历史学和唯物史观初步运用下的历史学三个阶段。封建史学为封建统治者辩护,注重个人尤其是帝王的功业言行,忽视广大群众的活动;注重文物制度(上层建筑),忽视食货经济(下层基础)。晚清以来,中国史学虽然出现了历史观的改变、中国通史的编著、专题的研究与实证等发展趋势,但其致命伤是"以精神、心、道等唯心的观点来说明中国的历史,过分估计了英雄在历史发展中的作用,忽视了民本的意义"。作者认为,唯物史观的输入和运用,使中国史学呈现出新面貌。社会史论战以来,"研究中国历史——尤其是社会史上,唯物史观的方法已占了统治的地位。在这个光辉的方法论面前,封建的及资产阶级的历史方法已显得暗淡无光,失却了活力"。今后中国史学的方向,"便在于历史唯物论的中国化,也就是说,运用历史唯物论的基本原理分析研究中国固有的历史资料,把中国历史学带到真正的科学道路上","今后的历史研究者,要越过那种以社会发展史的公式随便配合上一点历史材料便算解决了中国历史问题的低级阶段,他们要从具体材料出发,在具体材料中寻找中国历史发展的一般性与特殊性"。(参见王学典《20世纪史学编年(1900—1949)》,商务印书馆2014年版)

艾思奇、萧军、周文等筹备创办延安鲁迅研究会。1月15日上午10时,在延安文化俱乐部举行延安鲁迅研究会成立大会,出席的有延安鲁迅研究者艾思奇、周扬、丁玲、萧军、周文、周立波等30余人。艾思奇主持成立大会,萧军报告鲁迅研究会成立的目的、经过及今后研究纲领和研究步骤。后即开始自由发言讨论。最后通过规约,宣布了首批研究人员,并选举艾思奇、萧军、周文组成干事会,由干事会3人及周扬、陈伯达、范文澜、丁玲、萧三、胡蛮、张仲实等10人组成编委会。会议决定每年将研究结果汇集在一起,出版《鲁迅研究丛刊》一册。拟定第一批研究项目和人员是,思想:艾思奇、陈伯达、刘雪苇;传略:萧军;创作:丁玲、周文、舒群、周扬、周立波;学术:范文澜、江丰、胡蛮。第二批研究人员:罗烽、艾青、草明、欧阳山、张仃、李又然、卢正义、金灿然、魏东明、须旅、何干之。大会还宣布成立鲁迅研究会的目的,是推动并加强对鲁迅的研究工作,学习和发扬鲁迅的伟大精神,继承鲁迅的丰富文化遗产,建设新民主主义的文化。鲁迅研究会成立后,首先发出了公开"启事",宣布研究会的成立:"敢请国内外各界贤达,予以援助,匡以真言,俾使从多方先生的精神、思想、学术、创作……显其真价,得以发扬""恳切地希望给以更多的意见和指导"。3月15日,延安鲁迅研究会在文化协会内举行第一次工作商讨座谈会,出席者有范文澜、江丰、刘雪苇、艾思奇、舒群、罗烽、丁玲、周文、萧军。会议议定设立"鲁迅文学奖金"。

艾思奇3月26日主编《中国文化》。是日,党中央做出关于调整刊物的决定。决定内容:一、由于目前技术条件的限制,某些书籍小册子急于出刊,决定《中国青年》《中国妇女》和《中国工人》,自4月起暂时停刊。二、扩大《解放》编委。三、扩大《共产党人》编委。四、《中国文化》编委由艾思奇、周扬、丁玲、张仲实、范文澜、萧三组成,艾思奇负总责。5月20日,延安鲁迅研究会发出启事:鲁迅研究会地处边陲,有关鲁迅的材料不易得,而鲁迅的思想、创作的研究绝非少数人所能胜任,特请各界人士援助。谨约如下:一、凡与鲁迅先生的思想、生活、创作、学术等有关研究著作,请抄寄一份。二、凡与鲁迅有关的书籍、杂志、报章、信件、墨迹、照片、画像、遗物及其他各项材料,如能捐赠,当然铭感。三、本会成立不久,工作正待发展,我们恳切希望给以更多的意见和指导。同日,《中国文化》第2卷第6期出版,刊有萧三的《列宁论文化与艺术》,王实味的《文艺民族形式问题上的旧错误与新偏向》,艾青的《赌博》(诗),默涵的《黎明之前》(杂感),萧军的《鲁迅研究会成立经过》。5月27日,延安鲁迅研究会为纪念鲁迅逝世5周年,发出《敬征关于讨论阿Q文献》的启事。说明已有文章:钱杏邨的《死去了的阿Q时代》、青见的《阿Q时代没有死》、茅盾的《阿Q相》、徐懋庸的《关于阿Q》、锦轩的《阿Q的后事如何》、朱彦的《阿Q与鲁迅》、张天翼的《阿Q论》、立波的《论阿Q》等。6月7日,鲁迅研究会召开第二次工作座谈会,艾思奇、雪苇、欧阳山、草明、艾青、范文澜、江丰、罗烽、舒群、周文、萧军等出席。议决:鲁迅大画像由张仃绘制,浮雕像由王朝闻塑造,拟成立"鲁迅纪念馆"等(后未实现)。鲁迅研究会还积极牵头筹备10月19日鲁迅逝世5周年纪念会,编辑散发了《鲁迅先生逝世五周年纪念特刊》及《鲁迅语录》,举办"世界名画展览"等。7月3日,召开了"鲁迅文化基金筹募会"发起人会议,成立了管委会,开始筹募。可见当时延安鲁迅研究会工作活跃。

艾思奇、雪苇、欧阳山、草明、艾青、范文澜、江丰、罗烽、舒群、周文、萧军等6月7日出席鲁迅研究会举行的第二次工作座谈会。会议报告事项有:一、阿Q文献收到10余篇;二、鲁迅大画像聘请张仃担任,并担任研究会一切美术指导;三、浮雕鲁迅像聘请王朝闻塑造;四、鲁迅有关文章题目,已由陈布文从各图书馆抄录成册,本会同志可随时参考。决议事项:一、除罗烽、艾青、草明、欧阳山等所有新来延的同志,研究文章可延至7月15日交稿外,其余均于6月底交出。二、待大众读物社搬家后,拟与文抗分会商量成立"鲁迅纪念馆"。三、拟扩大征求其他各界人士参加鲁迅的研究。四、鲁迅逝世5周年纪念会征文及奖金等,待基金委员会开会后再定。五、鲁迅研究会编辑的《阿Q论集》及《鲁迅研究丛刊第一集》均于8月内付印,共20余万字。鲁迅大画像已制成。7月1日,延安马列学院改建成延安中央研究院,艾思奇任中国文化思想研究室主任。8月,艾思奇在《中国文化》杂志发表《抗战以来几种重要哲学思想的评述》,文中密切联系中国实际,集中批判了蒋介石的力行哲学、陈立夫的唯生论、阎锡山的"中"的哲学,论述了唯物论辩证法的发展。指出中国共产党对抗日战争的理论才是符合中国历史发展和人民利益的正确指导思想。9月,延安大学举行开学典礼,校长吴玉章致词,徐特立、艾思奇讲话。艾思奇被任命为延安大学社会科学院院长。同月,延安成立青年艺术剧院,艾思奇为9人理事会成员。9月25日,延安《鲁迅研究丛刊》第1辑出版,刊有艾思奇的《鲁迅先生早期对于哲学的贡献》,何干之的《中国和中国人的镜子》,魏东明的《鲁迅创作的道路》,须旅的《辛亥的儿女——1925年的〈离婚〉》和《一出悲壮剧——1925年的〈伤逝〉》,萧军的《时代——鲁迅——时代》,金灿然的《鲁迅与国故》,正义的《鲁迅语言理论的初步研究——杭育杭育派的语言》,胡蛮的《鲁迅的艺术活动》,萧军的《延安鲁迅研究会成立经过》等。12月,成立延安诗会,艾思奇为7人理事会的理事。(以上参见《艾思奇全书》第8卷附录《艾思奇生平年谱》,人民出版社2006年版;张培森主编《张闻天年谱》,中共党史出版社2000版;钟敬之、金紫光主编《延安文艺丛书·文艺史料卷》,湖南文艺出版社1987年版;艾克恩编纂《延安文艺运动纪盛》,文化艺术出版社1987年版;孙国林、曹桂芳编著《毛泽东文艺思想指引下的延安文艺》,花山文艺出版社1992年版;孙国林编著,王佳钰、王增辉校订《延安文艺大事编年》,陕西师范大学出版总社2016年版;庞元正、董振华《艾思奇哲学研究中国化时代化大众化的开拓者》,《光明日报》2019年10月14日)

欧阳山时任中央研究院文艺研究室主任。5月19日,欧阳山在《解放日报》发表《马列主义和文艺创作——文艺思想性和形象性漫谈之一》。文中针对一个文艺青年提出的"学习马列主义之后,为什么反倒写不出文艺作品"的问题,做了回答。作者分析了学习马列主义、观察现实生活、纯熟的写作技巧三者的关系,批评了那种把马列主义当作教条,"硬想把它们化成他所需要的'事实',化成用做题材的、现实生活里面可能发生的'事实'"的倾向。批判了"左联"时期的杜衡等人,自己不会创作反而声称马列主义妨碍了他的创作的荒谬观点。文章还指出,照普通情况来说,越熟悉马列主义,就能越了解现实;越了解现实,就越能创作。但了解现实,不能仅靠学习马列主义,必须以学习心得,对现实细细观察。对每一个生活现象,研究又研究。之后,要把创造形象的手腕,练得非常纯熟才行。马列主义、仔细观察生活、纯熟的创造技术,这三条缺一不可。此文得到文艺界的认同和文艺青年的欢迎。8月3日,中华全国文艺界抗敌协会延安分会在杨家岭礼堂(下午因雨改在文抗分会俱乐部)召开第五届会员大会。欧阳山主持会议,全体立正向鲁迅遗像行礼致敬。周文、吴伯箫分别报告上届理事会及 4 年来文抗分会工作,充分肯定该会成绩。如组织了文艺小组(在工厂、机关、团体、学校、部队等四五十个单位中成立 85 个文艺小组,拥有组员 668 人);组织了抗战文艺工作团(前后 6 组,22 人,足迹遍及整个华北各抗日根据地,深入到北平、天津、高碑店等敌后方);组织了文艺顾问委员会,组织"文艺讲座"和文艺座谈会 20 至 30 次,阅稿 400 篇;编辑《文艺战线》《文艺突击》《大众文艺》《中国文艺》;由会员自由组织文艺月会,开座谈会 9 次,出版《文艺月报》7 期;举办星期文艺学园,拥有正式学生百人,学习期限两年;等等。

欧阳山 8 月任中央研究院文艺研究室主任。文艺研究室的宗旨是:以马列主义基本原则为指导,以研究中国文艺的实际问题为中心,调查研究各方面文艺的历史和现状,总结实践的经验,提出系统的文艺理论,指导今后的文艺实践。文艺研究室成员有刘雪苇、魏东明、王光霞、汪琦、郭小川、余平若、金紫光、董速、蔡天心、江帆、金默生、张滨潢、伊明、吴杰民、尚伯康、魏荣章、陈振球、萧英、程堃、章炳南、王实味等。包括了文学、音乐、戏曲、美术各方面的人才。文艺研究室有特别研究员、研究员、研究生总共有 20 余人,下分 5 个小组:一、鲁迅研究小组,有刘雪苇、魏东明、江帆等。二、文艺评论小组,有王实味、萧殷、蔡天心等。三、小说散文小组,有草明、吴杰民、金默生、余平若、汪琦等。四、戏剧(平剧)小组,有金紫光、陈振球、尚伯康、王伯雨、章炳南等。五、诗歌小组,有郭小川、严慰冰等。文艺研究室根据中央的指示精神,为了有计划地进行研究工作,曾制订了三年研究规划和一年执行计划,具体规定了各组的研究目的、任务、人员分工、时间安排、方法、步骤、组织会议等。每个研究的课题都有专人负责,安排讨论和总结。室主任对每个专题进行指导,同时也参加研究。(以上参见艾克恩编纂《延安文艺运动纪盛》,文化艺术出版社 1987 年版;孙国林编著,王佳钰、王增辉校订《延安文艺大事编年》,陕西师范大学出版总社 2016 年版)

刘雪苇 3 月 15 日出席边区文协座谈会,讨论创办"星期文艺学园"。第一学期,以刘雪苇的《中国新文学运动史》为主课。在这之前,刘雪苇还讲了《鲁迅的精神和思想》。5 月 16 日,中共中央机关报《解放日报》在延安创刊。丁玲任《解放日报》文艺栏主编,刘雪苇、陈企霞等任编辑。6 月 1 日,延安文艺月会编的《文艺月报》第 6 期出版,刊有刘雪苇的《读小说的态度问题——关于〈狂人日记〉的一个争论》、魏东明的《论作家的气质》、黄既(黄树则)的《文艺创作基本地是科学工作》等。2 日,刘雪苇在《解放日报》发表《略论文学的"雅"》一文。这篇论文的意义在于,作者较早地指出当时的文学创作,要注意克服粗糙,要"雅"。他认为:有一种观点是不正确的,即认为民间文学进入"庙堂"就不足观了。这是不正确的。要分两种情况,一种情况是民间文学进入封建统治阶级的"庙堂",那当然不足观;但新的革命阶级的文学,是不能拒绝"雅"的,这"雅"就是美。革命文学一定要美,使人觉得好看,读了是一种享受才好。革命文学,当其在"民间"的时候,虽有刚健、清新的好处,但也有粗糙、拙直的短处。在革命的阶级走向统治地位的时候,提高和洗练自己的文学,使其成为更艺术、更高级的文学,则是非常必要的。

刘雪苇 7 月 9 日出席并主持文艺月会举行第九次月会,议题是"延安作家的创作生活问题"。15 日,毛泽东写给刘雪苇一封信:"来信及提纲(指雪苇写的中国新文学史讲授提纲)收读。虽然我提不出什么意见,但是赞成你写这本书。此复。致以敬礼!" 20 日,文抗文艺顾问委员会和《解放日报》通讯科在文化俱乐部请刘雪苇作报告:《文学学习的几个问题》。参加者有文艺小组及《解放日报》通讯小组的同志及各界人士。8 月 3 日,刘雪苇出席中华全国文艺界抗敌协会延安分会第五届会员大会，并主持通过大会通电。通电说：今后要加强与总会及各地分会和文化文艺团体的亲密联系，保障作家的权益，争取民主自由，更好地用文艺工作配合抗日建国的事业。9月1日，刘雪苇在《文艺月报》第9期发表《给萧军同志的公开信》，就7月1日萧军在《文艺月报》第7期上撰文批评雪苇替《解放日报》的辩护提出批评予以反驳，指出：我和你意见的分歧点在于：你以为这"不……是诗"，我以为是诗。你以为登这"不……是诗"于文学副刊上，报馆应负责任。我以为这既是诗且又适应于抗战的诗，报馆可以不负其他的责任。并认为成名作家不同于未成名作家：一、他不是没有掌握一定水平以上艺术技巧的人，他除了偷懒或没落，才会只写得出"不是作品"的"作品"；二、他和读者之间已经有了一种直接的相当固定的关系，可以直接对读者负责；三、环境对于自己有直接监督他的社会力量，不能不自觉；四、编者对他已经不负，也负不起和难于负教育培养的责任了。4日，刘雪苇在《解放日报》发表《关于思想在文学中的地位》，说思想"对于一件艺术品之能否成功及其完成的高度，是有着极大的决定底作用；但它的地位，是一种服役的地位，是作家为了要掌握现实的真——'灵魂的深'而用的不可缺少的一种工具"。思想又必须从体验生活中去猎取。12月4日，刘雪苇在《解放日报》撰文《〈在医院中时〉〈麻雀〉及其他》，介绍延安新出的三种文艺期刊：文抗的《谷雨》、鲁艺的《草叶》、诗刊社的《诗刊》。并详尽推荐《谷雨》登的第一篇小说，即丁玲的《在医院中时》；《草叶》登的第一篇作品，即立波的《麻雀》。还推荐《诗刊》登的郭小川的诗《一个声音》。（以上参见艾克恩编纂《延安文艺运动纪盛》，文化艺术出版社1987年版；孙国林编著，王佳钰、王增辉校订《延安文艺大事编年》，陕西师范大学出版总社2016年版；艾克恩主编《延安文艺史》，河北教育出版社2009年版）

　　周扬继续任鲁艺副院长，主持鲁艺工作。2月25日，任新创刊于延安的《中国文艺》主编。该刊前身为《大众文艺》。中国文艺社编辑，中国文艺界抗敌协会延安分会出版，通讯处在延安鲁迅艺术文学院。正当《中国文艺》筹备创刊之时，发生了震惊中外的"皖南事变"。《中国文艺》在创刊号封二刊登《我们的抗议》。创刊号共发表12篇文章，除了前述的一篇外，计有理论3篇：周扬的《抗战以来创作的成果和倾向（上）》、立波的《谈阿Q》、丁玲的《什么样的问题在文艺小组中》。3月6日，鲁艺院务会议在党中央指导下，决定全面检查和总结第三年的工作，前后达一个半月之久。检查重点是：办学方针、工作态度、教学成果、干部作风、群众关系等。4月28日，中共中央宣传部副部长罗迈（李维汉）在总结大会上讲话，指出鲁艺的性质是新民主主义的文艺学院，当前任务重在"专门化"。29日，根据"专门化"的需要，调整院系机构。6月10日，确立正规学制。根据该院检查工作意见，成立戏剧、音乐、文学、美术四部。原有的四个系及五个工作团体则依其性质分属于四部之下；使各艺术部门自成体系，作为将来分院的基础。该院各系修业期限原为两年，自第五届起，延长至三年；音乐、美术两系第四届已延长至三年。这造成了该院此后的主观主义、教条主义、脱离实际、"关门提高"等不良倾向，成为1942年整风中主要的批评内容。

　　周扬4月29日做了鲁艺第二次工作检查总结后，行政干部做了大调整，并郑重公布"术字第十一号"公告：全院工作检查总结后，对各方面工作均有所变革，干部亦经重新配备，兹将科长以上干部名单列后：戏剧部：部长章泯（张庚代），系主任张庚，实验剧团主任田方，副主任于敏；平剧团主任符律衡。音乐部：部长冼星海，系主任贺绿汀，音工团团主任冼星海兼。（上列各职均由吕骥暂代。）文学部：部长周扬兼，系主任何其芳，文工团团主任严文井。美术部：部长江丰，系主任王曼硕，美术工场主任钟敬之。教务处：处长吕骥，教育科长安波,副科长浪淘,理论研究室主任安波(兼),油印科长胡征,图书馆长周云深。干部处:处长宋侃夫,干部科长陶明,材料科长梁唯文。编译处:处长立波,科长天蓝。院务处:处长黄霖,人事科长殷铁铭,事务科长董锡斌,管理科长(试用)罗春堂,会计科长梁庆安,副科长蔡光华,经建科长傅轩,秘书左荧。院长办公室:主任龚亦群。与此同时,鲁艺党的干部也做了重新配备。5月10日,公布"术字十三号"公告:兹将本院党的工作干部名单公布之:总支书记宋侃夫,副书记王一夫;常委兼组织部长苏民(病假),常委兼代组织部长毛星;常委兼宣传部长王宗一;常委兼群众工作部长龚亦群;常委兼妇女部长苏灵扬;常委王子刚;执委立波、江丰、殷铁铭;戏剧部支书麦新;文学部支书王子刚兼;美术部支书毛星兼。

　　周扬5月20日主持鲁艺召开的第一次党代会,发出《敬告全院教职工书》。同日,鲁艺订出《艺术工作公约》,共10条:一、不违反新民主主义现实主义的方向。二、不违反民族的、大众的立场。三、不违反艺术上抗日民族统一战线的原则。四、不对黑暗宽容;对于新社会之弱点,须加积极批评与匡正。五、不流于轻浮作风、低级趣味。六、不间断创作与研究的工作。七、不轻视艺术的组织工作。八、不满足自己的即使是最大的成功,不轻视别人的即使是最小的努力。九、不抱宗派之见,不作无原则的意气之争。十、不放松对艺术中一切不良倾向的批判。6月10日,延安鲁迅艺术文学院建立正规学制,机构和负责人再做大的调整:成立文学、戏剧、音乐、美术四部,原有四个系和五个工作团分属四部之下。院领导:院长吴玉章,副院长兼党团书记周扬,党总支书记宋侃夫。各处:干部处长韩托夫,教务处长吕骥,院务处长黄霖,编委会主任周立波。各部、系、团:文学部部长周扬(兼),文学系主任何其芳,文艺工作团团长严文井;戏剧部部长张庚,戏剧系主任张庚(兼),实验剧团团长田方,平剧团团长阿甲、罗合如;音乐部部长冼星海,音乐系主任吕骥(兼),音乐工作团团长贺绿汀;美术部部长江丰,美术系主任王曼硕,美术工场场长钟敬之。7月17—19日,周扬长约9000字的论文《文学与生活漫谈》,连载于《解放日报》,用之一、之二、之三排次。"之一"的主要观点:文学从生活中产生,一个作家首先应该有生活,但文学不等于生活,要有认识生活和表现生活的能力(思想和技巧),为此,必须长期刻苦学习;"之二"主要谈作家体验生活问题;"之三"谈延安作家中存在的创作思想问题。作者声明:"在美学上,我是车尔尼雪夫斯基的忠实信奉者""美即生活"。显然,他是依据车尔尼雪夫斯基美学观点写这篇文章的。这篇论文发表后,引起不同的反响。

　　按:有人认为它包含了丰富的知识和思想,提出了"文学与生活"的关系这个重要问题,写得圆通晓畅,对延安文艺创作特别是对初涉文艺的人说来,不失为一篇导向性的文章。另一种观点则认为,周扬的文章都是文学知识ABC,老生常谈,拾人牙慧,没有什么价值,其中还包含一些错误观点。后一种意见的代表,是刊于8月1日《文艺月报》的《〈文学与生活漫谈〉读后漫谈集录并商榷于周扬同志》。参加漫谈的有白朗、艾青、舒群、罗烽、萧军、丁玲,时间为7月22日,地点在杨家岭文抗分会内。但丁玲的观点与另外几个人不完全一致,商榷文章发表时,丁玲没有列名。

　　周扬8月12日在《解放日报》连载长篇纪念鲁迅诞生60周年文章《精神界之战士——论鲁迅初期的思想和文学观》。10月3日,周扬由鲁艺选出为陕甘宁边区参议员候选人。11月18日,在《解放日报》"庆祝郭沫若先生五十寿辰"特刊发表《郭沫若和他的〈女神〉》。文章指出:郭沫若是中国新文学史上第一个可以称得起伟大的诗人。他是伟大的五四启蒙时代诗歌方面的代表,新中国的预言诗人。他的《女神》,给人以勇气,引人去斗争。"自我的歌颂,民族的歌颂,大众的歌颂,这三者融合为一,构成了他的诗的内容。他的浪漫主义是属于高尔基所说的积极的革命的一种。"《解放日报》"庆祝郭沫若先生五十寿辰"特刊还刊登了艾思奇、李初梨、高长虹、欧阳山、草明的文章。艾思奇的《自由、民主、真理的讴歌者和追求者》称赞郭沫若是"自由、民主、真理的热情的讴歌者,也是勇敢的实践的追求者"。李初梨的《我对于郭沫若先生的认识》说郭沫若不仅是光明、真理、自由、解放的号手,而且是真正改造世界的战士。萧三说:郭沫若是中国新文学创基者之一,是"五四"以来中国进步青年的代表,是革命的、先进的、热情的天才诗人、学者。高长虹说:郭沫若始终是站在文艺的前线,他是中国文艺这只雄鸡上的花冠。欧阳山说:中国的现实主义是由两大支流汇合而成的,其一是民主主义的现实主义,其二是革命的浪漫主义。后者的代表就是郭沫若。草明说:从整个革命运动来看郭沫若,他是始终坚决为自由而奋斗的一人。(以上参见艾克恩编纂《延安文艺运动纪盛》,文化艺术出版社1987年版;孙国林、曹桂芳编著《毛泽东文艺思想指引下的延安文艺》,花山文艺出版社1992年版;艾克恩编纂《延安文艺运动纪盛》,文化艺术出版社1987年版;孙国林编著,王佳钰、王增辉校订《延安文艺大事编年》,陕西师范大学出版总社2016年版)

　　何其芳继续任教于鲁艺。1月5日,在延安文化俱乐部报告《抗战以来的诗歌及其前途》。4—5月间,何其芳与陈企霞在《文艺月报》上展开关于诗歌问题的争论。陈企霞当时是《解放日报》"文艺"栏编辑,何其芳是鲁迅艺术学院的教师,常有诗歌发表,并对延安文学爱好者进行写作辅导。二人都是当时延安文坛的知名人物。特别是何其芳,受到许多青年文学习作者的崇拜,喜欢吟诵和模仿他的诗作。年初,何其芳在延安文化俱乐部作关于诗歌的报告时,讲到诗的"范围应该服从于新民主主义这个政治口号"。陈企霞听了很不以为然。随后写了一篇《旧故事的新感想》,发表在《文艺月报》第3期。此文对何其芳论诗的观点颇有微词。但他采用讲故事的方式,曲折地提到一种他认为不正确的诗论。于是,何其芳写了一篇反批评的文章《给陈企霞同志的一封信》,发表在《文艺月报》第4期。这封公开信明确说读了《旧故事的新感想》很不满意,要把想说的话直率地都写出来。何其芳首先指出:陈企霞引述他关于诗的观点不准确。他讲过诗的"范围应该服从于新民主主义这个政治口号",而未讲过诗的主题是新民主主义。接着又说,他是从新诗的历史及现状出发来谈新民主主义的,而不是玩政治口号。可笑的不是那个故事中学字的儿子,而是自以为聪明而嘲笑别人的陈企霞。你有道理,可以明明白白地说,请不要骂街。最后,何文指出:我们在延安,而且以同志相称呼,有什么话不可以痛痛快快地说呢?有什么必要还在埋伏着,暗暗地射这个冷箭呢?当然何其芳也承认所论"容或有不周密,不精细的地方"。

　　按:何其芳因陈企霞的歪曲本意和杂文式的文章而被激怒,所以公开信不仅指名道姓,而且用语尖刻。陈企霞看了公开信,也是很不满意,又写了一篇《我射冷箭了吗——答何其芳同志》,发表在《文艺月报》第5期上,"把想说的话都说了出来,而且没有加上涨红着脸的激动",文章用词颇为尖刻。他坚持说:所引何其芳的论点,"虽然,因为仅仅是感想所限制不免简略一些,但和提纲(指何其芳公开信中公布的报告提纲)的基本精神还是相符的"。他还说:"我只是从某一点发现问题,发表感想而决不是存心攻击何其芳。何其芳似乎在那里不愿别人发生感想,而且似乎还在限制别人文章的写法……恐怕也不是新民主主义所答应可以这样做的吧。"另外,陈企霞在文章中还说:何其芳误解了他的文意,把自己比作鲁迅,诬人放冷箭,这恐怕不是以同志相称所应有的态度。这次论争尽管文章用词有火药味,但还是说理的。它由诗与政治的关系问题引发。何其芳认为:诗的现实主义应以新民主主义为范围,陈企霞则认为不应以政治限制诗,论诗不能套用抽象的政治原则。这个论题本来是很有意义的,深入讨论,可以正确处理诗与政治的关系。但可惜的是,后来争论的是文艺批评的态度和方法。对本应深入讨论的问题,却未能集中讨论。这次争论表明,延安时期既有批评的自由,也有反批评的自由,这是政治大环境的民主自由在文艺上的表现。

何其芳 4 月 29 日任鲁艺文学系主任。5 月,鲁艺编辑出版《陕北民歌选》。此书是在中国民间音乐研究会采风的基础上编成的。院长周扬看了油印的资料后惊叹不已,说这些材料完全可以出一个"文学本",责成何其芳编辑。参加初选的有公木、葛洛、丁民、鲁藜、天蓝、舒群。注释工作由程钧昌、毛星、雷汀、韩书田等担任。附录的曲调由音乐系的李焕之、张鲁、马可、刘炽等选抄。这本书是文学家与音乐家合作的产物。出版后,受到文学界和音乐界的热烈欢迎。新中国成立后,多次再版。11 月 28 日,《解放日报》载重庆讯:渝诗歌界 50 余人致书苏联诗人与人民,表示"我们完全同意你们革命诗人玛雅柯夫斯基的号召:同法西斯蒂讲话,要用烈火代言词,用刺刀代唇舌,用子弹代讽刺"。延安艾青、何其芳等参与签名。(以上参见艾克恩编纂《延安文艺运动纪盛》,文化艺术出版社 1987 年版;艾克恩主编《延安文艺史》,河北教育出版社 2009 年版;孙国林编著,王佳钰、王增辉校订《延安文艺大事编年》,陕西师范大学出版总社 2016 年版)

周立波、何其芳、陈荒煤、严文井等筹办的《草叶》双月刊 11 月 1 日在延安创刊,延安鲁迅艺术文学院草叶社编,新华书店发行。《草叶》这个刊名取自英国惠特曼的诗集名,以"草是自然界最普通、最平凡的东西"来比拟自己的创作。由周立波、何其芳、陈荒煤、严文井等组成编委会。其选稿标准有两条:第一,要使读者能够读下去,就是说要有一定水平的技巧而不是乱七八糟的连语言文字都成问题的作品。第二,要使读者读后多少能够得到一点东西,就是说要有一定分量的艺术性和革命性结合起来的内容,既反对空洞无物的概念化、公式化,也不赞成对于新的现实采取一种消极的态度。从第 3 期开始,突破了只发表鲁艺从事创作者作品的局限,刊登了艾青的诗。以后又陆续发表了翻译作品。在第 4 期的"编后"中还明确写道:"以后篇幅还可能增加""还打算登短的理论文章,并不把刊物限制为纯创作性质的了"。(参见孙国林编著,王佳钰、王增辉校订《延安文艺大事编年》,陕西师范大学出版总社 2016 年版)

张庚 4 月 15 日在《新中华报》发表一篇文章,首先对演"大戏"现象公开提出批评,指出:自从 1940 年以来,延安比较少演中国戏,而几乎不演自己编的戏,偏于演外国戏和反映外面生活的戏。这事虽然表现着舞台技术的一种大进步,但一般观众也常常感到延安的舞台很少从自己的观点来反映抗战中的生活和形象,引以为一种憾事。6 月 10 日,延安鲁迅艺术文学院建立正规学制。成立文学、戏剧、音乐、美术四部,原有四个系和五个工作团分属四部之下。张庚任戏剧部部长兼戏剧系主任。

按:程中先于 2 月 20 日撰写《所望于延安剧坛的》,对于延安戏剧界争演中外名剧,轻视贴近现实生活的戏剧,提出批评。此文刊于次年 4 月 22 日《解放日报》。

张庚在 10 月 9 日《解放日报》撰文《为什么要有一个戏剧节》,指出:戏剧节源于古希腊的雅典戏剧比赛。十月革命后,苏联定于 10 月 1 日至 10 日为戏剧节。元朝时期中国人民借戏剧表现了民族自由、人民权利的思想,所以戏剧大盛。抗战后,戏剧所发挥的宣传功能最大。全国剧协在武汉召开会议,决定 10 月 10 日国庆节为戏剧节。今天,解放区政治民主自由,戏剧已有更大的发展。(参见艾克恩编纂《延安文艺运动纪盛》,文化艺术出版社 1987 年版;孙国林编著,王佳钰、王增辉校订《延安文艺大事编年》,陕西师范大学出版总社 2016 年版)

胡蛮继续任鲁迅艺术学院美术系美术理论研究室主任。1 月,发表《介绍鲁艺美术工场的创作——为"美术工场首次展览会"而作》。同月 12 日,鲁艺美术工场举行首次展览,展出青年美术家的作品百余件,木刻、雕塑、工艺美术、建筑设计等,毛泽东半身雕像、"小八路"雕像均参加展览,共展出 4 天。胡蛮的文章对这些作品,都给予很高的评价,同时指出今后的创作要注意人物的细节表现。2月16日,边区美协在文化俱乐部举行会员大会,40余人出席。大会主要议题:修改会章,改变组织机构,确定今后工作方向与充实各校美术小组,加强出版、展览和对外联络工作。当选执委有胡蛮、江丰、力群、钟敬之、王曼硕、张谔、王大化、陈钧、蔡若虹、马达、朱吾石(米谷)、华君武、葛俞、施展、石泊夫等15人。后补许珂、王朝闻。其他各项工作逐一讨论落实。美协新的工作方向是:向基层发展,向外沟通,使协会既有扎实的基础,又有广阔的发展空间。

　　胡蛮8月29—30日在《解放日报》连载《目前美术上的创作问题——为"边区美协1941年美术展览"而作》长文,此文为这次美术展览会的作品而撰写。作者指出:就"提高理论和技巧的质量"这一点来讲,我们还没有提高到应有的程度。就内容来说,轻视政治命题,偏重自由创作。其根源是错误地认为艺术和政治是两回事,并由此而发生了"艺术第一"的谬论,以致陷入形式主义学院派观点的泥潭。怎样把美术传播给广大的群众?要大量发展木刻,要请教老百姓,只有他们才是真正的美术批评家。只有因体裁、表现方法上的不同,才产生出手法和作风的不同。认为只有自由创作才是个性的、创造的,那是一种偏向;认为政治命题是受限制的、概念化的、公式化的,更是荒谬。作为革命的艺术家的工作,主要的是在作品上所表现出的政治意义。胡蛮在文章中指出这次美术展览的作品,只是大量的风俗画,而没有反映出现实生活的政治意义。9月22日,力群在《解放日报》发表《美术批评与美术创作者——读了胡蛮的〈目前美术上的创作问题〉之后》,本着自由讨论的精神,主要对胡蛮这样一个观点提出商榷:胡蛮认为边区美协美术展览会的作品,只是大量"风俗画",而没有反映出现实生活的政治意义,认为:第一,胡对于作品的看法过于表面。第二,胡蛮不了解创作者与生活的联系,因而要求他们去反映所不熟悉和不喜欢的东西。第三,胡蛮的文章有轻视技巧之嫌。这次争论在延安美术界,特别是在鲁艺师生中引起较大的反响,多数人赞同力群的观点,认为应当正确处理政治与艺术的关系,加强艺术技巧的学习,全面、客观地评价作品。(以上参见艾克恩编纂《延安文艺运动纪盛》,文化艺术出版社1987年版;钟敬之、金紫光主编《延安文艺丛书·文艺史料卷》,湖南文艺出版社1987年版;孙国林编著,王佳钰、王增辉校订《延安文艺大事编年》,陕西师范大学出版总社2016年版)

　　江丰9月17日主持召开边区美协会员大会,并报告上届理事会半年来的工作。之后,大家对出版美术刊物、经常举行小型美术展览等问题,进行了讨论。最后改选了理事,选出江丰、王曼硕等为理事。12月2日,江丰在《解放日报》发表《绘画上的利用旧形式问题》。文章发问:容易为老百姓接受的究竟是旧形式还是新形式(西洋画的形式)?他认为有很多新形式的绘画作品,不被老百姓欢迎的原因,绝不是新形式本身的过错,而是作者的写实技术差,或是粗制滥造。如果以山水的景色作为游击战的背景,以仕女画的写法来描写农民和士兵,显然表达不出战争的气氛和农民与士兵粗壮的感觉。掌握旧形式文人画的墨色、笔致,固然也有它的好处,然而用来表现标准的现代生活,确实是不够的,并且是不适宜的。因此绘画的成功,是以反映新内容不走样为标准。要新内容不走样,用旧形式是相当困难的。王朝闻发表《再艺术些》,说好些作者只热衷于"画什么?"(抗战主题),忽视"怎么画?"和"在什么时期,什么地区,给谁看?"等问题。因此,大大折扣了作品可能有的力量。这是由于缺乏深入的调查研究,或多或少迎合着观众的低级趣味。是的,"艺术就是宣传",但为了宣传得有力,必须再艺术些!这一篇短文,获得美术界的好评。17日,美协在鲁艺召开常务理事会,决定1942年元旦在军人俱乐部举行"美协反侵略画展";致电慰问香港美术界同人反黑暗的斗争，表示愿意同他们站在一起，支持他们的斗争。（以上参见孙国林编著，王佳钰、王增辉校订《延安文艺大事编年》，陕西师范大学出版总社2016年版；孙国林、曹桂芳编著《毛泽东文艺思想指引下的延安文艺》，花山文艺出版社1992年版）

丁玲1月1日正式接到中央组织部关于她历史问题结论的通知。同日，由萧军提议，张闻天批准，创办《文艺月报》，为延安文抗文艺月会的机关刊物，由延安文艺月会编辑。丁玲参加编委会工作，与萧军、舒群3人合编《文艺月报》，并在第1期发表《大度、宽容〈文艺月报〉》，文章进一步发挥她在第二次文艺月会座谈会上的见解："我以为《文艺月报》要以一个崭新的面貌出现，把握着斗争的原则性，展开泼辣的自我批评作风……"4日，中华全国文艺界抗敌协会延安分会举行年会。到会会员30余人，欢迎从大后方来延安的于黑丁、曾克、陈学昭和由前方返延安的李伯钊、下乡归来的柯仲平。分会各部报告一年来的工作后，决定：一、改选理事，加强实际领导工作。二、在文协内设立文协分会办事处，集中人力，充实与健全文艺小组工作。三、全体会员应切实支持文协刊物《中国文艺》。最后用无记名方式投票选出理事9人：丁玲、周扬、萧三、周文、雷加、于黑丁、刘雪苇、舒群、李伯钊。从中产生常务理事5人：周文（总务部）、丁玲（组织部）、刘雪苇（研究部）、周扬（出版部）、李伯钊。

按：随着形势的发展，来延安的文艺人日多，延安的文艺阵容迅速壮大，中央决定，边区文协由西北局领导，其任务是开展边区文化工作；文抗则独立出来，受全国文艺界抗敌协会领导，其任务是团结边区文艺界同人，开展文艺工作。7月1日。文抗接收陕甘宁边区文化协会原有杨家岭会址，正式启用印章办公。

丁玲1月15日参加延安鲁迅研究会成立大会，当选为理事及鲁迅研究丛刊编委。与周文、舒群、周扬、周立波等负责鲁迅创作的研究。24日，丁玲、萧军、舒群等发起组织的文艺月会，举行第二次座谈会。会上自由交换对于目前文坛的意见，以求树立互相批评的风气，促进作家之间的了解和对文艺创作与理论的研究。2月3日，文艺月会又在文化俱乐部举行第四次座谈会。议题：我的创作与理论上的优点和缺点，丁玲和荒煤、萧军、李雷、刘雪苇、陈企霞、周扬等作了发言。25日，丁玲在《中国文艺》第1卷第1期发表《什么样的问题在文艺小组中》。同月，向中宣部领导洛甫申述工作中的困难及渴望写作的心愿，经同意，到川口县暖水沟体验生活。3月9日，参加文艺月会第五次座谈会，议题是我对于民族形式的看法和意见。鉴于从大后方来了很多作家，因工作需要不能进鲁迅艺术学院学习，丁玲发起成立星期文艺学园，利用星期日组织大家学习，以具体地帮助文艺青年。10日，因戏剧家洪深在重庆为生活所迫自杀未遂，与吴玉章、谢觉哉、徐特立等文化界知名人士30余人致电慰问。15日，就举办星期文艺学园在文化协会与罗烽、雪苇、舒群、萧军等座谈，对办园宗旨、课程设置、学习时间等问题进行了研究。下午，出席延安鲁迅研究会第一次工作商讨会，出席者还有范文澜、江烽、雪苇、艾思奇、舒群、罗烽、周文、萧军。16日，在延安印刷厂参加文艺小组座谈会。

丁玲4月底从川口农村回延安。因《解放日报》创刊，中宣部调丁玲负责文艺栏。丁玲搬至清凉山《解放月报》社。该报定于6月16日创刊。5月，边区举办"青年征文"评奖，丁玲为评奖委员。6月，小说、散文集《团聚》出版。7月1日，中华全国文艺界抗敌协会延安分会登出启事：本会原为边区文协的团体会，受重庆总会领导。自此日起改为独立工作团体，接收陕甘宁边区文化协会原有杨家岭会址、财产及一部分有关文艺工作，正式启用印章，开始办公。丁玲、萧三、周文、周扬、曹葆华为常务理事。先后在文抗的驻会作家有林默涵、高长虹、马加、罗丹（程追）、石光、高原、方纪、于黑丁、曾克、周而复、柳青、庄启东、魏伯、雷加、高阳、舒群、罗烽、白朗、严辰、逯斐、鲁藜、李雷、韦明、张惊秋、师田手、董速、金肇野、崔璇、方紫、伊明、郑文、王琳、艾青、韦荧、高原、张仃、杨朔、草明、欧阳山、萧军、刘白羽等。这批已有成就的作家,是除鲁艺之外的延安文艺的中坚力量,他们不仅创作了大量作品,推进了延安文艺的发展,而且成为延安与大后方文艺联络枢纽。

丁玲8月3日出席中华全国文艺界抗敌协会延安分会在杨家岭礼堂(下午因雨改在文抗分会俱乐部)召开的第五届会员大会。会议选举丁玲、欧阳山、艾青、萧三、柯仲平、周扬、舒群、罗烽、吴奚如、周文、吴伯箫、周立波、何其芳、艾思奇、萧军、刘白羽、陈荒煤、刘雪苇、于黑丁、雷加、草明、李伯钊、白朗、庄启东、魏伯、李又然、曹葆华等27人为理事,严文井、张庚、魏东明、陈学昭、黄既(黄树则)为候补理事。8月13日,由理事会选出9名"工作会议"负责人,这些人以能保障工作及尽可能驻会为原则。分为文艺顾问、编辑、文艺小组、翻译、文艺工作团等5个委员会及秘书处。各部门除主任委员外,还分别聘请工作委员。"工作会议"主席采取轮流制。9月11日下午2时,《解放日报·文艺》版在文化俱乐部召开座谈会,通报编辑方针和未来编刊设想,广泛征询改进意见。延安诗人、作家与文艺理论家白朗、陈荒煤、江丰、舒群、罗烽、艾青、刘白羽、萧三、吴奚如、魏东明、刘雪苇、艾思奇、周扬、曹葆华、欧阳山、草明等50人出席。《解放日报》总编辑杨松、《文艺》版编辑丁玲,先后说明座谈会意义及目的,并报告三四个月来《文艺》版的工作及扩充后的编辑问题。艾青、萧三、魏东明、周扬、荒煤、艾思奇等相继发言。一致主张加强团结,发扬民主,促进创作批评,提高文艺理论与创作水准。把反形式主义、主观主义的运动开展到文艺战线上来。会上,对《文艺》版的改进提出了许多宝贵意见。许多人建议,由于《文艺》版篇幅增大,应多发现新作家。丁玲代表《文艺》栏感谢大家提出宝贵建议,希望大家多多投稿支持。16日,《解放日报》改为对开四版,同日在第四版下半版开辟《文艺》专栏,并制作艺术体的"文艺"栏头,中央任命丁玲任《解放日报·文艺》栏主编,她从乡下搬到清凉山报社住。到次年3月,《文艺》在延安青年中发现了30多位新人,收到500万字投稿,取得可观成绩。

丁玲10月19日出席延安市各界纪念鲁迅大会并在会上讲话。希望拿笔杆的同志要大胆地互相批评,展开自由争论,学习、继承鲁迅先生所使用过的武器(杂文),来团结整齐大家的步骤,促进延安社会的进步。23日,丁玲在《解放日报》文艺副刊第26期发表《我们需要杂文》,说现在仍没有脱离鲁迅先生的时代,这个时代依然需要杂文。逃避是非、明哲保身都是错误的。我们要正确运用民主、批评与自我批评及自由论争。要学习鲁迅,为真理说话,不怕一切,"我们不要放弃这一武器。举起它,杂文是不会死的"。这篇短文,是延安时期最早提出"需要杂文"的一篇,在延安整风运动中惹了麻烦。它被批评为呼吁作家拿起杂文武器,暴露延安的黑暗。次年4月6日,克勉在《解放日报》发表《"轻骑队"及其他》一文,指名道姓地批评丁玲说:她的《我们需要杂文》,是主张将"轻骑队"发暗箭的坏作风,移到大报上。11月16日下午,丁玲在延安文化俱乐部参加延安文化界为庆祝郭沫若50寿辰举行的集会。会议由萧三主持,出席者有周扬、艾思奇、草明、欧阳山、艾青、高长虹、吴奚如等。12月,小说研究会在延安成立。它是中华全国文艺界抗敌协会延安分会内小说作家们的组织,其宗旨为:研讨小说创作,促进创作发展,增进作家团结。小说研究会的成员,限于延安文抗分会的写小说的驻会会员,成员有10多人。同月,在作家俱乐部召开了第一次小说研讨会。这次讨论会共讨论了8篇作品,即舒群的《快乐的人》、黑丁的《我们第四小队》、雷加的《沙湄》等新作。讨论会之前,小说研究会确定要讨论的作品,大家认真阅读准备意见。所以,在讨论时发言十分热烈,既诚恳,又详尽。由于大家情绪高涨,这次讨论会整整开了一天。该会决定,每月开两次作品讨论会。除讨论会员作品外,还讨论一般文艺理论问题,如语言、人物等。它的活动坚持了半年多,对促进创作,加强团结,都起了一定的作用。(以上参见王周生《丁玲年谱》,上海社会科学院出版社1997年版;钟敬之、金紫光主编《延安文艺丛书·文艺史料卷》,湖南文艺出版社1987年版;艾克恩编纂《延安文艺运动纪盛》,文化艺术出版社1987年版;孙国林、曹桂芳编著《毛泽东文艺思想指引下的延安文艺》,花山文艺出版社1992年版;孙国林编著,王佳钰、王增辉校订《延安文艺大事编年》,陕西师范大学出版总社2016年版)

萧军提议的《文艺月报》1月1日经张闻天批准创刊,主要刊登小说、诗歌、批评、短论、杂文、剧作、通讯、月会记录等。短论多于作品,而且文艺消息较多,记载了当时延安的文艺团体的成立、活动、论争等情况。第1期至第12期由萧军负责,第13期至第15期由舒群负责,第16期由雪苇负责,第17期又由萧军负责。当时文化界公认,《文艺月报》很有特色,主要是:一、丰富生动。二、提倡争论,鼓励批评。三、两期特辑,内容充实。四、重视文艺理论和文学知识问题。五、文艺消息多。6月8日,延安文艺月会举行第八次会议。由萧军报告过去半年工作,听取批评意见。对下一步工作做了安排。经讨论决定:一、从7月起,月会事务由舒群负责,月报编辑由萧军负责。二、本会秘书洛男已由组织部另调工作,由高阳接替这一职务。三、从7月起,会员交纳二角以上的会费。四、讨论延安文艺动态,讨论立波的小说《牛》和何其芳的诗《革命,向世界进军》。7月下旬,萧军想离开延安回重庆去,到毛泽东住处辞行。他向毛泽东谈了他在延安见到的一些不良现象以及某些同志的宗派主义、行帮作风,并建议党应当制定一个文艺政策。毛泽东挽留萧军留在延安,并托他帮助收集文艺界各方面的意见和情况。8月1日,萧军在《文艺月报》第8期发表《"艺术家的勇气"》,同期还刊有舒群、萧军、白朗、罗烽、艾青联名写的《〈文学与生活漫谈〉读后漫谈集录并商榷于周扬同志》。该文对周扬文中提出的作家要到生活中去没有异议,只对文章的态度和对作家写不出作品的原因所作的几条假设有不同意见。2日,毛泽东致信萧军:"两次来示都阅悉,要的书已付上。我因过去同你少接触,缺乏了解,有些意见想同你说,又怕交浅言深,无益于你,反引起隔阂,故没有即说。延安有无数的坏现象,你对我说的,都值得注意,都应改正。但我劝你同时注意自己方面的某些毛病,不要绝对地看问题,要有耐心,要注意调理人我关系,要故意地强制地省察自己的弱点,方有出路,方能'安心立命'。否则天天不安心,痛苦甚大。你是极坦白豪爽的人,我觉得我同你谈得来,故提议如上。如得你同意,愿同你再谈一回。"

按:此信既诚恳坦率,又严肃认真;既有批评,也有自我批评;既指出了萧军的优点,又指出他的缺点,推心置腹,令萧军感动。此后,毛泽东成了萧军愿意坦诚交谈的领袖,有什么不满和意见,都找毛泽东倾诉。双方都感到很愉快。

萧军接毛泽东8月2日信后再致函毛泽东,问何时可以再会面。8月6日,毛泽东回信:"萧军同志:来示,文章及报纸均收到,文章已读过,兹璧还。近日颇忙碌,过几天后再奉约晤叙。敬祝健康!"信中的"报纸",是指《解放日报》6月17—19日三张报纸,上面连载有周扬的《文学与生活漫谈》。此文引起了艾青、舒群、罗峰、白朗、萧军的不满。他们5人开了座谈会,指出周扬文章中的错误,由萧军执笔,写成一篇《〈文学与生活漫谈〉读后》寄给《解放日报》,但遭到拒登退稿。萧军认为太不公平,太不民主。毛泽东要他把报纸和文章寄来一阅。8月10日晚上8时半,毛泽东回信:萧军同志:"我现在有时间,假如你也有暇,请惠临一叙,此致敬礼!"当晚,萧军到了毛泽东那里,谈了对周扬文章的意见和批评文章不能发表的事。毛泽东说:"《解放日报》不给登,你不是自己办了一份《文艺月报》吗?你可以登在《文艺月报》上啊!"后来,这篇文章加进了待印的《文艺月报》第8期发表出来。当晚,萧军会见毛泽东时还谈道:最近延安来了不少作家,都想见见你,你是否抽时间和他们见见面呢?他欣然同意。11日傍晚,毛泽东就步行来到杨家沟半山腰的文抗分会看望作家们。萧军赶忙将毛泽东请到自己的窑洞坐下,就去找艾青、罗烽、白朗、舒群等。但因为事先不知道毛泽东要来,许多人散步去了。半小时后艾青回来,为表尊敬,赶快换上西装,打上领带才来见毛泽东。其他人未见到。简单交谈后,毛泽东在夜幕中下山离去。12日清早,毛泽东派人给萧军送来一封信:"萧军同志:昨晚未晤罗(烽)舒(群)二同志,此刻不知他们二位及兄都有暇否?又艾青同志有暇否?又各位女同志有暇否?如有的话,敬请于早饭后惠临一叙,我们谈通一些问题,是很好的,很必要的。"

萧军、王德芬夫妇,艾青、韦荧夫妇,罗烽、白朗夫妇以及舒群8月12日早餐后,一同应约来到杨家岭毛泽东住处,畅谈有关文艺和文艺界方面的许多问题,并共进午餐。中共中央组织部部长陈云、宣传部副部长何凯丰也在座。整个上午,大家畅谈文艺问题和文艺界的情况,毛泽东不时记下一些,气氛非常愉快。当时有人提到冯雪峰在上海时,与鲁迅关系密切,为革命文艺做了许多工作。但是现在还被关押在上饶集中营,应该设法营救。毛泽东立刻显出神色凝重,面向在场的陈云说:"这么大的事,为什么不赶快想法子?"当即责成陈云赶快了解情况,告知重庆的周恩来想尽一切办法营救。当场要凯丰草拟电报,以毛泽东、陈云的名义致电周恩来、董必武设法营救冯雪峰。中午,毛泽东宴请大家,共10个人一桌,坐得满满的。8—9月,萧军与雪苇展开了关于文艺批评的争论。这场争论是由萧军发表在《文艺月报》第7期上的《第八次文艺月会拾零》一文引起的。在这次座谈会上,他谈了延安文运中应该克服的两种现象,并对周立波刊于6月6—7日《解放日报》的小说《牛》和何其芳刊于5月25日《解放日报》的诗《革命向旧世界进军》发表了批评意见。之后,中央研究院文艺研究室的雪苇发表了不同的意见。双方的争论由此而起,事后萧军把这次争论写成上面提到的那篇文章发表。9月,雪苇针对萧文,在《文艺月报》第9期发表《关于〈第八次文艺月会〉拾零——给萧军同志的公开信》,把会上的争论公之于世。这场争论,实质上是文艺批评的标准问题:什么是好作品、作品艺术性的标准、报刊选稿的尺度,以及文艺批评的态度等。对这些问题展开讨论,对于作家、作品乃至整个文艺的健康发展,都是有益的。

萧军10月13日在《解放日报》发表《两本书底〈前记〉(一)鲁迅研究特刊第一辑〈阿Q论〉集》,说阿Q是伟大作家鲁迅给人们留下的不朽的典型。阿Q一登上《晨报副刊》,就引起了争论。此辑十几篇评论并附录《阿Q正传》以供研究、评论。14日,萧军继续在《解放日报》发表《两本书底〈前记〉(二)鲁迅研究丛刊第一辑》,指出:在中国,鲁迅、朱德、毛泽东是最伟大的"现实主义者"。他们有共同的目标和旗帜:为民族、为人类。尊重伟大人物的指示,继承他们的事业比懂得他们、研究他们更重要。这事业就是中国新文化的开展和提高。这辑收入的9篇研究文章仅仅是开始。三位伟大人物拧成的系着中国命运的绳也关系着全人类的前途。我们要继承他们的理想和事业。19日,萧军出席延安市各界在中央大礼堂召开的鲁迅逝世5周年纪念大会,各界代表千余人参加。会前筹委会散发《鲁迅先生逝世五周年纪念特刊》与《鲁迅语录》多种。萧军主持大会并报告,总结过去工作,主要是:成立鲁迅研究会;出版《阿Q论集》,收入评论10多篇;出版《鲁迅研究丛刊》第1集,收入鲁迅的研究文章 9 篇；出版《鲁迅小说选集》；创作鲁迅画像和制成鲁迅石膏像；举办世界名画展览会。去年纪念会上通过的提案未实现的有：没有在全国确定 10 月 19 日为"鲁迅日"，《子夜》与《八月的乡村》等著作未翻印，各机关"鲁迅研究小组"未建立。萧三发言说，鲁迅最富于正义感，热爱人民，痛恨敌人。今天纪念鲁迅要发动广大人民援助苏联，打击日寇。丁玲发言说，我们年年纪念鲁迅，说得多，做得少。今后希望拿笔杆子的同志要大胆地互相批评，展开自由论争，使用鲁迅曾使用过的武器"杂文"来团结整齐大家的步伐，促进延安社会的进步。而且要打破老作家的"名誉尊严"，积极提拔有写作能力的新作者。会上通过继续出版《鲁迅论文选集》和《慰问鲁迅先生家属信》的提案。10 月 21 日，萧军在《解放日报》发表文章《纪念鲁迅：要用真正的业绩！》。说这"业绩"，不仅限于"文化事业"，应该"用无我的爱，自己牺牲于后起新人"。孩子世界和成人是不同的，要理解他们。"为了新的孩子们要给他们新的作品"。只有这样，后一代才能比自己更幸福。这也是用真正的业绩来纪念鲁迅。边区政府、鲁艺等分别举行鲁迅逝世 5 周年纪念会。（以上参见中共中央文献研究室编撰、逄先知主编《毛泽东年谱（1893—1949）》，人民出版社、中央文献出版社 1993 年版；王周生《丁玲年谱》，上海社会科学院出版社 1997 年版；程远主编《延安作家》，陕西人民教育出版社 1992 年版；艾克恩编纂《延安文艺运动纪盛》，文化艺术出版社 1987 年版；孙国林编著，王佳钰、王增辉校订《延安文艺大事编年》，陕西师范大学出版总社 2016 年版）

艾青、罗烽、张仃 3 月 8 日从重庆出发，历经危险来到延安。在重庆，他们借到一张绥蒙自治指导长官公署高级参谋的证件，将"一人"改为"三人"。临行前，周恩来给艾青千元路费，并嘱咐："走大路，不要走小路。万一扣留了，就打电报给郭沫若。"郭沫若当时是军委会政治部第三厅厅长。他们路过宝鸡时，巧遇正要去延安的诗人严辰（厂民）和作家逯斐夫妇。艾青把自己扮成国民党的高级参谋，严辰做他的秘书，逯斐扮作高参太太，罗烽扮成勤务兵，张仃扮作随员，就这样堂而皇之、大摇大摆地上路了。他们沿途闯过 47 道检查哨卡，都能机智应对，终于见到了延安宝塔山。抵达延安两天后，中共中央总书记张闻天，宣传部长凯丰设宴欢迎。艾青、罗烽被安排在延安文艺界抗敌协会工作，张仃到鲁艺任教。3 月 8 日，为表示欢迎，张闻天设便宴招待诗人。席间，艾青向张闻天反映党员作家胡风对领导很有意见不愿意来延安。张闻天说："有什么意见，只要到家里，就一定能说清楚。"6 月 1 日，星期文艺学园成立。它是文艺月会为开展群众文艺运动和帮助文学青年学习写作而举办的一个业余文艺补习班，校长艾青，另外两位主持人是罗烽和刘雪苇。3 月 9 日开始筹办，6 月 1 日正式上课。1942 年 6 月 21 日结束。因每星期日上课一次，所以取名"星期文艺学园"。文艺学园的教师，几乎都是业余的，来自鲁艺、文抗、报社、机关或其他单位。7 月 27 日，文抗文艺顾问委员会和《解放日报》通讯科在文化俱乐部邀请艾青作《中国诗人》的报告。8 月 18 日，艾青在《解放日报》撰写美术评论《第一日——略评〈边区美协一九四一年展览会〉中的木刻》。10 月 24 日，艾青在《解放日报》发表《序〈古元木刻集〉》，指出古元的木刻最主要的特点，是画面上所呈现的生活的鲜明而又健康的形象。

艾青、萧三、柯仲平、严辰、王禹夫等发起的刊物《诗刊》11 月在延安创刊，隶属于诗歌总会，艾青主编，新华书店发行，华北书店代售。是年初夏，艾青到延安后，要求编一个专门的诗歌刊物，发展延安和陕甘宁边区的诗歌创作。经过一段时间的酝酿，与萧三、柯仲平、严辰、王禹夫等于 9 月 6 日，约请延安诗歌作者多人，在文化俱乐部召开新诗作家座谈会，互相交换诗坛意见，筹划行将出版之《诗刊》。会上决定以后每月集会一次，下次集会定在中秋节。党中央和边区政府，当即批准了艾青的要求，帮助解决经费、纸张和印刷问题。为了编好这个刊物,他辛勤筹备,联络作者、组稿、编排、校对,十分紧张。艾青为《诗刊》写的创刊词《祝——写给〈诗刊〉》,说:"诗是民主精神的焕发,是人类理性的最高表现。诗的发达是一个国家和民族的文化发达的必然结果。""没有完成的革命事业需要诗,新中国的创造需要诗——需要高度的表现了现实的,表现了战斗的英勇与坚强的,深刻的,感人的诗。"《诗刊》创刊时确定的宗旨是:努力提高中国新诗之艺术,克服新诗之标语口号的倾向。后来又将多翻译介绍外国诗歌作品和理论,作为它的编辑指导思想,目的是使延安和边区诗作者,开阔眼界,有所借鉴。这个宗旨,从各期刊物中体现了出来。以第6期(也是最后一期)为例,共发作品13首,形象而又凝练地表达了作者们对生活的认识和理想,没有标语口号之类,翻译了雪莱、马雅可夫斯基等的诗歌4首,翻译马雅可夫斯基诗论1篇。《诗刊》的出版,在延安诗运中开创了新局面,是文艺界的一件大事。在此之前,延安还没有一个杂志式的铅印的专门诗歌刊物,在它之后,也没有再出现过这样的刊物。所以《诗刊》堪称空前绝后。

　　按:据现有材料可知,《诗刊》共出版6期,1942年5月5日终刊。《诗刊》在当时产生了很大影响,它上面的作品有些被大后方的《文艺阵地》和《七月》转载,向国统区读者做了介绍。艾青在1944年7月延安中外记者招待会上发表的《我的声明》中说:"我是自由的,我来到延安以后,要求编一个诗刊,政府就答应了我的要求。反动派说我被软禁,失去了自由,这纯属无耻造谣。"

　　艾青、萧三发起并负责的延安诗会12月10日成立。同日午后2时,在文化俱乐部召开延安诗会成立大会,新老诗人50余人出席。艾青报告筹备经过后,即开始自由发言。艾思奇、高长虹、何其芳、柯仲平、萧三、艾青等相继发言。他们对中国诗坛与延安诗运,都发表了自己的意见。艾青特别说明新诗的政治价值与艺术价值,提倡诗歌创作态度的严肃性。座谈会开了将近4个小时,发言极为踊跃。最后通过简章与提案,选举艾青、高长虹、艾思奇、柯仲平、萧三、何其芳、天蓝7人为理事。计划出版会刊,并大量介绍外国诗歌理论与创作。延安诗会成立后,开展了一系列活动,如举办诗歌朗诵会。延安诗会经常配合形式、节日和纪念活动,进行诗歌创作并举行朗诵会,对重大政治事件表态。12月8日,太平洋战争爆发。延安诗会对这一重大国际事件,及时发表了宣言。它指出:"延安诗会成立伊始,正值人类命运续绝垂危之时。本诗人之良心,为正义之呼号,以为法西斯蒂一日不灭,世界无有一日宁息,人类文化有被摧残消灭之虞。所有反法西斯国家,必须抛除成见,精诚团结。有无相共,联合作战,以期胜利在握,和平实现。"在延安诗会会刊出版前,《诗刊》实际上成了延安诗会的会刊。按照延安诗会成立大会之决议精神,刊物要大量介绍外国诗歌理论与创作。24日,诗刊社参加了在作家俱乐部召开的延安各文艺刊物编辑会议,与延安其他文艺刊物交流了编辑经验,建立了友谊联系。诗刊社有时还作为一个社团,参加延安文艺界的活动,如延安6个文艺刊物1942年5月1日联合召开的萧红逝世追悼会,诗刊社就是发起单位之一。(以上参见孙国林、曹桂芳等编著《毛泽东文艺思想指引下的延安文艺》,花山文艺出版社1992年版;艾克恩编纂《延安文艺运动纪盛》,文化艺术出版社1987年版;孙国林编著,王佳钰、王增辉校订《延安文艺大事编年》,陕西师范大学出版总社2016年版;张培森主编《张闻天年谱》,中共党史出版社2000版)

　　罗烽与丁玲、罗烽、雪苇、舒群、萧军3月15日出席边区文协座谈会,讨论创办"星期文艺学园",议决文艺学园主持人罗烽、刘雪苇,秘书尤淇,工作人员伊苇。讲师:丁玲、周立波、白朗、艾思奇、何其芳、周扬、周文、吴奚如、吴伯箫、李又然、柯仲平、草明、高阳、胡乔木、陈荒煤、雷加、曹葆华、舒群、欧阳山、刘白羽、魏东明、萧三、萧军、严文井。计划4月15日招生，5月开学。确定6月至9月份选修课报告人与讲题：1.欧阳山《一个大众化实践》；2.萧军《中国文学史话》；3.丁玲《如何到大众中生活与吸取生活》；4.艾思奇《文学与哲学的关系》；5.吴奚如《新四军的文化活动》周扬《王国维美学思想》；6.柯仲平《狂飙社的历史》；7.周文《中国大众文化运动史》；8.艾青《中国诗人》；10.郭戈奇《南洋文艺运动》。第一学期，以刘雪苇的《中国新文学运动史》为主课，配以报告：罗烽的《九一八前后哈尔滨文艺运动情形》、魏东明的《"七七"前后北平的文艺运动》、李伯钊的《华北的文艺运动》、柯仲平的《狂飙社》。第二学期以创作为主。讲课25次，有高长虹的《对文学的认识》、萧军的《文学的本质》、魏东明的《文学上所具备的几个条件》、丁玲的《风格与形式》、刘雪苇的《主题》、萧军的《典型》、舒群的《技巧》、陈荒煤的《语言》、萧军的《萧红的"手"》、李雷的《诗》、吴伯箫的《契诃夫的〈套子里的人〉》、陈企霞的《修辞学》、李又然的《修辞学》、塞克的《漫谈戏曲》、严文井的《童话》、刘雪苇的《〈奔月〉及其他》、周立波的《关于报告文学》、李雷的《诗人》、艾青的《诗的形象》和《诗的语言》、柯仲平的《诗与民谣》、萧三的《苏联诗人》、何其芳的《诗与散文》、刘雪苇的《〈铸剑〉及其他》、高阳的《诗与生活》等。

罗烽7月1日在《文艺月报》第7期发表《高尔基论艺术与思想》，同期还刊有萧军的《第八次文艺月会座谈拾零》、郭小川的《想的碎片》等。8月3日，罗烽出席中华全国文艺界抗敌协会延安分会第五届会员大会，与艾青、萧军、欧阳山等7人当选为主席团成员。19日，在《解放日报》发表《漫谈批评》，提出：建设艺术灯塔的唯一推动力是批评。艺术品犹如大海中的船只，而那航行中的乘客是艺术的鉴赏者。批评家不仅指出和评价作品的社会性，还应该给作品以美的评价。怎样才能担当起这一任务呢？首先要研究现实，批评家在这方面要比作家了解得更多更深。批评家是艺术的引路人，但自己要了解现实，不要引错路。对作家不要"捧"，也不要恶意加罪于艺术家，那是堕落行为。艺术家所期待的是经常放光的灯塔，而不是潜伏的暗礁。批评家也应该知道，在艺术之船上还有成千的乘客。（以上参见艾克恩编纂《延安文艺运动纪盛》，文化艺术出版社1987年版；孙国林编著，王佳钰、王增辉校订《延安文艺大事编年》，陕西师范大学出版总社2016年版）

舒群、丁玲、艾青、萧军、何其芳等筹办的《谷雨》双月刊11月15日在延安创刊，由中华全国文艺界抗敌协会延安分会编辑出版，为延安文抗的机关刊物。由舒群、丁玲、艾青、萧军、何其芳等人组成了《谷雨》编委会，轮流主持刊物的编辑工作。《谷雨》作为延安文抗作家们的创作园地，在这个刊物上发表作品的，都是知名作家，有丁玲、周扬、何其芳、艾青、舒群、萧军、罗烽、刘白羽、雷加、黑丁、厂民（严辰）、周立波、马加、严文井、吴伯箫等。《谷雨》除了发表作品以外，比较重视文艺理论，每期都有这类文章。另外，《谷雨》重视对国外文艺理论的介绍。曹葆华翻译的《列宁与艺术创作的根本问题》（载第2—3期合刊），着重论述了"没有列宁主义的反映论，就没有而且不能有社会主义的美学"，以及如何对待古代文艺遗产的问题。周扬翻译的《艺术与现实之审美关系》（载第1期），是车尔尼雪夫斯基美学著作的片断。此外，还介绍了国外的一些评论著作。这些，对革命文艺的发展都是有益的。《谷雨》的编辑和出版，在延安文坛上占有重要地位，《解放日报》《文艺月报》等报刊均作了报道。

　　按：第4期发表了3篇理论文章，其中包括王实味的那篇"有名"的《政治家、艺术家》。第5期实际是"理论特辑"，共发表6篇理论文章，其中比较集中地论述了"当前的文艺运动"问题。第5期出版于1942年6月15日。其时，正是延安文艺座谈会之后不久，所以这组文章比较多地谈到文艺工作者的立场和态度问题，以及对毛泽东《在延安文艺座谈会上的讲话》的理解。这些文章有丁玲的《关于立场问题我见》、艾思奇的《谈延安文艺工作者的立场、态度和任务》、刘白羽的《对当前文艺上诸问题的意见》、萧军的《杂文还废不得说》等。另外，萧军还为《谷雨》撰写了一篇《对于当前文艺诸问题的我见》，而《解放日报》征得《谷雨》编委会和作者同意，提前在1942年5月14日发表。当时，对王实味的批判已经开始，所以这些文章又涉及了前一期上王实味文章中的一些观点，但均未点名。在《谷雨》中针锋相对、指名道姓进行论争的文章，只有第4期江布的《剧运二三问题》，它是针对张庚在《中国文化》第3卷第1期上发表的《戏剧运动的一些成绩和问题》而写的。文章论述了戏剧的宣传性和艺术性、提高和普及、公式主义和脸谱主义及戏剧批评问题。(以上参见孙国林、曹桂芳编著《毛泽东文艺思想指引下的延安文艺》，花山文艺出版社1992年版；孙国林编著，王佳钰、王增辉校订《延安文艺大事编年》，陕西师范大学出版总社2016年版)

萧三1月5日在《群众》周刊第5卷第17—18期合刊上发表《鲁迅与中国青年》。5月31日，萧三主持的延安新诗会与文化俱乐部召开为纪念爱国诗人屈原的座谈会。到会约200人。齐燕铭讲述屈原的生平及创作。范文澜、萧三、何思敬、艾青、乔木、塞克等在会上发了言。一致赞同成立屈原研究会，重新编译其作品，并拟出版纪念专册。发言者指出，大后方彷徨苦闷的万千青年，正在寻找一条正确的出路。我们要救救"活的屈原"。参加者还有厂民(严辰)、公木(张松如)、李雷等。6月5日，萧三在《解放日报》发表《纪念屈原》，称屈原是我国古代第一位杰出的诗人。《离骚》是绝妙的长诗，应该翻译成现代文，广为传播。我们纪念屈原，应该救救大后方成千上万的"活屈原"。18日，延安举行高尔基逝世5周年纪念大会，到会者有各机关、学校、工厂的青年数百人。萧三作《高尔基——划时代的作家，社会主义美学的鼻祖》，周扬作《关于高尔基的爱与恨》的报告。为纪念高尔基筹办的小型展览会同时开幕。展品有高尔基一生的照片及其创作、评论材料共数十种。萧三在《解放日报》连载《伟大的爱、神圣的恨——为纪念高尔基去世五周年而作》，说高尔基是布尔什维克主义者，他热爱工农政府，热爱祖国，热爱全人类，仇恨人类的一切敌人。延安的文艺小组、文艺学园、鲁艺等，也都举行了纪念活动，或讨论高尔基的作品，或评价其作品的世界意义。10月13日，延安新诗歌会在鲁艺举行大会。在延安诗歌总会的基础上，重新改选了理事会，调整了组织机构。会议决定：新诗歌会在党的领导下，积极致力于诗歌的大众化和民族化，提倡群众性的街头诗和诗朗诵活动，并将从绥德搬到延安的会刊《新诗歌》编好、出版好。此时，新诗歌会主要负责人是萧三和柯仲平，成员有林山、公木、朱子奇、陈山、高敏夫等。11月16日，延安文化界集会庆祝郭沫若50寿辰。会议主席萧三报告庆祝会的意义，大家先后发言，引文据诗，至为热烈。对郭沫若数十年来在文学运动和社会活动中的贡献，特别是一年来奔走国事之辛勤，表示莫大敬佩。萧三说："郭先生是一个天才的先进的热情的诗人，中国有这样的诗人，实为文坛之光荣。"随即向郭沫若致贺电，并筹备出版郭沫若选集。(以上参见艾克恩编纂《延安文艺运动纪盛》，文化艺术出版社1987年版；钟敬之、金紫光主编《延安文艺丛书·文艺史料卷》，湖南文艺出版社1987年版；孙国林编著，王佳钰、王增辉校订《延安文艺大事编年》，陕西师范大学出版总社2016年版)

陈荒煤2月3日主持延安文艺月会在文化俱乐部举行第四次座谈会。议题：我的创作与理论上的优点和缺点，发言者有荒煤、萧军、李雷、丁玲、刘雪苇、陈企霞、周扬等。主要谈了：(一)抗战中作品人物大致为农民和军人，但多半看不出个人性格。(二)怎样理解两个政党领导下的军人即中央军、八路军？(三)一般作家全舍不得割弃不要的材料，结果弄成"新闻报道"，不懂得艺术加工，仅是轮廓的故事书。(四)一些作品只能作为半艺术品看，是将来伟大作品的材料。(五)有些理论和批评文章，写得冗长，累赘，滥调，态度模棱，八股化。（六）批评家和创作家，怎样"打通心"，怎样合作，互相辅助，批评，统一着前进。（参见艾克恩编纂《延安文艺运动纪盛》，文化艺术出版社1987年版）

　　周文任边区政府教育厅长、边区秘书长。1月4日，中华全国文艺界抗敌协会延安分会举行年会，决定改选理事，加强实际领导工作，丁玲、周扬、萧三、周文、雷加、于黑丁、刘雪苇、李伯钊、舒群等9人当选理事。然后从中产生常务理事5人：周文（总务部）、丁玲（组织部）、刘雪苇（研究部）、周扬（出版部）、李伯钊。2月15日，胡采主编的《大众习作》第4期出版，刊有周文的《开展通讯员运动》、杨典的《怎样读大众习作》、谷天的《欧化和大众化》等文。3月9日，周文主持文艺月会第五次座谈会，讨论对于民族形式的看法和意见。座谈前，萧军报告四项会务：一、月报增加篇幅问题；二、创办星期文艺学园问题；三、研究旅行兼会餐的提议；四、关于今日文艺运动问题。最近从大后方陆续来了许多文艺作家，大家都愿意为延安文艺的发展做一点事。于是便想办一个文艺学园，对业余文艺青年进行培训，系统地讲授文学史、创作方法、名著研究等，以提高他们的写作水平和文学知识。5月，为了推进文艺大众化工作，由延安大众读物社编辑的《大众化工作研究》由新华书店出版。内收文章有鲁迅的《文艺的大众化》、周文的《大众化运动历史鸟瞰》和《大众化的写作问题》、张守一的《一年来的报纸编辑科》和《我们怎样编辑边区群众报》、金照的《编〈大众文艺〉的经验》、杨蜚声的《一年来的木刻工作》、王牧的《〈大众习作〉是怎样一个刊物》、林今明的《谈谈我们的丛书工作》等。此书不仅在边区受到热烈欢迎，而且还流传到国统区，同样受到好评，并被不断翻印。（参见艾克恩编纂《延安文艺运动纪盛》，文化艺术出版社1987年版；孙国林编著，王佳钰、王增辉校订《延安文艺大事编年》，陕西师范大学出版总社2016年版）

　　白朗在周恩来的关怀下，以八路军办事处家属的身份，与草明等人乘车赴延安。白朗在延安《解放日报》当副刊编辑，艾思奇为副刊主任，同陈企霞、林默涵一起工作。又曾在中华文艺界抗敌协会延安分会工作一个时期，任理事。9月18日，即"九一八"10周年纪念之际，白朗、白晓光、石光、李雷、狄耕、郭小川、纪坚博、高阳、梁彦、师田手、张仃、黑丁、舒群、雷加、蔡天心、罗烽、萧军、魏东明等东北籍的作家、艺术家在延安成立"九一八"文艺社，并联名在《解放日报》发表一封公开信，题目是《为"九一八"十周年纪念致东北四省父老兄弟姊妹，并寄各地文艺工作者》。该社成立后，积极开展活动，创作与东北有关的文艺作品，交流写作经验，发展抗战文艺。同时，还作为一个独立的文艺实体，参加延安文艺界的活动。（参见孙国林编著，王佳钰、王增辉校订《延安文艺大事编年》，陕西师范大学出版总社2016年版）

　　杨思仲（陈涌）11月20日在《解放日报》连载长文《关于果戈理》。作者针对魏东明在《鲁迅研究丛刊》第1辑上发表的《鲁迅创作的道路》一文中的观点，提出不同意见。魏东明认为，果戈理是"那样有兴趣地玩味着旧俄罗斯的生活，把他的作品全部用来记录地主官僚们的生活。又在作品里充溢了怜爱的感情和诗人的气息。即使他同时揭发了地主们生活的昏庸可笑，那有什么办法呢？现实正是如此的，但他的艺术正是忠实地反映现实，又怎怪他呢？"杨思仲认为"这是一种很轻便，也很毒辣的说法"，因为果戈理的作品不是全部地去记录地主官僚的生活，他不仅写了《旧式的地主》和《死魂灵》一类的著作，还写了《五月的夜》和《塔拉斯·布尔巴》。即使写了地主官僚生活，又怎能作为"爬行的""狭隘的民族现实"的证据呢？11月28日，魏东明在《解放日报》发表反批评文章《果戈理的悲剧》，作者不同意杨思仲的看法，认为高尔基把果戈理列为批判现实主义的代表，叹息他视野狭隘。所写的多是一些多余的人,最终果戈理屈服于黑暗势力,成了宗教的信徒。这就是他的悲剧。(参见艾克恩主编《延安文艺史》,河北教育出版社2009年版;孙国林编著,王佳钰、王增辉校订《延安文艺大事编年》,陕西师范大学出版总社2016年版)

惊秋1月7—8日在重庆《新华日报》连载《陕甘宁边区新文化运动的现状》。文中说延安文坛的主要领导机关是全国文艺界抗敌协会延安分会。抗战文艺工作团,鲁迅艺术文学院,各个工厂、机关、学校的文艺小组,都很活跃。文艺上有素养的同志被聘为文艺顾问,指导新作家,批改作品,组织"文艺讲座"。其"讲座"每周一次,如茅盾讲中国新文学运动史,周扬讲现实主义,艾思奇讲文学与生活,丁玲讲作品研究《子夜》,萧三讲苏联文学等等。《大众文艺》(前为《文艺突击》)已出6期,它是延安主要的文艺刊物。每期由八路军总政治部印千五百份。还有油印诗刊《诗建设》《山脉诗歌》等。前不久出的《新诗歌》是在萧三领导下的"新诗歌会"会刊。戏剧多半演的古典剧作以及抗战以前的中国名剧,这反映了抗战时期的剧本荒。烽火剧社、抗战剧团、民众剧团的观众对象是民众、士兵,演出是简单的话剧、活报、秦腔、舞蹈等。又成立了业余剧团、青年救国总会剧团、抗大剧团、陕北公学剧团。演出的戏有《日出》《雷雨》《婚事》《钦差大臣》《一年间》《塞上风云》《蜕变》《佃户》(王震之作)等。旧剧颇受欢迎,成立旧剧研究会,鲁艺平剧团演出《讨渔税》《法门寺》《四郎探母》《王佐断臂》等。音协开了"声乐""口琴"两种业余训练班,每星期在文化俱乐部集训。鲁迅艺术文学院开设美术工场,专门制作各种石膏雕塑、木刻、建筑模型、设计。延安最尊重鲁迅。"鲁迅的方向,是中华民族新文化的方向"(毛泽东),"鲁迅的旗帜,即是中华民族新文化的旗帜"(洛甫)。鲁迅的品格,是文化工作者修养的模范;鲁迅的语言,被引作为研究中国新文化运动的指导思想。文协"鲁迅研究会"编的《鲁迅选集》第1卷,将在鲁迅逝世4周年出版。并发起成立"鲁迅文化基金委员会"。中华全国文艺界抗敌协会延安分会,现有会员约70人。《大众文艺》是它的机关刊物。中华全国戏剧协会、美术协会、音乐协会等都有分会。文学青年中有战歌社、山脉文学社、新诗歌会等。中山图书馆、鲁迅图书馆,在极端困难的条件下已初具规模。此文在国统区文艺界引起很大反响。(以上参见艾克恩编纂《延安文艺运动纪盛》,文化艺术出版社1987年版;孙国林编著,王佳钰、王增辉校订《延安文艺大事编年》,陕西师范大学出版总社2016年版)

胡乔木任毛泽东秘书、中共中央政治局秘书。9月16日,在《解放日报》发表《为什么要向主观主义宣布坚决无情的战争》。说直到现在,我们的思想界还没有集中精力来研究中国的客观实际问题,来建设和发展中国的革命理论和其他各个文化部门的理论。或者强不知以为知,或者搬用西方文化,或者套用马列主义的个别结论,这是十分有害的。因此,我们应该开展一场反对主观主义和教条主义的战争。这场战争将决定中国民族民主运动的胜败。(参见艾克恩编纂《延安文艺运动纪盛》,文化艺术出版社1987年版)

严文井7月24日在《解放日报》连载小说《一个钉子》。描述"我"与任正围绕爱惜财物,即类似一颗钉子的争论。秦邦宪(博古)对《一个钉子》提出批评,说"看了这篇作品,就象让人碰了钉子一样"。(参见艾克恩编纂《延安文艺运动纪盛》,文化艺术出版社1987年版)

马加的小说《间隔》连载于12月15—17日《解放日报》。小说写一个老干部、游击队长,喜欢一个从城市来的女学生。但他那种简单、纯朴、粗鲁的爱,使女学生害怕。他们中间有很大的间隔。马加没有把这位老干部写好,而且显然是不同情这位老队长的。一个老干部看了这篇小说非常不满意,说:"我们打天下,找个老婆你们也有意见!"博古传达党中央对这篇小说的批评意见,报社编辑部开会做了检查。丁玲要艾青写一篇文章,谈谈如何看待这篇小说。他就写了《了解作家,尊重作家》,为作者说话。文章中引用了李白的"生不用封万户侯,但愿一识韩荆州"这句话,后来在延安文艺座谈会上,受到朱德的严厉批评,指出"韩荆州"应该是工农兵,要深入群众,向群众学习。(参见孙国林编著,王佳钰、王增辉校订《延安文艺大事编年》,陕西师范大学出版总社 2016 年版)

塞克 9 月下旬任在延安新成立的青年艺术剧院(简称"青艺")院长,王正之、吴雪为副院长,党支部书记为高沂。青年艺术剧院属中央青委领导,其前身是西北青年救国联合会总剧团。剧院设在延安北门外的文化沟,有窑洞 30 间。成立之初,由中央青委和中央文委共同组织一个理事会领导,理事会由冯文彬、艾思奇、塞克、萧三、蒋南翔、邓洁、徐以新、吴雪、王真(王正之)9 人组成,青委副书记冯文彬任理事会主任,9 月 23 日,召开了首届理事会,凯丰亲临指导。会议详细讨论了该院今后的工作方针和发展方向,最后确定该院为职业艺术单位,要积极发展剧场艺术,掌握中国优秀的戏剧,介绍世界名剧及理论,在奠定中国的、民族的演剧艺术中尽一份力量。10 月 19 日,延安戏剧界在青年俱乐部召开第二次代表大会。到会有鲁艺戏剧部、业余杂技团、西北文艺工作团、青年剧院、实验剧团、业余剧团、平剧团、边保剧团、部艺、抗战剧团、烽火剧团、陇东剧团等代表约 50 人。塞克、张庚、钟敬之、姚时晓、柯仲平等出席。吴雪致开幕词。张庚代表剧协报告一年来的工作:一、举行了各剧团联合公演;二、鄜甘警备区、绥德分区等地成立了支会;三、开办了导演研究班;四、筹备剧作奖金;五、出会刊 3 期。随后由剧协延安工作委员会报告工作,该会中心工作是主持本届戏剧节公演。这次会议,改选延安工作委员会,决定由各会员剧团轮流派人驻会。第一任主席为青年剧院。会议还通过致中华全国戏剧界抗敌协会重庆总会及慰问苏联政府与人民通电,号召援助苏联,打倒日德意法西斯。11 月,青艺的中层机构又做调整,在院务会议下设编导室:戴碧湘、李之华、赵石影等先后负责;演员室:陈戈、丁洪、胡果刚等先后负责;设计室:王永年、戴碧湘、张一鸣等先后负责;儿童艺术学园:张一鸣负责。新增成员有贺绿汀、欧阳山尊、逯斐、王琳、张仃、田雨、陈布文、庄言、姜瑞之、郭永江(荒草)、朱毅、章炳南、白凌、王影、夏静、秦江、于真、李力、常林、高锦夫、玛莎、苏健、闽志强、白利、王麦、郎三孩、孙传友、费秀芝(萧非)、雷平等。12 月 4 日,冯文彬主持召开延安青年艺术剧院第二次理事会,决议聘请郭沫若、田汉、洪深、欧阳予倩、万籁天、夏衍、曹禺、阳翰笙为剧院名誉理事。(参见艾克恩编纂《延安文艺运动纪盛》,文化艺术出版社 1987 年版;田本相、阿鹰编著《曹禺年谱长编》,上海交通大学出版社 2017 年版;孙国林编著,王佳钰、王增辉校订《延安文艺大事编年》,陕西师范大学出版总社 2016 年版)

公木任新成立的中央军委直属队政治部文艺工作室(简称"军直文艺室")主任。"军直文艺室"属军直政治部和八路军总政治部宣传部领导,是开展部队文艺创作与研究活动的一个专门机构。5 月,由政治部副主任邓飞宣布文艺室成立,政治部主任胡耀邦讲文艺室的工作方针。他说文艺工作是部队政治工作的重要组成部分。今后工作要注意三点:一是不能搞成单纯娱乐,要有计划性、全面性,照顾文艺的各个部门;二是要了解文艺的特点,它不同于一般的政治工作,要搞创作;三是要用兵的标准要求自己。其他成员有晋驼、朱子奇、李洁、李溪、方杰、阿良、白皓、周若冰等。此外,从延安鲁迅艺术文学院来部队实习的文学系学员侯唯动、音乐系的李尼,后来也留在军直文艺室工作。其他到部队实习的文学系学院鲁果、戴明、安危等,也参加了文艺室的一部分工作。(参见孙国林编著,王佳钰、王增辉校订《延安文艺大事编年》,陕西师范大学出版总社 2016 年版)

高敏夫时任绥德图书馆馆长,同时又是绥德警备区文协的负责人之一。6 月,绥德铅印、报纸型的《新诗歌》创刊,高敏夫出任主编,参加编辑者有张蓓、郭小川等。该刊是在时任绥德警备区司令员王震和时任绥德地委宣传部长邹文轩的支持和赞助下出版的,是继延安版的油印《新诗歌》之后,在绥德创刊的不定期诗歌刊物。由延安新诗歌会绥德分会主编,绥德警备区文化协会出版,绥德西北抗敌书店经售。高敏夫首先倡议创办了这份《新诗歌》,并且不辞劳苦地从事刊物的组稿、通联、编审等工作,张蓓当时是《绥德报》的负责人,又是诗歌作者,他利用报社的印刷条件,为出版铅印的《新诗歌》提供了方便。高敏夫除了负责编辑工作之外,还与张蓓一起负责印刷、校对、发行等具体事务。(参见孙国林编著,王佳钰、王增辉校订《延安文艺大事编年》,陕西师范大学出版总社 2016 年版)

莫文骅时任八路军留守兵团政治部主任。4 月 10 日,延安部队艺术学校(简称"部艺")成立,属八路军后方留守兵团政治部领导。莫文骅任校长,副校长由鲁艺派出的王震之担任,并兼教务主任,教务处副主任是史行和晏甬,政治委员为刘禄昌、黄元礼,政治处负责人为任思忠、江波。教员有翟强、李鹰航、梁寒光、王地子和庄焰(女)外,还从鲁艺调来黄照、马瑜、徐一枝、史行、张林、李实、李葳、叶克等;又从抗大等单位调来晏甬、王麦(女)、高首善、林黑、凌信之、谢力鸣、李溪、洪秋、高鲁、陶然、夏静(女)、陆地(陈寒梅)、朱云章等。12 月 6 日,八路军留守兵团政治部为开展部队文艺工作,特邀请延安诗人、作家、艺术家、音乐家举行文艺工作座谈会,征询各家意见,恳请大家给予帮助,共谋部队文艺发展。到会的文艺家有 50 余人。政治部主任莫文骅、高波、王震之、李兆炳等,先后谈了这次座谈会的目的,介绍了部队文化娱乐工作的现状和困难。然后大家相继发言。鲁艺、青年艺术剧院等单位的文艺家吕骥、张庚、何其芳、胡蛮等,都表示愿意参加部队的一些文艺工作,为发展促进文艺做一些工作。(参见孙国林编著,王佳钰、王增辉校订《延安文艺大事编年》,陕西师范大学出版总社 2016 年版)

胡采继续任《大众习作》主编。2 月 15 日,《大众习作》第 4 期出版。3 月 25 日,大众读物社举行成立周年纪念。过去一年出版《群众报》45 期,《大众习作》4 期,《大众文库》《大众画库》共 8 种。(参见艾克恩编纂《延安文艺运动纪盛》,文化艺术出版社 1987 年版)

吴亮平被中共中央恢复名誉。党的七大代表资格审查委员会在审查吴亮平的代表资格后,任弼时代表该委员会与吴亮平谈话,说中央审查了他的全部历史,事实证明,王明出于宗派立场施加的种种罪名应全部推倒,此结论也将告诉共产国际。同时宣布他已被选为党的七大代表。吴亮平终于从王明的阴影中走了出来。(参见雍桂良《吴亮平传》,中央文献出版社 2009 年版)

蒋南翔到延安,任中国共产党中央青年委员会委员、青年委员会宣传部长。

张寒晖任陕甘宁边区文协秘书长、文协戏剧委员会委员。

于光远是年起从事陕甘宁边区经济的研究工作,后在延安大学财经系任教。

李元庆赴延安,任鲁迅艺术学院音乐系教师,参加编辑《民族音乐》杂志。

张季纯、任桂林两位戏剧工作者 12 月 19 日从二战区抵延,留鲁艺工作。

郭化若 11 月任中国人民抗日军政大学第三分校校长。

霍仲年、马济川分别任绥德师范校长、米脂中学校长。3 月 10 日,发起创刊《陕北文化》(月刊),内容有专论、教学经验、科学浅说、文艺、青年习作等栏。(参见艾克恩编纂《延安文艺运动纪盛》,文化艺术出版社 1987 年版)

邓小平时任八路军一二九师政委。5 月 28 日,邓小平在全师模范宣传队初赛会上作报告《本师文化工作的任务及其努力方向》。谈了三个问题:第一,文化任务服从于政治任务。

无论哪一种势力或哪一种派别的文化工作，都是服从其政治任务的，所谓"超政治的文化"是根本不存在的。新民主主义是民族的、民主的、科学的、大众的。我们是新民主主义的传播者与执行者，我们坚决反对殖民地文化，反对买办们的封建主义文化，而为新民主主义的政治目的服务。第二，对本师文化工作的观察。部队文化工作的方针和任务是：甲、要加强对敌的文化斗争，展开激烈的思想战。乙、要加强民族爱国的宣传教育。丙、要积极会同地方党、政权、群众团体及地方文化机关，宣传共产党的政策和主张，解释抗战法令，发扬民主政治等。丁、要宣扬科学，发扬真理、反对愚昧，无知、迷信、落后，加强马列主义的宣传。戊、要与人民建立血肉不可分离的关系，必须与人民打成一片，要了解人民大众的问题，并解决他们的问题。己、必须用尽一切方法和一切可能供给友军以文化食粮，书店和宣传品，但应讲究输送的技巧。庚、要大大地加强对外宣传工作。第三、对文化工作者的希望：甲、要紧紧掌握政治原则。乙、要反映部队和根据地的现实，作品要适合于现实需要。丙、要具有虚心学习认真探讨的工作态度。（参见艾克恩编纂《延安文艺运动纪盛》，文化艺术出版社 1987年版）

成仿吾 5 月在华北联大第一次党员代表大会上被选为党委书记。7 月 1—7 日，为党的生日和抗战 4 周年组织纪念周，成仿吾作《中国共产党二十年纪念颂》，刊于华北联大出版的《文化纵队》第 3 卷第 1 期 7 月特辑。4 日，《晋察冀日报》辟纪念华北联大成立 3 周年特刊。8 月，日寇集中 10 万兵力进攻晋察冀边区北线。9 月，敌伪抽调 7 万兵力攻袭我后方机关，成仿吾和"联大"部分同志陷入敌人包围之中，聂荣臻派部队掩护突围。"联大"师生4000 余人全部分散，参加村、区、县的游击队和武工队，同敌人浴血苦战。年底，为适应游击战争的环境，华北联大缩小规模，保留教育、文艺、政法等三个学院约千余人，其余同学毕业回原单位工作。12 月 3 日，成仿吾在《解放日报》发表《祝沫若五十寿辰》，高度评价了郭沫若过去 20 多年间对于中国新文化的贡献，说明郭沫若是中国进步文化的一个优秀代表，一位勇敢的民族战士。希望所有文化战士更加靠紧些，向郭沫若学习，在民族民主的战斗进行中更勇敢、更坚定地前进。（参见张傲卉、宋彬玉《成仿吾年谱》，《东北师大学报》1985 年第 5 期；孙国林编著、王佳钰、王增辉校订《延安文艺大事编年》，陕西师范大学出版总社 2016 年版）

刘大年任冀南行署宣传科长、教育科长，政治学校教员，冀南抗战史料编纂委员会委员、中共冀南区党委文委委员、国民教育委员会秘书长。

刘少奇 1 月 1 日出席江苏盐城县参议会成立大会，并讲了话。指出成立参议会的目的和任务，就是要打倒日本帝国主义，建设新中国。20 日，中共中央革命军事委员会发布命令："兹特任命陈毅为国民革命军新编第四军代理军长，张云逸为副军长，刘少奇为政治委员，赖传珠为参谋长，邓子恢为政治部主任。"2 月 8 日，鲁迅艺术学院华中分院在盐城成立，刘少奇兼任院长。4 月 10 日，为《江淮文化》杂志题词："江淮文化的出版，它将为抗战服务，为在敌后建立抗日根据地，长期坚持敌后抗战，争取抗战最后胜利服务，为抗日民主政权的建设与巩固服务。"17 日，出席在盐城召开的苏北文化界协会第一次代表大会，并讲话。指出：抗日民主政府对于文化教育是采取保护政策，让其自由发展，并将尽一切可能协助其发展。凡是愿意在苏北开办学校，出版报纸、杂志，开办书店、印刷厂、图书馆，组织体育会、俱乐部、戏剧团、歌咏队，推行新文学，研究讲习各种学问……都可自由，政府都保护，都给予他们以便利。只要他们不与敌寇汉奸勾结，不破坏民主政府与抗日部队，一切都有自由。出席这次大会的有苏北如皋、阜宁、泰兴、泰县、东台、镇江、启东、涟水等县和盐城各学校、各文化机关、各团体的代表100多人。18日,大会闭幕,通过了宣言、文协组织简章、工作计划等,并选举了苏北文化协会理事会。4月中旬,与陈毅、彭康到鲁迅艺术学院华中分院检查教学情况。

刘少奇5月4日出席在盐城召开的"五四"纪念大会,并在会上讲话。20日,根据中共中央决定,中原局与东南局合并,在盐城正式成立中共中央华中局,刘少奇任书记,饶漱石任副书记兼宣传部长,曾山任组织部长,彭康任宣传部副部长,钱俊瑞任文化事业委员会书记。同月,中共中央华中局党校在盐城成立,刘少奇兼任校长,彭康任副校长。6月11日,主持中共中央华中局会议,讨论宣传、文化教育工作。在会上发言,强调加强宣传、新闻、出版、教育工作的重要性。指出:在华中各抗日根据地电,宣传、文化教育工作有了很大的发展,但弱点是数量很多,质量差,我们的任务是提高宣传,文化教育工作的质量,加强党对宣传、新闻、出版、学校教育的领导。同月,在中共中央华中局党校发表《人的阶级性》的演讲,后刊于10月10日《真理》第2期。7月1日,刘少奇与陈毅在盐城重建军部,盐城由此成为整个华中敌后抗战的指挥中心,同时也是著名的敌后文化城。同日,刘少奇出席新四军军部在盐城大众剧场举行的中国共产党诞生20周年纪念大会。在会上作中国共产党产生的历史根源、发展经过与今后的任务的报告。13日,中共中央华中局党校教育科科长、教员宋亮(即孙冶方)在学习斯大林《论列宁主义基础》"方法"与"理论"两章时,就理论与实践的关系问题,写信给刘少奇请求解答。刘少奇当天复信,分析了中国共产党在理论学习方面的状况,指出轻视理论或轻视实践"这两种意见都是错误的",认为加强"中国党的理论准备,包括对于马列主义的原理与方法及对于中国社会历史发展规律的统一把握,这在中国党的大多数同志不论对哪一方面都还有极大的不够,还是中国党一个极大的工作"。此信后刊于10月10日《真理》第2期。夏,华中局专门成立了"华中文化工作委员会",统一管理华中地区的报刊、学校、文艺和文化干部,并加强对文化工作的领导。11月2日,刘少奇往到中共中央华中局党校,准备一周的讲课课程。3日,在中共中央华中局党校发表《民主精神与官僚主义》的演讲。12月4日,由中共中央华中局党校回到新四军军部。(以上参见中共中央文献研究室《刘少奇年谱》,中央文献出版社1996年版;于海根《青辉千古风霜铸情——扬帆在盐阜区文化活动纪事》,《盐城工学院学报》2007年第3期;李小曼《背朝烽火向阳怒放——抗战时期阜宁文化村纪事》,《世纪风采》2021年第1期)

陈毅为新四军代军长。夏,在日伪军对盐阜区发动的第一次大"扫荡"前夕,新四军军部和华中局机关迁到阜宁农村的停翅港和汪朱集,设在盐城的文化机关、团体也随军部一并迁抵阜宁。年底,日本发动了太平洋战争,上海的英法租界和香港相继被日军占领,许多从事抗日活动的进步文化人士被迫转移阵地,投奔苏北抗日根据地。陈毅代军长在重整新四军军部的同时,亦想调集一批文化人到苏中、苏北,以加强根据地的文化建设。于是一些港沪文化人士接踵而至,其中知名者有经济学家薛暮桥、骆耕漠、孙冶方,教育家白桃,小儿科专家沈其震,自然科学家孙克定,名记者范长江、重庆《新华日报》女记者刘述周,作家贝叶、夏征农、黄源,文艺理论家蒋天佐、艾寒松,翻译家、《静静的顿河》的译者金人,戏剧家阿英、孟波,音乐家贺绿汀、何士德,画家胡考,木刻家赖少其,历史学家吕振羽,著名新闻出版家邹韬奋,日本问题专家张百川,舞台装置专家池宁,还有高扬、包子静、亚丁、林淡秋、扬帆(在上海从事文艺工作时叫殷扬)等文化新闻界人士。真可谓一时文人云集,群星荟萃,为苏北抗战的新文化事业注入了新鲜的血液。(参见于海根《青辉千古风霜铸情——扬帆在盐阜区

文化活动纪事》,《盐城工学院学报》2007年第3期)

　　杨帆继续任军法处科长。1月,震惊中外的"皖南事变"爆发后,杨帆在突围中与部队走散,凭着对党坚定的信念和顽强的意志,与胡立教一起克服多种险情和困难,冲出敌人的封锁区,终于找到溧阳新四军江南指挥部政委廖海涛。经廖安排又穿过敌人的封锁线,于2月中旬到达苏北东台,见到了在东台的新四军代军长陈毅和一师师长粟裕。鉴于"皖南事变"后突围干部的陆续到来,刘少奇任命杨帆和胡立教担任"皖南突围干部审查委员会"委员,凡归队的新四军官兵,均需经过军部审查委员会严格的审查,过关后才能重新安排工作。不久,陆续从皖南分散突围到盐城的新四军将士达到300多人。他们都先后接受了审查,其中包括东南局副书记饶漱石。(参见于海根《青辉千古风霜铸情——扬帆在盐阜区文化活动纪事》,《盐城工学院学报》2007年第3期)

　　钱俊瑞、夏征农、许幸之、薛暮桥等主持苏北文化协会。4月17日,苏北文化协会在盐城鲁迅艺术学院华中分院开会,通过宣言、文协组织简章、工作计划和重要提案。选出钱俊瑞、夏征农、许幸之、薛暮桥、徐秀、冯定、戴严万、孙克定、丘东平等25人为第一届理事。5月20日,根据中共中央决定,在盐城正式成立中共中央华中局,新四军军部宣传部长钱俊瑞任文化事业委员会书记。夏,华中局便专门成立了"华中文化工作委员会",钱俊瑞兼任主任。7月,侵华日军纠集2万余人,对江苏盐阜地区发动疯狂的"大扫荡",新四军决定撤出盐城,向建湖、阜宁敌后转移。当时鲁迅艺术学院华中分院也跟着军部撤退到了湖垛地区。同月20日左右,日军大举从西路兴化进犯。钱俊瑞来到鲁艺传达军部指示:由于情况万分紧急,鲁艺立刻进行疏散。年老体弱者和文学系、美术系和院部编为一个大队,跟着军部一起行动。戏剧系和音乐系大部分师生200余人作为二大队,向敌侧后方转移。23日傍晚时分,二大队师生200余人在教导主任丘东平、戏剧系主任许晴和教务科科长孟波的带领下,开始从军部驻地陶家舍出发,朝着敌后进行突围。丘东平、许晴壮烈牺牲,孟波带着大部队已经成功突围,未能突围的李锐等8个女兵毅然跳入河中,壮烈牺牲。(参见艾克恩编纂《延安文艺运动纪盛》,文化艺术出版社1987年版)

　　林山从延安来到苏北抗日根据地,后随新四军军部转移。林山与辛劳、许幸之等人探讨如何更好地开展苏北的诗歌运动,决定筹建苏北诗歌工作者协会,并得到了陈毅的赞同。苏北诗协成立后,召开了"诗歌大众化"讨论会,陈毅应邀出席。"诗人应当深入民间,汲取营养,创作朴素的大众化的新诗。"陈毅掷地有声的话语让林山等人深感诗人责任重大。他们的思想也逐渐发生变化,更加深刻地意识到:诗歌工作者必须走与群众相结合的道路。沐浴着根据地浓郁的抗战文化气息,林山感到醍畅淋漓痛快至极。他终于找到了正确的诗歌创作方向:为民所写,为民所读,为民所懂,为民所喜。他的诗是他与敌人战斗的武器,是动员民众的号角,不论是读过几天私塾的农夫,还是上抗日学堂不久的孩童都看得明、读得懂。(参见李小曼《背朝烽火向阳怒放——抗战时期阜宁文化村纪事》,《世纪风采》2021年第1期)

　　许幸之端午节主持鲁艺文学系举办了一场诗歌朗诵会,以纪念伟大爱国诗人屈原,许幸之特意请来陈毅作动员。阵阵掌声中,陈毅娓娓道来,他从屈原的一腔爱国热忱讲到自己对做诗人的向往。他深情地对大家说:"你们这些青年以前住在上海这样的大城市里,有的住在亭子间想做作家,但那是象牙之塔里的作家。现在你们到根据地来了,已经走出了象牙之塔,你们面前的天地很广阔,应该到战士中去,到农民群众中去,为工农兵服务。"他的话语情真意切,鼓舞人心,教育激励了广大青年。(参见李小曼《背朝烽火向阳怒放——抗战时

期阜宁文化村纪事》,《世纪风采》2021年第1期)

吕振羽3月中旬奉周恩来指示,离重庆转移去苏北新四军。以夫人祖母病重为由,向复旦大学请假,并办理护照。临行前到曾家岩50号向周恩来辞行,周作了详尽指示与布置。然后从郭沫若处取得旅费,途经桂林飞赴香港,与廖承志、张唯一等接头;再与孙冶方、徐雪寒同行赴上海。在上海与沙文翰联系,由沙安排地下交通经新港、如皋赴苏北。经南方局约定,从此吕振羽化名柳岗,王时真化名江明。撰诗《辞别周恩来同志》、《行前准备》、《离重庆》(两首)、《由桂林飞香港》等。4月,《怎样研究历史?》刊于《中学生》战时半月刊第42期;在上海看到耕耘出版社《中国社会史诸问题》初版样书。中旬,进入苏中。月底,抵苏北盐城抗日根据地。30日,由华中局宣传部副部长彭康陪同,参加中共华中局庆祝“五一劳动节”干部会,首次见到刘少奇。刘少奇说,早就知道吕振羽。吕振羽撰诗《进入苏北抗日民主根据地》。5月1日,由华中局文委书记钱俊瑞陪同,受到刘少奇接见。刘少奇说,这里还没有成立政府,你来到我们这里很好;还询问了白区和文化工作方面一些情况。不久被华中局任命为编审委员,实际在苏北文化协会工作。

吕振羽所著《简明中国通史》上册5月由香港生活书店出版。此书是1940年秋吕振羽执教于重庆复旦大学时始作,至1941年2月完成上册。下册在1948年戎马倥偬之中完稿,由大连光华书店印刷发行。周恩来谓吕氏云:“现在蒋介石搞尊孔读经,你可以写一本中国历史,从正面教育青年。”因此,该书即“以宣传爱国主义,坚持团结抗战,反对妥协投降为主要任务”。吕振羽完成《中国社会史诸问题》一书后也感到,要彻底批驳帝国主义的谬论,“一部较系统而正确的中国社会通史的建设,愈成了最迫切最现实的要求”。为此,吕振羽着手写作《简明中国通史》。吕振羽在《简明中国通史》上册1941版序言中自谓:“我的写法,与从来的中国通史著作,颇多不同。”最重要的有三点:“第一,把中国史看成同全人类的历史一样,作为一个有规律的社会发展的过程来把握”;“第二,力避原理原则式的叙述和抽象的论断”;“第三,尽可能照顾中国各民族的历史和其相互作用,极力避免大民族主义和地方民族主义的观点渗入”。吕著《简明中国通史》是中国最早出版的马克思主义通史著作之一,与范文澜所著《中国通史简编》一起,开辟了中国通史研究的新方向。

按:六十年代以后,由于吕振羽蒙冤,其著作的影响已远逊于范著。1948年5月大连光华书店出版上下两册本,1949年4月新华书店校正再版,1949年5月三联书店印上下册合订本。后经过数次修订和增补,多次再版,前后印刷约60万册。

吕振羽6月参加苏北反扫荡战。撰诗《六月苏北反扫荡战》《反扫荡胜利中一氓立教同志请吃蟹》。反扫荡战后,任华中局调查研究室委员。经刘少奇决定,到中共华中局党校任教,分别讲授中国革命史、社会史、哲学史等课程,受到学员欢迎,并担任学员课外学习指导,参加小组讨论,密切了与学员的联系(学员多为师、旅、团级干部)。多次受黄克诚师长兼政委邀请,到三师师部为该师及盐阜地区党政军干作理论学习报告。为此得到刘少奇肯定,说“你到党校作了不少工作,学员也有反映”。当时除刘少奇亲自讲课外,彭康、钱俊瑞、孙冶方、冯定、陈一诚、陈修良等也在党校任教。吕振羽撰诗《听少奇同志为党校讲课》。秋,《中国革命史讲授提纲》《中国社会史问题十讲》《中国哲学史问题十讲》(讲义),分别由中共华中局党校油印教材。《古代支那政治哲学新研究》(即吕著《中国政治思想史》日译本),由日本人文阁出版。(以上参见《吕振羽全集》第10卷附录《吕振羽生平年谱》,人民出版社2014年版;王学典《20世纪史学编年(1900—1949)》,商务印书馆2014年版)

孙冶方携妻子洪克平6月在上海地下交通员的安排下,悄然登上了一艘开往苏北的客轮。在抗大五分校,孙冶方见到了刘少奇,从上海抗日文化活动到苏北抗日根据地新文化运动,两人相谈甚欢。孙冶方被根据地浓烈的抗战文化气息所震撼,精神上备受鼓舞。"新四军与抗日根据地非常需要各方面的人才,尤其是像你这样专业型的人才,共同参与抗战事业的开展。"刘少奇充满温情的话语让孙冶方内心倍感温暖,他对在根据地的新工作亦有了信心和期盼。孙冶方到新四军抗日根据地后,任中共中央华中局党校教育科科长兼教员。7月13日,孙冶方(宋亮)致函刘少奇就理论与实践的关系问题求教,刘少奇当日即复函予以解答。(参见李小曼《背朝烽火向阳怒放——抗战时期阜宁文化村纪事》,《世纪风采》2021年第1期)

钱杏邨的《海国英雄》2月13日出版。25日,郑振铎为钱杏邨(阿英)编著《晚清戏曲录》作序:"如晦先生收藏晚清文史资料最富,余前辑《晚清文选》,深资其助。尝劝其将历年搜访所得,刊为目录,公之于世。如晦先生深感余言,乃先将所藏晚清戏曲,编为一目印行,每书均加说明,嘉惠后学,有助于我等研究近代文史者不浅。盖不仅补静庵先生《曲录》所未备,亦大有助于民族精神之发扬也。"并进一步建议:"能于此一百四十本之晚清戏曲中择取十一,编为曲集印传乎?其有助于今日方兴未艾之民族意识,必将更巨也。"但因环境日愈恶劣,此书当时未能出版。1954年阿英把此书稿与另外的晚清小说方面的内容合并出版《晚清戏曲小说目》时,将郑振铎此序全文引录于前言中。3月17日,钱杏邨将他手录的一卷《磨剑室革命文库目录》(柳亚子藏辛亥革命文献的目录)赠送给郑振铎,郑"殊感之",并作题跋云"余所藏书目,无一关于辛亥革命者,得此足弥一憾"。20日后为抨击皖南事变,钱杏邨进入第三部南明史剧《洪宣娇》创作。8月20日,完成五幕剧《牛郎织女传》。10月29日起开始赶写第四部南明史剧《杨娥传》,11月9日定稿。10日至26日,于辣斐剧场正式公演。12月,太平洋战争爆发,日寇占领租界,钱杏邨遂转移到新四军一师一旅。(参见陈福康《郑振铎年谱》,三晋出版社2008年版)

贺绿汀在皖南事变后离开育才,前往苏北盐城新四军军部,在新四军军部和鲁艺华中分院从事音乐创作和教育工作。刘少奇、朱德热情邀请他到延安鲁艺华中分部开展战地音乐教育。这一时期,他的音乐创作也进入到一个新阶段。贺绿汀与《新四军军歌》的曲作者何士德、《黄桥烧饼歌》的曲作者章枚等人一起,创作了大量反映根据地军民生活的歌曲,在华中敌后广为传唱。此外,贺绿汀还将大量精力用在培养音乐人才上,为新四军培养了一批音乐干部。(参见李小曼《背朝烽火向阳怒放——抗战时期阜宁文化村纪事》,《世纪风采》2021年第1期)

陈垣继续任辅仁大学校长。1月,《清初僧诤记》撰成,刊于《辅仁学志》第9卷第2期。《清初僧诤记》分3卷,卷一"济洞之诤"包括:五灯严统诤、晦山天王碑诤、五灯全书诤;卷二"天童派之诤"包括:天童塔铭诤、密云弥布扁诤、灵岩树泉集诤、牧云五论诤;卷三"新旧势力之诤"包括:云门雪峤塔诤、平阳御书楼净、善权常住诤。书中记述了清初东南法门的纷争,共分三部分:临济与曹洞之诤、天童派之诤、新旧势力之诤。主要叙述法门中故国派与新朝派之间的矛盾,虽为"门户之争",却反映了不同的政治趋向,书中借抨击明亡后变节仕敌之僧人,影射沦陷区媚事"新朝"之汉奸,和《明季滇黔佛教考》对明末遗民民族气节之表彰形成鲜明对照。

按:1946年2月23日陈垣致方豪函曰:"此记与佛、道二教考为弟国难中所撰'宗教三书'之一,前数篇因派系纠纷,殊眩人目,然此烟幕弹也,精神全在中后篇。"柴德赓《陈垣先生的学识》评论说:"《清初僧净记》是一部宗教中著作,实际上是写清初东南一带人民抗清斗争的历史。这是一本专门的书,我不多作介绍。只讲其中的两个问题。一个是弄清了黄宗羲为什么不愿意做和尚的原因。在清初有很多人为了不愿做清朝的顺民而剃头,宁可为做和尚而剃头;但黄宗羲坚持不出家,不做和尚,这是为了什么呢?原来当时庙中都保存有一块牌子,上面写着'当今皇上万岁万万岁'。和尚每天都必须对此朝拜。而当今皇上是谁?那是清廷统治者,这岂不是天天要向清廷统治者叩头吗?不干!这就是黄宗羲不愿做和尚的原因,过去一直不清楚,到抗战时候那就看得很清楚了。第二是解决了什么是'投降'的问题。清初清廷统治者规定人人都要剃头,做它的顺民。这样剃了头是否就算是投降了敌人呢?不算!因为这是被迫的,虽然也是耻辱,但还可以原谅。如果出去做官,那就是主动向清朝投降,是汉奸。这问题是因为在抗战时期沦陷区要划清界限而提出来的。在沦陷区中受耻辱的事很多,如打手印、领良民证等,但这些都是被迫的,不能算是投降。凡是在敌伪大学教书,在敌伪机关工作的,那就是汉奸。《清初僧诤记》不仅解决了历史上的问题,而且也解决了现实中的问题。"

陈垣等发起的辅仁大学史学会4月25日成立。该学会旨在课堂教育以外进行学术交流,培养学生多方面兴趣。5月17日,陈垣在辅仁大学史学会第一次常会发表题为《官书与私书》之演讲。记录稿后刊于《辅仁生活》第16期。文中从中国史书中官书向来不如私书为人所重视,谈到今天仅靠私人之力很难成历史之伟著,必须依靠众力,而众力仍是靠有作为之个人积聚而成。希望现在的大学生珍惜大学的良好学习条件。多读书,多作学术研究;"所足为病者,乃今之学生过于注重生活问题,而忽略于学术研究。吾常觉人生以品行为上,身体次之。学问又次之,金钱为下。因人生尚有至高目的,倘能学术与生活打成一片,于温饱之后,多读书,多作学术之研究,则善莫大焉。"6月,为辅仁大学年刊题词:"品行第一:人之生也直,罔之生也幸而免。身体第二:父母唯其疾之忧。学问第三:不患无位,患所以立。近来同学颇知向学是佳现象,但每轻重倒置,故以此告之。"7月,《南宋初河北新道教考》撰成,至年底作为《辅仁大学丛书》第八种出版。《南宋初河北新道教考》分4卷。卷一"全真篇上"包括:全真教之起源第一、教徒之制行第二、杀盗之消除第三、士流之结纳第四、藏经之刊行第五、教史之编纂第六;卷二"全真篇下"包括:人民之信服第七、妇女之归依第八、官府之猜疑第九、焚经之厄运第十、末流之贵盛第十一、元遗山之批评第十二;卷三"大道篇"包括:大道教之起源及戒目第一、五祖郦希成八祖岳德文之道行第二、九祖张清志之高风第三、九祖十一祖叠出之稽疑第四、大道教宫观一斑;第五卷四"太一篇"包括:太一教之起源第一、二祖萧道熙三祖萧志冲之道行第二、四祖萧辅道之重望第三、五祖李居寿之宠遇第四、六七祖传授之推测第五、太一教人物一斑第六。此书为《明季滇黔佛教考》之姐妹篇。《佛教考》写的是清推翻明朝北京政权后已"实为畿辅"之滇黔,《道教考》写的则是北宋亡后沦于金统治下之河北。

按:此书继《明季滇黔佛教考》而作。但材料则早已蓄之三十年前,一九二三、二四年间。作者曾辑有关道教碑文千余通,自汉迄明,按朝代编纂《道家金石略》百卷,以为道教史料之一部分,藏之箧衍久矣。卢沟桥变起,河北各地相继沦陷,作者亦备受迫害,有感于宋金及宋元时事,觉此所谓道家者类皆抗节不仕之遗民,岂可以其为道教而忽之也。因发愤为著此书,阐明其隐,而前此所搜金元二代道教碑文,正可供此文利用,一展卷而材料略备矣。诸人之所以值得表扬者,不仅消极方面有不甘事敌之操,其积极方面复有济人利物之行。固与明季遗民之逃禅者异曲同工也。

按:曾觉之《南来初河北新道教考》(《汉学》1944年9月第1辑)对陈垣的宗教史研究备加推崇:"吾国关于宗教史之著述,鲜有能满人意者,并无他故,实因未遇其人耳。苟遇其人,则待发之史料,待证之史实正多,逢源之乐,专书之成,可期而待;此于陈援庵先生关于宗教史之著述见之。陈先生前后考释也里可温,摩尼,回,佛,耶诸教之文,皆搜罗辛勤、闻见广博,识断精审,体制完善,海内外学人所周知而无待赞言也。其著述富启发学人之暗示与研究途径之指点,读之每有循之而得更加深入之感,如叶德禄先生所辑之《民元以来天主教时论从》中之《从教外典籍见明末清初之天主教》一文是其例。近岁所出之《明季滇黔佛教考》与《南宋初河北新道教考》二书一再致意于宗教与政治之关系。与夫教徒续绝存亡之伟绩,则更进一层,复乎远矣。盖作者目击事变之方殷,不觉有感于中,乃发愤而抉发前人幽隐之衷曲,表暴当时不白之心情,使人知此一班出家之人,创教之士,实有绝大之不得已在:此岂局于迹象者所得梦见耶? 尝谓历史家之责任,贵在叙述正确之事实,而尤贵传达真切之心情;内在心理之真盖尤重于外表事实之真。真实为过去陈迹,心理则现前活在、永远流动于吾民族血脉之中,此历史之可贵也。"

陈垣8月16日致乐素函:"最近孔德研究所出版李玄伯著《中国古代社会新研》一册,幸有此书,足以不朽,古所谓塞翁失马,安知非福也。"12月,在《辅仁二学志》第10卷第1—2合期发表《明末殉国者陈于阶传》,对明末天主教徒殉国者陈于阶的事迹进行表彰。《南宋初河北新道教考》由辅仁大学印行。关于此书写作目的,陈垣在1957年7月《重印后记》中说:卢沟桥事变起,河北各地相继沦陷,作者"乃有感于宋金及宋元事,觉此所谓道家者类皆抗节不仕之遗民,岂可以其为道教而忽之也。……诸人之所以值得表扬者,不仅消极方面有不甘事敌之操,其积极方面复有济人利物之行,固与明季遗民之逃禅者异曲同工也"。全书共3篇4卷23章,依据散见于碑刻和诸家文集资料,对全真教等三教的起源、发展及活动情况详加考论。书前有全真教传授源流表、全真教历任掌教表、大道教祖师传授表、太一教祖师传授表和作者识语;书后有朱师辙跋。本书是研究金元道教的重要著作。

按:孙楷第评论说:"三道教有史,自先生始。"是书有不可及者三,"一曰真积力久,二曰心解神契,三曰诠叙有方","然余尤服先生议论之正也。真积力久是学,心解神契是识,诠叙有方是才,议论之正则是德也"。(以上参见刘乃和、周少川、王明泽《陈垣年谱配图长编》,辽海出版社2000年版;王学典《20世纪史学编年(1900—1949)》,商务印书馆2014年版)

沈兼士继续任辅仁大学文学院长。3月25日,私立北平辅仁大学发布消息,称文学院长沈兼士遵医嘱暂时休养,所担任部分课程将请人代理。4月12日,《燕京新闻》刊登沈兼士病势渐痊的消息。25日,沈兼士参与发起的辅仁大学史学会成立。6月5日,撰成《〈广韵〉异读字研究序》,后刊于《益世报·人文周刊》新第7期。同月,在私立辅仁大学史学会演讲《近三十年来中国史学之趋势》。此演讲稿后刊于《经世日报·读书周刊》1947年第1期。文中认为"史学是可以促进人类文化进步的一种科学",并认为近代史学的发展,多借助考古学、民俗学的发展和档案材料的整理,而西洋治史新法的传入也给中国史学发展带来了新变化,沈兼士在最后指出:"我国号称有五千年的文化,而旧史记载多令人不敢相信,若一味疑古,凿空立说,亦为缺陷。吾人倘能利用上述之新材料、新方法,重新证实我们民族光辉灿烂之信史,岂不是空前的一大收获吗?"沈兼士还以李玄伯(李宗侗)《中国古代社会新研初稿》为例,说明西方史学方法给中国史学研究带来的影响,称赞李玄伯"取法古朗士,是一个好例"。8月29日,沈兼士撰成《汉字义读法之一例——〈说文〉重文之新定义》,后收入《辛巳文录初集》。文中详细阐述重文与正篆的关系,认为非如昔者所谓必音义悉同形体变异,亦有同音借用、同义换读二变例。进而指出后二者属于用字之法,乃许慎兼收经传解诂异文所致。由是观之,重文既为异体材料,亦是异文材料。因此,研习重文,须先区分此三类字的关系,然后再分类逐一研讨。

沈兼士9月7日为私立北平辅仁大学新生抄录顾炎武《与友人论学书》一节。10月4

日,参加私立北平辅仁大学文学院中国文学系语言文字学会 1941 年度第一次大会,并任大会主席,报告开会宗旨及介绍新会员等。11 月 20 日,《辅仁生活》第 3 卷第 3 期刊登消息,称本年度私立北平辅仁大学文史研究所共有研究生 14 人,沈兼士所授课程有"声训研究""初期意符字之形态及其性质""《说文》重文释例""字族与《文始》"和"右文研究"等 5 门。12 月 6 日,撰成《联绵词音变略例》,后收入私立北平辅仁大学语文学会编《辅仁大学语文学会讲演集(第三辑)》。此文认为联绵词除通常分为两字异音、双声迭韵和迭字连语三类外,其中又有变例存在。接着从三个方面列举变例进行论述:一、异音复词中一字韵变而为迭韵连语;二、异音复词中一字声变而为双声连语;三、异音复词或迭韵连语中一字韵变或声变而为迭字连语。详细解析联绵词的这些变例,是为了引起学者的研究兴趣。7 日以后,与陈垣、张怀等设法,聘请那些不愿去敌伪学校教书的人士,到私立北平辅仁大学兼课。又组织编辑论文集《辛巳文录》,使写稿的学者获得一点稿酬。25 日,撰成《声训论》,预备收入《辛巳文录续集》,后因日寇破坏,未印成。这是作者研究声训问题的一篇重要学术论文。首先叙述声训之源流和诸家之学说,然后在前人对声训义类的分类基础上提出自己的分类方法,并且归纳成一般公式,最后提出七条"审辨声训义类法",以此来判明什么是真正的声训。(参见郦千明、汪素梅《沈兼士年谱简编》,《湖州师范学院学报》2021 第 3 期;沈兼士《沈兼士学术论文集》,中华书局 1986 年版;王学典《20 世纪史学编年(1900—1949)》,商务印书馆 2014 年版)

余嘉锡在 6 月在《中和月刊》第 2 卷第 6 期发表《四库全书提要辨证》。10 月,作《太史公书亡篇考·序》。12 月,余嘉锡在《辅仁学志》第 10 卷第 1—2 期合刊发表《〈疑年录〉稽疑》。作者自认服膺钱大昕之学问,觉《疑年录》之有用,但"惜其未尽善",乃根据材料"为之弥缝其缺失"。此文所"稽疑仅前两卷,起自后汉,终于有元",上卷涉及 25 人,下卷涉及 79 人,于钱氏《疑年录》错误处纠正之,无注出处处补充之。同期还刊载了陈垣《明末殉国者陈于阶传》、牟润孙《崔浩与其政敌》等文。(参见王语欢《余嘉锡学术年谱》,黑龙江大学硕士学位论文,2013 年;王学典《20 世纪史学编年(1900—1949)》,商务印书馆 2014 年版)

顾随继续任教于辅仁大学,兼任燕京大学课。顾随以孱弱之身,每周从城里到海淀授课,非常辛苦。那时交通不便,从西直门到燕园没有公交车,只能到东单青年会搭乘唯一的燕大校车,早出晚归,两三小时的课要占用七八小时。校车经常很拥挤,每一单程要乘坐一个多小时。9 月,迁居地安门内碾儿胡同 29 号旁门,书斋更名为"倦驼庵"。10 月,杂剧《馋秀才》刊于华北文教协会所编《辛巳文录(初集)》。12 月,太平洋战争爆发,燕京大学被日寇封闭,从此专任辅仁大学教授。冬,为防止日寇的迫害,被迫将自己词集中有关抗日的文字撕下烧毁。是年,印行《霰集词》,收词 66 首,始自 1937 年初秋,迄至 1941 年底。(参见闵军《顾随年谱新编》,载王京州编《河北近现代学者年谱辑要》,国家图书馆出版社 2017 年版)

柴德赓 12 月在《辅仁学志》第 10 卷第 1—2 期合刊发表《宋宦官参预军事考》。文中指出:"余观宋代宦官之与政治,举凡国计民生治河决狱之事,巨细莫不与闻,顾以参预军政,与一代用兵关系最大,军政之坏,殆由于此。"乃撰写此文,揭示宋代宦官参预军事,导致军政败坏之史事。(参见王学典《20 世纪史学编年(1900—1949)》,商务印书馆 2014 年版)

朱家溍毕业于辅仁大学国文系,获文学士学位。

叶嘉莹考入辅仁大学国文系。

张东荪继续在燕京大学任教。面对日益恶化的环境,他继续与中共保持联系,向解放区输送北平爱国学生,以及急需的药品和医疗器械。年初,建议燕京大学校长司徒雷登应该尽早解散燕京大学,将教员和学生疏散到中共控制的解放区,或者撤退到西南大后方。春,经张东荪、何其巩等人多方营救,蓝公武在被关押9个多月后释放。3月,张澜、罗隆基等人在重庆秘密建立中国民主政团同盟。该同盟包括三党三派:张君劢、张东荪领导的国家社会党,曾琦、李璜等人领导的中国青年党,章伯钧、谭平山、张云川等领导的第三党,梁漱溟领导的乡村建设派,黄炎培领导的中华职业教育社和沈钧儒、章乃器、史良等人领导的救国会。张东荪因在日本统治的北平,交通隔绝,较长时间内并不知情,直到1943年秋才从来平活动的张云川口中知晓民盟成立情况。9月,张东荪与汤芗铭等人在北海白塔菩提学会开会追悼胡石青。10月,张东荪在对《知识与文化》作最后定稿工作时,专门撰写《后序》强调:"本书以知识社会学为出发点,以讨论一切知识,例如哲学、名学以及政治思想、道德理论等。"这样的研究态度,实际上就是从哲学以外来看哲学,故张东荪认为自己所表述的新知识学,从严格意义上并不是一种哲学学说。他声明:"现在所讲的和我以前旧作《多元认识论》(尤其是初稿)颇有不同。有许多地方都是我已经抛弃的了。因为恐怕读者或有误会,所以才写此后序,用以补充之。"12月8日,日本发动太平洋战争,向美国宣战。早晨,燕京大学英籍教授林迈可得知此消息后,立即骑着自行车逃往西山,进入中共的解放区。日本宪兵包围并解散了燕京大学,逮捕了张东荪及林嘉通、陆志韦、赵紫宸、洪业、邓之诚等有抗日嫌疑的燕京教授。张东荪等人先被关在西苑日本宪兵队,不久被押到设在沙滩旧北京大学红楼的日本宪兵总队。他与赵紫宸关在16号牢房。在这里受到日军宪兵安达弘数次审讯。(参见左玉河编《张东荪年谱》,群言出版社2014年版;左玉河编《中国近代思想家文库·张东荪卷》及附录《张东荪年谱简编》,中国人民大学出版社2015年版)

陆志韦继续任燕京大学教授。12月5日,学生生活促进委员会举办演讲会,15名男女同学报名,8人参加决赛。演讲题由陈其田、周学章、张东荪、陆志韦拟定,共8个题目,涉及学术研究、道德、经济和教育制度等方面。8日上午9时左右,日寇进驻并封闭燕大校园,召集全体师生到贝公楼礼堂,宣布接管燕大。日军逮捕陆志韦、赵紫宸、陈其田、赵承信、林嘉通、张东荪、刘豁轩7位教师,逮捕学生蓝铁年、沈聿温、李慰祖、程述尧、李欧、姚克荫、刘子健、张树柏、朱良漪、孙以亮、陈嘉祥等11人。戴艾桢原不在逮捕名单内,因进贝公楼找自行车,被认为借机传递消息,亦被捕。被捕师生均被押送沙滩日本宪兵队。在押期间多次受审,备受凌辱。12月下旬,日军又先后逮捕了蔡一谔、洪业、邓之诚、侯仁之、周学章、萧正谊及农科教师沈先生。(参见张玮瑛、王百强、钱辛波主编《燕京大学史稿》,北京人民中国出版社2000年版)

赵紫宸7月由昆明抵香港,由香港圣公会何明华主教(Bishop R. O. Hall)按立,成为圣公会信徒,后何明华连续两次按立他为中华圣公会会吏、会长(牧师)。12月7日,珍珠港事件爆发。8日,与燕京大学师生陆志韦、张东荪等20余人同时被日寇逮捕入狱,燕京大学被迫关闭。是年,《耶稣小传》由青年协会书局初版,1947年再版;在《学生世界》上发表"What I Believe"。(参见赵晓阳编《中国近代思想家文库·赵紫宸卷》及附录《赵紫宸年谱简编》,中国人民大学出版社2014年版;张玮瑛、王百强、钱辛波主编《燕京大学史稿》,北京人民中国出版社2000年版)

洪业继续主持哈佛燕京学社引得处。1月,洪业、聂崇岐、李书春、赵丰田、马锡用等编纂的《孟子引得》由哈佛燕京学社引得处刊印。此书根据1926年上海锦章图书局影印清嘉庆二十年(1815年)南昌府学重刊《十三经注疏》(附《校勘记》)本《孟子》编制。书前附《孟子》标校原文,并逐篇、逐章编号。原文有歧异见于《校勘记》的,于脚注中注明《校勘记》的内容。以句子为主,逐字或逐词编目。12月下旬,与蔡一谔、邓之诚、侯仁之等被日军逮捕。(参见张玮瑛、王百强、钱辛波主编《燕京大学史稿》,北京人民中国出版社 2000 年版;王学典《20 世纪史学编年(1900—1949)》,商务印书馆 2014 年版)

侯仁之在燕京大学任教并兼任学生生活辅导委员会副主席。12月下旬,与蔡一谔、洪业、邓之诚等被日军逮捕。罪名是"以心传心,抗日反日",后被日寇军事法庭判处徒刑 1 年,缓刑 3 年,取保开释,直到抗日战争胜利。(参见张玮瑛、王百强、钱辛波主编《燕京大学史稿》,北京人民中国出版社 2000 年版)

张尔田 2 月在《同声月刊》第 1 卷第 3 号发表《与龙榆生论词书》。3月,《同声月刊》第 1 卷第 4 号刊载《郑文焯与张孟劬论词书》。6月,龙榆生为张尔田校刻《遁庵乐府》2 卷成书,为《沧海遗音集补编》之一种。同月,夏敬观《遁庵乐府序》刊于《同声月刊》第 1 卷第 7 号。7月,《与龙榆生论四声书》《与龙榆生论词书》刊于《同声月刊》第 1 卷第 8 号,同期刊出龙榆生《遁庵乐府小引》、吴庠(眉孙)《与张孟劬先生论四声第一书》《与张孟劬先生论四声第二书》。约 8 月,张尔田撰、龙榆生校刻《遁庵乐府》2 卷刊行。10月,《与龙榆生论云谣集书》刊于《同声月刊》第 1 卷第 11 号。秋,张芝联考入燕京大学研究院,攻读历史。从此至 1944 年底张氏离京返沪,共三年余,张芝联不间断向张尔田请教,并将其答问写成摘记。惜两本答问录在"文化大革命"中遗失。11月,《龙母杨恭人家传》刊于《同声月刊》第 1 卷第 12 号;《清故朝议大夫湖南优贡知县汪君墓志铭》刊于《国艺》第 3 卷第 3 期。12 月 8 日,太平洋战争爆发,日军占领燕京大学,搜捕进步师生。是日,弟张东荪因"抗日"罪名被日本宪兵逮捕。张尔田受惊发病,不得不从西郊迁居西城。张芝联应张东荪夫人要求与张尔田同住,照顾起居,直至次年 6 月 18 日张东荪出狱。张尔田移居城内后,治学不辍。(参见孙文阁、张笑川编《中国近代思想家文库·张尔田、柳诒徵卷》及附录《张尔田年谱简编》,中国人民大学出版社 2014 年版)

聂崇岐 6 月在《燕京学报》第 29 期发表《宋代府州军监之分析》。鉴于宋代地理行政区分,府、州、军、监为一级,变化较多,情况复杂,此文系统梳理了宋代府、州、军、监的设置、废复、升降、更名等,是宋代官制研究为数不多的综合性研究之一,被视为聂崇岐的代表作之一。同期还刊载了秦佩珩《吴伟业殿上行本事质疑》、许世瑛《段氏说文注所标韵部辨误》、王静如《论开合口》、鸟居龙藏《契丹之角骶》、翁独健《斡脱杂考》等文。(参见王学典《20 世纪史学编年(1900—1949)》,商务印书馆 2014 年版)

齐思和的《西洋史教学之基本问题》9 月由北平函雅堂书店出版。12 月 8 日,日本侵略者强行接管燕京大学,燕大解散。齐思和拒绝伪教育总署的登记备用要求,毅然辞退了在燕大的任教工作,转入私立中国大学任教。因当时物价飞涨、生活窘迫,但是齐思和丝毫没有退缩,他依然恪尽职责,清操自守。(参见王学典《20 世纪史学编年(1900—1949)》,商务印书馆 2014 年版)

高名凯从法国回国,到燕京大学国文系任教。

周汝昌因燕京大学学生被解散,遂回家自学。

蓝公武继续在日本宪兵司令部狱中。春,经张东荪、何其巩等人多方营救,蓝公武在被关押 9 个多月后释放。蓝公武出狱后,离开中国大学,全家从城内北河沿庚 28 号搬到城外成府路红葫芦胡同 2 号,靠典当维持生计,甚至连蓝公武口中的金牙套也拿去换粮食,经济上极端窘困。张东荪为了帮助蓝公武改善经济状况,通过日伪关系将蓝公武的长子蓝铁年改名蓝吉庆,写进了伪北平市政权参议名单中,只拿薪水不做事。但很快被蓝公武发现,并强令张东荪立即从伪参议员名单中抹掉长子的名字。

按:日本投降前夕,蓝公武在中共地下党刘仁、崔月犁的帮助下,全家被接到晋察冀边区,他先后任察哈尔省教育厅厅长、北岳行署民政厅厅长、华北人民政府副主席兼民政部部长。(参见左玉河编《张东荪年谱》,群言出版社2014年版)

俞平伯继续任教于中国大学国学系。1月6日,收到周作人来信。次日即复信。5月20日,收到周作人来信,即复信。24日,至东总布胡同弘通观4号许宝騤寓所,参加曲会。下旬,得到周作人赠送影印巾箱本《琵琶记》一部。此前,俞平伯曾为此书作校记。9月6日,作《移棋相间法》序三,收入《移棋相间法》印本。8日,复周作人信。10月7日,致周作人明信片,谈读了周作人所送《四书训解》后,觉得"此书见解不拘门户,极为明通,读之得益良多"。尤其对《论语·雍也》篇"子谓仲弓曰"一章稍有所会,拟写一短文。秋,收到朱自清寄赠的律诗《寄怀平伯北平》3首。此为朱自清1941年9月于成都家中所作,诗中记述了两人之间20余年的友谊。此诗刊印1948年10月《文学杂志》第3卷第5期。(参见孙玉蓉编《俞平伯年谱》,天津人民出版社2006年版)

郭绍虞3月17日作《夸父集》序。6月,《作文摘谬实例序——一个国文教学法中的新问题》刊于《文学年报》第7期。太平洋战争爆发后,燕京大学被迫停办。郭绍虞坚持民族气节,甘于清平生活,断然拒绝接受日伪接管的北京大学的聘书,情愿在私立中国大学任教。时人或认为郭绍虞是故作高调,郭遂作《高调歌》以明志。是年,《语文通论:正、续编》由上海开明书店出版;《中国语言与文字之分歧在文学史上的演变现象》刊于《学林》第9辑。(参见何旺生《郭绍虞学术年表》,《中国韵文学刊》2008年第1期;陆阳《唐文治年谱》,上海三联书店2013年版)

周作人继续任职于伪北大。1月1日,收伪华北政务委员会送来的汪精卫伪国民政府的委任状:"特派周作人为华北政务委员会委员并指定为常务委员兼教育总署督办。此令。"2日,俞平伯、许雨香、许介君来访。4日上午,接待日本兴亚院文化局局长松井大佐的访问。又往伪教育总署举行就职典礼。周作人在向教育总署全体职员致训中说:"今日来任斯职,得与诸教育界先进,晤谈一室,极为欣慰。"并表示要在前教育总署督办汤尔和"经数年之苦心维持与整顿已具良好之基础"上,"继续以往之成绩,努力进行华北教育"。随后在教育总署接见了伪国立北平各院校长,进行了训示;又往访了日本侵略军华北派遣军司令官多田骏和兴亚院官员笠原森冈等。下午,往伪华北政务委员会,拜见了伪华北政务委员会委员长王揖唐,向他报告了就职经过,又历访了伪华北政务委员会常委汪时璟、齐燮元、殷同、王荫泰。5日下午,往伪华北政务委员会,接待了日本驻汪伪国民政府大使本多熊太郎的访问。6日上午,往伪教育总署,又往伪华北政务委员会行就职典礼。下午,往伪教育总署,与日本兴亚院文化局局长松井大佐晤谈。7日,作《妖术史》,刊印1月30日《晨报·文艺》第24期。13日中午,往弘通观赴许介君之招宴,同座有司徒雷登、王克敏、朱深、汪时璟、邵东湖、萧文安、沈启无共9人。14日,许介君来访。15日上午,往伪教育总署与日本兴亚院文化局局长松井大佐晤谈。19日,伪华北文艺协会成立,周作人等11人被聘为顾问。21日上午,往伪教育总署,接待日本《朝日新闻》社记者的访问。22日上午,往伪教育总署,接待日本大使馆官员土田的访问。30日,作《淞隐漫录》,刊于2月17日《晨报·文艺》第28期。

周作人2月1日赴王揖唐之招宴,同座有伪华北政委会汪时璟、殷同、朱深、王荫泰、齐燮元以及余晋和、瞿兑之等。晚饭后许介君来访。同日,《怎样研究中国文学》刊印于

《中国文艺》第3卷第6期。此文为周作人在北京大学文学院的讲演,提出:"所谓文学不过是'文化'里的一部分,故而研究国文的范围一定要放大了,像哲学、史学、外国文学、经济……之类,算一块儿,才是整个儿的文化集团,也就是每个研究中国文学的人们所需要的。"5日,往伪教育总署,日本官员奥田与谈4月往日本参加东亚文化协议会文学部会事。6日上午,往伪华北政务委员会,出席华北地区各省市长会议预备会议。7日,往伪华北政务委员会,出席华北地区各省市长会议。8日,整理在《庸报》上发表的小文,着手编辑《药堂语录》。14日晚,往外交大楼作题为"关于华北教育"的广播讲演,由伪中央广播电站放送,讲演中吹捧日伪统治下的华北教育。15日,往伪华北政务委员会,访王揖唐。同日,许介君来访。20日午,至私立中国大学校长何克之宅,赴其招宴。同座有傅沅叔、傅治芗、张水琪、梁亚平、黎子鹤、俞平伯、沈兼士、许介君等。22日午,参加伪东亚文化协议会举行的宴会,招待兴亚院文化局国际观光局赴日教授团,共3席。同日,以酒一瓮50斤、手迹3纸赠日本兴亚院文化局局长松井大佐。27日,参加伪东亚文化协议会理事会会议。下午往孔庙参加丁祭。

　　周作人3月1日赴伪新民会成立3周年纪念会。同日,《日本之雏祭》刊于《中国公论》第4卷第6期。3日上午,往伪华北政务委员会,日本兴亚院官员笠原森冈来辞行。晚,赴笠原森冈的告别宴,同座有华北政委会诸汉奸。4日午,往伪华北政务委员会公宴笠原森冈等,同座有华北政务委员会诸汉奸。5日,往车站送日本兴亚院官员笠原森冈。7日午,至北京大学文学院接待日本矢崎山室的访问。下午,赴伪东亚协会部长会议。又往北京大学办公处赴恳谈会。10日上午,接待王揖唐的访问。14日下午,参加伪东亚文化协议会会议。19日上午,往伪高等警官学校讲演。下午,往北京大学办公处与日本兴亚院文化局局长松井大佐晤谈。21日,往伪教育总署,因赴日本事与秘书黄公献同往日本兴亚院会见盐泽、松井、专田等。29日,往孔庙参加丁祭。30日上午,往怀仁堂,赴伪华北政务委员会为纪念汪伪国民政府成立3周年召开的庆祝会。4月3日晚,往伪华北政务委员会赴王揖唐为伪东亚文化协议会评议员将赴日本举行的钱别宴,同日,《钱译〈万叶集〉跋》刊于《新中国报·学艺》第112期。此文是为钱稻孙所译日本诗歌集《万叶集》作的跋语,跋中称:"我们从文艺里只能于异中求同,在异时代或异种族的文化中寻出共通的人性来,这才觉得有意义,也即是有意思。"并称赞该译集"选择即广,译文复极雅正,与原诗对照,可谓尽善矣"。4月6日,周作人率伪东亚文化协议会评议员代表团赴日本京都,出席伪东亚文化协议会文学部会议。22日晚,返回北京。5月2日,周作人往北京大学,赴伪东亚文化协议会评议员会议。4日,作《汤岛圣堂参拜之感想》,刊于6月《斯文》第23编第6号。6日,往北京大学参加行政会议及招生委员会会议。12日下午,吴鸣时、钱稻孙来访,谈下半年北京大学文学院教学的事。13日,设午宴招待伪华北政务委员会汪时璟、殷同、王荫泰、朱深、齐燮元、余晋和等诸汉奸。24日,往伪新民协会,赴伪新民会中央委员会会议。下午接待来访的伪山西教育厅厅长裴润泉。26日上午,往伪教育总署,参加伪第二次华北教育行政会议,并在会议上致训词。晚,至留日同学会,公宴参加伪第二次华北教育行政会议的人员。27日,往伪教育总署,参加伪第二次华北教育行政会议。下午5时,往兴亚公馆参加兴亚院文化局茶话会。28日下午,伪华北第二次教育行政会议闭会。晚设宴招待出席会议的伪华北各省市教育厅局长。同月,《药堂语录》由天津《庸报》社出版。

　　周作人6月1日上午至怀仁堂参加伪华北政务委员会建设总署督办殷同的就职典礼。13日下午,与钱稻孙、吴鸣时、徐祖正、沈启无等共商北京大学文学院设课问题。27日上午,往伪东亚文化协议会访日本官员奥田,谈协会的工作。30日晚,赴伪东亚文化协议会的招宴,同座的有佐野、永井、奥田、方少峰、钱稻孙、张鸣岐等。7月2日晚,往伪东亚文化协议会,设宴招待日人小山、永井、佐野、藤村等。3日晚,往日本大使馆参加茶会,又至伪东亚文化协会参加日人小山之招宴。同座有日本大使馆、领事馆、兴亚院以及北京大学、东亚文化协议会等方面人士。5日,往北京大学参加伪东亚文化协议会评议员会议。8日,作《文章缘起》,收《书房一角·看书余记》。9日,往北京大学与钱稻孙共宴后藤、杉本、八木,作陪的有吴鸣时、张鸣岐、鲍文蔚、徐祖正等。11日上午,往伪华北政务委员会,日本侵略军原任华北派遣军司令官多田骏来辞行。13日晚,往怀仁堂,赴伪华北政委会公宴,为卸任的原日本侵略军华北派遣军司令官多田骏饯行。15日,与伪华北政务委员会诸汉奸同往车站迎接日本陆军省新任命的华北派遣军最高司令官、日本陆军大将冈村宁茨。16日,往机场为原任的日本侵略军华北派遣军司令官多田骏送行。又往访新任日本侵略军华北派遣军司令官冈村宁茨。同日,伪教育总署在北京女子师范学院分院举办华北各省市中等学校教员第三届暑期讲习班,参加讲习班的共100人。17日,在伪教育总署举办的华北各省市中等学校教员第三届暑期讲习班上讲话,讲题为《中国的国民思想》,讲稿刊于9月1日《教育时报》第2期。兴亚院文化局局长松井大佐也致了训词。同日,在伪中央广播电台录广播讲话,讲题为《治安强化运动与教育之关系》,讲稿载于9月1日《教育时报》第2期。

　　周作人8月5日收到伪北京大学文学院聘书。8日,往北京女子师范学院分院,参加伪华北各省市中等学校教员第三届暑期讲习班结业式,并讲话。还为讲习班成员颁发了结业证书。10日,作《唐才子传》,收《书房一角·看书余记》。16日晚,往伪华北政务委员会,赴招待日本新任驻华北派遣军司令官冈村宁茨的公宴,同座有华北政务委员会诸汉奸。21—22日,往怀仁堂,参加伪华北政务委员会召开的华北地区各省市长会议。9月11日午,往伪华北政务委员会,参加招待汪伪外交部长徐良的公宴,同座有华北政务委员会诸汉奸。下午4时,又往中南海勤政殿,赴汪伪外交部长徐良邀集的茶话会。17日,赴王揖唐之招宴,同座有伪华北政务委员会诸汉奸。23日上午,参加伪新民会中央委员会会议。27日下午,往中南海勤政殿,赴日本华北派遣军最高司令官冈村宁茨的招宴,到者有华北地区诸汉奸及各界人士约百人。28日下午,往怀仁堂,赴日本兴亚院华北联络部部长之招宴,同座有伪华北政务委员会诸汉奸。29日,伪华北教育总署在北京师院分院举办华北各省市社会教育人员短期讲习班。赴讲习班讲演,日本兴亚院文化局局长松井大佐也致了训词。10月1日上午,往伪北京大学文学院,日本官员宇野为学生致训词,周作人也随作讲话。4日,往伪教育总署,参加伪华北各省市社会教育人员短期讲习班结业式,并为学员颁发了结业证书。下午,参加伪东亚文化协议会理事会会议。5日下午,往伪北京大学办公处公宴日人正木中田。6日中午,赴王揖唐之招宴,同座有华北政务委员会诸汉奸。下午,往六国饭店,赴日人宇野之招宴,同座有伪北京大学文学院全体正副教授。7日,往伪北京大学办公处,宴请文学院全体正副教授。伪教育总署举办华北各省市教育行政人员短期讲习班,在讲习班进行训话,题为《举办教育行政人员讲习班的意义》,讲稿刊于11月1日《教育时报》第3期。

　　按:周作人在讲话中强调"要诸君深切明了在当前中日两国的百年大计上所负的使命"。又说:"中日两国壤地相接,同文同种,无论在国情上,在共同利害上都应当相爱相助,以完成辅车相依的任务。"他还把日本帝国主义者侵略中国的原因,归之于我国国策的错误,说:"当初酿成事变,固然是有种种原因,但是我国以往国策的错误,实是重大原因之一,现在亦不必讳言。"并说"现在所施行的教育方针,是以亲仁善邻为主旨。从事实际教育工作的人员,要对国民随时灌输其应当善邻友好的思想。……更要对国民随时晓喻共产制度的绝对不适宜于中国,藉以肃正民众的思想,完成民众的心理建设","总之,藉着教育行政的力量,以圆满达到善邻友好共同防共经济提携的三种目的"。

周作人10月16日下午往伪教育总署,参加华北各省市教育行政人员短期讲习班结业式,并与讲习班全体学员合影留念。17日中午,至伪北京大学办公处,公宴即将调往天津的日本兴亚院文化局局长松井大佐。18日,往火车站,为原日本兴亚院文化局局长松井大佐送行。19日,编定《药味集》。20日,往怀仁堂,参加伪新民会会议。24日下午,往伪北京大学办公处,公宴戴英夫、俞寄风、缪培成等。29日下午,往怀仁堂,参加北京市市民代表大会。同月,兼任伪东亚文化协议会会长。11月2日,作《柳如是事辑》,收《书房一角·看书余记》。8日,往访即将离任的日本驻华北派遣军参谋长田边。13日,偕伪教育署长张心沛、兴亚院文化局局长别所及随行人员若干人出发赴徐州,视察苏北地区汪伪政府发动的第三次"治安强化运动"实施情况及教育工作情形。14日晨,抵徐州。徐州专员公署秘书长孙家彦等往车站迎接。孙家彦及教育处长向周等报告了工作,周作人即席致词。周作人一行又赴苏北第一师范学校及建国中学等处视察。15日,乘火车北归,16日抵北京。30日,《东亚民族的前途》刊于《晨报》。此文为纪念汪精卫与日本驻汪伪国民政府大使阿部信行、伪满洲国总理臧式毅在南京签署的《中日满共同宣言》发表周年而作,文中从文化的角度上极力鼓吹"大东亚主义"思想,说:"东亚文化的祖源是整个的,东亚民族的运命亦是整个的""东亚各民族虽然人种与语系种种不同,但是其文化在根本上无不有共同相通之处"。因而"这些民族的死活问题是整个的,在这里没有损人可以利己,你死就是我活的道理""大家须得相互扶助,共寻生路,才是正当的办法"。12月2日上午,周作人往伪北京大学文学院,参加东亚文化协议会第五次全体评议员大会,中日双方评议员61人出席了大会。会上选举伪华北政务委员会委员长王揖唐为评议会名誉会长,周作人为会长兼理事。下午,又参加伪东亚文化协议会会议。又往北京饭店出席兴亚院茶会。3日,往北京大学文学院参加伪东亚文化协议会会议。4日下午,往日本官员盐泽官舍赴宴,同座有日方兴亚院各局局长、伪华北政务委员会委员、各厅厅长等。5日,往访日人森岛。下午,赴森岛招宴,同座有日方人员及钱稻孙等15人。13日,赴日本驻华北派遣军最高司令官冈村宁茨的招宴。14日,往日本驻华北派遣军参谋长安达官舍参加茶会。16日,在伪中央电台作广播讲演,讲题为《日美英战争的意义与青年的责任》。讲稿刊于1942年1月《教育时报》第4期。23日上午,参加伪新民会中央委员会会议。同日,往伪华北政务委员会赴招待日本驻华北派遣军参谋长安达的公宴,同座有华北政委会诸汉奸。26日,设午宴招待王揖唐、钱稻孙等汉奸。下午,往北京饭店,出席日本官员铃木的茶话会。27日,往伪华北政务委员会,赴招待日本官员铃木的公宴,同座有伪华北政务委员会诸汉奸。(以上参见张菊香、张铁荣主编《周作人年谱》,南开大学出版社1985年版)

容庚所编《商周彝器通考》3月由燕京大学出版。是书阐述了商周彝器的起源、发现、类别、时代、铭文、花样、铸法、价值等内容,对器物的形制、花纹和铭文的流变作综合的研究,突破了宋清以来的金石学模式。全书取材宏富,抉择有方,考证谨慎,图文并茂,被学界誉为20世纪青铜器学的"奠基之作",标志着青铜器的研究从旧式的金石学迈向近代考古学的新里程。(参见王学典《20世纪史学编年(1900—1949)》,商务印书馆2014年版)

　　谢国桢 2 月 16 日撰《陈则震（梦雷）事辑》。是时书室又称持筹籀史斋。此文后经修改后收入《明清笔记谈丛》。11 月 21 日，撰《记清初通海案》，刊于次年 2 月 1 日《中和》第 3 卷第 2 期上，文末署时为"民国三十年十一月二十一日夜"，应是作者清初迁界问题研究的延伸，是对由迁界而引发的负面影响所作的研究。

　　按：后此文收入沈云龙所辑《中和月刊史料选集》。1981 年 7 月，谢国桢订补后作为附录收入再版《明清之际党社运动考》，中华书局 1982 年出版。（参见牛建强《谢国桢先生年谱》，《明史研究》2010 年第 1 期）

　　李泰棻 11 月出任国立北京师范大学文学院院长兼史学系主任，兼任东亚文化协议会评议员。（参见陈绍旭、寇振宏《游走在学宦之间——曾在原张家口师范专科学校任教的史学名家李泰棻述评》，《河北北方学院学报》2009 年第 6 期）

　　周肇祥 3 月为北平国学书院创刊的《国学丛刊》撰发刊词。该刊为不定期刊物，由汉奸王揖唐主持的"国学书说"主办，北平国学书院第一院编纂组负责编辑出版，发行人潘寿岑，主要登载有关经史子集、金石书画的文章，并定期出题征文，评级定奖，借以笼络沦陷区文化阶层的人士，总体学术水平不高。其中刊登的较为重要的论文有程树德《论语集释》等。

　　按：现代学术史上，取名《国学丛刊》的刊物有四个。它们分别是：罗振玉、王国维 1911 年在上海创办的《国学丛刊》，王、罗分别写有"序"。东南大学国学研究会 1923 年 3 月在南京创办的《国学丛刊》。主要负责人是陈中凡、顾实。顾实为创刊号作《发刊辞》。齐鲁大学国学系 1929 年创办的《国学丛刊》。"国学书院第一院"1941 年 3 月在北平编辑的《国学丛刊》，至 1945 年 5 月出版了 15 册停刊。

　　按：周肇祥所撰《发刊辞》曰："古之为学也，修道明伦而已。厥后政衰而学说起，学说纷而宗派著。学之以时代称者，汉宋是也。以地域称者，齐鲁洛蜀是也。以姓氏称者，翼匡师伏甲韩贾马是也，独无所谓国学之称焉。自西学东渐，骎骎夺主，新教育家因是而为之辞，文曰国文，乐曰国乐。国学云者，亦犹是耳。夫士生今日，拒守旧学，不足以应事变，稍其常识，莫不知之。然一国有一国之民性，与夫悠久伟大之历史。舍己从人，不惟不可，抑亦不当。观于东西各国进化致强，信有征矣。必也国学通，而后知本末明体用。一切措施不悖于民性，祖先所遗留以表立国之精神者，方能维持于不敝，国学可忽乎哉？学制不良，晚近学子于国学罕知注重，惟物质文明是求。国学寖衰，而固有道德文化随以俱堕，人纪沦亡，识者尤懼，将欲挽救而振兴之，乃有国学书院之设，国学丛刊，既国学书院第一院所辖行。国学范围甚广，悉数之不能终，兹所裒录，不外经史诸子词章金石诸撰述，与夫课艺征文之入选，寥寥数万言，其于国学何啻一麟一爪。要而论之，必以有关国故，有裨道德文化为衡。修道明伦，此其嚆矢，或亦研求国学所乐闻乎。刊行伊始，用缀数言，以召国人。世有明达，愿商権之。绍兴周肇祥。（以上参见王学典《20 世纪史学编年（1900—1949）》，商务印书馆 2014 年版）

　　孙楷第 3 月 17 日写信给胡适，提及二人已有 4 年未谋面，去年写成一本书（《述也是园古今杂剧》）托王重民转交给胡适，并附信说明。信后附有《偶成》诗作两首，另有读李慈铭《越缦堂日记补》发现的一条道、咸间人认为《醒世姻缘传》为蒲松龄所作的材料，并抄录于信后。12 月，日本海军偷袭珍珠港，日、美进入战争状态。日本宪兵强行接管了北平图书馆。为表示抗议，孙楷第中断了研究工作，离开北平图书馆，弃职家居，这个时期要靠卖书和友人接济度日。这一义愤之举，徐森玉许以"二十四郡，唯颜鲁公"，借唐代安史之乱时河北二十四郡尽为安禄山叛军所下，唯颜真卿独守平原的典故，表彰孙楷第敢于面对强暴而不气馁的精神。可见孙楷第在大是大非面前决不妥协。（参见于飞《孙楷第先生年谱简编》，载王京州编《河北近现代学者年谱辑要》，国家图书馆出版社 2017 年版）

　　赵万里继续留守国立北平图书馆。4 月，郑振铎在上海收购明代藏书家赵琦美脉望馆抄校本《古今杂剧》，这是收录我国古代戏曲最多的珍本秘籍，共 242 种，具有极高的版本价值。此书收购后，即送至国立北平图书馆上海办事处保存。赵万里虽未直接出面参与收购，与有力焉。9月3日，赵万里致徐森玉信："守公在此曾访晤西谛，见所收善本目，颇为赞许，拟便时向当道陈告分一杯羹，又拟单独请款以购瞿、张、潘、杨之藏。里告以分书不特无可能，且易伤感情，最好作罢。至请款则无可无不可耳。公晤守公时，请以尊见告之为幸……谛兄一切如故，曾拟购余仁仲《礼记》，给一万，已有成议矣，忽中变，非一万六不售。沪估之重利无信，即此可见。"（参见陈福康《郑振铎年谱》，三晋出版社2008年版）

杨堃到北平中法汉学研究所作民俗学专任研究员，负责民族学小组工作，担任《民俗季刊》编委，撰写发表《民俗学与社会学》《灶神考》等论著。

李苦禅在北平中山公园举办画展，展出作品50余件。

郑振铎与暨南大学校长何炳松、光华大学校长张寿镛以及中央图书馆蒋复璁、商务印书馆张元济等继续致力于抢购珍本文献。1月5日，作《略谭中国之彩色版画》，刊于1月《良友》画报第162期（15周年纪念号）。6日，寄出《文献保存同志会第六号工作报告》，约2700字。报告二个多月来购书情况，提到："近来与森连日商榷决定：除普通应用书外，我辈购置之目标，应以：（一）孤本，（二）未刊稿本，（三）极罕见本，（四）禁毁书，（五）《四库》存目及未收书为限。其他普通之宋元刊本，及习见易得之明刊本，均当弃之不顾。而对于'史料'书，则尤当着意搜罗，俾成大观。总之，以节约资力为主；以精为贵，不以多为贵；以质为重，不以量为重。"并提到"印书事，正积极进行"。22日，与张寿镛、何炳松3人化名发密电致蒋复璁并转朱家骅、陈立夫、杭立武："刘书亟待解决。店务正在清点中。拟刘书解决后，告一段落。续股一批，盼能即汇，以利进行。"2月25日，为阿英（如晦）编著《晚清戏曲录》作序。26日，郑振铎致蒋复璁信，提到"森公在此，每事请益，获裨良多，至感愉快！几于无日不聚，聚无不长谈。奇书共赏，疑难共析，书林掌故，所获尤多，诚胜读十年书矣"。

按：郑振铎信中谈到："惟近有一事，殊使弟深感不安，为弟之立场计，不能不慎重声明素志。盖顷从某友许获悉森公曾去函尊处，述何先生意，欲按月付弟以若干报酬。此事殊骇听闻！弟事先毫不知情，……弟束发读书，尚明义利之辨，一腔热血，爱国不敢后人。一岁以来，弟之所以号呼，废寝忘餐以从事于抢救文物者，纯是一番为国效劳之心。若一谈及报酬，则前功尽弃，大类居功邀赏矣，万万非弟所愿闻问也。……弟自前年中，目睹平贾辈在此专营故家藏书，捆载而北，尝有一日而付邮至千包以上者。目击心伤，截留无力，惟有付之浩叹耳！每中夜起立，彷徨吁叹，哀此民族文化，竟归沦陷，且复流亡海外，无复归来之望。我辈若不急起直追，收拾残余，则将来研究国史朝章者，必有远适海外留学之一日，此实我民族之奇耻大辱也！其重要似尤在丧一城、失一地以上。尝与菊、咏、柏诸公谈及，亦但有相顾踌躇，挽救无方也。故电蒋（介石）、朱（家骅）、陈（立夫）、翁（文灏）诸公陈述愚见，幸赖诸公珍护民族文化，赐以援手，又得吾公主持其间，辛劳备至，乃得有此一岁来之微绩。虽古籍之多亡，幸'补牢'之尚早，江南文化之不至一扫而空者，皆诸公之功也。……我辈得供奔走，略尽微劳，时读异书，多见秘籍，为幸亦以多矣！尚敢自诩其功乎？书生报国，仅能收拾残余，已有惭于前后方人士之喋血杀敌者矣。若竟复以此自诩，而贸然居功取酬，尚能自称为'人'乎？……国难未已，分金均宜爱惜，我辈书生至今尚得食国禄，感国恩已深，虽此间生活程度颇高，然量入为出，差足仰养俯育，更不宜乘机取利，肥己肥家。读书养气，所为何事！见利忘义，有类禽兽。良知未泯，国法具在。务恳吾公成全弟之私'志'，感甚，感甚！"

郑振铎与楼适夷3月15日经中华全国文艺界抗敌协会通信改选第三届理事在重庆开票，被选为上海地区理事。19日，与张寿镛、何炳松3人化名致蒋复璁信，提及："森公来此后，几无日不相见，见无不畅所欲谈。森公游书肆四十年，博见广闻，当代无双。我辈得其助力，店务必能大为发达，殊可欣幸也！"又提到李盛铎所藏敦煌卷子："微闻（美）国会图书馆有问鼎之意。若此批再归异域,则我国所有敦煌卷子,尽余北平图书馆之八千余卷佛藏矣。……总之,为子孙百世留些读书余地,乃我辈之素志,诚不愿将来研究国故朝章者,非赴国外留学不可,各股东必亦同具此心此志也!"同月,为《顾氏画谱》题跋。该画谱为郑振铎 16 年前得之中国书店,乃明万历间刊武林顾黭然所作历代名公画谱,共 4 卷。郑振铎原拟辑入所编《中国版画史图录》,因与体例略有不合,此时遂单行影印为"图录外集"之一。4月 9 日下午,在寓所请张咏霓、何炳松、徐森玉茶叙,商谈购书诸事。11 日,致蒋复璁信,再次表示:"弟之负责收书,纯是尽国民应尽之任务之一,决不能以微劳自诩,更不能支取会中分文,以重罪愆。"13 日,致张寿镛信,谈购刘氏嘉业堂书诸事,徐森玉也签名,谓:"今晨韵秋来谈:谓钞校本书三十六种,送菊老估价后,菊老覆函谓:如今法币价值跌落,书价当可涨至原价十倍。因此,书主颇为之动摇。经韵秋力言后,书主决定明刊本一千二百余种,连同此项钞校本三十六种,共索最低价二十五万元。"自上年 12 月至是年 4 月,郑振铎、徐森玉多次赴刘宅阅书。几经曲折,反复磋商,4 月初达成协议:刘氏出售明刊本 1200 余部及钞校本36 种。15 日,暨南大学进步学生主办的不定期《杂文丛刊》第 1 辑《鱼藏》出版。该丛刊在"孤岛"沦陷前(11 月 16 日)共出 9 辑,曾得到郑振铎的大力支持和指导。

　　郑振铎所撰《文献保存同志会第七号工作报告》4 月 16 日定稿,约 2700 字,报告 1 月至4 月购书情况,提出:"预计本月底(至迟五月底),店务必将告一段落。(一)款将不继;(二)藉此休息一时,将店中存书加以清理。"又说:"此间工作,正倾全力以编'善'目……收到后,除诸股东外,尚乞秘之,不可任人借抄,以免漏出,至盼,至感!"5 月 3 日,《文献保存同志会第八号工作报告》寄发,约 9000 字。报告一月来购书经过和其中的精品,并说:"此项营业报告约再有一次或二次(至多二次),即可完全结束矣。补充普通书之工作,亦拟暂时停止,俟将来再进行。"报告后附拟影印的《善本丛书》(即后来的《玄览堂丛书》)的书目。18 日,《劫中得书续记》共 60 则写毕,并作短跋。该续记及其序、跋,后刊于 6 月出版的《文学集林》第 5 辑《殖荒者》。21 日,与何炳松、张寿镛 3 人化名致蒋复璁信,提到"近正办理清结,故零购部分已不再继续。惟每见'可欲',中心又未免怦怦欲动耳。运货事,正积极设法。但总须犀(郑振铎化名)赴港一行,以便决定如何办理。总之,以慎妥为主。俟运货事告一段落,犀当内行一次,面罄一切。"同月,商务印书馆出版《孤本元明杂剧》,系郑振铎从 1938年抢救收购的《脉望馆抄校本古今杂剧》中精选付印的。每部线装 32 册。6 月 3 日,《文献保存同志会第九号工作报告》定稿,约 2000 字,谈 5 月内购书情况,附上所整理的所购《善本书目》卷一"经部"(共 216 种),并说:"卷二'史部'亦在誊写中(约较'卷一'多三四倍)……'子''集'二部,亦已具有底稿。无论如何,此目在六月内必可全部编就奉寄也。如此,则第一部分之工作,即自去岁二月至今年五月间之购置事业,可自(至)此告一总结束矣。(《总报告》拟分二次或三次奉上)"6 日下午,约张寿镛、何炳松、徐森玉到家商谈购书事。8 日,致蒋复璁信,谈寄上书目事。12 日,郑振铎致张寿镛信,提及"我大约本月底即将动身。森公归心如箭,亦将同行"。可知郑振铎当时曾一度打算撤退到后方去。16 日,致蒋复璁信二封,谈寄上书目事。又提到:"刘晦之物,我辈正往返函商,不意乃已为平贾王晋卿夺购而去,现正设法截留中。"17 日,致张寿镛信,谈及因生活所迫"万不得已"出售自己藏书事。

　　郑振铎 6 月 23 日下午邀张寿镛、何炳松、徐森玉在家开会。拟致蒋复璁电:"蒋慰堂先生并转朱、陈、杭三公:刘书亟待解决,店务正在清点中,拟俟刘书解决后告一段落。续股一批盼能即汇,以利进行。子裳、如茂、圣予、犀谛同叩。"26日,郑振铎24日起草发蒋复璁密电今发出:"公是货已运港,急待点交,拟推谛于便中南行,专办此事。惟谛未能久留,此批再运何处,亦无法预定,非请尊处速派专员赴港负责接收督运事宜不可。森公亦决意内行者,与尊处专员面洽尤佳。余事俟谛返后续运。究竟如何,乞速电复。子裳、如茂、犀谛同叩。"宋人刘敞号公是,有《公是集》,密电中"公是货"暗指刘晦之书也。同月,所著论文集《困学集》由长沙商务印书馆出版,为"文学研究会创作丛书"之一;所编《玄览堂丛书》由上海精华印刷公司(乃商务印书馆在沪印刷厂的化名)开始影印出版。丛书印成后,共10函120册,收有关明史的珍贵古籍、抄本共34种,前有郑振铎化名"玄览居士"写的序。同在6月,大收藏家张伯驹被汪伪特务绑票。张伯驹妻慧素找到了郑振铎,郑振铎当即鼎力相助,不但慷慨解囊,而且通过舆论界向歹徒施加压力。张伯驹脱出樊笼之后,曾同慧素一道登门道谢。7月25日,与张寿镛、何炳松3人化名致蒋复璁信。9月6日,《上海周报》第4卷第11期发表"上海文化工作者百五十六人谨启(签名从略)"的《〈鲁迅三十年集〉推荐》,指出此书的出版是对鲁迅"最有意义的纪念"。郑振铎是这项工作的重要主持者之一,更自是签名者之一。11日,与张寿镛、何炳松3人化名致蒋复璁信,提到:"最精品八大包,森公已由港航运尊处……现寄递各书,均系由森公独力负责。写中英文书目及付航邮各事,均是森公亲自料理。投寄时,森公竟立候数小时之久!可佩,可感!余书装箱起运,亦系森公独自主持。犀本约定与森公同时南行,因此间琐事极多,未能料理就绪,暨大又开课在即,竟不能与行,未得稍分其劳,心中至为惭愧不安。装箱事,闻已工作二十余日,尚未完毕,可想见其麻烦琐细,非森公之耐苦耐劳者,决难从事也。"

郑振铎10月9日致朱家骅等人电:"骆公密并转立、森、慰诸公鉴:各电均拜悉。芹货决全购,慰甚。昨据葱谈,芹殊犹豫,现改索七万,恳明速全汇,谈定即付,庶免再变。存港货似以运美为上策,详致慰函。何、咏、犀同叩。"同日,又致蒋复璁信二件,其一为与张咏霓、何炳松3人化名致徐森玉、蒋复璁,谈购张芹伯书反复议价事等;其二即上述"甲一号"。10日,致蒋复璁信,谈影印丛书事。17日,致张寿镛信二封,谈关于复蒋复璁信事。同日,与何炳松、张寿镛3人化名致蒋复璁信,谈拟购宝礼堂潘氏藏书。"此批书非同小可,诸股东注意及之,诚我国'文化'前途之大幸也!"23日,致蒋复璁信,附上自己整理的《宝礼堂宋元本书目》。又与何炳松、张寿镛3人化名致蒋复璁信,报告收购张芹伯书事,并附《希古堂与张芹伯订立购买莲园全部藏书合同》。约26日,致蒋复璁信,何炳松、张寿镛联署,云"芹货连日正在点收",催汇款,又谈及潘氏书,请蒋复璁电杭立武致信卓有同促成之。同月,参加编辑的《鲁迅三十年集》由上海鲁迅全集出版社(即复社)出版,共30册,29种。约同月,以"玄览居士"假名作《玄览堂丛书序》。11月1日,致蒋复璁信,谈到张芹伯"此批书琳琅满目,应接不暇;虽仅二箱,而浩若渊海。黄跋书当以此为巨观矣!披览终夜,喜而不寐。摩掌未已,几于忘饥……连日殊为兴奋。除上课外,几足不出户,全为'书'忙!然实乐之不疲也!"8日,与何炳松、张寿镛3人化名致蒋复璁信,谈购书事并催汇款。13日,郑振铎致徐森玉信,谈到"近拟写《近百年来藏书聚散考》一文;印成,当飞函请教正也"。15日,《上海周报》第4卷第21期发表"上海文化工作者一六八人同启"的《庆祝郭沫若先生五十诞辰及创作二十五周年纪念的信》,郑振铎当亦签名。26日,上海运藏香港图书盖图章的工作今日完成。12月8日,日本发动太平洋战争,日军开始进占上海"租界",上海"孤岛"完全沦陷。郑振铎即赶到暨南大学开校务会,决议:"看到一个日本兵或一面日本旗经过校门时,立刻停课,将这大学关闭结束。"郑振铎坚持上完最后一课,在 10 点 30 分见到日本军用车开过:"刻挺直了身体,作着立正的姿势,沉毅的盖上了书本,以坚决的口气宣布道:'现在下课!'"同日,"文献保存同志会"的抢救工作被迫停止。16 日,郑振铎被迫离家避难。17 日,郑振铎到张国淦(乾若)处(沙发花园 54 号)商量隐居及改名易姓诸事。后改名为"陈敬夫"或说改为"陈思训",从此他离家秘密隐居,直到抗战胜利。25 日,香港被日本侵略军攻占,自此郑振铎日夜为寄存于香港大学的珍本书焦心积虑。

　　按:从 1940 年春至此,郑振铎等人潜居沦陷区为国收书,在两年不到的时间内,在极其艰难与危险的条件下取得了卓越的成就。郑振铎《求书日录》中记载:"创立了整个的国家图书馆。虽然不能说'应有尽有',但在'量'与'质'两方面却是同样的惊人,连自己也不能相信竟会有这末好的成绩!"叶圣陶后来回忆:"当时在内地的许多朋友都为他的安全担心,甚至责怪他舍不得离开上海,哪知他在这个艰难的时期,站到自己认为应该站的岗位上,正在做这样一桩默默无闻而意义极其重大的工作。"(《〈西谛书话〉序》)陈立夫《国立中央图书馆在抗战期间工作偶忆》回忆,郑振铎等人为国收书,"英庚款董事会约付一百二十余万元,教育部拨给专款二百数十万元"。(以上参见陈福康《郑振铎年谱》,三晋出版社 2008 年版;张人凤、柳和城编著《张元济年谱长编》,上海交通大学出版社 2011 年版;陈福康《文献学"国宝"徐森玉:带伤赴上海抢救古籍文献》,《文汇报》2011 年 8 月 15 日)

　　张寿镛继续任光华大学校长。1 月 4 日,郑振铎致信张寿镛,云:"年假中在写'总报告',并仔细统计宋元及明刊本,抄稿本种数、册数,尚未完全写毕。兹先草就第六号'报告',附上,请削正。"又提及新年中购得"姚振宗氏之《师石山房书目》(即《读书记》,内容极佳,多半为清儒著作之提要,足补四库提要之不备)……立即商之开明书店,已允代为出版。诚一可喜之事也!""第六号'报告'"于 6 日发出。10 日,郑振铎致张寿镛信,谈支票盖章诸事。13 日,郑振铎致张寿镛信二封,提及:"森玉先生顷在敝寓谈及:拟于最近一二日内请先生及何先生诸位至徐寓一聚(便饭)。同时并商运输各事。"16 日,郑振铎致张寿镛信,今日中午在徐森玉寓聚谈。17 日,郑振铎致张寿镛信,指出"我辈所得,有数大特色(一)抄校本多而精;(二)史料多,且较专门,如得刘物,则欲纂辑《明史长编》必可成功;(三)唐诗多,且颇精,并世藏家,恐无足匹敌者。……则重编《全唐诗》之工作,亦大可进行矣。得书不易,应用尤难。我辈如能在短时期内,尽量应用所得书,则诚不虚此番购置之苦心矣"。信中详细谈论了纂辑《明史长编》的计划、结构。所惜这些设想均因时局险恶、斗争紧张而未能实现。20 日,郑振铎致张寿镛信,提出"购书事,似应以刘家书为一结束,不宜'旷日持久'"。

　　张寿镛、何炳松、郑振铎 3 人 1 月 22 日化名发密电致蒋复璁并转朱家骅、陈立夫、杭立武:"刘书亟待解决。店务正在清点中。拟刘书解决后,告一段落。续股一批,盼能即汇,以利进行。"同日,郑振铎致张寿镛信,谈购书诸事。2 月 9 日,郑振铎致张寿镛信,谈及"连日下午偕森公点查'善本',已达三分之一左右",又提及:"顷赵斐云兄来寓,谈及刘诗孙又已来沪,不知有何任务? 暑假时,彼来此,系为满铁作'说客',欲购刘氏物。此次不知是否仍为此事? 甚为焦虑!"10 日,郑振铎致张寿镛信二封,提及重庆方面通过香港叶恭绰转汇来的 15 万元已到,但汇费竟化去 18900 余元! 12 日,郑振铎致张寿镛信,谈收到汇款诸事。13 日,郑振铎致张寿镛信,谈及明日中午在宅所宴请徐森玉、赵万里二人,除张寿镛、何炳松外,亦请徐鹿君、张凤举诸人作陪。25 日,郑振铎致张咏霓信,提及"印书事已积极进行。兹将'印样'奉上一份"。19 日,郑振铎致张寿镛信,附王云五来信并所拟回信(当时重庆教育部通过香港王云五转寄购书款)。20 日,郑振铎致张寿镛信,提及张元济已出院(住院约二个半月)。21 日,郑振铎致张寿镛信,提及北平图书馆馆长袁守和不日或将来沪,认为"此人成事不足,败事有余""不能不防之"。27日,郑振铎致张寿镛信,提及"连日偕森公至刘处阅书;明版部分,已阅毕,甚感满意!……夜间均在抄写所得善本目,亦殊不恶。合之刘书,约可有四千目左右,诚洋洋大观,不下于北平图之四册'善本目'矣"。3月3日,致张寿镛信二封,谈购书、租房诸事。7日,致张寿镛信,谈及袁同礼等已到沪。13日,郑振铎致张咏霓信,云:"经二月之力,已将我辈所得'善本'加以分类、编目。""一年以来,瘁心力于此事,他事几皆不加闻问。殆亦可告无罪矣。""总计:约得善本三千八百种左右,可抵得过北平图书馆四册'善本目'之三千九百种矣!以百数以内之款,值此书价奇昂之日,尚能得此数量,诚堪自慰慰人也!……何况尚有清代善本及普通本无数乎?"15日,郑振铎致张咏霓信,提及"'书目'编成,殊可观堪称不负所托也"。18日,郑振铎致张咏霓信,谈购书诸事。

张寿镛、何炳松、郑振铎3人3月19日化名致蒋复璁信,谈购书诸事。同日,郑振铎致张寿镛信,亦谈购书诸事。24日,郑振铎致张咏霓信,提及收书中"惟宋元本部分颇为贫乏,今后拟专致力于此"。25日,郑振铎致张咏霓信,提及"日来情势益非,我辈事,似非早日结束不可"。27日,郑振铎致张咏霓信,提出:"我辈以四月底结束为目标。以后,得书为次,清理为急矣!'善本'清理后,即当着手清理'普通书'矣。"31日,郑振铎致张咏霓信二封,谈银行盖章诸事。4月5日,郑振铎致张寿镛信,说:"刘书迄今未有确耗,殊为着急!"7日,郑振铎致张寿镛信,谈购书诸事。8日,郑振铎致张咏霓信,谈购书诸事。9日,郑振铎致张咏霓信,下午,张咏霓、何炳松、徐森玉到郑振铎寓所茶叙,商谈购书诸事。12日,郑振铎致张咏霓信,谈购书诸事。13日,郑振铎致张咏霓信,谈购刘氏书诸事,徐森玉也签名。15日,郑振铎致张咏霓信,谈购刘氏书事,允25万元,"此事总算定局矣"。17日,郑振铎致张咏霓信,提及嘉业堂刘氏书款已交付。19日,郑振铎致张咏霓信,谈所购刘氏书"分藏四处,当可放心",并认为"事告一结束,除还旧欠及略购若干不能不购之'善本'外,大可休息一时。即利用此时间编目"。21日,郑振铎致张咏霓信,云:"刘书已于前日下午运毕,当即分藏他处。堪释念也!"22日,郑振铎致张咏霓信,提出:"如能印四五十种好书,则我辈对于前人亦可告无罪矣。附奉拟印书目一份,乞详加指正为感!"25日,郑振铎致张咏霓信,谈购书付款诸事。28日,郑振铎致张咏霓信,谈支票盖章诸事。29日,郑振铎致张咏霓信,附所拟致蒋复璁报告(第八号),提出:"店务拟分两步结束:(一)本月底结束'零购'工作;(二)五月底结束'善本书目'编辑工作。"5月2日,郑振铎致张咏霓信,谈购书诸事,提到:"报告第八号底稿,先生忘未签字,兹附奉,乞补签。又誊清稿亦乞签字交还,以便寄发为荷!"该报告3日寄发。7日,郑振铎致张咏霓信,谈书款诸事。12日,郑振铎致张咏霓信,云:"连日坊贾来者渐少,比较空闲;即乘此专力于'编目'工作。"13日,郑振铎致张咏霓信,谈支票盖章事。17日,郑振铎致张咏霓信,因重庆中英庚款会来电报,约张咏霓19日下午来开会研究。19日,郑振铎致张咏霓信条,催速来开会,告同时有徐森玉、何炳松等。20日,郑振铎致张咏霓信,谈到购书"即此告一段落,已大可观,将来如能并得'南瞿北杨'及张氏所藏,则'善目'中物,当在五千以上,宋刊本亦已近三百种,当是古今来'书目'中之最为巨观者,固不必论无敌于今日之天下也。有志竟成,想必可成为事实也"。22日,郑振铎致张咏霓信:"顷得慰堂先生来函二件,……诸股东对购书事,意兴似甚浓厚。我辈本为保存文献起见,再辛苦一番,似亦应尽之责。如能将芹伯、瞿氏、潘氏、杨氏诸家一网收之,诚古今未有之盛业也,固不尽收拾'残余'于一时已!"23日,郑振铎致张咏霓信,谈支票盖章事。24日,郑振铎致张咏霓信,附所拟致蒋复璁一信请阅改。

张寿镛、何炳松、郑振铎3人5月25日化名致蒋复璁信,提到:"近正办理清结,故零购部分已不再继续。惟每见'可欲',中心又未免怦怦欲动耳。运货事,正积极设法。"26日,郑振铎致张咏霓信,谈支票盖章事。27日,郑振铎致张咏霓信二封,谈购李氏藏书事,并附书目(二件)。31日,郑振铎致张咏霓信,谈及:"'善本书目'卷一(经部)已抄就,共二百十六种,尚可观。"6月2日,郑振铎致张咏霓信二封,谈及:"现拟寄邮包二百五十七件至港暂存(皆刘物)。"此即指把所购嘉业堂藏书寄到在香港任教的许地山处存放,并附上所拟致蒋复璁第九号报告及复中英庚款会朱、杭二位电报。4日,郑振铎致张咏霓信,约定6日开会。6日,郑振铎致张咏霓信,谈补充购书诸事。下午,约张咏霓、何炳松、徐森玉到家商谈购书事。9日,郑振铎致张咏霓信,谈理书诸事。12日,郑振铎致张咏霓信,提及"昨又寄出书一批,大致在下星期内可告一结束;我辈如释重负,可放心得多矣"!16日,郑振铎致张咏霓信,提及:"刘晦之书已为平贾王晋卿购去。风闻已归□□□,携之东去,作为礼物矣!可叹!!!我辈迟了一步,便成终生之憾!现已设法,不知能留下几种否?"18日,郑振铎致张咏霓信,约明日下午开会事。19日,郑振铎致张咏霓信,告知许地山来信:"寄港第一批书已平安到达,可慰也!""第四批亦已寄出。明日可寄第五批。刘书运出,我辈之责任减轻多矣。将来究竟运渝或运美,须待蒋君之通知。"22日,郑振铎致张咏霓信,告知"刘书除少数抄校本及须重印者外,均已寄出,共一千七百十包"。

张寿镛、何炳松、徐森玉6月23日下午应郑振铎邀到其家开会,拟致蒋复璁电。24日,郑振铎致张咏霓信,提出前一段购书工作"必当先行结束""'乙类善本'及普通书尚未编目,似非赶办不可。昨与何先生商定,拟加聘商务编辑员沈志坚君(顷已离商务)帮助编目",并谈及准备赴港及走后购书编目及印书工作的安排。27日,郑振铎致张咏霓信,并附徐森玉致蒋复璁的信。28日,郑振铎致张咏霓信二封,提及"连日赶写,'子''集'二部善目",而且"必须自抄,因韵秋恐未甚详悉也"。30日,郑振铎致张咏霓信二封,附所拟致蒋复璁信,并提及"连日理书,极忙"。7月9日,郑振铎致张咏霓信,附朱家骅二电,并提及日内拟再运一批书。12日,郑振铎致张咏霓信,提及"前昨二日偕森公往阅宝礼堂潘氏书",皆宋版,极精美。18日,郑振铎致张咏霓信,提及徐森玉即将内行,赵万里已来沪,拟与张咏霓、何炳松3人公请一次。22日,郑振铎致张咏霓信,谈托徐森玉带书事。25日,郑振铎致张咏霓信二封,云:"森公昨晨南行,曾往送别,殊依依不舍也。精品托其带去二大箱。"并云:"再有半月,'善目'中物,必可全部运毕。"同日,与张咏霓、何炳松3人化名致蒋复璁信,提到已购书"除天一、平图外,海内外殆亦鲜有可'我'颉颃者"。28日,郑振铎致张咏霓信,提及:"时局不变,幸货已多半运出。……货究以速运为上策。朱君屡电促速运,自应照办。"30日,郑振铎致张咏霓信,提及徐森玉已抵香港,来电催郑振铎携第二批善本书去港。8月4日,郑振铎致张咏霓信,提及"运输事,自信办理尚甚妥善。数日内即可全部告竣矣(普通书不在内)",又谈购徐积余所藏安徽志书事。6日,郑振铎致张咏霓信,谈拟购徐积余所藏安徽方志事,又谈预支赴香港旅费事。12日,郑振铎致张咏霓信,提及"港行尚未决定日期,大约在二十左右"。16日,郑振铎致张咏霓信,谈购张芹伯书事,并附所拟致蒋复璁、徐森玉电文各一。18日,郑振铎致张咏霓信,谈张芹伯书如购成,"则宋元本方面,可以弥补缺憾不少。抄校本部分,亦大可壮观"。又提及"'存港书目',明日可清理就绪"。22日,郑振铎致张咏霓信,谈购宋余仁仲本《礼记》事。26日,郑振铎致张咏霓信,谈购张芹伯书事,并附所拟二电文。29日,郑振铎致张咏霓信,谈因近来有些好书被他人争夺而去,"心中至为愤懑""终夜彷徨,深觉未能尽责,对不住国家"! 指出其原因:"一在对市价估计太低,每以为此种价钱,无人肯出,而不知近来市面上之书价,实在飞涨得极多极快;囤货者之流,一万二万付去,直不等一会事。而我辈则每每坚持低价,不易成交,反为囤货者造成绝好之还价机会。诚堪痛心! 二在我辈购书,每不能当机立断,不能眼捷手快。"9月6日,郑振铎致张咏霓信,附所拟致蒋复璁信。

张寿镛、何炳松、郑振铎3人9月11日化名致蒋复璁信,告知"最精品八大包,森公已由港航运尊处"。12日,郑振铎致张咏霓信,提及:"芹货想可无枝节。惟不知何时来款耳。"13日,郑振铎致张咏霓信,认为"芹货以全购为妥""似不妨稍缓几时,俟蒋款凑齐"再购。16日,郑振铎致张咏霓信,约明日开会研究"芹货及印刷事"。17日,郑振铎致张咏霓信,约下午开会,告何炳松也来。18日,郑振铎致张咏霓信,附所拟致蒋复璁信。20日,郑振铎致张咏霓信,谈支票、借书诸事。23日,郑振铎致张咏霓信,提及"森公昨来一电(已复),云货已改运美,此大可慰也!"29日,郑振铎致张咏霓信,转去何炳松一信。10月2日,郑振铎致张咏霓信,提及"前日在冷摊收得《约园藏书志》二册""内容至佳,叙说明畅,似大可印行"。4日,郑振铎致张咏霓信,并还所借明本目录等书。5日,郑振铎致张咏霓信,谈印书购纸款支票盖章事。同日,光华大学学生组成的国学研究组举行第一次演讲会,张寿镛演讲"国学研究组之大概",说国学研究组如同"昔日之书院,书院制的特点,即师生之感情特厚。书院制下师弟之相处不殊家人。故国学研究组之组织,亦可谓之家庭之组织,导师对同学之教导,亦本之父兄对子弟之精神"。8日,郑振铎致张咏霓信二封,为张芹伯"反复无常,言而无信"而感到愤恨。13日,郑振铎致张咏霓信,附上蒋复璁来电。蒋来电云:"芹书决全购,即奉七万元。港书决运美,乞编一详目分寄港渝,以便寄美。潘书亦祈进行。"12日、19日,国学研究组举行第二、第三次演讲会,由金松岑作题为"经世学"的演讲。26日,国学研究组举行第四次演会,吕思勉作题为"经世"的演讲。演讲稿由国学研究组记录,后刊于是年出版的《光华学刊》。

张寿镛、何炳松、郑振铎10月17日化名致蒋复璁信,谈拟购宝礼堂潘氏藏书。同日,郑振铎致张咏霓信二封,谈关于复蒋复璁信事。22日,郑振铎致张咏霓信,附所拟致王云五一电,致朱家骅、蒋复璁一电。并提及"闻芹书有某方向之接洽说,时刻有变化发生……如芹货竟为某方所夺,关系非浅"! 23日,郑振铎致张咏霓信,提及香港王云五来电告款被冻结,无法汇来。"然此间待用甚急。于无办法之中,晨与何先生商定:拟将此款汇渝,再由渝转沪。虽损失汇水若干,亦无可奈之事也。"同日,又与何炳松、郑振铎3人化名致蒋复璁信,报告收购张芹伯书事。24日,郑振铎致张咏霓信,谈"芹货事,已有眉目""经再三磋商,拟订一合同,以免再有反讦"。25日,郑振铎致张咏霓信,言:"顷已约芹于明日下午四时至敝处签订合同,同时付定洋。""此事告一段落,殊可放下一段心事。惟悬悬于心者,未知蔚(慰)款能准时汇到否耳!"26日,郑振铎致张咏霓信,谓:"顷五时许,芹来此,何先生亦来,'合同'已签字,总算'大功告成'矣! 可喜可贺!"28日,郑振铎致张咏霓信,言:"今晨蒋蔚(慰)兄已汇来七数,芹事可不成问题矣! 可喜也!"29日,郑振铎致张咏霓信,谈付张芹伯款及整理图书事,"黄跋"及宋元本部分郑振铎拟亲自整理。31日,郑振铎致张咏霓信,谈整理书事。11月6日,郑振铎致张咏霓信,谈支票盖章诸事。8日,郑振铎致张咏霓信,附所拟致王云五信。同日与何炳松、郑振铎3人化名致蒋复璁信,谈购书事并催汇款。10日,郑振铎致张咏霓信,谈支票盖章诸事。19日,郑振铎致张咏霓信,谈购张君之晚清史料书等。29

日,郑振铎致张咏霓信,谈及"所有来往信件及账单,敝处为慎重计,均已送存银行"。12月1日,郑振铎致张冰霓信,言:"芹货今日下午可点收完毕,尚有若干未检出者,然均是不甚重要之物矣。"5日,郑振铎致张咏霓信,谓:"芹货宋元本部分,已整理就绪:兹将'目'各一份奉上,请阅正。"(以上参见陈福康《郑振铎年谱》,三晋出版社2008年版;张人凤、柳和城编著《张元济年谱长编》,上海交通大学出版社2011年版;韩文宁《没有硝烟的战斗——抗战时"文献保存同志会"抢救国宝追记》,《炎黄春秋》2017年第10期)

何炳松继续任暨南大学校长。2月20日,何炳松致蒋复璁信,说:"此间事实际奔走最力者,当推西谛兄。而版本价格之审定则咏老最称负责。自森公驾临后,日夕与西谛兄商讨新本,检点旧藏,逐书经眼盖章,劳苦功高,同人极为心折。承奖贤劳,唯上述三公,足以当之无愧。弟则始终仅负支付款项之责,即此且与咏老共之,确属无功足录。"3月26日,蒋复璁致何炳松信:"茂师钧鉴,二月廿二日大教敬承,高怀冲淡,佩仰无极!西兄处已遵属送津贴,希转致鄙怀,弗再固辞。印书事,照尊意办理极好。云公已归,款允即设法汇到矣。"4月9日下午,何炳松、张寿镛、徐森玉到郑振铎寓所茶叙,商谈购书诸事。5月10日,刘承幹日记:"晚六时,何柏丞(名炳松,金华人,暨南大学校长)、徐森玉(名鸿宝,德清人,而自幼生长于北方,精目录学)、郑西谛(名振铎,福建长乐人,前在商务印书馆曾经相识,已十余年不见矣,今为暨南大学文学院长)、叶揆初、瞿凤起、顾起潜、张芹伯先后来。由韵秋帮同招呼。以柏丞、森玉均第一次见面也。七时,宴诸君于外间。九时客散。今日之菜,乃新华银行之厨子罗姓(即前在夏剑丞处者),价为一百六十元,仅多一鱼翅及全鸭,外与昨日之五十五元菜相仿(林子有厨)。由于罗厨生意太好,其菜则愈坏矣。……席间,闻森玉、西谛二公所谈所见之书,渊博极矣!见闻多,记忆力强,真可佩也!芹伯对于佛经,亦颇研究,专重法相宗,……凤起年只三十四岁,对于版本目录之学亦颇明白,真是后生可畏。"6月6日下午,何炳松、张寿镛、徐森玉到郑振铎寓所商谈购书事。23日下午,何炳松、张寿镛、徐森玉到郑振铎寓所开会,拟致蒋复璁电。同月,何炳松为《国立暨南大学二十九年度毕业纪念刊》撰写《序言》。8月,派周宪文、吴修到福建办分校,择建阳县童游镇为校址。秋,与英国乐维斯合译的《中国诗词及昆曲谱》出版。12月7日,日本偷袭珍珠港。次日,日军占领上海租界,暨大关闭,举校内迁。(参见鑫亮《忠信笃敬:何炳松传》,浙江人民出版社2006年版;陈福康《郑振铎年谱》,三晋出版社2008年版;韩文宁《没有硝烟的战斗——抗战时"文献保存同志会"抢救国宝追记》,《炎黄春秋》2017年第10期)

徐森玉继续潜居上海致力于抢购善本图书。1月16日中午,张寿镛、郑振铎在徐森玉寓聚谈。18日晚,应李宣龚招饮,徐森玉与郑振铎、顾廷龙、瞿凤起、潘博山、王仲明、赵万里等出席。20日,徐森玉致中央图书馆馆长蒋复璁信:"抵沪后,与西谛兄逐日接晤,书铺营业经渠努力搜访,咏、柏两公核定,定绩斐然。(菊翁患尿闭症,医用手术两次,尚未全愈。)弟以驽散,与此盛举,魏愿无似。日来正从事审览,分别部居,不敢稍自退避。惟自丧乱以来,旧家故物半厄于兵火,加以僭人之倾囊,财奴之充架,京客之居奇,故价值十倍于畴昔。导牖贬抑,颇费唇舌。拟俟南浔刘氏书成议后,暂作结束。即此善本三万余册,普通本倍之,亦足敌百城之拥矣。……谛兄爱书如命,此番为铺中网罗遗佚,心志专一,手足胼胝,日无暇晷,确为人所难能。且操守坚正,一丝不苟,凡车船及联络等费,从未动用公款一钱,尤堪钦佩。渠家徒壁立,食指众多,入不敷出,拟请先生为谋津贴若干,以酬其劳。此节系柏公提议(谛兄本人并无此意),由弟作函奉恳,想蒙察纳也。"2月20日,何炳松致蒋复璁信说:"此间事实际奔走最力者,当推西谛兄。"当时,徐森玉给重庆当局去信,认为郑振铎最辛苦,应该给他一点补贴。此事被郑振铎知道后,于2月26日给蒋复璁蒋先生写了一封长信,坚决谢绝了徐森玉等人的好意,使徐森玉深受感动。4月9日下午,张寿镛、何炳松、徐森玉在郑振铎寓所茶叙,商谈购书诸事。6月6日下午,张寿镛、何炳松、徐森玉到郑振铎家商谈购书事。23日下午,张寿镛、何炳松、徐森玉到郑振铎家开会。25日,徐森玉致蒋复璁信:"公是书移交后,谛兄将数月来堆积渠处之样本斟酌存退,又得佳籍若干……前日与霓、柏、谛三公会谈,以存放、移运、传播需费尚多,搜购事应暂告一段落。"

徐森玉7月24日乘船离沪赴港。先是在6月,一部分珍本已分批邮寄到香港,由郑振铎老友许地山等人收下暂存,然后再设法运往重庆。郑振铎打算亲自赴港办理转运等事,徐森玉也想转道香港回内地。6月12日,郑振铎致张寿镛信中说:"我大约本月底即将动身。森公归心如箭,亦将同行。"后郑振铎因工作实在走不开。就委托徐森玉承担了保护和携带两大箱"可列入'国宝'之林的最珍贵古书"的艰巨任务只身赴港。郑振铎后来在《求书日录》中回忆说:"国际形势,一天天的紧张起来。上海的局面更一天天的变坏下去。我们实在不敢担保我们所收得的图书能够安全的庋藏。不能不作迁地为良之计。首先把可列入'国宝'之林的最珍贵古书八十多种,托徐森玉先生带到香港,再由香港用飞机运载到重庆去。这事,费尽了森玉先生的心与力,好容易才能安全的到了目的地。"7月25日,郑振铎执笔的郑、张、何3人化名联署致蒋复璁的信中特地提到:"森公最为谦抑,且富苦干精神,处处愿意自己吃亏,而不肯妄耗一文公费,诚今之圣人也! 得聚首多时,实为平生幸事。"7月28日,徐森玉致蒋复璁信:"上海形势渐紧,移运事应加速。弟于廿四日乘荷兰船自沪南来,并带最精本两大箱。廿七日下午抵香港,暂寓九龙酒店,与玉甫先生晤谈,机运已有头绪。须于最近期内办理,否则恐延缓。邮寄之书已到者二一○○包,均存冯平山图书馆,由许地山、马季明两兄派人管理,……谛兄在沪因事牵率,不能即行。弟已致电促其早来。"30日,郑振铎致张寿镛信,提及徐森玉已抵香港,来电催郑振铎携第二批善本书去港。

徐森玉8月1日致蒋复璁信:"带来之精品书八十二种,分为八包,内衬油纸,外用白布缝裹,缮写英文目录(请沈仲章兄代译),于昨午送检查处检阅,得许可出口证后,即送欧亚航空公司分批运渝……玉甫先生坚留弟协助运输等事,未便即离此。俟西谛兄来后,再行商定(已两电谛兄,催其即来)。"19日,徐森玉致蒋复璁信,云"各书原系西谛兄一手经理,若渠能来港一游,则事半功倍矣……沪海关,弟临行时为谛兄介绍,可领到最高通行证"。又附"咏、松、谛未巧"(按即8月18日)电文:"芹货经葱玉介绍,有办法全部,现索七万五千,恳即电慰君设法筹寄,以利进行,迟恐变计加昂。"26日,郑振铎致徐森玉信,谈购张芹伯书事,云:"此事如成,我辈之工作便无多大重要者矣……为民族文化计,我辈决不辞劳瘁,不畏艰苦。亦书生报国之一道也。张货成,我当押货赴港一行……回想先生在此,事事得以请益。甘苦与共,回味犹在。今复何可得乎? 先生能再来一行乎? 深盼能有此一日!"因这批书价钱昂贵,必须说服政府拨给巨款,而重庆官方"识货"的人不多,徐森玉回到内地正好发挥了重要作用。

徐森玉9月14日致蒋复璁信,提到:"芹货甚佳。弟曾翻□数过,爱不忍释。大约善本十之七八,孤本百之一二。此君多疑,预定分批购入,恐不易办到。谛兄为此事煞费苦心,兹将渠来信寄呈台鉴,即知大略(信过重,另封寄)。"10月19日,徐森玉致蒋复璁信:"芹伯书,当已议妥? 窃愿瞿、潘两家之藏,相继应刃而解,则贵馆珍储定能空前绝后。为之踌躇瞻盼不已!"11月13日深夜,郑振铎以非常漂亮的彩印笺纸,用毛笔给徐森玉写信,曰:"《孤本元明杂剧》一书,存季明先生处,想一时必难收到。沈仲章已到。晤谈甚欢……芹货业已成交,款已付半数,此实二十年来一大事也……昨日傍晚,夕阳方沉,芹处送二朱红箱来。箱内物,皆宝也。以黄校黄跋为最多。灯下披阅,如入山阴道上,应接不暇……皆得其一二,便足自傲傲人者。今乃一旦毕集于斯,恣意检读,书运诚大佳也!然非先生之力不及此。敬当代今后百世之黄炎胄裔向先生致最恳挚之谢意也!”“呜呼!一书之获,岂易事乎?何莫非以血以汗争得之者!愤懑之极,每思放手。然一念及先生‘一切看在书之面上’一言,则又勉强支持下去矣。且摩掌陈编,益念责任重大,则又不得不独肩其难也……先生处境清幽,猿鸟迎人,较之我辈困居红尘中,诚有仙凡之别矣。何时得至华岩洞中,倾吐积愫乎?”12月17日,徐森玉致蒋复璁信:“现平方全馆业被伪组织接受,势将及沪存之书,欲避此难,惟有照西谛兄分藏办法,将此三百数十箱分移多处民房中密藏……弟拟变易姓名,穿过各沦陷区,秘赴沪一行,专办此事,延此将绝之慧命。年逾六十,崦嵫之岁月,已不足惜。韩冬郎诗云:‘偷生亦似符天意,未死深疑负国恩。’弟尝讽诵此句,深自引愧。设此役完成,则此疑亦决矣!”20日,徐森玉致蒋复璁信,再次要求赴沪:“愿以身为牺牲,冒险前往营救!”

按:徐森玉从民国初年始,就在北京图书馆工作。当时,北图也有不少书秘密运存在上海。徐先生为此忧心如焚,不怕牺牲,要求潜回上海去保护这些图书,充分表现了他的崇高的爱国精神。(参见陈福康《郑振铎年谱》,三晋出版社2008年版;陈福康《文献学“国宝”徐森玉:带伤赴上海抢救古籍文献》,《文汇报》2011年8月15日)

张元济1月至2月13日继续在大华医院住院治疗。1月6日,上海商务印书馆职工为改善待遇,召开临时紧急会议。2月14日,张元济出院返寓所休养。3月3日,致丁英桂书,谓:“今送上打印《元明杂剧》总序、总目、提要、勘误表。又提要144首,请饬交钉作分装两册。其中44、49两篇边栏余纸已被裁去,应请补贴,以便穿眼。”24日,出售宋刊《荀子》一部与文献保存同志会。31日,致郑振铎书(今佚),谈续售藏书事。4月11日,复刘承幹书,谓:“发下抄校本五十九册,略加翻阅,获饱眼福,欣幸无似。其中自以《皇宋中兴圣政》《万历邸钞》《六帖补》《华阳国志》《淳熙三山志》最为精美。承属约计价格,弟于抄校本阅历极浅,曩年为东方图书馆采购书籍,大都系整批购进,并未逐本核估,不自揣量。惟宋元本尚略有所知,外此均不敢妄对。送经陈明,想荷鉴及。惟无论如何,按近时市价及币值降落,较购进时至少总在什部以上。未知卓见以为何如?”自上年12月至是年4月,郑振铎、徐森玉多次赴刘宅阅书。几经曲折,反复磋商,至4月初达成出售协议。18日,商务印书馆职工因物价飞涨,曾多次致电香港总公司要求加薪,均无结果。同日,先行罢工两小时,并发表《告全国同胞书》。22日,张元济出售善本藏书5种与文献保存同志会。23日,张元济第一次捐赠合众图书馆嘉郡先哲遗著《朴溪剩草·漱六轩诗抄》等22种68册。同日,商务印书馆职工正式罢工,经工部局调解,无结果。27日,张元济第二次捐赠合众图书馆嘉郡先哲遗著《勺水集》等4种19册。同月,商务印书馆因工潮而停业。5月,续售善本古籍6种与文献保存同志会。同月,商务印书馆劳资纠纷加剧。6月26日,致汪怡书,就汪编《中国大辞典》样本,阐述对字典编纂的意见。28日,第三次捐赠合众图书馆嘉郡先哲遗著《竹雨吟草》等26种67册。30日,第四次捐赠合众图书馆嘉郡先哲遗著《养心光室诗稿》等17种80册。7月1日,第五次捐赠合众图书馆嘉郡先哲遗著《漱芳阁集》等30种106册。2日,第六次捐赠合众图书馆嘉郡先哲遗著《婴尔园诗集》等18种80册。3日,第七次捐赠合众图书馆嘉郡先哲遗著《碑传集》等16种129册。4日,第八次捐赠合众图书馆嘉郡先哲遗著《金匮要略论注》等 35 种 108 册。5 日,第九、第十次捐赠合众图书馆嘉郡先哲遗著《檇李遗书》等 60 种 205 册。7 日,第十一次捐赠合众图书馆嘉郡先哲遗著《观水唱和集》等 50 种 141 册。8 日,第十二、第十三次捐赠合众图书馆嘉郡先哲遗著《华陔吟馆诗钞》等 66 种 251 册。9 日,第十四次捐赠合众图书馆嘉郡先哲遗著《艺文备览》1 种 48 册。10 日,第十五次捐赠合众图书馆嘉郡先哲遗著《田砚斋文集》等 39 种 152 册。11 日,第十六次捐赠合众图书馆嘉郡先哲遗著《牧庵杂记》等 26 种 165 册。19 日,第十七次捐赠合众图书馆嘉郡先哲遗著《纪元通考》等 8 种 33 册。

张元济 7 月 19 日赴银行俱乐部主持商务印书馆董事会第 446 次会议。第一项议程是宣读总经理王云五寄到营业及资产损失报告。7 月 21 日,分三次寄存合众图书馆海盐先哲遗著《搜神记》《唐音戊签》《淳村诗集》等 60 种 244 册。张元济于书自前注曰:"以下海盐先哲遗著,拟先寄存贵馆。尽可八开展阅,惟异日敝邑如有图书馆之设,仍乞许其收回,归诸桑梓,以助乡邦文献之征。"22 日,第四次寄存合众图书馆海盐先哲遗著《西域考古录》等 49 种 222 册。23 日,第十八次捐赠合众图书馆嘉郡先哲遗著《逊国逸书正误》1 种 1 册。第五次寄存合众图书馆海盐先哲遗著《听秋馆吟稿》等 7 种 26 册。25 日,第十九次捐赠合众图书馆嘉郡先哲遗著《陈检斋诗集》等 5 种 12 册。第六次寄存合众图书馆海盐先哲遗著《王氏家乘》等 6 种 16 册。28 日,第七次寄存合众图书馆海盐先哲遗著《余庵杂录》等 51 种 110 册。29 日,第八次寄存合众图书馆海盐先哲遗著《吉祥居存稿》等 72 种 204 册。30 日,第九次寄存合众图书馆海盐先哲遗著《笠翁偶吟》等 62 种 151 册。31 日,第二十次捐赠合众图书馆嘉郡先哲遗著《芙蓉庵燹余稿》等 23 种 47 册。第十次寄存合众图书馆海盐先哲遗著《澹虑堂遗稿》等 34 种 95 册。8 月 1 日,第二十一次捐赠合众图书馆嘉郡先哲遗著《童初公稿》等 26 种 91 册。寄存合众图书馆张氏先人著述及刊印之书《横浦文集》《贞居集》等 21 种 57 册。张元济于书目前注曰:"以下为先人著述刊印评校藏弄之书,现亦援海盐先哲遗著之例寄存贵馆。请公开阅览。唯异日宗祠书楼可望恢复或本县有图书馆之设,仍请准其领回移贮。"同日下午,赴辣斐德路合众图书馆筹备处参加发起人会议,叶景葵、陈陶遗,顾廷龙等出席。会议通过《私立合众图书馆组织大纲草案》,议决聘请李拔可、陈叔通为董事。2 日,捐赠合众图书馆景印张氏先人著作《横浦文集》《涉园丛刻》等 5 种 46 册。4 日,寄存合众图书馆张氏先人著述及刊印之书《带经堂诗话》等 12 种 29 册;涉园藏书 19 种 159 册。5 日,寄存合众图书馆涉园藏书 14 种 19 册。6 日,寄存合众图书馆张氏先人著述及刊印之书《才调集》等 7 种 51 册;涉园藏书 15 种 92 册。同日下午,赴辣斐德路合众图书馆筹备处出席并主持合众图书馆董事会第一次会议。叶景葵、陈陶遗、李拔可、陈叔通皆到会。会议推定陈叔通为起草委员,修改组织大纲,起草基金管理细则。会议审查并通过叶宅向本馆租地建屋合同。8 日,第二十二次捐赠合众图书馆嘉郡先哲遗著《嘉兴谭氏遗书》等 3 种 15 册。第十一次寄存合众图书馆海盐先哲遗著《碧里鸣存》等 4 种 23 册。8 月 12 日,张元济撰清宣统三年排印本康有为《戊戌奏稿》跋,文中回忆戊戌年 4 月与康同日被光绪召见经过。

按:文中云:"自是长素多所陈奏。迨既奉停科举、设学堂之谕,余劝长素勿再进言,姑出京,尽力于教育。长素不听,且陈奏不已,益急进,遂致有八月六日之变。夫以数千年之古国,一旦效法欧、美,变易一切,诚非易事。然使无孝钦后之顽梗,又无庸劣守旧之大臣助长其焰,有君如此,上下一心,何至酿成庚子之拳乱。即辛亥之革命,亦何尝不可避免。和平改革,勿伤元气,虽不能骤跻强盛,要决不至有今日分崩之夥。每一念及,为之恨恨!今长素之殁已逾十稔,回首前尘,犹如昨日,而婴党祸首,只余一人尚存!手此一编,不禁感慨系之已!"

张元济 8 月 19 日下午赴辣斐德路合众图书馆筹备处出席合众图书馆董事会第二次会议,任临时主席。讨论事项:(一)审查修订《私立合众图书馆组织大纲》,(二)审查《合众图书馆董事会办事规程》。同月,《孤本元明杂剧》于商务印书馆出版。线装 32 册。初版 400部。该书精选也是园《元明杂剧》(也称《脉望馆钞校本古今杂剧》)144 种,其中包括久已失传的孤本 136 种;合众图书馆馆舍于上海蒲石路(今长乐路)、富民路口竣工。10 月 6 日,第十二次寄存合众图书馆海盐先哲遗著《宫闱百咏》等 10 种 20 册。寄存合众图书馆张氏先人著述及刊印之书 5 种 10 册。自是年 4 月至今,张元济共捐赠合众图书馆历年收藏旧嘉兴府先哲遗著 476 部 1822 册;寄存(后作永远捐赠)海盐先哲遗著 355 部 1115 册,张氏先世著述及刊印评校藏弄之书 104 部 856 册,石墨、图卷各一件。12 月 22 日下午,赴合众图书馆参加第三次董事会。12 月 26 日,日本宪兵突击检查良友复兴图书公司、商务印书馆、中华书局、世界书局、大东书局、开明书店、兄弟图书公司(即生活书店)、光明书店。日军报道部遂以抗日和为共产党宣传的罪名查封 8 家出版机构。商务印书馆发行所及工厂、栈房被日军查封。27 日,在寓所召集商务董事谈话会,到者李拔可、鲍庆林、徐善祥、高凤池。鲍庆林报告 12 月 26 日上午日军报道部会同巡捕房将发行所封闭情形,静安寺路、戈登路工厂及各栈房同时被封等。是年,由张元济等人为顾问的《广东丛书》编印委员会辑编的《广东丛书》第一集出书 6 种:《张曲江集》《余襄公奏议》《北燕岩集》《陈礼部存稿》《喻园集》与《翁山文钞》(1 至 4 卷)。商务印书馆印行。另两种《武溪集》与《莲须阁文钞》直至 1946 年才得以出版。(以上参见张人凤、柳和城编著《张元济年谱长编》,上海交通大学出版社 2011 年版)

叶景葵、陈陶遗与张元济继续致力于合众图书馆建设。4 月 16 日,张元济致叶景葵书。谓:"前以敝寓租约届满,曾请转商房主,准与续订两年,知蒙婉达。昨日竹森翁过访,出示张君叔诚复函,竟邀慨允。弟在此两年中,得稍稳一枝之栖,皆出吾兄之赐,感荷何极。至弟前请酌加租金,虽承叔翁厚意,未予接受,然以目下租市及币值核计,弟殊觉受惠过厚,于心实有未安,可否仍请代为核定,略助房屋修葺之费,藉表下忱。《礼》云:'君子不尽人之欢',想蒙鉴许。"5 月 22 日,叶景葵复张元济书,谓:"奉示敬悉,遵即转致叔诚兄矣。伯希和复函未到。应将预备前致法领事说帖及缘起与简章先行拟妥。兹嘱起潜起草,送请长者裁定后仍托前译法文之贵友,代为译成法文,俟伯希和函到,一并送去。将来说帖须请长者签名也。"8 月 1 日下午,叶景葵、陈陶遗与张元济赴辣斐德路合众图书馆筹备处出席参发起人会议,记录:顾廷龙。叶景葵报告筹备经过。经费来源:"一、捐款:叶景葵法币十五万元,指定作永久基金。陈莱青法币五万元,以一半作建筑费,一半作永久基金。蒋抑卮明庶农业公司股票,票面法币五万元,指定作购书基金。陈永青法币五千元,充建筑费。陈植法币四百五十元,充建筑费。刘柏森法币壹千元,充建筑费。二、募集:叶景葵经募法币四十五万元。……"会议通过《私立合众图书馆组织大纲草案》,议决聘请李拔可、陈叔通为董事。

叶景葵、陈陶遗、张元济、李拔可、陈叔通 8 月 6 日下午赴辣斐德路合众图书馆筹备处出席合众图书馆董事会第一次会议。张元济任临时主席,顾廷龙记录。推定陈叔通为起草委员,修改组织大纲,起草基金管理细则。会议审查并通过叶宅向本馆租地建屋合同。19日下午,叶景葵、陈陶遗与张元济等赴辣斐德路合众图书馆筹备处出席合众图书馆董事会第二次会议,张元济任临时主席,叶景葵作财务报告。讨论事项:(一)审查修订《私立合众图书馆组织大纲》,(二)审查《合众图书馆董事会办事规程》。选举陈陶遗为董事长,叶景葵为常务董事。推举陈、叶两位管理馆产。会前叶景葵出示宋刻本《庄子》,张元济谓可与日本印旧写本校,自己有藏本,可赠。12月16日,张元济至合众图书馆,访叶景葵并长谈。22日下午,叶景葵、陈陶遗与张元济赴合众图书馆参加第三次董事会,陈陶遗任会议主席,叶景葵作财务报告。会议传观第二次会议记录,审阅10月、11月份决算。张元济提议:"近来百物腾贵,职员薪金应予酌加。"讨论议定自卅一年一月起,总干事加40元,潘景郑加30元,朱子毅加10元。会议又议定蒋抑卮捐助基金保管办法。(以上参见张人凤、柳和城编著《张元济年谱长编》,上海交通大学出版社2011年版)

顾廷龙继续任职于合众图书馆。4月23日,张元济致顾廷龙书,谓:"曩弟搜辑嘉郡先哲遗著,多历年所,亦积有数百种。去岁曾为兄言,拟归之合众图书馆,俾免散佚。不意冬间一病,侵寻数月,遂致久延。各书本寄存东方图书馆所赁市楼,今当陆续取回,呈诸左右。今日先送去第一批,以后当排日检奉。惟中有蠹蚀者,如不便收拾,则竟弃去可耳。七邑之中以海盐人著述为多,鄙意拟暂时留出,冀异日敝邑或有图书馆之设,则仍以归诸故土,稍助乡邦文献之征。合先陈明,务祈鉴察。昨日检得刘君翰怡昔年景印宋刊《汉书》零卷,谨以一册奉赠,伏乞莞存。胜老逝世,曷胜人琴之感。设奠有日,望即示知。贱体尚未复元,脚力衰乏,故迄未能诣谢,言不尽意。"7月19日,张元济致顾廷龙书,谓:"敝处所藏嘉郡人著述,兹又检出数种,中有稍属罕见者,敬祈察入。此项书籍将次告罄。拟将海盐县一部陆续呈上。前经陈明,将留存备作本邑图书馆之藏弆,不知在于何时,今拟陆续送去,作为寄存,仍可听人检阅。异日重见太平,果能不虚所望,仍欲履行前约,不知可邀允许否?"7月22日,张元济致顾廷龙书,谓:"昨奉还示,谨诵悉。《唐音戊签》损伤两册,蒙允饬匠代修,极感。惟工价必须由弟认缴,务祈开示,缘此系寄存书籍(不止此一种,尚有若干种,后当呈上),万不能混合言之也。今又送去海盐人著述三包,乞检收。中有俞浩《西域考古录》,前揆初兄曾问及,乞检出送与阅看为托。"23日,张元济致顾廷龙书,谓:"前于本月十一日送去《逊国逸书》三册,知荷察收。昨又检得胡适之兄辨正,是书之出于伪造若干纸,今补呈,乞察存。倘能装在本书之后,则尤便观览。乞酌之。"24日,张元济致顾廷龙书(今佚),询"有《苏联阴谋文案汇编》一书,馆中欲收藏否?此本从前张作霖时代之事,与时事绝无关系,自无庸其忌避。惟以国人心地狭窄,恐有误会,故以相商"。顾"即覆,以另行藏弆,暂不编目,以俟河清,是我辈之责"。

顾廷龙8月7日访张元济,送呈张元济寄存图书谢函,并呈交法租界巡捕房政治部来调查有关材料之存底及董事会议事录。顾廷龙求题家藏《秀野草堂图》。张元济谓:"尝有《涉园图》,原藏族人处,劝装裱付印,不允,今毁于乱,题跋甚多。后来得一小图,盖第二图也。"并云:"将来可交换题记。"又云:"冒鹤老近校订诸子,于《春秋繁露》已考定为从宋本出,今日当推第一本。又于《淮南子》《文子》两书,定为《文子》抄袭《淮南》。"张元济又告"涵芬楼有孙渊如撰关于《文子》手稿,及借出,竟与鹤老暗合,叹为奇珍。因忆当时什袭藏弆,馆员误将卢抱经手校《古今逸史》留下被般,每本细校,至今思之,又觉可惜"。8月20日,张元济致顾廷龙书,谓:"今送上日本景印古写本《庄子》九卷,又校勘记一册,又《淮南鸿烈解》一卷(写在卷背,墨色极黯淡。能录写一分,较便展阅),乞察收。同等之书尚有若干种,近将迁移,如不嫌其妨碍,当一并呈上。乞示。"9月5日,顾廷龙访张元济,为所编《明代版本图录》求序。10月3日,张元济致顾廷龙书,谓:"蒙假阅洪文卿师尺牍,已读过,谨缴还。命作题词,不敢污亵前贤笺札,仅于卷末署一观款,以识鸿爪。大著《明代版本图录》亦捧读一过。琳琅溢目,信为必传。自惭谫陋,不能赞一辞。原稿并缴,统乞检收为幸。嘉靖东壁图书府本《王摩诘集》有先六世叔祖藏印。原书未知何家所藏,乞示及。""涵芬楼藏书洪武本却有数种,建文本已不见,想毁去矣。永乐、宣德本亦间有数种可用。《烬余书录》如需阅,候示检呈。"4日,张元济复顾廷龙书,谓:"昨示谨悉。《涵芬楼烬余书录》稿本十册呈上,乞察阅。馆藏善本寄存金城银行,原在平地室中,近因潮汛高涨,已移楼上,因逼窄,只能将书箧层累,且转折亦无余地,故取书较难。异日借影,如其本适在下层,恐难从速。合先陈明。"

顾廷龙10月22日访张元济,探询施梓英情形。答云:人极可靠,作事勤恳,写字恐非所长。又略谈往事。顾廷龙记曰:"丈云:渠于李文忠颇有知己之感,当时办学堂,草奏呈文忠,文忠改数句,极有力量(其时学堂入洋务,洋务入总理衙门)。后丈革职将南旋,文忠请于晦若往访,颇致关切。后知返沪,为致函盛宣怀,盛遂聘主南洋公学译书院事。"顾廷龙劝张元济自撰年谱。张元济谓胡适亦劝过,惜兴会不至,提不起笔。11月6日,张元济应顾廷龙之商借,送去涵芬楼善本数种,"为补《明代版本图录》之缺"。14日,张元济致顾廷龙书,谓:"前承惠假《直语补证》抄本、《续恒言录》《磨难曲》,留置案头甚久,业经翻阅,谨缴还。又《辛臼簃诗癙》,指陈当日时事,所可揣者,均已分见眉端批注。此外竟无可裨益,一并奉还,即乞检收。《蒙古游牧记》敝馆只有铅印本,不可信。贵馆如有刊本,拟乞假一阅。"(以上参见沈津编著《顾廷龙年谱》,上海古籍出版社于2004年版;张人凤、柳和城编著《张元济年谱长编》,上海交通大学出版社2011年版)

李登辉仍居上海。3月17日,因经费极度困难,渝校拟改为国立。是日,渝校领导致电李登辉及在沪校董,征求意见。21日,李登辉、金通尹、殷以文、许晓初、江一平、奚玉书等联名回电渝校,电文曰:"渝校经费困难,拟改国立,极佩苦心。惟改组后,经费如何保障?校董会是否存在?沪校如何维持?附中地点或为敌人藉口没收(因复旦中学地处华界),如何避免?筹划所及,均盼电示?"4月1日,李登辉请殷以文致电渝校领导:沪校同仁都主张复旦名义必须保留,沪校必须维持。5月6日,李登辉、郭仲良、赵晋卿、江一平、王伯元、金通尹、奚玉书、周越然、叶季纯、朱仲华等联名回电渝校领导:"沪校决依电示,不称国立,仍沿用私立名义维持现状。惟渝沪既有国立、私立之分,沪校自以十七年原案继续办理为是。"13日,鉴于过去曾发生多起国民政府教育部不承认某些学校学生学籍的事件,致使这些学生日后在就业、晋级、生活待遇等方面受到不公正待遇,李登辉等沪校领导将每年招生数字、毕业生人数等清单寄渝校,由其代为转呈教育部备案。是日,渝校将沪校所招新生名单,以"上海补习部"名义呈教育部,获教育部批准。7月27日,吴南轩电告李登辉、金通尹、殷以文等人,因大后方向教育部申请改私立为国立的学校有多所,目前只得暂时作罢。但教育部仍拨15万元给渝校作补助费。8月,复旦大学师生罹难碑在北碚落成,碑文由李登辉、吴南轩、江一平合署。10月,渝校决定,每年给沪校20000元的补助费。10月3日,李登辉在上海《新闻报》刊登《现代女子教育问题》,对男女教育平等提出异议。12月8日,太平洋战争爆发后,沪校处境极为困难。经在沪校董决定:自即日起,沪校停办,教职员工一律解聘。下旬,沪校改组为"笃正书院",以应付局势。时隔不久,又恢复原有名称。(参见钱益民《李登辉传》及附录四《李登辉年谱简编》,复旦大学出版社2005年版)

蒋维乔继续任教于光华大学,兼任鸿英图书馆副馆长、馆长、名誉馆长。12月,太平洋战争爆发,日军侵入上海租界,原来的许多报馆、出版社和大学纷纷停办,设法隐蔽起来转入地下。光华大学表面上宣布停办,实际上改头换面,继续上课。原在证券大楼上课的光华大学文学院改称诚正文学社,由蒋维乔担任主任委员继续主持。蒋维乔、吕思勉、童书业曾商讨对策,认为此后上海文化界的汉奸势力将越来越大,不适宜在此继续工作,都决定离开上海。(参见杨宽《历史激流中的动荡和曲折——杨宽自传》,台湾时报出版社1999年版;李永圻、张耕华编撰《吕思勉先生年谱长编》,上海古籍出版社2012年版)

周予同2月在《学林》第4期发表《五十年来中国之新史学》。此文在冯友兰、钱穆的基础上,完善了对现代史学的阶段划分,认为"转变期的中国史学,应该分为'史观'与'史料'两派"。史观派包括儒教史观派、超儒教史观派。儒教史观派又分为受古文学派影响的(属于史学)和受今文学派影响的(第一期新史学)两派。超儒教史观派则分为疑古、考古、释古三派,他们都脱离了经学而独立存在。而史料派则是指随着史料的大量发现,主张"史学本是史料学"的一部分学者。作者从经史关系、清代史学的演变追溯新史学的渊源。他说:上溯现代新史学的渊源,"第一须追念黄宗羲""第二须追念钱大昕""第三须追念章炳麟"。而给予史学转变以直接动力的是今文经学。受今文经学的启示而使中国史学开始转变的有三个人非常重要,他们是崔适、夏曾佑、梁启超。梁启超之后,使中国史学完全脱离经学的羁绊而独立的是胡适。胡氏及其同派者都继承了宋学的怀疑精神,承受了清末高度发展的汉学今文派的思想体系,采用了汉学古文派的考证方法。他们被称作"疑古派",代表人物除胡适外,还有顾颉刚、钱玄同等。对于疑古派的研究提出修正意见的是考古派。这派的代表者,在初期有王国维,在后期有李济。继疑古派与考古派而崛起的是释古派,初期代表人物是胡汉民,使之发展而与疑古、考古鼎立而三的是郭沫若,"与郭氏同属于释古派而见解却歧异的是陶希圣"。以郭沫若等为代表的释古派遂起而倡导"用一种理论以解释这各期社会形态与本质之所以形成及其转变",二三十年代持续开展的中国社会史问题论战,便是这种史学风气最明显的反映。最近几年,即"七七事变"以后,史学界已渐有综合各派或批评各派而另形成最后新史学派的趋势。

按:此文特别着重从经学与史学的关系这一独特视角考察1900—1941年中国史学的发展行程,把新史学的发生和发展看作是史学逐渐脱离经学的过程。而认为近代史学存在着"史观派"与"史料派"两个系统,则为此后的史学界提供了重要的分析框架。然陈垣对此文颇不以为然,在1941年5月7日致陈乐素的信中说:"《五十年来中国之新史学》已见,新字当改作古字。此杂志已出数期。无一篇有力文字,所谓海派者非耶?"

按:此后3月,《海沫》第1卷第10期刊发《关于周予同先生》一文,作者署名文典。9月,周予同力邀王伯祥来暨南大学任教,未果。约在秋季,周予同因在课堂发布左倾言论,收到表示威胁的匿名信。12月,太平洋战争爆发,日军占领上海租界。此后暨南大学迁往建阳,周予同留沪。(参见成棣《周予同先生年谱》,《传统中国研究集刊》第20辑,上海社会科学院出版社2019年版;王学典《20世纪史学编年(1900—1949)》,商务印书馆2014年版)

吕思勉所撰《汉世亭传之制》一文刊于1月《学林》第4辑。同月,撰《俞理初先生年谱序》;其《汉人訾产杂论》刊于《齐鲁学报》第1期。2月16日,《论上古秦汉文学的变迁——序柳存仁〈上古秦汉文学史〉》刊于《宇宙风(乙刊)》第39期。3月1日,《关于中国字的一个提议》刊于《宇宙风(乙刊)》第40期。此文专为解决检查字典之难而拟议一种改革方案。6日,《史学上的两条大路》刊于《正言报》堡垒副刊第13期。15日,《广西女子》刊于《美商青年月刊》第3卷第3期。吕思勉治史颇重视各地方的风气演变,至于为妇女谋解放,是毕其一生所关心的问题,故有《广西女子》一文。当时虽居上海租界,而希望抗战胜利的迫切之情,悉透露在行文之际。应《中美日报》堡垒副刊的编辑之约,撰《从我学习历史的经过说到现在的历史研究法》,列为自学讲座,连载于3月16、19日《中美日报》的副刊上。此文不仅谈到了现代史学的治学方法,也是吕思勉重要的传记资料。现已收入上海古籍出版社的《吕思勉论学丛稿》。4月7日,《青年教育问题》刊于《正言报》。18日夜,吕思勉致蒋维乔函:"顷奉手教,敬悉一是。中国近代史,本学年初由晚讲授,后杨宽政自苏北归,请其代授,下学年拟即由其讲授,不再用代之名义,缘宽政所授之断代史,赴苏北时,请唐长孺代授,唐君不愿代课,即由校中发给聘书,下学期仍拟请其讲授。(唐君专治辽金元史,亦系一专家,今虽不能增其课,姑仍旧贯,维系一专家。)宽政本缺已算开去,下学年界以近世史而不用代之名,仍算由本校加以延聘也。史学名著研究与史籍名著研究,旧章均系一年,新章为顾全部章起见,改为一学期,下学期开史学方法,合成一学年。专肃奉覆。"6月15日,《中国历代之选举制度》刊于《美商青年月刊》第3卷第6期。同月,与童书业编著《古史辨》第7册上、中、下三篇由上海开明书店出版。卷首有吕思勉3月9日所撰序。

按:吕思勉《序》曰:"童君丕绳,撰次《古史辨》第七册既竟,而于役淮南,属思勉终其校雠之役。疑古之说初出,世人大共非訾,然迄于今日,其理卒有不可诬者。盖吾国古籍,著之竹帛者,大率自东周以来。其所称述夏、殷、西周之事,盖《荀子》所谓官人百吏,父子相传,以持王公,以取禄秩者。阅世长远,都邑屡迁,方策散佚,岂必其创制显庸之旧?后世文物,无数十百年不迁变者,而故书述三代制度,大率斠若画一,有是理与?自孔子已言杞、宋文献不足,明其非故物也。尧舜禹身相接,古人臆度,以为其治法与夏无殊,故《尚书》虞夏同科,而《尧典》列于《虞书》。世言孔子删《书》断自唐虞,非孔子有意为是限断,《书》之存者,固止于是也。抑执笔者追述,不能甚远,自此以前,不知其果尝有书焉否也?庄周、邹衍之伦,缅怀皇古,不以三代之治为已足,乃盛称容成、大庭诸君,又谓自黄帝已降,五德转移,治各有宜焉。盖述散无友纪之事者,往往以意为之连缀,若贯珠然,后世史家之矜慎者不免,况于古人之轻事重言者乎?古史之传于今者,探其原,盖有神话焉,有十口相传之辞焉,有方策之遗文焉,有学者所拟议焉,且有寓言无实者焉。其物本樊然淆乱,而由今观之,抑若略有条贯者,皆节经损益润饰而成。其人不必相谋,而其事一若相续。此顾君颉刚所由谓古史为层累造成。抑又未尝无逐渐剥蚀,前人所能详,而后人不能举其事者,此其所以益不易董理也。先秦古籍既如此。其传于今者,又皆汉人所为。西京中叶以前,其同然称述,不求其审,盖一如先秦人。及其末叶,乃有病旧说之淆乱,欲求其真者。然既不知求是之法,而措辞又不审谛,以意是正古事,不曰我以为当如是也,而辄有所定,一若古事本如者,则治丝而益棼之矣。魏晋以降,儒者多病笃谨,徒为马、郑、贾、服作功臣。弥缝匡救,于理或不可通。宋儒病之,据其所谓理者以为说,去古既远,揣度弥艰。其摧破旧说处,或能妙解人颐,其所立说,则亦不足信也。清世儒者又病之。稍比古事而求其真。后人读之,颇觉其犁然有当。何也,言皆有征,则理若可信也。然徒能剖析汉宋同异,更进则剖析汉人同异而已,未能举先秦旧说,一一审正之也。今之所谓疑古者。特更进一步,辨析及于先秦而已。溯流者必穷其原,理固宜然,抑亦势所必至,且亦循前人之途辙而更进而已,又奚足怪?武进吕思勉识。民国三十年三月九日。"

按:邹兆琦《吕思勉先生与古代史料辨伪》(《蒿庐问学记》)称:"吕先生虽然主张古史辨伪,并与童书业先生合编过《古史辨》第七册,他却不是'疑古派'。上面说过:'疑古派'的古史观,是说我国上古史是被后人'层累地造成'的。吕先生在赞成'层累地造成'之说的同时,也指出了我国上古史的历史真相有'逐渐地剥落'相结合的结果。"

按:杨宽《吕思勉先生的史学研究》(《中国史研究》1983年第3期《古史辨》第七册)谓其中三分之一的校样是他一个人独力校阅的,三分之二的校样也是他参与校阅的,因而保证了这册分量很大(八十万字)的书能够迅速出版。这时齐鲁大学国学研究所的刊物《齐鲁学报》也在上海编辑出版,他受顾颉刚先生的委托而负责主编,成为当时称为"孤岛"的上海唯一有质量的文史研究刊物,先后出了二期,后来因为日军侵入上海租界而停刊。

吕思勉《改进史学系之一说》刊于6月出版的《光华大学十六周纪念特刊》。7月，《秦汉移民论》刊于《齐鲁学报》第2期；《道教起源杂考》刊于《齐鲁学报》第2期。8月，《中国历代兵制之变迁》刊于《青年月刊》第3卷第8期。9月21日，《追论五十年来之报章杂志》刊于《正言报》。10月2日，为龚定庵先生亡殁百年之期，"孤岛"名士王蘧常等相约致祭，吕思勉撰有《龚定庵先生百年祭》，刊于《大美晚报》。文中谓："定庵之学，感情作用极盛，其思力虽极深沉而鲜实证，今之言科学者，或将目笑存之。然梁任公先生言：'维新时代之人物，当其承学之时，无不读定庵之书，而大受感动者。'开五十年来之学风者，实定庵也，其力亦可谓大矣。"15日，《活的史学研究法》刊于《学风》第2卷第3期。26日，光华大学国学研究组举行第四次演会，吕思勉作题为"经世"的演讲。11月，《国文教学质疑》刊于《中美日报》。12月，吕思勉《先秦史》由重庆开明书店出版，为齐鲁大学国学研究所专著汇编之二，附有人名、地名索引，引用书名及篇名索引。全书共16章，首章总论，讨论了治先秦史的现实意义、先秦史的分期方法及原因；第二章讨论了古史材料，作者认为"古书之伪者并不多"。在编撰体例上颇有特色，在民族疆域、社会组织、农工畜业、衣食住行、政治制度、宗教学术等方面，皆作专题论述。作者自评"此书论古史材料，古史年代，中国民族起源及西迁，古代疆域，宦学制度，自谓甚佳"。

按：开明书店初版时的说明如下："吕诚之先生以其毕生精力研究中国史，计划着编著一部理想的中国通史，按照中国历史自然发展的阶段分成若干部分，《先秦史》就是这中国通史中断代的第一部分。这部书内容的充实，考核的精详，篇幅的繁多，在同时所有的中国通史中是有它独特的地位的。就内容说，几乎把秦以前所有中国史上的重要史实全部包括进去，并且对每一件可疑的事都加以考辨。渗透在这部书中的，又有吕先生对于中国史的看法，给中国民族以正确的指导，所以吕先生这部书是著述的通史而不是史纂史钞式的通史。又这部书对文化方面叙述极详，像社会组织、农工商业、衣食住行、政治制度、宗教学术等，都各立专章，这些全从古籍中披沙炼金地钩稽出来，用力尤勤，也是本书的一大特色。

吕思勉12月为童书业《中国疆域沿革略》作跋："右（上）读史地理一卷，鄞童君丕绳在上海光华大学所讲，及门诸子为之笔录，休宁方君闻士、鄞张君芝联尤有功，而开明书店为之印行。述古今沿革，纲举目张；指示参考之书尤详，实有裨于初学。其言汉人非单纯之族，中国疆域开拓，多在一统之时；地方制度之迁变，皆由事势推移，积渐使然；则又饶有心得，足供成学治国闻者之参证也。"太平洋战争起，日军进入上海租界后，为应变计，光华大学即把文理两院分开，一些老教授如金松岑、吕思勉等老师，都准备离沪归隐。农历12月30日除夕，诸生饯别师长，并摄影留念。吕思勉在照片上题签了十八位出席者的姓名之后，并在右上角写上"一片冰心"四字，以志勉励。合影者有光华教授蒋竹庄、金松岑和吕思勉，光华同学有杨友仁、刘元洵、姚大钧、顾正武、郑永年、沈百中、王怀治、郑涤新、袁希文、姚彭年、董庆淳、周铭谦、李汉怡、汪毓麟及松岑之孙金同翰。是年，吕思勉尚有《学校与考试》刊于《中美日报》保垒副刊第145号；《自契至于成汤八迁考》刊于《群雅月刊》第2集第2卷；《诸葛亮随身衣食悉抑于官不别治生》刊于《青年月刊》第3卷第7期；《吕诚之先生讲经世》刊于《光华学刊》。（以上参见李永圻、张耕华编撰《吕思勉先生年谱长编》，上海古籍出版社2012年版；贾鹏涛撰《杨宽先生编年事辑》，中华书局2019年版；王学典《20世纪史学编年（1900—1949）》，商务印书馆2014年版）

童书业与杨宽2月应黄素封之请一起再赴苏北。从苏北回到上海，继续在光华大学授课。6月，童书业与吕思勉编著《古史辨》第七册上、中、下三篇由上海开明书店出版。童书业作《古史辨》第七册自序,言本书在上海出版,得到吕思勉助力甚多:"这册《古史辨》在上海出版,也得到许多意外的助力,如史学家前辈吕诚之(思勉)帮助我们的地方实在不少,使我们的工作大为增光。吕先生在经学方面,是一位今文学的大师;在史学方面,又是刘知几的后劲;在思想方面,更是一位倾向社会主义的前进者。他的讨论古史方面的著作虽然不多,却篇篇沉着深锐,超出时人研究之上。现在既蒙他把全部讲古史的论文送入这册《古史辨》中刊登,同时又蒙他允诺作本书的领衔编著者,这真使我们欣幸无已!"12月,太平洋战争爆发,日军侵入上海租界,孤岛沦陷。吕思勉、杨宽和童书业共同商量去留,一方面各校停课,无固定职业难以维持生计,另一方面顾虑沦陷后上海文化界的汉奸势力日炽,会与他们纠缠,想要不做文化汉奸,不能再留上海,3人决定离开上海。是年,童书业在《齐鲁大学学报》第1期发表《中国山水画南北分宗说新考》,文中依次讨论"南北宗"的旧说、我们的怀疑点、山水画是怎样成立的、李思训书法探源、王维书法的真相及其地位的升降、真正的北派、真正南派的来源、南宋四家的渊源问题、《宋书》与《元书》、南派的完成、"浙派"与"吴派"、伪书史说的批判等问题,作者不认同董其昌等人提出的南北分宗说,在归纳启功等人观点的基础上,通过对地理、画法等方面资料的梳理,另行说明了中国画史上的南方画派与北方画派。文末列了一表,列出"南北宗"说的体系及他创的南北派体系。此文是美术史研究考证取向的代表性论著之一,有研究者认为此文"繁征博引,极尽考据家的能事"。(参见童教英《童书业传》,中国大百科全书出版社2017年版;李永圻、张耕华编撰《吕思勉先生年谱长编》,上海古籍出版社2012年版;王学典《20世纪史学编年(1900—1949)》,商务印书馆2014年版)

杨宽与童书业2月一起再赴苏北。2月15日,杨宽致函吕思勉,谓:"旧作《中国古史导论》,于任教粤西时半年内仓卒写成,论据既未能广为搜罗,行文亦欠畅达,蒙吾师为之校订一过,多所匡正,铭感无既。今又得数事,颇足增补旧作,谨誊录呈上,未知亦有当于师门之旨乎?……"4月,杨宽与童书业一同从苏北回到上海,继续在光华大学授课。6月,吕思勉与杨宽《古史辨》第七册由开明书店出版,请杨宽作序。

按:杨宽序曰:古史辨发展到了现阶段,我们认为已有了飞跃的进步,在长夜漫漫中已找到了曙光。可是社会上一般人士,对此还不能十分了解。性急的人,嫌他进步得太迟缓了,往往听得有人说:"你们研究古史,各有各的说法,至今还得不到一个系统的结论来,不免要使人头昏了。"拘笃的人,又因此而以为古史是不可究诘的东西,往往听得有人说:"古史传说紊如乱丝,你说可信吧,确乎有许多不能使人相信的地方,你说不可信吧,似乎也有可信的地方;必须等待新史料的发现,然后可以研究。"更有那些自大的人,以为古史的辨论,根本没有真是非,往往听得有人说:"古史的材料太少了,逃不出几本古书,而传说又是那么紊乱,不是很容易信口乱说的么?"这样的说法,至今还到处嚷着。诚然!有些人正在那里拿着古史来玩把戏,天天挖空心思,信口乱说,真不免要令人头昏,这确乎是我国史学界的病态!但是我们如果能平心静气,埋头把古史传说分析一下,整理一下,知道这紊如乱丝的东西,未尝没有头绪可寻,决不是不可究诘的,也不是可以信口乱说的(那些信口乱说的,我们只当他们是在玩把戏,哪里是在研究学问)。在最近的将来,一定会得到一个系统的结论。大家读过了这册《古史辨》,一定会相信我这句话是不错的。

童丕绳先生这《古史辨》第七册的结集,乃是这几年来从事古史学研究者研究夏以前古史传说的总成绩。……这册《古史辨》正是研究古史的急先锋,我们的敌人——伪古史的有意无意创作者——所设的西汉战国这最后两道防线上重要的据点,已给我们突破了,古史辨的最后胜利,确乎已不在远。

童先生编这册《古史辨》,承蒙他把拙作《中国上古史导论》全部收入,占了全书四分之一的篇幅。我这部导论的见解,固然是几年来胸中久已积蓄着的,可是写来非常草率,因为这是在广西教书的半年内编成的讲义。我很感谢吕师诚之及童先生各替我校阅修订一过。而蒋大沂先生,又蒙他来函讨论,也已收入了这册《古史辨》。我这部导论,目的也就在利用新的武器——神话学——对西汉战国这最后两道防线,作一次突击,好让古史辨的胜利再进展一程的。我此后还想继续的向这方面推进,非达到最后胜利的目的,决不停止。

杨宽成名作《中国上古史导论》收入《古史辨》第七册上,由开明书店出版。杨宽为《古史辨》第七册所作序言及此书撰写过程时言:"余之立意草创《中国上古史》,在二十二年春,时正求学于光华大学,课余读书,偶有所见,辄随笔录之,尚未暇作系统之整理也;是年秋,《光华大学半月刊》征文及余,乃择古史传说中最不经之盘古传说而论之,成《盘古传说试探》一文,刊于2卷2期,其于黄帝尧舜禹等古圣贤王,犹不敢露布其怀疑之意。及二十四年冬,郑师许先生约余合编华文《大美晚报·历史周刊》,一时无暇草专篇,因将旧作随笔札记,陆续刊布。二十六年夏间,《禹贡半月刊》征文及余,又成《说夏》《说虞》二文以应之,然犹未有组织系统之决心也。秋间避地粤西,执教于广东省立勷勤大学,为诸生讲'中国上古史',因将昔日所论略加补订,编为讲义,于是关于夏以上古史传说之论述,系统粗具,而于古史传说出于神话演变分化之说,自信益坚。盖史料具在,不容熟视无睹者也。"

按:童书业为《古史辨》第七册所作自序对此文的评论曰:"顾颉刚先生以后,集'疑古'的古史学大成的人,我以为当推《中国上古史导论》的著者杨宽正先生。虽然他俩在古史上的见解有着很多的不同点。杨先生的古史学,一言以蔽之,是一种民族神话史观。他以为夏以前的古史传说全出各民族的神话,是自然演变成的,不是有什么人在那里有意作伪。这种见解,实是混合傅孟真先生一派的民族史说和顾颉刚先生一派的古史神话学而构成的。他的见解,虽然有些地方我们还嫌简单,或不能完全同意,但他确代表了'疑古'的古史观的最高峰!杨先生的最厉害的武器,是神话演变分化说。这种说法的一部分是顾先生早已提倡过的(演变说),其他一部分,则是到杨先生才应用到纯熟的地步的(分化说)。……有了分化说,'累层地造成的古史观'的真实性便越发显著:分化说是累层说的因,累层说则是分化说的果!"

按:王孝廉《中国神话世界(下编):中原民族的神话与信仰》(洪叶文化事业有限公司2006年版)对此文的评论曰:"顾颉刚为首的疑古学派固然注意到了中国古史中的古代神话传说的研究以及神话的演变过程,但是他们的研究是以'疑古'和'辨伪'为主要工作,是为了推翻中国的古史而触及到了神话的研究,又为了'辨伪'而去解释神话演变为历史的演变过程,在神话演变的过程上,他们太坚持层累地造成之说,认为神话演变为历史全是什么人在那里为了某种目的而有意的作伪,在方法上他们完全以纸上的文献为中心而辨其真伪,他们把神话从古史中分离了出来,但对许多被分离出来的神话,其原来应该在神话中所占的地位问题,却没有十分妥善的安排。在神话研究上,补充和修正顾颉刚等人的不足,正式以神话学的方式研究古代神话的是杨宽。杨宽把夏以前的古史传说正式还原于古代神话里头去,他的古史学可以说是一种'民族神话观'(童书业《古史辨》第七册自序所说),认为夏以前的古史传说全是出于各民族的神话,这些神话是自然演变和分化而成的,否认了顾颉刚等人以为后人有意作伪的层累造成之说,他一面用研究神话学的方法对西汉战国这两道古史的防线做了一次突击,集顾颉刚以后的疑古的古史学大成,一方面又以'新释古学派'的姿态对古代的神话传说做了有系统的整理和还原工作,为中国古代神话的研究,建立了一个研究的系统,以今天神话学的研究成果来看,杨宽所建立的古代神话系统虽然不无值得商榷和补充的地方,但在由'疑古学派'到'释古学派'的神话研究发展过程来看,杨宽的神话研究仍然有他划时代的伟大意义存在,杨宽在古代文献资料上,追寻出许多神话传说的痕迹,并且以神话产生的地域、民族的不同,去解释先秦各书所见关于古史、神话的种种矛盾,说明神话演变分化的过程,补充和修正了顾颉刚等人纯以文献辨伪的疑古学说。此外杨宽采用语言学派的神话研究方法,主张语言的讹传实是神话演变分化形成的主要原因,在当时也是非常进步的。杨宽的出现,实是顾颉刚以来对中国古代神话的研究上更进了一步。"(以上参见贾鹏涛《杨宽先生编年事辑》,中华书局2019年版)

朱通九继续任教于东吴大学法学院。1月,东吴大学法学院博艺团契编辑《博艺团刊》半年刊在上海创刊。该刊的宗旨是为了达到本团的"文会友,友辅仁"的目的,"内容有宗教哲理介绍,学术论文,还刊登新旧诗歌和杂感琐记,以及团务报告和有关资料统计",主要撰稿人有朱通九、潘兆申、李才荫、胡锡生、钱素君、刘祖念、今亢等，主要栏目有宗教、师长述作、文艺、要览、团务报告、资料等。3月，朱通九在《财政评论》第5卷第3期上发表《近代我国经济学进展之趋势》，专门论述"从方法论上观察我国经济学进展之现状"。

　　按：朱通九在文中说："研究经济学之方法，除宗奉马克思氏之辩证法以外计有演绎与归纳二种。欧美各国如此，我国亦莫不如此。盖经济学自身，既系自外洋输入，则其研究方法，定必随其研究对象而俱来。殆为自然之事势，不足为怪也。1.演绎法。我国经济学者中采用演绎法以研究经济学与从事著述者，可推马寅初与李权时二氏为代表，此派常以经济学之原理与原则，以解析我国之经济现象。试读李氏所著之《经济学原理》，先分消费、生产、交易与分配四大编，然后根据各篇之经济法规，以解释一切，最近又编《经济学新论》一书，计数十万言，益见其苦干的精神。至于马氏之研究方法，大概与李氏相同，所著《中国经济之改造》及《中国之新金融政策》两书尤为世所推重，其引用统计数字以解释经济动态者，其例殊鲜。……2.归纳法。归纳法中又分统计法与历史法二重，采用统计法研究经济学者，大部分根据美国哥伦比亚大学教授密谦尔氏（Mitchell）之数量分析法，以分析经济现象之变迁。采用历史方法者，则追随德国历史学派之后尘，从经济史实之发展过程中，以发现其原因与结果。近年我国经济学者中采用统计法者，其人数至多。试列举之计有下列诸氏：A刘大钧，所编英文本上海之工业化，与全国之工业调查报告，悉用调查所得之数字以分析与编译之。B何康、张肖梅，何氏编制华北地物价之指数与中国对外贸易价格与数量指数；张氏引用调查所得数字，研究川盐增产问题。C盛俊，编制上海批发物价指数。D蔡正雅、陈达，蔡氏编制上海工人生活费指数；陈氏以统计方法，分析以往我国之劳资纠纷。E陶孟和，编制北平工人生活费指数。F金国宝、孙拯、姚庆三，三氏均引用数字，以说明货币价值之变迁。最近姚庆三氏新著《现代货币思潮及世界币制》一书，已于去年杀青问世，其引用数字以从事论证者之实例尤多。G杨西孟、王子建、蔡谦、余捷琼、吴承禧、吴半农、郑友揆等，上述诸氏均在中央研究院社会科学研究所担任研究工作有年，其出版之著作悉引用调查所得之数字，以分析我国经济形态之变化，弥足珍贵。H卜克、乔启明、张季鸾、王廉等，上列诸氏，均在金陵大学农业经济研究所担任研究工作。诸氏常引用调查所得数字，以说明农村经济之情状与夫农产品价格变化之趋势等，对于农业经济一方面颇多贡献。L方显庭，根据调查所得之数字，分析我国棉纺织业之发展状况。关于采用历史法研究经济学者，可推陶希圣氏为代表，编有《食货》半月刊及《中国社会之史的分析》等书，在乱纸堆中，埋头整理我国之经济史料，其苦干精神，实足令人钦佩。其后周谷城、任曙、朱繁新、李达、孙倬章等均有关于分析我国经济史实之书籍问世，遂引起民国二十一年之社会史论战，当时笔剑唇枪，颇为热闹。其间虽不无意气用事之处，然颇受社会所注意。此外研究经济思想史者，亦有二人。其一为老友唐庆增氏，耗费十余年之心血，著有《中国经济思想史》一书，古色古香，为研究我国以往经济思想者开一条新途径。其二为曾与笔者合编经济思想史者金天锡氏，最近著有《最近经济思想史》一书，将世界各国之经济学说，网罗靡遗，亦可视为具有相当价值的著作之一。"

　　黎照寰继续任交通大学校长。约5月，黎照寰为应付环境，拟成立董事会，并改校名为"私立文治大学"，函呈教育部，并上报董事会章程。6月9日，教育部复电黎照寰：一、校董会规程及章程已悉，章程及校董名单可先予备案；二、校名改私立文治大学可作此准备，非至情形万分困难，非经电呈核准后不可采用，希特别慎重。7月1日，黎照寰函呈教育部，函述：学校改名，设董事会均已呈报教育部备案，学校改名为"私立文治大学"，教育部认为非到情形万分困难时，不可采用，自应遵照；然上海环境日趋恶劣，为谋本校安全计，请准予三十年度学年开始时对外一切即用私立文治大学名称，早做准备易于应付，当否请示。8月27日，黎照寰致函教育部、交通部，陈述：一、7月7日因病请辞，未获批复，经暑假休养，仍无转机，校长一职请派员接替；二、校长人选可由唐文治、吴俊升代行。重庆分校由吴俊升就近代行，沪校职务由唐文治代行，惟因环境关系，切不可公布；三、学校易名之事，请速核定，以资应付。9月16日，为了保护学校不被日伪接管，交通大学沪校成立以唐文治、福开森、章宗元、吴在章、朱鹤翔、黎照寰、胡诒毂、孙谋等 11 人组成的学校董事会,正式提出改校名为"私立南洋大学",仍由黎照寰任校长。(参见陆阳《唐文治年谱》,上海三联书店 2013 年版)

唐文治 1 月 8 日致函教育部长陈立夫。无锡国专原由财政部每月拨发补助费 2000 元,因战事发生,随减发为每月 1260 元,且由沪、桂两校平分此数,沪校每月仅得数百元,致使国专沪校经济支绌,教职员生活困难。唐文治信中要求能照原规定之每月 2000 元按月十足发出。后教育部批示"碍难照准"。同月,国专沪校毕业民国二十九年度第一学期学生 2 人,皆为三年制国学科。2 月,国专沪校开学,共到新旧同学 136 人。3 月 23 日,唐文治参加南洋模范中小学 40 周年纪念会,并作"孝经大义"演讲。同月,国民政府教育部加授唐文治、陆景周一等服务奖状。5 月 14 日,交通大学沪校继续聘唐文治为特约教授,每星期日讲授经学、文学。7 月,国专沪校毕业民国二十九年度第二学期学生 12 人,皆为三年制国学科。8 月 13 日,单镇往访顾廷龙,述唐文治受同乡之托,编纂《太仓先贤像传》,拟向"合众"借《吴郡名贤图赞》《清代学者像传》两书,适皆未备。太仓凌祖诒搜集和编辑《太仓先贤像》,于次年编成,唐文治等作序。暑假前,上海《正言报》借对高中毕业生进行升学指导,在报上称"无锡国专在上海只有补习部,没有什么分校"。唐文治指示由王蘧常起草,致函该报,历叙沪校筹办经过及招收新生的办法。《正言报》后以"来函照登"的方式登载。暑假中,报考国专沪校的生源大增,共招新生两个班。

唐文治是年秋在国专沪校开学前夕将校址迁至爱文义路(今北京西路)970 号乐群中学。学校新开设英语选修课,先后请许国璋和张仲礼授课。约同时,聘请胡曲园、王佩净、金德建教课,胡曲园讲授"论理学""逻辑学"等课程,王佩净讲授"中国学术史"等课程。9 月 23 日,私立南洋大学召开第一次董事会议,唐文治等 10 人出席,推福开森为董事长,章宗元为副董事长,唐文治为名誉校长,吴在章为会计,张廷金为书记。同月,因年老体衰且地址较远,来去不便,唐文治为交通大学开设的国学讲座,改在国专沪校所在地——爱文义路乐群中学内进行,时间在每星期日上午。南洋大学及其他学校学生均可入座听讲,同时国专沪校师生亦可得其面授。因国专沪校礼堂较狭窄,用扩音机传播,附近教室及廊檐下亦可传达,每次听众常有 300 余人。10 月 28 日,为江锺彦《中国读史地图》作序,云:"昔孟子论国之废兴存亡,其得失在仁与不仁之判。而论地利,则曰域民不以封疆之界,固国不以山溪之险;得道者多助,失道者寡助。旨哉言乎!后人读史者于历朝之兴灭终始,往往慨想流连,发不平之感。而游历名儒,登山临水,考战争之遗迹,或记之简册,或寓诸诗歌,于文献不无裨益,而究其实用,与所以得失之由,则未免阙如,识者憾焉。"12 月 10 日,唐文治就学生对日军可能会强迫学校登记的忧虑表示:"唐某决不妥协!"当时国专沪校处境更趋困难,部分师生离沪返乡。冬,南洋大学学期提前结束,发给学生每人一张由唐文治签署的南洋大学肄业证明书。是年,唐文治作《三纲论》《朱子学术精神论》《精气魂魄神为五宝论》《治心在研幾论》《救济丛谈》。以上均载《茹经堂文集》四编卷三。唐文治邀任铭善来国专沪校授课,讲授《礼记》。后来任铭善以在之江大学和国专沪校先后讲授《礼记》的内容,撰成《礼记目录后案》一书。(以上参见陆阳《唐文治年谱》,上海三联书店 2013 年版)

金德建任教于国专沪校。3 月,所著《古籍丛考》由昆明中华书局出版。作者受"古史辨"派影响而从事古籍、诸子之考辨,此书集作者历年所作关于古籍源流方面考证之论文,包括《〈论语〉名称起源于孔安国考》《两汉〈论语〉今古文源流考》等 21 篇。(参见王学典《20 世纪史学编年(1900—1949)》,商务印书馆 2014 年版)

　　钱钟书7月之前继续在湖南省安化县蓝田镇任国立师范学院外语系教授兼系主任。春，为《徐燕谋诗草》。暑假，离开国立师范学院，由广西到海防搭海轮到上海探亲。7月26日，钱基博致郭晋稀函所谓"书儿已偕燕谋先返沪"。《徐燕谋诗草》有诗曰："夏日苦热，忆1941年冒盛暑与中书君自湘西返沪，迂道广西郁林至湛江，乘货轮渡海遇台风。"钱钟书准备小住几月再回内地，时值西南联大外语系主任陈福田到了上海，特来相访，约请钱钟书再回联大。钱钟书很犹豫，不知是该回蓝田还是另去昆明。如此这般迁延至12月，珍珠港事变突然发生，上海旋即完全沦陷于日军之手，成为孤岛，他再想离开上海已经不可能了。从此开始他的沦陷上海生涯，这是钱钟书"平生最为凄苦的时期"。岳丈杨荫杭便把自己在震旦女子文理学院授课的钟点让给佳婿，钱钟书遂至震旦女子文理学院教书，一直到抗战胜利为止。12月，散文随笔集《写在人生边上》由开明书店出版，列"开明文学新刊"之一。（参见爱默《钱钟书传稿》，百花文艺出版社出版1992年版）

　　谭正璧先后在上海美术专科学校、新中国医学院、华光戏剧专科学校任教。太平洋战争爆发后，参加我党地下工作。所编历史剧《梅魂不死》发表于《正言文艺》上。《现代社交书信》《现代处世尺牍》由光明书局出版，《中学国文补修读本》4册由商务印书馆出版。《国文研究丛刊》6种《文学源流》《国学常识》《国语文法》《文章体裁》《应用文示范》《文章法则》由世界书局出版。《历史演义丛书》10种《苏武牧羊》《木兰从军》《乱世佳人》《精忠报国》《梁红玉》《秦良玉》《绝代佳人》《明末遗恨》《海国英雄》《忠王殉国》由北新书局出版。12月，谭正璧《文学源流》由上海世界书局出版，此书为"国文丛刊"之一，以适合现实生活及青年心理为主，专供中等学校学生及同等程度的校外青年课内或课外研究国文之用。全书共五章，二十节，采用"以文类为经、时代为纬"的著述体例，依次叙述诗歌、文章、小说、唱本、戏曲的渊源和沿革。内容详略有别，眉目清楚，语言平易、生动。是年，《中国小说发达史》的姐妹篇《中国戏曲发达史》完稿，计20万余字。稿交联美出版社出版，惜毁于日寇炮火中。（参见谭麓《谭正璧年谱》，载周嘉主编《矞云》第2辑，中西书局2014年版；付祥喜《20世纪前期中国文学史写作编年研究》，北京师范大学出版社2013年版）

　　马叙伦继续留居上海。1月，《中国文字之原流与研究方法之新倾向》刊于《学林》第6辑，开明书店出版。2月18日，嘱子马龙章往合众图书馆向总干事顾廷龙借书。5月20日，复函叶揆初。"教并书承，余容更改。即颂揆初先生表兄时胜。叙伦顿首，三十年五月廿日。叶先生烦收。"6月11日，致函叶揆初，托向高欣木借阅龚孝拱稿。7月9日，叶景葵以《说文理董》由马从徐森玉借得残钞本粗校一过，有可补正，因嘱顾廷龙重校。18日，顾廷龙"校《说文理董》，补写一页，正马叙伦校误两则"。同月，《说命》刊于《学林》第9辑。秋，阅报得悉老友刘崧生、罗文幹辞世。11月30日，叶景葵交代顾廷龙取回马所借图书。12月4日，叶景葵托顾廷龙向马取回《说文解字理董》等两种。次日顾廷龙来访，订期年内归还。是年，结识东吴大学教员雷洁琼；《读金器刻词》续载于《学林》第3—4辑。（参见卢礼阳《马叙伦年谱》，浙江古籍出版社2021年版）

　　李玄伯（李宗侗）继续匿名居住在上海，与郑振铎多有交往。4月7日，张珩日记："夜赴振铎约。同席徐森玉先生、吴湖帆先生、李玄伯先生暨博山兄弟。观宋刊本《新定续志》《吴郡图经续记》，皆曾为余有者。又宋刊《欧阳行周文集》暨明刊《十六名姬诗》，皆孤本也。中有薛素、马湘兰二家，他日拟借刊之。又明刊《吴中山歌》一种，亦异书也。"5月8日，张珩日记："夜与湖帆公宴徐森玉、郑振铎、潘博山、景郑、李玄伯、夏剑丞、孙邦瑞及芹伯诸人，尽欢而散。"6月，李玄伯所著《中国古代社会新研初稿》由北平来熏阁书店出版。此书系孔德研究所丛刊之一,李玄伯曾翻译法国古朗士(又译库朗热)的《希腊罗马古代社会研究》一书,并撰4万余言的《希腊罗马古代社会研究序》,因篇幅太多,内容也超出序言以外,故与《中国古代图腾制度及政权的逐渐集中》合为《中国古代社会新研初稿》另行出版。前篇《古代社会研究序》的主旨,是依据希腊罗马城邦制度阐发周代社会的隐奥,以代表祖先牌位的"主"字入手,钩沉出中国的祀火制度;另一篇《中国古代图腾制度》,则从西方人类学的图腾说解释中国远古时代,如以姓即图腾,以昭穆为氏族的婚级,以尧舜禹禅让出于部落选举或翁婿继承。此书为中国古史研究开辟一新门径。李玄伯取社会学之法,以古朗士所述的古希腊罗马社会为参照,对中国古代社会与希腊、罗马的古代社会进行了比较研究,论殷周社会的发展程度,自近于希腊罗马而非印第安。

按:此书后增加《中国古代婚姻制度的几种现象》作为附录。1948年9月,更名为《中国古代社会新研》由开明书店再版。蔡元培曾谓史前学及之考古学之所得,"往往零星断烂,不能为独立的说明""乃有资于旁证的民族学"。社会学方法与比较古史学的方法同时并用,"对古史的贡献更能增加"。沈兼士在《近三十年来中国史学之趋势》中以此书为例说明西方史学方法给中国史学研究带来的影响,称赞李玄伯"取法古朗士,是一个好例"。陈垣致1941年8月15日乐素云:"最近孔德研究所出版李玄伯《中国古代社会新研》一册。幸有此书,足以不朽,固所谓塞翁失马,安知非福也。"(参见陈福康《郑振铎年谱》,三晋出版社2008年版;王学典《20世纪史学编年(1900—1949)》,商务印书馆2014年版)

刘大杰《中国文学发展史》上册1月由中华书局出版。上册从殷商巫术文学讲起,至唐诗结束,共15章;下册从晚唐五代词讲起,至清代小说结束,共15章。在本书"自序"中,刘大杰提到他对前人研究成果的汲取:"王国维的《人间词话》《宋元戏曲史稿》,梁启超的《陶渊明》,胡适的小说论文等等,在我评论唐宋词、元人散曲、陶渊明、《老残游记》及其他作品的时候,所受影响是较为显著的。再如周作人的《中国新文学源流》一书,在评论明末散文和金圣叹的章节里,也可以看出它的影响。"但对他写作本书影响最大的,是郎松的《法国文学史》,甚至可以说他以郎松此书为蓝本。刘大杰像郎松一样,在编写时"以描述思潮和变迁为主务,从作家的身世、性格与社会背景的结合,发现并着重阐发作家作品的个性"。因而在《中国文学发展史》中,文体的兴衰与代变实为文学史成为"史"的重要内涵,认为"文学发展史是人类情感与思想发展的历史",文学史家的任务就是叙述文学进化的"过程与实质,形式的演变以及作品中表现出的思想与情感。并且特别要注意到每一个时代文学思想的特色,和造成这种思想的政治经济、社会生活、学术思想以及其他种种环境与当代文学所发生的联系和影响"。故此书在探讨文学发展历史时特别重视社会状况、政治环境、学术思想变化等方面因素对文学发展的影响。此书出版后引起学术界的重视,在海内外赢得了巨大声誉,被誉为近世最重要的中国文学通史著作之一,亦可谓20世纪前期中国文学史写作的典范之作。

按:作者对中西文学史理论的合理吸纳使本书的理论架构颇有特色。刘大杰采纳泰勒、郎松等西方学者的理论,强调以"物质基础""社会经济"以及"精神文化"等因素为文学的背景和条件,在此基础上追究每一时代的"文学思潮",同时联系文学的"生物的机能",通过分析作家各具个性的创作,最终描绘出作为"人类情感与思想发展的历史"的"文学发展史"。本书最能显示个人学术风格和审美趣味的,是不仅有不少独到的见解,而且叙述生动、富于感染力,书中的评议体现出了作者卓越的艺术鉴赏眼光。可以说,本书是中国文学史叙事中"史传"传统与"诗史"传统的有机结合。1949年1月中华书局出版该书下册,1957年古典文学出版社出版该书的增订版,1962、1963年中华书局又出版新的增订版,此后该书又多次再版。据说1949年以后毛泽东曾多次询问乃至亲自指导刘大杰修订《中国文学发展史》。20世纪50年代,此书曾受到批判,但 1978 年以后,一些研究者又给予此书较高的评价,有的研究者认为该书"是我国第一部全面、系统、科学论述中国文学集大成之作",有的研究者认为该书"为民国时期的文学史撰写,划上了一个圆满的句号,也为发轫于世纪初的中国文学史学的走向成熟,建立了重要的里程碑"。2007 年 8 月百花文艺出版社据 20 世纪 40 年代的初版本重印出版该书,"内容介绍"称:"刘大杰先生的《中国文学发展史》是近世中国文学通史著作中最重要的一部巨著。"(参见王学典《20 世纪史学编年(1900—1949)》,商务印书馆 2014 年版;付祥喜《20 世纪前期中国文学史写作编年研究》,北京师范大学出版社 2013 年版)

王元化继续潜居上海。3 月,上海地下党文艺总支由黄明任书记,王元化分管《奔流》文艺丛刊。该刊后改为《奔流新集》。7—8 月,文艺工作委员会成立,黄明任书记,王元化、吴小佩为委员,王负责联系原文艺总支。11 月 8 日,太平洋战争爆发,"孤岛"时期结束。是年,王元化《论抗战文艺的新启蒙意义》,将抗战文艺视为不同于五四时期的新启蒙运动,有着更高的起点,有自己的特性:民主的爱国主义、反独断的自由主义。因此,抗战文艺是"一个民族统一战线的文学运动",不只属于无产阶级的"普罗文艺",也不只是号召抗战的国防文艺。(参见吴琦幸《王元化传》,上海教育出版社 2020 年版)

浦江清送母回乡,滞留上海,闭门著述。2 月 5 日,浦江清致函在福建施蛰存时提及:"西谛、景深皆已见过""冠英处尚未见复书之来,郑著《文学史》谅已寄出。"19 日,浦江清致施蛰存书提及:"冠英处有信来,谓寄书事因故一再迁延,至为抱歉,日内即将郑著《文学史》付航寄。"5 月,郑振铎邀请浦江清到暨南大学任教。(参见陈福康《郑振铎年谱》,三晋出版社 2008 年版)

夏敬观所撰《八代诗平》刊于 1 月 20 日《同声月刊》第 1 卷第 2 号。近日,致吴庠书论梦窗词,并谈及朱祖谋词似梦窗。26 日,为苏东坡生日,午社集于廖恩焘之半舫斋。陈运彰、胡士莹做东。"席间眉孙翁谈明年社约,须每人每期必作,切须限题限调。值课者选题拈调,他人不得批评。"又谈古微《宋词三百首》,谓"冯煦大不满此书,谓其不当收周柳侧艳,且收梦窗太多,谓不能望《唐诗三百首》。殆以古微不选其词也"。近日,夏敬观新购得高丽人所著《乐学轨范》,"甚奇,可证词乐"。2 月 23 日,午社社集,夏敬观与廖恩焘作东。到夏承焘、仇埰、吕贞白、陆微昭、胡士莹等 7 人。先生谈朱祖谋、郑文焯、文廷式词学之别与朱祖谋家事。又与夏承焘谈作词人年谱事。3 月 18 日,夏敬观与廖恩焘、夏承焘、吕传元、陈运彰、冒广生在廖家茶叙。谈榆生《同声月刊》载眉孙书札事,谈时事多异闻。22 日,午社集于林葆恒多福里寓。仇埰、林葆恒做东。29 日,夏承焘与陆微昭来访,求观朝鲜人所著《乐学轨范》,夏敬观已将此书寄龙榆生。夏敬观论词曲乐律,"谓北力在弦,南力在拍,白石谱工尺下附符号皆所谓北力在弦,故可不用拍"。

夏敬观 5 月 11 日出席于廖恩焘家举行的午社雅集,夏承焘与郑午昌做东。各社友在沪者皆到。吴庠重入社。席间,夏敬观谈文廷式《纯常子枝语》事。6 月 14 日,午社集于林葆恒家,吴庠、吕传元做东。冒广生亦出席。8 月 15 日,午社集于辣斐德路 565 号林葆恒新居,黄孟超做东。夏敬观谈《全宋词》印售情况。同月,夏敬观赴冒孝鲁招饮,座中与钱锺书论诗。10 月 12 日,午社集于林葆恒家,林做东。夏敬观与廖恩焘、仇埰、冒鹤亭、金兆藩及夏承焘出席。26 日,午社集于廖恩焘家,廖恩焘与陈运彰做东。11 月 23 日,接夏承焘函,告《鄮峰大曲》有旁谱。28 日,致夏承焘函:"谓吴瞿庵跋《鄮峰词》,谓宋大曲有《逍遥乐》,此未尝见也。"12 月 21 日,午社集于静安寺路绿杨村茶室,夏敬观与林葆恒做东。午社自此改用茶点。(以上参见陈谊《夏敬观年谱》,黄山书社 2007 年版)

　　陆费逵继续任中华书局总经理。1月15日,中华书局江西办事处于吉安成立,由分局经理李仲谋兼主任,负责办理就地印制小学课本的监印、校对和发运事宜。与吉安新记合群印刷公司签订三批合同。20日,签订第一批印书合同,一百天内印2250令(用机器四架日印25令),计课本2255000本,装订成册,以供应浙、闽、赣、邵、衡、常、沅、梅、曲等9处分局。8月10日,签订同样令数的第二批印书合同,发往浙、闽、赣、邵、衡、梅、曲、渝等8处分局。后于1942年1月10日,签订第三批合同,在190天内,印足3720令,计338万本,发往浙、邵、衡、曲、渝、桂、赣等10处分局。至7月间,江西吃紧。合群印刷厂准备西迁,赣处印书暂停。7月9日,中华书局总经理陆费逵在香港病逝。11日,《申报》报道,陆费逵病逝港寓:中华书局总经理陆费逵,致力文化事业,逾三十年,战后该局总店迁港,氏遂常川驻港,策划一切。今春复被任为国民参政会参政员,对于国是,又多所贡献。不料于前日(9日)上午9时,猝因心脏急症,病逝港寓,享年仅56岁。在沪同人及氏之生前好友闻讯,金以陆氏为吾国文化界有数巨擘,方期其大展宏图,遽尔去逝,莫不痛惜。现拟不日开会追悼,该局上海支店及所属各处,并于今日停业一天,以志哀悼。14日,《申报》报道,蒋委长电唁陆费逵家属,其云:香港中华书局转陆费伯鸿先生家属礼鉴:闻伯鸿先生逝世,无任痛悼,教泽在人,堪垂不朽,尚望节哀承志,以慰先灵。谨电驰唁。蒋中正元。8月11日,《申报》报道,蓉文化界闻陆费伯鸿在港病逝,至为悲悼,特定17日在省城举行追悼大会。19日,中华书局董事会根据李叔明的提议,决定对陆费逵的酬恤及纪念办法。11月23日,《申报》报道,国民政府明令,褒陆费逵:"(重庆)国府二十二日令,国民参政会参政员陆费逵,早岁倾心革命,卓然有所建树,其后从事出版事业,创立书局,编印文史,精勤擘划,对于文化界贡献殊多,近复设厂制造国防工业教育器材,适应时代需求,裨益抗建,良非浅鲜,自被选任为参政员,远道参列,献替颇殷。兹闻因病溘逝,殊深悼惜,应予明令褒扬,用资矜式。此令。"是年,徐元诰任中华书局辞源编纂。(参见吴永贵《民国图书出版史编年:1912—1949》,社会科学文献出版社2018年版)

　　李叔明8月8日应中华书局董事会之聘,继任中华书局总经理,任期至1949年2月。12月7日,珍珠港事件爆发。8日,日军接管上海英美公共租界,并在实际上控制了法租界。同日,日军进犯香港,各书局损失严重。中华书局港厂8日中弹两枚后,当即决定将法币印版及已印成之钞券销毁。印版销毁工作至11日上午竣事。下午敌兵前哨冲入九龙,占领厂屋,已印成及未印成之钞券截角销毁工作已无法执行。本局在港厂屋、货栈被敌侵占后,所有机器、材料及账册、文件等全部陷于敌手。12月22日,中华书局的永宁公司挂有"美商"牌子,被日军报导部作为敌产军管。旋移交兴亚院接管后,委托华中印刷公司经营开工,由日人主持。对工厂原有的机械、车辆,以及纸张、油墨等材料,任意拆迁取用,损失甚重。26日,侵沪日军军部查封商务、中华、开明、兄弟杂志公司、光明、良友、世界和大东等8家书店,以及商务印书馆印刷所、中华书局印刷所等17处印刷所,至1942年1月18日才启封。中华书局被封期间,纸栈存纸一项即达二千筒左右;存书被运走六十余车,半年后收回一小部分,不及被掠之万一。被日本宪兵队运走的书籍,后于1943年1月19日查明,计中小学教科及杂书共2425种12342818本,发还98种90999本。(参见吴永贵《民国图书出版史编年:1912—1949》,社会科学文献出版社2018年版)

　　陆高谊继续任世界书局总经理。6月6日,国民政府教育部就教科书编印质量问题,点名批评世界书局"粗制滥造,偷工减料"。11月7日,上海《申报》有消息:世界书局为国内三大出版家之一,所出各级学校教科书,及字典辞典等参考书,无不风行一时,畅销各国。闻该局为发展业务起见,定于本月9日召集临时股东会,讨论增加资本,及垫发股息等问题。据可靠方面传出消息,此次拟发之股息,为数可观,盖战事以来五年之股息,将一次并发云。9日,上海世界书局召开临时股东会议,讨论增加资本,发给股息。14日,上海《申报》载,世界书局股份有限公司股东公鉴:本公司股东临时会决议扩充资本额,少至200万元,多至300万元,每老股一股得认新股二股,认股时期,本外埠一律以本年11月底为限,股款于认股时一次缴足,除分函外,特再登报公告。董事会谨启。16日,上海《申报》载,世界书局增资,新股认购超额:世界书局,近来营业发达,范围遍及全国,是以有扩充资本之举,以为教育界服务。爰于本月9日,召集临时股东会,讨论一切,并提出增资议案。各股东一致热烈拥护,当场通过扩充资本最少200万元,最多不得超过300万元之议案。闻招股情形,极为美满,现除老股东股权代为保留至本月底外,其余所招新股,业已认购一空,且超额甚多,正在减半退还。但有极多投资者,前经登记,倘老股东或有未认之股额将分配予登记者。其认股踊跃之情形,可见一斑也。12月21日,世界书局股份有限公司召开临时股东会,12月1日,《申报》有通告:世界书局股份有限公司召集临时股东会通告:本公司扩充资本至300万元,业已如数招足。兹定于本年12月21日(星期日)下午1时,在福州路390号本公司发行所,举行新旧股东大会,报告增资经过,及修改章程,并选举董监,务希各股东准时出席为荷。又在此时期内停止过户。除分函外,特再登报公告。(参见吴永贵《民国图书出版史编年:1912—1949》,社会科学文献出版社2018年版)

　　夏丏尊接叶圣陶2月9日寄上海亲友长书,报告迁蓉(成都)之情形。早春,广洽法师因敬重夏丏尊之人品与文章,又知其为弘一法师之至交,丰子恺之良师,遂乘为印光大师圆寂之事至苏州时,专程赴沪拜访。两人一见如故,互相探问了弘一法师和丰子恺的消息。夏丏尊将一丰子恺画作转赠广洽法师。7月10日,弘一法师在福建晋江檀林乡福林寺致信夏丏尊、圆晋(即李圆净)两居士。谈到《护生画集》的续编本,拟提早编辑成就,将稿本存藏上海法宝馆中,俟诸它年陆续付印。12月1日,叶圣陶寄蜀沪64号信与开明诸友。为馆中之《四川序文物小丛书》欲委托开明出版事。(参见葛晓燕、何家炜编著《夏丏尊年谱》,中国文史出版社2012年版)

　　王任叔2月15日(署名无咎,王任叔常用笔名有巴人等)在上海奔流文艺丛刊社《奔流文艺丛刊》第2辑发表《略论巴金的〈家〉三部曲》,认为:"巴金的世界,是单纯的,单纯到绝对化的地步。这单纯是巴金创作的成功的原因,但也是失败的根源。"在人物塑造上,巴金"给予新的一种定型,给予旧的一种定型,给予不新不旧的又是一种定型。这定型,机械地被描写着,形而上学地给对立着""到两者对抗的最后,巴金就拿出人类爱,给相互宽恕起来,统一了";认为《家》"是以恋爱和婚姻问题作为主题,而描写出新和旧两种势力,两种思想的斗争。作为这斗争的中间桥梁,便是觉新";《春》《秋》依然如此,只是"更多接近于《红楼梦》式的家庭生活的琐屑的描写";认为"巴金虽然把握了中国家族的崩溃是中国旧社会崩溃的核心,可是他没有更深入地掘发,使这小说的发展,没有可能成为最高真实的反映""《家》是更多些浪漫主义的激情,……《春》和《秋》,则更多些自然主义的琐碎与详细情节之真实性";认为巴金的创作方法是"从观念论出发的现象学的创作方法",笔下的人物"全部是'类型'人而不是'典型'",作家"只把他们代表一种势力,作为一种思想体系而存在着",这种"说明多于叙述,叙述多于描写的表现方法,是减少巴金作品之艺术的形象性的";而他

"对人性类的形而上学的赞颂""将一切罪恶全部归结于制度,而宽恕了个人"的缺点,"在于他把人性不当作阶级性群体性之一表现来看,而把它当作形而上学的东西来看的缘故",认为这"是和巴金所信仰的无政府主义有关的"。但认为《爱情的三部曲》的第三部"写出了革命者的群像",一些短篇"也有艺术的最高的成就"。最后总评说,"我对巴金的敬仰并不稍减。无论如何,巴金是中国文坛上伟大的存在""还有更大的前途"。(参见唐金海、张晓云《巴金年谱》,四川文艺出版社 1989 年版)

朱生豪 12 月 8 日因日军占领上海,冲入"中美日报"馆,遂混在排字工人中逃出,丢失再次收集的全部资料与译稿,历年来创作的《古梦集》(旧体诗词、译诗)、《小溪集》《丁香集》(新诗)等诗集以及为宋清如整理的诗集两册一并被毁。

应卫民 11 月 5 日在上海《学习》半月刊第 5 卷第 3 期发表《读了曹禺的〈蜕变〉》。作者认为《蜕变》与《雷雨》《日出》《原野》"三个剧本有着些差别""我们的作者"也随着时代"向前行进""曹禺先生就始终的紧抓住了时代所赋于的使命——在各个不同的时代,不同的社会变迁下,暴露他不同的现象"。但是"感到可惜的,是剧作者没有,也不可能再写出医院以外的情形来"。(参见田本相、阿鹰编著《曹禺年谱长编》,上海交通大学出版社 2017 年版)

周瘦鹃 12 月在上海《乐观》第 8 期发表《看了〈蜕变〉》一文。此文系作者观看上海职业剧团演出《蜕变》后所作,认为:"《蜕变》是一部有意义的戏剧,对于现时代是一服兴奋剂。看了《蜕变》能使悲观的人乐观起来。看了《蜕变》能使颓废的人振作起来。看了《蜕变》能使老年人自忘其老,而使少年人加强他的朝气。看了《蜕变》,能使已经变坏了的人,良心发现,想怎样革面洗心,重新做人。看了《蜕变》,能增进爱国和爱民族的心理,以及天伦之情。""如今,《蜕变》是已被禁止开演了,也许最近期间在这所谓孤岛之上,再也没有重看一遍的机会;然而两个月来,梁专员和丁大夫的印象,已深深地刻在观众的心头眼底,永远不会磨灭,不会淡忘。"(参见田本相、阿鹰编著《曹禺年谱长编》,上海交通大学出版社 2017 年版)

沈嗣良在上海任首任圣约翰大学中国籍校长。

程十发毕业于上海美术专科学校中国画系。

施今墨任上海复兴中医专科学校董事长。

吴文会、石杭鼎等人在上海发起成立商学研究社,出版《商学研究》季刊。

郑介主编的《政治月刊》1 月在上海创刊,由汪伪江苏省政府教育厅主办。

周瘦鹃受上海九福制药公司之聘,为该公司筹备出版《乐观》杂志。5 月 1 日该杂志创刊号面世,他撰写《发刊词》。

吴湖帆师生、父子近作展于上海宁波同乡会展出。

陈小蝶、吴湖帆、汪亚尘、汪德祖等发起筹备第二届画人书展在大新公司展出。

马公愚与马漪等在上海大新画厅举办"永嘉五马画展"。

屠杏花、王杏花、小白玉梅、邢月芳、商芳臣、筱丹桂、贾灵凤、袁雪芬、马樟花、徐玉兰、赵瑞花、竺素娥、邢竹琴、范瑞娟、尹桂芳、竺水招、姚水娟、李艳芳等演员 7 月 29 日至 30 日参加在上海黄金大戏院举行的中国救济妇孺总会筹募捐款委员会主办的嵊新女子越剧团劝募大会。

施银花、屠杏花、姚水娟、竺素娥、筱丹桂、马樟花、袁雪芬、尹桂芳、竺水招、徐玉兰、商芳臣、李艳芳、邢竹琴等 38 位演员 1 月 3 日参加中国救济妇孺总会募捐运动在上海新新电台举办的"全市女子越剧大会串"。

钟慧成编辑的《弘化月刊》7月1日在上海创刊。

陈撄宁1—6月陆续在《仙道》发表《沈永良真人事略》《重修〈委羽山大有宫宗谱〉序》《募修天台山桐柏宫胜迹缘起》《紫阳宫讲道语录》《〈和黄异吾道人诗五首〉按语》《〈洪太庵先生诗〉附记》《〈化欲论〉按语》《与林品三先生谈话记》等文,并刊出《陈撄宁启事》二则,一曰:"社会情形,日趋恶劣。仆之现状,事与心违。……俟环境许可,即当入山。"二曰:"仆近来有许多必要的工作,又想研究仙道以外的学术,因此无暇答复各种问题,千祈阅报诸君原谅!"6月,仙学院结束授课。7—8月,在《仙道》发表《覆上海某君书》《现代各种道门派别》。（参见郭武编《中国近代思想家文库·陈撄宁卷》,中国人民大学出版社2014年版）

江亢虎继续担任伪考试院副院长兼铨叙部部长。2月,发表《饿死事大》《呜呼统制》等文章。3月,推出《和运文选》,提出"回向东方"的汉奸"理论"。4月5日,以伪考试院副院长的资格,列名汪伪第二届中央政治委员会,仍为"列席委员"。4月,所著《回向东方》一书由汪伪民意社在南京出版。（参见汪佩伟编《中国近代思想家文库·江亢虎卷》及附录《江亢虎年谱简编》,中国人民大学出版社2015年版）

胡兰成2月28日发表《国民新闻发刊辞》,完全脱离《中华日报》,转而经营《国民新闻》,任总主笔。10月,胡兰成被免去宣传部次长职。太平洋战争爆发,稍后随南京代表团去日本访问。

龙榆生是年因太平洋战争爆发,与负责金陵大学校产的陈嵘（林业研究所所长）合作,将金陵大学全部校产、图书和设备转移到中央大学,避免被日本人侵占。

弓文才2月在《满洲映画》第5卷第2号2月号刊发表《戏剧在文学中的地位与文艺话剧团〈日出〉的公演》一文和《特别附录:曹禺作独幕剧》。（参见田本相、阿鹰编著《曹禺年谱长编》,上海交通大学出版社2017年版）

铁禅任日人支配之国际佛教协会岭南支部长。

胡适1月10日致电陈布雷转孔祥熙、王宠惠、王世杰、翁文灏、张群、朱家骅、徐谟诸人,报告罗斯福最近两次演说大旨,并对"三年余之大势作综合之陈述,以供介公之参考"。他把抗战开始以来分成三个时期。第一期,抗战开始至1938年10月,此时期美国"总统之最大战略在于不承认中日战争,不适用中立法,不承认日本有交战国权利。使美国人民货物船只可以往来远东,使政府对远东战局有过问之权,有应付之自由"。第二期,1938年10月至1940年11月大选揭晓。此时期,美国"主旨为每当我最吃紧之危机,或暴敌最横行之时,美政府辄予我相当之援助,对我有打强心针之效能"。如1938年10月广州、武汉相继沦陷时,立即许以桐油贷款,又于10月28日、12月31日发表两个强有力的通牒等等。第三期为大选以后,"其政策为明目张胆的援助抗战国家,虽向侵略者挑战亦非所恤"。这封电报反映出,胡适对此后的中美外交颇持乐观态度。20日,参加罗斯福第三次连任总统就职典礼。3月7日,陈布雷致电胡适,谈"反共"事。胡适复电（具体日期不明）称:"阳电奉悉。共党事,委座苦心应付,良深钦佩。美方舆论大抵可分为三种:（一）左倾分子当然不免与共党同情。适遇机解释,恐无大效。幸为数不多,无足轻重。（二）一般民众不知我国详情,亦不愿深知一切,只望我国不起内争,不影响抗日前途。（三）政府领袖明悉我国实况,同情政府苦心。但因美国民众意见,深望我政府能:（a）避免直接冲突,以息外间反感;（b）官场营私舞弊恶习竭力肃清;（c）资产阶级应使平均负担战争责任;（d）现中国米珠薪桂,必有极多不满意分子,政府当设法助之,以免左倾;(e)农工情形,当有明显救济办法;如此共党或可失去其号召力,而不再扩充云云。"虽所述是美国统治集团的意见,实际上也正是胡适本人的态度。3月12日,胡适在伊利诺大学讲演《民主中国的历史基础》。4月2日,胡适在远东讲坛讲演,极力证明中国为民主国家,美国援华至为必要。该讲坛为妇女组织,有会员千人,多为政府官员的夫人,故有政治影响。

胡适4月10日在美国艺术科学研究院讲演《十七世纪内中国哲学上的叛徒》。15日,胡适偕宋子文同谒罗斯福总统,有毛财长及财次长陪坐。胡、宋向罗力陈远东形势之严重与中国望援之迫切,希望罗斯福总统能于最近期中发表援华具体方案。是日下午,白宫向报界谈话,罗斯福声言,美国援助被侵略国家的政策绝无改变,今晨与中国大使及宋子文先生曾商及援华详细办法。中国所需各项物资正在分析考虑和筹办中。29日,偕即将回国就任外交部长的原任驻英大使郭泰祺同谒罗斯福总统及赫尔国务卿。在同赫尔谈话时,谈到废除不平等条约重订新约的问题。赫尔表示同情,允向总统陈说并与部中同事商榷。5月7日,驻德使陈介电告:"德内定六月初攻俄。"同月,作《一个史学家看中国绘画》。6月1日,新任外长郭泰祺致信称:"以后务必请兄多发电报,多给消息。"17日,在普波大学毕业典礼上演讲《知识的储备》。7月1日,胡适在华盛顿发表演说,大意说轴心国家承认汪伪组织,并不能改变它的傀儡性质。2日,翁文灏致信胡适,略谈国内形势后,谈中基会机构现不够充实,工作不够灵活,希望胡适与在美董事商洽一番,然后致电董事长及总干事以为促进。又谈到傅斯年任中研院总干事后,正当积极发抒之际,乃以血压突高,须住院静养。刻已商请叶企孙接任总干事。地质调查所所长黄汲清亦辞职,由尹赞勋继任。12日,宋子文致电蒋介石,称前荐施肇基接任美使,能相与有成。是时,胡适虽仍任大使,但已被宋子文排出重要外交业务之外。故电中又谓:"长此以往,不但文不能尽责,有负委任,适之亦属难堪。唯有恳请毅然处置,迅予发表。"但不久因太平洋地区形势急变,蒋介石终未遽下决心撤换驻美大使。16日,王世杰致信胡适,谈到胡适与宋子文相处不谐,说:"宋君为人有能干而不尽识大体;弟亦知兄与相处不无格格。惟兄素宽大,想必终能善处之。"

胡适7月25日在密歇根大学演讲《民主与极权的冲突》。8月18日,访晤美国务卿赫尔,表示赞同14日罗斯福与邱吉尔共同宣言。9月4日,再晤赫尔,赫氏保证美国继续实行援华政策。15日,在新奥尔良Tulane大学讲演《中国和她的问题》。24日,在芝加哥大学50年校庆纪念会上讲演《东西方思想的交流》。10月30日,袁同礼致信报告北平图书馆善本书已分数批平安运出百箱。11月10日,谒罗斯福总统,谈远东局势。盖自今年春起,日美双方即开始谈判。美国力求争取时间,维持谈判。至10月初,仍无明显妥协倾向。18日,访美国务卿赫尔,了解美、日谈判情形。22日,应召见赫尔,时因日本已定11月25日前结束谈判的方针,对美方大施压力。美已有妥协倾向,拟有临时妥协的草案。内容主要是,日本从越南南方撤军,北方驻军限25000人。对中国境内之日本侵略军毫未涉及,而美国却须放松对日经济制裁。胡适当即质问,临时协定期内,美国有何办法可约束日军继续进攻中国?赫尔无以回答。24日,再次应召与英、澳、荷大使同见赫尔。赫尔明示协定草案内容,胡适当即表示反对,并电告重庆。次日,正式提出抗议,反对牺牲中国的美日妥协。是日并偕宋子文同见罗斯福总统。据美国历史学家保罗·海尔说:"这位一向温文尔雅的学者,第一次在美国最高领导人面前发了脾气。"26日,赫尔召见,宣布打消妥协方案。12月19日,在美国中国协会欢迎宴会上讲演《我们的敌人》。年底,在美国政治学会年会发表演说。(以上参见耿云志编《胡适年谱》,福建教育出版社 2012 年版;耿云志编《中国近代思想家文库·胡适卷》及附录《胡适年谱简编》,中国人民大学出版社 2014 年版)

　　赵元任 1 月 6 日致信胡适,商量安排与"一碗饭运动"的成员们相见的事。赵元任说,认识这些人对于争取美国人民同情与援助抗战是有意义的。赵元任在耶鲁大学最后半年,继续教中文阅读课,讲授《孟子》和《马氏文通》。课余则忙于翻译自己关于轻声的论文,代胡适撰写 C. C. Wang 编 *Phonetic Chinese Dictionary* 一书的序言,研究音位问题(包括国语音位和湖南音位等),重温自己关于音位论文"Non-uniqueness of phonemes"、审阅长沙方言和西藏音调等论文。继续参加耶鲁语言学学术会活动。4 月 6 日,在会上做有关音韵学的中心发言。同月,决定接受哈佛大学的聘请离开耶鲁大学。哈佛大学东方语言系(Far Eastern Language Dept.)主任兼哈佛-燕京社主任叶理绥教授曾邀请赵元任到哈佛大学编辑字典。26 日,又来函提出以 Research Professorship 名义年薪 6000 美元聘请。出于各种考虑,加上如兰和新那同时上大学,赵元任回函接受聘请,然而最后聘书是以 Research Associate in Chinese Language 下达的,从是年 7 月开始,为期 1 年。

　　赵元任在离耶鲁大学之前,应聘到美国语言学会主办的语言学暑期讲习班讲学。6 月 11 日,由夫人和如兰陪同前往 North Carolina 州的 Chapel Hill。全美国各地的语言学家纷纷来此讲学。赵元任共讲 8 次,内容包括中国语言的结构(Structure of Chinese language)、国语音位(Mandarin phonemes)、中国古音(Ancient Chinese)等。同时也听了 L. Bloomfield、M. Cowan、E. H. Sturtevant、G. L. Trager 和 F. Edgerton 等语言学家、教授的讲课。7 月 26 日,赵元任一家迁居麻州剑桥 27 Walker Street,这房子竟一住 16 年,赵元任夫妇住了 6 年,大女儿继续住 10 年。此地很快地成为一个中国人的活动中心。从中国来的老朋友只要有可能一定来赵元任家探望或短住,这一年胡适、蒋梦麟、周鲠生、金岳霖、萨本栋、陶孟和、张彭春、林语堂、周培源等来得较多;费孝通、吴有训、钱学森、赵忠尧、于宾主教、吴贻芳等先后也都来过,中国留学生,特别是波士顿地区的,更是来得频繁。是年留美中国同学会、清华同学会、交大同学会、武汉大学同学会等都在赵元任家开过会,逢年过节来往的人更多,有时多达几十上百人(据客人签名簿统计)。这一年赵元任常交往的外国朋友,在日记中提到的有:William E. Hocking、I. A. Richards、James R. Ware、Serge Polevoy、Charles Gardner、Arthur N. Holcombe 教授等。

　　赵元任 7 月 7 日开始了哈佛大学阶段的工作与生活。到哈佛-燕京学社主要的任务是参加一项字典编辑工作。这项工作就是在叶理绥主任指导下,从若干(包括《佩文韵府》等)中国字典和两本外国中文字典剪贴 1250000 张卡片这么一项工程。头一年,按叶理绥主任的要求在字典上标古音和国语,以及粤语、福建、苏州和长沙等方音。11 月 25 日及 12 月 7 日,著名作家斯诺和赛珍珠分别来波士顿作报告,介绍中国情况,赵元任夫妇出席演讲会及招待会,如兰和新那则做招待。12 月 7 日,珍珠港事件后,美国对日宣战,与中国结成抗日联盟。此后数年,不论在纽海文还是在波士顿,赵元任一家经常参加中华赈济联合会(United China Relief)的各种活动。如为救济难民进行多种形式的募捐活动、赵元任做介绍中国文化及中国音乐的演讲,带女儿们作示范演唱等。31 日,清华留美同学会在元任家聚会,欢度除夕迎接新年。(以上参见赵新那、黄培云编《赵元任年谱》,商务印书馆 1998 年版;耿云志编《胡适年谱》,福建教育出版社 2012 年版)

　　林语堂 1 月 16 日所撰《中国抗战与美国——致纽约时报的公开信》刊于《宇宙风》第

112 期（"祝胜利年特大号"），目录题名为《中国抗战与美国》。1 月，所著《京华烟云（下册）》由上海春秋社出版；所著《我的话·披荆集》改题为《披荆集》，由香港的光华出版社出版。2 月 25 日，《申报》第 4 版刊登《林语堂函称美国必援华》一文，称林语堂自美国洛杉矶来函，美国正在积极扩充飞机制造业以援助民主国家，中国应要求美国将部分飞机援助给中国。林语堂认为，美国肯定会援助中国，而中国应及早决定反攻，并将所需援助的清单提交给美国。同月，所著《语堂随笔》由上海人间出版社出版；所著《讽颂集》由上海国华编译社出版；所著《特许全译本生活的艺术》由上海西风社出版；所著《生活的艺术》由欧风社刊行。3 月 12 日，林语堂在哈佛大学发表题为"A Reconstruction of the Golden Mean According to Confucius"（"遵循孔子本意，重构中庸"）的英文演讲。这是哈佛大学中国学生俱乐部（Chinese Student Club）主办的"中国思想"系列演讲之一。3 月 15 日，中华全国文艺界抗敌协会（简称"文协"）第三届理事改选结果开票。在渝理事 25 人，包括：叶楚伧、冯玉祥、郭沫若、张道藩、老舍、茅盾、田汉、谢冰心、姚蓬子、王平陵、郑伯奇、巴金、胡风、洪深、曹靖华、孙伏园、华林、徐仲年、何容、老向、陈望道、陈翰笙、孔罗荪、冯乃超、宋之的。各地理事 4 人，分别是：邵力子、林语堂、叶圣陶、曹禺。上海理事 2 人，即郑振铎、楼适夷。"文协"各分会还分别进行选举，除桂林、贵阳、延安 3 个分会理事尚未选出，成都（李劼人、刘盛亚）、香港（许地山、戴望舒）、昆明（雷石榆）、曲江（陶林英）4 个分会选举结果已出。此外，还选出 15 位候补理事，分别是：马宗融、沙汀、黄芝冈、张恨水、潘梓年、戈宝权、陈纪滢、葛一虹、沈起予、靳以、顾一樵、鹿地亘、艾青、叶以群、宗白华等。

　　林语堂所撰英文文章"The Last of the Confucianists"（《最后的儒家》）3 月刊于《时尚先生》（Esquire）第 15 卷第 3 期。上海长风书店出版了林语堂《我的信仰》，列入"青年丛书"第五种。4 月 1 日，所撰《生活的可贵》载《中国公论》第 5 卷第 1 期；所著《英汉对照锦秀集》由朔风书店出版。2 日，所撰书评《蒋委员长传记》载《三民主义周刊》第 1 卷第 12 期。16 日，所撰《英译本〈一个女兵的自传〉的序》载《北战场》第 2 卷第 2 期；所撰《辜鸿铭——最后一个儒家》载《西风副刊》第 32 期。22 日，纽约华侨冯国英、曾礼贤等在纽约罗克西剧院对面新开的上海酒家举行开张晚宴。他们与美国医药助华会接洽，准备将开张之夜的全部收入捐给该会，用以购置一辆载货救伤两用汽车，送回中国作为抗战之用。美国医药助华会特地组织了一个特别委员会，由夏屏方太太主持节目，《读者文摘》编辑福克森博士为餐宴主任，许肇堆博士为大会主席，林语堂为主要讲演人。赛珍珠、宋子良、夏屏方等人出席。所有来宾与办事人员全部需要支付餐费。同月，所撰《中国与中国人》载《风云》第 1 卷第 5 期；所著《林语堂幽默小品集》由上海朔风书店出版。5 月 1 日，工合旅美推委会成立，李国钦、林语堂、杨天孚、司徒美堂等 11 人当选为委员。此前，中国工业合作处处长梁士纯于 1941 年 3 月间赴美，向外国友人与各地华侨报告中国工合运动发展状况。各地侨胞由此加深了对工合运动的认识，并积极协助推动。20 日，美国联合救济中国难民协会（The United China Relief）在纽约举办"中国周"之"中美文化日"活动，并在纽约卡内基音乐厅举行援华慈善音乐会（募捐音乐会）。2000 多名中国留美学生参加，美国女高音歌唱家兼电影演员莉丽·庞斯（当时或译为"李连丽丝"等）登台献唱，林语堂发表题为"中美人民交换思想"（有的报纸则将其题名译为"救中国"）的演讲。21 日，《大公报》（香港版）刊出《林语堂谈中国抗战》，此为林语堂在美国医药助华会所代办的上海酒家义捐餐宴会上的演讲记录。

　　林语堂所著《语堂佳作选》5 月由上海国风书店出版；所著《英文吾国与吾民（中文注

释)》由世界名著研究社出版。6月1日,所著《林语堂选集》由上海的万象书屋出版,列入"现代创作文库"。14日,所著《京华烟云(中册)》由长春启智书店发行。18日,联合中国救济会在纽约华道夫-亚司多里亚酒店举行盛大宴会,中美两国政府官员及金融界、文化界、实业界领袖1500多人出席,其中包括胡适、林语堂等。30日,所著《京华烟云(下册)》由长春启智书店发行。同月,所撰《中国抗战必胜》刊于《时事月报》第24卷第6期;所著《中国圣人》由朔风书店出版,列入"朔风文学丛书";自著自编的《语堂文存(第一册)》由林氏出版社出版;所著《中国文化精神》由上海国风书店出版,列为"语堂佳作之一";所著《有不为斋文集》由人文书店出版。7月1日,所译英汉对照《老残游记》(卷上)由上海朔风书店出版。同月,所译《彷徨飘泊者》由朔风书店出版,列入"朔风文学丛书"。8月20日,所撰《中国必胜论》刊于《天下事》第1期("港刊"创刊号)。9月,所著《偶语集》由朔风书店出版。10月初,林语堂担任编辑的电影《美丽之月》(The Beautiful Moon)由米高梅公司投资开拍,预计1942年2月左右可以拍摄完毕。该片主演为黄柳霜。米高梅公司计划将该片所得部分盈余捐给纽约市长发起的援华救济金,另外还计划洗印一个拷贝于1942年国际妇女节时捐赠给中国政府。10月5日,所著《林语堂代表作》由三通书局发行,列为"现代作家选集之五"。同月,所著《雅人雅事》由上海一流书店出版。11月,所著英文长篇小说 A Leaf in the Storm: A Novel of War-Swept China(《风声鹤唳》)由美国纽约的庄台公司出版;所著《爱与刺》由桂林的明日出版社推出初版。是年,林语堂所著《林语堂杂文集》由上海的大地图书公司出版,列入"中国现代名家散文书系";美国新泽西州的罗格斯学院(Rutgers College)授予林语堂荣誉博士学位。(以上参见郑锦怀《林语堂学术年谱》,厦门大学出版社2018年版)

王重民年初继续居于美国。早在1936年,北平图书馆将所有的善本书,寄存在上海法租界吕班路震旦博物馆中。由于法国被希特勒德国占领,危及上海法租界,这批善本书亦受到威胁,袁同礼乃求助于当时中国驻美大使胡适。胡适请王重民潜赴上海,看情况将书运出,寄存美国。王重民受托拟回国到上海"偷运"北平图书馆图书到美妥存。2月4日,王重民致函胡适,告称有无正式办法将书运出,须到沪后一周或旬日方能决定。如非偷运办法不可,困难仍在海关。因考虑是否可将图书混入商务印书馆新出外运之书内,装箱运出。倘此法可行,望胡适写信给张元济为之先容。5日,王重民冒着生命危险,去抢救在上海这300箱的善本书。但到沪后,海关已在日人监视之下,不易通过。王重民乃在三周时间内开箱择出其中2720余种,装成100箱,以便抢运。但当局却迟迟不办出关手续。5月19日,王重民致信胡适,告以美国领事不肯出头,北平图书馆善本书未能"偷运"出口。但称:"存件已移入公共租界,英美势力若不撤退,可保无虞。"又告袁同礼出国之说或可中止,其病已愈。月底,王重民不得已回美国,想与胡适商量办法。后来终由袁同礼设法,将此200箱书籍经美国驻沪领事秘密运出上海,暂存美国国会图书馆远东部。从此,王重民又开始鉴定这批善本书,每书均摄制缩微胶卷,并撰写提要。这批书的胶卷已带回,现存于北京图书馆。(参见刘修业《王重民教授生平及学术活动编年》,载王京州编《河北近现代学者年谱辑要》,国家图书馆出版社2017年版;耿云志编《胡适年谱》,福建教育出版社2012年版)

屠守锷赴美国麻省理工学院航空系留学。

梁思礼高中毕业,随三姐梁思懿赴美留学。

张书旂将所作巨幅国画《百鸽图》作为国礼送往美国祝贺罗斯福三任总统就职大典,此为中国画进入白宫之始。

邵力子继续任中国驻苏联大使。1月,蒋介石发动"皖南事变"。邵力子在莫斯科经过努力,商定苏联启运援华飞机事告吹,便电告蒋介石凯切陈辞,反映汇报国际舆论谴责"皖南事变"。4月13日《苏日中立条约》在莫斯科签订。苏联外长莫洛托夫约见中国驻苏大使邵力子,表示"苏联将毫无变更地继续援助中国"。6月22日,希特勒突击进军入侵苏联,后随莫斯科所有外交使团迁古比雪夫。7月4日,北平故宫博物院院长马衡因苏德战争国宝在苏展出安危问题致院理事会笺函。10日,苏联驻中国大使潘友新签发苏联大使馆致中华民国外交部部长郭泰祺照会:"迳复者:顷准贵部七月九日照会开:关于贵国政府故宫博物院及中央研究院古物之安全与起运事,现已转达本国政府矣。至该项古物之安全措置及起运事宜,一俟接获本国复电时再为告知,相应照达,即请查照为荷。本大使顺向贵部长重表敬意。"17日,中苏文化协会致函马衡院长:"敬启者:案查本会前年在国内及香港各地征集'中国艺术品运苏展览会',参加艺品文物均于本年三月间由莫斯科移往列宁格勒继续展览。兹苏德战起,该城密迩战区,损失堪虞,曾由本会孙会长专电邵大使并转全苏对外文化协会会长凯侃诺夫请妥筹安全办法或速运华在案。顷由外交部转来邵大使来电内开:'此事本月七日接苏外部书面答复,内称已将在列城之中国艺展品与苏联艾米塔博物馆珍贵古物同存于安全地方等语。与前次VOKS答复相同,特陈经过乞赐鉴察'等因,除分函各关系方面查照外,特函奉达,至祈登照为荷。"

邵力子大使7月16日致电外交部:"并请转孙院长、王、朱、马诸公:古物事苏对外文化协会已迳电复孙院长,仍称与苏联国宝在一处保存,绝对安全。顷复据面告,该会复孙院长一电并非谓古物尚在列宁格勒,故所谓安全乃是绝对的,惟地点则不能说明。以谈话前后情形观之,古物已运往安全地点似无问题。力。"10月26日,行政院致电邵力子稿:"莫斯科邵大使:密。马、世两电均悉。国人对于古物素极珍视,以前运英展览之古物展览期满,即行运回,即在平时亦未迟延。运苏展览之古物现已留苏二年,举国悬念,此次交涉回运乃我方重视国宝之常情,本与战局如何进展无关。兹又据故宫理事会郑重决议,理事会对古物负有保管重责,坚请运回,先择故宫及中央研究院古物商由苏方特派专机飞运兰州,至其他近代文物不妨暂缓,以免运输上给予友邦困难,仍希向苏方竭力交涉并盼电复。行政院。"11月8日,行政院训令:"查关于运回留苏古物一案,前据邵大使电复交涉情形到院,当以古物从存放地点到阿拉木图既通火车,可不坚持用飞机装运,惟从阿拉木图到兰州则非用飞机不可。至验收一层,应就使馆内指派妥员办理,并应由交通部负责运回,分行知照在案。兹据交通部遵拟办法前来,查所拟办法尚无不合;除电邵大使并分令遵照外,合行抄发原办法令仰遵照办理具报。此令。"12月8日,日本发动"珍珠港事变"。邵力子在苏联接受罗斯福特使哈利曼专访,多次长谈。再接受美副总统威尔基从重庆到古比雪夫的专访,多次长谈。(以上参见晨朵《邵力子生平大事纪要》,《浙江师范学院学报》1983年第1期;中共中央文献研究室编撰、逢先知主编《毛泽东年谱(1893—1949)》,人民出版社、中央文献出版社1993年版;李宁选辑《有关北平故宫博物院参加苏联艺术展览会经过情形史料一组》,《民国档案》2014年第3期)

周作人4月6日率伪东亚文化协议会评议员代表团启程,赴日本京都,出席伪东亚文化协议会文学部会议。同行的有宋惠英、赵怀坤、黄公献、尤炳圻、刘家埙及东亚文化协议会评议员5人及兴亚院日本官员若干。10日,伪东亚文化协议会评议员代表团一行抵神户,又至京都。中午,赴京都市长加贺谷的招宴。下午,同水川、奥田、秘书黄公献往桃山参拜明治御陵,又至日本帝国大学访问总长羽田。晚,赴羽田的招宴。11日上午,往京都大学参观,又参加伪东亚文化协议会文学部会议。晚,赴羽田招宴。12日,往京都大学,参加伪东亚文化协议会文学部会议。又赴文学部恳亲会。14日上午,往东京。中午,赴日本国文相桥田的招宴。同日,参加伪东亚文化协议会前会长汤尔和的追悼会。参加这一追悼会的除日方人员外,中方人员有汤尔和的遗族、周作人、钱稻孙、尤炳圻等20余名。周作人以东亚文化协议会评议员的身份致词。15日,同日本兴亚院文化局局长松井大佐往内阁兴亚院海军各省访问,又往外务文部陆军各省访问。16日上午,同钱稻孙同往汤岛圣堂参拜,捐赠100元。又往第一陆军病院慰问侵华战争中的日军伤病人员,捐赠500元。往立教大学访问。又往学士会馆,赴伪东亚文化协会理事会会议。17日上午,至横须贺海军病院慰问侵华战争中的日军伤病人员,捐赠500元。下午,回东京,又去松本楼参加日华俱乐部茶话会。19日,伪东亚文化协议会评议员代表团结束了在日本的参观访问,离东京回国。代表团在日本期间,日本的杂志和报纸上刊登了不少欢迎的文章,大肆鼓吹"日支文化提携"。22日晚,抵北京。23日,接待新闻记者的访问。(参见张菊香、张铁荣主编《周作人年谱》,南开大学出版社1985年版)

郁达夫2月间新年假期,参加由王奇空主持的《星洲日报》同人旅行团,游历马来亚北部的名胜金马仑高原,并任团长。同月6日,郁达夫在《星洲日报·晨星》发表《刘海粟大师星华义赈画展目录序》。刘海粟应星华南侨筹赈总会之请前往新加坡举办画展。文章高度评价了他的艺术,并赞扬他"以艺报国"的爱国之心。他说,刘海粟的艺术"高超绝俗",有"独往独来的气概"。他的此次南来"为国家筹得赈款达数万元"是"实实在在,已经很有效地尽了他报国的责任了"。23日,出席星华筹赈总会举办的刘海粟画展开幕典礼。3月14日,在《星洲日报》领衔发表《星马文艺工作者致侨胞书——反对投降妥协坚持团结抗战》。同月,当选南洋学会第一届年会理事。4月,由李筱英推荐,开始主编新加坡英政府情报部出版的《华侨周报》。7月,《郁达夫代表作》由上海三通书局初版,为"现代作家选集第七集"。10月24日,在《星洲日报·晨星》发表《为郭沫若氏祝五十诞辰》。作者回顾与郭沫若20余年的交往,肯定他在新诗、小说、戏剧上的成就;谈及了郭沫若对鲁迅的尊重。他说:"尤其难得的,便是抗战事起,他抛弃了日本的妻儿,潜逃回国,参加抗战阵营的那一回事。"文中还揭露了部分人挑拨中伤自己与郭沫若关系的卑劣行径。

郁达夫11月8日在《星岛日报·星座》发表《敬悼许地山先生》。文中回顾与许地山的交往,肯定许地山的为人、治学精神以及抗战事起后,他的为国家民族尽瘁服役的诸种劳绩。文中对他的创作天才表示敬佩,并对他的创作特点作了评论,认为他的初期作品"富于浪漫主义色彩……但到了最近,他的作风,竟一变而为苍劲坚实的写实主义"。9日,出席星华各界追悼许地山大会,并致悼词。15日,与胡愈之等人在南天4楼举行有200余星洲文化人参加的"庆祝郭沫若50寿辰聚餐会",并致词,谓"郭先生为我国当今最大文学家,亦为救国有功一员""吾人庆祝郭先生,同时应努力抗建伟业"。12月8日,在《星洲日报·本坡要闻:(二)》领衔发表《星华文艺工作者为保卫马来亚告同胞书》,号召全体侨胞积极行动,向日本法西斯展开无情的斗争。27日,出席陈嘉庚领导的新加坡抗敌动员委员会成立大会。28日,出席星华文化界战时工作团大会,并被推选为团长,与胡愈之、王任叔共同起草大会宣言。后又兼任该团所属战时青年干部训练班主任,并亲自向学员讲日本问题。30日,出席新加坡文化界联席会议,被推选为文化界出任抗敌委员会执行委员,后又兼任该会文艺组负责人。(以上参见陈其强《郁达夫年谱》,浙江大学出版社1989年版)

胡愈之1月1日正式接任《南洋商报》编辑工作,任主编。发表《岁首献辞——南洋的新时代》的献辞。同月,在《南洋庙报》如实地报道了"皖南事变"真相。6月后,王任权、张企程、杨骚、蔡生相继来新加坡帮助胡愈之工作。8月6日,作《追念许地山先生》文。8月后,曾先后在《南洋庙报》发表《国父与华作》《对敌总反攻的必要条件》《保卫南洋》《论保卫南洋——战争是不是还能避免?》《再论保卫南洋——怎样避免战争的到来?》《三论保卫南洋——保卫南洋与保卫中国》《四论保卫南洋——英美合作问题》等多篇社论和专论,对团结华侨、抗日救亡起了很大作用。12月8日,新加坡遭日机轰炸,胡愈之邀集一些文化界朋友成立星洲华侨文化界战时工作团,任副团长。接着全新加坡各界华侨成立以陈嘉庚为首的新加坡华侨抗敌动员总会,任执行委员兼宣传主任。(参见朱顺佐、金普森《胡愈之传》及附录《胡愈之生平大事年表》,杭州大学出版社1991年版)

王任叔3月奉命去香港,7月赴新加坡,执教南洋华侨师范,与胡愈之、郁达夫等领导文化界开展反法西斯斗争。12月太平洋战争爆发,任星(新加坡)华战时工作团宣传部长。

杨骚2月自重庆经香港到新加坡、雅加达等地主编报纸、刊物,并从事教育工作。20日,郁达夫在《星洲日报·晨星》发表随笔《诗人杨骚的南来》,"希望杨骚能给予我们以簇新的创作,而增加些我们的兴奋"。(参见陈其强《郁达夫年谱》,浙江大学出版社1989年版)

许地山在香港参与《广东文物》的编纂,又与上海挚友郑振铎继续致力于珍本文献的抢购与转移。8月4日,许地山因心脏病发作,不幸在香港逝世,灵枢安葬在香港岛薄扶林道中华基督教坟场甲段11段A三穴之2615号。许地山在生前最后时刻为帮助郑振铎抢救民族文献出了大力。此后的重担主要落在中英文化协会香港分会秘书陈君葆肩上。鉴于许地山在香港的巨大影响,他去世后全港学校下半旗并各钟楼鸣钟致哀。9月21日,举行许地山追悼会,400多人参加。著名作家端木蕻良的挽联写道,"未许落花生大地,不教灵雨洒空山"。陈寅恪在许地山的追悼会上也致送了下述挽联:"人事极烦劳,高斋延客,萧寺属文,心力暗殚浑未觉;乱离相倚托,娇女寄庑,病妻求药,年时回忆倍伤神。"陈君葆评价说:"挽联中以陈寅恪的乙对为最亲切有味,可谓情文兼至。"陈寅恪此联融入了深厚的公谊私情。上联主要写许地山作为学者及学科领导的辛劳。"萧寺属文",缘于许地山喜欢于寺院避静,看书为文。常去的地方包括香港的青山和大屿山的寺院。下联则侧重陈寅恪与许地山的私谊。12月10日,老舍《敬悼许地山先生》刊于重庆《文学月刊》第3卷第2—3期合刊。此文与本年8月17日《大公报》所载同名文章内容各异,作者中"提出两件事来,引起文艺界友好的注意":一、"应当以他的勤苦好学的榜样去充实自己,而且要以学者为创作的柱梁,正象生活经验那样的,去建造起文艺的美厦明堂来",而"不能专靠没有被学识滋润过的聪明与才力去支持写作";二、要用许地山先生爱友人爱文艺的精神与热诚全力支持文协。文章还对中国新文艺的成就和中国作家的责任作了精辟论述:"我们应当把我们的较比优秀的作品,介绍到国外去,使世界上知道我们的黄色皮肤下的血也是红的,热的,崇高的。在这种介绍工作而外,当然我们要更努力自策,生产出更好的作品,给世界人类的心灵一些新的,珍贵的,精神食粮。这不是妄想,而是我们应有的志愿与应尽的责任。我们必须教世界上从文艺中知道,并且敬重新中国的灵魂,也必须把我们的心灵发展,提高,到与世界上最高伟明哲的心灵同一水准。"(参见陈福康《郑振铎年谱》,三晋出版社2008年版;徐国琦《空谷灵雨许地山》,《中华读书报》2013年6月5日;甘海岚编《老舍年谱》,书目文献出版社1989年版)

叶恭绰仍居香港,与黄般若、简又文、黄慈博、许地山、李景康合编《广东文物》共3册,

300 万字。3 月 18 日,张元济复叶恭绰书,谓:"顷奉本月三日手教,并《广东丛书》编印略例及第一集总目,均敬诵悉。潘氏所藏元板《南海志》,据世兹君称遍寻未见,已详前函奉示。后又作函续询(说明在上海照相,不寄香港)。今已三日,不见回音,恐劳廑注,谨先奉达。垂注贱躯,至感。每日午后脚肿,行步艰塞。坐稍久,腰背均酸痛,一时恐不易复元。丛书目录次序册数,以是不克代检查,已属馆员审慎办理,随时请示。寄来稿件均已交付排印矣。"又继续与郑振铎等密切合作,致力于上海珍本文献的抢购与转移。4 月 16 日,庚款董事会致叶恭绰函:"与上海方面商妥就所购古籍中选定金石目录之书……君由沪携港,暂存香港大学许地山君处,候航空运渝……闻香港寄重庆邮包现已可由缅甸转寄。蒋馆长意见,如邮包寄递尚能迅速,而寄费又较航运可节省甚多,则不妨改用邮包寄递。"12 月 4 日,叶恭绰向重庆报告:"沪来各书赶办盖章,连同港购各书盖会章,赶于上月廿六号办竣。一面办理请港政府检查、定船、封箱等事,一切完妥,本定十二月四号格兰总统船运出,与通运公司书面订实。不料国际情势紧张,航运因之演变……"后此批书未能运出。据陈君葆回忆,这批书由叶恭绰、徐信符、冼玉清等 10 多人负责整理,约 3 万册,分装 111 箱,原欲以"中英文化协会香港分会秘书陈君葆"的名义,寄往美国华盛顿中国大使馆胡适收。12 月,香港沦陷,叶恭绰移居九龙。(参见杨雨瑶《叶恭绰先生艺文年谱》(下),《艺术工作》2019 年第 1 期;陈福康《郑振铎年谱》,三晋出版社 2008 年版;张人凤、柳和城编著《张元济年谱长编》,上海交通大学出版社 2011 年版)

　　陈寅恪继续任教于香港中文大学。1 月 27 日,陈寅恪为所著《唐代政治史略稿》作自序。2 月 4 日,许地山宴请陈寅恪。3 月中旬,陈寅恪由香港飞重庆,参加中央研究院评议会,会后返回香港。14 日,梅贻琦致函陈寅恪,请早日返昆。15 日,撰《徐高阮〈重刊洛阳伽蓝记〉序》。4 月,在《清华学报》第 13 卷第 1 期发表《读哀江南赋》。8 月 4 日,香港大学中文系主任许地山卒,陈寅恪继任。9 月 21 日,举行许地山追悼会,陈寅恪撰联挽之。12 月 8 日,日本取道大陆进攻香港,英军撤离新界及九龙,退守港岛。25 日下午,港督杨慕琦宣布投降,香港沦陷。日军占领香港后,陈寅恪立即辞职闲居。是年,陈寅恪在香港讲学,作有以下论文:《唐代政治史论述》,后于 1943 年在重庆出版;《读莺莺传》《读东城老父传》刊于1942 年《中央研究院历史语言研究所集刊》第 10 本合订本;《魏书司马睿传江东民族条释证及推论》刊于 1943 年《中央研究院历史语言所集刊》第 11 本第 1 分册。(参见卞僧慧纂《陈寅恪先生年谱》,中华书局 2010 年版;齐家莹编《清华人文学科年谱》,清华大学出版社 1999 年版)

　　柳亚子 1 月移居香港九龙柯士甸道 107 号,颜其居曰羿楼,子柳无垢、光辽亦来同住。其间,重晤马小进、茅盾、夏衍、乔木(乔冠华)、范长江诸人。初识邹韬奋、曾琦、梁漱溟、刘清扬、金仲华、萨空了、胡风、于伶、杨刚、曹美成、端本燕良等文化界人士甚多。与萧红订交于病榻,称端木蕻良与萧红为"文坛驰骋联双璧"。何香凝亦在港,寓双清楼,时相聚谈。晤孙中山老友、手创兴中会之李铁夫,有所酬赠。同月 12 日,"皖南事变"发生,柳亚子与宋庆龄、何香凝、彭泽民联合发表宣言,为皖南事件谴责重庆国民党政府。文由柳亚子起草。2月,继续南明史研究工作,补辑屈大均《皇明四朝成仁录》目次成,自题诗三绝。修订《南明纪年史纲》,扩成 8 卷,每卷 1 编,共 8 编。是为第三次稿本,改题《南明史纲初稿》,交《大风半月刊》陆续发表,自 2 月 20 日(第 84 期)至 12 月 5 日(第 102 期),共刊出 7 编。第 8 编尚未刊出,而日军已侵占港九。同月 9 日夜,赴香港新文字学会欢迎会。4 月 2 日,国民党第五届八中全会决议,开除柳亚子党籍。先前,国民党中央党部曾邀请柳亚子去渝赴会,被毅然拒绝。柳亚子在亲笔代电复函中,抗议"皖南事变"处置不当,称国民党政府为"小朝廷",不愿向其求活。16日,吴玉章、林伯渠、张曙时三老电慰柳亚子,对国民党开除柳氏党籍深表愤慨。电文如下:"柳亚子先生:阅报得悉国民党八中全会先生屡进直言,迭舒谠论,开除先生党籍,拒谏饰非,远贤去能,徒增国家民族之危,益深志士仁人之愤。党国以失策而遗恨,先生以被诎而增荣。寇氛尚恶,内战频兴,疾首痛心,莫此为甚。吾辈四十年共同奋斗之光荣,将因此而愈增暗淡。差幸直道虽碍于一隅,正义犹存于天下,政令虽乖,民气犹盛,尚望本革命之初衷,凭奋斗之勇气,再接再厉,不屈不挠,为民族争生存,为国家留正气,民国前途,实深利赖,同盟旧侣,愿共勉之。"10月南社旧友郭步陶、苣楼伉俪设宴,柳亚子出席并在席上为赋《长歌古体诗一首》相赠。诗中对于文学及政治方面均有所发挥及独特之见解。11月7日,撰《一年来对于南明史料的工作报告》,刊于12月1日茅盾编《笔谈》第7期。此文总结本年度在港主要工作有二:(1)重订《南明纪年史纲》,由6卷扩大为8卷;(2)整理《皇明四朝成仁录》10卷,系受广东丛书编印委员会委托柳亚子时为该会顾问。当时并有编印《羿楼丛书》之计划。8日,太平洋战争爆发。日本海空军突袭美国夏威夷之珍珠港,并轰炸马尼拉、新加坡、香港等地。日陆军自粤入侵九龙。9日,由共产党友人照料、化装,携妻女自九龙乘扁舟渡海,去香港避难。24日,香港陷落。柳亚子在港期间,屡次迁移。先自西摩道移居罗便臣道友人家,又迁皇后大道公主行难民收容所;至是,重至罗便臣道,复移云咸街度岁。是年,所作诗有《图南集》数百首,原稿在港遗失。另自沪携港之《南明后妃宗藩志》《华商报》胡仲持拟为出版,列入《羿楼丛书》,因战事发生,未果。稿有正副二本,均遗失。(以上参见柳无忌编《柳亚子年谱》,中国社会科学出版社1983年版;艾克恩编纂《延安文艺运动纪盛》,文化艺术出版社1987年版)

邹韬奋3月初到桂林,在一位朋友的寄庐,夏衍会见了韬奋,谈到蒋介石,夏衍"第一次看到这位温良敦厚的君子的盛怒"。3月5日,从桂林抵达香港。暂住湾仔峡道15号5楼金仲华家。与金仲华、范长江等文化界人士会晤。10日,金仲华在家中设宴招待在港以及刚从内地来港的文化界朋友。邹韬奋在宴会上报告了脱险经过。中旬,中国民权保障同盟在香港出版《"保盟"通讯》中文版,由"保盟"执行委员金仲华、邹韬奋主编。21日中午12时,宋庆龄在寓所设宴招待邹韬奋,陈君葆等参加。同月,主持成立救国会海外工作委员会,由邹韬奋、杨东莼、范长江、张友渔、于毅夫、金仲华、韩幽桐等7人为常务理事;廖承志约韬奋等人开会,讨论办报的具体工作。参加者有邹韬奋、金仲华、范长江、乔冠华、羊枣(杨潮)、张明养、胡仲持、夏衍。会议讨论了报刊名称,同意廖承志提议的报名《华商报》,办报方针是对内要求团结、民主、进步,反对分裂、独裁、倒退;对外是反对英美对日妥协,揭批绥靖政策和"东方慕尼黑"阴谋。连续召开多次会议,相应考虑了斗争的"有理、有利、有节"的问题。4月8日,韬奋撰写的长篇抗战史料《抗战以来》开始连载于范长江新创刊的《华商报》,至6月30日登完,共得文77篇。5月3日,香港版《大众生活》召开第一次编委会,讨论出刊的有关事宜。邹韬奋任主编,邀请出席的编委是千家驹、金仲华、茅盾、夏衍、乔木(乔冠华)、胡绳。同日,黄炎培到香港。14日夜,金仲华在家设家常便餐招待黄炎培,同席者有邹韬奋、徐伯昕等。

邹韬奋任主编的新版《大众生活》5月17日在香港出版,由千家驹、金仲华、茅盾、夏衍、乔木(乔冠华)、胡绳、韬奋任编辑委员。雷打不动,每周六上午在香港中环太子行办公室开编委会,讨论时事之外,确定下一期的主要内容,每个编委担任一篇以上的文稿。邹韬奋所撰《〈大众生活〉复刊词》刊于创刊号。中旬,《批评与民主》刊于香港《时代批评》第3卷第71期。5月31日,邹韬奋、茅盾、金仲华、恽逸群、范长江、于毅夫、沈志远、沈兹九、韩幽桐联合署名在香港《华商报》发表《我们对于国事的态度和主张》。6月7日,香港《大众生活》新4号特载。7月11日,与郭沫若、沈钧儒、茅盾、郁达夫、曹靖华、陶行知、田汉、胡愈之、老舍、胡风等264人联名签署的《中国文化界致苏联科学院会员书》在重庆《新华日报》发表。信中说:"我们真挚而热烈地响应你们的号召,我们要英勇并肩作战,扑灭人类的公敌——法西斯强盗,维持人类的正义,争取世界的和平。"8月19日,黄炎培到香港。20日,邹韬奋与黄炎培作深谈。9月27日,《日苏战争的问题研究》刊于香港《大众生活》新20号。10月11日,《中华民国的三十年》刊于香港《大众生活》新22号。12日午后4时,假香港金马伦道7号华侨生产建设协会举行聚茗会,黄炎培、黄伯樵夫妇、叶采珍、吴涵真夫妇、汪卓云、王春泉、邹韬奋夫妇、潘仰尧、任衿蘋、胡叙五、胡达淮、茅琼、秦翰才、许长卿、曹伯权、张军光、张裕良、瞿文楼、江正、殷庆堂、张荣祖、孟超、冰佩等出席。20日下午4时,在香港,黄炎培偕俞寰澄、俞颂华假华胜酒店招作家开茶话会,到者有陈翰笙、恽逸群、金仲华、柳亚子、陈乐素、沈雁冰、千家驹、邹韬奋、沈志远、胡仲持、周鲸文、羊枣(杨潮)、夏衍、乔木、范长江、萨空了等。会上,黄炎培分赠自己所著《我对于中国民主政团同盟》一文。11月上旬,译作《社会科学与实际社会》由激流社出版。

　　邹韬奋与张一麐、柳亚子、茅盾等127人联合署名的《敬祝沫若先生五十初度》刊于11月15日香港《大众生活》新27号。16日下午,出席香港文化界在温莎餐厅举行的纪念会,庆祝郭沫若50寿辰和创作25周年。与茅盾、郭步陶、马鉴、柳亚子、叶灵凤、杜国庠等被推选为主席团成员。20日,与郭沫若、沈钧儒、张一麐、柳亚子、茅盾、许广平等68人联名发表《文化界人士致苏联人民书》,向在反法西斯前线的苏联人民致敬,并表示将永远站在他们一边。12月8日,周恩来接到中共中央书记处来电:"我对英美政府应建立广泛和真诚的反日反德的统一战线:香港文化界人士和党的工作人员应向南洋及东江撤退。"同日,周恩来两次急电香港廖承志、潘汉年、刘少文,指示中提到宋庆龄、何香凝及柳亚子、邹韬奋、梁漱溟,应派人帮助他们离港。傍晚,邹韬奋携家人与友人(《华商报》采访部主任陆浮)等由九龙渡海至香港。9日,邹韬奋全家从九龙逃到香港,找到临时避难住所。中午,到茅盾住处,杨潮(羊枣)来找韬奋,两人即离去。11日,邹韬奋携夫人子女在香港峡道15号5楼金仲华家逗留,与萨空了相遇,正逢响警报,一起下楼进防空洞躲避。11日或12日午后,到坚尼地道茅盾寓所晤谈,看主人的住所是否"安全"。12日,日侵略军占领九龙,炮火直射隔海相望的香港孤岛。午后,钱小柏上半山上湾仔峡道金仲华家打听消息,开门进去,见韬奋也聚集在大房间的进步文化人中。大家在议论怎么应付当前的危局。(以上参见复旦大学新闻系研究室编《邹韬奋年谱》,复旦大学出版社1982年版)

　　梁漱溟3月29日离渝赴香港筹办《光明报》。离重庆前夕,梁漱溟到曾家岩密访周恩来,向周恩来商谈办报方针。周恩来热情支持办报,彼此直谈至深夜,当晚住在曾家岩。梁漱溟表示愿与他们在香港的人取得联系。周恩来告诉梁漱溟,中共驻港代表是廖承志。梁漱溟离开重庆后先到桂林。在桂林停留了一个时期才到香港。4月至5月上旬,在桂林期间,应广西大学(桂林良丰)校长雷沛鸿邀请讲学,所讲内容即为以后所写的《中国文化要义》的一部分。梁漱溟在桂林时会见李任潮(济深)、李重毅(任仁)。他们与蒋介石有矛盾,不站在蒋介石那边,他们拿了几万元支持民盟办报纸。5月,《中国文化问题》刊于《曲江民族文化月刊》。其内容：一、谁认识中国文化；二、怎样认识中国文化；三、两大问题有待宣白；四、中国文化的特征；五、中国本位文化问题。同月 20 日，由桂林飞抵香港，开始筹备民盟机关报工作。8 月初，梁漱溟接得内地民盟通知，决议以梁漱溟为报社社长，萨空了为经理。之后并决定报社总编辑为俞颂华，新闻版负责人为羊枣。"九一八"创刊《光明报》，梁漱溟在创刊号上发表《开场的话》《从"九一八"纪念而有的联想》及《我努力的是什么》3 篇文章。双十节，《光明报》与内地配合，同时揭出民主政团同盟成立宣言和十大纲领。"宣言""纲领"发表后，国民党压力日增，王云五、李石曾、杜月笙等先后出面"劝"梁漱溟返重庆，梁漱溟均辞谢。12 月上旬，由于太平洋战争爆发，香港形势危急，《光明报》被迫停刊。《光明报》从 9 月 18 日创刊至 12 月 7 日出了最后一张报，仅仅 80 多天。梁漱溟在报上发表 20 多篇文章。其中《我努力的是什么》连载至 11 月 3 日。这是梁漱溟自述从抗战起所有的言论主张、奔走活动情况的，连载 50 余日。25 日，香港沦陷。26 日，梁漱溟在萨空了和张云川陪同下，避居知用中学的小学部 3 楼，备受惊险恐吓折磨，详见萨空了著《香港沦陷日记》。(参见李渊庭、阎秉华编著《梁漱溟年谱》，商务印书馆 2018 年版)

萨空了 8 月听从周恩来的安排，离开重庆去香港。原计划决定到新加坡找胡愈之，创办一个通讯社。船票买好，动身在即。廖承志和韬奋找萨谈话，希望萨留在香港创办中国民主政团同盟的机关报《光明报》。他们谈了创办这张报纸的重要意义，也谈到办报的困难，以及报社成员的复杂情况。萨是救国会成员。当时，韬奋代表救国会，廖承志代表中国共产党同萨谈这件事。萨接受任务退了船票。韬奋介绍萨与《光明报》社长梁漱溟，说萨有办报经验，给梁当帮手。事后梁对萨说，他相信韬奋的介绍，相信在共同工作中可以进一步互相了解。梁当时是民盟的常委兼宣传部长，乡村建设派的领导人。梁在港办报有困难，应该帮梁把《光明报》办起来。民主党派办报，党支持，包括人力上、经济上都支持。梁任社长，萨任总经理。(参见萨空了《创办香港〈光明报〉的回忆》，《新闻研究资料》1986 年第 2 辑；复旦大学新闻系研究室编《邹韬奋年谱》，复旦大学出版社出版 1982 年版)

杨东莼年初仍在桂林。"皖南事变"之后，八路军桂林办事处被迫撤销。李克农离开桂林前，对中共《救亡日报》支部书记林林说："《救亡日报》在什么时候停刊，可问杨东莼同志，他能够掌握政治气候。"2 月 1 日，在情况恶化下，顺势指导《救亡日报》停刊。28 日，《救亡日报》正式被禁止出版。4 月，杨东莼已不能在桂林立足，形势相当严峻。黄旭初用自己的小车将杨东莼送到钦州，然后乘汽船去了香港。初到香港，由方少逸出面租用了山林道 19 号 4 楼，杨东莼与方少逸、陈此生、梅龚彬 3 人住在一起。5 月，在香港，与邹韬奋、范长江、金仲华等人组织全国救国会海外工作委员会，并与邹韬奋负责承担会务。5 月 29 日，杨东莼与邹韬奋和茅盾等 9 名救国会留港代表发表《我们对国事的态度和主张》，痛斥国民党反动派对日本侵略者的投降倾向和对进步文化事业的摧残。8 月，新知书店以中国出版社的名义，出版了由杨东莼校阅、湘潭人肖敏颂翻译的俄国哲学家赫克的《哲学对话》，该书是介绍马列主义和革命思想的读物，在重庆和香港等地同时发行，这部著作对于抗战时期的文化宣传曾经起到重要作用。是年，由文化供应社出版专著《抗战的形势》。在《国民公论》第 4 卷第 11—12 期的"政治问题"专栏上先后发表文章《团结与进步（上）》《团结与进步（下）》等。(参见周洪宇《杨东莼大传》及附录《杨东莼生平年表》《杨东莼主要编译著系年》，华中师范大学出版社 2014 年版)

茅盾 3 月下旬在生活书店的程浩飞（挂着职业教育社职员的证章）和新知书店的一位

职员(公开身份是冯玉祥的副官)护送下,秘密离开重庆,乘长途汽车赴桂林。由重庆出发后一周左右到达桂林。当天由陈此生陪同去见了李任仁,任仁是广西元老,国民党左派,时任广西参议会的议长。李任仁写了一封信给民政厅长邱向伟,随后又与陈此生一起去见邱向伟,终于取得了通行证。次日傍晚,茅盾与程浩飞登机赴香港,新知书店的那位职员则留在桂林工作。到香港后,暂住旅馆。次日,得到消息的朋友纷纷前来看望。前后几批计有许地山、萧红和端木蕻良、夏衍和范长江等。夏衍正在筹办《华商报》,见面就约稿,答应将"见闻录"交他发表。4月8日,应香港业务联谊社的邀请,讲关于文艺的问题,刊于4月9日《立报》。20日,茅盾在《中苏文化》第8卷第3—4期发表《抗战期间中国文艺运动的发展》,指出抗战4年后的今天,中国文坛已形成了好几个重心点,重庆是一个,而桂林、延安、昆明、金华乃至上海,也都是其中之一。虽然作家、艺术家采取"人自为战"的方式,但目标是一个,步骤是一致的。全国大型文艺刊物如重庆、桂林、延安、上海、福建各地共有20多种。文艺通讯员工作有三个地方继续在做:延安、香港、上海。延安的规模最大,人数最多。延安各文艺小组(各学校、各机关、各工厂、各部队的),大约有五六百人,都是经常写通讯的,所以也就是文艺通讯员。这许多小组都由全国文协延安分会指导,通讯员的习作有十多个作家专任批改。好的习作都在《大众文艺》或其他刊物上发表。其中有不少是颇为优秀的。去年10月,又专门出版了一个刊物,名为《大众习作》,登载青年们的习作——小说,诗歌,报告等等,每一部门篇幅多少不等,每一部门有一篇总的批评,而且每一篇经过修改的习作都把原作照登在下方,说明何以如此修改,以便读者对照着看,这对于青年的写作者,一定有很大的帮助,他们由此可以学习怎样练字,练句,怎样布置章段,乃至全篇的结构,人物描写。谁敢说今天的"文艺通讯员"中间就没有未来的爱伦堡?同月,茅盾作《杂谈延安的戏剧》,刊于5月1日《电影与戏剧》第1卷第3期。文中谈到延安的条件虽然艰苦,但是戏剧活动却十分活跃而卓有成效。之所以能取得这些成就,其原因在于"文化工作的民主主义的彻底实行"。

　　按:通常以为此文发表时间为5月4日,此以刊物所署时间为准。

　　茅盾5月2日在《华商报·灯塔》发表《事实最雄辩》,文章驳斥了一种反共的奇谈怪论。3日,应邹韬奋之邀,任《大众生活》周刊的编委,并出席第一次编委会,讨论出刊的有关事宜。出席会议的其他几位编委是金仲华、夏衍、千家驹、胡绳、乔冠华。5月4日下午,赴香港大学圣约翰堂,出席中华全国文艺界抗敌协会香港分会举行的第三届会员大会,并欢迎刚从内地来的作家和艺术家。在此次大会上,当选为本届新理事。同日,作《科学与民主》,刊于5月5日《华商报·灯塔》。文章指出,"科学与民主"是"中国人希望能过人的生活的最根本的要求,也是中国人能立于世界所不可缺的最根本的与最起码的要求""我们现在要告诉每一个有良心的中国人,我们要继续发扬'五四'精神,我们要科学,同时要民主,科学与民主不能分家"。8日,出席在许地山住宅举行的"文协"香港分会的第一次新理事会,分工与夏衍、杨刚等负责研究部的工作。17日,长篇小说《腐蚀》开始在韬奋主编的《大众生活》新1号上刊连载,至9月27日第20号为止。10月由上海华夏书店印成单行本。5月29日,与邹韬奋、范长江、金仲华、韩幽桐、沈兹九等联名写了《我们对于国是的态度和主张》,刊于香港《大众文萃》第2辑。文中痛斥了国民党反动派掀起的反共反人民的逆流,指出"要争取抗战的最后胜利和动员全民族的力量",其主要条件是"实现政治民主",表示"对于阴谋出卖国家、破坏抗战之恶势,则一息尚存,誓当与之奋斗到底"的决心。6月4日,茅盾作《高尔基与现实主义》，刊于6月15日香港《大公报》，又载于6月25日《中苏文化》第8卷第6期"文艺专号"。6日，在《大众生活》发表《文化近事有感》，指出近来有些人以"提高民族意识"为借口，提倡"崇古"，而"排斥一切外来学术文艺思想"，这种观点与抗战时期文化建设的需要完全"背道而驰"的。8日，在南洋华侨《建国日报》发表《文化上的逆流》。9日，在《华商报·灯塔》发表《谈提倡学术之类》，文中针对当局一方面不准作家真实地反映现实，另一方面又搞所谓"学术奖金"的做法，愤而疾呼："与其什么奖金，还不如开放文网罢！"否则，"提倡学术"只能是一句空话。23日，作《如何加强我们的抗建文艺》，刊于《大众生活》新8号。

茅盾7月3日在《华商报》发表《论今日国内的复古倾向》，指出"中国要坚持抗战并完成建国，则必须力求进步，倒退的'复古'是自取灭亡"。7日，与郭沫若、许地山、巴金、夏衍、胡风等联名在《华商报》发表《中国文艺家给欧美文化界的一封信》，呼吁尽快建立国际反法西斯联合阵线。11日，与郭沫若、沈钧儒、邓初民、陶行知、柳亚子、郁达夫、曹靖华、翦伯赞等264人联名在《新华日报》发表《中国文化界致苏联科学院会员书》，以响应苏联科学家的号召，呼吁全世界文化人士一致行动起来，反对文化与科学的最恶毒的敌人——法西斯强盗。12日，在《大众生活》新9号发表《奖励学术之道》，就国民党政府教育部设置"部聘教授"一案，发表了自己的看法，指出对大学教授"优其奉给，崇其地位"固然重要，但给予"研究自由、思想自由之权利，尤为切要"。8月4日，茅盾作《悼许地山先生》，刊于《华商报》，又载于8月21日《星洲日报》和9月2日《新华日报》，对许地山的猝然病逝，表示了深切的哀悼。认为他所做的研究，"方法是完全科学的"，许多观点是针对中国的现状"对症发药"的。同人们只有努力工作，才能无愧于这位"卓荦的战士"和"敬爱的良友"。9月1日，茅盾主编文艺性综合刊物《笔谈》半月刊在香港创刊。发表《〈简明中国通史〉》，对吕振羽著《简明中国通史》予以很高的评价，认为是改变长期以来"中国有史料而无史"现状的一个良好开端。11日，在《华商报·灯塔》发表《研究鲁迅的必要》，文中指出："在我们中国现代，鲁迅先生的作品，不但在今天，而且将在此后长时期，为研究此一时期的文化思想者所不可或缺的遗产。"即将出版的《鲁迅三十年集》是"中国文化优秀成果的结晶，是三十年来中国文化思想大变动时代的分析镜，是民族文化继往开来的著作"。13日，作《论许地山的小说》，刊于21日香港《大公报》，亦见于29日桂林《大公报》，文中认为许地山的小说"在外表浪漫主义风度之下，有一副写实的骨格而且终于连这风度也渐淡以至于无"。14日，作《从"九一八"十周年想到文学》，刊于同月18日《光明报·鸡鸣》"九一八特辑"。文中认为十年来，一些"理论的实践问题还没有得到圆满的解决"，例如大众化和民族形式问题，而民族形式问题，同时也是一个内容问题，还有"研究和发展之大大的必要"。15日，在桂林《力报》副刊《半月文萃》发表《我写文章的经验——中国文艺通讯社座谈会记录》，这是在中国文艺通讯社召开的座谈会上作的一次演讲的记录。该通讯社由叶以群负责，工作对象是香港的文艺爱好者。

茅盾9月26日作《最理想的人性——为纪念鲁迅先生逝世五周年》，刊于《笔谈》第4期。此文为纪念鲁迅先生逝世5周年而作，文中谈到鲁迅年轻时常常提到三个相关联的问题：①怎样才是最理想的人？②中国国民性最缺乏的是什么？③它的病根何在？鲁迅一生的努力，除了其他的重大意义外，还有一重要贡献，就是"给这三个相联的问题开创了光辉的道路"。鲁迅就是"古往今来若干伟大的Humanist中间的一个"。10月1日，《笔谈》第3

期出版,刊载茅盾的文章有《客座杂忆之六:民十前后上海戏剧界》,忆及当年上海戏剧运动的大致情况,认为《春柳社》之欧阳予倩、民鸣社之郑正秋,以及"海派新戏"的设计者与演员之重要人物之一的汪优游,在戏剧史上的"地位和贡献是重要的";《〈中国字拉丁化运动年表〉》指出,不少人对汉字拉丁化还不理解,实际上"努力想把汉字改成拼音文字的尝试、数百年来不绝如缕"。倪海曙著《中国字拉丁化运动年表》这本书的出版,对于拉丁化运动之推广,将有"不少的助力"。4日,在《大众生活》新21号发表《科学与民主》,认为"科学与民主不可分离",五四时期的这种倡导,还需继续发扬。16日,在《学习》半月刊第5卷第2期发表《记"鲁迅艺术文学院"(上)》,该文(下)刊于《学习》半月刊第5卷第4期,文章介绍了延安"鲁艺"欣欣向荣、生机勃勃的景象,并指出"把文学艺术理论研究与创作实践,和生活认识与革命经验密切联系配合起来的,现在还只有一个'鲁迅艺术文学院'"。

茅盾10月20日出席黄炎培、俞寰澄、俞颂华举行的招待文化界人士的茶会,参加茶会的还有阳翰笙、夏衍、乔冠华、范长江、金仲华、柳亚子、胡仲持、沈志远等。同日,与杜国庠等联名在《光明报·鸡鸣》发表《郭沫若先生创作生活二十五周年及五十寿辰纪念论文集》征稿启事。同月,长篇小说《腐蚀》单行本由华夏书店初版印行。7日,与廖沫沙等11人联名提议组织反法西斯作家同盟,并发表致世界作家书。12日,作《谈技巧、生活、思想及其他》,刊于12月4—6日《星洲日报·晨星》,亦见于12日《奔流新集》第2集《横眉》,文中认为文艺作家应以"表现时代"为自己的任务,并且认为抗战以来出现的"文坛贫血症",主要原因是"思想深度的问题",所以,"武装头脑之重要在今天仍居于第一位"。同日,出席在柳亚子寓所举行的纪念孙中山先生诞辰集会。与柳亚子一起回顾中国革命之往事。柳亚子有诗记之"各有肺肝期报国,相怜吴越半无家。萍踪难得成高会,明镜明朝鬓不华!"15日,与柳亚子等联名发表《敬祝沫若先生五十初度》。11月16日下午,出席香港文化界在温莎餐厅举行的纪念会,庆祝郭沫若先生50寿辰和创作25周年。与郭步陶、马鉴、柳亚子、韬奋、叶灵凤、杜国庠等被推选为主席团成员。在会上发表了演讲,主要谈了三点感想,除了向郭沫若表示祝贺之外,强调了抗战期间文化界团结的重要和可贵。同日,在《华商报》发表《为祖国珍重——祝郭沫若先生五十寿辰》,文章高度评价郭沫若的人格和在文艺发展史上作出的重大贡献。认为他的文艺活动与中国的新文艺史有着"不可分离"的关系,"他所走过的路,正代表了近二十五年中国前进知识分子所度过的'向真理'的'天路历程'!"20日,与郭沫若、沈钧儒、张一麐、柳亚子、邹韬奋、许广平,68人联名在《新华日报》发表《文化界人士致苏联人民书》,向在反法西斯前线的苏联人民致敬,并表示将永远站在他们一边。21日,接郭沫若发表的感谢电,电曰:"香港张仲老、柳亚子、茅盾诸先生并转香港文化界:五十之余,毫无建树,犹蒙纪念,弥深谦愧,然一息尚存,誓当为文化与革命奋斗到底。"电文刊于《解放日报》。23日,作《读〈北京人〉》,刊于12月9日香港《大公报》,亦见于次年5月《戏剧岗位》第3卷第5—6期。文中认为曹禺的《北京人》是成功的,主要表现在"成功的人物描写"和"对于封建的旧制度和人物的暴露和讽刺"。同时又率直地提出了该剧的几点不足。12月,太平洋战争爆发,《笔谈》被迫停刊。茅盾一家在叶以群和戈宝权等的帮助下冒险紧急避难。(以上参见唐金海、刘长鼎主编《茅盾年谱》,山西高校联合出版社1996年版;艾克恩编纂《延安文艺运动纪盛》,文化艺术出版社1987年版)

夏衍在"皖南事变"发生后,接到李克农通知,奉周恩来指示立即离桂林赴香港,"旧历除夕夜到香港,和廖承志联系,与乔冠华合住弥敦道二楼"。1月18日(或19日),周恩来得知夏衍在桂林主编的《救亡日报》因拒登国民党中央社诬陷新四军的消息,当天报纸全部被扣,并获悉白崇禧下令逮捕夏衍,当即通过八路军桂林办事处通知夏衍、范长江立即离开桂林去香港,同从重庆撤去的文化工作者合作,建立对外宣传据点。2月28日,桂林《救亡日报》被迫停刊。4月8日,夏衍、邹韬奋、金仲华、范长江、乔冠华等在香港创办《华商报》,夏衍任社务委员、党支部书记,主持文艺副刊。同月,任邹韬奋主编的《大众生活》周刊编委。5月,杂文随笔集《此时此地集》由桂林文献出版社出版。7月1日,周恩来自重庆经延安转发在香港廖承志的电报,就重庆文化人纷纷去港的状况做出指示,并"望将此电和夏衍等同志一商并复我",同时,在电影方面"并望夏衍从中为力"。12月8日,太平洋战争爆发后,周恩来两次急电香港廖承志、潘汉年、刘晓布置香港工作,指示夏衍:组织戏剧界转赴西南各地,暂不来重庆。(参见夏衍《夏衍全集》附录《夏衍年表》,浙江文艺出版社2005年版;中央文献研究室《周恩来年谱1898—1976》,中央文献出版社1998年版)

　　杜国庠在"皖南事变"后,参与周恩来同志组织"读书会",约两周一次,杜国庠和许涤新、胡绳、翦伯赞、王寅生等为经常出席者。3月,奉周恩来同志命,准备取道香港,赴缅甸仰光办报。国民党不肯签发出国护照,乃留港开办孟夏书店,半年之内,出版了6部进步书籍,如郭沫若的《羽书集》等。是年此时前后,杜国庠发表文章批判冯友兰的"新理学"。

　　按:侯外庐后来在《杜国庠文集·序》(《杜国痒文集》,人民出版社1962年版)中说:"在抗日战争时期,杜国庠同志还对冯友兰先生的著作《新理学》《新原道》《新原人》等宣传的唯心主义历史观进行了辩论。当时冯先生的学说很迷惑一些人,例如在杜国庠同志和我参加的一个读书会上,张申府就胡说:'中国文化,要孔子、罗素和马克思三位一体结合起来。《新理学》已经是有代表性的杰作!'杜国庠同志听了这种谬论,大笑起来。他在会后对我说:'我们应该批判《新理学》。'我想,我们可以用商榷的态度和冯先生进行辩论。""杜国庠同志写批判'新理学'的论文在当时是很有分寸的,但是很有说服力。他在当时限于环境,只集中在这样两个方面展开论点:一方面,说明唯物主义才是中国哲学发展的优良传统,揭露'新理学'自居于'接着'几个唯心主义的传统,在于美化腐朽的唯心主义而否定中国唯物主义的历史地位以至存在条件;其次论证在中国哲学史中贯串着唯物主义和唯心主义两条路线的不可调和的斗争,而不是如'新理学'所说的'中国哲学精神'是几个唯心主义的杂汇。另一方面,为了使人明了'新理学'的欺骗方法,杜国庠同志对哲学史文献作出符合于实际的分析和批判,进而证明'新理学'歪曲事实,矛盾百出。杜国庠同志最后还指出了'新理学'的阶级根源及其反动实质。"

　　按:又据侯外庐《韧的追求》(生活·读书·新知三联书店1985年版)回忆:"当时我们这些同志,个个都把唯心主义哲学家冯友兰、贺麟视为对立面。……有一次,周恩来同志来了,………他平静而中肯地对大家说:民族大敌当前,在千千万万种矛盾中间,学术理论界也面临着错综复杂的矛盾。我们和冯友兰、贺麟在阶级立场上,矛盾固然是尖锐的,但毕竟不是主要矛盾。当前,学术理论上最危险的敌人,是国民党右派的妥协投降理论,我们斗争的锋芒应该对准陈立夫的'唯生论'。""周恩来同志还特别注重培养良好的学术作风。他常常强调,学术上的是非真伪,要通过深入研究、充分讨论、详尽说理来解决,切切不要强加于人。强加于人不仅不能达到目的,相反还要失去群众。""在我的记忆中,那时(重庆时期)唯独不存在自己营垒内部以势压人的过火斗争。那时,即使对待旧学者,也大抵坚持了客观的、实事求是的、研究性的批判态度。我们这支队伍正是在这种有的放矢、实事求是、科学而深入的研究中成长起来的。这一切,不能不归功于周恩来同志对学术界深入而细致的、高水平的领导。是他,一手造成了这个健康的研究环境。""在重庆的时候,周恩来同志对我的文字晦涩难懂就有意见,他对王昆仑谈过这个问题。昆仑兄把周恩来同志的意见坦直地告诉了我,时过数十年,我连这个毛病也未能认真加以克服,今天,真正是追悔莫及了。""周恩来同志,把我们一群渴望为抗日出力,有志于研究而困难重重的学术工作者组织起来,充分调动了每一个人的积极性,还为我们创造了一个学风正派,方向明确,大家同舟共济,人人脚踏实地的研究环境。如果说,我一生还曾取得一些成绩的话,一个极重要的原因便是,我受到过周恩来同志的指导,我在那个环境中得到过支持,得到过锻炼。"(参见杜运辉《侯外庐先生学谱》,中国社会科学出版社2013年版)

范长江于去冬12月中旬赴桂林主持"国际新闻社"年会。1月间,李克农雨夜走告组织通知,得悉已被秘密通缉。遂改名换姓,在李济深支持下由桂飞港。抵港后,筹办《华商报》开展海外的抗日救国宣传活动。4月8日,范长江主持的《华商报》创刊,辟专栏,刊登韬奋撰写的长篇抗战史料《抗战以来》,每日连载,至6月30日登完。共得文77篇。(参见沈谱、沈人骅编《沈钧儒年谱》,中国文史出版社1992年版;复旦大学新闻系研究室编《邹韬奋年谱》,复旦大学出版社出版1982年版)

胡绳《反理性主义的逆流》(评《新理学》)1月刊于《读书月报》第2卷第10期。"皖南事变"后,胡绳被迫赴香港,任《大众生活》编委。10月23日,胡绳《反历史主义的历史主义》(评《新事论》上)刊于香港《华商报》。30日,胡绳《反历史主义的历史主义》(评《新事论》下)刊于香港《华商报》。(参见蔡仲德编撰《冯友兰先生年谱长编》,中华书局2014年版)

张光年皖南事变后受周恩来委派前往缅甸,主编《新知周刊》,任缅甸华侨青年战时工作队总领队。

金克木经缅甸到印度,任一家中文报纸的编辑,同时学习印地语与梵语,后又到印度佛教圣地鹿野苑钻研佛学。

方人定、司徒奇、李抚虹、伍佩荣、黄独峰等人因不满其师高剑父的家长制作风,在香港发起组织"再造社"。主张站在时代艺术前线,再辟国画的新路。

章泯到香港参与组织旅港剧人协会,导演话剧《马门教授》,轰动香港。

于伶赴香港,发起组织旅港剧人协会。

戴望舒在香港被日本宪兵逮捕入狱。

俞颂华在香港、桂林任《光明报》《广西日报》总编辑。

吴颂皋在香港任《星岛日报》总编辑。

廖沫沙在香港创办《华商报》。

邓文田为总经理的《华商报》4月8日在香港创刊。

美国著名记者史沫特莱10月上旬突然来访茅盾,因即将回美国,特来辞行。史沫特莱谈到了延安等抗日民主根据地和八路军的情况,她表示回国后,要将中国抗战的真实情况告诉美国人民。并说:"毛主席身边的那个女人(指江青)不是好人!""她这个人,妒忌心极重。"茅盾问:"您看日本人会不会进攻香港?"史沫特莱认为,日本很快就会进攻香港,而且香港是守不住的。她建议茅盾去新加坡,因为那里可以坚守。茅盾表示:"我不能离开香港,我在这里有工作。"(参见唐金海、刘长鼎主编《茅盾年谱》,山西高校联合出版社1996年版)

美国作家海明威夫妇和贝斯夫妇应邀访华。5月中旬,周恩来先后会晤海明威夫妇和贝斯夫妇。他们表示美国反对国共内战,主张抗日,赞成实现统一战线的民主政权,不满意国民政府的武断和抗战无能。对中共的抗战态度和民主、经济、外交等政策表示关切。16日,周恩来致电廖承志并报毛泽东:根据海明威等所谈,我们在外交上大有活动余地。建议在香港多选几个人,"配合这种活动,活动方针须与重庆合拍"。(参见中央文献研究室《周恩来年谱1898—1976》,中央文献出版社1998年版)

美国胡恒德(又译为胡顿)时任北平协和医学院院长。1月10日,经济部长翁文灏与地质调查所代所长尹赞勋联名致函北平协和医学院院长胡恒德,建议将存于北平协和医学院的"北京人"化石等暂移美国存放。翁文灏在信中表示,"鉴于国际局势日益紧张,我们非常急于了解在平诸位朋友一旦遇到紧急情况时准备如何处置新生代研究室那些价值不等的科学物品"。虽然中美双方有协议,周口店发掘出的实物必须留在中国,但"考虑到将这批物品从北平运到这里来的实际困难",翁文灏提议将存放在协和医院的"北京人遗骨标本模型及其他重要化石等珍贵物品""先用船运往美国,委托某个学术研究机关在中国抗战期间替我们暂为保管,俟战争结束后再送还中国"。翁文灏还建议目前在北平的葛利普、裴文中"最好来西南随我们一起工作"。又致函地质调查所新生代研究室名誉主任魏敦瑞:"该是寻找一个安全地方保存诸如北京人遗骨、标本模型和各种重要化石等珍贵物品的时候了。"并请魏"代表中央地质调查所新生代室物色一个合适的美国学术研究机关,并请将一切情况告诉我们"。致函美国驻华大使詹森,告知鉴于日美关系紧张,很快会危及北平协和医学院的处境,"北京人"遗骨等物品均极具科学价值,必须尽一切手段妥为保存,为此已分别致函裴文中、胡恒德、魏敦瑞、葛利普及德日进等。"为躲避日方的检查,我请求大使先生用最保险的外交邮件方式帮助我们将此信件包送到北平"。13日,詹森复函,表示用外交邮件寄送这些封口的信件包是非常不正规的,不符合规定,但相信邮包只有与"北京人"安全有关的东西,并"准备以个人名义寄给史密斯先生,由他转交裴文中博士"。据裴文中4月16日复尹赞勋函,詹森所转之信3月22日收到。裴文中认为,"北京人"化石之事,"胡兄实不肯为力,但他们有他们经商的目的,我们实不可强求也。只有听之而已"。6月7日,翁文灏致函尹赞勋,告收到胡恒德4月17日来函,指示尹赞勋对胡建议"北京人"标本妥存北平事可表同意,并征询尹对北平情况的意见。12月初太平洋战争爆发后,日军武力强占了北平协和医学院,胡恒德被日军囚禁,直到1945年日本战败后才获释。原由北京协和医学院美国人保管的北京人和山顶洞人的全部化石被弄得下落不明。(参见李学通《翁文灏年谱》,山东教育出版社2005年版;中国大百科全书总编辑委员会《中国大百科全书·考古学》,中国大百科全书出版社2002年版)

美国司徒雷登继续任燕京大学校长。年初,鉴于日美关系逐步恶化,司徒雷登召集张东荪等5位教授代表,开会商讨学校应付事宜。张东荪提出,应该尽早解散燕京大学,将教员和学生疏散到中共控制的解放区,或者撤退到西南大后方。5月,司徒雷登校长再赴重庆。春,新闻系部分同学主办之小型综合性刊物《燕京水星》出版。但仅出3期,即被迫停刊。9月,本季首次全体师生大会,司徒雷登校长讲话,认为"本校前途不致有重大变化"。同时,美籍休假教师陆续返校。同月,注册学生达1157人,为历年最高纪录。其中新生346人。10月,司徒雷登校长对《燕京新闻》记者谈:自冻结令下后,学校经费尚能设法自纽约办事处汇来。目前物价高涨,对我校学生影响甚大,故发起向国内外募捐运动,以解困境。煤源问题已解决,还需准备存粮。11月8日,《燕京新闻》庆祝创刊4周年。12月6日,司徒雷登校长应邀赴天津,参加校友聚会并发表演讲。12月8日上午9时左右,日寇进驻并封闭燕大校园,召集全体师生到贝公楼礼堂,宣布接管燕大。时司徒不在,高厚德宣布学校被日军占据,学校停办。中国籍教职员集中在女体育馆,外籍教职员集中于临湖轩。8日晨,司徒雷登校长在天津被日军逮捕,12日被押回校园取少许衣物,被拘禁于东交民巷原美国兵营三层楼上。此后曾4次被带到日本宪兵队受审。(参见张玮瑛、王百强、钱辛波主编《燕京大学史稿》,北京人民中国出版社2000年版;覃仕勇《隐忍与抗争:抗战中的北平文化界》,北京时代华文书局2015年版)

美国心理学家夏仁德继续任燕京大学教授。12月8日晨日寇入校前,夏仁德教授征得地下党员赵凤章(俞林)同意,焚毁代藏的进步书籍近 200 本。上午 9 时左右,日寇进驻并封闭燕大校园,夏仁德等外籍教师先集中燕南园,后被拘禁于北平城内。(参见张玮瑛、王百强、钱辛波主编《燕京大学史稿》,北京人民中国出版社 2000 年版)

英国林迈可继续任燕大经济学教授。中秋日,林迈可教授协助地下工作人员,将中国第 29 军留赠八路军的电讯器材分两次运到平西根据地。12 月 2 日,林迈可夫妇第三次为抗日根据地送去一批军需物资。当晚,林迈可受司徒雷登校长委托,主持部分外国教师茶话会,为应付时局变化作思想准备。8 日,林迈可夫妇和班威廉夫妇乘汽车出南校门,赴平西抗日根据地。31 日,抵萧克将军司令部驻地。(参见张玮瑛、王百强、钱辛波主编《燕京大学史稿》,北京人民中国出版社 2000 年版)

法国汉学家铎尔孟 10 月任中法汉学研究所所长。同月,中法汉学研究所在北京成立。此所是法国在中国开设的学术研究机构,由法国驻华使馆聘请汉学家铎尔孟任所长。其前身为《法文研究月刊》出版委员会,经费主要来自中法庚子赔款余额。珍珠港事变后,燕京大学停办,研究所于是扩大编制,增聘燕京大学语言学家高名凯、历史学家聂崇岐及原哈佛燕京学社引得编纂处职员多人。

按:1945 年前,中法汉学研究所设有通检(引得)组、民族研究组、历史考古组、翻译组、《法文研究》组等。另外还出版不定期刊《汉学》(1944 年起)和半年刊《中法汉学研究所图书馆馆刊》。研究所以"通检组"成果最大,先后出版了《论衡通检》(1943 年 1 月)、《吕氏春秋通检》(1943 年 5 月)、《淮南子通检》(1944 年 12 月)、《潜夫论通检》(1945 年 12 月)等 10 余种中国古代文献通检。

按:1948 年该所由巴黎大学汉学研究所接管,改称巴黎大学北平汉学研究所(亦称北平汉学研究中心),由巴黎大学中国学院院长戴密微任所长,法国汉学家韩百诗任主任。1949 年后,中法汉学研究所实际上停止工作,1953 年该所正式关闭,大部分图书运回巴黎。(参见王学典《20 世纪史学编年(1900—1949)》,商务印书馆 2014 年版)

三、学术论文

宋澎《中国农田水利事业的回顾与展望》刊于《文史杂志》第 1 卷第 1 期。

叶楚伧《文史与兴亡》刊于《文史杂志》第 1 卷第 1 期。

张忠绂《清廷办理外交之机关与服务》刊于《文史杂志》第 1 卷第 1 期。

张九如《战后世界学术思潮蠡测》刊于《文史杂志》第 1 卷第 2 期。

按:是文认为:"战后治学的方法,将如数学的正确周密,当为人类共同的要求。今人谓'时代思潮',此其语最能形容思想的性态。人类因为环境的刺激,心理的感召,及社会周遭种种因缘的凑迫,其思想便不约而趋于同一方向,与时俱进,如潮之涨,直可泛滥蒸沸于全宇宙。凡思非皆能成潮,能成潮者必有相当的价值,而又适合时代的要求。凡时代非皆有思潮,有思潮的时代,必为人类渴望文化改进之时。凡思潮非必能同时发源于各地,能发源之地,必为早有先知先觉者倡导之处,而其所倡导者又适与今之人类共通观念相合。今日确能成为时代思潮的水源,有待吾人导引于环球。所谓学术与思潮的意义既明,而今日人类的要求又摆在眼前,战后学术思潮的倾向,将必如下文所述。"

1."治学及思想的动机,将即日于正,而以最善美为怀";2."治学问思想的态度,将日臻于严,可以客观为主,其为生活而学问者,虽犹未能摒绝主观,然因客观的学问,毕竟不能悉听命于主观的生活之故,自知渐变其故态,各自限其奢望于生活的局部整理,及局部与全体的再认识";3."治学问思想的生活,将日归于洁,而以爱好为志。当其发心着手为学之初,已确定其安心立命之所,将学问思想看做人类生活中固然的生活,必然的发现,并将学问思想的体系及其实用价值,看做一个生活的两面";4."治学问思想的方法,将日趋于当,而以顺理成章为则,学派上的主智与主意,唯物于唯心,实验于冥证,向来视为对立;然事实上则迭为循环,大抵甲派一至全盛时,便生流弊,有流弊就有反动的乙派代之而兴,乙派的由盛而弊而致反动亦然,且每经一度的反动而再起,则其派的内容必革新而有异乎前,人类的德慧智术便亦由此进一步;此亦可见各派治学方法的不尽当,亦不尽不当。如尽当,便不会弊生而反动起";5."治学问思想之标准,将日求其适,而以平易近人为鹄。学术为公器,思想贵普及,如此始能成为信仰,发生力量";6."治学问思想的畛域,将日就于合,而以殊途同归为务。科学哲学宗教,向为学者纷争的焦点,实则就三者的能力上看,皆无包探全部真理的可能,包辩了一面,便遣弃了他而,终使真理躲在实在界暗笑。而就三者的工作上看,又大同小异,并有日即于舍小异而公用的奋斗之势"。

顾颉刚《商王国的始末》刊于《文史杂志》第 1 卷第 2 期。

[美]杜威作,欧阳采薇译《我的人生哲学》刊于《文史杂志》第 1 卷第 2 期。

毛子水《论大学中设立科学史系事》刊于《文史杂志》第 1 卷第 3 期。

任鸿隽《近代科学之发展与哲学之关系》刊于《文史杂志》第 1 卷第 4 期。

罗莘田《昆明话和国语的异同》刊于《文史杂志》第 1 卷第 4 期。

吴达元《中世纪的法国四大史家》刊于《文史杂志》第 1 卷第 5 期。

贺昌群《汉末大乱中原人民之流徙与文化之传播》刊于《文史杂志》第 1 卷第 5 期。

杨钟健《地质与史学》刊于《文史杂志》第 1 卷第 5 期。

王德昭《同治新政考》刊于《文史杂志》第 1 卷第 5 期。

李树桐《明代中日朝鲜战争》刊于《文史杂志》第 1 卷第 6 期。

顾颉刚《周室的封建及其属邦》刊于《文史杂志》第 1 卷第 6 期。

台静农《关于〈西游记〉江流僧本事》刊于《文史杂志》第 1 卷第 6 期。

郑天挺《张文襄书翰墨宝跋》刊于《文史杂志》第 1 卷第 6 期。

杨人楩《圣鞠斯特之政治理想》刊于《文史杂志》第 1 卷第 7 期。

张荫麟《宋太宗继统考实》刊于《文史杂志》第 1 卷第 8 期。

傅孟真《谁是〈后出师表〉的作者》刊于《文史杂志》第 1 卷第 8 期。

陈大齐《刘仲容实用理则学序》刊于《文史杂志》第 1 卷第 8 期。

胡适《颜习斋哲学及其与程朱陆王之异同》刊于《文史杂志》第 1 卷第 8 期。

金宝祥《南宋马政考》刊于《文史杂志》第 1 卷第 9 期。

蒙思明《六朝世族形成的经过》刊于《文史杂志》第 1 卷第 9 期。

顾颉刚《西周的王朝》刊于《文史杂志》第 1 卷第 9 期。

陈中凡《西汉大政治家司马相如》刊于《文史杂志》第 1 卷第 9 期。

杨人楩《圣鞠斯特质革命理论与实践》刊于《文史杂志》第 1 卷第 10 期。

黎锦熙《中国古今语文通典示例》刊于《文史杂志》第 1 卷第 10 期。

张维华《明清间中西文化接触中之医学音乐及对中国语文之贡献》刊于《文史杂志》第 1 卷第 10 期。

李源澄《论元魏之大家庭》刊于《文史杂志》第 1 卷第 11 期。

金应熙《近代国难史丛钞》刊于《文史杂志》第 1 卷第 11 期。

杨向奎《论中古时代之谱牒与刑》刊于《文史杂志》第 1 卷第 11 期。

吴锡泽《中国古代的国家观》刊于《文史杂志》第 1 卷第 12 期。

唐兰《苏秦考》刊于《文史杂志》第 1 卷第 12 期。

贺昌群《唐代文化之东渐与日本文明之开发》刊于《文史杂志》第 1 卷第 12 期。

金毓黻《宋代国信使之三节人》刊于《文史杂志》第 1 卷第 12 期。

邵祖平《七言绝句诗通论》刊于《文史杂志》第 1 卷第 12 期。

金兆梓《今文尚书论自序》刊于《史学季刊》第 1 卷第 2 期。

朱炳先《止与麟趾》刊于《史学季刊》第 1 卷第 2 期。

孙次舟《史记商君列传史料抉原》刊于《史学季刊》第 1 卷第 2 期。

李源澄《东晋南朝之学风》刊于《史学季刊》第 1 卷第 2 期。

李源澄《两晋南朝之军户及补兵》刊于《史学季刊》第 1 卷第 2 期。

胡澱咸《高齐为鲜卑人考》刊于《史学季刊》第 1 卷第 2 期。

吴天墀《烛影斧声传疑》刊于《史学季刊》第 1 卷第 2 期。

陶元珍《建康实录札记》刊于《史学季刊》第 1 卷第 2 期。

束世澂《中国上古天文学史发凡》刊于《史学季刊》第 1 卷第 2 期。

陈锡庄《咖啡店对于英国社会之影响》刊于《史学季刊》第 1 卷第 2 期。

何鲁之《古希腊人之法》刊于《史学季刊》第 1 卷第 2 期。

蒙文通《国史上黄河初次改道与种族之祸》刊于《史学季刊》第 1 卷第 2 期。

万钧《中国文化的新动向与国立中山大学的学术风气》刊于《新建设》第 2 卷第 3 期。

按：文章说："学术风气是怎样构成的呢？这大概有四种重要的原素：第一是理想,这包括信仰、目的、方向等因素,任何大学必有他所由创立的理想或目的；任何学术,亦必有他所由推进的理想或方向,这是构成学术风气最根本的原素。第二是重心,这包括学术的基础、主干、中心、系统,与大学的立场等因素。学术的部门是很广泛的,没一个用力的中心,是无从下手的,不分别本末先后,是没法精进的。不建立独特的系统,是不会获得开展与贡献的,任何大学,因为要集中力量,以谋学术上的建树,所以不能不有一个独特的重心。第三是做法,这包括大学的环境与设备,和学术研究的方法、状况,与生活、习惯等因素。第四是实践,这是指学术研究所得的结果的实证而言。任何学术研究,皆以直接间接解决当时或过去与未来的问题为依皈,而问题的能否解决？则须将研究所得的结果,付之实践,或求得公认,始能分晓。各种学术,造诣的深浅,纯以他所能实证或实践与公认的程度如何为判决的依据,这是很明白的。这四点是学术风气所由构成的原素。"

刘天行《评中国近三百年学术史》刊于《迎头赶》第 9 期。

按：钱穆先生《中国近三百年学术史》于 1937 年由商务印书馆出版,是距梁启超著《清代学术概论》(成书于民国九年)之后十七年,冯友兰著《中国哲学史》(民二十二年出版)之后四年以后,中国学术界又一重要的学术著作。《中国近三百年学术史》所谓钱穆研究清代学术史的代表作。全书共分 14 章,第一章"引论"论述清代学术的源起及其与宋明学术的关系,其余 13 章皆以各个时期学术发展史上的代表人物为题,各章所选择的代表人物主要集中在明末清初、乾嘉、晚清三个时期,涵盖了有清一代学术发展史上的经世思潮、经学考据和今文经学等各个层面。

对《中国近三百年学术史》的出版,是文大加赞赏,"不胜欢欣,赞叹",认为其优点有五：1."态度之客观"；2."各家学说之参证"；3."文无枝蔓"；4."学说之渊源及其影响"；5."著者一贯之见解"。

不过是文也指出了其存在的问题：1."此书既隐悬'不忘种姓,有志经世'为鹄的,材料之取舍难免以是为进退之依据,势必忽略其他各方面对于客观的叙述,恐不无不尽不实之处,此一时代之学术活动的真相或只能略示其一端或一部分而未能表现其全豹"；2."学术二字之范围至为广博,当不仅以哲学思潮为限,举凡科学、美术各部门莫不可归入之,否则顾名思义,仅可谓之为哲学史,或思想史,而不得谓之为学术史"；3."学术之流变,视时代为转移,此当为著者所默认而共许。不幸此书于时代之背景乃多闭而不论,知人论世之谓何？愚以为至少当时朝廷之政制,社会之生活,以及学者之风尚等方面,当先作一概括渲染,或总叙,或分述,然后进而诠次各家之学说,则其感人之深切当更鲜明而有力"；4."昔者梁启超之在新民丛报为文,极诋汉学家之琐碎支离,消磨精力,以至至道无闻,国削民弱。及其著清代学术概论,乃反盛称汉学家之考据,自谓前此多有为而发之言,其结论往往流于偏至"。

曹日昌《谈学术中国化》刊于《学习生活》第2卷第3—4期。

按:文章说:"学术中国化不会是全盘西化,它吸取西洋文化,但是批评地吸取。它不盲目地跟着帝国主义的尾巴走,使自己成为完全的殖民地,反之,它要打开自己的路,摆脱殖民地的桎梏,达到彻底的民族独立。学术中国化也不同于中国本位文化,它接受民族的遗产,但只限于积极的成分,它不故步自封,把中国局限于'此时此地'(《中国本位文化建设宣言》),反之,它要前进,急速地前进,使中国由半封建社会进展到完全的民主共和国。学术中国化是批判的接收;也是积极的创造。接收要有标准,标准不能只是'现代生活现代观点'(嵇文甫《漫谈学术中国化问题》,《理论与现实》一卷四期六七———七二页)一个名词,创造须有实践,不能只是'对中国的固有文化及外国的新兴思想,分别予以批判与扬弃,而后创造之'(郝致贤,前文)一句空话。批判,创造都是要有实际的根据与条件。什么是批判创造的根据与条件呢?这须先弄清楚学术文化的社会基础。""学术文化是一定的社会产生的,我们对传统文化的承继,对西洋文化的接受,所以产生问题,基本原因都在于中国的社会结构。学术中国化决不单是表面上'学术'问题,应当是社会改造的一方面,为推动社会改造的一支力量,'文化人'在学术文化的立场上,以学术文化的力量,促进社会进展的问题。今日谈学术中国化的朋友,不应当斤斤于文字之辨,这样是产生不了中国化的学术的,应该到实际的斗争中来,在自己的岗位上,积极的阵线中,推动社会改进。改造旧的生产关系,使能适应与助长正在发展的生产力,由此产生一个新的社会。这个新的社会,本身就是批判的标准,创造的力量。她自然地能承继了民族的优良传统,接受了世界的进步文化,她也自然地能创出世界的,也是自己的,新学术,新文化!"

王长仁《从自由谈到学术自由与学术三民主义化》刊于《行健月刊》第5卷第9—10期。

胡鉴民《泛论进化与学术救国》刊于《读书通讯》第26期。

宋云彬《章太炎的学术思想及其影响——太炎先生逝世五周年作文》刊于《文化杂志》第1卷第1期。

林一岁《今日上海大学生的学术研究风气》刊于《世界文化》第2卷第1辑。

章嶔《今后世界学术思潮之动向》刊于《西北文化月刊》第5期。

林建神《一年来的中国学术运动》刊于《闽医院刊》第1卷第1期。

童子坚《历代书院沿革规制考》刊于《国学丛刊(北京)》第2期。

王著寰《历代书院沿革规则考》刊于《国学丛刊(北京)》第2期。

苏良桂《补〈北史·食货志〉》刊于《国学丛刊(北京)》第3期。

梁绳祎《外国汉学研究概观》刊于《国学丛刊(北京)》第3期。

王汝棠《文学与地域考》刊于《国学丛刊(北京)》第3期。

汤用彤《〈史记〉发微》刊于《国学丛刊(北京)》第4期。

梁绳祎《日本古代文学与中国文学之关系》刊于《国学丛刊(北京)》第4期。

王汝棠《长春真人西游记地理笺释》刊于《国学丛刊(北京)》第4—5期。

梁绳祎《外国汉学研究概观》(续)刊于《国学丛刊(北京)》第5期。

李英灵《战国策校补摘例》刊于《国学丛刊(北京)》第5期。

史鼐《汉唐宋地方制度之研究》刊于《国学丛刊(北京)》第5期。

梅贻琦《大学一解》刊于《清华学报》第13卷第1期。

按:《大学一解》是梅贻琦在主持西南联大常务工作期间,熬了一夜写出要点、由清华教务长潘光旦先生代拟的文稿,刊于《清华学报》第13卷第1期(1941年4月)。这篇文章最能集中体现清华的两大教育理念之一——通才教育思想,今天读来,不仅毫不过时,而且倍感亲切。原文本来是用明白晓畅的浅近文言写成的,但考虑到本刊读者中多有不习惯这种表达方式的,所以不揣冒昧,整理成白话,且作必要的疏解。整理者把它想象成听梅先生开讲这个主题的听讲记录,请读者谅解由此可能造成的对作者的误读。是文全文如下:

今日中国之大学教育,溯其源流,实自西洋移植而来,顾制度为一事,而精神又为一事。就制度言,中国教育史中固不见有形式相似之组织;就精神言,则文明人类之经验大致相同,而事有可通者。文明人类之生活要不外两大方面,曰己,曰群,或曰个人,曰社会。而教育之最大的目的,要不外使群中之己与众己所构成之群各得其安所遂生之道,且进以相位相育,相方相苞;则此地无中外,时无古今,无往而不可通者也。

西洋之大学教育已有八九百年之历史,其目的虽鲜有明白揭橥之者,然试一探究,则知其本源所在,实为希腊之人生哲学,而希腊人生哲学之精髓无它,即"一己之修明"是矣(Know thyself)。此与我国儒家思想之大本又何尝有异致?孔子于《论语·宪问》曰,"古之学者为己"。而病今之学者舍己以从人。其答子路问君子,曰"修己以敬",进而曰,"修己以安人",又进而曰,"修己以安百姓";夫君子者无它,即学问成熟之人,而教育之最大收获也。曰安人百姓者,则又明示修己为始阶,本身不为目的,其归宿,其最大之效用,为众人与社会之福利,此则较之希腊之人生哲学,又若更进一步,不仅以一己理智方面之修明为已足也。

及至《大学》一篇之作,而学问之最后目的,最大精神,乃益见显著。《大学》一书开章明义之数语即曰,"大学之道,在明明德,在新民,在止于至善"。若论其目,则格物,致知,诚意,正心,修身,属明明德,而齐家,治国,平天下,属新民。《学记》曰,"九年知类通达,强立而不反,谓之大成;夫然后足以化民易俗,近者悦服,而远者怀之,此大学之大道也"。知类通达,强立不反二语,可以为明明德之注脚,化民成俗,近悦远怀三语可以为新民之注脚。孟子于《尽心章》,亦言修其身而天下平。荀子论"自知者明,自胜者强",亦不出明明德之范围,而其泛论群居生活之重要,群居生活之不能不有规律,亦无非阐发新民二字之真谛而已。总之,儒家思想之包罗虽广,其于人生哲学与教育理想之重视明明德与新民二大步骤,则始终如一也。

今日之大学教育,骤视之,若与明明德、新民之义不甚相干,然若加深察,则可知今日大学教育之种种措施,始终未能超越此二义之范围,所患者,在体认尚有未尽而实践尚有不力耳。大学课程之设备,即属于教务范围之种种,下自基本学术之传授,上至专门科目之研究,固格物致知之功夫而明明德之一部分也。课程以外之学校生活,即属于训导范围之种种,以及师长持身、治学、接物、待人之一切言行举措,苟于青年不无几分裨益,此种裨益亦必于格致诚正之心理生活见之。至若各种人文科学、社会科学学程之设置,学生课外之团体活动,以及师长以公民之资格对一般社会所有之努力,或为一种知识之准备,或为一种实地工作之预习,或为一种风声之树立,青年一旦学成离校,而于社会有所贡献,要亦不能不资此数者为一部分之把柱。此又大学教育新民之效也。

然则所谓体认未尽实践不力者又何在?明明德或修己工夫中之所谓明德,所谓己,所指乃一人整个之人格,而不是人格之片段。所谓整个之人格,即就比较旧派之心理学者之见解,至少应有知、情、志三个方面,而此三方面者皆有修明之必要。今则不然,大学教育所能措意而略有成就者,仅属知之一方面而已,夫举其一而遗其二,其所收修明之效因已极有限也。然即就知之一端论之,目前教学方法之效率亦大有尚待扩充者。理智生活之基础为好奇心与求益心,故贵在相当之自动,能有自动之功,所能收自新之效,所谓举一反三者,举一虽在执教之人,而反三总属学生之事。若今日之教学,恐灌输之功十居七八,而启发之功十不得二三。明明德之义,释以今语,即为自我之认识,为自我知能之认识,此即在智力不甚平庸之学子亦不易为之,故必有执教之人为之启发,为之指引,而执教者之最大能事,亦即至此而尽,过此即须学子自为探索;非执教者所得而助长也。故古之善教人者,《论语》谓之善诱,《学记》谓之善喻。孟子有云"君子深造之以道,欲其自得之也,自得之,则居之安,居之安,则资之深,资之深,则取之左右逢其源,故君子欲其自得之也",此善诱或善喻之效也。今大学中之教学方法,即仅就知识教育言之,不逮尚远。此体认不足实践不力之一端也。至意志与情绪二方面,既为寻常教学方法所不及顾,则其所恃者厥有二端,一为教师之树立楷模,二为学子之自谋修养。

意志须锻炼,情绪须裁节,为教师者果能于二者均有相当之修养工夫,而于日常生活之中与以自然之流露,则从游之学子无形中有所取法;古人所谓身教,所谓以善先人之教,所指者大抵即为此两方面之品格教育,而与知识之传授不相干也。治学之精神与思想之方法,虽若完全属于理智一方面之心理生活,实则与意志之坚强与情绪之稳称有极密之关系;治学贵谨严,思想忌偏蔽,要非持志坚定而用情有度之人不办。孟子有曰,"仁义礼智根于心,则其生色也,睟然见于面,盎于背,施于四体,四体不言而喻"。曰根于心者,修养之实,曰生于色者,修养之效而自然之流露;设学子所从游者率为此类之教师再假以时日,则濡染所及,观摩所得,亦正复有其不言而喻之功用。《学记》所称之善喻,要亦不能外此。试问今日之大学教育果真具备此条件否乎? 曰否。此可与三方面见之。上文不云乎,今日大学教育所能措意者仅为人格之三方面之一,为教师者果能于一己所专长之特科知识,有充分之准备,为明晰之讲授,作尽心与负责之考课,即已为良善之教师,其于学子之意志与情绪生活与此种生活之见于操守者,殆有若秦人之视越人之肥瘠;历年既久,相习成风,即在有识之士,亦复视为固然,不思改作,浸假而以此种责任完全诿诸他人,曰"此乃训育之事,与教学根本无干"。此条件不具备之一方面也。为教师者,自身固未始不为此种学风之产物,其日以孜孜者,专科知识之累积而已,新学说与新实验之传习而已,其于持志养气之道,待人接物之方,固未尝一日讲求也;试问己所未能讲求或无暇讲求者,又何能执以责人? 此又一方面也。今日学校环境之内,教师与学生大率自成部落,各有其生活之习惯与时尚,舍教室中讲授之时间而外,几乎不相谋面,军兴以还,此风尤甚,即有少数教师,其持养操守足为学生表率而无愧者,亦犹之椟中之玉,斗底之灯,其光辉不达于外,而学子即有切心于观摩取益者,亦自无从问径。此又一方面也。古者学子从师受业,谓之从游,孟子曰,"游于圣人之门者难为言",间尝思之,游之时义大矣哉。学校犹水也,师生犹鱼也,其行动犹游泳也,大鱼前导,小鱼尾随,是从游也,从游既久,其濡染观摩之效,自不求而至,不为而成。反观今日师生之关系,直一奏技者与看客之关系耳,去从游之义不綦远哉! 此则于大学之道,体认尚有未尽实践尚有不力之第二端也。

至学子自身之修养又如何? 学子自身之修养为中国教育思想中最基本之部分,亦即儒家哲学之重心所寄。《大学》八目,涉此者五,《论语》《中庸》《孟子》之所反复申论者亦以此为最大题目。宋元以后之理学,举要言之,一自身修善之哲学耳;其派别之分化虽多,门户之纷呶虽甚,所争者要为修养之方法,而于修养之必要,则靡不同也。我侪以今日之眼光相绳,颇病理学教育之过于重视个人之修养,而于社会国家之需要,反不能多所措意;末流之弊,修身养性几经不复为入德育才之门,而成遁世避实之路。然理学教育之所过即为今日学校教育之所不及。今日大学生之生活中最感缺乏之一事即为个人之修养。此又可就下列三方面分别言之:

一曰时间不足。今日大学教育之学程太多,上课太忙,为众所公认之一事,学生于不上课之时间,又例须有多量之"预备"功夫,而所预备者又不出所习学程之范围,于一般之修养遽不相涉。习文史哲学者,与修养功夫尚有几分关系,其习它种理实科目者,无论其为自然科学或社会科学,犹木工水作之习一艺耳。习艺愈勤去修养愈远。何以故? 曰,无闲暇故。仰观宇宙之大,俯察品物之盛,而自审其一人之生应有之地位,非有闲暇不为也。纵探历史之悠久,文教之累积,横索人我关系之复杂,社会问题之繁变,而思对此悠久与累积者宜如何承袭节取而有所发明,对复杂繁变者宜如何应付而知所排解,非有闲暇不为也。人生莫非学问也,能自作观察、欣赏、沉思、体会者,斯得之。今学程之所能加惠者,充其量,不过此种种自修功夫之资料之补助而已,门径之指点而已,至若资料之咀嚼融化,门径之实践以致于升堂入室,博者约之,万殊者一之,则非有充分之自修时间不为功,就今日之情形而言,则咀嚼之时间,且犹不足,无论融化,粗识门径之机会犹或失之,姑无论升堂入室矣。

二曰空间不足。人生不能离群,而自修不能无独,此又近顷大学教育最所忽略之一端。《大学》一书尝极论毋自欺,必慎独之理。不欺人易,不自欺难,与人相处而慎易,独居而慎难。近代之教育,一则曰社会化,再则曰集体化,卒使舍悉成营房,学养无非操演,而慎独与不自欺之教亡矣。夫独学无友,则孤陋而寡闻,乃仅就智识之切磋而为言者也;至情绪之制裁,意志之磨砺,则固为我一身一心之事,他人之于我,至多亦只所以相督励，示鉴戒而已。自"慎独"之教亡，而学子乃无复有"独"之机会，亦无复作"独"之企求；无复知人我之间精神上与实际上应有之充分之距离，适当之分寸，浸假而无复和情绪制裁与意志磨练之为何物，即无复和《大学》所称诚意之为何物，充其极，乃至于学问见识一端，亦但知从众而不知从己，但知附和而不敢自作主张，力排众议。晚近学术界中，每多随波逐浪（时人美其名曰"适应潮流"）之徒，而少砥柱中流之辈，由来有渐，实无足怪。《大学》一书，于开章时阐明大学之目的后，即曰，"知止而后有定，定而后能静，静而后能安，安而后能虑，虑而后能得"。今日之青年，一则因时间之不足，再则因空间之缺乏，乃至数年之间，竟不能如怕黄鸟之得一丘隅以为休止。休止之时地既不可得，又遑论定、静、安、虑、得之五步功夫耶？此深可虑而当亟为之计者也。

三曰师友古人之联系之阙失。关于师之一端，上文已具论文，今日之大学青年，在社会化与集体生活化一类口号之空气之中，所与往还者，有成群之大众，有合夥之伙伴，而无友。曰集体生活，又每苦不能有一和同之集体，或若干不同而和之集体，于是人我相与之际，即一言一动之间，亦不能不多所讳饰顾忌，驯至舍寒暄笑谑与茶果征逐而外，根本不相往来。此目前有志之大学青年所最感苦闷之一端也。夫友所以祛孤陋，增闻见，而辅仁进德者也，个人修养之功，有恃于一己之努力者固半，有赖于友朋之督励者亦半；今则一己之努力既因时空两间之不足而不能有所施展，有如上文所论，而求友之难又如此，又何怪乎成德达材者之不多见也。古人亦友也，孟子有尚友之论，后人有尚友之录，其对象皆古人也。今人与年龄相若之同学中既无可相友者，有志者自犹可于古人中求之。然求之又若不易。史学之必修课程太少，普通之大学生往往仅修习通史一两门而止，此不易一也。时人对于史学与一般过去之经验每不重视，甚者且以为革故鼎新之精神，即在完全抹杀已往，而创造未来，前人之言行，时移世迁，即不复有分毫参考之价值，此不易二也。即在专考史学之人，又往往用纯粹物观之态度以事研究，驯至古人之言行举措，其所累积之典章制度，成为一堆毫无生气之古物，与古生物学家所研究之化石骨殖无殊，此种研究之态度，非无其甚大之价值，然设过于偏注，则史学之与人生将不复有所联系，此不易三也。有此三不易，于是前哲所再三申说之"以人鉴人"之原则将日趋湮没，而"如对古人"之青年修养之一道亦日即于荒秽不治矣。学子自身之不能多所修养，是近代教育对于大学之道体认尚有未尽、实践尚有不力之第三端也。以上三端，所论皆为明德一方面之体认未尽与实践不力，然则新民一方面又如何？大学新民之效，厥有二端。一为大学生新民工作之准备；二为大学校对社会秩序与民族文化所能建树之风气。于此二端，今日之大学教育体认亦有未尽，而实践亦有不力也。试分论之。

大学有新民之道，则大学生者负新民工作之实际责任者也。此种实际之责任，因事先必有充分之准备，相当之实验或见习，而大学四年，即所以为此准备与实习而设，亦自无烦赘说。然此种准备与实习果尽合情理乎？则显然又为别一问题。明德功夫即为新民功夫之最根本之准备，而此则已大有不能尽如人意者在，上文已具论之矣。然准备之缺乏犹不止此。今人言教育者，动称通与专之二原则。故一则曰大学生应有通识，又应有专识，再则曰大学卒业之人应为一通才，亦应为一专家，故在大学期间之准备，应为通专并重。此论固甚是，然有不尽妥者，亦有未易行者。此论亦固可以略救近时过于重视专科之弊，然犹未能充量发挥大学应有之功能。窃以为大学期内，通专虽应兼顾，而重心所寄，应在通而不在专，换言之，即须一反目前重视专科之倾向，方足以语于新民之效。夫社会生活大于社会事业，事业不过为人生之一部分，其足以辅翼人生，推进人生，固为事实，然不能谓全部人生即寄寓于事业也。通识，一般生活之准备也，专识，特种事业之准备也，通识之用，不止润身而已，亦所以自通于人也，信如此论，则通识为本，而专识为末，社会所需要者，通才为大，而专家次之，以无通才为基础之专家临民，其结果不为新民，而为扰民。此通专并重未为恰当之说也。大学四年而已，以四年之短期间，而既须有通识之准备，又须有专识之准备，而二者之间又不能有所轩轾，即在上智，亦力有未逮，况中资以下乎？并重之说所以不易行者此也。偏重专科之弊，既在所必革，而并重之说又窒碍难行，则通重于专之原则尚矣。

难之者曰，大学而不重专门，则事业人才将焉出？曰，此未作通盘观察之论也。大学虽重要，究不为教育之全部，造就通才虽为大学应有之任务，而造就专才则固别有机构在。一曰大学之研究院。学子即成通才，而于学问之某一部门，有特殊之兴趣，与特高之推理能力，而将以研究为长期或终身事业者可以入研究院。二曰高级之专门学校。艺术之天分特高,而审美之兴趣特厚者可入艺术学校,躯干刚劲,动作活泼,技术之智能强,而理论之兴趣较薄者可入技术学校。三曰社会事业本身之训练。事业人才之造就,由于学识者半,由于经验者亦半,而经验之重要,且在学识上,尤以社会方面之事业人才所谓经济长才者为甚,尤以在今日大学教育下所能产生之此种人才为甚。今日大学所授之社会科学知识,或失之理论过多,不切实际,或失诸凭空虚构,不近人情,或失诸西洋之资料太多,不适国情民性;学子一旦毕业而参加事业,往往发现学用不相呼应,而不得不于所谓"经验之学校"中,别谋所以自处之道,及其有成,而能对社会有所贡献,则泰半自经验之学校得来,而与所从卒业之大学不甚相干,以至于甚不相干。至此始恍然于普通大学教育所真能造就者,不过一出身而已,一资格而已。

出身诚是也,资格亦诚是也。我辈从事大学教育者,诚能执通才之一原则,而曰,才不通则身不得出,社会亦诚能执同一之原则,而曰,无通识之准备者,不能取得参加社会事业之资格,则所谓出身与资格者,固未尝不为绝有意识之名词也。大学八目,明德之一部分至身修而止……学府之机构,自身亦正复有其新民之功用,就其所在地言之,大学俨然为一方教化之重镇,而就其声教所暨者言之,则充其极可以为国家文化之中心,可以为国际思潮交流与朝宗之汇点(近人有译英文 Focus 一字为汇点者,兹从之)。即就西洋大学发展之初期而论,十四世纪末年与十五世纪初年,欧洲中古文化史有三大运动焉,而此三大运动者均自大学发之。一为东西两教皇之争,其终于平息而教权复归于一者,法之巴黎大经学领导之功也;二为魏克文夫(Wyclif)之宗教思想革新运动,孕育而拥护之者英之牛津大学也;三为郝斯(John Hus)之宗教改革运动,郝氏与惠氏之运动均为十六世纪初年马丁·路得宗教改革之先声,而孕育与拥护之者,布希米亚(战前为捷克地)之蒲拉赫(Prague)大学也。

间尝思之,大学机构之所以生新民之效者,盖又不出二途。一曰为社会之倡导与表率,其在平时,表率之力为多,及处非常,则倡导之功为大。上文所举之例证,盖属于倡导一方面者也。二曰新文化因素之孕育涵养与简练揣摩。而此二途者又各有其凭藉。表率之效之凭藉为师生之人格与其言行举止。此为最显而易见者。一地之有一大学,犹一校之有教师也,学生以教师为表率,地方则以学府为表率,古人谓一乡有一善士,则一乡化之,况学府者应为四方善士之一大总汇乎? 设一校之师生率为文质彬彬之人,其出而与社会周旋也,路之人亦得指而目之曰,是某校教师也,是某校生徒也,而其所由指认之事物为语默进退之间所自然流露之一种风度,则始而为学校环境以内少数人之所独有者,终将为一地方所共有,而成为一种风气;教化云者,教在学校环境以内,而化则达于学校环境以外,然则学校新民之效,固不待学生出校而始见也明矣。

新文化因素之孕育所凭藉者又为何物? 师生之德行才智,图书实验,大学之设备,可无论矣。所不可不论者为自由探讨之风气。宋儒安定胡先生有曰,"艮言思不出其位,正以戒在位者也,若夫学者,则无所不思,无所不言,以其无责,可以行其志也;若云思不出其位,是自弃于浅陋之学也"。此语最当。所谓无所不思,无所不言,以今语释义,即学术自由(Academic Freedom)而已矣。今人颇有以自由主义为诟病者,是未察自由主义之真谛者也。夫自由主义(Liberalism)与荡放主义(Libertinism)不同,自由主义与个人主义,或乐利的个人主义,亦截然不为一事。假自由之名,而行荡放之实者,斯病矣。大学致力于知、情、志之陶冶者也,以言知,则有博约之原则在,以言情,则有裁节之原则在,以言志,则有持养之原则在,秉此三者而求其所谓"无所不思,无所不言",则荡放之弊又安从而乘之? 此犹仅就学者一身内在之制裁而言之耳,若自新民之需要言之,非旦夕可期也,既非旦夕可期,则与此种事业最有关系之大学教育,与从事于此种教育之人,其所以自处之地位,势不能不超越几分现实,其注意之所集中,势不能为一时一地之所限止,其所期望之成就,势不能为若干可以计日而待之近功。职是之故,其"无所不思"之中,必有一部分为不合时宜之思,其"无所不言"之中,亦必有一部分为不合时宜之言;亦正惟其所思所言,不尽合时宜,乃或不合于将来,而新文化之因素胥于是生,进步之机缘,胥于是启,而新民之大业,亦胥于是奠其基矣。

大学之道,在明明德,在新民,在止于至善。至善之界说难言也,姑舍而不论。然明明德与新民二大目的固不难了解而实行者。然洵如上文所论,则今日之大学教育,于明明德一方面,了解犹颇有未尽,践履犹颇有不力者,而不尽不力者,要有三端,于新民一方面亦然,其不尽力者要有二端。不尽者尽之,不力者力之,是今日大学教育之要图也,是"大学一解"之所为作也。

　　冯友兰《孟子浩然之气章解》刊于《清华学报》第13卷第1期。

　　陈寅恪《读哀江南赋》刊于《清华学报》第13卷第1期。

　　杨树达《易牙非齐人考》刊于《清华学报》第13卷第1期。

　　金岳霖《论不同的逻辑》刊于《清华学报》第13卷第1期。

　　吴晗《明教与大明帝国》刊于《清华学报》第13卷第1期。

　　谷霁光《宋代继承问题商榷》刊于《清华学报》第13卷第1期。

　　陈梦家《射与郊》刊于《清华学报》第13卷第1期。

　　张荫麟《顺昌战胜破贼录疏证》刊于《清华学报》第13卷第1期。

　　何炳棣《张荫桓事迹》刊于《清华学报》第13卷第1期。

　　陆侃如《建安文学系年》刊于《清华学报》第13卷第1期。

　　闻一多《周易义证类纂》刊于《清华学报》第13卷第2期。

　　汤用彤《王弼大衍义略释》刊于《清华学报》第13卷第2期。

　　王宪钧《论蕴涵》刊于《清华学报》第13卷第2期。

　　罗常培《唐写本经典释文残本四种跋》刊于《清华学报》第13卷第2期。

　　商承祚《孙氏〈魏三字石经集录〉校正》刊于《清华学报》第13卷第2期。

　　雷海宗《司马迁的史学》刊于《清华学报》第13卷第2期。

　　丁则良《王安石〈日录〉考》刊于《清华学报》第13卷第2期。

　　吴其昌《王会篇国名补疏(上)》刊于《清华学报》第13卷第2期。

　　李嘉言《贾岛年谱》刊于《清华学报》第13卷第2期。

　　陈梦家《关于上古音系的讨论》刊于《清华学报》第13卷第2期。

　　聂崇岐《宋代府州军监之分析》刊于《燕京学报》第29期。

　　秦佩珩《吴伟业殿上行本事质疑》刊于《燕京学报》第29期。

　　许世瑛《段氏说文注所标韵部辨误》刊于《燕京学报》第29期。

　　王静如《论开合口》刊于《燕京学报》第29期。

　　[日]鸟居龙藏《契丹之角觝》刊于《燕京学报》第29期。

　　翁独健《斡脱杂考》刊于《燕京学报》第29期。

　　朱谦之《中国思想方法论纲——知行问题》刊于《中山学报》第1卷第1期。

　　郑师许《中国史前文化》刊于《中山学报》第1卷第1期。

　　陈安仁《中国上古农业之史的探讨》刊于《中山学报》第1卷第1期。

　　罗香林《南诏种族考》刊于《中山学报》第1卷第1期。

　　陈啸江《中国地理对于中国经济史特殊发展之影响》刊于《中山学报》第1卷第1期。

　　詹安泰《中国文学上之倚声问题》刊于《中山学报》第1卷第1期。

　　洪深《舞台技术》刊于《中山学报》第1卷第1期。

　　岑麒祥《历史语言学中分化作用及统一作用》刊于《中山学报》第1卷第1期。

　　徐中玉《诗话之起源及其发展》刊于《中山学报》第1卷第1期。

　　丁颖《广东农作增产计划及实施之检讨》刊于《中山学报》第1卷第2期。

　　谢申《粮食增产与土壤调查》刊于《中山学报》第1卷第2期。

　　黄干桥《论省单位农业推广问题》刊于《中山学报》第1卷第2期。

黄维炎《森林的社会》刊于《中山学报》第1卷第2期。

翟克《中等农业职业教育之理论与实际》刊于《中山学报》第1卷第2期。

戴裔煊《中国学术思想之东渐及其影响》刊于《青年中国季刊》第2卷第2期。

按：是文认为："中国文化谁都承认是东洋文化的本源。把东亚画成一个文化圈（culture circle），中国就是这个圈的圆心。在这个圆心上，老早已发生着文化的辐射作用，最接近这个圆心的，其所受到中国文化的熏陶亦最淳厚……日本是最接近东亚文化圈的圆心的一个国家，渐染中国文化的色彩特别淳厚，同时当和中国民族接触的时候，日本在一种草昧的状态中，根本谈不上有什么文化，所以一和中国接触，便在吞猛吸，尽可能把中国文化移植过去，自秦汉以来，在这种状态之下者经过千余年，我们大汉上可以说，日本在明治维新以前，什么都是仿效中国的。在维新以后则比较少，在维新以来，日本大都吸取西洋的文化，尤其是西洋的物质文化"。"我们想着了解日本现代的文化，想着了解现代日本的文化，受中国之赐者到怎么的程度，当然我们要负委穷源，追溯既往，从史实探求其播传演进的途径，惟文化综错万端，非条分缕析，不易究诘。现在我只可从学术思想方面，探究其东渐的经过，并看其在日本发生怎样的影响。"

是文所说的"东渐"，主要是指对日本的影响而言，而这里所谓学术思想，"是指中国儒家的学术思想而言"。关于中国学术思想的东渐，是文"由日本的草昧时代说起，把中国书籍文字的东传，以至理学的传播"，分"一、绪论；二、中国文化东渐之嚆矢；三、汉文之东传及其蜕变；四、隋唐时日本的留学生与典籍的东传；五、汉籍与日本古代教育；六、理学的益传；七、日本的朱子学观；八、朱舜水与水户学派；九、日本的阳明学派；十、日本的古学派；十一、结论"等几大部分做了简略的叙述。

刘鹰扬《民生史观的学理根据》刊于《三民主义周刊》第1卷第9期。

张九如《根据三民主义分析人类战争》刊于《三民主义周刊》第1卷第9期。

叶青《三民主义是学术》刊于《三民主义周刊》第1卷第10期。

张其昀《文学与民族性》刊于《三民主义周刊》第1卷第12期。

高良佐《革命报纸的元祖》刊于《三民主义周刊》第1卷第12期。

王季高《中山先生对于政治学的贡献》刊于《三民主义周刊》第1卷第13期。

王书林《个人的社会行为及其后果》刊于《三民主义周刊》第1卷第13期。

伍启元《当前的分配问题》刊于《三民主义周刊》第1卷第14期。

陈剑恒《政治训练的心理基础》刊于《三民主义周刊》第1卷第14期。

赵纯孝《西南边疆建设的先决问题》刊于《三民主义周刊》第1卷第15期。

梁寒操《三民主义者之学术的研究——革命学》刊于《三民主义周刊》第1卷第16期。

梁乙真《中国民族主义之发展与台湾革命运动》刊于《三民主义周刊》第1卷第16期。

程仰之《太平天国的政治思想与制度》刊于《三民主义周刊》第1卷第16期。

高良佐《革命报纸的元祖》刊于《三民主义周刊》第1卷第17期。

余亚甫《白话诗往哪里走》刊于《三民主义周刊》第1卷第21期。

李长之《文学研究中之科学精神》刊于《三民主义周刊》第1卷第23期。

陈长蘅《对中苏关系及中共的希望》刊于《三民主义周刊》第2卷第1期。

钱端升《三民主义的阐扬与宣传》刊于《三民主义周刊》第2卷第1期。

王铉《"国家至上""民族至上"论》刊于《三民主义周刊》第2卷第1期。

钱端升《三民主义与新世界的建设》刊于《三民主义周刊》第2卷第2期。

吴恩裕《自由主义与确当的思考》刊于《三民主义周刊》第2卷第2期。

余亚甫《论散文之作风》刊于《三民主义周刊》第2卷第2期。

张企泰《司法人才之培植问题》刊于《三民主义周刊》第2卷第3期。

陈烈甫《三权论与五权宪法——五权宪法之理论》刊于《三民主义周刊》第2卷第3期。

李泰华《产业革命中的社会时代》刊于《三民主义周刊》第2卷第4期。

罗梦册《论中国之国》刊于《三民主义周刊》第2卷第5期。

傅筑夫《论中国之王道精神》刊于《三民主义周刊》第2卷第5期。

吴恩裕《思考的条件与事实的规律》刊于《三民主义周刊》第2卷第6期。

纪乘之《纳粹占领下之欧洲资源分析》刊于《三民主义周刊》第2卷第7期。

何天街《我对三民主义的认识》刊于《三民主义周刊》第2卷第7期。

李俊龙《与青年论学术》刊于《三民主义周刊》第2卷第8—9期。

按:文章说:"在治学的态度方面,我们要求:1.客观。研究学术,必须具备最客观的态度。所谓客观,便是不先入为主,不带主观、偏见,更不以主观的偏见抹煞客观的真理。学术的真实价值在其科学性和客观性,无科学性则学术不成系统,无客观性则学术难求真理。因此,我们治学的基本态度应该是很客观的,从客观的研究去发现真理,不以主观的偏见去掩蔽真理。不迷信,不歪曲,完全以学者态度为寻求真理而奋斗。2.谨严。所谓谨严,便是说我们治学的态度要谨慎严肃,丝毫不能随便的意思。治学如做人,是应该非常神圣的谨慎严肃的。能谨慎,我们对学术便能认真,能严肃,我们对学术便能尊重。认真便不致浅尝而以一知半解为已足;尊重便不致于滥而以旁骛多求为多能。近来谈学术的人,发表欲望重于研究兴趣,浅尝习惯重于钻研志愿,亦每以不成熟的见解公之著书,以滥竽充数的著书自侪于学者专家之列,结果我们所能看见的多是些写小册子和传单式文章的人物,离学术的水准真是太远了。青年们如果真有志于学术,首先必须以谨严的态度治学。3.纯正。所谓纯正,有两方面的意义:一曰不偏激,不以学术作欺世盗名,眩惑人心,危害国家民族的勾当,必须从最纯正的立场治学,以纯正的学术风气来矫治狂妄偏激的思想。一曰不曲学阿世,不以学术为谋取利禄的工具,对于国家的政治建设和政治任务,一本纯正的学术立场作不枉不讳的严正批判,培养一种高尚纯洁的学术风气来做移风易俗的社会动力。我们青年治学,应该保持这种纯正态度,然后所学始能成为领导思想播动社会的高尚之学,才不致陷入学术杀人学术误国的歧途,成为千秋万世的罪人。4.笃实。我们曾经说过,学术不能与人生分成两撅,亦不能与时代脱去关系,因此我们应该以笃实的态度治学。所谓笃实,一方面在使学术观与人生观打成一片,不以虚幻的空想治学。致所学不落实际。一方面在使学术与时代需要吻合,不忽视实际环境和实际问题,使所学有真实的时代价值。我们今日遭遇一个历史上空前未有的伟大时代,内则民族文化正与强敌作殊死斗,外则世界文化又正演残酷惨剧,此一新的时代,真实人生磨练和学术陶冶的最伟大时代,我们躬逢其盛的青年朋友,如果有志于学术,真不可不切实际把握人生和切实把握时代,以最笃实的态度肩负着学术上继往开来的责任。否则,我们便辜负了这伟大的人生和时代!"

李长之《论民族意识之再强化及其方案》刊于《三民主义周刊》第2卷第10期。

张闳仁《古代中国文化的变化影响》刊于《三民主义周刊》第2卷第10期。

杨幼炯《中国民族文化之改造》刊于《三民主义周刊》第2卷第12期。

贺麟《知难行易说的证明》刊于《三民主义周刊》第2卷第12期。

袁月楼《力行哲学与心理建设》刊于《三民主义周刊》第2卷第12期。

王海波《最近上海推广华商股票运动》刊于《经济学报(燕京大学经济学会出版)》第2期。

陈其正《甲午前中国外债考》刊于《经济学报(燕京大学经济学会出版)》第2期。

胡继瑷《海上保险与代位权》刊于《经济学报(燕京大学经济学会出版)》第2期。

袁贤能《柏拉图的经济思想》刊于《经济学报(燕京大学经济学会出版)》第2期。

郑林庄《报酬递减律的发展与内容》刊于《经济学报(燕京大学经济学会出版)》第2期。

秦佩珩《明代水利之研究》刊于《经济学报(燕京大学经济学会出版)》第2期。

林树惠《历代屯田考》刊于《经济学报(燕京大学经济学会出版)》第2期。

王进贤《如何支付战费》刊于《经济学报(燕京大学经济学会出版)》第2期。

秦佩珩《明代水利之研究》刊于《经济学报(燕京大学经济学会出版)》第2期。

谢恩晖《张香涛之经济建设》刊于《经济学报(燕京大学经济学会出版)》第2期。

徐国动《银行成本会计之研讨》刊于《经济学报(燕京大学经济学会出版)》第2期。

言穆渊《我国银行经放农贷之数量(一九三一—三七)》刊于《经济学报(燕京大学经济学会出版)》第2期。

李德馨《从货币购买力平价观察近三年之华北批发物价》刊于《经济学报(燕京大学经济学会出版)》第2期。

崔亮《"经济学"之比价语言关》刊于《经济学报(燕京大学经济学会出版)》第2期。

崔永楫《论农本》刊于《中农月刊》第2卷第2期。

张友三《论佃农购置耕地贷款兼及合作购地问题》刊于《中农月刊》第2卷第2期。

邹念鲁《论美国新县土地利用制》刊于《中农月刊》第2卷第4期。

杨予英《芬兰土地拓殖之检讨》刊于《中农月刊》第2卷第4期。

陈颖光《当前我国农业应有之改进》刊于《中农月刊》第2卷第4期。

邹念鲁《论美国新县土地利用制》刊于《中农月刊》第2卷第4期。

陈永龄《土地重划与农村设计》刊于《中农月刊》第2卷第5期。

饶荣春《粮食增产与战时农业改进》刊于《中农月刊》第2卷第5期。

李长年《法国农业之战时统制》刊于《中农月刊》第2卷第5期。

程洪祖《农业仓库与乡村经济》刊于《中农月刊》第2卷第6期。

叶谦吉《论农业贷款之意义及其实施》刊于《中农月刊》第2卷第6期。

郑孝齐《论粮价与物价》刊于《中农月刊》第2卷第6期。

欧阳蘋《农业金融之当前问题》刊于《中农月刊》第2卷第6期。

中国农民银行四川省农村经济调查委员会《绵阳县农村经济调查初步报告》刊于《中农月刊》第2卷第6期。

中国农民银行四川省农村经济调查委员会《南充县农村经济调查初步报告》刊于《中农月刊》第2卷第7期。

张有龄《西北与西南农田水利之展望》刊于《中农月刊》第2卷第7期。

中国农民银行四川省农村经济调查委员会《万县农村经济调查初步报告》刊于《中农月刊》第2卷第8期。

胡连云《法国之土地金融》刊于《中农月刊》第2卷第9—10期。

朱寿麟《美国之土地金融》刊于《中农月刊》第2卷第9—10期。

黄通《中国土地金融问题》刊于《中农月刊》第2卷第9—10期。

周昌茂《土地金融机关与地政机关之联系问题》刊于《中农月刊》第2卷第9—10期。

袁沣兰译《土地改革与自由经济》刊于《中农月刊》第2卷第9—10期。

蒋廉《土地金融与土地估价》刊于《中农月刊》第2卷第9—10期。

罗醒魂《土地债券之性质与发行》刊于《中农月刊》第2卷第9—10期。

洪瑞坚《土地改革与土地金融》刊于《中农月刊》第2卷第9—10期。

朱寿麟《各国土地金融制度》刊于《中农月刊》第 2 卷第 9—10 期。

秦翊《德国之土地金融》刊于《中农月刊》第 2 卷第 9—10 期。

郭天乙《英国之土地金融》刊于《中农月刊》第 2 卷第 9—10 期。

吴文藻《论社会制度的性质与范围》刊于《社会科学学报》第 1 期。

陈仁寿授意，王荫嘉考述《助国牡国钱考》刊于《泉币杂志》第 4 期。

罗伯昭《临安府牌贰伯文省释疑 王荫嘉跋》刊于《泉币杂志》第 4 期。

张季量《义记金钱考 王荫嘉跋》刊于《泉币杂志》第 4 期。

郑家相《五铢之研究（续前）》刊于《泉币杂志》第 4 期。

张絅伯《新莽货币志 中国货币史丛书之五（续前）》刊于《泉币杂志》第 4 期。

丁福保《历代钱谱（续前）》刊于《泉币杂志》第 4 期。

郑家相《上古货币推究（续前）》刊于《泉币杂志》第 4 期。

王荫嘉《二十八宿研斋善本录二则》刊于《泉币杂志》第 4 期。

罗伯昭《南汉钱史》刊于《泉币杂志》第 5 期。

郑家相《五铢之研究（续前）》刊于《泉币杂志》第 5 期。

张絅伯《新莽货币志 中国货币史丛书之五（续前）》刊于《泉币杂志》第 5 期。

丁福保《历代钱谱（续前）》刊于《泉币杂志》第 5 期。

郑家相《上古货币推究（续前）》刊于《泉币杂志》第 5 期。

鲍鼎《丁仲祜先生奋斗史》刊于《泉币杂志》第 5 期。

罗沐园《泉林新话》刊于《泉币杂志》第 5 期。

郑家相《寿泉集拓乙编小引》刊于《泉币杂志》第 5 期。

沐园罗伯昭《再说临安府牌贰伯文省》刊于《泉币杂志》第 6 期。

张絅伯《两铢泉考》刊于《泉币杂志》第 6 期。

郑家相《五铢之研究（续前）》刊于《泉币杂志》第 6 期。

张絅伯《新莽货币志 中国货币史丛书之五（续前）》刊于《泉币杂志》第 6 期。

丁福保《历代钱谱（续前）》刊于《泉币杂志》第 6 期。

郑家相《上古货币推究（续前）》刊于《泉币杂志》第 6 期。

张季量《寿泉集拓丙编自序》刊于《泉币杂志》第 6 期。

陈亮声《寿泉集拓丁编自序》刊于《泉币杂志》第 6 期。

郑家相《题足斋藏天德通宝钱拓本》刊于《泉币杂志》第 6 期。

郑家相《题足斋藏崇庆至宁二钱拓本》刊于《泉币杂志》第 6 期。

鲍鼎《丁仲祜先生奋斗史》刊于《泉币杂志》第 6 期。

沐园罗伯昭《建武五铢范年月日考》刊于《泉币杂志》第 7 期。

沐园罗伯昭《建国通宝钱考》刊于《泉币杂志》第 7 期。

王荫嘉《戴书咸丰钱质疑》刊于《泉币杂志》第 7 期。

郑家相《五铢之研究（续）》刊于《泉币杂志》第 7 期。

张絅伯《新莽货币志 中国货币史丛书之五（续前）》刊于《泉币杂志》第 7 期。

丁福保《历代钱谱（续）》刊于《泉币杂志》第 7 期。

郑家相《上古货币推究（续）》刊于《泉币杂志》第 7 期。

鲍鼎《丁仲祜先生奋斗史（续）》刊于《泉币杂志》第 7 期。

郑家相《梁五铢土范图说叙言》刊于《泉币杂志》第 7 期。

王荫嘉《校墨余瀋 沐园创获贰字之铁证》刊于《泉币杂志》第 7 期。

王荫嘉《泉币学社第四十次茶话会记录》刊于《泉币杂志》第 7 期。

张絅伯《小五铢钱考》刊于《泉币杂志》第 8 期。

罗伯昭《贰字余音》刊于《泉币杂志》第 8 期。

郑家相《五铢之研究（续前）》刊于《泉币杂志》第 8 期。

蒋仲川《江南省一元银币之说明》刊于《泉币杂志》第 8 期。

丁福保《历代钱谱（续）》刊于《泉币杂志》第 8 期。

郑家相《上古货币推究（续）》刊于《泉币杂志》第 8 期。

张季量《鲍胡泉简摘钞》刊于《泉币杂志》第 8 期。

戴葆庭《寿泉集拓戊编自序》刊于《泉币杂志》第 8 期。

鲍鼎《丁仲祜先生奋斗史（续）》刊于《泉币杂志》第 8 期。

张絅伯《行在会子考 郑家相跋》刊于《泉币杂志》第 9 期。

王荫嘉《明代蠔涌钱之载记》刊于《泉币杂志》第 9 期。

郑家相《五铢之研究（前续）》刊于《泉币杂志》第 9 期。

蒋仲川《江南省一元银币之说明（续）》刊于《泉币杂志》第 9 期。

丁福保《历代钱谱（续前）》刊于《泉币杂志》第 9 期。

郑家相《上古货币推究（续前）》刊于《泉币杂志》第 9 期。

罗伯昭《洪文安公年谱》刊于《泉币杂志》第 9 期。

伊近岑《我亦来谈贰子》刊于《泉币杂志》第 9 期。

丁福保《畴隐居士自序》刊于《泉币杂志》第 9 期。

鲍鼎《丁仲祜先生奋斗史（续）》刊于《泉币杂志》第 9 期。

吴文藻《论社会制度的性质与范围》刊于《社会科学学报》第 1 期。

李济《民族学发展之前途与比教法应用之限制》刊于《社会科学学报》第 1 期。

朱炳南《论我国省县财政关系之调整》刊于《社会科学学报》第 1 期。

吕秉仁《中国行政法院的沿革》刊于《社会科学学报》第 1 期。

费孝通《农村劳力的利用》刊于《社会科学学报》第 1 期。

王赣愚《马克维尼的政治思想》刊于《社会科学学报》第 1 期。

巫宝三《农业与经济变动》刊于《社会科学》第 3 卷第 1 期。

何之硕《合作银行与农业金融》刊于《社会旬报》第 7 期。

毛震旦《改善农民生活唯有提倡农村利用合作》刊于《社会旬报》第 12 期。

秦亚修《农村建设的现实问题》刊于《社会旬报》第 19 期。

高雪汀《中国农民运动》刊于《社会旬报》第 19 期。

高雪汀《国民革命与农民运动》刊于《社会旬报》第 20 期。

孔令谷《汉章草木简发见于宋》刊于《说文月刊》第 2 卷第 10 期。

朱锦江《古代艺术中所见之羽翼图腾考——中华民族文艺思想史稿之一节》刊于《说文月刊》第 3 卷第 1 期。

刘文炳《入声研究与太原盆地人读入声》刊于《说文月刊》第 3 卷第 1 期。

十穗《白鱼与白龙》刊于《说文月刊》第 3 卷第 1 期。

刘节《研究中国语言文字的新路径》刊于《说文月刊》第 3 卷第 1 期。

金祖同《孔德所藏卜辞写本录副》刊于《说文月刊》第 3 卷第 1 期。

孔令谷《冯夷——伏羲》刊于《说文月刊》第 3 卷第 1 期。

陈之亮《西南采风录》刊于《说文月刊》第 3 卷第 1 期。

陈直《古泉杂考》刊于《说文月刊》第 3 卷第 1 期。

蔡凤圻《广"疑形声"》刊于《说文月刊》第 3 卷第 1 期。

符志光《我在北婆罗洲购得柴窑之考证》刊于《说文月刊》第 3 卷第 1 期。

穆文富《谈回回法》刊于《说文月刊》第 3 卷第 1 期。

卫聚贤《史记吴世家注(二)》刊于《说文月刊》第 3 卷第 2—3 期。

令谷《断发解》刊于《说文月刊》第 3 卷第 2—3 期。

马衡《中国字体之变迁》刊于《说文月刊》第 3 卷第 2—3 期。

君诒《唐绝句唱法》刊于《说文月刊》第 3 卷第 2—3 期。

汤晓非《秦汉币制之演变及其理论之争议》刊于《说文月刊》第 3 卷第 2—3 期。

杜甏庐《于氏鸳鸯七志斋藏石目记》刊于《说文月刊》第 3 卷第 2—3 期。

陈准《绳甫所刻书小记》刊于《说文月刊》第 3 卷第 2—3 期。

萧一山《清代之学风》刊于《说文月刊》第 3 卷第 2—3 期。

孔令谷《考古者鉴别古史问题》刊于《说文月刊》第 3 卷第 2—3 期。

胡理兹《孔门弟子的思想》刊于《说文月刊》第 3 卷第 2—3 期。

庄学本的《罗罗文字的研究》刊于《说文月刊》第 3 卷第 2—3 期。

孙次舟《章实斋著述流传谱》刊于《说文月刊》第 3 卷第 2—3 期。

金祖同《蒲氏家谱及其他》刊于《说文月刊》第 3 卷第 2—3 期。

十穗《学人与经济之才》刊于《说文月刊》第 3 卷第 2—3 期。

蔡凤圻《周易里的"中""正"学说》刊于《说文月刊》第 3 卷第 2—3 期。

陈之亮《东陇徭之礼俗与传说》刊于《说文月刊》第 3 卷第 2—3 期。

杨无恙《木兰诗考》刊于《说文月刊》第 3 卷第 2—3 期。

卫聚贤《巴蜀文化》刊于《说文月刊》第 3 卷第 4 期。

郭沫若《关于发现汉墓的经过》刊于《说文月刊》第 3 卷第 4 期。

鲁智深《涪陵名称的由来》刊于《说文月刊》第 3 卷第 4 期。

常任侠《整理重庆江北汉墓遗物纪略》刊于《说文月刊》第 3 卷第 4 期。

金毓黻《中大历史学会试掘史迹纪事》刊于《说文月刊》第 3 卷第 4 期。

孙宗文《汉墓漫谭》刊于《说文月刊》第 3 卷第 4 期。

十德《蜀地识小录(一)》刊于《说文月刊》第 3 卷第 4 期。

严敦杰《汉规矩砖考》刊于《说文月刊》第 3 卷第 4 期。

十德《蜀地识小录(二)》刊于《说文月刊》第 3 卷第 4 期。

方欣安《谈葬制》刊于《说文月刊》第 3 卷第 4 期。

张希《云南昭通的汉墓》刊于《说文月刊》第 3 卷第 4 期。

常任侠《重庆附近之汉代三种墓葬》刊于《说文月刊》第 3 卷第 4 期。

金静庵《沙坪坝发现古墓纪事》刊于《说文月刊》第 3 卷第 4 期。

卫聚贤《汉左表墓石画说明书》刊于《说文月刊》第 3 卷第 4 期。

孔令谷《蜀胜志异录》刊于《说文月刊》第3卷第4期。

卫聚贤《汉代的重庆》刊于《说文月刊》第3卷第4期。

狄纳莫夫著，宗玮译《莎士比亚新论》刊于《戏剧春秋》第1卷第5期。

[苏]M.莫罗索夫著，秦似译《莎士比亚剧作在苏联舞台》刊于《戏剧春秋》第1卷第5期。

潘菽《简册杂记》刊于《青年中国季刊》第2卷第2期。

温若《元剧作家关汉卿马致远评述》刊于《北华月报》第1卷第5期。

郑允恭《一年来国际形势的演变》刊于《东方杂志》第38卷第1号"建国三十年纪念号"。

吴泽炎《中华民国建国三十年》刊于《东方杂志》第38卷第1号"建国三十年纪念号"。

史国英《建国第三十年为我高度歼日的年度》刊于《东方杂志》第38卷第1号"建国三十年纪念号"。

徐同邺《空军建军三十年》刊于《东方杂志》第38卷第1号"建国三十年纪念号"。

龙大均《中国与南洋联防问题》刊于《东方杂志》第38卷第1号"建国三十年纪念号"。

张道行《中华建国与远东均势》刊于《东方杂志》第38卷第1号"建国三十年纪念号"。

崔书琴《三十年来中国的国际地位》刊于《东方杂志》第38卷第1号"建国三十年纪念号"。

丘日庆《华侨的保护问题》刊于《东方杂志》第38卷第1号"建国三十年纪念号"。

陈韩笙《进步的三十年》刊于《东方杂志》第38卷第1号"建国三十年纪念号"。

陈铨《政治问题的基本条件》刊于《东方杂志》第38卷第1号"建国三十年纪念号"。

李毓田《中华民族之生存力》刊于《东方杂志》第38卷第1号"建国三十年纪念号"。

周鲸文《民国与民主政治》刊于《东方杂志》第38卷第1号"建国三十年纪念号"。

许性初《论中国富源与抗战》刊于《东方杂志》第38卷第1号"建国三十年纪念号"。

彭信威《民国建国中银行的地位》刊于《东方杂志》第38卷第1号"建国三十年纪念号"。

吴斐丹《建国中关于金融制度的基本问题》刊于《东方杂志》第38卷第1号"建国三十年纪念号"。

黄霖生《战时粮食公卖之批判》刊于《东方杂志》第38卷第1号"建国三十年纪念号"。

曾昭抡《中国学术的进展》刊于《东方杂志》第38卷第1号"建国三十年纪念号"。

按：是文曰："历史家会经指明，在古代国家当中，中国的文化，占着显著的地位。自从有史以来，直到十八世纪中叶，在文化和学术上，我们始终占有一种领袖的位置；虽然别国（如希腊罗马亚拉伯等）的文化，在某一时期内，甚至超过中国。在文学和哲学方面，一直到现在，我国还是为全世界所推崇。同样地，当近代大规模工艺尚未到临以前，我国的工艺，很受东西洋各国的崇拜。印刷，造纸，指南针，都是国人首先发明。最初使用火药的，或者也是中国人。在中古时期，欧洲对于中国瓷器的制造，还是钦羡不已。至于纯粹科学方面，至少对于数学一门，中国在古代，已经有了相当的研究。不幸因为地理环境的特殊，几千年来，我国从大体上来说，是和别国相隔绝，因此乏缺竞争的刺激，结果遂致近两百年内，反较西洋各国，落伍很远。原来可以领导世界的，反而需要从别国吸收文化。鸦片战争以后，一百年来，这种吸收，加速度地进行。到了今天，成绩很是不恶；虽然讲起物质文明来，我国较之欧美，还是落后有相当距离。"

是文指出："中国从西洋输入学术，并非始于鸦片战争时代。在这以前，在中国文化史上，至少有三件值得纪念的事件，和此方面有关。第一件是元初马可孛罗的来华。经过马氏的手，一部份西洋学术和技术,被介绍到中国来。就中尤以火器的制造和使用,具有历史上的意义。到了明朝中叶,距今约计三百年前,经徐文定公(光启)的提倡,西洋的历法,数学,天文,以及火器炸药的制造,得有机会,由天主教士,传入我国。后来清朝入关,南怀仁汤若望等,为着想推行传教,以天算历法说清帝,深得康熙的赏识。由此这些科学,在中国又得再进一步。……以前中国输入西洋学术,其目的不外增强政府的武力,以便树立武功,压制叛乱;或者是提高学术,粉饰太平。鸦片战争,却使中国认识了一种新的威胁,即是如果不亟图自强,便会受外国的欺凌,甚至有灭亡的危险。在这种新的认识之下,中国又从新输入西洋技术。当初在朝人士,缺乏新式头脑,还未想到此点。嗣后同治年间,太平天国平定以后,中兴名将曾国藩等,从战事经验,深悉新式武器的威力,明了中国的问题,非仿西洋方法,制造新式枪炮,不足以图生存。在他们主张之下,江南制造局,遂于一八六五年左右,在上海设立。……其他医学及农业两种实用科学,也被介绍进来。纯粹科学方面,物理(那时还叫做"格致")和化学,颇有几本译出,虽然数学,生物学,和地质学,似乎是被忽略了。……在江南制造局设置的时期,中国文化史上,另有两件值得注意的事;一件是新式学校的开办(以后引到科举制度的废除),一件是出洋留学生的派遣。"

　　而甲午战争的失败使一般爱国志士的思潮,转变了方向。"那次战败,我国政治的腐败,显然是主要的原因。……因此在一般青年当中,原来就很薄弱的对于科学及工业的兴趣,几乎完全转移到政治经济法律上去。结果不但研究科学的热诚,更趋消沉。连科学书籍的翻译,也变为不时髦,少有学者从事于这种工作。甲午战争所赐予我们另一方面不良的影响,是使许多青年,盲目地崇拜新兴的日本。拿留学生说,大批的学生,那时候涌到日本去留学,盼望从那里学到救中国的途径。……辛亥革命,民国成立,一般国民,热望着我国从此将进入新时代。不幸得很,北洋军阀,始终把持政局,而且彼此混战,造成不断的内乱。同时不久欧战爆发,强邻乘机压迫。在这种局面之下,一般青年的头脑,当然仍旧充满可'政治第一'的思想,由此科学仍然继续地被忽略着。……全盘说来,自江南制造局时代起,五十年内,为着种种原因,我国在科学上,始终无大进展,甚至可以说站着未动。同时在日本方面,则颇有长足的进步。一直到五四运动爆发(一九一九年)方才把青年们的志愿,一部分转移到科学上面去。伟大的'五四',在中国历史上,具有极重大的意义。"

　　"一九二六年,国民革命军自广东北伐,次年在南京成立国民政府,不久全国即告统一。跟着这种新局面的到临,我国学术界,随即也发生了根本的转变。……在一九三七年中日战争发生以前,国民党秉政十年的政绩当中,学术事业的空前发展,应当给予一种显著的地位。在这方面的成绩,主要地可分下列各点:

　　"(一)大学及专科学校的充实。革命军北伐以前,教育经费,异常支绌。教员生活,无法维持。全部教育文化事业,大有总崩溃的趋势。国民政府成立以后,不顾财政困难,立下决心,对于各校经费,决不拖欠,以令教员生活得到保障。同时责成各校当局,努力扩充设备,充实教授人选。此项政策推行以后,数年之间,成绩昭著。就中一部分国立大学(如清华大学北京大学中央大学等)在卢沟桥事变前夕,其图书馆仪器设备的丰富,并不下于欧美第二流大学。教学方面,学生程度,提高甚多。同时一部分教授,于教课之暇,率领学生进行研究。于是我们科学界,乃从仿效进入创作时期。

　　"(二)研究机关的设立。为着促进科学在中国的发展,国民政府,认为除充实各大学外,有设立专事科学研究的机关之必要。奠都南京的那年(一九二七)冬天,即通过设置'国立中央研究院';下设物理,化学,动植物,工程,心理,社会,及历史语言,七个研究所。各该研究所,不久旋即先后成立,积极进行工作。

　　"(三)专门学会的成立。我国科学方面的学术团体,历史最久的,要推一八八六年在上海成立的'博医会'。……严格的专门学会之成立,则大都在国民政府奠都南京以后,而且至少一部分系因政府提携而成。就中首先成立的,是于一九三二年在南京成立的'中国化学会'。嗣后两三年之内,先后相继成立的,有'中国物理学会''中国天文学会''中国植物学会'等等。学会的主要任务,当然是在于发行专门杂志,刊载各门科学里面确有价值的原著。在这方面,国内各专门学会,无疑地确能担负起来他们的任务。随着这些学会的成立,国人研究论著,已渐集中在本国各学会刊物上发表;不像以前一样,争以送到外国发表为荣。同时我国各学会和他们的刊物,也充分地受到国际的尊敬。

"(四)科学名词的编订。中国文学,与欧洲各国,相差太远。因此中文科学名词的编订,颇成一种重要问题。……国民政府成立以后,特有'国立编译馆'的设置。该馆得着新成立各专门学会的协助,自一九三二年起,不断致力于中文科学名词的审定与统一。十年来此种工作,未曾一日中断。即中日大战,亦未对之发生影响。目前已出版的名词,计有:'化学命名原则''物理学名词''矿物学名词'等十余种。其他各种名词,正在赶速编订审查中。此项工作,在中国文化史上,实在是一种划时代的事件。"

"全盘说来我国自设的研究机关及大学之有研究原著发表,始于一九二九年左右。自该时起,至'七七'事变发生时止,八年中间,中国学术的成就,实在惊人。我们甚至可以说这几年的成就,超过过去几千年。原来将中华民族认作不科学的民族的那些外国人,至此也不得不另眼相看。从横的方面说,我们不但在描写的科学(动物学,植物学,地质学),因为地方性关系,得著广博和优异的成绩;就是在实验科学(物理化学,生物学)和理论科学(数学,物理)两方面,所得到的结果,也不很差。从总的方面说,我们有些成就,很受到全世界的推崇。就中最显著的,是'北京人'的发现,被推为二十世纪最伟大的发现之一。中央研究院在安阳的发掘工作,亦极为国际考古学家所重视。"

赵廷炳《定性分析化学之进展趋势》刊于《东方杂志》第 38 卷第 1 号"建国三十年纪念号"。

庄兆祥《民元后本草研究之变迁》刊于《东方杂志》第 38 卷第 1 号"建国三十年纪念号"。

储玉坤《一九四一年的美日关系》刊于《东方杂志》第 38 卷第 1 号"建国三十年纪念号"。

张明南译《日本怎样觊觎荷印》刊于《东方杂志》第 38 卷第 1 号"建国三十年纪念号"。

张明养《美国将卷入战争吗》刊于《东方杂志》第 38 卷第 2 号。

吴泽炎《海权与陆权的决战》刊于《东方杂志》第 38 卷第 2 号。

李泽珍《建国三十年与中国妇女运动》刊于《东方杂志》第 38 卷第 2 号。

孙本文《中国人口品质问题之研究(中)》刊于《东方杂志》第 38 卷第 2 号。

萧文哲《论增进行政效率》刊于《东方杂志》第 38 卷第 2 号。

朱博能《省县财政关系问题》刊于《东方杂志》第 38 卷第 2 号。

邵介《成都平原的水利》刊于《东方杂志》第 38 卷第 2 号。

周尚《日本人体格改善问题》刊于《东方杂志》第 38 卷第 2 号。

陈独秀《禹治九河考》刊于《东方杂志》第 38 卷第 2 号。

吴泽炎《美国加紧援助民主国家》刊于《东方杂志》第 38 卷第 3 号。

孙本文《中国人口品质问题之研究(下)》刊于《东方杂志》第 38 卷第 3 号。

杨家骆《书目问答之影响及其新撰本》刊于《东方杂志》第 38 卷第 3 号。

苏醒之《世界报业的近况》刊于《东方杂志》第 38 卷第 3 号。

李励文《中国人和荷印》刊于《东方杂志》第 38 卷第 3 号。

罗莘田《昆明话和国语的异同》刊于《东方杂志》第 38 卷第 3 号。

黄霖生《战时粮食公卖之具体方策》刊于《东方杂志》第 38 卷第 4 号。

徐同邺《中国工业化之先决条件》刊于《东方杂志》第 38 卷第 4 号。

端木蕻良《中国三十年来之文学流变》刊于《东方杂志》第 38 卷第 4 号。

冷亮《中藏关系论》刊于《东方杂志》第 38 卷第 4 号。

丘瑾璋《门罗主义的回顾与前瞻》刊于《东方杂志》第 38 卷第 4 号。

朱偰《我国运用外汇平准基金之新阶段》刊于《东方杂志》第 38 卷第 5 号。

陈城《物价问题与吾国战时稳定物价之方策》刊于《东方杂志》第 38 卷第 5 号。

储玉坤《从巴尔干战争说到德苏关系》刊于《东方杂志》第 38 卷第 5 号。

赵自强《欧洲的黑幕》刊于《东方杂志》第 38 卷第 5 号。

谢君哲《平抑物价的中心问题》刊于《东方杂志》第 38 卷第 5 号。

沈玉清《论儒家的法律观》刊于《东方杂志》第 38 卷第 5 号。

刘朗泉《中英票据法异同考》刊于《东方杂志》第 38 卷第 5 号。

吴泽炎《巴尔干局势和欧洲新形势》刊于《东方杂志》第 38 卷第 6 号。

罗梦册《中国历史走到了西洋历史的前头》刊于《东方杂志》第 38 卷第 6 号。

贺益文《黔北柞蚕事业的过去和现在》刊于《东方杂志》第 38 卷第 6 号。

郎擎霄《广东东江社会风俗概观》刊于《东方杂志》第 38 卷第 6 号。

沈玉清《读"葛雷（R. Gray）氏法律定义"后》刊于《东方杂志》第 38 卷第 6 号。

颜虚心《法国东方学之亚洲古代地理学》刊于《东方杂志》第 38 卷第 6 号。

君珠《蒋委员长新生活运动七周年纪念广播演词》刊于《东方杂志》第 38 卷第 6 号。

刘涤源《通货膨胀和战时财政》刊于《东方杂志》第 38 卷第 7 号。

田文彬《田赋改征实物问题》刊于《东方杂志》第 38 卷第 7 号。

史可京《中国计划经济的途径》刊于《东方杂志》第 38 卷第 7 号。

高素明《赣南过渡运动》刊于《东方杂志》第 38 卷第 7 号。

葛培根《世界天然资源论》刊于《东方杂志》第 38 卷第 7 号。

陈柱尊《楷书詹言》刊于《东方杂志》第 38 卷第 7 号。

张明养《太平洋英美联防的前途》刊于《东方杂志》第 38 卷第 8 号。

吴泽炎《在崩溃途中的意大利海外帝国》刊于《东方杂志》第 38 卷第 8 号。

朱偰《抗战进入第四年度财政之展望》刊于《东方杂志》第 38 卷第 8 号。

张白衣《中日战争与精神总动员》刊于《东方杂志》第 38 卷第 8 号。

丘瑾璋《罗斯福与丘吉尔》刊于《东方杂志》第 38 卷第 8 号。

萧承禄《我国现行遗产税制度之检讨》刊于《东方杂志》第 38 卷第 8 号。

王名元《中国古代贝币考》刊于《东方杂志》第 38 卷第 8 号。

东序《美总统援助民主国家的演说》刊于《东方杂志》第 38 卷第 8 号。

愚公《苏日签订中立条约以后》刊于《东方杂志》第 38 卷第 9 号。

北溟《苏日协定后的太平洋局势》刊于《东方杂志》第 38 卷第 9 号。

汉南《苏日签订协定后的动向》刊于《东方杂志》第 38 卷第 9 号。

姜季辛《日本南进政策与菲律宾》刊于《东方杂志》第 38 卷第 9 号。

张柳云《世界大战中之苏联》刊于《东方杂志》第 38 卷第 9 号。

［日］铃木东民著，任真汉译《轴心国家对苏外交》刊于《东方杂志》第 38 卷第 9 号。

闵天培《行政三联制下之国防建设》刊于《东方杂志》第 38 卷第 9 号。

李季《两宋乞和的教训》刊于《东方杂志》第 38 卷第 9 号。

胡达《大西洋之战与美国》刊于《东方杂志》第 38 卷第 10 号。

储玉坤《从苏日关系说到太平洋战争》刊于《东方杂志》第 38 卷第 10 号。

徐同邺《近年来之空军思潮》刊于《东方杂志》第 38 卷第 10 号。

李式金《青康自然区之划分及其对人生之影响》刊于《东方杂志》第 38 卷第 10 号。

金受仲《清代书法述略》刊于《东方杂志》第 38 卷第 10 号。

黄缘芳《刘东生的"月下老问世间配偶"杂剧》刊于《东方杂志》第 38 卷第 10 号。

崔实堷《行政学的研究方法》刊于《东方杂志》第 38 卷第 10 号。

黄霖生《巴尔干战事失利的检讨》刊于《东方杂志》第 38 卷第 11 号。

邵介《英国的大陆封锁政策》刊于《东方杂志》第 38 卷第 11 号。

汪家祯译《一九一四年和一九四〇年的德军战略》刊于《东方杂志》第 38 卷第 11 号。

冼玉清《清季海军之回溯》刊于《东方杂志》第 38 卷第 11 号。

封志豪《中国之畜牧业》刊于《东方杂志》第 38 卷第 11 号。

沈仪彬《建设女子中心思想的建议》刊于《东方杂志》第 38 卷第 12 号。

汪家祯《欧洲新秩序引论》刊于《东方杂志》第 38 卷第 12 号。

苏醒之《中外通讯社的近况》刊于《东方杂志》第 38 卷第 12 号。

王景春《新汉字检字法》刊于《东方杂志》第 38 卷第 12 号。

陈励途《都江堰的水利工程》刊于《东方杂志》第 38 卷第 12 号。

朱正《法律教育之建设》刊于《东方杂志》第 38 卷第 12 号。

吴泽炎《德苏关系的阴影》刊于《东方杂志》第 38 卷第 13 号。

龙大均《德苏战机的爆发点》刊于《东方杂志》第 38 卷第 13 号。

黄霖生《菲岛对日政策与禁运》刊于《东方杂志》第 38 卷第 13 号。

朱君毅《中国之统计事业》刊于《东方杂志》第 38 卷第 13 号。

李毓田《中国抗战与世界变局》刊于《东方杂志》第 38 卷第 13 号。

董霖《中国国籍法之研究》刊于《东方杂志》第 38 卷第 13 号。

唐表民《法律是什么》刊于《东方杂志》第 38 卷第 13 号。

谢君哲《强制保险与战时经济》刊于《东方杂志》第 38 卷第 13 号。

许性初《论新外汇平准基金》刊于《东方杂志》第 38 卷第 13 号。

杜若君《苏日关系之经济的界限》刊于《东方杂志》第 38 卷第 13 号。

郑允恭《德苏战争与远东》刊于《东方杂志》第 38 卷第 14 号。

吴泽炎《德苏战争的展望》刊于《东方杂志》第 38 卷第 14 号。

李毓田《民主与法西斯之胜负分歧点》刊于《东方杂志》第 38 卷第 14 号。

龙大均《苏德战争与远东局势》刊于《东方杂志》第 38 卷第 14 号。

储玉坤《美国参战问题的研究》刊于《东方杂志》第 38 卷第 14 号。

徐同郮《近东石油的争夺战》刊于《东方杂志》第 38 卷第 14 号。

韩槐准《在国外发见之魏神符陶壶研究》刊于《东方杂志》第 38 卷第 14 号。

梁谦武《游粤北仁化丹霞山》刊于《东方杂志》第 38 卷第 14 号。

冷亮《西藏宗教与政治之关系》刊于《东方杂志》第 38 卷第 14 号。

张明养《英苏协定后的欧洲局势》刊于《东方杂志》第 38 卷第 15 号"日本内幕专号"。

吴泽炎《德国侵苏后的欧洲战局》刊于《东方杂志》第 38 卷第 15 号"日本内幕专号"。

黄霖生《苏联国防资源的危机》刊于《东方杂志》第 38 卷第 15 号"日本内幕专号"。

龚德柏《日本粮食问题的剖视》刊于《东方杂志》第 38 卷第 15 号"日本内幕专号"。

黄霖生《日本战时人口奖励方策》刊于《东方杂志》第 38 卷第 15 号"日本内幕专号"。

张廷铮《日本外交政策的背后》刊于《东方杂志》第 38 卷第 15 号"日本内幕专号"。

庄兆祥《日译本草物名之谬误及其纠正法》刊于《东方杂志》第 38 卷第 15 号"日本内幕专号"。

陈潮中《论日本南进与荷印谈判之归趋》刊于《东方杂志》第 38 卷第 15 号"日本内幕专号"。

林焕平《一年来日本政治的演变》刊于《东方杂志》第 38 卷第 15 号"日本内幕专号"。

麦穗《战时日本的物价与国民生活》刊于《东方杂志》第 38 卷第 15 号"日本内幕专号"。

谢君哲《日军阀跋扈的前因后果》刊于《东方杂志》第 38 卷第 15 号"日本内幕专号"。

郑允恭《日侵越南与经济制裁》刊于《东方杂志》第 38 卷第 16 号。

陈铭枢《历史歧途中的日本》刊于《东方杂志》第 38 卷第 16 号。

储玉坤《德苏战争与世界大势》刊于《东方杂志》第 38 卷第 16 号。

李树青《旧农业与新农业》刊于《东方杂志》第 38 卷第 16 号。

罗梦册《论中国史之整理与重建》刊于《东方杂志》第 38 卷第 16 号。

冯河清《日本的新体制运动概观》刊于《东方杂志》第 38 卷第 16 号。

萧隽英《战时日本政治的演变》刊于《东方杂志》第 38 卷第 16 号。

魏友棐《美国冻结德意资金》刊于《东方杂志》第 38 卷第 16 号。

徐同邺《举足轻重的土耳其》刊于《东方杂志》第 38 卷第 16 号。

君珠《第四年抗战经过》刊于《东方杂志》第 38 卷第 16 号。

吴泽炎《英美联合宣言八原则》刊于《东方杂志》第 38 卷第 17 号。

黄霖生《苏联的社会战略》刊于《东方杂志》第 38 卷第 17 号。

徐同邺《美日在太平洋之战略形势》刊于《东方杂志》第 38 卷第 17 号。

陈潮中《"苏波协定"的意义》刊于《东方杂志》第 38 卷第 17 号。

陈盛清《战时的民事诉讼》刊于《东方杂志》第 38 卷第 17 号。

萧文哲《战区各省政府设置行署之检讨》刊于《东方杂志》第 38 卷第 17 号。

费孝通《种族绵续的保障——生育制度的功能》刊于《东方杂志》第 38 卷第 17 号。

周子亚《近东形势》刊于《东方杂志》第 38 卷第 17 号。

郑允恭《太平洋问题的总解决》刊于《东方杂志》第 38 卷第 18 号。

吴泽炎《战局新形势中美国的责任》刊于《东方杂志》第 38 卷第 18 号。

龙大均《美日会议的透视》刊于《东方杂志》第 38 卷第 18 号。

罗梦册《世界战争与世界政治》刊于《东方杂志》第 38 卷第 18 号。

陈盛清《战时的形势诉讼》刊于《东方杂志》第 38 卷第 18 号。

闵天培《如何训练税务人员之建议》刊于《东方杂志》第 38 卷第 18 号。

王达三《现代我国合作事业之评述》刊于《东方杂志》第 38 卷第 18 号。

徐同邺《侵华四年之日本空军》刊于《东方杂志》第 38 卷第 18 号。

吴泽炎《美日谈判与中国战时外交》刊于《东方杂志》第 38 卷第 19 号。

储玉坤《欧洲两年》刊于《东方杂志》第 38 卷第 19 号。

林焕平《十年来的日本政治》刊于《东方杂志》第 38 卷第 19 号。

徐同邺《如何建成国产汽油工业》刊于《东方杂志》第 38 卷第 19 号。

赵曾珏《飞机与空军之全能化》刊于《东方杂志》第 38 卷第 19 号。

吴顾毓《修订户籍法之商榷》刊于《东方杂志》第 38 卷第 19 号。

谢君哲《战时储粮与农业仓库》刊于《东方杂志》第 38 卷第 19 号。

吕金录《论中国人的私德与公德》刊于《东方杂志》第 38 卷第 20 号。

姜季辛《中国今日非南宋明末论》刊于《东方杂志》第 38 卷第 20 号。

陈潮中《德意日同盟阵线与中美英苏联合战线的剖视》刊于《东方杂志》第 38 卷第 20 号。

徐同邺《日本南进声中的太平洋委治地》刊于《东方杂志》第 38 卷第 20 号。

费孝通《双系抚育的确立》刊于《东方杂志》第 38 卷第 20 号。

张明南《原子研究的新进步》刊于《东方杂志》第 38 卷第 20 号。

吴泽炎《苏德军事新形势》刊于《东方杂志》第 38 卷第 21 号。

张明养《东条内阁的动向》刊于《东方杂志》第 38 卷第 21 号。

李毓田《莫斯科之战》刊于《东方杂志》第 38 卷第 21 号。

黄霖生《莫斯科会战的展望》刊于《东方杂志》第 38 卷第 21 号。

史国英《各个击破侵略阵线的良机》刊于《东方杂志》第 38 卷第 21 号。

徐同邺《风云际会之澳洲联邦》刊于《东方杂志》第 38 卷第 21 号。

陈盛清《论乡镇民代表会》刊于《东方杂志》第 38 卷第 21 号。

胡令闻《论王鹤亭之灰土代水泥》刊于《东方杂志》第 38 卷第 21 号。

弘贤《西北之林木与军事用材》刊于《东方杂志》第 38 卷第 21 号。

费孝通《夫妇之间》刊于《东方杂志》第 38 卷第 21 号。

朱偰《太平天国翼王石达开死事考》刊于《东方杂志》第 38 卷第 21 号。

郑允恭《美国修正中立法以后》刊于《东方杂志》第 38 卷第 22 号。

吴泽炎《太平洋风云中的中心问题》刊于《东方杂志》第 38 卷第 22 号。

黄霖生《日本战时金融的破局》刊于《东方杂志》第 38 卷第 22 号。

史国英《湘北大捷的重演和今后的展望》刊于《东方杂志》第 38 卷第 22 号。

李德培《现行县长任用制度述评》刊于《东方杂志》第 38 卷第 22 号。

陈盛清《论县市参议会》刊于《东方杂志》第 38 卷第 22 号。

朱博能《论现行保甲制度》刊于《东方杂志》第 38 卷第 22 号。

赵恩赐《营养素与康健》刊于《东方杂志》第 38 卷第 22 号。

罗莘田《查尔默的汉语入声声尾说》刊于《东方杂志》第 38 卷第 22 号。

匡焕葆《教育行政学术化之必要及其途径》刊于《安徽政治》第 4 卷第 4 期。

刘振东《学术与政治》刊于《安徽政治》第 4 卷第 5—6 期合刊。

按：是文认为："学术的盛衰为政治隆污的根本""数十年来，中国政治之所以日趋于腐败，国家元气之所以日趋于消散，学术之沦丧，是其根本原因。研究国学的人，只知抱残守缺，斤斤于一师之私议，不但不能采取欧美之所长，以光大中国之国学，即承袭旧有之学术，亦不胜其负荷。新进士子，徒效欧美之皮毛，从事于零星知识之贩卖，未见有融会中西学术，屹然自立，以为学子之导师者。今日而欲奠定新中国长治久安的基础，必以提倡学术为不二法门。今日而欲求中国政治的清明，亦必以提倡学术为第一要着。建国大业，万绪千端，既非不学无术之人所能胜任，而中外几千年历史的教训，更昭吾人学术之盛衰，为政治隆污的根本，则兴学立教以育人才而美风俗，诚今日之先务矣。"

是文进而指出了"发展中国学术的途径""新中国学术之发展，既须发扬国光，整理国学，又须博采西洋文明的精华，治中外于一炉，以造成高明博厚之新文明。在我的意见，至少有下列五点，必须兼顾""一学术要全民化。我们要想发展学术，以奠定民主政治的坚实基础，必须先将学术全民化，而后始可树不拔之基""二学术要民族化。民族复兴的先务,在于恢复民族的自尊心与自信心,而民族自尊心与自信心之恢复,必须先从学术作起""三学术要实用化科学化。中国学术,向主实用,开务成物,古有明训,故曰'六学者,王道之典籍,先王所以明天道,正人伦,致至治之法也''朝廷礼乐之事,皆在于学,士所观而习者,皆先王之法言法行,治天下之意,苟不可以为天下国家之用,而不教也,苟可以为天下国家之用,则无不在于学'""四治学与修德并重。治学与修德并重,这是中华文明独有的优点,值得大书特书,值得发扬光大。……王阳明先生说:'知之真切笃实处即是行,行之明觉精察处即是知'。……中华民族五千年继续承受的文明,以此'内圣外王'之学为生命力,而新中国学术的发达,更必以恢复此种民族道德为起点""五学术要博大精神。今日中国学术界之大弊有三,曰偏狭,曰空疏,曰妄诞……三弊不除,不足以谈学术,且将促民族之灭亡也"。

　　黄照熹《论建立学术中心问题》刊于《国防周报》第3卷第6期。

　　谢元范《论今日大学的学术空气》刊于《青年之声》第3卷第1期。

　　许涤新《一九四零年中国经济的鸟瞰》刊于《群众》第5卷第17—18期。

　　刘希宁《一年来的日本》刊于《群众》第5卷第17—18期。

　　瀚若《粮食问题的症结及其对策》刊于《群众》第5卷第17—18期。

　　焦敏之译《帝国主义时代的英德矛盾》刊于《群众》第5卷第17—18期。

　　高等教育季刊《发刊源起》刊于《高等教育季刊》第1卷第1期。

　　按:《高等教育季刊》,1941年3月在重庆创刊,是国民党政府重庆高等教育季刊社主办的研究中外高等教育的学术刊物。从《高等教育季刊》创刊号版权页的信息可以看出,这份刊物的编辑者为"高等教育季刊社",发行者为中华书局,印刷者为位于香港九龙北帝街的"中华书局香港分厂",发行所为中华书局重庆分局及中华书局各埠分局。每年出4期,"分别在三、六、九、十二等四月内出版"。在其《本刊征稿简则》中,第一条就表明了其办刊宗旨"办刊以商榷高等教育之理法,增进高等教育之效率,暨阐扬部定关于学术文化之方针,提倡学术研究之风气为宗旨"。对于来稿内容则约定(第二条 本刊欢迎有关下列各项之稿件):"1.高等教育理论之阐发;2.高等教育政策之探讨;3.各国高等教育状况之介绍;4.专科以上学校设施之研究;5.专科以上学校课程、教材、教法、暨训导问题之讨论;6.国内外高等教育动态,学术研究消息,及国际文化消息之记述;7.大学用书之批评与介绍;8.高等教育法令之辑要。"其撰稿人多为全国高等学校教授、学者,如朱自清、朱光潜、魏建功、阮真、庄泽宣、潘天寿、姜亮夫、张云谷等人。1943年12月,出自3卷第4期停刊。

　　《发刊源起》曰:"高等教育之职能,在于研讨专门学术,发扬民族文化。处兹抗战建国期中,所负使命,尤为艰巨;举凡建国干部之培养,高级技术人才之训练,与夫学术专家之造就,胥为高等教育分内事。从而专科以上院校科系之设施,如何始能与建国需要相配合?所定课程,所采教材,如何始能达到各类型专科以上学校之特殊目标?教学训导诸事,如何始能获致最有效之成果?如何始能尽纳青年学子于轨物,蔚为国家民族迫切期待之长才?在在均有待于缜密商讨,尤贵乎有定期专刊之编辑,以为切磋琢磨之核心。"

　　"回溯近三十年来,南北学者在学术上之成就颇多,抗战军兴以还,初亦未尝稍懈。其研究心得,实验结果之可公诸国内外学术界者,当不在少。徒以交通阻滞,印刷困难,往往湮没无闻;为倡导学术研究,以贡献民族国家计,对于国内学术研究消息,最须随时露布,以相砥砺。至如欧美各国之高等教育设施,其可供国人借鉴者,即有待于详为介绍,世界学者之伟大成就,尤应随时移译,以为国人报告,用尽愤诽启发之功,是又皆非编印定期专刊,无以尽攻错他山之能事。"

　　"频年以来,国人编印之初等教育,中等教育或教育研究之定期刊物,颇不在少,独于高等教育方面,尚未多觏。针对时需,爰有高等教育季刊之编印,以商榷高等教育之原理与方法,增进高等教育之效率,阐扬国家既定之学术文化方针,并提倡学术研究之风气。惟兹事体大,深愿当代贤达,不吝赐助,俾斯刊得以发荣滋长,成为策进我国高等教育之权威刊物,则幸甚矣。"

陈立夫《大建设时期中之文化建设》刊于《高等教育季刊》第1卷第1期。

朱光潜《从教育部的几种新政谈到功令与学风》刊于《高等教育季刊》第1卷第1期。

邱椿《大学教育的一个新动向》刊于《高等教育季刊》第1卷第1期。

姜琦《大学之导师制度》刊于《高等教育季刊》第1卷第1期。

陈东原《论我国大学教员之资格标准及聘任制度》刊于《高等教育季刊》第1卷第1期。

卢于道《科学教育的实施及推进问题》刊于《高等教育季刊》第1卷第1期。

孙晓楼《改进我国法律教育之商榷》刊于《高等教育季刊》第1卷第1期。

黎锦熙《大学国文系课程实施纲要》刊于《高等教育季刊》第1卷第1期。

舒新城《二十五年前的高师学生生活》刊于《高等教育季刊》第1卷第1期。

戴应观《现阶段中学教育与高等教育间存在之矛盾及其消除之拟议》刊于《高等教育季刊》第1卷第1期。

艾伟《学术研究与行政设施》刊于《高等教育季刊》第1卷第1期。

刘仙洲《我国学术研究之回顾与前瞻》刊于《高等教育季刊》第1卷第1期。

按：是文认为，学术对国家及民族的发展至关重要，"国家各方面之事业，多以学术为其基础。学术之程度高者，各种事业必比较易于发展。否则如无源之水，其流易竭。即使能勉强维持现状，亦极难有进步之可言。……故欲求国家各种事业之独立前进，非先求各种学术之独立发展不可。至于一民族在全人类中之地位，亦多以其民族学术上之地位判其高下。其民族对于全人类整个学术之贡献多者，则必为人所敬重。……总而言之，学术之高下，对于国家民族，无论就事业方面而言，或就精神方面言，均有极重大之关系。故提高学术至少应为建国前途极重要事项之一种。"

在回顾我国学术研究的发展进程时，是文分为四个阶段来加以回顾：1."吾国自周秦至明末学术发展概况"；2."自明末至前清中叶吾国学术之变化"；3."第二次吸收西洋学术及其影响"；4."施行新式教育以后吾国学术进展情形"。并肯定了实施新教育以来的我国的学术发展："可知吾国自施行新式教育以来，专科以上学校之数目已达一〇一所(据二十八年教育部统计实发表之统计)，至于研究院所之组织，在战前全国计有廿六个研究所，四十五个学部。抗战军兴以后，虽稍停顿，嗣经行政当局的调查，至二十八年度国立各院校已设有十八个研究所三十三个学部。在四十五年之历史中，组织上之进展不为不速。……虽各研究院所，实际上只有十余年之历史，但其成绩，亦已有相当之表现。特别在具有地方性之各部门。如地质，气象，生物；历史研究中之考古一部分；营造学社中之中国古代建筑一部分；药物学研究中之中药一部分；均大体达到世界学术界之水平线。惟不具地方性之各部门，显然尚不能与先进国并驾齐驱。但在抗战以前三数年中，在外国著名专科杂志上发表论文者，已日渐加多。倘稍假以时日，一面更改善其环境，充实其设备，则一二十年以后，似亦不难迎头赶上也。"

至于我国过去对于学术进展上之阻力，是文指出了以下几点：1."自汉武帝专崇儒术罢黜百家以后，学者思想，多被古人所拘，历代帝王，亦多袭用其故智。……此种过于被古人所拘之情形实为学术进展上之阻力"；2."自孔孟以来，吾国所谓学术即偏重社会科学一方面。自然科学一方面，虽间有表现，但始终似未列入学术范围以内"；3."自孟子发表距杨墨之言论以后，历代儒者，多具有排斥异端之成见。以为不如是不足以附于圣人之徒。故每有吸收外来学术之机会，即有一部分人士加以反对，使之不能进展"；4."吾国旧日学者，多具'道与艺'或'形而上与形而下'之成见。以为读书人研究之对象，只有'道'或'形而上学'，结果遂多轻视自然科学及应用科学。"

是文指出："吾国过去学术上之变化，每与外患之刺激有相当之关系。……而此之全面抗战，对于吾国家吾民族前途之意义亦特别重大。抗战胜利以后，各种事业必一律振兴。其有赖于各种学术以建其基础者，亦必较过去任何时代为尤殷。故吾国政府此时，应特别对于各种学术加以有计划的提倡。"具体的"提高学术之途径"为：1."政府应确定政策。认吾国将来各种事业之发展，均以将来各种学术之程度如何为其基础。且不但建国需要较高之学术，即现在抗战，亦需要较高之学术。故对于此事应特别予以重视。"2."按吾国目下之情形言,所有大学之数目及研究院所之数目已不为少。故在一定期间以内,除对于抗战建国前途有急切之需要,而为前此各大学及各研究院所所无者,……暂行停止对于'量'上之扩充";3."奖励研究学术之风气";4."避免使长于研究学术之学者改任行政";5."尽量扩充国立编译馆之工作范围,并增加经费,自设印刷所,使完成其应负之使命";6."整理吾国旧学术。吾国数千年来之学术,自有其相当之价值,惟多不科学化。吸收外国学术未达到相当之程度时,则整理之方法,或不适当判断之眼光或不正确。故欲有效的整理吾国固有之学术,亦有赖于吸收新学术。"

汪元臣《中国医学教育之现状及其改进》刊于《高等教育季刊》第 1 卷第 1 期。

朱锦江《大学各学院通修国文教学之商榷》刊于《高等教育季刊》第 1 卷第 1 期。

陆殿扬《世界英语教学声中的 V. L. 和 T. S. 运动》刊于《高等教育季刊》第 1 卷第 1 期。

程克敬《师范学院心理学课程之商榷》刊于《高等教育季刊》第 1 卷第 1 期。

沙学浚《中学地理师资之训练》刊于《高等教育季刊》第 1 卷第 1 期。

黄龙先《二十九年之统考》刊于《高等教育季刊》第 1 卷第 1 期。

沈灌群《廿九年度统考录取学生成绩之初步研究》刊于《高等教育季刊》第 1 卷第 1 期。

翁之达《毕业会考与统一招生》刊于《高等教育季刊》第 1 卷第 1 期。

王万钟《根据孙文学说推论高等教育》刊于《高等教育季刊》第 1 卷第 1 期。

张洪远《大学理学院之使命》刊于《高等教育季刊》第 1 卷第 1 期。

钟道赞《专科教育之问题》刊于《高等教育季刊》第 1 卷第 1 期。

周厚复《国内化学研究的展望》刊于《高等教育季刊》第 1 卷第 1 期。

郝更生《体育学术界当前的问题》刊于《高等教育季刊》第 1 卷第 1 期。

朱师逊《从现行法令上讨论专科以上学校行政组织各单位职权的划分》刊于《高等教育季刊》第 1 卷第 1 期。

边理庭《抗战以来高等教育行政的新设施》刊于《高等教育季刊》第 1 卷第 1 期。

雷宝南《导师制在哈佛大学三百年间的演化》刊于《高等教育季刊》第 1 卷第 1 期。

沈怡《中国工业化的基本问题之一——训练技术干部》刊于《高等教育季刊》第 1 卷第 1 期。

陈立夫《教育宗旨释义》刊于《高等教育季刊》第 1 卷第 3 期。

朱自清《论大学共同必修科目》刊于《高等教育季刊》第 1 卷第 3 期。

马洗繁《论改进部分大学学科目表之原因并试拟中大注学院各系科目表》刊于《高等教育季刊》第 1 卷第 3 期。

潘菽《关于部分大学科目表几点原则的商榷兼论理学院心理学系科目表》刊于《高等教育季刊》第 1 卷第 3 期。

姜琦《我国大学课程之基本原则》刊于《高等教育季刊》第 1 卷第 3 期。

朱光潜《文学院课程之检讨》刊于《高等教育季刊》第 1 卷第 3 期。

杨端六《法学院课程之检讨》刊于《高等教育季刊》第 1 卷第 3 期。

李炳焕《商学院课程之检讨》刊于《高等教育季刊》第 1 卷第 3 期。

卢于道《理学院课程之检讨》刊于《高等教育季刊》第 1 卷第 3 期。

刘仙洲《对于我国大学工学院课程的几点意见》刊于《高等教育季刊》第 1 卷第 3 期。

章之汶《对于大学农学院课程标准之检讨》刊于《高等教育季刊》第 1 卷第 3 期。

徐诵明《医学院及医科暂行科目表之检讨》刊于《高等教育季刊》第 1 卷第 3 期。

毛礼锐《师范学院课程之商榷》刊于《高等教育季刊》第 1 卷第 3 期。

沈灌群《部定师范学院科目表之检讨》刊于《高等教育季刊》第 1 卷第 3 期。

林天兰《大学课程中之三民主义》刊于《高等教育季刊》第 1 卷第 3 期。

阮真《如何训练中学国文科最适合的师资》刊于《高等教育季刊》第 1 卷第 3 期。

梁实秋《论外国语文系及其课程》刊于《高等教育季刊》第 1 卷第 3 期。

黎东方《历史系课程的问题所在——实习》刊于《高等教育季刊》第 1 卷第 3 期。

张洪沅《对于部分大学化学系及化学工程系课程规定之检讨》刊于《高等教育季刊》第 1 卷第 3 期。

周绍濂、李仲珩《大学数学系课程内容商榷》刊于《高等教育季刊》第 1 卷第 3 期。

左敬如《英美大学文理二科课程述略》刊于《高等教育季刊》第 1 卷第 3 期。

黄龙先《我国大学课程之演进》刊于《高等教育季刊》第 1 卷第 3 期。

边理庭《各机关学校对于部分科目表意见的选辑》刊于《高等教育季刊》第 1 卷第 3 期。

宋介《于复兴东方文化之旗帜下吾人对于西方文化应取之态度》刊于《教育学报（中华民国教育总会）》第 7 期。

罗庆山《中国三十年来教育宗旨之变迁》刊于《教育学报（中华民国教育总会）》第 7 期。

李牧白《日本青年教育的特殊精神》刊于《教育学报（中华民国教育总会）》第 7 期。

苏益信《顽童教育问题》刊于《教育学报（中华民国教育总会）》第 7 期。

梁瑞甫《中国新教育实施的过去与未来》刊于《教育学报（中华民国教育总会）》第 7 期。

芥青《小学高级国语科读书教学过程之理论与实际》刊于《教育学报（中华民国教育总会）》第 7 期。

齐宣《教育人员之进修与图教育》刊于《教育学报（中华民国教育总会）》第 7 期。

常坚如《教育与实用》刊于《教育学报（中华民国教育总会）》第 7 期。

葛幼卿《人格陶冶与教育》刊于《教育学报（中华民国教育总会）》第 7 期。

祁森焕《最近日本初等教育制度之改革》刊于《教育学报（中华民国教育总会）》第 7 期。

［日］加藤繁著，梁盛志译《〈大日本史〉与中国史学》刊于《教育学报（中华民国教育总会）》第 7 期。

王著寰《图书馆教育》刊于《教育学报（中华民国教育总会）》第 7 期。

黎绚《古今典籍佚亡禁毁考略》刊于《教育学报（中华民国教育总会）》第 7 期。

纪光《中学教育管训的困难及其解决方法》刊于《教育学报（中华民国教育总会）》第 7 期。

熊绍坤《墨经今释》刊于《教育学报（中华民国教育总会）》第 7 期。

蔡介民《礼记教学论》刊于《教育学报（中华民国教育总会）》第 7 期。

薛纯良《国际教育概况》刊于《教育学报（中华民国教育总会）》第 7 期。

王文培《赴日观光见闻述要》刊于《教育学报（中华民国教育总会）》第 7 期。

东屋《国歌之检讨》刊于《教育学报（中华民国教育总会）》第 7 期。

秦百里《教育实际问题之三》刊于《教育学报（中华民国教育总会）》第 7 期。

若萍《自然科教学漫谈》刊于《教育学报（中华民国教育总会）》第 7 期。

宋介《读经问题商榷》刊于《教育学报（中华民国教育总会）》第 8 期。

祁森焕《人文主义与实学主义在我国教育思想上之地位》刊于《教育学报（中华民国教育总会）》第 8 期。

刘宏钰《由中国新教育之建立到高等教育之再建》刊于《教育学报(中华民国教育总会)》第8期。

赵大同《日本教育之中心思想》刊于《教育学报(中华民国教育总会)》第8期。

李延增《中学职业教育指导之我见》刊于《教育学报(中华民国教育总会)》第8期。

罗庆山《今日教育上的几个问题》刊于《教育学报(中华民国教育总会)》第8期。

葛幼卿《普及教育的先决问题》刊于《教育学报(中华民国教育总会)》第8期。

东屋《治强运动与小学》刊于《教育学报(中华民国教育总会)》第8期。

丁夫《中国政教合一的教育思想和制度之再建》刊于《教育学报(中华民国教育总会)》第8期。

庞孝谞《如何才是一个合理的体育教师》刊于《教育学报(中华民国教育总会)》第8期。

寄生《关于教育心理上的几个问题》刊于《教育学报(中华民国教育总会)》第8期。

邱熹光《小学修身教学研究》刊于《教育学报(中华民国教育总会)》第8期。

王慧忞《学校卫生设备上的几个实际问题》刊于《教育学报(中华民国教育总会)》第8期。

蔡介民《孔子真象叙言》刊于《教育学报(中华民国教育总会)》第8期。

王著寰《佛学图书分类法刍议》刊于《教育学报(中华民国教育总会)》第8期。

常坚如《宗教与文学》刊于《教育学报(中华民国教育总会)》第8期。

沙音《禁阅小人书和善后办法》刊于《教育学报(中华民国教育总会)》第8期。

熊绍坤《墨经今释(续)》刊于《教育学报(中华民国教育总会)》第8期。

陈灵秀《日本之初等教育》刊于《教育学报(中华民国教育总会)》第8期。

李文裪《四库全书目录类小序注》刊于《教育学报(中华民国教育总会)》第8期。

[日]梅原末治著,毕殿元译《黄河与古代的遗迹》刊于《教育学报(中华民国教育总会)》第8期。

查良铮《抗战以来的西南联大》刊于《教育杂志》第31卷第1期。

余一心《抗战以来的中山大学》刊于《教育杂志》第31卷第1期。

王星拱《抗战以来的武汉大学》刊于《教育杂志》第31卷第1期。

孙祥治《抗战以来的浙江大学》刊于《教育杂志》第31卷第1期。

邵明甫《抗战以来的四川大学》刊于《教育杂志》第31卷第1期。

吴榕藩《抗战以来的暨南大学》刊于《教育杂志》第31卷第1期。

胡依《抗战以来的厦门大学》刊于《教育杂志》第31卷第1期。

秦军《广西大学的今昔》刊于《教育杂志》第31卷第1期。

东北大学《抗战以来的东北大学》刊于《教育杂志》第31卷第1期。

王裕凯《抗战以来的大夏大学》刊于《教育杂志》第31卷第1期。

吴南轩《抗战以来的复旦大学》刊于《教育杂志》第31卷第1期。

光华大学《抗战以来的光华大学》刊于《教育杂志》第31卷第1期。

金石《抗战以来的金陵大学》刊于《教育杂志》第31卷第1期。

华中大学《抗战以来的华中大学》刊于《教育杂志》第31卷第1期。

华西大学《抗战以来的华西大学》刊于《教育杂志》第31卷第1期。

岭南大学《抗战以来的岭南大学》刊于《教育杂志》第31卷第1期。

广州大学《抗战以来的广州大学》刊于《教育杂志》第 31 卷第 1 期。

周振训《抗战以来的中华大学》刊于《教育杂志》第 31 卷第 1 期。

刘世传《抗战以来的齐鲁大学》刊于《教育杂志》第 31 卷第 1 期。

江学卢《抗战以来的江苏医学院》刊于《教育杂志》第 31 卷第 1 期。

林励儒《抗战以来的广东省立文理学院》刊于《教育杂志》第 31 卷第 1 期。

高践四《抗战以来的江苏省立教育学院》刊于《教育杂志》第 31 卷第 1 期。

林景润《抗战以来的福建协和学院》刊于《教育杂志》第 31 卷第 1 期。

南子通《抗战以来的南通学院》刊于《教育杂志》第 31 卷第 1 期。

虚室《抗战以来的国立艺专》刊于《教育杂志》第 31 卷第 1 期。

曾济宽《抗战以来的西北技专》刊于《教育杂志》第 31 卷第 1 期。

虞复《抗战以来的上海美专》刊于《教育杂志》第 31 卷第 1 期。

王云五《现代中国高等教育之演进》刊于《教育杂志》第 31 卷第 1 期。

郭有守《四川省国民教育的实施及其改进》刊于《国民教育》第 2 卷第 1—2 期。

黎涤玄《公民训练与地方自治》刊于《国民教育》第 2 卷第 1—2 期。

周希儒《家庭教育与儿童训练》刊于《国民教育》第 2 卷第 1—2 期。

徐允昭《国民教育巡回辅导之实施》刊于《国民教育》第 2 卷第 1—2 期。

祝超然《怎样办理民众茶园》刊于《国民教育》第 2 卷第 1—2 期。

孙邦正《中心学校怎样辅导国民学校》刊于《国民教育》第 2 卷第 1—2 期。

裴养泉《中心学校国民学校开学时的教导工作》刊于《国民教育》第 2 卷第 1—2 期。

胡颜立《儿童写字竞赛》刊于《国民教育》第 2 卷第 1—2 期。

吕朝相《社会科教学的集会活动法》刊于《国民教育》第 2 卷第 1—2 期。

李冠姝《如何解决无风琴的音乐教学》刊于《国民教育》第 2 卷第 1—2 期。

王冰洋《怎样指导民众阅读》刊于《国民教育》第 2 卷第 1—2 期。

陈昭华《民族英雄虞允文》刊于《国民教育》第 2 卷第 1—2 期。

袁桂生《科学的教育原理》刊于《国民教育》第 2 卷第 1—2 期。

程天放《如何实现三民主义的教育》刊于《教育半月刊》第 6 卷第 3—4 期合刊。

邱缵祖《三民主义与教育》刊于《教育半月刊》第 6 卷第 3—4 期合刊。

范平西《民族主义的教育》刊于《教育半月刊》第 6 卷第 3—4 期合刊。

仲和《民生主义与教育》刊于《教育半月刊》第 6 卷第 3—4 期合刊。

黄锡龄《三民主义教育实施下之机会均等原则》刊于《教育半月刊》第 6 卷第 3—4 期合刊。

钟玉成《对于三民主义教育宗旨实施方针的我见》刊于《教育半月刊》第 6 卷第 3—4 期合刊。

张敷荣《人和制度》刊于《教育半月刊》第 6 卷第 5—6 期合刊。

袁伯樵《整理公学产以救济地方教育经费之献议》刊于《教育半月刊》第 6 卷第 5—6 期合刊。

张增述《四川膳食习俗与学生健康》刊于《教育半月刊》第 6 卷第 5—6 期合刊。

毛祥瑞《教育上之个人主义及其批判》刊于《教育半月刊》第 6 卷第 5—6 期合刊。

王文昭《年来国民教育之检讨》刊于《教育半月刊》第 6 卷第 5—6 期合刊。

落磊《教育兴味》刊于《教育半月刊》第 6 卷第 5—6 期合刊。

邓胥功《评师范学院制度》刊于《教育半月刊》第 6 卷第 7—8 期合刊。

钟玉成《教育系十年来之概况》刊于《教育半月刊》第 6 卷第 7—8 期合刊。

何正骥《抗战以来我国教育之动向》刊于《教育半月刊》第 6 卷第 7—8 期合刊。

万定纪《三民主义教育的适应性》刊于《教育半月刊》第 6 卷第 7—8 期合刊。

朱熙明《中国社会教育的改造问题》刊于《教育半月刊》第 6 卷第 7—8 期合刊。

何其恺《情绪教育之实施》刊于《教育半月刊》第 6 卷第 7—8 期合刊。

王文昭《学生膳食的管理问题》刊于《教育半月刊》第 6 卷第 7—8 期合刊。

钟玉成《教育系毕业同学概况》刊于《教育半月刊》第 6 卷第 7—8 期合刊。

戴英夫《新国民运动与教育界》刊于《教育建设》第 3 卷第 3 期。

黄实光《两周年来湖北教育的复兴》刊于《教育建设》第 3 卷第 3 期。

吕方《家庭教育的建设》刊于《教育建设》第 3 卷第 3 期。

陈际云《小学集团活动的研究》刊于《教育建设》第 3 卷第 3 期。

丁一鸣《教师的话怎样才能使儿童感到满意和接受》刊于《教育建设》第 3 卷第 3 期。

鸣秋《怎样维持教室秩序》刊于《教育建设》第 3 卷第 3 期。

葛维明《小学互助分团教学法的理论与实际》刊于《教育建设》第 3 卷第 3 期。

徐征吉《小学行政诸问题》刊于《教育建设》第 3 卷第 3 期。

李雨时《小学校长之对于学级经营》刊于《教育建设》第 3 卷第 3 期。

杨君立《中学国文略读之教学》刊于《教育建设》第 3 卷第 3 期。

俞义范《中小学美术教学法》刊于《教育建设》第 3 卷第 3 期。

刘竞存《小学算术教学法研究》刊于《教育建设》第 3 卷第 3 期。

张志谦《小学历史教学的几个问题》刊于《教育建设》第 3 卷第 3 期。

王庚《怎样实施小学校中的卫生教育》刊于《教育建设》第 3 卷第 3 期。

郭登敖《国民教育所见》刊于《教育与服务》第 47 期。

许镜涵《论三位一体制》刊于《教育与服务》第 47 期。

朱智贤《国民教育之背景与其条件》刊于《教育与服务》第 47 期。

顾开轩《国民教育与宪政》刊于《教育与服务》第 47 期。

孙祁《国民教育师资训练问题的探讨》刊于《教育与服务》第 47 期。

马式武《新县制教育与注音符号》刊于《教育与服务》第 47 期。

朱镜坚《乡中心学校设备计划大纲》刊于《教育与服务》第 47 期。

乔一乾《推行国民教育的几个实际问题》刊于《教育与服务》第 47 期。

杨振远《国民教育与教育用品》刊于《教育与服务》第 47 期。

徐世筠译《苏联的陈列馆与学校》刊于《教育与服务》第 47 期。

陈秉仁《云南气流之运行》刊于《教育与科学》第 9 期。

陈秉仁《实测滇垣经纬度工作详志》刊于《教育与科学》第 9 期。

陈一得《云南气象要素之分布》刊于《教育与科学》第 9 期。

孟立人《敌机轰炸下的昆明教育》刊于《教育与科学》第 9 期。

公治《云南边地民族教育中特殊现象之检讨》刊于《教育与科学》第 9 期。

褚守庄《民众教育馆往何处去》刊于《教育与科学》第 9 期。

公泽《关于小学教师的待遇问题》刊于《教育与科学》第9期。

陶行知《从一个学校想到别的学校》刊于《战时教育》第6卷第4—5期合刊。

林远《课程改造十大原则》刊于《战时教育》第6卷第4—5期合刊。

黄炎培《敬介绍"学习一贯互进法"于国人》刊于《战时教育》第6卷第4—5期合刊。

毕胜《作文指导（一）》刊于《战时教育》第6卷第4—5期合刊。

孙自敏《整洁运动活动大纲》刊于《战时教育》第6卷第4—5期合刊。

秋适《寇魔统治下的教育斗争》刊于《战时教育》第6卷第4—5期合刊。

林岑森《一个农民的学校》刊于《战时教育》第6卷第4—5期合刊。

陶行知《育才二周岁之前夜》刊于《战时教育》第6卷第6—8期合刊。

林远《新中国的诞生与新教育的成长》刊于《战时教育》第6卷第6—8期合刊。

迦蓝《儿童集体生活的指导》刊于《战时教育》第6卷第6—8期合刊。

绿芷《我怎样指导"写作"》刊于《战时教育》第6卷第6—8期合刊。

铁华《绘画幼苗的培育》刊于《战时教育》第6卷第6—8期合刊。

陶宏《自然组的初步教育》刊于《战时教育》第6卷第6—8期合刊。

屠公博《社会组的自动学习》刊于《战时教育》第6卷第6—8期合刊。

陶宏《图书馆的创造与管理》刊于《战时教育》第6卷第6—8期合刊。

梅良《谈学校中的事务问题》刊于《战时教育》第6卷第10—12期合刊。

林远《小学课程之改造（续）》刊于《战时教育》第6卷第10—12期合刊。

毕胜《作文指导（三）》刊于《战时教育》第6卷第10—12期合刊。

刘萍《时事研究与广播》刊于《战时教育》第6卷第10—12期合刊。

左劳《在极端困苦条件下建立起我们的学校》刊于《战时教育》第6卷第10—12期合刊。

谭楚珩译《七年制基础教育大纲》刊于《战时教育》第6卷第10—12期合刊。

陈立恒《社会与教育》刊于《社会特刊教育号》第1期。

黄汉民《推进潮汕教育之意见》刊于《社会特刊教育号》第1期。

陈庆余《东亚和平之文化教育》刊于《社会特刊教育号》第1期。

冼振明《实施新教育方针与复兴中国》刊于《社会特刊教育号》第1期。

董威洲《所望于教育指导层者》刊于《社会特刊教育号》第1期。

张新《教育救国》刊于《社会特刊教育号》第1期。

余伯典《优良教育本于正确思想》刊于《社会特刊教育号》第1期。

郑贯一《推进新教育当中小学教师应有的认识》刊于《社会特刊教育号》第1期。

关平顺《汕头市立民众学校之过去情形和目前现况》刊于《社会特刊教育号》第1期。

黄晓光《关于中学生课外活动的问题》刊于《社会特刊教育号》第1期。

黄龄《今后实施儿童教育的展望》刊于《社会特刊教育号》第1期。

陈萍《中国教育之产生及其沿革》刊于《社会特刊教育号》第1期。

小柴直贞《汕头市更生后之教育行政概况》刊于《社会特刊教育号》第1期。

凌汝骥《汕头市社会局筹设市立小学新校暨招考市立小学校长详志》刊于《社会特刊教育号》第1期。

赵如珩《对于建设新中国教育之我见》刊于《社会特刊教育号》第1期。

曹立五《义教职教与社教相辅推进办法之研讨》刊于《社会特刊教育号》第 1 期。

徐英《新中国体育论》刊于《社会特刊教育号》第 1 期。

陈立夫《战时侨民教育》刊于《侨民教育》第 1 卷第 1 期。

陈树人《勗从事侨民教育者》刊于《侨民教育》第 1 卷第 1 期。

余井塘《目前争待解决之侨民教育问题》刊于《侨民教育》第 1 卷第 1 期。

常道直《侨民教育之蠡测》刊于《侨民教育》第 1 卷第 1 期。

姜琦《侨民教育之本质及特征》刊于《侨民教育》第 1 卷第 1 期。

王衍康《侨民教育训导问题》刊于《侨民教育》第 1 卷第 1 期。

翁之达《马来亚侨民学校学生会考之研究》刊于《侨民教育》第 1 卷第 1 期。

伍瑞锴《马来亚政府新颁华侨校小学课程之研究》刊于《侨民教育》第 1 卷第 1 期。

清悚《侨民教育及其有回教育法令之研究》刊于《侨民教育》第 1 卷第 1 期。

朱锦江《侨民教育学国文教材与教法》刊于《侨民教育》第 1 卷第 1 期。

袁庄伯《侨民地理教育之商讨》刊于《侨民教育》第 1 卷第 1 期。

吴鼎《侨民学校小学国语教学述要》刊于《侨民教育》第 1 卷第 1 期。

张达善《小学常识教育的实际教育》刊于《侨民教育》第 1 卷第 1 期。

杨家骆《古代华人侨外留学史》刊于《侨民教育》第 1 卷第 1 期。

周邦道《苏岛侨胞兴学先进志略》刊于《侨民教育》第 1 卷第 1 期。

吴昊垂《海外华侨教育社团调查概况》刊于《侨民教育》第 1 卷第 1 期。

刘清斋《侨民教育今后之严重问题及其应有之准备》刊于《侨民教育》第 1 卷第 2 期。

华寿崧《侨民教育的两个根本问题》刊于《侨民教育》第 1 卷第 2 期。

伍瑞锴《最近中央对于侨民教育的重要设备》刊于《侨民教育》第 1 卷第 2 期。

胡叔昇《民族健康与学前教育》刊于《侨民教育》第 1 卷第 2 期。

钱卓升《论华侨女子教育的重要》刊于《侨民教育》第 1 卷第 2 期。

赵廷为《理想的培养与侨民教育》刊于《侨民教育》第 1 卷第 2 期。

沈灌群《中学训育论(上)》刊于《侨民教育》第 1 卷第 2 期。

李清悚《中学生之精神训练》刊于《侨民教育》第 1 卷第 2 期。

李半村《中学生之性教育》刊于《侨民教育》第 1 卷第 2 期。

朱锦江《侨民中学之国文教材与教学》刊于《侨民教育》第 1 卷第 2 期。

杨家骆《古代华人侨外留学史(续)》刊于《侨民教育》第 1 卷第 2 期。

清悚《侨民初中教科书编辑标准说明》刊于《侨民教育》第 1 卷第 2 期。

丁实存著《近代南洋书目提要》刊于《侨民教育》第 1 卷第 2 期。

熊式辉《政治教育的认识》刊于《活教育》第 1 卷第 3 期。

程时煃《怎样做一个理想的小学教师——程厅长在本会颁奖礼时训词》刊于《活教育》第 1 卷第 3 期。

周葆儒《儒家的儿童教育学说》刊于《活教育》第 1 卷第 3 期。

陈选善《从心理的观点谈谈训育问题》刊于《活教育》第 1 卷第 3 期。

陈鹤琴《儿童训育应该怎样实施的》刊于《活教育》第 1 卷第 3 期。

罗廷光《现在通行的几种教法的检讨》刊于《活教育》第 1 卷第 3 期。

邓重涤《怎样利用实物布置教室》刊于《活教育》第 1 卷第 3 期。

陈鹤琴《儿童的姿势》刊于《活教育》第 1 卷第 3 期。

舒宽鑫《省立小学教师寒假研究会写真》刊于《活教育》第 1 卷第 3 期。

杨亮功《书评〈我的半生〉》刊于《活教育》第 1 卷第 3 期。

朱家振《〈我的半生〉读后感》刊于《活教育》第 1 卷第 3 期。

陈鹤琴《活教育的教学原则(一)》刊于《活教育》第 1 卷第 4 期。

胡昌骐译《健康和体格的健全》刊于《活教育》第 1 卷第 4 期。

雷震清《巡回教学辅导团办法拟议》刊于《活教育》第 1 卷第 4 期。

谢康译《德国幼稚教育演进史略》刊于《活教育》第 1 卷第 4 期。

邱椿《〈我的半生〉评》刊于《活教育》第 1 卷第 4 期。

余湄生《校工工作指导》刊于《活教育》第 1 卷第 4 期。

吴震春《五种作文评阅方法的比较研究》刊于《活教育》第 1 卷第 4 期。

邓淮山《怎样替代体罚》刊于《活教育》第 1 卷第 4 期。

彭声明《教学演示参观记》刊于《活教育》第 1 卷第 4 期。

徐伯康《麻姑山试教记》刊于《活教育》第 1 卷第 4 期。

陈鹤琴《活教育的教学原则(二)》刊于《活教育》第 1 卷第 5 期。

郭有守《国民教师应有的理想与愿望》刊于《活教育》第 1 卷第 5 期。

贺鉴千《怎样推行辅导教师制》刊于《活教育》第 1 卷第 5 期。

李允谔《裴司塔洛齐》刊于《活教育》第 1 卷第 5 期。

谢康译《德国幼稚教育之演进》刊于《活教育》第 1 卷第 5 期。

彭友善《三民主义的美术教育》刊于《活教育》第 1 卷第 5 期。

陈鹤琴《陈氏儿童游戏平台》刊于《活教育》第 1 卷第 5 期。

杨启蕃《小学写字教材之一》刊于《活教育》第 1 卷第 5 期。

祝超然《小学生活的回忆》刊于《活教育》第 1 卷第 5 期。

敏欧《幼师的生活》刊于《活教育》第 1 卷第 5 期。

陈鹤琴《活教育的教学原则(三)》刊于《活教育》第 1 卷第 6 期。

阮康成《现代教育行政者的意义与职权》刊于《活教育》第 1 卷第 6 期。

周兰清《现代中国教育的趋势》刊于《活教育》第 1 卷第 6 期。

陈鹤琴《怎样做父母(一)》刊于《活教育》第 1 卷第 6 期。

赵师蕙《保育院里的活教育》刊于《活教育》第 1 卷第 6 期。

周葆儒《怎样解决几个中学训育问题》刊于《活教育》第 1 卷第 6 期。

邓淮山《留级问题》刊于《活教育》第 1 卷第 6 期。

张植安《一个做学教的区中心小学》刊于《活教育》第 1 卷第 6 期。

刘永铢《一个实验婴儿园》刊于《活教育》第 1 卷第 6 期。

钟昭华《幼稚园的设备》刊于《活教育》第 1 卷第 6 期。

胡立人《建国健身操(二)》刊于《活教育》第 1 卷第 6 期。

汪洋《低年级游唱教学的演示》刊于《活教育》第 1 卷第 6 期。

胡昌骐《奖学金制与人才教育》刊于《活教育》第 1 卷第 7—8 期合刊。

陈鹤琴《活教育的教学原则》刊于《活教育》第 1 卷第 7—8 期合刊。

黄翼《无为的教育法》刊于《活教育》第 1 卷第 7—8 期合刊。

赵琳《怎样使儿童有健全的牙齿》刊于《活教育》第 1 卷第 7—8 期合刊。

徐伯康《国民学校怎样改进》刊于《活教育》第 1 卷第 7—8 期合刊。

钟昭华《幼稚园的设备(二)》刊于《活教育》第 1 卷第 7—8 期合刊。

朱家振《字句的经济学习》刊于《活教育》第 1 卷第 7—8 期合刊。

钟昭华、彭舜莲《幼稚园教学单元》刊于《活教育》第 1 卷第 7—8 期合刊。

陈鹤琴《怎样做父母(二)》刊于《活教育》第 1 卷第 7—8 期合刊。

邢舜田《图书要怎样教的》刊于《活教育》第 1 卷第 7—8 期合刊。

吴馨《怎样训练顽劣儿童》刊于《活教育》第 1 卷第 7—8 期合刊。

林立《怎样取得小朋友的信仰》刊于《活教育》第 1 卷第 7—8 期合刊。

傅元泰《怎样废除体罚》刊于《活教育》第 1 卷第 7—8 期合刊。

汪洋《怎样指导儿童学习指挥》刊于《活教育》第 1 卷第 7—8 期合刊。

胡立人《谈谈简易锣鼓队的组织》刊于《活教育》第 1 卷第 7—8 期合刊。

阮康成《现代教师对于教学应有之认识》刊于《活教育》第 1 卷第 9—10 期合刊。

杨寅初《活教育试行记》刊于《活教育》第 1 卷第 9—10 期合刊。

周葆儒《学校教育与社会教育》刊于《活教育》第 1 卷第 9—10 期合刊。

涂闻政《孔子的活教育》刊于《活教育》第 1 卷第 9—10 期合刊。

陈鹤琴《怎样做父母(三)》刊于《活教育》第 1 卷第 9—10 期合刊。

车驹《中等学校之层级训练》刊于《活教育》第 1 卷第 9—10 期合刊。

钟昭华《傀儡戏——活教具第二种》刊于《活教育》第 1 卷第 9—10 期合刊。

陈鹤琴《陈氏活动影戏——活教具第三种》刊于《活教育》第 1 卷第 9—10 期合刊。

于文辉《小学作文题目的研究》刊于《活教育》第 1 卷第 9—10 期合刊。

汪洋《怎样指导儿童举行音乐会》刊于《活教育》第 1 卷第 9—10 期合刊。

周智《大学生心目中的好教授》刊于《活教育》第 1 卷第 9—10 期合刊。

欧阳直《雨天的教学日志》刊于《活教育》第 1 卷第 9—10 期合刊。

叶可风《〈我的半生〉读后感》刊于《活教育》第 1 卷第 9—10 期合刊。

程时煌《人人易行的报国方法》刊于《江西地方教育》第 204—205 期合刊。

叶青《三民主义的文化运动》刊于《江西地方教育》第 204—205 期合刊。

廖祚述《孙中山先生的教育思想概述》刊于《江西地方教育》第 204—205 期合刊。

陆天《国民学校概况调查以及其说明》刊于《江西地方教育》第 204—205 期合刊。

张乃璇《国民学校儿童心理健康的训练》刊于《江西地方教育》第 204—205 期合刊。

彭声明《我们的生产教育》刊于《江西地方教育》第 204—205 期合刊。

袁汉聚《县教育行政之研讨(行政版)》刊于《江西地方教育》第 204—205 期合刊。

罗时伟《遂川教育的新阶段(行政版)》刊于《江西地方教育》第 204—205 期合刊。

凌思源《正视今日之中等教育(行政版)》刊于《江西地方教育》第 204—205 期合刊。

卢祝平《三民主义文化运动与小学教育界》刊于《江西地方教育》第 206—207 期合刊。

舒宽鑫《澈底实施小学课外运动》刊于《江西地方教育》第 206—207 期合刊。

袁汉聚《新县制下的区中心小学问题(行政版)》刊于《江西地方教育》第 206—207 期合刊。

彭鹄《吉安县筹集保学基金报告(行政版)》刊于《江西地方教育》第 206—207 期合刊。

钟国燕《萍乡县教育概况（行政版）》刊于《江西地方教育》第 206—207 期合刊。

熊主任委员《三民主义文化运动的意义及其他》刊于《江西地方教育》第 206—207 期合刊。

王贻非《论三民主义文化运动》刊于《江西地方教育》第 206—207 期合刊。

叶青《三民主义文化运动论》刊于《江西地方教育》第 206—207 期合刊。

程时煊《建国的教育》刊于《江西地方教育》第 208—209 期合刊。

陆天《"表格"经验》刊于《江西地方教育》第 208—209 期合刊。

李树声《小学生作文错字的研究》刊于《江西地方教育》第 208—209 期合刊。

徐伯康《对于本省各级教育视导人员工作改进之意见》刊于《江西地方教育》第 208—209 期合刊。

黄应长、刘冠嵩《清江县小学教师示范教学演习纪实》刊于《江西地方教育》第 208—209 期合刊。

梅耐冬《战地教学研究会》刊于《江西地方教育》第 208—209 期合刊。

熊兆丰《四万万黄帝的子孙》刊于《江西地方教育》第 208—209 期合刊。

平《日本人不能建立好空军》刊于《江西地方教育》第 208—209 期合刊。

冯玉祥《盼空军战士创造更伟大的胜利》刊于《江西地方教育》第 208—209 期合刊。

熊主席《政治教育之重要》刊于《江西地方教育》第 210 期。

陈鹤琴《活教育与死教育》刊于《江西地方教育》第 210 期。

罗廷光《现代通行的几种教学法的检讨》刊于《江西地方教育》第 210 期。

陈鹤琴《怎样训练校工》刊于《江西地方教育》第 210 期。

陈选善《从心理的观点谈谈训育问题》刊于《江西地方教育》第 210 期。

胡祖荫《教学辅导的原则》刊于《江西地方教育》第 210 期。

金詠深《气象概要》刊于《江西地方教育》第 210 期。

谢启申《模型制作简明法》刊于《江西地方教育》第 210 期。

熊主席《三民主义文化运动之意义及其实施》刊于《江西地方教育》第 211—212 期合刊"三民主义文化运动专号（上）"。

程厅长《以工作纪念　总理以工作贡献国家》刊于《江西地方教育》第 211—212 期合刊"三民主义文化运动专号（上）"。

萧富生《三民主义文化运动与三民主义共和国》刊于《江西地方教育》第 211—212 期合刊"三民主义文化运动专号（上）"。

王宇仁《三民主义的文化运动与妇女运动》刊于《江西地方教育》第 211—212 期合刊"三民主义文化运动专号（上）"。

陆天《拿行动来参加三民主义文化运动》刊于《江西地方教育》第 211—212 期合刊"三民主义文化运动专号（上）"。

得之《阐扬三民主义的我见》刊于《江西地方教育》第 211—212 期合刊"三民主义文化运动专号（上）"。

叶青《三民主义是学术》刊于《江西地方教育》第 211—212 期合刊"三民主义文化运动专号（上）"。

李素心《民族主义与抗战》刊于《江西地方教育》第 211—212 期合刊"三民主义文化运

动专号(上)"。

何永湖《民权主义与民主政治》刊于《江西地方教育》第 211—212 期合刊"三民主义文化运动专号(上)"。

郭华庭《民生主义与经济建设》刊于《江西地方教育》第 211—212 期合刊"三民主义文化运动专号(上)"。

许国昌《三民主义的展望》刊于《江西地方教育》第 211—212 期合刊"三民主义文化运动专号(上)"。

舒宽鑫《三民主义教育之目的方针与其特质》刊于《江西地方教育》第 213—214 期合刊"三民主义文化运动专号(下)"。

李炳文《如何推进三民主义教育》刊于《江西地方教育》第 213—214 期合刊"三民主义文化运动专号(下)"。

刘轶凡《如何实行三民主义的教育》刊于《江西地方教育》第 213—214 期合刊"三民主义文化运动专号(下)"。

刘静远《怎样布置三民主义教育的环境?》刊于《江西地方教育》第 213—214 期合刊"三民主义文化运动专号(下)"。

袁汉聚《三民主义的国民教育》刊于《江西地方教育》第 213—214 期合刊"三民主义文化运动专号(下)"。

熊先栻《国父的国民教育主张》刊于《江西地方教育》第 213—214 期合刊"三民主义文化运动专号(下)"。

张乃璇《国父对于国民教育的主张》刊于《江西地方教育》第 213—214 期合刊"三民主义文化运动专号(下)"。

刘赵璧《国民教育与三民主义文化建设》刊于《江西地方教育》第 213—214 期合刊"三民主义文化运动专号(下)"。

李竞豪《国民教育与三民主义文化建设》刊于《江西地方教育》第 213—214 期合刊"三民主义文化运动专号(下)"。

张乃璇《国民教育应以民生教育为中心论》刊于《江西地方教育》第 213—214 期合刊"三民主义文化运动专号(下)"。

舒宽鑫《大学中庸上的政治教育思想》刊于《江西地方教育》第 213—214 期合刊"三民主义文化运动专号(下)"。

舒宽鑫《学校教师应以艰苦工作来保障抗战的胜利》刊于《江西地方教育》第 215—216 期合刊"视导报告和感想特辑"。

邓刚《小学教师的新信念》刊于《江西地方教育》第 215—216 期合刊"视导报告和感想特辑"。

黎仲明《赴闽考察归来》刊于《江西地方教育》第 215—216 期合刊"视导报告和感想特辑"。

梅焕涑《视导新建县地方教育报告》刊于《江西地方教育》第 215—216 期合刊"视导报告和感想特辑"。

黄仍瑞《督导临川宜黄崇仁三县教育总报告》刊于《江西地方教育》第 215—216 期合刊"视导报告和感想特辑"。

李垂铭《视导吉安县教育六感》刊于《江西地方教育》第215—216期合刊"视导报告和感想特辑"。

徐伯康《吉安县教育观感》刊于《江西地方教育》第215—216期合刊"视导报告和感想特辑"。

黄仍瑞《吉安县的教育经费》刊于《江西地方教育》第215—216期合刊"视导报告和感想特辑"。

梅焕涞《闲话私塾》刊于《江西地方教育》第215—216期合刊"视导报告和感想特辑"。

徐伯康《我所看到的一个模范中心小学》刊于《江西地方教育》第215—216期合刊"视导报告和感想特辑"。

张启瑞《我对于视导者的希望》刊于《江西地方教育》第215—216期合刊"视导报告和感想特辑"。

程时煃《总裁的教育思想》刊于《江西地方教育》第217—218期合刊"正当娱乐征文特辑"。

李世骏《试拟提倡正当娱乐实施计划草案》刊于《江西地方教育》第217—218期合刊"正当娱乐征文特辑"。

罗时相《提倡正当娱乐之我见》刊于《江西地方教育》第217—218期合刊"正当娱乐征文特辑"。

舒宽鑫《正当娱乐与国民健康》刊于《江西地方教育》第217—218期合刊"正当娱乐征文特辑"。

熊先栻《正当娱乐的涵义与实施》刊于《江西地方教育》第217—218期合刊"正当娱乐征文特辑"。

傅名焕《正当娱乐办法》刊于《江西地方教育》第217—218期合刊"正当娱乐征文特辑"。

任世祯《运用民众的力量发挥防空事业》刊于《江西地方教育》第219—220期合刊。

程时煃《教育者之精神》刊于《江西地方教育》第224—226期合刊"国民教育行政特辑"。

贺飚武《小学生在法律上的责任》刊于《江西地方教育》第224—226期合刊"国民教育行政特辑"。

滕仰支《如何解决中心学校及国民学校教师兼办地方行政之困难》刊于《江西地方教育》第224—226期合刊"国民教育行政特辑"。

贺鉴千《本省各县国民教育行政问题》刊于《江西地方教育》第224—226期合刊"国民教育行政特辑"。

萧邦导《三十年度本省推行国民教育计划的县行政设施标准》刊于《江西地方教育》第224—226期合刊"国民教育行政特辑"。

袁汉聚《新县制下区乡（镇）教育行政问题》刊于《江西地方教育》第224—226期合刊"国民教育行政特辑"。

舒宽鑫《科学方法与国民学校行政》刊于《江西地方教育》第224—226期合刊"国民教育行政特辑"。

张桐膺《中心学校国民学校的民教部设施》刊于《江西地方教育》第224—226期合刊

"国民教育行政特辑"。

王子才《国民学校的行事历怎样编订》刊于《江西地方教育》第 224—226 期合刊"国民教育行政特辑"。

熊先栻《国民教育与三民主义建国工作》刊于《江西地方教育》第 224—226 期合刊"国民教育行政特辑"。

李炳文《国民教育视导之研讨》刊于《江西地方教育》第 224—226 期合刊"国民教育行政特辑"。

本厅《江西省三十年度实施国民教育计划》刊于《江西地方教育》第 224—226 期合刊"国民教育行政特辑"。

李子云《江西省三十年度之国民教育经费》刊于《江西地方教育》第 224—226 期合刊"国民教育行政特辑"。

陈诚《三民主义文化建设与我们的责任》刊于《新湖北教育》第 1 卷第 1 期"计划教育专辑"。

陈诚《计划教育的理论与实施》刊于《新湖北教育》第 1 卷第 1 期"计划教育专辑"。

张伯谨《计划教育的三个步骤》刊于《新湖北教育》第 1 卷第 1 期"计划教育专辑"。

张光涛《计划教育的意义与特质》刊于《新湖北教育》第 1 卷第 1 期"计划教育专辑"。

台镇华《计划教育的时代背景》刊于《新湖北教育》第 1 卷第 1 期"计划教育专辑"。

李秉德《扫除计划教育的心理障碍》刊于《新湖北教育》第 1 卷第 1 期"计划教育专辑"。

许安本《计划的高等教育与中等教育》刊于《新湖北教育》第 1 卷第 1 期"计划教育专辑"。

刘真《计划的国民教育》刊于《新湖北教育》第 1 卷第 1 期"计划教育专辑"。

金重威《计划的社会教育》刊于《新湖北教育》第 1 卷第 1 期"计划教育专辑"。

卢南乔《中学国文教学法商榷》刊于《新湖北教育》第 1 卷第 1 期"计划教育专辑"。

刘兆珍《课外活动的指导》刊于《新湖北教育》第 1 卷第 1 期"计划教育专辑"。

李希圣《如何实施卫生教育》刊于《新湖北教育》第 1 卷第 1 期"计划教育专辑"。

张伯谨《欧美重游随感录》刊于《新湖北教育》第 1 卷第 1 期"计划教育专辑"。

张希之《忏悔中的希望》刊于《新湖北教育》第 1 卷第 1 期"计划教育专辑"。

纪子培《谈作文》刊于《新湖北教育》第 1 卷第 1 期"计划教育专辑"。

龙梭译《美国中等教育学说》刊于《新湖北教育》第 1 卷第 1 期"计划教育专辑"。

蒋介石《哲学与教育对于青年的关系》刊于《新湖北教育》第 1 卷第 2 期。

陈立夫《文化之独立》刊于《新湖北教育》第 1 卷第 2 期。

张伯谨《湖北青年应有的认识》刊于《新湖北教育》第 1 卷第 2 期。

刘子亚《略论民众读物问题》刊于《新湖北教育》第 1 卷第 2 期。

张光涛《战时的国民情绪教育》刊于《新湖北教育》第 1 卷第 2 期。

王治孚《德法两国青年之思想与生活》刊于《新湖北教育》第 1 卷第 2 期。

童光焌《德国青年之组训及其战时生活》刊于《新湖北教育》第 1 卷第 2 期。

刘守曾《本国历史教学上的几个基本问题》刊于《新湖北教育》第 1 卷第 2 期。

张官礼《中等学校数学的教材与教法》刊于《新湖北教育》第 1 卷第 2 期。

欧元怀《献岁敬告全省中小学员生》刊于《贵州教育》第 3 卷第 1 期。

陈淑真《国民教育之涵义及其特质》刊于《贵州教育》第 3 卷第 1 期。

赵容舒《国民教育制度的特点》刊于《贵州教育》第 3 卷第 1 期。

龚家骃《从教育政策说到国民教育政策》刊于《贵州教育》第 3 卷第 1 期。

苏兆新《国民教育视导之我见》刊于《贵州教育》第 3 卷第 1 期。

杨友群《师范教育与国民教育的实施(一)》刊于《贵州教育》第 3 卷第 1 期。

贺益文《师范教育与国民教育的实施(二)》刊于《贵州教育》第 3 卷第 1 期。

罗象贤《师范教育与国民教育的实施(三)》刊于《贵州教育》第 3 卷第 1 期。

陈若昕《办理民教部应有的认识》刊于《贵州教育》第 3 卷第 1 期。

吴可《怎样作一个国民学校的工作人员》刊于《贵州教育》第 3 卷第 1 期。

社教实验区《实验国民学校的设施》刊于《贵州教育》第 3 卷第 1 期。

钟在祥《筹办实验国民学校之经过》刊于《贵州教育》第 3 卷第 1 期。

钱瑗《贵州近代教育史略》刊于《贵州教育》第 3 卷第 2 期。

钱安毅《贵州文化史管窥》刊于《贵州教育》第 3 卷第 2 期。

谢文耀《从统计数字上检讨三年来贵州教育的改进》刊于《贵州教育》第 3 卷第 2 期。

周世万《贵州省的教育行政》刊于《贵州教育》第 3 卷第 2 期。

夏奠山《贵州省的高等教育》刊于《贵州教育》第 3 卷第 2 期。

马镇国《贵州省的中学教育》刊于《贵州教育》第 3 卷第 2 期。

胡宏模《贵州省的师范教育》刊于《贵州教育》第 3 卷第 2 期。

高四光《贵州省的职业教育》刊于《贵州教育》第 3 卷第 2 期。

欧元怀《贵州教育鸟瞰》刊于《贵州教育》第 3 卷第 2 期。

龚家骃《贵州省的国民教育》刊于《贵州教育》第 3 卷第 2 期。

陈国钧《贵州省的边疆教育》刊于《贵州教育》第 3 卷第 2 期。

喻任声《贵州省的社会教育》刊于《贵州教育》第 3 卷第 2 期。

王守谕《贵州省的教育经费》刊于《贵州教育》第 3 卷第 2 期。

韩钟琦《贵州省的图书馆事业》刊于《贵州教育》第 3 卷第 2 期。

汤九如《三民主义青年团与贵州青年训练》刊于《贵州教育》第 3 卷第 2 期。

刘绍桢《教育部第一社会教育工作团在黔工作概况》刊于《贵州教育》第 3 卷第 2 期。

喻任声《论建教合作》刊于《贵州教育》第 3 卷第 4 期。

启晨《战时教育的科学研究》刊于《贵州教育》第 3 卷第 4 期。

周其辰《新县制的推行与民众教育》刊于《贵州教育》第 3 卷第 4 期。

欧元怀《儿童的世纪》刊于《贵州教育》第 3 卷第 4 期。

杨祖恺《当前的中学国文教学问题》刊于《贵州教育》第 3 卷第 4 期。

吴葆初《中学国文教学的困难与改进》刊于《贵州教育》第 3 卷第 4 期。

孙育亭《怎样解决中学国文教学上的困难》刊于《贵州教育》第 3 卷第 4 期。

蒋宗仁《影响国文教学的几个问题》刊于《贵州教育》第 3 卷第 4 期。

宓灵澄《中学生作文错字别字的研究》刊于《贵州教育》第 3 卷第 4 期。

孙垚姑《怎样提高中学生国文程度》刊于《贵州教育》第 3 卷第 4 期。

胡海初《德江的教育》刊于《贵州教育》第 3 卷第 4 期。

欧元怀《五四运动的教训》刊于《贵州教育》第 3 卷第 5 期。

李相勖《中等教师的道德律》刊于《贵州教育》第 3 卷第 5 期。

徐儒《如何指导学生社会行为的发展》刊于《贵州教育》第 3 卷第 5 期。

丁晓先《教科书的改进问题》刊于《贵州教育》第 3 卷第 5 期。

阮肖达《抗建期中小学校的公民训练》刊于《贵州教育》第 3 卷第 5 期。

唐一帆《劳作教学怎样利用工人指导》刊于《贵州教育》第 3 卷第 5 期。

杨允元《维琪政府与法国教育》刊于《贵州教育》第 3 卷第 5 期。

王学孟《国社主义与德国教育》刊于《贵州教育》第 3 卷第 5 期。

吴修勤《本省方言讲习的设施》刊于《贵州教育》第 3 卷第 5 期。

欧元怀《大时代给予青年的教训》刊于《贵州教育》第 3 卷第 6 期。

欧元怀《缅怀先圣共济时报》刊于《贵州教育》第 3 卷第 6 期。

琄父《试拟学制》刊于《贵州教育》第 3 卷第 6 期。

欧国清《中国教育进展之新时代》刊于《贵州教育》第 3 卷第 6 期。

贺益文、杨友群《我们为什么要推行乡土教育》刊于《贵州教育》第 3 卷第 6 期。

鲁任难《女子教育目标与实施之重检讨》刊于《贵州教育》第 3 卷第 6 期。

谢文耀《今日之妇女教育》刊于《贵州教育》第 3 卷第 6 期。

龙仲衡《师范学校国文科教材之我见》刊于《贵州教育》第 3 卷第 6 期。

李超英《中等学校亟待解决理化仪器及教科书办法之疑议》刊于《贵州教育》第 3 卷第 6 期。

王学孟《国社主义与教育》刊于《贵州教育》第 3 卷第 6 期。

陈立夫《意志的力量》刊于《贵州教育》第 3 卷第 7—8 期合刊。

杨友群《总裁对于学校训育工作的指示》刊于《贵州教育》第 3 卷第 7—8 期合刊。

王裕凯《从事训导者的基本条件》刊于《贵州教育》第 3 卷第 7—8 期合刊。

李相勖《教师道德与训育改进》刊于《贵州教育》第 3 卷第 7—8 期合刊。

章廷俊《青年思想指导问题》刊于《贵州教育》第 3 卷第 7—8 期合刊。

吴琅笙《公民训育的理论与实际》刊于《贵州教育》第 3 卷第 7—8 期合刊。

杨希震《中学训导的基本认识》刊于《贵州教育》第 3 卷第 7—8 期合刊。

贺益文《中学训育的一个核心问题》刊于《贵州教育》第 3 卷第 7—8 期合刊。

王达仁《中等学校训导方法应采团体奖惩制建议书》刊于《贵州教育》第 3 卷第 7—8 期合刊。

陈立夫《九中全会对于教育的指示》刊于《贵州教育》第 3 卷第 9—10 期合刊。

黄觉民《改进大后方教育刍议》刊于《贵州教育》第 3 卷第 9—10 期合刊。

罗廷光《革命的人生观》刊于《贵州教育》第 3 卷第 9—10 期合刊。

陈绍箕《论提倡音乐教育的重要性》刊于《贵州教育》第 3 卷第 9—10 期合刊。

钱安毅《论校风》刊于《贵州教育》第 3 卷第 9—10 期合刊。

何士能《中学历史教学问题》刊于《贵州教育》第 3 卷第 9—10 期合刊。

龚家骃《培养国民教育师资之商榷》刊于《贵州教育》第 3 卷第 9—10 期合刊。

王荣曾《本省试办六年一贯制中学刍议》刊于《贵州教育》第 3 卷第 9—10 期合刊。

欧国青《对于本省县立中学的几点建议》刊于《贵州教育》第 3 卷第 9—10 期合刊。

龚家骃《出席教育部召开之各项教育会议经过》刊于《贵州教育》第 3 卷第 9—10 期

合刊。

杨友群、贺益文《贵州出产的桐油（乡土教材）》刊于《贵州教育》第 3 卷第 9—10 期合刊。

陈立夫《教育之初基》刊于《国民教育指导月刊（福建）》第 1 卷第 1 期"小学教员训练专号"。

顾树森《本届暑期训练小学教员注意要点》刊于《国民教育指导月刊（福建）》第 1 卷第 1 期"小学教员训练专号"。

钟道赞《视导与训练》刊于《国民教育指导月刊（福建）》第 1 卷第 1 期"小学教员训练专号"。

薛天汉《小学教员训练的我见》刊于《国民教育指导月刊（福建）》第 1 卷第 1 期"小学教员训练专号"。

郑贞文《师资培养与暑期训练》刊于《国民教育指导月刊（福建）》第 1 卷第 1 期"小学教员训练专号"。

唐守谦《改进本省国民教育师资的商榷》刊于《国民教育指导月刊（福建）》第 1 卷第 1 期"小学教员训练专号"。

邹有华《本省国教师资问题及其改进途径》刊于《国民教育指导月刊（福建）》第 1 卷第 1 期"小学教员训练专号"。

刘诚《本省简师各种简易班课程与教学的改进》刊于《国民教育指导月刊（福建）》第 1 卷第 1 期"小学教员训练专号"。

徐君藩《对本省国教师资训练的献议》刊于《国民教育指导月刊（福建）》第 1 卷第 1 期"小学教员训练专号"。

高时良《对本省师范生训练的几点意见》刊于《国民教育指导月刊（福建）》第 1 卷第 1 期"小学教员训练专号"。

张荫椿《本省特教与国教配合设施后的师资训练问题》刊于《国民教育指导月刊（福建）》第 1 卷第 1 期"小学教员训练专号"。

顾树森《各省市县推行国民教育注意要点》刊于《国民教育指导月刊（福建）》第 1 卷第 2 期"国民教育行政专号"。

陈剑恒《国民教育行政的一个矛盾》刊于《国民教育指导月刊（福建）》第 1 卷第 2 期"国民教育行政专号"。

瞿菊农《国民教育教师之任务与训练》刊于《国民教育指导月刊（福建）》第 1 卷第 2 期"国民教育行政专号"。

胡叔异《各省市设置国民教育实验区问题》刊于《国民教育指导月刊（福建）》第 1 卷第 2 期"国民教育行政专号"。

郑贞文《本省国民教育实施的检讨》刊于《国民教育指导月刊（福建）》第 1 卷第 2 期"国民教育行政专号"。

高时良《如何增进本省国教视导的效率》刊于《国民教育指导月刊（福建）》第 1 卷第 2 期"国民教育行政专号"。

林芝崖《本省各师范学校增设地方教育辅导员的意义》刊于《国民教育指导月刊（福建）》第 1 卷第 2 期"国民教育行政专号"。

刘诚《本省中心学校国民学校行政组织的改进》刊于《国民教育指导月刊（福建）》第1卷第2期"国民教育行政专号"。

陈杰《本省中心学校及国民学校行政组织变更后各种机构的配合问题》刊于《国民教育指导月刊（福建）》第1卷第2期"国民教育行政专号"。

张荫椿《本省乡（镇）中心学校辅导保国民学校问题》刊于《国民教育指导月刊（福建）》第1卷第2期"国民教育行政专号"。

茅乐楠《本省中心学校国民学校与乡镇保的合作问题》刊于《国民教育指导月刊（福建）》第1卷第2期"国民教育行政专号"。

徐君藩《本省民校社会活动史话》刊于《国民教育指导月刊（福建）》第1卷第2期"国民教育行政专号"。

陈幼钦《本省国校教师应有的行政体认》刊于《国民教育指导月刊（福建）》第1卷第2期"国民教育行政专号"。

刘建绪《教育的四大要点》刊于《国民教育指导月刊（福建）》第1卷第4期。

顾树森《小学训育标准修订经过及实施要点》刊于《国民教育指导月刊（福建）》第1卷第4期"公民训练特辑"。

魏冰心《起居规律与社交礼仪编订经过及其实施要点》刊于《国民教育指导月刊（福建）》第1卷第4期"公民训练特辑"。

季禹九《小学训育标准怎样实施》刊于《国民教育指导月刊（福建）》第1卷第4期"公民训练特辑"。

胡叔异《小学训育标准实施的我见》刊于《国民教育指导月刊（福建）》第1卷第4期"公民训练特辑"。

陈剑恒《小学训育中三种学习的不可分性》刊于《国民教育指导月刊（福建）》第1卷第4期"公民训练特辑"。

陈玉珍《小学训育是谁的责任》刊于《国民教育指导月刊（福建）》第1卷第4期"公民训练特辑"。

徐君梅《本省小学公民训练实施方法的商榷》刊于《国民教育指导月刊（福建）》第1卷第4期"公民训练特辑"。

丁重宣《本省小学训育上应注意的几种训练要项》刊于《国民教育指导月刊（福建）》第1卷第4期"公民训练特辑"。

张荫椿《本省中心学校国民学校民教部学生公民训练问题》刊于《国民教育指导月刊（福建）》第1卷第4期"公民训练特辑"。

方碧璋《本省家庭教育指导员之设置与妇女训练》刊于《国民教育指导月刊（福建）》第1卷第4期"公民训练特辑"。

刘诚《财政系统变更后之本省国民教育经费问题》刊于《国民教育指导月刊（福建）》第1卷第4期"公民训练特辑"。

沈复镜《实施国民教育后小学教员责任和待遇的检讨》刊于《国民教育指导月刊（福建）》第1卷第6期"小学教师待遇专号"。

宛学宝《小学教员待遇问题的检讨》刊于《国民教育指导月刊（福建）》第1卷第6期"小学教师待遇专号"。

陈大白《增益小学及国民学校教员待遇之几种制度》刊于《国民教育指导月刊(福建)》第 1 卷第 6 期"小学教师待遇专号"。

钱卓升《小学教员待遇法规实施情形概述》刊于《国民教育指导月刊(福建)》第 1 卷第 6 期"小学教师待遇专号"。

冰心《小学教员的精神待遇——升学与升迁》刊于《国民教育指导月刊(福建)》第 1 卷第 6 期"小学教师待遇专号"。

丁重宣《提高教师待遇论》刊于《国民教育指导月刊(福建)》第 1 卷第 6 期"小学教师待遇专号"。

蒋逎《本省小学教员待遇的检讨和改善的意见》刊于《国民教育指导月刊(福建)》第 1 卷第 6 期"小学教师待遇专号"。

张荫椿《从实例上说明改善本省国民教育师资待遇的必要及方法》刊于《国民教育指导月刊(福建)》第 1 卷第 6 期"小学教师待遇专号"。

徐君梅《如何提高本省小学教师待遇》刊于《国民教育指导月刊(福建)》第 1 卷第 6 期"小学教师待遇专号"。

薛天汉《小学算术课程标准修订经过和实施要点》刊于《国民教育指导月刊(福建)》第 1 卷第 7 期"算术科专号"。

朱镜坚《小学算术科教学实例》刊于《国民教育指导月刊(福建)》第 1 卷第 7 期"算术科专号"。

俞子夷《小学珠算教材教法》刊于《国民教育指导月刊(福建)》第 1 卷第 7 期"算术科专号"。

张荫椿《小学算术科教学漫谈》刊于《国民教育指导月刊(福建)》第 1 卷第 7 期"算术科专号"。

徐君梅《小学低年级算术教学的几个实际问题》刊于《国民教育指导月刊(福建)》第 1 卷第 7 期"算术科专号"。

蒋逎《本省小学算术教学亟待改进的一般缺点》刊于《国民教育指导月刊(福建)》第 1 卷第 7 期"算术科专号"。

林庆涛《本省中心学校及国民学校珠算教学的缺点及其改进方法》刊于《国民教育指导月刊(福建)》第 1 卷第 7 期"算术科专号"。

唐守谦《成人教育的重要及其路向》刊于《国民教育指导月刊(福建)》第 1 卷第 7 期"算术科专号"。

林芝崖《成人的学习问题》刊于《国民教育指导月刊(福建)》第 1 卷第 7 期"算术科专号"。

许卓群《成人班的精神讲话》刊于《国民教育指导月刊(福建)》第 1 卷第 7 期"算术科专号"。

倪师壇《是非式与选择式测验题的计分问题》刊于《国民教育指导月刊(福建)》第 1 卷第 7 期"算术科专号"。

罗廷光《现在通行的几种教法的检讨》刊于《国民教育指导月刊(福建)》第 1 卷第 7 期"算术科专号"。

陈礼江《中心学校国民学校办理社会教育的商榷》刊于《国民教育指导月刊(福建)》第 1

卷第 7 期"算术科专号"。

陈鹤琴《国语教学法》刊于《国民教育指导月刊（广东）》第 1 卷第 5 期"国语常识科专号"。

周启巽《国语教学容易犯着的毛病》刊于《国民教育指导月刊（广东）》第 1 卷第 5 期"国语常识科专号"。

赵仲渭《我怎样办理战地县教育》刊于《国民教育指导月刊（广东）》第 1 卷第 5 期"国语常识科专号"。

韦经栋《怎样指导小学生读与写》刊于《国民教育指导月刊（广东）》第 1 卷第 5 期"国语常识科专号"。

薛天汉《小学算术课程标准修订经过和实施要点》刊于《国民教育指导月刊（广东）》第 1 卷第 7—8 期合刊"小学算术体育卫生专号"。

朱镜坚《小学算术教学实例》刊于《国民教育指导月刊（广东）》第 1 卷第 7—8 期合刊"小学算术体育卫生专号"。

俞子夷《小学珠算教材教法》刊于《国民教育指导月刊（广东）》第 1 卷第 7—8 期合刊"小学算术体育卫生专号"。

陈立夫《国民体育与国民卫生教育》刊于《国民教育指导月刊（广东）》第 1 卷第 7—8 期合刊"小学算术体育卫生专号"。

顾树森《修订小学体育卫生课程标准的意义》刊于《国民教育指导月刊（广东）》第 1 卷第 7—8 期合刊"小学算术体育卫生专号"。

胡定安《小学卫生教育应有设施之最低标准》刊于《国民教育指导月刊（广东）》第 1 卷第 7—8 期合刊"小学算术体育卫生专号"。

胡叔异《小学体育及小学卫生训练标准应怎样实施》刊于《国民教育指导月刊（广东）》第 1 卷第 7—8 期合刊"小学算术体育卫生专号"。

童辑五《小学时期体育设施的重要性》刊于《国民教育指导月刊（广东）》第 1 卷第 7—8 期合刊"小学算术体育卫生专号"。

汪元臣《小学教师对于推行卫生教育应有之认识》刊于《国民教育指导月刊（广东）》第 1 卷第 7—8 期合刊"小学算术体育卫生专号"。

吴邦伟《释小学课间活动》刊于《国民教育指导月刊（广东）》第 1 卷第 7—8 期合刊"小学算术体育卫生专号"。

孟浦《怎样推行小学卫生教育》刊于《国民教育指导月刊（广东）》第 1 卷第 7—8 期合刊"小学算术体育卫生专号"。

葛成慧《小学教师应有的儿童保育常识》刊于《国民教育指导月刊（广东）》第 1 卷第 7—8 期合刊"小学算术体育卫生专号"。

顾毓琇《乐教与家庭教育》刊于《国民教育指导月刊（广东）》第 1 卷第 11—12 期合刊"小学音乐美术劳作科专号"。

余井塘《乐教与民众教育》刊于《国民教育指导月刊（广东）》第 1 卷第 11—12 期合刊"小学音乐美术劳作科专号"。

顾植森《修订小学音乐课程的意义与经过》刊于《国民教育指导月刊（广东）》第 1 卷第 11—12 期合刊"小学音乐美术劳作科专号"。

胡叔异《怎样实施小学音乐课程》刊于《国民教育指导月刊(广东)》第1卷第11—12期合刊"小学音乐美术劳作科专号"。

李抱忱《小学各级的音乐教学撮要》刊于《国民教育指导月刊(广东)》第1卷第11—12期合刊"小学音乐美术劳作科专号"。

王问奇《教材荒》刊于《国民教育指导月刊(广东)》第1卷第11—12期合刊"小学音乐美术劳作科专号"。

钱卓升《幼稚儿童的发音训练》刊于《国民教育指导月刊(广东)》第1卷第11—12期合刊"小学音乐美术劳作科专号"。

黎梓材《小学音乐教育当前两大问题》刊于《国民教育指导月刊(广东)》第1卷第11—12期合刊"小学音乐美术劳作科专号"。

翁光中《乐教的社会功能》刊于《国民教育指导月刊(广东)》第1卷第11—12期合刊"小学音乐美术劳作科专号"。

胡叔异《谈小学美术教育》刊于《国民教育指导月刊(广东)》第1卷第11—12期合刊"小学音乐美术劳作科专号"。

熊翥高《小学劳作科课程标准实施成绩不良的原因》刊于《国民教育指导月刊(广东)》第1卷第11—12期合刊"小学音乐美术劳作科专号"。

唐一帆《活的劳作教学法》刊于《国民教育指导月刊(广东)》第1卷第11—12期合刊"小学音乐美术劳作科专号"。

葛成慧《小学教师应有的儿童保育常识(续)》刊于《国民教育指导月刊(广东)》第1卷第11—12期合刊"小学音乐美术劳作科专号"。

云海《儿童绘画之研究》刊于《国民教育指导月刊(广东)》第1卷第11—12期合刊"小学音乐美术劳作科专号"。

教育部《小学音乐课程标准》刊于《国民教育指导月刊(广东)》第1卷第11—12期合刊"小学音乐美术劳作科专号"。

教育部《小学图画科课程标准》刊于《国民教育指导月刊(广东)》第1卷第11—12期合刊"小学音乐美术劳作科专号"。

教育部《小学劳作科课程标准》刊于《国民教育指导月刊(广东)》第1卷第11—12期合刊"小学音乐美术劳作科专号"。

教育部《小学课程标准总纲》刊于《国民教育指导月刊(广东)》第1卷第11—12期合刊"小学音乐美术劳作科专号"。

教育部《广东省地方教材编选办法》刊于《国民教育指导月刊(广东)》第1卷第11—12期合刊"小学音乐美术劳作科专号"。

胡叔异《训练与进修及考核》刊于《国民教育指导月刊(广西)》第1卷第1期"国民教师训练专号"。

顾树森《训练与组织》刊于《国民教育指导月刊(广西)》第1卷第1期"国民教师训练专号"。

王衍康《小学教员精神训练问题》刊于《国民教育指导月刊(广西)》第1卷第1期"国民教师训练专号"。

钱云阶《小学教员生活训练问题》刊于《国民教育指导月刊(广西)》第1卷第1期"国民

教师训练专号"。

郝更生《小学教员体格训练问题》刊于《国民教育指导月刊(广西)》第 1 卷第 1 期"国民教师训练专号"。

金开山《现阶段的广西国民教师训练》刊于《国民教育指导月刊(广西)》第 1 卷第 1 期"国民教师训练专号"。

林宗礼《国民教师训练的几个问题》刊于《国民教育指导月刊(广西)》第 1 卷第 1 期"国民教师训练专号"。

梁上燕《中心国民学校应如何充实与改进》刊于《国民教育指导月刊(广西)》第 1 卷第 1 期"国民教师训练专号"。

李豪《国民学校怎样办壁报》刊于《国民教育指导月刊(广西)》第 1 卷第 1 期"国民教师训练专号"。

池宝华《儿童表演故事的研究》刊于《国民教育指导月刊(广西)》第 1 卷第 1 期"国民教师训练专号"。

苏希洵《现阶段的广西国民教育行政》刊于《国民教育指导月刊(广西)》第 1 卷第 2 期"国民教育行政专号"。

滕仰支《如何解决中心国民学校教师兼办地方行政之困难》刊于《国民教育指导月刊(广西)》第 1 卷第 2 期"国民教育行政专号"。

金蕃《国民教育经费之筹集》刊于《国民教育指导月刊(广西)》第 1 卷第 2 期"国民教育行政专号"。

张乃璇《乡镇中心学校的含义及其任务》刊于《国民教育指导月刊(广西)》第 1 卷第 2 期"国民教育行政专号"。

广西建设研究会文化部《广西国民基础教育完成标准与期限之拟议》刊于《国民教育指导月刊(广西)》第 1 卷第 2 期"国民教育行政专号"。

倪焕周《各县(市)怎样办理国民教师总登记》刊于《国民教育指导月刊(广西)》第 1 卷第 2 期"国民教育行政专号"。

金开山《中心国民学校设置专任校长问题》刊于《国民教育指导月刊(广西)》第 1 卷第 2 期"国民教育行政专号"。

罗祖光《中心学校及国民学校校产问题》刊于《国民教育指导月刊(广西)》第 1 卷第 2 期"国民教育行政专号"。

李蟾桂《怎样训练幼稚生讲故事》刊于《国民教育指导月刊(广西)》第 1 卷第 2 期"国民教育行政专号"。

黄旭初《对于中等教育应有的认识》刊于《国民教育指导月刊(广西)》第 1 卷第 2 期"国民教育行政专号"。

苏希洵《广西省廿九年度全省中等学校校长会议暨中学区中学教育研究会联席会议训词》刊于《国民教育指导月刊(广西)》第 1 卷第 2 期"国民教育行政专号"。

苏希洵《广西省成人教育年实施总报告》刊于《国民教育指导月刊(广西)》第 1 卷第 3 期"成人教育专号"。

顾树森《实施国民教育后关于推行失学民众补习教育的我见》刊于《国民教育指导月刊(广西)》第 1 卷第 3 期"成人教育专号"。

朱若溪《实施成年失学民众补习教育的几个技术问题》刊于《国民教育指导月刊(广西)》第 1 卷第 3 期"成人教育专号"。

高时良《失学民众补习教育实施问题》刊于《国民教育指导月刊(广西)》第 1 卷第 3 期"成人教育专号"。

金蕃《中心国民学校办理民教部之实际问题》刊于《国民教育指导月刊(广西)》第 1 卷第 3 期"成人教育专号"。

沈复镜《推行国民教育应如何实施失学民众补习教育》刊于《国民教育指导月刊(广西)》第 1 卷第 3 期"成人教育专号"。

黄竞白《中心国民学校办理民教部的困难和补救方法》刊于《国民教育指导月刊(广西)》第 1 卷第 3 期"成人教育专号"。

徐伯璞《普及民众音乐教育》刊于《国民教育指导月刊(广西)》第 1 卷第 3 期"成人教育专号"。

梁上燕《成人班作文指导》刊于《国民教育指导月刊(广西)》第 1 卷第 3 期"成人教育专号"。

王增蝠《成人教育与基层建设》刊于《国民教育指导月刊(广西)》第 1 卷第 3 期"成人教育专号"。

林毅《国民教师点滴》刊于《国民教育指导月刊(广西)》第 1 卷第 3 期"成人教育专号"。

陈剑恒《小学训育小三种学习的不可分性》刊于《国民教育指导月刊(广西)》第 1 卷第 4 期。

陈玉珍《小学教育是谁的责任》刊于《国民教育指导月刊(广西)》第 1 卷第 4 期"中心国民学校训育专号"。

魏冰心《起居规律与社交交仪编订经过及其实施要点》刊于《国民教育指导月刊(广西)》第 1 卷第 4 期"中心国民学校训育专号"。

陈玉珍《小学训导中父母的责任》刊于《国民教育指导月刊(广西)》第 1 卷第 4 期"中心国民学校训育专号"。

林宗礼《中心国民学校成人班训导实施的研究》刊于《国民教育指导月刊(广西)》第 1 卷第 4 期"中心国民学校训育专号"。

敬之《中心学校成人班训导上的几个实际问题》刊于《国民教育指导月刊(广西)》第 1 卷第 4 期"中心国民学校训育专号"。

赵松子《对于成人教育战时训导的一点意见》刊于《国民教育指导月刊(广西)》第 1 卷第 4 期"中心国民学校训育专号"。

陆静山《教儿童做新中国的新国民》刊于《国民教育指导月刊(广西)》第 1 卷第 4 期"中心国民学校训育专号"。

郭平《中心国民学校儿童训导问题》刊于《国民教育指导月刊(广西)》第 1 卷第 4 期"中心国民学校训育专号"。

李微《实施国民教育的两个要点》刊于《国民教育指导月刊(广西)》第 1 卷第 4 期"中心国民学校训育专号"。

杨寅初《纪念国父诞辰七十六周年纪念活动大纲》刊于《国民教育指导月刊(广西)》第 1 卷第 4 期"中心国民学校训育专号"。

顾树森《第二次修订小学课程标准的意义及国语常识二科的要点》刊于《国民教育指导月刊(广西)》第1卷第5期"中心国民学校国语常识科专号"。

陆殿扬《小学国语课程标准加入文法组织的意义》刊于《国民教育指导月刊(广西)》第1卷第5期"中心国民学校国语常识科专号"。

陈剑恒《国语教学在普及教育中特应注重的目标》刊于《国民教育指导月刊(广西)》第1卷第5期"中心国民学校国语常识科专号"。

金轮海《小学国语科练习教学的指导》刊于《国民教育指导月刊(广西)》第1卷第5期"中心国民学校国语常识科专号"。

水心《常识科和国语科里读书作业在教学上之联系》刊于《国民教育指导月刊(广西)》第1卷第5期"中心国民学校国语常识科专号"。

俞子夷《初级儿童班国语读书教法》刊于《国民教育指导月刊(广西)》第1卷第5期"中心国民学校国语常识科专号"。

方洪浦《小学儿童的写字教学》刊于《国民教育指导月刊(广西)》第1卷第5期"中心国民学校国语常识科专号"。

俞子夷《初级成人班公民常识与国语教学法》刊于《国民教育指导月刊(广西)》第1卷第5期"中心国民学校国语常识科专号"。

樊月培《成人班国语教学问题》刊于《国民教育指导月刊(广西)》第1卷第5期"中心国民学校国语常识科专号"。

胡泉清《成人班公民常识教学问题》刊于《国民教育指导月刊(广西)》第1卷第5期"中心国民学校国语常识科专号"。

林立《对于国民学校读书教学的一些意见》刊于《国民教育指导月刊(广西)》第1卷第5期"中心国民学校国语常识科专号"。

金白水《从国民中学投考学生的成绩说起》刊于《国民教育指导月刊(广西)》第1卷第5期"中心国民学校国语常识科专号"。

卢显能、唐伟英《对于厘订〈国民基础教育完成标准〉的意见(广西)》刊于《国民教育指导月刊(广西)》第1卷第5期"中心国民学校国语常识科专号"。

马济民《怎样发挥乡镇中心学校推动基层建设的效能》刊于《国民教育指导月刊(广西)》第1卷第5期"中心国民学校国语常识科专号"。

董渭川《以国民中学为一县文化中心的设计》刊于《广西教育研究》第1卷第3期。

董渭川《中等学校训育上的几个重要问题及其解决》刊于《广西教育研究》第1卷第3期。

潘德祺《中学国文科之商榷》刊于《广西教育研究》第1卷第3期。

陈子良《中等学校的历史教育》刊于《广西教育研究》第1卷第3期。

黄野芸《根据学习心理分析现行考试方法的症结》刊于《广西教育研究》第1卷第3期。

伍堂棣《广西童子军事业的干部问题》刊于《广西教育研究》第1卷第3期。

何能杰《师范学校怎样兼办社会教育》刊于《广西教育研究》第1卷第3期。

戴自俺《一个新兴师范学校的开始》刊于《广西教育研究》第1卷第3期。

梅为藩《师范生入学动机的分析》刊于《广西教育研究》第1卷第3期。

李景新《今日广西图书馆应有的使命》刊于《广西教育研究》第1卷第3期。

马鸿述《"中等教育的挑战"述略》刊于《广西教育研究》第 1 卷第 3 期。

吴康《现代新人文主义教育》刊于《广西教育研究》第 1 卷第 4 期。

倪中方《毕业手续对单在指导上之功用》刊于《广西教育研究》第 1 卷第 4 期。

陈重寅《中国童子军的教育》刊于《广西教育研究》第 1 卷第 4 期。

严明《教育视导的出路》刊于《广西教育研究》第 1 卷第 4 期。

梅为藩《复式学级的编制和座位排列的商讨》刊于《广西教育研究》第 1 卷第 4 期。

厉鼎禹《课外运动的理论与实际》刊于《广西教育研究》第 1 卷第 4 期。

董渭川《以国民中学为一县文化中心的设计》刊于《广西教育研究》第 1 卷第 4 期。

潘景佳《国民中学教育之问题及其解决途径》刊于《广西教育研究》第 1 卷第 4 期。

杨第晰《国民中学教育内容的商榷》刊于《广西教育研究》第 1 卷第 4 期。

梁世豪《国民中学教育研究班的使命》刊于《广西教育研究》第 1 卷第 4 期。

李业云《怎样教授中学国文》刊于《广西教育研究》第 1 卷第 4 期。

马鸿述《个人控制与社会控制》刊于《广西教育研究》第 1 卷第 4 期。

谢康《莎朋精神与法国大学教育》刊于《广西教育研究》第 1 卷第 4 期。

吴康《抗战与文化建设》刊于《广西教育研究》第 1 卷第 5 期。

谢澄平《历史教育的新动向》刊于《广西教育研究》第 1 卷第 5 期。

唐伟《师道与尊师》刊于《广西教育研究》第 1 卷第 5 期。

何捷芳译《当前美国教育的使命》刊于《广西教育研究》第 1 卷第 5 期。

谢康《儿童的性心理与性教育》刊于《广西教育研究》第 1 卷第 5 期。

李蕙楼《学习与人格修养》刊于《广西教育研究》第 1 卷第 5 期。

王开敏《学生操行考查与卫生环境》刊于《广西教育研究》第 1 卷第 5 期。

戴强夫《初中语文书作批改》刊于《广西教育研究》第 1 卷第 5 期。

何升汉《加强中学历史教学的我见》刊于《广西教育研究》第 1 卷第 5 期。

冯覃燕《音乐的教学》刊于《广西教育研究》第 1 卷第 5 期。

金白水《对于中学图书教学的意见》刊于《广西教育研究》第 1 卷第 5 期。

童仲伯《卫生教学之商榷》刊于《广西教育研究》第 1 卷第 5 期。

戴自俺《师范学校怎样兼办国民教师进修训练班》刊于《广西教育研究》第 1 卷第 5 期。

梁上燕《从广西的经验论各省国民学校设校问题》刊于《广西教育研究》第 1 卷第 5 期。

梅为藩《国基学校教学要点商榷》刊于《广西教育研究》第 1 卷第 5 期。

林立《国基学校节省教学时间问题》刊于《广西教育研究》第 1 卷第 5 期。

苏芗雨《学习经济的基本原则》刊于《广西教育研究》第 1 卷第 6 期。

梁瓯第《民族政策与边疆教育》刊于《广西教育研究》第 1 卷第 6 期。

马鸿述《论中学教育与其课程改造》刊于《广西教育研究》第 1 卷第 6 期。

谢康《母性与教育》刊于《广西教育研究》第 1 卷第 6 期。

梅为藩《再谈复式教学法》刊于《广西教育研究》第 1 卷第 6 期。

曾毅夫《师范学校应如何辅导地方教育》刊于《广西教育研究》第 1 卷第 6 期。

戴自俺《师范学校毕业生的服务与指导》刊于《广西教育研究》第 1 卷第 6 期。

林宗礼《实施乡村妇女教育的初步研究》刊于《广西教育研究》第 1 卷第 6 期。

梁上燕《写给新进的国民学校教师》刊于《广西教育研究》第 1 卷第 6 期。

柳泽民《家庭教育与学校教育之联系》刊于《广西教育研究》第 1 卷第 6 期。

邓峻璧译《学者态度对于教学过程的影响》刊于《广西教育研究》第 1 卷第 6 期。

吴康《道德与教育》刊于《广西教育研究》第 1 卷第 6 期。

吴康《希腊之公民教育》刊于《广西教育研究》第 2 卷第 6 期。

苏芗雨《儿童生长与发展之认识》刊于《广西教育研究》第 2 卷第 6 期。

梁瓯第《一个边疆地区教育的考察》刊于《广西教育研究》第 2 卷第 6 期。

何子祥《论教育界之学荒及其解决方策》刊于《广西教育研究》第 2 卷第 6 期。

梁上燕《论示范教学的实施问题》刊于《广西教育研究》第 2 卷第 6 期。

刘钧鸿《民众读物的改善意见》刊于《广西教育研究》第 2 卷第 6 期。

韦珮明《民众教育的检讨及其改善推行的我见》刊于《广西教育研究》第 2 卷第 6 期。

方惇顾《现代师范教育的趋势》刊于《广西教育研究》第 2 卷第 6 期。

张健父《向中学校和教师们提出几点恳切的希望》刊于《广西教育研究》第 2 卷第 6 期。

余兆昆《我国中学英语教学问题》刊于《广西教育研究》第 2 卷第 6 期。

何捷芳译《高等教育与国防》刊于《广西教育研究》第 2 卷第 6 期。

黎明译《进步教育的两种看法》刊于《广西教育研究》第 2 卷第 6 期。

陈立夫《文化之战》刊于《湖南教育》第 20 期。

陈荩民《中小学教授数学之目的与价值》刊于《浙江教育》第 3 卷第 7 期。

石谷《数学是难学的还是易学的》刊于《浙江教育》第 3 卷第 7 期。

宋彬《初等数学中形数关系之测验》刊于《浙江教育》第 3 卷第 7 期。

曾毅夫《小学教员待遇问题综览》刊于《浙江教育》第 3 卷第 8 期。

赵欲仁《从几种统计中研究中学生战时生活》刊于《浙江教育》第 3 卷第 8 期。

顾今生《学校迁乡后生物教学的回顾》刊于《浙江教育》第 3 卷第 8 期。

唐一帆《师范劳作教学方式举隅》刊于《浙江教育》第 3 卷第 8 期。

程凤鸣《战时难童教育设施》刊于《浙江教育》第 3 卷第 8 期。

张昌焕《戏剧歌咏巡回浙西杂记》刊于《浙江教育》第 3 卷第 8 期。

钟伯庸《扫除文盲实施方案诠述》刊于《浙江教育》第 3 卷第 9 期。

程耿《对于中等教育制度提出一个建议》刊于《浙江教育》第 3 卷第 9 期。

孙櫔《战时中等学校体育设施》刊于《浙江教育》第 3 卷第 9 期。

倪庭祥《师范学校毕业生指派服务办法释义》刊于《浙江教育》第 3 卷第 9 期。

朱仰曾《浙江省立处州民众教育馆概况》刊于《浙江教育》第 3 卷第 9 期。

孔祥明《湘湖师范兼办社会教育概况》刊于《浙江教育》第 3 卷第 9 期。

刘振羽《中学理化教育之目的与方法》刊于《浙江教育》第 4 卷第 1 期。

申屠瑾《中学化学教学法商榷》刊于《浙江教育》第 4 卷第 1 期。

卜森《教授初中化学各节出发点》刊于《浙江教育》第 4 卷第 1 期。

许绍棣《浙江各县教育行政述评》刊于《浙江教育》第 4 卷第 4 期。

梁祖厚《中学英语教学改进刍议》刊于《浙江教育》第 4 卷第 4 期。

王友西《战时本省十余中学生物教育现状》刊于《浙江教育》第 4 卷第 4 期。

周汉《地方教育辅导感想》刊于《浙江教育》第 4 卷第 4 期。

邹树文《农业职业教育实际问题》刊于《中等教育季刊（四川）》第 1 卷第 3 期。

赵廷为《师范学校实习问题》刊于《中等教育季刊(四川)》第1卷第3期。

郭有守《学校图书馆的经营》刊于《中等教育季刊(四川)》第1卷第3期。

章柳泉《现阶段中等教育的批判及应有的转变》刊于《中等教育季刊(四川)》第1卷第3期。

张鉴虞《中等教育辅导工作之检讨》刊于《中等教育季刊(四川)》第1卷第3期。

祝超然《导师制与中学生》刊于《中等教育季刊(四川)》第1卷第3期。

王璡《中等学校化学教学法可讨论之几点》刊于《中等教育季刊(四川)》第1卷第3期。

贺昌群《中学校的国史教本与教学》刊于《中等教育季刊(四川)》第1卷第3期。

田世英《中学地理科野外考察的研究》刊于《中等教育季刊(四川)》第1卷第3期。

王钧衡《九一八后东北对外贸易的内幕及趋势》刊于《中等教育季刊(四川)》第1卷第3期。

汤茂如《四川省立华阳中学之起源旨趣与教育方针》刊于《中等教育季刊(四川)》第1卷第3期。

张群《大学毕业后应有的修养》刊于《中等教育季刊(四川)》第1卷第4期。

黄季陆《论今日之中等教育》刊于《中等教育季刊(四川)》第1卷第4期。

郭有守《国防与教育》刊于《中等教育季刊(四川)》第1卷第4期。

孙邦正《中学学制上几个重要问题》刊于《中等教育季刊(四川)》第1卷第4期。

陈纪喆《指导学生升学》刊于《中等教育季刊(四川)》第1卷第4期。

张伸《中学生身心之特徵与性教育》刊于《中等教育季刊(四川)》第1卷第4期。

张云波《四川西南边区教育及其前途》刊于《中等教育季刊(四川)》第1卷第4期。

薛远举《英语教学与直接教法》刊于《中等教育季刊(四川)》第1卷第4期。

傅任敢《福禄贝尔自传》刊于《中等教育季刊(四川)》第1卷第4期。

张鉴虞《介绍"夜间初级中学"》刊于《中等教育季刊(四川)》第1卷第4期。

王朝隆《师范学校战时后方服务训练要目和实例》刊于《中等教育季刊(四川)》第1卷第4期。

邵骏声《师范学校如何辅导办理社会教育》刊于《中等教育季刊(四川)》第1卷第4期。

黄玉树《儿童节和儿童教育》刊于《协大教育季刊》第1卷第2期。

朱柏《中学教学方案的研究》刊于《协大教育季刊》第1卷第2期。

檀仁梅《以学点制调整学生参加课外活动的商榷》刊于《协大教育季刊》第1卷第2期。

陈景磐《孟禄博士对于中国教育批评的我见》刊于《协大教育季刊》第1卷第2期。

邓应增《战时的中学教育》刊于《协大教育季刊》第1卷第2期。

梅《学风与训导》刊于《协大教育季刊》第1卷第3期。

王揆生《大学训导工作之意义》刊于《协大教育季刊》第1卷第3期。

檀仁梅《大学训导的十一种困难及其解决办法》刊于《协大教育季刊》第1卷第3期。

林桓《中等学校导师制度的研究》刊于《协大教育季刊》第1卷第3期。

林观得《导师制度实施的办法》刊于《协大教育季刊》第1卷第3期。

黄玉树《实施导师制应有的精神》刊于《协大教育季刊》第1卷第3期。

申鸿荣《宗教对于导制的贡献》刊于《协大教育季刊》第1卷第3期。

郑衷迅《关于训导之人事种种》刊于《协大教育季刊》第1卷第3期。

黄顺仁《青年训练》刊于《协大教育季刊》第 1 卷第 3 期。

［美］杜威著，檀仁梅译《传统与进步的教育》刊于《协大教育季刊》第 1 卷第 3 期。

申鸿荣《中文联词研究报告》刊于《协大教育季刊》第 1 卷第 3 期。

李清悚《自卫教育与国际协调》刊于《侨民教育》第 1 卷第 3—4 期合刊。

刘清斋《伪南京伪组织公布华侨捐款奖励办法劝勉侨胞》刊于《侨民教育》第 1 卷第 3—4 期合刊。

朱智贤《侨民教育的几个重要问题》刊于《侨民教育》第 1 卷第 3—4 期合刊。

姜和《推进侨民社会教育的商榷》刊于《侨民教育》第 1 卷第 3—4 期合刊。

伍瑞锴《菲律滨华校课程研究及改进意见》刊于《侨民教育》第 1 卷第 3—4 期合刊。

沈灌群《中学训育论（下）》刊于《侨民教育》第 1 卷第 3—4 期合刊。

李清悚《中等学校教导通则》刊于《侨民教育》第 1 卷第 3—4 期合刊。

陈耀章《怎样管理回国侨生》刊于《侨民教育》第 1 卷第 3—4 期合刊。

之达、陈孟民《马来亚的橡皮》刊于《侨民教育》第 1 卷第 3—4 期合刊。

翁汾庆《动荡的太平洋中的中南半岛》刊于《侨民教育》第 1 卷第 3—4 期合刊。

杨家骆《古代华人侨外留学史（续）》刊于《侨民教育》第 1 卷第 3—4 期合刊。

苇舫《佛教访问团缅甸访问记（续）》刊于《侨民教育》第 1 卷第 3—4 期合刊。

蒋永留《一个缅甸侨生的自述》刊于《侨民教育》第 1 卷第 3—4 期合刊。

翁之达、丁实存《南洋书目提要》刊于《侨民教育》第 1 卷第 3—4 期合刊。

聂云台《由性灵文字推论佛学孔学阳明程朱》刊于《罗汉菜》第 26 期。

范古农《我的扩大保护运动的意见》刊于《罗汉菜》保护运动专号。

聂云台《性欲与犯罪》刊于《罗汉菜》第 28 期。

更惭《怎样教训子弟》刊于《罗汉菜》第 28 期。

爍迦《佛法的心脏》刊于《西北佛教周报》第 23—26 期合刊。

孙广圣《皈依三宝之感想》刊于《西北佛教周报》第 23—26 期合刊。

力生《行为的价值与生命》刊于《觉音》第 24—25 期合刊。

弘一《佛教之简易修持法》刊于《觉音》第 24—25 期合刊。

芝峰《因明入正理论讲座绪论》刊于《觉音》第 24—25 期合刊。

卧秋《宗教概论》刊于《觉音》第 26 期。

芝峰《因明入正理论讲座绪论》刊于《觉音》第 26 期。

太虚《抗建四年来之佛教》刊于《觉音》第 27—28 期合刊。

卧秋《宗教概论》刊于《觉音》第 27—28 期合刊。

芝峰《因明入正理论讲座》刊于《觉音》第 27—28 期合刊。

六融《佛学上的平等义》刊于《觉音》第 29 期。

周贯仁《太虚大师十五年来关于唯生论的提示》刊于《觉音》第 29 期。

法舫《从教育和宗教观点谈国产电影》刊于《觉音》第 30—32 期合刊。

达居《从一部侮辱佛教的影片说起》刊于《觉音》第 30—32 期合刊。

印明《知道自己·教育自己》刊于《觉音》第 30—32 期合刊。

吕碧城《佛学与科学之异同》刊于《觉音》第 30—32 期合刊。

郭应阳《叔本华哲学与佛学》刊于《觉音》第 30—32 期合刊。

周贯仁《太虚大师十五年来关于唯生论之年增》刊于《觉音》第 30—32 期合刊。

演培《佛法的善生之道》刊于《觉音》第 30—32 期合刊。

白慧《论佛法因缘空性义》刊于《觉音》第 30—32 期合刊。

高剑父《喜马拉雅山大吉岭之佛教源流考》刊于《觉音》第 30—32 期合刊。

江之萍《一个与学佛妇女有关的问题》刊于《觉音》第 30—32 期合刊。

芝峰《因明入正理论讲座(续三)》刊于《觉音》第 30—32 期合刊。

竺摩《大乘广五蕴论讲题(续)》刊于《觉音》第 30—32 期合刊。

万均《新佛教运动与抗战建国》刊于《狮子吼月刊》第 1 卷第 3—4 期合刊。

乐观《中国僧青年怎样坚强自己争取伟大的前途》刊于《狮子吼月刊》第 1 卷第 5—7 期合刊。

古徽《佛教当前的一个严重问题》刊于《狮子吼月刊》第 1 卷第 5—7 期合刊。

法舫《日寇南进对佛教国之阴谋》刊于《狮子吼月刊》第 1 卷第 5—7 期合刊。

吕竹园《佛教在越南》刊于《狮子吼月刊》第 1 卷第 5—7 期合刊。

许之乔《中国小说戏剧与印度影响》刊于《狮子吼月刊》第 1 卷第 5—7 期合刊。

巨赞《宗门文献目录》刊于《狮子吼月刊》第 1 卷第 5—7 期合刊。

万均《学佛十讲》刊于《狮子吼月刊》第 1 卷第 5—7 期合刊。

陈济安《桂南的民间信仰》刊于《狮子吼月刊》第 1 卷第 5—7 期合刊。

缁哉《怎样处置庙产》刊于《狮子吼月刊》第 1 卷第 8—10 期合刊。

太虚《抗战四年来之佛教》刊于《狮子吼月刊》第 1 卷第 8—10 期合刊。

田汉《关于新佛教运动》刊于《狮子吼月刊》第 1 卷第 8—10 期合刊。

谢扶雅《新佛教运动中的一个建议》刊于《狮子吼月刊》第 1 卷第 8—10 期合刊。

心丰《由五戒说到新佛教运动》刊于《狮子吼月刊》第 1 卷第 8—10 期合刊。

观中《新佛教运动与师表》刊于《狮子吼月刊》第 1 卷第 8—10 期合刊。

道安《拟议中的广西新佛教》刊于《狮子吼月刊》第 1 卷第 8—10 期合刊。

万均《新佛教运动的中心思想》刊于《狮子吼月刊》第 1 卷第 8—10 期合刊。

一空《革命、人生、佛教(续完)》刊于《狮子吼月刊》第 1 卷第 8—10 期合刊。

巨赞《宗门文献目录(续)》刊于《狮子吼月刊》第 1 卷第 8—10 期合刊。

达居《所期望于沟通中缅文化的有关当局者》刊于《狮子吼月刊》第 1 卷第 11—12 期合刊。

健行《佛教的战斗观》刊于《狮子吼月刊》第 1 卷第 11—12 期合刊。

巨赞《宗门文献目录(续)》刊于《狮子吼月刊》第 1 卷第 11—12 期合刊。

墨禅《香港佛教及其展望》刊于《狮子吼月刊》第 1 卷第 11—12 期合刊。

周秉清《中国佛教学院讲习世典文字之宗旨》刊于《佛学月刊》第 1 卷第 1 期。

松泉《缘起略义》刊于《佛学月刊》第 1 卷第 1—2 期。

愿净《三自性与三无性之研究》刊于《佛学月刊》第 1 卷第 1 期。

无作《佛法与社会》刊于《佛学月刊》第 1 卷第 1 期。

田西泉《中国佛教学院文学选读目录小引》刊于《佛学月刊》第 1 卷第 2 期。

道玄《法源寺三学堂记》刊于《佛学月刊》第 1 卷第 2 期。

澄慧《从现代社会说到佛法本身和僧伽应有的态度》刊于《佛学月刊》第 1 卷第 2 期。

远化《如来一代时教三家会通一览表》刊于《佛学月刊》第 1 卷第 2 期。

周秉清《百法论读法示要》刊于《佛学月刊》第 1 卷第 3 期。

修明《从文学家的解脱说到佛法》刊于《佛学月刊》第 1 卷第 3 期。

周叔迦《从佛教徒的人格说起》刊于《佛学月刊》第 1 卷第 4—7 期。

松泉《缘起略义（三）》刊于《佛学月刊》第 1 卷第 4 期。

李意如编《历代高僧新传》刊于《佛学月刊》第 1 卷第 4 期。

中轮《慈舟法师事略》刊于《佛学月刊》第 1 卷第 4 期。

广觉《倓虚法师事略》刊于《佛学月刊》第 1 卷第 4 期。

震华《中国佛教史》刊于《佛学月刊》第 1 卷第 4 期。

沈国华《慈舟老法师开示录——出家人的持戒》刊于《佛学月刊》第 1 卷第 5 期。

周叔迦《修行讲话》刊于《佛学月刊》第 1 卷第 5 期。

谛莹《漫谈善与美的准则》刊于《佛学月刊》第 1 卷第 5 期。

默如《读中边论修分位品记》刊于《佛学月刊》第 1 卷第 5 期。

李意如《历代高僧新传——朱士行》刊于《佛学月刊》第 1 卷第 5 期。

空华《记先师祖清素之行》刊于《佛学月刊》第 1 卷第 5 期。

李翼如《先严李公荫庭事略》刊于《佛学月刊》第 1 卷第 5 期。

佛悦《青岛佛教的轮廓》刊于《佛学月刊》第 1 卷第 5 期。

田西泉《中国佛教学院文学选读目录（三）》刊于《佛学月刊》第 1 卷第 5—9 期。

保贤记录《倓虚老法师开示录》刊于《佛学月刊》第 1 卷第 6 期。

沈国华《慈舟老法师开示录》刊于《佛学月刊》第 1 卷第 6 期。

仁道《天台宗略记》刊于《佛学月刊》第 1 卷第 6 期。

证依《治佛学史之态度及其他》刊于《佛学月刊》第 1 卷第 6 期。

子规《朝鲜佛教文化与美术年表绪引》刊于《佛学月刊》第 1 卷第 6 期。

仁道《天台宗略记（二）》刊于《佛学月刊》第 1 卷第 7 期。

松泉《缘起略义（四）》刊于《佛学月刊》第 1 卷第 7 期。

江朝宗《佛诞纪念放生之展望》刊于《莲池会闻》创刊号。

四、学术著作

（汉）班固等撰《东观汉记》由长沙商务印书馆刊行。

（北周）卢辩注，（清）孔广森注补《大戴礼记补注》（附校正）（上下册）由商务印书馆刊行。

（唐）玄奘译，印骆雄解《般若波罗蜜多心经白话浅介》刊行。

（唐）赵璘著《因话录》6 卷由长沙商务印书馆刊行。

（唐）颜真卿书《颜鲁公书裴将军诗卷》由上海商务印书馆刊行，有王亚夫等人的跋。

（宋）葛立方著《韵语阳秋》由长沙商务印书馆刊行。

（宋）洪迈著《容斋诗话》由长沙商务印书馆刊行。

（宋）朱熹集注，王文英校《（铜版）论语集注》由上海广益书局刊行。

（宋）净源著《华严原人论发微录》由上海佛学书局刊行。

（宋）王应麟著，江谦增订《正学养蒙三字经注解》由上海法云印经会刊行。

（明）蕅益著，江谦选《灵峰儒释—宗论》由上海道德书局刊行。

（明）袁柳庄著《柳庄相法》（3卷）由上海沈鸿记书局刊行。

（清）阮元注释《曾子十篇》由上海商务印书馆刊行。

（清）袁守定著《居官通义》由四川成都四川省政府民政厅出版。

（清）张伯行集解《濂洛关闽书》（上下册）由长沙商务印书馆刊行。

（清）陈素庵著《精选命理约言》由上海千顷堂书局刊行。

（清）李调元著《六书分毫》由商务印书馆刊行。

（清）江永编《四声切韵表》由商务印书馆刊行。

（清）张玉书等编《康熙字典》（殿版增订篆字）由上海广益书局刊行。

（清）纪昀著《沈氏四声考》由商务印书馆刊行。

（清）程允升著，（清）邹圣脉增补《（精校仿宋版）幼学故事琼林》由上海通俗图书刊行社刊行。

（清）程允升著，（清）邹圣脉增补，朱惟公校勘《（详注）幼学琼林读本》由上海广益书局刊行。

（清）刘铁云著，林语堂英译，梁乃治注释《（英汉对照、详细注释）老残游记》由上海朔风书店刊行。

（清）洪亮吉著《北江诗话》由长沙商务印书馆刊行。

（清）王懋竑纂订《朱子年谱》（考异附录）（上下）由商务印书馆刊行。

（清）张穆编《顾亭林先生年谱》由商务印书馆刊行。

（清）汪辉祖著《九史同姓名略》由长沙商务印书馆刊行。

（清）周永年编《先正读书诀》由商务印书馆刊行。

周辅成编著《哲学大纲》由重庆正中书局刊行。

艾思奇讲述，巧雅记录《哲学讲授纲要》由上海中国编译所刊行。

麦园著《哲学门外谈》由重庆读书出版社刊行。

王全福著《哲学初级读本》由东方出版社刊行。

宋恒忠著《综合哲学讲话》由重庆国民图书出版社刊行。

毛泽东著《辩证法唯物论》由新华书店晋察冀分店刊行。

毛起鵨编《辩证法论丛》由重庆独立出版社刊行。

何汝津著《辩证法与中国革命》由曲江革命理论出版社刊行。

胡绳著《思想方法论初步》由重庆生活书店刊行。

赵宗予著《力行的哲学》由上海世界书局刊行。

侯哲莽著《连锁哲学》由上海黎明书局刊行。

胡纯俞著《论马克斯主义》由江西泰和胜利出版社江西分社刊行。

胡纯俞著《论马克斯主义》由重庆胜利出版社总社刊行。

胡纯俞著《论马克斯主义》由广东曲江胜利出版社广东分社刊行。

社会科学研究会编《马列主义研究提纲》由编者刊行。

周之鸣著《战时各国马克思主义者是怎样的》由重庆独立出版社刊行。

三民主义青年团中央团部编《革命哲学》由编者刊行。

周世辅著《三民主义哲学思想之基础》由重庆正中书局刊行,有陈立夫序及著者自序。

中心出版社编辑《三民主义哲学选集》由广东曲江中心出版社刊行。

刘炳藜著《三民主义之哲学体系》由重庆前途出版社刊行。

任觉五著《三民主义的哲学基础》由著者刊行。

朱谦之著《中国思想方法问题——知行问题》由广东曲江民族文化出版社刊行。

马璧著《孙总理思想的研究》由上海世界书局刊行。

张益弘著《国父学说之发扬(孙中山主义的科学性与世界性)》由陕西西安抗战与文化社刊行。

蒋中正著《总裁关于哲学之言论》由重庆中国国民党宣传部刊行。

任觉五著《中国正统思想体系》由四川成都启文印刷局刊行。

袁钺著《革命哲学史观》由四川成都铁风出版社刊行。

时粹林府社编《重论新启蒙运动》由上海启蒙出版社刊行。

学林社编《人类的前途》由编者刊行。

蒋伯潜、蒋祖怡编著《经与经学》由上海世界书局刊行。

蒋伯潜、蒋祖怡著《诸子与理学》由上海世界书局刊行。

李证刚等编著《易学讨论集》由商务印书馆刊行。

马荫良著《老子新诂》刊行。

程兆熊著《儒家学说与国际社会》由文化丛刊社刊行。

马璧著《孔子思想的研究》由上海世界书局刊行。

于省吾著《论语新证》(辅仁大学讲演集第2辑)刊行。

蒋伯潜注释《(语译广解)论语读本》(上下册)由上海启明书局刊行。

蒋伯潜注释《(语译广解)孟子》(上中下册)由上海启明书局刊行。

陈登慭著《孟子七篇大传》由北平京华印书局刊行。

胡子霖著《庄子天下篇自述其学说九句之解释》刊行。

蔡介民著《礼记通论》由江苏南京中日文化协会刊行。

按:是书包括礼记旧说之纠谬、礼记成书之时代、礼记仪礼之关系、礼记研究之方法、礼记论礼之大义、礼记存目考略等12章。

陈登慭著《中庸大义》由北京陈友元刊行。

王有台著《中庸新注》由北京天华印书馆刊行。

顾实著《三民主义与大学》由重庆中华国学社刊行。

邵鸣九著《大学六讲》由上海世界书局刊行。

洪嘉仁著《韩非的政治哲学》由重庆正中书局刊行。

容肇祖著《明代思想史》由上海开明书店刊行。

王心湛讲《阳明学讲义》由海地法师刊行。

学林社编《东方哲学之体系》由编者刊行。

詹文浒著《西洋哲学讲话》由上海世界书局刊行。

李长之编著《西洋哲学史》由重庆正中书局刊行。

陈铨编著《叔本华生平及其学说》由重庆独立出版社刊行。

朱谦之著《孔德的历史哲学》由商务印书馆刊行。

牟三宗著《逻辑典范》由商务印书馆刊行。

汪奠基著《理则学》由中国国民党中央执行委员会训练委员会刊行。

赵元俊著《论理哲学》由天津工商学院附属中学刊行。

按：是书讲述形式逻辑，大体依照奥图尔的《逻辑学》编成。分论理概论、论思考、论概念、判断与命题、推理与三段论式法5章。

谌小岑著《社会价值论》由重庆中山文化教育馆刊行。

惠迪人著《行的道理的科学论证》刊行。

惠迪人著《行为知识论（生态学的人类知识观）》由商务印书馆刊行。

刘文辉等著《唯行论集》（第2辑）由唯行学社刊行。

戴季陶著《青年之路》由重庆中国文化服务社刊行。

周郁浩校勘《万事不求人》由上海广益书局刊行。

凌独见著《怎样做人》由浙江江山独见书店刊行。

刘锦藻著《青年处世之道》由上海春江书局刊行。

卢仲明编著《处世三昧》由上海曙社刊行部刊行。

葛承绪著《论人与论牛》由陕西西安中国文化服务社刊行。

广东省政府秘书处编译室编《修身》由广东广州编者刊行。

胡愈之等著，崔振平辑《光明之路》（青年人生问题讨论集）由上海博文书店刊行。

黄警顽、赵锦华著《给有为的青年们》由上海国光书店刊行。

黄特著《批判的武器》由上海新人出版社刊行。

黄旭初、杨东莼著《长官言论集》由广西社保建设干校社保特训班刊行。

李昂著《成功者的十二个平面》由上海长城书局刊行。

刘兴文编《现代名人成功解剖》由吉林长春国风书店刊行。

秦芜编著《成功之路》由浙江江山天行杂志社刊行。

沈沉编著《怎样成功模范青年》由上海益友出版社刊行。

任心白著《成功的奠基步骤》由上海经纬书局刊行。

李钟汉著《革命救国与知行合一》刊行。

马一浮著《复性书院讲录卷五》（《洪范约义》）由复性书院刊行。

裴小楚编著《做事艺术》由上海博文书店刊行。

平生著《学习与修养》由上海珠林书店刊行。

任敏著《怎样学习》由广西桂林文化供应社刊行。

石醉六著《修养导论》由湖南中央日报湖南分社刊行部刊行。

孙中山等著，中国国民党安徽省执行委员会编《革命的人生观》由编者刊行。

汤戈旦著《人情学与伟大人物》由陕西西安著者刊行。

拓荒编著《活跃青年路线》由上海经纬书局刊行。

吴曼君著《民生史观研究》由江西泰和时代思潮社刊行。

张太风编著《民生史观大纲》由江西泰和尖兵半月刊社刊行。

夏丏尊等著，马舍文编辑《难题总解剖》由上海博文书店刊行。

熊十力著《十力语要》（第1—4册）刊行。

严鸿瑶著《人生之新认识》由重庆独立出版社刊行。

袁昌英、苏雪林著《生死与人生三部曲》由重庆新评论社刊行。

臧建飞著《现代青年修养全书》由吉林长春新京书店刊行。

张野农著《怎样使生活艺术化》由上海纵横社刊行。

周楞伽著《给新时代青年的信》由上海大陆出版社刊行。

朱右白著《诸家人性论评述》由江苏南京(伪)中日文化协会刊行。

鲍煜著《智力与学力》由上海曙社刊行部刊行。

鄢克定著《心理建设续集》由上海心理建设社刊行。

高觉敷编《群众心理学》由上海中华书局刊行。

刘秉文著《变态心理诊疗术》由上海激流书店刊行。

周永耀著《实业心理学》由商务印书馆刊行。

按:是书分实业心理之意义及其范围、各国实业心理研究之进展、工作效率值研究、选择雇工、工厂中意外事情之发生、如何管理雇工、广告心理学。

陈雪屏著《从心理的观点谈人事问题》由重庆正中书局刊行。

林传鼎《字相的实验研究》由北平辅仁大学心理学系刊行。

单伦理著《宗教教育的理论与实践》由上海广学会刊行。

蒋维乔编《佛学纲要》由云南昆明中华书局刊行。

丁福保著《佛学撮要》由上海启蒙普济会刊行。

按:是书分佛学初阶、佛学起信编、佛学之基础、佛学指南、等不等观杂录的选录。

梁启超著《佛学研究十八篇》(上下册)由上海中华书局刊行。

按:是书收录作者研究佛学的论著 18 篇,其中有《中国佛法兴衰沿革说略》《佛教教理在中国之发展》《翻译文学与佛典》《佛典之翻译》《读异部宗轮论述记》《说四阿含》《说大毗婆沙》等。

王季同编《略论佛法要义》由上海佛学书局刊行。

太虚讲演《我的佛教革命运动略史》由香港觉音社刊行。

谢为何著《广东佛教概况》由广东佛教居士林刊行。

胡焕堂编著《佛教与基督教》由陕西兴平县金郭寨教会刊行。

陈垣著《南宋初河北新道教考》由北平辅仁大学刊行。

按:曾觉之说:"吾国关于宗教史之著述,鲜有能满人意者,并无他故,实因未遇其人耳。苟遇其人,则待发之史料,待证之史实正多。逢源之乐,专书之成,可期而待;此于陈援庵先生关于宗教史之著述见之。陈先生前后考释也里可温、摩尼、回、佛、耶诸教之文,皆搜罗辛勤,闻见广博,识断精审,体制完善,海内外学人所周知而无待赘言也。其著述富启发学人之暗示与研究途径之指点,读之每有循之而得更加深入之感。如叶德禄先生所辑之《民元以来天主教时论丛》中之《从教外典籍见明末清初之天主教》一文是其例。近岁所出之《明季滇黔佛教考》与《南宋初河北新道教考》二书一再致意于宗教与政治之关系。与夫教徒继绝存亡之伟绩,则更进一层,夐乎远矣。盖作者目击事变之方殷,不觉有感于中,乃发愤而抉发前人幽隐之衷曲,表暴当时不白之心情,使人知此一班出家之人,创教之士,实有绝大之不得已在;此岂局于迹象者所得梦见耶? 尝谓历史家之责任,贵在叙述正确之事实,而尤贵传达真切之心情;内在心理之真盖尤重于外表事实之真。真实为过去陈迹,心理则现前活在,永远流动于吾民族血脉之中,此历史之可贵也。"(曾觉之《南宋初河北新道教考》(书评),《汉学》1944 年 9 月第 1 辑)

恭思道著《基督教在中国之概况》由上海中华圣公会刊行。

陈崇桂著《怎样做基督徒》由四川成都中国基督圣教书会刊行。

谢扶雅著《基督教与现代思想》由上海青年协会书局刊行。

徐松石著《基督眼里的中华民族》由上海广学会刊行,有张之江作序及著者自序。

朱维之著《基督教与文学》由上海青年协会书局刊行。

按:是书包括耶稣与文学、圣经与文学、圣歌与文学、祈祷与文学、说教与文学、诗歌散文与基督教、小说戏剧与基督教等。

马天英著《回教浅说》由重庆中国回教救国协会刊行。

马以愚著《中国回教史鉴》由长沙商务印书馆刊行。

刘耀藜著《伊斯兰教之理智研究》由西安西北论衡社刊行。

唐宗正编著《回教与尊孔》由北平世界回教书局刊行。

蔡恩仲编著《童子崇拜集》由上海广学会刊行。

蔡恩仲编著《童子崇拜集续编》由上海广学会刊行。

曹新铭著《天国主义》由上海广学会刊行。

陈海量编《印光大师永思集》由上海弘化社刊行。

陈乐德著《公教家庭与公教公礼》由山东保禄印书馆刊行。

陈香伯著《公教论》由商务印书馆刊行。

褚民谊、陈柱等著《弘法大师纪念特刊》由中日文化协会刊行。

戴锐著《教人奇乐》由上海广学会刊行。

丁宝玺著《罗马人书讲注》由上海中华浸会书局刊行。

丁宗杰编《可敬加大利纳德嘉归达传》由上海土山湾印书馆刊行。

独存编《上海之鬼》(皆大欢喜第 6 集)由上海大法轮书局刊行。

冯瓒璋著《社会事业宗徒》由北平中华公教教务联合会刊行。

公交道理教科书编辑会编《公教道理教科书》(1—4)由山东兖州保禄印书馆刊行。

公教道理教科书编辑会著《初级小学公教道理教学指导书》由山东保禄印书馆刊行。

顾若愚编《早晚课简集》由山东兖州保禄印书馆刊行。

韩宁镐编著《敬礼圣母月》由山东兖州保禄印书馆刊行。

韩宁镐著《发丧要规》由山东兖州保禄印书馆刊行。

华北基督教宗教工作研究会编《华北基督教宗教工作研究会会刊(1941 年夏)》由北平编者刊行。

黄伯禄著,蔡任渔重订《圣教理证》由香港真理学会刊行。

季理斐、李路德著《约翰福音注释》由上海广学会刊行。

焦维真著《灵程指引》由上海刊行。

苦行著《念佛须知》由上海世界佛教居士林刊行。

赖崇理著《新约读法介谈》由上海中华浸会女传道会联合会刊行。

了一著《最后一着》由上海佛学书局刊行。

雷斯田删定《遵主圣范》由北京救世堂刊行。

李廷魁著《东北教会的昨日和明日(第十二届年会文献)》由上海中华全国基督教协进会刊行。

李友兰著《避静神工》由河北献县天主堂刊行。

李友兰著《避静神工》由天津崇德堂印书馆刊行。

连国邦著《热心领圣体》由上海土山湾印书馆刊行。

林凤棲、欧司铎著《公教教育学简要》由北平公教教育联合会刊行。

刘粤声主编《香港基督教会史》由香港基督教联会刊行。

陆伯鸿演讲《教友传教之志意》由香港公教真理学会刊行。

陆德礼编著《近代的思潮与福音真理》由四川成都华英书局刊行。

马奕猷著《传教通则》由真理学会刊行。

马奕猷著《公进通则》由山东兖州天主堂刊行。

孟敬安著《炼狱灵魂》由河北献县天主堂刊行。

欧司铎著《公教司祭》由公教教育联合会刊行。

普天德等著《宗教名言集》由上海广学会刊行。

山西大同总大修道院译《耶稣婴孩圣女德肋撒神婴师表》由北平公教教育联合会刊行。

上海毕士大福音堂编《上海毕士大福音堂主日讲题》由编者刊行。

上海慕尔堂卫斯理团契年刊编辑委员会编《一九四〇年上海慕尔堂卫斯理团契年刊》由编者刊行。

上海时兆报馆编《启示录句解》由上海编者刊行。

上海震旦大学公教青年会编《震大公青会六周纪念刊》由上海编者刊行。

沈君莫、谢颂羔编《路得马丁生平》由上海广学会刊行

沈则宽（原题沈容斋）编译《新史略》由上海土山湾印书馆刊行。

石铎琭述《初会问答》刊行。

史华德著，夏咏华译《查经简要》由上海时兆报馆刊行。

孙价孚著《灵理姓名学》由辽宁大连天道命名社刊行。

孙景风著《密教首重师承论》由上海佛学书局刊行。

太虚著《佛学 ABC》刊行。

王昌祉、梅乘凤编《基多青昆手册》由上海土山湾印书馆刊行。

王昌祉编著《青年圣体军纲要》由上海土山湾印书馆刊行。

王明道著《信徒处世常识》由北平灵食季刊社刊行。

王载编《复兴布道诗》由上海宣道书局刊行。

韦廉臣等编《二曰释义丛书》由上海广学会刊行。

维馨纪念集编辑委员会编辑《维馨纪念集》由上海基督徒布道团总团刊行。

无母编《皆大欢喜》（第 2 集孝德专号）由上海大法轮书局刊行。

吴司铎著《省察神工》（修道院试用）由北平西什库天主堂遣使会印书馆刊行。

肖杰一编《往训万民》（1—4 册）由安徽安庆天主堂刊行。

兴慈著《法相净土融通说》由上海佛学书局刊行。

性开著《八识规矩颂易解》由上海法云印经会刊行。

徐司铎著，公教丛书委员会编译《耶稣真徒的生活（第 1 册，宗教即天主与人之间生命的联系）》由天津崇德堂刊行。

许地山著《扶箕迷信底研究》由商务印书馆刊行。

寻香城主编《奇梦》（皆大欢喜第 5 集）由上海大法轮书局刊行。

叶弼著《佛学易知编》由上海佛学书局刊行。

印光著,李圆净选《印光法师嘉言录约编》由广西桂林狮子吼月刊社刊行。

余萍客著《掌形哲学》由心灵科学书局刊行。

袁承斌著《人类的宗教需要》(护教篇第二)由北平公教教育联合会刊行。

湛罗弼编《新月撮要》由中华浸会书局刊行。

张仕章著《耶稣主义讲话》由上海青年协会书局刊行。

赵书绅著《善灵乐园》由河北献县天主堂刊行。

赵蕴华、薄玉珍主编《远方的小朋友》由上海广学会刊行。

赵紫宸著《耶稣小传》由上海青年协会书局刊行。

中国佛学院编《中国佛学院年刊》由编者刊行。

中华公教宗座传教事业善会秘书处编《神职班传教联合善会组织大纲》由北平编者刊行。

中华基督教会华北大会编《中华基督教会华北大会第十一届常会议录》由天津编者刊行。

中华基督教会四川美道会文字部编译《家庭崇拜》由四川成都华英书局刊行。

中华基督教卫理公会编《中华基督教卫理公会第一届中央议会纪录》由上海编者刊行。

中华基督教宗教教育促进会日学课程编辑委员会编著《古今英雄》由上海光学会刊行。

中支宗教大同盟等编《东亚佛教大会纪要》由江苏南京编者刊行。

重庆中华基督教青年会编《重庆市中华基督教青年会二十周年纪念册》由重庆编者刊行。

周连墀著《司铎与善会》由北平公教联合会刊行。

刘天予编《社会学纲要》由上海中华书局刊行。

姜君辰著《社会学入门》由广西桂林文化供应社刊行。

叶默君著《系统社会学》由上海开明书店刊行。

李玄伯著《中国古代社会新研初稿》由北平来薰阁书店刊行。

白丁等著《论思想方向》由上海生活与实践出版社刊行。

毛泽东著《调查研究指南》刊行。

杨寿标著《调查统计实务》由中国农民银行行员训练班刊行。

徐震洲编《简易统计》由江西赣县江西省地方行政干部训练团刊行。

刘述祖编《应用统计学》由西康省地方行政干部训练团刊行。

黄瑞伦编《(民政)应用统计》由广东省地方行政干部训练团刊行。

国民政府主计处统计局编《中华民国统计简编》由中央训练团刊行。

湖北省政府统计室编《湖北省统计提要》由湖北汉口编者刊行。

贵阳市政府编《贵阳市统计概要》由贵州贵阳编者刊行。

叶树芳著《论日本人》由浙西民族文化馆刊行。

国民党中央宣传部编《革命纪念日史略》由编者刊行。

湖北省政府秘书处编《中华民国纪念日概略》由新湖北书店刊行。

姚灵犀编《采菲录新编》由天津书局刊行。

姚灵犀编《采菲录精华录》由天津书局刊行。

童润之编《乡村社会学纲要》由重庆正中书局刊行。

沈光烈编《农村改进的实施》由云南昆明中华书局刊行。

梁漱溟著《答乡村建设批判》由重庆中国文化服务社刊行。

蒋旨昂著《战时的乡村社区政治》由四川巴县乡村建设研究所刊行。

杨同芳著《大众社会问题讲话》由上海世界书局刊行。

李广平著《中华民族发展史》由陕西西安正义出版社刊行。

中共中央西北工作委员会编《回回民族问题》由陕西延安解放出版社刊行。

按:此书运用马克思主义的观点,科学地考察和论证了回族的来源、政治、经济、文化,以及伊斯兰教与回族的关系问题。

刘联珂著《帮会三百年革命史》由澳门留园出版社刊行。

杨振先著《人口学原理》由福建省研究院刊行。

康思诚著《青年婚姻问题》由安徽芜湖天主堂印书馆刊行。

叶心安编《结婚的前后》由上海中国图书杂志公司刊行。

董文侠著《家庭问题解答集》由辽宁大连实业印书馆刊行。

储沅著《怎样做现代主妇》由上海东方书店刊行。

翠柯夫人著《怎样做个好妻》由上海大学书店刊行。

章康道编《男女性库》由上海健康书社刊行。

朱云平著《性教育概论》由上海世界书局刊行。

按:是书包括性教育的沿革,性教育的生物观,性教育的心理学观、性教育的社会学观,儿童时期的性教育,青年期的性教育,性教育与社会教育等9章。

觉悟生编《妓女的生活》由上海春明书店刊行。

潘文安著《职业指导》由上海中华书局刊行。

沈光烈《职业指导之理论与实际》由云南昆明中华书局刊行。

李仲公、程维嘉编著《烟禁问题》由重庆正中书局刊行。

程维嘉编《禁烟行政》由中央训练委员会内政部刊行。

李柳溪著《乡镇单位的社会调查与统计》由江西省地方行政干部训练团刊行。

李柳溪编《社会调查表格》由江西省地方行政干部训练团刊行。

李柳溪著《赣县七鲤乡社会调查》由赣县江西省地方行政干部训练团刊行。

社会部编《社会工作人员训练暂行办法、训练纲要》由编者刊行。

周宪文编《社会问题与社会政策》由上海中华书局刊行。

周木斋著《中国近代政治发展史》由上海一般书店刊行。

浦乃钧著《中国近代统一运动》由重庆独立出版社刊行。

黄埔出版社编《国父遗教教程》由四川成都中央陆军军官学校刊行。

蒋介石著《总裁关于总理遗教之言论》由中国国民党宣传部刊行。

梁寒操讲《总理对于求学作人作事的遗教》由中央训练团印刷所刊行。

梁寒操讲《总理遗教研究七讲》由社会工作人员训练班刊行。

蔡奕编《国父遗教大纲》由陕西西安建国报译社刊行。

尹让辙编述《国父遗教大纲》由江西上饶战地图书出版社刊行。

张九如编著,戴治环校对《总理遗教与抗战建国》由重庆独立出版社刊行。

中国国民党中央执行委员会训练委员会编《总理遗教教本》由编者刊行。

按:是书共8章,包括三民主义、孙文学说、民权初步、实业计划、建国大纲、五权宪法、地方自治开始实行法及军人精神教育。各章均编列图表。

中国国民党中央执行委员会宣传部编《国父遗教选集》由编者刊行。

吴曼君编《总理谈话集》由江西省三民主义文化运动委员会刊行。

孙中山讲,黄晶毅记录《三民主义》由江西三民主义文化运动委员会刊行。

蒋介石著《总裁对三民主义之诠释》由南路抗战半月刊社刊行。

梁寒操著《世界新秩序与三民主义》由重庆国际反侵略运动大会中国分会刊行。

戴季陶讲,王贻非编选《三民主义讲演集》由江西泰和江西省三民主义文化运动委员会刊行。

胡汉民著,吴曼君编《三民主义论丛》由江西省三民主义文化运动委员会刊行。

刘石城编《三民主义政治学概论》由中央陆军军官学校第六分校政治部刊行。

王贻非《三民主义的认识》由江西泰和时代思潮社刊行。

朱执信著,叶青编选《关于三民主义》由江西泰和江西省三民主义文化运动委员会刊行。

吴曼君著《三民主义与抗战建国》由江西泰和时代思潮社刊行。

叶青著《三民主义与自由》由江西泰和时代思潮社刊行。

张铁君著《三民主义与马列主义》由重庆国民图书出版社刊行。

张绚中著《三民主义研究续集》由时代思潮社刊行。

陈伯达著《三民主义概论》(增订版)由新华书店刊行。

冯家勋编著《三民主义辞典》由广西桂林军民书店刊行。

周昆田撰《三民主义之边政建设》由重庆蒙藏委员会印刷所刊行。

刘子健著《中国革命与三民主义》由江西泰和时代思潮社刊行,有自序及编后记。

《中国国民党第五届中央执行委员会第八次全体会议开会词及宣言》由上饶中国国民党中央执行委员会秘书处文化驿站总管理处刊行。

江西省地方行政干部训练团编《抗战建国纲领》由编者刊行。

乔光鉴著《抗战建国纲领释义》由广西桂林文化供应社刊行。

毛盛炯编述《抗战方略讲话》由浙江省兵役人员训练班刊行。

邹韬奋著《抗战以来》由香港华商报馆刊行。

中央组织部编著《总裁抗战言论概要》由中央秘书处文化驿站管理处刊行。

蒋介石著《委员长蒋出席国府纪念周训词》由第三战区司令长官司令部刊行。

蒋介石著《总裁训词特辑》(第1集)由中央秘书处文化驿站总管理处刊行。

蒋介石著《总裁训词特辑》(第2集)由中央秘书处文化驿站总管理处刊行。

蒋介石著《总裁训词特辑》(第3集)由中央秘书处文化驿站总管理处刊行。

蒋介石著《总裁训词选辑》由重庆国民政府教育部刊行。

中国国民党中央执行委员会训练委员会编《总裁训练语录》由编者刊行。

第二战区战地党政动员会分会编《总裁一年来言论选辑》由编者刊行。

李宗仁著《抗战言论选集》由前线出版社刊行。

白崇禧讲《自力更生与持久抗战》由中央训练团印刷所刊行。

李品仙著,安徽省政府秘书处编《李副司令长官兼主席言论集》由编者刊行。

白崇禧著《白健生先生言论集》由广西桂林广西建设研究会刊行。

万钟庆、李升编《集会讲话提纲》由江西省地方行政干部训练团刊行。

黄旭初著《黄旭初先生言论集》由广西桂林广西建设研究会刊行。

陈哲民等著《中国往何处去》由上海联合出版社刊行。

江心著《新中国之路》由先声书店刊行。

子强著《论中国前途》由上海求知出版社刊行。

邹韬奋等著《中国的光明前途》由香港大众出版社刊行。

陈诚讲《认识时代——一个民族复兴的大时代》由第一战区司令长官司令部秘书处刊行。

蒋乃镛著,荆磐石校《改造世界新论》由重庆中国国民外交协会刊行。

罗梦册编《现时代的意义》由重庆新评论社刊行。

青之著《论新中国——中国的现在与未来》由香港书店刊行。

钱俊瑞著《中国革命的战略与策略》由中国出版社刊行。

史痕著《伟大的民族战争》由江西泰和胜利出版社江西分社刊行。

四川省立南充民教馆编《为国出力》由四川南充编者刊行。

无咎等著《国家中心问题》由香港大众出版社刊行。

易世芳编著,虞剑瓯校对《战时的人民自由》由重庆独立出版社刊行。

独立书店编《到自由幸福之路》由独立书店刊行。

周鲸文等著《张学良的自由问题》由香港时代批评社刊行。

周鲸文、邹韬奋等著《论人权运动》由合新出版公司刊行。

子强等著《民主与专政》由上海求知出版社刊行。

马健著《论国共合作》由北社刊行。

胡秋原著《国共论》由求是出版社刊行,有著者前记。

刘广惠编著《统一与抗战》刊行。

子强等著《论统一战线》由上海二求知出版社刊行。

新长城社编辑《民族民主革命与统一战线》由晋察冀日报社刊行,有编者引言。

和生等著《国内团结与国外反响》由香港友社刊行。

王明著《为中共更加布尔什维克化而斗争》由新华日报华北分馆刊行。

浦乃钧著《中国近代统一运动》由重庆独立出版社刊行。

薛暮桥著《中国革命问题》由中国出版社刊行。

陈诚讲,湖北省政府秘书处编《革命的道理》由编者刊行。

志刚等著《论国民参政会》由上海求知出版社刊行。

邹恒翔著《政治奋斗之理论》刊行。

朱进等著《战争与革命危机》由上海求知出版社刊行。

李世安著《精神讲话集》由广东省地方行政干部训练团刊行,有著者序。

国民党中央执行委员会宣传部编《中国国民党党报社论类编》由编者刊行。

中国国民党中央执行委员会宣传部编《外报舆论一斑》由编者刊行。

王赣愚著《民治独裁与战争》由浙江金华正中书局刊行。

按:是书著者认为民治与独裁的斗争,背后即理智与战争消长的存在。本书分析比较民治或独裁与战争的联系。

吴黎平编著《论民族民主革命》由香港鸡鸣书店刊行。

郑晖著《民主政治与独裁政治》由广西桂林一般书店刊行。

胡守直著《民族解放运动的教训》由重庆军事委员会政治部

刘泮珠编述《新生活运动纲要》由四川省训练团刊行。

三民主义青年团中央团部编《新生活运动》由编者刊行。

文岸等著《论施政纲领》由上海求知出版社刊行。

董霖编《中国政府》由上海世界书局刊行。

李伯鸣讲《本党组织概况讲述大纲》由广东省地方行政干部训练团刊行。

陈立森著《政治工作概论》由福建省军管区政治部刊行。

国民党中央组织部编《党务与教育》由重庆中央秘书处文化驿站总管理处刊行。

黄钧达编《中国国民党党史概要讲义》由广西省地方行政干部训练委员会刊行。

吴胜己编著《机关管理方法》由陕西西安中国行政研究社刊行。

萧明新编著,中央训练委员会、内政部审订《机关管理》由中央训练委员会、内政部刊行。

董善谋著《浙江省普通公务机关交代论》由浙江省政府会计处刊行。

刘溥尧编《公文处理》由广东省地方行政干部训练团刊行。

康驹编《公文处理》由中央训练委员会刊行。

贵州省地方行政干部训练委员会编《集会常识》由编者刊行。

斐鲁等编《十月革命与中国妇女》由香港妇女文粹社刊行。

任觉五著《四川青年运动》由青年人出版社刊行。

戴季陶著《青年之路》由重庆中国文化服务社刊行。

三民主义青年团中央团部编《各国青年组训概况》由编者刊行。

新运妇女指导委员会文化事业组编《新运妇女指导委员会三周纪念特刊》由编者刊行。

中国青年工读团编译部编《中国青年工读团》(第一年)由江苏南京中国青年工读团刊行,有丁默村序和代跋《东亚民族解放战争与农村建设运动》。

中国童子军总会编辑《中国童子军总章》由重庆编者刊行。

朱家骅著《如何做妇女运动》由重庆中央组织部刊行。

朱子爽著《中国国民党劳工政策》由重庆国民图书出版社刊行。

子琼等著《妇女知识丛书》(第7辑)由香港妇女知识丛书出版社刊行。

大众读物社报纸科编《陕甘宁边区施政纲领》由大众读物社报纸科刊行。

福建省经济建设计划委员会宣传处编著《抗战期中之福建华侨》由编者刊行。

广东省地方行政干部训练团编《党员训练问题》由编者刊行。

广东省地方行政干部训练委员会编《党务工作讨论集》由编者刊行。

广东省民政厅编《最近的广东民政概况》由广东曲江编者刊行。

广东省政府秘书处编《广东省政府三十年行政会议纪要》由编者刊行。

广东省政府秘书处编译室编《广东民政》由广东曲江编者刊行。

广东省政府秘书处编译室编《李主席讲从行政三联制说到本省施政计划》由编者刊行。

广东省政府民政厅《广东省实施新县制工作概况》由编者刊行。

汉口特别市政府秘书处编《市政概况》由湖北汉口编者刊行。

河北省公署情报室编《河北之前程》由编者刊行。

湖南省民政厅编《湖南省民政统计》由编者刊行。

黄绍竑等著《烽火中跃进的大东南》由江西上饶战地图书出版社刊行。

黄旭初著《县政建设与基层建设》由广西桂林建设书店刊行，有自序。

惠迪人著《青年学生学术常识讲话》由重庆中国文化服务社刊行。

李汉魂著《李主席三十年行政会议提示》由广东省政府秘书处编译室刊行。

李品仙著《新安徽之建设》由安徽省政府秘书处编译室刊行。

高长柱编著《边疆问题论文集》由重庆正中书局刊行。

马霄石著《西北民族问题》由西北晨钟社刊行。

张潜华著《西南民族问题》由重庆青年书店刊行。

民族问题研究会编《回回民族问题》由编者刊行。

琼崖旅省抗敌救乡会编《琼崖抗战特刊》由广东曲江编者刊行。

三民主义青年团广东支团部筹备处编《三民主义青年团广东支团部筹备处章则汇编》由编者刊行。

盛世才著《政府目前主要任务》由新疆民众反帝联合会刊行。

陕甘宁边区民政厅编《陕甘宁边区乡选总结》由编者刊行。

舒湮著《边区实录》由上海国际书店刊行。

四川省政府统计处《四川省行政区划与行政组织》由四川成都编者刊行。

陶履谦编《三年来湖南民政之检讨》由湖南省民政厅刊行。

严肃编《新运讲座论文集》由重庆新生活运动指导委员会刊行。

应山县政府秘书科编辑《应山县政府行政概况》由湖北汉口编者刊行。

中报编辑《新南京》由江苏南京中报刊行。

中国国民党中央执行委员会秘书处编《党务法规辑要》由编者刊行。

中国文化服务社陕西分社编《三年来的陕西政治》由编者刊行，有编者弁言。

中央训练团编《团长对于青年团团务之指示》由编者刊行。

中央执行委员会秘书处编《总裁对于党务工作之指示》由编者刊行。

重庆市临时参议会秘书处编《重庆市临时参议会第四次大会记录》由重庆编者刊行。

重庆市临时参议会秘书处编《重庆市临时参议会第五次大会记录》由重庆编者刊行。

周心万编《西京市党员大检阅纪实》由陕西西安中国国民党西京市党部刊行。

崔宗埙著《行政论丛》由福建省研究院社会科学研究室刊行。

高亨庸编著《县政机构之改造》重庆正中书局刊行。

公论出版社编《党派情报工作》由公论出版社刊行。

广东省粮食管理局编《广东省办理粮食救济事项概要报告书》由编者刊行。

广西地方干部学校编《怎样做基层工作》由广西桂林文化供应社刊行，有黄旭初序。

国民政府赈务委员会浙江省分会编《国民政府赈务委员会浙江省分会总报告书》由编者刊行。

季宗黄著《县各级组织纲要要义》由重庆正中书局刊行。

蒋介石著《行政三联制大纲》由福建省政府秘书处公报室刊行。

焦如桥著《乡政建设》由重庆中央政治学校研究部刊行。

教育部民众读物编审委员会编《党旗和国旗》由重庆国民图书出版社刊行。

考试院秘书处编《中华民国二十九年首都高等考试总报告》由编者刊行。

刘骞编著《地方自治之研究》由重庆青年书店刊行。

雷殷编《地方自治》由中央训练委员会内政部刊行。

铨叙部秘书处编《清代人事制度表》由编者刊行。

中央政治学校研究部编《各国人事考核制度述要》由重庆编者刊行,有刘振东序。

湖北省政府秘书处编《总裁对于人事制度之训示》由编者刊行。

李朴生著《蒋委员长用人方法的研究》由浙江丽水青年读书通讯社刊行。

沈松林著《战时人事制度述要》由浙江金华国民出版社刊行。

杨礼恭著《人事行政与组织》由重庆青年书店刊行。

按:是书论述人事行政的意义,组织关系及公务员的任用、训练、考核、赏罚、升调等。

李宗黄著《宪政与地方自治》由重庆正中书局刊行。

马鹤天等著《抗战与蒙古续编》由陕西榆林塞风社刊行。

马绍中著《新县制研究》由中国文化服务社陕西分社刊行。

闵泽编著《政治情报工作纲要》由编著者刊行。

荣誉军人职业协导会编《荣誉军人职业协导会工作报告》由重庆编者刊行。

沈鉴编著,虞剑瓯校对《国旗》由重庆独立出版社刊行。

粟显运著《新县制的实施》由重庆国民图书出版社刊行。

王东原讲《干部训练问题》由中央训练团刊行。

文化教育研究会编《敌我在宣传战线上》由编者刊行。

西北研究社编《保甲制度研究》由编者刊行。

谢祖华著,广西省地方行政干部训练团教务处第二股编辑《各级政府组织概要》由广西省地方行政干部训练团刊行。

许闻天编著《民运技术》由中央社会部刊行。

张远谋编著《新县制之理论与实际》由重庆正中书局刊行。

章任堪编著《优待出征抗敌军人家属法规浅释》由重庆正中书局刊行。

赵菊文编著《四年来之中国外交》由上海正言报社刊行。

中国国民党中央执行委员会宣传部编《抗战四年来的外交》由编者刊行。

中国国民党中央执行委员会训练委员会编《中央训练团讲词选录》由编者刊行。

中国国民党中央执行委员会训练委员会编《中央训练团小组讨论资料选录》由重庆编者刊行。

中国国民党中央执行委员会训练委员会编《中央训练团业务演习选录》由编者刊行。

金国珍著《市政概论》由著者刊行,有自序。

李士珍编著《怎样办理警卫》由重庆正中书局刊行。

刘乃诚著《政治建设与制度精神》由重庆国民图书出版社刊行。

内政部警政司警察智力测验室编《普通警察智力测验指导录》(第二卷)由重庆内政部刊行。

师连舫等编著《刑事警察·违警罚法·行政执行法》由中央训练委员会内政部刊行。

王承垣编著《消防学》(县各级干部人员训练教材)刊行。

杨春同编《战时警察业务》由湖南省地方行政干部训练团刊行。

东北抗战建国协进会编辑委员会编《九一八十周年纪念特刊》由重庆编者刊行。

冯家勋编《军民手册》由广西桂林军民书店刊行。

公言著《谣言与烟幕》由金门出版社刊行。

军事委员会政治部编《双十纪念专刊》由重庆编者刊行。

牟乃祚著《我所见》由重庆清华中学刊行。

徐君梅作《失足与回头》由福建省政府教育厅刊行。

洪尊元著《尊元政论集》由重庆新见地社刊行。

谷正伦著,甘肃省政府秘书处编《谷主席言论集》(第1、2、3辑)由编者刊行。

晏忠承编辑《黄主席省政言论选集》由浙江永康碧湖出版社刊行。

卢冠群著《敌情研究》由福建连城建国出版社刊行。

军事委员会政治部编《敌情研究》由编者刊行。

熊大迈著《敌情研究》由江西省地方行政干部训练团附设县教育长特班刊行。

叶树芳著《敌"事变政治"思清算》刊行。

中国国民党中央执行委员会宣传部编《四年来的敌情》由重庆编者刊行。

刘达人著《外交学概论》由中华书局刊行。

按:是书分外交之意义、外交科学之理论的体系、外交之史的发展等14章。

王宠惠讲《战时外交》由中央训练团印刷所刊行。

郭泰祺著《战时外交》由中央训练团刊行。

吴克峻等编《中国外交年鉴》由上海三通书局刊行。

万异著《世界政治的出路》由重庆国民图书出版社刊行。

蔡时君著《近代国际演变史》由国际书店刊行。

华东新华书店编辑部编《国际形势》由华东新华书店刊行。

瓦尔加等著《论国际形势》由上海求知出版社刊行。

中国图书编译馆编《国际关系》由上海中国图书杂志公司刊行。

君萱等著《世界大战形势》由上海求知出版社刊行。

陈暑木著《世界政治的改造》由广东乐昌公益书局刊行,有自序。

戈明著《全世界被压迫民族问题》由广西桂林文化供应社刊行。

按:是书介绍世界被压迫民族的类型和帝国主义对被压迫民族的榨取形式,被压迫民族解放运动的性质和原则,中国抗战、二次欧战与被压迫民族的关系等。

徐获权、谭辅之、苏国夫著《反侵略战在世界》由广西桂林国际反侵略运动大会中国分会广西支会刊行。

鸿九等著《国际新形势与远东危机》由上海求知出版社刊行。

孙玉兰等《世界大战与妇女运动》由香港妇女知识丛书出版社刊行。

郑用著《海外风云》由金门出版社刊行。

山丁等著《亚洲殖民地反侵略运动》由国际反侵略运动大会中国分会广西支会刊行。

时与潮社编《近卫政治的历史背景》由重庆时与潮社刊行。

朱家骅著《苏日中立条约成立后的国际形势》由重庆中央组织部刊行。

军委会政治部编《日本侵华重要文件》由重庆编者刊行。

厉昭著《中日何以终不免于一战》由湖南长沙文史丛书编辑部刊行。

陆东亚著《中日苏关系论》由重庆独立出版社刊行。

蒋介石著《苏日中立条约与我国抗战》刊行。

立法院编译处编《日本与荷印》由上海编者刊行。

时与潮社编《十字街头的日本》由重庆时与潮社刊行。

苏成德编著《现代日本警察》由江苏南京新东方社刊行。

凌度年著《三个日本女间谍》由广西桂林春秋出版社刊行。

按：是书为著者在抗战前线工作时所见实录，揭露日本间谍在中国的活动，有钟期森序。

子强著《日本会和英美或苏联开战吗》由金门出版社刊行。

中央电讯社编《太平洋问题》由江苏南京中央电讯社刊行。

按：是书从日美关系方面评述太平洋在外交、军事、经济方面的问题。包括日美太平洋政策的对立，美军增防及英、美、澳联防，美国对日禁运等，并述及太平洋问题与苏联的关系。

谢康著《列强远东政策与中国反侵略外交》由广西桂林国际反侵略运动大会中国分会广西支会刊行。

田匀、铁寒著《从巴尔干到远东》由欧亚图书公司刊行。

《越南荷印形势大观》由重庆时与潮社刊行。

顾公任著《泰国与华侨》由编者刊行。

朱进等著《论远东时局》由上海求知出版社刊行。

朱进等著《欧战与远东》由上海求知出版社刊行。

《远东危机中国如何应付》由百姓出版社刊行。

谢雪影编著《欧亚大势》由广东梅县梅县文萃月报社刊行。

高时良编著《欧洲风云》由福建永安福建省政府教育厅编辑委员会刊行。

陈钟浩著《欧战中国际关系一瞥》由广西桂林国防书店刊行。

李执中著《德苏战争》由重庆拔提书店刊行，有陈友生序。

叶南、颜实甫编《战时的英国》由重庆欧亚文化月刊社刊行。

高良时著《风雨海洋洲》由福建省政府教育厅刊行。

林长翔编著《法律常识》由福建福建公训服务社刊行。

中央陆军军官学校第三分校编《法律学教程》由四川成都编者刊行。

陈祖信编《广西省地方行政干部训练团法律常识讲义》由广西桂林广西地方行政干部训练编委会刊行。

杜光埙编《现代宪法问题》由重庆正中书局刊行。

靳麟著《中国法制史》由上海三通书局刊行。

刘志聪著《选举方法举例》由陕西城固前驱出版社刊行。

湖北省政府秘书处编《湖北省人事管理法令汇编》由编者刊行。

湖南省地方行政干部训练团编《法规汇编》由湖南编者刊行。

山东省公署编《山东省现行法规类编》由济南编者刊行。

李祖荫著《民法概要》由湖南长沙湖南大学刊行。

胡毓杰编《民法概论》由编者刊行。

邓定人著《民法总则之理论与实用》由商务印书馆刊行。

魏德裕著《中国新亲属法论》由上海会文堂新记书局刊行。

程晓华编《现代战争理论与实际》由广西桂林国防书店刊行。

八路军抗日战争研究会编译处编《马克思列宁主义论战争与军队》由新华日报华北分馆刊行。

按：是书分马克思列宁主义论战争与军队的学说基础、帝国主义与无产阶级革命时代的战争、帝国主义与无产阶级革命时代的军队。

萧天石编《兵经新论》由四川成都大江出版社刊行。

李慎之注释《论语兵学》由重庆军学编译社刊行。

陈启天著《孙子兵法校释》由四川成都国魂书店刊行。

冯家勋译述《（新译）孙子兵法》由军民书店刊行。

刘千俊编《历代名贤经武粹语》由浙江金华正中书局刊行。

吴石著《兵学辞典粹编》（第3辑）由广西桂林国防书店刊行。

吴石著《兵学辞典粹编初续》由桂林编者刊行。

费怒春注释《（增补）曾胡治兵语录注释》由重庆青年书店刊行。

贾赫解《蒋委员长增补曾胡治兵语录白话解》由重庆军学编译社刊行。

陈安仁著《中华民族抗战史》由曲江民族文化出版社刊行。

金典戎讲述《历代战略战术的演变》由陕西西安智韬军学出版社刊行。

卢豫冬著《中国抗战军事发展史》由桂林一般书店刊行。

方秋苇著《最近敌人侵华军事形势》由重庆国民图书馆刊行社刊行。

张慎德编《作战应用数字辑全》由编者刊行。

张友曾辑《军事管理辑要》由江西省地方行政干部训练团刊行。

萧孝嵘编著《军事心理》由重庆正中书局刊行。

程泽润著《兵役概论》由中国国民党中央执行委员会训练委员会刊行。

按：是书分绪言、征兵制与募兵制、各国征兵制之概况、我国兵役制度之沿革、国民兵役、常备兵役、免役与缓役等12章。

广东省教育厅中小学教师服务团编《兵役概论》由广东曲江广东省教育厅刊行。

叶逸凡编《革命军人十诫》由四川成都铁风出版社刊行。

刘公任著《中国历代征兵制度考》由长沙商务印书馆刊行。

武执戈著《优待俘虏政策》由重庆国民图书出版社刊行。

张在善著《空军战术》刊行。

翁希卡编著《空军战术》由成都铁风出版社刊行。

杨利华编《跳伞部队》由长沙商务印书馆刊行。

金典戎讲述《历代战略战术的演变》由陕西西安智韬军学出版社刊行。

冯玉祥著《打胜仗的方法》由广西桂林三户图书社刊行。

蒋介石著《军事基本常识》由上饶战地图书出版社刊行。

侯畅主编，何素凡等编《政工必携》由广东乐昌军政部第三补充兵训练处政治部刊行。

军事委员会军训部编《国民兵手本》由军事委员会军训部刊行。

冯志远编述《作战给养》由陆军辎重兵学校刊行。

刘鉴三编述《被服经理教程》由(伪)治安总署陆军军需训练班刊行。

唐子长著《抵抗的国防论》由江西上饶战地图书出版社刊行。

按：是书分国防学理、国防战略、国防制度、国防政策等4卷。

黄淦编著《国防要义》由中央训练委员会、内政部刊行。

林惟古编著《国防建设之真谛》由四川成都众志书局刊行。

凌鹰编《国防中心论》由广西桂林国防书店刊行。

王世昭著《思想的国防》由广西桂林国防书店刊行。

余拯著《国防科学原理》由广西桂林国防书店刊行。

按：是书分前言、国防科学的释义、国防科学之史的发展、国防问题的研究方法、国防建设的理论根据、国防建设的步骤、现阶段的我国国防运动、结论等8部分。

谢克欧编《科学与国防》由广西桂林国防书店刊行。

王维屏著《国防地理》由中央政校刊行。

按：是书介绍中国抗战必胜之地理基础、中国战后之国防布置、中国之战略要地、中国之铁道问题、中国之国界与边疆问题等。

军事委员会军训部编《军事教育会议记录》由军事委员会军训部刊行。

军训部步兵监编拟《军训部二十九年度军事教育会议议决案实施检讨表》由军训部刊行。

韩炼成著《中国军事教育改造》刊行。

王觉源、屠义方著《国民军训》由重庆独立出版社刊行。

朱宗海编《沙盘战术》由陆军炮兵学校刊行。

邓文仪著《军校政训工作》由中央陆军军官学校刊行。

潘峥嵘等编著《陆军步兵学校教官预备班第三期学员教案集》由陆军步兵学校刊行。

黄镇球、李忍涛讲《防空防毒常识》由西康省地方行政干部训练团刊行。

贺岳僧著《大众防空常识问答》由四川成都铁风出版社刊行。

褚先编《中国之军政统计》由军政部刊行。

军训部编《军训部法规》由军训部总务厅刊行。

朱为鉁编著《兵役三平原则》由三平出版社刊行。

刘漱石编著《陆海空军刑法诠解》由江西上饶战地图书出版社刊行。

军事委员会军法执行总监部编《军法公报》由重庆南林印刷工业公司刊行。

路苹著《反正》由军委会政治部刊行。

王稼祥等著，国民革命军十八集团军政治部编《政治工作论丛》由八路军军政杂志社刊行。

彭德怀、左权等著《后方勤务工作与后勤政治工作》由第十八集团军野战政治部刊行。

高孚、田牧编，梁坤生制图《刺杀教练》由一二九师军事研究会刊行。

唐子长编《游击战之运用》由江西上饶战地图书出版社刊行。

王鹤寿编《大军统帅学》由江苏南京中央税警学校干部训练班刊行。

李怀昭编《战斗群之战斗》由重庆军学编译社刊行。

邓圣象编著《抗敌战法》由第四战区干部训练团刊行。

陈怀勋编《最新操场野外实施笔记》由军用图书社刊行。

李书汉著《夜间教育实施法》由重庆军学编译社刊行。

军事委员会军令部编《上高会战》由编者刊行。

独立出版社编《湘北二次大捷》由重庆编者刊行。

第九战区司令长官司令部编纂组编《第二次长沙会战纪实》由编者刊行。

第九战区司令长官司令部编纂组编《第三次长沙会战纪实》由编者刊行。

冯家勋编著《标准简易测绘》由广西桂林军民书店刊行。

吴如园主编《军用通信器材说明》由陆军通信兵第三团刊行。

军事委员会军训部编《通信讲话》由中央军校第七分校刊行。

朱善培著《通信大纲》由重庆军学编译社刊行。

军训部通信兵监编《电信名词汇编》由重庆军学编译社刊行。

李林荫著《防空建筑》由天津工学院刊行。

黄镇球著《工程设施与防空问题之商榷》由防空学校刊行。

军事委员会军训部颁布《野战筑城教范草案》由第三战区司令长官司令部刊行。

杨文渊著《军事工程》由上海世界书局刊行。

西南游击干部训练班射击组编《步兵轻兵器学》由编者刊行。

安福泰著《步兵光学兵器使用法图解》由陆军步兵学校将校团刊行。

苏尚毅编著《迫击炮射击学之参考》由中国印书馆刊行。

宋人杰编著《捷克式轻机关枪教练之参考》由中央陆军军官学校教育处图书馆刊行。

孙庆武编《重机关枪实施法》由重庆军学编译社刊行。

杜长明等著《科学与军事》由重庆独立出版社刊行。

张振国、向元编《谍报勤务》由第九战区干部训练团刊行。

军事委员会军令部编《野战情报业务教令》由中央陆军军官学校教育处刊行。

丘兆深编著《一九四〇年西战场德军作战经过概述》由湖南长沙中国抗战史料社刊行。

文岸等著《苏德战争分析》由上海求知出版社刊行。

陈孝威著《论苏德之战》由香港天文台半周评论社刊行。

韬奋主编《论德苏战争》由大众出版社刊行。

王典五著《最近欧洲之新战术》刊行。

张平君著《日本军人》由重庆独立出版社刊行。

杨卓膺编著《美国备战全貌》由四川成都新文化出版社刊行。

程泽润著《美国征兵制之实施》由军政部兵役署刊行。

李方进著《经济学教程》由桂林文化供应社刊行。

张又惺编《经济学教程》由中央陆军军官学校刊行。

童秀明、张研田编《经济教程》由中央军校第七分校刊行。

陈兴乐编《经济学原理纲要》由福建协和大学出版课刊行。

吕调阳著《民生主义经济学》由广西桂林立体出版社刊行。

刘燿燊著《养民经济论》由广东曲江民族文化出版社刊行。

陆象贤著《新中国经济地理教程》由上海一般书店刊行。

胡焕庸编著《中国经济地理》由重庆青年出版社刊行。

按:是书记述了我国的地形、气候、人口、自然资源的分布情况,并论及抗战前后的对外贸易、经济抗战和经济建设等问题。

　　吴春晗编《西汉经济状况》由上海大东书局刊行。

　　中国经济学社编《战时经济问题续集》由商务印书馆刊行。

　　陈禾章、沈雷春、张韵华编著《中国战时经济志》由上海世界书局刊行。

　　杨寿标、简贯三著《论经济战》由军事委员会政治部刊行。

　　孙问西编著《战时经济》由福建省地方行政干部训练团刊行。

　　张天泽著《战争与经济》由长沙商务印书馆刊行。

　　刘燿燊著《中日经济战》由广东曲江新建设出版社刊行。

　　王绍成著《战时经济论》由中央陆军军官学校刊行。

　　中央调查统计局特种经济调查处编《四年来之倭寇经济侵略》由编者刊行。

　　方振武著《中国国民经济的合法性》由农合出版社刊行。

　　方振武著《中国国民经济的改造与建设》由桂林农合出版社刊行。

　　吴半农著《我国经济建设之途径》由重庆中国文化服务社刊行。

　　中国国民党中央执行委员会训练委员会编《国民经济建设运动要义》由编者刊行。

　　粟显运著《国民经济建设运动》由重庆国民图书出版社刊行。

　　中央组织部党员训练处编《国民经济建设运动之意义及其实施》由中央秘书处文化驿站总管理处刊行。

　　马灿荣著《中国国民经济建设之理论与实施》由军事委员会政治部刊行。

　　中央组织部编著《总裁经济建设言论概要》由重庆中央秘书处文化驿站总管理处刊行。

　　中国国民党中央宣传部编《四年来的经济建设》由重庆编者刊行。

　　周宪文编《中国不能以农立国论争》由香港中华书局刊行。

　　钱承绪编著《两年来中国抗战区经济调查》由中国经济研究会刊行。

　　郑伯彬著《敌人在我沦陷区的经济掠夺》由重庆国民图书出版社刊行。

　　吴世汉著《日本对华煤铁资源之侵略》由重庆中国文化服务社刊行。

　　第三战区司令长官司令部编《经济游击队应用法令汇编》由编者刊行。

　　国防最高委员会、对敌经济封锁委员会编《现行有关对敌经济封锁法令汇编》由编者刊行。

　　教育部教科用书编辑委员会编《建国方略问答——物质建设》由重庆学生之友出版社刊行。

　　汪皓编著《天南对经济封锁战》由浙西民族文化馆刊行。

　　徐孤星、陈于逸主编《西南战时经济检讨》由香港国际文化编译社刊行。

　　夏忠群著《自动节约与强制节约》由重庆独立出版社刊行。

　　罗敦伟著《经济动员与节约运动》由军事委员会政治部刊行。

　　山东省政府建设厅编《经济建设特刊》由编者刊行。

　　湖北省政府编《历代浪费及节约资料》由编者刊行。

　　张先辰著《广西经济地理》由文化供应社刊行。

　　贵州省建设厅编《贵州建设概况》由编者刊行。

　　丁道谦著《贵州经济研究》由贵阳《中央日报》社刊行。

　　西康省地方行政干部训练团编《西康经济地理》由编者刊行。

西康省地方行政干部训练团编《西康省经济建设概况》由编者刊行。

崔昌政著《川康建设问题》由重庆国民图书出版社刊行。

项衡方编《总理实业计划表解分图》由福建永安改进出版社刊行。

周亮才编《贸易法令章则汇编》由福建省贸易特种股份有限公司刊行。

何士芳编《高级会计学》由上海标准会计图书账表社刊行。

何士芳编《中级会计学》刊行。

王逢辛编著《初级会计学》由重庆立信会计图书用品社刊行。

钱素君、夏治濬著《会计学》由重庆立信会计图书用品社刊行。

黄文衮著《结算秘诀》由中国计政书局刊行。

安徽省地方行政干部训练团编《簿记原理》由编者刊行。

刘金墉著《实用簿记常识》(甲种)由江西赣县立新会计研究社刊行。

潘上元编著《成本会计概要》由浙江丽水元庆会计师事务所刊行。

何士芳编《审计学》由编者刊行。

顾询、唐文瑞编《审计学》由重庆立信会计图书用品社刊行。

孟宪侨编著《政府审计》由大公报西安分馆刊行。

蒋明祺编著《政府审计原理》由重庆立信会计图书用品社刊行。

梁桢著《国民工役》由重庆商务印书馆刊行。

寿勉成著《怎样设立各种合作社》由重庆正中书局刊行。

中国农民银行行员训练班编《合作概论》由编者刊行。

杨伟昌著,张岚、周孝钧校《最新合作概论》由南京中国合作事业协会刊行。

青伟主编《合作概要》由四川雅安通和印刷公司刊行。

寿勉成著《中国之合作事业》由重庆独立出版社刊行。

蔡日秋著《中国合作建设》由四川成都建国出版社刊行。

于百溪等著《合作社登记讲义》由中国合作事业协会云南省分会研究组刊行。

李安陆著《利用合作总论》由中国合作文化协社刊行。

鲁昌文著《合作农场之理论与实际》由重庆农林部辅导重庆南岸合作农场办事处刊行。

邹枋著《合作指导技术的实际问题》由昆明中国合作事业协会云南分会研究组刊行。

广东省政府建设厅合作事业管理处编《合作讲习会讲义集》由编者刊行。

陕西省合作事业管理处编《合作讲习会讲义集》由编者刊行。

郑奕盛著《合作论丛》由福建南平中国合作事业协会福建省分会出版部刊行。

广东省建设厅编《机关合作社之组织与经营》由编者刊行。

罗虔英著《中国合作运动之展望》由四川成都普益协社刊行。

喻林炎编著《合作常识》由中国工业合作协会西北区办事处刊行。

吴半农著《国营事业的范围问题》由重庆中国文化服务社刊行。

中国合作事业协会云南省分会研究组编《合作法令解释简编》由编者刊行。

中国合作事业协会云南省分会研究组编《合作规章新编》由编者刊行。

社会部合作事业管理局编《县各级合作社章程准则》由编者刊行。

孙怀仁著《公用事业论》由长沙商务印书馆刊行。

王兆新著《战时农业政策》由重庆独立出版社刊行。

农林部编《抗战四年来之农业》由重庆编者刊行。

孙文郁编著《农业经济学》由南京金陵大学农学院农业经济系刊行。

广东农林局编《广东农业概况》由广东曲江新建设出版社刊行。

潘鸿声编《四川省农村经济调查总报告》由中国农民银行刊行。

穆藕初著《将来之农业》由重庆农产促进委员会刊行。

中国国民党中央执行委员会宣传部编《四年来的农业建设》由编者刊行。

西康省地方行政干部训练团编《西康督垦章程释义》由编者刊行。

云南省财政厅编《云南清丈概况》由编者刊行。

祝平著《四川省土地整理业务概况》由四川成都明明印刷局刊行。

应廉耕编《四川省租佃制度》由重庆中国农民银行四川农村经济调查委员会刊行。

国民政府主计处统计局编《中国土地问题之统计分析》由重庆正中书局刊行。

黄公安著《中国土地问题》由广东民族文化出版社刊行。

林诗旦编《土地政策之理论与实际》(将乐地政实验丛书)由福建将乐风行印刷社刊行。

林诗旦、屠剑臣编《土地经济调查》(将乐地政实验丛书)由福建将乐风行印刷社刊行。

林诗旦、屠剑臣、何望霓编《土地编查》(将乐地政实验丛书)由福建将乐风行印刷社刊行。

林诗旦、陈维钢、翁伯璋编《人地管理》(将乐地政实验丛书)由福建将乐风行印刷社刊行。

林诗旦、黄大伦、黄振乾编《图样调查》(将乐地政实验丛书)由福建将乐风行印刷社刊行。

林诗旦、王守经、陈文培编《公产调查》(将乐地政实验丛书)由福建将乐风行印刷社刊行。

林诗旦、黄大伦、黄振乾编《荒地调查》(将乐地政实验丛书)由福建将乐风行印刷社刊行。

林诗旦、黄大伦、黄振乾编《土壤调查》(将乐地政实验丛书)由福建将乐风行印刷社刊行。

张建新编《地政应用法规讲授纲要》由广东省地方行政干部训练团刊行。

湖南省地方行政干部训练团编《地政组学员手册》由编者刊行。

傅角今、邹序儒编著《土地行政·土地使用》由中央训练委员会刊行。

罗孝先编著《土地行政纲要》由安徽省地方行政干部训练团第六七八联合训练班刊行。

熊伯蘅、王殿俊编《陕西省土地制度调查研究》由国立西北农学院农业经济系刊行。

丘斌存著《广东沙田》由广东曲江新建设出版社刊行。

陈济棠讲《农林建设》由农林部刊行。

贵州省地方行政干部训练委员会编《垦荒造林》由编者刊行。

农林部编《中国之林业建设》由编者刊行。

广东建设厅农林局编《广东林业概况》由广东新建设出版社刊行。

施珍著《垦殖方法论》由江西省地方行政干部训练团刊行。

地政局编《宁夏省垦务实施概况》由编者刊行。

浙江省农业改进所编《扩种冬作运动手册》由编者刊行。

郁斋著《简易农仓》由浙江丽水江南出版社刊行。

张梁任著《四川粮食问题》由重庆振华印书馆刊行。

行政院经济会议秘书处编《四川省粮食统计汇编》由编者刊行。

戈福鼎编《四川省主要食粮作物生产成本》由重庆中国农民银行四川省经济调查委员会刊行。

吴文源编著《粮政概论》由安徽省地方行政干部训练团刊行。

福建省粮食管理局研究室编《为什么要查报余粮》由编者刊行。

湖南省粮政局编《湖南省粮政法规汇编》(第1—2集)由编者刊行。

广东省粮政局编《一年来之广东粮政》由编者刊行。

广东省粮食管理局编《广东省粮食管理概况》由编者刊行。

金陵大学农学院农业经济系编《民国三十年度成都平原米谷生产成本》由南京编者刊行。

钟崇敏著《四川蔗糖产销调查》由重庆中国农民银行经济研究处刊行。

杨显东、谭炳杰著《四川省之药材》由四川省农业改进所刊行。

唐永基、魏德端编《福建之茶》由福建省政府统计处刊行。

福建示范茶厂编《一年来的福建示范茶厂》由编者刊行。

广东农村局编《广东蚕丝业概况》由广东曲江新建设出版社刊行。

广东农林局编《广东渔业概况》由广东曲江新建设出版社刊行。

张延凤著《我国家畜保险之理论与实务》由天津南开大学经济研究所刊行。

中国工业合作协会西北区办事处编辑《工合战士》由编者刊行。

张法祖编著《工合与抗战》由香港星群书店刊行。

张法祖编著《工合发轫》由香港光夏书店刊行。

刘阶平著《中国新工业建设近世史观》由重庆独立出版社刊行。

刘阶平著《战时中国工业建设概论》由重庆独立出版社刊行。

钟兆璇著《战时之后方工业建设》由重庆国民图书出版社刊行。

江西省政府建设厅编《江西省工业概况》由编者刊行。

金耀华编《中国矿业纪要》(第六次,民国二十四年至二十九年)由重庆经济部中央地质调查所刊行。

张文谟、刘振中著《宁夏矿产调查》刊行。

李陶编《四川省煤矿概况》由四川省政府建设厅刊行。

侯德封、苏孟守著《四川省铁矿概略》四川省政府建设厅刊行。

董孝镛著《上海肥皂业》刊行。

林厚道著《实业计划交通篇》由重庆青年书店刊行。

江西省政府建设厅编《江西省运输概况》由编者刊行。

宋傅骥著《铁道管理学》由上海世界书局刊行。

吴绍曾主编《铁路文书处理之设计》由湘桂铁路理事会刊行。

谭炳训著《十年来江西公路之概况》由江西公路处刊行。

福建省运输概述编《福建的驿运》由编者刊行。

四川省驿运管理处编《四川驿运》由编者刊行。

张学新编《驿运技术指导》由安徽省地方行政干部训练团刊行。

顾耕野编《陕甘车驮运输一览》由陕甘车驮运输所刊行。

杨虎著《国防与海员》由中国海员工会特派员办事处刊行。

夏开儒著《海港与开港计划》由重庆青年书局刊行。

顾锡章著《邮政常识》由重庆全国有无总工会宣传部刊行。

邮政总局企划科编《邮政研究丛书》由奉天邮政总局刊行。

高庆丰著《专卖制度之研究》由重庆独立出版社刊行。

王莐琪编著《联营专卖研究与实践》由浙江金华正中书局刊行。

唐幼峰编《重庆市工商名录》由重庆文信书局刊行。

傅润华、汤约生主编《陪都工商年鉴》由重庆文信书局刊行。

林和成著《实用工商统计续编》由长沙商务印书馆刊行。

欧炳光编《售货学》由香港特信广告公司刊行。

马识途著《商情预测学第一编》由上海金融研究会刊行。

沈锡良著《物价涨落原理》由文怡书局刊行。

伍启元编著《物价统制论》由浙江金华正中书局刊行。

黄大夏著《知识界人怎么经商》由北平大叔馆美术社刊行。

社会部合作事业管理局编《消费合作社的组织和经营》由编者刊行。

陕西省合作供销业务代营局编《消费合作社的组织与经营》由编者刊行。

谢允庄编《消费合作社簿记》由社会部合作事业管理局刊行。

李中舒编《消费·生产合作经营》由甘肃省合作事业管理处刊行。

潘鼎元著《消费合作社经营论》由南京中国合作学会刊行。

李应兆著《物价变动及其统制问题》由重庆国民图书出版社刊行。

邵介编《战时物价统制》由福建《中央日报》社刊行。

李立中著《战时物价问题》由重庆青年出版社刊行。

中央银行经济研究处编《物价问题丛刊》由编者刊行。

孙穆迦著《实施食粮统制之具体方案》由民生主义计划经济研究所刊行。

薛不器著，张新甫校《天津货栈业》由天津时代印刷所刊行。

林习经著《广东贸易管理概论》由广东公益书店刊行。

中央银行经济研究处编《重庆之米价》由编者刊行。

钱承绪编著《华茶的对外贸易》由上海中国经济研究会刊行。

何士芳编《政府会计学原理》由标准会计图书社刊行。

中央政治学校毕业生指导部编《财政经验集》由重庆编者刊行。

陈豹隐等著《战时财政新论》由上饶战地图书出版社刊行。

孔祥熙讲《四年来的财政金融》由中国国民党中央执行委员会宣传部刊行。

秦汉平著《公库制析述》由四川成都公利出版社刊行。

阮有秋著《公库制度》由广东新建设出版社刊行。

按：是书为政治经济社会丛书之一，分为建立我国公库制度的基本原则、我国公库制度的构成、我国公库制度关于经营公款公物的工作办法、我国公库制度的弹性规定等6章，记述公库制度产生的背景、建立原则、机构及运用等内容。

杨骥著《中国现行公库制度》由浙江金华正中书局刊行。

秦佩珩著《明代的朝贡贸易》由天津达仁学院经济研究所刊行。

陶元琳编著《财务行政实践》由重庆时代书局刊行。

刘不同著《民生主义之租税制度》由重庆青年书店刊行。

粟寄沧著《中国租税制度及其改革》由广西建设研究会刊行。

俞鸿钧讲《现行税制与地方财政》由中央训练团印刷所刊行。

张森著《中国直接税制度》由浙江金华国民出版社刊行。

陈明鉴编《田赋改征实物论集》由福建省银行经济研究室刊行。

杨骥著《现行所得税改进论》由重庆独立出版社刊行。

刘振东、王启华著《中国所得税问题》由中央政治学校研究部刊行。

邓启农著《论中国战时遗产税》由重庆正中书局刊行。

马寅初著《论对发国难财者征收财产税及其它》由新华日报华北分馆刊行。

何维凝编著《新中国盐业政策》由重庆正中书局刊行。

景学铸著《盐务合作问题》由重庆独立出版社刊行。

董修甲著《江苏赋税之提成》由编者刊行。

湖南省财政厅编《湖南之税政》由湖南长沙大伦印务馆刊行。

任敏华编《四川田赋概况》由四川省银行经济研究室刊行。

林习经编《广东省地税概要》由广东新建设出版社刊行。

栗显运编《战时公债》由重庆国民图书出版社刊行。

张一凡编，王海波校订《买卖公债》由上海著作人书屋刊行。

吴蕚编著《中国政府会计》由重庆立信会计图书用品社刊行。

曹仲植著《河南省地方财政》由重庆文威印刷所刊行。

贾德怀编《民国财政简史》(上下册)由重庆商务印书馆刊行。

杨端六著《货币与银行》由重庆商务印书馆刊行。

刘子亚著《物工化币论》由编者刊行。

之江大学商学院编《黄金之将来》由上海世界书局刊行。

中央银行编《中央银行简论》由编者刊行。

沈鉴训编《银行实务》由上海大东书局刊行。

学林社编《近百年来中国之银行》由编者刊行。

王澹如著《支票之处理与法律》由著者刊行。

王世颖编著《农业金融简论》由中国农民银行行员训练班刊行。

陈成耀著《国外汇兑》由商务印书馆刊行。

王烈望编著《外汇原理》由上海世界书局刊行。

钱承绪编《中国金融之组织:战后与战前》由中国经济研究会刊行。

潘恒勤著《战时金融论丛》由著者刊行。

寒芷等编著《战后上海的金融》由香港金融出版社刊行。

涂西畴著《产业革命》由上海中华书局刊行。

按:是书乃大众文化丛书之一,介绍产业革命的发生、发展、经过及其后果。

中央银行经济研究处编《战时日本经济之透视》由编者刊行。

李荣廷著《四年来日本经济的透视》由军事委员会政治部刊行。

杨智著《日本合作制度论》由重庆正中书局刊行。

李拯之编《日本航空全貌》由四川成都铁凤出版社刊行。

胡焕庸编著《美国经济地理》由重庆正中书局刊行。

章友江著《美国对外贸易政策之演变》由广东省银行经济研究史刊行。

葛守光、程克武编《美国交通概况》刊行。

李建文著《中国文化史讲话》由上海世界书局刊行。

靳仲鱼著《中国文化史要》由上海三通书局刊行。

黄尊生著《岭南民性与岭南文化》由广东曲江民族文化出版社刊行,有自序。

中央宣传部文化运动委员会编《科学化运动》由编者刊行,有张道藩的序。

张道藩、陈立夫等著《抗战四年来的文化运动》(上下集)由重庆国民党中央宣传部文化运动委员会刊行。

江西省三民主义文化运动委员会编《江西省三民主义文化运动计划纲要》由编者刊行。

阎宗临著《近代欧洲文化之研究》由广西桂林广西建设研究会刊行。

李君猛著《日本文化》由吉林长春书店刊行。

周作人著《日本之再认识》由国际文化振兴会刊行。

中日文化协会编《中日文化协会周年纪念特刊》由编者刊行。

任白涛著《综合新闻学》(第1—2册)由长沙商务印书馆刊行。

张鹤魂著《新闻评论》由北平现代学社刊行,有管翼贤等人的序及自序。

赵建新编《新闻政策》由金华国民出版社刊行,有自序。

李春鹰讲述《社论写作》由北平武德报社刊行。

华北新闻记者讲习会编《华北新闻记者讲习会讲义录》由编者刊行。

自由日报社编《香港自由日报二周年纪念专刊》由自由日报社刊行。

孙义慈著《战时新闻检查的理论与实际》由重庆军事委员会战时新闻检查局刊行,有自序。

河洛日报编《河洛日报创刊九周年纪念专册》由河洛日报刊行。

骆何民著《怎样编壁报》由广西桂林文化供应社刊行。

杜绍文著《战时报学讲话》由江西上饶战地图书出版社刊行。

江西建国通讯社编辑部编《江西建国通讯社周年纪念特刊》由江西建国通讯社刊行。

吴好修编著《战时国际新闻读法》由广西桂林开明书店刊行,有李浩然的序及自序。

余戾林编《中国近代新闻界大事记》由四川成都新新新闻报馆刊行,有编者序。

杨杏庭编《文化教育学概论》由南京国立编译馆刊行。

林之材著《新教育学读本》(时代青年丛书)由上海万叶书店刊行。

朱经农著《近代教育思潮七讲》由长沙商务印书馆刊行。

按:是书据作者在齐鲁大学讲稿整理。七讲题目为《近代教育思潮鸟瞰》《自然主义与儿童本位的教育》《唯实主义与科学教育》《民族思想与普及教育》《唯物史观与劳动教育》《新理想主义与人格教育》《三民主义与教育政策》。附《人文主义与艺术教育》《心理学对于教育上之贡献》2篇文章。

张正藩编著《最近之日本教育》由北平武德报社刊行。

谢春满著《苏联生产教育的理论与实际》由江苏南京国立编译馆刊行。

彭大铨著《民众教育馆》由重庆正中书局刊行。

西康省地方新政干部训练团编《如何理解民众教育馆》由编者刊行。

教育部编《社会教育人员手册部》（一）由行政院刊行。

惠迪人著《青年学生学术常识讲话》由重庆中国文化服务社刊行。

徐筱汀编《学生首次实习公演特刊》由陕西省巡回歌咏戏剧队刊行。

陈治民编著《中心学校、国民学校生计教育实施纲要》（国民教育丛刊）由四川省政府教育厅刊行。

教育部编《训育纲要》由中央训练团刊行。

学林社编《教育研究中之实验设计与统计方法》由编者刊行。

陈鹤琴著《活教育的教学原则》（江西国民教育丛书）由江西省国民教育师资辅导委员会刊行。

宋肃仪编《复式教学》（江西国民教育丛书）由江西省国民教育师资辅导委员会刊行。

曹云蛟、曹云鹏著《记分法》由正中书局刊行。

山西省政府编《教育心理》（小学教师训练丛书）由编者刊行。

林汉达编《向传统教育挑战》（学习心理学讲话）（新五四运动丛刊）由上海世界书局刊行，有韦愨的序。

西康省地方行政干部训练团编《教育行政》由编者刊行。

郭有守编《办理县教育行政须知》（国民教育局行政丛刊）由四川成都四川省政府教育厅刊行。

贵州省地方行政干部训练委员会编《教育视导》由编者刊行。

经小川著《学校行政概要》由重庆青年书店刊行。

湖南省地方行政干部训练团编《学校卫生》由编者刊行。

中国教育全书编纂处编《中国教育全书条目目录初编》由编者刊行。

朱子爽著《中国国民党教育政策》由重庆国民图书出版社刊行。

中央宣传部编《教育文化言论集》（蒋委员长言论类编之一）由重庆正中书局刊行。

欧元怀等编《战时教育》（教育小丛书）由重庆正中书局刊行。

陈果夫著，王镜清编《中国教育改革问题》刊行。

刘百川编著《义务教育视导》由长沙商务印书馆刊行。

浙江省教育厅编《国民教育法规》由编者刊行。

教育部国民教育司编《国民教育法规汇编》（第1辑）重庆正中书局刊行。

杨汝熊编著《国民教育通论》（师范丛书）由重庆正中书局刊行，有著者序及陈礼江序。

西康省地方行政干部训练团编《国民教育》由编者刊行。

郭有守著《郭有守国民教育论著》由长沙商务印书馆刊行。

按：是书分5章，讲述国民教育的理论、经费、师资、计划及实施，并提出检讨和改进意见。

郭有守著《国民教育论集》（第2集）（四川省教育厅教育丛刊）由四川成都四川省政府教育厅刊行。

安徽省地方行政干部训练委员会编《国民教育概要》（县训练所教材之四）编者刊行。

洪石鲸编著《国民教育视导》（师范丛书）由重庆正中书局刊行。

江西省国民教育师资辅导委员会编《国民教育论集》（江西国民教育丛书）由江西泰和编者刊行。

中央建教合作委员会编《三年来之建教合作》由重庆编者刊行。

教育部会计处编《教育部所属机关学校会计人员手册》由编者刊行。

教育部史地教育委员会编《教育部史地教育委员会概况》由编者刊行。

教育部史地教育委员会编《教育部史地教育委员会概况》（第2号）由编者刊行。

教育部编《第五届中央执行委员会第九次全体会议教育部工作报告书》由编者刊行。

教育部参事处编《教育法令汇编》（第6辑）由重庆正中书局刊行。

贵州省教育厅编审室编《教育法令汇编》（第1辑上）由贵州贵阳编者刊行。

教育部编《教育部视导人员手册》（第1辑）由编者刊行。

教育部统计室编《最近教育统计简编》由编者刊行。

教育部国民教育司编《三十年度各省市国民教育实施计划汇刊》由编者刊行。

教育部国民教育司编《三十年度视察各省市国民教育报告》由编者刊行。

王捷三讲，张遥青笔记《一年来之陕西教育》（抗战小丛书）由陕西省政府教育厅刊行。

甘肃省政府教育厅编《三年来之甘肃教育》由编者刊行。

浙江省教育厅编《浙江省教育单行法规》由编者刊行。

程时煃著《十年来之江西教育》由江西省政府教育厅刊行。

江西省地方行政干部训练团编《抗战以来江西省教育》（分组训练教材之四十四）由编者刊行。

江西省教育厅编《江西省教育视导工作概况》由编者刊行。

福建省教育厅编《福建省实施国民教育办法辑要》由编者刊行。

福建省教育厅编《福建省国民教育师资训练专辑》由编者刊行。

福建省教育厅编《福建省三十年度实施国民教育概况》由编者刊行。

张伯谨讲《湖北省政府三十年度教育中心工作》由湖北省地方行政干部训练团刊行。

湖南省教育厅编《湖南教育视导概况》由编者刊行。

湖南省教育厅编《湖南省三十年度实施国民教育计划》由编者刊行。

湖南省教育厅编《湖南省国民教育实施概况》由编者刊行，有朱经农序。

广东省教育厅编《广东省卅年国民教育实施计划》（教育行政丛刊）由编者刊行。

广东省教育厅编《广东教育概况》由编者刊行。

苏希洵编《广西教育概况》由广西省政府教育厅刊行。

四川省政府编《四川省政府三十年度施政计划》（教育部分）由四川成都编者刊行。

四川省教育厅编《四川省国民教育实施概况》（民国二十九年八月至三十年三月）由中华书局刊行。

四川省教育厅第三科编《四川省各县市国民教育统计总表》（民国三十年七月统计）由编者刊行。

四川省教育厅编《四川省各县市国民教育实施概况》（民国二十九年八月至三十年七月）由编者刊行。

章柳泉编《四川省新教育视导制之实际》由四川省政府教育厅刊行。

四川省政府教育厅编《地方教育行政视导标准》由四川成都编者刊行。

四川省教育厅编《四川省实施国民教育办法要览》(第3辑)(四川省教育厅教育丛刊)由编者刊行。

贵州省教育厅编《贵州教育概况》由编者刊行。

云南省教育厅编《三十年云南教育简报》刊行。

方瀛编《敌伪的奴化教育》由国民政府军事委员会政治部刊行。

国立中央大学编《国立中央大学实验学校国华级毕业纪念刊》由江苏南京编者刊行。

中国国民党中央执行委员会宣传部编《四年来之教育与文化》(抗战第4周年纪念小丛书)由编者刊行。

海珥玛、熊亚拿编《婴儿的园地》由四川仁寿县金陵女子文理学院仁寿乡村服务处刊行。

吴增芥编《幼稚园教材及教学法》(幼稚师范学校教科书)由上海商务印书馆刊行。

张雪门著《幼稚园行政》(新课程标准幼稚师范科适用)由云南昆明中华书局刊行。

按:是书分绪论、建筑与设备、园务、教务、养护、研究及联络、幼稚园与教育行政等7章。

吴研因、水心编《小学教育大纲》(县各级干部人员训练教材)由重庆中央训练委员会、内政部刊行。

陈侠编著《建国的儿童训练法》由重庆正中书局刊行,有刘百川序。

教育部颁布《小学德育标准》(国民教育指导月刊小丛书)由四川成都四川省政府教育厅国民教育指导月刊行。

彭声明编《纪念日教学》(江西国民教育丛书)由江西泰和江西省国民教育师资辅导委员会刊行。

程文彬编《声音和乐器》(小学高年级及初中适用自然教材)由上海世界书局刊行。

顾锦藻主编《小学生升学读本》由上海三民图书公司刊行。

郭有守编著《国民教师服务指导》(国民教师进修丛书)由四川成都四川省政府教育厅刊行。

北京女子师范学院附属小学编《学校一家庭》由北平编者刊行。

四川省政府教育厅编《中心学校、国民学校休闲教育之实施》(国民教育丛刊)由四川成都编者刊行。

白动生著《保国民学校、乡镇中心学校开办法》由商务印书馆刊行。

张乾昌编著《乡镇中心学校怎样辅导保国民学校》(广东省教育厅辅导丛书)由广东省教育厅第一科刊行。

养正小学编《养正小学四十周纪念册》由上海编者刊行。

浙江省立五峰临时小学编《两个报告》(浙江省立五峰临时小学校刊)由浙江编者刊行。

教育部战区中小学教师第七服务团编《教育部战区中小学教师第七服务团概览》由甘肃天水编者刊行,有王静山序。

广东省教育厅编《中等学校五项训练》(广东省教育厅辅导丛书)由编者刊行。

陈纪喆著《如何实施导师制》(中等学校训导丛刊)由长沙商务印书馆刊行。

杨同芳著《中学训育》(世界新教育丛书)由上海世界书局刊行。

韩一青编《(抗战新编)初中国语升学指导》由陕西西安大东书局刊行。

吴起朋编辑《初中动物学题解》由湖南长沙湘芬书局刊行。

陈福熙等编《投考初中顾问》由杭州增智书局刊行。

教育部战区中小学教师服务团编《教育部战区中小学教师服务团工作概况》由编者刊行，有陈立夫序。

湖南省政府教育厅编《湖南省中等教育概况》由编者刊行。

北京师范大学附属中学校编《国立北京师范大学附属中学校成立第四十周年纪念特刊》由北平编者刊行。

华光女子中学编《华光女中校刊》由北平编者刊行。

天津工商中学编《工商中学卅年班毕业纪念刊》由天津编者刊行。

上海女子中学校编《上海女子中学十周年纪念特刊》由上海编者刊行。

上海南洋中学甲申级编《南洋中学甲申级毕业纪念刊》由上海编者刊行。

上海南洋中学辛巳级编《南洋中学辛巳级毕业纪念刊》由上海编者刊行。

上海市私立澄衷中小学编《上海市私立澄衷中小学四十周年纪念刊》由上海编者刊行。

启明女校编《启明女学文化级级刊》由上海编者刊行。

上海晏摩氏女学校编《晏摩氏女校年刊》由上海编者刊行。

圣玛利亚女校编《凤藻》由上海编者刊行。

上海粤东中学、广肇公学编《上海粤东中学、广肇公学最近四年概况》由上海编者刊行。

姜琦著《如何推进大学导师制》由国立浙江大学刊行，有弁言。

王裕凯、陆传籍编著《大学训导之理论与实施》（大学丛书）由贵州贵阳文通书局刊行，有李相勖序和著者序。

范祖珠等著《抗战中之大学生生活》由重庆个人刊行。

何清儒著《职业教育学》由商务印书馆刊行。

按：是书堪称职业教育中国化的标志。该书主要包含职教师资功能论、职教师资类别论、职教师资资格论、职教师资考核论、职教师资培训论等多方面的理论研究，对职业教育师资队伍建设做了全方位的指导，这对于当今职教事业的探索与实践有巨大的指导意义。

沈光烈编《职业补习教育概论》由云南昆明中华书局刊行，有杨卫玉、何清儒序。

按：是书分职业补习教育的涵义、需要、类别、演进、设科、教材、训育等12章。

广东省地方行政干部训练团编《职业教育与职业指导》由广东编者刊行。

潘一尘编著《小先生制》由浙江丽水江南出版合作社刊行。

大众印书馆编《职工读本》（抗日基本群众读物）由编者刊行。

马宗荣著《大时代社会教育新论》（大学丛书）由贵州贵阳文通书局刊行。

按：是书分7讲，内容有社会教育的认识、成立、目的、课程、方法、机关、战时社会教育等。

江西省地方行政干部训练团编《社会教育》由江西编者刊行。

钟灵秀编《社会教育大纲》由中央训练委员会内政部刊行。

白幼生、白启荣编《小学兼办社会教育指导》（师范丛书）由重庆正中书局刊行，有陈礼江序。

四川省立南充民教馆编《中心学校、国民学校社会教育实施纲要》（民教辅导丛书）由南充编者刊行，有王洁宇序。

老向著《民众读物》（社会教育辅导丛书）由重庆正中书局刊行。

林观得编《福建地理》（初中乡土教材）由福州建国出版社刊行，有郑贞文、高时良序。

　　教育部社会教育司编《社会教育概况》（社会教育行政丛书）由重庆编者刊行。

　　四川省政府教育厅第四科编《四川省社会教育法令辑要》（社会教育辅导丛刊）由四川成都编者刊行，有郭有守序。

　　四川省政府教育厅第四科编《四川省社会教育法令辑要》（第 2 辑）由社会教育辅导丛刊）由四川成都编者刊行，有郭有守序。

　　彭武著《复兴中国的自学制度》由中央训练团东北分团刊行。

　　胡嘉年著《青年自学讲话》由上海华光书局刊行。

　　曹伯韩著《青年自学论集》由广西桂林石火出版社刊行。

　　沙羽著《阅读什么与怎样阅读》（新青年修养丛书）由上海言行社刊行

　　储沆著《怎样读书与自修》由上海纵横社刊行。

　　韩汶等著《读书经验谈》由上海博文书店刊行。

　　沈镇潮编《上海体育年鉴》（民国三十年第 2 集）由上海体育世界社刊行。

　　吴邦伟编著《体育场》（社会辅导丛书）由重庆正中书局刊行。

　　钱云清著《体态教育》（新世界教育丛书）由上海世界书局刊行，有韦悫、董任坚及著者序。

　　沙古山著《国术与健康》由上海中华书局刊行，有著者序。

　　顾舜华编《太极操教本》由上海三通书局刊行。

　　唐豪著《少林拳术秘诀考证》由上海市国术协进会刊行。

　　王怀琪编《新编八段锦》由上海大东书局刊行，书前有编者自序。

　　朱惠之编著《滑翔与滑翔机》由重庆中国滑翔出版社刊行。

　　大众航空社编《模型飞机特辑》由四川成都编者刊行。

　　胡检汝译述，过旭初编校《围棋布局要则》由江西建设厅图书馆刊行。

　　沈子丞编著《围棋与棋话》由上海世界书局刊行。

　　游戏人间客著《麻雀研究》由上海新村出版社刊行。

　　刘伊叔编著《麻雀的经验与技巧》（打牌必胜术）由上海家庭图书馆刊行。

　　江西省妇女生活改进会编《游戏》（妇女组训丛书）由安徽泰和编者刊行。

　　周祖谟著《古音有无上去二声辨》刊行。

　　周祖谟著《禅母古音读如定母说》刊行。

　　按：此书取《说文》《广韵》所收之禅母字，重加寻案，推衍其义。由文字之谐声，以求诸字得声之根源，由经籍之异文，以见声通转变化规律，是一部研究古音韵学的专著。书口题："讲演集"。

　　周祖谟著《审母古音考》由北平辅仁大学刊行。

　　按：此书为《辅仁学志》第 10 卷第 1、第 2 合期抽印本。内容是对唐守温 36 个字母中"审母"字的古发音考。

　　于省吾著《双剑誃殷契骈枝续编》刊行。

　　许世瑛著《段氏说文注所标韵部辨误》由北平燕京大学哈佛燕京学社刊行。

　　按：此书为《燕京学报》第 29 期抽印本。比较《古十七部谐声表〈六书音均表一〉》和《说文注》所标韵部，对其注的错误和表的错误详加考订并勘误。

　　沈兼士著《声训论》刊行。

　　沈兼士著《汉字义读法之一例——说文重文之新定义》刊行。

张世禄著《中国文字学概要》由贵州贵阳文通书局刊行。

林逸民著《文字宣传手册》由四川成都众志书局刊行。

朱明著《日本文字的起源及其变迁》（日本文化小丛刊 3）由江苏南京中日文化协会刊行。

倪海曙编著《中国字拉丁化运动年表（1605—1940）》由上海中国拉丁化书店刊行。

倪海曙编《反对拉丁化的十种"理由"》（附驳复参考）由上海化文出版社刊行。

马叙伦著《中国文字之源流与研究方法之新倾向》由上海学林社刊行。

王弦著《怎样学习拉丁化》由上海中国拉丁化书店刊行。

学林社编《汉语声纽变转之定律》由编者刊行。

王静如著《论开合口》由北平燕京大学哈佛燕京学社刊行。

王穆夫编《国民辞典》由广西桂林文化供应社刊行。

顾宪融编《（词性分解）学生新字典》由上海锦章书局刊行。

按：该书又名《黄皮字典》，收字、词一万五千余个。注明词性、词义。

王建光编著《苗文单字汇》由重庆边疆教育干部人员训练班刊行。

中国国民党中央执行委员会边疆语文编译委员会编《蒙译名词选辑》（1—2 集）由编者刊行。

曾彝进著《有音四声记号说》由著者刊行。

曾彝进著《新反切法》由著者刊行。

曾彝进著《千字音》（默识斋丛稿 3）由著者刊行。

黄锡凌著《粤语韵汇（广州标准音之研究）》由中华书局刊行。

按：《粤语韵汇》是继赵元任《现代吴语的研究》、罗常培《厦门音系》之后运用现代语言学的方法研究粤语的一部著作。它使用国际语音符号记录，研究粤语代表点广州方言语音，主要内容包括"粤音韵汇"和"广州标准音之研究"两部分。

陈熙止著《拉丁重音研究》由浙江鄞县增爵小修院刊行。

陈瑞祺编著《道字典》由香港道字总社刊行。

陈耐烦编著《中国文字的过去现在和将来》由上海世界书局刊行。

许地山著《许地山语文论文集》由新文字学会刊行。

徐宗科编《标准国语学生会话》（上下册）由香港中华国语专门学院刊行。

谭正璧编著《国语文法》由上海世界书局刊行。

郭绍虞著《语文通论》由上海开明书店刊行。

秦剑峰编《现代语汇集》由江西浙赣铁路印刷所刊行。

赵宗予著《修养国文》由上海世界书局刊行。

屠凤台编《国文百讲》刊行。

屠伯华编《平民百部字典》由撷华永记书局刊行。

叶绍钧、朱自清著《精读指导举隅》由四川成都四川省政府教育厅刊行。

谭正璧编著《文章体裁》（国文研究丛刊）由上海世界书局刊行。

谭正璧编著《文章法则》（国文研究丛刊）由上海世界书局刊行。

钱一鸣编《记叙文描写辞典》由上海博文书店刊行。

钱一鸣、袁慕洁编《描写文辞典》由上海博文书店刊行。

张叶舟编著《小品文描写辞典》由上海博文书店刊行。

吴增芥等编《议论文作法》(上册)(小学生作文指导丛书第 7 种)由商务印书馆刊行。

石苇编著《应用文全程》由上海长风书店刊行。

谭正璧著《应用文示范》(国文研究丛刊)由上海世界书局刊行。

祝波扬编《现代白话新尺牍》由重庆上海书店刊行。

朱楠秋编《(新体白话一问二答)百行商业新尺牍》由奉天东方书店刊行。

朱楠秋编《现代新妇女书信》由奉天东方书店刊行。

文淑青编著《妇女书信》由广西桂林文化供应社刊行。

文化供应社编著《国民写信》(初集)由广西桂林文化供应社刊行。

文化供应社编著《国民写信》(2 集)由广西桂林文化供应社刊行。

王昌硕编《最新日用书信大全》由广西桂林实学书局刊行。

谭正璧著《现代社交书信》由广西桂林青年出版社刊行。

董坚志编《(各界适用、分类广注)普通书信大观》由上海春明书店刊行。

郭家文著《怎样写信》(青年新知识丛刊)由广西桂林文化供应社刊行。

董坚志编著《中学生模范书信》由广西桂林万有书局刊行。

李润堂编著《(正草问答)分类民众书信大成》(上下册)由大连商业书局刊行。

张传文、王应瑞编《标准公文程式汇编》由重庆上海书店刊行。

董坚志编《最新公文程式》由四川成都亚光书局刊行。

董坚志编《新公文程式集成》由上海大方书局刊行。

姚乃麟编《最新公文程式》由上海春明书店刊行。

秦运章编《公文程式大全》由广西桂林实学书局刊行。

郑一鸣编著《(新式标点)区乡镇保甲新公文》由杭州增智书局刊行。

郑一鸣编《(新式标点)区乡镇保甲新公文》(大众丛刊 2)由杭州增智书局刊行。

王夐编著《公文手册》由广西桂林上海杂志公司刊行。

按:分公文法程、革新、结构、用语、标点、格式、类范、处理 8 章。沪版书名前冠"最新"二字。

孔仲文编著《现代公文程式》由广西桂林青年出版社刊行。

董坚志编《军用公文函牍程式大全》由上海大方书局刊行。

董浩编《公文程式实用要诀集解》(上下册)由上海会文堂新记书局刊行。

崔德化编著《实用公文程式》由陕西西安英华书店刊行。

王洁忱、关润田编《(最新增编)应酬交际大全》由北平老二酉堂书局刊行。

谭正璧著《现代处世尺牍》由上海青年出版社刊行。

金湛庐编《语体新尺牍》(初中学生文库)由云南昆明中华书局刊行。

石苇编《现代应用文》由上海新生出版社刊行。

关实之编《模范作文选》(第 1 册)由北平大华书局刊行。

储菊人编著《新编模范作文》(高级小学国语补充读物)由上海大方书局刊行。

程育书编《战时模范作文》由正中书局刊行。

巴雷编《(新编)中学生模范作文》(国语补充读物)由上海大方书局刊行。

陈福熙编《中学生模范作文》由杭州增智书局刊行。

陈福熙编《战时中学生文选》(中学生课外读物)由杭州增智书局刊行。

储菊人编著《新编模范日记续集》由上海大方书局刊行。

陈耀邦编《中学生模范日记》由上海文光书局刊行。

黄澄甫编著《非常时期模范日记》由上海少年书局刊行。

奔流社编《初中模范日记》由上海奔流书店刊行。

秦翰才著《文书写作谭》由甘肃水利林牧公司刊行。

辅仁大学语文学会编《辅仁大学语文学会讲演集》(第2辑)由北平辅仁大学刊行。

任毕明著《演讲・雄辩・谈话术》由著者刊行。

孟起著《怎样讲演》由重庆国讯书店刊行。

白陈群编辑《中国速记简明表》由编者刊行。

民政部编《蒙文教科书》(1—3卷)由编者刊行。

鲁迅著《阿Q正传》由香港时轮出版社刊行。

国务院总务厅人事处编《官署用会话读本》由编者刊行。

郭绍虞编《(大学国文教本)学文示例》(上下册)由上海开明书店刊行。

刘家驹编《汉藏合璧实用会话》由蒙藏委员会刊行。

刘厚滋著《传世石刻中女真语文材料及其研究》由北平燕京大学国文学会刊行。

李百维编《国文常识手册》(投考三部曲3)由浙江丽水青年读书生活社刊行。

蒋伯潜著《中学国文教学法》由云南昆明中华书局刊行。

蒋伯潜、蒋祖怡编著《体裁与风格》(上下册)(国文自学辅导丛书第1辑5、6)由上海世界书局刊行。

江梦花编著《国民交际快览》由上海广益书局刊行。

叶绍钧等著《遗腹子》(英汉对照文学丛书)由上海地球出版社刊行。

杨承芳编著《英语学习法》(开明青年英语丛书)由上海开明书店刊行。

延又新著《优级满语补充教材》由奉天盛京书店刊行。

丸山林平编著《日语综合讲座》(1—10册)由吉林长春艺文书房刊行。

王仲杰编《英作文示范》(中学各科升学会考复习参考自学进修六用丛刊)由上海北新书局刊行。

王仲杰编《英作文示范》(中学各科升学会考复习参考自学进修六用丛刊)由上海北新书局刊行。

唐芸洲编《(言文对照、广注句解)唐著写信必读》由重庆上海书店刊行。

亚克编《世界语分类词典》由重庆世界语函授学校刊行。

何一介编《(英汉双解)启明英文成语辞典》由上海启明书局刊行。

何一佛编著《(白话讲解英文举例)英文法初步》由上海启明书局刊行。

关毅著《(最新标准)日语口试问答》由吉林长春大陆书局刊行。

川康英文报社刊行部编《初学英文造句法》由编者刊行。

曹铁符编《(言文对照)抒情女子新尺牍》由奉天广艺书局刊行。

卜允新编《英文拼字渐近法》(上集)由四川成都川康英文报社刊行部刊行。

卜允新编《(新制)(单字及会话,附汉文注释)自修英语一瞥》由四川成都川康英文报社刊行部刊行。

何鹏著《文艺常识》由广西桂林文化供应社刊行。

周建章编《文艺类典》由北京中华图书文具社刊行。

艾芜著《文学手册》由广西桂林文化供应社刊行。

艾青著《诗论》由广西桂林三户图书社刊行。

胡风著《论民族形式问题》由重庆学术出版社刊行。

胡风编《"民族形式"讨论集》由重庆华中图书公司刊行。

刘大杰著《中国文学发展史》由中华书局刊行,有自序。

按:是书作者自1937年夏至抗战结束,滞留上海达8年之久,在基本依靠妻子教书薪资维持最低生活的困境中,专心写作《中国文学发展史》。上卷于1941年1月出版,下卷于1943年完稿,因故推迟至1949年出版。全书上起殷商,下迄清朝,具有先进的文学史观、开阔的世界文学视野以及精深的文学感悟和鉴赏力,所以能在众多中国文学史著作中独树一帜,"成一家之言"。

施慎之编著《中国文学史讲话》由上海世界书局刊行。

鲁迅著《汉文学史纲要》由上海鲁迅全集出版社刊行。

朱东润著《中国文学批评论集》由上海开明书店刊行。

蒋伯潜、蒋祖怡编著《诗》由上海世界书局刊行。

梁宗岱著《屈原》由广西南宁华胥社刊行。

刘国瑞编注《文信国公史略·正气歌句解·诗词》由江苏南京拔提书店刊行。

朱湘著《现代诗家评》由上海三通书局刊行。

平心著《论鲁迅的思想》由上海长风书店刊行。

路沙编《论阿Q正传》由上海草原书店刊行。

路沙编《阿Q》(鲁迅名著评论集)由重庆新生图书文具公司刊行。

景宋、巴人等著《鲁迅的创作方法及其他》由重庆读书出版社刊行。

按:此书出版题名《鲁迅纪念特辑》。

陈友琴等著《青年与写作》由浙江省战时教育文化事业委员会新青年社刊行。

徐中玉著《抗战中的文学》由重庆国民图书出版社刊行。

何鹏著《抗战文艺诸问题》由广西桂林文化供应社刊行。

大众读物社编《大众化工作研究》由新华书店刊行。

方舟等著《论大众化》由求知出版社刊行。

陈德芸著《八股文学》由香港私立岭南大学刊行。

韩汶编《写作经验谈》由上海博文书店刊行。

林林著《崇高的忧郁》由广西桂林文献出版社刊行。

潘文著《编剧法》由重庆青年出版社刊行。

浪舟著《戏剧讲话》由海棉社刊行。

蒋伯潜、蒋祖怡编著《小说与戏剧》由上海世界书局刊行。

按:是书分小说与戏剧的分野、欧美小说发达略史、近代文艺思潮、中国小说的原始形态、魏晋六朝小说、隋唐之际的传奇、语体章回小说的发轫时代——宋元、明清小说的趋向、中国隋唐以前的戏剧、南戏和北曲、昆腔与南戏之寖盛、欧洲近代剧与中国话剧等30章。

蒋伯潜、蒋祖怡编《骈文与散文》由上海世界书局刊行。

谭正璧编著《文学源流(中学适用)》由上海世界书局刊行。

冼玉清著《广东女子艺文考》由商务印书馆刊行。

巴人著《窄门集》由香港海燕书店刊行。

吴乐欣、汪泱编《世界杰作精华》（第1集）由上海世界文化出版社刊行。

欧阳梓川编《日本文场考察》由重庆文化书店刊行。

王赫编《朝鲜短篇小说选》由吉林长春新时代社刊行。

陈大年编著《高尔基传》由上海世界书局刊行。

世界文艺丛刊社编《高尔基五周逝世纪念特辑》由世界文艺社刊行。

施落英编《英雄》由上海启明书局刊行。

程鸥、夏雨编《美国文学》由上海中流书店刊行。

丰子恺著《艺术修养基础》由广西桂林文化供应社刊行。

冯贯一著《中国艺术史各论》（上下册）由江苏南京中日文化协会刊行，有作者序。

新中华图书公司编《中华瓷器样本》由上海新中华图书公司代办部刊行。

新旅团员著，潘一尘校订《新旅战时生活写真》由浙江丽水江南出版生产合作社刊行。

黄尧编《牛鼻子三讲》由重庆民间出版社刊行，有序。

黄尧编著《好男儿》由重庆民间出版社刊行，有编者序。

高陂中学校董会干事会主编《陂中纪念刊》由编者刊行。

上海铁流漫画木刻研究社编《铁流版画集》第1集由编者刊行，有麦秆的序。

丰子恺作《子恺近作漫画集》由四川成都普益图书馆刊行。

丰子恺作《护生画集正续合刊》由上海大法轮书局刊行，有马一浮的序。

丰子恺著《图画常识》由广西桂林文化供应社刊行。

倪贻德编著《油画研究》由长沙商务印书馆刊行，有编著者序。

陈抱一著《洋画欣赏及美术常识》由上海世界书局刊行。

特伟作《风云集》（1941年4月—9月）由孟夏书店刊行。

育才学校绘画组编《幼苗集》由重庆北碚育才学校刊行。

梁又铭编绘《岳飞》由四川成都铁风出版社刊行。

吴一舸绘，陈震撰文《西厢画传》由上海开明书社刊行。

汪子美编绘《扬眉集》（文艺·漫画·合集）由广西桂林文献出版社刊行，有孟超代序。

沈乃葵主编《玉堂春》由上海戏学书局刊行。

张谔著《漫画自选集》由重庆读书生活出版社刊行。

中华全国漫画作家抗敌协会编《如此汪精卫》由编者刊行，有序。

巴金原著，费新我、钱君匋编绘《家》（连续画本）由上海万叶书店刊行。

李长文等著《木刻集》由国立四中刊行。

朱鸣岗作《木刻集》由中华全国木刻界抗敌协会福建分会刊行。

林筱、田鲁作《女英雄双枪王八妹》由福建永安改进出版社刊行。

按：是书为木刻连环图画之一。

梅健鹰作《健鹰木刻集》第1集由作者刊行。

温涛著《木刻常识》（给初学者木刻者的九封信）由广西桂林文化供应社刊行。

战时木刻研究社第一期木刻函授班编《铁笔集》（浙江省战时美术工作者协会战时木刻研究社第一期木刻函授班暨暑期绘画专修社结业纪念册）由浙江丽水浙江省战时美术工作者协会战时木刻研究社刊行。

康乐木刻研究社刻《康乐儿童战时十二能》由浙江永嘉县县立康乐小学刊行。

康乐木刻研究社刻《厦门三儿童》(木刻集之一)由浙江永嘉县县立康乐小学战时儿童生活委员会刊行。

鄞中铁著《木刻版画概论》由长沙商务印书馆刊行,有著者序。

按:是书分3章。第1章内容有版画是什么、木刻版画和木板、木刻的价值在哪里、木刻版画的分类等;第2章介绍木刻版画的作法;第3章为中国木刻版画的概论。

华北浸信议会选辑,万应远补编《新颂主诗集》(琴谱)由上海中华浸会书局刊行。

华北浸信会选辑,万应远补编《新颂主诗集》(简谱)由上海中华浸信会刊行。

李树化著《钢琴基本弹奏法》由上海三民图书公司刊行,有著者序。

宋寿昌编《伴奏的作法》由云南昆明中华书局刊行,有编者序。

吴翏编《现代袖珍歌选》(第1集)由上海国光书店刊行。

宋莱作《四川的劳动者》由作者刊行,有巴人的序。

张立文编《歌曲大王》(新旧电影歌曲大全集)由奉天艺声书店刊行。

张聊公著《听歌想影录》(一名《国剧春秋》)由天津书局刊行,有著者自序。

陈俊英编著《国乐捷径》(第2集)由上海国乐研究社刊行。

陈原等编著《新歌初集》由广西桂林新歌出版社刊行。

青年歌声社编《青年歌声》由青年歌声社刊行。

郝路义、杨荫浏作曲,冯玉祥作词《山花》(民歌圣歌集之一)由四川成都华英书局刊行。

姚牧编著《江南谣》(创作曲集)由中国乐谱供应社刊行。

高戈编《国防新歌》(第1集)由广西桂林三户图书社刊行。

教育部音乐教育委员会编《二胡曲选》(卷上)由编者刊行。

教育部音乐教育委员会编《齐唱曲集》由编者刊行。

新民会中央总会训练部编《新民唱歌集》由北平新民会中央总会刊行。

阙仲瑶、俞绂棠编《抗战歌曲选》(第3集)由唯生书局刊行部刊行。

褚保延编《现代名歌三百首》(中外歌曲大集成)由上海国光书店刊行。

福建省立音乐专科学校编译室编《合唱歌曲第一集》由编者刊行。

按:是书为福建省立音乐专科学校丛书之一。

歌曲研究社编《大众歌曲选》(第1集)由编者刊行。

黄友棣编著《怎样指导学校音乐活动》由广东省教育厅第一科刊行。

李凌编《喀秋莎》由重庆读书出版社刊行。

李绿永、赵沨编《苏联音乐》由重庆读书出版社刊行。

中国农民银行行员训练班编《歌集》由编者刊行。

丽歌社编《今日流行标准名歌三百首》由上海大方出版社刊行。

《民众学校音乐教材》由四川华阳县民众教育馆刊行。

刘念渠等著《演剧初程》由重庆青年出版社刊行,有何浩若的序。

刘炎臣著《菊花锅》由天津三友美术社刊行。

按:是书汇集作者从1931—1940年间发表在天津20多种报刊上的227篇文章,约16万字,内容多为京剧、昆曲、相声曲艺艺人的轶闻趣事,戏剧评介以及曲艺消息等。

吴天著《剧场艺术讲话》由上海剧艺出版社刊行。

刘露著《舞台技术基础》由重庆上海杂志公司刊行。

北京戏曲研究社编绘《脸谱》(京剧秘本)由北平北京戏曲研究社刊行,有金兆棪的序。

杨村彬著《新演出》由重庆独立出版社刊行,有丛书总序。

陈治策著《表演技术论》由重庆独立出版社刊行。

国立戏剧学校编《表演艺术论文集》由重庆正中书局刊行。

浪舟著《新戏剧讲话》由海绵社刊行。

夏林著《戏剧常识》由广西桂林文化供应社刊行。

阎哲吾著《战时剧团组织与训练》由重庆独立出版社刊行,有丛书总序。

侯枫著《战地戏剧理论与实践》由重庆独立出版社刊行。

阎哲吾编著《怎样演出抗战戏剧》由教育部特种教育委员会刊行。

新亚平剧研究社编《新亚平剧研究社第一次彩排特刊》由编者刊行。

教育部第二巡回戏剧教育队编《巡回第三年》由编者刊行。

杨荫浏、曹安和编《文曲十八板》由教育部印业教育委员会刊行。

何明斋、林君复编《曲铁工艺》由商务印书馆刊行。

陈子虚编,徐东明校订《(无师自通)京调工尺大全》由上海中央书局刊行。

任杰生书《书影》第1集由北平华昌制版局刊行。

陈鲤庭著《电影轨范》由重庆中国电影制片厂刊行。

吕振羽著《简明中国通史》(上册)由香港生活书店刊行。

范文澜(原题中国历史研究会)编《中国通史简编》(上册)由新华书店刊行。

按:范文澜受中央委托,主持编写一部供广大干部和青年阅读的中国历史读本,于是有此书之作。其《序言》曰:"我们要了解整个人类社会的前途,我们必须了解整个人类社会过去的历史;我们要了解中华民族的前途,我们必须了解中华民族过去的历史;我们要了解中华民族与整个人类社会共同的前途,我们必须了解这两个历史的共同性与其特殊性。只有真正了解了历史的共同性与特殊性,才能真正把握社会发展的基本法则,顺利地推动社会向一定目标前进。"此书是1949年以前马克思主义中国通史的代表作,为中国通史的编撰提供了一种典范。刘大年称之为"第一部用马克思主义观点系统地叙述中国历史的著作"。自延安出版以来,它成为解放区干部的必读书,曾多次重印,发行量巨大。(参见王学典《20世纪史学编年(1900—1949)》,商务印书馆2014年版;陈其泰《范文澜学术思想评传》及附录《范文澜主要著述年表》,北京图书馆出版社2000年版;范文澜《中国通史简编》下册附录《范文澜先生学术年表》,商务印书馆2010年版)

金兆梓著《中国史纲》由上海中华书局刊行。

按:是书采用横向记史的办法,分为史前纪、中国民族形成经过、帝国主义侵入、政治演化、教育和考试制度、宗教与学术、自然科学的演进等10章。

张荫麟著《中国史纲》(上册)由重庆青年书店刊行。

按:张荫麟编纂中国历史教科书,是傅斯年推荐的。吴晗说:"他(张荫麟)创编高中本国史的计划,第一步是拟目,先把四千年的史事分为数十专题,较量轻重,广征意见,修改了数次才定局。第二步是分工,汉以前由他自己执笔,唐以后归我负责。其他专题分别邀请专家撰述,例如千家驹先生写鸦片战争后的社会变化,王芸生先生写中日战争等等。第三步是综合,稿子都齐了,编为长编,再就长编贯通融会,去其重复抵牾,不重考证,不引原文,尽量减少人名地名,以通俗明白之文笔,画出四千年来动的历史,目的在使此书可读,使人人能读此书,不但熟习国史,而且能有一个客观的看法。这工作前后搞了两年,长编完成了大半。"(吴晗《记张荫麟》,《大公报》(天津)1946年12月13日)

詹寿山著《中国历史纪要》由中央军校特别训练班教务组刊行。

傅佐衡编,李味青校《史略新编》由上海美华书馆刊行。

魏应麒著《中国史学史》由长沙商务印书馆刊行。

按：是书分上下两编。上编是中国史学概论，包括中国史学的特质及价值，史籍的位置与类别，史官的建置与职守。下编则分期叙述自远古至民国每一时代史学发展的情况，并评述了刘知几、郑樵、章学诚、梁启超等史学家治史的理论。

吕思勉著《先秦史》由上海开明书店刊行。

按：是书从史前传说至秦灭六国，共16章。除分国记述史实外，着重论述民族、社会、农工商业、衣食住行、政治制度、宗教学术等。

吕思勉、童书业编《古史辨》(第7册)由上海开明书店刊行。

陶栋编《历代建元考》由上海中华书局刊行。

按：是书包括上自西汉下至清代的历代建元考证。

戴蕃豫著《范晔与其后汉书》由长沙商务印书馆刊行。

瞿世镇编《鉴略句解》(言文对照、音注标点)由上海春江书局刊行。

学林社编《五十年来中国之新史学》由编者刊行。

李季辑录《东林始末》由上海神州国光社刊行。

赵光贤著《明失辽东考原》(上下册)由北平辅仁大学辅仁学志辑委会刊行。

中国历史研究社编《虎口余生纪》由上海神州国光社刊行。

肖明扬编《明太祖平胡录》由上海国民书店刊行。

程演生辑录《明武宗外纪》由上海神州国光社刊行。

倪品真著《五四运动纪实》由衡阳湘潮印书馆刊行。

阿英编《近代国难史丛钞》由上海潮锋出版社刊行。

按：是书共分上、中、下三册。辑有关近代国难的野史10种:《中日秘录》《越事备考案略》《谏止中东和议奏疏》《冤海述闻》《甲午中日战辑》(一、二、三)、《庚辛之际月表》《庚子传信录》《榆关纪事》，附《燕晋弥兵记》《辱国春秋》《国难稗抄》。

杨家骆、杨李慧著《近世东北国际关系日记》由东北问题研究社刊行。

绥远各界抗战建国四周年纪念筹备会编《四年来绥远抗战忠勇事迹》由编者刊行。

何镜华著《双十二与民族革命》由香港时代批评社刊行。

胡树荣编《抗战建国史料类编》由广东新建设出版社刊行。

管雪斋著《抗敌日志》(第一年)由重庆正中书局刊行。

王叔明编《抗战第一年》由商务印书馆刊行。

中国国民党中央执行委员会宣传部编《四年来敌我情势之比较》由编者刊行。

军事委员会政治部编《抗战四年》由编者刊行。

联合出版社编辑部编《怎样制止中国内战?》由上海联合出版社刊行。

蒋介石讲《整饬军纪加强抗战》由重庆中央执行委员会秘书处刊行。

军事委员会政治部编《整饬军纪与加强抗战》由编者刊行。

时事问题研究会编《新四军事件真相》由四维出版社刊行。

弈文等著《论军纪》由真实出版社刊行。

叶枫著《在铁的纪律下》由上海叶枫出版社刊行。

李子琳编著《整饬军纪与完成抗建》由上海正言报社刊行。

编译出版社编《震惊中外的"皖南惨变"面面观》由世界出版社刊行。

严峻编《中共问题重要文献》由大公出版社刊行。

王壮民编《中共问题重要文献》由重庆公论出版社刊行。

浙西民族文化馆编辑《敌伪研究专题报告》（第1辑）由编者刊行。

国民政府军事委员会政治部编《敌寇编组伪军的阴谋》由编者刊行。

贺扬灵编述《浙西三十年度敌伪阴谋总分析》由浙江省政府浙西行署刊行。

中国国民党中央执委会粤闽区宣传专员办事处编《琼州沦陷区报告》由编者刊行。

吴石著《重庆见闻录》由金门出版社刊行。

徐益棠编辑《边疆研究论丛》（民国三十年度）由四川成都私立金陵大学中国文化研究所刊行。

康兴璧、毛筠如编述《雷马屏峨夷务鸟瞰》由四川成都四川省政府刊行。

金毓黻著《东北通史》（上编）由重庆五十年代出版社刊行。

李反邦著《日本在台湾的殖民地政策》由金华台湾义勇队刊行。

邓虎章、徐岱宗著《整理四川县志之途径》由四川成都实际出版社刊行。

赵存善著《雅安史地》由雅安县地方行政干部刊行。

齐思和著《西洋史教学之基本问题》由北平函雅堂书店刊行。

李秋林著《第二次世界大战的展望——其原因、现状及其前途之分析》由香港启蒙书店刊行。

按：是书评述帝国主义与世界大战的关系、第二次世界大战的直接原因、美意日苏等国在战争中的地位，并展望战争前景与中国前途。

王德馨、周珏宏编著《二次世界大战史料（第一年）》由重庆大时代书局刊行。

陈钟浩编著《欧战与地中海形势》由军事委员会政治部刊行。

朱庆永著《欧战的发展——地中海与东南欧》由重庆国民图书出版社刊行。

乔冠华（原题乔木）著《法兰西的崩溃》（一九四〇年的国际）由上海新人出版社刊行。

彭世桢著《欧洲战线》由上饶战地图书出版社刊行。

谢敬舆著《欧战之史的探讨》由邵阳中央日报湖南分社刊行部刊行。

示丹编《日本南进与太平洋》由军事委员会政治部刊行。

按：此书是以马克思主义为指导思想而写成的通史著作。

丘日新编著《日本史略》由江苏南京中日文化协会刊行。

张水淇著《日本明治维新前史》由江苏南京国立编译馆刊行。

罗香林著《罗芳伯所建婆罗洲坤甸兰芳大总制考》由重庆商务印书馆刊行。

王守伟编著《苏联的认识》由四川成都今日出版社、洛阳西北出版社刊行。

子强等著《论苏德战争》由上海求知出版社刊行。

周恩来著《论苏德战争及其他》由青鸟出版社刊行。

复旦大学文摘社辑《苏德战争》由辑者刊行。

李长之著《波兰兴亡鉴》由重庆独立出版社刊行。

郎醒石著《捷克兴亡鉴》由重庆独立出版社刊行。

龚弘著《意大利抗战建国小史》由重庆独立出版社刊行。

陶亢德编《战时英国》由上海亢德书房刊行。

卢逮曾编著《法国革命史》由重庆独立出版社刊行。

沈炼之著《法国革命史讲话》由福建永安改进出版社刊行。

张傲人编《法国是怎样失败的》由浙江永康碧湖出版社刊行。

华生元编《法国败亡的哀鸣》由新湖北书店刊行。

张文新编著《中华民族英雄传记》由重庆军事委员会政治部刊行。

张鸿飞编绘《中国女英雄画史》(连环画)由上海杂志公司刊行。

王治心、李次九编著《中国历代名人传略》(第5集)由上海青年协会书局刊行。

按:是书介绍宋代至元代20位名人的事略,包括赵匡胤、寇准、范仲淹、包拯、欧阳修、王安石、司马光、程颐、程颢、周敦颐、苏轼、李纲、岳飞、朱熹、文天祥、忽必烈等。

陈鹤琴、王子才编著《我国的伟人》由江西省国民教育师资辅导委员会刊行。

按:是书收中国历代29位名人的小传,包括黄帝、夏禹、周公旦、孔子、墨子、秦始皇、项羽、汉武帝、班超、诸葛亮、唐太宗、玄奘、武后、王安石、岳飞、梁红玉、成吉思汗、文天祥、明太祖、郑和、戚继光、秦良玉、史可法、郑成功、清圣祖、曾国藩、孙中山、蒋中正。

涤生编辑《中国历代伟人传》刊行。

按:是书收录上自黄帝,下迄孙中山等50位中国历代著名人物传略。

苍厂编《新中国人物志》由上海奔流书店刊行。

梁启超等编著《中国六大政治家》(上下册)由上海广智书局刊行。

按:梁启超《王荆公传·自序》曰:"自余初知学,即服膺王荆公,欲为作传也有年,牵于他业,未克。就顷修国史至宋代,欲考熙丰新法之真相,穷极其原因结果,鉴其利害得失,以为知来视往之资,而诇诸先史,则漏略芜杂,莫知其纪,重以入主出奴,谩辞溢恶,虚构事实,所在矛盾,于是发愤取《临川全集》再四究索,佐以宋人文集、笔记数十种,以与《宋史》诸志传相参证,其数百年来哲人硕学之言论,足资征信者籀而读之,亦得十数家。钩稽甲乙,衡量是非,然后叹吾畴昔自谓能知荆公,能尊荆公者,无以异于酌潢潦之水而以知为海,睹瓮牖之明而以为知天也。而流俗之诋谇荆公,污蔑荆公者,益无以异于斥鷃之笑鹏,蚍蜉之撼树也。不揣寡陋,笔以成此编,非欲为过去历史翻一场公案,凡以示伟人之模范,庶几百世之下,有闻而兴起者乎,则区区搜讨之勤,为不虚也。新会梁启超。"

余嘉锡著《疑年录稽疑》由北平辅仁大学出版。

廖竞存编著《大哉孔子》由长沙商务印书馆刊行。

按:是书先叙述孔子传略及其时代背景,次介绍一贯之学、大学之道和中庸之说,再次论述仁政、礼乐、孝道及孔子著述。

梁宗岱著《屈原》由广西南宁华胥社刊行。

马元材编著《秦始皇帝传》(上下)由长沙商务印书馆刊行。

凌惕安编《郑子尹年谱》由长沙商务印书馆刊行。

李长之著《道教徒的诗人李白及其痛苦》由重庆商务印书馆刊行。

罗香林著《颜师古年谱》由商务印书馆刊行。

朱杰勤编著《成吉思汗》由空军军官学校刊行。

汪闿编著《明清谭林辑传》由中华图书馆协会刊行。

胡山源著《扬州义民别传》由上海世界书局刊行。

按:是书以白话文短篇小说体形式叙述明朝忠臣义士王廷佩、董姬、王士秀、戴之藩、张有德、徐有义等15人小传。

苏雪林著《南明忠烈传》由重庆国民图书出版社刊行。

彭子仪编著《石达开》由上海亚星书店刊行。

潘光旦著《中国伶人血缘之研究》由长沙商务印书馆刊行。

彭子仪著《秋瑾》由上海亚星书店刊行。

杨复礼编著《梁任公先生年谱》由编著者刊行。

苏渊雷著《宋平子评传》由重庆正中书局刊行。

卢前著《吴芳言评传》由重庆独立出版社刊行。

阎海文等著《我的自传》由四川成都铁风出版社刊行。

按：是书收录阎海文、汤卜生、王远波、沈崇海、殷文郁、乐以琴等6位有为青年的自传各1篇。

杨仪山著《杨仪山"五五"自传》由河南省自治协会刊行。

柳宁著《一个无产者的自传》由胜利出版社江西分社刊行。

按：作者原系共产党员，1931年脱党，定向反面。书中反映了南昌起义和土地革命时期的一些情况，以及个人的曲折经历。

孙绍康著《王玉回忆录》由著者刊行。

陈鹤琴著《我的半生》由江西省教育用品厂刊行。

郭沫若著《我的结婚》由香港强华书局刊行。

落华生、周芬仲著《我底童年》由香港进步教育出版社刊行。

茅盾等著，俞获编《我的中学时代》由上海文化图书公司刊行。

按：是书收录茅盾、楼适夷、郭沫若、赵景深、庐隐、叶菡、胡适等30人回忆中学时代的文章各一篇。

陶菊隐著《吴佩孚将军传》由中华书局刊行。

刘鸿焕著《中山先生传略》由重庆独立出版社刊行。

姚寅仲编《蒋介石其生平及其言论》由中华书局刊行。

金门编译社编《陈嘉庚近事记》由金门出版社刊行。

王青芳刻《木刻近代人范》由北平曲园出版社刊行。

按：是书辑集近代知名人物顾炎武、黄宗羲、毛奇龄等40人的木刻像，每幅像皆有简介。

许晚成编《上海人名录》（《上海重要人名录》）由上海龙文书局刊行。

何竹淇编著《汉奸的下场》由重庆青年出版社刊行。

张铁笙编《时代小姐》由北平沙漠画报刊行。

傅双无编著《民族圣哲之伟人与四川禹迹之检讨》由成都今是公论社刊行。

中国国民党中央执行委员会宣传部编《四年来抗战英雄事迹》由编者刊行。

杨英编《抗战名将集影》由绍兴抗战建国社刊行。

中国国民党中央执行委员会宣传部主编，中国国民党中央党史史料编纂委员会编著《革命先烈传记》由重庆中国文化服务社刊行。

徐鹤椿著《现代工商领袖成名记》由上海新风书店刊行。

张若谷著《当代名人特写》由谷峰出版社刊行。

按：是书分为外国之部与中国之部。中国部分介绍林森、蒋介石、于斌、陆征祥、林语堂、梅兰芳、郎静山等7人特写；外国部分介绍乔治六世、贝当、奎松、罗曼·罗兰等7人特写。附录有《雷鸣达神父》《马君武博士》等3篇。

叶心安编《世界成功家》由上海中国图书杂志公司刊行。

按：是书介绍武训、叶澄衷、杨斯盛、林肯、胡佛、富兰克林、陆费、高尔基、易卜生、王云五等人的生平事迹。

叶心安编《世界政治家》由上海中国图书杂志公司刊行。

按：是书介绍孙中山、蒋介石、罗斯福、列宁、斯大林、希特勒、丘吉尔、墨索里尼、凯末尔、贝当、泰戈尔、甘地、尼赫鲁等政治家的事迹。

叶心安编《世界发明家》由上海中国图书杂志公司刊行。

按:是书介绍爱迪生、福特、赖特兄弟、柯蒂斯、法拉第、贝尔、伽利略、休琴斯、马可尼、伊莱亚斯·豪、布朗利、墨翟、张衡、詹天佑等15位发明家的故事。

叶心安编《世界实业家》由上海中国图书杂志公司刊行。

按:是书乃中外实业家小传。外国部分介绍卡内基、霍华德、施丁纳史、洛克菲勒、摩根、狄森、诺曼、佛路生等8人。中国部分介绍张謇、胡文虎、张公权、荣宗敬、虞洽卿、冼冠生等6人。

朱永邦编著《国际名人传》(上中下卷)由江苏南京建国编译社刊行。

按:是书各篇均为介绍政治军事时局人物。上册介绍英、美、苏、法、西、土、印等11国人物。中册介绍德、意、日人物。下册为日本之部及补遗。

徐迟著《世界之名音乐家》由长沙商务印书馆刊行。

陆曼炎著《欧战名将传》由重庆拔提书店刊行。

按:是书介绍兴登堡、鲁登道夫、霞飞、福煦、毕苏斯基、凯末尔、甘茂林、魏刚、戴高乐、伏罗希洛夫、雪可斯基等20人生平。

三民主义青年团中央团部编《外国民族英雄史话》由编者刊行。

按:是书介绍安重根、尹奉吉、甘地、尼赫鲁、凯末尔、奎松、加富尔、马志尼、加里波的、马萨里克、毕苏斯基、范勒拉、柴鲁尔、华盛顿、韦茨曼等人生平事迹。

沈子善、沈瘦碧编《外国名人的童年生活》由长沙商务印书馆刊行。

马鸿纲编著《伟人信仰的故事》由上海青年协会书局刊行。

按:是书介绍安得鲁斯、巴士特、圣奥古斯丁、圣伊利莎白、马礼逊、海伦·凯勒、马丁·路德、利文斯敦、南丁格尔、华盛顿、孙中山等15位名人的生活与信仰。

卢文迪等编《历史》由昆明中华书局刊行。

按:是书乃简易师范适用的《历史》书第4册,介绍中外名人90余位的轶事。

梁世熙著《欧战四杰》由北京强群书局刊行。

按:是书介绍罗斯福、丘吉尔、希特勒、墨索里尼的传略。

林之青编《国际名将录》由陕西建国编译社刊行。

高望之编《人间怪杰》由上海知识译丛社刊行。

按:是书收录《世界之雄》《史太林的继任者》《戈林的私生活》《女希特勒葛林克》《齐亚诺与其夫人》《贝当述评》《自由奋斗的特戈尔(戴高乐)》等16篇文章。

丁宗杰编《可敬加大利纳德嘉归达传》由上海土山湾印书馆刊行。

赵紫宸著《耶稣小传》由上海青年协会书局刊行。

姚寅仲编著《列宁传》由开华书局刊行。

张吕辉编《史太林传记》由上海经纬书局刊行。

陈大年编著《高尔基传》由上海世界书局刊行。

世界文艺丛刊社编《高尔基五周年逝世纪念特辑》由世界文艺社刊行。

陈正人编著《居里夫人传》由上海世界书局刊行。

卢烈编《林肯传记》由上海经纬书局刊行。

按:编者序曰:"我们试观林肯的略历,他是出生于贫苦的人家中,没有贵亲贵戚,没有资财的凭藉,他唯可恃的,就是一双手,从勤勉辛劳,艰苦奋斗中,以勇敢进取的精神,向着最伟大的道路迈进,以达到成功之境。目今许多青年们,在这混乱的时代中,不免要悲悯自己的环境,怨恨自己的命运,以为是无法振拔了,其实这是错误的。环境和命运到底是什么东西,它既不能固定的给予人们看见,或阻碍着人们的进路,那末我们为什么硬要把它来束缚着自己的发展哩!不要以为穷,便不能上进,要知穷是人们的一种有力的鞭策,愈是穷,愈是会使人们向着人生的道路中去奋斗!'将相本无种,男儿当自强!'古往今来多少伟人,谁不是从勤勉辛苦,艰苦奋斗的穷小子出身,林肯便是我们的一个好榜样!"

容庚著《商周彝器通考》由燕京大学哈佛燕京学社刊行,于省吾作序。

按:《民国学案》第三卷《容庚学案》说:"容氏在古铜器研究上的最大贡献,是关于《商周彝器通考》的撰写与出版。我国从宋代开始,就有关于铜器的著录问世。八百年来,研究者虽络绎相继,但大都只关注一器一物的个体研究而缺乏关于铜器学的总体论证。容氏的《通考》,则是一部全面系统的商周铜器学通论。该书于1941年,由哈佛燕京学社刊行。全书分上下两编,上编15章:原起、发现、类别、时代、铭文、花纹、铸法、价值、去锈、拓墨、仿造、辨伪、销毁、收藏、著录;下编4章:食器、酒器、水器及杂器、乐器。全书附有大量图版,材料宏富,征引翔实。于省吾先生曾对其予以很高评价,曰:'此书之作,分章辑述,究极原委,甄录载籍,参以己见,撢邃赜,理纷挐,辨群言之得失,成斯学之钤键,洵为空前之创作,稽古之宝典。'"

金云铭编《邵武协和大学校地南宋墓发掘研究报告》由福建协和大学文学院刊行。

广东文物展览会编《广东文物》由编者刊行。

尹世积著《禹贡集解》由商务印书馆刊行。

陈原著《中国地理基础教程》由广西桂林文化供应社刊行。

夏威著《中国疆域拓展史》由广西桂林文化供应社刊行。

赵泉澄著《清代地理沿革表》由上海开明书店刊行。

许元方著《忆兰州》由香港中国国货实业服务社刊行。

曾鲁编《山东省各县概况一览》由北平新民会中央总会刊行。

任建蜀编著《屏障陪都的綦江》刊行。

童心琴编《甬光初集》由甬光出版社刊行。

杨滴翠编《新厦门指南》由厦门华南新日报社刊行。

邓超编《大香港》由香港香港旅行社刊行。

俞永济编《奥门指南》由澳门商务印书馆支馆刊行。

社会部重庆社会服务处著《重庆旅居向导》由重庆著者刊行。

任乃强著《康藏史地》由西康省地方行政干训团刊行。

王荫樵编《西京指南》(上册)由陕西西安中国文化服务社陕西分社刊行。

郑奇影编,裘培德绘图《上海里街详图》由上海宇宙舆地学社刊行。

胡焕庸编著《世界地理》由重庆正中书局刊行。

张白衣编《荷属东印度》由重庆大时代书局刊行。

韩云甫著《列强角逐中之荷印》由重庆国民图书出版社刊行。

丁士编著《以欧战为中心的世界地图》由河南叶县三一出版社刊行。

黄镜澄编《东南西南交通详图》由上海亚光舆地学社刊行。

中国旅行社编辑《南洋导游》由编者刊行。

中国回教南洋访问团编《北婆罗访问记》由重庆中国回教南洋访问团刊行。

国学书院第一院编纂组编《国学丛刊》(第1册)由编者刊行。

国学书院第一院编纂组编《国学丛刊》(第2册)由编者刊行。

国学书院第一院编纂组编《国学丛刊》(第3册)由编者刊行。

国学书院第一院编纂组编《国学丛刊》(第4册)由编者刊行。

国学书院第一院编纂组编《国学丛刊》(第5册)由编者刊行。

吴英华编著《国学丛编》由编者刊行。

沈亦云编《国学入门讲稿》由南屏女中刊行。

郑振铎著《国学集》由商务印书馆刊行。

黄炎培著《蜀南三种》由重庆国讯书店刊行。

罗振玉著《贞松老人遗稿》甲集刊行。

张寿镛著《约园杂著续编》刊行。

文奎堂书庄编《辛巳文录初集》由编者刊行。

叶德禄著《四库提要宣室志考证》刊行。

按:是书考证《宣室志》的书名、作者及内容。

金德建著《古籍丛考》由中华书局刊行。

按:是书收录作者有关古籍源流方面的考证文章21篇。

四川省政府教育厅主编《学术讲演集》(第1辑)由编者刊行。

四川省政府教育厅主编《学术讲演集》(第2辑)由编者刊行。

四川省政府教育厅主编《学术讲演集》(第3辑)由编者刊行。

四川省政府教育厅主编《学术讲演集》(第4辑)由编者刊行。

文化供应社编《实用民国年鉴》由编者刊行。

荆三林编著《博物馆学大纲》由陕西西安中国文化服务社陕西分社刊行,有何士骥的《博物馆学大纲序》及自序。

徐旭著《图书馆与民众教育》由长沙商务印书馆刊行。

按:是书介绍图识字法、民众识字班、阅读辅导法、民众读书会、职业补习班等十余种图书馆教学事业的方法。有自序及绪论。附录《上海小书摊调查等两种》。

蒋复璁编著《图书馆》由重庆正中书局刊行。

蒋复璁著《图书室管理法》由重庆正中书局刊行。

河南省立图书馆编《河南省立图书馆概况》由编者刊行。

吕绍虞编著《中国图书馆大事记》由浙江省立图书馆刊行。

奉天省民生厅社会科、奉天省图书馆联合研究会合编《奉天省图书馆联合研究会年报》由编者刊行。

华中铁道图书馆编《华中铁道图书馆图书分类目录》由华中铁道股份有限公司刊行。

燕京大学图书馆中日文编目组编《新编中日文书目》由编者刊行。

中国联合准备银行图书室编《中国联合准备银行图书室图书目录》(一)由编者刊行。

中华书局编《中华书局图书目录》(重编第8号)由编者刊行。

中华书局编《中华书局图书目录》(重编第9号)由编者刊行。

中日文化协会编《中日文化协会图书馆中日文图书分类目录》由编者刊行。

福建省立图书馆编《福建省立图书馆期刊目录》由编者刊行。

李士涛编《中国历代名人年谱目录》由长沙商务印书馆刊行。

吴盛德、陈增辉编《宗教史料编目》由北平燕京大学宗教学院刊行。

杨殿珣著《石刻题跋索引》由商务印书馆刊行。

按：书为检索历代石刻题跋出处的索引工具书。所收有关石刻题跋目录137种，《凡例》称："本编所收书籍，以论石刻者为主，其专论金文者不录；以有关考证者为主，其专评书法者不录。"

哈佛京学社引得编纂处编《尔雅引得》（引得特刊第十八号）由编者刊行。

哈佛京学社引得编纂处编《尔雅注疏引书引得》（引得第三十八号）由编者刊行。

哈佛燕京学社引得编纂处编《孟子引得》由北平哈佛燕京学社引得编纂处刊行。

中国蔡金重编《全汉三国晋南北朝诗作者引得》由北平哈佛燕京学社刊行。

（伪）参谋本部编《军事研究资料》（第2期）刊行。

（伪）参谋本部编《军事研究资料》（第3期）刊行。

（伪）参谋本部编《军事研究资料》（第4期）刊行。

（伪）参谋本部编《军事研究资料》（第5期）刊行。

（伪）中央陆军军士教导团编《兵器被服名称及保存要领》由江苏南京东亚评论社刊行。

（伪）教育总署总务局统计科编《华北教育统计》（二十九学年度）由编者刊行。

（伪）教育总署总务局统计科编《华北专科以上学校学生生活状况统计》由编者刊行。

（伪）北京特别市教育局编《北京特别市市私立各校馆概况统计一览表》（三十年度第2学期）由编者刊行。

（伪）汕头市社会局编《社会特刊》（教育号）由广东汕头编者刊行。

［美］梯利著，罗忠恕译《希腊哲学》由四川成都华西大学文学院刊行。

按：是书系统而扼要地讲述古代希腊哲学的历史。全书除导论外，分自然哲学、知识与行为问题、思想系统构成时期、伦理思想运动、宗教运动等5部分，共16章，分述各个学派的思想。

［美］波伯尔著，史闻天编译《唯物史观批驳》由江苏南京中日文化协会刊行。

［美］马尔腾著，谈伦译《服务哲学》（一名《怎样干事业》）由上海激流书店刊行。

［美］卡耐基著，洪羲、张振声译《处世教育》由上海文汇书店刊行。

［美］卡耐基著，黄毅译《处世教育》由重庆建国书店刊行。

［美］卡耐基著，仲渊才、谈伦译《处世教育》由上海激流书店刊行。

［美］米尔登·赖脱著，艾珑译《怎样应付人》由上海奔流书店刊行。

［美］米尔登·赖脱著，林荫译《处世的秘诀》由上海美德书局刊行。

［美］夫累姆等著《基督徒夫妇的态度与责任》由济南齐鲁大学田家社刊行。

［美］菲茄菩编，孙恩三、张雪岩译《基督徒对于儿女应有的态度》由上海广学会刊行。

［美］雷特著，戴雷译《怎样与人谈话》由上海纵横社刊行。

［美］马尔腾著，庄重译《励志与成功》由上海激流书店刊行。

［美］马尔腾著，梦蝶译《个人修养与事业成功》由上海奔流书店刊行。

［美］马尔腾著，顾毅音译《怎样干事业》由上海激流书店刊行。

［美］马尔腾著，谈伦译《怎样干事业》由上海天下出版社刊行。

［美］马尔腾著，金川译《怎样出人头地》（一名《青年成功途径》）由上海奔流书店刊行。

［美］帕道克（原题装达客）著，叶崑冈、单英民译《公共之路》由上海时兆报馆刊行。

［美］韦勃、摩尔根著，苍厂译《人事作战》（美国金融大王摩根成功经验之谈）由上海激流书店刊行。

［美］韦勃、摩尔根著，何景文译《理智训练》由上海天下书店刊行。

[美]赖曼著,徐宝谦译《宗教的意义与真理》由上海青年协会书局刊行。

[美]Gregory Vlastas 著,田浩征译《基督教信仰和民主主义》由上海青年协会书局刊行。

[美]傅里孟著,阎人俊译《生命的冠冕》由上海基督教中华浸会书局刊行。

[美]嘉宝泉著,何继高译《如何生活》由香港真理学会刊行。

[美]林乐知编《路得改教纪略》由上海广学会刊行。

[美]密尔斯著,李黄孝贞、陆宗蔚译《统计方法》由中华书局刊行。

[美]卜凯著《中国土地利用》由金陵大学农学院农业经济系刊行。

[美]麦佛登著,赵竹光译《男子性生活》由上海健力美杂志社刊行。

[美]赛珍珠著,李木译《男与女》由上海正气出版社刊行。

[美]施恩著,蔡任渔译《共产主义的策略》由香港公教真理学会刊行。

[美]高尔德、陈澄之译《今日之重庆》西安新中国文化出版社刊行。

[美]本杰明编,蒋学楷译《国际政治内幕》由广西桂林大时代书局刊行。

[美]贝福著,中央宣传部国际宣传处编译《远东和平的先决条件》由金华正中书局刊行。

按:包括远东冲突的前因后果、西方国家远东权益的命运、远东永久和平的基本条件、日本的正当需要、中国的内部需要等。著者认为远东问题的永久解决办法,唯有使日本在第二次世界大战中失败。

[美]史丕伐克著,郑陀译《希特勒的秘密军队》由世界新闻社刊行。

[美]费哲著,汤琪真、汤达明译《航空之过去与将来》由四川成都铁风出版社刊行。

[美]G. F. 爱略忒、R. E. 杜柏著,许天虹译《军事学讲话》由福建永安改进出版社刊行。

[美]凯斯脱著,薛少岷、包玉墀编译《会计学原理》上册由上海信华图书公司刊行。

[美]赫尔殊著,张泽垚译《工业化之苏俄》由长沙商务印书馆刊行。

[美]蓝登、戈德利著,徐亮译述《大学图书馆行政》由长沙商务印书馆刊行,有原著者序、译者序。

[美]杜威著,李相勖、阮春芳译述《经验与教育》由贵州贵阳文通书局刊行。

[美]欧提斯著,顾克彬译《教育测量统计法》(中国测验学会丛书)由上海大东书局刊行。

[美]冯喜著,章柳泉译《教师之友》由商务印书馆刊行。

[美]托德·盖尔著,董任坚译《儿童的美术享乐与应用》由上海世界书局刊行。

[美]维尔著,云从龙、郝庆富译《养育快乐的孩童》由四川成都华英书局刊行。

[美]克劳福著,施蛰吾、储沅译《怎样增进修学效能》由上海纵横社刊行。

[美]厄森文著,杨梦生译述《短篇小说分析》由上海商务印书馆刊行。

[美]霍桑等著,伍光建等译,施落英编《圣水》(美国小说名著)由上海启明书局刊行。

[美]范达痕著,林俊千译《恐怖的棋戏》由上海宗兆出版社刊行。

[美]赛珍珠著,唐允魁译《儿子们》由上海启明书局刊行。

[美]赛珍珠著,唐长孺译《分家》由上海启明书局刊行。

[美]汉明威著,谢庆尧译《战地钟声》由上海林氏出版社刊行。

[美]史坦培克著,聂森译《怒火之花》由上海世界文化出版社刊行。

[美]史坦培克著,胡仲持译《愤怒的葡萄》(美国的大地)由重庆大时代书局刊行。

［美］馥德夫人著，黄嘉德译《下场》由上海西风社刊行。

［美］欧尔特毕格斯著，程小青、庞啸龙译《黑骆驼》由上海中央书店刊行。

［美］卜劳迪著，帅约之译《丝蒂娜》由长沙商务印书馆刊行。

［美］依赛尔闻斯著，张润德、翁仲马译《逃亡》由上海新人出版社刊行。

［美］汉特烈·威廉·房龙著，逅治译述《纳粹进攻美国记》由上海朔风书店刊行。

［美］米奇、格莱布纳编，屯人译《欧战速写》由重庆五十年代出版社刊行。

［美］斯诺著，星光编译社编译《中国见闻录》由香港星光出版社刊行。

［美］葛莱别尔著，苏雁亭译《新中国》由北平科学社刊行。

［美］戈连士著，郑郁郎译《法兰西倾国记》由香港明日出版社刊行。

［美］戈连士著，邓士民译《法兰西女子倾国记》由广西桂林新文化出版社刊行。

［美］Nicol Smith 著，亢德、云玫译《滇缅公路》由上海亢德书店刊行。

［美］E. F. Colson 著，世界编译室译述《中国双星》由上海民光出版社刊行。

［美］约翰·拉雷著，李嘉壁译《在德军后方》由上海亢德书房刊行。

［美］希莱著，孙晋三译《西线闪击随军日记》由重庆时与潮社刊行。

［美］希莱·威廉著，陈秉彝译《战时柏林日记》由重庆中央周刊社刊行。

［美］妥玛斯·贝立·奥尔德立赤著，赵余勋译《顽童自传》由译者刊行。

［美］赛茄著，余真译《无敌水平》由上海儿童读物社刊行。

［美］海思（原题汉士）等著，邱祖谋译《世界史》（上下册）由上海正行出版社刊行。

［美］古柏尔等著，吴清友译《殖民地附属国新历史》（上卷第 1—4 册）由读书出版社刊行。

［美］W. Durant 著，越裔译《希腊之生命》由上海世界文化出版社刊行。

［美］兰森著，杜光埙译《欧洲二次大战的前夕》由重庆中国文化服务社刊行。

［美］兰森著，杜光埙译《欧洲二次大战的前夕》由重庆中国文化服务社刊行。

［美］希莱著，孙晋三等译《柏林日记》（上中下册）由重庆时与潮社刊行。

［美］根室等著，董嘉瑞译《法国沦陷记》由重庆大时代书局刊行。

［美］卢特威著，黄嘉历译《罗斯福传》由桂林西风社刊行。

［苏］列宁著，李竞仲译《社会民主党在 1905—1907 年俄国第一次革命中的土地纲领》由开华书局刊行。

［苏］斯大林著《斯大林选集》（1—4 卷）由新华日报华北分馆刊行。

［苏］斯大林著《斯大林选集》（2—5 卷）由中国出版社刊行。

［俄］布尔霖著，陈非译《加强国军战斗力之基准》（卷上）由陆军大学校刊行。

［俄］托马舍夫斯基著，孔祥铎译《平时参谋业务》由重庆陆军大学校刊行。

［俄］托马舍夫斯基著，孔祥铎译《参谋业务讲义》刊行。

［苏］柯连斯尼可夫、赤尔纳哈著，陆庚译《步兵如何对战车作战》由叶县三一出版社刊行。

［苏］鲁特格夫斯基著，徐警青译《夜间轰炸》由四川成都铁风出版社刊行。

［苏］苏联工农红军参谋本部著，郭观伟译《苏联暂行野战参谋业务令》由重庆陆军大学校刊行。

［苏］鲍勃洛芙斯基著，叶树芳译《最近西南经济概观》由浙西民族文化馆刊行。

　　[苏]波波夫著,成之译《日本资本主义发展史》由无名出版社刊行。

　　[苏]马林科夫著,方耀译《苏联作战之基础》由北社刊行。

　　[苏]拉伯泊、查哈瓦著,曹葆华、天蓝译《演员与导演》由重庆激流社刊行。

　　[苏]斯坦尼斯拉夫基(原题史达尼斯拉夫斯基)著,叔懋译《演员自我修养》(上册)由上海剧场艺术社刊行。

　　[苏]高尔基著,叶以群(原题以群)译《给初学写作者》由重庆读书出版社刊行。

　　[苏]高尔基著,孟昌译《文学散论》由广西桂林文献出版社刊行。

　　[苏]A.托尔斯泰等著,曹靖华译《致青年作家及其他》由重庆上海杂志公司刊行。

　　[苏]托力伏诺夫著,吴沙里译《苏联现代文学教程》由上海斯纳维社分馆刊行。

　　[苏]塞维林著,以群译《苏联作家论》由重庆上海杂志公司刊行。

　　[苏]高尔基著,黄源译《忆安特列夫》由上海虹虹出版社刊行。

　　[俄]马雅可夫斯基著,林啸等译《裤中的云》由春花出版社刊行。

　　[苏]高尔基等著,光子译《革命和战争》由上海长风书店刊行。

　　[俄]果戈理著,耿济之译《巡按使及其他》由上海文化生活出版社刊行。

　　[俄]果戈理著,芳信译《钦差大臣》由上海国民书店刊行。

　　[苏]高尔基著,适夷译《仇敌》由上海国民书店刊行。

　　[俄]贝洛·贝尔采可夫斯基著,葛一虹译《生命在呼喊》由香港孟夏书店刊行。

　　[俄]李翁聂·林茨等著,王仲明译《斗争的插曲》由婴社刊行。

　　[俄]米哈·柴霍甫著,效洵等译《盗马者》(旧俄小说名著)由上海启明书局刊行。

　　[俄]左祖黎等著,金人译《大城市之毁灭》由香港海燕书店刊行。

　　[俄]托尔斯泰著,杨时英译《三隐士》由上海启明书局刊行。

　　[俄]托尔斯泰著,郭沫若、高地译《战争与和平》由重庆五十年代出版社刊行。

　　[苏]高尔基著,以群译《英雄故事》由重庆上海杂志公司刊行。

　　[苏]高尔基著,白澄译《书的故事》由重庆五十年代出版社刊行。

　　[苏]高尔基著,姚篷子译《我的童年》由广西桂林上海杂志公司刊行。

　　[苏]高尔基著,适夷译《人间》由上海开明书店刊行。

　　[苏]高尔基著,适夷译《奥古洛夫镇》由重庆大时代书局刊行。

　　[苏]高尔基著,耿济之译《家事》由上海良友复兴图书印刷公司刊行。

　　[俄]普里波依著,梅雨译《对马》由广西桂林新知书店刊行。

　　[俄]A.托尔斯泰著,蒋学模译《粮食——保卫沙里津》由重庆大时代书局刊行。

　　[俄]罗曼诺夫著,林淡秋译《一个妇人的信》由上海光明书局刊行。

　　[俄]拉维姆·夫雷雅曼著,胡山源译《早恋》由上海天光书店刊行。

　　[俄]弗拉易尔曼著,穆俊译《初恋》由上海海燕书店刊行。

　　[俄]卡泰耶夫著,林淡秋译《前进呀,时间!》由广西桂林远方书店刊行。

　　[俄]克雷莫夫著,曹靖华译《油船"德宾特"号》由上海读书出版社刊行。

　　[俄]戈尔巴托夫著,高扬译《红军侦察队》由香港海燕书店刊行。

　　[俄]韦尔霍格拉特斯基著,什之译《上海——罪恶的都市》由重庆读书出版社刊行。

　　[俄]弗兰欧门著,荃麟译《游击队员范思加》由桂林文献出版社刊行。

　　[俄]托尔斯泰著,穆俊译《孩子们底智慧》由上海少年出版社刊行。

［俄］加·马特维也夫著，梁琼译《魔鞋》由广西桂林文化供应社刊行。

［俄］巴巴宁著，礼长林译《在北极》由重庆生活书店刊行。

［俄］马克西摩娃编，殴之译《斯大林和儿童》由上海少年出版社刊行。

［俄］里昂·托洛茨基著，王凡西、郑超麟译《俄国革命史》（第1—3卷）由历史研究社、春燕出版社刊行。

［苏］E. 茹科夫著，胡明译《日本历史讲话》由上海学术出版社、桂林耕耘出版社刊行。

［苏］亚尼西英夫等著，洛山译《苏联人民卫国的战争》由铁流社刊行。

［英］赫恩利著，傅统先译《唯心哲学》由中华书局刊行。

［英］泰罗著，王怀冰译《生活的经验》由上海光亚书店刊行。

［英］泰罗著，冯洪译《生活经验谈》由上海激流书店刊行。

［英］穆勒著，费培杰译《自然与人生》由贵州贵阳文通书局刊行。

［英］林辅华著，沈武侯、夏明如译《基督教人名辞典》（上卷）由上海广学会刊行。

［英］魏德海著，刘美丽、叶柏英译《人为什么受痛苦》由四川成都华英书局刊行。

［英］林辅华著，夏明如译《耶利米书释义》由上海广学会刊行。

［英］林辅华著，沈武侯、夏明如译《启示录释义》由上海广学会刊行。

［英］司托浦司著，余家菊译《两性与青年》由上海中华书局刊行。

［英］布里福著，邵子康译《大英帝国衰微与没落》刊行。

［英］巴德烈著，唐铖译《心理学与军人》由长沙商务印书馆刊行。

按：是书系作者对军科学生的演讲。分3篇：新兵的选择和训练，领袖作用、纪律及士气，战争中的精神健康和精神病。

［英］高乐文等著，欧阳阙等译述《空防概论》由四川成都航空委员会军政厅编译处刊行。

［英］J. T. Muirhead 著，黄立之译《城市防空》由上海中国科学公司刊行。

［英］霍特生著，陈信友译《大战随军记》由重庆大时代书局刊行。

［英］温特林汉著，梁淑德、梁邦彦译《二次大战新战术》由重庆大时代书局刊行。

［英］希培尔德著，黄启宇编译《英国空军之实力》由四川成都铁风出版社刊行。

［英］史培德著，黄国英译《英国空军》由重庆中国编译出版社刊行。

［英］李特尔·赫德著，蒋学模译《机动防御战略》由重庆大时代书局刊行。

［英］文德林哈姆著，周竞中、李秉钧译《反闪击战》由重庆五十年代出版社刊行。

［英］霍勃生著，夏道平译《分配经济学》由长沙商务印书馆刊行。

［英］斯脱拉奇著，刘涟译《资本主义向下期的经济》由上海新人出版社刊行。

［英］卫白夫妇著《苏维埃共产主义新文化》（上下）由长沙商务印书馆刊行。

［英］台维斯著，张君劢译《云南各夷族及其语言研究》由商务印书馆刊行。

［英］M. 兰姆、C. 兰姆著，何一介译《（英汉对照）莎氏乐府本事》由上海启明书局刊行。

［英］约翰·欧文著，孤槐译《戏剧写作教程》由重庆华中图书公司刊行。

［英］爱因济格著，谢菊曾译《经济战争》由上海世界书局刊行。

［英］鲍尔温著，陈君文、杨若洲译《齐萨斯历险记》（希腊故事集）由上海启明书局刊行。

［英］斯米吞著，戚治常译《莎士比亚评传》由上海世界书局刊行。

［法］莫洛怀著，魏华灼译《雪莱传》由长沙商务印书馆刊行。

［英］奥邓著，朱维基译《在战时》由上海诗歌书店刊行。

［英］劳合、维诺格拉道夫著，张白山译《卐字旗下》由重庆五十年代出版社刊行。

［英］S. N. Behrman 等著，陶秦译《魂断蓝桥》（电影剧本）由上海观众出版社刊行。

［英］哈代等著，曾虚白译《娱妻记》（英国小说名著）由上海启明书局刊行。

［英］高尔斯蜜斯著，唐长孺译述《威克斐牧师传》由上海启明书局刊行。

［英］柯南道尔著，顾明道译《恐怖谷》由上海世界书局刊行。

［英］高尔斯华绥著，林栖译《苹果树》由北京艺术与生活社刊行。

［英］谭维斯著，林语堂译《彷徨漂泊者》由上海朔风书局刊行。

［英］依嘉华雷斯著，秦瘦鸥译《残烛遗痕》由上海春江书局刊行。

［英］依嘉华雷斯著，秦瘦鸥译《幽屋血案》由上海春江书局刊行。

［英］依嘉华雷斯著，秦瘦鸥译《天网恢恢》由上海春江书局刊行。

［英］依嘉华雷斯著，秦瘦鸥译《万事通》由上海春江书局刊行。

［英］依嘉华雷斯著，秦瘦鸥译《泰山岛》由上海春江书局刊行。

［英］希尔登著，林俊千译《万世师表》由上海春明书店刊行。

［英］盖河著，杜秉正编译《雾空烈战》由四川成都铁峰出版社刊行。

［英］墨凯娜著，李绍徽译《我是一个女间谍》由重庆大时代书局刊行。

［英］理查德著，高植译《女罪人》由重庆五十年代出版社刊行。

［英］希伏克著，林俊千译《秘密婚约》由上海春明书店刊行。

［英］施塔鲁林著，林俊千译《荒蛮历险记》由上海晨钟书局刊行。

［英］夏芝著，杨镇华译《小仙子》由上海启明书局刊行。

［英］林辅华编，冯雪冰译《约翰卫斯力传》由上海广学会刊行。

［英］史特林堡等著，胡适译《爱情的面色》由上海启明书局刊行。

［英］斯米吞著，戚治常译《莎士比亚评传》由上海世界书局刊行。

［英］甘贝尔著，黄肇兴译述《农业国家合作问题与方法》由长沙商务印书馆刊行。

［法］费南鲁著，顾启源译《幸福的人生》由上海西风社刊行。

［法］莫洛亚著，真茹译《工作的艺术》由广西桂林峨眉书屋刊行。

［法］步培著，王洗耳译《十二殊恩默想》由上海土山湾印书馆刊行。

［法］腊挂述意著，张秀材撰文《传信会创始者苞丽纳雅立格女士小史》由天津崇德堂刊行。

［法］沙博著，姜贤弼等译《耶稣的言语》由天津崇德堂刊行。

［法］A. 莫洛亚著，王宛译《爱的艺术》由峨眉书屋刊行。

［法］莫洛亚著，陈占元译《英国人》由福建永安改进出版社刊行。

［法］纠罗著，谭家骏译《（秘本）航空现地战术》（上下册）由湖南长沙兵学新书社刊行。

［法］达拉第颁布，魏文海译《法国军事情报及观察业务令》由重庆陆大季刊社刊行。

［法］包马晒著，吴达元译《费嘉乐的结婚》由上海文化生活出版社刊行。

［法］巴比塞等著，祝秀侠译《归来》由上海中流书店刊行。

［法］左拉著，王了一译《娜娜》（上下册）由上海三通书局刊行。

［法］莫泊桑著，李青崖译《软项圈》由上海三通书局刊行。

［法］奥泊桑著，李青崖译《橄榄田集》由长沙商务印书馆刊行。

［法］莫泊桑著,李青崖译《天外集》由长沙商务印书馆刊行。

［法］罗曼·罗兰著,傅雷译《约翰克里斯多夫》由长沙商务印书馆刊行。

［法］高莱特著,戴望舒译《宝宝》由上海光明书局刊行。

［法］H·德·孟佛莱著,陈占元译《红海的秘密》由福建永安改进出版社刊行。

［法］赖柴勒夫等著,洪流等译《法兰西大悲剧》由上海言行社刊行。

［法］安德·莫洛怀著,倪文宙译《法兰西的悲剧》由云南昆明中华书局刊行。

［法］莫乐著,第二次世界大战丛书译《法兰西之悲剧》由上海良友复兴图书印刷公司刊行。

［法］安德烈·莫罗亚著,吴奚真、刘圣斌、鞠成宽译《法国的悲剧》由重庆时与潮社刊行。

［法］莫罗华著,赵自强译《法国崩溃的内幕》由长沙商务印书馆刊行。

［法］安德列·莫拉著,王赫译《法国败了》由吉林长春新时代社刊行。

［法］西蒙著,第二次世界大战丛书社译《谁出卖了法国》由上海良友复兴图书印刷公司。

［法］裴莱斯·洛曼斯著《欧洲七大秘密》由上海新中国报社刊行。

［法］雷奈·德·向勃仑著,许席珍译《法祸目击记》由上海世界书局刊行。

［法］莫罗阿著,杨有怀译《法兰西痛史》由上海国华编译社刊行。

［法］Andre Maurois 著,周植曾译《法国战败之内幕》由江苏南京三通书局刊行。

［法］莫罗阿(原题安多列莫洛亚)著,赵化成译《法兰西之败》由北平武德报社刊行。

［法］沙不烈著,冯承钧译《明末奉使罗马教廷耶稣会士卜弥格传》由商务印书馆刊行。

［法］波尔·拉发格、［德］威廉·李卜克内西著,赵冬垠译《忆马克思》由重庆学术出版社刊行。

　　按:是书包括两部分内容,一是法兰西工党创始人之一波尔·拉发格所写的《忆马克思》,介绍马克思是一个学识渊博的人,并介绍其妻子燕妮·马克思,以及他与恩格斯的友谊,《资本论》的问世和马克思晚年的生活;二是德国社会民主党的创立者威廉·李卜克内西所写的《马克思回忆录》,包括初会马克思、初次会谈、导师与教育者、马克思的体裁、政治家、教师和人的马克思、工作中的马克思、海伦、和马克思一起散步、病与死、贫穷与困难、马克思的坟墓等内容。

［法］沙不列著,冯承钧译《卜弥格传》由长沙商务印书馆刊行。

［法］莫洛怀著,魏华灼译《雪莱传》由商务印书馆刊行。

［法］摩赖著,刘麟生译《尼罗河与埃及之文明》由长沙商务印书馆刊行。

［德］吕克汉·蒙特马丁著,关琪桐译《德国现代思想问题》由北平中德学会刊行。

［德］施木格勒(原题什本格勒)著,刘檀贵译《马克思主义在欧洲》由重庆独立出版社刊行。

［德］沃尔夫著,陈范予译《科学方法精华》由福建永安改进出版社刊行。

［德］Cassia Marg 著《促进内修生活的小小秘诀》由山东济南华洋印书局刊行。

［德］恩格斯著,张仲实译《家族私有财产及国家之起源》由学术出版社刊行。

［德］劳士宁著,傅东华重译《希特勒语录》由上海国际间社刊行。

［德］劳士宁著,张同译《希特勒如是说》由重庆文摘出版社刊行。

［德］洛墨尔著,戴坚译《军官研究袖珍》由同仇学社刊行。

［德］可亨豪逊著,吴光杰编译《战术纲要》由南京军用图书社刊行。

[德]格尔兹著,黄培华译《空中搜索》由重庆陆军大学校刊行。

[德]Lothar Schuttel 著,邹陆夫译《空军陆战队》由重庆陆军大学校刊行。

[德]佛兰慈编,魏国斑译《歼灭战》由重庆陆军大学校刊行。

[德]佛兰慈编,魏国斑译《歼灭战》由重庆陆军大学校刊行

[德]博尔采著,徐光裕译《(德译)步兵射击教育》由中央陆军军官学校教育处刊行。

[德]海才著,毛秋白译《俏皮姑娘》(德国小说名著)由上海启明书局刊行。

[德]歌德著,杨丙辰译《亲和力》由长沙商务印书馆刊行。

[德]赫贝尔著,杨丙辰译《赫贝尔短篇小说集》由商务印书馆刊行。

[德]露德维·格兰著,艾珑译《一个德国间谍的自白》由上海奔流书店刊行。

[德]科勒著,越裔译《我是希特勒的女侍》由重庆大地图书公司刊行。

[德]瓦尔廷著,吴奚真、刘圣斌译《逃出黑暗》由重庆时与潮社刊行。

[德]鲁道尔夫·史丹克著,胡伯琴译《一个空中战士的日记》由四川成都铁锋出版社刊行。

[德]柏吉尔著,顾均正译《乌拉波拉故事集》由上海开明书局刊行。

[德]格林著,维谷译《炮火中的英帝国》由重庆大时代书局刊行。

[德]希特勒著,李雅森译《我之奋斗》由吉林长春大东文化协会刊行。

[日]龙川熊之助著,陈清泉译《中国经学史概说》由商务印书馆刊行。

[日]秋泽修二著,邬由译《中国哲学史》由上海三通书局刊行。

[日]津田敬武编,曹钦源译《日本的孔子圣庙》由国际文化振兴会刊行,有周作人序。

[日]竹内始万著,徐秋漪译《日本人的性格》由张家口蒙疆新闻社刊行。

[日]堀伸二著,谢叔良译《近代国家与法西斯主义》由上海潮锋出版社刊行。

[日]美浓部达吉编著,黄冯明译《公法与私法》由商务印书馆刊行。

[日]绪方胜一著,汪浩襄译述《最新兵器与将来战争》刊行。

[日]野村兼太郎著,葛次弓译《一般经济史概论》由北京慈成印刷工厂刊行。

按:是书分3编,共15章。首编"古代",介绍原始时代,氏族时代生活的开端及古代亚洲社会、都市国家和罗马帝国经济萌芽与发展;次编"中世",叙述农村经济的变化及阿拉伯、罗马、意大利、德意志等国都市和商业的发展;末编"近世",叙述资本主义制度的产生与发展,特别是英国资本主义、资本输出与独占资本等。

[日]小岛精一著,王炳勋、舒贻上译《世界经济常识》由北平国立华北编译馆刊行。

按:是书分"第一次大战前世界经济之基本构造""第一次世界大战后世界经济之特质""世界战时经济之发展"和"由民族自决而广域经济"4编,说明世界经济的构成、性质及发展途径,并研究了资本主义国家的经济政策。

[日]土屋乔雄著,郑合成译《日本经济史》由长沙商务印书馆刊行。

[日]安田庄司著,牛光夫译《日本工业资源论》由重庆中国文化服务社四川分社刊行。

按:是书为日伪出版物。分8章,讲述日本从太古至明治太正时代的教育情况。

[日]高桥俊乘著,秦企贤译《日本教育史》(学术丛书)由江苏南京中日文化协会刊行。

[日]小泽照治、张英符编著《速修北京语教本》由奉天大东文化协会刊行。

[日]青木正儿著,隋树森译,徐调孚校补《元人杂剧序说》由上海开明书店刊行。

[日]木村毅著,罗曼译《怎样创作与欣赏》由上海言行社刊行。

[日]里见弴等著,高汝鸿译《雪的夜话》由上海三通书局刊行。

［日］菊池宽等著,查士元译《无名作家的日记》由上海三通书局刊行。

［日］谷崎润一郎等著,章克标等译《恶魔》由上海三通书局刊行。

［日］片冈铁兵等著,高汝鸿等译《小儿病》由上海三通书局刊行。

［日］国木田独步等著,周作人等译《少年的悲哀》(日本小说名著)由上海启明书局刊行。

［日］谷崎润一郎著,章克标译《富美子的脚》由上海三通书局刊行。

［日］谷崎润一郎著,章克标译《人面疮》由上海三通书局刊行。

［日］松村武雄著,叶炽强译《八头蛇》(日本故事集)由上海启明书局刊行。

［日］石田幹之助著,张宏英译《中西文化之交流》由长沙商务印馆刊行。

［日］辻善之助著,俞义范译《中日文化之交流》由江苏南京国立编译馆刊行。

［日］羽田亨著,张宏英译《中央亚细亚的文化》由长沙商务印书馆刊行。

［日］大川周明著,李雅森译《日本二千六百年史》由辽宁沈阳大东文化协会刊行。

［日］大川周明著,雷明译《日本二千六百年史》由上海政治月刊社刊行。

［日］栗田元次著,章钦亮译《日本文化史》由江苏南京国立编译馆刊行。

［日］赤松祐之著,吴绳海译《印度民族史》由重庆正中书局刊行。

［日］鹤见祐辅著,赵南柔译《俾斯麦传》由重庆正中书局刊行。

［日］日本东亚问题研究会编,冯何清译《世界资源要览》由福建永安改进出版社刊行。

［意］皮蓝德娄等著,戴望舒等译《密友》由上海三通书局刊行。

［意］薄伽丘著,闽逸译《十日清谈》由上海世界书局刊行。

［意］孟德格查著,林俊千编译《续爱的教育》由上海春明书店刊行。

［意］乌戈乔尼著,胡重生译《十九世纪的伟人》由香港圣类斯学校刊行。

［意］西洛尼著,许天虹译《玛志尼》由福建永安改进出版社刊行。

［奥地利］显尼志勒著,施蛰存译《私恋》由(妇心三部曲之二)上海言行社刊行。

［奥地利］显尼志勒著,施蛰存译《女难》(妇心三部曲之三)由上海言行社刊行。

［奥地利］S·褚威格著,陈占元译《马来亚的狂人》由福建永安改进出版社刊行。

［奥］棱都立克著,军训部军学编译处译《军事心理学之研究》由南京军用图书社刊行。

按:是书分纪律心理学、欧陆重要陆军典范令中所含之心理学要素、指挥上常犯之错误及其在心理学上之原因等3章。

［加］盖斯、白炳骐著《盖斯图书馆检查法》由著者刊行。

［罗］沙多维奴等著,鲁迅等译《恋歌》由上海启明书屋刊行。

［匈牙利］霍尔发斯著,黎烈文译《第三帝国的兵士》由福建永安改进出版社刊行。

［芬］科隆恩编译,汪燮尧校《古教会血证史》由湖北汉口中华信义会书报部刊行。

［波兰］华西列芙丝嘉著,穆俊译《被束缚的土地》由香港海燕书店刊行。

［挪威］易卜生著,石灵译《鹰革尔夫人》由上海金星书店刊行。

［荷］克雷芬斯著,第二次世界大战丛书社同人译《荷兰沦陷记》由上海良友复兴图书印刷公司刊行。

［叙利亚］托太哈著,马坚译《回教教育史》(伊斯兰文化丛书)由重庆商务印书馆刊行,有译者序。

A. Anzini著,苏冠明译《耶稣的喜报》由上海慈幼印书馆刊行。

A. Drive 著,严蕴梁译《耶稣会之后》由上海土山湾印书馆刊行。

C. Martindale 著,真理学会编辑部译《他在祭台干什么》由香港公教刊行。

Fr. D. D. Donnell 著,王昌社译述《谭化溥司铎遇害记》由香港真理学会刊行。

G. H. Knight 著,王明道译述《在密云黑暗的日子》由北平灵食季刊社刊行。

George W. McDaniel 著,杜信明、张豪安译《谁是浸会信徒》由上海美华浸会书局刊行。

George Stewart 著,姚贤慧译《教会的意义和使命》由上海青年协会书局刊行。

L. CL. Gillion 著,张冬青译《圣伯多禄》由上海土山湾印书馆刊行。

Louislirot 著,张冬青译《圣若望》由上海土山湾印书馆刊行。

M. J. Scott 著,王昌社编译《信仰与行为》由香港真理学会刊行。

R. P. Plus 著,吴应枫译《我们昆弟身上的基多》由上海震旦大学刊行。

R. P. Plus 著,吴应枫译《天主在我们》由上海震旦大学刊行。

W. R. Bowie 著,姚贤慧译《为什么要研究圣经》由上海青年协会书局刊行。

P. A. Scholes 著,陈洪译《音乐小史》由上海国立音乐专科学校刊行。

Vera Brittain 著,云玖译《在英伦前线》由香港亢德书房刊行。

G. N. Staiger 著,吴宣易编译《庚子义和团运动始末》由重庆正中书局刊行。

Ernest. O. Hauser 著,越裔译《出卖上海滩》由上海大地出版社刊行。

韦杰瑞著,赵景松译《宗教与近代思想》由上海青年协会书局刊行。

按:是书含现代生活与思想,印度教、佛教、孔教与神道教、犹太教、回教与巴哈教、基督教、宗教与近代思想等。共计 10 章。

葛乐伯著,成秉智译《要理启蒙》由山东济南华洋印书局刊行。

惠济良著,王昌祉译《中华圣母》由上海徐汇中学慈旨月刊社刊行。

于炳南著,杨堤译《圣教会史纲》由安徽安庆天主堂刊行。

明修士编,杨文生译《圣母月》由安徽安庆天主堂刊行。

爱德华·登纳著,吴久舒译《以斯拉书略解》由上海基督福音书局刊行。

敖布瑞著,彭彼得译述《现代神学思潮》由上海青年协会书局刊行。

巴尔荣著,杨堤译《圣依纳爵》由上海土山湾印书馆刊行。

宾路易著,阎人俊译《生命之门》由基督教中华浸会少年团联会刊行。

党美瑞著,卢乐山译《圣地拾珍》由上海广学会刊行。

克配决刻著,彭寿、董正初译《诸先知教义》由上海广学会刊行。

力戈登著,马冯纲、王揆生译《以色列诸先知》由上海广学会刊行。

罗金声著《东方教会史》由上海广学会刊行。

罗斯著,华西大学译《天风》由四川成都华英书局刊行。

玛雷斯著,公教丛书委员会编译《识己篇》(为拒恶而择善)由天津崇德堂刊行。

沙不烈著,冯承钧译《明末奉使罗马教廷耶稣会士卜弥格传》由商务印书馆刊行。

圣文都辣著《圣方济各姓氏》由济南华洋印书馆刊行。

施土罗著,蔡书绅译《星期日之沿革》由上海时兆报馆刊行。

顾斯庇著,马鸿纲译《圣经的研究》由上海青年协会书局刊行。

苏梅克著,梅德立、傅方弼译《重生的基督徒》由上海广学会刊行。

陶然士著,王神萌译《约翰福音神迹的研究》由上海广学会刊行。

福蒲希著，张文昌译《耶稣的故事》（上册）由上海青年协会书局刊行。

魏德海著，夏明如译《耶稣与我们》由上海广学会刊行。

林语堂著，郑陀译《吾国与吾民》由上海世界新闻社刊行。

林语堂著，梁乃治译注《（英汉对照详细注释）林语堂幽默小品集》由上海朔风书店刊行。

曹禺等著，姚莘农等译，张伯文编选《（中文注释）英译中国三大名剧》由上海中英出版社刊行。

巴金著，丁明英译《（英汉对照）初恋》由上海大陆书报社刊行。

巴金原著，任玲逊译《星》（汉英对照文艺丛刊）由香港齿轮编译社刊行。

阿杰波尔·华维尔著《论为将之道》由欧战文摘社刊行。

择金斯基著，鲍德澂译《欧洲土地制度》由重庆中国文化服务社刊行。

沙波夫讲授，空军第十二中队译《空军战术讲义》由航空委员会军政厅编译处刊行。

亚丹斯著，郑安娜译《法兰达斯之战》由重庆大时代书局刊行。

罗特著，杨歧译《自我鞭策》由上海激流书店刊行。

柔石著，[美]史诺英译《（汉英对照）为奴隶的母亲》（汉英对照文艺丛刊）由香港齿轮编译社刊行。

加利姆著，林俊千译《神秘的遗嘱》由上海春明书店刊行。

贝奇·德普著，郑安娜译《我是史比上将号的俘虏》由重庆大时代书局刊行。

奥纳尔著，杜秉正编译《铁人航空队》（长篇空战小说）由四川成都铁风出版社刊行。

魏斯托著，杜秉正译《破晓的巡逻飞行》由四川成都铁风出版社刊行。

塔拉科夫斯加著，梁琼译《幸运鱼》由广西桂林文化供应社刊行。

莫德威著，贺孟斧译《近代戏剧艺术》由四川成都剧艺出版社刊行。

赛披汉著，翁达藻译《波兰侧影》由重庆文摘出版社刊行。

辛补生著，若水译《流民问题》由四川成都今日新闻社刊行。

黄国英著，李建明编译《湘北胜利记》由编者刊行。

施德芬、刘干卿编译《医护界开道伟人略传》由上海广协书局刊行。

按：是书分医学和护士学两部分。医学部分介绍威廉·哈维、爱德华·詹纳、勒内·泰奥菲尔·拉埃内克、詹姆斯·扬·辛普森、路易·巴斯德、约瑟夫·利斯特、罗伯特·科赫、沃尔特·里德等 12 人。护士学部分介绍南丁格尔女士、鲍登女士、钟茂芳女士、伍哲英女士等 9 人。卷首有施德芬序。

林迟编译《处世哲学》由上海国光书店刊行。

中国图书编译馆编译《处世哲学》由上海中国图书杂志公司刊行。

秦邦宪（原题古博）编译《辩证唯物论与历史唯物论的基本问题》（第 1—4 册）由陕西延安解放社刊行。

陈德明译，谢颂羔编订《早期基督徒受难史》由上海广学会刊行。

魏尚廉译（儿童良友）《可敬尚巴纳神父小传》由山东兖州保禄印书馆刊行。

姚正风编译《初告讲义》由大同天主堂永望学会刊行。

姚正风编译《初领讲义》由大同天主堂永望学会刊行。

威秉智译《若尔当传》由山东济南华洋印书局刊行。

万宾来编译《将临弥撒经文》由山东兖州天主堂印书馆刊行。

连国邦译《热心望弥撒》由上海土山湾印书馆刊行。

张雪帆编译《情绪操纵法》由上海激流书店刊行。

冯洪编译《立志与修养》由广西桂林今日出版社刊行。

女锋报社编译《婚姻与家庭概论》由上海广学会刊行。

仲渊才编译《成名与致富》(第1部)由上海激流书店刊行。

仲渊才编译《成名与致富》(第2部)由上海激流书店刊行。

仲渊才编译《立身基础》(一名《入世初阶》)由上海激流书店刊行。

胡聪编译《心理奇谈》由上海激流书店刊行。

林适存、缪振鹏编译《士兵心理概论》由四川成都铁风出版社刊行。

按:是书分2篇。第1篇:平时士兵心理,介绍士兵的选择、训练及管理;第2篇:战时士兵心理,介绍战争对心理的影响、统帅心理与士兵心理、战斗中的士兵心理等。

金门出版社编译《人权在哪里》由金门出版社刊行。

杨历樵、蒋荫恩编译《国际问题辞汇》由长沙商务印书馆刊行。

滕砥平编译《世界大战发展图解》由贵州贵阳中央日报资料室刊行。

王守伟译著《日本社会内幕》由重庆今日出版社刊行,有译著者序。

吴学信编译《战时日本新设机构述要》由国民图书出版社刊行。

精忠参谋处编译股编译《第二次长沙会战俘虏敌军机密文件译本》由译者刊行。

中央宣传部国际宣传处编译《未来的美日战争》由重庆正中书局刊行。

吴烈编译《一九四零年的欧洲》由上海世界书局刊行。

白明译《希特勒遇刺记》由重庆大时代书局刊行。

辜祖文译《英国公务员之训练》由长沙商务印书馆刊行。

慕安德烈著《服从的训练》由上海广学会刊行。

中央宣传部国际宣传处编译《法兰西的悲剧》由重庆正中书局刊行。

按:是书着重分析第二次世界大战初法国败于德国的原因并进行评论,有编者弁言。

顾谷宜译,钱基博注释《德国兵家克劳山维茨兵法精义》(上册)由浙江江南出版合作社刊行。

苏伟编译《(法国摩托化与机械化)骑兵部队使用原则草案》由重庆陆军大学校刊行。

军事委员会办公厅顾问事务处译《空军与空防》由译者刊行。

徐警青译《轰炸空中目标》由四川成都铁风出版社刊行。

邹希夷编译《空中射击算题注解》由四川成都航空委员会军政厅编译处刊行。

H. C. Hsiao编《学生英文小品》由四川成都川康英文报社刊行。

补庐等编译《日本综合二千六百年史》由江苏南京国立编译馆刊行。

任美锷、严钦尚编译《苏彝士运河》由重庆正中书局刊行。

伍绍垣译《学徒制度与技术教育》由江苏南京国立编译馆刊行。

张光复编译《儿童教养与游戏》由上海世界书局刊行。

罗文编译《怎样自修》由上海奔流书店刊行。

何一介编著《(白话讲解 自学本位)怎样自修英文》由上海启明书局刊行。

巴金等译《海》由上海中流书店刊行。

朱澄之译《爱宙堡的英雄》由上海新地书店刊行。

夏雨编译《大拇指》由上海中流书局刊行。

石苇编译《世界文豪萧伯纳》由上海光明书局刊行。

叶俊、吴寄安编译《太平洋资源战》由上海中国商报馆刊行。

林嵘编译《不动产金融论》由合作与农村出版社刊行。

陈原编译《苏联名歌集》由广西桂林新歌出版社刊行。

杨浩祥译述《跳伞术》由航空委员会军政厅编译处刊行。

顾宗沂等译,陆庄编选《(汉英对照)中国近代短篇小说选》由上海中英出版社刊行。

杨逸声编译《世界成功人传》由上海青年书店刊行。

按:是书收辛克莱、爱伦·坡、大仲马、威尔斯、欧·亨利、马可尼、爱因斯坦、爱迪生、威尔逊、哥仑布、莫扎特、嘉宝、克鲁格、利文斯敦、汤姆逊等64名外国人物小传。

陶菊隐编译《世界名人特写》(续编)由上海中华书局刊行。

《要理引伸(第17册,祈祷·经文)(330—365题)》由安徽芜湖天主堂印书馆刊行。

《要理引伸(第18册,圣教礼仪)(365—377题)》由安徽芜湖天主堂印书馆刊行。

《要理引伸(第2册,天主默示)(5题上)》由安徽芜湖天主堂印书馆刊行。

《要理引伸(第3册,天主存在性体)(5题下—11题)》由安徽芜湖天主堂印书馆刊行。

《真理福斐理宾杜贤姆姆传教事略》(圣心会第一位传教修女)由上海土山湾印书馆刊行。

《初次领圣体的图像》由大同天主堂永望学会刊行。

《大瞻礼弥撒》刊行。

《弟兄结合会问答》由北平西什库遣使会刊行。

《奉迎东来观音纪念册》刊行。

《回教初步浅说》刊行。

《救恩新歌》刊行。

《三层楼新诗》刊行。

《圣教全经本》刊行。

《圣敬礼仪撮要》由安徽安庆天主堂刊行。

《圣时敬礼诸式》由山东青岛天主堂印书局刊行。

《亡者大弥撒》刊行。

《向圣母求善终小日课》刊行。

《新颁中外普渡皇经》由素位居刊行。

《宗古歌经简要》刊行。

五、学者生卒

王同愈(1855—1941)。同愈字胜之,号栩缘,栩园,室名栩栩盦,江苏苏州人。光绪时进士。曾任江西湖北学政。工书画,山水宗四王,书法欧褚,工稳谨严。

夏孙桐(1857—1941)。孙桐字闰枝,一字悔生,晚号闰庵,江苏江阴人。光绪十八年进士,选庶吉士,授编修,历官湖州、宁波、杭州等地知府。民国初入清史馆,又佐徐世昌辑《晚晴簃诗汇》及《清儒学案》。著有《观所尚斋文存》及《悔龛词》2卷。事迹见《近三百年名家词选》、关廉徽《夏孙桐先生行述》。

甘鹏云(1862—1941)。鹏云字翼父,号药樵或月樵,湖北潜江人。1903年中进士。始授工部主事衔,入进士馆学政治法律三年。1906年留学日本早稻田大学,1908年回国后入度支部(财政部),旋以监理身份赴黑龙江吉林理事。民国成立后,历任杀虎关税务官监督、吉林国税厅厅长、财政部金事、山西烟酒公卖局局长兼山西清理官产处处长等职。1932年4月被聘为湖北省通志馆筹备处副主任,同时主修《湖北文征》,成书550卷。热心搜求书籍,构"息园"藏书楼,藏书20万卷。著有《鲁文恪公集》《竟陵先贤传》《花影老人遗著》《素风集拾遗》《大隐楼集》《潜庐类稿》《经学源流考》《潜江旧闻》《崇雅堂书录》《崇雅堂碑录》《方志商》《楚师儒传》《潜江书征》《随笔》等。

按:刘艳华《甘鹏云学术成就与学术思想考述》说:"甘鹏云的学术成就主要体现在经学、版本目录学、方志学和金石学等领域。《经学源流考》系统地论述了中国经学发展的历史概况;《崇雅堂书录》的体例和分类标准博采众家之长,在版本目录学的研究方面有自己独特的风格和贡献;《崇雅堂碑录》搜集了大量的石刻资料,具有重要的史料价值;尤其是《方志商》一书中所体现的修志思想和修志方法为我们当代修新志提供了重要的参考,已经成为后世学者研究方志学不可或缺的重要书籍。……。甘鹏云的学术思想突出地表现在其'推崇宋学''学须有用,重视时务'和'以致用为归宿,反对门户之见'三个方面。这种学术思想的产生与当时社会危机的严重密不可分,这些思想在甘鹏云的著作中都有所体现,能够代表一部分清末民初学者的思想。总之,甘鹏云是一位具有一定学术贡献的清末民初的学者,是一位传统文化的殿军人物,在清末民初尤其是湖北近代学术文化史上占有一定的地位。"(华中师范大学硕士学位论文,2011年)

华世奎(1863—1941)。世奎字启臣,号璧臣,祖籍江苏无锡,后迁避于天津。任内阁中书行走时,与翰林徐世昌同拜户部尚书祁世长之门。民国成立之后,以遗老自居,终生不剪辫子。长于书法,真、草、隶、篆诸体,无有不精,为津门书法八大家之一。

何子渊(1865—1941)。子渊字临淑,讳东汉,客家人。1885年创办石马(宇)雨南洞小学;1888年创办同仁学校;1903年与丘逢甲、萧惠长等先贤创办兴民学堂,首任学监;1904年创办石马两等小学堂,任董事会主席;1906年与萧惠长等人创办兴宁县立中学(兴宁一中)。著有《宋元明史概论》《中华教育史》《东汉文存》传世。

李光炯(1869—1941)。光炯亦名德膏,字光炯,以字行,晚年自号晦庐,安徽桐城人。师从吴汝纶。1902年随吴汝纶赴日本考察教育,回国后即协助吴氏创办桐城中学。1903年任湖南高等学堂历史教习,与卢光浩在长沙共同创办安徽旅湘公学,聘请革命党人黄兴、赵声等人来校任教。1904年安徽旅湘公学迁芜湖,改名安徽公学,又聘刘师培、陈独秀、苏曼殊、柏文蔚等来校任教。抗战时入四川。著有《屈赋税》《国策札记》《阮嗣宗诗注》及《阮嗣宗同时诸人事略考》《楞严经科会》等。

赵诒琛(1869—1941)。诒琛字学南,江苏昆山人。赵元益子。因家学渊源,喜爱藏书。清末民初,刊印《东观集》《红雨楼题跋》等书,以成先人未竟之业。又经三十年积累,于江南制造局之西,建"峭帆楼"贮书。刻有《峭帆楼丛书》18种,叶德辉为之序。又辑有《又满楼丛书》。另与王大隆、太仓王保譿发起编印以干支纪年命名的《百部丛书集成·甲戌至辛巳八年丛编》,其内容以吴门文献中未刊稿为主,兼及旧刻罕见者。

张嘉谋(1874—1941)。嘉谋字中孚,晚年自号梅溪钓徒,河南南阳人。1897年举人,曾任内阁中书,主讲于陕州三门书院、淅川丹江书院。1907年与李时灿在开封创办河南省第一所女子中等学堂——中州女学堂。又在南阳县白庄创办端阃女学堂。1910年与张润苍、许子猷、阎春台等将中州女学堂改办为河南女子师范学堂。1924年力主创办南阳第一图书馆,并将自己所藏书捐献给图书馆。1931年被推为河南古迹研究会主任委员。又任河南通志馆纂修、河南省博物馆馆长等职。编纂《疆域沿革志》《南阳府志》《南阳县志》《河南通志》《方城县志》《巩县志》《孟津县志》《中州诗抄》等,著有《浚县彝器》《殷墟彝器》《汲县彝器》等。

易孺(1874—1941)。孺初名廷岂熹,字馥,改名为熹,字季复,又更字孺,号大厂等,广东鹤山人。肆业广雅书院,从张延秋、朱一新、廖廷相游,治考据之学。曾求学于上海震旦书院;后又东渡日本习师范。回国后以江苏提学陈伯陶之邀,襄助江宁学务,并任南京方言学堂监学。民国初年,尝掌唐绍仪记室。又任职印铸局,与唐醉石、王福庵等为同僚。辛亥革命后长期居住上海,历任暨南大学、国立音乐院等教授。著有《双清池馆集》《大庵词稿》《孺斋丁戊集》《大庵画集》《韦斋曲谱》《孺斋自刻印存》《大厂集宋词帖》《扬花新声》《识字字典》等。遗作尚有《魏斋汉碑跋》《荀诂》《声韵新解》《和玉田词》《华严蠡测》《宋词集联》等未梓。

按:杨志明《近代名家易孺》说:"易孺一生勤学不倦,转益多师,博学多才。举凡诗、古文辞、金石、书画、词曲、篆刻,旁及训诂、声韵,均精湛淹博。尤以鍒印称冠中原,无出其右。他生前亦自诩:'词第一,印次之,音韵又次之。'《岭南画人传略》中评易孺云:'昔人名一艺者已属难能,而擅三绝之誉者,世不多见,兹大厂以一身而众美兼之,上契千古,泛滥百家,实非常人所能至也。'今人张从达先生亦赞道:'在我国近代艺坛中,除丰子恺先生外,如此多才多艺又卓有成就的艺术家实在是极为罕见的。'均无过言之。"(《岭南文史》1999年第1期)

胡汝麟(1881—1941)。汝麟字石青,河南通许县人。清末秀才。京师大学堂肆业后返豫,任河南高等学堂教务长,兼河南省谘议局书记长。1912年底当选为国会众议院议员;1913年任梁启超为首的民主党河南支部常务干事。1917年与王抟沙创办《新中州报》。后历任教育部次长,吴淞中国公学、华北大学等校校长。1934年任河南通志馆编纂。抗日战争时任国民党政府参政院参政员。先后任河南大学、华北大学、东北大学教授。1938年经刘峙保举为国民参政员,出席在武汉召开的第一届国民参政会。著有《人类主义》《乐臣楼日记》《三十八国游记》《胡石青民族复兴讲演集》《胡石青先生狱中杂记》等。

王景歧(1882—1941)。景歧又名王庆骧,字石荪,亦作石孙,号流星,别号椒园,福建闽侯人。早年入武昌方言学堂法文班,1900年赴法,研习政治。1903年回国,任京汉铁路秘书。1908年再度留法,入巴黎政治大学,并兼驻法公使馆翻译。1910年毕业,转入英国牛津大学专攻国际法,1912年回国,任北京政府农林部编纂。1913年参与欧美同学会创办,是留法德比同学会的代表。1914年初任外交部主事,9月任中俄蒙恰克图会议参赞。1915年任外交部参事,1916年兼北京大学法科讲师。1917年任驻意大利使馆二秘,1918年任巴黎和会中国团参事,参加巴黎和会。1920年回国,任外交部和约研究会会员,同年任中德通商条约谈判代表。1921年出任驻比利时公使,1929年3月回国,免公使职,聘为外交部顾问,曾任上海劳动大学校长,并接受比利时鲁文大学赠名誉博士学位。1936年任驻瑞典并挪威公使,1938年转任驻波兰公使。同年,德军入侵后,辗转比利时、法国,于1940年到达瑞士,1941年8月25日病逝于日内瓦。是林纾主要的法文合作者之一,翻译作品有森彼得《离恨天》和孟德斯鸠的书信体小说《鱼雁抉微》(今译《波斯人信札》)。著有《流星集》《椒园诗稿》。

于恩波(1884—1941)。恩波字沐尘,山东昌邑人。1903 年在莱州府中学求学。1905年经刘冠三介绍加入同盟会。1906 年与张书绅等人在于家郜村创办育秀小学堂。1911 年10 月与陈干等赴徐淮地区组织淮泗讨虏军。1912 年 12 月在第一届国会选举中被选为议员。1916 年赴沪参与讨袁军事和恢复国会的活动。1918 年与原国会 150 余名议员集会广州,举行“非常国会”,共举孙中山为陆海军大元帅。1922 年被孙中山任命为海军司令部秘书长。1923 年冬南下广州,帮助孙中山开展护法工作。1924 年被任命为山东省教育厅厅长,创办昌邑县育秀中学,并兼任校长。1925 年 4 月辞去教育厅厅长职务,去南方参加国民革命军。1928 年被任命为国民党山东省党务指导委员会委员、山东省政府委员兼农矿厅厅长。1941 年 2 月在巴县歇马场病逝。

唐大圆(1885—1941)。大圆原名唐焕苍,又作唐蔚鸿,字渐陆,法号大圆,湖南武岗人。曾皈依印光大师,初修净土,于佛学造诣颇深。后追随太虚大师,被聘为汉口佛教会佛教讲习所主任。继之武昌佛学院创立,任教务主任。太虚在武院讲《成唯识论》,任记录,自此对唯识学倾心,精勤研究,日益深入。1922 年春与罗妙兰、释心印等邀集同人,发起成立“湘西佛教会”,并亲作《湘西佛教会缘启》。1926 年任教于东南大学,联合章太炎、章士钊、蒋维乔、欧阳竟无、黄侃、柳诒徵等学界名流组织“东方文化集思社”,主编《东方文化》,并于 1934年创立“汉口东方文化学院”。1929 年任世界佛学苑筹备主任。1937 年抗战爆发,返回湖南故里。曾任《世界佛教居士林林刊》编辑,主编《海潮音》《方文化》杂志。著有《唯识三字经》《识海一舟》《唯识新著四种》《性命问题》《大圆文存》《世界教育示准》《唯识易简》《唯识方便谈》《唯识的科学方法》《起信论解惑》《慎抉择论》《论语释要》《平天下书》《唯识丛著》《心经口义·念佛秘诀·平等谈》等。

陆费逵(1886—1941)。复姓陆费,名逵,字伯鸿,号少沧,幼名沧生,笔名有飞、冥飞、白等,原籍浙江桐乡,生于陕西汉中。1898 年考入南昌英语学塾附设日文专修科就读,接受新思想影响,倾向革命。1903 年春到武昌,1904 年设新学界书店,出售《革命军》《警世钟》《猛回头》等革命书籍。1905 年春与刘静庵等起草《日知会章程》,并被推选为评议员。同年秋任《楚报》主笔。后因抨击时政,《楚报》遭查封,逃至上海。1909 年在《教育杂志》创刊号上发表《普通教育应当采用俗体字》,在历史上第一次公开提倡使用简体字。1912 年 1 月 1 日在上海创建中华书局。主编《中华初等小学国文教科书》和《中华高等小学国文教科书》。1913 年参与在北京召开的读音统一会,致力于推行国语注音字母及国语统一运动,并以中华书局为推行机构,编辑、出版国语、国音读物。1914 年 10 月任上海书业商会主席。1919年后,主持创刊《少年中国》《中华英语周报》《小朋友》期刊,并代为刊行《改造》《学衡》《国语月刊》《留美学生季报》等杂志,又于青岛、九江、梧州、兰州、香港等地增设中华书局分局。1921 年在上海成立国语研究会支部,并创设国语专修学校,灌制国语留声机片,以提倡国语。1926 年 9 月创办中华函授学校。从 1928 年开始,连续推出《文学丛书》《法律丛书》《经济丛书》等套书。1929 年在上海创办中华教育用具制造厂,制造教育文具、仪器,经营范围日益扩大。1930 年编辑出版《民众经济丛书》《民众工业丛书》《民众商业丛书》共 50 种。1935 年在上海澳门路建成印刷总厂。1936 年在上海创办保安实业股份有限公司,任董事长。1937 年到庐山参加蒋介石举行的“抗战谈话会”,受聘任国民参政会第一、二届参政员。著有《教育文存》5 卷、《世界教育状况》《国民之修养》《青年修养杂读》《妇女问题杂谈》等。

郑子展编有《陆费伯鸿先生年谱》。

按：安静《陆费逵编辑出版思想研究》说："陆费逵是一位自学成才的出版家和教育家,他于1912年创办中华书局,并领导书局在中国出版史上创造了辉煌的成就。到抗战前夕,中华书局资本额由初创时的2.5万元增至400万元,年营业额达到近千万元,设分局40余处,遍布国内外。它的创立和发展,深刻地影响了中国现代出版业的进程,也影响了几代中国人的成长。在陆费逵主持中华书局长达30年的时间里,他始终坚持融和国粹欧化、传播时代知识、推动教育近代化和以改良吾国字典为己任的编辑出版思想,为普及教育、积累文化、传播知识和宣传爱国思想作出了有益的贡献,是当时教育救国论的代表人物。在经营管理方面,陆费逵独到的经营思路、灵活的竞争策略、高尚的职业操守和高明的用人之道,展现了其成熟的市场意识和优秀的管理才能,使中华书局后来居上,发展成为与商务印书馆相对峙的中国两大出版重镇之一。在陆费逵身上,既体现了读书人匡时济世的抱负情怀,也不乏有生意人持筹握算的精明能干;既有文化追求,又不失商业旨趣。其亦儒亦贾的出版家品质为中国出版人树立了典范,同时也表明,作为一位优秀的出版家,社会责任感是最核心的品质,成熟的市场意识也是必备的素质。"(河南大学硕士学位论文,2007年)

罗文干(1888－1941)。文干字钧任,广东番禺县人。早年留学英国牛津大学学习法律,1909年毕业获法学硕士学位,同年于英国伦敦内殿律师学院获英格兰及威尔士高等法院大律师资格。回国后赐法政科进士,任教于北京大学,与胡适交谊甚笃。1912年在北洋政府历任检察长及司法、财政等部长。筹安会成立后,以检察长身份参劾筹安会为组织非法。1915年辞职南下,参加反袁。1921年12月复任北洋政府司法总长。1922年1月改任大理院院长,同年9月任王宠惠内阁财政总长。1928年被聘为东北边防司令长官公署顾问。1931年任国民政府司法行政部长。1932年兼外交部长等职。1934年10月辞去司法行政部长职务。之后在西南联大教授《中国法制史》。

张季鸾(1888—1941)。季鸾名炽章,字季鸾,笔名一苇、榆民、一记者、老兵等,祖籍陕西榆林,生于山东邹平。曾就读烟霞草堂,师从关学大儒刘古愚,得到陕西学台沈卫(沈钧儒叔父)的赏识和器重,1905年官费留学日本。先入东京经纬学堂,后入东京第一高等学校攻读政治经济学。曾任陕西留日学生刊物《夏声》主编。1908年回国,在陕西关中高等学堂任教员。1910年10月在于右任主办的上海《民立报》任记者。辛亥革命后,担任孙中山先生的秘书,负责起草《临时大总统就职宣言》等重要文件,并且发出了中国近代报业史上第一份新闻专电。1913年在北京创办《民立报》,同时兼任上海《民立报》驻京记者。因反袁世凯被捕。出狱后,在上海先后任《大共和日报》编译和《民信日报》总编辑。1916—1924年任北京、上海两地的《中华新报》总编辑。1926年与吴鼎昌、胡政之合作,成立新记公司,接办天津《大公报》,任总编辑兼副总经理。著有《季鸾文存》。

按：王亮《张季鸾新闻思想研究》说："张季鸾是中国新闻发展史中极其重要的一位人物,他长期的新闻从业经历、数量庞大的新闻作品,凝结着一名职业新闻工作者对新闻的认知与总结。他的舆论引导思想及对新闻自由的追求,极大地推动了中国新闻事业的发展,为中国的新闻史留下了一笔巨大的财富。同时作为中国第一代的职业报人,张季鸾的新闻经历与表现,处处闪烁着纯粹的新闻理想与崇高的职业道德。"(湘潭大学硕士学位论文,2011年)

江同尘(1891—1941)。同尘名家材,字㧑尘,江苏东台台城人。早年师承丹徒刘鹗,熟谙许慎《说文解字》。曾加入同盟会,秘密从事革命活动。1914年任《民苏报》主笔,参与反帝倒袁活动。1917年赴厦门协助李烈钧开展护法运动,多次选送学生去广州黄埔军校。1919年赴印度尼西亚,任爪哇泗水中学校长。1921年回到南京,协助创办正谊中学,并主管教务。5年后又创办内江民主中学,并任校长。1926年与沈钧儒在上海组织苏浙皖联合会,反对孙传芳的军阀统治。1928年应蔡元培之聘,任华侨教育委员会委员,后任监察院首席秘书兼设计委员。1931年辞去监察院所任职务,从此闭门潜心于甲骨文研究。抗战时期到重庆,任教育部编辑委员特约编辑,并兼任北碚大学古文学教授。1941年5月,日机轰炸重庆时不幸罹难。著有《甲骨文正解》《苦榴花馆笔记》《南洋华侨与教育》《含英咀华》《诗文杂感遗稿》《中国五千年文化之光》等。

刘瀚(1891—1941)。瀚字东樵,河北通县人。1916年在北京北洋政府交通部无线电传习所学习时,曾编出一套汉字注音字母电码本。毕业后,先在上海、北京等地从事无线电报工作,后到北京无线电教练所任教。1923年5月创办中国哈尔滨无线电分台,开辟新闻、商业等业务,并与共产党人陈为人、李振瀛合作成立哈尔滨通讯社,为中国共产党在满洲开展活动提供方便。1926年10月成立哈尔滨广播无线电台,是中国成立的第一座无线广播电台。1941年8月4日在陕西凤县石铺电报局病逝。

许地山(1893—1941)。地山名赞堃,号地山,笔名落华生,祖籍广东揭阳,出生于台湾台南。1913年受聘到缅甸仰光华侨创办的中华学校任职。1915年12月回国,在漳州华英中学任教。1917年重回省立二师,并兼任附小主事(校长)。同年考入燕京大学文学院。1920年毕业留校任教。其间与瞿秋白、郑振铎等人联合主办《新社会》旬刊,积极宣传革命。1921年1月与沈雁冰、叶圣陶、郑振铎等12人在北平发起成立文学研究会,创办《小说月报》。1922年8月与梁实秋、谢冰心等到美国纽约的哥伦比亚大学研究院哲学系学习,1924年获文学硕士学位,并以"研究生"资格进入美国牛津大学曼斯菲尔学院研究宗教史、印度哲学、梵文、人类学及民俗学,两年后又获牛津大学研究院文学学士学位。1935年应聘为香港大学文学院主任教授,遂举家迁往香港。在港期间曾兼任香港中英文化协会主席。1938年任中华全国文艺界抗敌协会理事。著有《危巢坠简》《空山灵雨》《缀网劳蛛》《道教史》《达衷集》《印度文学》;译著有《二十夜问》《太阳底下降》《孟加拉民间故事》等。

按:冯新华《许地山与印度文学、印度文化》说:"许地山在人格上深受印度文化的影响,这具体表现在两个方面:一是佛教思想影响到了他的生命观,另外,泰戈尔的思想与人格对他也有影响。许地山投入了不少精力来研究佛学,并取得了一定的成绩。许地山对印度文学的译介与研究成绩显著。他翻译出了泰戈尔的一些作品以及三本印度民间故事集,他还是我国撰写印度文学史的第一人,梵剧及中印戏剧比较研究的先驱。"(北京师范大学硕士学位论文,2005年)

按:薛克翘《许地山、郑振铎和季羡林与印度民间文学》说:"现代中国学术界对印度民间文学的研究起步较晚,大体开始于20世纪20年代。其中贡献最大的是许地山、郑振铎和季羡林。许地山是中国近现代最早翻译和介绍印度民间故事的梵文学者。郑振铎对印度文学有特殊关注,在研究中国俗文学发展史的时候经常以印度故事为参照,进行对比研究。季羡林在译介和研究印度民间文学方面著作更多,成就巨大,是该领域当之无愧的旗手。"(《黑龙江社会科学》2010年第1期)

向宗鲁(1895—1941)。宗鲁名承周,重庆巴县人。早年在成都存古学堂求学,曾任重庆大学、四川大学中文系教授。著有《校雠学》《说苑校证》《月令章句疏证叙录》等。

林庚白(1896—1941)。庚白原名学衡,字凌南,又字众难,自号摩登和尚,福建闽侯人。宣统元年(1909)在北京师范大学堂肄业,参加京津同盟会。辛亥革命后,被推为众议院议员和非常国会秘书,并同陈模一起创立"黄花碧血"社。又经乡人林之夏介绍参加南社。1917年为众议院秘书长,南下广州,帮助孙中山召开国会非常会议,领导护法。后蛰居上海研究欧美文学和中国古诗,创办《长风杂志》。1932年任法院立法委员。1941年偕妻挈子到香港,拟创立"诗人协会",并编撰《民国史》,不幸被日军所杀。其诗稿由柳亚子与林兆丽编纂校订为《丽白楼遗集》,内有《今诗稿》残稿 1 卷、《丽白楼文剩》1 卷、《丽白楼词剩》1 卷、《丽白楼语体诗剩》1 卷、《丽白楼诗话》2 卷、《虎穴余生记》1 卷、《水上集》3 卷、《吞日集》8 卷、《角声集》4 卷、《虎尾前集》和《虎尾后集》各 1 卷。

滕固(1901—1941)。固原名滕成,字若渠,江苏宝山人。早年毕业于上海美术专科学校,留学日本,攻读文学和艺术史,获硕士学位。1929 年又赴德国柏林大学留学,获美术史学博士学位。回国后任行政院参事兼中央文物保管委员会常务委员、行政院所属各部档案整理处代理处长、重庆中央大学教授等职务。1938 年任昆明国立艺术专科学校校长,并创立中国艺术史学会,主持会务。著有《唐宋绘画史》《中国美术小史》《征途访古述记》《唯美派的文学》《圆明园欧式宫殿残迹》《死人的叹息》《迷宫》等。

按:滕固是中国近代第一个成熟的运用德国艺术哲学来剖析中国美术史的专业学者、中国美术史学的奠基人之一,也是中国美术考古学的第一人。沈玉《1912—1949 年民国绘画史学史视野下的滕固史学》说:"滕固作为民国时期一位学贯中西同时具有现代意义的著名学者和美术史家,曾留学日本、德国,在中国现代美术史上第一个引进并介绍西方现代美术史研究方法。在其短暂的一生中,致力于美术史研究与美术考古研究,成为中国现代文化转型时期一位不可忽视的中坚人物。"(浙江大学博士学位论文,2005 年)

郑志声(1903—1941)。志声原名郑厚湖,广东香山人。1927 年到法国留学,先后在里昂音乐戏曲学院和巴黎音乐戏剧学院学习作曲和指挥,并在巴黎高等音乐戏剧专门学校任教。1937 年回国,先后在云南中山大学任教,后在重庆国立实验剧院任教,并兼任中华交响乐团指挥。

袁国平(1904—1941)。国平,湖南邵东人。1925 年考入黄埔军校第四期,1926 年加入中国共产党。参加北伐战争。1927 年参加"八一"南昌起义、广州起义,并协助彭湃建立海陆丰革命根据地。1930 年任红三军团政治部主任兼红八军政委,参加长征。曾创办《红军日报》,任主编。1938 年任新四军政治部主任,中共中央东南分局(后改为东南局)委员,中央军委新四军分会常委。参与领导新四军向敌后实施战略展开,协助叶挺、项英进行建军和统战的各项工作。曾两次主持召开新四军政治工作会议,起草、颁布《新四军政治工作组织纲要草案》等。1939 年 12 月 2 日在新四军政治部召开的宣传教育工作会议上,作了题为《过去宣教工作的总结及今后宣教工作的任务》的报告,指出"教育工作的基本原则只有一个,即理论和实践的一致"。1941 年"皖南事变"中壮烈牺牲。

周木斋(1910—1941)。木斋又名周朴,号树榆,江苏武进人。曾在上海大东书局任编辑。1934 年任上海《大晚报》编辑,又兼任文艺副刊《火炬》编辑。1935 年加入中国文艺家协会。抗日战争爆发后,加入上海文化界救亡协会。1938 年任上海《大美晨报》编辑兼副刊主编。著有《中国民族革命小史》《中国近代政治发展史》及杂文集《边鼓集》(与人合著)、《横眉集》(与人合著)、《消长集》等。

王子尘(？—1941)。子尘名淄尘,笔名煮尘,浙江绍兴人。王子余弟。周恩来姻叔。少恶八股,不事科举。清末在绍兴创设《白话报》及报社,又设农事试验场、女工传习所。1912 在上海发行《新世界》杂志,曾刊发朱执信等翻译的马克思、恩格斯学说。1914 年任绍兴禹域新闻总编辑。1927 年任国立浙江大学秘书处处员。1934 年来沪寓同学邬粹芳阁,专事著述。1939 年周恩来以国民政府军事委员会政治部副部长身份回到故乡绍兴时,曾为王子尘题词。著有《资治通鉴读法》《国学讲话》《四书读本广解》等。

席臻贯(—1994)、杨成凯(—2015)、王保树(—2015)生。

六、学术评述

本年度为抗日战争战略相持阶段前期(1938年11月至1941年11月)的最后一年,整个抗战形势依然处于重重危机之中。首先是国民党于去年10月发动的第二次"反共"高潮不断升级。1月7日,新四军北移部队共9000余人在达泾县茂林地区遭国民党军袭击,造成震惊中外的"皖南事变"。军长叶挺被扣押,副军长项英遇害。17日,蒋介石以军事委员会名义令取消新四军番号,宣布新四军为"叛军",将军长叶挺"革职",并声称要交"军法审判"。国民党第二次"反共"高潮至此达到了顶点。对于国民党的这一暴行,中国共产党作出了坚决的回击。1月18日,《新华日报》刊出周恩来两条亲笔题词:"为江南死国难者志哀""千古奇冤,江南一叶;同室操戈,相煎何急?!"20日,中共中央革命军事委员会发布命令,宣布重建新四军军部,任命陈毅为新四军代理军长,张云逸为副军长,刘少奇为政治委员。22日,毛泽东以中共中央军委发言人名义发表谈话,驳斥对新四军的诬蔑,揭露日本和亲日派的整个阴谋计划,并严正提出要求取消1月17日命令,惩办祸首,释放叶挺,废除国民党一党专政,实行民主政治等解决皖南事变的12条办法。25日,周恩来将中共中央解决"皖南事变"的12条办法面交国民党代表张冲转国民党中央。2月15日,毛泽东等共产党7位参政员致函国民参政会,声明在国民党政府对中共中央1月20日所提出的解决"皖南事变"12条善后办法未予采纳以前,拒绝出席参政会。3月1日,国民参政会第二届第一次大会在重庆开幕。由于国民党不肯接受中共提出的解决"皖南事变"的12条办法,中共参政员毛泽东等7人拒绝出席会议。然而更为重要的是来自国际的压力。国民党顽固派的"反共"高潮不仅为苏联所反对,美、英等国也表示不满,因而在国际上陷于孤立,这是蒋介石愿意结束第二次"反共"高潮的外部因素。12月7日凌晨,日本袭击珍珠港、新加坡,太平洋战争爆发。8日,美国和英国对日宣战,中、美、英、法、加、荷、新、澳等国联合阵线形成。同日,日军攻占上海、天津公共租界,英美侨民被囚。上海租界中《申报》《新闻报》《正言报》《中美日报》《大美晚报》《华美夜报》《大晚报》《大英晚报》以及英文《字林西报》等抗日反汪报刊全部被迫停刊。9日,中华民国政府正式对日本、德国、意大利国宣战。同日,中共中央发表《中国共产党为太平洋战争的宣言》。该《宣言》提出太平洋战争是日本法西斯发动的非正义的掠夺战争,对美英及被侵略的国家来说,是保卫独立自由与民主的正义的解放战争。《宣言》指出中国政府与中国人民应该继续过去5年的光荣战争,坚决站在反法西斯国家方面,动员自己一切力量,为最后打倒日本法西斯而斗争。同时提出了为达到这个目的,需要实现的8项任务。25日,港英当局向侵华日军投降,香港正式沦陷。15日,中国国民党五届九中全会在重庆召开,共同商讨抗敌建国大计。17日,中共中央发出《关于太平洋战争爆发后抗日根据地工作的指示》。31日,罗斯福致电蒋介石,建议设中国战区最高统帅部,并请蒋介石任最高统帅。同日,中国军队进入缅甸,协同英军对日作战。日本袭击珍珠港以及太平洋战争爆发,成为抗日战争战略相持阶段中的从前期转向后期(1941年12月至1943年7月)的标志性事件。

在文化教育的导向方面,国民党当局又有新的举措:2月7日,国民党中央宣传部文化运动委员会在重庆成立,张道藩为主任委员。该会的任务是:"规划全国文化运动之各种方案""协助策进各地文化事业"以及"其它有关文化运动之调查设计事项"。15日,教育部颁发《推进戏剧教育计划》。16日,教育部学术审议委员会会议通过大专学校规则、部聘教授要点及著作、发明、美术作品奖励规则等项。同月,教育部公布《普及全国图书教育暂行办法》16条。3月8日,中央图书杂志审查委员会第四次会议,通过了《中央图书杂志审查委员会派员协助省市审查处工作办法》。10日,国民参政会第二届第一次大会在重庆闭幕。大会建议通令各级政府并发动社会各界、各团体一致努力推行注音国字。3月,中国工程师学会"国父实业计划研究会"正式成立,陈立夫担任会长,各工程专门学会推正副会长及代表3人为委员,叶秀峰为总干事。研究会以策动全国工程师一致努力于实业计划之研究为主要工作,推定专家草拟各建设部门之基本数字,就全国人口、土地、文化、国防等需要作一通盘之计划。4月1日,国民党五届八中全会通过《战时三年建设计划大纲》的决议。同日,国民党中央组织部在第五届中央执行委员会第八次全体会议上提出《设置边疆语文系与西北、西南文化研究所培植筹边人才而利边政施行案》,其西南文化研究所拟分中国西南边区与越南、泰国、缅甸、印度、南洋等组。同日,孔祥熙等在国民党五届中央八次会议上提出《组织中央出版管理局,以加强出版扩大宣传案》。12日,中央图书杂志审查委员会第五次会议通过《中央图书杂志审查委员会奖励优良书刊剧本暂行办法》和《中央图书杂志审查委员会派员视察省市审查工作办法》。5月8日,教育部颁发《国立专科以上学校教授休假进修办法》17条。同月,《教育通讯》报道教育部聘请国民教育专家组成的国民教育研究委员会召开首次会议,集中讨论提高小学教员待遇、中心学校及国民学校校长专任与兼任等问题。6月3日,国民政府行政院第517次会议通过《教育部设置部聘教授办法》10条,宣布实行"部聘教授"制度。12—13日,国民政府教育部在重庆召开边疆教育委员会二届一次会议,会议决议案有优待边疆教育人员及学生、划分边远地区学校区、促进边疆教育研究工作等46件。13日,国民政府公布《修正国立编译馆组织条例》15条。教育部中小学教科用书编辑委员会及中国教育全书编纂处并入国立编译馆,陈立夫兼任馆长。30日,教育部颁布《教育部视导规程》17条。7月4—6日,教育部史地教育委员会举行第2次全体会议,顾颉刚和缪凤林、金毓黻、黎东方一起提出《由本会补助设立中国史学会案》,获得大会通过。同月,国民党中央图书杂志审查委员会印发《取缔书刊一览》,计查禁书刊961种。8月,教育部指定国立社会学院、国立贵州师范学院、浙江省立师范学校等3校办理国民教育实验区。9月1日,国民党第五届中央常务委员会第一八三次会议通过《中央出版事业管理委员会组织大纲》及《各地书刊供应处组织通则》。5日,教育部以学校"迭起风潮,屡诫不悛"为由,下令解散重庆大学。9日,国民政府公布《修正国民体育法》11条。13日,国民政府行政院通过《非常时期改善教职员生活办法》28条。29日,国民政府教育部公布《政府机关委托大学教授从事研究办法大纲》9条。10月9日,教育部训令各学校整顿学风,要学生"安学亲师,永革干涉行政之风"。10日,国民政府核定公布教育部国语推行委员会编订的《中华新韵》。21日,教育部训令专科以上学校,注意各科均衡发展,避免学生集中少数科系。23日,国民政府行政院长蒋中正发布训令,规定"各省市图书杂志审查处隶属中央图书杂志审查委员会,办理各省市之间图书杂志审查事宜""省市图书审查处同系隶属省市政府,自应指挥监督"。11月8日,中央图书杂志审查委员会通过《特级图书杂志审查处编制准则》。12—18日,教育部在重庆举办社会教育扩大运动周。19日,政院批准执行重庆市政府根据重庆市图书杂志审查处拟定的《重庆市图书杂志审查处组织通则》。21日,教育部颁发《调整设置职业学校办法》。12月4日,教育部训令:师范教育是国民教育之母,今后中等教育的设施应特别重视师范教育,尽先扩充,积极改进。同时,教育部颁发《推进师范教育原则》8条及《推进师范教育工作要项》18条。19日,教育部颁发《奖励师范学校教员进修及学术研究暂行办法》20条。23日,教育部公布《大学校长独立学院院长及专科学校校长待遇及公费支给规程》10条。25日,教育部公布《国民体育委员会章程》16条。同月,国民党五届九中全会通过宽筹社会教育经费加紧推进社会教育以加速完成抗战建国大业案。是年,新建国立高等学校有国立贵州大学、国立贵阳师范学院、国立社会教育学院;教育部学术审议委员会评出第一届"补助学术研究及奖励著作发明奖"。获奖的人文社会科学类著作有:文学类一二等奖空缺,三等奖4名(邵祖平《培风楼诗续存》、卢前《中兴鼓吹》、陈铨《野玫瑰》、曹禺《北京人》);哲学类一等奖1名(冯友兰《新理学》)、二等奖1名(金岳霖《论道》);古代经籍研究类一等奖空缺,二等奖2名(杨树达《春秋大义述》、陈启天《韩非子校释》)、三等奖4名(黎锦熙《方志今议》、罗倬汉《史记十二诸侯年表考证》、贺懋庆《周易卦序研究》、金景芳《易通》);社会科学类一等奖空缺,二等奖1名(胡焕庸《缩小省区方案研究》)、三等奖1名(陆懋德《中国上古史》)。上述文化教育规章、政策与导向都对国统区学术产生不同程度的影响。

就学术版图结构而论,国内依然划分为国统区、解放区与沦陷区三大区域五大板块,加之海外为六大板块,其中重庆、昆明、延安依然构成西南—西北学术纵轴线。

首先是国统区。重庆轴心依旧以郭沫若、顾颉刚、马寅初、钱穆、傅斯年、李济、董作宾、梁思成等为学坛领袖。郭沫若继续以通才之冠承担着学界领袖的使命,并继续联通于文化界、文艺界与学术界,但其工作重心还在文工会。对于郭沫若与马寅初来说,两场祝寿活动尤其引人注目。一场是由周恩来精心谋划的庆祝郭沫若创作生活25周年和50寿辰活动。因下文还要作专题讨论,此略。另一场是重庆大学全体学生举行的庆祝马寅初院长60寿辰活动。马寅初继续被蒋介石扣押于贵州息烽,却在重庆引发强烈反响。3月22日,重庆《新民报》《大公报》刊登《重庆大学全体学生为庆祝马院长寅初六十寿辰启事》。3月30日,马寅初60寿辰庆祝在重庆隆重举行,重庆各界人士聚集重庆大学为马寅初祝寿。莅会宾客有董必武、沈钧儒、邹韬奋、张西曼等。新华日报社社长潘梓年、塔斯社重庆记者及邵南子、鲁明、陆诒等重庆各报记者到场。祝寿会上,赵国恩提议集资修建"寅初亭"。8月底,第三战区以马寅初年高德劭为由与最高当局商议,请转赴第三战区"考察"。马寅初由宪兵团长韩文焕陪同,自贵州息烽集中营转江西上饶集中营。途经贵阳暂停,马寅初于贵阳中学演讲,抨击政府腐败。9月5日,国民政府教育部以学校"迭起风潮,屡诫不悛"为由,下令解散重庆大学。上述两场祝寿活动都取得了预期的效果,都达到了反抗国民党当局的政治压迫与文化围剿、结成更为广泛的统一战线的目的,只是重庆大学风潮本因蒋介石下令拘禁著名经济学家马寅初而引发,结果以解散重庆大学为代价。中央研究院仍是重庆陪都轴心的学术大本营。朱家骅继续以国民党组织部长兼任中央研究院代院长。3月13—15日,朱家骅出席并主持在重庆中央图书馆举行的中央研究院第二届评议会第一次年会,会议选举翁文灏为评议会秘书,各组负责人为:工程组凌鸿勋、地质组李四光、天文气象组竺可桢、植物组胡先骕、动物组陈桢、心理组汪敬熙、社会科学组何廉、历史组陈寅恪、语言考古人类组李济。会议决定由中央研究院编辑出版学术半年刊(英文)和中文著作目录季刊《学术概要》,分别以吴有训、茅以升、姜立夫、胡焕庸、曾昭抡、吴定良、李济、李书华9人及翁文灏、王家楫、李书华、曾昭抡、傅斯年5人负责。6月30日,朱家骅在中央研究院评议会第二届第一次年会致辞演说中,根据蔡元培手定之《工作大纲》中强调纯粹科学研究之重要性部分,再提出延伸演绎,强调中研院既居中国学术界领航员角色,自当以身作则,树立典范。朱家骅还发起了一项开创性的工作。7月12日,朱家骅从西北返回后,发动中央研究院历史语言研究所、中央博物院筹备处、中国地理研究所三个机关组成"西北史地考察团",由辛树帜任团长,李承三为总干事,劳干、石璋如、向达等参加,筹备至次年5月出发。傅斯年继续主持史语所,兼中央研究院总干事职。春,由傅斯年、李济倡议,经中研院代院长朱家骅、教育部部长陈立夫等同意,由中研院史语所、中博院、中国营造学社三家联合组成川康古迹考察团,重点考察"中国古代文化在川省内显示之特点以及川省文化与中原文化之关系",李济拟定了调查计划,将考察地域分为五个区系。但此时傅斯年身体亮起了红灯,3月20日,傅斯年检查身体患高血压症,在重庆歌乐山中央医院养病,7月出院。9月,傅斯年辞去中央研究院总干事职,由叶企孙接任。重庆陪都轴心的另一学术大本营是高等学校。罗家伦1月10日上书蒋介石请辞中央大学校长一职。4月3日,《中大周刊》复刊。5月21日,由本校学生自治会发起,12所大学学生参加的"中国边疆问题研究会"成立。7月15日,行政院第523次会议通过罗家伦辞去中央大学校长一职,并决议由顾孟余继任。8月8日,教育部任命顾孟余为中央大学校长。22日,顾孟余到校视事。到校第3日,顾孟余在全校师生大会上宣布办校方针:"学术思想自由,一切党派退出学校。"11月1日,校长顾孟余聘童冠贤为教务长、张庆桢为训导长、王书林为总务长;楼光来为文学院院长、孙光远为理学院院长、马洗繁为法学院院长、孙本文为师范学院院长、薛培光为农学院院长、杨家瑜为工学院院长、戚寿南为医学院院长。顾孟余努力克服战时的极端困难,对全校院系进行了调整,使当时的中央大学除缺商学院外,具有文、理、法、农、工、医、师范等7个学院,40多个系、科、组,2000名学生,成为全国系科最为齐全的综合性大学。顾颉刚继续任齐鲁大学国研究所主任,编辑《责善》半月刊。1—2月,华西、金陵、齐鲁三所大学研究所遵从哈佛燕京学社之意,成立三大学研究所联合出版委员会,顾颉刚与刘世传、钱穆、张凌高、闻宥、陈裕光、吕叔湘、李小缘、商承祚等任委员,筹备出一联合刊物《三大学研究所中国文化研究汇刊》。2月27日,顾颉刚作《中国边疆学会宣言》,谓"成立本会,欲以认识边疆之实际情况及其所含蕴之问题,共筹适宜之对策,唤起国人之注意"。3月1日,顾颉刚赴成都华西大学礼堂出席中国边疆学会成立大会,被推为理事长。总会有《中国边疆》月刊,并出版《边疆丛书》。8日,作《顾颉刚研究计划》《民国三十年本所集体工作之现状及计划》。6月,顾颉刚、吕思勉、童书业主编之《古史辨》第7册上中下三编由开明书店出版,本册考辨夏以前的古史传说。同月5日,顾颉刚由成都飞抵重庆,任文史杂志社副社长,社长为叶楚伧。自第1卷第9期起,顾颉刚主编国民党党部所办《文史杂志》,至1949年结束。钱穆继续在齐鲁大学国学研究所任教,并兼齐鲁大学课。1月,齐鲁大学国学研究所主办的《齐鲁学报》创刊,在沪出版。创刊号由钱穆主编,并作发刊词,作者简要分析近300年来虽经满清入关、洪杨之乱,但"学术不为中歇"之原因,认为在日本侵略的战乱时代,学者应当团结努力,保护学术命脉延续。重庆陪都轴心上述两个学术大本营之外,交织于政界、文艺界与学术界的学术活动更为丰富,也更为庞杂。一是以中共中央南方局为中心、周恩来领导的中共以及左翼文人学者群体。首先是郭沫若领导的文工会,由阳翰笙主持。"文协"、中苏文化协会中的著名作家也在文工会兼职,彼此有交集。二是以张澜、黄炎培为领袖的民主同盟政治—学术群体。在年初国民党掀起的第二次"反共"高潮中,由于国共双方的激烈冲突,而给予了民主派人士组党的一个难得机会。黄炎培全力筹备成立中国民主政团同盟。3月12日,中国民主政团同盟成立,定执委13人,常委5人。黄炎培与张君劢、梁漱溟等讨论中国民主政团同盟问题,通过政纲10条。三是任职于国民党党务、政府以及学术文化机构的文人学者群体。于右任继续任国民政府监察院院长。是秋,于右任考察敦煌莫高窟后,设想建立寓管理、保护、研究、教学于一体的敦煌艺术学院。10月25日,中央通讯社播发了于右任讲话的通稿,大标题即名《监察院长于右任在兰州公开倡议迅速建立敦煌艺术学院,由名画家张大千予以主持》。26日,重庆的《中央日报》《新华日报》,兰州《西北日报》,成都《新新新闻》等许多报纸,都在头版显著位置发表了这条消息,顿时在社会上产生了轰动。12月14日,于右任回到重庆,当天即向国民政府呈交一份正式提案,要求尽快建立敦煌艺术学院,妥善保护管理及研究发扬敦煌文化艺术。提案谓"似此东方民族之文艺渊海,若再不积极设法保存,世称敦煌文物,恐致湮灭。非特为考古家暨博物家所叹息,实是民族最大之损失!因此提议:设立敦煌艺术学院,招容大学艺术学生,就地研习,寓保管于研究之中,费用不多,成功将大。拟请交教育部负责筹划办理。"在此,还要特别关注一下《大公报》主编、"报界泰斗"张季鸾的突然病逝及其引起的强力冲击波。4月,《大公报》被美国密苏里大学新闻学院推选为当年最佳外国报纸,获荣誉奖章。5月15日,重庆的中国新闻学会举行了《大公报》获得米苏里新闻奖庆祝会,庆祝《大公报》获得美国密苏里新闻学院奖章这一世界性荣誉。9月6日凌晨4点,张季鸾于重庆不幸病故。9月7日,重庆《大公报》主版公布张季鸾先生离世消息,并公布了张季鸾的遗嘱。同日,《大公报》在社论位置刊载了张季鸾生前好友兼陕西同乡于右任的悼念文章,于右任在回顾张季鸾生命历程时强调了张季鸾为国献身的烈士精神,称张季鸾弥留时"神情湛然,犹露英勇奋斗之色"。于右任还将张季鸾的逝世与抗战后各地"英勇明贤""殉难殉业"的记者相比,认为张季鸾抗战以来"不自顾其穷,不自惜其病,不自恤其死,惟念念在国家,念念在职务",取得了"对时代有大影响,其言论地位,在国家,在世界,并皆崇高"的个人成就,无疑是"一代报人"的楷模。9月17日,新闻同业和各界知交以张季鸾"生前葆爱新闻事业之深挚"为由,建议发起筹集"季鸾新闻学奖学基金"及成立保管委员会,试图以制度化的方式固定下来对其的"永久纪念"。26日,张季鸾公祭仪式在嘉陵宾馆隆重举行。国民政府为张季鸾颁布褒扬令,张季鸾遗属恭迎着国民政府颁发的褒扬令,并将之放置在张季鸾的灵前。各界前往吊奠者自晨至暮约达千人。张季鸾于病故后,王芸生继任《大公报》主编。12月22日,王芸生发表的社评《拥护修明政治案》巧妙地披露香港沦陷之际,"逃难的飞机竟装来了箱笼老妈与洋狗"的丑闻,还揭开了外交部长郭泰祺国难当头竟以巨额公款买私人豪宅的黑幕。此文一出,当天蒋介石就罢免了郭泰祺。24日,昆明《朝报》转载王芸生所写社评,将标题改为《从修明政治说到飞机运狗》,孔二小姐"洋狗"丑闻遂被更加突出。随后引发了昆明、遵义等地大学生反对孔祥熙的学潮。

国统区的的另一轴心是昆明。重中之重依然是西南联大。梅贻琦继续主持西南联大,任清华大学校长。有关重要事项有:一是取消办在四川叙永的叙永分校;二是清华30周年校庆纪念;三是恢复清华大学文科研究所;四是举行泰戈尔追悼大会。而就学术而论,文学院院长冯友兰依然是当之无愧的学界领袖。6月,国民政府教育部颁行《部聘教授办法》,实行"部聘教授"制度。由教育部直接聘任的部聘教授是当时中国教育界的最高荣誉。最终确定29人为部聘教授,哲学学科中仅冯友兰和汤用彤当选。是年,据《第二次中国教育年鉴》第六编第五章,教育部启动首届学术奖励评审,规定:具有独到性或发明性,对于学术确系特殊贡献者列为一等;具有相当独创性或发明性而有学术价值但不及第一等者列为第二等;学术上有参考价值或有裨实用,但不及第二等者列为三等。评审结果:冯友兰的《新理学》被列为获教育部学术研究评奖哲学类一等奖;金岳霖的《论道》列为哲学类二等奖。陈铨与雷海宗、林同济等继续编辑《战国策》,进一步发展“战国策派”。11月17日,伍启元、王忠信、巫宝山等于上年8月1日发起的中国人文科学社被批准立案,为由各大学教授及研究所研究员等为骨干组织的“纯粹学术团体”,以“研究并提倡人文科学”为宗旨。内设学报、丛书、丛刊3个编辑委员会。会址设在云南昆明西南联大内,并于重庆、南溪、遵义、贵阳、湖南、长沙、广东等地筹设分社。出版物除《人文科学学报》及《中国人文科学社丛书》外,还刊行《社友通讯》等。12月3日,林同济、雷海宗等在重庆《大公报》开辟《战国副刊》。此为《战国策》半月刊停刊后“战国策”派的又一阵地。昆明学术轴心的另一高地是云南大学。熊庆来继续任云南大学校长。4月20日,云大热烈纪念成立19周年,熊庆来校长在致词中说,本校自民国11年(1922)成立以后,在唐公莫赓首创及龙主席扶植下,无论在私立、省立、国立各时期之中,都向着发展高深学术文化之途径迈进。只要我们埋头苦干,努力奋斗,光明前途是不难获得的。同时,也不辜负历史所赋予我们的伟大使命。5月17日,熊庆来校长筹划并筹款的云大社会经济研究所刊行的《社会科学学报》第1卷出版发行。5月26日,云大政治经济系为增进学生对现代学术思潮及问题的认识起见,特举办三大系统之学术演讲:1.现代思潮10讲;2.中国问题10讲;3.各国情势10讲。以上成果都与熊庆来校长的努力分不开。

国统区的南方区域中,广西桂林依然是文人汇聚的文化高地。9月15日,由司马文森主编的大型文艺月刊《文艺生活》在桂林创刊,得到全国各地著名作家、诗人、评论家的关心支持,包括郭沫若、艾芜、邵荃麟、欧阳予倩、葛琴、孟超、焦菊隐、钟静闻、伍禾、彭燕郊、田汉、聂绀弩、邹荻帆、韦昌英、熊佛西、穆木天、余所亚、荆有麟、黄药眠、陈残云、欧阳凡海、陈闲、黄宁婴、林山、邹绿芷、夏衍、靳以、华嘉、王西彦、魏荒弩、罗荪、周钢鸣、陈荒煤、沙汀、姚雪垠、彭慧、柳亚子、周而复、安娥、许幸之、易巩、何家槐等。该刊物在国统区曾有比较大的影响,从第1期4000份的销路,扩展到近2万份,极一时之盛。浙江大学、中山大学依然为南方两大学术高地。竺可桢继续任浙江大学校长。4月24日午,竺可桢校长至永兴对学生讲演。述浙大求是精神,即“只知是非,不顾利害”。5月9日,竺可桢在浙大与自然科学社遵义分社合办的“科学近况讲演”会上讲演“近代科学之精神”。指出科学方法可以随时随地而改换,但科学精神永远不能改变。8月1日,张其昀、张荫麟、郭斌龢、谢幼伟等在贵州遵义浙江大学共同发起的《思想与时代》月刊创刊,以“发扬传统文化之精神,吸收西方科技之新知”为宗旨。正如张其昀后来所说,《思想与时代》“以沟通中西文化为职志,与二十年前的《学衡》杂志宗旨相同”,刊载内容包括哲学、科学、政治、文学、教育、史地等项,而特重时代思潮与民族复兴之关系,成为浙大学术高地的重要阵地。12月16日,浙大向教育部申报部聘教授计18人,校本部有苏步青、贝时璋、黄翼、罗宗洛、张绍忠、陈建功、顾谷宜、钱宝琮、张晓峰等16人,龙泉分校为郑晓沧与林天兰2人。次年8月教育部下达部聘教授30人,浙大占4人,为数学苏步青、化学王季梁、农学吴耕民、教育孟宪承。朱谦之8月任中山大学文学院院长,组织创办《中山学报》,为鼓励学生的学术研究,设“谦之学术奖金”。同月10日,《现代史学》第4卷第3期推出“国立中山大学史学研究会成立十周年纪念论文集”,

11月,中山大学主办《中山学报》创刊。该刊系由朱谦之等人创办的综合性学术刊物,办刊特点是坚持学以致用。

国统区的北方区域中,以国立西北大学为学术高地依然不变。陈石珍继续代理国立西北大学校长,薛铨曾为校长秘书,姜琦为教务长(后由杜光埙接任),刘鸿渐为训导长,高文源为总务长,马师儒为文学院院长,刘拓为理学院院长,卢峻为法商学院院长。6月21日,驻汉中的鄂陕甘通区警务司令部司令祝绍周密函西北大学代理校长陈石珍,令将姚文焕等40名有共产党嫌疑的毕业生文凭扣发,待警备司令部个别谈话及查明后再予补发。陈石珍对"警司"大批抓捕学生提出抗议,并将一批"警司"重点抓捕对象转移到了陕北,引起当局的不满和震惊。西北区域中的重要学术活动,尚有由王子云任团长,率领美术、历史、考古等各方面的专家10多人,前往敦煌进行科学考察与临摹壁画。由于国民政府监察院院长于右任的大声疾呼,终于促成政府方面第一次采取了具体行动。薛传道、钟镇南、王季良、罗遵义7月16日在西康西昌泸山发起成立活力社,以研究学术,砥砺德行,建设事业,举办公益为宗旨。

其次是解放区。继续以延安为轴心。5月19日,毛泽东在延安高级干部会议上作《改造我们的学习》的报告。10月30日,毛泽东在中共中央西北局高级干部会议上作《思想方法问题》的报告。《改造我们的学习》《思想方法问题》成为延安思想文化教育的奠基性文献,辅助性文献是8月1日中共中央发出的由毛泽东起草的《关于调查研究的决定》,以及12月由毛泽东主持编辑的党内重要秘密文件汇集《六大以来》。这是整风运动中高级干部学习党史的主要材料。而在学术上或与学术密切相关的重要决策则有:一是成立中央研究院。7月,延安马列学院改组为马列研究院,毛泽东出席成立大会,并作题为《实事求是》的报告,要求大家一定要以马列主义基本原理为指导,以研究中国革命实际问题为中心,调查研究敌友我三方面的历史和现状。9月8日,马列研究院改名中央研究院,为中共中央培养党的理论干部的高级研究机关。张闻天任院长、范文澜为副院长,秘书长徐建生,党委书记李言,但实际工作由中共中央宣传部副部长李维汉主持。下设9个研究室:中国政治研究室主任张如心、中国经济研究室主任王思华、中国历史研究室主任范文澜、中国教育研究室和新闻研究室主任李维汉、中国文化思想研究室主任艾思奇、中国文艺研究室主任欧阳山、国际问题研究室主任柯柏华、俄语研究室主任师哲。研究院的治学方针是"大、变、化"三个字。意思是:"大,志向要大,决心要大;变,是指学习方法要变;化,是联系实际,具体应用,也就是马列主义中国化。"研究院成立后,各研究室都制订了三年研究规划或半年、一年执行计划。二是成立延安大学。7月13日、30日,中央政治局两次会议讨论,中共中央决定将泽东青年干校(1940年5月成立)、中国女子大学(1939年7月成立)、陕北公学院(1937年10月成立)三校合并,命名为延安大学,吴玉章为校长,赵毅敏为副校长。大学下设社会科学院、法学院、教育学院、俄文系、英文系、体育系、中学部。三是成立中央文委会。由凯丰、艾思奇、陈伯达、范文澜、周扬、刘白羽、何思敬、丁玲、周文为成员。四是成立延安鲁迅研究会。目的是推动并加强对鲁迅的研究工作,学习和发扬鲁迅的伟大精神,继承鲁迅的丰富文化遗产,建设新民主主义的文化。拟定第一批研究项目和人员是:思想:艾思奇、陈伯达、刘雪苇;传略:萧军;创作:丁玲、周文、舒群、周扬、周立波;学术:范文澜、江丰、胡蛮。第二批研究人员:罗烽、艾青、草明、欧阳山、张仃、李又然、卢正义、金灿然、魏东明、须旅、何干之。五是《文艺月报》创刊。六是创办外文刊物《中国通讯》与国际通讯社。七是成立星期文艺学园。八是成立延安自然科学编译社。十是成立蒙古文化促进会。本年度解放区的另一重地是新四军军部所在地江苏盐城。1月17日，苏北文化界协会第一次代表大会在盐城召开，刘少奇出席并讲话。大会通过了宣言、文协组织简章、工作计划等，并选举了苏北文化协会理事会。7月1日，刘少奇与陈毅在盐城重建军部，盐城由此成为整个华中敌后抗战的指挥中心，同时也是著名的敌后文化城。夏，华中局专门成立了"华中文化工作委员会"，统一管理华中地区的报刊、学校、文艺和文化干部，并加强对文化工作的领导。年底，日本发动了太平洋战争，上海的英法租界和香港相继被日军占领，许多从事抗日活动的进步文化人士被迫转移阵地，投奔苏北抗日根据地。于是一些港沪文化人士知名者等接踵而至，包括经济学家薛暮桥、骆耕漠、孙冶方，历史学家吕振羽，著名新闻出版家邹韬奋，日本问题专家张百川，作家贝叶、夏征农、黄源，文艺理论家蒋天佐、艾寒松，音乐家贺绿汀、何士德，画家胡考，木刻家赖少其，真可谓一时文人云集，群星荟萃，为苏北抗战的新文化事业注入了新鲜的血液。

再次是沦陷区。仍以北平——上海为两大中心。北平的重大事件是12月8日，日本发动太平洋战争，向美国宣战。上午9时左右，日本宪兵进驻并封闭燕大校园，召集全体师生到贝公楼礼堂，宣布接管燕大，并逮捕了陆志韦、赵紫宸、陈其田、赵承信、林嘉通、张东荪、刘豁轩7位教师，逮捕学生蓝铁年、沈聿温、李慰祖、程述尧、李欧、姚克荫、刘子健、张树柏、朱良漪、孙以亮、陈嘉祥等11人。下旬，日军又先后逮捕了蔡一谔、洪业、邓之诚、侯仁之、周学章、萧正谊及农科教师沈先生。张东荪等人先被关在西苑日本宪兵队，不久被押到设在沙滩旧北京大学红楼的日本宪兵总队。张东荪与赵紫宸关在16号牢房，在押期间多次受审，备受凌辱，但都坚贞不屈。上海最为感人的事件依然还是郑振铎与暨南大学校长何炳松、光华大学校长张寿镛以及中央图书馆蒋复璁、商务印书馆张元济等继续致力于抢购珍本文献。1月6日，郑振铎寄出《文献保存同志会第六号工作报告》，约2700字，报告两个多月来购书情况。22日，与张寿镛、何炳松3人化名发密电致蒋复璁并转朱家骅、陈立夫、杭立武。4月16日，郑振铎所撰《文献保存同志会第七号工作报告》定稿，报告1月至4月购书情况。5月3日，《文献保存同志会第八号工作报告》寄发，报告一月来购书经过和其中的精品。6月3日，《文献保存同志会第九号工作报告》定稿，谈5月内购书情况，附上所整理的所购《善本书目》卷一"经部"（共216种）。12月8日，日本发动太平洋战争，日军开始进占上海"租界"，上海"孤岛"完全沦陷。郑振铎即赶到暨南大学开校务会，决议："看到一个日本兵或一面日本旗经过校门时，立刻停课，将这大学关闭结束。"郑振铎坚持上完一课后，在10点30分见到日本军用车开过，"立刻挺直了身体，作着立正的姿势，沉毅的盖上了书本，以坚决的口气宣布道：'现在下课！'"同日，"文献保存同志会"的抢救工作被迫停止。16日，郑振铎被迫离家避难。17日，郑振铎到张国淦（乾若）处（沙发花园54号）商量隐居及改名易姓诸事。后改名为"陈敬夫"（或说改为"陈思训"），从此离家秘密隐居，直到抗战胜利。从1940年春至此，郑振铎与暨南大学校长何炳松、光华大学校长张寿镛以及中央图书馆蒋复璁、商务印书馆张元济、北平图书馆徐森玉潜居沦陷区为国收书，并得到了香港许地山、叶恭绰等的鼎力支持和帮助，在两年不到的时间内，在极其艰难与危险的条件下取得了卓越的成就。郑振铎《求书日录》中记载："创立了整个的国家图书馆。虽然不能说'应有尽有'，但在'量'与'质'两方面却是同样的惊人，连自己也不能相信竟会有这末好的成绩！"叶圣陶后来回忆（《〈西谛书话〉序》）："当时在内地的许多朋友都为他的安全担心，甚至责怪他舍不得离开上海,哪知他在这个艰难的时期,站到自己认为应该站的岗位上,正在做这样一桩默默无闻而意义极其重大的工作。"陈立夫《国立中央图书馆在抗战期间工作偶忆》回忆,郑振铎等人为国收书,"英庚款董事会约付一百二十余万元,教育部拨给专款二百数十万元"。无论从文化史还是学术史而言,此事都值得大书特书。对于上海出版界来说,第一要事是中华书局总经理陆费逵7月9日在香港突然病逝。国民政府明令,褒扬陆费逵:"(重庆)国府二十二日令,国民参政会参政员陆费逵,早岁倾心革命,卓然有所建树,其后从事出版事业,创立书局,编印文史,精勤擘划,对于文化界贡献殊多,近复设厂制造国防工业教育器材,适应时代需求,裨益抗建,良非浅鲜,自被选任为参政员,远道参列,献替颇殷。兹闻因病溘逝,殊深悼惜,应予明令褒扬,用资矜式。此令。"8月8日,李叔明应中华书局董事会之聘,继任中华书局总经理,任期至1949年2月。

最后是海外交流。先看"出"的方面,重心依然在美国,胡适继续任驻美大使。1月10日,胡适致电陈布雷转孔祥熙、王宠惠、王世杰、翁文灏、张群、朱家骅、徐谟诸人,报告罗斯福最近两次演说大旨,并把抗战开始以来分成三个时期,谓其对"三年余之大势作综合之陈述,以供介公之参考"。3月12日,胡适在伊利诺大学讲演《民主中国的历史基础》。至12月19日,在美国中国协会欢迎宴会上讲演《我们的敌人》。其间,胡适多次发表演讲。赵元任在耶鲁大学最后半年,继续教中文阅读课,讲授《孟子》和《马氏文通》。4月,决定接受哈佛大学聘请离开耶鲁大学。7月26日,赵元任一家迁居麻州剑桥27 Walker Street。此地很快地成为一个中国人的活动中心。从中国来的老朋友只要有可能一定来赵元任家探望或短住,这一年胡适、蒋梦麟、周鲠生、金岳霖、萨本栋、陶孟和、张彭春、林语堂、周培源等来得较多;费孝通、吴有训、钱学森、赵忠尧、于宾主教、吴贻芳等先后也都来过,中国留学生,特别是波士顿地区的,更是来得频繁。是年留美中国同学会、清华同学会、交大同学会、武汉大学同学会等都在赵元任家开过会,逢年过节来往的人更多,有时多达几十上百人(据客人签名簿统计)。王重民年初继续居于美国。2月5日,王重民冒着生命危险,去抢救1936年北平图书馆寄存在上海的300箱善本书。但到沪后,海关已在日人监视之下,不易通过。王重民乃在三周时间内开箱择出其中最尤者2720余种,装成100箱,以便抢运。但当局却迟迟不办出关手续。月底,王重民不得已回美国,想与胡适商量办法。后来终由袁同礼设法,将此200箱书籍经美国驻沪领事秘密运出上海,暂存美国国会图书馆远东部。此后,王重民又开始鉴定这批善本书,每书均摄制缩微胶卷,并撰写提要。这批书的胶卷已带回,现存于北京图书馆。在苏联,邵力子继续任中国驻苏联大使。1月,蒋介石发动"皖南事变"。邵力子在莫斯科经过努力,商定苏联启运援华飞机事告吹,便电告蒋介石,反映汇报国际舆论谴责"皖南事变"。7月4日,北平故宫博物院院长马衡因苏德战争国宝在苏展出安危问题致院理事会笺函。16日,邵力子大使致电外交部:"并请转孙院长、王、朱、马诸公:古物事苏对外文化协会已迳电复孙院长,仍称与苏联国宝在一处保存,绝对安全。顷复据面告,该会复孙院长一电并非谓古物尚在列宁格勒,故所谓安全乃是绝对的,惟地点则不能说明。以谈话前后情形观之,古物已运往安全地点似无问题。"这里特别要说一说的是香港。相对于境内而言,香港本是一个文人学者避战潜居的理想场所,在"皖南事变"之后,南方局也有意将一批左翼作家学者疏散到香港,于是香港一时文人荟萃。许地山任教于香港中文大学,与上海挚友郑振铎继续致力于珍本文献的抢购与转移。8月4日,因心脏病发作,许地山不幸在香港逝世。他在生前最后时刻为帮助郑振铎抢救民族文献出了大力。此后的重担主要落在中英文化协会香港分会秘书陈君葆肩上。鉴于许地山在香港的巨大影响,在他去世后全港学校下半旗并各钟楼鸣钟致哀。9月21日,许地山追悼会举行,400多人参加。陈寅恪继续任教于香港中文大学。1月27日,陈寅恪为《唐代政治史略稿》作自序。8月4日,香港中文大学中文系主任许地山卒,陈寅恪继任。柳亚子1月移居香港九龙柯士甸道107号,颜其居曰羿楼。其间,重晤马小进、茅盾、夏衍、乔木(乔冠华)、范长江诸人。初识邹韬奋、曾琦、梁漱溟、刘清扬、金仲华、萨空了、胡风、于伶、杨刚、曹美成、端木蕻良等文化界人士甚多。与萧红订交于病榻,称端木蕻良与萧红为"文坛驰骋联双璧"。邹韬奋3月5日从桂林抵达香港。同月,主持成立救国会海外工作委员会,由邹韬奋、杨东莼、范长江、张友渔、于毅夫、金仲华、韩幽桐等7人为常务理事。梁漱溟3月29日离渝赴香港筹办《光明报》。8月初,梁漱溟接得内地民盟通知,决议以梁漱溟为报社社长,萨空了为经理。夏衍、邹韬奋、金仲华、范长江、乔冠华等4月8日在香港创办《华商报》,夏衍任社务委员、党支部书记,主持文艺副刊。5月31日,邹韬奋、茅盾、金仲华、恽逸群、范长江、于毅夫、沈志远、沈兹九、韩幽桐联合署名在香港《华商报》发表《我们对于国事的态度和主张》。9月1日,茅盾主编的文艺性综合刊物《笔谈》半月刊在香港创刊。然至12月25日,港英当局向侵华日军投降,香港正式沦陷,大批文人学者只好通过各种途径逃离香港,少数在香港潜居下来。关于"进"的方面:美国著名记者史沫特莱10月上旬突然来访茅盾,因即将回美国,特来辞行。史沫特莱谈到了延安等抗日民主根据地和八路军的情况,表示回国后,要将中国抗战的真实情况告诉美国人民,并说:日本很快就会进攻香港,而且香港是守不住的。她建议茅盾去新加坡,因为那里可以坚守。美国作家海明威夫妇和贝斯夫妇应邀访华,5月中旬先后会见周恩来,他们表示美国反对国共内战,主张抗日,赞成实现统一战线的民主政权,不满意国民政府的武断和抗战无能,对中共的抗战态度和民主、经济、外交等政策表示关切;美国胡恒德(胡顿)时任北平协和医学院院长。1月10日,经济部长翁文灏与地质调查所代所长尹赞勋联名致函北平协和医学院院长胡恒德,建议将存于北平协和医学院的"北京人"化石等暂移美国存放。12月8日,太平洋战争爆发后,日军武力强占了北平协和医学院,胡恒德被日军囚禁,直到1945年日本战败后才获释。原由北京协和医学院美国人保管的北京人和山顶洞人的全部化石下落不明;美国司徒雷登继续任燕京大学校长。年初,鉴于日美关系逐步恶化,司徒雷登召集张东荪等5位教授代表,开会商讨学校应付事宜。12月8日,日寇进驻并封闭燕大校园,召集全体师生到贝公楼礼堂,宣布接管燕大。当时司徒雷登不在燕大,高厚德宣布学校被日军占据,学校停办。同日,司徒雷登校长在天津被日军逮捕。12日,司徒雷登被押回校园取少许衣物,被拘禁于东交民巷原美国兵营三层楼上。此后曾四次被带到日本宪兵队受审;英国林迈可继续任燕大经济学教授。中秋日,林迈可教授协助地下工作人员,将中国第29军留赠八路军的电讯器材分两次运到平西根据地。12月2日,林迈可夫妇第三次为抗日根据地送去一批军需物资。当晚,林迈可受司徒雷登校长委托,主持部分外国教师茶话会,为应付时局变化作思想准备。8日,林迈可夫妇和班威廉夫妇乘汽车出南校门,赴平西抗日根据地。31日,抵萧克将军司令部驻地;法国汉学家铎尔孟10月任中法汉学研究所所长。同月,中法汉学研究所在北京成立。此所是法国在中国开设的学术研究机构,由法国驻华使馆聘请汉学家铎尔孟任所长。其前身为《法文研究月刊》出版委员会,经费主要来自中法庚子赔款余额。珍珠港事变后,燕京大学停办,研究所于是扩大编制,增聘燕京大学语言学家高名凯、历史学家聂崇岐及原哈佛燕京学社引得编纂处职员多人。

本年度的学术论争大致沿承上年态势,承中有变。其中最为集中的两个聚焦点是郭沫若创作25周年和50寿辰庆祝活动与鲁迅逝世5周年纪念活动,现综述如下:

1.关于庆祝郭沫若50寿辰暨创作25周年及讨论。由周恩来倡导与部署、由阳翰笙组织筹办。活动中心在重庆,然后推及海内外,其中广泛涉及对抗郭沫若的赞扬与评价。11月16日下午,重庆文化界在中苏文化协会举行郭沫若50诞辰暨创作生活25周年茶会,冯玉祥、孙科、周恩来、陈布雷、潘公展、老舍等800余人出席庆祝会。冯玉祥主持茶会,于右任致开幕词,周恩来出席并讲话。老舍代表全国文协报告郭沫若生平业绩,黄炎培、沈钧儒、张道藩、梁寒操、潘公展、米克拉舍夫斯基等人先后致辞。周恩来发表讲话,高度评价了郭沫若,号召大家学习他"丰富的革命热情""深邃的研究精神""勇敢的战斗生活"。郭沫若致答词,自称"牧羊人必鞭落伍者,今日之会,实等于打我之鞭,颇觉疼痛"。他引卢梭的《忏悔录》和燕昭王求士的故事说:"今日之会,在鼓励更优秀之作家!""因此会可以消去一般人之灰心念头,使大家这样想象郭某这样人,也有人纪念,我们努力吧",答词中还对青年们做了策勉。郭沫若最后表示:"回首五十年,深感惭悚,从今日起,决再勇敢地活下去,以毕生的心血为建设中国文化及为祖国独立而奋斗!"同日,《新华日报》以两个整版出了祝贺专刊,发表了周恩来撰写的代论《我要说的话》,指出:"郭沫若创作生活二十五年,也就是新文化运动的二十五年。鲁迅自称是'革命军马前卒',郭沫若就是革命队伍中人。鲁迅是新文化运动的导师,郭沫若便是新文化运动的主将。鲁迅如果是将没有路的路开辟出来的先锋,郭沫若便是带着大家一道前进的向导。鲁迅先生已不在世了,他的遗范尚存,我们会感觉到在新文化战线上,郭先生带着我们一道奋斗的亲切,而且我们也永远祝福他带着我们奋斗到底的。"文中最后写道:"鲁迅先生死了,鲁迅的方向就是大家的方向。郭沫若先生今尚健在,五十岁仅仅半百,决不能称老,抗战需要他的热情、研究和战斗,他的前途还很远大,光明也正照耀着他。我祝他前进,永远地前进,更带着我们大家一道前进!"《新华日报》还刊出"纪念郭沫若先生创作生活二十五周年特刊"。再看延安:同在11月16日,延安文化界集会庆祝郭沫若50寿辰,凯丰、丁玲、周扬、艾思奇、萧三、草明、欧阳山、艾青、高长虹、吴奚如、柯柏年、李雷等出席。会议主席萧三报告庆祝会的意义,大家先后发言,引文据诗,至为热烈。对郭沫若数十年来在文学运动和社会活动中的贡献,特别是一年来奔走国事之辛勤,表示莫大敬佩。同日,《解放日报》刊出"庆祝郭沫若先生五十寿辰"特刊,连续发表系列文章。周扬在《郭沫若和他的〈女神〉》中指出:郭沫若是中国新文学史上第一个可以称得起伟大的诗人。他是伟大的五四启蒙时代诗歌方面的代表,新中国的预言诗人。他的《女神》,给人以勇气,引人去斗争。"自我的歌颂,民族的歌颂,大众的歌颂,这三者融合为一,构成了他的诗的内容。他的浪漫主义是属于高尔基所说的积极的革命的一种。"艾思奇《自由、民主、真理的讴歌者和追求者》说:郭沫若是"自由、民主、真理的热情的讴歌者,也是勇敢的实践的追求者"。萧三说:郭沫若是中国新文学创基者之一,是"五四"以来中国进步青年的代表,是革命的、先进的、热情的天才诗人、学者。高长虹说:郭沫若始终是站在文艺的前线,他是中国文艺这只雄鸡上的花冠。除重庆、延安之外,桂林、香港、新加坡等地,都为郭沫若50诞辰暨创作生活25周年举行了庆祝活动。11月15日,"文协"桂林分会在三教咖啡厅举行文艺茶会,庆祝郭沫若50寿辰和创作25周年,150余人参加。田汉主席并致辞,熊佛西、宋云彬等也讲了话。田汉指出:郭沫若是中国文化的垦荒者,对中国社会、政治、文化各方面都起很大的作用,抗战以来他的贡献尤大,其团结全国文化界抗敌御侮功劳甚丰。又说:他虽经百般艰难困苦,然尚能不断努力奋斗,其精神值得今日文艺工作者仿效。11月15日,邹韬奋与张一麐、柳亚子、茅盾等127人联合署名在香港《大众生活》新27号发表《敬祝沫若先生五十初度》。16日下午,香港文化界在温莎餐厅举行庆祝郭沫若先生50寿辰和创作25周年纪念会。茅盾与郭步陶、马鉴、柳亚子、邹韬奋、叶灵凤、杜国庠等被推选为主席团成员。茅盾在会上发表了演讲,主要谈了3点感想,除了向郭沫若表示祝贺之外,强调了抗战期间文化界团结的重要和可贵。同日,茅盾在《华商报》发表《为祖国珍重——祝郭沫若先生五十寿辰》,高度评价了郭沫若的人格和在文艺发展史上作出的重大贡献,认为他的文艺活动与中国的新文艺史有着"不可分离"的关系,"他所走过的路,正代表了近二十五年中国前进知识分子所度过的'向真理'的'天路历程'!"郁达夫10月24日在新加坡《星洲日报·晨星》上发表《为郭沫若氏祝五十诞辰》。文中回顾了与郭沫若20余年的交往,肯定他在新诗、小说、戏剧上的成就;谈及了郭沫若对鲁迅的尊重。他说:"尤其难得的,便是抗战事起,他抛弃了日本的妻儿,潜逃回国,参加抗战阵营的那一回事。"作者还揭露了部分人挑拨中伤自己与郭沫若关系的卑劣行径。11月15日,郁达夫与胡愈之等人在南天4楼举行有200余星洲文化人参加的"庆祝郭沫若50寿辰聚餐会",并致词,谓"郭先生为我国当今最大文学家,亦为救国有功一员""吾人庆祝郭先生,同时应努力抗建伟业"。

2.关于鲁迅逝世5周年祭及评价。以延安与重庆最为热烈。延安自1月15日成立延安鲁迅研究会以来,有关鲁迅的研究得到了明显的加强。当时在成立大会上宣布成立鲁迅研究会的目的,是推动并加强对鲁迅的研究工作,学习和发扬鲁迅的伟大精神,继承鲁迅的丰富文化遗产,建设新民主主义的文化。大会最后通过了规约,宣布了首批研究人员,并选举艾思奇、萧军、周文组成干事会,由干事会3人及周扬、陈伯达、范文澜、丁玲、萧三、胡蛮、张仲实等10人组成编委会。会议决定每年将研究结果汇集在一起,出版《鲁迅研究丛刊》1册。8月12日,周扬在《解放日报》连载长篇纪念鲁迅诞生60周年文章《精神界之战士——论鲁迅初期的思想和文学观》。9月25日,延安《鲁迅研究丛刊》第1辑出版。10月19日,延安市各界在中央大礼堂召开鲁迅逝世5周年纪念大会,各方代表千余人参加。会前筹委会散发《鲁迅先生逝世五周年纪念特刊》与《鲁迅语录》多种。大会主席萧军作报告,总结过去工作。21日,萧军在《解放日报》发表文章《纪念鲁迅:要用真正的业绩!》。说这"业绩",不仅限于"文化事业",应该"用无我的爱,自己牺牲于后起新人"。孩子世界和成人是不同的,要理解他们。"为了新的孩子们要给他们新的作品"。只有这样,后一代才能比自己更幸福。这也是用真正的业绩来纪念鲁迅。边区政府、鲁艺等分别举行鲁迅逝世5周年纪念会。23日,丁玲在《解放日报》发表《我们需要杂文》。这是延安时期最早提出"需要杂文"的一篇文章,在延安整风运动中惹了麻烦,被批评为呼吁作家拿起杂文武器,暴露延安的黑暗。重庆有关鲁迅逝世5周年纪念活动也启动于10月。同月16日,郭沫若为纪念鲁迅逝世5周年作《总是不能忘记的》,刊于19日《新蜀报·蜀道·纪念鲁迅先生逝世五周年》,又载21日香港《华商报》。17日,郭沫若作《并没"浪费"》,刊于10月19日重庆《时事新报》以及11月4日香港《华商报》。文中针对有人认为鲁迅晚年不大写小说,而写"杂文",这是把本职抛弃了,未免是精神的"浪费",进行反驳。19日晚,重庆由"文协"等8个团体联合在抗建礼堂举行鲁迅逝世5周年纪念晚会,到会群众极为拥挤。主席冯玉祥致开会词,谓鲁迅可纪念之处在于他有硬骨头精神,肯说实话,值得青年效法。郭沫若以《鲁迅与王国维》为题发表了演讲。他将鲁迅与王国维并论,王国维系中国近代新史家,而鲁迅则为一伟大的新文学家。两人所处的时代大致相同,王国维停滞在旧的学术思想范畴里,鲁迅却接受了新的思潮,因而成为了伟大青年的革命导师。在纪念会上,曹靖华讲了鲁迅先生与翻译,孙伏园还报告了鲁迅先生的少年时代。同日,《新华日报》刊出纪念专页,并在专页的显著位置刊登了毛泽东同志在《新民主主义论》中的话,编者所加的题名为《鲁迅先生与新文化运动》。同月,《中苏文化》第9卷第2—3期合刊"鲁迅学术研究特辑",刊载侯外庐《阿Q的年代问题——为鲁迅逝世五周年纪念而作》等文。同在10月19日下午3时,"文协"桂林分会也在三明戏院举行了鲁迅逝世5周年纪念会,田汉、巴金、司马文森等出席。田汉在发言中讲述历次鲁迅逝世纪念会情形及鲁迅同戏剧运动的关系。在此前的10月15日,司马文森在《文艺生活》发表为纪念鲁迅先生逝世5周年而作的纪念文章《不死的鲁迅,永生的鲁迅》。此外,居于香港的茅盾9月11日在《华商报·灯塔》发表《研究鲁迅的必要》,文中指出:"在我们中国现代,鲁迅先生的作品,不但在今天,而且将在此后长时期,为研究此一时期的文化思想者所不可或缺的遗产。"即将出版的《鲁迅三十年集》是"中国文化优秀成果的结晶,是三十年来中国文化思想大变动时代的分析镜,是民族文化继往开来的著作"。26日,茅盾作《最理想的人性——为纪念鲁迅先生逝世五周年》,刊于《笔谈》第4期。文中谈到鲁迅年轻时常常提到三个相关联的问题:①怎样才是最理想的人? ②中国国民性最缺乏的是什么? ③它的病根何在? 鲁迅一生的努力,除了其他的重大意义外,还有一重要贡献,就是"给这三个相联的问题开创了光辉的道路"。鲁迅就是"古往今来若干伟大的Humanist中间的一个"。相关著作则有:鲁迅著《汉文学史纲要》,平心著《论鲁迅的思想》,路沙编《论阿Q正传》《阿Q》(鲁迅名著评论集),景宋、巴人等著《鲁迅的创作方法及其他》(出版题名《鲁迅纪念特辑》)。

　　3. 关于五四运动22周年的纪念与阐释。在重庆,国民党《中央日报》自上年重新启动之后,继续重视一年一度的五四纪念,并努力将其纳入预设的价值定位之中。5月3日,《中央日报》第5版刊发了云山《怎样做现代青年》与化宇《大时代的中国青年》两文。前文重又大赞青年的价值,称:"青年是社会的中坚,国家的柱石,民族的基本力量。因为青年最富有生命的活力,具有创造进取的精神,和突击奋斗的勇气。所以永远站在时代的最前端,推动着历史的巨轮不停地旋转。就拿民国三十年来的革命过程看,每一个时代思潮,每一次政治运动,青年都在那里起着很重大的作用。"后文提出当时处于中国大时代的青年应该如何去做,最重要的是注重自身修养,坚持遵循三民主义:"青年应如何发扬自身的优点,发挥自身的力量,首先必须求自身的健全,注意自身的修养,这是今日青年自身一个最基本最核心的问题,唯有正确的认识和健全的修养,才能对国家作伟大的贡献。"5月4日,《中央日报》发表社评《青年报国之大道》,并设"五四纪念特刊",刊发吴铁城《"五四"的精神》、钱用和《"五四"运动回忆录》。总的来看,《中央日报》鉴于战时需要,把纪念五四运动与动员民众、激发青年的抗战热情结合起来,宣传服从领袖、国家利益至上,以达其掌控"五四"话语权之目的。同在5月4日,重庆《大公报》发表一组纪念五四运动的文章,刊载陶百川《我替青年上陈情表》、陈立夫《从五四到七七》、谭平山《"五四"运动的价值》、陈庆瑜《五四运动的新检讨》、林同济《从五四到今天——中国思想去向的一转变》。尽管《大公报》多居中间立场,但因这组纪念"五四"的文章多为国民党党员所撰,充分彰显了在抗战这一大背景下特殊的国家需求以及对五四运动的重新定位。陈庆瑜《五四运动的新检讨》提出,"重新认识自己对国家民族所应负的使命——我们在今天缅怀'五四'时代青年前辈的伟业,兴奋万千,感慨万千,自不待言! 然而历史赋予现阶段青年的使命只有一个——为实现三民主义而奋斗"。林同济《从五四到今天——中国思想去向的一转变》总结并认同思想界的新动向是"从自由到皈依""从权利到义务""从平等到功用""从浪漫到实现""从理论到行动""从公理到自力""从理智到意志"。与《中央日报》与《大公报》迥然不同,重庆左翼文坛学者以郭沫若与茅盾两篇文章为代表。5月3日,郭沫若为纪念"五四"运动22周年作《青年哟,人类的春天!》,刊于4日《新华日报》。文中指出:"'五四'运动的历史到现在竟有了二十二周年了。这个有光辉的纪念日——五月四号,被定为了'青年节',这意义是很值得阐发的。青年是发展的动力,同时也就是进步的象征。人类社会乃至一切自然界的进化关键,可以说就操持在青年的手里。""我们希望:'五四运动'时所表现的那种磅礴的青年精神要永远保持下去,而今后无数代的青年都要保持着'五四运动'的朝气向前跃进。继承'五四',推进'五四',超过'五四'。使青年永远文化化,使文化永远青年化。""我们虽然还未走到近代文化的最高峰,但自'五四'以来,我们是不息的在向上走着。这路是荆棘的路,但同时也是争取荣冠的路。我们要发挥我们文化民族的使命,便不得不斗争。没有斗争便没有文化。目前的世界有极端疯狂的暴力正在向着文化摧残,向着创造文化的精神摧残,把人类拖到黑暗的悲惨的死灭地狱。我们要从这世界末日中把文化救起,把创造文化的精神救起,救起自己本身,救起全民族,救起全人类。"同在5月4日,茅盾作《科学与民主》,刊于5月5日《华商报·灯塔》。文中指出,"科学与民主"是"中国人希望能过人的生活的最根本的要求,也是中国人能立于世界所不可缺的最根本的与最起码的要求""我们现在要告诉每一个有良心的中国人,我们要继续发扬'五四'精神,我们要科学,同时要民主,科学与民主不能分家"。再看延安方面:《新中华报》5月7日刊登时任中共中央代理宣传部部长凯丰的《今年的五四与中国青年》,肯定五四运动具有三点意义:一是"在中国的资产阶级民主革命中,无产阶级踏上了政治舞台,它的代表人就是中国共产党";二是"在中国的文化运动上开辟了一条新文化运动的道路,批判的接受中国旧的文化传统,开始介绍欧洲的先进的文化思想,这是在中国科学社会主义思想传播的先声";三是"中国青年有组织地走向了中国革命的政治舞台"。此文代表了中共理论界高层朝着建构新民主主义理论的方向发展的宗旨。20日,延安《中国文化》第2卷第6期发表社论《纪念今年五四的奋斗方针》。此外还要提及一下,5月5日,江西中正大学全体师生集会纪念革命政府成立纪念日,胡先骕校长主席并即席讲演,首述革命政府成立之意义及其经过,次述"五四运动"之成功及其流弊,最后报告时事,略谓日苏协定乃中立协定,非互不侵犯协定,故此约之签订,对于日本不发生多大之效力云。此次演讲词,经程永邃记录整理,刊于《中正大学校刊》第1卷第20期,名为《"五五"与"五四"纪念的意义》。由上可见彼此对于五四运动的意义重释大相径庭。

　　4.关于新旧中西文化论争的延续。中西文化问题论争显然与五四精神息息相关,但本年度中西文化论争的再度勃兴,最直接的导火线则是1月26日陈序经在昆明《今日评论》第5卷第3期发表《抗战时期的西化问题》,针对的是张申府《文化教育哲学》、冯友兰《新事论》12篇、贺麟《文化的体与用》等文,继续倡导全盘西化观,继1935年后再次挑起有关中西文化的论争。陈序经此文先简略回顾了5年来有关全盘西化的论争,然后指出:"我们回想十余年前,我们开始提倡全盘西化的时候,好多人都以为这是不经之谈,这是情感作用。可是经过民国的广州学术界与民国廿四年全国人士,作过热烈的讨论之后,不但谩骂全盘西化的主张的人们,逐渐趋于绝迹,而且赞成全盘西化的主张的人们越来越多。现在一般所谓头脑较为冷静的学哲学的人们,又从哲学的观点去估量这种主张,这不只是表示国人对于西洋的文化作进一步的认识,而且对于全盘西化的主张作进一步的了解。"最后得出:"我们的结论是,在抗战时期,事实上我们固趋于全盘西化,态度上,我们也是趋于全盘西化。"5月,梁漱溟《中国文化问题》刊于曲江《民族文化》第2期。文中主要讨论了以下五个问题:一、谁认识中国文化;二、怎样认识中国文化;三、两大问题有待宣白;四、中国文化的特征;五、中国本位文化问题。梁漱溟此文虽然不是直接批评陈序经的"全盘西化论",但就内容而言,梁漱溟作出了与陈序经截然不同的结论,同时也对上海10位教授提出中国本位文化的主张作出了回应与辩白。至于身为文化汉奸的宋介则有《于复兴东方文化之旗帜下吾人对于西方文化应取之态度》刊于《教育学报(中华民国教育总会)》第7期,实际上是鼓吹以日本文化为主导的汉奸文化论。再看左翼文人群体,多数主张承续"五四"精神,反对复古主张,此又与旨在否定蒋介石的《中国之命运》的文化观息息相关。其中代表性论文是茅盾的《文化近事有感》《文化上的逆流》《论今日国内的复古倾向》。其中《文化近事有感》指出,近来有些人以"提高民族意识"为借口,提倡"崇古",而"排斥一切外来学术文艺思想",这种观点与抗战时期文化建设的需要完全"背道而驰"。《论今日国内的复古倾向》则指出,"中国要坚持抗战并完成建国,则必须力求进步,倒退的'复古'是自取灭亡"。此外,新旧中西文化的论争与当时热度未减的中国文化建设的讨论也有交集,主要见于官方或官方学者的论著,包括教育部长陈立夫的《大建设时期中之文化建设》,张道藩、陈立夫等著《抗战四年来的文化运动》(上下集),傅筑夫《论中国之王道精神》,幼炯《中国民族文化之改造》。另有林语堂《中国文化精神》也涉及东西文明的比较。关于此次中西文化论争的评价,学界普遍认为不及1935年。刘集林《抗战时期一次关于西化问题的讨论》(《社会科学研究》2000年第1期)认为:"总体来看,这次论战基本讨论的还是些老问题,论战水平还远远谈不上超出30年中期的那场中西文化大论战。"不过,刘集林认为此次论战具有"独立性",和1935年的论战不同,这次论战是高校知识界自发进行,是纯粹的学术讨论。常子磊《两次文化论战的政治背景与陈序经的思想转变》(《理论观察》2022年第4期)的结论是:质言之,国民政府对全国的控制以及蒋介石个人的权威是在不断加强的。而在国民党高层无法形成合力的情况下,尚且可以用政治力量干涉1935年的"文化论战",那么对于1941年的文化论战,如果说其独立性比以往的论战都强,可以不受到政府行政力量的干预,明显不符合逻辑。而陈序经矛头直指的张、冯、贺3人,与蒋介石政府存在关系的可能性极大。尽管没有直接的证据表明以上3人倡导的所谓"文化保守主义"的主张是受到了蒋介石的指使,但他们的主张明显与当时重庆国民政府采取的"文化政策"相吻合。在1938年3月31日,国民党临时全国代表会议就通过了陈果夫等关于确定文化建设原则纲领的提案,该案中说"我国文化工作之总目标,为三民主义文化之建设,而现阶段之中心设施,则尤应以民族国家为本位。所谓民族国家本位之文化,有三方面之意义,一为发扬我固有之文化,一为文化工作应为民族国家而努力,一为抵御不适合国情之文化侵略"。重庆国民政府将"发扬我固有之文化"放在第一位,显然表明其维护"传统文化"的立场。况且,细酌"不适合国情之文化侵略"等字,似乎又隐含着否定"全盘西化"之意味。由此可推断,1941年的文化论战,蒋政府同样以行政力量参与其中。

5.关于战后重建讨论的继续。《东方杂志》第 38 卷第 1 号刊出的"建国三十年纪念号",载有郑允恭《一年来国际形势的演变》、吴泽炎《中华民国建国三十年》、史国英《建国第三十年为我高度歼日的年度》、徐同邺《空军建军三十年》、龙大均《中国与南洋联防问题》、张道行《中华建国与远东均势》、崔书琴《三十年来中国的国际地位》、丘日庆《华侨的保护问题》、陈韩笙《进步的三十年》、陈铨《政治问题的基本条件》、李毓田《中华民族之生存力》、周鲸文《民国与民主政治》、许性初《论中国富源与抗战》、彭信威《民国建国中银行的地位》、吴斐丹《建国中关于金融制度的基本问题》、黄霖生《战时粮食公卖之批判》、曾昭抡《中国学术的进展》、赵廷炳《定性分析化学之进展趋势》、庄兆祥《民元后本草研究之变迁》、储玉坤《一九四一年的美日关系》、张明南译《日本怎样觊觎荷印》等文章。这些论文尽管重在对建国 30 年的回顾,但也有部分作者涉及对战后建国的展望或建议。在有关战后建国问题的讨论中,经济建设依然是重中之重。周宪文在《满地红》1941 年第 3 卷第 3 期发表《中国抗战建国的一个基本问题》,认为"中国工业化问题",是将中国从一个前近代的"传统国家"建设成为一个近代的"民族国家"的"基本问题"。总之,"中国要求建国成功,只有赶紧工业化,中国工业化愈快,建国成功的时期也愈近。"对此,翁文灏作了更为辩证的阐述。7 月 7 日,翁文灏在《中央日报》抗战 4 周年纪念增刊上发表《以农立国,以工建国》一文。在分析了"以农立国"和"以工建国"两种观点之后,翁文灏表示:"这两种主张各有其是处,分开来看,都觉太偏,合起来说,才是正道,二者是相辅相成,而不可分的。"但翁文灏十分明确地强调:"只有工业化才能使中国富强,使中国成为国际经济发展中的重要一员。"25 日,翁文灏在中央广播电台作题为《国防经济建设之要义》的广播讲话。翁文灏表示:"立国必有基础,最重要的基础,实为经济力量。"中央研究院代理院长朱家骅尤其重视科学建国问题。6 月 30日,朱家骅在中央研究院评议会第二届第一次年会致辞演说中,论及中央研究院之于建国的使命与责任,强调中研院为国家设置之最高学术研究机关,"要从根救起中华民族,必须迎头赶上西洋文化,纯粹科学之发展为一切文明之基础。失此基础,则一切应用科学无所附丽,更不论宏大。故为建国久远之大计,本院不能不探本寻源,注重于纯粹科学之研究,以求真知真理也。"11 月 30 日,朱家骅在自然科学社第十四届年会演讲《科学研究之意见》时进一步强调:"我们随时都希望国家得科学之用,社会得科学之益,可使事业方面和社会人士对科学有深刻的了解,同时益增其对于科学之信念,盖必如此,而后科学始有裨于国家之建设,而促成科学本身在中国真正昌明。"为了唤起学术界与青年学生对纯粹科学研究的重视,朱家骅不断倡导科学精神培养的必要性与为学术而研究的精神。他尤其推崇从事纯粹理论科学研究的学者,认为如果没有能献身学术、毕生致力研究的真正学者,则"不但学术之在中国无发展之望,及国家亦安能生存!"胡先骕 10 月作《科学与建国》《国防建设与科学》。前文刊于《读书通讯》第 23 期,文中提出:"当此要建立现代化的三民主义的新中国之时,应当特别注重科学的研究,过去虽然我们是科学落后,现在我们则要急起直追和迎头赶上科学,然后才能将国家建设得稳固强盛。"所以他希望政府"对于科学的注意与提倡,还应该更多下工夫"。具体来说,"在自然科学的建国工作方面,我们应特别重视两个方面":第一是对资源的开发和利用;第二是大力发展工业。此又与翁文灏观点相近。刘守曾则在刊于《新湖北季刊》第 1 卷第 2 期的《历史教育与民族复兴》一文中强调了历史教育之于战后建国的重要意义,认为"历史教育是复兴民族的原动力""'是记载我们祖先功业和国家民族文化发展之所由来',是整个民族遗产和灵魂之所寄托,我们要发扬民族的意识,培养民族的精神,非切实推行历史教育不为功"。作者并进而提出了在"抗战建国"中历史教育应注意的几个问题:第一,要注意民族固有文化的发扬,以树立民族的自信;第二,要注意民族光荣历史的叙述,以提高民族的精神;第三,要注意叙述忠臣义士的史绩,以培养民族的正气;第四,要注意阐明中华民族的统一性,以启发国民对国族爱护的热忱;第五,要注意说明帝国主义者侵略我国的经过与原因,以激发民族同仇敌忾的情绪;第六,要注意阐述三民主义革命的历史背景,以坚定国民抗战必胜、建国必成的信仰。竺可桢11月17日在永兴主持浙大永兴分校开学典礼并在纪念周上作了"大学生与抗战建国"的演讲,论述国家培养杰出领袖人物的重要性。一个大学最重要的使命在于能使每个毕业生孕育着一种潜力,可使其离校以后,在学问、技术、品行、事业各方面不断发扬光大。这种潜力不是别的,就是能正确而敏捷地运用个人的思想。惟能运用思想,所以事变之来,也能处之泰然,应付裕如。从大的方面来说,竺可桢校长的演讲属于教育建国的范畴。此外,本年度边疆建设问题因受到官方与学界的高度关注而再度升温。6月12—13日,国民政府教育部在重庆召开边疆教育委员会二届一次会议,出席委员及有关人员51人。会议决议案有优待边疆教育人员及学生、划分边远地区学校区、促进边疆教育研究工作等46件。顾颉刚在出席教育部边疆教育委员会第二次全体会议期间,与马毅合提《建议订正历史上有关障碍国族团结之传说案》。10月2日,朱家骅发表《西北建设问题与科学化运动》一文,鼓励科学工作者到西北去开辟一个科学的新天地,使原已兴起的"西北热"再度升温。另一方面是西南边疆建设问题。1939年7月至1940年3月,国民政府教育部组织的西南边疆教育考察团对云南、贵州、广西三省"边地"进行了考察,考察团撰写了一系列考察报告,并就西南边疆建设提出了问题和建议,对国民政府制定相关政策发挥了积极作用,考察团成员也以个人名义发表了一批论文。考察团成员之一赵纯孝撰写了《西南边疆社会:从重庆到高县》。是年,赵纯孝《西南边疆建设的先决问题》刊于《三民主义周刊》第1卷第15期。

6.关于中国社会史问题论争的延续。主要在马克思主义学者内部展开讨论。叶蠖生5月在《中国文化》第2卷第6期发表《从安阳发掘成果中所见殷墟时代社会形态之研究》。文中针对尹达提出利用出土文物研究古史的主张有所质疑与矫正。6月,尹达在《中国文化》第3卷第1期发表《关于殷商史料问题——兼论殷商社会性质》。此文就谢华和叶蠖生的批评进行了答辩。尹达认为,意见之所以分歧的中心环节,在于对殷代史料的看法或多或少有些出入。"如果想正确地把握社会的本质,必须依据正确的史料,必须正确地分析史料本身的可靠程度,才可能得到相当安定性的结论。"作者重申:殷代虽然存在奴隶,但还不曾成为决定社会性质的因素。延安史学界关于殷商社会性质的讨论一度活跃,但仅限于殷商,而未涉及西周和西周以后的时代。在讨论中,各家观点虽相持不下,但在学术方法论上却日趋一致。约在7月,侯外庐撰成《中国古典社会史论》,随后转到对先秦诸子思想的研究,开始写作《中国古代思想学说史》。侯外庐《韧的追求》(生活·读书·新知三联书店1985年版)回忆:"《中国古典社会史论》的写作动机,是十年前就形成的。那就是中国史学界开始论战,苏联学者也把亚细亚生产方式作为'空白'史提出来讨论的时候。""十年以来,我常常考虑着一个问题:讨论中,有两种明显的偏差,一种是公式对公式,教条对教条,很少以中国的史料做基本立脚点;另一种则是,形式上占有了一些中国古代的材料,而实际上忽略了中国古代社会的基本法则。我总觉得,问题的本质在于没有找到研究中国古代的科学路径。也就是说,还缺乏正确的方法论来处理中国古代浩繁的史料。""我写《中国古典社会史论》时进一步感到,在亚细亚古代社会发展规律探明的前提下,对先秦诸子思想学说产生、发展的背景和实质作出科学说明的条件已经具备。所以我又决定写一部古代思想史,从而使社会史与思想史贯通起来,建立一个古代研究的系统。"9月,李达在《文化杂志》第1卷第2期发表《中国社会发展迟滞的原因》。文章把相关问题归纳为八个方面,即战乱频繁,封建力役,封建剥削,宗法封建制下聚族而居的村落公社,封建的政治机构,农民阶级不能担负新生产方法,科学的不发达与儒家学说的影响,地理环境。稍后蒙达坦在《文化杂志》第2卷第1期发表《与李达先生论中国发展迟滞的原因》,认为除了封建力役和封建剥削外,特殊的土地关系、农民战争、共有财产也是封建社会发展迟滞的原因。华岗撰文批评了李、蒙二人的意见。吕振羽、吴泽、罗克汀等也参加了讨论。这场讨论一直延续到解放战争时期。

7.关于文艺"民族形式"论争的延续。在延安依然是一个热点问题。3月9日,延安文艺月会举行第五次座谈会,边区政府教育厅长、边区秘书长周文主持会议。议题是我对于民族形式的看法和意见。5月9—14日,晋察冀边区文艺界各协会召开民族形式问题座谈会。20日,王实味在《中国文化》第2卷第6期发表《文艺民族形式问题上的旧错误与新偏向》。10月1日,延安文抗分会文艺小组工作委员会提出《文艺小组工作提纲及其组织条例》。11月26日至12月28日,延安文抗分会文艺小组工委先后在学生疗养院、边区师范、马列学院、供给学校、三局、文化俱乐部、边保教导营等处举行7次巡回座谈会。文协代表大会后,45个单位成立85个文艺小组,参加者667人。为了提高质量,总结经验,通过座谈会广泛征求意见。总的题目是写什么和怎样写? 读什么和怎样读? 其中有关联的问题是"何谓民族形式?""如何创造新的形式?"12月2日,江丰在《解放日报》发表《绘画上的利用旧形式问题》。重庆方面,胡风所编《民族形式讨论集》5月1日出版。其中收集了29篇文章,还有两个座谈会记录。编者将文章分为11组,其中第二组是关于旧形式的作用,第四组是戏剧民族化论文,基本上反映民族形式讨论的发展情况与成果。此后,胡风又编《"民族形式"讨论集》由重庆华中图书公司刊行。9月26日,阳翰笙主持在渝诗人诗歌座谈会。到会者有黄芝冈、陈白尘、臧云远、安娥、姚蓬子等人。臧云远作关于诗的样式问题的报告,常任侠对中国古代的诗体详加分析,姚蓬子、凌鹤、李嘉、任钧、黄芝冈等也发表了意见。此外,从重庆到香港的茅盾则继续关注文艺的"民族形式"问题。1月6日,茅盾作《戏剧的民族形式问题》,刊于3月29日《抗战文艺》第7卷第2—3期合刊。文中提出戏剧的"民族形式"的建立,应做两方面的工作:"一是改良旧戏而建立'民族形式'的新歌剧,又一个是在建立'民族形式'的目标下来继续发展话剧。"2月1日,茅盾在座谈会上的发言纪要《在戏剧的民族形式问题座谈会上的讲话》刊于《戏剧春秋》第1卷第3期,文中向参加座谈会的人介绍了西北及新疆的情况,并指出"建立中国文艺的民族形式要紧的是深入今日中国的民族现实"。19日,茅盾作《抗战期间中国文艺运动的发展》,刊于4月20日《中苏文化》第8卷第3—4期。其中第三点谈"我们的文艺的内容与形式问题,也就提到了一个新的阶段"。指出:"中国作家所必须反映者,正是这样的抗战的现实。""至于形式问题,由从前的'大众化',而更进一阶段,即所谓'民族形式'"。9月14日,茅盾作《从"九一八"十周年想到文学》,刊于同月18日《光明报·鸡鸣》"九一八特辑"。文中认为10年来,一些"理论的实践问题还没有得到圆满的解决",例如大众化和民族形式问题,而民族形式问题,同时也是一个内容问题,还有"研究和发展之大大的必要"。总的来看,上述关于文艺"民族形式"的论争深度依然不足。

8.关于"巴蜀文化"的讨论。先是在上年,卫聚贤和郭沫若、马衡、常任侠、商承祚等数十名学者在重庆成立了"巴蜀史地研究会"。至本年10月,《说文月刊》第3卷第4期题名为"巴蜀文化专号",载有郭沫若、常任侠、卫聚贤等学者的11篇论文以及《巴蜀文化》主编金祖同所撰《冠词》。金祖同在《冠词》的开首部分,追述了《华阳国志》《春秋》《蜀王本纪》等文献所记巴蜀两国及两族历史,继而接以两汉、三国、唐宋巴蜀历史文化。显然,金祖同所谓"巴蜀古文化",就是巴蜀古代历史文化,而"巴蜀新文化",则是与之相对应的巴蜀现当代文化。可见,金祖同以第1期"巴蜀文化专号"《冠词》名义发表的"巴蜀文化"概念,是包容古今巴蜀地域文化的总称。卫聚贤的《巴蜀文化》一文有数万字,并附有大量在四川出土的各类器物的描摹图。作者根据成都白马寺坛君庙出土的青铜器及其他考古发掘资料,认为巴蜀文化不仅古老,而且和中原文化有很大不同,首次提出"巴蜀文化"的概念。其直接的导因无疑是玉器、青铜器新的出土材料,为巴蜀区域文化的认识提供了可信的佐证。而提出"巴蜀文化"概念的最初意涵,即包含了"学术文物"之"古文化"和复兴国家民族之"新文化"的两种涵义。这是为《说文月刊》自觉认同和担当的历史使命,也是编辑两期"巴蜀文化专号"并提出"巴蜀文化"概念的当代意义。胡昭曦《从〈说文月刊〉辨析"巴蜀文化"命题的初义》和《"巴蜀文化"学术命题的地理含义》认为,卫聚贤所指的"巴蜀文化"是先秦时期蜀国和巴国的文化与巴蜀地区自古以来的文化。卫聚贤的《巴蜀文化》是作者在巴蜀地区所见考古文物的基础上撰写完成,提出"故知其蜀人文化之古,而不知其蜀人文化之异",其侧重于考古方面的巴蜀文化发现,并附有图片,认为巴蜀文化高深的原因在于四川盆地沃野千里的历史地理环境。要之,由卫聚贤等率先提出"巴蜀文化"概念,并在《说文月刊》以"专号"发起"巴蜀文化"讨论,有力地推动了四川地区巴蜀文化的考古发掘和学术研究。但在当时,"巴蜀文化"概念并未为学界所广泛接受,甚至遭到了许多学者的反对,直到60年代以后才得到正式承认,并作为中国主要文化区之一而一直沿用至今。

9.关于冯友兰新理学的论争。冯友兰的《新理学》为其赢得了巨大的学术声誉,但同时也引发了推崇与批评两种不同的声音。1月,朱光潜在刊于《文史杂志》第1卷第2期的《冯友兰先生的〈新理学〉》中盛赞"近一二十年来,关于中国哲学方面,我还没有读到一部书比冯友兰先生的《新理学》更好。它的好并不仅在作者企图创立一种新哲学系统,而在他有忠实底努力和缜密底思考"。但又认为《新理学》之哲学系统在真际与实际是否有范围大小之分别、真际与实际如何发生关系、我们如何知真际与实际三方面有破绽,《新理学》之艺术论也存在问题。后冯友兰发表《新理学答问之一》,即是对朱光潜《冯友兰先生的〈新理学〉》的答复。同月,胡绳《反理性主义的逆流》(评《新理学》)刊于《读书月报》第2卷第10期。此文代表了左翼学者群体的主流观点。同月26日,陈序经在昆明《今日评论》第5卷第3期发表《抗战时期的西化问题》,继续倡导全盘西化观,其中有对冯友兰《新事论》第12篇的批评。2月16日,冯友兰《答陈序经先生》刊于《今日评论》第5卷第6期,对此作出回应。3月,太虚《冯著〈中国哲学史〉略评》刊于《读书通讯》第22期。4月,梁实秋《新世训》书评、胡秋原《论新理学》刊于《星期评论》第18期。5月,似彭《冯友兰先生的〈新世训〉》刊于《新经济》第5卷第3期。10月23日,莲峰《形式逻辑与"无字天书"———读冯友兰先生的〈新理学〉》、胡绳《反历史主义的历史主义》(评《新事论》上)刊于香港《华商报》。30日,胡绳《反历史主义的历史主义》(评《新事论》下)刊于香港《华商报》。胡绳两文皆对冯友兰《新事论》提出批评。同月，孙雄曾《新理学》书评刊于《星期评论》第38期。此文认为《新理学》的哲学系统是"程朱理学在新理学烛照下之重光。就其为程朱理学之重光一方面看，冯先生是替我们写了一部空前底好书；但就其为发表一个哲学系统一方面看，则似乎冯先生是太爱惜了他的系统，以至未能完全忠于他的方法"，并从理之有无、理与气之关系、真际之看法、真际与实际之关系四方面提出质疑。12月，朱自清《介绍〈新世训〉》刊于延期至是日刊出版的《读书通讯》第27期，文中对冯友兰的《新世训》作了细致评介，认为"这是二十年来同类的书里最有创见最有系统的一部著作，同时又是一部有益于实践的书"，能揭示宋明道学家思想中"那些颠扑不破的道理"，使人"知道宋明道学家的学说里确有许多亲切的做人的道理"。此外，侯外庐、杜国庠也都有批评冯友兰《新理学》之论，观点近似胡绳，但态度与方法比较缓和与巧妙。

10. 关于美术创作取向的论争。8月16日，延安美协举办的"1941年美术展览会"开幕。18日，艾青在《解放日报》发表美术评论《第一日——略评〈边区美协一九四一年展览会〉中的木刻》，指出：这次展览是新的人类和新的文化向她的无情的摧毁者所发出的抗议，并对一些展出作品作了点评。28日，胡蛮在《解放日报》连载美术评论《目前美术上的创作问题——为"边区美协1941年美术展览"而作》，文中指出：就"提高理论和技巧的质量"这口号来讲，我们还没有提高到应有的程度。就内容来说，轻视政治命题，偏重自由创作。其来源是错误地认为艺术和政治是两回事，并由此而发生了"艺术第一"的谬论，以致陷入形式主义学院派宗派观念的泥潭。作为革命的艺术家的工作，主要的是在作品上所表现出的政治意义。9月22日，力群在《解放日报》发表评论《美术批评与美术创作者（读了胡蛮底〈目前美术上的创作问题〉之后）》。作者针对胡蛮所持的这次美展所展出的只是大量的"风俗画"而没有反映出现实生活的政治意义的论点，提出不同看法：第一，胡对于作品的看法过于表面。第二，胡蛮不了解创作者与生活的联系，因而要求他们去反映所不熟悉和不喜欢的东西。第三，胡蛮的文章有轻视技巧之嫌。技巧是一种艺术表现的能力，是使生活转化为艺术作品的关键。因此，不能认为技巧对艺术家来说无关紧要，更不能认为强调艺术技巧，就是"艺术第一"，就是"陷入形式主义学院派"。这次争论在延安美术界，特别是在鲁艺师生中引起较大的反响，多数人赞同力群的观点，认为应当正确处理政治与艺术的关系，加强艺术技巧的学习，全面、客观地评价作品。鉴于美术创作方面的论争为数不多，所以本次论争具有一定的代表性意义。

本年度尚有关于"三民主义"的讨论、关于"中国化"的讨论、关于"民族性"的讨论、关于文艺批评的论争、关于曹禺文学创作的讨论、关于许地山的缅怀与评价，等等。也有一些座谈会甚至漫谈而形成论争。比如1月8日茅盾、胡风、戈宝权、庄启东、以群、罗荪、宋之的、葛迪鹤、胡绳、艾青、光未然、葛一虹、力扬、臧云远举行座谈会，座谈的中心主题是作家的主观与艺术的客观问题，同时还讨论了什么是世界观、世界观是怎样形成的、世界观的发展等问题。座谈记录以《作家的主观与艺术的客观性》为题发表在《文学月报》第3卷第1期。又如7月17—19日周扬在《解放日报》连载长篇论文《文学与生活漫谈》。22日，白朗、艾青、舒群、罗烽、萧军、丁玲在杨家岭文抗分会内参加漫谈。8月1日，《文艺月报》刊出《〈文学与生活漫谈〉读后漫谈集录并商榷于周扬同志》以及萧军的《"艺术家的勇气"》（实际出版时间延期），就周扬的主要观点提出商榷，因丁玲的观点与另外几个人不完全一致，商榷文章发表时，丁玲没有列名。此外，相关刊物专号或准专号则有：《现代史学》第4卷第3期刊出"国立中山大学史学研究会成立十周年纪念论文集",收录了朱谦之《什么是现代》、陈安仁《历史教学法的理论》、罗香林《尚书名义考》、郑师许《广学会与戊戌前后之西洋文化运动》、陈啸江《地理因素在历史中所占地位之评价》、彭泽益《太平天国战后土地之丧乱及其整理》、李肇新《精神分析学的历史观》、关履权《论个人对历史的作用》等文;《社会科学》第3卷第1期出版"国立清华大学三十周年纪念专号";《东方杂志》第38卷第15号刊出"日本内幕专号";《江西地方教育》第211—212期合刊、第213—214期合刊推出"三民主义文化运动专号"(上、下);《江西地方教育》第224—226期合刊刊出"国民教育行政特辑";《新湖北教育》第1卷第1期刊出"计划教育专辑";《国民教育指导月刊(福建)》第1卷第2期刊出"国民教育行政专号";《国民教育指导月刊(广西)》第1卷第3期刊出"成人教育专号";等等。

上述学术论争之外,聚焦于重要学术论题的论著尚有:曹日昌著《谈学术中国化》,黄照熹著《论建立学术中心问题》,贺麟著《学术与自由》,钱穆著《新时代与新学术》《改革大学制度议》,王长仁著《从自由谈到学术自由与学术三民主义化》,任鸿隽著《近代科学之发展与哲学之关系》,艾伟著《学术研究与行政设施》,胡鉴民著《泛论进化与学术救国》,刘振东著《学术与政治》,李俊龙著《与青年论学术》,郑振铎著《国学集》,李源澄著《东晋南朝之学风》,萧一山著《清代之学风》,宋云彬著《章太炎的学术思想及其影响——太炎先生逝世五周年作文》,章钦著《今后世界学术思潮之动向》,艾思奇讲述、巧雅记录《哲学讲授纲要》,毛泽东著《辩证法唯物论》,谢幼伟著《唯物史观与道德》,胡纯俞著《论马克斯主义》,刘炳藜著《三民主义之哲学体系》,朱谦之著《中国思想方法论纲——知行问题》,刘鹰扬著《民生史观的学理根据》,傅筑夫著《论中国之王道精神》,时粹林府社编《重论新启蒙运动》,白丁等著《论思想方向》,于省吾著《论语新证》,蔡介民著《礼记通论》,马一浮著《复性书院讲录卷五》(《洪范约义》),李长之编著《西洋哲学史》,陈铨编著《叔本华生平及其学说》,朱谦之著《孔德的历史哲学》,牟三宗著《逻辑典范》,汪奠基著《理则学》《论理哲学》,谌小岑著《社会价值论》,高觉敷编《群众心理学》,周永耀著《实业心理学》,蒋维乔编《佛学纲要》,丁福保著《佛学撮要》,梁启超著《佛学研究十八篇》,陈垣著《南宋初河北新道教考》《清初僧净记》,太虚讲演《我的佛教革命运动略史》,谢扶雅著《基督教与现代思想》,朱维之著《基督教与文学》,薛暮桥著《中国革命问题》,邹韬奋等著《中国的光明前途》,钱俊瑞著《中国革命的战略与策略》,王赣愚著《民治独裁与战争》,王宠惠讲《战时外交》,吴克峻等编《中国外交年鉴》,朱家骅著《苏日中立条约成立后的国际形势》,戈明著《全世界被压迫民族问题》,李秋林著《第二次世界大战的展望——其原因、现状及其前途之分析》,余拯著《国防科学原理》,王维屏著《国防地理》,胡焕庸编著《中国经济地理》《美国经济地理》,朱通九著《近代我国经济学进展之趋势》,王亚南著《政治经济学在中国——当作中国经济学研究的发端》,宋澎著《中国农田水利事业的回顾与展望》,叶默君著《系统社会学》,李玄伯著《中国古代社会新研初稿》,毛泽东著《调查研究指南》,梁漱溟著《答乡村建设批判》,李济著《民族学发展之前途与比教法应用之限制》,杨幼炯著《中国民族文化之改造》,张九如著《根据三民主义分析人类战争》,史篯著《汉唐宋地方制度之研究》,庄兆祥著《民元后本草研究之变迁》,李广平著《中华民族发展史》,中共中央西北工作委员会编《回回民族问题》,刘联珂著《帮会三百年革命史》,张冈仁著《古代中国文化的变化影响》,高良佐著《革命报纸的元祖》,陈果夫著、王镜清编《中国教育改革问题》,万钧著《中国文化的新动向与国立中山大学的学术风气》,梅贻琦著《大学一解》，毛子水著《论大学中设立科学史系事》，匡焕葆著《教育行政学术化之必要及其途径》，朱光潜著《从教育部的几种新政谈到功令与学风》《说校风》，卢于道著《科学教育的实施及推进问题》，邱椿著《大学教育的一个新动向》，姜琦著《大学之导师制度》，陈东原著《论我国大学教员之资格标准及聘任制度》，谢元范著《论今日大学的学术空气》，林一岁著《今日上海大学生的学术研究风气》，范祖珠等著《抗战中之大学生生活》，郝更生著《体育学术界当前的问题》，童子坚著《历代书院沿革规制考》，王著寰著《历代书院沿革规则考》，何清儒著《职业教育学》，朱云平著《性教育概论》，岑麒祥著《历史语言学中分化作用及统一作用》，陈梦家著《关于上古音系的讨论》，周祖谟著《古音有无上去二声辨》《禅母古音读如定母说》《审母古音考》，胡厚宣著《甲骨文所见殷代之天神》《卜辞零简》，于省吾著《双剑誃殷契骈枝续编》，许世瑛著《段氏说文注所标韵部辨误》，沈兼士著《声训论》《汉字义读法之一例——说文重文之新定义》，张世禄著《中国文字学概要》，马叙伦著《中国文字之源流与研究方法之新倾向》，许地山著《许地山语文论文集》，谭正璧编著《国语文法》，郭绍虞著《语文通论》，倪海曙编著《中国字拉丁化运动年表（1605—1940）》《反对拉丁化的十种"理由"》（附驳复参考），黄锡凌著《粤语韵汇（广州标准音之研究）》，朱明著《日本文字的起源及其变迁》，刘大杰著《中国文学发展史》，朱东润著《中国文学批评论集》，李长之著《文学研究中之科学精神》，张其昀著《文学与民族性》，王汝棠著《文学与地域考》，艾青著《诗论》，蒋伯潜、蒋祖怡编著《诗》《骈文与散文》《小说与戏剧》，梁宗岱著《屈原》，陆侃如著《建安文学系年》，宗白华著《论〈世说新语〉和晋人的美》，闻一多著《宫体诗的自赎》，詹安泰著《中国文学上之倚声问题》，徐中玉著《诗话之起源及其发展》，潘光旦著《中国伶人血缘之研究》，余亚甫著《白话诗往哪里走》，端木蕻良著《中国三十年来之文学流变》，徐中玉著《抗战中的文学》，梁绳祎著《日本古代文学与中国文学之关系》，世界文艺丛刊社编《高尔基五周逝世纪念特辑》，朱锦江著《古代艺术中所见之羽翼图腾考——中华民族文艺思想史稿之一节》，侯外庐著《抗战文艺的现实主义性》，欧阳山著《马列主义和文艺创作——文艺思想性和形象性漫谈之一》，茅盾著《抗战期间中国文艺运动的发展》，冼玉清著《广东女子艺文考》，童书业著《中国山水画南北分宗说新考》，郭沫若著《我怎样写〈棠棣之花〉》，鄞中铁著《木刻版画概论》，蒋梦麟著《书法探源》，叶楚伧著《文史与兴亡》，常乃惪著《历史与历史学观念的改造》，叶蠖生著《对于学习中国历史的几点意见》，魏应麒著《中国史学史》，金毓黻著《中国史学史》《东北通史》上编，齐思和著《西洋史教学之基本问题》，吕振羽著《简明中国通史》（上册），范文澜（原题中国历史研究会）编《中国通史简编》（上册），张荫麟著《中国史纲》（上册），金兆梓著《中国史纲》，陶栋编著《历代建元考》，吕思勉、童书业编《古史辨》（第7册），杨宽著《中国上古史导论》，吕思勉著《先秦史》，蒙思明著《考据在史学上的地位》，余嘉锡著《疑年录稽疑》，顾颉刚著《论鲁学跋》，陈序经著《广东与中国》，杨志玖著《关于马可·波罗离华的一段汉文记载》，杨家骆、杨李慧著《近世东北国际关系日记》，杨钟健著《地质与史学》，尹世积著《禹贡集解》，夏威著《中国疆域拓展史》，陈啸江著《中国地理对于中国经济史特殊发展之影响》，蒙文通著《国史上黄河初次改道与种族之祸》，任乃强著《康藏史地》，郑奇影编、裘培德绘图《上海里街详图》，颜虚心著《法国东方学之亚洲古代地理学》，胡焕庸编著《世界地理》，黄炎培著《蜀南三种》，罗振玉著《贞松老人遗稿》甲集，张寿镛著《约园杂著续编》，叶德禄著《四库提要宣室志考证》，金德建著《古籍丛考》，容庚著《商周彝器通考》，金云铭编《邵武协和大学校地南宋墓发掘研究报告》，徐旭著《图书馆与民众教育》，蒋复璁著

《图书室管理法》,吕绍虞编著《中国图书馆大事记》,袁同礼著《抗战期中我国博物馆之动态与前途》,等等。曹日昌《谈学术中国化》强调学术中国化不会是全盘西化,也不同于中国本位文化,学术中国化是批判的接收,也是积极的创造。贺麟《学术与自由》认为学术可以构成一个独立"自主王国",政治、经济等其他领域不能加以干涉。刘振东《学术与政治》谈到今日中国学术界之大弊有三,曰偏狭,曰空疏,曰妄诞,三弊不除,不足以谈学术,且将促民族之灭亡,指出"发展中国学术的途径"的五个要点:一学术要全民化;二学术要民族化;三学术要实用化科学化;四治学与修德并重;五学术要博大精神。钱穆《新时代与新学术》提出:"中国学者急当廓开心胸,放宽眼界,一面是自己五千年深厚博大之民族文化历史世界,一面是日新月异惊心动魄的欧、亚、美、非、澳全球新环境。向内莫忽了自己诚实的痛痒的真血性,向外莫忽了民族国家生死存亡的真问题。在此交灌互织下,自有莫大前程。"谢幼伟《唯物史观与道德》提出道德史观,认为道德是超阶级的,其目的是针对唯物史观。陈垣《南宋初河北新道教考》为《明季滇黔佛教考》之姐妹篇。《佛教考》写的是清推翻明朝北京政权后已"实为畿辅"之滇黔,《道教考》写的则是北宋亡后沦于金统治下之河北。王亚南《政治经济学在中国——当作中国经济学研究的发端》提出"以中国人的资格来研究政治经济学"的主张,强调密切联系中国社会的实际,使马克思主义政治经济学中国化。胡焕庸编著《中国经济地理》记述了我国的地形、气候、人口、自然资源的分布情况,并论及抗战前后的对外贸易、经济抗战和经济建设等问题。李玄伯《中国古代社会新研初稿》由北平来熏阁书店出版。此书取社会学之法,以古朗士所述的古希腊罗马社会为参照,对中国古代社会与希腊、罗马的古代社会进行了比较研究,为中国古史研究开辟一新门径。梅贻琦《大学一解》系作者在主持西南联大常务工作期间,熬了一夜写出要点、由清华教务长潘光旦先生代拟的文稿,最能集中体现清华的两大教育理念之一——通才教育思想。钱穆《改革大学制度议》提出创立不分系之学院制的改革设想。毛子水《论大学中设立科学史系事》强调综合科学史的意义,极力主张在国内大学设立科学史系。朱光潜《说校风》对校风给出了自己独特的定义,即校风至"风"包含风格、风行、风气、风范、风化5种含义。何清儒《职业教育学》堪称职业教育中国化的标志,对职业教育师资队伍建设做了全方位的指导,这对于当今职教事业的探索与实践有巨大的指导意义。胡厚宣《卜辞零简》分别论述了殷代纪四方之序、五方观念、中国称谓的起源、殷人的乐舞、牙病记录,系由《论殷代纪四方之序》《论殷代已有五方之观念》《殷代之乐舞》《甲骨文中之牙病记录》《"中国"称谓之起源》5篇短文组成。此文利用卜辞揭出《山海经》和《尧典》两个系统中有关材料可信,不仅揭示了卜辞中所见商代四方风名,还将其与《尚书·尧典》《山海经》《夏小正》《国语》诸典籍中的四方风名相印证。论文发表后震惊整个学林。胡厚宣《甲骨文所见殷代之天神》也是作者研究殷商宗教最早的代表性论文之一。刘大杰《中国文学发展史》为中国文学史的经典名著。作者自1937年夏至抗战结束,滞留上海达八年之久,在基本依靠妻子教书薪资维持最低生活的困境中,专心写作《中国文学发展史》。上卷于1941年1月出版,下卷于1943年完稿,因故推迟至1949年出版。全书上起殷商,下迄清朝,具有先进的文学史观、开阔的世界文学视野以及精深的文学感悟和鉴赏力,所以能在众多中国文学史著作中独树一帜,"成一家之言"。此书出版后引起学术界的重视,在海内外赢得了巨大声誉,被誉为近世最重要的中国文学通史著作之一,亦可谓20世纪前期中国文学史写作的典范之作。有的研究者认为此书"是我国第一部全面、系统、科学论述中国文学集大成之作""为民国时期的文学史撰写,划上了一个圆满的句号,也为发轫于世纪初的中国文学史学的走向成熟,建立了重要的里程碑"。潘光旦《中国伶人血缘之研究》收集整理了从嘉庆十七年至民国二十三年(1812—1934)100多年间共170余个伶人资料,系统地分析了他们的地理分布、社会阶层分布、移植与血缘关系。作者在弁言中说:"这是我对于中国人才问题的第一种比较有系统的研究尝试。我相信我所用的立场是一个比较新鲜的立场;用了生物遗传的眼光来观察中国的人才,这大概是第一次。"茅盾《抗战期间中国文艺运动的发展》,指出抗战4年后的今天,中国文坛已形成了好几个重心点,重庆是一个,而桂林、延安、昆明、金华乃至上海,也都是其中之一。虽然作家、艺术家采取"人自为战"的方式,但目标是一个,步骤是一致的。全国大型文艺刊物如重庆、桂林、延安、上海、福建各地共有二十多种。文艺通讯员工作有三个地方继续在做:延安、香港、上海。延安的规模最大,人数最多。蒋梦麟《书法探源》为我国第一部全面、系统、科学的书法理论著作。金毓黻《中国史学史》为史学界公认为建国前最好之中国史学史专著,对后来史学史著作有一定影响。金毓黻《东北通史》上编与略早于此书的傅斯年《东北史纲》同为我国东北地方史研究的奠基之作。蒙思明《考据在史学上的地位》对数十年来"谈史学的人,除考据外,皆斥而不谈"的风气痛加针砭。认为考据不能独当史学重任,而且考据必须有历史哲学的领导、有博大鸿阔的学识以及有实用价值。总之,"需要有目的的考据,更精密的考据学,具特识的考据家。否则整理国故,再造文明的鸿愿,永远是一个鸿愿而已"。杨宽《中国上古史导论》收入《古史辨》第7册上,为杨宽的成名作。吕思勉《先秦史》在编撰体例上颇有特色,在民族疆域、社会组织、农工畜业、衣食住行、政治制度、宗教学术等方面,皆作专题论述。作者自评"此书论古史材料,古史年代,中国民族起源及西迁,古代疆域,宦学制度,自谓甚佳"。陈序经《广东与中国》认为"广东在中国,无论在文化上,在抗敌上,都占据了很特殊与很重要的地位"。杨志玖《关于马可·波罗离华的一段汉文记载》依据《永乐大典》卷19418所录元代《经世大典·战赤》的一段史料,解决了一桩历史公案,考证出马可·波罗在其《游记》中所述他伴随蒙古公主从泉州返波斯等事是真实的,他确实到过中国,还订正马可·波罗离华时间是在1291年初,而不是以前西方人所认定的1292年初。这是迄今所知汉文记载中唯一能见到的马可·波罗活动的考证和研究,得到向达、顾颉刚、汤用彤、傅斯年等人高度评价,并因此而获中央研究院名誉学术奖。容庚所编《商周彝器通考》阐述了商周彝器的起源、发现、类别、时代、铭文、花样、铸法、价值等内容,对器物的形制、花纹和铭文的流变作综合的研究,突破了宋清以来的金石学模式。全书取材宏富,抉择有方,考证谨慎,图文并茂,被学界誉为20世纪青铜器学的"奠基之作",标志着青铜器的研究从旧式的金石学迈向近代考古学的新里程。袁同礼《抗战期中我国博物馆之动态与前途》强调"吾人一方面固应吸收欧美最新之方法,但同时对于我国固有之方法及技术,尤应予以保存,努力创造一种中国博学。吾人不但应将此种学术普及于本国,并应设法使其普及于全球"。

　　聚焦于学术史的成果较为丰硕,重要论文有:刘仙洲《我国学术研究之回顾与前瞻》,曾昭抡《中国学术的进展》,戴裔煊《中国学术思想之东渐及其影响》,容肇祖《明代思想史》,刘天行《评中国近三百年学术史》,张九如《战后世界学术思潮蠡测》,张维华《明清间基督教及西洋学术东渐史自序》,梁绳祎《外国汉学研究概观》,林建神《一年来的中国学术运动》,贺昌群《唐代文化之东渐与日本文明之开发》,艾思奇《抗战以来几种重要哲学思想的评述》,朱通九《近代我国经济学进展之趋势》,朱经农《近代教育思潮七讲》,罗庆山《中国三十年来教育宗旨之变迁》,梁瑞甫《中国新教育实施的过去与未来》,陈铨《文学批评的新动向》,童书业《中国山水画南北分宗说新考》,金灿然《中国历史学的简单回顾与展望》,周予同《五十年来中国之新史学》,沈兼士《近三十年中国史学之趋势》,叶蠖生《抗战以来的历史学》,等等。刘仙洲《我国学术研究之回顾与前瞻》认为,学术对国家及民族的发展至关重要,"学术之高下,对于国家民族,无论就事业方面而言,或就精神方面言,均有极重大之关系。故提高学术至少应为建国前途极重要事项之一种。"文章分四个阶段来回顾我国学术研究的发展进程:1."吾国自周秦至明末学术发展概况";2."自明末至前清中叶吾国学术之变化";3."第二次吸收西洋学术及其影响";4."施行新式教育以后吾国学术进展情形"。作者认为,抗战胜利以后,各种事业必一律振兴。其有赖于各种学术以建其基础者,亦必较过去任何时代为尤殷。故吾国政府此时,应特别对于各种学术加以有计划的提倡。然后提出提高学术的六个方面的具体途径。曾昭抡《中国学术的进展》充分肯定1927年以来学术事业的空前发展:(一)大学及专科学校的充实;(二)研究机关的设立;(三)专门学会的成立;(四)科学名词的编订。盛称"至'七七'事变发生时止,八年中间,中国学术的成就,实在惊人。我们甚至可以说,这几年的成就,超过过去几千年"。戴裔煊《中国学术思想之东渐及其影响》从学术思想方面探究中国学术思想东渐的经过,并看其在日本发生怎样的影响。主要分:一、绪论;二、中国文化东渐之嚆矢;三、汉文之东传及其蜕变;四、隋唐时日本的留学生与典籍的东传;五、汉籍与日本古代教育;六、理学的益传;七、日本的朱子学观;八、朱舜水与水户学派;九、日本的阳明学派;十、日本的古学派;十一、结论。刘天行《评中国近三百年学术史》对《中国近三百年学术史》的出版大加赞赏,认为其优点有五:1."态度之客观";2."各家学说之参证";3."文无枝蔓";4."学说之渊源及其影响";5."著者一贯之见解"。但作者也指出了其存在的四个方面的问题。张九如《战后世界学术思潮蠡测》主要从治学及思想的动机、治学问思想的态度、治学问思想的生活、治学问思想的方法、治学问思想之标准、治学问思想的畛域六个方面揭示战后学术思潮的倾向。朱通九《近代我国经济学进展之趋势》"从方法论上观察我国经济学进展之现状"。文中说:研究经济学之方法,除宗奉马克思氏之辩证法以外,计有演绎与归纳二种。陈铨《文学批评的新动向》认为康德以后一直到现代的文学批评史,"指示新方向的大概可以分为三派":第一是"文学解释"派,第二是"文学欣赏"派,第三是"文学创造"派。又说:"近代文学批评的新动向,就是对于天才,加以解放,对于古代的标准,加以动摇,人类对于世界和自己,都有一种新的看法。"童书业《中国山水画南北分宗说新考》不认同董其昌等人提出的南北分宗说,在归纳启功等人观点的基础上,通过对地理、画法等方面资料的梳理,另行说明了中国画史上的南方画派与北方画派。文末列了一表,列出"南北宗"说的体系及他创的南北派体系。金灿然《中国历史学的简单回顾与展望》把中国史学史的发展划分为封建时代的历史学、资产阶级方面支配下的历史学和唯物史观初步运用下的历史学三个阶段,认为今后中国史学的方向,"便在于历史唯物论的中国化,也就是说,运用历史唯物论的基本原理分析研究中国固有的历史资料,把中国历史学带到真正的科学道路上"。艾思奇《抗战以来几种重要哲学思想的评述》密切联系中国实际,通过对各种重要哲学思想的对比研究,集中批判了蒋介石的力行哲学、陈立夫的唯生论、阎锡山的"中"的哲学,论述了唯物论辩证法的发展。叶蠖生《抗战以来的历史学》抨击了日本御用学者秋泽修二和国内对日妥协派种种历史理论,肯定了翦伯赞、吕振羽、吴泽、华岗等马克思主义史学家在建设历史学科理论和反对各种日寇汉奸及投降方面所做的贡献,强调了未来史学的发展必然是"唯物史观学派渐走向主导的地位",同时还从唯物论的立场上,批评民生史观是"某些人们为着政治作用,企图向科学的历史方法反攻"。周予同《五十年来中国之新史学》在冯友兰、钱穆的基础上,完善了对现代史学的阶段划分,特别着重从经学与史学的关系这一独特视角考察了1900—1941年中国史学的发展行程,把新史学的发生和发展看作是史学逐渐脱离经学的过程。而认为近代史学存在着"史观派"与"史料派"两个系统,则为此后的史学史界提供了重要的分析框架。同时有人为,"七七"事变以后,史学界已渐有综合各派或批评各派而另形成最后新史学派的趋势。然陈垣对此文颇不以为然,在1941年5月7日致陈乐素的信中说:"《五十年来中国之新史学》已见,新字当改作古字。此杂志已出数期。无一篇有力文字,所谓海派者非耶?"此外,还要特别关注一下《教育杂志》第31卷第1期集中刊出有关抗战以来大学办学的历史回顾,其中王云五《现代中国高等教育之演进》具有总论性质,其余有:查良铮《抗战以来的西南联大》、余一心《抗战以来的中山大学》、王星拱《抗战以来的武汉大学》、孙祥治《抗战以来的浙江大学》、邵明甫《抗战以来的四川大学》、吴榕藩《抗战以来的暨南大学》、胡依《抗战以来的厦门大学》、秦军《广西大学的今昔》、东北大学《抗战以来的东北大学》、王裕凯《抗战以来的大夏大学》、吴南轩《抗战以来的复旦大学》、光华大学《抗战以来的光华大学》、金石《抗战以来的金陵大学》、华中大学《抗战以来的华中大学》、华西大学《抗战以来的华西大学》、岭南大学《抗战以来的岭南大学》、广州大学《抗战以来的广州大学》、周振训《抗战以来的中华大学》、刘世传《抗战以来的齐鲁大学》、江学卢《抗战以来的江苏医学院》、林励儒《抗战以来的广东省立文理学院》、高践四《抗战以来的江苏省立教育学院》、林景润《抗战以来的福建协和学院》、南子通《抗战以来的南通学院》、虚室《抗战以来的国立艺专》、曾济宽《抗战以来的西北技专》、虞复《抗战以来的上海美专》。这是首次全面回顾抗战以来各重要高校的教育状况,具有教育史论的重要价值。(以上参见本书"学术背景""学术活动""学术论文""学术著作""学者生卒"栏所引文献与出处,以及章恒忠、王亚夫主编《中国学术界大事记(1919—1985)》,上海社会科学院出版社1988年版;中央教育科学研究所编《中国现代教育大事记1919—1949》,教育科学出版社1988年版;付祥喜《20世纪前期中国文学史写作编年研究》,北京师范大学出版社2013年版;王学典《20世纪史学编年(1900—1949)》,商务印书馆2014年版;中国大百科全书总编辑委员会《中国大百科全书·考古学》,中国大百科全书出版社2002年版;王学珍等编《北京大学纪事(1898—1997)》,北京大学出版社1998年版;清华大学校史研究室编《清华大学一百年》,清华大学出版社2011年版;齐家莹编《清华人文学科年谱》,清华大学出版社1999年版;北京师范大学党委办公室、北京师范大学校长办公室《北京师范大学纪事》,北京师范大学出版社2012年版;南京大学高教研究所编《南京大学大事记(1902—1988)》,南京大学出版社1989年版;张玮瑛、王百强、钱辛波主编《燕京大学史稿》,人民中国出版社2000年版;沈卫威《学衡派编年文事》,南京大学出版社2015年版;吴永贵《民国图书出版史编年:1912—1949》,社会科学文献出版社2018年版;刘长鼎、陈秀华《中国现代文学运动史》,山东文艺出版社2013年版;艾克恩编纂《延安文艺运动纪盛》,文化艺术出版社1987年版;孙国林编著,王佳钰、王增辉校订《延安文艺大事编年》,陕西师范大学出版总社2016年版;文天行编《国统区抗战文艺运动大事记》,四川省社会科学院出版社1985年版;欧阳哲生《纪念"五四"的政治文化探幽——一九四九年以前各大党派报刊纪念五四运动的历史图景》,《中共党史研究》2019年第4期;吴海勇《1928年至1948年〈中央日报〉对五四运动的评论》,《上海党史与党建》2009年第5期;杨倩倩、刘玲《1928—1948年〈中央日报〉对于五四运动的纪念话语》,《档案与建设》2019年第10期;商金林《几代人的"五四"(1919—1949)》,《新文学史料》2009年第1期;苏国安《南京国民政府时期学校教育政策研究》,河北大学博士学位论文,2010年;李来容《院士制度与民国学术——1948年院士制度的确立与运作》,南开大学博士学位论文,2010年;刘朝霞《西北艺术文物考察团史事考证》,南京师范大学硕士学位论文,2013 年;郭恩强《报人之死:张季鸾逝世的遗体政治与集体记忆》,《国际新闻界》2015 年第 1 期;于盐《青辉千古风霜铸情——扬帆在盐阜区文化活动纪事》,《盐城工学院学报(社会科学版)》2007 年第 3 期;吴敏《1940 年代前后延安的文化组织与文学社团》,复旦大学博士学位论文,2006 年;杨凌林《抗战时期中国马克思主义史学的发展》,西南大学硕士学位论文,2006 年;徐瑞岳、陈洁《抗战时期国统区文艺界纪念鲁迅的活动》,《新文学史料》2002 年第 2 期;韩文宁《抢救民族文献——郑振铎先生对中国古籍文化的贡献》,《图书与情报》1999 年第 1 期;陈振林《"孤岛"时期文献保存同志会研究》,华中师范大学硕士学位论文,2018 年;熊飞宇《中共中央南方局与重庆抗战文学》,四川大学博士学位论文,2011 年;李宁《有关北平故宫博物院参加苏联艺术展览会经过情形史料一组》,《民国档案》2007 年第 4 期;陆奇《试论郭沫若、吴晗与民族解放、国家建设及学术研究的情缘》,《北京联合大学北京学研究基地第十六次北京学学术研讨会》,2014 年;郑大华《论"抗战建国"话语下"学术建国"的讨论》,《浙江学刊》2020 年第 3 期;于沛《中国马克思主义史学的文化选择》,《社会科学战线》2021 年第 1 期;苏永明《"食货派"史学研究》,南开大学博士学位论文,2008 年;赖欢《延安文艺的民族性与人民性研究》,江西师范大学硕士学位论文,2022 年;周文玖《师生厚谊甲骨情:郭沫若与金祖同》,《2018 年史学理论与史学史学术研讨会》,2018 年;黎小龙《"巴蜀文化""巴渝文化"概念及其基本内涵的形成与嬗变》,《西南大学学报(社会科学版)》2017 年第 5 期;杨德忠《延安鲁艺美术教育研究》,南京艺术学院硕士学位论文,2009 年;陈峰《傅斯年、史语所与现代史学潮流关系之检讨》,中国社会科学院博士后论文,2009 年;徐春夏《管窥抗战时期延安史学成果的传播机制》,《党史文苑(学术版)》2005 年第 22 期;王学典《"二十世纪中国史学"是如何被叙述的——对学术史书写客观性的一种探讨》,《清华大学学报(哲学社会科学版)》2008 年第 2 期;郑善庆《留守与南迁:战时中国史家群体研究(1937—1945)》,南开大学博士学位论文,2011 年;张志云《〈文艺先锋〉(1942—1948)与国统区文艺运动》,四川大学博士学位论文,2007 年)

1942 年　民国三十一年　壬午

一、学术背景

1月1日,中、美、英、苏等26国在华盛顿共同签订《对法西斯轴心国共同行动宣言》(即《联合国宣言》,亦即《二十六国公约》),宣布共同对抗德、意、日法西斯侵略,各国保证不与敌国单独签订停战协定或和约。

是日,私立复旦大学奉令改为国立,全校师生在重庆北碚校舍集会庆祝。

1月1—4日,中国军队第9战区指挥官薛岳使用"天炉战法",在第三次长沙会战击败日军,提升了中国抗日热情和必胜决心,鼓舞了全世界的抗战信心,使东、西方国家重新认识了中国战场的重要性。

1月3日,同盟国宣布推蒋介石担任盟军中国战区(包括泰、越及将来可能为盟军控制区域)的最高统帅。

是日,伪满决定每月8日为"时局诏书奉戴日",令各机关、团体、学校、企业、农村是日一律举行仪式。恭读诏书,体会协力"圣战"("指大东亚战争")的意义。(参见中央教育科学研究所编《中国现代教育大事记1919—1949》,教育科学出版社1988年版)

1月4—6日,中国青年反法西斯大会在延安召开,朱德等出席会议并讲了话。会议通过八项提案,选出凯丰、冯文彬、胡耀邦等19人为中国青年反对法西斯临委会委员。

1月5日,联合国推举蒋介石任中国战区最高统帅,蒋介石在重庆宣布就任中国战区最高统帅,中国战区由此正式建立。

是日,陕甘宁边区政府政务会议通过教育厅拟定的《1942年教育工作计划大纲》。

按:《大纲》提出的1942年边区教育的中心工作是:一、建立正规教育制度;二、提高各级教育质量;三、继续推行新文字,消灭文盲。《大纲》要求,教育行政应实行"三三制",精兵简政,建立正规的工作制度和考绩制度,坚守教育岗位,加强干部教育。学校教育,应着重改进现有的中等学校及完全小学,统一各级学校的行政组织,改善教育方法,提高学校质量。社会教育,要继续推行新文字,消灭文盲。(参见中央教育科学研究所编《中国现代教育大事记1919—1949》,教育科学出版社1988年版)

1月6日,西南联合大学学生千余人上街游行,声讨孔祥熙。云南大学、中法大学等校学生结队参加。

1月12日,监察院长于右任在第75次国防最高委员会常务会议上提出"请设立敦煌艺术学院,交教育部负责筹划,招收大学艺术学生就地研习,以期保存西千佛洞壁画"案,被原则通过。

按:此次会议主席为立法院长孙科,出席者尚有邹鲁、戴传贤、居正、陈果夫、白崇禧、何应钦等人。

1月13日,国民政府教育部公布《大学各学院独立学院及专科学校附设中小学或职业学校暂行办法大纲》11条。

按:《大纲》规定:国立院校附设学校以教育部为主管机关,省立、私立院校附设学校以省、市教育行政机关为主管机关。国立院校附设学校各设校长1人,由大学提名经教育部核准任用,校长除兼任大学教职外不得兼任其他职务。(参见中央教育科学研究所编《中国现代教育大事记1919—1949》,教育科学出版社1988年版)

1月14日,中国第五军奉命入缅甸支持英缅军作战。

1月16日,中共中央出版局制定《中央出版局的业务与组织》及《出版条例》。

1月17日,国民党重庆市党部召集市府、卫戍总队政治部,商讨制定《重庆市战时书刊巡回推销管理办法》和《重庆市战时书刊巡回推销队员登记给证办法》。(参见吴永贵《民国图书出版史编年:1912—1949》,社会科学文献出版社2018年版)

1月18日,教育部以注音识字为彻底扫除文盲最有效之办法,特依据五届八中全会及国民参政会第二届第一次大会关于扫除文盲决议案之精神,分别通令推行注音识字。

按:通令要点是:(甲)由教育部办理者:(一)大量印刷民众小报三日刊,先就后方交通便利省市分区推行。(二)通令将有关注音汉字各法令中之汉字一词一律改为"国字",与国父国语并称。(三)翻铸注音国字铜模,介绍各省市购用。(四)从速修订"全国方音注音符号总表"。(五)今后颁布法令规章一切文告有须民众阅览周知者,一律用注音国字印刷或书写。(乙)部辖各级学校及社教机关办理者:(一)发动注音识字运动。(二)今后出版民众及儿童读物应尽量用注音国字印刷。(三)各级师范及国民教育师资训练班均应设国语课程。(四)新制标语等件均应加注音符号。(丙)各省市教育厅局办理者:(一)应购备各号注音国字铜模各一副,有特殊方言之省区添置本省方言注音符号,此项铜模并应借予各印刷所铸字使用。(二)应指拨的款大量编印各界民众及儿童注音读物。(三)通饬所属各校及各教育机关今后出版民众及儿童读物及对外文告标牌等件,应尽量用注音国字印刷或书写。(四)通饬各级师范及各种师资训练班均应设国语课程并切实实施。(五)严厉执行促进注音国字推行办法。(万仁元、万庆秋主编《中华民国史史料长编》,南京大学出版社1993年版)

是日,中国儿童教育社第九届年会在重庆举行,讨论国民教育的教材、师资、机构以及儿童教育设施等问题。

是日,中华教育基金非常时期委员会成立,翁文灏为主席,周诒春为名誉秘书,孙科、蒋梦麟为执行委员,杨亚德为副会计兼执行委员。

是日,陕甘宁边区政府教育厅发起组织的边区新教育学会成立,推举徐特立、吴玉章等7人为理事。

1月19日,中国第六军奉命入缅甸参战。

1月24日,中共中央政治局会议研究教育宣传问题。

1月25日,上海被日军查封的商务印书馆、中华书局等书局复业。

1月26日至2月3日,国民政府教育部在重庆召开国民教育、中等教育、社会教育、教育视导会议,着重检讨过去工作情况及商定今后实施计划。

按:会议的议集有筹集国民教育经费案、统筹中等学校教科书案、实施师范学校新颁课程案推行国语教育案、订定社会教育法案、推行电化教育案、调整省市视导组织案、确定省市教育视导人员职称及名额案等百余件。(参见中央教育科学研究所编《中国现代教育大事记1919—1949》,教育科学出版社1988年版)

1月28日,中共中央政治局会议通过《中共中央关于抗日根据地土地政策的决定》,确定减租减息三原则:1.承认农民是抗日和生产的基本力量,因此要扶助农民,实行减租减息;2.承认大多数地主是要求抗日的,一部分开明绅士是赞成民主改革的,故应交租交息;3.承认富农是农村中的资产阶级,是现时比较进步的,因此目前不是削弱而是鼓励。

按:这是抗战爆发以来我党制定的第一份关于土地政策的文件,它确定的基本方针一直到1946年才改变。

1月31日,国民党政府财政部宣布,沦陷区中国、中央、农民、交通四银行被日寇劫持之一切业务无效。

是月,国民党中央宣传部出版事业处编印《出版通讯》月刊创刊。

是月,国民政府教育部长陈立夫兼任编制扩大后的编译馆馆长,直属教育部之教科用书编辑委员会并入编译馆。

是月,中共中央北方局作出关于普遍建立武装工作队的决定。

是月,中共南方局文委组织的文林出版社在重庆创办。

是月,上海书业公会按日本兴亚院的指令进行改组,选举理监事。

是月,华北日伪发动第四次"治安强化运动"。

2月1日,毛泽东在延安中共中央党校开学典礼上作《整顿党的作风》的报告,提出"反对主观主义以整顿学风,反对宗派主义以整顿党风,反对党八股以整顿文风"的任务,开始全党范围的整风运动,史称"延安整风运动"。

按:毛主席领导的整风运动,是国际共产主义运动史上运用马克思主义建设无产阶级政党的一个伟大创造,是对马克思主义建党学说的新发展。李鸿义、王中新主编《民主中国的模型:陕甘宁边区政治文明建设》(陕西人民出版社2005年版)说:"伟大的延安整风运动,如果从1938年9月党的六届六中全会作为其准备阶段的开始算起,到1945年4月党的六届七中全会通过《关于若干历史问题的决议》作为这次整风运动的结束,共历时6年又9个月。持续时间之长、成效之巨大、影响之深远,在中国共产党的历史上是从来没有的。这场伟大的党建工程的成功,为党的自身建设创造了多方面的极为宝贵的经验。其主要的经验至今仍极具有很强的借鉴价值与现实意义。""(一)努力学习马克思主义,创造学习型的政党。延安整风运动从开展全党的学习竞赛开始,并将学习贯穿运动的全过程,因而使整风运动成了一次自建党以来空前规模的马克思主义基本理论的学习运动、一次深刻的用马克思主义武装全党的教育运动。""(二)坚持马克思主义中国化,确立实事求是的思想路线。在中国共产党的历史上,如何对待马克思主义和如何对待共产国际的指示,党内一直存在着思想分歧。分歧的焦点是要不要从中国的实际出发,把马克思主义中国化,也就是要不要实事求是地解决中国革命的问题。延安整风运动在政治上、思想上主要是解决把马克思主义教条化、把共产国际的指示和苏联的经验神圣化的错误倾向,彻底消除和摆脱共产国际及苏联的消极影响,确立了一切从实际出发、实事求是的思想路线。""(三)惩前毖后,治病救人,正确开展批评与自我批评。延安整风的基本方法,是在学习整风文件的基础上,通过检讨思想和检查工作,以批评和自我批评的方法对错误的路线、思想和作风展开积极的思想斗争,从而正确解决党内和革命队伍内的矛盾。""(四)始终以领导干部特别是高级干部作为端正党风的重点。延安整风运动是从党的高级干部学习党的路线问题开始的。中间经过全党范围的普遍整风,然后又转回到党的高级干部的路线学习上来。在整风的全过程中,始终把领导干部特别是党的高级干部的整风作为重点。"

2月5日,国民党《中央宣传部各书刊供应处管理办法》批准施行。

2月7日,《新华日报》发表《论文艺界的动员》的社论,历数国民党文化专制政策给文化界造成的诸如出版沉寂,文化活动缩减等种种恶果。强烈呼吁负责当局检查文稿作品时,必须在抗战所许可的范围内给以较多的写作自由,取消那些无谓的限制。

是日,国家总动员文化界宣传周在重庆举行开幕典礼。

是日,中央图书杂志审查委员会第十四次会议通过《图书送审须知》。

2月8日,毛泽东在中共中央宣传部和中央出版局召开的宣传工作会议上发表《反对党八股》的报告,指出党八股是主观主义、宗派主义的一种表现形式。如听任党八股发展下去,是会害党害国的。

　　按:毛泽东说:党八股的第一条罪状是:空话连篇,言之无物。第二条罪状是:装腔作势,借以吓人。第三条罪状是:无的放矢,不看对象。第四条罪状是:语言无味,像个瘪三。第五条罪状是:甲乙丙丁,开中药铺。第六条罪状是:不负责任,到处害人。第七条罪状是:流毒全党,妨害革命。第八条罪状是:传播出去,祸国殃民。"党八股这个形式,不但不便于表现革命精神,而且非常容易使革命精神窒息。要使革命精神获得发展,必须抛弃党八股,采取生动活泼新鲜有力的马克思列宁主义的文风。这种文风,早已存在,但尚未充实,尚未得到普遍的发展。我们破坏了洋八股和党八股之后,新的文风就可以获得充实,获得普遍的发展,党的革命事业,也就可以向前推进了。"(《毛泽东选集》第3卷)

是日,中国教育学会、中华儿童教育社、中华职业教育社、中国社会教育社、中国卫生教育社、中国测验学会、中华图书馆协会、中华体育学会等13家单位,在重庆举行第二届教育学术团体联合年会,主要研讨今后三年的教育建设,提出学生要刻苦学习,减少教育的阶级性,注重国防教育等。

　　按:中国学术教育团体第二届年会宣言如次:当抗战开始之第一年,我十三教育学术团体,曾经首倡举行联合年会。是时神圣抗战初起,国步正艰,四方多杂,政鼎西移之后,贼寇势焰益炽,举国人士,于流亡恐怖,及生死存亡之祸,莫不奋励精神意志,共赴国难,以求各尽本位职责,共襄抗战建国宏业。本会议同人,处此国家建设,求才应用之际,深念教育为文化学术千百年大计,务宜更张,学校弦歌,更不可一日或辍,以配合战时需要。故如何厘定战时教育方针,增强教学效率,努力文化建设,精神动员,以应付全面抗战局势,皆当集思广益,计策万全,以恢宏教育力量,此联合年会之所由起焉。三年以来,同人本当日决议各方案,努力施行,教育设施,与年俱进,青年风气,逐日改良,加以连年国内米粮收获丰稔,战事捷报频传,天时地利及经济军事上之优势,相应发展,足资欣慰。今太平洋战争既起,国际情势显明,战局愈大愈险恶,寇力愈穷愈竭蹶,敌人之崩溃匪遥,我国之胜利在望,此我中华民族复兴之机,乃千秋一时之会也。今后我教育界同人,应愈益珍重,把握时机,争取胜利,并计划他日复员之后,告成国家之建设计划更有赖于艰瘁更伟大之努力,尤非及时努力共策献谟不可。爰于三十一年之始,又有召集第二次年会之举,集合各省市之教育行政代表,罗致诸全体之学术专家,济济一堂,共相献替。所冀在贤明领袖领导之下,竭尽我教育界之智虑精力,以完成我民族复兴之事业,与建立世界之永久和平。爰宣数义如下:

　　(1)教育必完成其哲学体系,发挥我民族五千年来立国精神。我民族立于大地,垂五千年,固有其立国精神。自尧舜禹汤文武周公孔子以至于后代贤哲,保持罔替,每经一次衰微,必有一次变乱,迨其复振,则国运益隆。凡此事迹,昭耀史册。洎乎近代国际交通,外来文化侵袭,于是民弱致衰,外侮激烈。国父忧之,乃有恢复固有精神之倡议。总裁继承其绪,而揭布新学庸之旨,博大精微,令人景仰。此后我教育界人士,允宜本此意义,完成中国教育哲学之整个体系,以发阐我民族立国精神,使之发扬光大,千百年永垂弗替。此同人所当共勉励者一也。

　　(2)教育必为有计划之设施,以配合国家建设政策。我国战前教育设施,鲜有计划。学校发展,偏于一隅,青年入学,优先权利往往落于少数学生,竟成一种特殊阶级。习惯既久,视若故常。抗战以来,局势一变。此乃革故鼎新之良好机会,我教育界人士,亟宜乘此最后胜利指日到临之际,商榷全国教育之新计划,以冀大战以后一一布诸设施,庶不致再蹈故辙,并求有以配合建设政策,冀著弘效。此同人所当共勉励者二也。

　　(3)教育机会必求均等及普及,尤应加强科学教育,以奠国防基础。抗战四年,及此次太平洋战争爆发以来,吾人获得一极大教训,即人力为决定战争之主要因素,而物力反居其次。我国人力之雄厚,已为举世所称,惜以教育力量不足,尚不能发挥其最高效能,否则胜利实现,尚可缩短若干时期。此后当力求教育机会均等与普及以冀全国人民,无论老幼男女,皆有受教机会,人人皆能担负国家所给予之责任,则其力量之浩大,必千万倍于今日,然后再增强科学教育,使人人具有科学知识与技能,均能我所蕴藏之资源物力,创造发明,利用厚生,如此以达到巩固军事国防之基础。庶可以打破国际侵略势力,而支持世界之永久和平。此同人所当共勉励者三也。

(4)青年之思想精神,尤宜淬励奋发,以期克负建国重任,青年为建国大业之干部人员,其思想精神,必求合于国家之要求,十余年来,青年炫于纷歧思想,行动不免错乱,感于功利,潮流志意不免摇动,皆为国家未来之隐忧。盖我国今日所之需者,为厚重笃实坚忍不拔之青年,忠于国家,勇于牺牲,明礼尚义,笃信崇实。故今后教育不能不注重此数种美德,设法培养,务使其道德修养,能配合国家各部门需要之技术,则建国工作,庶不乏继往开来之人矣。此同人所当共勉励者四也。

(5)从事教育人员,应励操守,以培养专业精神。教育事业向与一般事业不同,自有其远大之目的。其对象为一优秀天真之儿童与青年,日与为缘,鞠躬尽瘁,视教育为第二生命。他日偶有所成,造就日众,其影响于未来之社会与国家,不可量计,近年来各处金融阻滞,物价高涨,一般人皆改业他图,缺乏安定情势之趋势。学校有师荒之叹,吾人有绝粮之虞,长此以往,国家一切普及教育与提高文化皆成幻影。吾人应如何计划,促使政府注意安定教育界生活,职责至大,所望我教育界同人,保持专业精神,劳苦而不辞,死之而不悔,方不负从事教育之素志。此同人所当共勉励者五也。

以上诸端,乃本会同人数日来殚思竭虑以讨论之问题。方今世界大战正卷入狂流,胜败之势,显然若揭,依吾人所信念"抗战必胜,建国必成,教育成果必伟大""以教育力量达到国家建设"此种誓言,必可实现,此乃我国汉唐以降二千年来未有之要会,吾人生为教育界人,逢兹盛世,敢不踔厉奋扬,以担负抗战建国之神圣使命。爰定五义,缕述如上,愿本会议同人与国人共勉励之,教育幸甚,中华民族幸甚。谨此宣言。(《教育学术团体二届联合年会经过情形》,载《教育导报》1942年第24期)

2月9日,国民党中央直属市党部授权中国文化服务社,全权办理战时流动书刊、人员的登记管理,宣布过去登记一律作废,今起限一个月内重新登记,另发新证,否则一律取缔。(参见吴永贵《民国图书出版史编年:1912—1949》,社会科学文献出版社2018年版)

2月10日,国民政府公布实施《非常时期人民团体组织法》。

2月16日,国民党第五届中央执行委员会第195次常务会议通过《剧本出版及演出审查监督办法》5条。

按:《办法》规定:剧本未经中央或各省市图书杂志审查机关审核,一律不准出版或演出。中央图书杂志审查委员会审查剧本事宜,决定自4月1日起正式接办,送审剧本时,须将字迹清楚之剧本备具三份,在预定上演日期至少十日以前送审。(参见中央教育科学研究所编《中国现代教育大事记1919—1949》,教育科学出版社1988年版;吴永贵《民国图书出版史编年:1912—1949》,社会科学文献出版社2018年版)

2月20日,国民党中央宣传部批准施行《修正中央宣传部书刊批销办法》。

2月21日,国民政府教育部颁发《省市国民体育委员会组织通则》9条。

2月22日,中华全国文艺界抗敌协会在重庆召开会员大会,讨论下届理事会改选及致函中央图书杂志审查委员会,要求解决版税、版权问题,并慰勉香港脱险作家。(参见吴永贵《民国图书出版史编年:1912—1949》,社会科学文献出版社2018年版)

是日,中国文化研究站书报流通线在成都成立。

2月23日,中国远征军第五军开始进驻缅甸。旋第六军进入缅甸。

2月24日,国民党政府外交部公布,中、波即复交,波兰宣布取消承认伪满洲国。

是日,驻英大使顾维钧代表中国出席伦敦"太平洋作战会议"。

2月27日,延安中央研究院教育研究室召开陶行知教育思想讨论会。

2月28日,中共中央政治局通过《关于在职干部教育的决定》。

按:《决定》指出,在职干部教育,应以业务教育、政治教育、文化教育、理论教育四种为范围。业务教育,实行"做什么、学什么"的口号。政治教育,包括时事教育和一般政策教育两项。对于一切文化程度太低或不高的干部。除业务教育和政治教育外,必须强调文化教育,反对轻视文化教育的错误观点。高级和中级干部具有学习理论资格者,于业务学习和政治学习之外均须学习理论。在鉴定干部的时候,学习的情况如何应作为鉴定标准之一。各级党政军领导机关应以极大的注意力放在干部教育(在职干部教育和干部学校教育)上面。(参见中央教育科学研究所编《中国现代教育大事记 1919—1949》,教育科学出版社 1988 年版)

是月,毛泽东在杨家岭中共中央办公厅会议室召集陈伯达、艾思奇、张仲实、温济泽、柯伯年、丁玲、舒群等 20 余人开会,建议将马克思、恩格斯、列宁、斯大林著作中有关思想方法的论述摘录出来,编纂一部《马恩列斯思想方法论》,目的是帮助干部掌握马克思主义思想方法,以此为武器,来整顿中共的学风、党风和文风。

按:毛泽东将这项工作交给中央政治研究室和中央研究院文化思想研究室去完成。当时毛泽东兼任中央政治研究室主任,陈伯达为副主任,该室参与此项工作的尚有张仲实、曾彦修。中央研究院文化思想研究室主任是艾思奇,学术秘书是温济泽,参与此项工作的尚有陈唯实、李又常、王匡、邓止、陈茂仪、邵凯、张惊秋(殷白)、石岗(廖联原)、萧鲁、王愚(张守愚)、陈恒力、林舍(常乃志)、文菲、陈平(董启明)等。

是月,陕甘宁边区政府公布《陕甘宁边区保障人权财权条例》22 条。

3月2日,重庆市纸业公会开会讨论"纸荒问题",希望政府予以合理解决。

3月3日,中共中央宣传部召开部务会议,讨论对中央《关于在职干部教育的决定》的具体执行办法。

按:关于干部的业务教育,决定由罗迈负责筹划,由宣传科搜集党成立以来的宣传文件,出版《党的宣传资料》,作为宣传工作经验的总结,宣传政策的研究。另外,编印《马克思恩格斯列宁斯大林论宣传》一书。对于文化教育书籍的出版,由徐特立领导,编辑史、地、数、理等教科书,预计三月底完成。会议对过去的在职干部教育工作进行了检讨,指出了今后值得注意的五个问题,其中提到:中国问题的实际材料、书籍以及中级干部学习课本供给不够。(参见吴永贵《民国图书出版史编年:1912—1949》,社会科学文献出版社 2018 年版)

3月4日,美国中将史迪威抵达重庆,就任中国战区美军司令兼中国战区参谋长。

按:国民党政府外交部长宋子文于 1 月 29 日接美陆军部长史汀生函,说明史迪威来华的任务:一、监督美国援华物资的拨配与使用;二、指挥在华美军及蒋介石拨交之中国军队;三、参加在中国召开的国际作战会议,并担任蒋介石之参谋长;四、控制在中国境内之滇缅公路。

3月5日,陕甘宁边区政府文化工作委员会正式成立,由吴玉章、林伯渠、徐特立、李鼎铭、贺连城、李月生、丁玲、柯仲平、吕骥、艾青、塞克、高长虹、萧军、莫文骅、柳湜、李卓然、丁浩川、江丰、马济川、舒群、周扬、欧阳山、萧三、何思敬、艾思奇、周文等人组成,吴玉章任主任,罗烽任秘书长。

3月6日,蒋介石在重庆接见中国战区参谋长史迪威中将,派他指挥入缅作战的中国远征军。

3月7日,第十五次中央图书杂志审查委员会会议通过《审查处理已出版书刊细则》。

3月10日,国民党中宣部部长王世杰宣布:中国政府决定派遣军事代表团赴美,由熊式辉率领,参加盟军军事会议。

按:4 月 8 日,国民党军事代表团熊式辉等一行飞抵美国。

3月11日,日军在浙东象山港登陆,在山东方面进犯荷泽、曹县一带边境。

3月12日,蒋介石下令组建中国远征军第一路司令长官部,卫立煌任第一路司令长官。

3月16日,国民党第五届中央常务委员会一九七次会议备案《通俗书刊审查标准》和《统一书刊审检办法》。(参见吴永贵《民国图书出版史编年:1912—1949》,社会科学文献出版社2018年版)

3月17日,刘伯承、邓小平签发《武装工作队初次出动到敌占区工作指示》。

3月20日,中共西北局文委召开第二次会议,讨论文协工作等事宜。

按:会议议定:文协要严格检查各报纸、剧团,审查剧本及其他部门工作,认真揭露其缺点,实行精兵简政。出版文协会刊,反映边区文化动态,研究工作中的具体问题。(参见吴永贵《民国图书出版史编年:1912—1949》,社会科学文献出版社2018年版)

3月20—21日,伪华北政务委员会教育总署召开教育会议,各省市区教育厅局处长同日籍辅佐官、专员出席。

按:伪教育总署指示各地教育厅局处:教育指导方针,应以协力东亚之建设为目的,当前,一方面彻底产除英美文化之流弊,一方面积极增进中日文化之交流。肃正思想,最为切要。务使一般国民咸具善邻防共,及协力建设东亚新秩序之理念。教育行政,应加强其统治。(参见中央教育科学研究所编《中国现代教育大事记1919—1949》,教育科学出版社1988年版)

3月29日,国民政府公布《国家总动员法》32条。目的是保证国民政府在战时集中运用全国的人力、物力,加强国防力量,进行抗日战争。

按:同年5月5日起施行。主要内容包括:①国家总动员物资。②国家总动员业务。③国家总动员物资的动员及管制措施。④国家总动员业务的动员及管制措施。

是日,国民政府教育部训令:自本年度起,每年3月29日起举行"推进师范教育运动周"。

按:运动周期间分别办理以下事项:召开师范教育会议或讨论会;刊发师范教育专号印发师范教育辅导小册;举行师范教育讲演;奖励师范学校教员及清寒优秀师范生等。(参见中央教育科学研究所编《中国现代教育大事记1919—1949》,教育科学出版社1988年版)

是日,中国回教救国协会在重庆召开第二次代表大会,通过新章程,确定其宗旨为"拥护国民政府,服膺三民主义,发扬教义,团结回胞"。

按:是年底,中国回教救国协会改名为中国回教协会。

是日,中国农民经济研究会在重庆召开。

3月31日,华盛顿成立太平洋作战会议,由中、澳、新、荷、加、英、美7国组成之,定于4月1日开首次大会。

4月1日,中、美、英、加等国在华盛顿举行太平洋军事会议。

是日,日伪军3万余人开始对冀东抗日根据地进行大规模"扫荡"。

4月2日,蒋介石派罗卓英为远征军司令官。

是日,国民党《中央宣传部出版事业处、中央文化驿站总管理处协定书刊寄运办法》,经中央秘书处及中央宣传部核准施行。(参见吴永贵《民国图书出版史编年:1912—1949》,社会科学文献出版社2018年版)

是日,国民党中央图书杂志审查委员会召集会议,商议书刊运递办法。

4月3日,中共中央宣传部作出《关于在延安讨论中央决定及毛泽东同志整顿三风报告的决定》,对整风的目的、内容、方针、方法和学习文件作出明确规定。

是日,国民政府教育部召开中学课程标准讨论会,讨论和决议改造中学课程的原则。

按:本次讨论会决议改造中学课程的原则是:陶冶与实用并重,加强陶铸品格习性、启迪心智活动的教材,减少与实际生活需要不相适合及繁琐的教材;表现中学自身的功能,注重基础教育,并实施全民训练,配合管、教、养、卫的需要。(参见中央教育科学研究所编《中国现代教育大事记1919—1949》,教育科学出版社1988年版)

是日,中国外交学会在重庆成立,选举王世杰、王宠惠等为名誉理事。

4月5日,中国音乐学会在重庆成立。

4月6日,陕甘宁边区召开政府委员会议,讨论精兵简政问题。

4月7日,国民党中央宣传部函中央图书杂志审查委员会,严禁生活书店、读书出版社、新知书店的出版物在其他书店出售。(参见吴永贵《民国图书出版史编年:1912—1949》,社会科学文献出版社2018年版)

是日,国民政府教育部颁发《各省市国民教育师资短期训练班实施办法》15条。

4月8日,由美机试航开通驼峰航线,成为中国获得外援的最重要的航线。

4月10日,陕甘宁边区政府委员会发布《陕甘宁边区政府委员会第二次会议决议案》。

4月13日,日寇搜查文化生活出版社编辑部,逮捕该社负责人陆圣泉(笔名陆蠡)。

4月15日,国民政府教育部咨各省省政府:奉行政院转奉国民政府令:各地中心学校及国民学校校长务须使其专任。

按:至此,实施“新县制”后,国民学校、中心学校校长兼任乡、镇、保长,因而削弱学校领导的问题开始解决。(参见中央教育科学研究所编《中国现代教育大事记1919—1949》,教育科学出版社1988年版)

是日,中共中央书记处发出《关于统一延安出版工作的通知》,决定由中央出版局统一指导、计划、组织全延安各系统的编辑出版发行工作,中央宣传部负责统一审查全延安出版发行的书报。

4月16日,教育部学术审议委员会第一届第三次大会对《著作发明及美术奖励规则》做出了修改,对参与申请奖励作品等级的标准形成决议,认为具有独创性或发明性,对于学术确实有特殊贡献的为一等奖,具有相当之独创性或发明,有学术价值但是不及一等的为二等奖;在学术上具有参考价值或裨实用但是不及一等、二等者列三等奖。

按:在第一届作品评奖时,经讨论,最后确定13项标准:(1)作者观点所代表的思想是否正确;(2)参考材料是否翔实;(3)结构是否完善;(4)有无特殊创见;(5)是否有独立体系或自成一家学说;(6)是否为有系统之叙述或说明;(7)整理前人学说有无改进之点或特殊贡献;(8)是否适合国情或对于我国社会经济及农工业各方面之影响如何;(9)是否有学理根据;(10)是否系发明与创作;(11)发明程序是否明显,是否可以实验实证;(12)是否能普遍应用;(13)技术是否精巧。(沈云龙主编《中国近代史料丛刊》第三编第11辑《第二次中国教育年鉴》,台北文海出版社1987年版)

4月17日,国民政府教育部颁发《各级学校及社会教育机关推进国民精神总动员及新生活运动工作实施纲要》23条。

按:《纲要》规定:学校及社会教育机关应以实施国民精神总动员及新生活运动为中心工作之一;校长、教职员及机关负责人应以身作则,领导青年切实履行。(参见中央教育科学研究所编《中国现代教育大事记1919—1949》,教育科学出版社1988年版)

4月19日,中国财政学会在重庆成立,通过学会章程、工作计划,推举蒋介石为名誉理事长,孔祥熙、陈其来、俞鸿钧、钱新之等31人为理事。

4月22日,教育部在重庆举行女子教育会议。

是日,图书杂志审查委员会在重庆开会,王世杰、吴国桢、潘公展等出席。

是日,孔学会在重庆成立,推举蒋介石、林森为名誉理事长,孔祥熙、吴敬恒、陈立夫、陈果夫等为理事和监事。

4月22—25日,中央图书杂志审查委员会在重庆举行会议,决议案共81件。(参见吴永贵《民国图书出版史编年:1912—1949》,社会科学文献出版社2018年版)

4月28日,中国远征军与入侵腊戍之日军激战。

4月29日,日军占领腊戍,中国远征军撤至畹町,中缅交通断绝。

是日,日军对冀南抗日根据地开始大规模"扫荡"。

是月,昆明广播电台设立教育、文哲、科学、国际关系四种讲座,特邀西南联合大学黄钰生、贺麟、杨石先、皮名举等教授主持,每星期二下午播出。

是月,国民政府教育部颁发《各省市筹设国民教育示范区要点》,通令各省选择实施国民教育优良的县区,设置国民教育示范区,推行各种示范研究工作。

按:其后,又颁布《国民教育示范区考核要点》。本年于河南、甘肃、广东等16个省市的21个县办起了示范区。(参见中央教育科学研究所编《中国现代教育大事记1919—1949》,教育科学出版社1988年版)

5月1日,冀中抗日根据地军民反敌五一大"扫荡"。

是日,延安光华书店、绥德大众书店改名为新华书店,此后中共抗日根据地陆续创办的书店均名新华书店。

5月4日,中共中央北方局和八路军总部联合发出《关于反对敌人"蚕食"政策的指示》。

5月2—23日,中共中央在延安召开文艺工作者座谈会,毛泽东发表《在延安文艺座谈会上的讲话》。

按:1942年5月2日至23日,在延安整风期间,毛泽东亲自主持召开了有文艺工作者、中央各部门负责人共100多人参加的延安文艺座谈会,中央政治局委员朱德、陈云、任弼时、王稼祥、博古以及凯丰、徐特立、刘白羽、罗烽、草明、田方、张悟真、陈波儿、丁玲、李伯钊、瞿维、力群、白朗、塞克、周文、胡绩伟、李卓然、天蓝、江丰、李雷、艾思奇、欧阳上、姚时晓、王震之、袁文殊、王曼硕、刘岘、石泊夫、郑文、于黑丁、陈企霞、吕骥、丁浩川、郁文、陈伯达、傅钟、萧向荣、何思敬、陈学昭、张庚、罗工柳、王滨、干学伟、曹葆华、欧阳山尊、胡采、马加、曾克、周立波、高阳、张仃、刘雪苇、蔡若虹、胡蛮、金紫光、伊明、周扬、艾青、钟敬文、李丽莲、潘奇、唐荣枚、许珂、张水华、任虹、魏东明、宋侃夫、纪明、公木、范文澜、杜矢甲、于敏、张桂、严文井、陈荒煤、何其芳、张铁夫、阿甲、张季纯、张真、张望、佟天林、华君武、李又然、李元庆、向隅、萧军、柯仲平、林默涵、王朝闻等出席了会议。这次会议,对后来党的文艺政策的制定和文艺工作的健康发展产生了非常深远的影响。

5月3日,侵缅日军攻占云南之畹町、龙陵。

是日,中国人文科学社在重庆举行本年度第一次社员大会。

5月4日,中共中央北方局和八路军总部联合发出《关于反对敌人"蚕食"政策的指示》。

5月5日,国民政府行政院公布《书店印刷店管理规则》。

是日,伪满洲国开拓总局公布,第一期开拓计划期间,共移入日本人10.7万人。

同日,北缅莫八沦陷,日军进犯至保山惠通桥附近,与国民党军隔怒江对峙。5月6日,日军强渡怒江,与国民党军激战。

5月7日,教育部艺术文物考察团、中央研究院组织的西北史地考察团,是日抵达兰州,将分赴敦煌一带工作。

5月12日,国民政府教育部转发了《剧本出版及演出审查监督办法》。

5月17日,苏军千余名强占新疆之哈密,虽经中国当局交涉,竟不愿撤退。

5月18日,国民党国防最高委员会决定:6月14日为"同盟国日"。

5月25日,八路军副参谋长左权在山西省辽县指挥部队与日军作战中牺牲。

5月26日,国民政府教育部遵照八中全会决议"积极推行注音识字运动,彻底扫除文盲一案",特分请中宣部、海外部、训练委员会、青年团、中央团部、政治部、蒙藏委员会、侨务委员会各派委员1人至3人组织中央注音识字运动委员会。并提出具体任务为:(一)统筹全国推行计划;(二)训练推行人员;(三)编印教材;(四)发动宣传工作等项。

是日,国民政府教育部公布《奖励编译职业技术教材暂行办法》9条。

按:《办法》规定:技术教材暂以高级职业学校、初级职业学校、职业补习学校为限,凡对某种技术科目有研究,自编或翻译的教材都可申请奖励。(参见中央教育科学研究所编《中国现代教育大事记1919—1949》,教育科学出版社1988年版)

是月,国民政府教育部呈准规定9月9日为体育节,并颁发《体育节举行办法要点》6条。

6月1日,中央推行注音识字运动委员会在重庆举行第一次会议。会议由国民政府教育部、国民党中央宣传部、海外部、中央训练委员会等9部会组成。会议通过委员会组织章程及推行计划原则等项。

按:后因师资缺乏,注音教材及读物、注音符号的应用等未能推广。(参见中央教育科学研究所编《中国现代教育大事记1919—1949》,教育科学出版社1988年版)

是日,国民党中央出版事业管理委员会改组,叶楚伧任主任委员,副主任委员甘乃光、方治,下设编审、指导、稽核、总务等科。(参见吴永贵《民国图书出版史编年:1912—1949》,社会科学文献出版社2018年版)

是日,中国人民抗日军政大学华中总分校建立,陈毅兼任校长。

6月2日,中美在华盛顿签订《中美抵抗侵略互助协定》。

是日,汪伪国民政府行政院举行第114次会议,决定成立新国民运动促进委员会,汪精卫兼委员长。

6月4日,国民政府教育部训令各省市成立地方教材编辑委员会。

6月8日,中共中央宣传部发出《关于在全党进行整顿三风学习运动的指示》,同时军委总政治部也发出全军进行整风学习的指示,从此在全党开展了反对主观主义以整顿学风,反对宗派主义以整顿党风,反对党八股以整顿文风的整风运动。

是日,国民党第五届中央常务委员会第二〇三次会议通过《中央出版事业管理委员会组织条例》。

6月10日,中国回教救国协会、中国边疆文化促进会、中国边疆问题研究会、中国边政学会、中国边疆学会、中国边疆建设协进会、西北建设学会及社会部组织西北慰问团,赴绥、蒙、甘、宁、青慰问。

6月16日,日军侵占鹰潭、贵溪,浙赣全线沦陷。

6月20日,中央图书杂志审查委员会订定呈奉国民政府行政院核准施行《演出剧本审查办法》。(参见吴永贵《民国图书出版史编年:1912—1949》,社会科学文献出版社2018年版)

6月23日,在华日本共产主义者同盟在延安举行成立大会,宣言打倒法西斯,建立日本人民政府。

6月29日,国民政府颁布《妨害国家总动员惩罚暂行条例》15条。

是日,蒋介石命令撤销中国远征军第一路长官部,以撤往印度的中国远征军为骨干,组建中国驻印军,任命史迪威为总指挥。

是月,汪伪政府宣传部公布实施《修正战时出版法》。

7月1日,在中国共产党建党21周年之际,邓拓在为《晋察冀日报》撰写《纪念"七一",全党学习和掌握毛泽东主义》社论时,使用了"毛泽东主义"的概念。

按:邓拓指出:"马列主义的中国化就是毛泽东主义"。它"就是中国的马克思列宁主义""是中国共产党领导中国革命的理论与策略的统一完整的体系,是创造性的马列主义的新的发展"。它"是马克思、列宁主义在殖民地半殖民地半封建社会中运用经验的结晶"。

7月4日,美空军志愿队(亦称飞虎队)宣布解散,人员、飞机编入美驻华空军特遣队,陈纳德任指挥官。

是日,汪伪国民政府新国民运动促进委员会召开第一次全体委员会议,通过《新国民运动青年训练纲要》《第一期组织计划大纲》《中国青年模范团组织原则》《中国童子军组织原则》,并决定成立青年团和童子军。

7月7日,八路军冀南区部队趁青纱帐期发起夏季出击。

7月11日,盛世才向国民党政府中央报告苏联企图侵占新疆之经过。

7月16日,蒋介石接见苏联驻华大使潘友新,重申今后有关新疆事件,苏联政府与国民党中央政府宜接洽商,以免发生误会。

7月17日,斯大林格勒会战开始。

7月20日,国民政府教育部颁发《大学及独立学院教员人数暂行标准》11条,《专科以上学校普通职员人数暂行标准》6条,以及《专科以上学校工警人数暂行标准》4条。

按:教员人数按学系、共同与必修科目分别订定,文学院4学系得设专任教员16至18人,法学院4学系得设17至21人,理学院7学系得设35至42人,工学院5学系得设46至55人,师范学院9学系得设40至50人。职员人数按学生人数订定,学生100人以上设职员20人,每增学生100人,增职员8人,学生在1000人以上每增100人增职员4人。工警人数,按教职员人数1/4加上学生人数1/20为最高额。(参见中央教育科学研究所编《中国现代教育大事记1919—1949》,教育科学出版社1988年版)

7月23日,国民政府教育部颁发《中心学校国民学校办理社会教育要点》。

7月25日,日军驻蒙军对晋绥抗日根据地大青山地区发动大规模"扫荡"。

8月1日,中央文化运动委员会文化编译社在重庆正式成立,社内设编译、研究两组,请海外归国的文化界人士担任编译及研究专员。(参见吴永贵《民国图书出版史编年:1912—1949》,社会科学文献出版社2018年版)

8月8日,陕甘宁边区在延安成立俄文学校,吴玉章在开学典礼上讲话。

8月14日,蒋介石约见周恩来,希望在西安会晤毛泽东。周恩来建议由林彪代替毛泽东会见蒋介石。

8月17日,国民政府教育部公布《修正师范学院规程》52条。

8月18日,陕甘宁边区政府教育厅颁布《陕甘宁边区暂行师范学校规程草案》99条。

8月22日,国民政府教育部订发《全国各级学校学生社会服务年实施办法大纲》13条。

8月27日,教育部公布部聘教授名单,有苏步青、李四光、吴有训、饶毓泰、张景钺、艾伟、胡焕庸、胡元义、杨端六、孙本文、梁希、茅以升、庄前鼎、余谦六、洪式闾、蔡翘、黎锦熙、陈寅恪、萧一山、汤用彤、吴宓等30人。

8月28日,国民政府教育部颁发《教育部设置专科以上学校教员奖助金办法》10条。

教员奖助金分为甲乙两种,甲种奖励教员的学术研究成果,主要是奖励有价值的研究报告、专科译著、短篇论文的教员。

按:系《教育部设置专科以上学校教员奖助金办法》为奖励服务有成绩的教员研究著述并减轻其战时生活上的困难而设。文件规定,凡是最近一年内完成下列三项之一的研究著述,均可申请该奖助金:一是应国立编译馆之征请,从事整理经籍、译述世界名著、编著大学用书的专科译著,经该馆认为有价值者;二是专门问题的报告,经教育部有关专门委员会认定有价值的学术研究报告;三是在专科以上学校的教授、副教授组织的专门学会或学术期刊社出版的刊物上发表的短篇论文而有价值的。

9月1日,中共中央发出《关于统一抗日根据地党的领导及调整各组织间关系的决定》,规定中央代表机关(中央局、分局)及各级党委是各地区的最高领导机关,统一领导各地区的党、政、军、民工作。

是日,《文化先锋》在重庆创刊,文化运动委员会主办,张道藩为发行人,李辰冬主编,旨在成为三民主义新文化建设运动的先锋,在最高领袖蒋委员长所指示的“以三民主义的宇宙观与哲学观,从新建立各种学术的体系以及一切文化事业的中心”思想指导下,完成建设三民主义新中国文化运动的任务。

按:《文化先锋》发刊词《我们的态度》指出:“一民族有一民族的文化;一时代有一时代的文化。实际上因为有文化的特点,才可显出民族的特点;也因为有了新的文化,才更显出新的时代。”“我们既有共同的目标,且我们都愿致力于中国新文化的建设,那末,就应当遵从我们最高领袖蒋委员长所指示的‘以三民主义的宇宙观与哲学观,从新建立各种学术的体系以及一切文化事业的中心’,来完成我们新中国文化运动的任务。我们的态度是如此,万分诚恳的祈求全国哲人专家学者的共同努力!”

是日,延安新闻界举行第九届记者节。

9月1—6日,陕甘宁边区举行首次运动会。朱德致开幕词、闭幕词。

9月6—10日,蒋介石在西安召开军事会议,主要部署以各战区的牵制、威胁行动为手段,限制日军集结和机动兵力,以保持目前战线的稳定。

9月8日,国民党政府行政院国务会议决议:免去胡适驻美大使职,调驻法大使魏道明任之。

9月17日,盛世才在新疆以“阴谋暴动”为名,逮捕陈潭秋、毛泽民及林基路等160人。

9月24日,国民政府教育部训令抄发《捐资兴办社会福利事业褒奖条例》13条。

9月27日,日伪军分八路突然对冀鲁豫边抗日根据地实行“铁壁合围”。

是日,中央图书杂志审查委员会主委潘公展,函复重庆市社会局,同意重庆市制定的《管制本市各书店一般图书杂志售价办法草案》7条。(参见吴永贵《民国图书出版史编年:1912—1949》,社会科学文献出版社2018年版)

9月29日,汪伪国民政府行政院第103次会议通过《中国青年团暂行总章》《修正中国童子军总章》,以及中等学校实行训育主任制和公民教员资格审查条例等案。

月底,浙赣铁路沿线日军节节退却,开始缩短战线,浙赣西段之日军全路撤回原防。

是月,伪华北作家协会在北平成立。

10月1日,国民政府教育部公布《国立学校教职员战时生活补助办法》24条。

按:《办法》规定:教职员每月根据年龄报领食米代金。代金数额由教育部核定。另外每人每月发给战时生活补助费,费额由行政院据各地物价及生活状况核定基本数,依薪俸额加成发给。(参见中央教育科学研究所编《中国现代教育大事记1919—1949》,教育科学出版社1988年版)

10月2日,国民政府教育部召集重庆附近中等以上学校有关人员举行训育工作会议,讨论训育行政、训育标准、导师制度及军训等问题。（参见中央教育科学研究所编《中国现代教育大事记 1919—1949》，教育科学出版社 1988 年版）

是日，罗斯福的特别代表威尔基由兰州经成都飞抵重庆。

10 月 3 日，国民政府教育部将蒋介石关于注意提高中学国文程度的手谕转发各省教育厅，训令各省各校遵办。

　　按：蒋介石提出："现在中学国文低落，应令各中学校长切实注意，并设法提高，以后凡大学招生，如有国文不及格者，不准录取为要。"（参见中央教育科学研究所编《中国现代教育大事记 1919—1949》，教育科学出版社 1988 年版）

10 月 4 日、6 日，蒋介石与威尔基会谈，蒋介石正告威尔基：东北与台湾为中国领土，战后必须归还中国；旅顺、大连军港，可由中、美共同使用。

10 月 5 日，周恩来在重庆会见美国总统代表威尔基。

10 月 6 日，威尔基在重庆发表广播演说，谓全力反攻之时机已到临。

10 月 8 日，华北日伪军推行第五次"治安强化运动"。

10 月 9 日，国民政府教育部决定 10 月 10 日出版《建国儿童周报》。

是日，汪精卫与日本特使平沼等签订长期租借海南岛及确认华北、蒙疆伪组织等卖国条约。

是日，美国务院宣布：国务卿赫尔今已通知中国大使魏道明，愿与中国政府谈判废止美国在华之不平等条约。

是日，英国外务部宣布，英政府已通知中国驻英代办，愿与中国政府讨论取消英国在华之不平等条约。

10 月 10 日，美、英两国同时发表声明，废除在华不平等条约。

是日，中国印刷学会在重庆求精中学礼堂召开成立大会，通过会章及重要提案，最后由大会通过敦请陈立夫任名誉理事长，潘公展任名誉理事。（参见吴永贵《民国图书出版史编年：1912—1949》，社会科学文献出版社 2018 年版）

是日，《文艺先锋》于重庆创刊，文化运动委员会主办，丁伯骆等主编，以"促进三民主义的文艺建设"为宗旨，宣扬"民族主义文艺"，以"促进三民主义文艺建设"。

10 月 11 日，中华全国文艺界抗敌协会在中国文艺社开会，讨论提高稿费及版税问题。

是日，中美新约在华盛顿开始谈判。

是日，中韩文化协会在重庆成立。

10 月 12 日，毛泽东《第二次世界大战的转折点》一文发表。

10 月 13 日，蒋介石在重庆会见中共中央代表林彪，商谈国共两党关系问题。

10 月 22—30 日，第三届国民参政会第一次会议在重庆召开，会议讨论通过了加强管制物价方案。

10 月 26 日，日军 15000 余人大举"扫荡"山东沂蒙山区。

10 月 27 日，国民政府教育部颁发《各级国民教育研究会组织通则》15 条，《国民教育研究会筹组办法》13 条。

　　按：《通则》规定：研究会应以研究学校行政、课程、教学方法、训练方法、政教联系、推行社会教育方法、教师福利与进修等为限。《办法》规定：组织研究会按乡、县、师范学校、区、省顺序逐级向上进行。（参见中央教育科学研究所编《中国现代教育大事记 1919—1949》，教育科学出版社 1988 年版）

10 月 28 日，英驻华大使薛穆奉令与国民党政府外交部谈判废除不平等条约事。

中华全国文艺界抗敌协会在总理事会会议上通过《保障作家稿费版权版税意见书》。

10月30日,陕甘宁边区政府第36次政务会议通过决议。为统一并加强边区干部教育和国民教育起见,决定在教育厅内设立教育委员会。(参见中央教育科学研究所编《中国现代教育大事记 1919—1949》,教育科学出版社 1988 年版)

是日,《大公报》发表中央大学教授致全国大学教授书。

按:文中指出:报载美国拨款 400 万补助中国大学教授生活。据以下理由,未便接受,从国家教育立场,为尊重国家及政府地位;依靠友人怜恤,有贬我教育人员之尊严。建议将 400 万购置图书仪器,请政府另筹维持生活良策。(参见中央教育科学研究所编《中国现代教育大事记 1919—1949》,教育科学出版社 1988 年版)

11月1日,毛泽东在陕甘宁边区高级干部会议上作《抗日时期的经济问题和财政问题》的报告,其总方针是"发展经济,保障供给"。

11月6日,国民政府教育部训令指定中央大学等 21 校,自11月20日起加紧实施军事管理,以树各校楷模。(参见中央教育科学研究所编《中国现代教育大事记 1919—1949》,教育科学出版社 1988 年版)

是日,重庆《大公报》载,奖励科技发明,科学家 7 人得教育部奖金。

是日,中国政治学会在重庆召开第三届年会,讨论议题是政治建设机构问题、战后世界和平问题。会议选举王世杰为理事长,杭立武续任总干事。

11月12日,国民政府教育部成立国立中央民众教育馆,负责辅导各级社会教育工作。

是日,日伪军共 2 万余人对山东胶东抗日根据地进行大"扫荡"。

11月12—27日,国民党举行五届十中全会,会议主要研讨经济问题及党政工作,确定工作新方针。通过《党务改进案》等,谓"对共产党仍本宽大政策,冀其能彻底觉悟,服从政府法令,政府必一视同仁,并加以保障"。

11月17日,国民政府教育部颁布《奖励中等学校教员休假进修办法》11 条。

按:《办法》规定:在一校连续服务满 9 年,成绩昭著、品格健全的专任教员得申请休假进修。进修期限为一年。进修期间仍支原薪及各项补助或津贴。(参见中央教育科学研究所编《中国现代教育大事记 1919—1949》,教育科学出版社 1988 年版)

11月27日,国民政府教育部公布关于已立案侨校及由国内迁设港澳之学校内迁后暂划归当地教育行政机关管理的办法。(参见中央教育科学研究所编《中国现代教育大事记 1919—1949》,教育科学出版社 1988 年版)

是月,伪中国工程学会在南京举行第一次年会,尤乙照担任年会主席。年会选举陈君慧为第二届理事长,杨口华、尤乙照、许公定为常务理事,金其武等 16 人为理事,马登云等 3 人为基金监。

是月,第一届"大东亚文学者大会"在日本东京举行。

12月4日,国民政府教育部颁发《教育部给予中等学校教员奖助金办法》8 条,系为奖励并补助连续服务在 3 年以上著有成绩的教员而设。

12月5日,伪满洲图书株式会社、伪满洲大地图书出版社、伪满洲青少年文化社、伪长春艺文书房在长春中央饭店联合召开"怎样写满洲"座谈会。(参见吴永贵《民国图书出版史编年:1912—1949》,社会科学文献出版社 2018 年版)

12月11日,国民政府教育部公布《教育部中华教育电影制片厂组织大纲》9 条。

是日,蒋介石接斯大林函,谓中苏两国之坚强友谊必在战后奠定两国人民合作之基础,树立世界永久和平。

12月12日,八路军开展垦荒大生产,第一二〇师第三五九旅大力开垦南泥湾。

是日,中华全国文艺界抗敌协会公开发表《保障作家稿费版权意见书》。

12月15日,国民政府教育部颁发《各省市国民教育辅导研究办法大纲》19条。

12月16日,国民政府教育部在重庆举行边疆教育委员会第三届会议,会议着重讨论设置边政学院及1943年西北地方边疆教育设置等问题。

是日,日伪军万余人分四路向大、小悟山分进突击,新四军第五师展开反"扫荡"作战。

12月18日,伪华北政务委员会教育总署为适应"大东亚战争"之形势,力谋教育之刷新,成立学术文化审议会。

按:该委员会共有委员28人,除周作人、张心沛等伪教育总署督办、局长外,有防共委员会处长、新民会事务总长以及曹汝霖、傅增湘、管翼贤等人,还有北大校长钱稻荪、师大校长黎世蘅。首次会议讨论了"确立国民中心思想案""实施中日文化交流之具体推进案""救济学生失学案"等。(参见中央教育科学研究所编《中国现代教育大事记1919—1949》,教育科学出版社1988年版)

12月19日,日军"扫荡"大别山南麓国民党军,连陷鄂豫皖广大地区,国民党军溃败。

12月21日,汪精卫在东京同日本天皇和东条英机首相举行关于加强日本与南京傀儡政府之间关系的谈判。

12月24日,第三次全国美术展览会在重庆中央图书馆开幕。

12月26日,蒋介石核准国民党中央拟定的《扶助朝鲜复国运动》方案。

12月29日,中国艺术剧社在重庆成立。

12月31日,国民党政府明令发表,表彰忠勇抗战殉职将领38人,入祀首郡忠烈祠。

是月,伪华北政务委员会教育总署命令颁发《教育刷新实施纲要》8条。

按:《纲要》要求专科以上学校,研究中国固有之道德文化;调整学系、学科,以适应时代需要;使学生振奋兴亚精神,教职员尤当以身作则等。(参见中央教育科学研究所编《中国现代教育大事记1919—1949》,教育科学出版社1988年版)

是年,国民政府任命一批高等学校校长:赖琏任西北大学校长、吴宝丰任交通大学校长、丁文渊任同济大学校长、黄季陆任四川大学校长、张廷休任贵州大学校长、陈友松任湖北师范学院院长。省立河南大学改为国立河南大学。

是年,《学术研究》《学术汇刊》《中国文化研究汇刊》《中国工业》《科学知识》《国文杂志》《政治月刊》《边疆人文》《经济导报》《经济月刊》《西康经济季刊》《研究资料》《社会服务》《文学创作》《文艺杂志》《文学译报》《文学修养》《文学报》《青年文艺》《文艺先锋》《苏联文艺》《山东文艺》《晋察冀文艺》《天下文章》《文坛》《戏曲》《剧讯》《振导月刊》《创作月刊》《半月文萃》《中央畜牧兽医汇报》《人世间》《广西企业》《新儿童》《新市政·新建筑合刊》《广西省立桂林师范学院院刊》《广东统计通讯》《每日新歌选》《广东言论动向》《民族青年》《友声》《新华副刊》《木刻阵地》《国风》《出版会报》《出版通讯》《医学文摘》《文聚》《金碧旬报》《先导》《古今》《女声》《大众》《安徽中央日报》《福建妇女》《福建言论动向》《新福建》《战时工人》《甘肃妇女》《国立西北师院学术季刊》《贵州企业季刊》《兽医畜牧杂志》《黔铎》《贵州党务》《兴仁青年》《逸文周刊》《毕节周报》《绥远动员》《民族音乐》《音乐知识》《滨海农村》《战士》《山》《黎明特辑》《太行党史资料辑存》《日本士兵之声》《冀南》《滏阳》《边府通讯》《盐阜党刊》《大众知识》《江南党刊》《路东农民》《路西行政》《时事简讯》《鄂东报》《时论丛刊》《敌工通讯》《军事建设》《佛学月刊》《新丰润》《亚伟速记月刊》《时与潮副刊》《中央畜牧兽医汇报》《中国边疆》《水利委员会季刊》《边疆通讯》《电影与播音》《考核汇刊》《科学记录》《航空建设》《药讯期刊》《教育与社会》《福建妇女月刊》《宿松日报》《西南邮刊》《县政》《志学月刊》《邮苑》《图书集刊》《重庆市物价指数》《盐务月报》《职工通讯》《中央技艺专科学校校刊》《云南教育》《金竹邮刊》《贵州企业季刊》《民俗学志》《铎声》《民主导报》《四川省农业统计资料索引》《公务员生活费及生活费指数》《中国各重要城市零售物价指数月报》《昆明周报》《健康报》《景东周报》《朝报晚刊》《滇西日报》《新华报》《鲁中日报》《滨海报》《大华晚报》《盐阜报》《江海报》《湖东报》《天演日报》《新晚报》《大众日报(香港)》《香港新报》《华侨导报》《群众报》《胜利报》《大江报》《新琼崖报》《团结报》《冀鲁日报》《晋豫日报》《边区政报》《黎明报》《新闻简报》《北进报》《全国天气旬报》《春风》《学与思》《邮话》《经纬》《湖南省银行通讯》《溆浦师范学院旬刊》《半月文萃》《美术专号》《晋察冀画报》《新艺》等报刊创刊。

二、学术活动

　　郭沫若 1 月 1 日上午与阳翰笙、冯乃超等在夫子池参加重庆各界慰劳抗战将士大会。下午,往中苏文协参加团拜。晚,与冯乃超、阳翰笙赴《新蜀报》周钦岳宴请,席间与老舍等人谈及沦陷在香港生死不明的茅盾、夏衍等人,深觉怆然。2 日晚,始作历史剧《屈原》,该剧取材于中国历史上战国时楚国爱国诗人屈原的事迹。计划分上下两部,上部写楚怀王的时代,下部写楚襄王的时代。4 日,应陶行知、辛汉文之邀,偕阳翰笙、尹伯休等赴午宴。席间,陶行知托付计划儿童乐园并写儿童剧本。7 日,往中苏文化协会出席苏联大使馆举办的"纪念郭沫若学术丛书"茶会,看电影至深夜。8 日晨,与阳翰笙在寓所谈论国内外时局,均感今后将更为艰苦。同日,常任侠来寓所,与其谈历史剧及《棠棣之花》上演盛况,获赠常任侠旧藏《文艺论集》一册。同日,阳翰笙来寓所,为其读《屈原》第一、第二幕。阳翰笙惊佩其"创作力之健旺",觉得这个剧本写得很好,"在技术上提供了点小小的意见"。11 日夜,《屈原》完稿。创作期间,周恩来曾到家中来,一同讨论创作中的问题。12 日晨,补写《屈原》祭婵娟部分。14 日傍晚,邀周恩来与文艺界许多知名人士来寓所,对有关《屈原》的问题作了讲解,当场决定由金山担任屈原这个角色。15 日,偕阳翰笙、柳倩参加文化月会。17 日晚,与阳翰笙、冯乃超同往曾家岩 50 号,为潘梓年补祝 50 寿辰。19 日上午,在文化工作委员会举行的孙中山纪念周上,报告旅居香港的友人茅盾、夏衍等在日军攻占香港前已平安逃离的消息。20 日夜,作《写完〈屈原〉之后》,记述《屈原》写作的经过,刊于 2 月 8 日重庆《中央日报》副刊,又载《野草》3 月 15 日第 3 卷第 6 期。应孙伏园的请求,历史剧《屈原》在 1 月 24 日至 2 月 7 日重庆《中央日报》副刊上连载,孙伏园因此被潘公展撤销编辑职务。单行本由重庆文林出版社 1942 年 3 月初版发行。

　　郭沫若 1 月 25 日请翦伯赞在文化工作委员会作学术报告,共讲《中国人种之起源》《前氏族社会》和《氏族社会》等 3 个问题,于 27 日结束。在这一段时间,还邀请侯外庐、周谷城、吕振羽、杜国庠等史学家来文工会讲中国通史和中国思想史。26 日上午,与阳翰笙应邀去见陈诚,谈了将近一个钟头。29 日下午,往中苏文化协会参加钱亦石逝世 4 周年纪念会并讲话,称赞这位国际问题专家参加战地工作而置生死于度外,开文化人服务战地之先声。此纪念会为与周恩来、董必武、孔庚、沈钧儒等共同发起。2 月 4 日,与阳翰笙、程泽民共商文化工作委员会内人事调整问题。7 日,阳翰笙、王瑞麟、史东山等来访,商议《屈原》公演事。8日,应云卫、周峰、江村、孙坚白、阳翰笙等来寓所继续商谈《屈原》演出事。11日晚,与史东山、王瑞麟、应云卫、周峰、江村、孙坚白等谈话,决定将《屈原》交中华剧艺社公演。12日,《〈虎符〉缘起》作讫,刊于2月22日、24日《时事新报·青光》。文中记述了写作史剧《虎符》的起因和经过。15日,阳翰笙陪金山、王莹来,讲述他们脱险归来的情形。17日,致翦伯赞信:"日前莅城讲学,穷搜博览,析缕规宏,听者无不佩赞,诚为我辈壮气不小也。弟自归国以来,学殖荒废,在东所搜集之材料,手中一无有,颇为焦躁。承询四川所出土之大环石,其出土地为广汉县,发现之者为成都华西大学教授。其石均经琢磨,规整如璧,大小不等,大者直径恐逾三尺。磨制甚精,极平滑,与常见之璧无殊。唯石质非玉。闻仅系一种白色浆石,未经目睹,不知其详也。南洋十人有使用石钱之习,今存于关岛附近之小群岛中,旧为德国殖民地。第一次欧战后,归日本管理。其钱形亦大小不等,即以大小定其价值之高低,大者亦有二尺来往之直径者,东京日比谷公园中有一枚,余曾见之。余所知者略如此,以后尚望时时赐教。"20日,作《屈原思想》,刊于3月30日重庆《新华日报》。文章针对侯外庐《屈原思想的秘密》一文所说屈原方法论是前进的,"求真的",世界观是落后的,"本质上是反动的"的观点进行驳论。

　　按:《屈原思想》肯定"屈原的世界观是前进的、革命的,而他的方法——作为诗人在构思与遣词上的技术——却不免有些保守的倾向"。在论述了春秋战国时代,应着重由奴隶制至封建制的社会变革,产生意识形态上的思想革命之后,指出,"屈原思想很明显地是带有儒家的风貌""所怀抱的是儒家思想的大一统""想以德政来让楚国统一中国,而反对秦国的力征经营""他在思想上尽管是北方式的一位现实主义的儒者,而在艺术上却是一位南方式的浪漫主义的诗人""屈原思想和他艺术表现上的矛盾,便是这样""他的自杀的原因倒是由于他的理想和楚国当时的现实相隔太远,不能不使他失望,因而他便只好演出一幕殉道者的剧了"。

郭沫若在《新华日报》发起"庆祝苏联红军24周年慰问苏联红军签名运动",2月23日签名刊于重庆《新华日报》。27日,作《日本民族发展概观》,后以《日本民族发展概况》为题刊于3月3日重庆《新华日报》。月底,与阳翰笙等将《屈原》全部演职名单决定下来,并在寓所对了两天的词。3月9日晚,阳翰笙、周峰、苏绣文来访,谈及郑用之想以马彦祥改编的剧本《江南之春》来排挤《屈原》的演出。对此事虽愤愤,却保持缄默。上旬,收到周恩来7日函,得周恩来关于《屈原研究》一文的意见。周恩来在信中对《屈原研究》一文第三部分《屈原思想》提出意见,包括:"不论是'德政'还是'刑政'都是奴隶制走向封建的一种过渡时代的改革想法和做法,也正是当时时代的产物""拿屈原作为一个伟大思想家,而兼艺术家,我同意,说他是革命的思想家,容有商榷余地"等;历史剧《屈原》由中华剧艺社开始排练。由陈鲤庭导演、金山饰屈原、白杨饰南后、张瑞芳饰婵娟。郭沫若多次往现场观看中华剧艺社排练《屈原》,并向导演、演员介绍创作《屈原》的构思,讲解剧情,分析剧中人物的性格,甚至示范朗读台词,特别是朗诵《雷电颂》。20日,《正义之声》刊于《文坛》创刊号,此文应苏联对外文化协会之请,后者希望对希特勒匪徒破坏苏联文化遗物之事,电示自己的态度,以便刊入有关专册;请中央大学教授宗白华来文化工作委员会作学术报告,讲《中国艺术之写实,传神与造境》,连讲3天。中旬,得周恩来12日函,谈与老舍共商救济到达广西的香港文化界朋友。27日,参加中华全国文艺界抗敌协会4周年纪念聚餐会。与朋友谈及屈原是否喜欢喝酒的问题,认为,"屈原一定是时常醉的,他不必陶醉于酒,而必陶醉于他的诗。他如果没有这项陶醉,我看他是'吃不消',他怎么也抵挡不住那周围的恶势力的压迫,而耐性地活到六十二岁才自杀"。同月,与王亚平、方殷等6人合编的诗歌丛刊《春草集》出版。

郭沫若五幕历史剧《屈原》4月3日由中华剧艺社在重庆国泰影剧院首场公演,与阳翰笙前往观看,"非常兴奋"。同日,《新华日报》《时事新报》均刊出祝贺《屈原》公演的专刊。此后演出期间,郭沫若几乎天天到场,戏散才走。还时常到后台看望、慰问大家,有时到台下看戏,就站在条幕旁和剧中人一同欢笑和落泪。其间,曾邀在重庆"孔学会"工作的陈禅心观看演出。该剧"上座之佳,空前未有",有人半夜排队候票,有人专程从外地赶来。周恩来非常欣赏剧中的《雷电颂》,曾说:"屈原并没有写过这样的诗词,也不可能写得出来,这是郭老借着屈原的口说出他自己心中的怨愤,也表达了蒋管区广大人民的愤恨之情,是对国民党压迫人民的控诉,好得很!"另一方面,《中央日报》《中央周刊》等报刊则陆续发表攻击《屈原》的文章。在一次由陈立夫、潘公展举办的文艺界招待会上,几个御用文人直接攻击《屈原》,并要求禁演,潘公展称该剧"是别有用心,是借演戏搞不正当活动",并以"顺从民意"为借口,要求立即停演《屈原》。5日晚,郭沫若在国泰影剧院后台与张瑞芳等演员讨论《屈原》第五幕第一场的台词,并采纳了修改意见。7日,与林幼石宴请刚从广西桂林飞抵重庆的夏衍,为其洗尘。阳翰笙夫妇和李剑华夫妇、尹伯休夫妇,以及林维中等作陪。8日,赠黄炎培戏票,请其观看历史剧《屈原》。黄炎培观剧后即作七绝二首相赠。9日晚,夏衍由孙师毅陪同来天官府寓所,听夏衍传达周恩来的指示。10日,《殷周是奴隶社会考》刊于重庆《学习生活》月刊第3卷第1期。认为,"中国古代的文献,既多伪造,研究的时候,稍一不慎,便得不到正确的结论。真实的文献,亦不全可靠""所以研究古代真象,最好是从地下去找古人亲手留下来的东西""我们根据真实的史料——甲骨文、金文,再参考旧有的文献,斟酌损益,然后研究中国古代社会,才有基础,才能迈步前进"。讲古代社会,"要明白古代社会情形,就要明白古代的经济组织""中国古代社会需要研究的一个最大的问题是在有没有生产奴隶的这个阶段的问题""拿地下发现来研究""中国古代确曾用过大规模的奴隶来作生产事业,确曾经过奴隶制的阶段。庶人或民就是生产奴隶,这是须得认清楚的!""从殷朝到春秋中叶,都是奴隶制度的社会"。同日,出席周恩来举办的为祝贺《屈原》演出成功的宴会。席间与周恩来探讨历史剧《屈原》。夏衍及该剧全体演员也出席了宴会。周恩来说:"在连续不断的反共高潮中,我们钻了国民党反动派一个空子,在戏剧舞台上打开了一个缺口。郭先生和诸位都立了大功!"11日晚,郭沫若往国泰影剧院后台慰问演出《屈原》的演员。4月19日,郭沫若作自传《我的学生时代》,刊于《妇女新运》第4卷第5期,又载桂林《野草》月刊第4卷第3期。同日,作《历史·史剧·现实》,刊于《戏剧月报》1943年4月第1卷第4期。

　　按:此文论述历史与历史剧的区别及如何正确评价历史剧等问题,认为:"历史的研究是力求其真实而不怕伤乎零碎;史剧的创作是注重在构成而务求其完整。""历史研究是'实事求是',史剧创作是失事求似。""史学家是发掘历史的精神,史剧家是发展历史的精神。'两者'任务毕竟不同,这是科学与艺术之别。""史剧既以历史为题材,也不能完全违背历史的事实。大抵在大关节目上,非有正确的研究,不能把既成的史案推翻。""推翻重要的史案,却是一个史剧创作的主要动机。故尔创作之前必须有研究,史剧家对于所处理的题材范围内,必须是研究的权威。优秀的史剧家必须是优秀的史学家,反过来,便不必正确。"关于史剧的批评,写道:"应该在那剧本的范围内,问它是不是完整。全剧的结构,人物的刻划,事件的进展,文辞的锤炼,是不是构成一个天地。""批评家应该是公平的审判官,不是刽子手。""史剧家在创造剧本,并没有创造'历史'。"关于史剧与现实的问题、指出,"现在的事实,固可以称为现实,表现的真实性也正是现实"。

郭沫若4月20日晚邀请并陪同苏联驻华大使潘友新和使馆的一些朋友,以及刚从香港回来的夏衍,在国泰影剧院观看《屈原》最后一场演出。演出后,与夏衍同到后台会见了导演、演员和工作人员。21 日,往复旦大学讲演。阳翰笙和夏衍同往。午后,向有关方面人士作抗战期中的文学艺术问题的演讲。说道:"中国旧文学当中,有不少伟大作品,我们要继承他的优良传统,并发扬光大。中国新文学,是应时代的要求而产生,因时间很短,所以还没有产生伟大的作品,不过尚需要一般作家的努力,中国新文学的前途,是一定光明的。"晚,在复旦大学举行的晚宴上,与陈望道、张志让、陈子展等人相遇。26 日,再作和黄炎培观《屈原》诗二首并序,刊于 5 月 7 日重庆《新华日报》。27 日上午,在璧山社会教育学院讲演。答应卢子英的要求,决定回城后敦促应云卫派人去北碚公演《屈原》。29 日,三作和黄炎培观《屈原》诗并序,刊于 5 月 18 日重庆《新华日报》,题作《黄郭唱和》。30 日,作《由葛录亚想到夏完淳》,刊于 5 月 5 日重庆《新华日报》。同月,《蒲剑集》由重庆文学书店出版,收论文、杂文 22 篇。5 月 4 日,作《写尔所知》,载谭锋编《佩剑集》,文林书店 1943 年 2 月出版。同日,坐车接张一麐到复兴关,出席国民政府军事委员会政治部举办的招待文化界晚会。散会后送张一麐回寓的路上介绍其与包华国相识,并谈及国内外的情况和国内团结的问题。5 日,作《〈屈原研究〉跋》,说明书中的《屈原身世及其作品》是由《屈原》修改而成,《屈原时代》及《离骚》译文均经过"改削",《屈原思想》是新写的,"足以补充前两篇所论的不足"。并谓:"我对于屈原的整个看法,大抵就包括在这个小册子里面了。"晚,在家中设宴为辛汉文、孟君谋祝寿,阳翰笙、金山、周峰等作陪。11 日,郭沫若复孙望信,写道:"四月三十一日大函奉到。《关于屈原传及其它》已拜读。屈原传,据刘永济氏错简说,加以整理,甚有条理,颇觉可信。屈原生年,当采比较可信之长历术而据定之,日本新城新藏氏之春秋战国长历,余认为较有根据,而无削足就履之嫌,故据用之。此说甚长,恕不尽述。但相差亦无几,无关宏旨也。死年则大有关系,不经襄王二十一年之剧变,对于屈原久流不死,难以说明。如必拘'九年不复'之语,将屈子放逐之年放迟,亦可说得过去。秦楚复交乃在襄王七年,放逐以七八年左右为近理也。"刘永济时任武汉大学教授,其《屈原列传发疑》指出了《史记·屈原列传》中有错简的问题。15 日,为纪念屈原,作《"深幸有一,不望有二"》,刊于 6 月 18 日重庆《新华日报》。22 日晚,与于立群往苏联驻华大使馆,参加苏联大使潘友新举办的招待中苏文化协会同人联欢会。到会者有该会名誉会长宋庆龄及于右任、孙科夫妇等 20 余人。25 日,作演讲稿《中国战时的文学与艺术》,刊于 28—29 日重庆《新华日报》;另以《中国战时的文学与艺术》为题刊于 28—29 日重庆《时事新报》。26 日,作《怎样运用文学的语言?》,刊于重庆《文坛》1943 年 4 月 30 日第 2 卷第 1 期,题作《略论文学的语言》。

　　按:《中国战时的文学与艺术》说道:由于战争爆发,有人忧虑"中国的文学和艺术的活动,要遭到很大的打击,或者会至于停顿"。但五年的抗战"证明了这些忧虑的根据是不正确的"。侵略战争"在人类历史上从来不曾有过获得了最后胜利的先例,故尔战争的归趋不一定是完全破坏。在破坏的一面,有促进着理性创造的动力,每于一时性的破坏之后,而有更高一段的文物产生。一般说来,反侵略性的战争,便和人类的创造精神,或文学艺术的活动合拍。人类的文学艺术活动,在它的本质上,便是一种战斗,对于横暴的战斗,对于破坏的战斗,对于一切无秩序、无道理、无人性的黑暗势力的战斗。因此在进行着反侵略性的保护战的国家中,即在战争期间,必然有一个文学艺术活动的高潮""中国自'七七'抗战以来,才真正到了'文艺复兴期',中国的文艺,在抗战前大都和生活现实脱了节。旧的文艺局限于古代作品的摹拟,老早失去了生命。新的文艺也局限于外国作品的摹拟""然而抗战的号角,却把全体作家解放了""新的艺术到这时才生了根,旧的艺术到这时才恢复了它的气息""无论在怎样的困难条件之下,我们的创造精神是被亢扬着的。我们要忍受任何困难,克服任何的困难,向着肃清魔鬼、扫荡兽性、美化人生的大业前进"。

郭沫若5月27日晚应中美文化协会邀请,往该会作《中国战时的文学与艺术》的讲演。28日,开始写作历史剧《高渐离》。同日,接到周恩来关于"国民政府开始清查中共党员及左翼作家,准备一网打尽,请关照各同志注意"的通知。30日下午,在中苏文化协会作演讲《中苏文化之交流》,摘要刊于31日重庆《新华日报》。28、29日,郭沫若在重庆《新华日报》连载《中国战时的文学与艺术——二十七日在中美文化协会演讲词》。谈到戏剧文学,郭沫若认为"老舍和宋之的合著的《国家至上》,曹禺的《北京人》,阳翰笙的《塞上风云》和《天国春秋》,夏衍的《一年间》是值得我们推荐的"作品。同月,郭沫若拒绝梁寒操邀为陈独秀追悼会发起人。陈独秀病逝于江津,陈立夫等人拟邀集国民党、青年党、民社党人在重庆为其开追悼会。后"因故延期",最终未成;复信洛汀,讲述《屈原》剧本创作和演出情况。认为金山在朗诵《雷电颂》时,吸收了京剧唱腔的一些艺术方法,效果很好;在文化工作委员会举行欢迎从香港脱险归来人员茶话会。6月13日,与邓颖超、西门宗毕、曹靖华、戈宝权、王云五、米克拉舍夫斯基等人出席中苏文化协会理事梁寒操举行的招待会,商讨出版苏联政治、经济、文艺丛书计划。17日午后,《高渐离》完成,刊于桂林《戏剧春秋》月刊第2卷第4期。附录《关于筑》《剧本写作的经过》和《人物研究》。18日傍晚,与孙科、王昆仑、潘友新等出席中苏文化协会、政治部文化工作委员会、国际反侵略大会中国分会、中苏文协重庆分会等11个文化团体联合举行的高尔基逝世6周年纪念暨中国第二届诗人节大会并作演讲。演说词及报道刊载于19日重庆《新华日报》。22日,与茅盾、田汉、欧阳予倩等人联名于重庆《新华日报》发表《中国文艺界为苏联抗战周年致斯大林先生及全体苏联战土书》。其中说:"目前已成为全人类'敬仰之的'的苏联和英勇的苏联战士,是你们粉碎了匪军所向无敌的神话,是你们揭露了人类解放的曙光""全世界的人类,都感受着你们的鼓舞""都坚定了抗战到底的斗志,维系了正义的信心。"下午,与宋庆龄、冯玉祥、王世杰、张西曼等人及苏、美、英等国大使出席中苏文化协会在广播大厦为纪念苏联反法西斯战争一周年举办的茶会。28日下午,在重庆师范学院礼堂,为中国青年剧社举办的第2次戏剧讲座讲《屈原悲剧的意义》。

按:郭沫若说道:"我把时代的愤怒复活在屈原的时代里""借了屈原的时代来象征我们当前的时代。"屈原的死"不仅是他个人的悲剧,而且是楚国的悲剧,是中华民族的悲剧。他的理想如果得以实现,楚国可能代秦统一中原,二千年来的历史会变个样子,至少不会有焚书坑儒之类的事情了。不过屈原的理想,在今天开始逐渐实现了,因此二千多年的屈原与我们离得并不远,甚至诸位今天晚上就可以看见他了"。

郭沫若7月6日复信雷石榆,刊于昆明《西南文艺》1942年第2期。信中说到对胡适否认屈原存在的反驳:"承抄示胡适否认屈原存在之论据,余于数年前曾撰《屈原》一书已加以驳斥,该书由上海开明书店出版,想昆明必易于购得,能蒙检阅一遍,便可分晓,恕不多渎。胡适辈过用怀疑武器,每以立意为高,并不实事求是,乃其大毛病。其实屈原距贾谊仅百余年,曾见屈原晚年之人在贾谊时代尽可尚存人世,断非如神话中之虚拟人物可比。贾谊既亲至屈原曾游之地,并仿其文体为文吊之,即此已亦打破怀疑说之心口矣。据余所知胡适自身及其一派其后似已不复坚持旧说,世之信之者,似亦甚少见也。屈原问题,余意所常考究者为其作品之研究及近代化,余往年曾将其《离骚》用现代语译出,附刊在上述《屈原》小册子之后,惜其他篇未及着手,而亦无人踵继,殊不免有寂寞之感,至屈原有无之问题已早成过去,似可置之不理也。"8日晚,出席中苏文化协会、文化工作委员会举行的抗战建国5

周年纪念晚会,到会文化界人士百余人。10日夜,作《〈娜拉〉的答案》,刊于19日重庆《新华日报》,系为纪念秋瑾而作。12日,自城归乡,为苏联驻华大使潘友新来访做准备。请阳翰笙代为主持文化工作委员会将于15日举办的国际问题演讲会。晚,与冯玉祥、王芸生等50人出席文化工作委员会在两路口社会服务处社交会堂举行的第9次国际问题座谈会,讨论"日寇今后之动向及同盟国之对策"。13日,作《〈少年维特之烦恼〉重印感言》,收重庆群益出版社11月版《少年维特之烦恼》。同日,作《南后郑袖》(《札记四则》之三)。发表于桂林《文学创作》月刊1943年1月第1卷第4期。征引《战国策·楚策》的文献,证明南后郑袖为一人,而不是"有人在某晚报中指摘"的那样为二人。并谓:"好在我是在写剧本,并不是在做考证,即使真是两个人,我把他们合而为一了,无论古今中外,对于一个作家都是可以宽容的。"15日上午,常任侠、李可染二人来寓所访谈。同日,准备接待苏联驻华大使潘友新到赖家桥访问,委托阳翰笙作代表去红岩吊唁周恩来父丧。晚,阳翰笙、应云卫等来寓所漫谈至天亮。16日,与阳翰笙、应云卫在寓所谈工作事。17日上午,与阳翰笙、冯乃超在赖家桥文化工作委员会接待来访的苏联驻华大使潘友新、秘书费德林和代表米克舍夫斯基、安德烈夫妇。晚,邀请常任侠、郑伯奇等共进晚餐。席中谈及沈尹默《秋明集》,认为其诗笔可爱,在近人作品中,未可多得。20日,《论儒家的发生》刊于重庆《学习生活》月刊第3卷第2期。

> 按:文中针对胡适《说儒》,重申《借问胡适》一文的基本观点:"胡适的《说儒》,以'三年之丧'、《易经》的需卦,《正考父鼎铭》《商颂·玄鸟》四点为根据,证明儒为殷之宗教,充分带有奴隶根性而柔顺,迫孔子出世,始改为刚毅的宗教。今天从所引的四大证据来研究,'三年之丧'是孔子创造的,《易经》是战国初年的东西,正考父的谦恭,不能作为奴隶解释,他是殷之顽民宋国的贵族,并不是周朝的奴隶,而且正考父的《鼎铭》是后人假造的,孟僖子的故事,也是假的,《玄鸟》诗,不能作预言解释。四根大台柱,不能成立,对儒家的看法,就是根本错误,只好垮台。""我对儒的看法不同,儒是春秋时代,社会转变,生产方式变更,奴隶制度崩溃时代的产物""升上来的下层阶级的庶人""处在社会的上层阶级后,觉得礼不可少,便拼命学礼乐""堕落的上层阶级的人,又被重视了,这就是儒之所以产生""儒被重视之后,儒家便成了一种职业,于是便和农工商一样"。儒发生在邹、鲁,"是因为邹、鲁在列国中文化最高""东迁以后,周室仅仅保存天子的虚位,丧失了过去统治天下之权,所以儒不发生在周室"。

郭沫若7月27日出席文化工作委员会举行的"庆祝郭沫若回国五周年纪念"公宴和晚会,晚会刚刚开始,因接到政治部电话说有空袭,只得散会。28日,与冯玉祥等150人在重庆《新华日报》联名发表《中国诗歌界致苏联诗人及苏联人民书》,又刊于《诗创作》第6期。同月,历史剧《棠棣之花》由重庆作家书屋出版。7—8月间,致信罗永麟,告以正在筹建一个出版社,希望他在自流井盐商中设法募股。此即后来成立的群益出版社。8月8日,作《关于"接受文学遗产"》,刊于《抗战文艺》1943年1月15日第8卷第3期。文中强调继承中外文化遗产的重要性,认为文化的宝贵遗产总是应该接受的,诸如文字、历史、文学等。"凡是文艺或文化的成品应该无国界种界的""凡是世界上有价值的东西,都应当赶快设法接受""中国还缺乏一部好的辞典""也缺乏一部很好的通史,更缺乏关于文艺各部门的良好的专史"。10日上午,请王昆仑在文化讲座上主讲《怎样辨识中国的四声》,亦请洪深谈这一问题。下午,请侯外庐作学术报告。13日,主持创办的群益出版社在重庆西来寺20号开始营业,主要出版郭沫若著作,也出版了阳翰笙、夏衍、陈白尘、沙汀等一批进步作家的作品。同时出版学术性刊物《中原》。群益出版社经理为时任文工会城内秘书室别官的郭培谦。17日,因病请阳翰笙代为主持文化工作委员会的纪念周,请郑伯奇作《发扬中国民族的优良传统》的报告。26日上午,与应云卫、阳翰笙等在寓所商谈中艺事至久。中午,在寓所由周恩来做东,请洪深、应云卫、夏衍、阳翰笙等午餐。席间,周恩来讲了当前国共两党斗争的形势,并要求戏剧界应当有克服一切困难的决心和勇气。27日,草拟手令,调整文工会组织,分历史、文艺两个组开展工作。交阳翰笙向在城内办公的文化工作委员会人员宣读,并组织讨论。28日,偕于立群与阳翰笙于午后进城。在"歌德晚会"上作题为《关于歌德》的演讲。演讲词记录稿(记录者爱兰)刊于桂林《诗创作》月刊第16期。29日,苏联驻华大使馆费德林来寓所造访,阳翰笙、夏衍在座,谈得很痛快。费德林想请一人去教书,即推荐徐迟。同月,作《论古代社会》,指出研究中国古代社会,首先必须搜集"一切真实的史料",充分利用甲骨文、金文以及一切旧有的文献;其次应当弄清古代的经济组织,这里着重论述了"中国古代确曾用过大规模的奴隶来作生产事业,确曾经过奴隶制度的阶段",即"从殷周到春秋中叶"。又有自传《童年时代》由重庆作家书屋出版。9月3日,郭沫若开始创作历史剧《孔雀胆》。12日晚,出席文化工作委员会举行的诗歌会,纪念歌德诞辰193年。郭沫若主讲歌德思想与艺术,及翻译歌德作品之经过。20日,《论古代文学》刊于重庆《学习生活》月刊第3卷第4期。

> 按:原系讲演稿。文前有提纲六条:"一、第一次'五四运动'的时间和原因——春秋战国时代由于奴隶制度崩溃,专为贵族所有的知识普及到民间。二、文化运动在文学上的反应——从《书经》《诗经》'甲骨文''金文'证明春秋以前的文字均系古文言体,春秋以后变为焉哉乎也的语文体。三、文字只有时代之别而无南北之分——《楚辞》乃《国风》的扩大;北方文化系殷民族奠定的,南方文化系殷民族传播的,故南北共贯。四、秦楚争霸的成败原因——楚国内部意志不统一,领袖无能,生活过于奢侈,秦则反是。五、中国由楚统一的假想——思想更自由,又更有艺术风味。六、中国文化以莫大的挫折换得了屈原——不要让历史更走错路。"

郭沫若与阳翰笙、冯乃超等人9月27日在赖家桥文化工作委员会听周恩来、邓颖超讲国内外形势,并与周恩来、邓颖超谈《孔雀胆》的创作。周恩来对文化工作委员会近来在城乡两地大倡讲学之风,给予充分的肯定。30日,作《〈孔雀胆〉后记》,刊于桂林《野草》月刊1943年3月1日第5卷第3期。文中记述《孔雀胆》的写作和修改过程。10日,应冯玉祥之请,与阳翰笙、杜国庠、夏衍等人往冯公馆共进午餐。27日,作《关于古代研究》,刊于桂林《文化杂志》月刊1943年1月第3卷第3期,题作《关于古代社会研究答客难》。文章指出:"关于中国古代研究,最闹得波谲云诡的就是'亚细亚的生产方式'""所谓'亚细亚的',并不限于亚洲诸民族,全人类都曾经历过这个阶段""无论国内国外研究中国古代的人,最大一个毛病就是在资料调查的第一步上便没有做好"。根据《诗经》及周秦诸子,"这些资料都是战国时代的成品""以前的人最大的缺陷便是不了解古代人民众庶的地位,因而有人说中国无奴隶制,或只有家内奴隶而无生产奴隶"。西周封建说无一可通,"主要的错误即在三代封建之旧式观念未除,而对于资料的时代性及解释,均不免自我作故"。同月,历史剧《虎符》由重庆群益出版社出版。11月4日,作《杜鹃与道学——读梁任公〈王安石评传〉有感》,刊于重庆《学习生活》月刊1943年1月1日第4卷第1期。文中抨击诽谤变法者王安石的南宋一批道学家们,盛赞"王安石与王阳明实在是不可多得的两位人物,事业文章,学术道德,均有划时代的表现"。7日,为纪念苏联十月革命25周年,与茅盾、胡风、夏衍等百余人联名在重庆《新华日报》发表《中国文化界向苏联文化界致书》。同日上午,与周恩来、董必武、邓颖超、冯玉祥、沈钧儒等往苏联大使馆出席苏联驻华大使馆举办的庆祝十月革命25周年招待会;与冯玉祥等6人联名代表中国文化界送锦旗并《给苏联领袖和人民的信》,庆祝十月革命节。此信刊于《新华日报》。22日与阳翰笙等人商议即将创刊的《中原》月刊编辑方针,决定将该刊办成偏重文艺的综合性刊物,在文艺之外,还须登载一般社会科学的译著。决定与阳翰笙、冯乃超、杜国庠、郑伯奇、夏衍、刘仁共同担任编委,由夏衍实际负责。27日,在文化工作委员会作题为《先秦天道观的进展》的学术报告。28日,作《关于屈原之年龄与其作品之真伪》。30日,为文化工作委员会副主任委员谢仁钊调训后所遗工作安排草呈文报政治部,拟请由副主任委员阳翰笙兼代理谢的工作,谢所兼代第一组组长职,由第三组组长冯乃超代理。12月5日,郭沫若《屈原·招魂·天问·九歌》刊于重庆《新华日报》,连载至6日毕。

　　按:此文针对陆侃如在《文化先锋》第1卷第9期批评《蒲剑集》中关于屈原论述的《西园读书记》一文,重申个人看法。关于屈原的生卒指出,"前代历朔家有二通弊。其一依后代支干纪年而逆推周秦甲子",其实汉武以前中国古历仅以太岁纪年,不以干支纪年;其二,均认超辰术为刘歆所发明,故于刘歆以前之历朔推算概不超辰。其实超辰乃自然现象,而刘歆所推亦不正确。岁星运行,余分经八十二点六年即积满三十度超过一辰。古时以太岁纪年,乃按实书年,故无超辰的理论,却有超辰的事实。今观陈、刘二氏的结果,显然于此二弊均未能免。坚持《天问》《招魂》为屈原所作,以为:"司马迁去古较近""《天问》《招魂》夹在《离骚》与《哀郢》之间,《离骚》与《哀郢》既为屈作,则《天问》《招魂》自以认为屈作为宜"。而"以《九歌》与《离骚》《九章》等相比,虽情调有悲愉之别,而风味无文质之殊,返复玩味,终无法认其必出二人或二人以上"。

　　郭沫若12月6日晚参加全国文艺界抗敌协会和中国文艺社为欢迎中国驻苏联大使邵力子举行的茶会。听邵力子介绍苏联战时文艺、出版情况,亦为彼介绍国内情况。告以当局正劝告作家多写成功之故事,少写成仁之悲剧,莫写岳飞、文天祥,而多写明太祖、戚继光。15日,为王晖石棺青龙图拓片作七言诗,并作跋语。同日,致车辐(瘦舟)信,写道:"又月前此间报纸载成都发见前蜀王建墓,有玉简诸物,足下曾亲观否?此事如在欧洲学界,必当大轰动,可惜中国学术空气稀薄,又在战时,竟不得集多数有权威之学者细细加以研讨,甚为可叹。"21日,与田汉、阳翰笙、老舍、张道藩等31人当选为中华全国戏剧界抗敌协会第三届理事会理事。23日中午,与阳翰笙同往生活书店,看望刚到重庆的茅盾,晚与阳翰笙等在寓所宴请林彪及茅盾夫妇。27日下午,文化工作委员会在天官府举行诗歌座谈会,讨论"怎样选择新诗主题与题材""抒情诗与叙事诗的创作方法""对过去新诗歌的检讨及对未来新诗歌的展望"等问题。同月,《屈原——五幕史剧及其他》由新华书店出版,收《屈原——五幕史剧》《屈原思想及其他》等9篇。是年,应重庆大学嘉陵文艺社的邀请,作题为《屈原的悲哀》的演讲。批判楚怀王的昏庸无道,弄得国破家亡,民不聊生;痛斥南后、子兰、靳尚等人的投敌卖国活动,号召大家都要学习屈原的爱国主义和不畏强暴的精神,要像屈原那样忠于自己的理想。是年,郭沫若作《关良艺术论》,刊于1947年1月29日《文汇报》。

　　按:文中说:"谈关良先生的画,从关良的画展,感想到目前中国的绘画艺术,应该有一种新的趋向,新的作风。""西洋民族是一种动的,热情奔放的,甚至于急功好利的,所以西洋画的作风,有粗大的线条,鲜明的轮廓,浓郁的色调,坚实和夸张的性格,读之容易感人媚人。中国画是从内在的灵境出发,从平面中蕴蓄无尽,富于一种潜在的神秘感。西洋画是从外在的实感出发,从立体中发扬无遗,富于一种外铄的印象感。中国画是在某些部分实不及西洋画的技巧,西洋画在大体上,然亦不及中国画的蕴藉。因此中国艺术的价值,殊觉可贵。不过从时代的意义上说,目前的中国是需要动,需要有一种热情奔放的推进力量,需要由'山人''居士'的意境,转变到正视人生的意境,及需要发扬'淡泊明志,宁静致远'的积极作用。所以我们的画家,尤其是研究西洋画的中国画家,不可不注意以下数点,摆脱模仿,抄袭的樊笼,端正自我的视线,选择独立的主题,发挥崇高的个性,创造时代的,进步的,发扬中国作风,中国气派的绘画。""关良先生有深固的西画的根底,同时更深入国画的堂奥,从他的作品中所表现出来的风格,显然富有一种极大的创作感,他既不愿以纯粹的西画以绚其长,更不愿以陈旧的国画作风去倒钻牛角,他认识中国绘画内在精神的可贵,同时更深切认识动的热情奔放的时代精神之必须发扬,他以西画作躯壳,国画作灵魂,以西画单纯明快坚实浓郁的技巧,来表达国画恬静洒脱淡雅超逸的神韵,企图创造一种时代的,前进的,发扬中国传统艺术精神的新绘画。但他决不是'折衷主义'者,因为他的目的在创造。"《文汇报》文后有编者按:"关良教授于一月廿日至二月一日假南京路大新公司二楼画厅举行全国名胜画展。"(以上参见林甘泉、蔡震主编《郭沫若年谱长编》,中国社会科学出版社2017年版;田本相、阿鹰编著《曹禺年谱长编》,上海交通大学出版社2017年版;王学典《20世纪史学编年(1900—1949)》,商务印书馆2014年版)

马寅初仍被拘押在江西上饶。3月4日,马寅初夫人王仲贞拜访国民党中央组织部长朱家骅未遇,留言:"朱部长:闻宝眷已安全离港,至为欣慰。外子寅初离渝已一年有余,不时来函述及缺乏好书可读,精神上不无苦闷,公私损失均甚重大。特恩先生鼎力设法调回重庆,最好能在中央图书馆看书,俾遂所好,何幸如之。"5日,朱家骅复函:"仲贞女士大鉴:昨承枉顾,失迎为歉。留书敬已诵悉,寅初先生远在异处,良甚劳苦,骅亦时在念中,遇有机会无不尽力,冀副谆嘱也。尚希善自宽慰为幸。"8月20日,马寅初由上饶集中营转移广西桂林,何浩若迎候。临行前,顾祝同设宴饯行,赠名茶大红袍。24日,返回重庆歌乐山大木鱼堡5号家中,但人身自由仍受限制。规定外出须经歌乐山警察局批准。同月,商务印书馆王云五差人持函拜访,请为中学教材丛书编写《经济学概论》;成都市银行、钱业、商业同业公会与西华经济研究所合作,成立西华出版社。闻马寅初返渝,唐庆永特登门请为《西华经济》题写刊名。《西华经济》创刊号9月15日出版。9月2日,重庆大学商学院院长刘大钧向张洪沅校长提议:请马寅初回校。张洪沅与翁文灏商谈,极感为难。刘大钧遂提出辞职。未几,商学院院长改由朱国璋(朱家骅侄)担任。

马寅初10月24日由孙科、叶楚伧陪同出席立法院第4届第227次会议。为返渝后首次露面。此后出席立法院会议徒具形式,不发表意见。同月,张澜于国民参政会三届一次会议提呈请政府恢复马寅初之职业自由以励直言而裨国政案。11月1日,完成《经济学概论》。序云:此书蓝本为上海商科大学及杭州财务学校之讲义。"二十六年抗战军兴,余随政府入川。二十七年,军事委员会政治部为整理各军事学校政治教程,提高政治知识,以适应战时政治教育之需要起见,将编辑战时军事学校政治教育课本,嘱余担任撰著《经济学概论》一书。余本抗战救国,匹夫有责之义,即就上海商大之讲义,并参照英、美等国最近之经济学说,编成七篇二十一章,名之曰《经济学概论》,交政治部收用,作为政治部向余借用之物。此稿收回后,原拟留待战事结束后,再加以补充而后付梓。乃三十一年八月二十日余自前方回渝,适值商务印书馆以港、沪沦陷,全部迁渝。该馆总经理王云五先生以后方经济教本异常缺乏,嘱撰《经济学概论》一书,余以从事撰著另一部新书,无暇顾及此事,爰将政治部借用过的原稿交该馆印行,借以塞责。此书除'分配论'第二、第三两章理论稍深外,余皆简洁明白,似甚适合今日后方教育之需要。"28日上午,出席立法院第4届第228次会议。月底,出席重庆大学商学院四年级学生迎新会公宴。会后,于"寅初亭"(草亭)留影。12月22日,朱国璋奉朱家骅之命登门看望,宣达蒋委员长致意,请全家移住北碚立法院。马寅初当即表示不便从命,称"(一)立法院中并无余屋,院外觅居颇属不易,困难一也。(二)举家全迁为费不资,困难二也。(三)歌乐山房屋系属己产,移居北碚负担加重,困难三也。(四)立法院中书籍甚少,研究工作难于进行,困难四也。(五)歌乐山距沙磁区较近,故可以利用各校藏书以备参考。北碚则交通不便,书籍接济非易,困难五也"。朱言诸难皆可解决,复以"山居清静适宜研究"推托不就。

马寅初12月29日出席立法院第4届第229次会议。同日,蒋介石致令朱家骅:"朱部长骝先勋鉴:闻马寅初先生回渝后,现住歌乐山寓所,似尚未有相当任务,良为系念。兹拟请孙院长哲生约其全眷移住北碚,即在立法院内担任具体工作,如研究战后经济问题等。倘其生活费用确有困难,可由中按月酌予补助壹千元,俾能安心研究以宏贡献。即请兄代表先与约谈。谈后将详情呈报,候核为盼。"31日,朱家骅就马寅初事复蒋函:"以一时不获抽空诣谈恐致稽延,会舍侄国璋曾任重庆大学商学院会计系主任与马先生有素堪密。传语遂令其于本月廿二日代表前往,顷据报称马先生对于钧座体念下情之盛意,极表感激,惟移住北碚,颇有困难。""顾告此种困难均可设法解除,则以山居清静适宜研究(为言)。并云:'此次返渝以来,深自韬晦,绝无片言涉及政治财政,此后亦决不再有已往之情事发生。云外间设有传说则必以讹传讹,对委座之尊敬尤竭挚情'等。据称如此,似可请孙院长仍以立法委员延揽,准留原处研究战后经济问题。一面由钧座按月补助壹千元,以示眷念学者之至意奖励,俾能安心研究。奉令前因,理合将接洽经过呈复,仰祈鉴核。谨呈总裁蒋。"（以上参见徐斌、马大成编著《马寅初年谱长编》,商务印书馆2012年版;彭华《马寅初年谱简编》,《淮阴师范学院学报》2005年第1期）

顾颉刚为中央大学专任教授。1月15日,在《文史杂志》第2卷第1期发表《商王国的始末》。同月,由中国边疆学会主办的《中国边疆》创刊。2月9日,顾颉刚在重庆某校演讲"边疆文化",提到以往一般人不注意边疆问题,认为边疆文化太低,"好像城里的人瞧不起乡间的人一样",而边疆民族"也讥我们的文化不好"。抗战几年来,这种情况有所转变。此话颇有夫子自道之意。11日,顾颉刚回复丁山的信,主要谈论工作、学术、环境。从工作来讲,西北大学邀请顾颉刚担任教职,但顾颉刚考虑家庭牵绊以及西北大学地处偏远的城固,开展学术不宜,婉拒好友之邀,"弟累承西大见邀,至所感荷。惟内子既病,无法挈眷同来。若单身到校则两地牵挂,更难为怀。蓉渝之间,交通方便,弟尚可离家。弟到陕南则轻易不得归来,必为内子所不许。念廿余年婚媾之情,不得不顺其意。愿兄与西大诸当局皆见谅也"。并举中央研究院汤象龙为例,"在社会科学研究所,参考材料甚多,一至城固便将无所施其技,恐系难来"。顾颉刚不去西北大学除地远偏僻资料不易获得外,还有对西北大学培养学生的水平深深怀疑。后顾颉刚于5月17日日记有载欲觅一人处理信函,有西北大学国文系毕业生杨俊民愿来,结果顾颉刚大感失望,"西北大学国文系毕业生乃不及小学时代之我。既已来,无法,只得交之,但改写太费力,直是批改小学生文卷。为之三叹!"。所以当顾颉刚听闻丁山有脱离西北大学之意,便想介绍其任教中央大学,如丁山愿来,"则弟当向中大介绍,或在国文系教甲金文,或在史学系教商周史,或兼任之,或并教地理沿革诸课,乞兄见示。弟当于暑假前办成也。中大规模大,学生根底好,校长头脑清楚,有计划,前程远大,弟以为今日之中大即民国六七年之北大也。中大有光荣之将来,北大则仅有光荣之历史矣"。中央大学在之前校长罗家伦带领下,已发展成系科齐备、实力雄厚的国字号大学,西北大学显然无以相比。

按:此信函2011年中华书局版《顾颉刚全集》未收。朱洪涛《顾颉刚致丁山的一封佚信简释》(《新文学史料》2021年第3期)说他在苏州市档案馆查阅资料过程中偶然发现此信,信件出处档号为:I5—1—209。信曰:

丁山学长兄:弟作此书,谨诚挚请罪。兄不忘故旧,累次来书,弟至所心感,亦无日不在念中。然而兄书之来,我乃半年一作答,实以事务之烦,奔走之劳,匪夷所思。即家中有病妻在床,亦且久久不能去函,言之怅惘。自上月杪回蓉,又忙半月。直至前日来崇义桥乃得复我自由。今日早起,便书此奉报,万恳原恕是荷。兄到城固,主任史系,大事展布,闻之心开。惟现在交通困难,移动费多,西大僻在陕南,使人裹足。仲良兄日前经此,渠已允来。惟须寄盘费耳。韩儒林兄以肺病卧床,一时无从说起。汤象龙在社会科学研究所,参考材料甚多,一至城固便将无所施其技,恐亦难来。贞一崇武两兄未知孟真能放手否? 拱辰能留甚好,只须名义提高,渠当无问题也。朱延丰君陈玉书君现已到否? 为念。弟累承西大见邀,至所感荷。惟内子既病,无法挈眷同来。若单身到校则两地牵挂,至难为怀。蓉渝之间,交通方便,弟尚可离家。弟到陕南则轻易不得归来,必为内子所不许。念廿余年婚媾之情,不得不顺其意。愿兄与西大诸当局皆见谅也。

魏兴南君对于经史俱下苦功,弟至为心倾。乞兄便中有函,嘱将所作文字寄弟(江北县柏溪文史杂志社)俟暑假中有发展机会,即当奉聘。冉昭德君在兄处否? 渠所作《水碓史》,文史已用。其稿费于数月前寄至三台,想将到矣。此后如有文字,乞续寄。

宾四兄在赖家园甚安谧,适于著作,他校多争聘,渠皆不应。非原於齐鲁,乃爱此适於自己工作之环境也。兄如到蓉,可行此一看,便知此真世外桃源。藏书已有五万册,粗足敷用。而四时花木尤可娱神。予居渝数日,疲形劳神,重返故园有如天上。宜宾四之不肯离也。文通主持川省立图书馆,更不能走。谦冲亦以家累不能远行。若在前年川大风潮时聘之,则不成问题矣。

中国近世史教员只有清华一班人可用。金女大有教师王拭著有《国耻史讲话》,似可聘。记得去年已有西大聘请之说,今可旧事重提也。夏鼐闻已回浙江。中央博物院马长寿君调查西南边疆有年,可教中国民族史,以滇中薪薄,不敷养家,有辞去之意。兄如欲聘之,可迳函文通代商。弟因骝先先生坚拉,不得不赴重庆。现已前往即无法却绝。孟余先生之邀约,故已在中大担课。外传弟在中大任文学院长者,妄也。不知此谣言何以普遍传布,外处皆闻,奇矣。承嘱勿忘西北,弟本意实如此。西北为我辈建功立业之地。尽有工作可做,不似蓉渝诸处之但为衣食。他年如无家累,有人让弟放手做去,弟甚有卷土重来之野心。但今日则谈不到耳。

日前闻谦冲言,兄有意脱离西大,弟闻之疑甚。其信然耶? 如果如此,则弟当向中大介绍,或在国文系教甲金文,或在史学系教商周史,或兼任之,或并教地理沿革诸课,乞兄见示,弟当於暑假前办成也。中大规模大,学生根底好,校长头脑清楚,有计划,前程远大,弟以为今日之中大即民国六七年之北大也。中大有光荣之将来,北大则仅有光荣之历史矣。

孟余先生计划下,中大将出三种季刊,十种丛书,季刊之一为《文史》,弟为编辑之一。兄考据文字綦多,乞寄数篇,充实斯刊。将来大作《殷周文字系录》《先秦艺文略》《先秦史料长编》皆可入中大之史学文学两丛书也。大作之较为通俗,可供大学生阅读者,请寄《文史杂志》。

文史杂志社现已迁至中大分校附近,虽交通不便而环境幽静,向中大借书亦便。弟每周必至重庆市一次,到沙坪坝一次,到柏溪一次,三处各相距三十里,每周必走一百廿里路。三处设榻,三处上馆子吃饭,花费之多,言之骇诧。同时内子等在蓉,又是一家开销。弟收入不及千元,而支出则至两千,无法应付。只得将四年来所买书逐渐卖去,将旧日讲义稿亦卖去版权。甚望战事早日胜利,使弟得重度正常生活也。

去年暑中,嫂夫人大病,现已完全康复否? 为念。内子病肾脏,因内分泌关系,面目黧黑如鬼。前途不知如何,思之怅怅。叔僾无家,颇为自由。在如此乱世中,夫妻亦相顾不得,一病即须数千金之诊疗费,奈何奈何! 大著《论六月于征之王》一篇,已转送《责善》发表,谅已见到。弟年来学问荒疏,不亲笔墨。每读大作恒生愧怍。中英庚款自铁路沦陷,收入不足,本年各机关之津贴俱已停止。西大图书恐骝公不能为力。强彼已直接答复矣。专此奉答,即请撰安,并颂俪祉。弟顾颉刚上卅一、二、十一弟大约再住两星期即返渝。

顾颉刚4月22日日记记载,他为丁山的盘费问题找时任中大校长顾孟余相商。后来还因为介绍丁山来此任教,被人造谣。7月10日,顾颉刚日记记载,"为介绍丁山,中大中没出息的同事又为我造谣言,或谓我将作文学院长,或谓将任史系主任,故邀丁山前来"。后丁山离开西北大学,就职于中央大学。9月,顾颉刚在重庆中央大学、国民党中央组织部等处讲演《中国边疆问题及其对策》,主张普及教育是建设边疆的基本工作,特别提醒"切勿以为边疆没有教育",相反,边疆民族的宗教教育很高深。"我们参观过拉卜楞的喇嘛寺,它那图书馆藏书之多,分量一定超过了我们任何一个大学;它还有自己的出版部,内藏数十间房子的木版,都是历年以来本寺喇嘛的著作。听说喇嘛们从事著作,总要到四十岁之后,那时学问是成熟了。他们的文章很讲修辞,很多是古典的韵文。寺内喇嘛读书,也像我们大学的分院分系;有的专治经典,有的专治历算,有的专治医药,有的专治因明(逻辑)。如果碰到学术上的疑难,他们便开会讨论,往往为了一个问题,连续开几天的会,直到获得结论为止。这种做学问的精神,实在令人钦佩,觉得我们内地人太差了。"同时,顾颉刚也指出僧人治学方式停滞不前,并不懂得现代科学方法。顾颉刚又谈到,边民送子弟入庙当喇嘛是其固有教育方式,只信宗教经典而不信新教育。"如果我们漠视此点,贸贸然就把学校制度搬进去,说不定会引起他们的反感,甚至演出残害的惨剧来。""如果去办学校,认为你汉化他,说你是文化侵略,最好用他们的文字,渐渐地传入内地的文化。中国过去有很多东西也不是汉族的,如像胡琴、胡笳以及笛子等等,还是由羌人那里传过来的,也不是真正中国的文化。中国的文化是与东方文化合起来的,也不是汉人的文化。现在我们汉人的文化,不能说是汉人的文化,只能说是现代的文化。现在对于他们不要他们汉化,而是要他们现代化。"

顾颉刚秋季开学后,授文学院史学系"春秋战国史"课、师范学院国文系"史记研究"课。因战时印讲义不便,遂要求学生记听课笔记,其中"春秋战国史"课以刘起釪所录笔记为佳,次年借钞之。任中大出版委员会委员,出版部主任。代理边疆语文编译委员会副主任委员。日本与英、美宣战后,接管燕京大学,所存该校之书籍、稿件、信札等尽被日本人劫去。将燕大《春秋史讲义》改写为《春秋史话》,连载于中国文化服务社之《读书通讯》。10月,顾颉刚为国民党中央组织部长朱家骅撰写《告边疆民众书》,再次提到边疆人民有高超的文化,都有千百年历史,都有独立的语文,灿烂的艺术,对于人类文明都曾有过很大贡献。主张边疆人民在努力接受现代文化之外,还应努力保持固有文化,甚至扩大自己的文化到别处去,使它们有更光荣的前途。边疆人民笃信宗教,得到伟大的感应,发生坚强的意志,确是极大的美德,为内地人所不及。当然,过分信仰宗教,导致人口减少,民族体质衰弱,故须尊重宗教信仰,同时进行必要改造。11月9日,华西协合大学文学院院长罗忠恕发起成立了"东西方文化学社",顾颉刚是该学会的骨干会员。(参见顾潮编著《顾颉刚年谱》,中国社会科学出版社1993年版;顾潮编《中国近代思想家文库·顾颉刚卷》及附录《顾颉刚年谱简编》,中国人民大学出版社2015年版;王学典《20世纪史学编年(1900—1949)》,商务印书馆2014年版;杨思机《民国时期顾颉刚的边疆教育思想和实践》,《学术研究》2017年第7期)

钱穆离青木关返成都国学研究所。1月,《论古代对于鬼魂及葬祭之观念》(《思亲强学室读书记》之十三)刊于《责善半月刊》第2卷第20期;《水碓与水碨》(《思亲强学室读书记》之十四)刊于《责善半月刊》第21期。同月,《驳胡适之说儒》初刊于成都《学思杂志》第1卷第1期。文中曰:"余旧撰《国学概论》,已着墨家得名乃由刑徒劳役取义,而于'儒'字无确诂。及著《先秦诸子系年》,及知许叔重《说文》儒为'术士'之称,'术'指术艺,'术士'即娴习六艺之士,而'六艺'即礼、乐、射、御、书、数。因知儒、墨皆当时社会生活职业一流品。此乃自来论先秦学派者所未道。越数载,胡适之先生有《说儒篇》,亦以生活职业释'儒'字,而持论与余说大异。因撰此文,藉以请胡先生及读者教正。"驳论要点为:一、驳最初儒皆殷人皆殷遗民之说;二、驳儒是柔懦之人为亡国遗民忍辱负重的柔道观说;三、驳儒为殷遗民穿戴殷代古衣冠习行殷代古礼说;四、驳儒以相丧为本业及孔门师弟子皆为殷儒商祝之说;五、驳老子是一个殷商老儒之说。2月,《跋嘉庆乙丑刻九卷本读史方舆纪要》刊于《责善半月刊》第22期;《中国民主精神》,刊于成都《学思》第1卷第3期,系成都中英中美文化协会讲演辞;《释侠》刊于成都《学思杂志》第1卷第3期;《中国传统教育精神与教育制度》刊于《思想与时代》第7期;《从整个国家教育之革新来谈中等教育》刊于重庆《大公报》,为四川省教育厅《中等教育季刊》特撰;《中国民族之宗教信仰》刊于《思想与时代》第6期。

按:文中曰:"或疑中国民族乃一无宗教、无信仰之民族,是殊不然。考之商代盘庚以来殷墟甲文,时人已信有上帝,能兴雨、能作旱,禾黍之有年无年,胥上帝之力。然有大可异者,上帝虽为降旱降雨之主宰,而商王室之祈雨祈年,则不向上帝而向其祖先。故凡有吁请祈求于上帝者,乃必以其祖先为媒介。即所谓'先祖配帝之说',此亦在甲骨文已有之。故周人之诗《大雅·文王之什》言之,曰:'殷之未丧师,克配上帝''文王在上,于昭于天。'盖昔日之天命在于殷,今日之天命在于周。亦征之于在帝左右克配上帝者之转移。《春秋公羊传》僖公三十一年谓:'天子祭天,侯祭土。'上帝既不受世间之私祈求、私吁请,而克配上帝者惟其一族之先,亦惟王者得禘其祖之所自出而以其祖配之。故中国古代宗教,有二大特点:一则政治与宗教平行合流,宗教着眼于大群全体,而不落于小我私祈求私吁请之范围,因此而遂得抟成大社会,建设大一统之国家。宗教在社会上之功用乃永居于次一等之地位。此其一也。中国宗教,既与政治合流,故其信仰之对象,并非绝对之一神,又非凌杂之多神,乃一种有组织有系统之诸神,或可谓之等级的诸神,而上以一神为之宗。神与神之间,乃亦秩然有序,肃然有制。正是理性与自然之调和。使自然界诸神亦自成一体系以相应于人事之凝结。"

钱穆《中国人之法律观念》3月刊于《思想与时代》第8期。3月,《记钞本戴东原孟子私淑录》刊于四川省立图书馆《图书集刊》创刊号。春,赴遵义浙江大学,作一个月的讲学,系由张晓峰力邀成行。4月,《东西文化之再探讨》刊于华西大学《华文月刊》第1卷第2期。文中曰:"中国人独创东方文化,已有五千年以上深厚博大之历史,其间亦未尝无与外来文化接触融合之经过。第一次外来文化之传入,厥为印度之佛教哲理,始于中国东汉之世,正当公历纪元后第一世纪之时代。其时中国政治制度、社会风俗,以及人民思想、经济各方面,方渐渐走入一衰退之厄运中,对其自身传统文化,发生甚深微之摇动,而印度佛教乃纯以其哲理与信心与中国人以一种和平而纯洁之刺激,遂以获得中国最高思想界最真诚之同情与探究,而印度佛教遂得全部移殖于东土。经过六百年之长时期,中国人已自衰退厄运中重创隋唐统一盛世。而在中国之印度佛理亦复登峰造极,同时发展至最高之顶点。在初唐之盛时,而中国禅宗崛起,遂使印度佛教哲理完全中国化,以消融合纳于中国传统文化之内。于是在中国人独创之东方文化中,乃包藏有甚深微妙之印度佛教哲理之大宝库,而完成其东方文化创展过程中,一至艰巨之工作。""然就中国以往历史言之,印度阿拉伯文明之消融接纳,前后各历六百年之久,而欧洲文化之来东土,则尚不过三百年。然途穷则思返,今中国国内有识之士,乃渐渐觉悟纯以功利观念为文化估价之无当。自今以后,中国人殆将一洗以往功利积习,重回头来再认中国传统文化之真价值,亦必能同时认识西方文化之真精神。若以中国对印回文化往例言之,再历三百年时期,中国人必然胜任愉快,对此最后一批最远西邻之新文化充分接纳消融,以完成其东方文化创展过程中所遇最艰巨之第三步工作。"

钱穆《政治家与政治风度》5月刊于《思想与时代》第10期;《战后新世界》,刊于成都《学思》第1卷第10期。作者试预描战争世界之新轮廓，则大体上战后世界当为一亚、美、欧三洲平等分峙的世界。如中国古代战国时代，虽列国分峙，而孔子、墨子、孟、荀、庄、老，以及其他各大思想家，几乎无一不抱超国家的超战争的和平世界主义，悬想一个理想的"大同世界"，渐形成一种新力量，而后在封建传统势力逐步崩溃之际，自然呈露出一个统一的新境界来。若在目前战后的先一阶段，则应该是"世界和平""民族平等"来代替欧洲中心。应该是"全民自由"与"文化自由"来代替欧洲中心，来代替经济压迫。应该是一个"国际和平联合"来代替武力的殖民战争。亚洲是人类文化之摇篮，亦是世界文化演进史里的老前辈。尤其是中国，它自然是亚洲一个最光明灿烂的国家。不仅有其独自创辟与独自绵历的一种独特文化，它并且能吸收融合了亚洲其它各民族文化之优点而冶为一炉。印度佛教精华，全部在中国。回教自唐宋以来，亦成为中国文化中一部分。中国人莫不虚心接纳其邻国文化之渊深处。下至于以物质发明工商技艺相交利，而从不出于武力兵戎之征服攘夺。最近百年来的衰运，自与更远西的欧洲殖民新潮流相接触，中国人一样肯虚心接纳。只要可以消融于中国传统文化下的远西思想，与文物制度，中国人无不乐于取法。中国民族之复兴，与其传统文化之重光，自将肩起领导亚洲诸民族古文化复活与亚洲诸族新平等新和平曙光之重现之最高责任。6月，《文化与教育》一书由重庆国民图书出版社出版。

　　钱穆7月在重庆《大公报》发表《革命教育与国史教育》，此文系在《教育部史地教育委员会》第二届会议上的演说辞。编者按："对日抗战时期，钱先生随北大迁往后方，曾在昆明、成都络续写有多篇讨论时事之文，刊载两地报章杂志。一九四二年，重庆国民出版社汇集先生此等文字为一书出版。"同月，《中国民族之文字与文学》刊于《思想与时代》第11—12期，文中指出："一民族文字、文学之成绩，每与其民族之文化造诣，如影随形，不啻一体之两面。故觇国问俗，必先考文识字；欲论中国民族传统文化之独特与优美，莫如以中国民族之文字与文学为之证。中国文字由于中国民族独特之创造，自成一系，举世不见有相似可比拟者。而中国文学之发展，即本于此独特创造之文字，亦复自成一系，有其特殊之精神与面貌。"又曰："中西文学萌苗，环境之不同，精论之，则有影响双方文学家内心情感之相异者。文学必求欣赏，要求欣赏对象之不同，足以分别其文学创造之路径。故而西方文学家要求之欣赏对象，即在当前之近空；而中国文学家要求之欣赏对象，乃远在身外之久后。故西方文学尚创新，而中国文学尚传统。西方文学常奔放，而中国文学常矜持。西方文学之力量，在能散播；而中国文学之力量，在能控搏。此又双方文学一异点也。""民国以来，学者贩稗浅薄，妄目中国传统文学为已死之贵族文学，而别求创造所谓民众之新文艺。夫文体随时解放，因境开新，此本固然，不自今起。抑且又有进者，文运与时运相应。故时运又开新，常有期于文运之开新。植根不深，则华实不茂。膏油不滋，则光采不华。中国固文艺种子之好园地也。窃愿为有志于为国家民族创新文艺者一赋之。"

　　钱穆《论宋代相权》9月刊于金陵、华西、齐鲁三大学《中国文化研究汇刊》第2卷。秋，蒋介石视察成都，钱穆获两次召见。陈布雷面告钱穆："闻委员长有意明年召君去重庆复兴关中央训练团讲演，君及早作准备。"11月9日，华西协合大学文学院院长罗忠恕发起成立了"东西方文化学社"，钱穆专门撰写了《东西文化学社缘起》一文，详细论述了学社的创办宗旨和经历以及东西文化学社创立的意义，强调东西方"两大文化之渊深博大"和文化互补性。然而中华人士"对于西方文化之观感与了解，乃仍不能脱净三百年商业军事上习俗相沿之气味"，欧美学者"对于中国，亦不免以一时贫富强弱之相形见绌，而未能虚心探讨中华传统文化之优美"，因此，必须"为全人类根本幸福前途计，而有相互了解与相互沟通之必要与义务"。明确提出"为全人类根本幸福前途计，而有相互了解与相互沟通之必要与义务"，提出东西文化学社所从事的是"惟人类文化事业，乃为千百年根本大计"。同月，《中庸之明与诚》刊于华西大学《华文月刊》第1卷第6期；《再论大学格物义》刊于《思想与时代月刊》第16期。12月，《苏代苏厉考》刊于《文史杂志》第2卷第19期。同月，《战后新首都问题》刊于《思想与时代月刊》第17期。

　　　　按:《战后新首都问题》曰:"大抵一个国家的规模与精神，有时取顺势，而有时取逆势。有时守静态，而有时守动态。取顺势守静态则为退婴时代，取逆势守动态则为进取时代。中国地形，西北高而东南下，山脉河流，全从西北趋向东南。气候则西北寒冷，东南和煦；物产则西北苦瘠，东南丰饶。因此中国人的东南发展，常在一种顺境静态下面完成之，而不免带有一种退婴之象。中国人之西北发展，则在一种逆境动态下面完成之，而亦带有一种进取之致。若把握住这一个观念，来考察秦汉以来二千年首都移转之内部的意义，便朗若列眉，一无遁形。二千年来的中国，秦汉隋唐为一期，宋元明清为又一期。西汉之都关中，实取逆势。东汉光武中兴，乃建东都洛阳，则为退婴的国家，不如西汉之动进。故东汉仅能守成，而西汉实能应变。""魏晋以下，中国人精力物力，更见委靡，再无此大气魄西都长安，他们仅能逗留于洛阳而止。东晋南渡，北方衣冠盛族，索性如潮水般前拥后挤相率南迁。东吴割据建业，东晋、南朝袭其成规。由建业向长安乃逆势上趋，非有精力物力之驱迈与支撑不可。由长安向建业，乃顺势下游，不烦排布，自然滑去。隋、唐复都长安，正是中国人经历长期折磨后，精力复旺，气魄复振的一个极好的象征。然中国只有建都长安，才能全身策动，吸集东南方人力物力不断输送到西北去。""五代以下，中国又入衰运。只看五代十国中间便无关陕在内，因此西北在中国史上失却其应占之地位。北宋开始混一，然北宋不论不能建都长安，抑并不能建都洛阳，而开始在汴京住下。这才注定了后期中国衰运之先兆。宋代建都，虽说顺势自然，其实是无势可据。历代建国，无如宋人之弱者。明太祖驱除胡元，定都金陵。而当时北方强敌未消，不得不特驻重兵。明成祖毅然北迁，始一反太祖之顺势静态的退婴政策，而改为逆势动态之进取政策。明代得有四百年恢张庞大的局面，不得不说是成祖之功。今就中国史上历代建都分五区域言之，其在中央者曰洛阳，西北区为长安，东北区为燕京，东南区为金陵，西南区为成都。其它则不在讨论之列。成都仅属割据，依照地形，断无全国首都落在西南之理。金陵亦仅偏安，明初虽以南京为全国首都，只是昙花一现，不作准数。北平建都虽亦近及千年，然大体是东北部族政权压迫全国之一据点，只有明代四百年为例外。倘统筹中国全局，又纵揽两千年立国经验，则此后中国新首都仍当面向西北，而洛阳自不如长安之适当。"

　　陈独秀1月9日函告杨鹏升，因"川中生活不支"，欲迁居贵阳，"以彼处生活比川中便宜一半"。19日，复函胡秋原、孙洪伊等，回答胡秋原等"希望我跳出马克思主义圈子"的问题，说:"近作根本意见，亦未涉及何种主义，第七条主张重新估计布尔什维克的理论及其领袖(列宁托洛茨基都包括在内)之价值，乃根据苏联二十余年的教训，非拟以马克思主义为尺度也。""自来之论，喜根据历史现在之事变发展，而不喜空谈主义，更不喜引用前人之言以为立论之前提。""故而见得孔教道理有不对处，便反对孔教，见得第三国际道理不对处，便反对它，对第四国际第五国际，第……国际亦然。适之兄说弟是一个'终身的反对派'实是如此。"31日，郑学稼致函陈独秀，劝陈续写《实庵自传》，陈独秀后于2月20日复:"弟之《自传》真不能不写，但写也不能出版，如之奈何?"2月12日，函告杨鹏升，"贵阳之行已决计作罢，终以病体不胜此跋涉也。"19日，郑超麟致函陈独秀，评论陈的《我的根本意见》一文。3月21日，在重庆《大公报》上发表《战后世界大势之轮廓》，认为"每次大战都不过是前次大战继续延长""此次大战不外三种结果:一是英美和德日不分胜负而议和；二是胜利属于英美；三是胜利属于德日。第一种结果之可能性最少……第二种和第三种以何者最大呢? 以现状观之,自然是德日占优势。""战争的结果,真正独立不受他人支配者,只能有两个领导国之对立,美德之对立,其他民族国家都不得不在同盟或全面合作等名义之下,分别隶于这两个领导国所领导的集团圈内。"苏俄早已离开社会主义,而隶属于英美。指责在这次大战中弱小民族有独立的机会,以及引起社会主义革命的观点是"梦想"。对于中国,"美国胜利了,我们如果能努力自新,不再包庇贪污,有可能恢复以前半殖民地的地位,倘若胜利属于德意日,我们必然沦为殖民地。"

陈独秀3月撰《再论世界大势》,认为此次大战如果胜利属于希特勒,美洲的希特勒将起而代罗斯福,下次世界大战将不是民主与纳粹战争,而是两派法西斯蒂集团之火并,民主自由将丧失数百年,"则将来法西斯专政会和以前的专制一样,普遍的发展,而且形成历史上一整个时期"。此文是《战后世界大势之轮廓》的续篇,前篇发表后,遭各方非议,故本文拟刊登时,被国民党宣传部以"顾虑对苏外交",禁止刊登。春,完成《古音阴阳入互用例表》,油印数本,征询陈钟凡等人。此表将说文、至篇、广韵、集韵所收文字,依类录入,见古阴阳入三声之互相通转。陈中凡复函认为"古韵非一成不变之物。周秦与汉魏,未必同符,隋唐以后,变化益繁;欲范以定型,恐难符合"。陈独秀答:"此仆一人之见,各方异议,容将来作一总答复。"4月2日,国民党军事委员会战时新闻检查局给中央图书杂志审查委员会一公函,根据四川新闻检查处呈送成都《新新新闻》缓登稿——陈独秀著《战后世界大势之轮廓》请核示一事,称该文"内容乖谬,违反抗建国策"。提议电饬各新闻检查处室"注意检扣"。3日,国民党中央图书杂志审查委员会复函军事委员会战时新闻检查局,答应照办,并"通令各省市图书杂志审查处一体注意检扣"。5日,复函杨鹏升,告杨赠的信纸二百信封一百收到,示谢。谓"前次移黔之计,主要为川省地势拔海较高,于贱恙不宜,非为生活所迫"。又谓:"前两函厚赐,于心已感不安,今又寄千元,且出于吾兄之请求,更觉惭愿无状,以后务乞不再如此。""前敬题大联",来函云收到,"殆伪造此言,以慰我耳"。5月8日,延安《解放日报》发表署名李心清文章《斥陈独秀的投降主义理论》,批判陈独秀的《战后世界大势之轮廓》"否认苏联社会主义,否认中国三民主义,否认全世界的民族主义与民主主义,否认反法西斯阵线的存在和力量,否认战后世界的任何光明前途",是"汉奸理论",反映了"陈独秀的汉奸本质"。

陈独秀5月12日因服用变质之蚕豆花泡茶(治高血压病)而中毒,腹胀不适。13日,撰《被压迫民族之前途》,认为"在今天,落后民族无论要发展资本主义或社会主义,都非依赖先进国家不可""它的唯一前途,只有和全世界被压迫的劳动者,被压迫的落后民族结合在一起,推翻一切帝国主义,以分工互助的国际社会主义新世界,代替商品买卖的国际资本主义旧世界,民族问题便自然解决了"。同日,致函何之瑜,称《被压迫民族之前途》是《我的根本意见》《战后世界大势之轮廓》和《再论世界大势》三篇文章的"结论",更是画龙点睛了。友人过访,食四季豆烧肉过量,夜不成寐,午夜呕吐大作。17日,两次昏厥,冷汗如注。18日,遣人请来陈松年及邓仲纯探视,同时函请重庆周伦、曾定天医师来诊(周、曾二人因忙未来,寄来医药)。22日,三次昏厥,注射强心剂苏醒。23日,请江津西医邹邦柱、唐熙尧上山诊视,灌肠,大便得通。25日,约何之瑜至榻前,"略有所嘱"。27日晚9时40分逝世,临终嘱夫人潘兰珍"今后一切自主,生活务求自立"。同月,陈立夫、梁寒操等人拟邀集国民党、青年党、民社党人在重庆为其开追悼会。后"因故延期",最终未成。梁寒操邀郭沫若为陈独秀追悼会发起人,被拒绝。6月1日,陈独秀安葬于四川江津大西门外鼎山山麓之康庄。

衣衾棺木与墓地安葬等身后大事，均承邓蟾秋、邓燮康全力帮助。7 月 13 日，宗白华主编《学灯》发表陈独秀《禹治九河考》等文，并表示对陈独秀的病逝的追悼。

按：1947 年 6 月，遵陈独秀遗嘱由三子陈松年迁墓回乡——安庆市郊北关入土。（以上参见唐宝林、林茂生《陈独秀年谱》，上海人民出版社 1988 年版；林同华《宗白华生平及著述年表》，载《宗白华全集》第四卷附录，安徽教育出版社 1994 年版；林甘泉、蔡震主编《郭沫若年谱长编》，中国社会科学出版社 2017 年版）

朱家骅时任中央组织部部长，兼代理中央研究院院长。在组织部内部设立无线电台，所有沦陷区的地下党务工作人员，都可以直接联系。同时设立交通站，办理敌后工作人员的交通、接济及书报的传递工作。1 月 21 日，朱家骅以中央研究院代院长举行的宴会，会上翁文灏对教育部长陈立夫折陈蒋介石，提议中央研究院应改归教育部管辖事，拟暂不答复。王世杰建议本拟 3 月初举行的中央研究院评议会暂缓举行。3 月 8 日，朱家骅与吴稚晖、戴季陶、翁文灏、蒋廷黻、罗家伦出席中研院评议会谈话会。9 日，朱家骅在重庆召集中央研究院第二届评议会第二次谈话会，出席者翁文灏、王世杰、王家楫等 14 人，委托吴学周拟定我国战后科学研究计划，其中就评议会的工作提出 6 项建议，如召开全国学术会议，建立纯粹科学研究机关与应用科学研究机关的联系，提请政府拨款奖助特种学术研究及增加教育经费，出版世界及中国学术进步年报、特种科学丛书，请示政府拨款设立经常办公处等。5 月 29 日（农历 4 月 15 日），是朱家骅 50 岁生日，选择到黄桷垭黄山等处避寿。

朱家骅 7 月中赴成都召开党务座谈会，继游峨眉山。回程途中经过嘉定，到李庄看了中央研究院历史语言研究所、中央博物院筹备处、同济大学。8 月底，坐船返回重庆。9 月 1 日，组织部筹办党务讲习会，先后办了 3 期，招收学员 200 多人。又在西安举办战地党务干部训练班，由沈兼士负责，一共办了 8 期。沈兼士在抗战前期以辅仁大学为掩护，与英千里、董洗凡在平津一带从事地下工作。英千里被捕后，沈兼士化妆离开北平赴重庆，朱家骅要他主持战地党务干部训练班。10 月 16 日，与王世杰、罗家伦、翁文灏、余井塘、王仲楫、李济等出席中央博物院第 2 届理事会第 2 次会议。31 日，朱家骅在《如何迎头赶上西洋文化》认为"学与用是不可分的，学固以致用，用以学为本"。11 月 7 日，召集王世杰、傅斯年、陶孟和及叶企孙等在家中开会研究讨论中央研究院工作。会议商定评议会明年 9 月举行；奖金照章办理，并提请评议会追认。另外还讨论了中央研究院地位及中国学术进行方针等。11 月起，朱家骅在组织部内每周举行一次学术会议，由田培林召集。（以上参见胡颂平《朱家骅先生年谱》，台北传记文学社 1969 年版；黄丽安《朱家骅学术理想及其实践》，社会科学文献出版社 2018 年版；李学通《翁文灏年谱》，山东教育出版社 2005 年版）

翁文灏继续任经济部长，兼任中央研究院第 2 届评议会秘书。1 月 1 日，翁文灏参加国民政府遥祭孙中山陵及在纪念堂举行的新年团拜活动。2 日，在《大公报》"星期论文"发表《建都济南议》一文，论述战后中国首都应建在济南的必要和可能。翁文灏分析比较了南京、北平、武汉等地的优劣后，提出三个建都标准："一、海疆为近代国防之命脉，故首都所在不宜离海口过远；二、南北两方并应注重，故首都宜设于南北较为适中之地；三、东北富源既多，工业发达，关系甚大，而地近强邻，首都地位须对东北能充分照顾，联为一气。"并认为以此三项标准衡量，"惟济南尚能大致具备，可作为新时代之首都"。4 日，在《中央日报》发表《经建方向与共同责任》，文中强调一个国家要想自立于近代世界，必须首先要有一个健全的工业化经济基础，"方战时足以自存，平时更能发展"。同日，为林继庸的《民营厂矿内迁纪略》作序。5 日，在广播电台发表题为《日本侵略他国的史实》的广播讲话，历述日本自

1879年侵吞琉球以来对中国及亚洲各国的侵略历史。9日,在国民参政会驻会委员第3次会议上,报告最近经济措施及物资补充情形。10日,出席经济会议第47次会议。14日,出席经济会议第48次会议。15日,与湖北省政府主席陈诚及钱昌照、霍宝树等商谈湖北省经济建设事宜,其中议及于武汉、襄樊、宜沙设三个经济区。16日,与自云南至重庆的任鸿隽商定,于18日下午举行中基会董事谈话会。17日,与中基会董事孙科、周诒春、任鸿隽及秘书林遵等在资委会开会,讨论中基会紧急委员会组织及美国各董事预算等事。经数次商议,决定成立紧急委员会(后改称非常时期委员会),选举翁文灏为主席,周诒春为秘书,杨格、任鸿隽为干事长兼会计,孙科、蒋梦麟、杨格为执行委员。19日,又与周诒春、任鸿隽等举行中基会董事谈话会。21日,出席经济会议第49次会议。25日,往地质调查所,与尹赞勋等商议所内工作。26日,往中央训练团作题为《经济建设》的讲演。

　　翁文灏2月2日出席行政院549次会议。同日,出席经济会议。2日,至中央训练团演讲。4日,与来访的李春昱商谈中国地质学会事,商定于3月20日召开理事会会议。6日,应邀在重庆留英同学会于广播大厦举行的学术演讲会上,作题为《经济建设之前途》的演讲。10日,出席行政院第550次会议。12日,接中国工程师学会兰州年会筹委会主任沈怡电,报告筹委会成立及筹委会职员名单。14日,主持国防工业委员会在中央设计局举行的会议。该会由翁文灏为主任委员,陈伯庄为副主任委员,徐堪、甘乃光、钱昌照、俞大维、顾毓琇、杨继曾、张兹闿等出席。16日,偕中央研究院总干事叶企孙访吴稚晖,商请吴于3月5日蔡元培逝世纪念会发表演讲事。20日,在工矿调整处会议室主持中国工程师学会第43次董事会与执行部联席会议。会议讨论决定兰州年会筹委会成员、年会讨论中心问题及经费筹措办法等事,决定以研究西北资源,继续讨论实业计划与工程标准问题为中心议题。24日,出席行政院第552次会议。同日,与陈伯庄、俞大维、叶企孙、顾毓琇等商谈国防科学技术委员会工作。3月2日,在国民政府纪念周上报告经济部工作。8日,出席中研院评议会谈话会,出席者有朱家骅、吴稚晖、戴季陶、蒋廷黻、罗家伦等。10日,出席行政院会议。12日,出席中研院丁文江奖金委员会会议,决定本年度丁文江奖授予许云樵、田汝康。13日,在国家总动员文化宣传周科学日纪念会上,发表题为《科学技术人员总动员》的广播讲话(由吴景超代读)。17日,出席中国科学社理事会会议。18日,顾毓琇致函翁文灏,呈报中国工程师学会年会论文委员会名单、评选办法及征文函稿等事。翁文灏22日复函同意,后并以中国工程师学会会长名义致函经济、交通、教育、军政各部及运输统制局等,请转发中国工程师学会征集论文办法。19日,出席蒋介石主持的第54次经济会议。下午,至南温泉中央政治学校作题为《十年建设之轮廓》的讲演。出席并主持中国地质学会理事会会议。会议改选部分理事及学会职员、编辑等,并推举朱家骅、黄汲清为下届理事会正、副理事长。20日,出席并主持在重庆大学举行的中国地质学会第16届年会并发表演讲。在演讲中,翁文灏主要讲述该会成立20年来组织发展过程、编辑出版的刊物、20年来所曾取得的惊人发现和中国地质工作者艰苦卓绝的工作作风。下午,出席并主持在中央大学举行庆祝中国地质学会成立20周年纪念会。此后数日,虽于公务繁忙中,仍连日出席年会。24日,至复兴关中央训练团作题为《国民经济建设运动》的演讲。25日,主持由资源委员会召开的矿产地质会议。26日,出席经济会议第55次会议。27日,至中央训练团,作题为《战时经济建设》的演讲。31日,出席行政院第557次会议。

　　翁文灏4月7日出席行政院第558次会议。5月11日上午,由青海省主席马步芳陪同参观清真寺,随即出席青海省党政军联合纪念周并发表演讲,谈到西北要发展必须要做到政治修明,经济发达。当前应以六项中心工作:一、编组保甲;二、训练壮丁;三、筑路;四、造林;五、禁烟;六、识字运动。15日,出席中国工程师学会第11届年会筹备会。同日,接见西北史地考察团的李承山、王曰伦等。17日,出席中国工程师会学会年会并发表《工程建设正赖猛进》的演讲。23日晨,至王曲大操场,向第34集团军7000余人发表演讲。随后与胡宗南谈话。下午,出席中国工程师学会会议,商谈学会年会事宜。31日,出席"三一学社"在中央电工器材厂举行的成立会,为赴美留学人员饯行。资源委员会在美国援华法案下派遣技术人员赴美留学进修,首批31名人员组织"三一学社"。6月2日,出席行政院第566次会议。4日,出席中华教育文化基金会紧急委员会准备会议,出席者有蒋梦麟、周诒春、任鸿隽及秘书林遵。6日下午,出席在资委会举行的中基会紧急委员会第2次会议,出席者为孙科、蒋梦麟、周诒春、任鸿隽,列席者有顾毓琇、田保生、林遵等。晚,出席中国工程师学会纪念会,并作题为《工程建设与工程师学会之贡献》的演讲。与陈立夫、蒋梦麟、任鸿隽在资委会商谈中基会事至深夜。8日,出席资源委员会纪念周并发表演讲,报告西北之行观感及资委会目前在西北的工作和今后的计划。12日,出席国家总动员会议常委会。16日,出席行政院第568次会议。19日,出席经济部总动员问题研究委员会第1次会议。同日,与蒋梦麟、任鸿隽、杨亚德举行中基会执行委员会会议。25日,出席中国工程师学会董事会议,到者有陈立夫、韦作民、叶秀峰、徐可均等,商议年会筹备事宜。27日,邀集刘瑞恒、李廷安商洽中基会事。因日前接到在美国董事来电,请组织中基会非常时期委员会,以翁文灏为主席,周诒春、李廷安、刘瑞恒、朱赓及为委员。翁文灏等商拟于7月2日开委员会成立会。29日,接胡适5月17日来函,函中劝翁文灏及王世杰做"士"。

　　翁文灏7月30日上午在新疆督办公署作题为《经济建国》演讲,听者近千余人。盛世才且已令新疆各机关及铺户准备悬挂民国旗帜。翁文灏与朱绍良会同致电蒋介石报告上述情况,认为此为新疆拥护中央之正式表示。8月1日下午,邀请甘肃地方人士在励志社举行茶话会。晚,出席中国工程师学会董事会会议,会议通过有关职员的推举及年会各项议程。2—7日,出席并主持在兰州举行的中国工程师学会第11届年会,并再次当选为会长。在2日的开幕式上,翁文灏首先以会长名义致辞。下午,出席年会会务会议,讨论下届年会地点,通过举手表决,赞同往西安者204人,赞同往桂林者164人。未做最后决定。同日,发表广播演讲《西北区域工程建设的意义》。3日,年会讨论甘肃省政府交议四项专题:一、天水至兰州铁路线;二、甘肃水利工程;三、甘肃钢铁事业;四、甘肃各种工业。市政府交议专题:如何建设新兰州。6日,出席中国工程标准协进会成立会议。下午,出席中国工程师学会董事会,讨论下届年会地点,决议重付表决。7日,出席国父计划研究会会议。下午,中国工程师学会第11届年会会务讨论会,对下届年会地点西安、桂林,重新投票表决。晚,出席年会闭幕宴会并发表致词,并将本届中国工程师学会奖章授予甘肃油矿总经理孙越崎。翁文灏再次当选为学会会长,副会长胡博渊、杜镇远。11日,自兰州飞返重庆。16日,在中央训练团暨会计人员训练班作题为《国营重工业的意义与任事同人的责任》的演讲。17日,出席国民政府纪念周,并发表演讲,报告西北近况。18日,出席行政院第577次会议。20日,至外交部使馆人员训练班作题为《经济建设》的演讲。25日,出席行政院第578次会议。29日,出席经济部考核委员会第5次会议。9月1日,四联总处改组,翁仍任理事会理事及战时金融经济委员会委员。正、副理事长为蒋介石、孔祥熙,其他理事有宋子文、钱永铭、徐堪、曾养甫、俞鸿钧、陈行、宋汉章、赵棣华、顾翊群等。同日,出席行政院第 579 次会议。4 日,接胡宗南来电,表示欢迎学者往西安讲学。6 日,出席中国化学会在重庆大学召开的第 15 届年会并发表演讲,认为工业革新先需研究,一面试验研究,一面公开宣传。

翁文灏 9 月 10 日接协和医学院教授佛腾函,告太平洋战争爆发后自己被从北平送到东非的经过,并认为协和所存"北京人"化石可能被日本人送至日本。此为翁文灏于战时首次得到"北京人"化石遗失的消息。15 日,出席行政院第 581 次会议。16 日,至中央训练团,作题为《最近之经济建设》的演讲。17 日,复函行政院秘书处,欢迎美国经济作战局派经济专家来华协助经济事业。18 日,出席中国工程师学会董事会议。21 日,在经济部纪念周演讲。25 日,为中央设计局起草《新疆建设工作初步办法》。28 日,出席中央设计局商讨"西北建设计划"的会议。29 日,出席行政院第 583 次会议。同日,出席中国地质学会理事会会议。30 日上午,出席国家总动员会议第 3 次大会,蒋介石在会上提出经济为第一重要工作。10 月 3 日,参加欢迎来华访问的美国总统特使威尔基的活动。5 日,在国民政府纪念周上演讲《经济政策》。7 日,向威尔基介绍中国对日经济作战情况。14 日,应中央银行经济研究所之邀,在重庆银行界同人进修服务社作题为《开发西北经济问题》的讲演,出席听讲者达千余人。讲演中,翁文灏从西北历史、西北地形、西北水利、西北人口、西北交通、西北皮毛、西北矿产等方面,系统阐述其对开发西北的见解。16 日,出席中央博物院第 2 届理事会第 2 次会议,出席者还有王世杰、罗家伦、朱家骅、余井塘、王仲楫、李济等。24 日,在国民参政会会议上报告经济部工作。25 日上午,主持中央大学、中央研究院、中国地质学会、中央地质调查所、重庆大学、四川地质调查所在中央大学大礼堂为中央大学地质系主任朱森举行的追悼会并发表致辞。29 日,至中国工程师学会重庆分会作题为《开发西北区域问题》的演讲。11 月 1 日,为纪念资源委员会成立 10 周年,邀集最初参加该会工作的人员、部分主管人员及资委会在重庆各厂主持人员 20 余人,于资渝炼钢厂举行聚餐会,并在会上发表演讲。6 日,至中央训练团第 22 期演讲。7 日,与王世杰、傅斯年、陶孟和及叶企孙等在朱家骅家中开会研究讨论中央研究院工作。16 日,在中央政治学校高等科作题为《中国经济建设之轮廓》的演讲。18 日,出席国民党五届十中全会第 4 次大会及经济组审查委员会会议。12 月 16 日,赴国防研究院作题为《国防经济概论》的演讲。23 日上午,出席在中央图书馆召开的国防科学技术策进会。24 日上午,主持国防科学技术策进会会议。26 日,出席国防科学技术策进会会议。会议通过国防技术策进会章程及工作纲要,并选举翁文灏、陈立夫、曾养甫、何应钦、徐恩曾、顾毓琇、顾毓璟、李书华、俞大维、梅贻琦、周至柔、茅以升、叶企孙、钱昌照、朱家骅、庄前鼎、赖琏、曾昭抡、杨家瑜、杨继曾和竺可桢等为理事。28 日,出席并主持在资源委员会召开的国防科学技术策进会第 1 次理事会会议,并被选举为常务理事。29 日,出席行政院秘书长张厉生、政务处长蒋廷黻主持召集的商讨有关新疆各项工作的会议。30 日,蒋介石核准翁文灏所保荐实业界成绩显著人士 22 人,同意授予勋章。同日,致函周诒春、蒋梦麟,告中基会非常时期委员会第 2 次会议定于 1 月 16 日召开,请届时出席。31 日,为"北京人"化石标本事,致函时在美国自然历史博物馆的魏敦瑞。

按:函告魏敦瑞"近接 Fortuyn 从东非发给我的关于北平的消息,'北京人'化石标本由协和交美军当局送去美国。去的船将战俘运到秦皇岛后,'北京人'的标本就此谁也不知去向。中日战争发生时我就要求将'北京人'运往美国的,一直到太平洋战争爆发前一年,我还在与胡顿讨论安全保护'北京人'化石问题,那时我建议化石送往美国保管。我知道有协议,化石不能携出中国,但那时我预见到美日间将发生战争,为此特意征求我国当局同意。然协和医学院当局行动迟缓,直至战争爆发"。(以上参见李学通《翁文灏年谱》,山东教育出版社2005年版)

傅斯年继续主持史语所所务。2月1日,史语所召开年度第一次所务会议,决定聘丁声树为专任研究员(李方桂提),聘芮逸夫、陈槃、劳幹为专任副研究员(傅斯年等提),聘吴金鼎为专任副研究员(李济提)。2月,高血压再度复发后的傅斯年十分颓丧,他给胡适去信说:"病中想来,我之性格,虽有长有短,而实在是一个爱国之人,虽也不免好名,然比别人好名好多矣。心地十分淡泊,欢喜田园舒服,在太平之世,必可以学问见长。只是凡遇到公家之事,每每过量热心,此种热心,确出于至诚,而绝非有所为,遇急事胆子也大,非如我平常办事之小心,有时急得强聒不舍,简直是可笑。平日好读老庄,而行为如此。然则这种嗜好,或者恰是性情之补偿吧? 有此性情,故遇有感情冲动之事,心中过分紧张。这种感情冲动,私事甚少,而为公者极多⋯⋯。"又谓:"近日又读《庄子》,竭力自己为自己想开,何必一人怀千古之忧,一身忧国家之难,读来读去,似乎有些进步,但此窍还是半通半不通的。古人有以天下为己任之说,一个人如此想,多半是夸大狂。我向不以此言为然,但自己不自觉之间,常在多管闲事,真把别人的事弄成自己的事,此比有意识者更坏事,以其更真也。我本心不满于政治社会,又看不出好路线之故,而思进入学问,偏又不能忘此生民,于是在此门里门外跑来跑去,至于咆哮,出也出不远,进也住不久,此其所以一事无成也。"4月,历史语言研究所与中央博物院、中国地理研究所合组"西北史地考察团",展开调查。

傅斯年接胡适5月17日复函,对他心境的担心更甚于身体:"老兄病中读《老》《庄》,未必是对症良药。我想老兄还是读读山东土产《论语》《孟子》。想想那'发愤忘食,乐以忘忧,不知老之将至''不怨天,不尤人'的通达人情,近乎人情的风度,似乎比那似达观实偏激的庄生,或更可以降低几十度血压。这不是笑话,是我近年体验得来的一个感想。孔子的伟大正在平平无奇,却又实在近情近理。近来读《孟子》,也觉得此公可爱。中国两千年的士大夫风度,其中比较积极,比较有作为的,都是受《论语》《孟子》的好影响。我在此实在无善状可告朋友。'不眠忧战伐,无力正乾坤。'这两句杜诗,时时在哼着。千言万语,不如用我们徽州的一经常俗话奉寄:'徽州朝奉,自家保重。'"7月25日,王献唐与孔德成合写致傅斯年函,共同推荐屈万里到史语所作研究工作。8月11日,傅斯年致王献唐、孔德成函,表示欢迎屈万里来李庄史语所工作,但只能担任协助董作宾整理甲骨文助理员,并作了三点具体说明。同月,成立历史语言研究所管理委员会,以照顾本所同仁的生活。10月22—31日,在重庆出席国民参政会第三届第一次大会,向大会提出"鲁省灾情惨重拟请中央加拨巨款迅放急赈并实施根本救济办法以拯灾黎而固国本案"。12月16日,作《大明嘉靖三十三年〈大统历〉跋》。同日,《论性命说之语学及史学的研究》一文载《读书通讯》第56期。27—28日,向达著《论敦煌千佛洞的管理研究以及其他连带的几个问题》连载重庆《大公报》,文前有傅斯年为该文所作案语。是年,《本所刊物沦陷港沪情形及今后出版计划》载《国立中央研究院历史语言研究所集刊》第10本第一分。(以上参见韩复智编《傅斯年先生年谱》,《台大历史学报》1996年第20期;欧阳哲生编《中国近代思想家文库·傅斯年卷》及附录《傅斯年年谱简编》,中国人民大学出版社2015年版;李学通《翁文灏年谱》,山东教育出版社2005年版;岱峻《李济传》,江苏文艺出版社2009年版)

李济因1940年14岁的二女儿鹤徵在昆明患急性胰腺炎不治而亡,至是年1月5日17岁的大女儿凤徵又染伤寒死于李庄而悲痛欲绝,万念俱灰,自责"仰不足以事父母,俯不足以畜妻儿"。傅斯年见他情绪低落,曾与他作过一次推心置腹的长谈,劝他外出考古,移情西北。但理性并不能迅速治愈伤痛。3月27日,李济在张家祠堂的办公室里给傅斯年写了一封信,派人送到五公里地之外的板栗坳,信中说:"前日所谈,感弟至深。弟亦自知最近生活有大加调整之必要,但恐西北之行(未尝不愿)未必即能生效。或将更生其他枝节。数月以来,失眠已成一习惯,中夜辗转,窃念研究所自成立以来,所成就之人才多矣,而弟愧不在其列,有负知己,诚自不安,然此亦非弟一人之咎。弟自觉今日最迫切之需要,为解脱,而非光辉。衷心所祈求者为数年安静之时间,若再不能得,或将成为一永久之废矣。"30日,傅斯年回信,坦诚劝慰:"惠书敬悉,深感深感!大约四十为一大关,过此不能不宝爱时光矣,弟之大症,有一好处,即能辞去总干事也。虽今日治学未必有望,而在总干事任中必无望。援庵之'开快车'(彼亦同感而言),寅恪之'损之又损',前者弟不能,后者弟亦求其如是矣。兄目前之事,不在博物院,而在精神之集中。博物院事,似乎办事人不比史语所少,兄可不必多操心(此人劝我语,兄或鉴于裘事,然彼等事不能再有?亦不可有反常之心理也)。安阳报告固为一事,此外似尚须有一大工作,方可对得起此生。弟所以劝兄一往西北者此也。总之,治学到我辈阶段,无所著述,甚为可惜。兄之一生,至少须于安阳之外再有一大事,方对得起读书三十年也。然西北不过是一法;其他亦有法,要看战事如何耳。我之一病大约是一无结局,故此等问题多不敢想也。"11月,中博院搬进镇上上河街的张家祠堂。

按:据当时中博院新进的绘图员的索予明《烽火漫天拼学术——李庄时期的中央博物院》(《故宫文物月刊》2006年第2期)回忆:"李济先生带着眷属住在张家祠堂的东边,我们住在西边,中间是张家祠堂的大殿。殿很大,前面是块空地,像个空旷的大广场,便利用来种些时蔬。有月亮的晚上,大家常聚于此。李济也常散步至此,参与我们的说话,细说着得意的发掘与研究心得,从殷墟发掘的石虎、石枭,说到善斋、颂斋的铜器。"(参见岱峻《李济传》,江苏文艺出版社2009年版;岱峻《发现李庄》,四川文艺出版社2009年版)

董作宾是春赴重庆出席中央研究院院务会议。又访郭沫若,郭沫若赋七绝一首相赠:"卜辞屡载正尸方,帝乙帝辛费考量。万蠲千牛推索遍,独君功力迈观堂。"董作宾《跋鼎堂赠绝句》记:"三十一年春,访沫若于渝,十年神交,握手言欢。"3月13日,董作宾访王献唐,曾向王献唐请教甲骨文所述礼制与史籍记载不同的原因,并为题"五十""富贵"新莽砖拓片:"向湖老人得宝贵砖于渝州,并大泉五十砖拓本,此纸卅一年三月十三日避歌乐山,留连借宿观老人题咏,戏谓酸味可掬,书以记之,用博一笑。弟董作宾题。"4月1日,董作宾在李庄板栗坳戏台子的工作室里,面对一屋子的甲骨和自己未完成的书稿,浩然喟叹:"昔疑古玄同创为'甲骨四堂'之说。立厂和之,有'雪堂导夫先路,观堂继以考史,彦堂区其时代。鼎堂发其辞例'之目。著作篇章,脍炙学人。今者,观堂基木盈拱,雪堂老死伪满。惟彦堂与鼎堂,犹崛然并存于人世,以挣扎度此伟大之时代也。"

按:董作宾回顾甲骨文研究,深有感慨地说:"近二十年来,对于古史年历的研究,耗费了我的一大部分时间。为了解决甲骨文中所含殷代历法的问题,不能不考定共和以前的年代;为了考年,又不能不先解决太初以前历法的问题,于是有古史年历谱的推算……先建立一部合天的历书,然后以甲骨金文铭刻史籍载记,考定年代,这里面推求真朔,推求节气,用儒略历互相对照,更换算格列高尺度,对照干支纪年,以儒略周日的长尺度,对照干支纪日。这是纯粹的以天文科学做基础而独立推算的结果。有此绝对客观的历谱然后考之载记,定其年代,方不致落于空疏。"

董作宾接王献唐与孔德成7月25日合写致董作宾函,荐屈万里至史语所工作。8月10日,董作宾致王献唐函,言与傅斯年商谈,皆欢迎屈万里来李庄史语所工作,主要协助整理研究甲骨,待遇为助理员。董作宾函:"七月廿五日手教奉悉,致孟真先生函亦即转奉。关于屈翼鹏先生工作一节,经与孟真兄商谈,均觉彼能来此工作,甚为欢迎。弟则只求商讨有人;不敢云'指导'也。惟孟真兄觉有以下各点,应先征屈君同意。即(一)屈君须有专攻甲骨文字之决心,破三五年工夫为之,并须协助整理编释之轻机械工作;(二)名义,初来只能以助理员任用,俟一年后有论文发表,可改助理研究员,此院章之限制也;(三)待遇,薪俸为百四十元,外有暂加薪四十元生活补助及米贴(据实报),当与他处同(与大学教职员同。斯年注);(四)在本所工作以前,须得中央图书馆馆长蒋慰堂先生同意,已由弟函商蒋慰堂兄矣。以上各点,请转达屈先生。如均无问题,请即示知,随时来李庄均可。此间经费甚紧缩,其它部分不得添工作人员,惟弟之甲骨整理部分,尚有缺额一人也。"同月,董作宾在《说文月刊》第 3 卷第 7 期发表《殷代的羌与蜀》。冬,为进一步宣扬中国传统文化,也使更多的人了解中央研究院的工作,董作宾决定赴重庆参加第三届全国美术展览会,经过精心挑选,送去了断代分明的甲骨文 50 版,均附有通俗易懂的说明,有董作宾个人撰写的殷墟书契菁华、殷墟文字 15 种,还有青铜器纹饰"战绩鉴"。董作宾专门用甲骨文书法撰联:"网罗中外古今艺林珍品,合集东西南北美学天才",很受人们欢迎。由于甲骨文是首次在大西南亮相,特别惹人注意。董作宾代表史语所选送的展品,以其新颖、独特的鲜明风格成为这次美展中最突出的部分。主办方又应观众要求专门安排了一场报告会,由董作宾作了题为《殷墟甲骨文字》的学术讲座,就甲骨文的来历,甲骨文的研究,本次参展甲骨文的分期、分质、分类和价值等作了介绍。听众很多,屋子里挤满了,不少人就站在门外窗外听,虽然当时天气已经很冷了。后来,《读书通讯》将讲稿全文予以发表。是年,董作宾撰有《三百有六旬有六日新考》《天历发微》《关于太平天国历法的讨论》以及《栗峰山的历史语言研究所》。

按:据罗尔纲《困学觅知》(浙江人民出版社 2000 年版)回忆:1941 年冬,我在四川宜宾候船回广西作太平天国史调查,董作宾先生也因事来宜宾,同住在旅馆内。那时董先生在中央研究院历史语言研究所工作,我在中央研究院社会科学研究所工作,两所虽同迁四川南溪县李庄镇,但因他太忙,平时不好打扰他,到同住旅馆,我就乘便向他请教太平天国天历,向他学习历法的基本知识。到第二年 10 月,董先生《天历发微》刊出,寄来贵县给我。董先生对天历编制的考定是一大功绩,近年发现的太平天国文献已证实他的正确。对在天历的实施上,天历错前一日始于何时的问题上,我和他有不同的论断,在刊物上发表讨论达两年之久。后来我从广西再收集到新证据带回李庄,他在新证据面前,承认了我的判断,用甲骨文写了一副对联来贺我。

我是向董先生学历法的,我是他的学生;董先生是国际知名的中国考古专家,殷历法的研究尤其著名,我是个后辈;他的甲骨文对联又是不肯轻易送人的,星期天竟跑了几里山路亲自送到我住的集体宿舍来,满面笑容地当众向我道贺说:"你对了,我写副对联来向你道贺!"他的话刚说完,我和同事们都对他肃然起敬,一种桃李春风的温暖,阵阵地向我们吹来。(参见以上《董作宾先生全集》乙编第五册,台湾艺文印书馆 1977 年版;林甘泉、蔡震主编《郭沫若年谱长编》,中国社会科学出版社 2017 年版;岱峻《李济传》,江苏文艺出版社 2009 年版;岱峻《发现李庄》,四川文艺出版社 2009 年版;王学典《20 世纪史学编年(1900—1949)》,商务印书馆 2014 年版)

张政烺春日作《"奭"字说》,载于《六同别录》上,《六同别录》为史语所在李庄时期办的刊物,由所内同人写稿发表。后列入《中央研究院历史语言研究所集刊外编》第 3 种,1945 年 1 月又刊于《中央研究院历史语言研究所集刊》第 13 本,商务印书馆 1948 年出版。此篇列举许多字形相近的甲骨文,以为是"盖取二物相俪为偶"之义,力排众说释为奭,"读曰'仇'而解为'匹',即妃匹之谓"。这是此字在甲金文中最常见的用法。此外,还有两类用法。一是见于卜辞"黄羹""伊羹",盖谓国之重臣与王为匹偶,可读为《诗·周南》中"公侯好仇"之"仇",义为"匹"也。二是见于周初期铜器矢彝、矢尊。"今我惟令汝二人亢累矢羹",亦可读为"仇",是古者士大夫各与寮友为仇。写此一文,除为了疏解此甲金文难字,从而解决正确利用与此字有关资料说解史实外,也是为了实践作者对古文字考证的一种原则,即所考释之字的结果不仅要有形、音、义之根据,而且在古文字资料中能寻一贯通之说解,务求其通畅。9 月,作《讲史与咏史诗》,刊于《中央研究院历史语言研究所集刊》第 10 本,商务印书馆 1948 年 4 月出版。此文"以探究讲史之起源为主旨,咏史诗为讲史之祖",认为"讲史一艺盖出于晚唐之咏史诗,初由童蒙讽诵,既而宫廷进讲,以至于走上十字街头""平话即由咏史诗演变而来"。而"通俗演义始于罗贯中,乃仿平话而作之大众读物"。论述详密透彻,是他研究中国古典文学的代表作。是年,张政烺在《历史语言研究所集刊》第 10 本第 1分发表《六书古义》。此文"通过系统考查《说文》学发生发展的历史,揭示许慎《说文解字》一书中托古改制的奥秘,并对六书提出了不同于许慎的新说。这对于破除后世学者研究古代文字以许书为宗,即使面对大量甲骨文、金文、陶文、石刻文字等材料,仍不敢越雷池一步这种迷信,犹如晴天霹雳,从而对促进建立新的古文字学,无疑起了除旧布新的推动作用"。(参见陈绍棣编著《张政烺先生年谱》,中国社会科学出版社 2019 年版;王学典《20 世纪史学编年(1900—1949)》,商务印书馆 2014 年版)

向达任西北史地考察团历史组组长。该团由国民党中央组织部部长朱家骅于 1941 年底提议,中央研究院历史语言研究所、中央博物院筹备处、中国地理研究所共同组建,由西北农学院院长辛树帜任团长,李承三任总干事,向达任历史组组长,劳幹任文书,石璋如为会计。4 月 21 日,西北史地考察团由重庆前往西北进行考察。6 月 19 日,劳幹和石璋如在敦煌开始西北考古调查工作。10 月 9 日,西北史地考察团历史组组长向达到达敦煌莫高窟。向达在对敦煌进行了短期考察后就给傅斯年、李济撰写万字长文,后由傅斯年在文前加按语,以《论敦煌千佛洞的管理研究以及其他连带的几个问题》为题于 12 月 27 日开始在《大公报》连载 3 天。此文呼吁敦煌千佛洞应收归国有,并交给纯粹的学术机关管理(可为此设立一个千佛洞管理所),在技术问题未解决以前研究者不能剥离壁画,学术机关应在河西设立工作站,从事历史考古等调查和研究工作。

按:次年 1 月 7 日,贺昌群在《大公报》发表《敦煌千佛洞应归国有赞议》,支持向达的意见。这些文章引起社会各界的注意,国民政府遂决定建立敦煌艺术研究所,并于 1943 年开始筹建。(参见王学典《20世纪史学编年(1900—1949)》,商务印书馆 2014 年版)

吴金鼎继续率领由中研院史语所、中博院、中国营造学社三家联合组成川康古迹考察团,展开四川以及西康地区的考古工作。1 月 19 日,史语所致函总办事处:"拟改副研究员吴金鼎君为技正,助理研究员全汉升为专任副研究员,请补呈院裁夺。"29 日,傅斯年给吴金鼎写信,解释"发予技正聘书之原由"。按当时中研院薪俸标准规定,技正最高每月 400 元,而专任研究员则是每月 500 元。由专任副研究员改为技正,实际上是断了晋升的阶梯。2月 12 日,吴金鼎回函傅斯年:"屡蒙先生及所中师友一再嘉许奖励,嗣后更当努力学业以报知遇之雅。"9 月,吴金鼎在双流牧马山发掘工地给李济的信中写道:"今春鼎在蓉参观华大及四川博物馆时,私立小小志愿,希于三年期内愿见中央博物院所有藏品在全国居首位,并使自己在汉代考古学上得有一知半解。自发现牧马山葬地后,此志益坚。近与乡珊兄(赵青芳)仔细计议,拟于短期内多开几墓,冀天从人愿,在江水大退前获有特殊重要发现。"又说:"今特早日以所志愿求助于先生,愿在指引之下,趁留川机会,尽力代博物院搜集标本,并增长个人学识,为公为私,苟得如愿以偿,则感戴之忱,更将倍于往日矣!"是年,曾昭燏与吴金鼎合编的《云南苍洱考古报告》一书,分甲、乙两辑出版,甲辑为新石器时代考古,乙辑是曾昭燏执笔的。由于当时印刷条件极为困难,全书数十万字均由她用毛笔誊写,才得以石印出版。这部考古报告的发表,对研究云南地方古代历史南诏史提供了很有价值的资料依据,是我国边疆考古的重要成果,也是研究云南地方史的珍贵资料。吴金鼎与人合撰的《博物馆》一书,扼要叙述博物馆工作各方面的基本知识,是中国具有开创性的博物学研究代表著作。(参见岱峻《李济传》,江苏文艺出版社2009年版;岱峻《发现李庄》,四川文艺出版社2009年版)

全汉升12月在《历史语言研究所集刊》第10本第3分发表《南宋稻米的生产与运销》。此文研究了南宋各地稻米的生产运输情况,认为"当日长江上游的四川,中部的湖南与江西,以及下游的三角洲,都是稻米的重要产区,其产品除供当地人口食用外,还有剩余作输出之用。至于湖北与两淮,因为地接金国,常受战争的蹂躏,米产甚少,不足以养活当地的人口,须输入上述各地的米",而在沿海一带,"米产丰富的长江三角洲及珠江流域,也大量地把米贩往米产不足的浙东与福建"。作者还指出,南宋稻米在各地的频繁流通是"当日交换经济势力增大,自足经济销声匿迹的表示"。同期还刊载了陈槃《古谶纬书录解题四种》《敦煌唐咸通钞本三备残卷解题》、傅乐焕《宋辽聘使表考》等文。是年,全汉升在《历史语言研究所集刊》第10本第1分发表《中古自然经济》。此文系统论述中古时期社会经济的总体面貌。作者指出,从汉末魏晋南北朝直到唐中叶,实物货币取代金属货币成为人们交易支付的主要手段,与从自然经济到货币经济的一般发展道路相悖,经过贞观与开元盛世的商业发展,金属货币再度取得支配地位,两税法得以推行。同期还刊载了劳干《汉代兵制及汉简中的兵制》、王崇武《论明太祖起兵及其政策之转变》等文。

按:李根蟠在《二十世纪的中国古代经济史研究》一文中指出,全汉升是第一个较系统地研究中国中古时期和近古时期自然经济和商品经济的学者,此文仍是这方面进一步研究的基础。(参见王学典《20世纪史学编年(1900—1949)》,商务印书馆2014年版)

梁思成开始撰写《中国建筑史》。当时中国处于抗日最为艰难的时期,外界环境极端危险和不稳定,生活十分艰苦,梁思成除了花时间来写书,还要想办法解决温饱问题。同时又要照顾病人,因为林徽因患了严重肺病,长年卧床不起。梁思成自己也得了脊椎软组织硬化症,行动不便。梁思成为照顾躺在病床上的林徽因,甚至学会了给林徽因打静脉注射。此外,还要照顾自己的两个小孩。在全家如此贫病交加的情况下,梁思成依然伏案写作中国建筑史的经典著作《中国建筑史》。此书对中国各时期建筑特征作了分析比较,第一次提出了中国古代建筑的几大特征,并且从政治、经济、文化诸方面分析了这些特征的形成原因,达到了前人未达到的高度。秋,梁思成还高度关注敦煌艺术研究所,特意来找常书鸿,询问他"愿不愿意担任拟议中的敦煌艺术研究所的工作"。简言之便是"愿不愿意到敦煌去"。"到敦煌去!"正是常书鸿多年梦寐以求的愿望,于是毅然决然地接受了梁思成的提议。梁思成笑了笑对常书鸿说:"我知道你是不会放过这个机会的,如果我身体好,我也会去的。"(参见林洙、楼庆西、王军《梁思成年谱》,《建筑史学刊》2021年第2期"梁思成及营造学社前辈纪念专刊";梁再冰《梁思成与林徽因:我的父亲母亲》,中国建筑工业出版社2021年版)

陈立夫继续任教育部长。1月,编译馆编制扩大,国民政府教育部长陈立夫兼任馆长,直属教育部之教科用书编辑委员会并入编译馆。同月6日,国民政府教育部长陈立夫在电台发表《母教之重要》的讲演。大意谓:母教是国民教育的基础,下一代民族命运以今日的母教来决定。全国妇女同胞应担当起母教的重大责任。1月26日至2月3日,国民政府教育部举行各省市国民教育、中等教育、社会教育、教育视导会议,有关部、会、局代表及各省市教育厅局长出席。会议着重检讨过去工作情况及商定今后实施计划。教育部长陈立夫在大会上致词说:国民教育的目的在扫除文盲,故首应注意量的发展,同时不可忽视师资之培养,以求质的提高。各省办高等学校极不经济,也无必要,今后高等教育由教育部负责办理。各省应集中力量推行中等教育及国民教育。高级中学以省办为原则,初中以县办为原则。今后学校训导应注重礼乐的训练,社会教育即礼乐之教。会议的议案有筹集国民教育经费案、统筹中等学校教科书案、实施师范学校新颁课程案、推行国语教育案、订定社会教育法案、推行电化教育案、调整省市视导组织案、确定省市教育视导人员职称及名额案等百余件。同月,《教与学》月刊第7卷第1期发表教育部长陈立夫的《我对于编辑中小学教科书的意见》一文。文中说:"我们应以三民主义为教科书的中心思想;以'自治治事''自信信道''自育育人''自卫卫国'为教科书教育学生终身努力的共同目标;以发挥三民主义及管、教、养、卫的真义为教科书的一贯系统。"4月16日,教育部学术审议委员会第一届第三次大会对《著作发明及美术奖励规则》做出了修改,对参与申请奖励作品等级的标准形成决议,认为具有独创性或发明性,对于学术确实有特殊贡献的为一等奖,具有相当之独创性或发明,有学术价值但是不及一等的为二等奖;在学术上具有参考价值或裨实用但是不及一等、二等者列三等奖。

按:在第一届作品评奖时,经讨论,最后确定13项标准:(1)作者观点所代表的思想是否正确;(2)参考材料是否翔实;(3)结构是否完善;(4)有无特殊创见;(5)是否有独立体系或自成一家学说;(6)是否为有系统之叙述或说明;(7)整理前人学说有无改进之点或特殊贡献;(8)是否适合国情或对于我国社会经济及农工业各方面之影响如何;(9)是否有学理根据;(10)是否系发明与创作;(11)发明程序是否明显,是否可以实验实证;(12)是否能普遍应用;(13)技术是否精巧。(沈云龙主编《中国近代史料丛刊》第三编第11辑《第二次中国教育年鉴》,台北文海出版社1987年版)

陈立夫4月17日签署国民政府教育部颁发《各级学校及社会教育机关推进国民精神总动员及新生活运动工作实施纲要》23条。18日,国民政府教育部颁发《教育部设置优良中心国民学校校长教员奖励金办法》10条。4月22日,国民政府教育部在重庆举行女子教育会议。教育部长陈立夫致开幕词说:女子教育应注意家庭内外之分,意志情感陶铸之分,现在将来责任之分,无子女之女子对于教育事业应多负责任。同日,孔学会在重庆成立,陈立夫与孔祥熙、吴敬恒、陈果夫等为理事和监事,推蒋介石、林森为名誉理事长。5月25日,重庆《大公报》载出版界近讯:蒋委员长谕示教育部编纂之《教育全书》,全稿约达700万至800万字,其中中国教育史部分,本年内可以整理完竣,先行出版。26日,教育部遵照八中全会决议"积极推行注音识字运动,彻底扫除文盲一案",特分请中宣部、海外部、训练委员会、青年团、中央团部、政治部、蒙藏委员会、侨务委员会各派委员1人至3人组织中央注音识字运动委员会。并提出具体任务为:(一)统筹全国推行计划;(二)训练推行人员;(三)编印教材;(四)发动宣传工作等项。8月20日,重庆《大公报》载,国立编译馆将由白沙迁往北碚:国立编译馆成立业经十稔。抗战军兴,辗转迁移来白沙,已经三载。今春奉令改组,馆长一职由陈教长兼摄。并将教科书编辑组迁至青木关办公,以便就近督导。复于北碚、白沙两地各设办事处,分理馆务。陈副馆长可忠则常驻北碚。顷为集中办公,以增进工作效率计,所有青沙两地组织,短期内均将一律迁往北碚。此闻已在积极准备,预计本月内,准可竣事。闻该馆近年来完成译述甚夥,惜以印刷关系,致未能如期出版。又为顾念职员经济能力,凡有眷属随行者,均酌给迁移费。至此间馆舍,将由十七中学接管云。27日,教育部公布部聘教授名单,有苏步青、李四光、吴有训、饶毓泰、张景钺、艾伟、胡焕庸、胡元义、杨端六、孙本文、梁希、茅以升、庄前鼎、余谦六、洪式间、蔡翘、黎锦熙、陈寅恪、萧一山、汤用彤、吴宓等30人。28日,国民政府教育部颁发《教育部设置专科以上学校教员奖助金办法》10条。10月3日,国民政府教育部将蒋介石关于注意提高中学国文程度的手谕转发各省教育厅,训令各省各校遵办。蒋介石提出:"现在中学国文低落,应令各中学校长切实注意。并设法提高,以后凡大学招生,如有国文不及格者,不准录取为要。"

陈立夫10月5日出席为欢迎美国共和党总统候选人威尔基举行的宴会。出席宴会的还有朱家骅、蒋梦麟、顾孟余、孔德成、张洪沅、罗家伦、吴南轩、任鸿隽、陶孟和、梁思成、吴文藻等近百位文化教育界人士。10月10日,中国印刷学会在重庆求精中学礼华召开成立大会,到会员200余人,各机关长官到会者有陈立夫部长等。先由筹备会报告,次由陈部长致词,希望印刷界能担起时代应负之责任,旋由各机关代表相继致词,嗣即通过会章及重要提案:(一)提高印刷职业道德,改进印刷技术,凡排印校订应力求正确,以矫时弊,而利文化发展案。(二)实行中央工业标准委员会所订之通用纸张标准草案,统一印纸尺度以节物质并谋增进工作效率案。(三)请由学会介绍印刷知识,举办印刷人才训练,以应社会需要,改进印刷学术案等提案。讨论毕,宣读大会宣言,并选举理监事,周鼎珩、石显儒等当选。最后由大会通过敦请陈立夫任名誉理事长,潘公展任名誉理事。11月6日,国民政府教育部训令指定中央大学等21校,自11月20日起加紧实施军事管理,以树各校楷模。同日,重庆《大公报》载,奖励科学发明,科学家7人得教育部奖金:(中央社讯)教育部前为奖励国人致力著作及科学技术发明,曾颁订著作发明及学术奖励规则。兹有李非白等9人,申请奖励之著作发明各件,经该部学术审议委员会第三次大会决定,请部酌予奖助。嗣经该部核准,认为确有相当价值,决定各奖助金2000元,以资鼓励。

陈立夫12月23日上午主持在中央图书馆召开的国防科学技术策进会。翁文灏先讲此会设立的经过,说明系根据蒋介石之意召集,欲以此筹划国防工业的发展。出席者有何应钦、陈立夫、朱家骅、李书华、庄前鼎、周至柔、俞大维、余庭瑶、顾毓琇、钱昌照、钱昌祚等。下午,蒋介石会见出席国防科学技术策进会人员,并表示航空委员会各厂不好,大定飞机厂、中央机器厂没有充分使用,可惜,应予纠正;建设工作较有成绩者为资委会,兵工署、航委会、中研院应进行合作。26日,出席国防科学技术策进会会议。陈立夫与翁文灏、竺可桢等为理事。28日,出席在资源委员会召开的国防科学技术策进会第1次理事会会议,陈立夫与翁文灏、朱家骅、俞大维和周至柔被选为常务理事。蒋介石指定陈立夫为总干事。是年,第二届教育部学术审议委员会"补助学术研究及奖励著作发明"奖评出。获奖的人文社会科学类著作有:文学类一二等空缺,三等奖3名(王力《中国语法理论》、唐玉虬《国声集及入蜀稿》、孙为霆《巴山樵唱》);哲学类一二等奖空缺,三等奖1名(刘奇《论理古例》);古代经籍研究类二等奖1名(罗倬汉《诗乐论》)、三等奖1名(丁超五《易理新诠》);社会科学类一等奖空缺,二等奖4名(郭宝钧《中国古铜器学大纲》、陆懋德《史学方法大纲》、胡厚宣《甲骨学商史论丛》、胡元议《破产法》)、三等奖6名(全汉升《中古自然经济》、张印堂《缅滇铁路沿线经济地理》、吴文晖《中国土地问题及其对策》、费孝通《禄村农田》、张金鉴《人事行政学》、罗香林《国父家世源流》)。(以上参见中央教育科学研究所编《中国现代教育大事记1919—1949》,教育科学出版社1988年版;李学通《翁文灏年谱》,山东教育出版社2005年版;吴永贵《民国图书出版史编年:1912—1949》,社会科学文献出版社 2018 年版;龚克主编《张伯苓全集》第十卷附编《张伯苓年谱》,南开大学出版社 2015 年版;王学典《20 世纪史学编年(1900—1949)》,商务印书馆 2014 年版)

蒋梦麟、张伯苓继续任西南联大常委会常委,分别任北京大学、南开大学校长,但工作重心皆在重庆。1 月 18 日,中华教育基金非常时期委员会成立,翁文灏为主席,周诒春为名誉秘书,孙科、蒋梦麟为执行委员。6 月 4 日,与翁文灏、周诒春、任鸿隽及秘书林遵出席中华教育文化基金会紧急委员会准备会议,出席者有蒋梦麟。6 日下午,与孙科、翁文灏、周诒春、任鸿隽出席在资委会举行的中基会紧急委员会第 2 次会议,列席者有顾毓琇、田保生、林遵等。晚,与陈立夫、翁文灏、任鸿隽在资委会商谈中基会事至深夜。19 日,与翁文灏、任鸿隽、杨亚德举行中基会执行委员会会议。10 月 10 日,蒋梦麟《蔡孑民先生的精神》,刊于 10 月 25 日《世界学生》第 1 卷第 10 期。作者作了如下归纳:"第一要知道蔡先生的度量大。蔡先生平生对于批评毁谤和物议,都毫不介意。这种精神,并非偶然的,勉强的,是由涵养而来的。""蔡先生这种精神,是由于时时修养,用克制的功夫,养成宽大而能容物的态度,普通说来,一半也是天生的。""第二,蔡先生对于一切持之有故,言之成理的学问,都能容纳。他以为一切学问,应该听大家的采择,任其受自然的淘汰。对于大学,他采取兼容并包的主义。但他对学对事,都是有主张,无成见,不与人争一日之长短。他自有判断,却不拒绝人家的判断。""第三,谈到蔡先生个人治学的特点,也有几件事值得提出。(一)蔡先生阅读很快,真有一目十行的能力。只谈一件小事。我和蔡先生谈话,见他一面谈,一面披阅信札,很快阅读完了一封,并且知道其中的要义。他平时看书也是如此。(二)蔡先生不独阅读快,而且记忆力强。好久以前的事,都能够记得,他能通德、法两国文字。对于中国的经史,更是熟悉。(三)因为阅读快,记忆强,所以他事半功倍,造成了渊博的学问。不持偏颇之说,不拘于一孔之见,不囿于门户之争。他在中国学术史和教育史上的地位,可算是承先启后。他个人中国学问的根柢,既很广阔,再加上西洋学问的造诣,于是融会贯通,兼收并蓄,蔚为通儒。所以他在北京大学办学的时候,除了提倡科学以外,也很注重文学、哲学,从无轩轾或歧视。"总之,"蔡先生的伟大,本来不是这几句话可以概括得完的,不过举其荦荦大端,以概其余。"12 月 5 日,蒋梦麟出席在加拿大举行的太平洋学会国际会议,当选为副主席。(参见马勇、黄令坦编《中国近代思想家文库·蒋梦麟卷》及附录《蒋梦麟年谱简编》,中国人民大学出版社 2015 年版;马勇《蒋梦麟传》,河南文艺出版社 1999 年版)

张伯苓继续任国民参政会副议长。2 月 7 日,中华全国体育协进会召开董事会议,议决开除追随汪精卫卖国附日的原常务董事褚民谊会籍,增聘戴季陶、陈立夫、谷正纲、张治中为名誉董事。8 日,中国教育学会举行会员大会改选理事,选举张伯苓、常道直、张益、程其保、郑通和、许恪士、黄炎培等 15 人为理事。13 日,拜见蒋介石谈南开复校问题,蒋介石表示仍本"有中国即有南开"之承诺,允复校时南开大学与国立大学同等对待。17 日,南开大学复兴筹备会首次会议在重庆沙坪坝张伯苓寓所召开。出席会议的有张伯苓、伉乃如、邱宗岳、杨石先、陈序经、李卓敏。张伯苓主持会议并报告复校问题。会议决定南开大学本以前奋斗精神,仍维持私立;学校内设置文学院(中文、英文、历史、教育四学系)、理学院(算学、化学、物理三学系)、法商学院(政治学、经济学、商学三学系)、工学院(电工、化工、机械三学系);物色学识甚深之青年人才,由张伯苓组织聘任委员会。

按:3 月 1 日,在重庆沙坪坝张伯苓寓所召开南开大学复兴筹备会第二次会议,出席者有何廉、邱宗岳、杨石先、陈序经、李卓敏、伉乃如。张伯苓主持,讨论复校经费问题,除请政府协助外,并向国内外募捐;学科建设上,除文、理、工、法商四院先行恢复外,师范学院拟缓设立,仍先在文学院设教育学系,农学院因无设立之必要,否则再行考虑;讨论人才问题,"应注重在青年同志,南开学生或新由国外归来之学者",如果急需之人才一时无从延聘,可请英、美籍学者;研究方面暂就算学、经济、化工三方面发展,其他学科研究,俟有主持人才再行设立;捐款计划开始启动,"蒋委员长之允诺设法具体化,先由何廉便中与陈布雷先生接洽办法",国外捐款可分捐募现款、捐募仪器书籍、捐募讲座进行。3日,在重庆沙坪坝张伯苓寓所召开复兴筹备会第三次会议,出席者有何廉、邱宗岳、杨石先、陈序经、李卓敏、尤乃如。张伯苓主持,会议主要讨论筹款问题。国内捐款与请政府协助经常费由张伯苓和何廉在渝进行;国外捐款设立募款团,函请美国各大学校长为委员,"社会人士如陈光甫、邹秉文、刘国钧、钱新之、范旭东、冀朝鼎等先生对南开甚热心,设法保持接触"。7日,在重庆沙坪坝张伯苓寓所召开复兴筹备会第四次会议,出席者有何廉、邱宗岳、杨石先、姜立夫、陈序经、李卓敏、尤乃如。张伯苓主持,并报告前三次会议经过;决定黄钰生、杨石先、陈序经、邱宗岳、姜立夫、冯文潜、孟广喆为聘任委员会委员,杨石先为召集人;强调聘选人才要以全校为准,不必拘泥于院系,本宁缺毋滥原则;昆明南开大学一切校务仍请黄钰生、杨石先、陈序经负总责;为培养人才起见,应办好中学,多立分校,设立奖学金。3月中旬呈报行政院院长蒋介石、副院长孔祥熙为南开大学经济研究所报请拨助10万元。3月27日蒋介石训令教育部,"准予照拨"。31日再函陈立夫请按行政院照准之意,早日拨发。

张伯苓3月30日出席中国兴业公司第二届董事会。该董事会以孔祥熙为董事长,翁文灏为副董事长,徐堪、陈潜庵、钱新之、贝淞生、胡仲实、胡叔潜、张伯苓、傅汝霖、王正廷为常务董事,田习之、尹志国为常务监察人。同月,致函联大梅贻琦、蒋梦麟常委,希望本三校以往一贯合作之精神,及将来互相协助之友谊,支持南开增聘新人,以为复校之准备。4月21日,竺可桢、蒋梦麟、罗家伦、叶企孙、吴有训等人到重庆南开中学拜访张伯苓。23日,为西南联大经费事,与蒋梦麟、梅贻琦致函教育部陈立夫、余井塘、顾毓琇等人,请求补助。26日,云南省建设厅厅长龚自知来函,拟设石佛铁路调查队,委托南开大学文学院边疆人文研究室代为组织,以便从事调查工作。张伯苓即复函同意承担此项任务。27日,重庆南开中学继续举行"各国学生生活讲座",国立社教学院教授程锡康在大礼堂演讲《美国学生生活》。5月1日,出席国民参政会驻会委员会会议,任主席。6月初,周恩来偕邓颖超到津南村看望张伯苓。同月初与孙科、徐堪、宋汉章、何北衡、黄炎培、于右任、孔祥熙、吴稚晖、翁文灏、冯玉祥、钱新之、罗家伦、吴国桢、潘公展、杭立武、康心如、居正、陈布雷、穆藕初等82人发表《重庆节储实践会缘起》,号召人人实践刻苦节约的生活,实践储蓄建国的办法,而使这一运动,普及于农村和社会基层民众,朝着更高更新的阶段发展。同月,南开大学边疆人文研究室在昆明成立,聘陶云逵教授为研究室主任。7月10日,周恩来父亲周懋臣在重庆逝世,张伯苓即表慰唁。27日,国民政府公布第三届国民参政会参政员名单,依照《国民参政会组织条例》第三条甲项,张伯苓被遴选为天津市代表。同月,致函昆明缪云台,对由南开大学文学院边疆人文研究室代为组织云南石佛铁路社会经济调查队之事,在对外名义、调查经费、调查所得材料、人员约聘方面提出建议。

张伯苓8月26日接受中共《新华日报》记者专访,谈其献身教育情节,称我从事教育数十年一直不变的目标就是救国。10月1日,中华全国体育协进会奉国民政府社会部令,取消董事会,董事改称理事,名誉董事改称监事或名誉理事。该会改组后,分别组成理事会与监事会,公推张伯苓为理事长,沈嗣良、吴蕴瑞、郝更生、章辑五为常务理事,王正廷、马约翰、袁敦礼、朱家骅、吴铁城、宋君复、王卓然等为理事。商震为常务监事,监事为张治中、沈鸿烈等。10月5日,接待美国共和党总统候选人威尔基来访,陪同参观重庆南开中学、中央大学、重庆大学和中央工业专科学校。同日,出席教育部部长陈立夫为欢迎威尔基举行的宴会。21日,出席国民参政会茶话会,推定张伯苓为第三届国民参政会第一次大会临时主席。22日,第三届国民参政会第一次大会在重庆开幕。会议选举蒋介石、张伯苓、吴贻芳、莫德惠、李璜为第三届参政会主席团主席,张伯苓致辞。22日下午至31日下午,出席第三届国民参政会第一次大会第一至第十一次会议。本次大会后,第三届国民参政会第一次大会举行闭幕式。蒋介石、张伯苓等参政会主席团成员及参政员200余人出席会议,张伯苓主持。11月7日,假重庆南开中学召开中国教育学会理事会,任主席。13日,英国议会访华团参观重庆南开中学、中央大学、重庆大学和中央工业专门学校,四校以全体教职员同仁名义赠送写有慰问词的卷轴。12月18日,赴蒋介石午宴,黄炎培、冷御秋等参加。20日,出席南开校友聚餐会,张平群主持,张伯苓讲话指出南开复校必有望。是年,被任命为教育部国民体育委员会委员。(以上参见龚克主编《张伯苓全集》第十卷附编《张伯苓年谱》,南开大学出版社2015年版;西南联大北京校友会编《国立西南联合大学校史——1937至1946年的北大、清华、南开》,北京大学出版社1996年版)

顾孟余继续任中央大学校长。1月10日,郭沫若应本校文学院的邀请,作"屈原"专题讲座。4月,校本部孟余图书馆和松林坡礼堂先后落成。5月30日,本校主办重庆六大学国语讲演比赛,团体冠军由本校夺得,朱慕兰同学获第1名。7月,举行第十五届毕业典礼,毕业407人。8月,奉教育部令,法律系增设司法组;改农艺系的农业经济组为农业经济系;医学院开办护士师资专修科。法科研究所增设国际政治学部。9月,经教育部学术审议委员会审查通过,全国专科以上学校1941年度部聘教授为30名。本校胡焕庸、艾伟、孙本文、梁希和蔡翘荣任部聘教授。10月,经重庆市政府批准,本年出版《文史哲季刊》《科学季刊》《社会科学季刊》三种刊物。(参见南京大学高教研究所编《南京大学大事记1902—1988》,南京大学出版社1989年版)

金毓黻4月在《文史杂志》第2卷第4期发表《宋代敕令格式》《宋代官制与行政制度》。5月,在《东北集刊》第3期发表《今后东省流人之动向》。6月,在《图书集刊》第2期发表《论〈宋史全文〉续通鉴》;为中央大学历史学系撰写《治史纲要》,仿《大学》的三纲领、八条目之义,第一,以研究制度文物为中心;第二,求通重于求专;第三,以养成学问欲为系风。《治史纲要》集中体现求是求通的史学观念。8月,在《东北集刊》第4期发表《大元大一统志续考》《〈金史〉所记部族详稳群牧考》。9月,在《说文月刊》第3卷第8期发表《唐宋时代设馆修史制度考》。10月,金毓黻《中国史》由重庆正中书局出版。此书不分卷,记上古至抗日战争的历史,着重叙述治乱兴衰的政治大事,并探讨其因果关系。是年,著成《简明中国通史》《东北文献零拾》6卷、《辽海书征》6卷。学界公认此书为建国前最好之中国史学史专著,对后来史学史著作有一定影响。(参见金毓黻《中国史学史》附录《金毓黻学术年表》,商务印书馆2010年版;牟哥《金毓黻先生著述考》,东北师范大学硕士学位论文,2017年)

宗白华继续主编《学灯》。3月2日,在《学灯》上发表《读画感记——览周方白陈之佛两先生近作》一文,指出:"山水画因为中国最高艺术心灵之所寄,而花鸟竹石则尤为世界艺术之独绝。"20日,郭沫若请宗白华来文化工作委员会作学术报告,讲《中国艺术之写实,传神与造境》,连讲3天。23日,宗白华在《学灯》上发表《吕凤子先生近作词录》,并加《编辑按语》云:吕先生书画作品,境界极高,其词深情绝世,影响也颇大。8月31日,在《学灯》创刊号发表《清谈与析理》。是年,撰写《常人欣赏文艺的形式》,集了《艺境》未刊本。指出"人类第一流作家的文学或艺术,多半是所谓'雅俗共赏'的。……不过它们的通俗性并不妨碍它们本身的价值的伟大和风格的高尚,境界的深邃和思想的精微。所奇特的就是它们并不拒绝通俗,它们的普遍性,人间性造成它们作为人类的'典型的文艺'"。(参见林同华《宗白华生平及著述年表》,载《宗白华全集》第四卷附录,安徽教育出版社1994年版;林甘泉、蔡震主编《郭沫若年谱长编》,中国社会科学出版社2017年版)

傅抱石9月25日在《学灯》上发表《中国古代山水画史》,宗白华加《编辑后语》说:"山水画是中国绘画的主要部门,在世界美术史上,有其高尚的位置。"并赞扬傅抱石这方面的研究的学术成就,"可断言不愧为出自'山水画的故乡'中国人的作品"。10月8日,傅抱石在《学灯》上发表《壬午重庆画展自序》,宗白华加《编辑后语》说:"艺术不只是艺术家底生活记录,且是艺术家对于宇宙人生的沉思默照,把握真际,启示真理。"又说:"他在作品里所表现的美和真,可以离开作家而永存,那么,作家的自序还不是顶重要的,永不朽的应该是他的作品。"11日,郭沫若作《题傅抱石画八首》刊于重庆《新蜀报·蜀道》第812期。

按:8月6日,郭沫若作《题画记》讫。记录了为傅抱石几幅画作题诗的经过,称赞傅抱石诸画作寓意深刻,均"有家国兴亡之意",并感谢他"启发了我的心思"。《题傅抱石画八首》之一《题抱石屈原巨帧》诗云:"屈子是吾师,惜哉憔悴死,三户可亡秦,奈何不奋起?吁嗟怀与襄,父子皆萎靡,有国半华夏,荜路所经纪,既隳前代功,终遗后人耻。昔年在寿春,熊悍幽宫圮,铜器人百余,无计璧与珥。江淮富丽地,谀墓亦何侈!无怪皆庸人,难敌暴秦诡。生民复何辜,涂炭二千祀?斯文遭斫丧,焚坑相表里。向使王者明,屈子不谗毁,致民尧舜民,仁义为范轨。中国安有秦?遑论魏晋氏。呜呼一人亡,暴政留污史,既见鹿为马,常惊朱变紫,百代悲此人,所悲亦自己。华夏今再生,屈子芳无比,幸已有其一,不望有二矣。"《题傅抱石画八首》之二《中国有诗人——为抱石五柳先生像作并题》诗云:"中国有诗人,当推屈与陶。同遭阳九厄,刚柔异其操。一如云中龙,夭矫游天郊。一如九皋鹤,清唳澈晴朝。一如万马来,堂堂江海潮。一如微风发,离离黍麦苗。一悲举世醉,独醒赋《离骚》。一怜鲁酒薄,陶然友箪瓢。一筑水中室,毅魄难可招。一随化俱尽,情话说渔樵。问余何所爱,二子皆孤标。譬之如日月,不论鹏与鹪。旱久焦禾稼,夜长苦寂寥。自弃固堪悲,保身未可骄。忧先天下人,为牺何惮劳!康济宏吾愿,巍巍大哉尧。"(参见林同华《宗白华生平及著述年表》,载《宗白华全集》第四卷附录,安徽教育出版社1994年版;林甘泉、蔡震主编《郭沫若年谱长编》,中国社会科学出版社2017年版)

胡小石仍在重庆中央大学任教,给本科生讲授"中国文学史"和"书学史"两门课程。兼任白沙女子师范学院教授。时与中央大学美术系主任徐悲鸿先生交往颇多。一日,偕助教金启华往观徐氏画马。悲鸿先生请其录天马歌以助之增兴。后先生命金启华抄写《汉书·礼乐志》中"天马徕,从西极。涉流沙,九夷服。……"赠之。(参见谢建华《胡小石先生年表(1888—1962年)》,《胡小石文史论丛》,南京大学出版社2008年版)

罗根泽继续任教于中央大学师范学院,开设文学史、文学批评史等课程。居于柏溪。朱东润来,成为好友。2月,《王昌龄诗格考证》刊于《文史杂志》第2卷第2期;作《文艺史的叙解方法(下)》。8月,《古诗十九首之作者及年代》刊于《读书通讯》第31期。10月10日,在中央大学作《中国文学批评史·自序》。其云:"一九四二年双十节自序于中央大学。"12月,《王充的哲学及教育学》刊于《大学》第1卷第12期。同月,《学艺史的叙解方法(下)》刊于《读书通讯》36期。(参见马强才《罗根泽先生年谱简编》,载王京州编《河北近现代学者年谱辑要》,国家图书馆出版社2017年版)

缪凤林4月在《思想与时代》第9—10期发表《国史上的战斗观——从国史上证明战斗至上的历史真理》。为反驳日本人渡边秀方的中国民族文弱论,作者提出了"战斗至上论"。他指出,"战斗至上"才是"历史的真理""中华民族的真精神",并以史实说明中国古代国家的建立是由于战斗,从唐虞三代的兴盛到春秋战国时代的大发展,乃至秦汉强大,隋唐隆盛,明代复兴,清代繁荣,无不由于战斗。中国的历史显示,"欲抑不义之战,必以正义之战"

"欲世无侵略，必以具备优势之战斗力为第一义""徒言防止，断不足以制止侵略。欲侵略之绝迹，唯有如孝武之大张挞伐，深入惩创，使侵略者完全丧失战斗力耳"。(参见王学典《20世纪史学编年(1900—1949)》，商务印书馆 2014 年版)

　　唐君毅继续任教于中央大学。12月，在成都创办《理想与文化》月刊，并发表《道德之实践》。周辅成、程行敬等编辑，发行人为廖闻天，路明书店发行后迁江西；由铅山理想与文化社编辑，鹅湖书院出版发行。主要撰稿人有张君劢、牟宗三、李长之、王恩洋、张嘉谋等。该刊旨在研讨学术文化，激发并充实人类的理想，侧重研究历史文化问题，以矫枉过正的姿态，批判功利主义的学术文化观，强调哲学、文学、艺术、宗教、纯理科学的重要性，刊载了诸如唐君毅、熊十力、牟宗三、梁漱溟、李长之、王恩洋、张嘉谋等名家的大量作品，不仅在当时有一定影响，也为今天研究他们的思想提供了第一手资料，同时也是思想史研究的重要参考，具有极大的史料价值。

　　按：该刊刊登有关哲学、历史、宗教、文学、儒教文化等方面的学术论著，在哲学方面，刊有熊十力的《十力语要》、李长之的《三个向往的时代和三个不能妥协的思想：德国的古典精神序》、张嘉谋的《现代欧洲生存哲学思想之源流》等；在历史方面，刊有王树椒的《论北魏孝文帝之新政》、李源澄的《论春秋战国之转变》、李长之的《孟轲之生平及其时代》等；在宗教方面则有王恩洋的《法相学绪论》、梁漱溟的《理性与宗教》、林同济的《民族宗教生活的革创：议礼声中的一建议》等；文学方面主要文章有任中敏的《白屋诗人吴芳吉论：白屋嘉言序》和周辅成的《论莎氏比亚的人格》等；儒教文化是该刊的一个侧重方面，刊有唐君毅的《宋明理学之精神论略》、程兆熊的《儒家学说与国际社会：战后人类精神及世界文化与文明之改造》、李源澄的《论经学之范围性质及治经之途径》等论著。(参见单波编《中国近代思想家文库·唐君毅卷》及附录《唐君毅年谱简编》，中国人民大学出版社 2014 年版)

　　徐悲鸿返重庆，继续任教于中央大学艺术系，并在时任教育部长朱家骅支持下，以庚款中英文教基金会名义拨款筹建研究院性质的中国美术学院。10月9日下午，木刻展在重庆中苏文化协会预展，引起了国内外人士的关注。14日，全国木刻展在重庆开幕，应中国木刻研究会邀请，延安木刻画家古元、华山、力群、焦心河等人的50余幅作品由周恩来带去参展。18日，徐悲鸿在重庆《新民报》上发表《全国木刻展》，说："我在中华民国三十一年十月十五日下午三时，发现中国艺术界中一卓绝之天才，乃中国共产党的大艺术家古元。""我惟对于还没有二十年历史的新中国版画界已诞生一巨星，不禁深自庆贺。古元乃是他日国际比赛中之一位选手，而他必将为中国取得光荣……""古元之《割草》，可称为中国近代美术史上最成功的作品之一。吾愿陪都人士共往欣赏之。"另外，徐悲鸿对解放区木刻家华山的连环画，力群、焦心河等人的作品都很欣赏。经毛泽东建议，徐悲鸿此文在《解放日报》转载。(参见孙国林编著，王佳钰、王增辉校订《延安文艺大事编年》，陕西师范大学出版总社 2016 年版)

　　吴南轩继续任复旦大学代理校长。1月30日，教育部部长陈立夫训令："令私立复旦大学：查该校呈请改为国立一案，前经奉院会决议通过，由部拟订办法，呈核并先令知该校在案。除候办法核定，另令饬遵外。兹奉行政院三十一年一月十六日顺拾字第 780 号训令内开：本院第 546 次会议决议：'任命吴南轩为国立复旦大学校长'，合行令仰转饬该员先行代理校长职务。并依法补送任用审查表件到院，以凭转请任命等因，奉此已由部令派员吴南轩先行代理国立复旦大学校长职务。该校应自三十一年一月起改为国立复旦大学。合行令仰遵照。并呈报本部备查。此令。"后附发任用审查表三张、填表须知一份。2月4日，教育部部长陈立夫指令："令国立复旦大学校长吴南轩：三十一年二月六日秘六字第 30 号呈一件——为呈报遵令改为国立复旦大学，并先行代理校长职务，祈鉴核由。呈悉。准予备案。此令。"6日,吴南轩以国立复旦大学代理校长呈教育部文:"案奉钧部本年一月三十日高字第399号训令,以奉行政院会知议决任命南轩为国立复旦大学校长,饬先行代理国立复旦大学校长职务,并自三十一年一月起改为国立复旦大学,饬照办理具报等因。遵即改为国立复旦大学,先行代理校长职务,南轩并遵订于二月五日举行宣誓就职典礼。除已电呈钧部派员莅临致训外,理合呈复,仰起鉴核。谨呈教育部部长陈。"

吴南轩2月10日再呈教育部文:"钧部饬奉行政院令知议决,任命南轩为国立复旦大学校长饬即先行代理,并一月起改为国立复旦大学,遵照办理,具报等因。遵于二月五日举行宣誓就职,并蒙钧部余次长井塘莅校监督致训,将誓词一份具文呈送,仰祈鉴核备案。谨呈教育部部长陈附呈誓词一份。"6月6日,教育部训令国立复旦大学,谈"本部呈请拨款偿付该校私立时代各项债务一案"。又据同日教育部呈送私立复旦大学改为国立办法并请清偿历年债务及建置费审查会记录(抄件):"复旦大学改为国立一案,前经第541次院会通过,并饬教育部拟具私立复旦大学改为国立办法,另编追加概算。"其中债务:私立复旦大学所欠债款由国库照数支拨,俾资清偿;教职员及学生:私立复旦大学原有学生改国立后,均为国立复旦大学学生,原有教职员聘约未满者,仍由国立复旦大学加聘;改国立时期:自三十一年一月一日起改称国立。7月25日,教育部总务司公函:"行政院转奉国民政府发下台端简任状一件,相应检同原件函请查收见复为荷。此致吴南轩先生。"

吴南轩令校长室发布改称国立校长室布告:"查本大学前以经费支绌,经于董会呈请政府准予改为国立复旦大学一案,业经教育部提出,本月二十五日行政院会议决议通过。除静候明令外,合亟布告,仰各周知,此布。"中央通讯社相关报道:一是"(中央社讯):三十年十一月二十五日行政院第541次会议,决议私立复旦大学改为国立大学,由教育部筹备于本学年起实行。查该大学原设上海,抗战军兴以后,迁来重庆,于艰苦环境中,对于高等教育倍极努力。兹政府为体念该校创设之艰难,过去之成绩及目前继续维持之不易,特将该校改为国立大学,由国家直接办理,其前途至未可限量云"。二是本刊记者特晋谒吴校长,询以本校改国立之意见,承吴校长发表谈话如次:私立大学在工商业发达国家,原属易办,而在工商业落后之国家如我国,则至不易办。本校在抗战以前,系靠学费收入维持,西迁以来,学费收入不及前十分之一,而物价之高涨,达到十倍,致师生生活极为艰苦,本校颇感难以维持,不论发展矣。今承政府爱护,改为国立,则经济基础可以稳定,惟吾人今后之责任将随而更加重大。吾人今后当力求本校各部门内容之充实改善,以期无负政府之厚意,而提高学术水准、发扬研究精神,以谋求学术上之相当贡献,尤为今后全校同人应竭全力以赴之重任。至于建筑房屋、增加设备、改善同人同学生活,则犹其余事云。三是同学会庆祝:"陪都同学会闻讯母校国立,极为兴奋,特于十二月一日下午六时假座中苏文化协会开会庆祝,到奚玉书、许性初先生等二百人,席间由吴南轩、江一平两先生分别报告母校近况及国立经过,并通过筹建'登辉堂',以纪念李老先生之七十大寿,当场募得二万零五十元。在校同学则拟于三十一年元旦公演'北京人',以庆祝本校国立。"(以上参见复旦大学档案馆选编、杨家润执行主编《抗战时期复旦大学校史史料选编》,复旦大学出版社2008年版)

陈望道继续任教于复旦大学。4月21日,郭沫若往复旦大学讲演。阳翰笙和夏衍同往。午后,郭沫若向有关方面人士作抗战期中的文学艺术问题的演讲。他说道:"中国旧文学当中,有不少伟大作品,我们要继承他的优良传统,并发扬光大。中国新文学,是应时代的要求而产生,因时间很短,所以还没有产生伟大的作品,不过尚需要一般作家的努力,中国新文学的前途,是一定光明的。"晚,在复旦大学举行的晚宴上,与陈望道、张志让、陈子展等人相遇。6月,陈望道致柳亚子的信这样写道:"我们两人都抱奢望,一思证明新文学并非是江湖卖浆者流的市语,所有美质实与旧文学相迩而能跨上了一步;一思证明新文学系旧文学衰退后的新兴精神。"是年,陈望道出任复旦大学新闻系主任。任职期间,率先提出"宣扬真理,改革社会"作为科学和民主办系的一个纲领。(参见上海鲁迅纪念馆编《陈望道先生纪念集》,复旦大学出版社 2006 年版;林甘泉、蔡震主编《郭沫若年谱长编》,中国社会科学出版社 2017 年版)

吴泽继续任教于复旦大学。9月,吴泽编著《中国历史研究法》由重庆峨眉出版社出版。此书由 12 篇论文汇编而成(目次上只列十篇),多数为编著者撰写,也收录他人的论文,其中《实验主义中国历史观批判》《法西斯侵略主义中国历史观的批判》《中国历史研究上的诸问题》《中国历史研究法的基本原理》等,皆取翦伯赞、华岗和吕振羽的文章缩成,并稍作文句上的修改,然后由编者作了整体性的处理,将所收之文按性质分为五章,每篇文章各为一节,每章拟有标题。第一章"引论"论述中国史学的动向。作者叙述了中国史学产生发展的简况,严厉批判封建旧史学,指出顾颉刚等疑古辨伪的历史考据对经学和旧日史学的清算之功。而随着科学历史观传入中国,中国历史的研究也进入高级阶段,由于郭沫若、吕振羽等人的开拓工作,逐步阐明了中国社会发展的法则。另一方面也出现了反动的史学思潮及复古主义史学,特别批判了"战国策"派。作者指出当时的史学状况是旧的还未彻底破坏、新的还未完全建立的转变时期,史学发展很有希望,也很困难。为此,作者呼吁堵击暗流,肃清末流,早日建立中国新史学体系。全书论述唯物史观的基本原理和研究中国上古史的具体方法占最大比重,大致反映了当时马克思主义史学在历史研究法方面所达到的水平。本书收集的文章,经过统一的筹划编排,显示了编者建构马克思主义历史学方法论学说的努力。(参见王学典《20 世纪史学编年(1900—1949)》,商务印书馆 2014 年版)

郑学稼继续任教于复旦大学。1 月 22 日,在重庆《中央周刊》第 4 卷第 24 期发表《评〈北京人〉》一文,对《北京人》提出批评,认为该剧"是'在时代之前,又在时代之后'。如果它出现于《少奶奶的扇子》时,是超越时代的;可惜他(它)产生于恰在我们粉碎一世纪锁在肩上的锁链的今日!"29 日,郑学稼在重庆《中央周刊》第 4 卷第 25 期发表《论曹禺剧中的人物》一文。作者从曹禺《雷雨》《日出》和《北京人》三个剧本人物出发,认为:"在三种剧本中,对于所谓'光明人物',几乎又是类似的。《雷雨》是鲁大海,他不知所终;《日出》是方达生,他下落不明;《北京人》是北京人,他只是一个暗影。除了鲁大海之外,方达生是糊涂的半自觉的,北京人是半神怪的。""我们可以说,在曹禺先生的剧本中,对于人物的描画是只有简单的与类似的轮廓,而且成功的少而失败的多。"(参见田本相、阿鹰编著《曹禺年谱长编》,上海交通大学出版社 2017 年版)

周谷城经陈望道、张志让介绍,受聘于迁址重庆北碚的国立复旦大学,任历史系教授,并在陈望道任系主任的新闻系开设英文报纸分析课。郭沫若闻知周谷城从上海到达重庆,请其在寓所为几个年轻人作了一次学术报告。饭后,就中国资本主义迟迟没有发展的原因与周谷城交换了意见。(周谷城《怀念郭老》《悼念郭老》,生活·读书·新知三联书店 1979 年版;林甘泉、蔡震主编《郭沫若年谱长编》,中国社会科学出版社 2017 年版)

程天放继续任国立四川大学校长。由于中国抗战形势日趋严重,由沦陷区转来国立四川大学的学生越来越多,学校尽管在峨眉山,条件简陋,但规模仍有较大扩充。至是年,学校共设文、理、法、农、师范 5 院 23 系,有专任教授、副教授、讲师 165 人。各院院长及系主任是:文学院:院长向楚。中国文学系主任向宗鲁,外国文学系主任金尤史,史地学系主任李季谷,教育学系主任张敷荣。理学院:院长郑愈。数学系主任柯召(惠棠),物理系主任张宗蠡(少墨),化学系主任张仪尊(达如),生物学系主任方文培(植夫)。法学院:院长吴君毅。法律学系主任胡元义(芹生),政治学系主任吴君毅(兼),经济学系主任金孔章。农学院:院长王善佺(尧臣)。农艺学系主任(缺),园艺学系主任李驹,森林学系主任程复新,植物病虫害学系主任杨志农,蚕桑学系主任熊季光。该院一直留在成都外东九眼桥白塔寺侧。特别值得一提的是,由史学系教授冯汉骥领衔,主持发掘永陵(王建墓),出土文物震动全国。这是这一时期国立四川大学科研工作的一大亮点。(参见《四川大学史稿》编审委员会编《四川大学史稿》,四川大学出版社2006年版)

杨钟健继续任教于重庆大学。3月,中国地质学会第18届年会暨学会成立20周年纪念会在重庆举行。在会上发表题为《中国新生代地质及古脊椎动物学二十年来研究之基础》的论文,以纪念学会成立20周年。参加新疆石油调查队:随黄汲清等在天山南北进行了大半年的野外调查。据黄汲清回忆:当时很多人对塞外风光不感兴趣,对边疆地区的膻肉酪浆生活颇以为苦。杨钟健则不然,他十分喜爱雪山草地,喜欢当地少数民族的朴实勤劳,兴致勃勃地参加了先后在独山子、库车和阿克苏的填图找油工作,并主动攻研天山南麓的白垩——新生界地层问题。论文《四川广元之脊椎动物化石》刊于《中国地质学会志》第22卷第3—4期;《云南禄丰红色层中原蜥脚类之一新属——黄氏之南龙》刊于《中国地质学会志》第22卷第1—2期;《中国新生代地层及脊椎古生物学之现在基础》刊于《地质论评》第7卷第6期;《中国地形发育管窥》刊于《李石曾先生60岁纪念论文集》。(参见王仰之《杨钟健年谱》,《西北大学学报》1983年第2期)

胡厚宣继续任教于齐鲁大学。6月,胡厚宣与丁声树合作《甲骨文四方风名考补证》刊于《责善》(半月刊)第2卷第22期。是年,胡厚宣所著《甲骨学商史论丛初集》第1册出版。故宫博物院院长马衡到成都讲学,把胡厚宣的此书带了回去,并向教育部推荐。结果大大出乎胡厚宣预料:《甲骨学商史论丛》一书获得全国科学发明奖二等奖,发给奖金8000元,在学术界引起强烈反响。该册收论文4篇,其中《殷代封建制度考》《殷代婚姻家族宗法生育制度考》两文,说明封建宗法之制,殷时已有之,非周人所创,可补王国维《殷代制度论》之误,持论尤为精湛;而《殷非奴隶社会论》和《殷代焚田说》两文,纠正了社会史学者新奇怪异之说及偶摭其若干单文只字以妄论古史之弊。(参见何林英《胡厚宣年谱》,载王京州编《河北近现代学者年谱辑要》,国家图书馆出版社2017年版;王学典《20世纪史学编年(1900—1949)》,商务印书馆2014年版)

张维华9月在《中国文化研究汇刊》第2卷发表《汉河西四郡建置年代考疑》。作者指出,《汉书》等记载武威、张掖、酒泉、敦煌四郡的设置年代时间"前后未尽一致,而后之读史者,亦依违莫知所从",故撰写此文以考辨四郡的设置年代。作者认为四郡设置都与汉通西域有关,酒泉最先建置,大约在"元鼎二、三年间";元鼎六年,又建敦煌、张掖二郡;武威建置最晚,"当求之于昭帝末年及宣帝初年"。张维华在自传中指出,劳幹在整理汉简时,在考订河西四郡年代上,"有的地方同我的说法很是相合"。有研究者认为该文"表现出精深的史学功底,至今为研究者称道"。同期还刊载胡厚宣《殷代年岁称谓考》、严耕望《两汉郡县属吏考》、王伊同《隋黎阳河阳常平通兴洛回洛六仓考》、钱穆论《宋代相权》、沈鉴《四十余年前之联俄外交》等文。(参见王学典《20世纪史学编年(1900—1949)》,商务印书馆2014年版)

　　严耕望继续任职于齐鲁大学国学研究所。1月1日,在《责善》第2卷第20期发表《论秦客卿执政之背景》。9月28日,钱穆与严耕望、钱树棠等学生多人,徒步旅行。途中,钱穆谈了很多,其中涉及不少治学的原则和方法。严耕望认真听讲并在当晚写了两千多字的日记,其中有钱穆这样一段颇具深意的话:"我们读书人,立志总要远大,要成为领导社会、移风易俗的大师,这才是第一流学者! 专守一隅,做得再好,也只是第二流。现在一般青年都无计划的混日子,你们有意读书,已是高人一等,但是气魄不够。例如你们两人(手指向树棠与我)现在都研究汉代,一个致力于制度,一个致力于地理,以后向下发展,以你们读书毅力与已有的根柢,将有成就,自无问题,但结果仍只能做一个二等学者。纵然在近代算是第一流的成就,但在历史上仍然要退居第二流。我希望你们还要扩大范围,增加勇往迈进的气魄!"可见钱穆对严耕望之厚望! 11月1日,严耕望在《责善》第2卷第23期发表《秦宰相表》。(参见严耕望《钱穆宾四先生与我》,见《治史三书》,上海人民出版社2016年版;王学典《20世纪史学编年(1900—1949)》,商务印书馆2014年版)

　　王星拱继续任武汉大学校长。10月12日,武大举办了首次大型"科学展览会",分理化、生物、土木、矿冶、机械、电机等六个部门展出。由师生担任接待,随时向观众解述疑难,并当场表演各种仪器的运用方法。参观者甚为踊跃。此后,连年举行类似的科学展览会,对我国西南地区普及科学知识起了很大的促进作用。秋,成立于1939年的"岷江读书社"的进步活动受到特务们的严密监视,所办的《燎原》壁报因击中蒋家王朝的要害,蒋介石竟亲自下手令严加查办。在形势恶化的情况下,"岷江读书社"只好被迫公开宣布解散,但实际上转入地下,继续从事革命活动。"岷江"的历史,也是当年武大地下党领导学生运动同反动派进行斗争的一个缩影。冬,武大校内的反动分子掀起一个"倒王(校长王星拱)运动",许多不明真相的学生参加了这一活动。事情发生后,"岷江读书社"的胡开驷首先利用"结对子"抓紧对参加这一活动的唐宏镕做工作,指出王星拱的"无为而治"可使学生有较多的自由和民主,相反如果换一个党棍来,武大会变成第二个中央大学。当时唐宏镕接受了胡开驷的劝告,抽出身来,使这场风波逐渐平息。(参见吴贻谷主编《武汉大学校史(1893—1993)》,武汉大学出版社1993年版)

　　朱光潜继续任教于武汉大学。2月,在《思想与时代》第7期发表《乐的精神与礼的精神——儒家思想系统的基础》。文中指出:"儒家论学问,素重'知类通达''豁然贯通',用流行语来说,他们很注重学术思想要有一贯的系统。他们讨探的范围极广,从心理学,伦理学,教育学,政治学,以至于宇宙哲学与宗教哲学,群经群子都常约略涉及。他们所常提到的观念很多,如忠恕,中庸,智仁勇,仁义礼智信,忠孝慈悌友敬等等;他们设教有德行,言语,政事,文学四科;他们的经典有诗、书、易、礼、春秋。从表面看,头绪似很纷繁,名谓也不一致。但是儒家究竟有没有一两个基本观念把他们的哲学思想维系成一个一贯的系统呢?本篇的用意就在给这个问题以一个肯定的答复,说明乐与礼两个观念如何是基本的,儒家如何从这两个观念的基础上建筑起一套伦理学,一套教育学与政治学,甚至于一套宇宙哲学与宗教哲学。作者的意旨重解说不重评判。"然后谈道:"一般人对于礼乐有一个肤浅而错误的见解,以为礼只是一些客套仪式,而乐也只是弦管歌唱。孔子早见到这个普通的误解,曾郑重地申明说:'礼云礼云,玉帛云乎哉? 乐云乐云,钟鼓云乎哉?'在《礼记·孔子闲居》篇里,他特标'无声之乐'与'无礼之礼'。儒家论礼乐,并不沾着迹象,而着重礼乐所表现的精神。"通过分析,作者归结为:"乐的精神是和,静,乐,仁,爱,道志,情之不可变,礼的精神是序,节,中,文,理,义,敬,节事,理之不可易。乐的许多属性都可以'和'字统摄,礼的许多属性都可以'序'字统摄。程伊川也说:'礼只是一个序,乐只是一个和,只此两字含蓄多少义理。'即由乐的精神之'和'与礼的精神之'序',两者一同构成了中国文化尤其是儒家文化的基础。"一方面,彼此内外相应,"和"是个人修养与社会生展的一种胜境,而达到这个胜境的路径是"序"。"和"是乐的精神,"序"是礼的精神。"序"是"和"的条件,所以乐之中有礼。乐之中有礼,犹如礼之中也必有乐。另一方面,彼此相反相成,其义有三:第一,乐是情感的流露,意志的表现,用处在发扬宣泄,使人尽量地任生气洋溢;礼是行为仪表的纪律,制度文为的条理,用处在调整节制,使人于发扬生气之中不至泛滥横流。其次,乐是在冲突中求和谐,礼是混乱中求秩序;论功用,乐易起同情共鸣,礼易显出等差分际,乐使异者趋于同,礼使同者现其异;乐者综合,礼者分析,乐之用在"化",礼之用在"别"。第三,乐的精神是和,乐,仁,爱,是自然;或是修养成自然,礼的精神是序,节,文,制,是人为,是修养所下的功夫。

按:文中最后总结道:"现在把以上所述的作一个总束。乐的精神在和,礼的精神在序。从伦理学的观点说具有和与序为仁义,从教育学的观点说,礼乐的修养最易使人具有和与序,从政治学的观点说,国的治乱视有无和与序,礼乐是治国的最好工具。人所以应有和与序,因为宇宙有和有序。在天为本然,在人为当然。和与序都必有一个出发点,和始于孝天孝亲,序始于敬天敬亲。能孝才能仁,才能敬,才能孝天孝亲,序始于敬天敬亲。能孝才能仁,才能敬,才能有礼乐,教孝所以'根本反始''慎终追远'。这是宗教哲学的基础。儒家最主要的经典是五经。五经所言者非乐即礼。诗属于乐,书道政事,春秋道名分,都属于礼。易融贯礼乐为一体,就其论'天下之赜'言,是礼,就其论'天下之动'言,是乐。礼乐兼备是理想,实际上无论个人与国家,礼胜乐胜以至于礼失乐失的现象都尝发现。我们可以用这个标准评论一个人的修养,一派学术的成就,一种艺术的风格,以至一个文化的类型,但是这里不能详说,读者可以举一反三。"

朱光潜2月在《中国青年》第6卷第5期发表《五四运动的意义和影响》,从政治与文化双重角度对五四运动做了较为客观中肯的评价,这也是他在时过23年之后,第一次正面评论五四运动。他在文中首先赞扬五四运动"是中国近代史上最重要的一段",其"意义是非常重大的"。作为一场爱国的政治运动,它是"中国民众第一次集体地觉悟到自己的责任,第一次表现共同意志于共同行动,第一次显出民众的伟大力量。"朱光潜接着指出"五四运动不仅是一种政治运动,尤其重要的,是一种文化运动""是思想革命的先声",因为"五四以后思想界一般动态都远比从前活跃,五四运动促成精神的解放,可以说是一种具体而微的文艺复兴。"同时冷静地指出"五四运动的影响虽然很广大,但是它不能算有绝对的成功",具体表现在:"第一,参与运动者热诚有余而沉着不足",往往"在引起轰动一时的骚动以后""没有能酝酿一个健全的中心思想,没有能培养一种有朝气而纯正的学风"。"第二,民众是一种有力的武器但是不宜轻于使用,轻于使用,有自伤的危险"。比如,"五四时代罢课游行的作风后来成为学生运动的范本,有人讥为浮嚣,也未见得是完全出于偏见"。清明节前夕,朱光潜的老朋友丰子恺也来到了乐山。他乡遇故知,这乱世中的老友相逢,彼此都有一种喜从天降的感觉。4月6日清明节晚上,他们一同去看望文学院院长陈源(陈西滢)、民国才女凌叔华夫妇。4月,武大校内湘皖两派内讧,因朱光潜是皖人而和湘派较友好,遂以朱光潜出任教务长来调和。(参见宛小平《朱光潜年谱长编》,安徽大学出版社2019年版)

叶圣陶继续任教于武汉大学。1月15日,《当前教育必须改进》刊于《文化杂志》第1卷5号。同月,《国文杂志》创刊于成都,由普益图书公司出版,署编辑者胡墨林,实际上由叶圣陶主编,出至第6期停刊;《中学精读文选》由桂林文化供应社出版,署叶圣陶、胡翰先合编。

2月3日,应齐鲁大学邀请,讲授"中国国文教学"专题课,每周两学时。15日,始与叶至善为普益图书公司合编《小学国语课本》。3月1日,文协成都分会在青年会举行会员大会,选举叶圣陶、李劼人、陶雄、牧野、陈翔鹤、王余杞、王冰洋为第四届理事。7日,出席文协成都分会理事会,与厉歌天同任出版部理事,拟定复刊会刊《笔阵》。5月2日,应傅彬然邀请,离成都,去桂林商量开明书店的编辑组织,拟定编辑方针,筹备出版《国文杂志》。3日,经内江达重庆。14日,离重庆。在重庆停留期间见到黄炎培、杨卫玉、王云五、贺昌群、马宗融、吴朗西、顾颉刚、孙伏园、徐盈、子冈、范寿康、张梓生等。15日,经遵义达贵阳。31日,离贵阳。在贵阳停留期间见到宋书玉、丁晓先、章元善、谢六逸、李青崖等。6月4日,经南丹、金城江、柳州抵桂林,晤金仲华、宋云彬、沈雁冰夫妇。7日,与金仲华、唐锡光、傅彬然谈《中学生》和书籍编辑事。7月11日,乘机飞重庆。在桂林停留期间还见到柳亚子、艾芜、欧阳予倩、梁漱溟、胡绳、吴全衡、熊佛西、陆联棠、林憾庐、洪深、胡风、安娥等。12日,抵内江。次日,回到成都。8月,《国文杂志》在桂林创刊,由桂林文光书店出版,由叶圣陶主编。自第3卷第3期起,与宋云彬合编。同月,开明书店在成都设立编译所办事处,叶圣陶辞教学科学馆之职,回开明办事处主持编辑事务。当时编译所办事处就设在叶圣陶家里,人员只有叶圣陶和胡墨林两人。9月11日,往访老舍。次日,应老舍邀宴。10月4日,出席普益图书公司第三届董监联席会。当时叶圣陶应邀为普益图书公司董事。12月13日,知弘一法师圆寂于泉州,书挽联志哀。(参见商金林编《叶圣陶年谱》,江苏教育出版社1986年版)

苏雪林4月应李曼瑰(雨初)女士之约稿,在《妇女新运》第4卷第5期发表长篇回忆散文《我的学生时代》。李曼瑰为留美戏剧研究生,受宋美龄指派接办《妇女新运》杂志。6月,由乐山县城西郊搬至城中陕西街49号一所大宅"让庐",与武大经济系教授韦从序、外文系教授袁昌英三家合住。7月,重庆《妇女月刊》第2卷第2期发表署名雪林的《评〈北京人〉》一文。作者认为:"就技巧说,本剧诚然有曹禺一贯的作风,热烈、紧张、深刻、细腻,处处震荡观众的心弦,抓紧观众的注意力。但结构还是同曹禺旧作《雷雨》《日出》一般太嫌复杂,而且情节也太紧张了。"这部剧"不但技术没有进步,内容也没有什么进步"。剧中"北京人指的究竟是什么? 却颇不易确定,或者是指民族的活力青年的活力,或者竟如一般'前进份子'认为中国必须跟着他走而后才有出路的某种主义"。11月18日,参加文学院教授会议,获悉教育部拟将给国立大学院长加薪400元,系主任加薪300元,而普通教授一文不加。遂拟电文抗议教育部加薪制度:"物价飞涨,岂仅有院长、系主任日子难过? 武大机械系郭教授、矿冶系王教授皆因贫病交加而亡,难道普通教授不要养家糊口?"由此事,足证苏雪林一生抗言直论之性格。12月17日,武汉大学学生社团峨眉剧社元旦要演王尔德的《莎乐美》、易卜生的《群鬼》,担任剧中的女生演员请袁昌英、苏雪林、朱君允(女生指导员,戏剧家熊佛西的前妻)给予指导。三位老师在女生宿舍为学生分析剧情,讲解剧作者的生平、时代背景,对演员饰演的角色,一一做了细致的分析与指导。(参见沈晖编著《苏雪林年谱长编》,安徽文艺出版社2017年版;田本相、阿鹰编著《曹禺年谱长编》,上海交通大学出版社2017年版)

陈西滢继续任教于武汉大学。3月15日,在《文史杂志》第2卷第3期发表评论《野玫瑰》,认为陈铨《野玫瑰》夏艳华、王力民两个人物形象的塑造是颇为成功的。抗战以来的"汉奸戏""间谍戏",把汉奸的十之八九写成了脓包,《野玫瑰》没有"犯这毛病",剧中的大汉奸王力民没有被写成脓包,而是一个有才智,有他自己人生观,有铁一般意志的人。正因为如此,他的对手,女间谍、特工夏艳华就显得更加突出、成功。陈西滢的文章这样写道:夏艳华"她才力超人一等""她的意志的坚强更是超人一等。她为了替国家服务,牺牲色相,'同一个仇人朝夕相处,还要花言巧语博得他的欢心,使他相信我'"。她更难承受的是,她得因此而抛弃一个她深爱的人,让他"以为她是一个没有心肝,没有情感的女人,以为她是只知道权威利禄,不知道国家民族的女人。她却让他误会,让他恨""她是野玫瑰,'野玫瑰'开得多有精神!虽然没有人欣赏她,她并没有憔悴"。作者也指出:夏艳华"这样的一个女人似乎不是血做的,肉做的,也只有尼采式的超人才做得到"。陈西滢虽然也有批评,但对《野玫瑰》剧本是肯定的,不同意完全否定这个剧本和人物。(参见刘长鼎、陈秀华《中国现代文学运动史》,山东文艺出版社2013年版)

朱东润继续任武汉大学教授。5月,所著《八代传叙文学述论》完稿,分为:第一绪言;第二传叙文学底名称和流别;第三传叙文学底蒙昧时期;第四传叙文学底产生;第五传叙文学底自觉;第六几个传叙家底风格;第七传叙文学勃兴底幻象;第八划时代的自叙;第九思想混乱底反映;第十南朝文士底动向;第十一《高僧传》底完成;第十二北方的摹本。全书以文献辑佚为依据,用西方传叙文学眼光审视中国汉魏、六朝时期的作品,认为传叙文学的目标是人性真相的叙述,以此评述数百部作品,赞赏《曹瞒传》《庞娥亲传》《法显行传》《高僧传》等作品的成就。本书视野开阔,功力遥深,融贯中西,见解独到,历经六十多年,仍具新锐气象。8月,朱东润辞武汉大学教职,离乐山,往重庆,任教于中央大学。

按:此书确切完稿日期不详。作者在完稿后曾撰一文,记述著书事宜,文末署"民国三十一年五月,朱东润自序于乐山寓庐"。故可推知,本书稿大约完成于1942年5月。直到2006年才由复旦大学出版社首次出版。(付祥喜《20世纪前期中国文学史写作编年研究》,北京师范大学出版社2013年版)

杨东莼自去年12月香港、九龙沦陷,经中共中央和南方局指示香港八路军办事处廖承志,设法尽快把留港的文化工作者和民主人士抢救出港,在中共党组织的具体安排下,与何香凝、柳亚子、茅盾、夏衍、沈志远、金仲华、冯和法、梁漱溟、陈翰笙、萨空了、陈此生、胡绳等,分批经东江游击区取道粤北和广州湾(今湛江)等地返回桂林。2月,夏衍从香港脱险归来,到桂林拜会了杨东莼,了解了广西的现状。杨东莼对夏衍说桂林的情况是外松内紧,认为白崇禧表面上缓和了一些,但是他在"皖南事变"中充当了炮手,所以在"反共"这一点上,他是不会改变的,故重新出版《救亡日报》的事还是慎重一点为好。9月,临近中秋的时候,柳亚子约杨东莼、茅盾、陈此生、田汉、熊佛西等人游漓江。为了防止遇上敌机轰炸无处躲藏,他们趁月夜漂流而下,在舟中饮酒赋诗、观景赏月,于次日早晨到达阳朔码头,下船后又游览了碧莲峰等景点,至下午才乘烧木炭的汽车返回桂林。冬,杨东莼从重庆到乐山,担任内迁的武汉大学教授,再次失去党组织关系。杨东莼在武汉大学担任《中国政治史》《中国政治思想史》课程。尽管社会局势风声鹤唳,白色恐怖笼罩乐山。但他热情向学生宣传马克思主义的历史观,传播进步思想,对进步学生的正义斗争提出许多充满辩证法精神的意见。是年,在《文讯》第5期发表文章《行军与天文》;四川省教育厅下达训令:"令各专署各县市政府,本府教育厅督学、地方教育视导员:准内政部咨请通令所属各行政机关遵照执行查禁北新书局出版杨东莼著《高中本国史》一案令仰查禁由。"

按:1942年到1948年,杨东莼先后在内迁乐山和成都的武汉大学、四川大学、华西大学、鸣圣学院担任教授。(参见周洪宇《杨东莼大传》及附录《杨东莼生平年表》《杨东莼主要编译著系年》,华中师范大学出版社2014年版;杨慎之《杨东莼传略(上)》,《广西师范大学学报》1991年第3期)

罗忠恕继续任华西协和大学文学院院长。5月3—24日,罗忠恕邀请英国李约瑟来到华西协和大学,给师生们作了12场演讲,内容涉及生物学、胚胎学和中西方科学史以及战时世界科学状况。李约瑟的成都之行收获甚丰，他有幸参观了正在发掘中的王建墓，并从人类学、气象学等方面提出过一些见解。罗忠恕还为其购置了许多中国古代典籍，并牵线搭桥，介绍他用一套《大英百科全书》换得了一套石室中学所藏的中国典籍《图书集成》。罗李二人从此建立了深厚的友谊。11月9日，罗忠恕发起的"东西方文化学社"在成都华西坝正式宣告成立，成为中国抗战时期东西方文化交流的中心。罗忠恕自任学社社长，钱穆为作《东西文化学社缘起》，谓："今我中华文化，在此极贫极弱之后，其有需于一番去腐生新之工作，即已为吾华有识之士所共识。"中国著名学者冯友兰、钱穆、朱光潜、蒙文通、顾颉刚、张东荪、梁漱溟、萧公权、牟宗三等踊跃参加，牛津大学、剑桥大学的很多学者、科学家以及美国、德国、印度的许多学者也加了进来，共同构筑了特殊时期中国学术的一方靓丽风光。"东西方文化学社"成立后，经常集会和举办讲座讨论有关世界学术和文化交流问题，罗忠恕率先开讲《文化与大学教育》，之后，林语堂、陈白尘、潘光旦、冯汉骥等文史学家、科学家先后登场。同时与牛津、剑桥两所世界名校在交换教授和学者、出版刊物、文化考察等方面建立了联系。

按：国外方面可以开出一个简略而不能忽略的名单，他们是：澳洲首任驻华公使艾格斯顿爵士，牛津大学中英学术委员会修中诚副教授、陶德斯教授，印度加尔各答大学甘戈理教授，加拿大文幼章博士，英国议会访华团艾尔文爵士，澳洲首都大学校长普兰先生，法国、波兰大使和印度公使等。（参见李贤臣《罗忠恕：中西方文化交流的使者》《广安日报》2018年4月8日）

陆侃如赴四川三台，任内迁的东北大学文学院院长兼中文系主任。在《文化先锋》第1卷第9期发表批评郭沫若《蒲剑集》中关于屈原论述的《西园读书记》一文。12月5日，郭沫若《屈原·招魂·天问·九歌》刊于重庆《新华日报》，连载至6日毕。文中针对陆侃如的批评，重申个人看法。关于屈原的生卒指出，"前代历朔家有二通弊。其一，依后代支干纪年而逆推周秦甲子"，其实汉武以前中国古历仅以太岁纪年，不以干支纪年；其二，均认超辰术为刘歆所发明，故于刘歆以前之历朔推算概不超辰。其实超辰乃自然现象，而刘歆所推亦不正确。岁星运行，余分经八十二点六年即积满三十度超过一辰。古时以太岁纪年，乃按实书年，故无超辰的理论，却有超辰的事实。今观陈、刘二氏的结果，显然于此二弊均未能免。坚持《天问》《招魂》为屈原所作，以为："司马迁去古较近""《天问》《招魂》夹在《离骚》与《哀郢》之间，《离骚》与《哀郢》既为屈作，则《天问》《招魂》自以认为屈作为宜"。而"以《九歌》与《离骚》《九章》等相比，虽情调有悲愉之别，而风味无文质之殊，反复玩味，终无法认其必出二人或二人以上"。（参见林甘泉、蔡震主编《郭沫若年谱长编》，中国社会科学出版社2017年版）

韩亦琦12月1日在《斯文》第2卷第23—24期合刊发表《中国上古史之重建》，认为经过清儒的考据，上古史料可靠的已很少，像《汲冢书》《竹书纪年》《山海经》等"可靠的成分更是少了"。他特别指出："我们切不可以为王国维利用《山海经》证实了甲骨记载中殷先王亥，便认为《山海经》完全可靠。"他对金文也持保留态度："虽然金文也能当做史料，但未经科学的发掘和严格考订整理，用时危险极多；即使考订正确，为数也有限。"古史的重建只能寄望于"科学的考古发掘。这门学问若能发达，新材料不仅可以大量寻找出来，使古史之重建极为可能，而且这些材料将愈积愈多，使后人知道古代史更详细、更悠远、更确切""可以利用颠扑不破的古代实物重建古史"。此文正式提出"中国古史重建"的口号。

按：《斯文》半月刊于1940年10月在成都创刊，以文学、史学、哲学及社会科学为主，内容分为通论、专题、书评、遗著、通讯、诗文等。由金陵大学文学院中国文学系编辑，金陵大学文学院发行。主要刊登金陵大学一些著名教授学者的学术论文，古典诗的创作等。至1943年7月停刊。（参见王学典《20世纪史

学编年(1900—1949)》,商务印书馆2014年版)

孙望年初继续任职于资源委员会秘书处。4月31日,致函郭沫若。5月11日,郭沫若复孙望信。9月,孙望受金陵大学之请到母校中文系(时在成都华西坝)任教,曾宴请庞石帚、萧中仑、沈祖棻、刘君惠、高石斋、陈孝章等诗人、学者,沈祖棻散席前吟成《高阳台》一阕,庞石帚次日即依韵和作一首;除主人外,余5位均相继同调同韵相和。此次共填就7首《高阳台》,被称为《枕江楼悲歌》,一时颇为传唱。(参见林甘泉、蔡震主编《郭沫若年谱长编》,中国社会科学出版社2017年版)

程千帆7月任乐山武汉大学中文系讲师。8月至1943年7月任成都金陵大学中文系副教授。

吕叔湘离开华西大学,改任金陵大学中国文化研究所研究员。

牟宗三年初住勉仁书院。秋,由唐君毅介绍,赴成都华西大学哲史系任教,主讲西洋哲学,是为牟宗三一生独立讲学之始。是年,《阴阳家与科学》刊于《理想与文化》第1期;《评罗素新著〈意义与真理〉》刊于《理想与文化》第3—4期合刊。(参见王兴国编《中国近代思想家文库·牟宗三卷》及附录《牟宗山年谱简编》,中国人民大学出版社2015年版)

常乃惪对于抗日战争抱乐观必胜的心理,在失败论泛滥之时,已经开始注意到抗战之后的建国问题,以为战后国策之重要性,远远超过国都问题。旧历5月18日,为常乃惪父亲常运藻的七旬寿诞,常乃惪打算征文娱亲,不幸翌日其父即因病逝世于山西榆次。(参见查晓英编《中国近代思想家文库·常乃惪卷》及附录《常乃惪年谱简编》,中国人民大学出版社2014年版)

熊十力年初以勉仁书院哲学组名义出版《新论》语体本上中卷,经费由居正募资。仍住北碚,居正、陶希圣、郭沫若、贺麟、唐君毅等曾来探访。与方东美、冯文炳通函,讨论佛学。太虚著文评《新论》语体本,与蒙文通辩难《周官》。流徙贵州遵义的浙江大学张荫麟、张其昀、谢幼伟等办《思想与时代》杂志,邀熊十力在该刊发表短文多篇,与谢幼伟讨论玄学方法,撰文悼张荫麟。(参见郭齐勇编《中国近代思想家文库·熊十力卷》及附录《熊十力年谱简编》,中国人民大学出版社2014年版)

马一浮1月补撰《圣传论序》,其《圣传论》为辑刻《儒林典要》之一。同月,致书万慧法师,劝请其还蜀。2月22日,朱铎民致书向马一浮辞基金保管会委员,将赴第八战区,马一浮复书,信中提及书院已开刊《盱坛直诠》及《观象厄言》,预计年内可成。4月10日,马一浮60寿辰。书院诸人为他庆贺,因作《壬午上巳禊集濠上,适心粲书来述壬申旧事,感而有作,即袁心粲,兼示同集诸友,用庚辰旧韵》。6月14日,孔学会来函,告知马一浮被选为第一届理事。(参见张雨晴《马一浮学术年谱整理(1911—1949)及其儒学践履活动研究》,贵州大学硕士学位论文,2019年)

魏建功5月返四川白沙,任国立西南女子师范学院国文系教授。院长谢循初,系主任胡光炜。(参见曹达《魏建功年谱》,《文教资料》1996年5期)

柴德赓因反对汉奸曹汝霖任辅仁大学董事长,举家南迁。应台静农、陈建功之邀,任国立四川白沙女子师范学院历史系教授兼图书馆长。

周恩来1月9日和董必武到黄炎培寓所同张澜、张君劢、左舜生、章伯钧、沈钧儒、张申府等交谈。29日,同董必武等出席重庆文化界举行的纪念钱亦石逝世4周年大会。2月初,向中共中央南方局参加整风学习的干部作学习从党的六大到六届四中全会党的历史的报告。16日,同董必武致电毛泽东,报告南方局开展整风学习的情况。3月7日,致函郭沫若,对郭沫若所写《屈原研究》一文的第三部分《屈原思想》提出意见。对郭沫若拿"德政"和

"刑政"来作当时社会变革的两大思潮问题,认为不论是"德政"还是"刑政"都是奴隶制走向封建制的一种过渡时代的改革想法和做法,也正是当时时代的产物。"拿屈原作为一个伟大的思想家而兼艺术家,我同意,说他是革命的思想家,容有商榷余地。"12日,和董必武同黄炎培、左舜生、章伯钧、罗隆基等人商谈苏德战局、日苏态度、太平洋战局的发展和国民党当局的心理等问题。同日,致函郭沫若,请郭沫若约老舍一起,全面共商对到达广西的香港文化界朋友的救济办法。14日,收到毛泽东来电,转告张申府的建议:希望把党报变为容许一切反法西斯的人说话的地方。毛泽东说,这一点很对,《解放日报》已在讨论,使之增强党性和反映群众的意见,《新华日报》也宜有所改进。周恩来当即领导《新华日报》开展整风运动。18日,致电毛泽东,报告《新华日报》改进的情况,说有几种副刊已注意吸收外稿,第三版设立"友声",专门发表党外人士的意见。目前正使这份报纸不仅成为反法西斯的论坛,并要成为民主的论坛。春,南方局向中共中央文委报告重庆一年来文化运动的工作情况;范长江由香港返回桂林后,蒋介石再次下逮捕令。周恩来指示八路军重庆办事处通过张友渔通知范立即离开,去武汉附近李先念部队,或去苏北陈毅部队。范长江后来到了苏北解放区。

周恩来4月9日听取夏衍关于香港沦陷时文化界人士分批安全撤离情况的汇报,特别关注柳亚子、邹韬奋、茅盾等人的安全和健康,要夏衍在重庆争取公开合法,以进步文化人的面貌做统一战线工作,还说"皖南事变"后,国民党查封《救亡日报》是亏了理的,要不亢不卑地同他们算算这笔账,现在可以先去见潘公展,这样就争得了公开合法的地位。不久,得知于伶、宋之的等从香港到达重庆,当即指示组织一个话剧团,使在重庆的话剧工作者有演出的机会,也可吸收一些到重庆的抗敌演剧队成员参加。上旬,同郭沫若探讨创作历史剧《屈原》中的一些问题。剧本写出后,周恩来反复阅读,并同专家们一起讨论,肯定该剧本政治上、艺术上都是好作品。剧本排练时,周恩来多次观看。剧本公演后,轰动了重庆,周恩来设宴祝贺演出的成功。20日,南方局决定派张文澄、方文彬、杨才等组成调查研究组到云南开展工作。同月,得悉国民党下令通缉邹韬奋后,立即电告八路军驻香港办事处负责人连贯,一定要让邹韬奋就地隐蔽,并保证他的安全。以后,通过中共地方组织的帮助,邹韬奋暂时避居于广东梅县江头村。5月28日,通知郭沫若:国民政府开始清查中共党员及左翼作家,准备一网打尽,请关照各同志注意。下旬,会见随美国军事代表团来渝的埃德加·斯诺,表示希望美国军事代表团和美国记者去延安参观。6月14日,写信给柳亚子,关心他的安全和生活,希望他"重整南社旧业"。21日,周恩来就南方局领导香港文化运动的情况报告中共中央宣传部、中央文委。报告说:皖南事变前,香港文化活动只限很小的下层,自从重庆的大批文化人到了香港,才有新的展开。所成立的文委,由廖承志、夏衍、潘汉年、胡绳、张友渔组成,下分文艺、学术、新闻三个组,分别由夏衍、胡绳、张友渔负责。此外,还召开文艺、戏剧两个座谈会,研究党在香港的文艺发展问题。中央得知这一报告后,召集延安文艺界人士20多人,进行了通报,希望两地文艺界加强联系,沟通情况和经验,促进革命文艺的发展。7月10日,父周懋臣在重庆逝世,周恩来守灵至拂晓。

周恩来7月下旬面告即将离渝去北碚编写剧本《法西斯细菌》的夏衍:要利用这段时期,勤交朋友。7—8月间,派人转告邹韬奋,为了保证他的安全,并使他能为革命继续发挥作用,建议他前往苏北抗日根据地,还可以转赴延安。不久,邹韬奋被护送到上海,转赴苏北。9月18日,为《新华日报》撰写的代论《第十一年的"九一八"》发表。文章代表中共、八路军重述去年 9 月 18 日的誓言:普愿与东北同胞并肩作战,一直打到鸭绿江边,把东北人民从日寇铁蹄下解放出来。25 日,所作《论贤妻良母与母职》一文刊于《新华日报》,文章提出为了人类的绵延,尤其目前强住我们中华民族的后代子孙,应当尊重母权,提倡母权,以此新观念代替"贤妻良母"的旧观念。同月,致电中共中央宣传部长凯丰并转中央文委,报告大后方最近文化活动情况。电中说:政治部文委会近被监视甚严,会内外之特务活动加紧,对外活动甚少。全国文协活动全部停顿,文艺界的活动极少,戏剧界因环境及剧场限制难于发展,出版界用印刷及检查之限制,日益萧条。桂林政治环境恶劣,文化统治加紧,文化人被监视,出版新书也减少。10 月 5 日,周恩来会见美国总统罗斯福代表威尔基。11 月 7 日,同董必武、邓颖超出席苏联驻华大使馆为纪念十月革命节举行的招待会。18 日,以《新华日报》编者名义,发表该报首次刊出的《友声》专栏前言,内容说随着抗战局势的发展,中国人民的任务越来越重。在探讨需要解决的问题中应当重视不同的意见,特辟《友声》栏,欢迎各方面朋友提出真知灼见。同月,同林彪会见美国驻华大使馆文职官员约翰·谢伟思和约翰·文森特。12 月 2 日,同董必武、林彪在八路军重庆办事处会见新西兰友好人士路易·艾黎。12 日,南方局向中共中央提出关于国共关系的报告提纲。提纲认为:从 1936 年到 1938 年是第一阶段,国民党重在组织上解决,即企图融化共产党;第二阶段,从 1938 年到 1942 年,重在军事上解决,企图削弱和消灭共产党;第三阶段,从国民党十中全会开始,重在政治上解决,即企图控制共产党。目前国共关系,趋向好转的一面已渐增长,坏转的一面已渐减弱。我党目前的方针应是:(一)争取好转,勿忘防御;(二)争取合作,勿忘斗争;(三)争取发展,勿忘巩固。(以上参见中央文献研究室《周恩来年谱 1898—1976》,中央文献出版社 1998 年版)

董必武 1 月 9 日和周恩来到黄炎培寓所同张澜、张君劢、左舜生、章伯钧、沈钧儒、张中府等会谈。29 日,和周恩来、郭沫若、沈钧儒、陶行知、邓初民、张西曼等出席钱亦石先生逝世 4 周年纪念会。和沈钧儒、郭沫若先后在会上致词。同日,在《新华日报》发表《反侵略声中纪念钱亦石先生》一文。2 月 16 日,和周恩来致电毛泽东、王稼祥,报告南方局整风学习的情况。3 月 12 日上午 8 时,和周恩来一起,同黄炎培、左舜生、罗隆基、章伯钧等人就苏德战局、日苏关系,太平洋战局的发展以及国民党当局的心理等问题交换了意见。20 日,出席第二届国民参政会第二次大会驻会委员会第九次会议。听取外交、教育等方面的报告。4 月 17 日,出席第二届第二次国民参政会驻会委员会第十次会议,听取了何应钦关于国内外最近军事作战情形的报告。8 日,南方局决定成立学习委员会,由周恩来、董必武负责,正式组织全体党员进行整风学习。7 月初,同国民参政会秘书长王世杰会面,再次向王提出国民党当局应释放叶挺的要求,并向王介绍了我党《"七七"宣言》的大意,表示参政会应是国内团结的标志,国共两党问题应从政治方面寻求解决。7 日,为《新华日报》撰写代社论《"七七"抗战五周年》。

董必武 7 月上旬同张治中会谈,向张治中说明:(一)中共对抗战胜利有坚强信心。(二)在取得胜利之前必定遇到空前的困难。克服困难,主要是依靠国共两党间的合作;两党之间的军事政治问题,经过商谈总可求得解决办法。27 日,毛泽东、陈绍禹、秦邦宪、林伯渠、董必武、邓颖超等 6 人继续被国民党政府聘为国民参政会参政员。9 月 12 日,董必武和邓颖超、潘梓年、钱之光等在十八集团军重庆办事处召开纪念"九一八"11 周年筹备会。10 月 22 日,和邓颖超出席第三届国民参政会第一次大会开幕式。26 日,董必武在国民参政会第一次委员会(负责审查军事方面的报告和建议)会议上发言。31日,在《新华日报》发表《宗派主义在对党外关系上的排外性》一文。同日,被选为第三届国民参政会第一次休会期间驻会委员会委员。11月7日,和周恩来、邓颖超出席苏联驻华大使馆庆祝苏联十月革命25周年的招待会。20日,出席第三届国民参政会驻会委员会首次会议。听取秘书处关于本届第一次决议案处理经过,经济运动策进会筹备情形,以及外交部关于最近外交国际情形的报告。12月2日,和周恩来、林彪在办事处会见新西兰友好人士路易·艾黎,并共进晚餐。4日,出席第三届国民参政会第一次大会驻会委员会第二次会议,听取国民政府外交部和粮食部的报告。23日,出席国民参政会经济策进会第一次常务委员会会议。30日,向中共中央南方局工作人员报告第三届国民参政会第一次大会情况。(以上参见《董必武年谱》编纂组《董必武年谱》,中央文献出版社1991年版)

潘梓年继续任《新华日报》社长。1月19日,潘梓年50岁生日,适为《新华日报》创刊4周年纪念日,沈钧儒阴历生日亦刚巧为此日。董必武、郭沫若、邓初民均有诗贺潘梓年,沈钧儒亦作诗和之。2月7日,《新华日报》发表社论《论文化界的动员》,说"从今天到十五日已定为文化界宣传周"。社论说:"平心检讨一下过去文化界的活动,不论在新闻方面也好,文艺方面也好,理论方面也好,教育方面也好,工作者本身,不能说热情不够,努力不够。""然而,文化界动员宣传工作做得远不充分,这也是事实,需要再百倍的加强,这也是当务之急。"3月17日,《新华日报》发表"文协"致印度作家的公开信,希望中印作家携手,为共同的胜利而奋斗。6月22日,《新华日报》刊登郭沫若、老舍、茅盾、田汉、欧阳予倩、穆木天、胡风、马宗融等92人签名的《中国文艺界为苏联抗战周年致斯大林先生及全体苏联战士书》,赞扬苏军反法西斯斗争成果卓著,并祝"早日歼灭纳粹匪军"。9月13日,《新华日报》载:为纪念歌德193年诞辰,文化工作委员会举行诗歌晚会。臧云远主席并致词,郭沫若讲歌德的思想、艺术及翻译歌德作品之经过。他还将孔子和歌德作了详尽分析,谓二人颇多相同之处。旋由该会同人朗诵《浮士德》及《少年维特之烦恼》。郑伯奇、杜国庠讲话后即散会。10月19日,鲁迅逝世6周年。"文协"原拟假中苏文化协会举行纪念晚会,但未能开成。《新华日报》以《鲁迅祭日》为题报道了两句话:"纪念会因故未开,参加者默然引退。"《新华日报》发表了纪念文章,计有姜添的《用"整风"来纪念鲁迅》、欧阳凡海的《鲁迅与自我批评》、李健的《鲁迅先生论"八股"——鲁迅文学论管窥之一》、林曦的《鲁迅在群众中》。21日,沈友谷、潘梓年、艾青在《新华日报》上分别发表《关于"人性论"与"平均主义"》《王实味所给我们的教训》《现实不容许歪曲》,批判王实味。12月12日,《新华日报》刊登"文协"《保障作家稿费版权意见书》,并发表《保障作家合法权益》短评。短评说:"抗战以来,靠卖文度日的作家们,生活困苦万状,而社会上只听到责怪作家们为什么不能产生伟大作品的,却少听到同情作家困难,重视作家最低限度生活维持的。""作家合法权益的保障是万分应该的,提高稿费版税皆有必要。但同时除了几家有后盾的大出版商外,目前多数出版业也切身感到痛苦很深,也要代为筹谋。他们的痛苦,中心倒并非版税稿费提高,而是出版与行销上的不容易。"(参见文天行编《国统区抗战文艺运动大事记》,四川省社会科学院出版社1985年版;沈谱、沈人骅编《沈钧儒年谱》,中国文史出版社1992年版)

夏衍1月9日清晨根据廖承志意见,与金山、司徒慧敏、蔡楚生、王莹、郁风、金仲华、张云乔、谢和赓、郑安娜等16人偷渡伶仃洋,从澳门经台山、柳州,折回桂林。化名黄坤,此后蔡楚生将此情景作成《黄坤逃难图》,田汉配打油诗一首。4月,赴重庆,任中共南方局办事处文化组副组长,组长为徐冰。夏衍负责文化界统战工作,认识龚澎、王炳南等。其间,夏衍对外身份为《新华日报》特邀评论员,撰写政论及杂文。5月,与田汉、洪深合作四幕话剧《再会吧,香港》(又名《风雨同舟》)由桂林集美书店出版。6月,创作四幕剧《水乡吟》,至10月由重庆群益出版社出版。6月21日,周恩来就南方局领导香港文化运动的情况报告中共中央宣传部、中央文委。成立党领导文化运动的内部组织文委,由廖承志、夏衍、潘汉年、胡绳、张友渔5人组成,文艺组由夏衍负责。8月,创作五幕剧《法西斯细菌》(又名《第七号风球》),刊于《文艺生活》1942年12月第3卷第3期,重庆文聿出版社1944年6月出版。10月17日,中华剧艺社在重庆国泰大戏院公演夏衍新作五幕话剧《法西斯细菌》,洪深导演。11月至次年1月,在重庆《新华日报》开设"周末漫谈"。12月,杂文随笔集《长途》由桂林集美书店出版。(以上参见夏衍《夏衍全集》附录《夏衍年表》,浙江文艺出版社2005年版;田本相、阿鹰编著《曹禺年谱长编》,上海交通大学出版社2017年版)

阳翰笙1月8—11日读完李劼人的长篇小说《大波》,觉得对写《草莽英雄》有帮助。14日,主持文工会服务处的时事问题座谈会。20日,出席文工会召开的纪念钱亦石逝世4周年筹备会,被选为筹备会负责人。又到求精中学主持文化讲座,由邓初民讲清末政治史。25日,参加剧协理监联席会。同日,作《念钱亦石先生》。29日,参加钱亦石逝世4周年纪念会。2月6日,代《戏剧岗位》社主持戏剧座谈会,议题为《雾季剧运的回顾与前瞻》,阳翰笙代拟的小题为(一)剧本选择问题;(二)演出上的诸问题;(三)外国剧演出与改编问题;(四)演出工作态度问题;(五)戏剧批评建立问题。涉及剧本、演出、剧评等方面,时达4小时之久。重庆戏剧界史东山、贺孟斧、陈鲤庭、陈白尘、孔罗荪、黄芝冈、郑伯奇等30余人参加了座谈。12日,应周恩来邀请,赴八路军办事处红岩村,作《中国新文艺运动之历史的发展》的报告,历时3个多小时。28日,经过数日来的种种努力,《屈原》演职员名单终于确定了。关于《屈原》的演出组织工作,阳翰笙是幕后实际负责人。阳翰笙反复考虑后决定,在演出阵容上,集中优势兵力,打一场大歼灭战。因此,哪怕是一个配角,也决定由名演员担任。当时的名演员,大都分散在国民党控制的"中制""中万""中电""中青"各单位中,要把他们拉出来演出一个风险较大的戏,实不容易。由于大家多方面的奔走、劝说、排难解纷,总算组成了比较理想的演职员队伍。《屈原》后来之演出成功,这是一大因素。是春,阳翰笙为写《草莽英雄》,读了很多书。如契可夫的《海鸭》《伊凡诺夫》《万尼亚舅舅》,还有《汉留必读》《中国秘密社会史》《黄花岗》《扬州十日记》,同时广为搜集材料,采集民谚、俗语,了解哥老会的情况,提炼主题。5月11日,正式开始写《草》剧。6月1日,在文工会的纪念周上,在宣布研究计划大纲时,为着对付国民党的破坏,阳翰笙提出这样的口号:"多研究!多学习!多写作!集体的研究!集体的学习!集体的写作!"是月起,为了加强研究和讨论,文工会戏剧组连续举行报告会,讨论如下问题:怎样处理主题、怎样处理故事、怎样处理结构、怎样创造人物、怎样处理对话、关于戏剧的批评。阳翰笙参加了每一次会,并为几次讨论会作总结。20日,五幕历史剧《草莽英雄》脱稿。8月13日,文工会戏剧组决定研究莎士比亚、莫里哀、易卜生、契诃夫的戏剧。从是日起,阳翰笙重读了莫里哀的《恨世者》《伪君子》《悭吝人》《心病者》等剧作。20日,在文工会戏剧和文学两个组宣读《草》剧,征求意见。28日,根据周恩来的要求,到红岩为同志们读剧本,听取意见。

阳翰笙9月19日在《新华日报》发表纪念"九一八"11周年的漫笔《划时期的转变》。文中认为"九一八"以来,我国文艺发生了划时期的转变。在理论上,先后提出了抗日文艺、国防文艺、民族革命战争的大众文艺的主张,创作上,大都直接间接地采取了抗日救亡的主题,创作了许多武器似的作品,起着武装大众的作用。文学方面,描绘东北义勇军和上海战争的作品,风行一时;萧军、萧红、罗烽、舒群的出现,得到充分的肯定。电影转变更显著。由海淫海盗,转到在银幕上第一次看见东北义勇军的艰苦奋斗,看到东北难民和上海难民的逃亡,看到日寇的罪行及由此激起的反抗和斗争。音乐方面,新音乐异军突起,由于聂耳、任光、张曙的努力,抗日歌声响彻神州大地,抗战戏剧更加发扬光大。美术领域呈现生动活泼的新气象。11月22日,文工会主持的社会科学综合性刊物《中原》编委会组成,阳翰笙为编委之一。12月31日,《新华日报》以整版的篇幅,发表题词、讲话和文章,为洪深祝寿。中午,参加周恩来为洪深50寿辰举行的宴会。下午,又参加庆祝座谈会,阳翰笙为座谈会作总结,云:根据诸位朋友的意见,第一,在运动上,洪先生的活动正反映了30年来民族解放事业和戏剧工作的发展过程。第二,编导演方面贡献大。第三,希望今后多创作,多改编,多翻译,多写理论,以全副学识贡献在戏剧上。是年,国民党"中央文化运动委员会"(简称文运会)的社会部与有关机构联合组织"文艺奖助金管理委员会",聘请阳翰笙等为委员;阳翰笙五幕历史话剧《草莽英雄》由群益出版社出版单行本。(以上参见张大明《阳翰笙年谱》,《抗战文艺研究》1984年第3期;文天行编《国统区抗战文艺运动大事记》,四川省社会科学院出版社1985年版)

冯乃超1月28日在重庆《新蜀报》副刊《七天文艺》第46期发表《您依然和我们在一起——悼钱亦石先生》。次日下午,出席在中苏文协举行的钱亦石逝世4周年纪念会。春,孩子剧团公演《猴儿大王》后,受到反动派迫害,被强令加入国民党。冯乃超指示孩子剧团进行斗争,免遭此难。6月15日,在《抗战文艺》月刊第7卷第6期发表鹿地亘的《海与舟人——纪念郭沫若先生创作生活二十五年》。10月,政治部以改组为名,取缔了孩子剧团。12月30日下午往百龄餐厅,参加洪深50寿展庆祝茶会。次日,又出席纪念洪深50寿辰座谈会,座谈纪要载次年3月3日《戏剧月报》第1卷第3期。是年前后,中共南方周宣传部成立"文委",徐冰任书记,冯乃超与夏衍任委员。以后邵荃麟、何其芳等参加"文委"领导工作。(参见李江《冯乃超年谱》,载李伟江编《冯乃超研究资料》,陕西人民出版社1992年版)

老舍1月1日出席"文协"茶会,代表总务部报告了经费、会刊、研究、分会、服务、救济等方面的情况。2日,"文协"在中苏文协举行新年团拜,会上,老舍提出要尽力营救被困在沦陷的香港的"文协"分会会员问题。14日,主持召开"关于新的用字和造句"座谈会。同月,《谈诗——在文华图书馆专校讲演词》发表在《读书通讯》半月刊第33期。2月7日,"文协"为文化宣传周在中央电台举办广播讲座和诗歌朗诵,老舍、常任侠、王平陵、安娥、姚蓬子等参加演播。老舍讲演题为《文艺界动员的意义》。9日,《剧教》刊于《新蜀报》副刊"蜀道"第673期。文中认为"教育是迟慢的事,所以应时时刻刻灌输,我们有了戏剧运动,可是还没有剧场的教育",提出了"剧教"五项要求。13日,《文艺界动员情况述略》刊于重庆《大公报》,此文系文化运动的总结。20日,《文坛》在重庆创刊,由老舍、姚蓬子、徐霞村、赵名彝编辑。26日,为纪念"文协"成立4周年,在中央广播电台进行讲演。27日,《神曲》刊于重庆《新民报晚刊》第2版。文中对《神曲》给以高度评价:"在我读过的文艺名著里,给我最多的好处的是但丁的《神曲》""中古世纪的宗教、伦理、政治、哲学、美术、科学,都在这里。世界上只有一本无可摹仿的大书,就是《神曲》。"5月1日,《成绩欠佳,收入更欠佳》刊于《文风》月刊创刊号第1年第1期,又载3月15日《天下文章》创刊特大号选刊(1943年出版),

作者总结了自己从事创作十七八年以来的成绩,认为此期间只出了 20 本书,"成绩欠佳";由于"税上税"和各种苛扣,版税无几,收入亦欠佳。但表示:"只要还有口气,我就不放弃文艺。"7 日,开始写作剧本《谁先到了重庆》,同月 27 日毕。同月,长诗《剑北篇》由文艺奖励金管理委员会出版部编辑发行、大陆图书公司作为"抗战文艺丛书第一种"在重庆初版。序后附录《致友人函》。

老舍《内容、形式、文字》刊于 6 月 20 日《文学修养》第 1 卷第 1 期,阐述了有关小说创作的问题。22 日,《新华日报》刊登《中国文艺界为苏联抗战周年致斯大林先生及全体苏联战士书》,赞扬苏军反法西斯斗争成果卓著,并祝"早日歼灭纳粹匪军"。老舍以及郭沫若、茅盾、田汉、欧阳予倩、穆木天、胡风、马宗融等 92 人签名。7 月 1 日,四幕话剧《谁先到了重庆》开始在《中国青年》第 7 卷第 1 期连载,至 9 月 1 日第 7 卷第 2—3 期续完。7 日,在《新华日报》第 6—7 版刊登老舍等 80 位文艺界知名人士纪念"七七"抗战 5 周年的题词。16 日,《抗战以来文艺发展的情形》刊于《国文月刊》第 14 期,至 9 月 16 日第 15 期续完。此文系老舍在西南联大讲演记录,北泬、田堃、运燮、田甘整理。第一讲"文艺界之动态",概括了以"文协"为主的文艺工作者的情况;第二讲"抗战以来文艺发展概括",总结了抗战文艺的特点、成绩及缺点,批驳了"文艺与抗战无关"等错误观点,综述了关于"民族形式问题"讨论情况;第三、四讲"文艺各部门发展情形",分别就抗战以来的报导文学与小品文、小说、诗与朗诵、戏剧等 4 个方面的创作进行了述评,认为"明日的文艺,将是大有希望的"。9 月 9 日,"文协"成都分会在青年会开会欢迎老舍、冯玉祥,到会 60 余人,老舍报告了"文协"的工作。其间,在开明分店会见到叶圣陶。15 日,桂林重要期刊《文学创作》月刊创刊,老舍为主要撰稿人之一。同日,《如何接受文学遗产》刊于《文学创作》第 1 卷第 1 期,又载《人民世纪》第 5 期(1946 年 3 月 30 日)。文中认为"假若我们要成为一个新文艺家",那么,"一定不能只以摹仿为满足,我们似乎第一就该开拓我们的思想,把世界上那些最善、最美、最真的都需略略知道一点,使我们成为一个公为全人类思想的中国人。我们自然不必放下自己,而去描写别人,但是我们必须在描写自己的时候,也关切到我们的世界""我们应以世界文艺作为我们的遗产,而后以我们的文学、材料,写出我们自己的,同时也是世界的作品来。因此,欲治新文艺,就必须先预备至少一两种外国语言,使我们多长出一两对眼睛来"。

老舍 10 月 19 日拟主持"文协"在"中苏友好协会"的文化俱乐部召开的纪念鲁迅逝世 6 周年大会。会前两小时,会场即被国民党特务、警察包围,不准出入。老舍出面与警察交涉,据理以争,但会终未开成。28 日,"文协"理事会通过《保障作家稿费版权版税意见书》。该《意见书》分"缘起""办法""实施"三部分。11 月 1 日,出席中国文化运动委员会第三次全国委员大会。7 日,为纪念十月革命 25 周年,老舍同郭沫若、茅盾、胡风、夏衍等百余人在重庆《新华日报》联名发表《中国文化界向苏联文化界致书》。21 日下午 5 时,战区内迁妇女辅导院在新运服务所举行第二次讲座,由老舍讲演《妇女与文艺》。"听众甚为拥挤"。25 日,《诗·戏剧·小说》刊于《文艺先锋》第 1 卷第 4 期,文中就三种文学样式进行了对比分析。12 月 7 日晚 7 时 30 分,银行界同人进修服务社邮政储金汇业局支社主办的第四次特约演讲会在上清寺储汇大楼举行,请老舍主讲《青年与文艺》。21 日,中华全国戏剧界抗敌协会第三届理事会改选,老舍当选为理事。26 日,参加文化劳军大会。27 日晚 7 时,重庆文化界 12 月份国民月会在都邮街广东大酒家举行,由中华全国文艺界抗敌协会和中华全国美术会联合主办,老舍和林风眠分别作了抗战后的文学与学术的演讲。12 月 30 日,老舍在山龄餐厅主持重庆戏剧电影界为祝贺洪深 50 寿辰而举行的集会并致词,称赞洪深是我国戏剧电影界的创导人,20 余年来致力于戏剧电影工作,始终努力尽责,是大家的楷模。沈钧儒、郭沫若、茅盾、张西曼、鹿地亘等 300 余人参加。会上,由富贵花演唱了老舍为洪深祝寿而作的大鼓词《赞美梅花》。31 日下午 2 时,老舍、郭沫若、茅盾、冯乃超、赵铭彝等 30 余人召开座谈会,老舍主持,庆贺并总结洪深对中国戏剧运动的贡献。(以上参见甘海岚编《老舍年谱》,书目文献出版社 1989 年版;文天行编《国统区抗战文艺运动大事记》,四川省社会科学院出版社 1985 年版)

茅盾 9 月底决定离开桂林返重庆。作出这个决定是出于几个方面的考虑:在重庆自己可以以合法的身份(国民党军事委员会政治部文化工作委员会常务委员)进行活动;中共办事处和周恩来也在重庆;亦可配合郭沫若、老舍和阳翰笙的工作;加之叶以群又来信,希望自己去主编《文艺阵地》;况且在成都重庆,国民党碍于各方面舆论,也不敢轻易对自己下毒手。将这个决定通知刘百闵后,刘百闵喜出望外,马上来问有何困难,可以帮助解决。当即表示:一切自理,不用政府操心。11 月 7 日,与郭沫若、夏衍、胡风等百余人在《新华日报》联名发表《向苏联文化界致书》,向苏联文化界致敬,并祝贺十月革命 25 周年。同月,因科学书店和文献出版社偷印鲁迅作品,与胡风一起前往交涉。后又应胡风之约,与巴金、胡仲持等共商处置偷印鲁迅作品的办法。最后决定,偷印者必须算清版税、交出纸型。12 月 1 日,茅盾作《将赴重庆,赠陈此生伉俪》,表达了自己已作好充分的思想准备,去迎接斗争的坚定信念。月初,程思远专程由重庆来桂林,催促文化人尽快去重庆。3 日,茅盾夫妇以及田汉的长子海男坐火车离开桂林。离开桂林后,就有国民党的大、小两个特务奉命前来“陪送”,实际上是要监督和限制这几人的行动。16 日,到贵阳,住贵阳招待所。17 日,去探望多年不见的老朋友谢六逸,未遇。得知他已担任了贵阳文通书局的总编辑,留下名片、地址,即回。18 日下午,谢六逸来访,彼此一别 5 年之后,重新见面,觉得他“身心交疲”,谈话间,亦能感到他“心境空虚而且寂寞”。留他吃饭,坚辞不受,随后匆匆告辞。这是与谢六逸的最后一面。

茅盾 12 月 23 日上午抵达重庆,暂时安置在民生路生活书店楼上住宿。中午,郭沫若和阳翰笙来,别后重逢,分外高兴。茅盾向朋友们说,现在自己的身体很好,完全是逃难的关系。晚,在郭沫若寓所与在重庆的诸朋友欢宴,同座的有周恩来、阳翰笙等。25 日下午,刘盛亚专程过江来说,他家门口今早突然出现 3 个陌生人,整整徘徊了一上午。中午,他出门时,又被这几个人拉住,问茅盾到哪里去了? 茅盾笑着对刘盛亚说,这些人是“保护”自己的特务,他们正为找不到“保护”的对象而着慌呢。30 日,出席祝洪深 50 岁寿辰茶会。出席茶会的还有沈钧儒、郭沫若、老舍、张西曼、鹿地亘、曹禺、夏衍、曹靖华、张骏祥、应云卫、郑伯奇、阳翰笙、宋之的、王瑞麟、史东山等 300 余人。31 日中午,参加周恩来举办的为洪深祝寿的宴会。午后,出席洪深先生 50 寿辰座谈会,并在会上发言。同日,在《新华日报》发表《祝洪深先生》,文章说,二十多年来,经过了很多年的变化和曲折,然而“洪深先生的热情和他的艺术家风度总是一个宝贵的力量”,希望洪深“永远保持他的热情和青春”。同月,《文艺论文集》由重庆群益出版社印行。作者在“后记”中称:该集中的一些文章,是“当前文艺上的诸问题,辄贡浅见,呐喊助阵”。是年,茅盾等著的《中国作家与鲁迅》,由桂林学习出版社出版;茅盾、郭沫若等著的《文艺新论》,由成都莽原出版社出版。(以上参见唐金海、刘长鼎主编《茅盾年谱》,山西高校联合出版社 1996 年版)

　　曹禺的《北京人》1月继续在各地演出,引起热烈讨论。同月15日,西北文工团在延安首演曹禺的《北京人》,张季纯导演。29日,重庆《新华日报》"文化汇讯"栏刊消息:"曹禺之《北京人》,卅一日起由青年社在抗建堂再度演出。"2月1—6日,重庆《新华日报》连刊《北京人》演出广告。28日,《教与学》第7卷第2期"文化消息"刊《〈雷雨〉剧本禁止上演》:"曹禺所著《雷雨》剧本因不合抗战需要,教育部函准中宣部特训令各教育厅转饬各学校暂停上演。"3月1—2日,"四一剧社"在北京饭店举行第一次公演,演出曹禺的《北京人》。4月2日,阳翰笙日记载:"午后在中艺侧观《屈原》彩排。晚餐后约曹禺、(杨)村冰(彬)、(贺)孟斧在金门喝茶。""曹禺近颇忧愤,我对他很同情,很诚恳地劝他离开江安,来渝参加剧运,免得再有什么'怪汉'来扰得他心神不安。他说,他也有此打算。"3—15日,重庆留渝剧人"为响应中国航空协会募集巨人号飞机"在抗建堂上演曹禺的《日出》,导演苏怡,舞台监督周彦,布景设计卢景光,灯光设计章超群,服装设计全道利。演员阵容:章曼苹饰陈白露,赵韫如饰顾八奶奶,姜韵笙饰李太太,王斑饰方达生,井淼饰李石清,陶金饰潘月亭,王豪饰胡四,王珏饰黑三,严皇饰小东西,朱铭仙饰翠喜,潘直庵饰小顺子,谢添饰张乔治。共演出13场,观众5560人。3—17日,郭沫若新作五幕历史剧《屈原》在重庆国泰大戏院首演。上演前,曹禺曾往观看排练。据曹禺《沉痛的追悼》回忆:"一九四二年左右,听说郭老要写《屈原》,我们的心都激动起来,热切地期待着这一声雷鸣!郭老用了十天工夫写出了剧本,很快就排出来。我去看过《屈原》的排练,演员们一个个都热血沸腾,连旁观者也是同样。"

　　曹禺4月底赴昆明。5月1日,重庆《新华日报》"昆明小简"栏刊消息:"剧作家曹禺,于日前由渝来昆,国防剧社定廿三日起公演《国家至上》,西南剧社等团体,亦筹备公演《北京人》。"16日下午,留渝剧人筹组的新中国剧社在中苏文协成立,余克稷任主席,选举周峰等9人为理事,白杨等3人为候补理事,曹禺等3人为监事,刘厚生等2人为候补监事。夏,离开国立戏剧学校,专心从事创作。经张骏祥介绍,来到重庆以东十多公里处,长江边上的一个小码头——唐家沱,住在一艘火轮里。大约住了三个月,度过了整整一个夏天,创作(改编)了四幕剧《家》。6月5—6日,国立戏剧学校学生在江安本校举行毕业公演,演出曹禺的《北京人》,演出者余上沅,导演洪深。22日,重庆《新华日报》编发"苏联反法西斯战争周年纪念"专版,刊曹禺与郭沫若、茅盾、田汉、欧阳予倩等92人联名签署的《中国文艺界为苏联抗战周年致斯大林先生及全体苏联战士书》。7月下旬,在重庆北碚结识夏衍。8月18日,《国立戏剧学校校友通讯月刊》第3卷第9期"校友消息"刊:"万家宝(曹禺)先生最近新著之《家》(由巴金之小说改编而成)约在本月底可脱稿,闻该剧将由中央青年剧社首先上演,导演为杨村彬先生。"10月2—3日,应邀到国立戏剧学校演讲。同月,受聘复旦大学外文系。在此,曹禺与叶圣陶多有交往,成为朋友。12月21日,在国民党中央文化运动委员会会址,中华全国戏剧界抗敌协会第三届理、监事改选公布结果,曹禺当选候补理事。12月24日,周恩来、邓颖超前往抗建堂观看《蜕变》演出。30日,为庆祝洪深50寿辰,重庆戏剧电影界在百龄餐厅举行祝寿茶会,曹禺与郭沫若、茅盾、老舍、夏衍、曹靖华、张骏祥、应云卫、郑伯奇、阳翰笙等300多人参加,老舍主持茶会,郭沫若致祝词。31日,重庆《新华日报》为"洪深先生五十寿"刊沈钧儒、郭沫若、茅盾、阳翰笙、夏衍、老舍、曹禺等人文章和贺辞。曹禺的献词是:"能编、能导、能演,是剧坛的全能;敢说、敢写、敢做,是吾人的模范。"同月,《曹禺戏剧集》之五一《家》由重庆文化生活出版社初版。是年,应张骏祥的邀请,曹禺开始翻译莎士比亚名剧《柔密欧与幽丽叶》。(以上参见田本相、阿鹰编著《曹禺年谱长编》,上海交通大

学出版社 2017 年版）

洪深 12 月 21 日在中华全国戏剧界抗敌协会第三届理事改选中当选为理事。30 日,渝戏剧电影界假百龄餐厅提前一天举行洪深 50 寿辰庆祝茶会,沈钧儒、郭沫若、茅盾、老舍、张西曼、鹿地亘、曹禺、夏衍、曹靖华、张骏祥、应云卫、郑伯奇、阳翰笙、宋之的、王瑞麟、史东山等 300 余人出席。老舍主持会议并致词:洪深为我国戏剧界之领导人,二十余年来,努力于戏剧电影工作,始终弗衰,实为我辈之楷模。郭沫若述洪深值得学习的四点:一、保养身体之健康;二、思想之深远宏博;三、生活之艰苦;四、作品之丰富。称赞洪深"不但能编能导,而且还能演,可说是个艺术界的完人""希望你多多写剧本,还希望你多多培植新演员""写出一部话剧历史来""多介绍一点外国剧本,象希腊悲剧,很多好的外国剧本"。沈钧儒说:洪深不仅是位天才作者,而且谦和好学,能在一事业中孜孜不倦,足为我们砥砺鞭策。洪深答谢时说:"回想到从前我放弃了化学工程不学而开始做戏剧工作的时候,就有许多朋友来劝阻我,但我认为如工作是值得做的,是应该做的,即使我只能胜任一位二三等戏剧家(也要去做)。记得从前在上海,某报为我做这工作,曾提名骂了十天,不提名骂了三十天,但事实证明,男女合演戏的效果是胜过了男性的反串。那时演员在社会上是被认为连戏子都不如的,经过我们二十余年来的斗争,总算在今天社会上,我们有了光荣的文化工作者的地位。我并不像郭先生讲的那样年青而健康,但人终是要过去,而事业——对人类的贡献——是永生的。"

洪深 12 月 31 日 50 寿辰当日,《新华日报》发表沈钧儒、郭沫若、曹禺、张骏祥、应云卫、郑伯奇、阳翰笙、王瑞麟、史东山、宋之的、吴永刚、贺孟斧、夏衍、金山、凤子、潘梓年对洪深的祝寿词,总题为《洪深先生五十寿》,谓:"洪深先生中西共治,新旧兼融,著作六十余种而犹孜孜不息,实我国文化界杰出之人才。其所以能致此者,身体健康,精神开放,思想自由,生活坚实也。凡此均足以供吾人效法。"还发表了茅盾的《祝洪深先生》、韦彧的《为中国剧坛祝福——祝洪深先生五十生辰》、陈辛慕的《献身演剧三十年——为庆祝洪深先生五十寿诞写》,以示庆贺。同日,郭沫若在重庆《新蜀报》发表《寿浅哉五十》。文中追忆抗战初于上海与洪深相识的印象。赞颂洪深是"狂涛急浪中之巨石,巍峨屹立而不移",表彰洪深组织成立救亡演剧队的功绩。"其为人恳挚,任事勇决",虽然"已年届知命,而精力弥壮",但在学业上"著作等身而犹孜孜不息,桃李已遍天下而犹淳淳""是所谓学不厌教不倦者""业如山岳之洪"。（参见林甘泉、蔡震主编《郭沫若年谱长编》,中国社会科学出版社 2017 年版;文天行编《国统区抗战文艺运动大事记》,四川省社会科学院出版社 1985 年版）

颜翰彤 3 月 23 日在《新华日报》发表批判文章《读〈野玫瑰〉》,指出这个剧"不但因为主题颇有些模糊,结构殊欠严整,人物仅是概念的表现着,语言没有性格化""而且更存在着严重的问题——它隐藏着'战国策派'的思想毒素"。尤其是王力民是一个背叛了国家民族利益,投到敌人怀抱的奴才,但是作者却将他写成一个"'争于力'的'英雄豪杰'""'争于力'的学说在本质上是法西斯主义的应声虫,'争于力'的'英雄豪杰',在有民族意识的,反法西斯的,力求民主进步的'中国四万万五千万人'里是找不出的"。因此,只能说这部戏剧是在"战国策派"文艺思想指导下产生的一部有毒的作品。（参见刘长鼎、陈秀华《中国现代文学运动史》,山东文艺出版社 2013 年版）

王平陵 10 月 10 日在《文艺先锋》创刊号上发表《救治革命文学的贫血症》,进而提出"贫血症"概念,这里所说的"革命文学",是一种广义的说法,在文中是指整个抗战文学而言,因而与施蛰存"文学贫困"说观点相近。文中首先批评了"革命文学"运动的"落潮"现象,认为"配合抗战建国的需要,以执行反侵略为主要任务的革命文学,此刻像带着贫血症的状态,作为大时代聊胜于无的点缀而存在着,这一轰轰烈烈的革命文学运动的落潮,逐渐陷于衰熄的境地,倒不是文学本体的不幸",而反映出整个时代和社会的"堕落",但要疗治时代的弱点,"首先就得急救革命文学的贫血症"。文章进而分析了造成革命文学贫血症的时代原因,是抗战五年以来,对"建心"工作的忽略,进而造成"民心的陷落",体现在创作中,则是"作品中已不容易发现到作家的真情的流露,滋荣革命文学的必不可少的肥料——高尚而热烈的情操,已经枯竭",等等。因此,为民族生存的前途计,作家们必须担负起"建心"的工作,把握时代的主题,用艺术的形式,把"真挚而热烈的情操",注射到国民枯竭的血管中。(参见张志云《〈文艺先锋〉(1942—1948)与国统区文艺运动》,四川大学博士学位论文,2007年)

　　陈白尘12月25日在《文艺先锋》第1卷第6期发表《读书随笔——文学的衰亡》,批评施蛰存在抗战开始就"隐起来了",他"隐居了三年五载,伸出头来便向人要伟大作品,似乎还过早一点。因为抗战前那十多年中间,连今日隐士在内,又产生过多少巨作伟构?——不过,我们可以保证的是:'抗战文学的收获','数量'既然'不少',即使是'贫困得可怜'而将来伟大的作品,必然是在这些'不少'的,'贫困得可怜'的土壤中萌芽出来。因为这些'贫困得可怜'的东西到底是在抗战中和人民的鲜血一道生长起来的。它已经获得了生命"。(参见刘长鼎、陈秀华《中国现代文学运动史》,山东文艺出版社2013年版)

　　叶知秋在重庆《学习生活》上发表《抗战文艺运动的五年》,着重谈了抗战文艺运动的分期问题。他说:"我们从这五年间的文艺运动纵的方面来考察,大致可以分为三期:第一期是从战争开始到武汉撤守,第二期是从二十七年冬天到二十九年冬天,第三期是从三十年到目前为止。"他还分别叙述了每一时期的特点:"第一期的现象是由于战争初期形势的狂热,表现于文艺运动上的,也就为这种蓬勃的狂热情绪所笼罩。""第二期,由于战争形势逐渐入于相持阶段,文艺工作也渐入于沉潜而深入的阶段。""第三期,由于长期战争中所带来的情绪上的滞着,反映于文艺运动上来的,则恰恰和第一期的狂热蓬勃有了一个相反的对比。但不是停滞和退步,乃是在更沉着的、深入的工作中,使抗战文艺运动有它更深一层的基础。"(参见文天行编《国统区抗战文艺运动大事记》,四川省社会科学院出版社1985年)

　　王昆仑继续为南方局搜集国民党上层的情报,并极力排斥中苏文化协会的右翼势力,把中苏文化协会办成党的一个活动据点,曾以中苏文化协会的名义邀请苏联驻华武官,以及中国著名将领冯玉祥将军、杨杰将军等进行军事讲座,旨在坚定中国人民对苏联卫国战争的信心。同时以《中苏文化》为阵地,展开思想文化领域的交锋,并与苏联文化界相互呼应。为了击败国民党的反共高压政策,打击国民党的反动气焰,中共南方局及周恩来同志制订了以郭沫若为旗帜,以戏剧为中心展开针锋相对的斗争方针。其中《屈原》即是郭沫若贯彻这一斗争方针的结果,周恩来为《屈原》一剧倾注了很多心血。针对"有人说剧本不符合历史真实,屈原是否革命诗人,应如何评价"非难,王昆仑都给予了明确的答复。除了坚决反击官方的指责,还对一些不明真相的民主人士作了必要的说服和解释:"郭老的《屈原》政治意义是很强的,正面表现了屈原反对民族的敌人勾结投降派的斗争……郭老不是在作生硬的比喻,而是借题发挥,把斗争的矛头指向卖国投降的反动派。"鉴于"皖南事变后的一段时期,重庆的政治空气很沉闷",中共南方局找到王昆仑等人,希望寻找一种政治形式,给这政治空气异常沉闷的重庆注入一些活力。王昆仑等人通过一些媒介分别交换意见,打算组织一个经常性的时事座谈会,此即民主同志座谈会的缘起。参加第一次座谈会的基本成员有:王昆仑、邓初民、高崇民、阎宝航、许宝驹、于振瀛、甘祠森等14人,多为中国民主革命同盟的成员,由于这两个组织的性质和任务不同,所以核心成员虽然相同,但所完成的历史使命却是不同的。由于"参加座谈会的许多人,分别具有较丰富的政治经验,较多的知识,较广泛的社会关系,所谈内容都不是空泛无味的,有些见解很有特色。座谈会上还反映了在一般场合听不到的情况。所以大家愿意来,有些人甚至把参加座谈会当作自己生活和工作不可缺少的部分"。随着时间的推移,参加座谈会的人员增加到一百多人,其社会影响日益扩大。8月10日上午,郭沫若请王昆仑在文化讲座上主讲《怎样辨识中国的四声》,亦请洪深谈这一问题。是年,王昆仑发表长篇论文《三民主义革命者的历史试论》《怎样认识现代中国语的四声》《中国语四声流变及其将来》等。(以上参见王朝柱《王昆仑》及附录《王昆仑年谱》,花山文艺出版社1997年版)

　　翦伯赞等1月25日受郭沫若邀请,在国民政府军事委员会政治部文化工作委员会发表演讲。翦伯赞在三天中分别作了《中国人种之起源》《前氏族社会》《氏族社会》等演讲。此次演讲同时还邀请了侯外庐、周谷城、吕振羽、杜国庠等历史学家来讲中国通史和古代思想史。3月,《殷族与史前渤海系诸氏族的关系》刊于重庆《群众》第7卷第5期。7月,《西晋末年的"流人"及其"叛乱"》刊于重庆《学习生活》第3卷第2期。同月14日,郭沫若致翦伯赞信:"弟已下乡,极盼望我兄能来会讲学。历代疆域图,行知先生处有一部日文的最好,但恐不易借到耳。"22日,郭沫若致信翦伯赞:"惠札奉悉。天气实在太热,老兄的讲演改到秋凉,听者的小弟也极端欢迎。不过此间的同志们依然希望您早来,其诚比太阳还要热烈。代达此意,请老兄斟酌。小弟需要《宋史·忠义传》及《元史·宪宗本纪》,听说老兄处有之,望能假我一阅,希望在炎热之中写一部火烈的剧本也。"30日,致信翦伯赞:"奉读大札,不啻获得十万雄师,感激感激。《多桑蒙古史》此间有之,已阅读。诚如尊言,一良史也。洁夫回,《宋书》收到。余珍、张珏本传与《合州志》中所录取者同,盖为后书所本。立秋后尚不进城,在候兄来也。"9月3日午后,郭沫若主持自歇马坝来的翦伯赞为文化工作委员会讲中国通史。讲毕,陪之畅谈至夜。5日上午,听翦伯赞讲史,对翦伯赞在中西史事之比较上甚能提纲挈领,获得重要关键,甚感佩服。6日午前,继续听翦伯赞讲古代史。7日,请翦伯赞继续讲中国历史。25日,翦伯赞在文化工作委员会的演讲本日结束,郭沫若带领文工会设宴钱别。10月,翦伯赞《略论十八年前的"首都革命"》刊于10月23日重庆《新华日报》4版"新华副刊"。11月19日,郭沫若致信翦伯赞:"十七日信奉到,读后甚感兴奋。您的《中国史纲》将要脱稿,这断然是一九四二年的一大事件,为兄贺,亦为同人贺。我们极欢迎您写好后到赖家桥来为我们朗读,请您一定来,我暂不进城,决定在这儿等您。来时请嫂氏一道来,朗读完毕之后,或者可同进城看《虎符》也。高原日前来向您请(教),恐反而耽误了您的写作。我现在略略伤风,更加渴望您用《史纲》来疗治。"晚,听阳翰笙来谈章伯钧欲筹建剧场事。12月5日夜,郭沫若致信翦伯赞。谈到历史剧《孔雀胆》时说:"事实您是一位助产者。经过了好几番的润色,算勉编成了定稿。您说您愿意以历史家的立场来说一番话,我极希望您能够即早执笔。"(参见张传玺《翦伯赞传》及附录张怡青《翦伯赞大事年表》,北京大学出版社1998年版;王学典《翦伯赞学术思想评传》,北京图书馆出版社2000年版;林甘泉、蔡震主编《郭沫若年谱长编》,中国社会科学出版社2017年版)

　　侯外庐1月7日在中苏文化协会参加纪念"郭沫若学术丛书"出版的茶会。阳翰笙云:

"(邓)初民、(侯)外庐、(潘)念之均甚积极。"10 日,作《屈原思想的秘密》,刊于 2 月 17 日《新华日报》第 4 版。附注云:"此文写竟,闻沫若先生已写成屈原剧本,上面的拙见或可供参考。""又沫若先生五十寿辰,友人征文于余,先生爱屈原,敬以此文研究,以补祝贺之意。"文章针对郭沫若《屈原的艺术与思想》而提出不同意见:"历来研究屈原的学人,多是把合纵救楚一个问题作为他抑郁投水的中心思想,而神秘化了这一位中国的伟大诗人。""首先,我们要了解屈原思想的第一个秘密,在我看来,在于明白他的矛盾思维。这一秘密,是归结到他的世界观和方法论之间的矛盾。""屈原的世界观,和他的求真的方法论是矛盾的,本质上是反动的招魂,亚细亚古典社会底氏族制残余的梦想。""战国时代在矛盾中,伟大的诗人所以成为一面历史的镜子,正是他的思想矛盾的秘密。"2 月 20 日,郭沫若作《屈原思想》,连载于 3 月 9 日《新华日报》第 4 版及 3 月 10 日《新华日报》第 3—4 版。此文系与侯外庐商榷屈原的世界观和方法论。3 月 18 日,侯外庐作《屈原思想渊源底先决问题》,连载于 4 月 20 日《新华日报》第 4 版、4 月 21 日《新华日报》第 4 版、4 月 22 日《新华日报》第 4 版。25 日,侯外庐作《申论屈原思想——衡量屈原的尺度》,刊于《中苏文化》半月刊 1942 年第 11 卷第 1—2 期合刊。

按:《申论屈原思想——衡量屈原的尺度》认为:"我在《屈原思想渊源的先决问题》一文中,简略地把周秦社会的变革过程,以及反映于这一变革过程的思想潮流(儒墨),做了一个分析,根据着那一结论,进而研究屈原思想是非常有意义的。""屈原的思想与艺术底传统,一方面有儒家的正统观念,他方面有中国的古典艺术——《诗经》的风,雅,颂。""作为儒家明治乱举议国事的屈原,和作为穷怨抒情的观念家的屈原,相为结合,这实在是他的一个基本的痛苦。""我在《屈原思想的秘密》文中,所以拿屈原和王国维、巴尔扎克等人物做比较的研究,只因为要说明一个时代悲剧的矛盾。我认为不论在历史研究的科学方法(像王国维),或在现实主义所表现的新事物(如巴尔扎克),只要是左袒了人民,或以新时代所要的新知识给予人民,或以诗篇小说,高扬、尊重人民的感情,而报酬了人民,就配成为时代的悲剧观念家。""我研究屈原,着重在他的时代悲剧的政治文件,他的和人民相为联系的精神影响与艺术价值,但也并没有因此忘记他首尾一贯的,引向'统一'体系的政治见解与政治表白。虽然这表白与见解,客观上暴露了贵族没落的命运,但他的'统一'体系的世界观,不能被否认不是旧有的传统,落后的、甚至反动的传统。……他的艺术价值,天才和下贱间的内部斗争;他的精神的原动力,和人民联系的以及和贵族背离的纯洁思想;他的求真的方法,不畏惧现实的'无所顾虑的'推断,是他的生活内容中的主体。如果屈原没有政治表白,或所谓相对的旧制度的正义心,那么论断便成为八股,不但是公式罢了。""公平地衡量屈原者,则正在于他的悲剧艺术与斗争思想以及在人道主义方面具体的纯厚态度。""他流芳百世活在人类心灵中的艺术价值,不在于他的体系与方法的生命矛盾,而在于他的活的生命力适应于进步历史的悲剧艺术价值。他的悲剧艺术,是超越过正统派儒家的思想。"

按:后来,侯外庐把《屈原思想的秘密》与《衡量屈原的尺度》合编为《论屈原思想》,收入《侯外庐史学论文选集》上卷(人民出版社 1987 年版)。《屈原思想的秘密》认为:(一)(1)"关于中国周秦社会史的论断,我和郭先生虽然各有重点的注意,大体上是站在一道的,没有这个相接近的观点而研究屈原思想的渊源,好像如韩非子之评儒墨……老实讲来,我相信殷周封建论者除了能给周秦诸子描画脸谱而外,不但说明不了'子学'到'经学'的时代转变,而且更说明不了中国的经院学派两汉'今古经学'笺注主义的特质。在这一点,郭先生感叹'文字这项符箓束缚着思考力',而要求大家仔细研究。我同此心,心同此理。如果学者'提出反证'向这一论断开火,郭先生自然责无旁贷,严守阵地,浅学亦愿充当一个游击小兵""我的研究,中国的古典社会有它的特殊性,它不像希腊罗马,从第一个阶段的氏族酋长撞破过时的氏族枷锁,发展而为第二阶段的城市显族,而反是严密地保存着氏族组织,以代替城市国家"。(2)"在春秋时代据典籍所载的,各公族单位,至少有一百三十二国,失逸的还不知多少,……这样氏族国家的兼存,实在是'既成事实',说不上封建。这些'君后''元后',与其说为封建,毋宁认为古典社会初期的贵族特征"。(3)"封建制的最大特征是建立在第一次的身分分裂之上"。(4)"中国古典社会的西周保存着浓厚的氏族旧制,当时中国有星罗棋布的许多独立的氏族国家,虽然大氏族曾能一度地高唱各守尔典,企图拿一个模范表率,维持国与国间的相安,但相反的氏族壁垒的鸿沟束缚了生产力,必然要趋于相互战争,所谓灭国绝世。因了以氏族组织的外壳约束着城市国家,产生了所谓'城市与农村不可分裂的统一'(参看拙作《屈原思想的秘密》引文),这里的'生产方法'是这二个要素的结合:公族所有的生产手段(地)与在邑下所统制着的庶族夷隶劳动力""但这不是说,这样的生产方法是清一色的,而是指支配的""要看一个社会的经济构成(formation),单凭从劳动工具是不够的(文明社会以前除外),主要的是认识它的生产方法(Produkins-weise),这个不能广泛使用的术语,是指特殊的生产手段与特殊的劳动力二者底结合关系,由这一结合关系才能决定社会性质。……有两位研究历史的友人都对我说,秦初土地兼并更说明是贵族的土地所有,由'贫者无立足之地'而言,何能证为小私有? 这亦是误会。土地所有的变革,封建社会是可能并必然产生了大地主,而只要农民自己所有小块的土地,成为法律,大小倒不是问题"。(5)"城市与农村的特殊统一,是中国古典社会的一个特征。土地方面是法律上专有与毫无之别(量地而立国,计利而畜民),社会组织方面是勤礼与尽力,即上下贵贱之别(古者先王分割而异之也),居住方面则是国中和四鄙之别或都鄙之别(《左传》'都鄙有章'对言)""城市的壁垒,在中国古典社会,是由公族社稷的壁垒所代替,社会上虽有都鄙之分,而在经济上则形成农村与城市不可分裂的统一,因此,'诸侯成为赘瘤',逐渐政权必然由诸侯而大夫,由大夫而陪臣。我相信,亚细亚的这一特性,是值得学者注意的,由此研究,只有更接近于真理,不会更加错误""过时的氏族枷锁之于中国古典社会之束缚,犹之乎过时的天皇枷锁之于日本资本主义之束缚。……春秋战争一方面灭国绝世,他方面则由霸者用宗周室的死壳,兴灭国继绝世,形成了一个死的矛盾。由于氏族古制的保存,使社会的变革运动难于明朗化,走了长期转变的道路"。(6)"我们可以这样说,春秋时还在维持着社会的第一次大别(礼,别也),而战国时,则居然由社会鸿沟的二大别,发展而为多元的别,……春秋时,还有一百几十个公族国家,一方面兼并,一方面续绝,还在调和运动中,保存氏族组织,而战国时则……以土地为单位,不是以氏族为单位,所谓开阡陌,就是把氏族的鸿沟拆去罢了""春秋和战国,是要分别而言的,用近代语讲,春秋承认现状,战国则打破现状('势'论由荀子发端)""为什么秦楚这两个公族国家可以破坏'先王之制'呢? 我的研究是在于它们自己的远祖就没有如中国诸族的先王制所束缚如此其严"。(二)"春秋战国文化思想之区别,除了战国私学,散文等特征以外",还有:(1)"战国时代,因分工的发展,西周史官的变形者——士,从贵族的范笼(学也禄在其中矣)脱出,产生了子书所给的特殊名称,叫作'文学'之士,这一专门化的职业已经不是管仲时代四民不杂居的情况""'文学'之士在各国的地位能够做了'不治而议论'的'代议士'""在这一点,我认为战国礼贤下士的风气,颇含着西洋古典社会的民主主义政治,名词上虽然不相同,其内容则具备着古典社会的这种制度,因为中国古典社会没有'显族'的阶段,所以直到陪臣执政,氏族体制大破坏的时候,才在过渡的时期产生了不完全典型的'共和'"。(2)"战国诸子虽然不知道新到的社会是什么,然而皆有自己的图案,所以他们中间有一个共同的倾向,即理想主义的特点""诸子还有一个最大的特色,对于现状的暴露与批评。……重视客观现实,各有程度不等的皈依于现实发展的治学精神,是诸子有价值的传统,这便是他们的'方法论'""然而,这不是说他们的方法论没有'局限',恰相反,他们各自因了他们的'成见',而各有他们的'不可逾越性'"。(3)"先秦诸子,自孔子以来多言先王,这是中国思想史的特别的地方。中国的古文献诗书礼易保留了古代的氏族的传说,而被保留于中国古典社会的公族制度,复把这种传说美化为社会教条,所以沉重的氏族先王压住了古典社会的发展,同时亦压住了人类的思维,到了战国诸子才各道自己的先王而非他人所道之先王,有类宗教改革之各道上帝而非他人所道之上帝""我的结论是,儒家的'先王'在于复礼,他的世界观便是在不祥与必穷的春秋战国,想藉理想的仁人君子之推度,而复'明分制别'的周制。他的方法论因了忠实于褒贬着值得同情的当时君子,客观上会相对地(别于墨家)反对了贵族,描写了贵族的没落,揭露了仁的客观存在——二种人。这样地,在初期儒家,求得中行之士而不能,下求进取的狂者(如管仲、子产)与有不为的绢者(颜回),而到末流的汉代,则只有言保守而无进取(叔孙通语)的之博士了"。侯外庐在附言中提出:"本篇文字原题为《屈原的思想渊源》,因写得过长,分开二篇发表,改今题为第一篇。稍晚再发表屈原本身研究。提出了这样大的问题,而粗枝大叶地如此论述,颇难洽意! 但这里想对读者说明的是,郭先生材料丰富,论断精确,我是素来尊重他的治学精神的,因此,我亦不敢轻视材料而人云亦云,凡所言求其有本,凡所断皆自我心裁。以此态度和郭先生论学,求得教益,而与不积学修养,轻易评断一个大学者的人是相反的。所以开首我就说,心虽未安,而理或可得之。"

　　按:据侯外庐《韧的追求》(生活·读书·新知三联书店 1985 年版)回忆:"《先决问题》一文刚发完第一部分,《新华日报》国际版负责人于怀同志(乔冠华)对我说:'不要辩下去啦,国民党在拍手呢。'故此,《先决问题》一文在《新华日报》上只刊登了一半就中断了。"《韧的追求》又谈到:"关于屈原问题,四十年代我和郭老在认识上有三个共同的基点:其一,由于我们当时都认为封建社会始于秦、汉之交,所以一致地把春秋战国看作大转变的时代,封建制在难产中的时代。……其二,我们都确认屈原是儒者。其三,我们都肯定屈原人格伟大,屈原诗篇不朽。""我们分歧的核心在于:对于作为儒者的屈原,他《问天》《招魂》所寓之理想,究竟是'以德政实现中国一统',还是前王之制的魂魄,说得再简单些,究竟是社会进步的理想,还是倒退的奴隶制残余的梦想。""关于屈原思想的辩论,演进为对儒家思想的评价,大大刺激了我加速全面转入古代思想学术史的研究。""那时候,革命队伍内部无例外地承认,我与郭老的辩论是学术性辩论,无一人把这个分歧往政治上、路线上拉。""我在与郭沫若辩论屈原思想时,无意间说过一句冒失话,表示要奉陪西周封建论者到底。……这一句话,把所有西周封建论者都得罪了。(翦)伯赞是十分坦白的人,他气得简直要跳起来,一度不断地挖苦我。我看到伯赞的激怒,才意识到自己犯了操之过急的错误,……从此,我放弃了短期解决分期问题的幻想。""我们彼此都珍惜友情,彼此都深察对方的见解基础坚实。从那以后,直到一九四七年范文澜《中国通史简编》出版前的几年间,关于古史分期问题,我心目中辩难的主要实力目标是翦伯赞(这一点,想来伯赞是深有所知的),……每每论题及此,我心中的叙述对象,不由自主地会假想为翦伯赞,也有与翦伯赞引为同调的吕振羽。"

　　侯外庐 3 月应郭沫若邀请到"文工会"作讲座。5 月 1 日,作《周代社会底诸制度考》,刊于 7 月 31 日《群众》周刊第 7 卷第 14 期。文中认为:"周制的土地生产手段与劳动力的关系,城市与农村的关系,是了解中国古典制的重要研究。"6 月 10 日,在《中苏文化》半月刊第 11 卷第 1—2 期合刊开设"屈原研究"专栏,登载郭沫若《屈原的艺术与思想》《屈原思想》以及侯外庐所作《屈原思想的秘密》《屈原思想渊源底先决问题》《申论屈原思想——衡量屈原的尺度》。8 月 9 日,侯外庐应邀到"文化工作委员会"讲学。10 日,在"文化工作委员会"讲学。14 日,"文化工作委员会"欢送侯外庐。9 月 15 日,侯外庐所作《苏联底国防经济及其战略》刊于《经济新闻》1942 年第 19 期。11 月 25 日,侯外庐作《中国古代思想学说史》自序,提出:"本书是著者过去讲授中国思想古代编大纲底详明扩充,有些地方改正了过去的纲目,但大体上研究体系是没有改变的。当时应同学之要求,拟分古代、中古、近代三编,在短期间成书,然因了生活环境之变迁以及学说兴致之偏重,这笔笔债忽忽八载没有偿还,现在古代编写成,虽云未可全偿,而心愿稍安。但本书体裁,注重研究,和讲义之编排陈列货色者,殊有区别。""本书与拙著《中国古典社会史论》为姊妹作,乃历史与思想史相互一贯的自成体系,……读者研究中国思想史,当要以中国社会史为基础,故二书并读,实为必要。""研究中国古代思想史的第一步,当以文献学为基础,作者的时代,著书的真伪,文字的考证,材料的头绪,皆专门学问,清代学者于此成就虽宏,而慎以取舍,颇为难题,若稍不慎,即张冠李戴。""研究中国古代思想史的第二步,当以古人用语的实在所指为起点,各家所用术语除了其自身的特别规定外,更有中国古文字的限制,难以就表面文字即一望而知其概念所含性质,故谨加分析,颇为不易。若不仔细推断,即蔽于文字符篆。"

　　按:侯外庐还指出:"过去研究中国思想史者有许多缺点,有因爱好某一学派而个人是否其间者;有以古人名词术语附会于现代科学为能事者；有以思想形式之接近而比拟西欧学说，从而夸张中国文化者；有以社会发展的社会成分，轻易为古人描画脸谱者；有以研究重点不同，执其一偏而概论全般思想发展的脉络者；有以主观主张而托古以为重言者，凡此皆失科学研究的态度。我们要批判地接受中国文化古代的优良传统，却未能犯此一道。本书自信没有此种积习。"学术研究"主要尚在真理的钻研是否科学：社会历史的演进与社会思想的发展，关系何在？人类的新旧范畴与思想的具体变革，结合何存？人类思想自身的过程与一时代学说的个别形成，环链何系？学派同化与学派批判相反相成，其间吸收排斥，脉络何分？学说理想与思想术语，表面恒常掩蔽着内容，其间主观客观，背向何定？方法论犹剪尺，世界观犹灯塔，现实的裁成与远景的仰慕恒常相为矛盾，其间何者从属而何者主导，何以为断？凡此，尤为研究学人所宜把握，紧密而严肃者犹恐失之误解"。

侯外庐年底完成《中国古代思想学说史》，其中诡辩学章、荀子章为侯外庐与赵纪彬合作。侯外庐《韧的追求》(生活·读书·新知三联书店1985年版)自述："写一部完整的中国思想学说史的愿望，在我内心，在较早就有所酝酿的。一九四二年底，我完成《中国古典思想学说史》时，就有意按时间的顺序，继续整理并写作秦汉思想史、中古玄学史、宋明理学史及近世思想史。后来，因形势的需要，也因我个人对秦汉社会的研究尚未完成，临时变更了写作顺序，先整理出十七世纪以至清末民初的思想，写下《近世思想学说史》。而后，准备返回头去，从事封建诸朝的社会史和思想史研究。从某种意义上讲，这个初步设想本身，就已经是关于思想通史的理想了。""当时我之所以能迅速改变计划，客观上还有另一个原因，那就是，整理秦汉思想须以弄清秦汉社会史为基础。当时，学术界对古代至秦汉的中国社会的讨论尚不充分，单枪匹马去搞，究难以一时搞清。此外，从对比的角度来看，中国先秦诸子思想范围之广泛，内容之充实，固然可以比美于希腊文化，而清代思想的光辉，我以为也并不逊色于欧洲文艺复兴和宗教改革时期的成果。我觉得，先将这两个时代辉煌的思想成果整理出来，也是极有意义的事情。"是年，侯外庐和杜国庠等人发起成立"新史学会"，顾颉刚、张志让、周谷城等一批著名学者参加。该会是中国共产党影响和领导下的学术组织。在政治上采取坚持团结、坚持进步的方针，善于运用历史事例，提倡爱国主义，批判汉奸的卖国行径，批判统一战线内对日妥协的反共顽固派，抨击国民党一党专政，箝制人民自由和民主的法西斯主义史论。在史学方面，高举"新史学"的旗帜，批判复古思潮及其他史学流派的观点，强调要通过研究讨论来解决学术上的争议。该会撰写和出版了一批有关中国社会史和思想史论著，对运用马克思主义研究中国历史，产生了推动作用。

按：侯外庐《韧的追求》(生活·读书·新知三联书店1985年版)自述："把社会史和思想史有机地结成一个系统进行研究，我认为是一个合理的途径。有了前一段研究的基础，在写完《中国古代思想学说史》之后，我准备马上着手研究中国封建社会史和中古各朝思想史，定下的计划是：尽先努力完成秦汉社会的研究，而后搞秦汉思想；先着手魏晋南北朝社会经济构成，而后研究中古玄学史；先研究了中国封建社会的发展，及其由前期向后期转变的特征，而后再探讨宋明理学思想。""四十年代初，自社会史的研究而进入思想史的研究。我自己的计划是，准备写一部完整的中国思想史，拟分古代、中古、近古三编。……从三十年代初讲授中国思想史的古代编大纲到撰著《中国古代思想学说史》，是我撰著生活的重要的开端。因为这是完成《中国思想通史》的第一步，而这第一步是走完全程的发轫。"然而，"新的工作刚要开始，周恩来同志向我提出，希望我根据时代的需要，研究一些中国近代史或近代思想史的问题""我理解，研究近代历史与确定半封建半殖民地中国所面临的革命任务，这两者之间有着密切的关系。因而，接受了周恩来同志的指示以后，我立刻调整了自己的工作计划，决定马上着手近代问题，准备在完成近代社会与近代思想史研究之后，再回过头来从事中古诸朝的社会与思想的研究""我之转向研究近代思想，也得到了郭沫若的大力支持。《中国近世思想学说史》有几个章节写成后，都被郭沫若拿去，首先发表在他主编的刊物《中原》上""在四十年代初,我这种研究思想史的方式本身,就已经决定这两部书是拓荒性质的作品。通过对中国历史上两个重要变革时期(春秋战国和明清之际)思想发展路径的清理和力图有所发现,通过对一系列疑难问题的涉足和做出自己的回答,我研究中国思想通史的基业终于得以奠定"。(以上参见杜运辉《侯外庐先生学谱》,中国社会科学出版社 2013 年版;王学典《20 世纪史学编年(1900—1949)》,商务印书馆 2014 年版)

曹靖华继续任职于中苏文化协会,编译《苏联作家的反希特勒的战地报告》(包括苏·沙扬诺夫《经过战斗的人们》、苏·威尔塔《北极圈》)。译苏联民间故事选《魔戒指》《猎人裴德怎样赶走了日本人》《英雄之死》《夏伯阳之死》《夏伯阳活着呢》《兄弟们找真理》《怎样征服夷尔穆哈努穆》《三个儿子》《鲜红的花》《玛丽亚和伊凡较长短》《正义》《最宝贵的东西》《裴多霞怎样遇见列宁》,以及《列宁的故事》等,均刊于本年各期《文艺杂志》;作《"第四十一"等单行本前记》,刊于《文艺生活》第 2 卷第 2 期;作《战斗的艺术家——高尔基》、译左琴科作《逃亡》,刊于本年《中苏文化》;译苏·达夫斯基作《加拉乔夫》,刊于《文艺阵地》第 6 卷第 4 期;译《虹》(苏·瓦西列夫斯卡娅著)由重庆出版,新华书店晋察冀分店翻印。(参见冷柯(执笔)、毛粹《曹靖华年谱简编》,《河南大学学报》1984 年第 5 期)

张澜 1 月 9 日与黄炎培、沈钧儒、左舜生、章伯钧、张君劢、张申府、鲜英等出席民盟会议,并特邀周恩来、董必武莅会指导。同月,在张澜主席主持下,经民主政团同盟中央委员会讨论,邀请沈钧儒及救国会全体加入中国民主政团同盟,增强了中国民主政团同盟的战斗力。该盟遂成为救国会、第三党、中华职教社、乡村建设派、青年党、国社党在内的三党三派的政治联盟。2 月,在张澜的撮合下,周恩来在重庆机房街吴晋航住宅同西康省政府主席刘文辉见面,向刘文辉表示在反对蒋介石法西斯统治的斗争中,中国共产党愿意同国民党民主派合作,希望西南地方的民主力量能同共产党密切联系,具体配合。3 月,张澜返南充县南溪口乡下家中小住。4 月 2 日,张澜 70 大寿,成都的学生和好友曾准备在成都为张澜设宴祝贺,但张澜以寇难方深,峻辞不许。回乡后,家人和兄弟子侄及故旧执意要为他祝寿,张澜无法推却,提出两个条件:一、从俭,依照乡里风俗,吃一顿豆花饭;二、任何人不得送一分钱礼物。张澜坐在客堂正中,众人上前祝寿道喜。酒席桌上只有豆花、粉蒸肉和鲜黄瓜、四季豆等家常小菜,气氛欢乐融洽。4 月 5 日,张澜在成都的学生和好友聚会,遥祝他 70 诞辰,除致电祝贺外,并集资印行他的论著《说仁》《说义》。这两篇文章是张澜研究中国传统文化的代表作,他研究传统文化的一个重要特点就是善于结合现实阐发其中微言大义,表达自己对社会政治的基本见解。其中《说仁》共 5 节,约 8000 多字。《说义》共 4 节,近5000 字。两文从哲学的高度进行阐述,都旨在说明"仁在爱人,不在爱我,义在正我,不在正人"的基本观点,根本目的在于针砭时弊,"使顽廉儒立,能存天地之正气,保国家之永存"。

张澜 5 月 15—19 日出席在成都召开的川康建设期成会第五次常委会。5 月中旬至年底,张澜寄居在好友黄瑾怀在成都南门外的别墅"怀远山庄"。成都是民盟的主要活动基地之一,张澜常在怀远山庄举行各种会议,开展盟务活动,国民党四川省党部知道后,函四川省政府去阻止,张澜以个人名义回函说:"此事由澜个人负责,贵府毋庸过问",给顶了回去,省党部也无可奈何,只能派特务对来去山庄的人暗中监视。7 月 27 日,国民政府公布第三届参政员名单,张澜继续遴选为参政员。但第二届参政员未被遴选者除中共的吴玉章外,还有沈钧儒、陶行知、邹韬奋、王造时、史良、梁漱溟、罗隆基、陈嘉庚等 43 人。张澜对国民政府罢除沈钧儒、梁漱溟、罗隆基等人的参政员资格表示愤慨,声明不出席这一届参政会。张澜与李璜等向四川省主席张群提出续修省志的建议,张群采纳了张澜等人的意见。9 月初,四川通志馆成立,由省府秘书长李肇甫兼任馆长,舒君实为主任秘书而行馆长职权。1944年编成《四川方志简编》一书约30万字。11月5日,张澜在研究《论语》《孟子》等典籍的基础上,完成论文《四勉·一戒》,篇首自序云:"人不可以不自爱,不可以不自修,不可以不自尊,不可以不自强,而断不可以自欺。"年底,派罗隆基到有较好民主运动基础的昆明筹建盟的地方组织。罗将西南联大和云南大学中许多大学教授和高级知识分子吸收入盟。次年5月,民盟昆明支部成立,这是民主政团同盟的第一个地方组织。(以上参见谢增寿编著《张澜年谱》,群言出版社2013年版)

黄炎培2月17日召集《国讯》会议,讨论变更组织问题,被推为社长,杨卫玉为副社长,江问渔为编辑委员会主席。20日,在重庆新运服务所"社会服务学术讲座"讲演,讲题为《自述四十年来服务社会所得的甘苦》。总述做人的道理须注意六点:(1)要做好;(2)立刻做好;(3)我先做好;(4)小处做好;(5)苦中做好;(6)大家做好。23日,致时任驻美大使胡适一函,商讨时局。3月8日,《国讯》社举行会议,讨论、检查新出版之《国讯》。在发言中指出当前局势之严重,为抗战5年以来所未有。应根据形势,决定内容。11日,蒋介石招餐,征询对下届参政会名额意见,建议名额不必过多,多则效能反而会减低。12日,应约与周恩来、董必武、左舜生、罗隆基、章伯钧等谈德苏战争、太平洋战局发展问题、当局心理问题及同人对政治态度问题。28日,友人有劝减少文章言论以免祸者,黄炎培认为皆相爱之言。惟劝停止《国讯》出版,则未予接受。4月8日,观郭沫若所著《屈原》上演,赋二绝句。6月,赴成都参加川康建设期成会大会。会后到川西北一带考察边地情况,着手筹办"山村职业教育"。在成都应各学校机关之请,假华西大学开设中华复兴讲座,以整五日之时间作10讲。

黄炎培9月18日代《国讯》"公言"栏作一文,题为《第十一个"九一八"谈东北》。略谓国际形势之变化,已使日寇日趋于不利。收复东北,将在第十一个和第十二个"九一八"之间。结语曰:"'九一八'纪念有一天存在,我们便得努力一天;全国失地有一处不收复,我们便得努力一天。"9月,为《国讯》写短文二篇,论敌人的动向,和制止物价上涨的办法。载于《国讯》第312期。同月,作短文《到西北去》,鼓励国人重视西北,建设西北。10月13日,双十节后作一文,题为《我们怎样接受废除不平等条约之佳音》,刊于《国讯》第316期。此时美国宣布将废除不平等条约,故作此文,勉国人应努力尽国民的责任。22日,出席国民参政会第三届第一次大会。25日,西南实业协会、中国战时生产促进会、迁川工厂联合会及国货厂商联合会四个团体在重庆百龄餐厅招待参政员,应邀参加,并与许德珩、孔庚等发言,对四团体代表章乃器、潘仰山等发言中所提出的问题,表示支持,允予提出大会,以谋获得合理解决。11月6日,国民参政会第三届第一次会于10月31日闭会。15日,为《国讯》"公言"栏作文,题为《发扬大中华民族真精神》。略谓抗日之胜利在望,我国政府宣布,"在国家只求恢复我固有之领土主权,在世界和各民族处于平等地位,最后臻于世界大同之治"云云,此即所谓"为天地立心,为生民立命,开万世太平之仁者襟怀",亦即大中华民族之真精神。

黄炎培11月19日因有以儿童教育问题见询者,复之云:"小学校教育以儿童为本位,一切设施均应启发儿童生理、心理,助长其正当发展。学校决不应以传授知识为唯一任务,应扶植儿童整个向上的生活。此种生活又必基于整个国家民族之利益而存在。因此,除儿童个性之发展外,其体力,其道德观念,其群性,其应具新国民之识力,均须培养,决不能有所偏废。"同日,有人不满于所见之种种社会和政治之恶劣现象,欲请于《国讯》上揭露之,乃复之云："社会黑暗面,可能时自应公诸大众之前。但因抗战期间,有时不免资敌宣传,为战时立法所不许,故宜出诸委婉,稍稍郑重为是。大作所记确多令人感慨处,弟以为不妨削繁就简,择要假《国讯》一角披露。不悉尊意云何? 君既在农村多时,关于朴质之民间习尚,及其为国族可以歌泣之事实,见闻必多,亦不妨节要公表,以见光明之一面如何?"同月,作《与大后方青年学友恳谈》一文,载《国讯》第317期。劝告青年克服一切非分奢望,立志服效祖国,立志做大事,立志做有作有为的新国民。12月15日,因欧洲战事形势已明显与同盟国方面有利,国民政府中有坐收胜利成功之思想,特为《国讯》"公言"栏撰短文指出:"无论从历史及当代的事例看,一个民族要自立,要收复失地,驱逐强寇,决不能纯靠他人的力量。"（以上参见许汉三编《黄炎培年谱》,文史资料出版社1985年版）

　　张申府在重庆主编共产党机关报《新华日报》之副刊《科学专页》。2月26日,《科学与技术》刊于《新华日报》副刊《科学专页》第2期,强调:"技术对于科学的产生,对于科学的进步,确是必要的。但假使只重技术,以至工具、仪器、机械,或过重技术,以至工具、仪器、机械;而忽视了使用技术的人,忽视了指导技术的理论,那结果也许技术教育可以发达,也许可以造成些技术家,造成些新机械,但也许可以造成些机械人。这岂是今日应有的科学运动的主要旨趣? 这样子提倡科学,也岂会大规模地促进科学,更岂会彻底根本地促成新的社会?"春,以沈钧儒、张申府为首的救国会加入中国民主政团同盟,使民盟团结成为"三党三派"的政治联盟。4月17日,作《五四当年与今日》,刊于5月1日《群众》周刊,此文开篇提出:"五四是中国近代发展的转折点。五四以前,五四以后,可以说,中国已有截然的不同,特别在思想见解学术文化上。比较说来,中国在思想见解学术文化上,五四以前是封锁的,五四以后,是开放的;五四以前是单纯的,五四以后是复杂的;五四以前是停滞的,五四以后是急进的。"又说:"五四运动,在文化上,是中国的启蒙运动。""启蒙运动或启蒙时期,最大最根本的特征就是我所乐道的理性。"4日,《五四的青年性》刊于《新华日报》,指:"五四运动不但是青年运动,而且至少在两个意义上还是青年的运动。一个意义就是:五四运动不但是由青年发动或以青年为主的运动,而且富有青年性质,赋有青年精神。""在另一个意义上,也很可以说,五四运动所代表的正是中国的青年期。那时全国主宰的风气,主要的潮流,都是青年的,都是如上所说的青年的。"

　　张申府《〈科学与民主〉——为纪念五四写的》刊于5月7日《新华日报》之副刊《科学专页》第7期,提出:"五四时期的中心口号是科学与民主。""科学与民主,退可说就像车的两轮,机的双翼,也颇像船的舵与楫。在人类历史上,实在也是科学与民主总是并进的,或并不进的。就是:进则一块儿进,不进也一块儿不进。"最后强调:"努力促科学更进步,努力使世界更民主,同时转动两轮,同时鼓起两翼,同时拨推利用相反相成的力量以前进的舵与楫,为发扬五四的好的精神,为光大五四的进步的传统,这就是我们今日必须担负起的责任,必不可辱没辜负了的使命。"21日,《祝罗素七十》刊于《新华日报》之副刊《科学专页》第8期,文中称赞罗素"实在是现代英国最伟大最创辟最有贡献最有影响的哲学家""其实罗素的伟大又何限于英国。就现代全世界中,最伟大最创辟最有贡献最有影响,最能掀潮流,引起风波,最能使得许多地方甚嚣尘上,著作最多也最流行的大哲学家中,也以罗素为第一"。9月27日,《友声与民主》刊于《新华日报》。10月,任职于搬迁到重庆近郊的北平图书馆,主编《图书季刊》。（以上参见郭一曲《现代中国新文化的探索——张申府思想研究》及附录一《张申府年谱简编》,广东人民出版社2002年版;雷颐编《中国近代思想家文库·张申府卷》及附录《张申府年谱简

编》,中国人民大学出版社 2015 年版)

　　沈钧儒 1 月与救国会正式加入中国民主政团同盟。1 月 1 日,沈钧儒出席在百龄餐厅召开的重庆律师公会会员大会。与江庸、谢健、杜岷英、张君达、张玲宣、周端丞、韩映奎、刘登厚等 9 人当选为理事。4 日,在延安举行的中国青年反法西斯大会发表谈话,刊于 5 日《新华日报》。9 日,参加民主政团同盟午餐会,并会谈。11 日,撰文《新华与民主》,以纪念《新华日报》创刊 4 周年。18 日,出席重庆律师公会理监事会议,与杜岷英、张玲宣 3 人当选为常务理事。25 日于味腴餐厅宣誓就职。29 日,参加重庆文化界在中苏文化协会举行的纪念钱亦石逝世 4 周年大会,并致词。同月间,为峨眉出版社获得登记进行活动。2 月 2 日,重庆《大公报》第一版全版刊登沈钧儒受任为抗日军人家属义务辩护律师和 22 家书店、出版社常年法律顾问的启事。4 月 4 日,与沙千里、崔国翰、林亨元 4 人联合执行律师职务,设平正法律事务所于林森路(今解放西路)172 号桐君阁二楼。同日,该事务所获准登记。此后,鲁迅先生纪念委员会、新华日报社等亦聘请沈钧儒为常年法律顾问,并有不少个人、企业、工厂(主要为受官僚垄断资本经济迫害的中小企业)聘先生为法律顾问。还有为保障个人生命、名誉、财产、办理诉讼案件等聘沈钧儒为法律顾问者。同时,还有不少受迫害或被捕的人致函沈钧儒,请他设法营救。21 日,为方便律师业务,向四川璧山地方法院申请登记,于 24 日获准。同时向四川高等法院第一分院申请登记,于 6 月 5 日获准。同月,观郭沫若所编话剧《屈原》后,与黄炎培和诗。

　　沈钧儒是春支持救国会妇女界负责人罗叔章为求解决敌后抗日军人药品不足问题而在重庆创办的第一药品生产合作社,首先出资数千元入股。5 月 22 日,访周恩来,告以自皖南事变后,根据中共地下党指示而撤离昆明的侄女沈吾华、侄婿古念良(原名古锡麟,在昆明时为中国共产党西南联合大学地下党的总支委员兼该校的文、理、法学院分支书记),于前一日到达重庆。沈、古撤离昆明后转辗流离,失去了组织联系。周恩来知情后,使他们迅速恢复了组织关系,并通过他们,使原西南联大中共地下党总支书记袁永熙和一批失去组织联系的西南联大中共党员,陆续接上了组织关系。此后,良庄二楼不时成为西南联大这批学生党员联络和碰头的地方。6 月 22 日,撰文《苏联所进行的"全民""全面"战争一周年》刊于《新华日报》。24 日,以律师身份分别在重庆《中央日报》《大公报》《新华日报》及昆明、桂林等地各报纸刊登《代表鲁迅先生纪念委员会为保障鲁迅先生著作及其家属继续享有各合法收益启事》。随后,峨眉出版社登报,接受"鲁迅先生纪念委员会"委托出书。经沈钧儒同意,该出版社最初计划出版 10 种单行本,结果只陆续出版了 6 种,另 4 种未能通过检查。7 月 1 日,《重庆律师公会会刊》创刊,为写《创刊词》。7 日,著文《拥护国家总动员》,并为《新华日报》题词。27 日,国民党政府公布第三届国民参政会参政员名单,沈钧儒与陶行知、邹韬奋、史良等因坚持抗日民主立场,被排除在名单之外。

　　沈钧儒 8 月 22 日在《新华日报》发表采访记,题为《谈青年修养》,认为"看书、行万里路、静坐,乃人生修养的要则"。27 日香港沦陷后,沈谱与范长江离开香港到桂林。不久范长江遭秘密通缉,女沈谱掩护其出走后,即动身赴重庆,于是日到达,沈钧儒深以为慰。同月间,徐伯昕自桂林抵渝来访。将邹韬奋约 5 月间在东江游击区所托"书店工作要多依仗先生扶持"一语转告,并尽情恳切地向沈钧儒叙谈在新情况下书店工作的部署。10 月 10 日,《谈浙江辛亥革命》刊于《新华日报》。15 日,受迁川工厂联合会聘,为名誉法律顾问。23 日,沙千里所办建国机器厂股份有限公司改选,沈钧儒继续当选为监察人。12 月 21 日拂晓,于重庆南温泉作《和慧僧先生写怀诗》,以记深厚的交谊。30日,郭沫若在天官府寓所为沈钧儒祝寿,到者满五桌。是年,邹帮奋离渝后,每遇生活书店重庆分店经理有困难找沈钧儒时,必尽力设法予以解决。国民党政府通过税务局将书店账本取走,诬指书店伪造账目,偷税漏税,意图封闭这仅剩的生活书店。沈钧儒以律师身份找税务局长高秉坊力争,终将账本追回。(以上参见沈谱、沈人骅编《沈钧儒年谱》,中国文史出版社1992年版)

张君劢1月受国民党当局诬陷。是月6日,西南联大学生举行"倒孔"示威游行,抗议孔祥熙夫人宋霭龄置大批滞港文化人士于不顾,用飞机抢运财物以至洋狗。国民党当局诬陷张君劢是"幕后指使者",对其进行指责,并将其软禁。9日,民盟在黄炎培寓所午餐并会谈,到者张君劢、张澜、左舜生、沈钧儒、张申府、章伯钧、林可玑、鲜特生等,中共代表周恩来、董必武亦到。11日,下午3时,黄炎培、左舜生来家深谈。21日9时,在特园与左舜生、黄炎培、张澜、章伯钧深谈。30日下午3时,在特园会谈,张澜、黄炎培、左舜生、李璜、林可玑、章伯钧、周恩来、董必武出席,主张坚壁清野。春节时,王云五及何廉陪同西南联大教授访张君劢,张君劢问及西南联大教授近况,何廉谓某某教授煮饭,某某挑水。叹曰:见面只谈柴米油盐,谈了又如何?2月20日,在《再生旬刊》第80期发表《回忆泰戈尔氏来华讲学情形》和《参政会追悼会中述罗钧任先生生平》两文。27日下午2时,在左舜生家,张君劢、黄炎培、罗隆基、章伯钧、陈启天、林可玑等会谈。28日,罗隆基会见王世杰,表示他与张君劢决定登报声明与南京、北平等地国家社会党人(如汤梦茗、诸青来等)断绝关系。3月10日晚,张公权、陈公治宴请翁文灏,张君劢、熊式辉、陈芝町、徐培根、张禹九等出席宴会。31日,在《再生旬刊》第81期发表《第二次世界大战中人与物记》一文。4月15日,作《自鲍尔温至邱吉尔》,刊于5月15日《东方杂志》第39卷第5期。20日,在《时代精神》第6卷第1期发表《章行严先生逻辑指要序》。

张君劢是春被国民党当局软禁于重庆汪山,时间长达两年之久。张君劢闲居山中,读书并为《再生》写文而已。唐宜君曾谓:某日,张君劢在山散步,不慎失足,竟从山上滑坠,至山中腰时当有小树阻隔,未酿大祸,也是当年的一件险事。其间,大理民族文化书院也被勒令停办,大理民族书院存在的时间不长,甚至没有一个学生毕业。5月,在重庆汪山写成《译尼赫鲁〈近一百五十年之印度〉序》一文。此文是张君劢为自己翻译的尼赫鲁的《世界历史瞥见》一书(节选)所作的序。6月3日,在重庆汪山丁家坡写成《印度复国运动》序。20日,作《德苏战争周年纪念之文》,刊于22日《新华日报》上。7月15日,在《再生旬刊》第83期(印度问题专号)发表《译尼赫鲁〈近一百五十年之印度〉序》《四月十日印国民会议主席阿沙德氏复克里浦斯氏拒绝英国建议函》《四月十二日尼赫鲁氏在新闻记者会谈席上谈话记》三篇文章和《哭儿国康》辞。27日,国民政府公布第三届国民参政会参政员名单,根据《国民参政会组织条例》第三条丁项规定,张君劢再次被遴选为参政员。10月21日,张君劢、左舜生均表示不愿出席参政会。22日上午9时,第三届国民参政会第一次大会在军事委员会大礼堂开幕。蒋介石致辞,着重物价问题,力言加强经济统制之必要。参政会选举主席团,李璜当选,张君劢、左舜生俱落选。11月15日,《志学月刊》第11期发表熊十力的《答张君劢》一文。12月25日,作"英美法德日俄六国制宪由来及宪政实行要件"之演讲。是日,在《世界学生》第1卷第12期刊发表《理学罪案平反》一文。文中指出:"国人之负理学,非理学之负国人明矣。然此吾国独有之学问之特质安在乎?伸论如次。一、理学非宗教而有宗教效用。二、理学能提高各人人格。三、理学能存养身心。四、理学能培养民族道德。此四者,理学之效用有益于个人与国家也如此,奈何世之学者,以其不类于欧洲之所谓哲学而排之。又误以其重内心而轻物质之故而排之。真可谓舍本遂末矣。"同月,作《菲希德对德意志国民演讲节本第五版序》一文,刊于次年3月1日出版的《读书通讯》第61期;译著《印度复国运动》由商务印书馆出版发行,1945年6月再版。(以上参见李贵忠《张君劢年谱长编》,中国社会科学出版社2016年版;翁贺凯编《中国近代思想家文库·张君劢卷》及附录《张君劢年谱简编》,中国人民大学出版社2014年版)

晏阳初 1月上旬末或中旬再次协调已去歌乐山全国水利委员会报到的崔宗培到中国乡村建设育才院作教师一事。找全国水利委员会薛主任委员,希望借调崔宗培到学院工作,担任水利系主任,以为水利界培养人才,得到薛主任委员的支持。同意先借调两年,停薪留职,两年后再定。19日午前,准备报教育部关于社会教育的提案。午后,与相关人员讨论编写平教会史。3月8日,在育才院1942年纪念周上讲话。3月9日,在乡建育才院第二学期开学典礼上讲话。其讲话稿以"发扬传统办好乡建育才院"为题收入宋编《全集》第2卷中。5月11日,在育才院1941学年度第二学期纪念周会上讲话,其讲话稿以"战后乡建工作努力的方向"为题收入宋编《全集》第2卷中。主要讲战后乡建工作努力的方向。6月8日,在平教会第十五次周会上讲话。同月,中国乡村建设育才院两年制专科生第一届毕业。7月10日对乡村建设育才院"同学会"讲演,对毕业即将离校的学生谈"忠""恕""忍""恒"精神的修养问题。7月25日,为添设水利、社会两科事,同瞿菊农赴青木关教部拜访教育部长陈立夫。午后与陈立夫商谈有关事宜。陈望平教会对乡村教育有贡献。9月,私立乡村建设育才院第二届学生报到入学。增添水利工程专修科和社会行政专修科,共录取50名学生;而乡村教育专修科和农业专修科依旧各招录50名学生,四科共计收录150名学生。各专修科主任分别为:乡村教育专修科汪德亮,农业专修科常得仁,水利工程专修科崔宗培,社会行政专修科孙恩三。10月4日,晏阳初准备开学典礼演讲。5日上午,举行开学典礼,同日,对乡建育才院学生讲话,主要谈育才院的宗旨与今后的使命。12月14日,在乡建育才院纪念周上讲话,以"改造中国要从基层建设抓起"为题收入宋编《全集》第2卷中。主旨谈改造中国要从基层建设抓起。是年,作题为"乡村建设运动之回顾与前瞻"的讲话,发表在《乡讯》第4卷第5期。(以上参见杜学元、郭明蓉、彭雪明《晏阳初年谱长编》,上海交通大学出版社2017年版;宋恩荣编《中国近代思想家文库·晏阳初卷》附《晏阳初年谱简编》,中国人民大学出版社2015年版)

陶行知 1月5日为育才学校筹募经费,定日内在重庆分别举行绘画展览、话剧公演及音乐演奏。1—2月,组织育才师生举行戏剧公演、绘画展览、音乐会,向社会汇报办学和创作成果,借以募集经费。3月15日,在生活教育社15周年纪念会茶会上,阐述生活教育的特点,并提及生活教育一向有而一直未曾公开的两位朋友——贫穷和患难。7月20日,在育才学校建校3周年纪念晚会上,演讲《每天四问》。即每天要问一问自己在身体、学问、工作、道德4个方面有没有进步,进步了多少? 要求大家加强自我修养,自觉要求自己每天在德智体诸方面全面发展。11月7日,为庆祝苏联十月革命25周年,在《新华日报》发表诗歌《苏联革命二十五周年纪念献词》和《向斯大林格勒战士致敬》。12月4日,向全校师生演讲《育才十字诀》,阐述培养人才的原则与方法。略谓:"一次在报上看见一首木偶十字诀,把一个木头菩萨描写得维妙维肖,可算是民众或通俗文艺的杰作。记得第一个字写的是'一窍不通',的确是精采得很。当时我就想给育才学校之创学旨趣,披上一件'民族形式'之外套,几经修改,完成了这育才十字诀:一个大脑,二只壮手,三圈连环,四把锁匙,五路探讨,六组学习,七(集)体创造,八位顾问,九九难关,十(誓)必克服。因为这个十字诀稍微有点新的内容。又因为措辞不够通俗,还需要简单的解释才可以显出里面的精义。"25日,在育才学校纪念牛顿诞生300周年、伽利略逝世300周年大会上,号召大家"学牛顿深思,学伽翁实做"。(参见余子侠编《中国近代思想家文库·陶行知卷》附录《陶行知年谱简编》,中国人民大学出版社2015年版)

余家菊自武汉撤守入川后,整理成《大学通解》一书,后由中华书局出版。6月,在《高等教育季刊》第1卷第4期发表《大学制度商酌》,略谓:"新教育设置,已四十年:全国各级学校,能具有生命、个性,与夫历史者,盖不多见。一切学校之基础,皆建立于行政命令之上;行政命令,可创造其生命,亦可毁灭其存在,全属人为体界域,不见有近似于自然体者。于是数十年辛勤其间者,心神失其留恋之的;一代伟人藏修其间者,众庶迷其怀念之处。历史感觉,无从发扬;人生眼界,拘滞目前;问继往开来之谓何? 凝定视听之谓何? 吾国为文明古国,而吾文明,则有精神,而无躯壳,殊令人怅惘。"文中将大学目标定位于:(一)研究高深学术;(二)储备专业人才;(三)提高国民文化。并就大学程级、毕业年限、本科课程、大学组织、大学名称、大学管理、大学人口等问题提出意见。9月,在《教育丛刊》第2卷第1期发表《论大学学系制度》,认为现存学系,有行政单位、教育单位、学术单位三型,吾人一面认定教育单位型与学术单位型两者间须有厘然之区别,一面希望二者之日益接近,融为一体。12月,在《高等教育季刊》第2卷第2期发表《论大学导师制》,提出:"导师制未能推行尽善,其一般障碍,计有(一)学术障碍,(二)性格障碍,(三)权势障碍,(四)工具障碍之四种;其他由于战时情形而起者,与夫由于各校特殊情形而起者,概不之论。"然后论推行导师制之原则三原则,第一原则曰:学风与士风宜分别培育。第二原则曰:训导重心当寄于教授之外。第三原则曰:导师不负管理责任。(参见余子侠、郑刚编《中国近代思想家文库·余家菊卷》及附录《余家菊年谱简编》,中国人民大学出版社2013年版)

章士钊接陈独秀来书促章士钊写杨鹏升父墓表,有诗曰:"懒性从来作答迟,多君笃老重风期。剧伤羊祜碑仍口,为识扬雄字失奇。笔债偿从积薪后,作家误被隔怜嗤。恰逢湘水归休日,定与书成当去思。"5月27日,陈独秀逝世。7月27日,国民政府公布章士钊为第三届国民参政会会员。10月22日,章士钊参加第三届国民参政会。(参见袁景华《章士钊先生年谱》,吉林人民出版社2001年版;郭双林编《中国近代思想家文库·章士钊卷》及附录《章士钊年谱简编》,中国人民大学出版社2015年版)

吴稚晖2月应中央银行邀约,在新生活运动会大讲堂讲演"战时生产建设"。3月8日,与朱家骅、戴季陶、翁文灏、蒋廷黻、罗家伦出席中研院评议会谈话会。同月,为教育部社会教育运动周讲演"国语教育——注重注音符号"。8月,赴兰州出席第十一届中国工程师年会,被推为名誉会长。会后考察西北各地,游历左宗棠遗迹、秦岭、剑阁、天水等地,途经成都,游览武侯庙、峨眉山。11月,以四大主义勉励国民参政会中的国民党党员参政员,四大主义即做大事、做大官、做大炮、做大瓜,意在督促参政员勤劳肯干、立德立功、开拓进取、不牟私利。12月,提出要从速培养国民党理论人才、扩大三民主义宣传的议案。(参见金以林、马思宇《中国近代思想家文库·吴稚晖卷》之《导言》及附录《吴稚晖年谱简编》,中国人民大学出版社2015年版)

戴季陶2月请辞"三民主义丛书"编纂委员会主任委员职务,未获准。发起创立森林学研究所。3月8日,与朱家骅、吴稚晖、翁文灏、蒋廷黻、罗家伦出席中研院评议会谈话会。4月下旬,到成都静养。5月4日,返回重庆。8月3日,任中印学会监事长。9月15日,夫人钮有恒病逝,伤怀过度,遂向国府请假,住到花岩华严寺,静禅念经,为亡妻超颂,达三四月余。11月,任浙灾筹赈会理事长。12月与陈其采、屈映光等发起修建护国息灾大悲道场49日。(参见桑兵、朱凤林编《中国近代思想家文库·戴季陶卷》及附录《戴季陶年谱简编》,中国人民大学出版社2015年版)

于右任时任监察院院长。1月12日,在第75次国防最高委员会常务会议上提出"请设立敦煌艺术学院,交教育部负责筹划,招收大学艺术学生就地研习,以期保存西千佛洞壁画"案,被原则通过。此次会议主席为立法院长孙科,出席者尚有邹鲁、戴传贤、居正、陈果夫、白崇禧、何应钦等人。2月15日,于右任在《文史杂志》第2卷第2期发表《建议设立敦煌艺术学院》。文中曰:"为提议设立敦煌艺术学院,以期保存东方各民族文化而资发扬事。右任前次视察西北,因往敦煌县参观莫高窟之千佛洞,洞距敦煌县四十里,依崖筑凿,绵亘里许。志称有千余洞,除倾地沙埋者外,尚有五百余。有壁画者,计三百八十。其中壁画完整者亦二百余,包括南北朝及唐、宋元各时代之绘画泥塑,胥为佛经有名故事。其设计之谨严,线条之柔美,花边之富丽,绝非寻常匠画,大半出自名手。今观其作风,六朝以上无考,自唐以下率类阎立本派。唐塑分西番塑两种。衣纹神态,大者五六丈,小者尺余,无不奕奕如生。就所见之文字,有梵文、西夏文等五六种之多。而各时代供养人之衣冠饰物用具,亦可考见当时风俗习尚。洞外残余走廊,犹是宋时建筑,惜在过去未加注存,经斯坦因、伯希和诱取洞中藏经及写本书籍,又用药布拓去佛画,将及千数,复经白俄摧毁,王道士涂改,实为可惜。沙埋之洞不知更存何物。且闻敦西部尚有西千佛洞,数仅二十余,壁画尚存。而安西万佛峡之榆林窟洞画完好者凡四十六,曾往亲自察看,壁画之精美皆可与千佛洞莫高窟匹敌。似此东方民族之文艺渊海,若再不积极设法保存,世称敦煌文物,恐遂湮销,非特为考古家所叹息,实是民族最大之损失。因此提议设立敦煌艺术学院,招容大学艺术学生,就地研习,寓保管于研究之中,费用不多,成功将大,拟请交教育部负责筹划办理。是否可行,理合具文,提请公决。"此为最早发表的有关建议设立敦煌艺术学院的文章,引起社会各界的强烈反响,敦煌艺术被越来越多的人所重视关心。当时经过议论交教育部负责筹办,时值太平洋战争爆发,中国正在对日作战,财政支出困难,答复须待次年成立。(参加李永翘《国立敦煌艺术研究所成立始末》,《丝绸之路》2000年第4期)

王宠惠继续任国防最高委员会秘书长。2月2日,为国际和平机构组织问题致陈布雷函:"布雷先生惠鉴:查关于国际和平机构组织问题,近曾拟就'国际集团会'组织草案及'国际机构'系统表各一种,并经于一月二十九日国际问题讨论会开会时分发,请各同人详加研究在案。兹特检奉该组织草案及系统表各一份,敬希查收,并请指教为荷。专颂勋绥,弟王宠惠拜启,二月二日。"4日,蒋介石为调和英印关系,确保中国西南外缘通畅,率宋美龄、王宠惠一行访问印度,王宠惠充任高级顾问。3月,王宠惠作《为国际经济合作问题致萧叔玉函》:"素仰台端为国际经济问题专家,至深钦佩,兹有关于Proposal for the Romoval of Barriers to Trade问题一项,拟请台端代为设计,特函奉约,务希俞允。又以后对于战后国际经济合作问题,如有高见,并盼随时示知为荷。专此,祗颂大安。附国际问题讨论会研究纲目及国际经济合作大纲各一份。弟王宠惠拜启。"函后相附一、国际问题讨论会研究纲目:甲、国际政治问题:(一)维护国际和平之机构及办法。1.加强国际联合会或另组织国际和平机构。2.确定太平洋各国集体安全之具体办法。(二)军备之裁减。(三)文化之交换。乙、国际经济问题:(一)资助我国战后建设办法。(二)经济合作办法。(三)稳定各国国币办法。

(四)恢复及发展国际贸易办法。丙、中日问题：(一)恢复领土及行政之完整。(二)确定敌方之战事责任。(三)赔偿我方损失及归还公私财产。(四)赔偿在华外侨之损失。(五)接收及清理敌营之事业。(六)其他问题。丁、取得国际自由平等问题：(一)取消领事裁判权。(二)收回租界租借地及其他特殊区域。(三)取消其他特权及特种制度。(四)改订一切不平等条约之其他款项。(五)改善华侨待遇问题。附(二)第十二节经济合作(一)集团会为促进国际经济合作起见设置经济合作委员会。(二)委员会由国际贸易最多之八会员国及其他七会员国之代表组织之。前项国际贸易最多之八会员国,由理事会以过半票数指定之,其他七会员国由理事会以过半票数选举之。(三)第十一节第六款至第九款之规定适用之。(四)在委员会内附设经济参谋团,以备集团会各机关之咨询。(五)委员会及经济参谋团组织条例由理事会议决施行。(六)委员会之任务如下：1.拟订国际经济合作计划。2.监督国际经济合作计划之执行。国际经济合作计划应包括下列事项：1.国际贸易与取得资源之平等机会。2.各国经济进步之促成及社会安定之增强。(七)理事会应召集国际经济会议,将经济合作委员会所草拟之国际经济合作公约,送该会议议决施行。可见其考虑问题至周全与缜密。

王宠惠3月17日在《中央日报》发表《中印文化合作新纪元》。文中开篇即云："国于亚洲者,无虑十余,而历史之久与人口之庶,必首推中印两国。两国均为文明古国,其文化较埃及早一千年,较希腊早二千七百年,较罗马早三千年。而两国文化之交流,亦已有二千余年悠久之历史。此两大文明古国,今又携手并肩立于同一阵线,以抵抗侵略,共同保卫全人类之文化。印度国民与中国国民苟一念吾两大民族之先民,对于人类文化之伟大贡献,自无不油然起承先启后之思。而在今日神圣战争中,尽最大最善之努力,作最艰苦最英勇之奋斗,以发扬光大我两大民族各自具有一脉相承之文化,而为人类历史辟一光明灿烂之新页。"最后又再次强调指出："数千年来,我中印两国关系即重在文化关系。最近蒋委员长访问印度,更为中印亲善开一新纪元。印度朝野内而团结一致,外而共同抗敌,均予吾人以良好之印象。尤其值得感奋者,全印各地均举行'中国日'大会。以加强中印固有之友好关系,益励两国国民并肩作战之斗志。而我中印两国固有之文化关系既极深厚,自应加强合作,以发挥更伟大之力量,此即今日促进中印文化合作运动之意义所在。此种运动之成功,即为中印文化同盟之实现,亦必将扩大而为全世界文明人类之文化大同盟。此种同盟,以精神相感召,以道义相结合,而又济之以中印两国国民固有之共同德性,即舍生取义,杀身成仁之传统精神,必能发出无上威力,以消灭野蛮之敌人。而救人救世之鹄的,将于是乎达,永久和平之基础,亦将于是乎奠。故举行中印文化合作运动之今日,不仅在我中印两国文化史上辟一新页,抑亦为全世界文化史上之新纪元。"3月18日,发表对美播讲,题为《太平洋前途乐观,同盟国必获胜利》,刊于3月19日《中央日报》,谓："同盟国家今日皆在'人人为我我为人人'之原则下并肩作战,余意吾人欲争取最后之胜利,尤须在思想上感情上与行动上之完全一致,必须在各战场上表现最真诚亲密之合作。中美文化之合作,亦即此种合作精神之表征,吾人行见中美盟友即将在太平洋发动摧毁敌人之攻势,而向吾人之坦途迈进。"11月,作《战后之世界集体安全》。(以上参见王宠惠著、张仁善编《王宠惠法学文集》及附录《王宠惠先生年谱》,法律出版社2008年版)

王世杰继续任国民党中央宣传部长。1月,《出版通讯》月刊创刊,国民党中央宣传部出版事业处编印。在《出版通讯》创刊号上,声明自本月起,中央宣传部将按月召开出版会议,有该部普通宣传处、艺术宣传处、出版事业处、编审室、三民主义研究会及中国文化服务总社等单位参加。至次年6月,该刊出至2卷2期。2月5日,国民党《中央宣传部各书刊供应处管理办法》经部长核准施行。8日,教育学术团体在重庆举行第二届联合年会。13个团体的会员200余人出席。年会集中讨了"三年教育建设计划"。国民党中央宣传部长王世杰到会致词,对"三年教育计划"提出三点意见。一、维持教育学术界精神营养;二、一旦战争完结,如何加速教育学术界的复员;三、"三年教育计划"应以国防教育为中心。20日,国民党中央宣传部核准施行《修正中央宣传部书刊撤销办法》。4月2日,国民党《中央宣传部出版事业处、中央文化驿站总管理处协定书刊寄运办法》,经中央秘书处及中央宣传部核准施行。7日,国民党中央宣传部函中央图书杂志审查委员会,严禁生活书店、读书出版社、新知书店的出版物在其他书店出售。

王世杰4月27日在《中央日报》(重庆版)发表题为《中国与英国》的社论,盛赞英国舆论对中国抗日战争的声援。5月3日,重庆《大公报》载,书刊供应处将印行"通俗丛书":(本报讯)中宣部主办之书刊供应处于去年起在重庆、西安、上饶、衡阳四地举办,以国民图书出版社名义印行各种单行本,以供军用民需,一部分后方出版物系打纸板后就地印刷,廉价分发战地,甚受战区军民欢迎。闻最近将印行通俗丛书60种,已约诸作家写作中云。5月10日,参加武汉大学校友会,勉以避免一般校友会两大通病:一为散漫,一为狭隘。6月10日,国民党中央宣传部为使出版机关之编审、印务及发行三种工作取得联系,特召集三民主义青年团中央团部、编辑部、军委会政治部、中央图书杂志审查委员会、中央文化驿站、正中书局及文化服务社等有关机关代表,于本日举行编印及战地书刊供应之合并会报,对:(一)各机关之编印分工及合作问题;(二)各地书刊供应问题;(三)文化服务社随军分支社筹建问题;(四)补救后方精神食粮恐慌问题等,均有详细之讨论与解决办法。10月5日,约见《大公报》主笔王芸生,嘱其撰写文章敦促率先放弃对华不平等条约中规定的特权,以引起当时正在中国访问的美国共和党领袖威尔基的关注。12月7日,王世杰辞去国民党中央宣传部长职务,由张道藩继任。同日,王世杰日记载:"予任宣传部部长职三年,未尝停一报或封一报。"以表明其在中央宣传部长任上主张舆论自由。21日,王世杰参加武汉大学在重庆毕业同学会。同月,当选中国留英同学会理事。(以上参见中央教育科学研究所编《中国现代教育大事记1919—1949》,教育科学出版社1988年版;吴永贵《民国图书出版史编年:1912—1949》,社会科学文献出版社2018年版;薛毅《王世杰传》附录《王世杰生平大事年表》《王世杰著述目录》,武汉大学出版社2010年版)

张道藩继续任国民党中央宣传部副部长、中央文化运动委员会主任委员。2月7日,国民党中央文化运动委员会联合重庆36个机关团体举办的"国家总动员文化界宣传周"开幕典礼在中央广播大厦举行。中央文化运动委员会副主任委员潘公展主持,冯玉祥、陈立夫、谷正纲、黄少谷等讲话。同日,《新华日报》发表社论《论文学界的动员》;"文协"假中央电台举行广播讲座及诗歌朗诵。老舍讲《文艺界动员的意义》、姚蓬子讲《文艺界与总动员》、王平陵讲《今后中国的文艺运动》、王平陵朗诵《太平洋的暴风雨》、常任侠朗诵《诗,是时候了》、方殷朗诵《少年中国进行曲》、安娥朗诵《民众们动员起来》。8日,为文化界宣传周文艺日。"文协"召开文艺座谈会,讨论题为如何加强文艺界总动员。9日,为文化界宣传周戏剧电影日。中华全国戏剧界抗敌协会假中英文化运动委员会举行座谈会,讨论戏剧界如何加强总动员问题。10日,为文化界宣传周音乐日。全国育乐界抗敌协会假中苏文化协会进行改选,并举行座谈会。晚,在广播大厦举行歌咏广播晚会。11日,为文化界宣传周美术日。全国美术界抗敌协会假新运模范区广场举行展览,展出作品琳琅满目。晚,汪日章播讲《国家动员与美术家之责任》。《新华日报》出"木刻阵线"(第一期),代发刊词为《我们的方向》,指出"'木刻阵线'它正是整个反侵略阵线中的一小环节",希望"全体的刀笔战士,共同举起他们的武器——刻刀",向法西斯侵略者及其走狗们进行攻击。5月25日,重庆《大公报》载出版界近讯:中央文化运动委员会近主编《现代文艺丛书》,在集稿中,又另计划《战时文艺丛刊》一种,采选杂志、文章,分批出版。8月1日,中央文化运动委员会文化编译社在重庆正式成立,社内设编译、研究两组,请海外归国的文化界人士担任编译及研究专员。

张道藩为发行人、李辰冬主编的《文化先锋》周刊9月1日在重庆创刊,国民党中央文化运动委员会主办,发行所为中央文化运动委员会文化先锋社。张道藩在创刊号上发表《我们所需变的文艺政策》一文,提出"六不政策":一、不专写社会的黑暗;二、不挑拨阶级的仇恨;三、不带悲观的色彩;四、不表现浪漫的情调;五、不写无意义的作品;六、不表现不正确的意识。又提出"五要政策":一、要创造我们的民族文艺;二、要为最受苦痛的平民而写作;三、要以民族的立场来写作;四、要从理智里产生作品;五、要用现实的形式。14日,张道藩在出版界座谈会上就图书送审问题提出了三点要求:(一)原稿送审务必在排印前;(二)译本审查须连原文送审;(三)翻印外地未送审书稿时,必须依照原稿送审办法办理。10月10日,《文艺先锋》于重庆创刊,文化运动委员会主办,丁伯骝等主编。该刊称:要"加强全国文艺界的总动员,补充全国读者精神食粮,供给全国作家发表作品,促进三民主义文艺建设"。11日,"文协"假观音岩中国文艺社举行茶会,商讨提高作家稿费及版税办法。华林主席,40余人出席。张道藩、徐仲年、姚蓬子、张静庐、凌鹤、梅林等相继发言。13日,重庆《大公报》载,著作家要求提高稿费以与排工同价:(本报讯)著作家生活清苦,现正纷纷要求提高稿费。最低限度每千字亦需与排工同价。文运会主任委员张道藩氏对此极为关切,尤为援助,并令某某诸刊物提高稿费,以为提倡。张氏并拟向中央提案,请求于可能范围内使一般印刷品恢复邮递,各地文化粮食需要之迫切,匪可言喻,销路畅通后,著作家之收入亦可望增加云。14日,重庆《大公报》载"渝市点滴":今日为国防运动周之新闻出版日,中央出版事业管理委员会召开出版界座谈会。

张道藩10月在《文艺先锋》创刊号发表《我对于中国诗歌的意见》,在"重订诗人节"问题上,以闻一多对屈原的意见为由,反对以屈原的忌日为诗人节,说:"屈原虽是一个大诗人,但闻一多先生等既然列举理由说明他是嬖倖之类的臣妾,而另外几位学者根本怀疑有无其人,只有郭沫若一个劲儿地拿他作自己的模特,显见得屈大夫并不能得到全国一致的支持。而且,这一天是屈原的忌日,有点忌讳""建议以杜甫的诞辰为诗歌节"。12月4日,渝电影戏剧界人士假文化会堂举行谈话会,到会百余人。张道藩主席并谈了开会之意义及商谈有关电影戏剧诸问题。旋即由从港沪归来之导演吴永刚、姚苏凤、蒋君超等分别致词。7日,王世杰辞去国民党中央宣传部长职务,由张道藩继任。17日,重庆《大公报》载,提高稿费问题,张道藩部长称在筹议中:(本报讯)中宣部部长张道藩于就职前对于文协主张提高作家稿费版税运动,答复记者询问称,此事应作全盘计划,全会对于文化设施已有决议,盖稿费之提高,全赖书籍之销路,否则出版家不愿出书,作家亦无如之何。关于寄递便利及其他诸方面,将与有关方面商讨,作全面之进行云。21日,中华全国戏剧界抗敌协会第三届理事改选事宜假中央文化运动委员会办理完毕。选出的理事有张道藩、田汉、阳翰笙、吴漱予、王瑞麟、马彦祥、应云卫、宋之的、潘孑农、余上沅、张骏祥、余克稷、洪深、熊佛西、凌鹤、王泊生、罗学濂、欧阳予倩、傅心一、郭沫若、王平陵、老舍、张德成、史东山、马守义、辛汉文、周伯勋、王若愚、龚晓岚、富少舫、魏香庭31人。候补理事有鲁觉吾、黄芝冈、孙师毅、姜公伟、万家宝、夏衍、阎哲吾、林刚白、贺孟斧、陈鲤庭、吴瑞燕、吴天保、章泯、郑用之、葛一虹15人。监事有郑君里、鲍东生、陈白尘、袁璧玉、徐俗文、赵丹、沈云骙、金山、唐庸三、陈凝秋10人。候补监事有常任侠、高月楼、袁牧之、郑伯奇、万籁天5人。(参见吴永贵《民国图书出版史编年：1912—1949》，社会科学文献出版社2018年版；田本相、阿鹰编著《曹禺年谱长编》，上海交通大学出版社2017年版；章恒忠、王亚夫主编《中国学术界大事记(1919—1985)》，上海社会科学院出版社1988年版；闻黎明、侯菊坤《闻一多年谱长编》(增订版)，上海交通大学2014年版；薛毅《王世杰传》附录《王世杰生平大事年表》《王世杰著述目录》，武汉大学出版社2010年版；文天行编《国统区抗战文艺运动大事记》，四川省社会科学院出版社1985年版)

潘公展继续任国民党中央图书杂志审查委员会主任、中央文化运动委员会副主任。1月24日至2月7日，应《中央日报》副刊主编孙伏园之约，郭沫若《屈原》连载于《中央日报》副刊，结果被国民党发现了，大为恼火。潘公展说："怎么搞的，我们的报纸还要登载骂我们的东西！"国民党就下令停止刊登称赞《屈原》的文章。后来孙伏园还被撤销了《中央日报》副刊编辑的职务。2月7日，潘公展在中央广播大厦主持国民党中央文化运动委员会联合重庆36个机关团体举办的"国家总动员文化界宣传周"开幕典礼。同日，中央图书杂志审查委员会第十四次会议通过《图书送审须知》。16日，国民党第五届中央常务委员会第一九五次会议通过《剧本出版及演出审查监督办法》。中央社3月23日发布消息：中央图书杂志审查委员会审查剧本事宜，决定自4月1日起正式接办，送审剧本时，须将字迹清楚之剧本备具三份。在预定上演日期至少十日以前送审。22日，中华全国文艺界抗敌协会在重庆召开会员大会，讨论下届理事会改选及致函中央图书杂志审查委员会，要求解决版税、版权问题，并慰勉香港脱险作家。3月5日，陈铨的话剧《野玫瑰》在重庆抗建堂演出。该剧受到进步文艺界的严肃批评。但受到国民党的赞赏，教育部学术审议会还给予奖励。教育部长陈立夫首称："审议会奖励《野玫瑰》乃'投票'结果，给以'三等奖'自非认为'最佳者'，不过'聊示提倡'而已。"文化运动委员会主任委员张道藩对该剧获奖表示两点态度，但称"抗议是不对的，只能批评"。最后中央图书杂志审查委员会主任潘公展则说："《野玫瑰》不惟不应禁演，反应提倡；倒是《屈原》剧本'成问题'，这时候不应该'鼓吹爆炸'云云。"7日，第十五次中央图书杂志审查委员会会议通过《审查处理已出版书刊细则》。16日，国民党第五届中央常务委员会一九七次会议备案《通俗书刊审查标准》和《统一书刊审检办法》。4月2日，国民党中央图书杂志审查委员会召集会议，商议书刊运递办法，会议由潘公展主持，交通、邮政、书业各单位代表30余人到会。一方面希望从速实现"教育文化小包裹"的寄递办法，另一方面仍要求出版社以纸型分寄各地，由其自行翻印，以省运输。4月7日，国民党中央宣传部函中央图书杂志审查委员会，严禁生活书店、读书出版社、新知书店的出版物在其他书店出售。

潘公展4月15日号召"文化界要牺牲自由"，同时重庆市图书杂志审查处完成对本市书店的调查。这次书店调查在1941年12月和1942年2月两次调查82家的基础上，同月补查完成，前后共计113家。4月22—25日，中央图书杂志审查委员会在重庆举行会议，出席者有重庆、四川、云南、贵州、广西、江西等六处处长，及陕西、湖北、广东、湖南、浙江、福建等六处秘书，决议案共81件。6月20日，中央图书杂志审查委员会订定呈奉国民政府行政院核准施行《演出剧本审查办法》。8月11日,中央文化运动委员会举行出版界座谈会,到会的有中央管理出版及文化动员机关代表及出版家30余人,潘公展出席,谓该会愿为双方之桥梁。继由王云五、唐性天、姚蓬子等发表意见,对于工人之跳厂,运输困难,检查问题,皆有报告。特对某国营书局之总理遗教小册子售价16元,深表不满。继由印刷业及管理机关发表意见后散会。9月27日,中央图书杂志审查委员会主委潘公展,函复重庆市社会局,同意重庆市制定的《管制本市各书店一般图书杂志售价办法草案》7条。规定本外埠出版的中小学参考图书应比照教育部核定之售价低于十分之一,一般图书带有宣传性质者应比照降低十分之五或十分之四,旧书店应比照再降十分之二。10月10日,潘公展出席在重庆求精中学礼华召开的中国印刷学会成立大会,任名誉理事。12月5日,据中央图书杂志审查委员会1942年审查的173种剧本,各种题材之百分比为:描写抗敌者占25%,描写汉奸者占15%,历史剧占14%,描写沦陷区情况者占13%,翻译剧占9%,家庭剧占6%,反奸商剧作占5%,描写间谍者4%,软性剧本占4%,其他占5%。29日,中国艺术剧社假恒社举行成立大会,潘公展、陈方、陆京士、何葆仁、朱学范、潘公弼、王新卫、边定远、奚东曙、郑应时、沈楚宝、赵班斧、蔡叔厚、金山、宋之的、孙师毅、章泯、丁聪、吴铁翼、沙蒙、蓝马等百余人到会。主席金山报告筹备经过,潘公展等致词后,即通过章程,选举理监事,并拟修建剧场一所。(以上参见吴永贵《民国图书出版史编年:1912—1949》,社会科学文献出版社2018年版;文天行编《国统区抗战文艺运动大事记》,四川省社会科学院出版社1985年版;《访问林辰同志谈话记录》,载黄中模《郭沫若历史剧·屈原诗话》)

　　叶楚伧任中央出版事业管理委员会主任委员。6月1日,国民党中央出版事业管理委员会改组。该委员会于1939年成立,隶属于中央宣传部,1941年改组为该部出版事业处,主管该部及各省市党部出版机构。1942年6月另组中央出版事业管理委员会,直隶中央执行委员会,掌理中央出版事业的扩充,出版机构的调整与统制,出版经费的筹划、支配与稽核,出版从业人员的任免、考核与训练,出版品运输的指导,设委员15人,由党政军有关部会的代表和其他人员组成,主任委员叶楚伧,副主任委员甘乃光、方治。委员兼秘书长黄天鹏,下设编审、指导、稽核、总务等科。1944年4月裁撤。8日,国民党第五届中央常务委员会第二〇三次会议通过《中央出版事业管理委员会组织条例》。19日,重庆《大公报》载,出版业管委会注意教科书之印刷:(本报讯)中央党部出版事业管理委员会之〇一管理出版事业方案已拟就,俟通过中常会后,即可公布执行。闻此方案分为两部。对中央党政各有关机关,在"分工合作""有无相通"的原则下,加以管理;对于民间各出版业,则加以指导,以补现有各机关之不足。行政院、教育部、战地党政委员会等有关机关均有代表参加该委员会。闻该会甚注意教科书之大量印刷,以供需求,并拟按照平价米办法,同样予出版家以有效补助,俾有"平价精神食粮"之供应云。9月15日,重庆《大公报》载,为发展出版事业,有关当局正商定提高出版品数量及扩大其流通范围的方法:(本报讯)出版事业管理机关为提高出版品之数量及扩大其流通范围,已分别与有关单位协商,原则业经确定,办法不日公布。印刷业工人跳厂问题,经出版业管理委员会,总动员会议人力组、社会部、社会局共同研讨,决定原则如下:(一)各印刷厂工人之待遇必须平均;(二)工人发身份登记证,书明其在原厂之等级地位,禁止其跳厂。详细办法正由人力组协同社会部草拟中,短期内可公布。出版品之运送问题,亦由出版业管理委员会与邮政总局、文化驿站共同商讨,决定:(一)邮寄出版品,将实行"教育图书小包办法"可减低运费;(二)由邮政局接洽交通工具,以期提高运量;

(三)在公路干线上,文化驿站可协助运输民间出版品,但需考虑所运书籍之性质及其需要云。10月14日,重庆《大公报》载"渝市点滴":今日为国防运动周之新闻出版日,中央出版事业管理委员会召开出版界座谈会。11月2日,中央出版事业管理委员会在中央党部召集第二次出版界谈话会。讨论中央文化驿站报告与邮政局拟订各干线代运书刊办法。6日,重庆《大公报》载,文化劳军运动会已定民族复兴节(12月25日)举行全国捐款竞赛大会。全国各地均自12月24日出动"文化劳军列车"激励民众热烈响应自动献金。25日,竞赛大会正式揭幕,举行献金及捐款决赛。其中,出版界举行义卖献金,由中央出版事业管理委员会负责主持推动。(参见吴永贵《民国图书出版史编年:1912—1949》,社会科学文献出版社2018年版)

谢冠生时任司法行政部长。1月21日,谢冠生离渝视察黔、粤、桂等省司法状况。26日,抵桂视察法院及监狱。当晚赴衡,转粤、赣、闽等省视察。2月5日,抵浙江,视察完毕后取道入闽。3月16日,返渝。6月初,中枢纪念周,谢出席并报告司法行政。(参见朱刚《谢冠生先生年谱》,嵊州政协文化文史和学习委员会编《嵊州文史资料》第28辑,2019年)

梁寒操时任军事委员会政治部副部长兼中国远征军政治部主任,5月中旬准备赴缅甸履职,郭沫若作七律《赠梁寒操》:"欣闻入海掣长鲸,五月南征万里行。羽扇风高今汉相,铙吹声壮旧边城。朱波自昔为兄弟,铜柱他年认姓名。何必黄龙才痛饮,凭将肝胆共杯倾。"同月,陈独秀病逝于江津,陈立夫等拟邀集国民党、青年党、民社党人在重庆为其开追悼会。梁寒操向郭沫若发出邀请,被郭沫若拒绝。后"因故延期",最终未成。6月13日,梁寒操以中苏文化协会理事在中苏文化协会招待渝研究苏联专家。到郭沫若、西门宗华、曹靖华、邓颖超、葛一虹、丁文安、吴清友、戈宝权、侯外庐、王云五、米克拉舍夫斯基等人。大会商讨了出版苏联政治经济文艺丛书计划,并计划年内出丛书10种。文艺方面有苏联革命后著名小说、诗歌、戏曲、民俗及作家传5种。7月8日,文化工作委员会假中苏文化协会举行抗战5周年纪念晚会,渝文化界人士到会百余人。梁寒操任主席并致开会词,姚蓬子报告抗战5年来的文艺工作。晚会上作家们围绕"关于抗战文艺及我是如何离开北平的"发言。会后方殷朗诵《芦沟晓月》、殷野朗诵《保卫卢沟桥》,此外还表演了大鼓、歌咏等节目。(参见文天行编《国统区抗战文艺运动大事记》,四川省社会科学院出版社1985年版;林甘泉、蔡震主编《郭沫若年谱长编》,中国社会科学出版社2017年版)

任鸿隽再度任中基会总干事长。1月18日,中基会在重庆召开第一次紧急委员会(后改称非常时期委员会),在重庆设立干事处,孙洪芬因办事不力辞去干事长一职,任鸿隽被推举为干事长。2月1日,在《工程》第1期发表《科学与工程》。文中先论科学与工程之分别:"例如今日电气事业,极属发达。夫电之原理发明,属于科学;其制造设备,则属工程。是知无科学发明,则工程即无着落,古代先有工程后有科学,今代则反是。"再论科学与工程之关系:"社会未进化之初,一切动力,皆仗牲畜。嗣后发明蒸汽机,情形乃大变,惟以装置繁琐,犹感不便。迨电力发明,简便致用,为利綦溥。现尤有较电力更伟大者,厥为电子,正由科学家研究利用中。"认为"吾人于此可见各项事业之进步,胥赖科学家先有发明,然后始可作工程之措施。工程先须以科学为枢纽,科学愈昌明,工程愈发达。且今之工程,较诸往昔更属规模宏大,程序细致,制造迅速。综上所述,可知工程背后,有极重要之科学在焉,此二者实为一体,愿吾工程界同人,于工作之余时刻勿忘科学之研究。"3月16日,中基会在美董事于纽约成立特设驻美委员会,孟禄为主席,胡适为秘书,顾临为协理干事长。中基会事务主要通过任鸿隽与顾临之间联络。夏初,辞去中央研究院化学研究所所长职务,专任中基会干事长。夏间，陈衡哲携子女从香港脱险归来。（参见樊洪业、潘涛、王勇忠编《中国近代思想家文库·任鸿隽卷》及附录《任鸿隽年谱简编》，中国人民大学出版社 2013 年版）

杭立武继续任中英庚款董事会总干事。7 月 20 日，杭立武致蒋复璁信，称陈寅恪已脱离香港，行抵桂林。顷接其 6 月 20 日来信，述及日军抢夺郑振铎等人寄存香港之书："英庚款会所购善本书，多为日本'波部队'运至东京，其运去之书目，无意中发现，存于马季明先生处。将来胜利之后，可以按目索还，或索赔损失。"这当是有关日军盗运上海寄存香港善本书的最早的报告。（参见陈福康《郑振铎年谱》，三晋出版社 2008 年版）

陶希圣 1 月逃离已沦陷的香港，经韶关、桂林至重庆。2 月，回归重庆后，在委员长侍从室担任第五组组长。工作是研究与撰述，与中央宣传部保持密切联络，参加宣传部社论委员会，讨论战时报纸的宣传方针。10 月，负责蒋介石《中国之命运》一书的整理、校订工作。《中国政治思想史》修订版由南方印书馆出版。从 1943 年到 1945 年两年间，共加印 6 次。12 月，《论道集》（古代儒家）由南方印书馆出版。论述先秦两汉时期的思想家，搜寻他们关于"道""德""性""命"的语句，每人成一篇，包括孔子论道、孟子论道、荀子论道、董仲舒论道、扬雄论道。（参见陈峰编《中国近代思想家文库·陶希圣卷》及附录《陶希圣年谱简编》，中国人民大学出版社 2014 年版）

罗家伦《新人生观》一书 3 月出版。4 月，任第一、二次高等考试初试典试委员及第一次普通考试典试委员。5 月 16 日，受聘为国立北平故宫博物院理事会理事。6 月，受聘为中央图书杂志审查委员会委员。12 月 30 日，受聘为中央训练团党政高级训练班教官。（参见刘维开《罗家伦先生年谱》，中国国民党中央委员会党史委员会 1996 版；张晓京编《中国近代思想家文库·罗家伦卷》及附录《罗家伦年谱简编》，中国人民大学出版社 2015 年版）

余俊贤继续筹设国立南洋研究院。3 月 28 日，行政院向侨委会发出训令："筹设国立南洋研究院一案……由侨务委员会附设一研究机构，负责办理。"4 月 1 日，南洋研究所在重庆山洞新开市和尚坡成立，设南洋研究院的提案终于得到落实。第一届所长陈树人，副所长陈立夫，总干事余俊贤，副总干事周尚。研究所人员分行政和研究两类，总人数维持在 30 至 56 之间。研究人员分四个专业小组，详细分工，各司其职。创所之初，以有研究成果的知名学者居多，知名学者出走后，研究所只得陆续招收部分大学毕业生，充实研究队伍，新人成为南洋研究所的主体。余俊贤对南洋研究所工作抱有极大的希望，企图在战后操纵和把持南洋侨务，曾说："只要我们能够搞得成绩出来，同时配合华侨教育总会和侨民师资训练所，这两个已在我们掌握中的机构以及其他各方的关系，那么，战后政府对于海外各地侨务问题的安排布置，不仅只限于侨教方面，就是有关整个侨民事务的处理也都将依靠我们。因此我们将来的出路，可说是海阔天空，不论在国内抑或是海外，都是有着我们的工作出路和发展前途的。"怀抱此种宏愿，他一手把控行政事务，一手紧握研究事宜。在其授意下，研究所成立仅有五个月，便制定了长达 20 余页数万字的《南洋研究所研究纲领》，事无巨细地规定了各个研究组所应研究的总体研究任务和具体事项，是一份庞大的研究计划。为完成研究计划，他要求各组研究问题要根据《纲领》，同时配合研究人员的志趣和能力。研究组每年要依照《纲领》范围，斟酌现实需要，制订年度中心研究工作。对于个人，每年开始前要拟具详细的研究计划，并按时汇报进度完成情况。

按：从通过提案规划到正式设立研究所中间有四个月的时间，其间这个国立南洋研究机构发生了三点变化：其一，名称变更和体制降级。计划设国立南洋研究院，首都南京设总院，马来亚、荷印、菲律宾、暹罗、缅甸、越南等南洋各属设分院，然正式成立时仅为研究所，不设任何分支机构。其二，行政和研究组的增减。该机构行政与研究两系统略有交叉,计划行政上设正副院长各一人、秘书一人、组主任各一人(须精通南洋学术)和书记等。成立时,正副所长由主管部会首长兼任,行政与学术秘书各设一人,新增总干事主持所务,新增总务和资料两组辅助研究。总务组下分事务、会计、出纳三股,各设组员二至三人,资料组设组长一人、组员四人。研究组计划分八组:史地英文组、民风考古人类学组、地质矿物组、动物组、植物组、农林渔组、法律组、边疆问题组,实际最后设立法政、经济、教育、史地四组,设总务、资料两组办理杂务和搜集资料,另设编审委员会编辑研究计划,并审议译著。其三,经费渠道和数量缩减。研究院计划通过国库拨款和侨胞劝募两种方式获取经费,因机构体制的变化和战时环境因素,财政拨款成为研究所唯一的经费渠道,开办费和经常费全部腰斩。研究所作为教育部与侨委会合办的机构,其经费全由教育部承担,在侨民教育经费项目开支。

　　按:尽管南洋研究所制定了雄心勃勃的研究计划,如史地组计划研究南洋史(含通史、断代史、地域史、国别史四个方面)、华侨发展史(含中国与南洋交通史、华侨移殖民史、华侨革命史、华侨名人史迹四个方面)、列强侵略南洋史(含欧人拓殖南洋史、美人拓殖南洋史、日人南进研究三个方面),但是由于派系人事斗争激烈,该所实际上未能展开多少研究,于1944年8月被下令裁撤。(参见于延亮《南洋研究所及其南洋研究(1942—1945)》,《历史教学问题》2020年第1期)

　　李春昱8月13日经翁文灏极力劝说,同意出任中央地质调查所所长。15日,翁文灏与尹赞勋、李春昱商谈了地质调查所的工作。18日,正式以部令命尹赞勋毋庸兼代地质调查所所长,派李春昱为代理所长。28日,翁文灏又亲自陪同李春昱至北碚中央地质调查所正式就职。(参见李学通《翁文灏年谱》,山东教育出版社2005年版)

　　马衡继续任故宫博物院院长。5月9日,接行政院交办案件通知单:"案由:驻苏联邵大使电复已催请苏方即发飞机运回我国古物案,右案奉院长谕'交国立北平故宫博物院及该院理事会',相应通知国立北平故宫博物院理事会。附件:抄送原电及本院原去电各一件,行政院秘书长(印)。中华民国卅一年五月九日发。"13日,行政院交办案件通知单:"案由:驻苏联邵大使电复苏方已决定拨车装运我国古物案,右案奉院长谕:'交国立北平故宫博物院及该院理事会'等因。相应通知国立北平故宫博物院理事会。附件:抄送原电一件行政院秘书长陈仪。"5月28日,马衡列席北平故宫博物院第五(六)届理事会第一次会议,作院务报告。9月11日,北平故宫博物院致院理事会笺函曰:"关于接运留苏展品回国各事宜原已早经筹备妥洽,并经呈准饬由交通部包定中苏航空公司专机备用,惟当本院派往接运人员抵达阿拉木图时,该公司忽然变更成议,谓专机能携油量有限,请求分在哈密以南沿站供给应用油料,因之淹滞日久,未能及时启运。嗣蒙行政院特令航空委员会准予拨借后,始于本月一日在阿拉木图将接收展品,连同中央研究院、中苏文化协会附运各物计十六件一并装机启运。至五日飞抵兰州时,该机又因接奉交通部令卸载归航,不再飞渝。惟时兰垣时有敌机侦察,势难久留,特商经甘肃省政府转饬中国航空公司改装八日班机运渝,当于是日午后四时平安到达。此次航运备经阻折,所幸出国展品尚无损伤,惟于接收时发觉中失包裹唐李昭道'洛阳楼图'缎袱一方及缺明王绂'凤城饯咏'轴红木轴头一个,幸皆系不甚贵重之附件。所有此次接运出展苏联文物回国办理各情形,除呈报行政院外,相应函达,即希察照备案为荷。"22日,北平故宫博物院理事会笺函曰:"国立北平故宫博物院:贵院本年九月十一日渝字第四三零号函告接运留苏展品回国一案,查此项展品已另请王理事世杰先予点验。除分函各理事外,相应抄同原函函复查照。"

　　马衡9月23日在赴苏展品从战火中安然脱险运抵重庆后,陪同王世杰点验赴苏展品。26日,北平故宫博物院致院理事会笺函曰:"案准贵会本年九月二十二日函开:贵院本年九月十一日渝字第四三零号函告接运留苏展品回国一案，查此项展品已另请王理事世杰先予点验，除分函各理事外，相应函复请查照。等由过院。兹查此项由苏回国文物已于本年九月二十三日由王理事世杰、罗理事家伦、张理事道藩莅临本院重庆办事处共同逐件点验无讹，并特在点验清册签名证明。相应函复即希查照备案为荷。"10月1日，王世杰、马衡分别以国立北平故宫博物院理事会常务理事、国立北平故宫博物院院长致函北平故宫博物院理事会："关于点验由苏运回故宫出展文物一节，经于本年九月二十三日由世杰会同张理事道藩、罗理事家伦及马院长衡在该院驻渝办事处眼同开箱，逐件详加点验无讹。除由世杰等特在所备是项回国文物清册签名证明，以资征信外，相应会函复请查照备案为荷。"24日，北平故宫博物院院长马衡致院理事会函曰："前奉饬派科长励乃骥赴苏接运展品回国各节业经函达贵会察核在案。兹据该员将前后办理经过及展品安全运抵重庆各情形详细具报前来，相应抄附原呈备函送请察照赐予备案为荷。"29日，应邀在燕京大学演讲《中国书籍形制至沿革》。12月19日，发函祝贺燕京大学复校。同月，为民国第三届美术展览会撰《中国书法何以被视为美术品》。（参见马思猛《马衡年谱》，故宫出版社2021年版；李宁选辑《有关北平故宫博物院参加苏联艺术展览会经过情形史料一组》，《民国档案》2014年第3期）

　　袁同礼继续任北平图书馆代理馆长。6月，上海各大报纸载平馆善本全部102箱运抵华盛顿。8月，伪北京图书馆秘书主任王古鲁，与兴亚院调查官及专员到沪查访平馆等存书，证实善本精华已离沪，在一处民房及科学社查到部分中西文书籍，返运北平。平馆在沪他书，躲过此劫余，直至抗战胜利后，与新购书籍一起集中移存上海宝庆路17号（平馆办事处）。寄运善本成功后，教部尝明令嘉奖，并奖给经办人员1万元。仲夏，袁同礼与费正清的办公地点，均在重庆两路口求精中学。11月11日，《南美各国最近之动态及其与中国之关系》刊于《新新新闻每旬增刊》第5卷第13—14期。（参见张光润《袁同礼研究（1895—1949）》，华东师范大学博士学位论文，2018年）

　　蒋复璁继续任中央图书馆馆长。1月27日，教育部顾毓琇致蒋复璁信："顷得某方带来一函，云系郑振铎兄手笔，特为转寄。"当即1月12日郑振铎致蒋复璁密信。2月28日，成都《中华图书馆协会会报》第16卷第3—4期合刊报道《国立中央图书馆展览善本书》："国立中央图书馆乘总统诞辰宣传运动周教育部举办展览会，同时展览善本书籍……率皆罕见秘籍，深为参观人士所赞许，其中尤以经黄荛圃手校及手跋之书，达七十多种，尤属难得云。"

　　蒋复璁继续任中央图书馆筹备委员会主任。5月1日，致教育部函："年前接中英庚款会通知，存港书籍于上年十二月二十六日盖章及装箱完毕，定一月初运美，以后迄未接获消息。其第二批所购张氏精本及其他珍籍，现密存在沪，接报平安。总额一百万元，即此次所追加者。其款业由中英庚款董事会于二十九年九月在沪垫拨十万元，三十年十月由中英庚款董事会由渝迄垫汇八十万元，其他该会又垫运费及汇费九万四千零五十一元二角八分，共计垫付国币玖拾玖万肆千零五拾壹圆贰角捌分。至于经购各账，在沪由何炳松、张寿镛、郑振铎三先生经办，在港由叶恭绰先生经管。详细账目除在报告内附陈，业经呈部外，迄未全部送来。"3日发出，附上海郑振铎等购书实付概算七份。6月30日，成都《中华图书馆协会会报》第16卷第5—6期合刊发表《国立中央图影印善本丛书第一集出版》："国立中央图书馆将所藏善本图书，选其珍秘而切于实用者，影印为善本丛书。兹闻第一集十册，业已出版，计有（一）张道宗著《纪古滇说集》一卷；（二）许纶等编《九边图说》不分卷；（三）王在晋著

《都督刘将军传》一卷;(四)张鼐著《辽筹》二卷;(五)欧阳重著《交黎抚剿事略》四卷;(六)苕上愚公著《东夷考略》不分卷;(七)不著撰人《安南辑略》三卷;(八)杨时宁著《三镇图说》三卷;(九)梁天锡编《安南来威图》三卷;(十)杨一葵著《裔乘》八卷。其书皆明刊本,除《纪古滇说集》作于元代外,其余皆晚明边防之书,又皆学林罕见之本也。"(参见陈福康《郑振铎年谱》,三晋出版社 2008 年版)

王献唐仍在重庆国史馆筹委会。2月2日,与张继、胡毅生、邓家彦、叶楚伧出席国民政府国史馆筹备委员会第十次会议。张继主持会议。(一)报告本会三十年四月十六日起至十二月底止工作情形;(二)报告本会三十年四月十一日起至十二月底止经费收支情形;(三)报告本会三十一年度工作计划及概算书。6月9日,致屈万里函,赞其兼备鉴别、考据之长。18日,为李炳南绘《山居图》。7月25日,与孔德成合写致傅斯年函,共同推荐屈万里到史语所作研究工作。又致董作宾函,荐屈万里至史语所工作。8月,发表《甲饰》。9月,在《说文月刊》发表《汉书食货志订议》《新出土汉熹平春秋石经校记》两篇论文。《汉书食货志订议》专门订证《汉书·食货志》下篇文字讹误。略云:"班所取材,主要有二:一为《史记·平准书》,一为刘歆《续太史公书》,外副以贾谊奏议,及新莽后期史乘。其引马书,有简烂文脱,误从逐录者;引刘书,有原说本误,因误致误者。"因就班志著录之内容,列举故书及出土实物,以次疏证之。10月25日,与国史馆筹委会总干事但焘发生冲突。11月,辞国史馆筹备委员会副总干事职,改聘为顾问。是年,续撰《中国古代货币考》《殷周名制甄微》。(参加张书学、李勇慧《王献唐年谱长编》,华东师范大学出版社 2017 年版)

屈万里接王献唐 6 月 9 日函,赞其兼备鉴别、考据之长。7 月 25 日,王献唐与孔德成合写致傅斯年函,共同推荐屈万里到史语所作研究工作。又致董作宾函,荐屈万里至史语所工作。8 月 10—11 日,董作宾、傅斯年先后复函致王献唐,言皆欢迎屈万里来李庄史语所工作,主要协助整理研究甲骨,待遇为助理员。9 月 15 日,傅斯年致屈万里函,谈进入史语所之待遇问题。25 日,王献唐致屈万里函,劝往李庄史语所。10 月 29 日,屈万里升任国立中央图书馆代理特藏组主任。11 月 7 日,屈万里致蒋复璁馆长函,为王献唐、孔德成借《古泉汇》《奇觚室吉金文述》等书:"王献唐先生拟借《古泉汇》(清光绪刊本)及《泉志》(明万历本)两书。孔达生先生拟借《奇觚室吉金文述》一书(石影印本),此次并拟带去,国史馆将派人到渝携取。该书借期,并以废历年底为期限,由里负责,想钧座当能俯允也。"19 日,王献唐致屈万里函,劝其暂不要离开中央图书馆,因蒋复璁馆长对其非常赏识,并言自己近期将离开国史馆,回乐山专心从事著述。

按:信曰:"日前晋城晤蒋慰堂,彼对弟事,言已见孟真及朱先生,允许暂不调李庄。又言弟如何精进勤奋,在馆工作,绝不妨碍。弟之研究学问,弟欲如何则如何。其言甚长,大抵如弟所闻。惟言孟真曾介绍一人代弟,彼不同意。最后又言,求得一研究版本者,尚非甚难。求如弟之忠信可靠者,则无其人。馆中以善本为最重要财产,非得弟掌理,即不放心,嘱仆转求弟,万勿萌去志。情词甚切,其最后数言,仆甚动心,以为其事确也。仆意,在可能范围之内,不宜过于决绝。孟真处随时可往,能至日后可行之时再行,亦是处世一道,请弟裁之。仆在此,已幸得摆脱一切,定一星期内回乐山。能往李庄与否,尚不可定。因会中尚有一顾问名义,拟并此一并去之,专心在乐山完成个人之著作。《货币考》已十成其九,过此则为《殷周名制甄微》。在抗战中,能饿不死,且赚得两部书,胜于奔逐于无聊之环境中,结果一无所有也。人要算总账,愿共勉之。日前再与达生访孟真,又未见。彼本言到山一谈,以有便轮遂返李庄。临行时来信,甚欢迎。仆往李庄,亦不知闻何人语也。《古泉汇》仍须续借,拟带往乐山。如弟交代时,仆可函蒋借之,负责寄回也。"(参见张书学、李勇慧《王献唐年谱长编》,华东师范大学出版社 2017 年版)

　　许寿裳继续任考试院考选委员会简任秘书。2月3日,改正吴锡泽所作《周官系统表》。12日,为农历辛巳十二月廿七,许寿裳诞辰,按照我国已往计年岁办法计算之,则是年适为其周甲之庆。13日,夜成长句,题为《二月十二日,璿、瑾侄辈以余旧历六十初度,阖家来山,治肴相祝,檀栾一堂,其实余今年仅五十有九,喜而赋此》。4月14日,为王冶秋著《民元前的鲁迅先生》作序文一篇。5月8日,校正《周官职责表》。22日,作《挽闻普天之封翁六言老人》诗一首。7月8日,为《教育全书》分撰《周树人》传略完稿。8月23日,应杨子惠之请,至山洞杨宅,为其子女讲演。12月19日,为《教育全书》分撰《俞樾》传略完稿。同日,得中央训练团党政军人事管理人员第二训练班之聘函,请许寿裳任《历代人事制度述要》一课程之讲师。(参见倪墨炎、陈九英编《许寿裳文集》下及附录二《许寿裳先生年谱》,百花出版社2003年版;朱元曙、朱乐川《朱希祖先生年谱长编》,中华书局2013年版)

　　朱希祖1月5日赴重度市内上清寺参加考试院会议。19日,长子朱偰受中央图书馆筹备委员会主任蒋复璁之请兼任中央图书馆《图书月刊》总编辑。2月6日,王献唐来谈国史馆筹备委员会拟出半年刊,请朱希祖作文。9日,进城至上清寺考试院参加院务会议。22日,朱希祖与女婿罗香林谈《〈伪齐录〉校补》《〈伪楚录〉辑补》两录出版及家藏地方志归于公家事。当时罗香林将就任中央党部专门委员之职。3月1—7日,按清代地方行政区划,分府编写所藏各省地方志目录,共有浙江、河北、河南、山东、山西、陕西、甘肃、江苏、安徽、江西、湖北、湖南、四川、广东、广西、贵州、云南、东三省、新疆共21省,1227种。3月4日,中央图书馆筹备委员会主任蒋复璁来信,索阅地方志目录。8日,蒋逸雪、王義元、王献唐、卫聚贤、董作宾来访。13日,致信蒋复璁,告知地方志目录已经编就。28日,至考选委员会讲演"新五福论。5月1日,与张继谈国史馆筹备委员会陕西所购之书及南明史实。7月1日,长子朱偰赴财政部专卖事业司司长任。24日,张继来访,谈南明史。8月6日,赴考选委员会开特别会,讨论考试与教育联系办法。11日,至国史馆晤张继,后至考选会开第二次特别会及委员常会。14日,至考选委员会开特别会。17日,开考试院法规委员会会议,并阅许寿裳所制《周官官职系统及统计表》。25日,至考选委员会开会,讨论考试院主持高等以上毕业考试案。28日,马寅初来访,述其被捕放逐之由。30日,回访马寅初。9月5日,朱希祖赴考选委员会开会,讨论升等考试办法。7日,接姚薇元自贵阳来信,言其新改为贵州大学教授。14日,至国民政府补行宣誓就职典礼。同日,马衡及其弟季明来访。27日,接考选委员会委员长陈百年信,言许寿裳拟交出公职候选人检核委员会委员长及学术会议主席事,仍归朱希祖主持。10月15日,至考选会公职候选人检核委员会开会。12月,罗香林《国父家世源流考》由商务印书馆出版。(参见朱元曙、朱乐川《朱希祖先生年谱长编》,中华书局2013年版;王学典《20世纪史学编年(1900—1949)》,商务印书馆2014年版)

　　冯汉骥继续任四川省博物馆筹备主任。9月15日,四川博物馆开始发掘成都西郊有土台子前蜀王建墓。参加者有刘复章、林名均等。成都西郊有座高耸的土台子,当地人或谓诸葛亮抚琴处,或说是汉赋家司马相如抚琴台……穿凿附会,聚讼不已,并于其上修建了琴台建筑。1940年秋,为躲避日本飞机轰炸,天成铁路局在抚琴台北面挖凿防空洞。工程进行之中,突被一道砖墙所阻,当时人们误以为是"琴台基脚"。考古学家冯汉骥亲临现场调查后,断定为古墓葬。至本年秋,四川省教育厅厅长郭有守拨经费资助琴台发掘。9—11月,冯汉骥率四川博物馆筹备处部分员工进行了发掘前的清理和准备工作。当墓室开启以后,外界谣传其中有大量金银财宝,引起袍哥土匪的觊觎,竟至武装抢劫,将冯汉骥捆绑拷打半天之久。虽历如此艰险,但冯汉骥保护文物之决心,并不动摇,发掘工作未受影响。11月底,完成了第一阶段的发掘工作,显示了冯汉骥卓越的组织能力和高超的科学发掘技术。其后冯汉骥即围绕对此墓的研究,发表了《王建陵墓的发现与发掘》《相如琴台与王建永陵》《架头考》《前蜀王建墓内石刻伎乐考》等一组文章。(参见岱峻《李济传》,江苏文艺出版社 2009 年版;王学典《20 世纪史学编年(1900—1949)》,商务印书馆 2014 年版)

王云五继续任商务印书馆总经理,驻守重庆。1月上旬,蒋介石指派国民参政会秘书长王世杰与军事委员会幕僚长陈布雷慰问王云五,并表示政府愿以款项协助商务印书馆复兴。王云五当即接受,表示拟向四联总处贷款法币 300 万元,但无法提供财产担保。蒋介石完全同意,手令四联总处照办,并免予提供担保品。四联总处贷款向例须有担保,经财政部长孔祥熙提出办法,以王云五向来信用卓著,即以王云五个人资格为担保。此合约三年期满,王云五竟未借贷分文。三年期满时,王云五主动中止原约,不再续约。据王云五本人说,此一事件,在彼时重庆金融界和实业界中,对他有两种相异的批评。一种说他怪癖,放着这种优异条件,而不肯利用;又一种说他确能保持自力更生之原则。下旬,王云五为应急计,一方面委托外间代印书籍,一方面提高商务印书馆重庆工厂的工作效率,就上海工作标准予以调整,规定渝厂工作标准,并订定奖励办法,凡生产超过标准者,分别予以奖励。此外,并特别注重工作衔接情形,务使各程序之工作能力相配合,不使某一程序之能力过低,以致其他程序之进行受其影响。3月,商务印书馆推进营业。4月中旬,王云五派商务印书馆协理史久芸飞往韶关,处理香港工厂善后事宜。同月,王云五派前商务印书馆西安分馆周经理经陕间道上海,传达王云五之意旨于驻沪办事处,坚嘱遵循国策,不惜牺牲。

按:王云五有如下自述:"太平洋战事发生,日军即日接收上海公共租界及法租界,商务书馆在沪之办事处发行所内,数年以来受租界之庇护,勉能照常工作者,自是其命运当陷于不可知之数。其后月余亦无法通讯。我因为有与沪处沟通消息之必要,并对于今后沪处之如何保持忠贞,不与敌伪合污,实有切实指示之必要。闻自西安经沦陷区可以回至上海,适有前西安分馆经理周某愿回沪一行,一面为我传达意旨,一面想顺道省视家人。因即决定派其前往。查商务驻沪办事处主持者为代经理鲍庆麟氏,而董事会主席张菊生先生,热心维持商务事业,数十年如一日,重大事件,鲍代经理自必请示,张先生亦必加以指导。故我切嘱周某,除将我的意旨传达鲍代经理外,并谒张先生,请渠指导鲍氏务按我的意旨执行。我的意旨极关重要,却极简单。我认为敌人冒险发动太平洋战争,自动与美英启衅,美英两国虽受眼前损失,惟以美国国力之雄厚,终久获胜,绝无疑义。我国前此单独作战,备极艰苦;今后与盟国并肩作战,转败为胜,自极可靠。我在后方,收拾余烬,定可维持商务事业与令名于不坠;所虑者,商务的基地上海全为敌人所控制,敌人仅能摧残及掠夺我之物质,伪组织却可诱使商务同流合污,影响尤巨。我认为此时万勿顾虑物质资产,数年后盟国战胜,我方定可取偿;惟无论如何,必须坚守国家立场,力拒与敌伪合作;第一不可参入敌伪资本,第二不可以任何方式与敌伪合作,出版方面宁可停止一切,必不得已为维持职工生活计,或仅印旧版之古书或科学书,或变更业务方针,侧重文具甚至百货之贩卖,万万不可有违反国策之出版物,以维正义,而保令名。将来如有办法,我仍可自后方划款至沪,以维持职工生计,万一无法划款,此外亦别无他法可以维持职工生计,即变卖资产亦所不惜。这些话已由周某一一转达,数月后周氏复返后方,谓历访张先生及鲍代经理,均表赞同,一切请我放心。等到抗战胜利,信息通畅无阻,我获悉上海沦陷期内,许多企业,甚至大多数的出版业,都变更资本,向伪组织声请注册,因此不免参入新股本;但商务书馆始终未变更资本,遂未向伪组织变更注册,甚至因此不敢召集股东会,仅由董事会决定借发股息数次,以免股东因此而要求开会,复因开会而引起增资等问题。此节张先生与各董事确曾煞费苦心,与我第一项的意旨完全相同。惟另一项却嫌美中不足。胜利后,经过一二个月,重庆有若干报纸登载上海通信,攻击沦陷期内上海商务书馆竟与数家出版业合组所谓'五联出版公司',承印伪组织核定之教科书,有协助敌伪散布毒素之嫌；并谓重庆之商务总管理处，在我主持之下，虽极力拥护国策，编印许多有助抗战的图书，并领导承印国定本教科书，但看了上海商务印书馆之所为，尤其是我虽是总经理，而在总经之上之董事会却仍留在上海，决定与敌伪同流合污，编印含有毒素的伪教科书。于是纷纷主张功罪分明，不可因我在后方之有功抗战，而置商务董事会在上海之违反国策行为于不问云云。我在查明真相以前，固然不便作何种辨正，但自揣八年抗战，商务艰苦备尝，坚贞自守。今当胜利伊始，竟有此项恶评，精神殊感愤懑。此时渝沪函电畅通，经查询后，不幸确有其事。固由敌伪之压迫其力，为着保存资产起见，在沪商务当局于拒绝多次以后，不得不与出版教科书之同业数家，作此联合组织，俾不致有玷本身，其情固可恕，然未能按照我所传达的意旨，宁牺牲资产而不与敌伪合作，致不幸而召此意外的责备，则不免遗憾。后来我自渝东下，抵沪数日，即坚决辞去商务总经理之职，除有其他许多原因外，这也是重要原因之一。我辞职后，闻有人向高等法院检察处检举此案，牵涉商务书馆彼时驻沪经理鲍庆麟，因鲍氏业已去世，而他家之关系人多已离沪。故侦查后尚未闻有进一步的措施。但是法律上的制裁虽然幸免，而在商务书馆对于抗战的光荣史中却不免构成一个污点，至可痛心也。"

　　王云五 6 月 1 日应邀在中央图书杂志审查委员会纪念周发表演讲《战时出版界的环境适应》。7 月 30 日，重庆《大公报》广告，商务印书馆七月份第四周出版之新书和重版书，各书均照定价十倍发行。8 月 11 日，中央文化运动委员会举行出版界座谈会，王云五、唐性天、姚蓬子等发表意见，对于工人之跳厂，运输困难，检查问题，皆有报告。特对某国营书局之总理遗教小册子售价 16 元，深表不满。9 月 1 日，重庆《大公报》广告，商务印书馆本周有新书出版，各书均照定价十倍发售。11 日，王云五应邀在外交部使领馆人员研究班上演讲《出版物的国际关系》。10 月 13 日，据商务印书馆总经理王云五谈，商务印书馆自成立以来，共出图书 3.7 万余种，其中已绝版者，计 1.7 万种。19 日，商务印书馆王云五联合重庆十大书局，组织发起重庆市出版业同业公会。首次提出组建重庆市出版业同业公会的发起者为王云五（商务印书馆）、姚戟（中华书局）、吴秉常（正中书局）、朱梦楼（世界书局）、沈骏声（大东书局）、范洗人（开明书店）、窦恩培（中国文化服务社）、张静庐（上海杂志公司）、徐伯昕（生活书店）、唐性天（华中图书公司）。他们分析了重庆出版业组织的现状，援引上海书业亦与文具社分开各自分设两个同业公会之理由，并按经济部的规定，向当局报告呈请，次年获准成立。（参见吴永贵《民国图书出版史编年：1912—1949》，社会科学文献出版社 2018 年版）

　　李叔明继续任中华书局总经理。3 月 29 日，中华书局在重庆成立总办事处。4 月，中华书局在重庆召开后方分局经理会议。总经理李叔明致辞，说明本人办事的三个原则，是推诚相见、合理化及实事求是，这三个原则为将来一切设施之根据。伯鸿先生在世时所施种种办法，在万事剧变的今日看来，有许多不合之处，我们不能不改变一下，以求其合理化。现在要变更的重要几点：（一）港、沪沦陷后，后方各分局与总局失却联络，现为后方打开新局面计，特在渝成立总办事处。以后本局一切设施均在渝办理，分局与总局之接洽账表等，均与渝总处往来。（二）依据以往经验及运输上的困难，对分局的书籍文具供应，不能不先为布置，择交通、印刷均便之地，分区设供应站。（三）分局同人待遇应合理提高，同时如何使公司在此经济困难期间能负担得起，留待讨论。（四）本局营业方针亦得改动：（甲）开源节流方面，除本版书与文具外，可经营外版图书，文具也可自行进货；（乙）结账制度，由过去的总局结账改为分局结红，以鼓励努力开源节流之分局。（五）风纪要整顿，不许有危害本局权益的行为。（六）培养人才。过去待遇较差，不少同人离去，很可惋惜。战时固需人才，战后复兴尤需人才，望各分局一面培养训练，一面使其明了此系文化教育事业，与国家民族有甚大关系，不致随意离去。5 月 1 日，中华书局为在重庆就地印行土纸本中小学教科书，另设重庆办事处,办理监印、校对、发运等事。办事处由重庆分局兼理。6月1日,又设立成都办事处,由陈仲英负责,办理购买纸张、印制中小学教科书事。5月初,总处与西南印书局签订在成都独家承印本局教科书的合约,蓉处成立后接办其事。所印书籍发往渝、宛、秦、甘、滇、黔各分局。该处于7月1日与洪雅县土纸运销合作社签订购买土报纸,为期六个月,每月供应六十万张,共计三百六十万张的合同。10月,中华书局印刷厂在重庆开业,该厂前身为安庆印书馆,中华书局接收后,添置器材设备,人员增至300余人。11月,中华书局重庆总处所辖各地分支局处共25处,又印刷办事处5处。分别是重庆分局、成都分局、云南分局、贵阳分局、福州分局驻南平办事处、梧州办事处、澳门支局、南昌分局驻遂川办事处、长沙分局驻邵阳办事处、常德分办事处、衡阳分办事处、杭金联合支店、西安分局、兰州分局、开封分局驻南阳办事处、梧州分局驻柳州办事处、桂林支局、汕头分局驻梅县办事处、广州湾支局、南阳支局、金华支局驻江山办事处、西南办事处、重庆印刷办事处、成都印刷办事处、桂林印刷办事处、江西印刷办事处、邵阳印刷办事处、许昌支局、汉口分局驻恩施办事处。12月2日,延安《解放日报》载,中华书局捐赠给中山图书馆书籍:(本市讯)重庆中华书局,近捐赠中山图书馆140余种图书,现已分批付邮,首批《国富论》《中国社会经济史》《历代史表》《铁道年鉴》等30余册已于目前到馆,闻其余各批亦将陆续寄到云。(参见吴永贵《民国图书出版史编年:1912—1949》,社会科学文献出版社2018年版)

陶百川在重庆任《中央日报》社社长,因爱惜陈德徵的才华,将其安排在《中央日报》任"主笔"。因其抢先报道英美等国鉴于中国在对日战争中的贡献,准备在战后将租界交还给中国的信息,引发英美等国的强烈不满,纷纷表示抗议,蒋介石只得下令彻查此事,当即圈定陈德徵:"此人尚未死乎? 着各机关永不录用。"

孙伏园1月24日至2月7日在《中央日报》副刊上登载郭沫若的历史剧《屈原》,孙伏园因此被撤销《中央日报》副刊主编职务。4月,重庆作家书屋出版孙伏园著作《鲁迅先生二三事》,用重庆土纸印刷。孙伏园离开《中央日报》后,借重庆《时事新报》改组之机,率领被迫离开《中央日报》的总编辑詹辱生、总务主任、资料室主任刘尊棋等进入《时事新报》,孙伏园任主笔,实际上在编辑部负总责。《时事新报》原有《青光》《学灯》两个副刊,《青光》每天见报,《学灯》每周见报。孙伏园将《学灯》改名《文林》,登载创作和文艺理论的文章,《青光》则专登文艺作品。(参见吕晓英《孙伏园评传》及附录《孙伏园年谱简编》,中国社会科学出版社2011年版)

李辰冬主编的《文化先锋》9月1日在重庆创刊。11月3日,李辰冬在《文化先锋》第1卷第10期发表《为甚么我们当代没有伟大的文艺》,再次引出"伟大的作品"的论题。作者在文中首先说明,之所以提出这个问题,是有感于抗战五年来的现实,认为"这五年抗战的最大收获,就是信仰一致,一致地认清了文明民族的前途,一致地认清了我们民族对世界应负的责任。既有一致的认识,一致的信仰,一致的努力,那这种情绪下产生的作品,一定不是个人主义的,而是全民族的或全人类的。此其所以我们要将'为什么我国当代没有伟大的文艺'这一问题重新提出的缘故。在现在的时候,回顾以往,很容易看出我们文艺界以往怎样,同时,更容易看出我们应当怎样走。"文中总结了过去的创作所以达不到"伟大的境界"的原因,有三:"一、缺乏坚定的信仰""二、缺乏广泛的生活体验""三、缺乏高深的哲理",等等。可见,李辰冬提出这个话题,是有意总结"抗战五年"以来的文学创作与文艺思潮,试图在纠改"个人主义"倾向的基础上,重新探讨一条"伟大文艺"的新路。是年,所著《红楼梦研究》由中正书局出版,系在巴黎大学的博士论文,深受西方现代文学批评方法的影响,是第一部用西方文学观点来系统研究《红楼梦》的专著,时人许之为"破天荒的创举"。后经冯友兰先生亲自审核定稿出版,是该时期最重要的"红学"著作之一,一年之内即重印 6 次。(参见张志云《〈文艺先锋〉(1942—1948)与国统区文艺运动》,四川大学博士学位论文,2007 年)

署名"山"在《读书生活》第 1 卷第 3—4 期发表《学术建国》的短评,文中写道:无论从哪国历史看,国势水平是随着学术水平而升降的,因为学术是国力的渊源,是进步的动力,所以一个国家的强弱兴衰系于学术的高低隆替。英国在世界上拥有最强大的海军力量,但这决不是几个海军军人造成的,而是国内工商业发展膨胀的必然结果,繁荣发达的经济是根源于进步深邃的学术。德国于第一次世界大战后,受尽《凡尔赛条约》的束缚,但是由于德国学术的不可屈服,在压迫中他们仍能在机械、设备、器材、技术等方面有惊人的发明和创造,所以德国在第二次世界大战的开始阶段能取得惊人的战果。实际上就整个欧洲文明而论,欧洲资本主义生产制度是建立在产业革命之成功的基础上的,而推其成功的因素和动力,又不能不推究到以前的科学家如牛顿、瓦特,思想家如达尔文、亚当斯密等,而这些科学家思想家的成就,又是 15 世纪培根以来文艺复兴和宗教改革运动高潮洗荡的必然结果。因此,中国要在抗战的同时取得建国的成果,就必须加强学术研究。(参见郑大华《论"抗战建国"话语下"学术建国"的讨论》,《浙江学刊》2020 年第 3 期)

伍辛 7 月 20 日在重庆《学习生活》第 3 卷第 2 期发表《〈大雷雨〉和〈北京人〉》。文说:"《大雷雨》和《北京人》,时间地点是距离颇大的,然而却有着同样的主题——暴露封建社会的统治对于人性的摧残;也有着同样的题材的选择——在封建的家长权威下新的一代和老的一代不断演着的悲剧;或者是按照封建的生活样式忍受下去,那么就变成了将来的、比自己后一代的悲剧的制造者;或者是经不住心灵的袭击,那就成为现在的悲剧的牺牲者。也有着同样的社会意义——从家庭悲剧这一个环来表现整个封建社会腐烂的全链。"(参见田本相、阿鹰编著《曹禺年谱长编》,上海交通大学出版社 2017 年版)

邓初民在重庆主要从事国民党上层人士的统战工作。6 月,所著《中国社会史教程》由桂林文化供应社出版。此书是一部比较重要的马克思主义通史之作,"绪论"主要讨论什么是历史、什么是中国社会史、关于研究一般历史所必须注意的几个要点三个问题。第一编为"先史时代的中国社会",第二编为"正史时代的中国社会"。(参见王学典《20 世纪史学编年(1900—1949)》,商务印书馆 2014 年版)

杜宣 7 月从桂林至赖家桥郭沫若寓所拜访,交谈中郭沫若讲了不少国民党政府的丑闻,并示以一本揭露、谴责国民党背信弃义、破坏团结行径的毛边纸装订的诗稿,谓:"这里面的诗,今天是不能发表的。我相信将来总有那么一天,会把它印出来,让我们的子孙后代知道,我们曾经经历过怎样的黑暗时代。"8 月 4 日,阳翰笙陪杜宣访郭沫若。(参见林甘泉、蔡震主编《郭沫若年谱长编》,中国社会科学出版社 2017 年版)

吴经熊 1 月因日本攻陷香港,被幽禁于医院 22 天,后被保释软禁于家。5 月 2 日在友人的帮助下,举家逃离香港,应时任国民政府外交部次长傅秉常之邀前往重庆,任立法院外交委员会委员长。

陈长蘅任考试院法规委员会委员,曾和客家学研究名家罗香林,在重庆参加留渝清华大学校友庆祝母校 31 周年校庆期间,一起讨论客家人的来龙去脉,研究客家人对迁入地区的经济、文化发展的作用和贡献。

蔡仪继续在郭沫若领导下的国民革命军总政治部第三厅和文化工作委员会从事对敌

宣传研究工作。著成《新艺术论》。冬,开始撰写《新美学》。

杨玉清发行的重庆《三民主义周刊》7月1日改名为《三民主义半月刊》。杨玉清任《三民主义半月刊》杂志社社长兼总编辑。

卢于道任中国科学社代理总干事和《科学》杂志主编。

王亚平赴重庆成立春草社,创办《春草集》和《春草诗丛》。

张镜影任国民党中央"党史会"编辑处长。

杨兆龙应国民政府军事委员会政治部部长张治中邀请,任该部设计委员。

王琦、丁正献、刘铁华、罗颂清、邹恒秋为常务理事的中国木刻研究会1月3日在重庆成立。

陈东原1月应时任国民党中央政治学校教务长张道藩的邀请,任该校教务副主任。因介绍进步青年去该校读书,还主张教务改革,受到原教师的排挤。12月,离开该校。

王寒生为理事长的中国心理建设学会2月在重庆正式成立,以"民族气节,力行精神,转移社会风气"为宗旨。编辑出版《心理建设月刊》和《新政周刊》。

刘运筹、关吉玉、刘攻芸、杨锐夷、张知辛等人为常务理事的中国粮政协进会3月20日在重庆成立,编辑出版《粮食杂志》和《西康粮政》等。

江鸿起及美国人费吴生等人7月6日在重庆发起成立中国盲民福利协会,选举宋霭龄为会长,谷正纲、黄梅仙为副会长。出版有盲文版《启明月刊》和《盲字小丛书》。

朱杰勤到重庆入教育部及侨委会合办的南洋研究所工作,任史地研究员兼组长,与张礼千、姚楠共事。

孙启良、唐继明、张宪昌等中央大学法律系学生在重庆发起成立中国正友社,以互相砥砺,研讨学术,增进知识,建设三民主义之新中国为宗旨。

许世英为会长,黄仁霖为副会长的中国社会服务事业协进会在重庆成立。

邓广铭征得傅斯年的同意,到重庆工作。经何兹全介绍,去C.C派刘百闵主持的中国文化服务社主编《读书通讯》刊物。

章乃器12月与吴蕴初、胡厥文等发起创办中国工业经济研究所,被推选为所长。

罗伟为总干事的中国战时社会问题研究社在重庆成立。

马宗荣为馆长的中央民众教育馆11月12日成立。

陈白尘倡议办《戏剧月报》,与曹禺、陈鲤庭、赵铭彝、郁文哉、张骏祥等同为编委,而由四川剧校毕业学生刘沧浪负责编务。

于伶回重庆,与宋之的等组织中国艺术剧社,并创作剧本《长夜行》《杏花春雨江南》《心狱》等。

白杨、陈天国、路曦、谢添、施超、顾而已、魏鹤龄、吴茵等在重庆演出陈白尘编剧的《结婚进行曲》,导演陈鲤庭。

金山、白杨、张瑞芳、苏绘、张逸生、丁然等在重庆演出郭沫若的历史名剧《屈原》,轰动山城。周恩来同志为《屈原》演出成功举行庆祝宴会。

杨友蓉为理事长的中国英语学会3月15日在成都成立,出版《英文易解文法》等。

李可染在四川重庆参加当代画家联展。

关良在四川成都举办个人画展,郭沫若撰文《关良艺术论》向社会介绍和赞扬他的绘画艺术。茅盾等为之题词称赞。

班禅胞弟策觉林及丁杰佛、罗布次仁等人4月在成都发起成立西藏旅蓉学术研究会,以"联络汉藏情感,沟通文化,培育边陲青年,宣传政教,拥护中枢"为宗旨。

欧阳竟无作《心经读》。吕澂说:"民国二十九年,遭家难,矢志观行,于《心经》默识幻真一味之旨,夙夜参研,期以彻悟。三载,始着《心经读》存其微言,盖师最后精至之作也。"(《亲教师欧阳先生事略》)《心经读》以境、行、果段三以统全文,他说:"所谓《心经》全义者,皆空之谓境,行深般若之谓行,照见皆空之谓果也。"又说:"十六分六百卷如咒,《心经》寥寥几句如咒心。故不读六百卷不足以读寥寥几句,而不读寥寥几句又不足以读六百卷也。"(参见徐清祥《欧阳竟无评传》,百花洲文艺出版社2010年版)

太虚1月2日接待王恩洋来缙云山,集众为座谈会,与为《佛教对于将来人类之任务》之商榷。3月8日,中国文化协会举行缅甸日,大师于国际广播大厦,对缅甸佛徒广播。17日,中国文化协会举行印度日,大师于国际电台广播《中印之回溯与前瞻》。6月11日,大师《呈行政院维护寺僧》,拟办法五项,务使于僧得安,于教得整,于国家民族得益。其后,行政院批准内政部修改之办法五项,与大师原意全异。潮音编者(福善)不知,误题为《行政院批准维护佛教整理财产办法》,引起外间不少误会。太虚再呈行政院,未得批答。7月1日,作《抗战五周年之新意义》,载时事新报七七特刊文。15日,太虚寓北碚,读冯友兰《贞元三书》,作《简评》。谓新理学之理气并重,低于程朱,更远不及陆王。夏,大师于汉院,读《为支那堪布翻案》,以纠正藏僧及蔽于西藏佛教者对于中国禅宗之歧视。下学期,太虚讲《法性空慧学概论》于汉藏教理院。又讲四教仪,了参、光宗记其悬论,成《天台四教仪与中国佛学》。大师学本中国佛学,而近二十年来,佛学院每偏重唯识,而四川又多重中观及密宗。是年后,太虚乃多讲中国之佛学。(参见印顺编著《太虚法师年谱》,宗教文化出版社1995年版)

吴耀宗4月在《公报》第14卷第3—4期合刊发表《基督教与新中国》。文中开篇即云:"中国抗战,已经快到五年了。在这五年当中,我们遭遇了空前的苦难,也为民族生死存亡的斗争付了空前的代价。然而我们相信,这一切并不是无意义的牺牲,而是新中国建设所必须经过的历程,是民族复兴所不可缺少的锻炼。因此,不管我们前面还有着多少困苦艰难的旅程,我们还是抱着决心,鼓着勇气,迈步前进!"那么,"我们所期望着的究竟是怎么样的一个新中国呢?"作者为此画出像以下的一个轮廓:第一,我们当然要一个自由平等的新中国。第二,我们要一个物质建设飞跃进步的新中国。第三,我们希望与物质建设同时并进的,是一般民众生活的提高。第四,我们更希望民主政治的实现。新中国的建设,不只是一个愿望,而是一个绝对的可能,但这可能是建筑在以下的三个假定上面的:第一,我们假定中国的抗战是胜利的。第二,我们假定在现在的世界大战中,民主国家是要得到胜利的。第三,我们假定国内觉悟的民众能负起责任,在各方面为新中国的实现而努力。至于基督教对新中国的建设究竟可以有什么贡献?作者的回答是:第一,基督教可以增加一般人民对中国民族和对正义公理必定得到最后胜利的信仰。第二,基督教可以鼓起国民的牺牲、克己、服务的精神。第三,基督教可以为新中国的建设,供给许多有用的人才。第四,基督教可以做一个促成民主政治实现的动力。9月18日,吴耀宗顺应20世纪基督教会合一主流,促成基督教文字出版机构超宗派联合基督教联合出版社在成都成立,由华英书局、广学会、青年协会书局及《田家》半月刊组合而成,任联合出版社主席。(参见赵晓阳编《中国近代思想家文库·吴耀宗卷》及附录《吴耀宗年谱简编》,中国人民大学出版社2014年版)

　　梅贻琦继续任西南联大常委会常委、清华大学校长,主持西南联大。上年12月24日,昆明《朝报》发表《从修明政治说到飞机运洋狗》,揭露孔祥熙女儿孔令仪强占国民政府派到香港接运各界著名人士的飞机,甚至同机运回她的洋狗、马桶等,致使茅盾、陈寅恪等著名文化人士及一批国民党元老不能及时撤退。消息传出,舆论哗然,群情激愤。至本年1月6日,西南联大、云大、中法大学、英语专科学校、同济大学、昆华中学等校学生组成了一支3000多人的游行队伍,声讨孔祥熙,形成了以揭露国民党政府腐朽统治为斗争目标的"倒孔运动",引起蒋介石的极大震动。不久,蒋介石派三民主义青年团中央团部组织处处长康泽到昆明,将这次刚刚掀起的波澜压制了下去。但这次"倒孔运动"作为抗战以来昆明学生运动的第一声,打破了"皖南事变"后国民党统治区的沉寂局面,为以后形成民主运动高潮打开了局面。7日,联大第二〇三次常委会决议:(一)聘请朱荫章为注册组主任。(二)聘请彭仲铎为师院国文系教授,聘请张大煜为化学系教授(名誉职)。24日,教育部次长顾毓琇到昆与云南省政府主席龙云商谈教育问题。28日,联大第二〇五次常委会决议:(一)郑华炽请辞一年级学生课业指导委员会委员及该会主席职务,请李继侗为主席。(二)聘请岳动毅为航空工程学系副教授。2月2日,学期考试开始,25日寒假开始。11日,第二〇六次常委会决议:(一)陈序经因事离校,法商学院院长职务由张奚若代理。(二)聘请张大煜为化学系教授。25日,联大第二〇七次常委会决议:倪俊请辞电机工程学系主任职务,请任之恭担任。同月,云南省主席龙云发动百万元募捐活动,以救济本市各大学学生。3月3日,宋美龄在云南大学讲演《访印归来及其他》,讲话中为孔祥熙辩护。25日,联大第二一〇次常委会决议:(一)电讯专修科筹设无线电机修造部,以利学生实习,并为社会服务。(二)聘请陈国符为化学工程学系副教授。4月24日,公布清华研究院1941年度第2学期概况。其中文科研究所中国文学部有教员3人,研究生2人;外国语文部有教员8人,研究生1人;哲学部有教员4人,研究生4人;历史学部有教员6人,研究生2人;另社会学部有教员3人,研究生1人。26日,清华大学31周年校庆纪念在北门街清华研究所举行。

　　梅贻琦6月1日出席联大举行的国民月会并讲话,表示联大决不再迁校,下学期将于9月中旬开学,要求学生不要离开昆明。3日,本校数学会举行茶会,庆祝华罗庚、许宝騄教授荣获学术奖金。22日,学年考试开始。24日,联大第二二一次常委会决议:推定冯友兰、吴有训、郑天挺、查良钊、杨石先会同黄钰生商讨本校附属学校整理办法,并请冯友兰为召集人。29日,本届毕业生总考开始。6月30日,西南联大奉教育部命令,呈报服务年限满10年教授名单,作为部聘教授候选人。清华大学呈报11人,其中有闻一多、王力、雷海宗、噶邦福等。7月1日,暑假开始。同日,联大第二二二次常委会决议:(一)接受马联荣先生纪念奖学金。(二)任之恭请辞电机工程学系主任职务,请章名涛继任。(三)聘请周荫阿为电讯专修科教授。16日,清华大学第十八次评议会即作出决议:"提议各学系应就将来重建本校时所需最低限度之设备标准,预为调查估计,开列清单,以备参考。"同日下午3时半,出席清华第十八次评议会。与会者还有冯友兰、王明之、刘仙洲、萧蘧、陈岱孙、潘光旦、陈福田、陈省身、叶企孙、吴有训、沈履、施嘉炀、周培源。会议审议考选第六届留美公费生应否即行恢复举办案,决定俟时局稍稳定后再讨论。又通过陈铨、沈有鼎等下学年休假研究案。23日下午4时,出席清华第四十六次校务会议。与会者还有陈岱孙、吴有训、叶企孙、冯友兰、沈履。会议审议研究院经费分配标准。8月6日,联大第二二七次常委会决议:加聘王宪钧为一年级学生课业指导委员会委员。13日,联大第二二八次常委会决议:加聘宁榥、严畯为工学院学生生活指导委员会委员。20日,教育部训令,为加强专科以上学校学生道德训练,自1942学年入学新生起,设置伦理学,为一年级学生共同必修课。9月16日下午3时,出席清华第四十七次校务会议。与会者还有陈岱孙、李辑祥(代施嘉炀)、叶企孙、沈履、潘光旦、冯友兰。21日,1942—1943年度第一学期开始上课。始业集会时,梅贻琦常委讲话,要求学生爱惜公物,维持团结秩序等项。23日,联大第二三三次常委会决议:聘请查良钊为本校国民月会督导员。28日,一年级新生开始注册。30日,联大第二三四次常委会决议:聘请潘尚贞为化学工程学系教授。10月1日,举行国民月会,总点名。冯友兰讲《伦理学》序言。3日,梅贻琦常委向本届新生讲话,以"诚勤"二字勖勉。

梅贻琦10月7日主持联大第二三五次常委会,决议推冯友兰、钱端升起草函件,响应在英同盟国大学教授联合会谴责轴心国摧残教育之罪行,并向各被侵略国教育家致敬宣言。21日,经第二三七次常委会通过后发出。10日,国庆放假,举行秋季运动会。21日,联大第二三七次常委会决议:(一)设置营缮工程及购置财物委员会。(二)聘请钟道铭为地质地理气象学系暨师院史地系教授。11月1日,本校5周年校庆,放假一日。上午,举行庆祝会,梅贻琦常委报告五年来建校经过及经费收入情况,勉励学生忍苦耐劳,以尽天职。4日,联大第二三九次常委会决议:(一)杨武之因病请辞算学系兼师院数学系主任职务,改请江泽涵继任。(二)聘请张泽熙、孟广喆、严畯、谢明山、宁榥、周荫阿、褚士荃、黄中孚为1942—1943年度工学院学生生活指导委员会委员,张泽熙为主席。12日,孙中山先生诞辰纪念。上午,在昆北食堂集会,周炳琳讲《废除不平等条约之时代的意义》。13日,本校与北平图书馆合作之征辑中日战事史料委员会本校方面委员刘崇鋐久未到校,改聘雷海宗代表本校参加该委员会。同日,美国驻华大使高思代表美国国务院来函,请本校从教授中遴选一人,赴美讲学。18日,国民政府为昆明物价高涨,特拨给本校教员生活补助费20万元。同日,联大第二四一次常委会决议:聘请陈序经、霍秉权、严仁荫、孟广喆、褚士荃为教职员消费合作社委员会委员。25日,联大第二四二次常委会决议:(一)本校接受云南省选送留美公费生委员会委托,筹办留美预备班,聘请吴泽霖为班主任。(二)聘请郑天挺、刘本钊、郑华炽、王裕光、刘镇时、毕正宣为营缮购置财务委员会委员,郑天挺为召集人。26日,教授会选举出席第五届校务会议之教授代表。周炳琳、张奚若、陈雪屏、潘光旦、罗常培、陈岱孙、陈福田、钱端升、燕树棠、萧蘧、张景钺、李辑祥等12人当选为代表,李继侗、杨振声、王信忠、郑华炽、刘仙洲、陈省身、冯文潜等7人当选为候补代表。同月,第五届学生自治会改选,竹淑贞当选理事会主席。

梅贻琦12月2日主持联大第二四三次常委会,决议:聘请黄炯华为外国语文学系教授。8日,英国议会访华代表团来校演讲,顾维钧大使陪同。16日,联大第二四四次常委会决议:(一)聘请文、理、法商、师范四学院一年级学生生活指导委员会1942—1943年度第二学期委员。(二)聘请汪懋祖为教育学系教授。会议还推定金岳霖代表联大应美国国务院之邀请赴美讲学。同日下午1时半,出席清华第十九次评议会。与会者还有任之恭、萧蘧、王信忠、潘光旦、王明之、陈福田、陈岱孙、沈履、冯友兰。会议决定自下学年起留美自费生奖学金办法暂停,明年补行考选第六届留美公费生。17日,北京大学44周年校庆。22日,梅贻琦常委赴渝参加国防科学技术策进会,施嘉炀、饶毓泰、曾昭抡、任之恭、庄前鼎同行。常委职务由杨石先暂代。同月,原历史学系教授张荫麟在广西宜山浙江大学病逝。本校教师 30 余人 4 日在北门街教师宿舍举行追悼会。同日，大理滇西干训团请冯友兰、曾昭抡、潘光旦、燕树棠、陈雪屏、陶云逵、费孝通等寒假赴大理讲学。是年，联大遵"部令"，加强了边疆问题的研究，在中国文学系、历史学系、社会学系等分别添置了有关课程，如《汉藏系语言调查》《西南边疆社会》《中国边疆区域地理》等。（参见黄延复、钟秀斌《一个时代的斯文：清华校长梅贻琦》，九州出版社 2011 年版；龚克主编《张伯苓全集》第十卷附编《张伯苓年谱》，南开大学出版社 2015 年版；蔡仲德编撰《冯友兰先生年谱长编》，中华书局 2014 年版；西南联大北京校友会编《国立西南联合大学校史——1937 至 1946 年的北大、清华、南开》，北京大学出版社 1996 年版；齐家莹编《清华人文学科年谱》，清华大学出版社 1999 年版；《云南大学志》编审委员会《云南大学志》第 2 卷《大事记（1915 年—1993 年）》，云南大学出版社 1993 年版；闻黎明、侯菊坤《闻一多年谱长编》（增订版），上海交通大学 2014 年版）

冯友兰 1 月 1 日在遵义《思想与时代》第 6 期发表《论人生的意义》，认为解是了解，觉是自觉，因人生之有觉解，使人在宇宙间，得有特殊的地位，故"有觉解不仅是人生的最特出最显著底性质，亦且是人生的最重要底性质"。上旬，在联大社会学会讲演《抗战与中国社会思想》，刊于 7 日昆明《中央日报》。7 日下午 6 时，在昆明才盛巷 2 号出席常委会第二〇三次会议。12 日，致函孙雄曾，就孙雄曾在《星期评论》第 38 期对《新理学》所提 4 点质疑作出答复。后题为《新理学答问之二》刊于 2 月《星期评论》第 42 期。1 月 14 日下午 5 时，在文化巷 30 号南开大学办事处出席常委会第二〇四次会议。28 日下午 6 时，西仓坡清华办事处出席常委会第二〇五次会议。同月，发表《再论知行》，认为"知"有认识、了解二义，就认识之义而言，道德之知易而其行难，就了解之义而言，道德之知难而其行易，"不过在技术方面说，知难行易，所以能知即能行。但在道德方面……却不定能知即能行"。2 月 1 日，《论心的重要》刊于《思想与时代》第 7 期。11 日下午 6 时，出席常委会第二〇六次会议。16 日午后，朱自清来访。25 日下午 6 时，出席常委会第二〇七次会议。同月，发表《抗战的目的与建国的方针》，提出建立一个现代工业国，认为近代的"民族国家"是一个工业化的国家，我们要建立"近代式底国家"，首先就必须知道"近代式底国家的要素"是什么？"近代式底国家的要素"是"工业化"。英法当时被德国打败就因为缺乏这个认识，没有摧毁德国工业基础，而苏联的成功就在于成为工业强国。有了"工业化"，我们就会有坚船利炮，就会有国会宪法，就会有德先生和赛先生，所以我们要实现抗战的目的，即将中国建设成为一个"近代式底国家"，其最重要的工作，"是赶紧工业化"。3 月 1 日，《论人生中底境界》刊于《思想与时代》第 8 期。4 日下午 5 时，在文化巷 30 号南开大学办事处出席常委会第二〇八次会议。18 日，《义与利》刊于《大公报》。下午 6 时，在文化巷 30 号南开大学办事处出席常委会第二〇九次会议。25 日下午 5 时，在文化巷 30 号南开大学办事处出席常委会第二一〇次会议。28 日，朱自清来访，借走《新原人》手稿第 1 册。同月，作《新原人·自序》；所著《新世训》在重庆出第二版。

冯友兰 4 月 1 日在《思想与时代》第 9 期发表《论自然境界》。25 日下午 5 时，在文化巷 30 号南开大学办事处出席常委会第二一一次会议。26 日下午 3 时，在北门街 71 号出席清华 31 年周年校庆纪念会。会上冯友兰讲演说，并述叶公超由新加坡脱险至爪哇而至印度事迹，以及陈寅恪近况。29 日下午 6 时，在南开办事处出席常委会第二一四次会议。同月，《新理学》由商务印书馆在长沙再版。5 月 1 日，冯友兰《论功利境界》刊于《思想与时代》第 10 期。2 日，朱自清来访，借走《新原人》手稿第 2 册及三本《思想与时代》。6 日下午 6 时，在西仓坡清华大学办事处出席常委会第二一五次会议。7 日下午，出席联大第四届第三次会议。16 日,《人生的意义及人生中的境界》刊于《读书通讯》第 42 期。此文为在云南省训练团学术讲演会之讲演记录。20 日下午 6 时,在西仓坡清华大学办事处出席常委会第二一六次会议。21 日,在师范学院附属礼堂出席联大教授会三十年度第三次会议。22 日,出席联大教授会。23 日下午,朱自清来还《新原人》手稿第 2 册。27 日下午 6 时,在文化巷 30 号南开大学办事处出席常委会第二一七次会议。月底,得孙雄曾 24 日信,信中就《新理学问答之二》提出商榷。同月,刊出《新理学答问之三》;阅李耀仙毕业论文《二程哲学之比较研究》,并以梁启超评梁漱溟《东西文化及其哲学》语评之:"有偏宕处,有独到处。"

冯友兰 6 月 1 日在《思想与时代》第 11 期发表《论道德境界》。3 日下午 6 时,在文化巷 30 号南开大学办事处出席常委会第二一八次会议。4 日下午 6 时,出席清华第四十五次校务会议,会议审议清华对战局情形应预筹准备案。5 日,《乐观与戒惧》刊于昆明《中央日报》。文中认为"民族自尊心及自信心"的恢复,"是这次抗战最大底收获"。同日,在联大国文学会主办的中国文学汇讲会作"哲学与诗"的演讲,讲哲学跟诗和文学的关系。9 日下午 6 时,在文化巷 30 号南开大学办事处出席常委会第二一九次会议。15 日,出席清华聘任委员会第十五次会议。24 日下午 6 时,在文化巷 30 号南开大学办事处出席常委会第二二一次会议,会议推定冯友兰与吴有训、郑天挺、查良钊、杨石先会同黄钰生商讨联大师范学院附属学校整理办法,冯友兰并任召集人。25 日,出席清华聘任委员会第十六次会议。7 月 1日,《论天地境界》刊于《思想与时代》第 12 期。同下午 6 时,在文化巷 30 号南开大学办事处出席常委会第二二二次会议。2 日,出席清华聘任委员会第十七次会议。3 日下午 3 时半,出席联大第四届第四次校务会议。晚访朱自清,并遇黄子卿,谈哲学问题。8 日下午 6 时,在文化巷 30 号南开大学办事处出席常委会第二二三次会议。15 日下午,出席教授会。6时,在文化巷 30 号南开大学办事处出席常委会第二二四次会议。16 日,与朱自清同回龙头村,并请朱共进早餐。下午 3 时半,出席清华第十八次评议会。同日,《新旧道德问题》刊于《读书通讯》40 期。22 日下午 6 时,在文化巷 30 号南开大学办事处出席常委会第二二五次会议。23 日下午 4 时,出席清华第四十六次校务会议。会议审议研究院经费分配标准。29日下午 6 时,在文化巷 30 号南开大学办事处出席常委会第二二六次会议。30 日上午 9 时,出席联大教授会三十年度第四次会议。下午 4 时,出席清华三十年度第二次教授会。会议通过本科第十四级、研究院第八届毕业生名单,选举下届评议员及教授会书记。同月,《朱熹哲学》由卜德英译刊于《哈佛亚细亚研究学报》第 7 期。

冯友兰 8 月 1 日在《思想与时代》第 13 期发表《论学养》。6 日,出席清华聘任委员会第十八次会议。下午 5 时,在南开大学办事处出席联大常委会第二二七次会议。8 日,赴曲园应卢芷芬邀宴,同席还有朱自清等。13 日下午 6 时,在清华大学办事处出席常委会第二二八次会议。15 日,《中国传统哲学所求底理想生活》刊于周刊《生活导报》第 38 期。16 日,致函李文湘,对其所提质疑作出答复。19 日下午 6 时,在才盛巷 2 号出席常委会第二二九次会议。同月,为云南省教育厅举办之中学各科教师暑假讲习讨论会讲演《人生境界》。9月 1 日,《论才命》刊于《思想与时代》第 14 期。2 日下午 6 时,在南开大学办事处出席常委会第二三〇次会议。9 日下午 4 时,出席联大第四届第五次校务会议。下午 6 时,在南开大学办事处出席常委会第二三一次会议。14 日晚,招宴朱自清、海威斯等。16 日下午 3 时,出席清华第四十七次校务会议。下午 6 时,在才盛巷 2 号出席常委会第二三二次会议。22日上午访朱自清。23 日下午 6 时,在南开大学办事处出席常委会第二三三次会议。30 日下午6时,在南开大学办事处出席常委会第二三四次会议。同月,联大《必修选修学程表(1942—1943学年)》规定,冯友兰所授课除"中国哲学史"外,尚有伦理学。这是教育部根据1942年5月蒋介石"手令"而增设的,被列为各院系共同必修课。其目的为"注意阐述先哲嘉言懿行,暨伦理道德方面多种基本概念,用以砥砺学生德行,转移社会风气"。主要内容为冯友兰所著《新世训》《新原人》等书。同月,胡绳《评冯友兰著〈新世训〉》刊于《文化杂志》第2卷第6期。

冯友兰10月1日出席联大举行的国民月会,进行总点名,在会上讲伦理学序言。同日,《论死生》刊于《思想与时代》第15期。7日下午6时,在南开大学办事处出席联大常委会第二三五次会议。会议推定冯友兰与钱端升起草宣言,对在英国同盟国大学教授联合会谴责轴心国家摧残教育,并向各被侵略国教育家致敬之宣言表示响应。14日下午6时,在南开大学办事处出席联大常委会第二三六次会议。21日下午6时,在南开大学办事处出席联大常委会第二三七次会议。会议修正通过冯友兰与钱端升所拟响应在英国同盟国大学教授联合会宣言之信函稿,并决定予以发表。25日,与海威斯同访闻一多。28日下午6时,在南开大学办事处列席联大常委会第二三八次会议。同月,《中国哲学史》上册由柿村峻日译于东京出版,译名《支那古代哲学史》。李长之《评冯友兰〈新理学〉》刊于《文化先锋》第1卷第7期。胡体乾《评冯友兰〈新世训〉》刊于《时代中国》第6卷第4期。又教育部提出给国立大学担任行政职务的教授发放特别办公费。以冯友兰为首的25位兼任行政职务(各位院长、各系主任等)的教授,联名写信表示辞谢。

按:此信由冯友兰执笔,其辞曰:敬启者:承转示教育部训令总字第45388号,附非常时期国立大学主管人员及各部分主管人员支给特别办公费标准,奉悉一是。查常务委员总揽校务,对内对外交际频繁,接受公费亦属当然。为同人等则有未便接受者。盖同人等献身教育,原以研究学术启迪后进为天职,于教课之外肩负一部分行政责任,亦视为当然之义务,并不希冀任何权力。自北大、清华、南开独立时已各有此良好风气。五年以来,联合三校于一堂,仍秉此一贯之精神,未尝或异。此为未便接受特别办公费者一也;且际兹非常时期,从事教育者无不艰苦备尝,而以昆明一隅为尤甚。九儒十丐,薪水犹低于舆台,仰事俯畜,饔飧时虞其不给。徒以同尝甘苦,共体艰危,故虽啼饥号寒,尚不致因不均而滋怨。当局尊师重道应一视同仁,统筹维持。倘只瞻顾行政人员,恐失均平之谊,且令受之者无以对其同事。此未便接受特别办公费者二也。此两端敬请常务委员会见其悃愫,代向教育部辞谢,并将原信录附转呈为荷。专上常务委员会公鉴。签名人:冯友兰、张奚若、罗常培、雷海宗、郑天挺、陈福田、李继侗、陈岱孙、吴有训、汤用彤、黄钰生、陈雪屏、孙云铸、陈序经、燕树棠、查良钊、王德荣、陶葆楷、饶毓泰、施嘉炀、李辑祥、章明涛、苏国桢、杨石先、许浈阳。

冯友兰11月1日上午9时在图书馆前出席联大校庆庆祝会。4日下午6时,在南开大学办事处出席联大常委会第二三九次会议。8日下午,在北门街南菁学校内出席联大师范学院附中开学典礼,并代表来宾致词。10日上午,朱自清来访,读冯友兰所著《禅宗》。13日下午6时,在南开大学办事处出席联大常委会第二四〇次会议。会议决定由冯友兰与郑天挺等4人商讨本校同人除规定工作以外另在校内外兼任其他课程或职务,由学校另送薪给之具体办法。冯友兰函请雷海宗为委员以代替久未返校之征集中日战争史料委员会委员刘崇鋐,会议决定照准。18日下午6时,在南开大学办事处出席联大常委会第二四一次会议。会上郑天挺报告本日与先生及杨石先生商讨本校同人在校内任其他课程或职务由校送薪给情形。23日,浦江清自沪返昆,由朱自清陪同来见冯友兰。25日下午6时,在南开大学办事处列席联大常委会第二四二次会议。26日下午3时,出席联大教授会三十一年度第一次会议,选举第五届联大校务会议教授代表。29日上午,朱自清来,商谈训练班教席事。同日,《论命运》刊于昆明《中央日报·星期评论》。此文认为"命运"是"一个人无意中的遭遇",是"努力而不能战胜的遭遇";又认为"人生所能有的成就有三:学问、事功、道德,即古人所谓立言、立功、立德。而所以成功的要素亦有三:才、命、力,即天资、命运、努力。学问的成就需要才的成分大,事功的成就需要命运的成分大,道德的成就需要努力的成分大"。同月,发表《论信仰》。

　　冯友兰12月4日下午参加张荫麟追悼会。12日上午,朱自清来访。16日下午,出席清华第十九次评议会。4时半,在南开大学办事处出席联大第二四四次常委会会议。会议推定金岳霖代表联大应美国国务院之邀赴美讲学。19日,西南联大校方将冯友兰等25位兼任行政职务的教授联名写信辞谢特别办公费一事及原信附呈教育部。信中云:"惟本校训导长、总务长及各院长、各系主任等闻讯后以依照三校以往惯例,并为维持联大甘苦共尝之精神,此项特别办公费未便接受,函请代为辞谢,谨将原函录副转呈,仰祈鉴核。"30日下午4时半,在南开大学办事处出席联大常委会第二四五次会议。会议决定联大应黄美之所请设置文池奖学金,并设立该奖学金委员会,聘冯友兰及查良钊、杨石先、郑天挺、吴有训、陈序经、施嘉炀、黄钰生为委员。同月,大理滇西训练团邀请先生及曾昭抡、潘光旦、燕树棠、陈雪屏、陶云逵、费孝通等寒假赴大理讲学。是年,冯友兰由教育部定为部聘教授,所撰《朱熹哲学》由卜德英译刊于《亚洲研究》第7卷第1期;"The Rise of Neo-Confucianism and Its Borrowings From Buddhism and Taoism"(《新儒家的兴起及其所受佛教和道教的影响》)刊于《亚洲研究》第7卷第2期。据《国立西南联合大学三十一年度教员名册》,冯友兰是年月薪金为480元。冬,昆明遇到大寒,朱自清购马夫所穿毡披风御寒,"这在联大教授中绝无仅有,与潘光旦的鹿皮背心、冯友兰的八卦图案的黄布包袱皮,被称为'联大三绝'"。

(参见蔡仲德编撰《冯友兰先生年谱长编》,中华书局2014年版;齐家莹编《清华人文学科年谱》,清华大学出版社1999年版;郑大华《论"抗战建国"话语下"学术建国"的讨论》,《浙江学刊》2020年第3期)

　　雷海宗2月25日在重庆《大公报·战国副刊》第13期发表《三个文化体系的形态——埃及、希腊罗马、欧西》。3月4日,雷海宗《独具二周的中国文化——形态史学的看法》刊于重庆《大公报·战国副刊》第14期。此篇与2月发表的《历史的形态——文化历程的讨论》《三个文化体系的形态——埃及、希腊罗马、欧西》收入《文化形态史观》时合为一篇,题为《历史的形态与例证》。春,应林同济邀请,雷海宗赴云南大学讲演历史周期论。6月30日,西南联大奉教育部命令,呈报服务年限满10年教授名单,作为部聘教授候选人。清华大学呈报11人,其中有闻一多、王力、雷海宗、噶邦福等。同月,《人文科学学报》创刊,由中国人文科学社出版。该社成员有雷海宗、贺麟等。7月,在昆明《中央日报》当月10—11日连载发表《近代战争中的人力与武器》。在昆明《当代评论》第2卷第5期发表《战后世界与战后中国》。重庆《大公报·战国副刊》结束出刊,共计出版31期。雷海宗在《大公报·战国副刊》先后发表《战国时代的怨女旷夫》《历史的形态——文化历程的讨论》《三个文化体系的形态——埃及、希腊罗马、欧西》《独具二周的中国文化——形态史学的看法》等文章,均以文化形态史观为导向,认为文化发展可以分为封建时代、贵族国家时代、帝国主义时代、大一统时代和政治破裂与文化灭亡的末世等5个阶段。世界上如埃及、印度等多种文化依此分析均告灭亡,中国文化则因外来文化因子的融入而获得新生并进入第二个发展周期。雷海宗"战国时代重演"的观点,引起了学术界极大反响,"战国策"派的称呼因此不胫而走。

11月22日,雷海宗《法属非洲——西方的第二战场》刊于《当代评论》第3卷第2期。(参见江沛,刘忠良编《中国近代思想家文库·雷海宗、林同济卷》及附录《雷海宗年谱简编》,中国人民大学出版社2014年版;马瑞洁、江沛《雷海宗年谱简编》,载王京州编《河北近现代学者年谱辑要》,国家图书馆出版社2017年版;齐家莹编《清华人文学科年谱》,清华大学出版社1999年版)

陈铨三幕话剧《野玫瑰》3月5日在重庆抗建堂演出后受到各方批评。这是一部以一个独特的视觉描写和表现"特工"的戏剧,主要描写了在抗日战争时期,国民党特工人员,在当时日本占领的北平从事地下斗争的故事,歌颂了他们不畏牺牲为抗战胜利而战斗的精神。但上演后受到各方尤其是进步文艺界的严肃批评。23日,《新华日报》刊出颜翰彤的批判文章《读〈野玫瑰〉》,指出这个剧"存在着严重的问题——它隐藏着'战国策派'的思想毒素"。5月13日,报载重庆讯:教育部学术审议委员会决定奖励学术著作多种,其中有西南联大教授陈铨所著剧本《野玫瑰》。戏剧界同人对此颇有异议,200余人联名致函全国戏剧界抗敌协会,要求转函教育部撤销原案。信中说:《野玫瑰》曲解人生哲学,有为汉奸叛逆制造理论根据之嫌。如此包含毒素之作品,则不仅对于当前学术思想无功励,且于抗战建国宣传政策相违,危害非浅。同人等就戏剧工作者之立场,本诸良心,深以此剧之得奖为耻。抗战剧运正待开展,岂容有此欠妥之措施。6月28日,《解放日报》载重庆讯:"目前在国民党中央文化运动委员会及中央图书杂志审查委员会联合招待戏剧界同人茶会上,剧界同人再度提出严重抗议,要求'撤销奖励',禁止上演。而与会有关当局仍持原议,教育部长陈立夫首称:审议会奖励《野玫瑰》乃'投票'结果,给以'三等奖'自非认为'最佳者',不过'聊示提倡'而已。文化运动委员会主任委员张道藩对该剧获奖表示两点态度,但称'抗议是不对的,只能批评'。最后中央图书杂志审查委员会主任潘公展则说:《野玫瑰》不惟不应禁演,反应提倡;倒是《屈原》剧本'成问题',这时候不应该'鼓吹爆炸'云云。"30日,戈茅(徐光霄)发表《什么是"民族文学运动"》,批判陈铨的文艺观。7月2日,雨田在《新蜀报》发表《我们选择了野玫瑰》,为《野玫瑰》作辩护,说:"这是个雅俗共赏的间谍剧,情节曲折动人,对汉奸丑恶有一极深刻的揭穿,不但使观众明了间谍工作者的伟大,且于汉奸终于得到报应而死的时候,感到正义胜利的快意。"5日、11日,延安布江、金灿然先后在《解放日报》发表《〈屈原〉和〈野玫瑰〉》《"屈原"为什么"成问题"》,对陈铨三幕话剧《野玫瑰》以及当局禁演《屈原》提出批评与质问。

陈铨4月21日在重庆《大公报·战国副刊》第21期发表《再论英雄崇拜》,收入《时代之波——战国策论文集》。陈铨先于1940年5月15日在《战国策》第4期发表《论英雄崇拜》一文后,引起很大反响。沈从文即在《战国策》第5期发表长文《读英雄崇拜》,表示反对英雄崇拜。1941年7月贺麟在《战国策》第17期发表《英雄崇拜与人格教育》,认为英雄崇拜是应该提倡的。《再论英雄崇拜》即在此基础上进一步阐明观点,认为"新时代继着来临,我们需要新的观念,我们需要新的人物""'英雄崇拜',不仅是一个人格修养的道德问题,同时也是一个最迫切的政治问题。中华民族能否永远光荣地生存于世界,人类历史能否迅速地推进未来,恐怕要看我们对这个问题能否用新时代的眼光来把握它,解决它"。5月13日,陈铨《民族文学运动》,载重庆《大公报·战国副刊》第24期。20日,陈铨《民族文学运动的意义》刊于重庆《大公报·战国副刊》第25期。此文与《民族文学运动》合为一篇,题为《民族文学运动》,收入《时代之波·战国策论文集》。27日,陈铨(署名唐密)《法与力》刊于重庆《大公报·战国副刊》第26期。7月1日,陈铨《狂飙时代的歌德》刊于重庆《大公报·战国副刊》第31期。10月17日,陈铨《民族文学运动试论》刊于《文化先锋》第1卷第9期。11月1日,陈铨《文学的时代性》刊于《中央周刊》副刊及《国风》半月刊创刊号。11月30日,陈铨《戏剧的深浅问题》刊于《军事与政治》第3卷第5期。12月20日,陈铨《戏剧批评与戏剧创作》刊于《军事与政治》第3卷第6期。是年后,陈铨离清华,任重庆中央政治学校教员。(参见齐家莹编《清华人文学科年谱》,清华大学出版社1999年版;艾克恩编纂《延安文艺运动纪盛》,文化艺术出版社1987年版;刘长鼎,陈秀华《中国现代文学运动史》,山东文艺出版社2013年版;文天行编《国统区抗战文艺运动大事记》,四川省社会科学院出版社1985年版)

伍启元5月牵头联络了李树青、沈来秋、林良桐、张德昌、费孝通和戴世光等社会科学学者,在《大公报》的"星期论文"专栏上发表了题为"我们对当前物价问题的意见"的长文,呼吁政府尽快尽力解决物价的问题。他们警告说,"出于物价的剧烈变动,整个后方的社会经济都作畸形发展,其影响所及,甚至道德人心也有败坏的趋势"。因此,"此项关系重大的问题,若不及时彻底解决,持续影响已成,恶象环生,将来纵有更大的决心于加倍的努力,亦将失之过晚,追悔无及"。此文发表后,影响很大,可当时通货膨胀并没有被压下来。6月,伍启元和王信忠、雷海宗任常务编辑的《人文科学学报》半年刊在创刊,由中国人文科学社出版,由中央文化驿站印刷所负责印刷。该社为上年11月在昆明正式成立的纯学术团体,由西南联大、云南大学教授同一些研究所研究员发起和组织,以"研究并提倡人文科学"为宗旨,以"纯粹学术团体"为旨趣,为方便学界同仁的学术交流而创办《人文科学学报》。主要成员有丁啸、王赣愚、伍启元、费鉴照、巫宝三、贺麟、雷海宗等人。刊物地址位于昆明国立西南联合大学收发室,属于中国人文科学社的附属刊物之一,后改由求真出版社负责出版,地址位于昆明武成路47号。每年出版2期,设有固定的栏目,具体分成"论文""札记"和"书评"三栏,其中"论文"一栏主要刊登学术性较强、体例严谨、结构完整的学术论文,篇幅相对较长,处理的学术问题也相对宏观;"札记"一栏虽仍强调学术性,但在体例上往往比较发散;"书评"一栏则发表关于近期重要学术著作的学术评议文;在内容上,较为注重中国社会经济史,重点研究中国传统社会中的地主、地租形态、人口、法律、利息、雇佣关系和佃农经济等内容,并强调对资本等经济学概念的运用和理解。创刊号载有雷海宗《中国古代制度》,张清常《周代中国乐器之分类方法》,王信忠《中日马关议和》等文。

按:《人文科学学报》作为学术类刊物,每期篇幅相对较长,且所刊文章均出自名家之手,学术性强,质量极高;尤其值得重视的是其偏重"经济"的学风,反映了民国时期中国社会经济史的学术传统,对于这一时期的学术思潮提供了较为扎实的参考资料。停刊时间和停刊原因不详,馆藏现存最晚一期为1945年第3卷第1期。(参见齐家莹编《清华人文学科年谱》,清华大学出版社1999年版;梁捷《伍启元:学术视野开阔的经济学家》,《上海证券报》2008年5月12日)

贺麟2月在《思想与时代》第7期发表《宣传与教育》。6月,《近代唯心论简释》由重庆独立出版社出版,收录回国后所写的16篇重要文章。此为贺麟的第一本论文集,也是反映他"新心学"思想的代表作之一。同月,与雷海宗等创办《人文科学学报》。11月,《现代思潮批判》一文刊于《文化先锋》第1卷第11期;《知难行易说与知行合一说》刊于《三民主义周刊》1942年第2卷第24期。12月,蒋介石又约见贺麟。据贺麟回忆说:"我在昆明教书,蒋介石让秘书打电报要我回重庆。我与陈果夫一同去见蒋介石。蒋介石把我的书圈的圈,点的点,划的划,甚为认真。"当时联大哲学心理系教师被蒋介石电召赴渝讲学、见面者,有贺麟和冯友兰两人。(参见高全喜编《中国近代思想家文库·贺麟卷》及附录《贺麟年谱简编》,中国人民大学出版社2014年版;齐家莹编《清华人文学科年谱》,清华大学出版社1999年版;蔡仲德编撰《冯友兰

先生年谱长编》，中华书局 2014 年版）

金岳霖继续写作《知识论》。写完后，一次跑警报，不慎遗失。几十万字的书，只好重写。9 月 27 日，金岳霖呈校长函，报告国内休假研究情况。其说："霖原拟在去年内完成《知识论》一书，但因霖精力日衰，居处设备愈坏，未能完成。""此书原拟分十六章，去年一年内共写完十一章，约三十余万言。最近重读已写各章，仍多（需）修改之处。"11 月 13 日，美国驻华大使高思代表美国国务院致函西南联大，请选派一名教授赴美访问讲学，被推为代表。12 月 16 日，联大第二四四次常委会会议推定金岳霖代表联大应美国国务院之邀请赴美讲学。（参见王中江编《中国近代思想家文库·金岳霖卷》及附录《金岳霖年谱简编》，中国人民大学出版社 2014 年版；齐家莹编《清华人文学科年谱》，清华大学出版社 1999 年版；蔡仲德编撰《冯友兰先生年谱长编》，中华书局 2014 年版）

汤用彤为冯友兰写成《新原人》提供意见。3 月，冯友兰作《新原人》自序，说："此书属稿时，与金龙荪先生岳霖同疏散于昆明郊外龙泉镇。汤锡予先生用彤亦时来。承阅全稿，并予批评指正，谨此致谢。"10 月 20 日，朱自清应汤用彤、罗常培邀宴，席间商定"文史学十四讲"之题目与次序。11 月 27 日，傅斯年为北大文科研究所事致函汤用彤。是年，汤用彤所著《言意之辨》由北京大学文科研究所油印散发；所撰《王弼大衍义略释》刊于《清华学报》第 13 卷第 2 期；《印度哲学的精神》一文刊于《读书通讯》第 41 期；陈国符在汤用彤主持的北京大学文科研究所里始得阅读《道藏》，其传世名著《道藏源流考》酝酿于斯。此书"历代道书目及道藏之纂修与镂板"一章还提到："承汤用彤先生告知道宣《续高僧传》载佛寺亦藏道书，谨录于此。"（参见汤一介、赵建永编《中国近代思想家文库·汤用彤卷》及附录《汤用彤年谱简编》，中国人民大学出版社 2015 年版；蔡仲德编撰《冯友兰先生年谱长编》，中华书局 2014 年版）

钱端升 3 月将一年前在《今日评论》上发表的关于建国途径的 7 篇文章汇印成书，以《建国途径》为总题，由国民图书出版社出版，希望引起切实的讨论。7 月 27 日，当选第三届国民参政会参政员。同月，再次增订与王世杰合著的《比较宪法》，是为增订四版，由商务印书馆出版。10 月，在重庆出席第三届国民参政会第一次大会一至十一次会议。同月 7 日，遵西南联大第 235 次常委会议法，与冯友兰共同起草"关于响应在英国同盟国大学教授联合会谴责轴心国摧残教育之罪恶，并向各被侵略国教育家致敬宣言"。10 月，在《美国政治学评论》第 36 卷第 5 期上发表《论中国的战时政治体制》。11 月 26 日，被西南联大教授会选为出席第五届校务会议之 12 名教授代表之一。同月，在重庆出席宪政实施协进会成立会。又在重庆出席中国政治学会第三届年会，当选为理事，并以第一组召集人身份主持讨论重建世界和平问题。（参见孙宏云编《中国近代思想家文库·钱端升卷》及附录《钱端升年谱简编》，中国人民大学出版社 2014 年版）

陈序经 1 月 19 日在《当代评论》第 2 卷第 2 期发表《师范学院的存废问题》。此文涉及师范教育的一些根本性问题，作者认为："大学的目的与师范的目的固有其不同之处，可是大致上，大学可以代替师范的任务，而后者却不易负起前者的使命。所以大学里所教的好多学科固为高等师范所没有，而后者所有的各种学科，都可以在前者中开设。此外大学里的教育学系，在某种意义上，也可以说是高等师范的缩影，虽则我们应该指出，以往的教育学系，不但其本身有了多少的缺点，就是与其他各系的关系上，也少有合理的联络。这一点我们不必在这里加以讨论。我们所要特别说明的，是我国现在的好多大学，既是从高等师范发展而来，同时大学而尤其是大学的文理学院，既可以代替高等师范的任务，实现高等师范的目的，那么师范学院的增设，在目前的中国，而尤其是在抗战的时期，可以说没有开办的必要的。"

　　按：文中又进而指出："若再从师范学院的内部的组织方面看来，师范学院的增设，不但与大学，而尤其是大学的文理学院有了重复的弊病，而且引起好多的困难问题，就师范学院所设立各学系来说，根本上，这些学系并不大异于大学里所设立的各学系。国文、英文、教育、数学各系，可以说是各大学所常有的学系。所谓史地、理化、博物三系不外是大学里的历史、地理、物理、化学、生物、地质矿学等系的缩影。音乐、体育、家政各系也可以在大学里设立。至于公民训育系的公民部分，可以归并于大学的政治学系，而训育方面，又可以归并于大学的教育学系。我们承认，在各学科的题材的选择上与各学科的教授的方法上，师范与大学固有其不同之处，因为正像我们上面所说，前者是为教人而研究，后者是为研究而研究，可是我们应该明白，无论是为教人而研究，或为研究而研究，对于这些学科，都要有充分的认识。这是两者的根本相同之处。大学而特别是大学的文理学院，既已经或可以设立师范学院所需要设立的各系与各科，在大学里增设师范学院，岂不是有了重复的弊病吗？""质言之，与其在大学里加设一个师范学院，不如在大学的各系加设所谓为着教人而研究的学科，使一般有要从事中等教育的学生，得以选读。这种办法，一方面既可以实现师范学院的任务，一方面也可以节省了不少的财力与人力。""若再从事实方面来看，设立师范学院的目的之不能实现，更是一件很显明的事情。师范学院设立的目的，最要提高中等教育的师资的程度。反过来看，提倡师范学院的教育当局，好像以为在现在的普通大学里所培养的文理法各院的学生程度是不足以为人师的所以才加设师范学院。同时又增加了师范学院的修业期限为五年，比一般大学的修业期限，多了一年。然而若照这数年来的事实来看，究竟这种目的是否已经达到，或是否能够达到，实在是个疑问。照一般人的观察，师范学院的学生的程度，并不一定较高于大学的其他学院学生的程度。其实在教育部办理统一报考的时候，对于师范学院的新生的录取，并没有而且不易去提高其入学考试的程度。入学考试的标准既并不提高，想在入校以后而提高其程度，也非一件容易做到的事情。最近国立武汉、浙江、中央、西南联大四大学联合招考新生，投考师范学院的学生的程度，也未见得较高于投考其他各院的学生的程度。若就考上的人数来看，西南联大仅有五人，而中央大学也不过廿余人，这是很值得教育当局的注意的。此外师范学院的设立的目的也可以说是注重于学生的人格的训练。换句话来说，就是训练出良好的师范的人格，以为中学学生的模范，因此之故，在师范学院里，对于学生日常生活的管理，与良好习惯的养成，都要特别地加以注意。然而我们也得指出，师范学院的学生，固要有良好的人格，难道别的学院的学生不要有良好的人格吗，作教师固要良好的习惯，作文学家、法学家，以至作商人、作国民，就不要良好的习惯吗？而且师范学院既为大学的学院之一，大学的学风若不良善，则师范学院是否能'独善其身'，也是一个疑问，这也是很值得教育当局的注意的。""总而言之，在目前的中国，而尤其是在抗战的时期，师范学院的增设，在理论上固然未见得很健全，在事实又有很多的困难。这是提倡师范制度的教育当局所不当忽视的，而况抗战以后，一般原有的大学的各学院，因人力与财力的缺乏，维持原来的状况，已成为事实所不许；再要增设师范学院，不但师范学院的本身的人力与财力，很为缺乏，而难于发展，而且恐怕直接上，或间接上还会影响到原的其他学院的发展，这是又是提倡这种制度的教育当局，所要特别加以注意的。"

　　陈序经2月在重庆《妇女新运》第4卷第2期发表《中国妇女运动过去与将来》。9月底，由重庆返昆明。秋，完成200余万字、20册的"文化论丛"。抗战期间，陈序经教授在西南联大首开"文化学"课，将"文化学"概念和系统的研究学习引入大学讲堂。其中《文化学概观》是在其文化学课程的讲稿基础上修改而成，重在系统阐述文化学的主要概念、基本理论。全书分四册，每册分上下两编，每编分为四章，共计32章：第一册第一编凡四章，依次为：现象的分类、文化的意义、文化与文明、文化学史略；第二编凡四章，依次为：研究的先锋、人类学研究、社会学研究、其他的研究；第二册第一编凡四章，依次为：伦理的观点、宗教的观点、政治的观点、经济的观点；第二册第二编凡四章，依次为：地理的基础、生物的基础、心理的基础、社会的基础；第三册第一编凡四章，依次为：文化的性质、文化的重心、文化的成分、成分的关系;第三册第二编凡四章,依次为:文化的发生、文化的发展、文化的层累、发展的方向;第四册第一编凡四章,依次为:一致与和谐、回顾与前瞻、自由与平等、模仿与创造;第四册第二编凡四章,依次为:个人与社会、国家与世界、东方与西方、南方与北方。此书综合探讨了文化学与人类学、社会学、经济学、政治学、哲学、心理学、生理学等学科的关系,并从学科建设的角度搭建了文化学的理论架构,是作者继《中国文化的出路》之后撰写的又一力作,也是中国文化学研究的奠基之作。由此见证了首开大学文化学教育之先的创举,也标志着文化学作为一门学科的开始,在 20 世纪的文化学界占有极为重要的地位。此外,尚有《西洋文化观》2 册、《美国文化观》1 册、《东方文化观》1 册、《中国文化观》1 册、《中国西化观》1 册、《东西文化观》6 册、《南北文化观》3 册,胥为文化学体系提供历史经验,尝试文化学理论的应用。(以上参见田彤编《中国近代思想家文库·陈序经卷》及附录《陈序经年谱简编》,中国人民大学出版社 2014 年版)

潘光旦 1 月至 2 月应邀与西南联大与云南大学的教授多人至大理讲学,讲完后游滇西佛教名山鸡足山。1 月 19 日,在昆明《中央日报·社会》发表《中国社会学》,批评"西洋的社会学,以及中国大学校里所讲授的社会学,我一向嫌它过于空疏、不切实际。社会学的对象是社会,社会是许多人的一个集合,是人与人之间的关系的总和,是一个很切实的东西,而研究到它的这一门学问,也应当是一门很切实的学问"。认为中国社会学有三种弊病:"第一点弊病是由于见不到人与人之间之异,第二点是由于见不到此社会与彼社会之异,或群间之异,第三点则由于见不到此历史的社会与彼历史的社会之间之异。要祛除这几个空疏而不切实际的弊病,从而建立起一派中国社会生活可以利用的社会学来,当务之急是要增加我们辨别同异的眼力。"5 月 3 日,在《云南日报·星期论文》发表《新母教》,略谓:"三月八日是妇女节,四月四日是儿童节,五月八日是母亲节。两个月之间,先后有此三大节日,是富有意义的。当初有人规定这三个节日的时候,是否就用过一番心,我不得而知。不过,有妇女斯有儿童,有儿童斯有母亲,有此三种人格,民族的生命斯有前途,民族的健康斯有保障。三个节日最初规定的时候,也许没有人用过这样的一番心,规定以后,也许也没有人把三个节日,或三个中的任何两个,拼合起来,用类似的眼光加以论列。不过,我们不妨根据所谓'礼以义起'的原则,坚决的认为把三个节日放在一起,并且很合自然、很合逻辑的排定了一个次序,决不是偶然的,而有深长的民族意义存乎其间。"作者"认为新母教应当有五个段落:第一个段落是择教之教,第二个是择父之教,第三个是胎养之教,第四个是保育之教,第五个是品格之教。五个段落是顺着来的"。(参见吕文浩编《中国近代思想家文库·潘光旦卷》及附录《潘光旦年谱简编》,中国人民大学出版社 2015 年版;齐家莹编《清华人文学科年谱》,清华大学出版社 1999 年版)

吴宓 3 月 27 日为外文系一年级学生演讲。7 月至 9 月,作"红楼梦讲谈",共 7 讲,有"《红楼梦》与现代生活""注意爱情之人生观""爱情之实况"等内容。8 月,被教育部聘为西洋文学"部聘教授"。同月 27 日,吴宓在《日记》中写道:"此固不足荣,然得与陈寅恪(历史)汤用彤(哲学)两兄齐列。实宓之大幸已。"陈、汤、吴在美留学期间,时称"哈佛三杰"。此后吴宓又被聘为教育部学术审议委员会审议委员。11 月,吴宓《石头记评赞》刊于桂林《旅行杂志》第 16 卷第 11 期。所编教材《欧洲文学史大纲》由西南联大外国语文系印发,未正式出版。由于叶公超和陈福田常忙于他事,许多系务工作由吴宓主持。清华历届留美学生考试试题的拟订或审定,均由其承担。是年,吴宓讲授"欧洲文学史""中西诗之比较""英文作文""人文主义""欧洲名著(上)之古代文学""柏拉图《对话录》"(九教授讲十部名著)以及"文学预修办法"等。其中"欧洲文学史"一课列为必修课程,是外文系学生最重要的一门专业基础课。1937年至1938年开设时称为"西方文学概要",1938—1939学年起改称"欧洲文学史"。此课程内容广博,不仅包括西欧、北美文学,还兼及俄国、东欧,以及印度、波斯、日本等国文学,为学生提供了广阔的视野和系统的世界文学知识。吴宓还常常举办各种文学讲座,《红楼梦》就曾是其主要讲题之一。当时内地各校,纷纷以能请到吴宓兼课为荣,甚至出优厚条件想将其挖走。但吴宓始终以母校需要为念,坚守联大与清华的岗位,还曾多次以"抗战期间,应加紧工作"为由,放弃或延缓休假研究的机会。(参见刘明华《吴宓教育年谱》,《重庆教育学院学报》1999年第4期;齐家莹编《清华人文学科年谱》,清华大学出版社1999年版)

朱自清1月20日晚在冠生园邀宴陈岱孙、萧叔玉、李继侗、邵循正、王力夫妇和张奚若夫妇。25日午,应王力邀宴,餐后偕钱端升访顾一樵和梅贻琦。30日晚,赴冠生园参加陈福田晚餐会。1月31日至2月2日,作《〈经典常谈〉序》,刊于4月5日《中学生》复刊第54期,文中认为:"在中等以上的教育里,经典训练应该是一个必要的项目。经典训练的价值不在实用,而在文化。"故而作者撰写该书的目的便在向受过中等教育的人介绍中国传统文化:"如果读者能把它当作一只船,航到经典的海里去,编撰者将自己庆幸,在经典训练上,尽了他做尖兵的一份儿。"2月3日,赴岗头村访杨振声,接受杨振声建议,将原书名《古典常谈》改为《经典常谈》。15日,访查良钊、王力、钱端升等。24日,偕闻一多、李嘉言等赴蒜村访余冠英,偕游黑龙潭。16日,《古诗十九首释》刊于《国文月刊》第18期。3月2日,西南联大1941年度第二学期开始上课。本学期朱自清开设"宋诗""现代中国文学讨论与习作""大一国文"等课。同日晚,访刚抵昆明的李广田。4日,作《文学的语言》。8日上午,偕闻一多访谢文通,商谈编辑《近代中国诗选》事。下午,访杨振声,又商谈编上述诗选事。9日,张奚若来访,与之长谈。10日晚,赴冠生园应陈福田邀宴。21日—24日,作讲演稿《诗的语言》。16日,西南联大国文学会举办中国文学12讲,邀请朱自清讲"诗的语言"、沈从文讲"短篇小说"、冯友兰讲"哲学与诗"、罗常培讲"元曲中之故事类型"等。25日,赴联大师范学院作《诗的语言》讲演。讲演稿刊于11月16日《国文月刊》第17期,署名朱自清。28日,访陈梦家、王力、冯友兰。同月,朱自清在联大师范学院讲演,题为"了解与欣赏",由叶金根整理,刊于《国文月刊》第20期,本文主要讲的是了解与欣赏能力的训练;朱自清与叶圣陶合著的《精读指导举隅》一书刊行,此书专为中学国文教师教学参考用。

朱自清4月1日作《新文学运动》毕,费时12日。3日晚,应陈寅恪夫妇邀宴。10日午,应钱端升邀宴,听钱谈国民党政府与军队中的奢侈腐败之风及战后重建中知识分子的责任等问题。20日下午,赴联大师范学院作《了解与欣赏——这里讨论的是关于了解与欣赏能力的训练》讲演。讲演稿刊于次年3月16日《国文月刊》第20期。23日,出席清华大学文科研究所外国文学部举行的魏钱孙论文考试。同为考试委员的有陈福田、吴宓、陈铨、陈嘉、吴达元、杨业治、陈定民、温德、闻一多、莫泮芹、赵诏熊、潘家洵。25日,杨振声、周炳琳、钱端升等来访。5月9日,向达来访,谈时局问题。5月11日,魏建功来访,承告教育部大一国文委员会将于6月中旬在重庆开会。13日,应梅贻琦邀赴西仓坡清华办事处与罗常培一道批改云南省选送公费留美学生考试语文试卷。14日晚,赴靛花春应罗常培邀宴。22日,访王力、陈家梦、钱端升。6月5日,担任中学和小学讲演比赛裁判。6月8日,访魏建功。同日,姜亮夫夫妇等来访。11日晚,应郑天挺、罗常培邀宴。12日,偕魏建功飞赴重庆出席教育部大一国文委员会会议。晚,宿叶企孙处。13日,偕魏建功赴教育部访吴俊升、顾一樵。遇段熙仲。晚,应卢冀野邀宴,在座有魏建功、吴俊升、刘钟明等。6月15日晨,赴教育部出席大一国文委员会会议。晚,访陆晶清、胡秋原、潘伯鹰和曾履川。16日晨,赴教育部出席大一国文委员会会议。下午,出席北大同学会聚会,在座有胡适、张国焘、陶希圣等。17日晨,出席国语推行会常务委员会会议,提出修订标点符号案,获通过,并被委起草标点符号修改草案。同日,缪培基、浦薛凤来访。18日,访王化成等。19日晨,赴沙坪坝中央大学作《文学与语文》讲演。讲演稿刊于次年3月1日《文学批评》第2号。同时讲演的还有魏建功。晚,应辛树帜、罗根泽邀宴,在座有李长之等。20日中午,应浦薛凤、王化成邀宴。晚,赴小洞天应姚蓬子邀宴,在座有叶以群等。22日,应卢冀野约,作《写作杂谈》,后载于《文艺写作经验谈》,于次年9月由天地出版社版。

朱自清6月23日晨飞返昆明。晚,应梅贻琦邀宴。28日,出清华研究院中国文学史试卷。7月7日,偕余冠英、闻一多、许维遹游黑龙潭。9日晚,应王力邀宴,与之长谈。15日下午,出席西南联大教授会会议。同日,与罗常培、罗庸等出席中文系学生举办的欢送毕业生茶话会并致词。24—26日,作《部颁大学中国文学系科目表商榷》,刊于9月1日《高等教育季刊》第2卷第3期,28日为联大入学考试监考。将写成的《部颁大学中国文学系科目表商榷》稿给罗常培、王力看,就二人所提意见作相应修改。朱自清特在文末提及此事并致谢。30日,为联大师范学院与云南省教育厅合办的暑期中学教员讲习班授课。该讲习班于本月27日开始,分教育、数理化和文史地三组。文史地组讲师还有闻一多、张清常、罗庸、唐兰、彭仲铎、杨振声、沈从文、余冠英、萧涤非、王力、罗常培、雷海宗、孙毓棠、郑天挺、吴晗、邵循正和张印堂。同日上午,出席联大教授会会议。下午,出席清华教授会会议。8月2日,应陈福田邀乘船游龙王庙,同行有李继侗、陈岱孙等人。12日晚,赴昆明电台作"报纸与文学"广播讲演。8月16日上午,与闻一多谈中国诗和散文的发展。28日,访罗常培、游国恩。30日,作《论朗读》毕,刊于11月15日《国文杂志》第1卷第3期,文中述朗读对于语文教学和文艺发展的重要性。同月,《经典常谈》由国民图书出版社出版。9月21日,西南联大1942年度第一学期开始上课。朱自清讲授"文辞研究"这门新课程,虽只1—2人选课,但他仍按时上堂认真授课,从不缺席,并认真给学生改笔记,不同意只顾教师个人学术研究,不肯为学生花工夫改作业的态度,认为文化是继续的,总应该给下一代人着想,如果都不肯替青年人服务,下一代怎么办? 24日,朱自清作"中国文学批评"讲演。同日,偕梅贻琦、陈岱孙、李继侗访周培源。

朱自清10月2日接待李广田来访,然后偕访冯至。8日晚,赴曲园应范洗人、卢芷芬邀宴,在座有冯友兰等。15日晚,听徐炳昶作"帝俊的故事"讲演。16日,赴财政训练所作关于诗的讲演。20日晚,参加罗常培、汤用彤、邵循正、柳诒徵晚餐会。在座有闻一多等,商量"文学史十四讲"的题目和次序。朱自清选题为"宋诗的思想"。28日,出席联大中文系学术讨论会,听赵西陆作"王国维的文学批评"报告。11月6日晚,听闻一多作"伏羲的传说"讲演。此为联大文史学会主办的文学史讲座第一讲。10日,听汤用彤作"隋唐佛教之特色"讲演。13日晚,应赵诏熊夫妇邀宴。同日,致曹聚仁信,谈新闻写作的价值等。17日晚,作"宋诗尚理"讲演。此为联大文史学会主办的文学史系列讲座中的一讲。22日,应罗庸邀赴中法大学作"怎样学习国文"讲演。晚,访刚抵昆明的浦江清。23日,偕浦江清至司家营清华文科研究所。浦江清返校后,住司家营,与朱自清、许维遹、何善周同屋。25日,诗论《新诗杂话》刊于《世界学生》第1卷第11期,文中着重评介了冯至的诗集《十四行集》,认为他以敏锐的感觉从日常的境界里体味出了精微的哲理。26日,应王力邀,赴粤秀中学作"怎样学习国文"讲演。12月3日,朱自清听闻一多作"神话与诗"讲演。4日,出席清华大学历史系教授张荫麟追悼会。16—17日,作《新中国在望中》,文中对抗战胜利和战后重建寄予了很大希望,说:"在我们面前的是胜利的中国,在我们望中的是新生的中国。可是非得我们再接再厉的硬干,苦干,实干,新中国不会到我们手里!"25日午,赴金瑟路南丰西餐馆应浦江清邀宴,在座有唐兰、罗常培、闻一多、许维遹。30日晚,应缪云台邀宴。冬,昆明遇十年来最寒冷的天气,为御寒,朱自清购了一件云南马帮马夫穿的毡披风,与潘光旦的鹿皮背心和冯友兰的八卦图案的黄布包袱皮,被称为"联大三绝"。是年,物价进一步暴涨,教授们的生活更加困苦。朱自清休完假后回到昆明授课,饥寒交迫,营养不良,又得了严重的胃病,日渐消瘦衰老。但他仍坚持严格认真的教学传统,披着便宜的赶马人用的披风,从乡下赶到城里上课。(以上参见姜建、吴为公编《朱自清年谱》,安徽教育出版社1996年版;章玉政编著《刘文典年谱》,安徽大学出版社2011年版;齐家莹编《清华人文学科年谱》,清华大学出版社1999年版)

闻一多1月22日下午4时,出席清华大学一九四二年度第一次教授会议,听取本校经费情况的报告。24日,与朱自清、陶重华、李嘉言至蒜村访余冠英夫妇。3月4日,经杨振声介绍,朱自清接到英国新闻专员来信,内容为商谈编辑《近代中国诗选》。8日,闻一多与朱自清同访谢文通,商谈诗选事。25日晚,听朱自清《诗的语言》讲演。同月,闻一多《楚辞校补》由国民图书出版社出版。作者在引言中分析了古文学作品之所以难读的原因,并针对此提出在研究《楚辞》时,要一、说明背景,二、诠释词义,三、校正文字。这是作者研究《楚辞》三项课题之一。《楚辞校补》底本采用《四部丛刊》洪兴祖《楚辞补注》,引用古今诸家旧校者有王逸《楚辞章句》、洪兴祖《楚辞辑校》所引诸本、刘师培《楚辞考异》、许维遹《楚辞考异补稿》、刘永济《楚辞通笺》等。书中采用校勘材料颇广,仅《校引书目版本表》就列有65家。又采用古今诸家成说之涉及校正文字者有28家,即洪兴祖、朱熹、王夫之、屈复、陈本礼、王念孙、王引之、丁晏、马瑞辰、俞正燮、江有诰、朱骏声、牟廷相、梁章钜、邓廷桢、俞樾、孙诒让、吴汝纶、王闿运、马其昶、刘师培、王国维、武延绪、刘盼遂、刘永济、游国恩、陆侃如、郭沫若。并另有驳正者三数家。

按:郭沫若很看重《楚辞校补》,他在《闻一多全集·序》中说:"闻先生治理古代文献的态度,他是继承了清代朴学大师们的考据方法,而益之以近代人的科学的致密。为了证成一种假说,他不惜耐烦地小心翻遍群书。为了读破一种古籍,他不惜在多方面作苦心的彻底的准备。这正是朴学所强调的实事求是的精神,一多是把这种精神彻底地实践了。唯其这样,所以才能有他所留下的这样丰富的成绩。但他的彻底处并不是仅仅适用于考据,他把考据这种工夫仅是认为手段,而不是认为究极的目的的。请看他在《楚辞校补》的《引言》上所说的这样的话吧:(略)凡是古书,这三种困难都是具备着的,事实上并不限于《楚辞》,因而他所规定的三项课题,其实也就是研究古代文献上的共通课题;尤其是第一项,那是属于文化史的范围,应该是最高的阶段。但中国自秦汉以来两千多年,实在还没有产生出过一部好的文化史。专家的研究也是同样。汉儒的研究是在第二第三阶段上盘旋,宋儒越蹭了第三阶段,只是在第二阶段的影子上跳跃。清儒又回到了第二第三阶段上来,然而也只在这里盘旋,陶醉于训诂名物的糟粕而不能有所超越。这是当然的,要想知道'时代背景'和'意识形态',须要超越了那个时代和那个意识才行。'不识庐山真面目,只缘身在此山中',不能超越那个时代和意识,那便无从客观地认识那个时代和那个意识,不用说是更不能够批判那个时代和那个意识。就像孩儿期中孩儿自身不明白自己的处境和意识一样,两千多年的封建社会的停滞也就必然地汇成了封建意识的污潴。要澄清这污潴,今天正是时候了。我们再看一多先生在《楚辞校补》的《引言》中叙述着他的苦衷吧。他认为他所拟定的三项课题,最好是同时交卷,然而为情势所迫,他一时不能够全部完成,'只好将最下层,也是最基本的第三项——校正文字的工作,先行结束,而尽量将第二项——诠释词义的部分容纳在这里'。他认为这是'权变的办法',是他所极不愿做的。然而为了'可以腾出时间来多作点别的事',他终于这样做了。这《引言》是写于民国三十年的十二月八日,也正是民主运动开始发动的时候,我们看他这急于想'腾出时间来多作点别的事'的苦心,不可以看出一多先生以后的活动是早有部署在心的吗?但我在这儿注意地引用到这段文字的用意倒侧重在他对于自己所从事的工作具有全般的计划,而且在完成计划的各个步骤上的评价他是丝毫也没有陷于自我陶醉的。'校正文字'和'诠释词义'的工作,这些正是考据家们所就就焉乐道的事业,而在他只是基本的准备工作,而且'校正文字'还只是'最下层'。这不明显地表示着,他丝毫也没有把自己的工作作过分的夸大吗?他的《楚辞校补》在他自己看来既只是第二第三阶段上的作品,我们准据着这同一的自白,也可以知道,他对于他的《周易义证类纂》《诗经新义》《诗经通义》《庄子内篇校释》《离骚解诂》等,这样一连串的在文字训诂上极有价值的文字,在他自己也不过是视为第二第三阶段的工作罢了。其实这些著作,当代的考据家们,假使能有得一篇,也就尽足以自豪的。事实上他们是一篇也没有,已经就在自豪了,一些旧式的或新式的卫道者,不是根本连字都不认识,便在那儿以仲尼复活、墨翟再生自命吗?闻先生不是这样的糊涂虫,他虽然在古代文献里游泳,但他不是作为鱼而游泳,而是作为鱼雷而游泳的。他是为了要批判历史而研究历史,为了要扬弃古代而钻进古代里去刳它的肠肚的。他有目的地钻了进去,没有忘失目的地又钻了出来,这是那些古籍中的鱼们所根本不能想望的事。"

　　闻一多与陈福田、吴宓、陈铨、吴达元、杨业治、温德、朱自清4月23日担任清华大学文科研究所外国文学部魏钱苏硕士学位考试委员。考试科目有莎士比亚、文学批评、现代戏剧。5月6日,闻一多在云南省地方行政干部训练团讲演,题为"神话及中国文化"。今存手稿中,有一份题为《神话与古代文化》的提纲,包括历史教育与民族意识,过去历史教育的缺点、今后的危机、近代史学的新发展、神话与古代民俗、传说的分析与评价等方面内容。13日,与朱自清谈"洪水"研究心得。6月18日,清华大学召开迁昆明后第十五次聘任委员会会议,议决续聘先生与朱自清、陈寅恪、刘文典、王力、浦江清为文学院中国文学系教授,许维遹、陈梦家为副教授。25日,清华大学文科研究所外国文学部举行魏鍷苏硕士毕业论文考试,陈福田、吴宓、闻一多等为考试委员。30日,西南联合大学奉教育部令,呈报服务年限满10年教授名单,作为部聘教授候选人。其中清华大学呈报11人,有闻一多和王力、雷海宗、噶邦福、赵忠尧、冯景兰、赵凤喈、陶葆楷、张泽熙、刘仙洲、章名涛。7月7日,余冠英至司家营拜访闻一多、朱自清、许维遹,遂同往余家午餐,饭后同游名胜黑龙潭。12日晚,闻一多在文科所为李嘉言赴西北师范学院饯行。李嘉言走后,闻一多感到青年教师太少,准备聘孙作云、刘绶松回母校任教,却由于种种原因未能实现。15日,闻一多致清华大学校长梅贻琦信,为聘西南联大中文系应届毕业生刘功高为清华大学文科研究所助教事。次日,梅贻琦即批示:"照办。"26日,朱自清日记:"读一多《论九歌》,真创作也。"29日,闻一多患了一种叫昆明热的病,欲向学校借车进城看病,被拒绝。同月,范宁、傅懋勉考取闻一多的研究生。

　　闻一多8月28日与朱自清谈中国诗与散文。29日,致清华大学校长梅贻琦信,谈助教聘任。9月10日,向朱自清痛斥刘文典。14日,西南联合大学开学。21日,正式上课。闻一多给文学院中国文学系文学组四年级讲授"中国文学史问题研究"。秋冬之际,在中法大学法文系"诗的九讲"学术演讲会上,作"诗是什么"的演讲,认为一首好诗要价值论与效率论统一,即思想性与艺术性的统一。10月20日,与朱自清、罗常培、汤用彤、邵循正等商文学史讲座事。11月6日,西南联大举办文史讲演,是日起每周举行一次,听众极为踊跃。该演讲第一讲为闻一多的"伏羲的传说",其余为汤用彤讲"隋唐佛教的特点",朱自清讲"宋诗里的思想",邵循正讲"元代文学与社会",郑天挺讲"清初文化之调融",吴宓讲"清末的小说",冯文潜讲"天才与创造",罗庸讲"诗的欣赏",金岳霖讲"小说与哲学",杨振声讲"书画同源论",冯至讲"浮士德里的魔",袁家骅讲"语言与文学",陶云逵讲"文化变迁中之人格问题",罗常培讲"语言与文化"。15日,作《伏羲考》"引论"和《从人首蛇身像谈到龙与图腾》(《伏羲考》第二部分),刊于12月昆明《人文科学学报》第1卷第2期。《伏羲考》为作者神话研究的重要内容之一。本篇《引论》考证伏羲与女娲的关系,引用了芮逸夫的《苗族的洪水故事与伏羲女娲的传说》(中央研究院历史语言研究所编《人类学集刊》第1卷第1期)和常任侠的《沙坪坝出土之石棺画像研究》(《时事新报·学灯》第41—42期)两文中所搜集中外神话资料25则,证明伏羲、女娲本来就是夫妻。闻一多研究中特别注意运用人类学的方法。

按:闻一多在文中说:"人类学可供给我们的材料,似乎是无限度的。……但人类学对这问题的贡献,不仅是因那些故事的发现,而使文献中有关二人的传说得了印证,最要紧的还是以前七零八落的传说或传说的痕迹,现在可以连贯成一个完整的有机体了。从前是兄妹,是夫妇,是人类的创造,是洪水等等隔离的,有时还是矛盾的个别事件,现在则是一个整个兄妹配偶兼洪水遗民型的人类推源故事。从传统观念看来,这件事太新奇,太有趣了。"《伏羲考》中还有《战争与洪水》《汉苗的种族关系》《伏羲与葫芦》三章,生前未发表,后来编《全集》时才从手稿中检出来编入。《从人首蛇身像谈到龙与图腾》亦旨在探寻中国文化的源头,共分四节:人首蛇身神、二龙传说、图腾的演变、龙图腾的优势地位。朱自清在《中国学术的大损失——悼闻一多先生》一文中说:"闻先生研究伏羲的故事或神话,是将这神话跟人们的生活打成一片,神话不是空想,不是娱乐,而是人民的生命欲和生活力的表现。这是死活存亡的消息,是人与自然斗争的记录,非同小可。他研究《楚辞》的神话,也是一样的态度。"又说:"他的研究神话,实在给我们学术界开辟了一条新的大路。关于伏羲的故事,他曾将许多神话综合起来,头头是道,创见最多,关系极大。曾听他谈过大概,可惜写出来的还只是一小部分。"

闻一多11月23日与由沪返滇、至司家营清华文科研究所的浦江清相见甚欢。12月3日,作"神话与诗"演讲。5日,至北京大学文科研究所借书,因未借到,与罗常培争执。17日,在中法大学讲"神话与诗"。21日,应邀参加陈梦家夫妇晚餐。25日,赴浦江清邀宴。是年,闻一多重新开始研究《庄子》。朱自清《闻一多全集·编后记》:"在文科研究所住的第二年,他重新开始研究《庄子》,说打算用五年工夫在这部书上。"闻一多研究《庄子》,工夫所费甚多,他曾手抄《庄子》一书,并汇集各家注释,又批注上自己的见解。现存手稿中,有一份未最后定稿的研究道家思想的提纲,从中可以看出闻一多特别指出这一学派在政治上的不合作态度。这一时期,物价进一步暴涨,教授们的生活更加困苦,饥寒交迫。闻一多除学术研究外,还须兼课、写文章、作报告、昼夜不停地工作,以求多少弥补一点生活之不足。白天繁忙的工作后,晚上还要在油灯下认真备课至深夜。即使在这样的条件下,依然保持严谨的教学作风,讲《楚辞》时,拿着他四易其稿的《天问疏证》给学生逐句讲解。(以上参见闻黎明、侯菊坤《闻一多年谱长编》(增订版),上海交通大学出版社2014年版;齐家莹编《清华人文学科年谱》,清华大学出版社1999年版)

刘文典1月13日拜访朱自清。3月3日,刘文典在西南联大南区讲李商隐《锦瑟》一诗,并与吴宓畅谈。10日,刘文典讲李商隐诗。11日,吴宓拜访刘文典。16日,西南联大国文学会举办中国文学12讲,邀请朱自清讲"诗的语言"、沈从文讲"短篇小说"、冯友兰讲"哲学与诗"、罗常培讲"元曲中之故事类型"等。同日,刘文典应邀在昆明师院露天讲演《红楼梦》。17日,刘文典作《有感》一诗,题写吴宓女友卢雪梅之《飘零集》。24日,刘文典讲李义山诗。30日,刘文典在西南联大南区再度讲演《红楼梦》,并答学生问。4月20日,刘文典拜访朱自清。5月5日,吴宓携女友卢雪梅来访,未遇刘文典。16日,国立西南联合大学1941—1942年度毕业论文进入最后提交限期,刘文典负责指导中国文学系毕业生3人,均为与其他导师合作:一为与彭仲铎合作,指导女生章蕴芳,论文题目为《荀子正名篇》;二为与许维遹合作,指导女生刘功高,论文题目为《新序校正》;三为与许维遹合作,指导男生吴正良,论文题目为《吕氏春秋研究》。6月30日,西南联大奉教育部命令,呈报服务年限满10年教授名单,作为部聘教授候选人。刘文典名列国立清华大学连续服务10年以上之教授名单中。9月10日,闻一多痛骂刘文典,这是目前关于刘文典与闻一多交恶的最早记录。

　　刘文典9月25日撰《大唐西域记简端记·引言》,并注:"余避戎南奔,未负书而行,犹赖上庠藏书,时通假借。自去秋,居室毁于飞燔,伏处官渡,地既僻左,乃益苦无书可读,行箧所有,仅此书与《大慈恩寺三藏法师传》三卷耳。乃取两书比勘读之,夜苦蚊扰,以菜子油灯置帐中,偃卧把卷,以为一适。性又好加朱墨,乃置笔砚枕畔,意有所触,则伏枕书之,初颇以为苦,久亦习而安之矣。昔梁元帝夏日苦疮痏,卧绛纱蚊绹中读书,时饮山阴甜酒以减痛,余文学不中为金楼子执鞭,惟此一事颇与相似耳。漫记于此,以志吾炳烛而学之乐。民国三十一年中秋后一日叔翁卧书于帐中,时明月丽天,万籁俱寂,若在圣贤,可以悟道也。"在此前后,吴宓曾借阅此书,并一一译出梵文法文地名,为此刘文典特意作了题记。10月4日,刘文典在《云南日报》"星期论文"专栏上发表《中国的精神文明》一文,认为"我们今天看中国固有的文化,也应该照日本水户学派的看法才对,不能用封建的、农业社会、资产阶级的等类形容词,轻轻的一笔抹倒他"。31日,罗常培说服朱自清代替刘文典讲授《大慈恩寺三藏法师传》。11月1日,刘文典在《云南日报》"星期论文"专栏上发表"中国的精神文明"系列文章之一《中国的宗教》一文,认为"中国根本上并没有宗教这件东西""中国人也不需要宗教,中国固有的精神文明之崇高伟大也就在此"。这一观点,曾遭到中国现代思想史上"全盘西化"论的首倡者和代表人物陈序经的反驳。同日,吴宓来访,刘文典与之谈论理想道德。

　　刘文典12月8—9日连续两天在《中央日报(昆明版)》上发表政论文章《天地间最可怕的东西——不知道》,提醒英美国家应了解日本、警惕日本,避免因"不知道"而产生的祸害。13日,刘文典在《云南日报》上发表专论文章《第六纵队》,文章将一味对军国大事持悲观论调的国民称为"第六纵队",认为他们"侵蚀整个组织的细胞,动摇国民必胜的信念"。15—16日,刘文典在《云南日报》"星期论文"专栏上发表"中国的精神文明"系列文章之二《中国的文学》。文章认为《水浒传》和《金瓶梅》"是绝妙的、最富于革命精神的小说",而"《红楼梦》更了不得"。27—28日,刘文典在《云南日报》上发表专论文章《对日本应有的认识和觉悟》,文章认为抗日不能一味依赖英美联军,而要"全靠我们中国人流血流汗"。12月3—4日,刘文典在《云南日报》上发表《东乡和山本——从战史上推论太平洋的战局》。文章将日俄战争时期日军海军统帅东乡平八郎与当时日本海军总司令山本五十六两人作比较,认为山本必败。16日,刘文典在《云南日报》上发表《日本人的自杀——日本民族性的研究之一》。文章从实例出发,分析认为"日本的历史,简直可以说是一部自杀史",很多自杀者都被"推许为日本武士的典型,认为日本精神的花"。20—21日,刘文典在《云南日报》"星期论文"专栏上发表"中国的精神文明"系列文章之三《中国的艺术》。文章从建筑、雕刻、绘画、音乐等角度谈论中国艺术的特点。30—31 日,刘文典在《云南日报》上发表专论文章《日本统一世界思想之由来》。文章从大量史实出发,不赞成"日本经过明治维新之后,国富兵强,接连着把中国和帝俄两个大国打败,于是骄横起来"的传统认识,认为日本统一世界之心,由来已久。(以上参见章玉政编著《刘文典年谱》,安徽大学出版社 2011 年版)

罗常培 2 月第一次到大理调查少数民族语言,在大理师范住了三个星期,在喜洲五台中学住了两个星期,在边疆中学生中找到发言人,先后记录了莲山摆彝(傣)语、福贡傈僳语、贡山俅(独龙)语、怒语和茶山、浪速、山头三种景颇语,以及 9 县 11 个点的民家(白)语方言。回昆明途中,在楚雄附近不幸遇车祸,被汽车撞伤,幸而治愈未留后遗症。自 1938 年到 1944 年在联大教课和主持系务工作之外,积极对云南这个民族语言众多的"宝库"开展了大量的调查研究工作。罗常培在《语言学与云南》一文中把 1938 年到 1944 年在云南进行的民族语言和汉语方言调查详细列出,归结为"五纲四十一目"。在民族语言方面,罗常培亲自往滇西调查的有十几种,积累了许多材料。后来发表了《贡山俅语初探》《莲山摆彝语文初探》两种专著和几篇论文。罗常培还调查了昆明方言。罗常培还指导北大本科生和文科研究所研究生傅懋勣、马学良、陈士林、邢公畹、高华年等调查了云南的几支彝语,后来都整理成书出版。这些学生日后都成为著名的民族语言研究的佼佼者和专家。鉴于云南话和北方话相近,音系简单,引不起方言研究者的兴趣。罗常培从方言研究全局出发,建议中央研究院抓紧时间调查,于是中研院组织人力调查了云南省 98 个县的方言(《云南方言调查》1969 年在台湾出版)。他自己也调查了昆明方言,是年发表《昆明话和国语的异同》起了示范作用。

罗常培 4 月 24 日在昆明广播电台演讲《中国人与中国文》,后刊于《国文月刊》第 12 期。7 月 1 日在昆明广播电台演讲《中国文学的新陈代谢》。是年,在北大文科研究所作题为"研究工作的性质"的讲演,指出:"教书要深入浅出,科研要小题大做。""'大纲''概论''通史''述评',只能指示门径,研究则不能以此作为根据",一个有系统的研究,第一要有问题,问题的产生或由观察精确引起,或从读书而来;第二得有见解,有了问题就该搜集材料,相当数量的事实和材料是一切研究的基础。材料的聚积和剖析需要功力,材料的组织和融会贯通,需要理解。而科学的精诣,就在于研究者要有一点有价值的意见;第三得有证据,假说能否变成通则,就看证据充分不充分。一个严正的研究者得要有"有几分证据说几分话"的态度;第四得有结论,单有材料而没有意见就会流于破碎;单有意见而无证据就会流于空疏;从材料提出假设,拿证据证成通则,自然而然就得出顺理成章的结论来。一个研究工作者没有果断确切的结论,那就像画龙没点睛,做衣服没装领子一样。这样对研究工作的性质、步骤和方法,就了如指掌了。所著《贡山俅语初探》以北京大学文科研究所油印论文之三在昆明刊行,又刊于《国学季刊》第 7 卷第 3 期;《北平俗曲百种摘韵》由重庆国民图书出版社出版。论文尚有:《从语言上论云南民族的分类》刊于重庆《边政公论》第 1 卷第 7—8 期合刊;《评费兹哲拉尔德的〈五华楼〉》刊于《旅行杂志》第 16 卷第 10 期;《答汪洋君问》刊于《国文月刊》第 12 期;《什么叫"双声""叠韵"?》(副题"恬庵说音之四")刊于《国文月刊》第 13 期;《汉字的声音是古今一样吗?》(副题"恬庵说音之三")刊于《国文月刊》第 14 期;《语音学的功用》刊于重庆《读书通讯》第 36 期;《临川音系跋》刊于《图书月刊》第 2 卷第 2 期;《老舍在云南》刊于昆明《文聚》第 3 期;《法伟堂校本〈经典释文〉跋》刊于《图书月刊》第 2 卷第 4 期;《从客家迁徙的踪迹论客赣方言的关系》刊于《中国青年》第 7 卷第 1 期。(以上参见《罗常

培文集》编委会编《罗常培文集》第10卷及附录《罗常培年表》山东教育出版社2000年版)

王力开始从事小品文写作。先后为重庆《星期评论》《中央周刊》辟小品文《瓮牖剩墨》专栏。后又应费孝通之约,为昆明《生活导报》辟小品文《龙虫并雕斋琐语》专栏,写了大量的小品文。他在《生活导报和我》中说:"象我们这些研究语言学的人,雕起龙来,姑勿论其类蛇不类蛇,总是差不多与世绝缘的。有时一念红尘,不免想要和一般读者来亲近。因此,除了写两本天书之外,不免写几句人话,这另一个目的就是换一换口味。"他从事小品文的创作,一来为生活所迫,小品文费时少,刊登快,并且稿费及时,不比学术专著,写上一部小说花上三五年时间,所得稿费也解决不了燃眉之急。同时,在国家存亡的重要关头,他经历了战争带来的巨变,更加关心社会;颠沛流离的生活,较多地接触了实际,对现实感触较深,激发了他的社会责任感和创作的冲动,于是白天忙于备课、教学、研究,晚上便从事小品文写作,开始为《星期评论》撰稿,后来又应《中央周刊》之约写稿,专栏名称均为《瓮牖剩墨》;再为《生活导报》开辟专栏,名为《龙虫并雕斋琐语》。"龙"指学术著作,"虫"指文学作品及其他文章。"龙虫并雕"就是既坚持他的正业,写学术专著,又从事副业,撰写小品文。他的小品文题材广泛,接触到抗日战争期间社会生活的各个方面,给读者展示了一幅抗战期间光怪陆离、实录性很强的画卷。这些小品文词章优美、语言生动,不少文章还对社会黑暗面做了真实而深刻的描绘,具有深刻的思想性和很高的艺术性。5月16日,王力《文言的学习》《诗歌的起源与流变》刊于《国文月刊》第1卷第13期。是年,王力《中国语法理论》获教育部教师科研成果三等奖;《新字义的产生》刊于桂林《国文杂志》第1卷第2期。(参见张谷、王缉国《王力传》及附录《王力先生年谱》,广西教育出版社出版1992年版;齐家莹编《清华人文学科年谱》,清华大学出版社1999年版)

吴晗2月在《文史杂志》第2卷第2期发表《明成祖仁宗景帝之死及其他》《当铺》。10月24日,吴晗的挚友张荫麟在遵义浙江大学患慢性肾炎去世。吴晗作《悼本社社友张荫麟先生》,详细介绍了张荫麟的历史和学术观点。在文章里吴晗悲痛地指出:张荫麟平时营养很坏,心情又不好,加上所在遵义系穷乡僻壤,医药条件很坏,病一发就非倒下不可,非死不可,假使这战争不能避免,而有一个好政府,或者是不太坏的政府,能稍稍尊重学者的地位和生活,张荫麟那胖胖苗壮的身体,是不会这样快死去的。张荫麟的死,对吴晗成天为生活奔波挣扎的心灵留下了极大的创伤,他明确地看到张荫麟的死是由于政府不关心学者的生活而造成的。(参见夏鼐《吴晗的学术生涯》,浙江人民出版社1984年版;齐家莹编《清华人文学科年谱》,清华大学出版社1999年版)

杨振声本年度与沈从文指导毕业生吴宏聪,论文题目为《曹禺研究》,与朱自清指导林抡元,论文题目为《抗战后文艺发展情形》。2月3日,朱自清来访。3月8日,朱自清来访。4月15日,朱自清来访。25日,访朱自清。5月4日,联大放假。7日下午4时,出席第四届第三次校务会议。7月3日下午3点半,出席第四届第四次校务会议。5日上午8点至10点,到文林堂欢送毕业生,校长梅贻琦发表演说。27日,国民政府公布第三届国民参政会参政员名单,杨振声为"依照国民参政会组织条例第三条甲项遴选者"的青岛市代表。30日上午9时,到师范学院礼堂出席三十年度第四次教授会议,66位教授代表参加。同月,所作《学生与世界和平》刊于《世界学生》第1卷第7期;《批评的艺术与风度》刊于《中国青年》第4卷第5期。8月13日下午,访朱自清。17日,朱自清来访。9月19日,访朱自清。10月,联大一部分教授组织了一个卖文卖字的会,杨振声为此会主要组织者。因通货膨胀、物价飞涨,薪水已到难以养家糊口的程度。许多教授将业余时间都充分利用,以求些许资金补贴家用。同月 27 日,作为参政员飞往重庆参加国民参政会会议。据梁实秋所述,二人每次在重庆见面,都要相互了解一些朋友的近况,杨振声总会告诉他"一些有关一多的事,主要的是说他生活穷苦"。11 月 24 日晚,应梅贻琦约到文化巷谈云南留美预备班计划。26 日,被选为第五届校务会议候补教授代表。12 月 22 日,朱自清来访未遇。(参见蓬莱市历史文化研究会《杨振声编年事辑初稿》,黄河出版社 2007 年版)

沈从文 4 月 1 日在《当代文艺》第 1 卷第 4 期发表《作家生活自述》。16 日,上年 5 月 2 日在西南联大国文学会所作演讲的演讲稿《短篇小说》刊于《国文月刊》第 18 期。4 月起,补充修改《长河》第 1 卷。5 月 1 日,《秋收和社戏》刊于《自由中国》论丛第 2 卷第 1—2 期合刊。6 月 10 日,西南联大师范学院与云南省教育厅合办的暑期中学教员讲习班,沈从文应聘为讲师之一。7 月 7 日,创作谈《事业利职业——新废邮存底廿二》刊于香港《大公报》。27 日,西南联大师范学院与云南省教育厅合办的暑期中学教员讲习班举行开幕式,于 8 月 1 日正式上课。分教育、数理化和文史地三组。文史地组讲师有沈从文、朱自清、闻一多、张清常、唐兰等人。9 月 1 日,作《文学运动的重造》,认为:"谈及文学运动分析它的得失时,有两件事值得我们特别注意:第一是民国十五年后这个运动最先和上海商业资本结了缘,新文学作品成为大老板商品之一种。第二是时间稍后这个运动又与政治派别发生了关系,文学作家又成为在朝在野工具之一部。因此一来,如从表面观察,必以为活泼热闹,值得令人乐观。可是细加分析,也就可看出一点堕落倾向。"他反对作家从政,认为"不过是从此可以作官,吃碗'文学运动'饭,做个政客小帮手,写成的作品,在野则利用社会心理,在朝则依赖政治实力,可以得到许多推销便利,不问好坏,一律又都能用作政治上的点缀物罢了"。他主张给文学"一种较新的态度"。"这个新的态度是能努力把它从'商场'和官场解放出来,再度成为'学术'一部门,则亡羊补牢,时间虽晚还不算太晚"。

按:张志云《〈文艺先锋〉(1942—1948)与国统区文艺运动》(四川大学博士学位论文,2007 年)认为这是沈从文在四十年代对于文学运动的理想设计。在消极方面,"一面可防止作品过度商品化,与作家纯粹清客化,另一方面还可防止学校中腐败现象的扩大";在积极方面,可望"除旧更新,使文学作家一枝笔由打杂身分,进而为抱着个崇高理想,浸透人生经验,有计划的来将这个民族哀乐与历史得失加以表现。且在作品中铸造一种博大坚实富于生气的人格,使异世读者还可从作品中取得一点做人的信心和热忱的工作。使文学作品价值,从普通宣传品变为民族百年立国的经典。……"从沈从文超功利的文学立场以及对商业、政治渗透的批评,联想其在三十年代参与的那场"京""海"派之争,作者一贯的文学姿态,使我们不妨将沈从文对四十年代文学运动的发言,视为"京""海"派之争的再续。或许是沈从文的发言对象,原本是指原属于"海"派或延续了"海派"习气的那部分作家,故而拿文学运动的"堕落"作为一个重新发火的借口,并寄望政府的力量,重造一场符合他理想中的文学运动,以纠除种种不良风气。对此,刊物的编者似乎也心领神会,表现得格外宽容,也无意去较真文中对"商界""政界"的某些指责,只是将之作为一篇讨论的文章,以飨读者。这在编者按语里,说得再明白不过:"沈先生本文所抉发的,虽然有些确是疮疤,也带着隐痛;虽然有些指摘私人,涉及作家做人的态度;虽然未免苛刻一点,本诸春秋责贤之义,当不失为一种严正的看法""至于沈先生原把理想寄托于未来,但更重要的似乎还是现在。于此尤愿能由本文引起一番检讨,也能有补于当前""我们不能否认这几年来,新文艺对于抗建已经尽了,而且正尽着它最大的贡献;同时也得承认文学运动,乃至艺术运动都还在生长期中,事实上更需要多方面的尝试与探讨"。

沈从文 9 月 14 日致信沈云麓。信中在谈到当时刚辞去美国大使职务的胡适时,认为"若他比较聪明,不去重庆,却只留在联大做他的北大院长,仍成为在野一不合作中坚"。9 月 29 日,作《小说与社会》。秋,《长河》第 1 卷准备在桂林明日社出版时,遭扣压,虽经重庆、桂林两度审查各有删削,仍不能出版。《芸庐纪事》写到第四章时,前三章拟陆续发表,但因第三章被扣,创作因此搁置。后仅发表了第一、二章。10月15日,小说《芸庐纪事》开始在《人世间》第1卷第1期连载。同日,在《文学创作》第1卷第2期发表《为什么写,有什么意义——新废邮存底廿五》和《新湖南精神——新废邮存底廿六》。25日,《文学运动的重造》刊于《文艺先锋》第1卷第2期。同日,《小说与社会》刊于《世界学生》第1卷第10期。是年,沈从文增补为西南联大师范学院国文系《国文月刊》编委;沈从文在写给西南联大学生易梦虹的信中,谈到要使写作文字亲切而贴近"语言",真正可永远师法的一本书是《圣经》。并说新旧约给自己的启示极大,"尤其是用文字造风格有以自见,这本书有好些地方俨若在示范。譬如用比拟法,即其一例"。信中建议易梦虹把《圣经》和《红楼梦》放在身边,当成学习控制语言的参考书。(参见吴世勇编《沈从文年谱》,天津人民出版社2006年版;文天行编《国统区抗战文艺运动大事记》,四川省社会科学院出版社1985年版)

冯至2月开始翻译席勒的《审美教育书简》,约一年内译完,很不满意,未交出版社。四十年后,由学生范大灿校阅并加诠释,作为二人合译于1985年由北京大学出版社出版。9月20日晚,应冬青社学生刘北汜、王铁臣之邀,与卞之琳、李广田到南照街晚餐。冬,因读到里尔克著卞之琳译《旗手》,想到中国古代的伍子胥,开始写历史小说《伍子胥》,次年春完成,分章在桂林《明日文艺》、重庆《民族文学》发表,昆明《世界文学季刊》1卷1—2期全文发表;还曾一度列入林元在桂林编的"文聚丛书"的出版计划,标题为《楚国的亡臣》。(参见周棉《冯至年谱》,载王京州编《河北近现代学者年谱辑要》,国家图书馆出版社2017年版)

周炳琳11月12日在西南联合大学举行的孙中山先生诞辰纪念会上发表《废除不平等条约之时代的意义》的演讲。26日,周炳琳、张奚若、陈雪屏、潘光旦、罗常培、陈福田、陈岱孙、钱端升、燕树棠、萧遽、张景钺、李辑祥等12人当选为西南联大第5届校务会议教授代表,李继侗、杨振声、王信忠、郑华炽、刘仙洲、陈省身、冯文潜等7人当选为候补代表。

萧遽、陈福田、王明之、张奚若、任之恭、赵访熊、王信忠、黄子卿、杨武之当选为清华大学教授评议员。

郑华炽1月请辞西南联合大学一年级学生课业指导委员会委员及该会主席职务,由李继侗为主席。

唐兰5月在《文史杂志》第1卷第3期发表《论骑术入中国始于周末》。6月,《吕大临考古图释文跋》刊于《图书季刊(新)》第3卷第1—2合期。7月,《评"铁云藏龟拾零"》刊于《文史杂志》第1卷第7期。12月,《苏秦考》刊于《文史杂志》第1卷第12期。(参见韩军《唐兰的金文研究》,山东大学博士学位论文,2009年)

李景汉《摆夷的摆》刊于《边政公论》第7卷第8期;《现实社会》刊于《旅行杂志》第16卷第8期。(参见齐家莹编《清华人文学科年谱》,清华大学出版社1999年版)

李典、越汝为发行人的《文聚》文艺刊物2月16日在西南联大创刊,编辑林元、马尔俄,撰稿人有沈从文、施蛰存、卞之琳、朱自清、李广田、罗莘田、冯至、何其芳、靳以、袁水拍等。

李海明7月毕业于国立清华大学文学院历史系,李仲民毕业于社会学系。第8届研究所毕业生有外国语文部魏銈荪、历史学部吴乾就。(参见齐家莹编《清华人文学科年谱》,清华大学出版社1999年版)

魏銈荪为清华大学文科研究所外国文学部硕士生。4月23日,清华大学文科研究所外国文学部举行魏銈荪硕士学位考试。闻一多、陈福田、吴宓、陈铨、吴达元、杨业治、温德、朱自清为考试委员。6月25日,清华大学文科研究所外国文学部举行魏銈荪硕士毕业论文考试。陈福田、吴宓、闻一多等为考试委员。(参见齐家莹编《清华人文学科年谱》,清华大学出版社

1999 年版)

杨振宁从西南联大物理系毕业后,随即考取王竹溪教授的研究生。

王瑶 2 月到四川金堂县铭贤中学任国文教师。5 月,由四川成都到昆明,西南联大早已开学,经清华大学历史系研究生欧阳深介绍,到昆明私立天祥中学教国文。9 月,在西南联大正式复学。

陈达是春为内政部及云南省政府主持昆明市、昆明县、昆阳县及晋宁县四个环湖县市的户籍示范试验。陈达任云南省户籍示范实施委员会总干事。

许浈阳 6 月在昆明广播电台学术讲座节目中讲演《物质缺乏中之科学教育问题》、冯至讲《文学哲学问题》、邵循正讲《中国与越南》。

罗铁鹰主编,冯至、李广田、阿陇、雷石榆、王西增、弋矛等为撰稿人的《金碧旬报》12 月在云南昆明正式创刊。

熊庆来继续任云南大学校长。1 月 23 日,云大校友会本晚在海棠春举行校友聚餐,并选举下届干事。出席的有熊校长、前任校长华秀升及校友、教授 200 余人。席前由校友高直青主席,修正校友会简章。随后由熊校长致辞,继选出校友会总干事孟立人,副总干事高直青、朱驭欧、赵述完、马子华、赵淑筠、潘世征、杨春洲、徐梦麟等 8 人。29 日、31 日,教育部次长顾毓琇赴嵩明视察云大理学院和呈贡的云大农学院,并勉励学生努力学习,以期不负国家培养人才之苦心。2 月 21 日,熊庆来致函兴文银行董事长陆崇仁,希望资助云南大学龙氏讲座和西南文化研究室,函中说:“吾兄以经济长才奠建设宏基,三迤富源,既渐开发,西南文化亦荷推进,甚以为颂。兴文银行在执事领导下,锐意经营,基础以固,发展蓬勃……吾滇自抗战而还,已成后方重心,人才荟萃,可谓千载一时,西南文化灿烂之前途孕育于此,是应把握机会,厚植基础。又云大蒙政府之扶掖,发展迅速,而一年来因种种困难,进步顿遭阻碍,不得不亟谋补救。弟因有重要而迫切之计划,拟请鼎助,俾得实现。(一)设立西南文化研究室,敦请校内外之著名学者对于西南之语文、地理、社会、经济等问题作有计划之研究,以发扬西南文化。(二)设立讲座若干席……”函中熊庆来还提出希望兴文银行给予 35 万元的经费支持,其中 20 万用于龙氏讲座,15 万用于西南文化研究经费。之后,在省主席龙云的敦促下,兴文银行拨款 12 万元,劝业银行拨款 8 万元,共计 20 万元到云大。云大 10 万元用于龙氏讲座,10 万元用于西南文化研究室。虽然经费比预算的 12 万元少了些,但缺口还不算大,西南文化研究室工作得以启动。云南大学随即制订了《龙氏讲座及西南文化研究室设置计划》,计划中写道:“本校本年承兴文银行及云南劝业银行慨允补助经费二十万,以其半数设置讲座十席。”计划中还具体列出西南文化研究室 1942 年经费预算:(一)经常费 8 万元,其中,薪俸及稿费 3 万元,办公费 1 万元,购置费 1 万元,出版费 3 万元;(二)设备费 2 万元,其中,图书费 1 万元,收集研究材料费 1 万元。

熊庆来 3 月 27 日因云大文法学院院长胡小石辞职后,现改聘姜亮夫担任。本学期,云大新聘缪安成任医学院兼任教授,林凤仪任森林系教授,姜震中任理化系教授,鲁冀参任经济系教授,司徒尹衡任政治系教授,蒋固节任法律系教授,林耀华任社会系副教授,王仲垣任法律系副教授。校长室秘书原由徐梦麟兼任,近以徐梦麟须专心著述及讲学,坚辞兼职,现改聘赵康节继任。4 月 20 日,为云大成立 20 周年纪念日,在校本部泽清堂前新台举行热烈隆重的庆祝典礼。参加庆祝典礼的有西南联大校委梅贻琦、教育部张廷林司长、云南省教育厅龚自知厅长、国民党云南省党部书记赵公望、英国领事、法国领事、黄子坚院长及各机关长官、各界来宾、校友、全体职教员学生约 3000 余人。熊校长致词中对中央政府、地方政府和云南各界人民对云大的扶植深致谢意。他说，我校两次被日机轰炸，损失严重，幸赖各方捐献，得有几座新建筑落成，使工作不致停顿，特向捐建人表示致谢。接着，由龚厅长宣读了龙主席（龙云）的训词，张司长宣读了教育部陈立夫部长致词，赵公望、梅贻琦、美国领事裨德相继致词。为加强学术研究精神，在校庆纪念日前后，还举办了纪念演讲及撰写纪念论文活动，邀请本校教授及国内有名学者参加，社会科学方面有：雷海宗的《历史的形态》、潘光旦的《当代的社会思想》、陈序经的《西洋文化与中国文化》、王赣愚的《自由主义之危机》、肖蘧的《近代经济思想的动向》、林同济的《贵士传统与中国文化》、贺麟的《儒家思想的新开展》、冯友兰的《义利辨》、吴宓的《美国的人文主义》、陈铨的《民族运动与文学运动》。自然科学与应用科学方面有：陈省身的《微分几何学研究的现状及其问题》、吴大猷的《日冕——天体中的一问题》、华罗庚的《模式论》、王树勋的《生活机能的物理化学分析》、吴学周的《从物理构造问题说到科学思想的演进》、沈同的《最近营养学之进步及其对于国人素食营养之解释》、殷章宏的《光学作用》、庄圻泰的《无穷级数论之新进步》、赵雁来的《近百年有机化学之贡献》、严济慈的《压力对于照相片感光性之影响》、蒋导江的《钢铁冶金之新发展》等。

　　熊庆来经与兴文、劝业两银行联系，资助西南文化研究室经费 7 月 28 日得以落实。是日，兴文、劝业两银行陆兼董事长子安及张行长质斋、孙经理幼章，本龙主席（龙云）提倡学术促进教育之旨，由兴文、劝业两行本年度拨款 20 万元补助云南大学。以 10 万元设讲座数席，名曰龙氏讲座，其待遇较大学普通待遇为优，现已致聘者有刘慎谔（生物系）、徐中舒（历史）、汤惠荪（农学）、朱炳南（经济）、林同济（政治）、张海秋（森林）、姜亮夫（文学）等。尚有他人在接洽中。此外、复敦请浙江大学教授卢守耕、吴耕民、孙逢吉为临时讲座。其他 10 万元则用以设一西南文化研究室，聘请方国瑜教授主持，并聘请姜亮夫、陶云逵、费孝通、楚图南、方耀仙、徐梦麟等为研究员，大部分经费将用于西南文献之搜集及刊物的印行。该室成立后，至 1947 年，已出版《西南研究丛书》8 种，即：张印堂的《滇西经济地理》，方国瑜的《滇西边区考察记》，徐嘉瑞的《云南农村曲史》，方树梅的《明清滇人著述书目》，李田意、叶柽、曹鸿昭的《缅甸史纲》，陈修和的《越南古史及其民族文化之研究》，张镜秋的《僰民唱词集》，李拂一的《泐史》。10 月 30 日，中国天文学会第 18 届年会在云大映秋院举行。到会员严济慈等 15 人。由张钰哲主席，总秘书长陈遵妫报告一年来会务，昆明分会干事陈秉仁报告去年观测日蚀的结果，继由会员熊庆来、李书华、龚继成演说。大会期间，宣读了论文，举行了天文名词讨论会，并修订天文学名词。11 月 16 日，太平洋学会云南大学分会从本周起，每逢星期一下午 7 时至 8 时举办一次公开学术演讲，共讲 7 次。内容为：李有义讲《汉夷杂区经济》，费孝通讲《小农经济的基础》，张之毅讲《乡村手工业的两种形态》和《土地与资本》，史国衡讲《战时后方新工业的人力基础》，许烺光讲《巫术与医药》，谷苞讲《乡村行政结构》。12 月 18 日，熊庆来致兴文银行董事长陆崇仁函中也证实："……西南文化研究室亦成立，聘有研究员、名誉研究员及编辑员进行工作，以出版图书为主要之工作，刻已出学报一种，并续印专刊五种。"（参见《云南大学志》编审委员会《云南大学志》第 2 卷《大事记（1915 年—1993 年）》，云南大学出版社 1993 年版；雷文彬《西南文化研究室——云南大学学术领域中的重要里程碑》，云南大学档案馆·党史校史研究室 2014 年 4 月 10 日）

　　方国瑜继续任云南大学西南文化研究室筹备主任。7 月，国立云南大学西南文化研究室正式成立,方国瑜任主任,姜亮夫、徐家瑞、楚图南、陶云逵、陈定民、白寿彝等任研究员。其工作地域以云南、西康、贵州为主,次及西藏、四川、湖南、两广,又及安南、缅甸、印度、马来半岛诸境。计划研究西南开发、西南移民、西南地理沿革、西南宗教、西南民族史、边区地理、边区人民、西南边裔等问题。"开创了作为整体性区域文化比较及综合研究的'西南研究'或'西南学',为云南现代学术的发展奠定了基础"。同月12日,方国瑜、陈岱孙、曾昭抡、潘光旦等教授在西南联合大学社会学系与云南大学社会学系联合举行的边疆问题座谈会上,勉励青年献身边疆。8月14日,方国瑜致函熊庆来,请即聘姜亮夫、徐嘉瑞、楚图南、陶云逵、陈定民、白寿彝为西南文化研究室研究员。12月14日,方国瑜提出拟聘名誉职位名单为:顾颉刚、胡小石、徐旭生、向觉明、罗莘田、张印堂、陈碧笙、凌纯声、徐益堂、王文萱、白寿彝、汪典存、游国恩、邓永龄为名誉研究员;俞季川、李子廉、陈一得、夏嗣尧为名誉编辑员;张凤岐、于仲直、张希鲁、赵继曾、李拂一、彭桂萼、李辑五、杨万选、胡羽高、岑家梧、李希泌、姜应樑、李田意为特约编辑员。

按:国立云南大学西南文化研究室至1953年10月结束,除了编印《云南大学学报》1期之外,共出版"西南研究丛书"10种。(参见潘先林《家国情怀书生本色:方国瑜先生的中国边疆学研究》,《西南古籍研究》2015年第1期;《云南大学志》编审委员会《云南大学志》第2卷《大事记(1915年—1993年)》,云南大学出版社1993年版;雷文彬《西南文化研究室——云南大学学术领域中的重要里程碑》,云南大学档案馆·党史校史研究室2014年4月10日)

姜亮夫1月因父亲病逝,归家,留家奉母。2月,接受龙云任命,任云南大学文法学院院长。3月27日,姜亮夫、胡小石就任云大文法学院院长。4月,姜亮夫草拟云南大学文法学院发展计划。6月,拟聘请萧公权主讲政治课,金礼彰主讲经济课,陈寅恪、徐中舒、陈守实主讲历史课,然而至8月仍未见云南当局颁发聘书。7月,与陶秋英归家省亲。8月,于昆明修订、编次《昭通方言考》。是年,著成《护国军志》,曾选载于各报章杂志。此后撰写多篇关于时政、文化、教育、社会、经济等问题的短篇评论文章,后集为《挥戈集》,今已佚。自上年8月至是年6月,陶秋英任东北大学中文系讲师。(参见林家骊《姜亮夫先生年谱》,《中文学术前沿》2015年第1期;《云南大学志》编审委员会《云南大学志》第2卷《大事记(1915年—1993年)》,云南大学出版社1993年版)

林同济是春邀请雷海宗赴云南大学讲演历史周期论。1月14日,林同济在重庆《大公报》"战国副刊"第7期发表《柯伯尼宇宙观——欧洲人的精神》,认为"柯伯尼"实在是象征了欧洲近代文化精神最恰当的名词。柯伯尼宇宙观可以用极简单的一句话概括,就是:"无穷的空间,充满了无数的力的单位,在力的相对关系下,不断地动,不断地变。"最后,作者归结于所谓"大战国时代":"现在世界文化已经演到空前的大战国时代。本来国与国间的形势,其性质不折不扣恰恰'柯伯尼',就是说力的单位与力的单位,在力的相对关系下,不断地动,不断地变。大战国时代的特征乃在这种力的较量。比任何时代都要绝对地以'国'为单位,不容局限于个人与阶级,而也不容轻易扩大而多言天下一体。国家是'时代的界线',是'时代的大前提'! 所以,你我的力不容任意横行,而必须在这'时代的大前提'下取得规范。换句话说,你我的力必须以'国力'的增长为它的活动的最后目标。你我的力不可背国力而发展,因为在这时代你我的力乃绝对离不开国力而存在!"21日,在重庆《大公报》"战国副刊"第8期发表《寄语中国艺术人——恐怖·狂欢·虔恪》。编者按:"抗战以来,中国艺术,由绘画、雕刻以至诗歌、喜剧、音乐,是不是确有崭新的发展——这是文化再造中的一个绝等重要的问题。工具、取材、技术,这都是枝节,关键尤在企图一种精神上心灵上的革命。

独及先生这篇艺术观,是他托词于萨拉图斯达而写的《东游寄语》一书中之一段,内容富有新启示,我们先为刊登于此。"28日,在重庆《大公报》"战国副刊"第9期发表《阿物、超我与中国文化》,认为我们文化的使命,就是"要同一时间内,两者并行,一面赶造强有力的个人,一面赶造强有力的社会与国家。这两个目标,最容易冲突不过,但平行推进,并不是不可能。这就看我们政治家、思想家的艺术是不是够高明够微妙了"。

林同济3月25日在重庆《大公报》"战国副刊"第17期发表《大夫士与士大夫——国史上的两种人格型》,指出:"大夫士与士大夫乃代表两种根本互异的历史背景所产生出来的两种根本互异的人物,两种根本互异的人格型。论史者必先看清了他们的互异,才有希望开始了解中国的历史。从整个的体相上看,西周以至春秋大部分的社会政治是大夫士中心,秦汉以后的社会政治是士大夫中心,而春秋末世与战国时期则可说是转换时代,过渡时代。战国以前,没有士大夫;战国以后,没有大夫士。一般史学家未能切实握住这一个基本事实,结果失掉了整部历史的意义。原来中国的社会与政治由大夫士类型转变到士大夫类型,乃我们民族文化发展路程上一切之一切的关键。这个转变不仅是一种结构的更改,乃尤是一种动力的换质。随着这个动力的换质,整个文化的精神,都改头换面!因此,我们在这里讨论这问题,不但是对中国文化过去的历程求个认识,并且还可以于过去的认识中想法来控制我们文化的动力以企图一个新未来的创造。换句话说,大夫士与士大夫一问题,实在也就是中国目前文化再造中的一个最基本的问题。"要了解"大夫士"与"士大夫"涵义的不同,我想借用英文选译,最可一目了然。大夫士便是 Noble-Knight 之意,士大夫便是 Scholar-Official 之意。也就是说,大夫士是贵族武士,士大夫是文人官僚。前者是封建的层级结构的产物,后者是大一统的皇权专制下的必需。说中国三千多年的历史是由大夫士到士大夫,也就是说它是由贵族武士型转变到文人官僚型。彼此体现为"刚道"与"柔道"的不同人格类型,"然而在目前这个大战国时代,我们所急急需要的是哪一样呢?柔道的人格型,抑或是刚道?士大夫的作风,抑还是大夫士?我们绝不要大夫士制度,但我们是不是要多方设法培养出大夫士的精神?"4月8日,在重庆《大公报》"战国副刊"第19期发表《嫉恶如仇——战士式的人生观》。29日,在重庆《大公报》"战国副刊"第20期发表《演化与进化》,提出:"二千多年来中国思想界学术界有意无意地在一般青年的脑筋里奠定下了两个一知半解的概念:一曰进化论,二曰因果律。"认为:"文化本身只不断演化。我们研究一个文化——就像研究一切的事象一样——要忠实地先看出它'如何演化''演化为何',然后才可以再运用我们的意志而在可能的范围内力求其'进化'。盲目认定退化不可能,进化是定律,你说这是'乐观',我们大恐是'鸵鸟的埋头'!"6月3日,林同济在重庆《大公报》"战国副刊"第27期发表《论文人》,6月10日重庆《大公报》"战国副刊"第28期续载。文中抨击中国人的第一罪恶,就是太文了!不是中国人太文,乃是中国上流人太文了!我们传统所称为优秀份子类是文人,我们传统的为政阶级类亦是文人——这恐怕是我们文化的特征,也就是我们文化的致命毒!

林同济6月17日、24日在重庆《大公报》"战国副刊"第29—30期连载《民族主义与二十世纪——一个历史形态的看法》,文中再论"第三期学术思潮":"大概言之,中国思潮,自五四以迄现在,二十二年经过了三段变迁。第一,是经验事实的阶段。事实是那时期为学的目的,经验派论是它的方法。第二,是辩证革命的阶段。革命,阶级革命是目的,辩证是方法。第三,可说是文化综合或文化统相(Cultural-Configurative)的阶段。民族文化整体的认识与推进是目的,综合或统相是方法。"强调"抗战是一个有力量的伟大现实,它一面赋予我们以一个建设学术的机会,一面也派定我们以一个建设学术的责任。我们愈感时代之伟大,乃愈感这种机会之难得,愈感这种责任之艰巨。今天想试用一种文化综合的观点,来认识民族主义,看看民族主义在近代世界史上的意义是什么,在目前二十世纪的形式与运气是怎样。所谓文化综合的工作,势须由各种学问多方促成的——社会学、心理学、政治学、经济学等等。其中一个重要学问即为历史学。而在研究方法上曾给予历史学以一种新的路径,特别值得我们注意的,我以为是历史形态学(Morphology of History)。我们亦可名之曰历史统相法"。"用形态学或统相学来看,我觉得一切文化似乎都经过下列三个阶段:一、封建时代;二、列国时代;三、大一统时代。""上述封建、列国、大一统三国时代,是人类史上各个文化体系均有的三阶段。中国如此,希腊罗马如此。我们细看托因比所研究的二十余个文化体系,竟都如此。""我们中国人应当坚决相信我们将来可以创造一个新的文化,成为世界主流与动力。我们应当具有这种决心和抱负。同时在今日的现状下,西洋文化,却是世界的主流,这点无须否认,也不宜否认。惟其如此,在今日而谈任何问题,必不容离开西洋文化所表现的一切问题而推敲,而讨论。"列国时代是任何文化所演出可能的花样的最热闹时期。西洋文化的列国时代最少有六幕热剧可堪注意。第一幕是文艺复兴运动。第二幕是宗教改革。第三幕是地理发现运动。第四幕是工业革命。第五幕是民主主义运动。最后一幕是社会主义运动。所以六幕热剧只有两个中心母题。尽管表面上的旗帜标出了文艺、宗教、地理、科学、政治、经济各符号,而每幕的主要作用都是伸张个人意识、加强政治组织。这两个潮流大有相克相反之处的。个人意识的伸张,是一种离心的运动。政治组织的加强,是一种向心的工作。一是散,一是集;一是离,一是合。如何可以把它调剂协合起来呢? 这确是近代西洋文化中的一个实际社会重建问题,也是一个心灵重建问题。7月,林同济在重庆《大公报》上开辟的"战国副刊",出刊31期后结束。雷海宗在此先后发表《战国时代的怨女旷夫》《历史的形态——文化历程的讨论》《三个文化体系的形态——埃及·希腊罗马·欧西》《独具二周的中国文化——形态史学的看法》等文章。是年,林同济在《大公报》发表《文化的尽头与出路——战后世界的讨论》。(参见江沛、刘忠良编《中国近代思想家文库·雷海宗、林同济卷》及附录《林同济年谱简编》,中国人民大学出版社2014年版)

　　楚图南继续任教于云南大学。2月,父楚晓棠在云南逝世,作悼文《先君事略》。3月,所译美国惠特曼诗歌《黑夜中在海岸上》刊于《文艺生活》第2卷第2期。同月,参与由中华职业教育社昆明分社孙起孟发起之聚餐会,参加者有李公朴、张无放、冯素陶、杨春州、周新民、艾志诚、刘达夫等人,取名"九老会",交流对时局的看法,推动抗日民主运动。4月,《关于托尔斯泰》刊于《诗与散文》第2卷第1期。7月,《纬书导论》刊于《云南大学学报》第1卷第2号。8月,《抗战文艺的战斗性和地方性》刊于《昆明周报》创刊号。9月,光未然、赵沨等人从缅甸撤退回国,经楚图南介绍,到云南大学附中和路南中学任教。15日,爱国实业家郑一斋因车祸身亡,楚图南与李公朴、赵沨、冯素陶等人到昆明西山为其送葬。10月11日,《抗战第六年代文艺的检讨》刊于《云南日报》,12—13日连载。11月,《难忘的友情——纪念郑一斋先生》刊于《诗与散文》第2卷第4期。30日,为纪念李权夫七旬华诞,撰写《路南李权夫先生七秩大寿献言》。12月,周新民、李文宣到昆明,在文教界开展抗日民主工作,与楚图南进行了多次深谈。(参见麻星甫编著《楚图南年谱》,群言出版社2008年版)

　　周新民年底受中共中央南方局指派,以民盟身份到昆明,以在云南大学任教的公开职务为掩护,帮助民盟发展地方组织。周新民临行前,董必武指示他要广交朋友,广泛开展统战工作。周新民到昆明后,与中共云南省工委取得联系,并与楚图南和转移到昆明的李文宜等一起,在文化教育界开展了工作。(参见《云南大学志》编审委员会《云南大学志》第2卷《大事记(1915年—1993年)》,云南大学出版社1993年版)

李公朴12月在昆明创办北门书屋(后改名为北门出版社),约请楚图南、闻一多、赵沨、张光年、曾昭抡、潘光旦等组成编辑部,由张光年主持编务。是年,组织"三艺金石书画社",举办书法、绘画、摄影展览,并出售展品,以补家用;云南省教育厅举办戏剧教育训练班,被邀请讲战时教育;曾到五华中学、云大附中等校宣传抗日救国和读书学习;进步商人郑一斋被美军吉普车撞伤致死,写悼文《新中国的商人》,并和张曼筠、张光年、赵沨共同谱写纪念歌曲《你的光辉永不灭》,又单独撰写了《我们为什么纪念他——写在歌后》。曾出版《五月之歌》丛刊、《民主文艺丛刊》,秘密翻印《新民主主义论》《论联合政府》《论解放区战场》等中共文献。(参见周天度、孙彩霞《李公朴传》及附录《李公朴生平活动简表》,群言出版社2002年版)

高阳继续任广西大学校长。2月9日,在桂林六合路的分校迁回良丰。8月,奉令在法律学系增设司法组。10月8日,桂省府拨款一万元筹建马君武纪念植物园,院址设良丰雁山。是月,高阳自上年9月7日以武装护送到校任职后,武装占领学校达一学期之久,校长办公室由武装士兵守卫,气氛森严。随即明令封闭学生自治会,禁止各种团体活动,引起同学更大的不满,从而自发地采取一致的行动:不合作的抵抗斗争,弄得高阳无可奈何,学校秩序也显得混乱。高阳遂于筹备开学六周以后,以牙疾旧病复发,亟需疗养为由,呈请辞职,未获准。同月,高阳因病请假两个月休养,校务暂由教务长李运华代理。11月2日,学校邀请国内名经济学家、中国农民银行金融研究室主任黄宪儒到校演讲,题为"当前经济难关"。黄宪儒陈述物价暴涨之影响,足以左右抗战建设之前途,并指出物价暴涨的原因,在于通货膨胀,囤积居奇,生产不足,而抗战以来财政政策的错误,乃系造成通货膨胀的原因。并指出今后经济难关的解决,不能单借经济的力量,而政治机构的调整,亦为至要。4日,教育部令,今后战区退出的学生,全部由广西大学收容。从而致学生激增,已达1800人,人多屋少,只好临时借用高工宿舍和附近的牛棚当宿舍。12月6日上午7时,数理学会在良丰物理馆成立,王慕尊、陈剑脩及数理学系教授、学生等40余人参加,会后举行物理实验,招待会外人士参观。同月,高阳以假满已经半月,健康仍未恢复,曾向教育部电辞,业经教育部12月29日电令,准予辞职,并派李运华代理,饬即从速接收校务。(参见《广西大学校史》编写组《广西大学校史》,广西大学学报编辑部1988年版)

陈寅恪全家年初仍困于香港。春节后,陈寅恪昔日学生,称奉命请其至沦陷区上海或广州任教。陈寅恪仍读书不辍,并积极设法脱离险境。5月5日,陈寅恪由香港取道广州湾返内地,抵桂林后停留1年。6月,陈寅恪开始在广西大学任教,至1943年秋结束。6月19日,陈寅恪在桂林有致傅斯年等函。12日,陈寅恪覆函潘公展,推荐罗香林撰写《唐太宗》一书。8月11日,陈寅恪为已接受广西大学聘书事致函傅斯年。同月,教育部聘陈寅恪为部聘教授。9月,陈寅恪撰《〈魏书·司马睿传〉江东民族条释证及推论》,刊在次年5月出版之《中央研究院历史语言研究所集刊》第11本1—2分合刊。10月,陈寅恪在《历史语言研究所集刊》第10本第2分发表《读〈东城老父传〉》《读〈莺莺传〉》。其《读〈东城老父传〉》一文揭示了唐代长安"西北胡人留滞不得归者"为数甚多,且"殖产业而长子孙",对长安"风俗服装之渐染胡化,实大有关系";《读〈莺莺传〉》一文先对"会真"一词进行考释,后分析当时社会风俗及社会门第对于婚姻之影响等,后论《莺莺传》等小说创作与古文运动之关系等。此两文被认为是陈寅恪"以小见大"治史方法和从文学作品中发现历史治史路径的代表性论著。11月29日,浙江大学举行张荫麟追悼会,陈寅恪寄去挽诗。同期还刊载了劳干《汉武后元不立年号考》、全汉升《宋末的通货膨胀及其对于物价之影响》等文。12月25日,陈寅恪作《杨树达积微居小学金石论丛续稿序》。序中指出:治上古史,"群经诸史,乃古史资料多数之所汇集,金文石刻则其少数脱离之片断,未有不了解多数汇集之资料,而能考释少数脱离之片断不误者"。是年,尚有《朱延丰突厥通考序》(抄本)、《姚薇元〈北朝胡姓考〉序》(抄本)、《陈述〈辽史补注〉序》(抄本)等文。(参见卞僧慧纂《陈寅恪先生年谱》,中华书局2010年版;王学典《20世纪史学编年(1900—1949)》,商务印书馆2014年版;齐家莹编《清华人文学科年谱》,清华大学出版社1999年版)

李四光仍任广西大学教授。3月5日,丁文江先生纪念奖金第二届授奖候选人经过国内各重要地质机关及团体推荐,后又经基金委员会诸委员核查,结果一致赞成授予李四光。3月初,李四光带领邓玉书、张寿常由桂林经衡阳、郴县到资兴等地调查湘南山字型构造。发现该山字型构造前弧不对称,略有向西南扭转。同时发现,这个地区的东西向构造、山字型构造、新华夏系构造等,有相互纷挠的现象。20日,中国地质学会第十八届年会暨二十周年纪念会于重庆沙坪坝重庆大学大礼堂举行,李四光此时正出差在野外,请李庆远在会上代读其作为纪念会主席的讲演稿,题为《二十年经验之回顾》,此文除大量的地质学主题外,还谈了近代科学在中国的发展和它与中国历史文化传统的联系。会议期间还举行了第二届丁文江纪念奖授奖典礼。奖金授予李四光,以表彰他热心培养地质人才和发展中国地质科学研究方面的贡献,由张更代表李四光受奖,并至谢词。理事长翁文灏致词。继由纪念基金委员会主席杨钟健,致授奖词。

按:杨钟健授奖词说:"李先生(李四光):今天鄙人代表中国地质学会丁文江先生纪念基金委员会,以丁先生纪念奖金第二届奖金授予李先生甚感荣幸。李先生在地质界的造诣本会同人莫不仰慕,用不着鄙人来细述。李先生在地质界推进之功至为显然。丁先生第一届奖金的得奖人为田奇㻦先生是李先生的学生,及今天代表本会授第二届奖金的鄙人也是李先生的学生。在座诸会员中李先生的学生当占一大部分。然本会授奖金予李先生的主要动机还在李先生的研究方面。治学着重博、精、约三事,而李先生无一不做到。以言博,李先生在地质部门中研究之多,如岩石、构造、地层、地球物理、古生物以至冰川等,同人中鲜有望及其项背者。以言精,则各种研究莫不彻底,如关于中国䗴科化石之研究迄今已十余年,尚为唯一权威之作,其他如冰川研究亦甚精到。以言约,则李先生所出《中国地质》一书不但可供国内新近地质界青年及同人之参考,亦可使吾国地质历年工作之成绩表现于国际。考李先生所以能治学至于如此程度实有三种精神:一为有恒,李先生献身地质界二十年如一日为同人尽知之事;二为崇信,即治学求真之精神,回忆李先生之冰川论初发表之时,国内外地质人士怀疑者颇多,而李先生不恤众议,努力追求事实,使冰川问题之材料日益丰富,迄今几无人不相信。反之如李先生所获材料可以反证冰川之存在,吾知李先生亦必决然宣告放弃。此尽由于科学尚信实之精神有以致之;三为能苦,地质工作为一苦事,李先生以高龄之年不畏旅行之困难,与青年同人于役山中,在目下国内地质界同人中能如此高龄而尚从事实际地质工作者殆无第二人。故此三点实可谓李先生之治学精神。如有人令余在国内地质界中可以推选一人为同人等楷模,为中国科学界青年之模范,吾以为除李先生外实无第二人可以当之。所以此次本会丁先生纪念基金委员会一致决议以第二届奖金赠予李先生实为允当。今日因李先生不能赶来亲受奖,由张更先生代替,希望张先生以此意转达于李先生,代表本会同人表仰慕之忱,吾人希望李先生继续为地质而努力;造成更辉煌之成果,并望代表同人恭祝李先生的健康。"

　　李四光3月24日到达资兴,受到资兴县各界的欢迎、重视。晚上应资兴县立初级中学邀请与资兴县立中学师生见面,并作题为《一个判断的实例》的演讲。3月29日,出席资兴县在民众教育馆举行的各界欢迎大会,讲演《沧桑变化的解释》。7月6日,李四光的学生、地质学家朱森教授英年早逝。当时他任重庆大学地质系教授、系主任兼中央大学地质系教授。夏初,朱森自野外考察地质归来,因旧疾胃病发作住院。当时教授每月"优待"平价米五斗,朱森份额原由重庆大学发给。应中央大学聘后,中央大学总务部门又发给当月份额。朱森夫人不知道前后情况,以致误领,被人告讦而受以"贪污"之罪受到蒋介石直接统治下的重庆国民党政府教育部的处分。朱森气愤之下,胃溃疡恶化,以致不治而死,终年41岁。李四光了解学生、同事朱森,他为人正直,富于实干精神,具有独立见解,是最有希望的学生之一。噩耗传到桂林,李四光闻悉感到无限哀痛和惋惜。他在给地质研究所研究员刘祖彝的一封信中说:"子元已矣! 我的思想太乱,一切不知从何说起,我只能想到他平时对我说话诚挚,及对我微笑的样子,其他都不堪设想了。"言语不多,悲切至深。7月中旬,李四光在桂林接见新闻记者时发表谈话,指出:"自朱先生死后,从陪都到桂林,在社会上有一种议论,或者流言,直接、间接影射着朱先生之死,与教授生活待遇有关的答题,固然可以这样说法。可是,实际上教授生活待遇……另是一个问题。只要留心看各处通信,为朱先生鸣不平的文字,已经完全证明他的死,在事实上与他的生活问题,可以说毫无关系。这一点就个人看来,确实是值得郑重说明,也值得我们注意。做地质工作的人们,本来就准备接受饿死、热死、跌死、打死、咬死、累死,尤其是这个时期,有什么说头? 不过要说是气死,则国家无谓的牺牲未免太大。死了还要受气,更是太不成话!"为朱森之死洗清不白之冤并揭露和控诉在国民党反动政府统治下的知识分子的悲惨遭遇。此事当时轰动了重庆,激起了知识界的愤慨和同情。18日,《新华日报》发表了一篇题为《论朱森教授之死》的社论。8月,发表《朱森鋌,鋌科之一新属》一文,文章说:"这个新属名,是为了纪念已故的朱森教授而命名的,特别是为了纪念他在中国地层学上的重要贡献。"9月15日,发表题为《科学工作的几个基本问题》一文。12月,在《地质论评》上发表《南岭何在》一文。继后发表《中国冰期之探讨》等文章。(参见马胜云、马兰编著《李四光年谱》,地质出版社1999年版)

　　梁漱溟1月10日上午与范长江、陈此生等一道乘船离港,经澳门、台山、梧州、桂平、贵县、柳州,于2月5日到达桂林。陈劭先欢迎梁漱溟住在八桂庭"建设委员会",后又受雷沛鸿之邀请,住入七星岩"教育研究所",再又移住穿山"国学专修学校",受校长冯振招待。当时日寇占领香港后大批文人学者纷纷退入内地而到桂林。国民党参政会欢迎这些人士到重庆居住,有刘百闵(CC派)到桂林来迎接大家入川。刘百闵来看望梁漱溟,问到其行动,梁漱溟说:"这次我不去重庆。"刘百闵拍手说:"好极了!"原来,他从重庆坐飞机来时,王世杰赶到机场送行,曾说:"最好不要欢迎梁先生来,他来了我为难,蒋先生对梁先生很恼怒。"梁漱溟住七星岩"教育研究所"时曾去东门外远郊区看望被软禁的叶挺将军,谈话并留饭。其间,曾被邀为该校学生作《中国文化要义》为内容的讲演。2月,梁漱溟写成《香港脱险寄宽恕两儿》信,刊于桂林《文化杂志》。3月,为蔡孑民先生逝世两周年,在桂林《文化杂志》发表《纪念蔡先生》一文。

　　按:文章指出:"蔡先生一生的成就,不在学问,不在事功,而只在开出一种新风气,酿成一大潮流,影响到全国,收效于后世。""更要紧底乃在蔡先生的器局识见,恰能胜任愉快……因其器局大,识见远,所以对于主张不同、才品不同的种种人物,都能兼容并包,右援左引,盛极一时。而后来其一种风气的开出,一大潮流的酿成,亦正孕育在此了。""胡先生(适)的白话文运动,是当时新文化运动的主干。然未若新人生思想之更属新文化运动的灵魂。此则唯藉陈先生(独秀)对于旧道德的勇猛进攻,乃得引发开展数十年中西文化较量斗争,至此追究到最后,乃澈见根底。……然而今日的局面、今日的风气(不问是好是坏)却是他们那时打开来底,虽甚不喜之者亦埋没不得。自然是说起当时人物,并不止陈、胡二位,例如李守常、陶孟和、顾孟余、周树人(鲁迅)、钱玄同、高一涵诸先生,皆其著者且亦各有各的神通。所有陈、胡以及各位先生任何一人的工作,蔡先生皆未必能作。然他们诸位若没有蔡先生,却不得聚拢在北大,更不得机会发抒。聚拢起来,而且使其各得发抒,这毕竟是蔡先生独有的伟大。从而近二三十年中国的新机运,亦就不能不说是蔡先生实开了之了。"文中谈到蔡先生引进他到北大教书事说:"我们又可以说蔡先生的伟大,不止能聚拢许多人,且能培养许多人。……如我这样非学生而实受培养者,盖亦不少。""若问蔡先生何以有这种成功? ——他能罗致人才,能造成学风,能影响到全国大局,使后之言历史者不能不看作一划时代的大节目:其成功之由果何在?""他只是有他的真好恶。……然后他一言一动,不论做什么事,总有一段真意行乎其间。这样,他便能打动人。"文章最后说:"总之我所了解底蔡先生,其伟大在于一面'有容',一面'率真',他之有容是率真底有容;他之率真是有容底率真。……坦率真诚,休休有容,亦或者才是一切伟大人物之所以为伟大吧!"

梁漱溟 4 月作《论广西国民中学制度》,刊于《广西教育研究月刊》第 3 卷第 5 期。5 月,作《教育的出路与社会的出路》,刊于桂林《广西日报》。又作《中国民主政团同盟发起成立之经过略记》一文(编入《忆往谈旧录》)。6 月,着手著《中国文化要义》一书。10 月,为《桂林自学月刊》写《我的自学小史》。该文原列出目次 18 节:一、我生在这样一个家庭;二、我的父亲;三、一个瘠弱而又呆笨的孩子;四、经过两度私塾四个小学;五、从课外读物说到我的一位父执;六、自学的根本;七、五年半的中学;八、中学时期之自学;九、自学资料及当年师友;十、初入社会;十一、激进于社会主义;十二、出世思想;十三、学佛又学医;十四、父亲对我信任且放任;十五、当年倾慕的几个人物;十六、思想进步的原理;十七、东西文化问题;十八、回到世间来。后因《中国文化要义》一书亦在属草,难于兼顾。只写出前 11 节发表。梁漱溟在序言部分,阐述了自学的必要和重要及自学的途径。12 月,发表《理性与宗教之相违》一文。(以上参见李渊庭、阎秉华编著《梁漱溟年谱》,商务印书馆 2018 年版)

柳亚子 1 月 15 日自香港脱险。由甥徐文烈及中国共产党东江纵队人员护送,挈子柳无垢抵香港西营盘海边,乘帆船去长洲岛一路飘洋过海,风浪倾侧,凡 7 昼夜,辗转达海丰县之马贡,乃中国共产党游击队根据地。离港渡海时,与何香凝同舟 7 日,至海丰新村后,始分途握别。2—4 月,在海丰,留滞日中墟、九龙洞等处数旬。然后安抵曲江(韶关)。3 月 12 日,陕甘宁边区政府文化工作委员会电慰柳亚子等香港脱险文化界人士。电文说:"太平洋战争爆发,港地顿成战场。一切文化建设,悉被推毁,思之令人发指! 在延文化界诸同志,对诸公之安全行止,忧虑特深,终日翘首期望,冀希得一消息,以舒倦怀。迄至近日,始悉诸公安然脱险,返抵自由祖国,并悉当香港垂危之际,诸公犹坚立文化岗位,协助同盟友人,共御顽敌,正气大义之精神,使吾侪欢欣感奋,难以言状。兹后尚希善自珍重,再接再厉,为击败日寇,争取反法西斯主义胜利,建设新文化而奋斗。谨此电慰,并祝健康。"慰问电表达了延安文艺界与全国文艺界的关心和声援。5 月,柳亚子复晤何香凝于曲江,喜"劫后重相见,容颜泽不癯"。在曲江曾晤李章达(南溟),未多逗留,即北上衡阳,转车赴桂林。

柳亚子 6 月 7 日抵桂林,寓环湖旅馆。宋云彬招待于丽泽门外丽君路之文化供应社,晤旧友沈雁冰、孔德沚、金仲华、沈端先诸人。始识邵荃麟、葛琴、傅彬然、叶绍钧、范洗人等。3 日后,于伶等来访,招饮于桂林市之美丽川菜馆,喜晤田汉(寿昌)、欧阳予倩。与田汉往访熊佛西、叶仲寅夫妇于榕荫路榕斋。书室墙壁上悬一巨幅横幅,有田汉、胡风、范长江、安娥(田汉夫人)、萨空了等题诗。为写诗二绝,撰文纪其事。时范长江已离桂,余均相逢。并重晤香港旧友梁漱溟、端木蕻良、曹美成等。在桂林交游之文化界人士,尚有朱蕴山、俞颂华、周鲸文、千家驹、沈志远、胡仲持、黄药眠、廖沫沙、尹瘦石、朱荫龙(琴可)等。得林庚白、萧红在港噩耗,作诗文悼之。27日,柳亚子与夫人团聚。7月18日,郭沫若致柳亚子信刊于桂林《戏剧春秋》1942年10月第2卷第4期。写道:"香江沦敌后,此间侪辈均关心先生之行踪,北杞时来敝寓,尤为关怀,顷得寿昌来信,知先生确已抵桂,并得读端午近什,首蒙忆念,感激感激。寿昌嘱和,因亦效颦,已于十五日见报矣,想已达览。兹再录出如次,敬请督政。"同月,柳亚子撰《怀念阿英先生》,回忆在沪时与阿英(钱杏邨)之交谊及为阿英所编南明历史剧所提供之意见。8月,熊佛西在桂林办《文学创作》月刊,柳亚子被推为编辑顾问,所撰《榕斋读诗记》刊于9月15日《文学创作》第1期。9月12日,撰《杂谈阿英先生的南明史剧》一文。10月,撰《还忆劫灰中的南明史料》。12月,撰《续忆劫灰中的南明史料》。11月,撰《民国三十二年希望》,强调"各党各派,精诚合作,改进政治,大举反攻。对外要达到消灭伪满,收复台湾,完成朝鲜独立,扶助日本革命的目的。对内要建设成功一个真正三民主义的中华民国"。同月,撰《怀念胡道静兄》文。胡道静为南社旧友胡寄尘之子,曾任上海市通志馆编纂。12月,撰《羿楼旧藏南明史料书目提要》。是年,辑《桂游集》1卷,厄于检查,未得印行。(以上参见柳无忌编《柳亚子年谱》,中国社会科学出版社1983年版;林甘泉、蔡震主编《郭沫若年谱长编》,中国社会科学出版社2017年版;艾克恩编纂《延安文艺运动纪盛》,文化艺术出版社1987年版,孙国林编著,王佳钰、王增辉校订《延安文艺大事编年》,陕西师范大学出版总社2016年版)

　　茅盾夫妇1月1日紧急从香港内撤。是日,仍住在旅馆内,主要由以群上街打听消息对外联络。9日上午,由戈宝权接至东环贫民住宅区的一栋房子内。下午5时,就夹在难民中沿皇后大道向铜锣湾出发。天将黑时登船,受到负责此次偷渡工作的连贯同志的接待。同在这条船上的还有邹韬奋、胡绳、于伶等。茅盾与邹韬奋谈了各自在这几天战乱中的经历。10日天未亮,从大船转乘小艇,即向九龙方向开去。艇上还有以群、高汾、戈宝权和胡绳夫妇。上岸后,与以群、戈宝权为一组,当晚在九龙过夜。11日,由港九地区手枪队长江水来接替护送工作。13日,平安地通过了日本兵检查的关卡,越过叫作梅岭的山岗,终于进入了东江游击区。当晚,与邹韬奋、戈宝权等受到东江游击纵队司令员曾生、副司令王作尧和政委林平的接见。14日,因敌人可能要扫荡,转移至离白石龙几里远的一个山窝里。同去的一批人中,还有宋之的夫妇、胡绳夫妇、于伶、戈宝权、姜君辰、沈志远、刘清杨、沈兹九、胡风、沙蒙、葛一虹、袁水拍、黎澍等。约同日,在与胡风、胡绳闲聊时,就日军进攻香港前,党在文艺方面的负责人发放避难费的问题,表示了自己的看法。15日,与邹韬奋等参观东江游击纵队机关报《东江民报》,并为副刊《民声》题字。中旬,东江游击纵队举行盛大欢迎会,欢迎茅盾、邹韬奋等文化人从香港脱险归来。曾生和林平讲了话,介绍了东江游击纵队发展的过程及目前的处境。茅盾在一次畅谈游击生活感受的民主会上,谈了自己的体会:这是作家与抗战实践的结合,是创造革命文艺的最好机会。20日下午3时,与叶以群、胡仲持、廖沫沙由二位持枪护送者离开白石龙。23日下午,从香港取道鲨鱼沟进入内地的张友渔夫妇来访,在这种情况下的不期而遇,更是令人兴奋,忙向张友渔打听其他朋友的近况,才知道香港文化人除在游击队保护下,取道东江进入内地的之外,还有十几位是取道澳门回内地的。2月14日,茅盾乔装成逃难的商人,由武装护卫改为不带武器的向导。为了安全起见,又花钱请了国民党保安队的两个保镖,然后冒雨继续向惠阳行进,张友渔夫妇、胡风等同行。15日半夜两点左右,抵达惠阳城。

　　茅盾夫妇3月9日和叶以群、胡仲持、廖沫沙在东江游击纵队的护送下,经过种种困难与险阻,终于到达桂林。中旬,到桂林后不几天,"文协"桂林分会就在正阳路大华饭店开了一个近两百人的茶会,欢迎从香港脱险归来的茅盾、夏衍等文化人,会场气氛十分热烈。此间,茅盾认真考虑了自己今后的去向,斟酌再三后决定:暂时在桂林住一个时期。一方面可以估量一下太平洋战争后国内的政治形势,另一方面也可以观察重庆方面在《腐蚀》出版后对自己的态度如何,以便审时度势,决定将来的行动方向。所以,当田汉、欧阳予倩、王鲁彦、孟超、宋云彬、艾芜、司马文森,以及先期从香港脱险的夏衍、金仲华等朋友闻讯后来探望,并问有什么打算时,只告诉各位:打算好好休整一下。中旬,应邵荃麟之邀给"文协"桂林分会办的一个文艺讲习班讲课,题目是《杂谈文学修养》,漫谈式地给学员讲了读、观察和写三个方面的问题,特别强调了"读、写和观察,必然要联系起来,写的时候,一定要联系到观察,同样观察也要联系到写"。26日下午,在艺术馆主持"文协"桂林分会召开的"保障作家合法权益"座谈会,并向会议报告了保障作家合法权益,争取提高版税和稿费的建议以及酝酿和提出的经过。最后,与田汉、胡风、司马文森、宋云彬、艾芜、李文钊、秦似、胡危舟等9人被推为主要交涉人。同月,后期到达桂林的戈宝权来访,一起回忆在香港共患难的日子,并听戈宝权介绍了他与韬奋在阳台山的生活情景。5月1日,中篇报告文学《劫后拾遗》脱稿。作品描写了香港陷落后的情景,既暴露了日本侵略者的残暴,也谴责了港英当局的无能。5日,在《中学生》第55期发表《杂谈文学修养》,此文即是在"文协"桂林分会举办的讲习班上的演讲。

　　茅盾5月初应刘百闵之邀,赴乐群社午餐。刘百闵此次奉蒋介石之命来桂林,邀请由香港归来的文化人去重庆。席间,刘百闵说:"蒋先生特意要我来请沈先生以及其他原来在重庆的委员回重庆去。至于工作问题,生活安排都好说。"茅盾当时即向刘百闵表示,因刚到桂林,需要休整一下,加之手头又正写一部小说,不好随便中断,所以,暂时无去重庆的打算。10日下午,参加"文协"桂林分会召开的"保障作家权益"代表会,前次会议推定的几位交涉人胡风、田汉等均出席会议。25日,出席广西省紧急救侨会在乐群社举行的招待沪港脱险来桂文化人茶会,并商讨救侨事宜。同月,出席由广西李济琛、黄旭初招待脱险文化人的茶会,主人代表刘百闵向大家表示慰问。出席茶会的还有胡风、沈志远等。6月初,开始酝酿和构思长篇小说《霜叶红似二月花》,打算在这部作品里反映"五四到一九二七年这一时期的政治、社会和思想的大变动"。预计分三部,第一部写五四前后,第二部写北伐战争,第三部写大革命失败后。4日下午,在宋云彬寓中与刚从成都到桂林的叶圣陶晤谈。5日下午5时,应广西省参议会议长李任仁和文化供应社社长陈劭先的邀请,出席在建设研究会举行的便宴。出席者还有叶圣陶、宋云彬、傅彬然、金仲华等。同日,在《新华日报》发表《材料的搜集与研究》。7日,出席宋云彬在文化供应社举行的为柳亚子洗尘的宴会。出席者还有金仲华、夏衍、邵荃麟、葛琴、傅彬然等。此后,与柳亚子过从甚密,谈论的中心话题是"论史"。晚,至天然餐馆出席诸友之聚餐会,席间向叶圣陶谈了自己在新疆的生活情景。9日中午,设家宴招待叶圣陶。此为到桂林后的第一次请客。席间与叶圣陶谈了新疆的生活和见闻,以及香港脱险的经过,兴致甚高。虽然防空警报迭起,亦不躲避。22日,与郭沫若等在《新华日报》联名发表《致斯大林先生及全体苏联战士书》。下旬,接4—5月间抵达重庆的叶以群自重庆的来信,称《文艺阵地》还在继续出刊,并建议写完《霜叶红似二月花》后就去重庆,还希望能对《文艺阵地》的编辑方针提出意见和推荐、提供一篇创作。立即回信,表示暂不打算去重庆,但可将《霜叶红似二月花》在《文艺阵地》上连载。同月,中篇报告文学《劫后拾遗》由桂林学艺出版社出版。

茅盾 7 月 3 日应熊佛西之邀,赴功德林会餐,同座的还有柳亚子父女,叶圣陶、洪深、孙春台、胡风和安娥等。11 日,与郭沫若等在《新华日报》联名发表《致苏联科学院会员书》,坚决声援苏联的反法西斯正义战争。14 日,应田汉邀请,前往七星岩,参加"历史剧问题座谈会"。在会上说:"大体历史剧可以有两个目的。第一是使当时的历史情形再现、即如实地表现当时的历史真实。第二是从历史真实中抓住一个要点来发挥,而不必完全顾及历史事实。"随后又说到了"史家和作家的任务不同。我们不必完全依照史实。作者可能有所感慨,采取与当前现实有关的历史题材而借题发挥。本来中国的历史没有经过好好的整理,它的真实性是不太可靠的。中国历史上的许多问题,现在还没有得到一致的意见。因此,要做史剧作家,似乎还得先做史家,这是中国剧作者的双重负担"。出席座谈会的还有欧阳予倩、胡风、宋云彬、于伶、安娥、蔡楚生、周钢鸣、端木蕻良等。座谈内容刊于 10 月 30 日《戏剧春秋》第 2 卷第 4 期。23 日,作《"诗论"管窥》,刊于 10 月 30 日《诗创作》第 15 期。文中针对诗坛上关于"小诗"与"长诗",即抒情诗与叙事诗的争论,较全面地谈了自己的看法。作者认为。"中国叙事诗之发展实始于六期",其标志则是《孔雀东南飞》。而叙事诗在元白之后不再发展的原因之一,则在于"更新的形式"的出现。叙事诗所担负的任务,可以由"曲、传奇、弹词、小说等形式来担负了"。这一变革,"正是文学多部门形式随社会演变而产生而发展的自然结果"。虽然叙事诗较之抒情诗"难写",但仍有"伟大的前途"。30 日,长篇小说《霜叶红似二月花》在《文艺阵地》第 7 卷第 1 期至第 4 期上连载。9 月 10 日,作《关于研究鲁迅的一点感想》,刊于 10 月 31 日《文艺阵地》第 7 卷第 3 期,文中认为"要想学习鲁迅,必须研究鲁迅",在研究的同时,还必须"加强批评",否则研究"亦难深刻"。文章还提出,在鲁迅研究中,应该"包括一本正确而详尽的《鲁迅传》",这样才能为进一步深入研究打下"基础"。10 月 10 日,在桂林《大公报文艺》第 201 期发表《回忆是辛酸的罢,然而只有激起我们的奋发之心!》,文中回忆了自己在辛亥革命时的一些经历和想法。(以上参见唐金海、刘长鼎主编《茅盾年谱》,山西高校联合出版社 1996 年版)

胡风 1 月 12 日离开九龙洗衣街,与宋之的夫妇由住处出发向郊区走去,然后进入江东游击区。28 日在《解放日报》发表《作为思想家的鲁迅》,该报编者加了按语:"自从香港失守后,至今已有月余。而住在香港的文艺界朋友是那么多。我们不敢相信某些报纸上的谣言,我们每天都希望有点消息来,同时,我们想抱着这样的心情的人一定是很多的吧。所以我们现在载胡风先生和茅盾先生的两篇近作,一方面是表示我们对两先生的深切的怀念,一方面也得与同感者们以一点安慰。"胡风文章说"鲁迅先生所走的思想路线,是由进化论发展到革命论"。他"抓住了由市民社会的发生期到没落期所达到的正确的思想结论,比什么人更早,也比什么人更坚决地用这进行使祖国解放、使祖国进步的思想斗争,用这使祖国的解放斗争和进步斗争和全人类的解放斗争在一个方向上汇合。这正是他的作为思想界的领导者的最伟大的地方"。胡风在江东游击区,比较熟悉的同行中有茅盾夫妇、胡绳夫妇、宋之的夫妇、沙蒙和葛一虹、袁水拍和黎澍等。在经惠阳抵达桂林。3 月 16 日,胡风搬进廖宅。到桂林后,胡风看到郑学稼在国民党《中央周刊》上攻击其《论民族形式问题》的文章。文中一方面大捧茅盾,因为茅盾在《子夜》里使代表封建势力的老太爷一到上海就死了,等于肯定中国封建地主阶级已经衰亡,不成其为革命的对象,合乎托派的理论;另一方面,又侮蔑鲁迅没有独立思想盲从共产党,我的《论民族形式问题》是遵照共产党的指示写的。胡风认为这等于是公开地揭露和告发他,所以准备有机会时写文章刺破郑学稼的嘴脸。4月26日,出席"文协"桂林分会在艺术馆召开的保障作家合法权益座谈会。座谈会还推荐茅盾、田汉、胡风、司马文森、宋云彬、艾芜、李文钊、秦似、胡危舟办理此事。

胡风5月25日在《戏剧春秋》第2卷第1期刊发表《关于〈北京人〉的速写》一文,文中说:"平面地看,《北京人》是对于封建社会的挽歌和对于一种新的生活的向往。然而,在我们的感受上,作者的挽歌是唱得那么凄伤,那么沉痛,我们可以毫不踌躇地说,有些地方是达到了艺术的(我是在它原来的意义上写下这个形容词的)境界。但他在挽歌当中终于向往了的那'一种新的生活',却使我们感到飘忽、渺茫,好像是在痛苦底重压下面累透了的人底,一个仅仅为了安慰那痛苦的梦。所以,作者愈是把他底梦染上浓烈的色彩,我们就愈觉得那梦和现实远离,好像是两种不能粘在一起的东西,被勉强缚在一起了。"6月14日,胡风迁居建干路17号之九诗创作社楼下。22日,与郭沫若、茅盾、田汉、欧阳予倩、穆木天、老舍、马宗融等92人签名重在《新华日报》刊登《中国文艺界为苏联抗战周年致斯大林先生及全体苏联战士书》。8月14日,田汉在七星岩主持召开座谈会,胡风与茅盾、欧阳予倩、柳亚子、于伶、宋云彬、蔡楚生、周钢鸣、端木蕻良等应邀参加,中心是座谈历史剧问题。同月,张铁生来,转达程思远特使邀赴重庆之意。10月10日,《青年文艺》在桂林创刊,胡风在创刊号发表《论曹禺的〈北京人〉》一文。文中说:"作者创作时的心情是怎样的呢?我看,他所注目,所了解,所感动的是封建大家庭底那种腐败,崩溃,痛苦万状,走投无路而拼命挣扎,面子上堂皇但里面却包藏着种种罪恶的那一幅图画。"15日,凤子等编《人世间》在桂林出版,创刊号刊登了胡风的《抗日民族战争与新文艺传统》、骆宾基的《幼年》(连载)、茅盾的《雨天杂写之四》、郭沫若的《月光下》等。11月30日,桂林《诗创作》第15期出版,这期是诗论专号。内载胡风的《涉及诗学的若干问题》、茅盾的《"诗论"管窥》、力扬的《我们底收获与耕耘》、黄药眠的《论诗底美、诗底形象》、黄绳的《诗——青春之恋》、伍禾的《论诗的形象》、伍辛的《形式的囚笼》、静闻的《诗论杂钞》、达史的《诗人在历史上走过的足迹》、胡危舟的《新诗短话》(续二),此外还有萧爱梅的《正确地认识马耶可夫斯基》、周钢鸣的《关于〈欧根·奥尼金〉的几个问题》,以及宗玮译的《二十世纪英美诗人论》、宋维基译的《论讽刺诗》、李葳译的《黑奴反抗之歌》等。(参见《胡风全集》第7卷第五编《回忆录》,湖北人民出版社1999年版;艾克恩编纂《延安文艺运动纪盛》,文化艺术出版社1987年版;田本相、阿鹰编著《曹禺年谱长编》,上海交通大学出版社2017年版;文天行编《国统区抗战文艺运动大事记》,四川省社会科学院出版社1985年版)

田汉继续居于桂林。年初,写成京剧《南明双忠记》,由文艺歌剧团首演于桂林各界公祭瞿(式耜)、张(同敞)殉国290周年纪念大会。1月4日,出席"文协"桂林分会在艺师班举行的新年晚会。15日,在桂林《文化杂志》5号发表《临剧运的新年度》一文,提出:在新形势下"展开新的戏剧运动以扩大抗战宣传,提高军民必胜信念"。希望戏剧工作者"要穷而能工作得好""从实际工作中争取一般社会对新的戏剧的认识"。指出:"我们剧作至今没有能赶上时代的需要。表现形式也还没有能脱出以前的窠臼",因此,有必要"来一次深刻的反省"。31日上午,邀请欧阳予倩到新中国剧社作演讲。下午,闻范长江脱险抵桂的消息。同月,在桂林《半月文艺》第17—18期合刊发表《对于戏剧工作者的几点要求》一文,要求戏剧工作者努力做到：(一)确立现实主义的创作态度；(二)以朴素真实的表现法代替形式主义；(三)在日常实践中完成民族形式；(四)从"千篇一律"中打深下去；(五)把看台上和看台下的人格统一起来。2月1日晨，郑君里陪范长江拜访田汉。由范长江处得知夏衍等留港文化人大部分已安然脱险，欣然为其祝福。5日，在桂林火车站迎接历尽曲折从柳州抵达桂林的夏衍、司徒慧敏、蔡楚生、郁风诸友。12日，"文协"桂林分会召开理事会，决定由田汉、李文钊、欧阳予倩等筹组"文协"受难同志救济委员会，还议定了要将稿费提高到最低每千字15元，版税最低额为百分之十五的问题。13日，出席欧阳予倩为夏衍一行抵桂而在美丽川菜馆举行的招待会。14日，赴夏衍寓所拜访。15日，邀请欧阳予倩、夏衍、熊佛西、李文钊、洪深、蔡楚生等来家吃"年饭"，并座谈新形势与新艺术等问题。同月，与夏衍、洪深合作创作以香港社会生活为背景的四幕话剧《再会吧，香港！》。

田汉3月7日晚得知《再会吧，香港！》一剧被勒令停演，与夏衍、欧阳予倩等赶往剧场表示慰问。4月5日，欧阳予倩等30余人在桂林桃园酒家聚宴，庆贺田汉44岁生日。8日晚，在高升戏院看戏时夏衍来访，告知决定离桂赴渝。12日，出席中苏文化协会桂林分会第三次会员大会，并作演讲。会上被选为第三届理事会理事。26日，在"文协"桂林分会举行的"保障作家合法权益"座谈会上，与茅盾、胡风等9人被推定负责去同出版家、书商交涉保证作家合理的版税与稿费收入的有关事宜。同月发表《关于抗战戏剧改进的报告——军委会政治部的范围》一文；为夏衍剧作《愁城记》单行本出版写《序》，详细追述两人的交往和友谊。5月10日，出席"文协"桂林分会在艺术馆召开的保障作家权益代表会。20日，致信洪深，对新中国剧社上演俄国名剧《大雷雨》"未能如理想之佳"表示不满和忧虑。22日，致信郭沫若，为祝贺他创作的历史剧《屈原》的成功上演，赠七绝4首。6月18日，柳亚子和廖沫沙来访。22日，与郭沫若、茅盾、欧阳予倩、老舍、夏衍等92人联名发表《中国文艺界为苏联抗战周年致斯大林先生及全体苏联战士书》。7月14日，田汉发起并主持"历史剧问题座谈会"，柳亚子、欧阳予倩、茅盾、于伶等11人出席。会上大家针对抗战以来历史剧创作繁荣的情况，讨论了有关历史剧创作中的一些问题。座谈会记录刊于10月桂林《戏剧春秋》第2卷第4期。8月3日，与胡风等参观桂岭师范学校，并出席该校留校师生举行的欢迎会。月初，写成十八场湘剧《新会缘桥》。

田汉10月15日在桂林《文学创作》第1卷第2期发表《世界市民的戏剧等等》一文，希望"剧作家们能更扩大视野向世界最中心的事件作题材，尽量把国民的视线引向整个世界而不要老低徊于家的'小圈子'。同时尽量地与全世界正义之战共利害而不要始终踯躅于小己、小范围的利害。那样一来也许戏剧真有益于世道人心"。10月30日，田汉主编的《戏剧春秋》第2卷第4期出版"历史剧问题特辑"，一些理论家对历史剧问题展开讨论。

按：这场关于历史剧的大讨论，集中在国统区的重庆和桂林，参加者有知名学者、导演、剧作家，讨论内容相当广泛，讨论文章主要刊载于重庆的《戏剧月报》、桂林的《戏剧春秋》等戏剧杂志及《新华日报》。主要观点如下：胡风认为"翻案"要根据历史人物自身的特性和当下抗战的历史环境而定，"像曹操固是在当翻之列，而在现在这个节骨眼忙于替秦桧做翻案的却大可不必"。胡风认为历史剧的创作一要"看出历史的真实"，二要"看出其与今日历史发展的联系""把握历史的结果就是把握今日的生活"。邵荃麟提出了两点意见："第一，我希望写历史剧就老老实实只写历史，不要去'创造'历史，不要随自己的意欲去支使古人""第二，我希望不要以古拟今，即是不要借古人事情影射现在"，因为"只要作品是现实的，对过去现实的剖解，一样可以增加我们对当前现实的理解"。周钢鸣认为，当时存在四种历史观的斗争："第一种是把握着正确的历史观，对历史真实的追求是抱着很严肃的态度，很忠实地分析历史，处理历史的事件，显示历史的真面目,以达到历史正确的再认识的地步""第二种是以历史的故事当作自己趣味的满足……只抓到历史的一鳞半爪,来添油加酱""第三种是革命的主观主义公式主义的历史观""第四种是虚伪的历史观"。第一种"正确的历史观"是指现实主义的史剧观;第二种可以看作是浪漫主义史剧观的变种;第三种是现实主义史剧观僵化处理结出的怪胎;而第四种则是敌人宣传"东亚共荣圈"的怀柔政策,对这种史剧观必须极度警惕和坚决抵制,提倡真正的现实主义史剧观。(以上参见张向华编《田汉年谱》,中国戏剧出版社1992年版;王学典《20世纪史学编年(1900—1949)》,商务印书馆2014年版;文天行编《国统区抗战文艺运动大事记》,四川省社会科学院出版社1985年版)

11月7日,与茅盾、胡风、夏衍、老舍、阳翰笙等百余人联名发表《中国文化界致苏联文化界书》,祝贺十月革命胜利25周年。同日,出席桂林文化界庆祝苏联十月革命胜利25周年大会,并作题为《中苏文化工作者共同的愤怒》的演讲。12月2日下午,主持"文协"桂林分会在广西剧场召开的第四届会员大会,并致词,勉励会员们认清目前文艺工作者的任务,为反侵略战争而努力。会上当选为第五届理事会理事。21日,当选为"剧协"第三届理事会理事。22日晚,在由桂林青年会举办的国防科学演讲会上主讲《国防艺术》。31日下午,与欧阳予倩发起为洪深50生辰举行庆祝会,并作讲演,希望大家近日内多写讨论洪深作品的文章。

巴金年初在桂林。1月18日,作完《怀念》,刊于2月25日福建永安《现代文艺》月刊第4卷第5期。文中表达了对在广州逃难中共过患难、陷入被日寇占领下的香港中的朋友们的深切怀念之情,希望友人"早日安全归来,和我们一起呼吸自由的空气"。2月下旬,与安全抵桂林的林憾庐欢晤畅谈,并结下深厚的情谊。同月,在零下四度的低温下,编完《废园外》集,并作《〈废园外〉后记》(序跋),载《废园外》,现收《巴金文集》第10卷。约同月,前往正阳路一酒家,出席鲁彦以《文艺杂志》社名义举行的酒宴,并欢迎从香港脱险赴桂林的茅盾等人。3月14日夜,在桂林车站,8位朋友在春寒料峭中送别。由此开始了历时7个月的辗转旅行。21—26日,在贵阳小住,等候去重庆的车。5月1日,抵达成都。6月,《巴金短篇小说集》第3集由上海开明书店出版。7月4日,在沙坪坝文化生活出版社与刚到桂林的叶圣陶晤面,倾心交谈抗战和文艺,并共进午餐。林憾庐、萧珊、吴朗西均在座。10月14日,由成都返桂林,仍住东江路福隆街文化生活出版社,与挚友林憾庐为邻,至此结束了从3月14日开始的历时7个月的辗转旅行。同月,获悉曹禺改编的话剧《家》由中国艺术剧社首演,章泯任导演,金山饰觉新,张瑞芳饰瑞珏,凌琯如饰梅表姐。12月3日,参加文协桂林分会第四届会员大会,与柳亚子、田汉、王鲁彦、邵荃麟、杨刚、艾芜等19人被选为第四届理事。同月,修改旧稿《〈冰心著作集〉后记》;获悉周贻白据小说改编的《家》被上海中华联合制片股份有限公司摄成电影(上、下两集)。约同月,应胡风之约,与茅盾等商定处置偷印鲁迅书的办法,决定要对方具结算清版税交出纸型。(参见唐金海、张晓云《巴金年谱》,四川文艺出版社1989年版)

司马文森1月3日出席在桂林大华饭店举行的文化界人士聚会并检讨《诗创作》六期以来种种问题。与会者还有洪遒、彭燕郊、严杰人、楼栖、雷蕾、孟超、伍禾、郑思、胡危舟等20人。会后田汉招待全体前往观看文艺歌舞剧团的演出《岳飞》补《双忠记》。同月,中、短篇小说集《蠢货》由桂林文化供应社出版。3月,中、短篇小说集《奇遇》由桂林文献出版社出版。4月5日中午,在桂林桃园酒家参加桂林文艺界集会,庆祝田汉44寿辰,并应邀参加文艺创作座谈会。同月,中篇小说《转形》由桂林文献出版社出版。5月1日,《文艺学习谈》刊于《新工人》。同月,儿童文学集《渔夫和鱼》(剧本)由桂林文化供应社出版。6月,桂林新成立国光出版社,拟出版各类文艺书籍,司马文森应聘为该社编辑。7月,《期待》刊于桂林《种子》创刊号,反映"皖南事变"后,作者在桂林隐蔽斗争,迫切期待重庆中共南方局派人来桂林指示工作和向往光明、胜利的心情。8月,司马文森编辑的现实文丛(2)《祝福》(译文号)作为文艺生活副刊出版。9月,《江之歌》由桂林繁星书店作为"种子丛书"出版。12月3日,出席文协桂林分会第三届会员大会,继任第四届理事。同月,中篇小说集《希望》由桂林文献出版社出版。作者拟在《希望》之后,再写《战地》《流亡》,这三部中篇各可独立,又彼此相连。(参见杨益群《司马文森年谱》,载1985年《抗战文艺研究》第2期)

靳以3月18日作《〈北京人〉——献给石,纪念我们二十年的友谊》,刊于25日《现代文艺》第4卷第6期。文中说:"这是一本书,一出戏,那个叫做曹禺的人写的,在桂林和重庆的书店中都可以买得到。可是那个故事却存在我们广阔的人海里,那些人物却活生生地在我们身边,不信你看,这边那边,是有那样忘记了生,只想着死的老头子,那样懒惰无用的中年人,那样泼辣恶毒的妇人,还有那可怜无告的老小姐么?这些人生下来就努力制造自己的悲剧,如今这悲剧是不断地在舞台上扮演,我们是观众,我们也是那吃力不讨好的演员。"(参见田本相、阿鹰编著《曹禺年谱长编》,上海交通大学出版社2017年版)

鲁彦主编的大型文艺刊物《文艺杂志》1月15日在桂林创刊。约2月,巴金前往正阳路一酒家,出席鲁彦以《文艺杂志》社名义举行的酒宴,并欢迎从香港脱险赴桂林的茅盾等人。同席尚有艾芜、王西彦等作家。(参见唐金海、张晓云《巴金年谱》,四川文艺出版社1989年版)

张煌主编《创作月刊》3月15日在桂林创刊。编者在《发刊词》中说:"一分刊物出版,编者照例有个极其灿烂的希望,这心情不必隐讳,我们也有的。刊名《创作》,暗示出一条新路径,挥别旧的探寻新的正是求进步的不二法门。""希望着今后本刊能够担当起介绍好作品,研究创作上诸般问题的责任。实现理想的艰难我们想到过……""我们没有宗派的成见,我们办的不是一个同人刊物,我们满怀着诚实和热情要求看重眼前这个时代的师友们,请你们经常赐寄文章,坦坦白白的赐给意见,能如此,我们不仅感激,也会因这鼓励增添了百倍勇气。"最后还说"如今是严冬将去的时候,最好还是盼望着我们的理想将随了欲来的春风开花吧!"

按:《创作月刊》1943年1月被迫停刊,出了二卷一期。(参见文天行编《国统区抗战文艺运动大事记》,四川省社会科学院出版社1985年版)

蒋璐、伍孟昌、秦似、庄寿慈等编的《文学译报》5月1日在桂林创刊。编者在《创刊的几句话》中说"我们仅有一点计划,在内容方面,(一)不是笼统的不拘形式,一律欢迎;我们希望着重于现代写实作品的介绍,古典和浪漫作品是次要的。(二)每期以一个作家为中心,有几篇集中的文章。(三)我们以为在中国愈不为读者所熟悉的作家,就愈需要介绍,只要他有一技之长,值得读的作品""我们对于翻译的技巧的态度,以为'滥译'的损害译品,不比'滥造'的损害作品浅,因此我们虽不敢夸靠得住,却不能不以细心自勉。翻译批评远落后于翻译工作,是大大值得留意的,要提高就要批评,但这恐怕是在我们能力之外的罢"。编者最后表示要"试着走"。

按:《文学译报》1943年9月终刊,共出8期。(参见文天行编《国统区抗战文艺运动大事记》,四川省社会科学院出版社1985年版)

熊佛西、萧铁主编的《文学创作》9月15日在桂林创刊。主要撰稿人有茅盾、柳亚子、端木蕻良、臧克家、司马文森、田汉、胡风、沈从文、任钧、艾芜等。

葛琴主编《青年文艺》10月10日双月刊在桂林创刊，白虹书店发行。所载内容重在介绍一些作家们的学习和工作经验，研究文艺创作中的问题，同时刊载文学作品以及对作家作品的文字，鼓励读者、作者、编者间的互动，希望该刊能成为三者互动交流的一个场地。

按：该刊在1945年4月1日出版新1卷，出版地由桂林改为重庆，发行处迁往林森路特24号。具体停刊时间不详，停刊原因不详。馆藏部分为第1卷第1—6期，新1卷第1—6期。（参见文天行编《国统区抗战文艺运动大事记》，四川省社会科学院出版社1985年版）

邵荃麟11月15日在《青年文艺》第1卷第2期发表《〈北京人〉与〈布雷曹夫〉》一文。文中说："我将这两个剧本来作比较的研究，并不是说借此来贬责《北京人》这剧本，《北京人》在中国文学界中无疑是个成功的剧本，它是有许多卓越的特点，至少不是一般公式主义的作品所期望其项背的。"（参见田本相、阿鹰编著《曹禺年谱长编》，上海交通大学出版社2017年版）

凤子、周钢鸣、马国亮、丁聪等编辑的《人世间》10月15日创刊于桂林。该期刊登了胡风的《抗日民族战争与新文艺传统》、骆宾基的《幼年》（连载）、茅盾的《雨天杂写之四》、郭沫若的《月光下》等。

按：1947年凤子在该刊的《复刊词》里说："太平洋事变后的桂林，曾被荣誉为文化城。事实是多数作家、出版家、艺术界的朋友，经历了多年的离乱生活，暂时借那么一个有山有水的地方落下脚。交通便利，环境清静，尽管落脚是暂时的，既然住下来，多少总可以做点分内的事，何况，人人都有一个共同的希望，共同的苦闷。当时客观的困难并不弱于今天，可是，人的力量终于克服了一切问题，比如没有白报纸，就利用土纸，而许许多多书籍刊物都先后印行出版了。人世间社发行的《人世间》文艺月刊，也就在这时候在桂林发行战时版。"（参见文天行编《国统区抗战文艺运动大事记》，四川省社会科学院出版社1985年版）

叶浅予、傅思达等4月26日在桂林出席中华全国美术协会成立大会，叶浅予、傅思达、沈同衡、刘建庵、刘元、徐德华、张安治被选为理事，郁风、周泽航被选为候补理事。（参见文天行编《国统区抗战文艺运动大事记》，四川省社会科学院出版社1985年版）

巨赞任广西桂平西山龙华寺主持。在《狮子吼月刊》发表《将至西山留别桂林诸友》《佛教与中国》《东坡与禅》《两种精神》《从佛教青年服务团到湖南佛教徒抗敌后援会》。又在《觉有情》发表《佛学与人生》。（参见黄夏年编《中国近代思想家文库·巨赞卷》及附录《巨赞年谱简编》，中国人民大学出版社2015年版）

竺可桢1月11日在湄潭出席浙大物理学会举办的伽利略逝世300周年纪念大会，演讲《伽氏对于天文学之贡献》。15日，诸葛麒于子夜来报告，为驱孔祥熙事，学生明晨将游行。16日，劝阻学生上街游行未果。即派员至专员公署见高文伯专员，嘱兵警维持秩序；并亲赴步兵学校嘱军警弗与学生冲突。又专电呈教育部，引咎辞职。17日，浙大学生吴继宗来，据告有学生200余人签名，挽留辞职。21日，湄潭县国民党党部叶以道以调查人口为借口，搜查浙大助教潘家苏和四年级学生滕维藻住处，搜出反蒋倒孔传单。23日，竺可桢专程去湄潭处理此事。后得到可靠证据乃叶道明有意诬害。此后几次向警备司令部、专员公署提出必须公正审理，不可用私刑；并约晤高文伯专员、调查统计局局长徐恩曾等，及致电、致函陈立夫、朱家骅、陈布雷等，想方设法极尽营救。前后多次探视潘、滕二人，于4月27日在重庆出面签字保释二人出狱。30日，得知蒋介石给遵义步兵学校密电，指示以后浙大学生之行动，应由步校政治部负责秘密监察。2月19日，史地系女学生王蕙于晚被警备司令部逮捕，其国文系男生何友谅也在寓所被捕。20日，致函警备司令，嘱以后不得至校捕人。21日，亲往警备司令部谈王、何被捕事。后至贵阳、重庆时曾前往探视。王蕙于1943年8

月12日得以保释,何则终被杀害于集中营。3月2日,竺可桢在浙大纪念周上致训,分析日寇在东南亚及对印度的进攻形势,指出印度决非能长久屈居人下。

竺可桢4月13日在重庆与黄厦千商定全国气象设计委员会规程计6条。14日,在重庆偕黄厦千、吕炯、叶企孙等至行政院出席会议,讨论气象局合并于气象所问题。会议决定气象局仍隶行政院,同时订立与气象所合作办法6条。16—17日在重庆出席教育部第二届学术审议委员会第三次大会。任第二组(理组)审查召集人,主持小组会审查议案。19日,在重庆与蒋梦麟等8人晤蒋介石,向蒋提及文澜阁《四库全书》事。5月31日,参加浙大学生自治会举行的欢送毕业同学会并致辞,以"风雨如晦,鸡鸣不已,君子以自强不息"之训,勉励毕业同学,希望离母校后,各为建国努力。6月14日,在湄潭出席浙大毕业生招待会并致词。述近年校中学生籍贯之变迁,使浙大有成立为全国性之趋势;希望大家毕业后须时时随地学习,不以个人本位着想。6月18日,聚餐招待浙大毕业学生。嘱注意三点:(一)利用空余时间以习得一高尚嗜好;(二)随处随地求得学问;(三)处事接物不能以个人本位之眼光。7月2日,在浙大第15届毕业典礼上演讲"抗战建国与研究",述应注重生理、生物、优生等学科的研究,将对人类未来的进步发挥重要作用。12日,主持浙大校务会议,决定将全校4个研究所合组,成立研究院。8月27日,遵义各界聚会纪念孔子诞辰,被推为主席。演讲"孔子之政治哲学",述民治精神、抗战精神与大同精神。9月28日,在浙大总理纪念周上讲述大学之使命,一是造就完人;二是造成专家,学有专长;三是造就思想家,养成有独立思想之人。10月28日,在永兴对浙大一年级生演讲"目今中国大学之使命",述欲解决将来中国民生问题,在于使科学发达,但要如此,非改良环境不可。11月10日,为浙大派代表赴美国演讲及研究事,致函美国大使。同月,连任三民主义青年团中央监察会监察。12月23—26日,出席第一次国防科学技术策进会。26日,竺可桢在会上提议派教授赴英美考察,并以租借法案之外汇拨购研究机关、大学之仪器,均得通过。(以上参见李玉海编《竺可桢年谱简编》,气象出版社2010年版)

张其昀继续主持《思想与时代》的编辑出版,作者群体进一步扩大。1月1日,《思想与时代》第6期(新年号)出版发行,刊有张其昀《行政中枢论》,钱穆《中华民族之宗教信仰》,冯友兰《论人生的意义》,张荫麟《北宋的外患和变法(续)》,方豪《马相伯先生》,任美锷《叠部概况》,以及沙学浚书评《国防地理》。2月1日,《思想与时代》第7期出版发行,刊有朱光潜《乐的精神与礼的精神——儒家思想系统的基础》,钱穆《中国传统教育精神与教育制度》,冯友兰《论心的重要》,张其昀《国防中心论》,贺麟《宣传与教育》,缪钺《论宋诗》,以及书评谢幼伟《思想之方式》。3月1日,《思想与时代》第8期出版发行,刊有冯友兰《论人生中底境界》,钱穆《中国人之法律观念》,张其昀《国防中心论(续)》,张荫麟译《怀黑特(克)论哲学之正鹄》,梁庆椿《教员福利与民族复兴》,丰子恺《绘画改良论》,任美锷《莫洛亚著传记文学两种》。4月1日,《思想与时代》第9期出版发行,刊有张其昀《建国方略与民生主义》,吴其昌《国史上安南暹罗缅甸之地位》,缪凤林《国史上之战斗观——从国史上证明战斗至上为历史的真理》,冯友兰《论自然境界》,谢幼伟《克罗齐的伦理观》,叶良辅《抗战初期我国西南之矿产业》,以及任美锷书评《太平洋区域之国际贸易与关税》。5月1日,《思想与时代》第10期出版发行,刊有钱穆《政治家与政治风度》,张其昀《建国方略之十大纲领》,冯友兰《论功利境界》,缪凤林《国史上之战斗观(续)》,任美锷《太平洋沿岸各国之经济关系》,张孟闻《中国生物分类学史简述》,以及卢于道书评《贝讷儿〈科学之社会作用〉》。6月1日,

《思想与时代》第 11 期出版发行，刊有张荫麟《论中西文化的差异》，郭斌龢《读儒行》，钱穆《中国民族之文字与文学》，朱光潜《谈价值意识》，冯友兰《论道德境界》，张其昀《建国方略之十大纲领（续）》，张文佑《李四光著〈中国地质学撮要〉》。

张其昀主持的《思想与时代》第 12 期 7 月 1 日出版发行，刊有冯友兰《论天地境界》，刘永济《论古代任侠之风》，钱穆《中国民族之文字与文学（续）》，熊十力《论体相——答梅居士书》，朱伯康《经济学溯源》，张其昀《甘地行谊》，张文佑《李四光著〈中国地质学撮要〉（续）》。8 月 1 日，《思想与时代》第 13 期出版发行，刊有张其昀《二千年来我国之兵役与兵制》，陈之迈《最近五十年中国政治的回顾》，冯友兰《论学养》，罗登义《中国人的膳食知识》，吴其昌《梁任公先生别录拾遗》，谢幼伟书评《熊著〈新唯识论〉》，翁文灏、陈伯庄《学术通讯》。9 月 1 日，《思想与时代》第 14 期出版发行，刊有谢幼伟《孝与中国文化》，郭斌龢《〈孝与中国文化〉附言》，王焕镳《春秋攘夷说》，张其昀《二千年来我国之兵役与兵制（续）》，冯友兰《论才命》，任美锷书评《太平洋区域经济志》，陈伯庄《学术通讯》。10 月 1 日，《思想与时代》第 15 期出版发行，刊有洪谦《自然科学与精神科学》，张其昀《历代之军政与军令》，冯友兰《论死生》，方豪《伽利略与科学输入我国之关系》，陈立《平等新诠》，卢于道书评《考脱著〈动物伪装术〉》，陈伯庄、钱穆、谢冠生《学术通讯》。11 月 1 日，《思想与时代》第 16 期出版发行，刊有熊十力《论玄学方法》，谢幼伟《论民族生存权》，张荫麟《师儒与商贾》，张其昀《历代之兵源与将才》，李四光著、张文佑译《中国自然地理纲要》，钱穆《再论大学格物义》，沈鉴书评《左宗棠传》。12 月 1 日，《思想与时代》第 17 期出版发行，刊有张荫麟遗著《说同一》，钱穆《战后新首都问题》，谢幼伟《哲学与宗教》，张其昀《历代之兵源与将才（续）》，鲍觉民《英印的经济关系》，任美锷书评《土壤与人生》，熊十力、谢幼伟《学术通讯》。（参见沈卫威《学衡派编年文事》，南京大学出版社 2015 年版）

张荫麟 1 月作《论修明政治的途径》，"因其语旨切道"，未能发表。10 月 24 日，在贵州遵义以肾炎不治病逝，终年 37 岁。25 日，重庆各报都登张荫麟去世讣告。27 日，《大公报》发表了王芸生《悼张荫麟先生》和张其昀《敬悼张荫麟先生》两篇悼念文章，并在当天发表张荫麟遗作《论修明政治的途径》，王芸生以"其人将死，其语亦善"为由，将它发表出来。王芸生《悼张荫麟先生》谓："在许多师友向我问询国内学者时，我的推荐均不遗漏张荫麟其人。我认为张荫麟是中国学术界的一个国宝。他是清华学生，文学造诣极高。他的中国文学受教于王静庵（国维），西洋文学受教于吴雨生先生（宓），所以他东西洋文学的基础均臻佳境。当他做大学一年级生时就为梁任公先生所赏识，他不仅文史渊博，哲学的素养尤深。他讨论古文的文字早已脍炙人口，而在《大公报》文学副刊及《现代思潮》周刊上发表的文哲史三方面的文章，均足见其学力之超人。……荫麟先生之死，我特别痛惜，因为这样一个精通国史兼具西洋学识及哲学修养的学者，实在难得。"吴晗《悼本社社友张荫麟先生》详细介绍了张荫麟的历史和学术观点，明确指出张荫麟的死是由于政府不关心学者的生活而造成的。又谓："最痛心的一件事，为了给荫麟留个永远纪念，我和贺麟先生、冯友兰先生一些朋友，在那生活极端困难，教书人无法支撑下去的年代，一百元二百元地募集了一万元基金，决定在清华大学历史系和哲学系合设一个荫麟纪念奖学金，以利息所得大约每年两千元来补助两系的高材生。因为金额少，荫麟又兼两个系的工作，因之，决定两系轮流，隔年补助。这笔钱交由冯友兰先生保管。可是。如今，不但每年两千元的补助无济于事，即连基金总数也不够一个学生一星期的伙食！"随后，吴晗写信给浙大，提出要整理出版张荫麟文集，当时浙大虽然已有安排,但由于国事变乱,这项工作终没有实行。11月29日,浙江大学举行张荫麟追悼会,陈寅恪寄去挽诗。12月4日,西南联大教师30余人在北门街教师宿舍举行张荫麟追悼会。同日,梅贻琦日记载:下午4点,在昆明西南联大的清华教师约30人举行张荫麟追悼会。冯友兰、雷海宗、吴晗、吴宓等参加。吴宓有兔死狐悲之语。张荫麟的弟弟略述在浙江大学临终情形。(参见沈卫威《学衡派编年文事》,南京大学出版社2015年版;夏鼐《吴晗的学术生涯》,浙江人民出版社1984年版;齐家莹编《清华人文学科年谱》,清华大学出版社1999年版)

梅光迪1月31日出席浙江大学召开的第三十八次校务会议。6月,担任浙江大学暑期补习班委员。10月,赴重庆出席国民参政会。12月17日至1944年4月22日,竺可桢校长先后四次出差重庆,校长职务交给他所信任的梅光迪代理。(参见眉捷《梅光迪年谱初稿》,海豚出版社2017年版)

缪钺继续在浙江大学中文系任教。1月16日,缪钺《王粲行年考》刊于《责善半月刊》第2卷第21期。2月1日,《何晏王弼事辑》刊于《责善半月刊》第2卷第22期。作者认为世人以成败论英雄,对何晏王弼"史多诬辞,世鲜公论",且"《魏志》不为何、王立传,史文零落,逸事罕征",乃编撰此文,"略存梗概"。本文还是魏晋清谈研究领域的重要论著。作者还提出"后世言清谈者,溯源正始,实则太和中其风已畅""正始清谈之士,宗派不同,约而论之,可析为三,而以何晏、钟会、王弼为代表。何晏以文辞胜,钟会以明理胜,王弼以玄远胜"等观点。同期还刊载陆懋德《论国学的正统》等文。3月18日,缪钺致函陈槃、劳幹,约请为方豪主编之《益世报》之《文史》副刊撰稿。6月4日,《六朝五言诗之流变》刊于《益世报》之《文史》第8期。25日,《〈文选〉与〈玉台新咏〉》刊于《益世报》之《文史》第9期。7月19日,致函刘永济,约请他为《益世报》之《文史》副刊撰稿。10月13日,新学期开学,讲授词选、中国文学史、各体文习作(指导学生5人)诸课程。24日,史地系教授张荫麟去世。后数日,撰献挽联:"知君以远大自期定论须留千载后;抚棺于乱离之际订交犹忆六年前。"11月26日,读《〈魏书〉札记》刊于《益世报》之《文史》第20期。(参见缪元朗《缪钺先生生平编年(1904年—1978年)》,载《魏晋南北朝史论文集——中国魏晋南北朝史学会第八届年会暨缪钺先生百年诞辰国际学术研讨会论文集》,2004年;王学典《20世纪史学编年(1900—1949)》,商务印书馆2014年版)

陈乐素接父陈垣3月31日函:"寅丈愿在辅仁授课,此梦想而不得者也。当未接此信时,曾与余季丈谈及,昨接信后,即告同人,皆大欢喜。所惜者辅仁报酬向来微薄,教授最高额四百元。近因物价高昂,始有五成津贴,总六百元。然因国际经济关系。将来津贴减成与否未可料。闻寅丈前所住屋未退,则住不成问题。如能北来,真如天之福。请一言为定,因邮筒往返甚需时日也。"是年,乐素受浙江大学之聘赴贵州任史学教授。(参见刘乃和、周少川、王明泽《陈垣年谱配图长编》,辽海出版社2000年版)

姚薇元的《〈道光洋艘征抚记〉考订》2月由贵阳文通书局出版。作者运用档案等材料,对魏源《道光洋艘征抚记》一书涉及的史事进行细致考订,赢得了蒋廷黻、郭廷以等人的高度称赞。蒋廷黻称此书提供了关于鸦片战争许多正确的知识,并使人认识到魏源在当时对世界的了解情况;郭廷以不仅称该书"是一部关于鸦片战争的公允的正确的论述之书",而且此书运用档案和外国一流著作来考证近代史史实的方法"真是嘉惠后学不浅";费正清称此书"是一本有详细的注释而且有判断力的书"。

按:1955年,作者对此书增订后改名《鸦片战争史事考》,由上海新知识出版社出版,1984年人民出版社又出版修订版。(参见王学典《20世纪史学编年(1900—1949)》,商务印书馆2014年版)

虞振镛为理事长的中国畜牧兽医学会10月31日在贵州成立,以"研究畜牧兽医学术,推进畜牧兽医事业"为宗旨。编辑《畜牧兽医》月刊。

　　张云继续任中山大学代理校长。1月30日下午,法学院首先召开群众讨孔大会,会后200多名学生到坪石镇游行示威。接着,文学院一、二、三年级学生百余人,在该院礼堂召开讨孔大会,即席推选黄杰文、陈婉芬等9人组成讨孔委员会。师院学生通过座谈会成立讨孔委员会。运动迅速扩展到全校各学院,形成全校性的讨孔浪潮。国立中山大学讨孔委员会成立,并以该会名义通电全国各报馆、学校,影响甚大。5月,国民政府任命金曾澄为代理校长。夏,经教育部批准,学校增设了医科研究所。是年,奉教育部令在法律系下增设司法组,社会学系下增设边胞民族学组,并开始招收一年级学生。这样,法学院就有法律、政治、经济、社会4个系,以及司法与边胞民族学两组。此外,法学院还设有社会科学论丛季刊编辑委员会、外国语委员会、毕业同学服务指导委员会等特种委员会,以及民众法律顾问、政治研究室、经济调查处、中国经济史研究室、社会研究所等附设机关。据报表统计,编年年度中山大学实际教员人数为544人:其中专任教授184人,专任副教授58人,专任讲师60人,助教138人。兼任教授25人,兼任副教授2人,兼任讲师20人。附中专任教员22人,先修班专任教员5人。(参见吴定宇主编《中山大学校史(1924—2004)》,中山大学出版社2006年版)

　　朱谦之3月在《现代史学》第4卷第4期发表《哥伦布前一千年中国僧人发现美洲说》,第5卷第2期连载。文中认为《梁书·东夷传》中有关女人国的传说,"照慧深所说,研究结果,可以断定为即今美洲亚马逊河附近之某岛""扶桑国即为墨西哥"。同期还刊载郑师许《史前之东北与中原之关系》、董家遵《隋唐五代的收继婚》、王兴瑞《地方经济史研究方法导言》、丘陶常《孙夏峰生平及其学术思想》等文。6月,《现代史学》第5卷第1期推出"中国现代史专号"。朱谦之发表卷首语《考今》,首先指出:"现代史学的第一职务,乃在怎样理解目前世界历史和中国历史的大转变,换言之,即是'考今'。现代史学新旧倾向所行不绝的论争中,最大的问题,就是历史家的职务,是单纯的考古呢? 还是考今呢? 1938年第8届国际史学会会议,从所提出各种论文报告之中,已经很明白地告诉我们:'现代史学研究的趋势,在努力使研究工作与现代问题及兴趣发生密切之联系,即在较远古之时代研究上亦然。'"作者认为,考古学和上古史研究应当从史料收集向注重史实的解释转变,应当和现实发生联系。在世界史学界,以朗普勒希特为代表的"考今派"已经对以兰克为代表的"考古派"取得了巨大的胜利。在中国,抗战以后,"这种纯粹考古考证的史风似乎已经急剧地转变,民族意识的增强,使我们对于本国文化的价值,从极端怀疑古史中解放出来,考证考古的工作一转而从事抗战史料的搜集,社会经济史料的搜集,民族文化史料的搜集,这种努力,使研究工作与现在问题发生密切的联系,不能不说是有很重大底历史意义的"。该专号还载有朱谦之《太平天国史料及其研究方法——中山主义的太平天国革命观》《天德王之谜》,陈安仁《中国现代革命史论》,王兴瑞《清宋革命党与保皇党的关系》,区琼华《中国海关总税务司的起源》,丘陶常《明室士大夫复国运动对于近百年来中国革命运动的影响》,黄庆华《辛亥革命思潮溯源》,彭泽益《太平天国对于东西革命的影响》,戴裔煊《清代盐课归丁史源试探》,刘伯奎《李鸿章与中俄密约》,郑师许《新航路的发现与欧人东来的追溯》,苏宪章《现代来华之西方旅行家》。8月,朱谦之开始为期一年的休假,辞去中山大学文学院院长和历史系主任的职务,只保留历史学部主任的职务。历史系师生送锦旗一面,书"诲人不倦",旁缀"朱谦之先生主系十年纪念"。9月,回梧州。10月,为《中山日报》读者读书会讲《三民主义与中国文化之联系》。12月,从梧州迁藤县,作《文化社会学》。(参见黄夏年编《中国近代思想家文库·朱谦之卷》及附录《朱谦之年谱简编》,中国人民大学出版社 2015 年版;王学典《20 世纪史学编年(1900—1949)》,商务印书馆 2014 年版)

王亚南创立中山大学经济调查研究所,创办《经济科学》杂志,并任主编,撰写《经济科学论》一文作为《代发刊词》。1月,王亚南在为其计划写作的《中国经济学论纲》预拟了具体篇目,然而预定篇目有三篇从未完成,并有两篇推迟发表。写作计划的异动可能与"中国经济学"遭到的批评有关。许多论者以"鞭挞"和"质疑"的态度批评"中国经济学"的提法有"破坏科学统一性的嫌疑"。尽管这些批评并未让王亚南放弃"中国经济学",他却另外提出与"学"相平行的"原论",即在中山大学课堂讲授的"中国经济原论十讲"。年底,王亚南开始《中国经济原论》诸篇论文的撰写。其中《中国商业资本论》撰于 12 月,为王亚南落实研究方法的第一篇实证研究,后作为"附论"收进《原论》,但《原论》分析主线——商业资本——却在此文中得到提纲挈领的说明。(参见夏明方、杨双利编《中国近代思想家文库·王亚南卷》及附录《王亚南年谱简编》,中国人民大学出版社 2015 年版;邱士杰《〈中国经济原论〉研究方法的形成》,《中国经济史研究》2021 年第 4 期)

王兴瑞 3 月在《现代史学》第 4 卷第 4 期发表《地方经济史研究方法导言》,系统地提出中国地方社会经济史研究计划,内容包括地方经济史研究的作用和意义、研究地方经济史应具备的基本知识、地方经济史研究的步骤、研究地方经济史的最终目标等。

徐中玉继续任教于中山大学中文系讲师。1 月,所著《学术研究与国家建设》由国民图书出版社出版。全书分"近代中国学术研究的回顾与展望""发展学术研究的基本条件""学术研究的设计与考核""学术研究的合作协进""学术研究事业的人事问题""学术研究在抗战建国时期的地位"六章,基本的思想是改变学术研究"不切实际的倾向",使之与国家建设紧密结合起来,以期"抗战必胜,建国必成"。

按:此书所论极为切实具体,不乏真知灼见,比如第二章谈"发展学术研究的基本条件",既要求政府的"积极领导,积极援助",又主张学者的"自由研究,自由批判",既承认学术研究需要"分析""专门",又倡导学术研究的"综合""统整",更强调"纯粹研究与实际应用的统一",呼吁着重研究有助于解决"中国民族当前各种现实问题"的"民族内容"并通过"为我们民族大多数人喜闻乐见"的"民族形式"来表现,就切中当时学术研究基础薄弱、路向空虚的弊端。(参见王学振《徐中玉先生抗战前后文论述评》,《文艺理论研究》2013 年第 2 期)

徐中玉 8 月在江西赣县中华正气出版社《艺文集刊》第 1 期发表《南朝何以为中国文艺批评史上之发展时期》《评巴金的〈家〉〈春〉〈秋〉》。后文运用其批评理念,对当时的作家作品、文学现象进行评价,主张在文学批评之中克服偏见,独自评价。作者从同情的理解出发,对巴金激流三部曲给予了高度的评价。批评那种说三册书是《新红楼梦》和"对于反抗和斗争的表现上太'幼稚'的观点是'无根的非难'",认为三册书虽有缺点,"却不能不承认是相当成功的"。

按:《南朝何以为中国文艺批评史上之发展时期》广求史料,注重结合时代的大背景来全面认识问题,不仅从文体新变、总集成立、文艺创作发达三个方面分析了导致文艺批评发展的文艺本身的原因,还从君主好文、文艺的独立价值已经估定、讲论风盛三个方面揭示了促使文艺批评发展的社会环境的原因,并且进一步挖掘了文艺批评发展的社会基础:"因为经济丰足,偏安之局暂时也还安定,所以这时上层社会人物所过的是一种优闲、丰裕、奢靡、淫佚的生活。""他们既不能参与种族的战争,而生活又这样丰裕,于是就只能退而为清谈玄想,为雕琢的文艺以自娱。这种情境,一方面固有利于当时文艺批评的发展,但一方(面)文艺批评的思想也不能不深受其影响,而限制其进步:这就是为什么南朝文评作品不能不趋向于:重声律,尚藻采,缘情致,畅风神。"

按：《评巴金的家春秋》鉴于巴金的激流三部曲全部问世之后，一些批评家给予责难，有人称其为"新红楼梦"，有人觉得在反抗和斗争的表现上太"幼稚""无用"，徐中玉却反对"轻率的判断"，给出了公道的评价，他指出："这三册书的背景，原就和《红楼梦》的在某种程度上有一点点相近，因此在情调上有一点点类似原是不足怪的"，不能"把这一点点的类似抹杀了两者间更多的本质上的不同，又把这一点点的类似用来概括全体"；"在什么时候，有什么人物，他们为什么斗争、如何斗争，这完全是一种特定的东西"，就所反映的内容而言，激流三部曲的表现是得体的，"幼稚"是书中人物生活在特定时代的"幼稚"，而不是作者自己的"幼稚"。从这种同情的理解出发，徐先生对激流三部曲给予了高度的评价："巴金先生用了他那汹涌的热情写下的这个'正在崩坏中的资产阶级的大家庭底全部悲欢离合的历史'，的确是真实的历史。他给我们展示了一幅五四以后一般青年反抗封建势力，反抗吃人礼教的鲜明动人的图画。这是一幅充满着血与泪，爱与恨，欢乐与受苦，有形的斗争与无形的斗争底图画。"但徐先生也没有因此而讳言激流三部曲的缺点：有些人物形象塑造不成功；作者的倾诉、解说过多，阻碍了故事的进行；不善于"反映经济关系与社会环境的错综复杂的影响和关系"等。（参见王学振《徐中玉先生抗战前后文论述评》，《文艺理论研究》2013年第2期；唐金海、张晓云《巴金年谱》，四川文艺出版社1989年版）

齐泮林时任中山大学师范学院院长，因其主持院务十分松弛，引起该院师生不满。"饱和光"运动胜利结束后，全部公费的师院学生要求改善伙食，达到与其他学院同等水平。这一合理要求提出后，齐泮林不仅拒绝，还辱骂学生，引起学生的愤慨。5月29日起，学生们掀起了驱齐运动，他们在师院礼堂召开驱齐大会，指责齐泮林治院无方，要求他引咎辞职。学生的行动，得到师院各系主任和许多教师的支持，他们致函齐泮林，指出他的错误，要求他引退。6月1日下午，齐泮林指使打手30多人，手持凶器追打驱齐学生，致博物系门慎仿等10多人被殴伤，学校一片混乱。陆侃如、穆木天等15名教授上书校长金曾澄，各年级、系代表和学生184人联合上书学校当局，要求惩办凶手和事件制造者，并保障学生的人身安全。师院全体女学生包围齐泮林的住宅，要求惩凶。齐泮林迫于压力，悄然离开师范学院。学校当局解除了齐泮林的院长职务，并请师院教务主任陆侃如教授代理主持院务。（参见吴定宇主编《中山大学校史（1924—2004）》，中山大学出版社2006年版）

容肇祖1月因日寇侵占香港，率家眷返回大陆，并几经周折，来到非沦陷区乐昌县坪石镇，第三次入中山大学执教。

杨成志鉴于海丰新石器时代古物之发现关系中国史前文化研究甚为重大，2月与中山大学文科研究所顾铁符一起对广东海丰先史遗址进行田野考古。

梁钊韬在朱谦之的指导下完成其硕士论文《中国古代的巫术：宗教的起源和发展》。

育培为社长的《建国日报》1月1日在广东韶关创刊，由第七战区政治部主办。

何炳松1月受命组建国立东南联合大学。3月，携眷秘密内撤。4月，抵金华，指示暨大金华接待站工作；数次主持东南联大筹委会会议，并亲自勘察联大校址。6月，暨大内迁完毕，取消分校。因战局不利和便于兼顾，东南联大最终亦设于建阳。（参见鑫亮《忠信笃敬：何炳松传》，浙江人民出版社2006年版）

萨本栋继续任厦门大学校长。1月，厦大地下党支部与进步同学响应昆明学生发起的"倒孔"运动，张贴标语，散发传单，声讨国民党政府行政院长孔祥熙贪污、弄权的罪行。2月17日，萨本栋在致函教育部长陈立夫时，就教育部严令制止各校学生反对孔祥熙一事提出不同看法，对青年学生充满同情。4月6日，校庆二十一周年纪念日，学校在困境中决定不举行纪念活动，仅放假一天。5日，由于日本发动太平洋战争，占领香港及上海租界，厦大奉部令收容香港及上海撤退的大学生100多名，在校生数增至754人。6月，教育部公布1941

年全国大学生学业竞试成绩,在最优五校中,厦大蝉联第一。同月28日,举行第十七届毕业典礼,各系毕业生共99人。冬,审计部福建省审计处在审核厦大1至6月份会计报告时,诬枉萨本栋每月溢支薪俸80元。萨本栋去函提出严重抗议,竟遭驳回。(参见洪永宏编著《厦门大学校史》第一卷,厦门大学出版社1990年版)

施蛰存继续在厦门大学任教。9月8日,施蛰存作《文学之贫困》。作者将文学分为"纯文学"与"一般文学"。而"纯文学"包括诗歌、小说、戏剧、散文。"一般文学"包括的范围自然还要广泛得多。作者认为:"照现在的情形看来,我们显然可见文学愈'纯'则愈贫困,纵然书店里每月有大量的诗歌、小说、戏曲、散文出版。——这是出版业的繁荣,不是文学的繁荣。""我们的文学界,即使在这个贫困的纯文学圈子里,也还显现着一种贫困之贫困的现象。抗战以来,我们到底有了多少纯文学作品? 你也许会说,我们至少有了不少的诗歌和剧本。是的,我也读过了不少的诗歌和剧本,但是如果我们把田间先生式的诗歌和文明戏式的话剧算作是抗战文学的收获,纵然数量不少,也还是贫困得可怜的。"后刊于11月25日《文艺先锋》第1卷第3期上。(参见文天行编《国统区抗战文艺运动大事记》,四川省社会科学院出版社1985年版)

李叔同10月13日晚8时圆寂于泉州不二祠温陵养老院晚晴室。遗"遗嘱"三纸。一、嘱临终一切事务,皆由妙莲师负责,他人不得干预;二、细嘱临终助念及焚化程序;三、嘱温陵养老院应优遇老人,并提具体意见。临终,将《遗书》附录"遗偈"二首,分别与夏丏尊、刘质平告别。(以上参见葛晓燕、何家炜编著《夏丏尊年谱》,中国文史出版社2012年版)

胡先骕元旦发表《民国三十一年之展望》一文于《正大校刊》第2卷第11期。文中分析国际形势,以为本年是抗战胜利的开始,还是我们自鸦片战后一百年来雪耻的时候,对中华民族前途充满信心。1月5日,主持正大纪念周,请本校王易作题为《义务之人生观》讲演。19日,邀请江西省政府会计处会计长陈其祥作《现行会计制度》讲演。24日,在校会议室主持第三十五次校常务会议,议决校务。26日,邀请江西省政府统计处统计长刘南溟作题为《统计与行政之关系》讲演。30日,主持第三十六次常务校务会议。31日,熊式辉赴正大讲演,题为《太平洋战争的形势》。讲毕,胡先骕答词致谢。同月,中基会在重庆召开第一次紧急委员会(后改称非常时期委员会),孙洪芬因办事不力辞去干事长一职,由任鸿隽再次担任;龚自知复函,谓云南农林所员工之粮食当尽力维持。2月2日,主持纪念周,邀请潘大逵作题为《现代国家应负之使命》讲演。6日,主持第三十七次校务常务会议,通过姚名达教授为纪念其父母而设立之舜生、才琳史理奖学金委员会简则及奖学金办法。9日,主持全校师生纪念周,主要由罗廷光报告校务。11日,胡先骕主持第十七次校务会议,决定通过利用集会讲演或导师谈话机会,以指导学生政治思想,使其了解政治实况及信仰三民主义。13日,参加在中正大学会议室举行该校基金委员会第一次全体委员会议。23日,主持全校师生总理纪念周,并作题为《科学的人生观》之讲演。25日,胡先骕得滇所郑万钧来函,得悉任鸿隽复长中基会干事长,特驰函庆贺;并对时陷上海之秉志之处境甚为关切,及商讨静生所诸事。25日,主持正大贷金委员会第四次会议,审查侨生贷金,准予二十余名学生自一九四二年一月起向教育部申请贷金。27日,主持校务会议第三十八次常务会议,议决校务事项六件。

胡先骕3月2日邀请罗容梓在校总理纪念周上作《中国的士气》讲演。4日,中正大学成立时事问题研究会,胡先骕主持第一次会议,首先宣读中央组织部拟订之《未来世界和平组织问题研讨大纲》及《未来世界和平组织问题讲词》,旋议决研究会实施办法诸问题。6日,主持第三十九次常务校务会议,讨论校务事宜。9日,邀请江西省政府委员邱大年在总理纪念周上作《和平的情绪态度之培养》讲演。12日,中正大学师生齐集大礼堂,由胡先骕主持召开"国民精神总动员三周年纪念会",并阐述纪念意义,以革除旧习染,创造新精神勖勉诸生。16日,主持全校师生纪念周,邀请江西省政府地政局局长熊漱冰作《中国地政现状》之讲演。23日,邀请张又新在全校师生纪念周上作题为《民族解放与世界经济之将来》讲演。28日,江西省三民主义文化运动会举行扩大讲演周,正大大礼堂被制定为泰和区讲演场所之一。此日江西省党部梁主任委员来校讲《国父要我们做一个怎样的人》。讲毕,胡先骕答词致谢。30日,主持纪念周与欢迎江西省党部梁主任委员、省政府曹主席大会。会上胡先骕校长致欢迎词。春,帮助胡献雅在泰和设立立风艺术研究馆,并聘其为中正大学名誉美术教授,在此期间交往甚密。4月10日,胡先骕主持校务第四十一次常务会议。13日,主持本校师生纪念周,邀请本校姚名达讲演,题为《经济制度之改造》。21日,在重庆中国科学社同人相谈科学社事,主张秉志赴渝。

　　胡先骕5月22日主持第四十五次校务常务会议,推定胡先骕、罗廷光、谢兆熊、马博庵、姚名达为三民主义论文比赛初选评阅委员会委员。25日,正大纪念周,邀请江西省通志馆馆长吴宗慈作题为《新方志学与三民主义》之讲演。30日,于本校会议室,参加中正大学基金委员会第二次常务会议,会议由曹浩森主持。会议议决基金用途分配事项。6月2日,主持第三十六次校务常务会议。8日,总理纪念周,请监察院赣皖监察使杨亮功作题为《我国监察制度之特质》之演讲。同月,《正大农学丛刊》第2期刊胡先骕《经济植物与农业之关系》一文。夏,中正大学设分校于赣县。13日,中正大学成立抗日战地服务团,校长胡先骕任名誉团长,姚名达为团长。秋,北平静生所代理所长杨惟义、采集员唐善康先后来到秋泰和。10月12日,总理纪念周,全体师生云集大礼堂,胡先骕即席训话,题为《求学与修养》。13日,主持第六十一次校务常务会议,安排建校三周年纪念会活动之筹备事项。19日,主持正大第二十次建筑委员会议。20日,主持校务第六十二次常务会议。11月9日,主持师生国父纪念周,请中央监察委员孙镜亚演讲《三民主义概论》。12日,国父孙中山诞辰,中正大学师生集会纪念,胡先骕即席报告,阐述纪念之意义。16日,主持全校师生纪念周,请本校教授余精一作题为《资本主义、共产主义的批判与未来世界发展趋势的推测》的讲演。12月14日,全校师生集会纪念周,胡先骕主持,即席介绍新任军事管理组主任刘维扬。后请本校文法学院陈清华院长讲演,题为《战时金融》。18日,第三战区政治部主任邓文仪来校讲演,千余名师生云集大礼堂。胡先骕首先致词介绍,即请作题为《最近战争形势》之讲演。21日,中正大学同学组织成立诗歌研究会,特邀胡校长为研究指导,并请在成立会上讲演,题曰《学诗规则》,其内容要点如下:(一)审言;(二)辨体;(三)谋篇;(四)琢句、练句、练词;(五)造意;(六)陈理;(七)行气;(八)摹象;(九)咀韵;(十)抒情;(十一)写景;(十二)叙事;(十三)用典,逐一指示,例证亲切。是年,在《三民主义文艺季刊》创刊号发表《建立三民主义文学刍议》一文,认为三民主义源于中国固有的政治与伦理哲学之正统思想,对胡适所倡导的"全盘西化"之主张,仍持彻底否定,对刘半农、鲁迅、徐志摩等新文化运动之主将严厉批评。

　　　　按:《建立三民主义文学刍议》载张大为、胡德熙、胡德焜编《胡先骕文存》上卷,曰:
　　　　刘半农在巴黎大学应文学博士考试时,曾坚称文言文为死文学。沙畹教授即诘之云,文言文是否尚在使用。刘曰然。沙曼即诘云,然则何为死文学。刘亦无语以对。诐言曲说,贻讥异国有如此者。吾辈如欲创建民族文学,岂可盲从此辈鄙视吾国文化之叛徒乎。……自胡适创用语体文,一般青年学生,遂轻于述作。对于翻译工作,尤蹈生吞活剥之病。而鲁迅更变本加厉,创用直译之法,句法倒装,浸成习惯。无知少年,尤而效之,文体驳杂,遂不可究诘;以视昔日以倒装句法译成之梵典,尤为难读。风尚所被,遂使举国青年,不但不能作清通之文言文,即如胡适一派盲从字顺之语体文亦不能作矣。尝观一般青年作家之著作,其于意匠结构,未始无惨淡经营之劳,然芜辞累句,满纸皆是。读之令人深有眼中着应口中含沙之感。能作清通之语体文如胡适、陈衡哲、张恨水、潘兔公者十获一。此皆鲁迅作俑之罪,而从事文学者所应痛引为戒者也。法国著名小说家佛罗贝(Flaubert)其写小说也,不但篇章结构谨严,而尤著重句法与声调,每写成一章必高声通读,再三修改,务使句法修洁,音调铿锵。综其一生,只作一书,而尽为不朽之名著。英国批评文学家裴脱(Walter Pater)亦以修辞美洁,著称于世。而摩雅(George Moore)之写小说尤以文笔美丽见称,其所著之小说,出版后常数数修改,几无定本。此皆着重修辞之著例也。与今日之青年文人谈文章义法,桐城文派,殆莫不嗤之以鼻,亦知欧西各国之名家亦再三著力于修辞琢句之功乎。吾尝讥徐志摩之诗为材料,以其质虽美而不加琢磨,不得称为完美之产品,盖虽有诗意而不知琢句炼字也。世有精于琢句而不能名世之著作,未有文字芜杂而能垂之久远者。鲁迅之书,虽然传诵一时,将来必有覆瓿之一日。今日号称名作家者,十九皆难逃此命运。有志写作之士,其瞿然引为戒惧乎?(以上参见胡宗刚《胡先骕先生年谱长编》,江西教育出版社2007年版)

姚名达于上年9月被国立江西中正大学校长胡先骕聘为文史系教授兼导师。6月13日,中正大学成立抗日战地服务团,校长胡先骕任名誉团长,姚名达为团长,全团40余人,多为文法学院学生。该团包括战地救护、宣传、组训、赈济、慰劳、通讯6大类。22日,姚名达率团前往前线劳军,因日军突破防线,服务团冲散后被敌军发现,姚名达奋起与日寇肉搏,壮烈牺牲,终年37岁。学生吴昌达也不幸遇难。姚名达因此被誉为“抗日战争壮烈殉国的教授第一人”。7月30日,国立中正大学、江西省政府为姚名达、吴昌达烈士举行公祭。灵堂设于中正大学礼堂,四周悬挂挽联百余副。胡先骕送挽联云:“盛年绩学,识贯古今,黉序获良师,平日读尽陈编,早有鸿文垂宇宙;溽暑遄征,志吞胡羯,荒村斗强寇,此日迎归忠爽,永留浩气壮山河。”(参见胡宗刚《胡先骕先生年谱长编》,江西教育出版社2007年版;王学典《20世纪史学编年(1900—1949)》,商务印书馆2014年版)

冯雪峰继续被囚于江西上饶集中营。1月,毛泽东、陈云等党中央领导人在延安得知雪峰被囚于上饶集中营的消息后,立即电告在重庆的周恩来、董必武,请他们进行营救。2月,肋骨结核病情加剧,由宪兵押往弋阳后方医院求诊,但医院当局得知他的“政治犯”身份后不肯收留。本月,帮助同住的难友计惜英等3人逃走,他和“文化组”另外3位难友却因此依“法”连坐,剥夺了外出的“自由”。4月,“特训班”与“集训总队”合编为“中央战时青年训导团东南分团”。全分团共设6个中队,雪峰被编到被称为“武‘顽固’队”的第三中队,身带重病还要整天跑步、做苦工。不久,病情转剧,住进集中营的“医务所”。5月,日军占领金华、衢州,逼近上饶。国民党第三战区长官司令部准备逃窜。同月25日,茅家岭禁闭所26位难友举行暴动。6月上旬,日军攻占上饶,集中营开始向福建迁移。途中,难友郭静唐经人保释离去。17日,第六中队难友在福建赤石举行暴动。其后,集中营移至福建建阳县之徐市。11月,经郭静唐、宦乡向集中营当局交涉,以治病为名保出。在建阳前线日报馆宦乡那里住了半个月左右,健康情况稍有好转,即动身回浙江。12月,回乡途中,由于战乱,被阻在浙南。(参见包子衍《雪峰年谱》,上海文艺出版社1985年版;张培森主编《张闻天年谱》,中共党史出版社2000版)

马彦祥到江安国立戏剧专科学校任教。

周天固任安徽学院副教授兼《皖报》主笔。

吕思勉与杨宽、童书业1月鉴于上海沦陷，认为上海附日势力将会越来越大，不宜继续在此工作。8月1日，吕思勉回故乡常州旧居，任教于游击区青云、辅华两校，并为开明书店续撰《两晋南北朝史》，依恃微薄收入，以资自活。吕思勉从民国三十一、三十二、三十三、三十四年的日记中摘出有关物价的段落，数十页。后拟题为《常州物价纪实（1942—1945）》，刊于《常州文史资料》第5辑。是年至次年，吕思勉在常州城外游击区湖塘桥青云中学和坂上镇大刘寺辅华中学两处同时兼课，开设的课程有中国文化史、国学概论、国文、本国史、中国近百年史等课程。黄永年当年在青云中学就学，晚年将这4门课的课堂笔记整理成文，合成《吕思勉文史四讲》一书，由中华书局出版（2008年版）。吕思勉的"国学概论"课，实在就是"中国学术思想史"。其范围比现今的"中国哲学史"更宽广，黄永年也有完整的课堂笔记，如论中国学术之分期：1.中国学术之渊源：（1）古代之宗教哲学。（2）政治机关经验所得，所谓王官之学。2.合此两者而生先秦诸子之学，诸家并立。3.儒家之学独盛。4.儒家中烦琐之考证，激起空谈原理之反动，偏重《易经》，与道家之学相合，是为魏晋玄学。以上为中国学术自己的发展。5.至此而佛学输入，为中国所接受。萌芽于汉魏，盛于南北朝，而极于隋唐，其发达之次序：则从小乘至大乘，是为佛学时代，而玄学仍点缀其间。6.至唐而反动渐起，至宋而形成理学。理学之性质。可谓摄取佛学之长，而又去其不适宜于中国者。此为中国学术受印度影响之时代，至明亡而衰。7.而欧洲学术，适于此时开始输入。近百年来，对中国学术逐渐发生影响。（前此与欧洲之接触，仅为技术上，而非学术上的，故未受若何之影响。）是年，所撰《都会》一文刊于《大众》杂志。（参见李永圻、张耕华编撰《吕思勉先生年谱长编》，上海古籍出版社2012年版）

杨宽带领妻儿回到家乡江苏青浦避难。在家共两年零九个月，其间编辑战国时代240年史料，考订每年发生的历史事件及相关人物活动。8月，杨宽《墨经哲学》由重庆正中书局出版，蒋维乔作序。是年，杨宽虽长期隐居家乡，但仍十分关心当时战争形势。由于乡间偏僻，消息闭塞，因此，每隔几个月就到上海亲戚家或师友那里住一两天以了解时局。冬，曾到上海，拜访乃师蒋维乔以及前开明书店编辑部王伯祥。王伯祥告诉杨宽：上海的文化汉奸放出谣言，说他离开上海之后，已到南京投靠他们去了。（参见贾鹏涛《杨宽先生编年事辑》，中华书局2019年版）

李达继续在家乡湖南零陵失业居家，在国民党当局与特务监视下，坚持著述。7月，在《县政研究》第4卷第4、7期发表《什么是富国利民的县政？》。是年，所著《货币学概论》在香港正式出版发行，此为中国第一部系统地阐述马克思主义货币理论的著作。（参见宋俭、宋镜明编《中国近代思想家文库·李达卷》及附录《李达年谱简编》，中国人民大学出版社2014年版）

杨树达时在湖南辰溪湖南大学任教。10月17日，郭沫若致信杨树达："顷奉十月三日惠书及金文考释数种，已一一拜读，卓识明辨，甚为感佩。弟古文字学已抛荒甚久，迩来只就历史逸事编为剧本，已成《屈原》《虎符》《高渐离》《孔雀胆》诸种，实一逃荒解闷之策，不足以登大雅。拙作洋装《金文辞大系》及《青铜器铭文研究》二种，乃弟初入此门时之试作，中多纰缪，其后所作《金文丛考》及线装本《金文辞大系图录与考释》较有可观。《丛考》与《考释》二书去岁被友人借去，屡索不还，颇为扼腕。目前书荒在我辈乃一大险象，奈何奈何！前两书俟再函索，如能索回，当寄上呈教。"（参见《积微居友朋书札》，湖南教育出版社1986年版；林甘泉、蔡震主编《郭沫若年谱长编》，中国社会科学出版社2017年版）

桂多生10月在湖南蓝田《学与思》创刊号开始连载《〈曹禺戏剧集〉（〈雷雨〉〈日出〉〈原

野〉《蜕变》〈北京人〉）论——从〈曹禺戏剧集〉看曹禺的思想》一文,至第2期载完。作者认为曹禺"是一个思想家,有着对于人生和宇宙的确信",他"不是'自然主义者'"。(参见田本相、阿鹰编著《曹禺年谱长编》,上海交通大学出版社2017年版)

唐长孺从上海赴湖南蓝田国立师范学院,任湖南国立师范学院副教授。

王广庆继续任省立河南大学校长。3月10日,经多方努力,国民政府行政院通过了将省立河南大学改为国立河南大学的决议。改为国立之后的河南大学在潭头举行了隆重的命名挂牌仪式,由学生自发组成的各种剧团连续公演数天,狂欢庆贺。改为国立后的河南大学行政机构变化不大,主要有教务处、训导处、总务处和校长室、会计室。教务长为郝象吾,训导长为赵新吾,总务长为赵冠吾。除三处两室外,学校各专门委员会和各级会议制度基本如前。9月30日,国民党当局和特务组织"伏牛山工作团"第二次到河南大学进行大逮捕,教育系主任陈仲凡、教授陈梓北和学生丁学固、陈方、姚惜鸣、余纫荃、李定中、刘金绪、王秀溏、张逢澍、张流英、王俊娜、王绮云共13人遭受关押审问。这些同学大部分是"中原青年文艺笔会"的成员。(参见河南大学校史修订组《河南大学校史》,河南大学出版社2012年版)

嵇文甫仍任河南大学文学院院长,继续被国民党当局拘禁在狱。河南大学爱国民主运动的蓬勃发展,引起了国民党顽固派的仇视和恐慌。3月,国民党当局在社会舆论的压力下释放了嵇文甫。当嵇文甫返校时,学生数十人高举火炬,沿着崎岖的山路到几十里外迎接,热烈庆祝这次斗争的胜利。教授们还设宴为嵇文甫接风洗尘,他们风趣地称这意味深长的宴会是"十八罗汉请菩萨"。(参见河南大学校史修订组《河南大学校史》,河南大学出版社2012年版)

张邃青时为河南大学文学院教授。12月,张邃青带领文学院四年级学生组成的考察团,赴伏牛山考察山区风俗文物,历时月余。根据考察结果,提出了"文化发源于山地论比发源于河流论更有理由"的学术新观点。(参见河南大学校史修订组《河南大学校史》,河南大学出版社2012年版)

张长弓是年春到校任文学院副教授。教学之余,着意搜集河南地方戏的有关资料、素材,长期进行研究。他将收集到的曲词和曲谱编成《鼓子曲存》第一辑,主要题材为"三国""西厢"。(参见河南大学校史修订组《河南大学校史》,河南大学出版社2012年版)

关梦觉为河南大学经济系的兼职副教授。春,关梦觉对鲁山的丝绸业进行了调查,并写成调查报告在《战地工业》上发表。秋,关梦觉对豫西灾区农民的惨状进行调查,调查报告在桂林出版的《中国工业》上发表。关梦觉先生以他扎实的理论功底和大量占有第一手资料的优势,常常应邀作大型学术报告,深受学生欢迎。(参见河南大学校史修订组《河南大学校史》,河南大学出版社2012年版)

赖琏时任《中央日报》总编辑,被国民党认为是能办党、办报、办学,并"三力"有成的干练人才。赖琏在接到行政院任他为西北大学校长后,鉴于前两人因学潮离职,所以并没有立即上任。后经教育部部长陈立夫一再亲自催促,并告诉赖琏本人,要他兼长西北大学,"不是他的私意,而是秉承最高当局的意旨"时,赖琏才不敢怠慢,心领神会地表示:"我以身许国,一切听命国家,服从总裁。"于5月4日到西北大学走马上任。到西大后,在政治上的唯一宗旨就是如何消灭西大中共地下党组织和爱国进步势力。5日,召开全体学生大会,作了"安全第一,纪律至上"的讲话,声称:"我在任何环境之下,必不受人要挟或威胁,更不容许任何人干涉学校行政,我尊重学生人格,决不利用学生,但亦不让我的学生受人利用,做人工具,供人牺牲。""什么拥护与打倒,什么欢迎与拒绝,什么请愿与示威,不是别有用心,就是思想落伍。"并严重警告："如果有人在学校里宣传共产主义,进行秘密组织,那是违反国家的利益,我是绝对不能容许的。"与此同时,表示要"提高课程标准""加强读书风气""使西大成为名副其实的西北最高学府";在纪律上,不许学生随意缺课,并要求教师严格点名及加强考试。为了表示他一心办学的决心,在经费上清理旧债,偿还积欠,整顿学生贷金,又将全校房屋大加粉刷,使校貌有所变化。是年,赖琏讲演《教学与卫道》由陕西西安国立西北大学出版组刊行。(参见西北大学校史编写组《西北大学校史稿》,西北大学出版社1987年版)

黎锦熙继续任职于国立西北大学。7月4日,黎锦熙给罗常培发来电报,称西北师范学院聘定李嘉言为国立西北师范学院文学院副教授,旅费同时寄出。罗常培遂将电报交给朱自清,转给在司家营的李嘉言。是年,毛泽东在延安接见时任西大文学院院长的马师儒时,曾嘱托马师儒："返陕南后,请代我问候我的老师黎邵西先生。"(参见闻黎明、侯菊坤《闻一多年谱长编》(增订版),上海交通大学2014年版)

李嘉言经过反复考虑,决定向西南联大提出辞职。西北师范学院为战后北京师范大学与北平师范学院内迁后合并成立的高校,副教授的待遇为月薪300元,对李嘉言养老哺幼生计问题,略有所补。李嘉言辞职前怕闻一多不允,所以没有对闻一多讲。李嘉言于抗战爆发后随校南迁,同闻一多一道参加湘黔滇旅行团。先后供职清华7年,但在讲究资历的这所高等学府升迁颇难,加之他家累较重,只得忍痛离校。12日晚,闻一多在文科所为李嘉言赴西北师范学院饯行,席间闻一多不无痛心地说:李嘉言在《当代评论》第1卷第12—13期上发表的《唐诗分期与李贺》的论文,是司家营的光荣;我是不同意他走的,可生活太苦,非走不可。(参见闻黎明、侯菊坤《闻一多年谱长编》(增订版),上海交通大学2014年版)

王拱璧是春自四川回到河南老家,将青年公学改为青年中学,担任董事长和校长,继续从事乡村教育的探索直至解放。

高一涵继续任检察院甘宁青监察使。3月,王子云率西北艺术文物考察团抵兰州,得到高一涵热情接待并会晤考察团成员。同月21日至4月16日,高一涵赴定西、通渭、泰安、天水、甘谷、武山、陇西、渭源、临洮、康乐、洮沙、榆中等12个县巡视调查。5月18—20日,高一涵在省府中山堂,为民国三十一年高等考试监试。21—24日,高一涵在省府中山堂,为民国三十一年第一次普通考试监试。27日,陈独秀在四川江津病逝,消息传来,高一涵悲痛不已,作诗《悼仲甫》以示纪念:"云梦胸中八九吞,风生艺海浪涛翻。灵均驰骋皆先路,贾傅敷陈半罪言。论到盖棺犹未定,心难委地尚余温。老来频洒忧时泪,一读遗书一惨魂。"6月18日,时值农历端午诗人节,高一涵与兰州地方好文者20人,于五泉山集会,因积年逾千岁,以"千龄"为名,组成诗社。众推朱绍良、高一涵为正副社长。

高一涵6月奉监察院转蒋介石电令,会同甘肃省政府严密查报中央银行仓库囤积居奇情形,制定检验步骤及办法,自6月起至8月中旬,将该行所属各仓库检验完毕,由省府电呈行政院核准分别处办,并将进行情形呈报监察院备案。此案,兰州中国银行经理郑相臣被收监,一些发"国难财"的商人、显贵被惩处。9月28—30日,高一涵在省府中山堂,为民国三十一年第二次高等考试初试监试。10月,高一涵奉命前往河南勘灾。15日,至西安,与国民党中央委员张溥泉、中央执行委员会张厉生秘书长会同前往洛阳。除听取各方面汇报外,同赴罗县、灵宝、陕县、渑池、新安、洛阳、偃师、登丰、密县、新郑、长葛、许昌、襄城、叶城、郏县、宝丰、鲁山、临汝、伊阳、伊川等20县实地密查。30日,返洛阳,将勘查实情报国民党中央,并将密查豫灾详情摘要呈报监察院,奉监察院指令,将原报告抄送国防最高委员会在案。12月,高一涵接陈廷祺家书,告已由上海带妻儿抵西安,即日兼程赶往兰州。其时已与妻儿分别达6年,喜极而作诗庆之。是年,安徽大旱,灾情造成大饥荒,灾民无数。高一涵闻讯后,在兰州积极组织赈灾救灾。其间,请同乡朱仁静、张光宇主持赈灾义演活动,所得赈灾款如数转交灾区。(以上参见高大同《高一涵先生年谱》,上海文化出版社2011年版)

张大千1月在西宁住宿在蒙藏委员会护送班禅活佛回藏的专使行署。专使赵守钰并兼黄河水利委员会主任,系张大千老友,对张大千接待极其热情,对其敦煌之行也极力支持。一二日后,赵借替先生接风机会,邀约青海省主席马步芳与张大千见面,促使马步芳当场接受了张大千请喇嘛画师赴敦煌协助临摹壁画工作之请,张大千为之大喜。席后,马步芳派人送来黑紫羔皮筒、干蘑菇等青海土特产给张大千,以表地主之谊。月底,张大千率子心智赴塔尔寺,首先去拜访藏族喇嘛画师昂吉等人,后又常去向他们学习制作大幅画布、加工金粉以及磨制各种矿物质颜料的方法,还请他们讲解佛教故事画的内容,积极为下一步的临摹敦煌壁画作准备。2月,聘请的藏族喇嘛画师昂吉、三知、晓梧格郎、罗桑瓦兹、杜杰林切共5人先后来到塔尔寺集中,等待随张大千出发。3月上旬,张大千率子心智、五位藏族喇嘛画师、勤务员孙好恭,以及赵守钰介绍的厨师何师傅等数人,在西宁包了一辆卡车出发,当晚住宿在青海、甘肃交界处享堂,次日午后到达武威。其间,专门拜访范振绪,并向马步青的关照表示感谢。中旬,回到莫高窟,一行仍住上寺。是时,与住在上寺的西北文物考察团王子云等人结识,张大千见王子云等生活清苦,常请王等来上寺"做客"改善伙食。张大千在莫高窟居定之后,即开始了对壁画的临摹工作。

张大千10月因工作日繁,寄函成都召门人刘力上前来相助。同月9日,中央研究院史语所向达随中央研究院组织的西北考察团抵达敦煌,下午即来到莫高窟,居住中寺。中旬,至南湖访阳关遗址。向达在敦煌莫高窟前后"凡七阅月,朝夕徘徊于诸窟之间,纵观魏、隋、李唐以及五代、宋、元之名迹"。向达在莫高窟期间,张大千常与往来,二人互相尊重。但向达认为,"敦煌佛教艺术确是渊源于印度",敦煌壁画是印度艺术的传入;张大千则认为,敦煌艺术是"我们历代艺术家融会贯通后的伟构,是中国人自己的艺术,绝不是模仿来的!"二人各持己见,争论激烈,"为此不仅吵得面红耳赤,甚至于拍桌子要打架的情形都有!"12月25至29日,全国第三届美术展览会在重庆举行,张大千以数幅作品参展。30日,张大千偕谢稚柳率子侄门人,离莫高窟赴敦煌西70里党河北岸的西千佛洞考察。因天气太寒,有一名护送士兵脚指被冻去。张大千在此居留3日,日夕奔走于绵延数里的石窟之间,考察、观摹、记录,并冒奇寒为西千佛洞编号。该窟原数虽不让莫高窟,建始当不在北魏后,但绝大多数石室已崩毁几尽,故张大千从东至西将尚完好及有壁画残迹者入编,共仅得之19窟。为西千佛洞编号者,张大千亦当是第一人。是年,徐悲鸿在国外举办画展后经云南、广西、贵州回到重庆。旋在重庆磐溪筹组中国美术学院,特聘张大千为该院研究员,无须到校上课,只须每年交画幅若干即可。(参见李永翘《张大千年谱》,四川省社会科学院出版社1987年版)

谢稚柳与张大千赴敦煌研究石窟艺术。秋,谢稚柳将莫高窟壁画之盛及张大千临摹工作写信告诉了重庆沈尹默,估计在此费时还多,何时返尚不可定。沈尹默寄诗赞曰:"左对莫高窟,右倚三危山,千林黄叶落,老鹤高飞翻。象外意无尽,古洞精灵蟠,面壁复面壁,不离祖师禅。既启三唐室,更闯六朝关,张谢各运思,顾阎纷笔端。一纸倘寄我,定识非人间。言此心已驰,留滞何时还?"对张、谢的赞赏思念之情,溢于诗的字里行间。12月30日,谢稚柳随张大千到离莫高窟赴敦煌西70里党河北岸的西千佛洞考察。后谢稚柳著成《敦煌艺

术叙录》《敦煌石窟集》等书。(参见李永翘《张大千年谱》,四川省社会科学院出版社1987年版)

王子云、雷震、邹道龙等6月赴甘肃敦煌考察。12月,因天气愈寒,王子云所率西北文物考察团结束在敦煌临摹工作,返回重庆。行前,张大千在莫高窟上寺设宴为王子云等人饯行。(参见李永翘《张大千年谱》,四川省社会科学院出版社1987年版)

秦翰才赴兰州甘肃水利林牧公司任主任秘书。

能海法师先后在近慈寺、绵竹西山云悟寺、彭县龙兴寺、龙居寺、鼓县太平寺等寺院定居讲法译经。

喜饶嘉措大师筹建青海喇嘛教义国文讲习所。讲习所以改进边疆教育,促进藏民文化,宣传三民主义,阐明抗战国策为宗旨,以佛教文化为核心,以沟通汉藏民族感情为出发点来设置学校课程、延请教员,形成了以喇嘛教育学校为基础的汉藏佛教文化交流的渠道。

毛泽东1月9日接见出席在延安召开的中国青年反法西斯大会的绥德分区代表团,同20名代表一一握手,询问他们学习和生活的近况。在两小时的座谈中,回答了他们提出的20多个问题。12日,出席中共中央书记处工作会议。会议同意张闻天赴绥德及晋西北考察研究的计划,决定:张闻天出发后,中央宣传部部长职务由何凯丰代理,日常行政工作由李维汉主持,以徐特立为第二副部长。会议还决定:致电周恩来,请他考虑在适当时机要求回延安;致电中原局,决定刘少奇回延安。同日,毛泽东为何凯丰、徐特立、范文澜等编的《文化课本》作序。24日,出席中共中央政治局会议,就关于《解放日报》工作发言,指出:社论、新闻、广播三者应并重。重视社论与专论,并出题目分配中央同志写文章,报社要组织写文章的工作。报纸的第三版和第四版应贯穿党的政策,题材应切实,文字应通俗。要组织新闻,在新闻中表现党的路线。中央各部委应组织自己的新闻,要写新闻稿、评论稿。广播比3000份报纸更重要,要成为第一位的工作。26日,起草《中宣部宣传要点》,内容是反对党内的主观主义和宗派主义。2月1日,在中共中央党校开学典礼上作《整顿学风党风文风》的报告。4日,关于写名人列传事,致电周恩来:"(一)黄炎培传写得很好,很有用处。(二)望推动研究局收集材料写名人列传,如能对党、政、军、学、财、经、报、教各界深入调查,写一千个名人列传,必有大益。"8日,在中共中央宣传部召集的干部会议上发表《反对党八股》的演说。毛泽东发表《整顿党的作风》和《反对党八股》的演说之后,一个"反对主观主义以整顿学风,反对宗派主义以整顿党风,反对党八股以整顿文风"为内容的整风运动,在延安和各抗日根据地的党组织中大规模地开展起来。11日,出席中共中央政治局会议,讨论《解放日报》问题时,指出:报纸要以自己国家的事为中心,这正是表现一种党性。17日,参观延安美协举办的讽刺画展览,对作者华君武、蔡若虹、张谔给以赞扬,并鼓励他们继续努力。20日,毛泽东代表党中央书记处致电中共华中局书记刘少奇:要十分注意招募各种文化人来边区,参加各种工作。"除吕振羽、贺绿汀外,其他高级文化人亦望抽调一批带来延安从事学术研究,他们在苏北游击环境无研究学术可能,不如来延成就较大。"

毛泽东3月10日出席中共中央书记处工作会议。会议讨论中央宣传部关于讨论毛泽东整顿三风报告及中央关于增强党性的决定、调查研究的决定的通知稿。11日,出席中共中央政治局会议,会议讨论秦邦宪提出的改造《解放日报》草案。18日,出席中共中央书记处工作会议。会议决定中央学习组与白区工作总结委员会共同开始研究中共党史,按大革命、苏维埃、抗战三大时期进行,一面请现在延安的每个时期党的负责人报告当时情况,一面从各方面收集党史资料,并首先编印一本适合中级干部阅读的党史文件选集。23日,在延安举行的高级技术干部季会上讲话,强调技术建设的重要性,对不统一不合理的现象必须立即纠正。24日,同任弼时致电周恩来、董必武:中央正在编印中共党史资料选录,请用一切方法找到下列各文件邮寄或送延安:(一)汪陈联合宣言。(二)彭述之著《中国革命根本问题》。(三)瞿秋白著《中国革命中之争论问题》。(四)五次大会决议。27日,出席中共中央书记处工作会议。会议讨论中央学习组新的学习计划,决定通读《六大以来》一书的计划告一段落,从下周起开始研究中共党史与中国革命史,首先请毛泽东报告中共发展三个时期的轮廓。30日,在中央学习组作《如何研究中共党史》的报告。31日,同秦邦宪在杨家岭中共中央办公厅召集延安各部门负责人和作家共70多人开座谈会,讨论《解放日报》改版问题,发表社论《致读者》,宣布从今天起报纸的版面加以彻底的改革,"要使《解放日报》能够成为真正战斗的党的机关报"。4月2日,毛泽东出席中共中央政治局会议,会议讨论关于在延安讨论中央决定及毛泽东同志整顿三风报告的方法。4月3日,出席中共中央书记处工作会议。会议通过经毛泽东修改的《中央宣传部关于在延安讨论中央决定及毛泽东同志整顿三风报告的决定》。

毛泽东4月10日出席中共中央书记处工作会议。会议同意毛泽东的提议,准备以毛泽东、秦邦宪、何凯丰的名义召集延安文艺界座谈会,拟就作家立场、文艺政策、文体与作风、文艺对象、文艺题材等问题交换意见。13日,分别致信萧军、欧阳山、草明、舒群,要他们代为搜集文艺界的反面意见。24日,出席中共中央书记处工作会议。会议同意毛泽东的提议:在学习与检查工作时期内,编辑"学习"专刊,在《解放日报》第四版上发表,每三日出刊一次,组织陆定一为主任的编辑委员会。下旬一天,邀集鲁艺文学系和戏剧系的几位党员教师何其芳、严文井、周立波、曹葆华、姚时晓等到杨家岭谈话。至此,毛泽东对延安文艺情况的调查研究基本完成。它的过程大体是:4月2—10日,主要找文抗作家,谈文艺方针诸问题;4月13日开始广泛搜集反面意见;4月17日,在搜集反面意见的同时,开始征集正面意见;4月18日开始,与党员文艺家如萧三、刘白羽及鲁艺几位党员等交流讲话结论。经过这一番对延安文艺情况的调查研究,毛泽东掌握了充分的发言权。毛泽东找了周扬、舒群、萧向荣3人帮他初拟参会名单。这三份名单汇集到毛泽东那里,他又做了调整,加进了他惦记着的几个文艺家。最后与凯丰、陈云一起,从"代表面""影响力"和"知名度"几个角度,对初拟名单逐一审查,最后定下出席文艺座谈会的人员。名单中除了延安文艺家外,还有思想、文化部门的一些负责人,他们由中央组织部和中央宣传部共同商定提出。4月27日,参会人员和开会时间确定后,中央办公厅立即赶制并按名单发出出席座谈会的"请柬"。请柬由凯丰初拟,经毛泽东审定,是用延安生产的粉红色土纸油印的,64开大小,竖排:"为着交换对于目前文艺运动各方面问题的意见起见,特定于五月二日下午一时半在杨家岭办公厅楼下会议室内开座谈会,敬希届时出席为盼。"

按:当时延安文艺界的总体情况,可以用"两个阵营、三大系统、四个山头"来概括。所谓"两个阵营",就是鲁迅艺术文学院(简称"鲁艺")和中华全国文艺界抗敌协会延安分会(简称"文抗")。所谓"三大系统",是指中共中央文委系统、陕甘宁边区文化系统和部队文艺系统。所谓"四大山头",是指"鲁艺"、文抗、青年艺术剧院、陕甘宁边区文协。当时,延安有影响、有成就的文艺家大都集中在"鲁艺"与文抗两大阵营。延安文艺座谈会邀请名单对此予以统筹考虑。

按:关于这份请柬,可以看到三个明显的细节:首先,它不是"通知",而是"请柬"。何其芳、刘白羽、金紫光、钟敬之、胡采等与会者,都说接到"请柬"感到特别新鲜,特别高兴。以往参加会议接到的都是"通知"，这次则是"请柬"。受到毛泽东的邀请，感到很光荣，很幸福。其次，"请柬"说是"交换意见"，不是听报告，显示出对作家们的尊重和平等之意。这一下子拉近了领袖与文艺家们的距离，给人一种亲切感。同时，使文艺家们对毛泽东更加敬仰。再次，这是毛泽东第一次与他人联名发起召开党的重要会议，也是他一生中唯一的一次。与会人员接到请柬后非常高兴。凡是不在延安的参会人员，由其所在单位设法通知本人。5月2日那天是周末(星期六)，他们手持请柬愉快地出席了这个具有历史意义的座谈会。当然也有遗憾者，如作家金肇野正在前线采访，王朝闻在甘谷驿农村体验生活，他们接到电话赶回延安时，第一次座谈会已经结束，只参加了后面两次会议。中央对这次座谈会非常重视，预见到会中会有许多争论。会前中央组织部长陈云专门把丁玲、刘白羽找去，要他们在会上站稳立场，要有一个正确的发言。他们二人商议由丁玲发言。文艺座谈会的会务、后勤工作，如会场布置、代表就餐、医疗救护等，则由中央办公厅行政科科长邓洁统筹安排。经过以上多方面的细致准备，真可谓万事俱备，只等开会了。

　　毛泽东5月2日在杨家岭中共中央办公厅大楼下面的小会议室出席延安文艺工作者座谈会开幕会，并做"引言"报告。先是在4月底，毛泽东为开好文艺座谈会，先后两次集中广泛征求中央领导同志们的意见。第一次是文艺座谈会召开前夕，4月29日前后，他在政治局会议上谈了准备在5月2日开幕会上做"引言"报告的要点，征求中央领导和身边同志的意见。之后，他根据大家的意见整理出一份提纲，据此做"引言"报告。第二次在中央会议上谈文艺问题，是做"结论"前的5月21日。毛泽东在"引言"报告中说："今天邀集大家来开座谈会，目的是要和大家交换意见，研究文艺工作和一般革命工作的关系，求得革命文艺的正确发展，求得革命文艺对其他革命工作的更好的协助，借以打倒我们民族的敌人，完成民族解放的任务。""在我们为中国人民解放的斗争中，有各种的战线，就中也可以说有文武两个战线，这就是文化战线和军事战线。我们要战胜敌人，首先要依靠手里拿枪的军队，但是仅仅有这种军队是不够的，我们还要有文化的军队，这是团结自己、战胜敌人必不可少的一支军队。""我们今天开会，就是要使文艺很好地成为整个革命机器的一个组成部分，作为团结人民、教育人民、打击敌人、消灭敌人的有力的武器，帮助人民同心同德地和敌人作斗争。为了这个目的，有些什么问题应该解决的呢？我以为有这样一些问题，即文艺工作者的立场问题，态度问题，工作对象问题，工作问题和学习问题。"

　　按：毛泽东5月2日的讲话说：同志们！今天邀集大家来开座谈会，目的是要和大家交换意见，研究文艺工作和一般革命工作的关系，求得革命文艺的正确发展，求得革命文艺对其他革命工作的更好的协助，借以打倒我们民族的敌人，完成民族解放的任务。在我们为中国人民解放的斗争中，有各种的战线，就中也可以说有文武两个战线，这就是文化战线和军事战线。我们要战胜敌人，首先要依靠手里拿枪的军队。但是仅仅有这种军队是不够的，我们还要有文化的军队，这是团结自己、战胜敌人必不可少的一支军队。"五四"以来，这支文化军队就在中国形成，帮助了中国革命，使中国的封建文化和适应帝国主义侵略的买办文化的地盘逐渐缩小，其力量逐渐削弱。到了现在，中国反动派只能提出所谓"以数量对质量"的办法来和新文化对抗，就是说，反动派有的是钱，虽然拿不出好东西，但是可以拼命出得多。在"五四"以来的文化战线上，文学和艺术是一个重要的有成绩的部门。革命的文学艺术运动，在十年内战时期有了大的发展。这个运动和当时的革命战争，在总的方向上是一致的，但在实际工作上却没有互相结合起来，这是因为当时的反动派把这两支兄弟军队从中隔断了的缘故。抗日战争爆发以后，革命的文艺工作者来到延安和各个抗日根据地的多起来了，这是很好的事。但是到了根据地，并不是说就已经和根据地的人民群众完全结合了。我们要把革命工作向前推进，就要使这两者完全结合起来。我们今天开会，就是要使文艺很好地成为整个革命机器的一个组成部分，作为团结人民、教育人民、打击敌人、消灭敌人的有力的武器，帮助人民同心同德地和敌人作斗争。为了这个目的，有些什么问题应该解决的呢？我以为有这样一些问题，即文艺工作者的立场问题，态度问题，工作对象问题，工作问题和学习问题。立场问题。

我们是站在无产阶级的和人民大众的立场。对于共产党员来说,也就是要站在党的立场,站在党性和党的政策的立场。在这个问题上,我们的文艺工作者中是否还有认识不正确或者认识不明确的呢? 我看是有的。许多同志常常失掉了自己的正确的立场。态度问题。随着立场,就发生我们对于各种具体事物所采取的具体态度。比如说,歌颂呢,还是暴露呢? 这就是态度问题。究竟哪种态度是我们需要的? 我说两种都需要,问题是在对什么人。有三种人,一种是敌人,一种是统一战线中的同盟者,一种是自己人,这第三种人就是人民群众及其先锋队。对于这三种人需要有三种态度。对于敌人,对于日本帝国主义和一切人民的敌人,革命文艺工作者的任务是在暴露他们的残暴和欺骗,并指出他们必然要失败的趋势,鼓励抗日军民同心同德,坚决地打倒他们。对于统一战线中各种不同的同盟者,我们的态度应该是有联合,有批评,有各种不同的联合,有各种不同的批评。他们的抗战,我们是赞成的;如果有成绩,我们也是赞扬的。但是如果抗战不积极,我们就应该批评。如果有人要反共反人民,要一天一天走上反动的道路,那我们就要坚决反对。至于对人民群众,对人民的劳动和斗争,对人民的军队,人民的政党,我们当然应该赞扬。人民也有缺点的。无产阶级中还有许多人保留着小资产阶级的思想,农民和城市小资产阶级都有落后的思想,这些就是他们在斗争中的负担。我们应该长期地耐心地教育他们,帮助他们摆脱背上的包袱,同自己的缺点错误作斗争,使他们能够大踏步地前进。他们在斗争中已经改造或正在改造自己,我们的文艺应该描写他们的这个改造过程。只要不是坚持错误的人,我们就不应该只看到片面就去错误地讥笑他们,甚至敌视他们。我们所写的东西,应该是使他们团结,使他们进步,使他们同心同德,向前奋斗,去掉落后的东西,发扬革命的东西,而绝不是相反。工作对象问题,就是文艺作品给谁看的问题。在陕甘宁边区,在华北华中各抗日根据地,这个问题和在国民党统治区不同,和在抗战以前的上海更不同。在上海时期,革命文艺作品的接受者是以一部分学生、职员、店员为主。在抗战以后的国民党统治区,范围曾有过一些扩大,但基本上也还是以这些人为主,因为那里的政府把工农兵和革命文艺互相隔绝了。在我们的根据地就完全不同。文艺作品在根据地的接受者,是工农兵以及革命的干部。根据地也有学生,但这些学生和旧式学生也不相同,他们不是过去的干部,就是未来的干部。各种干部,部队的战士,工厂的工人,农村的农民,他们识了字,就要看书、看报,不识字的,也要看戏、看画、唱歌、听音乐,他们就是我们文艺作品的接受者。即拿干部说,你们不要以为这部分人数目少,这比在国民党统治区出一本书的读者多得多。在那里,一本书一版平常只有两千册,三版也才六千册;但是根据地的干部,单是在延安能看书的就有一万多。而且这些干部许多都是久经锻炼的革命家,他们是从全国各地来的,他们也要到各地去工作,所以对于这些人做教育工作,是有重大意义的。我们的文艺工作者,应该向他们好好做工作。既然文艺工作的对象是工农兵及其干部,就发生一个了解他们熟悉他们的问题。而为要了解他们,熟悉他们,为要在党政机关,在农村,在工厂,在八路军新四军里面,了解各种人,熟悉各种人,了解各种事情,熟悉各种事情,就需要做很多的工作。我们的文艺工作者需要做自己的文艺工作,但是这个了解人熟悉人的工作却是第一位的工作。我们的文艺工作者对于这些,以前是一种什么情形呢? 我说以前是不熟,不懂,英雄无用武之地。什么是不熟? 人不熟。文艺工作者同自己的描写对象和作品接受者不熟,或者简直生疏得很。我们的文艺工作者不熟悉工人,不熟悉农民,不熟悉士兵,也不熟悉他们的干部。什么是不懂? 语言不懂,就是说,对于人民群众的丰富的生动的语言,缺乏充分的知识。许多文艺工作者由于自己脱离群众、生活空虚,当然也就不熟悉人民的语言,因此他们的作品不但显得语言无味,而且里面常常夹着一些生造出来的和人民的语言相对立的不三不四的词句。许多同志爱说"大众化",但是什么叫做大众化呢? 就是我们的文艺工作者的思想感情和工农兵大众的思想感情打成一片。而要打成一片,就应当认真学习群众的语言。如果连群众的语言都有许多不懂,还讲什么文艺创造呢? 英雄无用武之地,就是说,你的一套大道理,群众不赏识。在群众面前把你的资格摆得越老,越像个"英雄",越要出卖这一套,群众就越不买你的账。你要群众了解你,你要和群众打成一片,就得下决心,经过长期的甚至是痛苦的磨炼。在这里,我可以说一说我自己感情变化的经验。我是个学生出身的人,在学校养成了一种学生习惯,在一大群肩不能挑手不能提的学生面前做一点劳动的事,比如自己挑行李吧,也觉得不像样子。那时,我觉得世界上干净的人只有知识分子,工人农民总是比较脏的。知识分子的衣服,别人的我可以穿,以为是干净的;

工人农民的衣服，我就不愿意穿，以为是脏的。革命了，同工人农民和革命军的战士在一起了，我逐渐熟悉他们，他们也逐渐熟悉了我。这时，只是在这时，我才根本地改变了资产阶级学校所教给我的那种资产阶级的和小资产阶级的感情。这时，拿未曾改造的知识分子和工人农民比较，就觉得知识分子不干净了，最干净的还是工人农民，尽管他们手是黑的，脚上有牛屎，还是比资产阶级和小资产阶级知识分子都干净。这就叫做感情起了变化，由一个阶级变到另一个阶级。我们知识分子出身的文艺工作者，要使自己的作品为群众所欢迎，就得把自己的思想感情来一个变化，来一番改造。没有这个变化，没有这个改造，什么事情都是做不好的，都是格格不入的。最后一个问题是学习，我的意思是说学习马克思列宁主义和学习社会。一个自命为马克思主义的革命作家，尤其是党员作家，必须有马克思列宁主义的知识。但是现在有些同志，却缺少马克思主义的基本观点。比如说，马克思主义的一个基本观点，就是存在决定意识，就是阶级斗争和民族斗争的客观现实决定我们的思想感情。但是我们有些同志却把这个问题弄颠倒了，说什么一切应该从"爱"出发。就说爱吧，在阶级社会里，也只有阶级的爱，但是这些同志却要追求什么超阶级的爱，抽象的爱，以及抽象的自由、抽象的真理、抽象的人性等等。这是表明这些同志是受了资产阶级的很深的影响。应该很彻底地清算这种影响，很虚心地学习马克思列宁主义。文艺工作者应该学习文艺创作，这是对的，但是马克思列宁主义是一切革命者都应该学习的科学，文艺工作者不能是例外。文艺工作者要学习社会，这就是说，要研究社会上的各个阶级，研究它们的相互关系和各自状况，研究它们的面貌和它们的心理。只有把这些弄清楚了，我们的文艺才能有丰富的内容和正确的方向。今天我就只提出这几个问题，当作引子，希望大家在这些问题及其他有关的问题上发表意见。（《毛泽东选集》第2卷）

按：概而言之，毛泽东重点论述了以下几个重要问题：关于立场问题，毛泽东指出："我们是站在无产阶级的和人民大众的立场。"关于态度问题，指出：歌颂和暴露两种态度都是需要的，问题是在对什么人。对于敌人，应当暴露他们的残暴和欺骗，指出他们必然要失败的趋势。对于人民群众、人民的军队、人民的政党，则应当赞扬，使他们团结、进步、同心同德、向前奋斗。关于工作对象问题和工作问题，指出：工作对象问题就是文艺作品给谁看的问题。"文艺作品在根据地的接受者，是工农兵以及革命的干部"。这"就发生一个了解他们熟悉他们的问题"。要了解和熟悉各种人，了解和熟悉各种事情，就需要做很多的工作。"我们知识分子出身的文艺工作者，要使自己的作品为群众所欢迎，就得把自己的思想感情来一个变化，来一番改造"。关于学习问题，毛泽东指出："我的意思是说学习马克思列宁主义和学习社会。""文艺工作者应该学习文艺创作，这是对的，但是马克思列宁主义是一切革命者都应该学习的科学，文艺工作者不能是例外。"文艺工作者还要学习社会。只有这样，"我们的文艺才能有丰富的内容和正确的方向"。这个讲话和5月23日作的结论合为一篇编入《毛泽东选集》，题为《在延安文艺座谈会上的讲话》。

毛泽东5月16日出席延安文艺座谈会第二次会议，毛主席、朱总司令等中央领导同志认真听取了大家的发言。21日，出席中共中央政治局会议，会议讨论目前时局、整风学习、文艺座谈会等问题。毛泽东在中央政治局会议上专门讲了准备在5月23日做的"结论"的要点，以征求中央同志的意见。他说：延安文艺界中小资产阶级自由主义浓厚。现在很多作品描写的是小资产阶级，同情小资产阶级。鲁迅的《阿Q正传》是同情工农的，与延安文艺界不同。必须整顿文风，必须达到文艺与群众结合。要注意普及与提高，并以普及为基本，同时，注意吸收外国的东西。政治局会议同意毛泽东指出的延安文艺界存在着的偏向，党的文艺政策的基本方针是为群众和如何为群众的问题。经政治局会议讨论决定，今后中央宣传部、中央组织部，要根据毛泽东在延安文艺座谈会的"结论"精神，经常有计划地召集文艺界的党员开会，加强党对文艺整风运动的领导，推进文艺工作。23日，从5月2日开始的延安文艺座谈会，举行最后一次会议。起初还在一楼会议室里，因为毛泽东做结论的消息传出，来听讲的人越来越多，大大超过规定的人数。会议室内容纳不了，就移到室外的场地上（篮球场）进行。在朱德讲话后，毛泽东作结论说：同志们，座谈会开了三次，开得很好。

可惜座位太少了,下次多做几把椅子,请你们来坐。我对文艺是小学生,是门外汉,向同志们学习了很多。前两次是我出题目,大家做文章。今天是考我一考,大家出题目,要我做文章。题目就叫"结论"。毛主席针对大会讨论的问题,针对延安文艺界的情况和争论,联系五四运动以来革命文艺运动的经验,从马克思主义理论的高度,系统地彻底地解决了革命文艺运动和革命文艺工作的根本问题、原则问题、方向问题,规定了完整的无产阶级革命文艺路线、方针和政策。《讲话》从文艺为什么人服务和如何服务这一根本问题出发,谈到文艺与政治的关系,文艺的源和流的关系,普及与提高的关系,以及文艺批评的标准,文艺界的统一战线等许多重大问题,强调文艺运动中的一些根本方向问题,基本上是一个为群众的问题和一个如何为群众的问题。延安文艺座谈会最后一天,毛泽东主席和中央领导与全体代表共一百多人合影留念。参加者有:康生、凯丰,任弼时、王稼祥、徐特立、博古、刘白羽、罗烽、草明、田方、毛泽东、张悟真、陈波儿、朱德、丁玲、李伯钊、翟维、力群、白朗、塞克、周文、胡绩伟、李卓然、天蓝、江丰、李雷、艾思奇、欧阳山、姚时晓、王震之、袁文殊、王曼硕、刘岘、石泊夫、郑文、于黑丁、陈企霞、吕骥、丁浩川、郁文、陈伯达、傅钟、萧向荣、何思敬、陈学昭、张庚,罗工柳、王滨、干学伟、曹葆华、欧阳山尊、胡采、马加、曾克、周立波、张振武、高阳、张仃、刘雪苇、蔡若虹、胡蛮、金紫光、伊明、林默涵、周扬、艾青、钟敬之、李丽莲、潘奇、唐荣枚、许珂、张水华、任虹、魏东明、宋侃夫、钟纪明、公木、范文澜、杜矢甲、于敏、张桂、严文井、陈荒煤、何其芳、张铁夫、阿甲、张季纯、张真、张望、佟天林、华君武、李又然、李元庆、向隅、萧军、柯仲平等。吴印咸摄影。

按:毛泽东就文艺运动中的一些根本方向问题重点讲了以下五个方面:

首先,讲党领导的文艺是为什么人的问题,毛泽东说:"为什么人的问题,是一个根本的问题,原则的问题。""我们的文学艺术都是为人民大众的,首先是为工农兵的,为工农兵而创作,为工农兵所利用的。"目前还存在某种程度的轻视工农兵、脱离群众的倾向。我们的文艺工作者"一定要把立足点移过来,一定要在深入工农兵群众、深入实际斗争的过程中,在学习马克思主义和学习社会的过程中,逐渐地移过来,移到工农兵这方面来,移到无产阶级这方面来。只有这样,我们才能有真正为工农兵的文艺,真正无产阶级的文艺"。

其次,讲如何为工农兵服务的问题,他说:一个是源和流的问题。一切种类的文学艺术作品,都是一定的社会生活在人类头脑中的反映的产物。"中国的革命的文学家艺术家,有出息的文学家艺术家,必须到群众中去,必须长期地无条件地全心全意地到工农兵群众中去,到火热的斗争中去,到唯一的最广大最丰富的源泉中去,观察、体验、研究、分析一切人,一切阶级,一切群众,一切生动的生活形式和斗争形式,一切文学和艺术的原始材料,然后才有可能进入创作过程。""但是文艺作品中反映出来的生活却可以而且应该比普通的实际生活更高,更强烈,更有集中性,更典型,更理想,因此就更带普遍性。"过去的文艺作品不是源而是流,这要区分清楚。但借鉴是必要的,"有这个借鉴和没有这个借鉴是不同的,这里有文野之分,粗细之分,高低之分,快慢之分。所以我们决不可拒绝继承和借鉴古人和外国人,那怕是封建阶级和资产阶级的东西"。一个是普及和提高的问题。现在工农兵面前的问题,是"迫切要求一个普遍的启蒙运动,迫切要求得到他们所急需的和容易接受的文化知识和文艺作品""人民要求普及,跟着也就要求提高,要求逐年逐月地提高"。普及与提高相结合,在普及的基础上提高,在提高的指导下普及。

第三,讲文艺工作的党内关系和党外关系问题,指出:无产阶级的文学艺术是无产阶级革命事业的一部分,是服从党在一定革命时期内所规定的革命任务的。党的文艺工作者应当在抗日、民主、艺术方法艺术作风上和党外的一切文学家艺术家团结起来。

第四,讲文艺批评问题,指出:"文艺批评有两个标准,一个是政治标准,一个是艺术标准。""政治并不等于艺术,一般的宇宙观也并不等于艺术创作和艺术批评的方法。我们不但否认抽象的绝对不变的政治标准,也否认抽象的绝对不变的艺术标准。各个阶级社会中的各个阶级都有不同的政治标准和不同的艺术标准。但是任何阶级社会中的任何阶级,总是以政治标准放在第一位,以艺术标准放在第二位的。""我们的要求则是政治和艺术的统一,内容和形式的统一,革命的政治内容和尽可能完美的艺术形式的统一。缺乏艺术性的艺术品,无论政治上怎样进步,也是没有力量的。"结论还批评了抽象的"人性""人类之爱"等错误观念,澄清了歌颂光明和暴露黑暗、动机和效果、世界观和创作方法等关系问题上的许多糊涂思想。

第五,指出延安文艺界中还存在很多的唯心论、教条主义、空想、空谈、轻视实践、脱离群众等缺点,需要有一个切实的严肃的整风运动。

毛泽东5月28日在高级学习组作报告,讲了三个问题。(一)时局问题。(二)整顿三风问题。(三)延安文艺界问题。谈到现在华北、华中各根据地,陕甘宁边区,延安,有大批的文学家、艺术家,这是一种很好的现象,绝不是坏现象。中央关于知识分子的决定,这是我们党正面地肯定地说应该欢迎大批的知识分子,只要是抗日的就应该吸收。最近准备作一个关于文学艺术工作的决定,召开了三次座谈会,目的是解决文学家、艺术家、文艺工作者和我们党的结合问题,和工人农民结合的问题,和军队结合的问题。要结合,就必须克服资产阶级、小资产阶级思想的影响,转变到无产阶级思想,这样才能够在思想上与无产阶级、与工农大众相结合,如果这个问题不解决,总是要格格不入的。我们的政策要好好引导小资产阶级出身的艺术家自觉地不是勉强地、慢慢地与工农打成一片。少数人不能打成一片,这是思想问题,不能勉强,不能用粗暴的态度。对文化人对知识分子要采取欢迎的态度,要懂得他们的重要性,没有这一部分人就不能成事。30日,在鲁迅艺术文学院对学员讲话,指出:提高要以普及为基础,不要瞧不起普及的东西,大树也是从像豆芽菜一样小的树苗长起来的。那些瞧不起普及的人,他们在豆芽菜面前熟视无睹,结果把豆芽菜随便踩掉了。你们现在学习的地方是小鲁艺,还有一个大鲁艺,还要到大鲁艺去学习。大鲁艺就是工农兵群众的生活和斗争,广大的劳动人民就是大鲁艺的老师。你们应当认真地向他们学习,改造自己的思想感情,把自己的立足点逐步移到工农兵这一边来,才能成为真正的革命文艺工作者。

毛泽东6月2日出席中共中央总学习委员会举行的第一次会议。会议决定:成立中共中央总学习委员会,毛泽东为主任,康生为副主任,领导全党整风学习。7日,中央总学习委员会第二次会议决定,参加中央学习组的党、政、军、民各方面的工作同志混合编为若干个小组,由毛泽东、朱德、任弼时、王稼祥、凯丰、陈云、秦邦宪、邓发、李富春、康生分任各组组长。8日,中共中央宣传部发出《关于在全党进行整顿三风学习运动的指示》。8月31日,代表中共中央电贺英共机关报《工人日报》复刊。9月20日,起草《〈解放日报〉第四版征稿办法》。征稿办法中约请邓发、彭真、吴玉章、蔡畅、范文澜、艾思奇等16人为第四版征集稿件,并强调指出:"各同志担负征集之稿件,须加以选择修改,务使思想上无毛病,文字通顺,并力求通俗化。""每篇以不超过4000字为原则,超过此字数者作为例外。"11月6日,撰《祝十月革命二十五周年》一文,刊于7日在《解放日报》。从是月开始至次年1月,为了解和研究国际国内形势和有关国家的情况,大量抄录中央社和塔斯社、合众社、路透社、同盟社等一些外国通讯社所报道的中国和其他一些国家的情况,这些国家是:美国、法国、西班牙、苏联、德国、英国、南斯拉夫、葡萄牙、罗马尼亚、土耳其、芬兰、澳大利亚、瑞士、意大利、匈牙利、日本。18日,中央总学委发出《关于文风学习的通知》。12月,在中共中央西北局高干会议期间,亲自组织收集和整理经济和财政方面的历史的和现状的材料,为会议写题为《经济问题与财政问题》的长篇书面报告,共 10 章。(以上参见中共中央文献研究室编撰、逄先知主编《毛泽东年谱(1893—1949)》,人民出版社、中央文献出版社 1993 年版;张培森主编《张闻天年谱》,中共党史出版社 2000 版;徐则浩《王稼祥年谱》,中央文献出版社 2001 年版;艾克恩编纂《延安文艺运动纪盛》,文化艺术出版社 1987 年版;孙国林编著,王佳钰、王增辉校订《延安文艺大事编年》,陕西师范大学出版总社 2016 年版)

　　张闻天 1 月 3 日以洛甫署名致电周恩来,指出:"中央研究院现有中国历史、中国政治、中国经济、中国文化思想、国际问题、中国教育、中国新闻、中国文艺八个研究室,需要大批专门书籍杂志,希望你委托宋平给我们办理此事。他上次给我们寄的书,研究院方面均能收到。款请你拨付。"12 日,出席中共中央书记处工作会议。会议同意张闻天赴绥德及晋西北考察研究的计划,决定:张闻天出发后,中央宣传部部长职务由何凯丰代理。25 日,张闻天和朱德、吴玉章、邓发、柳湜、李富春、冯文彬等发起组织的新体育会举行成立大会。26 日,张闻天率领"延安农村工作调查团"从延安出发到晋西去调查。调查团一行 10 人,张闻天化名张晋西担任团长,团员有马洪、刘英、雍文涛、薛光军、曾彦修、尚明、徐羽、许大远、薛一平。调查团是日清晨从杨家岭启程时,任弼时、李富春、杨尚昆前来送行。3 月 28 日至 4 月 12 日,撰写调查报告《陕甘宁边区神府县直属乡八个自然村调查》,报告共分 46 节,全面地记述了 8 个自然村的政治经济和文化状况,尤为详细地记述了生产关系和生产力的状况,并附各种统计表格 38 张。6 月 16 日,主持召开调查研究组各组长会议,并在会上向大家提出将关于土地问题材料加以个别的研究,方法是分析与综合同时使用,研究时间延长一点。10 月 7 日,在晋西北调查的基础上作《发展新式资本主义》一文。文章的要点如下:(一)提出"新式资本主义"的概念;(二)论述抗日根据地发展"新式资本主义"的必要;(三)以生产力为标准打破人们的思想顾虑;(四)强调不能超越"新式资本主义",也就是不能超越新民主主义。11 月 19 日,张闻天开始将调查杨家沟地主经济过程中的材料整理为《杨家沟地主调查》。这份地主经济调查报告,是在张闻天主持下由马洪执笔起草,并经张闻天反复修改补充后定稿,最初于 1944 年 5 月由中共西北中央局出版,署名"延安农村工作调查团"。(以上参见张培森主编《张闻天年谱》,中共党史出版社 2000 版;刘文耀、杨世元《吴玉章年谱》,四川人民出版社 1998 年版)

　　王稼祥 2 月 11 日出席中共中央政治局会议。在讨论《解放日报》问题时他发言说:苏联塔斯社组织很好,每日发消息给各报。现在我们各根据地都没有好的通讯社。通讯员要有实际经验的干部,要写有兴味的东西,每个根据地要有一个强的通讯员。28 日,出席中共中央政治局会议。会议照毛泽东起草的第三次草案修改通过《中共中央关于在职干部教育的决定》;会议还通过关于党校组织及教育方针的新决定,确定"今后党校直属中央书记处"。3 月 11 日,出席中共中央政治局会议。会议讨论秦邦宪提出的改造《解放日报》草案。4 月 2 日,出席中共中央政治局会议。在讨论党报问题时发言说:关于发动批评问题,在报纸上设批评与建议栏,发展正确的批评。只有正确的批评,才能纠正不正确的批评。4 月 3 日,出席中共中央书记处工作会议。会议通过经毛泽东修改的《中央宣传部关于在延安讨论中央决定及毛泽东同志整顿三风报告的决定》(简称《四三决定》)。这个《决定》,标志着整风运动由党的高级干部扩展到广大干部中进行。关于高级学习组问题,会议通过王稼祥提出的学习计划,决定扩大学习组名单到 100 人左右,其名单由陈云、王稼祥与秘书团审定之。11 日,出席中共中央政治局会议。会议讨论中央党校政治教育计划、国内局势和精兵简政问题。21 日,出席中共中央直属机关和军委直属机关在八路军大礼堂联合举行的整风学习动员大会。到会各机关干部两千余人,王稼祥分析目前时局,康生解释中宣部决定。5月2—3日,王稼祥出席中共中央召开的延安文艺座谈会。(参见徐则浩《王稼祥年谱》,中央文献出版社2001年版)

凯丰1月12日代理中央宣传部长。张闻天于1月26日至1943年3月3日到陕北和晋西北进行社会调查,长达一年多。1月12日,中央书记会议决定:张闻天出发后,中央宣传部长职务由凯丰代理,全面负责党的宣传、思想和文化方面的工作。会议还决定,中宣部的日常工作由李维汉主持,徐特立为第二副部长。2月8日,毛泽东在中共中央宣传部召集的干部会上发表演说,对残存于党内的主观主义、宗派主义和党八股进行了剖析。到会者有中共中央毛泽东、任弼时、王稼祥、凯丰等同志,党内外高级干部与从事文化工作、研究工作、编写工作的干部800余人。毛主席讲话的题目是《反对党八股》。痛数党八股的八大罪状,号召全党加以抵制。3月下旬起,在延安整风运动普遍展开的同时,毛泽东开始准备解决文艺界存在的脱离实际、脱离工农兵、宗派主义、思想混乱等与革命不协调的问题。毛泽东与凯丰找了几十位文艺家谈话,了解情况,听取意见。在充分准备的基础上,毛、凯两人联名发出请柬,邀请100多位文艺家、作家及思想文化战线的负责人,召开了著名的延安文艺座谈会。会议由凯丰主持,会中许多问题由他处理,许多后续工作也由他部署。座谈会开得十分成功。毛泽东在会前会中,就他拟在座谈会上的讲话要点征询中央负责同志的意见,凯丰都参加讨论并发言。毛泽东约见艾青、罗烽等作家谈话,也让凯丰作陪。他成了毛泽东在思想文化战线的重要帮手。4月3日,中共中央宣传部作出《关于在延安讨论中央决定及毛泽东同志整顿三风报告的决定》。27日,中央办公厅以毛泽东、凯丰名义分发出100多份粉红色油光纸油印的请帖。

凯丰5月2日出席并主持中共中央宣传部在杨家岭召集延安文艺工作者100多人举行的座谈会。大家坐好以后,凯丰站起来高声说:"大家稍等一下,毛主席一会儿就来。"随后毛泽东穿着灰布衣服和朱德等一起从会议室的正门走进来,人们一齐站起来表示欢迎。周扬、舒群靠近毛泽东,向他介绍在场的文艺界人士,毛泽东一一握手问好。毛泽东在会上作了《在延安文艺座谈会上的讲话》("引言"部分),指出召开座谈会的目的是"研究文艺工作和一般革命工作的关系,求得革命文艺的正确发展,求得革命文艺对其他革命工作的更好的协助,借以打倒我们民族的敌人,完成民族解放的任务"。为此目的,就需要解决文艺工作的立场问题、态度问题、工作对象问题、工作问题和学习问题。毛泽东讲完便开始大会发言,萧军与胡乔木发生激烈论争。5月16日,延安文艺座谈会举行第二次全体会议,仍在中央办公厅小会议室举行,会议由凯丰主持,毛泽东、朱德等中央领导人亲聆发言。6月1日,中央成立总学委,毛泽东、凯丰、康生、李富春、陈云为总学委成员。8日,又发出《关于在全党进行整顿三风学习运动的指示》。从此,在全党展开了反对主观主义以整顿学风,反对宗派主义以整顿党风,反对党八股以整顿文风的整风运动。这是全党范围的马克思列宁主义教育运动。整风的方针是:惩前毖后,治病救人,既要弄清思想,又要团结同志。9月15日,毛泽东致信凯丰,商谈改进《解放日报》,党的组织如何利用报纸开展工作,以及中央设立编译部等重大问题。同时,毛泽东还要他负责指导中央研究院的工作。毛泽东信中还出面为党报第四版征稿,其中谈道:"解放(指《解放日报》)第四版缺乏稿件,且偏于文艺,我已替舒群约了十几个人帮助征稿,艾(指延安中央研究院中国文化思想研究室主任艾思奇)、范(指延安中央研究院副院长兼历史研究室主任范文澜)、孙雪苇(延安中央研究院特别研究员刘雪苇)及工、妇、青三委都在内。青委的冯文彬(任中共中央青委会副书记),拟每月征六千至一万字的青运稿件,不知能办到否?"(参见艾克恩编纂《延安文艺运动纪盛》,文化艺术出版社1987年版;孙国林编著,王佳钰、王增辉校订《延安文艺大事编年》,陕西师范大学出版总社2016年版)

博古继续任《解放日报》社长。1月1日,《解放日报》发表《元旦献词》,指出1941年苏德战争和日寇对英美的太平洋战争爆发,侵略与反侵略两大阵营最后形成。1942年将是两大阵营空前激战的一年。在我国,必须加强团结,加强民主改革,纠正速胜论思想和轻敌情绪。2月2日,《解放日报》社论《整顿"学风""党风""文风"》指出:毛主席的号召,是我党在这个时期中加强干部教育的总方针。为了抗战的利益和革命的利益,每个党员都要痛切反省,纠正错误,把自己的能力更提高一步,把自己的工作做得更好。社论指出:"整顿学风",是反对主观主义的残余;"整顿党风",是反对宗派主义的残余;"整顿文风",是反对党八股的残余。11日,《解放日报》发表社论《宣布党八股的死刑》。13日,《解放日报》发表社论《展开宣传工作上的新阵容》。3月9日,《解放日报》社论《教条与裤子》,号召脱掉裤子割掉主观主义、宗派主义、党八股的尾巴。从此"脱掉裤子""割尾巴"成为当时的流行语。5月13日,《解放日报》开辟"学习"专栏。第1期载有陆定一文章《为什么整顿三风是党的思想革命》、陶铸文章《我对中宣部四三决定的认识》。14日起,为配合和指导文艺座谈会进行,《解放日报》特辟《马克思主义与文艺》专栏,陆续发表几篇马克思主义文艺经典文献。毛泽东为这个专栏写了按语:"最近毛泽东、凯丰两同志主持所举行的'文艺座谈会',是一件大事,尤其对于关心当前文艺运动的读者。本版决定将与此有关诸材料,及名作家的意见,择要续刊于此,以供参考与讨论。"同日,彭真为《解放日报》撰写代论《领会二十二个文件的精神与实质》。24日,《解放日报》刊出何思敬《谈文件有感》、吴亮平《两种学习方法》、罗迈《动机与立场》。6月5日,《解放日报》发表社论《延安一月学习运动的总结》。8月16日,《解放日报》反表社论《反省》。18日,《解放日报》发表社论《学与用的统一》。

博古3月31日陪同毛泽东在杨家岭中共中央办公厅召开党内外负责同志及作家座谈会,到会70余人,座谈报纸改版问题。博古就《解放日报》10个月工作做了简单的自我批评。萧军希望报纸改革,并提出改革办法。柯仲平要求报纸反对边区的太平观念。徐特立主张党报要大胆说话,要开展争论,要深入下层多反映老百姓的事情,要对各种错误倾向作斗争。谢觉哉以厨司作比喻,说不应总是一碗肉又一碗肉,使人感到腻口,报纸不能篇篇都是大文章,板起面孔说话。朱总司令强调报纸要多多反映战争、反映敌后残酷的扫荡与反扫荡斗争,并帮助解决军民关系中的问题。毛泽东最后说:"我们今天来整顿三风,必须要好好利用报纸。关于整顿三风问题,各部门已开始热烈讨论,这是很好的现象。但也有些人是从不正确的立场说话的,这就是绝对平均的观念和冷嘲暗箭的办法。近来颇有些人要求绝对平均,但这是一种幻想,不能实现的。我们工作制度中确有许多缺点,应加改革,但如果要求绝对平均,则不但现在,将来也是办不到的。小资产阶级的空想社会主义思想,我们应该拒绝。批评应该是严正的、尖锐的,但又应该是诚恳的、坦白的、与人为善的。只有这种态度,才对团结有利。冷嘲暗箭,则是一种销蚀剂,是对团结不利的。"4月2日,莫艾在《解放日报》发表专访《本报革新前夜访询各界意见》。诗人艾青认为,一首诗,一篇文艺作品,假使它有新的内容,一定能够创造新的形式。新闻和通讯也应这样。过去报纸的新闻、通讯缺乏新鲜的表现手法。标题有许多看不懂,错字很多。长篇的空洞的专论少登。多登一些好的通讯。作家萧军说:《解放日报》是全边区的唯一大报,应顾到大家的需要,群众化些。党的消息可占三分之一,群众性消息可占三分之二。不应总是板着面孔讲话,表现的方式有弹性一些,增加点社会新闻。社论不必每天有,有多少话写多少字,没有话干脆不要。文字开门见山,不要转弯。专论太长,有时不知所云。字粒不清,标题难看,编排杂乱。剧作家塞克说,戏剧的消息和文章太少了,特别是戏剧批评文字。写这类文章还是对戏剧有些研究的人才行。(以上参见艾克恩编纂《延安文艺运动纪盛》,文化艺术出版社1987年版;孙国林编著,王佳钰、王增辉校订《延安文艺大事编年》,陕西师范大学出版总社2016年版)

　　吴玉章继续兼任延安大学校长。1月18日,被推选为陕甘宁边区新教育会理事。22日,在延安大学组织中国语文研究会。25日,和朱德、张闻天、邓发、柳湜、李富春、冯文彬等发起组织的新体育会举行成立大会,在讲话中说"要视体育为改造现代文弱国民之基础"。29日,主持边区文协在交际处召开的第二次理事会,讨论关于筹备第三次代表大会事宜。到会有常务理事吴玉章、丁玲、艾思奇、萧三、陈康白,还有高长虹、柳湜、柯仲平、李卓然、白彦博、周文、舒群、庄启东等10余人。会议决定端正边区文协工作的方向,尽量在各分区、县建立文协分会,开辟地方文化基地。关于三次代表大会筹备事宜,推定柯仲平、高长虹为正副主任,统筹一切。2月9日,边区文协举行首次筹委会。除筹划第二次代表大会外,决定先行整理文协内部。商定会内设立秘书处、大众化工作委员会、新文字报社、群众报社、戏剧工作委员会、组织部、出版部、卫生工作委员会、会刊编辑委员会。推举柯仲平为文协主任。该会设立于延安南门外西北旅社旧址。同日,延安大学中国语文研究会正式成立。吴玉章为语文研究会同志第一次讲授文字学。

　　吴玉章3月5日出席并主持边区政府文化工作委员会成立大会。秘书长周文报告该会缘起后,即就该会"组织简则草案"进行讨论。主要内容是:文化工作委员会是适应边区文化发展的要求,根据边区政府组织条例成立的文化领导机关,直属边区政府领导。聘请林伯渠、李鼎铭、贺连城、吴玉章、徐特立、李丹生、丁玲、柯仲平、吕骥、艾青、塞克、高长虹、萧军、莫文骅、柳湜、李卓然、丁浩川、江丰、马济川、舒群、周扬、欧阳山、萧三、罗烽、何思敬、艾思奇、周文等为委员。确定吴玉章为主任、罗烽为秘书长。会上讨论了工作纲领:团结边区文化团体及文化工作者,改善其工作条件,以发挥其所长,提倡自由研究与创作精神,以促进边区文化事业的发展;针对边区实际需要,培养地方文化干部,联系全国文化界,共同开展全国新文化运动。7日,中共中央文委发出通知:"陕甘宁边区政府文化工作委员会已正式成立,所有延安一切文化团体,无论带有国际性、全国性或边区性,从四月份起,一切津贴补助及公私借贷事宜,均请向该委员会接洽办理。特此通知。"13日,边区文委发布"工作纲领"。一、本会代表边区政府领导边区文化运动开展;二、厉行学术思想与创作之自由;三、群策群力建立科学化、民族化、大众化的文化基础;四、普及和提高的工作同时并进,使其相辅相成;五、团结边区文化团体及文化人,改善其物质精神条件,发挥所长,提高工作效率;六、针对实际需要,培养边区文化干部,提高一般干部文化水平;七、与全国文化界携手,建设新文化,争取抗战反法西斯的最后胜利。边区政府文化工作委员会成立后,已向该会登记的团体有边区文协、自然科学研究会、文抗、美协、音协、青记、曲协、剧协、诗会、世界语协会、鲁迅研究会、民间音乐研究会、文艺月会、星期文艺学园、青年剧院、文化俱乐部、新教育学会、轻骑队、中山图书馆、"九一八"文艺社等20个单位。该会秘书长罗烽说,将召集各单位座谈,通盘筹划各单位工作,避免不必要的重复和浪费。25日,《解放日报》发表社论《把文化工作推进一步》,祝贺边区文化工作委员会成立。

按:社论说:边区政府文化工作委员会的成立,是推动边区文化的有力步骤。文化运动不仅推动着抗战,也有助于建国,它已经取得一些成绩。但还有缺点,文化界人士的团结、各种文化工作的开展,都曾有不正确的表现;存在主观主义、宗派主义、党八股的危害;对文化的特点有所忽视,对文化人的看法太过简单狭隘,没有适当的机构推动。要将边区文化工作推动一步,必须掌握文化运动的方针,对边区文化团体和文化人有一个正确的认识和理解。要团结边区文化界人士,注重文化普及工作。我们希望边区文化工作委员会,能把边区的文化推进一步,燃起伟大的文化之炬,照耀全国!

吴玉章3月18日出任新文字干部学校校长。在新文字干部学校开学典礼上讲话。新文字干部学校分两班,第一班是原从陕北公学抽调的学员,第二班是各县选送的学员。两班课程不尽相同,学制为两年。27日,出席延安大学党员大会,发表讲话。4月10日,吴玉章在交际处主持边区政府文化工作委员会第二次例会。秘书长罗烽报告三月份会务。决定:一、召开戏剧界座谈会,由塞克、王震之、萧三、柯仲平、罗烽等召集。二、为开展大众化工作,由柳湜、贺连城、李卓然、柯仲平、欧阳山、江丰、吴玉章等组成大众化工作委员会。三、请萧三、何思敬、艾思奇、高长虹、吴玉章等参加延安"国际报道社",进行国际宣传。四、经费问题:为鼓励创作,决定补助稿费和预支稿费办法;对患病者,酌赠慰问金;拨一批款交鲁迅文化基金委员会,办理文化工作者因疾病、婚姻、生育等特殊困难的私人贷款;于今年"五四"到明年"五四"举办青年文艺奖金。5月2—23日,出席中共中央在延安召开文艺工作者座谈会,毛泽东在会上发表重要讲话。5日,主持成吉思汗公祭典礼。9日,新文字丛书工作委员会成立,担任主任。29日,边区文委配合战时动员,召集剧协、音协、美协等团体,成立临时工作委员会。选举吴玉章、柯仲平、艾青、丁玲、塞克、莫文骅等12人为委员。会上吴玉章、柯仲平、萧三、塞克、吕骥、张庚、王震之等讲了话。号召大家到部队去,到地方民兵队伍里去,开展"文化入伍"运动,文武双方配合行动。30日,在延安文化人战时动员大会上致词,提出编组文化人入伍。6月11日,陪同晋西北士绅参观团参观延安大学并座谈。7月7日,在《解放日报》发表《以思想革命来纪念抗战五周年》一文。9日,陕甘宁边区政府文化工作委员会举行第四次例会,主任吴玉章主持,秘书长罗烽报告上月份工作要点:一、召集各协联席会议,决定艺术工作者要深入部队,各协会刊内容应以工农兵为主要对象。二、各戏剧团体应该写边区现实题材的剧本,成立剧作者协会。由荒煤、塞克、刘白羽、王震之、李伯钊、舒群、欧阳山、萧三等同志集体创作关于左权同志英勇牺牲的剧本。三、为写左权剧本搜集材料。此次会议还决定:一、成立艺术作品评选委员会,推定塞克、萧三、江丰、吕骥、柯仲平、艾思奇、罗烽等任委员。二、奖励反映边区以工农兵为对象的艺术作品,奖金从优,重质不重量。三、优待边区文化干部、制定优待标准。四、"八一"节举行晚会三天,动员戏剧、美术、音乐各界以反侵略反法西斯、建立新中国及全世界和平为内容,向工农兵做有力的宣传。五、自7月起,补助文艺刊物稿费,增加1元,即每千字稿费3元。六、关于左权剧本,由临时工委宣传部选择适当环境集中写作。

吴玉章未能与毛泽东、林伯渠、秦邦宪、陈绍禹、邓颖超等人在7月27日国民党政府明令公布的第三届参政员名单中继续在列。第二届参政员未被遴选者除吴玉章外,还有沈钧儒、陶行知、邹韬奋、王造时、史良、梁漱溟、罗隆基、杨庚陶、陈嘉庚、王卓然等43人。8月8日,吴玉章在延安俄文学校开学典礼上讲话。9日,与朱德等19人发起开展国民体育运动。9月5日,吴玉章被聘为《解放日报》第四版征稿负责人。其他尚有范文澜、邓发、彭真、冯文彬、艾思奇、陈伯达、蔡畅、董纯才,以及文艺组的陈荒煤、张庚、柯仲平、周扬、吕骥等。21日,在延安大学成立周年纪念大会上讲话。"延大今后不应当只是学科学的学校,而应当是学做人的学校,所以说整风运动奠定了我们学校很坚实的基础。"10 月 10 日,在《解放日报》发表《辛亥革命的经验教训》。同日,在《新华日报》发表《以三人希望纪念辛亥革命三十周年》。19 日,在纪念鲁迅逝世 6 周年大会上讲话,说:鲁迅想以思想革命来建设新思想,想以社会革命来建设新社会,想以文学革命来建设新文学,想以文字革命来建设新文字。22 日,第三届国民参政会第一次会议在重庆召开。24 日,主持延安大学反对自由主义大会。26 日,在《解放日报》发表《纪念鲁迅先生逝世六周年》。11 月 7 日,在《解放日报》发表《纪念十月革命二十五周年》。文中讲到"星星之火"之喻义,认为它是实质的东西。它就是宇宙的正气,也就是孟子所谓浩然之气。它集义所生,能战胜一切邪气。它是宇宙的真理,它是革命的理论。群众一旦认识这个真理和理论,他们就会自觉地为保存正气而去杀身成仁,舍生取义,成为大仁大勇。15 日,边区文委和文化俱乐部在旧中央大礼堂举行盛大晚会,招待文化人。文委主任吴玉章致辞,祝贺他们文艺座谈会以来取得的文化成绩,慰问他们深入群众、勤奋创作的辛劳。文化界到会近千人。(以上参见刘文耀、杨世元《吴玉章年谱》,四川人民出版社 1998 年版;艾克恩编纂《延安文艺运动纪盛》,文化艺术出版社 1987 年版;孙国林编著,王佳钰、王增辉校订《延安文艺大事编年》,陕西师范大学出版总社 2016 年版)

　　艾思奇继续任延安中央研究院中国文化思想研究室主任、延安大学社会科学院院长,兼中央文委秘书长。2 月,毛泽东作《整顿党的作风》和《反对党八股》的报告,整风运动开始。毛泽东提议编纂一部《马恩列斯思想方法论》,艾思奇任主编。在中央研究院文化思想研究室全体同志和政治研究室部分同志的共同努力下,如期完成了任务。作为整风的重要文献,这本书成为干部必读书之一。艾思奇在整风运动中,针对出现的问题,先后写了《不要误解"实事求是"》《"有的放矢"及其他》《关于唯物论的几段杂记》等文章,体现了实事求是、理论与实际相结合等重要思想。5 月 2 日,艾思奇出席了毛泽东主持召开的延安文艺座谈会。4 日,艾思奇在《解放日报》发表《五四文化运动中的一个重要争论》,全面具体地介绍和评价了胡适与李大钊等人之间关于"问题与主义"的争论,认为胡适在争论中表现了一个思想家的敏锐感觉和确定立场。他的实用主义与新文化运动具体条件相结合,包含着某些有价值的因素。具体表现为:研究学问要从现实问题出发,反对抽象名词,一切学说必须经实验证明。所以他的思想产生很大的影响,即使在今天也是适合的。但他的主张毕竟是实验主义,过分强调具体性、个别性,抹杀了真理的普遍原则,在真理问题上表现出相对主义,以及庸俗进化论。李大钊的观点是科学的,表现为:理论与实践相结合,普遍真理与具体实际相结合,指出经济结构的变革是思想变革的基础。这是中国最初的马克思主义。

　　艾思奇 5 月 24 日在《解放日报》撰文《谈讽刺》。这是作者参加延安文艺座谈会,听了毛泽东的《讲话》后写的,体现了毛泽东关于"讽刺"问题的观点。30 日上午,艾思奇在中央研究院批判王实味大会中传达了文艺座谈会精神。当时,毛泽东尚未对《讲话》记录稿进行整理。艾思奇大概是根据自己参加座谈会的记录,或是根据中央少量油印的一个未经整理的《讲话》原始记录稿进行的。他主要传达立场、态度、团结、转变思想、与工农结合及学习马列等几个问题,是为了推进整风和批判王实味而传达的。听众除了中央研究院的人员,还有外单位来参加批判王实味大会的人员,不单是文艺工作者。此为第一次在一个单位正式传达毛泽东《讲话》精神。6 月 15 日,艾思奇在《谷雨》第 5 期发表《谈延安文艺工作的立场、态度和任务》,谈学习《讲话》和参加文艺整风的收获。10 月,中央研究院的整风运动基本结束,艾思奇代表院部作了题为"怎样改造我们的学习"的总结报告。同年的年底,参加了陕甘宁边区党的代表大会。(参见《艾思奇全书》第 8 卷附录《艾思奇生平年谱》,人民出版社 2006 年版;张培森主编《张闻天年谱》,中共党史出版社 2000 版;艾克恩编纂《延安文艺运动纪盛》,文化艺术出版社 1987 年版;孙国林编著,王佳钰、王增辉校订《延安文艺大事编年》,陕西师范大学出版总社 2016 年版)

范文澜继续任延安中央研究院副院长,兼中国历史研究室主任。1 月 17 日,毛泽东为何凯丰、徐特立、范文澜等编的《文化课本》作序,强调干部学习文化的重要,称赞文化课本的编成是一大胜利。《文化课本》由毛泽东指定由范文澜主持编选,作为根据地干部学习文化之用。2 月 16 日,范文澜讲"怎样研究中国通史"。3—5 月,为延安中央研究院整风运动的前期,范文澜以研究院副院长的身份负责领导全院整风工作。3 月 18 日,中央研究院召开全院整风动员大会,当时主持院务工作的中共中央宣传部副部长李维汉在会上提出检查要着重领导作风和个人思想两个方面(意不是只着重检查领导),院长、秘书长、各室主任应当是整风检查工作委员会的当然委员。6 月 1 日,范文澜《民主集中制》刊于延安《解放日报》,此文原系作者根据自己在整风运动中的深刻体验所写的《民主集中制》一文,重点谈了8 个问题:(一)民主集中制是一个整体;(二)四大原则;(三)强制不是压迫;(四)对民主集中制的错觉;(五)民主与极端民主化;(六)集中与专制主义;(七)两条战线的斗争;(八)初步的自我检讨。中心是讲自觉遵守民主集中制的原则,发扬民主不能破坏无产阶级革命队伍的纪律,反对极端民主化。最后,作者作了严格的自我检讨,承认整风运动初期因领导不力而造成中央研究院内部分同志非无产阶级意识泛滥的错误。9 日,《论王实味的思想意识》刊于延安《解放日报》。29 日,《在中央研究院六月十一日座谈会上的发言》刊于延安《解放日报》。9 月 3 日,《古今中外法浅释》刊于延安《解放日报》。文中对掌握唯物论和辩证法之发展的、联系的、全面的、辩证分析的观点,用自己的语言作了概括。10 月 11 日,《开始并结束了旧民主主义革命的辛亥革命》刊于延安《解放日报》。12 月,《中国通史简编》(中册)由延安新华书店出版。

范文澜是年主持制定延安中央研究院中国历史研究室三年研究计划。中国历史研究室工作,暂分为三组:(1)近代史组,具体工作为范文澜的"中国通史简编下册(近代史之部)"、叶蠖生的"苏维埃运动史"、叶蠖生的"中国近代政治史"、李徽的"收集东洋近代史材料"、叶蠖生的"抗战史"、叶蠖生的"中国经济政治制度史"、范文澜的"中国经学史""中国文学史";(2)农民土地组,具体工作为佟冬的"中国土地制度史"、孙孝实的"中国法制史",刘亚生、宗箴的"中国农民战争史";(3)民族组,具体工作为金灿然的"民族史"、陈道的"西南少数民族史"。目的在培养能掌握科学方法的历史学者,以一半时间从事日常工作,另一半时间加深理论修养。理论之研究学习,按期进行,暂以一年为一期,每期建立其中心方向;第一年为科学方法之修养;第二年为各种非科学的历史方法论之研究与批判;第三年则从事中国历史轮廓之研究,在运用中锻炼已学习之方法。研究室还制定了 7 项"半年内所拟即予完成之工作"和三年学习计划。由于整风运动的开展,很多研究计划实际上并未执行。据叶蠖生回忆,当时真正进入操作程序的书稿只有 5 种:中国通史简编、中国文学史、苏维埃运动史、中级中国史课本、中国国文选。在整风运动期间,中国历史研究室有组织的研究基本中断。(以上参见王学典《20 世纪史学编年(1900—1949)》,商务印书馆 2014 年版;陈其泰《范文澜学术思想评传》及附录《范文澜主要著述年表》,北京图书馆出版社 2000 年版;范文澜《中国通史简编》下册附录《范文澜先生学术年表》,商务印书馆 2010 年版;中共中央文献研究室编撰、逢先知主编《毛泽东年谱(1893—1949)》,人民出版社、中央文献出版社 1993 年版)

吕振羽年初仍在苏北。2 月 20 日,毛泽东代中央书记处致电刘少奇及华中局:除吕振羽、贺绿汀外,其他高级文化人亦望调抽一批带来延安从事学术研究,他们在苏北游击环境无研究学术可能,不如来延安成就较大。3月18日,因党中央电召刘少奇赴延安,吕振羽与江明随刘少奇从苏北阜宁单家港出发,随行干部等有100多人,开始了夜行晓宿的行军生活。进入山东北上时,经华中局决定,吕振羽任刘少奇政治秘书。开始长驱万里日夜行军,途经敌寇103道严密封锁线,备尝艰辛险苦。沿途参加了滨海区、沙区、太岳区三次反扫荡大战;并协助刘少奇完成了代表党中央沿途检查工作等各项任务,还参加山东分局、北方局、晋绥分局等重要会议。撰诗《偕江明随少奇同志从苏北回延安道中》(十余首)。4—7月,抵山东分局驻地临沭朱樊村,朱瑞、罗荣桓、萧华等向刘少奇汇报山东工作情况。协助刘少奇解决山东减租减息、抗日统一战线(争取国民党抗敌同志协会参加抗日)和接受朱瑞请求临时代管山东分局宣传部(部长李竹如牺牲)等方面工作。7月下旬,因敌情严重和交通原因,刘少奇回延安随行人员只留下十余人(刘、吕夫妇、警卫班及电台),大部分人员返回。在过津浦路抱犊岗时,与刘少奇分两批前进,各自分别携带华中、山东机密档案文件六包,后交鲁西军区杨得志、苏振华部转中央办公厅。9月,随刘少奇抵中共北方局及八路军总部驻地山西辽县,见到刘伯承、邓小平、杨尚昆、杨献珍等。10月,随刘少奇抵太岳军区驻地山西沁源,见到陈赓、薄一波、黄敬、吕正操等。11月,抵介休、平遥。12月上旬,抵山西兴县。30日,抵延安。是年,吕振羽《中国社会史诸问题》由耕耘出版社出版。本书为作者关于中国社会史研究的论文集,包括"亚细亚的生产方法"与所谓中国社会的"停滞性"问题、中国社会史上的奴隶制度问题、创造民族新文化与文化遗产的继承问题等。书后有附录:《日本法西斯蒂的中国历史观批判》《本国史研究提纲》。

按:1946年6月,日本《改造评论》第1号刊载书中《日本法西斯蒂的中国历史观批判》一文。(参见《吕振羽全集》第10卷附录《吕振羽生平年谱》,人民出版社2014年版;王学典《20世纪史学编年(1900—1949)》,商务印书馆2014年版)

尹达在延安附近的大砭沟发现龙山文化遗址。4月,尹达编《半殖民地半封建的中国》由陕西华北书店出版。(参见中国大百科全书总编辑委员会《中国大百科全书·考古学》,中国大百科全书出版社2002年版;王学典《20世纪史学编年(1900—1949)》,商务印书馆2014年版)

王实味时任延安中央研究院文艺研究室的特别研究员。2月17日,王实味作《政治家、艺术家》,刊于3月15日延安文艺刊物《谷雨》。此文是一篇文艺随笔,完全模仿鲁迅的《无花的蔷薇》,作者的主要观点是,政治家、艺术家的任务不同,前者侧重改造社会制度,后者侧重改造人的灵魂。政治家精通手段,善能纵横捭阖,总不免为了自己的名誉地位,使革命受损,我们要严防政客。旧中国充满肮脏与黑暗,改造中国的革命战士也不免感染它。艺术家的任务,就是揭破革命战士身上这些东西,不能只是"枪口对外"。26日,王实味作《野百合花》的杂文,连载于3月13日、23日延安《解放日报》,此文长约6000字,内分四节,另有一个"前记",共5部分。文章都是对他感到不满的现象提出批评,这些批评反映出极端民主化,绝对平均主义的观点,把延安某些机关在节假日组织文娱晚会,说成是"歌啭玉堂春,舞回金莲步";把干部待遇上某些差别,夸大成"衣分色,食分五等"等等,在当时延安青年知识分子中得到一些人同情。3月18日,中央研究院召开全院整风动员大会。当时主持院务工作的中共中央宣传部副部长李维汉在会上提出要着重检查领导作风和个人思想两个方面(意不是只着重检查领导),院长、秘书长、各室主任应当是整风检查工作委员会的当然委员。王实味带头反对这些意见,认为整风就是要整领导人,反对指定当然委员、主张选举产生,并写了两篇书面批评意见,张贴在研究院整风墙报《矢与的》头两期上。他提出"绝对民主",鼓动大家若要检查自己"是不是对大人物有话不敢说""眼光不应只看本院,应注意全延安以至全党"。墙报出了5期。王震看后说:"前方的同志在为党为全国人民流血牺牲,你们在后方吃饱饭骂党!"他向毛泽东汇报后,毛泽东也在一天晚上提灯来看,严肃指出这是小资产阶级极端民主化和绝对平均主义的错误,并说:"这是很好的反面教材,思想斗争有了目标,这也是有的放矢嘛。"后来,《矢与的》贴在布上,挂到南门外的闹市区,轰动了整个延安。

王实味《野百合花》4月在香港的报纸上登出。在西安,国民党把它们辑印成《〈野百合花〉及其他》一书,加了诋毁延安的按语,广为散发,成了敌人攻击延安的重磅炸弹。国民党的按语说,中共歌赞延安是革命圣地,然而在陕北,贪污、腐化,首长路线,派系交哄,歌唱玉堂春,舞回金莲步的情形下,陕北的青年大失所望,更使许多老共产党员感到前途没落的悲愁。还以《从〈野百合花〉中看到延安的黑暗》为题,出版专号。至此,王实味本应猛醒悔改,然而他却说:"即使我不写,国民党也会骂我们的。"毛泽东认为王实味是"不讲成绩,抹杀成绩,只暴露黑暗",还说,"我们的工作中确实有许多缺点应加以改正,但如果要求绝对平均主义,不但现在,将来也是办不到的""小资产阶级的空想社会主义,我们应该拒绝""冷嘲暗箭,则是一种销蚀剂,是对团结不利的"。4月7日,齐啸撰文《读〈野百合花〉有感》,在《解放日报》公开批评王实味。谈了三点:一、气象是否和谐。二、生活里究竟缺少什么?三、平均主义。5月19日,杨维哲在《解放日报》发表与王实味商榷的文章《从〈政治家、艺术家〉说到文艺》。26日,金灿然在《解放日报》发表批判文章《读实味同志的〈政治家、艺术家〉后》。5月27日起,中央研究院为了纠正王实味造成的负面影响,召开关于"党的民主与纪律"专题座谈会,以扭转极端民主化倾向。座谈会至6月11日结束,共开了16天,其间开了14次大会。全延安的70多个机关学校的干部大都自愿来参加并可以发言。人多时在广场上举行,有千余人参加,几乎成了整个延安的干部大会,集中批判王实味的思想。发言者有研究院副院长范文澜、李宇超、罗迈、李言、李又常、潘方、刘雪苇、艾思奇、艾青、张如心、丁玲等。会上,艾思奇宣读了王实味的一篇文章《关于〈野百合花〉》。王实味在文章里以青年领导者自居,号召青年们与他握手。为帮助批判王实味,5月30日上午,艾思奇传达了毛泽东在延安文艺座谈会上的"结论"。31日,印发了王实味发表在《矢与的》上的那3篇文章。6月1日,大会转向对王实味的批判。会中,结合整风文件学习,对王实味几篇文章进行了分析批判,一致认为其观点是错误的。这时对王实味的批判还是以"同志"相称。同日,有人揭发了王实味历史上与托派有联系,平时讲过一些同情托派的话之后,在康生的"指导"下,批判会骤然升温,直称王为托派分子、敌人、反党分子等。批判也从思想问题、文艺问题上升到政治问题、组织问题。

王实味6月2日为表达对上述座谈会、批判会的抵触情绪正式向党委提出退党要求,说他"个人与党的功利主义之间的矛盾是几乎无法解决的",他要去走他"自己所要走的路"。4日,王实味第一次参加在中央研究院大操场召开的、有千余人参加的"座谈会"。因人多秩序较乱,王实味一说话,群众就驳斥。萧军在后面大声说:"让他把话说完!"对此,中央研究院很不满,认为是替王实味说话。会后,派了郭小川等4人代表院方找萧军抗议,被萧军轰出来。王实味本人仍表示保留他原来的观点。此后,王实味再没有出席批判会。王实味最后表示,他仍然"保留"他原来的观点,并说:"我的观点不对,为什么你们不早教育我呢?""我的错误,只有我自己能清算。别的人,不论哲学学得怎样好,也不会弄清楚的。"其间,中央研究院领导为了帮助他认识错误,找他谈话8次,转达大家的意见,但他都断然拒绝。党委又派出5个人,经常找他谈话,但仍不认错。范文澜找他谈话3次,依然无效。胡乔木找他谈过两次话,写过两次信,传达毛泽东对他的批评和希望。信中指出:"《野百合花》的错误,首先是批评的立场问题,其次是具体意见,再次才是写作的技术。毛主席所希望你改正的,首先也就是这种错误的立场。那篇文章充满了对于领导者的敌意,并有挑起一般同志鸣鼓而攻之的情绪,这无论是政治家、艺术家,只要是党员,都是绝不容许的,这样的批评愈能团结一部分同志,则对党愈是危险,愈有加以抵制之必要。"王实味最后表示,他仍然"保留"他原来的观点。8日,座谈会继续进行,各单位派代表参加,来宾也有发言权。会上揭发出王实味日常行为方面一些材料。9日,安排罗迈、陈伯达、艾青等几个人系统揭发王实味的问题,稿子都是事先准备好的,且经毛泽东看过。同日,《解放日报》集中刊出3篇批判王实味文章:范文澜《论王实味同志的思想意识》、李伯钊《继〈读"野百合花"有感〉之后》、陈道《"艺术家"的"野百合花"》。10日,《解放日报》继续刊出蔡天心批判文章《政治家与艺术家——对于实味同志〈政治家、艺术家〉一文的意见》。同日,张如心做长篇发言,对王实味的思想进行系统批判。当天下午,研究院各研究室及行政支部和政治研究室全体人员开会,一致要求开除王实味的党籍。11日,中央研究院的座谈会结束,罗迈、范文澜、丁玲都讲了话,指出:王实味"是一个托洛茨基分子",有反党立场,反革命活动,是个两面派。从此,对王实味的批判中就不再称他"同志"。丁玲、范文澜的发言先后刊于16日、29日《解放日报》。6月16日,周文在《解放日报》撰文《从鲁迅的杂文谈到实味》。17日,张如心在《解放日报》发表整版文章《彻底粉碎王实味的托派理论及其反党活动——在中央研究院斗争会上的发言》。18日,延安文艺界再次举行座谈会,并通过报请延安文抗理事会批准,开除王实味的会籍。很快,文抗理事会通过并批准《关于托派王实味事件的决议》,决定开除王实味的会籍。24日,艾青在《解放日报》发表整版批判文章《现实不容歪曲》。7月28日,周扬在《解放日报》连载长篇批判文章《王实味的文艺观与我们的文艺观》。

　　按:中央研究院对王实味的思想批评会开始之后,因当时中共中央社会部部长、情报部部长、指导整风的中央总学习委员会副主任、兼任中央直属机关学习委员会副主任康生的直接插手,使座谈会很快成为斗争会,思想问题升级成为政治问题。7、8月间,康生追查了与王实味有过关系的4人,把中央政治研究室的成全(陈传纲)和在中央妇委工作的王里(原名王汝琪),以及中央研究院的潘芳、宗铮夫妇,再加上王实味,打成"五人反党集团"。这样,康生又给王实味扣上了第二顶政治帽子——"五人反党集团"成员。10月23日,中央研究院党委按照康生的指示,在没有确凿证据的情况下,对王实味作出"反革命托派分子"的结论,决定开除其党籍。这个决定由中宣部副部长凯丰签字,上报党中央批准。10月底,王实味的罪名被定为:托派、暗藏在党内的反革命分子、"五人反党集团"成员。1942年底,延安整风运动进入审干阶段,王实味被隔离审查。1943年4月1日晚,康生下令将王实味逮捕。1947年7月1日晚,公安总局审讯科将王实味秘密处决后,7月2日向总局做了简要报告,王实味时年41岁。

　　按:现在看来,对王实味的批判的严重偏差,主要在于脱离了"实事求是"的精髓,混淆了两种不同性质的矛盾,并且对于由此引发的审干运动和"抢救运动"都产生了不良影响。甚至,还影响到新中国成立后直到"文革"的历次政治运动。这种教训极为沉痛,应该永远铭记。(以上参见孙国林编著,王佳钰、王增辉校订《延安文艺大事编年》,陕西师范大学出版总社2016年版;陈其泰《范文澜学术思想评传》及附录《范文澜主要著述年表》,北京图书馆出版社2000年版)

　　欧阳山时任延安中央研究院文艺研究室主任。4月9日,毛泽东给作家、延安中央研究院文艺研究室主任欧阳山一信:"来信收到。拟面谈一次,如同意,请于今日惠临一叙,并盼与草明同志偕来。"草明是欧阳山的妻子,研究院文艺研究室研究员。他们到了杨家岭,毛泽东要他们谈谈文艺界的情况,还问他们"暴露文学"在全国占什么地位。这次谈话,主要与他们谈了文艺为什么人的问题,如何为工农兵写作的问题,学习马列主义的问题,还谈到延安文艺界的宗派问题。13日,毛泽东再给作家欧阳山、草明一封信:"前日我们所谈关于文艺方针诸问题,拟请代我搜集反面的意见,如有所得,祈随时赐示为盼!"他们理解"反面的意见"大概是与党的主张不一致的观点吧,就搜集了一些交去。17日,毛泽东又致作家欧阳山、草明一信:"四月十五日来信阅悉,我现在尚不能够对你们提出的问题作答复,待研究一下罢。如果你们在搜集材料,那很好,正反两面都盼搜集,最好能给我一个简明的说明书,不知文艺室(指延安中央研究院文艺室,欧阳山为主任)同志有暇为此否?"接到信后,中央研究院文艺研究室的全体同志,翻阅解放区内外的杂志和一些西方论文艺的文章,经欧阳山筛选,选用了十几篇,每篇附上简介,送给毛泽东参考。(以上参见艾克恩编纂《延安文艺运动纪盛》,文化艺术出版社1987年版;孙国林编著,王佳钰、王增辉校订《延安文艺大事编年》,陕西师范大学出版总社2016年版)

金灿然继续任职于延安中央研究院。5月20日,《解放日报》登载吴伯箫的随笔《论忘我的境界》。6月13日,金灿然在《解放日报》发表《论忘我的境界——借吴伯箫同志的题目就商于吴伯箫同志》,对吴伯箫的《论忘我的境界》提出批评,说:"愈是把自己的利益服从于阶级的、民族的利益,愈是把自己卷入现实斗争的漩涡里,便愈能达到忘我的境界,而个人也就更伟大,他的'我'的存在也就更有价值。"但由于个人追求的目标、献身的信仰、隶属的阶级与民族不同,所以忘我的原因和方向也不同。7月11日,金灿然在《解放日报》发表的《"屈原"为什么"成问题"》里,对国民党宣传部副部长潘公展所谓的《屈原》"成问题"的谬论予以回击:《屈原》是郭沫若先生的近作,曾连载在《中央日报》副刊上,当然是经过检查了的。该报并曾热烈地宣传过它,说"那是'满纸充溢着正气'的(孙伏园《读〈屈原〉剧本后》);说'它向自私自利的小人,祸国殃民的汉奸,认贼作父的昏君,提出一个严重的抗议。它暴露了他们的罪恶——奸险、狰狞和无耻'(桂生《观〈屈原〉后》)"。《屈原》发表后受到了广大群众的欢迎,可是国民党的一些人却认为《屈原》成了问题,这是为什么呢?《屈原》本身给了明确的回答。《屈原》"以伟大的爱国诗人一天的遭遇,表现楚国内部抗秦派与降秦派的激烈斗争及'卖国求荣的无赖'张仪的挑拨离间活动。这幕历史上的政事,与目前的中国的政事,有着某一方面共同性"。

金灿然7月25日在《解放日报》发表《论杂文》,被文艺界评为"最能说服人的"好文章,受到广泛好评。因为从是年初开始,由于平均主义、自由主义、个人主义存在,一部分人产生了对现实的不满和牢骚,并借"漫画"和"杂文"等形式表现出来。同时,它们也受到了"热捧"。经过整风,一些模糊观念大半澄清,但还没有从理论上讲清楚杂文。金灿然的论文就是一篇补缺的好文章。它分三个问题:一、杂文是干什么的。杂文这个尖锐的武器,曾为敌人所痛恨,也为一部分自己人所误解,认为它是专门揭人隐私的。这是因为不明白杂文的社会意义和历史意义所致。其实,杂文对于黑暗的暴露,不是为暴露而暴露,而是贯穿着对光明的礼赞。立场是杂文的灵魂,有正确的立场,才能分别敌友、光明和黑暗。杂文作家要接触新生活,与工农兵前进的步调一致,走出"文化人"的小圈子,才有无限的生命力。二、杂文的时代问题。有人误用了杂文这一武器,于是出现了"杂文的时代过去了""鲁迅的杂文时代过去了"的声音。这是不对的,杂文有着广阔的发展前途。"在无产阶级及人类未彻底解放前,杂文的时代是不会过去的",说"鲁迅杂文时代没有过去",并不否认当今的现实与鲁迅时代的区别,但锋芒指向敌人,这是不变的。三、杂文与讽刺。杂文与讽刺有同有异,杂文可以冷嘲,可以热骂,也可以幽默。杂文不能包括全部讽刺文学,讽刺文学也不能包括全部杂文。杂文的作用不是单纯地揭露缺点,所以讽刺就不一定是杂文的灵魂。杂文往往与讽刺在一起,却不一定需要讽刺。讽刺不要流于轻薄,需要深刻了解生活,有正确的立场。漫画往往伴有讽刺,但漫画不等于讽刺。(以上参见孙国林编著,王佳钰、王增辉校订《延安文艺大事编年》,陕西师范大学出版总社2016年版)

陈伯达时任中央政治研究室副主任,研究室主任由毛泽东兼任。该室参与此项工作的尚有张仲实、曾彦修。2月,毛泽东在杨家岭中共中央办公厅会议室召集陈伯达、艾思奇、张仲实、温济泽、柯伯年、丁玲、舒群等20余人开会,建议将马克思、恩格斯、列宁、斯大林著作中有关思想方法的论述摘录出来,编纂一部《马恩列斯思想方法论》,目的是帮助干部掌握马克思主义思想方法,以此为武器,来整顿中共的学风、党风和文风。毛泽东将这项工作交给中央政治研究室和中央研究院文化思想研究室去完成。中央研究院文化思想研究室主任是艾思奇,学术秘书是温济泽。参与此项工作的尚有陈唯实、李又常、王匡、邓止、陈茂仪、邵凯、张惊秋(殷白)、石岗(廖联原)、萧鲁、王愚(张守愚)、陈恒力、林舍(常乃志)、文菲、陈平(董启明)等。6月9日,罗迈、陈伯达、艾青等几个人系统揭发王实味的问题,稿子都是事先准备好的。6月15日,陈伯达揭发材料题为《关于王实味》,刊于《解放日报》,作者拿他与王的争论说事,指责王关于"民族形式"问题上的意见,是"要在文艺问题的形式掩盖之下偷运托派的思想",说他的思想"是包含一个反民众的、反民族的、反革命的、反马克思主义的、替统治阶级服务的、替日本帝国主义和国际法西斯服务的托洛茨基主义"。7月3日,陈伯达在《解放日报》发表了《写在实味同志"文艺的民族形式短论"之后》,对王实味对他的批评作了全面的反驳。

按:1941年5月20日,王实味在《中国文化》第2卷第6期发表了《文艺民族形式问题上的旧错误与新偏向》,又载《文艺阵地》第6卷第4期(总54期)。文章很长,从9个方面批评了陈伯达关于民族形式的意见。陈伯达《写在实味同志"文艺的民族形式短论"之后》是对王实味对他的批评的全面反驳。一、关于利用旧形式是否是抗战现实所必需的。陈伯达的意见是肯定的:在大片国土被日寇鲸吞的时刻,为了迅速地、紧急地唤起民众,在文化战线上强调新内容旧形式,是没有错的。"事情是那么紧急,而老百姓又还不能一时熟悉'新形式',新形式还一时不能接近广大落后群众的时候",利用旧形式,以便接近民众,唤起民众,其道理是"明显不过"的。二、关于旧的文艺给人们提供了些什么,陈伯达说:"旧的文化传统,旧的文化形式,是根深蒂固地和人民年代久远的嗜好和习惯相联结的。最广大的最下层人民群众,最习惯于旧的文化形式,经过那旧形式而传播给他们以新的文化内容,新的东西,他们是最容易接受的。"三、关于对新文艺的评价。陈伯达说:"不怕苛刻地,同时也是实情地说,自有新文化运动以来,我们还没有一部新文学作品可以比得上如《水浒》《三国志》《儒林外史》《红楼梦》《西厢记》……这类旧文学作品在民间流行的万分之一;还没有一部新戏剧,可以比得上如目莲戏之类在民间那样普遍和深入动人。"四、关于政治革命与文艺大众化。陈伯达说:实味同志认为,大众文化运动,在束缚压迫的统治之下,与老百姓毫无关系,但革命又要依靠大众有文化,这样,不管实味自觉不自觉,结论就是这样:革命是不可能的了,那样,大众文化运动还有什么意义、什么必要呢?双方的论辩,就陈伯达一方看,他是"民族形式"最早的拥护者之一,又是"旧形式新内容"的倡导者之一,因此,他对旧形式的利用,对传统文化的意义,表现了相当的重视和推崇,甚至连目莲戏这样的旧戏也成为论说的话题。与此同时,对"五四"以来的新文学却缺少客观的认识和正确的评价,表现出一种冷漠的态度。王实味站在批评者的立场,对旧形式的利用、对传统文化采取了较为清醒的批判态度,指出陈伯达所列举的《红楼梦》《西厢记》《包公案》,甚至目莲戏等等,是他对传统文化"偏爱"的表现,这导致他因此也就"完全忘记了科学的方法"。王、陈的争论,本是学术问题的不同意见的争论,但是陈伯达却把它政治化了(参见6月15日《解放日报》所载陈伯达《关于王实味》)。一次学术争论政治化到了这样可怕的程度,让人瞠目结舌。(参见刘长鼎、陈秀华《中国现代文学运动史》,山东文艺出版社2013年版)

周扬继续任鲁艺副院长,主持鲁艺工作。1月10日,鲁艺在边区参议会礼堂举行盛大音乐晚会,献奏《凤凰涅槃》。而《凤凰涅槃》原为郭沫若名诗,吕骥谱曲,定名为《凤凰涅槃大合唱》,鲁艺音乐部演出,任虹指挥。演出者瞿维、向隅、杜矢甲、吕骥、郑律成、张贞黻、任虹、李焕之、时乐濛等50余人。《解放日报》发表义和的评论《〈凤凰涅槃〉和它的音乐》。4月3日,鲁迅艺术学院召开扩大院务会议,宣布成立鲁艺整风委员会,布置整顿三风检查工作。首先传达毛泽东整风报告,收集实际材料,如教育方针、教学计划、工作条例、艺术作品等,加以研究。时间定为三个星期。周扬在鲁艺整风报告中指出,鲁艺同志与各根据地军队民众,在某些地方是脱了节,好像坐在"碉堡"里空想,实际陷于空虚。知识分子应该是生活知识和科学知识的结合,所以号召大家不要轻视工农分子,要向他们虚心学习,成为真正的艺术干部。4月11日,鲁迅艺术文学院举行成立4周年纪念会。因为正在准备学习、讨论整顿三风文件,纪念会除举行19世纪法国后印象主义画家塞尚的画展外,只于晚间召开一次纪念晚会。副院长周扬就该院教育方针发表意见:一、基本方针,为团结与培养文学艺术的专门人材,以致力于新民主主义的文学艺术事业;二、具体目的,为培养适合于抗战建国需要的文学艺术之理论、创作、组织有某种技术专长及具有历史知识与艺术理论修养的人材;三、教育精神为学术自由,各学派学者专家均可在院内自由讲学,并进行各种实际艺术活动。16日,周扬在《解放日报》发表长篇论文《唯物主义的美学——介绍车尔尼雪夫斯基的〈美学〉》。此时,车氏的《生活与美学》一书已由周扬译成中文,华北书店出版。

周扬4月下旬应毛泽东约见长谈一次。鲁艺是延安最重要的文艺单位,有几十位很有成就的文艺家在那里工作。周扬向毛泽东汇报了鲁艺教学、创作、演出中存在的一些问题。同时,他们还交谈了许多文艺理论问题,毛泽东借此机会进一步梳理、深化自己的观点。这次谈话的突出特点是理论性,意义尤其重要。6月16日,鲁艺整风委员会组成参观团走出去取经,参观中央党校、中央研究院后,根据本院特点对整风学习有了改进。决定建立整风学委会办公处,印出周扬的《全院检查总结报告》《本届教育计划》,以便联系该院实际。又印出列宁《论党的组织与党的文学》、高尔基《论年青的文学及其任务》、拉法格《论作家与生活》、鲁迅《对左翼作家联盟的意见》等,作为辅助研究文件。还翻印《政治家、艺术家》《野百合花》,作为研究文艺思想偏向的参考资料。7月4日,鲁艺整风学委会召开全院小组长会议。中央学习总会派乔木来院指导。会中各小组踊跃发言。鲁艺进行"学风专题"学习总结,全院围绕教学、创作和教育的总方针展开大辩论。

周扬7月28日在《解放日报》连载长篇批判文章《王实味的文艺观与我们的文艺观》,对王实味的文艺观进行了总结式的系统的批判。作者重点讨论了:一、王实味文艺观的渊源是托洛茨基主义;二、文艺与政治;三、文艺上的人性论。认为必须弄清楚三个问题:一、革命现实主义与旧现实主义有何不同;二、抗战中的中国与过去的中国有什么不同;三、文艺上的批评与自我批评的问题,即批判的态度问题。周扬的文章有两个特色:一是将王实味的思想与托洛茨基联系起来;二是将王实味的思想与其他文艺家的文艺思想区别开来,很有策略性。8月4日,周扬在整风动员会上鼓励大家发表不同意见。戏剧、美术、文学和音乐四部都卷入激烈的大辩论之中。中心论题:"鲁艺的教育方针与实施方案是在路线上有错误呢还是执行中有错误呢? 或两者都没有什么错误呢?"一派人认为在路线上有错误,在执行中也有错误,鲁艺的教育方针与实施计划是一个主观主义的东西。另一派认为,鲁艺的方针基本精神是对的,只是在方案和执行上有某些缺点。还有一派认为,两者都无重大毛病。通过争论,大致认为:鲁艺的教学活动和实际脱节、和运动脱节。

按:8月4日,黄钢在《解放日报》发表鲁艺大辩论的特写《平静早已过去了!》。说鲁艺很不平静,几天前,这里墙上贴出了各个不同态度派别的"纲领"。出于某种方便,人们用"急进派""温和派"或"保守派"来称呼自己。意见是各不相同的:"急进派"认为学校的教育方针和实施方案都有错误,是带着浓厚的主观主义和教条色彩的,对战争环境认识不足。"温和派"和"保守派"认为,教育路线还不是方针上的毛病,只能算学校教育实施方案和执行中有错误而已,或者连这严重的缺点也没有。这样就开始了争论。争论并不是平静地过去了。方向、路线、实际斗争,是不是和它有隔离? 路线是不是对的? 人们在审查。

周扬9月9日在《解放日报》发表长文《艺术教育的改造问题——鲁艺学风总结报告之理论部分:对鲁艺教育的一个检讨和自我批评》。全文共分三部分:一、怎样才叫作"从客观实际出发"? 二、我们的"糊涂观念"及其所造成的偏向。三、今后改进的方案。文章认为:鲁艺教育中强调专门化、正规化,搞专门提高、脱离实际的现象很严重。这个现象不是个别的,偶然的,而是贯穿在教育方针的每一个具体实施和全部教学过程中。这是根本方针上的错误。正确的方针必须"从客观实际出发"。鲁艺是培养专门人才的学校,要提高是对的。但我们却把提高和普及机械地分离开来,成了提高普及二元论,造成了关着门提高的错误。鲁艺是一个艺术专门学校,所以技术学习是对的,但鲁艺是一个革命专门学校,所以艺术性必须要和革命性紧紧结合。我们对现实主义的理解多少是一种非历史主义的,片面的,由此招致了技术学习上的偏向。鲁艺本身需要一个改造,如何把鲁艺整个艺术教学活动,树立在与客观实际的直接而密切的联系上,这就是改造鲁艺的首要的中心问题。文章强调艺术工作必须和军队工作、政治工作、文化教育工作配合起来。11月8日,周扬给张棣赓通信《〈腊月二十一〉的立场问题》。《解放日报》在发表时加了编者按语。按语说:"《腊月二十一》发表在4月8日本版,内容错误颇多,敌友混淆,殊失应有的立场。兹由周扬同志来信,特刊于此。"9日,鲁迅艺术文学院党风学习第一阶段结束。周扬在大会总结中说,由于主观主义、"关门提高"的教育方针,产生了不健全的组织领导。领导作风上,既有官僚主义的倾向,又有过于强调民主、忽视集中的现象。干部政策上,忽视思想意识的毛病,"个人第一,艺术第一""人性论""温情主义"等。艺术干部过于强调艺术特殊性,忽视组织原则。在与延安文艺界关系上有宗派主义倾向。对此,周扬做了深刻的自我反省与批评。14日,周扬在《解放日报》发表小说评论《略谈孔厥的小说》。认为孔厥的第一篇处女小说《过来人》,是一幅知识分子栩栩如生的画像。作者的讽刺没有用错,而且很有斤两。(以上参见艾克恩编纂《延安文艺运动纪盛》,文化艺术出版社1987年版;孙国林编著,王佳钰、王增辉校订《延安文艺大事编年》,陕西师范大学出版总社2016年版)

何其芳时任鲁艺文学系主任。2月27日,发表《叹息三章》。4月3日,在《解放日报》发表《诗三首》,提出:一、我想谈说种种纯洁的事情;二、什么东西能够永存;三、多少次呵我离开了我们日常的生活。结果引起争议。下旬,毛泽东为召开延安文艺座谈会做调查研究,邀集鲁艺文学系和戏剧系的何其芳、严文井、周立波、曹葆华、陈荒煤、姚时晓等党员教师及院长周扬,到杨家岭叙谈。5月19日,何其芳在《解放日报》发表《文学之路》,说有些爱好文艺的同志渴望脱离他所做的实际工作而专门学习文学。有两条文学之路:一条从文学到文学,一条从生活到文学。前者由于生活贫乏而爱好文学,后者由于生活充溢而写作。过早地从事文学很容易过早地脱离生活。此文发表后引起争议。6月12日,秋赤(石秋)在《解放日报》发表《读〈文学之路〉后》,对何其芳《文学之路》观点提出异议,认为文学本身并不是一种毒素,并不会将人的心灵恶化而与现实隔离开来。相反,学过文学的人不但多一种知识、经验,而且更能打开人的视野,更能接近现实。生活的体验和文学的修养应该同时并进的。19日,吴时韵在《解放日报》发表《〈叹息三章〉与〈诗三首〉读后》,批评何其芳2月27日发表《叹息三章》和4月3日发表的《诗三首》。针对何诗写道"在这十年中缠绕得我的灵魂最苦的就是爱情",此文认为"我们不应该将'弄诗'当作某种精神上的或灵魂上的消遣,以期得到某些安慰。这是徒劳的,结果只能得到更大的苦恼和永远不能填满的空虚"。吴时韵指出,在《诗三首》里,何其芳"感到世界只是一个'地狱',而人是'地狱'中的'囚徒'""好象现实多么残忍呵,它逼得诗人不得不唱如此悲凄的歌曲""我劝何其芳同志立刻停止这种歌声。这是无益的歌声。我们的兄弟们,不需要诗人'一起来叹息'。他们也不唱'悲哀的歌'"。7月18日,贾芝在《解放日报》发表评论《略谈何其芳同志的六首诗》,针对吴时韵对何其芳作的批评提出相反意见。认为吴时韵的批评是断章取义的、片面的。何其芳的诗是一贯体现了要求突破自己和不断进步的精神,对于新的人生——革命的人生的发现和肯定,是他朝着工农大众的队伍里走。而并不像吴时韵批评的那样,该诗是"悲愁"的、"诉苦"的,不知把读者"引导向哪儿去"的。

何其芳10月16—17日在《解放日报》连载《论文学教育》一文,再次谈到《文学之路》的争论问题。文中又检查了自己担任系主任的鲁艺文学系教育上的错误,提出今后改进意见。共谈了5点:一、从教育目的说起。教育的目的必须明确而具体地服从政治的要求。二、培养什么人才并如何培养?我们实际需要通讯工作者、文学教员、编辑、写作者、通俗化工作者等。学校对文艺家的培养是有限的,主要应让他们到工农兵中间去,一边做实际工作,一边写作品,或暂时不写,待以后再写。三、要认识文学在革命中的作用,它是阶级斗争、民族斗争的武器之一。四、课程、教员、教学法。五、最后的几句话。11月2日,何其芳在《解放日报》谈鲁迅和周作人在思想发展上的分歧点,题为《两种不同的道路》,副题是《略谈鲁迅与周作人的思想发展上的分歧点》。文章用马克思的观点,对鲁迅和周作人的思想发展作了比较研究,说他们虽然是亲兄弟,出生在同一个家庭,生活经历也大致相同,但他们走的是两条不同的路。是什么原因呢?作者从世界观上找原因,做了令人信服的分析。鲁迅走的是进步知识分子的路,也是当时中国的路。而周作人则是对民族对革命丧失了信心,从民族主义、民主主义走到了日本法西斯的手掌里,成为民族的罪人。在艺术观点上,周作人强调艺术的目的是表现个人的情思,"文艺以自己表现为主体,以感染他人为作用""有益社会也并非著者的义务,只因为他是这样想,要这样说,这才是一切文艺存在的根据"。文章指出,历史证明,从那种消极的个人主义、趣味主义出发,一个知识分子可能要坠落到什么地步。正如下坡的石头,不到最低的地方不停止。反之,一个执着为集体的战斗者,他总会和集体一同前进。此文说理透彻,对人很有启迪,在鲁迅研究史上是最早用比较文学方法进行研究的论文,在当时学术界产生了很大的影响。(以上参见孙国林编著,王佳钰、王增辉校订《延安文艺大事编年》,陕西师范大学出版总社2016年版)

周立波时任鲁艺编译处处长。6月12日,周立波在《解放日报》发表《思想,生活和形式》,检讨文艺思想。周立波经过一段时间的学习毛泽东的《讲话》和参加整风,思想有所收获,作者说"近来使我思索最多的是我们的思想和生活问题",思想的改造,立场的确定是最要紧的事。正确的思想,有利于观察生活。要克服小资产阶级的趣味、西方文艺的影响和自由主义。改造思想,站稳立场,才能写出好文章。我们要带着自己的心到群众中参加斗争,获取新的题材、新的人物。内容和形式应该统一。周立波在鲁艺讲外国文学名著选读课,他在该文中检查了这方面的问题。他说,我过去讲课偏重强调学习外国文学,对于忌模仿、要创造,强调不够;选外国的作品多,选中国的少。《红楼梦》《西游记》都是很好的作品。我们正确的做法是,"满怀着为革命的功利的眼光去采取中国和外国的各种形式的长处,创造自己的新形式"。当年鲁艺的学生听了周立波的外国文学课,读了托尔斯泰的《安娜·卡列尼娜》后,竟有的模仿安娜穿起黑裙子,站在太阳下看自己的睫毛,是不是长得也能够照出影子来,痴迷之极。周立波在整风中多次检查这方面的教学问题。(参见孙国林编著,王佳钰、王增辉校订《延安文艺大事编年》,陕西师范大学出版总社2016年版)

　　严文井时任鲁艺文艺工作团主任。严文井与周立波、何其芳、陈荒煤等任延安鲁迅艺术文学院《草叶》编委。6月14日,草叶社在鲁艺文艺俱乐部召开有鲁艺各部负责人,各系学习班长及各期作者参加的座谈会,总结前段工作,指出缺点和不足。大家认为《草叶》虽然有不小的成绩,但也存在一些缺点:一、发表的文章范围太狭小;二、创作形式的种类少;三、和实际联系不够。《草叶》编委会当晚开会,决定改变作风,和革命实际密切结合起来,多反映目前的现实,多反映边区和八路军的生活。论文要研究"普及",指导"普及"。当晚,编委会根据大家的意见,拟定了新的编辑方针。《草叶》第5期发表了严文井的《评过去四期〈草叶〉上的创作》,该文除肯定刊物的成绩外,还着重指出它所存在的问题及其原因:"主要的还是由于我们的作者写的东西少,接触到的生活还是狭小,他们多以知识分子作为自己作品的主角,那少数不以知识分子为主角的作品又从一个知识分子的观点来写。那歌颂光明的不够深刻,那接触到黑暗的又没有抓住其中真正黑暗的东西,两者都显得有一些单薄、无力,因此不能给人以强烈的影响,同强烈的感动。"在整顿三风运动中,《草叶》的编者对这个刊物进行了认真的总结。为了改变这种状况,《草叶》编委会提出了改革计划:首先是,"要使它不再限制于一种成绩展览的性质而有意识的去服务于战争和革命"。其次是,要"通过这个刊物,和那些已经离开了鲁艺而分散在各个区域里的文艺工作者发生并保持密切的经常的联系"。最后是,"不打算把这个刊物局限于鲁艺从事文学工作的人的机关杂志",而是接受和研究各个战线,各个部门的同志的作品和问题。(参见孙国林编著,王佳钰、王增辉校订《延安文艺大事编年》,陕西师范大学出版总社2016年版)

　　严文井7月27日发表《论好作品》,认为语言的通顺和写一点生活是文章起码的要求。一个好作品应该是从实际生活里产生,用一种正确的方法写成,容易为人接受并给人以好的影响。由此引发关于"好作品"的讨论。同日,杨思仲(陈涌)在《解放日报》发表评论《关于形象和思想》。就严文井对这个问题的观点和创作发表了自己的看法,认为自整顿三风和延安文艺座谈会以来,延安的批评活跃起来了,报上出现了很多批评文字,一扫以往沉滞的空气,这不能不说是进步的现象。严文井近期发表的作品和他的文学主张是密切联系着的,他对于"好作品"的看法,不仅成为他个人衡量作品的原则,而且也是他个人创作的规范。如果作者不借形象而借理论的证明来写,或形象是为了表示一定的主题而想出来的,那么即使不写研究论文,依然写着小说或戏曲,他也同样不是艺术家,而是理论家。然而从这里,不能得出思想在作品中并没有什么意义的结论来。不,我要说——没有思想的内容,

艺术的作品是不会有的。(参见孙国林编著,王佳钰、王增辉校订《延安文艺大事编年》,陕西师范大学出版总社2016年版)

丁里9月23日开始在《解放日报》连载《秧歌舞简论》,此为第一部论述秧歌舞的著作。作者认为,一般的秧歌,多在冬春农闲季节作为劳动之余的娱乐。但在边区,扭秧歌除了娱乐之外,已成为参与政治斗争、社会活动的武器,起着较大的作用。歌舞剧与秧歌剧有着本质上的不同:前者是剧,后者是舞;前者是更高级、更复杂的艺术样式,后者则属于广大群众所共有;前者是以艺术文学的诗歌为主体,后者则是以形象的舞为主体。秧歌舞的长处:一、集体活动的广大群众性;二、配合当前的政治任务;三、秧歌舞是随着群众的进步而发展着。缺点:一、形式的相互凝固性;二、人物性格一般化;三、舞姿与内容的游离等。由此,作者提出秧歌舞发展、改进的意见,希望,向"舞"的高级方向发展,舞形舞姿与内容要协调,也要简练易学,题材要开拓新领域。文中还谈到歌舞剧的前途问题。(参见孙国林编著,王佳钰、王增辉校订《延安文艺大事编年》,陕西师范大学出版总社2016年版)

张庚继续任鲁迅艺术学院戏剧系主任。9月11日,在《解放日报》发表长篇理论文章《论边区剧运和戏剧的技术教育》,批评演"大戏"之风。文中谈了7个问题:一、从延安演《日出》之后,演大戏成了风气。这是一种严重的偏向,使一些人专门研究技术,脱离现实内容,脱离政治任务,对于活泼生动的边区生活不感兴趣,缺少政治责任感。二、我们要把戏剧变成大众的艺术,光是拿一些外国的或者旧时的东西"普及一下",那是没有用的。我们必须从大众的基础上创造出新的剧本来。三、怎样才能把剧运推向农村和部队去呢? 关键要以表现工农大众的新生活、新人物为主,要表现老百姓的生活。四、由于走的是演"大戏"的道路,因此脱离大众来提高技术的观点也是错误的。对于斯坦尼斯拉夫斯基的技术,有人走到迷恋和机械模仿的地步。五、有人对打破成规的新形式不能用新的眼光去看,只知墨守自己狭小兴趣、狭小知识的一点东西。如鲁艺有人把《带枪的人》贬为一个大活报。六、我们只从资产阶级"艺术自由"的观点去看戏剧,而将艺术性与宣传性机械地分隔开来,以致把我们的任务放弃了。其实艺术水准很高的戏剧也还是要服务于具体的政治任务的。苏联的表演艺术是全世界的最高峰,但宣传工作一点不妨碍他们的艺术创作。七、戏剧工作者的问题,无论生活问题或技术问题,主要是一个立场问题,是怎样从旧的阶级转到工农阶级的问题。我们不要以当大艺术家为目标,而要以工作为目标。10月1日,石隐在《解放日报》发表就正于张庚的讨论文章《读〈论边区剧运和戏剧的技术教育〉》,对张庚某些看法提出异议。(参见孙国林编著,王佳钰、王增辉校订《延安文艺大事编年》,陕西师范大学出版总社2016年版)

吕骥继续任鲁艺教务主任兼音乐系主任。1月10日,鲁艺在边区参议会礼堂举行盛大音乐晚会,吕骥与瞿维、向隅、杜矢甲、郑律成、张贞黻、任虹、李焕之、时乐濛等50余人出席。音乐晚会由鲁艺音乐部演出吕骥为郭沫若著名长诗《凤凰涅槃》谱曲的《凤凰涅槃大合唱》,任虹指挥。2月23日,延安作曲者协会在鲁艺俱乐部举行一年来工作总结和改选。出席者有吕骥、向隅、杜矢甲、李焕之、麦新、马可、时乐濛、方冬等10余人。麦新总结一年来的工作。吕骥指出今后工作应着重研究,提高技巧,开展边区创作运动,加强边区作者团结。后改选干事会,麦新、马可、清宇3同志当选,并通过更名为"边区作曲者协会"。5月26日,边区音乐界抗敌协会第六届代表大会圆满结束。大会根据文艺座谈会的精神,讨论五届执委会工作报告,修改会章,改选本届执委会负责人。结果,吕骥(主席)、向隅、时乐濛

(延安市歌咏工作委员会)、马可(编辑出版部)、麦新等15人当选。大会决定在文化俱乐部举行边区音乐座谈会,讨论5年来音运成绩、今后音运方向、音运中的提高与普及、创作上的全国性与地方性等问题。6月7日、14日,在文化俱乐部举行了大型的边区音乐运动座谈会,讨论抗战以来的音乐运动诸问题。7月17日,边区音协发动鲁艺音乐部、部艺音乐组和延安各音乐团体举行纪念聂耳座谈会,吕骥、向隅、李元庆、麦新、张庚等人在会上相继发言。讨论聂耳的生平、创作及其所追求的目标,并号召大家向聂耳所实践的现实主义、大众化、民族化的方向前进。7月19日,延安市南市区及北市区合唱团亦举行纪念聂耳座谈会,聘请吕骥、麦新作报告。11月,吕骥在《民间音乐研究》第1期发表长篇论文《中国民间音乐研究提纲》,此文吸收了延安民间音乐研究会数年来的研究成果,反映了当时对这一问题研究的最高水平,受到大家的关注和好评。

　　按:此文论述了四个问题:一、研究中国民间音乐的目的。了解各民族民间音乐的状况及其历史演变、发展的规律性,以便接受优秀遗产,建设社会主义新音乐。二、研究的原则和方法。要结合各民族的发展历史,注意各民族音乐的相互影响。对于形式与技术问题的研究,不能脱离其表现的内容。不要用西方的音乐理论判定中国民间音乐的是非。既要研究民间音乐的共同规律,也要注意它的特殊规律。三、民间音乐的范围。包括民间劳动音乐、民间歌曲音乐、民间说唱音乐、民间戏曲音乐、民间风俗音乐、民间舞蹈音乐、民间宗教音乐、民间乐器音乐等。四、应该研究的问题。一般理论问题:民间音乐所反映的各族人民的社会生活、思想感情、欣赏习惯,外国音乐对我国民族音乐的影响,民间音乐的分布状况和演变;专门的技术科学问题:各民族音乐的音阶、调式、音律及曲调构成、记谱法等。(参见艾克恩编纂《延安文艺运动纪盛》,文化艺术出版社1987年版;孙国林编著,王佳钰、王增辉校订《延安文艺大事编年》,陕西师范大学出版总社2016年版)

　　蔡若虹、胡蛮、张谔、力群、华君武、古元、张望、张悟真、钟灵、王曼硕、王式廓等鲁艺美术系教师1月4日参加边区美协举办"反侵略画展",展出作品暴露日、德、意法西斯侵略的作品百余帧。1月7日,力群在《解放日报》撰文《略谈"反侵略画展"》:从1日至5日,以47件美术作品展出于"军人俱乐部"。2月15日,延安美协主办的讽刺画展于15日(旧历元旦)至17日在军人俱乐部公展,作品70余幅,内容为对延安新社会中所残存的某些弱点给以严正指出。作者为张谔、华君武、蔡若虹。《解放日报》就美协举办的讽刺画展发表一组文章:华君武、张谔、蔡若虹的《讽刺画展的"作者自白"》,黄钢的《讽刺画展给了我们些什么?》,江丰的《关于讽刺画展》,力群的《我们需要讽刺画》。(参见艾克恩编纂《延安文艺运动纪盛》,文化艺术出版社1987年版;孙国林编著,王佳钰、王增辉校订《延安文艺大事编年》,陕西师范大学出版总社2016年版)

　　丁玲为摆脱编辑事务,专心创作,想以陕北革命为题材写一部小说,先后找高岗、凯丰商量,要求调离《解放日报》。经中组部同意,从清凉山搬到文抗所在地兰家坪。3月7日,陈企霞派人送信来,约她写一篇纪念"三八"节的文章。8日,作《三八节有感》,次日刊于《解放日报》文艺副刊第98期。文章怀着对革命事业的希望,批评新生活中的缺点,揭示封建残余在解放区的危害。此文在后来的几十年中屡遭不公正的批判。10日,《解放日报》文艺副刊发表了由丁玲转去的王实味所作的杂文《野百合花》一、二部分,3月23日续刊三、四部分。4月初,参加毛泽东主持的高干学习会。曹轶欧、贺龙等人发言批评《三八节有感》和《野百合花》。毛泽东在总结时说:"《三八节有感》同《野百合花》不一样。《三八节有感》虽然有批评,但还有建议。丁玲是同志,王实味是托派。"第二天丁玲找贺龙听取意见,第三天,贺去文抗访丁玲,两人谈得非常亲切、融洽。25日,作《风雨中忆萧红》,刊于6月15日

《谷雨》第5期。文中寄语死去的和未死的朋友们："我将压榨我生命所有的剩余,为着你们的安慰和光荣。那怕就为着你们也好,因为你们是受苦难的劳动者,你们的理想就是真理。"同月,为召开延安文艺座谈会,毛泽东找丁玲谈有关批评的问题。又被中宣部指定担任文抗整风学习委员会主任。委员有刘白羽、郑文等。5月1日,主持延安文艺界萧红追悼会,萧军作主要发言。同日,全国文艺界抗敌协会延安分会开始整风文件的学习。当即成立整风学习分会、由丁玲、郑文、刘白羽、于黑丁等组成。

丁玲5月2—23日参加毛泽东主持的延安文艺座谈会。听了毛泽东所讲的《引言》后,作《关于立场问题我见》,刊于6月15日《谷雨》第5期。文章认为"五月二号的文艺座谈会上,毛主席提出了八个问题",需要同作家们商讨。文艺是无产阶级事业中的一个组成部分,应该服从于政治,"假如我们有坚定而明确的立场和马列主义方法,即使我们说是写黑暗也不会成问题,因为这黑暗一定有其来因去果,不特无损于光明,且光明因此更彰"。文章还强调学习和生活的重要性,因为"立场不能解决艺术以内一切问题。但它解决主要问题"。29日,陕甘宁边区文委成立临时工作委员会,丁玲等12人被选为委员。该委员会实行文化人战时动员,号召大家到部队去,到地方民兵队伍去,开展"文化人入伍"运动。6月11日,在中央研究院与王实味思想作斗争的座谈会上发言,检查自己在《野百合花》问题上的错误:"只站在一个普通的编者的立场上(非党报或党员)去决定稿件的取舍,而对于自由论争的理解不够和政治的幼稚",又就《三八节有感》作检讨:"只站在一部分人身上说话而没有站在全党的立场说话。"这一发言题为《文艺界对王实味应有的态度及反省》刊于6月16日《解放日报》。7月3日,为纪念抗战5周年写文章,朱德约丁玲等几位在延安的作家到桃林总司令部看电报。看了两天材料,根据其中一段故事写成报告文学《十八个》,刊于7月9日《解放日报》。8月21日,文抗用8天时间举行学风总结大会。丁玲最后作总结。10月19日,参加延安召开"鲁迅逝世六周年纪念大会"。11月7日,作《十月革命节纪念》,刊于次日《解放日报》。年底,文抗机构撤销,丁玲到中央党校一部参加整风学习和审干运动。
(以上参见王周生《丁玲年谱》,上海社会科学院出版社1997年版;艾克恩编纂《延安文艺运动纪盛》,文化艺术出版社1987年版;孙国林编著,王佳钰、王增辉校订《延安文艺大事编年》,陕西师范大学出版总社2016年版)

罗烽3月5日任新成立的边区政府文化工作委员会常委兼秘书长。3月12日,在《解放日报》副刊上发表《还是杂文的时代》,受到一些人的批评,甚至"上纲上线"。毛泽东在延安文艺座谈会上,专门谈了"还是杂文时代,还要鲁迅笔法"问题。罗烽受益匪浅,受到毛泽东的鼓励,继续愉快地写作和工作。4月,毛泽东三次约见罗烽,要他帮助搜集延安文艺的情况。在谈到"两个口号"的争论时,毛泽东说:要尊重鲁迅,他是没有拿到党证的布尔什维克。"民族革命战争的大众文学",立意明确,目的鲜明、响亮,颇有引导战争行列进军的军旗的气概;"国防文学",有益于扩大统一战线,明显的缺点是含混不清,不加正确注脚,脚跟不稳,一推就倒。毛泽东与罗烽谈了文艺方针问题,还要他代为搜集反面意见。同月10日,边区政府文化工作委员会,在交际处召开第二次例会。吴玉章主持会议,首先由秘书长罗烽报告三月份会务,接着讨论文化工作。根据目前工作需要,会议决定设立各种临时工委员会。1. 为确定本年剧运方针,由塞克、王震之、柯仲平、罗烽负责,召开戏剧问题座谈会;2. 为开展大众化工作,由柳湜、贺连成、李卓然、欧阳山、江丰、吴玉章等,组织文化工作委员会,负责大众读物编审、出版等;3. 由萧三、何思敬、艾思奇、高长虹等组成国际报道社,负责国际宣传。

罗烽接毛泽东6月12日信,指示其用好马克思主义:"你的文章读过了,今付还。我觉得关于高尔基的一篇是好的,这篇使我读后得到很大的益处。但其余的文章,和这一篇的观点不大调和,我虽只看一遍,但觉有些是不明朗化,有些则论点似乎有毛病。我希望你用马克思主义的观点将自己的作品检查一番,对于你的前进是有益的。未知当否,请加考虑为盼!"13日,边区政府文化工作委员会戏剧委员会王震之、柯仲平、塞克、萧三、罗烽诸同志在文化俱乐部召集戏剧界座谈会。到各剧团负责人、剧作家、导演、演员等40余人。罗烽讲话说,为响应毛主席文艺座谈会的号召,筹委会拟讨论"剧运方向""如何配合目前政治情况"及"戏剧界团结"等问题。推塞克为会议主席。柯仲平、张寒晖、王震之、王亚凡、水华等同志,就工作问题提出意见甚多。8月26日,边区政府文化工作委员会成立后,已向该会登记的有边区文协、自然科学研究会、文抗、美协、音协、青记、曲协、剧协、诗会、世界语协会、鲁迅研究会、民间音乐研究会、文艺月会、星期文艺学园、青年剧院、文化俱乐部、新教育学会、轻骑队、中山图书馆、"九·一八"文艺社等20个单位。据该会秘书长罗烽谈,将召集各单位座谈,统盘筹划各单位工作,避免不必要的重复和浪费。(以上参见艾克恩编纂《延安文艺运动纪盛》,文化艺术出版社1987年版;孙国林编著,王佳钰、王增辉校订《延安文艺大事编年》,陕西师范大学出版总社2016年版)

刘白羽时任"文抗"的党支部书记。4月,毛泽东文艺座谈会前,三次约见刘白羽谈文艺问题。毛泽东在第一次约见时说:一个时期抓一个中心,边区的经济问题我们调整得差不多了,现在我们可以腾出手来解决文艺方面的问题了。这件事你们文艺界的同志多出主意,多提意见,我们不懂就可以问。任何事情,只要多听听大家的意见,才能判断情况。我今天请你来,就是想同你研究几个问题,然后由你邀集你那里的党员作家,议一议,听听大家的意见。接着,毛泽东就许多文艺问题,如当前文艺的任务、立场问题、态度问题、工作对象问题等等,谈了很长一段话。后来,他在《讲话》的前一部分又讲了同样的意见。当时他讲得很慢,要刘白羽记下来回去传达,看作家们有什么反应,再向他报告。刘白羽照办。文抗的作家们听了传达,反应强烈,议论纷纷,发表了许多意见,其中有很多错误观点。第二次,是过了几天毛泽东又把刘白羽找去,要他汇报文抗开会的情况。毛泽东听得很认真,有时用铅笔记下一些意见,有时对明显错误的观点反驳几句。后来《讲话》中提到的"不是立场问题;立场是对的,心是好的,意思是懂得的,只是表现不好,结果反而起了坏作用"这段话,就是文抗的作家提出的。第三次,毛泽东又把刘白羽找去,对他讲了文艺为工农兵服务与深入工农兵的马克思主义文艺路线,这似乎是他初步形成的关于文艺的基本观点的试讲,听听作家们有什么反应。毛泽东前后三次对刘白羽所讲的问题及观点,大致与后来《讲话》的一些观点相近。看来毛泽东已开始构思在文艺座谈会上讲些什么了。(参见孙国林编著,王佳钰、王增辉校订《延安文艺大事编年》,陕西师范大学出版总社2016年版)

舒群2月4日在《解放日报》连载评论《从一篇小说想起的——一个读者的笔记》。文章对碧野刊于《文学月报》第3卷第2—3期的一篇3万字的小说《乌兰不浪的夜祭》持否定意见。理由两点:一、小说在字句上滥用,有一些不恰当,甚至可笑的描写,一些"需要重新校正,重新标贴的字句"。作者说"我不知道我们的语言贫乏,混乱而恶劣到这样地步"。二、小说在内容上不真实。小说中的人物"既不是活的,也不是死的。因为不曾活过,自然也没有死"。文章谈到有些作家写小说,先给人物一个固定的"头型",然后再有意粉饰一下,甚至不惜用一些不合实际的描写。3月11日,舒群接替调文抗的丁玲为《解放日报》文艺专栏主编。该撰栏出满百期之际,连续三天登出"百期特刊":刘白羽的《新的气息》,概述"文艺"副刊上发表的作品状况;艾青的《了解作家,尊重作家——为"文艺"百期纪念而写》;欧阳山的《祝"文艺"底百尺竿头》,指出"文艺"专栏发表理论文章不够;罗烽的《还是杂文时代》,"希望今后的'文艺'变成一把使人战栗、同时也使人喜悦的短剑";丁玲的《编者的话》,说半年来出现了三十几位新作家的新作品,总结了"文艺"专栏出版百期的成绩和问题;奚如的《一点意见》,认为文艺界理论和思想的分歧在"文艺"专栏上没有反映;荒煤的《我的祝词》,提出"文艺"专栏应响应"整顿文风"的号召。舒群的《为编者写的》,说"一个编者也应该有多方面的才能,始能胜任。可是在我们,又多半是作家兼任编者,那就难上加难""一个作家未必是一个编者(但我这并不是对于丁玲同志的'下台',或是我的'上台',在这前后之间,有所骄激,有所安慰和有所解脱)"。

按:舒群时年29岁,提出不能胜任副刊主编时,毛泽东找他做思想工作,说:要找这么完全的人,这么有能力的人,你给我介绍一位。难道没有这么一个人,综合性的副刊就不办了吗?全能的人,现在没有,将来也不能有。你编文艺副刊,文艺副刊是个点,也是个面。因为你是搞文学的,所以文学是你的点,文艺是你的面。你也要由点到面嘛。你编综合性副刊,文艺是你的点,社会科学就是面了。都是先点后面,从点到面嘛!先文学的点后文艺的面;先文艺的点,后社会科学的面。面反过来又会促进点,使点深化。只要在工作实践中学习、提高,由点到面,你就一定能胜任这项工作。

舒群任主编的《解放日报》"文艺"副刊4月1日停刊,改为综合性的"第四版"(副刊部),报社编委会委员艾思奇任副刊部主任,舒群任副主任。毛泽东不仅对舒群委以重任,而且深知担子不轻,应该进行具体帮助,于是亲自出面为第四版征稿。7月19日,《解放日报·文艺》副刊邀集小说家座谈,到会20余人。《文艺》副刊部主任舒群谈开会意义,希望各同志就小说创作及第四版内容多予批评。欧阳山、吴奚如、陈荒煤、吴伯箫、严文井、魏东明、马加、方纪、平若等,均做热烈而中肯的发言。表示要在整风学习中一面反省,一面继续创作,用不断反省、创作来表现作家们的进步。并谈到作家参与目前斗争生活,提倡多写报告文学等问题。10月16日,《解放日报·文艺》副刊辟出"创作和思想的道路"专题,并向文艺界发起征文。范围包括:一、你在创作中是否意识到站在一定的阶级立场,如何把握的? 二、你善于把握哪一类题材和人物? 三、你创造肯定和否定的人物(和主题)哪种比较容易,为什么? 四、在使用语言的形式或音乐、美术等其他形式上,你有什么问题? 你觉得中国新文学语言(或其他的艺术形式)是否需要改造,如何改造? 五、你在创作过程中是否感到内容和形式有所矛盾? 六、你怎样收集材料、整理材料? 七、你创作的时候,想到欣赏对象没有? 你以哪一类人作为对象? 八、你对于自己过去的作品,做怎样的分析和估计?(以上参见艾克恩编纂《延安文艺运动纪盛》,文化艺术出版社1987年版;孙国林编著,王佳钰、王增辉校订《延安文艺大事编年》,陕西师范大学出版总社2016年版)

胡采时任边区文化协会大众工作委员会主任兼《大众习作》主编。10月22日,胡采与萧三、天蓝、林沫、高敏夫、郭小川、李雷、鲁藜等40余人出席边区文协、延安诗会、新诗歌会三文艺团体在文化俱乐部召开的诗歌大众化问题座谈会。座谈会推举艾青、长虹、公木(张松如)组成主席团。会议提出诗人怎样和大众结合、大众化诗歌的内容、形式、语言以及如何展开诗歌大众化运动等问题。萧三说,在解决了面向工农兵的前提下,新诗歌越是普及的就越是提高的。长虹主张我们要由创作"大众化的诗",到创作思想、情感、语言都同于工农兵的"大众的诗",以至启发大众诗人创作"大众自己的诗"。鲁藜从美学观点上肯定大众诗歌的前途,高阳对此做了补充。李雷提出民族性的问题。高敏夫等人对大众化诗歌是否要有韵脚展开讨论。郭小川提出如何运用口语的问题,举出公木的《鸟枪的故事》和李雷的《荒凉的山谷》为例。林沫讲诗人应站在群众之中,不要用公家人动用毛驴子的口吻写街头诗。艾青检讨以往对大众化运动的不正确看法,提出诗人如何与大众结合,怎样运用大众语言,创作新鲜语言,避免文言滥调,如何展开大众化诗歌运动等问题。音协和民间音乐研究会代表安波、关鹤童二人致辞,提出写歌词、诗与音乐合作的问题。天蓝提议,于十月革命节前每人写歌词两首。最后决定组织诗歌朗诵、发动写街头诗、印刷诗传单等办法迎接十月革命节。12月22日,新诗歌会与边区文协、延安诗会、鲁艺诗会等团体,在文化俱乐部举行诗歌大众化座谈会。胡采、萧三、天蓝、林沫、敏夫、郭小川、艾青、长虹、鲁藜以及音协和民间音乐研究会的代表程安波、关鹤童等40余人出席。会议推举艾青、长虹、公木为主席团。座谈会集中讨论了诗人怎样和大众结合、大众化诗歌的内容、形式、语言以及怎样开展诗歌大众化运动等问题,发言十分热烈。最后决定以组织诗歌朗诵、发动街头诗、印发诗传单等方式,推进大众化运动。这时,新诗歌会的主要负责人是萧三和柯仲平,会员有林山、刘御、公木、朱子奇、陈山、高敏夫等。他们曾先后举行过多次诗歌讨论会、朗诵会和纪念屈原、马雅可夫斯基的活动。有时,还帮助群众中的诗歌爱好者,出《群众诗画》壁报等。

(参见孙国林编著,王佳钰、王增辉校订《延安文艺大事编年》,陕西师范大学出版总社2016年版)

　　艾青1月1日在《解放日报》发表《我的希望》:一、希望中国的政治真的能"修明",法治的规定真的能"厉行"。二、希望政府(指国民政府)能帮助抗日的文化运动,保护抗日的文化人。三、希望全国的报章杂志能从元旦起增加稿费,政府能给予人民言论自由的权利。4日,文化俱乐部举办诗歌晚会,到会数百人。由艾青、柯仲平、高长虹、公木、孙剑冰、李方立、朱子奇、侯唯动、萧三等朗诵中外新旧诗作,杜矢甲等引吭高歌,情绪热烈,至深夜始散。青年俱乐部举办了跳舞晚会,有蒙古舞、藏族舞,观众数百人。10日,留守兵团政治部文艺工作委员会,在文化俱乐部邀请延安文艺界人士举行新年联欢。到会有艾青、萧军、罗烽、白朗、高长虹、柯仲平、萧三、塞克、舒群、刘白羽、艾思奇、吴奚如、欧阳山、力群、草明、张季纯、曹葆华以及部队文艺工作者80余人。政治部主任莫文骅代表留守兵团热情欢迎作家到部队去。部队文艺工作委员会主任艾青略述该会成立任务,在于沟通部队与作家之间的感情,使作家入伍的愿望与部队对文艺的需要互相结合起来。他说:"法西斯到的地方,文化就毁灭;革命队伍到的地方,文化就发展。今天作家受到部队热烈的欢迎,是很幸运的一件事。"柯仲平、萧军、艾思奇等讲话,一致认为加强作家与部队的联系和互相了解、帮助,是今天共同的愿望。2月10日,为俄国著名诗人普希金105周年逝世日,艾青在《解放日报》撰写纪念普希金的短文《先知》。

　　艾青3月11日在《解放日报》"文艺"副刊发表杂文《了解作家,尊重作家》,副标题是"为'文艺'百期纪念而写"。据作者后来说,此文是因为不满于马加刊于1941年12月《解放日报》的小说《间隔》受到批评而写的。当时有人批评这篇杂文发泄对党领导文艺的不满情绪,诱导作家与党闹独立性,摆脱党的领导。这是误读和曲解了这篇杂文。在《延安文艺座谈会》上,朱德不点名地对艾青的观点提出批评。延安整风运动中,艾青做了检查。4月,毛泽东一方面自己约见文艺家调查文艺情况,一方面委托一些文艺家代为收集文艺情况,艾青就是其中的一个。为此,毛泽东给他写过三封信,谈过两次话。第一封信说:"有事商量,如你有暇,敬请惠临一叙,此致敬礼!"艾青到后,毛泽东对他说:"现在延安文艺界有很多问题,很多文章大家看了有意见。有的文章像是从日本飞机上撒下来的;有的文章应该登在国民党的《良心话》上……你看怎么办?"艾青说:"开个会,你出来讲讲话吧。"毛泽东说:"我说话有人听吗?"艾青说:"至少我是听的!"接着,毛泽东谈了一些文艺方针方面的问题。过了两天,毛主席又给艾青写信说:"前日所谈有关文艺方针诸问题,请你代我收集反面的意见。如有所得,希随时赐知为盼。"随后,艾青将自己对文艺工作的意见写成文章寄给毛主席。不日毛主席来信说:"大著并来函读悉,深愿一谈,因河水大,故派马来接,如何?乞酌。"艾青去后,毛主席说:"你的文章我们看了,有些意见,提供你参考。"文章第一页有几位政治局同志传阅的字样。另纸用铅笔写了一些意见。

艾青5月15日在《解放日报》发表《我对于目前文艺上几个问题的意见》。此文是作者与毛泽东多次谈话和通信后写成的,文中共谈了6个问题。一、文艺和政治。在为人民大众谋福利这一崇高目的上,政治与文艺殊途同归。文艺应该服从政治,但文艺不是政治的附庸或留声机。文艺要真实地、客观地描写现实,还要具有指导精神。这决定了作品价值的高低。文艺必须形象地表现事物,这决定了作品艺术价值的大小。二、作者的立场和态度。每个人都有立场和态度,这是由世界观决定的。今天就是为民族解放而奋斗。三、写什么。写典型化的人物及其在革命中的变化、旧事物的逐渐消灭,写时代的新英雄和人民的希望。四、怎样写。这一节谈了四个问题:语言要新鲜活泼;形式风格要创新;题材从生活里获取,社会生活是文艺创作的唯一的丰富的源泉;写光明或写黑暗呢? 必须从比较、发展、变化上看问题,关键是以怎样的态度去写。五、作家的团结。文艺界应该团结,要反对主观主义、宗派主义等影响团结的障碍物。六、文艺工作的领导。领导文艺工作,必须了解文艺的作用是通过具体形象影响社会。要了解作者,从精神上和物质上关心和鼓励他们。艾青此文写于延安文艺座谈会第一次大会后,可以明显地看出毛泽东关于文艺的意见对他的影响。延安文艺座谈会后,艾青给毛泽东写信,要求到前线去。毛泽东回信说:"赞成你去晋西北,但不宜走得太远,因同蒲路不好过。目前这个阶段,希望你蹲在延安学习一下马列主义,主要是历史唯物论,然后到前方,切实研究一下农村阶级关系,不然对中国战况总是不很明晰的。"6月20日,延安诗会和文化俱乐部,在文化俱乐部凉亭联合举行纪念会,纪念屈原、高尔基、瞿秋白,到会百余人。艾青说明纪念中国伟大诗人屈原、国际无产阶级作家高尔基及近代中国文艺理论家、革命家瞿秋白的意义。他指出,不论是中国的文化名人,还是外国的文化名人,都为人类创造了精神财富,做出了贡献。我们要永远纪念他们,继承他们的遗产,建设新的文化。(以上参见艾克恩编纂《延安文艺运动纪盛》,文化艺术出版社1987年版;孙国林编著,王佳钰、王增辉校订《延安文艺大事编年》,陕西师范大学出版总社2016年版;中共中央文献研究室编撰、逢先知主编《毛泽东年谱(1893—1949)》,人民出版社、中央文献出版社1993年版)

萧三时任延安文化俱乐部主任。1月1日,在《解放日报》发表《"职业的文人"和"业余的文人"》一文,受到文艺工作者的欢迎。文章说:个别领导人多年来轻视文艺,不帮助和鼓励文人写文章,却拿许多别的工作加到文人身上,使得文人只能抽空、挤时间写东西,而成为"业余文人"。另一方面,有些文人"借口写文章而对于实际工作推诿、逃避,尤其是抗战时期许多工作需要人作的而不肯作——这并不是文人应有的态度"。2日,延安诗会召开常务理事会,研究确定了新的分工,推定萧三负责组织股、诗运股,艾青负责编译股,柯仲平负责研究股工作。诗会就太平洋战争爆发发出宣言。14日,萧三在《解放日报》撰文《谈〈带枪的人〉在延安的演出》。2月10日,是被称为"俄罗斯之父"的著名诗人普希金105周年逝世日,延安小说家、诗人在文化俱乐部举行纪念大会,参加者有萧军、艾青、萧三、柯仲平、高长虹等百余人,朗诵小说诗歌来代替纪念辞。同日,鲁艺诗会举行普希金逝世105周年纪念会。萧三、立波、何其芳等报告普希金生平、创作及朗诵其遗作。同时,该会假阅览室举行诗歌展览,陈列普希金诗歌小说以及世界著名诗作80余种。4月12日,延安诗人以新的姿态提前两天纪念玛雅柯夫斯基逝世12周年,萧三等朗诵了玛氏的诗,高长虹等朗诵了自己的诗。萧三又在《解放日报》撰文《关于玛雅柯夫斯基的诗和画》。

萧三接毛泽东4月18日晚信:"有事相商,如有暇,请于今天下午惠临我处一叙为盼!"萧三到后,毛泽东开门见山地说,要商量一些文艺问题,"我本来不管文艺的,现在文艺的问题碰到鼻子上来了,不能不管一下"。然后,他问了萧三主管的文化俱乐部的情况,对文艺界有什么看法,有些什么偏向问题需要解决。毛泽东告诉萧三,准备开一个文艺座谈会,提出文艺是无产阶级革命事业的一部分,文艺为工农兵服务的方向,文艺工作者必须深入工农兵,改造世界观。这实际是毛泽东未来《讲话》的初稿和一次试讲。谈完后,问萧三有什么意见,是否妥当?(参见艾克恩编纂《延安文艺运动纪盛》,文化艺术出版社1987年版;孙国林编著,王佳钰、王增辉校订《延安文艺大事编年》,陕西师范大学出版总社2016年版)

萧军继续任延安鲁迅研究会驻会干事。1月10日,留守兵团政治部文艺工作委员会在文化俱乐部邀请延安文艺界人士举行的新年联欢会,萧军应邀出席并讲话,表示不久到部队旅行一次。15日,延安鲁迅研究会在蓝家坪文抗内举行第一次商谈会,出席者李又然、正义、刘雪苇、尹达、金灿然、欧阳山、魏东明、艾青、张仃、罗烽、艾思奇、萧军。驻会干事萧军报告去年两次座谈会所定事项的实施情况。决定:一、出席者每人认写一篇研究文章,充实《研究丛刊》第2辑。二、分发聘书通知。三、筹款装修纪念馆。四、收集各刊物有关研究鲁迅的文章。五、与中央研究院文艺研究室取得联系。六、出版新文字鲁迅小传。七、请出版局即出《阿Q论集》。4月初,毛泽东在发动全党整风运动的同时,决心解决文艺问题,他又委托文艺家们帮助收集情况,萧军就是其中之一。他将收集到的情况稍加归类寄给毛泽东,还应邀前往交谈文艺问题。4月4日,毛泽东写信给萧军,"萧军同志:来信及附件收读,并转给几个同志看去了,谢谢你的好意。此复,并致敬礼!"当日下午,萧军又去毛泽东那里面谈,两人推心置腹,开诚布公,谈得很愉快。毛泽东劝萧军入党,改行从政。萧军说自己的个人主义、个人英雄主义严重,怕受约束,还是在党外跑跑吧。他感谢毛泽东看得起他。毛泽东说:"你什么时候想通了(入党),什么时候提出来,我们欢迎你!"在交谈中,毛泽东还谈到在左右倾路线时期,自己曾受过11次处分,但能够正确对待。据萧军说,他很感动,归后写了《论同志的"爱"与"耐"》,经毛泽东亲自审阅修改,刊于4月8日的《解放日报》。此时,毛泽东召开文艺座谈会的意向已明,萧军却不想参加会议,怕脾气急躁,与他人发生冲突,便借口到各县去旅行。毛泽东三次来信相劝。萧军很感动,便留下来参加延安文艺座谈会。

按:第一函曰:"萧军同志:我希望你迟一回再出巡,以便商量一个重要问题,未知你意如何?如同意,希回示。如你有暇,希于今下午或晚上惠临我处一叙,商量一些问题。敬礼!毛泽东四月七日下午三时。"第二函曰:"萧军同志:来信敬悉。前日我们所谈关于文艺方针诸问题,拟请带我搜集反面的意见。如有所得,祈随时示知为盼!毛泽东四月十三日。"第三函曰:"萧军同志:准备本星期六开会,请你稍等一下出发,开完你就可以走了。会前我还想同你谈一下,不知你有暇否?我派马来接你。月报(指萧军参与编辑的《文艺月报》)1—14期收到,谢谢你!敬礼!毛泽东四月二十七日早。"

萧军5月2日出席延安文艺座谈会。毛泽东作"引言"报告,萧军第一个发言,说:这样一个会,我看了情况就可以写十万字。我是相信罗曼·曼兰提倡的新英雄主义的,我不但要做中国第一的作家,而且要做世界第一的作家。他又说,鲁迅一直是革命的,他的世界观和立场并没有什么转变。我从来不写歌功颂德的文章。接着,萧军又讲他要做"老子天下第六"(前五为:马、恩、列、斯、毛),说作家是独立的,自由的,鲁迅在广州就不受哪一个组织的指挥,等等。胡乔木起来予以反驳,两人发生激烈论争。5月14日,萧军在《解放日报》发表《对于当前文艺诸问题的我见》,第一次在报端披露延安文艺座谈会召开的信息。文中谈了六个问题。一、立场。我们要站在什么立场创作呢? 第一为求得民族的解放;第二为求得人类的解放。一切是为这"解放"而服务。二、态度。科学的态度——要严肃,要客观,要把握住事物和人最真理的部分,最本质的东西。三、给谁看。第一要使读者读得懂;第二要使他们发生兴味;第三,能使他们从感觉到思维;第四,由思维到行动——又复归于社会。在内容上尽可能深而又深,在形式上尽可能浅而又浅、提高和普及要并行,朦胧、模棱的作品是要不得的。要健康,要团结,要向上。四、写什么。多写进步的,典型性较大的,必然的,尖锐的一面,"从卑污中寻出美来——发扬它;从美中寻出卑污来——消灭它"。五、如何搜集材料。不要特殊化、居高临下,犯"牧师式"的嫌疑。作家是下海——生活的海,取珍珠的人。先到那最复杂、变动最快、斗争最尖锐、明暗度最显著的地方去,多接近这样的人。六、学习。要支出,也要收入。在学习速度上,别人进一步,他们要进三步;在学习宽度上,别人可以不知道他的东西,他一定要知道别人的东西;在学习深度上,他一定要懂得事物最本质的东西。从人那里学,从事物那里学,从书本那里学。6月13日,萧军在《解放日报》发表《文坛上的"布尔巴"精神》。说《达拉司·布尔巴》是果戈理的一篇中篇小说。"在我们文学底运动上,也应该增加一些老'布尔巴'的精神才好。那就是,不要怕被你的后来者打倒,还要鼓励他们和你交手,和你竞争。甚至你还应该为这交手或竞争中自己失败了而欢喜——虽然不必象老布尔巴那样笑出鼻涕眼泪来——只有这样,人类才有望,文坛才有望。"

萧军主编的《文艺月报》第16期8月15日出版。该期是"延安星期文艺学园结束纪念特辑"。萧军在特辑"献辞"中说:"同志们,这不是'结束',正是开始。"同期还刊有高阳《我反省》、江东《这一年》、晋驼《星期日》、钟纪明《学园的结束是我们真正的开始》、雪苇《写在最后》等。还有星期文艺学园学员名单和一年来讲课题目,共讲了25课。主讲人所讲题目:高长虹《对文学的认识》、萧军《文学的本质》、魏东明《文学上所具备的几个条件》、丁玲《风格与形式》、雪苇《主题》、萧军《典型》、舒群《技巧》、荒煤《语言》、萧军《萧红的〈手〉》、李雷《诗》、吴伯箫《契诃夫的〈套子里的人〉》、陈企霞《修辞学》、李又然《修辞学》、塞克《漫谈戏曲》、严文井《童话》、雪苇《〈奔月〉及其他》、立波《关于报告文学》、李雷《诗人》、艾青《诗的形象》和《诗的语言》、柯仲平《诗与民谣》、萧三《苏联诗人》、何其芳《诗与散文》、雪苇《〈剑〉及其他》、高阳《诗与生活》。这期《文艺月报》的出版,受到文艺学员们的极大欢迎,每人抢购几册,除自留外,还赠送亲友,作为纪念。文艺运动研究者,也都积极购买,作为日后研究的史料。应读者的要求,这期《文艺月报》又加印100多册。(以上参见艾克恩编纂《延安文艺运动纪盛》,文化艺术出版社1987年版;孙国林编著,王佳钰、王增辉校订《延安文艺大事编年》,陕西师范大学出版总社2016年版)

周文时任边区政府教育厅厅长、秘书长兼边区大众读物社社长,致信毛泽东反映文风问题。2月1日,毛泽东致陕甘宁边区政府秘书长周文一信,谈改革文风问题。信说:"来信收到,并已转中宣部、解放报各同志阅。你的意见(指周文关于改革文风的建议)很对,我们正着手改革,并准备专为此事开一次干部会。望你向解放报写些关于此问题的文章,打击党八股与新文言。"3月5日,边区政府文化工作委员会正式成立,周文与林伯渠、李鼎铭、贺连城、吴玉章、徐特立、李丹生、丁玲、柯仲平、吕骥、艾青、塞克、高长虹、萧军、莫文骅、柳湜、李卓然、丁浩川、江丰、马济川、舒群、周扬、欧阳山、萧三、罗烽、何思敬、艾思奇等为委员。8月10日前后,王稼祥在住处同文学家周文交谈。周文与夫人郑育之于1940年2月到延安。他在陕甘宁边区曾任大众读物社社长,主办《边区群众报》《大众习作》。因接到调往晋绥工作的通知后,即将离开延安,前来向王稼祥辞行。(参见艾克恩编纂《延安文艺运动纪盛》,文化艺术出版社1987年版;徐则浩《王稼祥年谱》,中央文献出版社2001年版)

于黑丁时任文艺界抗敌协会秘书长。4月上旬,毛泽东约见文抗秘书长于黑丁,听他谈文抗的情况和作家们对文艺问题的意见。他谈到大家的生活、写作、相互关系方面的情况,说大家不怕苦,在延安感到自由快乐,但联系实际写作方面存在很多问题,需要解决深入生活的问题。他们还谈到鲁迅的《对左翼作家联盟的意见》一文的看法,还有改造世界观问题。毛泽东很佩服鲁迅的主张,说一个作家一定不能脱离实际,否则要出问题。(参见艾克恩编纂《延安文艺运动纪盛》,文化艺术出版社1987年版;孙国林编著,王佳钰、王增辉校订《延安文艺大事编年》,陕西师范大学出版总社2016年版)

李又然时任文艺界抗敌协会执委、《谷雨》主编。4月,毛泽东约见李又然。李又然说,文艺界有很多问题。毛泽东脸上立刻显出很深很深的愁容,半天不语。隔了许久,他才气愤地说:怎么就没有一个人,又懂政治,又懂艺术?要是瞿秋白同志还在就好了,由他来抓文艺。李又然说:"毛主席,什么时候文艺界开个大会,毛主席亲自主持!"他没有回应,依然坐在那里不动。可见,毛泽东已经知道并忧虑文艺界的问题了,李又然的话更加重了他忧虑的心情。(参见艾克恩编纂《延安文艺运动纪盛》,文化艺术出版社1987年版;孙国林编著,王佳钰、王增辉校订《延安文艺大事编年》,陕西师范大学出版总社2016年版)

李伯钊时任中共中央党校文艺工作研究室主任。4月,毛泽东约见李伯钊,询问敌后文艺工作情况,问她在这方面有些什么成绩,有些什么问题和争论。李伯钊做了详细介绍,并谈了自己的看法。其中特别谈道:有人说"写光明未必伟大"的观点;敌后有人爱写自杀故事,我不同意;关于普及与提高的关系,有人认为一提高就是资产阶级思想;关于文艺批评,政治标准是主要的,但还有社会标准;不少文艺人爱写恋爱小说……毛泽东边听边记录,并要她写下来。这次谈话直至深夜,有些素材后来用在了《讲话》中。交谈中,毛泽东还问李伯钊是从什么时候开始研究文艺理论的,说她很有见解。事后,李伯钊写成数万字的《敌后文艺运动概况》,交毛泽东阅示。毛泽东阅后推荐发表在8月20日《中国文化》第3卷第2—3期合刊上。(参见艾克恩编纂《延安文艺运动纪盛》,文化艺术出版社1987年版;孙国林编著,王佳钰、王增辉校订《延安文艺大事编年》,陕西师范大学出版总社2016年版)

柯仲平时任边区文协副主任。2月底,开始筹备陕甘宁边区艺术干部学校。3月10日,《解放日报》刊登了这样的消息:"边区文协决定成立之边区地方艺术学校,业将筹备就绪。闻该校将以原来抗战剧团为基础,并招收各地艺术干部训练两年。柯仲平同志兼任校长,副校长为张季纯同志,不久即将开学。"3月20日,西北局文委专门召开边区文委第二次会议,专门讨论如何办好边区艺术学校问题,并做出如下决议:"关于边区艺术干部学校的创立,目的在于培养边区地方——县及分区——的艺术工作干部,尤其是戏剧工作干部,使他们具有相当于初中程度的文化水平,初步的艺术理论知识,了解并能领导边区地方的艺术活动,了解中国革命的基本问题,特别是边区的各种政策。"5月1日,陕甘宁边区艺术干部学校(简称"边艺")在延安成立,属陕甘宁边区文协领导。校长柯仲平,副校长张季纯。同日,校长柯仲平、副校长张季纯联合发布"陕甘宁边区艺术干部学校成立启事"。(参见孙国林编著,王佳钰、王增辉校订《延安文艺大事编年》,陕西师范大学出版总社2016年版)

塞克任去年9月筹备成立的"青年剧院"院长。1月13日,边区剧协召开执委会,讨论1941年剧作家奖金问题,评奖结果一月底揭晓。聘塞克、柯仲平、张庚、张季纯、舒菲、姚时晓、王震之等7人为评判委员。2月27日,"青年剧院"举行开学典礼。塞克院长报告成立经过,指出该院今后发展的方向为现实主义的表现手法,时代的风格,中国特征的技巧,新民主主义的内容。该院要把学习与演出适当的配合起来,在中国戏剧运动上开辟一条新的路道。来宾凯丰、冯文彬、周扬、萧三、徐一新等同志讲了话。该院设正副院长3人。下分院部(文书、总务、会计三科)、业务部(分教育、演出和演员、设计制作、编导三室),并附设儿童艺术学园。3月21日,青年艺术剧院在青年俱乐部试演《延安生活素描》,引起争议。剧本由该院编剧组同志别出心裁写成,包括五个小戏,都是写延安阴暗面的,是当时"灰色"文艺思潮的产物。有几个小戏是讽刺老干部主观、粗俗、没文化的。该剧编演者自认为这几个戏剧短情深,生动泼辣,每个人物都会引起观众的注意和兴趣,特请贺龙来观看,希望得到他的肯定。可是刚演了几个小戏,只见贺龙的表情越来越凝重,竟至怒气满面。他瞪着眼当场质问编导吴雪说:"吴雪同志,你们想干么哟!"4月,毛泽东为召开文艺座谈会约见塞克听取意见,彼此长谈四个小时。

按:塞克1937年底到延安,先后任鲁艺教授、青年艺术剧院院长、边区剧协副理事长,对艺术敬业执着,追求完美。但个性独特,是延安有名的"四大怪"之一。塞克听说毛泽东要见他,把头一扭,干脆说:"我不去!"问原因,他竟说:"我进不得衙门!"党支部书记高沂解释说:"毛主席约见你,既是你的光荣,也是我们剧院的光荣。你不应该把我们党的领导人和旧政府的官僚类比。"塞克又说:毛泽东那里岗哨林立,他不愿意在哨兵的眼皮子底下走过去。毛泽东得知后说:塞克来的时候,把岗哨都撤了。塞克终于去了,独自与毛泽东长谈四个小时,主要是谈古论今,很随意。塞克很高兴。

塞克等50人4月3日被选为整风委员。同日,青年艺术剧院召开整风动员大会。时间约需两星期。13日,青年艺术剧院召开整顿"三风"第二次检查委员会。主任塞克讲话指出:"毛主席的两次报告,不仅叫我们检查工作,主要叫我们检查人们的思想和做人的方法。艺术工作者要扫清'灵魂'上的污点。"他号召全院同志,反省自己在戏剧工作、创作方法上有什么毛病。他说要作人类灵魂的工程师,首先要把自己的灵魂打扫干净。青年剧院通过学风文件的学习,对自己创作的10个小型剧本做了认真分析、讨论。8月21日,吴雪在总结中说:速写剧本的产生是青年剧院跨入新生活、面向现实主义创作道路的一个表现。过去一些剧目演出并未发现其中包含的毒素,实际上是迎合小资产阶级的趣味,做了他们尾巴的尾巴。如《伤风病》《多情的诗人》《运粮》《大与小》《离别之夜》等剧,都包含小资产阶级的病态意识。作者的眼睛养成对缺点的敏感,忘记了所处什么环境,什么时代。塞克讲话说,速写剧本最初上演,我们就提防不要走到自然主义路上去,但它们的共同点是从个人情绪出发。冯文彬对速写剧作了详细的分析,提到了剧作方向问题。(以上参见艾克恩编纂《延安文艺运动纪盛》,文化艺术出版社1987年版;孙国林编著,王佳钰、王增辉校订《延安文艺大事编年》,陕西师范大学出版总社2016年版)

王震之时任部队艺术学校副校长。5月2—23日,出席延安文艺座谈会。13日,边区政府文化工作委员会戏剧委员会委员王震之、柯仲平、塞克、萧三、罗烽等在文化俱乐部召集戏剧界座谈会。到会的有各剧团负责人、剧作家、导演、演员等40余人。罗烽讲话说,这次座谈会是为响应毛泽东文艺座谈会的号召而召开的,会议拟讨论"剧运方向""如何配合目前政治情况"及"戏剧界团结"等问题。公推塞克为会议主席。大家认为,延安演多幕剧,演外国戏,是偏向。今后应鼓励反映边区、反映战争的创作。关于普及与提高问题,会议有了不同的意见。大部分同志主张提高与普及是一件事的两方面;一部分同志认为提高与普及应该分工,应该专门化。柯仲平、张寒晖、王震之、王亚凡、水华等同志,就工作问题提出许多建设性意见,一致认为戏剧应深入农村、深入部队,加强团结。会议从早到晚讨论9个小时,情绪热烈、空前团结。这是延安文艺界率先响应毛泽东讲话的一次会议。19日,《解放日报》发表唯木的文章《当前的剧运方向和戏剧界的团结》,记述了5月13日戏剧座谈会的讨论情况。这次座谈会尖锐地批评了从上演《日出》以后,近一两年来延安出现的"大戏热""只演洋人和死人"、偏重技术和只为干部学生服务而忽视广大民众和士兵观众的错误偏向。6月27日,边区文委临时工作委员会在文化俱乐部召开延安剧作者座谈会,商讨剧运方向问题。到会30余人。萧三号召剧作者积极写作反映边区、反映八路军、反映敌军凶狠的剧本。塞克、王震之等谈及延安过去只演大剧、只演外国戏,看不起自己的小戏,是一种应该纠正的偏向。今后剧作者应以工农兵为主要对象,在普及中提高。最后决定各剧作者赶写小型剧本,限"七七"左右交稿。会上还决定以英勇殉国的左权为题材写一剧本,由塞克、王震之负责,请刘白羽、陈荒煤等10余人参加,拟于"八一"或"九一八"演出。(参见孙国林编著,王佳钰、王增辉校订《延安文艺大事编年》,陕西师范大学出版总社2016年版)

欧阳山尊时任一二〇师战斗剧社社长。5月2—23日出席延安文艺座谈会。文艺座谈会结束时,毛泽东说:同志们有什么意见,下次会大家可以讲,也可以写信给我。于是欧阳山尊便给毛泽东写了一封信,谈他对文艺工作的两点意见:一是前方非常需要文艺工作者,希望延安的专家、文学家、艺术家能够到前方工作,为部队服务、为老百姓服务;二是希望把延安的文学艺术家组织起来,了解他们的具体情况,给他们一些帮助,让他们发挥更大的作用。5月5日,欧阳山尊收到毛泽东的回信:"你的意见是对的。"欧阳山尊很兴奋,受到极大鼓舞。后来便在座谈会上作了与此信内容大体相近的发言。11月23日,毛泽东写信给八路军一二〇师战斗剧社社长欧阳山尊、副社长朱丹、政治指导员成荫:"你们的信收到了,感谢你们! 你们的剧我以为是好的,延安及边区正需看反映敌后斗争生活的戏剧,希望多演一些这类的戏。"(参见孙国林编著,王佳钰、王增辉校订《延安文艺大事编年》,陕西师范大学出版总社2016年版)

邓洁时任中央办公厅行政处处长。10月10日,延安评剧研究院成立,康生兼任院长,邓洁兼任副院长,罗合如任秘书长。主要艺术创作人员和演员有阿甲、罗合如、张一然、王镇武、魏晨旭、李伦、任桂林、王一达等。该院是由鲁迅艺术文学院的平剧团、延安业余平剧团、一二〇师战斗平剧社及胶东平剧团等单位联合组建起来的。筹备工作从是年2月初开始。首先公布筹备启事,内称:"为团结全边区旧剧工作者,从事旧剧研究工作,延安鲁艺平剧团、延安业余平剧团、一二〇师平剧社、胶东平剧团等,最近正进行筹备成立平剧研究院,计划设立研究室、剧场、教学三部。"同时拟定"创立缘起""工作目的和任务""组织规程"和告各界书等。4月,延安平剧研究院筹建完成。该院"创立缘起"指出:延安平剧研究院是为了"研究平剧,改造平剧,进行平剧为新民主主义服务的工作"而创立的。其工作方针是:"一方面研究平剧理论,一方面进行改造实践",演出与观众需求结合。它的目的和任务有三:培养平剧干部、推动平剧普及,进行平剧改革。该院的宗旨是:"以扬弃批判的态度接受平剧遗产,培养平剧艺术干部,开展平剧的改造运动,以创造戏剧上的新的民族形式。"(见该院"组织规程")院内在正副院长之下,有一个院务委员会,下设研究室、教务处、剧场、院务处四个部门,并设一办公室。10月10日,在杨家岭新落成的中央大礼堂举行了开学典礼。延安各机关、学校、部队负责人及延安文艺界、戏剧界近千人出席。会上报告了平剧院组建的经过、宗旨和任务。该院准备了多出京戏,连演5天,招待延安各界。同月,《延安平剧研究院成立特刊》出版。(参见孙国林编著,王佳钰、王增辉校订《延安文艺大事编年》,陕西师范大学出版总社2016年版)

林默涵时任新华书店编辑部主任。5月2—23日,出席延安文艺座谈会。6月2日,发表读书笔记《两个悲剧》(指鲁迅的作品《祝福》和《伤逝》)。说这是中国妇女所演出的两个伟大的悲剧,一个演出在农村,主角是祥林嫂;一个演出在城市,主角是子君。祥林嫂和子君都被这"无爱的人间"窒死了。但从这里告诉了同行者和后来者,使他们去另寻更加宽阔的道路,而且终于找到了。由此引发有关祥林嫂的争论。25日,力群在《解放日报》发表《略论〈祥林嫂的死〉——就商于默涵同志》,文章就林默涵对鲁迅《祝福》中的祥林嫂之死的看法提出异议,认为祥林嫂不能忘怀地狱,并非想在地狱里"看到家人",因为按佛教的迷信来讲,人在现世有了"罪恶",死后才进地狱。那么,祥林嫂的家人,不一定全有所谓"罪恶",所以也就不一定全在地狱里。力群觉得祥林嫂向往地狱,那是冤枉了祥林嫂。7月2日,林默涵在《解放日报》又发表《关于祥林嫂的死》。文中不同意力群对祥林嫂死的看法,认为祥林嫂是向往地狱还是怕进地狱,这两种情绪她都有。这说明中国的旧礼教是可怕的,它不但不使人有快乐的生,而且不使人有安宁的死。

林默涵8月31日在《解放日报》发表《关于描写工农》,引发关于如何描写工农兵的讨论。文中指出:我们现在不但没有出身工农的作家,而且描写工农的作品也不多见。作家感兴趣的还是知识分子,因为作家都是知识分子、不同的出身、生活和经历,使作家和工农之间不能没有隔膜。写知识分子的进步转变也于工农有益,但作家应该更加注意和描写工农的生活与斗争,因为他们是革命的主力,有着深厚的感召力。要写工农,就得熟悉工农。10月8日,陈企霞在《解放日报》发表文艺短论《"理发员"和他的工作》:要正确对待工农同志写的文章,不要借口文章"幼稚""不通""没有技巧",而把他们吓得不敢动笔。不要把改文章看成"麻烦""打扰"或"损失",而是看成帮助。要当好"理发员",为工农修改文章。这对"轻视工农"的同志,是一剂灵药。17日,柯仲平就这一问题在《解放日报》发表《从写作上帮助工农同志》,提出:工农的创作为大众,写成了交给大众去评论,这是最好的办法。如果众人不接受的东西,你个人再说好,也一定有问题。专门作家要给工农同志的文章当"理发员""理发"中间互相学习,互相提高。(参见孙国林编著,王佳钰、王增辉校订《延安文艺大事编年》,陕西师范大学出版总社2016年版)

陈茂仪在1月30日延安《解放日报》上发表《新哲学的实际应用问题》,对什么是新哲学作出阐述,认为"所谓新哲学是指辩证唯物论,它是无产阶级的世界观。五四以后中国的无产阶级成了中国革命政治上的生力军,因而从那时候起,新哲学也就日益发展而成为在中国影响最广作用最大的哲学思想。自抗战以来,随着革命进一步发展,随着无产阶级政党政治影响的空前提高,在各地的革命干部和全国的知识青年中更普遍地掀起了研究新哲学的热潮"。(参见孙国林编著,王佳钰、王增辉校订《延安文艺大事编年》,陕西师范大学出版总社2016

年版)

　　林昭1月27日在《解放日报》发表《关于对中国小资产阶级作家的估计(就商于欧阳山同志)》,《解放日报》加编者按语说:"对于林昭同志的这篇文章,我们以为还有值得讨论的地方,这里是作为研究的性质刊出,希望尚有别的同志发表意见。"林昭文章就欧阳山的一篇题为《抗战以来的中国小说》(载《中国文化》第3卷第2—3期合刊)的论文的观点提出异议。欧阳山在论文中,"把中国的小资产阶级知识分子和资产阶级知识分子并列在一起,下了这样一个共同的判语:'他们是先天的孱儿,即在文学成就上也是薄弱、渺小、几乎是不足道的'"。林昭则认为中国的资产阶级知识分子是这样的,但小资产阶级知识分子则相反。"小资产阶级的作家始终是中国新文学运动的主力;他们曾创造了辉煌的成绩,在中国新文学的历史上留下了不可磨灭的迹印"。文章指出,小资产阶级作家队伍中的一批多变人物,是不能"全部抹杀小资产阶级在中国新文学史上的功绩"的。林昭认为,中国小资产阶级知识分子虽然经历了"极度黑暗恐怖"的年代,但他们不曾屈膝,"他们和无产阶级及共产主义知识分子结合得更紧了"。总之,"中国的小资产阶级作家不是什么'不足道'的'孱儿',而是值得特别称道的中国新民主主义文艺革命运动中的主要力量"。(参见艾克恩编纂《延安文艺运动纪盛》,文化艺术出版社1987年版)

　　江华2月11日在《解放日报》发表《创作上的一种倾向》,对碧野的小说提出批评。他说有种"很危险"的创作倾向,即"有些作家用主观的、破碎不全的、肤浅的概念设定了圈子,而用各种稀奇的题材拼凑成'吸引人的故事'"。碧野的小说《乌兰不浪夜祭》,用以渲染故事的三种特色都是失败和不真实的。首先所谓"异域情调","文学作品上的异域情调的成就,一般地在艺术上讲,并不单纯要满足读者的好奇而可以获得的"。而这篇小说的描写显得"不调和""牵强",是一种"生硬而无味的捏合,决不是艺术的手法"。其次,小说用"英雄、美人"的传奇式题材构成故事也是不足取的。"我们时代的传奇英雄,必须是人性的真确的镜子,而不应该是仅仅表面画着脂粉的纸糊人"。作者"以拙劣的、表面的、做作的方式",把书中女主人公"索性弄得连'纸人'也不象了"。文章认为,作者"有意地迎合某些读者低级趣味",只有把自己引上一条"拙劣的'手工'匠人的路"。(参见艾克恩编纂《延安文艺运动纪盛》,文化艺术出版社1987年版)

　　方纪4月15日在《文艺月报》第14期发表小说《意识以外》。小说写一个刚从大后方到延安参加革命的女青年,她会拉小提琴,一心想搞文艺工作。但因组织上急需护士,便派她到医院工作,在她内心形成强烈的苦闷。尽管如此,她依然努力工作,以最大的毅力压抑内心的苦闷。由于长期苦闷,最终患了精神分裂症。作者对这位女青年给以很大同情,没有指出主人公不考虑实际需要的幻想和个人主义。文艺整风运动开始后,这篇小说受到批评。

　　按:后来作者说:当时受西方资产阶级思想的影响,认为文学应该表现个性解放;在写小说前,他看了日本厨川白村的《苦闷的象征》,介绍弗洛伊德精神分析的理论的文章,以及尼采的"超人"学说。所以作者在小说中用了大量心理描写,过分渲染艰苦的环境,表现女青年个性与现实冲突产生的苦闷。这样作品就失去了积极意义。文艺座谈会后,作者对这篇作品有了新的认识,检查了自己的文艺思想,走向为工农兵服务的道路。(参见孙国林编著,王佳钰、王增辉校订《延安文艺大事编年》,陕西师范大学出版总社2016年版)

　　程中4月21日在《解放日报》发表《所望于延安剧坛的》。此文是公开批评延安"大戏热"的第一炮。文章说,1940年起,延安连演俄国的《大雷雨》,曹禺的《日出》《雷雨》《蜕变》,

果戈理的《钦差大臣》,德国的《马门教授》,法国莫里哀的《伪君子》,俄国伊凡诺夫的《铁甲列车》等。这些名剧对延安戏剧艺术水准的提高、舞台的丰富、观众欣赏范围的拓展,都是不无裨益的。但缺憾的是又出现了另一种偏向,反映现实生活的戏太少。无论是《放下你的鞭子》,还是反映皖南事变的《剿匪》《公事》《选举》,比之那些名剧来要更加接近现实,更影响观众,更能坚定观众的斗志。"演大戏"这种现象,导致戏剧工作者脱离边区的现实斗争,看不起自己创作的短剧。现在是到了必须纠正这一偏向的时候了。(参见孙国林编著,王佳钰、王增辉校订《延安文艺大事编年》,陕西师范大学出版总社2016年版)

程钧昌6月25日在《解放日报》发表《评〈落伍者〉》,批评陆地的小说,认为陆地载于《谷雨》第4期上的小说《落伍者》是一篇不真实的作品。小说里的八路军伙夫是一个"怪人",孤独、寂寞、多疑、伤感、凄凉,又傲慢、固执,在百团大战中掉队了。这和旧式军队无多大区别。作者却对这个"怪人"是这样的同情和亲切。7月15日,陆地在《解放日报》登出《关于〈落伍者〉》的自我批评文章,同时答复程钧昌6月25日的批评。陆地承认小说的缺点是:一、作者的态度表现了两重性。一方面,理智的意图是要否定这样顽固、极端个人主义的"落伍者";另一方面却由于知识分子脆弱的感情过分地泛滥,对于要否定的坏东西又给予太多的同情、怜悯和留恋。二、为了避免在作品中张开嘴来说教,所以对待有这样落后意识的伙夫,没有明确的、正面的指责。三、由于批评者认错了主题的"所在",不同的意见就发生了。有人认为看了《落伍者》,"不禁想这不是一篇真实的作品""作者抹煞了八路军对于人的教育和感化力量",这种论断是没有根据的。《落伍者》的主人公是什么人呢?他不过是代表一部分落后的伙夫、马夫,并不等于一切的人。四、作品中司号员的作用,我们的批评者又"想"错了,并不是拿他来做"无端的暗示",叫大家都像司号员那样对"落伍者"有好感。批评者又问:"八路军中真是这样冷酷,这样缺乏革命友爱,这样幸灾乐祸吗?"我们的回答当然是否定的。(参见孙国林编著,王佳钰、王增辉校订《延安文艺大事编年》,陕西师范大学出版总社2016年版)

杨思仲(陈涌)7月4日在《解放日报》发表《对于题材问题的一理解》,批评延安文艺界写知识分子自身的作品太多,写"身边琐事"的趣味渐渐抬头。所谓写"熟悉的题材","不要为了责任感而写"等口号,已产生非常坏的影响。革命的作家应当提出这样的任务,这样的方向:表现工农兵,表现军队。由此引发关于"写熟悉题材"问题的讨论。8月22日,冯牧在《解放日报》连载论文《关于写熟悉题材一解》。他说,初学写作的人总会问:"我应当写什么呢?"作家的回答:"写你所熟悉的生活。"如果我们不在这问话下面加以详细的阐述和注释,而只是把它简单地引为创作教义的话,是常有可能把自己的创作方向引到一个狭窄的甚至谬误的道路上去的。"写你所熟悉的题材"是创作上的基本原则之一。要一个人去叙述他所生疏的故事,去赞美或贬责他所不熟悉的人,那将是不可想象的。所谓"熟悉的题材",是指他所经历过的,深思过的,再三感觉到的。但不能把"熟悉"一词理解为"最熟悉"的意思,这之间有很大的区别。他们"最熟悉"什么呢?战争吗?不,他们没有到过前方;农民吗?不,他们只知道农民落后;工厂吗?不,他们只了解边区工人的皮毛。可是他们不能不写东西,于是找到了:最熟悉的是他们自己以及身旁相近的人们。结果"写熟悉的题材"被解释为"写你自己的生活、思想和感情"。于是表现在创作上,全然是自己独有的柔和的语调,低声地悠闲地谈说自己,自己的多感心情,自己的琐碎生活,自己的快乐和忧愁。这就走向了歧途,必须加以纠正。(参见孙国林编著,王佳钰、王增辉校订《延安文艺大事编年》,陕西师范大学出

版总社 2016 年版）

　　江布 4 月 27 日在《解放日报》发表《读曹禺的〈北京人〉》，认为《北京人》指出着这样一个所谓有礼教的旧家庭，已届临到了他的风烛残年，不得不归于破灭，并且提出了从这阴暗的坟墓中走出去这样的问题。作者底心灵和热情，可以得而望知。但是这里缺乏着一段路程，认识的路程，只有对于事物有准备的"认识"，才能"改造"，否则便会流于空想；亦只有这样，作品的艺术价值才能获得更高的评价。7 月 5 日，江布在《解放日报》发表短论《〈屈原〉和〈野玫瑰〉》。该文披露：郭沫若的名剧《屈原》，被国民党要人潘公展视为"爆炸性"的"成了问题"的东西，不准公演，而对于为汉奸制造舆论根据的有毒素的《野玫瑰》一剧，则大加提倡。这正是汉奸行动的一个绝妙注解。（参见孙国林编著，王佳钰、王增辉校订《延安文艺大事编年》，陕西师范大学出版总社 2016 年版）

　　王亚凡 9 月 13 日主持延安剧作者协会在文化俱乐部召开的第二次会员大会，讨论加强剧本创作问题。到会有舒非、萧三、吴雪、翟强等 20 多人。会议对剧作者协会的宗旨、会员权利、义务，以及发动创作等问题进行了热烈的讨论。经全体会员讨论，修改通过了协会简章和会员创作、上演条例。之后，对目前剧协应抓紧的工作进行了认真的讨论。一致同意在整风期间，应发动会员挤时间，自由创作，迅速完成反映"七七宣言"和边区、前方生活内容的剧本。要求剧本适合工农兵观众，不宜太长。欢迎适合在街头、文化台演出的短剧。剧作者协会负责邀请有关方面领导人，为剧作者作报告，提供创作素材。（参见孙国林编著，王佳钰、王增辉校订《延安文艺大事编年》，陕西师范大学出版总社 2016 年版）

　　杨朔奉命回延安参加延安文艺座谈会。他从冀西出发，7 月至延安，会已开过，遂到延安文艺界协会，继续从事创作，后进中央党校学习。

　　白朗参加延安文艺座谈会，在艾青主编的"文抗"延安分会机关刊物《谷雨》上发表描写罗烽于 1934 年入狱后，她在狱外的遭遇及苦难生活的《狱外记》。

　　成仿吾继续任华北联大党委书记。1 月，学校转移到唐县唐河边上的南、北洪城村和冲南镇带。燕京大学英籍林迈克教授、班·威廉教授等在"联大"报告敌占区情况并讲学。春，全校开展整风学习。5 月，日寇对冀中区发动了极残酷的"五一扫荡"。又由于春夏大旱，是根据地最困难的一年。"联大"师生日食两顿高粱粥，在战斗中仍坚持教学和学习。6 月，文学、美术、戏剧各协会在华北联大召开会员大会，讨论当前创作问题，并决定开展"晋察冀一日"的活动。成仿吾当选为文协理事。7 月 3 日，在《晋察冀日报》发表《华北联大三年的回顾》一文。10 月，为适应战争形势，"联大"缩编，只留一个教育学院，其他学生毕业分配工作。11 月，华北联大文艺学院和文工团结束，三年中计招收学员四期，11 个队，培养专业文艺干部 1500 余名。12 月 20 日，参加边区文协会议。月底，中央局决定由成仿吾负责边区参议会的筹备工作。（参见张傲卉、宋彬玉《成仿吾年谱》，《东北师大学报》1985 年第 5 期）

　　邓拓时任晋察冀日报社社长主编。7 月 1 日，在中国共产党建党 21 周年之际，邓拓在为《晋察冀日报》撰写《纪念"七一"，全党学习和掌握毛泽东主义》社论时，使用了"毛泽东主义"的概念。社论指出："中国共产党所以能够领导二十世纪中国民族解放与社会解放的伟大革命斗争，所以能够成为政治上、组织上、思想上全面巩固的广大群众性的坚强有力的布尔什维克党，就因为有了毛泽东主义。""马列主义的中国化就是毛泽东主义。"它"就是中国的马克思列宁主义""是中国共产党领导中国革命的理论与策略的统一完整的体系，是创造性的马列主义的新的发展"。它"是马克思、列宁主义在殖民地半殖民地半封建社会中运用经验的结晶"。社论号召:"深入学习掌握毛泽东主义,真正灵活地把毛泽东主义的理论与策略,应用到一时一地的每一个具体问题中去。"(参见李丹《第一版〈毛泽东选集〉的诞生》,《学习时报》2020年7月29日)

魏巍在延安创作的长诗《黎明的风景》,因成功地表现抗日斗争的生活而获晋察冀边区文学艺术界联合会颁发的"鲁迅文艺奖金"。

田间主编的《晋察冀文艺》1月20日在晋察冀边区创刊,沙可夫、邵子南、孙犁、方冰、卢梦、司马军城等主要撰稿。

沙飞、罗光达任正副主任的《晋察冀画报》7月7日在河北平山碾盘沟创刊。

刘少奇1月5日率中共中央华中局和新四军军部由阜宁停翅港移驻单家港。1月13日,中共中央发出电报通知:"中央决定少奇同志回延安参加七次大会。少奇同志来时,由饶漱石同志代理中原局书记并代理新四军政委,望少奇同志即将工作交代,携带电台,动身回延。"3月15日,刘少奇给薛暮桥写信,答复他8日来信中提出的关于白区乡村工作的策略和中国农村经济研究会的工作等问题。这封信结合大革命的历史经验,阐述了战略和策略的关系。12月30日,刘少奇经过9个多月的长途跋涉,穿越敌人103道封锁线,安全回到延安。(参见中共中央文献研究室《刘少奇年谱》,中央文献出版社1996年版)

陈毅代军长8月底考虑将自敌占区和大后方的文化人集中起来,以便为他们提供了一个安身之所。当时中共华中局和新四军军部驻阜宁,陈毅选择在阜宁的卖饭曹设置一个别具特色的"文化村"。因为卖饭曹位于军部所在地停翅港与华中局所在地汪朱集之间,地点适中,且有新四军军部招待所,往来联系及活动较为方便。9月16日,文化村在经过一段时间的筹备之后正式诞生。住在文化村的主要有扬帆、阿英夫妇、范长江、胡考、池宁、铁璎、天然、李明、徐雪寒、孙冶方等十几个人,在文化村附近,还住有"军鲁工团"的贺绿汀、行政学院的车载、抗大华中分校的薛暮桥、《盐阜大众报》的王阑西以及钱俊瑞、吴蔷、沈其震、骆耕漠、孙克定、林山等一批文化人,他们经常到文化村聚会,或挥毫作书,或交流棋艺,或赋诗唱和,感情融洽,思想活跃,气氛热烈。置身这个宽松且热烈的环境,文化人在思想上受到了洗礼,开展了一系列卓有成效的文化创作和革命宣传活动,文化村亦成为当时苏北抗日根据地最令人瞩目的一道风景线。同时还辐射带动一大批社会名流和爱国乡绅、社会贤达,在你来我往中,结成了最广泛的苏北抗日民族统一战线。中秋之夜,陈毅代军长亲临文化村,兴趣盎然地和阿英、胡考、扬帆等文化人一起赏月赋诗,畅抒情怀。文化村成立后,陈毅便是这里的常客,他经常与文化村中的文化人推心置腹,促膝长谈,交流思想,切磋艺文。有时,他还用自己最喜欢喝的红薯丁粥来招待文化人。饭间漫谈,饭后畅叙,心情怡然,相处甚欢。新四军三师师长黄克诚、副师长张爱萍以及华中局宣传部副部长彭康、文委书记钱俊瑞等经常到文化村,看望并慰问文化人,鼓励他们搞好抗日文化工作。

陈毅代军长10月25日出席盐阜区参议会。盐阜区参议会经过三个多月的筹备工作,首届会议正式开幕。刘彬、曹荻秋、骆耕漠、白桃、唐碧澄、计雨亭等和各县参议员以及各界人士代表100多人出席了会议。开幕这天,陈毅写了题为《盐阜区参议会开幕感赋兼呈参议员诸公》七律一首。陈毅的诗在《盐阜报》发表后,到会的参议员和诗很多。《盐阜报》选载了阜宁县参议长王朗山、建湖县副参议长杨幼樵和参议员乔耀汉、盐城县副参议长唐碧澄等人的《敬和仲弘公议会开幕感赋原韵》诗。由于陈毅等人的努力,经过一年多的诗文唱和,团结了一批进步的地方士绅。为了扩大文化统一战线,争取和团结更多的知识分子参加抗日,陈毅认为有必要建立一个阵地,以便更好地开展诗文活动。于是,在盐阜区参议会进行期间,陈毅于 10 月 27 日约请了阿英、范长江、黄源、彭康、扬帆等人,走访庞友兰、杨芷江等士绅,具体商讨成立诗文社事宜,指示起草诗文社缘起。参议会闭幕的当天,陈毅亲自来文化村,确定了诗文社的组织章程。11 月 1 日,陈毅又约请阿英、李亚农、白桃、王阑西等人以及庞友兰、杨芷江、唐碧澄、乔耀汉、杨幼樵、计雨亭 6 人,继续商讨诗文社成立事宜。湖海艺文社成立后,陈毅特意为其作长诗一首,名为《湖海艺文社开征引》。湖海艺文社成立后不久,陈毅即离开盐阜区去高邮湖西部署反“扫荡”斗争,但是他仍然十分关心艺文社的活动。文化村建立后,陈毅鼎力支持组建文化杂志编辑委员会,钱俊瑞、阿英、扬帆、黄源、胡考、贺绿汀、范长江被推举为编委会委员。11 月 12 日,扬帆、黄源、阿英等人聚在一起,在文化村召开了编委会会议。会议决定将杂志定名为《新文化》。13 日,编委会又与王阑西、林山共同商定,将原以普及科学生活知识为宗旨的《大众知识》扩大、改版,并更名为《新知识》,原定出版的《新文化》改为专谈文化问题的期刊。然而,时至华中局和军部迁往淮南后《新知识》才正式创刊,到抗战结束共出版 6 期,每期印数近 2000 份,影响力辐射盐阜区、淮海区、苏中区甚至山东地区。冬,日伪军再度集结重兵准备对盐阜根据地实施战略大“扫荡”,华中局和军部遂迁往淮南盱眙黄花塘。文化村的工作随之终止,文化人亦分散转移,他们有的回到上海,有的辗转去了延安,还有的随部队行动。文化村至此也完成了自己的使命。

　　按:虽然存续时间不长,文化村背朝烽火却奇迹般地向阳怒放,在宣传抗日救亡、号召普通民众、扩大统一战线等方面作出了不可磨灭的贡献,充分彰显了新四军这支文化部队的文化自信和文化情怀。在陈毅的倡导下,《新知识》共创办了 6 期。(参见于海根《青辉千古风霜铸情——扬帆在盐阜区文化活动纪事》,《盐城工学院学报》2007 年第 3 期)

　　扬帆受陈毅的委派,担任文化村的村长。文化村长的工作主要有三项:一是担任军部、华中局与文化人之间的联系事宜;二是主持文化村的工作;三是办好食堂、俱乐部,照顾好文化人及其亲属子女的生活和安全。文化村成立后,除了文化人各自写作外,还做了两件很有意义的事情。一是遵照陈毅关于加强新四军的文化创作的指示,组织了一个文化杂志编委会,并推荐钱俊瑞、扬帆、黄源、胡考、贺绿汀、范长江、阿英 7 人为委员,扬帆、黄源、阿英 3 人为常委。阿英还主动承担了《盐民传》和《宋公堤》的写作任务。之后,当条件具备时,陈毅即指示创办刊物。先是在《盐阜报》上复刊文艺版《新地》,以后正式组成了编委会,将《大众知识》改名为《新知识》,由阿英、王阑西、车载负总责。对此,陈毅十分关心,专门与阿英等交谈,具体指示《新知识》杂志的方针、风格为:“应以顾及中上层社会为度,且应成为活泼生动的综合杂志。”二是应钱俊瑞部长的要求,帮军政治部成立了一个业余剧团,为军直机关指战员演出。(参见于海根《青辉千古风霜铸情——扬帆在盐阜区文化活动纪事》,《盐城工学院学报》2007 年第 3 期)

　　阿英、范长江、黄源、彭康、扬帆等人 10 月 27 日陪同陈毅走访庞友兰、杨芷江等士绅,具体商讨成立诗文社事宜。随后陈毅又亲来文化村,确定了诗文社的组织章程。11 月 1 日,阿英、李亚农、白桃、王阑西等人以及庞友兰、杨芷江、唐碧澄、乔耀汉、杨幼樵、计雨亭 6 人又应陈毅约请,继续商讨诗文社成立事宜。杨、庞二位已拟名为“湖海诗文社”,其取意有三:陈元龙湖海文士,因军长而起;盐阜有射阳湖、黄海,因地而起;宋诗“湖海楼开名士集”,因雅集而起。经进一步商讨,又将“诗文”改为“艺文”,以期能更广泛地吸引书画、金石诸方面人才。当时签定之发起人为:陈毅、彭康、李一氓、范长江、庞友兰、杨芷江、唐碧澄、计雨亭、姜指庵、王冀英、顾希文、乔耀汉、杨幼樵、薛暮桥、叶芳言、李亚农、车载、沈其震、王阑西、白桃、扬帆及阿英等22人。拟邀请入社者共43人。同时，决定各区负责人为：射阳顾希文，建阳乔耀汉、唐碧澄，阜宁王冀英，东坎庞友兰，八滩杨芷江，部队为陈毅。淮安、涟东、滨海、盐东四县，由王阑西负责接洽，并决定由盐阜区著名士绅、曾担任过黄埔军校教官的杨芷江起草《湖海艺文社缘起》，由阿英起草《湖海艺文社社约》。在《湖海艺文社缘起》中谓其宗旨："创设湖海艺文社于阜宁县文化村，期文字之唱酬，俾声气之求应，海内爱国之士，具有抗敌观念，愿缔翰墨缘者，莫不竭诚欢迎，以求精神之集合，以求学术之发扬。藉可歌可泣之诗文，鼓如虎如罴之勇气，裨益抗敌，裨益建国，良非浅鲜。设徒精意于刻画，肆情于风月，致贻雕虫之讥，更启玩物之诮者，则亦非同人等所敢闻命也。"《湖海艺文社临时社约》共有6条：一、凡愿以艺文为抗建服务，由发起人二人以上之介绍，经秘书处审查合格者，得为本社社员；二、本社采取单纯组织，设秘书三人，成立秘书处，处理一切，每届大会改选一次；三、本社规定每年举行大会二次，各分区每二月雅集一次，遇有特殊情形，均得随时召集。四、社员诗作，随时交秘书处，分期发表，辑印成书，有裨抗建专册，另设丛书单行；五、本社不收社费，印刷雅集所需，随时公告，社员自由资助；六、社员不愿继续在会，可随时申请退出，有破坏抗建行为，经检举证实，本社同仁亦共弃之。（参见李小曼《背朝烽火向阳怒放——抗战时期阜宁文化村纪事》，《世纪风采》2021年第1期；于海根《青辉千古风霜铸情——扬帆在盐阜区文化活动纪事》，《盐城工学院学报》2007年第3期）

范长江年初从香港紧急内撤至桂林。8月26日，范长江抵达苏北盐阜区停翅港，当时新四军军部已经转移到阜宁停翅港。9月16日，范长江等人搬进了卖饭曹文化村。30日，盐阜区青年救国总会在阜宁召开成立大会。范长江在会上发表祝词时说道："苏北的朋友们，你们是幸福的。全国有成千上万的人，生活在暗无天日的世界里，他们向往根据地，幻想着当家做主人的生活……你们要珍惜这里的一切。努力、再努力地工作，不辜负劳苦大众的希望，为解放全人类而不息奋斗！"范长江可谓有感而发，他冲破重重阻碍，终于来到这个自己向往已久的地方。月底，在范长江与新闻界同仁的共同努力下，"中国青年记者总会华中办事处筹备会"和"盐阜区青年记者分会"同时宣布成立，并设立了对外宣传的新闻发报电台。在陈毅的支持下，范长江着手组织成立了新华社华中分社，并担任分社社长，同时兼任华中局、军部机关报《新华报》报社社长。年底，日军集中兵力对抗日根据地实施战略大"扫荡"。范长江带领华中分社随军部抵达淮南盱眙县黄花塘。范长江继续负责新华社华中分社的工作，并领导大众剧团开展群众文艺实验工作。（参见李小曼《背朝烽火向阳怒放——抗战时期阜宁文化村纪事》，《世纪风采》2021年第1期）

邹韬奋年初从香港撤离。1月7日，萨空了去俞颂华处，得知韬奋、羊枣等早已迁出，去向不明。上旬，在廖承志、连贯、刘少文、夏衍等的周密安排下，八路军驻港办事处机要人员潘柱几经周折找到张友渔、徐伯昕，进而找到一批民主人士、文化人。其时，邹韬奋已六易其居。潘柱在香港铜锣湾灯笼街的一个贫民窟里找到邹韬奋。韬奋听说很快就能把他和茅盾等送出香港，激动而郑重地说："应付这样的局面，我是毫无经验的，你们告诉我怎样做我就怎样做。"日侵略军占领香港后不久，曲江国民党报的"时人行踪"栏，第一次登出韬奋的消息："邹韬奋、茅盾、夏衍等十余人，由香港乘小渔轮逃往广州湾，因中途遇风覆舟，估计可能已因此丧命。"9日傍晚，邹韬奋只身与茅盾夫妇、胡绳夫妇、叶以群、戈宝权、于伶夫妇、恽逸群、黎澍、胡仲持、廖沫沙、殷国秀、高汾等，由秘密交通员潘柱带领，通过日军的几重检查岗哨与铁丝网架,到达湾仔海边。10 日,张文彬致周恩来的一份电报中第三款称:"韬奋对前定办法,详加考虑后托询往内地是否已无可能,是否可以往桂暂避再看形势,如已不可能如原议转往延安,家属可否设法由渝转延,如可则孩子暂不入校,在桂或渝候去延,望即复。"同日,黄炎培在重庆,从交通银行钱新之处确悉韬奋无恙。13 日傍晚,到达宝安县白石龙。东江人民抗日游击队纵队司令部,在一座遭战火破坏的耶稣教堂前的广场上,这批文化界的精英受到东江游击队大队部的同志和村民的接待,受到东江纵队司令员曾生、副司令王作尧和大队政委尹林平的接见,并以狗肉款待。是夜睡在司令部楼上。14 日上午,东江游击大队司令部在一小庙前的空地上举行盛大欢迎会,欢迎这第一批从香港脱险,被秘密营救出来的文化人。政委尹林平、正副司令员曾生、王作尧和大家见面,表示慰问,介绍了东江游击纵队发展的过程及目前的处境。邹韬奋做了"朴实纯真深沉动人的长篇发言"。国民党报的"时人行踪"栏第二次发出消息:"据闻邹韬奋等已到东江游击队,在游击区担任政治文化工作,前讯广州湾遇险消息不确。"15 日,与茅盾等参观东江游击纵队机关报《东江民报》。2 月上旬,周恩来致电方方,关于接待柳亚子、邹韬奋等事,嘱即移交廖承志指定专人负责。4 月 9 日,周恩来听取夏衍汇报,关于香港沦陷时文化界人士分批安全撤离的情况,特别关注柳亚子、邹韬奋、茅盾等人的安全和健康。同月,周恩来得悉国民党下令通缉邹韬奋后,立即电告八路军驻香港办事处负责人连贯,一定要让邹就地隐蔽,并保证他的安全。5 月 6 日,黄炎培在重庆得悉国民党刘百闵将赴广西桂林迎香港文化人谈话。

按:茅盾《桂林春秋》回忆录二十九(《新文学史料》1985 年第 4 期):"5 月初,蒋介石派了刘伯闵来桂林,邀请由港归来的文化人去重庆。刘伯闵的公开身份是文化服务社社长,实际是 CC 系的文化特务。""我猜不透蒋介石葫芦里卖的什么药,但有一点可以肯定,他想把我置于中统和军统的严密监视之下。""刘伯闵还拜访了张友渔、沈志远、千家驹、金仲华、梁漱溟等人,都没有结果。"

邹韬奋 5 月间在东江转口信,托徐伯昕从桂林抵渝后访沈钧儒,告"书店工作要多依仗先生扶持。8 月间口信带到"。6 月初,连贯突然找到郑展,告知党内出了叛徒,粤北省委遭破坏,廖承志被捕,上级要他撤退去东江部队,交待郑展,要想尽办法安全护送邹韬奋。在江头村近半年的隐蔽生活,邹韬奋主要是:晚上参与"山村夜谈",白天只要天气晴朗,便与陈启昌的父亲背着罗盘,以"寻龙找穴"为名,穿山过屋进行调查访问。7—8 月间,周恩来派人转告韬奋:为了保证他的安全,使他能为革命继续发挥作用,建议韬奋前往苏北抗日根据地,还可以转赴延安。8 月,周恩来听取徐伯昕关于生活书店在国统区的布局和工作进展的汇报后,指示:在投资合营和化名自营的出版机构中,务必要区分一、二、三三条战线,以利战斗,免于遭受更严重的损失。要坚决采取隐蔽的作法,学会做统战工作,以便在艰难的环境下,把革命出版事业坚持下去。9 月 23 日,生活书店派冯舒之到江头村,准备护送邹韬奋到敌占区上海。9 月 27(或 28)日,刚过中秋节,邹韬奋告别了江头村,由郑展、冯舒之伴随,乘"侨兴行"运输货物的汽车,从广东梅县江头村出发前往韶关。邹韬奋穿着从香港逃出来的那套银灰色的唐装,戴着礼帽,装成商人的模样,和冯舒之并排坐在驾驶室里,郑展坐在后面的车厢里。胡一声坐在另一辆车的车头里,一路尾随前往,以防万一发生意外,可以马上向组织报告,及时援救。

邹韬奋 10 月到达上海。11 月 22 日,按党的战时交通线路,地下交通递步接送,到达苏中三分区如西县(现为如皋县)江安区一个小村庄。大众书店和《江潮报》正移驻在这里。23 日,苏中三分区领导带来陈毅军长的欢迎电报。下旬,苏中区党委接到中共中央华中局电报,嘱咐对韬奋的到来,要"确保安全,热情款待",并指示,韬奋此行是奔赴华北延安,这里是路过的。因敌伪军正在对盐阜地区进行"大扫荡",陇海路不能通过,故建议邹韬奋"在苏中逗留一段时间。可利用此时机进行社会考察"。此时,刘季平正调回苏中行署任文教处长,接到邹韬奋托东台县长董希白派人送来的手书,谓已到达东台境,希望能见面。刘在国统区即与邹韬奋相识、熟悉,立即骑马赶到邹韬奋住地。区党委委托刘季平代表苏中领导机关,全程陪同邹韬奋在苏中抗日民主根据地同住、同吃、同行一个多月。下旬,韬奋到苏中联抗地区。12月22日,从如皋渡过敌人的封锁线,到达南通县骑岸镇新四军一师师部,受到师长兼苏中区党委书记粟裕等的热情接待。23日,应粟裕师长的邀请,又去新四军一师驻地骑岸镇,在师直机关干部大会上作报告。25日,南通县县立中学受县政府委托,主持举行欢迎集会。上午9时许,刘季平陪同邹韬奋牵着匹马,进入通中。会场设在通中操场上。与会者共千余人。校长李伯平主持,吴浦云致欢迎词。邹韬奋操一口流利的国语,讲了他由汉口到重庆,又经香港到上海而来苏北;谈了大后方国民党蒋介石的黑暗统治;勉励各界人士加强团结,努力学习,在抗日民主政府领导下,一致抗日,积极做好救国工作,最后胜利一定是我们的。30日,到南通县通西地区参观考察,参加群众欢迎大会。他谈了那时的国内外形势,揭露"大后方"的黑暗情景,也谈到了对根据地的观感。(参见复旦大学新闻系研究室编《邹韬奋年谱》,复旦大学出版社出版1982年版)

王元化化名王少华,继续潜居上海,每天骑自行车去上海储能中学教授国文与文学概论。敌伪政权用毒化手段来腐蚀中国人民的思想意志,色情文化泛滥。王元化除了引导学生读鲁迅作品,并自编讲义,选入王秀楚《扬州十日》、文天祥《指南录》等。10月,中共江苏省委根据中央指示,全部撤往华中根据地,原属各委独立工作,经由交通与根据地上级组织联系。王元化一度负责文委工作。(参见吴琦幸《王元化传》,上海教育出版社2020年版)

林淡秋是春奉命转移至新四军根据地与游击区,先后任《知识青年》主编、《滨海报》社长与《苏中报》《抗敌报》总编辑。

陈垣继续任辅仁大学校长。1月10日,作《国籍司铎之新园地》之讲演。有单行本发行。4月15日,致傅增湘函:"承索观所补《魏书》缺叶,谨缩摹一分呈览。此叶自靖康以来沈霾千载,南宋、元、明、清诸儒从未及见,今一旦复得之,其快慰为何如耶!稍暇拟付影印,以广流传,想凡有百衲本《魏书》者无不欲得此一叶也。"下午,与辅仁大学董事傅增湘联名邀请市内学术界名流到辅仁大学司铎书院作赏花雅集,到场者除本校全体教授外,尚有邢端、郭则沄、张伯英、瞿兑之、张厚毂、杨寿枢、张伯驹、傅岳棻、陈露浩、贾思絥、恽宝惠、周肇祥、黄宾虹、吴燕绍、张珣、胡嗣瑗、关赓麟、衡永、郑骞、刘伯明、黄孝本、黄颛士、熏璠、邱石冥、杨君武、张震东等70余人。18日,在辅仁大学语文学会发表题为《汪容甫〈述学〉年月日多误》之演讲。演讲稿刊于9月《辅仁大学语文学会讲演集》第3辑。4月21日,在《辅仁生活》第4卷第2期发表《廿二史札记——汉王父母妻子条书后》一文。此文是陈垣为"史源学实习"课所写的范文。陈垣治学注重追寻史源,在教学中,也特别强调要训练学生根寻史源的能力,曾先后在北平师范大学、辅仁大学、北京大学开设了"史源学实习"(原名"史源学研究")课程、这是大学本科三、四年级的选修课程,为研究生则开设了"清代史学考证法"课程。5月15日,张元济复傅增湘函:"寄示援庵先生补辑《魏书》一叶,为之狂喜。《通典》《通志》《册府元龟》为古书一大渊薮,循此推之,旧史缺文必尚可收获不少也。"

　　陈垣 6 月 13 日在辅仁大学教育科学研究会上作题为《艺舟双楫与人海》之讲话。陈垣将文与字比作进入人海中航行的双楫,对毕业生强调练好作文写字之基本功的重要性和练习方法。9 月,陈垣撰成《中国佛教史籍概论》,系作者为将于次年在辅仁大学研究生新开一门课程《中国佛教史籍概论》所写的讲稿,同时也是一部专科目录书。这是近代以来第一部介绍佛教史籍的目录书。全书分 6 卷,将六朝以来研究历史所常参考的佛教史籍 35 种,略按成书年代分类介绍,不仅著录书名、作者、卷数、版本,而且揭示主旨、内容、特色、得失及其在史学上之利用。对于《四库提要》著录之错误,其他典籍记载之疏漏一一进行考辨补正。书中还对其他一些与历史有关的问题加以分析论述,如"牟子理惑问题""本书之流行与汉学"等。此书史料丰富,叙述详尽,考证精辟,是了解和使用释典资料的重要参考书。本书与陈垣此时期所写其他著作一样,亦有许多"有为而发"之论断。因此书为讲稿,其影响较前几部书更为直接广泛。作者撰写《缘起》云:"中国佛教史籍,恒与列朝史事有关,不参稽而旁考之,则每有窒碍难通之史迹。此论即将六朝以来史学必需参考之佛教史籍,分类述其大意,以为史学研究之助,非敢言佛教史也。"以史籍为史学研究之辅助,从此目的出发,将每部史籍书名、卷数、作者、版本、内容等一一著录,谬者纠之,误者正之,疑者辨之。每部佛教史籍都有解题,还分列"本书之体制及内容""本书之特色及在史学上的利用""本书之得失""本书版本异同""本书之流行"及撰者"略历",有关史实"辨误""正误"等小标题,一一评介、考辨。每一解题即一独立成篇学术论文,揭示出各部佛教史籍的主旨、特点与史料价值。有学者认为此书"是近代以来第一部介绍佛教史籍的目录书,也是迄今为止,唯一一部以近代史学的方法系统研究佛教典籍的专著"。

　　按:此书在 1946 至 1947 年间曾在报纸上发表单篇 20 余篇,未出版单行本。解放后,陈垣很想能够早日将其出版。但解放初期,这类书不容易出版。直至 1955 年才由郭沫若推荐给科学出版社出版,并且为此书题写了书名。《中国佛教史籍概论》在日本也有很大影响。1957 年 6 月教授佛教史的日本友人野上和小笠原访华,曾谈到该校很多教师都用此书作为讲义。(以上参见刘乃和、周少川、王明泽《陈垣年谱配图长编》,辽海出版社 2000 年版)

　　沈兼士仍在辅仁大学。年初,因时局动荡,国外经济来源减少,私立北平辅仁大学为筹措办学经费,特于校内成立募捐处,聘请沈兼士等 9 人为募捐委员,从事募捐活动。2 月 16 日,接北平市立卫生局精神病医院通知,称住院治疗的儿子沈观去世。认为儿子病不至死,该院不无玩忽职务之嫌,遂依据事实函请北平市当局彻底查究此事。早春,秘密组织"辅仁募捐委员会",举办"文艺品募捐展览"等,筹集私立北平辅仁大学办学经费。5 月 4 日,撰成《祖褐但马划袜》,后发表于《辅仁学志》第 11 卷第 1—2 合期。此为作者关于汉语字族研究的一篇重要文章。它在前人研究成果的基础上,剔除各家学说之短,提出新的观点和理论。17 日,在《辅仁生活》第 4 卷第 5 期发表《为返校节专刊书亭林先生诗》。6 月 29 日,被私立北平辅仁大学聘为文学院院长。12 月 16 日,沈兼士为躲避日伪追捕,偕三女沈节乘车离开北平去大后方。仲冬,为《明渤海孙氏积善堂题赞手卷》题诗:"曲肱饮水从吾好,丘壑寒藤想故家。积善自应绵世泽,清芬肸响至今夸。"(参见郦千明、汪素梅《沈兼士年谱简编》,《湖州师范学院学报》2021 年第 3 期)

　　余嘉锡升任辅仁大学文学院院长,作《殷芸小说辑证》。鲁迅《古小说钩沈》辑《小说》时大致为 1910 年,余嘉锡继鲁迅之后于是年辑录《殷芸小说》,虽时隔 32 年,因《古小说钩沈》在鲁迅生前并未出版,1938 年出《鲁迅全集》时才收入并由北新书局另印单行本,当时正值抗战时期,北京又是沦陷区,图书流传也远远不及现在这般迅速,故余嘉锡辑《殷芸小说》时并未见到鲁迅辑录的《古小说钩沈》。在《殷芸小说辑证·序》说："书成,可善写矣,乃闻鲁迅先生所辑《古小说钩沈》已于沪上出书,求之此间书肆及图书馆不得,久之,始辗转假得其书,两相比较,此编多得二十余事。"余本较鲁本详细,包括序言、凡例、引用书目、《梁书·殷芸传》、宋录载之《续谈助跋》《殷芸小说》10 卷、附录。12 月,《疑年录稽疑》刊于《辅仁学志》第 10 卷第 1—2 期。余嘉锡有心弥补钱大昕《疑年录》之缺失,稽疑前二卷,起于后汉,终于元。收集此书刊本有常熟顾氏小石山房本、南海伍氏粤雅堂本、福山王氏天壤阁本、长沙龙氏重刻潜研堂全书本。正因为秉承实事求是的精神,余嘉锡尽管考据了《宋宝祐四年登科录》《宋元学案》《清容居十集》《鲒埼亭集外编》等文,对胡三省卒于至元二十四年的说法表示了质疑,但因证据不够充分,仍表示待再考。后人再考据证明钱氏之说确为误,可见他严谨的治学态度。(参见王语欢《余嘉锡学术年谱》,黑龙江大学硕士学位论文,2013 年)

孙楷第以辅仁大学的储皖峰教授去世,经陈垣校长介绍接替了这一教职。陈垣是孙楷第十分尊重的师长,他们的友谊一直延续到"文化大革命"初期陈垣去世,在学术研究及个人生活方面都有许多交往。孙楷第和余嘉锡、王重民等人议论时贤,"以为今之享大名者名虽偶同,而所以名者在大家径庭,多为名浮于实的一时之俊""而鲜实浮于名的百代之英,后者惟陈垣足以当之"。在《辅仁学志》第 11 卷发表《近代戏曲原出傀儡戏影戏考》。日本学者盐谷温再次来北平参加日中文化协议会的例会,是时孙楷第的专著《述也是园古今杂剧》(后改题《也是园古今杂剧考》)已发表,在国内外产生了较大影响。盐谷温又派学生到孙楷第家,请他去六国饭店为盐谷温在北平的门生专门讲一次"也是园古今杂剧",孙楷第仍以病辞。(参见于飞《孙楷第先生年谱简编》,载王京州编《河北近现代学者年谱辑要》,国家图书馆出版社 2017 年版)

余逊 12 月在《辅仁学志》第 11 卷第 1—2 期合刊发表《早期道教之政治信念》。文中认为"道教初兴,即与政治相牵连,视乎仅以训民化俗立教者,区以别矣""东汉道教,实杂糅儒道阴阳方士巫觋而成"。此文目的在于"紬绎东汉道教混杂儒道之情形,剌取晋宋以后信道诸人论治之语,以明儒术与道教之不相违戾"。文中内容主要包括"道教思想之渊源""《太平经》之论治术""葛洪之出处识见""东晋道教徒多从重事功""南北朝道教徒关心政治"5 部分。此文是道教思想研究领域的早期重要论著之一,对《太平经》的研究等有启发性价值。同期还刊载冯承钧《高车之西徙与车师鄯善国人之分散》、余嘉锡《王雾不慧有心疾辩》、孙楷第《近代戏曲原出宋傀儡戏影戏考》、叶德禄《七曜历入中国考》、冯先恕《〈疑年录〉释疑》、德禄《〈魏书〉缺页补》等文。(参见王学典《20 世纪史学编年(1900—1949)》,商务印书馆 2014 年版)

张东荪继续被日军关押。1 月 10 日,日本宪兵将被捕的部分燕京大学师生无罪开释,但张东荪与林嘉通、陆志韦、赵紫宸、洪业、邓之诚等 11 位燕京大学教授作为重犯仍然受到关押审讯。2 月 10 日,张东荪及林嘉通、陆志韦、赵紫宸、邓之诚等 11 人被移到炮局胡同陆军监狱,接受日本军事法庭的候审。在这里,被关了 4 个月零 10 天。刚开始时被囚禁于一处,一周后便被隔离,每人单独囚禁一室。4 月 1 日,日本宪兵将张东荪等人从每人单独囚禁改为 2 人或 3 人一室。如是自冬至夏,又历 4 月。张东荪具有中国强烈民族意识并抱定"士可杀不可辱"的信念,为了反抗日寇的凌辱,在狱中曾自杀 4 次而未遂,并与日本看守撕打,不屈服日寇的淫威。6 月 18 日,日本宪兵司令部组织所谓军事法庭,对张东荪等 6 人进行"审判"。张东荪以"向学生灌注抗日思想,并选拔学生,资送他们到重庆治下,增加抗日力量"等罪名,被判 1 年半徒刑,缓期 3 年。张东荪在写了一份保证书(声明出狱后不离开北平)后,由夫人吴绍鸿女士暂时作保,接回家中。张东荪经受住了日伪的威胁利诱,保持了一个中国知识分子高尚的民族气节,受到时人称赞。

> 按:陈尉《革命学者张东荪》(《现代新闻》第5期,1947年6月)说:"日本人的意思是要他和他们妥协,但是'威武不能屈'是中国自古以来读书人的气节,他预备死在监狱里。日本人没法,终于在监禁了数个月以后,把他放了出来,然而他们暗暗地仍旧派特务监视着他,而他,却也仍旧暗暗和八路军取得联络,供给他们情报,做着他能做的地下工作。并不怕被人诬为共党分子而不抗日,不争取人民的胜利。这是一个考验,在这个考验中,张先生第一次在人们面前表露了他的庄严的节操。"

张东荪是年秋在叶笃义的帮助下从王家花园搬到城里大觉胡同,借一个姓刘的房子居住。出狱后,日本人要求张东荪必须另外找一个正式保人。当时没有人敢为他作保。伪北平市长刘玉书为了拉拢张东荪,便自告奋勇,出面作保。此时,日伪华北政府企图让他出掌北平教育,王克敏、刘玉书经常到张东荪家中劝说,张东荪都以各种借口拒绝了。在未出狱时,张东荪为了避免以后日本人逼迫他出来当汉奸,便萌发了离开北平到中共领导的解放区的想法,后来因病没有成行。在张东荪被捕的同时,负责与张东荪联系的中共党员王定南也被日寇逮捕,但很快王定南便出狱。随后,日本人侦知张东荪与共产党地下党有秘密联系。这对张东荪是致命一击,因为日本人在关押张东荪的半年多时间里,虽指控张东荪秘密向西山送学生,但毕竟没有抓住真凭实据,而此时得知张东荪与中共有联系,也感吃惊。然而,比张东荪更吃惊、更害怕的是替张东荪作保的伪北平市长刘玉书。刘玉书做梦也想不到一贯反对马克思主义的张东荪会与中共秘密联系。为了说服日本人解除这个疑虑,刘玉书将30年代张东荪反对马克思主义的文章和书籍收集起来交给日本人,证明像张东荪这样激烈反对马克思主义的学者无论如何也不可能与中共联系。日本人大概也并没有抓住真实证据,看到刘玉书态度这样坚决地为张东荪作保,也就不再追究。日人劝张东荪参加伪政府,张东荪当时以病为推,即此了事。张东荪又逃过了此次厄运后,对王定南已经失去了信任,与中共地下党的联系也一度中断。是年,张东荪在《读书通讯》第34期发表《学术统制与自由》。

> 按:《学术统制与自由》曰:"中国以往所以建立民主政治而始终未成,乃正是由于太缺乏这样的国民。并且在行为方面亦须养成尊重异派存在态度。首先由教师作个表率。不因派别不同而蔑视其思想上的价值;不因思想不同而抨击其人身;不党同而伐异;不先入为主;不视不同的主张为仇敌;容许他人发言,容许他人和我有同样的自由。养成这样的心理与态度,乃是当今教育所最需要的。所以今天的教育决不在灌注任何主义,而在养成民主主义下之公民,使他自己有资格能力以抉择于各种不同的主义。须知从开始即灌注一种主义和养成了批评辨别能力以后自己选择一种主义去相信,乃完全是两件事。灌注一种主义是盲目的,是排他的;自己有了辨别力去选取一种主义是自由的,是出于理性的自觉的。不过以为此种主义在此时此地比较上合用而已,绝不至于一笔抹煞其他的学说。凡事出于理性的自觉便可没有危险。所以民主主义下的教育不反对人们信从何种主义,只是反对那种有己无人的盲信态度而已。"(以上参见左玉河编《张东荪年谱》,群言出版社2014年版;左玉河编《中国近代思想家文库·张东荪卷》及附录《张东荪年谱简编》,中国人民大学出版社2015年版)

陆志韦、陈其田、赵紫宸、邓之诚、洪业、张东荪、赵承信、侯仁之等11人2月10日被送到铁狮子胡同日本军事法庭受审。随后被关押于东直门内炮局三条日本陆军监狱。12日,萧正谊、戴艾桢获释。5月16日,邓之诚、洪业、刘豁轩获释。25日,赵承信获释。6月18日,张东荪、蔡一谔被日军判徒刑1年半,缓刑3年。赵紫宸、林嘉通、侯仁之、陈其田被判徒刑1年,缓刑2年。陆志韦因病已于5月14日保外就医,此次被判徒刑1年半,缓刑2

年。宣判后,各位教师均被释放。(参见张玮瑛、王百强、钱辛波主编《燕京大学史稿》,北京人民中国出版社 2000 年版)

赵紫宸 6 月获释,系狱 193 天。张东荪为了反抗日寇的凌辱,在狱中曾自杀 4 次而未遂,并与日本看守撕打,不屈服日寇的淫威。赵紫宸作赋《虞美人·咏张东荪》云:"论情之子真堪爱,谈笑风流在,只愁孤坐不愁关。拦住白衣胡乱诌温寒。隔墙听去浑如乐,赞美黄金粟,孰知常抱杞人忧,正似乌云重叠满天浮。"赵紫宸出狱后记下在狱中创作的诗篇,取名《南冠集》,但未出版。(参见赵晓阳编《中国近代思想家文库·赵紫宸卷》及附录《赵紫宸年谱简编》,中国人民大学出版社 2014 年版;左玉河编《张东荪年谱》,群言出版社 2014 年版)

洪业与邓之诚、陆志韦、赵紫宸等燕京大学教授被日军关入监牢四个多月。洪业在狱中曾请求狱吏"让我家送一部《杜诗引得》或任何本子的杜诗一部入狱,让我阅看",但未能成功。张东荪为了反抗日寇的凌辱,在狱中曾自杀 4 次而未遂,并与日本看守撕打,不屈服日寇的淫威。洪业在《六君子歌》中称赞张东荪:"张公谩骂如狂癫,溷厕败帚执为鞭,佩剑虎贲孰敢前。"(参见左玉河编《张东荪年谱》,群言出版社 2014 年版)

邓之诚被日本拘捕出狱后,录成囚居所咏各体诗 105 首,题为《闭关吟》。又回忆年少时在云南所见所闻而著《滇语》,内容涉及云南建置沿革、人物轶事、风俗物产等,对研究清末民初的云南史地和社会风物,皆有重要意义,是邓之诚所著的一部重要的西南文献。

张尔田 9 月 28 日与夏承焘书言"佛典只能论理,不能考古",并言"兄研究教宗固善,但弟则以为中邦必不终亡,中邦文艺亦终有复兴之一日。甚愿兄阐明永嘉经制之学,以待将来,其有意乎?弟生平研讨佛学最深,颇以为中邦今日尚不宜此学。中邦今日而欲立国,必须讲求实际。岂独佛学,即西洋哲学,吾亦以为必须从缓也"。吴庠与夏承焘言,"甚佩孟劬,谓当今师友间第一人"。3 月,诗《有感一章寄酬榆生》刊登于《同声月刊》第 2 卷第 3 号。6 月,诗《题罗昭谏集》刊登于《同声月刊》第 2 卷第 6 号。7 月,《玉溪生诗题记》刊登于《同声月刊》第 2 卷第 7 号。8 月,《大鹤山人遗札(与张孟劬五通)》刊《同声月刊》第 2 卷第 8 号。10 月,《株昭集自序》刊登于《同声月刊》第 2 卷第 9 号。12 月,《玉溪生诗评》刊登于《同声月刊》第 2 卷第 11 号。是年,龙榆生有诗《雪夜寄孟劬先生燕京》。(参见孙文阁、张笑川编《中国近代思想家文库·张尔田、柳诒徵卷》及附录《张尔田年谱简编》,中国人民大学出版社 2014 年版)

俞平伯除在中国大学任教外,还在家里辅导几个学生,以微薄的收入维持困顿的生活。1 月 1 日,致周作人信,贺新年。春,在古槐书屋接待来访的《万人文库》旬刊"文园"专刊编辑真夫、夏简、小松氏,并同他们合影。4 月 5 日,作《左传震夷伯之庙一条非左氏旧文说》,刊于次年 12 月《中德学志》第 5 卷第 4 期。5 月 1 日,《与友人论宫调书》刊于《万人文库》旬刊第 12 册"五月文园"。6 月 1 日,《再与友人书》刊于《万人文库》旬刊第 15 册"六月文园"。6 日,作《再与汪健君书》,刊于 9 月 1 日《万人文库》旬刊第 24 册"九月文园"。8 月 1 日,《与汪健君书论正声变调》发表在《万人文库》旬刊第 21 册"八月文园"。26 日,应嘱为郭则沄著《红楼真梦传奇》作序,刊于 11 月 1 日《万人文库》旬刊第 30 册"十一月文园"。后被收入《俞平伯序跋集》。9 月 13 日,出席在北京饭店举行的伪华北作家协会成立大会及第一次全体会员大会,并被选为伪华北作家协会评议员会中的评议员。18 日,致周作人信。10 月 25 日,乃结婚 25 周年纪念日,偕夫人至王季烈寓所,参加嫡庐曲会。过东庙买菊花,赠夫人,并作银婚诗《壬午九月既望赠内子五章》。此诗曾寄示在西南联大的朱自清等友人。朱自清评价此诗"淡远秾丽兼擅其美,是在忧患中语,读之感慨"。此诗后收入《俞平伯旧体诗

钞》。年内,应邀与北大艺文研习会昆曲组同人合影留念。(参见孙玉蓉编《俞平伯年谱》,天津人民出版社2006年版)

周作人1月1日上午往伪华北政务委员会参加元旦团拜。下午,往日本兴亚院华北联络部部长盐泽及华北派遣军司令官冈村宁次官舍贺年。在《教育时报》第4期发表《新年之辞》,对汪伪汉奸政权统治下的华北形势极尽美化,并对华北教育工作提出了三点希望:"第一,扩充职业教育""第二,推行社会教育""第三,重施义务教育"。9日,往伪东亚文化协议会,会见日本官员奥田。下午往伪华北教育总署,与署长及各局局长商定署中职员考绩事项。23日,往伪东亚文化协议会,与日方官员奥田晤谈。24日,作《药味集·序》,刊于7月《古今》第5期。27日,往兴亚院,访兴亚院文化局局长别所大冢。30日上午,参加伪东亚文化协议会会议。下午,往访伪华北财政总署督办汪时璟。2月10日,作《〈中国文学与日本文学〉序》,刊于1944年11月《文史》第1期。《中国文学与日本文学》为梁盛志所著,从文学上说明中日文化交流史迹的著作。21日,往伪教育总署,召集全署职员举行"庆祝新加坡陷落大会",在会上致训词,题为《东亚解放之证明》,讲稿载3月1日《教育时报》第5期。训词中对日本帝国主义的侵略行为大加赞颂。23日,往北京市前内西皮市银行工会,出席北京新闻协会为"庆祝新加坡陷落"举行的华北新闻记者大会。出席会议的还有日本军部部长有末,伪华北政务委员会委员长王揖唐,伪新民会副会长殷同,伪北京市市长余晋和,伪情报局局长林文龙等。有末、王揖唐、周作人等均在会上致了训词。26日下午,往伪教育总署,参加日语讲习会教员会议。28日,往日本兴亚院华北联络部部长盐泽公馆,赴茶会。

周作人3月7日上午往北京大学文学院,接待日人河野与原来访。9日,往伪东亚文化协议会,参加理事会会议。18日,往怀仁堂参加北京市日侨组织的"北京大政翼赞会"成立大会。20日,往伪教育总署,主持召开华北教育会议,会期两日。参加会议的有伪教育署长张心沛,及华北各省市教育厅局长。会上由周作人致训词并颁布指示事项:"1.教育指导方针,以协力东亚之建设为目的,增加中日文化交流""2.肃正思想,务使一般国民咸具善邻防共,协力建设东亚新秩序之理念"等共11条。下午,分组讨论。晚,在留日同学会设宴招待出席会议的全体代表。21日上午,往伪教育总署,赴华北教育会议举行的特别讲演会,由日军司令部报导部长永井大佐讲演,讲题为"大东亚战争与国际情势"。28日上午,往北京师范大学,参加文、理、教育三学院学生的毕业典礼,并在会上训话。30日,往伪教育总署,参加庆祝伪国民政府还都、伪华北政务委员会成立两周年纪念会,并在会上致词,讲述了伪华北政务委员会成立的"意义"及今后努力的方向。同月,《药味集》由新民印书馆出版。4月10日,往北京大学文学院,接待日人井上的来访。收伪华北政务委员会委任令,委派暂兼北京图书馆馆长。11日上午,往太庙,参加伪北京市教育局举行的北京市教育者大会。会议由伪北京市教育局局长王养怡致开会词,伪北京市市长余晋和、周作人及日军司令部报导部长永井大佐、日本特务机关长松崎等都在会上致了训词。14日,往北京图书馆,就任馆长职务。20日晨,与伪教育署长张心沛、秘书黄公献、左啸鸿、兴亚院别所大冢及其他随行人员乘火车,赴涿县、保定等地视察汪伪政府发动的第四次"治安强化运动"的推进实施情况。26日,作《〈汪精卫先生庚戌蒙难实录〉序》,刊于6月《古今》第4期。

周作人5月9日与伪宣传部长林柏生等前往参观建国大学,并致词。中午,赴伪满洲国总理招宴。下午,赴伪满洲国在南岭协和会召开的欢迎大会。11日晚,赴伪外交部长褚民谊在中日文化协会所设的招待宴。12日,同褚民谊、张次溪至日本大使馆访问,又往访伪司法院院长温宗尧、伪立法院院长陈公博。中午,至中央大学农场,赴伪中央大学校长樊仲云的招宴。下午,往访伪考试院长江亢虎、伪监察院院长梁鸿志。13日上午,至伪中央大学讲演。中午,赴伪宣传部部长林柏生之招宴。下午,至中日文化协会,参加伪宣传部的座谈会。14日,赴伪考试院院长江亢虎之招宴。下午乘火车北归。15日,回到北京。16日,作《钱写本〈说文管窥〉后记》。19日,往北京大学文学院,与日人山口晤谈。6月1—3日,北京《晨报》第1版《华北教育家笔上座谈》栏连续发表周作人、钱稻孙、黎世衡、王石之、张心沛、沈启无等人参加的华北教育家笔谈文章。9日,往伪东亚文化协议会访问日人奥田。25日,往北京师范大学,参加毕业生讲演会,并致辞。28日,往北京大学文学院,赴院务会议。往北京大学办公处公宴日人宇野。7月1日上午,往怀仁堂,赴北京大学文、理、农、工、医、法六学院毕业生毕业典礼并致词。13日,伪华北教育总署举办第四届中等学校教员暑期讲习班。在开班典礼上委托秘书左笑鸿代读讲话稿,讲题为《树立中心思想》,讲稿刊于9月1日《教育时报》第8期。24日,往伪东亚文化协议会访问日人奥田。

周作人8月12日往留日同学会,公宴伪教育总署编审会中的日本人冈及森下、别所等。14日,往伪东亚文化协议会,访问奥田、钱稻孙等人。17日,往伪东亚文化协议会,赴日人奥田之招宴,同座有日人山岸及钱稻孙、张鸣岐、王石之、黄宾虹、方少峰、梁亚平等。22日,往伪东亚文化协议会,访问奥田、钱稻孙。28日,往伪东亚文化协议会,访问赤间、奥田、钱稻孙。30日,设宴招待日人酒井、小山、森岛、赤间、奥田及钱稻孙等人。31日上午,往北京大学,赴伪东亚文化协议会第六次评议员会议。下午,往怀仁堂,设宴招待出席伪东亚文化协议会第六次评议员会议的中日人员,共16席。9月1日上午,往伪北京大学文学院,赴伪东亚文化协议会文学分部会议。2日下午,往伪北京大学,赴伪东亚文化协议会总会议。又往北京饭店,赴兴亚院茶会。3日,往北京大学,公宴出席伪东亚文化协议会第六次评议员会议的中日人员。晚,往留日同学会,赴伪东亚文化协议会文学部恳亲会。4日,往北京饭店赴岩崎之招宴,同座有伪华北政委会诸汉奸。5日下午,赴日人范村之招宴,同座有日人赤间、奥田、藤原及钱稻孙等。7日,往伪东亚文化协议会,参加理事会会议。9日,为北京大学医学院成立30周年纪念,捐款百元。11日,往孔庙参加丁祭。13日,在北京饭店举行伪华北作家协会成立大会及全体会员第一次大会,出席会议的共300多人。周作人派代表出席了这次会议。会上通过伪"华北作家协会组织规程",选举伪华北作家协会评议会,周作人当选为评议会主席,钱稻孙、林文龙、喻熙杰、沈启无、杨丙辰、俞平伯、管翼贤、陈宰平、陈绵、毕树棠当选为评议员,会议选举柳龙光为评议会干事。周作人在书面训词刊于10月5日《中国文艺》第7卷第2期。16日下午,往伪东亚文化协议会,赴日人奥田之招宴,同座有钱稻孙、鲍文樾和日方人员赤间、奥田、藤原、佐竹等。

周作人10月2日往北京大学办公处公宴日人春日及日籍教师、各系主任、日文系专任教员、北京大学秘书长、教务长等。7日,应伪新民会副会长殷同之招,往殷宅谈新民会工作。10日,往太庙为兴亚美术展览会发奖。12日,往六国饭店,参加北京大学文学院日籍教员的招宴。15日,出席伪北京市教育局举行的第五次"治安强化运动"教育者大会,并在会上致训词。17日,往北京大学进德社参加恳谈会,到会的有伪华北政务委员会各委员及日本侵略军军部参谋长。22日上午,往外交大楼出席伪新民会1942年第二次中央委员会会议,到会的还有伪新民会中央委员王揖唐、殷同、朱深、苏体仁、赵琪、江朝宗、马良、潘毓桂、吴赞周、温世珍等。25日,同在北京的伪宣传部长林柏生及王揖唐、王荫泰、殷同等伪华北政务委员会诸汉奸赴机场,迎接为出席 1942 年度伪新民会全体联合协议会,由南京专程飞抵北平的汪精卫、褚民谊、梅思平等人。26 日上午,往北京大学医学院,赴医学院成立 30 周年纪念会。27 日上午,往怀仁堂,赴伪新民会 1942 年度全体联合协议会开幕式。参加这次会议的有伪国民政府主席汪精卫、日本侵略军华北派遣军司令官冈村宁茨、伪外交部长褚民谊、伪陆军部长鲍文樾、伪实业部长梅思平、伪驻日大使徐良、伪华北各省市长、伪华北政务委员会委员、督办等及日本华北军部队长安达、日本大使馆参事官土田、北京市特务机关长松崎、伪满洲国驻京大使孙错等。汪精卫在会上作了“如何挽救中国”的讲话。

周作人 11 月 10 日往北京大学文学院访日人山口。11 日,往北京师范大学视察,并往看附中、附小。13 日,往北京师范大学分院及其第二附中、附小视察。17 日,往北京大学法学院视察。18 日,作《中国的思想问题》,刊于次年 1 月《中和月刊》第 1 卷第 4 期。19 日晚,同伪华北教育署长张心沛、秘书黄公献、左啸虹及日本人别所、水川等乘火车赴井陉、彰德等处视察汪伪政府发动的第五次“治安强化运动”及教育工作情况。12 月 8 日上午,周作人身着日本军服往东单练兵场,参加伪中华民国新民会青少年团中央统监部成立大会。王揖唐任总监,周作人任副总监。周作人致开会辞,题为《齐一意志,发挥力量》,讲稿载次年 1 月《中国公论》第 8 卷第 4 期。9 日,往北京大学办公处,参加日人山口之招宴。14 日,在伪教育总署举办的行政人员讲习班开班典礼上致训词。17 日,往北京大学文学院,赴文学院成立 44 周年纪念大会,并在会上致词。18 日,伪华北政务委员会教育总署在北平成立学术文化审议会。该委员会之设立系在教育、学术上为日本侵华提供帮助,共有周作人、傅增湘、曹汝霖、钱稻孙、黎世衡等 28 人组成。同日,往伪东亚文化协会,赴学术文化审议会,王揖唐在会上致训词,出席会议的有各界代表 20 余人。20 日,收伪华北政务委员会聘书,聘任为宗教制度讨论会会员。25 日,往伪华北教育总署,赴伪华北教育厅局长临时会议。28 日晚,往伪华北政务委员会,公宴日本侵略军参谋长大城户。29 日,与伪北京市教育局长陈菩缘同往视察北京市外国语专科学校及北京艺术专科学校。（参见张菊香、张铁荣主编《周作人年谱》,南开大学出版社 1985 年版;王学典《20 世纪史学编年(1900—1949)》,商务印书馆 2014 年版）

钱稻孙与周作人、黎世衡、王石之、张心沛、沈启无 6 月参加华北教育家笔谈,笔谈记录连载于 6 月 1—3 日北京《晨报》第 1 版《华北教育家笔上座谈》。8 月 17 日,往伪东亚文化协议会,赴日人奥田之招宴。9 月 5 日下午,赴日人范村之招宴。13 日,在北京饭店举行伪华北作家协会成立大会及全体会员第一次大会,钱稻孙与林文龙、喻熙杰、沈启无、杨丙辰、俞平伯、管翼贤、陈宰平、陈绵、毕树棠当选为评议员。16 日下午,往伪东亚文化协议会,赴日人奥田之招宴。11 月 3 日,钱稻孙、沈启无、尤炳圻、张我军、柳雨生、周毓英、许锡庆、丁雨林、潘序祖、龙持平等参加在日本东京举行的第一届“大东亚文学者大会”。19 日午,至伪东亚文化协议会,招待出席去日本东京参加“大东亚文学者大会”归来的中国代表:钱稻孙、沈启无、尤炳圻、张我军、柳雨生、周毓英、许锡庆、丁雨林、潘序祖、龙持平以及草野心平等日方人员多人。（参见张菊香、张铁荣主编《周作人年谱》,南开大学出版社 1985 年版）

傅增湘 2 月 20 日致信张元济,谓:“侍去岁校勘之课大减。惟撰著题跋及整理蜀文及旧稿,大费精力。英华校记已写至八百卷。更有两月可以讫功。积稿已逾尺许。告成之后须重对一遍,又是一番功夫。可见校勘之未易言。岁暮文禄王贾持赵谏议本庄子十册来。此三十年前所求一见而不可得者。此事公当忆及之。及发函展视。乃知为蜀刻。艺风当日未曾辨出,侍以蜀本罕见。此庄子尤海内孤本,竟以极高之价收之。公闻之当为我喜。

其价大骇物听,计当割一庄矣。新正无事,撰成题记千余言,更题诗十首,俟录以奉政。记馆中曾收得沈宝砚手校本,侍临过一卷,今得原书详核,知沈氏当日据校者正是此书,可知自清初流传至今,只有此帙,惜藏印全行刊灭,其传世端绪无可考耳。沈氏校本计必尚存,查烬余目所载有小跋二段,未知此外尚有其他文字可考见否? 公清暇或为我检视,至感。此外尚有圣宋文选一部,惜无力更收之矣。近托京华印群书题记,视前印续集昂至三倍。此集毕后,又将商印蜀文(改刻板为排印,略可省费),计须三万余金,债台又将高筑,奈何?闻张公潜若所居与公同巷,兹附一笺,祈饬纪送去,其门号则不知也。手此奉布,敬候新祺。"(参见张元济、傅增湘《张元济傅增湘论书尺牍》,商务印书馆1983年版,第383页)

　　谢国桢8月11日撰成《丛书刊刻源流考》,后经修改收入《明清笔记谈丛》。28日,撰成《平景孙(步青)事辑》,后经修改收入《明清笔记谈丛》。(参见牛建强《谢国桢先生年谱》,《明史研究》2010年第1期)

　　孙海波任伪北京师范大学秘书长。自1938年至是年在北平东方文化委员会参加编写《续四库全书提要》。

　　高名凯离开燕京大学国文系到北京中法汉学研究所任研究员。

　　郑振铎化名潜居上海。1月9日上午,占据香港的日军宪兵队长平川传讯陈君葆等,直到第二天晚上才释放。盘查的中心问题就是郑振铎他们寄存在港大图书馆的善本书。12日,化名"犀"致蒋复璁隐语信:"此间八日后,秩序安宁如常……全家大小,均甚安吉,堪释远念。港地亲友,因消息隔绝,毫无音讯,最为罣念不安。玉老及马季二位,不知近况如何?积存各物,不知已否先期离港? 便中尚恳示知一二为荷。弟在此,已失业家居,终日以写字读书为消遣,尚不甚苦闷。近拟笺注季沧苇及汪阆源二家藏书目录,亦消磨岁月之一法也。"这是郑振铎在日寇占领上海全市后第一封冒险与重庆方面秘密联系的信。18日,被日本侵略军查封的良友复兴图书印刷公司启封,发现前未售出或未及寄出的郑振铎编著的《中国版画史图录》数十函均已被盗掠一空。22日,以"幽芳阁主"化名为藏书《道光二十六年日月刻度通书》作题跋:"此为今存之第一部中西合璧历书,于东西文化交通史上关系极大。予从郭石麒处得之,为之狂喜不已!"26日,化名"犀"致蒋复璁隐语信。同日,化名"犀"致"圣翁"(徐森玉)隐语信。27日,教育部顾毓琇致蒋复璁信:"顷得某方带来一函,云系郑振铎兄手笔,特为转寄。"当即1月12日郑振铎致蒋复璁密信。1月底至2月,郑振铎等人为中央图书馆购置的存在香港的3万余册古籍悉被日寇劫去。直至抗战胜利后,才被我国驻日代表团在日本帝国图书馆发现追回。

　　郑振铎3月20日化名"悌"致蒋复璁隐语信。7月21日,上海日本宪兵队发出通告,勒令缴送所谓"反动书报",即宣传爱国抗日的书报。9月,日本帝国主义当局指使华北地区汉奸文人成立所谓"华北作家协会",由伪华北教育总署督办周作人担任所谓"评论会主席"。郑振铎闻讯后,既感到愤怒,又"觉得格外痛心,比见了任何人的堕落还要痛心"! 10月5日,南京伪《国立中央大学周刊》(刊名《中大周刊》为汪精卫所题)第73期开始分五次(其后10月12日第74期、19日第75期、26日第76期、11月2日第77期)连续转载郑振铎在1942年1月以"子汶"笔名发表的《中国文学研究的重要书籍介绍》。秋,经北平邃雅斋书友许奇亮帮助,见到明嘉靖黑口本《秦词正讹》残卷二册,略一翻阅即惊为奇书,亟收之。12月26日,浦江清(在昆明)致施蛰存(在厦门),提及:"兄之存书,《郑氏文学史》《四印斋词》《八史经籍志》等均在冠英处,尚未送来,待检清后,当函告。"(以上参见陈福康《郑振铎年谱》,三晋出

版社2008年版）

　　徐森玉3月14日重返上海。10月，嘉业堂藏书分置上海、南浔两地，交收付款亦分批进行，张叔平在购刘书时，又找亿中银行董事长朱鸿仪。张居中留存了部分书，交给下家朱之书，经张元济、叶揆初、徐森玉等人鉴别，认为不值，朱遂终止付款。这样，张也多次延期交付刘款。双方发生纠葛后，郑振铎声明退出中证。后来事情越搞越僵，双方甚至都寻找敌伪高官支持，张还强行取书，直至战后还差点引起诉讼。最后由徐森玉、蒋复璁、顾毓琇等人出面解决。11月9日，刘承幹日记载："晚，陈济川招饮于梁园。同座者徐森玉、郑西谛、瞿旭初、张芹伯、葛荫梧、李宗侗（直隶高阳人，文正公鸿藻之孙，符曾左丞焜瀛之子）、张世尧（济川来薰阁之夥友）、施韵秋。"12月22日，徐森玉、郑振铎去访，言"刘承幹钞校本已由张百熙之幼子子舆收购，惟力有不逮，将以一部分让人。已有有力某欲得之，且力任印布之事。丈即讶其人果能在此时为刊印书籍之事乎？则云，此人即于印刷事业起家者，将来彼必求为鉴定，希加吹嘘为托。丈即属彼转却之。所谓有力者，盖金坛朱某，所以访菊丈关切，即以宋元本之审定曾起波折耳。"（参见张人凤、柳和城编著《张元济年谱长编》，上海交通大学出版社2011年版；陈福康《郑振铎年谱》，三晋出版社2008年版）

　　李登辉仍居上海。1月，复旦大学改为国立，吴南轩就任国立复旦大学校长。太平洋战争爆发前，沪校与渝校主要通过香港联络。现香港沦陷，与渝校联系中断。为应付日益恶化的局势，沪校今起成立校务委员会，实行集体负责制，成员有：李登辉、金通尹、叶季纯、李权时、顾仲彝、周德熙、耿淡如、应成一、袁际唐、戴岂心、陈科美、施霖。同日，校务委员会召开第一次会议。5月，复旦大学在重庆北碚为李登辉庆祝七十寿辰。复旦同学总会在寿文中写道："先生之学，名物训诂，文章经济，有足以名之者乎？先生之德，允恭玄默，巍巍穆穆，有足以名之者乎？……一世之中，先生之所业惟一，先生之所教惟一，三十五年，先生一校之教授也，三十五年，先生一校之校长也。"7月3日，沪校校董在绿杨村餐社举行董事会，出席校董有赵晋卿、郭仲良、王伯元、闻兰亭、袁履登、李登辉、叶季纯、王思方、周越然、许晓初、鲍慷志等。因渝校已改为国立，关于沪校名称，校董决定：对外仍用"上海私立复旦大学"名称。12月，日本宪兵队军官至沪校，要求见校长，查问是否收外籍学生。李登辉适坐办公室，但来者不识李登辉，气势汹汹，进行威胁，李登辉断然拒绝，终不为所动。敌军官不得逞，悻悻离去。（参见钱益民《李登辉传》及附录四《李登辉年谱简编》，复旦大学出版社2005年版）

　　蒋维乔将光华大学文学院与诚明文学院分别对外改称诚正文学社与成民文商学院，又兼任鸿英图书馆名誉馆长。6月29日，蒋维乔日记载："午后四时，赴青年会。郑君振铎约在此茶会，商量编辑百科全书。到会者有萧家骏、黎止寰、孙瑞麟、陈干臣诸君。六时回。"8月，弟子杨宽《墨经哲学》由重庆正中书局出版，蒋维乔为作序，曰："去岁，君既毕业，汇集其十年来研究《墨经》之说，结集成册，别为十五章，章各冠以学说之总名，复条析其目，丽以《经说》原句，附以校释，并于卷首冠《通说》一卷，名之曰《墨经哲学》，示有别于世之以科学相皮傅者。余常谓君曰：'今之治学，宜乎观其会通，以科学方法，比较分析，方有端绪可寻。校勘训诂，此特治学初步然也，而观其会通为尤要，否则虽有仲容之精博，犹不足以探索真理。'君韪余言，故是编之作，莫不穷原竟委，观其会通，无割裂破碎之病，无立奇炫异之弊，《墨经哲学》之真义，乃得大显于天下，哲学史将为之改观矣！诚空前之杰构也！是为序。"暑假后，鸿英图书馆试行对公众开放，曾先后三次受到日本宪兵以检查抗日书刊为名进行骚扰，部分图书资料遭劫走。汪伪政府屡次要蒋维乔出任伪教育部次长和伪教育协会会长等职,都被他坚决拒绝。年底,蒋维乔日记中写道:"是岁为环境最恶劣之年。诚正、诚明两学校(指光华大学文学院及诚明文学院),因对付敌伪,煞费苦心;鸿英图书馆两次遭敌,幸皆应付过去,而敌伪对我个人之威胁利诱,尤咄咄逼人,我以平素刚直之态度对之,彼亦无如我何。"

按:是年冬,杨宽返上海看望乃师蒋维乔,蒋维乔告诉杨宽:夏天日军和汉奸举办暑期讲习所,日军特务机关的思想部长长峰崇仁到他家中,逼他担任中国文化史的讲师,被他拒绝,但是发布的新闻上仍然列有他的名字,因此他请申报记者发表一篇他提倡"静坐法"的报道(蒋氏曾著《因是子静坐法》,为气功之书),借此辟谣。秋天长峰又来逼他担任上海特别市教育会副会长,他又严词拒绝。接着汉奸特工总部(极司菲尔路"Jessfield Rd."七十六号,即今万航渡路四三五号)主任丁默邨多次要求见面,他都置之不理。他说:"我已是七十老翁还怕什么。"(参见贾鹏涛《杨宽先生编年事辑》,中华书局2019年版)

周予同继续留居上海。当时社会科学讲习所,宣传抗日,内有学生方行、韩述之,后被逼停闭,方行去苏北。韦悫在苏北成立大学,方行携陈毅条子来约周予同赴苏北,因家庭原因未去。

按:据方行《狂胪文献耗中年》回忆,自1940年黄桥大捷,陈毅已通过他联系郑振铎与周先生。因此1942年的"陈毅条子"当非首次邀请。郑尔康《忆陈毅同志与父亲郑振铎的交往》(上海鲁迅纪念馆编《郑振铎纪念集》):"约在1941年冬到1942年底,他(陈毅)多次派人从苏北秘密来沪,通过上海地下党和父亲联系。……解放以后,父亲曾对我们讲过,那时陈毅同志亲自布置了上海的地下交通站,并在吴淞口准备了船只,在上海的爱国人士,一旦发生危险,只要到指定地点以暗号联系,就会有船只把人送往苏北解放区去。"(参见成棣《周予同先生年谱》,《传统中国研究集刊》第20辑,上海社会科学院出版社2019年版;葛剑雄整理《谭其骧日记》,文汇出版社1998年版)

吕思勉是年日记更名为《更生记》。5月6日,王伯祥日记所记吕思勉托售丛书集成事,可知光华大学停办之后,吕思勉的生活顿陷困境。6月20日,吕思勉为沈延国《周书集释》作序及识语,至1944年刊于文艺春秋丛刊之一《两年》。当时顾颉刚的读书笔记,以"吕思勉论齐学"为题,节录吕思勉的序言,并加评语:"沈延国君自其祖若父以来三世治《逸周书》,既采获各本异同,复网罗诸家论列,以补孔、晁《注》所未备,成《逸周书集释》,都百数十万言,自此最难读之一部书可望剥除荆榛,凿开秘奥矣。吕诚之先生思勉为之序曰:'古之言文学者必称邹、鲁,然鲁之学非齐故也。古人之著书,非所以要名利,而特欲以传其道,故有不自名而求人名者,《史记》言'诸侯客进兵法者,魏公子皆名之'是也。后人所指为依托者亦如是已,非作伪以欺人也。信如是也,齐人著书所欲依托者宜莫如太公、管、晏。……此论揭出齐国学术,并定《周逸书》为齐人托于太公之书,与《管子》托于管仲之书者同。可谓巨眼烛照。齐国文化发达,著作夥颐,今存者有《周官》《考工记》《公羊传》《晏子春秋》《太公六韬》《大戴礼记》,而《管子》《周逸书》两书关系最大。自有吕先生此文,其事乃显,非对先秦古籍研讨有素,不能为此言也。"7月31日,柳存仁将吕思勉1941年1月为其所写的两篇序文《柳著〈俞理初先生年谱〉序》和《柳著〈上古秦汉文学史〉序》题为《关于上古秦汉文学史及其他(柳存仁〈上古秦汉文学史〉序、柳存仁〈俞理初先生年谱〉序)》,刊于《东方文化》第1卷第2期,并写有识语。(参见李永圻、张耕华编撰《吕思勉先生年谱长编》,上海古籍出版社2012年版)

黎照寰继续任交通大学校长。1月10日,黎照寰校长化名李耀寰电函教育部高等教育司吴俊升司长,称环境困难,为校产保存,提出下列要求:一、请准予辞去校长职务,由唐文治先生接替或代理,使学校改为私立,以便应付;二、四年级毕业生,所修学分达到部定标准

147分,可否准其提前毕业,或在可能范围内化整为零,再延数月;三、学校经费异常困难,教职员生活无法维持,本年欠发款超20万元,请设法汇下应急。同月,交通大学黎校长为应付环境计,拟将学校改为私立南洋大学,迭次敦请唐文治为校长,唐文治函黎照寰校长及校董会坚辞校长职。(参见陆阳《唐文治年谱》,上海三联书店2013年版)

唐文治继续主持国专沪校。1月,国专沪校毕业民国三十年度第一学期学生12人,皆为三年制国学科。同月,国专沪校开学,新旧同学共110余人。唐文治在校中任《诗经》《论语》课各一节,用自编《诗经大义》《论语大义》作教材。4月,崇德善会印行《唐蔚芝先生劝孝编》,内收文"节文""精意""春晖""立身""不忍""太和""气质""模范""良知""亲疾"12篇。6月19日,教育部专员徐治致函教育部长陈立夫,请求对国专沪校予以经费接济。7月,私立南洋大学召开第六次董事会会议。董事会主席唐文治、校长黎照寰及张廷金等董事到会。会议议决:学校不关门,校产要保全,在不被改组、不改变学校制度、保存办学宗旨的精神下,可以与汪伪教育部联系,继续办学;经费要有着落。讨论经费是否拒收,董事们认为这个钱不是汪伪方的,实系人民的钱,以人民的钱办人民的教学似无不可。会议推举张廷金以代理校长身份出面周旋,进行消极抵抗。同月,国专沪校毕业民国三十年度第二学期学生11人,皆为三年制国学科。

唐文治是年夏奉教育部令:国专桂校开办二年制文书专修班,此为全国专科以上造就文书专门人才之始。两年制的文书专修班也在沪校开办。此后,国专沪校与桂校一样,有三年制和五年制本科,兼办二年制文书专修班。夏,常熟翁崇庆来访,出示翁心存(文端)、翁同龢(文恭)手迹,唐文治作《翁文端文恭两公墨迹记》。农历七月,南通陈琛重印张謇年谱,唐文治为之作序。9月23日,南洋大学致函复法公董局教育处,告知8月10日通告收悉,查前由交大改为私立南洋大学时,曾组织校董会推举张廷金为代理校长,现已恢复国立交通大学原名,校长仍由张廷金担任,私立南洋大学校董会自即取消。同日,汪伪南京政府"教育部"派人劝说唐文治出任上海交大董事长(一说是就任校长),并要挟他签字同意,唐文治从容作答:"行年七八十,此字可不签矣!"11月,唐文治由于身体原因,加之黎照寰率领部分师生离校,唐文治在交通大学持续三年多的国学讲座告结束。是年,《唐蔚芝先生演讲录》第五、六集由私立南洋大学印行。第五集收《孝经开宗明义章》《阳明学术发微序》等25篇;第六集收《论语讲义式》《作文法》等24篇。(以上参见陆阳《唐文治年谱》,上海三联书店2013年版)

王蘧常时任国专沪校教务长,兼任交通大学教授。8月上旬,汪伪南京政府"教育部"接管"私立南洋大学",更名"国立交通大学"。时在交通大学兼任教授的国专沪校教务长王蘧常与同事裘维裕、陈石英、钟兆琳、黄叔培等人辞去交大教职,人称"反伪六教授"。王蘧常作《节妇吟》以自明其志。唐文治大为赞赏。唐文治、张寿镛、姚景瀛、沈卫为贫困交加的王蘧常代订鬻字文例。

按:文例无具体时间,从序文判断,系于之年。王蘧常在日伪接管交通大学后辞去教职,故而贫困交加,生活无着。(参见陆阳《唐文治年谱》,上海三联书店2013年版)

马叙伦仍潜居上海。2月5日,将吴颖芳(西林)《说文解字理董》稿本归还合众图书馆。4月22日,汤国梨(影观)在夏承焘陪同下来访,持赠《章氏丛书三编》。24日,刘项宣、夏承焘来访。与老同事刘项宣阔别30年。29日,回访夏承焘未值。5月,读何天行《王静安十五年祭文》。6月5日,托人到合众图书馆寄存自著丛书。9月16日,夏承焘回里期间向籀园图书馆借阅马著《读书记》三册。19日，顾廷龙阅《说文理董》，发觉"马叙伦有一跋""拟撰一跋表彰之"。同月，江苏如皋双甸拟办一所大学，意欲聘请马叙伦、周予同、任铭善执教。10月20日，顾廷龙送书两册来。23日，致函顾廷龙。24日，顾廷龙回复，并借以王国维《急就篇校记》。同月，李叔同（弘一法师）圆寂。后撰文《何缘之悭》以志纪念。12月26日，至合众图书馆还书。是年，《六书疏证摘记》收入《说文月刊》2卷合订本。撰《殷虚书契前编所见许氏说文解字所无之字》，稿本藏北京国家图书馆。（参见卢礼阳《马叙伦年谱》，浙江古籍出版社2021年版）

蔡尚思7月20日致函陈垣："南京一别，转瞬数年，吾师精神，定极矍铄！弟子战前即来此间，现仍在沪江讲授通史等课。惟最近不论精神物质，均感痛苦，交通稍便，或将返乡。闻友人言：在全国中，惟有贵校一切照旧，至堪庆贺。弟子天性喜纯粹之研究，不喜任何活动，贵校如有机会，仍希代为留意。"8月12日，陈垣致蔡尚思函："去年六月九日曾有一函寄上海大夏大学转交足下，未见回音，以为足下离沪久矣。前月忽奉手书，藉知起居安吉，至以为慰。辅仁近状勉强维持，万方一概，卜居殊不易也。大著研究法提要拜收，略读一过，唯有望洋向若而叹，佩甚佩甚。"9月，蔡尚思到沪校兼课，讲授"中国思想史"等课程，直至1945年8月抗战胜利。（参见刘乃和、周少川、王明泽《陈垣年谱配图长编》，辽海出版社2000年版；陆阳《唐文治年谱》，上海三联书店2013年版）

谭正璧先后在上海美术专科学校、新中国医学院、华光戏剧专科学校任教。太平洋战争爆发后，参加中共地下工作。是年，《现代社交书信》《现代处世尺牍》由光明书局出版；《中学国文补修读本》4册由商务印书馆出版；《国文研究丛刊》6种《文学源流》《国学常识》《国语文法》《文章体裁》《应用文示范》《文章法则》由世界书局出版；《历史演义丛书》10种《苏武牧羊》《木兰从军》《乱世佳人》《精忠报国》《梁红玉》《秦良玉》《绝代佳人》《明末遗恨》《海国英雄》《忠王殉国》由北新书局出版；所编历史剧《梅魂不死》刊于《正言文艺》；《中国小说发达史》的姐妹篇《中国戏曲发达史》完稿，计20余万字。稿交联美出版社出版，惜毁于日寇炮火中。（参见谭篪《谭正璧年谱》，载周嘉主编《蠹云》第2辑，中西书局2014年版）

叶恭绰10月返回上海，拒受伪职，以书画自娱。同月26日，顾廷龙受郑振铎嘱托，接洽叶恭绰赠给合众图书馆的书籍。27日，潘博山（承厚）打电话给顾廷龙，告知他已经访叶恭绰，书尚未整理，而辑有《全五代文》，希望成编，需要人帮忙，叶恭绰希望顾廷龙和潘景郑可以帮忙。11月3日，潘廷龙和潘景郑一起访叶恭绰的懿园，畅谈西北科学考察团所得木简，以及杨守敬（惺吾）《水经注疏稿》，并陈寅恪、蔡元培事。陈寅恪在香港沦陷之后，常向叶恭绰告贷米面。以及蔡元培的夫人和两个女儿，乱后遭劫两回，所有衣服都被抢去，叶恭绰命家中取衣相赠。叶恭绰请顾廷龙相助编辑《五代十国文》，顾廷龙没有拒绝。7日，与顾廷龙、潘季孺、刘重熙（咸）、潘博山、潘谱孙等到八仙桥湖南馆小酌。顾廷龙赠给叶恭绰《恬养斋文钞》补目，收到叶恭绰送还的《要离墓残碣拓》，题云："今秋来沪，或晤起潜道长，检此奉赠。吴中近事君知否？正可为知者道耳。"21日，顾廷龙来访，叶恭绰以伦哲如（喆儒）《藏书目》存13册见示，亦出示了自藏书目。此书目当时由李棪（棪斋）逐次转寄给叶恭绰。叶恭绰也出示了他的自藏目，说有数十箱在公共租界，问顾廷龙如何搬运。顾廷龙借伦哲如藏目。22日，顾廷龙请叶恭绰题《先君遗墨》。25日，叶景葵来访，叶恭绰答应赠送山志，叶景葵以《张子卿像》《古渠先生图卷》送合众图书馆。12月9日，顾廷龙访叶恭绰，还其《港购书目》。25日，顾廷龙得到了叶恭绰题的《先君遗墨》卷册。28日，张子舆访叶景葵，提到购买刘承幹抄本的事情,本来由张百熙的幼子张子舆去收购,二百万买下所有,但是刘承幹却毁约想将两万多册卖给别人,张子舆曾就此事询问叶恭绰,叶恭绰让他找叶景葵去跟刘承幹谈。(参见杨雨瑶《叶恭绰先生艺文年谱》(下),《艺术工作》2019年第1期)

夏敬观1月末曾自合众图书馆借阅《丛书集成》5期。2月27日,偕冒广生、孝鲁访夏承焘,不遇。3月初,沈剑知招邀夏敬观等人集会其寓漫隐庐,为董文敏作生日。3月15日,夏承焘来访,问夏敬观长中国公学六七年间情况,先生谈文道希、间阎榜眼事。夏敬观自谓学词由道希奖掖而成。3月,夏敬观同冒广生、陈运彰、吕传元赴廖恩焘家茶叙。4月3日,夏敬观与林葆恒、吴庠、吕传元、夏承焘在林葆恒家为仇埰、冒广生二人祝70寿。5月15日,夏敬观赴合众图书馆借阅《潜邱札记》,以经解本不足也。6月19日,夏敬观赴李宣龚招饮。座有陈灏一、汤定之、袁帅南、刘子楷、沈剑知、徐南屏、李硕士、顾廷龙。10月1日(重九),夏敬观偕沈剑知、季宣作登高会。12月15日,夏敬观赴李宣龚招饮。座有刘垣、刘道铿、刘子楷、陈汉第、沈昆山、梅兰芳、叶景葵、顾廷龙、冯幼伟。是年,撰成《词律拾遗补》2卷、《汇集宋人词话》2卷。(参见陈谊《夏敬观年谱》,黄山书社2007年版)

叶景葵与顾廷龙1月11日访张元济,送阅《聊斋白话韵文》。适小睡,未值。12日,张元济致叶景葵、顾廷龙书。谓:"昨承枉顾,适午后小睡。失迎,甚歉。留示《聊斋白话韵文》一册,此弟求之数年而不得者。忽焉睹之,忻喜无极,容读毕再奉缴。尚有三篇不知后来曾觅得续印否? 亦极欲快睹也。"2月10日,张元济致叶景葵书,"谓东方图书馆亦遭检查"。此前1月30日,日本宪兵"检查"鸿英图书馆、青年会图书馆和明复图书馆,"且检去书甚多"。5月25日下午,叶景葵、陈陶遗至"合众"参加董事会第二次临时会议。主席陈陶遗,叶景葵报告已售出浙江兴业银行股票100股,计票面1万元,得法币20341.5元,"另立特种活存折,利息周年一厘,请予追认"。各项提议皆议决通过。6月21日,地方联保处来人欲借"合众"馆屋作办公处。陈陶遗、叶景葵与顾廷龙合商后予以拒绝。8月29日,叶景葵、陈陶遗与张元济、顾廷龙至"合众"参加合众图书馆董事会第二次常会。主席陈陶遗,书记顾廷龙。叶景葵报告因金融变动,须折合中储券为适应开支需要,与董事长商定将所存浙江兴业银行股票409股悉数售出,计得中储券133260.25元。顾廷龙作1941年度工作报告。会议又讨论通过叶景葵提议,现在物价上涨,增加经常费总干事、干事津贴等事项。10月3日午后,在叶景葵寓所召开浙江公益会董事常会,到会者有张元济、叶景葵、陈仲恕、何德奎、胡藻青、徐寄顾、陈元松、张笃生、徐永祚、刘承幹。会议报告账略,又讨论董事四人两年期限已满,应否改选。"均谓不必改选,联任可也。"众赞成。11月8日,叶景葵为张元济原藏《涉园图咏》题跋。10日,应刘重熙之邀,叶景葵与张元济、潘景郑、顾廷龙一起往看宋本若干。顾廷龙记云:盖嘉业堂物,实多明刻。买主金坛朱某,新以贸易致富者。"余等直告之,不知将因此而致不谐,则介绍人有损失矣。闻号称宋元本约二千余本,每本索价五百元,昂哉! 奇哉!"(参见张人凤、柳和城编著《张元济年谱长编》,上海交通大学出版社2011年版)

顾廷龙继续任职于合众图书馆。1月6日,张元济复顾廷龙书,谓:"需用明本书景印,有年号篇叶者,尽可先请开示。不妨多举若干种。其为所最要者,另作记号,当交馆员依便检取,并乞裁酌。外书一包,乞检存。"2月14日,顾廷龙接通知赴约参加图书馆集会。15日,顾廷龙访张元济,"畅谈"。3月15日,顾廷龙访张元济,商借涵芬楼藏刘燕庭《金石苑》稿本。张元济"允即调示"。19日,张元济至"合众",向顾廷龙询问昨有日本人来馆事。原来18日一自称法租界日本人会第八分会代表山本鹤模来馆,欲借用"合众"每月初八开会一小时。顾告以"本馆系私人所办之图书馆,尚未公开阅览,尚不能招待借作开会之所,实难应命""本馆有董事,容与商夺"。后经叶景葵、陈陶遗等托人分头调查,疏通关系,至3月22日,日人方允不借用"合众"场所。24日,张元济至合众图书馆,送还顾廷龙父遗墨。6月,合众图书馆接连遭日伪当局骚扰。同月16日,陈叔通来告诉顾廷龙:"近有日本某机关至法租界教育处,欲向四图书馆借书,一震旦,一明复,一鸿英,一合众。博爱理以三馆皆闭歇答之。越数日,又有往请,又却之。"6月21日,地方联保处来人欲借"合众"馆屋作办公处。陈陶遗、叶景葵与顾廷龙合商后,当晚由顾廷龙见保长,告知无余屋可借,6月23日,保长又来馆,称三保联合办事处确实人太杂,由吾一保借用如何? 顾廷龙仍坚拒不允。6月25日上午,顾廷龙拜访原法租界公董局华董魏廷荣,请其相助制止借屋事。当日,卢家湾捕房派西人一、译员一来馆调查。西捕称"此地保存古书,学者研究之地,不能杂以他事,当为设法制止"。

顾廷龙与张元济、叶景葵、陈陶遗8月29日至"合众"参加合众图书馆董事会第二次常会。顾廷龙作1941年度工作报告。8月30日,顾廷龙偕徐宗泽神父访张元济。9月4日,张元济致顾廷龙书,谓:"迩来生计日艰,思效东坡之在海南,尽货酒器,以资衣食。弟藏有明万历、清顺治(此两种真赝未敢决定)、嘉庆及同光间之旧墨,亟思售去。因思令亲湖帆世兄驰誉丹青,当有需用之处。市上所售多用洋灰,色泽欠佳,必不能合名家之选。拟请于晤面时代为探问。如须购用,当以样品送请鉴定,乞勿道及为敝处所托。如不需此,尽可拒却也。"9月7日,顾廷龙访张元济。9日,张元济致顾廷龙书。同日,顾廷龙日记云:张元济送墨来,并为写小屏一帧,于是合昔日所请王同愈、杨钟羲、夏孙桐所书,可成一堂,不易再得矣。下午游墨市,非洋烟而细者绝少。10日,顾廷龙访张元济,谈谢氏有官报出售,惜皆不完全,售二百元,拟还百元。11日,致顾廷龙书,送墨。18日,张元济托顾廷龙假《魏书》缺叶,抄寄刘承幹。10月28日,致顾廷龙书。11月17日,顾廷龙访张元济,张元济正外出,"晤于里门,立谈片刻,即以《吉云居书画录》求跋"。28日,张元济致顾廷龙书。12月22日,张元济去"合众",告诉顾廷龙有关嘉业堂藏书事。(参见沈津编著《顾廷龙年谱》,上海古籍出版社于2004年版;张人凤、柳和城编著《张元济年谱长编》,上海交通大学出版社2011年版)

张元济1月1日至合众图书馆,与叶景葵、顾廷龙谈。1月23日,张元济于寓所召集商务印书馆董事谈话会。鲍庆林报告各同业于1月18日启封,宪兵部命令25日复业。会议议定同人待遇酌量减低之办法。25日,上海被日军查封的商务印书馆、中华书局、开明书店等书局复业。3月23日,致王云五书,谓:"此间水尽山穷,无法维持。欠同人数十万必须发还,否则不堪设想。乞速设法救济。"4月,商务印书馆西安分馆经理周某经沦陷区到上海,面谒张元济与鲍庆林,传达王云五的意见。5月7日,德国驻沪副领事来访,云拟向东方图书馆赠书。同日,在寓所召集商务印书馆董事谈话会。到会者李拔可、丁榕、鲍庆林、徐善祥、徐寄颀。黄仲明记录。鲍庆林报告复业后情形,3月份起恢复同人临时加薪。20日至"合众",与顾廷龙"言陈垣近从《册府元龟》及《通鉴辑补》得《魏书》缺两页,字数亦适合,可异也"。同日,刘承幹亦来馆,与张元济、叶景葵、顾廷龙"同谈半时"。25日下午,至"合众"参加董事会第二次临时会议。27日,撰《题朱遂翔〈抱经堂藏书图〉》七绝二首,诗注云:"光宣之际,余为商务印书馆创建东方图书馆涵芬楼,弆藏旧籍。慎初仁兄助我搜辑甚勤。闸北之役,所藏数十万卷毁于一旦。今慎初出示此图,犹能抱残守缺,为之感喟不置。自此以往,叹读书者购置维艰,流通之责匪异,人任蠲叟勖以实利。揆初亦以独乐不如众乐为言,余与二君有同意。窃愿慎初之许我也。"

张元济6月2日访颜惠庆,时颜适自港回沪。又过"合众",入与顾廷龙谈。7月1日,张元济赠与合众图书馆《崇祯年兵部题本》一件、《道光年朝鲜贺表》一件。14日,在寓所召集并主持商务印书馆董事会第447次会议。8月29日,至"合众"参加合众图书馆董事会第二次常会。9月17日,撰英斯坦因《游历新疆路线图》题记:"英国斯泰音博士自刊其《游历新疆路线图》。宣统二年夏,余至伦敦,晤博士于不列颠博物院,博士以此图见贻。元济识。""谨赠合众图书馆。壬午秋日,元济记。"10月28日,撰《秀野草堂图》题记。10月30日,于寓所主持商务印书馆董事会第448次会议。(一)讨论宝山路地产出售事。(二)通报沪馆损失情形。(三)通报香港馆、厂情况。11月10日,应刘重熙之邀,与叶景葵、潘景郑、顾廷龙一起往看宋本若干。17日,于寓所主持商务印书馆董事会第449次会议。韦傅卿书面报告香港馆厂情形。同月,撰《吉云居书画录·跋》。是年,撰七绝二首《王君九七十生日》。其一诗注:"《也是园元明杂剧》沉霾已久,忽发现于海上。涵芬楼假得原本,君翁为之选定百四十种,审雠校勘,景印流通。臧氏《元曲选》后此为嗣响。书以人存,并堪寿世矣。"(以上参见张人凤、柳和城编著《张元济年谱长编》,上海交通大学出版社2011年版)

李叔明继续任中华书局总经理。11月17日,上海中华书局股份有限公司召开股东常会,10月27日上海《申报》有通告:"中华书局股份有限公司召集股东常会通告:本公司定于十一月十七日(星期五)下午二时,在静安寺路本公司事务部(由哈同路边门出入),举行第二十七次股东常会,讨论增加股本,修改章程等问题,并改选董监,敬祈各股东准时出席与议。照章。自登报日起至开会日止停止股票过户,各股东地址如有变更,请于一星期内,向本公司更正,除通函外,特此公告。董事会谨启。卅一年十月二十七日。"12月10日,上海《申报》,上海中华书局股份有限公司重要通告:"本公司于本月廿七日第二十七次股东常会,议决增资,扩充股额至国币八百万元,由各股东按照原有股额,凭原股票认购,每股随缴中储券五十元正,缴股期限自十二月一日起至十二月十日下午四时止。幸勿逾期自行放弃。再,查此次召开股会,函件无法投递退回者,多数系因地址迁移,现当局限期造送股户清册,急应调查准确,凡地址变动及取得股票而未及过户者,务希于十二月十日前。向本公司股务课登记,以凭核办。如再逾期,只得由本公司为之处理,事关股东切身权益,幸勿遗误为要。再,本公司董监联席会议议决,垫发股利,计三十年度每股三元,三十一年度上半年每股一元五角,自十二月一日起,请各股东持原股票所附息单加盖原存印鉴,向四马路本公司会计部领取为荷。"(参见吴永贵《民国图书出版史编年:1912—1949》,社会科学文献出版社2018年版)

陆高谊继续任世界书局总经理。8月23日,上海世界书局召开临时股东会,8月3日的上海《申报》有公告:"世界书局股份有限公司召集临时股东会通告:本公司定于八月二十三日(星期日)上午九时,在福州路三九〇号本公司发行所,举行临时股东会,修改章程,选举董监,并讨论增资等问题。务希各股东准时出席为荷。倘有过户或变更地址等情,请即日前来办理。自八月八日起,停止过户。除分函外,特再公告。董事会谨启。三十一年八月一日。"(参见吴永贵《民国图书出版史编年:1912—1949》,社会科学文献出版社2018年版)

夏丏尊《谈小品文》1月1日刊于《读书通讯》第33期。4月7日,弘一法师在泉州致信夏丏尊,谈《护生画集》画稿征集事。8月9日,叶圣陶复夏丏尊信,又致书伯祥、雪村、调孚3人,编列蜀沪第68号。因浙省战事阻梗,不寄上海信者将四月,今邮路渐通或可于一个月内寄达上海。9月25日,王伯祥寄叶圣陶信,附丐尊、调孚信。10月1日,弘一法师在泉州致信夏丐尊,告知"拟于双十节后,闭关著书,辞谢通信及晤谈等事,以后于尊处亦未能通信"。特寄赠摄于上年9月的照片一帧。31日上午,收到由泉州大开元寺性常法师代寄的弘一法师临终遗书:"朽人已于九月初四日迁化。曾赋二偈,附录于后:'君子之交,其淡如水。执象而求,咫尺千里。问余何适,廓尔亡言。华枝春满,天心月圆。'谨达,不宣。"夏丐尊读后万感交集,为之泫然,为失去一位至情、至性、至爱的挚友而痛心。随即致信四方好友,报告这一噩耗。同日,作《弘一大师的遗书》并《挽弘一大师》联。联曰:"垂涅槃赋偈相诀,旧雨未忘,大鸣应有溪虎;许婆娑乘愿再来,伊人宛在,长空但观夕阳。"12月22日,冬至,为弘一法师遗墨流通题记。

> 按:《题记》曰:"净琉璃与西方极乐,同为世尊赞叹,劝导往生之佛土。药师、弥陀名号,同有不可思议之威力。此经虽早传斯土,自来弘阐者鲜,未若西方弥陀之周遍。弘一大师于药师法门,勤事赞扬,所编佛学丛刊,列此经于阿弥陀经之次。晚年曾屡为人书写,斯其一也。师于今年九月示寂泉州,沪上朋旧闻耗震悼。时值国难,道途多艰,唯各出所藏遗墨披览,以寄恋慕。友人傅君耕莘见此写本,叹为希有,愿舍资流通,为母造福。余以胜缘,躬与其事,乃为题记,以志随喜。"(以上参见葛晓燕、何家炜编著《夏丐尊年谱》,中国文史出版社2012年版)

沈信卿、丁福保等发起筹备五教书局。2月25日,上海《申报》载,本市五教名流发起筹备五教书局:"本市五教名流闻兰亭、沈信卿、唐文治、蒋竹庄、丁福保、余鼎勋、陈葆初、江易园等,发起筹备之五教书局,于昨日假华龙路融五讲经堂举行发起人会议,出席人数百余人,由沈信卿主席,丁福保报告,并有中教道义会陈慧一演说,当席黄警顽提议定今年为五教年。"28日,《申报》载,五教书局筹备委员会为响应黄警顽氏所提议之五教年,特举办五教讲座,兹将各处讲座地点时间,分布于下,欢迎听讲。3月2日,《申报》载,五教书局发起人闻兰亭谈话:"日前五教书局举行发起人会议,黄警顽君提议,今年为五教年,颇得各方响应。兹闻该局发起人闻兰亭氏,对此五教年内发表谈话,谓以儒释道耶回五大宗教,各有其悠久之历史,伟大之成就,然其导人为善之宗旨,均无二致。但名之五教,并非另创一教,乃各本教理,发扬精义,使人同归至善,对此五教年内所筹备之五教书局,希望五方之士,多多协助。"(参见吴永贵《民国图书出版史编年:1912—1949》,社会科学文献出版社2018年版)

陆蠡任职于文化生活出版社。4月13日,上海租界巡捕房搜查文化生活出版社,编辑陆圣泉(陆蠡)被捕,从此失踪。郑振铎后来所作《记几个遭难的朋友们》回忆:"陆蠡的死,最可痛心。他把那些敌人们当作'有理性'的'人'看待,结果却发现他们原来是一群兽,于是便殉难而亡。"(参见陈福康《郑振铎年谱》,三晋出版社2008年版;吴永贵《民国图书出版史编年:1912—1949》,社会科学文献出版社2018年版)

郭绍虞经郑振铎介绍,到上海开明书店任编辑。

曹冰严继续主持上海书业公会。1月,上海书业公会按日本兴亚院的指令进行改组,选举理监事。曹冰严当选理事长,除原理监事外,增三通书店的经理华方为理事。(参见吴永贵《民国图书出版史编年:1912—1949》,社会科学文献出版社2018年版)

陈蝶衣主编的《万象》十日刊5月1日在上海创刊,发行人平襟亚,出版者万象书屋,发行者中央书店。至第9期停刊。(参见田本相、阿鹰编著《曹禺年谱长编》,上海交通大学出版社2017年版)

金川5月21日上海《万象》十日刊第3期发表《中国话剧坛的星座——曹禺》一文。文章从曹禺中学时期"演《五奎桥》开始话剧生涯"说起,谈到曹禺的成功,作者认为:"(曹禺)

是凭着自己的实际才能而为人称誉的。在他的三部曲里,我们可以发现(出)他是一个(用)如何具有犀利眼光的旁观者。在他的戏里,他为我们刻画出大家庭之崩溃,社会之阴诈,他也为我们暗示出生活之意义,告诉我们这一代在这动荡潮流下的任务。"(参见田本相、阿鹰编著《曹禺年谱长编》,上海交通大学出版社2017年版)

王易庵9月10日在上海《杂志》月刊第9卷第6期(复刊第2号)发表《巴金的〈家〉〈春〉〈秋〉及其它》,认为巴金对"读者的吸引力"是在于他"具有丰富热烈的感情,贯穿于他文学中间的是对人间的热爱",云他在创作上并不是"安那其主义者",和"十九世纪的旧写实主义作家的作品有些相象";他"作品的缺点就是暴露黑暗面多过于光明面";《家》《春》《秋》获得更大成功的原因在于:"他在质的方面能够抓住读者的心弦。"(参见唐金海、张晓云《巴金年谱》,四川文艺出版社1989年版)

周黎庵任主编的《古今》文史杂志3月在上海创刊,朱朴任社长。主要撰稿者基本上是北京、上海两地的知名学者,北有周作人、沈启无、何挹彭、谢刚主、谢兴尧、瞿兑之、徐一士;南有纪果庵、吴湖帆、柳雨生、文载道、陈乃乾等。

恽逸群年初奉潘汉年之命从香港返回上海,继撤出的刘人寿打入日本驻上海领事馆特别调查班岩井公馆,担任中国编译社社长,为岩井公馆所办的《新中国报》《政治月刊》等报刊提供文稿,同时以其特殊的身份,运用委婉手法,从事新闻与情报工作,直至1944年10月被日本宪兵逮捕。

王元化继续潜居上海。10月,江苏省委根据中央指示,全部撤往华中根据地,原属各委独立工作,经由交通与根据地上级组织联系。王元化一度负责文委工作。

朱生豪5月1日与宋清如在上海结婚,6月与妻子去常熟岳母家居住,至年底补译出《暴风雨》等9部喜剧,把译稿丢失的莎氏喜剧全部补译完毕。

李平心继续积极投身于上海"孤岛"的抗日救亡宣传。12月,不幸被日寇捕入狱中,受尽折磨,后经地下党等各方人士营救,始得出狱。

杨绛仍居于上海,任工部局半日小学代课教员,业余学写的话剧《称心如意》上演,由戏剧大师黄佐临导演。

吴树勋任中国电影制片厂厂长,聘黎锦晖为主任秘书。

程十发在上海大新公司举办个人画展。

张爱玲因香港沦陷,未毕业即回上海,给英文《泰晤士报》写剧评、影评。

陈撄宁起草《复兴道教计划书》,提出了9条"复兴道教大纲":一、道教讲经坛;二、道学研究院;三、道教月报社;四、道教图书馆;五、道书流通处;六、道教救济会;七、道功修养院;八、道士农林化;九、科仪模范班。不过,当时这份方案并未公开流布。(参见郭武编《中国近代思想家文库·陈撄宁卷》及附录《江亢虎年谱简编》,中国人民大学出版社2014年版)

江亢虎3月11日正式接替王揖唐任伪考试院院长。3月26日,汪伪第三届中央政治委员会成立,江亢虎升任"当然委员"。在伪中央政治委员会中,"当然委员"一般只五六人,除汪精卫外,其余均由五院院长担任。江亢虎成为汪伪政权的巨奸之一。(参见汪佩伟编《中国近代思想家文库·江亢虎卷》及附录《江亢虎年谱简编》,中国人民大学出版社2015年版)

胡兰成2月被任命为汪伪政府行政院法制局长。9月,社论集《争取解放》由国民新闻社出版。12月19—26日,汪精卫访日。汪回国后召见胡兰成时,胡因不赞成对英美宣战,与汪精卫再生罅隙,二人最后一次单独见面。

陈柱寄向唐文治赠石刻王阳明先生遗像,唐文治作跋以记,曰:"必先正己之知觉,而后能正人之知觉，拔邪妄之本，塞利欲之源，是今日教民善国之良药也。"（参见陆阳《唐文治年谱》，上海三联书店 2013 年版）

钱仲联继续任教于国专沪校。8 月，国专沪校教授钱仲联应陈柱之召，兼汪伪统治下的南京中央大学课务，不久聘为专任教授。（参见陆阳《唐文治年谱》，上海三联书店 2013 年版）

童书业与吕思勉、杨宽商议为避文化汉奸的纠缠，决定离开上海。但童书业没有支撑五口之家生活的财力，只得辗转奔波求生。春初，由金勤昌介绍，童书业自上海赴宜兴张渚镇胥井村冷欣所办念劬中学任教。张渚镇是宜兴所辖一个极僻远的小地方，胥井村又是个傍山的村庄，因此念劬中学的待遇甚低微。为了糊口，童书业任国文、历史、地理、图画等课。独居无聊，以诗画自慰，也写点文章，后来发表在《文史杂志》上的《古巴国考》《古燕国辨》即在此时写成。年底，终因不堪忍受学生和学校当局的无礼而辞职返皖。此前，童书业妻子已先行带三个女儿回到安庆。当时安庆已经沦陷。（参见童教英《童书业传》，中国大百科全书出版社 2017 年版）

陈君葆继续居于沦陷后的香港，曾与郑振铎、徐森玉、张元济、许地山、叶恭绰、徐信符、冼玉清、博萨尔等国内外知名人士通力合作，保护一批中国善本古籍及珍贵历史档案，获英国皇室颁发 O.B.E. 勋衔。4 月 27 日，陈君葆日记载："如果有人问说是事不干己，何用乎如此勇往直前，则我亦不自解何以这样，不过慷慨赴义，我从来处世便是这样的态度，冯平山图书馆的事本来我可以置之不理的，但为着中央图书馆的一批书，为着顾全别人，我竟动于一'义'字而不顾一切了。"（参见陈福康《郑振铎年谱》，三晋出版社 2008 年版）

萧红 1 月 22 日在香港沦陷后逝世，年仅 32 岁。萧红原患肺病，港战时奔走避难，病势转剧，且贫病交加，竟尔不治。5 月 1 日，延安文艺界在文抗作家俱乐部举行女作家萧红追悼会。因为信息不畅，萧红逝世的消息 4 月底才传到延安。追悼会由《诗刊》《谷雨》《部队文艺》《草叶》《文艺月报》《解放日报·文艺栏》等联合在作家俱乐部举行，丁玲、萧军、舒群、艾思奇、周文、周立波、塞克、何其芳、艾青、罗烽、柯仲平、白朗、陈企霞、公木等 50 余人参加。会场充满严肃悲痛气氛，壁上挂着萧红的画像。丁玲致悼词，萧军报告萧红生平及其著作。舒群说：萧红年仅 32 岁，正当年轻力壮发展事业时期，却离开了我们，是文坛的一大损失。周文、何其芳强调作家的团结。周文说，人在世时常多隔阂，至死后大家才说好。这种生前与死后的不同的看待，应该首先从文艺界加以清除。刘白羽别开生面，以朗读萧红一篇文章代替发言。6 月 15 日出版的《文艺月报》第 15 期，刊出"纪念萧红特辑"。登有萧红的《手》、白朗的《遥祭——纪念知友萧红》、萧军的《零落》、刘白羽的《纪念萧红》、高原的《悼逎莹》、古元的《萧红像》等。（参见艾克恩编纂《延安文艺运动纪盛》，文化艺术出版社 1987 年版；孙国林编著，王佳钰、王增辉校订《延安文艺大事编年》，陕西师范大学出版总社 2016 年版）

胡适 1 月 17 日在美国第七十七届国会第二次会议上发表演说。1 月 19 日，在底特律经济俱乐部讲演《介绍中国——老朋友、新盟友》。2 月 10 日，在华盛顿妇女民族民主俱乐部演讲关于中国的民主与统一问题。同月，曾赴加拿大，应其政府邀请，进行"胜利公债"的讲演。下旬，在美国西海岸各地演讲《中国为一个作战的盟邦》。3 月 22 日，在纽约经济俱乐部讲演有关中国抗战问题。23 日，在华盛顿纳德克利夫俱乐部讲演《中国抗战也要保卫一种文化方式》及《我们共同的战斗》。27 日，在哥伦比亚大学法律评论社讲演《中国历史上的法律与律师》。31 日，林东海等电胡适、宋子文、周鲠生，推定他们做中国外交学会名誉理事。4月,前往宾州参加宾夕法尼亚大学200周年纪念。同月20日,在该校商学院讲演《中国在目前世界斗争里的地位》。5月4日,在华盛顿向中国国内发表《五四广播词》。

　　按:《五四广播词》首先说:"我在这整整五年里,没有发表过一篇国语的文字,没有发表过一篇国语的演说。"因此对今天以国语向国内广播非常高兴。讲演中说:我们在今天抗战最吃紧的关头来纪念五四,"当然不是要回想过去,是要借过去来比较现在,使我们可以明白现在,了解将来"。在谈到中国抗战的前途,以及整个世界大战的前途时说:第一,"这次大战的最后胜利一定是属于我们和我们的同盟国。眼前的吃亏、挫败都只是暂时的,都不必忧虑"。第二,战后的世界,"我们必定可以期望一个新的世界和平,新的世界秩序"。因为这次大战中敌人和朋友分的最清楚,和上次大战不同。"一来是日本成了同盟国的公敌;二来是我们中国这五年来是一个主要的作战国家;三来是我们二十六个同盟国家从没有订立什么出卖别国主权利益的秘密条约;四来是我们的同盟国曾宣布接受罗斯福大总统和丘吉尔首相的八条'大西洋宪章'。……有了这四点大不同,我们可以放心大胆地期望,在这次战争结束以后,不但完全做到我们中华民国在世界上的自由平等,并且要建立一个和平的,公道的,繁荣的,快乐的世界。"第三,"我们的民族,……经过这多年的抗战,取得了受世界敬仰的地位,以后我们的责任也就更重大了""我们不但要从多年抗战里出来建立一个新的国家,新的文明,我们还得尽我们的能力,帮助全人类维持全世界的和平公道,增进全世界的繁荣,提高全世界的共同文化。"

　　胡适5月12日在华盛顿的一家俱乐部演讲《中国历史上争取知识自由的斗争》。17日,写信给翁文灏、王世杰,首先谈到与美、英关系问题,说:"我在这四年多,总为诸兄说'苦撑待变'一个意思。去年12月7日,世界果然变了。但现在还没有脱离吃苦的日子,还得咬牙苦撑。""眼前第一要义,在于弘大度量,宽恕待朋友,体谅朋友在大患难之中,有时顾不到我们,切不可过分责备朋友。""今日我们所受困难,只是因为英、美自己也受更大困难。更大耻辱。"信中还说:"两兄与廷黻、复初诸兄都是洞悉世界形势的。此时务必要主持正论,维护领袖,认清步骤。此时步骤一乱,以后全盘皆错了。"信中还谈到对"某公"(指宋子文)的看法,及个人出处的考虑。此信表明,胡适任大使的最后一段时期,因受排挤,处境相当难堪,故已决心求去。信中最后说:"今年体质稍弱,又旅行一万六千英里,演讲百余次,颇感疲倦。"故拟休息一段时间。5月27日,陈独秀病逝于四川江津,陈布雷于29日特电告胡适。约在同月,胡适曾赴母校康奈尔大学演讲《论战后新世界之建设》,主要讲"大西洋宪章"的8项原则。进而提出,这次世界大战的结局将与第一次世界大战结局不同。一、第一次大战日本、意大利亦反对德国,这次他们结合一起了。阵线分得清楚而合理。民主阵营的各国虽发展程度不一,但都是爱好和平的国家。二、同盟国内部都没有扩张的意图。三、第一次大战时,世界上好多国家对威尔逊主义没有思想准备。这一次大多数国家都亲身感受到了侵略战争的痛苦,最大的海洋也没有隔开战火,最强的国家也未能免受到攻击。所以各国都有强烈谋求国际安全的愿望。因此认为建立战后世界和平的新秩序是可能的。6月2日,赴Ballimore Maryland Goncher学院代宋美龄接受名誉法学博士学位,并发表演说《向前看》。6月16日,在普林斯顿大学毕业典礼上发表演说,接受名誉博士学位。

　　胡适7月7日在华盛顿向国内广播演讲《抗战五周年纪念》,主要演说三个意思:"第一,我们的长期抗战,是现代民族起来抵抗侵略最早又最长久的一段光荣历史。第二,我们这十年的努力,五年的苦斗,在国内方面,在国际方面,都已经有了很大的成功。第三,我们的抗战事业,不但必定可以得到最后的胜利,还可以帮助全人类建立一个有力量而可以永久的世界新秩序。"8月13日,从高宗武处听说,由宋子文处管电报的人传出消息:蒋介石已决定由魏道明继任驻美大使。15日,得到免其大使职务的电报。当晚11时回电称:"蒙中枢垂念衰病,解除职务,十分感激。"9月2—5日,国际学生大会在华盛顿举行,胡适在最后一次全体会议上,演讲战后集体安全制度的问题。强调在人类诸种应得的自由权利之中,第一位重要的是免于被侵略的恐惧之自由。如果这一自由达不到,其余一切自由都无从立足。要获得这一自由就必须努力创建保证人们安居于本国边界之内的世界秩序。而要创建这一世界秩序,必须创建一种类似世界政府的机构,它拥有强力确保和平不遭破坏。他认为这个机构甚至应当包括对世界矿产及金属资源之科学化合理化的国际管理,以防止侵略者为争夺资源而诉诸武力。8日,交卸大使职务。10日,行政院秘书长陈仪电告,聘胡为行政院高等顾问,辞未就。为此当日致信蒋介石说:"适自民国二十三年第一次电公书以来,每自任为国家作诤臣,为公作诤友。此吾国士大夫风范应尔,正不须名义官守。行政院高等顾问一席敬乞准辞,想能蒙公鉴原。顷得西南联大梅(贻琦)蒋(梦麟)两校长电,令适回校教书。一俟医生检查身体后,倘能胜高飞,当即作归中计。"18日,离华盛顿,迁居纽约。有留美继续写作《中国哲学史》的打算。是月,发表英文的《中国思想史纲要》,将中国思想史分作三个时期:(一)纪元前一千年的上古时期;(二)中古佛教道教时代;(三)近世期(十世纪始)。(以上参见耿云志编《胡适年谱》,福建教育出版社2012年版;耿云志编《中国近代思想家文库·胡适卷》及附录《胡适年谱简编》,中国人民大学出版社2014年版)

赵元任继续在哈佛大学任教。由于美国参战,于1月在美国成立了一个Committee on War Time Planning for Chinese Students in the United States(战争时期中国留美学生规划委员会),宋子文任主任委员,聘请赵元任为副主任,胡适、孟治、周鲠生等为委员。赵元任几次赴纽约、华盛顿开会商讨有关中国留美学生事。赵元任一家参加各种赈济活动及社会活动。1月25日,出席斯诺(Edger Snow)的中国报告会。年初,继续进行字典编写工作,并且向Elisseeff主任建议编写小字典。据美国版Mathews'字典前言,由于战争,远东书的来源被切断,美国学生对汉英字典的需要难以满足,于是哈佛-燕京社决定修订及重印两种实用字典,即C. H. Fenn的袖珍小字典The Five Thousand Dictionary和R. H. Mathews著汉英字典两部。3月,回纽海文,参加耶鲁语言学学术会演讲聚餐会。同月14日,在哈佛语言学学术会讲中国国语运动。4月7—11日,参加在波士顿举行的美国东方学会年会,在会上讲"Subunits of Chinese"。28日,出席波士顿印度-中国日(India-China Day)活动,听赛珍珠(Pearl Buck)等人演讲。多次参加波士顿地区中华赈济联合会举行的聚餐及大型活动。同月,Elisseeff主任将修订美国版字典任务下达给赵元任。6月,王岷源从耶鲁大学前来参加字典修订工作。

赵元任6月29日开始在哈佛暑期学校开设粤语课,并亲自灌制学习用唱片,请留学生中的广东人谭小麟和邹劲旅等做发音人。赵元任在粤语教学的基础上编写了Cantonese Primer(粤语入门)教科书,之后又由粤语改编成国语,编成Mandarin Primer(国语入门)一书。7月,哈佛大学President and Fellow of Harvard College(哈佛大学校长和评议员)下达聘书,以Research Fellow in Chinese Language(中国语言研究员)从1942年7月1日续聘元任一年。9月底,在哈佛大学开始设中国方言课,为期一个学期。11月20日,在East and West Association讲中国语言研究(Language Research in China)等。月底,远东语言系Francis Cleaves教授找赵元任商量,请他为台湾地图的地名,按厦门话加注罗马化拼音。赵元任接受了任务,找了部分中国留学生,包括如兰和新那帮忙,开始了台湾地图的注音工作。台湾方言属福建语系,赵元任对福建语系曾作过研究,又经常请教林语堂(福建人),以获得正确的注音。由于参加的人都有学习或工作任务，只能利用晚间，经常工作到深夜，甚至凌晨。注音工作延续到1943年1月17日才完成。同在11月，Fenn字典美国版修订完毕，由哈佛大学出版社（Harvard University Press）出版。R. H. Mathews的A Chinese-English Dictionary美国版修订工作包括改正原版错误，修改读音和释义，增加新词汇，共达15000处。美国版增添Introduction to pronunciation（读音引言），由赵元任撰写。字典由哈佛大学出版社于1943年出版。而据日记，Mathews' 字典的修订工作1944年完成。是年，赵元任寓所行人街27号社交活动频繁依旧。老朋友胡适、周鲠生等均来住过，英国历史学家Joseph Needham亦曾到访，还特地来吃中国早点。Peter Boodberg教授到哈佛大学访问六周，也是赵元任家常客。（以上参见赵新那、黄培云编《赵元任年谱》，商务印书馆1998年版）

林语堂所撰英文文章"A Chinese Challenge to the West"（《中国对西方的挑战》）刊于2月22日《纽约时报》第SM9、38版。副标题为"Lin Yutang says Britain and America can enlist full support of Asiatics by granting full equality"（《林语堂声称，英美可能通过给予亚洲完全的平等来获取其全力支持》）。26日，《中央周刊》第4卷第29期"新闻背后的新闻"栏目刊登《林语堂论中国胜利原因》一文。3月13日，纽约举行民众大会庆祝"中印日"，中国、印度、美国三国许多人士参加，共和党要员威尔基（Wendell Willkie）主持，胡适、林语堂、赛珍珠到会演讲，并由电台转播到中国与印度两国。6月13日，所撰英文文章"China: Old and New"（《中国：旧与新》）刊于《出版商周刊》第141卷。7月，所撰英文信件"China Sets a Trend"（《中国引导潮流》）刊于《家庭与花园》（House &. Garden）第82卷第7期。8月18日，在战后世界委员会（The Post War World Council）的组织下，林语堂发表了一个电台演讲，后摘录载于朱利亚·E. 约翰逊（Julia E. Johnsen）主编、美国纽约的H. W. 威尔逊公司于1943年3月出版的《让印度独立?》（Indepence for India?）一书。

林语堂8月19日在纽约广播电台讲述他关于印度问题的意见，并提出三项建议："第一，须积极努力邀请印度各党派组织联合政府。第二，印度统一之原则不得破坏。第三，印度总督不合宪法之权力褫夺。"林语堂最后强调，只能以公理而非强权来解决印度问题。9月11日夜间10时45分至11时，应邀到哥伦比亚广播公司（Columbia Broadcasting System）参加由该公司访谈部安排的特别广播节目，介绍他对美国涉华思想的印象。10月30日，林语堂著、娄哲编选的《生活的艺术》由沈阳启智书店再版印刷。该书仅选译原著的前13章，卷首有林语堂序。11月，翻译、评注的"Laotse Speaks to Us Today"（《老子今天对我们说》）载《亚细亚杂志》第42卷第11期；所撰英文文章"East and West Must Meet"（《东方与西方必然相遇》）刊于《调查画报》（Survey Graphic）第31卷第11期；力行书店推出了一本《今代名流学者读书经验谈》，内收18篇谈读书方法的文章，包括：胡适的《为什么读书》、王云五的《怎样读书》、陈钟凡的《读什么书》、林语堂的《读书的艺术》、潘敬尧的《读书方法》、杨卫玉的《读书与兴趣》、欧元怀的《读书生活的三多法》、章衣萍的《作文与读书》、钱歌川的《读书与书籍》、童行白的《怎样提高读书的速率和效率》、蔡元培的《我的读书经验》、马寅初的《余对于读书之经验》、傅东华的《我的读书经验》、丰子恺的《我的苦学经验》、曹聚仁的《我的读书经验》、孙素民的《我的读书经验谈》、张福熙的《读书并非为黄金》、江问渔的《对于读书问题之我见》等。12月，所著《生活的艺术》由桂林的建国书局分上、下两册出版；翻译、评注的"The Epigrams of Lusin"（《鲁迅隽语》）刊于《亚细亚杂志》第42卷第12期。是年，所著The Wisdom of China and India（《中国与印度的智慧》）由美国纽约的兰登书屋

出版,列入"现代文库",后多次重印。(以上参见郑锦怀《林语堂学术年谱》,厦门大学出版社 2018年版)

王重民、刘修业夫妇继续居留美国。刘修业开始到国会图书馆帮助王重民将他在法国搜集抄录的敦煌残卷的唐诗,与《全唐诗》互校一过。不久刘修业正式参加国会图书馆工作,为远东部所藏中国铅印书分类编目,同时又为王重民撰过提要的善本书,写书名及著者的蜡板卡片,以备作为分类检查。(参见刘修业《王重民教授生平及学术活动编年》,载王京州编《河北近现代学者年谱辑要》,国家图书馆出版社 2017 年版)

韩德培在加拿大多伦多大学获得法学硕士学位。同年以特别研究生的身份转往美国哈佛大学法学院继续从事研究工作。

张龙翔获博士学位后,去美国耶鲁大学化学系,在著名生物有机化学家安德森指导下从事博士后研究工作,进行结核杆菌脂质化学的研究。

朱士嘉 9 月进入哥伦比亚大学研究院攻读博士学位。

杨联升获美国哈佛大学硕士学位。

邵力子年初派驻苏使馆秘书孟鞠如晤英访苏代表团团长,长谈苏德战局,指出斯大林格勒一线的重要性。派孟鞠如去伊朗德黑兰,与英美驻军司令长谈。夏,夫人傅学文将苏联女英雄丹娘的事迹,译成中文寄回重庆,由中苏文化协会妇委会付印,发行全国。11 月,任驻苏大使两年半后,回国述职,行前斯大林亲自召见,面嘱:"希望您回去以后,争取早日回来!"同月 10 日,邵力子归国抵重庆。12 月 6 日晚,郭沫若参加全国文艺界抗敌协会和中国文艺社为欢迎中国驻苏联大使邵力子举行的茶会。听邵力子介绍苏联战时文艺、出版情况,亦为彼介绍国内情况。告以当局正劝告作家多写成功之故事,少写成仁之悲剧,莫写岳飞、文天祥,而多写明太祖、戚继光。冬,邵力子在重庆多次演讲,以《认识苏联》为题,强调"法西斯必败,苏联必胜!"因此遭到国民党右派攻击,说"邵力子不象是中国驻苏大使,倒象是苏联驻华大使"。后被蒋介石调职,不再去苏联。(参见晨朵《邵力子生平大事纪要》,《浙江师范学院学报》1983 年第 1 期;林甘泉、蔡震主编《郭沫若年谱长编》,中国社会科学出版社 2017 年版)

罗继祖赴日本任京都大学文学部讲师,写成《辽史表订补》等。

雷振邦毕业于东京日本高等音乐学校作曲科。

郁达夫 1 月 6 日出席星华文化界抗敌联合会成立大会,被选为理事,常务理事和主席。30 日,决定将子郁飞送回国内。2 月 3 日,主持抗委会会议,商议决定雇小船渡海,撤退到苏门答腊。撤退人员除达夫和胡愈之外,还有抗委会宣传部副部长唐伯涛和邵宗汉,宣传工作人员王任叔、张楚琨、王纪元、汪金丁、郑楚云、蔡高岗、刘道南、高云览、陈仲达、刘岩、李振殿、李铁民。4 日,与胡愈之等 28 人乘难民船离开新加坡。傍晚驶抵荷属小岛巴美吉里汶。荷兰官员误认日军登陆艇,开枪示威。误会解除后,允许登陆,但因无合法入境手续,在岛上被扣留两天。6 日,船驶抵小岛石叻班让,与胡愈之、唐伯涛、王纪元、邵宗汉、沈兹九、张绿漪 7 人先行出发,打算经苏门答腊再去爪哇,在爪哇坐船再行回国之事。9 日,因石叻班让的荷兰官员不能自行作主他们去爪哇的要求,转往另一海岛——望嘉丽。得当地商会会长吴某招待,住华商俱乐部。后见当地荷兰分州长,请求准许去爪哇,分州长向巴城电请,五天后复电,"不允"。3 月 9 日,因爪哇荷印当局向日军投降,保东附近一带风声较繁,为安全起见,商议结果 6 人分两批、找两处冷僻地方改换姓名,长期隐蔽。郁达夫与王纪元作为第一批去离保东村十许里之地的海边小村——彭鹤岭,由当地华侨寇文成帮助开设小杂货店作为掩护。郁达夫改名赵德清,做小店头家,王纪元改名汪国材,作伙计。胡愈之、沈兹九、张绿漪、邵宗汉作为第二批迁移,到巴唐岛沿海陈仲培的"木廊"(采伐工场)里做工隐蔽。

郁达夫4月上旬获悉昭莆市政府奉日宪兵命令,派李玉荣、王铁汉两人去石叻班让,"邀请"侨领回昭南岛天,被"邀请"人回岛后遭宪兵毒打审讯,并被拘禁于中央警察署,郁达夫与胡愈之等在德洛对岸的一个板廊内举行有20余人参加的紧急会议,商量对策,决定迅速分批离开。中旬,到达苏门答腊西门入口处卜干峇鲁。5月初,在卜干峇鲁旅馆主人的安排下,搭汽车前往巴爷公务。6月初,充任武吉丁宜宪兵队通译,前后任职13个月。据胡愈之、王任叔说,郁达夫精通日语暴露后,武吉丁宜宪兵队长亲往巴爷公务,要郁达夫充任此职,郁达夫托词不去,队长以军令下达,郁达夫知道无可理喻,勉强答应,但"声明不拿薪金"。任通译期间,与政治有关的事,郁达夫表示什么都不懂,暗中却保护和营救了不少抗日分子、华侨和印尼群众,而且目睹了不少日军秘密。此间,郁达夫学会印尼话。8月中旬,为刚从石叻班让离群孤居了6个月来到巴爷公务的王任叔安排住所。同月,为维持汇集在巴爷公务文化人的生活,用实武牙前筹赈会主持人募集的400元文化界难民救济费作资本,凑集当地华侨的投资一二百盾开办"赵豫记酒厂"。郁达夫自己任头家,张楚琨任经理,胡愈之做记账。(参见陈其强《郁达夫年谱》,浙江大学出版社1989年版)

胡愈之2月4日早晨与28名抗敌文化人,撤离新加坡开始了流亡的航程。6日,到达印尼苏门答腊外面的小岛石叻班让。15日,新加坡陷落。到苏门答腊保东村华侨陈仲培家住下避风。改名为张尚福。3月9日,荷兰殖民者向日军投降。经北干登鲁到巴爷公务,化名金子仙。为谋生办酒厂和肥皂厂。又提议成立"同仁社"的秘密组织。编写了《汉译印度尼西亚语辞典》和《印度尼西亚语语法研究》两部书稿,又写了幻想小说《少年航空兵》一书,还写了《论战局》《各民族抗日统一战线》《印尼问题与华侨经济》等文在难友中传阅。(参见朱顺佐、金普森《胡愈之传》及附录《胡愈之生平大事年表》,杭州大学出版社1991年版)

张光年(光未然)继续在缅甸主编《新知周刊》。2月中旬,在缅甸曼德勒连续三天参加公演《黄河大合唱》,慰问中国远征军及当地华侨,这是《黄河大合唱》首次在海外演出。同年,张光年回到云南,任北门出版社和《民主增刊》编辑。

李育中投笔从戎,参加抗日远征军开赴缅甸。春,李育中应邀做杜聿明的英文秘书,撰写《缅甸远征记》,该书是中国最早记录远征军战史的报告文学之一。

董寅初在印尼,因从事抗日救亡活动被捕。

庞士谦任中国留埃及学生部部长、爱资哈尔大学中国文化讲座讲师。

英国剑桥大学教授、著名科技史专家李约瑟与E. R. 多兹教授受英国文化委员会之命执行援华任务,组成"英国文化科学赴中国使团"。秋,英国政府在"二战"最为重要的转折时刻,为履行盟国的职责,声援东方抗击法西斯的主要力量,决定派遣一批著名科学家与学者赴中国考察访问并给予人道主义援助。作为英国皇家学会会员、英国学术院院士,初通中文并对东方文明怀有浓厚兴趣的剑桥大学教授李约瑟有幸被选中,他与牛津大学的希腊文教授E. R. 多兹组成英国文化科学使团,分别代表英国皇家学会和英国学术院前往中国作报告,以鼓舞中国科学家在艰苦抗战中的战斗精神。他们从印度加尔各答经中国与外界相连的唯一通道——著名的"驼峰"航线,飞越喜马拉雅山进入云南昆明,开始了长达4年的在华活动。

按：李约瑟在华工作达3年半，访问了近300个学术研究机构，足迹涉及云南、四川、贵州、山西、甘肃、广东、广西、福建等省，写下工作报告、日记、通讯及为英国《自然》周刊撰写的专稿等，编成《科学前哨》一书。（参见杨丽娟《一见倾心——抗战时期英国科学家李约瑟的中国之行》，《北京日报》2022年1月29日；郭胜强《董作宾传》，凤凰出版传媒集团、江苏文艺出版社2010年版）

美国学者费正清二次来华，在重庆任美国战略情报局高级职员，兼美国驻华大使特别助理和出版处主任，至1943年12月结束。其间，费正清主持美国学术资料供应处，与中国文化教育界人士颇多往还。费正清在重庆袁同礼的办公地点，均在重庆两路口求精中学，留心袁同礼所编《图书季刊》，二人常有交往。美国在美国大使馆内设立办事处，获得袁同礼的帮助和指导，分发编印西文科学缩微胶卷，及搜集中文科学文献，共同"发展了一种学术界的文化交流"（develop cultural exchange in academic channel）。

按：据费正清《我所认识的袁守和先生》（John K. Fairbank. Tumg-li huan as I Knew Him）（《思忆录：纪念袁守和先生》，载朱传誉主编《袁同礼传记资料》，天一出版社1979年版）回忆：尽管当时袁同礼"工作经费有限，但他总不断有新主意，新筹划，又有忠恩的助手。他有一种特殊的贡献。不管景况如何困难。总在继续踊跃的奋发苦干，而不疏忽他的职责。他总可以为知识及其分发，找出有价值的事来做"。（参见张光润《袁同礼研究（1895—1949）》，华东师范大学博士学位论文，2018年）

美国O·布赫耶赫《中国现代浪漫作家巴金》，刊于美国《俄亥俄大学学报》第3卷第3期。（参见唐金海、张晓云《巴金年谱》，四川文艺出版社1989年版）

法国奥·布里埃（O. Briere）《巴金：一位现代中国小说家》刊于上海《震旦大学学报》第3卷第3期，又载1943年11月1日《万象》杂志第3卷第5期（简正译），对巴金的生平、《革命三部曲》《爱情的三部曲》《激流三部曲》和短篇小说都作了评论，并探讨了巴金"思想观念和对人生的重大问题的感情"，认为在巴金的"一生正处于决定性的转折点"之时，"俄国虚无主义者（指克鲁泡特金）的著作，在他稚嫩的心灵上，留下了极其深刻的印象"，"虚无主义的著作指明他毅然投身于革命的活动"。《革命三部曲》笔调"酸刻、锐利""过激""忧郁"，杜大心的"死亡是……一个失败""李冷的塑造……更富于人性""更真实"。《爱情的三部曲》"没有中心人物""剧情的变化过多，枪毙、捕捉场面太多"；《雾》是"爱与孝和忠贞"的冲突；《雨》是"爱与……革命"的冲突；《电》是"牺牲精神和献身事业的精神战胜了爱情"。《激流三部曲》的"总的主题是""一个家庭的崩溃，新一代和旧一代的斗争史，家长制度专横暴戾的威权和幼辈独立精神的冲突，年轻中国在家庭观点上的演变"。巴金的作品给人"最深的印象就是他的忧郁感""他擅长于写悲剧的体裁，写绝望的体裁，因为这些意境和他的心境颇为相似""巴金有信仰，相信未来，相信制度的改进，相信人类的进步，相信美好的未来，一切都可以在人间实现""他的宗教"是"人道主义""巴金承受俄国作家的影响最大"有克鲁泡特金、托尔斯泰、屠格涅夫、高尔基等；他"对法国的小说家也很感兴趣，特别是莫泊桑和左拉""他风靡于中国现代青年的原因是：在炽烈的情感和表达中，蕴藏着真实的口才，蕴藏着引人入胜的功量""从不庸俗""感情始终激昂""给人以真挚的感觉"；他的缺点是"才能太没节制了""口气有时大而无当"。（参见唐金海、张晓云《巴金年谱》，四川文艺出版社1989年版）

法国让·蒙斯特勒特《巴金〈家〉中的社会环境》刊于《教务会议委员会卷宗》第12卷第15期。（参见唐金海、张晓云《巴金年谱》，四川文艺出版社1989年版）

苏联共产国际驻延安联络员兼苏联塔斯社随军记者彼得·弗拉基米洛夫（中文名字叫孙平）5月11日抵达延安。12日，毛泽东、任弼时、王稼祥会见彼得·弗拉基米洛夫。（参见徐则浩《王稼祥年谱》，中央文献出版社2001年版）

苏联驻华大使馆费德林 8 月 29 日来郭沫若寓所造访，阳翰笙、夏衍在座，谈得很痛快。费德林想请一人去教书，即推荐徐迟。（参见林甘泉、蔡震主编《郭沫若年谱长编》，中国社会科学出版社 2017 年版）

苏联罗果夫主编的《苏联文艺》月刊 11 月在上海创刊。它是当时我国唯一专门译载苏联文艺作品的刊物。（参见唐金海、张晓云《巴金年谱》，四川文艺出版社 1989 年版）

日本学者铃木虎雄著、殷石耀译《赋史大要》10 月列为"国学丛刊"之一，由正中书局出版。此为中国学术史上的第一部赋史，作者在书中将赋的历史依次划分为六个时期，即"骚赋时代""辞赋时代""骈赋时代""律赋时代""文赋时代""八股文赋时代"。此书在日本学界被誉为名著，在中国也是赋史研究的经典著作。其主要贡献有二：一是在讨论赋之定义、形成、分期后，着重探讨了韵文形式的赋兼有"事物铺陈分口诵二义"，此为赋学研究家普遍接受；二是理出了一条由骚赋到散赋、骈赋、律赋、文赋、股赋的赋体之历史衍化线路，同样受到重视。

按：明代徐师曾在《文体明辨》中将赋分为"古赋、俳赋、律赋、文赋"；1927 年郭绍虞发表《赋在中国文学史上的位置》一文，将赋史分为"短赋""骚赋""古赋""俳赋""律赋""文赋"六个时期。铃木虎雄《赋史大要》的赋史分期法，颇有综合二者的痕迹。至于他以"八股文赋时代"指出称清代赋史，则不可取。理由是，所谓"八股文赋"始自唐初，此后历代均为科举考试内容之一。（参见付祥喜《20 世纪前期中国文学史写作编年研究》，北京师范大学出版社 2013 年版）

日本学者大久保庄太郎所撰的《近代支那的平民教育运动——以定县华北实验区为中心》发表在《东亚人文学报》第 2 卷第 3 号（1942 年第 12 期），此文对其领导的定县平教运动进行了介绍。（参见杜学元、郭明蓉、彭雪明《晏阳初年谱长编》，上海交通大学出版社 2017 年版）

三、学术论文

徐中玉《中国近代学术研究之回顾与展望》刊于《时代中国》第 5 卷第 4—5 期。

按：是文曰："自有史以来，直到十八世纪中叶，中国的文化学术在世界上始终占有一种优越的地位。中国发明过印刷术，发明过火药，发明过航海罗盘，这些发明都是世界历史上的大事。当近代大规模工艺尚未到临之先，中国的工艺，曾深受东西洋各国的崇拜。……然而两百年来，我国的文化学术在世界上的地位却相形见绌了。由于历史发展的特殊和迟缓，近代欧洲工业社会的文化对我们形成了一种严重的威胁。为要御侮图强，使我们不能不马上改弦易辙，加速吸收这种新起的文化。可是一直到了鸦片战争以后，这种吸收的工作才正式开始发展。……在鸦片战争以前，我国输入西洋学术的目的，不外增强武力，树立武功，压制叛乱，或粉饰太平。那时候吸收西洋学术的态度，不过是被动的，不迫切的。鸦片战争以后的态度就不同了。战争的失败使当时认识了这种威胁，使他们知道如不亟图富强，就得被欺凌，被灭亡。为要图强，不能不赶快输入西洋的新学术。这时的态度已是自动的，迫切的了。"而"翻译西书，废除科举，新设学校，派遣留学，这四件大事造成了中国的学术文化史上的一大转变，同时也为现代中国的学术研究事业，打下了一个初步的基础"。

是文认为："我国近代学术研究的进展、大体上也可说是我国学术吸收西洋学术的进展。这个进展的历史，可粗分为三期：即自明清之际至鸦片战争为一期，自鸦片战争至清末为一期，自民国至现在又为一期。在第一期中，吸收的态度是被动的，不迫切的；在第二期中，吸收的态度虽已变成自动的和迫切的，但吸收的结果，实际上并无巨大的成就，这期的努力、不过建立了我国现代化学术研究事业的初步基础。在第三期中，现代化的研究机关才渐有设立，研究工作也渐有成就。特别自民国十六年全国统一以后，政府对学术研究事业渐能注意扶植，学术研究事业乃有了真正的开展，现代化的学术研究基础，至是乃得奠定。"

发展学术,除了高校培养成才之外,学术研究机构的兴起也至关重要,是文指出:"纯粹学术研究的机关,到民国之后才有设立,正式的研究院所则更迟至民国十六年后才有成立。各研究机关的开展也不过是十多年来的事。……因此,中国现代化的学术研究事业,其基础只能说是民国以后,尤其是民国十六年以后,才奠定的。中国学术研究机关成立最早的是实业部的地质调查所,它在民国元年南京临时政府时代就已成立。其次是中国科学社的生物研究所,于民国四年在美国绮色佳城成立,民国七年迁回本国。再次是北京大学研究所的国学门,成立于民国十年。自此以后,各种研究机关渐渐增多起来。中央研究院旋即于民国十七年四月正式成立,成为中华民国学术研究的最高机关,担负研究科学,和指导联络奖励学术研究的任务。自中央研究院成立,各大学的研究院所亦相继成立,抗战以后,各大学的研究院所,尤多增设。目前我国纯粹学术研究的机关,就其隶属不同,可以分做三类:一类是附设于其他行政机关,或学术研究机关,或私人研究机关的研究所,试验所,调查所,等等。第一类的研究机关,有国立中央研究院的十个研究所,计为:物理、化学、工程、天文、气象、地质、动植物、心理,历史语言,社会科学十所。有国立北平研究院的九个研究所,计为:物理、化学、镭学、药物、生理、动物、植物、地质、史学等九所。第二类的研究机关,截至抗战前止,有属于公私立中央大学,中山大学,北京大学,清华大学,南开大学等十一个大学;一个大学院的二十六个研究所,四十五个学部。这中间尤理科研究所八个,十八学部;文科研究所六个,十一学部;法科研究所五个,七学部;农科研究所三个,四学部;工科研究所两个,二学部;教育研究所一个,二学部;商科研究所一个,一学部。以上是指各大学经教部认可设立的研究院所而言,另外各大学有些研究机构,因各种原因,未能正式成立,不过它们也有相当的工作。比如中央大学的机械特别研究班,中山大学的细菌学解剖学病理学生理学药物学等研究所,地质调查所,土壤调查所,华西大学的文化研究所,齐鲁大学的国学研究所等等。第三类的研究机关,现有经济部地质调查所,农业实验所,工业实验所,军政部的兵工研究所,中央政治学校的研究所,湖南河南等省的地质调查所,静生生物调查所,黄海化学工业研究社,中国科学社生物研究所,中国西部科学院,热带病研究所,地政研究所,地理研究所,民族文化书院,复性书院以及各机关的研究室,实验室等等。除上述三类研究机关以外,还有各种专门的学会,也同能担任一部分研究的工作。……目前我国则已有了许多专门性质的学会,如中国哲学会,经济学会,工程师学会,化学会,物理学会等等。"

谈及中国近代学术的成绩,是文指出:"大体而论,近百年来的科学研究已使我国渐渐走上了现代化的道路。许多不良的传统,如墨守陈法,固执迷信,排拒外人等等已渐减弱了。许多现代化的基本设施,如新式的工商业,铁道公路邮政电讯,大学研究机关等,已渐渐设立,并已渐渐增多起来了。我们的成就比之欧美一些先进国家当然差得还远,不过和百年前,甚至五十年前的我国相比,我们的确已进步到有了一个完全不同的面目。我国学术研究二十年来的成绩有几个部门已达到相当高的水准,若干学术研究机关的工作,对于国家建设也已有了一些实际的贡献。"在一些研究领域,也取得了一些成绩:1. "在地质学方面,我国的成绩比较出色。地质调查所在丁文江、翁文灏诸先生领导之下,不仅我国学术研究界占极高地位,就是在国际间也有很好地声誉";2. "在古生物学方面,二十年来在美国葛利普氏指导之下,有了不少成绩。地质调查所出版一种古生物志,专门叙述这种工作的结果,从民十到民廿二年,一共出了七十册,共六千四百多页,作者除本国人外,还有美德法瑞典各国人士,这刊物成了国际间有名的刊物";3. "在考古人类学方面,民国十年安特生在距北平一百里的周口店地方发现了脊椎动物的化石,民国十六年,地质调查所得到了罗氏基金的补助,由布拉克主任领导杨钟健、裴文中诸氏,在周口店石灰山洞开始大规模的发掘,发掘的结果,就发现了所谓北京人的骸骨,这是世界最古的人种之一。到现在为止,已寻得二十多人的遗骨,并且有石器,和用火的遗痕。这是我国对于世界先史学上极大的贡献,外人曾推为二十世纪最大发现之一。中央研究院在河南安阳发掘殷代旧都与陵墓的工作,也甚为国际考古学界所重视";4. "生理学是我国最发达的一门实验科学,中国生理学杂志业已出了十五年,且仍继续在出,这个杂志已为外国学者所承认,英美德三国的提要杂志都按期摘录它的论文。据国立中央研究院所出版的中国科学著作目录中生理学的论文,在一九一九年前,每年不到十篇,自一九一九到一九二二年间,每年约有二十篇,到一九二六年,便已增至四五十篇,一九二七年后,数目增至百篇左右";5."物理学方面,自一九二八至一九三九年初,中国学者所发表的论文共有二二五篇。如果将这二百多篇文章分年排列开来,就可以发见论文的篇数,也是逐年增加,而以一九三六年发表的为最多,约有五十篇,几占全数四分之一"。

是文肯定了"我国学术研究事业二十年来的努力,对于学术理论和国家实际的建设都已有了一些贡献,这是事实。"但也指出了存在的问题:"第一,我们的学术水准距离欧美一些先进国家还是很远;第二,我们的学术研究贡献还远不能适应国家建设的迫切需要。学术研究因为一向侧重理论的和实验室内的工作,因此一方面是与国家生活失却了紧密的联络,没有尽可能协助国家各种建设的工作;一方面也就同时失却了从实际工作中改正理论,发展理论的机会""政府没有负起积极领导,积极援助的责任,研究机关的经费穷困万分;研究本身又不着重国家当前迫切问题。许多研究不免成了装饰品;这些研究都未能出以比较通俗的形式,使一般人更少能理解学术研究的意义与重要;学术未能注意综合,统整,许多研究是支离破碎,似实而虚,所谓纯粹研究与实际应用在大多数场合上迄未统一。整个专业的进行漫无计划,全不考核,机关与机关之间,有或不能合作,有或不知合作,重复浪费,叠床架屋;若干机关的主持人形同官僚,自己不能研究,因此别人也不研究;青年研究工作者的训练增加依然还没有确实的办法……。"

奚石人《中日货币战的历史观》刊于《时代中国》第5卷第4—5期。

长青《甘地与尼赫鲁》刊于《时代中国》第5卷第4—5期。

宗越《学术专门与学术统整》刊于《时代中国》第5卷第6期。

方正《战时商业资本的处理问题》刊于《时代中国》第5卷第6期。

郭大力《我们农村中的商业》刊于《时代中国》第5卷第6期。

王亚南《哲学与经济学》刊于《时代中国》第5卷第6期。

徐中玉《论果戈理的爱国主义》刊于《时代中国》第6卷第1期。

荒烟《散论东南的木刻运动》刊于《时代中国》第6卷第1期。

李开阳《试论中国社会的演变》刊于《时代中国》第6卷第1期。

长青《民主的独立号角——美国独立运动史话》刊于《时代中国》第6卷第1期。

黄朝中《中国文化的始原问题》刊于《时代中国》第6卷第2期。

王兴瑞《近百年来中国历史发展简论》刊于《时代中国》第6卷第2期。

郭大力《我们农村生产的物质条件》刊于《时代中国》第6卷第2期。

徐仲玉《评巴金的家春秋》刊于《时代中国》第6卷第2—3期。

石人《反侵略战争的新阶段》刊于《时代中国》第6卷第3期。

黄远之《论群众力量与国防建设》刊于《时代中国》第6卷第3期。

石人《论现阶段的民族问题》刊于《时代中国》第6卷第4期。

樊星南《科学·民主与社会化》刊于《时代中国》第6卷第4期。

谢绍康《论中国农业经营的特质》刊于《时代中国》第6卷第4期。

洪坚《鲁迅与中国启蒙运动——致鲁迅逝世六周年》刊于《时代中国》第6卷第4期。

岑麒祥《中国语在世界语言中的地位和价值》刊于《时代中国》第6卷第4期。

杜沧白《中国战术史举例》刊于《时代中国》第6卷第4—6期。

彭健华《现阶段中国经济的发展》刊于《时代中国》第6卷第5—6期。

之流《文艺写作的言语应用问题》刊于《时代中国》第6卷第5—6期。

彭芳草《地中海战略形势变迁论》刊于《时代中国》第6卷第5—6期。

郭世振《中国政治建设的认识》刊于《抗战时代》第5卷第2—3期。

载洪《中国古代殷周社会之研究》刊于《抗战时代》第6卷第3期。

范存忠《美国大学教育的新动向》刊于《中国青年（重庆）》第6卷第3—4期。

潘建模《女青年应如何完成革命救国的使命》刊于《中国青年（重庆）》第6卷第3—4期。

张淑宝《怎样确定革命的人生观》刊于《中国青年（重庆）》第6卷第3—4期。

许德珩《发挥"五四"时代的青年精神——"五四运动"的回忆与感念》刊于《中国青年（重庆）》第6卷第5期。

樊德芬《五四运动之新旧意义》刊于《中国青年（重庆）》第6卷第5期。

朱光潜《五四运动的意义和影响》刊于《中国青年（重庆）》第6卷第5期。

吴之椿《五四运动在中国近代史上的意义》刊于《中国青年（重庆）》第6卷第5期。

蔡侠飞《从五四运动说到青年和党的关系》刊于《中国青年（重庆）》第6卷第5期。

朱家骅《三民主义青年团在中国青年运动中的意义与价值》刊于《中国青年（重庆）》第7卷第1期。

徐旭生《中西文化的相遇及其分期》刊于《中国青年（重庆）》第7卷第1期。

马超俊《论青年团成立的意义及其与党的关系》刊于《中国青年（重庆）》第7卷第1期。

谌小岑《世界弱小民族革命与中国》刊于《中国青年（重庆）》第7卷第4—5期。

李长之《文艺创作之心理学观》刊于《中国青年（重庆）》第7卷第6期。

冯大麟《如何展开三民主义的文化运动》刊于《中国青年（重庆）》第7卷第6期。

张愚《中国学术思想渊源》刊于《中国青年》第14卷第2期。

按：是文曰："学术思想是民族性的精神表现。我国民族性是中庸和平而博爱的。故其所产生的学术思想是以'仁'为中心的儒家思想。由仁而演之为'亲亲''仁民''爱物'。亲亲是伦理观。仁民是社会观。爱物是宗教观。三者俱为以民生为核心的现实思想，故重实践，而于高深玄妙之哲理不多探求。以致一挫于老庄，再挫于佛学，六朝唐宋之间，儒学几被挤于士林之外。直至清朝始稍有起色，然旋又被抑于专制淫威之下，迨三民主义突起，秦汉以来二千余年暝暝不彰的正统儒家思想，乃以新生的姿态而出现"。

朱畸觚《历代赋税制度考略》刊于《国学丛刊（北京）》第6期。

高夷吾《历代宰辅沿革考》刊于《国学丛刊（北京）》第6期。

赵敬含《廉颇蔺相如合论》刊于《国学丛刊（北京）》第6期。

周宝书《廉颇蔺相如合论》刊于《国学丛刊（北京）》第6期。

濮思本《王安石论》刊于《国学丛刊（北京）》第6期。

孙培经《张居正论》刊于《国学丛刊（北京）》第6期。

梁绳祎《外国汉学研究概观》刊于《国学丛刊（北京）》第6—7期。

苏良桂《补〈南史·选举志〉》刊于《国学丛刊（北京）》第7期。

童震亨《中日文化交流之回顾与前瞻》刊于《国学丛刊（北京）》第7期。

俞士镇《萧一山著〈清代学者生卒及著述表〉纠谬》刊于《国学丛刊（北京）》第7期。

俞士镇《历代律书沿革考》刊于《国学丛刊（北京）》第9期。

冯学思《论扬雄〈法言〉王通〈中说〉优绌》刊于《国学丛刊（北京）》第9期。

陈瀚年《论史记孟尝君平原君春申君信陵君》刊于《国学丛刊（北京）》第10期。

朱筠、徐昆《古诗十九首说》刊于《国学丛刊（北京）》第10期。

苏良桂《清代田赋考》刊于《国学丛刊（北京）》第10期。

吕宫助《论商鞅之变秦法》刊于《国学丛刊（北京）》第11期。

吕宫助《论汉家治尚黄老之流弊》刊于《国学丛刊（北京）》第 11 期。

岑麒祥《国语注音符号的分析研究》刊于《中山学报》第 1 卷第 3 期。

陈孝禅《读物行列长短对于阅读效率的影响》刊于《中山学报》第 1 卷第 3 期。

陈国治《中国地理对于中国经济史特殊发展之影响》刊于《中山学报》第 1 卷第 3 期。

马采《席勒的美的教育论》刊于《中山学报》第 1 卷第 3 期。

梁瓯第《凉山裸倮的社会及其教育》刊于《中山学报》第 1 卷第 3 期。

魏应麒《张居正夺情辩》刊于《中山学报》第 1 卷第 3 期。

林锦成《对教师职业态度量尺的编制》刊于《中山学报》第 1 卷第 3 期。

何心石《论中学青年的思想训练》刊于《中山学报》第 1 卷第 3 期。

薛祀光《关于典业之回顾问题》刊于《中山学报》第 1 卷第 4 期。

曾昭琼《人格本位的刑罚观》刊于《中山学报》第 1 卷第 4 期。

李浩川《法律解释之本质》刊于《中山学报》第 1 卷第 4 期。

余鑫如《关于夫妻财产制立法上之检讨》刊于《中山学报》第 1 卷第 4 期。

张学尧《论民事诉讼之法定代理》刊于《中山学报》第 1 卷第 4 期。

雷荣珂《英国议会政治的前途》刊于《中山学报》第 1 卷第 4 期。

张导《世界大战中的印度》刊于《中山学报》第 1 卷第 4 期。

王亚南《现代经济思想的演变之迹象》刊于《中山学报》第 1 卷第 4 期。

刘耀燊《世界币制问题》刊于《中山学报》第 1 卷第 4 期。

吕复《中华伟大民族形成之诸种原因》刊于《中山学报》第 1 卷第 4 期。

胡体乾《原始婚姻形态》刊于《中山学报》第 1 卷第 4 期。

刘矩《现代生育论律之选择》刊于《中山学报》第 1 卷第 4 期。

董家遵《中国古代收继婚的风俗》刊于《中山学报》第 1 卷第 4 期。

卓炯《社会现象论》刊于《中山学报》第 1 卷第 4 期。

石兆棠《黑格尔的思想历程》刊于《中山学报》第 1 卷第 4 期。

梁伯强《如何在非常时期中研究病理学》刊于《中山学报》第 1 卷第 5 期。

杨简《在抗战中如何布置病理学研究所》刊于《中山学报》第 1 卷第 5 期。

戴辛皆《我们的生活问题》刊于《中山学报》第 1 卷第 6 期。

吴尚时、罗来兴《北江上游之水文》刊于《中山学报》第 1 卷第 6 期。

徐俊鸣《从地理观点论河川战》刊于《中山学报》第 1 卷第 6 期。

钟集《伟大的宇宙》刊于《中山学报》第 1 卷第 6 期。

张竞择《世界历》刊于《中山学报》第 1 卷第 6 期。

梁其善《乐昌县地形之演进与分区》刊于《中山学报》第 1 卷第 6 期。

陈宗南《论中国战时工业教育》刊于《中山学报》第 1 卷第 7 期。

吴朋聪《战时铁路桥梁轨道之修护》刊于《中山学报》第 1 卷第 7 期。

黎献勇《伪装工程之原理与技术》刊于《中山学报》第 1 卷第 7 期。

陈显时《粤省之交通》刊于《中山学报》第 1 卷第 7 期。

林鸿恩《正方形结构之建筑物设计》刊于《中山学报》第 1 卷第 7 期。

伍金声《保养公路桥梁与选择桥位之关系》刊于《中山学报》第 1 卷第 7 期。

孔繁祺《设置机车客货车制造厂之研究》刊于《中山学报》第 1 卷第 7 期。

王鹏雏《现代兵器之趋势》刊于《中山学报》第 1 卷第 7 期。

熊汝统《投票与决标》刊于《中山学报》第 7 期。

陈柱尊《广会意》刊于《真知学报》第 1 卷第 1 期。

龙沐勋《创制新体乐歌之途径》刊于《真知学报》第 1 卷第 1 期。

杨郎墨《中国文艺批评的第一期》刊于《真知学报》第 1 卷第 1 期。

胡道维《黄梨洲在政治思想史上的地位》刊于《真知学报》第 1 卷第 1 期。

黎国昌《生物学上社会生活观》刊于《真知学报》第 1 卷第 1 期。

陈柱尊《论作文摹拟变化之法》刊于《真知学报》第 1 卷第 2 期。

朱建新《金石文字书迹之欣赏》刊于《真知学报》第 1 卷第 2 期。

施则敬《唐律用韵考》刊于《真知学报》第 1 卷第 2 期。

王亥《伯庸与祝融》刊于《真知学报》第 1 卷第 2 期。

邵仲香《粮食增产问题》刊于《真知学报》第 1 卷第 2 期。

果庵《太平军役后之民食处理》刊于《真知学报》第 1 卷第 2 期。

殷黍《历史上的饥馑》刊于《真知学报》第 1 卷第 2 期。

朱石白《先秦学系源流述》刊于《真知学报》第 1 卷第 3 期。

王亥《先秦的地方制度与城邑建筑及人口》刊于《真知学报》第 1 卷第 3 期。

朱建新《金文略例》刊于《真知学报》第 1 卷第 3 期。

世璜《管仲的学说》刊于《真知学报》第 1 卷第 3 期。

许季木《论通货膨胀》刊于《真知学报》第 1 卷第 3 期。

汪伟《维持人类之存在》刊于《真知学报》第 1 卷第 3 期。

新命《科学新论》刊于《真知学报》第 1 卷第 3 期。

缪端生《生物学系研究报告》刊于《真知学报》第 1 卷第 3 期。

朱起凤《论语正诂》刊于《真知学报》第 1 卷第 4 期。

陈柱尊《文字声谊相因考》刊于《真知学报》第 1 卷第 4 期。

杨郎墨《汉魏思潮及建安文艺批评》刊于《真知学报》第 1 卷第 4 期。

胡道维《晚近政治思想的趋势》刊于《真知学报》第 1 卷第 4 期。

周匡《中国考试制度之起源》刊于《真知学报》第 1 卷第 4 期。

纪果庵《咸丰大钱新考》刊于《真知学报》第 1 卷第 4 期。

朱建新《王静安先生遗书编辑之质疑》刊于《真知学报》第 1 卷第 4 期。

赫胥黎《气候与人类历史》刊于《真知学报》第 1 卷第 4 期。

李长傅《海国闻见录东南洋笺释》刊于《真知学报》第 1 卷第 5 期。

江道本《中国音韵学的体例及其源流》刊于《真知学报》第 1 卷第 5 期。

胡道维《从国家主义到国际主义》刊于《真知学报》第 1 卷第 5 期。

朱建新《世说新语之研究》刊于《真知学报》第 1 卷第 6 期。

胡道维《从民治主义到反民治主义》刊于《真知学报》第 1 卷第 6 期。

纪果庵《清初圈地考》刊于《真知学报》第 1 卷第 6 期。

金梁《读王著王静安先生遗书编辑之质疑书后》刊于《真知学报》第 1 卷第 6 期。

朱起凤《孟子正诂》刊于《真知学报》第 2 卷第 1 期。

白麟《春秋时代文化概述》刊于《真知学报》第 2 卷第 1 期。

仲玉《元代大曲家马致远之生平及著作》刊于《真知学报》第 2 卷第 1 期。

铁笛《太平洋两大海军国》刊于《真知学报》第 2 卷第 1 期。

李远之《历代刑法之沿革及其研究》刊于《真知学报》第 2 卷第 1 期。

黎国昌《谈生殖问题》刊于《真知学报》第 2 卷第 1 期。

朱起凤《孟子正诂（二）》刊于《真知学报》第 2 卷第 2 期。

杨郎墨《太康时期之文艺批评》刊于《真知学报》第 2 卷第 2 期。

许季木《论经济学用词的困难》刊于《真知学报》第 2 卷第 2 期。

郑秉珊《画家石涛》刊于《真知学报》第 2 卷第 2 期。

斥堂《商代的浙江》刊于《真知学报》第 2 卷第 3 期。

施桐《诗韵之话》刊于《真知学报》第 2 卷第 3 期。

刘雨生《黟县俞理初先生年谱》刊于《真知学报》第 2 卷第 3 期。

朱建新《唐孙过庭书谱评考》刊于《真知学报》第 2 卷第 3 期。

安冈正笃《世界文明之转机》刊于《真知学报》第 2 卷第 3 期。

农学院《南京天然林木调查》刊于《真知学报》第 2 卷第 3 期。

陈柱尊《太史公书讲记》刊于《真知学报》第 2 卷第 4 期。

江守权《大学发微》刊于《真知学报》第 2 卷第 4 期。

商喆《井田考》刊于《真知学报》第 2 卷第 4 期。

周匡《西汉的监察制度》刊于《真知学报》第 2 卷第 4 期。

李长傅《马哥波罗游记海南诸国新注》刊于《真知学报》第 2 卷第 4 期。

胡道维《日俄战争及其历史的教训》刊于《真知学报》第 2 卷第 4 期。

静闲《战后未来世界》刊于《真知学报》第 2 卷第 4 期。

于右任《巴蜀古文化之研究》刊于《说文月刊》第 3 卷第 7 期。

张继《四川古迹之调查》刊于《说文月刊》第 3 卷第 7 期。

卫聚贤《巴蜀文化附图说明》刊于《说文月刊》第 3 卷第 7 期。

卫聚贤《巴蜀文化》刊于《说文月刊》第 3 卷第 7 期。

商承祚《成都白马寺出土铜器辩》刊于《说文月刊》第 3 卷第 7 期。

赵世忠《记錞于》刊于《说文月刊》第 3 卷第 7 期。

郑德坤《华西的史前石器》刊于《说文月刊》第 3 卷第 7 期。

林名均《广汉古代遗物之发现及其发掘》刊于《说文月刊》第 3 卷第 7 期。

董作宾《殷代的羌与蜀》刊于《说文月刊》第 3 卷第 7 期。

朱希祖《蜀王本纪考》刊于《说文月刊》第 3 卷第 7 期。

缪凤林《漫谈巴蜀文化》刊于《说文月刊》第 3 卷第 7 期。

徐中舒《蜀锦》刊于《说文月刊》第 3 卷第 7 期。

傅振伦《巴蜀有中国文化上之重大做贡献》刊于《说文月刊》第 3 卷第 7 期。

郭沫若《钓鱼台访台》刊于《说文月刊》第 3 卷第 7 期。

卫聚贤《史的史》刊于《说文月刊》第 3 卷第 8 期。

但焘《国史事例杂议初稿》刊于《说文月刊》第 3 卷第 8 期。

朱希祖《史官名称议》刊于《说文月刊》第 3 卷第 8 期。

金毓黻《唐宋时代设馆修史制度考》刊于《说文月刊》第 3 卷第 8 期。

王献唐《汉书食货志订议》刊于《说文月刊》第 3 卷第 8 期。

王献唐《新出汉熹平春秋石经校记》刊于《说文月刊》第 3 卷第 8 期。

傅振伦《档案与历史》刊于《说文月刊》第 3 卷第 8 期。

朱焕尧《后汉东观考》刊于《说文月刊》第 3 卷第 8 期。

李菊田《宋书纂修始末考》刊于《说文月刊》第 3 卷第 8 期。

傅振伦《档案历史与档案管理》刊于《说文月刊》第 3 卷第 8 期。

邹鲁《叶匡传》刊于《说文月刊》第 3 卷第 8 期。

邹鲁《姚万瑜传》刊于《说文月刊》第 3 卷第 8 期。

邹鲁《邓烈士钧传》刊于《说文月刊》第 3 卷第 8 期。

邹鲁《巫烈士绍光传》刊于《说文月刊》第 3 卷第 8 期。

邹鲁《罗烈士侃亭传》刊于《说文月刊》第 3 卷第 8 期。

邹鲁《陈烈士钜海传》刊于《说文月刊》第 3 卷第 8 期。

邹鲁《李烈士一球传》刊于《说文月刊》第 3 卷第 8 期。

邢仲采《张自忠拟传》刊于《说文月刊》第 3 卷第 8 期。

蒋逸雪《张謇拟传》刊于《说文月刊》第 3 卷第 8 期。

邢仲采《朱庆润拟传》刊于《说文月刊》第 3 卷第 8 期。

逸雪《三十年来国史馆筹备始末记》刊于《说文月刊》第 3 卷第 8 期。

屈万里《中国古代的图书——竹帛》刊于《读书通讯》第 48 期。

仲玉《元曲家郑光祖之生平及其著作》刊于《政治月刊》第 4 卷第 2 期。

晏青《纪念中国新音乐的保姆萧友梅先生》刊于《音乐月刊》第 1 期。

张洪岛《音乐的定义及其特性》刊于《音乐月刊》第 1 期。

康讴译《指挥法演进概略》刊于《音乐月刊》第 1 期。

缪天瑞译《音乐中节奏的机能》刊于《音乐月刊》第 1 期。

王云阶译《儿童的自然歌声》刊于《音乐月刊》第 1 期。

田汉《抗敌演剧队之组成及其工作》刊于《戏剧春秋》第 2 卷第 2 期。

史莱格尔著,章泯译《论戏剧艺术》刊于《戏剧春秋》第 2 卷第 2 期。

[日]外三卯三郎著,舒非译《论傀儡戏》刊于《戏剧春秋》第 2 卷第 2 期。

[苏]B·尼古拉叶夫著,孟昌译《关于莫扎特的新剧作》刊于《戏剧春秋》第 2 卷第 2 期。

[苏]司坦尼斯拉夫斯基著,瞿白音译《第一研究所——我的艺术生涯》刊于《戏剧春秋》第 2 卷第 2 期。

张维华《汉河西四郡建制年代考疑》刊于《中华文化研究汇刊》第 2 卷。

朱谦之《哥仑布前一千年中国僧人发现美洲说》刊于《现代史学》第 4 卷第 4 期。

郑师许《史前之东北与中原的关系》刊于《现代史学》第 4 卷第 4 期。

董家遵《隋唐五代的收继婚》刊于《现代史学》第 4 卷第 4 期。

戴裔煊《北宋便籴制度产生的时代背景》刊于《现代史学》第 4 卷第 4 期。

王兴瑞《地方经济史研究方法导言》刊于《现代史学》第 4 卷第 4 期。

陈孝禅《教育的起源及其发展》刊于《现代史学》第 4 卷第 4 期。

梁瓯第《周代的教育制度》刊于《现代史学》第 4 卷第 4 期。

丘陶常《孙夏峰生平及其学术思想》刊于《现代史学》第 4 卷第 4 期。

黄庆华《章实斋史学研究》刊于《现代史学》第 4 卷第 4 期。

魏应麒《福建新通志修纂的经过》刊于《现代史学》第 4 卷第 4 期。

余彬《西汉社会经济研究提要（书籍介绍）》刊于《现代史学》第 4 卷第 4 期。

朱谦之《考今（卷首语）》刊于《现代史学》第 5 卷第 1 期"中国现代史专号"。

朱谦之《太平天国史料及其研究方法——中山主义的太平天国革命观》刊于《现代史学》第 5 卷第 1 期"中国现代史专号"。

朱谦之《天德王之谜》刊于《现代史学》第 5 卷第 1 期"中国现代史专号"。

陈安仁《中国现代革命史论》刊于《现代史学》第 5 卷第 1 期"中国现代史专号"。

王兴瑞《清宋革命党与保皇党的关系》刊于《现代史学》第 5 卷第 1 期"中国现代史专号"。

区琼华《中国海关总税务司的起源》刊于《现代史学》第 5 卷第 1 期"中国现代史专号"。

丘陶常《明室士大夫复国运动对于近百年来中国革命运动的影响》刊于《现代史学》第 5 卷第 1 期"中国现代史专号"。

黄庆华《辛亥革命思潮溯源》刊于《现代史学》第 5 卷第 1 期"中国现代史专号"。

彭泽益《太平天国对于东西革命的影响》刊于《现代史学》第 5 卷第 1 期"中国现代史专号"。

戴裔煊《清代盐课归丁史源试探》刊于《现代史学》第 5 卷第 1 期"中国现代史专号"。

刘伯奎《李鸿章与中俄密约》刊于《现代史学》第 5 卷第 1 期"中国现代史专号"。

郑师许《新航路的发见与欧人东来的追溯》刊于《现代史学》第 5 卷第 1 期"中国现代史专号"。

苏宪章《现代来华之西方旅行家》刊于《现代史学》第 5 卷第 1 期"中国现代史专号"。

隋树森《〈东墙记〉与〈西厢记〉》刊于《文史杂志》第 2 卷 5—6 期。

王荫嘉《嗣统通宝钱考》刊于《泉币杂志》第 10 期。

陈恕斋《秦半两及荚钱之研究》刊于《泉币杂志》第 10 期。

郑家相《五铢之研究（续前）》刊于《泉币杂志》第 10 期。

蒋仲川《江南省一元银币之说明（续）》刊于《泉币杂志》第 10 期。

张子远《朝鲜金银镍铜币（上）》刊于《泉币杂志》第 10 期。

王荫嘉《大院君执政记略》刊于《泉币杂志》第 10 期。

丁福保《历代钱谱（续前）》刊于《泉币杂志》第 10 期。

郑家相《上古货币推究（续前）》刊于《泉币杂志》第 10 期。

罗伯昭《洪文安公藏泉表》刊于《泉币杂志》第 10 期。

王荫嘉《寿泉集拓辛集序》刊于《泉币杂志》第 10 期。

张絅伯《寿泉集拓壬集自序》刊于《泉币杂志》第 10 期。

郑家相《关外出土尖首刀搨本叙言》刊于《泉币杂志》第 10 期。

鲍鼎《丁仲祜先生奋斗史（续）》刊于《泉币杂志》第 10 期。

鲍子年《胡石查手拓观古阁藏铁泉序》刊于《泉币杂志》第 10 期。

王荫嘉《行在会子库铜版跋》刊于《泉币杂志》第 11 期。

王荫嘉《嗣统通宝钱考（续）》刊于《泉币杂志》第 11 期。

张絅伯《半两钱考》刊于《泉币杂志》第 11 期。

罗伯昭《直百五铢非刘备铸说》刊于《泉币杂志》第 11 期。

陈恕斋《变化与秦汉半两之联系且可释为朋贝说》刊于《泉币杂志》第 11 期。

郑家相《五铢之研究(续前)》刊于《泉币杂志》第 11 期。

张子远《朝鲜金银镍铜币(下)》刊于《泉币杂志》第 11 期。

王荫嘉《大院君执政记略(续)》刊于《泉币杂志》第 11 期。

丁福保《历代钱谱(续前)》刊于《泉币杂志》第 11 期。

郑家相《上古货币推究(续前)》刊于《泉币杂志》第 11 期。

丁福保《得刘燕庭先生六泉记》刊于《泉币杂志》第 11 期。

张季量《泉家遗墨集序》刊于《泉币杂志》第 11 期。

郑家相《古化文字汇编自序二》刊于《泉币杂志》第 11 期。

鲍鼎《丁仲祜先生奋斗史(续)》刊于《泉币杂志》第 11 期。

王荫嘉《安南陈裕宗绍丰大治钱繁变之图》刊于《泉币杂志》第 12 期。

高善谦《牡国元宝钱正误》刊于《泉币杂志》第 12 期。

郑家相《五铢之研究绪言》刊于《泉币杂志》第 12 期。

郑家相《上古货币推究(续前)》刊于《泉币杂志》第 12 期。

丁福保《历代钱谱(续前)》刊于《泉币杂志》第 12 期。

王荫嘉《泉家遗墨集张丽瀛篆书楹帖跋》刊于《泉币杂志》第 12 期。

鲍鼎《丁仲祜先生奋斗史(续)》刊于《泉币杂志》第 12 期。

胡石查《观古阁铁钱拓本序》刊于《泉币杂志》第 12 期。

叶焕彬《重印观古阁藏钱序》刊于《泉币杂志》第 12 期。

张絅伯《读第十二期书后》刊于《泉币杂志》第 13 期。

罗伯昭《西川嘉定铁钱之分析》刊于《泉币杂志》第 13 期。

王荫嘉《安南珍钱四品》刊于《泉币杂志》第 13 期。

郑家相《五铢之研究(续前)》刊于《泉币杂志》第 13 期。

郑家相《五铢之研究绪言之更正》刊于《泉币杂志》第 13 期。

丁福保《历代钱谱(续前)》刊于《泉币杂志》第 13 期。

郑家相《上古货币推究(续前)》刊于《泉币杂志》第 13 期。

陈郁《题靖恂先生重装古泉汇》刊于《泉币杂志》第 13 期。

梁津《前题即用陈君原韵》刊于《泉币杂志》第 13 期。

鲍鼎《丁仲祜先生奋斗史(续)》刊于《泉币杂志》第 13 期。

郑家相《梁范馆谈屑》刊于《泉币杂志》第 13 期。

E. Kann《吉林银币之错版(英文)》刊于《泉币杂志》第 14 期。

张絅伯《方孔制钱考》刊于《泉币杂志》第 14 期。

王荫嘉《南汉乾亨钱(泉纬丛谈)》刊于《泉币杂志》第 14 期。

丁福保《撒账钱考》刊于《泉币杂志》第 14 期。

郑家相《五铢之研究(续前)》刊于《泉币杂志》第 14 期。

王荫嘉《安南陈裕宗绍丰大治钱之繁变》刊于《泉币杂志》第 14 期。

丁福保《历代钱谱(续前)》刊于《泉币杂志》第 14 期。

郑家相《上古货币推究(续前)》刊于《泉币杂志》第 14 期。

王荫嘉《拾古斋泉拓跋》刊于《泉币杂志》第 14 期。

鲍鼎《丁仲祜先生奋斗史(续)》刊于《泉币杂志》第 14 期。

秦子伟藏品,张絅伯考释《安古柏今钱考》刊于《泉币杂志》第 15 期。

罗伯昭《闲话乾元重宝》刊于《泉币杂志》第 15 期。

王荫嘉《大元通宝大小字之比较》刊于《泉币杂志》第 15 期。

郑家相《半两之研究绪言》刊于《泉币杂志》第 15 期。

王荫嘉《元粮钞之贰字》刊于《泉币杂志》第 15 期。

郑家相《契丹文大钱》刊于《泉币杂志》第 15 期。

丁福保《历代钱谱(续前)》刊于《泉币杂志》第 15 期。

郑家相《上古货币推究(续前)》刊于《泉币杂志》第 15 期。

王荫嘉《丁修甫先生认钱票跋》刊于《泉币杂志》第 15 期。

张季量《后素楼泉稿序》刊于《泉币杂志》第 15 期。

薛剑园《读泉币第十三期后率赋长歌》刊于《泉币杂志》第 15 期。

魏绍徵《中国农民运动历史的演进》刊于《中国农民》创刊号。

刘运筹《中国农业改进与农民品质提高问题》刊于《中国农民》创刊号。

中国农民经济研究会《中国农民经济研究会章程》刊于《中国农民》创刊号。

陈坚瓯《抗战建国与农民》刊于《中国农民》创刊号。

中国农民经济研究会《中国农民经济研究会工作计划大纲》刊于《中国农民》创刊号。

张启蔚《大后方农业金融问题与合作金库》刊于《中国农民》创刊号。

阮有秋《从战时农村金融政策谈到战时土地问题》刊于《中国农民》创刊号。

史维焕《现阶段农业金融的适应性和应负的使命》刊于《中国农民》创刊号。

谭振民《日本战时农村劳力问题》刊于《中国农民》创刊号。

吴藻溪《"农业经营集约度"概念的分析》刊于《中国农民》第 1 卷第 2—3 期。

孟宪章《国民党土地政策的理论与实际》刊于《中国农民》第 1 卷第 2—3 期。

黄通《中国土地今日与中国农民》刊于《中国农民》第 1 卷第 2—3 期。

王辅宜《前方和沦陷区农民努力的方向》刊于《中国农民》第 1 卷第 4 期。

林嵘《新县制与农民经济》刊于《中国农民》第 1 卷第 5 期。

朱剑农《怎样改进战时的农村》刊于《中国农民》第 1 卷第 5 期。

黄石华《现阶段自耕农之创设问题》刊于《中国农民》第 1 卷第 5 期。

吴藻溪《论农村工业化》刊于《中国农民》第 1 卷第 5 期。

董德明《川东边区农民生活素描》刊于《中国农民》第 1 卷第 5 期。

祝公健《论今日农村之高利贷》刊于《中国农民》第 1 卷第 5 期。

刘光华《农村轻而易举的几件事》刊于《中国农民》第 1 卷第 5 期。

士化《怎样研究农民问题》刊于《中国农民》第 1 卷第 5 期。

张朋《我们应该怎样研究农民经济》刊于《中国农民》第 1 卷第 5 期。

秦璋《改善农业金融之途径》刊于《中国农民》第 1 卷第 6 期。

张朋《农业金融与农业建设》刊于《中国农民》第 1 卷第 6 期。

阮有秋《论今日我国农贷的任务及其工作精神》刊于《中国农民》第 1 卷第 6 期。

黄懋仁《从后方的农业说到农业金融》刊于《中国农民》第 1 卷第 6 期。

郑麟翔《苏联农业金融概观》刊于《中国农民》第 1 卷第 6 期。

陈琮《德国农业金融》刊于《中国农民》第 1 卷第 6 期。

黄卓《英国农村金融概观》刊于《中国农民》第 1 卷第 6 期。

曹锡光《美国农业金融概观》刊于《中国农民》第 1 卷第 6 期。

殷锡琪《中国农业金融今后应注重运销信用论》刊于《中国农民》第 1 卷第 6 期。

丁道谦《贵州的农业金融》刊于《中国农民》第 1 卷第 6 期。

李拓之《中国农业经济的物质》刊于《中国农民》第 1 卷第 6 期。

姚公振《论汉代之农业金融》刊于《中国农民》第 1 卷第 6 期。

文浩然《德国农业金融制度》刊于《中国农民》第 2 卷第 1—2 期。

朱剑农《农产价格上涨与农民生活改善问题》刊于《中国农民》第 2 卷第 1—2 期。

王章麟《芬兰农业之集约经营及其成果》刊于《中国农民》第 2 卷第 1—2 期。

蒋镇澜《意大利农业经济之一瞥》刊于《中国农民》第 2 卷第 1—2 期。

西门宗华《苏联集体农场之生产与分配》刊于《中国农民》第 2 卷第 1—2 期。

刘慕梁《贫农加入合作社问题之研究》刊于《中国农民》第 2 卷第 5 期。

临风《论中国近代农村改良运动》刊于《中国农民》第 2 卷第 5 期。

陈法正《农村副业与农业贷款》刊于《中国农民》第 2 卷第 5 期。

夏文华《论家民组织与农会》刊于《中国农民》第 2 卷第 5 期。

秦璋《中央合作金库与农业金融机关之统一》刊于《中国农民》第 2 卷第 5 期。

朱剑农《不平等条约废除后中国农村经济的出路》刊于《中国农民》第 2 卷第 5 期。

董时进《战后的农业》刊于《现代农民》第 5 卷第 1 期。

评论《农业与抗战》刊于《现代农民》第 5 卷第 1 期。

贾文林《山西的农村》刊于《现代农民》第 5 卷第 2 期。

评论《改进农业的新路线》刊于《现代农民》第 5 卷第 4 期。

熊外生《农学是怎样产生的》刊于《现代农民》第 5 卷第 5 期。

何瀛仙《裁减乡村人员减轻人民负担》刊于《现代农民》第 5 卷第 6 期。

评论《改良农民与改良农业》刊于《现代农民》第 5 卷第 8 期。

熊外生《农业生产的军事化》刊于《现代农民》第 5 卷第 10 期。

李子明《救济灾区农民》刊于《现代农民》第 5 卷第 10 期。

退思《关于增加农业生产》刊于《现代农民》第 5 卷第 10 期。

董时进、胡竟良等《西洋科学与中国农业》刊于《现代农民》第 5 卷第 12 期。

正言《英国会议负来华贡献农业意见》刊于《现代农民》第 5 卷第 12 期。

惕文《关于"中国学术科学化"的问题》刊于《大学》第 1 卷第 7 期。

吴家铸《对于研究学术的几点感想》刊于《航空机械》第 6 卷第 6 期。

杜科翰著,关琪桐译《学术与国家》刊于《中德学志》第 4 卷第 1—4 期。

崔敬伯《学术与财政》刊于《财政学报》第 1 卷第 1 期。

按:是文曰:"学术与财政的关系,大体可分为三个方式:一个是属于批判的(Critical),一个是属于解释的(Descriptive),一个是属于创设的(Constructive)。追溯历史的发展,大体亦可依此而划为三个阶段。当专制时代,以财政为剥削民众的手段,集多数人的供奉,充少数人的享乐,办理财政,用不着学术,只要工心计,擅聚敛,于事已足。此不仅古代为然,降及中世,亦复如此。此时在学术方面,对于财政,倘有论列,大抵是批判的,谴责的,纵有主张,亦多属于消极的。此阶段之财政理论,勉强比附于财政学,亦只可称之为"财政病理学"。"

严耕望《西汉郡县属吏考》刊于《中国文化研究汇刊》第2期。

张维华《汉河西四郡建制年代考疑》刊于《中华文化研究汇刊》第2期。

吴石《发刊词》刊于《国防研究》第1卷第1期。

按:《国防研究》由第四战区司令长官司令部军学研究会主办,主编为吴石。《发刊词》对《国防教育》创刊的背景和宗旨做了介绍:1941年3月,国民党第五届八中全会颁布战时三年建设计划,确定抗战必须争取最后胜利。"国防建设之思想,将成为我国今后数十年内支配全国学术运动之主潮""国父中山先生于民国十年曾手订国防建设计划纲目六十二项,以授廖仲恺先生""惜乎国人鲜加注意""本战区奉最高统帅之命,设立军学研究会,加深学术之研究""为保持恒毅""爰有本刊之创,藉以研究中外理论,多述时代情势"。

张发奎《思想运动与国防中心论》刊于《国防研究》第1卷第1期。

吴石《新国防论》刊于《国防研究》第1卷第1期。

黄中廑《管子的政治与国防》刊于《国防研究》第1卷第1期。

孙慎《新音乐与国防》刊于《国防研究》第1卷第1期。

吴石《新战术论》刊于《国防研究》第1卷第1期。

罗建业《军队心理防空述要》刊于《国防研究》第1卷第1期。

[苏]阿华拉西也夫著,曾乐译《怎样歼灭降落伞部队》刊于《国防研究》第1卷第1期。

吴石《今次大战各国战时经济概述》刊于《国防研究》第1卷第1期。

骆任行《世界大战与英美民主政治》刊于《国防研究》第1卷第1期。

[日]石桥湛山作,孙亚明译《日本在东北的苦闷》刊于《国防研究》第1卷第1期。

李次民《苏联远东的刺刀——海参崴》刊于《国防研究》第1卷第1期。

方遒君《〈桃花扇〉的民族气节》刊于《国防研究》第1卷第1期。

汉夫《"战国"派的法西斯主义实质》刊于《群众》第7卷第1期。

徐冰《苏德战争与太平洋战争》刊于《群众》第7卷第1期。

许涤新《太平洋战争与我国的财政经济》刊于《群众》第7卷第1期。

于刚《记取十年前宝贵的教训——纪念"一二八"十周年》刊于《群众》第7卷第2期。

茹纯《论太平洋战局》刊于《群众》第7卷第2期。

《晋察冀边区反扫荡的经验教训》刊于《群众》第7卷第2期。

许涤新《论信用之膨胀与紧缩》刊于《群众》第7卷第3期。

邓初民《伦战争的本质》刊于《群众》第7卷第3期。

仁浩《国际妇女节与妇女反法西斯》刊于《群众》第7卷第4期。

钱亦石遗作《论利润率及其发展之趋势》刊于《群众》第7卷第4期。

[苏]列宁著,徐冰译《革命的教训》刊于《群众》第7卷第4期。

徐冰《历史的教训》刊于《群众》第7卷第5期。

焦敏芝《气候与战争》刊于《群众》第7卷第5期。

翦伯赞《殷族与史前渤海系诸氏族的关系》刊于《群众》第7卷第5期。

易符《日本粮食危机之检讨》刊于《群众》第7卷第5期。

林蒙《中国在反侵略战争中的地位》刊于《群众》第7卷第5期。

农泉《马克思的学习精神——纪念马克思逝世五十九周年》刊于《群众》第7卷第6期。

许涤新《游资问题的发展》刊于《群众》第 7 卷第 6 期。

石衡《从清末统治者群的没落所见的历史本质》刊于《群众》第 7 卷第 6 期。

欧阳凡海《什么是"战国"派的文艺》刊于《群众》第 7 卷第 7 期。

石衡《从清末统治者群的没落所见的历史本质(续完)》刊于《群众》第 7 卷第 7 期。

刘健《云南少数民族问题》刊于《群众》第 7 卷第 7 期。

《论五四运动与学术研究——纪念五四运动二十三周年而作》刊于《群众》第 7 卷第 8 期。

张申府《五四当年与今日》刊于《群众》第 7 卷第 8 期。

陈素《"五四"与妇女运动》刊于《群众》第 7 卷第 8 期。

许涤新《怎样研究战时经济问题》刊于《群众》第 7 卷第 8 期。

于刚《青年怎样认识事务工作》刊于《群众》第 7 卷第 8 期。

日郭《日本法西斯铁蹄下的青年与青年运动》刊于《群众》第 7 卷第 8 期。

华岗《整顿三风与开展前途》刊于《群众》第 7 卷第 9 期。

汉夫《谈自己的文章》刊于《群众》第 7 卷第 9 期。

陈云《到什么地方学习》刊于《群众》第 7 卷第 9 期。

徐特立《再论我们怎样学习》刊于《群众》第 7 卷第 9 期。

张燕西《如何研究中国近代史》刊于《群众》第 7 卷第 9 期。

季植《鲁迅与美术》刊于《群众》第 7 卷第 9 期。

王清《粮食问题》刊于《群众》第 7 卷第 9 期。

毛泽东《整顿学风党风文风》刊于《群众》第 7 卷第 10 期。

华岗《西康乌拉差徭的概况及社会性质》刊于《群众》第 7 卷第 10 期。

维特福格尔著,吴藻溪《古代中国的政府天文学》刊于《群众》第 7 卷第 10 期。

西园《苏美团结反法西斯的新阶段》刊于《群众》第 7 卷第 11—12 期。

于刚《痛快指摘与耐心培养》刊于《群众》第 7 卷第 11—12 期。

明操《论建立证券交易所问题》刊于《群众》第 7 卷第 11—12 期。

华岗《中国社会发展阻滞的基因》刊于《群众》第 7 卷第 11—12 期。

[苏]H·亚历山大罗夫著,石盤译《列宁论马克思主义的辩证法与政治》刊于《群众》第 7 卷第 11—12 期。

海登著,铭君译《现代自然辩证法引论》刊于《群众》第 7 卷第 11—12 期。

石衡《苏联的政治》刊于《群众》第 7 卷第 13 期。

楚仪《日本天皇制的基础及其特点》刊于《群众》第 7 卷第 13 期。

[苏]瓦赫坦高夫著,前烈节译《论演员的创造与修养》刊于《群众》第 7 卷第 13 期。

汉夫《"战国"派对战争的看法帮助了谁?》刊于《群众》第 7 卷第 14 期。

徐乐英《周代社会的诸制度考》刊于《群众》第 7 卷第 14 期。

华岗《历史为什么是科学和怎样怎样变成科学》刊于《群众》第 7 卷第 14 期。

师哲重译《斯大林论党的布尔塞维克化》刊于《群众》第 7 卷第 15 期。

[苏]列宁、斯大林等《论党的纪律与党的民主》刊于《群众》第 7 卷第 15 期。

范文澜《论王实味同志的思想意识》刊于《群众》第 7 卷第 15 期。

洪沛然《论调整田赋税则与业务的推进》刊于《群众》第 7 卷第 15 期。

杨天锡《明清之交的中国社会与中国思想》刊于《群众》第7卷第15期。

华岗《历史为什么是科学和怎样怎样变成科学(续)》刊于《群众》第7卷第15期。

《马克思与恩格斯的哲学观点之发展(上)》刊于《群众》第7卷第15期。

师哲《〈聊共党史结束语〉与〈论党的布尔什维克化〉产生的历史条件》刊于《群众》第7卷第16期。

周文《"会议主义"和"事务主义"》刊于《群众》第7卷第16期。

杨天锡《王船山思想述评》刊于《群众》第7卷第16期。

《马克思与恩格斯的哲学观点之发展(下)》刊于《群众》第7卷第16期。

梓年《"不是教条,而是行动的指南"——论"今年打垮希特勒"》刊于《群众》第7卷第17期。

左权《论军事思想的原理——左权同志遗著中之一部》刊于《群众》第7卷第17期。

华岗《论主观主义和宗派主义的关联性》刊于《群众》第7卷第17期。

杨天锡《王船山思想述评(下)》刊于《群众》第7卷第17期。

田舒《从心理卫生的立场来讨论"建立民族哲学"和"精神动员"》刊于《群众》第7卷第17期。

王若飞《我们怎样在敌后抗日根据地建设起X民主主义的政治》刊于《群众》第7卷第17期。

华岗《释"中华民国"》刊于《群众》第7卷第18期。

钱军《怎样来纪念这两位科学巨人》刊于《群众》第7卷第18期。

礼君《为什么要纪念伽利略和牛顿》刊于《群众》第7卷第18期。

松柏《伽利略与近代科学》刊于《群众》第7卷第18期。

许之慈《牛顿的生平和他的时代》刊于《群众》第7卷第18期。

流明《牛顿力学与相对论》刊于《群众》第7卷第18期。

前辉《古典物理学和量子物理学》刊于《群众》第7卷第18期。

洪沛然《略谈重庆市的比期与票据交换制》刊于《群众》第7卷第18期。

李凡夫《沦陷区的土地问题》刊于《群众》第7卷第18期。

[苏]A·罗格洛夫作,北泉译《列宁和斯大林怎样发展了马克思主义的哲学(上)》刊于《群众》第7卷第18—20期。

沈于田《如何结合书本知识和实际工作》刊于《群众》第7卷第19期。

左扬《我们应该"做什么,学什么"》刊于《群众》第7卷第19期。

许涤新《当前经济问题的症结在哪里?》刊于《群众》第7卷第19期。

毛铎《精兵简政在晋冀鲁豫边区》刊于《群众》第7卷第19期。

克兴《中国史与中国史研究》刊于《群众》第7卷第19期。

文龙《西南少数民族妇女的地位及其婚姻》刊于《群众》第7卷第19期。

华岗《论权利和义务》刊于《群众》第7卷第20期。

梓年《"钢"是怎样炼成的——纪念十月革命二十五周年》刊于《群众》第7卷第20期。

扬赓《苏英美团结合作的基础》刊于《群众》第7卷第20期。

王梓木《目前苏德战局与德军战略之失败》刊于《群众》第7卷第20期。

焦敏芝《苏联怎样解决青年教育问题的?》刊于《群众》第7卷第20期。

［日］鹿地亘《远东侵略战争与日本人民革命》刊于《群众》第 7 卷第 20 期。

《纳粹德国的工业原料与财政问题》刊于《群众》第 7 卷第 20 期。

陈坤元《从人性说到党性》刊于《群众》第 7 卷第 20 期。

薛子政《斯大林保卫战中的战术检讨》刊于《群众》第 7 卷第 21 期。

许涤新《中国产业资本的特质》刊于《群众》第 7 卷第 21 期。

洪沛然《上海经济殖民地化的现阶段》刊于《群众》第 7 卷第 21 期。

石衡《论青年的本质》刊于《群众》第 7 卷第 21 期。

郑新如《论师荒》刊于《群众》第 7 卷第 21 期。

《哲学和无产阶级的解放》刊于《群众》第 7 卷第 21 期。

华岗《对于"土地政策战时实施纲要"的研究和建议》刊于《群众》第 7 卷第 22 期。

克兴《元代的弥勒教"匪"与江南"群盗"》刊于《群众》第 7 卷第 22 期。

罗克汀《数学的史的考察》刊于《群众》第 7 卷第 22 期。

柯山《日共党的两条战线的战争》刊于《群众》第 7 卷第 22 期。

［苏］A·罗格洛夫作,北泉译《列宁和斯大林怎样发展了马克思主义的哲学（续完）》刊于《群众》第 7 卷第 22 期。

汉夫《论斯城保卫战》刊于《群众》第 7 卷第 23 期。

［日］鹿地亘《一年来的太平洋战争与反法西斯世界战争的当前诸问题》刊于《群众》第 7 卷第 23 期。

柏强《今日的东北》刊于《群众》第 7 卷第 23 期。

吴亮平《两种学习方法》刊于《群众》第 7 卷第 23 期。

艾思奇《关于唯物论的几段杂记》刊于《群众》第 7 卷第 23 期。

颜翰彤《论演技的诸倾向及其前路》刊于《群众》第 7 卷第 23 期。

许涤新《敌寇经济攻势的演变》刊于《群众》第 7 卷第 24 期。

《敌军在沦陷区的经济掠夺》刊于《群众》第 7 卷第 24 期。

戈矛《关于人性问题》刊于《群众》第 7 卷第 24 期。

［苏］史旦尼斯拉夫斯基著,钱烈译《论演员的内心的创造状态》刊于《群众》第 7 卷第 24 期。

熊式一《从凡尔赛到轴心》刊于《宇宙风》第 115 期。

熊式一《墨索里尼与法西斯》刊于《宇宙风》第 119 期。

胡怀琛《推背图考》刊于《宇宙风乙刊》第 36 期。

汝成《我国的茶和陶瓷》刊于《宇宙风乙刊》第 36 期。

陈立夫《三十年来之工程教育》刊于《高等教育季刊》第 1 卷第 4 期。

张其昀《军人魂与精神教育》刊于《高等教育季刊》第 1 卷第 4 期。

姜琦《大学教育之特质》刊于《高等教育季刊》第 1 卷第 4 期。

余家菊《大学制度商酌》刊于《高等教育季刊》第 1 卷第 4 期。

卫士生《现代教育思潮及其对于各级教育的影响》刊于《高等教育季刊》第 1 卷第 4 期。

李建勋《专科以上学校训导方法》刊于《高等教育季刊》第 1 卷第 4 期。

杜佐周《天才教育与国家前途》刊于《高等教育季刊》第 1 卷第 4 期。

叶孟安《一个假定的计划教育中的十年高等教育计划》刊于《高等教育季刊》第 1 卷第

4 期。

　　陈裕光《计划教育刍议》刊于《高等教育季刊》第 1 卷第 4 期。

　　萧孝嵘《大学中之人事问题》刊于《高等教育季刊》第 1 卷第 4 期。

　　陈剑恒《大学助教制度检讨》刊于《高等教育季刊》第 1 卷第 4 期。

　　刘钧《论大学训导》刊于《高等教育季刊》第 1 卷第 4 期。

　　周厚复《我国高等教育中的自然科学》刊于《高等教育季刊》第 1 卷第 4 期。

　　卢于道《论"科学概论"的主旨及其教授法》刊于《高等教育季刊》第 1 卷第 4 期。

　　常道直《关于教育学系课程的根本理论》刊于《高等教育季刊》第 1 卷第 4 期。

　　李儒勉《部定师范学院英语系课程之商讨》刊于《高等教育季刊》第 1 卷第 4 期。

　　谢澄平《师范学院史地系史学课程问题》刊于《高等教育季刊》第 1 卷第 4 期。

　　陈义《改进师范学院博物学系及其课程刍议》刊于《高等教育季刊》第 1 卷第 4 期。

　　袁敦礼《现行师范学院体育系课程的检讨》刊于《高等教育季刊》第 1 卷第 4 期。

　　艾伟《测验与统计在师范学院各系课程中应列为共同必修科的建议》刊于《高等教育季刊》第 1 卷第 4 期。

　　赵廷为《师范学院课程中"实习"一学程之检讨》刊于《高等教育季刊》第 1 卷第 4 期。

　　钟健《学业竞试的意义及其实施经过》刊于《高等教育季刊》第 1 卷第 4 期。

　　余家菊《论大学学系制度》刊于《高等教育季刊》第 2 卷第 1 期。

　　赵凤喈《大学教育的根本问题》刊于《高等教育季刊》第 2 卷第 1 期。

　　姜琦《我国六艺教育之发展和价值》刊于《高等教育季刊》第 2 卷第 1 期。

　　杨耀德《工程学和工程教育》刊于《高等教育季刊》第 2 卷第 1 期。

　　胡筠《工程教育改进刍议》刊于《高等教育季刊》第 2 卷第 1 期。

　　柴志明《论我国技术教育》刊于《高等教育季刊》第 2 卷第 1 期。

　　郭让伯《论国立专科以上学校之物质建设》刊于《高等教育季刊》第 2 卷第 1 期。

　　许孟雄《各大学内英文的教与学》刊于《高等教育季刊》第 2 卷第 1 期。

　　张士一《为部编大学一年级英文课本进一解》刊于《高等教育季刊》第 2 卷第 1 期。

　　滕大春《谈大学导师制度》刊于《高等教育季刊》第 2 卷第 1 期。

　　朱师逖《战后高等教育复员问题》刊于《高等教育季刊》第 2 卷第 1 期。

　　沈灌群《论战后全国师范学院之分区设置》刊于《高等教育季刊》第 2 卷第 1 期。

　　程迺颐《师范学院教育学系课程之商榷》刊于《高等教育季刊》第 2 卷第 1 期。

　　龚启昌《师范学院公民训育之理想与问题》刊于《高等教育季刊》第 2 卷第 1 期。

　　环家珍《高级师范教育与初级师范教育之联系问题》刊于《高等教育季刊》第 2 卷第 1 期。

　　王文萱《喇嘛教教育之学程与课程》刊于《高等教育季刊》第 2 卷第 1 期。

　　邵鹤亭《对于大学文法学院课程组织进一步调整之商榷》刊于《高等教育季刊》第 2 卷第 2 期。

　　余家菊《论大学导师制》刊于《高等教育季刊》第 2 卷第 2 期。

　　姜琦《从视察高等教育说到尊师重道》刊于《高等教育季刊》第 2 卷第 2 期。

　　孟莹《大学导师制之根本问题》刊于《高等教育季刊》第 2 卷第 2 期。

　　沈灌群《论我国西北高等教育之建设》刊于《高等教育季刊》第 2 卷第 2 期。

方惇颐《论我国大学教育当前的几个问题》刊于《高等教育季刊》第2卷第2期。

甘豫源《论战时大学校院之总务行政》刊于《高等教育季刊》第2卷第2期。

滕大春《师范学院修业年限的商榷》刊于《高等教育季刊》第2卷第2期。

朱师逊《三年来国立各校院教授休假进修概况》刊于《高等教育季刊》第2卷第2期。

郭宝钧《教育部交管长沙古物之检讨》刊于《高等教育季刊》第2卷第2期。

黎锦熙《大学国文之统筹与救济》刊于《高等教育季刊》第2卷第3期。

朱自清《部分大学中国文学系科目表商榷》刊于《高等教育季刊》第2卷第3期。

李心庄《如何达到培养文学专门人才之目的》刊于《高等教育季刊》第2卷第3期。

魏建功《大学一年级国文的问题》刊于《高等教育季刊》第2卷第3期。

朱光潜《就部分"大学国文选目"论大学国文教材》刊于《高等教育季刊》第2卷第3期。

阮真《如何教今日之基本国文》刊于《高等教育季刊》第2卷第3期。

陈东原《大学国文应选读专书之建议》刊于《高等教育季刊》第2卷第3期。

陈延杰《大学国文教材应注重读经》刊于《高等教育季刊》第2卷第3期。

王焕镳《大学国文教学问题之讨论》刊于《高等教育季刊》第2卷第3期。

钱用和《大学国文教学刍议》刊于《高等教育季刊》第2卷第3期。

穆济波《大学教育与国文教学》刊于《高等教育季刊》第2卷第3期。

陶秋英《大学国文教读的杂感》刊于《高等教育季刊》第2卷第3期。

黄龙先《中央历次会议关于高等教育之决议及其实际情形之检讨》刊于《高等教育季刊》第2卷第3期。

朱师逊《徐中玉著学术研究与国家建设》刊于《高等教育季刊》第2卷第3期。

汪桂荣《怎样训练我国高等技术人才》刊于《高等教育季刊》第2卷第4期。

钟灵秀《专科以上学校兼办社会教育的理论和设施》刊于《高等教育季刊》第2卷第4期。

沈灌群《论中等教育与高等教育的联系》刊于《高等教育季刊》第2卷第4期。

潘天寿《中国画院考》刊于《高等教育季刊》第2卷第4期。

朱师逊《外人与教会在华所设专科以上学校的回顾与前瞻》刊于《高等教育季刊》第2卷第4期。

庄泽宣《初期留美裨史》刊于《高等教育季刊》第2卷第4期。

张云谷《一个"自给自足"的大学》刊于《高等教育季刊》第2卷第4期。

高亨《大学一年级国文教材之商榷》刊于《高等教育季刊》第2卷第4期。

姜亮夫《大学一年级国文教学私议》刊于《高等教育季刊》第2卷第4期。

叶佩华《我国大学研究院所设施情形之检讨》刊于《高等教育季刊》第2卷第4期。

程时煌《对于幼师的四种感想与四个希望》刊于《活教育》第2卷第1期。

杨寅初《活教育的本质论》刊于《活教育》第2卷第1期。

陈鹤琴《小学标准校舍设计》刊于《活教育》第2卷第1期。

雷震清《实验幼师导师制——幼狮团》刊于《活教育》第2卷第1期。

余之介《被开垦着的活教育》刊于《活教育》第2卷第1期。

卢敦潜《教育与训练》刊于《活教育》第2卷第1期。

陈鹤琴《为什么小孩子不喜欢算术》刊于《活教育》第2卷第1期。

杨士枬《怎样应用教师手册》刊于《活教育》第 2 卷第 1 期。

梁栋《怎样做一个幼稚教师》刊于《活教育》第 2 卷第 5—6 期合刊。

陈鹤琴《怎样管理教室》刊于《活教育》第 2 卷第 5—6 期合刊。

宣昌禄《活讲台》刊于《活教育》第 2 卷第 5—6 期合刊。

钟昭华《怎样做一个幼稚园的活教师》刊于《活教育》第 2 卷第 5—6 期合刊。

杨士枬《低年级的教师应具的态度和技术》刊于《活教育》第 2 卷第 5—6 期合刊。

汪洋《怎样指导儿童演戏》刊于《活教育》第 2 卷第 5—6 期合刊。

于文辉《怎样指导儿童做日记》刊于《活教育》第 2 卷第 5—6 期合刊。

徐伯康《视导国民学校经验谈》刊于《活教育》第 2 卷第 5—6 期合刊。

张植安《一个标准化的国民学校》刊于《活教育》第 2 卷第 5—6 期合刊。

尧戚焕《一种儿童玩具的制作》刊于《活教育》第 2 卷第 5—6 期合刊。

王敏中《论"新国民运动教育"》刊于《教育建设》第 3 卷第 4 期。

严恩柞《新国民运动与高等教育》刊于《教育建设》第 3 卷第 4 期。

沈绂《新国民运动与中学教育》刊于《教育建设》第 3 卷第 4 期。

徐季敦《新国民运动与小学教育》刊于《教育建设》第 3 卷第 4 期。

赵如珩《新国民运动与社会教育》刊于《教育建设》第 3 卷第 4 期。

陈端志《新国民运动与工读教育》刊于《教育建设》第 3 卷第 4 期。

冯樾君《新国民运动与师范教育》刊于《教育建设》第 3 卷第 4 期。

徐良裘《新国民运动与职业教育》刊于《教育建设》第 3 卷第 4 期。

仲坚《新国民运动与农业教育》刊于《教育建设》第 3 卷第 4 期。

施士则《新国民运动与中学训导》刊于《教育建设》第 3 卷第 4 期。

念尚《新国民运动与民众训练》刊于《教育建设》第 3 卷第 4 期。

时秀文《新国民运动与女子教育》刊于《教育建设》第 3 卷第 4 期。

曹宝琳《新国民运动与电影教育》刊于《教育建设》第 3 卷第 4 期。

杨光政《新国民运动与时事教学》刊于《教育建设》第 3 卷第 4 期。

欧季抚《新国民运动与中学国文教学》刊于《教育建设》第 3 卷第 4 期。

王挹芳《新国民运动与日文教学》刊于《教育建设》第 3 卷第 4 期。

顾宝梓《新国民运动与小学教导》刊于《教育建设》第 3 卷第 4 期。

杨敬远《小学怎样实施新国民运动教育》刊于《教育建设》第 3 卷第 4 期。

吴家煦《輓近三十年来中国的科学教育(上)》刊于《教育建设》第 3 卷第 4—6 期。

戴英夫《致港沪文化界诸君》刊于《教育建设》第 3 卷第 5 期。

吴和士《新国民运动与科学教育》刊于《教育建设》第 3 卷第 5 期。

吕方《中国社会教育制度的建设》刊于《教育建设》第 3 卷第 5 期。

谢春满《建设中国农业生产教育》刊于《教育建设》第 3 卷第 5 期。

潘愚谷《整顿法律教育的我见》刊于《教育建设》第 3 卷第 5 期。

王庚《师范学校体育课程标准之商榷》刊于《教育建设》第 3 卷第 5 期。

依然《外国语教法上的几个问题》刊于《教育建设》第 3 卷第 5 期。

钱重远《心理卫生的重要法则》刊于《教育建设》第 3 卷第 5 期。

钱匡时《日本社会教育之新动向》刊于《教育建设》第 3 卷第 5 期。

逸菴《新德意志的教育》刊于《教育建设》第 3 卷第 5 期。

陈际云《美国新学院的理论与实际》刊于《教育建设》第 3 卷第 5 期。

［日］远藤元男著，俞义范译《日本文化史要（一）》刊于《教育建设》第 3 卷第 5 期。

戴英夫《建设新中国童子军》刊于《教育建设》第 4 卷第 1—2 期合刊。

薛典曾《新部首国民字典的编纂经过及其特点》刊于《教育建设》第 4 卷第 1—2 期合刊。

赵庸通《我国教育行政问题》刊于《教育建设》第 4 卷第 1—2 期合刊。

于一忠《国社主义统治下德国民族教育的实施》刊于《教育建设》第 4 卷第 1—2 期合刊。

宁海生《泰国新教育的建设》刊于《教育建设》第 4 卷第 1—2 期合刊。

朱均《职业教育的种种问题》刊于《教育建设》第 4 卷第 1—2 期合刊。

汪澄之《几个节约课业用品的方法》刊于《教育建设》第 4 卷第 1—2 期合刊。

［日］实藤惠秀著，张耀仁译《八十年来的中日文化关系》刊于《教育建设》第 4 卷第 1—2 期合刊。

［日］远藤元男著，俞义范译《日本文化史要》刊于《教育建设》第 4 卷第 1—2 期合刊。

徐震《推行新国民运动声中的教育问题》刊于《教育建设》第 4 卷第 1—2 期合刊。

顾宝梓《新国民运动与小学乡土教学》刊于《教育建设》第 4 卷第 1—2 期合刊。

章大年《教育财政学原论》刊于《教育建设》第 4 卷第 1—2 期合刊。

戴英夫《中国教育建设协会第二年》刊于《教育建设》第 4 卷第 3 期。

吕绍光《救救中国的教育事业》刊于《教育建设》第 4 卷第 3 期。

陈际云《怎样建设教育与建设什么教育》刊于《教育建设》第 4 卷第 3 期。

顾天赞《青年训练年》刊于《教育建设》第 4 卷第 3 期。

欧季撫《教育建设协会二周纪念颂语》刊于《教育建设》第 4 卷第 3 期。

金雄白《教建两周年的话》刊于《教育建设》第 4 卷第 3 期。

丁夫《教育与社会》刊于《教育建设》第 4 卷第 3 期。

徐季敦《对教育工作人员的贡献》刊于《教育建设》第 4 卷第 3 期。

黄敬齐《建设中国教育》刊于《教育建设》第 4 卷第 3 期。

沈绂《教育建设推进到第三年的一个重要工作》刊于《教育建设》第 4 卷第 3 期。

邵鸣九《为担任教育工作者进一言》刊于《教育建设》第 4 卷第 3 期。

时维镛《政教合一之刍见》刊于《教育建设》第 4 卷第 3 期。

徐公美《教建两周年》刊于《教育建设》第 4 卷第 3 期。

朱炳青《努力倡导普及义教》刊于《教育建设》第 4 卷第 3 期。

吕敩《新教育建设的感想》刊于《教育建设》第 4 卷第 3 期。

俞义范《谈谈学制》刊于《教育建设》第 4 卷第 3 期。

徐良裘《本会成立二周纪念感言》刊于《教育建设》第 4 卷第 3 期。

徐震《二周纪念的三点希望》刊于《教育建设》第 4 卷第 3 期。

钱慰宗《二年来我所感觉到的关于建设新教育的意见》刊于《教育建设》第 4 卷第 3 期。

林炯庵《中国教育建设协会二周年纪念颂言》刊于《教育建设》第 4 卷第 3 期。

周韶九《教育建设协会二周纪念作》刊于《教育建设》第 4 卷第 3 期。

段庆平《我之改进教育的意见》刊于《教育建设》第4卷第3期。

赵如珩《文化的危机》刊于《教育建设》第4卷第3期。

秦企贤《教育小说的写作》刊于《教育建设》第4卷第3期。

念尚《教育的贫道路口》刊于《教育建设》第4卷第3期。

吴家煦《輓近三十年来中国的义务教育》刊于《教育建设》第4卷第3期。

王挹芳、王以新《改革民众读物的实际》刊于《教育建设》第4卷第3期。

徐良裘、朱均《创制木玩具实习方案》刊于《教育建设》第4卷第3期。

程步川《小学作文教学的研究》刊于《教育建设》第4卷第3期。

村川澄、若素译《日本现代教育之概况》刊于《教育建设》第4卷第3期。

张志谦《各派心理学比较观》刊于《教育建设》第4卷第3期。

戴英夫《燃起青年训练的热情》刊于《教育建设》第4卷第4期。

杨卽墨《论书法与口语练习》刊于《教育建设》第4卷第4期。

姚家栋《学校假期作业的理论与实际》刊于《教育建设》第4卷第4期。

徐坚《儿童阅读指导与读物之选择》刊于《教育建设》第4卷第4期。

金立人《怎样矫正低级儿童在作业时所犯不良的姿势》刊于《教育建设》第4卷第4期。

陈际云《农业辅导员的师资问题》刊于《教育建设》第4卷第4期。

顾栋《中国童子军的回顾与前瞻》刊于《教育建设》第4卷第4期。

马治奎《在日本的体育》刊于《教育建设》第4卷第4期。

张志谦《心理学观点上之教育问题》刊于《教育建设》第4卷第4期。

[日]唐泽富太郎著,丁星北译《日本的教育及思维之道》刊于《教育建设》第4卷第4期。

[日]远藤元男著,俞义范译《日本文化史要(四)》刊于《教育建设》第4卷第4期。

徐良裘《我国今后的青年训练》刊于《教育建设》第4卷第5期。

吴家煦《青年训练论(中)》刊于《教育建设》第4卷第5期。

范汀洲《怎样善导学生的思想》刊于《教育建设》第4卷第5期。

宁海生《新中国教育建设漫谈》刊于《教育建设》第4卷第5期。

丁夫《小学心算教学的建设》刊于《教育建设》第4卷第5期。

杨彬如《特种教育之理论与实际》刊于《教育建设》第4卷第5期。

王子和《乡土教育的新途径》刊于《教育建设》第4卷第5期。

陈宝德《成绩考查概论》刊于《教育建设》第4卷第5期。

王沂清《儿童课卷问题的研究》刊于《教育建设》第4卷第5期。

马治奎《对于体育上容易认错的几条路》刊于《教育建设》第4卷第5期。

俞义范《满洲国之教育(一)》刊于《教育建设》第4卷第5期。

张志谦《幼儿心理学》刊于《教育建设》第4卷第5期。

汪兆铭《怎样救中国》刊于《教育建设》第5卷第1—2期合刊。

章大年《改革学制的几个重要方案》刊于《教育建设》第5卷第1—2期合刊。

程步川《中国学制改革刍议》刊于《教育建设》第5卷第1—2期合刊。

俞义范《满洲国之教育(二)》刊于《教育建设》第5卷第1—2期合刊。

王修和《整顿上海租界初等教育刍议》刊于《教育建设》第5卷第1—2期合刊。

黄水《记立达学园的工学主义教育》刊于《教育建设》第 5 卷第 1—2 期合刊。

吴家煦《青年训练论(下)》刊于《教育建设》第 5 卷第 1—2 期合刊。

杨彬如《特种教育之理论与实际(下)》刊于《教育建设》第 5 卷第 1—2 期合刊。

[日]守安新二郎著,补庐译《大东亚建设与华侨教育》刊于《教育建设》第 5 卷第 1—2 期合刊。

朱均《劳作科修筑校舍校具教材》刊于《教育建设》第 5 卷第 1—2 期合刊。

张志谦《青年行为心理学》刊于《教育建设》第 5 卷第 1—2 期合刊。

吴伯箫《伟大的子产(上)》刊于《教育建设》第 5 卷第 1—2 期合刊。

王一方《曲阜祭圣记》刊于《教育建设》第 5 卷第 1—2 期合刊。

戴英夫《教育上的反英美运动》刊于《教育建设》第 5 卷第 3 期。

吴家煦《青年训练刍议(上)》刊于《教育建设》第 5 卷第 3 期。

刘竞存《满洲国的青少年团》刊于《教育建设》第 5 卷第 3 期。

陈征《天津市的青少年团》刊于《教育建设》第 5 卷第 3 期。

丁一鸣《学习——教育的本质》刊于《教育建设》第 5 卷第 3 期。

张志谦《中学生的管理》刊于《教育建设》第 5 卷第 3 期。

朱裕同《中学课外作业之行政指导》刊于《教育建设》第 5 卷第 3 期。

王子和《地理谣谚与地理教学》刊于《教育建设》第 5 卷第 3 期。

吴伯箫《伟大的子产(下)》刊于《教育建设》第 5 卷第 3 期。

俞义范《满洲国之教育(三)》刊于《教育建设》第 5 卷第 3 期。

渔父《华北教育施政上之重要事项》刊于《教育建设》第 5 卷第 3 期。

崔载阳《从教育学研究所到师范研究所》刊于《教育研究》第 100 期。

汪敬熙《理论心理学之建立》刊于《教育研究》第 100 期。

陈礼江《社会教育人才训练问题》刊于《教育研究》第 100 期。

徐锡龄《论社会教育人才的训练》刊于《教育研究》第 100 期。

高觉敷《导师的人格及训练》刊于《教育研究》第 100 期。

黄炎培《我的工作和教育》刊于《教育研究》第 100 期。

罗廷光《当今大学生之责任》刊于《教育研究》第 100 期。

陈鹤琴《陈氏儿童活教具》刊于《教育研究》第 100 期。

王士略《现代教育研究之批判》刊于《教育研究》第 100 期。

陈立《心理学中因素分析之理论概述》刊于《教育研究》第 100 期。

梁瓯第《西番的社会及其教育》刊于《教育研究》第 100 期。

许绍桂《论整顿学风》刊于《教育研究》第 100 期。

黄友棣《节奏教育论》刊于《教育研究》第 100 期。

李智《在大实验室内研究》刊于《教育研究》第 100 期。

张文昌《在松林中复兴的中大附中》刊于《教育研究》第 100 期。

余一心《研究生活的回忆》刊于《教育研究》第 100 期。

方惇颐《教育研究百期回顾与今后期望》刊于《教育研究》第 100 期。

欧元怀《评缩短现行学制总年数案》刊于《教育研究》第 103—104 期合刊。

章益《现行学制的特性》刊于《教育研究》第 103—104 期合刊。

常道直《学制改进的关键》刊于《教育研究》第 103—104 期合刊。

唐现之《关于学制的一点意见和两个建议》刊于《教育研究》第 103—104 期合刊。

王士略《我国现行学制之商枕》刊于《教育研究》第 103—104 期合刊。

方惇颐《调整现行学制刍议》刊于《教育研究》第 103—104 期合刊。

梁瓯第《地理学派与教育》刊于《教育研究》第 103—104 期合刊。

周葆儒、凌思源《国民教师的进修问题》刊于《教育研究》第 103—104 期合刊。

孙邦正《国民教育的意义特征与功能》刊于《教育研究》第 103—104 期合刊。

戚焕尧《新中国儿童课本之编纂》刊于《教育研究》第 103—104 期合刊。

雷沛鸿《国民中学与学制改革》刊于《教育研究》第 103—104 期合刊。

陈立《论实验法》刊于《教育研究》第 105 期。

王宝祥《教育之历史研究法》刊于《教育研究》第 105 期。

方惇颐《教育之比较研究法》刊于《教育研究》第 105 期。

梁瓯倪《个案研究法》刊于《教育研究》第 105 期。

梁兆康《我怎样研究教师组织》刊于《教育研究》第 105 期。

严永晃《我怎样研究中学兼办社会教育》刊于《教育研究》第 105 期。

丁宝兰《我怎样研究中学课外活动的改造》刊于《教育研究》第 105 期。

蔡乐生《扫除文盲的具体方案》刊于《教育研究》第 106—107 期合刊。

陈立、佘以埍《国文评分的因素分析》刊于《教育研究》第 106—107 期合刊。

朱智贤《一个教育定义的商榷》刊于《教育研究》第 106—107 期合刊。

梁兆康《各国教师组织之理想的比较》刊于《教育研究》第 106—107 期合刊。

严永晃《中学兼办社会教育功能的研究》刊于《教育研究》第 106—107 期合刊。

马鸿述《改造我国中学课程的试拟方案》刊于《教育研究》第 106—107 期合刊。

萧孝嵘《人事心理之兴趣及其范围》刊于《教育研究》第 108 期。

蔡乐生《国防心理与航空心理》刊于《教育研究》第 108 期。

陈立《径向心理学》刊于《教育研究》第 108 期。

郝耀东《现代青年心理学的基本问题及其研究方法》刊于《教育研究》第 108 期。

王士略《略评行为派与格式心理学派之研究方法》刊于《教育研究》第 108 期。

高觉敷《社会态度及其测量》刊于《教育研究》第 108 期。

倪中方《高中加授心理学问题》刊于《教育研究》第 108 期。

阮镜清《民族心理学的基本问题及其研究法》刊于《教育研究》第 108 期。

曹日昌《心理测验的几个原则的问题》刊于《教育研究》第 108 期。

吴江霖《论心理学作为生物社会科学之一》刊于《教育研究》第 108 期。

陈孝禅《读物标点对于阅读效率的影响》刊于《教育研究》第 108 期。

林润萱《勒温心理学的几个数学概念》刊于《教育研究》第 108 期。

宋介《今日学校之师生》刊于《教育学报（中华民国教育总会）》第 9 期。

王谟《大东亚战与欧战所给与教育上的暗示》刊于《教育学报（中华民国教育总会）》第 9 期。

李牧白《当前的几个教育问题》刊于《教育学报（中华民国教育总会）》第 9 期。

祁森焕《日本近代教育学说之发达》刊于《教育学报（中华民国教育总会）》第 9 期。

罗庆山《整顿教育与读经》刊于《教育学报(中华民国教育总会)》第9期。

孙世庆《供献小学教师一点意见》刊于《教育学报(中华民国教育总会)》第9期。

薛纯良《今后东亚教育必由的途径》刊于《教育学报(中华民国教育总会)》第9期。

戎春田《青年应注意精神上与时间上之经济》刊于《教育学报(中华民国教育总会)》第9期。

常坚如《中国文化之整理与复兴》刊于《教育学报(中华民国教育总会)》第9期。

沙音《新儿童读物标准》刊于《教育学报(中华民国教育总会)》第9期。

濑尾须磨著,权非译《意大利的生活文化》刊于《教育学报(中华民国教育总会)》第9期。

陈国相《日本聋哑教育的概况》刊于《教育学报(中华民国教育总会)》第9期。

梁蕴甫《青年之健康》刊于《教育学报(中华民国教育总会)》第9期。

姚万育《学校青年之训育问题》刊于《教育学报(中华民国教育总会)》第9期。

刘宏钰《王右军换鹅书考》刊于《教育学报(中华民国教育总会)》第9期。

方文皋《册府元龟板本考》刊于《教育学报(中华民国教育总会)》第9期。

钱慰宗《谈谈本位文化》刊于《安徽教育半月刊》第34期。

罗公《为失学青年呼吁》刊于《安徽教育半月刊》第34期。

吴昆《训练学生谭》刊于《安徽教育半月刊》第34期。

萧镛臣《如何推广安徽省地方教育之我见》刊于《安徽教育半月刊》第34期。

曾作忠《我所希望于今年的教育界》刊于《广西教育研究》第3卷第1期。

张健甫《要求享受教育机会的平等》刊于《广西教育研究》第3卷第1期。

朱耀纲《科学教育与抗战建国》刊于《广西教育研究》第3卷第1期。

阮镜清《人类的基本活动及其发展问题》刊于《广西教育研究》第3卷第1期。

唐一帆《中国劳作教育的本质》刊于《广西教育研究》第3卷第1期。

程颂文《论手脑合一的教育》刊于《广西教育研究》第3卷第1期。

刘钧鸿《教育上疲劳问题的研究》刊于《广西教育研究》第3卷第1期。

王憎蝠《论休闲教育的实施问题》刊于《广西教育研究》第3卷第1期。

林励儒《读康得耳论中学教育普及之纠纷》刊于《广西教育研究》第3卷第1期。

罗志英《美国的女子中等教育》刊于《广西教育研究》第3卷第1期。

曾毅夫《近代我国师范学制的检讨与改进》刊于《广西教育研究》第3卷第1期。

金白水《中学图书教师应具备的条件》刊于《广西教育研究》第3卷第1期。

姜绥礽《小学自然教学法的研究》刊于《广西教育研究》第3卷第1期。

张雪门《实施部颁幼稚园常识课程标准的研究》刊于《广西教育研究》第3卷第1期。

曾作忠《师范学院必须单独设立的理由》刊于《广西教育研究》第3卷第2期。

永研《论中学教育的质与量》刊于《广西教育研究》第3卷第2期。

谢康《健康教育与美感教育》刊于《广西教育研究》第3卷第2期。

岑麒祥《如何如何注音识字运动》刊于《广西教育研究》第3卷第2期。

卢显能《县教育行政的根本问题》刊于《广西教育研究》第3卷第2期。

吴琅笙《公民教育的理论与实际》刊于《广西教育研究》第3卷第2期。

刘钧鸿《论民众读物的整理》刊于《广西教育研究》第3卷第2期。

李雨三《重新认识体育》刊于《广西教育研究》第 3 卷第 2 期。

唐现之《本省最早的中等教育师资训练机关》刊于《广西教育研究》第 3 卷第 2 期。

李森《国民中学创立之回顾与前瞻》刊于《广西教育研究》第 3 卷第 2 期。

冯覃燕《师范教育的师资问题》刊于《广西教育研究》第 3 卷第 2 期。

陈恩教《部颁三资师范学校课程的检讨》刊于《广西教育研究》第 3 卷第 2 期。

叶光宝《桂林市国民教育近况》刊于《广西教育研究》第 3 卷第 2 期。

梁上燕《国民学校行政工作的辅导问题》刊于《广西教育研究》第 3 卷第 2 期。

邓耀柱《自学辅导式的教学法》刊于《广西教育研究》第 3 卷第 2 期。

程颂文《神话在儿童教育上的价值问题》刊于《广西教育研究》第 3 卷第 2 期。

游洛声译《师生的关系》刊于《广西教育研究》第 3 卷第 2 期。

程时煃《我国师范教育改进的趋向》刊于《贵州教育》第 4 卷第 1—3 期合刊。

常道直《论国民师资训练制度之调整》刊于《贵州教育》第 4 卷第 1—3 期合刊。

罗廷光《中国师教运动之今昔观》刊于《贵州教育》第 4 卷第 1—3 期合刊。

王克仁《我们为什么要重视师范教育》刊于《贵州教育》第 4 卷第 1—3 期合刊。

章廷俊《新县制与师范教育》刊于《贵州教育》第 4 卷第 1—3 期合刊。

王欲为《大时代中新小学教师应有之精神与认识》刊于《贵州教育》第 4 卷第 1—3 期合刊。

王琎《师范教育对于科学教育之前途》刊于《贵州教育》第 4 卷第 1—3 期合刊。

黄质夫《实践的师范教育》刊于《贵州教育》第 4 卷第 1—3 期合刊。

李相勖《小学教师与民族复兴》刊于《贵州教育》第 4 卷第 1—3 期合刊。

王学孟《师范教育目标之扩大与师范学校课程之改造》刊于《贵州教育》第 4 卷第 1—3 期合刊。

黄熙庚《提高国民教师素质与师范教育的改进》刊于《贵州教育》第 4 卷第 1—3 期合刊。

陈济浩《当前师范学校之三大问题》刊于《贵州教育》第 4 卷第 1—3 期合刊。

王起斌《学生操行成绩考查办法的商榷》刊于《贵州教育》第 4 卷第 1—3 期合刊。

龚宝琳《我怎样办理国民学校师训所》刊于《贵州教育》第 4 卷第 1—3 期合刊。

龚宝琳《怎样举行批评试教》刊于《贵州教育》第 4 卷第 1—3 期合刊。

金正鸣《贵州学生》刊于《贵州教育》第 4 卷第 1—3 期合刊。

孙起孟《升学与就业指导的意义局限及其应用》刊于《贵州教育》第 4 卷第 4—6 期合刊。

喻任声《升学乎？就业乎？》刊于《贵州教育》第 4 卷第 4—6 期合刊。

钱安毅《论升学与就业指导》刊于《贵州教育》第 4 卷第 4—6 期合刊。

王裕凯《择业与就业》刊于《贵州教育》第 4 卷第 4—6 期合刊。

陈重寅《升学及就业指导的必要和方法》刊于《贵州教育》第 4 卷第 4—6 期合刊。

一得《关于青年升学与就业》刊于《贵州教育》第 4 卷第 4—6 期合刊。

喻兆明《谁负指导升学就业的责任》刊于《贵州教育》第 4 卷第 4—6 期合刊。

陈绍箕《家长应如何指导子弟升学或就业》刊于《贵州教育》第 4 卷第 4—6 期合刊。

王盈川《中学教师应如何指导学生升学与就业》刊于《贵州教育》第 4 卷第 4—6 期

合刊。

谌荓永《抗战期间中学生的就学与就业》刊于《贵州教育》第 4 卷第 4—6 期合刊。

张乃璇《师范毕业生服务指导与管理》刊于《贵州教育》第 4 卷第 4—6 期合刊。

欧国清《职业学校如何办理升学及就业指导》刊于《贵州教育》第 4 卷第 4—6 期合刊。

王荣曾《小学升学及就业指导之实际》刊于《贵州教育》第 4 卷第 4—6 期合刊。

龚理天、苏兆新《师训所毕业生的服务指导》刊于《贵州教育》第 4 卷第 4—6 期合刊。

欧元怀《黔南巡视感想》刊于《贵州教育》第 4 卷第 4—6 期合刊。

张廷休《边疆与教育》刊于《贵州教育》第 4 卷第 7—9 期合刊。

梁瓯第《边疆教育导论》刊于《贵州教育》第 4 卷第 7—9 期合刊。

黄熙庚《边疆教育之特性与应有设施》刊于《贵州教育》第 4 卷第 7—9 期合刊。

王一影《实施边民教育的新刍议》刊于《贵州教育》第 4 卷第 7—9 期合刊。

陈国钧《边民教育之借鉴》刊于《贵州教育》第 4 卷第 7—9 期合刊。

陈赤子《石门坎苗民的教育》刊于《贵州教育》第 4 卷第 7—9 期合刊。

王盈川《贵州边民教育的设施》刊于《贵州教育》第 4 卷第 7—9 期合刊。

杨友群《贵州边民教育资料一束》刊于《贵州教育》第 4 卷第 7—9 期合刊。

国钧《苗胞文化研究资料》刊于《贵州教育》第 4 卷第 7—9 期合刊。

欧元怀《推行本省国民教育今后之途径》刊于《贵州教育》第 4 卷第 7—9 期合刊。

欧元怀《孔子的教育理想与抗战建国》刊于《贵州教育》第 4 卷第 7—9 期合刊。

黄熙庚《纪念教师节之意义与教师应有的努力》刊于《贵州教育》第 4 卷第 7—9 期合刊。

王易《中国文化发展之顺序》刊于《贵州教育》第 4 卷第 10 期。

郑师许《中等学校本国史教科书之编撰问题》刊于《贵州教育》第 4 卷第 10 期。

梁园东《中学历史教学急应改正的一点》刊于《贵州教育》第 4 卷第 10 期。

姚薇元《治史要诀》刊于《贵州教育》第 4 卷第 10 期。

钱安毅《历史教学与思想训练》刊于《贵州教育》第 4 卷第 10 期。

何士能《历史教育的使命》刊于《贵州教育》第 4 卷第 10 期。

谢国勋《历史教育与民族主义》刊于《贵州教育》第 4 卷第 10 期。

王心海《中学历史教育之演进》刊于《贵州教育》第 4 卷第 10 期。

雷国鼎《历史教学之心理基础》刊于《贵州教育》第 4 卷第 10 期。

冯来仪《抗战与历史教学》刊于《贵州教育》第 4 卷第 10 期。

倪寿恺《中学生罗地程度低落问题》刊于《贵州教育》第 4 卷第 10 期。

冯南《中学地理教学法的我见》刊于《贵州教育》第 4 卷第 10 期。

王盈川《六年制中学历史课程标准草案之管见》刊于《贵州教育》第 4 卷第 10 期。

王荣曾《对初中甲组第一学年历史科选习教材的建议》刊于《贵州教育》第 4 卷第 10 期。

朱年葆《略谈地图表现法及如何指导中学生绘制地图》刊于《贵州教育》第 4 卷第 10 期。

吴庆鹏《编撰贵州名贤传记刍议》刊于《贵州教育》第 4 卷第 10 期。

王荣曾《邻水知县谢君墓志铭》刊于《贵州教育》第 4 卷第 10 期。

欧国清《沦陷十一年的东北》刊于《贵州教育》第 4 卷第 10 期。

沈复镜《实施国民教育后小学教员责任和待遇的检讨》刊于《国民教育指导月刊(广西)》第 1 卷第 6 期"国民教师待遇专号"。

水心《小学教员的精神待遇——升学与升迁》刊于《国民教育指导月刊(广西)》第 1 卷第 6 期"国民教师待遇专号"。

钱卓升《小学教员待遇法规实施情形概述》刊于《国民教育指导月刊(广西)》第 1 卷第 6 期"国民教师待遇专号"。

陈大白《增益小学及国民学校教员待遇之几项制度》刊于《国民教育指导月刊(广西)》第 1 卷第 6 期"国民教师待遇专号"。

张家瑶《从兴安县国民教师待遇说到学校基金筹备的经过》刊于《国民教育指导月刊(广西)》第 1 卷第 6 期"国民教师待遇专号"。

曾宪英《南丹县国民教师待遇是如何提高的》刊于《国民教育指导月刊(广西)》第 1 卷第 6 期"国民教师待遇专号"。

梁万林《"因地为粮"以改善国民教师待遇》刊于《国民教育指导月刊(广西)》第 1 卷第 6 期"国民教师待遇专号"。

罗英杰《健全国民教育协进会的我见》刊于《国民教育指导月刊(广西)》第 1 卷第 6 期"国民教师待遇专号"。

戴自俺《如何发动社会力量来改进及充实中心学校及国民学校》刊于《国民教育指导月刊(广西)》第 1 卷第 6 期"国民教师待遇专号"。

卢显能《广西国民基础教育的加工问题》刊于《国民教育指导月刊(广西)》第 1 卷第 6 期"国民教师待遇专号"。

编辑处《第一期普设民众图书馆工作总报告》刊于《国民教育指导月刊(广西)》第 1 卷第 6 期"国民教师待遇专号"。

苏希洵《一年来之广西教育》刊于《国民教育指导月刊(广西)》第 1 卷第 6 期"国民教师待遇专号"。

薛天汉《小学算术课程标准修订经过和实施要点》刊于《国民教育指导月刊(广西)》第 1 卷第 7 期"中心国民学校算术科专号"。

朱镜坚《小学算术科教学实例》刊于《国民教育指导月刊(广西)》第 1 卷第 7 期"中心国民学校算术科专号"。

俞子夷《小学珠算教材教法》刊于《国民教育指导月刊(广西)》第 1 卷第 7 期"中心国民学校算术科专号"。

周仰歧《儿童班算术教学的两个据点》刊于《国民教育指导月刊(广西)》第 1 卷第 7 期"中心国民学校算术科专号"。

杨锡胤《怎样指导儿童学习算术》刊于《国民教育指导月刊(广西)》第 1 卷第 7 期"中心国民学校算术科专号"。

梁万柱《1 至 9 数目字认识的教法》刊于《国民教育指导月刊(广西)》第 1 卷第 7 期"中心国民学校算术科专号"。

王憎蝠《成人班珠算教学指导》刊于《国民教育指导月刊(广西)》第 1 卷第 7 期"中心国民学校算术科专号"。

桂林师范《中心国民学校儿童节活动大纲》刊于《国民教育指导月刊(广西)》第 1 卷第 7 期"中心国民学校算术科专号"。

杨翼超《我对于推行国民教育的几点意见》刊于《国民教育指导月刊(广西)》第 1 卷第 7 期"中心国民学校算术科专号"。

陈立夫《科学精神与科学化运动》刊于《国民教育指导月刊(广西)》第 1 卷第 9 期"中心国民学校自然科专号"。

胡颐立《充实各省市小学自然科设备》刊于《国民教育指导月刊(广西)》第 1 卷第 9 期"中心国民学校自然科专号"。

徐允昭《小学里的自然科学教育》刊于《国民教育指导月刊(广西)》第 1 卷第 9 期"中心国民学校自然科专号"。

张达善《小学自然科教学实际问题研究》刊于《国民教育指导月刊(广西)》第 1 卷第 9 期"中心国民学校自然科专号"。

梁咨义《自然科学常识的普及问题》刊于《国民教育指导月刊(广西)》第 1 卷第 9 期"中心国民学校自然科专号"。

楚芝《注音符号与初不者的识字》刊于《国民教育指导月刊(广西)》第 1 卷第 9 期"中心国民学校自然科专号"。

周仰歧《国民教师最低限度的教学技术》刊于《国民教育指导月刊(广西)》第 1 卷第 9 期"中心国民学校自然科专号"。

陶本琳《上课的技术》刊于《国民教育指导月刊(广西)》第 1 卷第 9 期"中心国民学校自然科专号"。

李文圃《怎样指导儿童练习作文》刊于《国民教育指导月刊(广西)》第 1 卷第 9 期"中心国民学校自然科专号"。

王舜卿《怎样指导儿童的级会活动》刊于《国民教育指导月刊(广西)》第 1 卷第 9 期"中心国民学校自然科专号"。

梁上燕《巡回教学的实施》刊于《国民教育指导月刊(广西)》第 1 卷第 9 期"中心国民学校自然科专号"。

金开山《基层文化中心问题》刊于《国民教育指导月刊(广西)》第 1 卷第 9 期"中心国民学校自然科专号"。

方汉滨《战时县教育行政的经验》刊于《国民教育指导月刊(广西)》第 1 卷第 9 期"中心国民学校自然科专号"。

苏希洵《本省国民教育今后应努力的方向》刊于《国民教育指导月刊(广西)》第 1 卷第 10 期"中心国民学校社会科专号"。

水心《团体讨论在社会科中之应用》刊于《国民教育指导月刊(广西)》第 1 卷第 10 期"中心国民学校社会科专号"。

宛学宝《小学课程历史地理科之研究》刊于《国民教育指导月刊(广西)》第 1 卷第 10 期"中心国民学校社会科专号"。

江芷千、唐廷仁《儿童班复式常识教材纲要》刊于《国民教育指导月刊(广西)》第 1 卷第 10 期"中心国民学校社会科专号"。

李志曙《近代的广西民族英雄》刊于《国民教育指导月刊(广西)》第 1 卷第 10 期"中心

国民学校社会科专号"。

王憎蝠《广西地理常识》刊于《国民教育指导月刊(广西)》第1卷第10期"中心国民学校社会科专号"。

季禹九《战时中心国民学校设备问题》刊于《国民教育指导月刊(广西)》第1卷第10期"中心国民学校社会科专号"。

张镇道《论推行国民教育的困难及其克服》刊于《国民教育指导月刊(广西)》第1卷第10期"中心国民学校社会科专号"。

罗英杰《从事国民教育行政工作的一得》刊于《国民教育指导月刊(广西)》第1卷第10期"中心国民学校社会科专号"。

韦玉岗《桂南战后各县教育点线看》刊于《国民教育指导月刊(广西)》第1卷第10期"中心国民学校社会科专号"。

蓝士周《我们的教学生活》刊于《国民教育指导月刊(广西)》第1卷第10期"中心国民学校社会科专号"。

苏希洵《推进国民教育与革新政治风气》刊于《国民教育指导月刊(广西)》第1卷第12期"中心国民学校劳作图画科专号"。

胡叔昇《谈小学美术教育》刊于《国民教育指导月刊(广西)》第1卷第12期"中心国民学校劳作图画科专号"。

唐一帆《活的劳作教学法》刊于《国民教育指导月刊(广西)》第1卷第12期"中心国民学校劳作图画科专号"。

熊蠡高《小学劳作科课程标准实施成绩不良的原因》刊于《国民教育指导月刊(广西)》第1卷第12期"中心国民学校劳作图画科专号"。

邵晓堡《与国民教师论劳作生产教育》刊于《国民教育指导月刊》第1卷第12期。

张雪门《给幼稚生工作开一条新路径》刊于《国民教育指导月刊》第1卷第12期。

葛成慧《小学教师应有的儿童保育常识(续)》刊于《国民教育指导月刊(广西)》第1卷第12期"中心国民学校劳作图画科专号"。

李智《广西师范教育的回顾与前瞻》刊于《国民教育指导月刊(广西)》第1卷第12期"中心国民学校劳作图画科专号"。

卢显能《怎样向导本省国民教育的发展》刊于《国民教育指导月刊(广西)》第1卷第12期"中心国民学校劳作图画科专号"。

周子裕《一个月实习的经验》刊于《国民教育指导月刊(广西)》第1卷第12期"中心国民学校劳作图画科专号"。

罗祖光《哭的研究》刊于《国民教育指导月刊(广西)》第1卷第12期"中心国民学校劳作图画科专号"。

植恒山《反"死教育"》刊于《国民教育指导月刊(广西)》第1卷第12期"中心国民学校劳作图画科专号"。

教育部《小学课程标准总纲》刊于《国民教育指导月刊(广西)》第1卷第12期"中心国民学校劳作图画科专号"。

教育部《小学图书科课程标准》刊于《国民教育指导月刊(广西)》第1卷第12期"中心国民学校劳作图画科专号"。

教育部《小学劳作科课程标准》刊于《国民教育指导月刊(广西)》第 1 卷第 12 期"中心国民学校劳作图画科专号"。

郭有守《四川省中等教育现状与今后设施》刊于《中等教育季刊》第 2 卷第 1 期"改进中等教育特辑"。

薛鸿志《三十年上期四川省中等学校一览及统计》刊于《中等教育季刊》第 2 卷第 1 期"改进中等教育特辑"。

章柳泉《中等教育的歧路与出路》刊于《中等教育季刊》第 2 卷第 1 期"改进中等教育特辑"。

常道直《当前中学制度上几个显著的问题及其解决途径》刊于《中等教育季刊》第 2 卷第 1 期"改进中等教育特辑"。

袁伯樵《川省县中之问题及今后改进之检讨》刊于《中等教育季刊》第 2 卷第 1 期"改进中等教育特辑"。

袁伯樵《合于建国需要的几个中等教育实施原则》刊于《中等教育季刊》第 2 卷第 1 期"改进中等教育特辑"。

钱穆《从整个国家教育之刷新来谈中等教育》刊于《中等教育季刊》第 2 卷第 1 期"改进中等教育特辑"。

蒙文通《从中学生的"用"来说中学生的"学"》刊于《中等教育季刊》第 2 卷第 1 期"改进中等教育特辑"。

宋大鲁《当前之师资问题》刊于《中等教育季刊》第 2 卷第 1 期"改进中等教育特辑"。

马克柯勒著,孙元璸译《美国中等学校教师与世界的挑战》刊于《中等教育季刊》第 2 卷第 1 期"改进中等教育特辑"。

朱智贤《师范教育改造问题的再认识》刊于《中等教育季刊》第 2 卷第 1 期"改进中等教育特辑"。

安事农《农业教育之改进》刊于《中等教育季刊》第 2 卷第 1 期"改进中等教育特辑"。

傅葆琛《乡村中学与乡村建设》刊于《中等教育季刊》第 2 卷第 1 期"改进中等教育特辑"。

叶绍钧《论中学国文课程的改订》刊于《中等教育季刊》第 2 卷第 1 期"改进中等教育特辑"。

余介石《部颁修正中学数学课程标准讨论》刊于《中等教育季刊》第 2 卷第 1 期"改进中等教育特辑"。

陈伯琴《现行中等数学教育之批评与改进》刊于《中等教育季刊》第 2 卷第 1 期"改进中等教育特辑"。

汤茂如《试验六年制中学一年后》刊于《中等教育季刊》第 2 卷第 1 期"改进中等教育特辑"。

黎光明《我们怎样办理绵阳中学》刊于《中等教育季刊》第 2 卷第 1 期"改进中等教育特辑"。

张群《告川省中等学校教职员书》刊于《中等教育季刊》第 2 卷第 3 期"师范教育特辑"。

郭有守《师范教育的实际改进》刊于《中等教育季刊》第 2 卷第 3 期"师范教育特辑"。

常道直《调整中等学校师资训练制度私议》刊于《中等教育季刊》第 2 卷第 3 期"师范教

育特辑"。

金澍荣《中等学校师资之供应问题》刊于《中等教育季刊》第 2 卷第 3 期"师范教育特辑"。

章柳泉《缩短现行学制总年数之一拟议》刊于《中等教育季刊》第 2 卷第 3 期"师范教育特辑"。

许椿生《师范学校课程中的各科小学教学问题》刊于《中等教育季刊》第 2 卷第 3 期"师范教育特辑"。

陈伯琴《师范学校数学教学之实际问题》刊于《中等教育季刊》第 2 卷第 3 期"师范教育特辑"。

洪石鲸《师范学校辅导地方教育之实施》刊于《中等教育季刊》第 2 卷第 3 期"师范教育特辑"。

王崇阶《师范学校的三大危机》刊于《中等教育季刊》第 2 卷第 3 期"师范教育特辑"。

吴慧铃《推进幼稚师范教育问题》刊于《中等教育季刊》第 2 卷第 3 期"师范教育特辑"。

丁秀君《如何坚定师范生的服务心》刊于《中等教育季刊》第 2 卷第 3 期"师范教育特辑"。

汪通祺《教师之魂与魄》刊于《中等教育季刊》第 2 卷第 3 期"师范教育特辑"。

贾承天《师范学校毕业生服务的商榷》刊于《中等教育季刊》第 2 卷第 3 期"师范教育特辑"。

江东之《我们办理省立资中师范学校的经过》刊于《中等教育季刊》第 2 卷第 3 期"师范教育特辑"。

刘唯公《论课外活动与中学教育（续）》刊于《中等教育季刊》第 2 卷第 3 期"师范教育特辑"。

陈立夫《青年生活科学化与国防科学化》刊于《中等教育季刊（四川）》第 2 卷第 4 期。

黄熙庚《试论公民科的意义》刊于《中等教育季刊（四川）》第 2 卷第 4 期。

冯和侃《内地中学推行直接英语教学法之商榷》刊于《中等教育季刊（四川）》第 2 卷第 4 期。

吴棠《初级中学英语课程标准目标释义》刊于《中等教育季刊（四川）》第 2 卷第 4 期。

郑象铣《中等学校地理教师之任务》刊于《中等教育季刊（四川）》第 2 卷第 4 期。

禹海涵《生物学之略史及其与教育之关系》刊于《中等教育季刊（四川）》第 2 卷第 4 期。

张芗兰、田清心《写给教初中男生的音乐教员》刊于《中等教育季刊（四川）》第 2 卷第 4 期。

雷国鼎《各国中学课程之比较研究》刊于《中等教育季刊（四川）》第 2 卷第 4 期。

孙邦正译《中学教学法上兴趣和注意问题》刊于《中等教育季刊（四川）》第 2 卷第 4 期。

王欲为译《中学军训效果的实验研究》刊于《中等教育季刊（四川）》第 2 卷第 4 期。

孙元璙译《美国中等教育前途的研讨》刊于《中等教育季刊（四川）》第 2 卷第 4 期。

檀仁梅译《美国三十个进步中学的实验》刊于《中等教育季刊（四川）》第 2 卷第 4 期。

杨允元《中央及各省市师范教育新方案概览》刊于《中等教育季刊（陕西）》第 2 卷第 3—4 期合刊。

徐国棨《改进师范学校与师范区制度之商榷》刊于《中等教育季刊（陕西）》第 2 卷第 3—

4期合刊。

沈灌群《中等学校兼办社会教育之商榷》刊于《中等教育季刊(陕西)》第2卷第3—4期合刊。

李森《论广西国民中学》刊于《中等教育季刊(陕西)》第2卷第3—4期合刊。

孙邦正《中学教学法上的讲演法和问答法》刊于《中等教育季刊(陕西)》第2卷第3—4期合刊。

环惜吾《今后中等学校导师制实施的趋势》刊于《中等教育季刊(陕西)》第2卷第3—4期合刊。

龚启昌《改进中等学校公民科的教学》刊于《中等教育季刊(陕西)》第2卷第3—4期合刊。

王凤岗《中等公民科协助训导之教学方法》刊于《中等教育季刊(陕西)》第2卷第3—4期合刊。

郭树幹《中学历史教学问题几个具体的讨论》刊于《中等教育季刊(陕西)》第2卷第3—4期合刊。

高振业《怎样教师范学校的统计》刊于《中等教育季刊(陕西)》第2卷第3—4期合刊。

李相勖《贵州省三十年中等学校教师暑讲会概况》刊于《中等教育季刊(陕西)》第2卷第3—4期合刊。

施白南《介绍教育部生物标本制造所》刊于《中等教育季刊(陕西)》第2卷第3—4期合刊。

袁伯樵《中等教育分区办法之检讨》刊于《中等教育季刊(陕西)》第2卷第3—4期合刊。

李清悚《今后之侨民教育》刊于《侨民教育》第2卷第1期。

赵廷为《怎样培养优良的学风》刊于《侨民教育》第2卷第1期。

李清悚《青年训导之基本原则》刊于《侨民教育》第2卷第1期。

夏贯中《侨民中学之公民教育》刊于《侨民教育》第2卷第1期。

李半村《侨民中学与生产劳动训练》刊于《侨民教育》第2卷第1期。

杨家骆《古代学校关于训育之规定》刊于《侨民教育》第2卷第1期。

翁之达《印度华大教育计划》刊于《侨民教育》第2卷第1期。

陈景秀《巨港区侨民教育鸟瞰》刊于《侨民教育》第2卷第1期。

石黛、宗亚《南洋华侨经济事业概况》刊于《侨民教育》第2卷第1期。

蒋君章《南洋丛谈(上)》刊于《侨民教育》第2卷第1期。

侨教总会《侨民教育问题征答》刊于《侨民教育》第2卷第1期。

孙庆元《侨民教育消息》刊于《侨民教育》第2卷第1期。

吴鼎《侨民小学公民教育之实施》刊于《侨民教育》第2卷第2期。

王寿千《学校兼办社会教育问题》刊于《侨民教育》第2卷第2期。

翁之达、沈镜清《沦陷前香港教育之鸟瞰》刊于《侨民教育》第2卷第2期。

前人《印度教育之概况》刊于《侨民教育》第2卷第2期。

石黛、宗亚《南洋华侨教育之史的回顾》刊于《侨民教育》第2卷第2期。

蒋君章《南洋丛谈(续)》刊于《侨民教育》第2卷第2期。

冯绳武《南洋地理(一)缅甸》刊于《侨民教育》第 2 卷第 2 期。

火头僧《谈谈僧教育(续完)》刊于《同愿月刊》第 3 卷第 1 期。

达因《青年学人的基本态度》刊于《同愿月刊》第 3 卷第 1 期。

周湛然《西藏文大藏经考略》刊于《同愿月刊》第 3 卷第 1 期。

尹云凡《华严研究法(一)》刊于《同愿月刊》第 3 卷第 2 期。

尹云凡《华严研究法(二)》刊于《同愿月刊》第 3 卷第 3—4 期合刊。

清海《禅与俗学之关系》刊于《同愿月刊》第 3 卷第 5 期。

莲谛《东方佛国的泰义》刊于《同愿月刊》第 3 卷第 6 期。

錬《佛法的解释》刊于《同愿月刊》第 3 卷第 6 期。

汝霖《纪晓岚先生之报应观(一)》刊于《同愿月刊》第 3 卷第 6 期。

仁《元代北京游皇城之盛况》刊于《同愿月刊》第 3 卷第 7 期。

沧客《学佛与佛学》刊于《同愿月刊》第 3 卷第 7 期。

莲谛《东方佛国的泰义(四)》刊于《同愿月刊》第 3 卷第 8 期。

魏善忱《佛法上之人生观》刊于《同愿月刊》第 3 卷第 10 期。

林居《现代佛教名人志略》刊于《同愿月刊》第 3 卷第 11 期。

保贤记《佛教与法律教育》刊于《同愿月刊》第 3 卷第 11 期。

汝霖《纪晓岚先生之报应观(五)》刊于《同愿月刊》第 3 卷第 11 期。

全朗《访日视察佛教之感想》刊于《同愿月刊》第 3 卷第 12 期。

錬麈《禅宗浅说(一)》刊于《同愿月刊》第 3 卷第 12 期。

魏佑纯译《中日佛教之根本问题》刊于《同愿月刊》第 3 卷第 12 期。

汝霖《纪晓岚先生之报应观(六)》刊于《同愿月刊》第 3 卷第 12 期。

仁道《天台宗略记(三)》刊于《佛学月刊》第 1 卷第 8 期。

李意如《历代高僧新传——释道安(上)》刊于《佛学月刊》第 1 卷第 8 期。

林彦明《日本佛教的机构和宗派》刊于《佛学月刊》第 1 卷第 8—9 期。

仁道《天台宗略记(四)》刊于《佛学月刊》第 1 卷第 9 期。

李意如《白居易的醉吟生涯及其佛教信仰》刊于《佛学月刊》第 1 卷第 9—10 期。

子规《孔雀王朝之佛教美术(三)》刊于《佛学月刊》第 1 卷第 9 期。

李意如《历代高僧新传——释道安(下)》刊于《佛学月刊》第 1 卷第 9 期。

浩乘《佛学需要通俗化》刊于《佛学月刊》第 1 卷第 9 期。

倓虚老法师《天台传佛心印记序讲录(五)》刊于《佛学月刊》第 1 卷第 11 期。

梅若《唐代的民间佛教文学——诗歌》刊于《佛学月刊》第 1 卷第 11 期。

西泉辑《佛化小词丛录》刊于《佛学月刊》第 1 卷第 11 期。

刘剑青《略谈论语与儒学之大乘思想》刊于《佛学月刊》第 1 卷第 11 期。

远化《我们应该怎样学佛》刊于《佛学月刊》第 1 卷第 11 期。

仁道《天台宗略记(七)》刊于《佛学月刊》第 1 卷第 12 期。

梅若《唐代的民间佛教文学——变文》刊于《佛学月刊》第 1 卷第 12 期。

西泉辑《佛化小词丛录》刊于《佛学月刊》第 1 卷第 12 期。

浩乘《唯识家的佛身论》刊于《佛学月刊》第 1 卷第 12 期。

水月光《初唐佛道之争》刊于《佛学月刊》第 1 卷第 12 期。

笑尘《从人生观谈到建立末那识的理论(一)》刊于《佛学月刊》第 2 卷第 1 期。

大涵《华严宗之创建及其发展》刊于《佛学月刊》第 2 卷第 1—2 期。

倓虚《唯心说》刊于《佛学月刊》第 2 卷第 2 期。

李意如《梁武帝与佛教》刊于《佛学月刊》第 2 卷第 2—3 期。

倓虚老法师《解释如来十种通号》刊于《佛学月刊》第 2 卷第 3 期。

唐云起《中日交通史上禅僧的地位》刊于《佛学月刊》第 2 卷第 3—4 期。

周叔迦《告中国佛教学院同人书》刊于《佛学月刊》第 2 卷第 4 期。

慈舟《念佛与修观》刊于《佛学月刊》第 2 卷第 4 期。

愧殊《念佛的意义及其类别》刊于《佛学月刊》第 2 卷第 4 期。

白云《弘法管见》刊于《佛学月刊》第 2 卷第 4 期。

慈舟法师《佛法大意》刊于《佛学月刊》第 2 卷第 5 期。

浩乘《李白的佛学思想》刊于《佛学月刊》第 2 卷第 5 期。

周叔迦《法华经之研究法》刊于《佛学月刊》第 2 卷第 6 期。

周叔迦《大乘律之研究法》刊于《佛学月刊》第 2 卷第 7 期。

李意如《昭明太子的皈佛》刊于《佛学月刊》第 2 卷第 7 期。

浩乘《创造佛化新文学》刊于《佛学月刊》第 2 卷第 7 期。

苏公望《出三藏记集"传"与梁高僧传之异同》刊于《佛学月刊》第 2 卷第 7 期。

惟圣《我主办〈大雄〉月刊的原因》刊于《大雄》创刊号。

寂静《我对于〈大雄〉月刊的愿望》刊于《大雄》创刊号。

太虚《中印之回溯与前瞻》刊于《大雄》创刊号。

郝照洪《佛教总动员论》刊于《大雄》创刊号。

伯菴《建设农村佛教的提议》刊于《大雄》创刊号。

智超《谈慈悲主义》刊于《大雄》创刊号。

惟贤《国际佛教与永久和平》刊于《大雄》第 2 期。

海林记《新佛教运动与新佛教青年》刊于《大雄》第 2 期。

寂静《我创办汉丰佛学院的经过》刊于《大雄》第 2 期。

惟贤《抗战期中僧教育应怎样》刊于《大雄》第 3 期。

惟贤《因明学概论》刊于《大雄》第 3 期。

燕平《南岳佛教状况》刊于《大雄》第 3 期。

廉达因《知行合一在佛法上之重要》刊于《慧灯月刊》第 6 期。

卢慧瀚《因果说》刊于《慧灯月刊》第 6 期。

知仁《印度为什么亡国》刊于《慧灯月刊》第 6 期。

根深《佛教衰落之原因》刊于《慧灯月刊》第 6 期。

蔡慧诚《建设佛化新家庭之商榷》刊于《慧灯月刊》第 6—7 期。

四、学术著作

(宋)朱熹集注,王文英校《(铜版)孟集注》由上海广益书局刊行。

(明)王守仁著,江谦辑《阳明致良知学》由上海灵峰正眼印经会刊行。

(明)徐爱著《王文成公传习录》由重庆民国政府军事委员会委员长侍从室刊行。

(清)程允升著,(清)邹梧冈增补《(精校仿宋版)幼学故事琼林》由重庆上海书店刊行。

(清)吴楚材、吴调侯编选,陆文昭译句《(标点评注言文对照)古文观止》由上海广益书局刊行。

吴寿彭等著,天目书院编《学术之诞生》由浙江天目山天目书院刊行。

张铁君著《新哲学漫谈》由重庆国民图书出版社刊行。

张铁君著《动与静》由重庆国民图书出版社刊行。

苏渊雷著《民生哲学引义》由重庆商务印书馆刊行。

按:此书分绪论、本论、广论三大部分。本论有三章,着重论述了民生哲学,此为本书之重点。作者针对当时著者写有关民生哲学的书时往往只阐述历史观的倾向,除了写历史观外,又论述了宇宙观、认识观、人生观三个方面的问题,为新哲学之首创。

苏渊雷著《名理新论》(一名《辩证法订补》)由重庆独立出版社刊行。

周肖鸥著《辩证唯物论之透视》由重庆正中书局刊行。

毛起鵕编《唯物史观批判》由重庆独立出版社刊行。

按:是书收入 9 篇论文:《论唯物辩证派之历史哲学》(黎东方),《唯物史观在历史哲学上之价值》(刘檀贵),《从互涉及的观点来看唯物史观》(虞愚),《唯物史观与道德》(谢幼伟),《列宁主义就是唯物史观的否定》(张铁君),《我之"唯物史观"观》(李长之),《民生哲学与民生史观的联系》(贺岳僧),《唯物史观与唯物辩证法述评》,《史观与人生》。

马克思列宁思想方法论编辑委员会编辑《马恩列斯思想方法论》由陕西延安解放马克思列宁思想方法论编辑委员会刊行。

姜蕴刚著《社会哲学》由重庆商务印书馆刊行。

王光汉著《思想方法论》由四川白沙青年文化服务部刊行。

梁宗岱著《非古复古与科学精神》由广西桂林明日社刊行。

王星拱著《科学方法论》由北京大学出版部刊行。

按:是书系《科学概论》一书的第 1 卷。据作者在北京大学的讲稿编撰。内容有:现象界之复杂,或然之理论和他的测算,归纳逻辑现象的数量,错误之免除与减少,观察与试验,逼近与理论,假定之用法,知识之类别,综合和推较,分类,例外之应付,概括的结论等。全书分 13 章。

赵景三著《处理一切问题的方法论》由江西赣县群力出版社刊行。

陶希圣著《论道集》由重庆南方印书馆刊行。

按:《论道集》分上下集。上集述先秦两汉思想家的思想,共有五篇:《孔子论道》《孟子论道》《荀子论道》《董仲舒论道》《扬雄论道》。收录王荆公、张江陵、黄梨洲、王船山对道家精华的诠释。

马一浮著《复性书院讲录卷六》(《观象卮言》)由复性书院刊行。

刘厚滋著《易学象数别论初衍》刊行。

陈全三述,陈一善、吴彩鸾记《太极述义》由北平道德书局刊行。

汪精卫等著《孔子》由曲阜圣地孔子诞辰筹备委员会刊行。

尹汐编辑《孔子》由吉林长春文化社刊行。

徐是古著《论语首章讲疏》(第 1 册)由武汉中日文化协会武汉分会刊行。

杨宽编著《墨经哲学》由重庆正中书局刊行。

孙常钧编注《释西铭》由湖南沅陵中报社刊行。

马宗荣著《王阳明及其思想》由贵州贵阳文通书局刊行。

黄光学著《唯行论》由江西泰和三民主义文化运动委员会刊行。

燕义权著《国父孙中山底历史哲学》由重庆国民图书出版社刊行。

叶青著《国父哲学言论辑解》由江西南昌江西省三民主义运动委员会刊行。

贺麟著《近代唯心论简释》由重庆独立出版社刊行。

按:此乃贺麟第一本论文集,也是反映他"新心学"思想的代表作之一。胡绳1942年9月21日发表《一个唯心论者的文化观——评贺麟先生著〈近代唯心论简释〉》,针对《近代唯心论简释》一书若干观点提出批评意见。次年,徐梵澄于《图书馆月刊》发表《〈近代唯心论简释〉述评》,谢幼伟于《思想与时代》第11期发表《何谓唯心论——兼评贺麟著〈近代唯心论简释〉》。贺麟作《答谢幼伟兄批评三点》(《思想与时代》第23期,1943年6月1日),对谢幼伟提出的三个问题做了回答。

陈铨著《叔本华生平及其学说》由重庆独立出版社刊行。

刘仲容著《实用理则学》由四川成都拔提书店、黄埔出版社刊行。

按:是书作者将形式逻辑、辩证逻辑(包括黑格尔辩证法与唯物辩证法)、唯生论辩证法混在一起构成理则学。全书分绪论、静的理则学、动的理则学等8篇。

党军社编《伦理建设》由党军社刊行。

穆超著《革命的人生观》由重庆三友书店刊行。

单英民编著《修养漫谈》由上海时兆报馆刊行。

黄风著《怎样创造你自己》由吉林长春博文印书馆刊行。

黄风著《怎样使你前程远大》由吉林长春博文印书馆刊行。

雷烈编著《青年三部曲》由广西桂林文化合作事务所刊行。

黎冀群著《怎样应付社会》由上海纵横社刊行。

李昂著《告少年》由重庆胜利出版社刊行。

任毕明著《社会大学——处世应变胜利成功的技术》由广西桂林实学书局刊行。

吴之椿著《青年的修养》由重庆国民图书出版社刊行。

向绍轩著《青年生活与修养问题》由重庆独立出版社刊行。

中国青年社编《青年学习指南》由陕西延安中国青年社刊行。

高觉敷编著《青年心理与训育》由重庆正中书局刊行。

尹培真著《问题儿童之心理卫生》由重庆商务印书馆刊行。

郭衡斯编《佛学之三方面》由中华佛学研究社刊行。

吕澂编校《汉藏佛教关系史料集》由华西协会大学、中国文化研究所刊行。

马以愚著《中国回教史鉴》由重庆商务印书馆刊行。

按:是书系一部类似《通鉴纲目》式的中国伊斯兰教史籍辑要编纂。作者除汇集中国有关史籍、实地考察各地名寺古墓外,还于1940年在香港专门阅读了15部有关典籍,最后选定272部为主要参考,经比较研究、反复考证后写成该书。全书共8章,内容包括:穆罕默德传记、伊斯兰教义、礼法制度、历代史志、回纥源流、回回历法、文章勋业、名寺古墓等。

慈舟述《普贤行愿品亲闻记》由北平安养精舍弘法流通处刊行。

大器编《新生道初集》由上海小蓬莱刊行。

大同神学总修院编《炽爱的天使》(张若瑟修士小传)由北平西什库天主堂遣使会刊行。

单英民著《预言与时兆》由上海时兆报馆刊行。

公教道理教科书编辑会著《公教道理教学指导书》由山东兖州保禄印书馆刊行。

公教道理教科书编辑会著《初级小学公教道理教学指导书》由山东保禄印书馆刊行。

虎嵩山、苏盛华编著《伊斯兰教拜功之理》由重庆突崛月刊社刊行。

华北中华基督教团编《华北中华基督教团成立周年纪念册》由编者刊行。

李君武著《辅弥撒礼仪》(上)由北平震生印刷局刊行。

李圆净编《到光明之路》由重庆佛经流通处刊行。

理真编《虚云禅师事略》由上海大雄书局刊行。

莲舟重辑《灵山正弘集》由灵山弘法社刊行。

吕碧城著《观无量寿佛经释论》由香港著者刊行。

石静山著《家庭教育问答》由北平西什库遣使会印书馆刊行。

按:北平西什库遣使会印书馆为法国天主教会创设于北堂(即北京西什库教堂),又称北堂遣使会印书馆,或简称为北堂印书馆。

史筱微、魏心化著《扶乩原理》由北平真坛刊行。

私立觉世学校编《汕头市私立觉世学校立校周年概况特刊》由编者刊行。

苏冠明著《初级新史略》由澳门慈幼印书馆刊行。

倓虚讲,保贤记《妙法莲华经观世音菩萨普门品随闻记》由山东青岛佛教同愿会刊行。

唐醒、袁洁民编《荒漠甘泉》由上海福音书房刊行。

万宾来著《欢迎耶稣圣婴》由山东兖州保禄印书馆刊行。

王昌祉编著《圣体军训话三十则上》由上海徐家汇土山湾印书馆刊行。

王揆生、薛冰著《我所认识的基督》由上海广学会刊行。

惟贤著《淡泊集》由四川大雄月刊社刊行。

卫理公会书报部编《虔修日程》由上海卫理公会刊行。

杨东述《法华普门品浅释》由上海法音社刊行。

印光法师永久纪念会编《印光大师纪念特刊》由陕西西安佛化社刊行。

圆瑛讲述《佛说阿弥陀经要解讲义》由上海圆明法施会刊行。

张维笃编著《周年经训》由山东兖州保禄印书馆刊行。

张志一编著《访察真教》(上下册)由天主堂印书局刊行。

中华基督教会四川协会文字部编《主日学教材》由四川成都编者刊行。

中华基督教卫理公会第四届华北年议会编《中华基督教卫理公会第四届华北年议会记录》由北平编者刊行。

朱寿延编著《净土问辨·功过格合编》由上海佛学书局刊行。

巴换宗编《进教要理》由山西大同天主堂永望学会刊行。

社会科学研究会著《社会科学概论》由编者刊行。

杨庆堃著《社会学大纲》由北京大学法学院刊行。

按:杨庆堃说:"中国的社会学运动史,可以大概分作三期。第一是萌芽期(1840至1918年),第二是开始时期(1919年至1930年),第三是建设期(1931年至1942)。"

姜君辰著《社会学入门》由广西桂林文化供应社刊行。

宪兵学校编《社会学教程》由重庆编者刊行。

郑光拌编述《社会调查教程》由重庆宪兵学校刊行。

吴泽著《中国社会简史》(上卷)由广西桂林学艺出版社刊行。

孙本文著《现代中国社会问题》(1—4 册)由重庆商务印书馆刊行。

按：是书包括家族问题、人口问题、农村问题和劳资问题四大分册，探讨了中国社会问题的历史背景、内容、特点、现状、意义和范围，并阐述了解决问题的原则、方法和途径，是中国现代社会问题研究集大成式的代表性成果，也是研究抗战时期中国社会问题的重要参考著作。

黄廷真编著《统计学》由广州广东国民大学刊行。

刘坤阆编《统计学》由军需学校刊行。

广西省党部编《调查统计概要》由广西桂林青年书店桂林印刷所刊行。

刘述祖编《应用统计学》由西康省地方行政干部训练团刊行。

国民党中央宣传部编《革命纪念日史略》由中央训练团刊行。

中国国民党中央执行委员会宣传部编《革命纪念日简史》由编者刊行。

葛赤峰著《藏边采风记》由重庆商务印书馆刊行。

陈以益著《日下谈日》由江苏苏州中日文化协会刊行。

章柏雨编著《农村组织现状及其改进》由重庆农产促进委员会刊行。

张雪岩编著《田家瞻望》由四川成都田家社刊行。

周毓英著《贫穷研究》由江苏南京社会旬报社刊行。

陆曼炎著《婚姻新论》由重庆拔提书店刊行。

陈俊编《结婚准备》由广西桂林远东书局刊行。

董文侠著《家庭问题解答集》由大连实业印书馆刊行。

朱云影著《人类性生活史》由浙江金华正中书局刊行。

张少微著《儿童社会问题》由贵州贵阳文通书局刊行。

陈凌云著《战时社会救济》由重庆商务印书馆刊行。

王培源著《游民问题》刊行。

卜凯、徐澄著《芜湖一百零二农家之社会的及经济的调查》刊行。

马宗荣著《社会事业与社会行政》由贵州贵阳文通书局刊行。

李思桢著《判除贪污问题》由四川成都杂说月刊社刊行。

赵郑著《中国汉流团体改进论》由四川文心实业社刊行。

夏荫轩著《华北安清道义总会纲纪要略》由北平华北安清道义总会刊行。

陈兆焜著《读马尔瑟斯人口论感言》由北平北京大学刊行。

宪兵学校编《统计学教程》由宪兵学校刊行。

按：是书讲述统计学的意义，各种普通应用的方法。

周炳治编《人口统计学》(又名《户籍学》)由广东省地方行政干部训练团刊行。

吴光杰著《欧美礼俗》由重庆商务印书馆刊行。

颜悉达、王先嘉编《缅甸的风土人情》由重庆文信书局刊行。

胡瀛洲著《政治学·国家学》由国立北京大学法学院出版部刊行。

沈咸恒编述《国家与主义》由浙江金华邦本出版社刊行。

按：是书是为说明《国家与主义图解》而编，有自序、再版自序。

曾资生著《两汉文官制度》由重庆商务印书馆刊行。

按：是书介绍两汉的文官制度及其演变。分察举制度、公府与州郡辟除、皇帝特征与聘召、荐举考试制度、郎官制度等 12 章。有陶希圣和著者序。

王德昭著《明季之政治与社会》由重庆独立出版社刊行。

李剑农著《中国近百年政治史》由湖南蓝田国立师范学院史地学会、上海商务印书馆刊行。

王晓云著《国父遗教》由福建永安改进出版社刊行。

杨灿著《国父思想研究》由江西泰和时代思潮社刊行。

尹耕南著《总理的社会阶级调和论》由重庆力行出版社刊行。

刘修如编著《三民主义革命论》由重庆正中书局刊行。

军人小丛书社编辑《三民主义浅说》由陕西西安拔提书店刊行。

何名忠著,潘素卿校《三民主义的科学研究法》由广西桂林科学书店刊行。

马璧著《三民主义政治浅说》由重庆国民图书出版社刊行。

钱实甫编辑《三民主义概要》由广西桂林文化供应社刊行,有编者绪言。

王贻非著《三民主义之理论与应用》由江西泰和时代思潮社刊行。

印维廉著《与中国共产党论三民主义》由重庆胜利出版社刊行。

张铁君著,张木兰校《三民主义论丛》由重庆独立出版社刊行。

张铁君著《两大主义的基本认识》由重庆国民图书出版社刊行。

中央训练团编《中国国民党宣言集》由编者刊行。

吴锡璋著《中国国民党史略》由福建永安改进出版社刊行。

张继讲《中国国民党党史概要讲演汇辑》由中央训练团刊行。

张历生讲《中国国民党政纲政策及决议》由中央训练团党政训练班刊行。

中国国民党中央党史编纂委员会编《中国国民党党史概要》由重庆中国文化服务社刊行。

按:是书讲述自孙中山诞生前之民族革命运动至抗战第四年国民党的历史,并阐述国民党的主义及政纲、方向等。

中国国民党中央执行委员会党史史料编纂委员会编《史料征集简则》由编者刊行。

中国国民党中央执行委员会党史史料编纂委员会编《中国国民党党史概要再稿》由江苏南京中央印务局刊行。

中央组织部边疆语文编译委员会译《蒋委员长告全国青年书》由译者刊行。

甘肃省执行委员会编《中国国民党甘肃省执行委员会三十年度工作总报告》由编者刊行。

中国国民党福建省执行委员会编《福建近四年来党务统计汇编》由编者刊行。

中国国民党中央执行委员会海外部编《海外工作检讨会议记录》由编者刊行。

福建省政府秘书处编译室编《闽政一年》由编者刊行。

广东省政府行政效率促进委员会编《广东省政府三十一年度施政计划》由编者刊行。

广东省政府秘书处编《广东省政概况》由广东广州编者刊行,有陈耀祖序。

广东省政府秘书处编译室编《李主席在本省参议会第六次大会中致词及报告》由广东曲江编者刊行。

贺扬灵编述《浙西三十年度对敌行政总检讨》由浙西民族文化馆刊行。

贺扬灵编述《浙西二十九年对敌行政总检讨》由浙江浙西民族文化馆刊行,有黄绍竑序。

张治中著《本团性质与工作讲评》由三民主义青年团中央团部刊行。

刘锡五著《党务生活录》由河南叶县著者刊行。

青年出版社编《三民主义青年团论文集》由青年出版社刊行。

中央训练团编《大运动》由编者刊行。

中央组织部编《现行组织法规提要选辑》由编者刊行。

重庆市临时参议会秘书处编《重庆市临时参议会第六次大会记录》由重庆编者刊行。

中央政治学校编《中央政治学校概况》由编者刊行,书前有校训、校歌。

朱敉春编《国家总动员的实际问题》由重庆国民图书出版社刊行。

中国国民党中央执行委员会宣传部编《国家总动员法》由重庆编者刊行。

三民主义青年团中央团部编《国家总动员》由编者刊行。

杨杰著《国家总动员讲话》由中央训练团党政训练班刊行。

贵州省地方行政干部训练委员会编《总动员论》由编者刊行。

中央训练团编《国家总动员》由广西省地方行政干部训练团刊行。

中国国民党中央执行委员会宣传部编《国家总动员要义》由编者刊行。

中国国民党中央执行委员会宣传部编《战时宣传纲要集》由编者刊行。

中国国民党中央执行委员会训练委员会《各训练机关送审教材总检讨》由编者刊行。

蒋介石著,中央组织部边疆语文编译委员会译《建立自由平等的新世界》由译者刊行。

程伟编《蒋委员长最近抗战文选》由国民出版社刊行。

蒋凤徵主编《蒋委员长抗战言论集》由重庆进步英华周刊社刊行。

蒋介石著,中国国民党中央执行委员会训练委员会编《总裁言论选集》(1—5 册)由编者刊行。

张练庵编《总裁言论》由西康省地方干部训练团刊行。

龚德柏著《中国与世界大战》由重庆中国文化服务社刊行。

黄雪村编辑《国际形势与中国抗战》由前线出版社刊行,有编者引言。

蒋焕文编著《战时政治建设》由重庆国民图书出版社刊行。

蒋静一编著,陈一中校《建国运动》由重庆独立出版社刊行。

钱端升著《建国途径》由重庆国民图书出版社刊行。

杨幼炯著,邵岩元校对《政治建设论》由重庆独立出版社刊行。

孙科著《中国的前途》由重庆商务印书馆刊行。

汪少伦著《中国之路》由重庆商务印书馆刊行。

毛起鵕、刘鸿焕编,叶中校《我们的国族》由重庆独立出版社刊行。

陈联新著《一九四一年的世界与中国》由广东曲江新建设出版社刊行。

蒋大沂纂《天北民众抗战事略》由浙西天目书院刊行。

农山著《战时乡村建设论》由上饶战地图书出版社刊行。

沈子善、杨天全编著《战时青年》由重庆独立出版社刊行。

蒋洁之著《农民与抗战建国》由重庆独立出版社刊行,有著者弁言。

徐中玉著《学术研究与国家建设》由重庆国民图书出版社刊行,有崔载阳的序及自序。

华美协进社编《学术建国丛刊》由留美中国学生战时学术计划委员会刊行。

按:是书分社会科学和自然科学两类,社会科学类收录蒋百里《孙子新释》、赵兰坪《经济学大纲》、谢彬《中国铁道史》、于永滋《合作概论》等 8 篇文章，自然科学类收王其澍《近世生物学》等。

毛泽东著《反对党八股》由陕西延安解放社刊行。

华北新华书店辑《反对主观主义》由华北新华书店刊行。

延安解放社编《整顿三风文献》由陕西延安解放社刊行。

叶知秋、邹正之合著《中共整顿三风运动之检讨》由上海复社刊行。

杨钰著《晋冀豫区的工人运动》由新华日报华北分馆刊行。

吴黎平编著《论民族民主革命》（下册）由冀鲁豫日报社刊行。

吴黎平编著《论民族民主革命》由香港鸡鸣书店刊行。

统一出版社编《中共与少数民族》由统一出版社刊行。

按：书中分 8 章：中共的民族政策理论与检讨、组织概况与活动方式、延安少数民族工作的活跃、中共对蒙古、回教及苗夷同胞的活动等。

统一出版社编《转变中的中共》由统一出版社刊行。

按：是书有编者序。附中共整顿三风 22 篇学习文件内容摘要。

徐友来著《中共内幕》由正义出版社刊行。

李思桢著《政教合一论》由四川成都杂说月刊社刊行。

中央执行委员会宣传部编《中国国民党党报社论类编》由编者刊行。

谢瀛洲著《中国政府大纲》由韶关大光报营业部刊行。

雷殷著《三民主义行政论》由广西建设研究会刊行。

李桐冈著《行政效率学概论》由四川成都大江出版社刊行，有李仲韬、李希愚、吴惠风序和自序。

萧文哲著《行政效率研究》由重庆商务印书馆刊行。

黄寿朋著《科学管理与现代行政》由军政部陆军经理杂志社刊行。

吴胜己编《机关管理概论》由广东省地方行政干部训练团刊行。

中国国民党中央执行委员会训练委员会编《机关管理述要》由重庆编者刊行。

苏希洵著《机关组织与机关管理》由陕西西安建国编译社刊行。

江涛著《公文难案艺术》由广西桂林真是书店刊行。

吴世湘讲述《文书处理》由财政部财务人员训练所盐务人员训练班刊行。

顾震白编著《文书处理法》由广西桂林耕耘出版社刊行。

张余三编《汉川县政概况》由汉川县政府刊行。

吴江特别区公署编《吴江清乡》由吴江编者刊行，有杨彦斌弁言。

蒋经国著《西北—赣南》由江西赣县中华正气出版社刊行。

李谦编《回部公牍》由回部全权代表办公处刊行。

宣永光著《吏治管见》由北京东亚印书局刊行。

湖北省政府编《中外人事行政制度表解》由编著刊行。

陆冠莹编著《广东干部训练之回顾与前瞻》由广东省地方行政干部训练委员会刊行。

新运总会陪都新运模范区编《新运总会陪都新运模范区周年纪念特刊》由重庆编者刊行。

按：是书收孔祥熙、于右任、陈立夫、白崇禧等人的题词、照片 30 幅，于斌、章楚等纪念文章，重庆新生活运动情况报道等。有黄仁霖序。

陈念中编《地方行政制度》由党政军人事管理人员第二训练班刊行。

陈念中著《地方自治简述》由重庆商务印书馆刊行。

萧文哲著,邵岩元校《县政制度研究》由重庆独立出版社刊行。

薛伯康、竺允迪编著,叶朋竹校《地方自治与自卫》由重庆独立出版社刊行。

周厚强编《地方自治》由湖南长沙湘芬书局刊行,有朱经农、余先兩、秦熏陶序。

陈仪著《心理建设与县政建设》由福建省政府秘书处刊行。

陈再厉编著《中国县制史与新县制》由陕西西安中国文化服务社陕西分刊行。

陈柏心著《中国县制改造》由重庆国民图书出版社刊行。

程慧书著《新县制之理论与实施》由四川成都四达书局刊行。

葛苓编著《怎样做个好保长》由江西赣县新赣南出版社刊行。

广东省政府秘书处编译室编辑《保甲浅说》由广东曲江广东省政府秘书处刊行。

广东省政府秘书处编译室编《干部训练浅说》由广东曲江编者刊行。

广东省政府秘书处编译室编辑《行政三联制浅说》由广东省政府秘书处刊行。

胡昭华著《新县制概论》由重庆商务印书馆刊行。

林雁蜂著《实施新县制之研讨》由复兴印刷所刊行。

金惠著《新中国之县政建设》由福建永安改进出版社刊行。

黄豪著《中国地方行政》由贵州贵阳文通书局刊行。

黄伦编著《地方行政论》由重庆正中书局刊行。

孔大充著《中国地方政制动向论》由江西上饶战地图书出版刊行。

马绍中著《中国地方行政制度》由陕西西安中国文化服务社陕西分社刊行。

张少微著《乡镇社区实地研究法》由贵州贵阳文通书局刊行。

芜湖水灾工赈委员会编《芜湖水灾工赈委员会报告书》由江苏南京编者刊行,有岑德广序、陈君慧序、自序。

张帆主编《闽声通讯社周年纪念特刊》由福建漳州闽声通讯社刊行。

张志智主编,社论委员会编《福建中央日报评论集》由福建中央日报社论编辑委员会刊行。

福建省政府编《福建省紧患救侨委员会会议录》由编者刊行。

西尊著《边疆问题与国防》由曲江广东省地方行政干部训练委员会刊行。

朱家骅讲《边疆问题与边疆工作》由译者刊行。

伍春夫编《民族问题论文集》由北流学社刊行。

监察院编《监察院施政概要》由编者刊行。

军事委员会军令部编《防谍教令》由编者刊行。

陈恭澍著《蓝衣社内幕》由上海国民新闻图书印刷公司刊行。

毛家骐著《党治下的警察》由贵州贵阳交通书局刊行,有自序及附言。

中央组织部编《总裁对于组训工作之指示》由编者刊行。

闻钧天著《警保联系之理论与设施》由重庆商务印书馆刊行。

贵州省地方行政干部训练委员会编《警察实务》由编著刊行。

湖南省警察训练所编《警察教本》(上册)由编著刊行。

李承谟编著《保安警察》由中央训练委员会、内政部审订刊行。

李士珍著《警察行政研究》由重庆商务印书馆刊行,有著者序。

内政部编《普通警察智力测验指导录简篇》由编著刊行。

内政部警察智力测验室编《交通警察智力测验指导录》由重庆内政部刊行。

郑宗楷编著《现代警察之理论与实际》由重庆正中书局刊行。

中央警察学校编著《外事警察》由中央训练委员会刊行。

宪兵学校编《外事警察实务》由编著刊行。

中华警察学术研究社编辑股编《中华警察学术研究社第二届年会特刊》编者刊行。

宪兵学校编《捕绳术》由编著刊行,有申听禅序。

朱家骅著《怎样做妇女运动》由重庆中央组织部刊行。

战时妇女月刊社编辑《"三八"节论文集》由陕西西安战时妇女月刊社刊行。

聂绀弩编《女权论辩》由广西桂林白虹书店刊行,有编者题记。

按:是书内收《谈妇女》(尹及),《谈家庭》(从文),《呜呼》(何家槐),《妇女与家庭》(沙扬),《妇女、家庭、政治》(绀弩),《男女平等论》(葛琴)等14篇。

沙驼编《怎样做个新女性》由四川成都慧协社刊行。

胡振民编著《童子军教育原理》由浙江丽水中国童子军浙江省理事会刊行,有周伯平序。

章辑五、吴耀麟编著《童子军教育原理及方法》由重庆正中书局刊行。

刘澄清著《中国童子军训练法》由重庆商务印书馆刊行。

社会部组织训练司编《农会组织须知》由编者刊行。

夏威著,王世昭编《夏威先生言论集》刊行。

易又玄著《一就是一》由广东曲江胜利出版社刊行。

周子亚编《外交文书与外交礼节》由重庆新评论社刊行。

朱子爽著《中国国民党外交政策》由重庆国民图书出版社刊行。

陈钟浩著《外交行政制度研究》由重庆独立出版刊行。

外交部使领人员研究班编《外交部使领人员研究班第一期训练实纪》由编者刊行。

孔君佳编《世界政治经济年鉴》由江苏南京中央导报社刊行。

万异著《世界政治的出路》由重庆国民图书出版社刊行。

邓传楷编著《现代国际问题》由浙江省地方行政干部训练团刊行。

陆庾编著《现代国际政治拾讲》由河南叶县三一出版社刊行。

史国纲著《最近国际政治之趋势》由重庆商务印书馆刊行。

周西伯编著《重建世界和平》由贵州遵义国际评论社刊行。

徐获权、谭辅之、苏国夫著《反侵略战在世界》由广西桂林国际反侵略运动大会中国分会广西支会刊行。

刘震寰著《反侵略战与国际问题》由云南昆明中苏文化协会昆明分会出版委员会刊行。

蔡振扬、蔡力行著《国际现势》由福建永安总动员出版社刊行。

张公辉著《各国总动员概况》由重庆大东书局刊行。

楼邦彦编著,刘迺诚主编《各国地方政治制度》由重庆正中书局刊行。

周天哲编《国际珍闻录》(第1辑)由陕西西安建国编译社刊行。

刘文雅著《各国青年组训概况》由青年出版社刊行。

陶希圣著《世界新形势与中日问题》由重庆南方印书馆刊行,有著者序。

张友渔著《二十六年的日苏关系》由桂林国光出版社刊行。

张友渔著《日本国力的再估计》由桂林国光出版社刊行。

蔡力行、蔡振扬著《未来的苏日战争》由福建永安自然出版社刊行。

江苏日报资料室编《英美罪恶史》由江苏日报社刊行。

谷啸著《间谍三部曲谍话》由重庆新的书店刊行。

黄先明著《日本间谍在中国》由广西桂林著者刊行,有张明序及著者序。

八路军总政治部敌工部编《日本最近政治形势与太平洋大战》由编者刊行。

蔡振扬著《日本法西斯运动简史》由福建永安自然出版社刊行。

杜宇编著《战时日本》由河南叶县三一出版社刊行,有自序。

李执中著《日本的政略与战略》由重庆拔提书店刊行。

叶提纾编《日本全貌》由梅县文萃月报社刊行。

朱永邦编《如此天皇》由西安建国编译社刊行。

姜季辛编著,陈一中校对《日本地方行政概观》由重庆独立出版社刊行。

孙翔华编辑《太平洋内幕》由文史编刊社刊行。

按:是书介绍泰国、越南、缅甸、香港、马来半岛、澳大利亚、荷属东印度、夏威夷等的政治、经济、军事、文化风俗等情况。

朱家骅著《太平洋战争爆发后的国际形势》由重庆中央组织部刊行。

许维汉著《烽火中的南太平洋》由陕西西安建国编译社刊行。

高时良著《第二次大战中的近东与远东》由福建永安改进出版社刊行。

钟浩著《二次大战与中东形势》由军事委员会政治部刊行。

张忠绂著《演变中的远东国际政治》由贵州贵阳文通书局刊行。

金仲华著《世界战争中的印度》由广西桂林文化供应社刊行。

麦朝枢、黄中廑主编《大时代中的印度》由第四战区编纂委员会刊行。

王绍坊著《印度问题》由重庆国民图书出版社刊行。

张君劢编著《印度复国运动》由重庆商务印书馆刊行。

谢永炎著《战火燃烧的缅甸》由四川成都今日新闻社刊行部刊行。

徐中齐编著《德国刑事警察概论》由重庆正中书局刊行。

朱国桢编《第五纵队内幕》由广西桂林文献出版社刊行。

中川与之助著《德国国社党社会建设之原理》由吉林长春满洲富山房刊行。

按:是书论述德国的新文化,德国的特质,德国的妇女问题、社会政策、企业体制等。有译者序、译文序言及著者序。

李景禧著《法学教程》由四川成都陆军军官学校刊行。

宪兵学校编《法学通论教程》由重庆编者刊行。

董康编著《中国法制史》由江苏南京司法官养成所刊行。

按:是书乃新民学院 1941 年度讲义,由编者讲述。内容包括证据法和清秋审条例两部分,是对中国历代证据的考证和对《清秋审条例》的研究,概括《条例》提要,并加解释。

西康省地方行政干部训练团编《法律要义》由编者刊行。

张榆芳著《读律杂笔再续》由湖北汉口大楚报社刊行。

陈盛清著《法律知识与青年》由重庆中国文化服务社刊行。

蔡枢衡编著《中国法律之批判》由重庆中正书局刊行。

刘静文编著《中国宪政原理》由重庆正中书局刊行。

宪兵学校编《宪法草案教程》由重庆编者刊行。

沈策编著《中国保甲法规新编》由安徽省民政厅刊行。

陕西省政府秘书处法制室编《陕西省现行法规汇编》由陕西西安编者刊行。

王锳编著《军事学》由重庆中央训练委员会刊行。

陆军大学校编《军事哲学》由编者刊行。

施文光著《军事教育学概论》由重庆军学编译社刊行。

按：是书分14章，包括我们应该明了教育的意义、通论军事教育、军人应受生与死的认识的教导、灌输主义和信心的法则、德育之教法、怎样教导礼育、教学的歧误、学科的教法、术科的教法、论入伍生教育、军官学校的素描、专门学校的素描、论部队教育等。

戴坚著《现代军事教育法》由同仇学社刊行。

贾赫编《军人常识》由重庆军学编译社刊行。

吕一舟著《兵经哲学》由军用图书社刊行。

按：是书共3篇8章。第1篇：导言（民生哲学与战争指导）；第2篇：治兵（3章：选将、治心治气与治力、恩威赏罚）；第3篇：用兵（4章：奇正、虚实、功守、知己知彼）。

萧天石著《孙子战争理论之体系》由四川成都大江出版社刊行。

韩一青注释《孙子兵法十三篇》由陕西西安大东书局刊行。

吕兴周注释《孙子十三篇句解》由合润健华供应社刊行。

关靖著《三十一年关靖注孙子兵经》由重庆军用图书社刊行。

军学编译社校《武经注解》（上下册）由重庆军学编译社刊行。

谢声溢、尹孚编《中国历代战史》由湖南长沙刊行。

杨杰讲述《现代战争之特征》由中央陆军军官学校刊行。

杨杰著，三民主义青年团灌县青年夏令营编《从历史和军事观点评论日寇侵华战略》刊行。

杨杰著《大军统帅讲话》由空军参谋学校刊行。

李浴日编著《中山战争论》由湖南韶关世界兵学杂志社刊行。

黄模著《军制学讲义》由江苏南京（伪）中央陆军将校训练团刊行。

童翼、汤庆曾编《军制学讲义》由陆军大学刊行。

萧孝嵘著《军事心理讲演集》由中央军校第七分校刊行。

郑涛编著《兵役实务》由重庆著者刊行。

杨吉午编《新阵中勤务问答》由广西桂林军民书店刊行。

苏焕宗编《输送学讲义》由陆军辎重兵学校刊行。

按：是书共4编：铁路输送、铁道防空、内河船舶输送、汽车输送。附铁路运输计划表等10种。

罗机著《空军军制问题》由编者刊行。

黄清野编《总裁治兵语录》由河南叶县三一出版社刊行。

张治中讲《政治部工作纲领六讲》由军事委员会政治部刊行。

曹敏编著，贺衷寒校《军队党政工作之实际与技术》由重庆江北拔提书店刊行。

申明远著《游击队政治工作概要》由四川成都协美印刷局刊行。

谭家骏著《后勤勤务教程》由重庆宪兵学校刊行。

陆军大学校编《辎重勤务讲义》由陆军大学校刊行。

毛福成讲《辎重兵讲话》由中央训练团刊行。

许冰痕编《兵站勤务教程》由军需学校刊行。

吴保生著《国防论》由重庆陆军经理杂志社刊行。

按:是书分国防建设之必要、国防观念之变迁、国防力之构成要素、国防建设之要点、国防与军备、国军之组织问题等6部分。

刘为章著《现代国防常识》由青年出版社刊行。

按:是书分现代战争的一般特质、构成国防的基本条件、国家总动员、武装战争、经济战争、思想战与宣传战、政治战与外交战、各种战争的协调问题、中国的国防建设等12章。

中央陆军军官学校编《军队教育》由中央陆军军官学校刊行。

罗家一等著《中央陆军军官学校第五分校小组训练》由中央军校第五分校政治部刊行。

教育部民众读物编审委员会编《防空袭》由重庆国民图书社刊行。

何平编《防空防毒常识》由江西省地方行政干部训练委员会刊行。

航空委员会防空总监部民防处编《高小防空读本》由重庆正中书局刊行。

钱卓伦著《陆海空军人事制度述要》由中央训练团党政训练班刊行。

喻兆明著《荣誉军人之职业再造》由军事委员会后方勤务部政治部刊行。

刘运乾编《中国兵役史要》刊行。

王星棋编《兵役浅说》由重庆国民图书出版社刊行。

范佛编《兵役指南》由河南南阳中国幸福出版社刊行。

王德渊著《兵役行政概论》由编纂委员会刊行。

军事委员会颁《战时征补兵员实施方法》由重庆军政部刊行。

军政部兵役署役政司役务科编《役务科主办重要法令》由军政部兵役署刊行。

毛家骐编著《陆海空军审判法刑法惩罚法浅释合刊》由贵州贵阳文通书局刊行。

宁柏青编《军事特别法教程》由中央陆军军官学校刊行。

刘为章著《敌我战略战术之研究》由重庆胜利出版社总社刊行。

居浩然著《新战论》由中心图书公司刊行。

李九思著《中国共产党与游击战》由重庆胜利出版社刊行。

奇敌编《中共部队政治工作》由公论出版社刊行。

侯遇吉讲《游击战术讲话》由西康省地方行政干部训练班刊行。

张文才著《应用小部队战术》由重庆军学编译处刊行。

钟哲民编《陆军人事手册》由军政部总务厅刊行。

张卓著《步兵讲话》由陆军步兵学校刊行。

萧仁源讲《机械化兵讲话》由中央训练团党政训练班刊行。

邹作华讲《炮兵讲话表解》由中央训练团党政训练班刊行。

马崇六讲《工兵讲话》由中央训练团刊行。

何应钦著《五年来之抗战经过》由胜利出版社刊行。

王德昭、石焚编《台儿庄大会战》由河南叶县三一出版社刊行。

军事委员会军令部编《第三次长沙会战之检讨》由编者刊行。

精忠军等编《第三次长沙会战俘获敌第十一军及四十师团作战情报及其他》由编者刊行。

精忠军编《第三次长沙会战俘获敌第六师团作战命令》由编者刊行。

精忠军编《第三次长沙会战俘获敌第三师团作战命令》由编者刊行。

卢毓骏著《防空建筑学》由防空总监部民防处刊行。

中央陆军军官学校编《交通学教程》由江苏南京武学书局刊行。

中央陆军军官学校编审、委员会编订《障碍物之破坏及通过》由中央陆军军官学校教育处图书馆刊行。

张兴南著《刺枪补助器材说明书》由陆军步兵学校近战训练班刊行。

中央陆军军官学校编审委员会编订《化学兵器》由中央陆军军官学校教育处图书馆刊行。

李登梅、周惠宗编绘《最新精锐军用机图集》由航空委员会军政厅编译处刊行。

唐子长编《现代野战火炮》由上饶战地图书出版社刊行。

杜文芳编,谢仁昌绘图《麦特森轻重二用机关枪兵器学》(卷三)由陆军步兵学校西南分校重机关枪训练班刊行。

杜文芳编《卅节式重机关枪兵器学》(卷二)由陆军步兵学校西南分校重机关枪训练班刊行。

张福安编著《俄式机枪射击学》由航空委员会军政所编译处刊行。

卢友声编著《机关枪教育数字之参考》由陆军步兵学校刊行。

第三十四集团军巡回教育督导团编著《步兵之对空射击》由第三十四集团军总司令部刊行。

黄源衡编《击兵射击教范原理附表详解》由盛记印刷所刊行。

陈飞莫著《细菌战》由重庆商务印书馆刊行。

孟心如编《化学战及其防御与救治》由上海中国科学仪器公司刊行。

孙成城著《留学英美返国后报告书》由军事委员会军训部刊行。

侯筱民编《欧洲战史》由陆军大学校刊行。

尹国祥著《第二次欧战西战场述评》由重庆军学编译社刊行。

宗诚著《世界大战新形势研究》由广西桂林国际问题丛刊社刊行。

按:是书评述太平洋战争爆发后的国际形势、英美初期失利原因、战局发展动向、如何总反攻问题、苏联在欧洲的地位、中国在亚洲的地位、各殖民地国家在战争中的地位等。

中华基督教女青年会全国协会国际教育委员会编《此次世界大战研究大纲》由四川成都编者刊行。

刘独峰著《第二次大战中的世界政治》由福建永安自然出版社刊行。

按:是书评述太平洋战争爆发后的军事形势及对日反攻路线、轴心新攻势与第二战场的开辟、近中东形势及对世界大局的展望等。

易幼涟等著《太平洋之战(第一年)》由广西桂林扫荡报社刊行。

羊枣著《论太平洋大战》由广西桂林远方书店刊行。

吴光杰著《太平洋战争之研究》由重庆商务印书馆刊行。

常燕生等著《太平洋大战与中国》由四川成都西部印务公司刊行。

时与潮社编辑部编《太平洋战争速写》由重庆时与潮社刊行。

周安国主编《太平洋各国实力》由重庆黄埔出版社刊行。

陈孝威讲，国防周报社编《会师东京》由广西桂林国防书店刊行。

陈孝威著，黄兴中编注《会师东京》由广西桂林拔提书店刊行。

陈孝威著《会师东京回忆》由明快斋刊行。

陈孝威著，黄兴中编注《会师东京回忆》由上海天文台出版社刊行。

吴有荣著《日本九六式舰上战斗机之研究》由重庆正中书局刊行。

彭和清编《缅甸大战实录》由桂林青年文化服务所刊行。

第七战区司令长官司令部编纂委员会编《苏德战争以来之纳粹》由广东坪石编者刊行

王沿津编著《经济学原理》由贵阳文通书局刊行。

按：是书分经济学总论、经济史概略、经济制度、经济学基本概念、消费论、生产论、交易论、分配论、公共财政论、经济问题，共 10 编。

彭迪先著《经济常识》由华北书店刊行。

邓克生编著《新经济学讲话》（上下册）由桂林写读出版社刊行。

按：是书分 10 讲：几个基本的认识、资本主义没有出世的时候、从商品讲到货币、关于剩余价值、工资与失业问题、剩余价值的瓜分、再生产与资本积蓄和集中、资本循环与经济恐慌、帝国主义、社会主义的苏联经济。通俗讲解政治经济学基本知识。

归鉴明著《经济地理学》由成都经济评论社刊行。

李显承著《马克思及其地租论》由重庆独立出版社刊行。

赵兰坪、任福履著《资本节制论》由重庆正中书店刊行。

陈立夫讲《总理实业计划要义》由中央训练团党政训练班刊行。

汪洪法、李超桓、刘佐人等著《经济论丛》由广东省地方行政干部训练委员会刊行。

张淳著《统制经济概论》由社会救济院刊行。

毛泽东著《经济问题与财政问题》由陕西延安解放社刊行。

郭庆芳著《统制经济与物价》由长春益智书店刊行。

粟寄沧著《中国战时经济问题研究》由桂林中新印务股份公司出版部刊行。

李宏略著《中国资本问题》由广东曲江民族文化出版社刊行。

党军社编《经济建设》由编者刊行。

翁文灏讲《战时经济建设》由中央训练团党政训练班刊行。

翁文灏讲《最近之经济建设》由中央训练团党政训练班刊行。

钱昌照著《重工业建设之现在及将来》由著者刊行。

全汉升著《唐宋时代扬州经济景况的繁荣与衰落》由著者刊行。

李粹和、程梓彬编《浙西经济调查》由浙西民族文化馆刊行。

程梓彬、马锡恩编著《昌化经济》由浙西民族文化馆刊行。

邱长虹、沈逸民编《于潜经济调查》由浙西民族文化馆刊行。

钱德昇编《贵州经济概观》刊行。

贵州物产陈列馆编《贵州物产名称一览》由编者刊行。

张肖梅编《云南经济》由中国国民经济研究所刊行。

刘涤源编著《战时节约储蓄》由重庆独立出版社刊行。

潘仰之编著《怎样推行乡镇造产》由江西赣县新赣南出版社刊行。

刘文岛著《行业组合论》由重庆正中书局刊行。

秦庆钧编述《会计学精义》由上海世界书局刊行。

杨佑之著《会计学》由兴华印刷所刊行。

王文林、朱承俊编《会计学》由西北青年会计学校刊行。

黄文衮著《会计报告表分析法》由广东曲江中国计政书局刊行。

何士芳编著《会计制度之设计》由上海会计图书账表社刊行。

何士芳编著《初级簿记学》由标准会计图书账表社刊行。

黄文衮著《会计与职业》由广东曲江中国计政书局刊行。

黄文衮著《个人会计》由广东曲江中国计政书局刊行。

黄文衮著《社团会计》由广东曲江中国计政书局刊行。

黄文衮著《成本会计要义》由广东曲江中国计政书局刊行。

黄文衮著《会计与企业管理》由广东曲江中国计政书局刊行。

谢柏坚著《政府审计原理与实务》由桂林建设书店刊行。

陶元琳编著《中国政府审计》由重庆大时代书局刊行。

蒋明祺著《政府审计实务》由重庆立信会计图书用品社刊行。

广东省政府秘书处编译室编《合作事业浅说》由编者刊行。

侯哲莽著《合作理论之体系》由重庆合作与农村出版社刊行。

王作田著《合作论文集》由江西赣县中国工业合作协会赣闽粤区供销业务代营处刊行。

王作田著《生产合作经营论讲义》由江西赣县中国工业合作协会赣闽粤区供销业务代营处刊行。

杨觉天著《农村合作大纲》由重庆中央训练团印刷所刊行。

王一蛟著《农仓经营概要》由桂林国防书店刊行。

卞宗濂著《仓库实务与会计》由上海立信会计图书用品社刊行。

张伟勋编著《仓库之原理及实务》由福建省银行金融研究室刊行。

张则尧著《比较合作社法》由中国合作文化协社刊行。

伊藤信义、于德敏著《合作社簿记解说》刊行。

王武科著《战时合作事业》由重庆正中书局刊行。

钱承绪编著《中国之合作运动》(战前与战后)由上海中国经济研究会刊行。

苍德玉著《农家救贫之道》由农业进步所刊行。

郭大力著《我们的农业生产》由江西赣县中华正气出版社刊行。

福建省农林处统计室编述《福建省各县区农业概况》(上下册)由福建省政府统计处刊行。

许允编《江西之农业》由南昌市政府经济复兴委员会刊行。

农林部垦务总局编《中央垦务法规汇编》由编者刊行。

郭大力著《我们的农村生产》由江西赣县中华正气出版社刊行。

熊伯蘅、万建中编《陕西农业经济调查研究》由国立西北农学院刊行。

陕西省农业改进所编《陕西省之农业建设》由编者刊行。

张丕介等著《甘肃河西荒地区域调查报告》由农林部垦务总局刊行。

甘肃省政府编《甘肃省举办土地陈报纪实》由编刊刊行。

甘肃省政府编《甘肃省之土地行政》由编者刊行。

祝平编《四川省地政概况》由四川省地政局刊行。

朱剑农著《民生主义土地政策》由重庆商务印书馆刊行。

李从心著《平均地权之理论与实施》由重庆国民图书出版社刊行。

地政总局编《地籍整理业务规程》由编者刊行。

湖北省地方行政干部训练团编《实施土地陈报参考资料》由编者刊行。

王光仁、林锡麟编《抗战以来各省地权变动概况》由重庆农产促进委员会刊行。

国民政府主计处统计局编《中国租佃制度之统计分析》由重庆正中书局刊行。

王秉全编《山林名言录》由广东农林出版社刊行。

农林局编《战时宁夏省农林概况》由农林局推广组刊行。

沈鸿烈著《最近之农林建设》由中央训练团党政训练班刊行。

广西省政府建设厅农业管理处编《农林建设》由广西省地方行政干部训练团刊行。

徐青甫著《粮食问题之研究》由浙江印刷厂刊行。

徐堪著《粮食问题》由中央训练团党政训练班刊行。

孙醒东著《中国战时粮食问题及其政策》由三民主义青年团中央团部刊行。

王光仁、林锡麟编《战时各省粮食增产问题》由重庆农产促进委员会刊行。

赵连芳著《抗建下我国稻作建设》由农林部实验所稻作系刊行。

广东省政府秘书处编译室编《粮食问题浅说》由编者刊行。

徐堪著《最近之粮政》由中央训练团党政训练班刊行。

白崇禧著《当前的粮政和役政》由中央训练团党政训练班刊行。

西康省地方行政干部训练团编《粮政机构》由编者刊行。

广东省粮政局编《广东粮政概述》由编者刊行。

程炳华编著《各省粮食运销概况》由重庆农产品促进委员会刊行。

顾寿恩著《战时粮价问题》由重庆国民图书出版社刊行。

广东省政府秘书处编译室编《广东粮政》由编者刊行。

安徽省建设厅调查《茯苓与漆》由安徽中原出版社刊行。

钟毓著《西康茶业》由重庆建国书店刊行。

湖南省银行经济研究室编《湖南之茶》由编者刊行。

台湾行政干部训练班编《日本统治下的台湾畜产法规辑要》由编者刊行。

河南农工银行经济调查室编《河南之蚕黄白》由编者刊行。

湖南省银行经济研究室编《湖南白蜡调查》由编者刊行。

湖南省民生物品购销处设计课编《湖南之猪鬃》由编者刊行。

钱承绪编《中国之渔业》由上海中国经济研究会刊行。

苍德玉编《副业大成》由旅顺农业进步社刊行。

于心潭编著《工业会计与管理》由广西桂林立信会计图书用品社刊行。

陈文麟著《棉纺织厂成本会计》由上海立信会计图书用品社刊行。

林继庸著《民营厂矿内迁纪略》由重庆中国工业经济研究会刊行。

曾仰丰著《榷盐回顾录》由著者刊行。

曾仰丰著《治盐浅说》由川康盐务人员训练班刊行。

曾仰丰著《富荣盐产概况》由川康盐务管理局刊行。

福建省政府统计处编《盐业类》由编者刊行。

经济部采金局编《湖南专号》由编者刊行。

江西省民生染厂编《经营国产染料之商榷》由编者刊行。

安徽省建设厅编《明矾》由编者刊行。

钟崇敏、朱寿仁、李权编著《自贡之盐业》由重庆中国农民银行经济研究处刊行。

四川盐业工会筹备委员会编《四川盐工概况》由编者刊行。

王恺编《成都木材业之初步调查》由经济部中央工业试验所刊行。

张人价著《湖南之纸》由湖南省银行经济研究室刊行。

陈光莹编《营缮经理手册》由重庆陆军经理杂志社刊行。

中国西南实业协会编《四川工厂调查录》由编者刊行。

张嘉璈讲《最近之交通》由中央训练团党政训练班刊行。

薛光前编著《交通行政》由重庆中央训练委员会刊行。

中国商船驾驶员总会编《中国航权问题》由编者刊行。

谢海泉著《中国航运建设论》由中国军事交通学会刊行。

周克雄编著《集邮之研究》由上海正英学校刊行。

孙正平编《满洲集邮图谱》刊行。

袁香举著《满邮发行十年史》(上卷)由黑龙江哈尔滨良友邮票社刊行。

张英阁、陈文编著《商业常识》由重庆立信会计图书用品社刊行。

阎文栋编《商业常识》由西北青年会计学校刊行。

周赓镐编《实用契约大全》由重庆拔提书店刊行。

尹汐编辑《商店店员应有知识》由长春文化社刊行。

巫宝三著《战时物价之变动及其对策》由重庆商务印书馆刊行。

张第三著《物价对策浅说》由北京特别市公署社会局刊行。

刘世超编《兰州物价之研究》由西北经济研究所刊行。

成都市银行公库总务科编《成都市商业概览》由编者刊行。

金汉昇著《北宋物价的变动》由编者刊行。

金汉昇著《南宋初年物价的大变动》由编者刊行。

陈寿琦编著《日本贸易》由金华正中书局刊行。

李君达著《中央预算制度》由重庆独立出版社刊行。

朱博能编著《地方财政学》由重庆正中书局刊行。

孔祥熙著《抗战以来的财政》由重庆胜利出版社刊行。

郭垣著《战时整理田赋问题》由重庆国民图书出版社刊行。

朱博能著《中国田赋改造》由江西赣县中华正气出版社刊行。

朱同福著《田赋征实概论》由重庆中央银行经济研究处刊行。

钱承绪编著《中国之田赋制度》由中国经济研究会刊行。

戴日镰著《战时田赋征实与战后粮食问题》由重庆独立出版社刊行。

邱伯琤著《纳税解说》由天津纳税局税课刊行。

童蒙正著《中国营业税之研究》由重庆正中书局刊行。

王光仁、林锡麟编《各省田赋征收实物调查》由重庆农产促进委员会刊行。

陶元琳编著《中国政府会计》由重庆大时代印刷所刊行。

杨绵仲编著《中国之地方财政》由中国财政学会刊行。

孙樾编著《货币银行学》由福建省银行金融研究室刊行。

黄义本著《法币的新敌人》由重庆胜利出版社刊行。

卫聚贤、丁福保编著《古钱》由中央银行刊行。

银行学会编《保管箱问题》由编者刊行。

黄通著《土地金融问题》由重庆商务印书馆刊行。

严家骏著《节约储蓄与生产》由重庆独立出版社刊行。

许晚成编《全国金融市场调查录》由上海龙文书店刊行。

黄卓豪著《战时广东金融问题》由广东省银行经济研究室刊行。

王亚南著《世界战争与世界经济》由广东曲江新建设出版社刊行。

侯哲荞著《世界合作运动诸先驱及其思想》由重庆合作与农村出版社刊行。

按：是书主要概述各主要合作医疗理论家、事业者的生平及思想。

严清萍编著《南洋经济地理》由重庆正中书局刊行。

张友渔著《日本国力的再估计》由桂林远方书店刊行。

第七战区司令长官司令部编纂委员会编《日本战时经济》由广东曲江新建设出版社刊行。

陈寿琦编著《日本贸易》由金华正中书局刊行。

黄卓讲述《苏联国防经济》由国防研究院刊行。

方秋苇著《德国劳动动员》由军政部陆军经理杂志社刊行。

燕义权著《三民主义之文化》由重庆独立出版社刊行，有自序和张铁君序。

按：是书分近代世界文化思潮之趋向、现代中国文化运动之发展、中国之固有文化、西洋之科学文化、三民主义文化之特质、三民主义文化之将来等7章。

苏渊雷著《民族文化建立论》由重庆独立出版社刊行。

杨玉清著《战时文化建设概论》由重庆文信书局刊行。

余天林著《社会文化研究法》由北京大学法学院社会科学季刊出版委员会刊行。

陈安仁著《中国文化演进史观》由贵州贵阳文通书局刊行。

按：是书分中国经济与中国文化、中国民族与中国文化、中国社会与中国文化3章。

中日文化协会武汉分会编《中日文化协会武汉分会周纪念特刊》由编者刊行。

中日文化协会编《中日文化协会两周纪念特刊》由编者刊行。

缪斌著《从西欧文艺复兴运动到东亚文艺复兴运动的历史展开》由北平东亚联盟月刊社刊行。

叶之知著《新闻知识入门》由广西桂林实学书局刊行，有胡仲持的序及自序。

吴宪增著《国民基本新闻学》由北平文兴书局刊行，有凌霄汉阁主的序、张鹤魂序及自序。

中华新闻学院编《中华新闻学院（三十年度年刊）》由编者刊行。

叶明勋著《舆论的形成》由福建永安建国出版社刊行,有林夕谦的序及自序。

中国国民党中央宣传部编《无线电宣传战》由编者刊行。

中国新闻学会编《中国新闻学会年刊》由编者刊行。

白陈群讲稿《新闻与速记》由个人刊行。

戴广德编《新闻语汇》由贵州贵阳文通书局刊行,有谢六逸的《新闻学丛书总序》及编者等人的序。

民国日报编《民国日报概况》由天津民国日报刊行。

敬明著《如何创办地方小型报》由四川成都联友出版社刊行。

守攻著《如何读报纸》由华北新华书店刊行。

章丹枫著《近百年来中国报纸之发展及其趋势》由上海开明书店刊行。

王志之著《教育新论》由四川成都大江出版社刊行。

余家菊编著《教育与人生》(教育部训导丛刊)由重庆正中书局刊行。

李建勋、许椿生著《战时与战后教育》(国立西北师范学院师范研究所研究专刊)由陕西城固国立西北师范学院师范研究所刊行。

张安国编著《教育改造的新途径》(教育小丛书)由重庆正中书局刊行。

吴学信编《比较社会教育》(教育丛书)由重庆正中书局刊行,有刘季洪序。

按:是书分10章,介绍日本、苏联、丹麦、德国、意大利、英国、美国、法国、中国的社会教育全貌,并作比较,论述中国社会教育的改进问题。

马宗荣著《中国古代教育史》(大学丛书)由贵州贵阳文通书局刊行。

按:是书分3章,介绍上古的教育及其思想、周代教育、周代的教育思想。其中包括孔子、孟子、荀子、老子、庄子、韩非子等人的思想及教育学说。

杜明通著《学记考释》由国立四川大学教育研究会刊行。

按:《学记》是《礼记》中的一篇,是我国最早的教育学专著,也是世界上最早的一篇专门论述教育和教学问题的论著。写作于战国晚期,相传为西汉戴圣编撰。据郭沫若考证,作者为孟子的学生乐正克。《学记》文字言简意赅,喻辞生动,系统而全面地阐明了教育的目的及作用,教育和教学的制度、原则和方法,教师的地位和作用,教育过程中的师生关系以及同学之间的关系。

王学孟著《中山先生的教育哲学》(总理学说研究丛书)由重庆正中书局刊行。

盛克猷著《领袖的救国教育思想及其方法》由重庆独立出版社刊行。

张志智、姚欣宜编著《总裁的教育思想》(党义丛书)由重庆国民图书出版社刊行。

吴曼君著《总裁思想》(第9册教育)由重庆中国文化服务社刊行。

中国教育建设协会编《戴英夫教育论丛》由江苏南京编者刊行。

王天中著《中国共产党的教育与文化》(当代史料)由胜利出版社江西分社刊行,有著者序。

刘季友等编《青木关实验民众教育馆一年来实验事业记》由青木关实验民众教育馆刊行。

教育部社会教育司编《艺术教育重要法令》由编者刊行。

教育部社会教育司编《电化教育重要法令》由编者刊行。

教育部社会教育司编《民众教育馆重要法令》由编者刊行。

教育部社会教育司编《科学教育重要法令》由编者刊行。

中国教育建设协会出版组编《大东亚解放与教育》(教育建设丛书)由江苏南京编者

刊行。

朱炳青、顾宝梓编《大东亚解放设计单元教学纲要》(教育建设丛书)由江苏南京编者刊行。

陈鹤琴著《活教育的教学原则》由广西桂林华华书店刊行。

徐君梅编《复式与二部教学》(国民教育辅导丛书)由福建省政府教育厅编辑委员会刊行。

沈慰霞、章柳泉、刘百川编《教育行政》由四川省政府教育厅刊行,有郭有守序。

吴研因等编《教育行政与视导》(县各级干部人员训练教材)由重庆中央训练委员会、内政部刊行。

贾书法讲《地方教育行政大纲》由湖南省教育厅第六国民教育师资假期训练班刊行。

徐君梅编《学校集会》(上册)(国民教育辅导丛书)由福建省政府教育厅编辑委员会刊行。

陈杰编《招生与留生》(国民教育辅导丛书)由福建省政府教育厅刊行。

蒋遒编《学校事务管理》(国民教育辅导丛书)由福建省政府教育厅刊行。

湖南省地方行政干部训练团编《健康教育大纲》由编者刊行。

梅挺编《教具制造》由永安福建省政府教育厅刊行。

梁士杰编《学校环境布置》(国民教育辅导丛书)由永安福建省政府教育厅编辑委员会刊行。

赖琏讲演《教学与卫道》由陕西西安国立西北大学出版组刊行。

王镜清、钱安毅编著《教育制度与教材》(抗战建国纲领丛书)由重庆独立出版社刊行。

常道直著《教育制度改进论》由重庆正中书局刊行。

浙江省教育厅编《国民教育法规》(第2集)由编者刊行。

龚家骃编《国民教育》由贵州省地方行政干部训练委员会刊行。

沈子善、水心编《国民教育》由重庆独立出版社刊行。

陆传籍著《国民教育行政》由贵州贵阳文通书局刊行。

四川省国民教育指导月刊编辑处编《国民教育之研讨》(四川省政府教育厅参加第二次全国国民教育会议纪念刊)由四川成都四川省政府教育厅刊行。

教育部国民教育司编《国民教育分期推行计划》(国民教育指导月刊特辑之一)由重庆编者刊行。

梁广模编《国民教育应用表册汇编》(国民教育工作人员必备)由广西南宁个人刊行。

中国教育学会编《中国教育学会对于今后三年教育建设之建议》由重庆编者刊行。

教育部编《教育法规》由编者刊行。

教育部编《教育部所属机关学校办理交代施行规则》由编者刊行。

教育部编《教育部学术审议委员会工作概况》由编者刊行。

教育部编《第三届参政会第一次大会教育部工作报告书》由编者刊行。

教育部编《第五届中央执行委员会第十次全体会议教育部工作报告书》由编者刊行。

教育部编《教育部三十一年度工作计划》由编者刊行。

教育部编《教育部视导人员手册》(第2辑)由编者刊行。

教育部编《教育视导调查表》由编者刊行。

教育部编《中华民国教育统计》（三十年辑）由编者刊行。

张荫椿编《学校基金筹集》（国民教育辅导丛书）由福州福建省政府教育厅刊行。

张乾昌编《怎样办理教育统计》（教育厅辅导丛书）由广东省教育厅秘书室编辑股刊行。

雷震清编《学校行政应用表格》（江西国民教育丛书）由江西省国民教育师资辅导委员会刊行。

教育部国民教育司编《各省市实施国民教育概况》（国民教育指导月刊）由编者刊行。

教育部国民教育司编《地方自筹国民教育经费参考资料》（国民教育指导月刊特辑）由编者刊行。

陕西省政府教育厅编《陕西省教育概况》由编者刊行。

甘肃省政府教育厅编《三十一年甘肃教育实施报告》由编者刊行。

安徽省教育厅编《安徽省教育统计简报》（中华民国三十一年上半年）由编者刊行。

福建省教育厅编《福建省教育视导概况及其改进计划》由编者刊行。

湖北省政府编《湖北省学生公费制度法令汇编》（第 1 辑）由编者刊行。

湖北省政府编《湖北省学生公费制度之实施》由编者刊行。

湖北省地方行政干部训练团编《教育中心工作》（党政课程类）由编者刊行。

陈诚讲《计划教育》（党政课程类）由湖北省地方行政干部训练团刊行。

陈诚著《湖北省计划教育言论选辑》由湖北省政府刊行。

湖北省政府编《湖北省计划教育实施纲要——湖北省中等以上学校学生升学就业实施办法》由编者刊行。

湖南省教育厅编《湖南省教育概况》由编者刊行。

湖南省教育厅编《湖南省三十一年度国民教育实施计划》由编者刊行。

湖南省地方行政干训团编《国民教育经费讲授大纲》由编者刊行。

广东省教育厅编《广东省教育统计表》（中华民国卅一年度第一学期）由广东编者刊行。

四川省政府编《四川省政府三十一年度施政计划》（教育部分）由四川成都编者刊行。

薛鸿志著《四川省各县市国民教育调查及统计》由重庆商务印书馆刊行。

四川省教育厅编《三十一年度各县市办理教育应行注意事项》由编者刊行。

四川省教育厅编《四川省实施国民教育办法要览》（第 4 辑）（四川省教育厅教育丛刊）由编者刊行。

贵州省教育厅编《贵州省教育统计》由编者刊行。

安顺县政府教育科编《安顺教育》由贵州安顺编者刊行。

云南省教育厅编《三十一年云南教育简报》由编者刊行。

洪宝林、吴研因、钱卓升编《幼稚教育大纲》（县各级干部人员训练教材）由重庆中央训练委员会内政部刊行。

女青年会全国协会编《怎样办托儿所》由四川成都编者刊行。

许晚成编《上海暨全国学校调查录》由上海龙文书店刊行。

肖云著《小学教育里几个实际问题》（文化教育丛书）由新华书店刊行。

李相勖编著《德行竞赛》（训导丛刊）由浙江金华正中书局刊行。

吕良著《小学训导》（文化教育丛书）由山西辽县华北书店刊行。

李伯棠编著《怎样办理单级国民学校》由贵州贵阳文通书局刊行，有龚家驷等人序。

李伯棠编《文通初小算术教学法》(第1册)由贵州贵阳文通书局刊行。

李伯棠编《文通初小算术教学法》(第2册)由贵州贵阳文通书局刊行。

秦启文编《文通高小算术教学法》(第1册)由贵州贵阳文通书局刊行。

程文彬编《声音的研究》(小学高年级及初中适用自然教材)由上海世界书局刊行。

沈振家编《新编小学升学指导》由重庆上海书店刊行。

许钟谟、雷狄恒编《小朋友升学指导》由广西桂林大华图书公司刊行。

陆静山编《最新小学升学指导》由广西桂林实学书局刊行。

戴自俺等编著《国民教师手册》由广西桂林华华书店刊行。

四川省政府教育厅编《中心学校、国民学校公民训练实施纲要》(国民教育丛刊)由四川成都编者刊行。

白动生著《乡(镇)中心学校辅导工作实施法》(师范丛书)由重庆正中书局刊行。

张荫椿编《中心学校辅导工作》(国民教育辅导丛书)由福建省政府教育厅刊行。

省立广东大学文学院教育系实习小学校编《省立广东大学文学院教育系实习小学校创校一周年纪念》由编者刊行。

袁公为著《中学公民教育之理论与实施》由贵州贵阳文通书局刊行。

田世英编《中学地理新教法》由重庆商务印书馆刊行。

唐一帆著《劳作教学研究》(师范丛书)由重庆正中书局刊行,有王衍康序。

吴克刚编《投考大学全书》(生物之部)由浙江丽水青年读书生活社刊行。

汪兆如等编,汪人杰主编《初中升学投考常识》由上海沪江图书公司刊行。

余子飏编《最近十届初中会考试题汇解及其分析》由四川成都兼声编译出版社刊行。

余子飏编《最近十届高中会考试题汇解及其分析》由四川成都兼声编译出版社刊行。

教育厅编《中等学校校务处理办法大纲》(民国三十一年二月公布)由编者刊行。

福建省政府教育厅编《福建省中等教育概况及其改进计划》由编者刊行。

檀仁梅编《福建省中等教育师资问题》(协大教育丛刊1)由福建邵武私立福建协和大学教育学系刊行。

湖北省政府教育厅编《湖北省政府教育厅中等教育工作报告》由编者刊行。

王耀成、德修甫著《尚实学校史略》由河北安次尚实学校刊行。

陕西省立蒲城中学编《陕西省立蒲城中学八周年纪念特刊》由陕西蒲城编者刊行。

上海南洋中学壬午级编《南洋中学壬午级毕业刊》由上海编者刊行。

上海徐汇中学编《上海徐汇中学卅一年度学业成绩展览会纪念册》由上海编者刊行。

宋如海编《抗战中的学生》由重庆世界学生会中国分会刊行。

孙起孟著《职业青年的学习与修养》由重庆进修出版教育社刊行。

高许培著《职业教育与艺徒训练》刊行。

朱若溪编《成年失学民众补习教育》(民众教育馆实施小丛书)由重庆正中书局刊行。

潘仰文编著《怎样扫除文盲》(乡镇建设小丛书)由江西赣县中华正气出版社刊行。

顾惕生著《中华篇》由重庆中华国学社刊行。

吴学信著《中国社会教育概述》由重庆国民出版社刊行。

马宗荣、兰淑华著《社会教育入门》由贵州贵阳文通书局刊行。

马宗荣、兰淑华著《社会教育原理与社会教育事业》由贵州贵阳文通书局刊行,有马宗荣序。

天全县地方行政干部训练所编《社会教育国民教育》由四川天全编者刊行。

四川省政府教育厅编《社会教育实施纲要》（国民教育丛刊）由四川编者刊行。

刘德枢编《学校兼办社会教育》（国民教育辅导丛书）由福建省政府教育厅刊行。

徐君藩编《中学如何兼办社会教育》（社会教育小丛书）由福建省政府教育厅刊行。

教育部社会教育司编《社会教育概况》（社会教育行政丛刊）由重庆编者刊行。

王鸿俊著《家庭教育》（社会教育辅导丛书）由重庆正中书局刊行。

邹有华著《家庭教育》（社会教育小丛书）由福建永安刊行。

杨伊良著《学习原理》由著者刊行，有熊恢、杨满聪等人序。

黄海燕编《学习手册》由广西桂林大方书店刊行。

高凤编《青年自学入门》由桂州建文书店刊行。

王季思等著《各科学习法》（新青年丛书）由金华国民出版社刊行。

楚衣著《怎样读书》由四川成都智明书局刊行。

胡适等著《今代名流学者读书经验谈》由力行书店刊行。

杜耀光著《读书合理化的体系》由四川成都中国会计图书公司刊行。

中国文化服务社读书会编《读书指导》（一）（青年文库）由重庆中国文化服务社刊行，有刘百闵序。

赵汝功编著《国民体育常识》（民众体育丛书）由重庆国民体育季刊社刊行。

金兆均著《体育真义之科学的分析》由湖南蓝田国立师范学院体育与健康教育研究所刊行。

冯公智编著《民众体育实施法》（民众教育馆实施小丛书）由重庆正中书局刊行。

李德炎编《各级学校体育建筑设备图说》（体育丛刊）由四川成都四川省政府教育厅刊行。

俞晋祥、葛衢康编著《徒手体操教材教法》（上下册）（体育参考丛书）由重庆教育部国民体育委员会刊行，有金兆均、作者序。

吴澂、王子鹤编订《国民健身操》（民众体育丛书）由重庆教育部国民体育委员会刊行。

冯元桢著，王复旦编辑《滑翔的故事》由重庆中国滑翔出版社刊行。

朱洪元编著《跳伞训练与跳伞塔》由重庆中国滑翔出版社刊行。

朱惠之等著《飞机模型运动专辑》由重庆中国滑翔出版社刊行。

全国基督教青年会军人服务部编《游戏六集》（军人消遣丛书）由编者刊行。

许恪士等讲《世界学生生活讲座》由重庆国民图书出版社刊行。

江良规著《德意志体育概况》由湖南蓝田体育与健康教育研究社刊行。

许世瑛著《段玉裁古十七部谐声表补正》由北平北京大学刊行。

按：此书原是国立北京大学论文集（19 度）中的一篇，后单印成册。对清段玉裁所著《古十七部谐声表》（六书音均表二）的补充与纠正。

齐佩瑢著《中国文字学概要》由北平国立华北编译馆刊行。

按：是书主要讲述文字的起源、演变和构造等。

张世禄编著《中国训诂学概要》由贵州贵阳文通书局刊行。

吕叔湘著《中国文法要略》（上中下卷三册）由重庆商务印书馆刊行。

阮觉君编述《标点符号用法》由湖南安化大中学社刊行。

曾彝进著《数目字音标》（默识斋丛稿 4）由著者刊行。

曾彝进著《喀那注音定式》（默识斋丛稿 5）由著者刊行。

薛典曾编《（新部首）国民字典》由上海大伦书局刊行。

按：本字典采用的检字法是以部首为基础，但打破了传统的部首次序，以起笔类型重新编排，故名"新部首"。

李志遐编著《字别正编》由瓯海图书社刊行。

傅懋勣著《现代汉语动词形容词介词为一类说》由四川成都华西协和大学刊行。

方豪著《拉丁文传入中国考》由贵州遵义浙江大学文学院刊行。

邢庆兰编《远羊寨仲歌记音》（南开大学文科研究所边疆人文研究室语言人类学专刊乙集第 1 种）由云南昆明南开大学刊行。

沈兼士著《祖褐、但马、刭襪》由北平辅仁大学刊行。

杨世才、文德铭编《言子选辑》（第 1 集）（重庆指南编辑社方言丛书第 1 种）由重庆指南编辑社刊行。

丁声树著《论诗经中的"何""曷""胡"》由北平国立中央研究院历史语言研究所刊行。

王英编辑《庄农杂字》由吉林长春大陆书局刊行。

唐幼峰著《重庆方言》由重庆旅行指南社刊行。

朱家骅著，中央组织部边疆语文编译委员会译《新疆壮行词》由译者刊行。

蒋祖怡编著《文章学纂要》（国学汇纂）由重庆正中书局刊行。

按：是书讲述字的形态与意义、字音的变化、复调的组织、调性及其活用、句字的变化、明喻暗喻和寓言、章篇的安排及题目的研究和文章流变等有关古文写作知识。

蒋伯潜编著《文体论纂要》（国学汇纂 2）由重庆正中书局刊行。

张渡著《国文文法》由湖南蓝田书报合作社刊行。

陈子达编《国文法详说》由江苏南京国立编译馆刊行。

洪为法、胡云翼编著《国文学习指导》由广西桂林文友书店刊行。

杨启蕃编著《怎样教国语》由江西省立赣县民众教育馆刊行。

中央政治学校国文教材编纂室编注《大学国文》由重庆正中书局刊行。

赵钧编《（全国国民优级学生）国文文库》（第 2 辑）由奉天盛京书店刊行。

兴蒙委员会内政部编《国民读本》（第 1 册）由编者刊行。

范文澜等编《中级国文选》（1—4 册）由华北新华书店刊行。

张乃璇编，龚家骊主编兼校订《文通高小国语教学法》（第 1 册）由贵州贵阳文通书局刊行。

饮虹编《国语模范读本》由天津成城书店刊行。

张鸿猷编著《酬应文艺指南》由贵州贵阳文通书局刊行。

董坚志编著《（往还实用、最近分类）商工一问三答新尺牍》由奉天东方书店刊行。

董浩编著《（分类详注、课程适用）童子新尺牍》由重庆春明书店刊行。

按：分公文程序、作法、用语、标点与行款、用纸、体例等 8 章。后附公文实例 211 件。再版封面书名前冠"新式标点"。

余达文编《（分类注解）一问四答尺牍》由四川成都中华出版社刊行。

姚乃麟著《交涉新尺牍》由奉天大众书局刊行。

任之编《实用新尺牍》由广东曲江实用出版社刊行。

宪董珊、王羲编《学校应用文》(国民教育辅导丛书第4种)由福建省政府教育厅刊行。

陈抑甫著《应用文讲义》由福州省立福州高级工业职业学校刊行。

王夐编著《新应用文手册》由广西桂林上海杂志公司刊行。

庞翔勋编著《现代应用文作法》(职业教育丛书,中华职业教育社主编)由重庆中正书局刊行。

庞翔勋编著《商业应用文作法》(立信商业丛书)由重庆立信会计图书用品社刊行。

孙汝周编著《小学教师应用文便览》由广西桂林华华书店刊行。

陈蕉影编《酬世文件新编》由吉林长春满洲图书株式会社刊行。

白尘编著《日用酬世大全》由广西桂林天下书店刊行。

查尚纲、崔荣庭、杨旭庭编《公文程式纲要》(中央陆军军官学校政治训练处丛书2)由中央军校刊行。

兵学校编《宪兵公文常识》由宪兵学校刊行。

蕴子选辑《新公文手册》由重庆新生图书文具公司刊行。

天虹编《中学生模范作文》由天明书店刊行。

宋唯心编《(非常时期)中学模范作文》由广西桂林天下书店刊行。

黄晋父编《(修订)初中模范作文》由广西桂林上海文友书店刊行。

文森华著《怎样写文章》由广西桂林生光书店刊行。

孙起孟、顾诗灵、蒋仲仁编著《写作进修读本》(上下册)(进修丛书1)由云南昆明进修出版教育社刊行。

巴雷编著《新编中学模范日记》由上海大方书局刊行。

宋唯心编著《中学模范日记》由广西桂林天下书店刊行。

卢冠六编《(分类指导)模范日记一百篇》由上海仁智书局刊行。

黄萍编著《新编妇女书信》由广西桂林文友书店刊行。

尹汐编《模范书信》由吉林长春文化社刊行。

树人、学文编著《演讲方法》(实用小丛书之一)由广西桂林真实书店刊行。

任毕明著《演讲·雄辩·谈话术》由广西桂林实学书局刊行。

王英著《治家格言》由吉林长春大陆书局刊行。

王英编《(绘图)弟子规》由吉林长春大陆书局刊行。

王英编《(改良绘图)四言杂字》由吉林长春大陆书局刊行。

青海省政府教育厅编《民众识字课本》由西宁春明书店刊行。

庞翔勋编著《中学略读文选》由重庆中华职业学校刊行。

张祖英编著《抗战建国三字经》(国民常识通俗小丛书)由重庆国民图书出版社刊行。

徐迟著《诗歌朗诵手册》桂林集美书店刊行。

史美钧著《鱼跃集》由杭州正中书局刊行。

叶圣陶、胡翰先编《中学精读文选》由广西桂林文化供应社刊行。

叶绍钧、朱自清著《精读指导举隅》由重庆商务印书馆刊行。

吴庆鹏编《高中国文》由贵州贵阳文通书局刊行。

辅仁大学语文学会编《辅仁大学语文学会讲演集》(第3辑)由北平辅仁大学刊行。

杨馁编注《(言文对照详细注释)幼学故事琼林》由辽宁沈阳商务印书馆刊行。

吴仁加编著《现代模范日语》由编者刊行。

易言编著《自学日语会话》(日语自修丛书)由上海启明书局刊行。

刘锡山著《(国语译注)日本口语文法公式》由奉天恒日书店刊行。

丁卓著《(实用双关)日语法》由上海三通书局刊行。

迟镜诚著《学生与日语》(学生文库)由吉林长春艺文书房刊行。

李慰慈编著《法文讲义》(上册)由云南昆明上智学校刊行。

辅仁大学编《辅仁大学新设德国语言文学组说明书》由编者刊行。

佘坤珊编著《英文里的中国字》(语文学丛书)由贵州贵阳文通书局刊行。

赵为楣、郝景盛编著《德文文法》由编著者刊行。

姚慕谭编《英语抗战文选》由江西吉安东南书局刊行。

杨承芳著《怎样学习外国语文》(青年新知识丛刊)由广西桂林文化供应社刊行。

杨承芳著《英文手册》由广西桂林文化供应社刊行。

金澍荣、金赞钧、李庭芗著《初级中学英语课本之分析》(研究专刊第1种第2册)由陕西城固西北师范学院教育研究所刊行。

兼声编译出版社编《英语短篇文范》由四川成都兼声编译出版社刊行。

费培杰著《中上级英语救济法》(语文学丛书)由贵州贵阳文通书局刊行。

胡斗南著《文艺十二讲》由大连关东出版社刊行。

罗荪著《文艺漫笔》由重庆读书出版社刊行。

茅盾著《文艺论文集》由重庆群众出版社刊行。

黄道明著《文学丛话》由北京新进社刊行。

艾芜著《文学手册》(增订本)由广西桂林文化供应社刊行。

王集丛著《怎样建设三民主义文学》由重庆国民图书出版社刊行。

王集丛编《三民主义文学论文选》江西泰和时代思潮社刊行。

艺文社编《艺文集刊》(第1辑)由江西赣县中华正气出版社刊行。

湖北青年文艺写作会编《文艺写作指导纲领》由编者刊行。

郁达夫等著《中国文学论集》由上海一流书店刊行。

胡绍轩著《中国新文学教程》由贵州贵阳文通书局刊行。

李贻燕编著《辛亥以前激动民族精神之革命文艺》由陕西西安中国文化服务社陕西分社刊行。

郑学稼著《由文学革命到革文学的命》由广东曲江胜利出版社广东分社刊行。

何干之著《中国人和中国人的镜子》(鲁迅作品研究集)由广西桂林民范出版社刊行。

孙伏园著《鲁迅先生二三事》由重庆作家书屋刊行。

梅子编《关于鲁迅》由重庆胜利出版社刊行。

郑学稼著《鲁迅正传》由江西泰和胜利出版社江西分社刊行。

欧阳凡海著《鲁迅的书》由广西桂林文献出版社刊行。

茅盾等著，学习出版社编《中国作家与鲁迅》由学习出版社刊行。

王亚平、戈茅著《诗歌新论》由重庆人间出版社刊行。

钟敬文著《诗心》由广西桂林诗创作社刊行。

胡风等著《论诗短札》由广西桂林耕耘出版社刊行。

李辰冬著《红楼梦研究》由重庆正中书局刊行。

按：是书于1944年获第四届教育部学术审议委员会"补助学术研究及奖励著作发明奖"文学类三等奖。

罗常培著《北平俗曲百种摘韵》由重庆国民图书出版社刊行。

姚茫父著《曲海一勺》由贵阳文通书局刊行。

冼群著《戏剧手册》由广西桂林文化供应社刊行。

赵清阁编著《编剧方法论》由重庆独立出版社刊行。

李长之著《批评精神》由重庆南方印书馆刊行。

谢冰莹著《写给青年作家的信》由陕西西安大东书局刊行。

张天翼著《谈人物描写》由重庆作家书屋刊行。

叶以群（原题以群）著《旅程记》由广西桂林集美书店刊行。

梁中铭编绘《正气歌》由福建阵中出版社刊行。

李健吾（原题刘西渭）著《咀华二集》由上海文化生活出版社刊行。

郭沫若等著《孟夏集》由广西桂林华华书店刊行。

张十方著《战时日本文坛》由湖南前进新闻社刊行。

加因著《偷火者的故事》由广西桂林文化供应社刊行。

曹靖华编《剥去的面具》由重庆文林出版社刊行。

曹靖华编《天方夜谭》由重庆文林出版社刊行。

杨耀著《中国明代室内装饰和家具》（国立北京大学论文集）由北平国立北京大学刊行。

储菊人校订《芥子园画谱》（铜板影印）由上海中央书店刊行。

丰子恺作《客窗漫画》由广西桂林今日文艺社刊行，有作者序。

湖北青年美术研究会编《胜利的启示》由编者刊行。

谢趣生作《新新漫画集》由四川成都新新新闻报馆刊行，有槐堂的序。

中德学会编《德国绘画木刻展览会》由编者刊行。

申捷制谱《全部龙凤呈祥》由天津华新书局刊行。

黄尧著《漫画贵阳》（又名《贵州风光》）由贵州贵阳文通书局刊行。

陈可璋作《三民主义故事画册》由广东曲江中心出版社刊行。

特伟画，刘建庵（原题建庵）刻《我控诉》由艺群出版社刊行。

韩尚义著《木艺十讲》由重庆商务印书馆刊行。

余所亚编《木刻新选》由广西桂林白虹书店刊行。

全国基督教青年会军人服务部编《美术字示例》由全国基督教青年会军人服务部刊行。

张谦著《郑海藏先生书法抉微》由天津生流出版社刊行，有金息侯、张君寿、吴杰民等人的序及作者自序。

杨荫浏著《国乐概论》由国立音乐院刊行。

李凌等著《新音乐手册》由桂林立体出版社刊行。

萧而化、丰子恺编著《口琴歌曲集》由四川成都越新书局刊行，有编者序。

曹安和、杨荫浏编《文板十二曲线谱、工尺谱》（琵琶谱）（第1集）由重庆教育部音乐教育委员会刊行。

邹显仁编《京剧胡琴谱》(最新标准版)由天津戏剧研究社刊行。

薛丰编著《音乐丛话》由编者刊行。

文英编《创作新歌选集》由广西桂林立体出版社刊行。

《圣歌摘要》由山东青岛天主堂印书局刊行。

《圣歌粹集》由山东兖州府保禄印书馆刊行,有序。

中央训练团编《中国军歌集》(第1—2集合编)由编者刊行。

亚克编《中国抗战歌选》刊行。

《抗日先锋歌集》第26期由一二九师政治部刊行。

成都音乐馆编《成都音乐馆创立纪念演奏大会》由编者刊行。

军委会政治部编《四五队歌选十一曲》由广西桂林军事委员会政治部演剧宣传四、五队刊行,有田汉的序。

许可经作曲《招魂》(合唱曲集)刊行。

李书文编《平剧歌谱》(第1集)由广西桂林编者刊行,有自序。

李凌、赵沨编《中国名歌集》(第1集)由广西桂林文汇书店刊行。

胡敬熙编著《新型儿童音乐表演》由重庆正中书局刊行。

邹伯宗、李仁荪编《抗建新歌》(第2集)由浙江永嘉增智书局刊行。

沈洪编《新歌选集》由广西桂林艺群出版社刊行。

陈果夫著《儿童卫生歌》由重庆正中书局刊行,有自序。

贾君武等编,胡然等校订《青年之歌》由四川成都远东出版社刊行。

新光音乐研究社编《新歌手册》由编者刊行。

新新出版社编选《名歌选集》由重庆文信书局刊行。

铁铮、素心编《歌林》(2—3集)由福建永安歌林出版社刊行。

张庚著《戏剧艺术引论》由华北书店刊行。

朱双云著《初期职业话剧史料》由重庆独立出版社刊行。

北京国剧学会编《昆曲研究会影展纪念集》(第1期)由北平北京国剧学会刊行。

孙楷第著《近代戏曲原出宋傀儡戏影戏考》刊行。

胡绍轩、张惠良著《现阶段戏剧问题》由重庆独立出版社刊行。

唐绍华编著《战地演剧手册》由重庆中国文化服务社刊行。

郑狄克著《郑狄克踯跶舞专集》(第1集)由上海世界书局刊行。

芜湖养正剧团宣传科编《养正剧团纪念宣传册》(芜湖小地区宣传班)由编者刊行。

刘念渠著《转型期演剧纪程》由重庆商务印书馆刊行。

傅芸子著《释腔调》(明代南戏腔调新考)刊行。

阎哲吾著《剧团管理》由青年出版社刊行,有自序。

范菊高编著《家庭新娱乐》(三百余种游戏)由上海中央书店刊行。

海风出版社编《生死恨词谱》(哀情名剧秘本新编)由四川成都海风出版社刊行。

阎哲吾、张石流著《导演方法论》由重庆独立出版社刊行。

陈沂著《电影教育》由福建省政府教育厅刊行。

古学淇著《电影批评集》刊行。

教育部中华教育电影制片厂编《教育部中华教育电影制片厂概况》由编者刊行。

吴泽编《中国历史研究法》由重庆峨嵋出版社刊行。

林楚著《怎样研究历史》由广西桂林文化供应社刊行。

按:是书分什么是历史、为什么要研究历史、历史科学的经验主义、研究历史的基本方法、怎样阅读历史读物等6节,介绍中国历史研究的方法。

王玉璋著《中国史学史概论》由重庆商务印书馆刊行。

傅吾刚著《历史丛谈》由广西全县甦报社刊行。

范文澜(原题中国历史研究会)编《中国通史简编》(中册)由新华书店刊行。

蓝文征著《中国通史》(第1册)由贵州贵阳文通书局刊行。

张旭光著《中华民族发展史纲》由广西桂林文化供应社、桂林科学书店刊行。

按:是书包括中华民族之起源及其成长、五帝夏商周时代华族之创造与武力、中华民族统一局面之建立与向外发展、隋唐时代中华民族之发展等11章。

岑仲勉著《补唐代翰林两记》由国立中央研究院刊行。

赵尔巽等著《清史稿》(上下册)由联合书店刊行。

曹伯韩著《中国近百年史十讲》由广西桂林华华书店、重庆文化供应社、重庆乐群书店刊行。

按:是书以近百年史中的十大事件为中心,编成10讲,内容为鸦片战争、太平天国、中日甲午之战、戊戌维新、八国联军之役、辛亥革命、五四运动、北伐"九一八"事变、"七七"事变及中日战争。书后附大事年表(1840—1940)。

姚薇元著《鸦片战争史事考》由贵州贵阳文通书局刊行。

按:《鸦片战争史事考》初名《〈道光洋艘征抚记〉考订》,作者运用档案等材料,对魏源《道光洋艘征抚记》一书涉及的史事进行细致考订,赢得了蒋廷黻、郭廷以等人的高度称赞。蒋廷黻称此书提供了关于鸦片战争许多正确的知识,并使人认识到魏源在当时对世界的了解情况;郭廷以不仅称该书"是一部关于鸦片战争的公允的正确的论述之书",而且此书运用档案和外国一流著作来考证近代史史实的方法"真是嘉惠后学不浅";费正清称此书"是一本有详细的注释而且有判断力的书"。(参见王学典《20世纪史学编年(1900—1949)》,商务印书馆2014年版)

贺岳僧著《二十年来的中国》由重庆独立出版社刊行。

马超俊著《中国劳工运动史》(上册)由重庆商务印书馆刊行。

军委会政治部编《抗战五年》由编者刊行。

中国国民党中央执行委员会宣传部编《"七七"纪念总裁文告汇编》由编者刊行。

中国国民党中央执行委员会宣传部编《抗战第五周年纪念册》由重庆编者刊行。

中国国民党中央执行委员会宣传部编《抗战五周年中外纪念文献选辑》由编者刊行。

贺扬灵编述《汪逆"清乡"阴谋之分析》由浙西民族文化馆刊行。

贺扬灵著《反"清乡"的战术》由浙江省政府浙西行署秘书处刊行。

贺扬灵编《三十年之浙西敌情》由浙西民族文化馆刊行。

秉中著《敌伪宣传内幕》由军事委员会政治部刊行。

谢纯正著《敌伪内幕》(一)由福建漳州闽声通讯社刊行。

张其昀著《东北问题》(第1辑)由贵州遵义国立浙江大学史地教育研究室刊行。

李浩非著《东北小史》由重庆中国文化服务社刊行。

荆三林著《西北民族研究》由西京建国编译所刊行。

荆三林、齐树檀编《陕西人文志》由陕西西安建国编译社刊行。

任乃强著《康藏史地大纲》由雅安建康日报社刊行。

吴泽霖等著《贵州苗夷社会研究》由贵州贵阳文通书局刊行。

唐兆民著《傜山散记》由广西桂林文化供应社刊行。

胡耐安著《说傜》刊行。

张景瑞纂《延寿县志》由黑龙江延寿县公署刊行。

张云襄著《萧山事变日记》由著者刊行。

江西省通志馆编《重修省志事类举要》由江西南昌编者刊行。

吴祥麒著《西洋上古史》由北京国立华北编译馆刊行。

胡鲁士、赵光贤编《西洋上古史》（上中册）由北平辅仁大学刊行。

江道源著《十六七世纪西学东渐考略》由山东兖州保禄印书馆刊行。

按：是书内容有：西学的先河圣方济各与安治郎的介绍、振兴教育、泰西医药的输入、活字印刷术的起源、天算地理的影响、应用科学的进步、西洋艺术的发展等。

何达编《亚洲文化论丛》（第1辑）由北平中华法令编印馆刊行。

马义编著《朝鲜义勇队胜利的四年》由国际出版社刊行。

王迅中著《日本历史概说》由重庆正中书局刊行。

凌生著《岛国春秋》由湖北恩施新湖北日报社刊行。

何兹全著《日本维新史》由重庆独立出版社刊行。

李执中著《二十年来的日本》由重庆独立出版社刊行。

边理庭编著《新土耳其建国史》由重庆独立出版社刊行。

王觉源著《二十年来的苏联》由重庆独立出版社刊行。

杨幼炯编著《苏联建国史》由重庆正中书局刊行。

郭良夫著《德意志的统一》由重庆独立出版社刊行。

曹元恺著《二十年来之法国》（一名《法国失败史》）由重庆独立出版社刊行。

王裕凯、朱克文编著《中西教育家》由贵州贵阳文通书局刊行。

按：是书分上下两编。上编介绍周至清末的52位中国教育家。下编介绍古希腊至现代的60位西洋教育家。每位教育家均包括略传和思想及贡献两部分内容。

张其昀著《中华历代大教育家史略》由重庆钟山书局刊行。

张声智、赵家缙选注《名人传记》由广西桂林文化供应社刊行。

按：是书共12篇。介绍卢梭、马克思、恩格斯、列宁、孙中山、牛顿、爱迪生、詹天佑、托尔斯泰、高尔基、鲁迅等人的传记。

中国国民党中央党史史料编纂委员会编著《历代贤豪传记》由中国文化服务社刊行。

按：是书收蒙恬、霍去病、李广、张骞、苏武、赵充国、马援、班超、傅介子、陈汤、邓世昌、聂士成等46位秦至清代名人的传记。

三民主义青年团中央团部编《民族英雄史话》（卷下）由编者刊行。

梁乙真著《民族英雄百人传》由重庆青年出版社刊行。

邹光鲁著《陇右民族英雄传》刊行。

章乃羹著《两浙人英传》由杭州正中书局刊行。

按：是书分6卷，介绍江浙两省在各个领域有贡献的名人，其中有勾践、于谦、沈括、王守仁、王羲之等217位。

国民政府国史馆筹备委员会编《史蠹》由重庆编者刊行。

按：是书收入文章20篇，其中传记10篇，多为近现代人物及辛亥革命烈士的传记。

冯先恕著《疑年录释疑》由北平辅仁大学仁学志社刊行。

尹汐编辑《孔子》由吉林长春文化社刊行。

张匡编《立功异域的张骞和班超》由上海民众书店刊行。

朱泽甫著《苏武牧羊北海》由上海民众书店刊行。

马精武编辑《鞠躬尽瘁的诸葛亮》由上海民众书店刊行。

朱杰勤著《诸葛亮》由空军军官学校刊行。

万言编著《薛涛》由重庆文言出版社刊行。

赵启人编《王安石大政治家》由上海民众书店刊行。

余嘉锡著《王雱不慧有心疾辩》由北平辅仁大学仁学志社刊行。

褚应瑞著《精忠报国的岳飞》由上海民众书店刊行。

国立浙江大学编《徐霞客先生逝世三百周年纪念刊》由国立浙江大学刊行。

马宗荣著《王阳明及其思想》由贵州贵阳文通书局刊行。

王冥鸿编著《郑成功》由杭州正中书局刊行。

张匡编《史可法为国牺牲》由上海民众书店刊行。

冯励青著《张煌言年谱》由重庆独立出版社刊行。

蒋君章著《明代平倭三杰》由重庆独立出版社刊行。

朱焕星、林君汉著《辛亥莆人革命事略》由福建涵江图书馆刊行。

徐子龄编《革命领袖孙中山》由上海民众书店刊行。

罗香林著《国父家世源流考》由重庆商务印书馆刊行。

蒋作宾著《蒋雨岩先生自传》由著者刊行。

高乃同编著《蔡孑民先生传略》由重庆商务印书馆刊行。

吴鹤九著《黔驴自传》由中国文化服务社河南分社刊行。

周梅阁著《陈芷谷先生行述》由编者刊行。

张春霖编《张春霖先生略历著作表》由编者刊行。

马鹤天著《忆先父》由著者刊行。

陶慰孙等编《陶念钧先生传及其他》由编者刊行。

鲁迅等著，王者编《学生时代》由奉天文艺书局刊行。

按：是书收鲁迅的《琐记》、茅盾的《我的中学时代及其后》、胡适的《在上海》、胡愈之的《在绍兴中学堂》、沈从文的《丁玲的中学时代》、谢冰莹的《大学生活的一断片》、丰子恺的《我的苦学经验》等22篇，均系作者回忆学生时代的文章。

鲁迅等著，富容华编《学生时代》由重庆昆仑出版社刊行。

按：是书收录鲁迅、茅盾、郭沫若、夏丏尊、胡适、穆木天、胡愈之、丁玲、赵景深、谢冰莹、沈从文、黄庐隐、叶圣陶、丰子恺、张天翼、巴金、曹聚仁、徐懋庸、胡仲持等23人回忆自己学生时代的文章。

张雪岩、刘龄九编《田家读者自传》由四川成都田家社刊行。

按：是书收录农民、工人、商人及普通劳动者自传、生活述略100余篇。文章为《田家半月报》征稿所得，可了解各地民众生活实况，发现社会问题，供社会学、社会的理学及史学等专家研究参考之用。书前有顾颉刚、杨开道、李安宅及张雪岩的序。

马琼莲主编《霓裳艳影集》由上海家庭书社刊行。

江上鸥编著《影剧人百态》由成都联友出版社刊行。

姜建邦编著《为义受逼迫的人》由上海灵粮刊社刊行。

按：是书收入基督信徒为了忠于自己的信仰不惜以身殉道的故事。

理真编《虚云禅师事略》由上海大雄书局刊行。

宋成志、章乃焕编《世界名人生活故事及其他》由中国新文艺社刊行。

陆曼炎著《中外女杰传》由重庆拔提书店刊行。

按：是书收贞德、南丁格尔、居里夫人、秦良玉、宋庆龄等人略传。

吴明编著《国际风云人物》由广西桂林立体出版社刊行。

按：是书收录第二次世界大战期间外国政治、军事、经济三方面的名人小传43篇。

赵如珩著《吉田松阴略传》由南京中国知行学社刊行。

伍熊著《南洋》由广西桂林文化供应社刊行。

吴金鼎、曾昭抡、王介忱著《云南苍洱境考古报告》由四川南溪国立中央博物院筹备处刊行。

朱泽甫编《中国历史故事万里长城》由上海民众书店刊行。

张鹤魂编《石门新指南》由石门新报社刊行。

余之介编辑《黑龙江》由江西世界书局刊行。

颜公权编《牡丹江风土志》由辽宁沈阳启文印书局刊行。

王志文编《甘肃省西南部边区考察记》由兰州甘肃省银行经济研究室刊行。

卢冠六编辑《粤江》由上海民众书店刊行。

顾震白编《桂林导游》由广西桂林大众出版社刊行。

何玉昆主编《陪都鸟瞰》刊行。

任美锷著《太平洋国际地理》由贵州遵义国立浙江大学史地教育研究室刊行。

颜悉达、王先嘉编著《怎样到缅甸去》由重庆文洁书局刊行。

谢仁钊著《缅甸纪行》由重庆独立出版社刊行。

国立华北编译馆编《荷属东印度》由北平译者刊行。

周安国、匡一智编《印度与缅甸》由重庆黄埔出版社刊行。

刘一编著《印度论》由河南叶县三一出版社刊行。

西门宗华著，中苏之化协会编辑《苏联》由重庆商务印书馆刊行。

苏商时代杂志社编《苏联概况》由苏商时代杂志社刊行。

安炳武编著《澳洲断面》由江西上饶战地图书出版社刊行。

国学书院第一院编纂组编《国学丛刊》（第6册）由编者刊行。

国学书院第一院编纂组编《国学丛刊(第7册)》由编者刊行。

国学书院第一院编纂组编《国学丛刊》（第8册）由编者刊行。

国学书院第一院编纂组主编《国学丛刊》（第9册）由编者刊行。

国学书院第一院编纂组主编《国学丛刊》（第10册）由编者刊行。

国学书院第一院编纂组主编《国学丛刊》（第11册）由编者刊行。

北平师范大学学刊审查文员会著《师大学刊》（第1集）由北平编者刊行。

四川省政府教育厅主编《学术讲演集》（第5辑）由编者刊行。

四川省政府教育厅主编《学术讲演集》（第6辑）由编者刊行。

四川省政府教育厅主编《学术讲演集》(第7辑)由编者刊行。

四川省政府教育厅主编《学术讲演集》(第8辑)由编者刊行。

四川省政府教育厅主编《学术讲演集》(第9辑)由编者刊行。

四川省政府教育厅主编《学术讲演集》(第10辑)由编者刊行。

四川省政府教育厅主编《学术讲演集》(第11辑)由编者刊行。

巴志永主编《思泉(新体分类大辞典)》由天津工商学院刊行。

朱自清著《经典常谈》由重庆国民图书出版社刊行。

按:是书以通俗的语言介绍经史子集的各种常识。

五教书局有限公司编《五教书局征股特刊》由编者刊行。

按:五教指佛、道、耶稣、回、儒五种宗教。

费绍宏著《治崇讲演录》由东南书局刊行。

唐文治著《唐蔚芝先生演讲录》(第5—6集)由私立南洋大学出版社刊行。

唐文治著《茹经堂文集》第三编刊行。

西安中国银行编《读书选刊》(第1集上册)由编者刊行。

丁文朴等编著《抗战建国实用百科辞典》增订本由文化供应社刊行。

秦翰才著《档案科学管理法》由广西桂林科学书店刊行。

私立北泉图书馆编《私立北泉图书馆缘起》由编者刊行。

满洲国立奉天图书馆编《增加图书分类目录》(第4号)由编者刊行。

教育部社会教育司编《图书馆重要法令》由编者刊行。

国立华北编译馆馆刊编辑部编《国立华北编译馆馆刊》(一之一)由国立华北编译馆刊行。

国立华北编译馆馆刊编辑部编《国立华北编译馆馆刊》(一之三)由国立华北编译馆刊行。

中央政治委员会秘书厅图书室编《中央政治委员会秘书厅三十年图书目录》由编者刊行。

广西省立桂林图书馆编《广西省立桂林图书馆图书目录》由编者刊行。

中华民国新民会编《杂志目录》由北平编者刊行。

(伪)中央电讯社调查处编《东亚新闻记者大会特辑》由中央电讯社刊行。

(伪)国民政府宣传部中央报业经理处编《新中国新闻论》由编者刊行。

(伪)宣传部直属报社苏州区改进委员会编《苏州区报业调查报告书》由编者刊行。

(伪)教育总署总务局统计科编《华北教育统计》(三十学年度)由编者刊行。

(伪)教育总署总务局统计科编《华北专科以上学校学生生活状况统计》由编者刊行。

(伪)教育总署教育局普通教育科编《华北各省市教会设立中小学校概览》由编者刊行。

(伪)教育总署编《华北各省市中小学校教员俸给概览》由编者刊行

(伪)教育总署教育局普通教育科编《华北各省市区中等学校概览》由编者刊行。

(伪)教育总署编审会编《小学日本语读本教学法》(卷1)由编者刊行。

(伪)北京市教育局编《北京市教育处所一览》由北平编者刊行。

(伪)苏淮特别区情报宣传局编《小朋友》由编者刊行。

［苏］吉夏托夫著，蒋开国译《挪威战役》由河南叶县三一出版社刊行。

［苏］伐加诺夫著，幸之译《世界两大侵略国的粮食问题》由重庆南方印书馆刊行。

［苏］法捷耶夫著，贾明译《写作修养》由重庆国风出版社刊行。

［苏］吉尔波丁著，阳华译《普式金评传》由广西桂林大公书店刊行。

［俄］普式庚著，孟十还等译《铲形的皇后》由广西桂林学艺出版社刊行。

［苏］高尔基著，瞿秋白译《高尔基创作选集》由八路军军政杂志社刊行。

［苏］扎米雅金等著，铁弦译《天蓝色的信封》（苏联爱国战争诗集）由重庆中苏文化协会编译委员会刊行。

［俄］普式庚著，曹辛编《恋歌》由重庆现实出版社刊行。

［苏］莱蒙托夫著，路阳译《姆采里》由星火诗歌社刊行。

［苏］莱蒙托夫著，穆木天等译《恶魔及其他》由重庆文林出版社刊行。

［俄］果戈理著，中华剧艺社文学部译《钦差大臣》由重庆文风书店刊行。

［俄］柴霍夫著，曹靖华译《三姊妹》由重庆文林出版社刊行。

［苏］高尔基著，焦菊隐译《布利乔夫》由广西桂林国光出版社刊行。

［俄］包哥廷著，葛一虹译《带枪的人》由广西桂林华华书店刊行。

［俄］古舍夫著，萧三译《光荣》由重庆中苏文化协会编译委员会刊行。

［俄］巴克梯利夫、拉佐莫夫斯基著，瞿白音译《苏伏罗夫元帅》由广西桂林立体出版社刊行。

［俄］巴根吉列夫、拉佐莫夫斯基著，徐坚译《苏瓦洛夫元帅》由广东坪石第七战区司令长官部编撰委员会刊行。

［俄］巴克特列夫、拉苏莫斯基著，丽尼译《苏瓦洛夫元帅》（国防历史剧）由桂林上海杂志公司刊行。

［俄］左祝梨等著，曹靖华辑译《哑爱》由广西桂林三户图书社刊行。

［俄］P. 西维尔加等著，秦似、庄寿慈译《饥民们的橡树》（苏联短篇小说集）由广西桂林文献出版社刊行。

［苏］高尔基等著，鲁迅译《恶魔》由广西桂林文化合作事务所刊行。

［俄］戈果里等著，鲁迅译《鼻子》由广西桂林文化合作事务所刊行。

［俄］卡达耶夫等著，曹靖华辑译《梦》由重庆中苏文化协会编译委员会刊行。

［俄］莫什梁克等著，礼长林译《哈桑湖畔》由重庆五十年代出版社刊行。

［俄］普式庚著，甦夫译《奥尼金》由广西桂林丝文出版社刊行。

［俄］L・托尔斯泰著，刘盛亚译《幼年》由重庆大时代书局刊行。

［俄］契诃夫著，彭慧译《草原》由广西桂林新光书局刊行。

［苏］高尔基著，巴金译《草原故事》由广西桂林文化生活出版社刊行。

［苏］高尔基著，任钧译《爱的奴隶》由广西桂林上海杂志公司刊行。

［苏］高尔基著，程之译《我的旅伴》由广西桂林育文出版社刊行。

［苏］高尔基著，胡明译《我的大学》由上海培明图书公司刊行。

［苏］高尔基著，胡明译《我的大学》由广西桂林文林书店刊行。

［俄］M. Prisiivin 著，李束丝译《禽兽故事》由上海东方书社刊行。

［俄］富曼诺夫著，郭定一译《夏伯阳》由广西桂林文学出版社刊行。

〔俄〕拉甫烈涅夫著,曹靖华译《平常东西的故事》由广西桂林三户图书社刊行。

〔俄〕果尔巴托夫著,秦似译《三天》由广西桂林白虹书店刊行。

〔俄〕爱伦堡等著,元祐等译《戴花冠的姑娘》由广西桂林远方书店刊行。

〔苏〕苏联国防委员会编,曹汀译《曼纳林防线之摧毁》由八路军军政杂志社刊行。

〔俄〕托尔斯泰等著,杜莎等译《予打击者以打击》由广西桂林远方书店刊行。

〔俄〕爱伦堡著,雪尘、葆荃译《不是战争的战争》由重庆建华图书出版社刊行。

〔俄〕爱伦堡著,戈宝权辑译《六月在顿河》由重庆新华日报图书课刊行。

〔俄〕波里亚珂夫著,金人译《从军日记——在敌人后方》由上海时代杂志社刊行。

〔俄〕罗任弗里德著,吴民译《克拉夫成果将军》由广西桂林远方书店刊行。

〔俄〕巴尔多等著,陈原译《苏联儿童诗集》由广西桂林文化供应社刊行。

〔俄〕左琴科著,曹靖华辑译《列宁故事》由重庆新少年出版社刊行。

〔俄〕伊林、谢加尔著,什之译《人怎样变成巨人》由重庆读书出版社刊行。

〔苏〕吉尔波丁著,阳华译《普式金评传》由广西桂林大公书店刊行。

〔苏〕巴克梯利夫、拉佐莫夫斯基著,瞿白音译《苏伏罗夫元帅》由广西桂林立体出版社刊行。

〔苏〕巴根吉列夫、拉佐莫夫斯基著,徐坚译《苏瓦洛夫元帅》由广东坪石第七战区司令长官部编撰委员会刊行。

〔苏〕外国文书籍出版局编《工人阶级底伟大导师》由外国文书籍出版局刊行。

按:是书主要介绍马克思、恩格斯、列宁和斯大林的生活和活动。

〔英〕亚丹森著,江天骥译《斐希特的生平及其哲学》由独立出版社刊行。

〔英〕林辅华著,沈靖、夏明如译《研经概论》由上海广学会刊行。

〔英〕李思伦白著,周梦贤译述《人类的愿望》由上海广学会刊行。

〔英〕麦墨累著,张仕章译《创造的社会》由上海青年协会书局刊行。

〔英〕顾普兰著,戴尔卿译《英国与印度》由重庆时与潮社刊行。

按:是书著者任牛津大学教授,为研究印度问题的学者。

〔英〕乔治丹巴奢,蒋啸青、宫碧澄译《战时的印度》由陕西西安大东书局刊行。

〔英〕恩索等著,浦乃钧、彭荣仁译《纳粹统治下之德意志》由重庆独立出版社刊行。

〔英〕A. C. 哈第著,李秉钧、郭森麟译《世界的海军》由重庆中国书店刊行。

〔英〕富勒著,军事委员会军训部编译处译《机械化部队战术论》由编译者刊行。

按:是书共分15讲:军队指挥与战争原理,战斗部队、其特性与装备,接战前之战略准备,战斗,情报与搜索,警戒,攻击,防御,夜间行动,在未开发地及半开化地之作战,海上陆上与空中之运动,命令训令报告与通报,连络等。

〔英〕Joanna Baillie 著,柴志明编译《现代军事技术》由科学书店刊行。

〔英〕攸利彼提斯著,陈国桦译《特洛国的妇女》由四川成都华西大学大学院刊行。

〔英〕J. E. Meade 著,殷锡琪译《经济分析与经济政策》由重庆中国农民银行经济研究处刊行。

〔英〕爱因济格著,王藏修译《经济战争》由福建省研究院编译室刊行。

〔英〕罗蘋苏著,杨桂和译,樊弘校《就业引论》由重庆中国农民银行经济研究处刊行。

〔英〕莎士比亚等著,柳无忌译《〔英〕莎士比亚时代抒情诗》由重庆大时代书局刊行。

〔英〕莎士比亚著,曹未风译《第十二夜》由上海世界书局刊行。

〔英〕莎士比亚著,曹未风译《暴风雨》由贵州贵阳文通书局刊行。

〔英〕莎士比亚著,曹未风译《仲夏夜之梦》由贵州贵阳文通书局刊行。

〔英〕莎士比亚著,曹未风译《凡隆娜二绅士》由贵州贵阳文通书局刊行。

〔英〕爱美莱·白朗特著,梁实秋译《咆哮山庄》由重庆商务印书馆刊行。

〔英〕依嘉华雷斯著,秦瘦鸥译《蒙面人》由上海春江书局刊行。

〔英〕巴克斯特著,时与潮社编辑部编译《女罪人》由重庆时与潮社刊行。

〔英〕G·特里斯著,孙琪译《瑟吴德的故事》由重庆国讯书店刊行。

〔英〕亨利·卡特著,赵如琳译《苏俄的新剧场》由重庆商务印书馆刊行,有译者序。

〔美〕本内特著,蔡昭修译述《基督教和我们的时代》由四川成都华英书局刊行。

〔美〕马尔腾著,徐矶等译《怎样使事业成功》由四川成都纵横社刊行。

〔美〕马尔腾著,林建吾译《处世哲学》由重庆新新出版社刊行。

〔美〕韦勃、摩尔根著,菁扬译《事业成功之路》由重庆建国书店刊行。

〔美〕韦勃(原题韦布)、摩尔根著,梁鸿铭编译《处世新法》由重庆建华图书出版社刊行。

〔美〕Gregory Ulastas 著,田浩征译《基督教信仰和民主主义》由上海青年协会书局刊行。

〔美〕莫根著,吴柏怡编译《怎样处理人事》由重庆新潮出版社刊行。

〔美〕普菲诺著,富伯平译《行政学》由成都中国行政问题研究会刊行,有原序和译者序。

〔美〕林普斯、〔英〕福尔斯著,方炎译《现代军略论》由重庆南方印书馆刊行。

〔美〕塞凡斯基著,中央宣传部国际宣传处编译《空军称霸时代》由贵州贵阳文通书局刊行。

〔美〕普楞提斯著,孙宝刚译《化学战术》由重庆商务印书馆刊行。

〔美〕开利著,钱亚新译《图书分类法》由贵州贵阳文通书局刊行,有译序、原序。

〔美〕利赤门德著,谢云编译《演技基本训练》由重庆青年出版社刊行,有阎哲吾的序。

〔美〕饶生史亭等著,田禽译《新演技手册》由重庆上海杂志公司刊行。

〔美〕杜威著,李培囿译《经验与教育》(教育小丛书)由重庆正中书局刊行,有译者序。

〔美〕麦特森、浮士德著,沈慰霞译《儿童保育法》(幼稚教育丛书)由四川成都四川省政府教育厅出版部刊行。

〔美〕德累斯勒、普卢埃特著,王欲为译《乡村学校建筑与设备》由贵州贵阳文通书局刊行。

〔美〕海士、〔美〕嘉士廷著,王欲为、王传君译《乡村小学活动课程实施法》由贵州贵阳文通书局刊行。

〔美〕斯吹尔著,邓竣壁、许绍桂译《普通教学法》(大学丛书)由贵州贵阳文通书局刊行,有原序及译者序。

〔美〕维尔著,朱君允译《怎样教养你的孩子》(幼稚教育丛书)由四川成都四川省成都实验幼稚园刊行,有郭有守和陆秀序。

〔美〕海明威著,冯亦代译《第五纵队》由重庆新生图书文具公司刊行。

〔美〕霍桑著,杨启瑞译《红字》由上海启明书局刊行。

〔美〕勃罗尼维著,施落英译《泰山得宝》由上海启明书局刊行。

[美]赛珍珠著,以正译《滇缅公路的故事》由重庆新评论社刊行。

[美]赛珍珠著,唐纳、安仁译《永生》由上海国华编译社刊行。

[美]斯坦倍克著,秦似译《人鼠之间》由广西桂林远方书店刊行。

[美]Louis Fischer 著,岑玫译《从大战到大战》由上海新生命社刊行。

[德]阿丹逊著,江天骥译《斐希特生平及其哲学》由重庆独立出版社刊行。

[德]费希特(原题斐希特)著,马采译《告德意志国民》由重庆独立出版社刊行。

[德]劳士宁著,韦殖译《希特拉的自供》由国际图书社刊行。

[德]福尔区著,凤林、申浦译《现代战争论》由重庆大时代书局刊行。

按:是书分 4 部分。内有战争:基本概念和定义、昨天的战争、现代战争、军官。

[德]罗登著,邹陆夫译《空战论》由重庆陆大季刊社刊行。

[德]维尔纳著,王一之、吴一凡译《第二次世界大战论》由重庆青年书店刊行。

[德]维尔纳著,林伦彦译《从欧战到世界大战》由广西桂林白虹书店刊行。

[德]可亨豪生著,潘德彪编译《图上战术与兵棋》由军用图书社刊行。

[德]斯波朗格著,王文俊译《文化形态学研究》由重庆独立出版社刊行。

[德]L. Muhlbach 著,杨白平译《歌德与席勒》由成都越新书局刊行。

[德]歌德著,郭沫若译《赫曼与窦绿苔》由重庆文林出版社刊行。

[德]海涅著,李嘉译《梦的画像》由广西桂林新群出版社刊行。

[德]歌德著,刘盛亚译《浮士德》(四幕名剧)由重庆文风书店刊行。

[德]华尔夫著,萧三译《新木马计》(四幕剧)由重庆文林出版社刊行。

[德]沃尔夫著,萧三译《马门教授》(四幕剧)由重庆文林出版社刊行。

[德]歌德著,郭沫若译《少年维特之烦恼》由重庆群益出版社刊行。

[德]露德维·格兰著,艾珑译《纳粹的间谍》由广西桂林远东书店刊行。

[德]维尔丁著,林友兰译《重见天日》由广西桂林明日出版社刊行。

[德]牟尔巴赫著,杨白平译《歌德与席勒》由成都越新书局刊行。

[法]达拉第颁布、卓励之译著,宗明校正《战时行军及输送组织教令》由重庆陆大季刊社刊行。

[法]卢日隆原著,葛世昌编译《卢氏轰炸战术》由空军官校刊行。

[法]福禄特尔著,张若谷译《中国孤儿》由重庆商务印书馆刊行。

[法]巴尔扎克著,穆木天译《巴尔扎克短篇集》由广西桂林三户图书社刊行。

[法]莫泊桑著,谢希平译《柏伦德先生及其他》由湖北汉口武汉文艺协会刊行。

[法]洛蒂著,黎烈文译《冰岛渔夫》由上海文化生活出版社刊行。

[法]洛蒂著,徐霞村译《菊子夫人》由重庆正风出版社刊行。

[法]勒白朗著,林华译《在监狱中》由上海启明书局刊行。

[法]勒白朗著,林华译《亚森罗蘋与福尔摩斯》由上海启明书局刊行。

[法]勒白朗著,姚定安译《移花接木》由上海启明书局刊行。

[法]勒白伦著,林华译《神秘的声音》由上海启明书局刊行。

[法]勒白朗著,无译者《身后事》由上海启明书局刊行。

[法]勒白朗著,吴鹤声译《复活的罗蘋》由上海春明书局刊行。

[法]畸德著,藤光天译《少女的梦》由吉林长春同化印书馆刊行。

［法］莫洛怀著，胡仲持译《文人岛》由广西桂林珠林书店刊行。

［法］莫泊桑著，谢希平译《柏伦德先生及其他》由湖北汉口武汉文艺协会刊行。

［法］圣·狄瑞披里著，陈占元译《夜航》由云南昆明明日社刊行。

［法］安德列·桑宋著，陈占元译《山·水·阳光》由广西桂林明日社刊行

［法］莫罗亚著，汪吉人译《法兰西战线》由上海新生命社刊行。

［法］尤列·罗曼著，刘君石等译《欧洲七雄》由重庆时与潮社刊行。

［日］里见常次郎著，江兆铭译《阳明与禅》由江苏南京中日文化协会出版组刊行。

［日］佐籐庆二著，韩护译《哲学新讲》由大连关东出版社刊行。

［日］武内义雄著，高明译《儒教之精神》由上海太平书局刊行。

［日］增田幸一著，沈光烈译《职业指导概论》由上海世界书局刊行。

［日］池崎忠孝、伊藤正德等著，宋斐如编译《太平洋战略论》由重庆五十年代出版社刊行。

［日］田崎仁义著，周咸堂译《先秦经济史》由重庆商务印书馆刊行。

［日］千田万三编《满洲铁路志》由南满洲铁路株式会社弘报刊行。

［日］织田三郎编《满洲帝国邮票总鉴》由满洲邮票会刊行。

［日］久保勘三郎著，尹健鹏译《交易市场解说》由编者刊行。

［日］中山久四郎著《孔子之教与日本之道》刊行。

［日］长泽干代造编《满洲国弘报关系法规集》由（伪）满洲新闻协会刊行。

［日］吉田隆编著《日华正音字典》由北平中华法令编印馆刊行。

［日］井坂锦江著，孙世瀚译《水浒传新考证》由大连实业印书馆刊行。

［日］青木正儿原著，梁盛志编译《中国文学与日本文学》由北京国立华北编译馆刊行。

［日］铃木虎雄著，殷石臞译《赋史大要》由重庆正中书局刊行

［日］夏目漱石著，李君猛译述《草枕》由吉林长春益智书店刊行。

［日］早川二郎著，谢艾群、杨慕冯译《古代社会史》由上海耕耘出版社刊行。

［日］北条民雄著，许竹园译《癩院受胎及其他五篇》由上海太平书局刊行。

［日］大川周明著，古丁等译《美英侵略东亚史》由吉林长春艺文书房刊行。

［日］古田良一著，章钦亮译《日本通史》由江苏南京国立编译馆刊行。

［日］菊池宽著，邵士荫译《日本史话》由北平春明服务社刊行。

［日］内田繁隆著，郑翰编译《日本政治史》由上海经纶出版社刊行。

［日］田口卯吉著，余又荪译《日本开化小史》由重庆商务印书馆刊行。

［日］森川光郎编《江南史地丛考》（第1辑）由江南史地学会刊行。

［日］武内文彬编《上海日本商工会议所所藏图书分类目录》由日本伤工会议所刊行。

［匈牙利］玛尔讷著，李嘉译《天上人间》由重庆中国书店刊行。

［匈牙利］莫鲁那尔著，尚希文译《吉祥天女》由吉林长春满洲图书株式会社刊行。

［匈牙利］拔拉希著，沙蒙译《莫扎特》由广西桂林集美书店刊行。

［匈牙利］巴基著，巴金译《秋天里的春天》由上海开明书店刊行。

［匈牙利］巴基著，钟宪民译《牺牲者》由重庆正中书局刊行。

［匈］瓦尔加等著，中国农村经济研究会编译《战争与农村》由重庆农学书店刊行。

按：是书又译为《二次大战中的各国农村》，介绍第二次世界大战中，美国、日本、德国、法国、土耳其、

印度、中国、苏联等国农业被破坏的情况,卷首有陈翰笙的序。

[奥]夏绿蒂·布莱著,李芳经译《人生第一》由重庆商务印书馆刊行。

[奥]史盘(原题斯班)著,萧虞廷译述《经济学说之危机》由重庆独立出版社刊行。

[奥地利]士提芬·支维格著,陈占元译《马来亚的狂人》由广西桂林明日社刊行。

[比]迈尔谢著,张怀译《公教生活述要》由山东兖州保禄印书馆刊行。

[波兰]瓦西柳斯卡著,苏桥译《泥淖上的烈焰》由广西桂林建文书店刊行。

[丹麦]安徒生著,黄风译《安徒生童话集》由博文印书馆刊行。

[西班牙]费丁·丁纳生著,张义女译《情魔》由四川成都天府书店刊行。

[埃及]安纳尼、阿屯耶合著,马志程译《回教基础知识》(第1册)由回教文化出版同志会刊行。

[朝]闵石麟、申圭植著《中韩外交史话》由重庆东方出版公司刊行。

戴裴士著,吕朝良重译《耶稣言行三十课》由上海中华浸会书局刊行。

M. Bartholomew 著,M. Adloph 译《小耶稣》由山东保禄印书馆刊行。

R. P. Plus 著,吴应枫译《在基多耶稣》由上海震旦大学刊行。

Germaine Guelin 著,沈汝孝译《你的天上母亲》由上海土山湾印书馆刊行。

Louis Fisher 著,杨君立译《苏联内幕》由上海新生命社刊行。

E. 伦基尔著,王天民译《多瑙河的浪花》由重庆复旦大学文摘出版社刊行。

夏陶朗著,姚景星译《耶稣我们的神师》由上海徐家汇土山湾印书馆刊行。

巴里斯著,周竞中译《伦敦人》由重庆中国书店刊行。

保尔卫栗薰著,徐培仁编译《古城末日记》由上海国际书局刊行。

贾立言著,冯雪冰译《基督教史纲》由上海广学会刊行。

何志奇、贡庭芳编译《俄式无线电通信车说明书》由航空委员会军政厅编译处刊行。

佛格著,彭师勤译《合作经济论》(通论之部)由昆明中国合作事业协会云南省分会刊行。

格林著,中央宣传部国际宣传处编译《英国战时社会政治经济的改革》由贵阳文通书局刊行。

肖忠国、吴文忠编译《体育心理学》(教育丛书)由重庆正中书局刊行,有吴文忠序。

褚民谊编著,许文译著《元音试译》由江苏南京中日文化协会出版组刊行,威克尔著,尹德华译《怎样演讲》由江西赣县中华正气出版社刊行。

高天义一郎著,蒋步南译《续美满的夫妻》由吉林长春艺文书房刊行。

美国读者文摘社著,罗办臣出卖部译《读者文摘》由译者刊行。

盖恩著,时与潮让编辑部译《太平洋争霸战》由重庆时与潮社刊行。

沈振白编译《他们是怎样成功的》由重庆国风出版社刊行。

萧舜华译《自先知传的福音》由天津崇德堂刊行。

平路社编,穆超译《欧美间谍战术史实》由重庆军事编译社刊行。

汪宇平译,邵冲宵校《日本怎样防谍》由重庆时与潮社刊行。

按:是书载于日本《写真周报》,记述各国在日本的间谍组织活动,研讨个人、团体、学校应怎样进行防谍工作。有时与潮编辑部译序。

陈培光等编译《印度内幕》由福建永安改进出版社刊行。

郭秀岩译《太平洋岛的解剖》由吉林长春五星书林刊行。

国民新闻社译述《近东问题》由上海国民新闻图书印刷公司刊行。

黎鸿编译《日本内幕》由文史编刊社刊行。

按：是书介绍第二次世界大战中的日本现状，侧重于国内的困难。包括军事机构，天皇与日本军阀，粮食恐慌的严重性，日本妇女，日本对朝鲜、台湾的压迫等。有卷头语。

中央宣传部国际宣传处编译《希特勒的新秩序》由贵州贵阳文通书局刊行。

国民新闻社编译《今日的苏联》由上海国民新闻图书印刷公司刊行。

国民新闻社译述《战时德意志》由上海国民新闻图书印刷公司刊行。

俞宝书译《德国法西斯制度之研究》由重庆商务印书馆刊行。

国民新闻社译述《战时英帝国》由上海国民新闻图书印刷公司刊行。

国民新闻社译述《第二次世界大战与各国军备》由上海国民新闻图书印刷公司刊行。

魏国斑译，吕文贞校《战车攻击》由重庆陆大季刊社刊行。

贞士编译《美日海军比较》由重庆南方印书馆刊行。

金铁男编译《降落伞部队之研究》由航空委员会防空总监部民防处刊行。

胡明扬编译《诸兵战例》由军用图书社刊行。

汪宝瑄译《法朗特战史纪实》刊行。

邹尚仁编译《轰炸训练仪器学》由航空委员会前训练处编译科刊行。

陶鲁书编译《日本航空学教程》由航空委员会军政厅编译处刊行。

英国二十五科学工作者合著，白明译《战争与科学》由重庆大时代书局刊行。

常彦卿译《军事化学》由八路军军政杂志社刊行。

按：是书共7章：化学袭击的器材、怎样使用化学袭击的器材、防化学（防毒）器材、化学观察与化学侦察、怎样防御空军的化学袭击、怎样克服被毒地段、怎样组织防化学（防毒）。

立法院编译处编译《日本战时食粮政策》由南京编者刊行。

国民新闻社译述《美国的国防工业》由上海国民新闻图书公司刊行。

韦璧译，薛良校阅《西洋音乐史教程》由广西桂林立体出版社刊行。

庄稼编译《（英汉对照 华文详注）怎样写英文日记》由上海启明书局刊行。

张我军编《（对译详注）日本童话集》（上下卷）由北京新民印书馆刊行。

张深切编译《现代日本短篇名作集》由北平新民印书馆刊行。

鲁迅著，王际真英译《（汉英对照）高老夫子》（英汉对照文艺丛书）由广西桂林远方书店刊行。

华北学会译《马来血战记》由北京新民印书馆刊行。

石苇编译《萧伯纳》由吉林长春启智书店刊行。

秋莲等译《追念》由上海中流书店刊行。

徐霞村著《法国文学的故事》由重庆商务印书馆刊行。

张叔夜译《苏联三大诗人代表作》由广西桂林文学编译社刊行。

亚克译《沙逊的大卫》（阿美尼亚民族史诗）由桂林萤社刊行。

曹靖华编译《鲜红的花》（苏联民间故事选集）由中苏文化协会编译委员会刊行。

黄药眠译《西班牙诗歌选译》由广西桂林诗创作社刊行。

西门宗华著《苏联建国史》由重庆商务印书馆刊行。

梁纯夫编译《战时的苏联》由重庆五十年代出版社刊行。

石苇编译《萧伯纳》由吉林长春启智书店刊行。

张叔夜译《苏联三大诗人代表作》由广西桂林文学编译社刊行。

宗陶译《意大利首相墨索里尼自传》由吉林长春广益书店刊行。

国民新闻社译述《烽火中之南洋》由上海国民新闻图书印书公司出版刊行。

吴清友编译《苏联地理》由重庆商务印书馆刊行。

安炳武编译《亚俄烽烟》由上饶战场图书出版社刊行。

余文博译《科学的知己知彼》由重庆国风出版社刊行。

马路加译《基督事迹的旁证》由北平马莲芳刊行。

圣母会会士编译《幸福的阶梯》由北平圣母会公教书籍编辑部刊行。

中央宣传部国际宣传处编译《建设战后新世界》由贵州贵阳文通书局刊行。

中央宣传部国际宣传处编译《进展中的美国扩军计划》由贵州贵阳文通书局刊行。

中央宣传部国际宣传处编译《美国的海军》由贵州贵阳文通书局刊行。

中国国民经济研究所译《战时日本之财阀》由上海译者刊行。

国民新闻社译述《战时日本》由上海国民新闻图书印刷公司刊行。

国民新闻社译述《美国的战时经济》由上海国民新闻图书印刷公司刊行。

中央宣传部国际宣传处编译《日本觊觎中的东亚共荣圈》由重庆正中书局刊行。

中央宣传部国际宣传处编译《苏联之资源及远东国防》由贵阳交通书局刊行。

中央宣传部国际宣传处编译《世界各国的石油资源》由贵州贵阳文通书局刊行。

中央宣传部国际宣传处编译《建设战后新世界》由贵州贵阳文通书局刊行。

胡明扬编译《诸兵战例》由军用图书社刊行。

贺孟斧编译《世界名剧作家及作品》由重庆五十年代出版社刊行。

蒙藏编译室编译《军事委员会政治部"七七"五周年告民众书》由编译者刊行。

国民新闻社译述《风云人物志》(一)由上海国民新闻图书印刷公司刊行。

译丛编译委员会编译《现代日本人物评》由江苏南京中日文化协会出版组刊行。

贺孟斧编译《世界名剧作家及作品》由重庆五十年代出版社刊行。

《要理引伸》(第1册,人生宗向)(1—4题)由安徽芜湖天主堂印书馆刊行。

《要理引伸(第4册,造成天地)(12—43题)》由安徽芜湖天主堂印书馆刊行。

《皇申冢书》由上海崇华堂刊行。

《炼灵圣月》由北平西什库天主堂遣使会刊行。

《圣路善工》刊行。

《圣事宣讲》由北平西什库遣使会印字馆刊行。

《圣体降福经文》刊行。

《天主教的检讨》由北平西什库天主堂遣使会印字馆刊行。

《姓名学》刊行。

五、学者生卒

王伯明(1859—1942)。伯明名照离,字伯明,以字行,陕西扶风人。晚清举人。曾任陕西同州知府、省临时议会议员、第一届国会众议院议员、陕西省政府顾问等职。1912年参与发起创办易俗社,历任社监、社长、名誉社长、编辑等。编有剧本有20余种,本戏有《开国图》《共和纪念》《汨罗江》《自由恨》等;折子戏有《欢迎议员》《长生鉴》《梁上君子》《女桑园寄子》《熊耳山》《新审判》《阿毛传》等;经其改编的传统戏有《杀狗》《观音堂》《重台别》等。

陈诗(1864—1942)。诗字子言,号鹤柴,安徽庐江人。少时曾居广州。后归皖,交同邑吴保初。年三十,事举业未就,乃游南北,寓吴下,1900年后居上海。与范肯堂、陈三立、朱祖谋、吴昌硕讲论诗学,文廷式极赏之。晚年入狄葆贤所办有正书局,从事安徽文献整理。著有《尊瓠室诗话》《尊瓠室诗》2卷等。

钟荣光(1866—1942)。荣光字惺可,广东中山人。1894年中举人,以擅长八股文闻名于时。1896年加入孙中山的秘密革命组织兴中会,创办《博闻报》《可报》等报刊宣传革命,参与反清革命活动。1899年受聘为美国教会学校广州格致书院汉文总教习。后出任岭南学堂教务长、岭南大学董事会主席。1914年入哥伦比亚大学深造。1917年任岭南大学副监督(副校长)。1928年岭南大学收归国人自办,任第一校长。主管岭大期间,创办岭南农科大学、岭南工学院、商学院、孙逸仙医学院。1937年赴庐山参加国是会议。1938年改任岭南大学荣誉校长,任国民参政会参政员。

刘绍宽(1867—1942)。绍宽字次饶,号厚庄,浙江平阳人。早年受学于孙诒让。1898年任平阳龙湖书院山长。1902年秋赴省乡试,回程路过上海,曾在震旦学院拜马相伯为师。1904年8月偕陈振椒赴日考察学务,历时七旬。1905年4月任温州府学堂监督。1912年5月辞职,任平阳县教育会会长,参与平阳共和党组织。1917年9月任浙江省立第十中学校长。又任温州籀园图书馆馆长。1931年着手校刊黄群"敬乡楼丛书"第三辑。1935年4月任永嘉区征辑乡先哲遗著委员会副主任。著有《厚庄文钞》3卷、《厚庄诗钞》2卷,《厚庄续集》文6卷、文外2卷、诗4卷、《东瀛观学记》《平阳县志》《厚庄日记》等。

刘宝全(1869—1942)。宝全原名刘毅民,河北深县人。幼年随父学弹三弦,唱木板大鼓。后到天津,拜盲艺人王庆和为师。后又拜木板大鼓艺人胡金堂为师。1900年到北京献艺,结识京剧演员谭鑫培、孙菊仙等人,得到他们的指教,遂对木板大鼓的演唱加以改进。曾在北京、天津、上海、南京、汉口、济南等地演唱不辍,赢得"鼓界大王"的美誉,从而形成京韵大鼓的主要艺术流派"刘派"。弟子有白凤鸣、谭凤九、章翠凤等。代表曲目有《单刀会》《长坂坡》《战长沙》《白帝城》《赵云截江》《徐母骂曹》《大西厢》《闹江州》等20多个,无一不是精品。

朱汝珍(1870—1942)。汝珍字玉堂,号聘三,又号隘园,广东清远人。1904年末科榜眼,授翰林院编修。抗日战争爆发后,在香港主持清远公会,组织募捐、义演等活动。好诗文,又擅长书法艺术,行书疏淡和平,有晋唐遗风。著有《词林辑略》《词林姓氏韵编》《清远县志》《阳山县志》等。

吴鉴泉(1870—1942)。鉴泉本名乌佳哈拉·爱绅,满族,河北大兴人。自幼喜爱武术,随其父吴全佑习练太极拳。精通太极拳大、小架和各种器械的演练,经过数十年演变、发展,形成独具特色的拳架,为吴式太极拳。1917年应上海精武体育会、上海市政府、国术馆和上海中华公记俱乐部的聘请,来上海教授太极拳。1928年被上海精武会和国术馆聘为教授。1933起创设鉴泉太极拳社,教授生徒,门人遍及海内外。

王治安(1870—1942)。治安,四川眉山人。早年从川剧玉泰班鼓师萧南山习司鼓,后改习小生,晚年改习须生。1913年发起组织川剧班社教育会,任会长。改变、整理传统剧目《三返魂》《花月亭》《御河桥》《双花楼》《孝女坊》《十卉村》《青梅配》《三节犯》等。

陈洵(1871—1942)。洵字述叔,一作术叔,广东新会人。曾游江西、河南十余年,无所遇。归粤,见赏于梁鼎芬。晚年以朱祖谋荐,受聘为中山大学词学教授。著有《海绡词》2卷、《海绡说词》1卷。

赵式铭(1872—1942)。式铭字星海,号弢父,云南剑川人,白族。1907年在丽江主编《丽江白话报》《永昌白话报》并参与创办《云南日报》。1913年参加《云南光复志》的编纂工作。1917年到广东后任交通部综核司长、八省铁道公署秘书。1930年被云南省主席龙云聘为云南省通志馆馆长兼编纂员。著有《白文考》《爨文考》《么些文考》《云南光复志》《滇志贬略》等。

周岸登(1872—1942)。岸登字道援,号癸叔,四川威远人。1892年经乡试中举人,自是历登仕选,蜚声士林。1927年弃官从教,任厦门大学教授,主讲词曲,曾著有《唐五代词》《北宋慢词》讲稿。门人包树荣、韩文潮曾整理其旧作出版,名曰《蜀雅》。1931年秋应安徽大学文学院聘,讲授词曲。1932年秋重庆大学新开文、理学院,任中国文学系主任。1935年重庆大学文学院并入四川大学,遂由渝赴蓉,仍主讲文学系所设词曲课。1942年秋以血溺病逝。

江谦(1876—1942)。谦字易园,号阳复,安徽婺源人。清末候补道出身。1904年任南通师范学堂长、校长。1912年民国成立后任安徽省教育司长。1913年任江苏教育司长。1914年任南京高等师范学校校长。后念佛讲教,隐居上海。著有《说音》《阳复斋诗偈集》等。

王鸿钧(1876—1942)。鸿钧字荫堂,号乐天、老荫,山东历城人。早年当过学徒、文书。民国后,辗转福建、直隶等省督军衙门做幕僚。1930年归寓济南,以鬻书为生。先习北魏碑体,后习王羲之书,中年后专习书谱。善行草,精榜书。

陈独秀(1879—1942)。独秀原名庆同、官名乾生、字仲甫、号实庵,安徽怀宁人。1896年考中秀才。1897年考入杭州求是书院,学习法文和造船。1899年因有反清言论被书院开除。1901年因为进行反清宣传活动,受清政府通缉,从安庆逃亡日本,入东京高等师范学校速成科学习。1903年7月在上海协助章士钊主编《国民日日报》。1904年初在安庆创办《安徽俗话报》,宣传革命思想。1905年组织反清秘密革命组织岳王会,任总会长。1907年入东京正则英语学校,后转入早稻田大学。1909年冬去浙江陆军学堂任教。1911年辛亥革命后不久,任安徽省都督府秘书长。1913年参加讨伐袁世凯的"二次革命",失败后被捕入狱,出狱后于1914年到日本,帮助章士钊创办《甲寅》杂志。1915年创办《青年杂志》,1916年改名《新青年》,倡导新文化运动。1917年受聘为北京大学文科学长。俄国十月革命后,与李大钊等开始研究马克思主义,利用《新青年》杂志开始宣传社会主义。1918年12月与李大钊等创办《每周评论》。以《新青年》《每周评论》和北京大学为主要阵地,积极提倡民主与科学,提倡文学革命,反对封建的旧思想、旧文化、旧礼教,成为新文化运动的倡导者和主要领导人之一。1919年秋前往上海,与李大钊发起成立中国共产党。1920年8月在上海组织中国第一个共产主义小组。1921年任中共中央总书记。1922年7月16日至23日在上海成都路召开中共二大,被选举为中央执行委员会委员长。1927年7月被共产国际剥夺中共党内领导职务。1929年因为在中东路事件中反对当时中共提出的"武装保卫苏联"的口号,被开除党籍。同年12月发表由81人署名的作为中共左翼反对派纲领的《我们的政治意见书》。在上海组成托派小组织无产者社,出版刊物《无产者》。1931年5月出席中国各托派小组织的"统一大会",被推选为中国托派组织的中央书记。1932年10月15日被上海公共租界巡捕房以创办非法政党的罪名逮捕,随后移交南京政府。1933年4月被"以文字为叛国之宣传"判处有期徒刑13年。1937年8月23日提前获释。著有《独秀文存》《实庵自传》。郅玉汝编著有《陈独秀年谱》。

按:在中国近现代历史上,陈独秀至少有六大历史贡献、两大杰出成就,并为我们做出一个杰出的表率。其六大历史贡献是:第一,他是新文化运动的发起者,是20世纪中国第一次思想解放运动的倡导者。他在中国历史上第一个举起了民主、科学两面大旗,对于中国近现代历史的发展产生了巨大的影响,至今还在影响着中国历史的进程。他创办的《新青年》杂志,是中国近现代历史上影响最大的刊物,教育、引导了整整一代人。第二,他是五四运动的总司令,是五四运动思想指导者。五四运动能够在中国近现代历史上发生那么大的影响,与他的活动、指导、影响是分不开的。在高度评价五四运动历史功绩的同时,不能忘记陈独秀在其中的巨大历史功劳。第三,他是马克思主义的积极传播者。他传播马克思主义虽然没有李大钊早,但他创办的《新青年》杂志是当时传播马克思主义的主要阵地,其重要作用是任何别的报刊不能替代的。第四,他是中国共产党最主要的创始人。现在说,陈独秀是中国共产党创始人之一的说法不准确。如果没有陈独秀,就没有中国共产党在1921年的成立。仅仅这一条,他就可以名垂千古,光照千秋。第五,他是中国共产党第一代领导集体的最主要的领导人。现在我们说毛泽东是中国共产党第一代领导集体的核心,这是不科学的,毛泽东只是中华人民共和国建立以后中国共产党第一代领导集体的核心,而不是中国共产党第一代领导集体的核心。以陈独秀为代表的从中共"一大"到"五大"的领导集体,才是中国共产党的第一代领导集体,陈独秀才是中国共产党第一代领导集体的核心。这一代领导集体,对于中国革命的发展做出了重要贡献,例如党的"二大"提出了反帝反封建的民主革命的纲领,党的"四大"提出了民主革命总路线的基本思想,领导了轰轰烈烈的大革命运动;党的队伍也从50多人迅速发展到6万多人,为后来的革命奠定了一个重要的基础,其功劳是不容抹杀的。第六,他是中国近现代历史上第一个深刻总结、反思苏联和社会主义民主政治建设经验教训的人。他晚年的民主思想,可以说是中国近现代历史上对民主政治的最深刻的思索,至今很少有人能够超越,仍闪耀着真理的光辉,仍是我们奋斗的目标。其两大杰出成就是:第一,他是中国近现代历史上杰出的政论家。他的政论文章汪洋恣肆、尖锐犀利。《敬告青年》等很多篇章是中国近现代历史上少有的、杰出的代表作,至今仍给人很多启发。第二,他是中国近现代历史上杰出的大专家、大学者。他晚年进行的文字学研究,是极其重要的学术成果。如果不是后来转向政治斗争,他无疑会成为中国近现代历史上最杰出的大专家、大学者之一。所谓一个表率,是说他一生一心为公,光明磊落,丝毫不搞阴谋诡计,不以权谋私,即使在艰苦困顿的晚年,他不接受敌人的馈赠,表现出一个革命者的刚强骨气和高尚人格。作为一个知识分子,一生毫不妥协,坚决地揭露和批判旧制度、旧思想、旧文化和社会种种弊病,代表了社会良心,为后人做出了杰出的表率。(白云涛编著《中共党史珍闻录》,四川人民出版社2012年版)

按:廖盖隆《陈独秀的评价问题》说:"1945年4月,毛泽东在中共七大预备会议上的讲话中说,陈独秀是五四运动的总司令,就是说,他是五四新文化运动和思想解放运动的领袖;并指出他对于传播马克思主义和创建中国共产党起了和普列汉诺夫在俄国革命中相类似的作用。毛泽东当时还说,将来应当宣传陈独秀的功劳。在这之前的1936年,毛泽东在和斯诺谈话中认为,陈独秀、李大钊是20年代中国知识界的两位最卓越的领导人。毛泽东说,他当时选择了马克思主义是受到了1920年上半年陈独秀同他的一次谈话的深刻影响的。自从毛泽东作了上述讲话以后,时间已经流逝了半个世纪左右,但是他关于要宣传陈独秀功劳的意见,却始终被忽视而没有得到落实。陈独秀这个光彩照人的名字,是同他发起和领导了以民族救亡图存、民主、科学、文学革命和社会主义为旗帜的五四新文化运动和思想解放运动;同他和李大钊一道在中国首先接受和宣传马克思主义,进而创建中国共产党;同他在1921年到1927年作为党的早期领袖在创建共产党时期和在中国新民主主义的第一次大革命的初期和中期的重大贡献分不开的。主要地,正是在陈独秀的卓越领导下,结束了中国80年的旧民主主义革命阶段,而开辟了为向社会主义过渡奠定了基础的30年新民主主义革命阶段。陈独秀的这些巨大的历史功绩,使他成为近现代中国的杰出历史人物,也是世界社会主义运动史上具有重大影响的人物之一。"(王学勤《陈独秀与中国共产党》,东南大学出版社1991年版)

郭葆昌(1879—1942)。葆昌字世五,号觯斋,河北定兴人。曾任袁世凯的陶务总监督,为袁世凯"登基"烧制4万余件"洪宪御瓷",但未用上,"御瓷"风云流散,成为稀世珍宝,是瓷器收藏家们追逐的宝物。在烧制"洪宪御瓷"时,又连带烧制一批自用瓷器,署"觯斋"款,另仿制康、雍、乾三朝"官窑",均为难得精品。曾任故博瓷器鉴定委员。1946年郭氏后人遵从其遗愿,将瓷器全部捐给故宫博物院。著有《觯斋瓷器图谱》。

关炯(1879—1942)。炯字炯之,从字行,湖北荆州人。早年创办湖北普通中学及速成学堂。1903年以同知衔任上海公共租界会审公廨会审官。1907年11月任江苏通州知州。辛亥革命前夕加入同盟会。辛亥革命后再任上海会审公廨审判官。1913年审理"宋教仁案"中,果断判移凶犯,迅速移交罪证,使宋案大白于天下。1925年"五卅惨案"时,顶住压力,与陪审领事反复争辩,批驳工部局巡捕房的指控,释放爱国学生。1929年任江苏印花税局副局长,1931年3月升任局长。1932年5月任湖北省印花烟酒税局局长。晚年笃信佛教,去官后致力于宗教及慈善事业,1933年在大场创办上海佛教慈幼院,自任院长。

李叔同(1880—1942)。叔同谱名文涛,幼名成蹊,学名广侯,字息霜,别号漱筒;出家后法名演音、弘一大师,晚号晚晴老人,祖籍山西洪洞,生于天津。因其生母本为浙江平湖农家女,故后来李叔同奉母南迁上海,遂自称浙江平湖人,以纪念其先母。1901年考入上海南洋公学为特班生,从蔡元培受业,同学有邵力子、谢无量、洪允祥、黄炎培、王莪孙、胡仁源、殷祖伊等。1905年东渡日本留学,先在学校补习日文,同时为留日学生高天梅主编的《醒狮》撰写《图画修得法》和《水彩画法说略》,介绍图书之作用与水彩画之绘法。后又独力创办《音乐小杂志》,在日本出版,寄回国内发行。1906年考入东京上野美术专门学校,与高剑父同学。1910年毕业回国,应天津高等工业学堂校长周啸麟之聘,在该校任图案教员。1912年被上海《太平洋报》聘为编辑,主编副刊画报,同时加入南社,与柳亚子、胡朴安等创立文美会,主编《文美杂志》。在《太平洋报》停刊后,应经亨颐之请,到浙江第一师范学校任图画和音乐教员。1915年应南京高等师范学校校长江谦之聘,兼任图画和音乐教员。1916年在杭州虎跑寺断食。次年以居士在虎跑寺习静听法。1918年7月皈依佛门。1933年在福建福泉开元寺尊胜院研究南山律学,称为南山律学院。1934年在厦门南普陀寺创建佛教养正院,培养初学僧侣。1942年10月13日在福建泉州开元寺圆寂。精通绘画、音乐、戏剧、书法、篆刻和诗词,中兴佛教南山律宗,为著名的佛教僧侣。著有《西洋美术史》《欧洲文学之概观》《石膏模型用法》《护生画集》《寒茄集》《南山律文集》《弘一大师文集》等。

按:周恩来嘱咐曹禺说:"你们将来如要编写《中国话剧史》,不要忘记天津的李叔同,即出家后的弘一法师。他是传播西洋绘画、音乐、戏剧到中国来的先驱。"(李叔同《华枝春满 李叔同精选集》引,崇文书局2013年版)

按:夏丏尊《弘一大师永怀录》说:"综师一生,为翩翩之佳公子,为激昂之志士,为多才之艺人,为严肃之教育者,为戒律精严之头陀,而以倾心西极,吉祥善逝。其行迹如真而幻,不可捉摸,殆所谓游戏人间,为一大事因缘而出世者耶?"(瓦当《慈悲旅人 李叔同传》,中国友谊出版公司2012年版)

王斧(1880—1942)。斧别号斧军,亦号玉父,广东琼山人。早年在香港结交陈少白、孙中山。后加入中国同盟会。在香港创办《民报》《少年报》《人报》等,并任诸报主笔,宣传反清革命。1907年奉孙中山命赴新加坡,任《中兴日报》主笔,同保皇派报纸《南洋总汇报》论战。不久赴暹罗,与胡毅生、何克夫等创办华益学校,并任同盟会暹罗分会主盟人兼《华暹日报》主笔。1911年11月回国。此后曾参加反袁(世凯)斗争,在广东南部数次起兵与龙济光作战。1930年后,任国民党中央史料编纂委员会编纂。

朱少屏(1881—1942)。少屏原名葆康,别号天一、屏子,字少屏,上海人。早年留学日本,参加同盟会。1905年在上海创办健行公学。协助于右任创办《民吁日报》《民立报》,任《大陆报》董事。1912年任南京临时政府总统府秘书。后参与《太平洋报》《中华日报》《申报》《中国评论周报》等报工作。曾组织中华民国全国报馆促进会,出任会长。1916年任寰球中国学生会总干事。1924年后任中华全国道路建设协会和中华麻风救济会董事、《中国评论周报》社总经理、上海通志馆副馆长等职。

胡宗照(1882—1942)。宗照字峰荪,号耐翁,河北冀县人。自幼酷爱书法及绘画。初习颜、柳正楷,后习张裕钊魏碑字体,并得到张裕钊亲传口授。少时以优异成绩名列清末最后一批秀才之榜首,后考入保定优级师范学堂深造,毕业后任冀县县立高、初两级女子小学堂校长兼县立高小国文和书法课。1928年辞去教席,寓居天津东马路华锦城灯扇字画店,以书画为业。先后为津门闹市区的交通旅馆、龙泉池、德奥医院、中兴粮局、寿德大厦、协和医院等商家榜书匾额,为人称善。

吕志伊(1882—1942)。志伊字天民,云南思茅人。1904年留学日本,1905年参加同盟会,被推为同盟会云南主盟人。在日期间,积极从事革命活动,曾在东京创办《云南》杂志和《滇话报》,宣传革命。1908年又发起组织革命团体云南独立会。同年冬至仰光,与居正共同主持《光华日报》《进化报》笔政。1910年到上海,任《民立报》主笔。辛亥革命后曾任南京临时政府司法部次长。1912年3月辞职,任同盟会上海机关部副部长,同时任《民国新闻》社总编辑。1942年病逝。

王蕴章(1884—1942)。蕴章字莼农,号西神,别署西神残客、二泉亭长、洗尘、红鹅生等,江苏无锡人。1902年中举。1910年应收回商务印书馆之聘,赴沪创办《小说月报》,任主编。同年加入南社。1915年又创办《妇女杂志》,兼任主编。后又先后编《新闻报》《明星画报》等,主持正风文学院。著有小说《绿净园》《西神小说集》,剧本《可中亭传奇》《香桃骨传奇》《霜华影传奇》《碧血花传奇》《绿绮台传奇》《铁云山传奇》《玉鱼缘传奇》,小品文《云外朱楼集》等。另有《梅魂菊影室词话》《梁溪词话》《玉台艺乘》《菊影楼话堕》《墨林一枝》《碑林奇字》《临池杂志》《墨庸余沥》等。

陈墨香(1884—1942)。墨香字敬余,号观剧道人,湖北安陆人。自幼受其父陈学棻影响,熟谙京剧,兼通昆曲和梆子。能演青衣、花旦、刀马旦。作为票友,曾与余玉琴、刘春喜等人合作演出。1924年至1935年间,与荀慧生长期合作,为荀氏编写过50余个剧本,也为程砚秋、王玉蓉编写过剧本。总一生改编、创作100多个京剧剧本。曾任中国戏曲音乐院(南京)北平分院研究所研究员、中华戏曲专科学校戏曲改良委员会主任、昆剧研究会顾问等职务。与名旦王瑶卿过从甚密。代表作品有《红楼二尤》《霍小玉》《鱼藻宫》《棒打薄情郎》《杜十娘》等。著有《墨香剧话》《活人大戏》《梨园岁时记》等。

李毅士(1886—1942)。毅士名祖鸿,江苏武进人。1903年与其兄弟二人赴日本留学,兄弟先后考入法律和士官学校。一年后转赴英国。1907年考入英国格拉斯哥美术学院。

1912 年又接受留学生公费进入格拉斯哥大学物理系。1916 秋回国,应蔡元培之邀,去北京大学理工学院任教。1918 年任北京大学画法研究会黑白画导师并参加阿博洛学会。1919年兼任北京高等师范图画手工专修科西画教授和北京美专西画科主任。1924 年应刘海粟邀请,去上海美专任教务长,并任透视学教授。1926 年兼任南京高等师范工艺科技法理论教授。1927 年经蔡元培先生推荐,任南京中央大学教育学院艺术科西画教授、主任。1929年兼任该校工学院建筑学西画教授。抗战爆发后,只身随中央大学艺术系迁居重庆。1942年应白崇禧之邀赴桂林写生。5 月 24 日因躲避敌机轰炸后病情加重,突然病逝桂林。著有《姜丹书稿》。

言菊朋(1890—1942)。菊朋原名锡,字仰山,别号悟陶,北京人,蒙古族。曾在清廷蒙藏院任职。因酷爱京剧,业余参加清音雅集、春阳友会等票房。演老生。早年经常观摩谭鑫培演出,并从陈彦衡学"谭派"戏,又向红豆馆主、钱金福、王长林等请益,唱、做、念、打均有基础。1923 年在梅兰芳、陈彦衡等鼓励下,正式参加戏班。以演《汾河湾》《战太平》《定军山》《桑园寄子》《法场换子》等著名。1925 年与王幼卿组班南下上海,演出《汾河湾》《武家坡》《回龙阁》《琼林宴》等剧。同年又搭双庆社,与尚小云合演《汾河湾》《林四娘》,与王长林合演《琼林宴》等戏。1926 年与王幼卿、孙毓堃合组又兴社;1928 年与徐碧云合组云庆社。二十年代末自己挑班后,又在"谭派"基础上,吸收其他行当和京韵大鼓的唱念方法,自创新腔,世称"言派"。独擅剧目《卧龙吊孝》《让徐州》等均为"谭派"老生所不演,独辟蹊径,深为世人所推重。代表剧目有《让徐州》《卧龙吊孝》《上天台》《白蟒台》《法场换子》《贺后骂殿》《除三害》《宫门带》等剧。长子言少朋,工老生,马连良弟子;次子言小朋,原工武生,后从事电影事业;长女言慧珠,工青衣花衫,梅兰芳弟子;次女言慧兰,亦为演员。

高庆奎(1890—1942)。庆奎名镇山,号子君,北京人,原籍山西榆次。名丑高士杰子。幼坐科庆祥和,从师贾丽川学文武老生,12 岁登台为谭鑫培配演娃娃生。后曾搭杨小朵"翊文社"、刘鸿声"陶永社"、谭鑫培"同庆社"、俞振庭"双庆社"演出。18 岁变声后从李鑫甫练武功学把子。1921 年自组庆兴社,与郝寿臣、沈华轩等演于华乐园,时与余叔岩、马连良被誉为须生"三大贤"。曾潜心钻研"刘(鸿声)派",偶与梅兰芳同演《穆柯寨》带《辕门斩子》而成名。兼演刘鸿声、谭鑫培、孙菊仙等派剧目,以《逍遥津》《斩黄袍》《李陵碑》《胭粉计》等著称。老旦戏《钓金龟》、花脸戏《草桥关》等亦有名。在《戏迷传》中,生旦净丑,孙汪谭刘,无一不唱。以渊博见长,世称"高派"中年嗓败,以授徒为业。曾任中华戏曲专科学校教师。代表剧目有《逍遥津》《斩黄袍》《辕门斩子》《斩马谡》《碰碑》《胭粉计》《赠绨袍》《浔阳楼》《七擒孟获》《信陵君》《史可法》《哭秦廷》《铡判官》《掘地见母》《钓金龟》《独木关》等。

胡藻斌(1897—1942)。藻斌名斌,字显声,号静观楼主,广东顺德人。自幼得伯父胡锦清指授绘画,后随之留学日本,入读京都市立美术工艺学校。在日本期间加入同盟会,参与革命工作。1912 年返国,以画生其生。1914 年与友冯磊楸于广州四牌坊设若愚画学研究社,后更于光塔街设如是美术学校。1926 年受任北伐军总政治部艺术组宣传主任,与梁鼎铭、梁又铭、梁中铭兄弟同主持绘画工作。1928 年出洋考察,先赴日本,随之俄国西伯利亚,迄阿穆尔境而止。1930 年遄归香港。未几又作汗漫游,历南洋、马来西亚、仰光、缅甸、印度,过波斯、土耳其,再入俄境,转德、法、波兰,出海峡赴美,折返巴黎,已而涉南北非洲,从摩洛西哥边地回英伦,所至辄举行画展会。1931 年再至南洋星洲,以教画为事,兼任星洲日报图画编事,为时三载,1934 年回广州。后举家迁沪,与朱凤竹设形象艺术社。联王一亭、张聿光、张小楼等举行中国现代画展,又承王济远、张书旂约赴南京举行个人画展会。先后加入南京中国美术会、上海中国画会为会员。与张福熙等联合为艺风社画展于天津。卢沟桥事起,应屈映光、朱庆澜邀为画展振四川灾。1942年被日寇毒害。

王定元(1899—1942)。定元字宇一,甘肃靖远人。早年在北平中国大学读书,曾积极参加五四运动。1927年毕业后,回甘肃任冯玉祥部第二集团军政治处科长。1928年创办《甘肃民国日报》,任主任编辑。1929年被选为国民党甘肃省党部第二届常务执行委员、组织部长,兼任中山大学教授、甘肃省行政人员训练所教育长、省政府宣传处长。是年秋,《甘肃日报》与《甘肃民国日报》合并,改名为《新陇日报》,仍任主任编辑。1932年回靖远,从事家乡文化教育事业。

何云(1904—1942)。云原名朱士翘,笔名何文、王再然,浙江上虞人。1919年就读于绍兴省立第五师范学校。中途辍学,回乡被聘为《上虞声》三日报"杂缀"栏目编辑。1930年留学日本。1932年任民族解放大同盟宣传部长和《中国论坛》杂志编辑。1933年6月被上海宪兵司令部逮捕,判处无期徒刑。"七七"事变后获释。任南京《金陵日报》编辑。旋调至武汉《新华日报》工作。武汉沦陷后,受命创办《新华日报》(华北版),任社长兼总编辑。1942年5月报社被日寇包围,在突围时不幸中弹牺牲。

姚名达(1905—1942)。名达字达人,号显微,江西兴国人。早年就读于上海南洋公学。1925年考入清华研究院,毕业后任商务印书馆编辑兼特约撰述。1934年执教于复旦、暨南大学。曾在上海开设女子书店,创办《女子月刊》。抗日战争期间任江西中正大学教授,组织师生战地服务团,亲赴前线,在新干县与日寇搏斗中英勇牺牲。是中国抗日战争时期第一个勇赴国难、壮烈殉国的教授。长期从事目录学研究,初步建立近代目录学知识框架和学术体系。著《目录学》《中国目录学史》《中国目录学年谱》等书16部。

按:黎德亮《姚名达研究》说:"上世纪二三十年代,是我国目录学研究的一个兴盛时期,也是目录学研究由传统向现代转型的时期。这时期许多专家纷纷著书立说,既探讨具体工作的方式方法,又注重总结目录学的理论和发展史;既有对西方图书馆学目录学理论和方法的借鉴,又注重对中国目录学传统的挖掘。姚名达就是当时有独特成就的目录学家之一。同时,在国难当头之际,姚名达挺身而出,积极宣传抗日,并亲赴抗日前线做战地服务工作,不幸遭遇敌人围攻。姚名达率领学生奋起搏斗,但终因寡不敌众而壮烈牺牲,年仅三十七岁,成为我国抗战期间亲赴抗日前线而牺牲的唯一教授。姚名达的牺牲,是我国目录学界和史学界的一个重大损失,但他却为中国知识分子树立了一面光辉的旗帜。"(江西师范大学硕士学位论文,2007年)

按:《民国学案》第五卷《姚名达学案》说:"姚名达是我国卓有建树的目录学家。他融汇中外,贯通古今,对我国目录学进行了系统的全面的研究,从而开始扭转了我国封建时代目录学长期停滞不前的局面,开拓了目录学为现代图书馆工作服务的新的道路。他对我国古代目录学和目录学家的研究,取得了很大的成绩。他以为我国目录学有着优良的传统,'辨章学术,考镜源流'是它是精华,重视提要的撰写使目录能充分地发挥作用,这些优点应当继承和发扬。但是,目录学深受封建正统观念的束缚,传统的四分法长期占据统治地位,使图书分类不能适应学术分类的需要,过分注重目录'辨章学术,考镜源流'的作用,忽视了编目法和目录的实用性。他的这些正确观点,为现代目录学发展和研究指明了道路。"

张荫麟(1905—1942)。荫麟号素痴,亦常作笔名,广东东莞人。1922年毕业于广东省立第二中学。次年考入清华学堂中等科三年级肄业。与钱钟书、吴晗、夏鼐并称为"文学院四才子"。并先后在《学衡》《清华学报》《东方杂志》《燕京学报》《文史杂志》《国闻周报》等刊物发表论文和学术短文40多篇,深得当时史学界称赞。1929年以优异成绩毕业于清华大学。是年获公费到美国斯坦福大学攻读西洋哲学史和社会学。留学4年,获哲学博士学位。1934年回国应清华大学之聘,任历史、哲学两系专任讲师,并兼北大历史、哲学课。1935年应教育部之聘,编撰高中历史教材《中国史纲》。1937年南下浙江大学作短期讲学,曾一度到清华、北大、南开合并的长沙临时大学任教。1938年赴昆明,在西南联大任教。1939年初,接重庆军委会政治部邀请为顾问。曾任国防设计委员会研究员、中央研究院社会科学研究所《中国社会经济史集刊》主编。1941年参与发起刊行《思想与时代》月刊,并创立"思想与时代社"。著有《中国史纲》《素痴集》《论历史哲学》《张荫麟文集》等。

李竹如(1905—1942)。竹如字世华,曾用名李一凡,山东利津人。1934年在济南创办《新亚日报》。1936年在上海任《文化报》主编。1937年赴延安。先后任晋冀豫区党委机关报《中国人报》社长、《新华日报》副总编。1940年当选为山东省战时工作推行委员会委员和文教组负责人。后任中共中央山东分局宣传部长兼《大众日报》管理委员会主任。1941年任山东省战时工作推行委员会秘书长。1942年11月2日在鲁中对崮峪反"扫荡"战斗中牺牲。

孙承光(1906—1942)。承光又名厚甫,云南昭通人。早年考入云南东陆大学预科,后入国立成都高等师范学校,转入南京中央大学教育系。1928年毕业后受聘于徐州中学小学部教务主任。1930年到上海中华书局任《中华教育界》杂志主任编辑,1932年告假回云南。先协助省教育厅筹建师范学院,后回昭通中学任教。1935年到湖北省立实验中学当教导主任。1937年去山东生菏泽乡村建设师范学校任教,后从事抗日活动,1941年加入中国共产党。1942年在反扫荡中牺牲。

陆蠡(1908—1942)。蠡原名陆考原,学名陆圣泉,浙江天台人。1926年考入之江大学。1927年转国立劳动大学工学院机械工程系。1928年转学到上海劳动大学机械系。1930年任教于杭州中学。1931年秋与友人吴朗西等南下福建,任泉州平民中学理化教员,课余从事创作和翻译。1932年开始在上海文化生活出版社任编辑,一度曾到福建泉州一私立中学任教。1934年到上海南翔立达学园农村教育科任数理教员。1935年任上海文化生活出版社编辑。1938年应老友朱洗的邀请,到临海琳山农校任教,翌年仍回出版社。1942年死于日寇酷刑之下。著有散文集《海星》《竹刀》《囚绿记》等。翻译作品有俄国屠格涅夫《罗亭》《烟》,法国拉芽登的《寓言诗》、法国拉马丁的《葛莱齐拉》、英国笛福的《鲁滨孙漂流记》及《希腊神话》等。

萧红(1911—1942)。红原名张香环,后改为张乃莹,笔名悄吟,黑龙江呼兰人。1930年离家出走。1931年与萧军结伴流浪。1934年到上海从事文学创作活动。1935年在鲁迅的支持下,发表成名作《生死场》。1936年为摆脱精神上的苦恼东渡日本,并写有散文《孤独的生活》,长篇组诗《砂粒》等。1940年与端木蕻良同抵香港,之后发表中篇小说《马伯乐》和著名长篇小说《呼兰河传》。被誉为"30年代文学洛神"。

蒲风(1911—1942)。风原名黄日华,又名黄飘霞、黄蒲芳,笔名蒲风,广东梅县人。早年曾就读上海中国公学。1927年开始诗歌创作。1930年参加中国左翼作家联盟。1932年与任钧、杨骚等组织中国诗歌会,出版《新诗歌》。1934年去日本,与雷石榆等创办《诗歌生活》。抗战开始后,在广州主编《中国诗坛》,任广州文化界抗协后援会理事。1938年加入中国共产党。1940年到皖南,随新四军转战华东各地。1942年病逝于皖南天长县。著有《现代中国诗坛》《抗战诗歌讲话》《茫茫夜》《生活》《钢铁的歌唱》《黑陋的角落里》《抗战三部曲》

等论著及诗集《可怜虫》《六月流火》等。

王闻识(1911—1942)。闻识原名王文拭,壮族,广西南宁人。1924 年后加入社会主义青年团,投身当地革命斗争。1926 年在南宁第一次被捕。出狱后通过组织到上海,继续从事革命工作。1929 年被当时上海英租界巡捕房以共产党员嫌疑逮捕,在捕房监狱囚禁 3 年余。1932 年下半年经党营救出狱,由共青团员转为中共党员,到杭州《江南日报》任编辑。1934 年第三次被捕,1935 年底出狱,中断了党的组织关系。抗日战争爆发后,在党的浙江文委邵荃麟、葛琴等领导下,与陈叔时、翁泽永等创办《战时生活》旬刊,宣传抗日救亡。1938 年由骆耕漠、邵荃麟介绍重新入党。1937 年冬任浙江省抗日自卫团三支队政训室主任。1938 年底任民族日报社社长兼支部书记。1939 年 1 月 5 日《民族日报》创刊。1940 年9 月因国民党军统和 CC 联合策划向《民族日报》开刀,被迫率领编辑部同志撤离。1941 年"皖南事变"后在金华被逮捕,1942 年 10 月 16 日在狱中病故。新中国成立后,被追认为革命烈士。

陈忠实(—2016)生。

六、学术评述

本年度为抗日战争战略相持阶段后期(1941 年 12 月至 1943 年 12 月)的开端之年,抗战进入最为艰难困苦的时期,但同时也蕴含着新的转机。一方面,日本在中国正面战场与敌后解放区发起了新一轮的疯狂攻击。新年伊始,便是激烈而残酷的第三次长沙会战,日军的作战计划是:"利用地障进行包围""攻击第一""快速进攻",在湘北集中兵力实现纵深突破,提高飞机的轰炸和侦察作用,从右翼进行包围攻击。中国军队第 9 战区指挥官薛岳使用"天炉战法",最终击败日军,提升了中国的抗日热情和必胜决心,鼓舞了全世界的抗战信心,使东、西方国家重新认识了中国战场的重要性。但总体而论,由于日军攻占了缅甸全境,并陈兵滇西,从而切断了对中国抗战具有重大战略意义的西南国际大动脉,完成了对中国的半月形战略包围,形成了对中国战略大后方的直接威胁。另一方面,由于日军在太平洋战场上连遭失败,中国正面战场的战线拉得过长,无论在军事力量还是后勤保障上都出现了严重的不足,于是战略调整为维持中国正面战场而重点在敌后发起猛烈的进攻。与此同时,国际局势明显好转。1 月 1 日,中、美、英、苏等 26 国在华盛顿共同签订《对法西斯轴心国共同行动宣言》(即《联合国宣言》,亦即《二十六国公约》),宣布共同对抗德、意、日法西斯侵略,各国保证不与敌国单独签订停战协定或和约。3 月 31 日,华盛顿成立太平洋作战会议,由中、澳、新、荷、加、英、美 7 国组成,定于 4 月 1 日开首次大会。4 月 1 日,中、美、英、加等国在华盛顿举行太平洋军事会议。8 日,由美机试航开通的驼峰航线,成为中国获得外援的最重要的航线。6 月 2 日,中美在华盛顿签订《中美抵抗侵略互助协定》。7 月 17 日,斯大林格勒会战开始。10 月 2 日,罗斯福的特别代表威尔基由兰州经成都飞抵重庆。6日,威尔基在重庆发表广播演说,谓全力反攻之时机已到临。10 日,美、英两国同时发表声明,废除在华不平等条约。12 月 11 日,蒋介石接斯大林函,谓中苏两国之坚强友谊必在战后奠定两国人民合作之基础,树立世界永久和平。

在文化教育的导向方面,国民党当局兼顾政治与学术需要,依然具有抗日与反共的两面性。1 月 13 日,教育部公布《大学各学院独立学院及专科学校附设中小学或职业学校暂行办法大纲》11条。17日,国民党重庆市党部召集市府、卫戍总队政治部,商讨制定《重庆市战时书刊巡回推销管理办法》和《重庆市战时书刊巡回推销队员登记给证办法》。同月,教育部长陈立夫兼任编制扩大后的编译馆馆长,直属教育部之教科用书编辑委员会并入编译馆。1月26日至2月3日,教育部在重庆召开国民教育、中等教育、社会教育、教育视导会议,着重检讨过去工作情况及商定今后实施计划。2月7日,国家总动员文化界宣传周在重庆举行开幕典礼。同日,中央图书杂志审查委员会第十四次会议通过《图书送审须知》。9日,国民党中央直属市党部授权中国文化服务社,全权办理战时流动书刊、人员的登记管理,宣布过去登记一律作废,今起限一个月内重新登记,另发新证,否则一律取缔。10日,国民政府公布实施《非常时期人民团体组织法》。16日,国民党第五届中央执行委员会第195次常务会议通过《剧本出版及演出审查监督办法》5条。20日,国民党中央宣传部批准施行《修正中央宣传部书刊批销办法》。21日,教育部训令:自本年度起,每年3月29日起举行"推进师范教育运动周"。22日,中国文化研究站书报流通线在成都成立。同月,教育部颁发《各省市筹设国民教育示范区要点》,通令各省选择实施国民教育优良的县区,设置国民教育示范区,推行各种示范研究工作。3月7日,第十五次中央图书杂志审查委员会会议通过《审查处理已出版书刊细则》。16日,国民党第五届中央常务委员会一九七次会议备案《通俗书刊审查标准》和《统一书刊审检办法》。29日,国民政府公布《国家总动员法》32条,目的是保证国民政府在战时集中运用全国的人力、物力,加强国防力量,进行抗日战争。4月2日,国民党《中央宣传部出版事业处、中央文化驿站总管理处协定书刊寄运办法》,经中央秘书处及中央宣传部核准施行。同日,国民党中央图书杂志审查委员会召集会议,商议书刊运递办法。7日,国民党中央宣传部函中央图书杂志审查委员会,严禁生活书店、读书出版社、新知书店的出版物在其他书店出售。16日,教育部学术审议委员会第一届第三次大会对《著作发明及美术奖励规则》作出了修改,对参与申请奖励作品等级的标准形成决议,认为具有独创性或发明性,对于学术确实有特殊贡献的为一等奖,具有相当之独创性或发明,有学术价值但是不及一等的为二等奖;在学术上具有参考价值或裨实用但是不及一等、二等者列三等奖。17日,教育部颁发《各级学校及社会教育机关推进国民精神总动员及新生活运动工作实施纲要》23条。22—25日,中央图书杂志审查委员会在重庆举行会议,决议案共81件。26日,国民政府教育部遵照八中全会决议"积极推行注音识字运动,彻底扫除文盲一案",特分请中宣部、海外部、训练委员会、青年团、中央团部、政治部、蒙藏委员会、侨务委员会各派委员1人至3人组织中央注音识字运动委员会。同月,教育部呈准规定9月9日为体育节,并颁发《体育节举行办法要点》6条。6月1日,国民党中央出版事业管理委员会改组,叶楚伧任主任委员,副主任委员甘乃光、方治,下设编审、指导、稽核、总务等科。8日,国民党第五届中央常务委员会第二〇三次会议通过《中央出版事业管理委员会组织条例》。20日,中央图书杂志审查委员会订定呈奉国民政府行政院核准施行《演出剧本审查办法》。29日,国民政府颁布《妨害国家总动员惩罚暂行条例》15条。7月20日,教育部颁发《大学及独立学院教员人数暂行标准》11条,《专科以上学校普通职员人数暂行标准》6条,及《专科以上学校工警人数暂行标准》4条。8月1日,中央文化运动委员会文化编译社在重庆正式成立,社内设编译、研究两组,请海外归国的文化界人士担任编译及研究专员。22日,教育部订发《全国各级学校学生社会服务年实施办法大纲》13条。27日,教育部公布部聘教授名单,有苏步青、李四光、吴有训、饶毓泰、张景钺、艾伟、胡焕庸、胡元义、杨端

六、孙本文、梁希、茅以升、庄前鼎、余谦六、洪式间、蔡翘、黎锦熙、陈寅恪、萧一山、汤用彤、吴宓等30人。28日,教育部颁发《教育部设置专科以上学校教员奖助金办法》10条。教员奖助金分为甲乙两种,甲种奖励教员的学术研究成果,主要是奖励有价值的研究报告、专科译著、短篇论文的教员。9月27日,中央图书杂志审查委员会主委潘公展,函复重庆市社会局,同意重庆市制定的《管制本市各书店一般图书杂志售价办法草案》7条。10月1日,教育部公布《国立学校教职员战时生活补助办法》24条。2日,教育部召集重庆附近中等以上学校有关人员举行训育工作会议,讨论训育行政、训育标准、导师制度及军训等问题。27日,教育部颁发《各级国民教育研究会组织通则》15条、《国民教育研究会筹组办法》13条。11月6日,教育部训令指定中央大学等21校,自11月20日起加紧实施军事管理,以树各校楷模。12日,教育部成立国立中央民众教育馆,负责辅导各级社会教育工作。17日,教育部颁布《奖励中等学校教员休假进修办法》11条。27日,教育部公布关于已立案侨校及由国内迁设港澳之学校内迁后暂划归当地教育行政机关管理的办法。12月4日,教育部颁发《教育部给予中等学校教员奖助金办法》8条,系为奖励并补助连续服务在3年以上卓有成绩的教员而设。11日,教育部公布《教育部中华教育电影制片厂组织大纲》9条。15日,教育部颁发《各省市国民教育辅导研究办法大纲》19条。16日,教育部在重庆举行边疆教育委员会第三届会议,会议着重讨论设置边政学院及1943年西北地方边疆教育设置等问题。31日,国民党政府明令发表,表彰忠勇抗战殉职将领38人,入祀首郡忠烈祠。是年,国民政府任命一批高等学校校长:赖琏任西北大学校长、吴宝丰任交通大学校长、丁文渊任同济大学校长、黄季陆任四川大学校长、张廷休任贵州大学校长、陈友松任湖北师范学院院长。

就学术版图结构而论,国内依然划分为国统区、解放区与沦陷区三大区域五大板块,加之海外为六大板块,其中重庆、昆明、延安依然构成西南—西北学术纵轴线。

首先是国统区。重庆轴心继续以郭沫若、顾颉刚、马寅初、钱穆、傅斯年、李济、董作宾、梁思成等为学坛领袖。郭沫若年初开始即启动文委会系列讲座。但郭沫若再次在山城引起轰动效应的则是他又一次推出惊人之作《屈原》。4月3日,《屈原》由中华剧艺社在重庆国泰影剧院首场公演,取得巨大成功。10日,周恩来为祝贺《屈原》演出成功举办宴会,席间周恩来与郭沫若探讨历史剧《屈原》。周恩来说:"在连续不断的反共高潮中,我们钻了国民党反动派一个空子,在戏剧舞台上打开了一个缺口。郭先生和诸位都立了大功!"随后,《屈原》在学界引发了有关屈原的论争,同时受到《中央日报》《中央周刊》等报刊的围攻。马寅初仍被拘押在江西上饶。8月20日,马寅初由上饶集中营转移至广西桂林。24日,返回重庆歌乐山大木鱼堡5号家中,但人身自由仍受限制。规定外出须经歌乐山警察局批准。10月24日,马寅初由孙科、叶楚伧陪同出席立法院第四届第227次会议。为返渝后首次露面。此后出席立法院会议徒具形式,不发表意见。同月,张澜于国民参政会三届一次会议提呈请政府恢复马寅初之职业自由以励直言而裨国政案。12月29日,蒋介石为马寅初致令朱家骅,建议"请孙院长仍以立法委员延揽,准留原处研究战后经济问题。一面由钧座按月补助壹千元,以示眷念学者之至意奖励,俾能安心研究。奉令前因,理合将接洽经过呈复,仰祈鉴核"。中央研究院依然是重庆陪都轴心的学术大本营。朱家骅继续以国民党组织部长兼任中央研究院院长。3月9日,朱家骅在重庆召集中央研究院第二届评议会第二次谈话会,出席者翁文灏、王世杰、王家楫等14人,委托吴学周拟定我国战后科学研究计划,其中就评议会的工作提出6项建议,如召开全国学术会议,建立纯粹科学研究机关与应用科学研究机关的联系,提请政府拨款奖助特种学术研究及增加教育经费,出版世界及中国学术进步年报、特种科学丛书,请示政府拨款设立经常办公处等。11月7日,朱家骅召集王世杰、傅斯年、陶孟和及叶企孙等在家中开会研究讨论中央研究院工作。会议讨论了中央研究院地位及中国学术进行方针等。翁文灏继续任经济部长,兼任中央研究院第二届评议会秘书。翁文灏除了履行经济部长、中央研究院第二届评议会秘书职责之外,还兼任了中基会与中国地质学会、中国工程师学会、国防科学技术策进会等的学术工作。尤其是翁文灏的西北行及其系列演讲,充分显示了其对西北建设的高度重视。翁文灏还继续关注"北京人"化石下落。9月10日,翁文灏接协和医学院教授佛腾函,告太平洋战争爆发后自己被从北平送到东非的经过,并认为协和所存"北京人"化石可能被日本人送至日本。此为翁文灏于战时首次得到"北京人"化石遗失的消息。傅斯年继续主持史语所所务。2月,高血压再度复发后的傅斯年十分颓丧。4月,傅斯年推动历史语言研究所与中央博物院、中国地理研究所合组"西北史地考察团",展开调查。4月1日,董作宾在李庄板栗坳戏台子的工作室里,面对一屋子的甲骨和自己未完成的书稿,浩然喟叹:"昔疑古玄同创为'甲骨四堂'之说。立厂(唐兰)和之,有'雪堂导夫先路,观堂继以考史,彦堂区其时代。鼎堂发其辞例'之目。著作篇章,脍炙学人。今者,观堂基木盈拱,雪堂老死伪满。惟彦堂与鼎堂,犹崛然并存于人世,以挣扎度此伟大之时代也。"关于考古方面的工作,在朱家骅、傅斯年、李济等共同推动下形成两大重点:一是由国民党中央组织部部长朱家骅于1941年底提议,中央研究院历史语言研究所、中央博物院筹备处、中国地理研究所共同组建西北史地考察团,由西北农学院院长辛树帜任团长,李承三任总干事,向达任历史组组长,劳幹任文书,石璋如为会计。4月21日,西北史地考察团由重庆前往西北进行考察。10月9日,西北史地考察团历史组组长向达到达敦煌莫高窟。向达在对敦煌进行了短期考察后就给傅斯年、李济撰写万字长文,后由傅斯年在文前加按语,以《论敦煌千佛洞的管理研究以及其他连带的几个问题》为题于12月27日开始在《大公报》连载3天,文中呼吁敦煌千佛洞应收归国有。二是吴金鼎继续率领由中研院史语所、中博院、中国营造学社三家联合组成的川康古迹考察团,展开四川以及西康地区的考古工作。是年,吴金鼎与曾昭燏合编的《云南苍洱境考古报告》一书,分甲、乙两辑出版,其中,乙辑由曾昭燏执笔。由于当时印刷条件极为困难,全书数十万字均由她用毛笔誊写,才得以石印出版。这部考古报告的发表,为研究云南地方古代历史南诏史提供了很有价值的资料依据,是我国边疆考古的重要成果,也是研究云南地方史的珍贵资料。重庆陪都轴心的另一学术大本营是高等学校。顾孟余继续任中央大学校长。9月,经教育部学术审议委员会审查通过,全国专科以上学校1941年度部聘教授为30名。中央大学胡焕庸、艾伟、孙本文、梁希和蔡翘荣任部聘教授。10月,经重庆市政府批准,中央大学出版《文史哲季刊》《科学季刊》《社会科学季刊》三种刊物。顾颉刚为中央大学专任教授。1月,由中国边疆学会主办的《中国边疆》创刊。由于抗战的原因,顾颉刚尤其重视边疆文化研究。9月,顾颉刚在重庆中央大学、国民党中央组织部等处讲演《中国边疆问题及其对策》,主张普及教育是建设边疆的基本工作,特别提醒"切勿以为边疆没有教育",相反,边疆民族的宗教教育很高深。10月,顾颉刚为国民党中央组织部长朱家骅撰写《告边疆民众书》,主张边疆人民在努力接受现代文化之外,还应努力保持固有文化,甚至扩大自己的文化到别处去,使它们有更光荣的前途。边疆人民笃信宗教,得到伟大的感应,发生坚强的意志,确是极大的美德,为内地人所不及。当然,过分信仰宗教,导致人口减少,民族体质衰弱,故须尊重宗教信仰,同时进行必要改造。唐君毅继续任教于中央大学。12月,在成都创办《理想与文化》月刊,周辅成、程行敬等编辑,发行人为廖闻天,主要撰稿人有张君劢、牟宗三、李长之、唐君毅、王恩洋、张嘉谋等。该刊旨在研讨学术文化,激发并充实人类的理想,侧重研究历史文化问题,以矫枉过正的姿态,批判功利主义的学术文化观,强调哲学、文学、艺术、宗教、纯理科学的重要性。吴南轩继续任复旦大学代理校长。2月4日,教育部部长陈立夫指令:复旦大学改为国立复旦大学。至此,复旦大学改为公立大学的努力终于成功实现,在复旦发展史上具有里程碑意义。陈望道出任复旦大学新闻系主任。任职期间,陈望道率先提出"宣扬真理,改革社会"作为科学和民主办系的一个纲领。钱穆离青木关返成都齐鲁大学国学研究所,是年重点关注文化与教育问题,并以《东西文化之再探讨》等文继续参与中西文化的论争。秋,蒋介石视察成都,钱穆获两次召见。陈布雷面告钱穆:"闻委员长有意明年召君去重庆复兴关中央训练团讲演,君及早作准备。"重庆陪都轴心上述两个学术大本营之外,交织于政界、文艺界与学术界的学术活动更为丰富,也更为庞杂。一是以中共中央南方局为中心、周恩来领导的中共以及左翼文人学者群体。周恩来在密切配合延安整风要求的同时,主要精力放在处理国共关系、联络民主党派、关护左翼文人上。在左翼文人学者群体中,阳翰笙实际主持的文化工作委员会,老舍、茅盾、曹禺、胡风、冯雪峰等的中华全国文艺界抗敌协会与王昆仑、翦伯赞、侯外庐等任职的"中苏文化协会"与《中苏文化》刊物之间依然有交集。二是以张澜、黄炎培为领袖的民主同盟政治—学术群体。1月,在张澜主席主持下,经民主政团同盟中央委员会讨论,邀请沈钧儒及救国会全体加入中国民主政团同盟,增强了中国民主政团同盟的战斗力。该盟遂成为救国会、第三党、中华职教社、乡村建设派、青年党、国社党在内的三党三派的政治联盟。三是任职于国民党党务、政府以及学术文化机构的文人学者群体。于右任时任监察院院长。1月12日,在第75次国防最高委员会常务会议上提请设立敦煌艺术学院,交教育部负责筹划,在原则上被通过。2月15日,于右任在《文史杂志》第2卷第2期发表《建议设立敦煌艺术学院》。此为最早发表的有关建议设立敦煌艺术学院的文章,引起社会各界的强烈反响,敦煌艺术被越来越多的人所重视关心。当时经过议论交教育部负责筹办,时值太平洋战争爆发,中国正在对日作战,财政支出困难,答复须待次年成立。9月1日,文化运动委员会主办的《文化先锋》在重庆创刊,张道藩为发行人,李辰冬主编,旨在成为三民主义新文化建设运动的先锋,在"以三民主义的宇宙观与哲学观,从新建立各种学术的体系以及一切文化事业的中心"思想指导下,完成建设三民主义新中国文化运动的任务。四是任职于商务印书馆、中华书局等出版机构的文人学者群体。王云五继续任商务印书馆总经理,驻守重庆。10月19日,商务印书馆王云五联合重庆十大书局,组织发起重庆市出版业同业公会。李叔明继续任中华书局总经理。3月29日,中华书局在重庆成立总办事处。4月,中华书局在重庆召开后方分局经理会议。总经理李叔明致辞,说明本人办事三个原则,是推诚相见、合理化及实事求是,这三个原则为将来一切设施之根据。11月,中华书局重庆总处所辖各地分支局处共25处,又印刷办事处5处。吴耀宗9月18日顺应20世纪基督教会合一主流,促成基督教文字出版机构超宗派联合基督教联合出版社在成都成立,由华英书局、广学会、青年协会书局及《田家》半月刊组合而成,吴耀宗任联合出版社主席。最后需要说一说陈独秀,这位"五四"新文化运动领袖早已淡出政界与学界,却因为突然中毒去世而重新引起世人的高度关注。5月

12日,陈独秀因服用变质之蚕豆花泡茶(治高血压病)而中毒,腹胀不适。27日晚9时40分逝世,临终嘱夫人潘兰珍"今后一切自主,生活务求自立"。6月1日,陈独秀安葬于四川江津大西门外鼎山山麓之康庄。衣衾棺木与墓地安葬等身后大事,均承邓蟾秋、邓燮康全力帮助。7月13日,宗白华主编《学灯》发表陈独秀《禹治九河考》等文,并表示对陈独秀病逝的追悼。一代文化领袖就这样悄无声息地告别了人世,真令人叹息不已。

　　国统区的第二轴心是昆明。重中之重依然是西南联大,其次是云南大学。上年12月24日,昆明《朝报》发表《从修明政治说到飞机运洋狗》一文,揭露孔祥熙女儿孔令仪强占国民政府派到香港接运各界著名人士的飞机,甚至同机运回她的洋狗、马桶等,致使茅盾、陈寅恪等著名文化人士及一批国民党元老不能及时撤退。消息传出,舆论哗然,群情激愤。至本年1月6日,西南联大、云大、中法大学、英语专科学校、同济大学、昆华中学等校学生组成了一支3000多人的游行队伍,声讨孔祥熙,形成了以揭露国民党政府腐朽统治为斗争目标的"倒孔运动",引起蒋介石的极大震动。不久,蒋介石派三民主义青年团中央团部组织处处长康泽到昆明,将这次刚刚掀起的波澜压制了下去。但这次"倒孔运动"作为抗战以来昆明学生运动的第一声,打破了"皖南事变"后国民党统治区的沉寂局面,为以后形成民主运动高潮打开了局面。6月1日,梅贻琦出席联大举行的国民月会并讲话,表示联大决不再迁校,下学期将于9月中旬开学,要求学生不要离开昆明。是年,联大遵"部令",加强了边疆问题的研究,在中国文学系、历史学系、社会学系等分别添置了有关课程,如《汉藏系语言调查》《西南边疆社会》《中国边疆区域地理》等。就学术而论,文学院院长冯友兰依然是当之无愧的学界领袖。10月7日,遵西南联大第235次常委会议法,冯友兰与钱端升共同起草《关于响应在英国同盟国大学教授联合会谴责轴心国摧残教育之罪恶,并向各被侵略国教育家致敬宣言》。同月,教育部提出给国立大学担任行政职务的教授发放特别办公费。以冯友兰为首的25位兼任行政职务(各位院长,各系主任等)的教授,联名写信表示辞谢。11月6日,西南联大举办文史讲演,是日起每周举行一次,听众极为踊跃。该演讲第一讲为闻一多的"伏羲的传说",其余为汤用彤讲"隋唐佛教的特点",朱自清讲"宋诗里的思想",邵循正讲"元代文学与社会",郑天挺讲"清初文化之调融",吴宓讲"清末的小说",冯文潜讲"天才与创造",罗庸讲"诗的欣赏",金岳霖讲"小说与哲学",杨振声讲"书画同源论",冯至讲"浮士德里的魔",袁家骅讲"语言与文学",陶云逵讲"文化变迁中之人格问题",罗常培讲"语言与文化"。冬,昆明遇到大寒,朱自清购马夫所穿毡披风御寒,"这在联大教授中绝无仅有,与潘光旦的麂皮背心、冯友兰的八卦图案的黄布包袱皮,被称为'联大三绝'"。是年,雷海宗、陈铨等"战国策派"继续发出强劲的声音。雷海宗"战国时代重演"的观点,引起了学术界极大反响,"战国策"派的称呼因此不胫而走。昆明学术轴心的另一高地是云南大学。熊庆来继续任云南大学校长,致力于设置云南大学龙氏讲座和西南文化研究室。2月21日,熊庆来致函兴文银行董事长陆崇仁,希望资助云南大学龙氏讲座和设置西南文化研究室,并随即制订了《龙氏讲座及西南文化研究室设置计划》。4月20日,为云大成立20周年纪念日,在校本部泽清堂前新台举行热烈隆重的庆祝典礼。参加庆祝典礼的有西南联大校委梅贻琦、教育部张廷林司长、云南省教育厅龚自知厅长、国民党云南省党部书记赵公望、英国领事、法国领事、黄子坚院长及各机关长官、各界来宾、校友、全体职教员学生约3000余人。为加强学术研究精神,在校庆纪念日前后,还举办了纪念演讲及撰写纪念论文活动,邀请本校教授及国内有名学者参加。7月28日,熊庆来经与兴文、劝业两银行联系,资助西南文化研究室的经费得以落实,国立云南大学西南文化研究室正式成立,方国瑜任主任,姜亮夫、徐家瑞、楚图南、陶云逵、陈定民、白寿彝等任研究员。其工作地域以云南、西康、贵州为主,次及西藏、四川、湖南、两广,又及安南、缅甸、印度、马来半岛诸境。计划研究西南开发、西南移民、西南地理沿革、西南宗教、西南民族史、边区地理、边区人民、西南边裔等问题。"开创了作为整体性区域文化比较及综合研究的'西南研究'或'西南学',为云南现代学术的发展奠定了基础"。

国统区南方区域中的桂林文化高地与浙江大学、中山大学两大学术中心略有变化,由于撤离香港的诸多著名文人学者汇聚桂林,因而桂林不仅同时成为学术与文化高地,而且在南区版图中的地位大幅上升。陈寅恪全家年初仍困于香港。5月5日,陈寅恪由香港取道广州湾返内地,抵桂林后停留1年。6月,陈寅恪开始在广西大学任教,至1943年秋结束。梁漱溟1月10日上午与范长江、陈此生等一道乘船离港,于2月5日到达桂林。柳亚子1月15日自香港脱险。4月9日,周恩来听取夏衍汇报,关于香港沦陷时文化界人士分批安全撤离的情况,特别关注柳亚子、邹韬奋、茅盾等人的安全和健康。6月7日,柳亚子抵桂林,寓环湖旅馆。茅盾夫妇1月紧急从香港内撤。当时一同撤离的有邹韬奋、胡绳夫妇、叶以群、戈宝权、于伶夫妇、恽逸群、黎澍、胡仲持、廖沫沙、殷国秀、高汾等。3月9日,茅盾夫妇和叶以群、胡仲持、廖沫沙等在东江游击纵队的护送下,经过重重困难与险阻,终于到达桂林。南方区域的两大学术中心是浙江大学与中山大学。竺可桢继续任迁于贵州遵义的浙江大学校长。对于浙江大学来说,最令人痛惜的是史学界新星张荫麟的突然陨落。10月24日,张荫麟在贵州遵义以肾炎不治病逝,终年37岁。27日,《大公报》发表了王芸生《悼张荫麟先生》和张其昀《敬悼张荫麟先生》两篇悼念文章,并在当天发表张荫麟遗作《论修明政治的途径》,王芸生以"其人将死,其语亦善"为由,将它发表出来。王芸生《悼张荫麟先生》称"张荫麟是中国学术界的一个国宝"。中山大学是浙大之外的另一个学术高地。朱谦之继续主持"现代史学"。6月,《现代史学》第5卷第1期推出"中国现代史专号"。此外,著名目录学家姚名达6月13日任中正大学抗日战地服务团团长。22日,姚名达率团前往前线劳军,因日军突破防线,服务团冲散后被敌军发现,姚名达与日寇奋起肉搏,壮烈牺牲,终年37岁。姚名达因此被誉为"抗日战争壮烈殉国的教授第一人"。

国统区西北区域的学术高地是西北大学。5月4日,新任校长赖琏到西北大学走马上任。此前,赖琏任《中央日报》总编辑,被国民党认为是能办党、办报、办学,并"三力"有成的干练人才。赖琏在行政院任命他为西北大学校长后,鉴于前两人因学潮离职,所以并没有立即上任。后经教育部部长陈立夫一再亲自催促,并告诉赖琏本人,要他兼长西北大学,"不是他的私意,而是秉承最高当局的意旨"时,赖琏才不敢怠慢,心领神会地表示:"我以身许国,一切听命国家,服从总裁。"赖琏5月4日到西大后,在政治上的唯一宗旨就是消灭西大中共地下党组织和爱国进步势力。5日,召开全体学生大会,作了"安全第一,纪律至上"的讲话,警告"如果有人在学校里宣传共产主义,进行秘密组织,那是违反国家的利益,我是绝对不能容许的"。同时表示要"提高课程标准""加强读书风气""使西大成为名副其实的西北最高学府";在纪律上,不许学生随意缺课,并要求教师严格点名及加强考试。为了表示他一心办学的决心,在经费上清理旧债,偿还积欠,整顿学生贷金,又将全校房屋大加粉刷,使西北大学校貌校风为之一变。

其次是解放区。仍以延安为轴心,本年度延安的第一要务是整风运动。总体而论,延安整风运动虽然发自延安,但广泛推及整个解放区以及国统区中的中共及左翼组织;延安整风运动虽然重点在党内,但广泛推及整个延安的整个知识界;延安整风运动虽然重在思想教育,但广泛推及文化学术的各个层面。所以最终对延安学术产生巨大、持久而深远的影响。与此密切相关的是延安文艺座谈会,实际上是延安整风运动的重要组成部分,或者更准确地说,是延安整风运动推向文艺界的"重点工程"。4 月,毛泽东与凯丰、陈云一起,从"代表面""影响力"和"知名度"几个角度,对初拟名单逐一审查,最后定下出席文艺座谈会的人员。当时延安文艺界的总体情况,可以用"两个阵营、三大系统、四个山头"来概括。所谓"两个阵营",就是鲁迅艺术文学院(简称"鲁艺")和中华全国文艺界抗敌协会延安分会(简称"文抗")。所谓"三大系统",是指中共中央文委系统、陕甘宁边区文化系统和部队文艺系统。所谓"四大山头",是指"鲁艺"、文抗、青年艺术剧院、陕甘宁边区文协。当时,延安有影响、有成就的文艺家大都集中在"鲁艺"与文抗两大阵营,延安文艺座谈会邀请名单对此予以统筹考虑。除了延安文艺家外,还有思想、文化部门的一些负责人,他们由中央组织部和中央宣传部共同商定提出。5 月 2 日、16 日、23 日,先后举行 3 次座谈会。会议由毛泽东和凯丰主持。延安文艺座谈会最后一天,毛泽东和中央领导与全体代表共 100 多人合影留念。参加者有:毛泽东、朱德、康生、任弼时、王稼祥、博古、凯丰、徐特立、刘白羽、罗烽、草明、田方、张悟真、陈波儿、丁玲、李伯钊、翟维、力群、白朗、塞克、周文、胡绩伟、李卓然、天蓝、江丰、李雷、艾思奇、欧阳山、姚时晓、王震之、袁文殊、王曼硕、刘岘、石泊夫、郑文、于黑丁、陈企霞、吕骥、丁浩川、郁文、陈伯达、傅钟、萧向荣、何思敬、陈学昭、张庚、罗工柳、王滨、干学伟、曹葆华、欧阳山尊、胡采、马加、曾克、周立波、张振武、高阳、张仃、刘雪苇、蔡若虹、胡蛮、金紫光、伊明、林默涵、周扬、艾青、钟敬之、李丽莲、潘奇、唐荣枚、许珂、张水华、任虹、魏东明、宋侃夫、钟纪明、公木、范文澜、杜矢甲、于敏、张桂、严文井、陈荒煤、何其芳、张铁夫、阿甲、张季纯、张真、张望、佟天林、华君武、李又然、李元庆、向隅、萧军、柯仲平等。除了中央领导、有关部门负责人,主体是文艺工作者。但从这次会议的后续效应来看,则远远超越了文艺界,对后来党的文艺政策的制定以及整个社科研究都产生了非常深远的影响。再看晋察冀边区与新四军解放区。成仿吾继续在晋察冀边区任华北联大党委书记。1 月,学校转移到唐县唐河边上的南、北洪城村和冲南镇带。5 月,日寇对冀中区发动了极残酷的"五一扫荡"。又由于春夏大旱,是根据地最困难的一年。"联大"师生日食两顿高粱粥,在战斗中仍坚持教学和学习。7 月 3 日,成仿吾在《晋察冀日报》发表《华北联大三年的回顾》一文。10 月,为适应战争形势,"联大"缩编,只留一个教育学院,其他学生毕业分配工作。11 月,华北联大文艺学院和文工团结束,三年中计招收学员四期,11 个队,培养专业文艺干部 1500 余名。邓拓时任晋察冀日报社社长主编。7 月 1 日,在中国共产党建党 21 周年之际,邓拓在为《晋察冀日报》撰写《纪念"七一",全党学习和掌握毛泽东主义》社论时,使用了"毛泽东主义"的概念。刘少奇 1 月 5 日率中共中央华中局和新四军军部由阜宁停翅港移驻单家港。12 月 30 日,刘少奇经过 9 个多月的长途跋涉,穿越敌人 103 道封锁线,安全回到延安。陈毅代军长 8 月底考虑将自敌占区和大后方来的文化人集中起来,以便为他们提供一个安身之所。当时中共华中局和新四军军部驻阜宁,陈毅选择在阜宁的卖饭曹设置一个别具特色的"文化村"。9 月 16 日,文化村在经过一段时间的筹备之后正式诞生。住在文化村的主要有扬帆、阿英夫妇、范长江、胡考、池宁、铁璎、天然、李明、徐雪寒、孙冶方等十几个人。在文化村附近,还住有"军鲁工团"的贺绿汀、行政学院的车载、抗大华中分校的薛暮桥、《盐阜大众报》的王阑西以及钱俊瑞、吴蕾、沈其震、骆耕漠、孙克定、林山等一批文化人,他们经常到文化村聚会,或挥毫作书,或交流棋艺,或赋诗唱和,感情融洽,思想活跃,气氛热烈。置身这个宽松且热烈的环境,文化人在思想上受到了洗礼,开展了一系列卓有成效的文化创作和革命宣传活动,文化村亦成为当时苏北抗日根据地最令人瞩目的一道风景线。同时还辐射带动一大批社会名流和爱国乡绅、社会贤达,在你来我往中,结成了最广泛的苏北抗日民族统一战线。文化村建立后,陈毅鼎力支持组建文化杂志编辑委员会,钱俊瑞、阿英、扬帆、黄源、胡考、贺绿汀、范长江被推举为编委会委员。11月12日,扬帆、黄源、阿英等人聚在一起,在文化村召开了编委会会议。会议决定将杂志定名为《新文化》。13日,编委会又与王阑西、林山共同商定,将原以普及科学生活知识为宗旨的《大众知识》扩大、改版,并更名为《新知识》,原定出版的《新文化》改为专谈文化问题的期刊。冬,日伪军再度集结重兵准备对盐阜根据地实施战略大"扫荡",华中局和军部遂迁往淮南盱眙黄花塘。文化村的工作随之终止,文化人亦分散转移,他们有的回到上海,有的辗转去了延安,还有的随部队行动。文化村至此也完成了自己的使命。此外,在周恩来的亲自安排下,邹韬奋顺利撤离香港,进入广东江东游击区,然后穿越重重封锁线,经上海进入苏中解放区。

再次是沦陷区。仍是以北平—上海为两大中心。在北平中心,燕京大学张东荪与林嘉通、陆志韦、赵紫宸、洪业、邓之诚等11位燕京大学教授作为重犯仍然受到关押审讯。2月12日,萧正谊、戴艾桢获释。5月16日,邓之诚、洪业、刘豁轩获释。25日,赵承信获释。5月14日,陆志韦因病已保外就医。张东荪为了反抗日寇的凌辱,在狱中曾自杀4次而未遂,并与日本看守撕打,不屈服日寇的淫威。6月18日,日本宪兵司令部组织所谓军事法庭,对张东荪等6人进行"审判"。张东荪、蔡一谔被日军判徒刑1年半,缓刑3年。赵紫宸、林嘉通、侯仁之、陈其田被判徒刑1年,缓刑2年。陆志韦被判徒刑1年半,缓刑2年。宣判后,各位教师均被释放。张东荪等经受住了日伪的威胁利诱,保持了中国知识分子高尚的民族气节,受到时人称赞。在上海中心,郑振铎化名潜居上海。1月9日上午,占据香港的日军宪兵队长平川传讯陈君葆等,直到第二天晚上才释放。盘查的中心问题就是郑振铎他们寄存在港大图书馆的善本书。12日,郑振铎化名"犀"再致蒋复璁隐语信,这是郑振铎在日寇占领上海全市后第一封冒险与重庆方面秘密联系的信。26日,郑振铎化名"犀"再致蒋复璁隐语信。同日,郑振铎化名"犀"致"圣翁"(徐森玉)隐语信。27日,教育部顾毓琇致蒋复璁信:"顷得某方带来一函,云系郑振铎兄手笔,特为转寄。"此即1月12日郑振铎致蒋复璁密信。1月底至2月,郑振铎等人为中央图书馆购置的存在香港的3万余册古籍悉被日寇劫去,直至抗战胜利后,才被我国驻日代表团在日本帝国图书馆发现追回。蒋维乔将光华大学文学院与诚明文学院分别对外改称诚正文学社与成民文商学院,又兼任鸿英图书馆名誉馆长。暑假后,鸿英图书馆试行对公众开放,曾先后三次受到日本宪兵以检查抗日书刊为名进行骚扰,部分图书资料遭劫走。汪伪政府屡次要蒋维乔出任伪教育部次长和伪教育协会会长等职,都被他坚决拒绝。年底,蒋维乔日记中写道:"是岁为环境最恶劣之年。诚正、诚明两学校(指光华大学文学院及诚明文学院),因对付敌伪,煞费苦心;鸿英图书馆两次遭敌,幸皆应付过去,而敌伪对我个人之威胁利诱,尤咄咄逼人,我以平素刚直之态度对之,彼亦无如我何。"唐文治是年夏奉教育部令:国专桂校开办二年制文书专修班,此为全国专科以上造就文书专门人才之始。两年制的文书专修班也在沪校开办。此后,国专沪校与桂校一样,有三年制和五年制本科,兼办二年制文书专修班。9月23日,汪伪南京政府

"教育部"派人劝说唐文治出任上海交大董事长（一说是就任校长），并要挟他签字同意，唐文治从容作答："行年七八十，此字可不签矣！"王蘧常时任国专沪校教务长，兼任交通大学教授。8月上旬，汪伪南京政府"教育部"接管"私立南洋大学"，更名"国立交通大学"。时在交通大学兼任教授的国专沪校教务长王蘧常与同事裘维裕、陈石英、钟兆琳、黄叔培等人辞去交大教职，人称"反伪六教授"。王蘧常作《节妇吟》以自明其志，唐文治大为赞赏。

最后是海外交流。先看"出"的方面：胡适继续任驻美大使，忙于到处演讲。5月17日，胡适写信给翁文灏、王世杰，信中最后说："今年体质稍弱，又旅行一万六千英里，演讲百余次，颇感疲倦。"几乎成了"演讲狂"。9月8日，胡适交卸大使职务。自1938年9月17日就任以来，胡适历时4年的驻美大使生涯至此画上句号。10日，行政院秘书长陈仪电告，聘胡为行政院高等顾问，辞未就。18日，胡适离华盛顿，迁居纽约，有留美继续写作《中国哲学史》的打算。赵元任继续在哈佛大学任教。由于美国参战，于1月在美国成立了一个"战争时期中国留美学生规划委员会"，宋子文任主任委员，聘请赵元任为副主任，胡适、孟治、周鲠生等为委员。3月14日，在哈佛语言学学术会讲中国国语运动。4月7—11日，参加在波士顿举行的美国东方学会年会，在会上演讲"Subunits of Chinese"。28日，出席波士顿印度—中国日活动，听赛珍珠等人演讲。在苏联，邵力子年初派驻苏使馆秘书孟鞠如晤英访苏代表团团长，长谈苏德战局，指出斯大林格勒一线的重要性。11月，任驻苏大使两年半后，回国述职，行前斯大林亲自召见，面嘱："希望您回去以后，争取早日回来！"同月10日，邵力子归国抵重庆。冬，邵力子在重庆多次演讲，以《认识苏联》为题，强调"法西斯必败，苏联必胜！"因此遭到国民党右派攻击，说"邵力子不象是中国驻苏大使，倒象是苏联驻华大使"。后被蒋介石调职，不再去苏联。在亚洲，郁达夫1月6日出席星华文化界抗敌联合会成立大会，被选为理事、常务理事和主席。2月3日，主持抗委会会议，商议决定雇小船渡海，撤退到苏门答腊。撤退人员除达夫和胡愈之外，还有抗委会宣传部副部长唐伯涛和邵宗汉，宣传工作人员王任叔、张楚琨、王纪元、汪金丁、郑楚云、蔡高岗、刘道南、高云览、陈仲达、刘岩、李振殿、李铁民。4日，郁达夫与胡愈之等28人乘难民船撤离新加坡，开始了流亡的航程。3月9日，因爪哇荷印当局向日军投降，保东附近一带风声较紧，为安全起见，商议结果6人分两批、找两处冷僻地方改换姓名，长期隐蔽。6月初，郁达夫精通日语暴露后，被迫充任武吉丁宜宪兵队通译，前后任职13个月。其间，暗中保护和营救了不少抗日分子、华侨和印尼群众，而且目睹了不少日军秘密。8月，为维持汇集在巴爷公务文化人的生活，郁达夫用实武牙前筹赈会主持人募集的400元文化界难民救济费作资本，凑集当地华侨的投资一二百盾开办"赵豫记酒厂"。郁达夫自己任头家，张楚琨任经理，胡愈之做记账。再看"进"的方面：英国剑桥大学教授、著名科技史专家李约瑟与E. R. 多兹教授受英国文化委员会之命执行援华任务，组成"英国文化科学赴中国使团"。秋，英国政府在"二战"最为重要的转折时刻，为履行盟国的职责，声援东方抗击法西斯的主要力量，决定派遣一批著名科学家与学者赴中国考察访问并给予人道主义援助。作为英国皇家学会会员、英国学术院院士，初通中文并对东方文明怀有浓厚兴趣的剑桥大学教授李约瑟有幸被选中，他与牛津大学的希腊文教授E. R. 多兹组成英国文化科学使团，分别代表英国皇家学会和英国学术院前往中国作报告，以鼓舞中国科学家在艰苦抗战中的战斗精神。他们从印度加尔各答经中国与外界相连的唯一通道——著名的"驼峰"航线，飞越喜马拉雅山进入云南昆明，开始了长达4年的在华活动。其间，访问了近300个学术研究机构，足迹涉及云南、四川、贵州、山西、甘肃、广东、广西、福建等省，写下工作报告、日记、通讯及为英国《自然》周刊撰写的专稿等，编成《科学前哨》一书。美国学者费正清二次来华，在重庆任美国战略情报局高级职员，兼美国驻华大使特别助理和出版处主任，至 1943 年 12 月结束。其间，费正清主持美国学术资料供应处，与中国文化教育界人士颇多往还。美国在美国大使馆内设立办事处，获得北平图书馆馆长袁同礼的帮助和指导，从事分发编印西文科学缩微胶卷，及搜集中文科学文献，共同"发展了一种学术界的文化交流"。罗果夫主编的《苏联文艺》月刊 11 月在上海创刊。它是当时我国唯一专门译载苏联文艺作品的刊物。日本学者大久保庄太郎所撰的《近代支那之平民教育运动——以定县华北实验区为中心》发表在《东亚人文学报》第 2 卷第 3 号(1942 年第 12 期)，此文对其领导的定县平教运动进行了介绍。

本年度的学术论争依然相当热烈，有不少论题是以往的延续，彼此规模、分量与效应各不相同，重庆的焦点论题是由郭沫若《屈原》引发的有关屈原的论争，现作一简要梳理与归结：

1.关于战后建国讨论的延续。朱自清 11 月 16—17 日作《新中国在望中》，文中对抗战胜利和战后重建寄予了很大希望，说："在我们面前的是胜利的中国，在我们望中的是新生的中国。可是非得我们再接再厉的硬干，苦干，实干，新中国不会到我们手里！"这代表了抗战最困难时期知识分子的心声。关于战后建国的讨论所涉问题依然相当广泛。一是战后建国的定位问题。钱穆、胡适、常乃惪、雷海宗等注重于从世界格局审视与探讨战后建国问题。钱穆 5 月在刊于成都《学思》第 1 卷第 10 期的《战后新世界》一文中明确提出"中国民族之复兴"与"传统文化之重光"的命题，可见主要还是从文化着力。约在 5 月，胡适赴母校康奈尔大学演讲《论战后新世界之建设》，主要讲"大西洋宪章"的 8 项原则，进而提出这次世界大战的结局将与第一次世界大战结局不同，因此认为建立战后世界和平的新秩序是可能的。常乃惪对于抗日战争抱乐观必胜的心理，在失败论泛滥之时，已经开始注意到抗战之后的建国问题，以为战后国策之重要性，远远超过国都问题。7 月，雷海宗在昆明《当代评论》第 2 卷第 5 期发表《战后世界与战后中国》，认为战后世界的第一个大前题，就是国际联合组织的问题。战后的中国，必须在此种变幻莫测的世界中，谋求自处之道。根本的问题，当然是实力的问题。实力的建设，是根本的条件，其他都是枝叶。军备必须充实，且必须近代化。重工业与国防工业必须能独立。物力的开发与地域有密切的关系，所谓工业化并非漫无计划的全国各地的平均发展，重工业与国防工业尤其要注意所在地的安全性。作者特别谈到战后建国的学术问题。文中最后强调"假定建国的事业能够顺利地进行，在进行中，尤其在将近完成时，我们对外须有审慎周详的最高国策"。二是战后建国的方略问题。翁文灏、冯友兰等尤其关注工业化问题。1 月 4 日，翁文灏在《中央日报》发表《经建方向与共同责任》，文中强调一个国家要想自立于近代世界，必须首先要有一个健全的工业化经济基础，"方战时足以自存，平时更能发展"。2 月，冯友兰在发表的《抗战的目的与建国的方针》中提出建立一个现代工业国，认为有了"工业化"，我们就会有坚船利炮，就会有国会宪法，就会有德先生和赛先生，所以我们要实现抗战的目的，即将中国建设成为一个"近代式底国家"，其最重要的工作，"是赶紧工业化"。上述两文观点颇为接近，现在看来缺乏先进性，更不用说是前瞻性了，然而却真实反映了当时知识界对于工业化以及工业强国的渴望。翁文灏作为经济部长，自然更关注经济建国问题。2 月 6 日，翁文灏应邀在重庆留英同学会于广播大厦举行的学术演讲会上，作题为《经济建设之前途》的演讲。3 月 24 日，至复兴关中央训练团作题为《国民经济建设运动》的演讲。7月30日上午,翁文灏在新疆督办公署作题为《经济建国》演讲,听者近千余人。8月20日,翁文灏至外交部使馆人员训练班作题为《经济建设》的演讲。11月16日,翁文灏在中央政治学校高等科作题为《中国经济建设之轮廓》的演讲。另有徐中玉著《学术研究与国家建设》与华美协进社编《学术建国丛刊》皆重在学术建设,后书分社会科学和自然科学两类,社会科学类收录蒋百里《孙子新释》、赵兰坪《经济学大纲》、谢彬《中国铁道史》、于永滋《合作概论》等8篇文章,自然科学类收王其澍《近世生物学》等。三是战后建国途径问题。钱端升3月将一年前在《今日评论》上发表的关于建国途径的7篇文章汇印成书,以《建国途径》为总题,由国民图书出版社出版,希望引起切实的讨论。此书目录如下:一、《我们的任务——国家今后的工作与责任》;二、《政治制度——我们需要的政治制度》;三、《一党与多党》;四、《自由新论——论自由》;五、《经济政策——我们需要的经济政策》;六、《教育政策——我们需要的教育政策》;七、《世界政策——我们需要的世界政策》。四是战后建国的定都问题。翁文灏、钱穆尤其关注战后建都问题。1月2日,翁文灏在《大公报》"星期论文"发表《建都济南议》,作者分析比较了南京、北平、武汉等地的优劣后,提出三个建都标准,主张战后中国首都应建在济南。钱穆在《思想与时代月刊》第17期发表《战后新首都问题》,则从历史地理维度主张建都西安。战后建国问题的讨论还涉及其他诸多方面,《大公报》曾刊出林同济的《文化的尽头与出路——战后世界的讨论》与吴耀宗的《基督教与新中国》。前文侧重于从文化视角讨论战后世界秩序的重建;后文则探讨了基督教与战后建国的关系,至于基督教对新中国的建设究竟可以有什么贡献,作者的回答是:第一,基督教可以增加一般人民对中国民族和对正义公理必定得到最后胜利的信仰。第二,基督教可以鼓起国民的牺牲、克己、服务的精神。第三,基督教可以为新中国的建设,供给许多有用的人才。第四,基督教可以做一个促成民主政治实现的动力。相关学术著作尚有:丁文朴等编著《抗战建国实用百科辞典》,蒋静一编著、陈一中校《建国运动》,蒋焕文编著《战时政治建设》,杨幼炯著、邵岩元校对《政治建设论》,农山著《战时乡村建设论》,蒋洁之著《农民与抗战建国》等等。

2.关于《屈原》公演引发的论争。系由郭沫若五幕历史剧《屈原》引发。郭沫若创作《屈原》始于1月2日晚,至11日夜完稿。12日晨,补写《屈原》祭婵娟部分。1月24日至2月7日,《屈原》在重庆《中央日报》副刊上连载。3月,单行本由重庆文林出版社初版发行。4月3日,《屈原》由中华剧艺社在重庆国泰影剧院首场公演后引起轰动。同日,《新华日报》刊出"屈原公演特刊",登载了郭沫若的《屈原与厘雅王》。围绕《屈原》的创作与演出,引发了有关《屈原》以及历史上屈原的激烈论争。先说内部论争:郭沫若与侯外庐之间的论争最先发端于郭沫若写作《屈原》之初。1月10日,侯外庐作《屈原思想的秘密》,刊于2月17日《新华日报》第4版。文中针对郭沫若《屈原的艺术与思想》而提出不同意见。2月20日,郭沫若作《屈原思想》,连载于3月9日《新华日报》第4版及3月10日《新华日报》第3—4版。此文与侯外庐商榷屈原的世界观和方法论。3月18日,侯外庐作《屈原思想渊源底先决问题》,连载于4月20日《新华日报》第4版、4月21日《新华日报》第4版、4月22日《新华日报》第4版。25日,侯外庐作《申论屈原思想——衡量屈原的尺度》,对郭沫若《屈原思想》的商榷意见作出回应。此文后刊于《中苏文化》半月刊1942年第11卷第1—2期合刊。据侯外庐《韧的追求》(生活·读书·新知三联书店1985年版)回忆:"《先决问题》一文刚发完第一部分,《新华日报》国际版负责人于怀同志(乔冠华)对我说:'不要辩下去啦,国民党在拍手呢。'故此,《先决问题》一文在《新华日报》上只刊登了一半就中断了。"《韧的追求》又谈道:"关于屈原思想的辩论,演进为对儒家思想的评价,大大刺激了我加速全面转入古代思想学术史的研究。""那时候,革命队伍内部无例外地承认,我与郭老的辩论是学术性辩论,无一人把这个分歧往政治上、路线上拉。"郭沫若、侯外庐内部论争匆匆了解之后,有关屈原的论争还在继续。5月11日,郭沫若复孙望信,信中提到时任武汉大学教授刘永济《屈原列传发疑》指出了《史记·屈原列传》中有错简的问题。7月6日,郭沫若复信雷石榆,刊于昆明《西南文艺》1942年第2期。信中说到对胡适否认屈原存在的反驳。另一方面,鉴于《屈原》上演后引起的轰动效应,《中央日报》《中央周刊》等报刊则陆续发表攻击《屈原》的文章。针对国民党御用文人攻击"雷电颂",说屈原没说过和写过这样的话,郭沫若是用现代话攻击当局。周恩来驳斥说:"屈原是爱国诗人,当时是被迫害的,是反对投降的,所以就写下了《离骚》《天问》等不朽的诗篇。'雷电颂'是完全符合屈原精神的。关于形式问题,在台上出现的是古人,但是说着今天的话,这不应非议。历史发展到现在,有两千多年了,古人说的话,今人也听不懂。历史书上记载屈原说的话,也是后人为他写的。因此舞台上的屈原完全可以这样说。"又有一次,在由陈立夫、潘公展举办的文艺界招待会上,几个御用文人直接攻击《屈原》,并要求禁演,潘公展称该剧"是别有用心,是借演戏搞不正当活动",并以"顺从民意"为借口,要《屈原》立即停演。为此。金灿然7月11日在《解放日报》上发表《"屈原"为什么"成问题"》,对国民党宣传部副部长潘公展所谓的《屈原》"成问题"的谬论予以回击:《屈原》是郭沫若先生的近作,曾连载在《中央日报》副刊上,当然是经过检查了的。该报并曾热烈地宣传过它,说"那是'满纸充溢着正气'的(孙伏园《读〈屈原〉剧本后》);说'它向自私自利的小人,祸国殃民的汉奸,认贼作父的昏君,提出一个严重的抗议。它暴露了他们的罪恶——奸险、狰狞和无耻。'(桂生《观〈屈原〉后》)"《屈原》发表后受到了广大群众的欢迎,可是国民党的一些人却认为《屈原》成了问题,这是为什么呢?《屈原》本身给了明确的回答。《屈原》"以伟大的爱国诗人一天的遭遇,表现楚国内部抗秦派与降秦派的激烈斗争及'卖国求荣的无赖'张仪的挑拨离间活动。这幕历史上的政事,与目前的中国的政事,有着某一方面共同性"。10月,国民党中央宣传部副部长、中央文化运动委员会主任委员张道藩在《文艺先锋》创刊号发表《我对于中国诗歌的意见》,在"重订诗人节"问题上,以闻一多对屈原的意见为由,反对以屈原的忌日为诗人节,"建议以杜甫的诞辰为诗歌节"。到了年底,在郭沫若与陆侃如之间发生论争。12月5日,郭沫若《屈原·招魂·天问·九歌》刊于重庆《新华日报》,连载至6日毕。此文针对陆侃如在《文化先锋》第1卷第9期批评《蒲剑集》中关于屈原论述的《西园读书记》一文,重申个人看法。同月,郭沫若《屈原——五幕史剧及其他》由新华书店出版,收《屈原——五幕史剧》《屈原思想及其他》等9篇。有关屈原的论争也暂告一段落。

　　3.关于蔡元培逝世2周年纪念与讨论。先后有两篇重头文章问世。一是梁漱溟3月在桂林《文化杂志》发表《纪念蔡先生》,指出:"蔡先生一生的成就,不在学问,不在事功,而只在开出一种新风气,酿成一大潮流,影响到全国,收效于后世。""更要紧底乃在蔡先生的器局识见,恰能胜任愉快……因其器局大,识见远,所以对于主张不同、才品不同的种种人物,都能兼容并包,右援左引,盛极一时。而后来其一种风气的开出,一大潮流的酿成,亦正孕育在此了。""胡先生(适)的白话文运动,是当时新文化运动的主干。然未若新人生思想之更属新文化运动的灵魂。此则唯藉陈先生(独秀)对于旧道德的勇猛进攻,乃得引发开展数十年中西文化较量斗争,至此追究到最后,乃澈见根底。……然而今日的局面、今日的风气(不问是好是坏)却是他们那时打开来底,虽甚不喜之者亦埋没不得。自然是说起当时人物,并不止陈、胡二位,例如李守常、陶孟和、顾孟余、周树人(鲁迅)、钱玄同、高一涵诸先生,皆其著者且亦各有各的神通。所有陈、胡以及各位先生任何一人的工作,蔡先生皆未必能作。然他们诸位若没有蔡先生,却不得聚拢在北大,更不得机会发抒。聚拢起来,而且使其各得发抒,这毕竟是蔡先生独有的伟大。从而近二三十年中国的新机运,亦就不能不说是蔡先生实开之了。"文中谈到蔡先生引进他到北大教书事说:"我们又可以说蔡先生的伟大,不止能聚拢许多人,且能培养许多人。……如我这样非学生而实受培养者,盖亦不少。""若问蔡先生何以有这种成功? ——他能罗致人才,能造成学风,能影响到全国大局,使后之言历史者不能不看作一划时代的大节目:其成功之由果何在?""他只是有他的真好恶。……然后他一言一动,不论做什么事,总有一段真意行乎其间。这样,他便能打动人。"文章最后说:"总之我所了解底蔡先生,其伟大在于一面'有容',一面'率真',他之有容是率真底有容;他之率真是有容底率真。……坦率真诚,休休有容,亦或者才是一切伟大人物之所以为伟大吧!"二是蒋梦麟10月10日作《蔡孑民先生的精神》,刊于10月25日《世界学生》第1卷第10期。作者作了如下归纳:"第一要知道蔡先生的度量大。蔡先生平生对于批评毁谤和物议,都毫不介意。这种精神,并非偶然的,勉强的,是由涵养而来的。""蔡先生这种精神,是由于时时修养,用克制的功夫,养成宽大而能容物的态度,普通说来,一半也是天生的。""第二,蔡先生对于一切持之有故,言之成理的学问,都能容纳。他以为一切学问,应该听大家的采择,任其受自然的淘汰。对于大学,他采取兼容并包的主义。但他对学对事,都是有主张,无成见,不与人争一日之长短。他自有判断,却不拒绝人家的判断。""第三,谈到蔡先生个人治学的特点,也有几件事值得提出。(一)蔡先生阅读很快,真有一目十行的能力。只谈一件小事。我和蔡先生谈话,见他一面谈,一面披阅信札,很快阅读完了一封,并且知道其中的要义。他平时看书也是如此。(二)蔡先生不独阅读快,而且记忆力强。好久以前的事,都能够记得,他能通德、法两国文字。对于中国的经史,更是熟悉。(三)因为阅读快,记忆强,所以他事半功倍,造成了渊博的学问。不持偏颇之说,不拘于一孔之见,不囿于门户之争。他在中国学术史和教育史上的地位,可算是承先启后。他个人中国学问的根柢,既很广阔,再加上西洋学问的造诣,于是融会贯通,兼收并蓄,蔚为通儒。所以他在北京大学办学的时候,除了提倡科学以外,也很注重文学、哲学,从无轩轾或歧视。"总之,"蔡先生的伟大,本来不是这几句话可以概括得完的,不过举其荦荦大端,以概其余。"另有高乃同编著《蔡孑民先生传略》由重庆商务印书馆刊行。

4.关于鲁迅逝世6周年祭及讨论。在重庆:胡风1月28日在《解放日报》发表《作为思想家的鲁迅》,该报编者加了按语:"自从香港失守后,至今已有月余。而住在香港的文艺界朋友是那么多。我们不敢相信某些报纸上的谣言,我们每天都希望有点消息来,同时,我们想抱着这样的心情的人一定是很多的吧。所以我们现在载胡风先生和茅盾先生的两篇近作,一方面是表示我们对两先生的深切的怀念,一方面也得与同感者们以一点安慰。"胡风文章说"鲁迅先生所走的思想路线,是由进化论发展到革命论"。他"抓住了由市民社会的发生期到没落期所达到的正确的思想结论,比什么人更早,也比什么人更坚决地用这进行使祖国解放、使祖国进步的思想斗争,用这使祖国的解放斗争和进步斗争和全人类的解放斗争在一个方向上汇合。这正是他的作为思想界的领导者的最伟大的地方"。4月,重庆作家书屋出版孙伏园著作《鲁迅先生二三事》,用重庆土纸印刷。9月10日,茅盾作《关于研究鲁迅的一点感想》,刊于10月31日《文艺阵地》第7卷第3期,文中认为"要想学习鲁迅,必须研究鲁迅",在研究的同时,还必须"加强批评",否则研究"亦难深刻"。文章还提出,在鲁迅研究中,应该"包括一本正确而详尽的《鲁迅传》",这样才能为进一步深入研究打下"基础"。10月19日,"文协"原拟假中苏文化协会举行纪念晚会,但未能开成。《新华日报》以《鲁迅祭日》为题报道了两句话:"纪念会因故未开,参加者默然引退。"同日,《新华日报》发表了一组纪念文章,计有姜添的《用"整风"来纪念鲁迅》、欧阳凡海的《鲁迅与自我批评》、李健的《鲁迅先生论"八股"——鲁迅文学论管窥之一》、林曦的《鲁迅在群众中》。再看延安:10月18日,延安各界举行纪念鲁迅逝世6周年大会。中央大礼堂外面贴着鲁迅遗言:"我解剖自己并不比解剖别人留情面。""由于事实的教训,明白了唯有新兴的无产阶级,才有将来。"会议主席团由丁玲、周扬、萧三、塞克等组成。丁玲讲完开会意义后,吴玉章以思想革命家、社会革命家、文学革命家、文字革命家四点作为正确估价鲁迅先生的言辞。他说:"鲁迅先生是中国文化界的旗帜,我们要完成鲁迅先生的一切事业。"徐特立说:"鲁迅先生始终是站在革命政党的立场上,他从来没有背离它。鲁迅先生看重革命行动,实际工作,因此鲁迅先生是真正理论和实际联系的。"萧三说:"一个革命文学家一定要无产阶级化,在这一点上鲁迅先生是做到的。鲁迅先生从来没有个人英雄主义,他非常谦逊地说自己是大众中的一个,是桥梁中的一木一石。他的爱和恨是敌我分明的,他爱大众,恨大众的敌人,因此鲁迅先生是没有歪风的完人。"同日,《解放日报》发表萧三《整风学习中读鲁迅》、张仃《鲁迅先生作品中的绘画色彩》。19日,《解放日报》刊发社论《纪念鲁迅先生》,提出:"鲁迅先生的伟大,不仅在他是一个中国近代的最伟大的文学家,而且更重要的是,他是一个伟大的革命家、民族解放的战士、中国共产党的良友与战斗的同志。"尤其值得注意的是,鲁迅先生对托派匪徒的疾恶和痛击。社论强调:"鲁迅先生对待文学工作的态度,还保留着直接的指导作用和教育意义。"该报还开辟《鲁迅先生逝世六周年祭》专栏,发表多篇文章。26日,吴玉章在《解放日报》发表《纪念鲁迅先生逝世六周年》一文。11月2日,何其芳在《解放日报》发表《两种不同的道路——略谈鲁迅与周作人的思想发展上的分歧点》,谈鲁迅和周作人在思想发展上的分歧点。文中用马克思的观点,对鲁迅和周作人的思想发展做了比较研究,说他们虽然是亲兄弟,出生在同一个家庭,生活经历也大致相同,但他们走的是两条不同的路。是什么原因呢? 作者从世界观上找原因,做了令人信服的分析。此文说理透彻,对人很有启迪,在鲁迅研究史上,是最早用比较文学方法进行研究的论文,在当时学术界产生了很大的影响。此外,洪坚《鲁迅与中国启蒙运动——致鲁迅逝世六周年》刊于《时代中国》第6卷第4期。

5.关于鲁艺办学问题的反思与论争。4月3日,鲁迅艺术学院召开扩大院务会议,宣布成立鲁艺整风委员会,布置整顿三风检查工作。主持鲁艺工作的副院长周扬在鲁艺整风报告中号召大家虚心向工农分子学习,成为真正的艺术干部。4月11日,鲁迅艺术文学院举行成立4周年纪念会,副院长周扬就该院教育方针发表意见。下旬,周扬应毛泽东约见长谈一次。鲁艺是延安最重要的文艺单位,有几十位很有成就的文艺家在那里工作。周扬向毛泽东汇报了鲁艺教学、创作、演出中存在的一些问题。同时,他们还交谈了许多文艺理论问题,毛泽东借此机会进一步梳理、深化自己的观点。这次谈话的突出特点是理论性,意义尤其重要。7月4日,鲁艺整风学委会召开全院小组长会议。中央学习总会派乔木来院指导。会中各小组踊跃发言。鲁艺进行"学风专题"学习总结,全院围绕教学、创作和教育的总方针展开大辩论。8月4日,周扬在整风动员会上鼓励大家发表不同意见。戏剧、美术、文学和音乐四部都卷入激烈的大辩论之中。中心论题:"鲁艺的教育方针与实施方案是在路线上有错误呢还是执行中有错误呢?或两者都没有什么错误呢?"一派人认为在路线上有错误,在执行中也有错误,鲁艺的教育方针与实施计划是一个主观主义的东西。另一派认为,鲁艺的方针基本精神是对的,只是在方案和执行上有某些缺点。还有一派认为,两者都无重大毛病。通过争论,大致认为:鲁艺的教学活动和实际脱节、和运动脱节。8月4日,黄钢在《解放日报》发表鲁艺大辩论的特写《平静早已过去了!》,说鲁艺很不平静,几天前,这里墙上贴出了各个不同态度派别的"纲领"。出于某种方便,人们用"急进派""温和派"或"保守派"来称呼自己。意见是各不相同的:"急进派"认为学校的教育方针和实施方案都有错误,是带着浓厚的主观主义和教条色彩的,对战争环境认识不足。"温和派"和"保守派"认为,教育路线还不是方针上的毛病,只能算学校教育实施方案和执行中有错误而已,或者连这严重的缺点也没有。这样就开始了争论,涉及方向、路线、实际斗争。9月9日,周扬在《解放日报》发表长文《艺术教育的改造问题——鲁艺学风总结报告之理论部分》,是对鲁艺教育的一个检讨和自我批评。11月9日,鲁迅艺术文学院党风学习第一阶段结束。周扬在大会总结中说,由于主观主义、"关门提高"的教育方针,产生了不健全的组织领导。领导作风上,既有官僚主义的倾向,又有过于强调民主、忽视集中的现象。此外,在干部政策上,忽视思想意识,"个人第一,艺术第一""人性论""温情主义"等;艺术干部过于强调艺术特殊性,忽视组织原则;在与延安文艺界关系上有宗派主义倾向。对此,周扬做了深刻的自我反省与批评。

6.关于五四运动23周年的纪念与阐释。"五四运动"23周年,首先得到了重庆学界与媒体的高度重视。先是2月国民党主办的重庆《中国青年》第6卷第5期刊载许德珩《发挥"五四"时代的青年精神——"五四运动"的回忆与感念》、樊德芬《五四运动之新旧意义》、朱光潜《五四运动的意义和影响》、吴之椿《五四运动在中国近代史上的意义》、蔡侠飞《从五四运动说到青年和党的关系》等文。在当时左右阵营对垒中,朱光潜的观点大致居中,具有一定的代表性。其《五四运动的意义和影响》从政治与文化双重角度对"五四运动"做了较为客观中肯的评价,赞扬"五四运动""是中国近代史上最重要的一段",其"意义是非常重大的"。作为一场爱国的政治运动,它是"中国民众第一次集体地觉悟到自己的责任,第一次表现共同意志于共同行动,第一次显出民众的伟大力量""五四运动不仅是一种政治运动,尤其重要的,是一种文化运动""是思想革命的先声",因为"五四以后思想界一般动态都远比从前活跃,五四运动促成精神的解放,可以说是一种具体而微的文艺复兴"。同时冷静地指出:"五四运动的影响虽然很广大,但是它不能算有绝对的成功",具体表现在:"第一,参与运动者热诚有余而沉着不足",往往"在引起轰动一时的骚动以后""没有能酝酿一个健全的中心思想,没有能培养一种有朝气而纯正的学风。""第二,民众是一种有力的武器但是不宜轻于使用,轻于使用,有自伤的危险。"比如,"五四时代罢课游行的作风后来成为学生运动的范本,有人讥为浮嚣,也未见得是完全出于偏见"。5月25日,杭立武任社长、黄席群主编的《世界学生》第1卷第5期刊出"五四特辑",载有吴敬恒《五四产生了两位新先生》、王芸生《五四精神与中国外交》、杭立武《五四精神与青年今后努力之方向》、王星拱《五四的回忆》、顾颉刚《我对于五四运动的感想》、许德珩《"五四运动"的回忆与感念》《蔡孑民先生之五四(节录蔡先生遗著)》。其中前三文重在阐释五四精神,后四文为当年北大师生回忆五四运动的文章。这些文章观点整体上认同三民主义。王星拱《五四的回忆》表示,五四运动"就具体的命名上讲,是在北洋军阀统治要区以内,由国民党所导引的表现民族意识的爱国运动"。许德珩《"五四运动"的回忆与感念》强调"今日的青年学生纪念'五四',是应当如何的进一步去觉悟,发扬'五四'的精神,实现三民主义,努力的去争取抗战胜利,达到新中国建设之早日的到来"。顾颉刚重申自己过去所认定的五四运动的使命是"必须先从事两种运动,一是教育运动,二是学术运动"。王芸生则相当独特地从外交维度阐释中国外交的五四精神。比较而言,顾颉刚和王芸生更代表着独立知识分子的见解。与此同时,重庆红色阵营也适时刊出了相关纪念文章。5月1日,重庆中国共产党机关刊物《群众》第7卷第8期刊出社论《论五四运动与学术研究——纪念五四运动二十三周年而作》及张申府《五四当年与今日》、陈素《"五四"与妇女运动》。张申府《五四当年与今日》作于4月17日。此文开篇提出:"五四是中国近代发展的转折点。五四以前,五四以后,可以说,中国已有截然的不同,特别在思想见解学术文化上。比较说来,中国在思想见解学术文化上,五四以前是封锁的,五四以后是开放的;五四以前是单纯的,五四以后是复杂的;五四以前是停滞的,五四以后是急进的。"又说:"五四运动,在文化上,是中国的启蒙运动。""启蒙运动或启蒙时期,最大最根本的特征就是我所乐道的理性。"4日,重庆中共中央机关报《新华日报》刊出张申府《五四的青年性》一文,作者指出:"五四运动不但是青年运动,而且至少在两个意义上还是青年的运动。一个意义就是:五四运动不但是由青年发动或以青年为主的运动,而且富有青年性质,赋有青年精神。""在另一个意义上,也很可以说,五四运动所代表的正是中国的青年期。那时全国主宰的风气,主要的潮流,都是青年的,都是如上所说的青年的。"7日,张申府《〈科学与民主〉——为纪念五四写的》刊于《新华日报》副刊《科学专页》第7期,提出:"五四时期的中心口号是科学与民主。""科学与民主,退可说就像车的两轮,机的双翼,也颇像船的舵与楫。在人类历史上,实在也是科学与民主总是并进的,或并不进的。就是:进则一块儿进,不进也一块儿不进。"最后强调:"努力促科学更进步,努力使世界更民主,同时转动两轮,同时鼓起两翼,同时拨推利用相反相成的力量以前进的舵与楫,为发扬五四的好的精神,为光大五四的进步的传统,这就是我们今日必须担负起的责任,必不可辱没辜负了的使命。"张申府上述3篇论文的连续发表,足以表明作者对于"五四"论题的重视。国共两大阵营之外,当时影响最大的《大公报》5月4日刊出主编王芸生所撰社评《五四精神与中国外交》以及王芸生《为青年忧,为国家惧》、李长之《五四运动之文化的意义及其评价》、上官云遥《缅怀五四》三文。当时正逢国民党中央下令停止纪念"五四"活动,《大公报》社评对此特别评论道:"中央以五四非法定纪念日,特电各省市,勿举行纪念会""当然是无取于学生干政之风",明显表示不认同国民党在纪念"五四"问题上的态度。李长之《五四运动之文化的意义及其评价》批评胡适"五四精神是中国的文艺复兴"一说,认为五四运动并非文艺复兴,乃是一种启蒙运动。然后谈了自己的"批评与期待":第一,"五四"是一个移殖的文化运动。第二,"五四"是一个资本主义的文化运动。第三,五四运动在文化上是一个未得自然发育的民族主义运动。第四,"五四"这个时代在文化上最大的成就是自然科学。第五,"五四"文化运动可看做是西洋思想演进的一种匆遽的重演。第六,"五四"文化运动的精神,事实上已渐见结束。总之,"五四"精神的缺点就是"没有发挥深厚的情感,少光,少热,少深度和远景,浅! 在精神上太贫瘠,还没有做到民族的自觉和自信。对于西洋文化还吸受得不够澈底,对于中国文化还把握得不够核心"。"我们固需要点点滴滴的切实工作者,但也需要高瞻远瞩的设计师。从前的文化运动之所以没有发扬的气魄者,最大的原因却仍在民族太受压迫了,精神上不正常,见识遂清浅而鄙近。但我们现在业已走上民族的解放之途了,随着应该是文化的解放。从偏枯的理智变而为情感理智同样发展,从清浅鄙近变而为深厚远大,从移殖的变而为本土的,从截取的变而为根本的,从单单是自然科学的进步变而为各方面的进步,尤其是思想和精神上的,这应该是新的文化运动的姿态。这不是启蒙运动了。这是真正的中国的文艺复兴!"在延安,五四运动23周年的纪念深入至基层。诸如子长县各机关、学校、军队、群众团体代表十余人召开的"五四"纪念筹备会,对子长县各界如何纪念"五四"形成决议;陕甘宁边青、市青、市学联,邀请了边区政府、留守兵团、延大、军政学院、俱乐部协会等各单位代表,成立了"五四"纪念筹备委员会,并通过会议商讨颁布了纪念办法;延安县青救会常委会详细讨论并通过的"五四"纪念具体办法;太行区文联、一分区各部队的青年队、十八集团军总司令部特务团、某县县立高小毕业同学会分别召开"五四"纪念会。对于这些深入基层的纪念活动,《解放日报》都作了及时报道。当然最重要的活动是5月4日在八路军大礼堂召开延安第四届"五四"中国青年纪念大会,纪念大会邀请贺龙作了主题为晋西北敌后青年运动的报告。同日,《解放日报》刊载了社论《发扬五四启蒙精神》与艾思奇《五四文化运动中的一个重要争论》。社论高度评价了五四运动对于摧毁封建主义、教条主义和促进人民觉悟、民族解放的重要作用,号召大家在整风运动过程中,需要更进一步地发扬"五四"的启蒙精神,运用马克思主义的科学方法来反对新的教条主义。艾思奇《五四文化运动中的一个重要争论》全面具体地介绍和评价了胡适与李大钊等人之间关于"问题与主义"的争论,认为胡适在争论中表现了一个思想家的敏锐感觉和确定立场。他的实用主义与新文化运动具体条件相结合,包含着某些有价值的因素。但他的主张毕竟是实验主义,过分强调具体性、个别性,抹杀了真理的普遍原则,在真理问题上表现出相对主义,以及庸俗进化论。李大钊的观点是科学的,表现为:理论与实践相结合,普遍真理与具体实际相结合,指出经济结构的变革是思想变革的基础,这是中国最初的马克思主义。同在5月4日,胡适在华盛顿向中国国内发表《五四广播词》。胡适首先说:我们在今天抗战最吃紧的关头来纪念"五四""当然不是要回想过去,是要借过去来比较现在,使我们可以明白现在,了解将来"。在谈到中国抗战的前途,以及整个世界大战的前途时说:第一,这次大战的最后胜利一定是属于我们和我们的同盟国。第二,战后的世界,我们必定可以期望一个新的世界和平,新的世界秩序。第三,我们的民族,经过这多年的抗战,取得了受世界敬仰的地位,以后我们的责任也就更重大了,我们不但要从多年抗战里出来建立一个新的国家,新的文明,我们还得尽我们的能力,帮助全人类维持全世界的和平公道,增进全世界的繁荣,提高全世界的共同文化。

　　7.关于中西文化论争的拓展。钱穆《东西文化之再探讨》4月刊于华西大学《华文月刊》第1卷第2期。文中曰:"就中国以往历史言之,印度阿拉伯文明之消融接纳,前后各历六百年之久,而欧洲文化之来东土,则尚不过三百年。然途穷则思返,今中国国内有识之士,乃渐渐觉悟纯以功利观念为文化估价之无当。自今以后,中国人殆将一洗以往功利积习,重回头来再认中国传统文化之真价值,亦必能同时认识西方文化之真精神。若以中国对印回文化往例言之,再历三百年时期,中国人必然胜任愉快,对此最后一批最远西邻之新文化充分接纳消融,以完成其东方文化创展过程中所遇最艰巨之第三步工作。"11月9日,华西协合大学文学院院长罗忠恕发起成立了"东西方文化学社"，钱穆专门撰写了《东西文化学社缘起》一文，详细论述了学社创办的宗旨和经历以及东西文化学社创立的意义，强调东西方"两大文化之渊深博大"和文化互补性。因此，必须"为全人类根本幸福前途计，而有相互了解与相互沟通之必要与义务"，提出东西文化学社所从事的是"惟人类文化事业，乃为千百年根本大计"。此外，刘文典10月4日在《云南日报》"星期论文"专栏上发表《中国的精神文明》一文，认为"我们今天看中国固有的文化，也应该照日本水户学派的看法才对，不能用封建的、农业社会、资产阶级的等类形容词，轻轻的一笔抹倒他"。11月1日，刘文典在《云南日报》"星期论文"专栏上发表"中国的精神文明"系列文章之一《中国的宗教》，认为"中国根本上并没有宗教这件东西""中国人也不需要宗教，中国固有的精神文明之崇高伟大也就在此"。刘文典这一观点，曾遭到中国现代思想史上"全盘西化"论的首倡者和代表人物陈序经的反驳。朱家骅10月31日在《如何迎头赶上西洋文化》中认为，"学与用是不可分的，学固以致用，用以学为本"。关于中西文化的论争，特别需要重点关注和引入"战国策派"有关形态史学的倡导与讨论。雷海宗2月25日在重庆《大公报·战国副刊》第13期发表《三个文化体系的形态——埃及、希腊罗马、欧西》。3月4日，雷海宗《独具二周的中国文化——形态史学的看法》刊于重庆《大公报·战国副刊》第14期。是春，雷海宗应林同济邀请赴云南大学讲演历史周期论。7月，重庆《大公报》"战国副刊"结束出刊，共计出版31期。雷海宗在《大公报》"战国副刊"先后发表《战国时代的怨女旷夫》《历史的形态——文化历程的讨论》《三个文化体系的形态——埃及·希腊罗马·欧西》《独具二周的中国文化——形态史学的看法》等文章，均以文化形态史观为导向，认为文化发展可以分为封建时代、贵族国家时代、帝国主义时代、大一统时代和政治破裂与文化灭亡的末世等5个阶段。世界上如埃及、印度等多种文化依此分析均告灭亡，中国文化则因外来文化因子的融入而获得新生并进入第二个发展周期。雷海宗"战国时代重演"的观点，引起了学术界极大反响，"战国策"派的称呼因此不胫而走。林同济6月17日、24日在重庆《大公报》"战国副刊"第29—30期连载《民族主义与二十世纪——一个历史形态的看法》，文中再论"第三期学术思潮"，"大概言之，中国思潮，自五四以迄现在，二十二年经过了三段变迁"。第一，是经验事实的阶段。第二，是辩证革命的阶段。第三，可说是文化综合或文化统相（Cultural-Configurative）的阶段。强调"抗战是一个有力量的伟大现实，它一面赋予我们以一个建设学术的机会，一面也派定我们以一个建设学术的责任。"而"用形态学或统相学来看，我觉得一切文化似乎都经过下列三个阶段：一、封建时代；二、列国时代；三、大一统时代。""上述封建、列国、大一统三国时代，是人类史上各个文化体系均有的三阶段。中国如此，希腊罗马如此。我们细看托因比所研究的二十余个文化体系，竟都如此。""我们中国人应当坚决相信我们将来可以创造一个新的文化，成为世界主流与动力。我们应当具有这种决心和抱负。同时在今日的现状下，西洋文化，却是世界的主流，这点无须否认，也不宜否认。惟其如此，在今日而谈任何问题，必不容离开西洋文化所表现的一切问题而推敲，而讨论。"其他重要论著尚有燕义权著《三民主义之文化》、苏渊雷著《民族文化建立论》、杨玉清著《战时文化建设概论》、陈安仁著《中国文化演进史观》，以及钱慰宗刊于《安徽教育半月刊》第34期的《谈谈本位文化》、徐旭生刊于《中国青年（重庆）》第7卷第1期的《中西文化的相遇及其分期》。此外，文化汉奸缪斌则著有《从西欧文艺复兴运动到东亚文艺复兴运动的历史展开》，由北平东亚联盟月刊社刊行，日伪对于中西文化论争领域的重视与侵入由此可见一斑。

8. 关于"民族文学"论争的继续。此与上述中西文化论争有交集,其中"战国策派"的核心观点,一是提出"战国重演"论;二是提倡"力",赞美"力",鼓吹"力";三是崇尚"英雄崇拜",倡导战国时期的强悍民风;四是主张重振民族精神,提倡"民族文学"。三者之间相辅相成。关于"民族文学",陈铨继1941年11月10日在《军事与政治》上发表《文学运动与民族文学》之后,至本年又连续发表了数篇文章:5月13日,陈铨《民族文学运动》刊于重庆《大公报·战国副刊》第24期。20日,陈铨《民族文学运动的意义》刊于重庆《大公报·战国副刊》第25期。此文与《民族文学运动》合为一篇,题为《民族文学运动》,收入《时代之波·战国策论文集》。10月17日,陈铨《民族文学运动试论》刊于《文化先锋》第1卷第9期。此外,林同济1月21日刊于重庆《大公报·战国副刊》的《寄语中国艺术人》也关乎"民族文学"。6月17、24日,林同济《民族主义与20世纪》连载于重庆《大公报·战国副刊》。根据刘长鼎、陈秀华《中国现代文学运动史》(山东文艺出版社2013年版)的归纳,陈铨的"民族文学"论有几个方面的内容:其一,关于民族文学的内涵的界定。其二,关于"以全体民族为中心"的"民族主义时代"。其三,关于"盛世文学"和"末世文学"。其四,关于"五四"以来的新文学运动。其五,关于"政治和文学"的关系。与"战国策派"的激情四射相比,有关的批判文章显得比较薄弱:主要有汉夫《"战国"的法西斯主义的实质》1月25日刊于《群众》。4月15日,欧阳凡海《什么是"战国"派的文艺》刊于《群众》第7卷第7期。7月31日,汉夫《"战国"派对战争的看法帮了谁?——斥林同济〈民族主义与20世纪〉》刊于《群众》第7卷第14期。6月9—11日,李心清《"战国"不应作法西斯主义的宣传》连载于《解放日报》。6月30日、7月10日戈茅(徐光霄)《什么是"民族文学运动"》《再论"民族文学"》刊于《新华日报》;7月25日,曹和仁《权力意志的流毒》刊于《文化杂志》第2卷第5号。其中有的是对"战国策派"的全面批判,如汉夫文章重点批判"战国重演"论与"崇力"论。有的文章涉及对"民族文学"观的批判,如李清心《"战国"不应作法西斯主义的宣传》批判陈铨的民族文学"掺进了法西斯主义的毒药"。戈茅(徐光霄)《什么是"民族文学运动"》《再论"民族文学"》和欧阳凡海《"战国"派的文艺理论》则聚焦于批判"民族文学"。戈茅(徐光霄)《什么是"民族文学运动"》认为"民族文学运动"一味追求民族主义,不仅否定了"五四"新文艺运动,也否定了当下的抗战文艺,是对希特勒"奋斗哲学"的演绎,是"对于法西斯主义理论的灵活运用"。这就从政治与历史逻辑上彻底否定了民族文学运动的理论价值与实践意义。然而"战国策派"的"民族文学"之所以受到遏制,未能实现预期的目标,归根到底还在于其政治立场与整个左翼力量的分歧与抗衡。

9. 关于中国社会史论争的延续。4月10日,郭沫若《殷周是奴隶社会考》刊于重庆《学习生活》月刊第3卷第1期,文中认为"我们根据真实的史料,——甲骨文、金文,再参考旧有的文献,斟酌损益,然后研究中国古代社会,才有基础,才能迈步前进",并重申"从殷朝到春秋中叶,都是奴隶制度的社会"的核心观点。8月,郭沫若作《论古代社会》,其主要观点与《殷周是奴隶社会考》相近。9月27日,郭沫若作《关于古代研究》,刊于桂林《文化杂志》月刊1943年1月第3卷第3期,题作《关于古代社会研究答客难》。文章指出:"关于中国古代研究,最闹得波谲云诡的就是'亚细亚的生产方式'""所谓'亚细亚的',并不限于亚洲诸民族,全人类都曾经历过这个阶段。""无论国内国外研究中国古代的人,最大一个毛病就是在资料调查的第一步上便没有做好。"根据《诗经》及周秦诸子,"这些资料都是战国时代的成品""以前的人最大的缺陷便是不了解古代人民众庶的地位,因而有人说中国无奴隶制,或只有家内奴隶而无生产奴隶"。西周封建说无一可通,"主要的错误即在三代封建之旧式观念未除,而对于资料的时代性及解释,均不免自我作故"。此外,年初侯外庐与郭沫若展开的有关屈原的论争以及《中国古代思想学说史》也涉及中国社会史问题,据侯外庐《韧的追求》(生活·读书·新知三联书店1985年版)回忆:"我在与郭沫若辩论屈原思想时,无意间说过一句冒失话,表示要奉陪西周封建论者到底。……这一句话,把所有西周封建论者都得罪了。(翦)伯赞是十分坦白的人,他气得简直要跳起来,一度不断地挖苦我。我看到伯赞的激怒,才意识到自己犯了操之过急的错误,……从此,我放弃了短期解决分期问题的幻想。"又谓:"把社会史和思想史有机地结成一个系统进行研究,我认为是一个合理的途径。""在四十年代初,我这种研究思想史的方式本身,就已经决定这两部书是拓荒性质的作品。通过对中国历史上两个重要变革时期(春秋战国和明清之际)思想发展路径的清理和力图有所发现,通过对一系列疑难问题的涉足和做出自己的回答,我研究中国思想通史的基业终于得以奠定。"是年,吕振羽《中国社会史诸问题》由耕耘出版社出版。此书为作者关于中国社会史研究的论文集,包括"亚细亚的生产方法"与所谓中国社会的"停滞性"问题、中国社会史上的奴隶制度问题、创造民族新文化与文化遗产的继承问题等。又据周谷城《怀念郭老》(《悼念郭老》,生活·读书·新知三联书店1979年版)回忆,郭沫若闻知周谷城到达重庆,请其在寓所为几个年轻人作了一次学术报告。饭后,就中国资本主义迟迟没有发展的原因与周谷城交换了意见。

10. 关于"接受文学遗产"的讨论。其中首先是对文学遗产如何评价的问题,胡先骕与钱穆等主要基于否定新文学的视角。胡先骕年初在《三民主义文艺季刊》创刊号上发表《建立三民主义文学刍议》一文,认为三民主义源于中国固有的政治与伦理哲学之正统思想,对胡适所倡导的"全盘西化"之主张,仍持彻底否定态度,对刘半农、鲁迅、徐志摩等新文化运动之主将严厉批评。7月,钱穆《中国民族之文字与文学》刊于《思想与时代》第11—12期,文中批评"民国以来,学者贩稗浅薄,妄目中国传统文学为已死之贵族文学,而别求创造所谓民众之新文艺。夫文体随时解放,因境开新,此本固然,不自今起。抑且又有进者,文运与时运相应。故时运又开新,常有期于文运之开新。植根不深,则华实不茂。膏油不滋,则光采不华。中国固文艺种子之好园地也。窃愿为有志于为国家民族创新文艺者一赋之。"然而左翼文人群体与胡先骕、钱穆立场具有根本的不同,即是在肯定"五四"新文学的前提下讨论的"接受文学遗产"。郭沫若4月21日在复旦大学向有关方面人士作抗战期中的文学艺术问题的演讲时,说道:"中国旧文学当中,有不少伟大作品,我们要继承他的优良传统,并发扬光大。中国新文学,是应时代的要求而产生,因时间很短,所以还没有产生伟大的作品,不过尚需要一般作家的努力,中国新文学的前途,是一定光明的。"8月8日,郭沫若作《关于"接受文学遗产"》,刊于《抗战文艺》1943年1月15日第8卷第3期。文中强调继承中外文化遗产的重要性,认为文化的宝贵遗产总是应该接受的,诸如文字、历史、文学等。"凡是文艺或文化的成品应该无国界种界的""凡是世界上有价值的东西,都应当赶快设法接受""中国还缺乏一部好的辞典""也缺乏一部很好的通史,更缺乏关于文艺各部门的良好的专史"。9月15日,老舍《如何接受文学遗产》刊于《文学创作》第1卷第1期。文中强调"我们应以世界文艺作为我们的遗产,而后以我们的文学、材料,写出我们自己的,同时也是世界的作品来。因此,欲治新文艺,就必须先预备至少一两种外国语言,使我们多长出一两对眼睛来"。

11. 关于文学贫困与重造的论争。这里包括了施蛰存"文学贫困"说与沈从文的"文学重造"说,以及其他学者的"停滞说"甚至"落潮"说,其实质都是对抗战文学的负面批评,于是便有呼唤"伟大的作品"的声音响起。李辰冬1月3日在《文化先锋》第1卷第10期发表《为甚么我们当代没有伟大的文艺》,再次引出"伟大的作品"的论题。文中总结了过去的创作所以达不到"伟大的境界"的原因有三:"一、缺乏坚定的信仰""二、缺乏广泛的生活体验""三、缺乏高深的哲理",等等。可见,李辰冬提出这个话题,是有意总结"抗战五年"以来的文学创作与文艺思潮,试图在纠改"个人主义"倾向的基础上,重新探讨一条"伟大文艺"的新路。21日,林同济在重庆《大公报·战国副刊》第8期发表《寄语中国艺术人——恐怖·狂欢·虔恪》,呼吁中国艺术人告别传统文学艺术的"安眠"作用,而回归"三道母题"——恐怖·狂欢·虔恪,作者旨在强调文学艺术要克服那种柔弱平和的风格,那种"不可思的安眠力",写出"可以撼动六根,可以追着灵魂发抖"的"整部民族史的狂奏曲"。而编者按则颇为敏感地提出了"文化再造"的命题。与上述观点相呼应,厦门大学施蛰存进而明确提出"文学之贫困"说。9月8日,施蛰存作《文学之贫困》,后刊于10月25日《文艺先锋》第1卷第3期。作者将文学分为"纯文学"与"一般文学",认为"文学愈'纯'则愈贫困"。同期《文艺先锋》还刊载西南联大沈从文作于9月1日的《文学运动的重造》,文中所提出的"文学重造"说与施蛰存"文学贫困"说颇有相通之处。沈从文的"文学运动的重造"主要是说,文学自1926年以后,先和商业结缘,稍后又同政治发生了关系。弄得文学不成为文学,成为装点政策的工具。要阻止文学这种堕落倾向,就必须把它从商场和官场解放出来,实行"重造",使它成为"学术一部门"。可望"除旧更新,使文学作家一枝笔由打杂身分,进而为抱着个崇高理想,浸透人生经验,有计划的来将这个民族哀乐与历史得失加以表现。且在作品中铸造一种博大坚实富于生气的人格,使异世读者还可从作品中取得一点做人的信心和热忱的工作。使文学作品价值,从普通宣传品变为民族百年立国的经典。"这是沈从文在四十年代对于文学运动的理想期望和设计。10月10日,王平陵在《文艺先锋》创刊号上发表《救治革命文学的贫血症》,进而提出"贫血症"概念,这里所说的"革命文学",是一种广义的说法,在文中是就整个抗战文学而言,因而与施蛰存"文学贫困"说观点相近。作者强调指出:为民族生存的前途计,作家们必须担负起"建心"的工作,把握时代的主题,用艺术的形式,把"真挚而热烈的情操",注射到国民枯竭的血管中。张志云《〈文艺先锋〉(1942—1948)与国统区文艺运动》(四川大学博士学位论文,2007年)认为:王平陵所批评的"革命文学的贫血症",是不满意抗战以来的整个文学运动,这与罗荪等左翼作家对于抗战文艺的积极肯定态度,截然相反。虽然二者并没有发生直接的对话,然而其间态度的差异,料想应追溯到1930年代"左联"与"民族主义文学"的那场论争,这从王平陵对抗战文艺的讽刺性用语——"拖拉时代"上,即不难领会话外之音。值得注意的是,王平陵在此针对"革命文学的贫血症"所开出的药方——"热情发扬民族情操"的实际所指,是试图以"民族"的名义来批评并纠改抗战文艺运动中的"个人主义"倾向,说要"彻底改造无组织,无活力,疲倦,困惫,冷酷无情的生活""积极地努力于有组织的集团意识的发展""树立民族至上的精神,建筑民族生存的基础,加强民族奋斗的毅力""使文艺变成推进民族向上的主力,变成时代精神的主流,变成民众的必不可少的精神资源"。为此,王平陵还提出了今后文艺作家们"必须进行的工作":(一)要把大家的意志锻炼得像钢铁一般;(二)要积极提高牺牲的价值;(三)尽量奖劝侠义的行为,等等。由此可见,王平陵提出"救治革命文学的贫血症",实际是借"革命文学"低潮,来批判抗战文艺中的所谓"个人主义""无组织"的那些非同路作家,也由此暴露出抗战之初建立起来的所谓"抗战文艺统一战线",其中早就潜伏着种种宿怨和矛盾,终于在1942年前后的抗战后期,借革命文学"落潮"之际,日益公开和激烈化。其中,值得注意的是,王平陵在批判"革命文学"阵营中的"个人主义"倾向时,也自觉地将自己推到了"民族"话语等主流立场方面,这从他对"革命文学"与"配合抗战建国的需要"等政治理解上,可以看出,在显示其右翼立场的同时,也拉开了与左翼作家的距离。与上述观点形成鲜明对比的当然是当时重庆左翼阵营的主流意见的正面评价。郭沫若5月25日所作演讲稿《中国战时的文学与艺术》,刊于28—29日重庆《新华日报》;又载《半月文萃》1942年第3期;另以《中国战时的文学与艺术》为题发表于28—29日重庆《时事新报》。文中认为"中国自'七七'抗战以来,才真正到了'文艺复兴期'"。12月12日,郭沫若作《文艺的本质》,刊于桂林《艺丛》月刊1943年5月创刊号。文中同时批评了"与抗战无关"论和"文学贫困论"。认为前者其实是最恶性的政客,后者将性质不同的东西相比。此外,老舍的《抗战以来文艺发展的情形》、罗荪的《抗战文学运动的五年》、阳翰笙的《划时期的转变》、陈白尘的《读书随笔——文学的衰亡》等也都连续发声。陈白尘的《读书随笔——文学的衰亡》直接针对施蛰存"文学贫困"说提出尖锐的批评,指斥施蛰存在抗战开始就"隐起来了",说他"隐居了三年五载,伸出头来便向人要伟大作品,似乎还过早一点。因为抗战前那十多年中间,连今日隐士在内,又产生过多少巨作伟构?——不过,我们可以保证的是:'抗战文学的收获''数量'既然'不少',即使是'贫困得可怜'而将来伟大的作品,必然是在这些'不少'的,'贫困得可怜'的土壤中萌芽出来。因为这些'贫困得可怜'的东西到底是在抗战中和人民的鲜血一道生长起来的。它已经获得了生命"。直至次年,叶以群(杨华)对于施蛰存"文学贫困"说与沈从文的"文学重造"说的批判更为直接,也更为深入。

12. 关于历史剧问题的讨论。4月19日,郭沫若作《历史·史剧·现实》,刊于《戏剧月报》1943年4月第1卷第4期。此文论述历史与历史剧的区别及如何正确评价历史剧等问题,认为"历史研究是'实事求是',史剧创作是失事求似。""史学家是发掘历史的精神,史剧家是发展历史的精神。'两者'任务毕竟不同,这是科学与艺术之别。"关于史剧的批评,"应该在那剧本的范围内,问它是不是完整。全剧的结构,人物的刻划,事件的进展,文辞的锤炼,是不是构成一个天地。""批评家应该是公平的审判官,不是刽子手""史剧家在创造剧本,并没有创造'历史'"。关于史剧与现实的问题,"现在的事实,固可以称为现实,表现的真实性也正是现实"。7月14日,田汉在七星岩主持"历史剧问题座谈会",茅盾、欧阳予倩、胡风、宋云彬、于伶、安娥、蔡楚生、周钢鸣、端木蕻良等知名学者、导演、剧作家应邀出席,中心是座谈历史剧问题。茅盾在会上说:"大体历史剧可以有两个目的。第一是使当时的历史情形再现,即如实地表现当时的历史真实。第二是从历史真实中抓住一个要点来发挥,而不必完全顾及历史事实。"随后又说到了"史家和作家的任务不同。我们不必完全依照史实。作者可能有所感慨,采取与当前现实有关的历史题材而借题发挥。本来中国的历史没有经过好好的整理,它的真实性是不太可靠的。中国历史上的许多问题,现在还没有得到一致的意见。因此,要做史剧作家,似乎还得先做史家,这是中国剧作者的双重负担"。胡风认为"翻案"要根据历史人物自身的特性和当下抗战的历史环境而定,"像曹操固是在当翻之列,而在现在这个接骨眼忙于替秦桧做翻案的却大可不必"。胡风认为历史剧的创作一要"看出历史的真实",二要"看出其与今日历史发展的联系""把握历史的结果就是把握今日的生活"。邵荃麟提出了两点意见:"第一,我希望写历史剧就老老实实只写历史,不要去'创造'历史,不要随自己的意欲去支使古人""第二,我希望不要以古拟今,即是不要借古人事情影射现在",因为"只要作品是现实的,对过去现实的剖解,一样可以增加我们对当前现实的理解"。周钢鸣认为,当时存在四种历史观的斗争:第一种是把握着正确的历史观,是指现实主义的史剧观;"第二种是以历史的故事当作自己趣味的满足",可以看作是浪漫主义史剧观的变种;"第三种是革命的主观主义公式主义的历史观,是现实主义史剧观僵化处理结出的怪胎";"第四种是虚伪的历史观",是敌人宣传"东亚共荣圈"的怀柔政策,对这种史剧观必须极度警惕和坚决抵制,提倡真正的现实主义史剧观。座谈内容刊于10月30日《戏剧春秋》第2卷第4期"历史剧问题特辑",实际上是对历史剧问题的专题讨论。

本年度的学术论争或讨论还有关于对胡适《说儒》批评的延续、关于"民族形式"论争的延续、关于"文学之路"的论争、关于曹禺文学创作的讨论、关于巴金文学创作的讨论、关于陈铨《野玫瑰》的论争、关于对王实味《野百合花》的批判等等。相关刊物专号则有:中山大学《现代史学》第5卷第1期推出"中国现代史专号";《国民教育指导月刊(广西)》第1卷第6期刊出"国民教师待遇专号";《国民教育指导月刊(广西)》第1卷第7期刊出"中心国民学校算术科专号";《国民教育指导月刊(广西)》第1卷第9期刊出"中心国民学校自然科专号";《国民教育指导月刊(广西)》第1卷第10期刊出"中心国民学校社会科专号";《中等教育季刊》第2卷第1期刊出"改进中等教育特辑";《中等教育季刊》第2卷第3期刊出"师范教育特辑";等等。

上述学术论争之外,聚焦于重要学术论题的论著尚有:社会科学研究会著《社会科学概论》,惕文著《关于"中国学术科学化"的问题》,吴家铸著《对于研究学术的几点感想》,宗越著《学术专门与学术统整》,吴寿彭等著、天目书院编《学术之诞生》,杜科翰著、关琪桐译《学术与国家》,张东荪著《学术统制与自由》,崔敬伯著《学术与财政》,张愚著《中国学术思想渊源》,苏渊雷著《民生哲学引义》《名理新论》(一名《辩证法订补》),毛起鵺编《唯物史观批判》,陶希圣著《论道集》,王光汉著《思想方法论》,王星拱著《科学方法论》,梁宗岱著《非古复古与科学精神》,朱光潜著《乐的精神与礼的精神——儒家思想系统的基础》,杨宽编著《墨经哲学》,张君劢著《理学罪案平反》,贺麟著《近代唯心论简释》,陈铨著《叔本华生平及其学说》,刘仲容著《实用理则学》,钱穆著《中国民族之宗教信仰》,余逊著《早期道教之政治信念》,冯友兰著《论命运》,吕澂编校《汉藏佛教关系史料集》,马以愚著《中国回教史鉴》,胡道维著《黄梨洲在政治思想史上的地位》,毛泽东著《反对党八股》,胡道维著《晚近政治思想的趋势》,曾资生著《两汉文官制度》,张维华著《汉河西四郡建置年代考疑》,严耕望著《西汉郡县属吏考》,岑仲勉著《补唐代翰林两记》,王德昭著《明季之政治与社会》,李剑农著《中国近百年政治史》,华岗著《释"中华民国"》,姚薇元著《鸦片战争史事考》,杨杰讲述《现代战争之特征》,杨杰著、三民主义青年团灌县青年夏令营编《从历史和军事观点评论日寇侵华战略》,吴保生著《国防论》,施文光著《军事教育学概论》,萧天石著《孙子战争理论之体系》,韩一青注释《孙子兵法十三篇》,吕兴周注释《孙子十三篇句解》,关靖著《三十一年关靖注孙子兵经》,杨幼炯编著《苏联建国史》,常燕生等著《太平洋大战与中国》,朱家骅著《太平洋战争爆发后的国际形势》,宗诚著《世界大战新形势研究》,刘独峰著《第二次大战中的世界政治》,聂绀弩编《女权论辩》,王沿津编著《经济学原理》,邓克生编著《新经济学讲话》,李达著《货币学概论》,卫聚贤、丁福保编著《古钱》,王亚南著《世界战争与世界经济》,董康编著《中国法制史》,任鸿隽著《科学与工程》,潘光旦著《中国社会学》,杨天锡著《明清之交的中国社会与中国思想》,陈序经著《文化学概观》,黄朝中著《中国文化的始原问题》,苏渊雷著《民族文化建立论》,杨玉清著《战时文化建设概论》,余天林著《社会文化研究法》,陈安仁著《中国文化演进史观》,王宠惠著《中印文化合作新纪元》,张旭光著《中华民族发展史纲》,林同济著《大夫士与士大夫——国史上的两种人格型》《文化的尽头与出路——战后世界的讨论》《民族主义与二十世纪——一个历史形态的看法》,吴泽霖等著《贵州苗夷社会研究》,吴泽著《中国社会简史》(上卷),孙本文著《现代中国社会问题》(1—4册),马宗荣著《中国古代教育史》,杜明通著《学记考释》,余家菊编著《教育与人生》《大学制度商酌》《论大学学系制度》,李建勋、许椿生著《战时与战后教育》(国立西北师范学院师范研究所研究专刊),周匡著《中国考试制度之起源》,陈序经著《师范学院的存废问题》,吴学信编《比较社会教育》,王裕凯、朱克文编著《中西教育家》,范存忠著《美国大学教育的新动向》,章丹枫著《近百年来中国报纸之发展及其趋势》,张政烺著《六书古义》《"奭"字说》,许世瑛著《段玉裁古十七部谐声表补正》,齐佩瑢著《中国文字学概要》,张世禄编著《中国训诂学概要》,吕叔湘著《中国文法要略》,方豪著《拉丁文传入中国考》,郭沫若著《怎样运用文学的语言?》《论古代文学》,闻一多著《伏羲考》"引论"和《从人首蛇身像谈到龙与图腾》《楚辞校补》,杨郎墨著《汉魏思潮及建安文艺批评》,李嘉言著《唐诗分期与李贺》,陈寅恪著《读〈东城老父传〉》《读〈莺莺传〉》,郁达夫等著《中国文学论集》,胡绍轩著《中国新文学教程》,郑学稼著《由文学革命到革文学的命》,金灿然著《论杂文》,张天翼著《谈人物描写》,王亚平、戈茅著《诗歌新论》,钟敬文著《诗心》,胡风等著《论诗短札》,茅盾著《文艺论文集》,李辰冬著《红楼梦研究》,罗常培著《北平俗曲百种摘韵》《贡山俅语初探》,姚茫父著《曲海一勺》,孙楷第著《近代戏曲原出宋傀儡戏影戏考》,张庚著《戏剧艺术引论》,李贻燕编著《辛亥以前激动民族精神之革命文艺》,于右任著《建议设立敦煌艺术学院》,吕骥著《中国民间音乐研究提纲》,华岗著《历史为什么是科学和怎样怎样变成科学》,雷海宗著《历史的形态——文化历程的讨论》《三个文化体系的形态——埃及·希腊罗马·欧西》《独具二周的中国文化——形态史学的看法》,金毓黻著《治史纲要》,缪凤林著《国史上的战斗观——从国史上证明战斗至上的历史真理》,吴泽编《中国历史研究法》,林楚著《怎样研究历史》,王玉璋著《中国史学史概论》,范文澜(原题中国历史研究会)编《中国通史简编》(中册),韩亦琦著《中国上古史之重建》,胡厚宣著《甲骨学商史论丛初集》第1册,赵尔巽等著《清史稿》(上下册),冯先恕著《疑年录释疑》,朱谦之著《考今》,张其昀著《东北问题》(第1辑),任乃强著《康藏史地大纲》,刘文典著《大唐西域记简端记·引言》,向达著《论敦煌千佛洞的管理研究以及其他连带的几个问题》,吴金鼎、曾昭抡、王介忱著《云南苍洱境考古报告》,等等。朱光潜《乐的精神与礼的精神——儒家思想系统的基础》将中国文化精神归结为乐的精神与礼的精神:"乐的精神在和,礼的精神在序。"张君劢《理学罪案平反》旨在为理学平反,指出:"国人之负理学,非理学之负国人明矣。然此吾国独有之学问之特质安在乎? 伸论如次。一、理学非宗教而有宗教效用。二、理学能提高各人人格。三、理学能存养身心。四、理学能培养民族道德。此四者,理学之效用有益于个人与国家也如此,奈何世之学者,以其不类于欧洲之所谓哲学而排之。又误以其重内心而轻物质之故而排之。真可谓舍本逐末矣。"贺麟《近代唯心论简释》是贺麟的第一本论文集,也是反映他"新心学"思想的代表作之一。张维华《汉河西四郡建置年代考疑》指出,《汉书》等记载武威、张掖、酒泉、敦煌四郡的设置年代时间"前后未尽一致,而后之读史者,亦依违莫知所从",故撰写此文以考辨四郡的设置年代。此文"表现出精深的史学功底,至今为研究者称道"。冯友兰《论命运》认为"命运"是"一个人无意中的遭遇",是"努力而不能战胜的遭遇";又认为"人生所能有的成就有三:学问、事功、道德,即古人所谓立言、立功、立德。而所以成功的要素亦有三:才、命、力,即天资、命运、努力。学问的成就需要才的成分大;事功的成就需要命运的成分大,道德的成就需要努力的成分大。"余家菊《大学制度商酌》将大学目标定位于:(一)研究高深学术;(二)储备专业人才;(三)提高国民文化;并就大学程级、毕业年限、本科课程、大学组织、大学名称、大学管理、大学人口等问题提出意见。郭沫若《怎样运用文学的语言?》按照小说、戏剧文学、诗和抒情的散文的文体形式,论述其语言写作的异同。钱穆《中国民族之宗教信仰》认为,"中国宗教,既与政治合流,故其信仰之对象,并非绝对之一神,又非凌杂之多神,乃一种有组织有系统之诸神,或可谓之等级的诸神,而上以一神为之宗。神与神之间,乃亦秩然有序,肃然有制。正是理性与自然之调和。使自然界诸神亦自成一体系以相应于人事之凝结。"李达《货币学概论》为中国第一部系统地阐述马克思主义货币理论的著作。陈序经《文化学概观》重在系统阐述文化学的主要概念、基本理论,是作者继《中国文化的出路》之后撰写的又一力作,也是中国文化学研究的奠基之作。由此见证了首开大学文化学教育之先的创举,也标志着文化学作为一门学科的开始,在 20 世纪的文化学界占有极为重要的地位。潘光旦《中国社会学》批评中国社会学有三种弊病:"第一点弊病是由于见不到人与人之间之异,第二点是由于见不到此社会与彼社会之异,或群间之异,第三点则由于见不到此历史的社会与彼历史的社会之间之异。要祛除这几个空疏而不切实际的弊病,从而建立起一派中国社会生活可以利用的社会学来,当务之急是要增加我们辨别同异的眼力。"陈序经《师范学院的存废问题》涉及师范教育的一些根本性问题,认为"大学而尤其是大学的文理学院,既可以代替高等师范的任务,实现高等师范的目的;那么师范学院的增设,在目前的中国,而尤其是在抗战的时期,可以说没有开办的必要的"。张政烺《六书古义》"通过系统考查《说文》学发生发展的历史,揭示许慎《说文解字》一书中托古改制的奥秘,并对六书提出了不同于许慎的新说。这对于破除后世学者研究古代文字以许书为宗,即使面对大量甲骨文、金文、陶文、石刻文字等材料,仍不敢越雷池一步这种迷信,犹如晴天霹雳,从而对促进建立新的古文字学,无疑起了除旧布新的推动作用"。张政烺《"奭"字说》除为了疏解此甲金文难字,从而解决正确利用与此字有关资料说解史实外,也是为了实践作者对古文字考证的一种原则,即所考释之字的结果不仅要有形、音、义之根据,而且在古文字资料中能寻一贯通之说解,务求其通畅。罗常培《贡山俅语初探》在民族语言调查与研究方面作出了重要贡献。郭沫若《论古代文学》原系讲演稿。文前有提纲六条:"一、第一次'五四运动'的时间和原因——春秋战国时代由于奴隶制度崩溃,专为贵族所有的知识普及到民间。二、文化运动在文学上的反应——从《书经》《诗经》'甲骨文''金文'证明春秋以前的文字均系古文言体,春秋以后变为焉哉乎也的语文体。三、文字只有时代之别而无南北之分——《楚辞》乃《国风》的扩大;北方文化系殷民族奠定的,南方文化系殷民族传播的,故南北共贯。四、秦楚争霸的成败原因——楚国内部意志不统一,领袖无能,生活过于奢侈,秦则反是。五、中国由楚统一的假想——思想更自由,又更有艺术风味。六、中国文化以莫大的挫折换得了屈原——不要让历史更走错路。"闻一多《伏羲考》"引论"和《从人首蛇身像谈到龙与图腾》(《伏羲考》第二部分)为作者神话研究的重要内容之一,特别注意运用人类学的方法,亦旨在探寻中国文化的源头。闻一多《楚辞校补》为楚辞研究的经典名著,受到郭沫若的高度评价。《读〈东城老父传〉》《读〈莺莺传〉》两文被认为是陈寅恪"以小见大"治史方法和从文学作品中发现历史治史路径的代表性论著。李辰冬《红楼梦研究》系在巴黎大学的博士论文,深受西方现代文学批评方法的影响,是第一部用西方文学观点来系统研究《红楼梦》的专著,时人许之为"破天荒的创举"。后经冯友兰亲自审核定稿出版,是该时期最重要的"红学"著作之一,一年之内即重印6次。金灿然《论杂文》论述了三个问题:一、杂文是干什么的。二、杂文的时代问题。三、杂文与讽刺。此文被延安文艺界评为"最能说服人的"好文章,受到广泛好评。吕骥《中国民间音乐研究提纲》吸收了延安民间音乐研究会数年来的研究成果,反映了当时对这一问题研究的最高水平,受到大家的关注和好评。金毓黻《治史纲要》仿《大学》的三纲领、八条目之义,第一,以研究制度文物为中心;第二,求通重于求专;第三,以养成学问欲为系风,集中体现求是求通的史学观念。韩亦琦《中国上古史之重建》正式提出"中国古史重建"的口号,并认为古史的重建只能寄望于"科学的考古发掘。这门学问若能发达,新材料不仅可以大量寻找出来,使古史之重建极为可能,而且这些材料将愈积愈多,使后人知道古代史更详细、更悠远、更确切""可以利用颠扑不破的古代实物重建古史"。朱谦之《考今》首先指出"现代史学的第一职务,乃在怎样理解目前世界历史和中国历史的大转变,换言之,即是'考今'"。在世界史学界,以朗普勒希特为代表的"考今派"已经对以兰克为代表的"考古派"取得了巨大的胜利。在中国,抗战以后,"这种纯粹考古考证的史风似乎已经急剧地转变,民族意识的增强,使我们对于本国文化的价值,从极端怀疑古史中解放出来,考证考古的工作一转而从事抗战史料的搜集,社会经济史料的搜集,民族文化史料的搜集,这种努力,使研究工作与现在问题发现密切的联系,不能不说是有很重大底历史意义的"。胡厚宣《甲骨学商史论丛初集》第1册收论文4篇,其中《殷代封建制度考》《殷代婚姻家族宗法生育制度考》两文,说明封建宗法之制,殷时已有之,非周人所创,可补王国维《殷代制度论》之误,持论尤为精湛;而《殷非奴隶社会论》和《殷代焚田说》两文,纠正社会史学者新奇怪异之说及偶摭其若干单文只字以妄论古史之弊。此书出版后,适逢故宫博物院院长马衡到成都讲学,把胡厚宣的此书带了回去,并向教育部推荐。结果大大出乎胡厚宣预料:《甲骨学商史论丛》一书获得全国科学发明奖二等奖,在学术界引起强烈反响。

至于聚焦于学术史的论著依然比较薄弱,主要有:徐中玉著《中国近代学术研究之回顾与展望》,江道源著《十六七世纪西学东渐考略》,逸雪著《三十年来国史馆筹备始末记》,杨钟健著《中国新生代地质及古脊椎动物学二十年来研究之基础》,梁绳祎著《外国汉学研究概观》,等等。徐中玉《中国近代学术研究之回顾与展望》认为:"我国近代学术研究的进展、大体上也可说是我国学术吸收西洋学术的进展。这个进展的历史,可粗分为三期:即自明清之际至鸦片战争为一期,自鸦片战争至清末为一期,自民国至现在又为一期。在第一期中,吸收的态度是被动的,不迫切的;在第二期中,吸收的态度虽已变成自动的和迫切的,但吸收的结果,实际上并无巨大的成就,这期的努力,不过建立了我国现代化学术研究事业的初步基础。在第三期中,现代化的研究机关才渐有设立,研究工作也渐有成就。特别自民国十六年全国统一以后,政府对学术研究事业渐能主义扶植,学术研究事业乃有了真正的开展,现代化的学术研究基础,至是乃得奠定。"作者肯定了"我国学术研究事业二十年来的努力,对于学术理论和国家实际的建设都已有了一些贡献",但也指出了存在的问题:"第一,我们的学术水准距离欧美一些先进国家还是很远;第二,我们的学术研究贡献还远不能适应国家建设的迫切需要。"江道源《十六七世纪西学东渐考略》内容有：西学的先河圣方济各与安治郎的介绍、振兴教育、泰西医药的输入、活字印刷术的起源、天算地理的影响、应用科学的进步、西洋艺术的发展等。这是一篇兼具比较文化研究的学术史论之作。(以上参见本书"学术背景""学术活动""学术论文""学术著作""学者生卒"栏所引文献与出处，以及章恒忠、王亚夫主编《中国学术界大事记(1919—1985)》，上海社会科学院出版社1988年版；中央教育科学研究所编《中国现代教育大事记1919—1949》，教育科学出版社1988年版；付祥喜《20世纪前期中国文学史写作编年研究》，北京师范大学出版社2013年版；王学典《20世纪史学编年(1900—1949)》，商务印书馆2014年版；中国大百科全书总编辑委员会《中国大百科全书·考古学》，中国大百科全书出版社2002年版；王学珍等编《北京大学纪事(1898—1997)》，北京大学出版社1998年版；清华大学校史研究室编《清华大学一百年》，清华大学出版社2011年版；齐家莹编《清华人文学科年谱》，清华大学出版社1999年版；南京大学高教研究所编《南京大学大事记(1902—1988)》，南京大学出版社1989年版；北京师范大学党委办公室、北京师范大学校长办公室《北京师范大学纪事》，北京师范大学出版社2012年版；张玮瑛、王百强、钱辛波主编《燕京大学史稿》，人民中国出版社2000年版；刘长鼎、陈秀华《中国现代文学运动史》，山东文艺出版社2013年版；艾克恩编纂《延安文艺运动纪盛》，文化艺术出版社1987年版；孙国林编著，王佳钰、王增辉校订《延安文艺大事编年》，陕西师范大学出版总社2016年版；文天行编《国统区抗战文艺运动大事记》，四川省社会科学院出版社1985年版；张志云《〈文艺先锋〉(1942—1948)与国统区文艺运动》，四川大学博士学位论文，2007年；沈卫威《学衡派编年文事》，南京大学出版社2015年版；吴永贵《民国图书出版史编年：1912—1949》，社会科学文献出版社2018年版；欧阳哲生《纪念"五四"的政治文化探幽———一九四九年以前各大党派报刊纪念五四运动的历史图景》，《中共党史研究》2019年第4期；吴海勇《1928年至1948年〈中央日报〉对五四运动的评论》，《上海党史与党建》2009年第5期；郝智浩《延安时期党对五四运动的纪念———以〈解放日报〉为中心的考察》，《毛泽东思想研究》2021年第1期；苏国安《南京国民政府时期学校教育政策研究》，河北大学博士学位论文，2010年；李来容《院士制度与民国学术———1948年院士制度的确立与运作》，南开大学博士学位论文，2010年；于盐《青辉千古风霜铸情———帆在盐阜区文化活动纪事》，《盐城工学院学报(社会科学版)》2007年第3期；熊飞宇《中共中央南方局与重庆抗战文学》，四川大学博士学位论文，2011年；周韬《南京国民政府文化建设研究(1927—1949)》，湖南师范大学博士学位论文，2008年；郑大华《论"抗战建国"话语下"学术建国"的讨论》，《浙江学刊》2020年第3期；陈峰《社会史论战与现代中国史学》，山东大学博士学位论文，2005年；徐斯雄《民国大学学术评价制度研究》，西南大学博士学位论文，2011年；杨思机《民国时期顾颉刚的边疆教育思想和实践》，《学术研究》2017年第7期；梁建《西南联大与云南大学关系述论》，《西安电子科技大学学报(社会科学版)》2014年第3期；朱华阳《屈原与中国现代文学》，武汉大学博士学位论文，2006年；徐坤《中央图书杂志审查委员会研究(1938—1945)》，华中师范大学博士学位论文，2017年；蔡洞峰《契合与传承：胡风对"鲁迅传统"的阐释》，苏州大学博士学位论文，2017年；徐瑞岳、陈洁《抗战时期国统区文艺界纪念鲁迅的活动》，《新文学史料》2002年第2期；田刚《"鲁迅"在延安》，《延安大学学报(社会科学版)》2012年第3期；庞海音《延安鲁艺——我国文艺教育的新范式》，北京师范大学博士学位论文，2009年；陈继奎《张申府民主思想研究》，《首届清华青年史学论坛》，2007年；张艳《五四运动阐释史研究(1919—1949)》，浙江大学博士学位论文，2005年；李超《"战国策派"伦理思想研究》，东南大学博士学位论文，2014年；尚博《〈文艺先锋〉研究》，重庆师范大学硕士学位论文，2010年；黄寒冰《论二十世纪中国历史题材剧创作之论争》，《浙江传媒学院学报》2008年第6期)